中国统计年鉴

CHINA STATISTICAL YEARBOOK

2016

（总第35期 No.35）

中华人民共和国国家统计局　编

Compiled by

National Bureau of Statistics of China

©中国统计出版社 2016
版权所有。未经许可，本书的任何部分不准以任何方式在世界任何地区以任何文字翻印、拷贝、仿制或转载。

© 2016 China Statistics Press
All rights reserved. No part of the publication may be reproduced or transmitted in any form or by any means, electronic or mechanical, including photocopying, recording, or any information storage and retrieval system, without written permission from the publisher.

图书在版编目 (CIP) 数据

中国统计年鉴 . 2016 : 汉英对照 / 中华人民共和国国家统计局编 . -- 北京 : 中国统计出版社 , 2016.9
ISBN 978-7-5037-7917-6

Ⅰ . ①中… Ⅱ . ①中… Ⅲ . ①统计资料－中国－2016－年鉴－汉、英 Ⅳ . ① C832-54

中国版本图书馆 CIP 数据核字 (2016) 第 198770 号

中国统计年鉴－2016

作　　者 / 中华人民共和国国家统计局
责任编辑 / 郭　栋　李　冲
E-mail: yearbook@gj.stats.cn
Address: No.57 Yuetan Nanjie, Sanlihe, Beijing 100826
封面设计 / 张　冰
出版发行 / 中国统计出版社
通信地址 / 北京市西城区月坛南街 57 号　　邮政编码 / 100826
办公地址 / 北京市丰台区西三环南路甲 6 号
电　　话 / (010)63376898、63376907、68783173（发行部）、63376877（编辑部）
网　　址 / www.zgtjcbs.com
印　　刷 / 河北鑫宏源印刷包装有限责任公司
经　　销 / 新华书店
开　　本 / 890 × 1240 毫米　1/16
字　　数 / 1970 千字
印　　张 / 62.5
版　　别 / 2016 年 9 月第 1 版
版　　次 / 2016 年 9 月第 1 次印刷
定　　价 / 498.00 元　　Price: 498.00 yuan (RMB)

本书附同版本 CD-ROM 一张，光盘内容以书面文字为准。
如有印装错误，本社发行部负责调换。

《中国统计年鉴－2016》

编委会和编辑出版人员

编委会

主　　任：宁吉喆

副 主 任：张为民　谢鸿光　许宪春　高建华　郑京平　贾　楠　鲜祖德　李晓超　宋跃征　盛来运

编　　委：（以姓氏笔画为序）

万东华　王　军　王文波　王萍萍　毛有丰　文兼武　叶植材　邢志宏　朱玉利　朱维盛　刘国宁　齐舒畅　许剑毅　严建辉　杜希双　李　莉　李希如　张　军　张仲梁　张淑英　孟庆欣　赵云城　胡　帆　钟守洋　贺常明　贾　海　夏荣坡　徐　辉　徐晓海　曹志刚　董礼华　程子林　曾玉平　察志敏

编辑工作人员

总 编 辑：盛来运

副总编辑：王文波　朱维盛

编辑部主任：江明清　叶礼奇

编辑部副主任：卞丽华　张　蕾　石毅华　佘竞雄　陈越月

编辑人员：（以姓氏笔画为序）

于弘文　万忠兵　王　萍　王　智　王克钧　王青青　方　健　巴运红　朱　虹　任小燕　刘慧平　安新莉　许春伟　严先溥　杜　燕　李　敏　李　皎　杨红军　吴　优　张　洋　张延华　张会英　陈　星　陈小龙　陈淑清　武　央　范小玉　罗卫华　郑学工　孟灿文　侯　锐　宫少军　贾占华　钱春林　徐　岚　殷国俊　栾尽晖　郭　栋　唐　平　陶　全　常文莉　阙小清

英文翻译：朱维盛　叶礼奇　佘竞雄　郭　栋　李　冲

责任编辑：郭　栋　李　冲

封面设计：张　冰

光盘设计：王立群　熊　威　罗　浩

出版发行工作人员

出版部主任：孙鲁东

发行部主任：徐占波

China Statistical Yearbook - 2016

EDITORIAL BOARD AND EDITORIAL STAFF

I. Editorial Board

Chairman: Ning Jizhe

Vice-chairmen: Zhang Weimin Xie Hongguang Xu Xianchun Gao Jianhua Zheng Jingping Jia Nan Xian Zude Li Xiaochao Song Yuezheng Sheng Laiyun

Editorial Board: (in order of number of strokes of the Chinese character of the surname)
Wan Donghua Wang Jun Wang Wenbo Wang Pingping Mao Youfeng
Wen Jianwu Ye Zhicai Xing Zhihong Zhu Yuli Zhu Weisheng Liu Guoning
Qi Shuchang Xu Jianyi Yan Jianhui Du Xishuang Li Li Li Xiru Zhang Jun
Zhang Zhongliang Zhang Shuying Meng Qingxin Zhao Yuncheng Hu Fan
Zhong Shouyang He Changming Jia Hai Xia Rongpo Xu Hui Xu Xiaohai
Cao Zhigang Dong Lihua Cheng Zilin Zeng Yuping Cha Zhimin

II. Editorial Staff

Editor-in-chief: Sheng Laiyun

Associate Editors-in-chief: Wang Wenbo Zhu Weisheng

Directors of Editorial Department: Jiang Mingqing Ye Liqi

Deputy Directors of Editorial Department: Bian Lihua Zhang Lei Shi Yihua She Jingxiong Chen Yueyue

Editorial Staff : (in order of the number of strokes of the Chinese character of the surname)
Yu Hongwen Wan Zhongbing Wang Ping Wang Zhi Wang Kejun Wang Qingqing
Fang Jian Ba Yunhong Zhu Hong Ren Xiaoyan Liu Huiping An Xinli
Xu Chunwei Yan Xianpu Du Yan Li Min Li Jiao Yang Hongjun Wu You
Zhang Yang Zhang Yanhua Zhang Huiying Chen Xing Chen Xiaolong
Chen Shuqing Wu Yang Fan Xiaoyu Luo Weihua Zheng Xuegong
Meng Canwen Hou Rui Gong Shaojun Jia Zhanhua Qian Chunlin Xu Lan
Yin Guojun Luan Jinhui Guo Dong Tang Ping Tao Quan Chang Wenli
Que Xiaoqing

English Translators: Zhu Weisheng Ye Liqi She Jingxiong Guo Dong Li Chong

Coordinators: Guo Dong Li Chong

Cover Designer: Zhang Bing

CD-ROM Designer: Wang Liqun Xiong Wei Luo Hao

III. Publishing and Distribution Staff

Director of Publishing Department: Sun Ludong

Director of Distribution Department: Xu Zhanbo

编 者 说 明

一、《中国统计年鉴—2016》系统收录了全国和各省、自治区、直辖市2015年经济、社会各方面的统计数据，以及多个重要历史年份和近年全国主要统计数据，是一部全面反映中华人民共和国经济和社会发展情况的资料性年刊。

二、本年鉴正文内容分为27个篇章，即：1.综合;2.人口;3.国民经济核算;4.就业和工资;5.价格;6.人民生活;7.财政;8.资源和环境;9.能源;10.固定资产投资;11.对外经济贸易;12.农业;13.工业;14.建筑业；15.批发和零售业；16.运输、邮电和软件业;17.住宿、餐饮业和旅游；18.金融业；19.房地产;20.科学技术;21.教育;22.卫生和社会服务;23.文化和体育;24.公共管理、社会保障和社会组织;25.城市、农村和区域发展;26.香港特别行政区主要社会经济指标;27.澳门特别行政区主要社会经济指标;同时附录两个篇章：台湾省主要社会经济指标；国际主要社会经济指标。

为方便读者使用，各篇章前设有《简要说明》，对本篇章的主要内容、资料来源、统计范围、统计方法以及历史变动情况予以简要概述。篇末附有《主要统计指标解释》。

三、本年鉴所涉及的全国性统计数据，除行政区划、土地面积和森林资源及特殊注明外，均未包括香港、澳门特别行政区和台湾省数据。根据中华人民共和国“香港特别行政区基本法”和“澳门特别行政区基本法”的有关原则，香港、澳门与内地是相对独立的统计区域，依据各自不同的统计制度和法律规定，独立进行统计工作，本年鉴中有关统计资料分别由香港特别行政区政府统计处、澳门特别行政区政府统计暨普查局提供，国家统计局进行编辑。

四、本年鉴所涉及东部、中部、西部和东北地区的具体划分为：

东部地区：有10个省（市），包括北京、天津、河北、上海、江苏、浙江、福建、山东、广东和海南。

中部地区：有6个省，包括山西、安徽、江西、河南、湖北和湖南。

西部地区：有12个省（区、市），包括内蒙古、广西、重庆、四川、贵州、云南、西藏、陕西、甘肃、青海、宁夏和新疆。

东北地区：有3个省，包括辽宁、吉林和黑龙江。

五、本年鉴所使用的度量衡单位均采用国际统一标准计量单位，并统一使用最新颁布实施的产品目录。

六、本年鉴中涉及到的历史数据，均以最新出版的本年鉴数据为准；本年鉴中部分数据合计数或相对数由于单位取舍不同而产生的计算误差，均未做机械调整。

七、符号使用说明:年鉴各表中的“空格”表示该项统计指标数据不详或无该项数据；“#”表示其中的主要项；“*”或“①”表示本表下有注解。香港及澳门部分的符号使用方法具体见其篇章说明。

八、与2015年版《中国统计年鉴》相比较，本年鉴在篇章结构和内容上主要做了如下修订：将“房地产”部分调整至“金融业”之后，将“运输、邮电和软件业”调整至“住宿、餐饮业和旅游”之前；“人口”中新增平均人口预期寿命表；“国民经济核算”中，根据研发支出核算方法改革方案，对各年度GDP数据进行了系统修订。“价格”中按工业行业分工业生产者出厂价格指数表采用2011年版的行业分类标准；“工业”中适当扩充反映规模以上工业企业经济运行的基础性指标。根据最新的统计报表制度，对铁路等专业统计内容及相关统计指标进行了调整。

EDITOR'S NOTES

I. *China Statistical Yearbook 2016* is an annual statistical publication, which reflects comprehensively the economic and social development of China. It covers data for 2015 and key statistical data in recent years and some historically important years at the national level and the local levels of province, autonomous region and municipality directly under the Central Government.

II. The Yearbook contains twenty-seven chapters : 1. General Survey; 2. Population; 3. National Accounts; 4. Employment and Wages; 5. Prices; 6. People's Living Conditions; 7. Government Finance; 8. Resources and Environment; 9. Energy; 10. Investment in Fixed Assets; 11. Foreign Trade and Economic Cooperation; 12. Agriculture; 13. Industry; 14. Construction; 15. Wholesale and Retail Trades; 16. Transport, Postal and Telecommunication Services, and Software Industry; 17. Hotels, Catering Services and Tourism; 18. Financial Intermediation; 19. Real Estate; 20. Science and Technology; 21. Education; 22. Public Health and Social Services; 23. Culture and Sports; 24. Public Management, Social Security and Social Organizations; 25. Urban, Rural and Regional Development; 26. Main Social and Economic Indicators of Hong Kong Special Administrative Region (SAR); 27. Main Social and Economic Indicators of Macao Special Administrative Region (SAR). Two chapters listed as Appendices are Main Social and Economic Indicators of Taiwan Province and Main Social and Economic Indicators of Other Countries/Regions.

To facilitate readers, the Brief Introduction at the beginning of each chapter provides a summary of the main contents of the chapter, data sources, statistical scope, statistical methods and historical changes. At the end of each chapter, Explanatory Notes on Main Statistical Indicators are included.

III. The national data in this book do not include those of the Hong Kong Special Administrative Region, the Macao Special Administrative Region and Taiwan Province, except for the divisions of administrative areas, the area of the national territory and forest resources and otherwise specified. In accordance with the principles set down in the *Basic Law of Hong Kong Special Administrative Region*, and the *Basic Law of Macao Special Administrative Region*, statistically Hong Kong, Macao and the mainland of China are three mutually independent regions, each following its own and different statistical systems and legal provisions in conducting statistical operations independently. Statistics on the Hong Kong Special Administrative Region and the Macao Special Administrative Region as included in this yearbook are provided by the Census and Statistics Department of the Government of Hong Kong Special Administrative Region and the Statistics and Census Service of the Government of Macao Special Administrative Region respectively; and are edited by the National Bureau of Statistics.

IV. Eastern region, central region, western region and northeastern region in the Yearbook are divided as following:

Eastern 10 provinces (municipalities) include: Beijing, Tianjin, Hebei, Shanghai, Jiangsu, Zhejiang, Fujian, Shandong, Guangdong and Hainan;

Central 6 provinces include: Shanxi, Anhui, Jiangxi, Henan, Hubei and Hunan;

Western 12 provinces (autonomous regions and municipalities) include: Inner Mongolia, Guangxi, Chongqing, Sichuan, Guizhou, Yunnan, Tibet, Shaanxi, Gansu, Qinghai, Ningxia and Xinjiang;

Northeastern 3 provinces include: Liaoning, Jilin and Heilongjiang.

V. The units of measurement used in the Yearbook are internationally standard measurement units, and newly published and implemented Product Categories are uniformly used.

VI. Please refer to the newly published version of the Yearbook for updated historical data. Statistical discrepancies on totals and relative figures due to rounding are not adjusted in the Yearbook.

VII. Notations used in the Yearbook: (blank space) indicates that the data are unknown, or are not available; "#" indicates a major breakdown of the total; and "*"or "①"indicates footnotes at the end of the table. About the notations in the chapters of Hong Kong SAR and Macao SAR, please refer to the brief introduction in relevant chapters.

VIII. In comparison with China Statistical Yearbook 2015, following revisions have been made in this new version in terms of the statistical contents and in editing: The chapter of "Real Estate" is moved next to "Financial Intermediation", the chapter of "Transport, Postal and Telecommunication Services, and Software Industry" is moved prior to "Hotels, Catering Services and Tourism"; Of the chapter of "Population", Life Expectancy at Birth is newly added; Of the chapter of "National Accounts", data of GDP for each year are revised systematically as the programme of the reform of R&D expenditure accounting methodology. Of the chapter of "Prices", Producer Price Indices for Industrial Products by Sector is by the industrial classification standard of 2011's version; Of the chapter of "Industry", basic indicators reflecting economic situations of industrial enterprises are properly added. According to the new statistical report system, the contents and relative statistical indicators about railway are adjusted.

目 录

CONTENTS

一、综 合
General Survey

二、人 口
Population

三、国民经济核算
National Accounts

四、就业和工资
Employment and Wages

五、价 格
Prices

六、人民生活
People's Living Conditions

七、财 政
Government Finance

八、资源和环境
Resources and Environment

九、能 源
Energy

十、固定资产投资
Investment in Fixed Assets

十一、对外经济贸易
Foreign Trade and Economic Cooperation

十二、农 业
Agriculture

十三、工 业
Industry

十四、建筑业
Construction

十五、批发和零售业
Wholesale and Retail Trades

十六、运输、邮电和软件业
Transport, Postal and Telecommunication Services, and Software Industry

十七、住宿、餐饮业和旅游
Hotels, Catering Services and Tourism

十八、金融业
Financial Intermediation

十九、房地产
Real Estate

二十、科学技术
Science and Technology

二十一、教　育
Education

二十二、卫生和社会服务
Public Health and Social Services

二十三、文化和体育
Culture and Sports

二十四、公共管理、社会保障和社会组织
Public Management, Social Security and Social Organizations

二十五、城市、农村和区域发展
Urban, Rural and Regional Development

二十六、香港特别行政区主要社会经济指标
Main Social and Economic Indicators of Hong Kong Special Administrative Region

二十七、澳门特别行政区主要社会经济指标
Main Social and Economic Indicators of Macao Special Administrative Region

附录一、台湾省主要社会经济指标
APPENDIX I. Main Social and Economic Indicators of Taiwan Province

附录二、国际主要社会经济指标
APPENDIX II. Main Social and Economic Indicators of Other Countries/Regions

1

综　　合

General Survey

简 要 说 明

本篇章主要内容和资料来源

一、综合资料主要包括我国行政区划、国民经济和社会发展综合资料。由民政部和国家统计局编辑整理。

二、“全国行政区划”资料，由民政部根据国务院批准的、截止到上一年末全国行政区划变更情况汇总整理并提供。

三、国民经济综合资料是本年鉴之精华，集中反映中国国民经济和社会发展的总量、速度、结构、比例和效益状况及变化。

四、基本单位统计资料填报范围为所有法人单位和产业活动单位，来源是各部门的单位审批登记资料和经常性统计调查中查到的新增、变动和消亡单位情况。

Brief Introduction

Main Contents and Sources of Data

I. This chapter consists of three parts: divisions of administrative areas, summary data on the national economy and social development, which are compiled by the Ministry of Civil Affairs, National Bureau of Statistics respectively.

II. Data on divisions of administrative areas in China are prepared and provided by the Ministry of Civil Affairs on the basis of the changes in the divisions of administrative areas as approved by the State Council at the end of the previous year.

III. The summary data on the national economy reflect the overall situation of the economic and social development by presenting further processed statistics including growth, structure, ratio, and efficiency data derived from other chapters.

IV. Statistical coverage of basic units is all legal entities and industrial active entities. Data come from unit (entity) examination and registration department, and units of newly increased, changed and died out during regular statistical survey.

1-1 全国行政区划（2015年底）
Divisions of Administrative Areas in China (End of 2015)

单位：个 (unit)

省级区划名称 Provinces, Autonomous Regions and Municipalities	地级区划数 Number of Regions at Prefecture Level	#地级市 Cities at Pre-fecture Level	县级区划数 Number of Regions at County Level	#市辖区 Districts under the Jurisdiction of Cities	#县级市 Cities at County Level	#县 Counties	#自治县 Auto-nomous Counties	乡镇级区划数 Number of Regions at Townships Level	#镇 Towns	#乡级 Towns	#街道 Street Commu-nities
全 国 National Total	**334**	**291**	**2850**	**921**	**361**	**1397**	**117**	**39789**	**20515**	**11315**	**7957**
北 京 市 Beijing			16	16				331	143	38	150
天 津 市 Tianjin			16	15		1		244	121	6	117
河 北 省 Hebei	11	11	170	42	20	102	6	2251	1067	890	293
山 西 省 Shanxi	11	11	119	23	11	85		1398	564	632	202
内蒙古自治区 Inner Mongolia	12	9	102	22	11	17		1010	496	275	239
辽 宁 省 Liaoning	14	14	100	57	16	19	8	1532	648	213	671
吉 林 省 Jilin	9	8	60	21	20	16	3	901	429	182	290
黑 龙 江 省 Heilongjiang	13	12	128	65	18	44	1	1234	512	374	348
上 海 市 Shanghai			16	15		1		213	107	2	104
江 苏 省 Jiangsu	13	13	97	55	21	21		1281	767	72	442
浙 江 省 Zhejiang	11	11	90	36	20	33	1	1350	641	265	444
安 徽 省 Anhui	16	16	105	44	6	55		1494	946	303	245
福 建 省 Fujian	9	9	85	28	13	44		1105	633	294	178
江 西 省 Jiangxi	11	11	100	22	10	68		1552	820	582	150
山 东 省 Shandong	17	17	137	51	28	58		1826	1115	75	636
河 南 省 Henan	17	17	158	51	21	86		2433	1105	703	625
湖 北 省 Hubei	13	12	103	39	24	37	2	1233	761	168	304
湖 南 省 Hunan	14	13	122	35	16	64	7	1911	1119	417	375
广 东 省 Guangdong	21	21	119	62	20	34	3	1584	1128	11	445
广西壮族自治区 Guangxi	14	14	110	37	8	53	12	1251	773	350	128
海 南 省 Hainan	4	4	23	8	5	4	6	218	175	21	22
重 庆 市 Chongqing			38	23		11	4	1025	617	195	213
四 川 省 Sichuan	21	18	183	50	16	113	4	4635	2032	2271	332
贵 州 省 Guizhou	9	6	88	14	7	55	11	1370	796	401	173
云 南 省 Yunnan	16	8	129	14	14	72	29	1389	681	545	163
西藏自治区 Tibet	7	4	74	5		69		694	140	544	10
陕 西 省 Shaanxi	10	10	107	27	3	77		1291	989	23	279
甘 肃 省 Gansu	14	12	86	17	4	58	7	1351	628	600	123
青 海 省 Qinghai	8	2	43	6	3	27	7	399	140	225	34
宁夏回族自治区 Ningxia	5	5	22	9	2	11		236	102	90	44
新疆维吾尔自治区 Xinjiang	14	3	104	12	24	62	6	1047	320	548	178
香港特别行政区 Hong Kong Special Administrative Region											
澳门特别行政区 Macao Special Administrative Region											
台 湾 省 Taiwan											

注：乡镇级总数包含河北省、新疆维吾尔自治区的各一个区公所。
a) Number of regions at townships level include one district office of Hebei and Xinjiang separately.

1-2 国民经济和社会发展总量与速度指标

指　　标		Item		1978
人口	**(万人)**	**Population**	**(10 000 persons)**	
总人口(年末)		Total Population (year-end)		96259
城镇人口		Urban Population		17245
乡村人口		Rural Population		79014
就业	**(万人)**	**Employment**	**(10 000 persons)**	
就业人员数		Employment		40152
第一产业		Primary Industry		28318
第二产业		Secondary Industry		6945
第三产业		Tertiary Industry		4890
城镇登记失业人数		Number of Registered Unemployed Persons in Urban Areas		530
国民经济核算		**National Accounts**		
国民总收入	(亿元)	Gross National Income	(100 million yuan)	3678.7
国内生产总值	(亿元)	Gross Domestic Product	(100 million yuan)	3678.7
第一产业		Primary Industry		1018.5
第二产业		Secondary Industry		1755.2
第三产业		Tertiary Industry		905.1
人均国内生产总值	(元)	Per Capita GDP	(yuan)	385
人民生活		**People's Living Conditions**		
城镇居民人均可支配收入	(元)	Annual Per Capita Disposable Income of Urban Households	(yuan)	343
农村居民人均纯收入	(元)	Per Capita Net Income of Rural Households	(yuan)	134
财政	**(亿元)**	**Government Finance**	**(100 million yuan)**	
一般公共预算收入		General Public Budget Revenue		1132
一般公共预算支出		General Public Budget Expenditure		1122
环境、灾害		**Environment and Disaster**		
废水中化学需氧量排放量	(万吨)	COD Discharge of Waste Water	(10 000 tons)	
废气中二氧化硫排放量	(万吨)	Sulphur Dioxide Emission of Waste Gas	(10 000 tons)	
能源	**(万吨标准煤)**	**Energy**	**(10 000 tons of SCE)**	
能源生产总量		Total Energy Production		62770
能源消费总量		Total Energy Consumption		57144
固定资产投资		**Investment in Fixed Assets**		
全社会固定资产投资总额	(亿元)	Total Investment in Fixed Assets	(100 million yuan)	
#房地产开发		Real Estate Development		
全社会住宅投资		Total Investment in Residential Buildings		
全社会房屋施工面积	(万平方米)	Floor Space of Buildings under Construction	(10 000 sq.m)	
#住宅		Residential Buildings		
全社会房屋竣工面积	(万平方米)	Floor Space of Buildings Completed	(10 000 sq.m)	
#住宅		Residential Buildings		

Principal Aggregate Indicators on National Economic and Social Development and Growth Rates

总量指标 Aggregate Data			指数(%) Index (%) (2015为以下各年) (2015 as Percentage of the Following Years)			平均增长速度(%) Average Annual Growth Rate (%)	
2000	2014	2015	1978	2000	2014	1979–2015	2001–2015
126743	136782	137462	142.8	108.5	100.5	1.0	0.5
45906	74916	77116	447.2	168.0	102.9	4.1	3.5
80837	61866	60346	76.4	74.7	97.5	-0.7	-1.9
72085	77253	77451	192.9	107.4	100.3	1.8	0.5
36043	22790	21919	77.4	60.8	96.2	-0.7	-3.3
16219	23099	22693	326.8	139.9	98.2	3.3	2.3
19823	31364	32839	671.6	165.7	104.7	5.3	3.4
595	952	966	182.3	162.4	101.5	1.6	3.3
99066.1	644791.1	682635.1	3014.9	401.5	106.3	9.6	9.7
100280.1	643974	685505.8	3027.6	398.3	106.9	9.7	9.7
14717.4	58343.5	60870.5	500.5	181.7	103.9	4.4	4.1
45664.8	277571.8	280560.3	4721.6	440.2	106.1	11.0	10.4
39897.9	308058.6	344075	4164.7	434.5	108.3	10.6	10.3
7942	47203	49992	2111.2	366.7	106.4	8.6	9.0
6280	29381	31790	1396.9	364.1	106.6	7.4	9.0
2253	9892	10772	1510.1	312.4	107.5	7.6	7.9
13395	140370	152269	13448.3	1136.7	108.5	14.2	17.6
15887	151786	175878	15674.1	1107.1	115.9	14.6	17.4
	2295	2224			96.9		
	1974	1859			94.2		
138570	361866	362000	576.7	261.2	100.0	4.8	6.6
146964	425806	430000	752.5	292.6	101.0	5.6	7.4
32918	512021	562000			109.8		22.0
4984	95036	95979			101.0		24.0
7594	80615	80248					
265294	1355560	1292372		487.1	95.3		11.1
180634	689041	669297		370.5	97.1		9.1
181974	355068	350973		192.9	98.8		4.5
134529	192545	179738		133.6	93.3		2.0

1-2 续表 1

指 标		Item		1978
对外经济贸易	**(亿美元)**	**Foreign Trade**	**(100 million USD)**	
货物进出口总额		Total Value of Imports and Exports		206.4
出口额		Exports		97.5
进口额		Imports		108.9
外商直接投资		Foreign Direct Investment		
农业		**Agriculture**		
农林牧渔业总产值	(亿元)	Gross Output Value of Agriculture, Forestry, Animal Husbandry and Fishery	(100 million yuan)	1397.0
主要农产品产量	(万吨)	Output of Major Farm Products	(10 000 tons)	
粮 食		Grain		30476.5
棉 花		Cotton		216.7
油 料		Oil-bearing Crops		521.8
肉 类		Meat		943.0
水产品		Aquatic Products		465.4
工业		**Industry**		
主要工业产品产量		Output of Major Industrial Products		
原 煤	(亿吨)	Coal	(100 million tons)	6.2
原 油	(万吨)	Crude Oil	(10 000 tons)	10405.0
天然气	(亿立方米)	Natural Gas	(100 million cu.m)	137.3
水 泥	(亿吨)	Cement	(100 million tons)	6524.0
粗 钢	(万吨)	Crude Steel	(10 000 tons)	3178.0
钢 材	(万吨)	Rolled Steel	(10 000 tons)	2208.0
汽 车	(万辆)	Motor Vehicles	(10 000 sets)	14.9
发电机组	(万千瓦)	Power Generation Equipment	(10 000 kw)	483.8
金属切削机床	(万台)	Metal-cutting Machine Tools	(10 000 sets)	18.3
发电量	(亿千瓦小时)	Electricity	(100 million kwh)	2566.0
规模以上工业企业主要指标	(亿元)	Principal Indicators of Industrial Enterprises above Designated Size	(100 million yuan)	
资产总计		Total Assets		
主营业务收入		Revenue from Principal Business		
利润总额		Total Profits		
建筑业		**Construction**		
建筑业总产值	(亿元)	Gross Output Value of Construction	(100 million yuan)	
房地产业		**Real Estate**		
房地产企业房屋施工面积	(万平方米)	Floor Space of Buildings under Construction	(10 000 sq.m)	
房地产企业房屋竣工面积	(万平方米)	Floor Space of Buildings Completed	(10 000 sq.m)	
房地产企业商品房销售面积	(万平方米)	Floor Space of Commercialized Buildings Sold	(10 000 sq.m)	
#住宅		Residential Buildings		
房地产企业商品房销售额	(亿元)	Total Sale of Commercialized Buildings	(100 million yuan)	
#住宅		Residential Buildings		

continued

总量指标 Aggregate Data			指数(%) Index (%) (2015为以下各年) (2015 as Percentage of the Following Years)			平均增长速度(%) Average Annual Growth Rate (%)	
2000	2014	2015	1978	2000	2014	1979–2015	2001–2015
4742.9	43015.3	39530.3	19152.3	833.5	91.9	15.3	15.2
2492.0	23422.9	22734.7	23317.6	912.3	97.1	15.9	15.9
2250.9	19592.3	16795.6	15423.0	746.2	85.7	14.6	14.3
407.2	1195.6	1262.7		310.1	105.6		7.8
24915.8	102226.1	107056.4	788.9	201.5	103.8	5.7	4.8
46217.5	60702.6	62143.9	203.9	134.5	102.4	1.9	2.0
441.7	617.8	560.3	258.6	126.9	90.7	2.6	1.6
2954.8	3507.4	3537.0	677.9	119.7	100.8	5.3	1.2
6013.9	8706.7	8625.0	914.6	143.4	99.1	6.2	2.4
3706.2	6461.5	6699.6	1439.7	180.8	103.7	7.5	4.0
13.8	38.7	37.5	606.2	270.7	96.7	5.0	6.9
16300.0	21142.9	21455.6	206.2	131.6	101.5	2.0	1.8
272.0	1301.6	1346.1	980.4	494.9	103.4	6.4	11.3
59700.0	249207.1	235918.8	3616.2	395.2	94.7	10.2	9.6
12850.0	82230.6	80382.5	2529.3	625.5	97.8	9.1	13.0
13146.0	112513.1	112349.6	5088.3	854.6	99.9	11.2	15.4
207.0	2372.5	2450.4	16434.3	1183.7	103.3	14.8	17.9
1249.0	15053.0	12431.4	2569.5	995.3	82.6	9.2	16.6
17.7	85.8	75.5	412.1	427.5	88.0	3.9	10.2
13556.0	57944.6	58145.7	2266.0	428.9	100.3	8.8	10.2
126211	956777	1023398		810.9	107.0		15.0
84152	1107033	1109853		1318.9	100.3		18.8
4393	68155	66187		1506.5	97.1		19.8
12498	176713	180757		1446.3	102.3		19.5
65897	726482	735693		1116.4	101.3		17.5
25105	107459	100039		398.5	93.1		9.7
18637	120649	128495		689.5	106.5		13.7
16570	105188	112412		678.4	106.9		13.6
3935	76292	87281		2217.8	114.4		22.9
3229	62411	72770		2253.9	116.6		23.1

1-2 续表 2

指　　标		Item		1978
批发、零售和旅游业		**Wholesale, Retail Sales and Tourism**		
社会消费品零售总额	(亿元)	Total Retail Sales of Consumer Goods	(100 million yuan)	1558.6
外国人入境旅客	(万人次)	Number of Tourists (Oversea Visitors)	(10 000 person-times)	23.0
国内旅客	(亿人次)	Number of Tourists (Domestic Visitors)	(100 million person-times)	
国际旅游收入	(亿美元)	Foreign Exchange Earnings from International Tourism	(USD 100 million)	2.63
国内旅游总花费	(亿元)	Earnings from Domestic Tourism	(100 million yuan)	
交通运输业		**Transport**		
客运量	(万人)	Passenger Traffic	(10 000 persons)	253993
铁　路		Railways		81491
公　路		Highways		149229
水　运		Waterways		23042
民　航		Civil Aviation		231
货运量	(万吨)	Freight Traffic	(10 000 tons)	319431
铁　路		Railways		110119
公　路		Highways		151602
水　运		Waterways		47357
民　航		Civil Aviation		6.4
管　道		Pipelines		10347
沿海规模以上港口货物吞吐量	(万吨)	Volume of Freight Handled at Coastal Ports above Designated Size	(10 000 tons)	19834
民用汽车拥有量	(万辆)	Possession of Civil Motor Vehicles	(10 000 sets)	135.8
#私人汽车		Private Vehicles		
邮政、电信和信息软件业		**Postal, Telecommunication & Information Services**		
邮电业务总量	(亿元)	Business Volume of Postal and Telecommunication Services	(100 million yuan)	34.09
移动电话年末用户	(万户)	Number of Mobile Telephone Subscribers at Year-end	(10 000 accounts)	
固定电话年末用户	(万户)	Number of Fixed Telephone Subscribers at Year-end	(10 000 accounts)	192.5
局用交换机容量	(万门)	Capacity of Office Telephone Exchanges	(10 000 lines)	405.9
互联网宽带接入用户	(万户)	Broadband Subscribers of Internet	(10 000 accounts)	
软件业务收入	(亿元)	Software Income	(100 million yuan)	
金融业		**Financial Intermediation**		
社会融资规模增量	(万亿元)	Increment of All-system Financing Aggregates	(trillion yuan)	
货币和准货币(M_2)	(万亿元)	Money and Quasi-Money(M_2)	(trillion yuan)	
货币(M_1)	(万亿元)	Money(M_1)	(trillion yuan)	
流通中现金(M_0)	(万亿元)	Currency in Circulation(M_0)	(trillion yuan)	
金融机构人民币各项存款余额	(万亿元)	Deposits of National Banking System	(trillion yuan)	0.12
金融机构人民币各项贷款余额	(万亿元)	Loans of National Banking System	(trillion yuan)	0.19
股票筹资额	(亿元)	Raised Capital of Listed Companies	(100 million yuan)	
保险公司保费金额	(亿元)	Insurance Premium of Insurance Companies	(100 million yuan)	
保险公司赔款及给付金额	(亿元)	Claim and Payment of Insurance Companies	(100 million yuan)	

continued

总量指标	Aggregate Data		指数(%) Index (%) (2015为以下各年) (2015 as Percentage of the Following Years)			平均增长速度(%) Average Annual Growth Rate (%)	
2000	2014	2015	1978	2000	2014	1979-2015	2001-2015
39106	271896	300931	19307.8	769.5	110.7	15.3	14.6
1016.0	2636.1	2598.5	11317.7	255.8	98.6	13.6	6.5
7.4	36.1	40.0		537.6	110.8		11.9
162	1054	1137	43212.9	700.5	107.8	17.8	13.9
3175.5	30311.9	34195.1		1076.8	112.8		17.2
1478573	2032218	1943271	765.1	131.4	95.6	5.7	1.8
105073	230460	253484	311.1	241.2	110.0	3.1	6.0
1347392	1736270	1619097	1085.0	120.2	93.3	6.7	1.2
19386	26293	27072	117.5	139.6	103.0	0.4	2.3
6722	39195	43618	18882.3	648.9	111.3	15.2	13.3
1358682	4167296	4175886	1307.3	307.3	100.2	7.2	7.8
178581	381334	335801	304.9	188.0	88.1	3.1	4.3
1038813	3113334	3150019	2077.8	303.2	101.2	8.5	7.7
122391	598283	613567	1295.6	501.3	102.6	7.2	11.3
196.7	594.1	629.3	9832.7	319.9	105.9	13.2	8.1
18700	73752	75870	733.3	405.7	102.9	5.5	9.8
125603	769557	784578	3955.7	624.6	102.0	10.5	13.0
1608.9	14598.1	16284.5	11988.0	1012.1	111.6	13.8	16.7
625	12339	14099		2254.7	114.3		23.1
4793	21834	28425	312063.9	68392.0	130.2	24.3	23.0
8453.3	128609.3	127139.7		1504.0	98.9	-100.0	19.8
14482.9	24943.0	23099.6	11997.1	159.5	92.6	13.8	3.2
17825.6	40517.1	26446.5	6515.8	148.4	65.3	12.0	2.7
	20048.3	25946.6			129.4		
	37026	42848			115.7		
	16.41	15.41					
13.46	122.84	139.23		995.1	113.3		16.6
5.31	34.81	40.10		748.3	115.2		14.4
1.47	6.03	6.32		440.4	104.9		10.4
12.38	113.86	135.70	110830.0	1039.9	112.4	20.9	16.9
9.94	81.68	93.95	59870.7	990.6	114.3	18.9	16.5
2103	7087	10975		521.8	154.8		11.6
1598	20235	24283		1519.6	120.0		19.9
526	7216	8674		1649.1	120.2		20.5

1-2 续表 3

指标		Item		1978
科学技术		**Expenditure for Science and Technology**		
研究与试验发展经费支出	(亿元)	Expenditure on R&D	(100 million yuan)	
发明专利申请授权数	(万件)	Number of Patent Applications Granted	(10 000 pieces)	
技术市场成交额	(亿元)	Transaction Value in Technical Market	(100 million yuan)	
教育		**Education**		
专任教师数	(万人)	Full-time Teachers	(10 000 persons)	
#普通高等学校		Regular Institutions of Higher Education		20.6
普通高中		Regular Senior Secondary Schools		74.1
初中		Junior Secondary Schools		244.1
普通小学		Regular Primary Schools		522.6
在校学生数	(万人)	Total Enrollment	(10 000 persons)	
#普通本专科		Regular Undergraduates and College Students		85.6
普通高中		Regular Senior Secondary Schools		1553.1
初中		Regular Junior Secondary Schools		4995.2
普通小学		Regular Primary Schools		14624.0
教育经费支出	(亿元)	Government Expenditures on Education	(100 million yuan)	
卫生		**Public Health**		
医院	(个)	Hospitals	(unit)	9293
医院床位数	(万张)	Number of Beds of Hospitals	(10 000 units)	110.0
执业(助理)医师	(万人)	Licensed (Assistant) Doctors	(10 000 persons)	97.8
卫生总费用	(亿元)	Total Expenditure for Public Health	(100 million yuan)	110.2
文化		**Culture**		
图书出版总印数	(亿册、亿张)	Number of Books Published	(100 million copies)	37.7
电视节目制作时间	(万小时)	Time for TV Programs Production	(10 000 hours)	
故事影片产量	(部)	Production of Feature Films	(film)	46.0
社会保险		**Welfare and Social Insurance**		
社会保险基金收入	(亿元)	Revenue of Social Insurance Fund	(100 million yuan)	
社会保险基金支出	(亿元)	Expenses of Social Insurance Fund	(100 million yuan)	
参加基本养老保险人数	(万人)	Contributors in Basic Pension Insurance	(10 000 persons)	
参加失业保险人数	(万人)	Number of Employees Joining Unemployment Insurance	(10 000 persons)	
参加城镇职工基本医疗保险人数	(万人)	Contributors in Urban Employees Basic Medical Care Insurance	(10 000 persons)	

注：1.本表价值指标除邮电业务总量按不变价格计算外，其余均按当年价格计算。邮电业务总量2000年及以前按1990年不变价格计算，2001-2010年按2000年不变价格计算，2011年起按2010年不变价格计算。

2.本表速度指标中，国民总收入、国内生产总值及三次产业增加值、农林牧渔业总产值、邮电业务总量和城乡居民收入指标均按可比价格计算。固定资产投资平均增长速度按累计法计算。

3.2011年起，固定资产投资除房地产投资、农村个人投资外，统计起点由50万元提高至500万元，城镇固定资产投资数据发布口径改为产投资(不含农户)，即原口径的城镇固定资产投资加上农村企事业组织的项目投资。

continued

总量指标 Aggregate Data			指数(%) Index (%) (2015为以下各年) (2015 as Percentage of the Following Years)			平均增长速度(%) Average Annual Growth Rate (%)	
2000	2014	2015	1978	2000	2014	1979–2015	2001–2015
895.7	13015.6	14169.9		1582.0	108.9		20.2
1.3	23.3	35.9		2764.0	154.1		24.8
650.8	8577.0	9836.0		1511.4	114.7		19.8
46.3	153.5	157.3	763.4	339.8	102.5	5.6	8.5
75.7	166.3	169.5	228.8	224.0	102.0	2.3	5.5
328.7	348.8	347.6	142.4	105.7	99.6	1.0	0.4
586.0	563.4	568.5	108.8	97.0	100.9	0.2	-0.2
556.1	2547.7	2625.3	3066.9	472.1	103.0	9.7	10.9
1201.3	2400.5	2374.4	152.9	197.7	98.9	1.2	4.6
6256.3	4384.6	4312.0	86.3	68.9	98.3	-0.4	-2.5
13013.3	9451.1	9692.2	66.3	74.5	102.6	-1.1	-1.9
3849.1	32806.5						
16318	25860	27587	296.9	169.1	106.7	3.0	3.6
216.7	496.1	533.1	484.6	246.0	107.4	4.4	6.2
207.6	289.3	303.9	310.7	146.4	105.1	3.1	2.6
4586.6	35312.4	40974.6	37178.7	893.3	116.0	17.3	15.7
62.7	81.8	86.6	229.5	138.1	105.8	2.3	2.2
58.5	327.7	352.0		601.7	107.4		12.7
91.0	618.0	686.0	1491.3	753.8	111.0	7.6	14.4
2644.9	39827.7	46012.1		1739.7	115.5		21.0
2385.6	33002.7	38988.1		1634.3	118.1		20.5
13617.4	84231.9	85833.4		630.3	101.9		13.1
10408.4	17042.6	17326.0		166.5	101.7		3.5
3786.9	59746.9	66581.6		1758.2	111.4		21.1

a) Figures in value terms in this table are at current prices, except that on the business volume of postal and telecommunication services which is at 1990 constant prices before 2000 and at 2000 constant prices since 2000.Since 2011, it was calculated at 2010 constant prices.

b) The indices and growth rates of the follow indicators are calculated at constant prices: gross national income, gross domestic product, value-added of the three strata of industry, gross output value of agriculture, forestry, animal husbandry and fishery, business volume of postal and telecommunication services, per capita income of urban and rural residents. The average annual growth rate of total investment in fixed assets is calculated at the accumulate method.

c) Since 2011, the cut-off point of projects of investment has changed from 500 000 yuan to 5 million yuan, published coverage of investment in fixed assets in urban area changed into investment in fixed assets (excluding rural households) which included investment in urban area and investment in rural enterprises(units).

1-3 国民经济和社会发展结构指标
Composition Indicators on National Economic and Social Development

单位：% (%)

指 标	Item	1978	1990	2000	2015
人口	**Population**				
性别	Sexual Composition				
男	Male	51.5	51.5	51.6	51.2
女	Female	48.5	48.5	48.4	48.8
年龄	Age				
0-14岁	Aged 0-14		27.7	22.9	16.5
15-64岁	Aged 15-64		66.7	70.1	73.0
65岁及以上	Aged 65 and Over		5.6	7.0	10.5
城乡	Urban and Rural Composition				
城镇	Urban Areas	17.9	26.4	36.2	56.1
乡村	Rural Area	82.1	73.6	63.8	43.9
国民经济核算	**National Accounts**				
国内生产总值(生产法)	Gross Domestic Product				
第一产业	Primary Industry	27.7	26.6	14.7	8.9
第二产业	Secondary Industry	47.7	41.0	45.5	40.9
第三产业	Tertiary Industry	24.6	32.4	39.8	50.2
国内生产总值(支出法)	Gross Domestic Product				
消费支出	Expenses on Consumption	62.1	63.3	63.3	51.6
固定资本形成	Fixed Capital Formation	38.2	34.0	34.3	44.9
净出口	Net Exports	-0.3	2.7	2.4	3.4
就业	**Employment**				
第一产业	Primary Industry	70.5	60.1	50.0	28.3
第二产业	Secondary Industry	17.3	21.4	22.5	29.3
第三产业	Tertiary Industry	12.2	18.5	27.5	42.4
人民生活	**People's Living Conditions**				
城镇居民人均现金消费支出	Annual Per Capita Consumption Expenditure of Urban Households in Cash				
食 品	Food		54.2	39.4	34.8
衣 着	Clothing		13.4	10.0	9.5
居 住	Residence		4.8	11.3	9.3
家庭设备及用品	Household Facilities and Articles		8.5	7.5	7.3
交通通信	Transport and Communications		3.2	8.5	16.2
文教娱乐	Education, Culture and Recreation		8.8	13.4	13.3
医疗保健	Health Care		2.0	6.4	6.5
其 他	Others		5.2	3.4	3.2
农村居民人均消费支出	**Consumption Composition of Rural Residents**				
食 品	Food		58.8	49.1	33.0
衣 着	Clothing		7.8	5.7	6.0
居 住	Residence		17.3	15.5	20.9
家庭设备及用品	Household Facilities and Articles		5.3	4.5	5.9
交通通信	Transport and Communications		1.4	5.6	12.6
文教娱乐	Education, Culture and Recreation		5.4	11.2	10.5
医疗保健	Health Care		3.3	5.2	9.2
其 他	Others		0.7	3.1	1.9

1-3 续表 1 continued

单位：% (%)

指 标	Item	1978	1990	2000	2015
财政	**Government Finance**				
一般公共预算收入	General Public Budget Revenue				
中央	Central Government	15.5	33.8	52.2	45.5
地方	Local Governments	84.5	66.2	47.8	54.5
一般公共预算支出	General Public Budget Expenditure				
中央	Central Government	47.4	32.6	34.7	14.5
地方	Local Governments	52.6	67.4	65.3	85.5
一般公共预算收入	General Public Budget Revenue				
税收收入	Tax Revenue	45.9	96.1	93.9	82.0
#国内增值税	Domestic Value-added Tax		13.6	34.1	20.4
#国内消费税	Domestic Consumption Tax			7.2	6.9
#营业税	Business Revenue Tax		17.6	14.7	12.7
#企业和个人所得税	Corporate and Individual Income Tax		24.4	10.8	23.5
#关 税	Tariffs	5.5	5.4	4.9	1.7
能源	**Energy**				
能源生产	Composition of Total Energy Production				
原煤	Coal	70.3	74.2	72.9	72.1
原油	Crude Oil	23.7	19.0	16.8	8.5
天然气	Natural Gas	2.9	2.0	2.6	4.9
一次电力及其他能源	Primary Electricity and Other Energy	3.1	4.8	7.7	14.5
能源消费	Composition of Total Energy Consumption				
煤炭	Coal	70.7	76.2	68.5	64.0
石油	Petroleum	22.7	16.6	22.0	18.1
天然气	Natural Gas	3.2	2.1	2.2	5.9
一次电力及其他能源	Primary Electricity and Other Energy	3.4	5.1	7.3	12.0
固定资产投资	**Investment in Fixed Assets**				
全社会固定资产投资	Composition of Investment in Fixed Assets				
建筑安装工程	Construction and Installation		66.6	62.4	69.1
设备工器具购置	Purchase of Equipment and Instruments		25.8	23.7	19.8
其他	Others		7.6	13.9	11.2
实际到位资金	Actual Funds for Investment				
国家预算资金	State Budget		8.7	6.4	5.3
国内贷款	Domestic Loans		19.6	20.3	10.5
利用外资	Utilization of Foreign Capital		6.3	5.1	0.5
自筹和其他投资	Self-raising Funds and Other Investments		65.4	68.2	83.8
货物进出口	**Imports and Exports of Goods**				
出口	Exports				
初级产品	Primary Goods		25.6	10.2	4.6
工业制成品	Manufactured Goods		74.4	89.8	95.4
进口	Imports				
初级产品	Primary Goods		18.5	20.8	28.1
工业制成品	Manufactured Goods		81.5	79.2	71.9
利用外资	**Utilization of Foreign Capital**				
实际利用外资	Composition of Foreign Capital Actually Utilized				
外商直接投资	Foreign Direct Investment		33.9	68.6	100.0
外商其他投资	Other Foreign Investment		2.6	14.6	0.0

1-3 续表 2 continued

单位：% (%)

指　　标	Item	1978	1990	2000	2015
农业	**Agriculture**				
农林牧渔业产值	Composition of Gross Output Value of Agriculture				
#农业	Farming	80.0	64.7	55.7	53.8
林业	Forestry	3.4	4.3	3.8	4.1
牧业	Animal Husbandry	15.0	25.7	29.7	27.8
渔业	Fishery	1.6	5.4	10.9	10.2
工业(规模以上)	**Industry (above designated size)**				
工业企业资产	Composition of Assets of Industrial Enterprises				
采矿业	Mining				9.5
制造业	Manufacturing				76.5
电力、热力、燃气及水生产和供应业	Production and Supply of Electricity, Heat, Gas and Water				14.0
工业企业资产	Composition of Assets of Industrial Enterprises				
大型企业	Large Enterprises			56.3	46.5
中型企业	Medium-sized Enterprises			12.9	23.7
小型企业	Small Enterprises			30.8	29.8
交通运输业	**Transport**				
货运量	Freight Traffic				
铁　路	Railways	34.5	15.5	13.1	8.0
公　路	Highways	47.5	74.6	76.5	75.4
水　运	Waterways	14.8	8.3	9.0	14.7
民　航	Civil Aviation	0.002	0.004	0.014	0.015
管　道	Pipelines	3.2	1.6	1.4	1.8
金融业	**Financial Intermediation**				
金融机构人民币信贷资金来源	Composition of Sources of Funds in Financial Institutions				
各项存款	Total Deposits				88.0
金融债券	Financial Bonds				0.7
流通中货币	Currency in Circulation				4.1
对国际金融机构负债	Liabilities to International Financial Institutions				0.1
其他	Others				7.1
金融机构人民币信贷资金运用	Composition of Fund Uses in Financial Institutions				
各项贷款	Total Loans				61.0
债券投资	Bond Investment				12.8
股权及其他投资	Shares and Other Investment				8.7
黄金占款	Position for Bullion Purchase				0.2
外汇买卖	Foreign Exchange Trading				17.3
在国际金融机构资产	Assets with International Financial Institutions				0.1
社会融资规模增量	Aggregate Financing to the Real Economy (flow)				
#人民币贷款	RMB Loans				73.1
外币贷款(折合人民币)	Foreign Currency Loans (RMB)				-4.2
委托贷款	Credit Loans				10.3
信托贷款	Entrusted Loans				0.3
未贴现银行承兑汇票	Undiscounted Bankers' Acceptances				-6.9
企业债券	Corporate Bonds				19.1
非金融企业境内股票融资	Domestic Equity Financing of Non-financial Enterprises				4.9

1-3 续表 3 continued

单位：% (%)

指 标	Item	1978	1990	2000	2015
科技	**Science and Technology**				
研究与试验发展经费支出	Expenditure on R&D				
基础研究	Basic Research			5.2	5.1
应用研究	Applied Research			17.0	10.8
试验发展	Experimental Development			77.8	84.2
研究与试验发展经费来源	Composition of Expenditure on R&D				
政府资金	Government Funds				21.3
企业资金	Enterprises Funds				74.7
教育	**Education**				
教育经费	Composition of Education Funds				
国家财政性教育经费	Government Appropriation for Education			66.6	80.5
#公共财政教育经费	Public Expenditure on Education			56.9	68.8
卫生	**Public Health**				
卫生技术人员	Medical Technical Personnel				
#执业(助理)医师	Licensed (Assistant) Doctors	39.7	45.2	46.2	38.0
注册护士	Registered Nurses	16.4	25.0	28.2	40.5
药师(士)	Pharmacist	10.8	10.4	9.2	5.3
卫生费用	Composition of Total Health Expenditure				
政府卫生支出	Government Health Expenditure	32.2	25.1	15.5	30.4
社会卫生支出	Social Expenditure for Public Health	47.4	39.2	25.6	40.3
个人现金卫生支出	Individual Cash Expenditure for Public Health	20.4	35.7	59.0	29.3
社会保障	**Social Security**				
社会保险基金收入	Revenue of Social Insurance Fund				
基本养老保险	Basic Pension Insurance		95.7	86.1	70.0
失业保险	Unemployment Insurance		3.9	6.1	3.0
城镇基本医疗保险	Urban Basic Medical Care Insurance			6.4	24.3
工伤保险	Work Injury Insurance			0.9	1.6
生育保险	Maternity Insurance			0.4	1.1
社会保险基金支出	Composition of Expenses of Social Insurance Fund				
基本养老保险	Basic Pension Insurance		98.3	88.7	71.6
失业保险	Unemployment Insurance		1.7	5.2	1.9
城镇基本医疗保险	Urban Basic Medical Care Insurance			5.2	23.9
工伤保险	Work Injury Insurance			0.6	1.5
生育保险	Maternity Insurance			0.3	1.1
环境保护	**Environment Protection**				
工业污染治理投资	Composition of Investment in the Treatment of Industrial Pollution				
治理废水	Treatment of Waste Water			46.7	15.3
治理废气	Treatment of Waste Gas			38.7	67.4
治理固体废物	Treatment of Solid Waste			4.9	2.1
治理噪声	Treatment of Noise Pollution			0.6	0.4
其他	Others			9.1	14.8

注：教育经费为2014年数据。

a) Data of Education Funds are of 2014.

1-4 国民经济和社会发展比例和效益指标
Indicators on National Economic and Social Development

指标	Item	1978	2000	2014	2015
人口与就业	**Population and Employment**				
出生率 (‰)	Birth Rate (‰)	18.25	14.03	12.37	12.07
死亡率 (‰)	Death Rate (‰)	6.25	6.45	7.16	7.11
自然增长率 (‰)	Natural Growth Rate (‰)	12.00	7.58	5.21	4.96
总抚养比 (%)	Gross Dependency Ratio (%)		42.6	36.2	37.0
少儿抚养比 (%)	Children Dependency Ratio (%)		32.6	22.5	22.6
老年抚养比 (%)	Old Dependency Ratio (%)		9.9	13.7	14.3
城镇登记失业率 (%)	Registered Unemployment Rate in Urban Areas (%)	5.3	3.1	4.09	4.05
国民经济核算	**National Accounts**				
人均国内生产总值 (元)	Per Capita GDP (yuan)	385	7942	47203	49992
人民生活	**People's Living Conditions**				
城乡收入比(农村居民收入为1)	Urban and Rural Income Ratio(Rural Income as 1)	2.57	2.79	2.52	2.32
基尼系数	Gini Coefficient			0.469	0.462
农村贫困发生率(2010年标准) (%)	Rural Poverty(2010's standard) (%)	97.5	49.8	7.2	5.7
财政	**Government Finance**				
一般公共预算收入与国内生产总值之比(%)	Proportion of Government Revenue to GDP (%)	30.8	13.4	21.8	22.2
一般公共预算支出与国内生产总值之比(%)	Proportion of Government Expenditure to GDP (%)	30.5	15.8	23.6	25.7
外债	Foreign Debts				
偿债率 (%)	Debt Service Ratio (%)		9.2	2.6	5.0
负债率 (%)	Liability Ratio (%)		12.2	17.2	13.0
债务率 (%)	Foreign Debt Ratio (%)		52.1	69.9	58.3
能源	**Energy**				
能源生产弹性系数	Elasticity Ratio of Energy Production		0.59	0.12	
电力生产弹性系数	Elasticity Ratio of Electricity Production		1.11	0.55	0.04
能源消费弹性系数	Elasticity Ratio of Energy Consumption		0.54	0.29	0.13
电力消费弹性系数	Elasticity Ratio of Electricity Consumption		1.12	0.55	0.07
万元国内生产总值能源消费量 (吨标准煤)	Energy Consumption per Unit of GDP (ton of SCE/ 10 000 yuan)		1.47	0.75	
能源加工转换总效率 (%)	Total Efficiency of Energy Conversion (%)		69.38	73.49	
资源环境	**Resources and Environment**				
万元国内生产总值用水量 (立方米)	Water Use Per 10000 Yuan GDP(cu.m/ 10 000 yuan)		548	108	101
万元工业增加值用水量 (立方米)	Water Use Per 10000 Yuan of Industrial Added Value (cu.m/ 10 000 yuan)		283	59	55
工业固体废物综合利用率 (%)	Ratio of Industrial Solid Wastes Utilized (%)		45.9	62.8	60.8
环境污染治理投资与国内生产总值之比 (%)	Proportion of Total Investment in the Treatment of Environmental Pollution to GDP (%)			1.51	1.28
固定资产投资	**Investment in Fixed Assets**				
固定资产(不含农户)交付使用率 (%)	Rate of Projects(Excluding Rural Households) of Fixed Assets Completed and Put into Use (%)		79.0	66.5	70.0
固定资产(不含农户)项目建成投产率 (%)	Rate of Projects(Excluding Rural Households) Completed and Put into Use (%)		60.9	68.3	74.0
房地产开发企业房屋建筑面积竣工率(%)	Rate of Floor Space of Buildings Completed (%)		38.1	14.8	13.6
对外贸易	**Foreign Trade**				
进出口总额与国内生产总值之比(按人民币计算) (%)	Proportion of Total Value of Imports & Exports to GDP (calculated by Renminbi) (%)	9.7	39.2	41.0	35.8

注：1.城乡收入比：2014年起，按一体化调查的人均可支配收入计算。
2.计算单位能耗的国内生产总值：1990年按1990年可比价计算，2000年按2000年可比价计算，2014、2015年按2010年可比价计算。

a) Urban and rural income ratio: since 2014, it is calculated on per capita disposable income of integrated household income and expenditure survey.
b) The national energy consumption for unit GDP is calculated: at the 1990 constant price in 1990, at the 2000 constant price in 2000, at the 2010 constant price in 2014, 2015.

1-4 续表 continued

指 标	Item	1978	2000	2014	2015
农业	**Agriculture**				
每公顷播种面积农产品产量（公斤）	Output of Farm Crops per Hectare of Sown Area (kg)				
谷物	Cereals		4753	5892	5894
棉花	Cotton	445	1093	1463	1476
工业	**Industry**				
资产负债率 (%)	Assets-Liability Ratio (%)		60.81	57.17	56.61
流动资产周转次数 (次/年)	Turnover of Working Capital (times/year)		1.62	2.53	2.41
成本费用利润率 (%)	Ratio of Profits to Industrial Cost (%)		5.56	6.52	6.31
建筑业	**Construction**				
建筑业劳动生产率 (元/人)（按增加值计算）	Overall Labor Productivity (yuan/person) (in terms of value-added per employee)		15929	63396	64650
交通运输业	**Transport**				
铁路网密度 (公里/万平方公里)	Railway Density (km/10 000 sq.km)	53.9	71.6	116.5	126.0
公路网密度 (公里/万平方公里)	Highway Density (km/10 000 sq.km)	927	1750	4650	4768
邮电通信业	**Postal and Telecommunication Services**				
电话普及率(含移动电话)(部/百人)	Popularization Rate of Telephone (Include Mobile Telephone) (set/100 persons)	0.4	19.1	112.3	109.3
移动电话普及率 (部/百人)	Popularization Rate of Mobile Telephone (set/100 persons)		6.7	94.0	92.5
金融业	**Financial Intermediation**				
货币和准货币(M2)与国内生产总值之比 (%)	Proportion of Money and Quasi-Money(M2) to GDP (%)		134.2	190.7	203.1
金融机构存款与国内生产总值之比 (%)	Proportion of Deposits of Financial Institutions to GDP (%)	31.4	123.5	176.8	198.0
金融机构贷款与国内生产总值之比 (%)	Proportion of Loans of Financial Institutions to GDP (%)	51.4	99.1	126.8	137.1
科技	**Science and Technology**				
研究与试验发展经费内部支出与国内生产总值之比 (%)	Proportion of R&D Expenditure to GDP (%)		0.89	2.02	2.07
教育	**Education**				
小学学龄儿童净入学率 (%)	Net Enrollment Ratio of Primary Schools (%)	95.5	99.1	99.8	99.9
小学升学率 (%)	Promotion Rate from Primary Schools to Junior Secondary Schools (%)	87.7	94.9	98.0	98.2
初中升学率 (%)	Promotion Rate from Junior Secondary Schools to Senior Secondary Schools (%)	40.9	51.2	95.1	94.1
高中升学率 (%)	Promotion Rate from Senior Secondary Schools to Higher Education (%)		73.2	90.2	92.5
卫生	**Public Health**				
每万人口执业(助理)医师数 (人)	Number of Licensed (Assistant) Doctors per 10 000 Population (person)	10.8	16.8	21.2	22.0
每万人口医疗卫生机构床位数(张)	Number of Beds of Hospitals and Health Centers per 10 000 Population (bed)			48.5	51.1
医疗卫生机构病床使用率 (%)	Beds Utilization Rate of Medical Organizations (%)		60.8	81.6	85.4
城市市政建设	**Municipal Works**				
用水普及率 (%)	Coverage Rate of Urban Population with Access to Tap Water(%)		63.9	97.6	98.1
燃气普及率 (%)	Coverage Rate of Urban Population with Access to Gas (%)		45.4	94.6	95.3
人均公园绿地面积 (平方米)	Per Capita Public Green Area (sq.m)		3.7	13.1	13.3

1-5 按主要行业分法人单位数
Number of Legal Entities by Sector

单位：个 (unit)

年份 地区	Year Region	合计 Total	农、林、牧、渔业 Agriculture, Forestry, Animal Husbandry and Fishery	采矿业 Mining	制造业 Manufacturing	电力、热力、燃气及水生产和供应业 Production and Supply of Electricity, Heat, Gas and Water	建筑业 Construction	批发和零售业 Wholesale and Retail Trades
	2005	5647823	68800	89430	1451556	43148	149471	994953
	2006	6068912	78205	93967	1579406	45922	170180	1122489
	2007	6495064	98546	97678	1702455	49052	190517	1246042
	2008	7098765	2023	97315	1818370	57923	226768	1403141
	2009	8003868	184764	103403	1959254	62038	261694	1670315
	2010	8754588	242429	104065	2098370	64151	302232	1965118
	2011	9593729	321086	105490	2240315	66652	346026	2276295
	2012	10616530	440853	107596	2380759	69947	391392	2630690
	2013	10825611	161824	89112	2252225	70409	347519	2810531
	2014	13701440	951045	101673	2616671	79679	464975	3513338
	2015	15729199	1204724	103426	2801143	87486	574128	4199026
北京	Beijing	704629	9551	124	34144	659	20087	206521
天津	Tianjin	320203	7908	142	54114	655	15517	98551
河北	Hebei	630137	58834	6547	126557	2747	23139	165475
山西	Shanxi	382169	78524	6410	27601	2183	12500	94250
内蒙古	Inner Mongolia	231915	37307	5186	18575	2325	6801	55958
辽宁	Liaoning	552428	32287	6117	97001	2419	27161	155775
吉林	Jilin	181344	21479	1477	26010	1551	6992	40125
黑龙江	Heilongjiang	225311	32838	2064	27666	1626	7402	49972
上海	Shanghai	448591	6737	1	82529	191	16781	153401
江苏	Jiangsu	1551446	44605	759	434394	3389	76873	466828
浙江	Zhejiang	1346362	64569	1339	423211	4856	37693	374162
安徽	Anhui	564967	67845	2616	92414	3183	27029	136555
福建	Fujian	664420	41418	3241	132615	7073	22420	193733
江西	Jiangxi	385517	40974	4168	60422	4532	14359	80263
山东	Shandong	1269898	69181	3726	235765	3734	58283	403965
河南	Henan	763210	57527	6487	127691	2892	22488	172392
湖北	Hubei	678384	57476	4740	83366	3968	31367	183287
湖南	Hunan	467954	35753	6836	62180	5419	12226	97477
广东	Guangdong	1397022	37250	3979	365811	10013	36124	391401
广西	Guangxi	402587	61108	3443	31491	2885	10729	106962
海南	Hainan	76095	11045	350	3450	422	5151	15881
重庆	Chongqing	454877	80942	2654	55432	2294	12375	125316
四川	Sichuan	490038	40698	4959	57055	6135	13673	80348
贵州	Guizhou	265382	46519	7361	33898	2125	7913	47828
云南	Yunnan	372760	59970	6690	23311	2882	14632	99551
西藏	Tibet	26512	617	230	1178	164	2201	2471
陕西	Shaanxi	358073	29688	4663	38398	2493	18887	87319
甘肃	Gansu	196182	32849	2308	16692	1774	4529	36704
青海	Qinghai	58654	11249	1001	4575	621	2143	9654
宁夏	Ningxia	65679	10336	779	6510	500	1889	16248
新疆	Xinjiang	196453	17640	3029	17087	1776	4764	50653

注：2008年农、林、牧、渔业法人单位数为兼营第二、三产业的农、林、牧、渔业法人单位；2013年农、林、牧、渔业法人单位数为农、林、牧、渔服务业和兼营第二、三产业的农、林、牧、渔业法人单位；2013年法人单位数不包括金融业、铁路运输业和无分组标识的部分数据。

a) Number of legal entities of agriculture, forestry, animal husbandry and fishery in 2008 refers to those also engaged in the secondary and tertiary industries at part time. Number of legal entities of agriculture, forestry, animal husbandry and fishery in 2013 refers to those engaged in services for agriculture, forestry, animal husbandry and fishery as well as also engaged in the secondary and tertiary industries at part time. Number of legal entities in 2013 refers to those excluding financial intermediation, railway transportation and some no divided identifier.

1-5 续表 1 continued

单位：个 (unit)

年 份 地 区	Year Region	交通运输、仓储和邮政业 Transport, Storage and Post	住宿和餐饮业 Hotels and Catering Services	信息传输、软件和信息技术服务业 Information Transmission, Software and Information Technology	金融业 Financial Intermediation	房地产业 Real Estate	租赁和商务服务业 Leasing and Business Services	科学研究和技术服务业 Scientific Research and Technical Services
	2005	91565	101853	85499	26828	148059	291498	153076
	2006	104635	109892	100614	29201	165865	331904	166240
	2007	117228	118173	115101	31815	187444	368763	176677
	2008	157589	145297	153290	28668	214391	427001	201689
	2009	175914	154895	176326	36907	244043	511666	233221
	2010	195829	164762	191182	45512	284726	590478	256865
	2011	219630	172070	208867	55513	323985	687575	283777
	2012	249832	186837	245669	67554	356717	813851	324932
	2013	262048	199592	226107		343924	916953	455778
	2014	323044	235337	289162	91583	419618	1161947	544309
	2015	378705	274283	387842	109711	466100	1440572	661022
北 京	Beijing	14754	17141	47988	5117	18833	150385	92262
天 津	Tianjin	15560	4658	12589	4218	8472	36907	28149
河 北	Hebei	14280	6000	8114	4687	18376	40060	19522
山 西	Shanxi	8635	5056	5915	2375	9678	24183	9640
内蒙古	Inner Mongolia	6403	3428	3208	2488	7150	16216	6910
辽 宁	Liaoning	16442	8333	14937	4078	19375	48462	23503
吉 林	Jilin	4643	2109	3214	1524	5623	11703	6006
黑龙江	Heilongjiang	5782	2661	4164	2215	7108	14050	8349
上 海	Shanghai	15963	13238	15863	2258	16553	59133	21533
江 苏	Jiangsu	40424	16420	41381	6908	40553	142838	65696
浙 江	Zhejiang	22591	19122	36445	8005	29342	120967	43731
安 徽	Anhui	15307	9009	13734	4478	17223	52265	20225
福 建	Fujian	15702	10556	16932	4432	16047	62383	21860
江 西	Jiangxi	12533	4920	6905	3467	10783	33561	9574
山 东	Shandong	33779	17774	25610	6952	32596	101010	59213
河 南	Henan	14402	14547	11964	4159	22377	45465	36961
湖 北	Hubei	18409	13308	19146	4114	22570	68232	30688
湖 南	Hunan	7907	9786	8401	2996	13880	30928	16851
广 东	Guangdong	35068	24390	38168	9547	54716	165240	46376
广 西	Guangxi	8512	5172	6486	2972	13475	35285	15433
海 南	Hainan	1631	1908	1541	562	6642	8321	2342
重 庆	Chongqing	7840	21802	11706	3478	12134	36399	10497
四 川	Sichuan	10788	10241	7850	3338	14505	33398	19315
贵 州	Guizhou	4392	8149	3042	2163	8751	17043	5710
云 南	Yunnan	6720	8134	9055	3516	10950	31253	12532
西 藏	Tibet	335	602	175	106	229	1160	539
陕 西	Shaanxi	7908	8371	7021	2810	12816	21989	12392
甘 肃	Gansu	3361	3544	1756	2221	4978	9350	4874
青 海	Qinghai	1033	1179	767	414	1634	3685	1775
宁 夏	Ningxia	1455	979	869	1798	1707	4206	1529
新 疆	Xinjiang	6146	1746	2896	2315	7024	14495	7035

1-5 续表 2 continued

单位：个 (unit)

年份 Year 地区 Region	水利、环境和公共设施管理业 Management of Water Conservancy, Environment and Public Facilities	居民服务、修理和其他服务业 Service to Households, Repair and Other Services	教育 Education	卫生和社会工作 Health and Social Service	文化、体育和娱乐业 Culture, Sports and Entertainment	公共管理、社会保障和社会组织 Public Management, Social Security and Social Organization
2005	46847	93947	305446	183760	69490	1252597
2006	48811	102228	308760	185014	72873	1252706
2007	50953	110525	312339	187376	76430	1257950
2008	57553	120467	335065	206480	81878	1363857
2009	61740	141936	342003	209016	90891	1383842
2010	64794	158152	342408	205778	95633	1382104
2011	69186	175813	346390	205173	102775	1387111
2012	75981	196880	355072	206885	121126	1393957
2013	84803	190692	413908	249567	230544	1520075
2014	97522	242251	444038	265537	263384	1596327
2015	108069	298958	461451	271571	297274	1603708
北京 Beijing	4170	19774	11339	4002	30574	17204
天津 Tianjin	1904	9070	4307	1758	4821	10903
河北 Hebei	4269	10454	20754	9919	8614	81789
山西 Shanxi	3072	9963	10826	5760	7360	58238
内蒙古 Inner Mongolia	2502	4661	7189	5063	3722	36823
辽宁 Liaoning	4430	10606	14632	12871	9416	44583
吉林 Jilin	1675	3622	6392	3923	3186	30090
黑龙江 Heilongjiang	1860	3199	8067	5866	4464	35958
上海 Shanghai	2068	12568	5945	3325	7315	13189
江苏 Jiangsu	9159	26282	21802	17487	20741	74907
浙江 Zhejiang	7155	17458	23549	8873	21070	82224
安徽 Anhui	4301	10042	16224	9301	13372	49844
福建 Fujian	4419	11346	16785	8362	11493	63603
江西 Jiangxi	3018	7082	14760	10167	6586	57443
山东 Shandong	6534	22923	25908	18964	15590	128391
河南 Henan	6094	11089	44940	38881	17609	105245
湖北 Hubei	6110	15665	20637	12415	12279	70607
湖南 Hunan	4441	10065	21891	16082	14899	89936
广东 Guangdong	7237	23892	40628	11399	18220	77563
广西 Guangxi	3496	6487	21541	6059	7962	53089
海南 Hainan	568	1381	3653	1194	1798	8255
重庆 Chongqing	2552	12848	11938	5972	9173	29525
四川 Sichuan	4290	7714	26097	18357	15893	115384
贵州 Guizhou	1904	6403	12180	4955	4616	40430
云南 Yunnan	2965	9186	10956	5575	7768	47114
西藏 Tibet	82	210	1042	457	512	14202
陕西 Shaanxi	3668	6999	16022	14703	7052	54874
甘肃 Gansu	1507	2723	10503	4241	4818	47450
青海 Qinghai	595	947	1929	1155	1183	13115
宁夏 Ningxia	494	1131	1900	955	1268	11126
新疆 Xinjiang	1530	3168	7115	3530	3900	40604

1-6 分地区按三次产业和机构类型分法人单位数(2015年)
Number of Legal Entities by Three Strata of Industry and Type of Institutions and Region (2015)

单位：个 (unit)

地 区	Region	法人单位数 Number of Legal Entities	按三次产业分 Grouped by Three Strata of Industry			按机构类型分 By Type of Institutions				
			第一产业 Primary Industry	第二产业 Secondary Industry	第三产业 Tertiary Industry	企业法人 Business Entity	事业法人 Institution Entity	机关法人 Government Entity	社会团体 Social Organization	其他 Others
全 国	**National Total**	**15729199**	**1005230**	**3544975**	**11178994**	**12593254**	**823615**	**258394**	**302205**	**1751731**
北 京	Beijing	704629	9026	54574	641029	663135	12035	2187	5711	21561
天 津	Tianjin	320203	7189	69642	243372	296954	6798	2043	2163	12245
河 北	Hebei	630137	46867	158127	425143	487926	35033	12434	8594	86150
山 西	Shanxi	382169	72135	48137	261897	243379	27785	8988	7470	94547
内蒙古	Inner Mongolia	231915	28738	32509	170668	155636	18428	7548	9431	40872
辽 宁	Liaoning	552428	21438	131216	399774	453377	30884	9617	9286	49264
吉 林	Jilin	181344	13469	35804	132071	123843	19269	5876	4340	28016
黑龙江	Heilongjiang	225311	21844	38344	165123	149370	21268	9572	6023	39078
上 海	Shanghai	448591	6364	98622	343605	417855	7823	1678	3376	17859
江 苏	Jiangsu	1551446	28699	513278	1009469	1388252	39866	10652	24681	87995
浙 江	Zhejiang	1346362	59534	465537	821291	1189601	32048	8133	20149	96431
安 徽	Anhui	564967	51418	124592	388957	454812	22695	9076	12020	66364
福 建	Fujian	664420	37796	164644	461980	556220	29103	9117	19023	50957
江 西	Jiangxi	385517	35623	83082	266812	277496	33047	9782	10238	54954
山 东	Shandong	1269898	52579	299597	917722	1048450	40919	12412	15919	152198
河 南	Henan	763210	45044	158960	559206	535639	66905	14464	8100	138102
湖 北	Hubei	678384	47658	122743	507983	522899	41717	9873	13493	90402
湖 南	Hunan	467954	25373	86309	356272	321582	43579	12788	11645	78360
广 东	Guangdong	1397022	27876	414032	955114	1204941	46198	11916	23774	110193
广 西	Guangxi	402587	56320	48303	297964	290980	43387	10615	11204	46401
海 南	Hainan	76095	10167	9312	56616	55689	4326	1697	1764	12619
重 庆	Chongqing	454877	76130	72358	306389	392712	18037	4037	7571	32520
四 川	Sichuan	490038	35213	81407	373418	288685	60675	19721	20144	100813
贵 州	Guizhou	265382	44992	51081	169309	199132	21450	7271	6190	31339
云 南	Yunnan	372760	54454	47273	271033	283491	22606	11266	12330	43067
西 藏	Tibet	26512	570	3745	22197	9441	2360	5791	646	8274
陕 西	Shaanxi	358073	26498	62615	268960	255984	30476	9699	7016	54898
甘 肃	Gansu	196182	30093	25018	141071	115557	19977	7011	9998	43639
青 海	Qinghai	58654	10705	8282	39667	36105	4460	2969	2132	12988
宁 夏	Ningxia	65679	8796	9604	47279	44519	3173	1460	1468	15059
新 疆	Xinjiang	196453	12622	26228	157603	129592	17288	8701	6306	34566

1-7 按地区和控股情况分企业法人单位数(2015年)
Numbers of Corporate Enterprises by Region and the Status of Holdings (2015)

单位：个 (unit)

地 区	Region	企业单位数 Numbers of Enterprises	国有控股 State-holding	集体控股 Collective-holding	私人控股 Private-holding	港、澳、台商控股 Hong Kong, Macao and Taiwan-holding	外商控股 Foreign-holding	其 他 Others
全 国	**National Total**	**12593254**	**291263**	**253199**	**10677612**	**101730**	**99693**	**1169757**
北 京	Beijing	663135	17315	19345	591978	6160	9245	19092
天 津	Tianjin	296954	8379	5969	233366	1882	4304	43054
河 北	Hebei	487926	9769	9659	407222	606	976	59694
山 西	Shanxi	243379	9690	5579	213305	156	192	14457
内蒙古	Inner Mongolia	155636	5107	2462	128702	138	168	19059
辽 宁	Liaoning	453377	13263	15783	381241	1851	4653	36586
吉 林	Jilin	123843	5166	3107	99692	194	474	15210
黑龙江	Heilongjiang	149370	7453	4841	109192	262	342	27280
上 海	Shanghai	417855	11003	9642	352007	12376	20095	12732
江 苏	Jiangsu	1388252	17978	17284	1252077	11636	16598	72679
浙 江	Zhejiang	1189601	12025	22328	1125276	8088	9592	12292
安 徽	Anhui	454812	11111	7111	390178	875	973	44564
福 建	Fujian	556220	11966	9586	466542	9227	4439	54460
江 西	Jiangxi	277496	8938	6464	229576	1127	572	30819
山 东	Shandong	1048450	17766	14991	891045	2528	7449	114671
河 南	Henan	535639	14213	11469	413262	636	542	95517
湖 北	Hubei	522899	13203	8945	407280	1089	938	91444
湖 南	Hunan	321582	9080	7088	267281	779	529	36825
广 东	Guangdong	1204941	20962	26780	981428	38174	13575	124022
广 西	Guangxi	290980	7460	5174	247128	792	531	29895
海 南	Hainan	55689	2351	1296	43566	353	229	7894
重 庆	Chongqing	392712	6684	4345	336105	709	647	44222
四 川	Sichuan	288685	9814	7123	237040	765	953	32990
贵 州	Guizhou	199132	6880	4948	170616	217	183	16288
云 南	Yunnan	283491	7954	5771	217359	418	480	51509
西 藏	Tibet	9441	937	721	6794	18	23	948
陕 西	Shaanxi	255984	9305	7906	215479	347	594	22353
甘 肃	Gansu	115557	4661	3772	89576	92	83	17373
青 海	Qinghai	36105	1692	949	27559	49	62	5794
宁 夏	Ningxia	44519	1226	474	39247	45	43	3484
新 疆	Xinjiang	129592	7912	2287	106493	141	209	12550

1-8 按地区和登记注册类型分企业法人单位数(2015年)
Number of Business Entities by Region and Status of Registration (2015)

单位：个 (unit)

地 区	Region	企业单位数 Number of Enterprises	内资企业 Domestic Funded Enterprises	#国有企业 State-owned Enterprises	#集体企业 Collective-owned Enterprises	#股份合作企业 Cooperative Enterprises	#联营 Joint Ownership
全 国	**National Total**	**12593254**	**12355798**	**133631**	**144856**	**68593**	**21006**
北 京	Beijing	663135	646916	6117	10818	13588	574
天 津	Tianjin	296954	288883	3504	4386	899	969
河 北	Hebei	487926	485566	4559	6113	2221	393
山 西	Shanxi	243379	242881	4975	3949	377	199
内蒙古	Inner Mongolia	155636	155149	2387	963	640	166
辽 宁	Liaoning	453377	444871	7285	11480	2499	645
吉 林	Jilin	123843	122799	3045	1745	630	223
黑龙江	Heilongjiang	149370	148500	4506	2542	1482	378
上 海	Shanghai	417855	383248	2836	5883	1887	620
江 苏	Jiangsu	1388252	1354625	6965	10305	3264	1612
浙 江	Zhejiang	1189601	1166017	3434	10059	8676	333
安 徽	Anhui	454812	452407	5416	3927	2017	995
福 建	Fujian	556220	540577	6238	6705	2409	816
江 西	Jiangxi	277496	275395	5296	2598	2433	754
山 东	Shandong	1048450	1035735	7011	7630	2563	549
河 南	Henan	535639	534050	6799	6090	2449	1832
湖 北	Hubei	522899	519070	6351	4667	1619	790
湖 南	Hunan	321582	319838	3823	3700	968	519
广 东	Guangdong	1204941	1147502	10244	17070	8472	4994
广 西	Guangxi	290980	289332	3744	3644	731	236
海 南	Hainan	55689	54968	1476	693	391	134
重 庆	Chongqing	392712	391011	2431	2111	1517	405
四 川	Sichuan	288685	286474	4350	4032	2132	614
贵 州	Guizhou	199132	198649	3620	1934	1070	515
云 南	Yunnan	283491	282320	4037	3136	1146	475
西 藏	Tibet	9441	9379	678	388	74	103
陕 西	Shaanxi	255984	254855	5291	4740	895	601
甘 肃	Gansu	115557	115307	2389	2049	806	209
青 海	Qinghai	36105	35951	976	463	191	64
宁 夏	Ningxia	44519	44375	321	97	144	72
新 疆	Xinjiang	129592	129148	3527	939	403	217

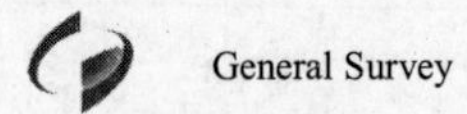

1-8 续表 continued

单位：个 (unit)

地 区	Region	#有限责任公司 Limited Liability Corporations	#股份有限公司 Share-holding Corporations Ltd.	#私 营 Private	港、澳、台商投资企业 Enterprises with Funds from Hong Kong, Macao and Taiwan	外商投资企业 Enterprises with Foreign Investment
全 国	**National Total**	**2219754**	**158864**	**8656494**	**115168**	**122288**
北 京	Beijing	155997	5583	452038	6412	9807
天 津	Tianjin	62555	2853	195361	2457	5614
河 北	Hebei	107065	7284	305049	817	1543
山 西	Shanxi	27586	2299	184841	197	301
内蒙古	Inner Mongolia	41790	3016	85557	196	291
辽 宁	Liaoning	85347	7299	301568	2249	6257
吉 林	Jilin	30270	3239	69886	265	779
黑龙江	Heilongjiang	41105	4098	69828	337	533
上 海	Shanghai	32824	2027	334896	13198	21409
江 苏	Jiangsu	111278	12893	1150373	13484	20143
浙 江	Zhejiang	63292	4903	1041206	11293	12291
安 徽	Anhui	78624	6665	306967	1010	1395
福 建	Fujian	113866	7258	362692	10178	5465
江 西	Jiangxi	64313	6640	162295	1306	795
山 东	Shandong	137249	11160	747385	3228	9487
河 南	Henan	166720	9749	252278	772	817
湖 北	Hubei	157231	6485	292625	1347	2482
湖 南	Hunan	49925	6456	215308	991	753
广 东	Guangdong	259965	15812	770550	40977	16462
广 西	Guangxi	37972	5011	223548	866	782
海 南	Hainan	23719	1228	23486	400	321
重 庆	Chongqing	46272	4070	302919	781	920
四 川	Sichuan	75031	6549	171274	885	1326
贵 州	Guizhou	39514	2563	129120	244	239
云 南	Yunnan	55139	4432	175463	507	664
西 藏	Tibet	1378	266	5393	20	42
陕 西	Shaanxi	92665	3808	123679	375	754
甘 肃	Gansu	23895	2510	59508	102	148
青 海	Qinghai	4717	547	22378	66	88
宁 夏	Ningxia	6882	613	31094	53	91
新 疆	Xinjiang	25568	1548	87929	155	289

主要统计指标解释

行政区划 指国家对行政区域的划分。根据有关法规规定，我国的行政区域划分如下：(1)全国分为省、自治区、直辖市；(2)省、自治区分为自治州、县、自治县、市；(3)自治州分为县、自治县、市；(4)县、自治县分为乡、民族乡、镇； (5)直辖市和较大的市分为区、县；(6)国家在必要时设立的特别行政区。

平均增长速度 平均增长速度表明社会经济现象在一个较长的时期内逐期平均增长变化的程度，它不能根据各个环比增长速度直接求得，但与平均发展速度之间存在着一定的数量关系：平均增长速度＝平均发展速度－1。

平均发展速度是一种根据环比发展速度计算的序时平均数，由于各时期对比的基础不同，所以计算平均发展速度不能采用一般的序时平均数的计算方法，计算方法分为水平法和累计法。水平法，又称几何平均法，即将环比发展速度按连乘法用几何平均数公式计算。累计法，也称方程法，根据一段时期内各年发展水平总和与基期水平的关系，列出方程式计算平均发展速度。水平法着重考虑最后一年所达到的发展水平；累计法着重考虑整个时期累计发展水平的总量。

本《年鉴》内所列的平均增长速度，除固定资产投资用“累计法”计算外，其余均用“水平法”计算。从某年到某年平均增长速度的年份，均不包括基期年在内。如建国四十三年以来的平均增长速度是以 1949 年为基期计算的，则写为 1950-1992 年平均增长速度，其余类推。

国民经济行业分类 自 2012 年定期报表开始使用新的《国民经济行业分类》(GB/T4754-2011)。该分类是由国家统计局组织修订，国家质量监督检验检疫总局和中国国家标准化管理委员会于 2011 年 4 月 29 日发布。这次修订是在 2002 年分类标准的基础上，参照联合国《全部经济活动的国际标准产业分类》(ISIC/Rev.4) 进行的。修订后的《国民经济行业分类》(GB/T4754-2012) 共有门类 20 个，大类 96 个，中类 432 个，小类 1094 个。

企业(单位)登记注册类型 是以在工商行政管理机关登记注册的各类企业为划分对象，以工商行政管理部门对企业登记注册的类型为依据，将企业登记注册类型分为内资企业、港澳台商投资企业和外商投资企业三大类。内资企业包括国有企业、集体企业、股份合作企业、联营企业、有限责任公司、股份有限公司、私营企业和其他企业；港澳台商投资企业和外商投资企业分别包括合资经营企业、合作经营企业、独资经营企业和股份有限公司等。对不在工商行政管理部门进行登记注册的行政机关、事业单位和社会团体，主要按其经费来源和管理方式进行划分。

国有企业 指企业全部资产归国家所有，并按《中华人民共和国企业法人登记管理条例》规定登记注册的非公司制的经济组织。不包括有限责任公司中的国有独资公司。

集体企业 指企业资产归集体所有，并按《中华人民共和国企业法人登记管理条例》规定登记注册的经济组织。

股份合作企业 指以合作制为基础，由企业职工共同出资入股，吸收一定比例的社会资产投资组建，实行自主经营，自负盈亏，共同劳动，民主管理，按劳分配与按股分红相结合的一种集体经济组织。

联营企业 指两个及两个以上相同或不同所有制性质的企业法人或事业单位法人，按自愿、平等、互利的原则，共同投资组成的经济组织。联营企业包括国有联营企业、集体联营企业、国有与集体联营企业和其他联营企业。

有限责任公司 指根据《中华人民共和国公司登记管理条例》规定登记注册，由两个以上、五十个以下的股东共同出资，每个股东以其所认缴的出资额对公司承担有限责任，公司以其全部资产对其债务承担责任的经济组织。有限责任公司包括国有独资公司以及其他有限责任公司。

股份有限公司 指根据《中华人民共和国公司登记管理条例》规定登记注册，其全部注册资本由等额股份构成并通过发行股票筹集资本，股东以其认购的股份对公司承担有限责任，公司以其全部资产对其债务承担责任的经济组织。

私营企业 指由自然人投资设立或由自然人控股，以雇佣劳动为基础的营利性经济组织。包括按照《公司法》、《合伙企业法》、《私营企业暂行条例》规定登记注册的私营有限责任公司、私营股份有限公司、私营合伙企业和私营独资企业。

其他企业 指上述企业之外的其他内资经济组织。

合资经营企业(港或澳、台资) 指港澳台地区投资者与内地企业依照《中华人民共和国中外合资经营企业法》及有关法律的规定，按合同规定的比例投资设立、分享利润和分担风险的企业。

合作经营企业(港或澳、台资) 指港澳台地区投资者与内地企业依照《中华人民共和国中外合作经营企业法》及有关法律的规定，依照合作合同的约定进行投资或提供条件设立、分配利润和分担风险的企业。

港澳台商独资经营企业 指依照《中华人民共和国外资企业法》及有关法律的规定，在内地由港澳台地区投资者全额投资设立的企业。

港澳台商投资股份有限公司 指根据国家有关规定，经原外经贸部依法批准设立，其中港、澳、台商的股本占公司注册资本的比例达 25%以上的股份有限公司。凡其中港、澳、台商的股本占公司注册资本的比例小于 25%的，属于内资企业中的股份有限公司。

其他港澳台商投资企业 指在中国境内参照《外国企业

或个人在中国境内设立合伙企业管理办法》和《外商投资合伙企业登记管理规定》，依法设立的港、澳、台商投资合伙企业等。

中外合资经营企业　指外国企业或外国人与中国内地企业依照《中华人民共和国中外合资经营企业法》及有关法律的规定，按合同规定的比例投资设立、分享利润和分担风险的企业。

中外合作经营企业　指外国企业或外国人与中国内地企业依照《中华人民共和国中外合作经营企业法》及有关法律的规定，依照合作合同的约定进行投资或提供条件设立、分配利润和分担风险的企业。

外资企业　指依照《中华人民共和国外资企业法》及有关法律的规定，在中国内地由外国投资者全额投资设立的企业。

外商投资股份有限公司　指根据国家有关规定，经原外经贸部依法批准设立，其中外资的股本占公司注册资本的比例达 25% 以上的股份有限公司。凡其中外资股本占公司注册资本的比例小于 25%的，属于内资企业中的股份有限公司。

其他外商投资企业　指在中国境内依照《外国企业或个人在中国境内设立合伙企业管理办法》和《外商投资合伙企业登记管理规定》，依法设立的外商投资合伙企业等。

行政机关、事业单位和社会团体　参照企业登记注册类型，主要按其经费来源和管理方式划分。具体规定如下：

⑴行政机关：包括国家机关和政党机关，原则上均列为“国有”。但有特殊规定的，如供销社等，则列为“集体”。

⑵事业单位：包括经国家机构编制部门和有关业务主管部门批准成立的各类事业单位，不包括实行企业化管理的事业单位。事业单位的划分办法如下：

①由国家财政预算拨款或列入财政预算外资金管理以及经费主要来源于国有主管部门或国有上级单位的事业单位，列为“国有”。

②经费主要来源于集体单位的事业单位，列为“集体”。

③公民个人(或个人合伙)开办的事业单位，列为“私营”。

④上述以外的其他事业单位，如果其经费来源不明确，按管理方式进行归类。

⑶社会团体：包括经民政部门批准成立以及未纳入社会团体管理条例范围的工会、妇联等各类社会团体。社会团体的划分办法如下：

①未纳入民政部社会团体管理条例范围的工会、妇联、共青团、青联、工商联、科协、侨联等社会团体，国家拨款设立的基金会或基金管理组织以及经费主要来源于国有业务主管部门或国有上级单位的社会团体，列为“国有”。

②经费主要来源于集体单位的社会团体，列为“集体”。

③公民个人(或个人合伙)开办的社会团体，划为“私营”。

④上述以外的其他社会团体，如果其经费来源不明确，改按管理方式进行归类。

Explanatory Notes on Main Statistical Indicators

Divisions of Administrative Areas refer to the division of administrative areas by the State. The relative laws stipulate that 1) the whole country is divided into provinces, autonomous regions and municipalities directly under the Central Government; 2) provinces and autonomous regions are further divided into autonomous prefectures, counties, autonomous counties and cities; 3) autonomous prefectures are further divided into counties, autonomous counties and cities; 4) counties and autonomous counties are further divided into townships, ethnic townships and towns; 5) municipalities directly under the Central Government and large cities are divided into districts and counties, 6) the State shall, when necessary, establish special administrative regions.

Average Annual Growth Rate shows the average growth rate of social and economic development during a longer period. It can not be directly calculated by chain based growth rate. The relation is:

Average Annual Growth Rate = Average Speed of Development – 1

Average speed of development is the time series average of speed which calculated by chain based. Because the reference bases during the different periods are not same, average speed of development can not be calculated by the general method. Level approach and accumulative approach for calculating average speed of development rate are applied. The "level approach", or the method of calculating the geometric average, is derived by the formula of geometric average of the chain-based speeds of development, or comparing the level of the last year of the interval with that of the beginning year; the other is called the "accumulative approach" or the "algebraic average", "equation" method, which is derived by the summation of the actual figure of each year in the interval divided by the figure in the base year. The level approach focuses on the level of the last year, while the accumulative approach emphasizes the aggregate development in the duration.

The average annual growth rates listed in the Yearbook are calculated by the level approach except for the growth rate of investment in fixed assets. The base year is not listed in the duration for which average annual growth rates are computed. For instance, the average annual growth rate of the 43 years since 1949 is shown as the average annual growth rate of 1950-1992 without showing the base year 1949.

Industrial Classification of the National Economy The new *Industrial Classification of the National Economy* (GB/T 4754-2011) is introduced starting from the compilation of 2012 annual statistics. The revision, based on the 2002 classification, was organized by the National Bureau of Statistics taking into consideration of the *International Standards of the Industrial Classification of All Economic Activities* (ISIC/Rev.4) of the United Nations. The new *Classification* was promulgated by the National Administration of Quality Supervision, Inspection and Quarantine and the Standardization Administration of the People's Republic of China on April 29, 2011. The revised version of the *Industrial Classification of the National Economy* (GB/T 4754-2012) is composed of 20 sections, 96 divisions, 432 groups and 1094 classes.

Registration Status of Enterprises (Units) Enterprises are classified into 3 categories, namely domestic-funded enterprises, enterprises with investment from Hong Kong, Macao and Taiwan, and enterprises with foreign investment, according to the registration status of an enterprise in industrial and commercial administration agencies. Domestic-funded enterprises include State-owned enterprises, collective-owned enterprises, cooperative enterprises, joint ownership enterprises, limited liability corporations, share-holding corporations Ltd., private enterprises and other enterprises. Included in the enterprises with investment from Hong Kong, Macao and Taiwan and enterprises with foreign investment are joint-venture enterprises, cooperative enterprises, sole investment enterprises and share-holding corporations Ltd. For government agencies, institutions and social organizations which are not registered in industrial and commercial administration agencies, they are classified mainly by their sources of funding and manner of management.

State-owned Enterprises refer to non-corporation economic units where the entire assets are owned by the State and which have been registered in accordance with the *Regulation of the People's Republic of China on the Management of Registration of Corporate Enterprises*. Not included from this category are solely State-funded corporations in the limited liability corporations.

Collective-owned Enterprises refer to economic units where the assets are owned collectively and which have been registered in accordance with the *Regulation of the People's Republic of China on the Management of Registration of Corporate Enterprises*.

Cooperative Enterprises refer to a form of collective economic units (enterprises) where capitals come mainly from employees as their shares, with certain proportion of capital from the outside, where production is organized on the basis of independent operation, independent accounting for profits and losses, joint work, democratic management, and a distribution system that integrates remuneration according to work with dividend according to capital share.

Joint Ownership Enterprises refer to economic units established by two or more corporate enterprises or corporate institutions of the same or different ownership, through joint investment on the basis of voluntary participation, equality, and mutual benefits. They include State joint ownership enterprises; collective joint ownership enterprises; joint State-collective enterprises; and other joint ownership enterprises.

Limited Liability Corporations refer to economic units established with investment from 2-50 investors and registered in accordance with the *Regulation of the People's Republic of China on the Management of Registration of Corporations*, each investor bearing limited liability to the corporation depending on its share of investment, and the corporation bearing liability to its debt to the maximum of its total assets. Limited liability corporations include solely State-funded limited liability corporations and other limited liability corporations.

Share-holding Corporations Ltd. refer to economic units registered in accordance with the *Regulation of the People's Republic of China on the Management of Registration of Corporations*, with total registered capital divided into equal shares and raised through issuing stocks. Each investor bears limited liability to the corporation depending on the holding of shares, and the corporation bears liability to its debt to the maximum of its total assets.

Private Enterprises refer to profit-making economic units invested and established by natural persons, or controlled by natural persons using employed labour. Included in this category are private limited liability corporations, private share-holding corporations Ltd., private partnership enterprises and private-funded enterprises registered in accordance with the *Company Law*, *the Law on Partnership Business* and *Interim Regulations on Private Enterprises*.

Other Domestic-funded Enterprises refer to domestic-funded economic units other than those mentioned above.

Joint Venture Enterprises(Funds are from Hong Kong, Macao or Taiwan.) are enterprises established by investors from Hong Kong, Macao and Taiwan with enterprises in the mainland of China in accordance with the *Law of the People's Republic of China on Sino-foreign Equity Joint Ventures* and other relevant laws, where the establishment of the investment and the sharing of profits and risks are stipulated under joint venture contracts.

Cooperative Enterprises(Funds are from Hong Kong, Macao or Taiwan.) established by investors from Hong Kong, Macao and Taiwan with enterprises in the mainland of China in accordance with the *Law of the People's Republic of China on Sino-foreign Contractual Joint Venture* and other relevant laws, where the investment or provision of facilities and the sharing of profits and risks are stipulated under cooperative contracts.

Enterprises with Sole (exclusive) Investment from Hong Kong, Macao and Taiwan refer to enterprises established in the mainland of China with exclusive investment from investors from Hong Kong, Macao and Taiwan in accordance with the *Law of the People's Republic of China on Wholly Foreign-owned Enterprises* and other relevant laws.

Share-holding Corporations Ltd. with Investment from Hong Kong, Macao and Taiwan refer to share-holding corporations Ltd. established with the approval from the former Ministry of Foreign Trade and Economic Relations in line with relevant State regulations, where the share of investment from Hong Kong, Macao or Taiwan businessmen exceeds 25% of the total registered capital of the corporation. In case the share of investment from Hong Kong, Macao or Taiwan is less than 25% of the total registered capital, the enterprise is to be classified as domestic-funded share-holding corporation Ltd.

Other Enterprises with Funds From Hong Kong, Macao and Taiwan refer to partnership enterprises with investments from Hong Kong, Macao and Taiwan established within the territory of China in accordance with Administrative Measures on the Establishment of Partnership Enterprises in China by Foreign Enterprises or Foreign Individuals and Regulations for the Administration of the Registration of Foreign-invested Partnership Enterprises.

Joint Venture Enterprises with Foreign Investment refer to enterprises jointly established by foreign enterprises or foreigners with enterprises in the mainland of China in accordance with the *Law of the People's Republic of China on Sino-foreign Equity Joint Ventures* and other relevant laws, where the sharing of investment, profits and risks is stipulated under contract.

Cooperative Enterprises with Foreign Investment refer to enterprises jointly established by foreign enterprises or foreigners with enterprises in the mainland of China in accordance with the *Law of the People's Republic of China on Sino-foreign Contractual Joint Venture* and other relevant laws, where the investment or provision of facilities and the sharing of profits and risks are stipulated under cooperative contracts.

Enterprises with Sole (exclusive) Foreign Investment refer to enterprises established in the mainland of China with exclusive investment from foreign investors in accordance with the *Law of the People's Republic of China on Wholly Foreign-owned Enterprises* and other relevant laws.

Share-holding Corporations Ltd. with Foreign Investment refer to share-holding corporations Ltd. established with the approval from the former Ministry of Foreign Trade and Economic Relations in line with relevant State regulations, where the share of investment from foreign investors exceeds 25% of the total registered capital of the corporation. In case the share of foreign investment is less than 25% of the total registered capital, the enterprise is to be classified as domestic-funded share-holding corporation Ltd.

Other Enterprises with Foreign Funds refer to partnership enterprises established within the territory of China in accordance with Administrative Measures on the Establishment of Partnership Enterprises in China by Foreign Enterprises or Foreign Individuals and Regulations for the Administration of the Registration of Foreign-invested Partnership Enterprises.

Government Agencies, Institutions and Social Organizations are classified into the following categories by source of funds and manner of management taking reference of the registration status of enterprises:

(1) Government agencies: include State and party agencies, classified in principle as State-owned. There are exceptions, such as supply and marketing cooperatives which are classified as collective-owned.

(2) Institutions: include institutions of various types established with the approval by organization and staffing departments of the government, but exclude institutions where enterprise management system is introduced. Institutions are further classified as follows:

(a) Institutions for which their main budgets are from government budget appropriations or extra-budget funds, or allocated from the budget of their competent government agencies. Such institutions are classified as state-owned.

(b) Institutions for which their budget mainly come from collective units. Such institutions are classified as collective-owned.

(c) Social institutions established by individual or a group of citizens, which are classified as private.

(d) Institutions other than those mentioned above for which their sources of budget are not clear. Such institutions are classified by the manner of management.

(3) Social organizations: include social organizations established with the approval from the Ministry of Civil Affairs, and organizations that are not covered by social organization management regulations such as trade unions, women's federations etc.. Social organizations are further classified as follows:

(a) Social organizations that are not covered by social organization management regulations of the Ministry of Civil Affairs such as trade unions, women federations, communist youth leagues, youth associations, industrial and commerce associations, scientist associations, overseas Chinese associations, etc., foundations and fund management organizations established with funds from the state, and social organizations whose funds mainly come from the budget of their competent government agencies. Such institutions are classified as State-owned.

(b) Social organizations for which their budget mainly come from collective units. Such institutions are classified as collective-owned.

(c) Social organizations established by individual or a group of citizens, which are classified as private.

(d) Social organizations other than those mentioned above for which their sources of budget are not clear. Such organizations are classified by the manner of management.

2

人　口

Population

简 要 说 明

一、本篇资料的主要内容

本篇资料反映我国 2015 年及历年人口方面的基本情况，包括全国及 31 个省、自治区、直辖市的主要人口统计数据，如：全国历年人口数、城镇人口、乡村人口；2015 年各地区人口数、出生率、死亡率、自然增长率、人口负担系数、家庭户规模、人口受教育程度等。

二、本篇的资料来源

本篇资料由国家统计局人口和就业统计司整理。其中表 2—1 至 2—7 中，1981 年及以前数据（除表 2—4）为户籍统计数；1982、1990、2000、2010 年数据为当年普查数据推算数；其余年份数据为年度人口抽样调查推算数据，部分年份数据根据人口普查数据进行了修订。表 2—8 为 2015 年全国 1%人口抽样调查推算数据，表 2—9 至 2—17 为 2015 年全国 1%人口抽样调查样本数据。

本篇各表如不做特殊说明，均未包括香港特别行政区、澳门特别行政区和台湾地区的人口数据。

三、本篇的统计调查方法

目前由国家统计局人口和就业统计司实施的人口统计调查有：

在逢“0”的年份进行全国人口普查；在逢“5”的年份进行全国 1%人口抽样调查；其余年份进行全国人口变动情况抽样调查，其样本量约占全国总人口的 1‰左右。人口抽样调查是以全国为总体，省级单位为次总体（2015 年全国 1%人口抽样调查以地级单位为次总体），采用分层、多阶段、整群概率比例抽样方法抽取样本。

Brief Introduction

I. Main Contents

Data in this chapter show the basic condition of the population in 2015 as well as in previous years for the whole nation and 31 provinces, autonomous regions and municipalities directly under the Central Government. They include the sizes of the national population, urban population and rural population over the years; as well as size, birth rates, death rates, natural growth rates, population dependency coefficient, average family household size and education attainments of the population by the end of 2015.

II. Sources of Data

Data in this chapter are prepared by the Department of Population and Employment Statistics of the National Bureau of Statistics. In tables 2-1 to 2-7, figures for 1981 and before (except 2-4) are from household registrations; data for the year 1982, 1990, 2000 and 2010 are the census year estimates; the rest of the data covered in those tables are estimates from the annual national sample survey on population changes and data for selected years have been revised according to the census results. In table 2-8, data are estimates from the 1% Population Sample Survey in 2015. In tables 2-9 to 2-17, data are the sample data of the 1% Population Sample Survey in 2015.

Data in all the tables of this chapter do not include that from Hong Kong SAR, Macao SAR and Taiwan unless otherwise stated.

III. Sampling Methodology

The statistical surveys on population which are conducted by Department of Population and Employment Statistics of NBS are as follows:

The national population census is conducted in the year ending with 0; the national 1 percent population sample survey is conducted in the year ending with 5; sample surveys on population changes are conducted in the rest of the years which cover about 1 per thousand of the total population of the country. The sample survey on population change takes the whole nation as the population and each province, autonomous region or municipality as sub-populations (Prefectural regions are taken as sub-populations in the 1% Population Sample Survey in 2015), and the stratified multi-stage systematic PPS cluster sampling scheme is used.

2-1 人口数及构成
Population and Its Composition

单位：万人 (10 000 persons)

年份 Year	总人口(年末) Total Population (year-end)	按性别分 By Sex 男 Male 人口数 Population	比重(%) Proportion	女 Female 人口数 Population	比重(%) Proportion	按城乡分 By Residence 城镇 Urban 人口数 Population	比重(%) Proportion	乡村 Rural 人口数 Population	比重(%) Proportion
1949	54167	28145	51.96	26022	48.04	5765	10.64	48402	89.36
1950	55196	28669	51.94	26527	48.06	6169	11.18	49027	88.82
1951	56300	29231	51.92	27069	48.08	6632	11.78	49668	88.22
1955	61465	31809	51.75	29656	48.25	8285	13.48	53180	86.52
1960	66207	34283	51.78	31924	48.22	13073	19.75	53134	80.25
1965	72538	37128	51.18	35410	48.82	13045	17.98	59493	82.02
1970	82992	42686	51.43	40306	48.57	14424	17.38	68568	82.62
1971	85229	43819	51.41	41410	48.59	14711	17.26	70518	82.74
1972	87177	44813	51.40	42364	48.60	14935	17.13	72242	82.87
1973	89211	45876	51.42	43335	48.58	15345	17.20	73866	82.80
1974	90859	46727	51.43	44132	48.57	15595	17.16	75264	82.84
1975	92420	47564	51.47	44856	48.53	16030	17.34	76390	82.66
1976	93717	48257	51.49	45460	48.51	16341	17.44	77376	82.56
1977	94974	48908	51.50	46066	48.50	16669	17.55	78305	82.45
1978	96259	49567	51.49	46692	48.51	17245	17.92	79014	82.08
1979	97542	50192	51.46	47350	48.54	18495	18.96	79047	81.04
1980	98705	50785	51.45	47920	48.55	19140	19.39	79565	80.61
1981	100072	51519	51.48	48553	48.52	20171	20.16	79901	79.84
1982	101654	52352	51.50	49302	48.50	21480	21.13	80174	78.87
1983	103008	53152	51.60	49856	48.40	22274	21.62	80734	78.38
1984	104357	53848	51.60	50509	48.40	24017	23.01	80340	76.99
1985	105851	54725	51.70	51126	48.30	25094	23.71	80757	76.29
1986	107507	55581	51.70	51926	48.30	26366	24.52	81141	75.48
1987	109300	56290	51.50	53010	48.50	27674	25.32	81626	74.68
1988	111026	57201	51.52	53825	48.48	28661	25.81	82365	74.19
1989	112704	58099	51.55	54605	48.45	29540	26.21	83164	73.79
1990	114333	58904	51.52	55429	48.48	30195	26.41	84138	73.59
1991	115823	59466	51.34	56357	48.66	31203	26.94	84620	73.06
1992	117171	59811	51.05	57360	48.95	32175	27.46	84996	72.54
1993	118517	60472	51.02	58045	48.98	33173	27.99	85344	72.01
1994	119850	61246	51.10	58604	48.90	34169	28.51	85681	71.49
1995	121121	61808	51.03	59313	48.97	35174	29.04	85947	70.96
1996	122389	62200	50.82	60189	49.18	37304	30.48	85085	69.52
1997	123626	63131	51.07	60495	48.93	39449	31.91	84177	68.09
1998	124761	63940	51.25	60821	48.75	41608	33.35	83153	66.65
1999	125786	64692	51.43	61094	48.57	43748	34.78	82038	65.22
2000	126743	65437	51.63	61306	48.37	45906	36.22	80837	63.78
2001	127627	65672	51.46	61955	48.54	48064	37.66	79563	62.34
2002	128453	66115	51.47	62338	48.53	50212	39.09	78241	60.91
2003	129227	66556	51.50	62671	48.50	52376	40.53	76851	59.47
2004	129988	66976	51.52	63012	48.48	54283	41.76	75705	58.24
2005	130756	67375	51.53	63381	48.47	56212	42.99	74544	57.01
2006	131448	67728	51.52	63720	48.48	58288	44.34	73160	55.66
2007	132129	68048	51.50	64081	48.50	60633	45.89	71496	54.11
2008	132802	68357	51.47	64445	48.53	62403	46.99	70399	53.01
2009	133450	68647	51.44	64803	48.56	64512	48.34	68938	51.66
2010	134091	68748	51.27	65343	48.73	66978	49.95	67113	50.05
2011	134735	69068	51.26	65667	48.74	69079	51.27	65656	48.73
2012	135404	69395	51.25	66009	48.75	71182	52.57	64222	47.43
2013	136072	69728	51.24	66344	48.76	73111	53.73	62961	46.27
2014	136782	70079	51.23	66703	48.77	74916	54.77	61866	45.23
2015	137462	70414	51.22	67048	48.78	77116	56.10	60346	43.90

注：1.1981年及以前数据为户籍统计数；1982、1990、2000、2010年数据为当年人口普查数据推算数；其余年份数据为年度人口抽样调查推算数据(下相关表同)。
2.总人口和按性别分人口中包括现役军人，按城乡分人口中现役军人计入城镇人口。

a) Figures 1981 (inclusive) are from household registrations; for the year 1982,1990,2000 and 2010 are the census year estimates; the rest of the data covered in those tables have been estimated on the basis of the annual national sample surveys of population. The same applies to the relevant tables following.

b) Total population and population by sex include the military personnel of the Chinese People's Liberation Army, the military personnel are classified as urban population in the item of population by residence.

2-2 人口出生率、死亡率和自然增长率
Birth Rate, Death Rate and Natural Growth Rate of Population

单位：‰ (‰)

年 份 Year	出生率 Birth Rate	死亡率 Death Rate	自然增长率 Natural Growth Rate
1978	18.25	6.25	12.00
1980	18.21	6.34	11.87
1981	20.91	6.36	14.55
1982	22.28	6.60	15.68
1983	20.19	6.90	13.29
1984	19.90	6.82	13.08
1985	21.04	6.78	14.26
1986	22.43	6.86	15.57
1987	23.33	6.72	16.61
1988	22.37	6.64	15.73
1989	21.58	6.54	15.04
1990	21.06	6.67	14.39
1991	19.68	6.70	12.98
1992	18.24	6.64	11.60
1993	18.09	6.64	11.45
1994	17.70	6.49	11.21
1995	17.12	6.57	10.55
1996	16.98	6.56	10.42
1997	16.57	6.51	10.06
1998	15.64	6.50	9.14
1999	14.64	6.46	8.18
2000	14.03	6.45	7.58
2001	13.38	6.43	6.95
2002	12.86	6.41	6.45
2003	12.41	6.40	6.01
2004	12.29	6.42	5.87
2005	12.40	6.51	5.89
2006	12.09	6.81	5.28
2007	12.10	6.93	5.17
2008	12.14	7.06	5.08
2009	11.95	7.08	4.87
2010	11.90	7.11	4.79
2011	11.93	7.14	4.79
2012	12.10	7.15	4.95
2013	12.08	7.16	4.92
2014	12.37	7.16	5.21
2015	12.07	7.11	4.96

2-3 流动人口数
Floating Population

单位：亿人 (100 million persons)

年 份 Year	人户分离人口 Population of Residence-Registration Inconsistency	流动人口 Floating Population
2000	1.44	1.21
2005		1.47
2010	2.61	2.21
2011	2.71	2.30
2012	2.79	2.36
2013	2.89	2.45
2014	2.98	2.53
2015	2.94	2.47

注：2000年、2010年分别为当年人口普查时点数据，其余年份数据根据年度人口抽样调查推算。

a) Data of 2000 and 2010 are based on the National Population Census and the rest are estimates based on annual national sample surveys of population.

2-4 平均预期寿命
Life Expectancy at Birth

单位：岁 (year)

年份 Year	合计 Total	男 Male	女 Female
1981	67.77	66.28	69.27
1990	68.55	66.84	70.47
1996	70.80		
2000	71.40	69.63	73.33
2005	72.95	70.83	75.25
2010	74.83	72.38	77.37
2015	76.34	73.64	79.43

2-5 人口年龄结构和抚养比
Age Composition and Dependency Ratio of Population

单位：万人 (10 000 persons)

年份 Year	总人口(年末) Total Population (year-end)	按年龄组分 by Age						总抚养比 (%) Gross Dependency Ratio(%)	少儿抚养比 (%) Children Dependency Ratio(%)	老年抚养比 (%) Old Dependency Ratio(%)
		0-14岁 Aged 0-14		15-64岁 Aged 15-64		65岁及以上 Aged 65 and Over				
		人口数 Population	比重(%) Proportion	人口数 Population	比重(%) Proportion	人口数 Population	比重(%) Proportion			
1982	101654	34146	33.6	62517	61.5	4991	4.9	62.6	54.6	8.0
1987	109300	31347	28.7	71985	65.9	5968	5.4	51.8	43.5	8.3
1990	114333	31659	27.7	76306	66.7	6368	5.6	49.8	41.5	8.3
1991	115823	32095	27.7	76791	66.3	6938	6.0	50.8	41.8	9.0
1992	117171	32339	27.6	77614	66.2	7218	6.2	51.0	41.7	9.3
1993	118517	32177	27.2	79051	66.7	7289	6.2	49.9	40.7	9.2
1994	119850	32360	27.0	79868	66.6	7622	6.4	50.1	40.5	9.5
1995	121121	32218	26.6	81393	67.2	7510	6.2	48.8	39.6	9.2
1996	122389	32311	26.4	82245	67.2	7833	6.4	48.8	39.3	9.5
1997	123626	32093	26.0	83448	67.5	8085	6.5	48.1	38.5	9.7
1998	124761	32064	25.7	84338	67.6	8359	6.7	47.9	38.0	9.9
1999	125786	31950	25.4	85157	67.7	8679	6.9	47.7	37.5	10.2
2000	126743	29012	22.9	88910	70.1	8821	7.0	42.6	32.6	9.9
2001	127627	28716	22.5	89849	70.4	9062	7.1	42.0	32.0	10.1
2002	128453	28774	22.4	90302	70.3	9377	7.3	42.2	31.9	10.4
2003	129227	28559	22.1	90976	70.4	9692	7.5	42.0	31.4	10.7
2004	129988	27947	21.5	92184	70.9	9857	7.6	41.0	30.3	10.7
2005	130756	26504	20.3	94197	72.0	10055	7.7	38.8	28.1	10.7
2006	131448	25961	19.8	95068	72.3	10419	7.9	38.3	27.3	11.0
2007	132129	25660	19.4	95833	72.5	10636	8.1	37.9	26.8	11.1
2008	132802	25166	19.0	96680	72.7	10956	8.3	37.4	26.0	11.3
2009	133450	24659	18.5	97484	73.0	11307	8.5	36.9	25.3	11.6
2010	134091	22259	16.6	99938	74.5	11894	8.9	34.2	22.3	11.9
2011	134735	22164	16.5	100283	74.4	12288	9.1	34.4	22.1	12.3
2012	135404	22287	16.5	100403	74.1	12714	9.4	34.9	22.2	12.7
2013	136072	22329	16.4	100582	73.9	13161	9.7	35.3	22.2	13.1
2014	136782	22558	16.5	100469	73.4	13755	10.1	36.2	22.5	13.7
2015	137462	22715	16.5	100361	73.0	14386	10.5	37.0	22.6	14.3

2-6 分地区年末人口数
Population at Year-end by Region

单位：万人 (10 000 persons)

地 区	Region	2004	2005	2006	2007	2008	2009	2010	2011	2012	2013	2014	2015
全 国	**National Total**	**129988**	**130756**	**131448**	**132129**	**132802**	**133450**	**134091**	**134735**	**135404**	**136072**	**136782**	**137462**
北 京	Beijing	1493	1538	1601	1676	1771	1860	1962	2019	2069	2115	2152	2171
天 津	Tianjin	1024	1043	1075	1115	1176	1228	1299	1355	1413	1472	1517	1547
河 北	Hebei	6809	6851	6898	6943	6989	7034	7194	7241	7288	7333	7384	7425
山 西	Shanxi	3335	3355	3375	3393	3411	3427	3574	3593	3611	3630	3648	3664
内蒙古	Inner Mongolia	2393	2403	2415	2429	2444	2458	2472	2482	2490	2498	2505	2511
辽 宁	Liaoning	4217	4221	4271	4298	4315	4341	4375	4383	4389	4390	4391	4382
吉 林	Jilin	2709	2716	2723	2730	2734	2740	2747	2749	2750	2751	2752	2753
黑龙江	Heilongjiang	3817	3820	3823	3824	3825	3826	3833	3834	3834	3835	3833	3812
上 海	Shanghai	1835	1890	1964	2064	2141	2210	2303	2347	2380	2415	2426	2415
江 苏	Jiangsu	7523	7588	7656	7723	7762	7810	7869	7899	7920	7939	7960	7976
浙 江	Zhejiang	4925	4991	5072	5155	5212	5276	5447	5463	5477	5498	5508	5539
安 徽	Anhui	6228	6120	6110	6118	6135	6131	5957	5968	5988	6030	6083	6144
福 建	Fujian	3529	3557	3585	3612	3639	3666	3693	3720	3748	3774	3806	3839
江 西	Jiangxi	4284	4311	4339	4368	4400	4432	4462	4488	4504	4522	4542	4566
山 东	Shandong	9180	9248	9309	9367	9417	9470	9588	9637	9685	9733	9789	9847
河 南	Henan	9717	9380	9392	9360	9429	9487	9405	9388	9406	9413	9436	9480
湖 北	Hubei	5698	5710	5693	5699	5711	5720	5728	5758	5779	5799	5816	5852
湖 南	Hunan	6698	6326	6342	6355	6380	6406	6570	6596	6639	6691	6737	6783
广 东	Guangdong	9111	9194	9442	9660	9893	10130	10441	10505	10594	10644	10724	10849
广 西	Guangxi	4889	4660	4719	4768	4816	4856	4610	4645	4682	4719	4754	4796
海 南	Hainan	818	828	836	845	854	864	869	877	887	895	903	911
重 庆	Chongqing	2793	2798	2808	2816	2839	2859	2885	2919	2945	2970	2991	3017
四 川	Sichuan	8090	8212	8169	8127	8138	8185	8045	8050	8076	8107	8140	8204
贵 州	Guizhou	3904	3730	3690	3632	3596	3537	3479	3469	3484	3502	3508	3530
云 南	Yunnan	4415	4450	4483	4514	4543	4571	4602	4631	4659	4687	4714	4742
西 藏	Tibet	276	280	285	289	292	296	300	303	308	312	318	324
陕 西	Shaanxi	3681	3690	3699	3708	3718	3727	3735	3743	3753	3764	3775	3793
甘 肃	Gansu	2541	2545	2547	2548	2551	2555	2560	2564	2578	2582	2591	2600
青 海	Qinghai	539	543	548	552	554	557	563	568	573	578	583	588
宁 夏	Ningxia	588	596	604	610	618	625	633	639	647	654	662	668
新 疆	Xinjiang	1963	2010	2050	2095	2131	2159	2185	2209	2233	2264	2298	2360

注：2010年数据为当年人口普查数据推算数；其余年份数据为年度人口抽样调查推算数据。2005年起各地区数据为常住人口口径。

a) Data of 2010 are the census year estimates; the rest are the estimates from the annual national sample survey of population. Since 2005, data by region are of usual residents.

2-7 分地区年末城镇人口比重

Proportion of Urban Population at Year-end by Region

单位：% (%)

地 区	Region	2007	2008	2009	2010	2011	2012	2013	2014	2015
全 国	**National Total**	**45.89**	**46.99**	**48.34**	**49.95**	**51.27**	**52.57**	**53.73**	**54.77**	**56.10**
北 京	Beijing	84.50	84.90	85.00	85.96	86.20	86.20	86.30	86.35	86.50
天 津	Tianjin	76.31	77.23	78.01	79.55	80.50	81.55	82.01	82.27	82.64
河 北	Hebei	40.25	41.90	43.74	44.50	45.60	46.80	48.12	49.33	51.33
山 西	Shanxi	44.03	45.11	45.99	48.05	49.68	51.26	52.56	53.79	55.03
内蒙古	Inner Mongolia	50.15	51.71	53.40	55.50	56.62	57.74	58.71	59.51	60.30
辽 宁	Liaoning	59.20	60.05	60.35	62.10	64.05	65.65	66.45	67.05	67.35
吉 林	Jilin	53.16	53.21	53.32	53.35	53.40	53.70	54.20	54.81	55.31
黑龙江	Heilongjiang	53.90	55.40	55.50	55.66	56.50	56.90	57.40	58.01	58.80
上 海	Shanghai	88.70	88.60	88.60	89.30	89.30	89.30	89.60	89.60	87.60
江 苏	Jiangsu	53.20	54.30	55.60	60.58	61.90	63.00	64.11	65.21	66.52
浙 江	Zhejiang	57.20	57.60	57.90	61.62	62.30	63.20	64.00	64.87	65.80
安 徽	Anhui	38.70	40.50	42.10	43.01	44.80	46.50	47.86	49.15	50.50
福 建	Fujian	51.40	53.00	55.10	57.10	58.10	59.60	60.77	61.80	62.60
江 西	Jiangxi	39.80	41.36	43.18	44.06	45.70	47.51	48.87	50.22	51.62
山 东	Shandong	46.75	47.60	48.32	49.70	50.95	52.43	53.75	55.01	57.01
河 南	Henan	34.34	36.03	37.70	38.50	40.57	42.43	43.80	45.20	46.85
湖 北	Hubei	44.30	45.20	46.00	49.70	51.83	53.50	54.51	55.67	56.85
湖 南	Hunan	40.45	42.15	43.20	43.30	45.10	46.65	47.96	49.28	50.89
广 东	Guangdong	63.14	63.37	63.40	66.18	66.50	67.40	67.76	68.00	68.71
广 西	Guangxi	36.24	38.16	39.20	40.00	41.80	43.53	44.81	46.01	47.06
海 南	Hainan	47.20	48.00	49.13	49.80	50.50	51.60	52.74	53.76	55.12
重 庆	Chongqing	48.30	49.99	51.59	53.02	55.02	56.98	58.34	59.60	60.94
四 川	Sichuan	35.60	37.40	38.70	40.18	41.83	43.53	44.90	46.30	47.69
贵 州	Guizhou	28.24	29.11	29.89	33.81	34.96	36.41	37.83	40.01	42.01
云 南	Yunnan	31.60	33.00	34.00	34.70	36.80	39.31	40.48	41.73	43.33
西 藏	Tibet	21.50	21.90	22.30	22.67	22.71	22.75	23.71	25.75	27.74
陕 西	Shaanxi	40.62	42.10	43.50	45.76	47.30	50.02	51.31	52.57	53.92
甘 肃	Gansu	32.25	33.56	34.89	36.12	37.15	38.75	40.13	41.68	43.19
青 海	Qinghai	40.07	40.86	41.90	44.72	46.22	47.44	48.51	49.78	50.30
宁 夏	Ningxia	44.02	44.98	46.10	47.90	49.82	50.67	52.01	53.61	55.23
新 疆	Xinjiang	39.15	39.64	39.85	43.01	43.54	43.98	44.47	46.07	47.23

注：2010年数据为当年人口普查数据推算数；其余年份数据为年度人口抽样调查推算数据，部分省份2006-2009年数据根据2010年普查数据进行了修订。

a) Data of 2010 are the census year estimates; the rest are the estimates from the annual national sample survey of population. Data of some provinces from 2006 to 2009 have been revised according to the Sixth National Population Census in 2010.

2-8 分地区人口的城乡构成和出生率、死亡率、自然增长率（2015年）
Total Population by Urban and Rural Residence and Birth Rate, Death Rate, Natural Growth Rate by Region (2015)

地区	Region	总人口(年末)(万人) Total Population (year-end) (10 000 persons)	城镇人口 Urban Population 人口数 Population	城镇人口 比重(%) Proportion	乡村人口 Rural Population 人口数 Population	乡村人口 比重(%) Proportion	出生率(‰) Birth Rate (‰)	死亡率(‰) Death Rate (‰)	自然增长率(‰) Natural Growth Rate (‰)
全国	**National Total**	**137462**	**77116**	**56.10**	**60346**	**43.90**	**12.07**	**7.11**	**4.96**
北京	Beijing	2171	1878	86.50	293	13.50	7.96	4.95	3.01
天津	Tianjin	1547	1278	82.64	269	17.36	5.84	5.61	0.23
河北	Hebei	7425	3811	51.33	3614	48.67	11.35	5.79	5.56
山西	Shanxi	3664	2016	55.03	1648	44.97	9.98	5.56	4.42
内蒙古	Inner Mongolia	2511	1514	60.30	997	39.70	7.72	5.32	2.40
辽宁	Liaoning	4382	2952	67.35	1431	32.65	6.17	6.59	-0.42
吉林	Jilin	2753	1523	55.31	1230	44.69	5.87	5.53	0.34
黑龙江	Heilongjiang	3812	2241	58.80	1571	41.20	6.00	6.60	-0.60
上海	Shanghai	2415	2116	87.60	299	12.40	7.52	5.07	2.45
江苏	Jiangsu	7976	5306	66.52	2670	33.48	9.05	7.03	2.02
浙江	Zhejiang	5539	3645	65.80	1894	34.20	10.52	5.50	5.02
安徽	Anhui	6144	3103	50.50	3041	49.50	12.92	5.94	6.98
福建	Fujian	3839	2403	62.60	1436	37.40	13.90	6.10	7.80
江西	Jiangxi	4566	2357	51.62	2209	48.38	13.20	6.24	6.96
山东	Shandong	9847	5614	57.01	4233	42.99	12.55	6.67	5.88
河南	Henan	9480	4441	46.85	5039	53.15	12.70	7.05	5.65
湖北	Hubei	5852	3327	56.85	2525	43.15	10.74	5.83	4.91
湖南	Hunan	6783	3452	50.89	3331	49.11	13.58	6.86	6.72
广东	Guangdong	10849	7454	68.71	3395	31.29	11.12	4.32	6.80
广西	Guangxi	4796	2257	47.06	2539	52.94	14.05	6.15	7.90
海南	Hainan	911	502	55.12	409	44.88	14.57	6.00	8.57
重庆	Chongqing	3017	1838	60.94	1178	39.06	11.05	7.19	3.86
四川	Sichuan	8204	3913	47.69	4291	52.31	10.30	6.94	3.36
贵州	Guizhou	3530	1483	42.01	2047	57.99	13.00	7.20	5.80
云南	Yunnan	4742	2055	43.33	2687	56.67	12.88	6.48	6.40
西藏	Tibet	324	90	27.74	234	72.26	15.75	5.10	10.65
陕西	Shaanxi	3793	2045	53.92	1748	46.08	10.10	6.28	3.82
甘肃	Gansu	2600	1123	43.19	1477	56.81	12.36	6.15	6.21
青海	Qinghai	588	296	50.30	292	49.70	14.72	6.17	8.55
宁夏	Ningxia	668	369	55.23	299	44.77	12.62	4.58	8.04
新疆	Xinjiang	2360	1115	47.23	1245	52.77	15.59	4.51	11.08

注：1.本表数据根据2015年全国1%人口抽样调查数据推算。全国总人口根据抽样误差和调查误差进行了修正，分地区人口未作修正。
2.全国总人口包括现役军人数，分地区数字中未包括。

a) Data in the table are estimates from the 1% Population Sample Survey in 2015. The national total population was adjusted on the basis of sampling errors and survey errors. Similar adjustments were not made to regional figures.

b) The military personnel were included in the national total population, but were not included in the population by region.

2-9 按年龄和性别分人口数（2015年）
Population by Age and Sex (2015)

本表是2015年全国1%人口抽样调查样本数据，抽样比为1.55%。

Data in this table are obtained from the 1% Population Sample Survey in 2015. The sampling fraction is 1.55%.

年龄 Age	人口数（人） Population (person)	男 Male	女 Female	占总人口比重（%） Percentage to Total Population (%)	男 Male	女 Female	性别比（女=100） Sex Ratio (Female=100)
总计 Total	**21312241**	**10917046**	**10395195**	**100.00**	**51.22**	**48.78**	**105.02**
0-4	1243566	668449	575117	5.83	3.14	2.70	116.23
5-9	1174724	638535	536190	5.51	3.00	2.52	119.09
10-14	1103520	598685	504836	5.18	2.81	2.37	118.59
15-19	1165548	626249	539299	5.47	2.94	2.53	116.12
20-24	1554837	809143	745694	7.30	3.80	3.50	108.51
25-29	1992252	1007144	985108	9.35	4.73	4.62	102.24
30-34	1573049	794090	778959	7.38	3.73	3.65	101.94
35-39	1507593	769056	738538	7.07	3.61	3.47	104.13
40-44	1824946	932187	892759	8.56	4.37	4.19	104.42
45-49	1921117	976048	945069	9.01	4.58	4.43	103.28
50-54	1615839	818405	797433	7.58	3.84	3.74	102.63
55-59	1193350	606808	586543	5.60	2.85	2.75	103.45
60-64	1211435	604925	606510	5.68	2.84	2.85	99.74
65-69	850443	425036	425407	3.99	1.99	2.00	99.91
70-74	563097	276332	286765	2.64	1.30	1.35	96.36
75-79	411240	195597	215643	1.93	0.92	1.01	90.70
80-84	253260	111726	141534	1.19	0.52	0.66	78.94
85-89	111758	44847	66910	0.52	0.21	0.31	67.03
90-94	33773	11838	21935	0.16	0.06	0.10	53.97
95+	6894	1947	4947	0.03	0.01	0.02	39.36

注：由于各地区数据采用加权汇总的方法，全国1%人口抽样调查样本数据合计与各分项或分组相加略有误差(以下表同)。

a) Because data by region are calculated by the method of weighted sum, total data of the 1% Population Sample Survey are not equal to the sum of each item or group. The same applies to the tables following.

2-10 分地区户数、人口数、性别比和户规模（2015年）
Household, Population, Sex Ratio and Household Size by Region (2015)

本表是2015年全国1%人口抽样调查样本数据，抽样比为1.55%。
Data in this table are obtained from the 1% Population Sample Survey in 2015. The sampling fraction is 1.55%.

地 区	Region	户数（户） Number of Households (household)	家庭户 Family Household	集体户 Collective Household	人口数（人） Population (person)	男 Male	女 Female	性别比 (女=100) Sex Ratio (Female=100)
全 国	**National Total**	**6715351**	**6355790**	**359561**	**21312241**	**10917046**	**10395195**	**105.02**
北 京	Beijing	126146	110525	15621	335775	175460	160315	109.45
天 津	Tianjin	76920	68037	8883	239370	130778	108592	120.43
河 北	Hebei	350041	338842	11199	1155542	583919	571624	102.15
山 西	Shanxi	181314	172990	8323	569491	295031	274461	107.49
内蒙古	Inner Mongolia	139371	133437	5934	390222	199239	190983	104.32
辽 宁	Liaoning	242006	234112	7894	680859	341193	339666	100.45
吉 林	Jilin	144359	141275	3084	428511	216398	212112	102.02
黑龙江	Heilongjiang	208837	204569	4267	592705	298696	294010	101.59
上 海	Shanghai	148332	136119	12213	373956	194485	179471	108.37
江 苏	Jiangsu	391135	363675	27460	1238192	628275	609917	103.01
浙 江	Zhejiang	311630	289309	22321	859773	445155	414618	107.37
安 徽	Anhui	289977	277603	12374	955845	489359	466486	104.90
福 建	Fujian	188900	173537	15364	596224	306388	289836	105.71
江 西	Jiangxi	194967	187202	7765	710552	365820	344733	106.12
山 东	Shandong	514223	495703	18520	1530763	782050	748712	104.45
河 南	Henan	427261	414639	12623	1476154	752496	723658	103.99
湖 北	Hubei	290026	273352	16673	909271	463807	445464	104.12
湖 南	Hunan	313240	300823	12416	1056139	535812	520326	102.98
广 东	Guangdong	512564	442394	70170	1681666	894033	787633	113.51
广 西	Guangxi	209878	202424	7454	747093	383669	363424	105.57
海 南	Hainan	38313	35952	2362	141596	74321	67274	110.47
重 庆	Chongqing	159905	152828	7077	468563	234986	233577	100.60
四 川	Sichuan	413182	398375	14807	1277289	641473	635816	100.89
贵 州	Guizhou	160492	156383	4109	550172	284548	265624	107.12
云 南	Yunnan	207401	199586	7815	738612	378276	360337	104.98
西 藏	Tibet	12066	11513	553	50634	25609	25025	102.33
陕 西	Shaanxi	181904	171859	10046	589346	298442	290904	102.59
甘 肃	Gansu	112147	107046	5101	404863	208500	196363	106.18
青 海	Qinghai	26200	24792	1408	91611	47839	43771	109.29
宁 夏	Ningxia	31774	30513	1261	103820	53462	50358	106.16
新 疆	Xinjiang	110839	106374	4465	367631	187526	180105	104.12

2-10 续表 continued

地 区	Region	家庭户人口数(人) Family Household Population (person)	男 Male	女 Female	集体户人口数(人) Collective Household Population (person)	男 Male	女 Female	平均家庭户规模(人/户) Average Family Size (person/household)
全 国	**National Total**	**19729405**	**9989351**	**9740054**	**1582836**	**927695**	**655141**	**3.10**
北 京	Beijing	281274	139440	141835	54501	36021	18481	2.54
天 津	Tianjin	188974	94440	94533	50396	36338	14059	2.78
河 北	Hebei	1096700	554332	542369	58842	29587	29255	3.24
山 西	Shanxi	532081	269917	262164	37410	25113	12297	3.08
内蒙古	Inner Mongolia	364021	184857	179164	26201	14382	11819	2.73
辽 宁	Liaoning	648616	324374	324242	32243	16819	15425	2.77
吉 林	Jilin	412951	207928	205023	15560	8470	7090	2.92
黑龙江	Heilongjiang	570332	288310	282023	22373	10386	11987	2.79
上 海	Shanghai	335047	168645	166402	38909	25840	13069	2.46
江 苏	Jiangsu	1123787	558260	565527	114405	70015	44390	3.09
浙 江	Zhejiang	779528	395346	384182	80245	49809	30436	2.69
安 徽	Anhui	902642	456073	446569	53203	33286	19917	3.25
福 建	Fujian	537764	270858	266906	58460	35530	22929	3.10
江 西	Jiangxi	668430	342676	325753	42123	23144	18979	3.57
山 东	Shandong	1426673	718766	707907	104089	63284	40805	2.88
河 南	Henan	1404474	712138	692336	71680	40358	31322	3.39
湖 北	Hubei	832740	421272	411469	76531	42535	33995	3.05
湖 南	Hunan	988162	501312	486849	67977	34500	33477	3.28
广 东	Guangdong	1430729	740179	690550	250937	153854	97083	3.23
广 西	Guangxi	710000	366148	343853	37093	17522	19571	3.51
海 南	Hainan	131055	68071	62984	10540	6250	4290	3.65
重 庆	Chongqing	435853	219030	216824	32710	15956	16753	2.85
四 川	Sichuan	1203114	601755	601359	74174	39718	34457	3.02
贵 州	Guizhou	529135	271976	257159	21037	12571	8465	3.38
云 南	Yunnan	696533	354952	341581	42079	23324	18755	3.49
西 藏	Tibet	47581	23638	23943	3053	1970	1083	4.13
陕 西	Shaanxi	539791	272628	267163	49555	25814	23741	3.14
甘 肃	Gansu	377899	191674	186225	26965	16826	10139	3.53
青 海	Qinghai	85696	43473	42223	5915	4367	1548	3.46
宁 夏	Ningxia	98074	49882	48192	5745	3580	2165	3.21
新 疆	Xinjiang	349747	177000	172747	17884	10526	7358	3.29

2-11 分地区分性别、户口登记状况的人口(2015年)
Population by Sex, Household Registration Status and Region (2015)

本表是2015年全国1%人口抽样调查样本数据，抽样比为1.55%。
Data in this table are obtained from the 1% Population Sample Survey in 2015. The sampling fraction is 1.55%.

单位：人 (person)

地区	Region	人口数 Population			住本乡、镇、街道，户口在本乡、镇、街道 Residing in the Townships, Towns and Street Communities with Permanent Household Registration There		
		合计 Total	男 Male	女 Female	小计 Sub-total	男 Male	女 Female
全　国	**National Total**	**21312241**	**10917046**	**10395195**	**16649810**	**8459480**	**8190330**
北　京	Beijing	335775	175460	160315	152756	77840	74916
天　津	Tianjin	239370	130778	108592	150928	76116	74813
河　北	Hebei	1155542	583919	571624	1002236	509558	492678
山　西	Shanxi	569491	295031	274461	453454	231849	221605
内蒙古	Inner Mongolia	390222	199239	190983	274080	139971	134109
辽　宁	Liaoning	680859	341193	339666	546049	275840	270210
吉　林	Jilin	428511	216398	212112	344540	175787	168753
黑龙江	Heilongjiang	592705	298696	294010	513916	262252	251664
上　海	Shanghai	373956	194485	179471	162549	80782	81767
江　苏	Jiangsu	1238192	628275	609917	931448	462056	469392
浙　江	Zhejiang	859773	445155	414618	553502	277305	276197
安　徽	Anhui	955845	489359	466486	809375	411542	397833
福　建	Fujian	596224	306388	289836	396264	198552	197713
江　西	Jiangxi	710552	365820	344733	609247	313638	295609
山　东	Shandong	1530763	782050	748712	1282718	649461	633257
河　南	Henan	1476154	752496	723658	1308804	662816	645988
湖　北	Hubei	909271	463807	445464	714229	362301	351928
湖　南	Hunan	1056139	535812	520326	894196	456653	437543
广　东	Guangdong	1681666	894033	787633	1026860	525764	501096
广　西	Guangxi	747093	383669	363424	634204	328786	305418
海　南	Hainan	141596	74321	67274	110072	57963	52109
重　庆	Chongqing	468563	234986	233577	359666	181848	177818
四　川	Sichuan	1277289	641473	635816	1032435	521034	511401
贵　州	Guizhou	550172	284548	265624	457080	236642	220438
云　南	Yunnan	738612	378276	360337	623494	319628	303866
西　藏	Tibet	50634	25609	25025	43917	21880	22037
陕　西	Shaanxi	589346	298442	290904	474436	239634	234802
甘　肃	Gansu	404863	208500	196363	345292	176205	169087
青　海	Qinghai	91611	47839	43771	73291	37792	35498
宁　夏	Ningxia	103820	53462	50358	76453	39056	37397
新　疆	Xinjiang	367631	187526	180105	292319	148929	143390

2-11 续表 continued

单位：人 (persons)

地 区	Region	住本乡、镇、街道，户口在外乡、镇、街道，离开户口登记地半年以上 Residing in Townships, Towns and Street Communities, with Permanent Household Registration Elsewhere Having Been Away from That Places For More Than 6 Months.			住本乡、镇、街道，户口待定 Residing in Townships, Towns and Street Communities, with Place of Permanent Household Registration Unsettled			居住在港澳台或国外，户口在本乡、镇、街道 Residing in Hong Kong, Macao and Taiwan Provinces or abroad, with Permanent Household Registration in Townships,Towns and Street Communities		
		小 计 Sub-total	男 Male	女 Female	小 计 Sub-total	男 Male	女 Female	小 计 Sub-total	男 Male	女 Female
全 国	**National Total**	**4545865**	**2398359**	**2147506**	**89209**	**44455**	**44754**	**27357**	**14751**	**12606**
北 京	Beijing	180600	96515	84086	963	464	499	1456	641	814
天 津	Tianjin	87774	54297	33477	471	275	195	198	90	107
河 北	Hebei	149875	72519	77357	3047	1555	1492	384	287	97
山 西	Shanxi	114244	62267	51977	1731	881	850	62	34	28
内蒙古	Inner Mongolia	114930	58678	56252	1130	549	582	81	41	40
辽 宁	Liaoning	132238	63972	68266	1419	771	648	1154	611	543
吉 林	Jilin	81553	39339	42214	622	308	314	1796	964	832
黑龙江	Heilongjiang	75798	34874	40924	1624	847	777	1368	723	645
上 海	Shanghai	208345	112335	96010	818	396	422	2244	971	1273
江 苏	Jiangsu	301568	163289	138279	3369	1741	1629	1807	1190	617
浙 江	Zhejiang	298662	163908	134754	3381	1743	1638	4227	2198	2029
安 徽	Anhui	142132	75739	66393	4089	1929	2159	249	148	101
福 建	Fujian	188373	101909	86464	6261	2970	3291	5326	2958	2368
江 西	Jiangxi	98487	50816	47671	2660	1277	1383	159	88	70
山 东	Shandong	244074	130520	113554	2883	1420	1463	1088	649	439
河 南	Henan	161968	86741	75227	4869	2548	2321	513	392	121
湖 北	Hubei	190012	98921	91092	4419	2273	2146	611	312	298
湖 南	Hunan	157549	76952	80597	3928	1950	1979	466	258	207
广 东	Guangdong	640143	360865	279278	12537	6342	6195	2127	1064	1064
广 西	Guangxi	107037	51946	55091	5366	2752	2614	486	186	300
海 南	Hainan	30401	15829	14572	1028	490	538	94	39	55
重 庆	Chongqing	106858	52060	54799	1942	1025	917	96	53	44
四 川	Sichuan	238741	117133	121609	5682	3017	2664	431	290	142
贵 州	Guizhou	88951	45972	42979	4058	1879	2179	83	55	28
云 南	Yunnan	111076	56717	54359	3707	1720	1987	335	210	125
西 藏	Tibet	6533	3620	2913	178	106	73	6	3	3
陕 西	Shaanxi	112446	57623	54823	2185	1022	1163	278	162	116
甘 肃	Gansu	57559	31508	26052	1945	748	1197	67	40	27
青 海	Qinghai	17914	9850	8065	395	190	204	11	7	4
宁 夏	Ningxia	27038	14243	12794	301	144	157	28	18	10
新 疆	Xinjiang	72984	37404	35580	2203	1126	1077	126	68	57

2-12 分地区人口年龄构成和抚养比（2015年）
Age Composition and Dependency Ratio of Population by Region (2015)

本表是2015年全国1%人口抽样调查样本数据，抽样比为1.55%。
Data in this table are obtained from the 1% Population Sample Survey in 2015. The sampling fraction is 1.55%.

地 区	Region	人口数 (人) Population (person)	0-14岁 Aged 0-14	15-64岁 Aged 15-64	65岁及以上 Aged 65 and Over	总抚养比 (%) Gross Dependency Ratio (%)	少年儿童抚养比 Children Dependency Ratio	老年人口抚养比 Old Dependency Ratio
全 国	**National Total**	**21312241**	**3521811**	**15559965**	**2230465**	**36.97**	**22.63**	**14.33**
北 京	Beijing	335775	33994	266007	35775	26.23	12.78	13.45
天 津	Tianjin	239370	24253	190476	24641	25.67	12.73	12.94
河 北	Hebei	1155542	210653	827323	117567	39.67	25.46	14.21
山 西	Shanxi	569491	85703	431465	52324	31.99	19.86	12.13
内蒙古	Inner Mongolia	390222	51002	301933	37288	29.24	16.89	12.35
辽 宁	Liaoning	680859	72220	521044	87595	30.67	13.86	16.81
吉 林	Jilin	428511	51351	330390	46769	29.70	15.54	14.16
黑龙江	Heilongjiang	592705	62674	465792	64239	27.25	13.46	13.79
上 海	Shanghai	373956	34935	291086	47936	28.47	12.00	16.47
江 苏	Jiangsu	1238192	167898	913159	157135	35.59	18.39	17.21
浙 江	Zhejiang	859773	111031	651886	96855	31.89	17.03	14.86
安 徽	Anhui	955845	169869	679081	106895	40.76	25.01	15.74
福 建	Fujian	596224	104768	437763	53694	36.20	23.93	12.27
江 西	Jiangxi	710552	152541	493623	64388	43.95	30.90	13.04
山 东	Shandong	1530763	250337	1101954	178471	38.91	22.72	16.20
河 南	Henan	1476154	309790	1020949	145415	44.59	30.34	14.24
湖 北	Hubei	909271	138022	669102	102146	35.89	20.63	15.27
湖 南	Hunan	1056139	194440	743164	118534	42.11	26.16	15.95
广 东	Guangdong	1681666	269349	1288354	123964	30.53	20.91	9.62
广 西	Guangxi	747093	169026	505127	72940	47.90	33.46	14.44
海 南	Hainan	141596	28058	101585	11954	39.39	27.62	11.77
重 庆	Chongqing	468563	73101	333180	62282	40.63	21.94	18.69
四 川	Sichuan	1277289	202831	909185	165273	40.49	22.31	18.18
贵 州	Guizhou	550172	123464	374559	52149	46.89	32.96	13.92
云 南	Yunnan	738612	141197	535328	62088	37.97	26.38	11.60
西 藏	Tibet	50634	11932	35812	2890	41.39	33.32	8.07
陕 西	Shaanxi	589346	88688	439664	60994	34.04	20.17	13.87
甘 肃	Gansu	404863	69226	297726	37912	35.99	23.25	12.73
青 海	Qinghai	91611	18381	66728	6502	37.29	27.55	9.74
宁 夏	Ningxia	103820	20862	75315	7643	37.85	27.70	10.15
新 疆	Xinjiang	367631	80217	261207	26207	40.74	30.71	10.03

2-13 分地区按性别和婚姻状况分的人口(2015年)
Population by Sex, Marital Status and Region (2015)

本表是2015年全国1%人口抽样调查样本数据，抽样比为1.55%。
Data in this table are obtained from the 1% Population Sample Survey in 2015. The sampling fraction is 1.55%.

单位：人 (person)

地 区	Region	合 计 Total	男 Male	女 Female	未 婚 Never Married	男 Male	女 Female	有配偶 Married	男 Male	女 Female
全 国	**National Total**	**17752717**	**8991900**	**8760817**	**3495613**	**2059935**	**1435678**	**12973649**	**6468379**	**6505270**
北 京	Beijing	300830	157063	143768	68685	40131	28555	215191	111598	103593
天 津	Tianjin	214055	117364	96690	41678	24373	17305	159757	88551	71206
河 北	Hebei	944482	470568	473914	150161	83891	66270	732106	363044	369062
山 西	Shanxi	483428	249775	233653	103780	63254	40526	349701	175504	174197
内蒙古	Inner Mongolia	338661	172203	166458	63020	34966	28053	251804	128249	123555
辽 宁	Liaoning	607868	303017	304851	107935	61483	46453	441982	219656	222325
吉 林	Jilin	375635	188653	186982	60802	34868	25934	279905	139474	140431
黑龙江	Heilongjiang	528355	264952	263403	92174	50967	41207	387890	193662	194228
上 海	Shanghai	337291	175102	162189	57729	33725	24004	256912	134178	122734
江 苏	Jiangsu	1068564	536183	532380	177235	104304	72931	816527	406040	410487
浙 江	Zhejiang	746203	384546	361657	130664	81014	49650	564757	286627	278130
安 徽	Anhui	783426	394045	389382	152869	92350	60519	575210	280837	294373
福 建	Fujian	487572	247611	239961	95280	57892	37388	359561	179761	179800
江 西	Jiangxi	556694	278969	277725	105919	63004	42916	412865	203291	209574
山 东	Shandong	1279321	644972	634349	216398	130405	85993	974605	483047	491558
河 南	Henan	1166309	579715	586595	232766	134160	98606	854788	414685	440102
湖 北	Hubei	768840	386852	381987	155661	92185	63476	555563	273501	282062
湖 南	Hunan	860561	428444	432118	151578	87826	63752	639681	315666	324015
广 东	Guangdong	1409673	744769	664904	380284	228961	151323	959346	494519	464827
广 西	Guangxi	577276	291976	285300	129709	78509	51199	402118	198464	203654
海 南	Hainan	113516	58807	54710	30828	19230	11599	76068	37715	38353
重 庆	Chongqing	394049	195594	198455	75123	42661	32462	283763	139352	144411
四 川	Sichuan	1072385	533577	538808	202254	117507	84747	776169	380537	395632
贵 州	Guizhou	425633	216731	208902	93165	56375	36790	296878	146648	150230
云 南	Yunnan	595775	303159	292616	128862	77994	50868	421809	209367	212442
西 藏	Tibet	38702	19575	19127	11711	6300	5410	23918	12296	11622
陕 西	Shaanxi	499518	250166	249352	115004	64795	50210	349841	172535	177307
甘 肃	Gansu	335274	171038	164237	76208	45117	31090	234944	117048	117896
青 海	Qinghai	72860	38137	34723	15017	9134	5883	51591	26696	24895
宁 夏	Ningxia	82775	42340	40435	16983	9947	7036	60782	30669	30113
新 疆	Xinjiang	287186	145998	141188	56129	32609	23520	207617	105159	102457

2-13 续表 continued

单位：人 (person)

地区	Region	离婚 Divorced	男 Male	女 Female	丧偶 Widowed	男 Male	女 Female
全 国	**National Total**	**304884**	**174084**	**130800**	**978571**	**289502**	**689069**
北 京	Beijing	5805	2551	3254	11149	2783	8366
天 津	Tianjin	3848	1832	2017	8771	2609	6162
河 北	Hebei	12093	7595	4498	50122	16038	34085
山 西	Shanxi	6167	3986	2181	23780	7032	16749
内蒙古	Inner Mongolia	6753	3971	2782	17084	5017	12067
辽 宁	Liaoning	20972	11009	9963	36979	10869	26110
吉 林	Jilin	12628	7114	5514	22300	7197	15103
黑龙江	Heilongjiang	18494	10721	7773	29797	9602	20195
上 海	Shanghai	7284	3469	3815	15366	3731	11636
江 苏	Jiangsu	15417	8956	6460	59385	16882	42502
浙 江	Zhejiang	12547	7173	5374	38235	9732	28503
安 徽	Anhui	10719	6748	3971	44628	14110	30519
福 建	Fujian	6622	3720	2902	26110	6238	19872
江 西	Jiangxi	7336	4554	2783	30573	8120	22452
山 东	Shandong	13703	8514	5189	74614	23006	51609
河 南	Henan	12871	7917	4954	65885	22952	42933
湖 北	Hubei	12161	7071	5090	45455	14095	31360
湖 南	Hunan	15789	9246	6543	53513	15706	37807
广 东	Guangdong	14627	7631	6997	55416	13658	41758
广 西	Guangxi	8513	5083	3429	36937	9920	27017
海 南	Hainan	1150	654	496	5470	1208	4262
重 庆	Chongqing	10194	5589	4605	24970	7993	16977
四 川	Sichuan	23438	13498	9940	70523	22035	48489
贵 州	Guizhou	9385	5719	3666	26204	7989	18215
云 南	Yunnan	11429	6345	5084	33675	9453	24222
西 藏	Tibet	775	254	520	2299	724	1575
陕 西	Shaanxi	5988	3734	2254	28685	9103	19582
甘 肃	Gansu	4682	2816	1866	19441	6056	13385
青 海	Qinghai	2260	1144	1116	3992	1163	2829
宁 夏	Ningxia	1642	835	807	3368	889	2479
新 疆	Xinjiang	9593	4636	4957	13847	3593	10253

2-14 分地区按性别、受教育程度分的6岁及以上人口(2015年)

Population Aged 6 and Over by Sex, Educational Attainment and Region (2015)

本表是2015年全国1%人口抽样调查样本数据，抽样比为1.55%。

Data in this table are obtained from the 1% Population Sample Survey in 2015. The sampling fraction is 1.55%.

单位：人 (person)

地区	Region	6岁及以上人口 Population Aged 6 and Over			未上过学 No Schooling			小学 Primary Schools		
		合计 Total	男 Male	女 Female	小计 Subtotal	男 Male	女 Female	小计 Subtotal	男 Male	女 Female
全 国	**National Total**	**19833469**	**10121107**	**9712363**	**1128946**	**326099**	**802847**	**5199574**	**2496606**	**2702967**
北 京	Beijing	316773	165403	151370	6180	1500	4680	32650	15352	17298
天 津	Tianjin	228196	124883	103313	5738	1782	3956	35688	18755	16932
河 北	Hebei	1066111	535971	530140	44629	12364	32265	274871	129671	145200
山 西	Shanxi	536025	277401	258623	17212	5355	11857	110913	51420	59493
内蒙古	Inner Mongolia	368717	187863	180854	21579	7062	14517	89268	43057	46211
辽 宁	Liaoning	652806	326721	326085	15151	4595	10556	131839	61282	70558
吉 林	Jilin	409572	206452	203120	12954	4611	8343	100760	48749	52010
黑龙江	Heilongjiang	572233	287954	284279	18889	6447	12442	134603	64074	70529
上 海	Shanghai	355996	185053	170943	11792	2686	9106	46582	21767	24815
江 苏	Jiangsu	1163203	588089	575114	65122	15144	49978	270803	122953	147850
浙 江	Zhejiang	810517	418816	391701	52902	14609	38293	239672	117083	122588
安 徽	Anhui	884086	449985	434101	59704	16211	43493	245444	114283	131161
福 建	Fujian	546001	279002	267000	38145	8162	29984	160778	74672	86106
江 西	Jiangxi	651438	332802	318636	31679	8200	23479	195947	90503	105444
山 东	Shandong	1423779	723896	699884	96731	26522	70209	345693	162034	183659
河 南	Henan	1353044	685346	667699	77360	24748	52612	350004	172366	177638
湖 北	Hubei	846998	429721	417277	51048	13336	37712	203950	96174	107776
湖 南	Hunan	976881	492520	484361	36205	10640	25564	259381	124607	134774
广 东	Guangdong	1559777	827565	732212	53925	14887	39037	352377	166246	186131
广 西	Guangxi	675146	344484	330662	32658	8329	24329	210679	102127	108551
海 南	Hainan	129047	67489	61558	6574	1531	5043	27457	13015	14442
重 庆	Chongqing	441611	220924	220687	24737	7460	17276	139391	68241	71150
四 川	Sichuan	1200274	601392	598883	97796	30165	67631	399659	197696	201962
贵 州	Guizhou	501212	257670	243541	60459	16415	44043	172357	89470	82887
云 南	Yunnan	682247	348765	333482	63598	19905	43693	255239	128613	126626
西 藏	Tibet	45898	23178	22720	16503	6825	9678	16848	9333	7515
陕 西	Shaanxi	549196	276983	272213	29519	9110	20409	126830	60191	66638
甘 肃	Gansu	377237	193736	183501	41499	13002	28497	115600	56395	59205
青 海	Qinghai	84198	43997	40202	13950	5150	8801	29610	15164	14446
宁 夏	Ningxia	95349	48936	46413	8397	2578	5820	26334	12762	13572
新 疆	Xinjiang	329900	168109	161791	16311	6765	9546	98351	48551	49800

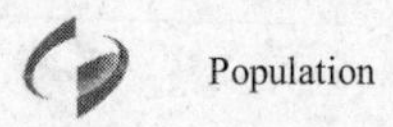

2-14 续表 1 continued

单位：人 (person)

地 区	Region	初中 Junior Secondary Schools			普通高中 Regular Senior Secondary Schools			中职 Secondary Vocational School		
		小计 Subtotal	男 Male	女 Female	小计 Subtotal	男 Male	女 Female	小计 Subtotal	男 Male	女 Female
全 国	**National Total**	**7600489**	**4086432**	**3514057**	**2434365**	**1375728**	**1058637**	**826607**	**441856**	**384751**
北 京	Beijing	80272	45223	35049	42868	22470	20399	20697	10768	9929
天 津	Tianjin	85899	50661	35238	30811	16831	13980	16820	8934	7885
河 北	Hebei	468196	249172	219024	129334	70287	59047	40256	19177	21080
山 西	Shanxi	230264	122164	108100	81434	46459	34975	22541	11605	10936
内蒙古	Inner Mongolia	138368	75680	62688	46638	24973	21665	13338	7923	5415
辽 宁	Liaoning	293115	151504	141611	74717	38464	36253	27460	14074	13387
吉 林	Jilin	174513	90407	84106	54707	29001	25706	12705	6345	6360
黑龙江	Heilongjiang	257250	135028	122222	70680	37320	33360	14798	7501	7297
上 海	Shanghai	120392	65832	54560	52278	28468	23811	22794	12684	10110
江 苏	Jiangsu	425735	227649	198086	148594	86680	61914	61962	34687	27276
浙 江	Zhejiang	284255	158307	125948	88734	50212	38522	26107	14986	11121
安 徽	Anhui	352751	188518	164233	97055	55834	41221	25443	12575	12868
福 建	Fujian	189992	107790	82202	60067	36599	23467	26028	13261	12767
江 西	Jiangxi	252488	134891	117597	82379	49658	32721	20081	10309	9772
山 东	Shandong	569311	304015	265295	160761	91015	69746	71427	41671	29756
河 南	Henan	579625	300430	279195	191204	109051	82152	36549	18684	17865
湖 北	Hubei	310274	164602	145672	112916	62680	50235	41871	22327	19544
湖 南	Hunan	369554	190054	179500	155211	87380	67832	40371	18901	21471
广 东	Guangdong	630674	347925	282749	245678	145752	99926	90172	50958	39214
广 西	Guangxi	277465	152146	125320	62958	35678	27279	29221	16424	12797
海 南	Hainan	57970	30871	27099	15974	10235	5740	7066	3932	3134
重 庆	Chongqing	146462	76729	69733	55244	29734	25509	20312	10281	10031
四 川	Sichuan	406996	218149	188847	123250	67617	55633	40607	21181	19426
贵 州	Guizhou	174867	100544	74323	36519	21040	15478	14639	7730	6909
云 南	Yunnan	220696	124866	95830	49715	28840	20876	28321	14053	14267
西 藏	Tibet	6639	3913	2727	2145	1185	961	496	298	198
陕 西	Shaanxi	207427	109406	98021	70284	39169	31115	17697	10221	7476
甘 肃	Gansu	112808	63486	49322	44169	26898	17270	15934	8928	7006
青 海	Qinghai	22619	13478	9141	6769	4007	2762	2450	1438	1011
宁 夏	Ningxia	32026	18043	13983	10361	5591	4770	3698	2171	1527
新 疆	Xinjiang	121585	64950	56635	30910	16599	14311	14745	7828	6917

2-14 续表 2 continued

单位：人 (person)

地 区	Region	大学专科 College Students			大学本科 Undergraduates			研究生 Postgraduates		
		小计 Subtotal	男 Male	女 Female	小计 Subtotal	男 Male	女 Female	小计 Subtotal	男 Male	女 Female
全 国	**National Total**	**1351837**	**714972**	**636865**	**1175198**	**615775**	**559423**	**116455**	**63639**	**52816**
北 京	Beijing	42735	21861	20874	70180	36743	33436	21191	11486	9704
天 津	Tianjin	23755	12611	11144	26742	13885	12857	2743	1422	1321
河 北	Hebei	66187	35252	30935	39560	18484	21077	3078	1565	1513
山 西	Shanxi	42620	23828	18791	29197	15686	13511	1844	885	960
内蒙古	Inner Mongolia	31630	15975	15655	26673	12627	14046	1224	567	657
辽 宁	Liaoning	54269	27482	26787	51918	27040	24877	4337	2281	2056
吉 林	Jilin	26892	13086	13806	25265	13347	11917	1777	905	872
黑龙江	Heilongjiang	38202	19512	18689	35910	17005	18905	1901	1066	835
上 海	Shanghai	41476	22096	19380	51011	26363	24648	9670	5157	4513
江 苏	Jiangsu	94557	49976	44581	83583	43915	39668	12847	7086	5760
浙 江	Zhejiang	62059	32774	29285	53159	28757	24402	3629	2087	1542
安 徽	Anhui	57909	31445	26464	42716	29364	13352	3063	1755	1309
福 建	Fujian	33047	16688	16359	35625	20521	15104	2319	1308	1012
江 西	Jiangxi	36854	20212	16643	30600	18196	12404	1409	833	577
山 东	Shandong	94518	47887	46631	79396	47573	31824	5943	3178	2764
河 南	Henan	69018	35427	33591	46221	22997	23223	3065	1644	1421
湖 北	Hubei	60718	35333	25386	60195	32755	27440	6026	2514	3512
湖 南	Hunan	62297	34719	27578	50701	24394	26307	3160	1826	1334
广 东	Guangdong	108571	58869	49702	72518	39386	33132	5862	3541	2321
广 西	Guangxi	32652	16648	16004	28292	12448	15844	1222	684	538
海 南	Hainan	7693	4633	3060	6153	3176	2977	160	96	64
重 庆	Chongqing	30627	15182	15444	23113	12373	10740	1724	922	802
四 川	Sichuan	71454	37608	33847	57286	27155	30131	3226	1820	1407
贵 州	Guizhou	21646	11643	10002	20212	10526	9686	514	300	214
云 南	Yunnan	33019	16336	16684	28817	14690	14127	2842	1463	1378
西 藏	Tibet	1587	791	796	1652	824	829	26	10	16
陕 西	Shaanxi	43218	23261	19957	45804	20112	25692	8419	5514	2905
甘 肃	Gansu	24794	14372	10422	21224	9943	11280	1209	710	499
青 海	Qinghai	4396	2437	1959	4055	2146	1910	348	177	171
宁 夏	Ningxia	7262	3646	3617	6978	3993	2985	293	153	140
新 疆	Xinjiang	26173	13380	12793	20443	9352	11091	1382	684	699

2-15 分地区按性别分的15岁及以上文盲人口（2015年）
Illiterate Population Aged 15 and Over by Sex and Region (2015)

本表是2015年全国1%人口抽样调查样本数据，抽样比为1.55%。
Data in this table are obtained from the 1% Population Sample Survey in 2015. The sampling fraction is 1.55%.

地 区	Region	15岁及以上人口（人） Population Aged 15 and Over (person)	男 Male	女 Female	文盲人口（人） Illiterate Population (person)	男 Male	女 Female	文盲人口占15岁及以上人口的比重(%) Percentage of Illiterate Population to Total Aged 15 and Over(%)	男 Male	女 Female
全 国	**National Total**	**17790430**	**9011377**	**8779053**	**964050**	**260677**	**703374**	**5.42**	**2.89**	**8.01**
北 京	Beijing	301781	157519	144262	5188	1150	4037	1.72	0.73	2.80
天 津	Tianjin	215117	117901	97216	4490	1191	3299	2.09	1.01	3.39
河 北	Hebei	944890	470806	474084	36479	9084	27395	3.86	1.93	5.78
山 西	Shanxi	483788	249962	233827	14435	4235	10200	2.98	1.69	4.36
内蒙古	Inner Mongolia	339221	172510	166711	18564	5776	12788	5.47	3.35	7.67
辽 宁	Liaoning	608639	303430	305209	11654	3139	8516	1.91	1.03	2.79
吉 林	Jilin	377159	189456	187704	9860	3270	6590	2.61	1.73	3.51
黑龙江	Heilongjiang	530031	265814	264217	14504	4551	9953	2.74	1.71	3.77
上 海	Shanghai	339022	175949	163073	10592	2248	8344	3.12	1.28	5.12
江 苏	Jiangsu	1070294	537019	533275	57833	12584	45249	5.40	2.34	8.49
浙 江	Zhejiang	748742	385894	362848	43947	11197	32751	5.87	2.90	9.03
安 徽	Anhui	785976	395406	390570	51141	13244	37897	6.51	3.35	9.70
福 建	Fujian	491456	249598	241858	32693	6232	26460	6.65	2.50	10.94
江 西	Jiangxi	558012	279649	278362	26098	6029	20069	4.68	2.16	7.21
山 东	Shandong	1280426	645541	634885	85107	22339	62769	6.65	3.46	9.89
河 南	Henan	1166364	579747	586617	61206	18170	43036	5.25	3.13	7.34
湖 北	Hubei	771249	388088	383161	45977	11760	34217	5.96	3.03	8.93
湖 南	Hunan	861699	429028	432671	29042	7846	21195	3.37	1.83	4.90
广 东	Guangdong	1412318	746104	666213	40929	9406	31523	2.90	1.26	4.73
广 西	Guangxi	578067	292388	285679	26921	5858	21063	4.66	2.00	7.37
海 南	Hainan	113538	58818	54720	6025	1295	4730	5.31	2.20	8.64
重 庆	Chongqing	395462	196313	199149	22102	6410	15692	5.59	3.27	7.88
四 川	Sichuan	1074458	534664	539794	87444	25855	61590	8.14	4.84	11.41
贵 州	Guizhou	426708	217321	209387	55494	14375	41120	13.01	6.61	19.64
云 南	Yunnan	597416	304040	293376	56913	17273	39640	9.53	5.68	13.51
西 藏	Tibet	38702	19575	19127	14449	5723	8726	37.33	29.24	45.62
陕 西	Shaanxi	500658	250736	249921	24389	7255	17134	4.87	2.89	6.86
甘 肃	Gansu	335638	171228	164410	37969	11614	26355	11.31	6.78	16.03
青 海	Qinghai	73230	38321	34909	12178	4276	7903	16.63	11.16	22.64
宁 夏	Ningxia	82957	42440	40517	7609	2254	5355	9.17	5.31	13.22
新 疆	Xinjiang	287414	146113	141301	12818	5039	7779	4.46	3.45	5.51

注：本表“文盲人口”指15岁及15岁以上不识字及识字很少人口。
a) Illiterate population in this table refers to the population aged 15 and over who are unable or have difficulty in reading.

2-16 分地区按家庭户规模分的户数（2015年）
Family Households by Size and Region (2015)

本表是2015年全国1%人口抽样调查样本数据，抽样比为1.55%。
Data in this table are obtained from the 1% Population Sample Survey in 2015. The sampling fraction is 1.55%.

单位：户 (household)

地 区	Region	家庭户户数 Number of Family Households	一人户 One Person	二人户 Two Persons	三人户 Three Persons	四人户 Four Persons	五人户 Five Persons	六人户 Six Persons	七人户 Seven Persons	八人户 Eight Persons	九人户 Nine Persons	十人及以上户 Ten Persons and Over
全 国	**National Total**	**6355790**	**835737**	**1606929**	**1679039**	**1137662**	**655911**	**289024**	**88924**	**34229**	**14667**	**13669**
北 京	Beijing	110525	23836	34214	31383	11358	7480	1565	398	193	63	34
天 津	Tianjin	68037	8790	20353	23457	9046	4492	1467	295	93	30	15
河 北	Hebei	338842	33742	87374	84494	68379	35590	21199	5436	1648	581	400
山 西	Shanxi	172990	18745	44238	48648	37030	15604	6627	1356	457	175	112
内蒙古	Inner Mongolia	133437	16073	42331	47294	18645	6430	2046	435	134	30	18
辽 宁	Liaoning	234112	29010	72962	80497	29513	16164	4775	848	255	56	32
吉 林	Jilin	141275	16112	42497	44256	19041	13700	4106	1014	366	129	53
黑龙江	Heilongjiang	204569	24194	65334	69239	24817	16063	3736	829	251	76	30
上 海	Shanghai	136119	28959	47003	37741	12578	7980	1351	340	115	31	21
江 苏	Jiangsu	363675	43540	96898	99657	56489	43922	16598	4220	1533	487	330
浙 江	Zhejiang	289309	57146	88390	72531	39226	20864	8087	1906	726	239	195
安 徽	Anhui	277603	27924	65085	76274	55387	31387	14816	3823	1609	751	549
福 建	Fujian	173537	27532	41323	41686	31350	17932	9023	2603	1144	516	427
江 西	Jiangxi	187202	15040	36433	43170	44949	26177	13223	4777	1796	842	795
山 东	Shandong	495703	60556	146595	149307	84582	39263	12000	2356	747	222	75
河 南	Henan	414639	41933	88801	96450	95083	53053	27119	7995	2456	987	760
湖 北	Hubei	273352	34801	70774	77407	46935	28003	10743	2730	1161	500	298
湖 南	Hunan	300823	33234	66981	77725	62607	35372	16211	5267	1771	897	759
广 东	Guangdong	442394	88368	92190	85821	74465	49449	26690	12340	6181	3074	3815
广 西	Guangxi	202424	25446	37893	45949	42446	25780	13258	5686	2775	1364	1826
海 南	Hainan	35952	3757	5971	7505	8955	5090	2496	1143	535	242	258
重 庆	Chongqing	152828	26546	41905	38834	25303	13812	4643	1201	381	141	62
四 川	Sichuan	398375	60042	102828	101141	69345	41573	15976	4801	1612	589	469
贵 州	Guizhou	156383	18320	33483	35675	32592	19999	10110	3840	1392	505	467
云 南	Yunnan	199586	22586	36086	45751	44965	26860	15609	4884	1704	668	473
西 藏	Tibet	11513	1416	1724	2131	2043	1615	855	594	403	286	444
陕 西	Shaanxi	171859	20534	40787	46069	34907	19030	7825	1836	553	194	124
甘 肃	Gansu	107046	9319	21106	27121	21776	14441	8795	2891	948	398	252
青 海	Qinghai	24792	2931	4764	5883	5078	3207	1805	636	260	115	112
宁 夏	Ningxia	30513	2887	7332	8585	6500	3028	1467	477	157	49	31
新 疆	Xinjiang	106374	12418	23274	27358	22271	12550	4802	1967	873	428	433

2-17 育龄妇女分年龄、孩次的生育状况（2014年11月1日至2015年10月31日）

Age-specific Fertility Rate of Childbearing Women by Age of Mother and Birth Order (2014.11.1-2015.10.31)

本表是2015年全国1%人口抽样调查样本数据，抽样比为1.55%。

Data in this table are obtained from the 1% Population Sample Survey in 2015. The sampling fraction is 1.55%.

年龄 Age	平均育龄妇女人数（人） Average Number of Childbearing Women (person)	出生人数（人） Births (person)	一孩 1st Birth	二孩 2nd Birth	三孩及以上 3rd Birth and Above	生育率（‰） Fertility Rate (‰)	一孩 1st Birth	二孩 2nd Birth	三孩及以上 3rd Birth and Above
总计 Total	**5667870**	**175309**	**93098**	**69695**	**12516**	**30.93**	**16.43**	**12.30**	**2.21**
15-19	**577169**	**5305**	**4614**	**644**	**47**	**9.19**	**7.99**	**1.12**	**0.08**
15	97659	106	97	9		1.09	0.99	0.09	
16	108357	340	313	27		3.14	2.89	0.25	
17	111740	747	680	64	3	6.69	6.09	0.57	0.02
18	114717	1410	1237	161	12	12.29	10.78	1.40	0.10
19	144696	2703	2288	383	32	18.68	15.81	2.64	0.22
20-24	**767236**	**42170**	**30821**	**10270**	**1079**	**54.96**	**40.17**	**13.39**	**1.41**
20	157829	4352	3614	672	66	27.57	22.90	4.26	0.42
21	144820	6184	4916	1146	122	42.70	33.95	7.92	0.84
22	142136	8139	6117	1832	191	57.26	43.04	12.89	1.34
23	143581	9960	7088	2611	261	69.37	49.37	18.18	1.82
24	178870	13535	9086	4009	440	75.67	50.79	22.41	2.46
25-29	**957566**	**71154**	**39785**	**27580**	**3788**	**74.31**	**41.55**	**28.80**	**3.96**
25	206611	16015	10178	5209	627	77.51	49.26	25.21	3.04
26	195910	15451	9216	5535	700	78.87	47.04	28.25	3.57
27	196397	14950	8316	5844	789	76.12	42.34	29.76	4.02
28	190656	13683	7016	5829	838	71.77	36.80	30.57	4.39
29	167992	11055	5059	5163	833	65.80	30.11	30.73	4.96
30-34	**771732**	**34969**	**11563**	**19619**	**3787**	**45.31**	**14.98**	**25.42**	**4.91**
30	154396	8893	3503	4572	818	57.60	22.69	29.61	5.30
31	150811	7729	2697	4257	776	51.25	17.88	28.22	5.14
32	160515	7164	2286	4104	775	44.63	14.24	25.56	4.83
33	160223	6281	1810	3719	753	39.20	11.29	23.21	4.70
34	145788	4901	1267	2968	666	33.62	8.69	20.36	4.57
35-39	**747539**	**13906**	**3459**	**8195**	**2253**	**18.60**	**4.63**	**10.96**	**3.01**
35	146810	4101	1014	2494	592	27.93	6.91	16.99	4.03
36	149816	3461	824	2102	534	23.10	5.50	14.03	3.57
37	143611	2588	637	1528	423	18.02	4.43	10.64	2.95
38	148234	2028	526	1140	361	13.68	3.55	7.69	2.44
39	159068	1730	457	930	342	10.88	2.88	5.85	2.15
40-44	**914765**	**4908**	**1688**	**2241**	**979**	**5.37**	**1.85**	**2.45**	**1.07**
40	166299	1379	407	698	273	8.29	2.45	4.20	1.64
41	176392	1104	358	520	225	6.26	2.03	2.95	1.28
42	184168	932	340	403	189	5.06	1.85	2.19	1.02
43	189768	785	303	332	149	4.13	1.60	1.75	0.79
44	198138	710	279	288	143	3.58	1.41	1.45	0.72
45-49	**931864**	**2896**	**1167**	**1146**	**583**	**3.11**	**1.25**	**1.23**	**0.63**
45	196830	651	267	252	132	3.31	1.36	1.28	0.67
46	196909	595	246	240	109	3.02	1.25	1.22	0.55
47	183555	562	234	213	115	3.06	1.27	1.16	0.63
48	173400	531	208	210	112	3.06	1.20	1.21	0.65
49	181170	558	212	231	114	3.08	1.17	1.28	0.63

主要统计指标解释

人口数 指一定时点、一定地区范围内有生命的个人总和。

年度统计的年末人口数指每年12月31日24时的人口数。年度统计的全国人口总数内未包括香港、澳门特别行政区和台湾省以及海外华侨人数。

城镇人口和乡村人口 城镇人口是指居住在城镇范围内的全部常住人口；乡村人口是除上述人口以外的全部人口。

出生率（又称粗出生率） 指在一定时期内(通常为一年)一定地区的出生人数与同期内平均人数(或期中人数)之比，用千分率表示。本资料中的出生率指年出生率，其计算公式为：

$$出生率=\frac{年出生人数}{年平均人数}\times1000‰$$

式中：出生人数指活产婴儿，即胎儿脱离母体时(不管怀孕月数)，有过呼吸或其他生命现象。年平均人数指年初、年底人口数的平均数，也可用年中人口数代替。

死亡率（又称粗死亡率） 指在一定时期内(通常为一年)一定地区的死亡人数与同期内平均人数(或期中人数)之比，用千分率表示。本资料中的死亡率指年死亡率，其计算公式为：

$$死亡率=\frac{年死亡人数}{年平均人数}\times1000‰$$

人口自然增长率 指在一定时期内(通常为一年)人口自然增加数(出生人数减死亡人数)与该时期内平均人数(或期中人数)之比，用千分率表示。计算公式为：

$$人口自然增长率=\frac{本年出生人数-本年死亡人数}{年平均人数}\times1000‰$$

$$=人口出生率-人口死亡率$$

总抚养比 也称总负担系数。指人口总体中非劳动年龄人口数与劳动年龄人口数之比。通常用百分比表示。说明每100名劳动年龄人口大致要负担多少名非劳动年龄人口。用于从人口角度反映人口与经济发展的基本关系。计算公式为：

$$GDR=\frac{P_{0\sim14}+P_{65^+}}{P_{15\sim64}}\times100\%$$

其中：*GDR* 为总抚养比；

$P_{0\sim14}$为0～14岁少年儿童人口数；

P_{65}^{+}为65岁及65岁以上的老年人口数；

$P_{15\sim64}$为15～64岁劳动年龄人口数。

老年人口抚养比 也称老年人口抚养系数。指某一人口中老年人口数与劳动年龄人口数之比。通常用百分比表示。用以表明每100名劳动年龄人口要负担多少名老年人。老年人口抚养比是从经济角度反映人口老化社会后果的指标之一。计算公式为：

$$ODR=\frac{P_{65^+}}{P_{15\sim64}}\times100\%$$

其中：*ODR* 为老年人口抚养比；

P_{65}^{+}为65岁及65岁以上的老年人口数；

$P_{15\sim64}$为15～64岁的劳动年龄人口数。

少年儿童抚养比 也称少年儿童抚养系数。指某一人口中少年儿童人口数与劳动年龄人口数之比。通常用百分比表示。以反映每100名劳动年龄人口要负担多少名少年儿童。计算公式为：

$$CDR=\frac{P_{0\sim14}}{P_{15\sim64}}\times100\%$$

其中：*CDR* 为少年儿童抚养比；

$P_{0\sim14}$为0～14岁少年儿童人口数；

$P_{15\sim64}$为15～64岁劳动年龄人口数。

人户分离人口 是指居住地与户口登记地所在的乡镇街道不一致且离开户口登记地半年以上的人口。

流动人口 是指人户分离人口中不包括市辖区内人户分离的人口。市辖区内人户分离的人口是指一个直辖市或地级市所辖区内和区与区之间，居住地和户口登记地不在同一乡镇街道的人口。

Explanatory Notes on Main Statistical Indicators

Total Population refers to the total number of people alive at a certain point of time within a given area.

The annual statistics on total population is taken at midnight, the 31st of December, not including residents in Taiwan province, Hong Kong SAR and Macao SAR and Chinese national residing abroad.

Urban Population and Rural Population Urban population refers to all people residing in cities and towns, while rural population refers to population other than urban population.

Birth Rate (or Crude Birth Rate) refers to the ratio of the number of births to the average population (or mid-period population) during a certain period of time (usually a year), expressed in ‰. Birth rate in the chapter refers to annual birth rate. The following formula is used:

$$\text{Birth Rate} = \frac{\text{Number of Births}}{\text{Annual Average Population}} \times 1000‰$$

Number of births in the formula refers to live births, i.e. when a baby has breathed or showed any vital phenomena regardless of the length of pregnancy.

Annual average population is the average of the number of population at the beginning of the year and that at the end of the year. Sometimes it is substituted by the mid-year population.

Death Rate (or Crude Death Rate) refers to the ratio of the number of deaths to the average population (or mid-period population) during a certain period of time (usually a year), expressed in ‰. Death rate in the chapter refers to annual death rate. The following formula is used:

$$\text{Death Rate} = \frac{\text{Number of Deaths}}{\text{Annual Average Population}} \times 1000‰$$

Natural Growth Rate of Population refers to the ratio of natural increase in population (number of births minus number of deaths) in a certain period of time (usually a year) to the average population (or mid-period population) of the same period, expressed in ‰. The following formula is applied:

$$\text{Natural Growth Rate of Population} = \frac{\text{Number of Births - Number of Deaths}}{\text{Annual Average Population}} \times 1000‰$$

Natural Growth Rate of Population = Birth Rate-Death Rate

Gross Dependency Ratio also called gross dependency coefficient, refers to the ratio of non-working-age population to the working-age population, express in %. Describing in general the number of non-working-age population that every 100 people at working ages will take care of, this indicator reflects the basic relation between population and economic development from the demographic perspective. The gross dependency ratio is calculated with the following formula:

$$GDR = \frac{P_{0\sim14} + P_{65^+}}{P_{15\sim64}} \times 100\%$$

Where: GDR is the gross dependency ratio,

$P_{0\text{-}14}$ is the population of children aged 0-14,

P_{65+} is the elderly population aged 65 and over, and

$P_{15\text{-}64}$ is the working-age population aged 15-64.

Old Dependency Ratio also called old dependency coefficient, refers to the ratio of the elderly population to the working-age population, express in %. It describes the number of the elderly population that every 100 people at working ages will take care of. Old dependency ratio is one of the indicators reflecting the social implication of population aging from the economic perspective. The old dependency ratio is calculated with the following formula:

$$ODR = \frac{P_{65^+}}{P_{15\sim64}} \times 100\%$$

Where: ODR is the old dependency ratio,

P_{65+} is the elderly population aged 65 and over, and

$P_{15\text{-}64}$ is the working-age population aged 15-64.

Children Dependency Ratio also called children dependency coefficient, refers to the ratio of the children population to the working-age population, express in %. It describes the number of children population that every 100 people at working ages will take care of. The children dependency ratio is calculated with the following formula:

$$CDR = \frac{P_{0\sim14}}{P_{15\sim64}} \times 100\%$$

Where: CDR is the children dependency ratio,

$P_{0\text{-}14}$ is the children population aged 0-14, and

$P_{15\text{-}64}$ is the working-age population aged 15-64.

Population of Residence-registration Inconsistency refer to those who have been residing in places other than the registered streets or towns and been away from their registration areas for over half a year.

Floating Population refer to the population of residence-registration inconsistency excluding those intra-city ones. Population of intra-city residence-registration inconsistency refer to those whose residing streets or towns and registered ones are inconsistent but still in the same municipality or prefecture city either the two are in the same district or different ones.

3

国民经济核算

National Accounts

简 要 说 明

本篇章的主要内容和资料来源

国民经济核算资料主要包括国内生产总值、资金流量表及国际收支平衡表三个部分。

一、国内生产总值

国内生产总值数据是由国家统计局国民经济核算司根据不同产业部门、不同支出构成的特点和资料来源情况而采用不同方法计算的。国民总收入是在国内生产总值的基础上加上来自国外的净要素收入求得的。

本年鉴公布的国内生产总值以及与之有关的指标数据，最后一年数据不是最终数，还会在获得更多的财务和行政记录等资料后发生变动。如果遇到普查或者重大核算方法改革，在能够获得更详细的基础资料的情况下，国内生产总值的历史数据还会发生变动。2016年，国家统计局改革研发支出的核算方法，将能够为所有者带来经济利益的研发支出不再作为中间消耗，而是作为固定资本形成处理。根据新的核算方法，国家统计局修订了1952—2015年国内生产总值历史数据。本年鉴中的数据是修订后的数据。

国内生产总值是一个价值量指标，其价值的变化受价格变化和物量变化两大因素影响。不变价国内生产总值是把按当期价格计算的国内生产总值换算成按某个固定期（基期）价格计算的价值，从而使两个不同时期的价值进行比较时，能够剔除价格变化的影响，以反映物量变化，反映生产活动成果的实际变动。国内生产总值指数就是根据两个时期不变价国内生产总值计算得到的。随着经济的不断发展，各行业的价格结构也会不断发生变化，为了更好的反映这种变化对于经济的影响，计算不变价国内生产总值需要每隔若干年调整一次基期。我国自开始核算国内生产总值以来，共有1952年、1957年、1970年、1980年、1990年、2000年、2005年、2010年8个不变价基期，目前的基期是2010年。也就是说，2011—2015年的不变价国内生产总值是按照2010年价格计算的。由于计算不变价国内生产总值采用按不同基期分段计算，因此本年鉴中的不变价国内生产总值数据也按分段方式公布。

本年鉴所列分地区的数据来自各省、自治区、直辖市统计局的国民经济核算资料。由于采取分级核算，各地区数据相加不等于全国总计。

二、资金流量表

我国资金流量表表式与国际上通用的表式相似，是机构部门与交易项目的矩阵表式。主栏为交易项目，主要反映分配方式和融资工具；宾栏按机构部门分类。机构部门分类是根据机构单位具有的基本特征所进行的部门分类。资金流量表把参与资金活动的主体分为非金融企业、金融机构、政府、住户和国外五个部门。每一部门下设资金来源与资金运用两栏。现行的资金流量表分为两大部分，上半部分为实物交易部分，由国家统计局国民经济核算司编制；下半部分为金融交易部分，由中国人民银行调查统计司编制。

三、国际收支平衡表

国际收支平衡表由国家外汇管理局国际收支司依据国际货币基金组织编写的《国际收支统计手册》第六版编制。

Brief Introduction

Statistics on national accounts include mainly three parts, namely, gross domestic product, flow of funds table and balance of payments table.

I. Gross Domestic Product

Data on GDP are computed by the Department of National Accounts of the National Bureau of Statistics (NBS) based on different approaches in the light of the different features of various sectors, various expenditure structures and different data sources. Gross National Income (GNI) can be calculated on the basis of GDP on top of which is added the net factor income from the rest of the world.

Data on GDP and related indicators of the most recent year published in the Yearbook are not final and are subject to changes when more information from financial data and administrative records become available. Where a census has been conducted, or method of siganificant accounting methods is reformed, historical data of GDP of the previous years may also undergo change. In 2016, National Bureau of Statistics reforms the Methodology of Expenditure for Research and Development, which that will bring economic benefit for the owners is not treated as Intermediate Consumption, and is treated as fixed assets formation. According to the new Accounting Methodology, NBS revised historical data of GDP from 1952 to 2015. Data in this Yearbook are revised data.

Gross Domestic Product (GDP) is a measurement of value which changes depending on changes of price and production. GDP at constant prices converts the gross domestic product based on the current price into a value based on the price of the base period. When adjusted for price changes, the values of two different periods can be compared to reflect changes of both products and production activities. GDP index is derived from the constant-price GDPs of the two periods. As economy grows, changes will take place in the price structures of various industries, and the base period for the measurement of constant-price GDP thus needs to be adjusted every few years in order to better reflect the impact of price change on the economy. Since China started GDP calculation, eight constant-price base periods have been used, i.e., 1952, 1957, 1970, 1980, 1990, 2000, 2005, and 2010 and the current base period is 2010. That is to say, the 2011-2015 GDP is calculated on the basis of the 2010 prices. As the calculation of constant-price GDP is based on different base periods, the constant-price GDP data in this yearbook shall also be announced in accordance with various periods.

Regional data in this Yearbook are prepared from the national accounts data provided by the statistical bureaus of the provinces, autonomous regions and municipalities. The sum of the regional data is not equal to the national total due to the decentralized accounting approach.

II. Flow of Funds Table

Similar to internationally accepted format, the Flow of Funds table of China constitutes a matrix of institutional sectors by transaction items. Items of transactions are expressed as row headings representing forms of distribution and methods of financing. Institutional sectors are shown as column headings, grouped by the characteristics of the transactors. There are 5 groups of institutional sectors in the flow of funds table, namely, non-financial corporations, financial institutions, general governments, households, and the rest of the world. Under each sector there are 2 headings: sources of funds and uses of funds. The current flow of funds table is composed of two parts: the first part, comprising the physical (real) transactions, is compiled by the Department of National Accounts of the National Bureau of Statistics; and the second part, comprising financial transactions, is compiled by the Research and Statistics Department of the People's Bank of China.

III. Balance of Payments Table

The Balance of Payments Table is compiled by the Balance of Payments Department of the State Administration of Foreign Exchanges in accordance with the 6th edition of the Manual on Balance of Payments prepared by the International Monetary Fund.

3-1 国内生产总值
Gross Domestic Product

本表按当年价格计算。
Data in this table are calculated at current prices.
单位：亿元 (100 million yuan)

年份 Year	国民总收入 Gross National Income	国内生产总值 Gross Domestic Product	第一产业 Primary Industry	第二产业 Secondary Industry	第三产业 Tertiary Industry	农林牧渔业 Agriculture, Forestry, Animal Husbandry and Fishery industries	工业 Industry
1978	3678.7	3678.7	1018.5	1755.2	905.1	1027.5	1621.5
1979	4100.5	4100.5	1259.0	1925.4	916.1	1270.2	1786.5
1980	4587.6	4587.6	1359.5	2204.7	1023.4	1371.6	2014.9
1981	4933.7	4935.8	1545.7	2269.1	1121.1	1559.4	2067.7
1982	5380.5	5373.4	1761.7	2397.7	1214.0	1777.3	2183.0
1983	6043.8	6020.9	1960.9	2663.0	1397.0	1978.3	2399.1
1984	7314.2	7278.5	2295.6	3124.8	1858.1	2316.0	2815.9
1985	9123.6	9098.9	2541.7	3886.5	2670.7	2564.3	3478.3
1986	10375.4	10376.2	2764.1	4515.2	3096.9	2788.6	4000.8
1987	12166.6	12174.6	3204.5	5274.0	3696.2	3232.9	4621.3
1988	15174.4	15180.4	3831.2	6607.4	4741.8	3865.2	5814.1
1989	17188.4	17179.7	4228.2	7300.9	5650.6	4265.8	6525.7
1990	18923.3	18872.9	5017.2	7744.3	6111.4	5061.8	6904.7
1991	22050.3	22005.6	5288.8	9129.8	7587.0	5341.9	8138.2
1992	27208.2	27194.5	5800.3	11725.3	9668.9	5866.2	10340.5
1993	35599.2	35673.2	6887.6	16473.1	12312.6	6963.3	14248.8
1994	48548.2	48637.5	9471.8	22453.1	16712.5	9572.1	19546.9
1995	60356.6	61339.9	12020.5	28677.5	20641.9	12135.1	25023.9
1996	70779.6	71813.6	13878.3	33828.1	24107.2	14014.7	29529.8
1997	78802.9	79715.0	14265.2	37546.0	27903.8	14440.8	33023.5
1998	83817.6	85195.5	14618.7	39018.5	31558.3	14816.4	34134.9
1999	89366.5	90564.4	14549.0	41080.9	34934.5	14768.7	36015.4
2000	99066.1	100280.1	14717.4	45664.8	39897.9	14943.6	40259.7
2001	109276.2	110863.1	15502.5	49660.7	45700.0	15780.0	43855.6
2002	120480.4	121717.4	16190.2	54105.5	51421.7	16535.7	47776.3
2003	136576.3	137422.0	16970.2	62697.4	57754.4	17380.6	55363.8
2004	161415.4	161840.2	20904.3	74286.9	66648.9	21410.7	65776.8
2005	185998.9	187318.9	21806.7	88084.4	77427.8	22416.2	77960.5
2006	219028.5	219438.5	23317.0	104361.8	91759.7	24036.4	92238.4
2007	270844.0	270232.3	27788.0	126633.6	115810.7	28623.7	111693.9
2008	321500.5	319515.5	32753.2	149956.6	136805.8	33699.1	131727.6
2009	348498.5	349081.4	34161.8	160171.7	154747.9	35223.3	138095.5
2010	411265.2	413030.3	39362.6	191629.8	182038.0	40530.0	165126.4
2011	484753.2	489300.6	46163.1	227038.8	216098.6	47483.0	195142.8
2012	539116.5	540367.4	50902.3	244643.3	244821.9	52368.7	208905.6
2013	590422.4	595244.4	55329.1	261956.1	277959.3	56973.6	222337.6
2014	644791.1	643974.0	58343.5	277571.8	308058.6	60165.7	233856.4
2015	682635.1	685505.8	60870.5	280560.3	344075.0	62918.7	235183.5

注：1.1980年以后国民总收入(原称国民生产总值)与国内生产总值的差额为国外净要素收入。
2.实施研发支出核算方法改革后，对各年度GDP数据进行了系统修订（以下相关表同）。

a) Since 1980, the difference between the Gross Domestic Product and the Gross National Income (formerly, the Gross National Product) is the net factor income from the rest of the world.

b) As methodology of R&D expenditure accounting is reformed, data of GDP of all years are adjusted systematically. The same applies to the relevant tables following.

3-1 续表 continued

单位：亿元 (100 million yuan)

年 份 Year	建筑业 Construction	批发和零售业 Wholesale and Retail Trades	交通运输、仓储和邮政业 Transport, Storage and Post	住宿和餐饮业 Hotels and Catering Services	金融业 Financial Intermediation	房地产业 Real Estate	其他 Others	人均国内生产总值(元) Per Capita GDP (yuan)
1978	138.9	242.3	182.0	44.6	76.5	79.9	265.5	385
1979	144.6	200.9	193.7	44.0	75.9	86.3	298.4	423
1980	196.3	193.8	213.4	47.4	85.8	96.4	368.1	468
1981	208.0	231.1	220.8	54.1	91.6	99.9	403.2	497
1982	221.6	171.4	246.9	62.3	130.6	110.8	469.3	533
1983	271.7	198.7	275.0	72.5	168.9	121.8	535.0	588
1984	317.9	363.5	338.6	96.8	230.5	162.3	637.0	702
1985	419.3	802.4	421.8	138.3	293.8	215.2	765.5	866
1986	527.3	852.6	499.0	163.2	401.0	298.1	845.6	973
1987	667.5	1059.6	568.5	187.1	506.0	382.6	949.2	1123
1988	811.8	1483.4	685.9	241.4	658.6	473.8	1146.1	1378
1989	796.1	1536.2	812.9	277.4	1079.6	566.2	1319.9	1536
1990	861.7	1268.9	1167.2	301.9	1143.7	662.2	1500.7	1663
1991	1017.7	1834.6	1420.5	442.3	1194.7	763.7	1852.1	1912
1992	1417.9	2405.0	1689.2	584.6	1481.5	1101.3	2308.3	2334
1993	2269.9	2816.6	2174.3	712.1	1902.6	1379.6	3206.0	3027
1994	2968.8	3773.4	2788.2	1008.5	2556.5	1909.3	4513.7	4081
1995	3733.7	4778.6	3244.7	1200.1	3209.7	2354.0	5660.0	5091
1996	4393.0	5599.7	3782.6	1336.8	3698.3	2617.6	6841.3	5898
1997	4628.3	6327.4	4149.1	1561.3	4176.1	2921.1	8487.4	6481
1998	4993.0	6913.2	4661.5	1786.9	4314.3	3434.5	10140.9	6860
1999	5180.9	7491.1	5175.9	1941.2	4484.9	3681.8	11824.5	7229
2000	5534.0	8158.6	6161.9	2146.3	4836.2	4149.1	14090.8	7942
2001	5945.5	9119.4	6871.3	2400.1	5195.3	4715.1	16980.9	8717
2002	6482.1	9995.4	7494.3	2724.8	5546.6	5346.4	19816.0	9506
2003	7510.8	11169.5	7914.8	3126.1	6034.7	6172.7	22749.2	10666
2004	8720.5	12453.8	9306.5	3664.8	6586.8	7174.1	26746.1	12487
2005	10400.5	13966.2	10668.8	4195.7	7469.5	8516.4	31725.0	14368
2006	12450.1	16530.7	12186.3	4792.6	9951.7	10370.5	36881.9	16738
2007	15348.0	20937.8	14605.1	5548.1	15173.7	13809.7	44492.1	20505
2008	18807.6	26182.3	16367.6	6616.1	18313.4	14738.7	53063.2	24121
2009	22681.5	29001.5	16522.4	6957.0	21798.1	18966.9	59835.2	26222
2010	27259.3	35904.4	18783.6	7712.0	25680.4	23569.9	68464.3	30876
2011	32926.5	43730.5	21842.0	8565.4	30678.9	28167.6	80763.9	36403
2012	36896.1	49831.0	23763.2	9536.9	35188.4	31248.3	92629.2	40007
2013	40896.8	56284.1	26042.7	10228.3	41191.0	35987.6	105302.8	43852
2014	44880.5	62423.5	28500.9	11158.5	46665.2	38000.8	118322.7	47203
2015	46546.6	66203.8	30370.9	12159.1	57500.1	41307.6	133315.4	49992

3-2 国内生产总值构成
Composition of Gross Domestic Product

本表按当年价格计算。
Data in this table are calculated at current prices.

单位：% (%)

年份 Year	国内生产总值 Gross Domestic Product	第一产业 Primary Industry	第二产业 Secondary Industry	第三产业 Tertiary Industry	农林牧渔业 Agriculture, Forestry, Animal Husbandry and Fishery Industries	工业 Industry
1978	100.0	27.7	47.7	24.6	27.9	44.1
1979	100.0	30.7	47.0	22.3	31.0	43.6
1980	100.0	29.6	48.1	22.3	29.9	43.9
1981	100.0	31.3	46.0	22.7	31.6	41.9
1982	100.0	32.8	44.6	22.6	33.1	40.6
1983	100.0	32.6	44.2	23.2	32.9	39.8
1984	100.0	31.5	42.9	25.5	31.8	38.7
1985	100.0	27.9	42.7	29.4	28.2	38.2
1986	100.0	26.6	43.5	29.8	26.9	38.6
1987	100.0	26.3	43.3	30.4	26.6	38.0
1988	100.0	25.2	43.5	31.2	25.5	38.3
1989	100.0	24.6	42.5	32.9	24.8	38.0
1990	100.0	26.6	41.0	32.4	26.8	36.6
1991	100.0	24.0	41.5	34.5	24.3	37.0
1992	100.0	21.3	43.1	35.6	21.6	38.0
1993	100.0	19.3	46.2	34.5	19.5	39.9
1994	100.0	19.5	46.2	34.4	19.7	40.2
1995	100.0	19.6	46.8	33.7	19.8	40.8
1996	100.0	19.3	47.1	33.6	19.5	41.1
1997	100.0	17.9	47.1	35.0	18.1	41.4
1998	100.0	17.2	45.8	37.0	17.4	40.1
1999	100.0	16.1	45.4	38.6	16.3	39.8
2000	100.0	14.7	45.5	39.8	14.9	40.1
2001	100.0	14.0	44.8	41.2	14.2	39.6
2002	100.0	13.3	44.5	42.2	13.6	39.3
2003	100.0	12.3	45.6	42.0	12.6	40.3
2004	100.0	12.9	45.9	41.2	13.2	40.6
2005	100.0	11.6	47.0	41.3	12.0	41.6
2006	100.0	10.6	47.6	41.8	11.0	42.0
2007	100.0	10.3	46.9	42.9	10.6	41.3
2008	100.0	10.3	46.9	42.8	10.5	41.2
2009	100.0	9.8	45.9	44.3	10.1	39.6
2010	100.0	9.5	46.4	44.1	9.8	40.0
2011	100.0	9.4	46.4	44.2	9.7	39.9
2012	100.0	9.4	45.3	45.3	9.7	38.7
2013	100.0	9.3	44.0	46.7	9.6	37.4
2014	100.0	9.1	43.1	47.8	9.3	36.3
2015	100.0	8.9	40.9	50.2	9.2	34.3

3-2 续表 continued

单位：%　　(%)

年 份 Year	建筑业 Construction	批发和零售业 Wholesale and Retail Trades	交通运输、仓储和邮政业 Transport, Storage and Post	住宿和餐饮业 Hotels and Catering Services	金融业 Financial Intermediation	房地产业 Real Estate	其他 Others
1978	3.8	6.6	4.9	1.2	2.1	2.2	7.2
1979	3.5	4.9	4.7	1.1	1.9	2.1	7.3
1980	4.3	4.2	4.7	1.0	1.9	2.1	8.0
1981	4.2	4.7	4.5	1.1	1.9	2.0	8.2
1982	4.1	3.2	4.6	1.2	2.4	2.1	8.7
1983	4.5	3.3	4.6	1.2	2.8	2.0	8.9
1984	4.4	5.0	4.7	1.3	3.2	2.2	8.8
1985	4.6	8.8	4.6	1.5	3.2	2.4	8.4
1986	5.1	8.2	4.8	1.6	3.9	2.9	8.1
1987	5.5	8.7	4.7	1.5	4.2	3.1	7.8
1988	5.3	9.8	4.5	1.6	4.3	3.1	7.5
1989	4.6	8.9	4.7	1.6	6.3	3.3	7.7
1990	4.6	6.7	6.2	1.6	6.1	3.5	8.0
1991	4.6	8.3	6.5	2.0	5.4	3.5	8.4
1992	5.2	8.8	6.2	2.1	5.4	4.0	8.5
1993	6.4	7.9	6.1	2.0	5.3	3.9	9.0
1994	6.1	7.8	5.7	2.1	5.3	3.9	9.3
1995	6.1	7.8	5.3	2.0	5.2	3.8	9.2
1996	6.1	7.8	5.3	1.9	5.1	3.6	9.5
1997	5.8	7.9	5.2	2.0	5.2	3.7	10.6
1998	5.9	8.1	5.5	2.1	5.1	4.0	11.9
1999	5.7	8.3	5.7	2.1	5.0	4.1	13.1
2000	5.5	8.1	6.1	2.1	4.8	4.1	14.1
2001	5.4	8.2	6.2	2.2	4.7	4.3	15.3
2002	5.3	8.2	6.2	2.2	4.6	4.4	16.3
2003	5.5	8.1	5.8	2.3	4.4	4.5	16.6
2004	5.4	7.7	5.8	2.3	4.1	4.4	16.5
2005	5.6	7.5	5.7	2.2	4.0	4.5	16.9
2006	5.7	7.5	5.6	2.2	4.5	4.7	16.8
2007	5.7	7.7	5.4	2.1	5.6	5.1	16.5
2008	5.9	8.2	5.1	2.1	5.7	4.6	16.6
2009	6.5	8.3	4.7	2.0	6.2	5.4	17.1
2010	6.6	8.7	4.5	1.9	6.2	5.7	16.6
2011	6.7	8.9	4.5	1.8	6.3	5.8	16.5
2012	6.8	9.2	4.4	1.8	6.5	5.8	17.1
2013	6.9	9.5	4.4	1.7	6.9	6.0	17.7
2014	7.0	9.7	4.4	1.7	7.2	5.9	18.4
2015	6.8	9.7	4.4	1.8	8.4	6.0	19.4

3-3 不变价国内生产总值
Gross Domestic Product at Constant Prices

单位：亿元 (100 million yuan)

年份 Year	国内生产总值 Gross Domestic Product	第一产业 Primary Industry	第二产业 Secondary Industry	第三产业 Tertiary Industry	农林牧渔业 Agriculture, Forestry, Animal Husbandry and Fishery industries	工业 Industry
			按1970年价格计算	Price Base Year=1970		
1978	3593.0	927.8	1776.5	888.8	936.0	1659.5
1979	3865.8	984.7	1922.6	958.5	993.4	1803.6
1980	4168.6	970.1	2181.9	1016.6	978.7	2030.5
			按1980年价格计算	Price Base Year=1980		
1980	4587.6	1359.5	2204.7	1023.4	1371.6	2014.9
1981	4822.1	1454.4	2246.3	1121.5	1467.3	2050.0
1982	5257.0	1622.1	2371.5	1263.4	1636.5	2168.7
1983	5823.1	1757.1	2617.8	1448.2	1772.7	2379.9
1984	6707.8	1983.5	2995.3	1729.0	2001.1	2731.9
1985	7608.7	2020.0	3546.5	2042.1	2038.0	3224.5
1986	8289.6	2087.1	3908.9	2293.7	2105.6	3535.2
1987	9256.0	2185.3	4440.3	2630.4	2204.7	3999.5
1988	10294.7	2240.8	5077.0	2976.9	2260.8	4603.3
1989	10727.8	2309.8	5267.3	3150.7	2330.3	4835.5
1990	11148.3	2479.0	5434.5	3234.8	2501.0	4997.9
			按1990年价格计算	Price Base Year=1990		
1990	18872.9	5017.2	7744.3	6111.4	5061.8	6904.7
1991	20621.0	5135.3	8811.9	6673.8	5183.2	7892.2
1992	23554.3	5374.1	10665.4	7514.8	5426.9	9552.7
1993	26824.5	5624.0	12771.2	8429.3	5682.0	11459.2
1994	30321.5	5845.9	15088.1	9387.5	5909.3	13611.8
1995	33642.9	6134.8	17174.1	10334.0	6204.7	15515.9
1996	36981.2	6444.0	19250.8	11286.4	6521.2	17454.0
1997	40397.0	6665.5	21267.9	12463.7	6749.4	19429.9
1998	43566.6	6894.3	23161.4	13510.9	6985.5	21157.6
1999	46904.5	7082.6	25061.4	14760.5	7181.1	22969.7
2000	50886.7	7247.5	27435.6	16203.5	7353.5	25234.0
			按2000年价格计算	Price Base Year=2000		
2000	100280.1	14717.4	45664.8	39897.9	14943.6	40259.7
2001	108639.2	15105.6	49542.4	43991.2	15362.0	43769.3
2002	118561.9	15513.5	54444.5	48604.0	15807.4	48164.5
2003	130463.2	15881.4	61341.1	53240.7	16202.5	54306.1
2004	143657.8	16851.0	68178.1	58628.6	17223.2	60580.5
2005	160027.0	17706.0	76447.0	65873.9	18124.5	67635.9
			按2005年价格计算	Price Base Year=2005		
2005	187318.9	21806.7	88084.4	77427.8	22416.2	77960.5
2006	211147.7	22843.7	99932.3	88371.6	23537.2	88039.7
2007	241195.8	23648.6	114972.9	102574.3	24418.7	101199.1
2008	264472.8	24867.9	126285.1	113319.7	25732.2	111291.3
2009	289329.9	25863.3	139282.4	124184.2	26809.9	121404.1
2010	320102.6	26962.7	156948.4	136191.5	27954.2	136674.6
			按2010年价格计算	Price Base Year=2010		
2010	413030.3	39362.6	191629.8	182038.0	40530.0	165126.4
2011	452429.9	41006.9	212112.4	199310.5	42253.1	183197.4
2012	487976.2	42839.8	229852.7	215283.7	44174.0	198081.9
2013	525835.4	44473.5	248211.4	233150.5	45923.5	213401.7
2014	564194.4	46277.5	266564.1	251352.9	47849.3	228420.8
2015	603212.1	48084.2	282809.1	272318.9	49786.5	242081.8

注：1.更换基期的年份有两个不变价数据，一个按上一基期价格计算，一个按新基期价格计算。
2.有关不变价国内生产总值的解释见简要说明。

a) There are two figures at the base switching year, one at the former base year prices, another at the latter.
b) Please refer to the brief introduction for the definition of gross domestic product at constant prices.

3-3 续表 continued

单位：亿元 (100 million yuan)

年 份 Year	建筑业 Construction	批发和零售业 Wholesale and Retail Trades	交通运输、仓储和邮政业 Transport, Storage and Post	住宿和餐饮业 Hotels and Catering Services	金融业 Financial Intermediation	房地产业 Real Estate	其他 Others
			按1970年价格计算	Price Base Year=1970			
1978	122.0	253.3	179.7	44.8	77.0	65.0	255.5
1979	124.5	275.4	194.6	49.8	75.5	67.6	281.2
1980	157.7	270.3	202.9	51.7	81.0	73.0	322.8
			按1980年价格计算	Price Base Year=1980			
1980	196.3	193.8	213.4	47.4	85.8	96.4	368.1
1981	202.6	251.0	217.4	55.7	89.8	93.0	395.3
1982	209.5	249.1	242.1	73.3	128.5	101.5	447.7
1983	245.2	302.0	265.1	87.5	162.6	106.7	501.3
1984	271.8	376.7	304.6	94.6	212.6	136.3	578.2
1985	331.9	503.0	346.6	100.6	249.0	170.4	644.7
1986	384.6	550.5	394.6	116.3	324.3	214.4	664.1
1987	453.1	631.6	432.6	127.5	397.5	277.2	732.3
1988	489.2	705.9	486.7	159.5	477.8	312.4	799.3
1989	448.0	630.3	507.2	175.4	601.1	362.2	837.9
1990	453.4	597.1	549.5	181.5	614.1	384.8	869.1
			按1990年价格计算	Price Base Year=1990			
1990	861.7	1268.9	1167.2	301.9	1143.7	662.2	1500.7
1991	944.0	1334.6	1290.4	326.5	1176.1	741.4	1732.6
1992	1142.1	1474.9	1420.2	414.7	1252.1	938.7	1932.0
1993	1347.3	1601.5	1598.2	448.9	1393.2	1039.7	2254.4
1994	1531.2	1732.6	1734.4	570.7	1528.8	1164.1	2538.6
1995	1720.8	1875.2	1924.8	629.1	1663.7	1308.9	2799.7
1996	1867.2	2018.4	2137.3	672.1	1795.2	1361.7	3154.0
1997	1916.4	2195.4	2333.9	745.7	1957.3	1418.0	3651.1
1998	2089.1	2338.3	2581.0	828.2	2057.4	1526.9	4002.5
1999	2179.1	2541.9	2895.2	892.1	2167.5	1617.6	4460.1
2000	2303.4	2781.3	3143.7	975.4	2318.5	1732.6	5044.4
			按2000年价格计算	Price Base Year=2000			
2000	5534.0	8158.6	6161.9	2146.3	4836.2	4149.1	14090.8
2001	5910.3	8900.6	6704.6	2310.4	5175.1	4605.1	15902.0
2002	6431.0	9684.7	7182.5	2590.9	5563.7	5061.4	18075.7
2003	7208.2	10647.2	7622.6	2911.0	5977.0	5557.6	20031.0
2004	7795.6	11346.4	8726.1	3270.2	6256.0	5885.5	22574.2
2005	9043.2	12824.4	9703.9	3671.2	7140.0	6605.7	25278.2
			按2005年价格计算	Price Base Year=2005			
2005	10400.5	13966.2	10668.8	4195.7	7469.5	8516.4	31725.0
2006	12192.3	16684.6	11732.4	4723.0	9243.1	9834.8	35160.5
2007	14166.5	20057.5	13117.2	5177.3	11630.2	12230.1	39199.2
2008	15514.3	23236.6	14078.2	5674.3	13037.6	12347.3	43561.0
2009	18453.8	26002.9	14552.9	5887.4	15170.1	13806.0	47242.8
2010	21005.1	29798.8	15930.6	6371.4	16525.3	14842.9	50999.8
			按2010年价格计算	Price Base Year=2010			
2010	27259.3	35904.4	18783.6	7712.0	25680.4	23569.9	68464.3
2011	29910.4	40379.7	20598.3	8106.2	27647.9	25312.3	75024.7
2012	32827.7	44538.3	21852.4	8629.3	30258.8	26499.3	81114.5
2013	36004.7	49221.6	23294.2	8966.1	33455.3	28409.0	87159.2
2014	39279.9	54015.4	24807.0	9485.8	36776.7	28990.9	94568.7
2015	41932.1	57308.5	25954.9	10071.5	42628.2	30083.8	103364.8

3-4 国内生产总值指数

Indices of Gross Domestic Product

本表按不变价格计算。

Data in this table are calculated at constant prices.

(上年=100) (preceding year=100)

年份 Year	国民总收入 Gross National Income	国内生产总值 Gross Domestic Product	第一产业 Primary Industry	第二产业 Secondary Industry	第三产业 Tertiary Industry	农林牧渔业 Agriculture, Forestry, Animal Husbandry and Fishery Industries	工业 Industry
1978	111.7	111.7	104.1	115.0	113.6	104.1	116.4
1979	107.6	107.6	106.1	108.2	107.8	106.1	108.7
1980	107.8	107.8	98.5	113.5	106.1	98.5	112.6
1981	105.1	105.1	107.0	101.9	109.6	107.0	101.7
1982	109.2	109.0	111.5	105.6	112.7	111.5	105.8
1983	111.0	110.8	108.3	110.4	114.6	108.3	109.7
1984	115.3	115.2	112.9	114.4	119.4	112.9	114.8
1985	113.2	113.4	101.8	118.4	118.1	101.8	118.0
1986	108.6	108.9	103.3	110.2	112.3	103.3	109.6
1987	111.6	111.7	104.7	113.6	114.7	104.7	113.1
1988	111.3	111.2	102.5	114.3	113.2	102.5	115.1
1989	104.3	104.2	103.1	103.7	105.8	103.1	105.0
1990	104.1	103.9	107.3	103.2	102.7	107.3	103.4
1991	109.2	109.3	102.4	113.8	109.2	102.4	114.3
1992	114.1	114.2	104.7	121.0	112.6	104.7	121.0
1993	113.6	113.9	104.6	119.7	112.2	104.7	120.0
1994	113.1	113.0	103.9	118.1	111.4	104.0	118.8
1995	109.4	111.0	104.9	113.8	110.1	105.0	114.0
1996	110.1	109.9	105.0	112.1	109.2	105.1	112.5
1997	109.6	109.2	103.4	110.5	110.4	103.5	111.3
1998	107.3	107.8	103.4	108.9	108.4	103.5	108.9
1999	108.0	107.7	102.7	108.2	109.2	102.8	108.6
2000	108.6	108.5	102.3	109.5	109.8	102.4	109.9
2001	108.1	108.3	102.6	108.5	110.3	102.8	108.7
2002	109.6	109.1	102.7	109.9	110.5	102.9	110.0
2003	110.5	110.0	102.4	112.7	109.5	102.5	112.8
2004	110.5	110.1	106.1	111.1	110.1	106.3	111.6
2005	110.9	111.4	105.1	112.1	112.4	105.2	111.6
2006	113.3	112.7	104.8	113.5	114.1	105.0	112.9
2007	114.7	114.2	103.5	115.1	116.1	103.7	114.9
2008	110.1	109.7	105.2	109.8	110.5	105.4	110.0
2009	108.5	109.4	104.0	110.3	109.6	104.2	109.1
2010	110.3	110.6	104.3	112.7	109.7	104.3	112.6
2011	109.0	109.5	104.2	110.7	109.5	104.3	110.9
2012	108.6	107.9	104.5	108.4	108.0	104.5	108.1
2013	107.1	107.8	103.8	108.0	108.3	104.0	107.7
2014	108.3	107.3	104.1	107.4	107.8	104.2	107.0
2015	106.3	106.9	103.9	106.1	108.3	104.0	106.0

3-4 续表 continued

(上年=100) (preceding year=100)

年 份 Year	建筑业 Construction	批发和零售业 Wholesale and Retail Trades	交通运输、仓储和邮政业 Transport, Storage and Post	住宿和餐饮业 Hotels and Catering Services	金融业 Financial Intermediation	房地产业 Real Estate	其他 Others	人均国内生产总值 Per Capita GDP
1978	99.5	123.1	108.9	118.1	110.1	105.7	111.2	110.2
1979	102.0	108.7	108.3	111.1	98.0	104.1	110.1	106.2
1980	126.6	98.1	104.3	103.9	107.3	107.9	114.8	106.5
1981	103.2	129.5	101.9	117.5	104.7	96.5	107.4	103.8
1982	103.4	99.3	111.4	131.6	143.1	109.1	113.3	107.4
1983	117.0	121.2	109.5	119.4	126.5	105.2	112.0	109.2
1984	110.8	124.7	114.9	108.1	130.7	127.7	115.3	113.7
1985	122.1	133.5	113.8	106.3	117.1	125.0	111.5	111.9
1986	115.8	109.4	113.9	115.6	130.2	125.9	103.0	107.3
1987	117.8	114.7	109.6	109.7	122.6	129.3	110.3	109.9
1988	108.0	111.8	112.5	125.1	120.2	112.7	109.1	109.4
1989	91.6	89.3	104.2	109.9	125.8	115.9	104.8	102.6
1990	101.2	94.7	108.3	103.5	102.2	106.2	103.7	102.4
1991	109.6	105.2	110.6	108.2	102.8	112.0	115.4	107.8
1992	121.0	110.5	110.1	127.0	106.5	126.6	111.5	112.8
1993	118.0	108.6	112.5	108.2	111.3	110.8	116.7	112.6
1994	113.6	108.2	108.5	127.1	109.7	112.0	112.6	111.8
1995	112.4	108.2	111.0	110.2	108.8	112.4	110.3	109.8
1996	108.5	107.6	111.0	106.8	107.9	104.0	112.7	108.8
1997	102.6	108.8	109.2	110.9	109.0	104.1	115.8	108.1
1998	109.0	106.5	110.6	111.1	105.1	107.7	109.6	106.8
1999	104.3	108.7	112.2	107.7	105.4	105.9	111.4	106.7
2000	105.7	109.4	108.6	109.3	107.0	107.1	113.1	107.6
2001	106.8	109.1	108.8	107.6	107.0	111.0	112.9	107.6
2002	108.8	108.8	107.1	112.1	107.5	109.9	113.7	108.4
2003	112.1	109.9	106.1	112.4	107.4	109.8	110.8	109.4
2004	108.2	106.6	114.5	112.3	104.7	105.9	112.7	109.5
2005	116.0	113.0	111.2	112.3	114.1	112.2	112.0	110.7
2006	117.2	119.5	110.0	112.6	123.7	115.5	110.8	112.1
2007	116.2	120.2	111.8	109.6	125.8	124.4	111.5	113.6
2008	109.5	115.9	107.3	109.6	112.1	101.0	111.1	109.1
2009	118.9	111.9	103.4	103.8	116.4	111.8	108.5	108.9
2010	113.8	114.6	109.5	108.2	108.9	107.5	108.0	110.1
2011	109.7	112.5	109.7	105.1	107.7	107.4	109.6	109.0
2012	109.8	110.3	106.1	106.5	109.4	104.7	108.1	107.3
2013	109.7	110.5	106.6	103.9	110.6	107.2	107.5	107.2
2014	109.1	109.7	106.5	105.8	109.9	102.0	108.5	106.8
2015	106.8	106.1	104.6	106.2	115.9	103.8	109.3	106.4

3-5 国内生产总值指数
Indices of Gross Domestic Product

本表按不变价格计算。
Data in this table are calculated at constant prices.
(1978年=100) (year of 1978=100)

年份 Year	国民总收入 Gross National Income	国内生产总值 Gross Domestic Product	第一产业 Primary Industry	第二产业 Secondary Industry	第三产业 Tertiary Industry	农林牧渔业 Agriculture, Forestry, Animal Husbandry and Fishery Industries	工业 Industry
1978	100.0	100.0	100.0	100.0	100.0	100.0	100.0
1979	107.6	107.6	106.1	108.2	107.8	106.1	108.7
1980	116.0	116.0	104.6	122.8	114.4	104.6	122.4
1981	121.9	122.0	111.9	125.1	125.3	111.9	124.5
1982	133.1	132.9	124.8	132.1	141.2	124.8	131.7
1983	147.8	147.3	135.1	145.8	161.9	135.1	144.5
1984	170.5	169.6	152.6	166.9	193.3	152.6	165.9
1985	192.9	192.4	155.4	197.6	228.3	155.4	195.8
1986	209.6	209.6	160.5	217.8	256.4	160.5	214.7
1987	233.9	234.1	168.1	247.4	294.0	168.1	242.9
1988	260.3	260.4	172.3	282.8	332.7	172.3	279.5
1989	271.4	271.3	177.6	293.4	352.2	177.6	293.6
1990	282.7	281.9	190.7	302.8	361.6	190.7	303.5
1991	308.7	308.1	195.2	344.5	394.8	195.2	346.9
1992	352.1	351.9	204.2	416.9	444.6	204.4	419.9
1993	399.9	400.7	213.7	499.3	498.7	214.0	503.7
1994	452.1	453.0	222.2	589.8	555.4	222.6	598.3
1995	494.5	502.6	233.1	671.4	611.4	233.7	682.0
1996	544.5	552.5	244.9	752.6	667.7	245.6	767.2
1997	596.6	603.5	253.3	831.4	737.4	254.2	854.1
1998	640.3	650.8	262.0	905.5	799.3	263.1	930.0
1999	691.4	700.7	269.2	979.7	873.3	270.5	1009.7
2000	751.0	760.2	275.4	1072.6	958.6	277.0	1109.2
2001	811.8	823.6	282.7	1163.6	1057.0	284.7	1205.9
2002	889.7	898.8	290.3	1278.8	1167.8	293.0	1327.0
2003	982.9	989.0	297.2	1440.8	1279.2	300.3	1496.2
2004	1086.2	1089.0	315.4	1601.3	1408.7	319.2	1669.1
2005	1204.6	1213.1	331.4	1795.6	1582.8	336.0	1863.5
2006	1364.9	1367.4	347.1	2037.1	1806.5	352.8	2104.4
2007	1565.6	1562.0	359.3	2343.7	2096.8	366.0	2418.9
2008	1723.4	1712.8	377.9	2574.3	2316.5	385.6	2660.1
2009	1870.6	1873.8	393.0	2839.2	2538.6	401.8	2901.9
2010	2064.2	2073.1	409.7	3199.3	2784.0	418.9	3266.9
2011	2249.7	2270.8	426.8	3541.3	3048.2	436.8	3624.4
2012	2443.6	2449.2	445.9	3837.5	3292.4	456.6	3918.9
2013	2617.9	2639.2	462.9	4144.0	3565.7	474.7	4221.9
2014	2835.4	2831.8	481.7	4450.4	3844.1	494.6	4519.1
2015	3014.9	3027.6	500.5	4721.6	4164.7	514.6	4789.4

3-5 续表 continued

(1978年＝100) (year of 1978=100)

年 份 Year	建筑业 Construction	批发和零售业 Wholesale and Retail Trades	交通运输、仓储和邮政业 Transport, Storage and Post	住宿和餐饮业 Hotels and Catering Services	金融业 Financial Intermediation	房地产业 Real Estate	其他 Others	人均国内生产总值 Per Capita GDP
1978	100.0	100.0	100.0	100.0	100.0	100.0	100.0	100.0
1979	102.0	108.7	108.3	111.1	98.0	104.1	110.1	106.2
1980	129.2	106.7	112.9	115.5	105.2	112.3	126.3	113.1
1981	133.3	138.2	115.0	135.6	110.2	108.4	135.6	117.3
1982	137.9	137.2	128.1	178.5	157.6	118.2	153.7	126.0
1983	161.3	166.3	140.2	213.1	199.5	124.3	172.0	137.6
1984	178.8	207.4	161.1	230.3	260.8	158.7	198.4	156.4
1985	218.4	277.0	183.3	244.8	305.4	198.4	221.3	175.1
1986	253.0	303.2	208.8	283.1	397.8	249.7	227.9	187.9
1987	298.1	347.8	228.8	310.5	487.6	322.9	251.3	206.5
1988	321.8	388.7	257.5	388.5	586.1	363.8	274.3	226.0
1989	294.8	347.1	268.3	426.9	737.4	421.8	287.5	231.9
1990	298.3	328.8	290.7	441.8	753.3	448.2	298.2	237.5
1991	326.8	345.8	321.4	477.9	774.6	501.7	344.3	256.0
1992	395.4	382.2	353.7	607.0	824.7	635.3	383.9	288.8
1993	466.4	414.9	398.0	657.0	917.6	703.6	448.0	325.1
1994	530.0	448.9	432.0	835.3	1006.9	787.8	504.5	363.4
1995	595.7	485.9	479.4	920.8	1095.8	885.8	556.4	398.9
1996	646.4	523.0	532.3	983.8	1182.4	921.6	626.8	433.9
1997	663.4	568.8	581.3	1091.4	1289.2	959.6	725.6	469.1
1998	723.2	605.9	642.8	1212.2	1355.1	1033.3	795.4	501.1
1999	754.3	658.6	721.1	1305.7	1427.6	1094.7	886.4	534.8
2000	797.3	720.7	782.9	1427.7	1527.0	1172.5	1002.5	575.7
2001	851.5	786.2	851.9	1536.8	1634.0	1301.4	1131.3	619.1
2002	926.6	855.5	912.6	1723.4	1756.7	1430.3	1286.0	671.2
2003	1038.5	940.5	968.5	1936.4	1887.2	1570.5	1425.1	734.0
2004	1123.2	1002.2	1108.8	2175.3	1975.3	1663.2	1606.0	803.4
2005	1302.9	1132.8	1233.0	2442.0	2254.4	1866.7	1798.4	889.7
2006	1527.4	1353.3	1355.9	2748.9	2789.7	2155.7	1993.1	997.3
2007	1774.7	1626.9	1516.0	3013.3	3510.2	2680.7	2222.1	1133.3
2008	1943.5	1884.7	1627.0	3302.6	3935.0	2706.4	2469.3	1236.3
2009	2311.8	2109.1	1681.9	3426.6	4578.6	3026.2	2678.0	1345.8
2010	2631.4	2417.0	1841.1	3708.3	4987.6	3253.4	2891.0	1481.8
2011	2887.3	2718.2	2019.0	3897.9	5369.8	3493.9	3168.0	1615.4
2012	3168.9	2998.2	2141.9	4149.4	5876.9	3657.8	3425.2	1733.8
2013	3475.6	3313.4	2283.2	4311.4	6497.7	3921.4	3680.4	1859.1
2014	3791.8	3636.1	2431.5	4561.3	7142.7	4001.7	3993.3	1984.7
2015	4047.8	3857.8	2544.0	4842.9	8279.2	4152.6	4364.8	2111.2

3-6 分行业增加值
Value-added by Sector

本表按当年价格计算。
Data in this table are calculated at current prices.

单位：亿元 (100 million yuan)

行业	Sector	2011	2012	2013	2014
国内生产总值	**Gross Domestic Product**	**489300.6**	**540367.4**	**595244.4**	**643974.0**
农林牧渔业	Agriculture, Forestry, Animal Husbandry and Fishery	47483.0	52368.7	56973.6	60165.7
采矿业	Mining	26296.2	25093.0	25467.6	23417.1
制造业	Manufacturing	156456.8	169806.6	181867.8	195620.3
电力、热力、燃气及水生产和供应业	Production and Supply of Electricity, Heat, Gas and Water	12389.8	14006.0	15002.2	14819.0
建筑业	Construction	32926.5	36896.1	40896.8	44880.5
批发和零售业	Wholesale and Retail Trades	43730.5	49831.0	56284.1	62423.5
交通运输、仓储和邮政业	Transport, Storage and Post	21842.0	23763.2	26042.7	28500.9
住宿和餐饮业	Hotels and Catering Services	8565.4	9536.9	10228.3	11158.5
信息传输、软件和信息技术服务业	Information Transmission, Software and Information Technology	10304.8	11928.7	13729.7	15939.6
金融业	Financial Intermediation	30678.9	35188.4	41191.0	46665.2
房地产业	Real Estate	28167.6	31248.3	35987.6	38000.8
租赁和商务服务业	Leasing and Business Services	9453.4	11248.2	13335.0	15276.2
科学研究和技术服务业	Scientific Research and Technical Services	7939.4	9449.4	11010.2	12250.7
水利、环境和公共设施管理业	Management of Water Conservancy, Environment and Public Facilities	2132.2	2556.8	3056.3	3472.7
居民服务、修理和其他服务业	Service to Households, Repair and Other Services	7517.1	8156.8	8625.1	9706.3
教育	Education	14774.6	16645.7	18951.4	21159.9
卫生和社会工作	Health and Social Service	7428.8	9011.2	11034.4	12734.0
文化、体育和娱乐业	Culture, Sports and Entertainment	3134.5	3530.6	3867.7	4274.5
公共管理、社会保障和社会组织	Public Management, Social Security and Social Organization	18079.0	20101.7	21693.0	23508.7

3-7 三次产业和主要行业贡献率
Share of the Contributions of the Three Strata of Industry and Main Sectors to the Increase of the GDP

本表按不变价格计算。
Data in this table are calculated at constant prices.

单位：% (%)

年 份 Year	国内生产总值 Gross Domestic Product	第一产业 Primary Industry	第二产业 Secondary Industry	第三产业 Tertiary Industry	#工业 Industry	#批发和零售业 Wholesale and Retail Trades	#金融业 Financial Intermediation
1978	100.0	9.8	61.8	28.4	62.2	12.7	1.9
1979	100.0	20.9	53.6	25.6	52.8	8.1	-0.6
1980	100.0	-4.8	85.6	19.2	74.9	-1.7	1.8
1981	100.0	40.5	17.7	41.8	15.0	24.4	1.7
1982	100.0	38.6	28.8	32.6	27.3	-0.4	8.9
1983	100.0	23.9	43.5	32.7	37.3	9.3	6.0
1984	100.0	25.6	42.7	31.7	39.8	8.4	5.6
1985	100.0	4.1	61.2	34.8	54.7	14.0	4.0
1986	100.0	9.8	53.2	36.9	45.6	7.0	11.1
1987	100.0	10.2	55.0	34.8	48.0	8.4	7.6
1988	100.0	5.4	61.3	33.4	58.1	7.2	7.7
1989	100.0	15.9	44.0	40.1	53.6	-17.5	28.5
1990	100.0	40.2	39.8	20.0	38.6	-7.9	3.1
1991	100.0	6.8	61.1	32.2	56.5	3.8	1.8
1992	100.0	8.1	63.2	28.7	56.6	4.8	2.6
1993	100.0	7.6	64.4	28.0	58.3	3.9	4.3
1994	100.0	6.3	66.3	27.4	61.6	3.8	3.9
1995	100.0	8.7	62.8	28.5	57.3	4.3	4.1
1996	100.0	9.3	62.2	28.5	58.1	4.3	3.9
1997	100.0	6.5	59.1	34.5	57.8	5.2	4.7
1998	100.0	7.2	59.7	33.0	54.5	4.5	3.2
1999	100.0	5.6	56.9	37.4	54.3	6.1	3.3
2000	100.0	4.1	59.6	36.2	56.9	6.0	3.8
2001	100.0	4.6	46.4	49.0	42.0	8.9	4.1
2002	100.0	4.1	49.4	46.5	44.3	7.9	3.9
2003	100.0	3.1	57.9	39.0	51.6	8.1	3.5
2004	100.0	7.3	51.8	40.8	47.6	5.3	2.1
2005	100.0	5.2	50.5	44.3	43.1	9.0	5.4
2006	100.0	4.4	49.7	45.9	42.3	11.4	7.4
2007	100.0	2.7	50.1	47.3	43.8	11.2	7.9
2008	100.0	5.2	48.6	46.2	43.4	13.7	6.0
2009	100.0	4.0	52.3	43.7	40.7	11.1	8.6
2010	100.0	3.6	57.4	39.0	49.6	12.3	4.4
2011	100.0	4.2	52.0	43.8	45.9	11.4	5.0
2012	100.0	5.2	49.9	44.9	41.9	11.7	7.3
2013	100.0	4.3	48.5	47.2	40.5	12.4	8.4
2014	100.0	4.7	47.8	47.5	39.2	12.5	8.7
2015	100.0	4.6	41.6	53.7	35.0	8.4	15.0

注：贡献率指三次产业或主要行业增加值增量与GDP增量之比。

a) Share of the contributions of the three strata of industry or main sectors to the increase of the GDP refers to the proportion of the increment of the value-added of each industry to the increment of GDP.

3-8 三次产业和主要行业对国内生产总值增长的拉动
Contribution of the Three Strata of Industry and Main Sectors to GDP Growth

本表按不变价格计算。
Data in this table are calculated at constant prices.

单位：百分点 (percentage points)

年 份 Year	国内生产总值 Gross Domestic Product	第一产业 Primary Industry	第二产业 Secondary Industry	第三产业 Tertiary Industry	#工业 Industry	#批发和零售业 Wholesale and Retail Trades	#金融业 Financial Intermediation
1978	11.7	1.1	7.2	3.3	7.3	1.5	0.2
1979	7.6	1.6	4.1	1.9	4.0	0.6	
1980	7.8	-0.4	6.7	1.5	5.9	-0.1	0.1
1981	5.1	2.1	0.9	2.1	0.8	1.2	0.1
1982	9.0	3.5	2.6	2.9	2.5		0.8
1983	10.8	2.6	4.7	3.5	4.0	1.0	0.6
1984	15.2	3.9	6.5	4.8	6.0	1.3	0.9
1985	13.4	0.5	8.2	4.7	7.3	1.9	0.5
1986	8.9	0.9	4.8	3.3	4.1	0.6	1.0
1987	11.7	1.2	6.4	4.1	5.6	1.0	0.9
1988	11.2	0.6	6.9	3.7	6.5	0.8	0.9
1989	4.2	0.7	1.8	1.7	2.3	-0.7	1.2
1990	3.9	1.6	1.6	0.8	1.5	-0.3	0.1
1991	9.3	0.6	5.7	3.0	5.2	0.3	0.2
1992	14.2	1.2	9.0	4.1	8.1	0.7	0.4
1993	13.9	1.1	8.9	3.9	8.1	0.5	0.6
1994	13.0	0.8	8.6	3.6	8.0	0.5	0.5
1995	11.0	1.0	6.9	3.1	6.3	0.5	0.4
1996	9.9	0.9	6.2	2.8	5.8	0.4	0.4
1997	9.2	0.6	5.5	3.2	5.3	0.5	0.4
1998	7.8	0.6	4.7	2.6	4.3	0.4	0.2
1999	7.7	0.4	4.4	2.9	4.2	0.5	0.3
2000	8.5	0.4	5.1	3.1	4.8	0.5	0.3
2001	8.3	0.4	3.9	4.1	3.5	0.7	0.3
2002	9.1	0.4	4.5	4.2	4.0	0.7	0.4
2003	10.0	0.3	5.8	3.9	5.2	0.8	0.3
2004	10.1	0.7	5.2	4.1	4.8	0.5	0.2
2005	11.4	0.6	5.8	5.0	4.9	1.0	0.6
2006	12.7	0.6	6.3	5.8	5.4	1.5	0.9
2007	14.2	0.4	7.1	6.7	6.2	1.6	1.1
2008	9.7	0.5	4.7	4.5	4.2	1.3	0.6
2009	9.4	0.4	4.9	4.1	3.8	1.0	0.8
2010	10.6	0.4	6.1	4.2	5.3	1.3	0.5
2011	9.5	0.4	5.0	4.2	4.4	1.1	0.5
2012	7.9	0.4	3.9	3.5	3.3	0.9	0.6
2013	7.8	0.3	3.8	3.7	3.1	1.0	0.7
2014	7.3	0.3	3.5	3.5	2.9	0.9	0.6
2015	6.9	0.3	2.9	3.7	2.4	0.6	1.0

注：拉动指GDP增长速度与三次产业或主要行业贡献率之乘积。

a) Contribution of the three strata of industry or main sectors to GDP growth refers to the growth rate of GDP multiplied by the contribution share of every industry.

3-9 地区生产总值和指数
Gross Regional Product and Indices

本表绝对数按当年价格计算，指数按不变价格计算。
Level data in this table are calculated at current prices while indices at constant prices.

地区	Region	地区生产总值（亿元） Gross Regional Product (100 million yuan)					指数（上年=100） Indices (preceding year=100)				
		2011	2012	2013	2014	2015	2011	2012	2013	2014	2015
北京	Beijing	16251.93	17879.40	19800.81	21330.83	23014.59	108.1	107.7	107.7	107.3	106.9
天津	Tianjin	11307.28	12893.88	14442.01	15726.93	16538.19	116.4	113.8	112.5	110.0	109.3
河北	Hebei	24515.76	26575.01	28442.95	29421.15	29806.11	111.3	109.6	108.2	106.5	106.8
山西	Shanxi	11237.55	12112.83	12665.25	12761.49	12766.49	113.0	110.1	108.9	104.9	103.1
内蒙古	Inner Mongolia	14359.88	15880.58	16916.50	17770.19	17831.51	114.3	111.5	109.0	107.8	107.7
辽宁	Liaoning	22226.70	24846.43	27213.22	28626.58	28669.02	112.2	109.5	108.7	105.8	103.0
吉林	Jilin	10568.83	11939.24	13046.40	13803.14	14063.13	113.8	112.0	108.3	106.5	106.3
黑龙江	Heilongjiang	12582.00	13691.58	14454.91	15039.38	15083.67	112.3	110.0	108.0	105.6	105.7
上海	Shanghai	19195.69	20181.72	21818.15	23567.70	25123.45	108.2	107.5	107.7	107.0	106.9
江苏	Jiangsu	49110.27	54058.22	59753.37	65088.32	70116.38	111.0	110.1	109.6	108.7	108.5
浙江	Zhejiang	32318.85	34665.33	37756.58	40173.03	42886.49	109.0	108.0	108.2	107.6	108.0
安徽	Anhui	15300.65	17212.05	19229.34	20848.75	22005.63	113.5	112.1	110.4	109.2	108.7
福建	Fujian	17560.18	19701.78	21868.49	24055.76	25979.82	112.3	111.4	111.0	109.9	109.0
江西	Jiangxi	11702.82	12948.88	14410.19	15714.63	16723.78	112.5	111.0	110.1	109.7	109.1
山东	Shandong	45361.85	50013.24	55230.32	59426.59	63002.33	110.9	109.8	109.6	108.7	108.0
河南	Henan	26931.03	29599.31	32191.30	34938.24	37002.16	111.9	110.1	109.0	108.9	108.3
湖北	Hubei	19632.26	22250.45	24791.83	27379.22	29550.19	113.8	111.3	110.1	109.7	108.9
湖南	Hunan	19669.56	22154.23	24621.67	27037.32	28902.21	112.8	111.3	110.1	109.5	108.5
广东	Guangdong	53210.28	57067.92	62474.79	67809.85	72812.55	110.0	108.2	108.5	107.8	108.0
广西	Guangxi	11720.87	13035.10	14449.90	15672.89	16803.12	112.3	111.3	110.2	108.5	108.1
海南	Hainan	2522.66	2855.54	3177.56	3500.72	3702.76	112.0	109.1	109.9	108.5	107.8
重庆	Chongqing	10011.37	11409.60	12783.26	14262.60	15717.27	116.4	113.6	112.3	110.9	111.0
四川	Sichuan	21026.68	23872.80	26392.07	28536.66	30053.10	115.0	112.6	110.0	108.5	107.9
贵州	Guizhou	5701.84	6852.20	8086.86	9266.39	10502.56	115.0	113.6	112.5	110.8	110.7
云南	Yunnan	8893.12	10309.47	11832.31	12814.59	13619.17	113.7	113.0	112.1	108.1	108.7
西藏	Tibet	605.83	701.03	815.67	920.83	1026.39	112.7	111.8	112.1	110.8	111.0
陕西	Shaanxi	12512.30	14453.68	16205.45	17689.94	18021.86	113.9	112.9	111.0	109.7	107.9
甘肃	Gansu	5020.37	5650.20	6330.69	6836.82	6790.32	112.5	112.6	110.8	108.9	108.1
青海	Qinghai	1670.44	1893.54	2122.06	2303.32	2417.05	113.5	112.3	110.8	109.2	108.2
宁夏	Ningxia	2102.21	2341.29	2577.57	2752.10	2911.77	112.1	111.5	109.8	108.0	108.0
新疆	Xinjiang	6610.05	7505.31	8443.84	9273.46	9324.80	112.0	112.0	111.0	110.0	108.8

3-10 人均地区生产总值和指数
Per Capita Gross Regional Product and Indices

本表绝对数按当年价格计算，指数按不变价格计算。
Level data in this table are calculated at current prices while indices at constant prices.

地 区	Region	人均地区生产总值（元） Per Capita Gross Regional Product (yuan)					指 数（上年=100） Indices (preceding year=100)				
		2011	2012	2013	2014	2015	2011	2012	2013	2014	2015
北 京	Beijing	81658	87475	94648	99995	106497	103.8	104.9	105.2	105.2	105.5
天 津	Tianjin	85213	93173	100105	105231	107960	110.9	109.2	108.0	106.2	106.6
河 北	Hebei	33969	36584	38909	39984	40255	109.7	108.9	107.5	105.8	106.1
山 西	Shanxi	31357	33628	34984	35070	34919	110.4	109.6	108.4	104.4	102.6
内蒙古	Inner Mongolia	57974	63886	67836	71046	71101	113.8	111.1	108.7	107.5	107.4
辽 宁	Liaoning	50760	56649	61996	65201	65354	111.7	109.3	108.6	105.7	103.1
吉 林	Jilin	38460	43415	47428	50160	51086	113.5	111.9	108.3	106.4	106.3
黑龙江	Heilongjiang	32819	35711	37697	39226	39462	112.2	110.1	107.9	105.6	106.0
上 海	Shanghai	82560	85373	90993	97370	103796	105.0	105.7	106.2	106.0	106.9
江 苏	Jiangsu	62290	68347	75354	81874	87995	110.3	109.8	109.3	108.4	108.3
浙 江	Zhejiang	59249	63374	68805	73002	77644	107.2	107.7	107.9	107.3	107.6
安 徽	Anhui	25659	28792	32001	34425	35997	112.6	111.8	109.9	108.4	107.7
福 建	Fujian	47377	52763	58145	63472	67966	111.6	110.5	110.2	109.1	108.0
江 西	Jiangxi	26150	28800	31930	34674	36724	111.8	110.4	109.6	109.2	108.5
山 东	Shandong	47335	51768	56885	60879	64168	109.9	109.2	109.0	108.1	107.3
河 南	Henan	28661	31499	34211	37072	39123	112.5	110.1	108.9	108.7	107.9
湖 北	Hubei	34197	38572	42826	47145	50654	113.5	110.7	109.7	109.3	108.4
湖 南	Hunan	29880	33480	36943	40271	42754	111.2	110.7	109.3	108.7	107.8
广 东	Guangdong	50807	54095	58833	63469	67503	108.0	107.4	107.8	107.1	107.0
广 西	Guangxi	25326	27952	30741	33090	35190	112.0	110.4	109.4	107.7	107.2
海 南	Hainan	28898	32377	35663	38924	40818	111.1	108.0	108.7	107.5	106.9
重 庆	Chongqing	34500	38914	43223	47850	52321	115.1	112.4	111.3	110.0	110.1
四 川	Sichuan	26133	29608	32617	35128	36775	115.9	112.3	109.6	108.1	107.2
贵 州	Guizhou	16413	19710	23151	26437	29847	116.1	113.5	111.9	110.4	110.3
云 南	Yunnan	19265	22195	25322	27264	28806	112.9	112.3	111.5	107.5	108.0
西 藏	Tibet	20077	22936	26326	29252	31999	111.3	110.4	110.5	109.1	108.9
陕 西	Shaanxi	33464	38564	43117	46929	47626	113.7	112.6	110.7	109.4	107.5
甘 肃	Gansu	19595	21978	24539	26433	26165	112.3	112.2	110.4	108.6	107.7
青 海	Qinghai	29522	33181	36875	39671	41252	112.3	111.3	109.9	108.2	107.2
宁 夏	Ningxia	33043	36394	39613	41834	43805	110.8	110.3	108.6	106.8	106.9
新 疆	Xinjiang	30087	33796	37553	40648	40036	110.7	110.8	109.6	108.4	106.6

3-11 按三次产业分地区生产总值（2015年）
Gross Regional Product by Three Strata of Industry (2015)

本表绝对数按当年价格计算，指数按不变价格计算。
Level data in this table are calculated at current prices while indices at constant prices.

单位：亿元 (100 million yuan)

地区	Region	地区生产总值 Gross Regional Product	三次产业增加值 Value-Added by Three Strata of Industry			分行业增加值 Value-Added by Sector		
			第一产业 Primary Industry	第二产业 Secondary Industry	第三产业 Tertiary Industry	农林牧渔业 Agriculture, Forestry, Animal Husbandry and Fishery	工业 Industry	建筑业 Construction
北京	Beijing	23014.59	140.21	4542.64	18331.74	142.61	3710.88	961.86
天津	Tianjin	16538.19	208.82	7704.22	8625.15	210.51	6982.66	740.31
河北	Hebei	29806.11	3439.45	14386.87	11979.79	3578.66	12626.17	1780.49
山西	Shanxi	12766.49	783.16	5194.27	6789.06	824.10	4359.60	847.22
内蒙古	Inner Mongolia	17831.51	1617.42	9000.58	7213.51	1642.51	7739.18	1263.16
辽宁	Liaoning	28669.02	2384.03	13041.97	13243.02	2505.13	11270.82	1881.32
吉林	Jilin	14063.13	1596.28	7005.71	5461.14	1644.62	6112.05	927.06
黑龙江	Heilongjiang	15083.67	2633.50	4798.08	7652.09	2687.80	4053.77	850.09
上海	Shanghai	25123.45	109.82	7991.00	17022.63	113.99	7162.33	855.22
江苏	Jiangsu	70116.38	3986.05	32044.45	34085.88	4209.52	27996.43	4055.42
浙江	Zhejiang	42886.49	1832.91	19711.67	21341.91	1865.31	17217.47	2558.38
安徽	Anhui	22005.63	2456.69	10946.83	8602.11	2550.29	9264.82	1698.92
福建	Fujian	25979.82	2118.10	13064.82	10796.90	2194.06	10820.22	2268.86
江西	Jiangxi	16723.78	1772.98	8411.57	6539.23	1827.76	6918.00	1493.77
山东	Shandong	63002.33	4979.08	29485.90	28537.35	5182.90	25910.75	3664.86
河南	Henan	37002.16	4209.56	17917.37	14875.23	4348.41	15823.33	2152.25
湖北	Hubei	29550.19	3309.84	13503.56	12736.79	3417.32	11532.37	2039.88
湖南	Hunan	28902.21	3331.62	12810.82	12759.77	3461.99	10945.81	1877.70
广东	Guangdong	72812.55	3345.54	32613.54	36853.47	3426.11	30259.49	2441.85
广西	Guangxi	16803.12	2565.45	7717.52	6520.15	2632.97	6359.82	1358.56
海南	Hainan	3702.76	854.72	875.82	1972.22	880.52	485.85	390.41
重庆	Chongqing	15717.27	1150.15	7069.37	7497.75	1168.67	5557.52	1511.85
四川	Sichuan	30053.10	3677.30	13248.08	13127.72	3745.32	11039.08	2321.38
贵州	Guizhou	10502.56	1640.61	4147.83	4714.12	1712.65	3315.58	833.44
云南	Yunnan	13619.17	2055.78	5416.12	6147.27	2098.25	3848.26	1574.77
西藏	Tibet	1026.39	98.04	376.19	552.16	100.76	69.88	306.31
陕西	Shaanxi	18021.86	1597.63	9082.13	7342.10	1673.22	7344.62	1780.85
甘肃	Gansu	6790.32	954.09	2494.77	3341.46	995.52	1778.10	730.88
青海	Qinghai	2417.05	208.93	1207.31	1000.81	212.22	893.87	313.81
宁夏	Ningxia	2911.77	237.76	1379.60	1294.41	251.68	979.72	399.98
新疆	Xinjiang	9324.80	1559.08	3596.40	4169.32	1598.66	2740.71	959.03

3-11 续表 1 continued

单位：亿元 (100 million yuan)

地区	Region	批发和零售业 Wholesale and Retail Trades	交通运输、仓储和邮政业 Transport, Storage and Post	住宿和餐饮业 Hotels and Catering Services	金融业 Financial Intermediation	房地产业 Real Estate	其他 Others
北京	Beijing	2352.34	983.87	397.59	3926.28	1438.43	9100.73
天津	Tianjin	2070.04	729.09	248.01	1603.23	618.25	3336.09
河北	Hebei	2381.23	2359.09	404.43	1480.92	1313.62	3881.50
山西	Shanxi	1077.11	892.81	350.72	1140.54	639.07	2635.32
内蒙古	Inner Mongolia	1728.30	1087.32	628.87	829.20	441.37	2471.59
辽宁	Liaoning	2968.98	1702.80	620.27	1869.46	1169.67	4680.57
吉林	Jilin	1117.29	529.79	328.61	565.27	436.06	2402.38
黑龙江	Heilongjiang	1689.24	707.03	479.96	847.66	597.22	3170.90
上海	Shanghai	3824.22	1133.17	374.63	4162.70	1699.78	5797.41
江苏	Jiangsu	6992.68	2705.44	1189.40	5302.93	3755.45	13909.11
浙江	Zhejiang	5245.03	1631.88	995.02	2922.93	2351.42	8099.05
安徽	Anhui	1640.93	791.72	417.81	1241.87	870.07	3529.20
福建	Fujian	2046.29	1547.30	398.35	1681.33	1077.88	3945.53
江西	Jiangxi	1186.72	736.15	391.08	897.65	548.26	2724.39
山东	Shandong	8416.13	2503.65	1301.36	2994.66	2592.67	10435.36
河南	Henan	2609.46	1809.39	1030.80	1991.11	1657.04	5580.37
湖北	Hubei	2332.27	1242.34	692.21	1853.12	1136.72	5303.96
湖南	Hunan	2323.67	1291.03	603.77	1104.18	751.81	6542.25
广东	Guangdong	7625.98	2928.90	1447.48	5757.08	5117.95	13807.71
广西	Guangxi	1135.09	803.10	373.03	1018.01	657.30	2465.24
海南	Hainan	440.75	187.80	174.14	242.82	299.69	600.78
重庆	Chongqing	1345.38	761.31	355.76	1410.18	847.72	2758.88
四川	Sichuan	1871.55	1219.77	859.49	2202.23	1252.20	5542.08
贵州	Guizhou	671.39	920.36	360.38	607.11	232.07	1849.58
云南	Yunnan	1334.62	304.49	437.79	981.85	282.51	2756.63
西藏	Tibet	67.70	31.76	32.08	68.05	29.33	320.52
陕西	Shaanxi	1504.04	713.02	432.02	1082.37	695.53	2796.19
甘肃	Gansu	508.00	274.65	196.37	443.12	244.82	1618.86
青海	Qinghai	154.78	90.55	43.27	220.87	53.59	434.09
宁夏	Ningxia	136.97	200.66	51.31	256.38	97.05	538.02
新疆	Xinjiang	523.58	536.06	155.62	563.80	285.38	1961.96

3-11 续表 2 continued

地区	Region	构 成（地区生产总值=100） Composition (GRP=100)			指 数 （上年=100） Indices (preceding year=100)			
		第一产业 Primary Industry	第二产业 Secondary Industry	第三产业 Tertiary Industry	地区生产总值 Gross Regional Product	第一产业 Primary Industry	第二产业 Secondary Industry	第三产业 Tertiary Industry
北 京	Beijing	0.6	19.7	79.7	106.9	89.2	103.3	108.1
天 津	Tianjin	1.3	46.6	52.2	109.3	102.5	109.2	109.6
河 北	Hebei	11.5	48.3	40.2	106.8	102.6	104.7	111.2
山 西	Shanxi	6.1	40.7	53.2	103.1	101.0	98.8	110.0
内蒙古	Inner Mongolia	9.1	50.5	40.5	107.7	103.0	108.0	108.1
辽 宁	Liaoning	8.3	45.5	46.2	103.0	103.8	99.7	107.2
吉 林	Jilin	11.4	49.8	38.8	106.3	104.8	105.2	108.4
黑龙江	Heilongjiang	17.5	31.8	50.7	105.7	105.2	101.4	110.4
上 海	Shanghai	0.4	31.8	67.8	106.9	86.4	101.2	110.6
江 苏	Jiangsu	5.7	45.7	48.6	108.5	103.3	108.3	109.4
浙 江	Zhejiang	4.3	46.0	49.8	108.0	101.5	105.3	111.3
安 徽	Anhui	11.2	49.7	39.1	108.7	104.2	108.3	110.8
福 建	Fujian	8.2	50.3	41.6	109.0	103.7	107.4	112.3
江 西	Jiangxi	10.6	50.3	39.1	109.1	103.9	109.4	110.1
山 东	Shandong	7.9	46.8	45.3	108.0	104.2	107.4	109.5
河 南	Henan	11.4	48.4	40.2	108.3	104.4	107.7	110.9
湖 北	Hubei	11.2	45.7	43.1	108.9	104.5	108.3	110.7
湖 南	Hunan	11.5	44.3	44.1	108.5	103.6	107.3	111.2
广 东	Guangdong	4.6	44.8	50.6	108.0	103.3	107.0	109.5
广 西	Guangxi	15.3	45.9	38.8	108.1	103.9	108.2	109.6
海 南	Hainan	23.1	23.7	53.3	107.8	105.4	106.5	109.6
重 庆	Chongqing	7.3	45.0	47.7	111.0	104.7	111.3	111.5
四 川	Sichuan	12.2	44.1	43.7	107.9	103.7	107.5	109.5
贵 州	Guizhou	15.6	39.5	44.9	110.7	106.5	111.4	111.1
云 南	Yunnan	15.1	39.8	45.1	108.7	105.9	108.6	109.6
西 藏	Tibet	9.6	36.7	53.8	111.0	103.7	115.7	108.9
陕 西	Shaanxi	8.9	50.4	40.7	107.9	105.1	106.6	110.5
甘 肃	Gansu	14.1	36.7	49.2	108.1	105.4	107.4	109.7
青 海	Qinghai	8.6	49.9	41.4	108.2	105.1	108.4	108.6
宁 夏	Ningxia	8.2	47.4	44.5	108.0	104.6	108.5	107.9
新 疆	Xinjiang	16.7	38.6	44.7	108.8	105.9	107.3	112.2

3-12 地区生产总值收入法构成项目（2015年）
Income Approach Components of Gross Regional Product (2015)

本表按当年价格计算。
Data in this table are calculated at current prices.

单位：亿元 (100 million yuan)

地区	Region	地区生产总值 Gross Regional Product	劳动者报酬 Compensation of Employees	生产税净额 Net Taxes on Production	固定资产折旧 Depreciation of Fixed Assets	营业盈余 Operating Surplus
北京	Beijing	23014.59	12697.30	3298.69	2678.24	4340.36
天津	Tianjin	16538.19	6723.99	2741.47	1795.37	5277.36
河北	Hebei	29806.11	15398.55	3826.50	4168.20	6412.86
山西	Shanxi	12766.49	6077.62	2139.10	2277.66	2272.11
内蒙古	Inner Mongolia	17831.51	8797.51	2239.12	1973.48	4821.40
辽宁	Liaoning	28669.02	12806.48	4903.83	4713.85	6244.86
吉林	Jilin	14063.13	6124.75	2112.24	2349.04	3477.10
黑龙江	Heilongjiang	15083.67	7090.23	1853.13	2071.15	4069.16
上海	Shanghai	25123.45	11085.40	4919.88	2715.36	6402.81
江苏	Jiangsu	70116.38	31163.93	9146.17	8918.59	20887.69
浙江	Zhejiang	42886.49	20573.26	6238.29	5427.75	10647.19
安徽	Anhui	22005.63	10275.97	3425.34	3134.88	5169.44
福建	Fujian	25979.82	13845.37	3884.42	2895.55	5354.48
江西	Jiangxi	16723.78	7067.88	2734.90	2214.17	4706.83
山东	Shandong	63002.33	28000.54	8262.94	9049.20	17689.65
河南	Henan	37002.16	18735.19	4138.55	4398.35	9730.07
湖北	Hubei	29550.19	14417.12	4359.19	3538.26	7235.61
湖南	Hunan	28902.21	14709.62	4456.93	3020.68	6714.98
广东	Guangdong	72812.55	35775.58	10204.88	9644.88	17187.21
广西	Guangxi	16803.12	8887.67	3148.86	1919.23	2847.36
海南	Hainan	3702.76	2055.73	513.48	594.62	538.93
重庆	Chongqing	15717.27	6590.24	2737.72	2002.42	4386.89
四川	Sichuan	30053.10	14503.68	5019.28	4129.65	6400.49
贵州	Guizhou	10502.56	5845.79	1864.82	1305.70	1486.25
云南	Yunnan	13619.17	6825.92	2797.31	1524.44	2471.50
西藏	Tibet	1026.39	657.04	90.29	129.00	150.06
陕西	Shaanxi	18021.86	7725.36	3501.37	2905.33	3889.80
甘肃	Gansu	6790.32	3473.12	985.64	1049.38	1282.17
青海	Qinghai	2417.05	1125.20	298.63	590.26	402.96
宁夏	Ningxia	2911.77	1604.29	350.26	480.88	476.34
新疆	Xinjiang	9324.80	5499.12	1250.87	1565.01	1009.80

3-13 支出法国内生产总值
Gross Domestic Product by Expenditure Approach

本表按当年价格计算。
Data in value terms in this table are calculated at current prices.

年 份 Year	支出法国内生产总值(亿元) Gross Domestic Product by Expenditure Approach (100 million yuan)	最终消费支出 Final Consumption Expenditures	资本形成总额 Gross Capital Formation	货物和服务净出口 Net Exports of Goods and Services	最终消费率(消费率)(%) Final Consumption Rate (%)	资本形成率(投资率)(%) Capital Formation Rate (%)
1978	3634	2233	1413	-11	61.4	38.9
1979	4078	2578	1520	-20	63.2	37.3
1980	4575	2967	1623	-15	64.8	35.5
1981	4957	3277	1663	17	66.1	33.5
1982	5426	3576	1760	91	65.9	32.4
1983	6079	4060	1968	51	66.8	32.4
1984	7346	4784	2560	1	65.1	34.9
1985	9180	5918	3630	-367	64.5	39.5
1986	10474	6727	4002	-255	64.2	38.2
1987	12294	7639	4645	11	62.1	37.8
1988	15332	9423	6060	-151	61.5	39.5
1989	17360	11033	6512	-186	63.6	37.5
1990	19067	12001	6555	510	62.9	34.4
1991	22124	13614	7893	618	61.5	35.7
1992	27334	16225	10834	276	59.4	39.6
1993	35900	20797	15783	-679	57.9	44.0
1994	48823	28272	19916	634	57.9	40.8
1995	61539	36198	24343	999	58.8	39.6
1996	72102	43087	27557	1459	59.8	38.2
1997	80025	47509	28966	3550	59.4	36.2
1998	85486	51460	30397	3629	60.2	35.6
1999	90824	56622	31666	2537	62.3	34.9
2000	100577	63668	34526	2383	63.3	34.3
2001	111250	68547	40379	2325	61.6	36.3
2002	122292	74068	45130	3094	60.6	36.9
2003	138315	79513	55837	2965	57.5	40.4
2004	162742	89086	69421	4236	54.7	42.7
2005	189190	101448	77534	10209	53.6	41.0
2006	221207	114729	89823	16655	51.9	40.6
2007	271699	136229	112047	23423	50.1	41.2
2008	319936	157466	138243	24227	49.2	43.2
2009	349883	172728	162118	15037	49.4	46.3
2010	410708	198998	196653	15057	48.5	47.9
2011	486038	241022	233327	11688	49.6	48.0
2012	540989	271113	255240	14636	50.1	47.2
2013	596963	300338	282073	14552	50.3	47.3
2014	647182	328313	302717	16152	50.7	46.8
2015	696594	359516	313070	24007	51.6	44.9

注：最终消费率指最终消费支出占支出法国内生产总值的比重；资本形成率指资本形成总额占支出法国内生产总值的比重。

a) Final consumption rate refers to final consumption expenditures as percentage of gross domestic product by expenditure approach, capital formation rate refers to gross capital formation as percentage of gross domestic product by expenditure approach.

3-14 支出法国内生产总值及构成
Components of Gross Domestic Product by Expenditure Approach

本表按当年价格计算。
Data in value terms in this table are calculated at current prices.

年份 Year	最终消费支出 Final Consumption Expenditures								资本形成总额 Gross Capital Formation			
	绝对数(亿元) Level (100 million yuan)				构成 Composition 最终消费支出=100 Final Consumption Expenditures=100		构成 Composition 居民消费支出=100 Household Consumption Expenditures=100		绝对数(亿元) Level (100 million yuan)		构成 (资本形成总额=100) Composition (Gross Capital Formation=100)	
	居民消费支出 Household Consumption Expenditures	城镇居民 Rural Household	农村居民 Urban Household	政府消费支出 Government Consumption Expenditures	居民消费支出 Household Consumption Expenditures	政府消费支出 Government Consumption Expenditures	城镇居民 Rural House-hold	农村居民 Urban House-hold	固定资本形成总额 Gross Fixed Capital Formation	存货变动 Change in Inven-tories	固定资本形成总额 Gross Fixed Capital Formation	存货变动 Change in Inven-tories
1978	1759	667	1092	474	78.8	21.2	37.9	62.1	1109	304	78.5	21.5
1979	2014	759	1255	564	78.1	21.9	37.7	62.3	1194	326	78.6	21.4
1980	2337	922	1415	630	78.8	21.2	39.5	60.5	1346	277	82.9	17.1
1981	2628	1017	1610	650	80.2	19.8	38.7	61.3	1382	281	83.1	16.9
1982	2867	1050	1817	708	80.2	19.8	36.6	63.4	1559	201	88.6	11.4
1983	3221	1197	2024	839	79.3	20.7	37.1	62.9	1743	226	88.5	11.5
1984	3690	1438	2251	1095	77.1	22.9	39.0	61.0	2192	368	85.6	14.4
1985	4627	1841	2787	1290	78.2	21.8	39.8	60.2	2844	786	78.4	21.6
1986	5294	2180	3113	1433	78.7	21.3	41.2	58.8	3300	702	82.5	17.5
1987	6048	2576	3472	1591	79.2	20.8	42.6	57.4	3821	823	82.3	17.7
1988	7532	3381	4152	1891	79.9	20.1	44.9	55.1	4842	1218	79.9	20.1
1989	8778	3913	4865	2255	79.6	20.4	44.6	55.4	4519	1993	69.4	30.6
1990	9435	4194	5241	2566	78.6	21.4	44.5	55.5	4636	1919	70.7	29.3
1991	10544	4971	5573	3070	77.5	22.5	47.1	52.9	5795	2098	73.4	26.6
1992	12312	6366	5947	3913	75.9	24.1	51.7	48.3	8461	2373	78.1	21.9
1993	15696	8695	7001	5101	75.5	24.5	55.4	44.6	13574	2209	86.0	14.0
1994	21446	12274	9172	6826	75.9	24.1	57.2	42.8	17188	2728	86.3	13.7
1995	28073	16535	11538	8125	77.6	22.4	58.9	41.1	20357	3985	83.6	16.4
1996	33660	19505	14155	9426	78.1	21.9	57.9	42.1	23320	4237	84.6	15.4
1997	36626	21665	14961	10882	77.1	22.9	59.2	40.8	25363	3603	87.6	12.4
1998	38822	23947	14875	12639	75.4	24.6	61.7	38.3	28751	1645	94.6	5.4
1999	41915	27104	14811	14707	74.0	26.0	64.7	35.3	30241	1424	95.5	4.5
2000	46988	31376	15612	16680	73.8	26.2	66.8	33.2	33528	998	97.1	2.9
2001	50709	34411	16297	17838	74.0	26.0	67.9	32.1	38064	2315	94.3	5.7
2002	55076	38060	17017	18992	74.4	25.6	69.1	30.9	43797	1333	97.0	3.0
2003	59344	41569	17775	20169	74.6	25.4	70.0	30.0	53964	1872	96.6	3.4
2004	66587	47354	19233	22499	74.7	25.3	71.1	28.9	65670	3751	94.6	5.4
2005	75232	54320	20912	26215	74.2	25.8	72.2	27.8	75810	1724	97.8	2.2
2006	84119	61480	22640	30609	73.3	26.7	73.1	26.9	87223	2600	97.1	2.9
2007	99793	74205	25589	36436	73.3	26.7	74.4	25.6	105052	6995	93.8	6.2
2008	115338	86498	28841	42128	73.2	26.8	75.0	25.0	128002	10241	92.6	7.4
2009	126661	95995	30666	46067	73.3	26.7	75.8	24.2	156735	5383	96.7	3.3
2010	146058	112447	33610	52940	73.4	26.6	77.0	23.0	185827	10826	94.5	5.5
2011	176532	135457	41075	64490	73.2	26.8	76.7	23.3	219671	13656	94.1	5.9
2012	198537	153314	45223	72576	73.2	26.8	77.2	22.8	244601	10639	95.8	4.2
2013	219763	170330	49432	80575	73.2	26.8	77.5	22.5	270924	11149	96.0	4.0
2014	242540	188174	54366	85773	73.9	26.1	77.6	22.4	290053	12664	95.8	4.2
2015	264758	205912	58846	94759	73.6	26.4	77.8	22.2	301961	11110	96.5	3.5

3-15 支出法地区生产总值（2015年）
Gross Regional Product by Expenditure Approach (2015)

本表按当年价格计算。
Data in value terms in this table are calculated at current prices.

地区	Region	支出法地区生产总值（亿元）Gross Regional Product by Expenditure Approach (100 million yuan)	最终消费支出 Final Consumption Expenditures	资本形成总额 Gross Capital Formation	货物和服务净流出 Net Outflow of Goods and Services	最终消费率（消费率）(%) Final Consumption Rate (%)	资本形成率（投资率）(%) Capital Formation Rate (%)
北京	Beijing	23014.6	14503.6	8490.0	21.0	63.0	36.9
天津	Tianjin	16538.2	7155.7	10999.1	-1616.6	43.3	66.5
河北	Hebei	29806.4	13197.8	17352.1	-743.5	44.3	58.2
山西	Shanxi	12766.5	7134.7	9269.9	-3638.2	55.9	72.6
内蒙古	Inner Mongolia	17831.5	7452.8	14036.5	-3657.8	41.8	78.7
辽宁	Liaoning	28669.0	13019.5	12605.6	3043.9	45.4	44.0
吉林	Jilin	15507.9	5593.2	10965.4	-1050.7	36.1	70.7
黑龙江	Heilongjiang	15083.7	8986.7	9765.3	-3668.3	59.6	64.7
上海	Shanghai	25123.5	14854.5	9550.8	718.1	59.1	38.0
江苏	Jiangsu	70116.4	35041.4	30600.6	4474.3	50.0	43.6
浙江	Zhejiang	42886.5	20936.3	18879.3	3070.9	48.8	44.0
安徽	Anhui	22005.6	10970.5	11312.3	-277.2	49.9	51.4
福建	Fujian	25979.8	10328.9	15142.8	508.1	39.8	58.3
江西	Jiangxi	16723.8	8418.3	8322.8	-17.3	50.3	49.8
山东	Shandong	63002.3	26144.4	35587.4	1270.5	41.5	56.5
河南	Henan	37002.2	18722.6	28253.1	-9973.6	50.6	76.4
湖北	Hubei	31226.4	13799.7	17418.4	8.3	44.2	55.8
湖南	Hunan	28902.2	14755.8	15555.1	-1408.6	51.1	53.8
广东	Guangdong	72812.6	37211.3	30374.2	5227.1	51.1	41.7
广西	Guangxi	16803.1	8878.5	11452.2	-3527.6	52.8	68.2
海南	Hainan	3702.8	2242.7	2317.1	-857.0	60.6	62.6
重庆	Chongqing	15717.3	7503.2	8438.0	-224.0	47.7	53.7
四川	Sichuan	30053.1	15775.0	14806.2	-528.1	52.5	49.3
贵州	Guizhou	10502.6	5957.7	7104.2	-2559.4	56.7	67.6
云南	Yunnan	13619.2	8855.3	12606.9	-7843.1	65.0	92.6
西藏	Tibet	1026.4	820.0	1032.0	-825.6	79.9	100.5
陕西	Shaanxi	18021.9	8200.0	11888.3	-2066.4	45.5	66.0
甘肃	Gansu	6790.3	4374.2	4448.8	-2032.7	64.4	65.5
青海	Qinghai	2417.1	1486.0	3374.1	-2443.0	61.5	139.6
宁夏	Ningxia	2911.8	1719.7	3620.7	-2428.5	59.1	124.3
新疆	Xinjiang	9324.8	5639.8	8785.3	-5100.3	60.5	94.2

3-16 分地区资本形成总额及构成(2015年)
Gross Capital Formation and Its Composition by Region (2015)

本表按当年价格计算。
Data in value terms in this table are calculated at current prices.

地 区	Region	资本形成总额（亿元）Gross Capital Formation (100 million yuan)	固定资本形成总额 Gross Fixed Capital Formation	存货变动 Change in Inventories	构成（资本形成总额=100）Composition (Total=100) 固定资本形成总额 Gross Fixed Capital Formation	存货变动 Change in Inventories
北 京	Beijing	8490.0	8155.4	334.6	96.1	3.9
天 津	Tianjin	10999.1	10495.8	503.3	95.4	4.6
河 北	Hebei	17352.1	17298.8	53.2	99.7	0.3
山 西	Shanxi	9269.9	8821.6	448.4	95.2	4.8
内蒙古	Inner Mongolia	14036.5	13844.4	192.1	98.6	1.4
辽 宁	Liaoning	12605.6	12098.9	506.7	96.0	4.0
吉 林	Jilin	10965.4	11001.2	-35.8	100.3	-0.3
黑龙江	Heilongjiang	9765.3	9664.1	101.2	99.0	1.0
上 海	Shanghai	9550.8	8999.9	551.0	94.2	5.8
江 苏	Jiangsu	30600.6	29940.8	659.8	97.8	2.2
浙 江	Zhejiang	18879.3	18213.3	666.0	96.5	3.5
安 徽	Anhui	11312.3	11106.5	205.8	98.2	1.8
福 建	Fujian	15142.8	14140.3	1002.5	93.4	6.6
江 西	Jiangxi	8322.8	7706.0	616.8	92.6	7.4
山 东	Shandong	35587.4	33229.4	2358.0	93.4	6.6
河 南	Henan	28253.1	27722.5	530.6	98.1	1.9
湖 北	Hubei	17418.4	16757.4	661.1	96.2	3.8
湖 南	Hunan	15555.1	15085.0	470.1	97.0	3.0
广 东	Guangdong	30374.2	29250.4	1123.7	96.3	3.7
广 西	Guangxi	11452.2	11264.7	187.5	98.4	1.6
海 南	Hainan	2317.1	2325.1	-8.0	100.3	-0.3
重 庆	Chongqing	8438.0	8042.5	395.5	95.3	4.7
四 川	Sichuan	14806.2	14415.3	390.9	97.4	2.6
贵 州	Guizhou	7104.2	6913.9	190.4	97.3	2.7
云 南	Yunnan	12606.9	12080.1	526.8	95.8	4.2
西 藏	Tibet	1032.0	1027.0	4.9	99.5	0.5
陕 西	Shaanxi	11888.3	11662.8	225.5	98.1	1.9
甘 肃	Gansu	4448.8	4412.3	36.6	99.2	0.8
青 海	Qinghai	3374.1	3303.6	70.5	97.9	2.1
宁 夏	Ningxia	3620.7	3516.9	103.8	97.1	2.9
新 疆	Xinjiang	8785.3	8755.7	29.6	99.7	0.3

3-17 分地区最终消费支出及构成（2015年）
Final Consumption Expenditure and Its Composition by Region (2015)

本表按当年价格计算。
Data in value terms in this table are calculated at current prices.

地区	Region	最终消费支出（亿元）Final Consumption Expenditures (100 million yuan)	居民消费支出 Household Consumption	城镇居民 Rural Household	农村居民 Urban Household	政府消费支出 Government Consumption	最终消费支出=100 Final Consumption Expenditures=100：居民消费支出 Household Consumption	最终消费支出=100 Final Consumption Expenditures=100：政府消费支出 Government Consumption	居民消费支出=100 Household Consumption Expenditures=100：城镇居民 Rural Household	居民消费支出=100 Household Consumption Expenditures=100：农村居民 Urban Household
北京	Beijing	14503.6	8471.4	7818.2	653.2	6032.2	58.4	41.6	92.3	7.7
天津	Tianjin	7155.7	4993.1	4457.9	535.2	2162.5	69.8	30.2	89.3	10.7
河北	Hebei	13197.8	9499.1	6679.8	2819.4	3698.7	72.0	28.0	70.3	29.7
山西	Shanxi	7134.7	5251.4	3783.3	1468.1	1883.3	73.6	26.4	72.0	28.0
内蒙古	Inner Mongolia	7452.8	5225.2	4037.3	1188.0	2227.6	70.1	29.9	77.3	22.7
辽宁	Liaoning	13019.5	10393.9	8421.6	1972.3	2625.6	79.8	20.2	81.0	19.0
吉林	Jilin	5593.2	4027.4	2934.1	1093.3	1565.8	72.0	28.0	72.9	27.1
黑龙江	Heilongjiang	8986.7	6304.4	4817.1	1487.3	2682.3	70.2	29.8	76.4	23.6
上海	Shanghai	14854.5	11089.6	10454.9	634.7	3764.9	74.7	25.3	94.3	5.7
江苏	Jiangsu	35041.4	25245.2	19689.1	5556.1	9796.3	72.0	28.0	78.0	22.0
浙江	Zhejiang	20936.3	15858.8	12038.6	3820.2	5077.5	75.7	24.3	75.9	24.1
安徽	Anhui	10970.5	8522.5	6168.6	2353.8	2448.0	77.7	22.3	72.4	27.6
福建	Fujian	10328.9	7961.5	5991.8	1969.7	2367.4	77.1	22.9	75.3	24.7
江西	Jiangxi	8418.3	6598.1	4490.0	2108.1	1820.2	78.4	21.6	68.0	32.0
山东	Shandong	26144.4	20308.4	14844.7	5463.7	5836.1	77.7	22.3	73.1	26.9
河南	Henan	18722.6	13721.0	9498.9	4222.1	5001.7	73.3	26.7	69.2	30.8
湖北	Hubei	13799.7	10167.9	7733.1	2434.7	3631.8	73.7	26.3	76.1	23.9
湖南	Hunan	14755.8	11011.5	7710.1	3301.4	3744.3	74.6	25.4	70.0	30.0
广东	Guangdong	37211.3	28438.6	23884.1	4554.5	8772.7	76.4	23.6	84.0	16.0
广西	Guangxi	8878.5	6645.7	4756.8	1888.8	2232.9	74.9	25.1	71.6	28.4
海南	Hainan	2242.7	1543.9	1166.8	377.1	698.8	68.8	31.2	75.6	24.4
重庆	Chongqing	7503.2	5665.4	4670.6	994.8	1837.8	75.5	24.5	82.4	17.6
四川	Sichuan	15775.0	12073.4	7725.2	4348.2	3701.5	76.5	23.5	64.0	36.0
贵州	Guizhou	5957.7	4530.9	2898.2	1632.7	1426.9	76.1	23.9	64.0	36.0
云南	Yunnan	8855.3	6354.3	4252.9	2101.3	2501.1	71.8	28.2	66.9	33.1
西藏	Tibet	820.0	283.7	157.0	126.7	536.4	34.6	65.4	55.3	44.7
陕西	Shaanxi	8200.0	5813.5	4408.1	1405.4	2386.5	70.9	29.1	75.8	24.2
甘肃	Gansu	4374.2	3079.9	2145.4	934.5	1294.3	70.4	29.6	69.7	30.3
青海	Qinghai	1486.0	888.7	622.1	266.7	597.3	59.8	40.2	70.0	30.0
宁夏	Ningxia	1719.7	1143.9	869.8	274.1	575.7	66.5	33.5	76.0	24.0
新疆	Xinjiang	5639.8	3187.1	2231.2	955.9	2452.7	56.5	43.5	70.0	30.0

3-18 居民消费水平
Household Consumption Expenditure

本表绝对数按当年价格计算，指数按不变价格计算。
Level in this table are calculated at current prices, while indices are calculated at constant prices.

年份 Year	绝对数(元) Level (yuan)			城乡消费水平对比(农村居民=1) Urban/Rural Consumption Ratio (Rural Household=1)	指数（上年=100) Index (Preceding Year=100)			指数(1978=100) Index (1978=100)		
	全体居民 All Households	城镇居民 Rural Household	农村居民 Urban Household		全体居民 All Households	城镇居民 Rural Household	农村居民 Urban Household	全体居民 All Households	城镇居民 Rural Household	农村居民 Urban Household
1978	184	405	138	2.9	104.1	103.3	104.3	100.0	100.0	100.0
1980	238	490	178	2.7	109.1	107.3	108.6	116.8	110.4	115.7
1985	440	750	346	2.2	112.7	107.4	114.4	181.3	137.4	192.5
1990	831	1404	627	2.2	102.8	101.4	103.4	227.5	163.6	240.4
1995	2330	4769	1344	3.5	108.3	109.5	105.0	339.8	285.6	288.8
2000	3721	6999	1917	3.7	110.6	109.7	106.6	493.1	382.9	377.6
2001	3987	7324	2032	3.6	106.1	103.8	104.6	523.2	397.4	395.2
2002	4301	7745	2157	3.6	108.4	106.3	106.6	567.3	422.5	421.1
2003	4606	8104	2292	3.5	105.8	103.5	104.6	600.0	437.2	440.5
2004	5138	8880	2521	3.5	107.2	106.0	103.9	643.0	463.3	457.8
2005	5771	9832	2784	3.5	109.7	108.5	106.8	705.4	502.6	488.9
2006	6416	10739	3066	3.5	108.4	106.6	107.3	765.0	535.6	524.7
2007	7572	12480	3538	3.5	112.8	111.6	108.7	862.6	597.6	570.4
2008	8707	14061	4065	3.5	108.3	106.5	107.0	934.3	636.4	610.3
2009	9514	15127	4402	3.4	109.8	108.0	109.3	1026.1	687.1	666.9
2010	10919	17104	4941	3.5	109.6	107.9	107.4	1124.5	741.2	716.0
2011	13134	19912	6187	3.2	111.0	108.2	112.9	1248.6	802.1	808.6
2012	14699	21861	6964	3.1	109.1	107.2	108.9	1362.0	859.9	880.4
2013	16190	23609	7773	3.0	107.3	105.3	108.6	1462.0	905.4	955.8
2014	17778	25424	8711	2.9	107.7	105.6	109.9	1574.6	956.3	1050.4
2015	19308	27088	9630	2.8	107.2	105.1	109.2	1687.7	1005.2	1147.1

注：1.城乡消费水平对比没有剔除城乡价格不可比的因素（相关表同）。
2.居民消费水平指按常住人口计算的人均居民消费支出(相关表同)。

a) The effect of price differentials between urban and rural areas has not been removed in the calculation of the urban/rural consumption ratio. The same applies to the relevant tables.

b) Household consumption level refers to per capita household consumption on the basis of usual residents. The same applies to the relevant tables.

3-19 三大需求对国内生产总值增长的贡献率和拉动
Contribution Share and Contribution of the Three Components of GDP to the Growth of GDP

本表按不变价格计算。
Data in this table are calculated at constant prices.

年份 Year	最终消费支出 Final Consumption Expenditure		资本形成总额 Gross Capital Formation		货物和服务净出口 Net Exports of Goods and Services	
	贡献率 (%) Contribution Share (%)	拉动 (百分点) Contribution (percentage points)	贡献率 (%) Contribution Share (%)	拉动 (百分点) Contribution (percentage points)	贡献率 (%) Contribution Share (%)	拉动 (百分点) Contribution (percentage points)
1978	38.3	4.5	67.0	7.8	-5.3	-0.6
1980	77.3	6.1	20.9	1.6	1.8	0.1
1985	71.1	9.5	79.8	10.7	-50.9	-6.8
1990	91.7	3.6	-74.6	-2.9	82.9	3.2
1995	46.2	5.1	46.6	5.1	7.2	0.8
2000	78.1	6.6	22.4	1.9	-0.5	0.0
2001	49.0	4.1	64.0	5.3	-13.0	-1.1
2002	55.6	5.1	39.8	3.6	4.6	0.4
2003	35.4	3.6	70.0	7.0	-5.4	-0.6
2004	42.6	4.3	61.6	6.2	-4.2	-0.4
2005	54.4	6.2	33.1	3.8	12.5	1.4
2006	42.0	5.3	42.9	5.5	15.1	1.9
2007	45.3	6.4	44.1	6.3	10.6	1.5
2008	44.2	4.3	53.2	5.1	2.6	0.3
2009	56.1	5.3	86.5	8.1	-42.6	-4.0
2010	44.9	4.8	66.3	7.1	-11.2	-1.3
2011	61.9	5.9	46.2	4.4	-8.1	-0.8
2012	54.9	4.3	43.4	3.4	1.7	0.2
2013	47.0	3.6	55.3	4.3	-2.3	-0.1
2014	48.8	3.6	46.9	3.4	4.3	0.3
2015	59.9	4.1	42.6	2.9	-2.5	-0.1

注：1.三大需求指支出法国内生产总值的三大构成项目，即最终消费支出、资本形成总额、货物和服务净出口。
2.贡献率指三大需求增量与支出法国内生产总值增量之比。
3.拉动指国内生产总值增长速度与三大需求贡献率的乘积。

a)Three components of GDP by expenditure approach are final consumption expenditure,gross capital formation and net exports of goods and services.
b)Contribution share of the three components to the increase of the GDP refers to the proportion of the increment of the each component of GDP by expenditure approach to the increment of GDP.
c)Contribution of the three components to GDP growth refers to the growth rate of GDP multiplied by the contribution share of the three components.

3-20 分地区居民消费水平（2015年）
Household Consumption Expenditure by Region (2015)

本表绝对数按当年价格计算，指数按不变价格计算。
Level in this table are calculated at current prices, while indices are calculated at constant prices.

地区	Region	绝对数(元) Level (yuan)			城乡消费水平对比（农村居民=1） Urban/Rural Consumption Ratio (Rural Household=1)	指数（上年=100） Index (Preceding Year=100)		
		全体居民 All Households	城镇居民 Rural Household	农村居民 Urban Household		全体居民 All Households	城镇居民 Rural Household	农村居民 Urban Household
北京	Beijing	39200.4	41845.7	22315.0	1.9	106.7	106.6	106.5
天津	Tianjin	32594.7	35290.0	19921.8	1.8	106.2	105.7	109.6
河北	Hebei	12829.1	17923.5	7666.5	2.3	109.7	105.9	114.0
山西	Shanxi	14363.7	19017.8	8808.7	2.2	111.5	112.1	106.4
内蒙古	Inner Mongolia	20834.9	26872.3	11814.3	2.3	104.6	103.6	105.4
辽宁	Liaoning	23693.1	28567.3	13707.1	2.1	108.6	107.1	113.8
吉林	Jilin	14630.0	19358.4	8837.0	2.2	107.7	105.2	113.0
黑龙江	Heilongjiang	16443.3	21659.7	9237.6	2.3	106.8	106.5	106.8
上海	Shanghai	45815.7	48750.1	23004.9	2.1	106.5	107.4	100.7
江苏	Jiangsu	31682.4	37515.2	20427.6	1.8	48.2	109.4	113.1
浙江	Zhejiang	28711.5	33358.6	19952.5	1.7	106.0	103.9	111.0
安徽	Anhui	13941.0	20250.9	7674.4	2.6	107.2	104.8	108.8
福建	Fujian	20828.0	25202.3	13631.0	1.8	108.8	106.5	114.0
江西	Jiangxi	14488.9	19362.3	9432.4	2.1	109.3	106.7	112.1
山东	Shandong	20684.2	26992.7	12651.0	2.1	109.0	105.2	115.0
河南	Henan	14507.3	21820.5	8270.8	2.6	110.5	108.0	111.0
湖北	Hubei	17429.4	23560.9	9542.1	2.5	109.2	106.5	109.2
湖南	Hunan	16288.8	22770.4	9784.5	2.3	107.4	105.8	107.0
广东	Guangdong	26365.0	32392.6	13343.8	2.4	106.8	106.2	107.5
广西	Guangxi	13856.7	21075.9	7439.2	2.8	107.3	104.4	110.9
海南	Hainan	17019.1	23626.0	9123.6	2.6	108.5	104.5	116.9
重庆	Chongqing	18859.7	25794.5	8336.7	3.1	110.6	108.5	113.0
四川	Sichuan	14774.0	20114.0	10038.9	2.0	108.0	104.7	111.0
贵州	Guizhou	12876.3	20082.2	7866.1	2.6	109.9	106.7	110.1
云南	Yunnan	13400.5	20699.5	7819.8	2.6	110.9	109.4	108.6
西藏	Tibet	8755.7	17466.3	5411.8	3.2	116.1	109.1	117.3
陕西	Shaanxi	15363.3	21876.5	7944.4	2.8	106.5	104.2	108.1
甘肃	Gansu	11867.7	19480.4	6255.4	3.1	109.6	107.1	109.0
青海	Qinghai	15167.3	21216.6	9108.8	2.3	110.1	112.0	108.0
宁夏	Ningxia	17209.6	24040.9	9049.9	2.7	112.5	108.2	120.0
新疆	Xinjiang	13683.8	20532.0	7693.8	2.7	108.4	106.2	108.8

3-21 资金流量表(实物交易，2014年)
Flow of Funds Accounts (Physical Transaction, 2014)

单位：亿元 (100 million yuan)

机构部门 / 交易项目	Sectors / Items	非金融企业部门 Non-financial Enterprises 运用 Utilization	来源 Source	金融机构部门 Financial Institutions 运用 Utilization	来源 Source	政府部门 Governments 运用 Utilization	来源 Source
一、净出口	**Net Exports**						
二、增加值	**Value Added**		**392751.1**		**46665.2**		**47757.3**
三、劳动者报酬	**Compensation of Employees**	**162388.2**		**13687.5**		**41014.1**	
四、生产税净额	**Taxes on Production, Net**	**69823.0**		**5366.8**		**305.0**	**78643.1**
五、财产收入	**Income from Properties**	**50388.7**	**26991.2**	**54602.9**	**48901.3**	**6313.1**	**19498.1**
(一)利息	Interest	25099.4	22932.7	50599.0	47897.4	6313.1	8057.4
(二)红利	Distributed Income of Corporations	18131.2	3955.7	1628.8	1003.9		4224.0
(三)地租	Rent on Land, Natural Resources, and Subsoil Assets	5810.8					5869.4
(四)其他	Others	1347.3	102.7	2375.1			1347.3
六、初次分配总收入	**Total Income from Primary Distribution**		**137142.3**		**21909.3**		**98266.4**
七、经常转移	**Current Transfer**	**22113.2**	**1233.2**	**10642.0**	**4665.6**	**52827.7**	**76135.6**
(一)所得税、财产税等经常税	Current Taxes on Income, Wealth, etc.	17627.4		7014.8			32362.8
(二)社会保险缴款	Payment to Social Security					8446.7	40438.8
(三)社会保险福利	Social Security Welfare					33680.6	
(四)社会补助	Allowances	253.0				10419.2	
(五)其他	Others	4232.8	1233.2	3627.2	4665.6	281.3	3333.9
八、可支配总收入	**Total Disposable Income**		**116262.3**		**15932.8**		**121574.2**
九、最终消费	**Final Consumption Expenditure**					**85773.0**	
(一)居民消费	Household Consumption						
(二)政府消费	Government Consumption					85773.0	
十、总储蓄	**Savings**		**116262.3**		**15932.8**		**35801.2**
十一、资本转移	**Capital Transfers**	**3816.0**	**8161.9**			**8283.1**	**4033.8**
(一)投资性补助	Investment Allowances		8161.9			8161.9	
(二)其他	Other	3816.0				121.3	4033.8
十二、资本形成总额	**Gross Capital Formation**	**191859.1**		**673.0**		**33577.3**	
(一)固定资本形成总额	Gross Fixed Capital Formation	182738.2		673.0		33142.4	
(二)存货增加	Changes in Inventories	9120.9				434.9	
十三、其他非金融资产获得减处置	**Acquisitions Less Disposals of Other Non-financial Assets**	**23924.2**				**-6444.1**	
十四、净金融投资	**Net Financial Investment**	**-95175.2**		**15259.9**		**4418.7**	

注：本表数据根据研发支出资本化修订后GDP数据进行编制。
a) Data in this table are complied according to revised GDP of R&D expenditure capitalization.

3-21 续表 continued

单位：亿元 (100 million yuan)

机构部门 交易项目	Sectors Items	住户部门 Households		国内合计 Total of Domestic Sectors		国外部门 Rest of the World		合 计 Total	
		运 用 Utilization	来 源 Source	运 用 Utilization	来 源 Source	运 用 Utilization	来 源 Source	运 用 Utilization	来 源 Source
一、净出口	**Net Exports**						**-16151.6**		**-16151.6**
二、增加值	**Value Added**		**156800.4**		**643974.0**				
三、劳动者报酬	**Compensation of Employees**	**109675.1**	**328347.4**	**326764.9**	**328347.4**	**1837.9**	**255.4**	**328602.8**	**328602.8**
四、生产税净额	**Taxes on Production, Net**	**3148.3**		**78643.1**	**78643.1**			**78643.1**	**78643.1**
五、财产收入	**Income from Properties**	**9360.1**	**24508.8**	**120664.7**	**119899.3**	**12868.5**	**13633.9**	**133533.2**	**133533.2**
(一)利息	Interest	9301.5	20255.4	91312.9	99142.9	8912.8	1082.8	100225.7	100225.7
(二)红利	Distributed Income of Corporations		1980.9	19760.0	11164.6	3955.7	12551.1	23715.7	23715.7
(三)地租	Rent on Land, Natural Resources, and Subsoil Assets	58.6		5869.4	5869.4			5869.4	5869.4
(四)其他	Others		2272.4	3722.4	3722.4			3722.4	3722.4
六、初次分配总收入	**Total Income from Primary Distribution**		**387473.1**		**644791.1**				
七、经常转移	**Current Transfer**	**45534.8**	**49171.6**	**131117.8**	**131205.9**	**2525.2**	**2437.1**	**133643.0**	**133643.0**
(一)所得税、财产税等经常税	Current Taxes on Income, Wealth, etc.	7720.6		32362.8	32362.8			32362.8	32362.8
(二)社会保险缴款	Payment to Social Security	31992.1		40438.8	40438.8			40438.8	40438.8
(三)社会保险福利	Social Security Welfare		33680.6	33680.6	33680.6			33680.6	33680.6
(四)社会补助	Allowances		10672.2	10672.2	10672.2			10672.2	10672.2
(五)其他	Others	5822.0	4818.8	13963.3	14051.5	2525.2	2437.1	16488.6	16488.6
八、可支配总收入	**Total Disposable Income**		**391110.0**		**644879.3**				**644879.3**
九、最终消费	**Final Consumption Expenditure**	**242540.0**		**328313.0**				**328313.0**	
(一)居民消费	Household Consumption	242540.0		242540.0				242540.0	
(二)政府消费	Government Consumption			85773.0				85773.0	
十、总储蓄	**Savings**		**148570.0**		**316566.3**		**-17056.8**		**299509.5**
十一、资本转移	**Capital Transfers**	**98.7**		**12197.8**	**12195.7**	**119.1**	**121.3**	**12316.9**	**12316.9**
(一)投资性补助	Investment Allowances			8161.9	8161.9			8161.9	8161.9
(二)其他	Other	98.7		4035.9	4033.8	119.1	121.3	4155.0	4155.0
十二、资本形成总额	**Gross Capital Formation**	**76607.9**		**302717.4**				**302717.4**	
(一)固定资本形成总额	Gross Fixed Capital Formation	73499.4		290053.0				290053.0	
(二)存货增加	Changes in Inventories	3108.5		12664.4				12664.4	
十三、其他非金融资产获得减处置	**Acquisitions Less Disposals of Other Non-financial Assets**	**-17480.2**							
十四、净金融投资	**Net Financial Investment**	**89343.5**		**13846.7**		**-17054.7**		**-3207.9**	

3-22 资金流量表（金融交易，2014年）
Flow of Funds Accounts (Financial Transaction, 2014)

单位：亿元 (100 million yuan)

机构部门 交易项目	Sectors Items	非金融企业部门 Non-financial Enterprises 运用 Utilization	来源 Source	金融机构部门 Financial Institutions 运用 Utilization	来源 Source	政府部门 Governments 运用 Utilization	来源 Source
净金融投资	Net Financial Investment	-64014		8918		20393	
资金运用合计	Uses of Funds	78893		316636		39895	
资金来源合计	Sources of Funds		142908		307717		19502
通货	Currency	152		269	1688	34	
存款	Deposits	42993		13828	130364	31870	
活期存款	Demand Deposits	-255			12364	7668	
定期存款	Time Deposits	19994			74886	15523	
财政存款	Fiscal Deposits				5531	5531	
外汇存款	Foreign Exchange Deposits	8894		1443	6608	17	
其他存款	Other Deposits	14359		12385	30975	3131	
证券公司客户保证金	Deposits with Margin Securities Trading Account	3267		1115	8169	1603	
贷款	Loans		101873	139435			-43
短期贷款与票据融资	Short-term Loans and Notes Financing		23544	38520			
中长期贷款	Medium & Long-term Loans		38308	60644			
外汇贷款	Foreign Exchange Loans		4063	3548			-43
委托贷款	Credit Loans		25070	25070			
其他贷款	Other Loans		10887	11654			
未贴现的银行承兑汇票	Undiscounted Bankers' Acceptances	-1198	-1198	-1198	-1198		
保险准备金	Insurance Reserve Funds	986			7488		6760
金融机构往来	Inter-financial Institutions Accounts			38876	28153		
准备金	Deposit Reserve			21112	20834		
证券	Securities	384	33300	53772	19177	4174	11804
债券	Bonds	-3054	24329	52842	17931	3002	11804
国债	Government and Public Bonds	-431		11732		-6	11804
金融债券	Financial Bonds	-2490		19034	19171	2627	
中央银行债券	Central Bank Bonds			-1240	-1240		
企业债券	Corporate Bonds	-133	24329	23317		381	
股票	Stock	3438	8971	929	1246	1172	
证券投资基金份额	Investment Funds	6129		2093	15328	3007	
库存现金	Cash in Vault			742	482		
中央银行贷款	Central Bank Loans		12	15665	15654		
其他（净）	Others	16513		23395	59777	-793	
直接投资	Direct Investments	4903	17626				
其他对外债权债务	Changes in Other Foreign Assets and Debts	4765	-160	350	1802		981
国际储备资产	Changes in Reserve Assets			7181			
国际收支错误与遗漏	Errors and Omissions in the Balance of Payments		-8544				

3-22 续表 continued

单位：亿元 (100 million yuan)

机构部门 / 交易项目	Sectors / Items	住户部门 Households 运用 Utilization	住户部门 Households 来源 Source	国内合计 All Domestic Sectors 运用 Utilization	国内合计 All Domestic Sectors 来源 Source	国外部门 The Rest of the World 运用 Utilization	国外部门 The Rest of the World 来源 Source	合计 Total 运用 Utilization	合计 Total 来源 Source
净金融投资	Net Financial Investment	50328		15624		-15624		0	
资金运用合计	Uses of Funds	88407		523831		15592		539423	
资金来源合计	Sources of Funds		38079		508207		31216		539423
通货	Currency	1132		1587	1688	101		1688	1688
存款	Deposits	44788		133478	130364	2220	5334	135698	135698
活期存款	Demand Deposits	4952		12364	12364			12364	12364
定期存款	Time Deposits	39369		74886	74886			74886	74886
财政存款	Fiscal Deposits			5531	5531			5531	5531
外汇存款	Foreign Exchange Deposits	309		10663	6608	1279	5334	11942	11942
其他存款	Other Deposits	159		30034	30975	941		30975	30975
证券公司客户保证金	Deposits with Margin Securities Trading Account	2045		8029	8169	140		8169	8169
贷款	Loans		38079	139435	139909	2777	2303	142212	142212
短期贷款与票据融资	Short-term Loans and Notes Financing		14976	38520	38520			38520	38520
中长期贷款	Medium & Long-term Loans		22336	60644	60644			60644	60644
外汇贷款	Foreign Exchange Loans		2	3548	4022	2777	2303	6326	6326
委托贷款	Credit Loans			25070	25070			25070	25070
其他贷款	Other Loans		766	11654	11654			11654	11654
未贴现的银行承兑汇票	Undiscounted Bankers' Acceptances			-2396	-2396			-2396	-2396
保险准备金	Insurance Reserve Funds	13262		14248	14248			14248	14248
金融机构往来	Inter-financial Institutions Accounts			38876	28153	-4688	6035	34188	34188
准备金	Deposit Reserve			21112	20834	-279		20834	20834
证券	Securities	2720		61050	64281	3316	85	64366	64366
债券	Bonds	1224		54015	54064	49		54064	54064
国债	Government and Public Bonds	509		11804	11804			11804	11804
金融债券	Financial Bonds			19171	19171			19171	19171
中央银行债券	Central Bank Bonds			-1240	-1240			-1240	-1240
企业债券	Corporate Bonds	715		24280	24329	49		24329	24329
股票	Stock	1496		7035	10217	3267	85	10303	10303
证券投资基金份额	Investment Funds	3837		15066	15328	262		15328	15328
库存现金	Cash in Vault			742	482		260	742	742
中央银行贷款	Central Bank Loans			15665	15665			15665	15665
其他（净）	Others	20624		59740	59777	37		59777	59777
直接投资	Direct Investments			4903	17626	17626	4903	22529	22529
其他对外债权债务	Changes in Other Foreign Assets and Debts			5115	2623	2623	5115	7738	7738
国际储备资产	Changes in Reserve Assets			7181			7181	7181	7181
国际收支错误与遗漏	Errors and Omissions in the Balance of Payments				-8544	-8544		-8544	-8544

3-23 国际收支平衡表(2015年)
Balance of Payments (2015)

单位：万美元 (USD 10 000)

项　　目	Type of Transaction	2015
1. 经常账户	**1.Current Account**	**33060221**
贷方	**Credit**	**269303635**
借方	**Debit**	**-236243414**
1.A 货物和服务	**1.A Goods and Services**	**38464172**
贷方	Credit	242929323
借方	Debit	-204465151
1.A.a 货物	**1.A.a Goods**	**56699794**
贷方	Credit	214275351
借方	Debit	-157575558
1.A.b 服务	**1.A.b Services**	**-18235622**
贷方	Credit	28653971
借方	Debit	-46889594
1.A.b.1 加工服务	1.A.b.1 Manufacturing Services on Physical Inputs Owned by Others	2027495
贷方	Credit	2043578
借方	Debit	-16083
1.A.b.2 维护和维修服务	1.A.b.2 Maintenance and Repaire Services n.i.e	228623
贷方	Credit	360504
借方	Debit	-131882
1.A.b.3 运输	1.A.b.3 Transport	-3702011
贷方	Credit	3859433
借方	Debit	-7561444
1.A.b.4 旅行	1.A.b.4 Travel	-17809051
贷方	Credit	11410940
借方	Debit	-29219991
1.A.b.5 建设	1.A.b.5 Construction	645517
贷方	Credit	1665246
借方	Debit	-1019729
1.A.b.6 保险和养老金服务	1.A.b.6 Insurance and Pension Services	-435044
贷方	Credit	497630
借方	Debit	-932673
1.A.b.7 金融服务	1.A.b.7 Financial Service	-31032
贷方	Credit	233441
借方	Debit	-264472
1.A.b.8 知识产权使用费	1.A.b.8 Charges for the Use of Intellectual Property	-2093777
贷方	Credit	108460
借方	Debit	-2202237
1.A.b.9 电信、计算机和信息服务	1.A.b.9 Telecommunications, Computer, and Information Service	1314025
贷方	Credit	2454894
借方	Debit	-1140869
1.A.b.10 其他商业服务	1.A.b.10 Other Business Services	1886075
贷方	Credit	5840286
借方	Debit	-3954211
1.A.b.11 个人、文化和娱乐服务	1.A.b.11 Personal, Cultural, and Recreational Services	-116294
贷方	Credit	73142
借方	Debit	-189436
1.A.b.12 别处未提及的政府服务	1.A.B.12 Gernment Goods and Services n.i.e	-150149
贷方	Credit	106417
借方	Debit	-256566
1.B 初次收入	**1.B Primary Income**	**-4536264**
贷方	Credit	22780476
借方	Debit	-27316739
1.B.1 雇员报酬	**1.B.1 Compensation of Employees**	**2738648**
贷方	Credit	3310468
借方	Debit	-571819

注：1.根据《国际收支和国际投资头寸手册》(第六版)编制，资本和金融账户中包含储备资产。
2.“贷方”按正值列示，“借方”按负值列示，差额等于“贷方”加上“借方”。本表除标注“贷方”和“借方”的项目外，其他项目均指差额。
3.本表计数采用四舍五入原则。

a) By *Manual on Balance of Payments and International Investment Position* (the 6th edition), Capital and Finance Account includes Reserve Assets.
b) Credit is listed on positive, debit is on negative, the balance equals to Credit plus Debit. Except the item noted as credit and debit, other items all refer to the balance.
c) Data in this table are rounded.

3-23 续表 continued

单位：万美元 (USD 10 000)

项　目	Type of Transaction	2015
1.B.2 投资收益	**1.B.2 Investment Income**	**-7341755**
贷方	Credit	19387369
借方	Debit	-26729124
1.B.3 其他初次收入	**1.B.3 Other Primary Income**	**66843**
贷方	Credit	82639
借方	Debit	-15796
1.C 二次收入	**1.C Secondary Income**	**-867687**
贷方	Credit	3593836
借方	Debit	-4461524
2. 资本和金融账户	**2.Capital and Finance Account**	**-14235866**
2.1 资本账户	**2.1 Capital Account**	**31609**
贷方	Credit	51226
借方	Debit	-19616
2.2 金融账户	**2.2 Financial Account**	**-14267475**
资产	Assets	-4906712
负债	Liabilities	-9360763
2.2.1 非储备性质的金融账户	**2.2.1 Financial Account Excluding Reserve Assets**	**-48561399**
资产	Financial Assets Excluding Reserve Assets	-39200636
负债	Liabilities	-9360763
2.2.1.1 直接投资	2.2.1.1 Direct Investments	6205834
2.2.1.1.1 资产	2.2.1.1.1 Assets	-18780058
2.2.1.1.1.1 股权	2.2.1.1.1.1 Equity and Investment Fund Shares	-14518697
2.2.1.1.1.2 关联企业债务	2.2.1.1.1.2 Debt Instruments	-4261360
2.2.1.1.2负债	2.2.1.1.2 Liabilities	24985892
2.2.1.1.2.1 股权	2.2.1.1.2.1 Equity and Investment Fund Shares	21962651
2.2.1.1.2.2 关联企业债务	2.2.1.1.2.2 Debt Instruments	3023241
2.2.1.2 证券投资	2.2.1.2 Porfolio Investment	-6647006
2.2.1.2.1 资产	2.2.1.2.1 Assets	-7320898
2.2.1.2.1.1 股权	2.2.1.2.1.1 Equity and Investment Fund Shares	-3967880
2.2.1.2.1.2 债券	2.2.1.2.1.2 Debt Instruments	-3353018
2.2.1.2.2 负债	2.2.1.2.2 Liabilities	673892
2.2.1.2.2.1 股权	2.2.1.2.2.1 Equity and Investment Fund Shares	1496450
2.2.1.2.2.2 债券	2.2.1.2.2.2 Debt Instruments	-822557
2.2.1.3 金融衍生工具	2.2.1.3 Financial Derivatives(other than reserves) and Employee Stock Options	-208712
2.2.1.3.1 资产	2.2.1.3.1 Assets	-341998
2.2.1.3.2 负债	2.2.1.3.2 Liabilities	133286
2.2.1.4 其他投资	2.2.1.4 Other Investment	-47911515
2.2.1.4.1 资产	2.2.1.4.1 Assets	-12757682
2.2.1.4.1.1 其他股权	2.2.1.4.1.1 Other Equity	-1226
2.2.1.4.1.2 货币和存款	2.2.1.4.1.2 Currency and Deposits	-10012199
2.2.1.4.1.3 贷款	2.2.1.4.1.3 Loans	-4746430
2.2.1.4.1.4 保险和养老金	2.2.1.4.1.4 Insurance, Pension, and Standardized Guarantee Schemes	-319785
2.2.1.4.1.5 贸易信贷	2.2.1.4.1.5 Trade Credit and Advances	-4596623
2.2.1.4.1.6 其他	2.2.1.4.1.6 Other Accounts Receivable	6918582
2.2.1.4.2 负债	2.2.1.4.2 Liabilities	-35153833
2.2.1.4.2.1 其他股权	2.2.1.4.2.1 Other Equity	0
2.2.1.4.2.2 货币和存款	2.2.1.4.2.2 Currency and Deposits	-12255233
2.2.1.4.2.3 贷款	2.2.1.4.2.3 Loans	-16666721
2.2.1.4.2.4 保险和养老金	2.2.1.4.2.4 Insurance, Pension, and Standardized Guarantee Schemes	239257
2.2.1.4.2.5 贸易信贷	2.2.1.4.2.5 Trade Credit and Advances	-6228316
2.2.1.4.2.6 其他	2.2.1.4.2.6 Other Accounts Receivable	-242820
2.2.1.4.2.7 特别提款权	2.2.1.4.2.7 Special Drawing Rights	0
2.2.2 储备资产	**2.2.2 Reserve Assets**	**34293924**
2.2.2.1 货币黄金	2.2.2.1 Monetary Gold	0
2.2.2.2 特别提款权	2.2.2.2 Special Drawing Rights	-28749
2.2.2.3 在国际货币基金组织的储备头寸	2.2.2.3 Reserve Position in the IMF	91086
2.2.2.4 外汇储备	2.2.2.4 Foreign Exchange Reserves	34231587
2.2.2.5 其他储备资产	2.2.2.5 Other Reserve Assets	0
3. 净误差与遗漏	**3.Net Errors and Omissions**	**-18824355**

主要统计指标解释

国内生产总值(GDP)　指一个国家所有常住单位在一定时期内生产活动的最终成果。国内生产总值有三种表现形态，即价值形态、收入形态和产品形态。从价值形态看，它是所有常住单位在一定时期内生产的全部货物和服务价值与同期投入的全部非固定资产货物和服务价值的差额，即所有常住单位的增加值之和；从收入形态看，它是所有常住单位在一定时期内创造的各项收入之和，包括劳动者报酬、生产税净额、固定资产折旧和营业盈余；从产品形态看，它是所有常住单位在一定时期内最终使用的货物和服务价值与货物和服务净出口价值之和。在实际核算中，国内生产总值有三种计算方法，即生产法、收入法和支出法。三种方法分别从不同的方面反映国内生产总值及其构成。

对于一个地区来说，称为地区生产总值或地区 GDP。

国民总收入（GNI）　原称国民生产总值（GNP），指一个国家所有常住单位在一定时期内收入初次分配的最终结果。一国常住单位从事生产活动所创造的增加值在初次分配中主要分配给该国的常住单位，但也有一部分以生产税及进口税(扣除生产和进口补贴)、劳动者报酬和财产收入等形式分配给非常住单位；同时，国外生产所创造的增加值也有一部分以生产税及进口税(扣除生产和进口补贴)、劳动者报酬和财产收入等形式分配给该国的常住单位，从而产生了国民总收入的概念。它等于国内生产总值加上来自国外的净要素收入。与国内生产总值不同，国民总收入是个收入概念，而国内生产总值是个生产概念。

三次产业　三产业的划分是世界上较为常用的产业结构分类，但各国的划分不尽一致。根据《国民经济行业分类》（GB/T 4754—2011），我国的三次产业划分是：

第一产业是指农、林、牧、渔业（不含农、林、牧、渔服务业）。

第二产业是指采矿业（不含开采辅助活动），制造业（不含金属制品、机械和设备修理业），电力、热力、燃气及水生产和供应业，建筑业。

第三产业即服务业，是指除第一产业、第二产业以外的其他行业。

劳动者报酬　指劳动者从事生产活动应获得的全部报酬，既包括货币形式的报酬，也包括实物形式的报酬。主要包括工资、奖金、津贴和补贴，单位为其员工交纳的社会保险费、补充社会保险费和住房公积金、行政事业单位职工的离退休金、单位为其员工提供的其他各种形式的福利和报酬等。

生产税净额　指生产税减生产补贴后的差额。其中，生产税指政府对生产单位从事生产、销售和经营活动，以及因从事生产活动使用某些生产要素（如固定资产和土地等）所征收的各种税收、附加费和其他规费。生产税分为产品税和其他生产税，产品税主要有：增值税、消费税、进口关税、出口税等；其他生产税主要有：房产税、车船使用税、城镇土地使用税等。生产补贴则相反，它是政府为影响生产单位的生产、销售及定价等生产活动而对其提供的无偿支付，包括农业生产补贴、政策亏损补贴、进口补贴等。生产补贴作为负生产税处理。

固定资产折旧　指由于自然退化、正常淘汰或损耗而导致的固定资产价值下降，用以代表固定资产通过生产过程被转移到其产出中的价值。原则上，固定资产折旧应按照固定资产的重置价值计算。

营业盈余　指常住单位创造的增加值扣除劳动者报酬、生产税净额和固定资产折旧后的余额。

支出法国内生产总值　是从最终使用的角度反映一个国家(或地区)一定时期内生产活动最终成果的一种方法，包括最终消费支出、资本形成总额及货物和服务净出口三部分。计算公式为：

支出法国内生产总值=最终消费支出+资本形成总额+货物和服务净出口

最终消费支出　指常住单位为满足物质、文化和精神生活的需要，从本国经济领土和国外购买的货物和服务的支出。它不包括非常住单位在本国经济领土内的消费支出。最终消费支出分为居民消费支出和政府消费支出。

居民消费支出　指常住住户在一定时期内对于货物和服务的全部最终消费支出。居民消费支出除了直接以货币形式购买的货物和服务的消费支出外，还包括以其他方式获得的货物和服务的消费支出，即所谓的虚拟消费支出。居民虚拟消费支出包括如下几种类型：单位以实物报酬及实物转移的形式提供给劳动者的货物和服务；住户生产并由本住户消费了的货物和服务，其中的服务仅指住户的自有住房服务和付酬的家庭雇员提供的家庭和个人服务；金融机构提供的金融媒介服务。

政府消费支出　指政府部门为全社会提供的公共服务的消费支出和免费或以较低的价格向居民住户提供的货物和服务的净支出，前者等于政府服务的产出价值减去政府单位所获得的经营收入的价值，后者等于政府部门免费或以较低价格向居民住户提供的货物和服务的市场价值减去向住户收取的价值。

资本形成总额　指常住单位在一定时期内获得减去处置的固定资产和存货的净额，包括固定资本形成总额和存货变动两部分。

固定资本形成总额　指常住单位在一定时期内获得的固定资产减处置的固定资产的价值总额。固定资产是通过生产活动生产出来的，且其使用年限在一年以上、单位价值在规定标准以上的资产，不包括自然资产、耐用消费品、小型工器具。固定资本形成总额包括住宅、其他建筑和构筑物、机器和设备、培育性生物资源、知识产权产品（研发支出、矿藏的勘探、计算机软件）的价值获得减处置。

存货变动 指常住单位在一定时期内存货实物量变动的市场价值，即期末价值减期初价值的差额，再扣除当期由于价格变动而产生的持有收益。存货变动可以是正值，也可以是负值，正值表示存货上升，负值表示存货下降。存货包括生产单位购进的原材料、燃料和储备物资等存货，以及生产单位生产的产成品、在制品和半成品等存货。

货物和服务净出口 指货物和服务出口减货物和服务进口的差额。出口包括常住单位向非常住单位出售或无偿转让的各种货物和服务的价值；进口包括常住单位从非常住单位购买或无偿得到的各种货物和服务的价值。由于服务活动的提供与使用同时发生，一般把常住单位从非常住单位得到的服务作为进口，非常住单位从常住单位得到的服务作为出口。货物的出口和进口都按离岸价格计算。

机构单位 指有权拥有资产和承担负债，能够独立地从事经济活动并与其他实体进行交易的经济实体。

机构部门 将相同性质的机构单位归并在一起，就形成机构部门。资金流量核算将常住机构单位划分为以下四个机构部门：非金融企业部门、金融机构部门、政府部门、住户部门。与常住单位发生经济往来关系的非常住单位组成国外部门，在资金流量核算中也视同机构部门。

非金融企业与非金融企业部门 非金融企业指主要从事市场货物生产和提供非金融市场服务的常住企业，它主要包括从事上述活动的各类法人企业。所有非金融企业归并在一起，就形成非金融企业部门。

金融机构与金融机构部门 金融机构指主要从事金融媒介以及与金融媒介密切相关的辅助金融活动的常住单位，它主要包括中央银行、商业银行和政策性银行、非银行信贷机构、证券机构、保险机构及其他金融机构。所有金融机构归并在一起，就形成金融机构部门。

政府单位与政府部门 政府单位指在我国境内通过政治程序建立的、在一特定区域内对其他机构单位拥有立法、司法和行政权的法律实体及其附属单位。政府单位的主要职能是利用征税和其他方式获得的资金向社会和公众提供公共服务。通过转移支付，对社会收入和财产进行再分配。它主要包括各种行政单位和非营利性事业单位。所有政府单位归并在一起，就形成政府部门。

住户与住户部门 住户指共享同一生活设施、部分或全部收入和财产集中使用、共同消费住房、食品和其他消费品与消费服务的常住个人或个人群体。所有住户归并在一起，就形成住户部门。

非常住单位与国外部门 所有不具有常住性的机构单位都是非常住单位。将所有与我国常住单位发生交易的非常住单位归并在一起，就形成国外部门。

初次分配总收入 初次分配是生产活动形成的最终成果在参与生产活动的生产要素的所有者及政府之间的分配。生产活动的最终成果是增加值。生产要素主要包括劳动力、资本、自然资源。劳动力所有者因提供劳动而获得劳动报酬；土地所有者因出租土地而获得地租；资本的所有者因资本的形态不同而获得不同形式的收入：借贷资本所有者获得利息收入；股权所有者获得红利或未分配利润；政府因直接或间接介入生产过程而获得生产税或支付补贴。初次分配的结果形成各个机构部门的初次分配总收入。各部门的初次分配总收入之和就等于国民总收入，亦即国民生产总值。

经常转移 转移是一个机构单位向另一个机构单位提供货物、服务或资产，而同时并没有从后一机构单位获得任何直接对应回报的一种交易。经常转移包括扣除资本转移外的所有转移。其形式有收入税、社会保险缴款、社会保险福利、社会补助和其他经常转移。

可支配总收入 在初次分配总收入的基础上，通过经常转移的形式对初次分配总收入进行再次分配。再分配的结果形成各个机构部门的可支配总收入。各部门的可支配总收入之和称为国民可支配总收入。

总储蓄 指可支配总收入用于最终消费后的余额。各部门的总储蓄之和称为国民总储蓄。

资本转移 指一个部门无偿地向另一个部门支付用于非金融投资的资金，是一种不从对方获取任何对应物作为回报的交易。资本转移具有不同于经常转移的两个特征，一是转移的目的是用于投资，而不是用于消费；二是资本转移其实物形式往往涉及除存货和现金以外资产所有权的转移；其现金形式往往涉及除存货以外的资产的处置。资本转移包括投资性补助和其他资本转移。

净金融投资 它反映机构部门或经济总体资金富余或短缺的状况。从实物交易角度看，它是指总储蓄加资本转移收入减资本转移支出减资本形成总额，再加上其他非金融资产获得减处置后的余额。从金融交易角度看，它是金融资产的增加额减金融负债的增加额之后的差额。

通货 指以现金形式存在于市场流通中的货币，包括本币和外币。

存款 指金融机构接受客户存入的货币款项，存款人可随时或按约定时间支取款项的信用业务。主要包括活期存款、定期存款、财政存款、外汇存款、委托存款、信托存款、证券公司客户保证金、其他存款和金融机构往来。

贷款 指金融机构将其所吸收的资金，按一定的利率贷放给客户并约期归还的信用业务。主要包括短期贷款及票据融资、中长期贷款、外汇贷款、委托贷款和其他贷款。

债券 以票据形式筹集资金而发行的、承诺按一定利率付息和一定期限偿还本金的书面债务证书。包括国债、金融债券、中央银行债券、企业债券等等。

股票 股票是股份有限公司按照公司法的规定，为筹集公司资本所发行的、用于证明股东身份和权益并据此获得股息和红利的凭证。目前仅含能在股票交易所进行交易的股票

的发行筹资额。

保险准备金 指社会保险和商业保险基金的净权益、保险费预付款和未结索赔准备金。

金融机构往来 指各金融机构之间的资金往来，包括同业存放、同业拆借、债券回购等。

准备金 指各金融机构在中央银行的存款及缴存中央银行的法定准备金。

中央银行贷款 指中央银行向各金融机构的贷款。

经常项目 包括货物和服务、收益及经常转移。

货物进出口 指通过我国海关进出口的货物。货物的进出口值都按离岸价格估价。离岸价格可视为进口商在出口商边境领取货物时支付的购买者价格。当进口商领取该货物时，该货物已装载到进口商自己的运载工具或其他运载工具，出口商已为该货物支付了出口税或获得了出口退税。

服务进出口 指常住单位与非常住单位之间相互提供的服务。包括运输服务、旅游服务、通讯服务、建筑服务、保险服务、金融服务、计算机和信息服务、咨询服务、广告、宣传服务、电影音像服务、专有权力使用费和特许费、其他商务服务、政府服务。

收益 指常住单位与非常住单位之间因相互提供生产要素而产生的收入，包括劳动者报酬和投资收益。其中投资收益包括直接投资、证券投资和其他投资的收益和支出，以及直接投资收益的再投资。

资本项目 包括移民转移、债务减免等资本性转移。

金融项目 包括直接投资、证券投资和其他投资。

直接投资 指外国、港澳台地区在我国和我国在外国、港澳台地区以独资、合资、合作及合作勘探开发方式进行的投资。

证券投资 指我国对外国、港澳台地区发行的股票、债券等有价证券和我国购买外国、港澳台地区发行的股票、债券等有价证券。

其他投资 指除直接投资和证券投资以外的所有对外金融资产与负债交易项目。包括外国提供给我国和我国提供给外国的贸易信贷、贷款、货币和存款以及其他资产。

储备资产增减额 指我国在黄金储备、外汇储备、在国际货币基金组织的储备头寸、特别提款权、使用基金信贷等方面本年末与上年末余额之间的差额。负号表示储备资产增加，正号表示储备资产减少。

Explanatory Notes on Main Statistical Indicators

Gross Domestic Product (GDP) refers to the final products produced by all resident units in a country during a certain period of time. Gross domestic product is expressed in three different perspectives, namely value, income, and products respectively. GDP in its value perspective refers to the balance of total value of all goods and services produced by all resident units during a certain period of time, minus the total value of input of goods and services of the nature of non-fixed assets; in other words, it is the sum of the value-added of all resident units. GDP from the perspective of income refers to the sum of all kinds of revenue, including Compensation of Employees, Net Taxes on Production, Depreciation of Fixed Assets, and Operating Surplus. GDP from the perspective of products refers to the value of all goods and services for final demand by all resident units plus the net exports of goods and services during a given period of time. In the practice of national accounting, gross domestic product is calculated from three approaches, namely production approach, income approach and expenditure approach, which reflect gross domestic product and its composition from different angles.

For a region, it is called as Gross Regional Product(GRP) or regional GDP.

Gross National Income (GNI) originally known as Gross National Product(GNP), refers to the final result of the primary distribution of the income created by all the resident units of a country during a certain period of time. The value-added created by the resident units of a country engaged in production activities is distributed, during the primary distribution, mainly to the resident units of that country, while part of it is distributed to the non-resident units in the form of production tax and import duties (minus subsidies to production and import), compensation of employees and property income. In the meantime, a part of the value-added created abroad is distributed to the resident units of the country in the form of production tax and import duties (minus subsidies to production and import), compensation of employees and property income. The concept of Gross National Income is thus developed, which equals to Gross Domestic Product plus the net factor income from abroad. Unlike GDP which is a concept of production, GNP is a concept of income.

Three Strata of Industry Classification of economic activities into three strata of industry is a common practice in the world, although the grouping varies to some extent from country to country. In China, according to Industrial classification for National Economic Activities (GB/T 4754—2011), economic activities are categorized into the following three strata of industry:

Primary industry refers to agriculture, forestry, animal husbandry and fishery industries (not including services in support of agriculture, forestry, animal husbandry and fishery industries).

Secondary industry refers to mining and quarrying(not including support activities for mining), manufacturing(not including repair service of metal products, machinery and equipment), production and supply of electricity, heat, gas and water, and construction.

Tertiary industry refers to all other economic activities not included in the primary or secondary industries.

Compensation of Employees refers to the total payment of various forms to employees for the productive activities they are engaged in. It includes the employees earn in cash or in kind. It mainly include: wages, bonuses and allowances, subsidies, social insurance paid by company or unit for its staff, supplementary social insurance, housing fund, the pension for the employees of the administrative institution, other forms of welfare and remuneration provide by the units for its employees.

Net Taxes on Production refers to taxes on production less subsidies on production. The taxes on production refers to the various taxes, extra charges and fees levied on the production units on their production, sale and business activities as well as on the use of some factors of production, such as fixed assets, land etc. in the production activities they are engaged in. Taxes on production are divided into product tax and other kinds of taxes on production, product tax mainly includes: value-added tax, consumption tax, import duty, export duty; other taxes on production mainly include: House Property Tax, Tax on Vehicles and Boat Operation, Urban Land Use Tax, etc. In contrast to taxes on production, subsidies on production refer to the payment by the government for free to the production units to influence production activities of production units such as production, sales and pricing, which include agricultural production subsidies, subsidies for policy losses, import subsidies, etc. Subsidies on production are therefore regarded as negative taxes on production.

Depreciation of Fixed Assets Refers to the decline of the value of fixed assets due to natural deterioration, normal elimination or loss, it reflects the value of transfer of the fixed assets in the production of the current period. In principle, the depreciation of fixed assets should be calculated on the basis of the re-purchased value of the fixed assets.

Operating Surplus refers to the balance of the value added created by the resident units after deducting the labourers remuneration, net taxes on production and the depreciation of fixed assets.

GDP by Expenditure Approach refers to the method of measuring the final results of production activities of a country (region) during a given period from the perspective of final uses. It includes final consumption expenditure, gross capital formation and net export of goods and services. The formula for computation is.:

GDP by expenditure approach = final consumption expenditure + gross capital formation + net export of goods and services

Final Consumption Expenditure refers to the total expenditure of resident units for purchases of goods and services from both the domestic economic territory and abroad to meet the needs of material, cultural and spiritual life. It does not include the expenditure of non-resident units on consumption in the economic territory of the country. The final consumption expenditure is broken down into household consumption expenditure and government consumption expenditure.

Household Consumption Expenditure refers to the total expenditure of resident households on the final consumption of goods and services. In addition to the consumption of goods and services bought by the households directly with money, the household consumption expenditure also includes expenditure on goods and services obtained by the households in other ways, i.e. the so-called imputed consumption expenditure, which includes the following: (a) the goods and services provided to households by employers in the form of payment in kind and transfer in kind; (b) goods and services produced and consumed by the households themselves, in which the services refer to the owner-occupied housing and services offered by paid family employees; (c) financial intermediate services provided by financial institution.

Government Consumption Expenditure refers to the consumption expenditure spent for the provision of public services provided by the government to the whole country and the net expenditure on the goods and services provided by the government to households free of charge or at reduced prices. The former equals to the output value of the government services minus the value of operating income obtained by the government departments. The latter equals to the market value of the goods and services provided by the government free of charge or at reduced prices to the households minus the value received by the government from the households.

Gross Capital Formation refers to the fixed assets acquired less disposals and the net value of inventory, thus including gross fixed capital formation and changes in inventories.

Gross Fixed Capital Formation refers to the value of acquisitions less those disposals of fixed assets during a given period. Fixed assets are the assets produced through production activities with unit value above a specified amount and which could be used for over one year. Natural assets, consumer durables, small instruments are not included. Gross Fixed Capital Formation includes the value of housing, other buildings and structure, equipment and machinery, breeding biological resources, intellectual property right product (expenditure for R&D, the prospecting of minerals and the acquisition of computer software) minus the disposal of them.

Changes in Inventories refers to the market value of the change in the physical volume of inventory of resident units during a given period, i.e. the difference between the values at the beginning and at the end of the period minus the gains due to the change in prices. The changes in inventories can have a positive or a negative value. A positive value indicates an increase in inventory while a negative value indicates a decrease in inventory. The inventory includes raw materials, fuels and reserve materials purchased by the production units as well as the inventory of finished products, semi-finished products and work-in-progress.

Net Export of Goods and Services refers to the exports of goods and services subtracting the imports of goods and services. Exports include the value of various goods and services sold or gratuitously transferred by resident units to non-resident units. Imports include the value of various goods and services purchased or gratuitously acquired resident units from non-resident units. Because the provision of services and the use of them happen simultaneously, the acquisition of services by resident units from abroad is usually treated as import while the acquisition of services by non-resident units in this country is usually treated as export. The exports and imports of goods are calculated at FOB.

Institutional Units refer to economic entities that are in a position to own assets and incur liabilities; to engage independently in economic activities; and to conduct transactions with other entities.

Institutional Sectors refer to groups of institutional units that are homogenous in nature and have been grouped together. The following 4 institutional sectors are identified in the flow of funds accounts: non-financial corporations, financial institutions, general government and households. Also treated as an institutional sector is the rest of the world, which is composed of non-resident units that have economic relations with resident units.

Non-Financial Corporations and the Sector of Non-Financial Corporations Non-financial corporations refer to resident corporations that are engaged in the production of goods and the provision of non financial services in the market, mainly covering corporate enterprises of various types engaged in the above-mentioned activities. All non-financial corporations make up the sector of non-financial corporations.

Financial Institutions and the Sector of Financial Institutions Financial institutions refer to resident institutions that are engaged in the financial intermediary services or auxiliary financial activities that are closely related with financial intermediary services, mainly covering the Central Bank, commercial banks, policy banks, non-banking credit institutions, security institutions, insurance institutions and other financial institutions. All financial institutions together make up the sector of financial institutions.

General Government and the Sector of General Governments General government refer to legal entities and their auxiliary units within the territory of China that are established through the political process and are empowered with legislative, administrative or judicial rights over other institutional within specific regions. The main function of general government is to acquire funds through taxation or other means in order to provide public services to society and households, and to conduct redistribution of income and properties of society through transfer payment. General government cover mainly administrative and non-profit institutional units of various types. All general government together make up the sector of general governments.

Households and the Sector of Households Households refer to resident individuals or groups of resident individuals who share common living facilities, pool together entire or part of their income and properties for their common disposal, and share their housing, food and other consumer goods and services. All households together make up the sector of households.

Non-resident Units and the Rest of the World Non-resident units refer to units that are of a non-resident nature. All non-resident units that have transactions with resident units together make up the rest of the world.

Total Income from Primary Distribution Primary distribution refers to the distribution of final results from production activities among the owners of factors of production and the governments. The final result from production activities is the value-added. Factors of production mainly include labour force, capital, natural resources. Owners of labour force gain remuneration by providing labour. Owners of land receive rents from leasing of land. Owners of capitals get income of various forms depending on the type of capital: owners of loan capital receive income from interests. Share holders receive dividends or non-distributed profits. Government either obtains production tax or pays subsidies in participating directly or indirectly in the production processes. Results of primary distribution generate the total income from primary distribution of each sector, and the sum of the total income of primary distribution of all sectors make up the Gross National Income, or the Gross National Product.

Current Transfers Transfer refers to the transaction in the form of provision of goods, services or assets by an institutional unit to another institutional unit without receiving any direct corresponding in return from the recipient. Current transfers refer to all kinds of transfers other than capital transfers. They include income tax, payment to social securities, social security benefits, social allowances and other current transfers.

Total Disposable Income Total income from primary distribution is re-distributed through current transfer, resulting in the total disposable income of various institutional sectors. The sum of total disposable income of all institutional sectors makes up the total national disposable income.

Total Savings refer to total disposable income subtracting final consumption. Total savings of all sectors make up the total national savings.

Capital Transfer refers to the free payment from one sector to another sector of non-financial investment capital, and is a transaction that seeks no return from the recipient. Capital transfer differs from current transfer in 2 aspects: 1) The purpose of the capital transfer is investment rather than consumption. 2) Capital transfer features the transfer of the ownership of assets other than inventory and cash, and capital transfer in its monetary form involves the disposal of assets other than inventory. Capital transfer includes investment subsidies and other capital transfers.

Net Financial Investment reflects the surplus or shortage of capitals of institutional sectors or of the economy in general. It refers to total savings plus the income from capital transfer minus payment for capital transfer and capital formation, and plus other non-financial assets minus disposal from the point of view of physical transaction. In terms of monetary transaction, it is the difference between the increase in financial assets minus the increase of the financial liabilities.

Currency refers to currency that is in circulation in the market, including local and foreign currencies.

Deposits refer to credit transactions by which financial institutions accept deposits from clients who could withdraw their deposit at any time or by an agreed time frame. They mainly include demand deposit, time deposit, fiscal deposit, foreign exchange deposit, designated deposit, deposit in trust, customer margin of security company, and other deposits, and flow between financial institutions..

Loans refer to credit transactions by which financial institutions lend their capital to clients at certain level of interest rates, which the latter will repay by an agreed time frame. They mainly include short-term loan and bill finacing, medium- and long-term loan, foreign exchange loan, entrusted loans and other loans.

Bonds refer to the written debt certificate that to raise funds in the form of notes issued, the commitment to a certain interest rate and a certain period of time to repay. They include government bonds, financial bonds, central bank bonds, and corporation bonds, etc.

Stock is a certificate that issued by the company in accordance with the provisions of the company law, to raise capital, to justify the shareholder rights and interests and accordingly obtain the dividend and bonus. At present, it only include financing amount of public offering at the stock market that can trade.

Insurance Reserve Funds consists of net equity of social insurance and commercial insurance, prepayments of insurance premiums, and reserves for outstanding claims, and bond repurchase.

Settlement Fund refers to fund in float of financial institutions for settlement.

Inter- financial Institutions Accounts refer to flow of capital between financial institutions, consisting of nostro & vostro accounts, inter-bank lending.

Required and Excessive Reserves refer to financial

institutions' deposits with the People's Bank of China.

Central Bank Lending refer to lending to financial institutions by the People's Bank of China

Current Account includes goods and services, income and current transfers.

Import and Export of Goods refer to imported or exported goods through Chinese customs. Both import and export of goods are valued at free on board (f.o.b.) prices. Free on board prices can be regarded as the purchaser's prices paid by importers when claiming goods at the border of the exporters. When the importer claim the imported goods, the goods have been loaded in importer's carriers or other carriers, and the exporter has paid export duty or received export redeem.

Import and Export of Services refer to services provided between resident and non-resident units, including services on transportation, tourism, communications, construction, insurance, finance, computer and information, consultancy, advertising and publicity, as well as film, audio and video services, royalty for patents, trademarks and other special rights, other commercial services, and government services.

Income refers income from provision of factors of production between resident and non-resident units, including compensation of labour and earnings from investment. Earnings from investment include earnings from and expenses on direct investment, security investment and other investment, as well as reinvestment of earnings from direct investment.

Capital Account includes capital transfers such as immigration transfer, reduction or exemption of debts, etc.

Financial Account includes direct investment, security investment and other investments.

Direct Investment refers to investment by foreign investors or investors from Hong Kong, Macao and Taiwan in China, or by Chinese investors in foreign countries or in Hong Kong, Macao and Taiwan, in forms of exclusive investment, joint investment, contracted operation and cooperative development.

Security Investment refers to the issue of stocks and securities by China in foreign countries or in Hong Kong, Macao and Taiwan, and the purchase by Chinese units of stocks and securities issued in foreign countries or in Hong Kong, Macao and Taiwan.

Other Investment refers to all external transactions on financial assets and liabilities other than direct investment and security investment, including trade credits, loans, currency, deposits and other assets, provided by foreign countries to China and by China to foreign countries.

Reserve Assets, Net Increase refers to the difference between the end of the reference year and the end of the previous year, in gold reserve, foreign exchange reserve, special drawing rights in the International Monetary Fund, and the use of the Fund's credits. An increase in reserve assets is expressed in a negative figure and a decrease in the reserve assets is expressed in a positive figure.

4

就业和工资

Employment and Wages

简 要 说 明

一、本篇资料的主要内容

本篇资料反映我国劳动经济方面的基本情况，包括31个省、自治区、直辖市的主要劳动统计数据。如：经济活动人口数，就业人员数，城镇登记失业人数，就业人员工资总额，平均工资及指数变化情况等。

二、本篇资料的统计范围

《劳动工资统计报表制度》的调查范围为城镇地区全部法人单位；《全国月度劳动力调查制度》的调查范围为全国16岁及以上人口；《农林牧渔业统计调查制度》的调查范围为全国乡镇以下农村地区；《培训就业统计报表制度》的填报范围为全国就业服务和职业介绍机构；私营企业及个体工商业统计范围为全社会。1990-2000年的全国经济活动人口、就业人员、城镇和乡村就业人员的总计资料，是根据第五次全国人口普查资料及历年劳动力调查资料推算的；2001年及以后的全国经济活动人口、就业人员、城镇和乡村就业人员的总计资料，是根据第六次全国人口普查资料及历年劳动力调查资料推算的，因此分地区、分类型、分行业的资料相加不等于总计。1998年及以后城镇单位就业人员、工资总额、平均工资等指标中不再包括离开本单位仍保留劳动关系的职工及其生活费。

本篇“城镇单位”均指“城镇非私营单位”。

三、本篇的资料来源

1.就业基本情况及分组资料、工资总额等资料，是国家统计局人口和就业统计司根据《劳动工资统计报表制度》、《全国月度劳动力调查制度》及《农林牧渔业统计调查制度》搜集资料，加工整理。

2.职业介绍服务机构及劳动力交流情况、城镇登记失业人数，是人力资源和社会保障部根据其《培训就业统计报表制度》整理提供。

3.私营企业及个体工商业就业人员，由国家工商行政管理总局提供。

四、本篇的统计调查方法

劳动工资统计中，城镇非私营单位采用全面调查方法，城镇私营单位采用抽样调查方法；劳动力调查采用抽样调查方法；培训、就业统计及私营企业和个体工商业统计利用行政登记资料加工整理。

Brief Introduction

I. Main Contents

Data in this chapter show the basic conditions of China’s labour economy, including main labour statistics on the whole country and 31 provinces, autonomous regions and municipalities directly under the Central Government, such as the economically active population, number of employed persons, number of registered unemployed persons in urban areas, total wage bills and average wages of employed persons and the changes in index.

II. Scope of Statistics

The Reporting Form System on Labour Wage Statistics covers corporate units in all urban area. The scope of survey of *The National Monthly Sample Survey System on Labour Force* are the population aged 16 and over of the whole country. *The System of Rural Social and Economic Surveys* covers all rural areas below township level in China. *The Reporting Form System on Training and Employment Statistics* covers all agencies and units providing employment services and job centers. The scope of statistics on private enterprises and self-employed individuals covers the whole country. Data on economically active population, employed persons and employed persons by urban and rural areas from 1990 to 2000 are estimated on the basis of the 2000 National Population Census and the annual Sample Survey on Labour Force; and data since 2001 are estimated on the basis of the Sixth National Population Census and the annual Sample Survey on Labour Force. So, sums of these data by region, by type of ownership and by industry do not add up to the totals. The scope of statistics on employed person in urban areas, total wage bills, average wages do not include the persons who had left their working units and while keeping their labour contract/employment relation unchanged since 1998.

In this chapter, urban corporate units refers to urban corporate unit excluding private units.

III. Sources of Data

(1) Data on basic conditions of employment, data by groups, total wage bills of staff and workers are collected and compiled through *The Reporting Form System on Labour Wage Statistics*, *The National Monthly Sample Survey System on Labour Force*, and *The System of Rural Social and Economic Surveys* by the Department of Population and Employment Statistics, the NBS.

(2) Data on the employment services and the exchanges of labour force and on the number of registered unemployed persons in urban areas are collected through *The Reporting Form System on Training and Employment Statistics,* which provided by the Ministry of Human Resources and Social Security.

(3) Data on the number of employed persons in private enterprises and self-employed individuals are provided by the State Administration for Industry and Commerce.

IV. Methodology of Survey

A complete reporting form system from lower-level statistical bureaus to higher level statistical bureaus is used in the labour wage statistics of urban non-private enterprises, and sampling methods is used in the statistics of urban private enterprises. The Sample Survey on Labour Force is conducted by using sampling methods. Statistics on training, employment, private enterprises and self-employed individuals are collected and compiled on basis of administrative registering records.

4-1 就业基本情况
Employment

项　目	Item	2011	2012	2013	2014	2015
经济活动人口　(万人)	**Economically Active Population　(10 000 persons)**	**78579**	**78894**	**79300**	**79690**	**80091**
就业人员合计　(万人)	**Total Number of Employed Persons　(10 000 persons)**	**76420**	**76704**	**76977**	**77253**	**77451**
第一产业	Primary Industry	26594	25773	24171	22790	21919
第二产业	Secondary Industry	22544	23241	23170	23099	22693
第三产业	Tertiary Industry	27282	27690	29636	31364	32839
就业人员构成(合计=100)	**Composition of Employed Persons　(total=100)**					
第一产业	Primary Industry	34.8	33.6	31.4	29.5	28.3
第二产业	Secondary Industry	29.5	30.3	30.1	29.9	29.3
第三产业	Tertiary Industry	35.7	36.1	38.5	40.6	42.4
按城乡分就业人员(万人)	**Number of Employed Persons by Urban and Rural Areas　(10 000 persons)**					
城镇就业人员	Urban Employed Persons	35914	37102	38240	39310	40410
#国有单位	State-owned Units	6704	6839	6365	6312	6208
城镇集体单位	Urban Collective-owned Units	603	589	566	537	481
股份合作单位	Cooperative Units	149	149	108	103	92
联营单位	Joint Ownership Units	37	39	25	22	20
有限责任公司	Limited Liability Corporations	3269	3787	6069	6315	6389
股份有限公司	Share-holding Corporations Ltd.	1183	1243	1721	1751	1798
私营企业	Private Enterprises	6912	7557	8242	9857	11180
港澳台商投资单位	Units with Funds from Hong Kong, Macao & Taiwan	932	969	1397	1393	1344
外商投资单位	Foreign Funded Units	1217	1246	1566	1562	1446
个体	Self-employed Individuals	5227	5643	6142	7009	7800
乡村就业人员	Rural Employed Persons	40506	39602	38737	37943	37041
#私营企业	Private Enterprises	3442	3739	4279	4533	5215
个体	Self-employed Individuals	2718	2986	3193	3575	3882
城镇登记失业人数(万人)	**Number of Registered Unemployed Persons in Urban Areas　(10 000 persons)**	**922**	**917**	**926**	**952**	**966**
城镇登记失业率　(%)	**Registered Unemployment Rate in Urban Areas　(%)**	**4.1**	**4.1**	**4.05**	**4.09**	**4.05**

注：1.全国就业人员1990年及以后的数据根据劳动力调查、人口普查推算(下表同)。
2.2013年部分经济类型单位、部分行业就业人员数、工资总额变动较大，系将原属于乡镇企业的规模以上法人单位纳入劳动工资统计范围所致(以下相关表同)。

a) From 1990, the total number of employed persons were estimated according to Labour Force Survey and Population Census. The same applies to the following tables.

b) In 2013,some units by status of registration,some employment by industry,total wages bill changed greatly,because corporate units above designated size originally belonged to township enterprises were taken into statistics of labour wages. The same applies to the relevant tables following.

4-2 按城乡分就业人员数（年底数）

Number of Employed Persons at Year-end in Urban and Rural Areas

单位：万人 (10 000 persons)

年 份 Year	合 计 Total	城 镇 Urban Areas 小 计 Subtotal	#国有单位 State-owned Units	#集体单位 Collective-owned Units	#股份合作单位 Cooperative Units	#联营单位 Joint Ownership Units	#有限责任公司 Limited Liability Corporations	#股份有限公司 Share Holding Corporations Ltd.
1978	40152	9514	7451	2048				
1980	42361	10525	8019	2425				
1985	49873	12808	8990	3324		38		
1990	64749	17041	10346	3549		96		
1995	68065	19040	11261	3147		53		317
1996	68950	19922	11244	3016		49		363
1997	69820	20781	11044	2883		43		468
1998	70637	21616	9058	1963	136	48	484	410
1999	71394	22412	8572	1712	144	46	603	420
2000	72085	23151	8102	1499	155	42	687	457
2001	72797	24123	7640	1291	153	45	841	483
2002	73280	25159	7163	1122	161	45	1083	538
2003	73736	26230	6876	1000	173	44	1261	592
2004	74264	27293	6710	897	192	44	1436	625
2005	74647	28389	6488	810	188	45	1750	699
2006	74978	29630	6430	764	178	45	1920	741
2007	75321	30953	6424	718	170	43	2075	788
2008	75564	32103	6447	662	164	43	2194	840
2009	75828	33322	6420	618	160	37	2433	956
2010	76105	34687	6516	597	156	36	2613	1024
2011	76420	35914	6704	603	149	37	3269	1183
2012	76704	37102	6839	589	149	39	3787	1243
2013	76977	38240	6365	566	108	25	6069	1721
2014	77253	39310	6312	537	103	22	6315	1751
2015	77451	40410	6208	481	92	20	6389	1798

4-2 续表 continued

单位：万人 (10 000 persons)

年 份 Year	城 镇 Urban Areas #私营企业 Private Enterprises	#港澳台商投资单位 Units with Funds from Hong Kong, Macao and Taiwan	#外商投资单位 Foreign Funded Units	#个体 Self-employed Individuals	乡 村 Rural Areas 小 计 Subtotal	#私营企业 Private Enterprises	#个体 Self-employed Individuals
1978				15	30638		
1980				81	31836		
1985			6	450	37065		
1990	57	4	62	614	47708	113	1491
1995	485	272	241	1560	49025	471	3054
1996	620	265	275	1709	49028	551	3308
1997	750	281	300	1919	49039	600	3522
1998	973	294	293	2259	49021	737	3855
1999	1053	306	306	2414	48982	969	3827
2000	1268	310	332	2136	48934	1139	2934
2001	1527	326	345	2131	48674	1187	2629
2002	1999	367	391	2269	48121	1411	2474
2003	2545	409	454	2377	47506	1754	2260
2004	2994	470	563	2521	46971	2024	2066
2005	3458	557	688	2778	46258	2366	2123
2006	3954	611	796	3012	45348	2632	2147
2007	4581	680	903	3310	44368	2672	2187
2008	5124	679	943	3609	43461	2780	2167
2009	5544	721	978	4245	42506	3063	2341
2010	6071	770	1053	4467	41418	3347	2540
2011	6912	932	1217	5227	40506	3442	2718
2012	7557	969	1246	5643	39602	3739	2986
2013	8242	1397	1566	6142	38737	4279	3193
2014	9857	1393	1562	7009	37943	4533	3575
2015	11180	1344	1446	7800	37041	5215	3882

4-3 按三次产业分就业人员数（年底数）

Number of Employed Persons at Year-end by Three Strata of Industry

年份 Year	经济活动人口（万人） Economically Active Population (10 000 persons)	就业人员（万人） Total Employed Persons (10 000 persons)	第一产业 Primary Industry	第二产业 Secondary Industry	第三产业 Tertiary Industry	构成（合计=100） Composition in Percentage 第一产业 Primary Industry	第二产业 Secondary Industry	第三产业 Tertiary Industry
1952	21106	20729	17317	1531	1881	83.5	7.4	9.1
1957	23971	23771	19309	2142	2320	81.2	9.0	9.8
1962		25910	21276	2059	2575	82.1	8.0	9.9
1965		28670	23396	2408	2866	81.6	8.4	10.0
1970		34432	27811	3518	3103	80.8	10.2	9.0
1975		38168	29456	5152	3560	77.2	13.5	9.3
1978	40682	40152	28318	6945	4890	70.5	17.3	12.2
1979	41592	41024	28634	7214	5177	69.8	17.6	12.6
1980	42903	42361	29122	7707	5532	68.7	18.2	13.1
1981	44165	43725	29777	8003	5945	68.1	18.3	13.6
1982	45674	45295	30859	8346	6090	68.1	18.4	13.5
1983	46707	46436	31151	8679	6606	67.1	18.7	14.2
1984	48433	48197	30868	9590	7739	64.0	19.9	16.1
1985	50112	49873	31130	10384	8359	62.4	20.8	16.8
1986	51546	51282	31254	11216	8811	60.9	21.9	17.2
1987	53060	52783	31663	11726	9395	60.0	22.2	17.8
1988	54630	54334	32249	12152	9933	59.3	22.4	18.3
1989	55707	55329	33225	11976	10129	60.1	21.6	18.3
1990	65323	64749	38914	13856	11979	60.1	21.4	18.5
1991	66091	65491	39098	14015	12378	59.7	21.4	18.9
1992	66782	66152	38699	14355	13098	58.5	21.7	19.8
1993	67468	66808	37680	14965	14163	56.4	22.4	21.2
1994	68135	67455	36628	15312	15515	54.3	22.7	23.0
1995	68855	68065	35530	15655	16880	52.2	23.0	24.8
1996	69765	68950	34820	16203	17927	50.5	23.5	26.0
1997	70800	69820	34840	16547	18432	49.9	23.7	26.4
1998	72087	70637	35177	16600	18860	49.8	23.5	26.7
1999	72791	71394	35768	16421	19205	50.1	23.0	26.9
2000	73992	72085	36043	16219	19823	50.0	22.5	27.5
2001	73884	72797	36399	16234	20165	50.0	22.3	27.7
2002	74492	73280	36640	15682	20958	50.0	21.4	28.6
2003	74911	73736	36204	15927	21605	49.1	21.6	29.3
2004	75290	74264	34830	16709	22725	46.9	22.5	30.6
2005	76120	74647	33442	17766	23439	44.8	23.8	31.4
2006	76315	74978	31941	18894	24143	42.6	25.2	32.2
2007	76531	75321	30731	20186	24404	40.8	26.8	32.4
2008	77046	75564	29923	20553	25087	39.6	27.2	33.2
2009	77510	75828	28890	21080	25857	38.1	27.8	34.1
2010	78388	76105	27931	21842	26332	36.7	28.7	34.6
2011	78579	76420	26594	22544	27282	34.8	29.5	35.7
2012	78894	76704	25773	23241	27690	33.6	30.3	36.1
2013	79300	76977	24171	23170	29636	31.4	30.1	38.5
2014	79690	77253	22790	23099	31364	29.5	29.9	40.6
2015	80091	77451	21919	22693	32839	28.3	29.3	42.4

4-4 按登记注册类型和行业分城镇单位就业人员数（2015年底）
Number of Employed Persons in Urban Units at Year-end by Status of Registration and Sector in Detail (2015)

单位：万人 (10 000 persons)

项 目	Item	合 计 Total	国有单位 State-owned Units	城镇集体单位 Urban Collective-owned Units	其他单位 Units of Other Types of Ownership
全 国 总 计	**National Total**	**18062.5**	**6208.3**	**481.4**	**11372.8**
农、林、牧、渔业	Agriculture, Forestry, Animal Husbandry and Fishery	270.0	248.4	2.1	19.4
采矿业	Mining	545.8	54.8	10.7	480.3
制造业	Manufacturing	5068.7	180.8	74.4	4813.6
电力、热力、燃气及水生产和供应业	Production and Supply of Electricity, Heat, Gas and Water	396.0	178.8	3.8	213.4
建筑业	Construction	2796.0	192.9	154.7	2448.4
批发和零售业	Wholesale and Retail Trades	883.3	90.8	31.7	760.9
交通运输、仓储和邮政业	Transport, Storage and Post	854.4	373.4	14.8	466.2
住宿和餐饮业	Hotels and Catering Services	276.1	37.4	5.4	233.3
信息传输、软件和信息技术服务业	Information Transmission, Software and Information Technology	349.9	35.5	0.7	313.6
金融业	Financial Intermediation	606.8	146.6	46.5	413.7
房地产业	Real Estate	417.3	33.1	8.0	376.2
租赁和商务服务业	Leasing and Business Services	474.0	120.6	31.8	321.7
科学研究和技术服务业	Scientific Research and Technical Services	410.6	213.2	4.8	192.6
水利、环境和公共设施管理业	Management of Water Conservancy, Environment	273.3	210.7	10.9	51.7
居民服务、修理和其他服务业	Services to Households, Repair and Other Services	75.2	22.0	4.9	48.3
教育	Education	1736.5	1607.3	20.9	108.3
卫生和社会工作	Health and Social Service	841.6	733.1	51.5	57.0
文化、体育和娱乐业	Culture, Sports and Entertainment	149.1	104.4	1.8	42.8
公共管理、社会保障和社会组织	Public Management, Social Security and Social Organization	1637.8	1624.4	2.0	11.4

注：本表城镇单位数据不含私营单位(以下相关表同)。

a) Data of employed persons in urban units do not include those of private enterprises. The same applies to the tables following.

4-5 按行业分城镇单位就业人员数(年底数)

Number of Employed Persons in Urban Units at Year-end by Sector

单位: 万人 (10 000 persons)

年份 Year 地区 Region	合计 Total	农、林、牧、渔业 Agriculture, Forestry, Animal Husbandry and Fishery	采矿业 Mining	制造业 Manufacturing	电力、热力、燃气及水生产和供应业 Production and Supply of Electricity, Heat, Gas and Water	建筑业 Construction	批发和零售业 Wholesale and Retail Trades
2003	10969.7	484.5	488.3	2980.5	297.6	833.7	628.1
2004	11098.9	466.1	500.7	3050.8	300.6	841.0	586.7
2005	11404.0	446.3	509.2	3210.9	299.9	926.6	544.0
2006	11713.2	435.2	529.7	3351.6	302.5	988.7	515.7
2007	12024.4	426.3	535.0	3465.4	303.4	1050.8	506.9
2008	12192.5	410.1	540.4	3434.3	306.5	1072.6	514.4
2009	12573.0	373.7	553.7	3491.9	307.7	1177.5	520.8
2010	13051.5	375.7	562.0	3637.2	310.5	1267.5	535.1
2011	14413.3	359.5	611.6	4088.3	334.7	1724.8	647.5
2012	15236.4	338.9	631.0	4262.2	344.6	2010.3	711.8
2013	18108.4	294.8	636.5	5257.9	404.5	2921.9	890.8
2014	18277.8	284.6	596.5	5243.1	403.7	2921.2	888.6
2015	18062.5	270.0	545.8	5068.7	396.0	2796.0	883.3
北京 Beijing	777.3	3.9	5.3	92.2	8.2	45.3	77.1
天津 Tianjin	294.8	0.5	6.5	110.8	4.5	29.5	17.8
河北 Hebei	643.6	4.2	24.6	140.9	18.7	84.4	27.1
山西 Shanxi	440.3	1.8	95.3	65.4	11.7	33.3	17.5
内蒙古 Inner Mongolia	298.3	23.6	17.9	46.7	14.2	21.6	9.6
辽宁 Liaoning	618.4	22.5	28.7	150.6	14.6	83.7	25.8
吉林 Jilin	325.1	12.8	14.1	84.2	13.0	29.3	11.4
黑龙江 Heilongjiang	433.5	65.5	31.9	57.4	18.1	31.1	18.2
上海 Shanghai	637.2	2.5	0.1	192.9	4.3	35.1	78.2
江苏 Jiangsu	1552.1	5.8	10.6	595.2	17.4	417.3	58.6
浙江 Zhejiang	1083.4	0.5	0.7	330.6	11.0	323.4	42.1
安徽 Anhui	513.8	4.4	27.0	120.9	10.3	92.6	23.6
福建 Fujian	663.1	4.5	2.5	235.5	9.0	162.9	28.4
江西 Jiangxi	480.5	4.9	7.2	138.2	14.1	91.9	18.1
山东 Shandong	1236.7	1.7	64.5	417.5	23.5	163.7	59.9
河南 Henan	1125.9	2.5	51.6	352.9	25.3	178.8	54.9
湖北 Hubei	712.3	9.2	7.1	189.4	16.3	138.5	39.4
湖南 Hunan	579.1	2.4	10.3	121.8	17.3	106.3	21.3
广东 Guangdong	1948.0	5.3	3.0	981.0	30.7	141.6	96.8
广西 Guangxi	405.4	8.2	3.0	76.2	13.9	65.2	13.4
海南 Hainan	100.4	8.8	0.6	8.8	2.4	6.9	5.6
重庆 Chongqing	415.6	1.2	7.3	90.2	6.7	101.5	22.1
四川 Sichuan	795.5	2.9	19.6	159.7	26.1	153.9	30.9
贵州 Guizhou	307.5	1.1	15.5	42.5	12.8	42.8	12.4
云南 Yunnan	414.7	6.5	15.3	67.5	10.6	68.0	25.0
西藏 Tibet	33.4	1.1	0.5	1.2	1.1	2.0	1.2
陕西 Shaanxi	511.8	2.2	35.4	104.4	13.7	64.4	25.8
甘肃 Gansu	261.8	5.0	11.9	35.6	12.1	43.8	8.2
青海 Qinghai	62.7	1.4	3.9	10.9	2.0	7.0	2.3
宁夏 Ningxia	73.1	1.4	6.0	12.8	3.5	5.3	2.5
新疆 Xinjiang	317.2	51.7	17.9	34.8	8.9	24.7	8.2

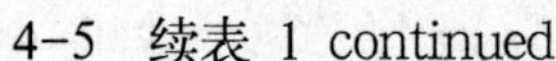

4-5 续表 1 continued

单位：万人 (10 000 persons)

年份 Year / 地区 Region		交通运输、仓储和邮政业 Transport, Storage and Post	住宿和餐饮业 Hotels and Catering Services	信息传输、软件和信息技术服务业 Information Transmission, Software and Information Technology	金融业 Financial Intermediation	房地产业 Real Estate	租赁和商务服务业 Leasing and Business Services
	2003	636.5	172.1	116.8	353.3	120.2	183.5
	2004	631.8	177.1	123.7	356.0	133.4	194.4
	2005	613.9	181.2	130.1	359.3	146.5	218.5
	2006	612.7	183.9	138.2	367.4	153.9	236.7
	2007	623.1	185.8	150.2	389.7	166.5	247.2
	2008	627.3	193.2	159.5	417.6	172.7	274.7
	2009	634.4	202.1	173.8	449.0	190.9	290.5
	2010	631.1	209.2	185.8	470.1	211.6	310.1
	2011	662.8	242.7	212.8	505.3	248.6	286.6
	2012	667.5	265.1	222.8	527.8	273.7	292.3
	2013	846.2	304.4	327.3	537.9	373.7	421.9
	2014	861.4	289.3	336.3	566.3	402.2	449.4
	2015	854.4	276.1	349.9	606.8	417.3	474.0
北 京	Beijing	60.0	29.8	68.0	47.2	42.2	80.1
天 津	Tianjin	15.0	5.2	4.4	12.1	7.3	8.2
河 北	Hebei	29.2	5.8	8.8	29.9	11.0	13.4
山 西	Shanxi	24.1	4.2	5.5	16.8	3.6	8.9
内蒙古	Inner Mongolia	20.6	4.1	5.0	11.6	5.4	4.6
辽 宁	Liaoning	36.1	6.8	13.3	26.0	13.3	11.8
吉 林	Jilin	16.6	3.0	6.6	11.8	6.0	5.0
黑龙江	Heilongjiang	27.5	4.2	7.4	18.7	6.0	6.3
上 海	Shanghai	51.5	24.0	25.4	33.7	26.2	52.0
江 苏	Jiangsu	49.2	17.3	28.3	35.1	22.6	31.3
浙 江	Zhejiang	32.0	13.5	17.1	42.3	20.1	27.9
安 徽	Anhui	22.3	6.0	7.7	19.1	10.4	6.3
福 建	Fujian	24.5	9.8	9.0	17.9	15.3	12.6
江 西	Jiangxi	21.2	4.4	6.7	12.6	6.4	5.2
山 东	Shandong	48.4	14.0	17.4	41.6	26.1	21.5
河 南	Henan	45.3	11.3	10.4	24.4	21.2	16.1
湖 北	Hubei	34.4	9.9	11.5	19.5	13.1	9.0
湖 南	Hunan	24.4	8.3	7.2	24.0	12.4	9.8
广 东	Guangdong	82.8	37.1	35.3	46.1	59.1	64.7
广 西	Guangxi	20.0	4.8	4.4	13.3	7.9	11.2
海 南	Hainan	6.5	6.0	1.5	4.1	7.7	2.1
重 庆	Chongqing	27.1	6.3	4.7	13.3	12.5	12.2
四 川	Sichuan	40.7	10.6	18.3	25.9	18.6	14.2
贵 州	Guizhou	11.6	2.9	3.3	8.6	8.7	4.6
云 南	Yunnan	17.1	8.4	4.9	9.9	10.9	9.6
西 藏	Tibet	0.9	0.5	0.5	0.9	0.2	0.3
陕 西	Shaanxi	28.0	11.1	10.2	18.0	11.1	10.9
甘 肃	Gansu	12.6	3.3	2.7	7.5	4.5	3.0
青 海	Qinghai	4.3	0.6	0.8	2.3	0.9	0.8
宁 夏	Ningxia	3.8	0.7	0.8	3.8	1.7	2.0
新 疆	Xinjiang	16.7	2.4	2.9	9.0	5.1	8.5

4-5 续表 2 continued

单位：万人 (10 000 persons)

年份 地区	Year Region	科学研究和技术服务业 Scientific Research and Technical Services	水利、环境和公共设施管理业 Management of Water Conservancy, Environment and Public Facilities	居民服务、修理和其他服务业 Services to Households, Repair and Other Services	教育 Education	卫生和社会工作 Health and Social Service	文化、体育和娱乐业 Culture, Sports and Entertainment	公共管理、社会保障和社会组织 Public Management, Social Security and Social Organization
	2003	221.9	172.5	52.8	1442.8	485.8	127.8	1171.0
	2004	222.1	176.1	54.2	1466.8	494.7	123.4	1199.0
	2005	227.7	180.4	53.9	1483.2	508.9	122.5	1240.8
	2006	235.5	187.0	56.6	1504.4	525.4	122.4	1265.6
	2007	243.4	193.5	57.4	1520.9	542.8	125.0	1291.2
	2008	257.0	197.3	56.5	1534.0	563.6	126.0	1335.0
	2009	272.6	205.7	58.8	1550.4	595.8	129.5	1394.3
	2010	292.3	218.9	60.2	1581.8	632.5	131.4	1428.5
	2011	298.5	230.3	59.9	1617.8	679.1	135.0	1467.6
	2012	330.7	243.8	62.1	1653.4	719.3	137.7	1541.5
	2013	387.8	259.2	72.3	1687.2	770.0	147.0	1567.0
	2014	408.0	269.1	75.4	1727.3	810.4	145.5	1599.3
	2015	410.6	273.3	75.2	1736.5	841.6	149.1	1637.8
北京	Beijing	59.3	10.2	9.0	47.3	27.3	18.3	46.7
天津	Tianjin	11.3	4.1	11.0	18.0	9.7	2.2	16.5
河北	Hebei	14.8	11.8	1.7	89.1	36.5	5.5	86.3
山西	Shanxi	7.5	9.6	0.6	51.7	20.0	4.6	58.0
内蒙古	Inner Mongolia	6.3	8.1	0.9	35.1	15.3	3.5	44.2
辽宁	Liaoning	15.9	15.9	2.6	58.0	33.7	5.1	54.1
吉林	Jilin	7.5	8.3	2.2	36.1	18.1	3.6	35.5
黑龙江	Heilongjiang	11.2	10.9	4.3	44.3	22.4	4.0	44.4
上海	Shanghai	22.5	8.3	6.5	29.1	18.9	5.6	20.3
江苏	Jiangsu	21.8	15.5	3.3	96.0	47.9	7.8	71.0
浙江	Zhejiang	16.1	11.6	2.5	70.9	43.7	7.4	70.1
安徽	Anhui	9.2	8.2	0.9	64.4	29.1	3.2	48.3
福建	Fujian	8.6	5.5	1.8	50.3	21.6	4.3	39.2
江西	Jiangxi	5.7	7.7	1.0	55.8	24.5	3.8	51.1
山东	Shandong	18.0	18.3	3.1	117.2	60.7	7.0	112.8
河南	Henan	17.2	13.5	2.7	125.0	55.2	7.8	109.7
湖北	Hubei	16.3	11.4	1.6	73.9	41.8	6.3	63.9
湖南	Hunan	11.5	8.4	1.7	67.2	37.5	5.5	81.8
广东	Guangdong	34.7	17.4	7.4	125.5	61.3	11.6	106.5
广西	Guangxi	9.5	9.3	0.8	62.0	30.7	3.4	48.2
海南	Hainan	2.2	2.9	0.5	13.0	5.9	1.2	13.6
重庆	Chongqing	8.0	6.4	1.5	41.2	19.0	2.9	31.6
四川	Sichuan	21.0	12.8	1.9	94.8	46.8	6.1	90.8
贵州	Guizhou	7.7	5.0	1.2	53.7	19.9	2.1	51.1
云南	Yunnan	10.0	7.5	1.4	60.0	25.7	3.5	52.8
西藏	Tibet	1.2	0.2	0.2	4.8	1.8	0.7	14.2
陕西	Shaanxi	18.3	9.6	1.7	57.9	26.2	5.0	57.9
甘肃	Gansu	7.0	5.9	0.3	38.9	14.3	2.5	42.8
青海	Qinghai	2.2	1.0	0.1	7.6	3.8	0.9	10.2
宁夏	Ningxia	1.5	2.3	0.1	9.3	4.5	1.1	10.3
新疆	Xinjiang	6.4	5.9	0.7	38.4	18.0	3.0	53.9

4-6 分地区按行业分私营企业和个体就业人数(2015年底)
Number of Engaged Persons in Private Enterprises and Self-employed Individuals at Year-end by Sector and Region (2015)

单位: 万人 (10 000 persons)

地区	Region	合计 Total	#制造业 Manufacturing	#建筑业 Construction	#批发和零售业 Wholesale and Retail Trades	#交通运输、仓储和邮政业 Transport, Storage and Post	#住宿和餐饮业 Hotels and Catering Services	#租赁和商务服务业 Leasing and Business Services	#居民服务、修理和其他服务业 Services to Household, Repair and Other Services
全国总计	**National Total**	**28077.1**	**5236.2**	**1317.0**	**11277.0**	**650.4**	**1858.8**	**2086.8**	**1555.5**
北京	Beijing	951.7	55.2	59.2	238.1	25.9	38.1	152.6	20.7
天津	Tianjin	184.1	42.9	7.7	36.9	3.9	35.9	14.6	8.1
河北	Hebei	805.2	177.0	17.8	374.4	25.3	55.8	23.8	50.9
山西	Shanxi	497.3	65.5	16.8	232.9	12.6	41.2	18.2	39.5
内蒙古	Inner Mongolia	512.0	39.0	13.1	253.0	18.6	50.8	25.8	52.2
辽宁	Liaoning	890.4	177.7	31.9	350.7	64.8	61.0	40.6	55.5
吉林	Jilin	580.4	64.9	38.3	232.1	16.6	66.6	26.1	45.3
黑龙江	Heilongjiang	303.4	23.3	4.6	141.6	6.9	44.8	8.9	36.1
上海	Shanghai	1083.7	139.8	70.7	390.4	37.4	20.3	203.3	20.7
江苏	Jiangsu	2791.1	975.6	268.8	779.1	57.4	109.2	183.5	108.6
浙江	Zhejiang	2417.6	940.6	127.3	704.6	37.5	94.2	203.7	98.8
安徽	Anhui	919.3	170.0	40.2	406.9	16.2	59.0	46.4	63.7
福建	Fujian	913.4	193.5	34.2	378.5	16.0	53.5	71.6	43.8
江西	Jiangxi	864.8	161.7	28.9	372.0	26.0	49.4	57.4	50.3
山东	Shandong	2042.4	401.1	82.8	936.1	52.6	117.4	106.4	117.7
河南	Henan	995.1	164.2	34.7	479.3	15.0	74.2	44.6	71.2
湖北	Hubei	1529.7	191.5	50.2	671.5	44.4	148.2	74.5	114.7
湖南	Hunan	1063.3	116.7	41.9	410.9	16.8	59.3	171.4	48.3
广东	Guangdong	3020.4	587.7	73.1	1403.0	48.4	174.2	183.0	147.6
广西	Guangxi	646.4	66.2	15.9	318.6	20.2	48.7	42.8	37.5
海南	Hainan	175.6	7.8	15.2	65.3	5.5	15.4	19.5	12.4
重庆	Chongqing	931.0	94.9	35.7	358.4	16.7	68.0	87.2	49.2
四川	Sichuan	1345.0	132.5	98.5	615.0	21.2	98.5	141.9	69.5
贵州	Guizhou	514.7	42.6	12.4	208.3	8.7	47.8	28.0	34.5
云南	Yunnan	672.1	72.7	35.3	279.4	12.0	55.6	33.2	41.5
西藏	Tibet	71.9	3.9	5.0	30.3	0.7	9.6	8.5	4.9
陕西	Shaanxi	483.5	41.3	16.9	226.3	6.8	63.9	19.4	46.7
甘肃	Gansu	370.3	33.1	20.7	167.1	5.7	40.9	14.6	25.8
青海	Qinghai	70.8	6.9	2.9	29.5	0.8	10.8	2.5	6.1
宁夏	Ningxia	136.0	11.9	5.6	63.3	2.5	13.2	9.3	11.7
新疆	Xinjiang	294.3	34.4	10.9	123.5	7.4	33.6	23.5	21.8

4-7 分地区按行业分城镇私营企业和个体就业人数(2015年底)

Number of Engaged Persons in Urban Private Enterprises and Self-employed Individuals at Year-end by Sector and Region (2015)

单位：万人 (10 000 persons)

地 区	Region	合 计 Total	#制造业 Manufacturing	#建筑业 Construction	#批发和零售业 Wholesale and Retail Trades	#交通运输、仓储和邮政业 Transport, Storage and Post	#住宿和餐饮业 Hotels and Catering Services	#租赁和商务服务业 Leasing and Business Services	#居民服务、修理和其他服务业 Services to Household, Repair and Other Services
全国总计	**National Total**	**18979.6**	**2770.3**	**913.0**	**8032.3**	**431.8**	**1409.2**	**1678.0**	**1151.6**
北 京	Beijing	638.4	19.8	35.9	149.5	13.6	27.6	115.9	13.7
天 津	Tianjin	158.7	34.5	6.7	30.3	3.7	32.7	13.1	6.9
河 北	Hebei	429.9	58.1	12.1	211.4	14.7	39.9	18.7	32.9
山 西	Shanxi	272.3	28.0	12.0	131.6	6.5	25.0	11.1	22.7
内蒙古	Inner Mongolia	416.3	29.3	11.5	204.8	15.2	45.4	22.1	44.3
辽 宁	Liaoning	576.7	86.4	26.8	251.1	47.6	38.0	31.8	38.5
吉 林	Jilin	441.1	47.7	35.3	177.0	12.2	50.8	20.6	37.8
黑龙江	Heilongjiang	253.5	18.5	3.8	114.8	5.9	42.3	7.6	32.8
上 海	Shanghai	585.7	53.7	37.6	207.3	19.5	16.7	120.6	14.2
江 苏	Jiangsu	1977.7	575.4	170.9	594.9	44.1	98.4	164.6	88.1
浙 江	Zhejiang	1495.1	417.0	70.8	516.0	24.9	71.7	176.3	71.9
安 徽	Anhui	755.1	123.9	30.9	344.0	12.7	54.7	40.1	58.1
福 建	Fujian	666.5	111.1	29.0	287.1	13.1	41.7	64.2	32.5
江 西	Jiangxi	517.1	70.0	20.2	239.1	14.1	38.4	43.4	36.9
山 东	Shandong	905.4	126.6	41.8	439.1	20.6	61.3	63.4	61.7
河 南	Henan	712.7	79.4	21.0	367.0	10.0	64.0	35.6	59.0
湖 北	Hubei	852.6	100.5	35.0	396.6	21.1	88.2	46.2	64.9
湖 南	Hunan	917.6	83.1	37.7	364.1	14.3	55.3	163.9	45.0
广 东	Guangdong	2550.9	402.1	63.9	1240.1	42.7	146.5	167.0	128.0
广 西	Guangxi	380.5	32.6	9.9	194.4	12.8	33.8	26.3	24.9
海 南	Hainan	143.6	5.8	13.0	52.4	4.7	11.7	17.2	10.2
重 庆	Chongqing	726.1	57.4	33.3	308.9	14.5	55.8	82.9	43.8
四 川	Sichuan	1126.5	94.1	96.3	518.8	17.5	80.5	137.6	56.5
贵 州	Guizhou	192.7	17.9	6.8	92.7	5.0	17.7	11.8	14.5
云 南	Yunnan	197.2	13.9	6.4	92.4	3.0	27.3	10.4	16.9
西 藏	Tibet	65.1	3.6	4.3	26.8	0.6	8.9	8.0	4.7
陕 西	Shaanxi	404.7	28.1	14.0	192.0	5.9	58.8	16.2	42.2
甘 肃	Gansu	210.3	14.6	12.6	104.5	2.6	26.5	9.9	16.3
青 海	Qinghai	56.7	3.5	1.6	25.6	0.6	10.1	1.9	5.5
宁 夏	Ningxia	93.6	5.5	4.2	46.9	1.6	9.7	7.4	7.5
新 疆	Xinjiang	259.2	28.2	7.7	111.1	6.9	29.8	22.0	19.0

4-8 分地区私营企业就业人数(2015年底)

Number of Engaged Persons in Private Enterprises at Year-end by Region (2015)

单位: 万户、万人

地区	Region	户数 Number of Households	私营企业就业人数 Number of Engaged Persons	城镇 Urban Area	乡村 Rural Area
全国	**National Total**	**1908.2**	**16394.9**	**11179.7**	**5215.2**
北京	Beijing	103.8	848.6	582.0	266.6
天津	Tianjin	29.2	117.5	105.8	11.7
河北	Hebei	70.8	244.9	154.3	90.6
山西	Shanxi	32.1	234.4	131.6	102.8
内蒙古	Inner Mongolia	25.0	208.6	168.1	40.5
辽宁	Liaoning	53.9	344.8	240.5	104.4
吉林	Jilin	25.8	244.3	196.8	47.5
黑龙江	Heilongjiang	25.3	47.3	38.7	8.6
上海	Shanghai	133.5	1031.2	551.1	480.1
江苏	Jiangsu	182.2	2093.3	1459.4	633.9
浙江	Zhejiang	129.2	1692.8	1028.5	664.3
安徽	Anhui	57.4	429.1	326.9	102.3
福建	Fujian	64.6	568.7	454.0	114.6
江西	Jiangxi	40.4	459.0	261.5	197.5
山东	Shandong	134.3	1083.7	481.9	601.9
河南	Henan	70.5	453.7	285.9	167.9
湖北	Hubei	70.4	569.7	313.3	256.4
湖南	Hunan	44.4	680.6	586.6	94.0
广东	Guangdong	248.1	1866.8	1654.6	212.2
广西	Guangxi	43.6	338.5	168.1	170.4
海南	Hainan	15.9	110.3	93.2	17.1
重庆	Chongqing	54.4	684.2	526.5	157.6
四川	Sichuan	78.1	817.9	743.9	74.0
贵州	Guizhou	33.8	261.2	87.9	173.4
云南	Yunnan	39.5	334.4	78.6	255.8
西藏	Tibet	2.4	35.5	31.5	4.0
陕西	Shaanxi	45.5	173.5	133.2	40.3
甘肃	Gansu	20.9	178.8	100.2	78.6
青海	Qinghai	4.9	24.7	12.8	11.9
宁夏	Ningxia	9.4	71.7	51.8	20.0
新疆	Xinjiang	19.0	145.2	130.7	14.5

 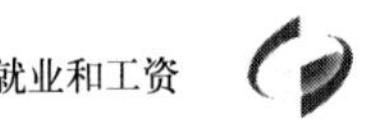

4-9 分地区个体就业人数(2015年底)
Number of Self-employed Individuals at Year-end by Region (2015)

单位：万户、万人 (10 000 households, 10 000 persons)

地 区	Region	个体户数 Number of Households	个体就业人数 Number of Engaged Persons	城 镇 Urban Area	乡 村 Rural Area
全 国	**National Total**	**5407.9**	**11682.2**	**7799.9**	**3882.3**
北 京	Beijing	65.9	103.1	56.4	46.7
天 津	Tianjin	35.5	66.6	52.9	13.8
河 北	Hebei	236.8	560.4	275.7	284.7
山 西	Shanxi	125.7	262.9	140.6	122.3
内蒙古	Inner Mongolia	130.2	303.4	248.2	55.2
辽 宁	Liaoning	200.6	545.6	336.2	209.3
吉 林	Jilin	136.7	336.1	244.3	91.8
黑龙江	Heilongjiang	126.2	256.0	214.8	41.2
上 海	Shanghai	40.6	52.5	34.6	17.9
江 苏	Jiangsu	387.2	697.8	518.3	179.4
浙 江	Zhejiang	317.7	724.8	466.6	258.2
安 徽	Anhui	204.6	490.2	428.3	62.0
福 建	Fujian	161.6	344.7	212.5	132.3
江 西	Jiangxi	165.9	405.8	255.6	150.2
山 东	Shandong	453.0	958.7	423.5	535.2
河 南	Henan	261.7	541.3	426.8	114.5
湖 北	Hubei	319.4	959.9	539.3	420.6
湖 南	Hunan	202.4	382.7	331.0	51.7
广 东	Guangdong	493.0	1153.6	896.3	257.3
广 西	Guangxi	149.3	307.9	212.4	95.5
海 南	Hainan	37.5	65.4	50.4	14.9
重 庆	Chongqing	132.5	246.9	199.5	47.3
四 川	Sichuan	301.4	527.1	382.6	144.5
贵 州	Guizhou	149.2	253.5	104.8	148.7
云 南	Yunnan	185.1	337.7	118.6	219.1
西 藏	Tibet	12.0	36.4	33.6	2.8
陕 西	Shaanxi	140.2	310.0	271.5	38.5
甘 肃	Gansu	97.9	191.6	110.1	81.5
青 海	Qinghai	21.8	46.1	43.9	2.2
宁 夏	Ningxia	30.9	64.3	41.8	22.5
新 疆	Xinjiang	85.4	149.1	128.5	20.6

4-10 城镇单位就业人员工资总额和指数
Total Wage Bill of Employed Persons in Urban Units and Related Indices

年份 Year 地区 Region		工资总额（亿元）Total Wage Bill (100 million yuan)				指数（上年=100）Indices (preceding year=100)			
		合计 Total	国有单位 State-owned Units	城镇集体单位 Urban Collective-owned Units	其他单位 Units of Other Types of Ownership	合计 Total	国有单位 State-owned Units	城镇集体单位 Urban Collective-owned Units	其他单位 Units of Other Types of Ownership
	1995	8055.8	6172.6	1210.6	672.6	119.0	117.4	115.6	142.2
	2000	10954.7	7744.9	950.7	2259.1	107.9	106.2	95.5	120.8
	2005	20627.1	12291.7	906.4	7429.0	117.1	111.4	103.4	130.3
	2006	24262.3	13920.6	983.8	9357.9	117.6	113.3	108.5	126.0
	2007	29471.5	16689.1	1108.1	11674.3	121.5	119.9	112.6	124.8
	2008	35289.5	19487.9	1203.2	14598.4	119.7	116.8	108.6	125.0
	2009	40288.2	21862.7	1273.3	17152.1	114.2	112.2	105.8	117.5
	2010	47269.9	24886.4	1433.7	20949.7	117.3	113.8	112.6	122.1
	2011	59954.7	28954.8	1737.4	29262.4	126.8	116.3	121.2	139.7
	2012	70914.2	32950.0	1990.4	35973.8	118.3	113.8	114.6	122.9
	2013	93064.3	33359.6	2195.8	57508.9	131.2	101.2	110.3	159.9
	2014	102817.2	36106.6	2302.7	64408.0	110.5	108.2	104.9	112.0
	2015	112007.8	40387.9	2239.4	69380.5	108.9	111.9	97.3	107.7
北京	Beijing	8643.5	2106.6	85.7	6451.2	112.4	109.0	99.6	113.8
天津	Tianjin	2373.1	675.3	32.8	1665.0	110.2	107.0	92.8	111.9
河北	Hebei	3289.5	1516.8	60.3	1712.4	110.9	119.6	102.1	104.5
山西	Shanxi	2285.5	1081.8	74.4	1129.3	102.9	115.0	98.3	93.7
内蒙古	Inner Mongolia	1741.1	1030.7	33.8	676.5	104.1	109.1	100.7	97.4
辽宁	Liaoning	3310.7	1501.2	103.4	1706.1	100.9	107.9	89.0	96.3
吉林	Jilin	1718.7	924.7	26.0	767.9	108.1	110.8	103.9	105.2
黑龙江	Heilongjiang	2164.2	1326.4	57.1	780.7	106.4	111.1	88.6	100.8
上海	Shanghai	7064.4	1096.1	85.4	5882.9	107.8	99.6	101.3	109.6
江苏	Jiangsu	10194.2	2331.2	191.9	7671.1	106.7	108.5	93.5	106.6
浙江	Zhejiang	7110.2	2117.0	85.5	4907.8	106.7	112.9	75.4	104.9
安徽	Anhui	2823.8	1135.3	69.7	1618.9	107.3	110.5	108.3	105.1
福建	Fujian	3764.3	1084.9	58.0	2621.3	108.8	110.4	88.9	108.7
江西	Jiangxi	2425.2	1089.6	64.6	1271.0	114.5	117.0	107.6	112.8
山东	Shandong	7054.6	2677.1	235.4	4142.1	107.8	114.7	101.1	104.1
河南	Henan	5024.1	1817.0	159.3	3047.8	109.4	106.9	98.6	111.5
湖北	Hubei	3826.4	1611.0	54.8	2160.7	110.2	113.0	102.2	108.5
湖南	Hunan	3010.3	1356.2	72.9	1581.2	107.5	107.4	91.2	108.5
广东	Guangdong	12918.8	2976.0	227.7	9715.1	109.8	109.6	99.2	110.1
广西	Guangxi	2115.3	1149.2	52.6	913.6	117.5	121.4	98.5	114.2
海南	Hainan	574.8	271.3	8.5	295.0	114.3	118.9	93.4	111.1
重庆	Chongqing	2493.4	860.2	37.7	1595.4	110.4	114.3	103.4	108.6
四川	Sichuan	4643.5	2261.3	125.5	2256.7	109.4	112.2	101.4	107.3
贵州	Guizhou	1804.2	1078.8	33.1	692.2	113.5	119.2	99.5	106.3
云南	Yunnan	2149.8	1121.5	62.5	965.8	112.6	114.6	111.1	110.4
西藏	Tibet	323.0	286.1	1.2	35.7	162.8	173.6	111.9	109.9
陕西	Shaanxi	2852.0	1358.9	72.9	1420.1	107.1	106.4	91.6	108.7
甘肃	Gansu	1385.1	886.1	39.0	460.1	111.1	116.2	103.8	103.0
青海	Qinghai	384.1	225.1	5.3	153.7	107.2	109.6	105.3	103.9
宁夏	Ningxia	448.3	224.4	4.3	219.6	105.6	106.8	109.8	104.4
新疆	Xinjiang	2091.6	1210.0	18.1	863.4	112.1	118.4	101.4	104.6

注：1995-2008年的城镇单位就业人员工资总额即为原来的城镇单位就业人员劳动报酬总额(以下相关表同)。

a) Total wage bill of employed persons in urban units from 1995 to 2008 referred to total earning of employed persons in urban units. The same applies to the related tables following.

4-11 城镇单位就业人员平均工资和指数

Average Wage of Employed Persons in Urban Units and Related Indices

年份 地区	Year Region	平均工资（元） Average Wage (yuan)				
		合计 Total	#在岗职工 Staff and Workers	国有单位 State-owned Units	城镇集体单位 Urban Collective-owned Units	其他单位 Units of Other Types of Ownership
	1995	5348	5500	5553	3934	7728
	2000	9333	9371	9441	6241	11238
	2005	18200	18364	18978	11176	18362
	2006	20856	21001	21706	12866	21004
	2007	24721	24932	26100	15444	24271
	2008	28898	29229	30287	18103	28552
	2009	32244	32736	34130	20607	31350
	2010	36539	37147	38359	24010	35801
	2011	41799	42452	43483	28791	41323
	2012	46769	47593	48357	33784	46360
	2013	51483	52388	52657	38905	51453
	2014	56360	57361	57296	42742	56485
	2015	62029	63241	65296	46607	60906
北京	Beijing	111390	113073	115098	49717	112057
天津	Tianjin	80090	81486	93641	47413	76632
河北	Hebei	50921	52409	52686	40637	49885
山西	Shanxi	51803	52960	53631	42646	50863
内蒙古	Inner Mongolia	57135	57870	61290	57202	51783
辽宁	Liaoning	52332	53458	53659	34693	52810
吉林	Jilin	51558	52927	56032	40955	47416
黑龙江	Heilongjiang	48881	51241	49307	39063	49062
上海	Shanghai	109174	109279	105542	63063	111065
江苏	Jiangsu	66196	67200	79656	57558	63189
浙江	Zhejiang	66668	67707	96633	55333	58989
安徽	Anhui	55139	56974	60433	47261	52302
福建	Fujian	57628	58719	70424	52491	53706
江西	Jiangxi	50932	52137	56292	46175	47316
山东	Shandong	57270	58197	69050	50191	51957
河南	Henan	45403	45920	49978	41511	43254
湖北	Hubei	54367	55237	58631	39789	52028
湖南	Hunan	52357	53889	55745	40115	50438
广东	Guangdong	65788	66296	76870	45027	63664
广西	Guangxi	52982	54983	57247	40510	49240
海南	Hainan	57600	58406	63185	46651	53605
重庆	Chongqing	60543	62091	72587	43084	56065
四川	Sichuan	58915	60520	66551	48924	53384
贵州	Guizhou	59701	62591	64552	64057	53286
云南	Yunnan	52564	55025	61151	54432	45109
西藏	Tibet	97849	110980	104897	35989	66113
陕西	Shaanxi	54994	56896	55815	45665	54797
甘肃	Gansu	52942	54454	57888	37465	46869
青海	Qinghai	61090	61868	66382	46033	55257
宁夏	Ningxia	60380	62482	63679	49354	57581
新疆	Xinjiang	60117	60914	58829	63148	61957

注：1995-2008年的城镇单位就业人员平均工资即为原来的城镇单位就业人员平均劳动报酬(以下相关表同)。

a) Average wage of employed persons in urban units from 1995 to 2008 referred to average earning of employed persons in urban units. The same applies to the related tables following.

4-11 续表 continued

年份 地区	Year Region	平均货币工资指数(上年=100) Indices of Average Wage(preceding year=100) 合计 Total	#在岗职工 Staff and Workers	国有单位 State-owned Units	城镇集体单位 Urban Collective-owned Units	其他单位 Units of Other Types of Ownership	平均实际工资指数(上年=100) Indices of Average Real Wage(preceding year=100) 合计 Total	#在岗职工 Staff and Workers	国有单位 State-owned Units	城镇集体单位 Urban Collective-owned Units	其他单位 Units of Other Types of Ownership
	1995	118.9	121.2	117.3	121.1	119.9	101.8	103.8	100.4	103.7	102.6
	2000	112.2	112.3	111.8	108.4	110.8	111.3	111.4	110.9	107.5	109.9
	2005	114.3	114.6	115.4	114.9	111.2	112.5	112.8	113.6	113.1	109.4
	2006	114.6	114.4	114.4	115.1	114.4	112.9	112.7	112.7	113.4	112.7
	2007	118.5	118.7	120.2	120.0	115.6	113.4	113.6	115.0	114.8	110.6
	2008	116.9	117.2	116.0	117.2	117.6	110.7	111.0	109.8	111.0	111.4
	2009	111.6	112.0	112.7	113.8	109.8	112.6	113.0	113.7	114.8	110.8
	2010	113.3	113.5	112.4	116.5	114.2	109.8	110.0	108.9	112.9	110.7
	2011	114.4	114.3	113.4	119.9	115.4	108.6	108.5	107.7	113.9	109.6
	2012	111.9	112.1	111.2	117.3	112.2	109.0	109.2	108.3	114.3	109.2
	2013	110.1	110.1	108.9	115.2	111.0	107.3	107.3	106.1	112.2	108.2
	2014	109.5	109.5	108.8	109.9	109.8	107.2	107.2	106.6	107.6	107.5
	2015	110.1	110.3	114.0	109.0	107.8	108.5	108.6	112.3	107.4	106.2
北京	Beijing	108.9	109.4	112.2	109.3	107.6	107.3	107.7	110.6	107.7	106.0
天津	Tianjin	110.1	110.4	111.1	105.5	109.8	108.4	108.7	109.5	103.9	108.2
河北	Hebei	112.9	113.3	121.5	111.8	106.1	111.2	111.7	119.7	110.1	104.6
山西	Shanxi	105.8	106.0	117.0	109.8	96.6	104.2	104.4	115.3	108.2	95.2
内蒙古	Inner Mongolia	106.3	106.3	108.9	106.4	102.3	104.7	104.7	107.2	104.8	100.8
辽宁	Liaoning	108.6	108.9	112.3	105.5	105.5	107.0	107.2	110.7	103.9	103.9
吉林	Jilin	110.8	111.0	113.7	109.6	107.6	109.2	109.4	112.1	108.0	106.0
黑龙江	Heilongjiang	111.0	111.3	115.2	103.5	104.9	109.4	109.7	113.5	102.0	103.3
上海	Shanghai	108.9	108.6	103.2	105.1	110.1	107.3	107.0	101.7	103.5	108.4
江苏	Jiangsu	108.8	108.8	110.2	108.4	108.3	107.1	107.2	108.6	106.7	106.7
浙江	Zhejiang	108.3	108.4	110.3	97.6	107.0	106.7	106.8	108.7	96.2	105.4
安徽	Anhui	108.3	108.8	116.3	113.2	103.2	106.7	107.1	114.6	111.6	101.7
福建	Fujian	107.9	108.3	111.8	103.6	106.6	106.3	106.7	110.2	102.0	105.0
江西	Jiangxi	110.2	110.2	113.7	115.7	107.2	108.6	108.6	112.0	114.0	105.6
山东	Shandong	110.5	110.9	118.1	111.5	106.1	108.9	109.3	116.3	109.9	104.5
河南	Henan	107.6	107.6	107.2	110.4	107.9	106.1	106.0	105.7	108.8	106.3
湖北	Hubei	109.1	109.1	110.0	109.2	108.2	107.5	107.5	108.4	107.6	106.6
湖南	Hunan	111.1	111.1	115.3	110.2	107.7	109.5	109.4	113.6	108.5	106.1
广东	Guangdong	110.6	110.8	111.7	111.2	110.2	109.0	109.2	110.1	109.5	108.6
广西	Guangxi	116.6	117.4	124.3	109.9	108.5	114.9	115.6	122.4	108.2	106.9
海南	Hainan	115.5	115.5	117.8	121.5	112.8	113.8	113.7	116.1	119.7	111.1
重庆	Chongqing	108.9	109.2	113.3	107.3	106.7	107.3	107.6	111.7	105.7	105.1
四川	Sichuan	112.1	112.7	116.7	111.9	108.0	110.4	111.0	115.0	110.3	106.4
贵州	Guizhou	113.1	114.5	119.4	115.4	104.6	111.5	112.8	117.6	113.7	103.1
云南	Yunnan	114.0	115.1	117.1	112.5	111.0	112.3	113.4	115.4	110.8	109.3
西藏	Tibet	159.8	163.1	169.5	121.7	109.9	157.4	160.7	167.0	119.9	108.3
陕西	Shaanxi	108.8	109.2	110.8	106.4	106.9	107.2	107.6	109.2	104.8	105.3
甘肃	Gansu	112.7	112.3	116.7	109.4	105.8	111.1	110.7	115.0	107.7	104.2
青海	Qinghai	107.0	107.0	109.2	112.6	103.7	105.4	105.4	107.5	110.9	102.2
宁夏	Ningxia	110.1	110.0	118.1	110.5	102.7	108.4	108.4	116.3	108.8	101.2
新疆	Xinjiang	112.4	112.0	118.0	106.3	105.7	110.8	110.3	116.3	104.8	104.1

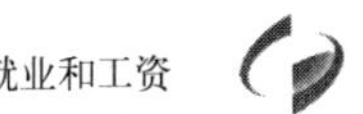

4-12 按登记注册类型分城镇单位就业人员平均工资
Average Wage of Employed Persons in Urban Units by Status of Registration

单位：元 (yuan)

年份 地区 Year Region	合计 Total	国有单位 State-owned Units	城镇集体单位 Urban Collective-owned Units	股份合作单位 Cooperative Units	联营单位 Joint Ownership Units	有限责任公司 Limited Liability Corporations	股份有限公司 Share-holding Corporations Ltd.	其他内资 Others	港、澳、台商投资单位 Units with Funds from Hong Kong, Macao & Taiwan	外商投资单位 Foreign Funded Units
1995	5348	5553	3934	7260	6074			6483	7711	8812
2000	9333	9441	6241	7479	10608	9750	11105	9888	12210	15692
2005	18200	18978	11176	13808	17476	17010	20272	11230	17833	23625
2006	20856	21706	12866	15190	19883	19366	24383	13262	19678	26552
2007	24721	26100	15444	17613	23746	22343	28587	16280	22593	29594
2008	28898	30287	18103	21497	27576	26198	34026	19591	26083	34250
2009	32244	34130	20607	25020	29474	28692	38417	21633	28090	37101
2010	36539	38359	24010	30271	33939	32799	44118	25253	31983	41739
2011	41799	43483	28791	36740	36142	37611	49978	29961	38341	48869
2012	46769	48357	33784	43433	42083	41860	56254	34694	44103	55888
2013	51483	52657	38905	48657	43973	46718	61145	38306	49961	63171
2014	56360	57296	42742	54806	49078	50942	67421	42224	55935	69826
2015	62029	65296	46607	60369	50733	54481	72644	46945	62017	76302
北京 Beijing	111390	115098	49717	43749	71428	89353	140491	55352	127552	157966
天津 Tianjin	80090	93641	47413	50709	46415	70553	97346	50606	75848	81254
河北 Hebei	50921	52686	40637	65105	41137	46840	57907	44280	52939	52066
山西 Shanxi	51803	53631	42646	56381	35938	50651	55611	33570	46122	50710
内蒙古 Inner Mongolia	57135	61290	57202	48722	53103	50467	56123	45081	52799	58168
辽宁 Liaoning	52332	53659	34693	35502	50674	46524	63547	35964	54124	65555
吉林 Jilin	51558	56032	40955	41338	28828	43099	53869	53624	46454	58328
黑龙江 Heilongjiang	48881	49307	39063	58441	45723	47336	53003	44036	42734	54716
上海 Shanghai	109174	105542	63063	50457	64675	87038	140439	99554	103085	128694
江苏 Jiangsu	66196	79656	57558	54241	58028	58668	71260	54143	60112	70491
浙江 Zhejiang	66668	96633	55333	82097	75930	53587	69712	55693	63947	61577
安徽 Anhui	55139	60433	47261	55969	49183	50931	57071	41746	50032	56341
福建 Fujian	57628	70424	52491	58225	58480	51938	70332	53713	50176	55214
江西 Jiangxi	50932	56292	46175	46601	44786	47423	53131	42825	42309	45393
山东 Shandong	57270	69050	50191	63919	45808	49457	59259	46992	55353	51977
河南 Henan	45403	49978	41511	52724	46112	40895	46236	59496	50235	42546
湖北 Hubei	54367	58631	39789	56044	34651	50608	53899	39574	47215	65757
湖南 Hunan	52357	55745	40115	58371	38833	46952	64472	40604	44555	54807
广东 Guangdong	65788	76870	45027	61905	68001	63542	89014	60963	55080	64305
广西 Guangxi	52982	57247	40510	73761	44803	48889	53614	35473	41856	55373
海南 Hainan	57600	63185	46651	52883	50612	50642	58986	43123	61334	64110
重庆 Chongqing	60543	72587	43084	72767	46018	51901	73009	48286	63436	61439
四川 Sichuan	58915	66551	48924	58016	55333	50475	60799	42298	64007	56731
贵州 Guizhou	59701	64552	64057	133099	38686	50502	61923	39091	50308	69871
云南 Yunnan	52564	61151	54432	46357	45434	47694	61259	33625	48240	51516
西藏 Tibet	97849	104897	35989	79436	106162	64565	65590	27310	72815	84917
陕西 Shaanxi	54994	55815	45665	50973	52564	51995	66351	39065	53325	60509
甘肃 Gansu	52942	57888	37465	40047	30251	44490	54293	30684	47930	72984
青海 Qinghai	61090	66382	46033	58425	40923	48557	69066	30119	55546	45164
宁夏 Ningxia	60380	63679	49354	76858	38935	56187	61383	46509	69388	54039
新疆 Xinjiang	60117	58829	63148	123829	46480	58403	76252	39732	58335	58349

4-13 按行业分城镇单位就业人员工资总额
Total Wage Bill of Employed Persons in Urban Units by Sector

单位: 亿元 (100 million yuan)

年份 Year / 地区 Region		合计 Total	农、林、牧、渔业 Agriculture, Forestry, Animal Husbandry and Fishery	采矿业 Mining	制造业 Manufacturing	电力、热力、燃气及水生产和供应业 Production and Supply of Electricity, Heat, Gas and Water	建筑业 Construction	批发和零售业 Wholesale and Retail Trades
	2003	15329.6	335.8	662.9	3772.7	552.0	965.9	696.3
	2004	17615.0	351.2	831.8	4316.4	646.8	1081.3	770.5
	2005	20627.1	368.7	1031.2	5056.6	741.8	1324.7	832.0
	2006	24262.3	403.3	1259.6	6035.8	858.0	1612.1	920.0
	2007	29471.5	464.6	1500.5	7241.2	1012.7	1946.2	1061.8
	2008	35289.5	516.4	1847.3	8498.9	1180.4	2313.6	1323.9
	2009	40288.2	537.4	2089.1	9302.2	1283.5	2837.9	1509.2
	2010	47269.9	627.1	2458.8	11140.8	1468.3	3471.5	1783.0
	2011	59954.7	697.7	3174.2	15031.4	1755.7	5596.4	2594.8
	2012	70914.2	760.8	3600.7	17668.1	1999.6	7392.7	3271.3
	2013	93064.3	758.0	3833.2	24566.6	2715.3	12315.1	4451.9
	2014	102817.2	808.9	3728.2	27011.4	2965.8	13389.4	4931.4
	2015	112007.8	862.6	3318.2	28341.6	3137.4	13619.3	5324.6
北京	Beijing	8643.5	21.0	49.7	839.6	103.7	373.0	724.3
天津	Tianjin	2373.1	3.7	70.2	812.2	52.2	192.4	119.6
河北	Hebei	3289.5	8.3	139.6	682.6	142.6	333.5	103.5
山西	Shanxi	2285.5	7.6	551.9	273.0	84.5	147.3	66.2
内蒙古	Inner Mongolia	1741.1	84.3	125.5	237.6	104.5	114.0	44.5
辽宁	Liaoning	3310.7	32.3	165.5	796.7	94.3	404.7	118.5
吉林	Jilin	1718.7	38.3	73.9	465.1	87.4	145.0	46.6
黑龙江	Heilongjiang	2164.2	187.6	185.7	265.4	113.8	143.6	80.1
上海	Shanghai	7064.4	16.3	0.7	1742.8	67.1	285.4	916.8
江苏	Jiangsu	10194.2	20.5	67.1	3777.7	199.5	2226.5	369.4
浙江	Zhejiang	7110.2	2.6	3.5	1841.8	127.1	1487.2	275.1
安徽	Anhui	2823.8	13.3	176.4	618.1	84.9	445.1	107.9
福建	Fujian	3764.3	14.6	11.2	1193.4	73.0	790.9	155.1
江西	Jiangxi	2425.2	15.6	30.3	632.6	88.4	418.0	83.0
山东	Shandong	7054.6	8.9	408.7	2028.0	164.4	784.1	266.2
河南	Henan	5024.1	8.7	257.5	1424.3	166.5	717.1	213.9
湖北	Hubei	3826.4	26.8	35.9	945.5	130.1	696.5	176.6
湖南	Hunan	3010.3	7.0	45.1	634.3	101.7	441.0	98.0
广东	Guangdong	12918.8	16.8	26.4	5752.4	316.3	710.8	601.1
广西	Guangxi	2115.3	24.4	14.0	352.9	98.1	277.0	62.3
海南	Hainan	574.8	26.8	3.9	46.3	16.6	29.0	27.0
重庆	Chongqing	2493.4	4.8	39.0	526.2	50.8	480.5	116.2
四川	Sichuan	4643.5	13.8	125.3	842.4	209.2	672.0	154.2
贵州	Guizhou	1804.2	5.5	78.7	221.2	93.9	190.4	71.1
云南	Yunnan	2149.8	19.4	67.2	314.6	77.9	248.4	111.9
西藏	Tibet	323.0	1.6	4.1	6.7	6.7	12.2	8.4
陕西	Shaanxi	2852.0	9.7	244.1	552.1	93.3	298.4	105.8
甘肃	Gansu	1385.1	18.2	76.8	181.1	77.2	179.2	32.1
青海	Qinghai	384.1	5.5	32.1	55.9	13.6	35.1	10.6
宁夏	Ningxia	448.3	5.7	49.6	67.4	32.1	28.8	11.7
新疆	Xinjiang	2091.6	192.8	158.6	211.6	66.2	312.5	46.9

4-13 续表 1 continued

单位: 亿元 (100 million yuan)

年 份 Year 地 区 Region	交通运输、仓储和邮政业 Transport, Storage and Post	住宿和餐饮业 Hotels and Catering Services	信息传输、软件和信息技术服务业 Information Transmission, Software and Information Technology	金融业 Financial Intermediation	房地产业 Real Estate	租赁和商务服务业 Leasing and Business Services
2003	1008.0	190.9	356.0	734.4	202.7	305.2
2004	1144.7	221.2	404.3	866.7	243.3	351.4
2005	1279.5	249.8	491.8	1047.7	293.0	449.8
2006	1471.5	280.0	587.4	1292.9	338.4	565.6
2007	1727.9	314.6	699.1	1670.3	426.2	668.9
2008	2006.3	371.2	862.8	2202.9	520.8	893.7
2009	2234.9	418.9	996.2	2658.8	607.8	1021.4
2010	2541.9	484.6	1171.7	3219.0	745.6	1198.5
2011	3074.1	655.2	1475.6	4007.0	1052.5	1325.3
2012	3531.5	824.4	1769.4	4669.0	1271.3	1531.2
2013	4834.6	1038.3	2957.7	5269.0	1882.3	2629.4
2014	5435.4	1079.1	3375.8	6017.4	2220.5	2985.9
2015	5898.0	1130.0	3912.7	6730.1	2493.0	3399.9
北 京 Beijing	493.4	154.6	1077.9	1114.7	360.2	865.3
天 津 Tianjin	131.9	21.7	57.6	125.3	56.5	61.1
河 北 Hebei	170.4	19.4	83.8	216.1	46.7	53.3
山 西 Shanxi	156.3	11.4	33.4	124.0	14.5	32.7
内蒙古 Inner Mongolia	133.2	14.9	32.9	87.2	22.5	20.7
辽 宁 Liaoning	236.6	25.5	109.6	213.0	66.3	48.6
吉 林 Jilin	97.0	9.6	41.9	89.0	26.6	20.4
黑龙江 Heilongjiang	162.4	17.6	47.9	116.4	27.1	27.7
上 海 Shanghai	516.3	127.8	460.4	709.3	215.5	755.8
江 苏 Jiangsu	330.2	73.3	336.2	399.8	151.1	171.8
浙 江 Zhejiang	239.8	58.0	214.3	520.1	131.1	174.6
安 徽 Anhui	126.4	20.1	53.0	140.9	56.4	29.9
福 建 Fujian	161.0	38.8	75.3	186.6	93.4	63.8
江 西 Jiangxi	131.8	14.5	40.4	94.1	31.3	21.5
山 东 Shandong	317.4	55.7	140.6	365.4	135.7	120.4
河 南 Henan	234.6	37.6	63.2	176.6	94.7	64.5
湖 北 Hubei	206.4	35.9	78.9	165.6	67.2	40.9
湖 南 Hunan	147.3	28.6	50.1	213.2	60.1	43.0
广 东 Guangdong	669.4	163.2	441.9	611.0	391.9	417.9
广 西 Guangxi	124.0	14.6	33.7	116.0	35.0	47.4
海 南 Hainan	44.9	24.3	17.7	35.7	40.3	10.3
重 庆 Chongqing	162.6	22.9	43.6	153.2	74.4	53.2
四 川 Sichuan	267.4	39.0	154.9	215.8	96.7	74.3
贵 州 Guizhou	75.0	10.8	26.4	104.9	40.2	22.0
云 南 Yunnan	112.9	26.4	36.5	116.4	49.7	37.6
西 藏 Tibet	6.4	2.4	4.8	15.0	1.0	2.1
陕 西 Shaanxi	177.6	34.9	106.0	136.6	52.5	57.7
甘 肃 Gansu	75.5	10.8	14.9	43.9	19.8	13.3
青 海 Qinghai	31.9	2.4	6.2	18.2	3.3	3.2
宁 夏 Ningxia	23.9	2.5	6.2	28.8	7.6	7.6
新 疆 Xinjiang	133.9	10.8	22.5	77.0	23.5	37.1

4-13 续表 2 continued

单位: 亿元 (100 million yuan)

年份 Year / 地区 Region		科学研究和技术服务业 Scientific Research and Technical Services	水利、环境和公共设施管理业 Management of Water Conservancy, Environment and Public Facilities	居民服务、修理和其他服务业 Services to Households, Repair and Other Services	教育 Education	卫生和社会工作 Health and Social Service	文化、体育和娱乐业 Culture, Sports and Entertainment	公共管理、社会保障和社会组织 Public Management, Social Security and Social Organization
	2003	454.4	202.6	66.4	2035.9	782.1	217.9	1787.6
	2004	514.6	226.1	71.8	2346.2	902.3	251.5	2072.7
	2005	614.0	257.3	85.1	2690.8	1047.8	275.8	2489.6
	2006	736.9	289.8	102.5	3127.8	1226.1	314.9	2839.7
	2007	923.9	352.2	115.8	3917.2	1496.6	378.1	3553.8
	2008	1154.6	413.8	132.1	4556.1	1789.3	429.3	4276.0
	2009	1350.6	474.3	146.8	5338.6	2095.3	488.5	4896.8
	2010	1619.3	555.9	168.4	6136.5	2506.4	543.7	5428.8
	2011	1879.6	659.8	197.9	6938.8	3078.6	642.1	6118.1
	2012	2259.4	784.6	217.1	7851.0	3718.5	735.4	7058.3
	2013	2940.3	933.7	277.2	8721.1	4397.8	867.8	7675.0
	2014	3339.7	1049.9	312.9	9722.5	5057.8	936.8	8448.6
	2015	3665.8	1177.7	336.1	11492.1	5941.3	1086.0	10141.4
北京	Beijing	786.9	73.7	44.2	525.7	372.5	239.3	423.7
天津	Tianjin	140.4	32.1	43.4	175.0	101.4	19.7	156.7
河北	Hebei	100.5	42.5	5.8	508.5	187.1	25.2	420.0
山西	Shanxi	43.7	26.8	2.4	303.8	96.1	21.7	288.2
内蒙古	Inner Mongolia	39.5	33.8	3.5	251.5	95.1	21.2	274.6
辽宁	Liaoning	104.8	51.5	9.5	347.6	188.6	25.4	271.7
吉林	Jilin	45.3	26.0	7.0	212.5	97.2	18.6	171.3
黑龙江	Heilongjiang	73.8	35.8	22.6	277.4	124.3	20.2	234.3
上海	Shanghai	358.3	62.0	40.9	292.9	222.0	66.0	208.1
江苏	Jiangsu	198.8	83.0	18.6	744.2	384.6	60.4	581.6
浙江	Zhejiang	157.6	63.1	12.0	642.0	447.4	64.8	648.0
安徽	Anhui	62.9	32.9	3.7	378.4	182.2	17.0	274.2
福建	Fujian	65.4	25.3	8.0	345.3	169.5	26.1	267.4
江西	Jiangxi	37.9	28.6	4.4	308.0	147.8	20.1	276.9
山东	Shandong	125.9	72.6	12.9	851.3	420.6	49.2	726.7
河南	Henan	96.4	49.9	8.9	619.6	289.3	37.0	463.7
湖北	Hubei	118.6	43.8	6.1	408.5	255.6	37.3	350.3
湖南	Hunan	63.9	29.4	7.0	357.5	257.1	34.3	391.7
广东	Guangdong	344.1	85.4	34.4	904.1	490.0	93.9	847.6
广西	Guangxi	60.4	33.7	3.4	335.3	196.4	18.8	267.8
海南	Hainan	12.9	11.9	1.5	93.9	41.2	6.5	84.1
重庆	Chongqing	68.9	26.5	6.2	292.8	151.7	17.6	202.3
四川	Sichuan	179.2	51.8	8.5	596.1	335.0	35.6	572.4
贵州	Guizhou	47.8	17.8	4.4	340.9	131.6	11.8	310.0
云南	Yunnan	65.1	29.0	5.1	369.2	149.2	19.5	293.8
西藏	Tibet	11.8	1.3	0.8	54.4	17.2	7.3	158.8
陕西	Shaanxi	132.1	38.3	6.1	337.6	145.8	26.5	296.9
甘肃	Gansu	46.5	26.7	1.3	238.0	79.3	13.8	236.7
青海	Qinghai	15.5	5.0	0.3	53.4	22.1	5.0	64.8
宁夏	Ningxia	11.1	10.0	0.3	59.5	26.7	6.6	62.1
新疆	Xinjiang	49.8	27.5	2.9	267.3	116.7	19.3	314.7

 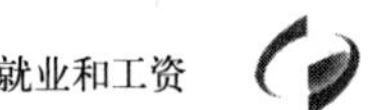

4-14 按登记注册类型和行业分城镇单位就业人员平均工资（2015年）
Average Wage of Employed Persons in Urban Units by Status of Registration and Sector in Detail (2015)

单位：元 (yuan)

项 目	Item	合 计 Total	国有单位 State-owned Units	城镇集体单位 Urban Collective-owned Units	其他单位 Units of Other Types of Ownership
全国总计	**National Total**	**62029**	**65296**	**46607**	**60906**
农、林、牧、渔业	Agriculture, Forestry, Animal Husbandry and Fishery	31947	31374	39049	38153
采矿业	Mining	59404	59673	42900	59729
制造业	Manufacturing	55324	64931	42026	55162
电力、热力、燃气及水生产和供应业	Production and Supply of Electricity, Heat, Gas and Water	78886	80066	54395	78327
建筑业	Construction	48886	49544	39276	49442
批发和零售业	Wholesale and Retail Trades	60328	69300	31804	60433
交通运输、仓储和邮政业	Transport, Storage and Post	68822	70908	37461	68138
住宿和餐饮业	Hotels and Catering Services	40806	43621	37197	40436
信息传输、软件和信息技术服务业	Information Transmission, Software and Information Technology	112042	69858	50901	117076
金融业	Financial Intermediation	114777	100672	82944	123640
房地产业	Real Estate	60244	55922	44062	60976
租赁和商务服务业	Leasing and Business Services	72489	55016	40731	82287
科学研究和技术服务业	Scientific Research and Technical Services	89410	80409	58849	100210
水利、环境和公共设施管理业	Management of Water Conservancy, Environment	43528	42705	33262	49130
居民服务、修理和其他服务业	Services to Households, Repair and Other Services	44802	49144	41566	43131
教育	Education	66592	67442	55810	55937
卫生和社会工作	Health and Social Service	71624	73490	57917	60027
文化、体育和娱乐业	Culture, Sports and Entertainment	72764	73447	49577	72093
公共管理、社会保障和社会组织	Public Management, Social Security and Social Organization	62323	62452	55179	45462

4-15 按行业分城镇单位就业人员平均工资
Average Wage of Employed Persons in Urban Units by Sector

单位: 元 (yuan)

年份 Year 地区 Region		合计 Total	农、林、牧、渔业 Agriculture, Forestry, Animal Husbandry and Fishery	采矿业 Mining	制造业 Manufacturing	电力、热力、燃气及水生产和供应业 Production and Supply of Electricity, Heat, Gas and Water	建筑业 Construction	批发和零售业 Wholesale and Retail Trades
	2003	13969	6884	13627	12671	18574	11328	10894
	2004	15920	7497	16774	14251	21543	12578	13012
	2005	18200	8207	20449	15934	24750	14112	15256
	2006	20856	9269	24125	18225	28424	16164	17796
	2007	24721	10847	28185	21144	33470	18482	21074
	2008	28898	12560	34233	24404	38515	21223	25818
	2009	32244	14356	38038	26810	41869	24161	29139
	2010	36539	16717	44196	30916	47309	27529	33635
	2011	41799	19469	52230	36665	52723	32103	40654
	2012	46769	22687	56946	41650	58202	36483	46340
	2013	51483	25820	60138	46431	67085	42072	50308
	2014	56360	28356	61677	51369	73339	45804	55838
	2015	62029	31947	59404	55324	78886	48886	60328
北 京	Beijing	111390	50797	88360	88934	129350	82251	94542
天 津	Tianjin	80090	68883	105647	71931	116003	64141	66710
河 北	Hebei	50921	19685	54725	47678	75489	39182	37909
山 西	Shanxi	51803	41729	58198	41093	72867	42494	37986
内蒙古	Inner Mongolia	57135	35597	69067	50655	73717	41132	45942
辽 宁	Liaoning	52332	14360	56332	51623	65747	42319	45681
吉 林	Jilin	51558	29744	51885	54452	66192	40803	40854
黑龙江	Heilongjiang	48881	28592	54707	45422	62714	37948	44615
上 海	Shanghai	109174	62828	122414	86536	153467	80941	117396
江 苏	Jiangsu	66196	33957	60418	62731	113893	55598	63185
浙 江	Zhejiang	66668	53661	49149	55370	107952	48279	64327
安 徽	Anhui	55139	31084	61900	50945	81692	48895	45751
福 建	Fujian	57628	32510	44100	50675	80987	50819	54866
江 西	Jiangxi	50932	32076	41120	46020	62064	46146	45992
山 东	Shandong	57270	51003	61718	48519	70580	47881	44386
河 南	Henan	45403	34941	48777	41338	65713	41283	39990
湖 北	Hubei	54367	29313	49231	49971	78034	51921	44691
湖 南	Hunan	52357	29354	42553	51265	60432	43049	45981
广 东	Guangdong	65788	31380	86026	57419	102758	51001	61351
广 西	Guangxi	52982	30875	46260	46121	70548	45246	46031
海 南	Hainan	57600	28438	59916	51501	69263	44149	48249
重 庆	Chongqing	60543	41146	52541	57993	74068	48586	52454
四 川	Sichuan	58915	47729	61715	52110	79732	45255	50188
贵 州	Guizhou	59701	47704	49503	52027	72900	47832	57576
云 南	Yunnan	52564	29794	43101	45903	73588	38557	46063
西 藏	Tibet	97849	14415	75626	59045	64532	54650	73674
陕 西	Shaanxi	54994	43678	68245	51557	67945	46184	40983
甘 肃	Gansu	52942	37179	63590	50458	63245	40551	39109
青 海	Qinghai	61090	40978	79332	51386	69805	48717	46356
宁 夏	Ningxia	60380	38815	79347	51636	92107	44283	47364
新 疆	Xinjiang	60117	38070	86253	58752	70708	56238	56573

4-15 续表 1 continued

单位：元 (yuan)

年 份 地 区	Year Region	交通运输、仓储和邮政业 Transport, Storage and Post	住宿和餐饮业 Hotels and Catering Services	信息传输、软件和信息技术服务业 Information Transmission, Software and Information Technology	金融业 Financial Intermediation	房地产业 Real Estate	租赁和商务服务业 Leasing and Business Services
	2003	15753	11198	30897	20780	17085	17020
	2004	18071	12618	33449	24299	18467	18723
	2005	20911	13876	38799	29229	20253	21233
	2006	24111	15236	43435	35495	22238	24510
	2007	27903	17046	47700	44011	26085	27807
	2008	32041	19321	54906	53897	30118	32915
	2009	35315	20860	58154	60398	32242	35494
	2010	40466	23382	64436	70146	35870	39566
	2011	47078	27486	70918	81109	42837	46976
	2012	53391	31267	80510	89743	46764	53162
	2013	57993	34044	90915	99653	51048	62538
	2014	63416	37264	100845	108273	55568	67131
	2015	68822	40806	112042	114777	60244	72489
北 京	Beijing	81695	51955	159486	248320	85247	109031
天 津	Tianjin	89389	39538	134331	112059	76842	75266
河 北	Hebei	57090	32836	93983	74795	42697	40070
山 西	Shanxi	64505	26710	60160	75620	40538	36611
内蒙古	Inner Mongolia	64232	36285	65420	76093	42023	45702
辽 宁	Liaoning	65044	37435	83665	83537	49813	41209
吉 林	Jilin	58488	32178	63448	75102	44444	40714
黑龙江	Heilongjiang	58601	42095	64070	65140	44447	44945
上 海	Shanghai	98996	52999	183365	208658	82274	145659
江 苏	Jiangsu	66981	42391	117249	119198	66686	54677
浙 江	Zhejiang	75002	42540	126266	130734	66336	63241
安 徽	Anhui	56659	33629	67922	77300	54252	47458
福 建	Fujian	65314	39599	84288	108537	62253	51927
江 西	Jiangxi	62546	33402	60353	76035	49714	41535
山 东	Shandong	66189	39723	81249	90869	52575	56970
河 南	Henan	52099	33854	60671	74441	45429	41060
湖 北	Hubei	60104	36190	72380	87293	51961	46244
湖 南	Hunan	60105	34414	68020	92826	48892	44013
广 东	Guangdong	79680	43745	126083	138069	66768	66376
广 西	Guangxi	61137	30597	76688	92062	45020	43732
海 南	Hainan	70737	40914	115013	93187	53552	49311
重 庆	Chongqing	60296	35994	92958	120355	59813	44070
四 川	Sichuan	65981	36807	82883	86084	53610	52818
贵 州	Guizhou	65506	37208	80955	123592	48331	48290
云 南	Yunnan	66450	31429	72496	118166	46064	41225
西 藏	Tibet	72789	49633	98675	171441	68608	53851
陕 西	Shaanxi	63194	31506	104928	76896	47517	49740
甘 肃	Gansu	61318	32698	54916	59923	44302	44895
青 海	Qinghai	74669	40313	72527	81359	38887	40891
宁 夏	Ningxia	63157	36158	77487	81019	46157	40239
新 疆	Xinjiang	78215	43885	78238	88212	47160	44595

4-15 续表 2 continued

单位: 元 (yuan)

年 份 地 区	Year Region	科学研究和技术服务业 Scientific Research and Technical Services	水利、环境和公共设施管理业 Management of Water Conservancy, Environment and Public Facilities	居民服务、修理和其他服务业 Services to Households, Repair and Other Services	教育 Education	卫生和社会工作 Health and Social Service	文化、体育和娱乐业 Culture, Sports and Entertainment	公共管理、社会保障和社会组织 Public Management, Social Security and Social Organization
	2003	20442	11774	12665	14189	16185	17098	15355
	2004	23351	12884	13680	16085	18386	20522	17372
	2005	27155	14322	15747	18259	20808	22670	20234
	2006	31644	15630	18030	20918	23590	25847	22546
	2007	38432	18383	20370	25908	27892	30430	27731
	2008	45512	21103	22858	29831	32185	34158	32296
	2009	50143	23159	25172	34543	35662	37755	35326
	2010	56376	25544	28206	38968	40232	41428	38242
	2011	64252	28868	33169	43194	46206	47878	42062
	2012	69254	32343	35135	47734	52564	53558	46074
	2013	76602	36123	38429	51950	57979	59336	49259
	2014	82259	39198	41882	56580	63267	64375	53110
	2015	89410	43528	44802	66592	71624	72764	62323
北 京	Beijing	132339	72666	48613	111417	139176	130134	91030
天 津	Tianjin	123312	77459	39631	97847	105452	87264	95834
河 北	Hebei	69744	36264	33368	57273	51967	45994	48923
山 西	Shanxi	58390	28074	36933	58974	48349	47387	49859
内蒙古	Inner Mongolia	62973	41682	40348	71528	62665	60979	62272
辽 宁	Liaoning	66150	32406	36726	61114	56455	49918	50389
吉 林	Jilin	59844	31578	31535	58835	53409	50810	48061
黑龙江	Heilongjiang	66168	32980	50275	62673	55776	50931	53007
上 海	Shanghai	158906	73137	62576	100865	117092	117099	100767
江 苏	Jiangsu	91213	54062	54116	78115	81693	77468	82372
浙 江	Zhejiang	98452	55026	48471	90882	104369	87177	93306
安 徽	Anhui	69129	40802	41690	59088	63695	52272	57083
福 建	Fujian	76956	46144	46396	69226	80314	61039	68728
江 西	Jiangxi	66749	37900	44908	55995	61728	53649	54577
山 东	Shandong	70959	42743	42675	73073	70385	71453	65158
河 南	Henan	56866	37552	33857	50152	53308	47591	42587
湖 北	Hubei	74574	39690	39309	56114	62475	58510	55287
湖 南	Hunan	55910	35172	42499	53411	69475	62665	48004
广 东	Guangdong	98929	48589	47483	72368	80838	80069	79848
广 西	Guangxi	63754	36666	43299	54505	64821	56579	55953
海 南	Hainan	59332	40876	29606	72559	70489	56348	62894
重 庆	Chongqing	87023	42617	42910	71512	81600	61544	64506
四 川	Sichuan	86498	40665	44212	63311	73704	58860	63704
贵 州	Guizhou	64338	36336	35528	64268	67511	57257	61370
云 南	Yunnan	64270	38911	37319	62263	59543	56135	56413
西 藏	Tibet	99194	70750	43823	115090	95996	114097	114558
陕 西	Shaanxi	67134	40081	36733	57225	55203	52918	50868
甘 肃	Gansu	67352	45312	41777	61396	56180	55246	55574
青 海	Qinghai	69678	48241	36055	70728	58622	59077	64438
宁 夏	Ningxia	71581	44768	39732	64819	60676	62941	61236
新 疆	Xinjiang	75478	46068	40614	69813	65463	64906	59598

4-16 分地区按行业分城镇私营单位就业人员平均工资(2015年)

Average Wage of Employed Persons in Urban Private Units by Sector and Region (2015)

单位：元 (yuan)

地区	Region	合计 Total	农、林、牧、渔业 Agriculture, Forestry, Animal Husbandry and Fishery	采矿业 Mining	制造业 Manufacturing	电力、热力、燃气及水生产和供应业 Production and Supply of Electricity, Heat, Gas and Water	建筑业 Construction	批发和零售业 Wholesale and Retail Trades
全国	**National Average**	**39589**	**28869**	**38192**	**38948**	**34631**	**41710**	**36635**
北京	Beijing	58689	35077	46236	51971	48066	45909	49431
天津	Tianjin	53352	33620	37390	56010	42861	46771	49237
河北	Hebei	34084	29148	34986	35035	33009	33813	31529
山西	Shanxi	30195	22086	38998	30467	28986	35486	25626
内蒙古	Inner Mongolia	35512	30874	40033	36990	37189	38992	32303
辽宁	Liaoning	33812	26781	29224	32803	28620	37632	33974
吉林	Jilin	27774	21323	29689	26823	24633	29832	26123
黑龙江	Heilongjiang	28586	25011	31468	27966	29179	32129	27481
上海	Shanghai	41762	25560		37217	33279	42506	37472
江苏	Jiangsu	43689	35768	38081	44082	39841	44776	39986
浙江	Zhejiang	41272	32673	39111	39611	40628	43979	38906
安徽	Anhui	37148	28627	39633	38301	30743	42266	29887
福建	Fujian	43385	34729	40954	41581	33574	48804	37131
江西	Jiangxi	33329	24648	37184	33646	31757	35466	29100
山东	Shandong	43608	39982	44082	43587	48763	45462	41325
河南	Henan	30546	25526	29201	30554	25060	34154	27570
湖北	Hubei	31051	24343	34162	31394	30066	33548	26751
湖南	Hunan	33033	27278	37897	32687	34189	35633	25995
广东	Guangdong	44838	32705	35823	43158	33997	45574	45095
广西	Guangxi	33519	27073	31934	34861	36774	35082	31983
海南	Hainan	37093	30679	32762	38819	24109	39026	33444
重庆	Chongqing	44213	34262	48783	45147	40282	45987	38088
四川	Sichuan	35127	29489	35758	35132	36018	35242	33415
贵州	Guizhou	36044	23280	44762	34907	48027	33674	28382
云南	Yunnan	35015	29246	29020	32764	33300	35743	35408
西藏	Tibet							
陕西	Shaanxi	33220	22993	36773	33841	32713	33136	31480
甘肃	Gansu	31091	26297	34446	32110	33692	30687	33872
青海	Qinghai	32248	24668	36740	29623	40673	36597	38146
宁夏	Ningxia	36322	29633	42465	38449	37190	39785	31084
新疆	Xinjiang	37598	30352	50312	39527	43090	45672	29650

4-16 续表 1 continued

单位: 元 (yuan)

地 区	Region	交通运输、仓储和邮政业 Transport, Storage and Post	住宿和餐饮业 Hotels and Catering Services	信息传输、软件和信息技术服务业 Information Transmission, Software and Information Technology	金融业 Financial Intermediation	房地产业 Real Estate	租赁和商务服务业 Leasing and Business Services
全 国	**National Average**	**40495**	**31889**	**57719**	**44898**	**41767**	**43770**
北 京	Beijing	40193	40584	90724	111921	74167	62405
天 津	Tianjin	53552	42048	79928	57510	54547	58339
河 北	Hebei	36950	29791	34832	34564	36766	32821
山 西	Shanxi	29737	23134	33029	36095	31869	24712
内蒙古	Inner Mongolia	38508	33152	32234	39567	33921	33047
辽 宁	Liaoning	33361	28002	41506	40837	33585	36888
吉 林	Jilin	28932	24519	31002	35873	30023	27606
黑龙江	Heilongjiang	30996	25377	31261	32638	31287	26644
上 海	Shanghai	43569	34087	72705	59467	39149	49319
江 苏	Jiangsu	43236	35818	52318	43725	41083	43948
浙 江	Zhejiang	46623	34681	51826	42595	44153	42934
安 徽	Anhui	37688	30520	40907	33619	36890	32619
福 建	Fujian	43608	30927	63736	52690	42700	38003
江 西	Jiangxi	36495	26427	29601	35344	39270	32755
山 东	Shandong	48254	39812	50778	48159	43925	44896
河 南	Henan	29940	28682	30674	28828	32428	28815
湖 北	Hubei	27931	28032	36712	41546	37788	27936
湖 南	Hunan	30720	25817	41647	39573	37569	32098
广 东	Guangdong	47719	35141	77985	33391	49744	53950
广 西	Guangxi	36253	27522	35262	42322	34950	34728
海 南	Hainan	41543	32626	44444	39066	51042	34484
重 庆	Chongqing	46256	33364	46513	57728	47567	41559
四 川	Sichuan	33689	31545	37993	34136	39276	37780
贵 州	Guizhou	30593	28309	48944	57600	43108	29281
云 南	Yunnan	39647	31553	34790	35053	37736	33148
西 藏	Tibet						
陕 西	Shaanxi	31296	26799	42117	32253	37933	37018
甘 肃	Gansu	30261	26854	30890	29668	27716	33373
青 海	Qinghai	37034	29867	30810	26221	26779	25101
宁 夏	Ningxia	32869	31837	32637	40028	38001	30848
新 疆	Xinjiang	40532	32798	37964	44239	38798	28449

4-16 续表 2 continued

单位：元 (yuan)

地 区	Region	科学研究和技术服务业 Scientific Research and Technical Services	水利、环境和公共设施管理业 Management of Water Conservancy, Environment and Public Facilities	居民服务、修理和其他服务业 Services to Households, Repair and Other Services	教育 Education	卫生和社会工作 Health and Social Service	文化、体育和娱乐业 Culture, Sports and Entertainment
全 国	**National Average**	**50441**	**37222**	**33203**	**37040**	**40558**	**34974**
北 京	Beijing	66597	52791	40592	58163	58055	49690
天 津	Tianjin	60946	50863	36565	42856	50059	45666
河 北	Hebei	37431	32871	30928	32964	35435	30657
山 西	Shanxi	31594	23139	22849	27113	30028	24893
内蒙古	Inner Mongolia	36934	31050	28082	31420	35589	31068
辽 宁	Liaoning	31557	29829	29334	33066	32597	30660
吉 林	Jilin	38084	24253	27288	34332	34166	24016
黑龙江	Heilongjiang	33246	26537	24661	28264	26033	23913
上 海	Shanghai	58229	36053	32281	46152	52223	42029
江 苏	Jiangsu	46993	45312	41195	44600	41992	39839
浙 江	Zhejiang	54714	40020	34644	38654	51645	35165
安 徽	Anhui	40573	31018	24800	32485	36773	30021
福 建	Fujian	44546	30670	31675	31729	43065	31468
江 西	Jiangxi	33972	36658	27975	29544	39099	28038
山 东	Shandong	47437	43439	45263	44516	42563	42204
河 南	Henan	31556	29130	26621	29957	30145	26439
湖 北	Hubei	34501	26291	27612	30269	28770	27778
湖 南	Hunan	37878	26815	32933	38603	40327	27725
广 东	Guangdong	61761	44577	37720	41673	52402	49836
广 西	Guangxi	42826	30252	28553	31058	35242	27013
海 南	Hainan	41311	35676	29055	33458	31252	28559
重 庆	Chongqing	45493	37295	40176	41212	47805	42064
四 川	Sichuan	42229	35082	30880	35889	39396	34103
贵 州	Guizhou	35945	24663	26491	34334	37494	27813
云 南	Yunnan	51525	39114	34765	38814	36343	33397
西 藏	Tibet						
陕 西	Shaanxi	42208	30194	27793	34863	32283	28439
甘 肃	Gansu	35573	32320	25121	29412	30324	26491
青 海	Qinghai	44716	32552	29895	25887	33940	31282
宁 夏	Ningxia	45598	29872	30328	28175	37375	28980
新 疆	Xinjiang	43162	36161	29206	31574	43449	35444

4-17 分地区城镇登记失业人员及失业率

Registered Unemployed Persons and Unemployment Rate in Urban Area by Region

地 区	Region	失业人员（万人）Unemployed Persons (10 000 persons)							失业率（%）Unemployment Rate (%)						
		1990	2005	2010	2012	2013	2014	2015	1990	2005	2010	2012	2013	2014	2015
北 京	Beijing	1.7	10.6	7.7	8.1	7.5	7.4	7.8	0.4	2.1	1.4	1.3	1.2	1.3	1.4
天 津	Tianjin	8.1	11.7	16.1	20.4	21.7	22.5	25.1	2.7	3.7	3.6	3.6	3.6	3.5	3.5
河 北	Hebei	7.7	27.8	35.1	36.8	37.2	38.3	39.4	1.1	3.9	3.9	3.7	3.7	3.6	3.6
山 西	Shanxi	5.5	14.3	20.4	21.0	21.1	24.5	25.6	1.2	3.0	3.6	3.3	3.1	3.4	3.5
内蒙古	Inner Mongolia	15.2	17.7	20.8	23.1	23.8	24.8	25.9	3.8	4.3	3.9	3.7	3.7	3.6	3.7
辽 宁	Liaoning	23.7	60.4	38.9	38.1	39.6	41.0	46.2	2.2	5.6	3.6	3.6	3.4	3.4	3.4
吉 林	Jilin	10.5	27.6	22.7	22.3	22.6	23.2	23.9	1.9	4.2	3.8	3.7	3.7	3.4	3.5
黑龙江	Heilongjiang	20.4	31.3	36.2	41.3	41.4	39.9	41.0	2.2	4.4	4.3	4.2	4.4	4.5	4.5
上 海	Shanghai	7.7	27.5	27.6	26.7	25.3	25.6	24.8	1.5		4.4	3.1	4.0	4.1	4.0
江 苏	Jiangsu	22.5	41.6	40.6	40.5	37.6	36.6	36.0	2.4	3.6	3.2	3.1	3.0	3.0	3.0
浙 江	Zhejiang	11.2	29.0	31.1	33.4	33.4	33.1	33.7	2.2	3.7	3.2	3.0	3.0	3.0	2.9
安 徽	Anhui	15.2	27.8	26.9	31.3	32.4	31.5	30.9	2.8	4.4	3.7	3.7	3.4	3.2	3.1
福 建	Fujian	9.0	14.9	14.5	14.5	14.7	14.3	15.4	2.6	4.0	3.8	3.6	3.6	3.5	3.7
江 西	Jiangxi	10.3	22.8	26.3	25.7	27.4	29.4	29.9	2.4	3.5	3.3	3.0	3.2	3.3	3.4
山 东	Shandong	26.2	42.9	44.5	43.4	42.2	43.1	43.7	3.2	3.3	3.4	3.3	3.2	3.3	3.4
河 南	Henan	25.1	33.0	38.2	38.3	40.2	40.0	42.5	3.3	3.5	3.4	3.1	3.1	3.0	3.0
湖 北	Hubei	12.7	52.6	55.7	42.3	40.2	37.9	33.4	1.7	4.3	4.2	3.8	3.5	3.1	2.6
湖 南	Hunan	15.9	41.9	43.2	44.1	45.6	47.3	45.1	2.7	4.3	4.2	4.2	4.2	4.1	4.1
广 东	Guangdong	19.2	34.5	39.3	39.6	38.0	36.8	37.0	2.2	2.6	2.5	2.5	2.4	2.4	2.5
广 西	Guangxi	13.9	18.5	19.1	18.9	18.0	18.7	18.1	3.9	4.2	3.7	3.4	3.3	3.2	2.9
海 南	Hainan	3.5	5.1	4.8	3.6	3.9	4.3	4.8	3.0	3.6	3.0	2.0	2.2	2.3	2.3
重 庆	Chongqing		16.9	13.0	12.4	12.1	13.4	14.3		4.1	3.9	3.3	3.4	3.5	3.6
四 川	Sichuan	38.0	34.3	34.6	40.7	42.9	54.4	54.6	3.7	4.6	4.1	4.0	4.1	4.2	4.1
贵 州	Guizhou	10.7	12.1	12.2	12.6	13.7	14.1	14.5	4.1	4.2	3.6	3.3	3.3	3.3	3.3
云 南	Yunnan	7.8	13.0	15.7	17.4	18.1	19.2	19.5	2.5	4.2	4.2	4.0	4.0	4.0	4.0
西 藏	Tibet			2.1	1.6	1.6	1.7	1.8			4.0	2.6	2.5	2.5	2.5
陕 西	Shaanxi	11.2	21.5	21.4	19.5	21.1	22.3	22.3	2.8	4.2	3.9	3.2	3.3	3.3	3.4
甘 肃	Gansu	12.5	9.3	10.7	9.8	9.3	9.7	9.5	4.9	3.3	3.2	2.7	2.3	2.2	2.1
青 海	Qinghai	4.2	3.6	4.2	4.1	4.2	4.2	4.4	5.6	3.9	3.8	3.4	3.3	3.2	3.2
宁 夏	Ningxia	4.0	4.4	4.8	4.6	4.7	5.0	4.9	5.4	4.5	4.4	4.2	4.1	4.0	4.0
新 疆	Xinjiang	9.6	11.1	11.0	11.8	11.9	11.2	10.3	3.0	3.9	3.2	3.4	3.4	3.2	2.9

主要统计指标解释

经济活动人口 指在 16 周岁及以上，有劳动能力，参加或要求参加社会经济活动的人口。包括就业人员和失业人员。

就业人员 指在一定年龄以上，有劳动能力，为取得劳动报酬或经营收入而从事一定社会劳动的人员。具体指年满 16 周岁，为取得报酬或经营利润，在调查周内从事了 1 小时（含 1 小时）以上劳动的人员；或由于学习、休假等原因在调查周内暂时处于未工作状态，但有工作单位或场所的人员；或由于季节性歇业、单位不景气放假等原因在调查周内暂时处于未工作状态，但不满三个月的人员。

单位就业人员 指报告期末最后一日 24 时在本单位中工作，并取得工资或其他形式劳动报酬的人员数。该指标为时点指标，不包括最后一日当天及以前已经与单位解除劳动合同关系的人员，是在岗职工、劳务派遣人员及其他就业人员之和。就业人员不包括：

(1)离开本单位仍保留劳动关系，并定期领取生活费的人员；

(2)利用课余时间打工的学生及在本单位实习的各类在校学生；

(3)本单位因劳务外包而使用的人员。

城镇私营和个体就业人员 城镇私营就业人员指在工商管理部门注册登记，其经营地址设在县城关镇(含县城关镇)以上的私营企业就业人员，包括私营企业投资者和雇工。城镇个体就业人员指在工商管理部门注册登记，并持有城镇户口或在城镇长期居住，经批准从事个体工商经营的就业人员，包括个体经营者和在个体工商户劳动的家庭帮工和雇工。

在岗职工 指在本单位工作且与本单位签订劳动合同，并由单位支付各项工资和社会保险、住房公积金的人员，以及上述人员中由于学习、病伤、产假等原因暂未工作仍由单位支付工资的人员。在岗职工还包括：

(1)应订立劳动合同而未订立劳动合同人员(如使用的农村户籍人员)；

(2)处于试用期人员；

(3)编制外招用的人员；

(4)派往外单位工作，但工资仍由本单位发放的人员(如挂职锻炼、外派工作等情况)。

工资总额 指根据《关于工资总额组成的规定》(1990 年 1 月 1 日国家统计局发布的一号令)进行修订，在报告期内(季度或年度)直接支付给本单位全部就业人员的劳动报酬总额。包括计时工资、计件工资、奖金、津贴和补贴、加班加点工资、特殊情况下支付的工资，是在岗职工工资总额、劳务派遣人员工资总额和其他就业人员工资总额之和。

工资总额是税前工资，包括单位从个人工资中直接为其代扣或代缴的房费、水费、电费、住房公积金和社会保险基金个人缴纳部分等。

工资总额不论是计入成本的还是不计入成本的，不论是以货币形式支付的还是以实物形式支付的，均应列入工资总额的计算范围。

平均工资 指单位就业人员在一定时期内平均每人所得的工资额。它表明一定时期工资收入的高低程度，是反映就业人员工资水平的主要指标。计算公式为：

$$\text{平均工资}=\frac{\text{报告期就业人员工资总额}}{\text{报告期就业人员平均人数}}$$

平均工资指数 指报告期就业人员平均工资与基期就业人员平均工资的比率，是反映不同时期就业人员货币工资水平变动情况的相对数。计算公式为：

$$\text{平均工资指数}=\frac{\text{报告期就业人员平均工资}}{\text{基期就业人员平均工资}}\times 100\%$$

平均实际工资指数 就业人员平均实际工资指扣除物价变动因素后的就业人员平均工资。就业人员平均实际工资指数是反映实际工资变动情况的相对数，表明就业人员实际工资水平提高或降低的程度。计算公式为:

$$\text{平均实际工资指数}=\frac{\text{报告期就业人员平均工资指数}}{\text{报告期城镇居民消费价格指数}}\times 100\%$$

城镇登记失业人员 指有非农业户口，在一定的劳动年龄内(16 周岁至退休年龄)，有劳动能力，无业而要求就业，并在当地劳动保障部门进行失业登记的人员。

城镇登记失业率 城镇登记失业人员与城镇单位就业人员(扣除使用的农村劳动力、聘用的离退休人员、港澳台及外方人员)、城镇单位中的不在岗职工、城镇私营业主、个体户主、城镇私营企业和个体就业人员、城镇登记失业人员之和的比。

Explanatory Notes on Main Statistical Indicators

Economically Active Population refers to the population aged 16 and over who are capable of working, are participating in or willing to participate in economic activities, including employed persons and unemployed persons.

Employed Persons refers to persons above a specified age who had labour capacity and performed some social work for compensation or business gains. Specifically, it refers to persons, aged 16 and over, who performed some work for compensation or business gains for one hour or more during the reference period; or persons who do not work for the reasons of study or on holiday, but had work units or sites during the reference period; or persons who do not work for the reasons of seasonal closing business, recession, etc, but not exceeding three months during the reference period.

Persons Employed in Various Units refer to the total number of employees who work at his unit and obtain wages or other forms of payment at the end of the reporting period. This indicator is a kind of time point index and it equals to the sum of the number of employed staff and workers, labor dispatch personnel and other employed persons. Employed persons do not include:

1)persons who have left their working units while keeping their labour contract (employment relation) unchanged and receiving regular alimony;

2)students who do part-time jobs in spare time and all kinds of enrolled students who do internship in various units;

3)persons employed due to labor outsourcing;

4)persons who dissolve labor contracts with their units on the last day of reporting period or before.

Persons Employed in Private Enterprises and Self-Employed Individuals in Urban Areas Persons employed in private enterprises refer to the persons employed in the private enterprises which have been registered at the departments of industrial and commercial administration for which the business operation are situated at a county town (i.e. a town where the county government is located), or at urban areas with administrative hierarchy higher than a county town. The self-employed individuals in urban areas refer to persons who hold the certificates of residence in urban areas or have resided in the urban areas for a long time and have been registered at the departments of industrial and commercial administration and approved to be engaged in individual industrial or commercial business, including self-employed persons as well as helpers and hired laborers who work in individual households.

Employed Staff and Workers refer to persons who signed labor contracts with working units and working units would pay wages, social insurance and housing funds for them. Persons who have their work posts but are temporarily absent from work for reasons of study or on sick, injury or maternal leave and still receive wages from their working units are also included. Employed staff and workers also include:

1)Persons who should have signed the labor contracts but not (like people with rural household registration);

2)Employees on probation;

3)Employees beyond the staffing quota;

4)Employees who are sent to other working units but still obtain wages from their original units (situations like on-the-job placement, expatriated assignment, etc.)

1)Employed Staff and Workers do not include: Dispatched personnel who work and are paid directly by the working units; they shall be counted into "labour dispatch personnel" of the working units;

2)Personnel through labor outsourcing, they shall be counted into "employed staff and workers" of the units which contracted them.

Total Wage Bill It is revised according to the "Provision of Composition of Total Wages" (Order No.1 by National Bureau of Statistics on January, 1st, ,1990), total wage bill refers to the total remuneration payment to all employed persons in various units during the reporting period (by quarter or by year), including hourly-paid wages, piece-rate wages, bonuses, allowance and subsidies, overtime wages and wages paid under special circumstances. It equals to the sum of total wages of employed staff and workers, dispatch labors and other employed persons.

Total wage bill is pre-tax wages, including the room charges, utility bills, housing funds and social insurance paid or withheld by employee's units.

Total wage bill, whether or not included in cost, whether or not paid in money or in kind, shall be included in the calculation of total wage.

Average Wage refers to the average per capita wage during a certain period of time for employed persons. It shows the general level of wage income during a certain period of time, one major indicator to reflect the wage level. It is calculated as follows:

$$\text{Average Wage} = \frac{\text{Total Wage Bill of Employed Persons at Reference Time}}{\text{Average Number of Persons Employed at Reference Time}}$$

Average Wage Indices refers to the ratio of average wage of employed persons the reporting period to that at the base period, which reflects the change of wage of employed persons at the different period. It is calculated as follows:

$$\text{Average Wage Indices} = \frac{\text{Average Wage of Employed Persons at Reference Time}}{\text{Average Wage of Persons Employeds at Base Period}} \times 100\%$$

Average Real Wage Indices average real wage of employed persons refers to the average wage of employed persons after removing the effects of the price changes and average real wage indices of employed persons refers to the change of real wage, which reflects the relative increasing or decreasing level of real wage of employed persons ,which is calculated as follows:

$$\text{Average Real Wage Indices} = \frac{\text{Average Wage Indices of Employed Persons at the Reference Time}}{\text{Urban Consumer Price Indices at Reference Time}} \times 100\%$$

Registered Unemployed Persons in Urban Areas refer to the persons with non-agricultural household registration at certain working ages (16 years old to retirement age), who are capable of working, unemployed and willing to work, and have been registered at the local employment service agencies to apply for a job.

Registered Unemployment Rate in Urban Areas refers to the ratio of the number of the registered unemployed persons to the sum of the number of persons employed in various units (minus the employed rural labour force, re-employed retirees, and Hong Kong, Macao, Taiwan or foreign employees), laid-off staff and workers in urban units, owners of private enterprises in urban areas, owners of self-employed individuals in urban areas, employees of private enterprises in urban areas, employee of self-employed individuals in urban areas, and the registered unemployed persons in urban areas.

5

价　格

Prices

简 要 说 明

一、本篇资料的主要内容

本篇价格指数资料，反映生产、流通、消费与投资等环节的价格变动趋势和变动幅度。主要包括居民消费价格指数、商品零售价格指数、农业生产资料价格指数、农产品生产者价格指数、工业生产者出厂价格指数、工业生产者购进价格指数、固定资产投资价格指数、进出口商品价格指数等。

二、本篇的资料来源

除进出口商品价格指数以外的价格指数编制由国家统计局城市社会经济调查司和农村社会经济调查司组织实施。由各省、自治区、直辖市及抽选出的市、县调查队依据国家统计局统一制定的价格统计调查制度从基层采集原始数据汇总后上报。进出口商品价格指数统计资料由海关总署提供。

三、居民消费、商品零售价格指数

编制居民消费、商品零售价格指数的资料采用抽样调查和重点调查相结合的方法取得，即在全国选择不同经济区域和分布合理的地区，以及有代表性的商品作为样本，对其市场价格进行定期调查，以样本推断总体。目前，参加国家级数据汇总的调查市、县500个。编制过程按下列几个步骤进行：

1.选择调查地区和调查点。调查地区按照经济区域和地区分布合理等原则，选出具有代表性的大、中、小城市和县作为国家的调查地区，在此基础上选定经营规模大、商品种类多的商场(包括集市和服务网点)作为调查点。

2.选择代表规格品。代表规格品是选择那些消费量大、价格变动有代表性的商品；代表规格品的确定是根据商品零售资料和城乡居民的消费支出记账资料，按照有关规定筛选的。筛选原则：(1)与社会生产和人民生活关系密切；(2)消费(销售)数量(金额)大；(3)市场供应稳定；(4)价格变动趋势有代表性；(5)所选的代表规格品之间差异大。

目前，居民消费价格调查按用途划分为8大类，262个基本分类，各调查市县每月调查600种以上的规格品价格；商品零售价格按用途划分为16个大类，229个基本分类，各地每月调查500种以上的规格品价格。

3.价格调查方式。采用派员直接到调查点登记调查，同时全国聘请近万名辅助调查员协助登记调查。

4.权数的确定。商品零售价格指数的权数主要根据社会商品零售额资料确定；居民消费价格指数的权数主要根据城乡居民家庭消费支出构成确定。

四、工业生产者出厂价格指数

工业生产者出厂价格是工业品第一次出售时的出厂价格。该项调查采用重点调查与典型调查相结合的调查方法。重点调查对象为年主营业务收入2000万元及以上的工业法人企业；典型调查对象为年主营业务收入2000万元以下的工业法人企业。

1.选择代表企业的原则：(1)按工业行业选择调查企业，各中类行业原则上都要有调查企业；(2)大型企业应尽量都选上(或占相当大比重)；(3)选择生产正常、稳定的企业作为调查对象。

2.选择代表产品的原则：(1)按工业行业选择代表产品；(2)选择对国计民生影响大的产品；(3)选择生产较为稳定的产品；(4)选择有发展前景的产品；(5)选择具有地方特色的产品。

目前《工业生产者出厂价格调查目录》包括11000多种产品，并将其划分为1702个基本分类；《工业生产者购进价格调查目录》包括6000多种产品，并划分为900多个基本分类。

3.价格调查方式。采用企业报表形式，每月近6万家工业企业上报数据资料。

4.权数的确定。工业生产者出厂价格统计中，工业小类及小类以上的权数资料来源于工业统计中分行业工业销售产值数据资料；基本分类的权数资料来源于独立的工业企业产品权数调查。权数一般五年更换一次。

五、固定资产投资价格指数

固定资产投资价格调查采用重点调查与典型调查相结合的方法。固定资产投资价格调查所涉及的价格是构成固定资产投资额实体的实际购进价格或结算价格。调查的内容包括构成当年建筑工程实体的钢材、木材、水泥、地方材料(如砖、瓦、灰、沙、石等)、化工材料(如油漆等)等主要建筑材料价格；作为活劳动投入的劳动力价格（单位工资）和建筑机械使用费用；设备工器具购置和其他费用投资价格。

固定资产投资价格调查样本的选择遵循以下原则：

1.选择建筑安装工程调查点的原则：(1)样本单位应具有一定覆盖面；(2)投资经济活动代表性强；(3)兼顾不同登记注册类型；(4)选择重点工程；(5)兼顾国民经济各门类及不同工程类别。

2.选择其他费用调查点的原则：在选择其他费用调查点时，所遵循的原则与建筑安装工程调查点的原则基本相同，特别是要注意选择那些投资额大的工程。但由于其他费用不易取得，所以在实际操作过程中，应同时在建设单位、施工单位开展重点调查，并辅以典型调查(从管理部门取得资料)。

3.价格调查方式。采用企业报表和调查员走访相结合的方式。

4.权数的确定。固定资产投资价格指数的计算权数是建筑安装工程、设备工器具购置和其他费用三者前三年的平均比重。

六、农产品生产者价格指数

农产品生产者价格是农产品生产者直接出售其产品时实际获得的单位产品价格。农产品生产价格调查采用抽样调查和重点调查相结合的方法。内容包括被调查单位生产并出售的主要农产品。农产品代表产品的选择涵盖农、林、牧、渔四大类、各中类以及90%以上的小类，一般是生产量和销售量大的对国计民生影响大、稳定性强的产品，具有发展前景的新产品和具有地方特色的产品。代表品一般稳定五年。调查周期为季度。

七、进出口商品价格指数

进出口商品价格指数是反映一个国家或地区在一定时期内进出口商品价格变动趋势及幅度的统计指标。采用“单位价值法”编制，计算指数的资料全部来自中国海关的进出口货物贸易统计。计量单位按人民币计价，进口价格指数的计算按到岸价格（CIF）计算，出口价格指数的计算按离岸价格（FOB）计算。

Brief Introduction

I. Main Contents

Data on price indices in this chapter show the changing trends and the change rates in the prices of production, trade, consumption and investment, including mainly consumer price indices, retail price indices, price indices for means of agricultural production, producer price indices for farm products, producer price indices for industrial products, purchasing price indices for industrial producers, price indices for investment in fixed assets, and price indices for imports and exports.

II. Sources of Data

Compilation of statistics on price indices is organized by the Department of Urban Social and Economic Survey, NBS and the Department of Rural Social and Economic Survey, NBS. The urban socio-economic survey organizations of the provinces, autonomous regions and municipalities directly under the Central Government and of the selected cities and counties collect data from the grassroots units in accordance with the scheme of price survey system stipulated by the NBS, tabulate them and report them to the higher agencies.

III. Consumer Price Indices and Retail Price Indices

Data for compilation of the consumer price indices and the retail price indices in China are collected through a combination of sample surveys and surveys of key units. Areas distributed in different economic regions are selected as the sample areas and representative commodities are selected as the sample commodities. Regular surveys are conducted to collect data on their market prices. Population parameters are inferred on the basis of the sample data. At present, 500 cities and counties have been selected for this purpose. Following are major steps in the process of calculation of the price indices:

(1) The selection of areas and survey points: Based on such principles as regional economic features and reasonable geographic distribution, representative sample areas for the national survey are selected which include large, medium and small cities and counties. When the sample areas have been selected, large-scale shops and markets (including fairs and service outlets) with wide variety of commodities are selected as survey points.

(2) The selection of representative commodities and their specifications or varieties: The representative commodities selected are those consumed in large quantity and representative in price changes. The representative specifications or varieties are determined according to the data on the retail sales of commodities and the consumption expenditure account data of urban and rural residents; and selection follows the related instructions. The principles for selection are: (a) The commodities are closely related to social production and people's living conditions; (b) They are consumes (or sold) in large quantities (or large values); (c) The market supply is stable; (d) The changes of their prices are representative in trend; (e) There is great heterogeneity among the specifications or varieties selected.

At present, data are collected on over 600 specifications each month under 262 basic headings in 8 categories in the consumer price surveys. For the retail price surveys, data are collected on more than 500 specifications each month under 229 basic headings in 16 categories.

(3) Method of data collection: Enumerators are sent to the survey points to take the records of the prices. Nearly 10 thousand assistant enumerators are recruited to assist the survey work.

(4) Determination of the weights: The weights of the retail price indices are determined mainly according to the total retail sales of commodities. The weights of the consumer price indices are determined according to the composition of the consumption expenditures of urban and rural households.

IV. Producer Price Indices for Industrial Products

Producer prices for industrial products refer to the ex-factory price of manufactured goods when they are first sold. The survey program is a combined use of the key units' survey and typical units' survey methods. Key units refer to those industrial enterprises with annual revenue from the primary activities at and above 20 million yuan. Typical units refer to the industrial enterprises with annual revenue from the primary activities below 20 million yuan.

(1) Principles for selecting the representative enterprises: (a) Enterprises to be covered in the survey are selected by industrial sectors. In principle, every branch should have enterprises selected; (b) All (or a majority of) large-scaled enterprises should be selected; (c) Enterprises selected should be those with normal and stable production.

(2) Principle for the selection of representative goods:

(a) The goods are selected by industrial sectors; (b) The selected goods should have great impact on the national economy and people's living conditions; (c) The production of the goods selected are relatively more stable; (d) The prospects of the goods selected are promising; (e) The goods selected are representative to the localities.

The *survey catalog of Producer Prices for Industrial Products* includes over 11,000 goods, and they are divided into 1702 basic classification; *Survey catalog of*

Purchasing Price for Industrial Producers includes over 6000 goods, and they are divided into over 900 basic classifications.

(3) Method of data collection: The method of reporting forms by enterprises is adopted. There are about 60,000 industrial enterprises which should report the price data every month.

(4) Determination of the weights: In statistics of producer price indices for industrial products, the weight of industrial small classification and above comes from the output value of industrial sales by sector in industrial statistics; the weight of basic headings of categories comes from weight survey of independent industrial enterprise products. The weights are replaced every five years.

V. Price Indices for Investment in Fixed Assets

Data on prices of investment in fixed assets are collected by a program involving the combined use of surveys on key units and surveys on typical units. The prices collected in the surveys of investment in fixed assets are the actual purchasing prices or settlement prices of entities of investment in fixed assets. The survey content includes the prices of main construction materials that constitute the architectural engineering entity in the year, such as steel, timber, cement, local construction materials (such as brick, tile, calcareous ashes, sand, stone, etc.), chemical materials (such as oil paint, etc.), the price of labor force as input (wages), prices for renting of building machinery and equipment, the purchasing price of equipment, tools and instruments and the prices of others investments.

The following principles should be followed in selecting the sample for the price survey of investment in fixed assets:

(1) Principles for selecting the survey points of construction and installation: (a) Sample units should have a good coverage; (b) The economic activity of investment should have strong representativeness; (c) Different types of registration should be considered; (d) Key projects should be selected; (e) Attention should be given to various sectors of the national economy and types of projects.

(2) Principles for selecting price survey points of other fees: The principles for selecting survey points of others fees is in general the same as that of construction and installation, with special attention being paid to selecting projects with huge investment value. Since it is not easy to obtain the other fees, during the actual data gathering operations, survey on key construction owner units and building units is to conducted concurrently with survey on typical units (with information from administration units)

(3) Method of price survey: A combination of enterprises reporting system and enumerator visits method.

(4) Determination of the weights: The weights for calculation of the price indices for investment in fixed assets are determined according to the average proportion of construction and installation, purchase of equipment, tools and instruments and other investments in the 3 preceding years.

VI. Price Index for Farm Products

Price Index for Farm Products refers to the actual price per unit through directly selling their products by producers of farm products. The survey program of Price Index for Farm Products is a combined use of sampling survey and typical units' survey. It covers main farm products produced and sold by the units surveyed. Representative farm products include those in Agriculture, Forestry, Animal Husbandry and Fishery, 90% of small classification in medium-sized classification. The products are generally with large production and sales, having great impact on the national economy and people's living conditions, with strong stability, with promising to new products and with local characters. Representative products are for 5 years. The survey is conducted quarterly.

VII. Price Indices for Imports and Exports

Price Indices for Imports and Exports is an indicator reflecting price change trend and scope of import and export of commodity of a country or region over a given period of time. It is compiled with the unit value method on the basis of the statistics of imports and exports of goods of the China Customs. The unit of measurement is Renminbi, import price index is computed at CIF, export price index is computed at FOB price.

5-1 各种价格指数
Price Indices

(上年=100) (preceding year=100)

年 份 Year	居民消费价格指数 Consumer Price Index	城市居民消费价格指数 Urban Household	农村居民消费价格指数 Rural Household	商品零售价格指数 Retail Price Index	工业生产者出厂价格指数 Producer Price Index for Industrial Products	工业生产者购进价格指数 Purchasing Price Index for Industrial Producers	固定资产投资价格指数 Price Index for Investment in Fixed Assets
1978	100.7	100.7		100.7	100.1		
1980	107.5	107.5		106.0	100.5		
1985	109.3	111.9	107.6	108.8	108.7		
1990	103.1	101.3	104.5	102.1	104.1	105.6	108.0
1995	117.1	116.8	117.5	114.8	114.9	115.3	105.9
1996	108.3	108.8	107.9	106.1	102.9	103.9	104.0
1997	102.8	103.1	102.5	100.8	99.7	101.3	101.7
1998	99.2	99.4	99.0	97.4	95.9	95.8	99.8
1999	98.6	98.7	98.5	97.0	97.6	96.7	99.6
2000	100.4	100.8	99.9	98.5	102.8	105.1	101.1
2001	100.7	100.7	100.8	99.2	98.7	99.8	100.4
2002	99.2	99.0	99.6	98.7	97.8	97.7	100.2
2003	101.2	100.9	101.6	99.9	102.3	104.8	102.2
2004	103.9	103.3	104.8	102.8	106.1	111.4	105.6
2005	101.8	101.6	102.2	100.8	104.9	108.3	101.6
2006	101.5	101.5	101.5	101.0	103.0	106.0	101.5
2007	104.8	104.5	105.4	103.8	103.1	104.4	103.9
2008	105.9	105.6	106.5	105.9	106.9	110.5	108.9
2009	99.3	99.1	99.7	98.8	94.6	92.1	97.6
2010	103.3	103.2	103.6	103.1	105.5	109.6	103.6
2011	105.4	105.3	105.8	104.9	106.0	109.1	106.6
2012	102.6	102.7	102.5	102.0	98.3	98.2	101.1
2013	102.6	102.6	102.8	101.4	98.1	98.0	100.3
2014	102.0	102.1	101.8	101.0	98.1	97.8	100.5
2015	101.4	101.5	101.3	100.1	94.8	93.9	98.2

注：从2011年起工业品出厂价格指数改为工业生产者出厂价格指数，原材料、燃料、动力购进价格指数改为工业生产者购进价格指数(以下相关表同)。

a) From 2011, the producer price index for manufactured goods and the purchasing price index for raw materials, fuel and power changed to the producer price index for industrial products and the purchasing price index for industrial producers.The same applies to the tables following.

5-2 各种价格定基指数
Fixed-base Price Indices

年 份 Year	居民消费价格指数 Consumer Price Index (1978=100)	城市居民消费价格指数 Urban Household (1978=100)	农村居民消费价格指数 Rural Household (1985=100)	商品零售价格指数 Retail Price Index (1978=100)	工业生产者出厂价格指数 Producer Price Index for Industrial Products (1985=100)	工业生产者购进价格指数 Purchasing Price Index for Industrial Producers (1990=100)	固定资产投资价格指数 Price Index for Investment in Fixed Assets (1990=100)
1978	100.0	100.0		100.0			
1980	109.5	109.5		108.1			
1985	131.1	134.2	100.0	128.1	100.0		
1990	216.4	222.0	165.1	207.7	159.0	100.0	100.0
1995	396.9	429.6	291.4	356.1	307.1	222.9	186.9
1996	429.9	467.4	314.4	377.8	316.0	231.6	194.3
1997	441.9	481.9	322.3	380.8	315.0	234.6	197.6
1998	438.4	479.0	319.1	370.9	302.1	224.7	197.3
1999	432.2	472.8	314.3	359.8	294.8	217.3	196.5
2000	434.0	476.6	314.0	354.4	303.1	228.4	198.6
2001	437.0	479.9	316.5	351.6	299.2	227.9	199.4
2002	433.5	475.1	315.2	347.0	292.6	222.7	199.8
2003	438.7	479.4	320.2	346.7	299.3	233.4	204.2
2004	455.8	495.2	335.6	356.4	317.6	260.0	215.7
2005	464.0	503.1	343.0	359.3	333.2	281.6	219.1
2006	471.0	510.6	348.1	362.9	343.2	298.5	222.4
2007	493.6	533.6	366.9	376.7	353.8	311.6	231.1
2008	522.7	563.5	390.7	398.9	378.2	344.3	251.8
2009	519.0	558.4	389.5	394.1	357.8	317.2	245.8
2010	536.1	576.3	403.5	406.3	377.5	347.7	254.6
2011	565.0	606.8	426.9	426.2	400.2	379.3	271.4
2012	579.7	623.2	437.6	434.7	393.4	372.5	274.4
2013	594.8	639.4	449.9	440.8	385.9	365.1	275.2
2014	606.7	652.8	458.0	445.2	378.6	357.1	276.6
2015	615.2	662.6	464.0	445.6	358.9	335.3	271.6

5-3 居民消费价格分类指数（2015年）
Consumer Price Indices by Category (2015)

（上年=100） (preceding year=100)

项　目	Item	全国 National Indices	城市 Urban Indices	农村 Rural Indices
居民消费价格指数	**Consumer Price Index**	**101.4**	**101.5**	**101.3**
食品	**Food**	**102.3**	**102.3**	**102.4**
粮食	Grain	102.0	102.2	101.7
#大米	Rice	101.6	101.6	101.5
面粉	Flour	101.4	101.7	101.0
淀粉及制品	Starches and Tubers	101.6	101.8	100.9
干豆类及豆制品	Beans and Bean Products	102.4	102.5	102.1
油脂	Oil or Fat	96.8	96.6	97.3
肉禽及其制品	Meat, Poultry and Processed Products	105.0	104.8	105.5
蛋	Eggs	93.0	93.1	92.9
水产品	Aquatic Products	101.8	101.7	102.2
菜	Vegetables	106.8	107.0	106.4
#鲜菜	Fresh Vegetables	107.4	107.5	107.1
调味品	Flavoring	103.8	104.0	103.3
糖	Carbohydrate	100.4	100.3	100.6
茶及饮料	Tea and Beverages	101.6	101.7	101.2
茶叶	Tea	101.7	101.7	101.6
饮料	Beverages	101.5	101.6	100.9
干鲜瓜果	Dried and Fresh Melons and Fruits	97.6	97.4	98.1
#鲜果	Fresh Fruits	96.2	96.0	96.9
糕点饼干面包	Cake, Biscuit and Bread	101.5	101.5	101.4
液体乳及乳制品	Milk and Its Products	98.9	98.8	99.6
在外用膳食品	Dining Out	102.7	102.8	102.5
其它食品	Other Foods	101.1	101.1	100.9
烟酒及用品	**Tobacco, Liquor and Articles**	**102.1**	**102.0**	**102.3**
烟草	Tobacco	104.3	104.0	104.8
酒	Liquor	99.2	99.2	99.0
衣着	**Clothing**	**102.7**	**102.8**	**102.3**
服装	Garments	102.8	102.8	102.5
衣着材料	Clothing Material	101.6	101.2	102.2
鞋袜帽	Footgear and Hats	102.5	102.8	101.7
衣着加工服务	Clothing Manufacturing Services	105.2	105.2	105.2
家庭设备用品及维修服务	**Household Facilities, Articles and Services**	**101.0**	**101.0**	**100.9**
耐用消费品	Durable Consumer Goods	100.0	99.8	100.4
家具	Furniture	101.0	101.0	100.9
家庭设备	Household Facilities	99.4	99.2	100.1

5-3 续表 continued

(上年=100) (preceding year=100)

项 目	Item	全 国 National Indices	城 市 Urban Indices	农 村 Rural Indices
室内装饰品	Interior Decorations	100.5	100.3	101.2
床上用品	Bed Articles	100.2	100.1	100.2
家庭日用杂品	Daily Use Household Articles	100.7	100.7	100.8
家庭服务及加工维修服务	Household Services and Maintenance and Renovation	106.6	106.9	105.2
医疗保健和个人用品	**Health Care and Personal Articles**	**102.0**	**101.9**	**102.3**
医疗保健	Health Care	102.7	102.6	102.8
医疗器具及用品	Medical Instrument and Articles	101.1	101.2	100.8
中药材及中成药	Traditional Chinese Medicine	102.7	103.0	102.1
西药	Western Medicine	102.3	102.1	102.7
保健器具及用品	Health Care Appliances and Articles	103.9	103.9	104.2
医疗保健服务	Health Care Services	102.7	102.5	103.1
个人用品及服务	Personal Articles and Services	100.6	100.3	101.3
化妆美容用品	Cosmetics	100.3	100.2	100.6
清洁化妆用品	Sanitation Articles	100.8	100.9	100.7
个人饰品	Personal Ornaments	95.7	95.1	97.4
个人服务	Personal Services	104.3	104.1	104.8
交通和通信	**Transportation and Communication**	**98.3**	**98.4**	**98.1**
交通	Transportation	97.5	97.7	97.2
交通工具	Transportation Facility	98.3	98.0	99.2
车用燃料及零配件	Fuels and Parts	84.2	84.1	84.6
车辆使用及维修费	Fees for Vehicles Use and Maintenance	102.7	102.8	102.3
市区公共交通费	Incity Traffic Fare	104.0	104.3	102.3
城市间交通费	Intercity Traffic Fare	100.3	100.2	100.5
通信	Communication	99.5	99.5	99.6
通信工具	Communication Facility	96.9	96.4	97.9
通信服务	Communication Service	99.9	99.8	99.9
娱乐教育文化用品及服务	**Recreation, Education and Culture Articles**	**101.4**	**101.4**	**101.4**
文娱用耐用消费品及服务	Durable Consumer Goods for Cultural and Recreational Use and Services	98.5	98.3	99.2
教育	Education	102.7	102.9	102.0
教材及参考书	Teaching Materials and Reference Books	101.2	101.1	101.2
教育服务	Education Services	102.8	103.1	102.1
文化娱乐	Cultural and Recreational Articles	101.8	101.9	101.4
文化娱乐用品	Cultural Articles	100.3	100.2	100.8
书报杂志	Newspapers and Magazines	105.4	105.9	103.4
文娱费	Expenditure on Culture and Recreation	101.4	101.4	100.9
旅游	Touring and Outing	99.5	99.3	101.0
居住	**Residence**	**100.7**	**101.0**	**99.7**
建房及装修材料	Building and Building Decoration Materials	100.0	100.4	99.5
住房租金	Renting	102.6	102.8	101.7
自有住房	Private Housing	102.1	102.3	101.4
水电燃料	Water, Electricity and Fuels	98.0	98.4	96.8

5-4 商品零售价格分类指数（2015年）
Retail Price Indices by Category (2015)

（上年=100）　　(preceding year=100)

项　目	Item	全国 National Indices	城市 Urban Indices	农村 Rural Indices
商品零售价格总指数	**Retail Price Index**	**100.1**	**100.0**	**100.3**
食品类	**Food**	**102.2**	**102.1**	**102.4**
粮食	Grain	102.0	102.2	101.7
油脂	Oil or Fat	97.0	96.7	97.6
肉禽及其制品	Meat, Poultry and Processed Products	104.9	104.7	105.4
蛋	Eggs	92.7	92.6	93.1
水产品	Aquatic Products	101.6	101.5	101.9
菜	Vegetables	106.9	107.1	106.3
调味品	Flavoring	103.7	104.1	103.0
糖	Sugar	100.6	100.5	100.9
干鲜瓜果	Dried and Fresh Melons and Fruits	97.4	97.0	98.6
糕点饼干面包	Cake, Biscuit and Bread	101.4	101.5	101.2
液体乳及乳制品	Milk and Its Products	99.0	98.8	99.5
在外用膳食品	Outward Dinner Food	102.6	102.7	102.3
主食	Staple Food	102.4	102.6	101.9
炒菜	Fried Dishes	102.1	102.1	102.0
地方小吃	Local Snack	104.3	104.5	103.8
其它食品	Other Foods	100.4	100.4	100.7
饮料、烟酒	**Beverages, Tobacco and Liquor**	**101.9**	**101.8**	**101.9**
茶及饮料	Tea and Beverages	101.7	101.7	101.5
烟草	Tobacco	104.0	103.8	104.5
酒	Liquor	99.4	99.5	99.1
服装、鞋帽	**Garments, Shoes and Hats**	**102.8**	**102.9**	**102.3**
服装	Garments	102.9	103.0	102.6
鞋袜帽	Footgear and Hats	102.7	103.0	101.8
纺织品	**Textiles**	**100.6**	**100.5**	**100.8**
衣着材料	Clothing	101.4	101.2	101.6
床上用品	Bedding	100.2	100.2	100.3
家用电器及音像器材	**Household Appliances, Music and Video Equipment**	**98.9**	**98.6**	**99.6**
文化办公用品	**Cultural and Office Appliances**	**99.6**	**99.5**	**100.2**
日用品	**Articles for Daily Use**	**100.6**	**100.6**	**100.6**
日用百货	General Merchandise for Daily Use	100.5	100.5	100.5
日用杂品	Miscellaneous for Daily Use	100.9	100.9	100.8
体育娱乐用品	**Sports and Recreation Articles**	**100.6**	**100.4**	**101.0**
交通、通信用品	**Transportation and Communication Appliances**	**98.3**	**98.1**	**98.9**
家具	**Furniture**	**101.1**	**101.1**	**101.2**
化妆品	**Cosmetics**	**100.6**	**100.6**	**100.7**
金银珠宝	**Gold, Silver and Jewelry**	**93.3**	**93.0**	**95.0**
中西药品及医疗保健用品	**Traditional Chinese and Western Medicines and Health Care Articles**	**102.4**	**102.4**	**102.4**
医疗器具及用品	Medical Apparatus and Article	100.5	100.5	100.6
中药材及中成药	Traditional Chinese Medicinal Materials and Medicines	102.6	102.9	101.8
西药	Western Medicines	102.2	102.0	102.8
书报杂志及电子出版物	**Books, Newspapers, Magazines and Electronic Publications**	**102.6**	**102.7**	**102.1**
燃料	**Fuels**	**87.7**	**87.9**	**87.1**
建筑材料及五金电料	**Building Materials and Hardware**	**99.1**	**99.2**	**98.8**
建筑装潢材料	Building Decoration Materials	98.6	98.8	98.3
五金电料	Hardware	100.5	100.5	100.4

5-5 分地区居民消费价格指数和商品零售价格指数
Consumer Price Indices and Retail Price Indices by Region

(上年=100) (preceding year=100)

年份 Year 地区 Region	居民消费价格 Consumer Price Index			商品零售价格 Retail Price Index		
	总指数 General	城市 Urban Household	农村 Rural Household	总指数 General	城市 Urban Household	农村 Rural Household
1994	124.1	125.0	123.4	121.7	120.9	122.9
1995	117.1	116.8	117.5	114.8	113.5	116.4
2000	100.4	100.8	99.9	98.5	98.5	98.5
2005	101.8	101.6	102.2	100.8	100.5	101.4
2006	101.5	101.5	101.5	101.0	100.9	101.4
2007	104.8	104.5	105.4	103.8	103.3	104.9
2008	105.9	105.6	106.5	105.9	105.5	106.7
2009	99.3	99.1	99.7	98.8	98.7	99.0
2010	103.3	103.2	103.6	103.1	102.8	103.6
2011	105.4	105.3	105.8	104.9	104.7	105.5
2012	102.6	102.7	102.5	102.0	101.9	102.2
2013	102.6	102.6	102.8	101.4	101.3	101.8
2014	102.0	102.1	101.8	101.0	101.0	101.0
2015	101.4	101.5	101.3	100.1	100.0	100.3
北京 Beijing	101.8	101.8		98.5		
天津 Tianjin	101.7	101.7		100.3		
河北 Hebei	100.9	101.1	100.5	100.2	100.3	100.0
山西 Shanxi	100.6	100.6	100.7	99.3	99.0	99.7
内蒙古 Inner Mongolia	101.1	101.1	101.1	100.5	100.6	100.2
辽宁 Liaoning	101.4	101.4	101.4	100.5	100.5	100.4
吉林 Jilin	101.7	101.7	101.6	99.8	99.8	100.0
黑龙江 Heilongjiang	101.1	101.1	101.1	100.1	100.1	100.2
上海 Shanghai	102.4	102.4		101.1		
江苏 Jiangsu	101.7	101.7	101.5	100.6	100.6	100.6
浙江 Zhejiang	101.4	101.4	101.4	99.9	99.8	100.2
安徽 Anhui	101.3	101.3	101.3	99.7	99.6	99.9
福建 Fujian	101.7	101.7	101.7	99.9	99.9	100.0
江西 Jiangxi	101.5	101.5	101.5	100.5	100.4	100.6
山东 Shandong	101.2	101.4	100.9	100.2	100.2	100.2
河南 Henan	101.3	101.3	101.2	99.8	99.6	100.0
湖北 Hubei	101.5	101.4	101.7	100.5	100.4	100.7
湖南 Hunan	101.4	101.5	101.1	99.9	99.7	100.0
广东 Guangdong	101.5	101.6	101.3	99.6	99.5	100.2
广西 Guangxi	101.5	101.5	101.5	100.1	100.1	100.1
海南 Hainan	101.0	101.2	100.5	99.8	99.9	98.6
重庆 Chongqing	101.3	101.3		100.2		
四川 Sichuan	101.5	101.4	101.6	100.2	99.9	101.0
贵州 Guizhou	101.8	102.0	101.5	100.1	100.1	100.3
云南 Yunnan	101.9	102.2	101.3	100.8	100.9	100.6
西藏 Tibet	102.0	102.1	101.8	101.4	101.4	101.3
陕西 Shaanxi	101.0	100.9	101.1	99.8	99.8	100.0
甘肃 Gansu	101.6	101.4	101.8	101.0	100.8	101.5
青海 Qinghai	102.6	102.8	102.2	101.0	100.8	101.5
宁夏 Ningxia	101.1	101.2	101.0	100.1	100.1	99.9
新疆 Xinjiang	100.6	100.5	100.6	99.6	99.5	99.8

5-6 分地区居民消费价格分类指数
Consumer Price Indices by Category and Region

(上年=100) (preceding year=100)

年份 地区	Year Region	总指数 General Index	食品 Food	#粮食 Grain	#油脂 Oil or Fat	#肉禽及其制品 Meat,Poultry and Processed Products	#蛋 Eggs	#水产品 Aquatic Products	#菜 Vegetables	#鲜菜 Fresh Vegetables
	2001	100.7	100.0	99.3	91.7	101.6	106.0	97.1	100.9	101.4
	2005	101.8	102.9	101.4	94.3	102.5	104.6	105.9	109.1	110.4
	2006	101.5	102.3	102.7	98.6	97.1	96.0	101.2	108.2	108.2
	2007	104.8	112.3	106.3	126.7	131.7	121.8	105.1	107.9	107.3
	2008	105.9	114.3	107.0	125.4	121.7	104.3	114.2	111.0	110.7
	2009	99.3	100.7	105.6	81.7	91.3	101.6	102.5	113.6	115.4
	2010	103.3	107.2	111.8	103.8	102.9	108.3	108.1	118.5	118.7
	2011	105.4	111.8	112.2	113.4	122.6	114.2	112.1	101.1	100.5
	2012	102.6	104.8	104.0	105.1	102.1	97.1	108.0	113.7	115.9
	2013	102.6	104.7	104.6	100.3	104.3	104.9	104.2	108.0	108.1
	2014	102.0	103.1	103.1	95.1	100.4	110.4	104.4	99.2	98.5
	2015	101.4	102.3	102.0	96.8	105.0	93.0	101.8	106.8	107.4
北京	Beijing	101.8	101.6	101.5	96.9	102.7	93.6	101.9	107.9	108.8
天津	Tianjin	101.7	101.7	101.8	98.1	104.8	90.8	98.1	106.8	107.6
河北	Hebei	100.9	100.8	101.2	97.9	103.2	88.5	100.7	108.5	109.2
山西	Shanxi	100.6	100.4	101.8	95.2	104.1	85.3	101.8	105.4	105.9
内蒙古	Inner Mongolia	101.1	101.4	101.9	98.3	101.1	90.9	102.0	104.9	105.5
辽宁	Liaoning	101.4	102.5	102.1	97.3	104.4	87.7	103.8	109.8	110.6
吉林	Jilin	101.7	102.0	101.7	98.8	104.7	88.4	102.1	108.5	109.8
黑龙江	Heilongjiang	101.1	101.1	102.3	95.2	104.4	89.7	99.7	105.6	105.8
上海	Shanghai	102.4	102.9	103.0	98.5	105.3	98.0	101.3	107.5	109.1
江苏	Jiangsu	101.7	103.0	102.6	94.7	105.3	92.8	101.8	109.6	110.3
浙江	Zhejiang	101.4	103.3	102.5	94.5	107.1	100.9	102.6	109.9	111.4
安徽	Anhui	101.3	102.3	102.2	97.6	104.8	89.6	100.1	110.8	111.4
福建	Fujian	101.7	102.3	101.7	95.2	105.9	94.6	101.0	107.9	108.8
江西	Jiangxi	101.5	103.3	102.2	96.2	107.0	98.7	100.0	109.3	110.1
山东	Shandong	101.2	101.2	101.7	98.4	104.1	90.4	101.8	109.2	110.1
河南	Henan	101.3	101.8	102.9	95.3	103.5	85.5	103.1	107.1	107.3
湖北	Hubei	101.5	102.2	101.2	95.6	105.0	98.0	100.1	106.1	106.7
湖南	Hunan	101.4	103.0	101.6	99.2	107.0	98.6	99.2	104.8	105.0
广东	Guangdong	101.5	103.5	101.8	97.3	106.0	98.6	103.5	107.4	107.8
广西	Guangxi	101.5	102.6	101.4	97.6	106.2	99.7	100.2	104.5	104.5
海南	Hainan	101.0	102.9	101.1	94.5	104.7	98.1	105.3	101.0	100.6
重庆	Chongqing	101.3	101.8	102.3	96.1	106.7	95.7	102.3	100.6	100.3
四川	Sichuan	101.5	102.9	102.4	96.8	106.2	95.5	101.4	103.0	102.9
贵州	Guizhou	101.8	102.6	102.6	96.3	106.6	99.6	101.7	101.2	101.5
云南	Yunnan	101.9	103.4	101.4	96.8	105.2	101.4	101.8	104.0	104.7
西藏	Tibet	102.0	103.1	102.9	100.4	102.9	102.3	104.6	103.9	103.6
陕西	Shaanxi	101.0	100.9	102.7	96.6	104.4	93.6	100.7	101.0	101.4
甘肃	Gansu	101.6	101.7	101.5	98.7	103.0	92.5	99.6	106.2	106.6
青海	Qinghai	102.6	102.5	102.4	97.0	99.9	91.6	103.2	110.1	110.5
宁夏	Ningxia	101.1	100.4	101.9	98.8	99.0	89.7	99.4	107.8	108.5
新疆	Xinjiang	100.6	99.2	101.7	97.7	93.5	92.8	98.3	101.3	101.4

5-6 续表 1 continued

(上年=100) (preceding year=100)

年份 地区	Year Region	#干鲜瓜果 Dried and Fresh Melons and Fruits	#鲜果 Fresh Fruits	#在外用膳食品 Dining Out	烟酒及用品 Tobacco, Liquor and Articles	#烟草 Tobacco	#酒 Liquor	衣着 Clothing	服装 Garments	衣着材料 Clothing Material
	2001	99.9	100.3	100.2	99.7	99.6	99.9	98.1	97.6	98.8
	2005	102.2	101.6	102.4	100.4	100.4	100.6	98.3	98.1	100.0
	2006	117.9	121.5	101.6	100.6	100.2	101.2	99.4	99.0	100.5
	2007	102.2	100.1	107.3	101.7	100.8	103.5	99.4	99.4	101.6
	2008	110.8	109.0	111.8	102.9	100.4	107.5	98.5	98.3	102.4
	2009	107.1	109.1	102.7	101.5	100.4	103.4	98.0	97.8	100.9
	2010	114.6	115.6	103.6	101.6	100.5	103.6	99.0	99.1	103.0
	2011	115.9	116.4	108.2	102.8	100.3	106.7	102.1	102.4	109.2
	2012	100.1	98.8	106.7	102.9	100.5	106.3	103.1	103.3	103.5
	2013	105.9	107.1	104.7	100.3	100.4	100.3	102.3	102.4	102.2
	2014	114.1	118.0	103.3	99.4	100.2	98.2	102.4	102.6	102.3
	2015	97.6	96.2	102.7	102.1	104.3	99.2	102.7	102.8	101.6
北 京	Beijing	92.1	89.7	103.9	102.0	103.9	100.1	103.6	103.2	100.4
天 津	Tianjin	100.2	98.1	101.4	101.9	103.5	100.4	103.0	103.1	102.6
河 北	Hebei	93.3	92.1	101.8	101.7	104.2	99.5	103.1	102.9	101.2
山 西	Shanxi	91.7	88.7	101.7	102.6	105.0	98.5	102.2	102.0	100.9
内蒙古	Inner Mongolia	99.5	98.7	102.6	103.7	106.7	100.5	102.8	102.7	102.5
辽 宁	Liaoning	101.7	101.0	101.1	103.0	104.4	100.9	102.0	102.1	101.0
吉 林	Jilin	99.0	97.9	101.5	103.1	104.6	100.9	103.2	103.4	101.0
黑龙江	Heilongjiang	96.6	94.6	101.6	102.1	104.4	99.6	101.6	101.3	101.4
上 海	Shanghai	96.8	94.1	104.1	104.2	104.9	102.5	107.8	107.3	106.3
江 苏	Jiangsu	98.2	97.2	102.9	101.9	103.5	99.3	103.0	102.5	101.5
浙 江	Zhejiang	97.5	95.9	103.4	103.3	104.7	99.2	101.8	101.8	101.0
安 徽	Anhui	95.7	93.4	102.7	101.9	104.5	98.1	101.4	102.3	100.7
福 建	Fujian	96.8	95.5	101.7	102.3	104.3	99.6	102.9	103.1	101.2
江 西	Jiangxi	99.3	97.6	102.2	103.0	104.6	99.9	103.2	103.8	103.0
山 东	Shandong	91.9	89.2	102.3	101.8	104.4	99.8	103.5	103.5	102.9
河 南	Henan	97.4	94.7	103.2	101.1	104.4	98.5	102.3	102.4	100.7
湖 北	Hubei	99.7	99.0	102.3	102.6	104.4	99.8	102.7	102.6	102.9
湖 南	Hunan	101.0	100.6	101.8	102.4	103.6	99.9	102.2	102.6	103.9
广 东	Guangdong	100.4	99.5	103.2	101.7	103.4	99.2	102.3	102.7	100.0
广 西	Guangxi	97.4	96.0	102.7	101.3	103.2	99.7	105.0	105.3	100.8
海 南	Hainan	103.4	102.9	102.0	101.8	102.7	100.0	103.7	103.8	99.7
重 庆	Chongqing	102.4	103.0	101.4	99.1	102.8	92.6	102.8	103.1	99.0
四 川	Sichuan	100.1	99.5	103.0	100.1	103.6	94.0	101.4	101.6	100.0
贵 州	Guizhou	96.6	95.3	103.9	103.2	104.6	100.9	100.8	100.2	101.4
云 南	Yunnan	101.3	101.3	105.0	103.9	104.9	100.1	102.0	102.3	100.3
西 藏	Tibet	103.9	104.4	105.8	103.6	105.8	100.6	102.4	100.2	100.5
陕 西	Shaanxi	93.9	91.5	101.8	102.4	104.0	100.1	102.3	101.1	101.1
甘 肃	Gansu	96.6	94.1	102.5	103.1	106.0	98.6	103.1	103.2	102.1
青 海	Qinghai	108.7	111.0	103.0	101.4	103.6	99.0	105.1	104.2	101.5
宁 夏	Ningxia	94.6	93.3	101.4	102.6	104.2	99.3	102.8	102.4	101.4
新 疆	Xinjiang	101.5	101.6	103.8	102.0	105.5	98.8	103.4	103.7	101.3

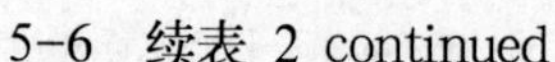

5-6 续表 2 continued

(上年=100) (preceding year=100)

年份 地区	Year Region	鞋袜帽 Footgear and Hats	衣着加工服务费 Clothing Manufacturing Service	家庭设备用品及维修服务 Household Facilities, Articles and Services	耐用消费品 Durable Consumer Goods	室内装饰品 Interior Decorations	床上用品 Bed Articles	家庭日用杂品 Daily Use Household Articles	家庭服务及加工维修服务费 Household Services and Maintenance and Renovation
	2001	99.0	100.3	97.7	96.1	98.3	99.3	98.6	101.5
	2005	98.3	101.1	99.9	98.8	99.5	99.4	100.4	104.4
	2006	100.2	101.5	101.2	100.8	100.0	99.6	101.1	105.8
	2007	99.0	102.3	101.9	101.6	100.3	99.4	101.7	107.2
	2008	98.2	104.1	102.8	101.2	100.2	99.7	104.9	109.0
	2009	97.8	103.5	100.2	98.1	99.7	98.8	102.5	105.2
	2010	98.2	102.9	100.0	98.5	99.9	99.9	100.3	106.7
	2011	100.7	107.3	102.4	100.4	101.0	104.7	102.5	111.4
	2012	102.3	107.1	101.9	100.4	100.8	100.4	102.6	109.7
	2013	101.6	106.8	101.5	100.3	100.4	100.5	101.3	108.7
	2014	101.9	105.2	101.2	100.3	100.0	100.0	100.8	107.3
	2015	102.5	105.2	101.0	100.0	100.5	100.2	100.7	106.6
北京	Beijing	104.7	102.8	99.9	98.6	100.5	96.9	99.9	105.7
天津	Tianjin	102.9	102.2	101.0	99.4	100.3	108.9	100.6	102.8
河北	Hebei	103.5	103.3	101.0	100.6	100.2	101.2	100.8	105.1
山西	Shanxi	102.7	105.1	100.1	99.1	99.8	100.7	100.2	104.9
内蒙古	Inner Mongolia	103.1	104.2	100.9	100.4	101.5	100.8	101.0	103.3
辽宁	Liaoning	101.8	104.6	100.5	99.8	100.3	100.4	100.4	104.8
吉林	Jilin	102.4	105.9	100.4	99.8	100.5	99.7	100.6	104.3
黑龙江	Heilongjiang	102.3	101.8	100.8	99.5	99.0	99.9	100.6	108.6
上海	Shanghai	109.8	105.5	102.9	101.8	102.2	103.4	101.4	108.5
江苏	Jiangsu	104.3	107.8	102.8	102.4	101.6	102.9	101.7	106.9
浙江	Zhejiang	101.8	102.8	100.9	99.4	101.4	98.6	101.0	106.6
安徽	Anhui	98.7	105.7	100.7	99.2	100.2	99.2	100.4	108.7
福建	Fujian	102.0	106.4	100.8	99.4	99.3	99.5	100.8	107.9
江西	Jiangxi	101.2	110.2	101.0	99.2	99.3	100.9	100.4	111.2
山东	Shandong	103.5	103.4	101.7	102.2	100.3	99.9	100.5	105.2
河南	Henan	101.9	108.0	100.5	99.9	100.6	100.6	100.5	107.0
湖北	Hubei	102.3	108.3	100.6	98.3	100.5	100.4	101.5	107.8
湖南	Hunan	100.9	104.2	100.9	100.2	101.3	100.8	100.4	106.4
广东	Guangdong	101.3	101.5	100.9	98.9	99.9	97.4	100.5	106.8
广西	Guangxi	104.4	104.9	100.8	99.6	101.7	102.4	100.1	106.9
海南	Hainan	100.5	124.3	100.6	98.8	100.5	100.3	100.1	111.7
重庆	Chongqing	102.2	103.8	100.0	98.9	100.2	100.1	100.2	102.9
四川	Sichuan	100.9	103.4	100.4	99.1	99.6	99.5	100.0	106.4
贵州	Guizhou	100.9	117.6	101.3	100.0	104.7	98.1	101.9	106.2
云南	Yunnan	101.1	103.8	101.0	99.7	98.0	101.2	100.6	108.2
西藏	Tibet	101.5	116.5	101.5	100.7	100.8	101.8	101.7	104.8
陕西	Shaanxi	105.5	105.5	99.8	98.3	99.7	98.5	101.4	103.2
甘肃	Gansu	103.0	102.9	101.6	100.6	101.1	99.3	101.8	107.1
青海	Qinghai	107.3	114.2	101.4	101.1	102.2	102.8	101.0	103.6
宁夏	Ningxia	104.0	102.7	101.4	100.9	103.8	100.2	101.4	104.3
新疆	Xinjiang	102.6	106.9	100.6	99.7	101.0	99.6	100.1	104.9

5-6 续表 3 continued

(上年=100) (preceding year=100)

年 份 Year 地 区 Region		医疗保健和个人用品 Health Care and Personal Articles	医疗保健 Health Care	医疗器具及用品 Medical Appliances and Articles	中药材及中成药 Traditional Chinese Medicine	西 药 Western Medicine	保健器具及用品 Health Care Appliances and Articles	医疗保健服务 Health Care Services	个人用品及服务 Personal Articles and Services
	2001	100.0	100.3	98.3	101.4	94.8	97.3	110.5	99.5
	2005	99.9	99.5	97.4	96.5	97.7	100.0	105.2	100.8
	2006	101.1	100.2	97.2	99.9	98.4	100.3	103.0	103.2
	2007	102.1	102.1	98.2	107.9	99.1	101.1	102.2	102.1
	2008	102.9	102.2	99.7	106.8	101.1	102.1	100.5	104.4
	2009	101.2	101.4	101.6	102.6	101.0	101.1	101.0	100.8
	2010	103.2	103.3	105.0	111.2	101.0	101.6	100.9	103.0
	2011	103.4	102.9	101.9	111.9	99.7	104.4	100.6	104.4
	2012	102.0	101.7	102.7	105.0	100.3	102.5	100.7	102.6
	2013	101.3	101.5	100.7	103.3	100.2	102.1	101.5	101.0
	2014	101.3	101.7	100.6	103.0	100.6	103.9	101.2	100.4
	2015	102.0	102.7	101.1	102.7	102.3	103.9	102.7	100.6
北 京	Beijing	100.2	101.1	100.6	102.0	101.3	101.8	100.0	98.3
天 津	Tianjin	99.8	101.2	100.7	102.6	101.8	100.4	100.0	97.1
河 北	Hebei	102.7	103.0	102.9	103.9	104.8	104.2	100.7	101.9
山 西	Shanxi	101.8	102.3	100.2	102.2	102.9	100.8	102.1	100.4
内蒙古	Inner Mongolia	102.3	101.9	101.1	101.7	100.9	102.1	102.5	103.0
辽 宁	Liaoning	101.5	101.7	100.4	102.5	102.0	100.9	101.4	101.1
吉 林	Jilin	103.0	103.4	104.6	103.8	104.9	102.9	101.3	102.0
黑龙江	Heilongjiang	102.7	103.4	101.7	102.7	104.7	102.4	102.6	100.7
上 海	Shanghai	99.3	100.7	100.5	103.7	99.9	100.0	101.1	98.0
江 苏	Jiangsu	101.6	102.1	100.0	101.0	98.6	102.3	104.7	100.9
浙 江	Zhejiang	102.7	103.8	100.4	102.0	101.4	110.5	100.3	99.4
安 徽	Anhui	104.1	105.4	99.7	102.3	101.5	103.3	112.9	101.2
福 建	Fujian	104.5	106.6	99.2	102.3	99.5	102.4	117.7	101.0
江 西	Jiangxi	101.4	101.5	100.9	101.2	101.9	100.9	101.6	101.2
山 东	Shandong	101.6	101.8	100.4	101.0	101.5	104.6	102.1	101.1
河 南	Henan	102.4	103.1	101.5	103.6	103.6	103.7	102.5	101.0
湖 北	Hubei	101.7	102.6	102.0	105.0	102.3	102.2	100.5	99.8
湖 南	Hunan	101.9	102.4	100.4	102.3	102.8	102.5	102.2	100.6
广 东	Guangdong	101.8	102.5	101.1	102.1	102.5	103.3	102.7	100.5
广 西	Guangxi	101.8	102.4	100.0	103.9	101.9	101.8	101.6	100.6
海 南	Hainan	103.2	104.7	101.1	106.1	108.2	101.9	102.0	98.5
重 庆	Chongqing	102.6	104.1	102.0	108.9	100.8	109.6	101.0	99.9
四 川	Sichuan	102.1	102.4	100.5	105.8	100.4	102.6	101.7	101.2
贵 州	Guizhou	100.7	100.6	101.0	100.5	101.2	100.3	99.9	100.8
云 南	Yunnan	102.5	103.0	101.5	103.9	104.3	101.7	100.4	101.0
西 藏	Tibet	101.4	102.3	101.3	104.5	103.2	100.6	100.0	100.1
陕 西	Shaanxi	102.0	102.4	102.7	101.7	104.5	101.8	100.8	101.1
甘 肃	Gansu	101.6	102.0	101.2	101.7	103.9	103.1	101.0	100.5
青 海	Qinghai	102.3	103.0	103.2	103.0	103.7	102.2	102.7	100.8
宁 夏	Ningxia	101.0	101.0	101.9	100.2	100.2	104.9	102.1	100.9
新 疆	Xinjiang	101.5	102.0	99.8	100.8	104.5	100.9	100.0	100.8

5-6 续表 4 continued

(上年=100) (preceding year=100)

年份 地区	Year Region	化妆美容用品 Cosmetics	清洁化妆用品 Sanitation Articles	个人饰品 Personal Ornaments	个人服务 Personal Services	交通和通信 Transportation and Communication	交通 Transportation	交通工具 Transportation Facility
	2001	99.8	97.9	97.8	101.7	99.0	101.0	96.4
	2005	99.4	99.4	101.6	101.9	99.0	101.5	97.3
	2006	99.7	99.9	110.8	102.5	99.9	103.2	97.8
	2007	100.1	100.3	104.5	103.1	99.1	100.8	97.7
	2008	100.6	101.7	109.7	105.0	99.1	102.2	98.4
	2009	100.8	102.1	96.3	103.8	97.6	98.6	98.0
	2010	100.5	100.4	108.4	102.8	99.6	101.7	98.7
	2011	101.0	101.8	108.8	104.9	100.5	102.6	99.0
	2012	101.3	103.5	100.2	105.3	99.9	101.2	99.2
	2013	101.0	102.0	95.3	105.4	99.6	100.2	98.8
	2014	100.7	100.9	95.3	104.2	99.9	100.2	99.2
	2015	100.3	100.8	95.7	104.3	98.3	97.5	98.3
北京	Beijing	98.1	100.7	92.4	104.2	102.8	104.6	97.2
天津	Tianjin	99.3	98.4	90.6	101.4	97.4	96.1	96.9
河北	Hebei	100.3	101.2	97.6	106.2	98.3	96.7	98.6
山西	Shanxi	100.3	100.5	97.0	103.6	97.3	95.6	97.1
内蒙古	Inner Mongolia	100.8	100.1	98.2	109.4	98.0	97.3	99.6
辽宁	Liaoning	101.0	101.1	96.8	102.9	99.0	98.4	99.3
吉林	Jilin	100.8	101.6	97.4	105.0	98.9	98.3	100.4
黑龙江	Heilongjiang	100.6	101.0	96.8	103.2	99.0	98.2	99.7
上海	Shanghai	99.6	101.3	92.0	104.0	97.6	97.3	97.0
江苏	Jiangsu	100.9	102.4	93.9	104.2	97.3	95.9	97.6
浙江	Zhejiang	98.6	100.5	94.2	102.7	96.0	94.7	98.0
安徽	Anhui	100.0	101.4	95.1	105.6	98.1	98.2	98.1
福建	Fujian	101.0	100.9	97.9	102.9	98.3	96.9	99.4
江西	Jiangxi	100.2	100.5	97.1	106.3	98.8	98.3	99.6
山东	Shandong	100.7	101.3	97.5	104.6	98.4	97.3	99.3
河南	Henan	100.3	100.2	95.6	105.9	97.9	97.1	97.0
湖北	Hubei	99.9	99.6	95.6	103.1	100.2	100.6	99.9
湖南	Hunan	100.5	100.6	97.6	101.8	98.1	96.9	98.5
广东	Guangdong	100.5	100.8	94.9	104.6	97.9	97.1	97.9
广西	Guangxi	100.4	100.9	96.9	103.6	98.5	97.5	99.4
海南	Hainan	99.0	98.4	93.1	103.1	96.0	94.4	97.1
重庆	Chongqing	100.4	99.4	98.3	101.1	98.0	97.6	98.7
四川	Sichuan	100.0	100.7	96.4	105.1	99.3	99.1	98.9
贵州	Guizhou	100.3	100.2	98.4	103.6	100.6	101.8	100.0
云南	Yunnan	100.8	100.9	97.7	103.1	98.3	96.9	99.7
西藏	Tibet	100.0	100.4	97.6	103.0	98.5	97.4	100.0
陕西	Shaanxi	100.7	101.0	96.2	103.8	99.7	100.5	99.1
甘肃	Gansu	101.4	101.3	97.9	105.9	98.6	97.6	100.7
青海	Qinghai	100.3	100.1	96.5	106.2	100.4	101.9	99.4
宁夏	Ningxia	100.6	100.9	97.5	103.0	98.6	97.8	98.3
新疆	Xinjiang	100.6	100.6	97.6	104.7	99.3	99.1	100.1

5-6 续表 5 continued

(上年=100) (preceding year=100)

年 份 Year 地 区 Region	车用燃料及零配件 Fuels and Parts	车辆使用及维修费 Fees for Vehicles Use and Maintenance	市区公共交通费 Incity Traffic Fare	城市间交通费 Intercity Traffic Fare	通信 Communication	通信工具 Communication Facility	通信服务 Communication Services
2001	99.0	100.4	105.8	104.0	96.8	80.5	101.1
2005	110.3	102.0	102.2	103.3	96.6	84.1	99.6
2006	112.8	102.4	104.8	105.6	96.4	82.2	100.0
2007	103.5	102.4	101.3	103.0	97.1	81.8	100.6
2008	113.5	100.8	100.5	104.3	95.6	80.7	98.8
2009	92.8	101.1	100.6	100.5	96.3	81.7	99.5
2010	111.5	101.7	100.7	101.7	97.3	86.5	99.7
2011	111.7	103.8	101.7	102.7	97.5	87.0	99.8
2012	102.9	104.5	101.4	101.6	98.0	87.8	99.9
2013	99.4	104.0	100.9	101.0	98.8	91.8	99.9
2014	98.7	103.0	101.2	101.4	99.4	95.7	99.9
2015	84.2	102.7	104.0	100.3	99.5	96.9	99.9
北 京 Beijing	82.3	102.5	172.3	104.3	98.4	81.7	99.9
天 津 Tianjin	84.4	101.6	100.0	98.5	99.7	98.0	99.8
河 北 Hebei	82.9	103.6	101.8	99.6	100.4	102.6	100.1
山 西 Shanxi	82.7	103.6	100.3	99.8	99.5	92.3	100.1
内蒙古 Inner Mongolia	86.1	101.1	100.8	99.2	99.2	97.1	99.8
辽 宁 Liaoning	85.1	101.5	99.6	101.0	99.7	96.6	100.0
吉 林 Jilin	85.0	102.5	100.0	100.2	100.1	100.1	100.1
黑龙江 Heilongjiang	84.6	100.7	99.8	100.4	99.9	101.1	99.7
上 海 Shanghai	84.3	100.9	100.1	101.0	98.2	92.4	98.8
江 苏 Jiangsu	83.9	103.2	100.0	99.5	100.0	100.0	100.1
浙 江 Zhejiang	82.4	102.4	101.6	99.0	99.6	96.4	99.9
安 徽 Anhui	85.0	101.9	101.3	99.9	98.1	97.0	98.3
福 建 Fujian	83.1	101.2	100.0	102.5	99.9	99.6	100.0
江 西 Jiangxi	83.7	104.8	99.7	101.1	99.3	94.5	100.0
山 东 Shandong	83.9	101.4	100.7	99.7	100.5	102.8	100.1
河 南 Henan	84.7	103.1	103.5	104.8	99.2	93.8	100.0
湖 北 Hubei	86.6	101.6	106.0	99.9	99.6	98.0	99.9
湖 南 Hunan	84.4	101.7	104.3	97.6	99.8	99.0	99.9
广 东 Guangdong	85.4	104.5	101.1	100.6	99.1	93.8	99.8
广 西 Guangxi	85.7	105.9	101.9	98.5	99.5	96.0	100.3
海 南 Hainan	85.2	103.1	100.9	93.5	99.5	89.0	100.3
重 庆 Chongqing	82.8	102.1	103.0	99.1	98.4	90.8	100.1
四 川 Sichuan	85.0	102.2	103.9	100.0	99.8	97.1	100.1
贵 州 Guizhou	86.6	101.3	109.5	102.6	99.3	93.1	100.2
云 南 Yunnan	83.7	102.5	101.9	100.4	100.1	99.9	100.2
西 藏 Tibet	88.8	101.4	101.5	100.0	100.0	99.7	100.2
陕 西 Shaanxi	86.8	103.7	107.6	99.1	98.9	94.8	99.6
甘 肃 Gansu	86.8	106.4	100.2	98.3	99.6	98.2	99.7
青 海 Qinghai	86.4	104.4	108.9	102.2	98.6	94.5	99.5
宁 夏 Ningxia	85.5	104.0	98.4	101.4	99.9	98.5	100.1
新 疆 Xinjiang	85.8	103.2	101.0	100.9	99.4	96.3	99.9

5-6 续表 6 continued

(上年=100) (preceding year=100)

年份 地区	Year Region	娱乐教育文化用品及服务 Recreation, Education and Culture	文娱用耐用消费品及服务 Durable Consumer Goods and Service for Recreational Use	教育 Education	教材及参考书 Teaching Materials and Reference Books	教育服务 Educational Services	文化娱乐 Cultural and Recreational Articles	文化娱乐用品 Cultural Articles
	2001	106.6	91.2	113.6	106.1		101.7	99.4
	2005	102.2	93.8	105.1	100.9		101.2	99.8
	2006	99.5	94.2	100.0	100.3		101.0	99.6
	2007	99.0	93.1	99.6	99.1		101.0	99.5
	2008	99.3	92.3	100.5	100.6		101.3	99.9
	2009	99.3	90.6	101.6	102.9		102.5	99.8
	2010	100.6	94.3	101.4	102.6		101.0	99.7
	2011	100.4	93.7	101.3	101.1	101.4	101.1	100.6
	2012	100.5	94.5	101.7	101.7	101.7	101.3	100.4
	2013	101.8	96.3	102.7	102.3	102.8	101.4	100.2
	2014	101.9	97.3	102.4	101.3	102.5	101.3	100.3
	2015	101.4	98.5	102.7	101.2	102.8	101.8	100.3
北京	Beijing	100.8	95.0	104.5	100.5	104.7	101.8	100.3
天津	Tianjin	104.2	94.5	108.2	100.2	109.1	102.4	99.7
河北	Hebei	101.1	99.9	101.1	100.8	101.1	101.8	100.2
山西	Shanxi	101.7	96.8	103.5	102.2	103.6	101.6	100.8
内蒙古	Inner Mongolia	101.4	99.8	102.6	101.0	102.7	100.7	100.5
辽宁	Liaoning	101.1	99.6	102.5	101.2	102.7	101.0	100.1
吉林	Jilin	100.4	99.9	100.4	101.5	100.2	100.7	100.0
黑龙江	Heilongjiang	101.3	103.3	101.0	103.5	100.6	100.2	100.4
上海	Shanghai	100.3	95.9	102.5	99.9	102.6	100.7	101.0
江苏	Jiangsu	101.8	100.3	102.1	101.1	102.2	102.6	101.0
浙江	Zhejiang	101.4	99.2	102.8	98.7	103.0	101.5	100.2
安徽	Anhui	101.4	98.8	102.8	99.9	103.5	101.1	100.1
福建	Fujian	101.2	97.9	102.3	100.3	102.5	101.3	100.5
江西	Jiangxi	101.1	99.4	101.7	100.9	101.8	101.5	100.1
山东	Shandong	101.9	100.8	102.5	100.8	102.7	102.4	100.3
河南	Henan	102.1	98.0	103.3	100.3	103.5	101.4	100.3
湖北	Hubei	101.3	97.2	102.1	100.8	102.3	101.0	100.5
湖南	Hunan	101.4	99.0	103.1	102.0	103.1	101.0	100.2
广东	Guangdong	101.4	96.9	102.8	100.9	103.1	103.2	100.1
广西	Guangxi	101.3	98.4	102.0	97.9	102.5	100.9	99.7
海南	Hainan	102.8	100.8	104.3	101.2	105.0	102.3	103.2
重庆	Chongqing	101.2	98.7	103.2	104.4	103.0	101.6	99.4
四川	Sichuan	101.1	98.0	102.3	106.1	101.7	102.6	100.2
贵州	Guizhou	103.4	96.0	106.0	100.8	106.6	101.0	99.9
云南	Yunnan	101.1	98.0	102.4	101.7	102.5	102.1	100.9
西藏	Tibet	101.4	99.9	100.9	102.0	100.4	100.1	100.3
陕西	Shaanxi	101.5	97.6	103.3	100.4	103.9	101.6	100.9
甘肃	Gansu	100.6	98.7	101.2	100.3	101.2	100.9	100.2
青海	Qinghai	103.1	98.5	104.8	104.8	104.8	102.1	101.0
宁夏	Ningxia	105.7	99.1	109.9	107.8	110.3	102.8	100.5
新疆	Xinjiang	100.9	99.2	101.2	100.5	101.3	101.3	99.0

5-6 续表 7 continued

(上年=100) (preceding year=100)

年份 Year / 地区 Region		书报杂志 Newspapers and Magazines	文娱费 Expenditure on Culture and Recreation	旅游 Touring and Outing	居住 Residence	建房及装修材料 Building and Decoration Materials	住房租金 Renting	自有住房 Private Housing	水电燃料 Water, Electricity and Fuels
	2001	101.9	104.4	100.3	101.2	98.8	108.6	100.0	102.5
	2005	100.8	102.9	99.6	105.4	102.6	101.9	105.6	108.6
	2006	100.7	102.6	103.1	104.6	103.9	102.7	103.7	105.9
	2007	100.7	102.7	102.3	104.5	105.1	104.2	107.0	103.0
	2008	102.1	102.1	101.1	105.5	107.1	103.5	102.8	106.4
	2009	107.6	102.1	97.5	96.4	100.2	101.6	85.3	97.9
	2010	100.6	102.3	104.9	104.5	103.3	104.9	103.6	105.5
	2011	101.0	101.5	103.8	105.3	104.7	105.3	106.5	103.5
	2012	101.4	101.9	101.7	102.1	101.0	102.7	102.3	102.4
	2013	101.0	102.4	104.0	102.8	101.2	104.1	103.8	101.6
	2014	101.6	101.8	105.0	102.0	101.0	103.3	103.0	100.7
	2015	105.4	101.4	99.5	100.7	100.0	102.6	102.1	98.0
北京	Beijing	106.2	101.6	94.2	102.6	100.3	103.8	103.1	101.2
天津	Tianjin	107.5	103.0	100.7	102.6	99.7	107.2	103.7	99.9
河北	Hebei	106.1	101.7	101.1	99.9	100.7	100.3	100.6	98.2
山西	Shanxi	107.4	99.5	97.4	100.2	97.5	101.7	101.4	99.0
内蒙古	Inner Mongolia	102.6	100.3	100.5	99.7	98.6	99.9	100.5	98.6
辽宁	Liaoning	103.1	100.8	93.4	100.3	99.3	100.7	100.9	99.5
吉林	Jilin	103.7	100.2	100.2	101.5	100.9	102.9	102.2	100.8
黑龙江	Heilongjiang	99.9	100.3	102.9	100.7	102.2	100.4	101.6	98.4
上海	Shanghai	103.2	99.9	97.9	104.6	101.4	107.3	105.5	102.4
江苏	Jiangsu	105.0	103.0	101.2	100.9	100.6	101.9	101.8	98.1
浙江	Zhejiang	108.8	100.4	97.9	100.8	100.7	102.2	101.8	98.0
安徽	Anhui	103.1	101.1	98.7	99.6	99.0	102.4	100.7	97.0
福建	Fujian	103.0	101.1	101.0	101.3	99.7	102.2	103.1	98.1
江西	Jiangxi	102.0	102.3	99.7	98.5	98.6	102.0	100.8	96.0
山东	Shandong	107.4	101.3	99.6	100.8	100.6	100.8	101.6	99.8
河南	Henan	103.3	101.6	101.7	101.0	99.8	102.6	102.6	98.8
湖北	Hubei	102.5	100.7	101.4	100.6	100.5	102.8	101.5	98.7
湖南	Hunan	101.6	101.4	98.5	99.2	100.0	102.3	101.0	95.6
广东	Guangdong	111.3	101.1	100.0	100.0	100.0	104.6	103.3	94.4
广西	Guangxi	103.5	100.4	102.3	99.6	99.0	102.4	102.1	95.2
海南	Hainan	103.3	100.3	99.4	97.7	95.8	101.8	100.6	94.1
重庆	Chongqing	103.8	101.9	98.0	101.2	100.2	101.4	102.1	100.1
四川	Sichuan	106.3	102.5	97.3	100.5	99.0	101.1	101.2	99.9
贵州	Guizhou	101.3	101.4	104.9	100.6	100.6	99.9	100.9	100.3
云南	Yunnan	102.7	102.8	100.1	100.6	100.0	100.8	101.3	99.8
西藏	Tibet	100.4	99.6	106.4	100.7	102.5	100.0	101.0	100.8
陕西	Shaanxi	103.5	101.3	98.1	100.2	99.1	99.7	100.8	100.0
甘肃	Gansu	102.6	100.7	99.7	101.9	101.6	102.7	103.1	99.3
青海	Qinghai	108.7	101.3	102.3	103.2	98.8	104.4	106.6	98.7
宁夏	Ningxia	108.5	101.9	101.7	100.3	98.2	94.6	103.7	100.6
新疆	Xinjiang	102.0	102.8	101.6	102.0	100.7	101.7	102.6	100.6

5-7 分地区商品零售价格分类指数

Retail Price Indices by Category of Commodities by Region

(上年=100) (preceding year=100)

年 份 Year 地 区 Region	总指数 General Index	食 品 Food	#粮 食 Grain	#油 脂 Oil or Fat	#肉禽及其制品 Meat, Poultry and Processed Products	#蛋 Eggs	#水产品 Aquatic Products	#菜 Vegetables	#干鲜瓜果 Dried and Fresh Melons and Fruits
2001	99.2	100.6	101.5	89.3			96.3		
2005	100.8	103.1	101.4	94.7	103.0	104.7	105.8	108.1	101.7
2006	101.0	102.6	102.5	98.7	97.3	96.3	101.6	108.1	117.0
2007	103.8	112.3	106.4	126.3	131.0	121.8	105.3	107.9	102.5
2008	105.9	114.4	107.0	125.0	121.7	104.3	114.5	110.4	111.3
2009	98.8	100.9	105.7	81.8	91.7	101.6	102.3	113.2	106.7
2010	103.1	107.6	111.7	103.7	103.0	108.3	108.3	119.0	114.3
2011	104.9	111.9	112.3	113.4	122.4	114.3	112.1	101.0	115.9
2012	102.0	104.8	103.8	105.1	102.2	97.1	108.1	113.5	99.7
2013	101.4	104.7	104.9	100.4	104.4	104.8	104.1	108.1	106.0
2014	101.0	103.0	103.1	95.1	100.3	110.8	104.3	98.8	114.0
2015	100.1	102.2	102.0	97.0	104.9	92.7	101.6	106.9	97.4
北 京 Beijing	98.5	101.6	101.5	96.9	102.7	93.6	101.9	107.9	92.1
天 津 Tianjin	100.3	101.7	101.8	98.1	104.9	90.8	98.1	106.8	100.2
河 北 Hebei	100.2	100.8	101.1	98.2	103.0	87.9	100.6	108.5	93.3
山 西 Shanxi	99.3	100.2	101.5	95.2	104.3	85.4	102.1	104.9	91.2
内蒙古 Inner Mongolia	100.5	100.8	102.2	98.8	100.6	91.0	101.6	103.7	99.2
辽 宁 Liaoning	100.5	102.6	102.1	96.7	104.5	87.5	103.6	109.9	101.8
吉 林 Jilin	99.8	101.7	101.7	98.6	104.9	87.9	102.0	108.7	98.5
黑龙江 Heilongjiang	100.1	101.0	102.4	95.4	104.3	89.4	99.2	105.8	96.9
上 海 Shanghai	101.1	102.8	103.0	98.0	105.3	98.0	101.3	107.5	96.8
江 苏 Jiangsu	100.6	102.9	102.7	94.7	105.3	93.1	101.7	109.6	98.4
浙 江 Zhejiang	99.9	103.3	102.6	94.7	106.9	100.7	102.6	109.6	97.4
安 徽 Anhui	99.7	102.5	102.4	97.3	104.7	89.8	100.0	110.7	96.2
福 建 Fujian	99.9	101.9	101.8	95.1	105.6	93.9	100.0	107.5	96.0
江 西 Jiangxi	100.5	103.4	102.3	96.2	106.9	98.7	100.2	109.5	99.9
山 东 Shandong	100.2	101.1	101.6	98.1	104.0	90.7	101.9	109.1	92.0
河 南 Henan	99.8	101.5	102.9	95.3	103.5	85.9	102.7	107.1	96.4
湖 北 Hubei	100.5	102.3	101.3	95.8	105.1	97.9	99.6	106.6	100.3
湖 南 Hunan	99.9	102.9	101.5	99.7	106.8	98.5	98.4	104.0	100.7
广 东 Guangdong	99.6	103.3	101.9	97.5	105.8	97.4	102.9	106.6	100.6
广 西 Guangxi	100.1	102.4	101.4	97.3	105.8	100.1	100.0	104.3	97.2
海 南 Hainan	99.8	103.1	101.7	94.1	105.0	98.6	106.3	100.5	104.0
重 庆 Chongqing	100.2	101.4	102.3	96.1	106.7	95.7	103.0	100.6	102.4
四 川 Sichuan	100.2	102.9	102.4	96.4	106.2	94.6	101.4	103.9	99.8
贵 州 Guizhou	100.1	102.6	102.6	97.2	106.1	100.5	102.7	101.4	96.6
云 南 Yunnan	100.8	103.1	101.6	96.5	104.4	101.0	101.7	103.5	101.1
西 藏 Tibet	101.4	103.4	103.7	100.5	103.1	103.5	103.0	103.4	102.5
陕 西 Shaanxi	99.8	100.8	103.2	96.7	104.9	93.5	100.4	99.8	93.6
甘 肃 Gansu	101.0	101.6	101.3	99.4	103.4	92.8	98.9	105.8	95.7
青 海 Qinghai	101.0	102.8	102.0	96.8	100.6	91.5	104.0	110.1	111.6
宁 夏 Ningxia	100.1	100.6	101.6	98.5	99.0	93.5	98.8	107.0	94.5
新 疆 Xinjiang	99.6	99.3	101.7	97.7	95.1	93.1	98.2	101.5	99.9

5-7 续表 1 continued

(上年=100) (preceding year=100)

年 份 Year 地 区 Region	饮料烟酒 Beverages, Tobacco and Liquor	服装鞋帽 Garments, Shoes and Hats	纺织品 Textiles	家用电器及音像器材 Household Appliances, Music and Video Equipment	文化办公用品 Cultural and Office Appliances	日用品 Articles for Daily Use	体育娱乐用品 Sports and Recreation Articles	交通、通信用品 Transportation and Communication Appliances
2001	99.5	98.9	99.1			98.3		
2005	100.5	97.9	99.8	96.3	96.7	100.2	98.4	91.7
2006	100.7	99.8	100.0	97.3	97.6	100.8	98.5	92.3
2007	101.8	99.4	100.2	97.4	97.0	101.1	97.4	92.7
2008	103.4	98.4	100.5	96.9	96.8	103.7	97.7	93.2
2009	101.7	97.9	99.6	94.2	96.2	102.0	97.8	93.7
2010	101.7	98.8	101.2	96.1	97.8	100.3	98.3	95.6
2011	103.3	101.8	105.7	96.9	97.6	102.3	100.9	96.1
2012	103.3	102.9	101.5	97.7	98.1	102.1	101.0	96.0
2013	100.7	102.2	101.0	98.3	98.6	100.8	100.7	97.3
2014	99.9	102.4	100.9	98.5	99.0	100.5	100.5	98.6
2015	101.9	102.8	100.6	98.9	99.6	100.6	100.6	98.3
北 京 Beijing	102.2	103.6	97.3	96.2	98.3	99.1	99.8	96.1
天 津 Tianjin	102.0	103.0	104.5	96.5	97.2	99.9	102.7	97.7
河 北 Hebei	101.2	103.1	101.9	99.9	100.1	100.5	100.5	98.7
山 西 Shanxi	102.6	102.3	100.3	98.3	99.2	99.8	100.2	98.0
内蒙古 Inner Mongolia	102.9	103.3	100.6	99.4	100.7	101.9	101.1	99.3
辽 宁 Liaoning	102.1	101.9	100.4	99.5	100.3	100.3	100.5	99.3
吉 林 Jilin	101.9	103.0	100.1	99.3	99.6	100.4	100.3	100.0
黑龙江 Heilongjiang	101.1	101.0	100.7	98.2	102.0	100.9	100.3	99.5
上 海 Shanghai	103.9	107.9	104.1	99.3	99.2	101.5	99.4	97.8
江 苏 Jiangsu	102.3	103.0	102.3	101.4	100.7	101.3	100.6	99.6
浙 江 Zhejiang	102.5	101.9	99.7	98.7	100.0	100.6	100.1	98.1
安 徽 Anhui	101.6	101.4	99.9	98.8	99.1	100.1	100.8	97.5
福 建 Fujian	101.7	103.5	99.1	98.2	99.1	99.9	99.8	99.6
江 西 Jiangxi	102.1	103.1	102.2	98.5	99.8	100.3	100.3	98.3
山 东 Shandong	101.5	103.4	100.6	101.3	99.9	100.7	101.0	99.5
河 南 Henan	101.0	102.3	101.0	98.9	99.0	100.4	100.6	95.5
湖 北 Hubei	102.1	102.4	101.0	97.9	99.9	100.5	100.2	97.6
湖 南 Hunan	101.7	102.0	101.6	98.9	99.8	100.5	100.9	99.0
广 东 Guangdong	101.8	102.4	98.6	97.3	98.5	100.6	100.7	97.5
广 西 Guangxi	101.4	104.6	101.6	98.6	99.6	100.0	100.7	98.4
海 南 Hainan	102.0	103.6	99.9	100.0	101.1	99.9	98.5	96.0
重 庆 Chongqing	99.6	102.9	100.0	97.8	100.1	101.2	100.0	96.4
四 川 Sichuan	100.2	101.2	99.8	98.1	98.8	100.1	101.3	97.9
贵 州 Guizhou	102.5	100.7	99.2	97.8	98.8	101.5	99.7	98.4
云 南 Yunnan	102.3	102.2	101.6	99.1	99.5	101.5	100.9	99.3
西 藏 Tibet	103.0	100.5	100.8	100.0	100.5	101.1	100.6	99.8
陕 西 Shaanxi	102.4	102.8	99.5	96.5	101.8	100.8	101.4	96.8
甘 肃 Gansu	102.2	103.0	100.2	99.6	100.1	101.6	100.8	99.2
青 海 Qinghai	101.6	105.1	101.6	99.5	99.6	101.0	100.9	97.1
宁 夏 Ningxia	101.1	103.1	102.7	101.4	98.9	100.5	99.8	98.7
新 疆 Xinjiang	102.2	102.9	99.5	99.3	98.0	100.3	100.0	99.7

5-7 续表 2 continued

(上年=100) (preceding year=100)

年份 地区	Year Region	家具 Furniture	化妆品 Cosmetics	金银珠宝 Gold, Silver and Jewelry	中西药品及医疗保健用品 Traditional Chinese and Western Medicines and Health Care Articles	书报杂志及电子出版物 Books, Newspapers, Magazines and Electronic Publications	燃料 Fuels	建筑材料及五金电料 Building Materials and Hardware
	2001		98.8				102.4	
	2005	99.1	99.3	104.4	97.6	100.3	115.4	102.1
	2006	100.1	99.8	119.7	99.1	100.2	112.4	103.0
	2007	101.6	100.2	107.9	102.0	99.7	104.2	105.1
	2008	102.6	100.7	116.8	103.1	101.5	116.0	107.9
	2009	99.7	100.8	95.6	101.5	105.0	92.7	98.4
	2010	100.1	100.4	114.5	104.3	101.3	112.3	103.5
	2011	102.3	101.3	114.3	103.9	100.8	111.1	105.1
	2012	101.3	102.2	101.0	102.1	101.4	102.9	100.3
	2013	101.2	101.5	91.9	101.3	101.3	99.9	100.5
	2014	101.5	100.8	91.6	101.7	101.1	99.2	100.4
	2015	101.1	100.6	93.3	102.4	102.6	87.7	99.1
北京	Beijing	101.7	99.9	91.6	101.6	102.6	85.7	99.3
天津	Tianjin	101.1	99.7	87.6	101.9	101.9	90.0	99.4
河北	Hebei	101.3	100.9	93.3	104.8	103.0	89.4	99.2
山西	Shanxi	100.9	100.1	94.8	102.6	103.5	88.7	96.8
内蒙古	Inner Mongolia	101.7	100.1	98.2	101.1	100.6	90.9	100.0
辽宁	Liaoning	99.8	101.4	93.9	102.2	102.1	89.2	98.7
吉林	Jilin	100.4	101.7	92.6	104.6	101.8	88.9	99.5
黑龙江	Heilongjiang	106.5	100.0	93.1	104.1	101.5	88.9	102.0
上海	Shanghai	101.8	100.1	95.2	100.6	101.7	91.2	99.6
江苏	Jiangsu	101.9	102.1	92.8	100.5	104.0	87.8	99.6
浙江	Zhejiang	100.9	99.6	93.1	103.1	104.3	85.4	98.9
安徽	Anhui	100.4	100.4	91.2	101.5	101.5	86.6	97.5
福建	Fujian	101.5	101.0	96.5	100.8	102.0	86.5	98.3
江西	Jiangxi	100.6	100.6	94.2	101.3	101.0	87.5	97.7
山东	Shandong	101.6	100.9	94.2	101.6	103.0	89.4	99.1
河南	Henan	100.7	100.4	93.6	103.8	102.1	87.8	99.5
湖北	Hubei	99.9	100.0	92.5	103.3	101.4	89.9	99.7
湖南	Hunan	100.5	100.3	96.3	102.4	101.6	83.5	99.8
广东	Guangdong	101.6	100.7	92.1	102.1	103.6	84.2	99.0
广西	Guangxi	100.7	100.6	92.8	102.9	100.1	85.3	97.8
海南	Hainan	98.5	100.2	91.1	106.7	101.6	83.8	95.1
重庆	Chongqing	101.4	100.2	95.4	105.5	103.0	93.4	99.5
四川	Sichuan	100.2	100.3	93.6	102.1	105.8	91.1	97.2
贵州	Guizhou	101.3	99.6	91.8	100.7	101.5	93.1	98.5
云南	Yunnan	100.2	101.2	94.5	103.6	101.8	90.0	99.3
西藏	Tibet	101.3	99.8	98.6	104.0	100.7	93.5	102.3
陕西	Shaanxi	99.4	100.9	89.4	103.1	101.9	92.6	98.1
甘肃	Gansu	100.7	101.6	92.7	102.4	100.9	95.8	100.0
青海	Qinghai	101.2	100.4	94.8	102.6	104.2	89.7	99.3
宁夏	Ningxia	100.2	100.9	94.1	100.3	108.4	91.4	97.9
新疆	Xinjiang	101.5	100.4	95.6	102.4	102.3	91.8	100.1

5-8 分地区农业生产资料价格分类指数
Price Indices for Means of Agricultural Production by Category and Region

(上年=100) (preceding year=100)

年 份 地 区	Year Region	总指数 General Index	农用手工工具 Farm Handtools	饲 料 Forage	产品畜 Commodity Animals	半机械化农具 Semi-mechanized Farm Tools	机械化农具 Mechanized Farm Machinery
	2003	101.4	99.3	102.0	102.9	99.4	98.5
	2004	110.6	104.3	116.5	127.6	102.1	102.2
	2005	108.3	105.1	103.9	106.5	102.3	102.3
	2006	101.5	106.2	101.1	88.0	101.8	101.5
	2007	107.7	104.9	108.2	144.5	102.7	101.7
	2008	120.3	112.5	115.8	131.5	107.9	109.0
	2009	97.5	103.1	102.4	82.7	101.5	100.9
	2010	102.9	102.5	108.3	100.8	100.7	101.4
	2011	111.3	105.3	107.6	137.3	103.6	104.6
	2012	105.6	104.4	105.7	104.6	102.1	102.1
	2013	101.4	103.0	104.5	100.3	100.7	100.5
	2014	99.1	103.1	102.0	97.8	100.5	100.6
	2015	100.4	101.5	98.1	108.3	100.1	99.8
北 京	Beijing						
天 津	Tianjin						
河 北	Hebei	99.8	100.0	99.3	104.4	100.0	100.4
山 西	Shanxi	99.6	100.6	98.7	105.9	99.7	98.7
内蒙古	Inner Mongolia	98.7	100.0	100.6	97.3	100.9	99.5
辽 宁	Liaoning	99.5	100.3	99.7	106.5	99.2	99.0
吉 林	Jilin	100.2	99.6	105.1	114.5	99.9	100.2
黑龙江	Heilongjiang	101.3	102.3	101.2	106.9	98.9	100.1
上 海	Shanghai						
江 苏	Jiangsu	99.6	100.6	97.0	107.2	100.6	98.8
浙 江	Zhejiang	100.9	100.6	97.6	118.6	99.9	99.9
安 徽	Anhui	101.6	102.3	97.4	117.2	99.2	99.9
福 建	Fujian	101.4	101.8	100.2	109.8	100.7	100.1
江 西	Jiangxi	101.4	103.1	99.7	116.1	100.0	103.7
山 东	Shandong	99.3	102.1	94.6	99.4	100.1	100.7
河 南	Henan	100.3	102.1	96.1	112.3	101.6	99.3
湖 北	Hubei	100.4	102.0	97.3	110.1	100.3	99.6
湖 南	Hunan	104.1	107.9	101.6	111.5	101.7	97.3
广 东	Guangdong	101.2	101.5	99.0	112.0	99.8	99.5
广 西	Guangxi	100.9	101.4	96.3	110.4	99.6	99.7
海 南	Hainan	101.6	100.3	102.0	102.1	100.9	96.5
重 庆	Chongqing						
四 川	Sichuan	101.5	101.4	98.8	110.1	99.7	99.8
贵 州	Guizhou	103.1	101.2	98.1	116.7	101.3	100.0
云 南	Yunnan	101.1	101.6	101.0	106.1	100.5	99.8
西 藏	Tibet	99.7	100.8	100.0	100.3	100.0	100.0
陕 西	Shaanxi	100.6	101.2	97.2	113.4	100.0	98.8
甘 肃	Gansu	98.6	101.7	100.8	94.8	100.0	100.0
青 海	Qinghai	100.8	103.7	95.9	103.9	101.0	103.0
宁 夏	Ningxia	98.7	100.0	95.4	104.6	97.2	99.9
新 疆	Xinjiang	98.6	102.2	99.3	95.5	99.8	99.9

5-8 续表 continued

(上年=100) (preceding year=100)

年 份 Year / 地 区 Region	化学肥料 Chemical Fertilizer	农药及农药械 Pesticide and Its Appliances	农用机油 Oil for Farm Machinery	其他农业生产资料 Other Means of Agricultural Production	农业生产服务 Service for Agricultural Production
2003	101.6	99.9	107.8	97.0	
2004	112.8	103.0	108.4	106.3	
2005	112.8	104.1	111.1	109.4	
2006	100.1	101.6	113.4	105.8	107.8
2007	103.4	101.4	105.3	103.4	109.7
2008	131.7	108.0	113.1	108.1	110.3
2009	93.7	100.1	94.4	102.5	107.9
2010	98.6	100.4	110.3	107.2	104.3
2011	113.3	102.6	110.8	108.1	108.3
2012	106.6	102.4	104.2	105.9	108.3
2013	97.7	101.6	100.5	103.9	106.5
2014	94.2	101.2	98.2	102.1	104.0
2015	100.6	100.5	87.3	100.8	102.2
北 京 Beijing					
天 津 Tianjin					
河 北 Hebei	101.4	99.6	86.4	99.1	100.5
山 西 Shanxi	99.5	99.9	88.9	100.1	101.1
内蒙古 Inner Mongolia	98.2	99.7	87.5	100.7	101.3
辽 宁 Liaoning	99.4	100.8	84.9	100.4	101.3
吉 林 Jilin	100.8	99.7	82.2	96.2	102.7
黑龙江 Heilongjiang	103.5	100.7	86.7	101.3	98.7
上 海 Shanghai					
江 苏 Jiangsu	99.3	99.3	88.2	101.5	101.7
浙 江 Zhejiang	99.7	100.9	89.4	100.8	104.1
安 徽 Anhui	100.6	100.5	91.0	101.1	104.5
福 建 Fujian	100.4	99.4	89.7	100.7	104.1
江 西 Jiangxi	98.8	100.8	90.2	100.3	102.5
山 东 Shandong	101.7	100.6	84.2	101.3	100.8
河 南 Henan	101.7	100.5	83.8	101.4	104.8
湖 北 Hubei	99.0	100.7	89.5	100.5	101.8
湖 南 Hunan	104.6	101.1	87.8	101.8	106.3
广 东 Guangdong	102.0	101.0	88.3	102.6	102.8
广 西 Guangxi	102.2	100.3	89.3	100.6	104.1
海 南 Hainan	101.1	101.6	88.0	100.0	114.3
重 庆 Chongqing					
四 川 Sichuan	99.6	100.9	88.8	102.7	101.9
贵 州 Guizhou	100.1	101.8	87.9	102.7	101.8
云 南 Yunnan	99.1	101.4	93.5	100.8	111.6
西 藏 Tibet	99.9	100.0	93.9	100.4	104.0
陕 西 Shaanxi	101.4	101.8	90.4	101.6	102.1
甘 肃 Gansu	97.7	101.0	87.7	100.7	104.8
青 海 Qinghai	98.6	103.3	87.9	106.8	111.8
宁 夏 Ningxia	98.9	101.0	84.0	104.3	100.5
新 疆 Xinjiang	96.4	100.0	92.2	100.0	103.8

5-9 农产品生产者价格指数
Producer Price Indices for Farm Products

(上年＝100) (preceding year=100)

指 标	Item	2011	2012	2013	2014	2015
农产品生产者价格指数	**Producer Price Indices for Farm Products**	**116.5**	**102.7**	**103.2**	**99.8**	**101.7**
种植业产品	**Planting Products**	**107.8**	**104.8**	**104.3**	**101.8**	**99.2**
谷物	Cereal	109.7	104.8	103.1	102.7	98.7
#小麦	Wheat	105.2	102.9	106.7	105.1	99.2
稻谷	Rice	113.3	104.1	102.2	102.2	101.6
玉米	Corn	109.9	106.6	100.2	101.7	96.5
大豆	Beans	106.3	105.7	105.7	101.8	99.0
油料	Oil-bearing Crops	112.1	105.2	102.4	99.9	100.8
棉花	Cotton	79.5	98.1	103.9	87.1	87.5
糖料	Sugar	125.5	105.0	98.9	99.7	98.8
蔬菜	Vegetable	103.4	109.9	106.9	98.5	104.6
水果	Fruit	106.2	103.9	106.2	106.4	99.7
林业产品	**Forestry Products**	**114.9**	**101.2**	**99.1**	**99.4**	**97.9**
畜牧业产品	**Animal Husbandry Products**	**126.2**	**99.7**	**102.4**	**97.1**	**104.2**
猪（毛重）	Pig (gross weight)	137.0	95.9	99.3	92.2	108.9
牛（毛重）	Cattle and Buffaloes (gross weight)	108.1	116.8	113.1	104.4	99.1
羊（毛重）	Sheep and Goats (gross weight)	115.7	107.8	109.1	100.8	89.4
家禽（毛重）	Poultry (gross weight)	112.0	103.8	103.2	104.4	101.3
蛋类	Eggs	112.6	100.5	105.8	105.7	96.9
奶类	Milk	108.1	103.9	111.0	107.9	92.2
渔业产品	**Fishery Products**	**110.0**	**106.2**	**104.3**	**103.1**	**102.5**
海水养殖产品	Seawater Artificially Cultured Products	111.5	101.0	100.7	101.9	101.0
海水捕捞产品	Seawater Fishing Products	111.2	110.9	107.7	103.1	106.0
淡水养殖产品	Freshwater Artificially Cultured Products	109.5	106.8	104.7	103.8	102.05
淡水捕捞产品	Freshwater Fishing Products	103.7	107.2	103.5	101.5	

5-10 分地区农产品生产者价格指数
Producer Price Indices for Farm Products by Region

(上年=100) (preceding year=100)

地 区	Region	2014 总指数 General Index	2014 种植业产品 Planting Products	2014 林业产品 Forestry Products	2014 畜牧业产品 Animal Husbandry Products	2014 渔业产品 Fishery Products	2015 总指数 General Index	2015 种植业产品 Planting Products	2015 林业产品 Forestry Products	2015 畜牧业产品 Animal Husbandry Products	2015 渔业产品 Fishery Products
全 国	**National Total**	**99.8**	**101.8**	**99.4**	**97.1**	**103.1**	**101.7**	**99.2**	**97.9**	**104.2**	**102.5**
北 京	Beijing	99.7	100.1		99.5	97.5	99.8	97.5		101.9	101.0
天 津	Tianjin	102.9	103.1		101.1	106.1	100.7	100.8		100.6	100.3
河 北	Hebei	100.2	97.2		103.6	101.7	97.5	97.3	94.5	97.3	105.7
山 西	Shanxi	101.5	101.4	100.8	101.7	97.2	95.8	94.5	93.8	98.2	95.2
内蒙古	Inner Mongolia	102.7	103.4	108.1	101.5	101.8	98.0	100.3	98.5	95.5	97.6
辽 宁	Liaoning	101.7	101.4	106.0	102.0	101.3	99.5	99.8	97.0	99.3	99.8
吉 林	Jilin	102.9	104.7	104.9	97.4	96.4	100.6	99.8	100.0	103.1	98.2
黑龙江	Heilongjiang	101.0	101.9	96.2	96.5	98.5	98.7	97.4	101.4	105.5	95.8
上 海	Shanghai	99.5	98.8	109.2	99.8	99.7	102.4	102.4	102.0	103.6	100.9
江 苏	Jiangsu	101.3	102.1	104.4	98.8	103.1	102.3	100.5	99.1	105.7	100.8
浙 江	Zhejiang	99.5	100.5	102.3	95.1	100.1	102.0	99.9	98.8	104.3	104.6
安 徽	Anhui	100.2	100.7	102.3	97.9	102.9	99.8	97.8	95.3	105.1	99.6
福 建	Fujian	100.3	105.9	101.7	97.4	96.9	101.2	100.8	93.3	108.0	100.5
江 西	Jiangxi	100.3	102.6	101.8	95.0	103.7	103.7	99.1	96.6	112.3	103.9
山 东	Shandong	100.5	102.4	99.9	99.5	98.0	100.1	98.3	100.9	103.3	100.3
河 南	Henan	97.5	98.9	106.2	94.7	106.0	100.7	95.9	84.9	109.2	99.4
湖 北	Hubei	100.0	100.1	104.0	98.5	102.4	99.5	96.3	99.5	107.6	96.7
湖 南	Hunan	98.6	100.0	104.9	95.9	102.7	104.1	101.5	96.3	108.1	101.2
广 东	Guangdong	102.2	102.4	103.6	98.6	105.4	102.3	103.2	99.9	103.1	101.1
广 西	Guangxi	98.1	98.4	103.2	96.1	101.5	102.0	98.8	97.7	108.0	99.4
海 南	Hainan	105.6	111.5	81.1	103.8	104.6	99.1	102.0	83.8	102.5	99.5
重 庆	Chongqing	100.2	102.6	103.2	97.6	104.7	102.4	100.6	94.5	104.4	101.2
四 川	Sichuan	99.9	101.0	103.9	98.5	102.5	103.3	101.7	101.2	105.3	98.6
贵 州	Guizhou	99.5	103.3	100.2	96.5	102.5	104.6	101.7	100.9	106.3	104.4
云 南	Yunnan	100.6	103.1	95.0	96.1	101.5	101.3	100.5	92.3	103.2	98.0
西 藏	Tibet										
陕 西	Shaanxi	102.1	104.8	98.9	96.6	101.5	96.3	94.7	81.8	100.1	102.4
甘 肃	Gansu	102.1	103.9		98.2	79.5	99.8	100.9		97.5	100.6
青 海	Qinghai	100.0	99.2		100.7		96.1	92.7		101.4	100.2
宁 夏	Ningxia	98.3	100.1		96.2	99.9	98.4	104.9		91.3	100.7
新 疆	Xinjiang	97.8	102.0	100.3	100.9	108.3	90.4	90.0	100.5	92.1	104.4

5-11 按工业行业分工业生产者出厂价格指数
Producer Price Indices for Industrial Products by Sector

(上年=100) (preceding year=100)

行 业	Sector	2012	2013	2014	2015
总指数	**Producer Price Indices for Industrial Products**	**98.3**	**98.1**	**98.1**	**94.8**
煤炭开采和洗选业	Mining and Washing of Coal	97.0	88.7	89.0	85.3
石油和天然气开采业	Extraction of Petroleum and Natural Gas	99.4	95.8	96.6	62.7
黑色金属矿采选业	Mining and Processing of Ferrous Metal Ores	89.0	97.0	91.2	79.7
有色金属矿采选业	Mining and Processing of Non-Ferrous Metal Ores	97.6	95.7	96.5	92.9
非金属矿采选业	Mining and Processing of Non-metal Ores	103.4	100.6	99.3	97.5
开采辅助活动	Support Activities for Mining	102.6	105.3	99.4	96.9
其他采矿业	Mining of Other Ores	100.0	100.0	100.0	100.0
农副食品加工业	Processing of Food from Agricultural Products	102.2	101.2	99.1	98.7
食品制造业	Manufacture of Foods	102.2	101.7	102.0	99.9
酒、饮料和精制茶制造业	Manufacture of Liquor, Beverages and Refined Tea	101.9	100.1	100.5	99.7
烟草制品业	Manufacture of Tobacco	101.3	100.4	100.3	100.4
纺织业	Manufacture of Textile	96.6	99.8	99.4	97.7
纺织服装、服饰业	Manufacture of Textile, Wearing Apparel and Accessories	102.3	101.1	100.2	100.7
皮革、毛皮、羽毛及其制品和制鞋业	Manufacture of Leather, Fur, Feather and Related Products and Footware	102.3	102.2	101.8	100.8
木材加工和木、竹、藤、棕、草制品业	Processing of Timber, Manufacture of Wood, Bamboo, Rattan, Palm and Straw Products	102.2	100.8	100.9	99.8
家具制造业	Manufacture of Furniture	101.7	100.5	100.8	100.6
造纸和纸制品业	Manufacture of Paper and Paper Products	98.5	97.7	99.2	98.8
印刷和记录媒介复制业	Printing and Reproduction of Recording Media	100.4	99.5	100.0	99.6
文教、工美、体育和娱乐用品制造业	Manufacture of Articles for Culture, Education, Arts and Crafts, Sport and Entertainment Activities	100.8	99.1	99.8	99.5
石油加工、炼焦和核燃料加工业	Processing of Petroleum, Coking and Processing of Nuclear Fuel	101.6	96.3	94.8	78.5
化学原料和化学制品制造业	Manufacture of Raw Chemical Materials and Chemical Products	96.0	96.7	98.0	93.3
医药制造业	Manufacture of Medicines	100.1	100.6	100.7	100.5
化学纤维制造业	Manufacture of Chemical Fibres	88.0	95.6	94.7	90.6
橡胶和塑料制品业	Manufacture of Rubber and Plastics Products	99.3	98.8	98.7	96.7
非金属矿物制品业	Manufacture of Non-metallic Mineral Products	98.6	99.0	100.0	96.5
黑色金属冶炼和压延加工业	Smelting and Pressing of Ferrous Metals	90.2	94.0	93.3	83.3
有色金属冶炼和压延加工业	Smelting and Pressing of Non-ferrous Metals	93.1	94.6	95.6	91.7
金属制品业	Manufacture of Metal Products	99.1	98.2	98.6	97.1
通用设备制造业	Manufacture of General Purpose Machinery	100.0	99.3	99.5	98.8
专用设备制造业	Manufacture of Special Purpose Machinery	100.4	100.2	99.8	99.2
汽车制造业	Manufacture of Automobiles	99.4	99.4	99.5	99.1
铁路、船舶、航空航天和其他运输设备制造业	Manufacture of Railway, Ship, Aerospace and Other Transport Equipments	99.5	99.3	99.6	99.9
电气机械和器材制造业	Manufacture of Electrical Machinery and Apparatus	97.5	98.4	98.8	98.0
计算机、通信和其他电子设备制造业	Manufacture of Computers, Communication and Other Electronic Equipment	97.8	97.3	98.3	98.4
仪器仪表制造业	Manufacture of Measuring Instruments and Machinery	100.2	99.7	100.0	99.4
其他制造业	Other Manufacture	103.6	102.0	102.1	98.8
废弃资源综合利用业	Utilization of Waste Resources	92.2	94.0	93.5	88.8
金属制品、机械和设备修理业	Repair Service of Metal Products, Machinery and Equipment	99.1	99.0	99.3	98.5
电力、热力生产和供应业	Production and Supply of Electric Power and Heat Power	103.7	100.2	100.2	98.7
燃气生产和供应业	Production and Supply of Gas	102.0	102.1	103.5	97.0
水的生产和供应业	Production and Supply of Water	102.2	101.9	102.6	102.2

5-12 分地区工业生产者出厂价格指数
Producer Price Indices for Industrial Products by Region

(上年=100) (preceding year=100)

地 区	Region	2008	2009	2010	2011	2012	2013	2014	2015
全 国	**National**	**106.9**	**94.6**	**105.5**	**106.0**	**98.3**	**98.1**	**98.1**	**94.8**
北 京	Beijing	103.3	94.4	102.2	102.3	98.4	97.4	99.1	96.9
天 津	Tianjin	104.1	92.5	105.1	103.8	97.0	97.0	96.3	90.3
河 北	Hebei	116.7	89.1	109.0	107.7	94.7	96.6	95.2	89.1
山 西	Shanxi	122.4	92.0	109.5	107.5	94.5	90.7	91.4	87.7
内蒙古	Inner Mongolia	112.5	96.2	106.7	107.8	100.2	97.0	97.3	94.0
辽 宁	Liaoning	110.9	94.0	107.4	106.5	99.9	99.0	98.2	93.9
吉 林	Jilin	104.9	96.1	105.2	105.4	99.1	98.7	99.1	95.3
黑龙江	Heilongjiang	114.0	87.4	115.0	112.0	100.0	98.0	97.1	86.0
上 海	Shanghai	102.2	93.8	102.3	102.9	98.4	98.2	98.9	96.1
江 苏	Jiangsu	104.6	95.2	107.3	106.2	97.1	98.0	98.3	95.3
浙 江	Zhejiang	104.3	94.9	106.2	105.0	97.3	98.2	98.8	96.4
安 徽	Anhui	108.4	92.8	109.0	108.3	98.3	98.2	97.4	93.9
福 建	Fujian	102.7	95.5	103.2	103.9	98.7	98.4	98.6	97.0
江 西	Jiangxi	106.4	93.0	115.3	111.3	96.5	98.5	97.8	93.7
山 东	Shandong	108.6	94.1	107.2	106.0	98.4	98.4	98.4	95.2
河 南	Henan	112.1	94.9	107.8	107.2	99.4	98.5	98.1	95.4
湖 北	Hubei	106.1	95.6	104.9	106.6	100.3	99.2	98.4	96.7
湖 南	Hunan	109.3	94.3	106.9	108.5	99.1	98.5	98.4	96.3
广 东	Guangdong	103.1	95.8	103.2	103.7	99.5	98.8	98.9	96.8
广 西	Guangxi	109.0	93.5	112.0	108.5	97.8	98.2	98.4	97.0
海 南	Hainan	104.5	90.6	107.7	108.8	100.8	99.5	97.6	89.8
重 庆	Chongqing	105.8	95.5	103.1	103.8	99.9	98.0	98.3	97.2
四 川	Sichuan	109.3	96.5	105.0	107.3	98.6	98.7	98.7	96.4
贵 州	Guizhou	112.4	95.1	104.7	105.4	101.0	97.4	98.3	96.1
云 南	Yunnan	105.8	91.5	108.8	104.7	97.9	97.5	97.8	94.9
西 藏	Tibet	105.6	98.2	105.8	104.3	99.7	99.8	99.0	93.2
陕 西	Shaanxi	108.4	96.1	108.7	107.2	100.7	97.3	97.1	90.8
甘 肃	Gansu	104.9	91.0	115.0	111.0	96.8	96.9	96.7	87.0
青 海	Qinghai	107.6	91.3	109.3	107.4	96.9	97.0	96.1	93.1
宁 夏	Ningxia	112.9	93.9	109.1	109.5	97.4	96.0	96.3	93.7
新 疆	Xinjiang	116.4	85.5	125.3	114.8	96.9	96.5	96.2	82.4

5-13 工业生产者出厂价格分类指数
Producer Price Indices for Industrial Products by Category

(上年=100) (preceding year=100)

类 别	Item	2008	2009	2010	2011	2012	2013	2014	2015
总指数	**Total Price Indices**	**106.9**	**94.6**	**105.5**	**106.0**	**98.3**	**98.1**	**98.1**	**94.8**
生产资料	**Means of Production**	**107.7**	**93.3**	**106.6**	**106.6**	**97.5**	**97.4**	**97.5**	**93.3**
采掘工业	Mining & Quarrying Industry	123.2	84.2	122.2	115.4	97.6	94.3	93.5	80.3
原材料工业	Raw Materials Industry	108.9	91.9	110.1	109.2	98.0	96.9	97.0	90.5
加工工业	Processing Industry	105.2	95.1	103.1	104.6	97.3	98.0	98.2	95.7
生活资料	**Consumer Goods**	**104.1**	**98.8**	**102.0**	**104.2**	**100.8**	**100.2**	**100.0**	**99.7**
食品类	Food	108.3	98.6	103.8	107.4	101.4	100.7	100.2	100.0
衣着类	Clothing	102.2	100.1	102.0	104.2	102.1	101.2	100.7	100.7
一般日用品	Articles for Daily Use	103.6	99.2	101.9	104.0	100.9	99.8	100.1	99.3
耐用消费品	Durable Consumer Goods	99.5	97.7	99.4	99.4	99.1	99.1	99.2	99.2

5-14 工业生产者购进价格指数
Purchasing Price Indices for Industrial Producers

(上年=100) (preceding year=100)

年 份 Year	总指数 General Index	燃料、动力类 Fuel and Power	黑色金属材料类 Ferrous Metals	有色金属材料及电线类 Nonferrous Metals	化 工 原料类 Raw Chemical Materials	木材及纸浆类 Timber and Paper Pulp	建筑材料及非金属类 Building Materials	农 副 产品类 Agricultural Products	纺 织 原料类 Textile Materials
1989	126.4	124.7	130.3	127.6	124.4	111.4	122.7	128.9	128.5
1990	105.6	110.7	103.9	97.2	95.6	99.4	115.2	107.8	107.4
1991	109.1	112.9	112.5	101.2	99.8	105.6	101.2	106.8	108.9
1992	111.0	116.4	114.5	112.4	102.6	102.0	118.8	103.4	100.5
1993	135.1	136.7	174.1	115.8	114.3	128.6	140.9	112.2	107.1
1994	118.2	118.0	103.8	110.7	111.7	115.1	114.3	148.3	139.6
1995	115.3	108.7	98.2	128.3	127.2	115.8	102.6	143.1	123.6
1996	103.9	110.2	99.3	92.4	98.0	101.9	102.5	114.7	94.5
1997	101.3	109.3	97.4	96.2	97.1	100.9	99.7	102.0	94.7
1998	95.8	99.1	95.1	88.3	93.6	96.7	98.6	94.5	94.3
1999	96.7	100.9	94.7	98.9	97.6	100.4	98.8	89.8	96.8
2000	105.1	115.4	100.9	110.3	105.6	99.8	101.5	99.9	102.4
2001	99.8	100.2	100.5	95.6	98.4	100.4	98.6	101.2	99.7
2002	97.7	100.1	98.2	96.5	97.5	98.7	98.2	95.7	97.1
2003	104.8	107.4	107.9	105.3	102.9	100.3	99.7	106.7	101.4
2004	111.4	109.7	120.4	120.1	108.9	102.8	105.1	114.2	104.7
2005	108.3	115.0	107.5	114.0	108.3	103.5	103.1	101.7	102.4
2006	106.0	111.9	98.3	130.8	102.1	102.6	101.9	104.3	102.9
2007	104.4	104.3	105.4	111.6	103.6	102.7	103.0	106.1	101.4
2008	110.5	120.6	118.4	98.6	105.2	105.2	109.5	107.5	103.1
2009	92.1	89.2	86.3	81.1	91.3	95.8	101.1	97.0	98.8
2010	109.6	116.3	106.6	122.2	107.0	103.0	103.8	110.4	106.7
2011	109.1	110.8	109.4	112.1	110.4	104.6	108.4	115.6	112.7
2012	98.2	100.9	92.9	94.5	96.1	100.1	99.7	100.2	99.1
2013	98.0	96.6	95.7	95.4	97.3	99.6	98.7	101.6	99.9
2014	97.8	97.1	94.6	96.1	98.3	99.4	99.8	99.4	98.9
2015	93.9	88.7	88.4	92.7	93.7	99.3	95.9	97.7	97.8

5-15 固定资产投资价格指数
Price Index for Investment in Fixed Assets

年份 Year	上年=100 Preceding Year=100				1990年=100 Year of 1990=100			
	固定资产投资 Investment in Fixed Assets	建筑安装工程 Construction and Installation	设备工器具购置 Purchase of Equipment and Instruments	其他费用 Other Expenses	固定资产投资 Investment in Fixed Assets	建筑安装工程 Construction and Installation	设备工器具购置 Purchase of Equipment and Instruments	其他费用 Other Expenses
1990	108.0	106.9	109.1	112.4	100.0	100.0	100.0	100.0
1991	109.5	109.7	106.1	116.8	109.5	109.7	106.1	116.8
1992	115.3	116.8	109.4	120.9	126.3	128.1	116.1	141.2
1993	126.6	131.3	119.7	123.4	159.8	168.2	138.9	174.3
1994	110.4	110.4	109.5	112.1	176.5	185.7	152.1	195.3
1995	105.9	104.7	106.3	112.4	186.9	194.5	161.7	219.6
1996	104.0	105.1	101.6	104.3	194.3	204.4	164.3	229.0
1997	101.7	102.9	98.1	102.9	197.6	210.3	161.2	235.6
1998	99.8	100.5	97.5	100.4	197.3	211.4	157.2	236.6
1999	99.6	100.3	97.5	99.9	196.5	212.0	153.2	236.3
2000	101.1	102.4	97.4	101.0	198.6	217.1	149.2	238.7
2001	100.4	101.4	97.0	101.0	199.4	220.1	144.8	241.1
2002	100.2	101.0	97.0	101.2	199.8	222.3	140.4	244.0
2003	102.2	104.2	97.0	101.6	204.2	231.7	136.2	247.9
2004	105.6	108.2	99.4	103.5	215.7	250.7	135.4	256.6
2005	101.6	101.8	99.4	103.2	219.1	255.2	134.6	264.8
2006	101.5	101.3	100.7	103.3	222.4	258.5	135.5	273.5
2007	103.9	105.1	100.2	104.2	231.1	271.8	135.7	284.9
2008	108.9	112.9	100.6	105.4	251.8	306.9	136.4	300.3
2009	97.6	96.3	97.6	102.4	245.8	295.5	133.1	307.5
2010	103.6	104.9	100.3	103.1	254.6	310.0	133.5	317.0
2011	106.6	109.2	101.1	104.0	271.4	338.5	135.0	329.7
2012	101.1	101.6	98.9	102.2	274.4	343.9	133.5	337.0
2013	100.3	100.3	99.0	101.7	275.2	344.9	132.2	342.7
2014	100.5	100.6	99.7	101.4	276.6	347.0	131.8	347.5
2015	98.2	97.3	99.3	100.7	271.6	337.6	130.9	349.9

5-16 分地区固定资产投资价格指数
Price Indices for Investment in Fixed Assets by Region

(上年=100) (preceding year=100)

地 区	Region	2014 固定资产投资 Investment in Fixed Assets	2014 建筑安装工程 Construction and Installation	2014 设备工器具购置 Purchase of Equipment and Instruments	2014 其他费用 Others	2015 固定资产投资 Investment in Fixed Assets	2015 建筑安装工程 Construction and Installation	2015 设备工器具购置 Purchase of Equipment and Instruments	2015 其他费用 Others
全 国	**National Total**	**100.5**	**100.6**	**99.7**	**101.4**	**98.2**	**97.3**	**99.3**	**100.7**
北 京	Beijing	100.0	98.5	99.4	101.7	97.6	94.4	99.5	100.5
天 津	Tianjin	100.5	100.5	99.3	101.6	99.9	99.6	99.3	101.2
河 北	Hebei	100.2	100.2	99.5	101.9	98.0	97.1	99.3	100.4
山 西	Shanxi	99.6	99.5	99.7	100.2	98.2	97.7	99.3	99.3
内蒙古	Inner Mongolia	99.8	99.8	99.7	100.9	98.0	97.3	99.3	100.6
辽 宁	Liaoning	99.7	99.3	99.6	101.7	97.9	97.0	99.3	101.1
吉 林	Jilin	100.2	100.4	99.7	100.6	97.6	96.3	99.3	100.1
黑龙江	Heilongjiang	100.0	99.9	99.7	101.4	99.0	98.7	99.2	101.9
上 海	Shanghai	100.5	100.3	99.5	101.5	97.0	94.9	99.8	100.6
江 苏	Jiangsu	101.1	101.7	99.6	101.9	96.2	93.4	99.5	101.8
浙 江	Zhejiang	100.6	100.3	99.5	102.0	97.4	95.4	99.2	100.9
安 徽	Anhui	100.3	100.4	99.6	101.0	96.9	95.5	99.3	100.8
福 建	Fujian	100.4	100.4	99.7	100.7	98.3	97.6	99.5	100.1
江 西	Jiangxi	100.1	100.0	99.6	102.1	96.8	95.4	99.2	101.1
山 东	Shandong	100.3	100.2	99.9	101.4	97.7	96.6	99.2	100.9
河 南	Henan	100.0	100.1	99.4	100.7	97.6	96.5	99.0	100.5
湖 北	Hubei	101.0	101.1	99.5	102.6	99.4	99.1	99.5	101.2
湖 南	Hunan	101.5	101.5	100.0	103.4	100.4	100.3	99.9	101.7
广 东	Guangdong	101.5	102.0	99.7	101.3	99.0	98.4	99.4	101.1
广 西	Guangxi	101.6	102.2	100.4	100.7	98.8	98.0	99.8	100.4
海 南	Hainan	100.6	100.6	99.7	101.1	99.4	99.2	99.3	100.3
重 庆	Chongqing	100.3	100.4	99.7	100.4	98.2	97.5	99.4	100.8
四 川	Sichuan	100.5	100.6	99.9	101.1	97.9	96.4	99.7	100.2
贵 州	Guizhou	101.1	101.3	99.3	101.1	98.4	98.1	99.5	99.4
云 南	Yunnan	101.0	101.2	99.4	100.7	99.1	98.7	98.8	101.0
西 藏	Tibet								
陕 西	Shaanxi	101.1	101.2	99.9	101.8	98.8	98.4	99.1	100.7
甘 肃	Gansu	100.1	100.2	99.1	101.6	97.7	97.5	97.9	99.6
青 海	Qinghai	100.9	101.1	99.4	102.2	98.2	97.7	99.5	100.9
宁 夏	Ningxia	100.8	101.1	99.6	100.0	97.5	96.9	99.1	100.1
新 疆	Xinjiang	100.3	100.2	99.3	103.7	98.3	97.6	99.1	102.6

5-17 建筑安装工程价格指数
Price Indices of Construction and Installment

(上年=100) (preceding year=100)

年份 Year	建筑安装工程价格指数 Price Indices of Construction and Installment	人工费 Labor Costs	材料费 Material Costs	#钢材 Rolled Steel	木材 Timber	水泥 Cement
2007	105.1	108.9	104.5	106.0	104.1	103.9
2008	112.9	113.8	114.1	120.1	108.3	110.4
2009	96.3	106.6	92.8	85.3	101.5	100.4
2010	104.9	109.1	104.3	105.0	103.8	103.1
2011	109.2	113.5	108.7	109.8	106.6	109.2
2012	101.6	109.7	98.0	94.4	102.6	97.8
2013	100.3	108.1	97.6	94.1	101.6	98.6
2014	100.6	106.1	98.5	94.9	101.8	100.7
2015	97.3	104.6	94.0	88.1	100.7	96.7

5-18 进出口商品价格指数
Price Indices of Imports and Exports of Commodity

年份 Year	出口 Exports	进口 Imports	年份 Year	出口 Exports	进口 Imports
1983	91.6	91.5	2000	100.8	110.1
1984	102.3	98.2	2001	98.4	100.1
1985	97.0	98.0	2002	97.5	102.3
1986	85.3	106.4	2003	103.0	109.2
1987	103.4	100.6	2004	106.6	113.3
1988	105.1	114.9	2005	103.0	103.5
1989	106.6	108.3	2006	102.5	103.2
1990	103.3	96.7	2007	105.5	106.6
1991	97.6	94.3	2008	108.6	115.8
1992	99.3	103.3	2009	93.8	87.3
1993	96.0	101.5	2010	102.9	113.6
1994	105.3	104.6	2011	110.0	113.9
1995	110.7	112.1	2012	102.0	99.3
1996	102.9	102.2	2013	99.2	97.6
1997	101.5	103.2	2014	99.3	96.6
1998	95.3	99.4	2015	99.0	88.4
1999	95.6	104.4			

注：2014年起，进出口商品价格指数改用人民币值计算。

a) Since 2014, commodity prices of imports and exports are calculated changed at Renminbi prices.

5-19 分行业进出口商品价格指数
Price Index Number of Commodity Imports and Exports by Industry

(上年=100) (preceding year=100)

行 业	Item	出口 Exports		进口 Imports	
		2014	2015	2014	2015
农、林、牧、渔业	Agriculture, Forestry, Animal Husbandry and Fishery	105.7	104.3	92.3	84.1
农业	Farming	106.4	103.5	94.0	80.7
林业	Forestry	108.3	109.7	84.0	89.1
畜牧业	Animal Husbandry	98.9	103.9	101.2	92.9
渔业	Fishery	97.9	100.0	97.3	94.1
农、林、牧、渔服务业	Service in Support of Agriculture	106.5	100.9	97.6	93.6
采矿业	Mining	95.3	95.1	96.1	73.1
煤炭开采和洗选业	Mining and Washing of Coal	82.1	80.1	85.4	79.8
石油和天然气开采业	Extraction of Petroleum and Natural Gas	110.2	96.2	103.4	74.0
黑色金属矿采选业	Mining and Processing of Ferrous Metal Ores	86.8	61.1	80.0	63.0
有色金属矿采选业	Mining and Processing of Non-Ferrous Metal Ores	95.9	95.8	100.0	82.1
非金属矿采选业	Mining and Processing of Non-metal Ores	89.9	97.4	114.5	89.1
制造业	Manufacturing	99.8	99.8	98.0	95.9
农副食品加工业	Processing of Food from Agricultural Products	99.7	98.9	97.7	93.7
食品制造业	Manufacture of Foods	99.9	97.7	114.1	76.0
饮料制造业	Manufacture of Beverage	100.6	99.2	95.9	99.6
烟草制品业	Manufacture of Tobacco	95.1	105.8	98.9	99.3
纺织业	Manufacture of Textile	97.9	98.1	98.8	94.6
纺织服装、鞋、帽制造业	Manufacture of Textile Wearing Apparel, Footwear and Caps	100.4	101.8	99.6	94.8
皮革、毛皮、羽毛(绒)及其制品业	Manufacture of Leather, Fur, Feather and Its Products	104.1	105.2	101.0	96.3
木材加工及木、竹、藤、棕、草制品业	Processing of Timber, Manufacture of Wood, Bamboo, Rattan, Palm and Straw Products	101.1	102.5	106.3	93.6
家具制造业	Manufacture of Furniture	96.6	101.8	99.0	102.7
造纸及纸制品业	Manufacture of Paper and Paper Products	101.9	105.7	101.8	93.3
印刷业、记录媒介的复制	Printing, Reproduction of Recording Media	98.5	105.7	105.6	101.0
文教体育用品制造业	Manufacture of Articles for Culture, Education and Sport Activities	96.9	105.5	103.4	98.7
石油、炼焦及核燃料加工业	Processing of Petroleum, Coking and Processing of Nuclear Fuel	96.6	66.5	92.0	67.2
化学原料及化学制品制造业	Manufacture of Raw Chemical Materials and Chemical Products	96.8	93.9	98.9	89.0
医药制造业	Manufacture of Medicines	98.2	98.4	99.8	92.0
化学纤维制造业	Manufacture of Chemical Fibres	90.6	89.1	97.2	91.8
橡胶制品业	Manufacture of Rubber	92.4	92.1	86.5	89.4
塑料制品业	Manufacture of Plastics	101.1	101.4	105.5	99.7
非金属矿物制品业	Manufacture of Non-metallic Mineral Products	103.5	105.9	92.8	95.6
黑色金属冶炼业及压延加工	Smelting and Pressing of Ferrous Metals	93.2	82.1	96.5	91.2
有色金属冶炼业及压延加工	Smelting and Pressing of Non-ferrous Metals	95.4	96.4	95.2	83.2
金属制品业	Manufacture of Metal Products	98.4	104.3	99.1	96.1
通用设备制造业	Manufacture of General Purpose Machinery	98.8	98.5	97.3	94.6
专用设备制造业	Manufacture of Special Purpose Machinery	92.5	98.3	96.5	94.2
交通运输设备制造业	Manufacture of Transport Equipment	96.1	100.1	101.2	96.9
电气机械及器材制造业	Manufacture of Electrical Machinery and Equipment	98.4	98.2	104.3	97.2
通信设备、计算机及其他电子设备制造业	Manufacture of Communication Equipment, Computers and Other Electronic Equipment	103.2	103.1	98.0	103.9
仪器仪表及文化、办公用机械制造业	Manufacture of Measuring Instrument and Machinery for Cultural Activity and Office Work	107.2	101.3	96.8	101.8
工艺品及其他产品制造业	Manufacture of Artwork and Other Manufacture	110.1	103.7	100.8	99.8
废弃资源和废旧材料回收加工业	Recycling and Disposal of Waste	107.5	103.4	94.1	85.2
电力、燃气及水的生产和供应业	Production and Distribution of Electricity, Gas and Water	98.4	104.5	106.9	114.7
电力、热力的生产和供应业	Production and Supply of Electric Power and Heat Power	98.4	104.5	106.9	114.7
文化、体育和娱乐业	Culture, Sports and Entertainment	82.6	92.3	106.9	87.3
广播、电影、电视和音像业	Broadcasting, Movies, Television and Audiovisual Activities	92.6	86.6	128.2	110.7
文化艺术业	Cultural and Art Activities	82.7	92.3	70.9	86.4

主要统计指标解释

居民消费价格指数 是反映一定时期内城乡居民所购买的生活消费品和服务项目价格变动趋势和程度的相对数，是对城市居民消费价格指数和农村居民消费价格指数进行综合汇总计算的结果。通过该指数可以观察和分析消费品的零售价格和服务项目价格变动对城乡居民实际生活费支出的影响程度。

城市居民消费价格指数 是反映一定时期内城市居民家庭所购买的生活消费品价格和服务项目价格变动趋势和程度的相对数。通过该指数可以观察和分析消费品的零售价格和服务项目价格变动对城镇居民收入和消费支出的影响。

农村居民消费价格指数 是反映一定时期内农村居民家庭所购买的生活消费品价格和服务项目价格变动趋势和程度的相对数。该指数可以观察农村消费品的零售价格和服务项目价格变动对农村居民收入和生活消费支出的影响。

商品零售价格指数 是反映一定时期内城乡商品零售价格变动趋势和程度的相对数。商品零售价格的变动与国家的财政收入、市场供需的平衡、消费与积累的比例关系有关。因此，该指数可以从一个侧面对上述经济活动进行观察和分析。

农业生产资料价格指数 指反映一定时期内农业生产资料价格变动趋势和程度的相对数。其编制目的是了解农业生产中投入物质资料价格的变动状况，服务于国民经济核算。1994 年以前，农业生产资料价格指数仅仅是商品零售价格指数的一个类别，此后，从商品零售价格指数中分离出来，单独编制。

农产品生产者价格指数 是反映一定时期内，农产品生产者出售农产品价格水平变动趋势及幅度的相对数。该指数可以客观反映全国农产品生产价格水平和结构变动情况，满足农业与国民经济核算需要。其中某代表品生产价格指数是通过对全部有出售该产品行为的调查单位的个体指数进行几何平均求得的，类价格指数是通过对其所属的类（或代表品）的价格指数进行加权平均求得的。季度累计价格指数的计算方法与分季指数的计算方法相同。

工业生产者出厂价格指数 是反映一定时期内全部工业产品出厂价格总水平的变动趋势和程度的相对数，包括工业企业售给本企业以外所有单位的各种产品和直接售给居民用于生活消费的产品。该指数可以观察出厂价格变动对工业总产值及增加值的影响。

工业生产者购进价格指数 是反映工业企业作为生产投入，而从物资交易市场和能源、原材料生产企业购买原材料、燃料和动力产品时，所支付的价格水平变动趋势和程度的统计指标，是扣除工业企业物质消耗成本中的价格变动影响的重要依据。

目前，我国编制的工业生产者购进价格指数所调查的产品包括燃料动力、黑色金属、有色金属、化工、建材等九大类。

固定资产投资价格指数 是反映一定时期内固定资产投资品及取费项目的价格变动趋势和程度的相对数。固定资产投资额是由建筑安装工程投资完成额、设备工器具购置投资完成额和其他费用投资完成额三部分组成的。编制固定资产投资价格指数应首先分别编制上述三部分投资的价格指数，然后采用加权算术平均法求出固定资产投资价格总指数。

该指数可以准确地反映固定资产投资中涉及的各类投资品和取费项目价格变动趋势和变动幅度，消除按现价计算的固定资产投资指标中的价格变动因素，真实地反映固定资产投资的规模、速度、结构和效益，为国家科学地制定、检查固定资产投资计划并提高宏观调控水平，为完善国民经济核算体系提供科学的、可靠的依据。

Explanatory Notes on Main Statistical Indicators

Consumer Price Indices reflect the trend and degree of changes in prices of consumer goods and services purchased by urban and rural households during a given period. They are obtained by combining Consumer Price Indices of Urban Household and Consumer Price Indices of Rural Household. The Indices enable the observation and analysis of the degree of impact of the changes in the prices of retailed goods and services on the actual living expenses of urban and rural residents.

Consumer Price Indices of Urban Household reflect the trend and degree of changes in prices of consumer goods and services purchased by urban households during a given period. It can be used to observe and analyze the impact of price changes in consumer goods and services on urban household income and consumption expenditure.

Consumer Price Indices of Rural Household reflect the trend and degree of changes in prices of consumer goods and services purchased by rural households during a given period. It can be used to observe the impact of change in retail prices of consumer goods and service prices on rural household income and consumption expenditure on living.

Retail Price Indices reflect the trend and degree of change in retail prices of commodities during a given period. The change in retail prices of commodities is related to government revenue, the equilibrium of market supply and demand, and the ratio of consumption to accumulation. Therefore, the retail price indices are useful from an oblique perspective for observing and analyzing the changes of the above economic activities.

Price Indices for Means of Agricultural Production reflect the trend and degree of changes in the prices of the means of agricultural production during a given period. Compilation of these indices helps to understand the price changes of material input in agricultural production and facilitate the compilation of national accounts. Before 1994, price indices for means of agricultural production were a sub-category in the retail price indices for commodities, and it has been compiled separately since 1994.

Producer Prices Indices for Farm Products reflect the trend and degree of changes in producers' prices received by farmers when they sell farm products during a given period. These indices depict the change in the level and structure of producer prices for farm products of the country and meet the needs of agricultural statistics and national accounts statistics. The producer price index for a given product is calculated as the geometrical mean of individual indices for all surveyed units which sell such product, and the indices for a product category is obtained as the weighted mean of price indices for all products in the category. Method for calculating accumulative quarterly indices is the same as for calculating the individual quarterly indices.

Producer Price Indices for Industrial Products reflect the trend and degree of changes in general ex-factory prices of all manufactured goods during a given period, including sales of manufactured goods by an industrial enterprise to all units outside the enterprise, as well as sales of consumer goods to residents. It can be used to analyze the impact of ex-factory prices on gross output value and value-added of the industrial sector.

Purchasing Price Indices for Industrial Producers reflect changes in the level and degree of prices paid by industrial enterprises when they purchase production input such as raw materials, fuels and power from the market or from other energy or raw materials producing enterprises. These indices provide an important basis for measuring the material consumption of industrial enterprises after removing the influence of price changes.

At present, products in 9 categories, including fuels and power, ferrous metals, non-ferrous metals, chemicals, building materials, are covered in China for the survey to produce indices for purchasing' prices for industrial producers.

Price Indices for Investment in Fixed Assets reflect the trend and degree of changes in prices of investment goods and projects in fixed assets during a given period. The investment in fixed assets consists of three components, namely the investment in construction and installation, the investment in purchases of equipment and instrument, and the investment in other items. Price indices for investment in fixed assets are calculated as the weighted arithmetic mean of the price indices for the three components of investment in fixed assets.

Removing the factor of price change in the aggregates of investment at current prices, this indicator shows the changes in the prices of commodities and fees involved in the investment of fixed assets, and can be used to observe the actual size, growth, structure, and efficiency of investment in fixed assets and provides reliable and scientific data for government planning, management, decision-making, and further improving the current national accounting system.

6

人民生活

People's Living Conditions

简要说明

一、本篇资料的主要内容

本篇资料反映我国人民生活现状及变化情况，分为2013年及以后的城乡一体化住户收支与生活状况调查，2012年及以前分别开展的城镇住户调查和农村住户调查。

二、城乡一体化住户收支与生活状况调查数据来源及调查方法

国家统计局住户调查办公室从2012年四季度起实施城乡一体化住户收支与生活状况抽样调查。主要内容包括：居民收入和消费情况，同时收集反映居民就业、社会保障参与、住房状况、家庭经营和生产投资以及收入分配影响因素等调查内容。

城乡一体化住户收支与生活状况调查是以各省(区、市)为总体，采用分层、多阶段、与人口规模大小成比例的概率抽样方法，随机抽选调查住宅，确定调查户。全国共抽选出1650个县(市、区)的1.6万个调查小区，对抽中小区中的200多万个住户进行全面摸底调查，在此基础上随机等距抽选出约16万住户参加记账调查。定期对调查小区和调查住宅进行轮换。

城乡一体化住户收支与生活状况调查是在95%的置信度下，全国居民人均可支配收入的抽样误差小于1%。主要是采用调查户记日记账的方式采集居民收支数据，同时辅之以统一的调查问卷，收集与收入支出有关的其他调查内容。所有调查工作由国家统计局派驻各地的调查队独立完成。由市县级调查队使用统一的方法和数据处理程序对原始调查资料进行编码、审核、录入，然后将分户基础数据直接传输至国家统计局进行统一汇总计算。

2013年起，按照城乡一体化住户收支与生活状况调查制度，国家统计局每年收集16万调查户12个月的记账数据，在此基础上汇总计算出各年的全国居民可支配收入、城镇居民可支配收入、农村居民可支配收入等收支数据。

根据城乡一体化住户收支与生活状况调查，新口径的城镇和农村居民人均可支配收入等数据的覆盖人群主要变化：一是计算城镇居民人均可支配收入时分母包括了在城镇地区常住的农民工，计算农村居民人均可支配收入时分母不包括在城镇地区常住的农民工；二是由本户供养的在外大学生视为常住人口。新口径的城镇居民和农村居民人均可支配收入及消费等指标口径变化主要是：计算城镇居民和农村居民人均可支配收入和消费支出时，包括了自有住房折算租金。

三、城镇住户调查数据来源及调查方法

2012年及以前，国家统计局城市司组织开展城镇住户调查。调查内容主要包括家庭人口及其构成、家庭现金收支、主要商品购买数量及支出金额、劳动就业状况、居住状况和耐用消费品的拥有量等。

调查对象在2001年以前为全国非农业住户，2002至2012年改为全国城市市区和县城关镇区住户。

城镇住户调查采用分层随机抽样的方法确定，首先，按照城镇规模将全国所有省（自治区、直辖市）的城镇划分为三层：大中城市（地级和地级以上的城市）、县级市和县城（镇）。第二，按各层人口占全省（自治区、直辖市）人口的比例来分配每层的样本量。第三，按城镇就业者年人均工资从高到低排队，依次计算各城镇人口累计数，然后根据样本量的大小随机起点等距抽取所需数量的调查城镇。

城镇调查户的抽选工作分两步进行。第一步进行一次性的大样本调查；第二步从大样本调查中抽出一个小样本，作为经常性调查户，开展记账工作。

大样本调查每三年进行一次，其目的主要是为经常性调查提供抽样框和为经常性调查数据评估提供基础资料。在大样本调查中，各调查市、县采取分层、二（多）阶段、与大小成比例（PPS方法）的随机等距方法选取调查样本。即先按区分层，在层内按照PPS方法随机等距抽选调查社区/居委会，在抽中社区/居委会内随机等距抽选调查住宅。部分大城市根据需要可以采用三阶段抽样，即先抽选社区/居委会，再抽选调查小区，最后抽选调查住宅。对选出的大样本或一相样本开展调查，取得调查户家庭人口、就业人口、收入等辅助资料，然后，根据这些资料进行分组，从中按比例抽出一个小样本也称二相样本，作为经常性调查户，开展日记账工作。每年轮换三分之一的经常性调查户。

截至2012年底，参加国家汇总的调查样本量为6.6万户。

四、农村住户调查数据来源及调查方法

2012年及以前，国家统计局农村司组织开展农村住户调查。主要内容包括农村居民家庭基本情况、住房情况、收入、生活消费支出、主要食品消费量、耐用消费品拥有量等。

农村住户调查是以各省(自治区、直辖市)为总体，直接抽选调查村，在抽中村中抽选调查户。综合运用多种抽样方法确定住户调查网点。农村住户调查网点分布在全国7000多个村，共抽取了7.4万个样本户。

农村住户调查在95%的概率把握程度下要求抽样误差不得超过±3%。为保证农村住户调查资料的准确性，国家统计局农村司为调查户设置了现金和实物两本帐，并聘请了近万名辅助调查员帮助做好记账工作，及时核实、汇总住户调查资料。

为解决调查户的厌烦情绪及样本老化问题，增强抽样调查网点的代表性，更加准确、及时地反映农村社会经济情况，对农村住户调查网点实行样本轮换制度，每五年为一个周期。

Brief Introduction

I. Main Contents

Data in this chapter show the people's living conditions and their changes in China, consisting of two parts: integrated urban and rural households survey on income and expenditure and living conditions since 2013, and urban household survey and rural household survey respectively prior to 2012.

II. Sources of Data and Methodology on the Integrated Urban and Rural Household Survey on Income and Expenditures and Living Conditions

The NBS has started integrated household survey since the fourth quarter of 2012. The main contents of the survey include: income and expenditure of the household, and surveys of employment, social security participation, housing, family operation, production investment, and also influence factors of income distribution.

The integrated household survey is conducted by selecting sampled houses randomly, deciding surveyed households, with all households in the province as the population, with stratified sampling, multi-stage sampling, probability sampling in proportion to population scale. 16,000 communities of 1,650 counties in the total country are selected, more than 2 million households in them are surveyed comprehensively, and then on this basis, randomly select about 160,000 households for keeping diaries. Communities and households surveyed rotate regularly.

Survey on Income and Expenditures and Living Conditions is required that the sampling error should not exceed ±1%, with a confidence probability as 95%. Methods of collecting income and expenditure data are keeping diaries of the households, and questionnaires as assistance to collect other relevant data. All survey works are conducted by investigation team of NBS independently. Coding, check, entering of original data are conducted by investigation teams at city level with the same methods and data processing programming, and then basic data are transferred to NBS to tabulate the data.

In terms of the system of Integrated Urban and Rural Households on Income and Expenditures and Living Conditions conducted since 2013, NBS collected accounts of 160,000 households about 12 months, at this basis, NBS tabulated comparable national disposable income and expenditures of urban and rural households.

According to the integrated household survey, main changes of population covered by data of per capita disposable income of urban and rural households: migrant workers resided in urban areas are included in the denominator when calculating per capita disposable income of urban household, migrant workers are not included in denominator when calculating per capita disposable income of rural households; college students of their households are regarded as permanent residents. Main changes of urban household and rural household per capita disposable income and expenditure of new coverage: converted rents of self-owned housing are included when calculating per capita disposable income and expenditure of urban and rural households.

Ⅲ. Sources of Data and Methodology on the Living Conditions of Urban Residents

The sample survey on the urban households was conducted by the Office of Urban Household Surveys of the NBS prior to 2012. The main contents of the survey include persons in the household and the household composition; cash income and expenditure of the household; quantity of major commodities purchased and expenditure; the employment of household members; the housing condition; and the possession of durable consumer goods.

The survey had covered only non-farm households prior to 2001. From 2002 to 2012, the survey covers the households in district areas of all city and county towns.

Sample cities and towns in urban areas are selected by using stratified random sampling method. Firstly, all the urban areas and towns of all provinces (autonomous regions and municipalities directly under the Central Government) are stratified into three strata according to population size: large and medium-sized cities (at and above prefecture level), county cities and county towns; secondly, the sample size is decided by proportion of population in selected stratus to the provincial total; thirdly, cities and towns are arranged in ranking the annual average wages of the employed persons, then with the accumulative population in each city and town sample cities and towns are selected by systematic sampling scheme according to the size of the samples.

The selection of sample households in urban areas is done by two steps: the first step is to have a one-off large sample survey; the second step is to select a small sample from the large sample to be used as regular sample households for diaries.

The large sample survey is conducted for every three years; the objective is to provide sample frame for regular surveys and basic information for data evaluation of regular surveys. In the large sample survey, samples in sample cities and towns are selected by systematic sampling method schemes, such as two-phase sampling and stratifying method, two-stage (multi) method and probability proportional to size (PPS) method. Namely, stratification is done at district level, and then PPS systematic sampling method is used to select sample communities/resident's committees, finally the same method is used to select dwellings from the selected districts/resident's committees. In some large cities, three-stage sampling method is used. First, the communities/resident's committees are selected. Secondly, sample districts are selected. Thirdly, sample dwellings are selected. A survey will be conducted to the large samples or the first phase samples to collect relevant information on household population, persons employed, income and so on. Then grouping is made based on the information collected, small samples or the second phase samples are selected according to proportions which are regular sample households to keep diary.

The national sample included 66,000 households at the end of 2012.

Ⅳ. Sources of Data and Methodology on the Living Conditions of Rural Residents

The sample survey on rural households was organized by the Office of Rural Household Survey of the NBS prior to 2012. The main contents of the survey include the basic condition of rural households, housing conditions, income, consumption expenditure, consumption of major consumer goods and the quantity of durable consumer goods owned.

Sample survey on rural households is conducted by first selecting sampled villages and then selecting households in the selected villages in each province, with all rural households in the province as the population. A combination of various sampling approaches is used to identify a total of 74,000 households selected from 7,000 villages throughout the whole country.

It is required that the sampling error should not exceed ±3%, with a confidence probability as 95%. In order to ensure the accuracy of the survey data on the rural households, two accounts are designed for the respondent households by the Office of Household Survey of the NBS: the cash account and the account on goods in kind. Nearly 10 thousand assistant enumerators have been recruited to help the households keep good accounts and to check on a timely fashion and to and tabulate the data from the survey.

In order to overcome the tedium of respondent households and to ensure that the sample is accurately representative over time and reflects the changing rural social and economic situation, a rotation sampling scheme is implemented, and the complete cycle of rotation is 5 years.

6-1 全国居民人均收支情况
Per Capita Income and Consumption Expenditure Nationwide

单位：元 (yuan)

指　标	Item	2013	2014	2015
全国居民人均收入	**Per Capita Income Nationwide**			
可支配收入	Disposable Income	18310.8	20167.1	21966.2
1.工资性收入	1.Income of Wages and Salaries	10410.8	11420.6	12459.0
2.经营净收入	2.Net Business Income	3434.7	3732.0	3955.6
3.财产净收入	3.Net Income from Property	1423.3	1587.8	1739.6
4.转移净收入	4.Net Income from Transfer	3042.1	3426.8	3811.9
现金可支配收入	Cash Disposable Income	17114.6	18747.4	20424.3
1.工资性收入	1.Income of Wages and Salaries	10348.6	11352.7	12386.2
2.经营净收入	2.Net Business Income	3354.2	3571.5	3782.7
3.财产净收入	3.Net Income from Property	526.6	621.8	689.5
4.转移净收入	4.Net Income from Transfer	2885.2	3201.3	3565.9
全国居民人均支出	**Per Capita Expenditure Nationwide**			
消费支出	Consumption Expenditure	13220.4	14491.4	15712.4
1.食品烟酒	1.Food,Tobacco and Liquor	4126.7	4493.9	4814.0
2.衣着	2.Clothing	1027.1	1099.3	1164.1
3.居住	3.Residence	2998.5	3200.5	3419.2
4.生活用品及服务	4.Household Facilities, Articles and Services	806.5	889.7	951.4
5.交通通信	5.Transport and Communications	1627.1	1869.3	2086.9
6.教育文化娱乐	6.Education, Cultural and Recreation	1397.7	1535.9	1723.1
7.医疗保健	7.Health Care and Medical Services	912.1	1044.8	1164.5
8.其他用品及服务	8.Miscellaneous Goods and Services	324.7	358.0	389.2
现金消费支出	Cash Consumption Expenditure	10917.4	11975.7	12988.7
1.食品烟酒	1.Food, Tobacco and Liquor	3822.8	4185.6	4505.0
2.衣着	2.Clothing	1025.7	1098.6	1163.5
3.居住	3.Residence	1155.1	1215.7	1251.9
4.生活用品及服务	4.Household Facilities, Articles and Services	801.8	882.6	943.8
5.交通通信	5.Transport and Communications	1624.8	1866.2	2083.7
6.教育文化娱乐	6.Education, Cultural and Recreation	1396.5	1534.9	1722.0
7.医疗保健	7.Health Care and Medical Services	772.1	838.3	933.3
8.其他用品及服务	8.Miscellaneous Goods and Services	318.7	353.8	385.6

注：从2013年起，国家统计局开展了城乡一体化的住户收支与生活状况调查，6-1至6-15表数据来源于此调查，与2012年及以前分别开展的城镇和农村住户调查的调查范围、调查方法、指标口径有所不同(详见本部分的简要说明和主要统计指标解释)。

a) The NBS started an integrated household income and expenditure survey in 2013, including both urban and rural households. The data shown in Tables 6-1 to 6-15 are compiled on the basis of the survey. The coverage, methodology and definitions used in the survey are different from those used for the separate urban and rural household surveys prior to 2012 (See the Brief Introduction and Explanatory Notes on Main Statistical Indicators).

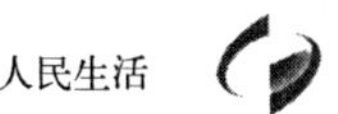

6-2 全国居民按收入五等份分组的人均可支配收入
Per Capita Disposable Income of Nationwide Households by Income Quintile

单位：元 (yuan)

组　别	Item	2013	2014	2015
低收入户　(20%)	Low Income Households	4402.4	4747.3	5221.2
中等偏下户　(20%)	Lower Middle Income Households	9653.7	10887.4	11894.0
中等收入户　(20%)	Middle Income Households	15698.0	17631.0	19320.1
中等偏上户　(20%)	Upper Middle Income Households	24361.2	26937.4	29437.6
高收入户　(20%)	High Income Households	47456.6	50968.0	54543.5

6-3 全国居民按东、中、西部及东北地区分组的人均可支配收入
Per Capita Disposable Income of Nationwide Households in Eastern, Central, Western and Northeastern Regions

单位：元 (yuan)

组　别	Item	2013	2014	2015
东部地区	Eastern Region	23658.4	25954.0	28223.3
中部地区	Central Region	15263.9	16867.7	18442.1
西部地区	Western Region	13919.0	15376.1	16868.1
东北地区	Northeastern Region	17893.1	19604.4	21008.4

6-4 全国居民人均主要食品消费量
Per Capita Consumption of Major Foods Nationwide

单位: 千克 (kg)

指 标	Item	2013	2014	2015
粮食(原粮)	Grain (Unprocessed)	148.7	141.0	134.5
谷物	Cereal	138.9	131.4	124.3
薯类	Tuber	2.3	2.2	2.4
豆类	Beans and the Products	7.5	7.5	7.8
食用油	Edible Oil and Fats	10.6	10.4	10.6
#食用植物油	Edible Vegetable Oil	9.9	9.8	10.0
蔬菜及食用菌	Vegetable and Mushroom	97.5	96.9	97.8
#鲜菜	Fresh Vegetables	94.9	94.1	94.9
肉类	Products of Meat	25.6	25.6	26.2
#猪肉	Pork	19.8	20.0	20.1
牛肉	Beef	1.5	1.5	1.6
羊肉	Mutton	0.9	1.0	1.2
禽类	Poultry	7.2	8.0	8.4
水产品	Aquatic Products	10.4	10.8	11.2
蛋类	Eggs	8.2	8.6	9.5
奶类	Milk and Dairy Products	11.7	12.6	12.1
干鲜瓜果类	Dried and Fresh Melons and Fruits	40.7	42.2	44.5
#鲜瓜果	Fresh Melons and Fruits	37.8	38.6	40.5
坚果类	Nuts and Processed Products	3.0	2.9	3.1
食糖	Sugar	1.2	1.3	1.3

6-5 全国居民平均每百户年末主要耐用消费品拥有量
Main Durable Goods Owned Per 100 Households Nationwide

指 标	Item	2013	2014	2015
家用汽车 (辆)	Automobile (unit)	16.9	19.2	22.7
摩托车 (辆)	Motorcycle (unit)	38.5	43.5	42.2
电动助力车 (辆)	Electric Bicycle (unit)	39.5	43.8	47.6
洗衣机 (台)	Washing Machine (set)	80.8	83.7	86.4
电冰箱(柜) (台)	Refrigerator (set)	82.0	85.5	89.0
微波炉 (台)	Microwave Oven (set)	34.6	36.0	36.9
彩色电视机 (台)	Color TV Set (set)	116.1	119.2	119.9
空调 (台)	Air Conditioner (set)	70.4	75.2	81.5
热水器 (台)	Water Heater (set)	64.2	67.7	71.2
排油烟机 (台)	Exhaust Fan (set)	42.5	44.3	45.7
移动电话 (部)	Mobile Phone (set)	203.2	215.9	224.8
计算机 (台)	Computer (set)	48.9	53.0	55.5
照相机 (台)	Camera (set)	21.0	21.7	20.4

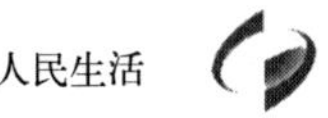

6-6 城镇居民人均收支情况
Per Capita Income and Consumption Expenditure of Urban Households

单位：元 (yuan)

指　标	Item	2013	2014	2015
城镇居民人均收入	**Per Capita Income of Urban Households**			
可支配收入	Disposable Income	26467.0	28843.9	31194.8
1.工资性收入	1.Income of Wages and Salaries	16617.4	17936.8	19337.1
2.经营净收入	2.Net Business Income	2975.3	3279.0	3476.1
3.财产净收入	3.Net Income from Property	2551.5	2812.1	3041.9
4.转移净收入	4.Net Income from Transfer	4322.8	4815.9	5339.7
现金可支配收入	Cash Disposable Income	24799.0	26860.2	29042.0
1.工资性收入	1.Income of Wages and Salaries	16509.9	17821.3	19214.8
2.经营净收入	2.Net Business Income	3332.3	3528.0	3714.0
3.财产净收入	3.Net Income from Property	831.8	977.8	1072.8
4.转移净收入	4.Net Income from Transfer	4125.0	4533.1	5040.4
城镇居民人均支出	**Per Capita Expenditure of Urban Households**			
消费支出	Consumption Expenditure	18487.5	19968.1	21392.4
1.食品烟酒	1.Food,Tobacco and Liquor	5570.7	6000.0	6359.7
2.衣着	2.Clothing	1553.7	1627.2	1701.1
3.居住	3.Residence	4301.4	4489.6	4726.0
4.生活用品及服务	4.Household Facilities, Articles and Services	1129.2	1233.2	1306.5
5.交通通信	5.Transport and Communications	2317.8	2637.3	2895.4
6.教育文化娱乐	6.Education, Cultural and Recreation	1988.3	2142.3	2382.8
7.医疗保健	7.Health Care and Medical Services	1136.1	1305.6	1443.4
8.其他用品及服务	8.Miscellaneous Goods and Services	490.4	532.9	577.5
现金消费支出	Cash Consumption Expenditure	15453.0	16690.6	17887.0
1.食品烟酒	1.Food, Tobacco and Liquor	5461.2	5874.9	6224.8
2.衣着	2.Clothing	1551.5	1626.6	1700.5
3.居住	3.Residence	1579.9	1625.6	1665.9
4.生活用品及服务	4.Household Facilities, Articles and Services	1124.0	1225.6	1298.7
5.交通通信	5.Transport and Communications	2313.6	2631.5	2889.8
6.教育文化娱乐	6.Education, Cultural and Recreation	1986.3	2140.7	2381.0
7.医疗保健	7.Health Care and Medical Services	954.8	1038.5	1153.7
8.其他用品及服务	8.Miscellaneous Goods and Services	481.7	527.1	572.6

6-7 城镇居民按收入五等份分组的人均可支配收入
Per Capita Disposable Income of Urban Households by Income Quintile

单位：元 (yuan)

组　别	Item	2013	2014	2015
低收入户　(20%)	Low Income Households	9895.9	11219.3	12230.9
中等偏下户　(20%)	Lower Middle Income Households	17628.1	19650.5	21446.2
中等收入户　(20%)	Middle Income Households	24172.9	26650.6	29105.2
中等偏上户　(20%)	Upper Middle Income Households	32613.8	35631.2	38572.4
高收入户　(20%)	High Income Households	57762.1	61615.0	65082.2

6-8 城镇居民按东、中、西部及东北地区分组的人均可支配收入
Per Capita Disposable Income of Urban Households in Eastern, Central, Western and Northeastern Regions

单位：元 (yuan)

组　别	Item	2013	2014	2015
东部地区	Eastern Region	31152.4	33905.4	36691.3
中部地区	Central Region	22664.7	24733.3	26809.6
西部地区	Western Region	22362.8	24390.6	26473.1
东北地区	Northeastern Region	23507.2	25578.9	27399.6

6-9 城镇居民人均主要食品消费量
Per Capita Consumption of Major Foods of Urban Households

单位: 千克 (kg)

指 标	Item	2013	2014	2015
粮食(原粮)	Grain (Unprocessed)	121.3	117.2	112.6
谷物	Cereal	110.6	106.5	101.6
薯类	Tuber	1.9	2.0	2.1
豆类	Beans and the Products	8.8	8.6	8.9
食用油	Edible Oil and Fats	10.9	11.0	11.1
#食用植物油	Edible Vegetable Oil	10.5	10.6	10.7
蔬菜及食用菌	Vegetable and Mushroom	103.8	104.0	104.4
#鲜菜	Fresh Vegetables	100.1	100.1	100.2
肉类	Products of Meat	28.5	28.4	28.9
#猪肉	Pork	20.4	20.8	20.7
牛肉	Beef	2.2	2.2	2.4
羊肉	Mutton	1.1	1.2	1.5
禽类	Poultry	8.1	9.1	9.4
水产品	Aquatic Products	14.0	14.4	14.7
蛋类	Eggs	9.4	9.8	10.5
奶类	Milk and Dairy Products	17.1	18.1	17.1
干鲜瓜果类	Dried and Fresh Melons and Fruits	51.1	52.9	55.1
#鲜瓜果	Fresh Melons and Fruits	47.6	48.1	49.9
坚果类	Nuts and Processed Products	3.4	3.7	4.0
食糖	Sugar	1.3	1.3	1.3

6-10 城镇居民平均每百户年末主要耐用消费品拥有量
Main Durable Goods Owned Per 100 Urban Households

指 标	Item	2013	2014	2015
家用汽车 (辆)	Automobile (unit)	22.3	25.7	30.0
摩托车 (辆)	Motorcycle (unit)	20.8	24.5	22.7
电动助力车 (辆)	Electric Bicycle (unit)	39.0	42.5	45.8
洗衣机 (台)	Washing Machine (set)	88.4	90.7	92.3
电冰箱(柜) (台)	Refrigerator (set)	89.2	91.7	94.0
微波炉 (台)	Microwave Oven (set)	50.6	52.6	53.8
彩色电视机 (台)	Color TV Set (set)	118.6	122.0	122.3
空调 (台)	Air Conditioner (set)	102.2	107.4	114.6
热水器 (台)	Water Heater (set)	80.3	83.0	85.6
排油烟机 (台)	Exhaust Fan (set)	66.1	68.2	69.2
移动电话 (部)	Mobile Phone (set)	206.1	216.6	223.8
计算机 (台)	Computer (set)	71.5	76.2	78.5
照相机 (台)	Camera (set)	34.0	35.2	33.0

6-11 农村居民人均收支情况
Per Capita Income and Consumption Expenditure of Rural Households

单位：元 (yuan)

指　标	Item	2013	2014	2015
农村居民人均收入	**Per Capita Income of Rural Households**			
可支配收入	Disposable Income	9429.6	10488.9	11421.7
1.工资性收入	1.Income of Wages and Salaries	3652.5	4152.2	4600.3
2.经营净收入	2.Net Business Income	3934.9	4237.4	4503.6
3.财产净收入	3.Net Income from Property	194.7	222.1	251.5
4.转移净收入	4.Net Income from Transfer	1647.5	1877.2	2066.3
现金可支配收入	Cash Disposable Income	8747.1	9698.2	10577.8
1.工资性收入	1.Income of Wages and Salaries	3639.7	4137.5	4583.9
2.经营净收入	2.Net Business Income	3378.0	3620.1	3861.3
3.财产净收入	3.Net Income from Property	194.2	224.7	251.5
4.转移净收入	4.Net Income from Transfer	1535.2	1715.9	1881.2
农村居民人均支出	**Per Capita Expenditure of Rural Households**			
消费支出	Consumption Expenditure	7485.1	8382.6	9222.6
1.食品烟酒	1.Food,Tobacco and Liquor	2554.4	2814.0	3048.0
2.衣着	2.Clothing	453.8	510.4	550.5
3.居住	3.Residence	1579.8	1762.7	1926.2
4.生活用品及服务	4.Household Facilities, Articles and Services	455.1	506.5	545.6
5.交通通信	5.Transport and Communications	874.9	1012.6	1163.1
6.教育文化娱乐	6.Education, Cultural and Recreation	754.6	859.5	969.3
7.医疗保健	7.Health Care and Medical Services	668.2	753.9	846.0
8.其他用品及服务	8.Miscellaneous Goods and Services	144.2	163.0	174.0
现金消费支出	Cash Consumption Expenditure	5978.7	6716.7	7392.1
1.食品烟酒	1.Food, Tobacco and Liquor	2038.8	2301.3	2540.0
2.衣着	2.Clothing	453.1	509.7	549.9
3.居住	3.Residence	692.4	758.5	779.0
4.生活用品及服务	4.Household Facilities, Articles and Services	451.0	500.1	538.3
5.交通通信	5.Transport and Communications	874.7	1012.5	1162.6
6.教育文化娱乐	6.Education, Cultural and Recreation	754.4	859.2	969.0
7.医疗保健	7.Health Care and Medical Services	573.2	614.9	681.4
8.其他用品及服务	8.Miscellaneous Goods and Services	141.2	160.5	172.0

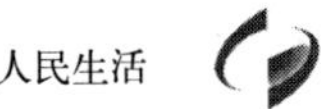

6-12 农村居民按收入五等份分组的人均可支配收入
Per Capita Disposable Income of Rural Households by Income Quintile

单位：元 (yuan)

组　别	Item	2013	2014	2015
低收入户　(20%)	Low Income Households	2877.9	2768.1	3085.6
中等偏下户　(20%)	Lower Middle Income Households	5965.6	6604.4	7220.9
中等收入户　(20%)	Middle Income Households	8438.3	9503.9	10310.6
中等偏上户　(20%)	Upper Middle Income Households	11816.0	13449.2	14537.3
高收入户　(20%)	High Income Households	21323.7	23947.4	26013.9

6-13 农村居民按东、中、西部及东北地区分组的人均可支配收入
Per Capita Disposable Income of Rural Households in Eastern, Central, Western and Northeastern Regions

单位：元 (yuan)

组　别	Item	2013	2014	2015
东部地区	Eastern Region	11856.8	13144.6	14297.4
中部地区	Central Region	8983.2	10011.1	10919.0
西部地区	Western Region	7436.6	8295.0	9093.4
东北地区	Northeastern Region	9761.5	10802.1	11490.1

6-14 农村居民人均主要食品消费量
Per Capita Consumption of Major Foods of Rural Households

单位: 千克 (kg)

指 标	Item	2013	2014	2015
粮食(原粮)	Grain (Unprocessed)	178.5	167.6	159.5
谷物	Cereal	169.8	159.1	150.2
薯类	Tuber	2.7	2.4	2.7
豆类	Beans and the Products	6.0	6.2	6.6
食用油	Edible Oil and Fats	10.3	9.8	10.1
#食用植物油	Edible Vegetable Oil	9.3	9.0	9.2
蔬菜及食用菌	Vegetable and Mushroom	90.6	88.9	90.3
#鲜菜	Fresh Vegetables	89.2	87.5	88.7
肉类	Products of Meat	22.4	22.5	23.1
#猪肉	Pork	19.1	19.2	19.5
牛肉	Beef	0.8	0.8	0.8
羊肉	Mutton	0.7	0.7	0.9
禽类	Poultry	6.2	6.7	7.1
水产品	Aquatic Products	6.6	6.8	7.2
蛋类	Eggs	7.0	7.2	8.3
奶类	Milk and Dairy Products	5.7	6.4	6.3
干鲜瓜果类	Dried and Fresh Melons and Fruits	29.5	30.3	32.3
#鲜瓜果	Fresh Melons and Fruits	27.1	28.0	29.7
坚果类	Nuts and Processed Products	2.5	1.9	2.1
食糖	Sugar	1.2	1.3	1.3

6-15 农村居民平均每百户年末主要耐用消费品拥有量
Main Durable Goods Owned Per 100 Rural Households

指 标	Item	2013	2014	2015
家用汽车 (辆)	Automobile (unit)	9.9	11.0	13.3
摩托车 (辆)	Motorcycle (unit)	61.1	67.6	67.5
电动助力车 (辆)	Electric Bicycle (unit)	40.3	45.4	50.1
洗衣机 (台)	Washing Machine (set)	71.2	74.8	78.8
电冰箱(柜) (台)	Refrigerator (set)	72.9	77.6	82.6
微波炉 (台)	Microwave Oven (set)	14.1	14.7	15.0
彩色电视机 (台)	Color TV Set (set)	112.9	115.6	116.9
空调 (台)	Air Conditioner (set)	29.8	34.2	38.8
热水器 (台)	Water Heater (set)	43.6	48.2	52.5
排油烟机 (台)	Exhaust Fan (set)	12.4	13.9	15.3
移动电话 (部)	Mobile Phone (set)	199.5	215.0	226.1
计算机 (台)	Computer (set)	20.0	23.5	25.7
照相机 (台)	Camera (set)	4.4	4.5	4.1

6-16 城乡居民人均收入
Per Capita Income of Urban and Rural Households

年份 Year	城镇居民人均可支配收入 Per Capita Disposable Income of Urban Households		农村居民人均纯收入 Per Capita Net Income of Rural Households	
	绝对数（元） Value (yuan)	指数（1978=100） Index	绝对数（元） Value (yuan)	指数（1978=100） Index
1978	343.4	100.0	133.6	100.0
1980	477.6	127.0	191.3	139.0
1985	739.1	160.4	397.6	268.9
1990	1510.2	198.1	686.3	311.2
1991	1700.6	212.4	708.6	317.4
1992	2026.6	232.9	784.0	336.2
1993	2577.4	255.1	921.6	346.9
1994	3496.2	276.8	1221.0	364.3
1995	4283.0	290.3	1577.7	383.6
1996	4838.9	301.6	1926.1	418.1
1997	5160.3	311.9	2090.1	437.3
1998	5425.1	329.9	2162.0	456.1
1999	5854.0	360.6	2210.3	473.5
2000	6280.0	383.7	2253.4	483.4
2001	6859.6	416.3	2366.4	503.7
2002	7702.8	472.1	2475.6	527.9
2003	8472.2	514.6	2622.2	550.6
2004	9421.6	554.2	2936.4	588.0
2005	10493.0	607.4	3254.9	624.5
2006	11759.5	670.7	3587.0	670.7
2007	13785.8	752.5	4140.4	734.4
2008	15780.8	815.7	4760.6	793.2
2009	17174.7	895.4	5153.2	860.6
2010	19109.4	965.2	5919.0	954.4
2011	21809.8	1046.3	6977.3	1063.2
2012	24564.7	1146.7	7916.6	1176.9
2013	26955.1	1227.0	8895.9	1286.4
2014	29381.0	1310.5	9892.0	1404.7
2015	31790.3	1396.9	10772.0	1510.1

注：本表1978-2012年数据来源于分别开展的城镇住户调查和农村住户调查，2013-2015年数据根据城乡一体化住户收支与生活状况调查数据按可比口径推算获得。

a) The data shown of the year 1978-2012 in the table are compiled on the basis of the urban and rural household surveys. And the year 2013-2015 in the table are reckoned at comparable coverage on the basis of the integrated household income and expenditure survey, including both urban and rural households.

6-17 分地区居民人均可支配收入
Per Capita Disposable Income of Households by Region

单位：元 (yuan)

地 区	Region	2013	2014	2015
全 国	**National Average**	**18310.8**	**20167.1**	**21966.2**
北 京	Beijing	40830.0	44488.6	48458.0
天 津	Tianjin	26359.2	28832.3	31291.4
河 北	Hebei	15189.6	16647.4	18118.1
山 西	Shanxi	15119.7	16538.3	17853.7
内蒙古	Inner Mongolia	18692.9	20559.3	22310.1
辽 宁	Liaoning	20817.8	22820.2	24575.6
吉 林	Jilin	15998.1	17520.4	18683.7
黑龙江	Heilongjiang	15903.4	17404.4	18592.7
上 海	Shanghai	42173.6	45965.8	49867.2
江 苏	Jiangsu	24775.5	27172.8	29538.9
浙 江	Zhejiang	29775.0	32657.6	35537.1
安 徽	Anhui	15154.3	16795.5	18362.6
福 建	Fujian	21217.9	23330.9	25404.4
江 西	Jiangxi	15099.7	16734.2	18437.1
山 东	Shandong	19008.3	20864.2	22703.2
河 南	Henan	14203.7	15695.2	17124.8
湖 北	Hubei	16472.5	18283.2	20025.6
湖 南	Hunan	16004.9	17621.7	19317.5
广 东	Guangdong	23420.7	25685.0	27858.9
广 西	Guangxi	14082.3	15557.1	16873.4
海 南	Hainan	15733.3	17476.5	18979.0
重 庆	Chongqing	16568.7	18351.9	20110.1
四 川	Sichuan	14231.0	15749.0	17221.0
贵 州	Guizhou	11083.1	12371.1	13696.6
云 南	Yunnan	12577.9	13772.2	15222.6
西 藏	Tibet	9740.4	10730.2	12254.3
陕 西	Shaanxi	14371.5	15836.7	17395.0
甘 肃	Gansu	10954.4	12184.7	13466.6
青 海	Qinghai	12947.8	14374.0	15812.7
宁 夏	Ningxia	14565.8	15906.8	17329.1
新 疆	Xinjiang	13669.6	15096.6	16859.1

注：6-17至6-34表数据来源于国家统计局开展的城乡一体化住户收支与生活状况调查。

a) The data shown in Tables 6-17 to 6-34 are compiled on the basis of the integrated household income and expenditure survey of the NBS, including both urban and rural households.

6-18 分地区居民人均可支配收入来源（2015年）
Per Capita Disposable Income of Households by Sources and Region (2015)

单位：元 (yuan)

地 区	Region	可支配收入 Disposable Income	工资性收入 Income from Wages and Salaries	经营净收入 Net Business Income	财产净收入 Net Income from Properties	转移净收入 Net Income from Transfers
全 国	**National Average**	**21966.2**	**12459.0**	**3955.6**	**1739.6**	**3811.9**
北 京	Beijing	48458.0	30240.4	1421.3	7498.9	9297.4
天 津	Tianjin	31291.4	19256.2	2906.1	2928.0	6201.1
河 北	Hebei	18118.1	10910.0	2815.0	1212.5	3180.6
山 西	Shanxi	17853.7	10893.1	2709.2	986.6	3264.7
内蒙古	Inner Mongolia	22310.1	11992.1	5379.7	1265.9	3672.3
辽 宁	Liaoning	24575.6	12868.5	4285.8	1490.6	5930.7
吉 林	Jilin	18683.7	8977.7	5047.4	832.7	3825.8
黑龙江	Heilongjiang	18592.7	9182.3	4462.6	991.6	3956.1
上 海	Shanghai	49867.2	30499.1	1319.2	7172.8	10876.1
江 苏	Jiangsu	29538.9	17187.9	4466.6	2536.9	5347.5
浙 江	Zhejiang	35537.1	20654.1	6181.8	4078.9	4622.3
安 徽	Anhui	18362.6	10041.7	4194.7	966.8	3159.4
福 建	Fujian	25404.4	14845.3	4928.6	2372.0	3258.5
江 西	Jiangxi	18437.1	10304.2	3327.5	1328.2	3477.2
山 东	Shandong	22703.2	13143.9	5078.8	1454.6	3025.8
河 南	Henan	17124.8	8796.0	4069.1	938.0	3321.6
湖 北	Hubei	20025.6	10079.0	4480.2	1142.4	4324.0
湖 南	Hunan	19317.5	9827.5	3949.9	1399.5	4140.5
广 东	Guangdong	27858.9	19878.2	3748.1	2683.2	1549.4
广 西	Guangxi	16873.4	8061.4	4056.0	1073.8	3682.2
海 南	Hainan	18979.0	11044.1	3920.2	1244.8	2769.8
重 庆	Chongqing	20110.1	10673.9	3315.1	1366.8	4754.3
四 川	Sichuan	17221.0	8610.8	3697.8	1073.7	3838.6
贵 州	Guizhou	13696.6	7032.9	3191.1	738.6	2734.1
云 南	Yunnan	15222.6	7067.7	4051.4	1644.8	2458.6
西 藏	Tibet	12254.3	6227.1	3956.8	498.8	1571.6
陕 西	Shaanxi	17395.0	9535.6	2531.0	1194.1	4134.3
甘 肃	Gansu	13466.6	7102.1	2551.8	968.6	2844.1
青 海	Qinghai	15812.7	9191.5	2445.0	802.5	3373.7
宁 夏	Ningxia	17329.1	10395.5	3255.8	645.5	3032.3
新 疆	Xinjiang	16859.1	9107.6	4204.3	676.4	2870.8

6-19 分地区居民人均消费支出
Per Capita Consumption Expenditure of Households by Region

单位：元 (yuan)

地 区	Region	2013	2014	2015
全 国	**National Average**	**13220.4**	**14491.4**	**15712.4**
北 京	Beijing	29175.6	31102.9	33802.8
天 津	Tianjin	20418.7	22343.0	24162.5
河 北	Hebei	10872.2	11931.5	13030.7
山 西	Shanxi	10118.3	10863.8	11729.1
内蒙古	Inner Mongolia	14877.7	16258.1	17178.5
辽 宁	Liaoning	14950.2	16068.0	17199.8
吉 林	Jilin	12054.3	13026.0	13763.9
黑龙江	Heilongjiang	12037.2	12768.8	13402.5
上 海	Shanghai	30399.9	33064.8	34783.6
江 苏	Jiangsu	17925.8	19163.6	20555.6
浙 江	Zhejiang	20610.1	22552.0	24116.9
安 徽	Anhui	10544.1	11727.0	12840.1
福 建	Fujian	16176.6	17644.5	18850.2
江 西	Jiangxi	10052.8	11088.9	12403.4
山 东	Shandong	11896.8	13328.9	14578.4
河 南	Henan	10002.5	11000.4	11835.1
湖 北	Hubei	11760.8	12928.3	14316.5
湖 南	Hunan	11945.9	13288.7	14267.3
广 东	Guangdong	17421.0	19205.5	20975.7
广 西	Guangxi	9596.5	10274.3	11401.0
海 南	Hainan	11192.9	12470.6	13575.0
重 庆	Chongqing	12600.2	13810.6	15139.5
四 川	Sichuan	11054.7	12368.4	13632.1
贵 州	Guizhou	8288.0	9303.4	10413.8
云 南	Yunnan	8823.8	9869.5	11005.4
西 藏	Tibet	6306.8	7317.0	8245.8
陕 西	Shaanxi	11217.3	12203.6	13087.2
甘 肃	Gansu	8943.4	9874.6	10950.8
青 海	Qinghai	11576.5	12604.8	13611.3
宁 夏	Ningxia	11292.0	12484.5	13815.6
新 疆	Xinjiang	11391.8	11903.7	12867.4

6-20 分地区居民人均消费支出（2015年）
Per Capita Consumption Expenditure of Households by Region (2015)

单位：元 (yuan)

地 区	Region	消费支出 Consumption Expenditure	食品烟酒 Food, Tobacco and Liquor	衣着 Clothing	居住 Residence	生活用品及服务 Household Facilities Articles and Services	交通通信 Transport and Communi-cations	教育文化娱乐 Education, Culture and Recreation	医疗保健 Health Care and Medical Services	其他用品及服务 Miscellaneous Goods and Services
全 国	**National Average**	**15712.4**	**4814.0**	**1164.1**	**3419.2**	**951.4**	**2086.9**	**1723.1**	**1164.5**	**389.2**
北 京	Beijing	33802.8	7584.2	2425.7	10350.2	2098.3	4489.6	3634.6	2228.6	991.4
天 津	Tianjin	24162.5	7709.9	1949.4	5237.5	1514.0	3185.9	2096.0	1757.1	712.6
河 北	Hebei	13030.7	3515.5	1055.3	2995.8	832.2	1807.6	1338.6	1192.0	293.6
山 西	Shanxi	11729.1	3089.4	1146.7	2297.4	672.5	1501.4	1628.0	1102.0	291.5
内蒙古	Inner Mongolia	17178.5	4919.8	1759.7	2918.9	1030.9	2569.0	2067.1	1384.3	528.9
辽 宁	Liaoning	17199.8	4858.0	1561.6	3471.6	1028.7	2282.0	1973.3	1522.4	502.2
吉 林	Jilin	13763.9	3683.5	1254.9	2692.3	718.4	1810.0	1683.6	1527.5	393.7
黑龙江	Heilongjiang	13402.5	3704.1	1288.3	2619.6	672.4	1675.1	1526.2	1577.0	339.8
上 海	Shanghai	34783.6	9271.5	1622.7	11307.5	1484.6	4206.5	3718.1	2268.3	904.3
江 苏	Jiangsu	20555.6	5936.0	1415.1	4551.6	1238.2	2984.7	2423.8	1409.6	596.5
浙 江	Zhejiang	24116.9	6975.8	1646.5	5964.2	1159.3	3961.3	2428.3	1433.0	548.4
安 徽	Anhui	12840.1	4424.2	924.6	2630.0	698.8	1622.3	1339.3	932.3	268.8
福 建	Fujian	18850.2	6440.0	1134.6	4638.2	1047.5	2305.3	1784.7	1028.6	471.3
江 西	Jiangxi	12403.4	4181.7	929.1	2783.4	736.6	1444.4	1354.0	698.8	275.5
山 东	Shandong	14578.4	4166.2	1276.6	2903.3	1038.1	2104.2	1557.3	1180.1	352.7
河 南	Henan	11835.1	3373.7	1141.9	2387.9	910.6	1355.4	1337.2	1023.1	305.4
湖 北	Hubei	14316.5	4499.9	1073.1	3007.0	868.6	1722.5	1577.6	1252.5	315.3
湖 南	Hunan	14267.3	4535.5	1028.0	2810.8	883.6	1624.6	2049.7	998.3	336.8
广 东	Guangdong	20975.7	7236.7	1103.4	4677.1	1245.3	3020.2	2117.3	976.1	599.8
广 西	Guangxi	11401.0	3960.8	503.1	2559.9	672.5	1445.7	1280.1	778.1	200.7
海 南	Hainan	13575.0	5364.1	568.3	2628.0	697.9	1783.1	1278.0	987.0	268.7
重 庆	Chongqing	15139.5	5325.5	1334.7	2743.4	1064.3	1746.4	1513.4	1117.9	294.0
四 川	Sichuan	13632.1	5001.4	1071.3	2400.9	918.4	1629.2	1207.9	1071.2	331.8
贵 州	Guizhou	10413.8	3375.8	719.2	2185.7	636.2	1321.6	1401.2	604.6	169.5
云 南	Yunnan	11005.4	3587.7	625.7	2146.4	644.3	1632.6	1281.5	875.7	211.5
西 藏	Tibet	8245.8	3919.8	764.3	1374.6	394.9	1025.9	314.1	229.2	223.1
陕 西	Shaanxi	13087.2	3646.4	989.4	2786.1	887.3	1537.1	1608.4	1363.5	269.1
甘 肃	Gansu	10950.8	3447.6	967.7	2120.8	708.8	1214.7	1315.9	949.5	225.7
青 海	Qinghai	13611.3	3958.2	1232.0	2352.8	793.4	2263.3	1383.4	1318.2	310.0
宁 夏	Ningxia	13815.6	3694.8	1237.9	2607.3	885.4	1806.1	1707.9	1482.9	393.4
新 疆	Xinjiang	12867.4	4092.8	1274.5	2227.9	788.8	1842.4	1282.1	1078.3	280.6

6-21 分地区居民家庭人均主要食品消费量(2015年)
Per Capita Consumption of Major Foods of Households by Region (2015)

单位：千克 (kg)

地区	Region	粮食(原粮) Grain (Unprocessed)	谷物 Cereal	食用油 Edible Oil and Fats	食用植物油 Edible Vegetable Oil	蔬菜及食用菌 Vegetable and Mushroom	肉类 Products of Meat	猪肉 Pork
全国	**National Average**	**134.5**	**124.3**	**10.6**	**10.0**	**97.8**	**26.2**	**20.1**
北京	Beijing	90.8	81.5	10.8	10.7	100.6	26.0	14.2
天津	Tianjin	127.4	117.9	11.0	11.0	115.1	25.2	15.8
河北	Hebei	131.5	122.6	9.7	9.6	88.2	19.0	12.4
山西	Shanxi	131.6	117.8	8.0	7.9	76.0	13.6	9.5
内蒙古	Inner Mongolia	156.5	144.3	8.1	7.8	90.0	32.8	16.9
辽宁	Liaoning	135.8	122.0	11.4	11.2	123.3	25.6	18.1
吉林	Jilin	129.7	119.3	11.2	11.1	94.7	19.6	14.9
黑龙江	Heilongjiang	138.6	125.6	13.7	13.6	91.4	20.3	13.9
上海	Shanghai	102.7	91.0	9.7	9.5	102.8	28.9	20.6
江苏	Jiangsu	122.0	110.2	12.5	12.4	104.1	26.1	19.6
浙江	Zhejiang	130.6	117.6	11.3	10.8	91.8	26.9	21.9
安徽	Anhui	142.0	129.4	10.0	9.3	93.4	22.7	18.1
福建	Fujian	126.7	117.2	9.3	8.2	88.7	31.3	25.5
江西	Jiangxi	150.9	142.3	13.0	12.4	108.8	25.2	20.6
山东	Shandong	127.4	118.2	8.9	8.9	88.9	20.3	12.9
河南	Henan	127.3	118.4	8.5	8.4	80.8	16.1	11.3
湖北	Hubei	123.1	112.0	14.9	14.4	117.3	27.8	22.4
湖南	Hunan	148.4	139.8	12.4	9.5	102.0	30.0	25.9
广东	Guangdong	118.3	110.5	9.1	8.6	98.9	36.5	29.7
广西	Guangxi	143.4	136.8	8.2	6.8	93.0	31.6	27.9
海南	Hainan	100.9	96.6	7.6	6.4	88.3	28.9	25.2
重庆	Chongqing	149.8	134.3	14.4	13.3	132.9	39.3	33.7
四川	Sichuan	160.7	149.7	13.0	11.9	130.2	39.3	34.9
贵州	Guizhou	135.8	124.8	8.7	7.1	90.9	32.5	29.8
云南	Yunnan	134.5	124.8	7.5	5.8	98.5	29.6	25.9
西藏	Tibet	276.9	269.6	15.2	10.0	24.7	39.1	6.7
陕西	Shaanxi	132.7	122.7	10.9	10.8	77.6	14.0	10.4
甘肃	Gansu	159.9	148.6	9.8	9.7	73.8	18.0	12.6
青海	Qinghai	117.6	110.4	9.5	9.1	62.7	23.2	10.3
宁夏	Ningxia	131.1	123.9	8.7	8.6	87.6	17.1	7.1
新疆	Xinjiang	181.9	178.3	13.9	13.8	103.5	23.2	4.2

6-21 续表 continued

单位：千克 (kg)

地 区	Region	牛肉 Beef	羊肉 Mutton	禽类 Poultry	水产品 Aquatic Products	蛋类 Eggs	奶类 Milk and Dairy Products	干鲜瓜果类 Dried and Fresh Melons and Fruits	食糖 Sugar
全 国	**National Average**	**1.6**	**1.2**	**8.4**	**11.2**	**9.5**	**12.1**	**44.5**	**1.3**
北 京	Beijing	3.3	3.0	6.0	9.6	13.7	26.9	68.9	0.8
天 津	Tianjin	2.6	3.0	4.9	16.6	16.8	17.1	72.7	1.3
河 北	Hebei	1.2	1.3	4.0	5.3	12.5	13.9	53.8	1.1
山 西	Shanxi	0.6	1.2	2.1	3.0	10.3	14.7	46.9	0.9
内蒙古	Inner Mongolia	3.8	8.6	5.1	4.9	9.3	21.9	51.8	1.3
辽 宁	Liaoning	2.1	1.3	4.7	13.9	12.3	14.4	60.5	1.3
吉 林	Jilin	1.7	0.7	3.8	7.0	9.7	9.5	47.1	1.1
黑龙江	Heilongjiang	1.5	1.2	4.5	7.9	9.6	10.4	54.5	1.6
上 海	Shanghai	2.6	1.0	12.1	25.2	10.4	21.7	51.1	1.4
江 苏	Jiangsu	1.7	0.8	9.9	17.4	10.2	16.4	40.4	1.1
浙 江	Zhejiang	1.7	0.5	9.8	24.3	7.6	12.5	46.1	1.4
安 徽	Anhui	1.5	0.7	10.8	10.8	10.5	10.7	38.2	1.5
福 建	Fujian	1.5	0.7	10.6	26.0	8.2	10.8	37.4	1.6
江 西	Jiangxi	1.6	0.2	8.1	12.2	7.5	11.2	35.8	1.2
山 东	Shandong	1.0	1.0	5.9	11.2	15.7	18.2	60.7	0.9
河 南	Henan	1.2	0.9	5.1	3.7	12.3	10.9	48.3	1.2
湖 北	Hubei	1.6	0.6	5.5	14.9	8.5	8.0	33.4	0.9
湖 南	Hunan	1.5	0.5	9.7	11.5	7.2	5.8	50.5	1.8
广 东	Guangdong	1.8	0.6	18.6	22.0	6.9	8.3	36.0	1.5
广 西	Guangxi	1.3	0.4	18.6	10.2	5.7	5.7	37.3	1.4
海 南	Hainan	1.5	0.6	18.9	26.8	4.8	4.3	27.7	1.0
重 庆	Chongqing	1.3	0.5	10.2	9.9	10.1	14.6	39.6	2.9
四 川	Sichuan	1.2	0.4	10.7	6.8	8.7	10.7	33.8	1.8
贵 州	Guizhou	1.2	0.3	5.1	2.2	4.4	5.3	27.8	1.1
云 南	Yunnan	1.6	0.4	7.4	3.7	5.0	5.5	26.8	1.3
西 藏	Tibet	26.4	5.8	0.9	0.5	3.1	21.4	6.1	3.2
陕 西	Shaanxi	0.6	1.0	2.3	2.1	7.6	12.6	40.1	0.9
甘 肃	Gansu	1.4	2.4	4.0	2.0	7.6	13.4	49.0	1.7
青 海	Qinghai	4.5	6.9	3.2	2.1	4.3	17.4	27.9	1.3
宁 夏	Ningxia	3.5	5.4	6.0	2.6	6.0	15.5	64.9	1.2
新 疆	Xinjiang	4.6	13.2	5.2	3.2	6.8	19.5	58.2	1.2

6-22 分地区居民平均每百户年末主要耐用消费品拥有量(2015年)
Main Durable Goods Owned Per 100 Households at Year-end by Region (2015)

地区	Region	家用汽车(辆) Automobile (unit)	摩托车(辆) Motorcycle (unit)	电动助力车(辆) Electric Bicycle (unit)	洗衣机(台) Washing Machine (set)	电冰箱(台) Refrigerator (set)	微波炉(台) Microwave Oven (set)	彩色电视机(台) Color TV Set (set)
全国	**National Average**	**22.7**	**42.2**	**47.6**	**86.4**	**89.0**	**36.9**	**119.9**
北京	Beijing	45.0	4.0	24.6	95.2	97.9	77.3	130.1
天津	Tianjin	37.7	11.6	43.5	96.0	98.1	66.4	111.4
河北	Hebei	30.4	40.0	82.2	97.6	93.9	37.5	115.9
山西	Shanxi	20.7	37.4	37.2	91.1	76.4	23.8	105.4
内蒙古	Inner Mongolia	28.5	44.8	40.4	91.3	92.7	25.2	103.3
辽宁	Liaoning	18.1	26.3	21.1	88.1	92.5	40.2	109.0
吉林	Jilin	19.3	40.7	9.4	92.8	92.0	28.8	108.0
黑龙江	Heilongjiang	10.7	28.9	9.8	90.3	89.8	24.6	103.3
上海	Shanghai	24.3	4.9	58.3	89.3	95.9	84.4	174.2
江苏	Jiangsu	31.3	27.7	111.9	96.7	99.0	78.7	161.9
浙江	Zhejiang	39.8	20.0	73.6	83.2	95.7	49.5	169.3
安徽	Anhui	14.8	34.1	73.9	83.3	93.7	36.4	125.3
福建	Fujian	22.3	63.8	34.9	80.1	94.1	51.5	139.0
江西	Jiangxi	16.7	52.5	54.4	68.3	90.6	31.4	133.7
山东	Shandong	37.8	43.6	94.1	91.9	94.9	33.0	108.7
河南	Henan	17.4	47.4	88.8	95.5	85.8	23.0	115.1
湖北	Hubei	12.9	51.8	23.9	79.3	90.5	30.3	117.6
湖南	Hunan	16.4	54.3	15.8	83.7	92.9	24.9	114.3
广东	Guangdong	24.6	60.7	23.0	69.3	76.1	34.0	104.3
广西	Guangxi	18.0	75.4	49.5	72.3	86.6	38.4	113.3
海南	Hainan	15.5	66.3	53.8	55.0	74.4	25.6	104.7
重庆	Chongqing	15.4	27.3	6.2	86.6	95.7	42.9	121.8
四川	Sichuan	15.3	38.0	21.0	88.6	88.9	25.2	117.6
贵州	Guizhou	15.0	40.0	6.0	90.5	79.1	22.2	103.6
云南	Yunnan	24.2	56.5	20.6	80.0	69.5	31.0	104.9
西藏	Tibet	21.5	57.0	10.9	60.4	61.5	14.6	114.0
陕西	Shaanxi	15.8	40.4	29.9	91.8	79.8	22.3	109.2
甘肃	Gansu	13.7	58.0	23.7	91.8	72.0	24.5	107.0
青海	Qinghai	24.3	48.7	9.8	95.7	94.3	32.4	105.0
宁夏	Ningxia	25.2	47.3	47.6	96.5	90.0	31.7	108.4
新疆	Xinjiang	19.9	48.9	33.4	92.8	91.1	23.6	100.1

6-22 续表 continued

地 区	Region	空 调 (台) Air Conditioner (set)	热水器 (台) Water Heater (set)	排油烟机 (台) Exhaust Fan (set)	移动电话 (部) Mobile Phone (set)	计算机 (台) Computer (set)	照相机 (台) Camera (set)
全 国	**National Average**	**81.5**	**71.2**	**45.7**	**224.8**	**55.5**	**20.4**
北 京	Beijing	155.5	92.6	83.8	221.2	101.9	59.4
天 津	Tianjin	124.3	92.7	76.7	219.5	68.1	31.1
河 北	Hebei	87.1	72.7	48.2	223.3	57.5	19.9
山 西	Shanxi	24.4	42.6	39.9	207.8	53.7	13.8
内蒙古	Inner Mongolia	7.6	40.6	42.1	218.4	43.5	16.2
辽 宁	Liaoning	21.4	54.0	56.0	196.4	53.8	23.6
吉 林	Jilin	6.2	35.3	47.5	228.0	53.3	15.5
黑龙江	Heilongjiang	6.2	31.8	46.4	199.5	44.5	13.6
上 海	Shanghai	180.9	88.2	74.3	217.2	117.3	50.2
江 苏	Jiangsu	162.6	98.4	63.2	228.6	73.4	27.7
浙 江	Zhejiang	154.5	87.5	70.7	224.2	77.6	27.7
安 徽	Anhui	99.2	80.7	37.4	210.8	45.3	14.9
福 建	Fujian	116.9	91.3	49.8	242.6	67.6	20.6
江 西	Jiangxi	84.1	74.6	40.1	228.2	50.4	15.1
山 东	Shandong	77.5	84.0	54.5	214.7	59.2	26.3
河 南	Henan	91.2	63.8	31.0	222.9	48.1	12.9
湖 北	Hubei	90.1	75.8	40.4	227.2	52.4	15.7
湖 南	Hunan	86.4	66.5	39.7	239.9	47.3	16.0
广 东	Guangdong	122.2	82.0	50.0	233.7	70.9	28.4
广 西	Guangxi	65.3	71.4	31.8	256.4	50.2	16.4
海 南	Hainan	64.8	67.1	36.1	235.3	42.4	10.2
重 庆	Chongqing	115.5	76.5	36.5	232.2	49.3	19.1
四 川	Sichuan	60.4	68.2	28.5	221.6	35.4	11.9
贵 州	Guizhou	12.7	50.4	21.0	241.8	31.7	8.5
云 南	Yunnan	1.7	72.4	31.7	235.1	30.7	15.3
西 藏	Tibet	3.2	15.4	15.4	185.8	18.7	13.5
陕 西	Shaanxi	57.6	57.9	37.2	237.4	45.9	17.2
甘 肃	Gansu	5.1	43.2	35.4	235.7	36.7	14.7
青 海	Qinghai	1.4	37.8	43.6	233.5	39.0	14.1
宁 夏	Ningxia	7.9	73.5	47.3	255.9	47.3	13.6
新 疆	Xinjiang	9.2	53.2	44.8	192.7	39.8	17.0

6-23 分地区城镇居民人均可支配收入

Per Capita Disposable Income of Urban Households by Region

单位：元 (yuan)

地 区	Region	2013	2014	2015
全 国	**National Average**	**26467.0**	**28843.9**	**31194.8**
北 京	Beijing	44563.9	48531.8	52859.2
天 津	Tianjin	28979.8	31506.0	34101.3
河 北	Hebei	22226.7	24141.3	26152.2
山 西	Shanxi	22258.2	24069.4	25827.7
内蒙古	Inner Mongolia	26003.6	28349.6	30594.1
辽 宁	Liaoning	26697.0	29081.7	31125.7
吉 林	Jilin	21331.1	23217.8	24900.9
黑龙江	Heilongjiang	20848.4	22609.0	24202.6
上 海	Shanghai	44878.3	48841.4	52961.9
江 苏	Jiangsu	31585.5	34346.3	37173.5
浙 江	Zhejiang	37079.7	40392.7	43714.5
安 徽	Anhui	22789.3	24838.5	26935.8
福 建	Fujian	28173.9	30722.4	33275.3
江 西	Jiangxi	22119.7	24309.2	26500.1
山 东	Shandong	26882.4	29221.9	31545.3
河 南	Henan	21740.7	23672.1	25575.6
湖 北	Hubei	22667.9	24852.3	27051.5
湖 南	Hunan	24352.0	26570.2	28838.1
广 东	Guangdong	29537.3	32148.1	34757.2
广 西	Guangxi	22689.4	24669.0	26415.9
海 南	Hainan	22411.4	24486.5	26356.4
重 庆	Chongqing	23058.2	25147.2	27238.8
四 川	Sichuan	22227.5	24234.4	26205.3
贵 州	Guizhou	20564.9	22548.2	24579.6
云 南	Yunnan	22460.0	24299.0	26373.2
西 藏	Tibet	20394.5	22015.8	25456.6
陕 西	Shaanxi	22345.9	24365.8	26420.2
甘 肃	Gansu	19873.4	21803.9	23767.1
青 海	Qinghai	20352.4	22306.6	24542.3
宁 夏	Ningxia	21475.7	23284.6	25186.0
新 疆	Xinjiang	21091.5	23214.0	26274.7

6-24 分地区城镇居民人均可支配收入来源（2015年）

Per Capita Disposable Income of Urban Households by Sources and Region (2015)

单位：元 (yuan)

地 区	Region	可支配收入 Disposable Income	工资性收入 Income from Wages and Salaries	经营净收入 Net Business Income	财产净收入 Net Income from Properties	转移净收入 Net Income from Transfers
全 国	**National Average**	**31194.8**	**19337.1**	**3476.1**	**3041.9**	**5339.7**
北 京	Beijing	52859.2	32568.0	1336.5	8492.3	10462.4
天 津	Tianjin	34101.3	21060.4	2457.9	3400.3	7182.8
河 北	Hebei	26152.2	16705.3	1828.6	2322.6	5295.6
山 西	Shanxi	25827.7	16561.8	2789.8	1788.6	4687.5
内蒙古	Inner Mongolia	30594.1	18989.3	4801.1	1869.7	4934.0
辽 宁	Liaoning	31125.7	17126.7	3611.9	2149.3	8237.8
吉 林	Jilin	24900.9	14791.8	2655.4	1368.5	6085.1
黑龙江	Heilongjiang	24202.6	14371.8	2526.7	1340.8	5963.3
上 海	Shanghai	52961.9	32010.0	1302.6	7915.4	11734.0
江 苏	Jiangsu	37173.5	22460.5	4133.7	3681.8	6897.5
浙 江	Zhejiang	43714.5	24947.7	6645.6	6048.3	6072.8
安 徽	Anhui	26935.8	16928.7	4172.2	1881.9	3952.9
福 建	Fujian	33275.3	20714.3	4571.5	3822.2	4167.4
江 西	Jiangxi	26500.1	16834.9	2108.1	2591.8	4965.4
山 东	Shandong	31545.3	20386.1	4375.2	2475.5	4308.5
河 南	Henan	25575.6	15624.3	3539.4	1990.3	4421.5
湖 北	Hubei	27051.5	15571.6	3792.2	1985.3	5702.4
湖 南	Hunan	28838.1	15902.8	3993.6	2801.0	6140.8
广 东	Guangdong	34757.2	26136.9	3823.2	3799.5	997.6
广 西	Guangxi	26415.9	15163.1	3665.1	2307.9	5279.9
海 南	Hainan	26356.4	17214.9	2927.4	2198.7	4015.5
重 庆	Chongqing	27238.8	15936.2	2974.1	2174.7	6153.9
四 川	Sichuan	26205.3	15242.3	3054.4	2169.0	5739.7
贵 州	Guizhou	24579.6	14166.2	3729.8	1868.1	4815.6
云 南	Yunnan	26373.2	14659.0	3173.8	4036.1	4504.3
西 藏	Tibet	25456.6	20560.5	728.1	1657.3	2510.8
陕 西	Shaanxi	26420.2	15742.5	2139.6	2273.9	6264.3
甘 肃	Gansu	23767.1	15189.3	1805.1	2294.5	4478.1
青 海	Qinghai	24542.3	16899.2	1765.3	1330.8	4547.1
宁 夏	Ningxia	25186.0	16884.7	2699.6	1081.5	4520.3
新 疆	Xinjiang	26274.7	17943.3	2693.2	1267.8	4370.4

6-25 分地区城镇居民人均消费支出
Per Capita Consumption Expenditure of Urban Households by Region

单位：元 (yuan)

地 区	Region	2013	2014	2015
全 国	**National Average**	**18487.5**	**19968.1**	**21392.4**
北 京	Beijing	31632.2	33717.5	36642.0
天 津	Tianjin	22306.2	24289.6	26229.5
河 北	Hebei	14970.0	16203.8	17586.6
山 西	Shanxi	13762.7	14636.9	15818.6
内蒙古	Inner Mongolia	19244.0	20885.2	21876.5
辽 宁	Liaoning	19318.4	20519.6	21556.7
吉 林	Jilin	15940.7	17156.1	17972.6
黑龙江	Heilongjiang	15704.1	16466.6	17152.1
上 海	Shanghai	32447.2	35182.4	36946.1
江 苏	Jiangsu	22262.3	23476.3	24966.0
浙 江	Zhejiang	25253.5	27241.7	28661.3
安 徽	Anhui	14593.6	16107.1	17233.5
福 建	Fujian	20564.7	22204.1	23520.2
江 西	Jiangxi	13843.0	15141.8	16731.8
山 东	Shandong	16646.5	18322.6	19853.8
河 南	Henan	15248.8	16184.5	17154.3
湖 北	Hubei	15334.5	16681.4	18192.3
湖 南	Hunan	16867.3	18334.7	19501.4
广 东	Guangdong	21621.5	23611.7	25673.1
广 西	Guangxi	14470.1	15045.4	16321.2
海 南	Hainan	15833.5	17513.8	18448.4
重 庆	Chongqing	17123.8	18279.5	19742.3
四 川	Sichuan	16098.2	17759.9	19276.8
贵 州	Guizhou	13768.2	15254.6	16914.2
云 南	Yunnan	14862.3	16268.3	17675.0
西 藏	Tibet	13678.6	15669.4	17022.0
陕 西	Shaanxi	16398.6	17546.0	18463.9
甘 肃	Gansu	14411.3	15942.3	17450.9
青 海	Qinghai	16223.4	17492.9	19200.6
宁 夏	Ningxia	15806.9	17216.2	18983.9
新 疆	Xinjiang	16858.1	17684.5	19414.7

6-26 分地区城镇居民人均消费支出（2015年）
Per Capita Consumption Expenditure of Urban Households by Region (2015)

单位：元 (yuan)

地区	Region	消费支出 Consumption Expenditure	食品烟酒 Food, Tobacco and Liquor	衣着 Clothing	居住 Residence	生活用品及服务 Household Facilities Articles and Services	交通通信 Transport and Communi-cations	教育文化娱乐 Education, Culture and Recreation	医疗保健 Health Care and Medical Services	其他用品及服务 Miscellaneous Goods and Services
全国	**National Average**	**21392.4**	**6359.7**	**1701.1**	**4726.0**	**1306.5**	**2895.4**	**2382.8**	**1443.4**	**577.5**
北京	Beijing	36642.0	8091.1	2651.3	11252.0	2272.7	4860.4	4027.6	2369.5	1117.4
天津	Tianjin	26229.5	8447.7	2144.4	5667.2	1593.0	3403.0	2282.6	1888.1	803.4
河北	Hebei	17586.6	4581.1	1544.2	4111.6	1178.7	2386.4	1870.8	1500.6	413.1
山西	Shanxi	15818.6	3981.0	1705.1	3019.5	947.9	2148.1	2207.9	1394.1	414.9
内蒙古	Inner Mongolia	21876.5	6210.3	2474.0	3710.3	1430.2	3231.3	2504.7	1575.7	739.9
辽宁	Liaoning	21556.7	6092.5	2065.6	4416.1	1359.5	2768.9	2418.7	1761.9	673.6
吉林	Jilin	17972.6	4640.6	1812.9	3532.3	1026.7	2322.5	2161.8	1924.2	551.7
黑龙江	Heilongjiang	17152.1	4749.7	1773.5	3416.4	908.1	2058.9	1846.7	1924.3	474.5
上海	Shanghai	36946.1	9690.7	1711.6	12137.0	1573.1	4457.2	4046.0	2361.7	968.9
江苏	Jiangsu	24966.0	7003.8	1781.4	5644.7	1516.6	3619.8	3058.4	1594.3	747.2
浙江	Zhejiang	28661.3	8092.0	2041.3	7230.5	1360.5	4753.2	2962.8	1539.0	682.0
安徽	Anhui	17233.5	5802.1	1403.3	3460.0	926.4	2265.7	1913.3	1073.3	389.5
福建	Fujian	23520.2	7759.1	1489.8	5811.4	1336.9	3021.5	2314.0	1165.3	622.1
江西	Jiangxi	16731.8	5407.8	1478.3	3619.9	1007.5	2083.7	1874.4	841.4	418.8
山东	Shandong	19853.8	5527.4	1943.0	4058.4	1476.5	2747.7	2141.1	1416.1	543.5
河南	Henan	17154.3	4818.7	1797.6	3391.1	1382.2	1874.1	1991.9	1365.5	533.1
湖北	Hubei	18192.3	5828.6	1523.1	3742.7	1099.3	2155.4	1972.2	1482.0	389.0
湖南	Hunan	19501.4	6075.5	1638.1	3519.6	1202.6	2430.2	2934.1	1174.6	526.6
广东	Guangdong	25673.1	8533.4	1453.7	5715.3	1526.3	3905.0	2671.5	1096.4	771.4
广西	Guangxi	16321.2	5610.2	845.8	3629.3	952.0	2249.5	1845.0	866.2	323.1
海南	Hainan	18448.4	7051.8	828.6	3679.8	964.3	2643.4	1617.8	1307.1	355.6
重庆	Chongqing	19742.3	6627.6	1931.7	3679.6	1370.6	2383.2	1951.3	1394.1	404.2
四川	Sichuan	19276.8	6783.1	1703.8	3335.5	1251.4	2414.4	1863.0	1369.3	556.4
贵州	Guizhou	16914.2	5282.7	1346.7	3468.4	1078.5	2248.4	2312.7	872.2	304.5
云南	Yunnan	17675.0	5346.4	1138.2	3612.4	1061.4	2664.0	2079.0	1351.9	421.6
西藏	Tibet	17022.0	7237.5	1611.6	3588.9	739.5	2037.5	757.9	534.4	514.6
陕西	Shaanxi	18463.9	5146.4	1500.5	3823.4	1297.9	2308.4	2201.1	1783.6	402.6
甘肃	Gansu	17450.9	5345.9	1758.5	3539.9	1124.9	1850.5	2044.9	1390.8	395.5
青海	Qinghai	19200.6	5502.6	1902.5	3340.1	1179.9	3354.8	2022.5	1459.3	439.0
宁夏	Ningxia	18983.9	4883.4	1787.0	3608.3	1185.4	2509.6	2389.8	2016.0	604.5
新疆	Xinjiang	19414.7	5954.9	2013.1	3166.9	1286.3	2869.4	2105.4	1517.1	501.6

6-27 分地区城镇居民家庭人均主要食品消费量(2015年)
Per Capita Consumption of Major Foods of Urban Households by Region (2015)

单位：千克 (kg)

地区	Region	粮食 (原粮) Grain (Unprocessed)	谷物 Cereal	食用油 Edible Oil and Fats	食用植物油 Edible Vegetable Oil	蔬菜及食用菌 Vegetable and Mushroom	肉类 Products of Meat	猪肉 Pork
全国	**National Average**	**112.6**	**101.6**	**11.1**	**10.7**	**104.4**	**28.9**	**20.7**
北京	Beijing	88.5	79.2	11.0	11.0	102.1	26.4	14.0
天津	Tianjin	118.4	109.0	10.7	10.7	116.7	26.1	16.0
河北	Hebei	115.8	105.7	9.7	9.6	94.7	22.8	13.6
山西	Shanxi	110.7	98.2	8.2	8.1	85.2	16.7	10.6
内蒙古	Inner Mongolia	146.5	133.2	9.8	9.6	104.9	37.2	16.4
辽宁	Liaoning	128.2	112.6	11.8	11.7	125.0	28.7	18.7
吉林	Jilin	120.5	109.7	11.8	11.8	98.9	21.1	14.2
黑龙江	Heilongjiang	135.5	120.3	13.8	13.7	110.1	24.5	15.5
上海	Shanghai	99.4	87.6	9.5	9.3	104.4	28.8	20.3
江苏	Jiangsu	107.6	95.6	12.3	12.1	110.2	28.0	20.6
浙江	Zhejiang	118.8	106.3	11.4	11.1	95.5	27.2	21.5
安徽	Anhui	106.7	94.7	9.6	9.1	94.0	24.6	18.8
福建	Fujian	105.8	96.1	9.2	8.6	89.5	32.2	25.3
江西	Jiangxi	117.1	106.7	14.4	13.9	114.3	30.9	24.0
山东	Shandong	114.1	104.0	9.4	9.3	99.9	24.9	14.9
河南	Henan	120.4	108.9	9.6	9.6	98.5	20.5	13.5
湖北	Hubei	98.3	86.4	13.9	13.6	112.4	28.6	20.9
湖南	Hunan	103.1	94.2	13.3	11.3	99.9	33.1	26.7
广东	Guangdong	97.8	89.9	9.1	8.8	97.6	36.7	28.7
广西	Guangxi	106.3	97.8	9.3	8.7	100.1	36.7	30.3
海南	Hainan	90.1	84.3	8.5	8.0	100.7	33.1	28.2
重庆	Chongqing	114.7	99.1	15.0	14.2	131.7	41.8	33.7
四川	Sichuan	126.1	114.0	14.1	13.1	136.8	43.3	35.6
贵州	Guizhou	106.8	95.6	11.5	10.1	88.5	31.7	26.6
云南	Yunnan	110.7	99.8	10.1	8.6	112.7	30.0	23.2
西藏	Tibet	157.2	153.6	15.6	12.5	62.0	30.6	10.1
陕西	Shaanxi	115.7	103.4	11.1	10.9	90.8	17.1	11.5
甘肃	Gansu	126.2	116.1	11.9	11.8	102.7	21.4	12.7
青海	Qinghai	94.0	87.7	8.2	8.2	73.1	25.0	10.6
宁夏	Ningxia	114.2	106.3	8.8	8.8	99.3	19.1	7.4
新疆	Xinjiang	153.7	147.0	13.9	13.8	120.8	26.2	7.4

6-27 续表 continued

单位：千克 (kg)

地区	Region			禽类	水产品	蛋类	奶类	干鲜瓜果类	食糖
		牛肉 Beef	羊肉 Mutton	Poultry	Aquatic Products	Eggs	Milk and Dairy Products	Dried and Fresh Melons and Fruits	Sugar
全 国	**National Average**	**2.4**	**1.5**	**9.4**	**14.7**	**10.5**	**17.1**	**55.1**	**1.3**
北 京	Beijing	3.6	3.1	6.3	10.3	14.0	28.9	71.5	0.8
天 津	Tianjin	3.0	3.2	5.2	17.6	17.1	18.5	74.0	1.3
河 北	Hebei	2.1	1.9	5.2	7.5	13.7	21.2	63.4	1.0
山 西	Shanxi	1.0	1.7	2.7	4.9	11.4	20.6	60.1	0.8
内蒙古	Inner Mongolia	5.2	10.6	5.9	6.5	10.8	28.7	65.6	1.3
辽 宁	Liaoning	3.0	1.8	5.8	18.0	13.9	19.5	74.9	1.5
吉 林	Jilin	2.5	1.0	4.0	8.9	10.7	13.6	57.8	1.2
黑龙江	Heilongjiang	2.3	1.7	5.3	10.1	11.9	14.8	67.1	1.8
上 海	Shanghai	2.7	1.0	12.0	25.7	10.5	22.7	53.0	1.4
江 苏	Jiangsu	2.0	0.9	11.0	19.6	10.6	19.3	47.1	1.1
浙 江	Zhejiang	2.1	0.6	10.6	27.0	8.0	14.4	53.0	1.4
安 徽	Anhui	2.1	1.0	10.9	12.4	10.9	14.2	43.2	1.8
福 建	Fujian	2.0	0.8	9.5	30.0	8.8	13.5	43.2	1.5
江 西	Jiangxi	2.6	0.4	10.2	16.9	8.7	17.3	47.9	1.1
山 东	Shandong	1.7	1.4	6.5	15.6	17.2	24.3	74.5	1.0
河 南	Henan	1.9	1.5	6.7	5.4	14.4	18.8	60.7	1.3
湖 北	Hubei	2.4	0.8	6.5	17.5	8.7	11.7	42.8	0.9
湖 南	Hunan	2.4	0.7	10.4	14.7	7.2	9.1	59.9	1.4
广 东	Guangdong	2.2	0.7	18.0	23.6	7.3	11.0	42.0	1.2
广 西	Guangxi	2.6	0.8	20.0	14.2	6.5	10.4	49.4	1.7
海 南	Hainan	2.1	0.8	21.2	31.6	5.7	7.0	39.9	1.1
重 庆	Chongqing	1.9	0.7	13.0	12.0	10.1	19.9	48.0	2.6
四 川	Sichuan	2.2	0.6	12.6	9.2	9.1	16.5	46.6	1.6
贵 州	Guizhou	1.9	0.3	7.7	3.9	5.8	11.7	40.4	1.2
云 南	Yunnan	3.0	0.4	8.2	5.9	6.1	10.9	42.8	1.5
西 藏	Tibet	16.4	3.9	3.9	1.9	7.0	15.9	19.5	2.5
陕 西	Shaanxi	1.0	1.5	3.3	3.4	9.1	19.0	56.3	1.1
甘 肃	Gansu	2.7	3.1	4.7	3.9	9.5	24.3	70.8	1.7
青 海	Qinghai	5.1	6.8	3.9	3.6	6.2	25.0	39.9	1.1
宁 夏	Ningxia	3.9	6.1	6.2	3.9	7.2	22:4	76.9	1.3
新 疆	Xinjiang	5.4	11.2	7.5	6.0	8.7	27.9	70.4	1.6

6-28 分地区城镇居民平均每百户年末主要耐用消费品拥有量(2015年)
Main Durable Goods Owned Per 100 Urban Households at Year-end by Region (2015)

地 区	Region	家用汽车(辆) Automobile (unit)	摩托车(辆) Motorcycle (unit)	电动助力车(辆) Electric Bicycle (unit)	洗衣机(台) Washing Machine (set)	电冰箱(台) Refrigerator (set)	微波炉(台) Microwave Oven (set)	彩色电视机(台) Color TV Set (set)
全 国	**National Average**	**30.0**	**22.7**	**45.8**	**92.3**	**94.0**	**53.8**	**122.3**
北 京	Beijing	46.8	2.9	18.9	95.9	98.3	81.1	129.9
天 津	Tianjin	37.3	6.2	34.8	95.0	97.7	72.5	109.6
河 北	Hebei	36.9	14.4	73.5	98.4	97.5	58.4	111.1
山 西	Shanxi	30.3	18.9	39.4	99.5	93.4	40.4	106.0
内蒙古	Inner Mongolia	32.1	24.7	46.1	95.0	94.7	37.9	102.4
辽 宁	Liaoning	21.1	8.4	15.2	91.9	95.6	55.1	108.0
吉 林	Jilin	20.9	17.0	7.0	95.3	94.0	44.7	105.4
黑龙江	Heilongjiang	11.8	10.5	8.4	92.5	91.9	36.1	102.0
上 海	Shanghai	25.6	4.1	50.5	91.6	97.4	86.8	177.4
江 苏	Jiangsu	39.1	18.4	107.5	99.4	101.1	88.7	170.6
浙 江	Zhejiang	47.9	13.7	70.8	88.0	96.4	59.1	173.8
安 徽	Anhui	21.9	19.7	67.9	94.1	97.2	59.7	129.6
福 建	Fujian	28.3	46.0	40.8	84.5	94.3	63.1	138.7
江 西	Jiangxi	23.1	28.7	55.7	93.7	96.9	54.0	141.1
山 东	Shandong	49.4	22.7	86.4	96.1	98.2	50.1	108.0
河 南	Henan	24.1	25.6	90.3	98.6	94.0	40.1	118.2
湖 北	Hubei	17.7	30.4	24.3	91.0	95.2	47.6	116.9
湖 南	Hunan	25.4	32.0	20.6	96.5	98.9	44.3	116.2
广 东	Guangdong	29.7	40.1	20.2	70.9	75.3	39.4	99.5
广 西	Guangxi	30.9	46.3	70.5	92.6	94.7	64.9	115.9
海 南	Hainan	22.9	37.6	63.8	80.0	89.3	36.3	104.6
重 庆	Chongqing	20.9	17.6	4.5	95.4	99.8	62.9	129.8
四 川	Sichuan	23.8	21.0	22.8	96.7	96.8	45.1	124.2
贵 州	Guizhou	23.7	17.9	5.9	97.9	93.9	42.8	106.2
云 南	Yunnan	40.0	31.4	31.7	95.3	91.5	57.1	109.0
西 藏	Tibet	32.5	11.8	15.8	89.3	92.6	40.3	133.7
陕 西	Shaanxi	21.7	17.4	23.8	95.2	89.5	36.9	105.7
甘 肃	Gansu	18.2	20.1	18.3	99.0	92.8	47.3	104.6
青 海	Qinghai	25.0	16.0	6.9	94.7	93.8	52.6	100.2
宁 夏	Ningxia	30.0	21.4	42.6	95.3	93.4	48.2	101.8
新 疆	Xinjiang	26.5	13.9	24.8	97.3	96.0	39.4	100.2

6-28 续表 continued

地 区	Region	空 调 (台) Air Conditioner (set)	热水器 (台) Water Heater (set)	排油烟机 (台) Exhaust Fan (set)	移动电话 (部) Mobile Phone (set)	计算机 (台) Computer (set)	照相机 (台) Camera (set)
全 国	**National Average**	**114.6**	**85.6**	**69.2**	**223.8**	**78.5**	**33.0**
北 京	Beijing	160.8	92.6	86.3	219.9	106.6	65.0
天 津	Tianjin	131.3	92.2	82.6	219.5	73.5	35.2
河 北	Hebei	117.9	88.5	78.2	220.5	76.6	34.7
山 西	Shanxi	38.1	65.1	70.2	219.2	76.6	24.5
内蒙古	Inner Mongolia	12.1	56.4	61.9	216.9	58.4	24.0
辽 宁	Liaoning	30.5	72.0	76.7	198.8	65.7	32.9
吉 林	Jilin	10.3	53.7	75.2	219.0	68.5	24.4
黑龙江	Heilongjiang	9.8	47.3	68.7	197.6	56.8	20.0
上 海	Shanghai	190.9	91.0	78.8	221.0	126.1	54.9
江 苏	Jiangsu	194.3	104.5	81.5	234.9	91.4	38.2
浙 江	Zhejiang	185.0	91.7	79.4	228.6	95.7	38.7
安 徽	Anhui	144.4	96.6	66.8	216.7	74.0	27.5
福 建	Fujian	157.2	97.5	64.2	240.1	88.7	29.8
江 西	Jiangxi	128.1	93.9	65.9	224.0	77.5	26.4
山 东	Shandong	109.4	93.9	80.6	220.4	79.3	43.8
河 南	Henan	135.7	82.8	61.3	225.3	74.4	25.0
湖 北	Hubei	128.4	87.4	61.4	223.1	74.0	25.4
湖 南	Hunan	140.5	90.1	66.9	237.4	77.0	28.7
广 东	Guangdong	144.3	83.5	57.5	221.5	84.5	37.1
广 西	Guangxi	121.1	95.5	61.2	249.9	88.2	33.4
海 南	Hainan	97.6	87.6	59.5	235.0	67.0	16.6
重 庆	Chongqing	170.1	93.1	57.4	237.7	72.1	31.3
四 川	Sichuan	108.2	91.2	56.4	228.1	63.2	23.4
贵 州	Guizhou	27.8	82.3	46.4	236.5	64.4	18.9
云 南	Yunnan	3.6	92.1	68.2	234.1	62.2	33.1
西 藏	Tibet	9.3	42.2	44.8	212.3	54.4	37.8
陕 西	Shaanxi	88.4	72.6	64.2	225.0	67.3	29.1
甘 肃	Gansu	10.5	71.5	72.2	224.5	64.7	29.8
青 海	Qinghai	2.2	48.9	70.7	210.9	60.2	23.3
宁 夏	Ningxia	13.1	87.4	74.5	237.3	65.6	21.6
新 疆	Xinjiang	16.5	81.6	76.9	209.1	62.5	29.9

6-29 分地区农村居民人均可支配收入
Per Capita Disposable Income of Rural Households by Region

单位：元 (yuan)

地 区	Region	2013	2014	2015
全 国	**National Average**	**9429.6**	**10488.9**	**11421.7**
北 京	Beijing	17101.2	18867.3	20568.7
天 津	Tianjin	15352.6	17014.2	18481.6
河 北	Hebei	9187.7	10186.1	11050.5
山 西	Shanxi	7949.5	8809.4	9453.9
内蒙古	Inner Mongolia	8984.9	9976.3	10775.9
辽 宁	Liaoning	10161.2	11191.5	12056.9
吉 林	Jilin	9780.7	10780.1	11326.2
黑龙江	Heilongjiang	9369.0	10453.2	11095.2
上 海	Shanghai	19208.3	21191.6	23205.2
江 苏	Jiangsu	13521.3	14958.4	16256.7
浙 江	Zhejiang	17493.9	19373.3	21125.0
安 徽	Anhui	8850.0	9916.4	10820.7
福 建	Fujian	11404.8	12650.2	13792.7
江 西	Jiangxi	9088.8	10116.6	11139.1
山 东	Shandong	10686.9	11882.3	12930.4
河 南	Henan	8969.1	9966.1	10852.9
湖 北	Hubei	9691.8	10849.1	11843.9
湖 南	Hunan	9028.6	10060.2	10992.5
广 东	Guangdong	11067.8	12245.6	13360.4
广 西	Guangxi	7793.1	8683.2	9466.6
海 南	Hainan	8801.7	9912.6	10857.6
重 庆	Chongqing	8492.5	9489.8	10504.7
四 川	Sichuan	8380.7	9347.7	10247.4
贵 州	Guizhou	5897.8	6671.2	7386.9
云 南	Yunnan	6723.6	7456.1	8242.1
西 藏	Tibet	6553.4	7359.2	8243.7
陕 西	Shaanxi	7092.2	7932.2	8688.9
甘 肃	Gansu	5588.8	6276.6	6936.2
青 海	Qinghai	6461.6	7282.7	7933.4
宁 夏	Ningxia	7598.7	8410.0	9118.7
新 疆	Xinjiang	7846.6	8723.8	9425.1

 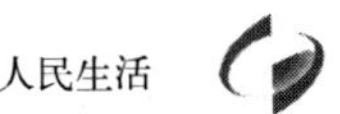

6-30 分地区农村居民人均可支配收入来源（2015年）
Per Capita Disposable Income of Rural Households by Sources and Region (2015)

单位：元 (yuan)

地区	Region	可支配收入 Disposable Income	工资性收入 Income from Wages and Salaries	经营净收入 Net Business Income	财产净收入 Net Income from Properties	转移净收入 Net Income from Transfers
全国	**National Average**	**11421.7**	**4600.3**	**4503.6**	**251.5**	**2066.3**
北京	Beijing	20568.7	15491.1	1958.5	1203.8	1915.3
天津	Tianjin	18481.6	11031.4	4949.4	775.0	1725.8
河北	Hebei	11050.5	5811.9	3682.7	235.9	1320.0
山西	Shanxi	9453.9	4921.8	2624.4	141.8	1766.0
内蒙古	Inner Mongolia	10775.9	2249.7	6185.4	425.3	1915.5
辽宁	Liaoning	12056.9	4730.1	5573.7	231.7	1521.3
吉林	Jilin	11326.2	2097.4	7878.1	198.6	1152.1
黑龙江	Heilongjiang	11095.2	2247.0	7049.8	524.9	1273.5
上海	Shanghai	23205.2	17482.5	1462.3	775.2	3485.1
江苏	Jiangsu	16256.7	8014.9	5045.6	545.2	2651.0
浙江	Zhejiang	21125.0	13086.9	5364.3	607.9	2065.9
安徽	Anhui	10820.7	3983.1	4214.4	161.8	2461.4
福建	Fujian	13792.7	6187.0	5455.6	232.5	1917.7
江西	Jiangxi	11139.1	4393.0	4431.3	184.6	2130.2
山东	Shandong	12930.4	5139.5	5856.4	326.3	1608.1
河南	Henan	10852.9	3728.4	4462.2	157.0	2505.3
湖北	Hubei	11843.9	3682.9	5281.4	160.8	2718.8
湖南	Hunan	10992.5	4515.2	3911.7	174.1	2391.5
广东	Guangdong	13360.4	6724.0	3590.1	337.0	2709.3
广西	Guangxi	9466.6	2549.1	4359.4	116.0	2442.1
海南	Hainan	10857.6	4251.1	5013.2	194.8	1398.5
重庆	Chongqing	10504.7	3583.4	3774.7	278.1	2868.6
四川	Sichuan	10247.4	3463.5	4197.3	223.6	2363.0
贵州	Guizhou	7386.9	2897.1	2878.7	83.7	1527.3
云南	Yunnan	8242.1	2315.5	4600.8	147.9	1177.9
西藏	Tibet	8243.7	1872.9	4937.7	146.9	1286.3
陕西	Shaanxi	8688.9	3548.3	2908.6	152.4	2079.5
甘肃	Gansu	6936.2	1974.9	3025.2	128.0	1808.1
青海	Qinghai	7933.4	2234.7	3058.5	325.7	2314.6
宁夏	Ningxia	9118.7	3614.3	3837.0	189.9	1477.5
新疆	Xinjiang	9425.1	2131.4	5397.5	209.5	1686.7

6-31 分地区农村居民人均消费支出
Per Capita Consumption Expenditure of Rural Households by Region

单位：元　　(yuan)

地 区	Region	2013	2014	2015
全 国	**National Average**	**7485.2**	**8382.6**	**9222.6**
北 京	Beijing	13563.9	14535.1	15811.2
天 津	Tianjin	12491.1	13738.6	14739.4
河 北	Hebei	7377.1	8248.0	9022.8
山 西	Shanxi	6457.7	6991.7	7421.2
内蒙古	Inner Mongolia	9079.6	9972.2	10637.4
辽 宁	Liaoning	7032.1	7800.7	8872.8
吉 林	Jilin	7523.4	8139.8	8783.3
黑龙江	Heilongjiang	7191.7	7830.0	8391.5
上 海	Shanghai	13016.2	14820.1	16152.3
江 苏	Jiangsu	10759.0	11820.3	12882.5
浙 江	Zhejiang	12803.3	14497.8	16107.7
安 徽	Anhui	7200.3	7980.8	8975.2
福 建	Fujian	9986.2	11055.9	11960.8
江 西	Jiangxi	6807.4	7548.3	8485.6
山 东	Shandong	6877.3	7962.2	8747.6
河 南	Henan	6358.7	7277.2	7887.4
湖 北	Hubei	7849.5	8680.9	9803.1
湖 南	Hunan	7832.6	9024.8	9690.6
广 东	Guangdong	8937.8	10043.2	11103.0
广 西	Guangxi	6035.3	6675.1	7582.0
海 南	Hainan	6376.2	7029.0	8210.3
重 庆	Chongqing	6970.7	7982.6	8937.7
四 川	Sichuan	7364.8	8301.1	9250.6
贵 州	Guizhou	5291.1	5970.3	6644.9
云 南	Yunnan	5246.6	6030.3	6830.1
西 藏	Tibet	4101.6	4822.1	5579.7
陕 西	Shaanxi	6487.6	7252.4	7900.7
甘 肃	Gansu	5653.9	6147.8	6829.8
青 海	Qinghai	7505.9	8235.1	8566.5
宁 夏	Ningxia	6739.8	7676.5	8414.9
新 疆	Xinjiang	7103.1	7365.3	7697.9

6-32 分地区农村居民人均消费支出（2015年）
Per Capita Consumption Expenditure of Rural Households by Region (2015)

单位：元 (yuan)

地区	Region	消费支出 Consumption Expenditure	食品烟酒 Food, Tobacco and Liquor	衣着 Clothing	居住 Residence	生活用品及服务 Household Facilities Articles and Services	交通通信 Transport and Communi-cations	教育文化娱乐 Education, Culture and Recreation	医疗保健 Health Care and Medical Services	其他用品及服务 Miscellaneous Goods and Services
全　国	**National Average**	**9222.6**	**3048.0**	**550.5**	**1926.2**	**545.6**	**1163.1**	**969.3**	**846.0**	**174.0**
北　京	Beijing	15811.2	4372.1	996.1	4636.0	992.9	2140.0	1144.9	1336.0	193.2
天　津	Tianjin	14739.4	4346.3	1060.5	3278.8	1153.7	2196.2	1245.3	1159.9	298.7
河　北	Hebei	9022.8	2578.1	625.3	2014.2	527.5	1298.5	870.4	920.5	188.4
山　西	Shanxi	7421.2	2150.2	558.5	1536.8	382.4	820.3	1017.1	794.3	161.5
内蒙古	Inner Mongolia	10637.4	3123.0	765.1	1817.1	475.0	1646.8	1457.7	1117.7	235.1
辽　宁	Liaoning	8872.8	2498.8	598.6	1666.4	396.5	1351.2	1122.0	1064.5	174.8
吉　林	Jilin	8783.3	2550.8	594.6	1698.3	353.5	1203.6	1117.7	1058.1	206.8
黑龙江	Heilongjiang	8391.5	2306.7	639.9	1554.8	357.5	1162.2	1097.9	1112.8	159.8
上　海	Shanghai	16152.3	5660.0	857.1	4161.3	722.5	2046.1	893.3	1464.3	347.6
江　苏	Jiangsu	12882.5	4078.3	777.9	2649.9	754.0	1879.9	1319.9	1088.2	334.5
浙　江	Zhejiang	16107.7	5008.4	950.8	3732.3	804.8	2565.7	1486.4	1246.3	313.0
安　徽	Anhui	8975.2	3212.0	503.4	1899.8	498.5	1056.3	834.4	808.2	162.6
福　建	Fujian	11960.8	4493.8	610.6	2907.6	620.6	1248.6	1003.9	826.9	248.9
江　西	Jiangxi	8485.6	3071.8	431.9	2026.3	491.5	865.7	882.9	569.7	145.8
山　东	Shandong	8747.6	2661.6	540.0	1626.6	553.5	1393.0	912.1	919.2	141.8
河　南	Henan	7887.4	2301.3	655.2	1643.3	560.6	970.3	851.4	769.0	136.4
湖　北	Hubei	9803.1	2952.7	549.1	2150.3	599.9	1218.4	1118.1	985.1	229.5
湖　南	Hunan	9690.6	3188.9	494.5	2191.0	604.7	920.2	1276.4	844.1	170.7
广　东	Guangdong	11103.0	4511.3	367.1	2494.8	654.6	1160.4	952.4	723.1	239.1
广　西	Guangxi	7582.0	2680.6	237.1	1729.9	455.5	821.8	841.7	709.7	105.7
海　南	Hainan	8210.3	3506.3	281.7	1470.0	404.6	836.0	904.1	634.5	173.0
重　庆	Chongqing	8937.7	3571.1	530.2	1481.8	651.7	888.2	923.5	745.9	145.4
四　川	Sichuan	9250.6	3618.4	580.4	1675.4	659.9	1019.8	699.4	839.8	157.5
贵　州	Guizhou	6644.9	2270.2	355.4	1442.0	379.8	784.2	872.7	449.5	91.2
云　南	Yunnan	6830.1	2486.7	304.9	1228.6	383.1	987.0	782.3	577.6	79.9
西　藏	Tibet	5579.7	2912.0	506.9	701.9	290.2	718.5	179.3	136.4	134.5
陕　西	Shaanxi	7900.7	2199.5	496.3	1785.5	491.2	793.2	1036.6	958.2	140.2
甘　肃	Gansu	6829.8	2244.1	466.3	1221.1	445.0	811.7	853.7	669.8	118.1
青　海	Qinghai	8566.5	2564.2	626.9	1461.7	444.6	1278.1	806.6	1190.9	193.6
宁　夏	Ningxia	8414.9	2452.7	664.0	1561.2	571.8	1070.9	995.4	926.0	172.9
新　疆	Xinjiang	7697.9	2622.5	691.3	1486.5	396.0	1031.6	632.0	731.8	106.1

6-33 分地区农村居民家庭人均主要食品消费量(2015年)
Per Capita Consumption of Major Foods of Rural Households by Region (2015)

单位：千克

(kg)

地 区	Region	粮食 (原粮) Grain (Unprocessed)	谷物 Cereal	食用油 Edible Oil and Fats	食用植物油 Edible Vegetable Oil	蔬菜及食用菌 Vegetable and Mushroom	肉类 Products of Meat	猪肉 Pork
全 国	**National Average**	**159.5**	**150.2**	**10.1**	**9.2**	**90.3**	**23.1**	**19.5**
北 京	Beijing	105.6	95.9	9.4	9.4	91.0	23.0	15.3
天 津	Tianjin	168.2	158.7	12.5	12.5	107.8	20.9	14.7
河 北	Hebei	145.4	137.6	9.7	9.6	82.4	15.7	11.3
山 西	Shanxi	153.6	138.4	7.6	7.5	66.2	10.5	8.3
内蒙古	Inner Mongolia	170.4	159.6	5.7	5.4	69.4	26.7	17.5
辽 宁	Liaoning	150.4	139.8	10.5	10.2	120.1	19.7	16.9
吉 林	Jilin	140.4	130.7	10.4	10.3	89.8	17.9	15.6
黑龙江	Heilongjiang	142.7	132.7	13.5	13.4	66.4	14.8	11.8
上 海	Shanghai	131.3	120.4	11.5	11.2	89.0	30.0	23.3
江 苏	Jiangsu	147.2	135.7	13.0	12.8	93.4	22.7	17.9
浙 江	Zhejiang	151.5	137.6	11.2	10.5	85.3	26.4	22.5
安 徽	Anhui	173.2	160.0	10.3	9.4	92.9	21.0	17.4
福 建	Fujian	157.5	148.4	9.4	7.6	87.4	29.9	25.8
江 西	Jiangxi	181.5	174.5	11.7	11.0	103.8	20.1	17.6
山 东	Shandong	142.2	133.9	8.4	8.4	76.7	15.1	10.7
河 南	Henan	132.5	125.5	7.6	7.5	67.7	12.8	9.7
湖 北	Hubei	152.1	141.8	16.0	15.2	123.1	26.9	24.1
湖 南	Hunan	187.9	179.6	11.7	7.9	103.9	27.2	25.1
广 东	Guangdong	161.4	153.8	9.0	8.3	101.7	36.0	31.7
广 西	Guangxi	172.2	167.0	7.4	5.3	87.4	27.7	26.1
海 南	Hainan	112.8	110.0	6.7	4.7	74.7	24.2	21.9
重 庆	Chongqing	197.1	181.8	13.4	12.0	134.7	36.0	33.6
四 川	Sichuan	187.6	177.3	12.2	10.9	125.0	36.2	34.4
贵 州	Guizhou	152.7	141.7	7.1	5.3	92.3	33.0	31.6
云 南	Yunnan	149.4	140.5	5.9	4.0	89.7	29.3	27.6
西 藏	Tibet	313.3	304.8	15.1	9.2	13.4	41.7	5.7
陕 西	Shaanxi	149.1	141.3	10.8	10.6	64.9	11.1	9.4
甘 肃	Gansu	181.3	169.3	8.5	8.4	55.4	15.8	12.5
青 海	Qinghai	138.9	130.8	10.7	9.9	53.3	21.7	10.1
宁 夏	Ningxia	148.7	142.4	8.6	8.5	75.4	15.0	6.8
新 疆	Xinjiang	204.1	203.0	13.9	13.8	90.0	20.7	1.6

6-33 续表 continued

单位：千克 (kg)

地区	Region	牛肉 Beef	羊肉 Mutton	禽类 Poultry	水产品 Aquatic Products	蛋类 Eggs	奶类 Milk and Dairy Products	干鲜瓜果类 Dried and Fresh Melons and Fruits	食糖 Sugar
全　国	**National Average**	**0.8**	**0.9**	**7.1**	**7.2**	**8.3**	**6.3**	**32.3**	**1.3**
北　京	Beijing	1.5	2.6	4.2	5.6	11.7	13.9	52.1	1.0
天　津	Tianjin	0.9	2.1	3.4	12.3	15.1	11.0	66.7	1.6
河　北	Hebei	0.4	0.8	2.9	3.4	11.5	7.5	45.3	1.1
山　西	Shanxi	0.2	0.6	1.4	1.0	9.1	8.4	33.1	1.0
内蒙古	Inner Mongolia	2.0	6.0	3.9	2.6	7.3	12.5	32.5	1.2
辽　宁	Liaoning	0.5	0.5	2.7	6.0	9.2	4.8	32.9	0.9
吉　林	Jilin	0.6	0.3	3.7	4.9	8.5	4.6	34.4	1.0
黑龙江	Heilongjiang	0.5	0.4	3.5	4.9	6.5	4.5	37.6	1.4
上　海	Shanghai	1.3	0.9	12.9	20.4	10.0	12.3	34.4	1.6
江　苏	Jiangsu	1.0	0.7	8.1	13.7	9.5	11.5	28.9	1.1
浙　江	Zhejiang	1.1	0.4	8.3	19.6	6.8	9.0	34.0	1.5
安　徽	Anhui	1.0	0.5	10.8	9.4	10.2	7.6	33.9	1.1
福　建	Fujian	0.8	0.4	12.2	20.1	7.3	6.9	28.8	1.8
江　西	Jiangxi	0.7	0.1	6.1	7.9	6.3	5.8	24.7	1.2
山　东	Shandong	0.2	0.5	5.2	6.4	14.1	11.6	45.6	0.8
河　南	Henan	0.7	0.5	3.9	2.5	10.7	5.0	39.1	1.1
湖　北	Hubei	0.8	0.4	4.3	11.7	8.3	3.6	22.4	0.8
湖　南	Hunan	0.7	0.3	9.1	8.7	7.3	2.9	42.3	2.1
广　东	Guangdong	0.8	0.2	20.0	18.7	6.2	2.6	23.3	1.9
广　西	Guangxi	0.4	0.2	17.6	7.0	5.2	2.0	27.9	1.2
海　南	Hainan	0.8	0.3	16.3	21.5	3.8	1.3	14.3	1.0
重　庆	Chongqing	0.4	0.3	6.4	7.1	10.3	7.6	28.3	3.4
四　川	Sichuan	0.4	0.2	9.2	4.9	8.4	6.2	23.8	1.9
贵　州	Guizhou	0.8	0.3	3.6	1.1	3.5	1.5	20.5	1.0
云　南	Yunnan	0.7	0.5	6.8	2.3	4.4	2.0	16.8	1.1
西　藏	Tibet	29.4	6.4	0.0	0.0	1.9	23.1	2.0	3.5
陕　西	Shaanxi	0.2	0.6	1.4	0.8	6.2	6.5	24.6	0.7
甘　肃	Gansu	0.6	2.0	3.5	0.8	6.4	6.5	35.1	1.7
青　海	Qinghai	4.1	7.0	2.7	0.7	2.5	10.5	17.0	1.5
宁　夏	Ningxia	3.0	4.7	5.8	1.2	4.8	8.2	52.4	1.2
新　疆	Xinjiang	4.0	14.8	3.4	0.9	5.4	12.9	48.5	0.8

6-34 分地区农村居民平均每百户年末主要耐用消费品拥有量(2015年)

Main Durable Goods Owned Per 100 Rural Households at Year-end by Region (2015)

地区	Region	家用汽车(辆) Automobile (unit)	摩托车(辆) Motorcycle (unit)	电动助力车(辆) Electric Bicycle (unit)	洗衣机(台) Washing Machine (set)	电冰箱(台) Refrigerator (set)	微波炉(台) Microwave Oven (set)	彩色电视机(台) Color TV Set (set)
全　国	**National Average**	**13.3**	**67.5**	**50.1**	**78.8**	**82.6**	**15.0**	**116.9**
北　京	Beijing	32.0	11.6	64.4	90.3	94.7	50.5	131.0
天　津	Tianjin	39.9	41.5	91.7	101.7	100.1	32.6	121.6
河　北	Hebei	23.6	66.4	91.1	96.7	90.1	15.8	120.8
山　西	Shanxi	10.1	57.5	34.8	82.0	57.9	5.7	104.7
内蒙古	Inner Mongolia	23.1	75.2	31.8	85.7	89.6	6.0	104.6
辽　宁	Liaoning	11.6	63.9	33.3	80.1	86.0	8.7	111.0
吉　林	Jilin	16.9	74.1	12.7	89.4	89.1	6.5	111.7
黑龙江	Heilongjiang	9.0	58.9	11.9	86.7	86.3	6.0	105.4
上　海	Shanghai	13.8	11.4	121.0	70.2	84.0	64.8	148.5
江　苏	Jiangsu	18.0	43.7	119.5	91.9	95.2	61.5	146.8
浙　江	Zhejiang	25.4	31.3	78.7	74.7	94.5	32.3	161.3
安　徽	Anhui	8.5	47.0	79.4	73.6	90.6	15.4	121.3
福　建	Fujian	12.9	91.5	25.7	73.2	93.8	33.5	139.3
江　西	Jiangxi	10.0	77.1	52.9	42.1	84.0	8.0	126.1
山　东	Shandong	23.6	68.9	103.3	86.8	90.8	12.3	109.5
河　南	Henan	12.0	65.2	87.6	92.9	79.1	9.0	112.6
湖　北	Hubei	7.2	77.9	23.5	65.0	84.8	9.2	118.5
湖　南	Hunan	8.1	75.0	11.4	71.9	87.4	6.9	112.6
广　东	Guangdong	10.7	117.0	30.8	64.8	78.3	19.1	117.2
广　西	Guangxi	6.8	100.5	31.3	54.7	79.6	15.4	111.1
海　南	Hainan	6.2	102.3	41.1	23.6	55.8	12.3	104.9
重　庆	Chongqing	8.0	40.2	8.4	74.8	90.3	16.3	111.3
四　川	Sichuan	8.6	51.5	19.7	82.1	82.7	9.5	112.4
贵　州	Guizhou	9.2	54.9	6.0	85.5	69.2	8.3	101.8
云　南	Yunnan	11.8	76.1	11.8	68.1	52.3	10.7	101.7
西　藏	Tibet	15.9	80.3	8.4	45.4	45.3	1.3	103.9
陕　西	Shaanxi	9.1	66.2	36.7	88.0	68.8	6.0	113.2
甘　肃	Gansu	10.0	88.6	28.0	86.0	55.3	6.1	109.0
青　海	Qinghai	23.5	90.5	13.4	97.1	95.0	6.5	111.1
宁　夏	Ningxia	18.4	83.0	54.5	98.2	85.2	9.0	117.5
新　疆	Xinjiang	12.6	87.9	43.0	87.8	85.6	5.9	99.9

6-34 续表 continued

地 区	Region	空 调 (台) Air Conditioner (set)	热水器 (台) Water Heater (set)	排油烟机 (台) Exhaust Fan (set)	移动电话 (部) Mobile Phone (set)	计算机 (台) Computer (set)	照相机 (台) Camera (set)
全 国	**National Average**	**38.8**	**52.5**	**15.3**	**226.1**	**25.7**	**4.1**
北 京	Beijing	118.4	92.6	66.6	230.0	69.4	20.8
天 津	Tianjin	85.4	95.2	44.1	219.6	38.2	8.2
河 北	Hebei	55.3	56.4	17.2	226.2	37.8	4.5
山 西	Shanxi	9.6	18.1	7.1	195.5	28.7	2.1
内蒙古	Inner Mongolia	0.8	16.7	12.1	220.6	20.8	4.5
辽 宁	Liaoning	2.1	16.3	12.5	191.2	28.9	4.1
吉 林	Jilin	0.3	9.5	8.3	240.6	31.8	2.9
黑龙江	Heilongjiang	0.5	6.5	10.4	202.8	24.4	3.2
上 海	Shanghai	100.7	66.2	37.7	187.3	46.5	12.1
江 苏	Jiangsu	107.7	87.7	31.6	217.6	42.3	9.5
浙 江	Zhejiang	100.2	80.1	55.1	216.4	45.5	8.1
安 徽	Anhui	58.4	66.4	10.9	205.3	19.4	3.5
福 建	Fujian	54.3	81.6	27.4	246.4	34.9	6.3
江 西	Jiangxi	38.6	54.7	13.3	232.7	22.3	3.4
山 东	Shandong	38.8	72.1	22.8	207.8	34.8	5.1
河 南	Henan	54.8	48.3	6.3	221.0	26.6	3.1
湖 北	Hubei	43.5	61.7	14.9	232.2	26.2	3.8
湖 南	Hunan	36.2	44.6	14.6	242.1	19.8	4.3
广 东	Guangdong	62.2	77.7	29.5	267.2	33.9	4.5
广 西	Guangxi	16.9	50.5	6.3	262.0	17.3	1.8
海 南	Hainan	23.7	41.4	6.6	235.7	11.6	2.1
重 庆	Chongqing	42.8	54.4	8.6	225.0	18.9	2.9
四 川	Sichuan	22.4	50.0	6.2	216.5	13.2	2.6
贵 州	Guizhou	2.5	29.0	3.9	245.4	9.7	1.5
云 南	Yunnan	0.3	57.0	3.3	235.9	6.2	1.4
西 藏	Tibet	0.1	1.5	0.2	172.1	0.3	0.9
陕 西	Shaanxi	23.1	41.5	6.9	251.3	22.0	3.8
甘 肃	Gansu	0.7	20.3	5.8	244.6	14.2	2.5
青 海	Qinghai	0.3	23.8	9.0	262.3	11.9	2.4
宁 夏	Ningxia	0.8	54.3	9.8	281.5	22.0	2.5
新 疆	Xinjiang	1.1	21.5	9.0	174.4	14.3	2.6

6-35 农村贫困状况
Poverty Conditions in Rural Areas

年 份 Year	1978年标准 1978 Standard		2008年标准 2008 Standard		2010年标准 2010 Standard	
	贫困人口(万人) Poverty Population (10 000 persons)	贫困发生率(%) Poverty Headcount Rate (%)	贫困人口(万人) Poverty Population (10 000 persons)	贫困发生率(%) Poverty Headcount Rate (%)	贫困人口(万人) Poverty Population (10 000 persons)	贫困发生率(%) Poverty Headcount Rate (%)
1978	25000.0	30.7			77039	97.5
1980	22000.0	26.8			76542	96.2
1981	15200.0	18.5				
1982	14500.0	17.5				
1983	13500.0	16.2				
1984	12800.0	15.1				
1985	12500.0	14.8			66101	78.3
1986	13100.0	15.5				
1987	12200.0	14.3				
1988	9600.0	11.1				
1989	10200.0	11.6				
1990	8500.0	9.4			65849	73.5
1991	9400.0	10.4				
1992	8000.0	8.8				
1994	7000.0	7.7				
1995	6540.0	7.1			55463	60.5
1997	4962.0	5.4				
1998	4210.0	4.6				
1999	3412.0	3.7				
2000	3209.0	3.5	9422	10.2	46224	49.8
2001	2927.0	3.2	9029	9.8		
2002	2820.0	3.0	8645	9.2		
2003	2900.0	3.1	8517	9.1		
2004	2610.0	2.8	7587	8.1		
2005	2365.0	2.5	6432	6.8	28662	30.2
2006	2148.0	2.3	5698	6.0		
2007	1479.0	1.6	4320	4.6		
2008			4007	4.2		
2009			3597	3.8		
2010			2688	2.8	16567	17.2
2011					12238	12.7
2012					9899	10.2
2013					8249	8.5
2014					7017	7.2
2015					5575	5.7

注：1. 1978年标准：1978-1999年称为农村贫困标准，2000-2007年称为农村绝对贫困标准。
2. 2008年标准：2000-2007年称为农村低收入标准，2008-2010年称为农村贫困标准。
3. 2010年标准：即现行农村贫困标准。现行农村贫困标准为每人每年2300元(2010年不变价)。

a) 1978 Standard: It was referred to as the rural poverty standard from 1978 to 1999, and as the rural absolute poverty standard from 2000 to 2007.
b) 2008 Standard: It was referred to as the rural low income standard from 2000 to 2007, and as the rural poverty standard from 2008 to 2010.
c) 2010 Standard: It was the current rural poverty standard which is 2300 yuan (in 2010's constant price) per person each year.

主要统计指标解释

一、城乡一体化住户收支与生活状况调查指标解释

从2012年四季度起，国家统计局对分别进行的城乡住户调查实施了一体化改革，规范了城乡划分范围，统一了城乡居民收入指标名称、分类和统计标准，建立了城乡统一的一体化住户调查，并据此采集全国居民有关数据。

（一）居民可支配收入

居民可支配收入指居民可用于最终消费支出和储蓄的总和，即居民可用于自由支配的收入。既包括现金收入，也包括实物收入。按照收入的来源，可支配收入包含四项，分别为：工资性收入、经营净收入、财产净收入和转移净收入。

工资性收入 指就业人员通过各种途径得到的全部劳动报酬和各种福利，包括受雇于单位或个人、从事各种自由职业、兼职和零星劳动得到的全部劳动报酬和福利。

经营净收入 指住户或住户成员从事生产经营活动所获得的净收入，是全部经营收入中扣除经营费用、生产性固定资产折旧和生产税之后得到的净收入。计算公式为：

经营净收入=经营收入－经营费用－生产性固定资产折旧－生产税

财产净收入 指住户或住户成员将其所拥有的金融资产、住房等非金融资产和自然资源交由其他机构单位、住户或个人支配而获得的回报并扣除相关的费用之后得到的净收入。财产净收入包括利息净收入、红利收入、储蓄性保险净收益、转让承包土地经营权租金净收入、出租房屋净收入、出租其他资产净收入和自有住房折算净租金等。财产净收入不包括转让资产所有权的溢价所得。

转移净收入 计算公式为：转移净收入=转移性收入－转移性支出

转移性收入 指国家、单位、社会团体对住户的各种经常性转移支付和住户之间的经常性收入转移。包括养老金或退休金、社会救济和补助、政策性生产补贴、政策性生活补贴、救灾款、经常性捐赠和赔偿、报销医疗费、住户之间的赡养收入，本住户非常住成员寄回带回的收入等。转移性收入不包括住户之间的实物馈赠。

转移性支出 指调查户对国家、单位、住户或个人的经常性或义务性转移支付。包括缴纳的税款、各项社会保障支出、赡养支出、经常性捐赠和赔偿支出以及其他经常转移支出等。

（二）居民消费支出

居民消费支出是指居民用于满足家庭日常生活消费需要的全部支出，既包括现金消费支出，也包括实物消费支出。消费支出可划分为食品烟酒、衣着、居住、生活用品及服务、交通通信、教育文化娱乐、医疗保健以及其他用品及服务八大类。

食品烟酒 指用于各种食品和烟草、酒类的支出。

衣着 指与居民穿着有关的支出，包括服装、服装材料、鞋类、其他衣类及配件、衣着相关加工服务的支出。

居住 指与居住有关的支出，包括房租、水、电、燃料、物业管理等方面的支出，也包括自有住房折算租金。

生活用品及服务 指家庭及个人的各类生活品及家庭服务。包括家具及室内装饰品、家用器具、家用纺织品、家庭日用杂品、个人用品和家庭服务。

交通通信 指用于交通和通信工具及相关的各种服务费、维修费和车辆保险等支出。

教育文化娱乐 指用于教育、文化和娱乐方面的支出。

医疗保健 指用于医疗和保健的药品、用品和服务的总费用。包括医疗器具及药品，以及医疗服务。

其他用品及服务 指无法直接归入上述各类支出的其他用品与服务支出。

二、2012年及以前的分城镇和农村住户调查指标解释

2012年及以前年份，中国的住户调查一直分城乡分别开展。由于分别调查，农村与城镇居民收入、支出等指标的统计口径有所不同，数据也不完全可比，城镇调查城镇居民可支配收入，农村调查农村居民纯收入。城镇居民收入与支出数据，指现金收入或现金支出，不包括实物收支；其中，计算城镇居民人均可支配收入和消费支出时，不包括自有住房折算租金，也不包括购建房支出。农村居民收入与支出数据，分为总收支和现金收支，即农村居民的总收支部分包括了自产自用的实物收支；其中，计算农村居民人均纯收入和消费支出时，也不包括自有住房折算租金，但农村居民居住消费支出中，包括了购建房支出。

为了保持历史数据的可比，本年鉴中2012年及以前年份的数据和指标解释仍保持了原城镇住户调查和农村住户调查方案的原貌。

（一）城镇住户调查

城镇家庭人口 指居住在一起，经济上合在一起共同生活的家庭成员。凡计算为家庭人口的成员其全部收支都包括在本家庭中。

城镇居民家庭可支配收入 指家庭成员得到可用于最终消费支出和其他非义务性支出以及储蓄的总和，即居民家庭可以用来自由支配的收入。它是家庭总收入扣除交纳的个人所得税、个人交纳的社会保障支出以及记账补贴后的收入。计算公式为：

城镇居民家庭可支配收入=家庭总收入－交纳个人所得税－个人交纳的社会保障支出－记账补贴

（二）农村住户调查

农村住户 指农村常住户。农村常住户指长期(一年以上)居住在乡镇(不包括城关镇)行政管理区域内的住户，以及长期居住在城关镇所辖行政村范围内的农村住户。户口不在

本地而在本地居住一年及以上的住户也包括在本地农村常住户范围内；有本地户口，但举家外出谋生一年以上的住户，无论是否保留承包耕地都不包括在本地农村住户范围内。

农村居民家庭纯收入 指农村住户当年从各个来源得到的总收入相应地扣除所发生的费用后的收入总和。计算公式为：

农村居民家庭纯收入=总收入-家庭经营费用支出

-税费支出-生产性固定资产折旧

-赠送农村内部亲友

纯收入主要用于再生产投入和当年生活消费支出，也可用于储蓄和各种非义务性支出。“农民人均纯收入”是按人口平均的纯收入水平，反映的是一个地区农村居民的平均收入水平。

Explanatory Notes on Main Statistical Indicators

Ⅰ. Integrated Urban and Rural Households Survey on Income and Expenditures and Living Conditions

Since the fourth quarter of 2012, the NBS has launched its reform on the household survey programme, to form an integrated survey, instead of the two separate urban and rural household surveys. The reform regulates the division of urban and rural areas, integrates the concepts, classifications and standards, conducts the integrated household survey, and collects household data in the whole country thereafter.

1. Disposable Income of Households

Disposable Income of Households refers to the income of households for purpose of final expenditure and savings. It includes income both in cash and in kind. By sources of income, disposable income includes four categories: income from wages and salaries, net business income, net income from properties and net income from transfer.

Income from Wages and Salaries refers to remuneration of labour and salaries from all kinds of sources, including those employed by other units or individuals, freelance work, part-time jobs, and sporadic labour.

Net Business Income refers to net income earned by households and their members engaged in production and business activities. It refers to the net income of operating revenue minus operating costs, depreciation of productive fixed assets, and production tax. The formula is:

Net Business Income=Operating Revenue-Operating Costs-Depreciation of Productive Fixed Assets-Production Tax

Net Income from Properties refers to the net income received as returns by households or members of financial assets, non-financial assets such as housing, to other institutions, households or individuals, and minus relevant costs. Net income from properties includes net income of interest, bonus income, net income of saving insurance, net income of rents of transferring management right of contract land, income of renting housing, income of renting other assets, net converted rents of self-owned housing. Net income from properties do not include premium of transferring ownership of assets.

Net Income from Transfer The formula is:

Net Income from Transfer=Income from Transfers-Expenditure from Transfer

Income from Transfer refers to the regular transfer from country, institutions, social communities to households and between households. It includes old-age and retirement pension, disaster relief funds, regular donation and compensation, applying for medical fees, supporting income between households, income from non-usual-residing members of households, etc. Income from transfer do not include presents in kinds between households.

Expenditure from Transfer refers to regular or deontic transfer from households to country, institutions, households or individuals. It includes taxes paid, expenditure of all kinds of social security, supporting expenditure, regular donation and compensation and other regular transfer expenditure, etc.

2. Consumption Expenditure of Households

Consumption Expenditure of Households refers to all expenditure of households for living expenditure to satisfy family daily living. It includes expenditure in cash and in kind. It includes eight categories: food, tobacco and liquor; clothing; residence; household facilities, articles and services; transport and communications; education, cultural and recreational activities; health care and medical services, and miscellaneous goods and services.

Food, Tobacco and Liquor refers to expenditure for food, tobacco and liquor of all kinds.

Clothing refers to expenditure related to clothing, including clothes, clothing materials, footwear, other clothing and accessories, processing services related to clothing.

Residence refers to expenditure related to residence, including housing rents, water, electricity, fuel, property management, and including converted self-owned housing rents.

Household Facilities, Articles and Services refers to expenditure for family and individual articles for living purpose and family services. It includes furniture and interior decoration, home appliances, home textiles, household miscellaneous daily articles, personal articles, and family services.

Transport and Communications refers to expenditure for transport and communication and related services, maintenance and repairs, and vehicle insurance.

Education, Cultural and Recreational Activities refers to expenditure on education, cultural and recreational activities.

Health Care and Medical Services refers to expenditure on drugs, supplies and services of medical and health care. It includes medical appliances and drugs, and medical services.

Miscellaneous Goods and Services refers to expenditure of all kinds of expenditure of other articles and services that can not divided into the category above.

II. Explanatory on Inidcators before 2012

Prior to 2012, household surveys in China were conducted separately in urban and rural areas. Statistical coverage of indicators of household income and expenditure of urban and rural households were different, data were not comparable completely. Disposable income was surveyed in urban households, and net income was surveyed in rural households. Income and expenditure of urban households refer to that in cash, not including physical payments; Among which, when calculating per capita disposable income and consumption, self-owned housing conversion rental is not included, and expenditure of purchasing housing is not included either. Income and expenditure of rural households are divided into that of total and in cash, that is, total income and expenditure include self occupied physical payments; Among which, when computing per capita net income and expenditure of rural households, self-owned housing conversion rental is not included, but purchasing of housing is included in consumption expenditure of rural households.

For comparable reason, data prior to 2012 in this yearbook were still original urban households and rural households survey.

1. Urban Household Survey

Population of Urban Households refer to members of households living and sharing economically together in the urban areas. All the income and expenditure of all the members of such households are included in the income and expenditure of the household.

Disposable Income of Urban Households refers to the actual income at the disposal of members of the households which can be used for final consumption, other non-compulsory expenditure and savings. This equals to total income minus income tax, personal contribution to social security and subsidy for keeping diaries in being a sample household. The following formula is used:

Disposable Income of Urban Households= total household income - income tax - personal contribution to social security - subsidy for keeping diaries for a sampled household

2. Rural Households

Rural Households refer to usual resident households in rural areas. Usual resident households in rural areas are households residing on a long term basis(for more than one year) in the areas under the administration of township governments (not including county towns), and in the areas under the administration of villages in county towns. Households residing in the current addresses for over one year with their household registration in other places are still considered as resident households of the locality. For households with their household registration in one place but all members of the households having moved away to make a living in another place for over one year, they will not be included in the rural households of the area where they are registered, irrespective of whether they still keep their contracted land.

Net Income of Rural Households refers to the total income of rural households from all sources minus all corresponding expenses. The formula for calculation is as follows:

Net income of rural households = total income - household operation expenses - taxes and fees-depreciation of fixed assets for production - gifts to rural relatives.

Net income is mainly used as input for reinvestment in production and as consumption expenditure of the year, and also used for savings and non-compulsory expenses of various forms. "Per capita net income of farmers" is the level of net income averaged by population, reflecting the average income level of rural population in a given area.

7

财　政

Government Finance

简 要 说 明

一、本篇的主要内容和资料来源

本篇反映国家财政收支状况，包括全国一般公共预算收支、全国政府性基金收支和全国国有资本经营收支三个方面。资料来源于财政部，资料基础为国家财政决算有关财务报表。

（一）全国一般公共预算收支

一般公共预算收支是指政府凭借国家政治权力，以社会管理者身份筹集以税收为主体的财政收入，用于保障和改善民生、维持国家机构正常运转、保障国家安全等方面的各项收支。

全国一般公共预算收入与支出决算由中央级决算和地方总决算组成。省(自治区、直辖市)级决算及其所属市（州）、县(区)总决算汇总组成省(自治区、直辖市)总决算；各省(自治区、直辖市)总决算汇总成地方总决算。

中央级决算、省(自治区、直辖市)级决算和市（州）、县(区)总决算，由同级主管部门汇总的行政事业单位决算、企业财务决算、基本建设财务决算和金库年报、税收年报等组成。

为保持决算口径的一致，财政部每年要制定和颁发各省(自治区、直辖市)总决算表格和中央单位决算表格。各级财政部门和中央主管部门也要结合本部门的具体情况下达有关决算表格。决算表格按国家决算的组成，分为各级财政部门适用的总决算表格和各级主管部门、单位预算机关适用的单位决算表格，决算表数据根据总预算或单位预算会计账簿填报。

有关一般公共预算收支方面的资料，根据一般公共预算收支决算总表、决算收支明细表的数据加工整理编制。

（二）全国政府性基金收支

政府性基金收支是指政府通过向社会征收基金、收费，以及出让土地、发行彩票等方式取得收入，专项用于支持特定基础设施建设和社会事业发展等方面的各项收支。

（三）全国国有资本经营收支

国有资本经营收支是政府以所有者身份依法取得国有资本收益，并对所得收益进行分配而发生的各项收支。

二、统计口径的变化和数据调整

与以往年份相比，2007 年财政收支科目实施了较大改革，特别是财政支出项目口径变化很大，因此，2007 年以后年度一般公共预算收支数据与以前年度数据不可比。从 2011 年开始，预算外资金全部纳入预算内管理，相关数据不再单独列示。

Brief Introduction

I. Main Contents and Sources of Data

The data in this chapter present the government revenue and expenditure situation, including three categories of revenue and expenditures: state general public budget revenue and expenditure, government funds, and operation of state-owned assets. The data are based on final State financial accounts from the Ministry of Finance.

1.State General Public Budget Revenue and Expenditure

The State General Public Budget Revenue and Expenditure refers to the revenues and expenditures mainly in a form of taxes collected by the government as the administration of the society using its State political power for the purposes of assuring and improving the people's life, maintaining the regular operation of the government, and defending the national security.

The final State accounts of general public budget revenue and expenditure are composed of the final accounts at the level of Central Government and the total final accounts at the level of local governments. The total final accounts at the provincial (autonomous region, municipality) level are composed of the final accounts at the provincial level and the total final accounts at the level of governments of prefectures and counties (cities). The total final accounts at the level of local governments are composed of the final accounts of the governments of provinces, autonomous regions and municipalities.

The final accounts at the central level, at the provincial level and at the county (city) level are respectively composed of the final accounts of the administrative and institutional units, the final financial accounts of enterprises, the final financial accounts of capital construction, the annual reports on treasury and the annual reports on tax revenue, pooled together by the responsible departments at the same level.

In order to ensure the consistency in the coverage of the final accounts, the Ministry of Finance works out and issues the forms for the final account for the provinces, autonomous regions and municipalities directly under the Central Government and the forms for the final accounts for the departments at the central level. The financial departments at various levels and the Central Government departments would also work out and issue the forms for the final accounts in the light of the specific departmental conditions to the departments or units at the lower level. The forms for the final accounts are designed in accordance with the composition of the State final account and are composed of the forms for the total final accounts suitable for the financial departments of different levels and the forms for the unit final accounts suitable for the budgetary agencies of the responsible departments or units. The data for the final accounts are filled out in accordance with the data in the account books of the total budget or unit budget.

Data on general public budget revenue and expenditure are compiled on the basis of information from the total final accounts table of revenue and expenditure, the subsidiary table of the final accounts of revenue, and the subsidiary table of the final accounts of expenditure.

2. Revenue and Expenditure of Government Funds

The revenue and expenditure of government funds refers to the revenues made by the government through collecting funds and fees, transferring land, issuance of lottery, etc and to the expenditures for specific projects on infrastructure facilities and social undertakings.

3. Revenue and Expenditure from Operation of State-Owned Assets

The revenue and expenditure from operation of state-owned assets refers to the revenues received by the government as the owner of the assets, and to the expenditures as a result of distribution of the revenues.

II. Change of Statistical Scope and Data Adjustment

Compared with the previous years, the classifications of revenue and expenditure accounts have been adjusted largely in 2007. Therefore, the data on the state revenue and expenditure and the data on general public budget revenue and expenditure after 2007 are not comparable with the data of earlier years. Starting from 2011, the extra-budgetary funds is included in the budgetary management and thus is not listed separately.

7-1 一般公共预算收支总额及增长速度
General Public Budget Revenue and Expenditure and Their Increase Rates

年份 Year	一般公共预算收入(亿元) General Public Budget Revenue (100 million yuan)	中央 Central Government	地方 Local Governments	一般公共预算支出(亿元) General Public Budget Expenditure (100 million yuan)	中央 Central Government	地方 Local Governments	增长速度(%) Increase Rates (%) 一般公共预算收入 General Public Budget Revenue	一般公共预算支出 General Public Budget Expenditure
1978	1132.26	175.77	956.49	1122.09	532.12	589.97	29.5	33.0
1979	1146.38	231.34	915.04	1281.79	655.08	626.71	1.2	14.2
1980	1159.93	284.45	875.48	1228.83	666.81	562.02	1.2	-4.1
1981	1175.79	311.07	864.72	1138.41	625.65	512.76	1.4	-7.5
1982	1212.33	346.84	865.49	1229.98	651.81	578.17	3.1	8.0
1983	1366.95	490.01	876.94	1409.52	759.60	649.92	12.8	14.6
1984	1642.86	665.47	977.39	1701.02	893.33	807.69	20.2	20.7
1985	2004.82	769.63	1235.19	2004.25	795.25	1209.00	22.0	17.8
1986	2122.01	778.42	1343.59	2204.91	836.36	1368.55	5.8	10.0
1987	2199.35	736.29	1463.06	2262.18	845.63	1416.55	3.6	2.6
1988	2357.24	774.76	1582.48	2491.21	845.04	1646.17	7.2	10.1
1989	2664.90	822.52	1842.38	2823.78	888.77	1935.01	13.1	13.3
1990	2937.10	992.42	1944.68	3083.59	1004.47	2079.12	10.2	9.2
1991	3149.48	938.25	2211.23	3386.62	1090.81	2295.81	7.2	9.8
1992	3483.37	979.51	2503.86	3742.20	1170.44	2571.76	10.6	10.5
1993	4348.95	957.51	3391.44	4642.30	1312.06	3330.24	24.8	24.1
1994	5218.10	2906.50	2311.60	5792.62	1754.43	4038.19	20.0	24.8
1995	6242.20	3256.62	2985.58	6823.72	1995.39	4828.33	19.6	17.8
1996	7407.99	3661.07	3746.92	7937.55	2151.27	5786.28	18.7	16.3
1997	8651.14	4226.92	4424.22	9233.56	2532.50	6701.06	16.8	16.3
1998	9875.95	4892.00	4983.95	10798.18	3125.60	7672.58	14.2	16.9
1999	11444.08	5849.21	5594.87	13187.67	4152.33	9035.34	15.9	22.1
2000	13395.23	6989.17	6406.06	15886.50	5519.85	10366.65	17.0	20.5
2001	16386.04	8582.74	7803.30	18902.58	5768.02	13134.56	22.3	19.0
2002	18903.64	10388.64	8515.00	22053.15	6771.70	15281.45	15.4	16.7
2003	21715.25	11865.27	9849.98	24649.95	7420.10	17229.85	14.9	11.8
2004	26396.47	14503.10	11893.37	28486.89	7894.08	20592.81	21.6	15.6
2005	31649.29	16548.53	15100.76	33930.28	8775.97	25154.31	19.9	19.1
2006	38760.20	20456.62	18303.58	40422.73	9991.40	30431.33	22.5	19.1
2007	51321.78	27749.16	23572.62	49781.35	11442.06	38339.29	32.4	23.2
2008	61330.35	32680.56	28649.79	62592.66	13344.17	49248.49	19.5	25.7
2009	68518.30	35915.71	32602.59	76299.93	15255.79	61044.14	11.7	21.9
2010	83101.51	42488.47	40613.04	89874.16	15989.73	73884.43	21.3	17.8
2011	103874.43	51327.32	52547.11	109247.79	16514.11	92733.68	25.0	21.6
2012	117253.52	56175.23	61078.29	125952.97	18764.63	107188.34	12.9	15.3
2013	129209.64	60198.48	69011.16	140212.10	20471.76	119740.34	10.2	11.3
2014	140370.03	64493.45	75876.58	151785.56	22570.07	129215.49	8.6	8.3
2015	152269.23	69267.19	83002.04	175877.77	25542.15	150335.62	5.8	13.2

注：1.在一般公共预算收支中，价格补贴1985年以前冲减财政收入，1986年以后列为财政支出。为了可比，本表将1985年以前冲减财政收入的价格补贴改列在财政支出中。
2.一般公共预算收入中不包括国内外债务收入。
3.从2000年起，一般公共预算支出中包括国内外债务付息支出。

a) As for the general public budget revenue and expenditure, the government price subsidies were listed as negative revenue items prior to 1985, but they have been listed as expenditure items in government accounts since 1986. For comparison purpose, budgetary price subsidies before 1985 were adjusted and listed as expenditure items.
b) General public budget revenue does not include the receipts of domestic and foreign debts.
c) General public budget expenditure include the interest payment on domestic and foreign debts since 2000.

7-2 中央和地方一般公共预算主要收入项目（2015年）

Main Items of General Public Budget Revenue of the Central and Local Governments (2015)

单位：亿元 (100 million yuan)

项 目	Item	一般公共预算收入 General Public Budget Revenue	中央 Central Government	地方 Local Governments
合计	**General Public Budget Revenue**	**152269.23**	**69267.19**	**83002.04**
税收收入	**Total Tax Revenue**	**124922.20**	**62260.27**	**62661.93**
国内增值税	Domestic Value Added Tax	31109.47	20996.95	10112.52
国内消费税	Domestic Consumption Tax	10542.16	10542.16	
进口货物增值税、消费税	VAT and Consumption Tax from Imports	12533.35	12533.35	
出口货物退增值税、消费税	VAT and Consumption Tax Rebate for Exports	-12867.19	-12867.19	
营业税	Business Tax	19312.84	150.73	19162.11
企业所得税	Corporate Income Tax	27133.87	17640.08	9493.79
个人所得税	Individual Income Tax	8617.27	5170.52	3446.75
资源税	Resource Tax	1034.94	37.87	997.07
城市维护建设税	City Maintenance and Construction Tax	3886.32	179.28	3707.04
房产税	House Property Tax	2050.90		2050.90
印花税	Stamp Tax	3441.44	2476.15	965.29
#证券交易印花税	Stamp Tax on Security Exchange	2552.78	2476.15	76.63
城镇土地使用税	Urban Land Use Tax	2142.04		2142.04
土地增值税	Land Appreciation Tax	3832.18		3832.18
车船税	Tax on Vehicles and Boat Operation	613.29		613.29
船舶吨税	Tax on Ship Tonnage	46.97	46.97	
车辆购置税	Vehicle Purchase Tax	2792.56	2792.56	
关税	Tariffs	2560.84	2560.84	
耕地占用税	Farm Land Occupation Tax	2097.21		2097.21
契税	Deed Tax	3898.55		3898.55
烟叶税	Tobacco Leaf Tax	142.78		142.78
其他税收收入	Other Tax Revenue	0.41		0.41
非税收入	**Total Non-tax Revenue**	**27347.03**	**7006.92**	**20340.11**
专项收入	Special Program Receipts	6985.08	574.72	6410.36
行政事业性收费	Charge of Administrative and Institutional Units	4873.02	460.94	4412.08
罚没收入	Penalty Receipts	1876.86	113.96	1762.90
国有资本经营收入(部分金融机构和中央企业上缴利润)	Operating Income from Government Capital (part of financial institutions and central enterprises turn over to profits)	5389.45	5389.45	
国有资本经营收入	Operating Income from Government Capital	690.76		690.76
国有资源(资产)有偿使用收入	Income from Use of State-owned Resources(Assets)	5463.89	243.15	5220.74
其他收入	Other Non-tax Receipts	2067.97	224.70	1843.27

7-3 中央和地方一般公共预算主要支出项目（2015年）
Main Items of General Public Budget Expenditure of the Central and Local Governments (2015)

单位：亿元 (100 million yuan)

项　目	Item	一般公共预算支出 General Public Budget Expenditure	中央 Central Government	地方 Local Governments
合计	**National Government Expenditure**	**175877.77**	**25542.15**	**150335.62**
一般公共服务支出	Expenditure for General Public Services	13547.79	1055.30	12492.49
外交支出	Expenditure for Foreign Affairs	480.32	476.78	3.54
国防支出	Expenditure for National Defense	9087.84	8868.51	219.33
公共安全支出	Expenditure for Public Security	9379.96	1584.17	7795.79
教育支出	Expenditure for Education	26271.88	1358.17	24913.71
科学技术支出	Expenditure for Science and Technology	5862.57	2478.39	3384.18
文化体育与传媒支出	Expenditure for Culture, Sport and Media	3076.64	271.99	2804.65
社会保障和就业支出	Expenditure for Social Safety Net and Employment Effort	19018.69	723.07	18295.62
医疗卫生与计划生育支出	Expenditure for Medical and Health Care, and Family Planning	11953.18	84.51	11868.67
节能环保支出	Expenditure for Environment Protection	4802.89	400.41	4402.48
城乡社区支出	Expenditure for Urban and Rural Community Affairs	15886.36	10.83	15875.53
农林水支出	Expenditure for Agriculture, Forestry and Water Conservancy	17380.49	738.78	16641.71
交通运输支出	Expenditure for Transportation	12356.27	853.00	11503.27
资源勘探信息等支出	Expenditures for Affairs of Resource Exploration and Information	6005.88	342.32	5663.56
商业服务业等支出	Expenditure for Affairs of Commerce and Services	1747.31	22.55	1724.76
金融支出	Expenditure for Financial Affairs	959.68	463.46	496.22
援助其他地区支出	Expenditure for Other Regional Assistance	261.41		261.41
国土海洋气象等支出	Expenditure for Affairs of Land, Ocean and Weather	2114.70	347.94	1766.76
住房保障支出	Expenditure for Affairs of Housing Security	5797.02	401.18	5395.84
粮油物资储备支出	Expenditure for Affairs of Management of Grain & Oil Reserves	2613.09	1836.08	777.01
债务付息支出	Expenditure for Interest Payments on Debts	3548.59	2866.91	681.68
债务发行费用支出	Expenditure for Issuing Debts	54.66	28.63	26.03
其他支出	Other Expenditure	3670.55	329.17	3341.38

7-4 各项税收

Taxes

单位：亿元 (100 million yuan)

年份 Year	合计 Total	#国内增值税 Domestic Value-added Tax	#国内消费税 Domestic Consumption Tax	#营业税 Business Tax	#企业所得税 Corporate Income Tax	#个人所得税 Individual Income Tax	#关税 Tariffs
1978	519.28						28.76
1979	537.82						26.00
1980	571.70						33.53
1981	629.89						54.04
1982	700.02						47.46
1983	775.59						53.88
1984	947.35						103.07
1985	2040.79	147.70		211.07	696.06		205.21
1986	2090.73	232.19		261.07	692.40		151.62
1987	2140.36	254.20		302.00	664.71		142.67
1988	2390.47	384.37		397.92	676.04		155.02
1989	2727.40	430.83		487.30	700.43		181.54
1990	2821.86	400.00		515.75	716.00		159.01
1991	2990.17	406.36		564.00	731.13		187.28
1992	3296.91	705.93		658.67	720.78		212.75
1993	4255.30	1081.48		966.09	678.60		256.47
1994	5126.88	2308.34	487.40	670.02	708.49		272.68
1995	6038.04	2602.33	541.48	865.56	878.44		291.83
1996	6909.82	2962.81	620.23	1052.57	968.48		301.84
1997	8234.04	3283.92	678.70	1324.27	963.18		319.49
1998	9262.80	3628.46	814.93	1575.08	925.54		313.04
1999	10682.58	3881.87	820.66	1668.56	811.41	413.66	562.23
2000	12581.51	4553.17	858.29	1868.78	999.63	659.64	750.48
2001	15301.38	5357.13	929.99	2064.09	2630.87	995.26	840.52
2002	17636.45	6178.39	1046.32	2450.33	3082.79	1211.78	704.27
2003	20017.31	7236.54	1182.26	2844.45	2919.51	1418.03	923.13
2004	24165.68	9017.94	1501.90	3581.97	3957.33	1737.06	1043.77
2005	28778.54	10792.11	1633.81	4232.46	5343.92	2094.91	1066.17
2006	34804.35	12784.81	1885.69	5128.71	7039.60	2453.71	1141.78
2007	45621.97	15470.23	2206.83	6582.17	8779.25	3185.58	1432.57
2008	54223.79	17996.94	2568.27	7626.39	11175.63	3722.31	1769.95
2009	59521.59	18481.22	4761.22	9013.98	11536.84	3949.35	1483.81
2010	73210.79	21093.48	6071.55	11157.91	12843.54	4837.27	2027.83
2011	89738.39	24266.63	6936.21	13679.00	16769.64	6054.11	2559.12
2012	100614.28	26415.51	7875.58	15747.64	19654.53	5820.28	2783.93
2013	110530.70	28810.13	8231.32	17233.02	22427.20	6531.53	2630.61
2014	119175.31	30855.36	8907.12	17781.73	24642.19	7376.61	2843.41
2015	124922.20	31109.47	10542.16	19312.84	27133.87	8617.27	2560.84

注：1.企业所得税2001年以前只包括国有及集体企业所得税，从2001年起，企业所得税还包括除国有企业和集体企业外的其他所有制企业所得税。
2.国内增值税不包括进口产品增值税；国内消费税不包括进口产品消费税。

a) Before 2001, the corporate income tax only included state-owned and collective-owned enterprises income tax. Since 2001, the corporate income tax also includes the income tax levied on other enterprises except for state-owned and collective-owned enterprises.

b) Domestic value-added tax does not include value-added tax from imports. Domestic consumption tax does not include consumption tax from imports.

7-5 分地区一般公共预算收入（2015年）
General Public Budget Revenue by Region (2015)

单位：亿元 (100 million yuan)

地 区	Region	地方一般公共预算收入 General Public Budget Revenue	税收收入 Tax Revenue	国内增值税 Domestic Value-added Tax	营业税 Business Revenue	企业所得税 Corporate Income Tax	个人所得税 Individual Income Tax	资源税 Resource Tax	城市维护建设税 City Maintenance and Construction Tax
地方合计	**Region Total**	**83002.04**	**62661.93**	**10112.52**	**19162.11**	**9493.79**	**3446.75**	**997.07**	**3707.04**
北 京	Beijing	4723.86	4263.91	716.12	1186.13	1024.73	478.12	0.91	204.36
天 津	Tianjin	2667.11	1578.07	252.04	501.41	260.00	81.76	2.10	96.17
河 北	Hebei	2649.18	1934.29	315.35	651.54	266.94	62.86	28.36	111.89
山 西	Shanxi	1642.35	1056.60	201.14	299.81	143.05	36.25	143.18	56.39
内蒙古	Inner Mongolia	1964.48	1320.75	167.58	317.89	101.77	44.62	105.30	57.73
辽 宁	Liaoning	2127.39	1650.45	286.17	471.30	235.26	72.43	37.63	117.56
吉 林	Jilin	1229.35	867.12	134.43	242.05	134.92	34.11	10.00	63.13
黑龙江	Heilongjiang	1165.88	880.34	129.46	256.98	100.64	35.57	53.75	54.56
上 海	Shanghai	5519.50	4858.16	1012.80	1215.49	1104.08	487.61		221.27
江 苏	Jiangsu	8028.59	6610.12	1046.92	2442.82	917.58	360.89	26.48	421.46
浙 江	Zhejiang	4809.94	4168.22	809.91	1201.33	662.21	265.74	11.53	274.92
安 徽	Anhui	2454.30	1799.89	273.11	586.80	235.57	53.14	20.60	106.05
福 建	Fujian	2544.24	1938.71	271.75	608.24	341.72	94.86	11.45	108.60
江 西	Jiangxi	2165.74	1517.03	240.63	498.44	157.21	42.41	47.97	70.86
山 东	Shandong	5529.33	4203.12	594.98	1252.40	498.72	143.12	103.81	243.71
河 南	Henan	3016.05	2101.17	263.73	659.16	281.41	62.03	35.35	112.72
湖 北	Hubei	3005.53	2086.50	285.48	678.30	276.78	78.53	17.69	138.62
湖 南	Hunan	2515.43	1527.52	218.63	475.18	169.53	62.90	10.23	119.15
广 东	Guangdong	9366.78	7377.07	1339.16	2054.00	1303.11	510.14	16.55	457.05
广 西	Guangxi	1515.16	1031.65	139.99	321.90	109.74	34.76	18.06	63.56
海 南	Hainan	627.70	514.31	61.56	169.35	64.03	17.00	2.68	23.26
重 庆	Chongqing	2154.83	1450.93	175.92	468.82	179.42	50.36	11.76	78.79
四 川	Sichuan	3355.44	2353.51	324.48	780.26	295.31	109.14	28.72	126.30
贵 州	Guizhou	1503.38	1126.03	120.47	353.08	127.35	33.27	24.67	59.80
云 南	Yunnan	1808.15	1210.54	190.25	367.68	147.44	44.16	18.23	112.10
西 藏	Tibet	137.13	92.00	17.34	41.61	11.50	8.48	0.96	6.70
陕 西	Shaanxi	2059.95	1290.33	233.92	398.44	147.42	53.34	90.70	77.61
甘 肃	Gansu	743.86	529.79	89.79	207.15	59.20	18.94	16.81	44.17
青 海	Qinghai	267.13	205.81	22.95	89.61	20.23	5.70	21.92	11.83
宁 夏	Ningxia	373.45	256.31	35.73	99.83	24.56	8.97	13.31	14.96
新 疆	Xinjiang	1330.85	861.73	140.72	265.12	92.34	55.55	66.36	51.76

7-5 续表 1 continued

单位：亿元 (100 million yuan)

地 区	Region	房产税 House Property Tax	印花税 Stamp Tax	城镇土地使用税 Urban Land Use Tax	土地增值税 Land Appreciation Tax	车船税 Tax on Vehicles and Boat Operation	耕地占用税 Farm Land Occupation Tax	契 税 Deed Tax	烟叶税 Tobacco Leaf Tax
地方合计	**Region Total**	**2050.90**	**965.29**	**2142.04**	**3832.18**	**613.29**	**2097.21**	**3898.55**	**142.78**
北 京	Beijing	152.06	68.69	17.88	174.86	25.27	4.54	210.23	
天 津	Tianjin	71.81	34.19	25.07	139.99	10.53	10.41	92.59	
河 北	Hebei	51.34	29.94	106.84	118.58	31.95	49.37	109.20	0.14
山 西	Shanxi	35.20	18.44	36.02	29.57	15.77	11.43	30.10	0.25
内蒙古	Inner Mongolia	42.87	14.85	93.20	39.89	15.76	282.44	36.60	0.24
辽 宁	Liaoning	82.37	25.98	125.41	46.14	28.81	15.07	105.05	1.08
吉 林	Jilin	27.61	10.46	30.60	36.15	13.08	63.21	66.35	0.93
黑龙江	Heilongjiang	31.38	10.33	61.41	63.46	15.53	18.57	45.13	3.58
上 海	Shanghai	123.81	103.01	37.44	253.31	21.10	7.26	270.99	
江 苏	Jiangsu	248.01	85.27	180.06	437.01	41.74	31.76	370.11	
浙 江	Zhejiang	179.98	70.73	132.86	210.16	42.96	62.51	243.37	0.01
安 徽	Anhui	46.15	21.60	133.05	90.42	14.85	45.12	172.52	0.93
福 建	Fujian	63.23	29.50	37.59	196.43	16.47	28.13	123.90	6.82
江 西	Jiangxi	34.29	15.20	44.12	128.84	11.78	86.30	136.33	2.55
山 东	Shandong	133.86	59.41	358.75	259.51	53.31	251.52	247.76	2.26
河 南	Henan	52.52	27.94	102.81	139.43	30.06	184.74	138.75	10.53
湖 北	Hubei	53.14	27.97	50.33	187.76	17.97	116.42	153.50	4.02
湖 南	Hunan	44.02	19.01	53.59	84.20	16.68	59.83	184.76	9.80
广 东	Guangdong	241.00	141.41	143.69	576.75	69.97	95.38	427.24	1.62
广 西	Guangxi	27.52	14.27	26.05	57.09	12.49	128.25	77.15	0.83
海 南	Hainan	15.87	6.45	30.97	75.55	2.97	12.74	31.88	
重 庆	Chongqing	52.46	20.56	121.31	94.36	10.03	48.80	134.48	3.84
四 川	Sichuan	73.91	30.03	64.64	149.14	26.63	121.96	213.10	9.87
贵 州	Guizhou	29.48	13.08	27.91	86.57	8.64	146.26	73.40	22.05
云 南	Yunnan	35.90	16.04	25.04	56.34	15.49	67.06	56.16	58.65
西 藏	Tibet		1.96	0.17	1.08	0.89	1.32		
陕 西	Shaanxi	41.59	19.53	28.34	40.86	15.98	71.55	68.53	2.50
甘 肃	Gansu	17.71	8.43	18.84	16.97	9.22	5.46	16.85	0.25
青 海	Qinghai	5.52	2.73	4.19	3.53	2.26	9.24	6.07	
宁 夏	Ningxia	9.69	4.86	9.01	6.61	3.30	10.93	14.53	0.03
新 疆	Xinjiang	26.62	13.42	14.85	31.60	11.84	49.62	41.93	

7-5 续表 2 continued

单位：亿元 (100 million yuan)

地区	Region	其他税收收入 Other Tax Revenue	非税收入 Non-Tax Revenue	专项收入 Special Program Receipts	行政事业性收费收入 Charge of Administrative and Institutional Units	罚没收入 Penalty Receipts	国有资本经营收入 Operation Income of State-owned Assets	国有资源(资产)有偿使用收入 Income from Use of State-owned Resources (Assets)	其他收入 Other Non-tax Receipts
地方合计	**Region Total**	**0.41**	**20340.11**	**6410.36**	**4412.08**	**1762.90**	**690.76**	**5220.74**	**1843.27**
北京	Beijing		459.95	283.39	64.38	55.78	-64.99	89.08	32.32
天津	Tianjin		1089.05	161.50	208.99	22.40	27.85	449.44	218.87
河北	Hebei		714.89	217.22	185.80	113.27	22.83	142.31	33.47
山西	Shanxi	0.00	585.75	386.54	76.36	50.08	1.93	53.34	17.50
内蒙古	Inner Mongolia		643.74	198.17	123.25	38.87	78.07	189.41	15.96
辽宁	Liaoning	0.19	476.94	161.04	112.81	76.64	22.99	87.45	16.01
吉林	Jilin	0.08	362.23	94.11	77.79	31.33	28.02	122.10	8.88
黑龙江	Heilongjiang		285.53	76.37	69.32	38.62	24.47	70.69	6.06
上海	Shanghai		661.34	324.86	127.41	30.81		163.35	14.92
江苏	Jiangsu		1418.47	463.64	390.01	131.66		365.17	67.99
浙江	Zhejiang		641.72	446.68	43.47	107.76	-61.53	95.52	9.82
安徽	Anhui		654.41	226.69	148.86	54.40	22.87	173.85	27.74
福建	Fujian		605.53	193.09	103.25	46.41	54.51	179.30	28.96
江西	Jiangxi	0.12	648.71	128.09	190.50	69.96	3.21	212.39	44.56
山东	Shandong		1326.21	336.88	296.74	123.86	54.18	469.42	45.12
河南	Henan		914.88	201.29	238.34	89.11	103.28	195.26	87.60
湖北	Hubei		919.03	196.76	329.03	94.40	26.04	213.76	59.05
湖南	Hunan		987.91	187.93	154.32	76.86	14.39	363.80	190.61
广东	Guangdong		1989.71	598.77	408.19	155.77	62.70	355.19	409.09
广西	Guangxi		483.51	127.31	97.81	40.01	88.24	96.59	33.55
海南	Hainan		113.39	39.35	14.30	11.29	11.86	31.06	5.53
重庆	Chongqing		703.90	106.27	312.38	39.60		207.04	38.60
四川	Sichuan	0.02	1001.93	304.45	184.69	65.51	44.95	269.63	132.71
贵州	Guizhou		377.35	96.34	75.72	32.60	15.80	114.17	42.70
云南	Yunnan		597.61	244.58	95.74	53.27	9.61	113.47	80.95
西藏	Tibet		45.13	6.16	3.47	2.19	-0.20	23.67	9.84
陕西	Shaanxi		769.63	228.68	133.81	50.21	74.40	177.32	105.20
甘肃	Gansu		214.07	65.14	53.44	17.72	1.69	51.54	24.55
青海	Qinghai	0.01	61.33	26.15	9.32	6.88	0.39	14.34	4.25
宁夏	Ningxia		117.13	37.58	19.02	8.79	3.12	44.96	3.66
新疆	Xinjiang		469.12	245.31	63.56	26.86	20.07	86.11	27.20

7-6 分地区一般公共预算支出（2015年）
General Public Expenditure by Region (2015)

单位：亿元 (100 million yuan)

地区	Region	地方一般公共预算支出 General Public Budget Expenditure	一般公共服务支出 Expenditure for General Public Services	外交支出 Expenditure for Foreign Affairs	国防支出 Expenditure for National Defense	公共安全支出 Expenditure for Public Security	教育支出 Expenditure for Education	科学技术支出 Expenditure for Science and Technology	文化体育与传媒支出 Expenditure for Culture, Sport and Media
地方合计	**Region Total**	**150335.62**	**12492.49**	**3.54**	**219.33**	**7795.79**	**24913.71**	**3384.18**	**2804.65**
北京	Beijing	5737.70	300.12		7.81	319.75	855.67	287.80	188.50
天津	Tianjin	3232.35	178.30		1.02	157.87	507.44	120.82	51.73
河北	Hebei	5632.19	503.32		10.31	287.08	1041.16	45.50	88.34
山西	Shanxi	3422.97	245.51		5.34	173.79	602.85	37.47	73.08
内蒙古	Inner Mongolia	4252.96	299.14	0.03	5.40	188.37	536.53	35.72	95.81
辽宁	Liaoning	4481.61	356.51		7.90	256.72	610.24	68.92	88.59
吉林	Jilin	3217.10	247.13		5.39	168.87	477.57	41.39	73.01
黑龙江	Heilongjiang	4020.66	242.67		5.34	180.94	549.66	42.91	53.17
上海	Shanghai	6191.56	259.84		6.73	269.20	767.32	271.85	108.22
江苏	Jiangsu	9687.58	845.68		18.10	519.92	1746.22	371.96	196.06
浙江	Zhejiang	6645.98	584.45		9.20	423.55	1264.93	250.79	165.38
安徽	Anhui	5239.01	400.09		5.66	196.06	856.73	147.94	88.19
福建	Fujian	4001.58	308.02	1.06	6.85	225.24	757.51	76.60	84.82
江西	Jiangxi	4412.55	410.83		7.13	195.44	793.27	74.79	68.90
山东	Shandong	8250.01	738.11		14.96	425.75	1690.62	159.05	137.26
河南	Henan	6799.35	695.32		6.08	301.12	1271.00	83.25	105.38
湖北	Hubei	6132.84	618.14		4.25	295.24	913.05	157.36	84.03
湖南	Hunan	5728.72	634.17		11.70	271.54	928.54	66.26	111.74
广东	Guangdong	12827.80	1018.91		16.48	834.54	2040.65	569.55	194.58
广西	Guangxi	4065.51	395.30	0.46	9.87	220.55	789.69	49.63	79.00
海南	Hainan	1239.43	113.32	1.10	6.59	77.14	206.84	12.38	25.48
重庆	Chongqing	3792.00	270.17	0.26	7.40	203.29	536.24	45.67	47.01
四川	Sichuan	7497.51	622.22		11.90	369.74	1252.33	96.69	139.41
贵州	Guizhou	3939.50	428.61		5.09	215.95	772.91	58.68	61.20
云南	Yunnan	4712.83	388.51	0.08	7.06	242.54	767.46	48.56	61.66
西藏	Tibet	1381.46	205.92	0.38	2.26	103.23	167.27	5.41	34.73
陕西	Shaanxi	4376.06	359.36		3.25	187.07	758.07	57.28	103.09
甘肃	Gansu	2958.31	272.01		3.03	123.10	498.33	29.85	62.76
青海	Qinghai	1515.16	117.33		1.00	59.02	163.19	11.22	33.60
宁夏	Ningxia	1138.49	67.09		1.25	51.23	142.51	17.25	20.97
新疆	Xinjiang	3804.87	366.41	0.17	4.98	251.95	647.93	41.64	78.96

7-6 续表 1 continued

单位: 亿元 (100 million yuan)

地 区	Region	社会保障和就业支出 Expenditure for Social Safety Net and Employment Effort	医疗卫生与计划生育支出 Expenditure for Medical and Health Care, Family Planning	节能环保支出 Expenditure for Environment Protection	城乡社区支出 Expenditure for Urban and Rural Community Affairs	农林水支出 Expenditure for Agriculture, Forestry and Water Conservancy	交通运输支出 Expenditure for Transportation	资源勘探信息等支出 Expenditures for Affairs of Resource Exploration and Information	商业服务业等支出 Expenditure for Affairs of Commerce and Services
地方合计	**Region Total**	**18295.62**	**11868.67**	**4402.48**	**15875.53**	**16641.71**	**11503.27**	**5663.56**	**1724.76**
北 京	Beijing	700.48	370.52	303.26	995.39	424.78	295.63	167.05	58.85
天 津	Tianjin	314.77	195.02	73.10	922.16	156.08	98.88	204.30	50.38
河 北	Hebei	763.68	535.09	282.72	476.59	712.49	323.82	111.93	36.53
山 西	Shanxi	533.45	290.71	99.46	255.47	394.46	208.84	54.42	15.31
内蒙古	Inner Mongolia	605.26	257.15	175.25	560.20	675.58	292.78	76.63	45.79
辽 宁	Liaoning	995.10	281.96	116.79	494.34	446.07	269.98	114.42	45.76
吉 林	Jilin	462.28	245.81	117.70	341.86	408.61	191.83	127.26	28.68
黑龙江	Heilongjiang	728.73	273.96	155.52	350.52	681.48	272.07	106.45	23.89
上 海	Shanghai	543.16	303.46	104.35	1173.88	267.37	274.73	539.02	86.85
江 苏	Jiangsu	838.06	649.31	308.45	1535.59	1008.60	547.81	448.45	136.15
浙 江	Zhejiang	541.70	485.50	167.89	541.21	739.08	553.65	346.80	143.57
安 徽	Anhui	691.54	485.60	124.83	609.65	577.74	383.97	181.20	63.43
福 建	Fujian	341.77	351.19	95.57	378.70	441.86	346.20	159.66	79.48
江 西	Jiangxi	510.18	398.79	87.43	331.44	557.30	247.18	275.79	55.70
山 东	Shandong	904.64	701.43	217.08	920.57	964.42	460.69	276.06	116.88
河 南	Henan	945.83	717.74	177.77	645.21	791.63	371.01	149.98	57.71
湖 北	Hubei	858.70	515.25	145.84	545.16	616.57	452.05	451.36	52.17
湖 南	Hunan	781.79	493.74	149.00	551.26	676.24	318.93	190.78	63.47
广 东	Guangdong	1064.91	918.36	322.33	1174.16	811.90	1982.63	525.38	147.85
广 西	Guangxi	460.63	413.87	98.68	317.52	497.53	237.83	128.61	45.56
海 南	Hainan	174.77	100.54	31.54	83.03	164.24	99.46	34.61	9.56
重 庆	Chongqing	569.63	313.98	140.73	627.82	331.33	294.06	193.50	41.92
四 川	Sichuan	1111.75	686.42	169.31	514.08	926.65	601.14	251.52	82.52
贵 州	Guizhou	340.33	360.80	96.49	127.71	534.26	392.25	94.46	24.97
云 南	Yunnan	648.69	422.66	134.08	183.62	641.52	604.01	110.19	33.59
西 藏	Tibet	103.00	62.80	56.83	93.34	200.27	178.61	32.92	12.40
陕 西	Shaanxi	631.99	369.38	150.77	406.01	520.58	350.89	107.30	44.56
甘 肃	Gansu	421.31	250.10	95.35	121.61	497.05	278.24	47.73	29.69
青 海	Qinghai	189.34	99.43	87.36	128.45	204.41	205.49	55.47	19.06
宁 夏	Ningxia	146.23	74.11	45.49	145.96	166.27	97.85	28.22	20.08
新 疆	Xinjiang	371.90	244.01	71.51	323.04	605.34	270.75	72.11	52.40

7-6 续表 2 continued

单位：亿元 (100 million yuan)

地 区	Region	金融支出 Expenditure for Financial Affairs	援助其他地区支出 Expenditure for Other Regional Assistance	国土海洋气象等支出 Expenditure for Affairs of Land, Ocean and Weather	住房保障支出 Expenditure for Affairs for Housing Security	粮油物资储备支出 Expenditure for Affairs of Management of Grain & Oil Reserves	债务付息支出 Expenditure for Interest Payments on Debts	债务发行费用支出 Expenditure for Issuing Debts	其他支出 Other Expenditure
地方合计	**Region Total**	**496.22**	**261.41**	**1766.76**	**5395.84**	**777.01**	**681.68**	**26.03**	**3341.38**
北 京	Beijing	12.80	23.07	30.51	104.69	20.74	11.83		258.45
天 津	Tianjin	3.67	11.48	21.80	46.82	7.81	6.75	0.30	101.84
河 北	Hebei	3.19	5.65	73.29	161.15	37.43	46.52	0.93	85.49
山 西	Shanxi	5.61	2.68	222.95	126.61	20.69	16.61	0.47	37.19
内蒙古	Inner Mongolia	13.16	0.25	81.94	190.36	20.07	24.53	1.02	72.01
辽 宁	Liaoning	12.37	10.40	54.72	136.93	21.32	59.25	1.44	31.88
吉 林	Jilin	5.54	2.67	38.70	135.91	49.29	23.71	0.58	23.31
黑龙江	Heilongjiang	0.80	3.75	34.92	212.34	65.86	17.14	0.54	17.99
上 海	Shanghai	17.87	33.36	47.89	123.39	17.55	4.31		971.23
江 苏	Jiangsu	18.05	29.70	64.56	247.18	25.97	22.21	2.38	107.17
浙 江	Zhejiang	30.51	21.57	91.66	140.73	24.67	20.43	1.83	96.86
安 徽	Anhui	6.93	4.13	61.53	276.63	32.21	26.27	0.97	17.72
福 建	Fujian	4.86	2.03	33.43	81.65	28.08	18.25	0.64	178.10
江 西	Jiangxi	10.22	1.00	36.84	241.38	17.23	20.45	0.83	70.43
山 东	Shandong	48.74	17.59	110.88	204.14	31.38	43.39	1.67	64.71
河 南	Henan	40.92	2.84	55.72	242.04	36.21	29.92	1.07	71.58
湖 北	Hubei	10.51	6.28	61.24	204.78	44.12	24.31	1.21	71.24
湖 南	Hunan	8.83	4.62	74.44	277.26	34.06	36.10	1.46	42.81
广 东	Guangdong	141.17	70.42	117.20	357.29	67.60	22.45	1.35	428.10
广 西	Guangxi	33.79		45.75	173.96	23.28	16.44	0.83	26.73
海 南	Hainan	0.53		13.12	48.26	3.17	7.56	0.21	25.97
重 庆	Chongqing	13.51	1.82	37.12	85.90	13.39	12.33	0.67	4.27
四 川	Sichuan	17.40	5.33	77.87	288.90	35.95	17.51	1.07	217.80
贵 州	Guizhou	0.79		40.73	298.44	14.83	23.98	1.46	45.57
云 南	Yunnan	2.32	0.04	79.67	210.92	17.62	19.26	0.86	87.92
西 藏	Tibet	2.84		15.46	54.53	3.41	1.40		44.49
陕 西	Shaanxi	12.86	0.64	41.54	249.10	19.78	17.80	0.70	-15.97
甘 肃	Gansu	2.16		35.20	127.87	13.32	15.09	0.39	34.12
青 海	Qinghai	6.00	0.09	16.52	65.25	7.55	25.93	0.35	19.10
宁 夏	Ningxia	7.11		8.12	72.25	2.67	14.08	0.22	9.53
新 疆	Xinjiang	1.18		41.46	209.19	19.75	35.88	0.58	93.74

7-7 中央财政债务余额情况
Outstanding of Debts of Central Government

单位：亿元 (100 million yuan)

年 份 Year	合计 Total	国内债务 Domestic Debts	国外债务 External Debts
2005	32614.21	31848.59	765.52
2006	35015.28	34380.24	635.02
2007	52074.65	51467.39	607.26
2008	53271.54	52799.32	472.22
2009	60237.68	59736.95	500.73
2010	67548.11	66987.97	560.14
2011	72044.51	71410.80	633.71
2012	77565.70	76747.91	817.79
2013	86746.91	85836.05	910.86
2014	95655.45	94676.31	979.14
2015	106599.59	105467.48	1132.11

7-8 按部门划分的外债总额头寸
Gross External Debt Position by Sector

单位：亿美元 (USD 100 million)

债务类型	Type of Debts	2014末 End of 2014	2015末 End of 2015
广义政府	**General**	**1134**	**1114**
短期	Short-term	73	30
货币与存款	Currency and Deposits	0	0
债务证券	Debt Securities	73	30
贷款	Loans	0	0
贸易信贷与预付款	Trade Credit and Advances	0	0
其他债务负债	Other Debt Liabilities	0	0
长期	Long-term	1061	1084
SDR分配	Special Drawing	0	0
货币与存款	Currency and Deposits	0	0
债务证券	Debt Securities	511	615
贷款	Loans	549	469
贸易信贷与预付款	Trade Credit and Advances	0	0
其他债务负债	Other Debt Liabilities	0	0
中央银行	**Central Bank**	**427**	**430**
短期	Short-term	105	132
货币与存款	Currency and Deposits	105	132
债务证券	Debt Securities	0	0
贷款	Loans	0	0
贸易信贷与预付款	Trade Credit and Advances	0	0
其他债务负债	Other Debt Liabilities	0	0
长期	Long-term	322	298
SDR分配	Special Drawing	101	97
货币与存款	Currency and Deposits	0	0
债务证券	Debt Securities	26	55
贷款	Loans	0	0
贸易信贷与预付款	Trade Credit and Advances	0	0
其他债务负债	Other Debt Liabilities	195	147
其他接受存款公司	**Other Depository Corporations**	**9166**	**6120**
短期	Short-term	8123	5020
货币与存款	Currency and Deposits	4925	3184
债务证券	Debt Securities	52	755
贷款	Loans	3143	1081
贸易信贷与预付款	Trade Credit and Advances	0	0
其他债务负债	Other Debt Liabilities	2	0
长期	Long-term	1043	1100
货币与存款	Currency and Deposits	0	0
债务证券	Debt Securities	547	657
贷款	Loans	495	442
贸易信贷与预付款	Trade Credit and Advances	0	0
其他债务负债	Other Debt Liabilities	1	1
其他部门	**Other Sectors**	**5125**	**4272**
短期	Short-term	3940	3041
货币与存款	Currency and Deposits	0	0
债务证券	Debt Securities	39	9
贷款	Loans	613	355
贸易信贷与预付款	Trade Credit and Advances	3285	2673
其他债务负债	Other Debt Liabilities	3	3
长期	Long-term	1184	1231
货币与存款	Currency and Deposits	0	0
债务证券	Debt Securities	201	211
贷款	Loans	919	868
贸易信贷与预付款	Trade Credit and Advances	59	48
其他债务负债	Other Debt Liabilities	7	104
直接投资：公司间贷款	**Dirct Investment: Intercompany**	**1948**	**2226**
直接投资企业对直接投资者的债务负债	Debt Liabilities of Direct Investment Enterprises to Direct	1685	1923
直接投资者对直接投资企业的债务负债	Debt Liabilities of Direct Investors to Direct Investment	3	2
对关联企业的债务负债	Debt Liabilities to Related Enterprises	261	301
外债总额头寸	**Gross External**	**17799**	**14162**

注：1.本表按照签约期限划分长期、短期外债。
2.本表统计采用四舍五入法。
3.2015年，我国按照国际货币基金组织的数据公布特殊标准(SDDS)调整了外债统计口径并对外公布全口径外债数据,将人民币外债纳入统计，并按签约期限划分中长期和短期外债。为保证数据的连续性和可比性，本表将2014年末外债数据相应调整为全口径外债数据。

a) External debts are divided into long-term and short-term debts by term of the signed contract in this table.
b) Data in this table are rounded.
c) In 2015, by SDDS of International Monetary Fund, external debts coverage is adjusted, and published all-inclusive data, Renminbi external debts are included, and divided into long-term and short-term. For continuity and comparison, external debt at 2014 end is adjusted into all-inclusive.

7-9 外债风险指标
Risk Indicators on External Debts

单位: % (%)

年 份 Year	偿 债 率 Debt Service Ratio	负 债 率 Liability Ratio	债 务 率 Foreign Debt Ratio
1985	2.7	5.2	56.0
1986	15.4	7.3	72.1
1987	9.0	9.4	77.1
1988	6.5	10.0	87.1
1989	8.3	9.2	86.4
1990	8.7	13.6	91.6
1991	8.5	14.9	91.9
1992	7.1	14.4	87.9
1993	10.2	13.6	96.5
1994	9.1	16.6	78.0
1995	7.6	14.6	72.4
1996	6.0	13.6	67.7
1997	7.3	13.7	63.2
1998	10.9	14.3	70.4
1999	11.2	14.0	68.7
2000	9.2	12.2	52.1
2001	7.5	15.3	67.9
2002	7.9	13.9	55.5
2003	6.9	13.4	45.2
2004	3.2	13.6	40.2
2005	3.1	13.1	35.4
2006	2.1	12.5	31.9
2007	2.0	11.1	29.0
2008	1.8	8.6	24.7
2009	2.9	8.6	32.2
2010	1.6	9.3	29.2
2011	1.7	9.5	33.3
2012	1.6	9.0	32.8
2013	1.6	9.4	35.6
2014	2.6	17.2	69.9
2015	5.0	13.0	58.3

注：2015年，我国按照国际货币基金组织的数据公布特殊标志(SDDS)调整了外债统计口径并对外公布全口径外债数据，将人民币外债纳入统计，并按照签约期限划分中长期和短期外债。为保证数据的可比性，将2014年末外债数据相应调整为全口径外债数据，之前年份未做调整。

c) In 2015, by SDDS of International Monetary Fund, external debts coverage is adjusted, and published all-inclusive data, Renminbi external debts are included, and divided into long-term and short-term. For continuity and comparison, external debt at 2014 end is adjusted into all-inclusive. The data before 2014 has not been adjusted.

7-10 全国政府性基金收入决算表(2015年)
Final Accounts for Revenue of Government Funds (2015)

单位: 亿元 (100 million yuan)

项　目	Item	预算数 Budget	决算数 Final Accounts	决算数为预算数的% Final as % of Budget	决算数为上年决算数的% Final as % of Previous Year
一、农网还贷资金收入	1. Credit Repayment for Rural Power Grid	159.48	158.90	99.6	103.2
二、铁路建设基金收入	2. Railway Construction Fund	589.43	440.77	74.8	80.6
三、民航发展基金收入	3. Civil Aviation Development Fund	283.89	310.63	109.4	111.4
四、海南省高等级公路车辆通行附加费收入	4. Hainan Province Highway Traffic Surcharge	22.56	19.30	85.5	111.4
五、港口建设费收入	5. Port Construction Fees	185.05	193.91	104.8	100.0
六、散装水泥专项资金收入	6. Special Fund for Bulk Cement	21.19	17.64	83.2	100.3
七、新型墙体材料专项基金收入	7. Special Fund for New Wall Materials	72.76	89.17	122.6	95.3
八、旅游发展基金收入	8. Tourism Development Fund	9.60	10.57	110.1	114.0
九、国家电影事业发展专项资金收入	9. National Special Fund for Film Development	15.00	18.78	125.2	130.1
十、新菜地开发建设基金收入	10. New Vegetable Field Development and Construction Fund	5.25	5.87	111.8	112.0
十一、新增建设用地土地有偿使用费收入	11. Land Use Fee for Additional Construction Land	797.00	810.62	101.7	100.6
十二、南水北调工程基金收入	12. Fund for South-to-North Water Diversion Project	18.80	9.00	47.9	77.9
十三、政府住房基金收入	13. Government Housing Fund	384.70	608.06	158.1	144.8
十四、城市公用事业附加收入	14. City Public Utilities Fee	256.80	295.52	115.1	108.1
十五、国有土地使用权出让金收入	15. Transfer of Use Rights of State Land	37427.00	30783.80	82.3	78.6
十六、国有土地收益基金收入	16. State Land Income Fund	1245.50	1024.97	82.3	72.5
十七、农业土地开发资金收入	17. Agricultural Land Development Funds	230.50	177.30	76.9	70.8
十八、大中型水库移民后期扶持基金收入	18. Fund for Post-Resettlement Support Due to Large and Medium-Sized Reservoirs	266.80	251.81	94.4	101.2
十九、大中型水库库区基金收入	19. Fund for Areas of Large and Medium-Sized Reservoirs	38.22	46.55	121.8	102.7
二十、三峡水库库区基金收入	20. Fund for Areas of Three Gorges Reservoir	7.50	6.97	92.9	89.7
廿一、中央特别国债经营基金财务收入	21. Special National Debt Management Fund	642.65	654.76	101.9	119.3
廿二、彩票公益金收入	22. Public Welfare Fund from Lottery	1102.00	1003.39	91.1	96.3
廿三、城市基础设施配套费收入	23. Urban Infrastructure Support Fee	1177.35	1252.59	106.4	91.6
廿四、小型水库移民扶助基金收入	24. Fund for Support to Small Reservoir Resettlement	13.22	15.32	115.9	106.5
廿五、国家重大水利工程建设基金收入	25. Fund for National Key Projects on Water Conservancy	425.75	363.82	85.5	111.9
廿六、车辆通行费收入	26. Vehicle Toll	1619.72	1526.34	94.2	103.4
廿七、核电站乏燃料处理处置基金收入	27. Fund for Disposal of Spent Fuel of Nuclear Power Plants	20.00	10.81	54.1	74.8
廿八、可再生能源电价附加收入	28. Electricity Surcharge Due to Renewable Energy	577.00	514.87	89.2	104.8
廿九、船舶油污损害赔偿基金收入	29. Vessel-Induced Oil Pollution Compensation Fund	1.00	1.23	123.0	109.8
三十、电力改革预留资产变现收入	30. Realization of Reserve Assets for Power Reform				
卅一、无线电频率占用费收入	31. Radio Frequency Use Fee	40.00	43.46	108.7	104.6
卅二、废弃电器电子产品处理基金收入	32. Fund for Disposal of Waste Electrical and Electronic Equipment	30.00	27.15	90.5	94.3
卅三、烟草企业上缴专项收入	33. Special Payment from Tobacco Enterprises	362.00	355.00	98.1	96.6
卅四、水土保持补偿费收入	34. Compensation for Water and Soil Conservation	0.22	33.72	15327.3	2068.7
卅五、彩票发行和销售机构业务费收入	35. Business of Lottery Issuance and Sales Agency	61.00	310.04	508.3	
卅六、污水处理费收入	36. Sewage Treatment		255.68		
卅七、其他政府性基金收入	37. Other Government Funds	764.44	689.82	90.2	104.0
全国政府性基金收入	**Total Revenue of Government Funds**	**48873.38**	**42338.14**	**86.6**	**84.1**

7-11 全国政府性基金支出决算表(2015年)
Final Accounts for Expenditure of Government Funds (2015)

单位：亿元 (100 million yuan)

项目	Item	预算数 Budget	决算数 Final Accounts	决算数为预算数的% Final as % of Budget	决算数为上年决算数的% Final as % of Previous Year
一、农网还贷资金支出	1. Credit Repayment for Rural Power Grid	172.01	171.60	99.8	118.2
二、铁路建设基金支出	2. Railway Construction Fund	589.43	440.77	74.8	80.6
三、民航发展基金支出	3. Civil Aviation Development Fund	352.49	335.44	95.2	112.0
四、海南省高等级公路车辆通行附加费相关支出	4. Hainan Province Highway Traffic Surcharge	22.56	18.85	83.6	103.2
五、港口建设费相关支出	5. Port Construction Fees	202.96	188.86	93.1	101.7
六、散装水泥专项资金相关支出	6. Special Fund for Bulk Cement	21.19	8.97	42.3	95.9
七、新型墙体材料专项基金相关支出	7. Special Fund for New Wall Materials	72.76	51.45	70.7	94.3
八、旅游发展基金支出	8. Tourism Development Fund	11.83	9.73	82.2	124.1
九、国家电影事业发展专项资金相关支出	9. National Special Fund for Film Development	19.25	17.76	92.3	111.3
十、新菜地开发建设基金相关支出	10. New Vegetable Field Development and Construction Fund	5.25	8.71	165.9	115.4
十一、新增建设用地土地有偿使用费相关支出	11. Land Use Fee for Additional Construction Land	876.53	1094.06	124.8	110.1
十二、南水北调工程基金相关支出	12. Fund for South-to-North Water Diversion Project	20.10	19.36	96.3	193.2
十三、政府住房基金相关支出	13. Government Housing Fund	384.71	377.94	98.2	116.5
十四、城市公用事业附加相关支出	14. City Public Utilities Fee	256.80	316.46	123.2	128.3
十五、国有土地使用权出让收入相关支出	15. Transfer of Use Rights of State Land	37427.00	30612.75	81.8	80.9
十六、国有土地收益基金相关支出	16. State Land Income Fund	1245.50	1036.88	83.3	77.1
十七、农业土地开发资金相关支出	17. Agricultural Land Development Funds	230.50	155.88	67.6	79.4
十八、大中型水库移民后期扶持基金支出	18. Fund for Post-Resettlement Support Due to Large and Medium-Sized Reservoirs	341.22	403.63	118.3	179.9
十九、大中型水库库区基金相关支出	19. Fund for Areas of Large and Medium-Sized Reservoirs	42.82	49.67	116.0	121.9
二十、三峡水库库区基金支出	20. Fund for Areas of Three Gorges Reservoir	12.64	11.02	87.2	191.0
廿一、中央特别国债经营基金财务支出	21. Special National Debt Management Fund	682.87	682.87	100.0	100.0
廿二、彩票公益金相关支出	22. Public Welfare Fund from Lottery	1173.43	1095.44	93.4	123.0
廿三、城市基础设施配套费相关支出	23. Urban Infrastructure Support Fee	1177.35	1153.64	98.0	93.3
廿四、小型水库移民扶助基金相关支出	24. Fund for Support to Small Reservoir Resettlement	13.22	16.77	126.9	154.4
廿五、国家重大水利工程建设基金相关支出	25. Fund for National Key Projects on Water Conservancy	443.11	403.33	91.0	135.3
廿六、车辆通行费相关支出	26. Vehicle Toll	1619.72	1538.74	95.0	103.4
廿七、核电站乏燃料处理处置基金支出	27. Fund for Disposal of Spent Fuel of Nuclear Power Plants	104.89	4.32	4.1	271.7
廿八、可再生能源电价附加收入安排的支出	28. Electricity Surcharge Due to Renewable Energy	618.94	579.60	93.6	129.3
廿九、船舶油污损害赔偿基金支出	29. Vessel-Induced Oil Pollution Compensation Fund	3.65			
三十、电力改革预留资产变现收入安排的支出	30. Realization of Reserve Assets for Power Reform	51.38			
卅一、无线电频率占用费安排的支出	31. Radio Frequency Use Fee	84.97	29.70	35.0	101.1
卅二、废弃电器电子产品处理基金支出	32. Fund for Disposal of Waste Electrical and Electronic Equipment	53.97	53.97	100.0	159.1
卅三、烟草企业上缴专项收入安排的支出	33. Special Payment from Tobacco Enterprises	362.00	355.00	98.1	96.6
卅四、水土保持补偿费安排的支出	34. Fund for Compensation for Water and Soil Conservation	0.37	8.45	2283.8	6500.0
卅五、彩票发行和销售机构业务费安排的支出	35. Arranged for Business of Lottery Issuance and Sales Agency	131.19	128.85	98.2	
卅六、污水处理费相关支出	36. Sewage Treatment Related		176.78		
卅七、其他政府性基金相关支出	37. Other Government Funds	765.49	789.86	103.2	156.8
卅八、地方政府专项债务收入安排的支出	38. Arranged for Special Debts of Local Governments Revenue	1000.00			
全国政府性基金支出	**Total Expenditure of Government Funds**	**50594.10**	**42347.11**	**83.7**	**87.3**

7-12 全国国有资本经营收入决算表(2015年)
Final Accounts of Operation Revenue of State-owned Capital (2015)

单位：亿元

(100 million yuan)

项目	Item	预算数 Budget	决算数 Final Accounts	决算数为预算数的% Final as % of Budget	决算数为上年决算数的% Final as % of Previous Year
一、利润收入	I. Revenue from Profits	1899.21	2033.89	107.1	119.6
烟草企业利润收入	Tobacco Enterprises	440.00	477.25	108.5	115.7
石油石化企业利润收入	Petroleum and Petrochemical Enterprises	365.51	336.31	92.0	84.8
电力企业利润收入	Power Enterprises	165.75	196.75	118.7	130.4
电信企业利润收入	Telecommunication Enterprises	147.40	138.51	94.0	116.4
煤炭企业利润收入	Coal Enterprises	53.62	51.56	96.2	69.3
有色冶金采掘企业利润收入	Non-Ferrous Metal Enterprises	3.56	4.39	123.3	123.3
钢铁企业利润收入	Iron and Steel Enterprises	13.10	17.15	130.9	187.0
化工企业利润收入	Chemical Enterprises	3.33	3.66	109.9	120.4
运输企业利润收入	Transportation Enterprises	27.43	30.92	112.7	189.7
电子企业利润收入	Electronics Enterprises	7.10	6.81	95.9	127.8
机械企业利润收入	Machinery Enterprises	106.93	107.79	100.8	132.9
投资服务企业利润收入	Investment Services Enterprises	91.46	112.77	123.3	157.2
纺织轻工企业利润收入	Textile and Light Industry Enterprises	9.06	9.32	102.9	62.1
贸易企业利润收入	Trade Enterprises	39.77	38.88	97.8	89.7
建筑施工企业利润收入	Construction Enterprises	72.14	75.49	104.6	115.1
房地产企业利润收入	Real Estate Enterprises	14.95	17.91	119.8	120.1
建材企业利润收入	Building Material Enterprises	7.55	6.97	92.3	98.3
境外企业利润收入	Enterprises Outside Chinese Territories	48.31	48.31	100.0	116.2
对外合作企业利润收入	Enterprises of Economic Cooperation with Foreign Countries	1.09	1.39	127.5	114.9
医药企业利润收入	Medicine Enterprises	6.69	7.29	109.0	138.6
农林牧渔企业利润收入	Agriculture, Forestry, Animal Husbandry and Fishery Enterprises	4.86	4.87	100.2	169.7
邮政企业利润收入	Post Enterprises	10.00	13.75	137.5	
转制科研院所利润收入	System-Transformed Scientific Research Institutes	5.03	5.17	102.8	129.3
地质勘查企业利润收入	Geological Prospecting Enterprises	1.35	1.15	85.2	77.7
卫生体育福利企业利润收入	Public Health, Sports and Welfare Enterprises	0.02			
教育文化广播企业利润收入	Education, Culture and Broadcasting Enterprises	11.84	18.02	152.2	177.7
科学研究企业利润收入	Scientific Research Enterprises	0.06	0.06	100.0	150.0
机关社团所属企业利润收入	Enterprise under Government Agencies and Social Organizations	5.84	7.47	127.9	171.7
其他国有资本经营预算企业利润收入	Other Enterprises with State-owned Capital	235.46	293.97	124.8	210.2
二、股利、股息收入	II. Revenue from Stock Dividends	224.12	269.17	120.1	230.0
国有控股公司股利、股息收入	State Controlling Companies	80.34	105.24	131.0	117.9
国有参股公司股利、股息收入	State Holding Companies	37.68	41.21	109.4	280.7
其他国有资本经营预算企业股利、股息收入	Other Enterprises with State-owned Capital	106.10	122.72	115.7	936.1
三、产权转让收入	III. Revenue from Property Right Transfer	55.11	136.90	248.4	144.3
其他国有股减持收入	From Reducing Holding-Shares	10.00	27.32	273.2	121.3
国有股权、股份转让收入	From Shares Transfer	13.50	68.09	504.4	337.6
国有独资企业产权转让收入	From Property Rights Transfer from Entirely SOEs	5.50	10.70	194.5	270.9
其他国有资本经营预算企业产权转让收入	Other Property Rights Transfers	26.11	30.79	117.9	63.9
四、清算收入	IV. Revenue from Clearing	1.56	3.03	194.2	93.8
国有股权、股份清算收入	State-owned Shares	0.02	0.06	300.0	600.0
国有独资企业清算收入	Entirely SOEs	0.77	1.16	150.6	37.8
其他国有资本经营预算企业清算收入	Other Enterprises with State-owned Capital	0.77	1.81	235.1	1206.7
五、其他国有资本经营预算收入	V. Revenue from Other Activities of Operation of State-owned Capital	83.12	107.99	129.9	117.0
全国国有资本经营收入	**Operation Revenue of State-owned Capital**	**2263.12**	**2550.98**	**112.7**	**127.1**

7-13 全国国有资本经营支出决算表(2015年)
Final Accounts for Operation Expenditure of State-owned Capital (2015)

单位：亿元 (100 million yuan)

项目	Item	预算数 Budget	决算数 Final Accounts	决算数为预算数的% Final as % of Budget	决算数为上年决算数的% Final as % of Previous Year
一、教育支出	I. Education	0.99	2.01	203.0	56.8
二、科学技术支出	II. Science and Technology	28.07	35.76	127.4	169.4
三、文化体育与传媒支出	III. Culture, Sports and Media	36.65	31.79	86.7	113.7
四、社会保障和就业支出	IV. Social Securities and Employment	11.36	26.21	230.7	121.5
五、节能环保支出	V. Energy Saving and Environment Protection	1.24	16.67	1344.4	141.8
六、城乡社区支出	VI. Urban and Rural Communities Affairs	43.62	70.36	161.3	164.0
七、农林水支出	VII. Agriculture, Forestry and Water	4.98	9.41	189.0	39.9
八、交通运输支出	VIII. Communications and Transportation	230.87	217.51	94.2	65.7
九、资源勘探信息等支出	IX. Geological Prospecting, Power, Informatics and others	1196.99	898.90	75.1	99.6
十、商业服务业等支出	X. Commercial Services	275.68	281.10	102.0	93.8
十一、其他支出	XI. Other Expenditures	297.40	247.05	83.1	235.9
十二、转移性支出	XII. Transferred Expenditures	279.25	230.00	82.4	103.2
其中：国有资本经营预算调出资金	Funds Allocated out of Operation Budget of State-owned Capital	279.25	230.00	82.4	103.2
全国国有资本经营支出	**Expenditures for Operation of State-owned Capital**	**2407.10**	**2066.77**	**85.9**	**102.6**

主要统计指标解释

一般公共预算收入 指国家财政参与社会产品分配所取得的收入，是实现国家职能的财力保证。主要包括：(1)各项税收：包括国内增值税、国内消费税、进口货物增值税和消费税、出口货物退增值税和消费税、营业税、企业所得税、个人所得税、资源税、城市维护建设税、房产税、印花税、城镇土地使用税、土地增值税、车船税、船舶吨税、车辆购置税、关税、耕地占用税、契税、烟叶税等。(2)非税收入：包括专项收入、行政事业性收费、罚没收入和其他收入。财政收入按现行分税制财政体制划分为中央本级收入和地方本级收入。

一般公共预算支出 指国家财政将筹集起来的资金进行分配使用，以满足经济建设和各项事业的需要。主要包括：一般公共服务、外交、国防、公共安全、教育、科学技术、文化体育与传媒、社会保障和就业、医疗卫生与计划生育、节能环保、城乡社区、农林水、交通运输、资源勘探信息等、商业服务业等、金融、援助其他地区、国土海洋气象等、住房保障、粮油物资储备、政府债务付息等方面的支出。财政支出根据政府在经济和社会活动中的不同职权，划分为中央财政支出和地方财政支出。

中央一般公共预算收入和地方一般公共预算收入 属于中央一般公共预算的收入包括关税，进口货物增值税和消费税，出口货物退增值税和消费税，消费税，铁道部门、各银行总行、各保险公司总公司等集中缴纳的营业税和城市维护建设税，增值税 75%部分，纳入共享范围的企业所得税60%部分，未纳入共享范围的中央企业所得税、中央企业上交的利润，个人所得税 60%部分，车辆购置税，船舶吨税，证券交易印花税 97%部分，海洋石油资源税，中央非税收入等。属于地方一般公共预算的收入包括营业税（不含铁道部门、各银行总行、各保险公司总公司集中缴纳的营业税），地方企业上交利润，城市维护建设税（不含铁道部门、各银行总行、各保险公司总公司集中缴纳的部分），房产税，城镇土地使用税，土地增值税，车船税，耕地占用税，契税，烟叶税，印花税，增值税 25%部分，纳入共享范围的企业所得税 40%部分，个人所得税 40%部分，证券交易印花税 3%部分，海洋石油资源税以外的其他资源税，地方非税收入等。

中央一般公共预算支出和地方一般公共预算支出 指根据政府在经济和社会活动中的不同职责，划分中央和地方政府的责权，按照政府的责权划分确定的支出。中央一般公共预算支出包括一般公共服务，外交支出，国防支出，公共安全支出，以及中央政府调整国民经济结构、协调地区发展、实施宏观调控的支出等。地方一般公共预算支出包括一般公共服务，公共安全支出，地方统筹的各项社会事业支出等。

外债偿债率 指偿还外债本息与当年贸易和非贸易外汇收入(国际收支口径)之比。

外债负债率 指外债余额与当年国内生产总值之比。

外债债务率 指外债余额与当年贸易和非贸易外汇收入(国际收支口径)之比。

Explanatory Notes on Main Statistical Indicators

General Public Budget Revenue refers to income for the government finance through participating in the distribution of social products. It is the financial guarantee to ensure government functioning. The government revenue includes the following main items: (1) Various tax revenues including domestic value added tax (VAT), domestic consumption tax, VAT and consumption tax from imports, VAT and consumption tax rebate for exports, business tax, corporate income tax, individual income tax, resource tax, city maintenance and construction tax, house property tax, stamp tax, urban land use tax, land appreciation tax, tax on vehicles and boat operation, ship tonnage tax, vehicle purchase tax, tariffs, farm land occupation tax, deed tax, and tobacco tax, etc. (2) Non-tax revenue, including special program receipts, charge of administrative and institutional units, penalty receipts and others non-tax receipts.

General Public Budget Expenditure refers to the distribution and use of the funds which the government finance has raised, so as to meet the needs of economic construction and various undertakings. It includes the following main items: expenditure for general public services, expenditure for foreign affairs, expenditure for national defence expenditure for public security, expenditure for education, expenditure for science and technology, expenditure for culture, sport and media, expenditure for social safety net and employment effort, expenditure for medical and health care and family planning, expenditure for energy conservation and environment protection, expenditure for urban and rural community affairs, expenditure for agriculture, forestry and water conservancy, expenditure for transportation, expenditure for resource exploration and information, expenditure for affairs of commerce and services, expenditure for finance, aid to other regions, expenditure for land, ocean and weather, expenditure for housing security, expenditure for grain & oil reserves, interest payment for public debts. General public budget expenditure is divided into general public budget expenditure of central government and general public budget expenditure of local government according to the different functions of the governments played in economic and social activities,

General Public Budget Revenue of the Central Government and the Local Governments The general public budget revenue of the Central Government includes tariff, VAT and consumption tax from imports, VAT and consumption tax rebate for exports, consumption tax, business tax and city maintenance and construct tax from the Ministry of Railways, head offices of banks, head offices of insurance company, which are handed over to the government in a centralized way, 75% of the value added tax, 60% the share part of the corporate income tax, unshared part of corporate income tax of the central enterprises, profit handed in by the central enterprises, 60% of individual income tax, vehicle purchase tax, ship tonnage tax, 97% of stamp tax on securities transactions, resource tax on the offshore petroleum resources. The general public budget revenue of the local governments includes business tax (excluding the part of the Ministry of Railways, head offices of banks, head offices of insurance company, which are handed over to the government in a centralized way), profit handed in by the local enterprises, city maintenance and construct tax (excluding the part of the Ministry of Railways, head offices of banks, head offices of insurance company, which are handed over to the government in a centralized way), house property tax, urban land use tax, land appreciation tax, tax on vehicles and boat operation, farm land occupation tax, deed tax, and tobacco leaf tax, stamp tax, 25% of the value added tax, 40% the share part of the corporate income tax, 40% of individual income tax, 3% of stamp tax on securities transactions, resource tax other than the tax on offshore petroleum resources, local non-tax revenue, etc.

General Public Budget Expenditure of the Central Government and Local Governments according to the different functions of the Central Government and local governments in economic and social activities, the rights of administration are demarcated between those of the Central Government and those of local governments; and the classification of the expenditure between the Central Government and local governments are made on the basis of the classification of the rights administration between them. The general public budget expenditure of the Central Government includes the expenditure for general public services, expenditure for foreign affairs, expenditure for public security, and the general public budget expenditure of the Central Government for adjusting the national economic structure; coordinating the development among different regions; and exercising macroeconomic regulation. The general public budget expenditure of the local governments includes mainly the expenditure for general public services, expenditure for public security, and expenditures for social development which are planed by local governments, etc.

Debt Service Ratio of External Debts refers to the ratio of the payment of principal and interest of external debts to the foreign exchange receipts from foreign trade and non-trade services of the current year.

Liability Ratio of External Debts refers to the ratio of the balance of external debts to the gross domestic product of the current year.

Foreign Debt Ratio refers to the ratio of the balance of external debts to the foreign exchange receipts from foreign trade and non-trade services of the current year.

8

资源和环境

Resources and Environment

简要说明

一、本篇资料的主要内容

本篇主要反映我国自然资源状况和环境保护事业发展情况。

自然资源包括土地状况、水资源、森林资源、矿产资源和气象等资料。

环境保护事业发展情况主要包括供水用水情况；废水和废气中主要污染物排放情况；固体废物处理利用情况；城市空气质量情况；城市生活垃圾清运及处理情况；城市道路交通和区域环境噪声监测情况；造林、草原建设及自然保护基本情况；地质、地震、海洋、森林灾害及突发环境事件情况；环境污染治理投资情况等。

二、本篇的资料来源

土地状况、河流、矿产资源、气象、水资源、城市生活垃圾清运及处理、森林资源和造林、草原建设利用、自然灾害损失、地震灾害、海洋灾害等情况分别由国土资源部、水利部、中国气象局、住房和城乡建设部、国家林业局、农业部、民政部、中国地震局和国家海洋局提供。

环境污染与治理、空气质量、噪声、自然保护区、工业污染治理投资等情况由环境保护部提供。

Brief Introduction

I. Main Contents

This chapter contains information that reflects natural resource conditions and the development of environment protection in China.

Data on natural resources cover land condition, water resources, forest resources, mineral resources and meteorological phenomena.

The development of environment protection mainly include water supply and utilization, discharge of waste water and key pollutants in waste gas; treatment and utilization of solid wastes; urban air quality; collection, transport and disposal of consumption wastes in cities; monitoring of urban road traffic noise and environmental noise in major cities; afforestation, grassland construction and natural protection; incidences of geological, seismic, marine and forest disasters, environmental emergency; investment in environment pollution treatment, etc.

II. Sources of Data

Data on land condition, rivers, mineral resources, meteorological phenomena, water resources, collection and disposal of urban consumption wastes, forest resources and afforestation, grassland construction, loss of natural calamities, earthquake and marine disasters, etc. are provided respectively by Ministry of Land and Resources, Ministry of Water Resources, China Meteorological Administration, Ministry of Housing and Urban-Rural Development, State Forestry Administration, Ministry of Agriculture, Ministry of Civil Affairs, China Earthquake Administration and State Oceanic Administration.

Data on environmental pollution and treatment, air quality, noise, natural reserves and investment in the treatment of industrial pollution are provided by the Ministry of Environmental Protection.

8-1 土 地 状 况(2015年)
Land Characteristics (2015)

项 目	Item	面 积 (万平方公里) Area (10 000 sq.km)
陆地面积	**Land Area**	**947.8**
耕地	Cultivated Land	135.0
园地	Garden Land	14.3
林地	Forests Land	253.0
牧草地	Area of Grassland	219.4
其他农用地	Other Land for Agriculture Use	23.7
居民点及独立工矿用地	Land for Inhabitation, Mining and Manufacturing	31.4
交通运输用地	Land for Transport Facilities	3.6
水利设施用地	Land for Water Conservancy Facilities	3.6
未利用地	Land Unused	263.8

注：本表数据来源于国土资源部，为2015年全国土地变更调查数据。
a) Figures in this table were obtained from the Ministry of Land and Resources, which are National Land Change Survey in 2015.

8-2 主要河流基本情况
Major Rivers

名 称	River	流域面积 (平方公里) Drainage Area (sq.km)	河 长 (公里) Length (km)	年径流量 (亿立方米) Annual Flow (100 million cu.m)
长 江	Changjiang River (Yangtze River)	1782715	6300	9857
黄 河	Huanghe River (Yellow River)	752773	5464	592
松花江	Songhuajiang River	561222	2308	818
辽 河	Liaohe River	221097	1390	137
珠 江	Zhujiang River (Pearl River)	442527	2214	3381
海 河	Haihe River	265511	1090	163
淮 河	Huaihe River	268957	1000	595

注：本表数据由水利部提供，为2002年至2005年进行的第二次水资源评价数据。
a) Figures in this table are obtained from Ministry of Water Resources, and are from the second water resources evaluation between 2002 and 2005.

8-3 河 流 流 域 面 积
Drainage Area of Rivers

流 域 名 称	River	流域面积(平方公里) Drainage Area (sq.km)	占外流河、内陆河流域面积合计 Percentage to Total (%)
合计	**Total of Out-flowing Rivers and Inland Rivers**	**9506678**	**100.00**
外流河	**Out-flowing Rivers**	**6150927**	**64.70**
黑龙江及绥芬河	Heilongjiang River and Suifenhe River	934802	9.83
辽河、鸭绿江及沿海诸河	Liaohe, Yalujiang and Related Coastal Rivers	314146	3.30
海滦河	Haihe River and Luanhe River	320041	3.37
黄河	Huanghe River (Yellow River)	752773	7.92
淮河及山东沿海诸河	Huaihe and Related Coastal Rivers in Shandong Province	330009	3.47
长江	Changjiang River (Yangtze River)	1782715	18.75
浙闽台诸河	Rivers in Zhejiang, Fujian and Taiwan Provinces	244574	2.57
珠江及沿海诸河	Zhujiang River (Pearl River) and Related Coastal River	578974	6.09
元江及澜仓江	Yuanjiang River and Lancang River	240389	2.53
怒江及滇西诸河	Nujiang River and West Yunnan Rivers	157392	1.66
雅鲁藏布江及藏南诸河	Brahmaputra and Southern Tibet Rivers	387550	4.08
藏西诸河	Western Tibet Rivers	58783	0.62
额尔齐斯河	Ertix River	48779	0.51
内陆河	**Inland Rivers**	**3355751**	**35.30**
内蒙内陆河	Rivers in Inner Mongolia	311378	3.28
河西内陆河	Rivers in Huanghe Upper Reach Area	469843	4.94
准噶尔内陆河	Rivers in Zhunger Basin	323621	3.40
中亚细亚内陆河	Rivers in Central Asia	77757	0.82
塔里木内陆河	Rivers in Tarim Basin	1079643	11.36
青海内陆河	Rivers in Qinghai Province	321161	3.38
羌唐内陆河	Rivers in Qiangtang	730077	7.68
松花江、黄河、藏南闭流区	Blind Drainage Areas of Songhua River, Huanghe River and Southern Tibet	42271	0.44

注：本表数据由水利部提供，为2002年至2005年进行的第二次水资源评价数据。

a) Figures in this table are obtained from Ministry of Water Resources, and are from the second water resources evaluation between 2002 and 2005.

8-4 主要矿产基础储量(2015年)
Ensured Reserves of Major Minerals (2015)

项 目		Item		2015
石油	(万吨)	Petroleum	(10 000 tons)	349610.70
天然气	(亿立方米)	Natural Gas	(100 million cu.m)	51939.50
煤炭	(亿吨)	Coal	(100 million tons)	2440.10
铁矿	(矿石，亿吨)	Iron	(Ore, 100 million tons)	207.60
锰矿	(矿石，万吨)	Manganese	(Ore, 10 000 tons)	27626.20
铬矿	(矿石，万吨)	Chromium Ore	(Ore, 10 000 tons)	419.80
钒矿	(万吨)	Vanadium	(10 000 tons)	887.30
原生钛铁矿	(万吨)	Titanium Ore	(10 000 tons)	21434.00
铜矿	(铜，万吨)	Copper	(Metal, 10 000 tons)	2721.80
铅矿	(铅，万吨)	Lead	(Metal, 10 000 tons)	1738.80
锌矿	(锌，万吨)	Zinc	(Metal, 10 000 tons)	4102.70
铝土矿	(矿石，万吨)	Bauxite	(Ore, 10 000 tons)	99758.20
镍矿	(镍，万吨)	Nickel	(Metal, 10 000 tons)	287.30
钨矿	(WO3，万吨)	Tungsten	(WO3, 10 000 tons)	233.10
锡矿	(锡，万吨)	Tin	(Metal, 10 000 tons)	109.20
钼矿	(钼，万吨)	Molybdenum	(Metal, 10 000 tons)	832.50
锑矿	(锑，万吨)	Antimony	(Metal, 10 000 tons)	47.90
金矿	(金，吨)	Gold	(Metal, tons)	1986.70
银矿	(银，吨)	Silver	(Metal, tons)	39387.00
菱镁矿	(矿石，万吨)	Magnesite Ore	(Ore, 10 000 tons)	103923.60
普通萤石	(矿物，万吨)	Fluorspar Mineral	(Mineral, 10 000 tons)	4081.70
硫铁矿	(矿石，万吨)	Pyrite Ore	(Ore, 10 000 tons)	131101.30
磷矿	(矿石，亿吨)	Phosphorus Ore	(Ore,100 million tons)	33.10
钾盐	(KCl，万吨)	Potassium KCl	(KCl, 10 000 tons)	57582.30
盐矿	(NaCl，亿吨)	Sodium Salt NaCl	(NaCl, 100 million tons)	827.90
芒硝	(Na2SO4，亿吨)	Mirabilite	(Na2SO4, 100 million tons)	55.00
重晶石	(矿石，万吨)	Barite Ore	(Ore, 10 000 tons)	3703.10
玻璃硅质原料	(矿石，万吨)	Silicon Materials For Glass Ore	(Ore, 10 000 tons)	198956.70
石墨	(矿物，万吨)	Graphite Mineral (Crystal)	(Mineral, 10 000 tons)	5516.40
滑石	(矿石，万吨)	Talc Ore	(Ore, 10 000 tons)	8121.70
高岭土	(矿石，万吨)	Kaolin Ore	(Ore, 10 000 tons)	57402.80

注：本表资料由国土资源部提供。其中，石油和天然气的数据为剩余技术可采储量(下表同)。

a) The data in the table are provided by the Ministry of Land and Resources. The data for petroleum and natural gas are the remaining technical recoverable reserves. The same applies to the table following.

8-5 分地区主要能源、黑色金属矿产基础储量（2015年）
Ensured Reserves of Major Energy and Ferrous Metals by Region (2015)

地 区	Region	石 油（万吨）Petroleum (10 000 tons)	天然气（亿立方米）Natural Gas (100 million cu.m)	煤 炭（亿吨）Coal (100 million tons)	铁 矿（矿石,亿吨）Iron (Ore, 100 million tons)	锰 矿（矿石,万吨）Manganese (Ore, 10 000 tons)	铬 矿（矿石,万吨）Chromite (Ore, 10 000 tons)	钒 矿（万吨）Vanadium (10 000 tons)	原生钛铁矿（万吨）Titanium (10 000 tons)
全 国	**National Total**	**349610.70**	**51939.50**	**2440.10**	**207.60**	**27626.20**	**419.80**	**887.30**	**21434.00**
北 京	Beijing			3.90	1.50				
天 津	Tianjin	3005.60	274.30	3.00				10.00	
河 北	Hebei	26422.20	317.00	42.50	27.30	7.10	4.60		275.30
山 西	Shanxi		419.10	921.30	16.80	20.10		0.80	
内蒙古	Inner Mongolia	8208.50	8149.10	492.80	25.20	567.60	56.30		
辽 宁	Liaoning	15052.80	149.90	26.80	51.60	1410.60			
吉 林	Jilin	17798.70	685.00	9.80	4.80	0.40			
黑龙江	Heilongjiang	44048.70	1317.90	61.60	0.40				
上 海	Shanghai								
江 苏	Jiangsu	2906.90	23.20	10.50	1.70			4.30	
浙 江	Zhejiang			0.40	0.60			3.80	
安 徽	Anhui	247.00	0.30	84.00	8.70	4.10		6.60	
福 建	Fujian			4.10	3.10	118.90			
江 西	Jiangxi			3.40	1.50			6.50	
山 东	Shandong	31123.50	342.40	77.60	9.20				899.40
河 南	Henan	4631.10	72.20	86.00	1.40	3.60			0.50
湖 北	Hubei	1241.60	47.40	3.20	4.30	649.00		29.90	1053.20
湖 南	Hunan			6.60	1.80	2056.00		2.90	
广 东	Guangdong	13.70	0.50	0.20	1.00	75.20			
广 西	Guangxi	128.90	1.40	0.90	0.30	14019.50		171.50	
海 南	Hainan	326.60	3.10	1.20	0.90				
重 庆	Chongqing	267.10	2641.80	17.60	0.20	1414.80			
四 川	Sichuan	648.40	12654.50	53.80	25.60	131.50		553.80	19157.10
贵 州	Guizhou		6.10	101.70	0.20	4841.10			
云 南	Yunnan	12.20	0.50	59.60	4.10	1196.80		0.10	3.10
西 藏	Tibet			0.10	0.20		169.20		
陕 西	Shaanxi	38445.30	7587.10	126.60	4.00	288.40		7.20	
甘 肃	Gansu	24109.80	272.00	32.50	3.30	259.00	141.20	89.90	
青 海	Qinghai	7955.80	1396.90	12.50			3.70		
宁 夏	Ningxia	2370.60	272.90	37.40					
新 疆	Xinjiang	60112.70	10202.00	158.70	8.30	562.40	44.70	0.20	45.30
海 域	Ocean	60533.10	5103.00						

8-6 分地区主要有色金属、非金属矿产基础储量（2015年）
Ensured Reserves of Major Non-ferrous Metals and Non-metal Minerals by Region (2015)

地 区	Region	铜 矿 (铜,万吨) Copper (Metal, 10 000 tons)	铅 矿 (铅,万吨) Lead (Metal, 10 000 tons)	锌 矿 (锌,万吨) Zinc (Metal, 10 000 tons)	铝土矿 (矿石,万吨) Bauxite (Ore, 10 000 tons)	菱镁矿 (矿石,万吨) Magnesite Ore (Ore, 10 000 tons)	硫铁矿 (矿石,万吨) Pyrite Ore (Ore, 10 000 tons)	磷 矿 (矿石,亿吨) Phosphorus Ore (Ore, 100 million tons)	高岭土 (矿石,万吨) Kaolin Ore (Ore, 10 000 tons)
全 国	**National Total**	**2721.80**	**1738.80**	**4102.70**	**99758.20**	**103923.60**	**131101.30**	**33.10**	**57402.8**
北 京	Beijing								
天 津	Tianjin								
河 北	Hebei	13.70	23.30	71.10	28.00	872.80	1083.60	1.90	58.3
山 西	Shanxi	152.70	0.60	0.60	14467.90		1058.10	0.20	160.2
内蒙古	Inner Mongolia	421.20	593.20	1248.50			12428.20	0.10	4586.9
辽 宁	Liaoning	28.40	13.40	46.70		88019.80	1262.30	0.80	536.9
吉 林	Jilin	20.30	13.80	18.60		1.10	730.70		47.7
黑龙江	Heilongjiang	111.40	6.30	26.50			48.20		
上 海	Shanghai								
江 苏	Jiangsu	5.60	23.50	39.10			536.70	0.10	250.2
浙 江	Zhejiang	5.00	7.90	17.70			434.10		820.6
安 徽	Anhui	162.10	12.50	11.60			14604.30	0.20	176.5
福 建	Fujian	65.20	27.50	60.40			1034.90		5311.7
江 西	Jiangxi	557.90	51.70	75.40			13655.30	0.60	3037.7
山 东	Shandong	8.30	0.60	0.80	158.90	14793.50	3.20		314.1
河 南	Henan	11.30	59.20	47.00	14514.90		5961.50		
湖 北	Hubei	94.30	5.10	20.20	502.90		4717.40	10.40	418.4
湖 南	Hunan	10.10	48.90	70.90	311.40		713.60	0.30	2004.4
广 东	Guangdong	18.30	110.80	200.00			12591.50		5375.1
广 西	Guangxi	3.20	34.10	105.50	48722.30		6025.00		31925.5
海 南	Hainan	3.50	6.70	17.00					1907.0
重 庆	Chongqing		2.50	8.80	6409.20		1453.10		0.4
四 川	Sichuan	51.80	100.80	230.20	54.60	186.50	38052.90	4.80	56.1
贵 州	Guizhou	0.20	12.40	108.00	13189.90		5893.60	6.70	15.0
云 南	Yunnan	297.00	221.80	928.20	1397.10		4878.90	6.30	311.1
西 藏	Tibet	274.30	92.50	43.10					
陕 西	Shaanxi	20.00	36.60	97.40	0.90		108.30	0.10	81.1
甘 肃	Gansu	138.60	82.50	316.70			1.00		
青 海	Qinghai	20.60	48.00	104.50		49.90	50.10	0.60	
宁 夏	Ningxia								
新 疆	Xinjiang	226.70	102.60	188.30			3774.90		7.8
海 域	Ocean								

8-7 主要城市平均气温(2015年)
Monthly Average Temperature of Major Cities (2015)

单位：摄氏度 (℃)

城　市	City	1月 Jan.	2月 Feb.	3月 Mar.	4月 Apr.	5月 May	6月 June	7月 July	8月 Aug.	9月 Sept.	10月 Oct.	11月 Nov.	12月 Dec.	年平均 Annual Average
北京	Beijing	-0.6	1.3	8.8	15.5	21.5	24.9	26.8	26.7	21.0	14.7	3.6	0.2	13.7
天津	Tianjin	-0.8	1.2	8.3	15.0	21.5	25.3	27.1	26.5	21.2	14.8	3.7	0.0	13.7
石家庄	Shijiazhuang	0.3	2.8	10.4	16.3	21.9	26.5	27.6	26.5	21.0	15.9	4.6	1.1	14.6
太原	Taiyuan	-2.9	-0.8	7.0	13.1	19.2	22.8	24.3	22.5	17.4	11.0	3.7	-1.4	11.3
呼和浩特	Hohhot	-8.0	-5.8	1.7	9.0	16.0	19.2	22.7	21.7	15.1	8.2	-0.5	-7.4	7.7
沈阳	Shenyang	-10.1	-5.7	2.5	11.9	17.9	21.5	24.8	23.9	18.7	9.8	-1.6	-5.5	9.0
长春	Changchun	-12.0	-7.9	0.1	10.3	15.9	21.2	23.8	22.7	16.9	7.8	-3.3	-9.4	7.2
哈尔滨	Harbin	-15.8	-11.3	-1.3	8.6	14.2	22.1	23.6	22.8	16.2	7.2	-4.9	-14.0	5.6
上海	Shanghai	6.0	6.8	10.6	15.9	20.5	24.2	26.7	27.8	24.2	19.6	14.0	7.8	17.0
南京	Nanjing	4.9	6.3	10.6	15.7	21.4	24.1	26.4	27.3	23.6	18.5	11.7	6.4	16.4
杭州	Hangzhou	6.7	7.7	11.7	17.3	22.2	25.1	26.6	27.7	24.0	19.5	13.4	7.9	17.5
合肥	Hefei	4.9	6.4	11.3	16.4	22.5	24.8	26.9	27.6	23.9	18.5	11.0	6.2	16.7
福州	Fuzhou	11.6	12.5	14.7	20.3	23.0	27.9	28.3	27.9	25.3	22.8	19.9	14.0	20.7
南昌	Nanchang	8.3	9.4	12.5	18.6	23.7	26.9	27.4	28.5	25.0	21.0	13.9	8.7	18.7
济南	Jinan	2.0	3.7	10.8	14.9	21.7	26.1	27.8	25.7	21.9	16.9	6.1	2.7	15.0
郑州	Zhengzhou	3.5	5.5	11.4	16.2	22.3	26.4	28.0	26.8	22.3	17.2	6.8	4.0	15.9
武汉	Wuhan	5.2	6.5	12.0	16.6	22.5	25.4	27.2	27.7	23.8	18.3	10.8	5.9	16.8
长沙	Changsha	7.6	8.6	11.8	17.1	22.2	26.1	26.2	27.0	24.0	19.3	11.8	7.3	17.4
广州	Guangzhou	13.6	16.2	18.5	21.9	25.9	28.5	28.1	27.9	26.9	23.6	21.0	14.9	22.3
南宁	Nanning	13.5	16.4	18.3	22.8	27.3	29.0	27.6	28.0	26.3	23.0	20.5	14.0	22.2
海口	Haikou	17.8	20.4	24.0	25.1	29.2	29.9	28.8	29.0	28.4	25.8	25.4	20.2	25.3
重庆(沙坪坝)	Chongqing(Shapingba)	9.9	11.8	16.5	20.8	23.1	25.9	28.2	27.9	24.0	20.6	16.4	10.1	19.6
成都(温江)	Chengdu(Wenjiang)	6.8	8.6	13.3	17.6	22.0	23.9	25.1	23.9	21.1	18.2	13.5	7.4	16.8
贵阳	Guiyang	6.1	8.2	11.3	16.5	19.6	22.0	21.9	21.5	19.7	16.6	13.1	6.0	15.2
昆明	Kunming	9.4	11.4	16.7	17.2	21.6	21.9	19.9	19.6	19.3	15.5	13.3	8.9	16.2
拉萨	Lhasa	-1.0	0.9	7.3	9.2	13.5	18.0	17.6	15.9	16.1	10.0	4.9	1.2	9.5
西安(泾河)	Xi'an(Jinghe)	2.3	5.6	10.5	16.3	21.4	24.3	28.1	26.0	21.7	15.0	8.2	3.1	15.2
兰州(皋兰)	Lanzhou(Gaolan)	-5.9	-2.2	4.7	10.6	14.9	19.3	20.2	19.7	14.6	9.0	1.9	-6.9	8.3
西宁	Xining	-6.3	-3.1	3.1	8.6	12.4	15.9	16.5	15.5	12.3	7.0	1.1	-6.3	6.4
银川	Yinchuan	-4.3	-0.5	6.3	12.3	18.5	22.5	24.8	22.5	17.3	9.7	3.1	-3.5	10.7
乌鲁木齐	Urumqi	-8.7	-6.6	1.6	12.0	19.1	21.7	26.6	23.0	14.5	8.8	0.0	-6.6	8.8

注：从2004年1月份开始成都站被温江站替代、兰州站被皋兰站替代；从2006年1月份开始重庆被沙坪坝站替代、西安站被泾河站替代(以下相关表同)。

a) Since January 2004, Chengdu station was substituted by Wenjiang station, Lanzhou by Gaolan; Since January 2006, Chongqing station was substituted by Shapingba station, Xi'an by Jinghe. The same applies to the tables following.

8-8 主要城市平均相对湿度（2015年）
Average Relative Humidity of Major Cities (2015)

单位：% (%)

城市	City	1月 Jan.	2月 Feb.	3月 Mar.	4月 Apr.	5月 May	6月 June	7月 July	8月 Aug.	9月 Sept.	10月 Oct.	11月 Nov.	12月 Dec.	年平均 Annual Average
北京	Beijing	43	42	34	47	44	56	64	64	68	56	77	64	55
天津	Tianjin	49	48	41	53	48	56	66	70	71	59	75	69	59
石家庄	Shijiazhuang	44	42	36	50	52	49	62	69	72	56	82	63	56
太原	Taiyuan	47	49	43	48	46	52	61	69	76	63	78	59	58
呼和浩特	Hohhot	48	44	26	32	28	47	49	42	61	49	72	65	47
沈阳	Shenyang	66	64	50	45	48	68	68	75	64	59	66	69	62
长春	Changchun	67	65	51	39	49	62	65	73	63	54	62	72	60
哈尔滨	Harbin	66	67	53	42	56	63	70	78	70	59	67	79	64
上海	Shanghai	69	71	73	67	71	80	79	75	74	71	81	74	74
南京	Nanjing	69	72	73	68	71	78	80	75	73	71	80	70	73
杭州	Hangzhou	67	71	74	66	72	81	81	76	76	74	86	76	75
合肥	Hefei	70	72	73	71	73	80	82	79	74	73	85	75	76
福州	Fuzhou	67	73	76	68	81	79	75	77	78	73	80	80	76
南昌	Nanchang	67	74	82	71	79	81	78	73	74	69	83	74	75
济南	Jinan	47	46	38	56	53	53	64	74	68	52	82	58	58
郑州	Zhengzhou	51	50	54	57	57	55	68	75	73	58	83	58	62
武汉	Wuhan	76	82	78	79	81	85	81	78	80	83	91	82	81
长沙	Changsha	73	78	87	79	87	84	84	81	83	79	91	84	83
广州	Guangzhou	73	75	83	77	85	79	77	78	79	76	78	77	78
南宁	Nanning	83	85	87	77	82	80	81	82	87	83	86	85	83
海口	Haikou	83	85	83	79	79	76	77	80	82	83	83	86	81
重庆(沙坪坝)	Chongqing(Shapingba)	80	73	67	69	72	80	70	72	81	78	80	81	75
成都(温江)	Chengdu(Wenjiang)	84	77	77	77	70	79	79	86	88	83	87	88	81
贵阳	Guiyang	84	83	86	72	85	89	81	85	89	82	85	84	84
昆明	Kunming	67	58	49	61	57	72	76	83	83	78	76	78	70
拉萨	Lhasa	26	27	19	36	37	40	40	57	48	34	26	22	34
西安(泾河)	Xi'an(Jinghe)	55	47	60	60	58	63	56	65	70	69	81	59	62
兰州(皋兰)	Lanzhou(Gaolan)	50	50	40	48	51	54	64	57	74	56	72	64	57
西宁	Xining	44	46	38	45	53	57	65	65	72	58	64	56	55
银川	Yinchuan	47	38	30	43	34	42	48	53	65	61	77	62	50
乌鲁木齐	Urumqi	79	72	63	45	41	46	36	43	51	55	82	80	58

8-9 主要城市降水量（2015年）
Monthly Precipitation of Major Cities (2015)

单位：毫米 (milimeters)

城市	City	1月 Jan.	2月 Feb.	3月 Mar.	4月 Apr.	5月 May	6月 June	7月 July	8月 Aug.	9月 Sept.	10月 Oct.	11月 Nov.	12月 Dec.	全年 Annual Total
北京	Beijing	0.4	11.2	7.7	34.5	35.0	42.2	107.4	82.6	87.2	19.0	29.6	1.8	458.6
天津	Tianjin	0.2	15.4	1.7	62.8	48.3	18.7	140.4	77.4	147.6	23.2	38.3	0.2	574.2
石家庄	Shijiazhuang	1.1	7.6	5.7	24.7	56.0	33.3	57.1	171.0	101.8	22.2	52.8	1.2	534.5
太原	Taiyuan	4.0	12.3	1.1	28.4	37.2	10.9	44.8	114.2	81.2	32.6	34.5	2.4	403.6
呼和浩特	Hohhot	2.9	8.2	0.0	26.0	15.2	57.7	61.3	27.1	106.2	9.6	46.7	1.0	361.9
沈阳	Shenyang	10.2	21.7	18.6	47.4	106.7	124.4	56.4	80.1	10.9	58.2	17.3	21.3	573.2
长春	Changchun	6.7	19.5	7.3	25.6	119.5	81.4	50.7	103.9	57.0	29.3	8.1	21.5	530.5
哈尔滨	Harbin	0.8	14.1	2.5	6.6	77.6	77.3	52.9	110.5	24.8	30.0	5.5	17.5	420.1
上海	Shanghai	61.1	81.1	96.4	108.9	131.4	486.4	173.1	125.6	140.4	49.1	113.9	81.4	1648.8
南京	Nanjing	29.9	58.1	104.8	121.6	96.1	661.5	258.0	187.4	63.6	61.6	110.7	12.3	1765.6
杭州	Hangzhou	66.9	147.1	157.6	206.5	115.4	330.8	349.5	268.0	121.0	47.9	212.4	108.8	2131.9
合肥	Hefei	36.3	65.9	68.4	120.0	110.3	368.7	193.0	104.5	50.2	35.4	100.0	5.5	1258.2
福州	Fuzhou	41.5	12.4	51.0	109.5	265.9	167.1	140.5	417.6	273.3	81.3	60.7	157.4	1778.2
南昌	Nanchang	23.8	163.4	177.6	182.2	232.0	493.3	237.8	95.6	95.4	92.4	293.3	117.9	2204.7
济南	Jinan	6.1	10.5	2.5	83.7	59.1	73.1	96.0	227.2	65.3	12.1	78.2	0.0	713.8
郑州	Zhengzhou	13.1	1.1	16.0	79.1	82.3	108.2	83.7	142.6	19.8	63.7	78.5	1.0	689.1
武汉	Wuhan	35.7	113.4	109.8	143.8	165.6	199.0	290.0	74.8	75.7	102.1	109.5	13.4	1432.8
长沙	Changsha	17.9	69.7	146.9	104.1	241.1	273.2	108.7	69.3	147.5	97.9	161.6	100.4	1538.3
广州	Guangzhou	55.9	40.9	27.2	116.4	805.6	251.8	441.2	342.7	116.4	123.0	44.7	106.1	2471.9
南宁	Nanning	37.4	22.5	42.3	43.5	99.0	79.8	235.3	242.8	131.8	56.6	98.1	133.2	1222.3
海口	Haikou	23.3	2.2	8.4	86.8	210.1	85.7	321.8	72.9	394.7	259.1	118.9	89.3	1673.2
重庆(沙坪坝)	Chongqing(Shapingba)	24.0	7.1	20.6	104.6	99.0	256.6	238.1	206.3	340.7	100.3	19.4	32.0	1448.7
成都(温江)	Chengdu(Wenjiang)	3.1	2.8	8.1	87.4	51.8	90.8	92.2	291.9	205.7	23.0	9.8	13.6	880.2
贵阳	Guiyang	33.7	10.9	31.6	81.4	290.3	353.9	116.6	192.0	67.5	167.3	31.7	53.9	1430.8
昆明	Kunming	115.2	9.3	27.1	44.7	37.1	280.1	114.5	262.8	69.8	150.3	46.1	33.7	1190.7
拉萨	Lhasa	5.5	18.9	0.1	8.7	9.6	60.5	63.8	134.8	37.3	0.5	0.0	0.3	340.0
西安(泾河)	Xi'an(Jinghe)	3.3	1.4	42.6	88.8	50.2	91.5	20.8	71.2	90.9	60.2	28.6	2.1	551.6
兰州(皋兰)	Lanzhou(Gaolan)	2.1	2.8	0.9	12.9	24.2	15.1	49.9	31.5	31.8	15.4	2.6	1.8	191.0
西宁	Xining	1.1	0.6	3.8	15.4	21.7	51.8	71.9	61.1	45.7	25.9	5.9	1.3	306.2
银川	Yinchuan	0.7	0.0	0.0	26.2	6.3	4.4	20.5	21.1	98.7	24.2	17.7	7.3	227.1
乌鲁木齐	Urumqi	15.0	15.0	14.5	55.0	23.7	74.3	3.8	53.9	36.5	33.4	32.7	51.1	408.9

8-10 主要城市日照时数（2015年）
Monthly Sunshine Hours of Major Cities (2015)

单位：小时 (Hours)

城市	City	1月 Jan.	2月 Feb.	3月 Mar.	4月 Apr.	5月 May	6月 June	7月 July	8月 Aug.	9月 Sept.	10月 Oct.	11月 Nov.	12月 Dec.	全年 Annual Total
北京	Beijing	198.3	179.8	250.4	237.9	276.3	200.9	209.9	248.2	192.1	223.8	59.3	143.4	2420.3
天津	Tianjin	168.3	162.9	240.6	232.1	256.1	205.9	186.4	225.5	187.3	206.5	40.2	109.3	2221.1
石家庄	Shijiazhuang	149.2	170.2	222.2	225.8	243.7	174.4	115.8	199.3	152.7	203.4	32.2	115.2	2004.1
太原	Taiyuan	180.6	182.2	248.9	268.9	281.8	243.3	294.3	273.8	204.3	225.5	117.7	189.0	2710.3
呼和浩特	Hohhot	174.1	184.7	282.0	273.1	313.4	236.4	292.6	281.2	192.8	245.6	80.4	110.0	2666.3
沈阳	Shenyang	164.4	183.1	244.6	243.4	266.5	225.0	225.7	205.1	236.9	207.8	93.2	117.1	2412.8
长春	Changchun	174.2	193.6	246.6	273.8	241.9	269.6	311.2	240.8	259.0	233.8	117.4	133.8	2695.7
哈尔滨	Harbin	142.1	134.8	209.6	191.0	156.9	226.7	262.9	152.8	209.2	178.3	111.1	115.3	2090.7
上海	Shanghai	119.0	102.3	130.5	169.8	169.7	77.0	108.3	162.3	138.3	158.2	62.7	97.5	1495.6
南京	Nanjing	125.9	124.2	142.2	196.3	171.1	112.4	169.7	217.6	190.3	188.6	84.6	125.3	1848.2
杭州	Hangzhou	107.4	95.3	112.2	164.5	122.3	72.9	128.6	151.5	108.1	136.4	47.2	69.4	1315.8
合肥	Hefei	111.2	96.6	122.6	180.1	140.0	94.1	129.6	174.9	162.3	159.7	59.0	103.4	1533.5
福州	Fuzhou	123.9	84.1	99.5	151.6	88.8	173.7	140.9	145.9	99.0	111.2	75.4	25.0	1319.0
南昌	Nanchang	122.8	104.6	88.2	155.1	112.3	149.2	187.5	214.1	176.6	195.3	70.0	75.7	1651.4
济南	Jinan	170.1	170.2	247.7	213.0	259.0	217.3	195.5	189.4	168.2	210.2	68.1	151.5	2260.2
郑州	Zhengzhou	111.8	134.8	146.1	202.9	202.4	131.7	195.9	148.4	142.2	159.9	42.2	111.2	1729.5
武汉	Wuhan	97.9	77.3	126.0	158.9	139.5	117.2	197.1	247.0	167.9	182.9	48.4	64.6	1624.7
长沙	Changsha	85.6	91.7	50.0	117.2	95.0	151.0	124.6	183.8	108.8	176.7	40.0	39.0	1263.4
广州	Guangzhou	161.0	74.4	18.1	130.2	80.2	203.9	174.4	196.5	172.8	174.3	122.9	85.6	1594.3
南宁	Nanning	108.8	77.7	45.8	155.1	154.4	182.2	141.7	182.9	113.5	169.3	61.9	37.8	1431.1
海口	Haikou	177.0	115.8	153.1	214.9	269.3	300.9	215.1	284.4	233.8	184.8	180.2	77.4	2406.7
重庆(沙坪坝)	Chongqing(Shapingba)	22.6	41.6	120.1	173.5	108.6	97.2	206.5	153.5	55.3	97.5	16.4	37.0	1129.8
成都(温江)	Chengdu(Wenjiang)	27.3	60.8	75.1	127.2	163.0	83.7	191.2	110.0	31.4	75.6	40.8	52.3	1038.4
贵阳	Guiyang	21.7	63.7	74.5	137.7	100.5	59.7	92.5	107.8	43.0	126.4	73.0	41.8	942.3
昆明	Kunming	221.2	260.1	304.6	236.5	289.1	197.9	138.1	83.6	95.4	179.9	224.1	158.4	2388.9
拉萨	Lhasa	251.9	236.7	291.2	239.2	282.0	280.8	270.0	199.6	261.7	284.9	267.1	247.3	3112.4
西安(泾河)	Xi'an(Jinghe)	127.0	127.1	144.3	214.3	200.4	116.6	257.1	208.5	119.8	95.0	58.5	127.3	1795.9
兰州(皋兰)	Lanzhou(Gaolan)	199.0	181.4	214.2	199.3	229.2	201.0	261.3	271.8	167.1	221.6	162.8	202.8	2511.5
西宁	Xining	219.2	189.9	248.1	227.6	230.1	205.0	246.7	220.1	164.4	244.7	191.4	202.9	2590.1
银川	Yinchuan	183.5	199.2	255.6	253.6	298.7	294.3	310.9	284.8	216.7	244.6	137.6	162.4	2841.9
乌鲁木齐	Urumqi	127.9	172.2	228.7	282.7	298.8	300.6	353.8	310.0	263.0	236.7	103.4	121.0	2798.8

8-11 水资源情况
Water Resources

年份 Year 地区 Region		水资源总量（亿立方米）Total Amount of Water Resources (100 million cu.m)	地表水资源量 Surface Water Resources	地下水资源量 Groundwater Resources	地表水与地下水资源重复量 Duplicated Measurement Between Surface Water and Groundwater	人均水资源量（立方米/人）Per Capita Water Resources (cu.m/person)
	2000	27700.8	26561.9	8501.9	7363.0	2193.9
	2005	28053.1	26982.4	8091.1	7020.4	2151.8
	2006	25330.1	24358.1	7642.9	6670.8	1932.1
	2007	25255.2	24242.5	7617.2	6604.5	1916.3
	2008	27434.3	26377.0	8122.0	7064.7	2071.1
	2009	24180.2	23125.2	7267.0	6212.1	1816.2
	2010	30906.4	29797.6	8417.0	7308.2	2310.4
	2011	23256.7	22213.6	7214.5	6171.4	1730.2
	2012	29526.9	28371.4	8416.1	7260.6	2186.1
	2013	27957.9	26839.5	8081.1	6962.7	2059.7
	2014	27266.9	26263.9	7745.0	6742.0	1998.6
	2015	27962.6	26900.8	7797.0	6735.2	2039.2
北京	Beijing	26.8	9.3	20.6	3.1	124.0
天津	Tianjin	12.8	8.7	4.9	0.8	83.6
河北	Hebei	135.1	50.9	113.6	29.4	182.5
山西	Shanxi	94.0	53.8	86.4	46.2	257.1
内蒙古	Inner Mongolia	537.0	402.1	224.6	89.7	2141.2
辽宁	Liaoning	179.0	152.0	83.2	56.2	408.1
吉林	Jilin	331.3	272.0	127.4	68.1	1203.5
黑龙江	Heilongjiang	814.1	686.0	283.0	154.9	2129.8
上海	Shanghai	64.1	55.3	11.7	2.9	264.8
江苏	Jiangsu	582.1	462.9	142.4	23.2	730.5
浙江	Zhejiang	1407.1	1390.4	269.8	253.1	2547.5
安徽	Anhui	914.1	850.2	193.7	129.8	1495.3
福建	Fujian	1325.9	1324.7	332.3	331.1	3468.7
江西	Jiangxi	2001.2	1983.0	465.0	446.8	4394.5
山东	Shandong	168.4	84.3	133.1	49.0	171.5
河南	Henan	287.2	186.7	173.1	72.6	303.7
湖北	Hubei	1015.6	986.3	279.6	250.3	1740.9
湖南	Hunan	1919.3	1912.4	432.4	425.5	2839.1
广东	Guangdong	1933.4	1923.4	461.4	451.4	1792.4
广西	Guangxi	2433.6	2432.2	467.3	465.9	5096.5
海南	Hainan	198.2	195.9	50.6	48.3	2184.9
重庆	Chongqing	456.2	456.2	103.3	103.3	1518.7
四川	Sichuan	2220.5	2219.4	584.0	582.9	2717.2
贵州	Guizhou	1153.7	1153.7	282.2	282.2	3278.7
云南	Yunnan	1871.9	1871.9	607.5	607.5	3959.3
西藏	Tibet	3853.0	3853.0	803.0	803.0	120121.0
陕西	Shaanxi	333.4	309.2	120.6	96.4	881.1
甘肃	Gansu	164.8	157.3	100.9	93.4	635.0
青海	Qinghai	589.3	570.1	273.6	254.4	10057.6
宁夏	Ningxia	9.2	7.1	20.9	18.8	138.4
新疆	Xinjiang	930.3	880.1	544.9	494.7	3994.2

8-12 供水用水情况
Water Supply and Water Use

年份 Year 地区 Region	供水总量（亿立方米）Water Supply (100 million cu.m)	地表水 Surface Water	地下水 Ground-water	其他 Others	用水总量（亿立方米）Water Use (100 million cu.m)	农业 Agricul-ture	工业 Industry	生活 Consump-tion	生态 Ecological Protection	人均用水量（立方米/人）Per Capita Water Use (cu.m/person)
2000	5530.7	4440.4	1069.2	21.1	5497.6	3783.5	1139.1	574.9		435.4
2005	5633.0	4572.2	1038.8	22.0	5633.0	3580.0	1285.2	675.1	92.7	432.1
2006	5795.0	4706.8	1065.5	22.7	5795.0	3664.4	1343.8	693.8	93.0	442.0
2007	5818.7	4723.9	1069.1	25.7	5818.7	3599.5	1403.0	710.4	105.7	441.5
2008	5910.0	4796.4	1084.8	28.7	5910.0	3663.5	1397.1	729.3	120.2	446.2
2009	5965.2	4839.5	1094.5	31.2	5965.2	3723.1	1390.9	748.2	103.0	448.0
2010	6022.0	4881.6	1107.3	33.1	6022.0	3689.1	1447.3	765.8	119.8	450.2
2011	6107.2	4953.3	1109.1	44.8	6107.2	3743.6	1461.8	789.9	111.9	454.4
2012	6141.8	4963.0	1134.2	44.6	6141.8	3880.3	1423.9	728.8	108.8	454.7
2013	6183.4	5007.3	1126.2	49.9	6183.4	3921.5	1406.4	750.1	105.4	455.5
2014	6094.9	4920.5	1116.9	57.5	6094.9	3869.0	1356.1	766.6	103.2	446.7
2015	6103.2	4971.5	1069.2	62.5	6103.2	3851.5	1334.8	794.2	122.7	445.1
北京 Beijing	38.2	10.5	18.2	9.5	38.2	6.4	3.8	17.5	10.4	176.8
天津 Tianjin	25.7	17.9	4.9	2.9	25.7	12.5	5.3	4.9	2.9	167.8
河北 Hebei	187.2	48.7	133.6	4.9	187.2	135.3	22.5	24.4	5.0	252.8
山西 Shanxi	73.6	37.1	33.2	3.3	73.6	45.1	13.7	12.3	2.3	201.3
内蒙古 Inner Mongolia	185.8	95.2	88.3	2.3	185.8	140.1	18.8	10.4	16.4	740.9
辽宁 Liaoning	140.8	78.0	58.6	4.2	140.8	88.8	21.4	25.0	5.6	321.0
吉林 Jilin	133.6	88.9	44.0	0.7	133.6	90.2	23.2	12.8	7.4	485.3
黑龙江 Heilongjiang	355.3	196.7	157.7	0.8	355.3	312.5	23.8	16.2	2.6	929.5
上海 Shanghai	103.8	103.8			103.8	14.3	64.6	24.1	0.8	428.8
江苏 Jiangsu	574.5	558.0	9.1	7.4	574.5	279.1	239.0	54.4	2.0	721.0
浙江 Zhejiang	186.1	183.4	1.7	1.0	186.1	84.7	51.6	44.3	5.5	336.9
安徽 Anhui	288.7	253.9	32.5	2.3	288.7	157.5	93.5	32.8	4.9	472.3
福建 Fujian	201.3	194.7	6.0	0.6	201.3	93.3	72.5	32.2	3.3	526.6
江西 Jiangxi	245.8	235.6	8.2	2.0	245.8	154.1	61.6	27.9	2.1	539.8
山东 Shandong	212.8	122.0	83.1	7.7	212.8	143.3	29.6	33.0	6.9	216.7
河南 Henan	222.8	100.6	120.7	1.6	222.8	125.9	52.5	35.4	9.1	235.6
湖北 Hubei	301.3	292.2	9.1		301.3	158.1	93.3	49.2	0.8	516.5
湖南 Hunan	330.4	314.2	16.2		330.4	195.2	90.2	42.2	2.7	488.7
广东 Guangdong	443.1	426.0	15.3	1.8	443.1	227.0	112.5	98.3	5.3	410.8
广西 Guangxi	299.3	286.4	11.7	1.2	299.3	201.7	55.5	39.7	2.4	626.8
海南 Hainan	45.8	42.9	2.7	0.1	45.8	34.4	3.2	8.0	0.3	504.9
重庆 Chongqing	79.0	77.4	1.4	0.1	79.0	25.8	32.5	19.6	1.0	263.0
四川 Sichuan	265.5	250.4	13.3	1.8	265.5	156.7	55.4	48.3	5.1	324.9
贵州 Guizhou	97.5	94.5	3.0		97.5	54.3	25.5	17.0	0.7	277.1
云南 Yunnan	150.1	144.7	4.3	1.2	150.1	104.6	23.0	20.2	2.3	317.5
西藏 Tibet	30.8	27.7	3.1		30.8	27.2	1.4	2.0	0.1	960.2
陕西 Shaanxi	91.2	56.0	33.4	1.8	91.2	57.9	14.2	16.1	2.9	241.0
甘肃 Gansu	119.2	90.1	26.9	2.2	119.2	96.2	11.6	8.2	3.1	459.3
青海 Qinghai	26.8	22.2	4.5	0.1	26.8	20.9	2.9	2.6	0.5	457.4
宁夏 Ningxia	70.4	65.0	5.1	0.2	70.4	62.0	4.4	1.8	2.2	1059.1
新疆 Xinjiang	577.2	456.9	119.4	0.9	577.2	546.4	11.8	13.2	5.8	2478.2

注：1.生态用水仅包括部分河湖、湿地人工补水和城市环境用水。

2.2012年起，生活用水量中的牲畜用水量调整至农业用水量中。

a) Water use by ecological protection only includes artificial supplement of river & lake, wetland and city entironment.

b) Since 2012, water use for animal husbandry in water use for consumption is moved to rural water use.

8-13 分地区废水中主要污染物排放情况（2015年）
Main Pollutant Emission in Waste Water by Region (2015)

地区	Region	废水排放总量（万吨） Total Waste Water Discharged (10 000 tons)	废水中主要污染物排放量 Main Pollutant Emission in Waste Water 化学需氧量（万吨） COD (10 000 tons)	氨氮（万吨） Ammonia Nitrogen (10 000 tons)	总氮（万吨） Total Nitrogen (10 000 tons)	总磷（万吨） Total Phosphorus (10 000 tons)	石油类（吨） Petroleum (ton)	挥发酚（吨） Volatile Phenol (ton)
全国	**National Total**	**7353227**	**2223.50**	**229.91**	**461.33**	**54.68**	**15192.0**	**988.2**
北京	Beijing	151733	16.15	1.65	3.29	0.44	35.3	0.4
天津	Tianjin	93008	20.91	2.38	3.60	0.46	53.3	0.3
河北	Hebei	310568	120.81	9.73	37.83	4.62	1083.3	35.1
山西	Shanxi	145252	40.51	5.01	8.93	1.06	739.4	423.3
内蒙古	Inner Mongolia	110861	83.56	4.69	18.93	2.15	1214.8	150.3
辽宁	Liaoning	260045	116.75	9.63	20.78	2.85	524.4	9.6
吉林	Jilin	126908	72.42	5.14	12.47	1.52	282.2	4.0
黑龙江	Heilongjiang	148595	139.27	8.13	28.46	2.93	212.7	2.5
上海	Shanghai	224147	19.88	4.25	1.56	0.21	633.7	1.1
江苏	Jiangsu	621303	105.46	13.77	17.34	1.83	961.6	31.5
浙江	Zhejiang	433822	68.32	9.85	8.43	1.04	391.7	4.2
安徽	Anhui	280626	87.11	9.68	18.62	2.01	666.2	3.6
福建	Fujian	256868	60.94	8.51	9.15	1.26	341.0	2.2
江西	Jiangxi	223232	71.56	8.46	10.72	1.52	673.0	14.3
山东	Shandong	559908	175.76	15.22	67.67	8.15	461.8	33.0
河南	Henan	433487	128.72	13.43	42.66	5.05	912.6	108.1
湖北	Hubei	313785	98.61	11.43	18.55	2.29	940.8	12.5
湖南	Hunan	314107	120.77	15.11	22.25	2.71	580.6	18.5
广东	Guangdong	911523	160.69	19.97	18.73	2.79	433.4	7.8
广西	Guangxi	220066	71.12	7.67	11.42	1.40	269.6	4.8
海南	Hainan	39123	18.79	2.10	3.99	0.49	48.1	0.01
重庆	Chongqing	149799	37.98	5.01	5.38	0.67	350.9	5.4
四川	Sichuan	341607	118.64	13.14	22.46	2.65	563.8	2.5
贵州	Guizhou	112803	31.83	3.64	4.76	0.48	412.8	0.5
云南	Yunnan	173333	51.03	5.49	7.55	0.76	327.7	1.7
西藏	Tibet	5883	2.88	0.34	0.73	0.07	1.0	5.4
陕西	Shaanxi	168122	48.91	5.56	10.02	1.00	633.1	6.1
甘肃	Gansu	67072	36.57	3.72	5.13	0.47	728.4	21.1
青海	Qinghai	23663	10.43	1.00	0.79	0.09	147.1	0.9
宁夏	Ningxia	32025	21.10	1.62	3.60	0.42	161.5	68.7
新疆	Xinjiang	99952	66.03	4.56	15.54	1.30	406.3	9.1

注：本表数据为初步数。
a) Data in this table are preliminary data.

8-13 续表 continued

地 区	Region	废水中主要污染物排放量 Main Pullutant Emission in Waste Water					
		铅 (千克) Plumbum (kg)	汞 (千克) Mercury (kg)	镉 (千克) Cadmium (kg)	六价铬 (千克) Hexavalent Chromium (kg)	总铬 (千克) Total Chromium (kg)	砷 (千克) Arsenic (kg)
全 国	**National Total**	**79429.5**	**1080.0**	**15819.9**	**23597.6**	**105288.0**	**112101.3**
北 京	Beijing	3.6	0.3	0.7	79.5	93.6	11.0
天 津	Tianjin	92.1	98.5	2.1	51.0	292.4	26.3
河 北	Hebei	341.4	76.0	13.4	2686.3	6432.9	52.0
山 西	Shanxi	460.9	36.9	110.8	25.6	119.1	290.9
内蒙古	Inner Mongolia	11870.9	38.2	1621.5	33.1	560.1	19657.9
辽 宁	Liaoning	114.8	4.6	18.8	321.9	871.7	91.2
吉 林	Jilin	204.0	4.3	28.4	75.6	168.1	1300.8
黑龙江	Heilongjiang	46.1	3.2	9.5	41.6	94.9	56.4
上 海	Shanghai	152.8	17.8	12.1	540.3	1821.1	89.4
江 苏	Jiangsu	1142.6	12.5	26.1	3624.3	9915.3	302.8
浙 江	Zhejiang	724.9	11.7	310.3	3704.3	12157.7	246.9
安 徽	Anhui	1513.0	13.3	141.1	291.4	765.7	2281.6
福 建	Fujian	3593.8	18.6	624.8	925.1	9962.2	3096.8
江 西	Jiangxi	9206.2	88.3	2092.9	676.8	1227.9	9199.6
山 东	Shandong	924.2	3.1	1043.0	515.6	6786.8	2256.9
河 南	Henan	1753.3	17.1	364.1	446.4	26208.0	958.7
湖 北	Hubei	3989.4	13.7	859.0	2372.0	3379.7	11621.1
湖 南	Hunan	18172.8	142.3	4593.2	1276.6	8161.2	30887.1
广 东	Guangdong	2724.3	34.8	443.9	2387.6	8177.3	936.1
广 西	Guangxi	4634.6	152.5	631.3	178.6	878.7	3636.4
海 南	Hainan	3.6	0.3	1.3	3.6	42.4	6.3
重 庆	Chongqing	82.6	0.5	4.2	334.9	706.2	33.9
四 川	Sichuan	3787.5	71.4	206.9	1480.1	2685.4	3395.0
贵 州	Guizhou	72.8	22.5	19.6	36.3	335.4	110.3
云 南	Yunnan	5065.9	23.7	857.1	99.2	167.1	8431.1
西 藏	Tibet	6.0	0.2	1.3	0.7	2.8	5205.4
陕 西	Shaanxi	1456.8	35.4	510.5	138.8	701.0	1195.9
甘 肃	Gansu	5840.1	107.0	1161.1	721.8	1635.7	4695.9
青 海	Qinghai	1304.5	6.2	93.4	1.2	7.0	1357.9
宁 夏	Ningxia	6.9	2.6	0.8	0.8	106.1	49.2
新 疆	Xinjiang	137.3	22.6	16.6	526.4	824.6	620.4

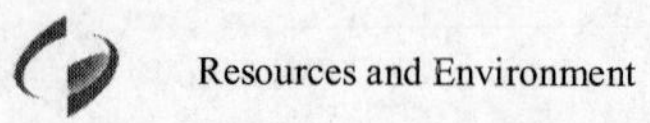

8-14 主要城市废水中主要污染物排放情况（2015年）
Main Pollutant Emission in Waste Water in Main Cities (2015)

城市	City	工业废水排放量（万吨） Industrial Waste Water Discharged (10 000 tons)	工业化学需氧量排放量（吨） Industrial COD Emission (ton)	工业氨氮排放量（吨） Industrial Ammonia Nitrogen (ton)	城镇生活污水排放量（万吨） Urban Living Waste Water Discharged (10 000 tons)	生活化学需氧量排放量（吨） Living COD Emission (ton)	生活氨氮排放量（吨） Living Ammonia Nitrogen (ton)
北京	Beijing	8978	58354	2567	142555	79396	11564
天津	Tianjin	18973	113411	6841	73972	77944	15190
石家庄	Shijiazhuang	20080	262424	10031	39682	3478	1672
太原	Taiyuan	3544	26094	1659	24555	6988	2628
呼和浩特	Hohhot	3111	66205	22432	14432	21268	3925
沈阳	Shenyang	7990	60752	4012	38758	13321	12234
长春	Changchun	3769	57668	3157	29551	31659	7250
哈尔滨	Harbin	4809	101258	29333	36437	71954	10927
上海	Shanghai	46939	280456	9740	176800	141238	37718
南京	Nanjing	23206	177672	15406	64873	56258	12565
杭州	Hangzhou	33807	631613	5692	64350	34386	7673
合肥	Hefei	5335	42046	2104	45022	45297	5539
福州	Fuzhou	4439	91823	2356	35650	64622	8893
南昌	Nanchang	10016	105480	1212	36430	41551	6098
济南	Jinan	7415	69150	1845	32021	34952	5976
郑州	Zhengzhou	17580	49880	2017	55517	19902	7849
武汉	Wuhan	15453	79623	5147	76866	81290	11665
长沙	Changsha	5102	41605	1119	53374	45568	7938
广州	Guangzhou	18959	141521	9394	143112	106270	17518
南宁	Nanning	7198	255150	3055	33236	50842	6755
海口	Haikou	697	6330	125	12417	5088	2853
重庆	Chongqing	35524	286138	24743	114118	211324	34629
成都	Chengdu	11454	108583	3305	112635	96044	11216
贵阳	Guiyang	2700	14713	1356	25968	24074	3942
昆明	Kunming	3917	23432	695	49617	11411	4845
拉萨	Lhasa	368	4215	153	2471	7197	1047
西安	Xi'an	5204	61186	5316	59348	53427	9226
兰州	Lanzhou	4138	25891	2963	14186	32937	4570
西宁	Xining	2200	25502	1581	7776	19313	3749
银川	Yinchuan	4874	64874	66302	8380	9731	2691
乌鲁木齐	Urumqi	3521	71968	17016	18710	12219	4005

注：本表数据为初步数。
a) Data in this table are preliminary data.

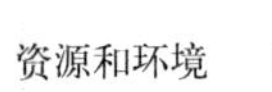

8-15 分地区废气中主要污染物排放情况（2015年）
Main Pollutant Emission in Waste Gas by Region (2015)

单位：万吨 (10 000 tons)

地 区	Region	二氧化硫 Sulphur Dioxide	氮氧化物 Nitrogen Oxides	烟(粉)尘 Smoke and Dust
全 国	**National Total**	**1859.12**	**1851.02**	**1538.01**
北 京	Beijing	7.12	13.76	4.94
天 津	Tianjin	18.59	24.68	10.07
河 北	Hebei	110.84	135.08	157.54
山 西	Shanxi	112.06	93.08	144.89
内蒙古	Inner Mongolia	123.09	113.90	87.88
辽 宁	Liaoning	96.88	82.81	100.00
吉 林	Jilin	36.29	50.17	44.73
黑龙江	Heilongjiang	45.63	64.48	64.41
上 海	Shanghai	17.08	30.06	12.07
江 苏	Jiangsu	83.51	106.76	65.45
浙 江	Zhejiang	53.78	60.77	33.02
安 徽	Anhui	48.01	72.10	54.59
福 建	Fujian	33.79	37.90	34.17
江 西	Jiangxi	52.81	49.27	48.06
山 东	Shandong	152.57	142.39	108.25
河 南	Henan	114.43	126.24	84.61
湖 北	Hubei	55.14	51.45	44.70
湖 南	Hunan	59.55	49.69	45.45
广 东	Guangdong	67.83	99.69	34.78
广 西	Guangxi	42.12	37.34	35.59
海 南	Hainan	3.23	8.95	2.04
重 庆	Chongqing	49.58	32.07	20.91
四 川	Sichuan	71.76	52.59	41.26
贵 州	Guizhou	85.30	41.91	28.56
云 南	Yunnan	58.37	44.94	31.26
西 藏	Tibet	0.54	5.27	1.71
陕 西	Shaanxi	73.50	62.74	60.36
甘 肃	Gansu	57.06	38.73	29.54
青 海	Qinghai	15.08	11.79	24.60
宁 夏	Ningxia	35.76	36.76	22.99
新 疆	Xinjiang	77.83	73.65	59.59

注：本表数据为初步数。
a) Data in this table are preliminary data.

8-16 主要城市废气中主要污染物排放情况（2015年）
Main Pollutant Emission in Waste Gas in Main Cities (2015)

单位：吨 (ton)

城市	City	工业二氧化硫排放量 Volume of Industrial Sulphur Dioxide Emission	工业氮氧化物排放量 Volume of Industrial Sulphur Dioxide Emission	工业烟(粉)尘排放量 Volume of Industrial Sulphur Dioxide Emission	生活二氧化硫排放量 Volume of Sulphur Dioxide Emission by Consumption	生活氮氧化物排放量 Volume of Nitrogen Dioxide Emission by Consumption	生活烟尘排放量 Volume of Consumption Soot Emission
北京	Beijing	22070	26864	12987	49064	19143	33978
天津	Tianjin	154605	150210	73795	13767	9517	21072
石家庄	Shijiazhuang	109015	115053	78867	48927	18715	9300
太原	Taiyuan	64656	74804	53428	46311	9095	26028
呼和浩特	Hohhot	67279	86282	37983	13987	4777	17987
沈阳	Shenyang	97839	66522	84871	10428	5049	14000
长春	Changchun	52369	90159	80781	7344	1600	17800
哈尔滨	Harbin	49346	78695	67433	65909	22896	114030
上海	Shanghai	104852	121492	111370	29869	10492	3816
南京	Nanjing	101021	95682	84128	1750	400	1000
杭州	Hangzhou	63814	55973	49176	967	358	137
合肥	Hefei	40829	52276	85036	4067	424	3409
福州	Fuzhou	55370	64751	90911	1726	306	1096
南昌	Nanchang	30399	12954	24818	182	57	215
济南	Jinan	70326	63781	92887	29270	3629	13828
郑州	Zhengzhou	78989	92829	47782	15883	3438	14000
武汉	Wuhan	75035	75131	106899	6864	1699	1320
长沙	Changsha	15952	12915	11641	4800	203	200
广州	Guangzhou	48841	44349	9298	2363	1963	214
南宁	Nanning	30678	26156	26008	8748	1068	4631
海口	Haikou	2517	199	854	20	27	241
重庆	Chongqing	426800	159085	196416	68991	5051	5382
成都	Chengdu	37224	33299	20607	6686	2398	1226
贵阳	Guiyang	57192	27657	23545	46365	2774	3133
昆明	Kunming	74017	39199	24533	5574	668	1967
拉萨	Lhasa	954	2670	4486	614	56	270
西安	Xi'an	38691	22364	16444	53586	16713	15563
兰州	Lanzhou	61240	54079	45209	8575	2831	5569
西宁	Xining	57696	39163	61783	8348	3552	22261
银川	Yinchuan	64883	60491	18795	8685	1748	7867
乌鲁木齐	Urumqi	58978	68015	45969	7551	2218	5439

注：本表数据为初步数。
a) Data in this table are preliminary data.

8-17 分地区固体废物处理利用情况（2015年）
Disposal and Utilization of Industrial Solid Wastes by Region (2015)

单位：万吨 (10 000 tons)

地 区	Region	一般工业固体废物产生量 Common Industrial Solid Wastes Produced	一般工业固体废物综合利用量 Common Industrial Solid Wastes Comprehensively Utilized	一般工业固体废物处置量 Common Industrial Solid Wastes Disposed	一般工业固体废物贮存量 Stock of Common Industrial Solid Wastes	一般工业固体废物倾倒丢弃量 Common Industrial Solid Wastes Discharged	危险废物产生量 Hazardous Wastes Produced	危险废物综合利用量 Hazardous Wastes Utilized	危险废物处置量 Hazardous Wastes Disposed	危险废物贮存量 Stock of Hazardous Wastes
全 国	**National Total**	**327079**	**198807**	**73034**	**58365**	**56**	**3976.11**	**2049.72**	**1173.98**	**810.30**
北 京	Beijing	710	592	118			14.99	7.59	7.37	0.04
天 津	Tianjin	1546	1524	22			12.57	3.15	9.43	0.01
河 北	Hebei	35372	19900	14729	884		58.17	36.32	21.52	0.82
山 西	Shanxi	31794	17617	11305	2956		20.50	12.95	7.17	0.48
内蒙古	Inner Mongolia	26669	12306	7554	6921	2	155.32	90.75	49.92	16.35
辽 宁	Liaoning	32434	10029	8067	14630	8	72.27	19.96	51.71	1.30
吉 林	Jilin	5385	2986	1571	843	1	98.66	52.42	45.90	0.61
黑龙江	Heilongjiang	7495	4308	1273	1979	2	32.55	8.71	23.45	0.55
上 海	Shanghai	1868	1796	72	1		56.97	25.77	30.44	1.22
江 苏	Jiangsu	10701	10207	407	98		255.31	127.76	120.34	11.08
浙 江	Zhejiang	4486	4263	205	25		192.11	75.00	107.06	18.47
安 徽	Anhui	13059	11763	1049	518		89.43	64.51	23.34	2.23
福 建	Fujian	4956	3784	1157	87		37.31	12.05	22.84	6.19
江 西	Jiangxi	10777	6152	272	4363	4	71.34	57.67	12.53	3.37
山 东	Shandong	19798	18309	737	945		757.49	607.07	114.72	43.22
河 南	Henan	14722	11456	2786	561		74.35	29.70	42.14	3.35
湖 北	Hubei	7750	5253	2078	488	1	59.00	21.15	37.22	1.57
湖 南	Hunan	7126	4683	2014	468	1	258.52	221.81	13.02	26.17
广 东	Guangdong	5609	5103	439	74	1	182.41	75.30	103.69	4.53
广 西	Guangxi	6977	4388	546	2668		104.82	71.89	30.48	4.31
海 南	Hainan	422	268	42	117		4.01	0.12	3.96	0.12
重 庆	Chongqing	2828	2424	383	57	7	45.23	25.04	19.29	1.23
四 川	Sichuan	12316	5507	4177	2745		111.94	59.08	51.75	1.81
贵 州	Guizhou	7055	4289	1902	1052	7	38.55	30.30	7.89	0.50
云 南	Yunnan	14109	7198	4163	2894	7	223.00	110.13	49.44	71.18
西 藏	Tibet	400	12	41	367					
陕 西	Shaanxi	9330	6102	1977	1265		57.96	11.74	33.10	15.21
甘 肃	Gansu	5824	3079	2260	914		54.20	19.87	18.42	17.70
青 海	Qinghai	14868	7247	4	7636		499.18	139.47	11.85	354.15
宁 夏	Ningxia	3430	2131	929	439		9.75	5.53	4.17	0.50
新 疆	Xinjiang	7263	4133	755	2368	15	328.16	26.93	99.83	202.04

注：本表数据为初步数。
a) Data in this table are preliminary data.

8-18 主要城市固体废物处理利用情况(2015年)
Disposal and Utilization of Industrial Solid Wastes in Main Cities (2015)

单位：万吨 (10 000 tons)

城市	City	一般工业固体废物产生量 Common Industrial Solid Wastes Produced	一般工业固体废物综合利用量 Common Industrial Solid Wastes Comprehensively Utilized	一般工业固体废物处置量 Common Industrial Solid Wastes Disposed	一般工业固体废物贮存量 Stock of Common Industrial Solid Wastes
北京	Beijing	709.86	591.56	118.41	0.12
天津	Tianjin	1545.66	1523.97	21.53	0.25
石家庄	Shijiazhuang	1604.97	1591.38	14.26	11.75
太原	Taiyuan	2560.14	1435.14	1040.92	84.09
呼和浩特	Hohhot	1165.20	379.62	565.90	237.25
沈阳	Shenyang	692.31	660.39	17.11	19.67
长春	Changchun	387.90	297.85	89.81	0.27
哈尔滨	Harbin	461.42	460.63	0.78	
上海	Shanghai	1868.07	1796.18	72.23	1.39
南京	Nanjing	1426.02	1290.58	135.08	0.81
杭州	Hangzhou	649.23	575.25	73.48	1.76
合肥	Hefei	817.96	749.73	10.34	59.07
福州	Fuzhou	601.73	573.74	27.84	0.15
南昌	Nanchang	240.28	233.28	6.95	0.49
济南	Jinan	857.26	851.97	5.30	0.01
郑州	Zhengzhou	1548.05	1175.77	330.76	41.52
武汉	Wuhan	1334.23	1324.05	49.23	27.18
长沙	Changsha	107.64	92.71	11.41	4.55
广州	Guangzhou	459.63	436.00	20.80	3.30
南宁	Nanning	256.89	244.92	152.81	0.21
海口	Haikou	4.60	4.06	0.54	0.00
重庆	Chongqing	2827.99	2423.85	382.71	56.51
成都	Chengdu	293.07	281.48	11.57	0.03
贵阳	Guiyang	1200.98	578.25	593.07	30.88
昆明	Kunming	2396.90	871.48	1501.42	24.00
拉萨	Lhasa	331.53	11.86	9.27	312.78
西安	Xi'an	235.55	216.40	18.24	0.93
兰州	Lanzhou	607.75	598.41	7.40	2.07
西宁	Xining	469.70	469.79	3.78	14.90
银川	Yinchuan	803.32	353.52	350.66	99.81
乌鲁木齐	Urumqi	778.46	703.53	48.58	26.36

注：本表数据为初步数。
a) Data in this table are preliminary data.

8-19 环保重点城市空气质量情况（2015年）
Ambient Air Quality in Key Cities of Environmental Protection (2015)

城　市	City	二氧化硫年平均浓度 (μg/m³) Annual Average Concentration of SO_2 (μg/m³)	二氧化氮年平均浓度 (μg/m³) Annual Average Concentration of NO_2 (μg/m³)	可吸入颗粒物 (PM_{10})年平均浓度 (μg/m³) Annual Average Concentration of PM_{10} (μg/m³)	一氧化碳日均值第95百分位浓度 (mg/m³) 95th Percentile Daily Average Concentration of CO (mg/m³)	臭氧(O_3)日最大8小时第90百分位浓度 (μg/m³) 90th Percentile Daily Maximum 8 Hours Average Concentration of O_3(μg/m³)	细颗粒物($PM_{2.5}$)年平均浓度 (μg/m³) Annual Average Concentration of $PM_{2.5}$ (μg/m³)	空气质量达到及好于二级的天数 (天) Days of Air Quality Equal to or Above Grade II (day)
北　京	Beijing	14	50	102	3.6	203	81	186
天　津	Tianjin	29	42	117	3.1	142	70	216
石家庄	Shijiazhuang	47	51	147	4.3	148	89	180
唐　山	Tangshan	49	61	141	4.2	182	85	156
秦皇岛	Qinhuangdao	38	45	99	3.6	107	48	259
邯　郸	Handan	45	47	166	3.8	141	91	149
保　定	Baoding	55	54	174	5.8	183	107	126
太　原	Taiyuan	71	38	114	3.1	131	62	230
大　同	Datong	44	27	87	2.8	139	40	292
阳　泉	Yangquan	60	41	113	2.8	132	54	265
长　治	Changzhi	50	37	106	3.6	161	65	242
临　汾	Linfen	64	33	90	4.5	114	59	266
呼和浩特	Hohhot	34	39	103	3.2	145	43	276
包　头	Baotou	38	41	110	2.9	149	50	249
赤　峰	Chifeng	48	25	88	2.1	106	41	295
沈　阳	Shenyang	66	48	115	2.2	155	72	207
大　连	Dalian	30	33	81	1.4	161	48	270
鞍　山	Anshan	49	38	115	2.7	156	72	233
抚　顺	Fushun	31	34	94	2.5	149	53	260
本　溪	Benxi	43	41	89	2.9	136	56	274
锦　州	Jinzhou	59	38	92	2.3	160	60	243
长　春	Changchun	36	45	107	1.8	151	66	237
吉　林	Jilin	30	37	98	2.0	154	59	238
哈尔滨	Harbin	40	51	103	1.8	106	70	227
齐齐哈尔	Qiqihar	26	24	63	1.5	108	38	307
牡丹江	Mudanjiang	20	25	78	2.0	122	48	278
上　海	Shanghai	17	46	69	1.5	161	53	252
南　京	Nanjing	19	50	97	1.7	171	57	231
无　锡	Wuxi	26	41	94	1.7	171	61	229
徐　州	Xuzhou	38	39	122	2.3	153	65	225
常　州	Changzhou	30	45	102	1.8	165	59	245
苏　州	Suzhou	21	54	80	1.5	168	58	240
南　通	Nantong	29	37	88	1.4	169	58	247
连云港	Lianyungang	26	28	94	1.7	160	55	260
扬　州	Yangzhou	24	30	101	1.5	176	55	238
镇　江	Zhenjiang	25	42	83	1.6	185	59	220
杭　州	Hangzhou	16	49	85	1.5	169	57	242

注：本表数据为初步数。

a) Data in this table are preliminary data.

8-19 续表 1 continued

城市 City	二氧化硫年平均浓度 ($\mu g/m^3$) Annual Average Concentration of SO_2 ($\mu g/m^3$)	二氧化氮年平均浓度 ($\mu g/m^3$) Annual Average Concentration of NO_2 ($\mu g/m^3$)	可吸入颗粒物 (PM_{10})年平均浓度 ($\mu g/m^3$) Annual Average Concentration of PM_{10} ($\mu g/m^3$)	一氧化碳日均值第95百分位浓度 (mg/m^3) 95th Percentile Daily Average Concentration of CO (mg/m^3)	臭氧(O_3)日最大8小时第90百分位浓度 ($\mu g/m^3$) 90th Percentile Daily Maximum 8 Hours Average Concentration of O_3($\mu g/m^3$)	细颗粒物($PM_{2.5}$)年平均浓度 ($\mu g/m^3$) Annual Average Concentration of $PM_{2.5}$ ($\mu g/m^3$)	空气质量达到及好于二级的天数 (天) Days of Air Quality Equal to or Above Grade II (day)
宁　波 Ningbo	15	43	69	1.4	152	45	302
温　州 Wenzhou	15	45	72	1.4	148	44	312
湖　州 Huzhou	17	41	76	1.5	190	54	219
绍　兴 Shaoxing	27	45	80	1.3	162	55	267
合　肥 Hefei	16	33	92	1.8	108	66	238
芜　湖 Wuhu	20	37	81	1.9	72	58	282
马鞍山 Maanshan	24	35	87	2.2	141	61	272
福　州 Fuzhou	6	33	56	1.0	119	29	344
厦　门 Xiamen	10	31	48	0.9	95	29	355
泉　州 Quanzhou	10	25	53	1.0	122	28	360
南　昌 Nanchang	19	31	75	1.4	131	43	311
九　江 Jiujiang	24	30	78	1.4	134	51	290
济　南 Jinan	47	53	163	2.7	176	90	124
青　岛 Qingdao	28	36	98	1.8	146	52	263
淄　博 Zibo	87	63	165	3.5	187	92	88
枣　庄 Zaozhuang	56	36	156	1.7	179	88	136
烟　台 Yantai	21	33	80	1.6	150	48	190
潍　坊 Weifang	44	36	135	2.1	194	72	171
济　宁 Jinin	57	45	139	2.2	173	81	160
泰　安 Taian	39	42	127	2.8	173	69	199
日　照 Rizhao	26	38	105	1.9	160	62	227
郑　州 Zhengzhou	33	58	167	2.7	159	96	136
开　封 Kaifeng	31	41	128	2.7	132	74	220
洛　阳 Luoyang	44	42	125	3.3	132	73	204
平顶山 Pingdingshan	50	43	143	2.0	173	88	131
安　阳 Anyang	53	51	152	5.0	148	92	160
焦　作 Jiaozuo	49	50	150	3.9	150	87	168
三门峡 Sanmenxia	47	42	134	2.8	146	75	194
武　汉 Wuhan	18	52	104	1.8	170	70	189
宜　昌 Yichang	20	35	107	1.7	122	70	248
荆　州 Jingzhou	26	36	109	1.8	172	70	219
长　沙 Changsha	18	38	76	1.5	147	61	257
株　洲 Zhuzhou	26	35	86	1.6	139	55	277
湘　潭 Xiangtan	24	41	89	1.4	145	57	268
岳　阳 Yueyang	26	25	92	2.6	154	53	261
常　德 Changde	25	24	82	2.0	140	52	275
张家界 Zhangjiajie	10	19	78	2.7	125	53	283
广　州 Guangzhou	13	47	59	1.4	145	39	312

8-19 续表 2 continued

城 市	City	二氧化硫年平均浓度 ($\mu g/m^3$) Annual Average Concentration of SO_2 ($\mu g/m^3$)	二氧化氮年平均浓度 ($\mu g/m^3$) Annual Average Concentration of NO_2 ($\mu g/m^3$)	可吸入颗粒物 (PM_{10})年平均浓度 ($\mu g/m^3$) Annual Average Concentration of PM_{10} ($\mu g/m^3$)	一氧化碳日均值第95百分位浓度 (mg/m^3) 95th Percentile Daily Average Concentration of CO (mg/m^3)	臭氧(O_3)日最大8小时第90百分位浓度 ($\mu g/m^3$) 90th Percentile Daily Maximum 8 Hours Average Concentration of O_3($\mu g/m^3$)	细颗粒物($PM_{2.5}$)年平均浓度 ($\mu g/m^3$) Annual Average Concentration of $PM_{2.5}$ ($\mu g/m^3$)	空气质量达到及好于二级的天数 (天) Days of Air Quality Equal to or Above Grade II (day)
韶 关	Shaoguan	19	25	50	1.6	134	34	341
深 圳	Shenzhen	8	33	49	1.3	128	30	340
珠 海	Zhuhai	9	29	51	1.6	142	31	323
汕 头	Shantou	13	20	52	1.2	141	33	342
湛 江	Zhanjiang	10	15	45	1.4	137	28	324
南 宁	Nanning	13	33	72	1.3	117	41	324
柳 州	Liuzhou	24	24	70	1.6	137	50	303
桂 林	Guilin	21	26	70	1.8	138	51	296
北 海	Beihai	9	14	48	1.7	132	29	344
海 口	Haikou	5	14	40	0.9	103	22	349
重 庆	Chongqing	16	45	87	1.5	127	57	292
成 都	Chengdu	14	53	108	2.0	183	64	211
自 贡	Zigong	17	31	103	1.5	119	73	233
攀枝花	Panzhihua	34	32	64	2.7	119	32	353
泸 州	Luzhou	23	33	89	0.9	121	62	266
德 阳	Deyang	13	30	86	1.4	156	53	260
绵 阳	Mianyang	13	34	72	1.4	137	47	302
南 充	Nanchong	12	31	90	1.6	96	61	265
宜 宾	Yibin	24	29	83	1.4	123	58	282
贵 阳	Guiyang	17	28	61	1.1	120	39	340
遵 义	Zunyi	15	29	71	1.2	108	42	321
昆 明	Kunming	17	30	56	1.4	110	30	350
曲 靖	Qujing	23	19	45	1.4	134	30	352
玉 溪	Yuxi	18	18	42	2.2	87	24	338
拉 萨	Lhasa	10	21	59	1.1	142	26	313
西 安	Xi'an	24	44	126	3.4	145	58	250
铜 川	Tongchuan	25	36	105	2.5	132	58	269
宝 鸡	Baoji	15	36	108	2.7	132	57	268
咸 阳	Xianyang	24	39	118	2.3	138	63	258
渭 南	Weinan	23	39	110	2.6	132	60	262
延 安	Yan'an	28	50	103	3.7	143	49	282
兰 州	Lanzhou	23	53	120	3.1	132	52	252
金 昌	Jinchang	45	19	106	1.9	135	37	301
西 宁	Xining	31	38	106	2.8	126	49	295
银 川	Yinchuan	64	39	112	2.5	125	51	259
石嘴山	Shizuishan	71	30	124	1.9	155	48	224
乌鲁木齐	Urumqi	15	52	133	3.6	122	66	218
克拉玛依	Karamay	8	19	65	2.0	121	32	316

8-20 分地区城市生活垃圾清运和处理情况（2015年）
Collection, Transport and Disposal of Consumption Wastes in Cities by Region (2015)

地 区	Region	生活垃圾清运量（万吨）Consumption Wastes Collected and Transported (10 000 tons)	无害化处理厂数（座）Number of Factories for Wastes Treatment (unit)	卫生填埋 Landfill	焚 烧 Incinerate	其 他 Others	无害化处理能力（吨/日）Treatment Capacity (ton/day)	卫生填埋 Landfill	焚 烧 Incinerate	其 他 Others
全 国	**National Total**	**19141.9**	**890**	**640**	**220**	**30**	**576894**	**344135**	**219080**	**13679**
北 京	Beijing	790.3	26	14	6	6	23821	8621	10400	4800
天 津	Tianjin	240.7	9	4	4	1	10200	5100	4800	300
河 北	Hebei	635.9	47	35	11	1	22864	12104	10600	160
山 西	Shanxi	447.0	24	18	6		13971	9529	4442	
内蒙古	Inner Mongolia	329.1	28	26	1	1	11253	9803	1350	100
辽 宁	Liaoning	933.2	31	26	2	3	24687	21876	1780	1031
吉 林	Jilin	490.3	25	20	4	1	13243	8893	3850	500
黑龙江	Heilongjiang	523.0	33	26	4	3	13673	10330	1800	1543
上 海	Shanghai	613.2	12	5	5	2	20530	11230	8300	1000
江 苏	Jiangsu	1456.1	61	30	31		52816	20679	32137	
浙 江	Zhejiang	1332.6	59	25	33	1	47855	15220	32435	200
安 徽	Anhui	491.9	27	18	9		17187	9437	7750	
福 建	Fujian	608.1	27	13	14		19105	6805	12300	
江 西	Jiangxi	329.3	17	17			9740	9740		
山 东	Shandong	1377.5	62	39	21	2	37648	17838	18350	1460
河 南	Henan	891.8	45	40	5		24307	19457	4850	
湖 北	Hubei	832.2	41	28	11	2	22826	10480	11421	925
湖 南	Hunan	638.2	32	30	2		21233	19633	1600	
广 东	Guangdong	2320.4	73	47	21	5	70206	43226	25770	1210
广 西	Guangxi	385.5	21	18	3		8851	7651	1200	
海 南	Hainan	160.1	11	7	4		4557	2172	2385	
重 庆	Chongqing	440.0	18	16	2		9350	5750	3600	
四 川	Sichuan	823.6	45	33	12		22565	13505	9060	
贵 州	Guizhou	268.3	17	14	3		7520	5320	2200	
云 南	Yunnan	371.0	24	19	5		9109	3909	5200	
西 藏	Tibet	32.9								
陕 西	Shaanxi	522.7	20	17	1	2	17591	15641	1500	450
甘 肃	Gansu	262.7	18	18			5061	5061		
青 海	Qinghai	82.2	6	6			1930	1930		
宁 夏	Ningxia	132.2	8	8			3990	3990		
新 疆	Xinjiang	380.0	23	23			9205	9205		

8-20 续表 continued

地 区	Region	无害化处理量(万吨) Volume of Wastes Disposed (10 000 tons)	卫生填埋 Landfill	焚 烧 Incinerate	其 他 Others	粪便清运量(万吨) Collection and Transport of Excrement and Urine (10 000 tons)	粪便无害化处理量(万吨) Disposal of Excrement and Urine (10 000 tons)	生活垃圾无害化处理率(%) Treatment Rate of Consumption Wastes (%)
全 国	**National Total**	**18013.0**	**11483.1**	**6175.5**	**354.4**	**1436.8**	**673.7**	**94.1**
北 京	Beijing	622.4	325.8	209.4	87.3	204.7	188.8	78.8
天 津	Tianjin	223.2	109.1	114.2		28.1	7.3	92.7
河 北	Hebei	610.5	384.9	220.4	5.2	95.7	32.4	96.0
山 西	Shanxi	434.3	309.5	124.9		34.0	0.8	97.2
内蒙古	Inner Mongolia	321.6	294.4	26.3	1.0	37.8	17.4	97.7
辽 宁	Liaoning	888.7	777.9	70.3	40.5	89.4	17.4	95.2
吉 林	Jilin	415.2	290.6	114.5	10.1	67.6	38.8	84.7
黑龙江	Heilongjiang	409.2	316.9	38.6	53.7	122.1	30.4	78.2
上 海	Shanghai	613.2	329.2	250.0	34.0	172.8	60.0	100.0
江 苏	Jiangsu	1456.1	407.3	1048.8		72.5	43.0	100.0
浙 江	Zhejiang	1322.2	548.9	773.3		81.5	58.6	99.2
安 徽	Anhui	489.7	287.8	201.9		15.7	3.4	99.6
福 建	Fujian	603.1	237.1	366.0		4.1	2.9	99.2
江 西	Jiangxi	311.0	311.0			7.9	7.9	94.5
山 东	Shandong	1377.5	749.8	562.2	65.4	108.0	37.7	100.0
河 南	Henan	856.1	704.2	151.9		36.6	11.7	96.0
湖 北	Hubei	761.5	348.4	389.6	23.4	15.8	4.3	91.5
湖 南	Hunan	636.9	591.2	45.7		6.7	4.8	99.8
广 东	Guangdong	2124.6	1388.0	708.2	28.4	85.5	49.0	91.6
广 西	Guangxi	380.3	354.6	25.7		8.7	5.4	98.7
海 南	Hainan	159.8	69.3	90.5		5.7	0.3	99.8
重 庆	Chongqing	433.9	285.6	148.3		61.3	10.6	98.6
四 川	Sichuan	797.1	517.7	279.4		17.2	6.2	96.8
贵 州	Guizhou	251.7	226.4	25.3		1.0		93.8
云 南	Yunnan	334.1	146.5	187.6		21.0	9.6	90.0
西 藏	Tibet					0.1		
陕 西	Shaanxi	512.4	504.3	2.7	5.4	9.1	7.8	98.0
甘 肃	Gansu	168.7	168.7			18.0	11.9	64.2
青 海	Qinghai	71.7	71.7			1.4		87.2
宁 夏	Ningxia	118.9	118.9			6.8	5.4	89.9
新 疆	Xinjiang	307.4	307.4			0.1	0.1	80.9

8-21 环保重点城市道路交通噪声监测情况（2015年）
Monitoring of Urban Road Traffic Noise in Key Cities of Environmental Protection (2015)

城市	City	等效声级 dB(A) Average Noise Value dB(A)	城市	City	等效声级 dB(A) Average Noise Value dB(A)	城市	City	等效声级 dB(A) Average Noise Value dB(A)
北京	Beijing	69.3	温州	Wenzhou	67.2	深圳	Shenzhen	69.3
天津	Tianjin	67.7	湖州	Huzhou	66.9	珠海	Zhuhai	67.2
石家庄	Shijiazhuang	66.8	绍兴	Shaoxing	68.0	汕头	Shantou	68.5
唐山	Tangshan	65.2	合肥	Hefei	67.7	湛江	Zhanjiang	65.5
秦皇岛	Qinhuangdao	65.6	芜湖	Wuhu	68.3	南宁	Nanning	68.8
邯郸	Handan	68.3	马鞍山	Maanshan	68.0	柳州	Liuzhou	62.8
保定	Baoding	70.3	福州	Fuzhou	68.4	桂林	Guilin	70.3
太原	Taiyuan	68.3	厦门	Xiamen	67.9	北海	Beihai	68.7
大同	Datong	67.9	泉州	Quanzhou	68.6	海口	Haikou	68.3
阳泉	Yangquan	66.6	南昌	Nanchang	67.1	重庆	Chongqing	67.3
长治	Changzhi	66.9	九江	Jiujiang	65.3	成都	Chengdu	69.0
临汾	Linfen	69.1	济南	Jinan	70.0	自贡	Zigong	68.7
呼和浩特	Hohhot	69.1	青岛	Qingdao	68.5	攀枝花	Panzhihua	67.5
包头	Baotou	66.3	淄博	Zibo	66.8	泸州	Luzhou	68.3
赤峰	Chifeng	66.8	枣庄	Zaozhuang	68.0	德阳	Deyang	66.2
沈阳	Shenyang	70.0	烟台	Yantai	67.7	绵阳	Mianyang	68.8
大连	Dalian	67.2	潍坊	Weifang	66.8	南充	Nanchong	68.3
鞍山	Anshan	66.8	济宁	Jinin	66.5	宜宾	Yibin	64.8
抚顺	Fushun	66.9	泰安	Taian	72.8	贵阳	Guiyang	69.5
本溪	Benxi	65.5	日照	Rizhao	64.7	遵义	Zunyi	70.0
锦州	Jinzhou	69.5	郑州	Zhengzhou	66.4	昆明	Kunming	68.8
长春	Changchun	69.5	开封	Kaifeng	69.3	曲靖	Qujing	63.2
吉林	Jilin	69.7	洛阳	Luoyang	65.5	玉溪	Yuxi	64.7
哈尔滨	Harbin	73.5	平顶山	Pingdingshan	67.7	拉萨	Lhasa	70.0
齐齐哈尔	Qiqihar	69.9	安阳	Anyang	68.2	西安	Xi'an	68.3
牡丹江	Mudanjiang	65.0	焦作	Jiaozuo	67.7	铜川	Tongchuan	66.6
上海	Shanghai	69.8	三门峡	Sanmenxia	65.0	宝鸡	Baoji	68.3
南京	Nanjing	67.9	武汉	Wuhan	69.6	咸阳	Xianyang	65.4
无锡	Wuxi	66.7	宜昌	Yichang	68.3	渭南	Weinan	65.6
徐州	Xuzhou	69.0	荆州	Jingzhou	68.7	延安	Yan'an	65.1
常州	Changzhou	68.2	长沙	Changsha	69.6	兰州	Lanzhou	68.9
苏州	Suzhou	65.8	株洲	Zhuzhou	65.5	金昌	Jinchang	64.0
南通	Nantong	68.6	湘潭	Xiangtan	67.6	西宁	Xining	69.3
连云港	Lianyungang	67.1	岳阳	Yueyang	69.1	银川	Yinchuan	67.1
扬州	Yangzhou	66.3	常德	Changde	69.8	石嘴山	Shizuishan	62.9
镇江	Zhenjiang	66.9	张家界	Zhangjiajie	69.8	乌鲁木齐	Urumqi	66.2
杭州	Hangzhou	68.6	广州	Guangzhou	69.0	克拉玛依	Karamay	64.9
宁波	Ningbo	68.3	韶关	Shaoguan	66.9			

注：本表数据为初步数。
a) Data in this table are preliminary data.

8-22 环保重点城市区域环境噪声监测情况（2015年）
Monitoring of Urban Environment Noise in Key Cities of Environmental Protection (2015)

城市	City	等效声级 dB(A) Average Noise Value dB(A)	城市	City	等效声级 dB(A) Average Noise Value dB(A)	城市	City	等效声级 dB(A) Average Noise Value dB(A)
北京	Beijing	53.3	温州	Wenzhou	54.8	深圳	Shenzhen	56.8
天津	Tianjin	54.2	湖州	Huzhou	53.7	珠海	Zhuhai	54.1
石家庄	Shijiazhuang	50.8	绍兴	Shaoxing	54.3	汕头	Shantou	56.5
唐山	Tangshan	52.2	合肥	Hefei	54.4	湛江	Zhanjiang	53.8
秦皇岛	Qinhuangdao	55.5	芜湖	Wuhu	54.8	南宁	Nanning	53.2
邯郸	Handan	53.6	马鞍山	Maanshan	55.0	柳州	Liuzhou	55.8
保定	Baoding	56.9	福州	Fuzhou	56.6	桂林	Guilin	54.3
太原	Taiyuan	52.9	厦门	Xiamen	56.0	北海	Beihai	57.1
大同	Datong	52.4	泉州	Quanzhou	54.9	海口	Haikou	55.0
阳泉	Yangquan	55.0	南昌	Nanchang	53.6	重庆	Chongqing	53.6
长治	Changzhi	51.9	九江	Jiujiang	53.9	成都	Chengdu	54.2
临汾	Linfen	51.9	济南	Jinan	53.6	自贡	Zigong	57.0
呼和浩特	Hohhot	54.1	青岛	Qingdao	56.7	攀枝花	Panzhihua	51.6
包头	Baotou	54.0	淄博	Zibo	54.7	泸州	Luzhou	54.2
赤峰	Chifeng	54.0	枣庄	Zaozhuang	56.0	德阳	Deyang	52.4
沈阳	Shenyang	55.6	烟台	Yantai	54.0	绵阳	Mianyang	54.4
大连	Dalian	54.2	潍坊	Weifang	55.7	南充	Nanchong	54.7
鞍山	Anshan	53.0	济宁	Jinin	51.3	宜宾	Yibin	53.4
抚顺	Fushun	53.5	泰安	Taian	54.2	贵阳	Guiyang	58.9
本溪	Benxi	56.6	日照	Rizhao	52.4	遵义	Zunyi	54.6
锦州	Jinzhou	52.9	郑州	Zhengzhou	55.0	昆明	Kunming	53.5
长春	Changchun	56.1	开封	Kaifeng	52.6	曲靖	Qujing	51.3
吉林	Jilin	53.2	洛阳	Luoyang	52.9	玉溪	Yuxi	54.9
哈尔滨	Harbin	58.3	平顶山	Pingdingshan	54.9	拉萨	Lhasa	49.0
齐齐哈尔	Qiqihar	52.0	安阳	Anyang	54.3	西安	Xi'an	54.7
牡丹江	Mudanjiang	54.5	焦作	Jiaozuo	52.9	铜川	Tongchuan	55.5
上海	Shanghai	56.2	三门峡	Sanmenxia	52.4	宝鸡	Baoji	55.6
南京	Nanjing	54.2	武汉	Wuhan	55.9	咸阳	Xianyang	57.4
无锡	Wuxi	57.2	宜昌	Yichang	55.0	渭南	Weinan	55.6
徐州	Xuzhou	55.5	荆州	Jingzhou	56.4	延安	Yan'an	53.7
常州	Changzhou	52.4	长沙	Changsha	54.9	兰州	Lanzhou	54.6
苏州	Suzhou	53.2	株洲	Zhuzhou	54.8	金昌	Jinchang	49.9
南通	Nantong	57.7	湘潭	Xiangtan	52.6	西宁	Xining	52.2
连云港	Lianyungang	53.0	岳阳	Yueyang	50.9	银川	Yinchuan	53.1
扬州	Yangzhou	54.3	常德	Changde	53.9	石嘴山	Shizuishan	51.0
镇江	Zhenjiang	53.9	张家界	Zhangjiajie	51.7	乌鲁木齐	Urumqi	53.7
杭州	Hangzhou	56.2	广州	Guangzhou	55.2	克拉玛依	Karamay	53.3
宁波	Ningbo	57.0	韶关	Shaoguan	55.9			

注：本表数据为初步数。
a) Data in this table are preliminary data.

8-23 分地区耕地面积
Area of Cultivated Land at Year-end by Region

单位：千公顷 (1 000 hectares)

地 区	Region	2010	2011	2012	2013	2014	2015
地方合计	**Region Total**	**135268.3**	**135238.6**	**135158.4**	**135163.4**	**135057.3**	**134998.7**
北 京	Beijing	223.8	222.0	220.9	221.2	219.9	219.3
天 津	Tianjin	443.7	441.1	439.3	438.3	437.2	436.9
河 北	Hebei	6551.4	6565.0	6558.3	6551.2	6535.5	6525.5
山 西	Shanxi	4064.2	4064.5	4064.2	4062.0	4056.8	4058.8
内蒙古	Inner Mongolia	9187.6	9189.4	9186.9	9199.0	9230.7	9238.0
辽 宁	Liaoning	5031.2	5013.2	4998.9	4989.7	4981.7	4977.4
吉 林	Jilin	7017.4	7021.2	7013.7	7006.5	7001.4	6999.2
黑龙江	Heilongjiang	15858.0	15849.1	15845.9	15864.1	15860.0	15854.1
上 海	Shanghai	188.2	187.6	188.2	188.0	188.2	189.8
江 苏	Jiangsu	4595.5	4587.8	4584.7	4581.6	4574.2	4574.9
浙 江	Zhejiang	1983.7	1981.6	1979.4	1978.5	1976.6	1978.6
安 徽	Anhui	5894.9	5886.5	5881.3	5883.1	5872.1	5872.9
福 建	Fujian	1338.3	1337.9	1338.4	1338.7	1336.4	1336.3
江 西	Jiangxi	3085.0	3085.3	3083.5	3087.3	3085.4	3082.7
山 东	Shandong	7658.1	7646.9	7635.7	7633.5	7620.6	7611.0
河 南	Henan	8177.5	8161.9	8156.8	8140.7	8117.9	8105.9
湖 北	Hubei	5312.3	5301.5	5290.0	5281.8	5261.7	5255.0
湖 南	Hunan	4137.5	4138.0	4146.2	4149.5	4149.0	4150.2
广 东	Guangdong	2569.4	2601.3	2614.4	2621.8	2623.3	2615.9
广 西	Guangxi	4424.7	4421.5	4414.2	4419.4	4410.3	4402.3
海 南	Hainan	729.9	726.6	726.7	726.7	725.7	725.9
重 庆	Chongqing	2442.9	2449.7	2451.3	2455.8	2454.6	2430.5
四 川	Sichuan	6720.1	6735.6	6732.1	6734.8	6734.2	6731.4
贵 州	Guizhou	4566.2	4560.7	4552.2	4548.1	4540.1	4537.4
云 南	Yunnan	6240.1	6233.5	6224.9	6219.8	6207.4	6208.5
西 藏	Tibet	442.4	442.4	442.2	441.8	442.5	443.0
陕 西	Shaanxi	3991.7	3989.9	3985.5	3992.0	3994.8	3995.2
甘 肃	Gansu	5396.5	5388.0	5383.5	5378.8	5377.9	5374.9
青 海	Qinghai	587.9	588.3	588.5	588.2	585.7	588.4
宁 夏	Ningxia	1286.7	1285.0	1282.7	1281.1	1285.9	1290.1
新 疆	Xinjiang	5121.5	5135.4	5148.1	5160.2	5169.5	5188.9

注：本表数据来源于国土资源部，为当年全国土地变更调查数据。

a) Data in this table come from the Ministry of Land and Resources, and are from national land change survey that year.

8-24 分地区土地利用情况（2015年）
Land Use by Region (2015)

单位：千公顷 (1 000 hectares)

地区	Region	农用地 Land for Agriculture Use	#园地 Garden Land	#牧草地 Grass Land	建设用地 Land for Construction	居民点及工矿用地 Land for Inhabitation, Mining and Manufacturing	交通运输用地 Land for Transport Facilities	水利设施用地 Land for Water Conservancy Facilities
全国	**National Total**	**645456.8**	**14323.3**	**219420.6**	**38593.3**	**31429.8**	**3591.4**	**3572.1**
北京	Beijing	1147.8	134.9	0.2	357.0	304.4	32.1	20.6
天津	Tianjin	696.4	29.9		411.9	329.1	29.5	53.3
河北	Hebei	13084.3	837.2	401.7	2187.4	1891.5	188.2	107.8
山西	Shanxi	10029.6	407.0	33.8	1026.0	884.5	103.8	37.6
内蒙古	Inner Mongolia	82897.3	56.7	49547.5	1621.9	1340.0	213.5	68.5
辽宁	Liaoning	11535.6	468.6	3.2	1623.5	1331.7	154.3	137.5
吉林	Jilin	16606.2	65.8	237.2	1089.9	861.8	92.3	135.8
黑龙江	Heilongjiang	39922.7	44.7	1096.3	1622.0	1223.4	155.0	243.6
上海	Shanghai	314.6	16.7		307.1	274.4	30.0	2.8
江苏	Jiangsu	6497.0	301.1	0.1	2270.8	1886.3	219.3	165.2
浙江	Zhejiang	8613.3	585.1	0.3	1282.0	998.3	143.4	140.3
安徽	Anhui	11153.8	351.0	0.5	1980.8	1636.6	137.5	206.8
福建	Fujian	10880.2	773.0	0.3	819.7	628.2	119.8	71.7
江西	Jiangxi	14437.0	326.1	0.7	1272.4	961.0	109.1	202.3
山东	Shandong	11528.5	721.2	5.8	2820.1	2376.9	211.7	231.5
河南	Henan	12681.2	220.6	0.3	2586.5	2218.4	181.3	186.8
湖北	Hubei	15765.8	482.9	2.0	1696.0	1305.6	121.0	269.5
湖南	Hunan	18194.0	664.4	13.5	1619.9	1327.3	140.2	152.4
广东	Guangdong	14972.9	1271.3	3.1	2004.6	1631.3	179.4	193.9
广西	Guangxi	19557.0	1084.7	5.2	1217.7	902.8	134.2	180.6
海南	Hainan	2973.9	921.5	18.0	340.7	258.3	24.8	57.6
重庆	Chongqing	7080.4	270.9	45.5	659.8	560.1	61.2	38.5
四川	Sichuan	42180.6	732.0	10958.5	1809.0	1543.8	147.5	117.7
贵州	Guizhou	14759.1	164.6	72.6	681.2	544.9	94.9	41.3
云南	Yunnan	32944.0	1633.9	147.3	1065.2	837.7	111.7	115.7
西藏	Tibet	87240.1	1.6	70692.3	145.0	100.3	37.5	7.2
陕西	Shaanxi	18613.1	819.7	2178.5	941.4	801.2	104.0	36.1
甘肃	Gansu	18549.5	257.1	5920.6	895.7	775.3	81.7	38.8
青海	Qinghai	45101.5	6.1	40808.9	343.8	230.9	49.2	63.6
宁夏	Ningxia	3809.9	50.4	1494.0	313.7	267.6	37.0	9.1
新疆	Xinjiang	51689.5	622.9	35732.6	1580.3	1196.2	146.2	237.9

8-25 分地区森林资源情况
Forest Resources by Region

地 区	Region	林业用地面积 (万公顷) Area of Afforested Land (10 000 hectares)	森林面积 (万公顷) Forest Area (10 000 hectares)	#人工林 Man-made Forest	森林覆盖率 (%) Forest Coverage Rate (%)	活立木总蓄积量 (万立方米) Total Standing Forest Stock (10 000 cu.m)	森林蓄积量 (万立方米) Stock Volume of Forest (10 000 cu.m)
全 国	**National Total**	**31259.00**	**20768.73**	**6933.38**	**21.63**	**1643280.62**	**1513729.72**
北 京	Beijing	101.35	58.81	37.15	35.84	1828.04	1425.33
天 津	Tianjin	15.62	11.16	10.56	9.87	453.98	374.03
河 北	Hebei	718.08	439.33	220.90	23.41	13082.23	10774.95
山 西	Shanxi	765.55	282.41	131.81	18.03	11039.38	9739.12
内蒙古	Inner Mongolia	4398.89	2487.90	331.65	21.03	148415.92	134530.48
辽 宁	Liaoning	699.89	557.31	307.08	38.24	25972.07	25046.29
吉 林	Jilin	856.19	763.87	160.56	40.38	96534.93	92257.37
黑龙江	Heilongjiang	2207.40	1962.13	246.53	43.16	177720.97	164487.01
上 海	Shanghai	7.73	6.81	6.81	10.74	380.25	186.35
江 苏	Jiangsu	178.70	162.10	156.82	15.80	8461.42	6470.00
浙 江	Zhejiang	660.74	601.36	258.53	59.07	24224.93	21679.75
安 徽	Anhui	443.18	380.42	225.07	27.53	21710.12	18074.85
福 建	Fujian	926.82	801.27	377.69	65.95	66674.62	60796.15
江 西	Jiangxi	1069.66	1001.81	338.60	60.01	47032.40	40840.62
山 东	Shandong	331.26	254.60	244.52	16.73	12360.74	8919.79
河 南	Henan	504.98	359.07	227.12	21.50	22880.68	17094.56
湖 北	Hubei	849.85	713.86	194.85	38.40	31324.69	28652.97
湖 南	Hunan	1252.78	1011.94	474.61	47.77	37311.50	33099.27
广 东	Guangdong	1076.44	906.13	557.89	51.26	37774.59	35682.71
广 西	Guangxi	1527.17	1342.70	634.52	56.51	55816.60	50936.80
海 南	Hainan	214.49	187.77	136.20	55.38	9774.49	8903.83
重 庆	Chongqing	406.28	316.44	92.55	38.43	17437.31	14651.76
四 川	Sichuan	2328.26	1703.74	449.26	35.22	177576.04	168000.04
贵 州	Guizhou	861.22	653.35	237.30	37.09	34384.40	30076.43
云 南	Yunnan	2501.04	1914.19	414.11	50.03	187514.27	169309.19
西 藏	Tibet	1783.64	1471.56	4.88	11.98	228812.16	226207.05
陕 西	Shaanxi	1228.47	853.24	236.97	41.42	42416.05	39592.52
甘 肃	Gansu	1042.65	507.45	102.97	11.28	24054.88	21453.97
青 海	Qinghai	808.04	406.39	7.44	5.63	4884.43	4331.21
宁 夏	Ningxia	180.10	61.80	14.43	11.89	872.56	660.33
新 疆	Xinjiang	1099.71	698.25	94.00	4.24	38679.57	33654.09

注：1.本表为第八次全国森林资源清查（2009-2013)资料。
2.全国总计数包括台湾省和香港、澳门特别行政区数据。

a) Data in the table are the figures of the Seventh National Forestry Survey (2009-2013).
b) Data of national total include forest resources in Taiwan province and Hong Kong SAR and Macao SAR.

8-26 造　林　面　积
Area of Afforestation

单位：公顷 (hectare)

年份 地区	Year Region	造林总面积 Total Area of Afforestation	按造林方式分 By Approach 人工造林 Manual Planting	飞播造林 Airplane Planting	新封山育林 New Closing Hillsides for Afforestation	退化林修复 Restoration of Degraded Forest	人工更新 Artificial Regeneration
	2000	5105138	4345008	760130			
	2005	3647942	3231556	416386			
	2006	2717925	2446122	271803			
	2007	3907711	2738521	118671	1050519		
	2008	5354387	3684913	154065	1515409		
	2009	6262330	4156293	226337	1879700		
	2010	5909919	3872762	195948	1841209		
	2011	5996613	4065693	196931	1733989		
	2012	5595791	3820704	136409	1638678		
	2013	6100057	4209686	154400	1735971		
	2014	5549612	4052912	108055	1388645		
	2015	7683695	4362589	128390	2152877	739334	300505
北　京	Beijing	20331	8133		7798	4338	62
天　津	Tianjin	8032	8032				
河　北	Hebei	366523	284083		58840	18338	5262
山　西	Shanxi	285944	220945		59999	5000	
内蒙古	Inner Mongolia	704054	360896	79389	227733	26774	9262
辽　宁	Liaoning	215277	102615		100257	840	11565
吉　林	Jilin	199851	112003		4667	59633	23548
黑龙江	Heilongjiang	134972	41093		67038	24775	2066
上　海	Shanghai	3241	3241				
江　苏	Jiangsu	45216	42576		400	299	1941
浙　江	Zhejiang	71595	20985		31739	6931	11940
安　徽	Anhui	236941	146000		80002	7954	2985
福　建	Fujian	253824	33919		139412	26308	54185
江　西	Jiangxi	233694	141678		59368	27129	5519
山　东	Shandong	221207	206552		1333	10417	2905
河　南	Henan	216820	154749	13332	31931	16808	
湖　北	Hubei	288117	186022		98177		3918
湖　南	Hunan	559829	215728		188577	134710	20814
广　东	Guangdong	401331	118463		124885	76846	81137
广　西	Guangxi	197575	100764		47959	7185	41667
海　南	Hainan	23385	11003			1493	10889
重　庆	Chongqing	246695	150853		88921	6921	
四　川	Sichuan	408942	264567		59496	82328	2551
贵　州	Guizhou	483246	329509		153737		
云　南	Yunnan	582529	350510		151574	74864	5581
西　藏	Tibet	82786	29436		53350		
陕　西	Shaanxi	379086	222564	34670	69799	52053	
甘　肃	Gansu	319364	254308		62283	2773	
青　海	Qinghai	112668	53042		59626		
宁　夏	Ningxia	81313	37895		36743	6675	
新　疆	Xinjiang	279615	149553	999	87233	39122	2708
大兴安岭	Daxinganling	19692	872			18820	

注：自2015年起造林面积包括人工造林、飞播造林、新封山育林、退化林修复和人工更新。

a) Since 2015, total area of afforestation includes that of manual planting, aiplance planting, new closing hillsides for afforestation, restoration of degraded forest, artificial regeneration.

8-27 分地区草原建设利用情况(2014年)
Grassland Construction and Utilization by Region (2014)

单位：千公顷 (1 000 hectares)

地区	Region	草原总面积 Area of Grassland	累计种草保留面积 Accumulated Grass Reserved	当年新增种草面积 Newly Increased Grassland This Year	草原鼠害 Rodent Pests in Grassland		草原虫害 Insect Pests in Grassland		草原火灾受害面积 Area Affected by Fire
					危害面积 Area Harmed	治理面积 Area Harnessed	危害面积 Area Harmed	治理面积 Area Harnessed	
全　国	**National Total**	**392832.7**	**23083.6**	**7569.9**	**29084.2**	**6154.3**	**12547.3**	**4619.6**	**118.1**
北　京	Beijing	394.8	5.5	5.5					
天　津	Tianjin	146.6	3.8	0.8					
河　北	Hebei	4712.1	636.3	119.4	291.3	116.5	435.6	272.0	
山　西	Shanxi	4552.0	392.9	210.0	326.0	100.7	323.1	102.1	
内蒙古	Inner Mongolia	78804.5	4892.2	2186.5	4318.8	1167.0	4435.9	1379.1	106.9
辽　宁	Liaoning	3388.8	824.0	365.0	276.6	172.1	288.1	125.2	
吉　林	Jilin	5842.2	637.5	249.0	320.7	196.7	281.9	104.9	0.7
黑龙江	Heilongjiang	7531.8	430.9	134.9	171.3	65.4	245.1	95.0	9.3
上　海	Shanghai	73.3							
江　苏	Jiangsu	412.7	30.8	24.3					
浙　江	Zhejiang	3169.9							
安　徽	Anhui	1663.2	100.1	84.0					
福　建	Fujian	2048.0	10.4	10.4					
江　西	Jiangxi	4442.3	214.3	136.5					
山　东	Shandong	1638.0	112.7	62.3					
河　南	Henan	4433.8	81.2	50.8					
湖　北	Hubei	6352.2	214.1	74.1					
湖　南	Hunan	6372.7	227.3	39.7					
广　东	Guangdong	3266.2	43.9	23.4					
广　西	Guangxi	8698.3	102.4	34.2					
海　南	Hainan	949.8	18.5						
重　庆	Chongqing	2158.4	81.2	38.8					
四　川	Sichuan	20380.4	2555.9	743.0	2920.4	893.9	861.0	334.9	0.4
贵　州	Guizhou	4287.3	568.3	120.7					
云　南	Yunnan	15308.4	1271.1	344.3					
西　藏	Tibet	82051.9	1025.0	268.0	2840.0	153.3	81.3	60.2	
陕　西	Shaanxi	5206.2	997.9	154.8	700.0	265.4	246.7	63.2	
甘　肃	Gansu	17904.2	3092.3	716.0	4053.3	406.7	1277.3	306.7	0.1
青　海	Qinghai	36369.7	1564.5	326.7	7547.3	436.7	1189.2	551.9	0.5
宁　夏	Ningxia	3014.1	778.4	172.7	215.1	593.9	351.3	102.9	0.1
新　疆	Xinjiang	57258.8	2170.3	874.2	5103.3	1586.1	2531.0	1121.6	0.1

8-28 分地区湿地面积
Area of Wetlands by Region

地 区	Region	湿地面积(千公顷) Area of Wetlands (1 000 hectares)	天然湿地 Natural Wetlands	近海与海岸 Coasts and Seashores	河 流 Rivers	湖 泊 Lakes	沼 泽 Marshland	人工湿地 Man-made Wetlands	湿地面积占辖区面积比重(%) Proportion of Wetlands in Total Area of Territory (%)
全 国	**National Total**	**53602.6**	**46674.7**	**5795.9**	**10552.1**	**8593.8**	**21732.9**	**6745.9**	**5.56**
北 京	Beijing	48.1	24.2		22.7	0.2	1.3	23.9	2.86
天 津	Tianjin	295.6	151.1	104.3	32.3	3.6	10.9	144.5	23.94
河 北	Hebei	941.9	694.6	231.9	212.5	26.6	223.6	247.3	5.04
山 西	Shanxi	151.9	108.1		96.9	3.1	8.1	43.8	0.97
内蒙古	Inner Mongolia	6010.6	5878.8		463.7	566.2	4848.9	131.8	5.08
辽 宁	Liaoning	1394.8	1077.7	713.2	251.5	2.9	110.1	317.1	9.42
吉 林	Jilin	997.6	862.9		223.5	112.0	527.4	134.7	5.32
黑龙江	Heilongjiang	5143.3	4953.8		733.5	356.0	3864.3	189.5	11.31
上 海	Shanghai	464.6	409.0	386.6	7.3	5.8	9.3	55.6	73.27
江 苏	Jiangsu	2822.8	1948.8	1087.5	296.6	536.7	28.0	874.0	27.51
浙 江	Zhejiang	1110.1	843.3	692.5	141.2	8.9	0.7	266.8	10.91
安 徽	Anhui	1041.8	713.6		309.6	361.1	42.9	328.2	7.46
福 建	Fujian	871.0	711.2	575.6	135.1	0.3	0.2	159.8	7.18
江 西	Jiangxi	910.1	710.7		310.8	374.1	25.8	199.4	5.45
山 东	Shandong	1737.5	1103.0	728.5	257.8	62.6	54.1	634.5	11.07
河 南	Henan	627.9	380.7		368.9	6.9	4.9	247.2	3.76
湖 北	Hubei	1445.0	764.2		450.4	276.9	36.9	680.8	7.77
湖 南	Hunan	1019.7	813.5		398.4	385.8	29.3	206.2	4.81
广 东	Guangdong	1753.4	1158.1	815.1	337.9	1.5	3.6	595.3	9.76
广 西	Guangxi	754.3	536.6	259.0	268.9	6.3	2.4	217.7	3.20
海 南	Hainan	320.0	242.0	201.7	39.7	0.6		78.0	9.14
重 庆	Chongqing	207.2	87.7		87.3	0.3	0.1	119.5	2.51
四 川	Sichuan	1747.8	1665.6		452.3	37.4	1175.9	82.2	3.61
贵 州	Guizhou	209.7	151.6		138.1	2.5	11.0	58.1	1.19
云 南	Yunnan	563.5	392.5		241.8	118.5	32.2	171.0	1.43
西 藏	Tibet	6529.0	6524.0		1434.5	3035.2	2054.3	5.0	5.35
陕 西	Shaanxi	308.5	276.2		257.6	7.6	11.0	32.3	1.50
甘 肃	Gansu	1693.9	1642.4		381.7	15.9	1244.8	51.5	3.73
青 海	Qinghai	8143.6	8001.0		885.3	1470.3	5645.4	142.6	11.27
宁 夏	Ningxia	207.2	169.5		97.9	33.5	38.1	37.7	4.00
新 疆	Xinjiang	3948.2	3678.3		1216.4	774.5	1687.4	269.9	2.38

注：1.本表为中国第二次湿地调查资料。
　　2.全国总计数包括台湾省和香港、澳门特别行政区数据。

a) Data in the table are the figures of China Second Wetlands Survey.
b) Data of national total include forest resources in Taiwan province and Hong Kong SAR and Macao SAR.

8-29 分地区自然保护基本情况（2015年）
Basic Situation of Natural Protection by Region (2015)

地 区	Region	自然保护区个数（个）Number of Nature Reserves (unit)	#国家级 Nation Level	自然保护区面积（万公顷）Area of Nature Reserves (10 000 hectares)	#国家级 Nation Level
全 国	**National Total**	**2740**	**428**	**14702.8**	**9648.8**
北 京	Beijing	20	2	13.4	2.6
天 津	Tianjin	8	3	9.1	3.8
河 北	Hebei	44	13	70.0	25.6
山 西	Shanxi	46	7	110.3	11.7
内蒙古	Inner Mongolia	182	29	1271.0	426.9
辽 宁	Liaoning	104	17	275.4	97.8
吉 林	Jilin	51	20	252.5	110.7
黑龙江	Heilongjiang	251	36	750.2	303.1
上 海	Shanghai	4	2	13.6	6.6
江 苏	Jiangsu	30	3	53.0	29.9
浙 江	Zhejiang	35	10	20.0	14.7
安 徽	Anhui	105	7	45.8	13.9
福 建	Fujian	92	16	44.5	24.0
江 西	Jiangxi	200	14	122.6	23.1
山 东	Shandong	88	7	111.9	22.0
河 南	Henan	33	12	74.1	43.7
湖 北	Hubei	77	18	105.0	42.8
湖 南	Hunan	128	23	130.9	63.5
广 东	Guangdong	384	15	184.9	32.6
广 西	Guangxi	78	22	141.9	38.8
海 南	Hainan	49	10	270.7	15.8
重 庆	Chongqing	57	6	82.7	25.5
四 川	Sichuan	168	30	828.6	293.6
贵 州	Guizhou	124	8	89.3	24.4
云 南	Yunnan	159	20	287.3	150.3
西 藏	Tibet	47	9	4136.9	3715.3
陕 西	Shaanxi	60	22	113.1	60.0
甘 肃	Gansu	60	20	916.8	687.7
青 海	Qinghai	11	7	2166.5	2073.4
宁 夏	Ningxia	14	9	53.3	46.0
新 疆	Xinjiang	31	11	1957.5	1218.9

注：本表数据为初步数。

a) Data in this table are preliminary data.

8-30 分地区自然灾害损失情况(2015年)
Loss Caused by Natural Disasters by Region (2015)

单位：千公顷 (1 000 hectares)

地 区	Region	农作物受灾面积合计 Total Areas Affected of Farm Crops		旱 灾 Drought		洪涝、山体滑坡、泥石流和台风 Flood, Waterlogging, Landslides and Debris Flow, Typhoon		风雹灾害 Wind and Hail	
		受灾 Area Affected	绝收 Total Crop Failure	受灾 Area Affected	绝收 Total Crop Failure	受灾 Area Affected	绝收 Total Crop Failure	受灾 Area Affected	绝收 Total Crop Failure
全 国	**National Total**	**21769.8**	**2232.7**	**10609.7**	**1046.1**	**7341.3**	**841.0**	**2918.0**	**309.1**
北 京	Beijing	6.2	0.9	0.2	0.2	0.7		5.3	0.7
天 津	Tianjin								
河 北	Hebei	1798.8	169.5	1112.7	81.7	282.2	31.1	346.8	54.7
山 西	Shanxi	1142.6	140.4	1023.4	126.0	31.4	6.7	55.8	5.1
内蒙古	Inner Mongolia	2700.8	315.0	2171.7	254.0	185.2	21.2	301.5	37.9
辽 宁	Liaoning	1482.8	240.5	1429.5	233.0	6.8	0.9	46.5	6.6
吉 林	Jilin	846.2	74.0	700.0	60.0	24.2	3.9	121.8	10.1
黑龙江	Heilongjiang	1175.3	68.8	484.1	10.1	481.7	40.2	146.5	15.1
上 海	Shanghai	12.3	1.1			12.3	1.1		
江 苏	Jiangsu	615.5	41.0			459.7	33.4	97.0	6.0
浙 江	Zhejiang	393.2	58.0			392.4	58.0	0.8	
安 徽	Anhui	966.7	149.0			789.9	141.0	118.7	6.5
福 建	Fujian	203.3	26.5			203.1	26.4	0.2	0.1
江 西	Jiangxi	455.3	39.5			439.3	38.6	16.0	0.9
山 东	Shandong	1379.0	98.9	883.2	65.4	245.1	8.4	207.6	23.4
河 南	Henan	225.1	12.2			52.6	2.8	152.6	8.9
湖 北	Hubei	1115.6	90.5	117.7	12.1	873.7	74.4	50.5	2.7
湖 南	Hunan	765.1	88.5			752.6	88.0	11.8	0.3
广 东	Guangdong	846.3	92.9	147.7	19.0	694.2	73.9	4.4	
广 西	Guangxi	545.7	32.3	160.0	3.1	382.5	28.9	3.2	0.3
海 南	Hainan	41.2	3.7	4.2		37.0	3.7		
重 庆	Chongqing	70.8	9.1			60.6	7.6	10.2	1.5
四 川	Sichuan	562.7	57.0	222.9	10.7	258.1	33.3	71.7	12.8
贵 州	Guizhou	224.4	29.5	18.9	2.2	160.6	20.7	40.8	6.5
云 南	Yunnan	1028.3	111.6	514.9	47.9	231.6	42.0	112.0	13.8
西 藏	Tibet	11.8	1.8	1.3	0.3	7.6	1.2	1.4	0.3
陕 西	Shaanxi	744.3	73.7	561.6	38.1	90.9	19.7	75.5	10.7
甘 肃	Gansu	1011.2	76.2	533.1	47.5	80.6	7.0	263.0	20.2
青 海	Qinghai	220.5	21.6	126.5	5.4	9.8	3.8	49.8	11.9
宁 夏	Ningxia	218.8	27.2	172.1	22.6	4.6	1.8	38.1	2.8
新 疆	Xinjiang	960.0	81.8	224.0	6.8	90.3	21.3	568.5	49.3

8-30 续表 continued

单位：千公顷 (1 000 hectares)

地 区	Region	低温冷冻和雪灾 Low-temperature, Freezing and Snow Disaster		人口受灾 Population		直接经济损失(亿元) Direct Economic Loss (100 million yuan)
		受灾 Area Affected	绝收 Total Crop Failure	受灾人口(万人次) Population Affected (10 000 person-times)	死亡人口(含失踪)(人) Deaths (including missing) (person)	
全 国	**National Total**	**900.3**	**36.5**	**18620.3**	**967**	**2704.1**
北 京	Beijing			5.5		1.3
天 津	Tianjin					
河 北	Hebei	57.1	2.0	1699.5	12	107.5
山 西	Shanxi	32.0	2.6	863.3	10	103.3
内蒙古	Inner Mongolia	42.4	1.9	584.4	26	113.5
辽 宁	Liaoning			715.6	10	65.1
吉 林	Jilin	0.2		450.5		81.9
黑龙江	Heilongjiang	63.0	3.4	249.7	3	39.5
上 海	Shanghai			16.9	1	3.5
江 苏	Jiangsu	58.8	1.6	534.8	10	84.9
浙 江	Zhejiang			704.6	79	228.2
安 徽	Anhui	58.1	1.5	1069.7	27	118.9
福 建	Fujian			370.9	50	189.1
江 西	Jiangxi			628.3	50	69.7
山 东	Shandong	43.1	1.7	1173.2	11	80.7
河 南	Henan	19.9	0.5	516.5	19	44.0
湖 北	Hubei	73.7	1.3	1100.2	54	82.2
湖 南	Hunan	0.7	0.2	1221.4	32	126.7
广 东	Guangdong			848.7	36	315.3
广 西	Guangxi			768.3	60	48.5
海 南	Hainan			144.9	6	14.2
重 庆	Chongqing			189.2	32	22.0
四 川	Sichuan	9.7	0.2	997.5	88	132.0
贵 州	Guizhou	4.0	0.1	588.0	68	72.6
云 南	Yunnan	169.7	7.9	1279.2	104	141.9
西 藏	Tibet	1.5		55.4	38	107.2
陕 西	Shaanxi	16.3	5.2	583.0	104	72.7
甘 肃	Gansu	134.5	1.5	658.0	3	61.6
青 海	Qinghai	34.4	0.5	189.5	15	12.0
宁 夏	Ningxia	4.0		131.0		8.3
新 疆	Xinjiang	77.2	4.4	282.6	19	155.8

注：死亡人口(含失踪)和直接经济损失含森林、海洋等灾害。

a) Deaths (including missing) and direct economic loss include forest disasters and sea disasters.

8-31 地质灾害及防治情况
Geological Disasters and Prevention and Cure

年份 Year 地区 Region	发生地质灾害数量(处) Geological Disasters (unit)	#滑坡 Land-slide	#崩塌 Collapse	#泥石流 Mud-rock Flow	#地面塌陷 Land Subside	人员伤亡(人) Casualties (person)	#死亡人数 Deaths	直接经济损失(万元) Direct Economic Losses (10 000 yuan)	地质灾害防治项目数(个) Number of Projects of Prevention of Geological Disasters (unit)	地质灾害防治投资(万元) Investment of Projects of Prevention of Geological Disasters (10 000 yuan)
2000	19653	13431	2945	1958	347	27697	1179	494201	429	33197
2005	17751	9367	7654	566	137	1223	578	357678	3179	166860
2006	102804	88523	13160	417	398	1227	663	431590	2914	193570
2007	25364	15478	7722	1215	578	1123	598	247528	3492	244885
2008	26580	13450	8080	843	454	1598	656	326936	5325	529939
2009	10580	6310	2378	1442	326	845	331	190109	28061	542368
2010	30670	22250	5688	1981	478	3445	2244	638509	28106	1159813
2011	15804	11504	2445	1356	386	413	244	413151	20871	928085
2012	14675	11112	2152	952	364	636	293	625253	26882	1024183
2013	15374	9832	3288	1547	385	929	482	1043568	36984	1235363
2014	10937	8149	1860	554	307	637	360	567027	32019	1634039
2015	8355	5668	1870	483	292	422	226	250528	26289	1762663
北京 Beijing	22	4	16		2			130	59	10000
天津 Tianjin									3	630
河北 Hebei	5		1		2			102	287	13332
山西 Shanxi	5	1	3					333	81	56411
内蒙古 Inner Mongolia	5	3	1		1	11	7	9	1	1060
				1						
辽宁 Liaoning	5		2		3			3	36	7238
吉林 Jilin	21	1	6	11	3			132	14	4590
黑龙江 Heilongjiang									6	4375
上海 Shanghai	1								1	5322
江苏 Jiangsu	43	35	6		2			2096	115	10899
浙江 Zhejiang	385	268	73	44		50	47	7743	1507	55342
安徽 Anhui	616	312	272	19	13	2	1	13679	492	14205
福建 Fujian	225	201	23	1		14	13	3928	698	51369
江西 Jiangxi	2470	1766	656	24	24	18	12	8598	112	18455
山东 Shandong	18	1	1		16			30	53	16488
河南 Henan	30	5	2	1	22	4	4	256	4	2682
湖北 Hubei	340	252	60	14	14	41	21	7170	286	12951
湖南 Hunan	2323	1971	228	59	50	27	18	43363	980	242912
广东 Guangdong	191	60	111	5	12	13	6	3666	2501	64245
广西 Guangxi	357	76	178	1	100	54	17	2936	668	25329
海南 Hainan	2		1		1			58	18	2302
重庆 Chongqing	63	44	12	3	3	15	7	7750	375	38000
四川 Sichuan	349	153	75	121		4	3	26231	14652	220972
贵州 Guizhou	163	123	31	2	4	42	27	15980	2000	179462
云南 Yunnan	516	328	63	99	15	44	26	32101	982	225886
西藏 Tibet	82	9	11	62		5	3	7904	20	11418
陕西 Shaanxi	38	16	17	1	1	71	12	51197	121	263957
甘肃 Gansu	44	22	16	3	3	4		14003	197	194288
青海 Qinghai	18	14	2	2		3	2	746	16	5754
宁夏 Ningxia	5	2	2					39	1	1000
新疆 Xinjiang	13	1	1	10	1			345	3	1790

8-32 森林火灾情况(2015年)
Forest Fires (2015)

地区	Region	森林火灾次数(次) Forest Fires (time)	一般火灾 Ordinary Fires	较大火灾 Major Fires	重大火灾 Severe Fires	特别重大火灾 Especially Severe Fires	火场总面积(公顷) Total Area of Fires (hectare)	受害森林面积(公顷) Destructed Forest Area (hectare)	伤亡人数(人) Casualties (person)	其他损失折款(万元) Economic Loss (10 000 yuan)
全国	**National Total**	**2936**	**1676**	**1254**	**6**		**33077**	**12940**	**26**	**6371.4**
北京	Beijing									
天津	Tianjin	1	1				1			
河北	Hebei	74	66	8			471	86		9.0
山西	Shanxi	10	1	9			814	172		708.7
内蒙古	Inner Mongolia	123	41	77	5		3847	3254		3380.5
辽宁	Liaoning	116	50	66			1922	885	7	88.0
吉林	Jilin	125	94	31			541	226		128.8
黑龙江	Heilongjiang	94	87	7			787	158		0.3
上海	Shanghai									
江苏	Jiangsu	8	8				1			
浙江	Zhejiang	67	9	58			854	301	3	
安徽	Anhui	22	21	1			19	5		0.6
福建	Fujian	114	5	108	1		2147	1416	2	144.9
江西	Jiangxi	40	9	31			1617	335		224.5
山东	Shandong	10	5	5			75	34		1.0
河南	Henan	45	45				210	3		3.5
湖北	Hubei	70	57	13			293	29	1	10.7
湖南	Hunan	51	22	29			534	285	3	188.1
广东	Guangdong	273	61	212			3044	1300	2	177.3
广西	Guangxi	949	591	358			7785	1769	5	397.7
海南	Hainan	137	65	72			1033	574		117.2
重庆	Chongqing	8	8				14	5		13.3
四川	Sichuan	220	183	37			1408	303	2	187.4
贵州	Guizhou	153	110	43			1964	607		73.3
云南	Yunnan	130	71	59			3024	806		206.7
西藏	Tibet	3	2	1			186	23		
陕西	Shaanxi	53	34	19			135	85	1	11.2
甘肃	Gansu	8	5	3			15	11		0.9
青海	Qinghai	6	5	1			163	143		285.3
宁夏	Ningxia	7	5	2			33	9		
新疆	Xinjiang	19	15	4			144	117		12.5

8-33 林业有害生物防治情况
Prevention of Forest Biological Disasters

单位：万公顷 (10 000 hectare)

年份 地区	Year Region	合计 Total			森林病害 Forest Diseases	
		发生面积 Area of Occurrence	防治面积 Area of Prevention	防治率(%) Prevention Rate (%)	发生面积 Area of Occurrence	防治面积 Area of Prevention
	2000	851.86	574.19	67.4	93.45	61.95
	2005	961.03	640.75	66.7	101.20	70.62
	2006	1100.67	735.47	66.8	103.87	71.80
	2007	1209.68	801.20	66.2	110.95	85.88
	2008	1141.84	783.96	68.7	116.83	90.48
	2009	1141.97	819.38	71.8	103.12	81.88
	2010	1164.24	812.36	69.8	129.06	89.56
	2011	1168.14	728.50	62.4	119.72	79.23
	2012	1176.90	782.59	66.5	131.16	84.26
	2013	1223.05	766.83	62.7	139.17	89.88
	2014	1206.45	787.43	65.3	137.28	86.71
	2015	1218.35	877.77	72.0	139.05	97.71
北京	Beijing	3.95	3.95	100.0	0.20	0.20
天津	Tianjin	4.63	4.62	99.8	0.65	0.65
河北	Hebei	48.25	37.90	78.5	2.79	2.36
山西	Shanxi	23.90	11.90	49.8	0.30	0.20
内蒙古	Inner Mongolia	122.84	64.56	52.6	21.51	9.45
辽宁	Liaoning	65.05	56.32	86.6	6.62	5.64
吉林	Jilin	19.54	13.74	70.3	2.18	1.92
黑龙江	Heilongjiang	41.74	35.59	85.3	3.53	2.94
上海	Shanghai	0.45	0.44	96.5	0.04	0.04
江苏	Jiangsu	9.81	8.37	85.2	0.87	0.79
浙江	Zhejiang	11.53	10.15	88.0	1.36	1.30
安徽	Anhui	39.11	32.75	83.8	4.98	4.27
福建	Fujian	21.87	20.56	94.0	0.98	0.95
江西	Jiangxi	24.46	13.21	54.0	4.69	2.23
山东	Shandong	46.05	45.08	97.9	8.13	7.84
河南	Henan	59.79	50.55	84.5	12.11	10.30
湖北	Hubei	44.93	32.40	72.1	3.93	2.93
湖南	Hunan	40.17	32.25	80.3	3.29	2.50
广东	Guangdong	29.07	13.20	45.4	1.44	1.31
广西	Guangxi	39.61	8.29	20.9	3.91	0.49
海南	Hainan	2.56	0.70	27.4	0.04	0.010
重庆	Chongqing	29.27	21.33	72.9	2.17	1.74
四川	Sichuan	71.61	50.69	70.8	8.46	4.48
贵州	Guizhou	20.04	18.70	93.3	1.51	0.98
云南	Yunnan	46.24	43.23	93.5	8.24	7.89
西藏	Tibet	28.07	17.12	61.0	8.04	4.91
陕西	Shaanxi	42.48	32.70	77.0	2.93	2.43
甘肃	Gansu	37.46	20.21	53.9	7.90	5.26
青海	Qinghai	28.42	10.96	38.6	0.51	
宁夏	Ningxia	26.02	20.83	80.1	3.32	2.45
新疆	Xinjiang	176.08	133.35	75.7	10.60	7.63
大兴安岭	Daxinganling	13.34	12.12	90.9	1.81	1.60

8-33 续表 continued

单位：万公顷 (10 000 hectare)

年份 Year / 地区 Region		森林虫害 Forest Pest Plague 发生面积 Area of Occurrence	森林虫害 Forest Pest Plague 防治面积 Area of Prevention	森林鼠害 Forest Rat Plague 发生面积 Area of Occurrence	森林鼠害 Forest Rat Plague 防治面积 Area of Prevention	有害植物 Harmful Plants 发生面积 Area of Occurrence	有害植物 Harmful Plants 防治面积 Area of Prevention
	2000	669.28	456.59	89.12	55.65		
	2005	726.09	498.51	133.73	71.62		
	2006	829.87	557.20	166.93	106.47		
	2007	887.72	604.53	211.02	110.79		
	2008	843.19	590.23	181.81	103.25		
	2009	850.30	638.14	188.55	99.36		
	2010	852.32	628.70	182.86	94.11		
	2011	845.91	546.58	202.51	102.69		
	2012	846.29	572.93	199.45	125.41		
	2013	847.46	589.56	224.25	82.97	12.16	4.43
	2014	841.28	599.54	211.60	96.03	16.29	5.16
	2015	846.64	620.92	214.82	150.19	17.84	8.94
北京	Beijing	3.74	3.74				
天津	Tianjin	3.98	3.97				
河北	Hebei	41.60	31.97	3.87	3.57		
山西	Shanxi	19.01	9.29	4.52	2.34	0.07	0.07
内蒙古	Inner Mongolia	75.63	39.06	25.70	16.05		
辽宁	Liaoning	57.90	50.30	0.53	0.38		
吉林	Jilin	14.49	9.42	2.88	2.41		
黑龙江	Heilongjiang	18.63	15.72	19.58	16.93		
上海	Shanghai	0.41	0.40				
江苏	Jiangsu	8.84	7.47			0.10	0.10
浙江	Zhejiang	10.17	8.85				
安徽	Anhui	34.12	28.48				
福建	Fujian	20.89	19.60				
江西	Jiangxi	19.77	10.98				
山东	Shandong	37.92	37.24				
河南	Henan	47.67	40.24				
湖北	Hubei	28.68	23.42	0.27	0.15	12.06	5.90
湖南	Hunan	36.87	29.75	0.01			
广东	Guangdong	24.80	9.96			2.83	1.93
广西	Guangxi	35.48	7.60	0.02	0.02	0.20	0.17
海南	Hainan	1.05	0.48			1.47	0.21
重庆	Chongqing	20.88	16.80	6.22	2.80		
四川	Sichuan	58.61	43.70	4.54	2.50		
贵州	Guizhou	17.99	17.24	0.53	0.47		
云南	Yunnan	36.51	34.43	0.39	0.38	1.10	0.54
西藏	Tibet	14.24	9.65	5.79	2.56		
陕西	Shaanxi	30.49	22.39	9.05	7.89		
甘肃	Gansu	16.13	8.25	13.44	6.70		
青海	Qinghai	8.83	2.11	19.09	8.85		
宁夏	Ningxia	10.78	8.68	11.91	9.69	0.01	0.01
新疆	Xinjiang	86.63	65.85	78.85	59.87		
大兴安岭	Daxinganling	3.88	3.87	7.65	6.65		

8-34 突发环境事件情况(2015年)
Environmental Emergencies (2015)

地　区	Region	突发环境事件次数(次) Number of Environmental Emergencies (time)	特别重大环境事件 Extraordinarily Serious Environmental Emergencies	重　大环境事件 Serious Environmental Emergencies	较　大环境事件 Comparatively Serious Environmental Emergencies	一　般环境事件 Ordinary Environmental Emergencies
全　国	**National Total**	**334**		**3**	**5**	**326**
北　京	Beijing	15				15
天　津	Tianjin	1				1
河　北	Hebei	6		1		5
山　西	Shanxi	3				3
内蒙古	Inner Mongolia					
辽　宁	Liaoning	13				13
吉　林	Jilin					
黑龙江	Heilongjiang					
上　海	Shanghai	10				10
江　苏	Jiangsu	27			1	26
浙　江	Zhejiang	22				22
安　徽	Anhui	8				8
福　建	Fujian	19				19
江　西	Jiangxi	7				7
山　东	Shandong	10		1		9
河　南	Henan	10				10
湖　北	Hubei	10			1	9
湖　南	Hunan	16				16
广　东	Guangdong	29				29
广　西	Guangxi	7				7
海　南	Hainan	2				2
重　庆	Chongqing	9				9
四　川	Sichuan	14			2	12
贵　州	Guizhou	9				9
云　南	Yunnan	4				4
西　藏	Tibet					
陕　西	Shaanxi	58			1	57
甘　肃	Gansu	12		1		11
青　海	Qinghai	3				3
宁　夏	Ningxia	2				2
新　疆	Xinjiang	4				4

注：本表数据为初步数。
a) Data in this table are preliminary data.

8-35 地震灾害情况
Earthquake Disasters

年 份 Year 地 区 Region	地震灾害次数（次）Number of Earthquakes (time)	5.0-5.9级 5.0-5.9 Richter scale	6.0-6.9级 6.0-6.9 Richter scale	7.0级以上 Over 7.0 Richter scale	人员伤亡（人）Casualties (person)	#死亡人数 Deaths	直接经济损失（万元）Direct Economic Loss (10 000 yuan)
2000	10	7	2		2987	10	146792
2005	13	9	2		882	15	262811
2006	10	9			229	25	79962
2007	3	1	1		422	3	201922
2008	17	6	4	2	446293	69283	85949594
2009	8	5	2		407	3	273782
2010	12	4		1	13795	2705	2361077
2011	18	11	2	1	540	32	6020873
2012	12	8	3		1279	86	828757
2013	14	10	3	1	15965	294	9953631
2014	20	14	4	1	3666	623	3326078
2015	14	13	1		813000	30	1791918
内蒙古 Inner Mongolia	1	1			23000		33714
四 川 Sichuan	1	1			27000		18900
贵 州 Guizhou	1	1			75000		51704
云 南 Yunnan	2	2			171000		107900
西 藏 Tibet	3	3			229000	27	1030200
青 海 Qinghai	2	2					
新 疆 Xinjiang	4	3	1		288000	3	549500

8-36 主要海洋灾害情况（2015年）
Major Marine Disasters (2015)

灾 种 Disaster Categories	发生次数（次）Disasters (time)	人员死亡、失踪（人）Casualties and Missing People (person)	直接经济损失（亿元）Direct Economic Loss (100 million yuan)
合 计 Total	**79**	**30**	**72.74**
风暴潮 Stormy Tides	10	7	72.62
赤 潮 Red Tides	35		
海 浪 Huge Waves	33	23	0.06
海 冰 Sea Ice	1		0.06

8-37 全海域未达到第一类海水水质标准的海域面积(2015年)
Sea Area with Water Quality Not Reaching Standard of Grade 1 (2015)

单位：平方公里 (sq.km)

项 目	Item	第二类水质海域面积 Sea Area with Water Quality at Grade 2	第三类水质海域面积 Sea Area with Water Quality at Grade 3	第四类水质海域面积 Sea Area with Water Quality at Grade 4	劣于第四类水质海域面积 Sea Area with Water Quality Below Grade 4
总 计	**Total**	**54120**	**36900**	**23570**	**40020**
渤 海	Bohai Sea	12010	8090	4750	4060
黄 海	Huanghai Sea	15570	9490	8020	4680
东 海	Donghai Sea	22050	9410	9000	26670
南 海	Nanhai Sea	4490	9910	1800	4610

8-38 环境污染治理投资
Investment in the Treatment of Environmental Pollution

指 标	Item	2011	2012	2013	2014	2015
环境污染治理投资总额(亿元)	**Total Investment in the Treatment of Environmental Pollution (100 million yuan)**	**7114.0**	**8253.5**	**9037.2**	**9575.5**	**8806.3**
#城镇环境基础设施建设投资	Investment in Urban Environmental Infrastructure	4557.2	5062.7	5223.0	5463.9	4946.8
#燃气	Gas Supply	444.1	551.8	607.9	574.0	463.1
集中供热	Centralized Heating	593.3	798.1	819.5	763.0	687.8
排水	Drainage Works	971.6	934.1	1055.0	1196.1	1248.5
园林绿化	Gardening and Greening	1991.9	2380.0	2234.9	2338.5	2075.4
市容环境卫生	Environmental Sanitation	556.2	398.6	505.7	592.2	472.0
工业污染源治理投资	Investment in the Treatment of Industrial Pollution	444.4	500.5	849.7	997.7	773.7
当年完成环保验收项目环保投资	Environmental Investment of Project of Environmental Protection Acceptance Completed This Year	2112.4	2690.4	2964.5	3113.9	3085.8
环境污染治理投资总额占国内生产总值比重(%)	**Total Investment in the Treatment of Environmental Pollution as Percent of GDP (%)**	**1.45**	**1.53**	**1.52**	**1.49**	**1.28**

注：1.城镇环境基础设施建设投资中增加了县城基础设施建设投资。
2.2015年工业污染源治理投资和当年完成环保验收项目环保投资为初步数。

a) Investment in environmental infrastructure at county level was added to investment in urban environmental infrastructure.
b) In 2015, investment in the treatment of industrial pollution and environmental investment of project of environmental protection acceptance completed this year are preliminary data.

8-39 工业污染治理投资完成情况
Investment Completed in the Treatment of Industrial Pollution

单位：万元 (10 000 yuan)

年份 Year 地区 Region		工业污染治理完成投资 Investment Completed in the Treatment of Industrial Pollution	治理废水 Treatment of Waste Water	治理废气 Treatment of Waste Gas	治理固体废物 Treatment of Solid Waste	治理噪声 Treatment of Noise Pollution	治理其他 Treatment of Other Pollution
	2000	2347895	1095897	909242	114673	13692	214390
	2005	4581909	1337147	2129571	274181	30613	810396
	2006	4839485	1511165	2332697	182631	30145	782848
	2007	5523909	1960722	2752642	182532	18279	606838
	2008	5426404	1945977	2656987	196851	28383	598206
	2009	4426207	1494606	2324616	218536	14100	374349
	2010	3969768	1295519	1881883	142692	14193	620021
	2011	4443610	1577471	2116811	313875	21623	413831
	2012	5004573	1403448	2577139	247499	11627	764860
	2013	8496647	1248822	6409109	140480	17628	680608
	2014	9976511	1152473	7893935	150504	10950	768649
	2015	7736822	1184138	5218073	161468	27892	1145251
北京	Beijing	99958	2702	66834	75		30347
天津	Tianjin	240072	16532	205875	1737		15928
河北	Hebei	541596	7127	411968	1880	24	120597
山西	Shanxi	278738	39539	160538	8265		70397
内蒙古	Inner Mongolia	438935	39568	367591	10396	319	21061
辽宁	Liaoning	189950	22070	143078	19530	617	4656
吉林	Jilin	121203	9027	84530	212	3820	23615
黑龙江	Heilongjiang	193396	30914	134902			27580
上海	Shanghai	211726	19673	74012	100	4726	113251
江苏	Jiangsu	621741	108843	400802	3711	1149	107236
浙江	Zhejiang	586017	128726	373553	4552	708	78478
安徽	Anhui	179450	25237	131551	860	757	21046
福建	Fujian	446910	136020	219105	9784	550	81450
江西	Jiangxi	147833	44770	78110	2010	144	22799
山东	Shandong	945934	66436	781673	32912	258	64655
河南	Henan	330143	44387	234181	7862	53	43660
湖北	Hubei	157976	26099	120301	1360	275	9942
湖南	Hunan	261425	35689	126053	2056	277	97350
广东	Guangdong	347103	164863	149437	4178	504	28121
广西	Guangxi	247152	15940	187490	26722	50	16950
海南	Hainan	13161	893	10681		1300	287
重庆	Chongqing	59885	11891	44432	2813	120	629
四川	Sichuan	118259	55112	46884	200	10079	5985
贵州	Guizhou	107033	7940	92753	1204	625	4511
云南	Yunnan	215878	39474	133478	8464	587	33875
西藏	Tibet	2950	1231	273	45		1401
陕西	Shaanxi	279915	26875	172682	1690	750	77919
甘肃	Gansu	40526	5703	23862	40	200	10721
青海	Qinghai	49343	13115	24762	5050		6416
宁夏	Ningxia	104318	15719	83045	3433		2121
新疆	Xinjiang	158263	22025	133639	328		2271

注：本表数据为初步数。

a) Data in this table are preliminary data.

8-40 林业投资资金来源情况(2015年)
Sources of Funds of Forestry Investment (2015)

单位：万元 (10 000 yuan)

地 区	Region	林业投资本年资金来源 Sources of Funds This Year	上年末结余资金 Balance at Preceding Year-end	本年资金来源 Source of Funds This Year	国家预算资金 State Budget	国内贷款 Domestic Loans	债 券 Bonds	利用外资 Foreign Investment	自筹资金 Self-raising Funds	其他资金 Other Funds
全 国	**National Total**	**42574507**	**969388**	**41605119**	**19104453**	**3754865**	**1885**	**231514**	**16292156**	**2220246**
北 京	Beijing	1980469	135090	1845379	1573149			839	143388	128003
天 津	Tianjin	165355		165355	165355					
河 北	Hebei	907361	8454	898907	600666	48268		1018	205344	43611
山 西	Shanxi	1312256		1312256	818023				494233	
内蒙古	Inner Mongolia	1619430	72958	1546472	1405627	512			92704	47629
辽 宁	Liaoning	738269	200	738069	492366			425	239756	5522
吉 林	Jilin	1177656	119507	1058149	595145	149745			236790	76469
黑龙江	Heilongjiang	1288210	3757	1284453	1199004	616			37247	47586
上 海	Shanghai	148966		148966	141275				7354	337
江 苏	Jiangsu	998046	5300	992746	277226	5530		4000	695784	10206
浙 江	Zhejiang	860690	6151	854539	573099	69938		1969	175849	33684
安 徽	Anhui	869538	124	869414	236129	30812		1490	564785	36198
福 建	Fujian	2674623	10792	2663831	368337	2181323		21362	72989	19820
江 西	Jiangxi	582521	3840	578681	331250	27149		22058	73991	124233
山 东	Shandong	2662336	5933	2656403	494970	6446		485	1894579	259923
河 南	Henan	1239647		1239647	766900	109600		47	363100	
湖 北	Hubei	1172342		1172342	478263	120645			545431	28003
湖 南	Hunan	2049738	7923	2041815	806706	87736		16720	973172	157481
广 东	Guangdong	976822	46817	930005	829512	8789		6525	48091	37088
广 西	Guangxi	9919920	48188	9871732	606179	610650		112356	7873092	669455
海 南	Hainan	225690	66850	158840	154066				1741	3033
重 庆	Chongqing	660875	52700	608175	500139	7625	1885		82220	16306
四 川	Sichuan	2260027	15043	2244984	1056883	100914		26826	808898	251463
贵 州	Guizhou	504471		504471	451048				53423	
云 南	Yunnan	1120612	156208	964404	795416	29536		1201	45806	92445
西 藏	Tibet	310030		310030	310030					
陕 西	Shaanxi	1118397	3910	1114487	916779			2358	150601	44749
甘 肃	Gansu	913962		913962	812500	84358		7091	8486	1527
青 海	Qinghai	348088		348088	316859	28930		2299		
宁 夏	Ningxia	218420		218420	117612	45347		137		55324
新 疆	Xinjiang	1014325	99809	914516	500484	396		2308	396686	14642
大兴安岭	Daxinganling	327170	18409	308761	303682				5079	

注：全国合计数包含国家林业局直属单位的固定资产投资数据(下表同)。

a) The national total sources of funds include the investment in fixed assets by departments directly under State Forestry Administration. The same applies to the table following.

8-41 林业投资完成情况(2015年)
Forestry Investment Completed (2015)

单位：万元 (10 000 yuan)

地 区	Region	本年完成投资 Investment Completed During the Year	生态建设与保护 Ecological Construction	林业支撑与保障 Forestry Support	林业产业发展 Forestry Development	林业民生工程 Forestry Project for People's Livelihood	其他投资 Other Investment
全 国	**National Total**	**42901420**	**20172014**	**2272730**	**15646727**	**1030254**	**3779695**
北 京	Beijing	1591985	993954	88634	54792		454605
天 津	Tianjin	165355	149495	5011	2200	550	8099
河 北	Hebei	942518	692550	67062	66003	10622	106281
山 西	Shanxi	1312256	1073425	78146	39788	21602	99295
内蒙古	Inner Mongolia	1604223	1253300	88161	37800	57881	167081
辽 宁	Liaoning	761304	638324	35327	29259	5215	53179
吉 林	Jilin	850582	461745	76473	42372	92074	177918
黑龙江	Heilongjiang	1280583	989569	37020	12198	137879	103917
上 海	Shanghai	174443	153857	13329	2633		4624
江 苏	Jiangsu	1253879	878211	80222	282912	1439	11095
浙 江	Zhejiang	892099	468052	71636	172163	60281	119967
安 徽	Anhui	1034419	702463	67353	219723	4215	40665
福 建	Fujian	2552359	908987	16879	1495414	1037	130042
江 西	Jiangxi	727465	342287	71586	103196	51536	158860
山 东	Shandong	2887127	791051	398348	1614223	23001	60504
河 南	Henan	1239647	786161	19969	316288	1010	116219
湖 北	Hubei	1241861	518484	72289	537786	44471	68831
湖 南	Hunan	2049405	950864	103926	812934	60897	120784
广 东	Guangdong	967229	655391	104612	25918	22545	158763
广 西	Guangxi	10382580	1583069	259127	7827500	197412	515472
海 南	Hainan	143742	84976	17633	7197	6356	27580
重 庆	Chongqing	620641	385835	44521	83279	11380	95626
四 川	Sichuan	2260027	877312	80517	1103698	56305	142195
贵 州	Guizhou	450848	411823	11992	3000	1803	22230
云 南	Yunnan	1210178	627336	111431	303089	23042	145280
西 藏	Tibet	310030	295348	8164	1826	2833	1859
陕 西	Shaanxi	1144133	638939	35728	163395	35889	270182
甘 肃	Gansu	913962	500769	67116	113770	30852	201455
青 海	Qinghai	348088	276998	17778	34580	18732	
宁 夏	Ningxia	173236	148050	7674	11525	1979	4008
新 疆	Xinjiang	974063	624610	71815	126242	22954	128442
大兴安岭	Daxinganling	310088	275513	5517	20	24462	4576

主要统计指标解释

耕地 指种植农作物的土地，包括熟地，新开发、复垦、整理地，休闲地（含轮歇地、轮作地）；以种植农作物（含蔬菜）为主，间有零星果树、桑树或其他树木的土地；平均每年能保证收获一季的已垦滩地和海涂。耕地中包括南方宽度<1.0米，北方宽度<2.0米固定的沟、渠、路和地坎（埂）；临时种植药材、草皮、花卉、苗木等的耕地，以及其他临时改变用途的耕地。

园地 指种植以采集果、叶、根、茎、汁等为主的集约经营的多年生木本和草本作物，覆盖度大于50%和每亩株数大于合理株数70%的土地。包括用于育苗的土地。

林地 指生长乔木、竹类、灌木的土地，及沿海生长红树林的土地。包括迹地，不包括居民点内部的绿化林木用地，铁路、公路征地范围内的林木，以及河流、沟渠的护堤林。

草地 指生长草本植物为主的土地。

径流量 指在一定时段内通过河流某一过水断面的水量，用以反映一个国家或地区水资源的丰歉程度。计算公式为：

径流量=降水量-蒸发量

流域 每条河流都有自己的干流和支流，干支流共同组成这条河流的水系。每条河流都有自己的集水区域，这个集水区域就称为该河流的流域。

外流河 指直接或间接流入海洋的河流。供给外流河河水的区域称为外流区域。

内陆河 指在陆地内部干燥地区，河水沿途消失于沙漠或注入内陆湖泊的河流。供给内陆河河水的区域称为内陆区域。

矿产资源 矿产资源指由地质作用形成的，具有利用价值的，呈固态、液态、气态的自然资源，是社会生产发展的重要物质基础。目前我国已发现矿种有170多种，按其特点和用途，可分为能源矿产(如煤炭、石油、天然气、地热)、金属矿产(如铁矿、锰矿、铜矿、铅矿、铝土矿)、非金属矿产(如金刚石、石灰岩、粘土)和水气矿产(如地下水、矿泉水、二氧化碳气)四大类。其中：金属矿产按其物质成份和性质又可分为：黑色金属矿产、有色金属矿产、贵金属矿产、稀有金属矿产、稀土金属矿产、分散元素金属矿产六类。

矿产基础储量 基础储量是查明矿产资源的一部分。它能满足现行采矿和生产所需的指标要求，是控制的、探明的并通过可行性或预可行性研究认为属于经济的、边界经济的部分，用未扣除设计、采矿损失的数量表示。

平均气温 气温指空气的温度，我国一般以摄氏度为单位表示。气象观测的温度表是放在离地面约1.5米处通风良好的百叶箱里测量的，因此，通常说的气温指的是离地面1.5米处百叶箱中的温度。计算方法：月平均气温是将全月各日的平均气温相加，除以该月的天数而得。年平均气温是将12个月的月平均气温累加后除以12而得。

年平均相对湿度 指空气中实际水气压与当时气温下的饱和水气压之比。其统计方法与气温相同。

降水量 指从天空降落到地面的液态或固态(经融化后)水，未经蒸发、渗透、流失而在地面上积聚的深度。计算方法：月降水量是将全月各日的降水量累加而得。年降水量是将12个月的月降水量累加而得。

全年日照时数 指太阳实际照射地面的时数，通常以小时为单位表示。其统计方法与降水量相同。

水资源总量 指当地降水形成的地表和地下产水总量，即地表径流量与降水入渗补给量之和。

地表水资源量 指河流、湖泊以及冰川等地表水体中可以逐年更新的动态水量，即天然河川径流量。

地下水资源量 指地下饱和含水层逐年更新的动态水量，即降水和地表水入渗对地下水的补给量。

地表水与地下水重复计算量 指地表水和地下水相互转化的部分，即天然河川径流量中的地下水排泄量和地下水补给量中来源于地表水的入渗补给量。

供水总量 指各种水源为用水户提供的包括输水损失在内的毛水量。

地表水源供水量 指地表水体工程的取水量，按蓄、引、提、调四种形式统计。从水库、塘坝中引水或提水，均属蓄水工程供水量；从河道或湖泊中自流引水的，无论有闸或无闸，均属引水工程供水量；利用扬水站从河道或湖泊中直接取水的，属提水工程供水量；跨流域调水指水资源一级区或独立流域之间的跨流域调配水量，不包括在蓄、引、提水量中。

地下水源供水量 指水井工程的开采量，按浅层淡水、深层承压水和微咸水分别统计。城市地下水源供水量包括自来水厂的开采量和工矿企业自备井的开采量。

其他水源供水量 包括污水处理再利用、集雨工程、海水淡化等水源工程的供水量。

用水总量 指各类用水户取用的包括输水损失在内的毛水量。

农业用水 包括农田灌溉用水、林果地灌溉用水、草地灌溉用水、鱼塘补水和畜禽用水。

工业用水 指工矿企业在生产过程中用于制造、加工、冷却、空调、净化、洗涤等方面的用水，按新水取用量计，不包括企业内部的重复利用水量。

生活用水 包括城镇生活用水和农村生活用水。城镇生活用水由居民用水和公共用水（含第三产业及建筑业等用水）组成；农村生活用水指居民生活用水。

生态环境补水 仅包括人为措施供给的城镇环境用水和部分河湖、湿地补水，而不包括降水、径流自然满足的水量。

一般工业固体废物产生量 指未被列入《国家危险废物名录》或者根据国家规定的危险废物鉴别标准（GB5085）、固体废物浸出毒性浸出方法（GB5086）及固体废物浸出毒性测定方法（GB／T 15555）鉴别方法判定不具有危险特性的工业固体废物。计算公式是：

一般工业固体废物产生量=（一般工业固体废物综合利用量－其中：综合利用往年贮存量）+一般工业固体废物贮存量+（一般工业固体废物处置量－其中：处置往年贮存量）+一般工业固体废物倾倒丢弃量

一般工业固体废物综合利用量 指报告期内企业通过回收、加工、循环、交换等方式，从固体废物中提取或者使其转化为可以利用的资源、能源和其他原材料的固体废物量（包括当年利用的往年工业固体废物累计贮存量）。如用作农业肥料、生产建筑材料、筑路等。综合利用量由原产生固体废物的单位统计。

一般工业固体废物处置量 指报告期内企业将工业固体废物焚烧和用其他改变工业固体废物的物理、化学、生物特性的方法，达到减少或者消除其危险成分的活动，或者将工业固体废物最终置于符合环境保护规定要求的填埋场的活动中，所消纳固体废物的量。

一般工业固体废物贮存量 指报告期内企业以综合利用或处置为目的，将固体废物暂时贮存或堆存在专设的贮存设施或专设的集中堆存场所内的量。专设的固体废物贮存场所或贮存设施必须有防扩散、防流失、防渗漏、防止污染大气、水体的措施。

一般工业固体废物倾倒丢弃量 指报告期内企业将所产生的固体废物倾倒或者丢弃到固体废物污染防治设施、场所以外的量。

危险废物产生量 指当年全年调查对象实际产生的危险废物的量。危险废物指列入国家危险废物名录或者根据国家规定的危险废物鉴别标准和鉴别方法认定的，具有爆炸性、易燃性、易氧化性、毒性、腐蚀性、易传染性疾病等危险特性之一的废物。按《国家危险废物名录》（环境保护部、国家发展和改革委员会 2008 部令第 1 号）填报。

危险废物综合利用量 指当年全年调查对象从危险废物中提取物质作为原材料或者燃料的活动中消纳危险废物的量。包括本单位利用或委托、提供给外单位利用的量。

危险废物处置量 指报告期内企业将危险废物焚烧和用其他改变工业固体废物的物理、化学、生物特性的方法，达到减少或者消除其危险成分的活动，或者将危险废物最终置于符合环境保护规定要求的填埋场的活动中，所消纳危险废物的量。处置量包括处置本单位或委托给外单位处置的量。

危险废物贮存量 指将危险废物以一定包装方式暂时存放在专设的贮存设施内的量。专设的贮存设施指对危险废物的包装、选址、设计、安全防护、监测和关闭等符合《危险废物贮存污染控制标准》（GB18597-2001）等相关环保法律法规要求，具有防扩散、防流失、防渗漏、防止污染大气和水体措施的设施。

生活垃圾清运量 指报告期收集和运送到各生活垃圾处理厂(场)和生活垃圾最终消纳点的生活垃圾数量。生活垃圾指城市日常生活或为城市日常生活提供服务的活动中产生的固体废物以及法律行政规定的视为城市生活垃圾的固体废物。包括：居民生活垃圾、商业垃圾、集市贸易市场垃圾、街道清扫垃圾、公共场所垃圾和机关、学校、厂矿等单位的生活垃圾。

生活垃圾无害化处理率 指报告期生活垃圾无害化处理量与生活垃圾产生量的比率。在统计上，由于生活垃圾产生量不易取得，可用清运量代替。计算公式为：

$$\text{生活垃圾无害化处理率}=\frac{\text{生活垃圾无害化处理量}}{\text{生活垃圾产生量}}\times 100\%$$

森林面积 包括郁闭度 0.2 以上的乔木林地面积和竹林面积，国家特别规定的灌木林地面积，农田林网以及村旁、路旁、水旁、宅旁林木的覆盖面积。

人工林面积 指由人工播种、植苗或扦插造林形成的生长稳定，(一般造林 3-5 年后或飞机播种 5-7 年后)每公顷保存株数大于或等于造林设计植树株数 80%或郁闭度 0.20 以上(含 0.20)的林分面积。

森林覆盖率 以行政区域为单位的森林面积占区域土地总面积的百分比。计算公式为：

$$\text{森林覆盖率}=\frac{\text{森林面积}}{\text{土地总面积}}\times 100\%$$

活立木总蓄积量 指一定范围土地上全部树木蓄积的总量，包括森林蓄积、疏林蓄积、散生木蓄积和四旁树蓄积。

森林蓄积量 指一定森林面积上存在着的林木树干部分的总材积。

造林面积 指在宜林荒山荒地、宜林沙荒地、无立木林地、疏林地和退耕地等其他宜林地上通过人工措施形成或恢复森林、林木、灌木林的过程。

人工造林 指在宜林荒山荒地、宜林沙荒地、无立木林地、疏林地和退耕地等其他宜林地上通过播种、植苗和分植来提高森林植被覆被率的技术措施。

飞播造林 通过飞机播种，并辅以适当的人工措施，在自然力的作用下使其形成森林或灌草植被，提高森林植被覆被率或提高森林植被质量的技术措施。包括荒山飞播造林和飞播营林。

新封山育林 对宜林地、无立木林地、疏林地或低质低效有林地、灌木林地实施封禁并辅以人工促进手段，使其形成森林或灌草植被或提高林分质量的一项技术措施。包括无林地和疏林地封育以及有林地和灌木林地封育。

退化林修复 为改善林分的活力和结构，有效遏制防护林退化，提高林分质量和恢复森林功能，对结构失调和稳定性降低、功能退化甚至丧失且自然更新能力弱的林分采取的结构调整、树种替换、补植补播、嫁接复壮等森林经营措施。

人工更新造林 指在采伐迹地、火烧迹地、林中空地上通过人工造林重新形成森林的过程。包括通过松土除草、平茬或断根复壮、补植补播、除蘖间苗等措施促进目的树种幼苗幼树生长发育的人工促进天然更新。

湿地 指天然或人工、长久或暂时性的沼泽地、泥炭地或水域地带，包括静止或流动、淡水、半咸水、咸水体，低潮时水深不超过 6 米的水域以及海岸地带地区的珊瑚滩和海草床、滩涂、红树林、河口、河流、淡水沼泽、沼泽森林、湖泊、盐沼及盐湖。

自然保护区 指为了保护自然环境和自然资源，促进国民经济的持续发展，将一定面积的陆地和水体划分出来，并经各级人民政府批准而进行特殊保护和管理的区域个数。根据保护对象，自然保护区分为自然生态系统类、野生生物类、自然遗迹类。风景名胜区、文物保护区不计在内。

滑坡 指斜坡上不稳定的岩土体在重力作用下沿一定软弱面(或滑动带)整体向下滑动的物理地质现象。

崩塌 指陡坡上大块的岩土体在重力作用下突然脱离母体崩落的物理地质现象。

泥石流 指山地突然爆发的饱含大量泥沙、石块的特殊洪流。

地面塌陷 指地表岩、土体在自然或人为因素作用下向下陷落，并在地面形成塌陷坑(洞)的一种动力地质现象。

森林火灾次数 指发生在城市市区外的一切森林、林木和林地的火灾次数。按照受害森林面积和伤亡人数，森林火灾分为一般森林火灾、较大森林火灾、重大森林火灾和特别重大森林火灾：1.一般森林火灾：受害森林面积在 1 公顷以下或者其他林地起火的，或者死亡 1 人以上 3 人以下的，或者重伤 1 人以上 10 人以下的；2.较大森林火灾：受害森林面积在 1 公顷以上 100 公顷以下的，或者死亡 3 人以上 10 人以下的，或者重伤 10 人以上 50 人以下的；3.重大森林火灾：受害森林面积在 100 公顷以上 1000 公顷以下的，或者死亡 10 人以上 30 人以下的，或者重伤 50 人以上 100 人以下的；4.特别重大森林火灾：受害森林面积在 1000 公顷以上的，或者死亡 30 人以上的，或者重伤 100 人以上的。本条所称“以上”包括本数，“以下”不包括本数。

林业有害生物 危害森林、林木、荒漠植被、湿地植被等的病虫鼠兔及有害植物。

突发环境事件 指突然发生，造成或可能造成重大人员伤亡、重大财产损失和对全国或者某一地区的经济社会稳定、政治安定构成重大威胁和损害，有重大社会影响的涉及公共安全的环境事件。

发生地震灾害次数 指发生形成灾害(包括人员伤亡或经济损失)的所有震级的地震次数。

Explanatory Notes on Main Statistical Indicators

Cultivated Land refers to land mainly for the regular cultivation of farm crops (including vegetables), with some fruit trees, mulberry trees and others, covers cultivated land, newly-developed land, reclaimed land, consolidated land, fallow, beach land that can guarantee one harvest per year on average. It also covers fixed ditch, canal, road and sill (ridge) with width less than 1 meter in the South and 2 meters in the North, lands planted temporarily with herbs, grass, flowers and nursery stocks, and other cultivated land with temporary change of use.

Garden Land refers to land for intensive cultivation of perennial woody plants and herbs to collect fruits, leaves, roots, stems and juice, with a covering rate over 50% and plant number per mu over 70% of rational plant number. Land for nursery is included.

Forestland refers to land for planting arbor, bamboo, bush shrub and land in coastal zones for planting mangrove. It includes slash, but not the green belts in residential area, forests requested for railway and highway, and the dike protection forest around rivers and ditches.

Pastureland refers to land mainly for the growth of herbs.

Volume of Runoff refers to the total volume of water running through a certain cross section of a river during a certain period of time, reflecting the water resource condition in a country or a region. The formula for calculating volume of runoff is as follows:

Runoff =Precipitation-Evaporation

Drainage Area Each river has its own main stream and branches to form the water system of the river. Each river has its own catchment's area, which is also called as the drainage area of the river.

Out-flowing Rivers refer to rivers directly or indirectly flowing into the sea. The area providing water to the out-flowing rivers is called as out-flowing area.

Inland Rivers refer to rivers in inland dry areas that die away in desert on the way or infuse into inland lakes. The area providing water to the inland rivers is called as inland area.

Mineral Resources refer to useful minerals, with solid state, liquid state, gaseity, due to the geological process. Minerals are important natural resources, and important material base for social development. At present, there are more than 170 types of minerals discovered in China. They can be categorized into four groups: energy producing minerals (including coal, petroleum, natural gas and terrestrial heat), metallic minerals (including iron, manganese, copper, lead and bauxite), non metallic minerals (including diamond, limestone and clay), and water/gas related minerals (including ground water, mineral water and carbon dioxide). Metallic minerals can be further classified as ferrous, non-ferrous, noble metal, rare metal, rare earth metal and dispersed metals.

Ensured Mineral Reserves refer to the actual mineral reserves, which equal to the proven mineral reserves (including industrial reserves and prospective reserves) minus extracted parts and underground losses.

Average Temperature refers to the air temperature. China uses centigrade as the unit. The thermometry used for weather observation is put in a breezy shutter, which is 1.5 meters high from the ground. Therefore, the commonly used temperature refers to the temperature in the breezy shutter 1.5 meters away from the ground. The calculation method is as follows:

Monthly average temperature is the summation of average daily temperature of one month divided by the actual days of that particular month.

Annual average temperature is the summation of monthly average of a year divided by 12 months.

Average Annual Relative Humidity refers to the ratio of actual water vapour pressure to the saturation water vapour pressure under the current temperature. The calculation method is the same as that of temperature.

Volume of Precipitation refers to the deepness of liquid state or solid state (thawed) water falling from the sky to the ground that has not been evaporated, infiltrated or run off. The calculation method is as follows:

Monthly precipitation is the summation of daily precipitation of a month.

Annual precipitation is the summation of 12 months precipitation of a year.

Annual Sunshine Hours refer to the actual hours of sun irradiating the earth, usually expressed in hours. The calculation method is the same as that of the precipitation.

Total Water Resources refers to total volume of surface water and groundwater and is measured as run-off for surface water and replenishment of groundwater with rainfall in local area.

Surface Water Resources refers to total volume of year by year renewable dynamic resources which exist in rivers, lakes, glaciers and other surface water and are the natural run-off of rivers.

Groundwater Resources refers to total volume of year by year renewable dynamic resources which exist in saturation acquifers of groundwater and are measured as replenishment of groundwater with rainfall and surface water.

Duplicated Measurement between Surface Water and Groundwater refers to mutual exchange between surface water and groundwater, i.e. run-off of rivers includes some depletion into groundwater while groundwater includes some replenishment from surface water.

Water Supply refers to gross water of various sources

supplied to consumers, including losses during distribution.

Surface Water Supply refers to withdrawals by surface water supply system, broken down with storage, flow, pumping and transfer. Supply from storage projects includes withdrawals from reservoirs; supply from flow includes withdrawals from rivers and lakes with natural flows no matter if there are locks or not; supply from pumping projects includes withdrawals from rivers or lakes with pumping stations; and supply from transfer refers to water supplies transferred from first-level regions of water resources or independent river drainage areas to others, and should not be covered under supplies of storage, flow and pumping.

Groundwater Supply refers to withdrawals from supplying wells, broken down with shallow layer freshwater, deep layer freshwater and slightly brackish water. Groundwater supply for urban areas includes water mining by both waterworks and own wells of enterprises.

Other Water Supply Sources include supplies by waste-water treatment, rain collection, seawater desalinization and other water projects.

Water Use refers to gross water used by various water users, including losses during distribution.

Water Use by Agriculture includes uses of water by irrigation of farming fields, forestry and orchards, irrigation of grassland, replenishment of fishing farms and water used by animal husbandry.

Water Use by Industry refers to new withdrawals of water, excluding reuse of water within enterprises.

Water Use by Living Consumption includes use of water for living consumption in both urban and rural areas. Urban water use by living consumption is composed of household use and public use (including tertiary industry and construction). Rural water use by living consumption includes water used by households.

Water Use by Ecological and Environmental Protection includes replenishment of rivers and lakes and use for urban environment.

Common Industrial Solid Wastes Produced refers to the industrial solid wastes that are not listed in the 《National Catalogue of Hazardous Wastes》, or not regarded as hazardous according to the national hazardous waste identification standards (GB5085), solid waste-Extraction procedure for leaching toxicity (GB5086) and solid waste-Extraction procedure for leaching toxicity (GB/T 15555). The calculation formula is as followed:

Common Industrial Solid Wastes Produced = (common industrial solid wastes utilized – the proportion of utilized stock of previous years) + common industrial solid waste stock + (common industrial solid wastes disposed – the proportion of disposed stock of previous years) + common industrial solid wastes discharged.

Common Industrial Solid Wastes Comprehensively Utilized refers to volume of solid wastes from which useful materials can be extracted or which can be converted into usable resources, energy or other materials by means of reclamation, processing, recycling and exchange (including utilizing in the year the stocks of industrial solid wastes of the previous year) during the report period, e.g. being used as agricultural fertilizers, building materials or as material for paving road. Examples of such utilizations include fertilizers, building materials and road materials. The information shall be collected by the producing units of the wastes.

Common Industrial Solid Wastes Disposed refers to the quantity of industrial solid wastes which are burnt or specially disposed using other methods to alter the physical, chemical and biological properties and thus to reduce or eliminate the hazard, or placed ultimately in the sites meeting the requirements for environmental protection during the report period.

Stock of Common Industrial Solid Wastes refers to the volume of solid wastes placed in special facilities or special sites by enterprises for purposes of utilization or disposal during the report period. The sites or facilities should take measures against dispersion, loss, seepage, and air and water contamination.

Common Industrial Solid Wastes Discharged refers to the volume of industrial solid wastes dumped or discharged by producing enterprises to disposal facilities or to other sites.

Hazardous Wastes Produced refers to the volume of actual hazardous wastes produced by surveyed samples throughout the year of the survey. Hazardous waste refers to those included in the national hazardous wastes catalogue or specified as any one of the following properties in light of the national hazardous wastes identification standards and methods: explosive, ignitable, oxidizable, toxic, corrosive or liable to cause infectious diseases or lead to other dangers. The report of this indicator should follow the 《National Catalogue of Hazardous Wastes》 (the NO.1 Ministry Order in 2008 by the Ministry of Environment Protection and National Development and Reform Commission).

Hazardous Wastes Utilized refers to the volume of hazardous wastes that are used to extract materials for raw materials or fuel throughout the year of the survey, including those utilized by the producing enterprise and those provided to other enterprises for utilization.

Hazardous Wastes Disposed refers to the quantity of hazardous wastes which are burnt or specially disposed using other methods to alter the physical, chemical and biological properties and thus to reduce or eliminate the hazard, or placed ultimately in the sites meeting the requirements for environmental protection during the report period.

Stock of Hazardous Wastes refers to the volume of hazardous wastes specially packaged and placed in special facilities or special sites by enterprises. The special stock facilities should meet the requirements set in relevant environment protection laws and regulations such as "Pollution Control Standards for Hazardous Waste Stock" (GB18597-2001) in regard to package of hazardous waste, location, design, safety, monitoring and shutdown, and take measures against dispersion, loss, seepage, and air and water contamination.

Consumption Wastes Transported refers to volume of consumption wastes collected and transported to disposal factories or sites during the reference period. Consumption wastes are solid wastes produced from urban households or from service activities for urban households, and solid wastes regarded by laws and regulations as urban consumption wastes, including those from households, commercial activities, markets, cleaning of streets, public sites, offices, schools, factories, mining units and other sources.

Ratio of Consumption Wastes Treated refers to consumption wastes treated over that produced. In practical statistics, as it is difficult to estimate, the volume of consumption wastes produced is replaced with that transported. It is calculated as:

$$\text{Ratio of consumption wastes treated} = \frac{\text{consumption wastes treated}}{\text{consumption wastes produced}} \times 100\%$$

Forest Area refers to the area of trees and bamboo grow with a canopy density above 0.2 degree, the area of shrubby tree according to regulations of the government, the area of forest land inside farm land and the area of trees planted by the side of villages, farm houses and along roads and rivers.

Area of Man-made Forests refer to the area of stable growing forests, planted manually or by airplanes, with a survival rate of 80% or higher of the designed number of trees per hectare, or with a canopy density of 0.20 degree or above after 3-5 years of manual planting or 5-7 years of airplane planting.

Forest Coverage Rate Taking the administrative jurisdiction as the unit, the percentage of area of afforested land to the area of total land. The formula for calculating forest coverage rate is as follows:

$$\text{Forestry coverage rate} = \frac{\text{Area of Afforested Land}}{\text{Area of Total Land}} \times 100\%$$

Total Standing Stock Volume refers to the total stock volume of trees growing in land, including trees in forest, trees in sparse forest, scattered trees and trees planted by the side of villages, farm houses and along roads and rivers.

Stock Volume of Forest refers to total stock volume of wood growing in forest area, which shows the total size and level of forest resources of a country or a region.

Area of Afforestation refers to the total area of land suitable for afforestation, including barren hills, idle land, sand dunes, non-timber forest land, woodland and "grain for green" land, on which acres of forests, trees and shrubs are planted through manual planting.

Manual Planting refers to technical measures of sowing, planting seedlings and divided transplanting on land suitable for afforestation, including barren hills, idle land, sand dunes, non-timber forest land, woodland and "grain for green" land to increase vegetation coverage rate of forests.

Airplane Planting refers to technical measures of airplane planting with of appropriate artificial help taken under the influence of natural power to restore certain amount of seedlings on land suitable for afforestation, , with an aim of increasing vegetation coverage rate of forests or improving forest quality. It includes barren afforestation and aerial seeding forest afforestation.

New Closing Hillsides to Facilitate Afforestation is a technical measure by banning and aritificial means to form forest or shrub and grass or improve forest quality land, to suitable for forest, forest land without stumpage, sparse forest land, or low quality forest, shrub forest.

Restoration of Degraded Forest In order to improve the vitality and structure of forest, effectively curb forest degradation, improve forest quality and restore forest function, management measures are taken to the forest of structural imbalance and stability reduction, function reduction or even loss and natural regeneration ability is weak, which include structural adjustment, species replacement, replanting sowing, grafting rejuvenation, etc.

Artificial Regeneration refers to forest reforming process in logging slash, Slash Burning, the glade through afforestation. Including artificially promoting natural regeneration of promoting the growth and development of target tree species seedlings by weeding, root pruning or stubble rejuvenation, sowing and replanting, removing tillering and thinning, etc.

Wetlands refer to marshland and peat bog, whether natural or man-made, permanent or temporary; water covered areas, whether stagnant or flowing, with fresh or semi-fresh or salty water that is less than 6 meters deep at low tide; as well as coral beach, weed beach, mud beach, mangrove, river outlet, rivers, fresh-water marshland, marshland forests, lakes, salty bog and salt lakes along the coastal areas.

Natural Reserves refer to number of certain areas of land, or waters that have been set aside and put under special protection and management in order to protect natural environment and natural resources, and promote the sustainable development of national economy. They are subject to formal approval from governments of various levels. According to the protected targets, natural reserves can be divided into three categories: reserves of natural ecological system, natural reserves of wildlife species, and natural heritage of historical significance.Scenic spots and cultural preservation zones are not included.

Landslides refer to the geological phenomenon of unstable rocks and earth on slopes sliding down along certain soft surface as a result of gravitational force.

Collapse refers to the geological phenomenon of large mass of rocks or earth suddenly collapsing from the mountain or cliff as a result of gravitational force.

Mud-rock Flow refers to the sudden rush of flood torrents containing large amount of mud and rocks in

mountainous areas.

Land Subside refers to the geological phenomenon of surface rocks or earth subsiding into holes or pits as a result of natural or human factors.

Number of Forest Fires refers to the number of fires in forests, woods and woodland outside of the downtown areas of cities. In light of the area plagued by fires and the number of casualties, forest fires can be categorized into usual forest fires, relatively larger fires, serious forest fires and extraordinary serous forest fires: 1). Usual forest fires: the destructed forest area is less than 1 hectare, or the fire erupts in other woodland, or the number of deaths is no less than 1 but less than 3, or the number of seriously injured persons is no less than 1 but less than 10 persons. 2). Relatively larger forest fires: the destructed forest area is no less than 1 hectare but less than 100 hectares, or the number of deaths is no less than 3 but less than 10, or the number of seriously injured persons is no less than 10 but less than 50 persons. 3). Serious forest fires: the destructed forest area is no less than 100 hectares but less than 1000 hectares, or the number of deaths is no less than 10 but less than 30, or the number of seriously injured persons is no less than 50 but u less than 100 persons. 4). Extraordinary serious forest fires: the destructed forest area is no less than 1000 hectares, or the number of deaths is no less than 30, or the number of seriously injured persons is no less than 100 persons.

Forest Harmful Organisms refer to the diseases, pests, rats and harmful plants that plague forests,wood, desert and wetland vegetation.

Environmental Emergencies refer to environmental emergencies that caused or likely to cause significant causalities, serious property damages and pose a major threat and damage to the economic, social or political stability of the country or a region, or have significant social impact that related to the public safety.

Number of Earthquakes the number of earthquakes of all magnitude that cause damages (including casualties or economic losses).

9

能　源

Energy

简 要 说 明

一、本篇资料的主要内容

本篇包括的主要内容有能源生产、消费及品种构成，能源生产和消费弹性系数，综合能源平衡表和主要能源品种的单项平衡表，分行业、分主要能源品种的消费量，能源加工转换效率及生活用能源消费量等。从2013年开始，增加全国单位国内生产总值能耗和发电装机容量等指标。

二、本篇资料的统计范围

本篇资料的统计范围为全社会。

三、本篇的资料来源

9-1表数据来自能源产品产量统计，并以此为依据计算；9-14、9-15表数据来自电力企业联合会；其他表的数据均来自历年能源平衡表。

四、关于数据口径与计算方法的说明

1.一次能源生产量与能源产品产量统计数字一致。

2.能源生产与消费弹性系数分别以能源生产、消费增长速度与国内生产总值增长速度相比求得。

3.能源平衡表中，进口量和出口量采用海关统计数据。进口量中包括我国轮船、飞机在国外加油量，出口量中包括外国轮船、飞机在我国加油量。电力折算标准煤系数按平均发电煤耗计算。

4.能源加工转换效率表中，电力折算标准煤系数采用当量值计算，每千瓦小时折0.1229千克标准煤。

5.GDP按可比价格计算。

Brief Introduction

I. Main Contents

Data in this chapter cover mainly energy production, consumption, and composition; elasticity ratio of energy production and consumption; overall balance sheet of energy and balance sheets by different types of energy; consumption of energy by sector and by types of energy; efficiency of energy processing and conversion; and the consumption of energy for non-production uses. Since 2013, indicators like energy consumption per unit of GDP and installed power-generating capacity are also included.

II. The Scope of Data

The scope of data in this chapter is the whole country.

III. Sources of Data

Data in Table 9-1 are calculated on the basis of statistics on output of energy products; data in Tables 9-14 and 9-15 come from the Association of Power Generation Enterprises; and data in other tables in this chapter are from the energy balance sheets over the years.

IV. Notes on Coverage and Compilation of Data

(1) The data on production of primary energy are the same as the corresponding data on output of energy products.

(2) The elasticity ratio of energy production is calculated as the quotient of the growth rate of energy production divided by the growth rate of GDP; and the elasticity ratio of energy consumption is calculated as the quotient of the growth rate of energy consumption divided by the growth rate of GDP.

(3) In the energy balance sheet, data on imports and exports are from Customs statistics. The refueling by Chinese ships and airplanes abroad is included in imports. The refueling by foreign ships and airplanes in China is included in exports. The coefficient for conversion of electric power into the standard coal equivalent is calculated according to the average consumption of coal for generating electricity.

(4) In the table on the efficiency of energy conversion, the coefficient for the conversion of electric power into the standard coal equivalent is calculated on the basis of the heat value equivalent. One kilowatt is equal to 0.1229 kg SCE.

(5) Gross domestic product are calculated at constant prices.

9-1 能源生产总量及构成
Total Production of Energy and Its Composition

年 份 Year	能源生产总量 (万吨标准煤) Total Energy Production (10 000 tons of SCE)	占能源生产总量的比重 (%) As Percentage of Total Energy Production (%)			
		原 煤 Coal	原 油 Crude Oil	天然气 Natural Gas	一次电力及其他能源 Primary Electricity and Other Energy
1978	62770	70.3	23.7	2.9	3.1
1980	63735	69.4	23.8	3.0	3.8
1985	85546	72.8	20.9	2.0	4.3
1990	103922	74.2	19.0	2.0	4.8
1991	104844	74.1	19.2	2.0	4.7
1992	107256	74.3	18.9	2.0	4.8
1993	111059	74.0	18.7	2.0	5.3
1994	118729	74.6	17.6	1.9	5.9
1995	129034	75.3	16.6	1.9	6.2
1996	133032	75.0	16.9	2.0	6.1
1997	133460	74.3	17.2	2.1	6.5
1998	129834	73.3	17.7	2.2	6.8
1999	131935	73.9	17.3	2.5	6.3
2000	138570	72.9	16.8	2.6	7.7
2001	147425	72.6	15.9	2.7	8.8
2002	156277	73.1	15.3	2.8	8.8
2003	178299	75.7	13.6	2.6	8.1
2004	206108	76.7	12.2	2.7	8.4
2005	229037	77.4	11.3	2.9	8.4
2006	244763	77.5	10.8	3.2	8.5
2007	264173	77.8	10.1	3.5	8.6
2008	277419	76.8	9.8	3.9	9.5
2009	286092	76.8	9.4	4.0	9.8
2010	312125	76.2	9.3	4.1	10.4
2011	340178	77.8	8.5	4.1	9.6
2012	351041	76.2	8.5	4.1	11.2
2013	358784	75.4	8.4	4.4	11.8
2014	361866	73.6	8.4	4.7	13.3
2015	362000	72.1	8.5	4.9	14.5

注：电力折算标准煤的系数根据当年平均发电煤耗计算(下表同)。

a) The coefficient for conversion of electric power into SCE (standard coal equivalent) is calculated on the basis of the data on average coal consumption in generating electric power in the same year. The same applies to the tables following.

9-2 能源消费总量及构成
Total Consumption of Energy and Its Composition

年 份 Year	能源消费总量 (万吨标准煤) Total Energy Consumption (10 000 tons of SCE)	占能源消费总量的比重 (%) As Percentage of Total Energy Consumption (%)			
		煤 炭 Coal	石 油 Crude Oil	天然气 Natural Gas	一次电力及其他能源 Primary Electricity and Other Energy
1978	57144	70.7	22.7	3.2	3.4
1980	60275	72.2	20.7	3.1	4.0
1985	76682	75.8	17.1	2.2	4.9
1990	98703	76.2	16.6	2.1	5.1
1991	103783	76.1	17.1	2.0	4.8
1992	109170	75.7	17.5	1.9	4.9
1993	115993	74.7	18.2	1.9	5.2
1994	122737	75.0	17.4	1.9	5.7
1995	131176	74.6	17.5	1.8	6.1
1996	135192	73.5	18.7	1.8	6.0
1997	135909	71.4	20.4	1.8	6.4
1998	136184	70.9	20.8	1.8	6.5
1999	140569	70.6	21.5	2.0	5.9
2000	146964	68.5	22.0	2.2	7.3
2001	155547	68.0	21.2	2.4	8.4
2002	169577	68.5	21.0	2.3	8.2
2003	197083	70.2	20.1	2.3	7.4
2004	230281	70.2	19.9	2.3	7.6
2005	261369	72.4	17.8	2.4	7.4
2006	286467	72.4	17.5	2.7	7.4
2007	311442	72.5	17.0	3.0	7.5
2008	320611	71.5	16.7	3.4	8.4
2009	336126	71.6	16.4	3.5	8.5
2010	360648	69.2	17.4	4.0	9.4
2011	387043	70.2	16.8	4.6	8.4
2012	402138	68.5	17.0	4.8	9.7
2013	416913	67.4	17.1	5.3	10.2
2014	425806	65.6	17.4	5.7	11.3
2015	430000	64.0	18.1	5.9	12.0

9-3 综合能源平衡表
Overall Energy Balance Sheet

单位：万吨标准煤 (10 000 tons of SCE)

项目	Item	1990	1995	2000	2005	2010	2013	2014
可供消费的能源总量	**Total Energy Available for Consumption**	**96138**	**129535**	**144234**	**254619**	**365588**	**417415**	**426095**
一次能源生产量	Primary Energy Output	103922	129034	138570	229037	312125	358784	361866
回收能	Recovery of Energy		2312	3087	7452	8958		
进口量	Imports	1310	5456	14327	26823	57671	73420	77325
出口量(-)	Exports (-)	5875	6776	9327	11257	8803	8005	8271
年初年末库存差额	Stock Changes in the Year	-3219	-491	-2424	2564	-4363	-6784	-4825
能源消费总量	**Total Energy Consumption**	**98703**	**131176**	**146964**	**261369**	**360648**	**416913**	**425806**
在总量中:	Consumption by Sector							
农、林、牧、渔、水利业	Agriculture, Forestry, Animal Husbandry, Fishery and Water Conservancy	4852	5505	4233	6860	7266	8055	8094
工　业	Industry	67578	96191	103014	187914	261377	291131	295686
建筑业	Construction	1213	1335	2207	3486	5533	7017	7520
交通运输、仓储和邮政业	Transport, Storage and Post	4541	5863	11447	19136	27102	34819	36336
批发、零售业和住宿、餐饮业	Wholesale and Retail Trades, Hotels and Catering Services	1247	2018	3251	5917	7847	10598	10873
其他行业	Other Sectors	3473	4519	6118	10484	15052	19763	20084
生活消费	Household Consumption	15799	15745	16695	27573	36470	45531	47212
在总量中:	Consumption by Usage							
终端消费	End-use Consumption	94289	124252	140476	250877	337469	403814	413162
#工业	Industry	63239	89473	96871	177775	238652	278514	283420
加工转换损失量	Losses During the Process of Energy Conversion	2264	3634	2472	3882	14294	15994	17020
#炼焦	Coking	905		526	855	1595	2433	2731
炼油	Petroleum Refining	326		781	1273	1960	1899	2115
回收能	Recovery of Energy						13333	14578
损失量	Energy Losses	2150	3289	4016	6610	8885	10439	10201
平衡差额	**Balance**	**-2565**	**-1641**	**-2730**	**-6751**	**4940**	**502**	**289**

注：1.电力、热力按等价热值折算,因此加工转换损失量中不包括发电、供热损失量。村办工业包括在工业中(下表同)。
2.进口量包括我国飞机、轮船在国外加油量;出口量包括外国飞机、轮船在我国加油量。

a) Electric power and heat are converted on the basis of equal caloric value. Therefore, losses during the process of energy conversion do not include losses in power generation and heating. Energy consumption of industry include that of village industry. The same applies to the tables following.

b) The refueling by Chinese ships and airplanes abroad is included in imports. The refueling by foreign ships and airplanes in China is included in exports.

9-4 石油平衡表
Petroleum Balance Sheet

单位：万吨 (10 000 tons)

项　目	Item	1990	1995	2000	2005	2010	2013	2014
可供量	**Total Energy Available for Consumption**	**11435.0**	**16072.7**	**22631.4**	**32539.1**	**44178.4**	**49993.9**	**51861.8**
生产量	Output	13830.6	15005.0	16300.0	18135.3	20301.4	20991.9	21142.9
进口量	Imports	755.6	3673.2	9748.5	17163.2	29437.2	34264.8	36179.6
出口量(-)	Exports (-)	3110.4	2454.5	2172.1	2888.1	4079.0	4176.7	4213.9
年初年末库存差额	Stock Changes in the Year	-40.8	-151.0	-1245.0	128.8	-1481.2	-1086.1	-1246.8
消费量	**Total Energy Consumption**	**11485.6**	**16064.9**	**22495.9**	**32547.0**	**44101.0**	**49970.6**	**51814.4**
在消费量中:	Consumption by Sector							
农、林、牧、渔、水利业	Agriculture, Forestry, Animal Husbandry, Fishery and Water Conservancy	1033.6	1203.2	788.5	1451.7	1382.5	1650.3	1717.7
工　业	Industry	7321.6	9349.3	11248.5	14030.4	18555.0	17594.6	18217.5
建筑业	Construction	327.3	242.8	840.6	1502.2	2483.1	3090.6	3311.9
交通运输、仓储和邮政业	Transport, Storage and Post	1683.2	2863.6	6399.0	10928.5	15079.3	18967.6	19546.9
批发、零售业和住宿、餐饮业	Wholesale and Retail Trades, Hotels and Catering Services	77.6	333.9	247.0	375.6	481.0	565.4	563.2
其他行业	Other Sectors	757.8	1390.3	1635.9	1974.2	2578.2	3349.7	3152.0
生活消费	Non-production Consumption	284.5	682.0	1336.5	2284.4	3541.9	4752.4	5305.2
在消费量中:	Consumption by Usage							
终端消费	End-use Consumption	9304.7	13676.3	19950.1	29495.6	41243.4	47458.8	49134.0
#工　业	Industry	5180.4	7095.5	8860.0	11107.5	15857.8	15235.4	15584.5
中间消费(用于加工转换)	Intermediate Consumption (Consumed in Conversion)	1630.4	2230.0	2352.9	2896.0	2663.3	2295.7	2570.0
发　电	Power Generation	1234.4	1358.5	1178.2	1306.4	385.3	265.1	254.1
供　热	Heating	356.3	399.9	427.0	429.1	593.1	448.2	521.3
制　气	Gas Production	39.7	51.6	25.9	14.4			
炼油损失量	Losses in Petroleum Refining	295.8	420.1	721.9	1146.1	1684.8	1582.4	1794.6
损失量	Other Losses	254.7	158.6	192.9	155.4	194.4	216.1	110.3
平衡差额	**Balance**	**-50.6**	**7.8**	**135.4**	**-7.9**	**77.4**	**23.3**	**47.4**

注：1.生产量为原油产量。

2.进口量包括我国飞机、轮船在国外加油量；出口量包括外国飞机、轮船在我国加油量。

a) Data on output refer to the output of crude oil.

b) The refueling by Chinese ships and airplanes abroad is included in imports. The refueling by foreign ships and airplanes in China is included in exports.

9-5 煤炭平衡表
Coal Balance Sheet

单位：万吨 (10 000 tons)

项目	Item	1990	1995	2000	2005	2010	2013	2014
可供量	**Total Energy Available for Consumption**	**102221.1**	**133461.7**	**131894.5**	**235507.7**	**355577.6**	**425014.8**	**411833.5**
生产量	Output	107988.3	136073.1	138418.5	236514.6	342844.7	397432.2	387391.9
进口量	Imports	200.3	163.5	217.9	2621.6	18306.9	32701.8	29122.0
出口量(-)	Exports (-)	1729.0	2861.7	5506.5	7173.1	1910.6	750.8	574.2
年初年末库存差额	Stock Changes in the Year	-4238.5	86.8	-1235.3	3544.6	-3663.4	-4368.4	-4106.2
消费量	**Total Energy Consumption**	**105523.0**	**137676.5**	**135689.7**	**243375.4**	**349008.3**	**424425.9**	**411613.5**
在消费量中:	Consumption by Sector							
农、林、牧、渔、水利业	Agriculture,Forestry,Animal Husbandry, Fishery and Water Conservancy	2095.2	1856.7	1050.9	1801.7	2147.1	2450.6	2578.8
工业	Industry	81090.9	117570.7	121806.7	224766.1	329728.5	403157.0	390497.4
建筑业	Construction	437.6	439.8	536.8	603.6	730.6	811.4	913.6
交通运输、仓储和邮政业	Transport, Storage and Post	2160.9	1315.1	882.2	811.2	639.2	615.4	558.0
批发、零售业和住宿、餐饮业	Wholesale and Retail Trades, Hotels and Catering Services	1058.3	977.4	1461.0	2626.7	3192.0	3966.2	3767.0
其他行业	Other Sectors	1980.4	1986.7	1495.1	2727.3	3411.6	4135.6	4045.5
生活消费	Household Consumption	16699.7	13530.1	8457.0	10039.0	9159.2	9289.8	9253.2
在消费量中:	Consumption by Usage							
终端消费	End-use Consumption	60205.9	66156.1	50511.0	86385.6	114825.7	119491.4	116043.8
#工业	Industry	35773.8	46050.3	36628.0	67776.3	95545.9	98222.5	94927.7
中间消费（用于加工转换）	Intermediate Consumption (Consumed in Conversion)	41257.8	69487.6	81987.4	152207.7	222947.9	282355.3	272194.5
#发电	Power Generation	27204.3	44440.2	55811.2	103662.9	153742.5	195177.4	184525.3
供热	Heating	2995.5	5887.3	8794.1	13542.0	17553.1	22709.5	22444.9
炼焦	Coking	10697.6	18396.4	16496.4	33445.7	49950.4	62535.6	62893.9
炼油及煤制油	Petroleum Refineries and Coal-to-liquids					213.4	459.3	650.3
制气	Gas Production	360.4	763.7	960.0	1277.0	1040.1	845.6	948.4
洗选损耗	Losses in Coal Washing and Dressing	4059.3	2032.8	3191.2	4782.1	11234.6	22579.2	23375.2
平衡差额	**Balance**	**-3302.0**	**-4214.8**	**-3795.1**	**-7867.8**	**6569.3**	**588.8**	**220.0**

注：生产量为原煤产量。
a) Data on output refer to the output of raw coal.

9-6 电力平衡表
Electricity Balance Sheet

单位：亿千瓦小时 (100 million kwh)

项目	Item	1990	1995	2000	2005	2010	2013	2014
可供量	**Total Energy Available for Consumption**	**6230.4**	**10023.4**	**13472.7**	**24940.8**	**41936.5**	**54204.1**	**56381.8**
生产量	Output	6212.0	10077.3	13556.0	25002.6	42071.6	54316.4	56495.8
水电	Hydropower	1267.2	1905.8	2224.1	3970.2	7221.7	9202.9	10643.4
火电	Thermal Power	4944.8	8043.2	11141.9	20473.4	33319.3	42470.1	42686.5
核电	Nuclear Power		128.3	167.4	530.9	738.8	1116.1	1325.4
风电	Wind Power					446.2	1412.0	1560.8
进口量	Imports	19.3	6.4	15.5	50.1	55.5	74.4	67.5
出口量(-)	Exports (-)	0.9	60.3	98.8	111.9	190.6	186.7	181.6
消费量	**Total Energy Consumption**	**6230.4**	**10023.4**	**13472.4**	**24940.3**	**41934.5**	**54203.4**	**56383.7**
在消费量中:	Consumption by Sector							
农、林、牧、渔、水利业	Agriculture,Forestry,Animal Husbandry, Fishery and Water Conservancy	426.8	582.4	533.0	776.3	976.5	1026.9	1013.4
工业	Industry	4873.3	7659.8	10004.6	18521.7	30871.8	39236.9	40802.7
建筑业	Construction	65.0	159.6	159.8	233.9	483.2	675.1	721.7
交通运输、仓储和邮政业	Transport, Storage and Post	105.9	182.3	281.2	430.3	734.5	1000.9	1059.2
批发、零售业和住宿、餐饮业	Wholesale and Retail Trades, Hotels and Catering Services	76.2	199.5	418.7	752.3	1292.0	1876.9	1995.6
其他行业	Other Sectors	202.4	234.2	623.2	1340.9	2451.8	3397.6	3615.0
生活消费	Household Consumption	480.8	1005.6	1452.0	2884.8	5124.6	6989.2	7176.1
在消费量中:	Consumption by Usage							
终端消费	End-use Consumption	5795.8	9278.9	12535.7	23233.8	39366.3	51062.7	53283.8
#工业	Industry	4438.7	6915.3	9067.9	16815.2	28303.5	36096.2	37702.8
输配电损失量	Losses in Transmission	434.6	744.5	936.7	1706.5	2568.2	3140.7	3099.9

9-7 能源生产弹性系数
Elasticity Ratio of Energy Production

年 份 Year	能源生产比上年增长 (%) Growth Rate of Energy Production over Preceding Year (%)	电力生产比上年增长 (%) Growth Rate of Electricity Production over Preceding Year(%)	国内生产总值比上年增长 (%) Growth Rate of Gross Domestic Product (GDP) over Preceding Year(%)	能源生产弹性系数 Elasticity Ratio of Energy Production	电力生产弹性系数 Elasticity Ratio of Electricity Production
1985	9.9	8.9	13.4	0.74	0.66
1990	2.2	6.2	3.9	0.56	1.59
1991	0.9	9.1	9.3	0.10	0.98
1992	2.3	11.3	14.2	0.16	0.80
1993	3.6	15.3	13.9	0.26	1.10
1994	6.9	10.7	13.0	0.53	0.82
1995	8.7	8.6	11.0	0.79	0.78
1996	3.1	7.2	9.9	0.31	0.73
1997	0.3	5.1	9.2	0.03	0.55
1998	-2.7	2.7	7.8		0.35
1999	1.6	6.3	7.7	0.21	0.82
2000	5.0	9.4	8.5	0.59	1.11
2001	6.4	9.2	8.3	0.77	1.11
2002	6.0	11.7	9.1	0.66	1.29
2003	14.1	15.5	10.0	1.41	1.55
2004	15.6	15.3	10.1	1.54	1.51
2005	11.1	13.5	11.4	0.98	1.18
2006	6.9	14.6	12.7	0.54	1.15
2007	7.9	14.5	14.2	0.56	1.02
2008	5.0	5.6	9.7	0.52	0.58
2009	3.1	7.1	9.4	0.33	0.76
2010	9.1	13.3	10.6	0.86	1.25
2011	9.0	12.0	9.5	0.95	1.26
2012	3.2	5.8	7.9	0.40	0.73
2013	2.2	8.9	7.8	0.28	1.14
2014	0.9	4.0	7.3	0.12	0.55
2015	0.0	0.3	6.9		0.04

注：国内生产总值增长速度按不变价格计算(下表同)。

a) The growth rates of GDP are calculated at constant prices. The same applies to the tables following.

9-8 能源消费弹性系数
Elasticity Ratio of Energy Consumption

年 份 Year	能源消费比上年增长 (%) Growth Rate of Energy Consumption over Preceding Year (%)	电力消费比上年增长 (%) Growth Rate of Electricity Consumption over Preceding Year(%)	国内生产总值比上年增长 (%) Growth Rate of Gross Domestic Product (GDP) over Preceding Year(%)	能源消费弹性系数 Elasticity Ratio of Energy Consumption	电力消费弹性系数 Elasticity Ratio of Electricity Consumption
1985	8.1	9.0	13.4	0.60	0.67
1990	1.8	6.2	3.9	0.46	1.59
1991	5.1	9.2	9.3	0.55	0.99
1992	5.2	11.5	14.2	0.37	0.81
1993	6.3	11.0	13.9	0.45	0.79
1994	5.8	9.9	13.0	0.45	0.76
1995	6.9	8.2	11.0	0.63	0.75
1996	3.1	7.4	9.9	0.31	0.75
1997	0.5	4.8	9.2	0.05	0.52
1998	0.2	2.8	7.8	0.03	0.36
1999	3.2	6.1	7.7	0.42	0.79
2000	4.5	9.5	8.5	0.54	1.12
2001	5.8	9.3	8.3	0.70	1.12
2002	9.0	11.8	9.1	0.99	1.30
2003	16.2	15.6	10.0	1.62	1.56
2004	16.8	15.4	10.1	1.67	1.52
2005	13.5	13.5	11.4	1.18	1.18
2006	9.6	14.6	12.7	0.76	1.15
2007	8.7	14.4	14.2	0.61	1.01
2008	2.9	5.6	9.7	0.30	0.58
2009	4.8	7.2	9.4	0.51	0.77
2010	7.3	13.2	10.6	0.69	1.25
2011	7.3	12.1	9.5	0.77	1.27
2012	3.9	5.9	7.9	0.49	0.75
2013	3.7	8.9	7.8	0.47	1.14
2014	2.1	4.0	7.3	0.29	0.55
2015	0.9	0.5	6.9	0.13	0.07

9-9 按行业分能源消费量（2014年）

行　业	Sector	能源消费总量（万吨标准煤） Total Energy Consumption (10 000 tons of SCE)
消费总量	**Total Consumption**	**425806.07**
农、林、牧、渔、水利业	**Agriculture, Forestry, Animal Husbandry, Fishery and Water Conservancy**	**8094.27**
工业	**Industry**	**295686.44**
采掘业	**Mining and Quarrying**	**23026.02**
煤炭开采和洗选业	Mining and Washing of Coal	13079.88
石油和天然气开采业	Extraction of Petroleum and Natural Gas	4263.82
黑色金属矿采选业	Mining and Processing of Ferrous Metal Ores	2169.98
有色金属矿采选业	Mining and Processing of Non-Ferrous Metal Ores	1280.16
非金属矿采选业	Mining and Processing of Nonmetal Ores	1420.55
开采辅助活动	Support Activities for Mining	397.35
其他采矿业	Mining of Other Ores	414.28
制造业	**Manufacturing**	**245051.39**
农副食品加工业	Processing of Food from Agricultural Products	4119.47
食品制造业	Manufacture of Foods	1827.03
酒、饮料和精制茶制造业	Manufacture of Liquor, Beverages and Refined Tea	1515.74
烟草制品业	Manufacture of Tobacco	238.00
纺织业	Manufacture of Textile	6960.20
纺织服装、服饰业	Manufacture of Textile, Wearing Apparel and Accessories	938.06
皮革、毛皮、羽毛及其制品和制鞋业	Manufacture of Leather, Fur, Feather and Related Products and Footwear	618.83
木材加工和木、竹、藤、棕、草制品业	Processing of Timber,Manufacture of Wood,Bamboo,Rattan,Palm, and Straw Products	1513.01
家具制造业	Manufacture of Furniture	358.95
造纸和纸制品业	Manufacture of Paper and Paper Products	4040.56
印刷和记录媒介复制业	Printing and Reproduction of Recording Media	466.17
文教、工美、体育和娱乐用品制造业	Manufacture of Articles for Culture, Education, Arts and Crafts, Sport and Entertainment Activities	399.78
石油加工、炼焦和核燃料加工业	Processing of Petroleum, Coking and Processing of Nuclear Fuel	20217.46
化学原料和化学制品制造业	Manufacture of Raw Chemical Materials and Chemical Products	47527.76
医药制造业	Manufacture of Medicines	2184.90
化学纤维制造业	Manufacture of Chemical Fibers	1833.47
橡胶和塑料制品业	Manufacture of Rubber and Plastics Products	4459.17
非金属矿物制品业	Manufacture of Non-metallic Mineral Products	36592.46
黑色金属冶炼和压延加工业	Smelting and Pressing of Ferrous Metals	69342.42
有色金属冶炼和压延加工业	Smelting and Pressing of Non-ferrous Metals	17510.15
金属制品业	Manufacture of Metal Products	4811.45
通用设备制造业	Manufacture of General Purpose Machinery	3634.08
专用设备制造业	Manufacture of Special Purpose Machinery	1987.29
汽车制造业	Manufacture of Automobiles	3189.43
铁路、船舶、航空航天和其他运输设备制造业	Manufacture of Railway, Ship, Aerospace and Other Transport Equipments	897.13
电气机械和器材制造业	Manufacture of Electrical Machinery and Apparatus	2589.34
计算机、通信和其他电子设备制造业	Manufacture of Computers, Communication and Other Electronic Equipment	2971.45
仪器仪表制造业	Manufacture of Measuring Instruments and Machinery	318.62
其他制造业	Other Manufacture	1740.56
废弃资源综合利用业	Utilization of Waste Resources	193.95
金属制品、机械和设备修理业	Repair Service of Metal Products, Machinery and Equipment	54.51
电力、煤气及水生产和供应业	**Electric Power, Gas and Water Production and Supply**	**27609.03**
电力、热力生产和供应业	Production and Supply of Electric Power and Heat Power	25673.54
燃气生产和供应业	Production and Supply of Gas	709.02
水的生产和供应业	Production and Supply of Water	1226.47
建筑业	**Construction**	**7519.58**
交通运输、仓储和邮政业	**Transport, Storage and Post**	**36336.43**
批发、零售业和住宿、餐饮业	**Wholesale, Retail Trade and Hotel ,Restaurants**	**10873.01**
其他行业	**Others**	**20084.01**
生活消费	**Residential Consumption**	**47212.33**

Consumption of Energy by Sector (2014)

煤炭消费量 (万吨) Coal Consumption (10 000 tons)	焦炭消费量 (万吨) Coke Consumption (10 000 tons)	原油消费量 (万吨) Crude Oil Consumption (10 000 tons)	汽油消费量 (万吨) Gasoline Consumption (10 000 tons)	煤油消费量 (万吨) Kerosene Consumption (10 000 tons)	柴油消费量 (万吨) Diesel Oil Consumption (10 000 tons)	燃料油消费量 (万吨) Fuel Oil Consumption (10 000 tons)	天然气消费量 (亿立方米) Natural Gas Consumption (100 million cu.m)	电力消费量 (亿千瓦小时) Electricity Consumption (100 million kwh)
411613.50	**46884.94**	**51546.95**	**9776.37**	**2335.42**	**17165.30**	**4400.47**	**1868.94**	**56383.69**
2578.77	**34.85**		**216.60**	**0.75**	**1491.99**	**1.27**	**0.79**	**1013.39**
390497.43	**46749.60**	**51502.10**	**489.04**	**17.36**	**1595.28**	**2835.74**	**1221.33**	**40802.71**
37658.63	**292.19**	**1068.23**	**45.95**	**2.52**	**574.02**	**24.54**	**166.78**	**2594.81**
35613.40	87.92	0.09	12.49	1.89	196.37	0.47	12.68	939.66
194.99		1034.61	12.67	0.01	53.91	20.89	147.26	431.98
439.84	187.01		4.78	0.02	105.69	0.06	0.02	468.79
222.64	9.84		6.90	0.39	31.73	1.80	0.64	351.79
1026.75	7.39		4.19	0.21	68.27	0.20	0.07	241.50
158.62	0.03	33.52	4.69		117.65	1.12	6.12	27.96
2.39			0.22		0.42			133.13
175975.82	**46406.27**	**50433.54**	**410.57**	**14.78**	**952.61**	**2799.41**	**781.92**	**30390.97**
2778.84	9.87	0.02	30.25	0.21	49.36	2.77	2.99	611.92
1813.60	2.77		10.29	0.02	16.82	5.54	8.36	230.47
1326.34	1.39		6.92	0.02	11.25	1.47	5.43	159.89
52.07			0.57		2.26	0.47	1.81	52.44
2460.40	2.07		14.23	0.07	15.75	7.93	4.55	1541.18
296.95	1.13	0.02	12.25	0.04	14.53	0.82	1.82	213.03
162.24	0.74	0.01	7.07	0.08	5.77	1.69	0.21	151.43
659.82	1.31	0.33	6.85	0.09	12.19	0.14	0.50	264.40
60.67	1.67		4.92	0.01	7.31	0.26	1.08	88.90
4828.83	0.83	0.05	6.52	0.02	19.23	12.63	5.96	632.26
82.11	0.46		6.66	0.03	6.94	0.50	2.13	111.34
130.19	3.94	0.01	8.22	0.04	8.59	0.85	2.92	72.89
47773.92	46.39	46775.64	5.03	0.21	19.14	1786.61	142.08	718.82
27085.46	3419.39	3656.93	37.83	3.09	69.91	694.45	320.28	4627.78
1391.65	0.77		10.79	0.16	10.38	1.65	6.75	302.33
1070.18	0.36		0.98	0.02	1.68	3.56	3.10	351.62
1027.03	4.71	0.01	22.03	0.27	25.74	8.41	6.12	1170.61
33014.64	1039.94	0.17	29.46	1.09	294.03	191.91	92.90	3324.42
34526.78	40145.54	0.02	13.09	0.17	75.21	5.48	43.56	5795.60
11483.31	622.18	0.06	7.12	0.89	47.66	50.80	42.65	4399.37
520.97	100.19	0.01	21.85	0.98	31.15	7.18	14.32	1302.60
347.76	698.51	0.04	32.05	2.24	38.50	1.22	9.44	791.90
339.37	74.50	0.14	26.32	0.59	53.04	1.02	10.13	442.83
469.70	162.38	0.02	32.92	0.65	41.00	0.90	22.28	731.32
193.45	7.28	0.01	7.56	1.98	20.59	3.85	12.35	180.54
659.79	14.13	0.01	26.61	0.30	25.82	2.65	6.30	684.60
148.41	12.40		14.09	0.13	14.09	2.33	7.99	870.71
29.60	4.35	0.01	5.00	0.14	4.27	0.53	0.68	84.71
1171.36	0.25		1.36	0.69	2.14	0.02	1.98	440.69
65.03	26.71		0.77	0.02	4.29	1.44	0.65	29.76
5.37	0.09	0.01	0.95	0.52	3.98	0.35	0.60	10.61
176862.98	**51.14**	**0.33**	**32.52**	**0.06**	**68.65**	**11.79**	**272.63**	**7816.93**
176097.73	49.13	0.33	26.01	0.05	65.16	11.58	262.60	7290.67
720.30	1.99		3.04		1.91	0.19	9.76	138.79
44.95	0.02		3.47		1.58	0.02	0.27	387.47
913.60	**9.69**		**331.03**	**10.42**	**551.95**	**44.59**	**1.88**	**721.67**
557.97	**2.70**	**44.85**	**4665.01**	**2216.03**	**11042.80**	**1486.37**	**214.42**	**1059.24**
3767.01	**46.58**		**217.79**	**11.28**	**230.13**	**17.39**	**46.63**	**1995.60**
4045.50	**5.10**		**1738.07**	**50.73**	**1268.75**	**15.11**	**41.31**	**3614.98**
9253.22	**36.42**		**2118.83**	**28.85**	**984.40**		**342.58**	**7176.10**

9-10 能源加工转换效率
Efficiency of Energy Conversion

单位：%　　　　(%)

年份 Year	总效率 Total Efficiency	发电及电站供热 Electricity Generation and Heating by Power Stations	炼焦 Coking	炼油 Petroleum Refining
1983	69.93	36.94	91.18	99.16
1984	69.16	36.95	90.08	99.17
1985	68.29	36.85	90.79	99.10
1986	68.32	36.69	90.63	99.04
1987	67.48	36.75	90.46	98.81
1988	66.54	36.34	90.77	98.76
1989	66.51	36.74	90.30	98.57
1990	66.48	37.34	91.28	90.19
1991	65.90	37.60	89.90	98.10
1992	66.00	37.80	92.70	96.80
1993	67.32	39.90	98.05	98.49
1994	65.20	39.35	89.62	97.48
1995	71.05	37.31	91.99	97.67
1996	70.19	36.63	94.07	97.46
1997	69.76	35.89	94.01	97.37
1998	69.28	37.09	94.97	96.41
1999	69.25	37.04	96.13	97.51
2000	69.38	37.78	96.20	97.32
2001	69.70	38.15	96.47	97.60
2002	68.99	38.67	96.63	96.73
2003	69.38	38.46	96.13	96.38
2004	70.60	38.64	97.10	96.48
2005	71.11	38.97	97.14	96.94
2006	70.87	39.08	97.02	96.90
2007	71.23	39.80	97.54	97.17
2008	71.46	40.47	98.46	96.22
2009	72.41	41.23	98.00	96.74
2010	72.52	41.99	96.38	97.00
2011	72.19	42.13	96.30	97.41
2012	72.68	42.81	95.65	97.11
2013	72.96	43.12	95.60	97.65
2014	73.49	43.55	95.07	97.54

9-11 平均每天能源消费量
Average Daily Energy Consumption by Type of Energy

能源品种	Type of Energy	1990	1995	2000	2005	2010	2012	2013	2014
合计　（万吨标准煤）	**Total　(10 000 tons of SCE)**	**270.4**	**359.4**	**401.5**	**716.1**	**988.1**	**1098.7**	**1142.2**	**1166.6**
煤炭　（万吨）	Coal　(10 000 tons)	289.1	377.2	370.7	666.8	956.2	1124.9	1162.8	1127.7
焦炭　（万吨）	Coke　(10 000 tons)	18.9	29.4	29.6	68.8	106.0	122.4	125.6	128.5
原油　（万吨）	Crude Oil　(10 000 tons)	32.2	40.8	58.0	82.4	117.5	127.5	133.3	141.2
燃料油　（万吨）	Fuel Oil　(10 000 tons)	9.2	10.2	10.6	11.6	10.3	10.1	10.8	12.1
汽油　（万吨）	Gasoline　(10 000 tons)	5.2	8.0	9.6	13.3	19.1	22.3	25.7	26.8
煤油　（万吨）	Kerosene　(10 000 tons)	1.0	1.4	2.4	3.0	4.8	5.3	5.9	6.4
柴油　（万吨）	Diesel Oil　(10 000 tons)	7.4	11.8	18.6	30.1	40.3	46.4	47.0	47.0
天然气　（亿立方米）	Natural Gas (100 million cu.m)	0.4	0.5	0.7	1.3	3.0	4.1	4.7	5.1
电力　（亿千瓦小时）	Electricity　(100 million kwh)	17.1	27.5	36.8	68.3	114.9	136.0	148.5	154.5

9-12 生活能源消费量
Average Annual Energy Consumption for Households

能源品种	Type of Energy	1990	1995	2000	2005	2010	2012	2013	2014
合计 （万吨标准煤）	**Total (10 000 tons of SCE)**	**15799**	**15745**	**16695**	**27573**	**36470**	**42306**	**45531**	**47212**
煤炭 （万吨）	Coal (10 000 tons)	16700	13530	8457	10039	9159	9253	9290	9253
煤油 （万吨）	Kerosene (10 000 tons)	105	64	72	25	21	26	28	29
液化石油气 （万吨）	Liquefied Petroleum Gas (10 000 tons)	159	534	858	1329	1537	1635	1846	2173
天然气 （亿立方米）	Natural Gas (100 million cu.m)	19	19	32	79	227	288	323	343
煤气 （亿立方米）	Coal Gas (100 million cu.m)	29	57	126	145	167	137	107	97
热力 （万百万千焦）	Heat (10 billion kilo-joule)	8972	12637	23234	52044	67410	77608	81472	86482
电力 （亿千瓦小时）	Electricity (100 million kwh)	481	1006	1452	2885	5125	6219	6989	7176

9-13 人均生活能源消费量
Annual per Capita Energy Consumption of Households

年 份 Year	平均每人生活消费能源 (千克标准煤) Annual per Capita Consumption for Households (kg of SCE)	煤 炭 (千克) Coal (kg)	电 力 (千瓦小时) Electricity (kwh)	液化石油气 (千克) Liquefied Petroleum Gas (kg)	天然气 (立方米) Natural Gas (cu.m)	煤 气 (立方米) Coal Gas (cu.m)
1983	106.6	127.7	13.4	0.6	0.1	1.5
1984	113.5	134.9	15.3	0.6	0.4	1.6
1985	126.7	148.7	21.2	0.9	0.4	1.3
1986	127.3	148.3	23.2	1.1	0.6	1.3
1987	132.1	152.1	26.4	1.1	0.7	1.6
1988	141.0	159.1	31.2	1.2	1.4	1.6
1989	139.3	152.4	35.3	1.4	1.5	2.4
1990	139.2	147.1	42.4	1.4	1.6	2.5
1991	139.0	143.0	47.2	1.8	1.6	3.2
1992	134.2	126.9	54.9	2.1	1.8	4.4
1993	133.5	123.2	62.5	2.5	1.5	4.6
1994	129.3	109.5	72.7	3.2	1.7	6.3
1995	130.7	112.3	83.5	4.4	1.6	4.7
1996	120.5	83.0	87.7	5.9	1.7	6.4
1997	119.3	77.2	98.6	6.2	1.7	8.9
1998	119.0	73.1	104.2	6.9	1.9	9.7
1999	121.8	69.9	108.6	6.8	2.1	9.3
2000	132.0	67.0	115.0	6.8	2.6	10.0
2001	136.0	66.1	126.5	6.7	3.3	9.4
2002	146.0	65.7	138.3	7.6	3.6	9.8
2003	166.0	69.9	159.7	8.6	4.0	10.1
2004	191.0	75.4	184.0	10.4	5.2	10.7
2005	211.0	77.0	221.3	10.2	6.1	11.1
2006	230.0	76.6	255.6	11.5	7.8	12.7
2007	250.0	74.1	308.3	12.4	10.9	14.1
2008	254.0	69.1	331.9	11.0	12.8	13.9
2009	264.0	68.5	366.0	11.2	13.3	12.5
2010	273.0	68.5	383.1	10.5	17.0	12.5
2011	294.0	68.5	418.1	12.0	19.7	10.9
2012	313.0	69.0	460.4	12.1	21.3	10.2
2013	335.0	68.0	515.0	13.6	23.8	7.9
2014	346.1	67.8	526.0	15.9	25.1	7.1

注：计算消费量所使用的人口数为平均人口数。

a) Data in the table are calculated with the data on the annual average population.

9-14 分地区电力消费量
Electricity Consumption by Region

单位：亿千瓦小时 (100 million kwh)

地 区	Region	1995	2000	2005	2010	2014	2015
北 京	Beijing	261.74	384.43	570.54	809.90	937.05	952.72
天 津	Tianjin	178.99	234.05	384.84	645.74	794.36	800.60
河 北	Hebei	602.68	809.34	1501.92	2691.52	3314.11	3175.66
山 西	Shanxi	399.16	501.99	946.33	1460.00	1822.63	1737.21
内蒙古	Inner Mongolia	186.83	254.21	667.72	1536.83	2416.74	2542.87
辽 宁	Liaoning	622.81	748.89	1110.56	1715.26	2038.73	1984.89
吉 林	Jilin	267.60	291.37	378.23	576.98	667.81	651.96
黑龙江	Heilongjiang	409.38	442.28	555.85	747.84	859.42	868.97
上 海	Shanghai	403.27	559.45	921.97	1295.87	1369.03	1405.55
江 苏	Jiangsu	684.80	971.34	2193.45	3864.37	5012.54	5114.70
浙 江	Zhejiang	439.59	738.05	1642.31	2820.93	3506.39	3553.90
安 徽	Anhui	288.97	338.93	582.16	1077.91	1585.18	1639.79
福 建	Fujian	261.28	401.51	756.59	1315.09	1855.79	1851.86
江 西	Jiangxi	181.21	208.15	391.98	700.51	1018.52	1087.26
山 东	Shandong	741.07	1000.71	1911.61	3298.46	4223.49	5117.05
河 南	Henan	571.48	718.52	1352.74	2353.96	2919.57	2879.62
湖 北	Hubei	414.99	503.02	788.91	1330.44	1656.54	1665.16
湖 南	Hunan	374.76	406.12	674.43	1171.91	1430.88	1447.63
广 东	Guangdong	787.66	1334.58	2673.56	4060.13	5235.23	5310.69
广 西	Guangxi	220.77	314.44	510.15	993.24	1307.99	1334.32
海 南	Hainan	32.00	38.37	81.61	159.02	251.88	272.36
重 庆	Chongqing		307.61	347.68	626.44	867.24	875.37
四 川	Sichuan	582.85	521.23	942.59	1549.03	2014.79	1992.40
贵 州	Guizhou	203.70	287.78	486.97	835.38	1173.74	1174.21
云 南	Yunnan	223.71	273.58	557.25	1004.07	1529.38	1438.61
西 藏	Tibet				20.41	33.98	40.53
陕 西	Shaanxi	239.68	292.76	516.43	859.22	1226.01	1221.73
甘 肃	Gansu	241.06	295.33	489.48	804.43	1095.48	1098.72
青 海	Qinghai	69.02	109.10	206.56	465.18	723.21	658.00
宁 夏	Ningxia	92.38	136.17	302.88	546.77	848.75	878.33
新 疆	Xinjiang	119.67	182.98	310.14	661.96	1900.24	2160.34

注：2000年及以后为电力企业联合会数据。

a) Data since 2000 are provided by the Association of Power Generation Enterprises.

9-15 发电装机容量
Installed Capacity of Power Generation

单位：万千瓦 (10 000 kw)

年份 Year	发电装机容量 Installed Capacity of Power Generation	火电 Thermal Power	水电 Hydropower	核电 Nuclear Power	风电 Wind Power	太阳能发电 Solar Power	其他 Others
2000	31932	23754	7935	210	34		
2001	33849	25301	8301	210	38		
2002	35657	26555	8607	447	47		
2003	39141	28977	9490	619	55		
2004	44239	32948	10524	696	82		
2005	51718	39138	11739	696	106		
2006	62370	48382	13029	696	207		
2007	71822	55607	14823	908	420		
2008	79273	60286	17260	908	839		
2009	87410	65108	19629	908	1760	3	3
2010	96641	70967	21606	1082	2958	26	3
2011	106253	76834	23298	1257	4623	212	19
2012	114676	81968	24947	1257	6142	341	20
2013	125768	87009	28044	1466	7652	1589	8
2014	137018	92363	30486	2008	9657	2486	19
2015	152527	100554	31954	2717	13075	4218	9

注：本表数据根据中国电力企业联合会统计数据整理。

a) This table is compiled with the data from China Electricity Council.

9-16 平均每万元国内生产总值能源消费量
Energy Intensity by GDP

年 份 Year	万元国内生产总值能源消费量(吨标准煤/万元) Total Energy Consumption (tce/10 000 yuan)	万元国内生产总值煤炭消费量(吨/万元) Coal (ton/10 000 yuan)	万元国内生产总值焦炭消费量(吨/万元) Coke (ton/10 000 yuan)	万元国内生产总值石油消费量(吨/万元) Petroleum (ton/10 000 yuan)	万元国内生产总值原油消费量(吨/万元) Crude Oil (ton/10 000 yuan)	万元国内生产总值燃料油消费量(吨/万元) Fuel Oil (ton/10 000 yuan)	万元国内生产总值电力消费量(万千瓦小时/万元) Electricity (10 000 kW·h/10 000 yuan)
	国内生产总值按1980年可比价格计算 GDP is calculated at 1980 constant prices						
1980	13.14	13.30	0.94	1.91	2.01	0.67	0.66
1981	12.33	12.56	0.81	1.93	1.81	0.59	0.64
1982	11.81	12.20	0.76	1.56	1.65	0.53	0.62
1983	11.34	11.80	0.71	1.44	1.56	0.49	0.60
1984	10.57	11.18	0.66	1.29	1.37	0.43	0.56
1985	10.08	10.72	0.62	1.21	1.25	0.37	0.54
1986	9.75	10.38	0.63	1.17	1.23	0.36	0.54
1987	9.36	10.03	0.62	1.11	1.15	0.34	0.54
1988	9.03	9.65	0.59	1.08	1.09	0.31	0.53
1989	9.04	9.64	0.59	1.08	1.08	0.32	0.55
1990	8.85	9.47	0.62	1.03	1.06	0.30	0.56
	国内生产总值按1990年可比价格计算 GDP is calculated at 1990 constant prices						
1990	5.23	5.59	0.37	0.61	0.62	0.18	0.33
1991	5.03	5.36	0.35	0.60	0.60	0.17	0.33
1992	4.63	4.84	0.33	0.57	0.56	0.15	0.32
1993	4.32	4.51	0.33	0.55	0.52	0.14	0.31
1994	4.05	4.24	0.30	0.49	0.46	0.12	0.31
1995	3.90	4.09	0.32	0.48	0.44	0.11	0.30
1996	3.66	3.79	0.32	0.48	0.43	0.10	0.29
1997	3.36	3.41	0.27	0.48	0.43	0.09	0.28
1998	3.13	3.10	0.26	0.45	0.40	0.09	0.27
1999	3.00	2.97	0.23	0.45	0.40	0.08	0.26
2000	2.89	2.67	0.21	0.44	0.42	0.08	0.26
	国内生产总值按2000年可比价格计算 GDP is calculated at 2000 constant prices						
2000	1.47	1.35	0.11	0.22	0.21	0.04	0.13
2001	1.43	1.32	0.11	0.21	0.20	0.04	0.14
2002	1.43	1.30	0.11	0.21	0.19	0.03	0.14
2003	1.51	1.41	0.12	0.21	0.19	0.03	0.15
2004	1.60	1.48	0.13	0.22	0.20	0.03	0.15
2005	1.63	1.52	0.16	0.20	0.19	0.03	0.16
	国内生产总值按2005年可比价格计算 GDP is calculated at 2005 constant prices						
2005	1.40	1.30	0.13	0.17	0.16	0.02	0.13
2006	1.36	1.28	0.13	0.17	0.15	0.02	0.14
2007	1.29	1.20	0.13	0.15	0.14	0.02	0.14
2008	1.21	1.14	0.12	0.14	0.13	0.01	0.13
2009	1.16	1.12	0.13	0.13	0.13	0.01	0.13
2010	1.13	1.09	0.12	0.14	0.13	0.01	0.13
	国内生产总值按2010年可比价格计算 GDP is calculated at 2010 constant prices						
2010	0.87	0.84	0.09	0.11	0.10	0.01	0.10
2011	0.86	0.86	0.09	0.10	0.10	0.01	0.10
2012	0.82	0.84	0.09	0.10	0.10	0.01	0.10
2013	0.79	0.81	0.09	0.10	0.09	0.01	0.10
2014	0.75	0.73	0.08	0.09	0.09	0.01	0.10

主要统计指标解释

能源生产总量 指一定时期内，全国一次能源生产量的总和。该指标是观察全国能源生产水平、规模、构成和发展速度的总量指标。一次能源生产量包括原煤、原油、天然气、水电、核能及其他动力能(如风能、地热能等)发电量，不包括低热值燃料生产量、太阳热能等的利用和由一次能源加工转换而成的二次能源产量。

能源消费总量 是指一定地域内，国民经济各行业和居民家庭在一定时间消费的各种能源的总和。包括：原煤、原油、天然气、水能、核能、风能、太阳能、地热能、生物质能等一次能源；一次能源通过加工转换产生的洗煤、焦炭、煤气、电力、热力、成品油等二次能源和同时产生的其他产品；其他化石能源、可再生能源和新能源。其中水能、风能、太阳能、地热能、生物质能等可再生能源，是指人们通过一定技术手段获得的，并作为商品能源使用的部分。在核算过程中，一次能源、二次能源消费不能重复计算。能源消费总量分为终端能源消费量、能源加工转换损失量和能源损失量三部分。

(1)终端能源消费量：指一定时期内，全国生产和生活消费的各种能源在扣除了用于加工转换二次能源消费量和损失量以后的数量。

(2)能源加工转换损失量：指一定时期内，全国投入加工转换的各种能源数量之和与产出各种能源产品之和的差额。该指标是观察能源在加工转换过程中损失量变化的指标。

(3)能源损失量：指一定时期内，能源在输送、分配、储存过程中发生的损失和由客观原因造成的各种损失量，不包括各种气体能源放空、放散量。

能源生产弹性系数 是研究能源生产增长速度与国民经济增长速度之间关系的指标。计算公式：

$$\text{能源生产弹性系数}=\frac{\text{能源生产总量年平均增长速度}}{\text{国民经济年平均增长速度}}$$

国民经济年平均增长速度，可根据不同的目的或需要，用国民生产总值、国内生产总值等指标来计算，本年鉴是采用国内生产总值指标计算的。

电力生产弹性系数 是研究电力生产增长速度与国民经济增长速度之间关系的指标。一般来说，电力的发展应当快于国民经济的发展，也就是说电力应超前发展。计算公式为：

$$\text{电力生产弹性系数}=\frac{\text{电力生产量年平均增长速度}}{\text{国民经济年平均增长速度}}$$

能源消费弹性系数 反映能源消费增长速度与国民经济增长速度之间比例关系的指标。计算公式为：

$$\text{能源消费弹性系数}=\frac{\text{能源消费量年平均增长速度}}{\text{国民经济年平均增长速度}}$$

电力消费弹性系数 反映电力消费增长速度与国民经济增长速度之间比例关系的指标。计算公式为：

$$\text{电力消费弹性系数}=\frac{\text{电力消费量年平均增长速度}}{\text{国民经济年平均增长速度}}$$

能源加工转换效率 指一定时期内，能源经过加工、转换后，产出的各种能源产品的数量与同期内投入加工转换的各种能源数量的比率。该指标是观察能源加工转换装置和生产工艺先进与落后、管理水平高低等的重要指标。计算公式为：

$$\text{能源加工转换效率}=\frac{\text{能源加工转换产出量}}{\text{能源加工转换投入量}}\times 100\%$$

单位国内生产总值能耗 指一定时期内，一个国家或地区每生产一个单位的国内生产总值所消耗的能源。计算公式为：

$$\text{单位国内生产总值能耗}=\frac{\text{能源消费总量}}{\text{国内生产总值}}$$

单位国内生产总值电耗 指一定时期内，一个国家或地区每生产一个单位的国内生产总值所消耗的电力。计算公式为：

$$\text{单位国内生产总值电耗}=\frac{\text{全社会用电量}}{\text{国内生产总值}}$$

Explanatory Notes on Main Statistical Indicators

Total Energy Production refers to the total production of primary energy by all energy producing enterprises in the country in a given period of time. It is a comprehensive indicator to show the level, scale, composition and pace of development of energy production of the country. The production of primary energy includes that of coal, crude oil, natural gas, hydro-power and electricity generated by nuclear energy and other means such as wind power and geothermal power. However, it does not include the production of fuels of low calorific value, solar thermal and secondary energy converted from primary energy.

Total Energy Consumption refers to the total consumption of energy of various kinds by the production sectors of the economy and the households in a given period of time. It includes the primary kinds of energy such as coal, crude oil, natural gas, hydro-power, nuclear power, wind power, solar power, geothermal power and bio-energy; the secondary kinds of energy and their products which are transformed from the primary energy such as washed coal, coke, coal gas, electricity, heating, and petroleum products; and other kinds of fossil energy, renewable energy and new energy. The renewable energy, including hydro-power, wind power, solar power, geothermal power and bio-energy, refers to the part attained with some given technical means and used for commercial purposes. Total energy consumption can be divided into three parts: end-use energy consumption; loss during the process of energy conversion; and energy loss.

(1) End-use Energy Consumption: It refers to the total energy consumption by the production sectors and the households in the country (region) in a given period of time. It does not include the consumption during the conversion of primary energy into secondary energy and the loss in the process of energy conversion.

(2) Loss During the Process of Energy Conversion: It refers to the total input of various kinds of energy for conversion, minus the total output of various kinds of energy in the country in a given period of time. It is an indicator to show the loss that occurs during the process of energy conversion.

(3) Energy Loss: It refers to the total of the loss of energy during the course of energy transport, distribution and storage and the loss caused by any objective reason in a given period of time. The loss of various kinds of gas due to gas discharges and stocktaking is not included.

Elasticity Ratio of Energy Production is an indicator to show the relationship between the growth rate of energy production and the growth rate of the national economy. The formula is:

$$\text{Elasticity Ratio of Energy Production} = \frac{\text{Average Annual Growth Rate of Energy Production}}{\text{Average Annual Growth Rate of National Economy}}$$

The average annual growth rate of the national economy can be measured by indicators such as the Gross National Product and the Gross Domestic Product, depending on the purposes or needs. The Gross Domestic Product has been used in the calculation of the ratio in this Yearbook.

Elasticity Ratio of Electricity Production is an indicator to show the relationship between the growth rate of electricity production and the growth rate of the national economy. Generally speaking, the growth rate of electricity production should be higher than that of the national economy.

Its formula is:

$$\text{Elasticity Ratio of Electricity Production} = \frac{\text{Average Annual Growth Rate of Electricity Production}}{\text{Average Annual Growth Rate of National Economy}}$$

Elasticity Ratio of Energy Consumption is an indicator to show the relationship between the growth rate of energy consumption and the growth rate of the national economy. The formula is:

$$\text{Elasticity Ratio of Energy Consumption} = \frac{\text{Average Annual Growth Rate of Energy Consumption}}{\text{Average Annual Growth Rate of National Economy}}$$

Elasticity Ratio of Electricity Consumption is an indicator to show the relationship between the growth rate of electricity consumption and the growth rate of the national economy. The formula is:

$$\text{Elasticity Ratio of Electricity Consumption} = \frac{\text{Average Annual Growth Rate of Electricity Consumption}}{\text{Average Annual Growth Rate of National Economy}}$$

Efficiency of Energy Processing and Conversion refers to the ratio of the total output of energy products of various kinds after processing and conversion to the total input of energy of various kinds for processing and conversion in the same reference period. It is an important indicator to show the current conditions of energy processing and conversion equipment, production technique and management. The formula is:

$$\text{Efficiency of Energy Processing \& Conversion} = \frac{\text{Output of Energy After Processing \& Conversion}}{\text{Input of Energy for Processing \& Conversion}} \times 100\%$$

Energy Consumption per Unit of GDP refers to the energy consumption per unit of Gross Domestic Product in a country or the Gross Regional Product in a region in the same reference period. The formula is:

$$\text{Energy Consumption per Unit of GDP} = \frac{\text{Total Energy Consumption}}{\text{Gross Domestic Product}}$$

Electricity Consumption per Unit of GDP refers to the electricity consumption per unit of Gross Domestic Product in a country or the Gross Regional Product in a region in the same reference period. The formula is:

$$\text{Electricity Consumption per Unit of GDP} = \frac{\text{Total Electricity Consumption}}{\text{Gross Domestic Product}}$$

10

固定资产投资

Investment in Fixed Assets

简 要 说 明

一、本篇资料的主要内容

本篇资料通过对一定时期全社会建造和购置固定资产活动的数量方面的描述，反映报告期内固定资产投资的规模和速度、固定资产投资的结构和比例关系、固定资产投资的资金来源及固定资产投资的效果等。

二、本篇资料的统计范围

固定资产投资统计的范围包括：城乡建设项目投资，房地产开发投资，国防、人防建设项目投资及农户投资。

三、本篇的资料来源

跨省（区）项目资料来自国务院各部门；农户固定资产投资资料来自国家统计局住户调查办公室的住户调查；除此以外的固定资产投资统计资料均来自国家统计局固定资产投资统计司的统计调查。

四、本篇的统计调查方法

除农户固定资产投资统计采用抽样调查方法外，其他均为全面统计报表。

五、统计口径的变化

自1997年起，除房地产开发投资、非农户投资、农户投资及城镇和工矿区私人建房投资外，固定资产投资的统计起点由5万元提高到50万元。为便于比较，对1996年的相应数据作了全面调整，括号内的数为原口径数。

自2006年起，非农户固定资产投资统计改为按项目统计，调查方法由抽样调查改为全面统计报表，起点提高到50万元。

自2006年起，城镇和工矿区私人建房投资改为按项目统计，起点为50万元。

自2011年起，除房地产开发投资、农户投资外，固定资产投资项目统计起点，由计划总投资50万元及以上提高到500万元及以上。为了便于比较，对2010年的相应数据作了调整，括号内的数为原口径数。

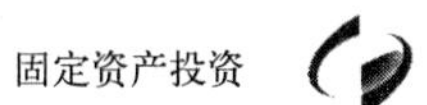

Brief Introduction

I. Main Contents

Statistics in this chapter describe activities on the construction and purchase of fixed assets of the whole country during a given period of time, and reflect the size, growth, structure, ratio, financing and results of the investment in fixed assets during the reference period.

II. Scope of Statistics

Statistics on the investment in fixed assets cover investments in capital construction projects in urban and rural areas, investments in real estate development, as well as investments in national defence projects and civil defence projects, and rural household investment.

III. Sources of Data

Data on trans-provincial projects are provided by various departments under the State Council. Data on investments in fixed assets by individuals in rural areas are provided by the Department of Rural Social and Economic Survey of the NBS through its rural social and economic survey. Other data on investments in fixed assets are from surveys conducted by the Department of Investment and Construction Statistics of the NBS.

IV. Methodology of Data Collection

All data on investments in fixed assets are collected by the system of reporting form with complete enumeration, except data on individual investments in fixed assets in rural areas, which are collected through sample surveys.

V. Changes in Statistical Scope

Since 1997, the cut-off point of projects covered by statistics of investment in fixed assets are raised from an investment of 50,000 yuan to 500,000 yuan, except investment in real estate development, farm household investment, non-farm household investment and private investment in housing construction in urban areas and industrial and mining areas. For the convenience of comparison, relevant data of 1996 are adjusted accordingly, and figures compiled on the basis of the old standard are enclosed in brackets.

Since 2006, statistics on investments in fixed assets of rural non-farm households are changed to project-based. Survey method is changed from sample survey to the system of reporting form with complete enumeration. The cut-off point has been raised to 500,000 yuan.

Since 2006, statistics on private investment in housing construction in urban areas and industrial and mining areas have become project-based. The cut-off point has been raised to 500,000 yuan.

Since 2011, the cut-off size of fixed assets investment projected rose from a total planned investment above 500 thousand yuan to 5 million yuan. Relevant data in 2010 are adjusted for the purpose of comparison, data in parenthesis are those of original statistical scope.

10-1 全社会固定资产投资主要指标
Total Investment in Fixed Assets in the Whole Country

指　　标	Item	2014	2015	2015年比上年增长(%) Growth Rate in 2015 over 2014 (%)
投资总额　（亿元）	**Total Investment　(100 million yuan)**	**512020.7**	**561999.8**	**9.8**
按构成分	Grouped by Structure			
建筑安装工程	Construction and Installation	349789.0	388163.5	11.0
设备工具器具购置	Purchase of Equipment and Instruments	101005.2	111110.2	10.0
其他费用	Others	61226.4	62726.1	2.4
按三次产业分	Grouped by Three Strata of Industry			
第一产业	Primary Industry	13802.8	17542.1	27.1
第二产业	Secondary Industry	207684.2	224258.6	8.0
第三产业	Tertiary Industry	290533.7	320199.1	10.2
本年实际到位资金小计(亿元)	**Actual Funds for Investment(100 million yuan)**	**543480.6**	**584198.8**	**7.5**
国家预算资金	State Budget	26745.4	30924.3	15.6
国内贷款	Domestic Loans	65221.0	61054.0	-6.4
利用外资	Foreign Investment	4052.9	2854.4	-29.6
自筹资金	Self-raising Funds	379737.8	414802.4	9.2
其他资金	Others	67723.4	74563.6	10.1
房屋建筑面积　（万平方米）	**Floor Space of Buildings　(10 000 sq.m)**			
施工面积	Floor Space under Construction	1355559.7	1292371.7	-4.7
#住宅	Residential Buildings	689041.2	669297.1	-2.9
竣工面积	Floor Space Completed	355068.4	350973.0	-1.2
#住宅	Residential Buildings	192545.0	179737.8	-6.7

注：1.投资实际到位资金为财务拨款数，各项相加不等于投资总额。
2.增长速度未扣除价格因素（以下各表同）。
3.自2013年起，三产划分按《国家统计局关于印发<三次产业划分规定>的通知》(国统字[2012]108号)执行，增速按可比口径计算。
4.根据第三次经济普查结果，对2013年全社会固定资产投资数据进行了修订，增速按修订后数据计算。

a) Sources of funds for investment refer to financial appropriation, and the subentry figures do not add up to the total.

b) The growth rates are calculated without removing the factor of price. The same applies to the tables following.

c) The new version of the classification of the primary, secondary and tertiary industries was applied in 2013. However, the growth in the table is calculated on a comparable basis.

d) The figures of the total investment in fixed assets in the whole country in 2013 have been revised according to the results of the 3rd National Economic Census. The growth rates are calculated according to the revised figures.

10-2 全社会固定资产投资和全社会住宅投资

Total Investment in Fixed Assets in the Whole Country and Total Investment in Residential Buildings in the Whole Country

单位：亿元 (100 million yuan)

年 份 地 区	Year Region	全社会投资 Total Investment in Fixed Assets	城 镇 Urban Area	#房地产开发 Real Estate Development	全社会住宅投资 Total Investment in Residential Buildings	城 镇 Urban Area	#房地产开发 Real Estate Development
	1995	20019.3	15643.7	3149.0	4736.7	3278.2	1753.1
	2000	32917.7	26221.8	4984.1	7594.1	5435.3	3312.0
	2005	88773.6	75095.1	15909.2	15427.2	12825.8	10860.9
	2006	109998.2	93368.7	19422.9	19333.1	16305.5	13638.4
	2007	137323.9	117464.5	25288.8	25005.0	21238.3	18005.4
	2008	172828.4	148738.3	31203.2	30881.2	26516.0	22440.9
	2009	224598.8	193920.4	36241.8	36428.2	30512.7	25613.7
	2010	(278121.9)	(241430.9)	(48259.4)	(45936.1)	(39473.7)	(34026.2)
		251683.8	243797.8	48259.4	45027.0	39763.1	34026.2
	2011	311485.1	302396.1	61796.9	57824.4	51773.4	44319.5
	2012	374694.7	364854.1	71803.8	64412.8	57844.3	49374.2
	2013	446294.1	435747.4	86013.4	74870.7	67483.4	58950.8
	2014	512020.7	501264.9	95035.6	80615.1	72888.4	64352.2
	2015	561999.8	551590.0	95978.8	80247.7	72746.0	64595.2
北 京	Beijing	7496.0	7446.0	4177.0	2072.6	2028.0	1889.5
天 津	Tianjin	11832.0	11814.6	1871.5	1521.1	1514.0	1251.5
河 北	Hebei	29448.3	28905.7	4285.3	3944.1	3541.8	3162.5
山 西	Shanxi	14074.2	13744.6	1494.9	2106.8	1889.8	1098.3
内蒙古	Inner Mongolia	13702.2	13529.2	1081.1	1107.4	1016.4	758.5
辽 宁	Liaoning	17917.9	17640.4	3558.6	2775.3	2641.6	2603.3
吉 林	Jilin	12705.3	12508.6	924.2	782.9	685.2	648.8
黑龙江	Heilongjiang	10182.9	9884.3	992.1	819.4	715.2	681.2
上 海	Shanghai	6352.7	6349.4	3468.9	1822.7	1820.0	1813.3
江 苏	Jiangsu	46246.9	45905.2	8153.7	6775.4	6527.2	6080.2
浙 江	Zhejiang	27323.3	26664.7	7111.9	5717.3	5145.2	4450.7
安 徽	Anhui	24386.0	23803.9	4424.9	3559.8	3150.2	2849.2
福 建	Fujian	21301.4	20974.0	4469.6	3287.7	3010.9	2865.0
江 西	Jiangxi	17388.1	16993.9	1520.1	1604.9	1273.1	1113.1
山 东	Shandong	48312.4	47381.5	5892.2	5542.4	5098.3	4399.4
河 南	Henan	35660.3	34951.3	4818.9	4533.6	3976.7	3529.2
湖 北	Hubei	26563.9	26086.4	4249.2	3555.7	3202.6	3020.5
湖 南	Hunan	25045.1	24324.2	2613.7	2504.8	1937.6	1802.9
广 东	Guangdong	30343.0	29950.5	8538.5	6527.6	6168.9	5890.5
广 西	Guangxi	16227.8	15654.9	1909.1	1913.6	1514.1	1407.8
海 南	Hainan	3451.2	3355.4	1704.0	1384.5	1296.9	1246.8
重 庆	Chongqing	14353.2	14208.1	3751.3	2600.9	2490.5	2390.5
四 川	Sichuan	25525.9	24965.6	4813.0	4034.1	3601.2	3048.7
贵 州	Guizhou	10945.5	10676.7	2205.1	1682.3	1480.3	1327.8
云 南	Yunnan	13500.6	13069.4	2669.0	2549.3	2202.8	1670.3
西 藏	Tibet	1295.7	1295.7	50.0	68.1	68.1	39.6
陕 西	Shaanxi	18582.2	18231.0	2494.3	2568.1	2274.5	1827.8
甘 肃	Gansu	8754.2	8626.6	768.1	792.0	725.2	526.6
青 海	Qinghai	3210.6	3144.2	336.0	322.9	273.2	201.4
宁 夏	Ningxia	3505.4	3426.4	633.6	501.5	444.2	396.7
新 疆	Xinjiang	10813.0	10525.4	998.9	1269.0	1032.5	603.7
不分地区	Not Classified by Region	5552.4	5552.4		0.0	0.0	

注：1.1995-1996年，除房地产投资、农村集体投资、个人投资以外，投资统计的起点为5万元；自1997年起，除房地产投资、农村集体投资、个人投资以外，投资统计的起点由5万元提高到50万元；自2011年起，除房地产投资、农村个人投资外，固定资产投资的统计起点由50万元提高至500万元；城镇固定资产投资数据发布口径改为固定资产投资(不含农户)，固定资产投资(不含农户)等于原口径的城镇固定资产投资加上农村企事业组织的项目投资(以下有关各表同)。

2.为便于比较，对1996年、2010年的相应数据作了调整，这两年数据中括号内为原口径数，未加括号的为调整后的新口径数。新口径数据中，1996年为50万元起点以上数；2010年为500万元起点以上数，同时其中的城镇固定资产投资数据发布口径改为固定资产投资(不含农户)(以下有关各表同)。

a) From 1995 to 1996, the cut-off point of projects of investment was 50 000 yuan, except statistics on real estate, rural collective and individual investment; Since 1997, the cut-off point had changed from 50 000 yuan to 500 000 yuan, except real estate, rural collective and personal investment; Since 2011, the cut-off point has changed from 500 000 yuan to 5 million yuan, published coverage of investment in fixed assets in urban area changed into investment in fixed assets (excluding rural households) which included investment in urban area and investment in rural enterprises(units). The same applies to the tables following.

b) For the convenience of comparison, relevant data of 1996 and 2010 were adjusted, data in parenthesis were original scope, data without parenthesis were of new scope. Of new scope, critical point in 1996 was 500 000 yuan; in 2010 was 5 million yuan, and the coverage of urban fixed assets investment was fixed assets investment(excluding rural households). The same applies to the relevant tables following.

10-3 分地区按登记注册类型分全社会固定资产投资(2015年)
Total Investment in Fixed Assets in the Whole Country by Status of Registration and Region (2015)

单位：亿元 (100 million yuan)

地区	Region	总计 Total	内资 Domestic	国有 State-owned	集体 Collective-owned	股份合作 Cooperative	联营 Joint
全国总计	**National Total**	**561999.8**	**539323.0**	**139711.3**	**15447.8**	**1780.3**	**1613.4**
北京	Beijing	7496.0	6961.3	1631.7	126.1	2.8	2.2
天津	Tianjin	11832.0	11153.0	2739.8	736.6	45.8	96.3
河北	Hebei	29448.3	28854.1	4674.2	676.2	148.4	110.9
山西	Shanxi	14074.2	13835.3	4021.4	866.5	22.1	37.2
内蒙古	Inner Mongolia	13702.2	13628.2	5281.3	124.0	19.5	27.9
辽宁	Liaoning	17917.9	16801.1	3013.6	223.0	21.4	35.6
吉林	Jilin	12705.3	12530.6	2871.5	90.0	30.6	17.8
黑龙江	Heilongjiang	10182.9	10055.7	2877.1	76.9	38.5	34.0
上海	Shanghai	6352.7	5177.6	1567.1	50.8	2.8	23.7
江苏	Jiangsu	46246.9	42344.4	8031.5	1767.4	91.7	122.4
浙江	Zhejiang	27323.3	25336.6	6289.2	886.9	72.3	53.7
安徽	Anhui	24386.0	23651.8	4872.1	295.0	52.4	37.5
福建	Fujian	21301.4	20000.2	5531.6	958.3	33.4	40.8
江西	Jiangxi	17388.1	17087.8	3471.8	86.0	31.3	66.0
山东	Shandong	48312.4	46867.0	5717.4	2870.3	224.6	134.5
河南	Henan	35660.3	35372.4	4226.8	1354.5	163.3	114.7
湖北	Hubei	26563.9	25721.9	5743.7	545.7	82.0	46.1
湖南	Hunan	25045.1	24630.5	6873.7	518.3	142.6	130.7
广东	Guangdong	30343.0	26864.0	5265.4	1263.0	108.3	39.8
广西	Guangxi	16227.8	15776.6	3954.4	194.8	56.5	44.5
海南	Hainan	3451.2	3162.4	804.3	0.8	16.7	5.1
重庆	Chongqing	14353.2	13410.1	4512.5	89.6	160.1	15.8
四川	Sichuan	25525.9	24876.5	8781.1	152.0	49.1	127.7
贵州	Guizhou	10945.5	10864.2	5452.4	29.4	12.8	11.6
云南	Yunnan	13500.6	13382.7	6046.4	453.8	22.1	37.8
西藏	Tibet	1295.7	1258.4	934.8	1.6	0.0	3.1
陕西	Shaanxi	18582.2	18042.4	7447.1	627.5	59.8	116.7
甘肃	Gansu	8754.2	8717.4	3635.0	334.0	18.1	40.4
青海	Qinghai	3210.6	3191.8	1797.6	15.4	6.3	2.0
宁夏	Ningxia	3505.4	3484.9	1197.3	2.8	1.8	5.8
新疆	Xinjiang	10813.0	10729.6	4895.3	30.8	43.2	31.0
不分地区	Not Classified by Region	5552.4	5552.4	5552.4			

10-3 续表 continued

单位：亿元 (100 million yuan)

地 区 Region	有限责任公司 Limited Liability	股份有限公司 Share-holding	私营 Private	个体 Self-employed Individual	其他 Others	港、澳、台商投资 Funds from Hong Kong, Macao and Taiwan	外商投资 Foreign Funded
全国总计 National Total	**146057.4**	**20832.4**	**171345.4**	**12439.3**	**30095.8**	**11930.4**	**10746.3**
北 京 Beijing	4381.6	191.8	513.7	50.3	61.0	210.5	324.2
天 津 Tianjin	3457.1	423.1	3194.4	17.4	442.5	297.5	381.5
河 北 Hebei	7449.6	1383.8	11673.8	657.6	2079.6	343.8	250.3
山 西 Shanxi	2944.4	374.7	3874.8	401.9	1292.2	143.0	95.8
内蒙古 Inner Mongolia	4716.4	577.0	2332.4	222.4	327.4	43.4	30.6
辽 宁 Liaoning	4105.9	523.0	7850.6	335.8	692.2	644.8	472.0
吉 林 Jilin	3936.0	568.3	3641.8	309.8	1064.8	81.8	92.8
黑龙江 Heilongjiang	2899.3	148.4	2772.9	373.3	835.3	71.2	56.0
上 海 Shanghai	2254.6	248.3	1017.1	3.3	9.8	632.0	543.1
江 苏 Jiangsu	8566.2	1210.2	21162.0	431.9	961.3	1648.7	2253.7
浙 江 Zhejiang	8144.3	669.5	7714.5	716.8	789.4	1186.0	800.7
安 徽 Anhui	5993.7	1130.8	9570.7	634.1	1065.7	468.0	266.1
福 建 Fujian	5856.7	520.0	5795.0	405.4	858.9	863.0	438.2
江 西 Jiangxi	4874.1	459.4	6891.3	473.1	734.7	181.7	118.6
山 东 Shandong	11576.6	2154.2	19260.2	1008.6	3920.6	639.6	805.9
河 南 Henan	10978.1	2215.5	11116.0	826.4	4377.1	142.0	145.9
湖 北 Hubei	6760.8	1090.4	8801.5	492.6	2159.1	390.9	451.2
湖 南 Hunan	5147.9	892.0	8447.0	829.4	1648.8	192.9	221.7
广 东 Guangdong	10200.5	1300.6	6772.7	737.3	1176.3	2081.0	1398.0
广 西 Guangxi	3421.5	591.8	5379.7	790.1	1343.2	225.6	225.6
海 南 Hainan	1571.1	271.8	315.9	97.1	79.5	176.7	112.2
重 庆 Chongqing	3071.8	425.3	4073.3	172.7	889.1	618.2	325.0
四 川 Sichuan	7553.6	991.1	5401.4	635.6	1185.0	315.1	334.3
贵 州 Guizhou	2698.2	266.3	1935.0	276.9	181.8	65.1	16.2
云 南 Yunnan	3179.0	415.7	2461.2	510.2	256.5	77.2	40.8
西 藏 Tibet	26.2	96.3	84.2	18.4	93.9	0.3	37.0
陕 西 Shaanxi	4657.4	632.7	3465.9	396.8	638.5	108.1	431.7
甘 肃 Gansu	1683.8	258.6	1898.7	151.3	697.6	20.4	16.5
青 海 Qinghai	627.2	101.0	487.9	75.9	78.5	18.6	0.2
宁 夏 Ningxia	724.3	51.2	1400.1	81.8	19.8	11.9	8.7
新 疆 Xinjiang	2599.7	649.4	2039.5	304.9	135.8	31.6	51.8
不分地区 Not Classified by Region							

10-4 全社会固定资产投资实际到位资金和按构成分固定资产投资
Actual Funds for Investment and Structure of Investment in Fixed Assets in the Whole Country

年份 Year	实际到位资金 Actual Funds for Investment				投资按构成分 Structure of Investment		
	国家预算资金 State Budget	国内贷款 Domestic Loans	利用外资 Foreign Investment	自筹和其他资金 Self-raising Fund and Others	建筑安装工程 Construction and Installation	设备工器具购置 Purchase of Equipment and Instruments	其他费用 Others
总量（亿元） Total (100 million yuan)							
1981	269.8	122.0	36.4	532.9	689.8	223.6	47.5
1982	279.3	176.1	60.5	714.5	871.1	291.4	67.9
1983	339.7	175.5	66.6	848.3	993.3	358.3	78.4
1984	421.0	258.5	70.7	1082.7	1217.6	509.2	106.1
1985	407.8	510.3	91.5	1533.6	1655.5	718.1	169.7
1986	455.6	658.5	137.3	1869.2	2059.7	852.0	209.0
1987	496.6	872.0	182.0	2241.1	2475.7	1038.8	277.3
1988	432.0	977.8	275.3	2968.7	3099.7	1305.4	348.8
1989	366.1	763.0	291.1	2990.3	2994.6	1115.8	300.0
1990	393.0	885.5	284.6	2954.4	3008.7	1165.5	342.7
1991	380.4	1314.7	318.9	3580.4	3647.7	1460.2	486.6
1992	347.5	2214.0	468.7	5050.0	5163.4	2125.1	791.6
1993	483.7	3072.0	954.3	8562.4	8201.2	3315.9	1555.2
1994	529.6	3997.6	1769.0	11531.0	10786.5	4328.3	1928.1
1995	621.1	4198.7	2295.9	13409.2	13173.3	4262.5	2583.5
1996	(629.7)	(4576.5)	(2747.4)	(15465.4)	(15153.4)	(4940.8)	(2879.8)
	625.9	4573.7	2746.6	15412.4	15109.3	4926.0	2878.3
1997	696.7	4782.6	2683.9	17096.5	15614.0	6044.8	3282.3
1998	1197.4	5542.9	2617.0	19359.6	17874.5	6528.5	4003.1
1999	1852.1	5725.9	2006.8	20169.7	18795.9	7053.0	4005.7
2000	2109.5	6727.3	1696.3	22577.4	20536.3	7785.6	4595.9
2001	2546.4	7239.8	1730.7	26470.0	22954.9	8833.8	5424.8
2002	3161.0	8859.1	2085.0	30941.9	26578.9	9884.5	7036.6
2003	2687.8	12044.4	2599.4	41284.8	33447.2	12681.9	9437.5
2004	3254.9	13788.0	3285.7	54236.3	42803.6	16527.0	11146.8
2005	4154.3	16319.0	3978.8	70138.7	53382.6	21422.9	13968.1
2006	4672.0	19590.5	4334.3	90360.2	66775.8	25563.9	17658.4
2007	5857.1	23044.2	5132.7	116769.7	83518.3	31574.8	22230.9
2008	7954.8	26443.7	5311.9	143204.9	104958.9	40594.1	27275.5
2009	12685.7	39302.8	4623.7	193617.4	138758.3	50844.2	34996.2
2010	(14677.8)	(47258.0)	(4986.8)	(244041.7)	(171351.8)	(61681.5)	(45088.5)
	13012.7	44020.8	4703.6	224042.0	155580.5	53842.8	42260.5
2011	14843.3	46344.5	5062.0	279734.4	200195.7	65152.3	46137.1
2012	18958.7	51593.5	4468.8	334654.7	243617.5	77724.1	53353.1
2013	22305.3	59442.0	4319.4	405545.8	298424.2	91074.4	56795.5
2014	26745.4	65221.0	4052.9	447461.2	349789.0	101005.2	61226.4
2015	30924.3	61054.0	2854.4	489366.0	388163.5	111110.2	62726.1
构成(%) Percentage							
1981	28.1	12.7	3.8	55.4	71.8	23.3	4.9
1982	22.7	14.3	4.9	58.1	70.8	23.7	5.5
1983	23.8	12.3	4.7	59.2	69.5	25.1	5.4
1984	23.0	14.1	3.9	59.0	66.4	27.8	5.8
1985	16.0	20.1	3.6	60.3	65.1	28.2	6.7
1986	14.6	21.1	4.4	59.9	66.0	27.3	6.7
1987	13.1	23.0	4.8	59.1	65.3	27.4	7.3
1988	9.3	21.0	5.9	63.8	65.2	27.5	7.3
1989	8.3	17.3	6.6	67.8	67.9	25.3	6.8
1990	8.7	19.6	6.3	65.4	66.6	25.8	7.6
1991	6.8	23.5	5.7	64.0	65.2	26.1	8.7
1992	4.3	27.4	5.8	62.5	63.9	26.3	9.8
1993	3.7	23.5	7.3	65.5	62.7	25.4	11.9
1994	3.0	22.4	9.9	64.7	63.3	25.4	11.3
1995	3.0	20.5	11.2	65.3	65.8	21.3	12.9
1996	2.7	19.6	11.8	66.0	66.0	21.5	12.5
1997	2.8	18.9	10.6	67.7	62.6	24.2	13.2
1998	4.2	19.3	9.1	67.4	62.9	23.0	14.1
1999	6.2	19.2	6.7	67.8	63.0	23.6	13.4
2000	6.4	20.3	5.1	68.2	62.4	23.7	13.9
2001	6.7	19.1	4.6	69.6	61.7	23.7	14.6
2002	7.0	19.7	4.6	68.7	61.1	22.7	16.2
2003	4.6	20.5	4.4	70.5	60.2	22.8	17.0
2004	4.4	18.5	4.4	72.7	60.7	23.5	15.8
2005	4.4	17.3	4.2	74.1	60.1	24.1	15.7
2006	3.9	16.5	3.6	76.0	60.7	23.2	16.1
2007	3.9	15.3	3.4	77.4	60.8	23.0	16.2
2008	4.3	14.5	2.9	78.3	60.7	23.5	15.8
2009	5.1	15.7	1.8	77.4	61.8	22.6	15.6
2010	4.7	15.2	1.6	78.5	61.6	22.2	16.2
2011	4.3	13.4	1.5	80.9	64.3	20.9	14.8
2012	4.6	12.6	1.1	81.7	65.0	20.7	14.2
2013	4.5	12.1	0.9	82.5	66.9	20.4	12.7
2014	4.9	12.0	0.7	82.3	68.3	19.7	12.0
2015	5.3	10.5	0.5	83.8	69.1	19.8	11.2

 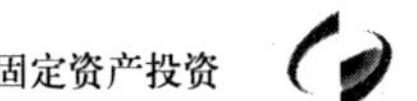

10-5 全社会固定资产投资实际到位资金

Actual Funds for Investment in Fixed Assets in the Whole Country

单位：亿元 (100 million yuan)

年份 地区	Year Region	实际到位资金小计 Subtotal of Actual Funds for Investment	国家预算资金 State Budget	国内贷款 Domestic Loans	利用外资 Foreign Investment	自筹资金 Self-raising Funds	其他资金 Others
	1995	20524.9	621.1	4198.7	2295.9	10647.9	2761.3
	2000	33110.3	2109.5	6727.3	1696.3	16317.3	6260.1
	2005	94590.8	4154.3	16319.0	3978.8	55105.8	15033.0
	2006	118957.0	4672.0	19590.5	4334.3	71076.5	19283.7
	2007	150803.6	5857.1	23044.2	5132.7	91373.2	25396.4
	2008	182915.3	7954.8	26443.7	5311.9	118510.4	24694.4
	2009	250229.7	12685.7	39302.8	4623.7	153514.8	40102.6
	2010	(310964.2)	(14677.8)	(47258.0)	(4986.8)	(197099.2)	(46942.4)
		285779.2	13012.7	44020.8	4703.6	178744.3	45297.7
	2011	345984.2	14843.3	46344.5	5062.0	229346.8	50387.5
	2012	409675.6	18958.7	51593.5	4468.8	277792.4	56862.4
	2013	491612.5	22305.3	59442.0	4319.4	334280.0	71265.8
	2014	543480.6	26745.4	65221.0	4052.9	379737.8	67723.4
	2015	584198.8	30924.3	61054.0	2854.4	414802.4	74563.6
北京	Beijing	10417.2	964.2	2360.4	13.2	3759.3	3320.0
天津	Tianjin	13073.7	163.9	2209.9	101.4	9075.9	1522.7
河北	Hebei	29108.4	1044.6	1922.8	42.7	24321.7	1776.7
山西	Shanxi	12154.0	721.0	650.2	2.5	9948.6	831.7
内蒙古	Inner Mongolia	13558.8	705.0	1719.4	6.9	10453.5	674.0
辽宁	Liaoning	18305.2	821.7	2399.8	97.1	13517.8	1468.7
吉林	Jilin	12912.0	436.5	457.0	24.9	11260.8	732.8
黑龙江	Heilongjiang	10791.4	500.0	288.7	12.6	9333.5	656.6
上海	Shanghai	8180.0	501.6	2050.8	130.1	3011.0	2486.5
江苏	Jiangsu	50396.6	806.9	4823.3	926.2	36633.3	7206.9
浙江	Zhejiang	28684.4	1658.6	3030.8	160.4	18435.7	5398.9
安徽	Anhui	24434.6	1145.9	1255.4	62.7	18767.0	3203.6
福建	Fujian	21756.3	1498.7	2173.9	85.6	14972.3	3025.9
江西	Jiangxi	18634.9	678.0	835.2	40.3	15152.2	1929.3
山东	Shandong	50156.6	752.4	4109.5	274.4	41006.9	4013.4
河南	Henan	35560.9	1228.7	4076.2	46.5	27936.7	2272.7
湖北	Hubei	27010.0	1050.4	2698.4	43.7	20913.7	2303.9
湖南	Hunan	26487.6	1331.4	1840.7	33.8	20570.5	2711.2
广东	Guangdong	36584.9	1755.3	4568.2	204.1	21266.7	8790.6
广西	Guangxi	17125.0	1207.5	2274.8	36.5	11530.7	2075.5
海南	Hainan	3783.1	209.7	623.4	3.8	2045.6	900.6
重庆	Chongqing	16196.3	1145.7	2261.8	139.2	9492.3	3157.3
四川	Sichuan	26333.0	1656.8	2374.5	53.3	17569.0	4679.3
贵州	Guizhou	10369.1	598.2	1812.5	15.7	6263.4	1679.3
云南	Yunnan	11777.9	1463.2	1498.6	20.1	7042.3	1753.6
西藏	Tibet	1662.3	1137.3	10.8	1.1	458.1	55.1
陕西	Shaanxi	18194.8	1238.4	1226.2	224.2	13601.2	1904.8
甘肃	Gansu	8597.6	1101.9	997.5	21.4	5606.8	870.0
青海	Qinghai	3145.1	609.0	681.4	2.7	1578.1	273.9
宁夏	Ningxia	3077.9	307.0	712.8	0.3	1700.7	357.0
新疆	Xinjiang	10734.9	1561.5	1607.4	4.1	6517.2	1044.6
不分地区	Not Classified by Region	4994.5	923.3	1501.6	23.0	1059.9	1486.5

10-6 按主要行业分的全社会固定资产投资
Total Investment in Fixed Assets in the Whole Country by Sector

单位：亿元 (100 million yuan)

年份 Year 地区 Region	合计 Total	农、林、牧、渔业 Agriculture, Forestry, Animal Husbandry and Fishery	采矿业 Mining	制造业 Manufacturing	电力、热力、燃气及水生产和供应业 Production and Supply of Electricity, Heat, Gas and Water	建筑业 Construction	批发和零售业 Wholesale and Retail Trades
2003	55566.6	1652.3	1775.2	14689.5	3962.4	924.4	922.7
2004	70477.4	1890.7	2395.9	19585.5	5795.1	964.0	1273.0
2005	88773.6	2323.7	3587.4	26576.0	7554.4	1119.0	1716.4
2006	109998.2	2749.9	4678.4	34089.5	8585.7	1125.5	2265.3
2007	137323.9	3403.5	5878.8	44505.1	9467.6	1302.3	2880.3
2008	172828.4	5064.5	7705.8	56702.4	10997.2	1555.9	3741.8
2009	224598.8	6894.9	9210.8	70612.9	14434.6	1992.5	5132.8
2010	278121.9	7923.1	11000.9	88619.2	15679.7	2802.2	6032.2
2011	311485.1	8757.8	11747.0	102712.9	14659.7	3357.1	7439.4
2012	374694.7	10996.4	13300.8	124550.0	16672.7	3739.0	9810.7
2013	446294.1	13478.8	14650.8	147705.0	19634.7	3669.8	12720.5
2014	512020.7	16573.8	14538.9	167025.3	22829.7	4125.8	15800.2
2015	561999.8	21042.7	12970.8	180370.4	26722.8	4956.6	18924.9
北京 Beijing	7496.0	111.0	2.6	362.5	293.2	5.7	60.8
天津 Tianjin	11832.0	262.6	265.1	3380.4	368.5	138.8	528.8
河北 Hebei	29448.3	1599.8	561.6	12579.8	1528.7	21.6	971.7
山西 Shanxi	14074.2	1631.3	1410.9	2515.5	1355.9	11.8	349.0
内蒙古 Inner Mongolia	13702.2	893.4	943.6	3709.8	1732.5	163.5	401.3
辽宁 Liaoning	17917.9	510.3	382.8	6568.3	520.6	22.8	848.7
吉林 Jilin	12705.3	632.4	532.7	5820.0	463.2	203.8	594.4
黑龙江 Heilongjiang	10182.9	1076.7	459.2	2819.2	344.1	257.8	596.1
上海 Shanghai	6352.7	3.9	0.2	757.8	199.2	1.7	34.8
江苏 Jiangsu	46246.9	365.2	103.2	21248.2	1444.7	133.5	1448.1
浙江 Zhejiang	27323.3	393.0	59.3	7609.1	1108.9	55.4	411.4
安徽 Anhui	24386.0	899.7	324.1	9458.1	782.2	132.4	956.1
福建 Fujian	21301.4	638.9	278.1	6108.5	902.3	228.1	520.6
江西 Jiangxi	17388.1	515.2	245.5	8101.1	573.2	134.4	973.1
山东 Shandong	48312.4	1451.0	649.0	20923.8	1729.2	889.7	2801.7
河南 Henan	35660.3	1738.9	568.3	15348.0	1114.4	11.3	1177.0
湖北 Hubei	26563.9	826.9	346.5	10204.6	690.7	148.5	793.5
湖南 Hunan	25045.1	1019.1	570.3	8565.4	855.7	402.2	1152.6
广东 Guangdong	30343.0	525.9	162.0	8785.3	1198.7	55.8	917.2
广西 Guangxi	16227.8	860.0	389.8	5209.4	736.4	236.7	608.1
海南 Hainan	3451.2	58.6	7.6	119.0	118.5	79.1	34.6
重庆 Chongqing	14353.2	441.4	285.6	3950.8	462.0	10.1	253.4
四川 Sichuan	25525.9	868.7	517.2	5193.4	1585.1	64.1	573.9
贵州 Guizhou	10945.5	330.9	339.2	1204.8	418.0	20.1	193.7
云南 Yunnan	13500.6	792.4	427.2	1526.9	1129.0	1.9	278.6
西藏 Tibet	1295.7	73.4	75.0	28.9	157.0	0.7	14.5
陕西 Shaanxi	18582.2	1239.5	1080.8	3596.9	847.6	98.6	694.8
甘肃 Gansu	8754.2	557.5	306.4	1232.4	762.7	1136.9	479.3
青海 Qinghai	3210.6	143.3	204.1	647.6	449.3	157.1	40.6
宁夏 Ningxia	3505.4	166.5	107.7	824.7	696.2	14.1	33.0
新疆 Xinjiang	10813.0	415.1	888.7	1970.1	2091.5	118.6	183.7
不分地区 Not Classified by Region	5552.4		476.4		63.3		

10-6 续表 1 continued

单位：亿元 (100 million yuan)

年 份 地 区	Year Region	交通运输、仓储和邮政业 Transport, Storage and Post	住宿和餐饮业 Hotels and Catering Services	信息传输、软件和信息技术服务业 Information Transmission, Software and Information Technology	金融业 Financial Intermediation	房地产业 Real Estate	租赁和商务服务业 Leasing and Business Services	科学研究和技术服务业 Scientific Research and Technical Services
	2003	6289.4	423.0	1660.7	90.2	13143.4	375.5	285.8
	2004	7646.2	560.8	1657.7	136.0	16678.9	420.8	333.1
	2005	9614.0	808.8	1581.8	109.5	19505.3	549.6	435.1
	2006	12138.1	1095.7	1875.9	121.4	24524.4	725.6	495.3
	2007	14154.0	1519.4	1848.1	157.6	32438.9	949.3	560.0
	2008	17024.4	1959.2	2162.6	260.6	40441.8	1355.9	782.0
	2009	24974.7	2625.4	2589.0	360.2	49358.5	2036.2	1200.8
	2010	30074.5	3366.8	2454.5	489.4	64877.3	2692.6	1379.3
	2011	28291.7	3956.6	2174.4	638.7	81686.1	3382.8	1679.8
	2012	31444.9	5153.5	2692.0	923.9	99159.3	4700.4	2475.8
	2013	36790.1	6041.1	3084.9	1242.0	118809.4	5893.2	3133.2
	2014	43215.7	6230.1	4110.0	1363.0	131348.2	7965.2	4219.1
	2015	49200.0	6546.7	5521.9	1367.2	134284.3	9447.9	4752.0
北 京	Beijing	715.0	40.9	240.0	73.3	4479.3	64.0	80.1
天 津	Tianjin	757.2	83.5	140.2	47.1	2788.7	798.4	107.9
河 北	Hebei	2077.5	221.7	147.2	47.9	5690.2	416.9	185.6
山 西	Shanxi	920.7	79.6	104.3	4.5	3331.7	72.1	76.9
内蒙古	Inner Mongolia	1251.2	101.3	84.2	36.4	1636.6	100.1	98.6
辽 宁	Liaoning	1263.6	296.4	202.6	71.6	3797.3	343.5	246.7
吉 林	Jilin	961.3	104.2	191.2	36.7	1196.0	196.9	119.0
黑龙江	Heilongjiang	995.0	179.7	164.7	32.0	1345.4	180.1	125.3
上 海	Shanghai	794.6	28.3	127.3	24.5	3486.7	116.2	46.1
江 苏	Jiangsu	2432.5	541.5	662.9	150.8	9935.8	1131.5	592.3
浙 江	Zhejiang	2312.8	232.3	275.2	102.2	9679.6	572.0	99.9
安 徽	Anhui	1350.9	254.8	255.4	72.7	6046.4	429.1	261.4
福 建	Fujian	2230.7	269.0	261.9	57.1	5643.1	269.4	83.0
江 西	Jiangxi	822.9	293.3	125.4	41.1	2428.3	330.1	96.0
山 东	Shandong	2787.5	348.1	287.4	99.4	8774.9	898.8	1026.6
河 南	Henan	1937.5	411.1	161.7	19.7	8161.9	441.4	184.7
湖 北	Hubei	2279.8	312.5	136.9	53.2	6142.6	650.4	133.0
湖 南	Hunan	1723.0	292.1	259.3	88.2	4180.3	523.8	304.2
广 东	Guangdong	3037.6	467.0	477.8	113.2	10479.4	315.5	218.1
广 西	Guangxi	1532.9	205.4	151.1	39.0	2905.6	350.3	110.8
海 南	Hainan	421.8	144.6	79.8	1.9	1953.0	16.5	10.8
重 庆	Chongqing	1436.5	255.3	82.4	21.6	4429.9	174.3	33.5
四 川	Sichuan	3087.7	424.9	267.4	23.0	7992.8	274.4	151.9
贵 州	Guizhou	1588.9	160.2	45.3	7.7	3469.8	187.0	24.2
云 南	Yunnan	1815.2	247.8	63.8	9.0	4618.1	118.0	22.1
西 藏	Tibet	346.9	14.6	8.2	46.2	129.5	6.1	10.7
陕 西	Shaanxi	1439.5	246.3	188.8	14.4	4760.3	171.1	191.8
甘 肃	Gansu	814.9	170.0	72.5	13.3	1284.9	126.6	58.4
青 海	Qinghai	419.8	19.7	80.2	1.6	484.4	45.7	11.3
宁 夏	Ningxia	261.7	16.0	51.4	5.9	880.1	23.3	10.7
新 疆	Xinjiang	1017.4	84.4	125.6	11.9	2151.8	104.7	30.1
不分地区	Not Classified by Region	4365.8						

10-6 续表 2 continued

单位：亿元 (100 million yuan)

年 份 地 区	Year Region	水利、环境和公共设施管理业 Management of Water Conservancy, Environment and Public Facilities	居民服务、修理和其他服务业 Services to Households, Repair and Other Services	教 育 Education	卫生和社会工作 Health and Social Service	文化、体育和娱乐业 Culture, Sports and Entertainment	公共管理、社会保障和社会组织 Public Management, Social Security and Social Organizations	国际组织 International Organizations
	2003	4365.8	241.6	1671.1	405.8	531.5	2153.7	2.5
	2004	5071.7	313.7	2024.8	516.7	773.4	2437.4	2.0
	2005	6274.3	363.5	2209.2	661.8	857.0	2926.8	0.2
	2006	8152.7	389.5	2270.2	769.0	955.4	2990.5	0.1
	2007	10154.3	434.7	2375.6	885.0	1243.4	3166.1	
	2008	13534.3	522.0	2523.8	1155.6	1589.9	3748.5	0.3
	2009	19874.4	801.9	3521.2	1858.6	2383.4	4735.9	0.2
	2010	24827.6	1114.1	4033.6	2119.0	2959.4	5676.6	
	2011	24523.1	1443.3	3894.6	2330.3	3162.0	5647.8	
	2012	29621.6	1905.0	4613.0	2617.1	4271.3	6047.4	
	2013	37663.9	2099.3	5433.0	3139.3	5231.1	5874.1	
	2014	46225.0	2371.7	6708.7	3991.5	6178.4	7200.5	
	2015	55679.6	2730.3	7726.8	5175.6	6728.3	7851.1	
北 京	Beijing	550.5	21.7	142.2	60.6	133.3	59.3	
天 津	Tianjin	1670.2	85.3	172.0	85.9	93.3	58.0	
河 北	Hebei	2219.2	88.6	260.3	261.5	461.5	106.8	
山 西	Shanxi	1607.4	49.5	182.6	126.0	195.4	49.1	
内蒙古	Inner Mongolia	1772.1	88.9	140.6	113.5	135.5	299.1	
辽 宁	Liaoning	2081.9	138.9	178.4	125.5	181.7	136.4	
吉 林	Jilin	938.8	86.5	111.5	112.8	112.5	291.4	
黑龙江	Heilongjiang	922.5	89.1	161.9	130.3	155.1	148.8	
上 海	Shanghai	474.4	2.8	89.2	45.6	108.0	11.6	
江 苏	Jiangsu	3868.8	263.5	543.3	450.5	560.1	370.5	
浙 江	Zhejiang	3092.0	67.7	400.9	219.5	311.5	320.6	
安 徽	Anhui	2021.0	95.5	276.4	224.7	203.6	341.2	
福 建	Fujian	2669.1	72.1	273.4	171.9	265.7	358.4	
江 西	Jiangxi	1691.1	126.1	243.6	159.7	261.3	226.8	
山 东	Shandong	2339.0	380.7	607.0	429.7	755.0	1134.0	
河 南	Henan	2782.9	204.1	417.9	416.5	371.0	192.1	
湖 北	Hubei	2714.7	111.4	213.1	179.0	289.5	337.1	
湖 南	Hunan	3377.7	112.8	439.9	278.9	280.0	619.6	
广 东	Guangdong	2443.4	49.9	415.3	254.7	292.6	133.5	
广 西	Guangxi	1826.5	102.9	381.3	164.0	180.2	237.2	
海 南	Hainan	241.6	5.0	41.7	30.6	69.2	17.5	
重 庆	Chongqing	1926.8	35.6	178.9	108.3	142.1	124.7	
四 川	Sichuan	3255.4	60.8	483.7	310.6	203.6	187.5	
贵 州	Guizhou	2373.1	48.7	267.7	74.3	165.9	26.1	
云 南	Yunnan	1485.0	54.5	297.5	139.3	176.6	297.8	
西 藏	Tibet	143.8	11.7	31.5	14.4	17.8	164.9	
陕 西	Shaanxi	2806.9	82.1	299.3	243.5	273.6	306.5	
甘 肃	Gansu	762.6	159.8	205.3	102.2	204.5	304.1	
青 海	Qinghai	236.5	4.7	56.1	25.1	27.2	156.3	
宁 夏	Ningxia	269.7	7.0	53.0	28.9	20.7	34.8	
新 疆	Xinjiang	1068.2	22.6	161.2	87.5	80.3	199.5	
不分地区	Not Classified by Region	46.8					600.1	

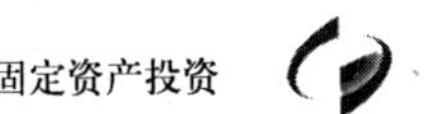

10-7 全社会房屋施工、竣工面积

Floor Space of Buildings under Construction and Completed in the Whole Country

年 份 地 区	Year Region	房屋施工面积（万平方米）Floor Space of Buildings under Construction (10 000 sq.m)	#住宅 Residential Buildings	#商品住宅 Commercialized Buildings	房屋竣工面积（万平方米）Floor Space of Buildings Completed (10 000 sq.m)	#住宅 Residential Buildings	#商品住宅 Commercialized Buildings
	1995	215084.6	140451.9	32902.3	145600.1	107433.1	11951.3
	2000	265293.5	180634.3	50498.3	181974.4	134528.8	20603.3
	2005	431123.0	239769.6	129078.4	227588.7	132835.9	43682.9
	2006	462677.0	265565.3	151742.7	212542.2	131408.2	45471.7
	2007	548542.0	315629.8	186788.4	238425.3	146282.7	49831.3
	2008	632261.0	364354.4	222891.8	260307.0	159404.6	54334.1
	2009	754189.4	431463.2	251328.8	302116.5	184209.5	59628.7
	2010	(885173.4)	(492763.6)	(314760.1)	(304306.1)	(183172.3)	(63443.1)
		844056.9	480772.9	314760.1	278564.5	174603.9	63443.1
	2011	1035518.9	574909.9	387706.0	329073.3	197452.2	74319.1
	2012	1167238.4	614990.6	428964.1	335503.6	195102.9	79043.2
	2013	1336287.6	673163.3	486347.3	349895.8	193328.5	78740.6
	2014	1355559.7	689041.2	515096.4	355068.4	192545.0	80868.3
	2015	1292371.7	669297.1	511569.5	350973.0	179737.8	73777.4
北 京	Beijing	19428.6	7673.5	6261.2	3993.6	1879.1	1378.2
天 津	Tianjin	21965.7	7892.8	6968.7	5292.2	2355.4	2183.0
河 北	Hebei	57974.1	30392.7	23674.4	19635.8	8463.3	3226.9
山 西	Shanxi	31549.8	19859.4	11450.0	8978.8	6062.4	1574.7
内蒙古	Inner Mongolia	23619.9	13481.9	11554.2	4507.1	2712.9	1281.4
辽 宁	Liaoning	50299.9	24010.0	21406.8	13215.8	4971.7	2529.3
吉 林	Jilin	16935.8	9269.0	8282.7	4673.1	1906.0	1000.8
黑龙江	Heilongjiang	19570.2	9880.7	8785.0	8316.3	3084.0	2126.8
上 海	Shanghai	17886.0	8443.8	8372.1	2923.4	1617.8	1589.0
江 苏	Jiangsu	101627.1	47717.1	42316.0	39090.7	11896.6	7930.2
浙 江	Zhejiang	91186.0	35519.4	25117.2	21753.4	8222.4	3938.0
安 徽	Anhui	60895.5	31378.5	23233.4	16154.6	9265.8	4099.2
福 建	Fujian	58632.8	23098.1	19558.9	14747.6	4722.9	2399.0
江 西	Jiangxi	36391.9	17976.9	11157.7	11349.6	6491.8	1531.4
山 东	Shandong	106744.8	55528.0	42276.5	28715.4	17184.6	6185.6
河 南	Henan	80816.9	42087.2	31210.6	20640.6	12560.1	4237.9
湖 北	Hubei	53370.3	26463.8	20906.6	17994.3	6454.6	2193.4
湖 南	Hunan	43616.6	28967.0	20807.9	12024.2	9394.2	3087.4
广 东	Guangdong	87521.5	45959.0	40388.8	18065.5	7714.5	4435.4
广 西	Guangxi	33477.5	20657.6	13750.5	9307.1	7045.8	1310.5
海 南	Hainan	10269.3	7591.5	6463.1	1851.8	1587.1	918.9
重 庆	Chongqing	35091.0	21803.4	19390.3	6776.3	4683.0	3185.9
四 川	Sichuan	70789.9	37929.7	25300.5	16496.6	9743.7	3149.2
贵 州	Guizhou	32052.4	17948.9	13592.6	8022.9	4829.5	1927.4
云 南	Yunnan	38755.3	23626.5	13867.0	12795.6	8956.0	1896.6
西 藏	Tibet	854.8	505.0	259.9	235.5	163.4	70.5
陕 西	Shaanxi	34247.3	22202.2	15558.1	7224.7	5193.2	1351.6
甘 肃	Gansu	16984.3	8677.5	6087.7	4110.5	2343.4	765.1
青 海	Qinghai	4950.2	2910.1	1650.3	1454.0	1067.3	320.8
宁 夏	Ningxia	9200.3	5282.3	4550.4	1962.1	1220.6	746.8
新 疆	Xinjiang	25539.8	14563.6	7370.4	8663.7	5944.5	1206.4
不分地区	Not Classified by Region	126.4	0.1		0.2	0.1	

10-8 固定资产投资(不含农户)实际到位资金和按隶属关系分固定资产投资(不含农户)

Investment in Fixed Assets (Excluding Rural Households) by Sources of Actual Funds and by Jurisdiction of Management

单位：亿元 (100 million yuan)

年份 Year / 地区 Region		实际到位资金 Actual Funds for Investment					投资按隶属关系分 Investment by Jurisdiction of Management	
		国家预算资金 State Budget	国内贷款 Domestic Loans	利用外资 Foreign Investment	自筹资金 Self-raising Funds	其他资金 Others	中央项目 Central Investment	地方项目 Local Investment
	1995	569.0	3511.9	2114.1	7940.8	2013.7	4274.5	11369.2
	2000	1795.0	6245.8	1526.2	11227.5	5620.0	6275.6	19946.2
	2005	3637.9	15363.9	3386.4	44154.5	14369.7	9111.0	65984.1
	2006	4438.7	18814.8	3811.0	56547.5	18147.0	10856.5	82512.2
	2007	5464.1	22136.1	4549.0	74520.9	24073.3	13165.3	104299.2
	2008	7377.0	25466.0	4695.8	97846.5	23194.4	17172.5	131565.8
	2009	11493.6	37634.1	3983.5	127557.7	38117.7	20697.4	173223.0
	2010	13104.7	45104.7	4339.6	165752.0	44823.6	22790.6	218640.2
	2011	14843.3	46034.8	5062.0	220860.2	50094.8	21797.2	280598.8
	2012	18958.7	51292.4	4468.8	268560.2	56555.0	23763.8	341090.4
	2013	22305.3	59056.3	4319.4	324431.5	70953.3	24658.1	411089.4
	2014	26745.4	64512.2	4052.9	369964.7	67449.6	26448.6	474816.2
	2015	30924.3	60756.6	2854.4	405008.7	74244.9	25942.3	525647.8
北京	Beijing	964.2	2360.4	13.2	3709.3	3320.0	774.5	6671.5
天津	Tianjin	163.9	2209.9	101.4	9058.5	1522.7	629.4	11185.2
河北	Hebei	1044.6	1873.0	42.7	23853.4	1752.3	931.1	27974.6
山西	Shanxi	721.0	617.4	2.5	9654.5	829.0	570.2	13174.3
内蒙古	Inner Mongolia	705.0	1711.2	6.9	10296.6	666.1	617.9	12911.3
辽宁	Liaoning	821.7	2398.7	97.1	13242.3	1467.9	515.9	17124.5
吉林	Jilin	436.5	439.8	24.9	11082.3	731.8	878.3	11630.2
黑龙江	Heilongjiang	500.0	282.6	12.6	9042.1	655.5	731.4	9152.9
上海	Shanghai	501.6	2050.8	130.1	3007.7	2486.5	593.8	5755.6
江苏	Jiangsu	806.9	4810.3	926.2	36305.2	7206.4	1001.3	44903.9
浙江	Zhejiang	1658.6	3027.9	160.4	17819.3	5359.6	336.7	26328.0
安徽	Anhui	1145.9	1210.5	62.7	18263.7	3169.8	349.3	23454.6
福建	Fujian	1498.7	2172.5	85.6	14649.5	3022.6	447.1	20526.9
江西	Jiangxi	678.0	816.1	40.3	14778.9	1927.4	301.1	16692.8
山东	Shandong	752.4	4106.9	274.4	40079.6	4012.4	1165.7	46215.8
河南	Henan	1228.7	4066.5	46.5	27244.4	2265.7	248.5	34702.8
湖北	Hubei	1050.4	2698.4	43.7	20446.0	2294.1	588.3	25498.1
湖南	Hunan	1331.4	1832.6	33.8	19859.3	2709.6	461.8	23862.4
广东	Guangdong	1755.3	4567.3	204.1	20886.1	8779.6	1589.8	28360.6
广西	Guangxi	1207.5	2259.2	36.5	10981.7	2067.3	305.8	15349.1
海南	Hainan	209.7	623.2	3.8	1950.1	900.4	113.2	3242.2
重庆	Chongqing	1145.7	2259.0	139.2	9351.7	3155.6	737.8	13470.3
四川	Sichuan	1656.8	2364.6	53.3	17137.4	4560.6	1101.3	23864.3
贵州	Guizhou	598.2	1811.2	15.7	5996.9	1678.3	439.1	10237.6
云南	Yunnan	1463.2	1497.4	20.1	6621.4	1744.5	1121.7	11947.6
西藏	Tibet	1137.3	10.8	1.1	458.1	55.1	487.0	808.7
陕西	Shaanxi	1238.4	1216.2	224.2	13262.0	1902.9	486.0	17745.0
甘肃	Gansu	1101.9	990.3	21.4	5489.7	866.6	233.0	8393.6
青海	Qinghai	609.0	671.8	2.7	1530.5	264.6	274.6	2869.5
宁夏	Ningxia	307.0	711.4	0.3	1627.2	353.0	411.7	3014.8
新疆	Xinjiang	1561.5	1587.3	4.1	6263.6	1030.7	1946.6	8578.8
不分地区	Not Classified by Region	923.3	1501.6	23.0	1059.9	1486.5	5552.4	

注：表中2010年及以前年份数据统计口径为城镇固定资产投资(以下有关各表同)。
a) Statistical coverage was investment in fixed assets in urban area before 2010. The same applies to the relevant tables following.

10-9 按构成和建设性质分固定资产投资(不含农户)
Investment in Fixed Assets (Excluding Rural Households) by Composition of Funds and Type of Construction

单位：亿元 (100 million yuan)

年份 地区	Year Region	投资额 Total Investment	按构成分 By Composition of Funds: 建筑安装工程 Construction and Installation	设备工器具购置 Purchase of Equipment and Instruments	其他费用 Others	按建设性质分 By Type of Construction: #新建 New Construction	#扩建 Expansion	#改建和技术改造 Reconstruction and Technical Transformation
	1995	15643.7	9395.1	3758.2	2490.4	4661.7	4488.2	1878.1
	2000	26221.8	16346.0	5846.7	4029.1	8484.5	6390.5	3827.0
	2005	75095.1	46154.1	16439.2	12501.8	34126.6	13154.5	8721.1
	2006	93368.7	57099.4	20397.6	15871.7	41514.2	16761.3	11075.5
	2007	117464.5	71595.3	25694.8	20174.4	51963.1	19705.4	14136.0
	2008	148738.3	90361.9	33572.3	24804.1	65727.3	24371.0	19138.3
	2009	193920.4	119780.4	42333.8	31806.2	89993.2	30303.8	27171.9
	2010	241430.9	148601.3	51692.6	41137.0	113860.0	33694.9	33375.8
	2011	302396.1	193644.6	63580.0	45171.4	143604.9	42242.3	41696.4
	2012	364854.1	236601.1	75938.3	52314.8	251045.6	47983.1	52413.6
	2013	435747.4	290334.0	89296.4	56117.1	302909.1	54024.0	62332.8
	2014	501264.9	341154.9	99387.5	60722.5	350782.8	60391.3	71061.4
	2015	551590.0	379728.4	109522.8	62338.9	380958.9	67268.8	81857.7
北京	Beijing	7446.0	2903.7	797.5	3744.8	6147.3	416.2	371.9
天津	Tianjin	11814.6	7936.9	2176.5	1701.1	8741.7	815.1	1083.0
河北	Hebei	28905.7	19596.0	6221.6	3088.2	17597.1	4373.6	5624.6
山西	Shanxi	13744.6	10106.0	2275.2	1363.5	9714.3	1875.8	1331.6
内蒙古	Inner Mongolia	13529.2	9584.2	3268.2	676.8	10071.0	1256.7	1952.2
辽宁	Liaoning	17640.4	13105.9	3313.3	1221.2	14196.8	1640.1	1178.6
吉林	Jilin	12508.6	7321.2	4226.6	960.8	5731.1	1821.4	3889.3
黑龙江	Heilongjiang	9884.3	7226.2	2153.6	504.5	5826.2	1192.2	2005.7
上海	Shanghai	6349.4	3784.9	760.9	1803.6	5306.9	289.7	345.0
江苏	Jiangsu	45905.2	27570.9	14225.2	4109.1	26990.9	9626.8	6976.0
浙江	Zhejiang	26664.7	16105.6	4576.8	5982.3	16558.2	5046.0	3927.0
安徽	Anhui	23803.9	17422.3	4826.2	1555.4	16726.5	3022.1	3548.1
福建	Fujian	20974.0	14672.0	3238.9	3063.2	12648.7	4553.0	2854.0
江西	Jiangxi	16993.9	12740.2	2726.8	1526.9	12267.4	1401.7	2958.2
山东	Shandong	47381.5	29558.2	13996.8	3826.4	23357.0	9503.1	12693.8
河南	Henan	34951.3	22271.4	9126.2	3553.7	31047.1	2110.3	1203.3
湖北	Hubei	26086.4	19669.8	4060.2	2356.4	19416.0	2272.9	3923.5
湖南	Hunan	24324.2	17664.1	3944.8	2715.3	13269.8	2345.4	8517.4
广东	Guangdong	29950.5	19969.0	5326.5	4654.9	21995.9	3322.6	3209.7
广西	Guangxi	15654.9	10554.0	3712.3	1388.6	9230.7	1745.9	4089.1
海南	Hainan	3355.4	2355.1	209.4	790.9	3102.9	85.4	47.0
重庆	Chongqing	14208.1	10509.3	1489.9	2209.0	12156.6	650.0	1155.3
四川	Sichuan	24965.6	19465.8	2899.7	2600.1	18268.9	1759.0	4344.0
贵州	Guizhou	10676.7	9021.3	514.3	1141.1	9722.9	353.2	545.7
云南	Yunnan	13069.4	10573.4	971.1	1524.9	8889.5	2395.4	1363.1
西藏	Tibet	1295.7	1164.0	89.6	42.1	1036.5	52.4	127.8
陕西	Shaanxi	18231.0	14344.5	2495.5	1391.0	15561.9	1092.7	763.2
甘肃	Gansu	8626.6	7164.7	962.2	499.6	7665.0	439.9	362.6
青海	Qinghai	3144.2	2436.9	474.7	232.6	2596.9	171.9	258.6
宁夏	Ningxia	3426.4	2479.3	742.8	204.3	2991.7	184.3	218.9
新疆	Xinjiang	10525.4	7511.7	2256.3	757.4	8160.6	1206.6	850.0
不分地区	Not Classified by Region	5552.4	2939.9	1463.4	1149.1	3965.2	247.4	139.3

10-10 各行业按建设性质和构成分固定资产投资(不含农户)(2015年)

单位：亿元

指　　标	Item	投资额 Investment
全国总计	**National Total**	**551590.0**
农、林、牧、渔业	**Agriculture, Forestry, Animal Husbandry and Fishery**	**19062.3**
农业	Farming	7849.3
林业	Forestry	1966.9
畜牧业	Animal Husbandry	4854.9
渔业	Fishery	890.7
农、林、牧、渔服务业	Service in Support of Agriculture	3500.5
采矿业	**Mining**	**12970.2**
煤炭开采和洗选业	Mining and Washing of Coal	4006.7
石油和天然气开采业	Extraction of Petroleum and Natural Gas	3424.9
黑色金属矿采选业	Mining and Processing of Ferrous Metal Ores	1365.7
有色金属矿采选业	Mining and Processing of Non-Ferrous Metal Ores	1588.2
非金属矿采选业	Mining and Processing of Non-metal Ores	2092.1
开采辅助活动	Support Activities for Mining	424.5
其他采矿业	Mining of Other Ores	68.2
制造业	**Manufacturing**	**180233.4**
农副食品加工业	Processing of Food from Agricultural Products	10761.2
食品制造业	Manufacture of Foods	5089.0
酒、饮料和精制茶制造业	Manufacture of Liquor, Beverages and Refined Tea	4090.1
烟草制品业	Manufacture of Tobacco	265.4
纺织业	Manufacture of Textile	6001.6
纺织服装、服饰业	Manufacture of Textile, Wearing Apparel and Accessories	4528.5
皮革、毛皮、羽毛及其制品和制鞋业	Manufacture of Leather, Fur, Feather and Related Products and Footwear	2163.8
木材加工和木、竹、藤、棕、草制品业	Processing of Timber, Manufacture of Wood, Bamboo, Rattan, Palm and Straw Products	4116.6
家具制造业	Manufacture of Furniture	2881.8
造纸及纸制品业	Manufacture of Paper and Paper Products	2812.8
印刷和记录媒介复制业	Printing and Reproduction of Recording Media	1849.6
文教、工美、体育和娱乐用品制造业	Manufacture of Articles for Culture, Education, Arts and Crafts, Sport and Entertainment Activities	2328.3
石油加工、炼焦及核燃料加工业	Processing of Petroleum, Coking and Processing of Nuclear Fuel	2538.6
化学原料及化学制品制造业	Manufacture of Raw Chemical Materials and Chemical Products	14990.9
医药制造业	Manufacture of Medicines	5811.9
化学纤维制造业	Manufacture of Chemical Fibres	1112.2
橡胶和塑料制品业	Manufacture of Rubber and Plastics Products	6530.8
非金属矿物制品业	Manufacture of Non-metallic Mineral Products	16747.6
黑色金属冶炼和压延加工业	Smelting and Pressing of Ferrous Metals	4257.2
有色金属冶炼和压延加工业	Smelting and Pressing of Non-ferrous Metals	5580.1
金属制品业	Manufacture of Metal Products	9490.6
通用设备制造业	Manufacture of General Purpose Machinery	13363.9
专用设备制造业	Manufacture of Special Purpose Machinery	12353.4
汽车制造业	Manufacture of Automobiles	11515.3
铁路、船舶、航空航天和其他运输设备制造业	Manufacture of Railway, Ship, Aerospace and Other Transport Equipments	3226.3
电气机械和器材制造业	Manufacture of Electrical Machinery and Apparatus	11314.5
计算机、通信和其他电子设备制造业	Manufacture of Computers, Communication and Other Electronic Equipment	9036.1
仪器仪表制造业	Manufacture of Measuring Instruments and Machinery	1645.9
其他制造业	Other Manufacture	2179.6
废弃资源综合利用业	Utilization of Waste Resources	1312.1
金属制品、机械和设备修理业	Repair Service of Metal Products, Machinery and Equipment	337.5
电力、热力、燃气及水生产和供应业	**Production and Supply of Electricity, Heat, Gas and Water**	**26709.6**
电力、热力生产和供应业	Production and Supply of Electric Power and Heat Power	20260.4
燃气生产和供应业	Production and Supply of Gas	2331.5
水的生产和供应业	Production and Supply of Water	4117.7
建筑业	**Construction**	**4896.7**
房屋建筑业	Construction of Buildings	1536.3
土木工程建筑业	Civil Engineering	2483.5
建筑安装业	Building Installation	256.9
建筑装饰和其他建筑业	Building Decoration and Other Constructions	620.1

Investment in Fixed Assets (Excluding Rural Households) by Sector, Type of Construction and Composition of Funds (2015)

(100 million yuan)

#新建 New Construction	#扩建 Expansion	#改建和技术改造 Reconstruction and Technical Transformation	建筑安装工程投资 Construction and Installation	设备工器具购置 Purchase of Equipment and Instruments	其他费用 Other Expenses
380958.9	**67268.8**	**81857.7**	**379728.4**	**109522.8**	**62338.9**
14732.7	**2697.2**	**1390.9**	**14069.2**	**2642.0**	**2351.1**
6355.2	989.1	445.2	5719.6	1039.8	1089.9
1526.8	286.4	141.2	1303.5	166.5	496.9
3832.6	740.1	245.2	3635.6	785.5	433.9
569.6	114.7	149.7	626.2	173.5	91.0
2448.5	566.8	409.7	2784.4	476.8	239.3
6495.5	**2151.3**	**4084.1**	**8845.0**	**3062.2**	**1062.9**
1861.7	642.8	1399.5	2499.2	1194.2	313.3
2224.2	413.6	775.0	2805.4	359.7	259.8
435.8	280.3	636.2	862.8	398.2	104.7
756.0	311.1	479.2	1065.5	332.4	190.3
926.0	454.6	671.5	1286.5	655.4	150.2
259.1	34.7	102.7	283.9	103.1	37.5
32.7	14.2	20.0	41.8	19.3	7.1
87298.0	**33668.2**	**49438.2**	**99064.4**	**70419.2**	**10749.8**
5673.3	2086.7	2738.3	6719.5	3369.1	672.7
2630.2	916.2	1341.5	2995.8	1770.5	322.7
2029.3	814.9	1069.5	2598.8	1246.2	245.1
109.5	34.3	89.6	176.9	74.7	13.8
2336.5	1480.4	1874.4	2809.0	2855.9	336.7
2413.3	896.8	1058.4	2602.2	1652.6	273.7
1078.0	505.4	477.7	1276.8	752.5	134.5
1803.9	953.1	1240.3	2360.2	1472.6	283.8
1563.1	587.2	648.3	1784.0	900.4	197.5
1211.1	621.0	832.2	1477.8	1170.9	164.1
775.0	352.3	563.3	999.3	749.1	101.3
1078.5	548.5	574.1	1416.4	745.6	166.4
1191.9	602.4	658.4	1292.0	1078.6	168.1
7446.1	2419.5	4490.9	7727.5	6333.1	930.4
2885.8	1060.1	1556.6	3520.7	1908.7	382.5
418.8	372.4	271.8	463.8	596.3	52.1
2857.5	1403.6	1844.8	3393.5	2790.3	346.9
8396.1	2890.3	4861.5	9614.2	6049.8	1083.6
1579.8	816.4	1655.7	2189.3	1860.8	207.1
2868.7	764.5	1768.1	2779.6	2450.4	350.1
4279.9	2122.9	2573.5	5279.2	3680.2	531.2
5803.3	2777.4	3739.4	7019.4	5633.9	710.7
5997.2	2315.1	3234.8	6734.3	4913.3	705.8
5551.6	1799.7	3395.2	5827.3	5006.7	681.3
1725.8	419.8	749.5	1872.7	1169.4	184.2
5614.7	2107.3	2858.1	6098.2	4632.8	583.5
4940.9	1149.8	2017.8	4721.2	3848.1	466.7
848.1	252.7	420.9	902.3	644.2	99.5
1319.0	344.2	363.3	1395.7	556.2	227.6
742.2	183.6	358.9	793.3	404.4	114.4
128.9	69.5	111.6	223.5	102.1	11.9
18292.9	**3801.6**	**4220.4**	**15411.1**	**9036.8**	**2261.7**
14125.2	2816.6	3048.8	10799.2	7670.0	1791.3
1581.2	321.2	369.8	1527.0	655.8	148.7
2586.5	663.8	801.8	3085.0	711.1	321.7
3398.9	**509.8**	**596.4**	**3829.1**	**777.5**	**290.1**
1196.6	112.8	97.5	1219.6	227.0	89.7
1738.7	267.1	338.0	2030.3	295.6	157.5
124.2	29.5	48.9	149.6	100.7	6.6
339.4	100.3	112.0	429.6	154.3	36.3

10-10 续表

单位：亿元

指　　标	Item	投资额 Investment
批发和零售业	**Wholesale and Retail Trades**	**18681.4**
批发业	Wholesale Trade	9430.2
零售业	Retail Trade	9251.2
交通运输、仓储和邮政业	**Transport, Storage and Post**	**48974.8**
铁路运输业	Railway Transport	7729.9
道路运输业	Road Transport	28614.1
水上运输业	Water Transport	2352.3
航空运输业	Air Transport	1839.9
管道运输业	Transport Via Pipelines	299.1
装卸搬运和运输代理业	Loading, Unloading and Forwarding Agency	1275.2
仓储业	Storage	6620.2
邮政业	Post	244.1
住宿和餐饮业	**Hotels and Catering Services**	**6504.2**
住宿业	Hotels	4673.3
餐饮业	Catering Services	1830.9
信息传输、软件和信息技术服务业	**Information Transmission, Software and Information Technology**	**5516.4**
电信、广播电视和卫星传输服务	Telecommunication, Radio and Television and Satellite Transmission Service	2444.7
互联网和相关服务	Internet and Related Service	801.3
软件和信息技术服务业	Software and Information Technology	2270.4
金融业	**Financial Intermediation**	**1367.2**
货币金融服务	Monetary and Financial Service	665.6
资本市场服务	Capital Market Service	347.5
保险业	Insurance	131.0
其他金融业	Other Financial Activities	223.1
房地产业	**Real Estate**	**126706.2**
租赁和商务服务业	**Leasing and Business Services**	**9435.8**
租赁业	Leasing	892.0
商务服务业	Business Services	8543.8
科学研究和技术服务业	**Scientific Research and Technical Services**	**4751.5**
研究和试验发展	Research and Experimental Development	1414.3
专业技术服务业	Professional Technical Services	1717.5
科技推广和应用服务业	Science and Technology Popularization and Application Services	1619.7
水利、环境和公共设施管理业	**Management of Water Conservancy, Environment and Public Facilities**	**55679.0**
水利管理业	Management of Water Conservancy	7249.9
生态保护和环境治理业	Ecological Protection and Environmental Treatment	2249.0
公共设施管理业	Management of Public Facilities	46180.2
居民服务、修理和其他服务业	**Service to Households, Repair and Other Services**	**2628.2**
居民服务业	Service to Households	1474.3
机动车、电子产品和日用产品修理业	Repair of Motor Vehicle, Electronics and Household Products	649.4
其他服务业	Other Services	504.5
教育	**Education**	**7723.2**
卫生和社会工作	**Health and Social Service**	**5174.7**
卫生	Health	3940.3
社会工作	Social Service	1234.4
文化、体育和娱乐业	**Culture, Sports and Entertainment**	**6724.1**
新闻和出版业	Journalism and Publishing Activities	129.8
广播、电视、电影和影视录音制作业	Radio, Television, Motion Picture and Videotape Programme Production Services	492.0
文化艺术业	Cultural and Art Activities	3077.8
体育	Sports Activities	1031.8
娱乐业	Entertainment	1992.7
公共管理、社会保障和社会组织	**Public Management, Social Security and Social Organization**	**7850.9**
中国共产党机关	Organs of Communist Party of China	25.4
国家机构	Government Agencies	5236.0
人民政协、民主党派	People's Political Consultative Conference and Democratic Parties	16.4
社会保障	Social Security	285.2
群众团体、社会团体和其他成员组织	Non-Governmental Organizations, Social Organizations and Membership Organizations	642.8
基层群众自治组织	Grass Roots Self-Governing Organizations	1645.2
国际组织	**International Organizations**	

continued

(100 million yuan)

#新　建 New Construction	#扩　建 Expansion	#改建和技术改造 Reconstruction and Technical Transformation	建筑安装工程投资 Construction and Installation	设备工器具购置 Purchase of Equipment and Instruments	其他费用 Other Expenses
12769.6	**2630.9**	**2483.4**	**13797.3**	**3336.4**	**1547.7**
5983.1	1502.7	1428.3	6788.6	1950.3	691.4
6786.6	1128.3	1055.1	7008.7	1386.1	856.4
35612.3	**4959.9**	**5054.4**	**36308.8**	**6429.4**	**6236.6**
5738.4	498.2	256.1	4529.5	1586.8	1613.7
20890.4	3081.6	3991.4	23357.5	1731.7	3524.9
1693.9	182.6	158.8	1576.0	578.7	197.6
669.8	144.9	102.8	623.1	1013.0	203.8
233.4	32.8	30.7	214.9	62.2	22.0
983.5	157.0	79.0	922.4	263.5	89.4
5217.3	843.6	416.8	4921.6	1141.2	557.4
185.5	19.2	18.8	163.9	52.3	27.9
4915.8	**732.7**	**716.2**	**5211.1**	**705.0**	**588.1**
3732.6	452.3	412.6	3784.5	437.8	451.0
1183.2	280.3	303.6	1426.7	267.2	137.1
3022.4	**874.3**	**1090.5**	**3123.8**	**2091.2**	**301.4**
1057.3	568.1	627.8	1251.8	1110.3	82.6
410.0	85.6	182.1	400.5	342.0	58.7
1555.1	220.6	280.6	1471.4	638.9	160.1
939.2	**146.5**	**170.8**	**989.0**	**217.3**	**161.0**
433.3	67.1	86.1	441.6	142.6	81.4
249.1	34.9	49.4	259.9	37.2	50.4
89.7	17.7	15.3	108.2	15.4	7.3
167.1	26.8	20.1	179.2	22.0	21.9
120351.1	**2483.7**	**2022.9**	**97909.2**	**2036.3**	**26760.7**
6780.4	**992.9**	**791.6**	**7048.8**	**1524.2**	**862.8**
188.9	47.4	51.9	202.2	667.1	22.8
6591.4	945.5	739.7	6846.6	857.1	840.0
3079.3	**594.6**	**733.6**	**3233.7**	**1135.7**	**382.2**
1016.1	152.5	181.4	980.5	294.0	139.7
1025.4	237.4	266.4	1145.5	437.4	134.6
1037.8	204.7	285.7	1107.7	404.2	107.9
41530.5	**6969.6**	**6464.2**	**46710.6**	**2695.6**	**6272.8**
4924.0	1089.1	1142.9	6261.8	293.6	694.4
1456.8	294.8	406.0	1733.8	266.5	248.6
35149.8	5585.7	4915.2	38715.0	2135.4	5329.8
1852.7	**315.4**	**358.2**	**2021.8**	**408.1**	**198.2**
1061.4	193.1	183.1	1205.5	149.3	119.5
413.8	78.6	107.3	431.6	178.3	39.5
377.5	43.7	67.8	384.8	80.5	39.2
5379.5	**1294.7**	**561.0**	**6396.3**	**754.1**	**572.8**
3436.0	**727.0**	**424.1**	**3901.7**	**864.7**	**408.3**
2421.0	598.9	358.7	2871.9	772.0	296.5
1015.0	128.0	65.4	1029.9	92.7	111.8
5370.6	**663.0**	**520.5**	**5282.9**	**747.8**	**693.4**
106.4	10.2	9.0	108.1	9.6	12.1
358.7	39.4	58.1	353.9	90.5	47.5
2369.2	369.2	259.4	2449.4	296.0	332.3
865.9	85.5	63.0	851.5	76.7	103.7
1670.5	158.8	131.0	1520.0	275.0	197.8
5701.3	**1055.7**	**736.3**	**6574.5**	**639.3**	**637.1**
19.3	1.1	4.3	21.9	2.3	1.2
3971.8	563.2	457.8	4289.4	503.6	443.0
13.2	0.0	2.5	15.8	0.4	0.2
202.1	64.9	17.6	246.8	8.6	29.8
396.4	148.0	57.2	540.8	46.7	55.3
1098.6	278.5	196.7	1459.8	77.8	107.6

10-11 各行业按隶属关系、登记注册类型和控股情况分固定资产投资(不含农户)(2015年)

单位：亿元

指标	Item	投资额 Investment	中央 Central Investment	地方 Local Investment
全国总计	**National Total**	**551590.0**	**25942.3**	**525647.8**
农、林、牧、渔业	**Agriculture, Forestry, Animal Husbandry and Fishery**	**19062.3**	**183.8**	**18878.6**
农业	Farming	7849.3	52.1	7797.2
林业	Forestry	1966.9	15.8	1951.1
畜牧业	Animal Husbandry	4854.9	36.7	4818.2
渔业	Fishery	890.7	0.8	889.9
农、林、牧、渔服务业	Service in Support of Agriculture	3500.5	78.4	3422.2
采矿业	**Mining**	**12970.2**	**2719.5**	**10250.7**
煤炭开采和洗选业	Mining and Washing of Coal	4006.7	195.1	3811.6
石油和天然气开采业	Extraction of Petroleum and Natural Gas	3424.9	2409.4	1015.5
黑色金属矿采选业	Mining and Processing of Ferrous Metal Ores	1365.7	24.5	1341.2
有色金属矿采选业	Mining and Processing of Non-Ferrous Metal Ores	1588.2	52.3	1535.9
非金属矿采选业	Mining and Processing of Non-metal Ores	2092.1	6.1	2086.0
开采辅助活动	Support Activities for Mining	424.5	31.9	392.5
其他采矿业	Mining of Other Ores	68.2	0.3	67.9
制造业	**Manufacturing**	**180233.4**	**2889.0**	**177344.4**
农副食品加工业	Processing of Food from Agricultural Products	10761.2	19.3	10741.9
食品制造业	Manufacture of Foods	5089.0	17.2	5071.8
酒、饮料和精制茶制造业	Manufacture of Liquor, Beverages and Refined Tea	4090.1	11.7	4078.4
烟草制品业	Manufacture of Tobacco	265.4	50.8	214.6
纺织业	Manufacture of Textile	6001.6	31.0	5970.6
纺织服装、服饰业	Manufacture of Textile, Wearing Apparel and Accessories	4528.5	7.2	4521.3
皮革、毛皮、羽毛及其制品和制鞋业	Manufacture of Leather, Fur, Feather and Related Products and Footwear	2163.8	2.5	2161.3
木材加工和木、竹、藤、棕、草制品业	Processing of Timber, Manufacture of Wood, Bamboo, Rattan, Palm and Straw Products	4116.6	0.8	4115.8
家具制造业	Manufacture of Furniture	2881.8	1.1	2880.7
造纸及纸制品业	Manufacture of Paper and Paper Products	2812.8	0.7	2812.1
印刷和记录媒介复制业	Printing and Reproduction of Recording Media	1849.6	15.9	1833.7
文教、工美、体育和娱乐用品制造业	Manufacture of Articles for Culture, Education, Arts and Crafts, Sport and Entertainment Activities	2328.3	0.9	2327.4
石油加工、炼焦及核燃料加工业	Processing of Petroleum, Coking and Processing of Nuclear Fuel	2538.6	443.0	2095.7
化学原料及化学制品制造业	Manufacture of Raw Chemical Materials and Chemical Products	14990.9	377.7	14613.2
医药制造业	Manufacture of Medicines	5811.9	31.0	5780.8
化学纤维制造业	Manufacture of Chemical Fibres	1112.2	8.2	1104.0
橡胶和塑料制品业	Manufacture of Rubber and Plastics Products	6530.8	18.9	6511.9
非金属矿物制品业	Manufacture of Non-metallic Mineral Products	16747.6	79.1	16668.5
黑色金属冶炼和压延加工业	Smelting and Pressing of Ferrous Metals	4257.2	123.7	4133.5
有色金属冶炼和压延加工业	Smelting and Pressing of Non-ferrous Metals	5580.1	80.1	5500.1
金属制品业	Manufacture of Metal Products	9490.6	36.7	9453.9
通用设备制造业	Manufacture of General Purpose Machinery	13363.9	94.9	13269.1
专用设备制造业	Manufacture of Special Purpose Machinery	12353.4	137.3	12216.1
汽车制造业	Manufacture of Automobiles	11515.3	680.2	10835.1
铁路、船舶、航空航天和其他运输设备制造业	Manufacture of Railway, Ship, Aerospace and Other Transport Equipment and Other Transport Equipment	3226.3	316.1	2910.2
电气机械和器材制造业	Manufacture of Electrical Machinery and Apparatus	11314.5	53.0	11261.6
计算机、通信和其他电子设备制造业	Manufacture of Computers, Communication and and Other Electronic Equipment	9036.1	187.2	8848.9
仪器仪表制造业	Manufacture of Measuring Instruments and Machinery	1645.9	18.2	1627.8
其他制造业	Other Manufacture	2179.6	12.7	2166.8
废弃资源综合利用业	Utilization of Waste Resources	1312.1	27.9	1284.2
金属制品、机械和设备修理业	Repair Service of Metal Products, Machinery and Equipment	337.5	4.1	333.4
电力、热力、燃气及水生产和供应业	**Production and Supply of Electricity, Heat, Gas and Water**	**26709.6**	**5571.0**	**21138.6**
电力、热力生产和供应业	Production and Supply of Electric Power and Heat Power	20260.4	5398.6	14861.8
燃气生产和供应业	Production and Supply of Gas	2331.5	107.2	2224.3
水的生产和供应业	Production and Supply of Water	4117.7	65.2	4052.5
建筑业	**Construction**	**4896.7**	**125.8**	**4770.9**
房屋建筑业	Construction of Buildings	1536.3	16.9	1519.3
土木工程建筑业	Civil Engineering	2483.5	106.9	2376.6
建筑安装业	Building Installation	256.9	1.0	255.9
建筑装饰和其他建筑业	Building Decoration and Other Constructions	620.1	1.0	619.1

Investment in Fixed Assets(Excluding Rural Households) by Sector, Jurisdiction of Management, Registration Status and Holding Type (2015)

(100 million yuan)

内　资 Domestic Funds	港澳台商投资 Funds from Hong Kong, Macao and Taiwan	外商投资 Foreign Funded	国有控股 State-holding	集体控股 Collective-holding	私人控股 Private-holding
528913.3	**11930.4**	**10746.3**	**178933.1**	**24141.7**	**279032.5**
18870.7	**80.9**	**110.7**	**4481.5**	**1153.9**	**10913.4**
7751.3	45.9	52.1	1405.9	504.0	4802.2
1955.3	5.4	6.2	829.9	129.8	813.3
4790.7	23.8	40.4	466.3	150.2	3487.5
881.0	3.3	6.4	64.6	91.7	622.9
3492.4	2.5	5.6	1714.9	278.2	1187.5
12826.9	**84.6**	**58.8**	**5805.3**	**436.0**	**5876.5**
3971.8	24.8	10.1	1708.3	176.3	1844.8
3380.8	24.4	19.7	3130.3	13.0	202.9
1357.7	2.3	5.6	182.8	33.2	1022.5
1572.9	7.1	8.1	477.1	62.5	921.4
2059.6	17.3	15.2	110.1	75.7	1701.9
416.9	7.5		186.5	74.6	129.6
67.0	1.1	0.1	10.2	0.6	53.3
169739.4	**3877.9**	**6616.1**	**13799.4**	**3506.2**	**139967.0**
10509.3	88.1	163.8	406.3	183.8	9092.0
4843.8	100.2	145.0	177.9	67.2	4220.5
3861.7	85.8	142.6	239.0	95.0	3242.9
261.6	0.6	3.2	209.3	14.1	24.4
5742.9	149.9	108.8	148.2	82.1	5204.1
4335.4	116.1	77.0	62.8	61.5	3973.1
2055.1	62.8	45.9	42.4	24.1	1889.5
4067.7	25.7	23.2	76.2	32.9	3620.8
2804.1	37.4	40.4	55.0	44.2	2455.7
2520.3	120.8	171.7	43.6	37.5	2226.9
1793.5	33.0	23.0	84.0	41.5	1543.8
2189.2	75.2	63.9	44.0	35.7	1947.4
2299.6	83.2	155.8	827.0	62.1	1366.0
14158.4	285.8	546.7	1836.3	273.5	10997.0
5464.6	160.7	186.6	390.0	146.9	4378.9
1045.5	41.8	24.9	88.0	22.3	901.2
6220.9	162.3	147.7	132.3	144.4	5510.5
16457.5	164.4	125.6	544.3	289.0	14122.9
4085.1	94.7	77.5	823.0	140.0	2906.8
5329.4	183.0	67.7	578.5	97.6	4037.5
9118.5	167.6	204.6	347.0	201.2	7910.8
12850.8	168.1	345.0	471.5	195.7	11255.4
11810.6	220.6	322.2	726.4	319.2	9769.4
9743.9	181.2	1590.2	1817.2	214.4	7365.5
3060.0	50.4	115.9	855.4	100.1	1921.7
10681.5	304.2	328.8	573.6	163.1	9247.3
7148.7	625.5	1261.8	1231.3	217.9	5053.2
1541.0	40.6	64.4	132.0	31.1	1257.6
2147.7	16.0	15.8	610.8	108.6	1337.4
1260.1	29.6	22.4	112.9	41.9	1012.1
331.1	2.8	3.6	113.3	17.7	174.6
26026.6	**431.5**	**251.6**	**16518.8**	**754.5**	**7347.3**
19738.2	350.1	172.1	12850.5	441.8	5483.6
2219.8	58.6	53.1	845.5	52.1	1140.0
4068.5	22.8	26.4	2822.8	260.6	723.7
4885.8	**3.9**	**7.0**	**2639.2**	**268.0**	**1364.3**
1531.4	1.9	3.0	701.5	97.2	478.9
2479.2	1.6	2.7	1736.9	128.4	377.2
256.9			71.5	4.2	157.6
618.3	0.5	1.4	129.2	38.1	350.6

10-11 续表

单位：亿元

指 标	Item	投资额 Investment	中央 Central Investment	地方 Local Investment
批发和零售业	**Wholesale and Retail Trades**	**18681.4**	**109.3**	**18572.1**
批发业	Wholesale Trade	9430.2	49.8	9380.4
零售业	Retail Trade	9251.2	59.5	9191.7
交通运输、仓储和邮政业	**Transport, Storage and Post**	**48974.8**	**7925.2**	**41049.6**
铁路运输业	Railway Transport	7729.9	5990.3	1739.7
道路运输业	Road Transport	28614.1	928.0	27686.1
水上运输业	Water Transport	2352.3	137.9	2214.4
航空运输业	Air Transport	1839.9	688.4	1151.5
管道运输业	Transport Via Pipelines	299.1	26.0	273.2
装卸搬运和运输代理业	Loading, Unloading and Forwarding Agency	1275.2	9.5	1265.7
仓储业	Storage	6620.2	135.5	6484.6
邮政业	Post	244.1	9.7	234.4
住宿和餐饮业	**Hotels and Catering Services**	**6504.2**	**15.2**	**6489.0**
住宿业	Hotels	4673.3	13.4	4659.9
餐饮业	Catering Services	1830.9	1.8	1829.1
信息传输、软件和信息技术服务业	**Information Transmission, Software and Information Technology**	**5516.4**	**951.9**	**4564.5**
电信、广播电视和卫星传输服务	Telecommunication, Radio and Television and Satellite Transmission Service	2444.7	800.6	1644.1
互联网和相关服务	Internet and Related Service	801.3	83.0	718.3
软件和信息技术服务业	Software and Information Technology	2270.4	68.3	2202.1
金融业	**Financial Intermediation**	**1367.2**	**138.4**	**1228.9**
货币金融服务	Monetary and Financial Service	665.6	90.2	575.5
资本市场服务	Capital Market Service	347.5	9.7	337.9
保险业	Insurance	131.0	24.5	106.5
其他金融业	Other Financial Activities	223.1	14.1	209.0
房地产业	**Real Estate**	**126706.2**	**2414.2**	**124292.0**
租赁和商务服务业	**Leasing and Business Services**	**9435.8**	**66.6**	**9369.2**
租赁业	Leasing	892.0	6.2	885.9
商务服务业	Business Services	8543.8	60.4	8483.3
科学研究和技术服务业	**Scientific Research and Technical Services**	**4751.5**	**311.9**	**4439.7**
研究和试验发展	Research and Experimental Development	1414.3	213.7	1200.6
专业技术服务业	Professional Technical Services	1717.5	78.7	1638.9
科技推广和应用服务业	Science and Technology Popularization and Application Services	1619.7	19.5	1600.2
水利、环境和公共设施管理业	**Management of Water Conservancy, Environment and Public Facilities**	**55679.0**	**1124.2**	**54554.8**
水利管理业	Management of Water Conservancy	7249.9	251.2	6998.7
生态保护和环境治理业	Ecological Protection and Environmental Treatment	2249.0	36.7	2212.3
公共设施管理业	Management of Public Facilities	46180.2	836.4	45343.8
居民服务、修理和其他服务业	**Service to Households, Repair and Other Services**	**2628.2**	**19.1**	**2609.1**
居民服务业	Service to Households	1474.3	11.6	1462.7
机动车、电子产品和日用产品修理业	Repair of Motor Vehicle, Electronics and Household Products	649.4	0.9	648.5
其他服务业	Other Services	504.5	6.6	497.9
教育	**Education**	**7723.2**	**391.9**	**7331.3**
卫生和社会工作	**Health and Social Service**	**5174.7**	**103.5**	**5071.2**
卫生	Health	3940.3	88.0	3852.3
社会工作	Social Service	1234.4	15.5	1218.9
文化、体育和娱乐业	**Culture, Sports and Entertainment**	**6724.1**	**86.2**	**6637.9**
新闻和出版业	Journalism and Publishing Activities	129.8	4.9	124.9
广播、电视、电影和影视录音制作业	Radio, Television, Motion Picture and Videotape Programme Production Services	492.0	13.1	478.9
文化艺术业	Cultural and Art Activities	3077.8	38.3	3039.5
体育	Sports Activities	1031.8	7.7	1024.1
娱乐业	Entertainment	1992.7	22.2	1970.5
公共管理、社会保障和社会组织	**Public Management, Social Security and Social Organization**	**7850.9**	**795.7**	**7055.2**
中国共产党机关	Organs of Communist Party of China	25.4	3.2	22.2
国家机构	Government Agencies	5236.0	704.5	4531.5
人民政协、民主党派	People's Political Consultative Conference and Democratic Parties	16.4	0.0	16.4
社会保障	Social Security	285.2	1.4	283.7
群众团体、社会团体和其他成员组织	Non-Governmental Organizations, Social Organizations and Membership Organizations	642.8	75.9	566.8
基层群众自治组织	Grass Roots Self-Governing Organizations	1645.2	10.6	1634.6
国际组织	**International Organizations**			

continued

(100 million yuan)

内　资 Domestic Funds	港澳台商投资 Funds from Hong Kong, Macao and Taiwan	外商投资 Foreign Funded	国有控股 State-holding	集体控股 Collective-holding	私人控股 Private-holding
18249.1	**192.6**	**239.7**	**1635.5**	**1056.8**	**13898.4**
9214.0	74.2	142.1	637.6	355.5	7428.9
9035.1	118.4	97.7	997.9	701.3	6469.5
48320.1	**268.3**	**386.5**	**36114.5**	**1255.0**	**8887.3**
7718.3	11.7		7428.2	58.4	173.1
28491.8	53.9	68.5	24260.8	777.5	2511.9
2231.5	59.4	61.4	1378.7	96.6	678.0
1811.8	22.9	5.2	1472.6	51.8	154.1
290.1	2.7	6.3	183.2	5.8	57.2
1214.8	11.0	49.4	185.0	49.9	888.6
6327.9	104.9	187.4	1163.0	209.2	4261.9
234.0	1.9	8.2	43.0	5.8	162.5
6307.2	**106.9**	**90.1**	**832.3**	**263.4**	**4594.1**
4511.7	86.3	75.3	655.2	205.1	3173.2
1795.6	20.6	14.8	177.1	58.2	1420.9
5011.7	**310.1**	**194.6**	**2645.1**	**176.9**	**1771.3**
2218.0	134.5	92.2	1899.7	59.0	137.1
662.1	117.4	21.7	306.8	30.3	319.0
2131.6	58.1	80.7	438.7	87.6	1315.1
1305.4	**25.8**	**36.1**	**644.9**	**111.1**	**422.9**
649.9	13.8	1.9	366.2	92.1	116.8
340.1	6.4	1.1	100.8	11.6	196.3
131.0			98.1	1.5	25.8
184.4	5.62	33.0	79.8	5.9	84.0
118322.9	**6104.0**	**2279.3**	**30734.8**	**7661.3**	**62890.2**
9125.5	**163.1**	**147.2**	**2739.7**	**678.3**	**4792.3**
792.4	59.8	39.9	212.2	63.5	357.4
8333.1	103.4	107.3	2527.5	614.8	4434.9
4636.8	**32.7**	**82.0**	**1469.3**	**267.5**	**2463.5**
1348.0	20.5	45.7	570.2	52.4	598.5
1691.9	9.6	16.0	594.7	130.1	825.4
1596.8	2.6	20.2	304.4	85.0	1039.6
55479.1	**105.1**	**94.8**	**41047.3**	**3939.0**	**6922.9**
7243.0	5.6	1.3	6204.7	431.6	343.3
2226.3	9.4	13.2	1366.7	158.2	518.2
46009.8	90.1	80.3	33475.8	3349.3	6061.3
2607.2	**15.2**	**5.8**	**646.1**	**317.8**	**1273.2**
1464.3	7.3	2.7	510.9	215.2	501.8
646.7	0.7	1.9	39.5	16.4	527.5
496.2	7.2	1.2	95.7	86.1	244.0
7676.3	**31.8**	**15.1**	**5569.7**	**381.2**	**1232.2**
5142.2	**25.6**	**7.0**	**3131.2**	**310.2**	**1314.8**
3917.1	19.0	4.2	2632.1	209.8	813.6
1225.0	6.6	2.8	499.2	100.4	501.1
6546.9	**64.4**	**112.8**	**2767.8**	**537.9**	**2726.6**
129.1		0.7	87.8	0.0	36.5
487.7	0.8	3.5	161.7	58.4	229.7
3057.6	17.4	2.8	1528.5	333.5	927.6
1006.9	17.6	7.3	558.8	68.4	303.9
1865.5	28.7	98.5	431.0	77.6	1228.9
7833.6	**6.3**	**11.1**	**5710.6**	**1066.7**	**374.5**
25.4			20.6	0.3	2.5
5230.6	2.6	2.8	4639.6	230.3	137.2
16.4			6.6		7.8
285.2			169.5	57.3	24.4
638.2	3.6	1.0	313.2	69.9	91.4
1637.9		7.3	561.2	708.9	111.3

10-12 固定资产投资(不含农户)各行业实际到位资金和新增固定资产（2015年）

单位：亿元

指标	Item	实际到位资金小计 Actual Funds for Investment	国家预算资金 State Budget	国内贷款 Domestic Loans
全国总计	**National Total**	**573789.0**	**30924.3**	**60756.6**
农、林、牧、渔业	**Agriculture, Forestry, Animal Husbandry and Fishery**	**18893.1**	**1475.0**	**798.9**
农业	Farming	7910.3	346.6	358.5
林业	Forestry	1904.2	312.9	58.0
畜牧业	Animal Husbandry	4768.0	85.2	221.7
渔业	Fishery	888.9	14.4	44.6
农、林、牧、渔服务业	Service in Support of Agriculture	3421.6	715.8	116.2
采矿业	**Mining**	**12609.3**	**172.4**	**1065.9**
煤炭开采和洗选业	Mining and Washing of Coal	3841.1	37.6	373.2
石油和天然气开采业	Extraction of Petroleum and Natural Gas	3268.8	58.0	418.8
黑色金属矿采选业	Mining and Processing of Ferrous Metal Ores	1353.4	8.2	63.5
有色金属矿采选业	Mining and Processing of Non-Ferrous Metal Ores	1589.9	33.6	79.1
非金属矿采选业	Mining and Processing of Non-metal Ores	2067.5	5.4	113.0
开采辅助活动	Support Activities for Mining	419.8	27.7	15.4
其他采矿业	Mining of Other Ores	68.8	1.8	3.1
制造业	**Manufacturing**	**179867.2**	**538.3**	**13093.8**
农副食品加工业	Processing of Food from Agricultural Products	10759.7	44.1	660.8
食品制造业	Manufacture of Foods	5057.3	12.7	349.2
酒、饮料和精制茶制造业	Manufacture of Liquor, Beverages and Refined Tea	4021.2	8.3	218.3
烟草制品业	Manufacture of Tobacco	254.8	13.8	3.6
纺织业	Manufacture of Textile	5977.5	26.1	403.7
纺织服装、服饰业	Manufacture of Textile, Wearing Apparel and Accessories	4547.4	4.9	241.0
皮革、毛皮、羽毛及其制品和制鞋业	Manufacture of Leather, Fur, Feather and Related Products and Footwear	2180.5	2.1	150.6
木材加工和木、竹、藤、棕、草制品业	Processing of Timber, Manufacture of Wood, Bamboo, Rattan, Palm and Straw Products	4113.2	6.4	272.9
家具制造业	Manufacture of Furniture	2901.2	1.9	169.6
造纸及纸制品业	Manufacture of Paper and Paper Products	2779.8	2.2	159.9
印刷和记录媒介复制业	Printing and Reproduction of Recording Media	1836.9	2.0	109.6
文教、工美、体育和娱乐用品制造业	Manufacture of Articles for Culture, Education, Arts and Crafts, Sport and Entertainment Activities	2348.2	4.6	105.5
石油加工、炼焦及核燃料加工业	Processing of Petroleum, Coking and Processing of Nuclear Fuel	2443.0	7.3	217.8
化学原料及化学制品制造业	Manufacture of Raw Chemical Materials and Chemical Products	14664.4	80.2	1390.5
医药制造业	Manufacture of Medicines	5824.4	6.1	306.6
化学纤维制造业	Manufacture of Chemical Fibres	1097.2	3.7	89.6
橡胶和塑料制品业	Manufacture of Rubber and Plastics Products	6513.4	4.3	475.7
非金属矿物制品业	Manufacture of Non-metallic Mineral Products	16667.2	22.6	1181.8
黑色金属冶炼和压延加工业	Smelting and Pressing of Ferrous Metals	4172.4	3.8	463.9
有色金属冶炼和压延加工业	Smelting and Pressing of Non-ferrous Metals	5559.9	7.0	513.9
金属制品业	Manufacture of Metal Products	9446.4	11.4	589.6
通用设备制造业	Manufacture of General Purpose Machinery	13318.9	25.9	1049.6
专用设备制造业	Manufacture of Special Purpose Machinery	12354.4	34.6	900.7
汽车制造业	Manufacture of Automobiles	11588.3	23.1	869.4
铁路、船舶、航空航天和其他运输设备制造业	Manufacture of Railway, Ship, Aerospace and Other Transport Equipments	3245.5	57.1	179.6
电气机械和器材制造业	Manufacture of Electrical Machinery and Apparatus	11407.3	12.7	774.3
计算机、通信和其他电子设备制造业	Manufacture of Computers, Communication and Other Electronic Equipment	9340.8	45.0	695.3
仪器仪表制造业	Manufacture of Measuring Instruments and Machinery	1652.6	5.3	122.7
其他制造业	Other Manufacture	2173.6	27.9	300.6
废弃资源综合利用业	Utilization of Waste Resources	1296.2	12.2	99.5
金属制品、机械和设备修理业	Repair Service of Metal Products, Machinery and Equipment	323.8	19.2	28.4
电力、热力、燃气及水生产和供应业	**Production and Supply of Electricity, Heat, Gas and Water**	**26420.1**	**1931.2**	**5211.6**
电力、热力生产和供应业	Production and Supply of Electric Power and Heat Power	20107.3	1129.3	4767.4
燃气生产和供应业	Production and Supply of Gas	2329.6	65.6	180.4
水的生产和供应业	Production and Supply of Water	3983.2	736.3	263.8
建筑业	**Construction**	**4926.6**	**683.6**	**234.1**
房屋建筑业	Construction of Buildings	1529.4	162.0	56.8
土木工程建筑业	Civil Engineering	2505.8	478.9	141.6
建筑安装业	Building Installation	258.5	11.7	6.1
建筑装饰和其他建筑业	Building Decoration and Other Constructions	632.9	31.0	29.7

Actual Funds for Investment and Newly Increased Fixed Assets (Excluding Rural Households) by Sector (2015)

(100 million yuan)

利用外资 Foreign Investment	自筹资金 Self-raising Funds	其他资金 Others	投资额 Investment	新增固定资产 Newly Increased Fixed Assets	固定资产交付使用率(%) Rate of Projects of Fixed Assets Completed and Put into Use (%)
2854.4	**405008.7**	**74244.9**	**551590.0**	**386200.1**	**70.0**
31.2	**15580.9**	**1007.1**	**19062.3**	**16594.9**	**87.1**
11.7	6793.1	400.5	7849.3	6704.8	85.4
4.5	1390.5	138.2	1966.9	1732.9	88.1
5.2	4286.0	169.9	4854.9	4330.7	89.2
2.1	793.3	34.6	890.7	783.4	88.0
7.7	2318.0	263.9	3500.5	3043.2	86.9
41.8	**11041.9**	**287.3**	**12970.2**	**9980.3**	**76.9**
1.1	3317.1	112.2	4006.7	2898.6	72.3
13.0	2737.2	41.8	3424.9	2078.4	60.7
1.7	1258.1	22.0	1365.7	1177.8	86.2
9.2	1435.8	32.2	1588.2	1436.8	90.5
8.3	1879.3	61.5	2092.1	1914.8	91.5
8.5	353.3	14.9	424.5	416.8	98.2
	61.2	2.7	68.2	57.1	83.8
2009.6	**160966.6**	**3259.0**	**180233.4**	**144434.7**	**80.1**
61.7	9703.2	289.9	10761.2	9342.0	86.8
34.0	4558.3	103.1	5089.0	4030.6	79.2
29.2	3604.0	161.4	4090.1	3337.1	81.6
	231.2	6.3	265.4	246.1	92.7
40.0	5384.9	122.7	6001.6	5126.2	85.4
41.8	4167.8	91.9	4528.5	3777.7	83.4
24.8	1949.6	53.6	2163.8	1841.8	85.1
7.8	3722.0	104.1	4116.6	3541.6	86.0
14.9	2668.8	46.0	2881.8	2358.7	81.8
78.0	2497.3	42.4	2812.8	2334.8	83.0
7.2	1687.5	30.6	1849.6	1509.4	81.6
48.6	2131.8	57.7	2328.3	1873.5	80.5
35.5	2106.9	75.6	2538.6	1935.5	76.2
122.5	12829.8	241.4	14990.9	12368.5	82.5
54.9	5342.2	114.5	5811.9	4201.6	72.3
9.6	987.4	7.1	1112.2	908.6	81.7
66.7	5888.4	78.4	6530.8	5502.4	84.3
42.2	15054.2	366.5	16747.6	14360.0	85.7
16.0	3613.6	75.0	4257.2	3341.3	78.5
14.9	4959.7	64.5	5580.1	3760.2	67.4
64.7	8610.4	170.4	9490.6	7897.3	83.2
98.1	11944.5	200.9	13363.9	11113.1	83.2
103.2	11137.7	178.1	12353.4	9858.1	79.8
165.5	10384.0	146.2	11515.3	8363.5	72.6
20.2	2936.1	52.5	3226.3	2524.4	78.2
154.2	10326.0	140.1	11314.5	8572.0	75.8
604.4	7875.5	120.6	9036.1	6200.2	68.6
27.1	1467.9	29.7	1645.9	1311.6	79.7
10.9	1773.8	60.4	2179.6	1555.3	71.4
11.0	1152.2	21.3	1312.1	1072.1	81.7
	270.1	6.1	337.5	269.6	79.9
39.9	**18266.9**	**970.5**	**26709.6**	**18465.5**	**69.1**
25.0	13523.7	661.8	20260.4	13621.4	67.2
8.6	2004.9	70.1	2331.5	1710.0	73.3
6.3	2738.3	238.5	4117.7	3134.1	76.1
11.0	**3686.8**	**311.1**	**4896.7**	**3738.2**	**76.3**
8.9	1245.3	56.5	1536.3	1202.6	78.3
2.1	1683.8	199.4	2483.5	1834.8	73.9
	231.0	9.7	256.9	205.6	80.0
	526.7	45.5	620.1	495.2	79.9

10-12 续表

单位：亿元

指　　标	Item	实际到位资金小计 Actual Funds for Investment	国家预算资金 State Budget	国内贷款 Domestic Loans
批发和零售业	**Wholesale and Retail Trades**	**18629.4**	**120.2**	**1072.9**
批发业	Wholesale Trade	9436.7	57.3	496.1
零售业	Retail Trade	9192.7	62.9	576.8
交通运输、仓储和邮政业	**Transport, Storage and Post**	**47337.6**	**7369.4**	**9778.0**
铁路运输业	Railway Transport	7332.2	1125.6	2077.3
道路运输业	Road Transport	27283.2	5642.7	5911.7
水上运输业	Water Transport	2314.6	118.4	481.9
航空运输业	Air Transport	1888.2	298.1	603.6
管道运输业	Transport Via Pipelines	343.4	17.9	34.9
装卸搬运和运输代理业	Loading, Unloading and Forwarding Agency	1301.4	28.1	134.1
仓储业	Storage	6637.5	134.1	524.9
邮政业	Post	237.0	4.6	9.6
住宿和餐饮业	**Hotels and Catering Services**	**6473.2**	**54.8**	**427.3**
住宿业	Hotels	4621.0	42.8	336.5
餐饮业	Catering Services	1852.2	12.0	90.8
信息传输、软件和信息技术服务业	**Information Transmission, Software and Information Technology**	**5633.7**	**118.6**	**218.3**
电信、广播电视和卫星传输服务	Telecommunication, Radio and Television and Satellite Transmission Service	2480.3	66.4	59.6
互联网和相关服务	Internet and Related Service	796.8	14.3	16.7
软件和信息技术服务业	Software and Information Technology	2356.5	37.8	142.0
金融业	**Financial Intermediation**	**1342.0**	**25.4**	**45.7**
货币金融服务	Monetary and Financial Service	651.4	14.9	23.2
资本市场服务	Capital Market Service	324.9	0.20	13.8
保险业	Insurance	133.6	0.3	0.2
其他金融业	Other Financial Activities	232.0	10.0	8.5
房地产业	**Real Estate**	**155020.4**	**2847.8**	**22402.8**
租赁和商务服务业	**Leasing and Business Services**	**9414.5**	**244.7**	**755.6**
租赁业	Leasing	771.6	1.5	74.4
商务服务业	Business Services	8642.9	243.2	681.2
科学研究和技术服务业	**Scientific Research and Technical Services**	**4815.3**	**250.3**	**307.7**
研究和试验发展	Research and Experimental Development	1419.5	83.6	78.4
专业技术服务业	Professional Technical Services	1750.3	125.5	113.2
科技推广和应用服务业	Science and Technology Popularization and Application Services	1645.4	41.2	116.1
水利、环境和公共设施管理业	**Management of Water Conservancy, Environment and Public Facilities**	**53095.8**	**9818.3**	**3983.4**
水利管理业	Management of Water Conservancy	6967.5	2480.9	398.7
生态保护和环境治理业	Ecological Protection and Environmental Treatment	2187.6	394.3	104.7
公共设施管理业	Management of Public Facilities	43940.7	6943.2	3480.1
居民服务、修理和其他服务业	**Service to Households, Repair and Other Services**	**2585.3**	**159.7**	**131.8**
居民服务业	Service to Households	1434.3	128.9	66.1
机动车、电子产品和日用产品修理业	Repair of Motor Vehicle, Electronics and Household Products	645.6	9.1	31.5
其他服务业	Other Services	505.4	21.7	34.2
教育	**Education**	**7521.0**	**1935.1**	**358.4**
卫生和社会工作	**Health and Social Service**	**5153.9**	**699.4**	**311.8**
卫生	Health	3948.2	540.8	254.8
社会工作	Social Service	1205.7	158.6	57.0
文化、体育和娱乐业	**Culture, Sports and Entertainment**	**6483.4**	**545.9**	**361.1**
新闻和出版业	Journalism and Publishing Activities	133.0	8.3	5.8
广播、电视、电影和影视录音制作业	Radio, Television, Motion Picture and Videotape Programme Production Services	480.5	19.0	9.3
文化艺术业	Cultural and Art Activities	2970.5	359.7	135.2
体育	Sports Activities	1008.3	118.6	78.3
娱乐业	Entertainment	1891.0	40.3	132.5
公共管理、社会保障和社会组织	**Public Management, Social Security and Social Organization**	**7567.1**	**1934.3**	**197.4**
中国共产党机关	Organs of Communist Party of China	22.1	8.5	0.2
国家机构	Government Agencies	4959.3	1535.2	141.8
人民政协、民主党派	People's Political Consultative Conference and Democratic Parties	17.4	3.7	0.4
社会保障	Social Security	275.7	62.4	9.5
群众团体、社会团体和其他成员组织	Mass Organizations, Social Organizations and Other Membership Organizations	688.0	174.6	8.3
基层群众自治组织	Grass Roots Self-Governing Organizations	1604.6	149.8	37.4
国际组织	**International Organizations**			

continued

(100 million yuan)

利用外资 Foreign Investment	自筹资金 Self-raising Funds	其他资金 Others	投资额 Investment	新增固定资产 Newly Increased Fixed Assets	固定资产交付使用率(%) Rate of Projects of Fixed Assets Completed and Put into Use (%)
75.4	**16847.8**	**513.1**	**18681.4**	**15296.7**	**81.9**
29.3	8630.1	223.9	9430.2	7787.7	82.6
46.1	8217.7	289.2	9251.2	7509.0	81.2
101.7	**25774.8**	**4313.7**	**48974.8**	**29471.7**	**60.2**
23.0	2328.3	1777.9	7729.9	3280.9	42.4
20.0	13508.1	2200.7	28614.1	17441.3	61.0
3.6	1671.0	39.8	2352.3	1406.5	59.8
1.3	930.9	54.4	1839.9	1145.9	62.3
	280.7	9.9	299.1	282.1	94.3
3.6	1116.9	18.7	1275.2	939.5	73.7
50.2	5718.8	209.5	6620.2	4804.2	72.6
	220.1	2.8	244.1	171.4	70.2
22.3	**5741.1**	**227.7**	**6504.2**	**5148.7**	**79.2**
18.5	4039.5	183.7	4673.3	3566.4	76.3
3.8	1701.6	44.0	1830.9	1582.3	86.4
16.1	**5202.9**	**77.7**	**5516.4**	**3981.2**	**72.2**
0.0	2318.8	35.6	2444.7	1865.8	76.3
2.2	757.7	5.9	801.3	610.1	76.1
13.9	2126.4	36.3	2270.4	1505.2	66.3
0.9	**1253.6**	**16.4**	**1367.2**	**912.5**	**66.7**
0.1	606.5	6.7	665.6	496.4	74.6
0.8	304.7	5.4	347.5	196.3	56.5
	131.6	1.6	131.0	58.6	44.7
	210.8	2.6	223.1	161.3	72.3
320.6	**71761.1**	**57688.2**	**126706.2**	**63883.2**	**50.4**
40.1	**8078.6**	**295.5**	**9435.8**	**6402.5**	**67.9**
1.6	686.2	7.9	892.0	434.1	48.7
38.4	7392.4	287.6	8543.8	5968.4	69.9
23.4	**4121.4**	**112.5**	**4751.5**	**3770.2**	**79.3**
16.2	1214.9	26.3	1414.3	1022.3	72.3
0.4	1464.6	46.6	1717.5	1422.2	82.8
6.8	1441.9	39.5	1619.7	1325.7	81.8
68.1	**35732.9**	**3493.0**	**55679.0**	**41168.5**	**73.9**
5.3	3435.0	647.7	7249.9	5234.5	72.2
7.3	1542.5	138.8	2249.0	1737.2	77.2
55.5	30755.4	2706.5	46180.2	34196.9	74.1
2.6	**2181.2**	**110.0**	**2628.2**	**2085.2**	**79.3**
0.7	1155.4	83.2	1474.3	1199.5	81.4
0.7	591.0	13.3	649.4	508.0	78.2
1.2	434.8	13.5	504.5	377.7	74.9
8.2	**4737.5**	**481.8**	**7723.2**	**6037.7**	**78.2**
7.8	**3888.5**	**246.5**	**5174.7**	**3828.6**	**74.0**
7.8	2962.2	182.6	3940.3	2927.9	74.3
	926.3	63.8	1234.4	900.7	73.0
30.0	**5252.8**	**293.6**	**6724.1**	**4652.7**	**69.2**
	117.6	1.4	129.8	99.7	76.8
1.8	439.0	11.4	492.0	317.5	64.5
3.2	2298.8	173.5	3077.8	2207.7	71.7
4.9	762.2	44.3	1031.8	753.7	73.0
20.1	1635.2	62.9	1992.7	1274.1	63.9
3.8	**4891.5**	**540.1**	**7850.9**	**6347.2**	**80.8**
	11.1	2.4	25.4	25.8	101.6
3.0	2953.7	325.6	5236.0	4111.3	78.5
	13.2	0.1	16.4	14.1	85.9
	168.5	35.3	285.2	272.7	95.6
0.2	456.2	48.7	642.8	493.9	76.8
0.6	1288.8	128.1	1645.2	1429.5	86.9

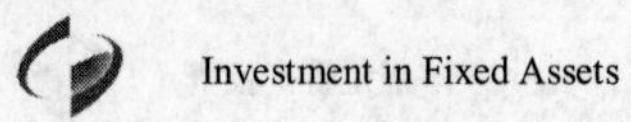

10-13 按行业分固定资产投资(不含农户)
Investment in Fixed Assets (Excluding Rural Households) by Sector

单位：亿元 (100 million yuan)

年份 Year 地区 Region		合计 Total	农、林、牧、渔业 Agriculture, Forestry, Animal Husbandry and Fishery	采矿业 Mining	制造业 Manufacturing	电力、热力、燃气及水生产和供应业 Production and Supply of Electricity, Heat, Gas and Water	建筑业 Construction	批发和零售业 Wholesale and Retail Trades
	2003	45811.7	535.0	1551.9	10744.0	3803.9	528.0	791.4
	2004	59028.2	645.1	2126.3	14657.2	5525.1	526.3	1117.2
	2005	75095.1	842.8	3234.3	20406.6	7286.6	664.3	1532.1
	2006	93368.7	1118.2	4152.5	26336.0	8260.7	795.7	1896.5
	2007	117464.5	1460.0	5256.1	35476.7	9088.9	992.5	2450.6
	2008	148738.3	2250.4	6846.8	46368.3	10489.1	1195.8	3193.0
	2009	193920.4	3356.4	8170.8	58706.1	13545.4	1569.1	4491.0
	2010	241430.9	3926.2	9694.7	74485.2	14591.3	2241.7	5233.4
	2011	302396.1	6819.2	11746.8	102566.3	14659.2	3239.9	7379.7
	2012	364854.1	8772.4	13298.8	124403.9	16671.9	3685.3	9762.9
	2013	435747.4	11401.2	14648.8	147584.4	19628.9	3532.3	12601.1
	2014	501264.9	14574.0	14537.2	166897.7	22825.0	4034.0	15552.5
	2015	551590.0	19062.3	12970.2	180233.4	26709.6	4896.7	18681.4
北　京	Beijing	7446.0	109.4	2.6	362.2	293.2	5.6	58.2
天　津	Tianjin	11814.6	261.1	265.1	3374.7	368.5	138.6	527.9
河　北	Hebei	28905.7	1510.1	561.6	12578.8	1528.7	20.1	967.4
山　西	Shanxi	13744.6	1567.7	1410.9	2515.2	1355.9	11.1	343.2
内蒙古	Inner Mongolia	13529.2	820.5	943.6	3709.8	1732.5	163.5	396.8
辽　宁	Liaoning	17640.4	419.3	382.8	6565.5	520.6	11.7	827.0
吉　林	Jilin	12508.6	540.7	532.7	5820.0	463.2	203.8	593.4
黑龙江	Heilongjiang	9884.3	904.2	459.2	2817.9	344.1	257.0	586.4
上　海	Shanghai	6349.4	3.4	0.2	757.8	199.2	1.7	34.8
江　苏	Jiangsu	45905.2	296.1	103.2	21228.0	1444.7	133.5	1447.5
浙　江	Zhejiang	26664.7	339.2	59.3	7579.1	1108.9	55.3	410.7
安　徽	Anhui	23803.9	758.8	323.9	9455.1	774.8	131.8	946.7
福　建	Fujian	20974.0	617.1	277.9	6102.9	902.3	223.9	511.6
江　西	Jiangxi	16993.9	469.1	245.5	8099.6	573.2	130.7	971.6
山　东	Shandong	47381.5	1155.8	649.0	20876.6	1728.6	887.9	2720.3
河　南	Henan	34951.3	1666.4	568.3	15341.4	1113.6	6.7	1173.0
湖　北	Hubei	26086.4	723.0	346.5	10200.9	690.7	148.3	793.2
湖　南	Hunan	24324.2	919.1	570.3	8561.9	855.7	401.1	1120.2
广　东	Guangdong	29950.5	501.1	162.0	8785.3	1198.7	55.8	914.9
广　西	Guangxi	15654.9	747.2	389.8	5206.2	736.4	236.1	605.1
海　南	Hainan	3355.4	51.7	7.6	119.0	118.5	77.8	34.6
重　庆	Chongqing	14208.1	421.6	285.6	3950.8	461.9	7.8	245.7
四　川	Sichuan	24965.6	770.4	517.1	5193.4	1583.0	61.4	569.4
贵　州	Guizhou	10676.7	302.4	339.2	1204.3	417.9	3.2	184.2
云　南	Yunnan	13069.4	720.1	427.2	1526.3	1126.9	0.7	277.9
西　藏	Tibet	1295.7	73.4	75.0	28.9	157.0	0.7	14.5
陕　西	Shaanxi	18231.0	1205.5	1080.8	3596.9	847.6	98.6	685.2
甘　肃	Gansu	8626.6	534.9	306.3	1232.4	762.7	1133.4	472.1
青　海	Qinghai	3144.2	139.2	204.1	647.6	449.3	156.3	32.9
宁　夏	Ningxia	3426.4	147.6	107.7	824.7	696.2	14.1	33.0
新　疆	Xinjiang	10525.4	366.3	888.7	1970.1	2091.5	118.6	182.1
不分地区	Not Classified by Region	5552.4		476.4		63.3		

10-13 续表 1 continued

单位：亿元 (100 million yuan)

年份 地区	Year Region	交通运输、仓储和邮政业 Transport, Storage and Post	住宿和餐饮业 Hotels and Catering Services	信息传输、软件和信息技术服务业 Information Transmission, Software and Information Technology	金融业 Financial Intermediation	房地产业 Real Estate	租赁和商务服务业 Leasing and Business Services	科学研究和技术服务业 Scientific Research and Technical Services
	2003	5669.0	321.3	1645.7	86.2	11105.3	309.8	281.7
	2004	7091.5	438.1	1638.0	97.6	14547.0	361.7	311.8
	2005	8860.4	675.9	1561.6	105.6	17098.2	486.2	424.5
	2006	11224.5	938.7	1772.0	118.7	21586.2	662.6	465.1
	2007	12997.1	1329.9	1819.4	151.9	28619.2	860.7	521.2
	2008	15700.5	1735.0	2131.3	252.8	35914.2	1255.1	717.6
	2009	23271.3	2328.6	2543.5	348.5	43127.6	1880.4	1084.0
	2010	27883.1	2980.2	2392.9	477.7	57633.1	2486.4	1269.2
	2011	27765.9	3918.8	2174.2	638.7	75663.7	3379.9	1679.8
	2012	30881.4	5107.6	2691.3	923.9	92639.4	4694.7	2475.8
	2013	36329.4	6012.4	3084.9	1242.0	111379.6	5874.6	3133.2
	2014	42889.5	6188.7	4103.0	1363.0	123558.2	7953.5	4219.1
	2015	48974.8	6504.2	5516.4	1367.2	126706.2	9435.8	4751.5
北京	Beijing	714.7	40.6	240.0	73.3	4434.7	63.9	80.1
天津	Tianjin	755.7	83.5	140.2	47.1	2781.6	798.3	107.9
河北	Hebei	2035.7	221.5	147.2	47.9	5287.8	416.9	185.6
山西	Shanxi	888.8	77.4	104.3	4.5	3114.6	69.7	76.9
内蒙古	Inner Mongolia	1251.2	99.6	84.2	36.4	1545.6	100.1	98.6
辽宁	Liaoning	1255.3	296.4	202.6	71.6	3663.5	343.5	246.7
吉林	Jilin	955.5	104.2	191.2	36.7	1098.2	196.9	119.0
黑龙江	Heilongjiang	985.6	179.7	164.7	32.0	1240.5	180.1	125.3
上海	Shanghai	794.6	28.3	127.3	24.5	3483.9	116.2	46.1
江苏	Jiangsu	2428.9	541.5	662.9	150.8	9687.5	1131.5	592.3
浙江	Zhejiang	2311.4	232.3	275.2	102.2	9107.5	571.7	99.9
安徽	Anhui	1341.2	254.8	255.4	72.7	5636.8	428.5	261.4
福建	Fujian	2230.7	263.4	260.8	57.1	5366.2	269.0	83.0
江西	Jiangxi	818.0	293.1	125.4	41.1	2096.5	330.0	96.0
山东	Shandong	2787.5	343.2	283.8	99.4	8292.5	898.1	1026.6
河南	Henan	1906.3	407.4	161.7	19.7	7602.6	438.6	184.7
湖北	Hubei	2264.7	312.5	136.9	53.2	5789.5	650.4	133.0
湖南	Hunan	1723.0	278.8	259.3	88.2	3613.2	522.7	304.2
广东	Guangdong	3037.6	462.5	477.8	113.2	10120.5	315.4	218.1
广西	Guangxi	1509.0	205.1	151.1	39.0	2506.2	349.9	110.8
海南	Hainan	421.8	144.6	79.7	1.9	1865.3	16.5	10.8
重庆	Chongqing	1433.8	254.4	82.4	21.6	4319.5	174.0	33.5
四川	Sichuan	3074.4	422.9	267.4	23.0	7559.9	273.7	151.5
贵州	Guizhou	1588.9	159.2	44.7	7.7	3259.4	186.1	24.2
云南	Yunnan	1809.3	247.7	63.8	9.0	4271.3	117.8	22.1
西藏	Tibet	346.9	14.6	8.2	46.2	129.5	6.1	10.7
陕西	Shaanxi	1427.7	246.2	188.8	14.4	4465.4	170.2	191.8
甘肃	Gansu	814.9	170.0	72.2	13.3	1196.7	126.6	58.4
青海	Qinghai	419.8	19.1	80.2	1.6	431.6	45.7	11.3
宁夏	Ningxia	258.9	16.0	51.4	5.9	822.7	23.3	10.7
新疆	Xinjiang	1017.4	83.8	125.6	11.9	1915.3	104.7	30.1
不分地区	Not Classified by Region	4365.8						

10-13 续表 2 continued

单位：亿元 (100 million yuan)

年份 地区	Year Region	水利、环境和公共设施管理业 Management of Water Conservancy, Environment and Public Facilities	居民服务、修理和其他服务业 Services to Households, Repair and Other Services	教育 Education	卫生和社会工作 Health and Social Service	文化、体育和娱乐业 Culture, Sports and Entertainment	公共管理、社会保障和社会组织 Public Management, Social Security and Social Organizations	国际组织 International Organizations
	2003	4220.2	65.6	1474.1	357.7	479.6	1841.2	0.3
	2004	4890.8	107.6	1803.0	446.9	531.2	2165.6	0.3
	2005	6097.9	135.5	1966.9	591.8	685.8	2438.1	
	2006	7506.7	183.6	2128.8	708.0	858.2	2655.8	0.1
	2007	9276.0	235.8	2220.9	809.4	1129.8	2768.4	
	2008	12279.1	312.7	2355.4	1065.9	1436.5	3239.0	
	2009	17878.9	518.6	3242.5	1698.0	2125.4	4034.2	
	2010	22333.7	757.1	3718.1	1959.5	2605.9	4761.6	
	2011	24520.7	1219.1	3890.4	2330.2	3155.6	5647.8	
	2012	29618.4	1685.8	4608.2	2617.0	4268.1	6047.4	
	2013	37662.7	1994.4	5399.9	3138.3	5225.5	5873.7	
	2014	46224.4	2275.6	6705.6	3991.0	6174.1	7198.6	
	2015	55679.0	2628.2	7723.2	5174.7	6724.1	7850.9	
北京	Beijing	550.5	21.7	142.2	60.6	133.3	59.3	
天津	Tianjin	1670.2	84.8	172.0	85.9	93.3	58.0	
河北	Hebei	2219.2	87.2	260.3	261.4	461.5	106.8	
山西	Shanxi	1607.4	46.2	181.1	125.6	195.2	49.0	
内蒙古	Inner Mongolia	1772.1	85.9	140.6	113.5	135.5	299.1	
辽宁	Liaoning	2081.9	130.2	178.4	125.5	181.4	136.4	
吉林	Jilin	938.8	86.2	111.5	112.8	112.5	291.4	
黑龙江	Heilongjiang	922.5	89.1	161.9	130.3	155.1	148.8	
上海	Shanghai	474.4	2.7	89.2	45.6	108.0	11.6	
江苏	Jiangsu	3868.8	263.5	543.3	450.5	560.1	370.5	
浙江	Zhejiang	3092.0	67.6	400.9	219.5	311.4	320.6	
安徽	Anhui	2021.0	95.0	276.4	224.7	203.6	341.2	
福建	Fujian	2669.1	69.6	273.4	171.9	265.7	358.4	
江西	Jiangxi	1691.1	121.6	243.6	159.7	261.3	226.8	
山东	Shandong	2339.0	370.9	605.7	429.7	753.1	1134.0	
河南	Henan	2782.6	180.7	417.9	416.5	371.0	192.1	
湖北	Hubei	2714.7	110.1	213.1	179.0	289.5	337.1	
湖南	Hunan	3377.7	110.8	439.5	278.9	280.0	619.6	
广东	Guangdong	2443.4	48.0	415.3	254.7	292.6	133.5	
广西	Guangxi	1826.5	73.7	381.3	164.0	180.2	237.2	
海南	Hainan	241.6	5.0	41.7	30.6	69.2	17.5	
重庆	Chongqing	1926.8	35.1	178.9	108.3	141.9	124.7	
四川	Sichuan	3255.2	58.8	483.5	310.2	202.9	187.5	
贵州	Guizhou	2373.1	48.3	267.7	74.3	165.9	26.1	
云南	Yunnan	1485.0	53.1	297.5	139.3	176.6	297.8	
西藏	Tibet	143.8	11.7	31.5	14.4	17.8	164.9	
陕西	Shaanxi	2806.9	82.1	299.3	243.5	273.6	306.5	
甘肃	Gansu	762.6	154.5	205.3	102.2	203.8	304.1	
青海	Qinghai	236.5	4.5	56.1	25.1	26.9	156.3	
宁夏	Ningxia	269.7	7.0	53.0	28.9	20.7	34.8	
新疆	Xinjiang	1068.2	22.5	161.2	87.5	80.3	199.5	
不分地区	Not Classified by Region	46.8					600.1	

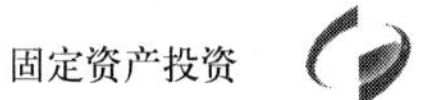

10-14 按项目规模分固定资产投资(不含农户)

Investment in Fixed Assets (Excluding Rural Households) by Size of Construction

单位：亿元 (100 million yuan)

年份 Year / 地区 Region		500万元-1亿元 5-100 Million Yuan	1-5亿元 100-500 Million Yuan	5-10亿元 500 Million-1 Billion Yuan	10亿元以上 1 Billion Yuan and More
	1995	3696.7	2493.9	1029.0	3807.5
	2000	6627.2	4485.1	1706.4	6219.1
	2005	19892.7	14564.0	5206.1	17835.3
	2006	27426.5	17001.4	6190.8	21604.9
	2007	35938.3	20513.0	7918.3	25853.8
	2008	47807.9	23486.1	10056.0	34181.1
	2009	67205.8	29222.3	13992.9	45210.4
	2010	73973.1	38334.1	19120.4	58885.2
	2011	103680.5	52773.6	23147.6	60997.5
	2012	117218.8	74461.3	32804.3	68565.9
	2013	134287.8	93779.9	42668.0	78998.4
	2014	156426.6	109897.5	52140.8	87764.4
	2015	209276.3	101771.0	55612.8	88951.1
北京	Beijing	470.5	660.8	654.2	1483.4
天津	Tianjin	5246.1	1545.3	1233.9	1917.6
河北	Hebei	7800.6	5448.7	3758.8	7612.3
山西	Shanxi	5576.2	3162.6	854.6	2656.3
内蒙古	Inner Mongolia	6782.6	1556.5	611.3	3497.7
辽宁	Liaoning	7492.9	2141.6	2138.4	2308.8
吉林	Jilin	7563.6	2107.0	1110.2	803.6
黑龙江	Heilongjiang	5850.0	1281.6	538.5	1222.1
上海	Shanghai	451.0	624.3	651.0	1154.1
江苏	Jiangsu	19514.9	10666.5	2344.3	5225.8
浙江	Zhejiang	8577.1	4918.5	2045.5	4011.6
安徽	Anhui	11332.7	3397.8	2234.5	2414.1
福建	Fujian	9333.0	2520.6	1792.7	2858.0
江西	Jiangxi	7360.2	2872.3	2822.6	2418.6
山东	Shandong	21284.1	11578.2	3348.3	5278.7
河南	Henan	5674.1	10868.0	8441.4	5148.9
湖北	Hubei	4829.4	7846.6	4544.7	4616.5
湖南	Hunan	16282.3	2610.2	1508.8	1309.2
广东	Guangdong	11372.5	4037.3	954.4	5047.8
广西	Guangxi	10499.2	1136.9	749.7	1360.1
海南	Hainan	237.1	311.2	245.9	857.1
重庆	Chongqing	4607.5	1942.7	1605.5	2301.2
四川	Sichuan	9044.6	5327.5	3124.2	2656.2
贵州	Guizhou	446.8	3272.9	1629.5	3122.3
云南	Yunnan	4691.6	1889.9	1111.2	2707.6
西藏	Tibet	414.0	347.0	311.1	173.6
陕西	Shaanxi	7193.4	2977.8	2227.2	3338.4
甘肃	Gansu	4813.1	1606.5	379.4	1059.5
青海	Qinghai	856.3	570.7	382.9	998.3
宁夏	Ningxia	656.7	700.8	395.8	1039.5
新疆	Xinjiang	3021.6	1836.5	1840.7	2827.8
不分地区	Not Classified by Region	0.5	6.1	21.4	5524.3

注：本表不含房地产投资。

a) Data in this table do not include real estate investment.

10-15 能源工业固定资产投资(不含农户)
Investment in Energy Industry (Excluding Rural Households)

单位：亿元 (100 million yuan)

年份 地区	Year Region	合计 Total	煤炭开采和洗选业 Mining and Washing of Coal	石油和天然气开采业 Extraction of Petroleum and Natural Gas	石油和炼焦加工业 Processing of Petroleum, Coking	电力、热力、燃气生产和供应业 Production and Supply of Electricity, Heat and Gas
	2003	5508.4	436.4	946.0	322.0	3803.9
	2004	7504.8	690.4	1112.3	637.9	5064.2
	2005	10205.6	1162.9	1463.6	801.3	6777.8
	2006	11826.3	1459.0	1822.2	939.3	7605.8
	2007	13698.6	1804.6	2225.5	1415.4	8253.2
	2008	16345.5	2399.2	2675.1	1827.5	9443.7
	2009	19477.9	3056.9	2791.5	1839.8	11789.7
	2010	21627.1	3784.7	2928.0	2035.1	12879.4
	2011	23045.6	4907.3	3022.0	2268.5	12847.9
	2012	25499.8	5370.2	3076.5	2500.5	14552.6
	2013	29008.9	5212.6	3820.6	3039.1	16936.6
	2014	31514.9	4684.5	3947.9	3208.5	19674.1
	2015	32562.1	4006.7	3424.9	2538.6	22591.9
北京	Beijing	181.1	0.1		1.0	180.0
天津	Tianjin	590.8		261.7	20.8	308.3
河北	Hebei	1642.5	111.9	33.6	170.4	1326.6
山西	Shanxi	2582.0	1047.0	124.1	135.1	1275.8
内蒙古	Inner Mongolia	2132.6	509.0	42.6	99.8	1481.3
辽宁	Liaoning	700.5	24.8	85.0	146.1	444.6
吉林	Jilin	785.3	45.6	295.1	17.8	426.7
黑龙江	Heilongjiang	679.9	96.8	271.8	24.4	286.9
上海	Shanghai	145.0			4.5	140.5
江苏	Jiangsu	1454.7	3.8	44.3	160.1	1246.5
浙江	Zhejiang	918.8	0.1		90.3	828.4
安徽	Anhui	757.2	110.5	0.9	29.4	616.4
福建	Fujian	862.2	107.8		61.1	693.3
江西	Jiangxi	464.1	29.2		16.8	418.1
山东	Shandong	2331.6	75.9	307.9	441.7	1506.1
河南	Henan	1153.8	100.0	31.5	99.8	922.6
湖北	Hubei	643.4	32.0	1.1	67.0	543.3
湖南	Hunan	732.6	192.8	1.1	30.4	508.3
广东	Guangdong	1281.9		23.7	258.7	999.5
广西	Guangxi	662.1	10.1	4.9	48.9	598.2
海南	Hainan	126.9		1.4	30.3	95.3
重庆	Chongqing	633.1	67.8	138.9	65.9	360.5
四川	Sichuan	1603.0	161.4	129.8	48.8	1263.1
贵州	Guizhou	621.8	257.1	1.4	7.5	355.8
云南	Yunnan	1364.1	204.9		83.9	1075.3
西藏	Tibet	153.7		0.3	0.2	153.3
陕西	Shaanxi	1696.6	381.0	473.7	135.5	706.4
甘肃	Gansu	825.6	87.6	67.1	18.8	652.1
青海	Qinghai	511.2	33.7	49.3	0.9	427.2
宁夏	Ningxia	785.8	72.5	14.3	21.4	677.6
新疆	Xinjiang	2998.3	243.4	543.1	201.2	2010.5
不分地区	Not Classified by Region	539.7		476.4		63.3

10-16 固定资产投资(不含农户)房屋施工、竣工面积
Floor Space of Buildings under Construction and Buildings Completed (Excluding Rural Households)

年份 Year 地区 Region		房屋施工面积(万平方米) Floor Space of Buildings under Construction (10 000 sq.m)	#住宅 Residential Buildings	房屋竣工面积(万平方米) Floor Space of Buildings Completed (10 000 sq.m)	#住宅 Residential Buildings
	1995	120453.6	68557.9	58631.1	37489.1
	2000	151691.3	94441.6	80507.9	54859.9
	2005	304904.3	166143.4	118125.8	66141.9
	2006	345152.0	187898.4	120705.3	63046.9
	2007	414941.8	226159.7	134247.5	68820.8
	2008	489110.6	269918.4	147066.4	75969.1
	2009	577357.3	312039.7	164539.3	82101.5
	2010	706379.2	376588.5	175429.6	86879.8
	2011	917063.7	465729.7	226020.0	102513.2
	2012	1061721.8	516797.0	241315.7	107327.0
	2013	1227045.6	573119.9	257234.1	107375.5
	2014	1251886.6	594324.9	264780.9	108775.5
	2015	1193995.0	579855.6	265656.3	100357.6
北京	Beijing	19099.1	7354.3	3689.8	1582.9
天津	Tianjin	21826.8	7789.8	5195.2	2272.6
河北	Hebei	52677.3	25692.3	14883.6	4304.8
山西	Shanxi	28642.4	17123.1	6271.3	3527.3
内蒙古	Inner Mongolia	22624.5	12607.0	3519.6	1834.1
辽宁	Liaoning	47189.7	21744.2	10332.3	2675.2
吉林	Jilin	16173.2	8534.5	3914.0	1174.9
黑龙江	Heilongjiang	18775.0	9138.4	7566.2	2380.3
上海	Shanghai	17868.5	8426.9	2908.0	1602.9
江苏	Jiangsu	98850.0	45370.6	36541.4	9349.4
浙江	Zhejiang	86742.0	31425.6	18862.7	5528.0
安徽	Anhui	55074.6	25871.7	11815.6	5079.8
福建	Fujian	55935.0	20436.5	12848.2	2851.4
江西	Jiangxi	31171.7	13150.8	6996.5	2313.0
山东	Shandong	96246.8	46799.0	18524.4	8252.6
河南	Henan	73693.4	35452.8	14203.6	6424.8
湖北	Hubei	49081.1	22671.1	14327.6	3049.9
湖南	Hunan	36485.6	22127.6	5959.9	3561.0
广东	Guangdong	84133.3	42641.2	15304.0	4998.1
广西	Guangxi	27313.4	14803.1	3675.9	1620.9
海南	Hainan	9435.8	6810.4	1240.3	997.8
重庆	Chongqing	33693.7	20496.0	5578.9	3548.2
四川	Sichuan	65385.5	33074.1	11811.2	5451.5
贵州	Guizhou	29273.4	15310.9	5489.9	2402.5
云南	Yunnan	33053.2	18710.3	8074.1	4702.3
西藏	Tibet	854.8	505.0	235.5	163.4
陕西	Shaanxi	31240.8	19222.2	4780.1	2777.2
甘肃	Gansu	15664.3	7459.5	2858.5	1233.4
青海	Qinghai	4208.5	2274.1	784.0	452.6
宁夏	Ningxia	8766.3	4914.3	1528.1	852.6
新疆	Xinjiang	22688.6	11917.9	5935.8	3392.3
不分地区	Not Classified by Region	126.4	0.1	0.2	0.1

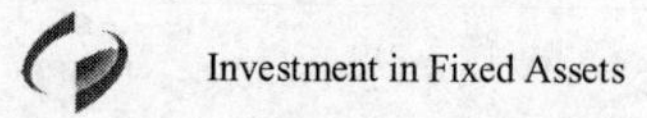

10-17 固定资产(不含农户)按行业分新增固定资产
Newly Increased Fixed Assets (Excluding Rural Households) by Sector

单位: 亿元 (100 million yuan)

年份 Year / 地区 Region		合计 Total	农、林、牧、渔业 Agriculture, Forestry, Animal Husbandry and Fishery	采矿业 Mining	制造业 Manufacturing	电力、热力、燃气及水生产和供应业 Production and Supply of Electricity, Heat, Gas and Water	建筑业 Construction	批发和零售业 Wholesale and Retail Trades
	2003	28663.9	375.0	1182.9	6646.9	2228.4	344.3	535.5
	2004	34731.4	458.9	1398.0	9023.3	3110.0	364.6	717.4
	2005	45206.6	608.8	2015.8	13276.5	3429.3	374.8	1019.4
	2006	56290.9	807.0	2853.9	17268.0	4683.6	475.3	1266.7
	2007	67367.5	1094.8	3438.5	21654.6	6151.5	584.2	1604.8
	2008	84545.3	1694.1	3981.8	28335.2	6042.5	788.5	2238.9
	2009	113943.9	2529.3	5781.3	40317.0	7001.9	963.3	3250.9
	2010	136970.3	2865.0	5847.7	48751.7	8435.2	1363.9	3495.2
	2011	184353.9	5381.6	8139.1	70849.0	8940.8	2204.8	4921.5
	2012	222399.8	6731.5	9290.9	86517.3	10495.4	2600.7	6448.4
	2013	269780.3	9035.3	10413.8	103244.6	12601.2	2592.7	8308.2
	2014	333339.0	11892.0	10341.8	124992.0	16032.7	3015.3	11695.2
	2015	386200.1	16594.9	9980.3	144434.7	18465.5	3738.2	15296.7
北京	Beijing	3653.6	100.0	2.9	382.4	160.4	5.9	25.0
天津	Tianjin	7797.3	228.3	28.9	2681.9	137.2	102.4	483.0
河北	Hebei	22406.9	1355.6	493.8	10634.4	1631.0	13.8	736.3
山西	Shanxi	10841.3	1411.8	1182.6	2421.9	713.1	9.1	335.7
内蒙古	Inner Mongolia	10384.0	738.2	584.9	2383.7	1363.1	133.9	410.4
辽宁	Liaoning	14707.8	404.0	400.0	6244.8	449.0	11.6	910.5
吉林	Jilin	10899.7	474.5	459.6	5374.6	380.0	164.5	497.3
黑龙江	Heilongjiang	9068.0	895.0	435.9	2700.7	326.4	233.6	591.3
上海	Shanghai	3278.8	2.4		480.3	104.3	1.3	16.1
江苏	Jiangsu	36518.9	250.0	90.0	18202.9	1017.0	108.7	1268.6
浙江	Zhejiang	17009.4	269.3	45.1	6129.3	916.0	28.9	238.8
安徽	Anhui	16693.5	654.7	238.5	7119.0	536.5	106.9	803.4
福建	Fujian	15407.7	601.2	274.1	5672.3	639.5	156.0	510.7
江西	Jiangxi	11961.3	367.3	211.7	5991.1	342.7	91.2	755.7
山东	Shandong	32846.0	921.5	519.4	15302.3	1003.0	698.8	2112.8
河南	Henan	25436.1	1455.9	524.3	12400.1	843.3	3.2	824.4
湖北	Hubei	15679.9	568.6	351.3	6892.1	439.4	92.3	520.2
湖南	Hunan	17392.6	718.7	461.5	6622.1	744.5	271.6	809.5
广东	Guangdong	18288.6	463.4	113.8	6800.7	814.8	40.3	776.4
广西	Guangxi	10387.9	623.7	338.3	4175.2	376.7	162.8	460.3
海南	Hainan	1240.4	33.5	3.1	66.6	36.2	43.4	47.2
重庆	Chongqing	9465.2	375.5	241.8	3281.8	296.6	4.6	200.7
四川	Sichuan	17481.7	652.9	503.4	4573.5	1043.4	38.8	505.3
贵州	Guizhou	6604.3	276.0	314.7	889.6	234.6	2.0	118.3
云南	Yunnan	8093.3	595.7	376.8	1182.5	459.2	0.7	249.1
西藏	Tibet	995.6	62.9	58.6	28.6	132.6	0.7	14.8
陕西	Shaanxi	12194.6	1062.5	884.4	2545.7	518.0	49.1	539.3
甘肃	Gansu	6752.4	448.3	252.7	984.3	774.5	963.8	332.3
青海	Qinghai	1656.0	110.8	107.1	248.3	271.0	94.5	26.0
宁夏	Ningxia	2579.7	128.9	51.9	837.0	452.2	12.2	27.4
新疆	Xinjiang	7009.8	344.0	417.5	1185.1	1309.0	91.6	149.9
不分地区	Not Classified by Region	1467.9		12.0				

10-17 续表 1 continued

单位：亿元 (100 million yuan)

年 份 地 区	Year Region	交通运输、仓储和邮政业 Transport, Storage and Post	住宿和餐饮业 Hotels and Catering Services	信息传输、软件和信息技术服务业 Information Transmission, Software and Information Technology	金融业 Financial Intermediation	房地产业 Real Estate	租赁和商务服务业 Leasing and Business Services	科学研究和技术服务业 Scientific Research and Technical Services
	2003	3531.4	204.5	1053.0	71.4	7242.0	171.7	146.7
	2004	4237.8	267.6	1153.3	111.4	7893.3	160.6	200.4
	2005	5235.8	431.7	958.2	81.5	10419.3	268.5	196.2
	2006	5751.0	580.4	1082.4	78.9	12968.5	279.0	258.5
	2007	6527.9	813.8	1077.7	114.6	14483.2	383.3	327.8
	2008	7802.7	1106.8	1197.8	178.6	18385.7	623.5	437.4
	2009	9593.1	1624.1	1567.3	247.1	22553.3	948.4	690.8
	2010	12387.4	1849.4	1514.7	226.3	27643.0	1323.5	749.9
	2011	13074.9	2539.3	1337.2	450.8	37294.8	1757.6	1060.4
	2012	15033.9	3178.6	1838.0	458.5	45705.3	2387.3	1566.3
	2013	20080.7	3925.8	2030.6	688.8	53134.0	3208.8	2198.0
	2014	25088.7	4828.7	3044.9	865.3	61874.6	5207.1	3072.6
	2015	29471.7	5148.7	3981.2	912.5	63883.2	6402.5	3770.2
北 京	Beijing	226.7	53.0	235.7	35.5	1732.3	81.3	66.6
天 津	Tianjin	303.9	75.4	100.1	30.4	1879.0	474.4	87.6
河 北	Hebei	1771.9	161.6	105.9	40.8	2545.7	307.5	156.0
山 西	Shanxi	653.0	84.9	80.6	4.4	1851.8	58.3	88.0
内蒙古	Inner Mongolia	1146.1	93.6	72.6	34.0	924.8	101.1	81.8
辽 宁	Liaoning	1166.7	296.9	181.0	39.2	1418.2	334.7	270.8
吉 林	Jilin	993.0	89.1	168.4	33.1	645.6	99.9	103.8
黑龙江	Heilongjiang	579.6	169.8	114.8	27.0	1358.8	174.4	120.6
上 海	Shanghai	348.5	2.5	65.0	8.7	1900.5	36.7	18.1
江 苏	Jiangsu	1952.4	515.7	550.1	108.3	5908.9	853.8	544.6
浙 江	Zhejiang	1198.4	191.1	154.4	52.5	4329.1	365.0	77.1
安 徽	Anhui	793.7	208.9	188.8	59.9	2964.2	337.4	207.4
福 建	Fujian	1370.3	196.5	227.8	59.8	2124.7	260.9	63.9
江 西	Jiangxi	494.7	196.4	103.4	26.7	1137.4	223.6	85.6
山 东	Shandong	2050.2	213.6	136.7	49.2	4419.6	511.8	693.8
河 南	Henan	1801.5	295.6	98.7	22.4	3787.3	234.9	132.6
湖 北	Hubei	1477.4	206.1	59.0	31.6	2250.2	435.8	124.3
湖 南	Hunan	936.7	199.8	207.0	66.5	2148.3	336.8	211.3
广 东	Guangdong	1002.1	405.8	461.4	52.8	3991.5	151.0	131.1
广 西	Guangxi	717.9	168.0	117.2	25.2	1010.6	274.8	85.6
海 南	Hainan	66.3	18.0	28.5	0.7	741.6	6.9	9.2
重 庆	Chongqing	704.4	187.9	17.0	4.5	2236.7	145.9	22.3
四 川	Sichuan	1974.6	343.4	176.8	18.0	3857.4	205.3	91.5
贵 州	Guizhou	842.6	139.0	19.9	1.0	1756.4	63.1	20.7
云 南	Yunnan	870.4	203.8	47.3	7.2	2255.2	21.4	15.8
西 藏	Tibet	195.5	17.0	9.7	36.2	113.9	4.3	15.3
陕 西	Shaanxi	1105.3	189.2	76.5	8.0	1916.5	97.4	147.7
甘 肃	Gansu	658.2	132.2	53.3	8.5	629.8	130.2	55.6
青 海	Qinghai	83.9	16.1	12.7	0.9	241.5	21.3	9.2
宁 夏	Ningxia	160.3	13.2	22.4	8.9	491.4	11.8	11.9
新 疆	Xinjiang	625.0	64.4	88.4	10.8	1314.6	40.9	20.4
不分地区	Not Classified by Region	1200.5						

10-17 续表 2 continued

单位：亿元 (100 million yuan)

年 份 地 区	Year Region	水利、环境和公共设施管理业 Management of Water Conservancy, Environment and Public Facilities	居民服务、修理和其他服务业 Services to Households, Repair and Other Services	教育 Education	卫生和社会工作 Health and Social Service	文化、体育和娱乐业 Culture, Sports and Entertainment	公共管理、社会保障和社会组织 Public Management, Social Security and Social Organizations	国际组织 International Organizations
	2003	2222.2	43.2	994.5	263.3	219.9	1186.7	0.3
	2004	2406.5	74.4	1209.5	308.5	243.3	1392.4	0.2
	2005	3068.2	75.4	1430.4	391.6	374.7	1550.5	
	2006	3707.0	121.1	1379.6	475.6	473.8	1780.6	0.1
	2007	4390.7	175.6	1573.9	566.8	541.0	1862.9	
	2008	6122.1	244.5	1613.0	683.7	815.2	2253.4	
	2009	9361.2	372.2	2098.2	1055.0	1134.1	2855.7	
	2010	11959.6	411.6	2364.2	1222.6	1448.1	3111.1	
	2011	15238.4	810.5	2864.3	1551.0	1868.3	4069.6	
	2012	17571.8	1087.9	3189.0	1761.3	2366.9	4170.8	
	2013	23344.2	1414.0	3831.9	2157.4	3347.2	4223.2	
	2014	32390.2	1929.4	5095.7	2814.6	3806.5	5351.8	
	2015	41168.5	2085.2	6037.7	3828.6	4652.7	6347.2	
北 京	Beijing	249.5	9.4	94.5	57.2	76.6	58.8	
天 津	Tianjin	892.1	76.0	60.7	65.2	48.0	42.8	
河 北	Hebei	1584.0	68.4	209.8	208.7	289.6	92.3	
山 西	Shanxi	1444.8	42.1	160.4	91.0	162.8	45.0	
内蒙古	Inner Mongolia	1593.0	35.4	130.6	111.1	160.7	284.9	
辽 宁	Liaoning	1816.3	129.0	176.2	137.2	197.9	123.9	
吉 林	Jilin	818.5	84.9	100.7	75.2	92.5	244.8	
黑龙江	Heilongjiang	655.5	86.4	184.7	114.1	123.1	176.4	
上 海	Shanghai	239.7	0.4	23.3	23.9	4.6	2.4	
江 苏	Jiangsu	3389.6	223.8	478.7	346.5	349.0	360.4	
浙 江	Zhejiang	2085.9	49.1	287.9	171.3	175.9	244.2	
安 徽	Anhui	1540.5	83.2	250.7	150.4	152.9	296.6	
福 建	Fujian	2179.5	75.7	243.5	143.9	223.9	383.3	
江 西	Jiangxi	1134.8	104.4	208.2	121.4	198.8	166.1	
山 东	Shandong	1894.8	264.8	443.5	295.2	394.8	920.3	
河 南	Henan	1837.0	136.1	353.9	306.5	253.9	124.6	
湖 北	Hubei	1439.1	84.6	164.6	107.1	209.2	226.9	
湖 南	Hunan	2445.1	88.0	275.0	195.2	185.1	469.9	
广 东	Guangdong	2102.6	43.2	386.5	203.8	214.1	133.4	
广 西	Guangxi	1118.6	64.7	268.1	114.5	117.6	168.1	
海 南	Hainan	47.4	0.6	18.5	25.0	34.8	12.9	
重 庆	Chongqing	1312.7	26.9	121.5	79.1	125.0	80.1	
四 川	Sichuan	2463.0	41.6	399.6	234.2	183.0	176.2	
贵 州	Guizhou	1626.3	10.9	162.1	23.4	83.6	20.2	
云 南	Yunnan	1102.4	29.7	214.8	90.2	95.1	276.2	
西 藏	Tibet	119.3	17.8	34.0	12.1	21.1	101.1	
陕 西	Shaanxi	2136.5	68.9	229.7	160.2	201.8	257.8	
甘 肃	Gansu	543.0	112.0	157.4	72.6	156.7	287.2	
青 海	Qinghai	220.9	3.2	47.8	8.0	26.1	106.8	
宁 夏	Ningxia	240.5	7.1	28.2	11.0	24.4	39.1	
新 疆	Xinjiang	895.8	16.9	122.7	73.6	70.1	168.9	
不分地区	Not Classified by Region						255.4	

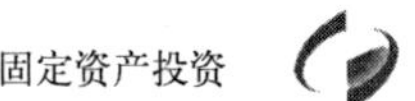

10-18 固定资产投资(不含农户)施工、投产项目个数
Number of Construction Projects (Excluding Rural Households) under Construction and Put into Use

年 份 Year 地 区 Region	施工项目(个) Number of Projects under Construction (unit)	新开工项目(个) Number of Projects Started This Year (unit)	全部建成投产项目(个) Number of Projects Completed and Put into Use (unit)	项目建成投产率(%) Rate of Construction Projects Completed and Put into Use (%)
1995	169163	103305	102115	60.4
2000	170430	113225	103749	60.9
2005	261535	190755	148753	56.9
2006	283920	203963	162383	57.2
2007	326204	231531	187525	57.5
2008	359213	257075	220418	61.4
2009	451262	339795	288033	63.8
2010	463608	329321	289585	62.5
2011	471376	327348	298499	63.3
2012	462633	323062	286605	62.0
2013	520732	363492	331781	63.7
2014	585093	413004	399808	68.3
2015	663683	494602	490964	74.0
北 京 Beijing	3704	1527	1507	40.7
天 津 Tianjin	10097	8477	7216	71.5
河 北 Hebei	20613	15150	16226	78.7
山 西 Shanxi	17291	13420	13918	80.5
内蒙古 Inner Mongolia	16942	12695	14074	83.1
辽 宁 Liaoning	15959	12393	13566	85.0
吉 林 Jilin	13107	11777	11196	85.4
黑龙江 Heilongjiang	16119	13357	13167	81.7
上 海 Shanghai	3314	1404	1104	33.3
江 苏 Jiangsu	52863	44888	44359	83.9
浙 江 Zhejiang	45520	30091	30194	66.3
安 徽 Anhui	35449	28171	28327	79.9
福 建 Fujian	27218	20378	20801	76.4
江 西 Jiangxi	20789	14886	15375	74.0
山 东 Shandong	49620	40868	37337	75.2
河 南 Henan	24083	14061	16810	69.8
湖 北 Hubei	18689	11917	12482	66.8
湖 南 Hunan	38940	30213	28870	74.1
广 东 Guangdong	38666	28293	27391	70.8
广 西 Guangxi	42918	33807	31347	73.0
海 南 Hainan	2016	1033	787	39.0
重 庆 Chongqing	15158	11116	10369	68.4
四 川 Sichuan	37392	23490	24864	66.5
贵 州 Guizhou	4355	2198	2207	50.7
云 南 Yunnan	24787	18812	17807	71.8
西 藏 Tibet	3212	2083	2143	66.7
陕 西 Shaanxi	21657	16595	16223	74.9
甘 肃 Gansu	17605	13484	13248	75.3
青 海 Qinghai	4935	3264	3278	66.4
宁 夏 Ningxia	4233	3124	3108	73.4
新 疆 Xinjiang	16344	11621	11663	71.4
不分地区 Not Classified by Region	88	9		

注：本表不含房地产投资。
a) Data in this table do not include real estate investment.

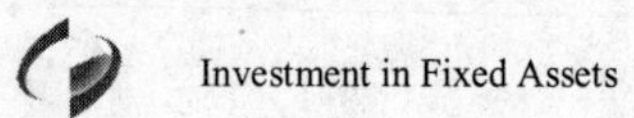

10-19 固定资产投资(不含农户)新增固定资产及交付使用率
Newly Increased Fixed Assets and Rate of Projects of Fixed Assets (Excluding Rural Households) Completed and Put into Use

年份 Year 地区 Region	固定资产投资额（亿元） Investment in Fixed Assets (100 million yuan)	新增固定资产（亿元） Newly Increased Fixed Assets (100 million yuan)	固定资产交付使用率（%） Rate of Projects of Fixed Assets Completed and Put into Use (%)
1995	15643.7	10146.2	64.9
2000	26221.8	20715.2	79.0
2005	75095.1	45206.6	60.2
2006	93368.7	56290.9	60.3
2007	117464.5	67367.5	57.4
2008	148738.3	84545.3	56.8
2009	193920.4	113943.9	58.8
2010	241430.9	136970.3	56.7
2011	302396.1	184353.9	61.0
2012	364854.1	222399.8	61.0
2013	435747.4	269780.3	61.9
2014	501264.9	333339.0	66.5
2015	551590.0	386200.1	70.0
北京 Beijing	7446.0	3653.6	49.1
天津 Tianjin	11814.6	7797.3	66.0
河北 Hebei	28905.7	22406.9	77.5
山西 Shanxi	13744.6	10841.3	78.9
内蒙古 Inner Mongolia	13529.2	10384.0	76.8
辽宁 Liaoning	17640.4	14707.8	83.4
吉林 Jilin	12508.6	10899.7	87.1
黑龙江 Heilongjiang	9884.3	9068.0	91.7
上海 Shanghai	6349.4	3278.8	51.6
江苏 Jiangsu	45905.2	36518.9	79.6
浙江 Zhejiang	26664.7	17009.4	63.8
安徽 Anhui	23803.9	16693.5	70.1
福建 Fujian	20974.0	15407.7	73.5
江西 Jiangxi	16993.9	11961.3	70.4
山东 Shandong	47381.5	32846.0	69.3
河南 Henan	34951.3	25436.1	72.8
湖北 Hubei	26086.4	15679.9	60.1
湖南 Hunan	24324.2	17392.6	71.5
广东 Guangdong	29950.5	18288.6	61.1
广西 Guangxi	15654.9	10387.9	66.4
海南 Hainan	3355.4	1240.4	37.0
重庆 Chongqing	14208.1	9465.2	66.6
四川 Sichuan	24965.6	17481.7	70.0
贵州 Guizhou	10676.7	6604.3	61.9
云南 Yunnan	13069.4	8093.3	61.9
西藏 Tibet	1295.7	995.6	76.8
陕西 Shaanxi	18231.0	12194.6	66.9
甘肃 Gansu	8626.6	6752.4	78.3
青海 Qinghai	3144.2	1656.0	52.7
宁夏 Ningxia	3426.4	2579.7	75.3
新疆 Xinjiang	10525.4	7009.8	66.6
不分地区 Not Classified by Region	5552.4	1467.9	26.4

10-20 固定资产投资(不含农户)按行业分施工、投产项目个数（2015年）
Number of Construction Projects under Construction and Projects Completed and Projects Put into Use (Excluding Rural Households) by Sector (2015)

行业	Sector	施工项目(个) Number of Projects under Construction (unit)	#新开工 Started This Year	全部建成投产项目(个) Number of Projects Completed and Put into Use (unit)	项目建成投产率(%) Rate of Projects Completed & Put into Use (%)
全国总计	**National Total**	**663683**	**494602**	**490964**	**74.0**
农、林、牧、渔业	**Agriculture, Forestry, Animal Husbandry and Fishery**	**48614**	**38943**	**38449**	**79.1**
农业	Farming	18622	14952	14426	77.5
林业	Forestry	4841	3941	3890	80.4
畜牧业	Animal Husbandry	12250	9621	9939	81.1
渔业	Fishery	2205	1840	1688	76.6
农、林、牧、渔服务业	Service in Support of Agriculture	10696	8589	8506	79.5
采矿业	**Mining**	**14481**	**10421**	**11320**	**78.2**
煤炭开采和洗选业	Mining and Washing of Coal	4230	2797	3176	75.1
石油和天然气开采业	Extraction of Petroleum and Natural Gas	827	615	610	73.8
黑色金属矿采选业	Mining and Processing of Ferrous Metal Ores	2027	1423	1658	81.8
有色金属矿采选业	Mining and Processing of Non-Ferrous Metal Ores	2227	1635	1770	79.5
非金属矿采选业	Mining and Processing of Non-metal Ores	4515	3481	3582	79.3
开采辅助活动	Support Activities for Mining	508	362	409	80.5
其他采矿业	Mining of Other Ores	147	108	115	78.2
制造业	**Manufacturing**	**247943**	**189695**	**191427**	**77.2**
农副食品加工业	Processing of Food from Agricultural Products	18725	14298	14611	78.0
食品制造业	Manufacture of Foods	7730	5844	5860	75.8
酒、饮料和精制茶制造业	Manufacture of Liquor, Beverages and Refined Tea	6343	4616	4771	75.2
烟草制品业	Manufacture of Tobacco	206	107	104	50.5
纺织业	Manufacture of Textile	10167	8298	8328	81.9
纺织服装、服饰业	Manufacture of Textile, Wearing Apparel and Accessories	8322	6750	6623	79.6
皮革、毛皮、羽毛及其制品和制鞋业	Manufacture of Leather, Fur, Feather and Related Products and Footwear	4032	3205	3241	80.4
木材加工和木、竹、藤、棕、草制品业	Processing of Timber, Manufacture of Wood, Bamboo, Rattan, Palm and Straw Products	8904	7262	7200	80.9
家具制造业	Manufacture of Furniture	4974	3833	3817	76.7
造纸及纸制品业	Manufacture of Paper and Paper Products	4148	3199	3275	79.0
印刷和记录媒介复制业	Printing and Reproduction of Recording Media	3175	2569	2506	78.9
文教、工美、体育和娱乐用品制造业	Manufacture of Articles for Culture, Education, Arts and Crafts, Sport and Entertainment Activities	4404	3513	3523	80.0
石油加工、炼焦及核燃料加工业	Processing of Petroleum, Coking and Processing of Nuclear Fuel	1694	1139	1228	72.5
化学原料及化学制品制造业	Manufacture of Raw Chemical Materials and Chemical Products	16166	12222	12379	76.6
医药制造业	Manufacture of Medicines	6468	4353	4438	68.6
化学纤维制造业	Manufacture of Chemical Fibres	1030	736	787	76.4
橡胶和塑料制品业	Manufacture of Rubber and Plastics Products	10793	8467	8552	79.2
非金属矿物制品业	Manufacture of Non-metallic Mineral Products	27008	20751	21219	78.6
黑色金属冶炼和压延加工业	Smelting and Pressing of Ferrous Metals	4722	3538	3598	76.2
有色金属冶炼和压延加工业	Smelting and Pressing of Non-ferrous Metals	4484	3204	3363	75.0
金属制品业	Manufacture of Metal Products	14718	11638	11703	79.5
通用设备制造业	Manufacture of General Purpose Machinery	19589	15461	15552	79.4
专用设备制造业	Manufacture of Special Purpose Machinery	16146	12337	12344	76.5
汽车制造业	Manufacture of Automobiles	10543	7556	7563	71.7
铁路、船舶、航空航天和其他运输设备制造业	Manufacture of Railway, Ship, Aerospace and Other Transport Equipments	3262	2409	2419	74.2
电气机械和器材制造业	Manufacture of Electrical Machinery and Apparatus	14841	11139	11185	75.4
计算机、通信和其他电子设备制造业	Manufacture of Computers, Communication and Other Electronic Equipment	8071	5803	5720	70.9
仪器仪表制造业	Manufacture of Measuring Instruments and Machinery	2289	1679	1723	75.3
其他制造业	Other Manufacture	2761	2105	2063	74.7
废弃资源综合利用业	Utilization of Waste Resources	1743	1307	1344	77.1
金属制品、机械和设备修理业	Repair Service of Metal Products, Machinery and Equipment	485	357	388	80.0
电力、热力、燃气及水生产和供应业	**Production and Supply of Electricity, Heat, Gas and Water**	**28892**	**20087**	**19154**	**66.3**
电力、热力生产和供应业	Production and Supply of Electric Power and Heat Power	16612	11439	10468	63.0
燃气生产和供应业	Production and Supply of Gas	3341	2332	2371	71.0
水的生产和供应业	Production and Supply of Water	8939	6316	6315	70.6
建筑业	**Construction**	**10843**	**8851**	**8098**	**74.7**
房屋建筑业	Construction of Buildings	3476	2639	2591	74.5
土木工程建筑业	Civil Engineering	5497	4560	3952	71.9
建筑安装业	Building Installation	550	493	444	80.7
建筑装饰和其他建筑业	Building Decoration and Other Constructions	1320	1159	1111	84.2

注：本表不含房地产投资。

a) Data in this table do not include real estate investment.

10-20 续表 continued

行 业	Sector	施工项目（个）Number of Projects under Construc-tion (unit)	#新开工 Started This Year	全部建成投产项目（个）Number of Projects Completed and Put into Use (unit)	项目建成投产率(%) Rate of Projects Completed & Put into Use (%)
批发和零售业	**Wholesale and Retail Trades**	**30236**	**24588**	**24328**	**80.5**
批发业	Wholesale Trade	15082	12576	12176	80.7
零售业	Retail Trade	15154	12012	12152	80.2
交通运输、仓储和邮政业	**Transport, Storage and Post**	**45871**	**32108**	**31302**	**68.2**
铁路运输业	Railway Transport	923	439	406	44.0
道路运输业	Road Transport	33742	23789	23341	69.2
水上运输业	Water Transport	1364	739	747	54.8
航空运输业	Air Transport	334	185	148	44.3
管道运输业	Transport Via Pipelines	345	218	236	68.4
装卸搬运和运输代理业	Loading, Unloading and Forwarding Agency	1257	844	872	69.4
仓储业	Storage	7562	5624	5292	70.0
邮政业	Post	344	270	260	75.6
住宿和餐饮业	**Hotels and Catering Services**	**10998**	**8283**	**8266**	**75.2**
住宿业	Hotels	6925	4814	4949	71.5
餐饮业	Catering Services	4073	3469	3317	81.4
信息传输、软件和信息技术服务业	**Information Transmission, Software and Information Technology**	**7375**	**6037**	**5563**	**75.4**
电信、广播电视和卫星传输服务	Telecommunication, Radio and Television and Satellite Transmission Service	3660	3029	2776	75.8
互联网和相关服务	Internet and Related Service	1017	865	770	75.7
软件和信息技术服务业	Software and Information Technology	2698	2143	2017	74.8
金融业	**Financial Intermediation**	**1895**	**1415**	**1379**	**72.8**
货币金融服务	Monetary and Financial Service	1015	707	720	70.9
资本市场服务	Capital Market Service	410	330	316	77.1
保险业	Insurance	115	85	84	73.0
其他金融业	Other Financial Activities	355	293	259	73.0
房地产业	**Real Estate**	**38618**	**24817**	**26344**	**68.2**
租赁和商务服务业	**Leasing and Business Services**	**10818**	**8237**	**7782**	**71.9**
租赁业	Leasing	584	530	474	81.2
商务服务业	Business Services	10234	7707	7308	71.4
科学研究和技术服务业	**Scientific Research and Technical Services**	**7260**	**5596**	**5243**	**72.2**
研究和试验发展	Research and Experimental Development	1737	1180	1155	66.5
专业技术服务业	Professional Technical Services	2950	2314	2167	73.5
科技推广和应用服务业	Science and Technology Popularization and Application Services	2573	2102	1921	74.7
水利、环境和公共设施管理业	**Management of Water Conservancy, Environment and Public Facilities**	**97313**	**70758**	**67824**	**69.7**
水利管理业	Management of Water Conservancy	16953	12448	12010	70.8
生态保护和环境治理业	Ecological Protection and Environmental Treatment	4628	3461	3270	70.7
公共设施管理业	Management of Public Facilities	75732	54849	52544	69.4
居民服务、修理和其他服务业	**Service to Households, Repair and Other Services**	**5219**	**4203**	**4004**	**76.7**
居民服务业	Service to Households	2938	2260	2223	75.7
机动车、电子产品和日用产品修理业	Repair of Motor Vehicle, Electronics and Household Products	1402	1195	1130	80.6
其他服务业	Other Services	879	748	651	74.1
教育	**Education**	**19152**	**13169**	**13354**	**69.7**
卫生和社会工作	**Health and Social Service**	**9714**	**6544**	**6368**	**65.6**
卫生	Health	6787	4360	4357	64.2
社会工作	Social Service	2927	2184	2011	68.7
文化、体育和娱乐业	**Culture, Sports and Entertainment**	**10128**	**7159**	**7061**	**69.7**
新闻和出版业	Journalism and Publishing Activities	117	64	63	53.8
广播、电视、电影和影视录音制作业	Radio, Television, Motion Picture and Videotape Programme Production Services	697	519	496	71.2
文化艺术业	Cultural and Art Activities	5135	3492	3546	69.1
体育	Sports Activities	1881	1310	1314	69.9
娱乐业	Entertainment	2298	1774	1642	71.5
公共管理、社会保障和社会组织	**Public Management, Social Security and Social Organization**	**18313**	**13691**	**13698**	**74.8**
中国共产党机关	Organs of Communist Party of China	87	59	69	79.3
国家机构	Government Agencies	11637	8190	8408	72.3
人民政协、民主党派	People's Political Consultative Conference and Democratic Parties	49	41	36	73.5
社会保障	Social Security	552	377	398	72.1
群众团体、社会团体和其他成员组织	Non-Governmental Organizations, Social Organizations and Other Organizations	1507	1093	1115	74.0
基层群众自治组织	Grass Roots Self-Governing Organizations	4481	3931	3672	81.9
国际组织	**International Organizations**				

10-21 新增主要产品生产能力
Newly Increased Production Capacity of Major Products

能力名称	Item	2011	2012	2013	2014	2015
原煤开采 (万吨/年)	Coal Mining (10 000 tons/year)	41281	39852	39915	29545	22642
焦炭 (万吨/年)	Coke (10 000 tons/year)	7078	6125	6692	4996	2622
天然原油开采 (万吨/年)	Petroleum Extraction (10 000 tons/year)	3490	2494	2731	2717	3666
天然气开采 (亿立方米/年)	Extraction of Petroleum and Natural Gas (100 million cu.m/year)	315	274	146	157	176
铁矿开采（原矿）(万吨/年)	Iron Ore Mining (10 000 tons/year)	16256	20297	23684	13337	12740
生铁 (万吨/年)	Pig Iron (10 000 tons/year)	3471	3662	1443	1263	898
粗钢 (万吨/年)	Steel-making (10 000 tons/year)	2481	1853	2487	2258	1948
铜采矿（原矿）(万吨/年)	Copper Ore Mining (10 000 tons/year)	2022	3882	4369	2334	2310
电解铜 (吨/年)	Electrolytic Copper (ton/year)	712000	686934	611067	429100	460920
铅锌采矿（原矿）(万吨/年)	Plumbum/Zinc Ore Mining (10 000 tons/year)	3365	3659	3578	4006	3336
铅锌选矿	Plumbum and Zinc Ore Dressing					
产出铅精矿含铅量(吨/年)	Plumbum Content (ton/year)	174629	185335	194885	196955	138358
产出锌精矿含锌量(吨/年)	Zinc Content (ton/year)	65305	215587	235067	143725	159641
电解铝 (吨/年)	Electrolytic Aluminum (ton/year)	2073348	2861219	2866584	1645297	1619410
发电装机容量 (万千瓦)	Installed Power Capacity (10 0000 kw)	9800	8971	10650	11098	13667
水力发电 (万千瓦)	Hydraulic Power (10 000 kw)	1477	2200	3581	2396	1476
火力发电 (万千瓦)	Fire Power (10 000 kw)	5608	3755	3943	4374	6023
核能发电 (万千瓦)	Nuclear Energy Source (10 000 kw)	175	310	232	505	654
风能发电 (万千瓦)	Wind Power (10 000 kw)	2027	1783	1712	2142	3104
太阳能发电 (万千瓦)	Solar Power (10 000 kw)			758	1127	1750
其他发电 (万千瓦)	Other Power (10 000 kw)	514	923	425	554	660
水泥 (万吨/年)	Cement (10 000 tons/year)	36946	36095	34030	24996	11711
平板玻璃 (万重量箱/年)	Plate Glass (10 000 Weight-box/year)	9009	8325	9833	8865	10794
氮肥 (吨/年)	Nitrogen Fertilizers (ton/year)	4327923	5794220	5980099	5833138	4282678
磷肥 (吨/年)	Phosphate Fertilizer (ton/year)	1635817	2304059	1565680	1196202	1470362
钾肥 (吨/年)	Potash Fertilizer (ton/year)	1752160	2262290	1097975	1123140	1435297
塑料树脂及共聚物 (吨/年)	Plastic Colophony and Polymer (ton/year)	4216587	6839554	7239904	6828288	5975396
轮胎外胎 (万条/年)	Tire (Cover) (10 000 units/year)	9744	12562	9118	8656	7627
载货汽车制造 (辆/年)	Trucks (unit/year)	290578	244871	112830	124200	192514
客车制造 (辆/年)	Passenger Motor Vehicles (unit/year)	371708	393728	191322	190200	217640
轿车制造 (辆/年)	Cars (unit/year)	1226339	1366160	1716975	2119281	1312160
其他汽车制造 (辆/年)	Other Motor Vehicles (unit/year)	209992	212052	191345	84238	107216
电视机 (万部/年)	Television Sets (10 000 units/year)	384	569	539	668	588
化学纤维 (吨/年)	Chemical Fibre (ton/year)	4835546	4053366	4607954	6442328	4084155
棉纺锭 (锭)	Cotton Spindles (unit)	11104767	11616127	9970292	8401945	9407274
啤酒 (万吨／年)	Beer (10 000 tons/year)	376	379	267	275	342
白酒 (万吨／年)	Distilled Spirit (10 000 tons/year)	199	290	202	143	133
其他酒 (万吨／年)	Other Alcohols (10 000 tons/year)	26	47	113	101	49
卷烟 (箱／年)	Cigarettes (box/year)	1097000	1320000	1630800	1750000	1254134
机制纸浆 (万吨/年)	Machine-made Paper Pulp (10 000 tons/year)	214	190	148	114	170
家用电冰箱 (万台/年)	Household Refrigerator (10 000 unit/year)	965	1673	803	315	936
新建公路 (公里)	Length of New Highways (km)	55041	68846	61589	65352	70902
改建公路 (公里)	Length of Reconstructed Highways (km)	76299	66732	64258	68689	76997
新(扩)建港口码头	Newly-built or Expanded Ports					
年吞吐量 (万吨/年)	Annual Handling Capacity(10 000 tons/year)	25417	43936	29342	39239	28563
泊位 (个)	Berths (unit)	202	269	298	337	226
城市自来水供水能力(万吨/日)	Tap Water Supply Capacity (10 000 tons/day)	1569	1942	1131	1400	1721

10-22 全社会主要产品建设规模（2015年）

Construction Size of Main Production Capacity in the Whole Country (2015)

能力名称	Item	建设规模 Total Construction Size	本年施工规模 Under Construction This Year	本年新开工 Started This Year	累计新增 Accumulated Newly Increased	本年新增 Newly Increased This Year
原煤开采（万吨/年）	Coal Mining (10 000 tons/year)	125260	84287	25306	41036	22642
焦炭（万吨/年）	Coke (10 000 tons/year)	9909	7311	2192	4018	2622
天然原油开采（万吨/年）	Petroleum Extraction (10 000 tons/year)	4737	4689	4088	4293	3666
天然气开采（亿立方米/年）	Extraction of Petroleum and Natural Gas (100 million cu.m/year)	819	388	269	420	176
铁矿开采（原矿）（万吨/年）	Iron Ore Mining (10 000 tons/year)	32733	20100	14602	15344	12740
生铁（万吨/年）	Pig Iron (10 000 tons/year)	1488	1020	898	1118	898
粗钢（万吨/年）	Steel-making (10 000 tons/year)	4814	3403	2491	2691	1948
铜采矿（原矿）（万吨/年）	Copper Ore Mining (10 000 tons/year)	4790	2855	2024	3288	2310
电解铜（吨/年）	Electrolytic Copper (ton/year)	640920	526420	375920	504420	460920
铅锌采矿（原矿）（万吨/年）	Plumbum/Zinc Ore Mining (10 000 tons/year)	4858	4548	3530	3496	3336
铅锌选矿	Plumbum and Zinc Ore Dressing					
产出铅精矿含铅量(吨/年)	Plumbum Content (ton/year)	336770	216539	172559	168589	138358
产出锌精矿含锌量(吨/年)	Zinc Content (ton/year)	220574	215174	124273	164241	159641
电解铝（吨/年）	Electrolytic Aluminum (ton/year)	7694060	3539460	1229350	3497410	1619410
发电装机容量（万千瓦）	Installed Power Capacity (10 0000 kw)	58095	40432	18297	25238	13667
水力发电（万千瓦）	Hydraulic Power (10 000 kw)	16856	8623	1538	6880	1476
火力发电（万千瓦）	Fire Power (10 000 kw)	22616	17791	8774	8539	6023
核能发电（万千瓦）	Nuclear Energy Source (10 000 kw)	5090	3237	528	2009	654
风能发电（万千瓦）	Wind Power (10 000 kw)	7316	5846	3569	4237	3104
太阳能发电（万千瓦）	Solar Power (10 000 kw)	4609	3708	3043	2694	1750
其他发电（万千瓦）	Other Power (10 000 kw)	1608	1227	845	879	660
水泥（万吨/年）	Cement (10 000 tons/year)	25978	18123	11780	16763	11711
平板玻璃（万重量箱/年）	Plate Glass (10 000 Weight-box/year)	18381	15504	10760	11711	10794
氮肥（吨/年）	Nitrogen Fertilizers (ton/year)	11973883	8226043	3976527	5891480	4282678
磷肥（吨/年）	Phosphate Fertilizer (ton/year)	2237803	2020126	1369016	1524127	1470362
钾肥（吨/年）	Potash Fertilizer (ton/year)	6245510	3704297	1521797	3805154	1435297
塑料树脂及共聚物（吨/年）	Plastic Colophony and Polymer (ton/year)	14862306	10022305	3643336	7071894	5975396
轮胎外胎（万条/年）	Tire (Cover) (10 000 units/year)	13564	9290	6378	9085	7627
载货汽车制造（辆/年）	Trucks (unit/year)	375750	281514	192014	317740	192514
客车制造（辆/年）	Passenger Motor Vehicles (unit/year)	604940	598640	214440	219440	217640
轿车制造（辆/年）	Cars (unit/year)	6355219	4399160	2020160	2606160	1312160
其他汽车制造（辆/年）	Other Motor Vehicles (unit/year)	198701	185816	146316	113601	107216
电视机（万部/年）	Television Sets (10 000 units/year)	1061	990	811	701	588
化学纤维（吨/年）	Chemical Fibre (ton/year)	7687097	6534054	2650042	4618864	4084155
棉纺锭（锭）	Cotton Spindles (unit)	17185621	13054249	10492013	11072580	9407274
啤酒（万吨/年）	Beer (10 000 tons/year)	654	481	322	421	342
白酒（万吨/年）	Distilled Spirit (10 000 tons/year)	212	161	119	170	133
其他酒（万吨/年）	Other Alcohols (10 000 tons/year)	64	61	34	51	49
卷烟（箱/年）	Cigarettes (box/year)	7056400	5006761	120361	2276400	1254134
机制纸浆（万吨/年）	Machine-made Paper Pulp (10 000 tons/year)	291	250	98	190	170
家用电冰箱（万台/年）	Household Refrigerator (10 000 unit/year)	3131	1521	992	2586	936
新建公路（公里）	Length of New Highways (km)	123050	100286	70595	82994	70902
改建公路（公里）	Length of Reconstructed Highways (km)	105655	92116	78648	89895	76997
新(扩)建港口码头	Newly-built or Expanded Ports					
年吞吐量（万吨/年）	Annual Handling Capacity(10 000 tons/year)	135941	96244	42516	52446	28563
泊位（个）	Berths (unit)	675	544	328	314	226
城市自来水供水能力(万吨/日)	Tap Water Supply Capacity (10 000 tons/day)	2850	2508	1683	1908	1721

10-23 农村农户固定资产投资和建房
Farm Households Investment in Fixed Assets and Buildings Construction in Rural Area

年份 Year 地区 Region		投资总额(亿元) Total Investment (100 million yuan)	#竣工房屋投资 Investment in Buildings Completed	#住宅 Residential Buildings	房屋施工面积(万平方米) Floor Space of Buildings under Construction (10 000 sq.m)	房屋竣工面积(万平方米) Floor Space of Buildings Completed (10 000 sq.m)	#住宅 Residential Buildings	竣工房屋造价(元/平方米) Cost of Buildings Completed (yuan/sq.m)	#住宅 Residential Buildings
	1985	478.4	350.1	313.2		78973.0	69542.0	44.0	45.0
	1990	876.5	777.1	649.8	76819.0	71136.0	67812.0	109.0	96.0
	1995	2007.9	1709.4	1349.9	78192.0	73522.0	66230.0	233.0	204.0
	2000	2904.3	1969.3	1846.8	88231.8	81270.2	75515.3	242.3	244.6
	2005	3940.6	2190.6	2083.1	73109.2	66604.2	62292.4	328.9	334.4
	2006	4436.2	2620.1	2490.2	76189.4	69237.9	64563.7	378.4	385.7
	2007	5123.3	3228.3	3022.0	86665.6	78321.2	72676.4	412.2	415.8
	2008	5951.8	3748.5	3547.1	91911.4	84407.0	78585.7	444.1	451.4
	2009	7434.5	5029.9	4743.3	116099.4	105683.0	95570.5	475.9	496.3
	2010	7886.0	5247.0	4931.7	106679.8	94114.8	87947.1	557.5	560.8
	2011	9089.1	5983.7	5636.0	118455.2	103053.2	94939.1	580.6	593.6
	2012	9840.6	6395.3	6051.6	105516.6	94187.8	87775.9	679.0	689.4
	2013	10546.7	7249.6	6735.9	109242.0	92661.7	85953.0	782.4	783.7
	2014	10755.8	7387.5	6843.0	103672.9	90287.4	83769.6	818.2	816.9
	2015	10409.8	7157.1	6709.6	98376.7	85316.8	79380.2	838.9	845.2
北京	Beijing	50.0	43.7	43.0	329.5	303.8	296.2	1438.3	1451.5
天津	Tianjin	17.4	13.7	12.1	138.9	97.0	82.8	1414.3	1459.2
河北	Hebei	542.5	382.1	351.4	5296.8	4752.2	4158.5	804.1	845.1
山西	Shanxi	329.6	218.8	215.9	2907.4	2707.6	2535.0	808.3	851.8
内蒙古	Inner Mongolia	173.1	94.5	90.4	995.5	987.5	878.9	957.3	1029.0
辽宁	Liaoning	277.5	168.9	140.7	3110.2	2883.6	2296.6	585.6	612.6
吉林	Jilin	196.7	99.7	97.6	762.6	759.1	731.1	1313.1	1334.7
黑龙江	Heilongjiang	298.7	104.7	100.4	795.2	750.1	703.7	1395.1	1426.4
上海	Shanghai	3.3	2.6	2.5	17.4	15.4	15.0	1661.4	1662.9
江苏	Jiangsu	341.7	269.7	269.5	2777.0	2549.3	2547.2	1058.0	1058.0
浙江	Zhejiang	658.6	433.1	404.5	4444.0	2890.7	2694.4	1498.2	1501.4
安徽	Anhui	582.0	335.3	323.9	5820.8	4339.0	4186.0	772.7	773.8
福建	Fujian	327.4	204.7	202.1	2697.8	1899.4	1871.5	1077.5	1080.1
江西	Jiangxi	394.2	290.2	276.4	5220.2	4353.1	4178.8	666.6	661.3
山东	Shandong	931.0	525.8	441.4	10498.0	10191.0	8932.0	516.0	494.2
河南	Henan	709.1	493.9	462.6	7123.4	6437.1	6135.3	767.3	753.9
湖北	Hubei	477.5	343.9	319.4	4289.2	3666.8	3404.8	938.0	938.2
湖南	Hunan	720.9	537.7	511.9	7131.0	6064.2	5833.3	886.7	877.6
广东	Guangdong	392.6	332.7	325.0	3388.2	2761.5	2716.4	1204.7	1196.4
广西	Guangxi	572.8	339.0	332.2	6164.2	5631.2	5424.9	602.1	612.3
海南	Hainan	95.8	71.9	64.8	833.5	611.5	589.4	1175.8	1099.2
重庆	Chongqing	145.1	100.1	93.1	1397.3	1197.4	1134.8	836.0	820.7
四川	Sichuan	560.3	417.6	386.7	5404.4	4685.4	4292.2	891.2	900.9
贵州	Guizhou	268.8	198.9	191.9	2779.0	2533.0	2427.0	785.2	790.9
云南	Yunnan	431.2	466.0	425.3	5702.1	4721.5	4253.7	987.0	999.9
西藏	Tibet								
陕西	Shaanxi	351.2	242.2	234.6	3006.5	2444.6	2416.0	990.7	971.0
甘肃	Gansu	127.6	74.0	66.8	1320.0	1252.0	1110.0	591.4	601.4
青海	Qinghai	66.5	52.9	49.7	741.7	670.1	614.7	789.1	808.3
宁夏	Ningxia	79.0	63.0	56.2	434.0	434.0	368.0	1451.8	1527.8
新疆	Xinjiang	287.6	235.9	217.6	2851.2	2727.9	2552.2	864.7	852.6

主要统计指标解释

全社会固定资产投资 是以货币形式表现的在一定时期内全社会建造和购置固定资产的工作量以及与此有关的费用的总称。该指标是反映固定资产投资规模、结构和发展速度的综合性指标,又是观察工程进度和考核投资效果的重要依据。全社会固定资产投资按登记注册类型可分为国有、集体、联营、股份制、私营和个体、港澳台商、外商、其他等。

固定资产投资(不含农户) 指城镇和农村各种登记注册类型的企业、事业、行政单位及城镇个体户进行的计划总投资500万元及500万元以上的建设项目投资和房地产开发投资,包含原口径的城镇固定资产投资加上农村企事业组织项目投资,该口径自2011年起开始使用。

固定资产投资的实际到位资金 根据固定资产投资的资金来源不同,分为国家预算资金、国内贷款、利用外资、自筹资金和其他资金。

(1)国家预算资金 国家预算包括一般预算、政府性基金预算、国有资本经营预算和社保基金预算。各类预算中用于固定资产投资的资金全部作为国家预算资金填报,其中一般预算中用于固定资产投资的部分包括基建投资、车购税、灾后恢复重建基金和其他财政投资。各级政府债券也应归入国家预算资金。

(2)国内贷款 指报告期固定资产项目投资单位向银行及非银行金融机构借入用于固定资产投资的各种国内借款,包括银行利用自有资金及吸收存款发放的贷款、上级主管部门拨入的国内贷款、国家专项贷款(包括煤代油贷款、劳改煤矿专项贷款等),地方财政专项资金安排的贷款、国内储备贷款、周转贷款等。

(3)利用外资 指报告期收到的境外(包括外国及港澳台地区)资金(包括设备、材料、技术在内)。包括对外借款(外国政府贷款、国际金融组织贷款、出口信贷、外国银行商业贷款、对外发行债券和股票)、外商直接投资、外商其他投资(包括利用外商投资收益在国内进行固定资产再投资活动的资金)。不包括我国自有外汇资金(国家外汇、地方外汇、留成外汇、调剂外汇和国内银行自有资金发放的外汇贷款等)。各类外资按报告期末的外汇牌价(中间价)折成人民币计算。

(4)自筹资金 指固定资产投资单位在报告期收到的,由各企、事业单位筹集用于固定资产投资的资金,包括各类企事业单位的自有资金和从其他单位筹集的用于固定资产投资的资金,但不包括各类财政性资金、从各类金融机构借入资金和国外资金。

(5)其他资金 指在报告期收到的除以上各种资金之外的用于固定资产投资的资金,包括社会集资、个人资金、无偿捐赠的资金及其他单位拨入的资金等。

固定资产投资按国民经济行业分 指根据其从事的社会经济活动性质对各类单位进行的分类。应根据建设项目建成投产后的主要产品种类或主要用途及社会经济活动种类来划分,不能根据项目单位本身的行业类别来划分。如果项目投产后有几种产品,应根据主要产品来确定行业类别。一般情况下,一个建设项目只能属于一种国民经济行业。

固定资产投资按隶属关系分 是按建设单位或企业、事业、行政单位的主管上级机关确定的。

(1)中央 是指中共中央、人大常委会和国务院各部、委、局、总公司以及直属机构直接领导的建设项目和企业、事业、行政单位。这些单位的固定资产投资计划由国务院各部门直接编制和下达,统一组织或委托下级实施。包括有中央垂直管理的部门(如国家统计局各级调查队)和中央直属企业、事业单位(如工商银行、中国电信、中国石油)等。

(2)地方 是由省(自治区、直辖市)、地(区、市、州、盟)、县(区、市、旗)三级政府及业务主管部门直接领导和管理的建设项目、企业、事业、行政单位。地方项目还包括不隶属以上各级政府及主管部门的建设项目和企业、事业单位,如外商投资企业和无主管部门的企业等。

固定资产投资按建设性质分 按整个建设项目情况来确定。建设项目的性质一般分为新建、扩建、改建和技术改造、单纯建造生活设施、迁建、恢复、单纯购置。房地产开发单位、农户投资不划分建设性质。

(1)新建 指从无到有"平地起家"开始建设的项目。现有企业、事业、行政单位投资的项目一般不属于新建。但如有的单位原有基础很小,经过建设后新增的固定资产价值超过该企业、事业、行政单位原有固定资产价值(原值)三倍以上的,也应作为新建。

(2)扩建 指在厂内或其他地点,为扩大原有产品的生产能力(或效益)或增加新的产品生产能力,而增建的生产车间(或主要工程)、分厂、独立的生产线的企业、事业单位。行政、事业单位在原单位增建业务性用房(如学校增建教学用房、医院增建门诊部、病房等)也作为扩建。

现有企、事业单位为扩大原有主要产品生产能力或增加新的产品生产能力,增建一个或几个主要生产车间(或主要工程)、分厂,同时进行一些更新改造工程的,也应作为扩建。

(3)改建和技术改造 指现有企业、事业单位对原有设施进行技术改造或更新(包括相应配套的辅助性生产、生活福利设施)的建设项目。改建项目包括现有企业、事业单位为适应市场变化的需要，而改变企业的主要产品种类(如军工企业转民产品等) 的建设项目，原有产品生产作业线由于各工序(车间)之间能力不平衡，为填平补齐充分发挥原有生产能力而增建不增加本企业主要产品设计能力的车间的建设项目。技术改造是指企业、事业单位在现有基础上，用先进的技术代替落后的技术，用先进的工艺和装备代替落后的工艺和装备，以改变企业落后的技术经济面貌，实现以内涵为主的扩大再生产，达到提高产品质量、促进产品更新换代、节约能源、降低消耗、扩大生产规模、全面提高社会经济效益的目的。技术改造具体包括以下内容：机器设备和工具的更新改造；生产工艺改革、节约能源和原材料的改造；厂房建筑和公共设施的改造；保护环境进行的“三废”治理改造；劳动条件和生产环境的改造等。

固定资产投资按构成分

(1)建筑工程　指各种房屋、建筑物的建造工程，又称建筑工作量。这部分投资额必须兴工动料，通过施工活动才能实现，是固定资产投资额的重要组成部分。

(2)安装工程　指各种设备、装置的安装工程，又称安装工作量。

在安装工程中，不包括被安装设备本身价值。

(3)设备工具器具购置　指报告期内购置或自制的，达到固定资产标准的设备、工具、器具的价值。新建单位及扩建单位的新建车间，按照设计或计划要求购置或自制的全部设备、工具、器具，不论是否达到固定资产标准均计入“设备工具器具购置”中。

(4)其他费用　指在固定资产建造和购置过程中发生的，除建筑安装工程和设备、工器具购置投资完成额以外的应当分摊计入固定资产投资的费用，不指经营中财务上的其他费用。

施工项目个数　是指本年正式进行过建筑或安装施工活动的建设项目个数。包括本年新开工项目，以前年度开工跨入本年继续施工项目，本年全部建成投产项目、以前年度全部停缓建在本年恢复施工的项目，本年进行过施工又在本年内全部停缓建的项目。施工项目个数可以反映一定时期固定资产投资的实际规模，与同期全部建成投产项目个数相比，可以从建设速度的角度反映固定资产投资的效果。

本年投产项目个数　指报告期内按设计文件规定建成主体工程和相应配套的辅助设施，形成生产能力或工程效益，经过验收合格，并且已正式投入生产或交付使用的建设项目。

新增生产能力(或工程效益)　指通过固定资产投资活动而增加的设计能力(或工程效益)。主要指标包括建设规模、本年施工规模、自开始建设累计新增生产能力(或工程效益)、本年新增生产能力(或工程效益)等。

建设规模　指建设项目或工程设计文件中规定的全部设计能力(或工程效益)。包括已经建成投产和尚未建成投产的工程的生产能力(或工程效益)。

本年施工规模　指报告期内施工的单项工程(或更新改造项目) 的设计能力(或工程效益)，包括报告期以前已开工跨入本年继续施工的工程的设计能力和报告期新开工工程的设计能力。也包括报告期内建成投产或报告期施工后又停缓建的单项工程设计能力。不包括在报告期以前建成投产或已经停、缓建的工程，以及报告期内尚未正式开工的工程的设计能力。

自开始建设累计新增生产能力(或工程效益)　指自开始建设至本年底止建成投产的全部单项工程累计新增生产能力(或工程效益)。

本年新增生产能力(或工程效益)　指在本年度内按照新增生产能力(或工程效益)的计算条件和标准，实际建成投入生产或交付使用的生产能力(或工程效益)。

新增固定资产　是指已经完成建造和购置过程，并已交付生产或使用单位的固定资产的价值，包括已经建成投入生产或交付使用的工程投资和达到固定资产标准的设备、工具、器具的投资及有关应摊入的费用。该指标是表示固定资产投资成果的价值指标，也是反映建设进度，计算固定资产投资效果的重要指标。

项目建成投产率　指一定时期内全部建成投产项目个数与同期施工项目个数的比率。该指标从建设单位建设速度的角度反映投资效果。

固定资产交付使用率　指一定时期新增固定资产与同期完成投资额的比率。该指标是反映固定资产动用速度，衡量建设过程中宏观投资效果的综合指标。由于新增固定资产是较长时期内形成的结果，而投资额则是当年完成的，因此，该指标一般适宜于反映较长时期内固定资产的动用情况。

Explanatory Notes on Main Statistical Indicators

Total Investment in Fixed Assets in the Whole Country refers to the volume of activities in construction and purchases of fixed assets of the whole country and related fees, expressed in monetary terms during the reference period. It is a comprehensive indicator which shows the size, structure and growth of the investment in fixed assets, providing a basis for observing the progress of construction projects and evaluating results of investment. Total investment in fixed assets in the whole country includes, by type of ownership, the investment by State-owned units, collective-owned units, joint ownership units, share-holding units, private units, individuals as well as investments by entrepreneurs from Hong Kong, Macao and Taiwan, foreign investors and others.

Investment in Fixed Assets (Excluding Rural Households) refers to the investment in construction projects with a total planned investment of 5 million yuan and over by enterprises of various ownerships, institutions, administrative units and urban self-employed individuals, and the investment in real estate development in both urban and rural areas. Since 2011, it covers the urban investment in fixed assets under the previous statistical coverage plus project investments by rural enterprises and institutions.

Actual Funds in Place for Investment in Fixed Assets are categorized as funds from the State budget, domestic loans, foreign investment, self-raised funds, and others, depending on the sources of investment.

(1) Fund from the State budget: State budget consists of general budget, government fund budget, operation budget of state-owned assets and social security fund budget. Funds for investment in fixed assets from various budgets are reported as fund from the state budget, of which, the general budget utilized on fixed assets investment includes investment on infrastructure construction, vehicle purchase tax, post-disaster restoration and reconstruction funds and other financial investment. Government bonds at all levels should also be included.

(2) Domestic loans refer to loans of various forms borrowed by investing units from banks and non-bank financial institutions during the reference period for the purpose of investment in fixed assets, including loans issued by banks from their self-owned funds and deposit, loans appropriated by higher responsible authorities, special loans by government (including loan for substituting petroleum with coal, special loans for reform-through-labour coal mines), loans arranged by local government from special funds, domestic reserve loan, and revolving loan, etc.

(3) Foreign investment refers to overseas (including foreign countries, Hongkong, Macao and Taiwan) funds received during the reference period (covering equipment, materials and technology), including foreign borrowings (loans from foreign governments and international financial institutions, export credit, commercial loans from foreign banks, issue of bonds and stocks overseas), foreign direct investment and other foreign investments (including funds from foreign direct investment income that are reinvested in fixed assets domestically). Excluded from this category is capital in foreign exchanges owned by China (foreign exchanges owned by the central and local governments, foreign exchanges retained by enterprises, foreign exchanges by enterprises through the regulating mechanism, loans in foreign exchanges issued by the Bank of China with its own fund, etc.). In calculating the utilization of foreign capital, foreign currencies are converted into Chinese Renminbi applying the exchange rate (central parity rate) at the end of the reference period.

(4) Self-raised funds refer to funds for investment in fixed assets received during the reference period by investing units, including investment in fixed assets using own funds of various enterprises and institutions or funds raised from other units other than financial funds, funds borrowed from financial institutions and overseas funds.

(5) Others refer to funds for investment in fixed assets received from sources other than those listed above, including funds raised from individuals and through donations, and funds transferred from other units.

Investment in Fixed Assets by Sector refers to the classification of investment by the nature of social economic activities the investing units are engaged in. The classification of construction projects by sector is determined by the major products or the purpose of the projects when they are put into production or use, and by the nature of their social economic activities, instead of being determined by industrial classification of the project enterprises. The project will be classified according to major product if there are several kinds of products yielded. In general, one project can only be classified into one sector.

Investment in Fixed Assets by Jurisdiction of Management refers to the classification of investment by the competent authorities under which investment is made by construction units, enterprises, institutions or administrative units.

(1) Central investment refers to the investment in projects or by enterprises, institutions or administrative units which are under the direct leadership and management of the State Council and of the national commissions, ministries, agencies and State-owned large corporations. Various ministries and departments of the State Council prepare and implement plans through unified organization or lower-level commissions, which include departments direct under central government (i.e. survey offices at all level of the National Bureau of Statistics) and enterprises and institutions directly under central government (like the Industrial and Commercial Bank of China,

China Telecom and China National Petroleum Corporation)..

(2) Local investment refers to the investment in projects or by enterprises, institutions or administrative units which are under the direct leadership and management of competent departments and governments at the level of province (autonomous regions and municipalities directly under the Central Government), prefecture （prefectures, cities and leagues） and county (districts, cities and banners). Also included are projects by foreign-invested enterprises and enterprises without competent managing authorities.

Investment in Fixed Assets by Type of Construction Construction projects in general can be classified, by the type of construction, into new construction, expansion, reconstruction and technical transformation, purely construction of living facilities, moving, restoration and purely purchasing. However, investment by type of construction is not applied to investment by real-estate development units and investment by rural households.

(1) New construction in general refers to construction projects, which start from scratch. The existing projects invested by enterprises, institutions and administrative agencies cannot be classified as new construction. In case the size of the existing unit is quite small, and the value of newly added fixed assets is more than three times of the original value, the expansion will be considered as new construction.

(2) Expansion refers to construction of new production workshop, branch factory or independent production line within a factory or in other locations, for the purpose of increasing the production capacity (or improving efficiency) or adding new production capacity by enterprises and institutions. Newly constructed accommodation for the operation of institutions and administrative organizations (such as newly constructed buildings for teaching in schools, buildings for clinics or wards in hospitals, etc.) are also classified as expansion.

Also included in expansion are investments by existing enterprises or institutions in building major production line(s) or branch factory (ies) along with some work on innovation, for the purpose of expanding the production capacity of original products or producing new products.

(3) Reconstruction and technical transformation refers to construction projects by existing enterprises or institutions in innovation or technical transformation of the old facilities (including auxiliary production equipment and welfare facilities). Also considered as reconstruction is the construction of new workshops by the existing enterprises or institutions to change the variety of products to meet the market demand (such as the production of civil products by defence industries), or to bring the designed production capacity into full play through a more balanced production process on production lines. Technical transformation refers to replacement of old technology or equipment by new technology or equipment, in order to expand the reproduction through improvement of technology contents in production, to improve product quality, to promote new products, to save energy, to reduce consumption, to expand the production scale and to improve overall social-economic efficiency. Contents of technical transformation include: updating of machinery, equipment and tools; reforming production process by using energy or materials saving technology; construction of factory workshops and transformation of public facilities; treatment transformation of “three wastes” (waste gas, waste water and industrial residue) aiming at environmental protection; improvement of working conditions and environment, etc.

Investment in Fixed Assets by Structure

(1) Construction refers to the construction of houses and buildings, also known as work volume of construction. This part of investment can only be achieved through construction activities, it is the major component of the total investment in fixed assets.

(2) Installation refers to the installation of various kinds of equipment and instruments, also known as work volume of installation.

The value of equipment installed itself is not included in the value of installation projects.

(3) Purchase of equipment and instruments refers to the total value of equipment, tools, and instruments purchased or self-produced which come up to the cut-off point for fixed assets during the reference period. Equipment, tools and instruments purchased or self-produced for new workshops by newly established or expanded units are categorized as “purchase of equipment and instruments” no matter whether they come up to the cut-off point for fixed assets.

(4) Other expenses refer to expenses arising during the construction or purchase of fixed assets other than those expenses on construction, installation and purchase of equipment and instruments. Other financial expenses arising in operation are not included.

Number of Projects under Construction refers to number of all projects with actual construction or installation activities in current year, including newly started projects, projects started previously and extended into the current year, projects completed and put into operation in current year, projects suspended previously and resumed in current year, and projects started this year but suspended or postponed in current year. The number of projects under construction can reflect the actual size of investment in fixed assets during a given period, and when compared with the number of projects completed and put into use during the same period, it demonstrates the results of investment in fixed assets from the angle of the speed of the construction.

Number of Projects Put into Use This Year refer to projects have completed the main construction and correspondent auxiliary facilities in accordance with the design documents, resulting in forming production capacity (efficiency) and have been checked and accepted after relevant tests, and have been formally delivered for use.

Newly Increased Production Capacity (or Project

Efficiency) refers to the increase in design capacity (or project efficiency) through investment in fixed assets. The main indicators include: construction scale, scale of projects under construction in current year, the accumulated newly increased production capacity (project efficiency) since the start of the projects and the newly increased production capacity (project efficiency) of current year.

Construction Scale refers to the total designed production capacity (project efficiency) of the construction projects in accordance with the design document, including those have been put into operation and those that have not been completed.

Scale of Projects under Construction in Current Year refers to the designed production capacity (project efficiency) of a single project (or renovation project) under construction in the reference period, including the designed production capacity of projects that have been started previously and still under construction in the current year, the newly started projects, and projects that have been completed and put into operation in the reference period or those have been started but suspended or postponed in the reference period. Projects that have been completed and put into operation, suspended or postponed before the reference period, and projects that have not been officially started in the reference period are not included.

The Accumulated Newly Increased Production Capacity (project efficiency) since the Start of the Projects refers to the accumulated newly increased production capacity of all the single projects which have been put into use from the beginning of the projects till the end of current year.

The Newly Increased Production Capacity (project efficiency) of Current Year refers to the production capacity (project efficiency) that has been completed and put into operation in current year according to the calculation conditions and standards on newly increased production capacity (project efficiency).

Newly Increased Fixed Assets refer to the value of fixed assets that has completed the construction and purchase, and has been delivered to the production or owner units, including investment in projects that have been completed and put into operation in current year and the investment in equipment, tools and appliance that meet the standard of fixed assets and fees that should be apportioned. This is an indicator that demonstrates the results of investment in fixed assets in monetary terms, and an important indicator to reflect the speed of construction and to calculate the efficiency of investment.

Rate of Construction Projects Completed and Put into Use refers to the ratio of the number of construction projects completed and put into use in a certain period of time to the number of projects under construction in the same period. This reflects the investment efficiency from the perspective of the speed of projects construction.

Rate of Projects of Fixed Assets Completed and Put into Operation refers to the ratio of the newly increased fixed assets to the total investment made in the same period. This is a comprehensive indicator reflecting the speed of the employment of fixed assets and the investment efficiency at the macro-level. As the newly increase fixed assets is the result of a long period while the investment is completed in the current year, this indicator is expected to be used to reflect the employment of fixed assets over a long period of time.

11

对外经济贸易

Foreign Trade and Economic Cooperation

简要说明

本篇资料综合反映中国的对外贸易、利用外资、对外直接投资、对外经济合作的历年概况，重点反映对外经济贸易的近期发展状况。

一、货物贸易部分

对外贸易统计的主要内容包括：进出口货物的品种、数(重)量、金额、国别(地区)、经营单位、境内目的地、境内货源地、贸易方式、关别等项目。

对外贸易统计的范围是按照联合国的国际贸易统计原则制定的，即凡能引起中华人民共和国关境内物质资源存量增加或减少的进出口货物，除制度另有规定者外，均列入该项统计。

对外贸易统计的资料来源于海关总署，调查方法是全面调查。

历年出口商品分类金额和历年进口商品分类金额按照联合国《国际贸易标准分类》(SITC)进行统计。进出口商品目录是在海关合作理事会（世界海关组织 WCO）制定的《商品名称和编码协调制度》(HS)的基础上，结合我国进出口实际情况制定的。

我国对各国(地区)进出口总额表中，出口货物按中华人民共和国关境外最终目的国(地区)，进口货物按中华人民共和国关境外原产国(地区)统计。各地区进出口商品总值分别按境内经营单位所在地和目的地、货源地列示。经营单位所在地是指中华人民共和国关境内进出口企业报关注册的登记地；境内货源地是指出口货物在中华人民共和国关境内的产地或原始发货地；境内目的地则指进口货物在中华人民共和国关境内的消费、使用地或最终运抵地。

二、服务贸易部分

服务贸易按国际收支口径统计，不包含政府服务。资料来源于商务部。

三、利用外资统计部分

利用外资统计的主要内容包括：外商直接投资和外商其他投资，外商投资企业登记注册情况。

统计范围是凡经工商行政管理机关核准登记，在中华人民共和国境内所有利用外资的单位和部门，经批准设立的中外合资经营企业、合作经营企业、外资企业、外商投资股份制企业、合作开发项目等具有法人资格的独立核算企业(包括港澳台地区投资企业)，在境内从事经营活动的外国及港澳台地区企业及外国公司在中国境内设立的分支机构。

利用外资统计的资料来源于商务部，其中，外商投资企业的登记注册情况资料来源于国家工商行政管理总局，调查方法是全面调查。

特殊说明：利用外资统计 1985 年及以前为政府统计部门的调查汇总数，1986 年及以后全部来源于对外贸易经济合作部（现为商务部）。2000 年以前利用外资统计中含对外借款数。

四、对外直接投资部分

对外直接投资统计的内容主要包括：境内投资主体的基本情况；境外企业的基本情况；境内投资主体与境外企业间的投资、收益和分配情况；通过境外企业实现的货物进出口情况；境外企业核准情况。

统计范围主要包括境内投资主体通过直接投资在境外设立的各类公司型企业和非公司型企业。

资料来源是商务部，调查方法是全面调查。

五、对外经济合作部分

对外经济合作统计的主要内容包括：对外承包工程、对外劳务合作、对外设计咨询的合同数、合同金额、完成营业额和按国别、地区分的对外经济合作完成营业额等。

统计范围是对外承包工程、对外劳务合作。

该制度统计单位是经各级商务主管部门批准的从事对外承包和劳务合作业务并具有法人地位的对外承包劳务企业。

资料来源是商务部，调查方法是全面调查。

Brief Introduction

Data in this chapter provide summary data of China's foreign trade, utilization of foreign capital, overseas direct investment, contracted projects and labour cooperation with foreign countries or territories over the years, focusing on the recent situation of foreign trade and economic cooperation.

I. Trade in Goods

Data on foreign trade include: varieties of imports and exports, amount (weight), value, countries (regions), imports and exports corporations, destination within territory, origin of goods within territory, mode of trade, types of tariffs and so on.

The scope of foreign trade statistics are designed according to United Nations' principles on international trade statistics, that is: all imports or exports that will lead to stock changes of material resources with the territory of People's Republic of China; excluding goods by escape clause.

Sources of data on foreign trade are from the General Administration of Customs of the People's Republic of China through a comprehensive reporting system.

Customs statistics in value terms for both imports and exports are compiled according to the classifications of *UN Standard International Trade Classification (SITC)*. The list of import and export commodities is compiled based on the *Harmonized Commodity Description and Coding System (HS)* stipulated by the Customs Cooperation Council （World Customs Organization） and China's reality of imports and exports.

In the table on China's total imports and exports with related countries and regions, the export commodities are calculated at the Customs of the countries (regions) of destination and the import commodities are calculated at the Customs of the countries (regions) of origin. The total values of the import and export commodities by region are calculated respectively at the provinces where the import or export corporations are situated and at the provinces of destination or provinces of origin within the border of the People's Republic of China. The province where the import or export corporations are situated refers to the province where the import or export corporations have applied to and have been registered at the Customs. The province of origin within the border of the Peoples Republic of China refers to the province where the export commodities are produced or originally delivered. The province of destination within the border of the People's Republic of China refers to the province where the import commodities are consumed, used or transported to the destination.

II. Trade in Services

Statistics on trade in services is compiled according to Balance of Payments (BOP) and does not include services of government. Data on trade in services are from the Ministry of Commerce.

III. Statistics on Utilization of Foreign Capitals

Utilization of foreign capitals includes: foreign direct investments and other foreign investments, and the basic condition of registration of foreign funded enterprises.

The statistics cover all the units and departments which have utilized foreign capitals, all the Sino-foreign joint ventures, Sino-foreign cooperative enterprises, ventures exclusively with foreign investment, foreign-funded stock companies, Sino-foreign cooperative development projects (including the enterprises funded by the entrepreneurs from Hong Kong, Macao and Taiwan) with independent accounting system and legal person status, and all foreign enterprises or enterprises funded by the entrepreneurs from Hong Kong Macao and Taiwan which engaged in business activities, and branches of foreign companies which have been approved to be set up within the boundaries of the People's Republic of China after verification and registration through administrative authorities for industry and commerce.

Data on utilization of foreign capitals are from Ministry of Commerce, of which, data on basic condition of registration of foreign funded enterprises are from State Administration for Industry and Commerce through comprehensive reporting system.

Special notice: data on utilization of foreign capitals before 1985 were survey results from governmental statistical agencies, since 1986 all data are from Ministry of Commerce (formerly MOFTEC). Data on utilization of foreign capitals before 2000 include foreign loans.

IV. Overseas Direct Investment

Overseas direct investment includes: basic situation of domestic investors and overseas enterprises, investment, earnings and their distribution between domestic and overseas invested enterprises, import and export of commodities through overseas enterprises, approval of overseas enterprises.

Statistics cover all types of overseas corporate and non-corporate enterprises by direct investment of domestic investors.

Data are from Ministry of Commerce through comprehensive survey.

V. Foreign Economic Cooperation

Data on foreign economic cooperation include: contracted projects, labour services cooperation, design and consultation services, contracted volume, complete business turnover, business turnover by countries (regions) and so on.

The statistics cover contracted projects, labour services cooperation with foreign countries (regions).

The statistical unit in the scheme is the corporate enterprise engaged in contracted projects and labour services cooperation with foreign countries and has been approved by the department of commerce at various levels.

Data on foreign economic cooperation are from Ministry of Commerce through a comprehensive reporting system.

11-1 对外经济贸易基本情况
Foreign Trade and Economic Cooperation

指标	Item	2011	2012	2013	2014	2015
货物进出口总额（人民币亿元）	**Total Value of Imports and Exports (RMB 100 million yuan)**	**236402.0**	**244160.2**	**258168.9**	**264241.8**	**245502.9**
出口总额	Total Exports	123240.6	129359.3	137131.4	143883.7	141166.8
进口总额	Total Imports	113161.4	114801.0	121037.5	120358.0	104336.1
进出口差额	Balance	10079.2	14558.3	16094.0	23525.7	36830.7
货物进出口总额 （亿美元）	**Total Value of Imports and Exports (USD 100 million)**	**36418.6**	**38671.2**	**41589.9**	**43015.3**	**39530.3**
出口总额	Total Exports	18983.8	20487.1	22090.0	23422.9	22734.7
初级产品	Primary Goods	1005.5	1005.6	1072.7	1126.9	1039.3
工业制成品	Manufactured Goods	17978.4	19481.6	21017.4	22296.0	21695.4
进口总额	Total Imports	17434.8	18184.1	19499.9	19592.3	16795.6
初级产品	Primary Goods	6042.7	6349.3	6580.8	6469.4	4720.6
工业制成品	Manufactured Goods	11392.1	11834.7	12919.1	13122.9	12075.1
进出口差额	Balance	1549.0	2303.1	2590.1	3830.6	5939.0
外商直接投资合同项目 （个）	**Number of Projects for Contracted Foreign Direct Investment (unit)**	**27712**	**24925**	**22773**	**23778**	**26575**
实际使用外资额 （亿美元）	**Total Amount of Foreign Investment Actually Utilized (USD 100 million)**	**1177.0**	**1132.9**	**1187.2**	**1197.1**	**1262.7**
外商直接投资	Foreign Direct Investments	1160.1	1117.2	1175.9	1195.6	1262.7
外商其他投资	Other Foreign Investments	16.9	15.8	11.3	1.4	
外资企业基本情况	**Registered Foreign-funded Enterprises**					
年底登记户数 （户）	Number of Registered Enterprises (household)	446487	440609	445962	460699	481179
投资总额 （亿美元）	Total Investment (USD 100 million)	29931.2	32610.5	35176.1	37977.3	45390.2
注册资本 （亿美元）	Registered Capital (USD 100 million)	17294.3	18814.1	20280.3	21835.1	26681.6
#外方	Capital from Foreign Investors	13810.3	14903.5	16077.1	17413.9	20756.7
对外经济合作 （亿美元）	**Economic Cooperation with Foreign Countries & Regions (USD 100 million)**					
合同金额	Contracted Value					
#对外承包工程	Contracted Projects	1423.3	1565.3	1716.3	1917.6	2100.7
完成营业额	Value of Turnover Fulfilled					
#对外承包工程	Contracted Projects	1034.2	1166.0	1371.4	1424.1	1540.7

注：1.外资企业基本情况数据来自国家工商总局，其年底登记户数自2008年起口径调整为企业加分支机构。
2.自2009年起商务部将对外设计咨询纳入对外承包工程合并统计。
3.自2011年起商务部不再公布对外劳务合作项下合同数、合同金额以及完成营业额数据。

a) Data of foreign enterprises come from State Administration for Industry & Commerce of the People's Republic of China, and their number of registered enterprises includes enterprises and their sub-branch since 2008, and the figures before were adjusted too.

b) Since 2009, overseas design and consultation services are included in overseas contracted projects by Ministry of Commerce.

c) Since 2011, Ministry of Commerce do not publish the number of projects contracted, contracted value and turnover fulfilled data of Labor Services.

11-2 货物进出口总额
Total Value of Imports and Exports of Goods

年 份 Year	人民币（亿元） 100 million Yuan				美 元（亿美元） USD 100 million			
	进出口总额 Total Imports & Exports	出口总额 Total Exports	进口总额 Total Imports	差 额 Balance	进出口总额 Total Imports & Exports	出口总额 Total Exports	进口总额 Total Imports	差 额 Balance
1978	355.0	167.6	187.4	-19.8	206.4	97.5	108.9	-11.4
1980	570.0	271.2	298.8	-27.6	381.4	181.2	200.2	-19.0
1985	2066.7	808.9	1257.8	-448.9	696.0	273.5	422.5	-149.0
1990	5560.1	2985.8	2574.3	411.5	1154.4	620.9	533.5	87.4
1991	7225.8	3827.1	3398.7	428.4	1356.3	718.4	637.9	80.5
1992	9119.6	4676.3	4443.3	233.0	1655.3	849.4	805.9	43.5
1993	11271.0	5284.8	5986.2	-701.4	1957.0	917.4	1039.6	-122.2
1994	20381.9	10421.8	9960.1	461.7	2366.2	1210.1	1156.2	53.9
1995	23499.9	12451.8	11048.1	1403.7	2808.6	1487.8	1320.8	167.0
1996	24133.8	12576.4	11557.4	1019.0	2898.8	1510.5	1388.3	122.2
1997	26967.2	15160.7	11806.5	3354.2	3251.6	1827.9	1423.7	404.2
1998	26849.7	15223.6	11626.1	3597.5	3239.5	1837.1	1402.4	434.7
1999	29896.2	16159.8	13736.5	2423.4	3606.3	1949.3	1657.0	292.3
2000	39273.2	20634.4	18638.8	1995.6	4743.0	2492.0	2250.9	241.1
2001	42183.6	22024.4	20159.2	1865.2	5096.5	2661.0	2435.5	225.5
2002	51378.2	26947.9	24430.3	2517.6	6207.7	3256.0	2951.7	304.3
2003	70483.5	36287.9	34195.6	2092.3	8509.9	4382.3	4127.6	254.7
2004	95539.1	49103.3	46435.8	2667.5	11545.5	5933.3	5612.3	320.9
2005	116921.8	62648.1	54273.7	8374.4	14219.1	7619.5	6599.5	1020.0
2006	140974.0	77597.2	63376.9	14220.3	17604.4	9689.8	7914.6	1775.2
2007	166924.1	93627.1	73296.9	20330.2	21761.8	12200.6	9561.2	2639.4
2008	179921.5	100394.9	79526.5	20868.4	25632.6	14306.9	11325.7	2981.2
2009	150648.1	82029.7	68618.4	13411.3	22075.4	12016.1	10059.2	1956.9
2010	201722.1	107022.8	94699.3	12323.5	29740.0	15777.5	13962.4	1815.1
2011	236402.0	123240.6	113161.4	10079.2	36418.6	18983.8	17434.8	1549.0
2012	244160.2	129359.3	114801.0	14558.3	38671.2	20487.1	18184.1	2303.1
2013	258168.9	137131.4	121037.5	16094.0	41589.9	22090.0	19499.9	2590.1
2014	264241.8	143883.7	120358.0	23525.7	43015.3	23422.9	19592.3	3830.6
2015	245502.9	141166.8	104336.1	36830.7	39530.3	22734.7	16795.6	5939.0

注：1.本表1978年为外贸业务统计数，1980年起为海关进出口统计数。
2.货物进出口差额负数为逆差。

a) Data in 1978 were from the Ministry of Foreign Trade; and data since 1980 are from Customs statistics.

b) A negative balance indicates trade deficit. That is, imports surpassing exports.

11-3 出口货物分类金额
Exports Value by Category of Goods

单位：亿美元 (USD 100 million)

年 份 Year	总 额 Total	初级产品 Primary Goods	食品及主要供食用的活动物 Food and Live Animals Used Mainly for Food	饮料及烟类 Beverages and Tobacco	非食用原料 Non-edible Raw Materials	矿物燃料、润滑油及有关原料 Mineral Fuels, Lubricants and Related Materials	动、植物油脂及蜡 Animal and Vegetable Oils, Fats and Wax
1980	181.19	91.14	29.85	0.78	17.11	42.80	0.60
1985	273.50	138.28	38.03	1.05	26.53	71.32	1.35
1990	620.91	158.86	66.09	3.42	35.37	52.37	1.61
1991	718.43	161.45	72.26	5.29	34.86	47.54	1.50
1992	849.40	170.04	83.09	7.20	31.43	46.93	1.39
1993	917.44	166.66	83.99	9.01	30.52	41.09	2.05
1994	1210.06	197.08	100.15	10.02	41.27	40.69	4.95
1995	1487.80	214.85	99.54	13.70	43.75	53.32	4.54
1996	1510.48	219.25	102.31	13.42	40.45	59.31	3.76
1997	1827.92	239.53	110.75	10.49	41.95	69.87	6.47
1998	1837.12	204.89	105.13	9.75	35.19	51.75	3.07
1999	1949.31	199.41	104.58	7.71	39.21	46.59	1.32
2000	2492.03	254.60	122.82	7.45	44.62	78.55	1.16
2001	2660.98	263.38	127.77	8.73	41.72	84.05	1.11
2002	3255.96	285.40	146.21	9.84	44.02	84.35	0.98
2003	4382.28	348.12	175.31	10.19	50.32	111.14	1.15
2004	5933.26	405.49	188.64	12.14	58.43	144.80	1.48
2005	7619.53	490.37	224.80	11.83	74.84	176.22	2.68
2006	9689.78	529.19	257.23	11.93	78.60	177.70	3.73
2007	12200.60	615.09	307.43	13.97	91.16	199.51	3.03
2008	14306.93	779.57	327.62	15.29	113.19	317.73	5.74
2009	12016.12	631.12	326.28	16.41	81.53	203.74	3.16
2010	15777.54	816.86	411.48	19.06	116.03	266.73	3.55
2011	18983.81	1005.45	504.93	22.76	149.77	322.74	5.26
2012	20487.14	1005.58	520.75	25.90	143.41	310.07	5.44
2013	22090.04	1072.68	557.26	26.09	145.63	337.86	5.84
2014	23422.93	1126.92	589.14	28.83	158.26	344.46	6.23
2015	22734.68	1039.27	581.54	33.09	139.17	279.02	6.45

11-3 续表 continued

单位：亿美元 (USD 100 million)

年 份 Year	工 业 制成品 Manufactured Goods	化学品及有关产品 Chemicals and Related Products	轻纺产品、橡胶制品矿冶产品及其制品 Light Textile Industrial Products, Rubber Products, Minerals and Metallurgical Products	机 械 及 运输设备 Machinery and Transport Equipment	杂项制品 Miscellaneous Products	未分类的其他商品 Products Not Otherwise Classified
1980	90.05	11.20	39.99	8.43	28.36	2.07
1985	135.22	13.58	44.93	7.72	34.86	34.13
1990	462.05	37.30	125.76	55.88	126.86	116.25
1991	556.98	38.18	144.56	71.49	166.20	136.55
1992	679.36	43.48	161.35	132.19	342.34	
1993	750.78	46.23	163.92	152.82	387.81	
1994	1012.98	62.36	232.18	218.95	499.37	0.12
1995	1272.95	90.94	322.40	314.07	545.48	0.06
1996	1291.23	88.77	284.98	353.12	564.24	0.12
1997	1588.39	102.27	344.32	437.09	704.67	0.04
1998	1632.20	103.21	324.77	502.17	702.00	0.05
1999	1749.90	103.73	332.62	588.36	725.10	0.09
2000	2237.43	120.98	425.46	826.00	862.78	2.21
2001	2397.60	133.52	438.13	949.01	871.10	5.84
2002	2970.56	153.25	529.55	1269.76	1011.53	6.48
2003	4034.16	195.81	690.18	1877.73	1260.88	9.56
2004	5527.77	263.60	1006.46	2682.60	1563.98	11.12
2005	7129.16	357.72	1291.21	3522.34	1941.83	16.06
2006	9160.17	445.30	1748.16	4563.43	2380.14	23.15
2007	11562.67	603.24	2198.77	5770.45	2968.44	21.76
2008	13527.36	793.46	2623.91	6733.29	3359.59	17.10
2009	11384.83	620.17	1848.16	5902.74	2997.47	16.29
2010	14960.69	875.72	2491.08	7802.69	3776.52	14.68
2011	17978.36	1147.88	3195.60	9017.74	4593.70	23.43
2012	19481.56	1135.65	3331.41	9643.61	5356.72	14.17
2013	21017.36	1196.18	3606.06	10385.34	5812.49	17.29
2014	22296.01	1345.43	4002.24	10705.04	6220.62	22.67
2015	21695.41	1295.80	3910.18	10591.18	5874.45	23.81

11-4 进口货物分类金额
Imports Value by Category of Goods

单位：亿美元 (USD 100 million)

年 份 Year	总 额 Total	初级产品 Primary Goods	食品及主要供食用的活动物 Food and Live Animals Used Mainly for Food	饮料及烟类 Beverages and Tobacco	非食用原料 Non-edible Raw Materials	矿物燃料、润滑油及有关原料 Mineral Fuels, Lubricants and Related Materials	动、植物油脂及蜡 Animal and Vegetable Oils, Fats and Waxes
1980	200.17	69.59	29.27	0.36	35.54	2.03	2.39
1985	422.52	52.89	15.53	2.06	32.36	1.72	1.22
1990	533.45	98.53	33.35	1.57	41.07	12.72	9.82
1991	637.91	108.34	27.99	2.00	50.03	21.13	7.19
1992	805.85	132.55	31.46	2.39	57.75	35.70	5.25
1993	1039.59	142.10	22.06	2.45	54.38	58.19	5.02
1994	1156.15	164.86	31.37	0.68	74.37	40.35	18.09
1995	1320.84	244.17	61.32	3.94	101.59	51.27	26.05
1996	1388.33	254.41	56.72	4.97	106.98	68.77	16.97
1997	1423.70	286.20	43.04	3.20	120.06	103.06	16.84
1998	1402.37	229.49	37.88	1.79	107.15	67.76	14.91
1999	1656.99	268.46	36.19	2.08	127.40	89.12	13.67
2000	2250.94	467.39	47.58	3.64	200.03	206.37	9.77
2001	2435.53	457.43	49.76	4.12	221.27	174.66	7.63
2002	2951.70	492.71	52.38	3.87	227.36	192.85	16.25
2003	4127.60	727.63	59.60	4.90	341.24	291.89	30.00
2004	5612.29	1172.67	91.54	5.48	553.58	479.93	42.14
2005	6599.53	1477.14	93.88	7.83	702.26	639.47	33.70
2006	7914.61	1871.29	99.94	10.41	831.57	890.01	39.36
2007	9561.15	2430.85	115.00	14.01	1179.10	1049.30	73.44
2008	11325.62	3623.95	140.51	19.20	1666.95	1692.42	104.86
2009	10059.23	2898.04	148.27	19.54	1413.47	1240.38	76.39
2010	13962.44	4338.50	215.70	24.28	2121.11	1890.00	87.40
2011	17434.84	6042.69	287.74	36.85	2849.23	2757.76	111.12
2012	18184.05	6349.34	352.60	44.03	2696.60	3130.85	125.27
2013	19499.89	6580.81	417.01	45.09	2863.71	3151.60	103.39
2014	19592.35	6469.40	468.27	52.22	2696.42	3167.56	84.93
2015	16795.64	4720.57	505.01	57.74	2097.10	1985.89	74.83

11-4 续表 continued

单位：亿美元 (USD 100 million)

年 份 Year	工业制成品 Manufactured Goods	化学品及有关产品 Chemicals and Related Products	轻纺产品、橡胶制品矿冶产品及其制品 Light Textile Industrial Products, Rubber Products, Minerals and Metallurgical Products	机械及运输设备 Machinery and Transport Equipment	杂项制品 Miscellaneous Products	未分类的其他商品 Products Not Otherwise Classified
1980	130.58	29.09	41.54	51.19	5.42	3.34
1985	369.63	44.69	118.98	162.39	19.02	24.55
1990	434.92	66.48	89.06	168.45	21.03	89.90
1991	529.57	92.77	104.93	196.01	24.39	111.47
1992	673.30	111.57	192.73	313.12	55.88	
1993	897.49	97.04	285.27	450.23	64.95	
1994	991.28	121.30	280.84	514.67	67.68	6.79
1995	1076.67	172.99	287.72	526.42	82.61	6.93
1996	1133.92	181.06	313.91	547.63	84.86	6.46
1997	1137.50	192.97	322.20	527.74	85.50	9.09
1998	1172.88	201.58	310.75	568.45	84.56	7.54
1999	1388.53	240.30	343.17	694.53	97.01	13.52
2000	1783.55	302.13	418.07	919.31	127.51	16.53
2001	1978.10	321.04	419.38	1070.15	150.76	16.76
2002	2458.99	390.36	484.89	1370.10	198.01	15.64
2003	3399.96	489.75	639.02	1928.26	330.11	12.82
2004	4439.62	654.73	739.86	2528.30	501.43	15.29
2005	5122.39	777.34	811.57	2904.78	608.62	20.08
2006	6043.32	870.47	869.24	3570.21	713.11	20.30
2007	7128.65	1075.54	1028.77	4124.59	875.10	24.65
2008	7701.67	1191.88	1071.65	4417.65	976.41	44.09
2009	7161.19	1120.90	1077.39	4077.97	851.86	33.07
2010	9623.94	1497.00	1312.78	5494.21	1135.60	184.35
2011	11392.15	1811.06	1503.04	6305.70	1277.22	495.13
2012	11834.71	1792.87	1459.53	6529.41	1365.19	687.72
2013	12919.09	1903.04	1478.72	7101.41	1388.55	1047.36
2014	13122.95	1932.56	1723.69	7241.97	1397.08	827.64
2015	12075.07	1712.66	1330.11	6824.18	1346.92	861.20

11-5 进出口货物分类金额
Value of Imports and Exports of Goods by HS Section and Division

单位：亿美元 (USD 100 million)

商品分类	HS Section and Division	2014 出口 Exports	2014 进口 Imports	2015 出口 Exports	2015 进口 Imports
总 额	**Total**	**23422.93**	**19592.35**	**22734.68**	**16795.64**
第一类 活动物；动物产品	**Live Animals; Animal Products**	**187.21**	**202.33**	**173.57**	**174.48**
01章 活动物	Live Animals	5.86	8.35	5.98	5.49
02章 肉及食用杂碎	Meat and Edible Meat Offal	11.82	58.44	10.57	68.01
03章 鱼、甲壳动物、软体动物及其他水生无脊椎动物	Fish and Crustaceans Molluscs and Other Aquatic Invertebrates	140.74	65.83	133.24	63.28
04章 乳品；蛋品；天然蜂蜜；其他食用动物产品	Dairy Produce; Birds' Eggs; Natural Honey; Edible Products of Animal Origin, not Elsewhere Specified or Included	5.86	64.91	6.06	33.03
05章 其他动物产品	Products of Animal Origin, not Elsewhere Specified or Included	22.93	4.79	17.72	4.67
第二类 植物产品	**Vegetable Products**	**209.88**	**617.17**	**222.31**	**596.90**
06章 活树及其他活植物；鳞茎、根及类似品；插花及装饰用簇叶	Live Tree and Other Plants; Bulbs, Roots and the Like; Cut Flowers and Ornamental Foliage	4.10	1.89	3.00	2.17
07章 食用蔬菜、根及块茎	Edible Vegetables and Certain Roots and Tubers	82.26	25.80	90.24	26.21
08章 食用水果及坚果；甜瓜或柑桔属水果的果皮	Edible Fruit and Nuts; Peel of Citrus Fruit or Melons	43.18	51.45	51.61	60.17
09章 咖啡、茶、马黛茶及调味香料	Coffee, Tea, Mate and Spices	24.53	3.42	25.35	3.97
10章 谷物	Cereals	4.45	61.75	3.22	93.48
11章 制粉工业产品；麦芽；淀粉；菊粉；面筋	Products of The Milling Industry; Malt; Starches; Inulin; Wheat Gluten	6.12	9.64	5.90	9.52
12章 含油子仁及果实；杂项子仁及果实；工业用或药用植物；稻草、秸秆及饲料	Oil Seeds and Oleaginous Fruits; Miscellaneous Grains, Seeds and Fruit; Industrial or Medicinal Plants; Straw and Fodder	31.14	458.88	29.03	397.13
13章 虫胶；树胶、树脂及其他植物液、汁	Lac; Gums, Resins And Other Vegetable Saps and Extracts	13.06	2.35	12.72	2.27
14章 编结用植物材料；其他植物产品	Vegetable Plaiting Materials; Vegetable Products Not Elsewhere Specified or Included	1.04	2.00	1.25	1.97
第三类 动、植物油、脂及其分解产品；精制的食用油脂；动、植物蜡	**Animal or Vegetable Fats and Oils and their Cleavage Products; Prepared Edible Fats; Animal or Vegetable Waxes**	**6.45**	**91.19**	**6.67**	**78.92**
15章 动、植物油、脂及其分解产品；精制的食用油脂；动、植物蜡	Animal or Vegetable Fats and Oils and Their Cleavage Products; Prepared Edible Fats; Animal or Vegetable Waxes	6.45	91.19	6.67	78.92
第四类 食品；饮料、酒及醋；烟草、烟草及烟草代用品的制品	**Prepared Foodstuffs; Beverages, Spirits And Vinegar; Tobacco and Manufactured Tobacco Substitutes**	**290.09**	**171.26**	**279.11**	**202.63**
16章 肉、鱼、甲壳动物、软体动物及其他水生无脊椎动物的制品	Preparations of Meat, of Fish or of Crustaceans, Molluscs or other Aquatic Invertebrates	88.82	2.49	80.05	2.39
17章 糖及糖食	Sugars and Sugar Confectionery	15.40	17.86	15.62	20.80
18章 可可及可可制品	Cocoa and Cocoa Preparations	4.76	8.71	4.42	8.73
19章 谷物、粮食粉、淀粉或乳的制品；糕饼点心	Preparations of Cereals, Flour, Starch or Milk; Pastry-Cooks' Products	15.73	28.14	15.28	38.38

11-5 续表 1 continued

单位：亿美元 (USD 100 million)

商品分类	HS Section and Division	2014 出口 Exports	2014 进口 Imports	2015 出口 Exports	2015 进口 Imports
20章 蔬菜、水果、坚果或植物其他部分的制品	Preparations of Vegetables, Fruit, Nuts or Other Parts of Plants	76.34	7.66	73.86	8.76
21章 杂项食品	Miscellaneous Edible Preparations	27.08	14.07	29.77	17.86
22章 饮料、酒及醋	Beverages, Spirits and Vinegar	16.51	31.59	19.94	42.82
23章 食品工业的残渣及废料；配制的动物饲料	Residues and Waste from The Food Industries; Prepared Animal Fodder	32.60	39.81	26.65	44.26
24章 烟草及烟草代用品的制品	Tobacco and Manufactured Tobacco Substitutes	12.84	20.93	13.51	18.64
第五类 矿产品	**Mineral Products**	**386.74**	**4576.93**	**317.19**	**2977.91**
25章 盐；硫磺；泥土及石料；石膏料、石灰及水泥	Salt; Sulphur; Earths and Stone; Plastering Materials, Lime and Cement	38.73	62.44	35.71	54.70
26章 矿砂、矿渣及矿灰	Ores, Slag and Ash	3.50	1346.61	2.44	937.20
27章 矿物燃料、矿物油及其蒸馏产品；沥青物质；矿物蜡	Mineral Fuels, Mineral Oils and Products of Their Distillation; Bituminous Substances; Mineral Waxes	344.52	3167.88	279.04	1986.01
第六类 化学工业及其相关工业的产品	**Products of The Chemical or Industries Allied**	**1094.06**	**1260.59**	**1061.94**	**1130.48**
28章 无机化学品；贵金属、稀土金属、放射性元素及其同位素的有机及无机化合物	Inorganic Chemicals; Organic or Inorganic Compounds of Precious Metals, of Rare-Earth Metals, of Radioactive Elements or of Isotopes	150.26	103.85	134.46	99.19
29章 有机化学品	Organic Chemicals	454.43	603.13	426.67	477.58
30章 药品	Pharmaceutical Products	65.92	177.52	69.41	192.26
31章 肥料	Fertilizers	89.20	33.51	108.80	39.27
32章 鞣料浸膏及染料浸膏；鞣酸及其衍生物；染料、颜料及其他着色料；油漆及清漆；油灰及其他类似胶粘剂；墨水、油墨	Tanning or Dyeing Extracts; Tannins and Their Derivatives; Dyes, Pigments and Other Colouring Matter; Paints and Varnishes; Putty and Other Mastics; Inks	67.24	44.61	62.97	40.87
33章 精油及香膏；芳香料制品及化妆盥洗品	Essential Oils and Retinoid; Perfumery, Cosmetic or Toilet Preparations	41.87	33.72	46.94	45.10
34章 肥皂、有机表面活性剂、洗涤剂、润滑剂、人造蜡、调制蜡、光洁剂、蜡烛及类似品、塑型用膏、“牙科用蜡”及牙科用熟石膏制剂	Soap,Organic Surface-Active Agents,Washing Preparations, Lubricating Preparations, Artificial Waxes, Prepared Waxes, Polishing or Scouring Preparations, Candles and Similar Articles, Modelling Pastes, "Dental Waxes" And Dental Preparations With a Basis of Plast	34.48	39.53	32.78	38.11
35章 蛋白类物质；改性淀粉；胶；酶	Albuminoidal Substances; Modified Starches; Glues; Enzymes	26.79	32.42	26.40	30.40
36章 炸药；烟火制品；火柴；引火合金；易燃材料制品	Explosives; Pyrotechnic Products; Matches; Pyrophoric Alloys; Certain Combustible Preparations	9.84	1.50	9.47	1.48
37章 照相及电影用品	Photographic or Cinematographic Goods	11.92	22.73	11.85	21.96
38章 杂项化学产品	Miscellaneous Chemical Products	142.11	168.07	132.21	144.29
第七类 塑料及其制品；橡胶及其制品	**Plastics and Articles Thereof Rubber and Articles Thereof**	**903.87**	**925.61**	**860.30**	**797.04**
39章 塑料及其制品	Plastics and Articles Thereof	667.89	751.90	656.83	655.51
40章 橡胶及其制品	Rubber and Articles Thereof	235.97	173.71	203.48	141.53
第八类 生皮、皮革、毛皮及其制品；鞍具及挽具；旅行用品、手提包及类似品；动物肠线(蚕胶丝除外)制品	**Raw Hides and Skins, Leather, Fur Skins and Articles Thereof; Saddlery and Harness; Travel Goods, Handbags and Similar Containers; Articles of Animal Gut (Other Than Silk-Worm Gut)**	**350.84**	**116.00**	**350.39**	**111.16**
41章 生皮(毛皮除外)及皮革	Raw Hides and Skins(Other Than Fur Skins) and Leather	5.63	82.61	6.66	74.99

11-5 续表 2 continued

单位：亿美元 (USD 100 million)

	商品分类	HS Section and Division	2014 出口 Exports	2014 进口 Imports	2015 出口 Exports	2015 进口 Imports
42章	皮革制品；鞍具及挽具；旅行用品、手提包及类似容器；动物肠线(蚕胶丝除外)制品	Articles of Leather; Saddlery and Harness; Travel Goods, Handbags and Similar Containers; Articles of Animal Gut(Other Than Silk-Worm Gut)	303.66	20.52	310.32	21.12
43章	毛皮、人造毛皮及其制品	Fur Skins and Artificial Fur; Manufactures Thereof	41.55	12.87	33.41	15.04
第九类	**木及木制品；木炭；软木及软木制品；稻草，秸秆、针茅或其他编结材料制品；篮筐及柳条编结品**	**Wood and Articles of Wood; Wood Charcoal; Cork and Articles of Cork; Manufactures of Straw, of Esparto or of Other Plaiting Materials; Basket Ware and Wickerwork**	**161.54**	**228.50**	**158.36**	**187.09**
44章	木及木制品；木炭	Wood and Articles of Wood; Wood Charcoal	144.70	227.98	141.99	186.56
45章	软木及软木制品	Cork and Articles of Cork	0.20	0.41	0.22	0.41
46章	稻草、秸秆、针茅或其他编结材料制品；篮筐及柳条编结品	Manufactures of Straw, of Esparto or of Other Plaiting Materials; Basket Ware and Wickerwork	16.64	0.11	16.14	0.13
第十类	**木浆及其他纤维状纤维素浆；纸及纸板的废碎品；纸、纸板及其制品**	**Pulp of Wood or of Other Fibrous Cellulosic Material; Waste and Scrap of Paper or Paperboard; Paper and Paperboard and Articles Thereof**	**217.74**	**236.32**	**227.64**	**237.59**
47章	木浆及其他纤维状纤维素浆；纸及纸板的废碎品	Pulp of Wood or of Other Fibrous Cellulosic Material; Waste and Scrap of Paper or Paperboard	1.18	174.14	1.13	180.40
48章	纸及纸板；纸浆、纸或纸板制品	Paper and Paperboard; Articles of Paper Pulp, of Paper or Paperboard	178.19	43.09	187.52	40.46
49章	书籍、报纸、印刷图画及其他印制品；手稿、打字稿及设计图纸	Printed Books, Newspapers, Pictures and Other Products of The Printing Industry; Manuscripts, Typescripts and Plans	38.38	19.10	38.99	16.73
第十一类	**纺织原料及纺织制品**	**Textiles and Textile Articles**	**2875.84**	**360.02**	**2733.93**	**323.68**
50章	蚕丝	Silk	15.17	0.69	12.70	0.60
51章	羊毛、动物细毛或粗毛；马毛纱线及其机织物	Wool, Fine or Coarse Animal Hair; Horsehair Yarn and Woven Fabric	25.22	33.84	22.81	34.20
52章	棉花	Cotton	163.04	127.56	157.99	102.54
53章	其他植物纺织纤维；纸纱线及其机织物	Other Vegetable Textile Fibres; Paper Yarn and Woven Fabrics of Paper Yarn	14.86	8.89	15.68	8.59
54章	化学纤维长丝	Man-Made Filaments	168.78	35.27	163.76	31.25
55章	化学纤维短纤	Man-Made Short Fibres	128.17	30.67	128.99	26.03
56章	絮胎、毡呢及无纺织物；特种纱线；线、绳、索、缆及其制品	Wadding, Felt and Nonwoven; Special Yarns; Twine, Cordage, Ropes and Cables and Articles Thereof	45.98	13.11	48.59	11.76
57章	地毯及纺织材料的其他铺地制品	Carpets and Other Textile Floor Coverings	26.80	1.64	26.29	1.46
58章	特种机织物；簇绒织物；花边；装饰毯；装饰带；刺绣品	Special Woven Fabrics; Tufted Textile Fabrics; Lace; Tapestries; Trimmings; Embroidery	51.23	6.71	48.03	5.86
59章	浸渍、涂布、包覆或层压的纺织物；工业用纺织制品	Impregnated, Coated, Covered or Laminated Textile Fabrics; Textile Articles of a Kind Suitable for Industrial Use	76.07	20.16	71.30	18.00
60章	针织物及钩编织物	Knitted or Crocheted Fabrics	141.42	20.39	146.24	18.47
61章	针织或钩编的服装及衣着附件	Articles of Apparel and Clothing Accessories, Knitted or Crocheted	919.92	20.66	837.86	23.09
62章	非针织或非钩编的服装及衣着附件	Articles of Apparel and Clothing Accessories, not Knitted or Crocheted	814.45	35.59	784.40	37.20

11-5 续表 3 continued

单位：亿美元 (USD 100 million)

商品分类		HS Section and Division	2014		2015	
			出口 Exports	进口 Imports	出口 Exports	进口 Imports
63章	其他纺织制成品；成套物品；旧衣着及旧纺织品；碎织物	Other Made Up Textile Articles; Sets; Worn Clothing And Worn Textile Articles; Rags Articles; Rags	284.73	4.83	269.29	4.62
第十二类	**鞋、帽、伞、杖、鞭及其零件；已加工的羽毛及其制品；人造花；人发制品**	**Footwear, Headgear, Umbrellas, Sun Umbrellas, Walking-Sticks, Seat-Sticks, Whips, Riding-Crops and Parts Thereof; Prepared Feathers and Articles Made Therewith; Artificial Flowers; Articles of Human Hair**	**705.45**	**26.49**	**682.10**	**30.88**
64章	鞋靴、护腿和类似品及其零件	Footwear, Gaiters and The Like; Parts of Such Articles	562.49	22.93	535.09	27.49
65章	帽类及其零件	Headgear and Parts Thereof	45.42	0.52	47.85	0.55
66章	雨伞、阳伞、手杖、鞭子、马鞭及其零件	Umbrellas, Sun Umbrellas, Walking-Sticks, Seat-Sticks, Whips, Riding-Crops And Parts Thereof	32.14	0.22	31.05	0.14
67章	已加工羽毛、羽绒及其制品；人造花；人发制品	Prepared Feathers and Down and Articles Made of Feathers or of Down; Artificial Flowers; Articles of Human Hair	65.39	2.82	68.11	2.70
第十三类	**石料、石膏、水泥、石棉、云母及类似材料的制品；陶瓷产品；玻璃及其制品**	**Articles of Stone, Plaster, Cement, Asbestos, Mica or Similar Materials; Ceramic Products; Glass and Glassware**	**491.13**	**97.77**	**548.45**	**88.15**
68章	石料、石膏、水泥、石棉、云母及类似材料的制品	Articles of Stone, Plaster, Cement, Asbestos, Mica or Similar Materials; Ceramic Products; Glass and Glassware	110.95	16.68	130.05	15.08
69章	陶瓷产品	Ceramic Products	219.79	7.78	260.29	7.04
70章	玻璃及其制品	Glass and Glassware	160.40	73.31	158.12	66.03
第十四类	**天然或养殖珍珠、宝石或半宝石、贵金属、包贵金属及其制品；仿首饰；硬币**	**Natural or Cultured Pearls, Precious or Semi-Precious Stones, Precious Metals, Metals Clad With Precious Metal and Stones, Precious Metals, Metals Clad With Precious Metal and Articles Thereof; Imitation Jewellery; Coin**	**632.00**	**423.33**	**307.09**	**965.93**
71章	天然或养殖珍珠、宝石或半宝石、贵金属、包贵金属及其制品；仿首饰；硬币	Natural or Cultured Pearls, Precious or Semi-Precious Stones, Precious Metals, Metals Clad With Precious Metal and Articles Thereof; Imitation Jewellery; Coin	632.00	423.33	307.09	965.93
第十五类	**贱金属及其制品**	**Base Metals and Articles of Base Metal**	**1842.57**	**1015.68**	**1765.67**	**871.91**
72章	钢铁	Iron and Steel	554.79	211.67	491.97	181.52
73章	钢铁制品	Articles of Iron or Steel	606.37	117.87	605.23	100.77
74章	铜及其制品	Copper and Articles Thereof	69.83	472.78	56.21	381.47
75章	镍及其制品	Nickel and Articles Thereof	22.14	40.97	7.64	51.55
76章	铝及其制品	Aluminium and Articles Thereof	226.15	80.39	238.08	69.30
78章	铅及其制品	Lead and Articles Thereof	1.61	0.71	1.60	0.47
79章	锌及其制品	Zinc and Articles Thereof	5.73	16.39	5.24	14.45
80章	锡及其制品	Tin and Articles Thereof	1.41	4.29	0.60	3.25
81章	其他贱金属、金属陶瓷及其制品	Other Base Metals; Cermets; Articles Thereof	34.88	15.66	28.31	17.85
82章	贱金属工具、器具、利口器、餐匙、餐叉及其零件	Tools, Implements, Cutlery, Spoons and Forks, of Base Metal; Parts Thereof of Base Metal	147.86	35.59	145.79	34.26
83章	贱金属杂项制品	Miscellaneous Articles of Base Metal	171.80	19.35	184.98	17.02

11-5 续表 4 continued

单位：亿美元 (USD 100 million)

	商品分类	HS Section and Division	2014 出口 Exports	2014 进口 Imports	2015 出口 Exports	2015 进口 Imports
第十六类	**机器、机械器具、电气设备及其零件；录音机及放声机、电视图像、声音的录制和重放设备及其零件、附件**	**Machinery and Mechanical Appliances; Electrical Equipment; Parts Thereof; Sound Recorders and Reproducers, Television Image and Sound Recorders and Reproducers; and Parts and Accessories of Recorders and Reproducers; and Parts and Accessories of Such Artic**	**9717.59**	**6036.97**	**9586.02**	**5857.37**
84章	核反应堆、锅炉、机器、机械器具及其零件	Nuclear Reactors, Boilers, Machinery and Mechanical Appliances; Parts Thereof	4008.34	1793.78	3642.76	1570.43
85章	电机、电气设备及其零件；录音机及放声机、电视图像、声音的录制和重放设备及其零件、附件	Electrical Machinery and Equipment and Parts Thereof; Sound Recorders and Reproducers, Television Image and Sound Recorders and Reproducers, and Parts and Accessories of Such Articles	5709.24	4243.19	5943.25	4286.94
第十七类	**车辆、航空器、船舶及有关运输设备**	**Vehicles, Aircraft, Vessels And Associated Transport Equipment**	**1047.80**	**1209.10**	**1072.15**	**979.33**
86章	铁道及电车道机车、车辆及其零件；铁道及电车轨道固定装置及其零件、附件；各种机械(包括电动机械)交通信号设备	Railway or Tramway Locomotives, Rolling-Stock and Parts Thereof; Railway or Tramway Track Fixtures And Fittings and Parts Thereof; Mechanical(Including Electro-Mechanical) Traffic Signalling Equipment of All Kinds	127.37	16.44	123.31	13.49
87章	车辆及其零件、附件，但铁道及电车道车辆除外	Vehicles Other Than Railway or Tramway Rolling-Stock, and Parts and Accessories Thereof	641.93	895.09	626.00	696.29
88章	航空器、航天器及其零件	Aircraft, Spacecraft, and Parts Thereof	26.47	284.38	34.71	259.52
89章	船舶及浮动结构体	Ships, Boats and Floating Structures	252.02	13.18	288.13	10.03
第十八类	**光学、照相、电影、计量、检验、医疗或外科用仪器及设备、精密仪器及设备；钟表；乐器；上述物品的零件、附件**	**Optical, Photographic, Cinematographic, Measuring, Checking, Precision, Medical or Surgical Instruments and Apparatus; Clocks And Watches; Musical Instruments; Parts and Accessories Thereof**	**810.35**	**1096.85**	**810.99**	**1034.57**
90章	光学、照相、电影、计量、检验、医疗或外科用仪器及设备、精密仪器及设备；上述物品的零件、附件	Optical, Photographic, Cinematographic, Measuring, Checking, Precision Medical or Surgical Instruments and Apparatus; Parts and Accessories Thereof	740.01	1058.06	736.77	996.36
91章	钟表及其零件	Clocks and Watches and Parts Thereof	53.23	35.61	57.33	34.82
92章	乐器及其零件、附件	Musical Instruments; Parts and Accessories of Such Articles	17.11	3.18	16.89	3.39
第十九类	**武器、弹药及其零件、附件**	**Arms and Ammunition; Parts and Accessories Thereof**	**1.61**	**0.06**	**1.70**	**0.08**
93章	武器、弹药及其零件、附件	Arms and Ammunition; Parts and Accessories Thereof	1.61	0.06	1.70	0.08
第二十类	**杂项制品**	**Miscellaneous Manufactured Articles**	**1461.55**	**71.69**	**1558.38**	**74.59**
94章	家具；寝具、褥垫、弹簧床垫、软坐垫及类似的填充制品；未列名灯具及照明装置；发光标志、发光名牌及类似品；活动房屋	Furniture; Bedding, Mattresses, Mattress Supports, Cushions and Similar Stuffed Furnishings; Lamps and Lighting Fittings, not Elsewhere Specified or Included; Illuminated Signs, Illuminated	933.74	33.74	985.31	32.33
95章	玩具、游戏品、运动用品及其零件、附件	Toys, Games and Sports Requisites; Parts and Accessories Thereof	385.53	20.72	426.27	18.78
96章	杂项制品	Miscellaneous Manufactured Articles	142.28	17.23	146.81	23.49
第二十一类	**艺术品、收藏品及古物**	**Works of Art, Collectors' Pieces and Antiques**	**5.97**	**5.24**	**5.65**	**3.60**
97章	艺术品、收藏品及古物	Works of Art, Collectors' Pieces and Antiques	5.97	5.24	5.65	3.60
第二十二类	**特殊交易品及未分类商品**	**Commodities and Transactions not Classified According to Kind**	**22.66**	**823.24**	**5.07**	**71.35**
98章	特殊交易品及未分类商品	Commodities and Transactions not Classified According to Kind	22.66	823.24	5.07	71.35

11-6 我国同各国(地区)海关货物进出口总额
Value of Imports and Exports by Country (Region) of Origin/Destination

单位：万美元 (USD 10 000)

国别（地区）	Country (Region)	2014			2015		
		进出口总额 Total	出口总额 Exports	进口总额 Imports	进出口总额 Total	出口总额 Exports	进口总额 Imports
总　计	**Total**	**430152734**	**234229270**	**195923465**	**395303272**	**227346822**	**167956450**
亚洲	**Asia**	**227347807**	**118838071**	**108509736**	**209440911**	**114009975**	**95430936**
阿富汗	Afghanistan	41093	39356	1737	37359	36182	1177
巴林	Bahrain	141575	123178	18396	112339	101185	11154
孟加拉国	Bangladesh	1254338	1178227	76111	1471155	1389471	81685
不丹	Bhutan	1122	1112	10	847	812	35
文莱	Brunei	193653	174681	18972	150857	140741	10116
缅甸	Myanmar	2496893	936765	1560128	1510021	965091	544930
柬埔寨	Cambodia	375765	327474	48291	442999	376339	66660
塞浦路斯	Cyprus	110015	103758	6258	63958	58967	4991
朝鲜	Korea DPR	638758	351965	286793	551060	294292	256769
中国香港	Hong Kong, China	37569852	36307714	1262137	34320860	33046279	1274581
印度	India	7057611	5421742	1635869	7159658	5822803	1336855
印度尼西亚	Indonesia	6354485	3905961	2448525	5422816	3434197	1988619
伊朗	Iran	5184234	2433849	2750385	3382755	1777011	1605745
伊拉克	Iraq	2850508	774384	2076124	2058386	790923	1267463
以色列	Israel	1087974	773911	314064	1141798	861595	280203
日本	Japan	31231185	14939134	16292051	27851902	13561644	14290257
约旦	Jordan	362774	336453	26320	371192	342440	28752
科威特	Kuwait	1343369	342872	1000496	1126974	377267	749707
老挝	Laos	361736	183948	177788	277310	122576	154734
黎巴嫩	Lebanon	263025	260486	2539	230285	228553	1732
中国澳门	Macao, China	380527	359286	21241	477594	459058	18536
马来西亚	Malaysia	10200563	4635339	5565224	9725772	4398039	5327733
马尔代夫	Maldives	10437	10399	38	17283	17265	18
蒙古	Mongolia	731847	221638	510209	536608	157070	379538
尼泊尔	Nepal	233065	228358	4707	86471	83271	3200
阿曼	Oman	2586124	206538	2379586	1716381	211639	1504742
巴基斯坦	Pakistan	1599835	1324448	275387	1891665	1644189	247476
巴勒斯坦	Palestine	7559	7551	9	6969	6925	44
菲律宾	Philippines	4445771	2347358	2098413	4563645	2667079	1896565
卡塔尔	Qatar	1059074	225401	833673	689001	227564	461437
沙特阿拉伯	Saudi Arabia	6908327	2057524	4850803	5163398	2161293	3002105
新加坡	Singapore	7973991	4891117	3082873	7952320	5194244	2758076
韩国	Korea Rep.	29044222	10033345	19010877	27579247	10128638	17450608
斯里兰卡	Sri Lanka	404107	379280	24827	456256	430405	25852
叙利亚	Syria	98650	98437	213	102616	102257	359
泰国	Thailand	7262116	3428923	3833193	7545955	3829080	3716875
土耳其	Turkey	2301085	1930546	370540	2155148	1860784	294364
阿联酋	United Arab Emirates	5479786	3903451	1576336	4853420	3702016	1151403
也门共和国	Republic of Yemen	513417	220131	293285	232811	142997	89814
越南	Vietnam	8363641	6373001	1990640	9584877	6601702	2983175
中华人民共和国	P. R. China	14488044		14488044	14336931		14336931
中国台湾	Taiwan, China	19828375	4627662	15200713	18809668	4489247	14320422
东帝汶	Timor Leste	6044	6034	10	10526	10453	73
哈萨克斯坦	Kazakhstan	2245167	1270985	974182	1429019	844124	584895
吉尔吉斯斯坦	Kirghizia	529794	524252	5542	434069	428212	5857
塔吉克斯坦	Tadzhikistan	251594	246824	4770	184742	179539	5204
土库曼斯坦	Turkmenistan	1047044	95428	951616	864313	81547	782766
乌兹别克斯坦	Uzbekistan	427612	267821	159791	349583	222876	126706
亚洲其他国家（地区）	Other Countries (Regions) in Asia	25	24	0.4	97	97	
非洲	**Africa**	**22166613**	**10603475**	**11563138**	**17879878**	**10854050**	**7025827**
阿尔及利亚	Algeria	870986	739518	131468	835071	758335	76736
安哥拉	Angola	3708101	597500	3110602	1971876	371715	1600161
贝宁	Benin	375261	348598	26663	306692	298907	7785
博茨瓦那	Botswana	39003	17615	21388	36358	22484	13874
布隆迪	Burundi	5575	5160	414	4291	4009	282
喀麦隆	Cameroon	256646	187758	68888	261491	183330	78162
加那利群岛	Canary Is.	436	436		344	344	

11-6 续表 1 continued

单位：万美元 (USD 10 000)

国　别（地区）	Country (Region)	2014 进出口总额 Total	2014 出口总额 Exports	2014 进口总额 Imports	2015 进出口总额 Total	2015 出口总额 Exports	2015 进口总额 Imports
佛得角	Cape Verde	5123	5122	0.3	4332	4330	2.3
中非	Central Africa	3648	721	2927	4005	1352	2653
塞卜泰(休达)	Ceuta	50	50		83	83	
乍得	Chad	42605	31771	10834	21424	12355	9069
科摩罗	Comoros	4069	4069	1	4573	4570	2
刚果(布)	Congo	646354	98453	547902	365928	103542	262386
吉布提	Djibouti	111387	111218	168	198171	198082	90
埃及	Egypt	1162003	1046051	115952	1287642	1195858	91784
赤道几内亚	Eq. Guinea	356971	35252	321719	142789	26139	116650
埃塞俄比亚	Ethiopia	341226	292231	48995	382122	344087	38035
加蓬	Gabon	203833	43039	160793	176561	66542	110019
冈比亚	Gambia	38862	35069	3793	38589	33010	5579
加纳	Ghana	558716	413457	145260	660535	530888	129647
几内亚	Guinea	114280	110146	4134	130302	127709	2593
几内亚比绍	Guinea-Bissau	6711	1715	4996	3530	1748	1781
科特迪瓦共和国	Cote d'lvoire	143635	122008	21627	169855	155444	14411
肯尼亚	Kenya	500767	493063	7704	601306	591432	9874
利比里亚	Liberia	199978	171133	28845	152905	135688	17217
利比亚	Libya	288398	215761	72637	284357	189202	95155
马达加斯加	Madagascar	87075	75268	11808	103637	86524	17113
马拉维	Malawi	19126	15712	3414	27557	24596	2961
马里	Mali	39272	29707	9565	36342	27043	9299
毛里塔尼亚	Mauritania	192508	75695	116813	151944	80137	71807
毛里求斯	Mauritius	75938	74518	1420	85644	84110	1534
摩洛哥	Morocco	348150	296299	51850	341871	289718	52152
莫桑比克	Mozambique	361856	196874	164982	239064	193802	45262
纳米比亚	Namibia	86307	54573	31734	70155	48992	21163
尼日尔	Niger	32282	24370	7912	31434	17335	14099
尼日利亚	Nigeria	1804946	1539342	265604	1494194	1370124	124070
留尼汪	Reunion	16194	16192	2	17205	17204	1
卢旺达	Rwanda	20688	11499	9189	16581	12227	4354
圣多美和普林西比	Sao Tome & Principe	573	573	0	599	596	3
塞内加尔	Senegal	169725	165023	4702	230219	219053	11166
塞舌尔	Seychelles	4578	4558	20	5773	5763	10
塞拉利昂	Sierra Leone	184175	16305	167870	44138	27656	16482
索马里	Somalia	23596	20608	2988	32283	29812	2471
南非	South Africa	6026728	1569915	4456813	4600933	1585792	3015141
西撒哈拉	Western Sahara	32	31	1	40	40	
苏丹	Sudan	345000	192869	152131	312290	239450	72839
坦桑尼亚	Tanzania	427867	384357	43510	465671	427887	37784
多哥	Togo	265835	249191	16644	239488	218017	21471
突尼斯	Tunisia	144770	123578	21192	142123	123743	18380
乌干达	Uganda	59814	48657	11157	63898	55340	8558
布基纳法索	Burkina Faso	24188	11797	12390	16790	12384	4407
刚果(金)	Congo DR	417374	136218	281156	403611	140868	262743
赞比亚	Zambia	378641	72567	306075	233855	55207	178648
津巴布韦	Zimbabwe	123952	40380	83571	130472	54332	76140
莱索托	Lesotho	10084	8876	1208	9518	8318	1200
梅利利亚	Melilla	903	903		771	771	
斯威士兰	Swaziland	7264	2653	4611	3086	3057	29
厄立特里亚	Eritrea	40983	8814	32169	31303	13430	17873
马约特岛	Mayotte	1909	1909	0.2	3815	3815	
南苏丹共和国	Republic of South Sudan	439532	6608	432924	248233	15545	232689
非洲其他国家（地区）	Other Countries (Regions) in Africa	126	125	1	212	181	31
欧洲	**Europe**	**77495555**	**43882482**	**33613073**	**69630569**	**40324061**	**29306508**
比利时	Belgium	2727563	1721641	1005922	2321412	1620831	700581
丹麦	Denmark	1060515	654783	405732	1024658	615113	409545
英国	United Kingdom	8086787	5714114	2372674	7850081	5956707	1893374
德国	Germany	17771581	7270305	10501277	15677820	6915483	8762336
法国	France	5576483	2870208	2706275	5137006	2674840	2462165
爱尔兰	Ireland	653531	280168	373363	710961	282316	428645
意大利	Italy	4803830	2875640	1928190	4465424	2783441	1681983

11-6 续表 2 continued

单位：万美元 (USD 10 000)

国　别（地区）	Country (Region)	2014 进出口总额 Total	2014 出口总额 Exports	2014 进口总额 Imports	2015 进出口总额 Total	2015 出口总额 Exports	2015 进口总额 Imports
卢森堡	Luxembourg	225256	194875	30380	263225	232318	30907
荷兰	Netherlands	7426864	6492852	934013	6823114	5945338	877776
希腊	Greece	453127	418561	34567	395048	366498	28550
葡萄牙	Portugal	480036	313707	166329	435647	289492	146154
西班牙	Spain	2770089	2149728	620361	2743954	2185237	558717
阿尔巴尼亚	Albania	56759	37827	18932	55805	43019	12786
安道尔	Andorra	223	220	3	130	129	1
奥地利	Austria	824792	239621	585170	746577	249773	496804
保加利亚	Bulgaria	216292	117806	98486	179157	104326	74831
芬兰	Finland	915016	509898	405118	702624	354129	348495
直布罗陀	Gibraltar	828	828	0.1	19715	19691	23.9
匈牙利	Hungary	902407	576417	325990	807300	519745	287555
冰岛	Iceland	20352	14376	5976	19109	12502	6607
列支敦士登	Liechtenstein	12195	2138	10056	13201	2817	10383
马耳他	Malta	378428	319286	59142	282106	237997	44109
摩纳哥	Monaco	2450	1289	1161	1811	809	1003
挪威	Norway	719914	273144	446769	700286	285680	414606
波兰	Poland	1719154	1425680	293474	1708682	1434487	274195
罗马尼亚	Romania	474384	322318	152067	445719	316224	129495
圣马力诺	San Marino	581	283	298	846	430	416
瑞典	Sweden	1395914	716760	679154	1351526	709855	641671
瑞士	Switzerland	4352900	308848	4044052	4426349	316716	4109633
爱沙尼亚	Estonia	137160	114610	22550	118825	95329	23496
拉脱维亚	Latvia	146361	131670	14691	116709	102251	14459
立陶宛	Lithuania	181578	165829	15749	134969	121090	13879
格鲁吉亚	Georgia	96179	90868	5311	81246	76868	4379
亚美尼亚	Armenia	28998	12281	16717	32137	11240	20897
阿塞拜疆	Azerbaijan	94232	64525	29706	66205	43915	22290
白俄罗斯	Byelorussia	184887	111059	73828	175972	74890	101082
摩尔多瓦	Moldavia	14000	11520	2479	12143	9996	2147
俄罗斯	Russia	9527045	5367694	4159351	6801554	3475688	3325866
乌克兰	Ukraine	858977	510623	348354	707151	351571	355580
斯洛文尼亚	Slovenia	232341	199194	33146	238124	209174	28951
克罗地亚	Croatia	112799	102733	10066	109735	98556	11179
捷克	Czech	1097959	799290	298669	1100659	822613	278045
斯洛伐克	Slovak	620457	282850	337608	503178	279447	223732
马其顿	Macedonia	16725	7666	9058	21923	8653	13270
波黑	Bosnia & Herzegovina	32123	28398	3724	11371	5998	5373
梵蒂冈城国	Vatican City State	0.3	0.3		0.2	0.2	
法罗群岛	Faroe Islands	10691	188	10503	18651	5916	12735
塞尔维亚	Serbia	53730	42456	11274	54883	41510	13374
黑山	Montenegro	21063	15707	5356	15842	13415	2427
拉丁美洲	**Latin America**	**26327753**	**13622356**	**12705397**	**23589325**	**13209660**	**10379664**
安提瓜和巴布达	Antigua and Barbuda	17240	17236	4	5308	5307	1
阿根廷	Argentina	1292677	767983	524694	1452258	880511	571748
阿鲁巴岛	Aruba	23786	5357	18428	4828	4828	1
巴哈马	Bahamas	74306	74287	19	160974	158537	2437
巴巴多斯	Barbados	8626	7146	1480	8403	6520	1883
伯利兹	Belize	10313	9586	727	8028	7850	179
玻利维亚	Bolivia	119851	70594	49257	101267	56885	44383
博内尔	Bonaire	4743	29	4715	35	35	
巴西	Brazil	8654336	3489013	5165322	7150158	2741223	4408936
开曼群岛	Cayman Is.	846	846	0.1	6095	6094	0.1
智利	Chile	3400338	1301750	2098588	3172929	1329032	1843896
哥伦比亚	Colombia	1564222	804333	759889	1112593	758079	354514
多米尼克	Dominica	3761	3704	57	3141	3076	65
哥斯达黎加	Costa Rica	529581	110954	418627	215664	133068	82596
古巴	Cuba	139548	106247	33302	221638	188637	33000
库腊索岛	Curacao	2565	2563	3	2775	2761	14
多米尼加共和国	Dominica Rep.	154743	127363	27380	176544	155743	20801
厄瓜多尔	Ecuador	430965	324514	106451	412987	289142	123845
法属圭亚那	French Guyana	1295	1294	1	1444	1444	1
格林纳达	Granada	1487	1486	0.5	994	993	1.2
瓜德罗普岛	Guadeloupe	3653	3651	2	3317	3316	0.1
危地马拉	Guatemala	191868	186728	5140	225377	205266	20110

11-6 续表 3 continued

单位：万美元 (USD 10 000)

国　别（地区）	Country (Region)	2014			2015		
		进出口总额 Total	出口总额 Exports	进口总额 Imports	进出口总额 Total	出口总额 Exports	进口总额 Imports
圭亚那	Guyana	20751	16729	4022	20832	15895	4937
海地	Haiti	40621	39138	1483	44469	43422	1047
洪都拉斯	Honduras	84820	68654	16166	88928	85379	3549
牙买加	Jamaica	56056	52304	3751	65668	62537	3131
马提尼克岛	Martinique	2440	2438	1	2456	2455	1
墨西哥	Mexico	4342880	3225539	1117342	4381927	3379176	1002752
蒙特塞拉特	Montserrat	43	42	1	50	49	1
尼加拉瓜	Nicaragua	61150	56813	4337	70098	66625	3473
巴拿马	Panama	943488	930739	12750	883410	851888	31521
巴拉圭	Paraguay	145187	139624	5563	130975	126797	4178
秘鲁	Peru	1424172	610085	814087	1430489	635497	794992
波多黎各	Puerto Rico	204022	103670	100352	164933	76535	88398
萨巴	Saba	10	10	0.0	8	8	
圣卢西亚	Saint Lucia	2994	2990	3	1836	1829	7
圣马丁岛	Saint Martin Is.	598	598	0.0	1269	1269	
圣文森特和格林纳丁斯	Saint Vincent & Grenadines	3729	3729	0.0	3717	3712	5
萨尔瓦多	El Salvador	61237	60189	1047	78045	72669	5376
苏里南	Surinam	22954	17687	5267	25005	19921	5085
特立尼达和多巴哥	Trinidad and Tobago	52871	42798	10073	51752	47831	3921
特克斯和凯科斯群岛	Turks & Caicos Is.	110	109	1	75	75	0.2
乌拉圭	Uruguay	508758	245849	262909	437111	196057	241054
委内瑞拉	Venezuela	1697748	565742	1132005	1209349	531577	677771
英属维尔京群岛	Virgin Is. (E)	11498	11497	1	42419	42418	1
圣其茨和尼维斯	St. Kitts-Nevis	2709	2666	42	1119	1085	34
圣皮埃尔和密克隆	St. Pierre and Miquelon	23	23		12	12	
荷属安地列斯群岛	Andreas Is. (N)	5989	5989	0.1	6384	6368	16
拉美其他国家（地区）	Other Countries (Regions) in Latin America	168	62	106	239	232	7
北美洲	**North America**	**61056432**	**42625673**	**18430760**	**61311474**	**43900170**	**17411304**
加拿大	Canada	5518569	3000368	2518201	5563639	2942264	2621375
美国	United States	55512355	39606255	15906100	55702297	40921390	14780907
格陵兰	Greenland	6530	78	6452	8998	8	8990
百慕大群岛	Bermuda	18874	18873	1	36483	36483	0.2
北美洲其他国家（地区）	Other Countries (Regions) in North America	105	99	6	57	25	32
大洋洲及太平洋群岛	**Oceanic and Pacific Islands**	**15603921**	**4657213**	**10946708**	**13335379**	**5048906**	**8286474**
澳大利亚	Australia	13677684	3914595	9763089	11381661	4030651	7351011
库克群岛	Cook Is.	2112	1942	170	1589	1429	160
斐济	Fiji	34014	28725	5288	34813	32675	2139
盖比群岛	Gambier Is.	6	6		5	5	0.3
瑙鲁	Nauru	276	275	1	190	181	9
新喀里多尼亚	New Caledonia (Fr)	42494	9075	33419	56837	10292	46545
瓦努阿图	Vanuatu	18715	18024	692	8232	7031	1201
新西兰	New Zealand	1424347	473794	950553	1150284	491906	658378
诺福克岛	Norfolk Islands	106	106		65	65	
巴布亚新几内亚	Papua New Guinea	203969	63646	140323	276164	98700	177465
社会群岛	Society Is.	402	402		375	375	
所罗门群岛	Solomon Is.	52328	4944	47383	54071	8061	46011
汤加	Tonga	2398	2394	4	2704	2701	2
萨摩亚	Samoa	5606	5587	19	6325	6227	98
基里巴斯	Kiribati	2352	2062	290	4647	4246	401
图瓦卢	Tuvalu	464	464	0.0	1287	1187	99
密克罗尼西亚联邦	Micronesia Commonwealth	1478	934	544	1346	1211	134
马绍尔群岛共和国	Marshall. Is.	128025	123692	4333	342813	340316	2497
帕劳共和国	Republic of Palau	1052	1046	6	1903	1903	1
法属波利尼西亚	Polynesia (F)	5430	4858	572	9356	9089	267
瓦利斯和浮图纳	Wallis and Futuna	124	122	1	76	76	
大洋洲其他国家（地区）	Other Countries (Regions) in Oceania	540	520	20	637	581	57
国别（地区）不详	**Others**	**154653**		**154653**	**115737**		**115737**

11-7 出口主要货物数量和金额
Main Exported Goods in Volume and Value

金额单位：万美元 (USD 10 000)

品名		Item		2014 数量 Volume	2014 金额 Value	2015 数量 Volume	2015 金额 Value
活猪	(万头)	Live Hogs	(10 000 heads)	173	45635	169	48250
活家禽	(万只)	Live Poultry	(10 000 heads)	493	1851	433	1569
牛肉	(万吨)	Frozen, Fresh Beef	(10 000 tons)	1	5927	0	4472
猪肉	(万吨)	Frozen, Fresh Pork	(10 000 tons)	9	42269	7	32224
冻鸡	(万吨)	Frozen Chicken	(10 000 tons)	12	28197	13	27206
水海产品	(万吨)	Aquatic and Seawater Products	(10 000 tons)	403	2086382	391	1956763
鲜蛋	(百万个)	Fresh Eggs	(million units)	1141	12262	1207	12093
谷物及谷物粉	(万吨)	Cereals and Cereals Flour	(10 000 tons)	71	55566	48	39507
#稻谷和大米	(万吨)	Rice	(10 000 tons)	42	37840	29	26771
玉米	(万吨)	Maize	(10 000 tons)	2	769	1	490
蔬菜	(万吨)	Vegetables	(10 000 tons)	803	980042	833	1070829
#鲜或冷藏蔬菜	(万吨)	Fresh Vegetables	(10 000 tons)	555	383362	566	444327
橘、橙	(吨)	Mandarins and Oranges	(ton)	836682	102757	751323	106245
苹果	(吨)	Apples	(ton)	865048	102758	833021	103123
松子仁	(吨)	Pine Nut Kernels	(ton)	11428	23407	13439	25802
大豆	(万吨)	Soybean	(10 000 tons)	21	19908	13	12551
花生及花生仁	(万吨)	Peanuts	(10 000 tons)	14	20065	13	21502
食用植物油	(吨)	Edible Vegetable Oil	(ton)	133858	20033	135349	18412
食糖	(吨)	Sugar	(ton)	46218	3786	74979	4657
天然蜂蜜	(吨)	Natural Honey	(ton)	129824	26026	144756	28866
茶叶	(吨)	Tea	(ton)	301484	127266	324955	138174
辣椒干	(吨)	Dried Capsicum	(ton)	38392	9803	51309	11074
猪肉罐头	(吨)	Canned Pork	(ton)	50088	15347	42028	13033
蘑菇罐头	(吨)	Canned Mushroom	(ton)	265364	52614	236777	39211
啤酒	(万升)	Beer	(10 000 liters)	25821	17704	26548	18324
肠衣	(吨)	Casings	(ton)	90534	102945	94249	101367
填充用羽毛；羽绒	(吨)	Feathers and Down for Stuffing	(ton)	41407	99655	39275	51617
中药材及中式成药	(吨)	Medical Materials and Medicaments of Chinese Type	(ton)	203216	152659	184454	130471
烤烟	(吨)	Flue-cured Tobacco	(ton)	88043	42040	101007	44879
纸烟	(万条)	Cigarette	(10 000 items)	12608	51374	13159	57265
锯材	(万立方米)	Wood Sawn	(10 000 cu.m)	40	29525	27	20524
生丝	(吨)	Raw Silk	(ton)	6359	34017	6695	31835
山羊绒	(吨)	Cashmere	(ton)	2374	23025	2596	21059
棉花	(吨)	Cotton (Cotton Wool)	(ton)	13470	3007	28916	4889
天然石墨	(万吨)	Natural Graphite	(10 000 tons)	28	29811	25	24637
天然碳酸镁；氧化镁	(万吨)	Natural Magnesium Carbonate, Magnesia	(10 000 tons)	228	61843	214	54041
萤石(氟石)	(万吨)	Fluorite	(10 000 tons)	41	12020	34	8937
天然硫酸钡(重晶石)	(万吨)	Natural Barium Sulfate (barite)	(10 000 tons)	267	34828	207	27254
滑石	(万吨)	Talcum	(10 000 tons)	67	16755	63	15495
氧化铝	(吨)	Aluminum Oxide	(ton)	118028	10835	292591	13946
煤及褐煤	(万吨)	Coal and Lignite	(10 000 tons)	574	69543	533	49875
焦炭、半焦炭	(万吨)	Coke and Semi-coke	(10 000 tons)	851	170915	985	153862

11-7 续表 1 continued

金额单位：万美元 (USD 10 000)

品名	Item	2014 数量 Volume	2014 金额 Value	2015 数量 Volume	2015 金额 Value
原油 (万吨)	Crude Oil (10 000 tons)	60	49070	287	154564
成品油 (万吨)	Petroleum Products Refined (10 000 tons)	2967	2577675	3615	1909548
石蜡 (万吨)	Paraffin Wax (10 000 tons)	48	61947	62	65320
仲钨酸铵 (吨)	Tungstates (ton)	3023	9509	1672	3425
氧化锌及过氧化锌 (吨)	Zinc Oxide and Zinc Peroxide (ton)	12444	2238	13414	2540
合成有机染料 (吨)	Synthetic Organic Dyestuffs (ton)	271374	181285	252942	158929
医药品 (吨)	Medical and Pharmaceutical Products (ton)	874720	1337811	875948	1350553
#中式成药 (吨)	Medicaments of Chinese Type (ton)	12990	24930	12369	26301
医用敷料 (吨)	Pharmaceutical Goods (ton)	183460	139540	176079	133529
洗衣粉 (吨)	Detergent (ton)	454025	37436	457081	34124
烟花、爆竹 (吨)	Fireworks and Firecrackers (ton)	334408	84957	334265	84676
松香及树脂酸 (吨)	Resin and Resin Acids (ton)	122473	29662	85822	19561
新的充气橡胶轮胎 (万条)	New Pneumatic Rubber Tyres (10 000 units)	47587	1644663	44451	1384643
纸及纸板(未切成形) (万吨)	Paper and Paperboard in Rolls (10 000 tons)	630	758208	593	744683
棉纱线 (吨)	Cotton Yarn (ton)	431379	206262	343935	166818
丝织物	Silk		90711		75618
棉机织物	Cotton Cloth		1461612		1443217
亚麻及苎麻机织物 (万米)	Flax or Ramie Woven Fabric (10 000 m)	29925	110594	31779	117938
合成短纤与棉混纺机织物 (万米)	Synthetic Short Fibre and Cotton-fibre Mixture Woven Fabric (10 000 m)	225039	333260	215488	317157
地毯 (万平方米)	Carpets (10 000 sq.m)	48639	268021	49280	262918
塑料编织袋(周转袋除外) (万条)	Bags of PP or PE Strip(Except Turnover Bags) (10 000 units)	639398	101923	677509	106256
水泥及水泥熟料 (万吨)	Cement and Cement Clinkers (10 000 tons)	1391	77243	1575	77525
平板玻璃 (万平方米)	Plate Glass (10 000 sq.m)	21896	144228	21460	117396
玻璃制品 (万吨)	Glass Products (10 000 tons)	350	696563	342	683964
家用陶瓷器皿 (万吨)	Porcelain and Pottery Ware for Household Use (10 000 tons)	316	814526	335	1162790
生铁及镜铁 (万吨)	Pig Iron and Spiegeleisen (10 000 tons)	24	9752	17	4716
钢坯及粗锻件 (万吨)	Billet and Crude Forgings (10 000 tons)	1	614	1	512
钢材 (万吨)	Rolled Steel (10 000 tons)	9378	7081210	11240	6281471
未锻轧铜及铜合金 (吨)	Unwrought Copper and its Alloys (ton)	268719	189384	218363	127971
铜材 (吨)	Rolled Copper (ton)	507858	423092	466077	355910
未锻轧铝及铝合金 (吨)	Unwrought Aluminum and its Alloys (ton)	666772	143278	565643	117552
铝材 (万吨)	Rolled Aluminum (10 000 tons)	367	1194805	420	1297653
未锻轧的锌及锌合金 (吨)	Unwrought Zinc and Zinc Alloys (ton)	132719	29320	96683	21443
未锻轧的锡及锡合金 (吨)	Unwrought Tin and Tin Alloys (ton)	941	2148	562	918
未锻轧的锑、粉末及废碎料(吨)	Unwrought Antimony, Powder and Scrap(ton)	1444	1289	4106	2996
未锻轧的锰 (吨)	Unwrought Manganese (ton)	308697	64941	295131	53922
钢铁或铜制标准紧固件 (万吨)	Iron or Copper Standard Fasteners(10 000 tons)	279	519052	272	502546
手用或机用工具 (万吨)	Hand Tools and Tools for Machines(10 000 tons)	158	987959	151	972558
电扇 (万台)	Fans (10 000 sets)	57919	442195	56748	448326
纺织机械及零件	Textile Machinery and Parts		314635		307841
缝纫机 (万台)	Sewing Machines (10 000 sets)	1340	145325	1147	129219

11-7 续表 2 continued

金额单位：万美元 (USD 10 000)

品名	Item	2014 数量 Volume	2014 金额 Value	2015 数量 Volume	2015 金额 Value
金属加工机床 (万台)	Metalworking Machine Tools (10 000 sets)	829	339537	841	316202
电子计算器 (万台)	Electric Calculator (10 000 sets)	29134	63789	23541	49035
自动数据处理设备及其部件 (万台)	Automatic Data Processing Machines and Components (10 000 sets)	191812	18171698	171508	15231373
自动数据处理设备的零件(万吨)	Parts for Auto Data Processing Equipment (10 000 tons)	68	3044976	54	2806509
轴承 (万套)	Bearings (10 000 units)	536892	376484	519397	358943
电动机及发电机 (万台)	Electric Motors and Generators (10 000 sets)	297003	1072644	305499	1057487
静止式变流器 (万个)	Static Converters (10 000 units)	532843	1824437	508837	1779087
原电池 (百万个)	Primary Cells and Batteries (million units)	27651	207886	28206	226767
蓄电池 (万个)	Electric Accumulators (10 000 units)	219825	889380	234924	1013837
电话机 (万台)	Telephone Sets (10 000 sets)	142123	11725953	144557	12550951
收音设备(包括收录音组合机) (万台)	Radio Sets(including Sound Recording Apparatus) (10 000 sets)	23157	462187	22008	499860
彩色电视机 (万台)	Colour TV Sets (10 000 sets)	7403	1355180	7183	1250948
电容器	Electrical Capacitors		754091		768035
通断保护电路装置及零件 (吨)	Electrical Apparatus for Switching or Protecting Electrical Circuits and Parts (ton)	25449617	2457992	23795703	2442648
二极管及类似半导体器件 (百万个)	Diode and Semi Conductors (million units)	566569	2833878	722410	2948416
电线和电缆 (万吨)	Insulated Wire or Cable (10 000 tons)	217	2096662	217	2008732
集装箱 (万个)	Containers (10 000 units)	302	900109	272	767493
汽车 (万辆)	Motor Vehicles (10 000 units)	90	1252399	72	1123139
自行车 (万辆)	Bicycles (10 000 units)	6265	353766	5781	346101
照相机 (万架)	Cameras (10 000 sets)	5676	375784	5159	310062
医疗仪器及器械	Medical Instruments and Appliances		884764		938568
手表 (万只)	Wrist Watches (10 000 units)	66790	256004	68151	288255
日用钟 (万只)	Clocks (10 000 sets)	32699	100435	29580	101470
家具及其零件	Furniture and Parts		5202083		5280303
非针织或钩编织物制服装	Garments, not Knitted or Crocheted		7342907		7069997
针织或钩编服装	Garments, Knitted or Crocheted		8171923		7376653
皮鞋 (万双)	Leather Shoes (10 000 pairs)	96480	1374993	83900	1212824
橡胶或塑料底布鞋 (万双)	Cloth Shoes with Outer of Rubber or Artificial Plastic Materials (10 000 pairs)	258235	1189132	266305	1287079
塑料制品 (万吨)	Plastic Articles (10 000 tons)	951	3708468	973	3776344
玩具	Toys		1413479		1566440
足球、篮球、排球 (万个)	Footballs, Basketballs and Volleyballs (10 000 units)	24545	55696	23122	51962
伞 (万把)	Umbrellas (10 000 units)	47866	289585	45928	281861
竹编结品 (吨)	Bamboo Products (ton)	24167	15463	24600	15082
藤编结品 (吨)	Rattan Products (ton)	10060	8616	8740	7514
草编结品 (吨)	Straw Mats and Straw Products (ton)	17968	12689	17464	14177
柳编结品 (吨)	Wickerwork (ton)	53425	43724	50007	45222
机电产品	Mechanical and Electrical Products		131075739		131071504
高新技术产品	High and New-tech Products		66049044		65521165

11-8 进口主要货物数量和金额
Main Imported Goods in Volume and Value

金额单位：万美元 (USD 10 000)

品名		Item		2014 数量 Volume	2014 金额 Value	2015 数量 Volume	2015 金额 Value
谷物及谷物粉	(万吨)	Cereals and Cereals Flour	(10 000 tons)	1951	621731	3270	939146
#小麦	(万吨)	Wheat	(10 000 tons)	300	97855	301	90154
稻谷和大米	(万吨)	Paddy and Rice	(10 000 tons)	258	125424	338	149776
大豆	(万吨)	Soybean	(10 000 tons)	7140	4026172	8169	3476908
食用植物油	(万吨)	Edible Vegetable Oil	(10 000 tons)	650	593153	676	501065
食糖	(万吨)	Sugar	(10 000 tons)	349	149424	485	177407
天然橡胶（包括胶乳）	(万吨)	Natural Rubber (including Latex)	(10 000 tons)	261	495142	274	391619
合成橡胶（包括胶乳）	(万吨)	Synthetic Rubber (including Latex)	(10 000 tons)	148	397306	198	389360
原木	(万立方米)	Logs	(10 000 cu.m)	5119	1178223	4457	806262
锯材	(万立方米)	Wood Sawn	(10 000 cu.m)	2565	808622	2658	750383
纸浆	(万吨)	Paper Pulp	(10 000 tons)	1796	1206592	1984	1275461
羊毛及毛条	(万吨)	Wool and Wool Tops	(10 000 tons)	34	250802	37	257377
棉花	(万吨)	Cotton	(10 000 tons)	244	499148	147	257212
纺织用合成纤维	(万吨)	Synthetic Fibers Suitable for Spinning	(10 000 tons)	34	104543	34	88006
#聚酯纤维	(万吨)	Polyester Fibers	(10 000 tons)	13	24007	13	18991
聚丙烯腈纤维	(万吨)	Polyacryolnitr Fibers	(10 000 tons)	16	52018	16	42548
铁矿砂及其精矿	(万吨)	Iron Ore	(10 000 tons)	93234	9343915	95272	5762030
锰矿砂及其精矿	(万吨)	Manganese Ores and Concentrates	(10 000 tons)	1621	271887	1576	199360
铜矿砂及其精矿	(万吨)	Copper Ores and Concentrates	(10 000 tons)	1181	2146393	1329	1920368
铬矿砂及其精矿	(万吨)	Chromium Ores and Concentrates	(10 000 tons)	938	183092	1039	178807
氧化铝	(万吨)	Aluminum Oxide	(10 000 tons)	528	192450	465	163090
煤及褐煤	(万吨)	Coal and Lignite	(10 000 tons)	29120	2225721	20406	1210133
原油	(万吨)	Crude Oil	(10 000 tons)	30837	22828847	33550	13445122
成品油	(万吨)	Petroleum Products Refined	(10 000 tons)	3000	2345296	2990	1430344
乙二醇	(万吨)	Ethylene Glycol	(10 000 tons)	839	789212	872	694200
对苯二甲酸	(万吨)	Telephthalic Acid	(10 000 tons)	116	107301	75	47864
己内酰胺	(万吨)	Carprolactam	(10 000 tons)	22	50420	22	36071
医药品	(吨)	Pharmaceutical Products	(ton)	112385	1909522	106064	2034630
肥料	(万吨)	Chemical Fertilizers	(10 000 tons)	959	336721	1116	393389

11-8 续表 continued

金额单位：万美元 (USD 10 000)

品名	Item	2014 数量 Volume	2014 金额 Value	2015 数量 Volume	2015 金额 Value
#尿素 (吨)	Urea (ton)	6358	305	7640	369
氮、磷、钾复合肥 (万吨)	Compound Fertilizers of Nitrogen, Phosphor and Kalium (10 000 tons)	111	64007	146	82632
磷酸氢二铵 (万吨)	Diammonium Phosphape (10 000 tons)	23	9985	8	4259
氯化钾 (万吨)	Potassium Chloride (10 000 tons)	803	252128	942	297077
原形聚乙烯 (万吨)	Polyethylene in Primary Forms (10 000 tons)	665	1037827	731	932588
原形聚丙烯 (万吨)	Polypropylene in Primary Forms (10 000 tons)	364	582183	340	443878
原形聚苯乙烯 (万吨)	Polystyrene in Primary Forms (10 000 tons)	301	622611	288	504586
#ABS树脂 (万吨)	ABS Copolymers (10 000 tons)	167	357474	162	299103
原形聚氯乙烯 (万吨)	Polyvinyl Chloride in Primary Forms (10 000 tons)	93	111148	93	93968
聚酯切片 (万吨)	Slices or Chips of Polyethylene Terephthalate (10 000 tons)	18	32886	17	26291
杀虫剂、除草剂及类似品 (吨)	Pesticides, Herbicides and Similar Products (ton)	92551	77063	89975	74844
纸及纸板（未切成形） (万吨)	Paper and Paperboard (Unchopped in Shape)(10 000 tons)	282	358897	286	334878
钢材 (万吨)	Rolled Steel (10 000 tons)	1443	1791374	1278	1433480
未锻轧的铜及铜合金 (万吨)	Unwrought Copper and Copper Alloys (10 000 tons)	422	2955239	425	2396890
铜材 (万吨)	Rolled Copper (10 000 tons)	60	603646	56	506169
未锻轧的铝及铝合金 (万吨)	Aluminum and Aluminum Alloys (10 000 tons)	35	74437	22	46090
铝材 (万吨)	Rolled Aluminum (10 000 tons)	50	301716	47	280336
锅炉 (台)	Boilers (set)	253	3369	219	2506
制冷设备用压缩机 (万台)	Compressors for Refrigerating Equipment (10 000 sets)	1197	116445	1014	99439
金属加工机床 (台)	Machine Tools (set)	106132	1081808	90910	861487
阀门 (万套)	Valves (10 000 sets)	74842	641790	72378	566305
自动数据处理设备及其部件 (万台)	Automatic Data Processing Machines and Components (10 000 sets)	76511	3054643	72032	2766067
电话机 (万台)	Telephone Sets (10 000 sets)	1188	184377	1849	305877
收音设备 (万台)	Sound Recording Apparatus (10 000 sets)	166	35942	173	30300
(包括收录音组合机及整套散件)	(Including Radio Combination and a Complete Set of Spare Parts)				
彩色电视机 (万台)	Color TV Sets (10 000 sets)	6	1853	6	1961
电视显像管 (万只)	Cathode-ray TV Picture Tube (10 000 sets)	21	471	0	35
汽车 (辆)	Motor Vehicles (unit)	1422717	6063019	1097418	4466641
#小轿车 (辆)	Cars (unit)	469617	2103755	352461	1379697
货车 (辆)	Trucks (unit)	9589	64112	4883	29905
非公路用自卸车 (辆)	Dump Trucks not For Highway Use (unit)	107	6468	39	1377
装有引擎的汽车底盘 (台)	Chassis with Engines (unit)	1455	15092	2208	23161
飞机及其他航空器 (架)	Aircraft and Others (unit)	10771	2596256	68274	2444193
医疗仪器及器械	Medical Instruments and Appliances		830026		816902
机电产品	Mechanical and Electrical Products		85408610		80613915
高新技术产品	High and New-tech Products		55123626		54805799

11-9 分地区货物进出口总额(2015年)
Total Value of Imports and Exports of Goods by Region (2015)

单位：万美元 (USD 10 000)

地区	Region	按经营单位所在地分 By Location of Importers/Exporters			按境内目的地和货源地分 By Place of Destination or Origin in China		
		进出口 Total	出口 Exports	进口 Imports	进出口 Total	出口 Exports	进口 Imports
全国	**National Total**	**395303272**	**227346822**	**167956450**	**395303272**	**227346822**	**167956450**
北京	Beijing	31944057	5466682	26477375	13077544	2900145	10177399
天津	Tianjin	11428280	5116293	6311988	11896003	4835967	7060037
河北	Hebei	5151375	3293276	1858099	8024919	4765576	3259342
山西	Shanxi	1468132	842077	626055	1744691	1143866	600825
内蒙古	Inner Mongolia	1273115	565001	708114	1390605	613404	777202
辽宁	Liaoning	9594713	5071098	4523614	10707319	5110024	5597295
吉林	Jilin	1887739	461375	1426364	1997889	536326	1461563
黑龙江	Heilongjiang	2101203	803541	1297662	1632351	631721	1000630
上海	Shanghai	44924072	19591321	25332751	42303709	17869857	24433852
江苏	Jiangsu	54556045	33864478	20691567	58097323	34883336	23213986
浙江	Zhejiang	34678383	27633211	7045171	35905883	28300253	7605630
安徽	Anhui	4784453	3227017	1557436	4249289	2765407	1483881
福建	Fujian	16884593	11268011	5616582	14756640	9379516	5377123
江西	Jiangxi	4239960	3311674	928287	4065078	3014050	1051028
山东	Shandong	24060780	14392568	9668212	27837439	14849436	12988004
河南	Henan	7378056	4306137	3071920	7695655	4577870	3117785
湖北	Hubei	4555258	2921182	1634076	4456280	2709819	1746461
湖南	Hunan	2930180	1913709	1016471	2930411	1908535	1021876
广东	Guangdong	102249568	64317208	37932360	116518848	73018796	43500052
广西	Guangxi	5109055	2793398	2315657	4621248	1405562	3215686
海南	Hainan	1396697	374304	1022393	1551519	426793	1124726
重庆	Chongqing	7446685	5518683	1928001	5871183	3993808	1877375
四川	Sichuan	5118856	3309290	1809566	4694177	2838678	1855499
贵州	Guizhou	1222142	994862	227279	782974	544979	237995
云南	Yunnan	2449128	1661563	787565	1899070	1066471	832599
西藏	Tibet	91384	58691	32693	66492	52714	13778
陕西	Shaanxi	3049850	1478876	1570975	2987709	1462161	1525548
甘肃	Gansu	795202	581181	214021	436290	215921	220369
青海	Qinghai	193447	164197	29251	59104	36670	22434
宁夏	Ningxia	373926	296311	77615	338866	236899	101967
新疆	Xinjiang	1966940	1749608	217332	2706766	1252263	1454503

11-10 分地区外商投资企业货物进出口总额
Value of Imports and Exports of Goods of Foreign-funded Enterprises by Region

单位：万美元 (USD 10 000)

地 区	Region	2000 进出口 Total	2000 出口 Exports	2000 进口 Imports	2010 进出口 Total	2010 出口 Exports	2010 进口 Imports	2015 进出口 Total	2015 出口 Exports	2015 进口 Imports
全 国	**National Total**	**23671390**	**11944121**	**11727269**	**160061524**	**86222882**	**73838642.4**	**183348065**	**100461441**	**82886624**
北 京	Beijing	776847	287108	489739	6982928	2215220	4767708	6516180	1475411	5040768
天 津	Tianjin	1369289	637925	731364	5880898	2643785	3237114	6723518	3212814	3510704
河 北	Hebei	158147	101240	56907	1750914	921579	829336	1398362	768925	629437
山 西	Shanxi	41876	15209	26667	220570	87993	132577	760652	442045	318608
内蒙古	Inner Mongolia	18157	13799	4358	161063	95974	65089	131844	70123	61721
辽 宁	Liaoning	1229698	624464	605234	3899198	2063953	1835245	4133559	1873028	2260531
吉 林	Jilin	112274	39197	73077	760502	127753	632749	936220	139875	796345
黑龙江	Heilongjiang	47353	26679	20674	111252	69866	41386	121498	64321	57177
上 海	Shanghai	3341054	1426102	1914952	24991842	12593270	12398571	30070260	13103107	16967153
江 苏	Jiangsu	3018082	1445340	1572742	34720361	19231357	15489004	33729768	19388053	14341715
浙 江	Zhejiang	938993	534851	404142	9239699	5813714	3425985	8414230	5664970	2749261
安 徽	Anhui	94779	39993	54786	811938	325294	486645	1277364	811879	465486
福 建	Fujian	1405740	759713	646027	5833659	3495247	2338411	6651711	3995657	2656054
江 西	Jiangxi	31814	16298	15516	1193074	499473	693601	1276557	697301	579257
山 东	Shandong	1392569	792766	599803	9632505	5656323	3976182	9262136	5612931	3649206
河 南	Henan	57695	30889	26806	451982	255577	196405	5209086	2944767	2264320
湖 北	Hubei	104686	42956	61730	1105434	569511	535923	1228564	674716	553848
湖 南	Hunan	47717	18250	29467	310208	129164	181044	623785	355791	267994
广 东	Guangdong	9203696	4951011	4252685	48449160	28184708	20264452	54274783	33299632	20975151
广 西	Guangxi	55339	34112	21227	492309	203314	288994	1034136	442938	591198
海 南	Hainan	45993	30464	15529	623702	127682	496020	1054274	242688	811586
重 庆	Chongqing	32389	9666	22723	475706	165096	310610	3609062	2641888	967174
四 川	Sichuan	61524	24517	37007	1278437	444301	834136	2673753	1528028	1145724
贵 州	Guizhou	5690	4012	1678	17449	10528	6920	26656	14130	12525
云 南	Yunnan	19658	8113	11545	64499	33003	31497	50367	32185	18181
西 藏	Tibet	634	389	245	549	3	546			
陕 西	Shaanxi	35433	11611	23822	506126	215667	290458	2092215	927972	1164243
甘 肃	Gansu	5657	3832	1825	14426	9750	4676	3746	2427	1319
青 海	Qinghai	925	202	723	13467	984	12483	1328	300	1028
宁 夏	Ningxia	6125	4294	1831	32158	14930	17228	37308	26116	11192
新 疆	Xinjiang	11557	9119	2438	35510	17864	17645	25142	7426	17717

11-11 服务进出口总额
Total Value of Imports and Exports of Services

单位：亿美元 (100 million USD)

年份 Year	进出口 Imports and Exports	出口 Exports	进口 Imports	差额 Balance
1982	44	25	19	6
1983	43	25	18	7
1984	54	28	26	2
1985	52	29	23	6
1986	56	36	20	16
1987	65	42	23	19
1988	80	47	33	14
1989	81	45	36	9
1990	98	57	41	16
1991	108	69	39	30
1992	183	91	92	-1
1993	226	110	116	-6
1994	322	164	158	6
1995	430	184	246	-62
1996	430	206	224	-18
1997	522	245	277	-32
1998	504	239	265	-26
1999	572	262	310	-48
2000	660	301	359	-58
2001	719	329	390	-61
2002	855	394	461	-67
2003	1013	464	549	-85
2004	1337	621	716	-95
2005	1571	739	832	-93
2006	1917	914	1003	-89
2007	2509	1216	1293	-77
2008	3045	1465	1580	-115
2009	2867	1286	1581	-295
2010	3624	1702	1922	-219
2011	4191	1821	2370	-549
2012	4706	1905	2801	-897
2013	5396	2106	3291	-1185
2014	6043	2222	3821	-1599
2015	7130	2882	4248	-1366

11-12 服务进出口分类金额(2015年)
Total Value of Imports and Exports of Services by Sector(2015)

单位：亿美元 (100 million USD)

类别	Classification	进出口 Imports and Exports	出口 Exports	进口 Imports
总额	**Total**	**7130**	**2882**	**4248**
旅行	Travel	3535	1149	2386
#旅游	Tourism	2182	987	1195
运输	Transportation	1258	385	873
#海运	Shipping	710	253	457
专业管理和咨询	Professional Management and Consulting	431	291	139
#管理咨询和公共关系	Management Consulting and Public Relations	300	210	90
电信、计算机和信息	Telecommunications, Computers and Information	384	270	114
#计算机	Computers	343	248	95
文化服务	Cultural Service	371	200	171
建筑	Architecture	264	163	101
技术	Technology	238	124	114
知识产权使用费	Intellectual Property Use Fee	231	11	220
#研发成果使用费	R&D Results Use Fee	117	4	114
保险	Insurance	130	50	80
金融	Finance	48	22	26
其他	Others	241	217	24
#加工	Processing	185	183	2
维护和维修	Maintenance and Repair	44	31	13

注：2015年起，本表数据按《国际收支手册(第六版)》(BPM6)标准统计，不含政府服务。

a) Since 2015, data in this table are compiled on the 6th edition of the Manual on Balance of Payments, not including government services.

11-13 利用外资概况
Utilization of Foreign Capital

项目单位：个；　金额单位：亿美元　　(unit) (USD 100 million)

年份 Year	总计 Total 项目 Number of Projects	总计 Total 金额 Value	#外商直接投资 Direct Foreign Investments 项目 Number of Projects	#外商直接投资 Direct Foreign Investments 金额 Value	#外商其他投资额 Other Foreign Investments
合同利用外资 Total Amount of Contracted Foreign Investment					
1979-1984	3841	281.26	3724	97.50	13.98
1985	3145	102.69	3073	63.33	4.02
1986	1551	122.33	1498	33.30	4.96
1987	2289	121.36	2233	37.09	6.10
1988	6063	160.04	5945	52.97	8.94
1989	5909	114.79	5779	56.00	6.94
1990	7371	120.86	7273	65.96	3.91
1991	13086	195.83	12978	119.77	4.45
1992	48858	694.39	48764	581.24	6.12
1993	83595	1232.73	83437	1114.36	5.31
1994	47646	937.56	47549	826.80	4.08
1995	37184	1032.05	37011	912.82	6.35
1996	24673	816.10	24556	732.76	3.71
1997	21138	610.58	21001	510.03	41.82
1998	19850	632.01	19799	521.02	27.14
1999	17022	520.09	16918	412.23	24.26
2000	22347	711.30	22347	623.80	87.50
2001	26140	719.76	26140	691.95	27.81
2002	34171	847.51	34171	827.68	19.82
2003	41081	1169.01	41081	1150.69	18.32
2004	43664	1565.88	43664	1534.79	31.09
2005	44001	1925.93	44001	1890.65	35.28
2006	41473	1982.16	41473	1937.27	44.89
2007	37871		37871		
2008	27514		27514		
2009	23435		23435		
2010	27406		27406		
2011	27712		27712		
2012	24925		24925		
2013	22773		22773		
2014	23778		23778		
2015	26575		26575		
实际使用外资 Total Amount of Foreign Investment Actually Utilized					
1979-1984		181.87		41.04	10.42
1985		47.60		19.56	2.98
1986		76.28		22.44	3.70
1987		84.52		23.14	3.33
1988		102.26		31.94	5.45
1989		100.60		33.92	3.81
1990		102.89		34.87	2.68
1991		115.54		43.66	3.00
1992		192.03		110.08	2.84
1993		389.60		275.15	2.56
1994		432.13		337.67	1.79
1995		481.33		375.21	2.85
1996		548.05		417.26	4.10
1997		644.08		452.57	71.30
1998		585.57		454.63	20.94
1999		526.59		403.19	21.28
2000		593.56		407.15	86.41
2001		496.72		468.78	27.94
2002		550.11		527.43	22.68
2003		561.40		535.05	26.35
2004		640.72		606.30	34.42
2005		638.05		603.25	34.80
2006		670.76		630.21	40.55
2007		783.39		747.68	35.72
2008		952.53		923.95	28.58
2009		918.04		900.33	17.71
2010		1088.21		1057.35	30.86
2011		1176.98		1160.11	16.87
2012		1132.94		1117.16	15.78
2013		1187.21		1175.86	11.34
2014		1197.05		1195.62	1.44
2015		1262.67		1262.67	

注：1.本表资料由商务部提供。
2.2000年及以前，外商投资合同金额和实际使用外资额均含对外借款；从2007年起商务部不再对外公布外资合同金额数据。

a) Data in this table come from the Ministry of Commerce.

b) In 2000 and before, data of contracted foreign capital and total amount of foreign capital actually utilized include foreign loans. Since 2007, Ministry of Commerce do not publish data of contracted value with foreign countries or regions.

11-14 按国别(地区)分实际外商投资额
Foreign Investment Actually Utilized by Countries or Regions

单位：万美元 (USD 10 000)

国别(地区)	Country (Region)	2014		2015	
		外商直接投资 Foreign Direct Investment	外商其他投资 Other Foreign Investment	外商直接投资 Foreign Direct Investment	外商其他投资 Other Foreign Investment
总计	**Total**	**11956156**	**14377**	**12626555**	
亚洲	**Asia**	**9864918**	**11777**	**10415946**	
阿富汗	Afghanistan	100		50	
巴林	Bahrain	15			
孟加拉国	Bangladesh	15		24	
文莱	Brunei	7094		7258	
缅甸	Myanmar	585			
柬埔寨	Cambodia	312		1000	
塞浦路斯	Cyprus	673		195	
朝鲜	Korea DPR	29		7	
中国香港	Hong Kong, China	8126820	11777	8638672	
印度	India	5075		8080	
印度尼西亚	Indonesia	7802		10754	
伊朗	Iran	380		246	
伊拉克	Iraq	16		102	
以色列	Israel	1342		523	
日本	Japan	432530		319496	
约旦	Jordan	116		5	
科威特	Kuwait	694		220	
黎巴嫩	Lebanon	91		1114	
中国澳门	Macao, China	55057		88540	
马来西亚	Malaysia	15749		48048	
蒙古	Mongolia	16			
尼泊尔	Nepal	22			
巴基斯坦	Pakistan	2323		65	
巴勒斯坦	Palestine	70			
菲律宾	Philippines	9707		3867	
卡塔尔	Qatar			90	
沙特阿拉伯	Saudi Arabia	3061		27774	
新加坡	Singapore	582668		690407	
韩国	Republic of Korea	396564		403401	
斯里兰卡	Sri Lanka			3	
叙利亚	Syria	173		55	
泰国	Thailand	6052		4438	
土耳其	Turkey	1272		2701	
阿联酋	United Arab Emirates	2855		3899	
也门	Republic of Yemen	94		249	
越南	Viet Nam	7			
中国台湾	Taiwan, China	201812		153710	
哈萨克斯坦	Kazakhstan	3655		953	
吉尔吉斯斯坦	Kirghizia	5			
乌兹别克斯坦	Uzbekstan	37			
亚洲其他国家(地区)	Other Countries (Regions) in Asia	30			
非洲	**Africa**	**101826**		**58507**	
安哥拉	Angola	712		90	
贝宁	Benin			17	
博茨瓦纳	Botswana			4	
布隆迪	Burundi	8			
喀麦隆	Cameroon	2		5	
刚果	Congo	12			
埃及	Egypt	126		50	
埃塞俄比亚	Ethiopia	4			
加纳	Ghana	36		6	
几内亚	Guinea	1			
肯尼亚	Kenya			2	
利比亚	Libyan	12		10	

11-14 续表 1 continued

单位：万美元 (USD 10 000)

国别(地区)	Country (Region)	2014		2015	
		外商直接投资 Foreign Direct Investment	外商其他投资 Other Foreign Investment	外商直接投资 Foreign Direct Investment	外商其他投资 Other Foreign Investment
马达加斯加	Madagascar			1	
马里	Mali			8	
毛里求斯	Mauritius	59128		34601	
摩洛哥	Morocco				
尼日利亚	Nigeria	3008		300	
塞舌尔	Seychelles	35904		22600	
塞拉利昂	Sierra Leone	2			
索马里	Somalia	13			
南非	South Africa	589		198	
苏丹	Sudan				
坦桑尼亚	Tanzania	1627		25	
突尼斯	TuNiSia	2		13	
乌干达	Uganda	100			
赞比亚	Zambia			512	
津巴布韦	Zimbabwe			65	
非洲其他国家(地区)	Other Countries (Regions) in Africa	540			
欧洲	**Europe**	**669165**		**689705**	
比利时	Belgium	10823		7629	
丹麦	Denmark	29054		10466	
英国	United Kingdom	73534		49648	
德国	Germany	207056		155636	
法国	France	71207		122390	
爱尔兰	Ireland	40400		45157	
意大利	Italy	37200		24519	
卢森堡	Luxembourg	12829		63011	
荷兰	Netherlands	63873		75179	
希腊	Greece	147		7	
葡萄牙	Portugal	444		202	
西班牙	Spain	17638		19726	
奥地利	Austria	10625		7842	
保加利亚	Bulgaria	219		14	
芬兰	Finland	6722		5432	
匈牙利	Hungary	45		317	
冰岛	Iceland			735	
列支敦士登	Liechtenstein	259		331	
马耳他	Malta			177	
摩纳哥	Monaco				
挪威	Norway	2192		12798	
波兰	Poland	219		8277	
罗马尼亚	Romania	21			
圣马力诺	San Marino			134	
瑞典	Sweden	36194		52721	
瑞士	Switzerland	33953		21885	
爱沙尼亚	Estonia	8		7	
拉脱维亚	Latvia	2			
立陶宛	Lithuania			22	
格鲁吉亚	Georgia			10	
亚美尼亚	Armenia	5		2	
阿塞拜疆	Azerbaijan	133		8	
白俄罗斯	Byelorussia	4			
俄罗斯	Russia	4088		1312	
乌克兰	Ukraine	38		50	
斯洛文尼亚	Slovenia	6		3	
克罗地亚	Croatia	2		10	
捷克	Czech	3371		1627	
斯洛伐克	Slovakia	360		1071	

11-14 续表 2 continued

单位：万美元 (USD 10 000)

国别（地区）	Country (Region)	2014 外商直接投资 Foreign Direct Investment	2014 外商其他投资 Other Foreign Investment	2015 外商直接投资 Foreign Direct Investment	2015 外商其他投资 Other Foreign Investment
欧洲其他国家（地区）	Other Countries (Regions) in Europe	6494		1350	
拉丁美洲	**Latin America**	**771545**		**913768**	
安提瓜和巴布达	Antigua and Barbuda	400			
阿根廷	Argentina	305			
巴哈马	Bahamas	8412		14895	
巴巴多斯	Barbados	7074		3911	
伯利兹	Belize	2208		3180	
巴西	Brazil	2811		5084	
开曼群岛	Cayman Islands	125509		144446	
智利	Chile	625		526	
哥伦比亚	Colombia			12	
多米尼克	Dominica	60			
古巴	Cuba	287			
危地马拉	Guatemala	3			
墨西哥	Mexico	319		731	
巴拿马	Panama	600		2064	
秘鲁	Peru	39		28	
圣文森特和格林纳丁斯	Saint Vincent & Grenadines			18	
特克斯和凯科斯岛	Turks and Caicos Islands	17			
乌拉圭	Uruguay	215		12	
委内瑞拉	Venezuela	45		6	
维尔京群岛	Virgin Islands	622566		738778	
圣其茨-尼维斯	St.Kitts-Nevis	50		52	
拉美洲其他国家（地区）	Other Countries (Regions) in Latin America			25	
北美洲	**North America**	**325619**		**304272**	
加拿大	Canada	35346		22392	
美国	United States	237074		208889	
百慕大	Bermuda	53080		71018	
北美洲其他国家（地区）	Other Countries (Regions) in North America	119		1973	
大洋洲及太平洋岛屿	**Oceanic and Pacific Islands**	**189251**		**244357**	
澳大利亚	Australia	23853		30689	
库克群岛	Cook Islands	82			
斐济	Fiji	7			
瓦努阿图	Vanuatu	16		624	
新西兰	New Zealand	4748		2247	
萨摩亚	Samoan	156383		199109	
马绍尔群岛	Marshall Islands	3412		7189	
安奎拉	Anguilla	176		3416	
其它太平洋岛屿	Other Pacific Islands	545			
大洋洲其他国家（地区）	Other Countries (Regions) in Oceanic	29		1083	
其他	**Others**	**33832**	**2600**		

注：外商其他投资含当年对外发行股票额。
a) Other foreign investment includes the stock issued in foreign countries at the year.

11-15 按方式分外商投资额
Amount of Foreign Investment by Form

金额单位：亿美元 (USD 100 million)

指标	Item	2014 项目（个） Number of Projects (unit)	2014 实际使用金额 Actually Utilized Value	2015 项目（个） Number of Projects (unit)	2015 实际使用金额 Actually Utilized Value
总计	**Total**	**23778**	**1197.05**	**26575**	**1262.67**
外商直接投资	Foreign Direct Investments	23778	1195.62	26575	1262.67
合资经营企业	Equity Joint Venture	4824	210.02	5989	258.85
合作经营企业	Contractual Joint Venture	104	16.33	110	18.45
外资企业	Wholly Foreign-owned Enterprise	18809	947.37	20398	952.85
外商投资股份制企业	FDI Shareholding Inc.	41	21.89	78	32.51
合作开发	Joint Exploration				
其他	Others				
外商其他投资	Other Foreign Investment		1.44		
对外发行股票	Sale Share				
国际租赁	International Lease				
补偿贸易	Compensation Trade				
加工装配	Processing and Assembly		1.44		

11-16 按行业分外商直接投资（2015年）
Foreign Direct Investment by Sector (2015)

行业	Sector	合同项目（个） Number of Projects (unit)	实际使用金额（万美元） Investment Actually Utilized (USD 10 000)
总计	**Total**	**26575**	**12626660**
农、林、牧、渔业	Agriculture, Forestry, Animal Husbandry and Fishery	609	153386
采矿业	Mining	34	24292
制造业	Manufacturing	4507	3954290
电力、燃气及水的生产和供应业	Production and Supply of Electricity, Gas and Water	264	225022
建筑业	Construction	176	155876
交通运输、仓储和邮政业	Transport, Storage and Post	449	418607
信息传输、计算机服务和软件业	Information Transmission, Computer Services and Software	1311	383556
批发和零售业	Wholesale and Retail Trades	9156	1202313
住宿和餐饮业	Hotels and Catering Services	611	43398
金融业	Financial Intermediation	2003	1496889
房地产业	Real Estate	387	2899484
租赁和商务服务业	Leasing and Business Services	4465	1004973
科学研究、技术服务和地质勘查业	Scientific Research, Technical Service and Geologic Prospecting	1970	452936
水利、环境和公共设施管理业	Management of Water Conservancy, Environment and Public Facilities	84	43334
居民服务和其他服务业	Services to Households and Other Services	217	72131
教育	Education	38	2894
卫生、社会保障和社会福利业	Health, Social Security and Social Welfare	51	14338
文化、体育和娱乐业	Culture, Sports and Entertainment	238	78941
公共管理和社会组织	Public Management and Social Organizations	5	

注：本表中的行业分类仍执行2002年版的国民经济行业分类标准。

a) Classification for national standard of industry classification in this table are still implementing the version of 2002.

11-17 按行业分外商投资企业年底注册登记情况（2015年）
Registration Status of Foreign Funded Enterprises by Sector at Year-end (2015)

行业	Sector	企业数（户）Number of Enterprises (unit)	投资总额（亿美元）Total Investment (100 million USD)	注册资本（亿美元）Registered Capital (100 million USD)	#外方 Foreign Investor
总计	**Total**	**481179**	**45390**	**26682**	**20757**
农、林、牧、渔业	Agriculture, Forestry, Animal Husbandry and Fishery	6937	609	363	300
采矿业	Mining	833	195	119	87
制造业	Manufacturing	158256	19904	10253	8153
电力、热力、燃气及水生产和供应业	Production and Supply of Electricity, Heat, Gas and Water	4594	2135	886	514
建筑业	Construction	5181	888	565	308
批发和零售业	Wholesale and Retail Trades	109833	3084	1678	1404
交通运输、仓储和邮政业	Transport, Storage and Post	11791	1593	904	505
住宿和餐饮业	Hotels and Catering Services	27229	411	235	185
信息传输、软件和信息技术服务业	Information Transmission, Software and Information Technology	42435	1417	820	739
金融业	Financial Intermediation	11708	1543	1477	952
房地产业	Real Estate	17668	5997	3788	3205
租赁和商务服务业	Leasing and Business Services	50673	4505	3835	3029
科学研究和技术服务业	Scientific Research and Technical Services	24064	2283	1298	1015
水利、环境和公共设施管理业	Management of Water Conservancy, Environment and Public Facilities	1120	275	141	112
居民服务、修理和其他服务业	Service to Households, Repair and Other Services	4626	162	96	79
教育	Education	463	10	6	5
卫生和社会工作	Health and Social Service	277	78	36	28
文化、体育和娱乐业	Culture, Sports and Entertainment	3229	277	166	127
其他	Others	262	24	16	10

注：本表数据来自国家工商总局(下表同)。

a) Data in this table are from the State Administration for Industry & Commerce. The same applies to the table following.

11-18 分地区外商投资企业年底注册登记情况
Registration Status of Foreign Funded Enterprises by Region at Year-end

地 区	Region	企业数（户） Number of Enterprises (unit)		投资总额（亿美元） Total Investment (100 million USD)		注册资本（亿美元） Registered Capital (100 million USD)		#外 方 Foreign Investor	
		2014	2015	2014	2015	2014	2015	2014	2015
全 国	**National Total**	**460699**	**481179**	**37977**	**45390**	**21835**	**26682**	**17414**	**20757**
地区合计	**Region Total**	**460697**	**481179**	**37977**	**45390**	**21835**	**26682**	**17414**	**20757**
北 京	Beijing	28041	29396	2010	3810	1192	2457	923	1722
天 津	Tianjin	11507	12278	1441	1813	825	1120	674	881
河 北	Hebei	6811	6867	621	736	311	380	225	280
山 西	Shanxi	3531	3606	391	411	223	228	102	109
内蒙古	Inner Mongolia	3036	2967	264	351	123	173	83	106
辽 宁	Liaoning	17091	17745	1986	2066	1204	1264	986	1029
吉 林	Jilin	4370	4437	333	352	158	167	97	104
黑龙江	Heilongjiang	5016	4149	240	223	143	127	110	97
上 海	Shanghai	68952	74885	5305	6613	3360	4497	2707	3515
江 苏	Jiangsu	51634	53551	7181	7822	3839	4229	3256	3573
浙 江	Zhejiang	31005	32778	2629	2918	1527	1714	1196	1364
安 徽	Anhui	4721	5063	480	1065	261	309	188	223
福 建	Fujian	24322	25895	1732	1967	945	1109	779	900
江 西	Jiangxi	7020	7094	670	726	438	481	380	416
山 东	Shandong	26023	27240	1992	2193	1131	1272	871	993
河 南	Henan	10056	8316	589	687	297	348	223	248
湖 北	Hubei	8160	8646	777	892	410	482	299	359
湖 南	Hunan	5353	5865	463	521	242	281	184	201
广 东	Guangdong	104555	111169	5621	6443	3377	3906	2733	3081
广 西	Guangxi	3949	4215	374	425	194	215	157	176
海 南	Hainan	3038	3111	279	312	157	180	117	117
重 庆	Chongqing	5147	5009	675	788	425	494	334	388
四 川	Sichuan	10253	10594	828	884	467	510	357	385
贵 州	Guizhou	1515	1662	155	181	78	102	61	83
云 南	Yunnan	4046	3901	253	327	144	177	109	103
西 藏	Tibet	255	221	13	20	8	16	4	10
陕 西	Shaanxi	6782	6017	447	516	241	284	181	194
甘 肃	Gansu	2282	2130	68	77	30	33	19	23
青 海	Qinghai	363	404	31	74	13	28	8	13
宁 夏	Ningxia	538	584	52	90	32	52	19	27
新 疆	Xinjiang	1325	1384	76	85	41	48	30	36
部门合计	**Department Total**	**2**		**0.3**		**0.3**		**0.3**	

11-19 按主要国别(地区)分对外直接投资
Overseas Direct Investment by Countries or Regions

单位：万美元 (USD 10 000)

国家（地区）	Country or Region	对外直接投资净额 Net Overseas Direct Investment		截至2015年对外直接投资存量 Overseas Direct Investment Stock at the End of 2015
		2014	2015	
合计	**Total**	**12311986**	**14566715**	**109786459**
亚洲	**Asia**	**8498803**	**10837087**	**76890132**
#中国香港	Hong Kong, China	7086730	8978978	65685524
印度尼西亚	Indonesia	127198	145057	812514
日本	Japan	39445	24042	303820
中国澳门	Macao, China	59610	108065	573912
新加坡	Singapore	281363	1045248	3198491
韩国	Republic of Korea	54887	132455	369804
泰国	Thailand	83946	40724	344012
越南	Vietnam	33289	56017	337356
非洲	**Africa**	**320192**	**297792**	**3469440**
#阿尔及利亚	Algeria	66571	21057	253155
苏丹	Sudan	17407	3171	180936
几内亚	Guinea	6770	-2572	38272
马达加斯加	Madagascar	3676	3384	34770
尼日利亚	Nigeria	19977	5058	237676
南非	South Africa	4209	23317	472297
欧洲	**Europe**	**1083791**	**711843**	**8367897**
#英国	United Kingdom	149890	184816	1663246
德国	Germany	143892	40963	588176
法国	France	40554	32788	572355
俄罗斯	Russia	63356	296086	1401963
拉丁美洲	**Latin America**	**1054739**	**1261036**	**12631893**
#开曼群岛	Cayman Islands	419172	1021303	6240408
墨西哥	Mexico	14057	-628	52476
英属维尔京群岛	Virgin Is. (E)	457043	184900	5167214
北美洲	**North America**	**920766**	**1071848**	**5217926**
#加拿大	Canada	90384	156283	851625
美国	United States	759613	802867	4080195
大洋洲	**Oceania**	**433695**	**387109**	**3209171**
#澳大利亚	Australia	404911	340131	2837385
新西兰	New Zealand	25002	34809	120872

11-20 按行业分对外直接投资
Overseas Direct Investment by Sector

单位：万美元 (USD 10 000)

行业	Sector	对外直接投资净额 Net Overseas Direct Investment 2014	2015	截至2015年对外直接投资存量 Overseas Direct Investment Stock at the End of 2015
总计	**Total**	**12311986**	**14566715**	**109786459**
农、林、牧、渔业	Agriculture, Forestry, Animal Husbandry and Fishery	203543	257208	1147580
采矿业	Mining	1654939	1125261	14238131
制造业	Manufacturing	958360	1998629	7852826
电力、热力、燃气及水生产和供应业	Production and Supply of Electricity, Heat, Gas and Water	176463	213507	1566310
建筑业	Construction	339600	373501	2712412
批发和零售业	Wholesale and Retail Trades	1829071	1921785	12194086
交通运输、仓储和邮政业	Transport, Storage and Post	417472	272682	3990552
住宿和餐饮业	Hotels and Catering Services	24474	72319	223334
信息传输、软件和信息技术服务业	Information Transmission, Software and Information Technology	316965	682037	2092752
金融业	Financial Intermediation	1591782	2424553	15966010
房地产业	Real Estate	660457	778656	3349305
租赁和商务服务业	Leasing and Business Services	3683059	3625788	40956771
科学研究和技术服务业	Scientific Research and Technical Services	166879	334540	1443083
水利、环境和公共设施管理业	Management of Water Conservancy, Environment and Public Facilities	55139	136773	254191
居民服务、修理和其他服务业	Service to Households, Repair and Other Services	165175	159948	1427660
教育	Education	1355	6229	28662
卫生和社会工作	Health and Social Service	15338	8387	17536
文化、体育和娱乐业	Culture, Sports and Entertainment	51915	174751	325098
公共管理、社会保障和社会组织	Public Management, Social Security and Social Organization		160	160

11-21 对外经济合作
Economic Cooperation with Foreign Countries or Regions

年 份 Year	对外承包工程 Contracted Projects				对外劳务合作 Labour Services	
	合同数 (份) Number of Contracts (unit)	合同金额 (亿美元) Contracted Value (100 million USD)	完成营业额 (亿美元) Value of Turnover Fulfilled (100 million USD)	年末在外人数 (万人) Persons Abroad by the End of Year (10 000 persons)	派出劳务人数 (万人) Dispatched Labor (10 000 persons)	年末在外人数 (万人) Persons Abroad by the End of Year (10 000 persons)
1979	27	0.33	}			
1980	138	1.40	} 1.23			
1981	250	2.76	}			
1982	195	3.46	1.00			
1983	280	7.99	1.89			
1984	344	15.38	4.94	2.19		2.76
1985	465	11.16	6.63	3.06		2.49
1986	486	11.89	8.19	2.74		1.90
1987	616	16.48	11.14	3.13		3.19
1988	642	18.13	12.53	3.00		3.98
1989	776	17.81	14.84	2.40		4.31
1990	920	21.25	16.44	2.18		3.61
1991	1171	25.24	19.70	2.15		6.83
1992	1164	52.51	24.03	2.54		10.56
1993	1393	51.89	36.68	3.42		13.09
1994	1702	60.27	48.83	3.83		18.43
1995	1558	74.84	51.08	3.84		22.59
1996	1634	77.28	58.21	3.88		24.66
1997	2085	85.16	60.36	4.78		28.55
1998	2322	92.43	77.69	6.11		29.08
1999	2527	101.99	85.22	5.53		32.65
2000	2597	117.19	83.79	5.56		36.93
2001	5836	130.39	88.99	6.00		41.47
2002	4036	150.55	111.94	7.85		41.04
2003	3708	176.67	138.37	9.40		42.97
2004	6694	238.44	174.68	11.47	17.30	41.94
2005	9502	296.14	217.63	14.48	18.34	41.87
2006	12996	660.05	299.93	19.86	21.48	47.52
2007	6282	776.21	406.43	23.60	21.49	50.51
2008	5411	1045.62	566.12	27.16	22.49	46.71
2009	7280	1262.10	777.06	32.69	18.01	45.03
2010	9544	1343.67	921.70	37.65	18.68	47.01
2011	6381	1423.32	1034.24	32.40	20.91	48.84
2012	6710	1565.29	1165.97	34.46	27.84	50.56
2013	11578	1716.29	1371.43	37.01	25.57	48.26
2014	7740	1917.56	1424.11	40.89	29.26	59.69
2015	8662	2100.74	1540.74	40.86	27.68	61.83

11-22 按国别(地区)分对外经济合作(2015年)
Economic Cooperation with Foreign Countries or Regions (2015)

国别(地区)	Country (Region)	承包工程 Contracted Projects			劳务合作 Labour Services	
		完成营业额(万美元) Value of Turnover Fulfilled (10 000 USD)	派出人数(人) Dispatched Labor (person)	年末在外人数(人) Persons Abroad by the End of Year (person)	派出人数(人) Dispatched Labor (person)	年末在外人数(人) Persons Abroad by the End of Year (person)
合　计	**Total**	**15407423**	**253070**	**408565**	**276800**	**618295**
亚洲	**Asia**	**6907010**	**133373**	**168038**	**215426**	**487077**
阿富汗	Afghanistan	1133	90	49		
巴林	Bahrain	27		3		9
孟加拉国	Bangladesh	175184	2402	3335	115	119
文莱	Brunei	8653	150	202		
缅甸	Myanmar	189471	4131	4548	485	787
柬埔寨	Cambodia	121396	3033	5573	1513	2311
塞浦路斯	Cyprus	113			319	324
朝鲜	Korea DPR	1832	311	721		
中国香港	Hong Kong, China	402744	225	783	39918	52371
印度	India	267458	926	1491	161	149
印度尼西亚	Indonesia	481528	8062	12940	178	835
伊朗	Iran	159048	1393	2030	227	227
伊拉克	Iraq	397661	7294	10421	93	163
以色列	Israel	15238		105	114	231
日本	Japan	44346		521	42252	154353
约旦	Jordan	8459	49	57	1	1040
科威特	Kuwait	128114	2968	2728	78	2285
老挝	Laos	321606	11815	10247	459	1534
黎巴嫩	Lebanon	721				
中国澳门	Macao, China	147710	479	1581	72779	120414
马来西亚	Malaysia	356227	9756	9351	3752	5267
马尔代夫	Maldives	14380	163	252		
蒙古	Mongolia	93484	5363	3875	201	657
尼泊尔	Nepal	25302	1150	711	209	366
阿曼	Oman	44939	44	467	23	20
巴基斯坦	Pakistan	516289	6292	9038	36	477
巴勒斯坦	Palestine	527	16			
菲律宾	Philippines	204150	1427	1474	234	183
卡塔尔	Qatar	136173	1553	2807	281	1463
沙特阿拉伯	Saudi Arabia	701812	23836	27334	1581	10643
新加坡	Singapore	354079	3298	5659	35014	96726
韩国	Korea	27393	146	87	2921	13207
斯里兰卡	Sri Lanka	136871	1582	3432	1480	1678
叙利亚	Syria	1634	5			
泰国	Thailand	281007	2257	2787	290	901
土耳其	Turkey	133887	4596	6709	38	31
阿联酋	United Arab Emirates	153943	1628	5485	1250	6177
也门共和国	Yemen Rep.	3354	69	162	7	16
越南	Vietnam	352317	4933	8521	584	3246
中国台湾	Taiwan, China	3945	5	16	7386	7238
东帝汶	East Timor	5315	244	332		
哈萨克斯坦	Kazakhstan	234700	13588	11129	1110	1265
吉尔吉斯斯坦	Kirghizia	54857	1947	3505	192	228
塔吉克斯坦	Tadzhikistan	64377	1670	1633	18	105
土库曼斯坦	Turkmenistan	68921	1013	990		
乌兹别克斯坦	Uzbekistan	61241	1352	2904	127	31
亚洲其他国家	Other Countries(Regions) in Asia	3444	2112	2043		

11-22 续表 1 continued

国别(地区)	Country (Region)	承包工程 Contracted Projects			劳务合作 Labour Services	
		完成营业额(万美元) Value of Turnover Fulfilled (10 000 USD)	派出人数(人) Dispatched Labor (person)	年末在外人数(人) Persons Abroad by the End of Year (person)	派出人数(人) Dispatched Labor (person)	年末在外人数(人) Persons Abroad by the End of Year (person)
非洲	**Africa**	**5478376**	**97555**	**194848**	**25754**	**68848**
阿尔及利亚	Algeria	824061	35363	59888	10841	31234
安哥拉	Angola	495275	11268	31030	4941	13076
贝宁	Benin	9159	40	172	6	147
博茨瓦纳	Botswana	31504	158	1218		29
布隆迪	Burundi	7146	172	569	208	265
喀麦隆	Cameroon	141350	2213	4185	47	118
佛得角	Cape Verde	2458	66	404	6	135
中非	Central African	486	4	667		
乍得	Chad	71585	1265	3197	343	740
科摩罗	Comoros	2225	19	235		
刚果(布)	Congo	297587	3046	8021	607	921
吉布提	Djibouti	107188	1326	965		
埃及	Egypt	201777	2686	2301	1	1
赤道几内亚	Eq.Guinea	136854	2450	7942	761	1623
埃塞俄比亚	Ethiopia	589402	5092	9385	238	588
加蓬	Gabon	56413	766	2004	183	300
冈比亚	Gambia	734	30	38	38	28
加纳	Ghana	140598	703	2228	349	1309
几内亚	Guinea	48642	964	1037	328	463
几内亚(比绍)	Guinea Bissau	3245	19	391		1
科特迪瓦	Cote d'Ivoire	63005	346	715	14	106
肯尼亚	Kenya	384569	1746	7269	47	167
利比里亚	Liberia	19873	526	749	1736	3215
利比亚	Libya	17380	100	128	79	7
马达加斯加	Madagascar	7484	23	163	23	383
马拉维	Malawi	9232	28	285	21	26
马里	Mali	23462	354	771	80	221
毛里塔尼亚	Mauritania	28413	660	979	70	457
毛里求斯	Mauritius	19824	407	903		1124
摩洛哥	Morocco	113109	1582	1201	39	180
莫桑比克	Mozambique	118750	2090	3281	149	665
纳米比亚	Namibia	76642	744	1450	48	143
尼日尔	Niger	63689	1396	1629	12	114
尼日利亚	Nigeria	348142	2495	6665	780	1993
卢旺达	Rwanda	21251	147	474	556	736
圣多美和普林西比	Sao Tome & Principe	127	1	7		
塞内加尔	Senegal	50037	677	1809	43	156
塞舌尔	Seychelles	3517	44	228	122	214
塞拉利昂	Sierra Leone	7928	346	778	251	548
索马里	Somalia	224				
南非	S. Africa	45177	375	2106		
苏丹	Sudan	154873	2797	5993	862	1917
坦桑尼亚	Tanzania	141471	3404	5017	160	779
多哥	Togo	21176	43	173	25	129
突尼斯	Tunisia	11067	153	310		2
乌干达	Uganda	155063	2589	3446	748	1027
布基纳法索	Burkina Faso	320				
赞比亚	Zambia	178981	3095	5430	218	1142
津巴布韦	Zimbabwe	45789	306	818	128	146

11-22 续表 2 continued

国别(地区)	Country (Region)	承包工程 Contracted Projects			劳务合作 Labour Services	
		完成营业额(万美元) Value of Turnover Fulfilled (10 000 USD)	派出人数(人) Dispatched Labor (person)	年末在外人数(人) Persons Abroad by the End of Year (person)	派出人数(人) Dispatched Labor (person)	年末在外人数(人) Persons Abroad by the End of Year (person)
莱索托	Lesotho	12610	170	327	51	858
斯威士兰	Swaziland	12487	406	463	3	125
厄立特里亚	Eritrea	36614	388	792	26	37
南苏丹	Republic of South Sudan	114388	2445	4575	566	1253
非洲其他国家(地区)	Other Countries(Regions) in Africa	4011	22	37		
欧洲	**Europe**	**878279**	**6989**	**13943**	**9978**	**20970**
比利时	Belgium	3638	5		2	2
丹麦	Denmark	218			60	56
英国	United Kingdom	84736	10	32	1001	989
德国	Germany	52252	44	55	1756	4181
法国	France	184421	6	26	6	22
爱尔兰	Ireland					
意大利	Italy	14498	56	71	477	661
荷兰	Netherlands	111	10	10		
希腊	Greece	24584		1	157	286
葡萄牙	Portugal	7632		22	274	179
西班牙	Spain	6561			2	2
阿尔巴尼亚	Albania	18809		1022		
奥地利	Austria					
保加利亚	Bulgaria	3041				
芬兰	Finland	8537	93	167		
直布罗陀	Gibraltar	2613			3	5
匈牙利	Hungary					154
马耳他	Malta	4650				4
摩纳哥	Monaco	3443		10	49	355
挪威	Norway	4032			8	8
波兰	Poland	6873		1	696	534
罗马尼亚	Romania	5037	1	89	4	24
瑞典	Sweden	14794		67		
瑞士	Switzerland	11506	4	4	22	37
拉脱维亚	Latvia	96				
立陶宛	Lithuania	399	9			
格鲁吉亚	Georgia				1	5
亚美尼亚	Armenia	19049	272	529	320	550
阿塞拜疆	Azerbaijan	7592		220		
白俄罗斯	Belorussia	98955	3411	3510	20	20
俄罗斯	Russia	171440	2197	6652	5016	12781
乌克兰	Ukraine	31375		29		
斯洛文尼亚	Slovenia	194	10	10		
克罗地亚	Croatia	213	16	28		2
捷克	Czech Rep.	7754				
马其顿共和国	Macedonia	36906	170	393		
波黑	Bosnia & Herzegovina	19410	151	301		
塞尔维亚	Serbia	19801	415	587	3	12
黑山	Montenegro	3107	109	107	101	101
拉丁美洲	**Latin America**	**1640035**	**13253**	**26226**	**20287**	**29867**
安提瓜和巴布达	Antigua & Barbuda	6320		151	15	43
阿根廷	Argentina	217332	2691	1753	27	94

11-22 续表 3 continued

国别(地区)	Country (Region)	承包工程 Contracted Projects			劳务合作 Labour Services	
		完成营业额(万美元) Value of Turnover Fulfilled (10 000 USD)	派出人数(人) Dispatched Labor (person)	年末在外人数(人) Persons Abroad by the End of Year (person)	派出人数(人) Dispatched Labor (person)	年末在外人数(人) Persons Abroad by the End of Year (person)
巴哈马	Bahamas	29469	7	376	1106	2077
巴巴多斯	Barbados	7			48	122
伯利兹	Belize				1010	1219
玻利维亚	Bolivia	26524	1080	881		27
巴西	Brazil	202023	107	314		160
开曼群岛	Cayman Is.				20	45
智利	Chile	19620	44	54	209	261
哥伦比亚	Colombia	39564	7	343	27	18
多米尼克	Dominica	66		76		
哥斯达黎加	Costa Rica	7070	245	292	72	72
古巴	Cuba	9162	32	256		
多米尼加共和国	Republic of Dominica	4473	50	50		2
厄瓜多尔	Ecuador	328837	2623	7369	313	679
格林纳达	Grenade	1443	7	23		
危地马拉	Guatemala	1644	1	66		
圭亚那	Guyana	9147	8	270	37	77
海地	Haiti		1	3		
洪都拉斯	Honduras	3933	77	77	8	5
牙买加	Jamaica	38860	271	546	77	366
墨西哥	Mexico	90219	237	274	110	119
尼加拉瓜	Nicaragua	3271	8	9		7
巴拿马	Panama	11141	60	115	16086	22194
巴拉圭	Paraguay	1596				
秘鲁	Peru	62566	2176	4724	169	411
圣文森特和格林纳丁斯	Saint Vincent & Grenadines				873	1029
苏里南	Suriname	2624	68	176		
特立尼达和多巴哥	Trinidad & Tobago	22525	294	1314		
乌拉圭	Uruguay	6395		3		
委内瑞拉	Venezuela	494205	3159	6711	77	761
英属维尔京群岛	Virgin Islands, British					50
圣其茨--尼维斯	St. Kitts-Nevis				3	29
北美洲	**North America**	**281411**	**403**	**1579**	**1398**	**2161**
加拿大	Canada	10663	7	77	745	945
美国	United States	270429	394	1502	653	1215
格陵兰	Greenland	5				
百慕大群岛	Bermuda					1
北美洲其他国家(地区)	Other Countries(Regions) in North America	314	2			
大洋洲及太平洋岛屿	**Oceanic and Pacific Is.**	**222313**	**1497**	**3931**	**2844**	**8008**
澳大利亚	Australia	121217	71	448	131	871
库克群岛	Cook Islands	1600	23	6	8	6
斐济	Fiji	15380	330	551	21	1399
新喀里多尼亚	New Caledonia	90		1171	140	140
瓦努阿图	Vanuatu	4433	276	214	2	350
新西兰	New Zealand	11749	5	21	3	62
巴布亚新几内亚	Papua New Guinea	60010	383	1045	2	38
所罗门群岛	Solomon Is.			3		
汤加	Tonga	2177	69	223	13	13
萨摩亚	Samoa	4165	231	69	4	1037
基里巴斯	Kiribati	377	78	55	686	955
图瓦卢	Tuvalu				69	153
密克罗尼西亚	Micronesia	902			8	29
马绍尔群岛	Marshall Islands				1709	2922
帕劳共和国	Republic of Palau				33	28
东萨摩亚	American Samoa	211	31	125		
纽埃	Niue				15	5
大洋洲其他国家(地区)	Other Countries (Regions) in Oceania	2				
其他	**Others**				**1113**	**1364**

主要统计指标解释

货物进出口总额　指实际进出我国国境的货物总金额。包括对外贸易实际进出口货物，来料加工装配进出口货物，国家间、联合国及国际组织无偿援助物资和赠送品，华侨、港澳台同胞和外籍华人捐赠品，租赁期满归承租人所有的租赁货物，进料加工进出口货物，边境地方贸易及边境地区小额贸易进出口货物，中外合资企业、中外合作经营企业、外商独资经营企业进出口货物和公用物品，到、离岸价格在规定限额以上的进出口货样和广告品(无商业价值、无使用价值和免费提供出口的除外)，从保税仓库提取在中国境内销售的进口货物，以及其他进出口货物。该指标可以观察一个国家在对外贸易方面的总规模。我国规定出口货物按离岸价格统计，进口货物按到岸价格统计。

商品经营单位所在地进、出口额　指在所在地海关注册登记的有进出口经营权的企业实际进、出口额。

商品目的地进口额和商品货源地出口额　目的地进口额指进口货物的消费、使用或最终抵运地的实际进口额；货源地出口额指出口货物的产地或原始发货地的实际出口额。

服务进出口　指常住单位与非常住单位之间相互提供的服务。包括旅行服务，运输服务，专业管理和咨询服务，电信、计算机和信息服务，文化服务，建筑服务，技术服务，知识产权使用费，保险服务，金融服务，其他服务。不包括政府服务。

外商直接投资　是指外国投资者在我国境内通过设立外商投资企业、合伙企业、与中方投资者共同进行石油资源的合作勘探开发以及设立外国公司分支机构等方式进行投资。外国投资者可以用现金、实物、无形资产、股权等投资，还可以用从外商投资企业获得的利润进行再投资。

外商其他投资　指除对外借款和外商直接投资以外的各种利用外资的形式。包括企业在境内外股票市场公开发行的以外币计价的股票发行价总额，国际租赁进口设备的应付款，补偿贸易中外商提供的进口设备、技术、物料的价款，加工装配贸易中外商提供的进口设备、物料的价款。

对外直接投资　指我国企业、团体等(简称境内投资主体）在国外及港澳台地区以现金、实物、无形资产等方式投资，并以控制国(境)外企业的经营管理权为核心的经济活动。对外直接投资的内涵主要体现在一经济体通过投资于另一经济体而实现其持久利益的目标。

对外承包工程　根据《对外承包工程管理条例》，对外承包工程是指中国的企业或者其他单位承包境外建设工程项目的活动。

对外劳务合作　指组织劳务人员赴其他国家或地区为国外的企业或机构工作的经营性活动。

Explanatory Notes on Main Statistical Indicators

Total Import and Export of Goods refer to the real value of commodities imported and exported across the border of China. They include the actual imports and exports through foreign trade, imported and exported goods under the processing and assembling trades and materials, supplies and gifts as aid given gratis between governments and by the United Nations and other international organizations, and contributions donated by overseas Chinese, compatriots in Hong Kong and Macao and Chinese with foreign citizenship, leasing commodities owned by tenant at the expiration of leasing period, the imported and exported commodities processed with imported materials, commodities trading in border areas, the imported and exported commodities and articles for public use of the Sino-foreign joint ventures, cooperative enterprises and ventures with sole foreign investment. Also included is import or export of samples and advertising goods for which CIF or FOB value are beyond the permitted ceiling (excluding goods of no trading or use value and free commodities for export), imported goods sold in China from bonded warehouses and other imported or exported goods. The indicator of the total imports and exports at customs can be used to observe the total size of external trade in a country. In accordance with the stipulation of the Chinese government, imports are calculated at CIF, while exports are calculated at FOB.

Import or Export Value by Location of China's Foreign Trade Managing Units refers to actual value of imports and exports carried out by corporations which have been registered by the local Customs house and are vested with right to run import export business.

Import Value of Commodities by Place of Destination and Export Value of Commodities by Place of Origin in China The former indicator refers to the value of import commodities of the places of their consumption, utilization or the places of their final destination. The latter indicator refers to the value of export commodities of the places of their origin or the places of the commodities dispatched.

Import and Export of Services refers to services provided between resident and non-resident units, including services on travel, transportation, professional management and consultancy, telecommunications, computer and informations, culture, construction, technology, intellectual property fee, insurance, banking and other servoces, but excluding government services.

Foreign Direct Investment refers to foreign investment in China through the establishment of foreign invested enterprises, cooperative exploration and development of petroleum resources with domestic investors and the establishment of branch organizations of foreign enterprises. Foreign investment can be made in forms of cash, physical investment, intangible assets and equity, in addition with reinvestment of the foreign enterprises with the profits gained from the investment.

Other Foreign Investment refers to all forms of utilization of foreign capitals other than foreign borrowings and foreign direct investment. It includes the total value of stock shares in foreign currencies issued by enterprises at domestic or foreign stock exchanges, rent payable for the imported equipment through international leasing arrangement, cost of imported equipment, technology and materials provided by foreign counterparts in compensation trade and processing and assembly trade.

Overseas Direct Investment refers to investment made by domestic enterprises and organizations (referred to as domestic investors) in foreign countries and Hong Kong SAR, Macao SAR and Taiwan province in forms of cash, physical investment and intangible assets, and the economic activities centring on operation and management of those enterprises are under the control of domestic investors. The content of overseas direct investment mainly reflects one economic entity by investing in another economic entıty to achieve its goal of lasting interest.

Overseas Contracted Projects refer to activities of contracting overseas construction projects by Chinese enterprises or any other units, which are stipulated in the *Regulations on Administration of Foreign Contracted Project.*

Overseas Labour Services refer to operational activities of organizing labour force to go abroad providing services to foreign enterprises or agencies.

12

农　业

Agriculture

简要说明

一、本篇资料的主要内容及统计范围

本篇资料反映我国农业生产和农村经济的基本情况，内容主要包括农业机械拥有量、农林牧渔业产值、主要农产品产量、水利设施与除涝治碱、国营农场基本情况等方面的统计资料。

农业统计范围包括全社会除军马生产及农业科研机构进行的农业生产以外的所有农业生产活动。即农村各种经济组织和农户经营的农林牧渔业生产活动；各种专业性农、林、牧、渔场的农业生产活动；国家各级机关、团体、学校、部队进行的农业生产活动；集体所有制的乡、镇、村办农场的农业生产活动；以及工矿企业经营的农、林、牧、渔业生产活动。

1.农业：指对各种农作物的种植活动。包括谷物、豆类、薯类、棉花、油料、糖料、麻类、烟叶、蔬菜、园艺作物、水果、坚果、饮料和香料作物、中草药及其他作物的种植。

2.林业：包括林木的栽培(不包括茶园、桑园和果园的栽培、管理和收获等活动)，木材和竹材的采运，林产品的采集。

3.畜牧业：包括牲畜饲养和放牧，家禽饲养以及野生动物的捕猎和饲养。

4.渔业：包括水生动物和海藻类植物的养殖和捕捞。

5.农、林、牧、渔服务业：指对农、林、牧、渔业生产活动进行的各种支持性服务。但不包括各种科学技术和专业性技术服务活动。

农村社会经济统计范围包括除县城关镇以外所有乡镇的社会经济活动。

二、本篇的资料来源及统计调查方法

1.农业生产基本情况由国家统计局农村社会经济调查司根据《农林牧渔业统计报表制度》、《农业产值和价格综合统计报表制度》、《县域社会经济基本情况统计报表制度》的有关资料整理提供。

《农林牧渔业统计报表制度》包括两部分内容：

一是种植业的粮食、棉花等主要农作物；畜牧业的猪、牛、羊和家禽等内容，国家实行以省为总体的抽样调查，并对500个生猪调出大县实行以县为总体的抽样调查。

二是农业生产条件、热带农作物、园林作物、设施农业、其他畜禽等生产统计报表，这部分内容为全面统计报表制度，调查方法由各省（区、市）统计局自行确定。

《县域社会经济基本情况统计报表制度》是国家统计局为了解县（市、区、旗）、乡（镇）、村社会经济基本情况等内容而专门设置的统计报表制度。制度规定对村基本情况每五年进行一次全面调查，县（市、区、旗）、乡（镇）每年进行一次全面调查。

2.林业和渔业生产情况资料，分别来自国家林业局和农业部汇总的统计报表，调查方法由部门自行确定。

3.国有农场基本情况资料，主要取材于农业部农垦局汇总的统计报表。其调查范围是全国31个省、自治区、直辖市。统计方法为逐级上报、全面汇总。

4.灌溉、水库和除涝、治水、治碱情况及各地区水利设施和除涝、治碱面积资料，主要来源于水利部汇总的统计报表。其统计范围包括各省、自治区、直辖市。资料收集以县为基本统计单位，采取逐级汇总上报的方式。有些特殊指标如灌区数、大型水库、跨县的中小型水库，由地区直接统计，上报省水利厅。

Brief Introduction

I. Main Contents and Statistical Scopes

The data in this chapter show the basic conditions of agricultural production and rural economy, including mainly cultivated land, quantity of agricultural machinery, output of agriculture, forestry, animal husbandry and fishery, output of major products, facilities of water conservancy and efforts to eliminate water-logging and combat alkalinity, productive fixed assets owned by rural households, basic conditions of State-owned farms.

Statistics on agriculture cover all agricultural production activities except horse raising for military purpose and agricultural production activities undertaken by agriculture research institutions. In other words, included in agriculture statistics are production activities in agriculture, forestry, animal husbandry and fishery undertaken by rural economic units of various types and by rural households; production activities of farms specializing in agriculture, forestry, animal husbandry and fishery; production activities in agriculture undertaken by government agencies, institutions, schools and military units; production activities in agriculture undertaken by collective farms run by townships and villages; and production activities in agriculture, forestry, animal husbandry and fishery undertaken by manufacturing and mining enterprises.

(1) Agriculture: refers to cultivation of farm crops, including cereals, beans, tuber crops, cotton, oil-bearing crops, sugar crops, hemp, tobacco leaves, vegetables, gardening plants, fruits, nuts, crops for beverages and spices, medicinal herbs and other farm crops.

(2) Forestry: includes the planting of trees (excluding the operations of planting, management and harvesting on tea plantations, mulberry fields and orchards), cutting and transport of timber and bamboo and collection of forest products.

(3) Animal husbandry: includes the raising and grazing of domestic animals and poultry, and the hunting and raising of wild animals.

(4) Fishery: includes cultivation and catching of aquatic animals and seaweed.

(5) Services in support of agriculture, forestry, animal husbandry and fishery: include supporting services to production activities in agriculture, forestry, animal husbandry and fishery but do not include activities of science and technology and professional services.

Rural social and economic statistics cover social and economic activities in all townships except county towns.

II. Data Sources and Survey Methods

(1) Data on agricultural production are provided by the Department of Rural Social and Economic Survey of the NBS using data from the *Statistical Reporting System on Agriculture, Forestry, Animal Husbandry and Fishery*; the *Statistical Reporting System on Agricultural Output and Price and the Statistical Reporting System on the Basic Condition of Social and Economic Activities of Counties* .

Statistical Reporting System on Agriculture, Forestry, Animal Husbandry and Fishery is composed of two parts:

Firstly, it is the sample survey conducted by the nation taking the province as the population on major farm crops such as grain and cotton, on animal husbandry such as hog, cattle, sheep and poultry, and a sample survey on 500 pig output counties taking the county as the population.

Secondly, it is the comprehensive reporting system, statistical reporting forms are used on agricultural production conditions, tropical farm crops, garden crops, agricultural facilities and other poultry. Survey methodologies are determined by individual provincial (autonomous region, municipal) statistical bureau.

The Statistical Reporting System on the Basic Condition of Social and Economic Activities of Counties is a special report forms system designed by the NBS to understand the basic conditions of social and economic activities at county, township and rural level. Under this survey system, a complete enumeration is conducted every 5 years to collect information on the basic conditions of all villages, and a complete enumeration is conducted every year in counties (cities, districts and banners) and towns (townships).

(2) Data on the basic conditions of forestry and fishery production come from statistical reports tabulated by State Forestry Administration and Ministry of Agriculture, survey methods are decided by them respectively.

(3) Data on the basic conditions of the State-owned farms come from the statistical reports tabulated by the Bureau of Reclamation. The statistical scope covers 31 provinces, autonomous regions and municipalities directly under the Central Government. Data are collected from the grassroots units in accordance with the statistical reporting scheme whereby reporting is done level by level for aggregation.

(4) Data on irrigation and reservoirs, data on efforts to eliminate water-logging, to prevent floods by water control and to combat alkalinity as well as data on the facilities of water conservancy and the area of water-logging eliminated and the improved area of saline-alkaline land come mainly from statistical reports of the Ministry of Water Resources. The statistical scope includes provinces, autonomous regions and municipalities directly under the Central Government. Data are collected from individual counties in accordance with the statistical reporting system and are tabulated and reported level by level. Data on some special indicators, such as the number of irrigated areas, large reservoirs and the medium-sized and small reservoirs that cut across counties are collected directly by the prefectures and reported to the provincial departments of water resources.

12-1 农业生产条件与农作物播种面积
Agricultural Production Basic Conditions and Sown Area of Farm Crops

指 标	Item	2000	2010	2014	2015
农业机械总动力 (万千瓦)	Total Agricultural Machinery Power (10 000 kw)	52573.6	92780.5	108056.6	111728.1
大中型拖拉机 (台)	Number of Large and Medium-sized Agricultural Tractors (unit)	974547	3921723	5679500	6072900
小型拖拉机 (万台)	Number of Small Tractors (10 000 units)	1264.4	1785.8	1729.8	1703.0
大中型拖拉机配套农具 (万部)	Number of Large and Medium-sized Tractor Towing Farm Machinery (10 000 units)	140.0	612.9	889.6	962.0
小型拖拉机配套农具 (万部)	Small Tractor Towing Farm Machinery (10 000 units)	1788.8	2992.5	3053.6	3041.5
农用排灌柴油机 (万台)	Number of Diesel Engines (10 000 units)	688.1	946.3	936.1	939.9
耕地灌溉面积 (千公顷)	Irrigated Area of Cultivated Land (1 000 hectares)	53820	60348	64540	65873
化肥施用量 (万吨)	Consumption of Chemical Fertilizers (10 000 tons)	4146.4	5561.7	5995.9	6022.6
农村用电量 (亿千瓦时)	Electricity Consumed in Rural Areas (100 million kwh)	2421.3	6632.3	8884.4	9026.9
农作物总播种面积 (千公顷)	Total Sown Area (1 000 hectares)	156300	160675	165446	166374
粮食	Grain Crops	108463	109876	112723	113343
谷物	Cereal	85264	89851	94603	95636
#稻谷	Rice	29962	29873	30310	30216
小麦	Wheat	26653	24257	24069	24141
玉米	Corn	23056	32500	37123	38119
豆类	Beans	12660	11276	9179	8868
薯类	Tubers	10538	8750	8940	8839
油料	Oil-bearing Crops	15400	13890	14043	14035
棉花	Cotton	4041	4849	4222	3797
麻类	Fiber Crops	262	133	86	81
糖料	Sugar Crops	1514	1905	1899	1737
烟叶	Tobacco	1437	1345	1463	1314
蔬菜	Vegetables	15237	19000	21405	22000
茶园面积 (千公顷)	Area of Tea Plantations (1 000 hectares)	1089	1970	2650	2791
果园面积 (千公顷)	Area of Orchards (1 000 hectares)	8932	11544	13127	12817

12-2 主要农牧渔业生产情况
Output of Agriculture, Animal Husbandry and Fishery

指 标	Item	2010	2011	2012	2013	2014	2015
农产品产量 (万吨)	Output of Farm Products (10 000 tons)						
粮食	Grain	54647.7	57120.8	58958.0	60193.8	60702.6	62143.9
谷物	Cereal	49637.1	51939.4	53934.7	55269.2	55740.7	57228.1
#稻谷	Rice	19576.1	20100.1	20423.6	20361.2	20650.7	20822.5
小麦	Wheat	11518.1	11740.1	12102.3	12192.6	12620.8	13018.5
玉米	Corn	17724.5	19278.1	20561.4	21848.9	21564.6	22463.2
豆类	Beans	1896.5	1908.4	1730.5	1595.3	1625.5	1589.8
薯类	Tubers	3114.1	3273.1	3292.8	3329.3	3336.4	3326.1
油料	Oil-bearing Crops	3230.1	3306.8	3436.8	3517.0	3507.4	3537.0
#花生	Peanuts	1564.4	1604.6	1669.2	1697.2	1648.2	1644.0
油菜籽	Rapeseeds	1308.2	1342.6	1400.7	1445.8	1477.2	1493.1
芝麻	Sesame	58.7	60.5	63.9	62.3	63.0	64.0
棉花	Cotton	596.1	659.8	683.6	629.9	617.8	560.3
麻类	Fiber Crops	31.7	29.6	26.1	22.9	23.1	21.1
#黄红麻	Jute and Ambary Hemp	6.9	7.5	6.8	6.1	5.6	5.3
甘蔗	Sugarcane	11078.9	11443.5	12311.4	12820.1	12561.1	11696.8
甜菜	Beetroots	929.6	1073.1	1174.0	926.0	800.0	803.2
烟叶	Tobacco	300.4	313.2	340.7	337.4	299.4	283.2
#烤烟	Flue-Cured Tobacco	273.1	287.0	312.6	314.9	279.5	260.6
蚕茧	Silkworm Cocoons	87.3	91.6	90.6	89.2	89.5	90.1
#桑蚕茧	Mulberry Silkworm Cocoons	80.0	83.6	83.1	81.7	81.9	82.4
茶叶	Tea	147.5	162.3	179.0	192.4	209.6	224.9
水果	Fruits	21401.4	22768.2	24056.8	25093.0	26142.2	27375.0
农产品单位面积产量 (公斤/公顷)	Output of Farm Products per Hectare (kg/hectare)						
谷物	Cereal	5524	5707	5824	5894	5892	5984
棉花	Cotton	1229	1310	1458	1449	1463	1476
花生	Peanuts	3455	3502	3598	3663	3580	3562
油菜籽	Rapeseeds	1775	1827	1885	1920	1947	1982
芝麻	Sesames	1312	1385	1463	1490	1468	1519
黄红麻	Jute and Ambary Hemp	3686	3896	3899	3581	3885	3946
甘蔗	Sugarcane	65700	66485	68600	70576	71352	73121
甜菜	Beetroots	42498	47361	49793	50922	57647	58680
烤烟	Flue-Cured Tobacco	2219	2124	2112	2062	2027	2134
大牲畜年底头数(万头)	Number of Large Animals (year-end,10 000 heads)	12238.5	11966.2	11891.8	11853.2	12022.9	12195.7
#牛	Cattle and Buffaloes	10626.4	10360.5	10343.4	10385.1	10578.0	10817.3
马	Horses	677.1	670.9	633.5	602.7	604.3	590.8
驴	Donkeys	639.7	647.8	636.1	603.4	582.6	542.1
骡	Mules	269.7	259.8	249.2	230.4	224.6	210.0
骆驼	Camels	25.6	27.3	29.5	31.6	33.4	35.6
肉猪出栏头数 (万头)	Number of Slaughtered Fattened Hogs (10 000 heads)	66686.4	66362.1	69789.5	71557.3	73510.4	70825.0
猪年底头数 (万头)	Number of Hogs (year-end,10 000 heads)	46460.0	46862.7	47592.2	47411.3	46582.7	45112.5
羊年底只数 (万只)	Number of Sheep and Goats (year-end,10 000 heads)	28087.9	28235.8	28504.1	29036.3	30314.9	31099.7
山羊	Goats	14203.9	14274.2	14136.1	14034.5	14465.9	14893.4
绵羊	Sheep	13884.0	13961.5	14368.0	15001.7	15849.0	16206.2
肉类产量 (万吨)	Output of Meat (10 000 tons)	7925.8	7965.1	8387.2	8535.0	8706.7	8625.0
#猪牛羊肉	Pork Beef and Mutton	6123.1	6101.1	6405.9	6574.4	6788.8	6627.5
猪肉	Pork	5071.2	5060.4	5342.7	5493.0	5671.4	5486.5
牛肉	Beef	653.1	647.5	662.3	673.2	689.2	700.1
羊肉	Mutton	398.9	393.1	401.0	408.1	428.2	440.8
奶类 (万吨)	Milk (10 000 tons)	3748.0	3810.7	3875.4	3649.5	3841.2	3870.3
#牛奶	Cow Milk	3575.6	3657.8	3743.6	3531.4	3724.6	3754.7
绵羊毛 (吨)	Sheep Wool (ton)	386768	393072	400057	411122	419518	427464
山羊粗毛 (吨)	Goat Coarse Wool (ton)	42714	44047	43924	41875	40046	36956
山羊绒 (吨)	Cashmere (ton)	18518	17989	18021	18114	19278	19247
禽蛋 (万吨)	Poultry Eggs (10 000 tons)	2762.7	2811.4	2861.2	2876.1	2893.9	2999.2
水产品总产量 (万吨)	Total Aquatic Products (10 000 tons)	5373.0	5603.2	5907.7	6172.0	6461.5	6699.6
海水产品	Seawater Aquatic Products	2797.5	2908.0	3033.3	3138.8	3296.2	3409.6
淡水产品	Freshwater Aquatic Products	2575.5	2695.2	2874.3	3033.2	3165.3	3290.0

注：2003年起水果产量包括瓜果类产量；2011年新疆生猪、猪肉数据有修订，全国数相应修订。

a) Output of fruits has included melons since 2003. Figure of pigs, pork in Xinjiang for the year 2011 has been revised, so the national figure has been revised accordingly.

12-3 农、林、牧、渔业总产值及指数
Gross Output Value of Agriculture, Forestry, Animal Husbandry and Fishery and Related Indices

年份 地区	Year Region	绝对数（亿元） Gross Output Value (100 million yuan) 农林牧渔业总产值 Total	#农业 Farming	#林业 Forestry	#牧业 Animal Husbandry	#渔业 Fishery	指数（上年=100） Indices of Gross Output (preceding year=100) 农林牧渔业总产值 Total	#农业 Farming	#林业 Forestry	#牧业 Animal Husbandry	#渔业 Fishery
	1978	1397.0	1117.5	48.1	209.3	22.1					
	1980	1922.6	1454.1	81.4	354.2	32.9	101.4	99.7	112.2	107.0	107.7
	1985	3619.5	2506.4	188.7	798.3	126.1	103.4	99.8	104.5	117.2	118.9
	1990	7662.1	4954.3	330.3	1967.0	410.6	107.6	108.0	103.1	107.0	110.0
	1995	20340.9	11884.6	709.9	6045.0	1701.3	110.9	107.9	105.0	114.8	119.4
	2000	24915.8	13873.6	936.5	7393.1	2712.6	103.6	101.4	105.4	106.3	106.5
	2005	39450.9	19613.4	1425.5	13310.8	4016.1	105.7	104.1	103.2	107.8	106.5
	2006	40810.8	21522.3	1610.8	12083.9	3970.5	105.4	105.4	105.6	105.0	106.0
	2007	48893.0	24658.1	1861.6	16124.9	4457.5	103.9	104.0	106.9	102.3	104.8
	2008	58002.2	28044.2	2152.9	20583.6	5203.4	105.7	104.8	108.1	106.8	106.0
	2009	60361.0	30777.5	2193.0	19468.4	5626.4	104.6	103.8	107.1	105.8	105.8
	2010	69319.8	36941.1	2595.5	20825.7	6422.4	104.4	104.1	106.5	104.1	105.5
	2011	81303.9	41988.6	3120.7	25770.7	7568.0	104.5	105.6	107.6	101.7	104.5
	2012	89453.0	46940.5	3447.1	27189.4	8706.0	104.9	104.4	106.7	105.2	105.1
	2013	96995.3	51497.4	3902.4	28435.5	9634.6	104.0	104.4	107.3	102.0	105.2
	2014	102226.1	54771.5	4256.0	28956.3	10334.3	104.2	104.4	106.1	103.0	104.4
	2015	107056.4	57635.8	4436.4	29780.4	10880.6	103.9	105.0	105.3	101.1	103.8
北 京	Beijing	368.2	154.5	57.3	135.9	11.9	88.3	102.6	63.2	87.8	89.1
天 津	Tianjin	467.4	238.0	7.7	130.2	80.4	102.6	104.2	108.7	100.5	101.2
河 北	Hebei	5978.9	3441.4	121.5	1904.1	198.7	102.7	102.8	104.3	101.7	102.4
山 西	Shanxi	1522.6	969.5	97.4	359.0	9.9	101.1	100.9	100.7	101.2	102.2
内蒙古	Inner Mongolia	2751.6	1418.3	99.4	1160.9	30.8	102.4	106.0	103.5	97.9	104.4
辽 宁	Liaoning	4686.7	2068.6	166.1	1561.4	689.8	103.8	113.8	101.1	95.6	100.0
吉 林	Jilin	2880.6	1400.4	109.8	1244.9	39.9	104.3	104.8	110.5	103.4	102.7
黑龙江	Heilongjiang	5044.9	2911.9	204.2	1704.8	117.6	105.2	105.4	105.7	104.2	110.2
上 海	Shanghai	302.6	162.0	12.2	65.6	51.8	93.3	94.5	121.5	90.5	89.6
江 苏	Jiangsu	7030.8	3722.1	129.1	1262.1	1517.5	102.6	103.3	106.1	97.7	102.5
浙 江	Zhejiang	2933.4	1434.7	151.6	426.2	855.9	101.2	103.4	104.2	86.7	104.8
安 徽	Anhui	4390.8	2174.6	290.1	1259.0	475.1	104.2	104.9	105.7	102.7	103.3
福 建	Fujian	3717.9	1618.6	314.3	571.3	1082.3	103.9	104.5	104.1	98.8	105.4
江 西	Jiangxi	2859.1	1326.9	293.7	719.8	420.0	104.0	106.2	106.9	99.6	104.1
山 东	Shandong	9549.6	4929.9	139.9	2523.2	1524.7	104.3	104.7	108.1	103.1	103.2
河 南	Henan	7641.3	4610.7	134.3	2445.3	123.6	104.6	105.6	101.7	102.2	110.5
湖 北	Hubei	5728.6	2780.4	180.6	1503.3	922.8	105.4	104.5	121.5	100.5	105.6
湖 南	Hunan	5630.7	3043.5	317.4	1601.7	366.9	103.7	104.4	108.2	99.6	107.1
广 东	Guangdong	5520.0	2793.8	296.7	1117.1	1117.2	103.1	104.0	105.8	99.5	103.3
广 西	Guangxi	4197.1	2146.4	313.9	1140.3	429.8	103.7	105.1	106.3	99.7	104.0
海 南	Hainan	1323.9	613.9	99.2	238.5	324.9	105.5	106.4	107.3	102.5	104.8
重 庆	Chongqing	1738.1	1033.7	60.4	542.9	74.9	104.6	104.6	109.0	102.4	114.0
四 川	Sichuan	6377.8	3335.5	205.8	2515.6	210.5	103.6	102.8	94.8	105.7	100.3
贵 州	Guizhou	2738.7	1772.6	137.7	665.2	55.9	106.8	108.7	108.2	101.5	118.1
云 南	Yunnan	3383.1	1841.5	317.1	1031.0	81.7	106.0	106.1	109.7	104.0	108.8
西 藏	Tibet	149.5	68.0	2.1	75.3	0.2	104.5	104.4	77.6	105.3	100.6
陕 西	Shaanxi	2813.5	1910.7	75.8	665.5	23.6	105.0	106.1	113.1	100.6	112.2
甘 肃	Gansu	1722.1	1252.5	28.6	279.4	2.2	105.7	105.6	112.2	105.5	101.0
青 海	Qinghai	319.3	145.0	7.4	158.4	2.8	101.8	100.1	112.5	102.5	125.2
宁 夏	Ningxia	483.0	311.0	11.6	122.9	15.8	104.4	105.6	99.3	101.6	105.6
新 疆	Xinjiang	2804.4	2005.4	53.2	649.5	21.8	106.3	106.9	107.9	104.1	109.5

注：本表绝对数按当年价格计算，指数按可比价格计算。2003年起总产值包括农林牧渔服务业产值。

a) Data in value terms in this table are calculated at current prices, while the indices are calculated at constant prices. Since 2003, gross output value includes the services in support of agriculture, forestry, animal husbandry and fishery.

12-4 主要农业机械拥有量（年底数）
Major Agricultural Machinery at Year-end

年 份 Year 地 区 Region	农业机械总动力（万千瓦）Total Power of Agricultural Machinery (10 000 kw)	大中型拖拉机 Large and Medium-sized Tractors		小型拖拉机 Small Tractors		农用排灌柴油机 Diesel Engines
		数量（万台）Number (10 000 units)	配套农具（万部）Towing Farm Machinery (10 000 units)	数量（万台）Number (10 000 units)	配套农具（万部）Towing Farm Machinery (10 000 units)	数量（万台）Number (10 000 units)
1978	11749.9	55.74	119.20	137.30	145.40	265.70
1980	14745.7	74.49	136.90	187.40	219.10	289.90
1985	20912.5	85.24	112.80	382.40	320.20	286.50
1990	28707.7	81.35	97.40	698.10	648.80	411.10
1995	36118.1	67.18	99.12	864.64	957.98	491.21
2000	52573.6	97.45	139.99	1264.37	1788.79	688.12
2005	68397.8	139.60	226.20	1526.89	2464.97	809.91
2006	72522.1	171.82	261.50	1567.90	2626.57	836.35
2007	76589.6	206.27	308.28	1619.11	2732.96	861.50
2008	82190.4	299.52	435.36	1722.41	2794.54	898.39
2009	87496.1	351.58	542.06	1750.90	2880.56	924.92
2010	92780.5	392.17	612.86	1785.79	2992.55	946.25
2011	97734.7	440.65	698.95	1811.27	3062.01	968.39
2012	102559.0	485.24	763.52	1797.23	3080.62	982.31
2013	103906.8	527.02	826.62	1752.28	3049.21	934.70
2014	108056.6	567.95	889.64	1729.77	3053.63	936.13
2015	111728.1	607.29	962.00	1703.04	3041.52	939.93
北 京 Beijing	186.1	0.70	1.04	0.14	0.19	0.26
天 津 Tianjin	546.9	1.50	3.19	0.28	1.52	3.79
河 北 Hebei	11102.8	27.43	49.78	136.26	180.39	94.27
山 西 Shanxi	3351.7	13.07	25.69	35.79	51.10	2.68
内蒙古 Inner Mongolia	3805.1	72.38	116.74	38.21	86.64	21.80
辽 宁 Liaoning	2813.9	23.15	30.55	34.01	50.94	22.59
吉 林 Jilin	3152.5	52.16	85.88	64.64	190.32	26.57
黑龙江 Heilongjiang	5442.3	96.80	138.32	60.30	112.99	24.95
上 海 Shanghai	119.0	0.75	2.05	0.30	0.23	
江 苏 Jiangsu	4825.5	16.76	30.25	81.86	140.59	17.89
浙 江 Zhejiang	2360.7	1.26	1.99	11.86	13.71	8.47
安 徽 Anhui	6581.0	22.01	51.51	214.67	503.19	39.13
福 建 Fujian	1384.1	0.39	0.51	9.82	13.35	10.16
江 西 Jiangxi	2260.8	1.96	2.76	33.20	33.42	35.24
山 东 Shandong	13353.0	53.52	103.30	190.93	324.67	180.70
河 南 Henan	11710.1	40.23	94.83	339.62	661.37	54.10
湖 北 Hubei	4468.1	16.84	37.13	113.81	222.44	26.44
湖 南 Hunan	5894.1	12.88	5.60	24.36	11.62	133.32
广 东 Guangdong	2696.8	2.87	4.45	32.96	37.66	45.19
广 西 Guangxi	3803.2	4.24	6.53	48.60	69.16	52.74
海 南 Hainan	511.6	4.37	1.82	5.78	5.20	15.62
重 庆 Chongqing	1299.7	0.41	0.32	0.84	0.37	14.06
四 川 Sichuan	4404.5	13.22	6.02	10.45	10.70	52.90
贵 州 Guizhou	2575.2	4.28	1.71	9.92	3.01	23.68
云 南 Yunnan	3333.0	31.76	6.16	37.18	35.44	22.46
西 藏 Tibet	619.7	10.77	8.56	14.40	10.70	0.76
陕 西 Shaanxi	2667.3	11.11	19.93	21.81	29.86	5.72
甘 肃 Gansu	2685.0	16.03	35.64	61.32	127.96	2.61
青 海 Qinghai	453.9	1.69	1.43	25.86	27.30	0.05
宁 夏 Ningxia	831.3	5.32	9.00	16.12	23.11	0.48
新 疆 Xinjiang	2489.3	47.43	79.31	27.74	62.37	1.30

注：2001年起以后大中型拖拉机中不包括变形拖拉机。

a) Number of large and medium-sized agricultural tractors does not include transfiguration tractors since 2001.

12-5 耕地灌溉面积和农用化肥施用量
Irrigated Area of Cultivated Land and Consumption of Chemical Fertilizers

年份 Year / 地区 Region		耕地灌溉面积(千公顷) Irrigated Area of Cultivated Land (1 000 hectares)	化肥施用量(万吨) Consumption of Chemical Fertilizer (10 000 tons)	氮肥 Nitrogenous Fertilizer	磷肥 Phosphate Fertilizer	钾肥 Potash Fertilizer	复合肥 Compound Fertilizer
	1978	44965.0	884.0				
	1980	44888.1	1269.4	934.2	273.3	34.6	27.2
	1985	44035.9	1775.8	1204.9	310.9	80.4	179.6
	1990	47403.1	2590.3	1638.4	462.4	147.9	341.6
	1995	49281.2	3593.7	2021.9	632.4	268.5	670.8
	2000	53820.3	4146.4	2161.5	690.5	376.5	917.9
	2005	55029.3	4766.2	2229.3	743.8	489.5	1303.2
	2006	55750.5	4927.7	2262.5	769.5	509.7	1385.9
	2007	56518.3	5107.8	2297.2	773.0	533.6	1503.0
	2008	58471.7	5239.0	2302.9	780.1	545.2	1608.6
	2009	59261.4	5404.4	2329.9	797.7	564.3	1698.7
	2010	60347.7	5561.7	2353.7	805.6	586.4	1798.5
	2011	61681.6	5704.2	2381.4	819.2	605.1	1895.1
	2012	62490.5	5838.8	2399.9	828.6	617.7	1990.0
	2013	63473.3	5911.9	2394.2	830.6	627.4	2057.5
	2014	64539.5	5995.9	2392.9	845.3	641.9	2115.8
	2015	65872.6	6022.6	2361.6	843.1	642.3	2175.7
北京	Beijing	137.4	10.5	4.9	0.6	0.5	4.5
天津	Tianjin	308.9	21.8	10.0	3.2	1.5	7.1
河北	Hebei	4448.0	335.5	147.9	46.4	28.1	113.1
山西	Shanxi	1460.3	118.5	33.5	16.0	10.4	58.6
内蒙古	Inner Mongolia	3086.9	229.4	98.7	41.4	19.3	70.0
辽宁	Liaoning	1520.3	152.1	65.6	11.8	12.8	62.0
吉林	Jilin	1790.9	231.2	69.1	7.0	15.4	139.8
黑龙江	Heilongjiang	5530.8	255.3	88.5	52.1	37.3	77.5
上海	Shanghai	188.2	9.9	5.0	0.7	0.5	3.8
江苏	Jiangsu	3952.5	320.0	162.1	42.4	19.3	96.3
浙江	Zhejiang	1432.2	87.5	46.3	10.2	6.8	24.3
安徽	Anhui	4400.3	338.7	107.6	34.1	32.1	165.0
福建	Fujian	1061.7	123.8	47.6	17.7	24.9	33.6
江西	Jiangxi	2027.7	143.6	42.2	22.1	21.5	57.7
山东	Shandong	4964.4	463.5	151.0	48.1	40.4	224.0
河南	Henan	5210.6	716.1	238.7	117.5	63.6	296.3
湖北	Hubei	2899.1	333.9	138.5	60.3	31.1	104.0
湖南	Hunan	3113.3	246.5	101.6	26.5	43.2	75.2
广东	Guangdong	1771.3	256.5	103.6	24.4	50.3	78.2
广西	Guangxi	1618.8	259.9	74.2	31.1	58.3	96.2
海南	Hainan	264.0	51.1	15.3	4.1	9.1	22.7
重庆	Chongqing	687.2	97.7	49.7	17.8	5.6	24.7
四川	Sichuan	2735.1	249.8	124.7	49.6	17.8	57.7
贵州	Guizhou	1065.4	103.7	52.8	12.3	10.0	28.7
云南	Yunnan	1757.7	231.9	115.3	34.5	25.3	56.7
西藏	Tibet	247.8	6.0	2.0	1.2	0.6	2.3
陕西	Shaanxi	1236.8	231.9	93.5	18.5	24.4	95.5
甘肃	Gansu	1306.7	97.9	40.6	19.1	8.9	29.4
青海	Qinghai	197.0	10.1	4.1	1.8	0.3	4.0
宁夏	Ningxia	506.5	40.1	17.3	4.5	2.7	15.6
新疆	Xinjiang	4944.9	248.1	109.8	66.2	20.6	51.5

12-6 灌溉、水库和除涝治水情况
Irrigation, Reservoirs, Flood Prevention, Water and Soil Conservation

项 目	Item	2000	2005	2010	2014	2015
年底灌区数 (处)	Number of Irrigated Areas at Year-end (set)	5683	5860	5795	7706	7728
3.3万公顷以上	33 000 Hectares and Over	101	117	131	176	176
2.0-3.3万公顷	20 000-33 000 Hectares	141	170	218	280	280
灌区有效灌溉面积(万公顷)	Effective Irrigated Area (10 000 hectares)	2449.3	2641.9	2941.5	3021.6	2990.2
3.3万公顷以上	33 000 Hectares and Over	788.3	1023.0	1091.8	624.1	1000.7
2.0-3.3万公顷	20 000-33 000 Hectares	344.0	408.0	474.0	501.0	518.5
水库 (座)	Number of Reservoirs (unit)	85120	85108	87873	97735	97988
大型水库	Large Reservoir	420	470	552	697	707
中型水库	Medium-sized Reservoir	2704	2934	3269	3799	3844
小型水库	Small Reservoir	81996	81704	84052	93239	93437
水库库容量 (亿立方米)	Capacity of Reservoirs (100 million cu.m)	5184	5624	7162	8396	8581
大型水库	Large Reservoir	3842	4197	5594	6618	6812
中型水库	Medium-sized Reservoir	746	826	930	1077	1068
小型水库	Small Reservoir	594	602	638	701	701
节水灌溉面积 (万公顷)	Water-saving Irrigated Area (10 000 hectares)	1638.9	2133.8	2731.4	2901.9	3106.0
除涝面积 (万公顷)	Areas with Flood Prevention Measures(10 000 hectares)	2098.9	2133.9	2169.2	2236.9	2271.3
水土流失治理面积(万公顷)	Area of Soil Erosion under Control (10 000 hectares)	8096	9465	10680	11161	11554.7
堤防长度 (万公里)	Total Length of Dikes (10 000 km)	27.0	27.7	29.4	28.4	29.1
堤防保护面积 (万公顷)	Area of Land Protected by Dikes (10 000 hectares)	3960.0	4412.0	4683.1	4279.4	4084.4

注：大型水库库容：1亿立方米以上；中型水库库容：1千万至1亿立方米；小型水库库容：10万至1千万立方米。

a) The capacity of the large-scale reservoir is over 100 million cubic meters, while that of the medium-scale one is from 10 to 100 million cubic meters, and that of the small-scale one is from 100 000 to 10 million cubic meters.

12-7 分地区水利设施和除涝面积（2015年）
Water Conservancy Facilities and Area with Flood Prevention Measures by Region (2015)

地区	Region	水库数（座）Number of Reservoirs (unit)	水库总库容量（亿立方米）Capacity of Reservoirs (100 million cu.m)	除涝面积（千公顷）Area with Flood Prevention Measures (1 000 hectares)	水土流失治理面积（千公顷）Area of Soil Erosion under Control (1 000 hectares)
全国	**National Total**	**97988**	**8580.8**	**22712.7**	**115546.6**
北京	Beijing	87	52.2	1.2	710.8
天津	Tianjin	28	26.5	369.3	97.3
河北	Hebei	1082	206.0	1641.1	5061.5
山西	Shanxi	601	69.2	89.1	5846.4
内蒙古	Inner Mongolia	613	103.1	277.0	12597.2
辽宁	Liaoning	803	364.0	911.5	4857.8
吉林	Jilin	1624	325.3	1031.1	1793.5
黑龙江	Heilongjiang	1139	268.1	3385.2	3834.2
上海	Shanghai			60.2	
江苏	Jiangsu	1079	35.4	3017.7	893.8
浙江	Zhejiang	4334	444.2	537.7	3655.4
安徽	Anhui	5877	325.1	2334.3	1857.4
福建	Fujian	3683	193.5	145.6	3399.3
江西	Jiangxi	10815	306.2	404.8	5577.9
山东	Shandong	6418	211.9	2930.2	3776.7
河南	Henan	2653	419.7	2074.6	3559.8
湖北	Hubei	6556	1262.9	1313.9	5634.3
湖南	Hunan	14097	496.6	425.4	3259.8
广东	Guangdong	8397	448.3	536.5	1457.5
广西	Guangxi	4545	658.2	234.5	2107.3
海南	Hainan	1112	75.0	13.3	74.6
重庆	Chongqing	3003	120.1		3070.0
四川	Sichuan	8093	381.0	103.1	8510.3
贵州	Guizhou	2343	291.8	97.6	6297.8
云南	Yunnan	6230	741.6	270.8	8074.4
西藏	Tibet	105	29.1	338.7	466.1
陕西	Shaanxi	1095	86.8	132.7	7288.3
甘肃	Gansu	381	96.1	13.6	7702.2
青海	Qinghai	203	318.8		898.7
宁夏	Ningxia	321	29.1		2057.2
新疆	Xinjiang	671	195.0	21.7	1128.9

12-8 农作物播种面积
Sown Areas of Farm Crops

单位：千公顷 (1 000 hectares)

年份 Year / 地区 Region	农作物总播种面积 Total Sown Area	粮食作物播种面积 Sown Area of Grain Crops	谷物 Cereal	#稻谷 Rice	#小麦 Wheat	#玉米 Corn	豆类 Soybeans
1978	150104	120587		34421	29183	19961	
1980	146380	117234		33878	28844	20087	
1985	143626	108845		32070	29218	17694	
1990	148362	113466		33064	30753	21401	
1995	149879	110060	89310	30744	28860	22776	11232
2000	156300	108463	85264	29962	26653	23056	12660
2005	155488	104278	81874	28847	22793	26358	12901
2006	152149	104958	84931	28938	23613	28463	12149
2007	153464	105638	85777	28919	23721	29478	11780
2008	156266	106793	86248	29241	23617	29864	12118
2009	158614	108986	88401	29627	24291	31183	11949
2010	160675	109876	89851	29873	24257	32500	11276
2011	162283	110573	91016	30057	24270	33542	10651
2012	163416	111205	92612	30137	24268	35030	9709
2013	164627	111956	93769	30312	24117	36318	9224
2014	165446	112723	94603	30310	24069	37123	9179
2015	166374	113343	95636	30216	24141	38119	8868
北京 Beijing	173.7	104.5	98.9	0.2	20.8	76.3	4.1
天津 Tianjin	469.0	350.0	342.8	15.4	109.2	214.7	6.3
河北 Hebei	8739.8	6392.5	5965.2	84.8	2318.9	3248.1	153.7
山西 Shanxi	3767.7	3287.2	2779.2	0.7	675.1	1676.9	318.8
内蒙古 Inner Mongolia	7567.9	5726.7	4523.9	78.9	564.1	3407.2	689.5
辽宁 Liaoning	4219.9	3297.4	3100.2	544.9	5.6	2416.8	114.5
吉林 Jilin	5679.1	5078.0	4722.1	761.7	0.3	3800.0	284.6
黑龙江 Heilongjiang	12294.0	11765.2	9074.5	3147.8	71.1	5821.1	2476.1
上海 Shanghai	340.2	161.9	157.1	97.8	45.5	3.4	3.9
江苏 Jiangsu	7745.0	5424.6	5066.5	2291.6	2178.8	451.7	305.2
浙江 Zhejiang	2290.5	1277.8	1010.3	822.5	89.8	69.5	144.7
安徽 Anhui	8950.5	6632.9	5599.0	2234.9	2457.0	881.6	893.6
福建 Fujian	2331.3	1193.2	849.3	789.0	2.1	51.5	87.6
江西 Jiangxi	5579.1	3705.6	3393.2	3342.4	12.2	30.3	165.4
山东 Shandong	11026.5	7492.1	7112.7	116.3	3799.8	3173.8	152.4
河南 Henan	14425.0	10267.2	9499.1	656.0	5425.7	3343.9	413.7
湖北 Hubei	7952.4	4466.0	4000.6	2188.5	1093.4	687.8	147.8
湖南 Hunan	8717.0	4944.7	4515.4	4114.1	29.4	348.4	160.9
广东 Guangdong	4784.7	2505.8	2073.9	1887.3	0.9	179.0	80.7
广西 Guangxi	6134.7	3059.3	2632.6	1983.9	5.1	622.6	152.7
海南 Hainan	845.3	375.6	299.6	299.3			6.5
重庆 Chongqing	3575.8	2234.0	1262.2	688.3	69.7	470.8	240.7
四川 Sichuan	9689.9	6453.9	4685.4	1990.8	1119.0	1402.0	494.8
贵州 Guizhou	5542.2	3114.9	1841.7	675.1	248.7	763.2	329.1
云南 Yunnan	7185.6	4487.3	3266.0	1134.8	432.7	1517.3	549.6
西藏 Tibet	252.8	178.9	172.8	0.9	36.3	4.5	5.1
陕西 Shaanxi	4284.5	3073.5	2553.5	122.8	1085.6	1151.7	187.8
甘肃 Gansu	4229.3	2849.6	2012.7	4.5	794.8	1014.2	172.1
青海 Qinghai	558.4	277.1	160.1		88.2	27.5	26.8
宁夏 Ningxia	1264.6	770.4	571.8	74.3	122.5	301.8	28.1
新疆 Xinjiang	5757.3	2395.0	2293.9	66.2	1239.3	961.9	71.7

12-8 续表 1 continued

单位：千公顷 (1 000 hectares)

年份 地区	Year Region	薯类 Tubers	油料 Oil-bearing Crops	#花生 Peanuts	#油菜籽 Rapeseeds	棉花 Cotton	麻类 Fiber Crops	#黄红麻 Jute and Ambary Hemp	糖料 Sugar Crops
	1978	11796	6222	1768	2600	4866	751	412	879
	1980	10153	7928	2339	2844	4920	666	314	922
	1985	8572	11800	3318	4494	5140	1231	992	1525
	1990	9121	10900	2907	5503	5588	495	300	1679
	1995	9519	13102	3809	6907	5422	376	147	1820
	2000	10538	15400	4856	7494	4041	262	50	1514
	2005	9503	14318	4662	7278	5062	335	31	1564
	2006	7877	11738	3960	5984	5816	283	31	1567
	2007	8082	11316	3945	5642	5926	263	33	1802
	2008	8427	12825	4246	6594	5754	221	26	1990
	2009	8636	13654	4377	7278	4949	160	24	1884
	2010	8750	13890	4527	7370	4849	133	19	1905
	2011	8906	13855	4581	7347	5038	118	19	1948
	2012	8886	13930	4639	7432	4688	101	18	2030
	2013	8963	14023	4633	7531	4346	92	17	1998
	2014	8940	14043	4604	7588	4222	86	14	1899
	2015	8839	14035	4616	7534	3797	81	13	1737
北京	Beijing	1.4	2.1	1.8		0.1			
天津	Tianjin	1.0	1.3	1.0	0.0	18.8			
河北	Hebei	273.6	461.6	342.9	17.6	359.3	0.2	0.2	17.1
山西	Shanxi	189.2	121.2	6.6	4.3	10.6	0.0		1.2
内蒙古	Inner Mongolia	513.3	913.4	16.7	315.6	0.1	0.1		49.9
辽宁	Liaoning	82.7	285.3	277.8	1.3	0.1			1.8
吉林	Jilin	71.2	269.2	173.4			0.0		0.6
黑龙江	Heilongjiang	214.6	94.6	16.9			3.0		2.1
上海	Shanghai	0.9	5.1	0.7	4.2	0.4			0.1
江苏	Jiangsu	53.0	475.5	90.6	375.7	94.3	0.4		1.6
浙江	Zhejiang	122.9	146.1	18.2	122.3	13.8	0.1	0.1	10.0
安徽	Anhui	140.3	772.1	191.1	532.4	232.5	7.3	4.3	5.1
福建	Fujian	256.3	119.0	104.8	12.7	0.1	0.1	0.1	7.5
江西	Jiangxi	147.0	739.9	164.2	545.0	81.1	4.0	0.1	14.5
山东	Shandong	227.0	758.3	740.4	9.4	515.5	0.0		
河南	Henan	354.4	1600.8	1074.6	348.2	120.0	4.6	4.2	3.5
湖北	Hubei	317.6	1524.2	199.1	1232.1	264.7	8.8	0.1	8.5
湖南	Hunan	268.4	1445.1	118.2	1314.6	113.7	6.7	0.2	13.3
广东	Guangdong	351.2	375.6	365.9	6.7		0.1	0.1	162.4
广西	Guangxi	274.1	248.4	214.3	24.8	2.3	3.9	3.3	973.7
海南	Hainan	69.5	40.1	39.0			0.1	0.1	45.5
重庆	Chongqing	731.1	309.3	56.9	242.5		5.3	0.1	2.4
四川	Sichuan	1273.7	1298.3	263.0	1027.4	10.1	29.5	0.6	13.5
贵州	Guizhou	944.1	591.0	51.3	528.1	1.6	0.6	0.0	26.8
云南	Yunnan	671.7	356.0	49.4	293.2	0.1	0.4		311.5
西藏	Tibet	1.0	23.8	0.1	23.7				
陕西	Shaanxi	332.2	298.8	32.6	204.3	27.4	0.5	0.0	0.1
甘肃	Gansu	664.9	320.2	1.3	161.6	25.7	2.0		2.9
青海	Qinghai	90.1	144.9		142.1				0.0
宁夏	Ningxia	170.5	75.4		0.8				
新疆	Xinjiang	29.5	218.3	2.9	43.7	1904.3	3.4		61.2

12-8 续表 2 continued

单位：千公顷 (1 000 hectares)

年 份 Year 地 区 Region			烟 叶		蔬 菜	茶 园	果 园
	#甘 蔗 Sugarcane	#甜 菜 Beetroots	Tobacco	#烤 烟 Flue-cured Tobacco	Vegetables	Tea Plantations	Orchards
1978	549	331	784	613	3331	1048	1657
1980	480	443	512	397	3163	1041	1783
1985	965	560	1313	1077	4753	1077	2736
1990	1009	670	1593	1342	6338	1061	5179
1995	1125	695	1470	1309	9515	1115	8098
2000	1185	329	1437	1269	15237	1089	8932
2005	1354	210	1363	1245	17721	1352	10035
2006	1378	189	1189	1088	16639	1431	10123
2007	1586	216	1164	1066	17329	1613	10471
2008	1743	246	1326	1230	17876	1719	10734
2009	1697	186	1391	1265	18390	1849	11140
2010	1686	219	1345	1231	19000	1970	11544
2011	1721	227	1461	1351	19639	2113	11831
2012	1795	236	1597	1480	20353	2280	12140
2013	1816	182	1623	1527	20899	2469	12371
2014	1760	139	1463	1379	21405	2650	13127
2015	1600	137	1314	1222	22000	2791	12817
北 京 Beijing			0.0		54.3		57.1
天 津 Tianjin					86.1		33.3
河 北 Hebei		17.1	2.9	2.4	1242.1		1094.2
山 西 Shanxi		1.2	2.8	2.8	256.7	0.0	362.8
内蒙古 Inner Mongolia		49.9	3.3	2.7	277.3		75.8
辽 宁 Liaoning		1.8	9.8	9.1	500.0		405.5
吉 林 Jilin		0.6	15.6	8.3	200.5		48.0
黑龙江 Heilongjiang		2.1	25.0	23.3	245.3		33.9
上 海 Shanghai	0.1				114.3		19.0
江 苏 Jiangsu	1.5	0.0	0.0	0.0	1431.4	33.8	209.4
浙 江 Zhejiang	10.0		0.7		618.1	194.5	332.5
安 徽 Anhui	5.1		16.2	16.0	899.8	167.9	128.1
福 建 Fujian	7.5		68.0	67.4	755.8	250.1	545.7
江 西 Jiangxi	14.5		27.6	26.9	585.4	85.1	414.7
山 东 Shandong			24.4	24.4	1888.6	25.5	652.6
河 南 Henan	3.5		114.3	93.9	1751.7	114.0	455.6
湖 北 Hubei	8.5	0.0	47.6	42.8	1212.9	324.1	413.4
湖 南 Hunan	13.3		104.1	100.5	1372.9	131.2	533.1
广 东 Guangdong	162.4		22.5	20.5	1382.0	49.4	1136.6
广 西 Guangxi	973.7		16.0	12.9	1221.0	68.9	1165.5
海 南 Hainan	45.5		0.1		264.0	1.3	162.2
重 庆 Chongqing	2.4		45.8	40.1	731.7	39.9	295.5
四 川 Sichuan	13.4	0.1	97.2	82.7	1349.6	321.7	646.1
贵 州 Guizhou	26.8	0.0	194.2	182.1	980.2	418.9	300.5
云 南 Yunnan	311.5	0.0	440.4	427.9	1004.0	424.8	472.3
西 藏 Tibet					23.1	0.6	3.2
陕 西 Shaanxi	0.0	0.1	31.1	30.9	521.4	127.5	1243.5
甘 肃 Gansu		2.9	3.9	3.4	527.2	12.2	458.7
青 海 Qinghai		0.0			49.7		8.2
宁 夏 Ningxia			0.5	0.5	129.3		137.8
新 疆 Xinjiang		61.2			323.7		971.8

12-9 主要农作物种植结构
Planting Structure of Major Farm Crops

单位：%　　(%)

项　　目	Item	1995	2000	2005	2010	2014	2015
农作物总播种面积	**Total Sown Areas of Farm Crops**	**100.00**	**100.00**	**100.00**	**100.00**	**100.00**	**100.00**
粮食作物	**Grain Crops**	**73.43**	**69.39**	**67.07**	**68.38**	**68.13**	**68.13**
谷物	Cereal	59.59	54.55	52.66	55.92	57.18	57.48
稻谷	Rice	20.51	19.17	18.55	18.59	18.32	18.16
小麦	Wheat	19.26	17.05	14.66	15.10	14.55	14.51
玉米	Corn	15.20	14.75	16.95	20.23	22.44	22.91
谷子	Millet	1.02	0.80	0.55	0.50	0.47	0.50
高粱	Jowar	0.81	0.57	0.37	0.34	0.37	0.35
其它谷物	Other Cereal	2.80	2.21	1.58	1.16	1.03	1.05
豆类	Soybeans	7.49	8.10	8.30	7.02	5.55	5.33
#大豆	Soja	5.42	5.95	6.17	5.30	4.11	3.91
杂豆	Miscellaneous Beans	2.07	2.15	2.13	1.72	1.44	1.42
薯类	Tubers	6.35	6.74	6.11	5.45	5.40	5.31
#马铃薯	Potato	2.29	3.02	3.14	3.24	3.37	3.32
油料作物	**Oil-bearing Crops**	**8.74**	**9.85**	**9.21**	**8.64**	**8.49**	**8.44**
#花生	Peanuts	2.54	3.11	3.00	2.82	2.78	2.77
油菜籽	Rapeseeds	4.61	4.79	4.68	4.59	4.59	4.53
芝麻	Sesame	0.43	0.50	0.38	0.28	0.26	0.25
胡麻籽	Benne	0.41	0.32	0.26	0.20	0.19	0.18
向日葵	Helianthus	0.54	0.79	0.66	0.61	0.57	0.62
棉花	**Cotton**	**3.62**	**2.59**	**3.26**	**3.02**	**2.55**	**2.28**
麻类	**Fiber Crops**	**0.25**	**0.17**	**0.22**	**0.08**	**0.05**	**0.05**
#黄红麻	Jute and Ambary Hemp	0.10	0.03	0.02	0.01	0.01	0.01
苎　麻	Ramee	0.06	0.06	0.08	0.06	0.04	0.03
大　麻	Hemp		0.01	0.01		0.005	0.004
亚　麻	Flax	0.08	0.06	0.10	0.01	0.002	0.002
糖料	**Sugar Crops**	**1.21**	**0.97**	**1.01**	**1.19**	**1.15**	**1.04**
甘蔗	Sugarcane	0.75	0.76	0.87	1.05	1.06	0.96
甜菜	Beetroots	0.46	0.21	0.14	0.14	0.08	0.08
烟叶	**Tobacco**	**0.98**	**0.92**	**0.88**	**0.84**	**0.88**	**0.79**
#烤烟	Flue-cured Tobacco	0.87	0.81	0.80	0.77	0.83	0.73
药材	**Medicinal Materials**	**0.19**	**0.43**	**0.78**	**0.77**	**1.20**	**1.23**
蔬菜、瓜类	**Vegetables and Melon**	**7.08**	**11.06**	**12.82**	**13.31**	**14.44**	**14.76**
#蔬菜	Vegetables	6.35	9.75	11.40	11.83	12.94	13.22
其他农作物	**Other Farm Crops**	**4.49**	**4.70**	**4.78**	**3.76**	**3.10**	**3.29**
#青饲料	Succulence	1.22	1.37	2.17	1.17	1.22	1.20

12-10 主要农产品产量
Output of Major Farm Products

单位：万吨 (10 000 tons)

年份 地区	Year Region	粮食 Grain	谷物 Cereal	#稻谷 Rice	#小麦 Wheat	#玉米 Corn	豆类 Beans	薯类 Tubers	棉花 Cotton
	1978	30476.5		13693.0	5384.0	5594.5		3174.0	216.7
	1980	32055.5		13990.5	5520.5	6260.0		2872.5	270.7
	1985	37910.8		16856.9	8580.5	6382.6		2603.6	414.7
	1990	44624.3		18933.1	9822.9	9681.9		2743.3	450.8
	1995	46661.8	41611.6	18522.6	10220.7	11198.6	1787.5	3262.6	476.8
	2000	46217.5	40522.4	18790.8	9963.6	10600.0	2010.0	3685.2	441.7
	2005	48402.2	42776.0	18058.8	9744.5	13936.5	2157.7	3468.5	571.4
	2006	49804.2	45099.2	18171.8	10846.6	15160.3	2003.7	2701.3	753.3
	2007	50160.3	45632.4	18603.4	10929.8	15230.0	1720.1	2807.8	762.4
	2008	52870.9	47847.4	19189.6	11246.4	16591.4	2043.3	2980.2	749.2
	2009	53082.1	48156.3	19510.3	11511.5	16397.4	1930.3	2995.5	637.7
	2010	54647.7	49637.1	19576.1	11518.1	17724.5	1896.5	3114.1	596.1
	2011	57120.8	51939.4	20100.1	11740.1	19278.1	1908.4	3273.1	659.8
	2012	58958.0	53934.7	20423.6	12102.4	20561.4	1730.5	3292.8	683.6
	2013	60193.8	55269.2	20361.2	12192.6	21848.9	1595.3	3329.3	629.9
	2014	60702.6	55740.7	20650.7	12620.8	21564.6	1625.5	3336.4	617.8
	2015	62143.9	57228.1	20822.5	13018.5	22463.2	1589.8	3326.1	560.3
北京	Beijing	62.6	61.1	0.1	11.1	49.4	0.7	0.8	0.0
天津	Tianjin	181.7	179.8	11.3	59.8	107.3	1.2	0.7	2.6
河北	Hebei	3363.8	3230.4	54.5	1435.0	1670.4	29.5	103.9	37.3
山西	Shanxi	1259.6	1192.3	0.5	271.4	862.7	30.6	36.7	1.4
内蒙古	Inner Mongolia	2827.0	2577.0	53.2	158.3	2250.8	103.0	147.0	0.0
辽宁	Liaoning	2002.5	1927.3	467.7	2.7	1403.5	27.2	48.0	0.0
吉林	Jilin	3647.0	3538.9	630.1	0.1	2805.7	48.6	59.5	
黑龙江	Heilongjiang	6324.0	5786.3	2199.7	21.8	3544.1	437.3	100.3	
上海	Shanghai	112.1	110.6	84.1	19.9	2.1	0.8	0.6	0.0
江苏	Jiangsu	3561.3	3454.9	1952.5	1174.0	252.2	73.5	32.9	11.7
浙江	Zhejiang	752.2	655.6	578.1	35.1	31.1	35.8	60.8	2.0
安徽	Anhui	3538.1	3371.3	1459.3	1411.0	496.3	134.0	32.7	23.4
福建	Fujian	661.1	509.4	485.0	0.6	21.5	23.3	128.4	0.0
江西	Jiangxi	2148.7	2044.3	2027.2	2.6	12.8	33.1	71.4	11.5
山东	Shandong	4712.7	4500.1	95.1	2346.6	2050.9	38.8	173.9	53.7
河南	Henan	6067.1	5902.6	531.5	3501.0	1853.7	53.8	110.8	12.6
湖北	Hubei	2703.3	2575.1	1810.7	420.9	332.9	28.7	99.4	29.8
湖南	Hunan	3002.9	2849.8	2644.8	9.4	188.8	34.3	118.8	14.5
广东	Guangdong	1358.1	1168.8	1088.4	0.3	77.9	21.6	167.7	
广西	Guangxi	1524.8	1422.4	1137.8	0.9	280.7	23.9	78.4	0.3
海南	Hainan	184.0	153.4	153.3			2.1	28.6	
重庆	Chongqing	1154.9	800.2	506.4	22.9	259.7	47.9	306.8	
四川	Sichuan	3442.8	2826.6	1552.6	426.3	765.7	99.9	516.3	1.0
贵州	Guizhou	1180.0	841.8	417.5	61.7	324.1	34.4	303.8	0.1
云南	Yunnan	1876.4	1545.8	659.7	90.6	747.3	136.4	194.2	0.0
西藏	Tibet	100.6	98.0	0.5	23.4	0.8	2.0	0.7	
陕西	Shaanxi	1226.8	1119.8	91.9	458.1	543.1	21.2	85.7	3.9
甘肃	Gansu	1171.1	909.6	3.1	281.0	577.2	36.2	225.3	4.3
青海	Qinghai	102.7	62.4		34.1	18.6	5.6	34.8	
宁夏	Ningxia	372.6	332.0	60.8	39.6	226.9	3.4	37.2	
新疆	Xinjiang	1521.3	1480.5	65.1	698.3	705.1	20.8	20.0	350.3

12-10 续表 1 continued

单位：万吨 (10 000 tons)

年份 Year 地区 Region		油料 Oil-bearing Crops	#花生 Peanuts	#油菜籽 Rapeseeds	#芝麻 Sesame	麻类 Fiber Crops	#黄红麻 Jute and Ambary Hemp	甘蔗 Sugarcane	甜菜 Beetroots
	1978	521.8	237.7	186.8	32.2	135.1	108.8	2111.6	270.2
	1980	769.1	360.0	238.4	25.9	143.6	109.8	2280.7	630.5
	1985	1578.4	666.4	560.7	69.1	444.8	411.9	5154.9	891.9
	1990	1613.2	636.8	695.8	46.9	109.7	72.6	5762.0	1452.5
	1995	2250.3	1023.5	977.7	58.3	89.7	37.1	6541.7	1398.4
	2000	2954.8	1443.7	1138.1	81.1	52.9	12.6	6828.0	807.3
	2005	3077.1	1434.2	1305.2	62.5	110.5	8.3	8663.8	788.1
	2006	2640.3	1288.7	1096.6	66.2	89.1	8.7	9709.2	750.8
	2007	2568.7	1302.7	1057.3	55.7	72.8	9.9	11295.1	893.1
	2008	2952.8	1428.6	1210.2	58.6	62.5	8.4	12415.2	1004.4
	2009	3154.3	1470.8	1365.7	62.2	38.8	7.5	11558.7	717.9
	2010	3230.1	1564.4	1308.2	58.7	31.7	6.9	11078.9	929.6
	2011	3306.8	1604.6	1342.6	60.5	29.6	7.5	11443.5	1073.1
	2012	3436.8	1669.2	1400.7	63.9	26.1	6.8	12311.4	1174.0
	2013	3517.0	1697.2	1445.8	62.3	22.9	6.1	12820.1	926.0
	2014	3507.4	1648.2	1477.2	63.0	23.1	5.6	12561.1	800.0
	2015	3537.0	1644.0	1493.1	64.0	21.1	5.3	11696.8	803.2
北京	Beijing	0.6	0.5		0.0				
天津	Tianjin	0.4	0.3	0.0	0.0				
河北	Hebei	151.5	127.4	3.0	0.9	0.0	0.0		89.2
山西	Shanxi	15.3	1.2	0.7	0.2	0.0			5.5
内蒙古	Inner Mongolia	193.6	4.2	41.7	0.1	0.0			230.1
辽宁	Liaoning	46.1	44.8	0.2	0.0				5.2
吉林	Jilin	76.4	55.9		0.6	0.0			1.3
黑龙江	Heilongjiang	18.3	5.2		0.1	2.0			7.3
上海	Shanghai	1.2	0.2	1.0	0.0			0.6	
江苏	Jiangsu	143.1	35.1	106.3	1.7	0.1		9.4	0.0
浙江	Zhejiang	31.3	5.3	25.1	0.9	0.0	0.0	62.2	
安徽	Anhui	227.9	94.4	126.3	7.1	2.6	1.3	20.3	
福建	Fujian	30.7	28.6	1.9	0.2	0.0	0.0	43.6	
江西	Jiangxi	124.0	46.4	73.9	3.6	0.7	0.1	65.8	
山东	Shandong	324.1	319.4	2.4	0.1	0.0			
河南	Henan	599.7	485.3	86.1	27.3	2.9	2.7	24.3	
湖北	Hubei	339.6	67.9	255.2	14.5	2.2	0.0	32.0	0.0
湖南	Hunan	242.9	30.5	210.8	1.5	1.5	0.1	66.0	
广东	Guangdong	110.3	109.0	0.8	0.4	0.0	0.0	1452.9	
广西	Guangxi	64.7	60.7	2.6	0.7	1.1	0.9	7504.9	
海南	Hainan	11.3	11.1		0.2	0.1	0.1	264.8	
重庆	Chongqing	59.9	11.9	46.7	0.7	0.8	0.0	9.8	
四川	Sichuan	307.6	67.8	238.5	0.5	5.3	0.1	54.0	0.1
贵州	Guizhou	101.3	10.5	89.0	0.0	0.1	0.0	156.1	0.0
云南	Yunnan	65.9	8.2	56.1	0.0	0.0		1930.0	0.0
西藏	Tibet	6.4	0.0	6.4					
陕西	Shaanxi	62.7	9.7	43.2	1.7	0.1	0.0	0.1	0.0
甘肃	Gansu	71.6	0.5	34.0	0.1	0.3			16.0
青海	Qinghai	30.5		30.1					0.0
宁夏	Ningxia	15.3		0.2	0.0				
新疆	Xinjiang	62.9	1.7	10.8	0.9	1.1			448.3

12-10 续表 2 continued

单位：万吨 (10 000 tons)

年 份 地 区	Year Region	烟 叶 Tobacco	#烤 烟 Flue-cured Tobacco	蚕 茧 Silkworm Cocoons	#桑蚕茧 Mulberry Silkworm Cocoons	茶 叶 Tea	水 果 Fruits	#苹 果 Apples	#柑 桔 Citrus	#梨 Pears	#葡 萄 Grapes	#香 蕉 Bananas
	1978	124.2	105.2	22.8	17.3	26.8	657.0	227.5	38.3	151.7	10.4	8.5
	1980	84.5	71.7	32.6	25.0	30.4	679.3	236.3	71.3	146.6	11.0	6.1
	1985	242.5	207.5	37.1	33.6	43.2	1163.9	361.4	180.8	213.7	36.1	63.1
	1990	262.7	225.9	53.4	48.0	54.0	1874.4	431.9	485.5	235.3	85.9	145.6
	1995	231.4	207.2	80.0	76.0	58.9	4214.6	1400.8	822.5	494.2	174.2	312.5
	2000	255.2	223.8	54.8	50.1	68.3	6225.1	2043.1	878.3	841.2	328.2	494.1
	2005	268.3	243.5	78.0	71.3	93.5	16120.1	2401.1	1591.9	1132.4	579.4	651.8
	2006	245.6	225.5	88.2	82.0	102.8	17102.0	2605.9	1789.8	1198.6	627.1	690.1
	2007	239.5	217.8	94.7	87.9	116.5	18136.3	2786.0	2058.3	1289.5	669.7	779.7
	2008	283.8	262.3	90.9	83.1	125.8	19220.2	2984.7	2331.3	1353.8	715.1	783.5
	2009	306.6	281.4	83.2	76.1	135.9	20395.5	3168.1	2521.1	1426.3	794.1	883.4
	2010	300.4	273.1	87.3	80.0	147.5	21401.4	3326.3	2645.2	1505.7	854.9	956.1
	2011	313.2	287.0	91.6	83.6	162.3	22768.2	3598.5	2944.0	1579.5	906.7	1040.0
	2012	340.7	312.6	90.6	83.1	179.0	24056.8	3849.1	3167.8	1707.3	1054.3	1155.8
	2013	337.4	314.9	89.2	81.7	192.4	25093.0	3968.3	3320.9	1730.1	1155.0	1207.5
	2014	299.4	279.5	89.5	81.9	209.6	26142.2	4092.3	3492.7	1796.4	1254.6	1179.2
	2015	283.2	260.6	90.1	82.4	224.9	27375.0	4261.3	3660.1	1869.9	1366.9	1246.6
北 京	Beijing	0.0					87.9	8.0		12.7	3.3	0.0
天 津	Tianjin						62.7	4.3		4.6	11.1	
河 北	Hebei	0.6	0.4	0.1	0.0		2117.2	366.6		506.0	166.0	
山 西	Shanxi	0.9	0.9	0.6	0.6	0.0	842.6	431.2		73.3	26.6	
内蒙古	Inner Mongolia	1.2	1.0	0.8			296.7	20.0		6.4	13.0	
辽 宁	Liaoning	2.6	2.4	5.3	0.0		882.0	248.4		140.5	85.2	
吉 林	Jilin	4.5	2.2	0.3			209.0	14.3		13.1	16.4	
黑龙江	Heilongjiang	6.9	6.2	0.5			213.5	17.6		3.4	10.0	
上 海	Shanghai						61.5	0.0	11.4	2.9	9.8	
江 苏	Jiangsu	0.0	0.0	5.0	5.0	1.4	914.8	60.0	4.3	78.0	63.2	
浙 江	Zhejiang	0.2		4.0	4.0	17.3	740.9		207.8	38.4	76.1	
安 徽	Anhui	4.2	4.2	3.0	3.0	11.3	1029.8	37.5	3.8	111.7	46.2	
福 建	Fujian	14.5	14.3			40.2	837.0	0.0	366.3	23.4	16.9	95.0
江 西	Jiangxi	5.5	5.3	0.7	0.7	5.2	663.4		410.1	15.4	6.5	
山 东	Shandong	6.3	6.3	2.2	2.2	1.9	3218.6	958.4		135.4	121.2	
河 南	Henan	28.8	23.3	2.4	1.8	6.5	2665.1	449.6	4.9	114.8	63.8	
湖 北	Hubei	8.7	7.7	0.7	0.7	26.9	966.3	1.3	426.7	50.9	27.1	
湖 南	Hunan	22.7	21.9	0.1	0.1	17.6	981.0		457.1	17.7	17.6	
广 东	Guangdong	5.6	5.0	11.0	11.0	7.9	1648.5		492.8	11.3		451.7
广 西	Guangxi	2.8	2.1	36.1	36.1	6.4	1720.0		519.3	31.7	44.9	295.6
海 南	Hainan	0.0		0.1	0.1	0.1	405.9		6.2			140.1
重 庆	Chongqing	8.7	7.4	1.8	1.8	3.5	375.9	0.5	224.9	38.4	10.2	0.1
四 川	Sichuan	22.2	18.1	11.2	11.2	24.8	934.2	61.3	379.6	97.7	33.5	4.5
贵 州	Guizhou	35.0	32.9	0.0	0.0	11.8	224.9	5.3	32.0	29.2	21.1	0.9
云 南	Yunnan	92.8	90.3	3.1	3.1	36.6	726.5	41.4	59.5	50.9	85.2	258.8
西 藏	Tibet					0.0	1.5	0.6	0.1	0.1	0.0	
陕 西	Shaanxi	7.3	7.2	1.2	1.2	5.4	1930.9	1037.3	53.1	104.1	63.1	
甘 肃	Gansu	1.2	1.0	0.0	0.0	0.1	679.0	328.6	0.1	41.4	31.8	
青 海	Qinghai						3.6	0.6		0.4	0.0	
宁 夏	Ningxia	0.2	0.2				298.9	53.4		1.9	21.6	
新 疆	Xinjiang						1635.0	115.1		114.0	275.6	

注：2003年起水果产量包括瓜果类产量。

a) Data of output of fruits include melons after 2003.

12-11 主要农产品单位面积产量
Output of Major Farm Products Per Hectare

单位：公斤/公顷 (kg/hectare)

年份 地区	Year Region	谷物 Cereals	棉花 Cotton	花生 Peanuts	油菜籽 Rapeseeds	芝麻 Sesame	黄红麻 Jute and Ambary Hemp	甘蔗 Sugarcane	甜菜 Beetroots	烤烟 Flue-cured Tobacco
	1978		445	1344	718	506	2639	38496	8166	1717
	1980		550	1539	838	333	3497	47562	14242	1806
	1985		807	2008	1248	657	4154	53430	15913	1927
	1990		807	2191	1264	702	2421	57118	21668	1683
	1995	4659	879	2687	1415	908	2534	58133	20132	1584
	2000	4753	1093	2973	1519	1034	2516	57626	24518	1763
	2005	5225	1129	3076	1793	1054	2670	63970	37523	1956
	2006	5310	1295	3254	1833	1173	2781	70450	39767	2072
	2007	5320	1286	3302	1874	1147	2969	71228	41360	2044
	2008	5548	1302	3365	1835	1243	3217	71210	40754	2133
	2009	5447	1289	3361	1877	1307	3139	68093	38536	2225
	2010	5524	1229	3455	1775	1312	3686	65700	42498	2219
	2011	5707	1310	3502	1827	1385	3896	66485	47361	2124
	2012	5824	1458	3598	1885	1463	3899	68600	49793	2112
	2013	5894	1449	3663	1920	1490	3581	70577	50922	2062
	2014	5892	1463	3580	1947	1468	3885	71352	57647	2027
	2015	5984	1476	3562	1982	1519	3946	73121	58680	2134
北京	Beijing	6174	1045	2905		923				
天津	Tianjin	5245	1357	3512	1814	1547				
河北	Hebei	5415	1039	3716	1683	1381	2212		52015	1721
山西	Shanxi	4290	1365	1819	1563	851			46467	3331
内蒙古	Inner Mongolia	5697	1493	2527	1323	828			46147	3768
辽宁	Liaoning	6217	1621	1612	1723	1577			29701	2703
吉林	Jilin	7494		3223		1601			23440	2615
黑龙江	Heilongjiang	6376		3090		1483			35541	2678
上海	Shanghai	7042	1088	2753	2277	1537		51996		
江苏	Jiangsu	6819	1240	3871	2831	1853		61360	15967	1700
浙江	Zhejiang	6489	1446	2906	2053	1683	4354	62432		
安徽	Anhui	6021	1005	4941	2372	1469	3048	39689		2600
福建	Fujian	5998	804	2728	1479	1297	3182	58090		2127
江西	Jiangxi	6025	1421	2827	1357	1173	5755	45553		1986
山东	Shandong	6327	1042	4314	2596	1759				2577
河南	Henan	6214	1053	4516	2473	1590	6343	68742		2486
湖北	Hubei	6437	1124	3410	2071	1681	2250	37818	2500	1792
湖南	Hunan	6311	1272	2579	1604	1344	3095	49741		2181
广东	Guangdong	5636		2980	1263	1511	2586	89484		2423
广西	Guangxi	5403	1109	2832	1059	1385	2601	77073		1658
海南	Hainan	5120		2848		1409	6581	58214		
重庆	Chongqing	6339		2098	1927	1019	1575	40962		1838
四川	Sichuan	6033	970	2579	2322	1332	2045	40182	15449	2185
贵州	Guizhou	4571	714	2046	1686	1138	1500	58258	3636	1809
云南	Yunnan	4733	1441	1659	1912	648		61966	1000	2111
西藏	Tibet	5669		2704	2690					
陕西	Shaanxi	4386	1407	2992	2114	1612	850	35775	1840	2336
甘肃	Gansu	4520	1656	3667	2102	3787				3099
青海	Qinghai	3893			2116				30000	
宁夏	Ningxia	5806			2495	1614				4879
新疆	Xinjiang	6454	1840	5953	2471	798			73218	

12-12 主要林产品产量
Output of Major Forest Products

年份 Year 地区 Region		木材 (万立方米) Timber (10 000 cu.m)	橡胶 (吨) Rubber (ton)	松脂 (吨) Pine Resin (ton)	生漆 (吨) Lacquer (ton)	油桐籽 (吨) Tung-oil Seeds (ton)	油茶籽 (吨) Tea-oil Seeds (ton)
	1978	5162.3	101600	337600	2200	391150	478900
	1980	5359.3	112945	420750	2450	303350	490350
	1985	6323.4	187901	343946	2168	378770	619229
	1990	5571.0	264243	435244	2683	350770	523313
	1995	6766.9	424025	548133	2976	404929	623128
	2000	4724.0	480248	551057	5279	453461	823224
	2005	5560.3	513618	767134	14316	368688	875022
	2006	6611.8	537983	908784	20762	382989	919947
	2007	6976.6	588380	965618	12891	361285	939096
	2008	8108.3	547861	849205	15526	370966	989859
	2009	7068.3	618866	1046579	20498	367287	1169289
	2010	8089.6	690812	1115711	20093	433624	1092243
	2011	8145.9	750853	1156612	18867	437702	1480044
	2012	8174.9	802255	1215065	26027	427048	1727708
	2013	8438.5	864806	1307747	25154	418924	1776506
	2014	8233.3	840171	1309520	22290	416065	2023445
	2015	7200.3	816103	1326292	22806	412042	2163492
北京	Beijing	12.9					
天津	Tianjin	17.0					
河北	Hebei	80.4					
山西	Shanxi	14.1					
内蒙古	Inner Mongolia	142.6					
辽宁	Liaoning	165.9					
吉林	Jilin	287.9					
黑龙江	Heilongjiang	156.8					
上海	Shanghai						
江苏	Jiangsu	131.8					
浙江	Zhejiang	123.7		616		152	64353
安徽	Anhui	458.0		12480	199	2507	78327
福建	Fujian	497.0		104230	324	24299	138338
江西	Jiangxi	232.2		110432	58	18267	425108
山东	Shandong	364.0					
河南	Henan	228.9		14	2111	79182	24324
湖北	Hubei	227.1		46174	4092	24081	141857
湖南	Hunan	262.7		39364	826	32985	824341
广东	Guangdong	790.8	15590	235109	705	7500	149374
广西	Guangxi	2105.7	117	607547	43	83214	191670
海南	Hainan	106.6	361105	15083			1971
重庆	Chongqing	50.1		30	1194	6450	5302
四川	Sichuan	169.7		1282	489	17934	20708
贵州	Guizhou	175.3		17869	8600	68312	71790
云南	Yunnan	348.5	439290	134474	685	19343	16944
西藏	Tibet	4.2					
陕西	Shaanxi	6.8		1588	3445	27764	9085
甘肃	Gansu	3.4			35	52	
青海	Qinghai	1.2					
宁夏	Ningxia	1.0					
新疆	Xinjiang	33.9					
大兴安岭	Daxinganling						

12-13 牲畜饲养情况
Number of Livestock

单位：万头、万只 (10 000 heads)

年份 Year 地区 Region	大牲畜年底头数 Large Animals (year-end)	牛 Cattle and Buffaloes	马 Horses	驴 Donkeys	骡 Mules	骆驼 Camels
1996	13360.2	11031.8	871.5	944.4	478.0	34.5
2000	14638.1	12353.2	876.6	922.7	453.0	32.6
2005	12894.8	10990.8	740.0	777.2	360.4	26.6
2006	12287.1	10465.1	719.5	730.6	345.1	26.9
2007	12309.3	10594.8	702.8	689.1	298.5	24.2
2008	12250.7	10576.0	682.1	673.1	295.5	24.0
2009	12357.6	10726.5	678.5	648.4	279.3	24.8
2010	12238.5	10626.4	677.1	639.7	269.7	25.6
2011	11966.2	10360.5	670.9	647.8	259.8	27.3
2012	11891.8	10343.4	633.5	636.1	249.2	29.5
2013	11853.2	10385.1	602.7	603.4	230.4	31.6
2014	12022.9	10578.0	604.3	582.6	224.6	33.4
2015	12195.7	10817.3	590.8	542.1	210.0	35.6
北京 Beijing	18.1	17.5	0.2	0.3	0.1	
天津 Tianjin	30.0	29.3	0.1	0.6	0.1	
河北 Hebei	493.2	412.5	16.0	47.3	17.4	0.0
山西 Shanxi	122.0	101.1	1.1	12.7	7.0	0.0
内蒙古 Inner Mongolia	884.6	671.0	87.7	88.5	22.5	14.9
辽宁 Liaoning	499.7	384.6	17.0	86.3	11.8	
吉林 Jilin	501.0	450.7	25.6	17.3	7.4	
黑龙江 Heilongjiang	543.5	510.7	22.6	7.3	2.9	
上海 Shanghai	5.9	5.9				
江苏 Jiangsu	34.2	30.7	0.3	2.4	0.8	
浙江 Zhejiang	15.0	15.0				
安徽 Anhui	165.0	164.6	0.1	0.2	0.0	
福建 Fujian	67.3	67.3	0.0			
江西 Jiangxi	313.3	313.3				
山东 Shandong	518.4	503.6	2.4	11.2	1.2	
河南 Henan	955.3	934.0	8.1	10.5	2.7	
湖北 Hubei	362.2	361.3	0.5	0.3	0.1	0.0
湖南 Hunan	478.0	471.7	5.4	0.8	0.2	
广东 Guangdong	242.3	242.3	0.0			
广西 Guangxi	479.6	445.9	29.6	0.1	4.1	
海南 Hainan	84.2	84.2				
重庆 Chongqing	151.4	148.6	1.7	0.3	0.8	
四川 Sichuan	1082.8	985.3	79.4	7.9	10.1	
贵州 Guizhou	609.2	536.0	70.9	0.2	2.1	
云南 Yunnan	922.4	756.8	66.7	35.8	63.1	
西藏 Tibet	654.2	616.1	30.2	6.5	1.4	
陕西 Shaanxi	163.9	146.8	0.7	12.9	3.6	
甘肃 Gansu	614.1	450.7	15.1	102.7	43.2	2.5
青海 Qinghai	485.5	455.3	19.5	4.4	5.2	1.1
宁夏 Ningxia	114.4	107.6	0.1	5.2	1.5	0.0
新疆 Xinjiang	584.9	396.9	89.9	80.3	0.8	17.0

12-13 续表 continued

单位：万头、万只 (10 000 heads)

年 份 Year / 地 区 Region		肉猪出栏头数 Slaughtered Fattened Hogs	猪年底头数 Hogs (year-end)	羊年底只数 Sheep and Goats (year-end)	山 羊 Goats	绵 羊 Sheep
	1996	41225.2	36283.6	23728.3	12315.8	11412.5
	2000	51862.3	41633.6	27948.2	14945.6	13002.6
	2005	60367.4	43319.1	29792.7	14659.0	15133.7
	2006	61207.3	41850.4	28369.8	13768.0	14601.8
	2007	56508.3	43989.5	28564.7	14336.5	14228.2
	2008	61016.6	46291.3	28084.9	15229.2	12855.7
	2009	64538.6	46996.0	28452.2	15050.1	13402.1
	2010	66686.4	46460.0	28087.9	14203.9	13884.0
	2011	66326.1	46862.7	28235.8	14274.2	13961.5
	2012	69789.5	47592.2	28504.1	14136.1	14368.0
	2013	71557.3	47411.3	29036.3	14034.5	15001.7
	2014	73510.4	46582.7	30314.9	14465.9	15849.0
	2015	70825.0	45112.5	31099.7	14893.4	16206.2
北 京	Beijing	284.4	165.6	69.4	19.0	50.4
天 津	Tianjin	378.0	196.9	48.0	5.7	42.3
河 北	Hebei	3551.1	1865.7	1450.1	475.8	974.3
山 西	Shanxi	783.7	485.9	1001.5	436.2	565.2
内蒙古	Inner Mongolia	898.5	645.3	5777.8	1603.5	4174.3
辽 宁	Liaoning	2675.7	1457.5	908.7	483.4	425.3
吉 林	Jilin	1664.3	972.4	452.9	54.6	398.3
黑龙江	Heilongjiang	1863.4	1314.1	895.7	196.2	699.5
上 海	Shanghai	204.4	143.9	30.5	29.1	1.5
江 苏	Jiangsu	2978.3	1780.3	417.5	407.6	9.9
浙 江	Zhejiang	1315.6	730.2	113.4	40.1	73.2
安 徽	Anhui	2979.2	1539.4	688.3	687.2	1.1
福 建	Fujian	1707.8	1066.2	127.7	127.7	
江 西	Jiangxi	3242.5	1693.3	58.2	58.2	
山 东	Shandong	4836.1	2849.6	2235.7	1639.6	596.1
河 南	Henan	6171.2	4376.0	1926.0	1844.0	82.0
湖 北	Hubei	4363.2	2497.1	465.7	465.6	0.2
湖 南	Hunan	6077.2	4079.4	546.1	546.1	
广 东	Guangdong	3663.4	2135.9	41.5	41.5	
广 西	Guangxi	3416.8	2303.7	202.6	202.6	
海 南	Hainan	555.7	401.1	66.7	66.7	
重 庆	Chongqing	2119.9	1450.4	225.6	225.4	0.2
四 川	Sichuan	7236.5	4815.6	1782.3	1566.6	215.7
贵 州	Guizhou	1795.3	1559.0	354.7	335.2	19.5
云 南	Yunnan	3451.0	2625.3	1057.4	979.3	78.1
西 藏	Tibet	18.1	38.6	1496.0	533.8	962.2
陕 西	Shaanxi	1205.6	846.0	701.9	573.2	128.7
甘 肃	Gansu	696.0	600.0	1939.5	421.1	1518.4
青 海	Qinghai	137.5	118.4	1435.0	191.5	1243.6
宁 夏	Ningxia	91.5	65.5	587.8	113.3	474.5
新 疆	Xinjiang	463.1	294.5	3995.7	523.6	3472.0

12-14 畜产品产量
Output of Livestock Products

年份 Year 地区 Region		肉类 (万吨) Output of Meat (10 000 tons)	#猪牛羊肉 Output of Pork, Beef and Mutton	猪肉 Pork	牛肉 Beef	羊肉 Mutton	奶类 (万吨) Milk (10 000 tons)	#牛奶 Cow Milk
	1996	4584.0	3694.7	3158.0	355.7	181.0	735.8	629.4
	2000	6013.9	4743.2	3966.0	513.1	264.1	919.1	827.4
	2005	6938.9	5473.5	4555.3	568.1	350.1	2864.8	2753.4
	2006	7089.0	5591.0	4650.5	576.7	363.8	3302.5	3193.4
	2007	6865.7	5283.8	4287.8	613.4	382.6	3633.4	3525.2
	2008	7278.7	5614.0	4620.5	613.2	380.3	3731.5	3555.8
	2009	7649.7	5915.7	4890.8	635.5	389.4	3677.7	3518.8
	2010	7925.8	6123.1	5071.2	653.1	398.9	3748.0	3575.6
	2011	7965.1	6101.1	5060.4	647.5	393.1	3810.7	3657.8
	2012	8387.2	6405.9	5342.7	662.3	401.0	3875.4	3743.6
	2013	8535.0	6574.4	5493.0	673.2	408.1	3649.5	3531.4
	2014	8706.7	6788.8	5671.4	689.2	428.2	3841.2	3724.6
	2015	8625.0	6627.5	5486.5	700.1	440.8	3870.3	3754.7
北京	Beijing	36.4	25.2	22.5	1.5	1.2	57.2	57.2
天津	Tianjin	45.8	34.2	29.2	3.4	1.6	68.0	68.0
河北	Hebei	462.5	359.9	275.0	53.2	31.7	480.9	473.1
山西	Shanxi	85.6	73.0	60.3	5.9	6.9	92.7	91.9
内蒙古	Inner Mongolia	245.7	216.3	70.8	52.9	92.6	812.2	803.2
辽宁	Liaoning	429.4	275.8	227.1	40.3	8.5	142.6	140.3
吉林	Jilin	261.1	187.4	136.0	46.6	4.8	52.8	52.3
黑龙江	Heilongjiang	228.7	192.3	138.4	41.6	12.3	574.4	570.5
上海	Shanghai	20.3	16.7	16.1	0.1	0.6	27.7	27.7
江苏	Jiangsu	369.4	237.2	225.8	3.2	8.1	59.6	59.6
浙江	Zhejiang	131.1	106.3	103.3	1.2	1.8	16.5	16.5
安徽	Anhui	419.4	291.9	259.1	16.2	16.6	30.6	30.6
福建	Fujian	216.6	140.0	134.5	3.1	2.4	15.4	15.0
江西	Jiangxi	336.5	268.3	253.5	13.6	1.2	13.0	13.0
山东	Shandong	774.0	502.4	397.4	67.9	37.1	284.9	275.4
河南	Henan	711.1	576.5	468.0	82.6	25.9	352.3	342.2
湖北	Hubei	433.3	363.3	331.5	23.0	8.8	16.9	16.9
湖南	Hunan	540.1	479.5	448.0	19.9	11.6	9.7	9.7
广东	Guangdong	424.2	282.0	274.2	7.0	0.9	12.9	12.9
广西	Guangxi	417.3	276.4	258.8	14.4	3.2	10.1	10.1
海南	Hainan	78.0	49.4	45.8	2.6	1.0	0.2	0.2
重庆	Chongqing	213.8	168.8	156.2	8.8	3.8	5.4	5.4
四川	Sichuan	706.8	574.1	512.4	35.4	26.3	67.5	67.5
贵州	Guizhou	201.9	181.7	160.7	16.8	4.2	6.2	6.2
云南	Yunnan	378.3	337.8	288.6	34.3	15.0	62.5	55.0
西藏	Tibet	28.0	26.3	1.5	16.5	8.2	35.0	30.0
陕西	Shaanxi	116.2	106.1	90.4	7.9	7.8	189.9	141.2
甘肃	Gansu	96.3	89.2	50.8	18.8	19.6	39.9	39.3
青海	Qinghai	34.7	33.4	10.3	11.5	11.6	32.7	31.5
宁夏	Ningxia	29.2	26.9	7.1	9.7	10.1	136.5	136.5
新疆	Xinjiang	153.2	129.0	33.1	40.4	55.4	163.8	155.8

12-14 续表 continued

年 份 Year 地 区 Region	绵羊毛 (吨) Sheep Wool (ton)	#细羊毛 Fine Wool	#半细羊毛 Semi-Fine Wool	山羊粗毛 (吨) Goat Wool (ton)	山羊绒 (吨) Cashmere (ton)	禽 蛋 (万吨) Poultry Eggs (10 000 tons)	蜂 蜜 (万吨) Honey (10 000 tons)
1996	298102	121020	74099	35284	9585	1965.2	18.3
2000	292502	117386	84921	33266	11057	2182.0	24.6
2005	393172	127862	123068	36904	15435	2438.1	29.3
2006	388777	131808	116098	40512	16395	2424.0	33.3
2007	363470	123920	106760	38382	18483	2529.0	35.4
2008	367687	123838	104838	44406	17184	2702.2	40.0
2009	364002	127352	113018	49453	16964	2742.5	40.2
2010	386768	123173	114944	42714	18518	2762.7	40.1
2011	393072	132836	120119	44047	17989	2811.4	43.1
2012	400057	125709	131983	43924	18021	2861.2	44.8
2013	411122	133247	135330	41875	18114	2876.1	45.0
2014	419518	124915	142253	40046	19278	2893.9	46.8
2015	427464	134954	143371	36956	19247	2999.2	47.7
北 京 Beijing	176.9	8.4	29.4	45.0	32.3	19.6	0.2
天 津 Tianjin	707.3	119.5	587.8	1.6		20.2	0.0
河 北 Hebei	36308.0	6655.0	22956.0	3115.0	946.0	373.6	1.3
山 西 Shanxi	9195.4	3161.9	4369.5	1555.3	1216.8	87.2	0.5
内蒙古 Inner Mongolia	127186.5	70831.6	22795.2	10262.4	8380.1	56.4	0.4
辽 宁 Liaoning	12779.9	3592.7	8688.4	1390.3	956.2	276.5	0.1
吉 林 Jilin	15109.0	7644.0	7399.0	629.0	154.0	107.3	1.5
黑龙江 Heilongjiang	28959.0	5041.0	22121.0	1663.0	329.0	99.9	2.0
上 海 Shanghai	11.4			172.2		4.9	0.1
江 苏 Jiangsu	366.0	84.0	282.0	10.0		196.2	0.5
浙 江 Zhejiang	2111.4		2111.4	410.0		33.3	8.8
安 徽 Anhui	127.0	62.0	65.0	54.0	10.0	134.7	1.7
福 建 Fujian						25.5	1.4
江 西 Jiangxi						49.3	1.6
山 东 Shandong	9194.1	1903.4	5759.4	3750.8	790.5	423.9	0.6
河 南 Henan	6892.3	817.9	4182.1	3095.6	767.3	410.0	9.4
湖 北 Hubei	7.0		4.0	104.0		165.3	2.7
湖 南 Hunan				3.0	1.0	101.5	1.3
广 东 Guangdong				2.0		33.8	2.0
广 西 Guangxi						22.9	1.4
海 南 Hainan						4.4	0.1
重 庆 Chongqing	3.0		3.0			45.4	1.9
四 川 Sichuan	6375.0	1854.0	3438.0	583.0	143.0	146.7	4.8
贵 州 Guizhou	537.4	140.0	397.4	70.4	8.5	17.3	0.3
云 南 Yunnan	1369.0	183.0	905.0	96.0	8.0	26.0	1.0
西 藏 Tibet	7686.8	780.5	2586.3	826.0	962.4	0.5	
陕 西 Shaanxi	5934.5	2500.5	2740.2	2371.9	1971.8	58.1	0.7
甘 肃 Gansu	32152.0	9974.0	6712.0	1988.0	398.0	15.3	0.2
青 海 Qinghai	17365.0	2094.0	5525.0	888.0	422.0	2.3	0.2
宁 夏 Ningxia	10048.0	2588.0	2887.0	853.0	532.0	8.8	0.1
新 疆 Xinjiang	96862.4	14918.4	16827.0	3016.4	1218.3	32.6	1.1

12-15 水 产 品 产 量
Output of Aquatic Products

单位：万吨 (10 000 tons)

年份 Year / 地区 Region	水产品总产量 Total Aquatic Products	海水产品 Seawater Aquatic Products	天然生产 Naturally Grown	人工养殖 Artificially Cultured	鱼类 Fish	虾蟹类 Shrimps, Prawns and Crabs	贝类 Shellfish	藻类 Algae	其他 Others
1978	465.4	359.5	314.5	45.0	256.1	50.6	26.8	26.0	
1980	449.7	325.7	281.3	44.4	234.1	42.1	23.4	26.2	
1985	705.2	419.7	348.5	71.2	274.5	70.6	47.3	27.3	
1990	1237.0	713.3	550.9	162.4	423.1	107.0	147.3	27.5	8.2
1995	2517.2	1439.1	1026.8	412.3	758.1	184.8	392.3	74.9	29.0
2000	3706.2	2203.9	1275.9	928.0	896.7	257.9	901.7	106.1	41.5
2005	4419.9	2465.9	1255.1	1210.8	913.9	281.3	1008.1	133.9	128.6
2006	4583.6	2509.6	1245.4	1264.2	892.1	299.4	1046.7	137.6	133.8
2007	4747.5	2550.9	1243.6	1307.3	891.3	298.9	1068.2	138.8	153.7
2008	4895.6	2598.3	1258.0	1340.3	864.3	288.8	1072.5	142.3	122.1
2009	5116.4	2681.6	1276.3	1405.2	880.8	303.6	1120.0	148.4	131.0
2010	5373.0	2797.5	1315.2	1482.3	906.3	310.4	1170.4	156.6	142.1
2011	5603.2	2908.0	1356.7	1551.3	1075.2	321.8	1212.8	162.9	135.3
2012	5907.7	3033.3	1389.5	1643.8	1101.0	345.7	1264.8	179.0	142.8
2013	6172.0	3138.8	1399.6	1739.2	1119.3	362.6	1327.6	188.5	140.9
2014	6461.5	3296.2	1483.6	1812.6	1202.5	382.9	1371.7	202.9	136.2
2015	6699.6	3409.6	1534.0	1875.6	1255.3	386.3	1414.0	211.5	142.5
北京 Beijing	6.6	1.7	1.7		1.7				
天津 Tianjin	40.1	7.6	6.5	1.1	6.4	0.9	0.3		0.1
河北 Hebei	129.7	76.1	25.4	50.6	15.8	7.8	48.2		4.3
山西 Shanxi	5.2								
内蒙古 Inner Mongolia	15.4								
辽宁 Liaoning	531.3	432.0	137.8	294.2	99.8	24.1	245.0	34.8	28.2
吉林 Jilin	19.5								
黑龙江 Heilongjiang	54.2								
上海 Shanghai	32.4	17.0	17.0		16.1	0.8	0.0		0.0
江苏 Jiangsu	521.0	148.2	58.8	89.4	42.3	27.5	70.4	2.9	5.0
浙江 Zhejiang	597.8	487.0	393.7	93.3	282.9	103.9	77.0	5.1	18.1
安徽 Anhui	230.4								
福建 Fujian	733.9	636.3	232.2	404.1	211.3	52.3	266.1	89.7	16.9
江西 Jiangxi	264.2								
山东 Shandong	931.3	774.7	275.1	499.6	224.0	39.4	406.1	66.7	38.4
河南 Henan	102.4								
湖北 Hubei	455.9								
湖南 Hunan	259.4								
广东 Guangdong	858.2	459.2	156.0	303.2	163.4	72.0	203.3	8.3	12.2
广西 Guangxi	345.9	179.7	65.5	114.2	41.4	38.1	90.0		10.3
海南 Hainan	204.9	162.0	136.1	25.9	122.2	19.4	7.5	3.9	9.0
重庆 Chongqing	48.1								
四川 Sichuan	138.7								
贵州 Guizhou	25.0								
云南 Yunnan	69.7								
西藏 Tibet	0.0								
陕西 Shaanxi	15.5								
甘肃 Gansu	1.5								
青海 Qinghai	1.1								
宁夏 Ningxia	17.0								
新疆 Xinjiang	15.1								
中农发集团 CNADG	28.1	28.1	28.1		28.1				

注：2013年起中国水产总公司改名为中农发集团(China National Agricultural Development Group Co.LTD，简称CNADG)。

a) China National Fisheries Corp. was named as China National Agricultural Development Group Co., LTD. in 2013.

12-15 续表 continued

单位：万吨 (10 000 tons)

年份 地区	Year Region	淡水产品 Freshwater Aquatic Products	天然生产 Naturally Grown	人工养殖 Artificially Cultured	鱼 类 Fish	虾蟹类 Shrimps, Prawns and Crabs	贝 类 Shellfish	其 他 Others
	1978	105.9	29.6	76.2	99.7	3.8	2.4	
	1980	124.0	33.9	90.2	116.3	5.2	2.5	
	1985	285.4	47.6	237.8	276.5	5.5	3.4	
	1990	523.7	78.3	445.4	504.9	9.5	7.6	1.8
	1995	1078.1	137.3	940.8	1018.6	27.3	20.5	11.6
	2000	1502.3	193.4	1308.9	1358.4	76.3	40.0	27.7
	2005	1954.0	221.0	1733.0	1737.2	140.3	46.3	30.2
	2006	2074.0	220.4	1853.6	1822.5	167.8	50.9	32.8
	2007	2196.6	225.6	1971.0	1908.5	202.1	50.5	35.5
	2008	2297.3	224.8	2072.5	1998.5	210.1	50.1	38.7
	2009	2434.8	218.4	2216.5	2109.9	228.8	52.0	44.2
	2010	2575.5	228.9	2346.5	2225.6	248.1	53.8	47.9
	2011	2695.2	223.2	2471.9	2343.7	248.8	53.9	48.8
	2012	2874.3	229.8	2644.5	2497.7	268.7	54.0	54.0
	2013	3033.2	230.7	2802.4	2647.9	277.0	52.8	55.5
	2014	3165.3	229.5	2935.8	2770.3	288.7	51.4	54.8
	2015	3290.0	227.8	3062.3	2883.3	300.2	51.6	54.9
北 京	Beijing	4.9	0.4	4.5	4.9	0.0		0.0
天 津	Tianjin	32.5	1.2	31.3	28.0	4.4	0.1	0.1
河 北	Hebei	53.6	10.3	43.3	49.5	3.1	0.4	0.6
山 西	Shanxi	5.2	0.1	5.1	5.2	0.0		0.0
内蒙古	Inner Mongolia	15.4	2.9	12.4	15.0	0.1		0.2
辽 宁	Liaoning	99.3	5.6	93.7	88.1	9.9	0.0	1.2
吉 林	Jilin	19.5	2.0	17.6	19.2	0.2	0.0	
黑龙江	Heilongjiang	54.2	5.7	48.5	53.7	0.5	0.0	0.0
上 海	Shanghai	15.4	0.3	15.1	10.4	5.0		0.1
江 苏	Jiangsu	372.9	32.5	340.3	272.5	85.6	11.1	3.6
浙 江	Zhejiang	110.8	8.8	102.0	78.0	13.3	3.0	16.4
安 徽	Anhui	230.4	31.6	198.8	184.2	32.7	8.8	4.7
福 建	Fujian	97.6	8.8	88.8	81.2	8.4	5.9	2.1
江 西	Jiangxi	264.2	26.4	237.8	233.7	15.7	7.8	7.1
山 东	Shandong	156.6	10.3	146.3	146.2	9.0	0.6	0.8
河 南	Henan	102.4	5.1	97.3	99.0	2.5	0.1	0.7
湖 北	Hubei	455.9	19.1	436.8	377.9	69.7	3.7	4.7
湖 南	Hunan	259.4	10.9	248.5	248.4	4.7	2.5	3.8
广 东	Guangdong	399.0	12.4	386.6	359.5	31.3	4.8	3.4
广 西	Guangxi	166.2	13.8	152.4	159.8	1.6	1.7	3.2
海 南	Hainan	42.9	2.3	40.6	41.9	0.3	0.2	0.6
重 庆	Chongqing	48.1	2.0	46.1	47.5	0.3	0.0	0.2
四 川	Sichuan	138.7	6.0	132.7	136.8	0.8	0.4	0.7
贵 州	Guizhou	25.0	1.4	23.6	24.6	0.3	0.0	0.1
云 南	Yunnan	69.7	5.8	63.9	68.9	0.5	0.2	0.1
西 藏	Tibet	0.0	0.0	0.0	0.0			0.0
陕 西	Shaanxi	15.5	0.7	14.8	14.9	0.0	0.0	0.6
甘 肃	Gansu	1.5		1.5	1.5	0.0		0.0
青 海	Qinghai	1.1		1.1	1.0	0.0		
宁 夏	Ningxia	17.0	0.0	16.9	16.8	0.1		0.0
新 疆	Xinjiang	15.1	1.1	14.1	15.0	0.1	0.0	0.0

12-16 人均主要农产品产量
Per Capita Output of Major Farm Products

单位：公斤 (kg)

年份 Year / 地区 Region		粮食 Grain	棉花 Cotton	油料 Oil-bearing Crops	猪牛羊肉 Pork, Beef and Mutton	水产品 Total Aquatic Products	牛奶 Milk
	1978	319	2.3	5.5	9.1	4.9	
	1980	327	2.8	7.8	12.3	4.6	1.2
	1985	361	3.9	15.0	16.8	6.7	2.4
	1990	393	4.0	14.2	22.1	10.9	3.7
	1995	387	4.0	18.7	27.4	20.9	4.8
	2000	366	3.5	23.4	37.6	29.4	6.6
	2005	371	4.4	23.6	42.0	33.9	21.1
	2006	380	5.7	20.1	42.7	35.0	24.4
	2007	381	5.8	19.5	40.1	36.0	26.7
	2008	399	5.7	22.3	42.4	37.0	26.8
	2009	399	4.8	23.7	44.4	38.4	26.4
	2010	409	4.5	24.1	45.8	40.2	26.7
	2011	425	4.9	24.6	45.4	41.7	27.2
	2012	437	5.1	25.4	47.4	43.7	27.7
	2013	443	4.6	25.9	48.6	45.5	26.1
	2014	445	4.5	25.7	49.8	47.4	27.3
	2015	453	4.1	25.8	48.3	49.1	27.4
北京	Beijing	29	0.0	0.3	11.7	3.1	26.5
天津	Tianjin	119	1.7	0.3	22.3	26.8	44.4
河北	Hebei	454	5.0	20.5	48.6	17.6	63.9
山西	Shanxi	345	0.4	4.2	20.0	1.4	25.1
内蒙古	Inner Mongolia	1127	0.0	77.2	86.2	6.1	320.3
辽宁	Liaoning	456	0.0	10.5	62.9	121.0	32.0
吉林	Jilin	1325		27.8	68.1	7.1	19.0
黑龙江	Heilongjiang	1654		4.8	50.3	14.1	149.2
上海	Shanghai	46	0.0	0.5	6.9	13.4	11.4
江苏	Jiangsu	447	1.5	18.0	29.8	65.5	7.5
浙江	Zhejiang	136	0.4	5.7	19.3	108.6	3.0
安徽	Anhui	579	3.8	37.3	47.7	38.0	5.0
福建	Fujian	173	0.0	8.0	36.6	193.6	3.9
江西	Jiangxi	472	2.5	27.2	58.9	58.3	2.9
山东	Shandong	480	5.5	33.0	51.2	95.4	28.0
河南	Henan	641	1.3	63.4	60.9	10.9	36.2
湖北	Hubei	463	5.1	58.2	62.3	78.5	2.9
湖南	Hunan	444	2.1	35.9	70.9	38.6	1.4
广东	Guangdong	126		10.2	26.1	80.3	1.2
广西	Guangxi	319	0.1	13.5	57.9	73.0	2.1
海南	Hainan	203		12.4	54.4	227.8	0.3
重庆	Chongqing	384		19.9	56.2	16.1	1.8
四川	Sichuan	421	0.1	37.6	70.3	17.1	8.3
贵州	Guizhou	335	0.0	28.8	51.6	7.1	1.8
云南	Yunnan	397	0.0	13.9	71.5	14.8	11.6
西藏	Tibet	314		20.0	81.9	0.1	93.6
陕西	Shaanxi	324	1.0	16.6	28.0	4.1	37.3
甘肃	Gansu	451	1.6	27.6	34.4	0.6	15.1
青海	Qinghai	175		52.0	56.9	1.8	53.8
宁夏	Ningxia	561		22.9	40.5	25.8	205.4
新疆	Xinjiang	653	150.4	27.0	55.4	6.6	66.9

12-17 国有农场基本情况
Basic Statistics on State Farms

本表为农垦系统数据。
Data in this table are those from land reclamation departments.

指　　标	Item	2011	2012	2013	2014	2015
农场数　(个)	**Number of Farms　(unit)**	**1785**	**1786**	**1779**	**1789**	**1785**
职工人数　(万人)	**Number of Staff and Workers　(10 000 persons)**	**329.3**	**317.5**	**324.0**	**299.2**	**287.7**
耕地面积　(千公顷)	**Cultivated Area　(1 000 hectares)**	**6116.3**	**6123.7**	**6210.5**	**6242.7**	**6325.4**
农业机械总动力　(亿瓦)	**Total Power of Agricultural Machinery (100 million watts)**	**228.4**	**245.7**	**262.1**	**272.6**	**283.8**
农业机械拥有量(万台、万辆)	**Ownership of Agricultural Machinery(10 000 units)**					
大中型农用拖拉机	Large and Medium-sized Agricultural Tractors	16.17	17.40	17.68	19.30	19.70
小型及手扶拖拉机	Small and Walking Agricultural Tractors	34.70	32.80	33.30	32.10	30.90
农用排灌动力机械	Machinery for Agricultural Drainage and Irrigation	26.20	27.70	28.84	29.30	28.00
联合收割机	Combine Harvesters	4.00	4.60	4.84	5.30	5.70
农用载重汽车	Trucks for Agricultural Use	7.35	7.35	7.35	7.35	7.35
农用化肥施用量　(万吨)	**Consumption of Chemical Fertilizers (10 000 tons)**	**241.2**	**248.3**	**261.0**	**273.2**	**269.9**
农业总产值　(亿元)	**Gross Agricultural Output Value (100 million yuan)**	**2803.9**	**3100.4**	**3356.3**	**3415.2**	**3449.7**
农作物总播种面积(千公顷)	**Sown Area of Farm Crops　(1 000 hectares)**	**6414.6**	**6510.5**	**6665.0**	**6907.3**	**6898.3**
粮食作物	Grain	4613.5	4725.9	4839.8	4923.6	4997.0
棉　花	Cotton	719.3	732.5	770.0	905.3	834.2
油　料	Oil-bearing Crops	377.5	379.2	356.5	364.4	352.2
糖　料	Sugar Crops	112.5	112.0	111.2	84.3	84.3
麻　类	Fiber Crops	3.0	2.6	2.4	3326.6	3285.7
年底实有茶园面积	Area of Tea Plantations (year-end)	30.4	28.9	30.2	28.5	29.4
年底实有桑园面积	Area of Mulberry Plantations (year-end)	1.6	1.9	2.0	2.1	2.2
年底实有果园面积	Area of Orchards (year-end)	380.0	391.5	402.1	406.9	422.7
年底实有橡胶园面积	Area of Rubber Plantations (year-end)	462.4	443.0	447.8	444.2	443.2
主要农产品产量　(万吨)	**Output of Major Farm Products　(10 000 tons)**					
粮食作物	Grain	3198.7	3371.4	3419.9	3538.1	3665.1
棉　花	Cotton	163.8	172.3	176.2	211.4	175.0
油　料	Oil-bearing Crops	82.7	78.3	80.4	82.6	80.8
糖　料	Sugar Crops	818.5	850.6	846.2	706.8	718.3
麻　类	Fiber Crops	1.6	1.3	1.1	1.4	1.5
茶　叶	Tea	4.5	4.4	4.4	5.0	5.0
水　果	Fruits	337.2	409.4	484.2	547.1	649.2
干　胶	Rubber	32.1	33.2	33.1	31.3	31.0
畜牧业、渔业生产	**Production of Animal Husbandry and Fishery**					
大牲畜年底头数　(万头)	Number of Large Animals (year-end)(10 000 heads)	340.8	344.6	295.6	276.1	282.0
猪年底头数　(万头)	Number of Hogs　(10 000 heads)	1216.6	1328.4	1313.5	1256.9	1227.3
羊年底只数　(万只)	Number of Sheep and Goats　(10 000 heads)	1319.2	1320.4	1302.5	1434.7	1494.8
#绵　羊	Sheep	1010.6	1039.0	1070.8	1203.6	1249.0
畜产品产量　(万吨)	**Output of Livestock Products　(10 000 tons)**					
猪牛羊肉	Pork, Beef and Mutton	207.3	220.3	212.5	192.4	185.0
#猪　肉	Pork	162.1	173.5	165.7	151.8	146.4
牛　奶	Milk	405.9	435.0	402.1	375.1	369.1
禽　蛋	Poultry Eggs	44.0	47.7	47.8	46.7	48.3
羊　毛	Sheep Wool	2.8	2.8	3.2	3.2	3.3
水产品总产量　(万吨)	**Total Output of Aquatic Products　(10 000 tons)**	**126.7**	**137.8**	**151.0**	**153.4**	**152.5**

主要统计指标解释

农林牧渔业总产值　指以货币表现的农、林、牧、渔业全部产品和对农林牧渔业生产活动进行的各种支持性服务活动的价值总量，它反映一定时期内农林牧渔业生产总规模和总成果。1957 年以前的农林牧渔业总产值中包括了厩肥和农民自给性手工业(如农民自制衣服、鞋、袜，自己从事粮食初步加工等)。1958 年及以后，林业中增加了村及村以下竹木采伐产值；牧业中取消了厩肥产值；副业中取消了农民自给性手工业产值，增加了村及村以下办的工业产值；渔业中增加了海洋捕捞水产品产值。1980 年及以后，在副业中增加了农民家庭兼营工业商品部分的产值。从 1984 年起村及村以下工业产值划归工业。从 1993 年起取消副业，将野生动物的捕猎划入牧业，野生植物采集和农民家庭兼营商品性工业划归农业。从 2003 年起，执行新的国民经济行业分类标准，农林牧渔业总产值中包括了农林牧渔服务业产值。林业中增加了森林采运业产值。农业中取消了家庭兼营商品性工业产值，将野生林产品的采集划归林业。第一次农业普查以后，由于畜牧业产品年报数据与普查数据之间存在一定的差距，根据农业普查结果，对畜牧业年报数据和畜牧业产值进行了修正。2010 年执行《统计用产品分类目录》，对 2009 年的农业、林业产值做了相应调整。

农林牧渔业总产值的计算方法通常是按农、林、牧、渔业产品及其副产品的产量分别乘以各自单位产品价格求得；少数生产周期较长，当年没有产品或产品产量不易统计的，则采用间接方法匡算其产值；然后将四业产品产值及农林牧渔服务业产值相加即为农林牧渔业总产值。

粮食产量　指农业生产经营者日历年度内生产的全部粮食数量。按收获季节包括夏收粮食、早稻和秋收粮食，按作物品种包括谷物、薯类和豆类。其产量计算方法：谷物按脱粒后的原粮计算，豆类按去豆荚后的干豆计算；薯类(包括甘薯和马铃薯，不包括芋头和木薯)1963 年以前按每 4 公斤鲜薯折 1 公斤粮食计算，从 1964 年开始改为按 5 公斤鲜薯折 1 公斤粮食计算，2014 年开始按鲜薯计算；城市郊区作为蔬菜的薯类(如马铃薯等)按鲜品计算，并且不作粮食统计。1989 年以前全国粮食产量数据主要靠全面报表取得，1989 年开始使用抽样调查数据。

棉花产量　指全社会的产量。包括春播棉和夏播棉。产量按皮棉计算。不包括木棉。

油料产量　指全部油料作物的生产量。包括花生、油菜籽、芝麻、向日葵籽、胡麻籽（亚麻籽）和其他油料。不包括大豆、木本油料和野生油料。花生以带壳干花生计算。

水产品产量　指渔业（捕捞和养殖）生产活动的最终有效成果，包括全部海水和淡水鱼类、甲壳类（虾、蟹）、贝类、头足类、藻类和其他类渔业产品的最终产量。水产品产量是通过各级水产和统计部门逐级上报取得数据。1995 年及以前，贝类中牡蛎按鲜肉计算；蚶、蛤、蛏按 5 斤鲜品折 1 斤计算。1996 年以后则统一按鲜品计算。

猪、牛、羊肉产量　指当年出栏并已屠宰、除去头蹄下水后带骨肉(即胴体重)的重量。包括全社会范围内的产量。1996 年以前为全面统计并逐级上报数据。1996 年第一次农业普查以后，根据普查结果，对畜牧业主要年报数据进行了修正。1999 年以后，国家统计局在部分地区开展了猪、牛、羊、禽等主要畜禽品种的抽样调查，并用抽样数据作为国家定案数据使用。未开展抽样调查的地区和品种，仍使用各级统计部门逐级上报数据。2007 年，根据第二次农业普查结果，对 2000—2006 年畜牧业主要年报数据进行了修正。2008 年，建立了主要畜禽监测调查制度，猪、牛、羊、禽等主要畜禽数据均以抽样调查数为法定数据。

期初(末)畜禽存栏头(只)数　指报告期初(末)农村各种合作经济组织和国营农场、农民个人、机关、团体、学校、工矿企业、部队等单位以及城镇居民饲养的大牲畜、猪、羊、家禽等畜禽的数量。数据上报方式及数据调整情况同猪、牛、羊肉产量。

农作物播种面积　指农业生产经营者应在日历年度内收获农作物在全部土地（耕地或非耕地）上的播种或移植面积。凡是本年内收获的农作物，无论是本年还是上年播种，都算为播种面积，但不包括本年播种，下年收获的农作物面积。

耕地灌溉面积　指具有一定的水源，地块比较平整，灌溉工程或设备已经配套，在一般年景下能够进行正常灌溉的耕地面积。在一般情况下，耕地灌溉面积应等于灌溉工程或设备已经配套，能够进行正常灌溉的水田和水浇地面积之和。它是反映我国农田水利建设的重要指标。

农用化肥施用量　指本年内实际用于农业生产的化肥数量，包括氮肥、磷肥、钾肥和复合肥。化肥施用量要求按折纯量计算数量。折纯量是指把氮肥、磷肥、钾肥分别按含氮、含五氧化二磷、含氧化钾的百分之百成份进行折算后的数量。复合肥按其所含主要成分折算。公式为：

折纯量=实物量×某种化肥有效成份含量的百分比

农业机械总动力　指全部农业机械动力的额定功率之和。农业机械是指用于种植业、畜牧业、渔业、农产品初加工、农用运输和农田基本建设等活动的机械及设备。农机总动力按使用能源不同分为以下四部分：

柴油发动机动力：指全部柴油发动机额定功率之和；

汽油发动机动力：指全部汽油发动机额定功率之和；

电动机动力：指全部电动机（含潜水电泵的电动机）额定功率之和；

其他机械动力：指采用柴油、汽油、电力之外的其他能源，如水力、风力、煤炭、太阳能等动力机械功率之和。

这个指标的统计数据主要来源于农机部门。

Explanatory Notes on Main Statistical Indicators

Gross Output Value of Agriculture, Forestry, Animal Husbandry and Fishery refers to the total value of products of agriculture, forestry, animal husbandry and fishery, and total value of services in support of agriculture, forestry, animal husbandry and fishery activities. It reflects the total scale and results of agricultural production during a given period. Prior to 1957, China's gross agricultural output value included barnyard manure and handicraft products for self-consumption (clothes, shoes, stockings, and initial grain processing undertaken by peasants). Since 1958, cutting and felling of bamboo and trees by villages and other cooperative organizations under villages have been included in forestry; value of barnyard manure has been excluded from animal husbandry; self consumed handicrafts have not been included from sideline occupations, while the output value of industries run by villages and cooperative organizations under village has been included in sideline occupations; and the output value of fish catches by motor fishing boats has been added to fishery. Since 1980, the value of handicraft products made for sale by individuals in households has been added to sideline occupations. Since 1984, industries run by villages and under villages have been included in the sector of industry. Since 1993, the subdivision of sideline occupations has been cancelled, and the hunting of wild animals has been classified into animal husbandry, and the gathering of wild plants and commodity industry run by rural household have been included in farming. A new industrial classification of economic activities was introduced in 2003. Under the new classification, value of services to agriculture, forestry, animal husbandry and fishery is included in the gross output value of agriculture, value of wood felling and transport is included in forestry, value of industrial output by rural households is not included in agriculture. The First Agriculture Census of China revealed some discrepancy between the production of animal products from the annual reports and that from the census. According to the result of the First Agriculture census, efforts were made to adjust the annual reports of animal husbandry output and the output value of animal husbandry to make the figures from the annual reports consistent with the census data. "The Classification of Products for Statistical Purposes" implemented in 2010 made relevant revision on the output value of agriculture and forestry in 2009.

Gross output value of agriculture is obtained by multiplying the output of each product or by-product by its price, resulting in the output value of each single item. For a small number of products, annual output of which is not available or difficult to get due to the long production (growing) process involved, the output value is estimated through an indirect approach. The sum of output values of all products of agriculture, forestry, animal husbandry and fishery and services in support to those industries is then equal to the gross output value of agriculture.

Grain Output refers to the total output of grains produced by agricultural producers within a calendar year. It includes summer grain, early rice and autumn grain if classified by harvest seasons; it covers cereal, tubers and beans if classified by type of crops. Output of cereal should be limited to husked grain only. Output of beans refers to dry beans without pods. The output of tubers (sweet potatoes and potatoes, not including taros and cassava) are converted into that of grain at the ratio 4:1, i.e. 4 kilograms of fresh tubers were equivalent to 1 kilogram of grain up to 1963. Since 1964 the ratio for conversion has been 5:1, and Starting from 2014, the ratio for conversion has been 1:1. Tubers supplied as vegetables (such as potatoes) in cities and suburbs are calculated as fresh vegetables and their output is not included in the output of grain. Data on grain production before 1989 were obtained through the Comprehensive Statistical Reporting System. Since 1989, data from sample surveys are used.

Cotton Output refers to cotton production in the whole country including cotton planted in spring and in autumn. Output is measured as the weight of ginned cotton. Ceiba is not included.

Output of Oil-bearing Crops refers to the total production of oil-bearing crops of various kinds, including peanuts (dry, in shell), rapeseeds, sesame, sunflower seeds, flax seeds, and other oil-bearing crops. Soybeans, oil-bearing woody plants, and wild oil-bearing crops are not included.

Output of Aquatic Products refers to final output actually yielded from fishing production (fishery and breeding), including all output of marine and freshwater fish, crustaceans (shrimps, crabs), shellfish, cephalopod, seaweed and other fishery products. Data on output of aquatic products are reported by aquatic product and statistical agencies level by level. Before 1995, among the shellfish, oyster was counted as fresh meat; 5 kilograms of ark shell, clams and frogs are equivalent to 1 kilogram of fresh aquatic products; they have all been counted as fresh aquatic products since 1996.

Output of Pork, Beef, and Mutton refers to the meat of slaughtered hogs, cattle, sheep and goats with head, feet, and offal taken away. Data refers to the production of the whole country. Before 1996, it was a comprehensive reporting from the lower level to the upper one. The First Agricultural Census of China in 1996 revealed some discrepancy between the production of animal products from the annual reports and that from the census. Efforts were made to adjust the output value of animal husbandry to make the figures from the annual reports consistent with the census data. Since 1999, the NBS conducted sample surveys for the major animal husbandry products, such as hogs, cattle, sheep and goats and fowls, and the data from sample surveys are used as national finalized data.

Those products, which are not covered by the sample survey, are still reported by statistical agencies level by level. In 2007, the data on animal husbandry from 2000 to 2006 were revised according to the results of the Second Agriculture Census of China. In 2008, A Monitoring and Survey Program was set up on main livestock, the data on the main livestock such as hog, cattle, sheep and poultry became the official data based on the sampling survey.

Number of Livestock or Poultry in Stock at Beginning (or End) of Period refers to the total number of large animals, pigs, sheep, fowls, etc. raised by rural cooperative organizations, State farms, rural individuals, government agencies, schools, industrial and mining enterprises, army, and urban residents at the beginning (or end) of the reference period. Data reporting system and data adjustment are the same as that in the output of pork, beef and mutton.

Sown Area of Crops refers to area of all land (cultivated or non-cultivated area) sown or transplanted with crops that are harvested within the calendar year by agricultural producers. All crops harvested within the year are counted as sown area, regardless of being sown in this year or the previous year. Crops sown this year but will be harvested in the coming year are excluded.

Irrigated Area of Cultivated Land refers to area of land that are effectively irrigated, i.e. relatively level land, where there are water sources or complete sets of irrigation facilities to lift and move adequate water for irrigation purpose under normal conditions. Under normal situations, irrigated area of cultivated land is the sum of watered fields and irrigated fields where irrigation systems or equipment have been installed for regular irrigation purpose. It is an important indicator to reflect the farmland water conservancy construction in China.

Consumption of Chemical Fertilizers in Agriculture refers to the quantity of chemical fertilizers applied in agriculture in the year, including nitrogenous fertilizer, phosphate fertilizer, potash fertilizer, and compound fertilizer. The consumption of chemical fertilizers is calculated in terms of volume of effective components by means of converting the gross weight of the respective fertilizers into weight containing effective component (e.g. nitrogen content in nitrogenous fertilizer, phosphorous pentoxide contents in phosphate fertilizer, and potassium oxide contents in potash fertilizer). Compound fertilizer is converted in regard to its major components. The formula is:

Volume of effective component= physical quantity × effective component of certain chemical fertilizer (%)

Total Power of Agricultural Machinery refers to the total rated capacity of all agricultural machinery. Agricultural machinery refers to the machineries and equipments which are used for activities of planting, animal husbandry, fishery, primary processing of agricultural products, agricultural transport and infrastructure construction of farmland. Total power of agricultural machinery is grouped into four parts according to the energy used:

Diesel engine power refers to the total rated capacity of all diesel engines.

Gasoline engine power refers to the total rated capacity of all gasoline engines.

Motor power refers to the total rated capacity of all motors (include submersible pump motors).

Other mechanical powers refer to the total mechanical capacity of the sources of energy besides diesel, gasoline and motor power, such as hydro power, wind power, coal and solar energy.

Data are mainly from agricultural machinery agencies.

13

工　业

Industry

简 要 说 明

一、本篇资料的主要内容

本篇资料反映我国工业经济方面的基本情况，包括31个省、自治区、直辖市的主要工业经济统计数据：

1.全国规模以上工业企业主要经济指标，以及按工业门类、企业规模、企业登记注册类型、工业行业大类和按地区分组的主要经济指标；

2.国有控股、私营、外商投资和港澳台商投资工业企业按工业行业大类和按地区分组的主要经济指标；

3.大中型工业企业按工业行业大类和按地区分组的主要经济指标；

4.主要工业产品产量和生产能力等。

二、本篇资料的统计范围

本篇资料中规模以上工业企业的统计范围：1998年至2006年为全部国有和年主营业务收入500万元及以上的非国有工业法人单位；2007年至2010年为年主营业务收入500万元及以上的工业法人单位；从2011年开始，为年主营业务收入2000万元及以上的工业法人单位。

本篇资料中工业行业分类按2011年《国民经济行业分类》标准划分；企业规模划分按2011年《统计上大中小微型企业划分办法》标准执行。

三、本篇的资料来源和统计调查方法

本篇工业企业统计数据主要根据工业统计年度报表有关资料整理汇总。

Brief Introduction

I. Main Contents

Data in this chapter reflect the basic conditions of the industrial sector, presenting main industrial economic indicators of 31 provinces, autonomous regions and municipalities:

(1) Main economic indicators of industrial enterprises above designated size; as well as the main economic indicators and efficiency indicators classified by industrial sector, by size of enterprise, by type of registration, by branch of industry and by province.

(2) Main economic indicators and efficiency indicators of State-holding industrial enterprises, private industrial enterprises, foreign-funded industrial enterprises and industrial enterprises with funds from Hong Kong, Macao and Taiwan classified by branch of industry and by province.

(3) Main economic indicators and efficiency indicators of large and medium-sized industrial enterprises classified by branch of industry and by province.

(4) Output and production capacity of key industrial products.

II. Scopes of Statistics

The scopes of industrial enterprises above designated size were: all State-owned industrial enterprises and the non-State-owned industrial enterprises with revenue from principal business over 5 million yuan from 1998 to 2006; all industrial enterprises with revenue from principal business over 5 million yuan from 2007 to 2010; and all industrial enterprises with revenue from principal business above 20 million yuan since 2011.

Data by branch of industry in this chapter are based on the 2011's *National Industrial Classification of all Economic Activities*, and data by size of enterprise are based on the 2011's *Standards of Enterprises by Size*.

III. Sources of Data and Methods of Survey

The data on industrial enterprises in this Chapter are compiled mainly on the basis of annual industrial statistics reporting forms.

13-1 规模以上工业企业主要指标（2015年）
Main Indicators of Industrial Enterprises above Designated Size (2015)

单位：亿元 (100 million yuan)

项 目	Item	企业单位数（个） Number of Enterprises (unit)	资产总计 Total Assets	主营业务收入 Revenue from Principal Business	利润总额 Total Profits
总计	**Total**	**383148**	**1023398**	**1109853**	**66187**
按工业门类分	**Grouped by Industries**				
采矿业	Mining	14479	97633	52300	2541
制造业	Manufacturing	358665	782522	992674	57975
电力、热力、燃气及水生产和供应业	Production and Supply of Electricity, Gas and Water	10004	143244	64879	5671
按企业规模分	**Grouped by Size of Enterprises**				
大型企业	Large Enterprises	9633	476028	421567	23582
中型企业	Medium-sized Enterprises	54070	242810	272361	17983
小型企业	Small Enterprises	319445	304560	415925	24622
按登记注册类型分	**By Status of Registration**				
内资企业	Domestic Funded	330390	822095	864155	50281
国有企业	State-owned Enterprises	3234	71515	45202	2108
集体企业	Collective-owned Enterprises	2637	5093	6727	509
股份合作企业	Cooperative Enterprises	1136	940	1499	109
联营企业	Joint Ownership Enterprises	147	190	272	11
国有联营企业	State Joint Ownership Enterprises	18	53	45	-1
集体联营企业	Collective Joint Ownership Enterprises	57	34	69	4
国有与集体联营企业	Joint State-collective Enterprises	29	61	33	-1
其他联营企业	Other Joint Ownership Enterprises	43	42	125	8
有限责任公司	Limited Liability Corporations	94299	374095	321610	16712
国有独资公司	State Sole Funded Corporations	3179	85437	46618	1285
其他有限责任公司	Other Limited Liability Corporations	91120	288658	274992	15427
股份有限公司	Share-holding Corporations Limited	11061	139031	99631	6448
私营企业	Private Enterprises	216506	229006	386395	24250
私营独资企业	Private-funded Enterprises	14671	8497	20812	1540
私营合伙企业	Private Partnership Enterprises	2501	1548	3273	231
私营有限责任公司	Private Limited Liability Corporations	190410	198077	335262	20563
私营股份有限公司	Private Share-holding Corporations Ltd.	8924	20884	27048	1916
其他企业	Other Enterprises	1370	2225	2821	134
港、澳、台商投资企业	Enterprises with Funds from Hong Kong, Macao and Taiwan	24488	83244	96926	5948
合资经营企业(港或澳、台资)	Joint-venture Enterprises	7436	31112	31870	2198
合作经营企业(港或澳、台资)	Cooperative Enterprises	625	1716	2269	190
港、澳、台商独资经营企业	Enterprises with Sole Investment	15854	45707	58644	3223
港、澳、台商投资股份有限公司	Share-holding Corporations Ltd.	487	4429	3820	327
其他港、澳、台商投资企业	Other Enterprises with Funds from Hong Kong, Macao and Taiwan	86	279	324	11
外商投资企业	Foreign Funded Enterprises	28270	118059	148772	9957
中外合资经营企业	Joint-venture Enterprises	9958	56275	69030	5445
中外合作经营企业	Cooperation Enterprises	630	2346	2504	184
外资企业	Enterprises with Sole Funds	17024	52851	71947	3996
外商投资股份有限公司	Share-holding Corporations Ltd.	465	6070	4686	317
其他外商投资企业	Other Foreign Funded Enterprises	193	517	605	15

注：全国规模以上工业企业统计范围1998年至2006年为全部国有及年主营业务收入在500万元及以上非国有工业企业；2007年至2010年为年主营业务收入在500万元及以上的工业企业；2011年及以后年份为年主营业务收入在2000万元及以上的工业企业。以下相关表均同。

a) Industrial enterprises above designated size are all state-owned enterprises and non-state owned enterprises with annual revenue from principal business over 5 million yuan from 1998 to 2006, and are industrial enterprise with annual revenue from principal business over 5 million yuan from 2007 to 2010, and are industrial enterprise with annual revenue from principal business over 20 million yuan since 2011. The same applies to the relevant tables following.

13-2 按行业分规模以上工业企业主要指标（2015年）

单位：亿元

行业	Sector	企业单位数（个） Number of Enterprises (unit)	资产总计 Total Assets
总计	**National Total**	**383148**	**1023398.12**
煤炭开采和洗选业	Mining and Washing of Coal	5924	53788.47
石油和天然气开采业	Extraction of Petroleum and Natural Gas	141	20570.46
黑色金属矿采选业	Mining and Processing of Ferrous Metal Ores	2593	10558.32
有色金属矿采选业	Mining and Processing of Non-Ferrous Metal Ores	1889	5829.68
非金属矿采选业	Mining and Processing of Non-metal Ores	3743	4110.94
开采辅助活动	Support Activities for Mining	169	2760.84
其他采矿业	Mining of Other Ores	20	13.84
农副食品加工业	Processing of Food from Agricultural Products	25694	32888.25
食品制造业	Manufacture of Foods	8749	14677.48
酒、饮料和精制茶制造业	Manufacture of Liquor, Beverages and Refined Tea	6664	15599.80
烟草制品业	Manufacture of Tobacco	133	9190.25
纺织业	Manufacture of Textile	20545	24304.04
纺织服装、服饰业	Manufacture of Textile, Wearing Apparel and Accessories	15943	13043.73
皮革、毛皮、羽毛及其制品和制鞋业	Manufacture of Leather, Fur, Feather and Related Products and Footwear	8862	7323.85
木材加工和木、竹、藤、棕、草制品业	Processing of Timber, Manufacture of Wood, Bamboo, Rattan, Palm and Straw Products	9252	6416.39
家具制造业	Manufacture of Furniture	5546	5012.70
造纸和纸制品业	Manufacture of Paper and Paper Products	6798	14024.04
印刷和记录媒介复制业	Printing and Reproduction of Recording Media	5451	5529.08
文教、工美、体育和娱乐用品制造业	Manufacture of Articles for Culture, Education, Arts and Crafts, Sport and Entertainment Activities	9085	8361.22
石油加工、炼焦和核燃料加工业	Processing of Petroleum, Coking and Processing of Nuclear Fuel	1990	24795.95
化学原料和化学制品制造业	Manufacture of Raw Chemical Materials and Chemical Products	25262	72573.12
医药制造业	Manufacture of Medicines	7392	25071.09
化学纤维制造业	Manufacture of Chemical Fibres	1924	6695.12
橡胶和塑料制品业	Manufacture of Rubber and Plastics Products	18457	21550.62
非金属矿物制品业	Manufacture of Non-metallic Mineral Products	35122	49076.71
黑色金属冶炼和压延加工业	Smelting and Pressing of Ferrous Metals	9540	64748.32
有色金属冶炼和压延加工业	Smelting and Pressing of Non-ferrous Metals	7257	37996.29
金属制品业	Manufacture of Metal Products	21137	25889.81
通用设备制造业	Manufacture of General Purpose Machinery	24592	41842.85
专用设备制造业	Manufacture of Special Purpose Machinery	17800	35455.17
汽车制造业	Manufacture of Automobiles	14149	59940.81
铁路、船舶、航空航天和其他运输设备制造业	Manufacture of Railway, Ship, Aerospace and Other Transport Equipments	5054	22416.91
电气机械和器材制造业	Manufacture of Electrical Machinery and Apparatus	23674	57153.76
计算机、通信和其他电子设备制造业	Manufacture of Computers, Communication and Other Electronic Equipment	14594	67231.29
仪器仪表制造业	Manufacture of Measuring Instruments and Machinery	4261	8024.43
其他制造业	Other Manufacture	1811	2404.20
废弃资源综合利用业	Utilization of Waste Resources	1530	1980.71
金属制品、机械和设备修理业	Repair Service of Metal Products, Machinery and Equipment	397	1303.91
电力、热力生产和供应业	Production and Supply of Electric Power and Heat Power	6967	124622.83
燃气生产和供应业	Production and Supply of Gas	1416	7928.92
水的生产和供应业	Production and Supply of Water	1621	10691.94

Main Indicators of Industrial Enterprises above Designated Size by Industrial Sector (2015)

(100 million yuan)

流动资产合　计 Total Current Assets	负债合计 Total Liabilities	应收账款 Accounts Receivable	存　货 Inventories	#产成品 Finished Goods
469207.26	**579310.47**	**117246.31**	**102804.00**	**39501.15**
19852.98	36955.15	3390.61	2286.74	979.08
2632.28	9639.93	257.48	257.05	99.38
4188.27	6126.44	936.88	519.07	267.77
2153.30	3055.33	276.62	467.80	218.23
1636.12	1903.75	300.19	258.01	155.75
1390.66	1468.38	641.98	201.22	13.21
4.73	5.07	0.89	0.84	0.36
16898.01	16637.94	2700.10	4761.54	2116.48
7118.51	6570.94	1471.37	1497.15	674.15
8027.53	7054.92	952.97	2446.64	839.57
6740.87	2341.17	701.74	4310.00	362.67
12394.68	12686.46	2649.82	3523.78	1553.16
7417.16	6137.11	1831.70	1980.54	1001.43
4339.31	3305.80	1223.12	1092.88	437.34
2901.67	2701.13	602.29	844.05	412.73
2727.13	2489.64	663.64	728.10	303.18
6527.03	7962.71	1507.65	1230.38	494.50
2803.74	2408.40	838.98	559.12	227.41
5086.58	4294.83	1428.71	1628.96	809.11
10064.08	16461.74	1456.03	2828.32	968.65
30555.62	41378.31	6336.92	6302.24	2920.53
13040.47	10399.81	2950.60	2827.00	1313.32
3184.02	4018.15	475.41	786.87	398.37
11092.55	10334.30	3228.19	2459.16	1195.74
22356.36	25725.10	6698.60	4134.08	1961.79
24672.85	43762.63	3066.69	6689.21	2429.09
18418.82	24594.53	2813.48	5312.71	1818.38
14249.09	13367.84	4100.51	3362.19	1419.44
24922.92	21855.18	7974.50	6246.78	2290.99
21308.37	18817.64	7055.13	5216.84	1825.69
33920.66	34595.23	9451.92	5756.86	2545.99
13695.20	14259.20	3086.76	3842.32	613.42
36400.52	32322.06	12440.17	6476.82	2923.73
44587.93	38631.60	17258.88	8530.18	3077.83
5129.00	3609.18	1764.23	1097.56	387.42
1374.20	1336.67	310.83	420.76	118.05
1067.66	1202.04	228.29	246.38	129.89
755.26	752.74	245.90	158.32	24.61
17636.88	77834.19	3212.89	1210.17	118.62
2600.46	4293.84	394.23	210.59	42.84
3333.77	6013.36	319.40	94.79	11.25

13-2 续表

单位：亿元

行业	Sector	主营业务收入 Revenue from Principal Business	主营业务成本 Cost of Principal Business
总计	**National Total**	**1109852.97**	**944857.26**
煤炭开采和洗选业	Mining and Washing of Coal	23770.31	19766.74
石油和天然气开采业	Extraction of Petroleum and Natural Gas	7908.52	5503.62
黑色金属矿采选业	Mining and Processing of Ferrous Metal Ores	7207.49	6120.29
有色金属矿采选业	Mining and Processing of Non-Ferrous Metal Ores	6234.91	5277.44
非金属矿采选业	Mining and Processing of Non-metal Ores	5414.60	4397.04
开采辅助活动	Support Activities for Mining	1739.96	1606.43
其他采矿业	Mining of Other Ores	24.58	18.75
农副食品加工业	Processing of Food from Agricultural Products	65378.24	58042.50
食品制造业	Manufacture of Foods	21957.58	17453.11
酒、饮料和精制茶制造业	Manufacture of Liquor, Beverages and Refined Tea	17373.35	13006.73
烟草制品业	Manufacture of Tobacco	9340.79	2542.90
纺织业	Manufacture of Textile	39986.96	35584.19
纺织服装、服饰业	Manufacture of Textile, Wearing Apparel and Accessories	22232.83	19016.84
皮革、毛皮、羽毛及其制品和制鞋业	Manufacture of Leather, Fur, Feather and Related Products and Footwear	14659.82	12586.25
木材加工和木、竹、藤、棕、草制品业	Processing of Timber, Manufacture of Wood, Bamboo, Rattan, Palm and Straw Products	13907.42	12052.76
家具制造业	Manufacture of Furniture	7880.67	6647.03
造纸和纸制品业	Manufacture of Paper and Paper Products	13942.34	12036.71
印刷和记录媒介复制业	Printing and Reproduction of Recording Media	7401.81	6196.22
文教、工美、体育和娱乐用品制造业	Manufacture of Articles for Culture, Education, Arts and Crafts, Sport and Entertainment Activities	15879.78	13883.81
石油加工、炼焦和核燃料加工业	Processing of Petroleum, Coking and Processing of Nuclear Fuel	34604.49	27668.51
化学原料和化学制品制造业	Manufacture of Raw Chemical Materials and Chemical Products	83564.54	71617.13
医药制造业	Manufacture of Medicines	25729.53	18207.88
化学纤维制造业	Manufacture of Chemical Fibres	7206.21	6505.03
橡胶和塑料制品业	Manufacture of Rubber and Plastics Products	31015.89	26664.15
非金属矿物制品业	Manufacture of Non-metallic Mineral Products	58877.11	50230.86
黑色金属冶炼和压延加工业	Smelting and Pressing of Ferrous Metals	63001.33	58497.93
有色金属冶炼和压延加工业	Smelting and Pressing of Non-ferrous Metals	51367.23	47469.62
金属制品业	Manufacture of Metal Products	37257.26	32283.47
通用设备制造业	Manufacture of General Purpose Machinery	47039.64	39563.09
专用设备制造业	Manufacture of Special Purpose Machinery	35873.75	30181.76
汽车制造业	Manufacture of Automobiles	71069.40	59073.16
铁路、船舶、航空航天和其他运输设备制造业	Manufacture of Railway, Ship, Aerospace and Other Transport Equipments	19087.69	16468.48
电气机械和器材制造业	Manufacture of Electrical Machinery and Apparatus	69183.18	58624.13
计算机、通信和其他电子设备制造业	Manufacture of Computers, Communication and Other Electronic Equipment	91606.58	80532.58
仪器仪表制造业	Manufacture of Measuring Instruments and Machinery	8741.75	6962.59
其他制造业	Other Manufacture	2771.98	2365.73
废弃资源综合利用业	Utilization of Waste Resources	3770.88	3398.06
金属制品、机械和设备修理业	Repair Service of Metal Products, Machinery and Equipment	963.78	815.55
电力、热力生产和供应业	Production and Supply of Electric Power and Heat Power	56625.81	49063.35
燃气生产和供应业	Production and Supply of Gas	6343.74	5493.62
水的生产和供应业	Production and Supply of Water	1909.23	1431.20

continued

(100 million yuan)

销售费用 Selling Expenses	管理费用 Administrative Expenses	财务费用 Financial Expenses	利润总额 Total Profits	平均用工人数（万人） Annual Average Employees (10 000 persons)
29150.24	**43125.30**	**13494.24**	**66187.07**	**9775.02**
708.95	1667.45	847.09	405.07	443.21
46.14	692.98	180.96	692.37	73.52
117.74	279.49	131.46	519.26	57.80
83.27	280.51	79.68	450.82	49.90
204.11	245.62	59.21	422.24	57.06
5.15	80.52	12.70	49.99	29.18
1.58	1.71	0.47	1.45	0.26
1375.55	1513.49	554.71	3423.92	424.75
1575.42	819.41	152.89	1876.57	212.05
1292.13	765.92	140.12	1799.65	166.82
149.15	497.80	-16.78	1199.60	20.89
573.18	1026.58	473.98	2224.26	464.45
743.12	910.48	148.82	1363.03	449.49
342.04	524.51	100.20	980.80	293.94
322.20	408.92	121.95	874.09	140.78
291.39	349.87	57.87	512.64	120.08
378.56	495.64	257.71	792.82	134.95
192.16	374.43	59.70	577.97	98.07
359.87	551.36	106.39	927.82	234.49
357.81	852.56	416.86	732.49	93.29
2506.92	3067.57	1266.03	4669.98	492.03
2959.88	1594.53	244.47	2717.35	230.48
82.08	207.28	132.71	306.79	46.65
761.75	1201.77	296.01	1962.38	339.68
1637.60	2124.96	741.67	3789.36	589.86
796.38	1663.40	1142.59	589.94	364.90
425.97	912.06	742.75	1459.53	202.42
775.02	1417.26	322.97	2239.34	380.82
1350.04	2434.38	407.54	3142.93	471.28
1073.80	1930.17	351.79	2186.65	354.12
2015.42	3396.48	367.51	6243.25	472.17
324.10	1022.95	139.96	1106.68	190.37
2378.88	3076.89	501.50	4524.31	629.87
2075.40	4423.17	328.69	4563.74	909.26
351.30	608.87	52.52	743.75	105.23
69.59	137.93	16.79	183.95	42.75
39.11	79.21	27.53	210.86	18.31
13.19	76.68	11.02	48.24	16.69
117.63	982.60	2326.81	4976.28	280.15
166.22	218.88	80.14	507.21	27.17
110.43	209.03	107.24	187.69	45.82

13-3 分地区规模以上工业企业主要指标
Main Indicators of Industrial Enterprises above Designated Size by Region

单位：亿元 (100 million yuan)

年份 Year / 地区 Region		企业单位数(个) Number of Enterprises (unit)	资产总计 Total Assets	流动资产合计 Total Current Assets	负债合计 Total Liabilities	应收账款 Accounts Receivable	存货 Inventories	#产成品 Finished Goods
	1998	165080	108821.87	46600.87	69363.79	12612.73	15054.00	5975.04
	2000	162885	126211.24	54338.15	76743.84	14789.80	16034.07	6293.17
	2005	271835	244784.25	111031.41	141509.84	26646.18	31379.07	11087.58
	2006	301961	291214.51	132310.12	167322.23	31692.21	36999.26	13141.36
	2007	336768	353037.37	163259.62	202913.68	38690.58	45288.65	16024.37
	2008	426113	431305.55	195681.75	248899.38	43933.82	54108.56	19518.95
	2009	434364	493692.86	223038.68	285732.81	51399.82	56724.80	20495.01
	2010	452872	592881.89	279227.32	340396.39	61441.25	69790.10	23841.15
	2011	325609	675796.86	327778.65	392644.64	70502.00	80583.15	28478.64
	2012	343769	768421.20	368200.71	445371.75	84043.14	88324.65	31919.19
	2013	369813	870751.07	413490.92	505694.32	97402.73	97119.22	34535.80
	2014	377888	956777.20	445742.36	547031.43	107436.99	102874.39	38359.51
	2015	383148	1023398.12	469207.26	579310.47	117246.31	102804.00	39501.15
北京	Beijing	3548	38609.76	15221.43	18102.44	3830.40	2277.16	777.94
天津	Tianjin	5525	25242.98	13068.21	15863.30	3505.56	2874.48	1034.39
河北	Hebei	15295	42717.82	16589.33	23988.85	3358.99	3830.49	1433.44
山西	Shanxi	3845	32068.45	12771.27	24358.13	2353.12	1912.19	812.90
内蒙古	Inner Mongolia	4404	29458.05	9824.82	18677.23	1735.73	1567.04	646.82
辽宁	Liaoning	12304	38573.04	17661.38	23787.06	3731.37	4180.67	1313.52
吉林	Jilin	5682	17993.28	7872.21	9862.29	1572.18	1832.42	664.25
黑龙江	Heilongjiang	4162	15407.96	6246.43	8688.38	1310.45	1491.14	476.93
上海	Shanghai	8994	37306.95	21374.44	18111.05	6342.63	4563.76	1517.79
江苏	Jiangsu	48488	107061.73	55376.44	56888.77	17500.33	11859.07	4596.18
浙江	Zhejiang	41167	66626.71	36808.14	38086.78	10466.89	7924.65	3320.19
安徽	Anhui	19077	31359.95	13988.02	18028.15	3944.19	3135.25	1256.57
福建	Fujian	17240	29647.54	14767.63	15879.22	3900.58	3555.75	1439.70
江西	Jiangxi	9941	19217.51	8047.34	9599.03	1831.17	1799.22	792.47
山东	Shandong	41485	101343.50	45503.77	54979.47	8422.44	10480.64	4519.33
河南	Henan	22892	55710.97	25075.84	26189.58	5016.26	4304.89	1654.22
湖北	Hubei	16413	35399.12	15976.10	19459.99	4056.46	3979.15	1618.27
湖南	Hunan	13992	23575.75	10247.43	12240.94	2858.26	2705.08	910.61
广东	Guangdong	42113	95411.22	54715.38	54747.90	16671.72	12207.42	4551.81
广西	Guangxi	5518	15122.30	6981.52	9402.81	1392.80	1671.15	758.65
海南	Hainan	380	2788.06	968.46	1544.97	170.55	208.34	97.36
重庆	Chongqing	6608	17846.08	8094.98	11053.75	2232.32	1673.22	736.31
四川	Sichuan	13525	40401.38	16015.98	24238.90	3978.76	3690.65	1310.36
贵州	Guizhou	4482	13540.06	5623.13	8600.79	1080.24	1199.34	414.04
云南	Yunnan	3876	18180.58	6365.64	11782.30	1066.76	2111.46	559.16
西藏	Tibet	104	895.00	188.51	447.88	17.84	23.92	7.78
陕西	Shaanxi	5413	28227.39	10097.67	15940.52	2305.79	2183.34	850.77
甘肃	Gansu	2148	11918.33	4246.87	7790.62	797.40	1423.04	558.64
青海	Qinghai	575	5781.41	1518.32	3999.09	283.20	298.29	117.63
宁夏	Ningxia	1245	7801.07	2623.56	5325.38	486.62	729.79	273.62
新疆	Xinjiang	2707	18164.16	5347.02	11644.88	1025.30	1111.00	479.53

13-3 续表 continued

单位: 亿元 (100 million yuan)

年 份 地 区	Year Region	主营业务收入 Revenue from Principal Business	主营业务成本 Cost of Principal Business	销售费用 Selling Expenses	管理费用 Administrative Expenses	财务费用 Financial Expenses	利润总额 Total Profits	平均用工人数(万人) Annual Average Employees (10 000 persons)
	1998	64148.86	52797.54	2290.72	4644.68	2415.68	1458.11	6195.81
	2000	84151.75	68653.95	2985.79	5414.22	1960.96	4393.48	5559.36
	2005	248544.00	209862.52	7209.41	10950.27	2671.04	14802.54	6895.96
	2006	313592.45	264696.60	8592.70	12807.17	3375.24	19504.44	7358.43
	2007	399717.06	334598.64	10728.15	15943.66	4287.88	27155.18	7875.20
	2008	500020.07	423295.75	12893.31	20199.81	6021.81	30562.37	8837.63
	2009	542522.43	457510.01	14137.42	22169.70	5898.87	34542.22	8831.22
	2010	697744.00	585256.80	17520.27	28872.99	7024.68	53049.66	9544.71
	2011	841830.24	708091.99	20259.63	32165.17	8913.45	61396.33	9167.29
	2012	929291.51	784541.19	22908.74	35888.12	11295.59	61910.06	9567.32
	2013	1038659.45	880679.68	25945.22	39431.90	12008.26	68378.91	9791.46
	2014	1107032.52	943369.58	28001.07	41120.97	13482.25	68154.89	9977.21
	2015	1109852.97	944857.26	29150.24	43125.30	13494.24	66187.07	9775.02
北 京	Beijing	18864.90	15710.97	925.25	956.61	211.66	1597.71	110.44
天 津	Tianjin	27969.58	23673.83	655.37	890.93	203.63	2221.82	159.83
河 北	Hebei	45648.10	39832.04	823.61	1333.33	585.37	2360.99	380.64
山 西	Shanxi	14624.14	12663.46	521.41	766.10	604.28	-30.69	198.14
内蒙古	Inner Mongolia	18925.61	15677.20	464.04	727.95	446.97	1048.55	124.57
辽 宁	Liaoning	33243.29	28635.12	819.88	1438.35	577.03	1069.66	297.23
吉 林	Jilin	22321.96	18762.02	864.07	990.54	247.39	1208.47	149.01
黑龙江	Heilongjiang	11719.03	9877.42	303.55	629.63	145.14	465.09	124.92
上 海	Shanghai	34172.22	27596.43	1313.33	2217.88	146.28	2680.53	233.71
江 苏	Jiangsu	147074.45	126043.56	3619.25	5484.02	1289.71	9686.84	1138.22
浙 江	Zhejiang	63214.41	53346.93	1707.04	3102.22	938.52	3839.99	705.17
安 徽	Anhui	39064.41	33753.80	954.71	1371.02	460.12	2000.12	339.84
福 建	Fujian	39591.28	33757.32	1005.30	1458.55	431.07	2359.82	436.17
江 西	Jiangxi	32954.82	29005.57	561.68	765.09	203.63	2114.65	263.41
山 东	Shandong	145628.87	127729.85	2909.33	3825.63	1667.65	8660.48	950.75
河 南	Henan	73365.96	63992.81	1368.46	1653.82	775.26	4900.60	717.31
湖 北	Hubei	43179.21	36564.31	1281.28	1811.39	516.99	2456.00	355.71
湖 南	Hunan	35410.45	28807.96	1064.86	1565.74	426.25	1808.70	330.29
广 东	Guangdong	119157.86	100383.91	4068.63	5901.68	728.79	7723.16	1463.80
广 西	Guangxi	20442.50	17198.14	473.07	846.80	240.28	1279.06	171.86
海 南	Hainan	1661.72	1299.18	67.04	64.15	36.04	103.61	11.64
重 庆	Chongqing	20902.24	17665.06	604.36	899.71	217.20	1411.86	191.99
四 川	Sichuan	38645.91	32514.83	1157.77	1592.69	690.41	2171.26	355.35
贵 州	Guizhou	9876.81	7723.95	329.40	496.23	248.47	732.76	102.18
云 南	Yunnan	9829.69	7585.45	275.24	450.86	363.41	465.53	94.71
西 藏	Tibet	136.38	108.99	6.29	10.11	4.90	6.93	1.99
陕 西	Shaanxi	19690.66	15798.81	501.52	926.23	329.96	1441.30	176.55
甘 肃	Gansu	8689.37	7756.67	135.24	283.67	241.99	-91.89	63.83
青 海	Qinghai	2170.66	1810.00	68.17	83.35	108.11	67.85	20.94
宁 夏	Ningxia	3472.75	2990.59	72.44	136.78	128.88	85.34	32.80
新 疆	Xinjiang	8203.73	6591.07	228.65	444.24	278.88	340.97	72.01

13-4 按行业分国有控股工业企业主要指标（2015年）

单位：亿元

行业	Sector	企业单位数(个) Number of Enterprises (unit)	资产总计 Total Assets
总计	**National Total**	**19273**	**397403.65**
煤炭开采和洗选业	Mining and Washing of Coal	937	39799.95
石油和天然气开采业	Extraction of Petroleum and Natural Gas	83	19431.46
黑色金属矿采选业	Mining and Processing of Ferrous Metal Ores	152	4933.64
有色金属矿采选业	Mining and Processing of Non-Ferrous Metal Ores	263	2715.16
非金属矿采选业	Mining and Processing of Non-metal Ores	201	1226.90
开采辅助活动	Support Activities for Mining	39	2339.26
农副食品加工业	Processing of Food from Agricultural Products	690	2448.24
食品制造业	Manufacture of Foods	310	1110.78
酒、饮料和精制茶制造业	Manufacture of Liquor, Beverages and Refined Tea	285	3984.42
烟草制品业	Manufacture of Tobacco	106	9082.76
纺织业	Manufacture of Textile	200	1115.33
纺织服装、服饰业	Manufacture of Textile, Wearing Apparel and Accessories	168	268.66
皮革、毛皮、羽毛及其制品和制鞋业	Manufacture of Leather, Fur, Feather and Related Products and Footwear	35	74.83
木材加工和木、竹、藤、棕、草制品业	Processing of Timber, Manufacture of Wood, Bamboo, Rattan, Palm and Straw Products	101	291.65
家具制造业	Manufacture of Furniture	17	118.23
造纸和纸制品业	Manufacture of Paper and Paper Products	109	1963.10
印刷和记录媒介复制业	Printing and Reproduction of Recording Media	304	754.96
文教、工美、体育和娱乐用品制造业	Manufacture of Articles for Culture, Education, Arts and Crafts, Sport and Entertainment Activities	83	262.90
石油加工、炼焦和核燃料加工业	Processing of Petroleum, Coking and Processing of Nuclear Fuel	221	12705.92
化学原料和化学制品制造业	Manufacture of Raw Chemical Materials and Chemical Products	1171	20178.42
医药制造业	Manufacture of Medicines	422	3888.91
化学纤维制造业	Manufacture of Chemical Fibres	42	716.74
橡胶和塑料制品业	Manufacture of Rubber and Plastics Products	270	1522.21
非金属矿物制品业	Manufacture of Non-metallic Mineral Products	1533	8745.18
黑色金属冶炼和压延加工业	Smelting and Pressing of Ferrous Metals	389	34431.57
有色金属冶炼和压延加工业	Smelting and Pressing of Non-ferrous Metals	503	14428.25
金属制品业	Manufacture of Metal Products	479	3238.36
通用设备制造业	Manufacture of General Purpose Machinery	749	9040.01
专用设备制造业	Manufacture of Special Purpose Machinery	727	9539.36
汽车制造业	Manufacture of Automobiles	741	27382.72
铁路、船舶、航空航天和其他运输设备制造业	Manufacture of Railway, Ship, Aerospace and Other Transport Equipments	519	12685.72
电气机械和器材制造业	Manufacture of Electrical Machinery and Apparatus	595	7894.38
计算机、通信和其他电子设备制造业	Manufacture of Computers, Communication and Other Electronic Equipment	613	11770.26
仪器仪表制造业	Manufacture of Measuring Instruments and Machinery	245	1349.58
其他制造业	Other Manufacture	70	967.05
废弃资源综合利用业	Utilization of Waste Resources	52	148.28
金属制品、机械和设备修理业	Repair Service of Metal Products, Machinery and Equipment	89	834.41
电力、热力生产和供应业	Production and Supply of Electric Power and Heat Power	4397	111412.74
燃气生产和供应业	Production and Supply of Gas	398	3829.01
水的生产和供应业	Production and Supply of Water	964	8770.03

Main Indicators of State-holding Industrial Enterprises by Industrial Sector (2015)

(100 million yuan)

流动资产合计 Total Current Assets	负债合计 Total Liabilities	应收账款 Accounts Receivable	存货 Inventories	#产成品 Finished Goods
138438.19	**246147.12**	**26553.48**	**31760.17**	**9128.14**
13484.09	28023.90	2150.01	1625.97	679.79
2504.28	8782.71	240.17	223.11	95.95
1599.89	2902.29	301.33	126.69	51.38
828.85	1596.90	93.07	236.28	93.21
494.72	559.80	52.09	73.58	39.56
1197.07	1265.68	570.98	185.37	9.68
1490.31	1679.54	164.33	479.98	228.79
533.63	589.57	122.16	117.08	61.91
2450.59	1368.41	119.87	710.50	173.36
6671.11	2293.88	668.39	4296.20	358.45
536.39	659.32	80.94	169.29	92.79
181.42	124.24	17.99	36.54	16.79
43.42	30.65	3.60	16.62	11.33
132.73	188.43	24.59	39.99	22.02
75.09	78.16	39.28	9.61	4.58
1045.70	1392.72	112.68	178.77	52.51
406.79	253.38	85.81	75.73	28.03
189.96	145.08	22.50	91.97	49.66
3952.85	7852.26	426.25	1518.17	392.68
6051.62	13765.32	881.24	1419.70	589.76
1976.69	1691.71	355.35	435.79	170.83
296.80	387.21	22.91	99.20	36.54
695.03	820.53	161.22	173.25	104.06
3557.00	5495.17	966.18	594.07	227.59
11198.65	24773.74	1124.53	3480.76	1076.54
6413.89	10236.05	724.70	2253.16	739.86
1933.49	2080.12	520.19	510.18	196.33
5976.10	5711.50	1976.83	1583.41	502.57
6432.16	6201.25	2407.95	1724.58	538.46
15216.21	15896.14	3014.64	2361.66	1024.22
8255.13	8697.82	1797.32	2540.86	277.62
5596.36	5495.19	1893.63	1081.25	467.20
7080.96	6676.80	1859.64	1557.16	483.81
917.95	741.58	333.90	191.18	51.62
564.27	667.81	75.16	223.34	39.22
74.38	100.80	33.62	7.45	3.62
519.10	504.35	152.77	112.60	10.99
14035.86	69464.34	2596.20	1035.51	99.59
1148.89	2069.29	127.78	93.41	18.92
2678.22	4882.23	231.68	69.78	6.26

13-4 续表

单位：亿元

行　业	Sector	主营业务收入 Revenue from Principal Business	主营业务成本 Cost of Principal Business
总　计	**National Total**	**241668.91**	**199927.31**
煤炭开采和洗选业	Mining and Washing of Coal	13886.40	11771.51
石油和天然气开采业	Extraction of Petroleum and Natural Gas	6619.31	4504.92
黑色金属矿采选业	Mining and Processing of Ferrous Metal Ores	1075.23	950.47
有色金属矿采选业	Mining and Processing of Non-Ferrous Metal Ores	2082.27	1800.41
非金属矿采选业	Mining and Processing of Non-metal Ores	559.42	418.39
开采辅助活动	Support Activities for Mining	1441.94	1370.98
农副食品加工业	Processing of Food from Agricultural Products	3471.41	3164.67
食品制造业	Manufacture of Foods	1144.53	898.23
酒、饮料和精制茶制造业	Manufacture of Liquor, Beverages and Refined Tea	2515.34	1573.71
烟草制品业	Manufacture of Tobacco	9275.65	2502.18
纺织业	Manufacture of Textile	890.39	822.53
纺织服装、服饰业	Manufacture of Textile, Wearing Apparel and Accessories	188.21	144.23
皮革、毛皮、羽毛及其制品和制鞋业	Manufacture of Leather, Fur, Feather and Related Products and Footwear	107.99	96.09
木材加工和木、竹、藤、棕、草制品业	Processing of Timber, Manufacture of Wood, Bamboo, Rattan, Palm and Straw Products	215.09	186.49
家具制造业	Manufacture of Furniture	97.64	77.93
造纸和纸制品业	Manufacture of Paper and Paper Products	722.06	626.36
印刷和记录媒介复制业	Printing and Reproduction of Recording Media	520.60	406.66
文教、工美、体育和娱乐用品制造业	Manufacture of Articles for Culture, Education, Arts and Crafts, Sport and Entertainment Activities	555.11	503.94
石油加工、炼焦和核燃料加工业	Processing of Petroleum, Coking and Processing of Nuclear Fuel	20570.45	15070.45
化学原料和化学制品制造业	Manufacture of Raw Chemical Materials and Chemical Products	12491.89	10818.17
医药制造业	Manufacture of Medicines	2339.40	1563.35
化学纤维制造业	Manufacture of Chemical Fibres	608.86	516.56
橡胶和塑料制品业	Manufacture of Rubber and Plastics Products	931.76	802.56
非金属矿物制品业	Manufacture of Non-metallic Mineral Products	4514.82	3780.43
黑色金属冶炼和压延加工业	Smelting and Pressing of Ferrous Metals	17768.19	17092.48
有色金属冶炼和压延加工业	Smelting and Pressing of Non-ferrous Metals	16646.42	15951.17
金属制品业	Manufacture of Metal Products	2223.35	1954.09
通用设备制造业	Manufacture of General Purpose Machinery	4623.79	3864.79
专用设备制造业	Manufacture of Special Purpose Machinery	4422.84	3852.67
汽车制造业	Manufacture of Automobiles	29342.05	23819.13
铁路、船舶、航空航天和其他运输设备制造业	Manufacture of Railway, Ship, Aerospace and Other Transport Equipments	7628.47	6603.28
电气机械和器材制造业	Manufacture of Electrical Machinery and Apparatus	5459.91	4557.28
计算机、通信和其他电子设备制造业	Manufacture of Computers, Communication and Other Electronic Equipment	8045.66	6643.11
仪器仪表制造业	Manufacture of Measuring Instruments and Machinery	827.82	616.79
其他制造业	Other Manufacture	430.74	364.45
废弃资源综合利用业	Utilization of Waste Resources	168.53	154.80
金属制品、机械和设备修理业	Repair Service of Metal Products, Machinery and Equipment	410.57	347.34
电力、热力生产和供应业	Production and Supply of Electric Power and Heat Power	52617.73	46105.38
燃气生产和供应业	Production and Supply of Gas	2919.00	2628.53
水的生产和供应业	Production and Supply of Water	1307.16	1000.29

continued

(100 million yuan)

销售费用 Selling Expenses	管理费用 Administrative Expenses	财务费用 Financial Expenses	利润总额 Total Profits	平 均 用工人数 (万人) Annual Average Employees (10 000 persons)
5245.53	**11191.53**	**5420.69**	**11416.72**	**1777.83**
434.86	1175.53	648.85	-278.62	321.03
40.23	675.61	166.92	475.69	71.61
28.65	93.69	53.73	-3.05	16.34
14.63	127.25	37.44	94.33	18.38
29.68	48.78	11.45	49.65	8.29
1.54	54.98	9.00	24.07	25.76
79.48	83.62	38.55	91.31	18.83
116.51	58.00	10.86	85.88	13.51
250.35	159.33	5.88	441.32	26.59
147.08	490.84	-17.65	1183.31	20.09
12.83	39.25	13.39	15.70	16.06
6.16	31.44	-0.38	12.12	9.24
1.74	5.09	0.46	17.04	2.16
6.95	11.06	11.76	1.24	3.86
3.48	12.83	-0.24	18.85	0.75
24.66	53.09	40.56	7.66	8.26
10.61	60.52	-0.10	57.17	9.36
9.55	11.59	2.96	33.42	2.06
135.65	602.60	192.25	290.51	45.24
317.93	632.50	410.92	213.60	87.29
296.51	214.06	26.14	269.42	30.56
10.97	34.61	12.68	39.94	6.34
39.12	59.86	14.11	25.19	14.55
181.86	288.18	155.57	196.63	51.62
286.29	748.38	656.79	-868.49	123.01
104.22	299.83	334.28	-74.23	57.79
41.34	146.78	27.43	79.03	27.82
148.27	400.06	62.01	197.79	56.85
140.45	347.97	83.69	5.29	53.85
1157.55	1481.11	64.34	3072.82	124.94
121.18	558.43	47.32	305.08	74.02
338.28	299.80	26.18	314.43	39.84
410.42	668.43	99.63	316.69	70.29
30.15	78.83	5.54	52.19	9.97
4.85	41.70	1.25	32.74	7.07
1.21	4.14	2.57	4.23	0.83
2.49	45.09	4.35	12.73	8.13
90.64	799.40	2057.12	4333.33	248.27
75.73	84.17	28.77	170.31	12.76
94.44	162.97	74.29	100.13	34.62

13-5 分地区国有控股工业企业主要指标
Main Indicators of State-holding Industrial Enterprises by Region

单位：亿元 (100 million yuan)

年份 Year / 地区 Region	企业单位数(个) Number of Enterprises (unit)	资产总计 Total Assets	流动资产合计 Total Current Assets	负债合计 Total Liabilities	应收账款 Accounts Receivable	存货 Inventories	#产成品 Finished Goods
1998	64737	74916.27	29559.03	48144.41	7769.53	9163.72	3439.63
2000	53489	84014.94	32628.81	51239.61	8396.59	8849.75	3242.01
2005	27477	117629.61	42155.31	66653.58	6842.31	11841.56	3278.08
2006	24961	135153.35	46713.09	76012.52	7129.86	12787.50	3630.90
2007	20680	158187.87	54997.45	89372.34	8536.22	15262.76	4166.55
2008	21313	188811.37	65493.98	111374.72	9660.68	18031.62	5094.67
2009	20510	215742.01	74113.99	130098.87	11705.10	19373.62	5057.31
2010	20253	247759.86	90810.23	149432.08	13054.18	23692.65	6109.71
2011	17052	281673.87	106550.42	172289.91	15432.82	27478.61	7460.20
2012	17851	312094.37	115385.64	191349.97	19061.26	29261.63	8010.87
2013	18574	343985.88	124529.35	214230.57	22513.92	31551.63	8458.42
2014	18808	371308.84	131827.32	230132.08	24270.87	32852.09	9278.55
2015	19273	397403.65	138438.19	246147.12	26553.48	31760.17	9128.14
北京 Beijing	745	28300.17	8523.43	12743.36	1648.30	985.07	289.39
天津 Tianjin	562	12141.80	5194.12	8171.09	849.16	1256.08	466.53
河北 Hebei	818	16484.92	5074.54	10778.83	901.19	1418.51	417.32
山西 Shanxi	788	21080.93	7375.85	16127.95	1240.63	976.09	370.23
内蒙古 Inner Mongolia	669	15388.83	4243.46	10184.98	850.23	670.75	224.92
辽宁 Liaoning	606	18658.15	7619.36	12913.44	1325.55	2099.48	487.44
吉林 Jilin	375	9018.92	4113.51	5361.21	470.05	993.01	253.95
黑龙江 Heilongjiang	446	9453.65	3465.86	5409.98	630.81	766.34	207.70
上海 Shanghai	689	17437.33	7788.31	7666.60	1528.48	1577.97	376.04
江苏 Jiangsu	989	18753.29	7191.69	11058.68	1965.34	1528.29	391.87
浙江 Zhejiang	750	10617.83	3425.32	6024.17	825.80	890.67	218.22
安徽 Anhui	699	13658.84	4428.16	8799.06	804.06	992.01	295.29
福建 Fujian	485	7367.82	1956.90	4552.66	372.06	578.78	106.49
江西 Jiangxi	510	5668.90	2569.93	3537.10	401.35	531.93	153.04
山东 Shandong	1258	28344.50	10716.77	18286.34	2105.71	2306.65	746.15
河南 Henan	820	14227.92	5548.33	9725.27	1206.24	1394.88	386.06
湖北 Hubei	759	15743.77	6111.10	9327.69	1185.02	1685.65	545.26
湖南 Hunan	764	9325.62	4117.20	5818.20	1162.35	1274.82	303.56
广东 Guangdong	1035	21190.57	7486.36	12081.62	1394.20	1591.39	473.47
广西 Guangxi	570	6625.75	2555.92	4367.93	349.30	639.10	219.74
海南 Hainan	75	1160.13	197.33	667.54	13.62	38.10	9.43
重庆 Chongqing	512	8108.28	3103.09	5426.28	608.66	677.06	255.96
四川 Sichuan	978	20092.37	5901.10	13318.05	1219.42	1533.80	350.08
贵州 Guizhou	525	8062.82	2876.90	5425.72	408.13	707.45	177.80
云南 Yunnan	623	12498.44	3478.52	8172.23	527.56	1422.45	258.95
西藏 Tibet	27	635.53	90.20	310.59	5.92	9.99	1.91
陕西 Shaanxi	759	19960.85	6573.81	11745.16	1412.42	1351.30	448.09
甘肃 Gansu	417	8812.70	2782.24	5973.14	440.85	1064.87	373.21
青海 Qinghai	130	4032.19	864.47	2915.07	157.10	148.64	49.06
宁夏 Ningxia	144	3605.06	671.43	2522.33	159.36	158.40	57.61
新疆 Xinjiang	746	10945.75	2392.96	6734.83	384.59	490.65	213.37

注：“国有控股企业”即为原“国有及国有控股企业”(以下相关表同)。

a) State-holding industrial enterprises are namely the state-owned and state-holding industrial enterprises. The same applies to the tables following.

13-5 续表 continued

单位：亿元 (100 million yuan)

年份 地区	Year Region	主营业务收入 Revenue from Principal Business	主营业务成本 Cost of Principal Business	销售费用 Selling Expenses	管理费用 Administrative Expenses	财务费用 Financial Expenses	利润总额 Total Profits	平均用工人数（万人） Annual Average Employees (10 000 persons)
	1998	33566.11	27092.45	979.28	2961.06	1596.58	525.14	3747.78
	2000	42203.12	33473.62	1178.06	3304.49	1228.77	2408.33	2995.25
	2005	85574.18	69302.41	1869.69	4912.02	1166.73	6519.75	1874.85
	2006	101404.62	81957.80	2081.28	5293.47	1416.79	8485.46	
	2007	122617.13	98515.08	2487.58	6349.98	1724.18	10795.19	1742.99
	2008	147507.90	122504.18	2753.09	7378.61	2477.62	9063.59	1794.10
	2009	151700.55	124590.48	3042.14	8002.78	2409.03	9287.03	1803.37
	2010	194339.68	158727.43	3739.49	9714.52	2681.26	14737.65	1836.34
	2011	228900.13	187783.79	4255.87	10623.06	3430.87	16457.57	1811.98
	2012	245075.97	202600.35	4794.42	11198.71	4396.38	15175.99	1892.77
	2013	257816.87	213204.73	5201.24	11567.94	4513.20	15917.68	1889.49
	2014	262692.28	217409.68	5552.90	11413.24	5331.69	14508.02	1842.67
	2015	241668.91	199927.31	5245.53	11191.53	5420.69	11416.72	1777.83
北 京	Beijing	10507.68	9039.28	264.23	414.46	140.22	1079.01	46.90
天 津	Tianjin	7726.07	6660.98	73.80	279.71	100.22	439.60	40.38
河 北	Hebei	9553.90	8271.51	144.61	468.88	261.09	158.73	87.73
山 西	Shanxi	8565.88	7345.51	338.43	506.56	408.71	-89.07	115.32
内蒙古	Inner Mongolia	5515.48	4685.49	92.47	262.97	262.53	50.38	47.23
辽 宁	Liaoning	10390.20	8732.30	270.51	573.43	327.06	-96.13	99.72
吉 林	Jilin	7631.16	6278.03	281.99	363.39	100.68	435.54	55.53
黑龙江	Heilongjiang	5017.24	4092.88	84.31	373.00	84.98	83.38	68.41
上 海	Shanghai	13430.02	10490.81	255.54	788.09	45.43	1475.16	42.27
江 苏	Jiangsu	14808.18	12224.70	242.65	572.63	180.81	1058.21	71.40
浙 江	Zhejiang	8821.59	7200.53	126.23	285.40	152.02	597.90	31.43
安 徽	Anhui	9670.13	8357.50	192.25	411.47	232.89	225.76	85.21
福 建	Fujian	4245.03	3479.22	62.76	157.30	127.33	157.62	24.92
江 西	Jiangxi	6034.15	5337.51	88.72	184.68	61.85	209.71	36.51
山 东	Shandong	19807.68	16711.39	394.93	934.47	369.14	948.91	146.27
河 南	Henan	10300.43	9127.53	148.43	465.05	264.94	18.21	118.77
湖 北	Hubei	11360.87	9355.14	276.96	540.82	189.41	614.18	78.12
湖 南	Hunan	6636.21	4988.80	155.39	347.06	163.45	224.18	49.88
广 东	Guangdong	16453.02	13448.15	567.82	606.69	217.53	1196.46	85.15
广 西	Guangxi	5680.77	4709.43	125.02	230.11	107.65	232.42	36.17
海 南	Hainan	412.98	303.31	5.80	12.61	9.97	57.07	2.88
重 庆	Chongqing	5298.98	4311.78	216.78	301.38	99.18	351.41	41.03
四 川	Sichuan	9746.25	7882.09	234.73	475.71	342.38	565.95	86.03
贵 州	Guizhou	4002.84	2916.76	84.50	208.13	168.02	369.13	42.48
云 南	Yunnan	5566.71	3926.53	118.23	262.69	267.88	307.69	40.05
西 藏	Tibet	60.96	62.08	1.07	3.86	4.28	-9.24	1.03
陕 西	Shaanxi	10468.20	8276.35	171.10	540.40	222.98	696.29	91.54
甘 肃	Gansu	6946.20	6246.65	79.49	206.84	193.41	-144.48	42.40
青 海	Qinghai	1195.39	941.84	37.68	51.23	80.79	52.13	12.24
宁 夏	Ningxia	1365.07	1110.95	19.50	66.16	63.54	18.39	12.40
新 疆	Xinjiang	4449.64	3412.28	89.61	296.35	170.32	132.19	38.42

13-6 按行业分私营工业企业主要指标（2015年）

单位：亿元

行　　业	Sector	企业单位数（个）Number of Enterprises (unit)	资产总计 Total Assets
总　计	**National Total**	**216506**	**229006.48**
煤炭开采和洗选业	Mining and Washing of Coal	3229	5223.67
石油和天然气开采业	Extraction of Petroleum and Natural Gas	9	33.52
黑色金属矿采选业	Mining and Processing of Ferrous Metal Ores	1730	3242.07
有色金属矿采选业	Mining and Processing of Non-Ferrous Metal Ores	915	1343.57
非金属矿采选业	Mining and Processing of Non-metal Ores	2381	1654.03
开采辅助活动	Support Activities for Mining	43	77.49
其他采矿业	Mining of Other Ores	14	9.38
农副食品加工业	Processing of Food from Agricultural Products	15931	13841.49
食品制造业	Manufacture of Foods	4680	4079.81
酒、饮料和精制茶制造业	Manufacture of Liquor, Beverages and Refined Tea	3520	3303.07
烟草制品业	Manufacture of Tobacco	4	20.69
纺织业	Manufacture of Textile	14016	11403.68
纺织服装、服饰业	Manufacture of Textile, Wearing Apparel and Accessories	9034	5444.00
皮革、毛皮、羽毛及其制品和制鞋业	Manufacture of Leather, Fur, Feather and Related Products and Footwear	5130	2737.71
木材加工和木、竹、藤、棕、草制品业	Processing of Timber, Manufacture of Wood, Bamboo, Rattan, Palm and Straw Products	6784	3736.57
家具制造业	Manufacture of Furniture	3433	2349.12
造纸和纸制品业	Manufacture of Paper and Paper Products	4037	3218.38
印刷和记录媒介复制业	Printing and Reproduction of Recording Media	3119	2095.68
文教、工美、体育和娱乐用品制造业	Manufacture of Articles for Culture, Education, Arts and Crafts, Sport and Entertainment Activities	5079	3804.85
石油加工、炼焦和核燃料加工业	Processing of Petroleum, Coking and Processing of Nuclear Fuel	1034	5335.50
化学原料和化学制品制造业	Manufacture of Raw Chemical Materials and Chemical Products	13828	18377.41
医药制造业	Manufacture of Medicines	3242	5192.74
化学纤维制造业	Manufacture of Chemical Fibres	1364	2361.11
橡胶和塑料制品业	Manufacture of Rubber and Plastics Products	10610	8485.44
非金属矿物制品业	Manufacture of Non-metallic Mineral Products	20910	19079.96
黑色金属冶炼和压延加工业	Smelting and Pressing of Ferrous Metals	6243	13272.45
有色金属冶炼和压延加工业	Smelting and Pressing of Non-ferrous Metals	4182	9184.72
金属制品业	Manufacture of Metal Products	12993	11610.28
通用设备制造业	Manufacture of General Purpose Machinery	14727	12625.71
专用设备制造业	Manufacture of Special Purpose Machinery	10065	10960.64
汽车制造业	Manufacture of Automobiles	7114	8993.20
铁路、船舶、航空航天和其他运输设备制造业	Manufacture of Railway, Ship, Aerospace and Other Transport Equipments	2690	3794.08
电气机械和器材制造业	Manufacture of Electrical Machinery and Apparatus	13088	16111.66
计算机、通信和其他电子设备制造业	Manufacture of Computers, Communication and Other Electronic Equipment	5964	8348.80
仪器仪表制造业	Manufacture of Measuring Instruments and Machinery	2026	2275.18
其他制造业	Other Manufacture	1000	568.48
废弃资源综合利用业	Utilization of Waste Resources	824	898.63
金属制品、机械和设备修理业	Repair Service of Metal Products, Machinery and Equipment	139	124.77
电力、热力生产和供应业	Production and Supply of Electric Power and Heat Power	900	2949.20
燃气生产和供应业	Production and Supply of Gas	305	566.76
水的生产和供应业	Production and Supply of Water	170	270.94

Main Indicators of Private Enterprises by Industrial Sector (2015)

(100 million yuan)

流动资产合计 Total Current Assets	负债合计 Total Liabilities	应收账款 Accounts Receivable	存货 Inventories	#产成品 Finished Goods
114893.16	**118651.48**	**30628.35**	**26063.47**	**12075.10**
2477.31	3330.90	494.39	250.53	132.73
7.31	21.03	0.59	0.66	0.44
1377.21	1701.53	200.12	218.07	136.76
609.66	616.69	102.86	111.25	66.01
607.84	712.33	142.65	106.24	64.62
44.22	39.18	22.29	3.22	0.36
3.07	2.79	0.60	0.35	0.26
6676.77	6066.76	1138.63	1963.92	903.95
1725.66	1645.65	353.76	487.83	219.97
1485.80	1423.33	263.46	527.75	264.36
10.27	14.44	2.22	4.19	1.38
5808.60	5999.13	1381.56	1554.12	757.03
3014.53	2735.10	729.79	804.85	395.77
1444.83	1266.51	417.44	352.79	148.42
1641.40	1494.54	347.76	467.45	229.01
1187.46	1110.86	259.66	315.37	138.65
1561.05	1703.30	467.40	332.73	153.95
994.04	1009.22	313.33	215.39	87.59
2204.60	2088.87	721.31	596.69	294.79
2832.70	4000.29	372.52	553.13	300.56
8560.89	9173.52	2017.88	1819.80	882.60
2364.80	2269.48	548.53	479.84	236.39
1146.87	1491.71	208.25	265.53	136.49
4368.97	4048.59	1275.33	939.52	492.42
8809.89	9169.22	2883.28	1691.06	836.21
5634.16	8141.23	918.99	1389.36	643.03
4733.57	5322.76	937.13	1370.65	564.40
6014.90	5866.13	1711.36	1351.81	615.12
6616.60	5965.91	2127.54	1637.19	704.80
5846.71	5232.97	1848.79	1333.74	530.95
4915.63	5415.96	1569.92	1039.59	540.73
2070.11	2071.22	581.34	460.83	157.63
9360.81	8270.82	3435.15	1767.77	797.41
5404.75	4871.11	2000.39	1101.93	416.05
1302.79	1023.56	439.48	282.89	110.24
310.15	276.99	88.64	73.39	33.52
478.91	528.66	95.44	108.01	62.35
52.40	63.95	18.24	8.12	3.66
881.44	1920.79	150.40	44.01	7.24
219.02	366.99	26.49	22.77	4.98
85.44	177.45	13.43	9.12	2.30

13-6 续表

单位：亿元

行 业	Sector	主营业务收入 Revenue from Principal Business	主营业务成本 Cost of Principal Business
总 计	**National Total**	**386394.60**	**334569.19**
煤炭开采和洗选业	Mining and Washing of Coal	4777.91	3919.84
石油和天然气开采业	Extraction of Petroleum and Natural Gas	33.60	28.11
黑色金属矿采选业	Mining and Processing of Ferrous Metal Ores	3750.49	3145.04
有色金属矿采选业	Mining and Processing of Non-Ferrous Metal Ores	2040.38	1743.20
非金属矿采选业	Mining and Processing of Non-metal Ores	3209.43	2670.45
开采辅助活动	Support Activities for Mining	51.66	42.17
其他采矿业	Mining of Other Ores	20.01	15.15
农副食品加工业	Processing of Food from Agricultural Products	32249.71	28450.07
食品制造业	Manufacture of Foods	7746.36	6537.15
酒、饮料和精制茶制造业	Manufacture of Liquor, Beverages and Refined Tea	5551.01	4492.67
烟草制品业	Manufacture of Tobacco	11.29	8.41
纺织业	Manufacture of Textile	21368.68	18946.30
纺织服装、服饰业	Manufacture of Textile, Wearing Apparel and Accessories	10622.33	9161.07
皮革、毛皮、羽毛及其制品和制鞋业	Manufacture of Leather, Fur, Feather and Related Products and Footwear	6551.15	5673.09
木材加工和木、竹、藤、棕、草制品业	Processing of Timber, Manufacture of Wood, Bamboo, Rattan, Palm and Straw Products	9619.72	8372.13
家具制造业	Manufacture of Furniture	4219.36	3562.69
造纸和纸制品业	Manufacture of Paper and Paper Products	5562.58	4820.30
印刷和记录媒介复制业	Printing and Reproduction of Recording Media	3733.62	3175.64
文教、工美、体育和娱乐用品制造业	Manufacture of Articles for Culture, Education, Arts and Crafts, Sport and Entertainment Activities	7417.34	6443.38
石油加工、炼焦和核燃料加工业	Processing of Petroleum, Coking and Processing of Nuclear Fuel	5455.82	4976.69
化学原料和化学制品制造业	Manufacture of Raw Chemical Materials and Chemical Products	32206.92	27921.67
医药制造业	Manufacture of Medicines	7600.16	6165.32
化学纤维制造业	Manufacture of Chemical Fibres	3146.50	2865.58
橡胶和塑料制品业	Manufacture of Rubber and Plastics Products	15706.58	13649.79
非金属矿物制品业	Manufacture of Non-metallic Mineral Products	31375.28	26892.69
黑色金属冶炼和压延加工业	Smelting and Pressing of Ferrous Metals	23182.52	21045.25
有色金属冶炼和压延加工业	Smelting and Pressing of Non-ferrous Metals	16443.32	14892.46
金属制品业	Manufacture of Metal Products	20648.44	17944.11
通用设备制造业	Manufacture of General Purpose Machinery	21076.08	17979.01
专用设备制造业	Manufacture of Special Purpose Machinery	16778.31	14220.16
汽车制造业	Manufacture of Automobiles	12687.91	10831.45
铁路、船舶、航空航天和其他运输设备制造业	Manufacture of Railway, Ship, Aerospace and Other Transport Equipments	5700.64	4897.33
电气机械和器材制造业	Manufacture of Electrical Machinery and Apparatus	24941.36	21410.33
计算机、通信和其他电子设备制造业	Manufacture of Computers, Communication and Other Electronic Equipment	12706.85	10767.24
仪器仪表制造业	Manufacture of Measuring Instruments and Machinery	3472.70	2850.11
其他制造业	Other Manufacture	1244.27	1069.80
废弃资源综合利用业	Utilization of Waste Resources	1798.30	1602.07
金属制品、机械和设备修理业	Repair Service of Metal Products, Machinery and Equipment	165.53	142.28
电力、热力生产和供应业	Production and Supply of Electric Power and Heat Power	836.24	648.57
燃气生产和供应业	Production and Supply of Gas	553.61	486.44
水的生产和供应业	Production and Supply of Water	130.63	103.96

continued

(100 million yuan)

销售费用 Selling Expenses	管理费用 Administrative Expenses	财务费用 Financial Expenses	利润总额 Total Profits	平　均 用工人数 (万人) Annual Average Employees (10 000 persons)
8618.52	**12278.54**	**3602.95**	**24249.73**	**3463.98**
136.31	225.25	83.41	310.06	60.58
0.78	1.54	0.63	2.16	0.30
55.38	109.49	45.97	333.18	25.56
35.39	71.31	18.42	148.36	16.35
101.92	117.44	27.81	239.18	27.17
0.48	3.79	0.73	3.50	0.83
1.51	1.41	0.42	1.04	0.19
689.23	778.47	253.21	1827.82	217.19
273.68	256.02	64.25	557.68	82.11
207.48	186.85	57.25	473.26	52.72
0.78	1.22	0.18	1.25	0.09
316.37	521.86	230.77	1264.23	239.33
293.95	386.87	79.72	674.77	194.19
138.78	206.34	55.21	433.23	110.92
203.16	256.10	70.62	626.12	94.48
152.06	163.91	34.93	280.38	58.92
130.98	175.80	57.48	330.82	58.55
94.13	144.90	36.81	261.39	42.45
180.86	231.36	58.21	480.40	91.31
85.63	101.24	95.68	163.41	21.98
708.58	926.11	325.20	2139.15	196.52
364.90	341.79	73.28	613.74	61.67
31.63	66.80	52.64	137.47	19.47
322.13	473.97	146.70	1022.28	146.34
789.51	965.10	291.83	2118.11	298.32
286.56	460.13	194.28	920.43	128.11
154.66	253.86	139.45	818.07	70.84
396.36	642.98	181.27	1306.40	184.80
518.69	840.73	187.47	1388.40	198.46
446.45	701.25	151.72	1130.51	145.32
258.01	496.35	130.38	850.60	124.26
104.32	222.20	49.23	384.94	56.24
619.29	951.37	215.13	1618.81	221.36
317.62	643.51	70.85	771.23	141.65
121.48	186.53	27.89	279.16	33.84
31.12	44.21	9.54	80.32	16.02
21.54	37.36	10.38	116.24	8.56
3.31	8.17	2.02	8.09	4.04
8.05	46.04	59.18	98.96	8.77
12.07	20.02	7.43	25.15	2.49
3.39	8.91	5.36	9.41	1.70

13-7 分地区私营工业企业主要指标
Main Indicators of Private Industrial Enterprises by Region

单位：亿元 (100 million yuan)

年份 Year 地区 Region		企业单位数(个) Number of Enterprises (unit)	资产总计 Total Assets	流动资产合计 Total Current Assets	负债合计 Total Liabilities	应收账款 Accounts Receivable	存货 Inventories	#产成品 Finished Goods
	1998	10667	1486.98	776.53	909.42	222.27	301.91	148.21
	2000	22128	3873.83	1910.75	2208.83	556.91	683.85	333.29
	2005	123820	30325.12	16426.01	18038.87	4333.85	4709.32	2198.27
	2006	149736	40514.83	22035.64	23946.79	5737.66	6198.77	2877.73
	2007	177080	53304.95	29412.56	31120.19	7500.21	8122.14	3762.25
	2008	245850	75879.59	40572.42	42825.30	10375.76	11220.33	5115.35
	2009	256031	91175.60	47550.43	50495.45	11944.18	12275.98	5876.12
	2010	273259	116867.83	61798.67	64068.41	15137.66	15004.16	6601.17
	2011	180612	127749.86	69059.45	69744.77	16244.41	16614.14	7388.26
	2012	189289	152548.13	81049.07	82699.28	19819.71	19166.30	8659.62
	2013	208409	187704.40	99272.00	101333.98	24676.23	23118.89	10101.74
	2014	213789	213114.42	108457.83	111130.10	27805.40	25066.17	11435.32
	2015	216506	229006.48	114893.16	118651.48	30628.35	26063.47	12075.10
北　京	Beijing	1093	1444.14	1025.21	793.79	347.15	255.34	104.05
天　津	Tianjin	2574	3220.17	1716.94	2067.44	417.08	321.84	130.26
河　北	Hebei	9893	13349.67	5199.29	6189.39	1113.45	1152.08	519.44
山　西	Shanxi	2258	5927.45	2962.43	4649.31	633.20	548.84	258.63
内蒙古	Inner Mongolia	1812	4136.85	1799.10	2471.84	323.59	286.40	128.20
辽　宁	Liaoning	7660	8318.89	3789.29	4326.83	888.81	792.23	361.20
吉　林	Jilin	2809	3048.04	1264.20	1611.15	397.30	342.37	197.70
黑龙江	Heilongjiang	1955	1825.31	893.67	912.70	213.25	251.07	100.62
上　海	Shanghai	3840	4273.90	2988.00	2382.34	1100.13	686.22	296.79
江　苏	Jiangsu	30352	32525.54	17620.29	17660.52	5654.66	3855.38	1663.86
浙　江	Zhejiang	28050	23666.27	14545.88	14832.02	4377.57	3226.04	1470.68
安　徽	Anhui	13611	8640.73	4520.72	4171.55	1501.43	1116.75	532.65
福　建	Fujian	8729	6217.86	3471.32	2988.52	1001.13	918.94	460.95
江　西	Jiangxi	5040	5568.77	2111.76	2266.83	530.45	532.40	274.71
山　东	Shandong	26973	31148.96	13418.13	13713.74	2452.43	3317.68	1694.26
河　南	Henan	10661	15395.76	6226.38	4429.88	904.47	859.52	391.98
湖　北	Hubei	8833	6989.18	3280.58	3241.14	932.86	864.26	441.65
湖　南	Hunan	10094	8661.97	3580.48	3718.07	1009.45	841.70	382.57
广　东	Guangdong	16581	15366.86	9958.08	9500.91	3253.95	2494.54	1034.82
广　西	Guangxi	2995	3461.46	1844.08	2047.50	461.48	469.99	241.10
海　南	Hainan	49	82.65	53.49	59.56	8.16	10.26	4.53
重　庆	Chongqing	4112	4775.55	2409.36	2620.83	736.40	480.13	252.48
四　川	Sichuan	7520	7553.05	3740.21	3749.32	944.20	866.35	424.14
贵　州	Guizhou	2436	2244.57	1077.78	1308.18	225.35	196.41	86.78
云　南	Yunnan	1789	2331.22	1267.99	1462.99	221.82	316.87	139.69
西　藏	Tibet	29	33.68	18.62	15.16	2.98	4.58	1.44
陕　西	Shaanxi	1865	2066.30	884.57	1021.79	255.75	206.36	115.10
甘　肃	Gansu	757	897.44	475.54	478.75	118.91	128.06	72.97
青　海	Qinghai	265	834.72	332.76	519.72	59.04	71.85	35.35
宁　夏	Ningxia	802	2410.51	1233.83	1709.87	206.37	400.03	137.57
新　疆	Xinjiang	1069	2589.01	1183.16	1729.86	335.56	248.98	118.93

13-7 续表 continued

单位：亿元 (100 million yuan)

年 份 Year 地 区 Region		主营业务收入 Revenue from Principal Business	主营业务成本 Cost of Principal Business	销售费用 Selling Expenses	管理费用 Administrative Expenses	财务费用 Financial Expenses	利润总额 Total Profits	平均用工人数（万人） Annual Average Employees (10 000 persons)
	1998	1846.25	1563.23	74.03	75.25	43.41	67.25	160.80
	2000	4791.50	4121.97	178.42	180.26	72.03	189.68	346.42
	2005	45801.43	39914.50	1185.47	1469.71	465.86	2120.65	1692.06
	2006	64817.70	56316.16	1610.11	1971.98	632.49	3191.05	1971.01
	2007	90277.81	77335.75	2136.11	2734.12	903.26	5053.74	2252.91
	2008	131525.40	112220.27	3076.14	4135.60	1389.36	8302.06	2871.89
	2009	156603.57	134374.58	3539.43	4941.54	1441.98	9677.69	2973.84
	2010	207838.22	177049.48	4573.61	7179.90	1921.38	15102.50	3312.06
	2011	247277.89	210191.52	5083.47	7751.18	2415.92	18155.52	2956.41
	2012	285621.48	243192.10	5976.61	9025.33	2921.54	20191.90	3121.30
	2013	342002.60	293764.75	7161.74	10719.69	3471.55	23327.08	3359.39
	2014	372175.70	322482.84	7956.32	11266.73	3717.69	23550.42	3505.32
	2015	386394.60	334569.19	8618.52	12278.54	3602.95	24249.73	3463.98
北 京	Beijing	1016.95	778.70	70.96	100.61	8.64	70.35	14.58
天 津	Tianjin	6037.66	5255.32	60.98	121.86	27.54	562.34	38.10
河 北	Hebei	21608.74	18967.41	324.46	424.57	169.66	1435.70	167.67
山 西	Shanxi	3591.71	3236.76	103.50	125.56	110.08	14.05	42.82
内蒙古	Inner Mongolia	5093.83	4236.27	92.83	166.68	52.02	347.51	31.52
辽 宁	Liaoning	12442.57	11048.26	242.30	398.71	111.27	556.13	102.37
吉 林	Jilin	6382.28	5521.19	164.07	256.32	60.89	315.09	36.19
黑龙江	Heilongjiang	3036.75	2678.08	73.86	94.13	19.12	162.28	23.33
上 海	Shanghai	3804.60	3135.71	145.45	308.60	33.98	220.68	51.18
江 苏	Jiangsu	59137.91	51195.83	1239.03	1977.04	566.67	3871.90	476.11
浙 江	Zhejiang	26363.46	22671.38	624.41	1237.17	416.92	1366.49	362.50
安 徽	Anhui	16954.43	14811.21	408.93	494.97	134.01	1021.18	155.54
福 建	Fujian	13091.37	11364.32	310.55	445.10	106.85	767.88	151.31
江 西	Jiangxi	12985.51	11405.47	217.13	251.64	61.67	957.62	100.73
山 东	Shandong	66538.38	58846.83	1152.64	1330.32	574.76	4381.55	402.95
河 南	Henan	26255.56	22687.72	530.73	454.42	188.37	2217.97	243.08
湖 北	Hubei	14714.91	12657.15	403.92	541.03	157.19	825.66	120.82
湖 南	Hunan	19600.23	16144.50	631.94	833.32	185.47	1122.63	191.74
广 东	Guangdong	25868.70	22372.97	663.63	1111.95	151.58	1385.80	341.00
广 西	Guangxi	7324.61	6255.48	143.35	311.71	52.77	471.94	70.75
海 南	Hainan	53.77	46.03	2.10	3.56	1.09	0.30	1.18
重 庆	Chongqing	8305.20	6985.00	233.64	337.46	70.60	610.63	86.35
四 川	Sichuan	14255.89	12166.10	410.94	506.90	146.53	847.74	130.42
贵 州	Guizhou	2849.93	2362.55	94.06	123.16	31.03	182.44	29.47
云 南	Yunnan	1991.83	1735.91	57.23	79.66	37.57	73.98	27.08
西 藏	Tibet	18.92	13.66	0.57	1.15	0.28	3.14	0.30
陕 西	Shaanxi	3040.10	2502.07	91.28	110.00	33.74	245.93	27.20
甘 肃	Gansu	698.51	614.80	21.32	23.71	15.18	21.71	7.81
青 海	Qinghai	519.99	456.83	16.56	15.33	13.71	14.65	4.49
宁 夏	Ningxia	1178.73	1064.46	27.06	36.61	35.47	28.15	11.45
新 疆	Xinjiang	1631.56	1351.22	59.10	55.31	28.29	146.31	13.94

13-8 按行业分外商投资和港澳台商投资工业企业主要指标（2015年）

单位：亿元

行业	Sector	企业单位数（个）Number of Enterprises (unit)	资产总计 Total Assets
总计	**National Total**	**52758**	**201302.69**
煤炭开采和洗选业	Mining and Washing of Coal	37	1986.49
石油和天然气开采业	Extraction of Petroleum and Natural Gas	10	862.07
黑色金属矿采选业	Mining and Processing of Ferrous Metal Ores	33	704.24
有色金属矿采选业	Mining and Processing of Non-Ferrous Metal Ores	46	209.78
非金属矿采选业	Mining and Processing of Non-metal Ores	69	172.16
开采辅助活动	Support Activities for Mining	9	156.93
农副食品加工业	Processing of Food from Agricultural Products	1799	5619.12
食品制造业	Manufacture of Foods	1195	4562.72
酒、饮料和精制茶制造业	Manufacture of Liquor, Beverages and Refined Tea	806	3810.46
烟草制品业		3	18.08
纺织业	Manufacture of Textile	2611	4521.87
纺织服装、服饰业	Manufacture of Textile, Wearing Apparel and Accessories	3660	3883.93
皮革、毛皮、羽毛及其制品和制鞋业	Manufacture of Leather, Fur, Feather and Related Products and Footwear	1957	2728.75
木材加工和木、竹、藤、棕、草制品业	Processing of Timber, Manufacture of Wood, Bamboo, Rattan, Palm and Straw Products	439	662.72
家具制造业	Manufacture of Furniture	876	1368.99
造纸和纸制品业	Manufacture of Paper and Paper Products	913	5388.45
印刷和记录媒介复制业	Printing and Reproduction of Recording Media	625	1183.37
文教、工美、体育和娱乐用品制造业	Manufacture of Articles for Culture, Education, Arts and Crafts, Sport and Entertainment Activities	2153	2457.63
石油加工、炼焦和核燃料加工业	Processing of Petroleum, Coking and Processing of Nuclear Fuel	166	2590.24
化学原料和化学制品制造业	Manufacture of Raw Chemical Materials and Chemical Products	3377	16165.87
医药制造业	Manufacture of Medicines	875	5458.42
化学纤维制造业	Manufacture of Chemical Fibres	271	2131.03
橡胶和塑料制品业	Manufacture of Rubber and Plastics Products	3177	6055.78
非金属矿物制品业	Manufacture of Non-metallic Mineral Products	2121	6577.67
黑色金属冶炼和压延加工业	Smelting and Pressing of Ferrous Metals	656	5104.27
有色金属冶炼和压延加工业	Smelting and Pressing of Non-ferrous Metals	668	5248.02
金属制品业	Manufacture of Metal Products	2793	4897.58
通用设备制造业	Manufacture of General Purpose Machinery	3624	10833.31
专用设备制造业	Manufacture of Special Purpose Machinery	2588	7410.10
汽车制造业	Manufacture of Automobiles	2953	23834.50
铁路、船舶、航空航天和其他运输设备制造业	Manufacture of Railway, Ship, Aerospace and Other Transport Equipments	679	3353.59
电气机械和器材制造业	Manufacture of Electrical Machinery and Apparatus	3905	12861.22
计算机、通信和其他电子设备制造业	Manufacture of Computers, Communication and Other Electronic Equipment	5099	34268.33
仪器仪表制造业	Manufacture of Measuring Instruments and Machinery	929	2000.53
其他制造业	Other Manufacture	371	429.97
废弃资源综合利用业	Utilization of Waste Resources	141	234.57
金属制品、机械和设备修理业	Repair Service of Metal Products, Machinery and Equipment	65	424.72
电力、热力生产和供应业	Production and Supply of Electric Power and Heat Power	526	7084.53
燃气生产和供应业	Production and Supply of Gas	357	2624.04
水的生产和供应业	Production and Supply of Water	176	1416.64

Main Indicators of Industrial Enterprises with Hong Kong, Macao, Taiwan and Foreign Funds by Industrial Sector (2015)

(100 million yuan)

流动资产合计 Total Current Assets	负债合计 Total Liabilities	应收账款 Accounts Receivable	存货 Inventories	#产成品 Finished Goods
114480.95	**109679.81**	**35955.08**	**23622.18**	**8933.78**
915.23	1375.75	412.80	162.07	20.30
69.20	780.75	8.02	31.32	2.49
446.25	521.25	298.33	63.66	8.96
65.86	124.99	3.37	18.29	6.88
64.72	91.74	14.92	11.85	4.97
50.64	54.89	14.50	4.17	1.44
3289.78	3182.69	513.42	945.09	387.17
2572.78	2156.24	607.05	428.24	184.44
1670.21	1936.82	320.62	373.88	108.40
6.82	11.67	3.18	1.75	0.44
2602.76	2225.58	626.18	742.31	306.03
2419.55	1701.54	641.15	665.68	329.77
1764.46	1273.01	550.90	448.34	158.45
361.56	290.40	87.51	124.53	59.31
882.34	750.24	265.39	237.87	83.95
2485.66	2934.05	599.24	404.38	149.76
701.74	474.88	234.28	130.28	61.56
1605.94	1184.15	443.33	567.95	278.05
1023.15	1708.33	179.70	291.81	88.80
7480.97	8500.54	1848.76	1461.43	659.34
3171.60	2284.97	745.71	791.06	381.31
1083.11	1232.07	154.68	258.38	132.63
3288.18	2893.07	1046.38	783.66	323.12
3193.99	3372.53	824.81	594.34	288.79
2271.70	3079.29	358.56	612.74	216.20
2779.29	3341.13	500.57	587.79	175.54
2948.97	2329.10	946.72	725.58	269.30
7242.54	5537.21	2263.10	1776.42	579.43
4952.47	4015.41	1710.13	1253.94	358.42
14052.38	14082.56	4718.62	2194.21	877.60
2022.88	1946.17	399.65	533.79	109.95
8692.39	7066.35	3189.65	1498.21	602.03
23338.84	20053.22	10178.82	4219.10	1514.12
1407.05	850.62	509.65	324.79	109.39
262.02	183.01	77.38	69.53	25.15
132.98	127.03	25.68	36.70	16.37
193.57	260.01	87.20	50.22	10.68
1641.74	3605.71	326.58	129.20	29.42
887.06	1363.11	164.19	54.79	12.59
438.55	777.71	54.32	12.82	1.26

13-8 续表

单位：亿元

行业	Sector	主营业务收入 Revenue from Principal Business	主营业务成本 Cost of Principal Business
总计	**National Total**	**245697.55**	**208266.54**
煤炭开采和洗选业	Mining and Washing of Coal	1184.58	986.52
石油和天然气开采业	Extraction of Petroleum and Natural Gas	489.06	313.94
黑色金属矿采选业	Mining and Processing of Ferrous Metal Ores	655.11	581.13
有色金属矿采选业	Mining and Processing of Non-Ferrous Metal Ores	99.47	75.72
非金属矿采选业	Mining and Processing of Non-metal Ores	121.80	91.24
开采辅助活动	Support Activities for Mining	123.88	95.29
农副食品加工业	Processing of Food from Agricultural Products	10038.31	8996.38
食品制造业	Manufacture of Foods	5759.95	4158.57
酒、饮料和精制茶制造业	Manufacture of Liquor, Beverages and Refined Tea	4142.83	3010.67
烟草制品业		6.15	3.68
纺织业	Manufacture of Textile	5609.50	4903.86
纺织服装、服饰业	Manufacture of Textile, Wearing Apparel and Accessories	6231.61	5309.40
皮革、毛皮、羽毛及其制品和制鞋业	Manufacture of Leather, Fur, Feather and Related Products and Footwear	4908.52	4176.01
木材加工和木、竹、藤、棕、草制品业	Processing of Timber, Manufacture of Wood, Bamboo, Rattan, Palm and Straw Products	1023.39	884.41
家具制造业	Manufacture of Furniture	1800.55	1525.13
造纸和纸制品业	Manufacture of Paper and Paper Products	3521.16	2974.52
印刷和记录媒介复制业	Printing and Reproduction of Recording Media	1248.11	1005.07
文教、工美、体育和娱乐用品制造业	Manufacture of Articles for Culture, Education, Arts and Crafts, Sport and Entertainment Activities	4721.63	4180.27
石油加工、炼焦和核燃料加工业	Processing of Petroleum, Coking and Processing of Nuclear Fuel	3643.82	2826.98
化学原料和化学制品制造业	Manufacture of Raw Chemical Materials and Chemical Products	18015.43	14865.77
医药制造业	Manufacture of Medicines	5219.73	3265.88
化学纤维制造业	Manufacture of Chemical Fibres	1975.45	1733.42
橡胶和塑料制品业	Manufacture of Rubber and Plastics Products	6441.79	5433.86
非金属矿物制品业	Manufacture of Non-metallic Mineral Products	5266.65	4427.05
黑色金属冶炼和压延加工业	Smelting and Pressing of Ferrous Metals	5838.39	5380.13
有色金属冶炼和压延加工业	Smelting and Pressing of Non-ferrous Metals	5339.94	4791.60
金属制品业	Manufacture of Metal Products	6233.80	5358.74
通用设备制造业	Manufacture of General Purpose Machinery	10939.84	8900.70
专用设备制造业	Manufacture of Special Purpose Machinery	6272.99	5116.84
汽车制造业	Manufacture of Automobiles	32894.47	26470.83
铁路、船舶、航空航天和其他运输设备制造业	Manufacture of Railway, Ship, Aerospace and Other Transport Equipments	3256.47	2777.17
电气机械和器材制造业	Manufacture of Electrical Machinery and Apparatus	16684.78	14278.36
计算机、通信和其他电子设备制造业	Manufacture of Computers, Communication and Other Electronic Equipment	56895.22	52242.43
仪器仪表制造业	Manufacture of Measuring Instruments and Machinery	2436.65	1967.18
其他制造业	Other Manufacture	582.97	495.45
废弃资源综合利用业	Utilization of Waste Resources	385.65	346.28
金属制品、机械和设备修理业	Repair Service of Metal Products, Machinery and Equipment	367.59	313.57
电力、热力生产和供应业	Production and Supply of Electric Power and Heat Power	2852.67	1965.15
燃气生产和供应业	Production and Supply of Gas	2168.96	1842.74
水的生产和供应业	Production and Supply of Water	298.66	194.59

continued

(100 million yuan)

销售费用 Selling Expenses	管理费用 Administrative Expenses	财务费用 Financial Expenses	利润总额 Total Profits	平均用工人数（万人） Annual Average Employees (10 000 persons)
8006.43	**10541.28**	**1703.94**	**15905.78**	**2355.44**
17.97	41.78	27.14	87.66	4.86
1.44	9.15	9.33	122.46	0.76
3.03	13.42	5.65	43.55	1.89
1.23	11.05	2.74	8.25	1.14
9.63	8.21	2.93	9.09	1.50
0.66	12.48	0.85	13.22	0.31
223.86	209.06	80.25	465.38	56.13
791.97	269.99	18.77	514.14	51.10
505.34	177.69	20.08	378.64	37.06
0.10	0.78	0.53	1.15	0.05
95.56	210.79	52.18	323.40	84.94
264.11	292.32	26.68	341.78	154.41
136.49	216.08	24.38	323.98	128.72
30.87	40.06	9.34	52.91	11.59
68.78	104.65	8.23	110.19	32.87
140.45	151.81	87.08	223.52	29.63
38.31	81.75	4.53	122.29	22.32
96.75	202.97	16.53	219.63	98.60
59.41	86.70	57.45	177.54	8.27
951.78	747.10	238.38	1123.57	70.91
880.70	376.62	45.36	652.07	41.10
23.88	73.10	43.63	105.31	10.83
211.88	387.14	51.38	351.75	100.80
180.76	280.23	75.51	305.32	65.10
65.55	142.22	94.15	122.33	27.85
49.65	141.07	112.96	140.35	21.85
160.60	324.75	34.99	338.75	82.38
384.51	729.85	39.92	874.54	107.84
223.82	472.79	37.97	378.83	69.90
940.19	1597.15	126.53	3253.08	161.09
53.21	136.08	18.75	235.24	30.57
500.33	819.06	66.47	994.86	185.41
698.87	1742.72	68.75	2202.99	570.96
97.17	171.54	3.22	198.33	36.58
17.27	30.56	2.85	34.11	12.57
2.78	11.49	4.50	21.48	1.72
3.08	28.70	7.39	19.11	3.78
4.01	77.24	136.99	715.93	10.99
58.03	81.82	18.30	238.53	9.97
12.40	29.28	21.26	60.51	7.10

13-9 分地区外商投资和港澳台商投资工业企业主要指标
Main Indicators of Industrial Enterprises with Hong Kong, Macao, Taiwan and Foreign Funds by Region

单位：亿元 (100 million yuan)

年份 地区	Year Region	企业单位数（个） Number of Enterprises (unit)	资产总计 Total Assets	流动资产合计 Total Current Assets	负债合计 Total Liabilities	应收账款 Accounts Receivable	存货 Inventories	#产成品 Finished Goods
	1998	26442	21326.95	9971.87	12481.58	3071.22	3232.98	1151.14
	2000	28445	25714.06	12849.54	14658.92	4045.92	4078.39	1417.64
	2005	56387	64308.47	35303.97	36459.37	11421.99	10093.37	3258.26
	2006	60872	77108.65	42674.93	43398.56	13655.89	12167.94	3954.62
	2007	67456	96367.04	53781.51	55168.22	16785.28	15126.22	4862.85
	2008	77847	112145.01	60340.18	62831.00	17123.56	16801.22	5782.24
	2009	75376	124477.56	69082.13	69928.77	20860.85	16469.73	5634.62
	2010	74045	148552.32	84328.64	82038.76	24176.30	20623.82	6588.15
	2011	57216	161987.74	95334.64	92130.82	27132.04	23075.24	7973.66
	2012	56908	172320.28	100289.94	97414.09	29850.62	23510.76	8199.58
	2013	57368	188661.42	108770.23	106197.33	32460.71	24399.05	8389.87
	2014	55172	198162.05	113723.57	109924.35	34419.42	24840.30	9022.99
	2015	52758	201302.69	114480.95	109679.81	35955.08	23622.18	8933.78
北京	Beijing	803	7644.52	4651.70	4130.15	1205.40	791.88	285.95
天津	Tianjin	1507	7303.36	4567.38	4049.96	1832.25	948.13	309.22
河北	Hebei	815	4827.12	2318.32	2588.69	527.27	481.64	168.17
山西	Shanxi	141	1914.23	933.35	1273.76	240.56	151.81	71.24
内蒙古	Inner Mongolia	166	2779.76	868.79	1640.44	124.85	182.85	73.12
辽宁	Liaoning	1513	8148.30	4364.98	4762.94	1131.61	992.31	309.26
吉林	Jilin	325	2115.59	1222.66	1355.23	360.88	216.05	75.84
黑龙江	Heilongjiang	198	1532.35	715.22	943.59	177.98	165.30	50.66
上海	Shanghai	3817	16728.52	10841.04	8891.61	3682.12	2310.44	823.62
江苏	Jiangsu	10562	37256.71	20517.74	18567.45	7175.55	4265.21	1592.07
浙江	Zhejiang	5803	15302.64	9179.15	7915.81	2534.45	1870.76	790.07
安徽	Anhui	778	3266.10	1867.47	1981.04	724.62	289.92	130.44
福建	Fujian	3954	10707.28	6335.90	5508.68	1822.80	1298.43	545.96
江西	Jiangxi	825	3000.87	1194.76	1541.01	319.67	244.86	117.05
山东	Shandong	4013	12121.44	6452.46	6061.29	1849.21	1374.34	592.99
河南	Henan	545	5835.75	3822.88	3935.78	1158.05	540.00	214.00
湖北	Hubei	834	5170.05	2500.72	3074.73	619.12	433.70	171.56
湖南	Hunan	563	1997.56	859.20	932.45	244.00	161.79	63.80
广东	Guangdong	13380	39147.20	24522.06	21783.64	8204.87	5466.75	1942.15
广西	Guangxi	461	2840.31	1454.31	1742.66	264.61	338.19	170.59
海南	Hainan	73	711.01	263.07	376.81	59.68	60.96	20.69
重庆	Chongqing	391	3047.80	1502.50	2043.74	500.92	330.47	129.16
四川	Sichuan	602	3692.16	2059.63	2174.33	892.74	345.65	148.57
贵州	Guizhou	89	380.15	155.93	237.34	38.74	25.99	9.25
云南	Yunnan	181	775.28	314.49	469.41	66.21	81.89	30.28
西藏	Tibet	4	15.04	8.20	3.31	0.98	0.56	0.08
陕西	Shaanxi	218	1791.54	610.05	957.17	141.37	166.00	70.48
甘肃	Gansu	48	259.17	72.51	119.14	7.49	16.15	4.14
青海	Qinghai	25	255.92	69.57	169.55	6.95	12.34	3.50
宁夏	Ningxia	43	456.98	137.70	280.81	19.24	31.79	9.61
新疆	Xinjiang	81	278.00	97.21	167.28	20.89	26.04	10.26

13-9 续表 continued

单位：亿元 (100 million yuan)

年 份 Year 地 区 Region	主营业务收入 Revenue from Principal Business	主营业务成本 Cost of Principal Business	销售费用 Selling Expenses	管理费用 Administrative Expenses	财务费用 Financial Expenses	利润总额 Total Profits	平均用工人数(万人) Annual Average Employees (10 000 persons)
1998	15604.60	13023.55	763.94	964.32	477.67	418.61	775.19
2000	22545.74	18583.27	1044.84	1236.82	393.61	1282.48	852.96
2005	78564.46	67862.98	2818.64	3084.56	468.04	4140.81	1899.64
2006	98936.12	84903.31	3369.66	3733.34	684.43	5384.06	2118.07
2007	125497.96	106981.42	4206.01	4655.20	808.30	7527.38	2353.04
2008	146613.62	125931.62	4858.69	5830.77	1033.82	8242.63	2579.42
2009	150263.06	127247.80	4965.81	5991.91	1145.35	10107.05	2450.43
2010	188729.41	159273.10	5948.14	7544.25	1137.02	15019.55	2645.73
2011	216304.29	183931.68	6859.43	8280.99	1164.49	15494.22	2574.14
2012	221948.78	189558.50	7104.41	8982.57	1709.74	13965.94	2573.82
2013	242964.16	207255.74	7832.22	9878.32	1443.03	15802.58	2536.07
2014	252630.07	215004.20	8123.59	10365.13	1562.75	16577.31	2472.38
2015	245697.55	208266.54	8006.43	10541.28	1703.94	15905.78	2355.44
北 京 Beijing	7773.87	6236.65	579.73	356.90	50.79	585.27	36.96
天 津 Tianjin	10237.68	8580.38	352.74	369.63	49.74	756.21	61.42
河 北 Hebei	4571.23	3954.68	165.09	164.40	63.77	195.54	41.19
山 西 Shanxi	1183.71	983.19	18.03	37.32	27.76	82.72	15.67
内蒙古 Inner Mongolia	1451.16	1186.00	76.11	59.13	42.30	76.22	8.11
辽 宁 Liaoning	6942.04	5607.34	302.39	325.96	126.47	444.74	52.15
吉 林 Jilin	2256.88	1921.52	65.04	113.59	39.98	95.21	12.64
黑龙江 Heilongjiang	1237.99	986.22	85.31	82.44	16.88	68.90	10.22
上 海 Shanghai	20924.84	17018.36	881.29	1309.52	60.22	1541.94	133.36
江 苏 Jiangsu	50070.92	43038.36	1268.89	1985.25	281.32	3366.29	417.26
浙 江 Zhejiang	14107.15	11711.85	498.63	792.67	167.49	997.73	160.91
安 徽 Anhui	4761.43	4049.69	138.83	171.98	20.33	254.04	31.32
福 建 Fujian	13873.32	11712.89	434.96	563.16	119.76	901.53	168.81
江 西 Jiangxi	4464.21	3887.82	85.10	115.98	27.67	318.62	48.83
山 东 Shandong	18872.68	16454.35	474.44	530.37	154.04	1189.30	143.65
河 南 Henan	6405.79	5801.58	105.19	127.33	56.42	315.18	68.11
湖 北 Hubei	6085.63	5028.99	220.78	283.64	40.41	441.53	45.29
湖 南 Hunan	2839.68	2370.16	75.91	116.06	24.21	147.14	32.22
广 东 Guangdong	50934.19	43606.82	1657.42	2366.74	174.06	3037.04	743.45
广 西 Guangxi	3754.94	3156.76	117.70	142.34	29.94	293.62	28.96
海 南 Hainan	610.52	466.96	20.54	18.77	13.86	19.07	2.27
重 庆 Chongqing	5028.86	4283.12	143.63	205.59	26.61	346.16	31.22
四 川 Sichuan	4501.93	3975.86	98.99	148.22	36.91	213.94	35.50
贵 州 Guizhou	352.12	275.54	16.13	14.45	5.82	38.71	2.74
云 南 Yunnan	482.73	379.64	36.01	29.13	12.86	23.10	5.35
西 藏 Tibet	7.27	4.54	0.56	0.30	-0.09	1.70	0.07
陕 西 Shaanxi	1307.21	1033.20	58.36	82.97	18.04	116.46	11.50
甘 肃 Gansu	97.50	79.70	6.70	4.64	4.15	4.23	1.14
青 海 Qinghai	115.09	106.98	2.76	3.53	1.79	4.24	0.96
宁 夏 Ningxia	267.87	226.07	7.23	8.66	7.89	21.11	2.31
新 疆 Xinjiang	177.09	141.30	11.93	10.63	2.54	8.31	1.84

13-10 按行业分大中型工业企业主要指标（2015年）

单位：亿元

行业	Sector	企业单位数（个）Number of Enterprises (unit)	资产总计 Total Assets
总计	**National Total**	**63703**	**718838.61**
煤炭开采和洗选业	Mining and Washing of Coal	1746	47640.32
石油和天然气开采业	Extraction of Petroleum and Natural Gas	53	19792.52
黑色金属矿采选业	Mining and Processing of Ferrous Metal Ores	344	7723.52
有色金属矿采选业	Mining and Processing of Non-Ferrous Metal Ores	389	3645.05
非金属矿采选业	Mining and Processing of Non-metal Ores	277	1450.82
开采辅助活动	Support Activities for Mining	62	2553.30
农副食品加工业	Processing of Food from Agricultural Products	2973	16782.50
食品制造业	Manufacture of Foods	1625	9281.32
酒、饮料和精制茶制造业	Manufacture of Liquor, Beverages and Refined Tea	1116	10839.91
烟草制品业	Manufacture of Tobacco	82	8448.08
纺织业	Manufacture of Textile	3419	14405.32
纺织服装、服饰业	Manufacture of Textile, Wearing Apparel and Accessories	3613	8115.42
皮革、毛皮、羽毛及其制品和制鞋业	Manufacture of Leather, Fur, Feather and Related Products and Footwear	2193	4626.01
木材加工和木、竹、藤、棕、草制品业	Processing of Timber, Manufacture of Wood, Bamboo, Rattan, Palm and Straw Products	916	2170.55
家具制造业	Manufacture of Furniture	925	2671.91
造纸和纸制品业	Manufacture of Paper and Paper Products	945	9747.44
印刷和记录媒介复制业	Printing and Reproduction of Recording Media	701	2392.25
文教、工美、体育和娱乐用品制造业	Manufacture of Articles for Culture, Education, Arts and Crafts, Sport and Entertainment Activities	1853	4251.29
石油加工、炼焦和核燃料加工业	Processing of Petroleum, Coking and Processing of Nuclear Fuel	545	21903.85
化学原料和化学制品制造业	Manufacture of Raw Chemical Materials and Chemical Products	3387	48441.29
医药制造业	Manufacture of Medicines	1660	17952.64
化学纤维制造业	Manufacture of Chemical Fibres	286	5107.96
橡胶和塑料制品业	Manufacture of Rubber and Plastics Products	2352	11241.16
非金属矿物制品业	Manufacture of Non-metallic Mineral Products	4227	23612.78
黑色金属冶炼和压延加工业	Smelting and Pressing of Ferrous Metals	1504	56444.13
有色金属冶炼和压延加工业	Smelting and Pressing of Non-ferrous Metals	1258	30161.99
金属制品业	Manufacture of Metal Products	2575	12520.07
通用设备制造业	Manufacture of General Purpose Machinery	3090	25428.00
专用设备制造业	Manufacture of Special Purpose Machinery	2400	22490.03
汽车制造业	Manufacture of Automobiles	3027	49222.07
铁路、船舶、航空航天和其他运输设备制造业	Manufacture of Railway, Ship, Aerospace and Other Transport Equipments	1126	18777.81
电气机械和器材制造业	Manufacture of Electrical Machinery and Apparatus	4418	39921.06
计算机、通信和其他电子设备制造业	Manufacture of Computers, Communication and Other Electronic Equipment	4799	57142.33
仪器仪表制造业	Manufacture of Measuring Instruments and Machinery	841	5012.27
其他制造业	Other Manufacture	320	1659.18
废弃资源综合利用业	Utilization of Waste Resources	109	560.43
金属制品、机械和设备修理业	Repair Service of Metal Products, Machinery and Equipment	111	1033.77
电力、热力生产和供应业	Production and Supply of Electric Power and Heat Power	1877	82610.16
燃气生产和供应业	Production and Supply of Gas	200	4010.16
水的生产和供应业	Production and Supply of Water	357	7044.31

注：从2011年开始，工业企业年报规模划分按《统计上大中小微型企业划分办法》国统字(2011)7号执行。大中型工业企业为从业人员300人及以上并且主营业务收入在2000万元及以上的工业企业。

Main Indicators of Large and Medium-sized Industrial Enterprises by Industrial Sector (2015)

(100 million yuan)

流动资产合计 Total Current Assets	负债合计 Total Liabilities	应收账款 Accounts Receivable	存货 Inventories	#产成品 Finished Goods
325464.39	**416708.33**	**75915.91**	**70757.81**	**25129.97**
17095.23	32955.77	2866.30	1956.36	790.63
2442.70	9295.36	219.38	251.72	95.38
2930.59	4403.05	723.89	271.37	111.35
1195.32	1956.57	147.17	287.78	115.12
600.71	674.66	72.62	86.10	45.58
1268.05	1348.15	562.60	194.54	11.84
9014.86	9233.17	1202.32	2297.95	992.35
4615.03	4256.98	919.68	825.81	352.95
5966.24	4788.34	547.73	1734.41	495.79
6243.84	2168.08	610.53	4026.06	290.10
7138.05	7410.43	1267.67	2110.22	855.65
4673.15	3679.63	1091.28	1282.53	689.63
2817.53	1990.26	787.35	684.94	275.34
982.98	986.03	179.94	284.62	130.00
1470.23	1370.88	366.44	394.62	161.00
4307.26	5670.20	814.48	761.41	281.71
1204.52	910.99	352.39	243.18	100.26
2593.76	2084.40	622.04	922.41	446.95
8577.66	14592.56	1157.21	2455.73	793.93
19010.82	29258.02	3203.36	3799.01	1700.76
9476.10	7274.86	2058.72	1954.10	906.30
2281.72	3091.57	272.62	591.98	288.69
5561.76	5271.79	1447.35	1255.98	616.57
10123.42	12667.45	2279.17	1898.75	914.23
20354.19	38824.96	2096.96	5632.22	1899.18
13843.71	19737.71	1765.94	4097.37	1227.39
7048.69	6608.90	1914.33	1685.29	681.98
15753.10	13886.60	4935.11	3960.08	1382.55
13937.45	12464.83	4634.71	3369.27	1131.11
27953.84	28723.51	7184.07	4449.29	1917.61
11652.75	12296.02	2452.97	3321.95	448.35
25726.50	23324.60	8500.41	4334.58	1991.68
38238.15	33377.88	14969.52	7211.11	2533.63
3204.64	2265.77	1071.07	669.48	238.59
956.87	967.93	182.02	321.25	74.97
303.81	333.72	45.64	72.36	35.97
593.60	604.76	187.30	124.23	11.98
11099.27	49976.34	1877.70	787.50	71.62
1226.74	2163.30	145.06	102.20	17.05
1978.66	3811.89	180.79	48.04	4.16

a) Since 2011, sizes in industrial enterprises annual reporting forms are based on the 2011's Standards of Enterprises by Size. Large and medium-sized enterprises refer to enterprises with engaged persons over 300 and revenue from principal business above 20 million yuan.

13-10 续表

单位：亿元

行　业	Sector	主营业务收入 Revenue from Principal Business	主营业务成本 Cost of Principal Business
总　计	**National Total**	**693927.83**	**585638.33**
煤炭开采和洗选业	Mining and Washing of Coal	17999.95	14975.62
石油和天然气开采业	Extraction of Petroleum and Natural Gas	7610.44	5265.74
黑色金属矿采选业	Mining and Processing of Ferrous Metal Ores	3482.69	2867.56
有色金属矿采选业	Mining and Processing of Non-Ferrous Metal Ores	3457.17	2933.87
非金属矿采选业	Mining and Processing of Non-metal Ores	1295.37	1019.03
开采辅助活动	Support Activities for Mining	1559.92	1450.18
农副食品加工业	Processing of Food from Agricultural Products	28045.47	24783.44
食品制造业	Manufacture of Foods	13436.23	10268.01
酒、饮料和精制茶制造业	Manufacture of Liquor, Beverages and Refined Tea	10723.25	7607.96
烟草制品业	Manufacture of Tobacco	8736.15	2361.27
纺织业	Manufacture of Textile	22489.77	20004.69
纺织服装、服饰业	Manufacture of Textile, Wearing Apparel and Accessories	12524.81	10529.41
皮革、毛皮、羽毛及其制品和制鞋业	Manufacture of Leather, Fur, Feather and Related Products and Footwear	8747.80	7390.28
木材加工和木、竹、藤、棕、草制品业	Processing of Timber, Manufacture of Wood, Bamboo, Rattan, Palm and Straw Products	3969.33	3401.26
家具制造业	Manufacture of Furniture	3745.69	3103.76
造纸和纸制品业	Manufacture of Paper and Paper Products	7476.06	6405.42
印刷和记录媒介复制业	Printing and Reproduction of Recording Media	2761.77	2263.29
文教、工美、体育和娱乐用品制造业	Manufacture of Articles for Culture, Education, Arts and Crafts, Sport and Entertainment Activities	8075.19	7062.98
石油加工、炼焦和核燃料加工业	Processing of Petroleum, Coking and Processing of Nuclear Fuel	30263.85	23738.82
化学原料和化学制品制造业	Manufacture of Raw Chemical Materials and Chemical Products	45909.89	38927.12
医药制造业	Manufacture of Medicines	17008.98	11370.10
化学纤维制造业	Manufacture of Chemical Fibres	5050.15	4570.08
橡胶和塑料制品业	Manufacture of Rubber and Plastics Products	14483.82	12320.12
非金属矿物制品业	Manufacture of Non-metallic Mineral Products	21687.34	18326.38
黑色金属冶炼和压延加工业	Smelting and Pressing of Ferrous Metals	48802.96	45655.97
有色金属冶炼和压延加工业	Smelting and Pressing of Non-ferrous Metals	36108.43	33385.17
金属制品业	Manufacture of Metal Products	15809.52	13498.47
通用设备制造业	Manufacture of General Purpose Machinery	23215.56	19242.62
专用设备制造业	Manufacture of Special Purpose Machinery	18165.33	15209.18
汽车制造业	Manufacture of Automobiles	56681.90	46725.21
铁路、船舶、航空航天和其他运输设备制造业	Manufacture of Railway, Ship, Aerospace and Other Transport Equipments	14501.81	12512.76
电气机械和器材制造业	Manufacture of Electrical Machinery and Apparatus	45051.73	37744.21
计算机、通信和其他电子设备制造业	Manufacture of Computers, Communication and Other Electronic Equipment	79801.74	70400.48
仪器仪表制造业	Manufacture of Measuring Instruments and Machinery	4979.95	3893.19
其他制造业	Other Manufacture	1491.96	1260.29
废弃资源综合利用业	Utilization of Waste Resources	1303.96	1160.27
金属制品、机械和设备修理业	Repair Service of Metal Products, Machinery and Equipment	645.76	549.65
电力、热力生产和供应业	Production and Supply of Electric Power and Heat Power	43388.62	38645.59
燃气生产和供应业	Production and Supply of Gas	2389.67	2024.46
水的生产和供应业	Production and Supply of Water	1040.17	778.07

continued

(100 million yuan)

销售费用 Selling Expenses	管理费用 Administrative Expenses	财务费用 Financial Expenses	利润总额 Total Profits	平 均 用工人数 (万人) Annual Average Employees (10 000 persons)
19565.97	**28369.95**	**8869.50**	**41564.91**	**6245.23**
535.03	1434.60	764.42	48.26	387.27
39.04	669.57	176.08	664.23	72.21
55.86	172.28	94.43	316.57	33.66
39.60	180.67	51.41	229.36	30.66
55.01	71.83	19.67	118.85	19.92
3.84	73.47	11.74	36.33	27.93
605.10	654.62	278.96	1543.56	210.44
1269.78	501.80	78.50	1307.91	130.64
1030.15	506.33	71.01	1297.85	107.96
129.82	465.80	-15.63	1117.46	19.21
303.53	561.00	298.21	1286.26	267.79
521.24	544.41	78.58	861.64	278.00
235.23	344.20	52.99	634.84	203.06
105.98	135.42	39.01	267.15	49.11
164.30	194.34	25.36	267.03	65.67
220.52	271.32	188.04	454.33	69.22
79.05	170.18	17.49	254.93	45.65
181.82	296.72	45.13	481.21	143.75
287.71	759.72	373.24	579.03	79.32
1593.70	1752.20	894.53	2506.27	275.44
2415.48	1118.65	156.90	1995.37	156.94
53.83	151.29	103.17	200.25	32.17
390.63	596.09	143.91	1009.11	172.06
631.46	898.26	346.76	1494.87	275.20
593.70	1339.23	1021.39	39.40	279.90
297.08	653.40	621.94	951.55	141.75
346.32	677.88	131.00	1094.79	184.81
747.94	1345.26	195.36	1713.01	245.95
589.00	1062.16	204.69	1072.07	189.32
1736.27	2781.49	244.48	5265.42	340.63
232.10	821.75	101.76	841.26	143.84
1790.40	2051.24	288.29	3211.93	416.86
1785.85	3707.99	255.56	3996.28	775.50
216.31	355.17	27.38	462.37	64.71
38.89	89.63	6.65	108.90	25.88
7.83	18.82	8.21	97.19	6.09
6.71	56.78	7.19	26.33	12.86
56.99	655.00	1359.18	3398.00	219.92
90.37	104.71	33.98	221.41	15.99
82.22	124.42	68.48	91.90	27.86

13-11 分地区大中型工业企业主要指标

Main Indicators of Large and Medium-sized Industrial Enterprises by Region

单位：亿元 (100 million yuan)

年份 Year 地区 Region		企业单位数(个) Number of Enterprises (unit)	资产总计 Total Assets	流动资产合计 Total Current Assets	负债合计 Total Liabilities	应收账款 Accounts Receivable	存货 Inventories	#产成品 Finished Goods
1998		23408	76095.76	30719.90	47836.52	8127.89	9481.37	3481.61
2000		21724	87309.83	35282.86	52083.87	9238.27	9918.27	3614.86
2005		29774	178816.88	77623.67	102529.69	17018.81	21879.53	7025.96
2006		32930	212410.43	92049.07	121016.54	20206.19	25788.90	8341.77
2007		36506	257015.56	113694.45	147160.52	24735.15	31839.61	10245.50
2008		40392	305328.84	132898.77	177416.34	26679.90	36825.60	12227.26
2009		41290	351080.51	152364.09	206323.41	32208.41	38724.47	12448.60
2010		46648	427451.55	195899.00	249848.16	39220.00	49505.42	15465.73
2011		61347	505940.96	240505.34	299089.26	47882.06	59552.62	19535.26
2012		63314	564360.36	264650.92	333780.31	55981.29	63992.37	21458.97
2013		65514	626731.52	288989.10	370709.27	63297.60	68989.02	22891.58
2014		65301	679436.74	311020.92	397804.32	69442.27	72064.09	24966.93
2015		63703	718838.61	325464.39	416708.33	75915.91	70757.81	25129.97
北 京	Beijing	714	32980.93	11742.91	15249.56	2700.90	1527.80	501.35
天 津	Tianjin	974	19338.47	9487.65	12249.11	2453.23	2132.55	763.05
河 北	Hebei	2169	30535.75	11534.68	18190.42	1958.33	2688.41	892.26
山 西	Shanxi	1073	26735.55	10496.41	20445.34	1776.51	1453.61	596.41
内蒙古	Inner Mongolia	767	21177.45	7103.07	13330.61	1144.69	1124.63	436.90
辽 宁	Liaoning	1552	27483.19	12966.18	17999.49	2459.72	3233.62	910.59
吉 林	Jilin	648	12120.66	5313.71	6829.37	929.56	1169.75	344.74
黑龙江	Heilongjiang	592	11340.61	4524.56	6464.25	897.14	1059.90	310.87
上 海	Shanghai	1520	27894.02	15194.15	13259.04	4272.07	3146.58	953.38
江 苏	Jiangsu	7218	72122.55	36285.45	38684.34	10874.08	7838.58	2902.49
浙 江	Zhejiang	4788	37021.86	19758.25	20025.62	5217.80	3999.79	1699.25
安 徽	Anhui	1718	21051.07	8776.17	12742.35	2210.97	1862.67	674.15
福 建	Fujian	3350	19139.10	9537.47	10427.71	2389.08	2346.84	878.62
江 西	Jiangxi	2097	12792.67	5485.26	6727.00	1091.96	1208.45	491.74
山 东	Shandong	5282	68864.90	32946.99	40348.33	5709.39	7330.04	2871.01
河 南	Henan	5540	39513.50	17975.98	20692.73	3747.14	3235.15	1151.89
湖 北	Hubei	2202	24497.06	10831.36	14073.76	2463.85	2745.57	1019.51
湖 南	Hunan	2501	15790.44	7370.19	8910.94	2042.78	2042.14	596.01
广 东	Guangdong	10435	69477.38	40243.52	40024.06	12309.11	8709.43	3152.99
广 西	Guangxi	1465	10825.18	4967.71	6803.72	877.57	1166.97	496.69
海 南	Hainan	111	2005.87	657.30	1155.67	99.78	160.06	78.35
重 庆	Chongqing	1362	12883.24	5983.98	8114.86	1555.86	1245.23	535.37
四 川	Sichuan	2387	26676.69	10985.15	16176.13	2547.34	2636.32	816.20
贵 州	Guizhou	627	9241.33	3631.03	6044.53	522.54	830.66	223.46
云 南	Yunnan	660	11955.88	4317.13	7600.48	632.82	1647.81	316.62
西 藏	Tibet	18	585.54	100.63	231.59	6.41	11.78	2.93
陕 西	Shaanxi	951	23099.93	7798.83	13157.31	1597.84	1654.19	597.41
甘 肃	Gansu	288	8548.12	3021.00	5585.80	467.93	1133.19	402.25
青 海	Qinghai	119	4355.38	1089.52	3013.23	169.14	215.84	76.17
宁 夏	Ningxia	172	5702.59	1740.50	3962.01	255.16	509.61	171.49
新 疆	Xinjiang	403	13081.68	3597.66	8188.97	535.21	690.63	265.81

13-11 续表 continued

单位：亿元 (100 million yuan)

年份 地区	Year Region	主营业务收入 Revenue from Principal Business	主营业务成本 Cost of Principal Business	销售费用 Selling Expenses	管理费用 Administrative Expenses	财务费用 Financial Expenses	利润总额 Total Profits	平均用工人数(万人) Annual Average Employees (10 000 persons)
	1998	37130.61	29949.73	1275.51	2987.31	1591.77	881.94	3412.76
	2000	50120.30	39768.89	1717.38	3502.58	1313.03	3183.28	2880.60
	2005	169237.88	141880.22	4949.25	7511.08	1878.27	11011.76	3798.91
	2006	210877.13	176592.29	5884.60	8722.17	2368.02	14363.23	4116.47
	2007	264015.82	219425.49	7367.61	10826.26	2946.27	19626.65	4403.10
	2008	318812.46	268933.22	8488.65	13207.50	4060.61	19929.23	4759.75
	2009	335751.14	280972.63	9342.26	14443.73	3927.44	22265.68	4831.29
	2010	439013.72	365216.54	11654.83	18908.25	4677.75	34977.19	5390.22
	2011	554055.83	463087.02	13899.96	22320.70	6091.07	41743.78	6177.77
	2012	603021.39	506603.97	15840.16	24431.69	7784.72	40570.17	6394.53
	2013	665283.32	561075.77	17589.41	26147.91	7998.09	44007.22	6457.24
	2014	705027.12	595485.72	19091.29	27390.27	9013.25	44152.91	6435.24
	2015	693927.83	585638.33	19565.97	28369.95	8869.50	41564.91	6245.23
北京	Beijing	15540.69	13008.65	755.55	665.65	179.69	1376.18	78.57
天津	Tianjin	20953.05	17533.59	507.84	623.00	145.43	1894.55	114.03
河北	Hebei	27616.58	24069.25	506.94	922.11	413.91	1180.07	241.21
山西	Shanxi	11754.78	10127.69	430.45	661.39	512.81	-73.96	168.79
内蒙古	Inner Mongolia	11452.81	9500.05	334.19	492.41	312.91	585.60	81.90
辽宁	Liaoning	18031.03	15065.52	545.09	969.56	439.01	404.49	181.50
吉林	Jilin	11886.34	9732.22	568.68	563.30	124.84	733.63	90.36
黑龙江	Heilongjiang	7108.16	5789.79	194.78	480.04	98.92	246.46	92.21
上海	Shanghai	25710.01	20570.01	956.10	1553.47	78.31	2244.90	150.69
江苏	Jiangsu	92814.22	79208.38	2441.14	3366.15	787.72	6280.67	690.86
浙江	Zhejiang	34677.57	29086.13	1053.55	1679.80	436.70	2376.50	343.82
安徽	Anhui	20571.30	17543.43	525.02	820.78	303.33	938.71	186.03
福建	Fujian	22934.57	19283.77	637.21	860.55	266.16	1465.44	271.39
江西	Jiangxi	19668.44	17244.37	363.38	495.95	132.18	1220.52	165.54
山东	Shandong	80594.71	70272.28	1741.93	2335.98	1126.93	4560.91	549.16
河南	Henan	49243.69	43224.15	872.09	1176.97	575.40	2878.73	501.60
湖北	Hubei	25309.15	21226.66	756.62	1111.20	316.11	1482.63	214.34
湖南	Hunan	18106.18	14474.94	562.68	886.49	263.59	832.11	186.91
广东	Guangdong	84244.41	70007.20	3232.76	4412.81	442.04	5862.45	1058.53
广西	Guangxi	13776.41	11498.44	326.64	584.06	158.70	892.17	121.08
海南	Hainan	1301.01	1001.32	53.18	44.05	29.74	78.94	8.17
重庆	Chongqing	14812.67	12554.38	434.28	640.48	134.18	975.99	128.20
四川	Sichuan	22900.35	19189.26	718.71	1019.95	398.78	1207.87	232.11
贵州	Guizhou	5166.28	3861.47	171.64	267.49	175.38	475.60	60.44
云南	Yunnan	6657.00	4960.64	194.79	317.17	222.64	264.51	61.56
西藏	Tibet	72.66	67.50	1.72	5.00	1.67	-3.24	1.20
陕西	Shaanxi	13895.14	10945.63	326.38	685.56	263.95	1044.65	127.39
甘肃	Gansu	7238.44	6507.49	97.41	226.95	169.53	-131.35	48.58
青海	Qinghai	1493.79	1221.72	55.75	63.40	78.03	46.01	16.02
宁夏	Ningxia	2516.97	2161.36	48.29	101.30	90.96	49.39	23.85
新疆	Xinjiang	5879.42	4701.05	151.18	336.93	189.92	173.78	49.18

13-12 工业产品产量
Output of Industrial Products

产品名称		Item		2014	2015
原煤	(亿吨)	Coal	(100 million tons)	38.74	37.47
原油	(万吨)	Crude Petroleum Oil	(10 000 tons)	21142.92	21455.58
天然气	(亿立方米)	Natural Gas	(100 million cu.m)	1301.57	1346.10
原盐	(万吨)	Salt	(10 000 tons)	7049.71	6665.54
精制食用植物油	(万吨)	Refined Edible Vegetable Oil	(10 000 tons)	6534.10	6734.30
成品糖	(万吨)	Refined Sugar	(10 000 tons)	1642.67	1474.11
罐头	(万吨)	Canned Food	(10 000 tons)	1256.32	1309.93
啤酒	(万千升)	Beer	(10 000 kiloliter)	4936.29	4715.60
卷烟	(亿支)	Cigarettes	(100 million pieces)	26098.49	25890.70
纱	(万吨)	Yarn	(10 000 tons)	3379.20	3538.00
布	(亿米)	Cloth	(100 million m)	893.68	892.58
机制纸及纸板	(万吨)	Machine-made Paper and Paperboard	(10 000 tons)	11785.80	11742.77
汽油	(万吨)	Gasoline	(10 000 tons)	11029.85	12103.56
柴油	(万吨)	Diesel Oil	(10 000 tons)	17635.34	18007.89
焦炭	(万吨)	Coke	(10 000 tons)	47980.86	44822.54
硫酸(折100%)	(万吨)	Sulfuric Acid	(10 000 tons)	8901.55	8975.70
烧碱(折100%)	(万吨)	Caustic Soda	(10 000 tons)	3063.51	3020.66
纯碱(碳酸钠)	(万吨)	Soda Ash	(10 000 tons)	2525.84	2591.80
乙烯	(万吨)	Ethylene	(10 000 tons)	1696.69	1714.60
合成氨	(万吨)	Synthetic Ammonia	(10 000 tons)	5699.50	5791.40
农用氮、磷、钾化肥	(万吨)	Chemical Fertilizers	(10 000 tons)	6876.85	7431.99
#氮肥	(万吨)	Nitrogen Fertilizers	(10 000 tons)	4564.24	4970.57
磷肥	(万吨)	Phosphate Fertilizers	(10 000 tons)	1743.01	1857.20
化学农药原药	(万吨)	Chemical Pesticides	(10 000 tons)	374.40	374.00
初级形态的塑料	(万吨)	Primary Plastic	(10 000 tons)	7088.84	7807.66
合成橡胶	(万吨)	Synthetic Rubber	(10 000 tons)	549.55	534.17
合成洗涤剂	(万吨)	Synthetic Detergents	(10 000 tons)	1209.73	1311.08
化学药品原药	(万吨)	Chemical Medicines	(10 000 tons)	303.40	334.81
中成药	(万吨)	Traditional Chinese Medicine	(10 000 tons)	328.77	350.35
化学纤维	(万吨)	Chemical Fiber	(10 000 tons)	4389.75	4831.71
橡胶轮胎外胎	(万条)	Tires	(10 000 tires)	111913.11	92831.39
水泥	(万吨)	Cement	(10 000 tons)	249207.08	235918.83
平板玻璃	(万重量箱)	Plain Glass	(10 000 weight cases)	83128.16	78651.63
生铁	(万吨)	Pig Iron	(10 000 tons)	71374.78	69141.30
粗钢	(万吨)	Crude Steel	(10 000 tons)	82230.63	80382.50
钢材	(万吨)	Rolled Steel	(10 000 tons)	112513.12	112349.60
#重轨	(万吨)	Heavy Rail	(10 000 tons)	405.40	359.70
大型型钢	(万吨)	Rolled-steel, Large	(10 000 tons)	1349.40	1435.70
中小型型钢	(万吨)	Rolled-steel, Medium and Small	(10 000 tons)	5617.43	5660.40
棒材	(万吨)	Steel Bar	(10 000 tons)	7941.80	7131.00
钢筋	(万吨)	Corrugated Steel Bar	(10 000 tons)	21553.51	20430.60
线材(盘条)	(万吨)	Wire Rod	(10 000 tons)	15313.91	14723.30
特厚板	(万吨)	Heavy Steel Plate	(10 000 tons)	727.00	770.50
厚钢板	(万吨)	Thick Steel Plate	(10 000 tons)	2638.50	2542.50
中厚宽钢带	(万吨)	Medium Wide Steel Belt	(10 000 tons)	12300.80	12334.80

注：1.原煤包括无烟煤、烟煤、褐煤,不包括石煤。
2.原油包括天然原油和人造原油。
3.纱包括棉纱、棉混纺纱、纯化纤纱，不包括棉线、代用纤维纱和手工纺纱。
4.布包括棉布、棉混纺布、纯化纤布，不包括代用纤维布、手工织布。
5.农用化肥按有效成分100%计算。
6.橡胶轮胎外胎包括摩托车充气橡胶轮胎外胎。

a) Coal includes anthracite, bituminous coal and lignite, but excludes stone coal.
b) Crude oil includes natural and synthetic crude oil.
c) Yarn includes pure and blended cotton yarn, pure chemical-fiber yarn, but excludes cotton thread, substitute fiber yarn and hand-made yarn.
d) Cloth includes pure and blended cotton cloth, pure chemical-fiber cloth and canvas, but excludes substitute fiber cloth, hand-woven cloth and cord fabric.
e) The output of chemical fertilizers is calculated on the basis of 100 % effective content.
f) Tires include pneumatic tires of motorcycle.

13-12 续表 continued

产品名称		Item		2014	2015
热轧薄宽钢带	(万吨)	Hot-roll Thin Wide Steel Belt	(10 000 tons)	5296.80	5417.50
冷轧薄宽钢带	(万吨)	Non-hot-roll Thin Wide Steel Belt	(10 000 tons)	4259.60	4560.80
镀层板(带)	(万吨)	Plated Plate(Belt)	(10 000 tons)	5074.90	5210.10
无缝钢管	(万吨)	Seamless Steel Pipe	(10 000 tons)	3133.77	2857.70
十种有色金属	(万吨)	Ten Kinds of Nonferrous Metals	(10 000 tons)	4828.81	5155.82
#精炼铜	(万吨)	Refined Copper	(10 000 tons)	764.37	796.20
原铝(电解铝)	(万吨)	Electrolyzed Aluminum	(10 000 tons)	2885.79	3141.00
氧化铝	(万吨)	Aluminum Oxide	(10 000 tons)	5239.91	5897.90
发动机	(万千瓦)	Engines	(10 000 kw)	214105.40	203179.40
金属切削机床	(万台)	Metal-cutting Machine Tools	(10 000 units)	85.80	75.50
矿山专用设备	(万吨)	Special Equipment for Mine	(10 000 tons)	786.20	730.00
炼油、化工生产专用设备	(万吨)	Equipment for Oil Refining, Chemical Production	(10 000 tons)	241.10	217.30
大中型拖拉机	(万台)	Large and Medium Tractors	(10 000 sets)	64.37	68.82
铁路客车	(辆)	Railway Passenger Coaches	(unit)	3438	2572
铁路货车	(万辆)	Railway Freight Wagons	(10 000 units)	3.44	2.73
汽车	(万辆)	Motor Vehicles	(10 000 sets)	2372.52	2450.35
#轿车	(万辆)	Cars	(10 000 sets)	1248.31	1162.97
客车	(万辆)	Buses	(10 000 sets)	158.70	80.42
载货汽车	(万辆)	Trucks	(10 000 sets)	312.90	272.92
摩托车整车	(万辆)	Motorcycle	(10 000 sets)	2691.70	2502.80
两轮脚踏自行车	(万辆)	Bicycles with Two wheels and Feet Driven	(10 000 sets)	7910.14	6882.24
发电机组(发电设备)	(万千瓦)	Power Generation Equipment	(10 000 kw)	15053.02	12431.38
家用电冰箱	(万台)	Home Refrigerators	(10 000 sets)	8796.09	7992.75
房间空气调节器	(万台)	Air Conditioners	(10 000 sets)	14463.27	14200.35
家用电风扇	(万台)	Electric Fans	(10 000 sets)	16551.17	17173.56
家用吸排油烟机	(万台)	Household Smoke Absorbers	(10 000 sets)	3082.25	3046.39
家用洗衣机	(万台)	Home Washing Machines	(10 000 sets)	7114.40	7274.50
家用吸尘器	(万台)	Vacuum Cleaners	(10 000 sets)	8799.80	8703.60
程控交换机	(万线)	Program-controlled Switchboards	(10 000 lines)	2148.15	1880.30
电话单机	(万部)	Telephone Sets	(10 000 units)	12286.80	11664.70
传真机	(万部)	Fax Machines	(10 000 units)	175.18	168.04
移动通信手持机	(万台)	Mobile Telephones	(10 000 sets)	168202.75	181261.40
微型计算机设备	(万台)	Micro Computer Equipment	(10 000 units)	35079.63	31418.70
#笔记本计算机	(万台)	Notebook PCs	(10 000 units)	22728.73	17436.03
显示器	(万台)	Display	(10 000 units)	16396.10	17365.40
集成电路	(亿块)	Integrated Circuits	(100 million units)	1015.53	1087.20
彩色电视机	(万台)	Color Television Sets	(10 000 sets)	14128.90	14475.73
组合音响	(万台)	Hi-Fi Stereo Component Players	(10 000 sets)	11589.91	9665.90
照相机	(万台)	Cameras	(10 000 sets)	3123.00	2845.40
#数码照相机	(万台)	Digital Cameras	(10 000 sets)	2467.50	1922.70
复印和胶版印制设备	(万台)	Xerox and Hectograph Printing Equipment	(10 000 sets)	712.90	734.20
发电量	(亿千瓦小时)	Electricity	(100 million kwh)	57944.57	58145.73
#火电	(亿千瓦小时)	Thermal Power	(100 million kwh)	43616.24	42420.71
水电	(亿千瓦小时)	Hydropower	(100 million kwh)	10728.82	11302.70

注：1.金属切削机床不包括台钻、砂轮机、抛光机。
2.拖拉机是指14.7千瓦及以上的轮式和履带式拖拉机。用本厂自产的拖拉机装配的推土机，只计推土机产量，不计拖拉机产量。
3.发电机组(发电设备)指500千瓦以上的水轮发电机组、汽轮发电机和燃气轮发电机等。

a) Metal-cutting machine tools do not include bench drills, grinders and polishing machines.

b) Tractors refer to both wheel and crawler tractors with a haulage capacity of 14.7 kw and over. The tractors which are refitted into bulldozers by the same tractor factories are deducted.

c) Power generating equipment refers to units with a generating capacity of 500 kw and over, including hydroturbine generating units, steam turbine generating units and gas turbine generating units.

13-13 分地区工业产品产量
Output of Industrial Products by Region

年份 Year 地区 Region		原煤(亿吨) Coal (100 million tons)	原油(万吨) Crude Oil (10 000 tons)	天然气(亿立方米) Natural Gas (100 million cu.m)	原盐(万吨) Salt (10 000 tons)	成品糖(万吨) Refined Sugar (10 000 tons)	啤酒(万千升) Beer (10 000 kiloliter)	卷烟(亿支) Cigarettes (100 million pieces)	布(亿米) Cloth (100 million m)
	1978	6.18	10405.00	137.30	1953.00	227.00	40.00	1182.00	110.30
	1980	6.20	10594.60	142.70	1728.00	257.00	69.00	1520.00	134.70
	1985	8.72	12489.50	129.30	1479.00	451.00	310.00	2370.00	146.70
	1990	10.80	13830.60	152.98	2023.00	582.00	692.00	3298.00	188.80
	1995	13.61	15004.39	179.47	2977.72	558.64	1568.82	3485.02	260.18
	2000	13.84	16300.00	272.00	3128.00	700.00	2231.32	3397.00	277.00
	2005	23.65	18135.29	493.20	4661.06	912.37	3126.05	19389.08	484.39
	2006	25.70	18476.57	585.53	5663.13	949.07	3543.58	20218.13	598.55
	2007	27.60	18631.82	692.40	6166.97	1271.38	3954.07	21438.84	675.26
	2008	29.03	19043.96	802.99	6664.43	1432.61	4156.91	22199.20	723.05
	2009	31.15	18948.96	852.69	6662.79	1338.35	4162.18	22901.50	753.42
	2010	34.28	20301.40	957.91	7037.76	1117.59	4490.16	23752.60	800.00
	2011	37.64	20287.55	1053.37	6742.16	1187.43	4834.50	24474.00	814.14
	2012	39.45	20747.80	1106.08	6911.78	1409.47	4778.58	25160.90	848.94
	2013	39.74	20991.85	1208.58	7367.60	1592.76	4982.79	25603.86	897.59
	2014	38.74	21142.92	1301.57	7049.71	1642.67	4936.29	26098.49	893.68
	2015	37.47	21455.58	1346.10	6665.54	1474.11	4715.60	25890.70	892.58
北京	Beijing	0.05		16.88			138.20	183.90	0.02
天津	Tianjin		3496.77	20.54	171.60		31.30	227.30	2.50
河北	Hebei	0.74	580.10	10.43	328.01	7.00	181.70	848.50	78.38
山西	Shanxi	9.67		43.08			39.50	163.50	0.80
内蒙古	Inner Mongolia	9.10	45.82	9.24	164.60	67.30	104.10	355.00	
辽宁	Liaoning	0.48	1037.07	6.59	178.69	0.75	242.30	290.70	3.52
吉林	Jilin	0.26	665.48	20.31			138.50	584.00	0.40
黑龙江	Heilongjiang	0.66	3838.60	35.82		4.23	208.10	426.00	0.10
上海	Shanghai		6.83	1.88			61.10	991.80	0.99
江苏	Jiangsu	0.19	190.51	0.37	858.57	0.80	184.20	1046.10	140.46
浙江	Zhejiang				7.74	0.38	251.00	948.30	239.58
安徽	Anhui	1.34			149.60		119.20	1268.90	15.25
福建	Fujian	0.16			31.09		170.20	941.30	79.22
江西	Jiangxi	0.23		0.35	219.30	0.12	134.00	678.00	10.75
山东	Shandong	1.42	2608.03	4.57	2025.19	0.04	589.40	1441.50	125.96
河南	Henan	1.36	412.05	4.19	44.20	0.01	390.40	1674.30	33.53
湖北	Hubei	0.09	71.00	1.35	467.50		277.50	1389.40	88.24
湖南	Hunan	0.36			263.00	1.14	74.60	1757.40	4.35
广东	Guangdong		1572.61	96.57	10.92	131.21	424.20	1403.00	33.93
广西	Guangxi	0.04	50.51	0.16	7.90	925.71	200.10	784.10	0.43
海南	Hainan		29.98	1.88	6.10	25.70	6.20	122.50	
重庆	Chongqing	0.36		33.32	246.70	1.26	76.70	546.50	5.81
四川	Sichuan	0.64	15.43	267.22	401.00	2.73	221.00	945.80	19.66
贵州	Guizhou	1.72		0.93		8.61	96.40	1261.70	0.50
云南	Yunnan	0.52			101.60	249.86	103.70	3903.60	
西藏	Tibet						15.80		
陕西	Shaanxi	5.26	3736.73	415.92	134.90		94.10	910.10	7.55
甘肃	Gansu	0.44	66.61	0.08	17.20	3.20	57.80	515.00	
青海	Qinghai	0.08	223.00	61.37	414.42		11.10		
宁夏	Ningxia	0.80	13.35				26.40	81.00	
新疆	Xinjiang	1.52	2795.09	293.02	415.71	44.06	46.80	201.50	0.65

注：1.成品糖1997年及以前名称为糖，产量包括土糖，1998-2004年名称为机制糖。
2.啤酒2003年及以前计量单位为万吨。
3.卷烟2003年及以前计量单位为万箱。

a) Machined-made sugar was called sugar in 1997 and before, in which the homemade sugar was included.1998-2004 was called machine-made sugar.
b) Unit of beer in 2003 and before was 10 000 tons.
c) Unit of cigarettes in 2003 and before was 10 000 boxes.

13-13 续表 1 continued

年 份 地 区	Year Region	机制纸及纸板（万吨）Machine-made Paper and Paperboards (10 000 tons)	焦 炭（万吨）Coke (10 000 tons)	硫 酸（万吨）Sulfuric Acid (10 000 tons)	烧 碱（万吨）Caustic Soda (10 000 tons)	纯 碱（万吨）Soda Ash (10 000 tons)	乙 烯（万吨）Ethylene (10 000 tons)	农用氮、磷、钾化肥（万吨）Chemical Fertilizer (10 000 tons)
	1978	439.00	4690.00	661.00	164.00	132.90	38.00	869.30
	1980	535.00	4343.00	764.30	192.30	161.30	49.00	1232.10
	1985	911.00	4802.10	676.40	235.30	201.10	65.20	1322.20
	1990	1372.00	7328.30	1196.90	335.40	379.50	157.20	1879.70
	1995	2812.30	13424.49	1811.00	531.82	597.71	240.10	2548.14
	2000	2486.94	12184.02	2427.00	667.88	834.00	470.00	3186.00
	2005	6205.42	26511.70	4544.66	1239.98	1421.08	755.54	5177.86
	2006	6863.02	30074.36	5033.17	1511.78	1560.03	940.51	5345.05
	2007	7792.43	33105.28	5412.56	1759.29	1765.00	1027.80	5824.98
	2008	8404.30	32313.94	5097.95	1926.01	1854.60	987.58	6028.05
	2009	8965.13	35744.05	5960.91	1832.37	1944.77	1072.62	6385.01
	2010	9832.63	38657.83	7090.47	2228.39	2034.82	1421.34	6337.86
	2011	11010.89	43433.00	7482.70	2473.52	2294.03	1527.50	6419.39
	2012	10956.54	43831.45	7876.63	2696.82	2395.93	1486.80	6832.10
	2013	11323.06	48179.38	8154.49	2927.44	2431.63	1599.31	7026.18
	2014	11785.80	47980.86	8901.55	3063.51	2525.84	1696.69	6876.85
	2015	11742.77	44822.54	8975.70	3020.66	2591.80	1714.60	7431.99
北 京	Beijing	5.00					78.60	
天 津	Tianjin	249.30	195.92	19.10	96.80	59.50	129.90	13.10
河 北	Hebei	345.70	5480.62	142.90	119.10	347.80		215.80
山 西	Shanxi	35.30	8039.88	53.40	45.10			465.00
内蒙古	Inner Mongolia	12.30	3040.99	277.80	265.10	51.70		293.00
辽 宁	Liaoning	36.00	2097.24	147.30	64.60	55.00	160.50	64.70
吉 林	Jilin	76.40	372.15	71.30	8.50		66.70	57.10
黑龙江	Heilongjiang	51.70	687.46	1.90	15.80		84.00	49.40
上 海	Shanghai	65.80	534.48	19.40	68.80		210.80	1.50
江 苏	Jiangsu	1374.70	2433.37	371.80	360.60	279.90	154.30	205.27
浙 江	Zhejiang	1739.60	293.88	165.20	153.20	29.30	135.10	38.79
安 徽	Anhui	306.30	958.49	630.10	72.00	76.90		309.82
福 建	Fujian	665.40	152.26	187.50	32.20	1.00	117.20	52.19
江 西	Jiangxi	173.60	815.44	334.10	31.21		1.40	141.50
山 东	Shandong	2001.50	4364.60	631.00	741.05	446.70	102.40	583.99
河 南	Henan	698.40	2942.41	520.40	154.20	350.10		558.85
湖 北	Hubei	266.20	920.02	780.10	106.80	159.50	85.30	1171.81
湖 南	Hunan	398.47	657.30	244.10	48.00	47.20		112.68
广 东	Guangdong	2078.30	244.05	280.00	31.20	63.00	215.10	71.99
广 西	Guangxi	282.60	586.44	368.30	43.80	6.10		114.31
海 南	Hainan	167.40						64.20
重 庆	Chongqing	298.90	218.10	204.20	33.30	120.00		222.35
四 川	Sichuan	189.80	1304.37	642.50	97.30	106.90		507.23
贵 州	Guizhou	25.00	729.46	743.10	2.40			603.62
云 南	Yunnan	58.90	1149.81	1416.90	21.20	9.00		354.51
西 藏	Tibet	11.90						
陕 西	Shaanxi	70.00	3658.40	141.60	94.20	23.70		187.13
甘 肃	Gansu	4.60	525.05	443.00	19.00	9.80	64.20	47.95
青 海	Qinghai			42.20	17.70	348.70		520.20
宁 夏	Ningxia	24.20	758.25	30.80	35.40			82.49
新 疆	Xinjiang	29.50	1662.09	65.70	242.10		109.10	321.51

13-13 续表 2 continued

年 份 地 区	Year Region	化学农药原药(万吨) Chemical Pesticide (10 000 tons)	初级形态的塑料(万吨) Primary Plastic (10 000 tons)	化学纤维(万吨) Chemical Fiber (10 000 tons)	水 泥(万吨) Cement (10 000 tons)	平板玻璃(万重量箱) Plate Glass (10 000 weight cases)	生 铁(万吨) Pig Iron (10 000 tons)	粗 钢(万吨) Crude Steel (10 000 tons)	钢 材(万吨) Rolled Steel (10 000 tons)
	1978	53.30	67.90	28.46	6524.00	1784.00	3479.00	3178.00	2208.00
	1980	53.70	89.80	45.03	7986.00	2466.00	3802.00	3712.00	2716.00
	1985	21.10	123.40	94.78	14595.00	4942.00	4384.00	4679.00	3693.00
	1990	22.80	227.00	165.42	20971.00	8067.00	6238.00	6635.00	5153.00
	1995	41.65	516.87	341.17	47560.59	15731.71	10529.27	9535.99	8979.80
	2000	60.70	1087.51	694.00	59700.00	18352.20	13101.48	12850.00	13146.00
	2005	114.73	2308.86	1664.79	106884.79	40210.24	34375.19	35323.98	37771.14
	2006	138.46	2602.60	2073.18	123676.48	46574.70	41245.19	41914.85	46893.36
	2007	176.48	3184.54	2413.78	136117.25	53918.07	47651.63	48928.80	56560.87
	2008	209.99	3680.23	2453.29	142355.73	59890.39	47824.42	50305.75	60460.29
	2009	208.92	3629.97	2747.28	164397.78	58574.07	55283.46	57218.23	69405.40
	2010	223.52	4432.59	3090.00	188191.17	66330.80	59733.34	63722.99	80276.58
	2011	230.00	4992.31	3390.07	209925.86	79107.55	64050.88	68528.31	88619.57
	2012	290.88	5330.92	3837.37	220984.08	75050.50	66354.40	72388.22	95577.83
	2013	303.14	6293.03	4160.28	241923.89	79285.80	71149.88	81313.89	108200.54
	2014	374.40	7088.84	4389.75	249207.08	83128.16	71374.78	82230.63	112513.12
	2015	374.00	7807.66	4831.71	235918.83	78651.63	69141.30	80382.50	112349.60
北 京	Beijing		126.12	0.20	553.50	57.70		1.50	175.00
天 津	Tianjin	0.90	381.50	11.10	777.60	3139.90	1953.20	2068.90	8186.20
河 北	Hebei	7.50	136.50	60.70	9126.17	14615.36	17382.30	18832.00	25244.30
山 西	Shanxi	0.10	65.50		3786.06	1400.80	3576.40	3847.00	4267.30
内蒙古	Inner Mongolia	7.80	464.20	2.50	5830.76	1014.00	1461.40	1735.10	1897.20
辽 宁	Liaoning	1.30	321.63	28.45	4567.71	1186.80	6059.00	6071.30	6321.60
吉 林	Jilin	2.30	105.00	30.20	3325.02	366.10	974.90	1066.80	1152.50
黑龙江	Heilongjiang	0.10	161.10	8.00	3111.89	386.10	408.90	418.50	403.80
上 海	Shanghai	1.00	388.27	45.65	433.60		1686.70	1783.80	2202.70
江 苏	Jiangsu	105.50	1274.63	1429.29	18056.11	4622.47	7044.80	10995.20	13560.80
浙 江	Zhejiang	27.90	830.74	2158.30	11330.88	5318.16	1072.50	1594.90	4047.70
安 徽	Anhui	19.80	121.00	27.00	13207.86	2302.50	2092.50	2506.00	3334.70
福 建	Fujian	4.50	228.01	576.20	7787.48	5009.50	980.10	1586.50	2820.70
江 西	Jiangxi	5.10	29.11	46.90	9458.08	385.99	2083.20	2211.00	2577.60
山 东	Shandong	100.00	554.42	81.91	15249.07	7351.50	6747.90	6619.30	9003.20
河 南	Henan	32.40	219.95	48.60	16676.19	1178.90	2903.60	2897.40	4766.80
湖 北	Hubei	25.40	219.42	31.11	11145.46	8857.26	2288.70	2919.80	3421.20
湖 南	Hunan	5.10	69.26	6.50	11680.08	2146.45	1762.80	1852.80	1951.30
广 东	Guangdong	4.30	584.43	58.30	14530.24	8127.42	1146.30	1761.70	3271.00
广 西	Guangxi	1.10	19.53	0.30	11144.46	616.50	1220.30	2146.00	3545.40
海 南	Hainan		22.10		2225.20			23.90	34.70
重 庆	Chongqing	1.10	17.54	5.80	6840.20	1364.43	366.60	689.50	1411.40
四 川	Sichuan	17.80	209.06	118.10	14091.00	4186.96	1747.40	1947.70	2702.50
贵 州	Guizhou	0.20	6.63		9940.93	900.05	407.60	466.40	463.00
云 南	Yunnan		19.60	5.00	9436.21	633.42	1235.40	1418.10	1695.40
西 藏	Tibet				467.90				2.50
陕 西	Shaanxi	0.60	344.20	2.30	8578.70	1857.68	800.90	1027.30	1655.60
甘 肃	Gansu	0.30	118.00		4764.30	124.80	690.50	852.10	847.80
青 海	Qinghai		27.50		1767.89	392.00	112.60	120.60	113.60
宁 夏	Ningxia	1.90	207.70	0.60	1749.79	0.53	175.30	181.80	201.60
新 疆	Xinjiang		535.01	48.70	4278.49	1108.35	759.50	739.60	1070.50

注：初级形态的塑料2004年及以前名称为塑料树脂及共聚物，简称塑料。

a) Before 2004, the primary plastic was called plastic colophony copolymer, or plastic in abbreviation.

13-13 续表 3 continued

年份 Year 地区 Region	金属切削机床（万台）Metal-cutting Machine Tools (10 000 units)	大中型拖拉机（万台）Large and Medium-sized Tractors (10 000 units)	汽车（万辆）Motor Vehicles (10 000 units)	#轿车 Cars	发电机组（万千瓦）Power Generation Equipment (10 000 kw)	家用电冰箱（万台）Household Refrigerators (10 000 units)	房间空气调节器(万台) Air Conditioners (10 000 units)
1978	18.32	11.35	14.91		483.80	2.80	0.02
1980	13.36	9.77	22.23	0.54	419.30	4.90	1.32
1985	16.72	4.50	43.72	0.90	563.60	144.81	12.35
1990	13.45	3.94	51.40	3.50	1225.40	463.06	24.07
1995	20.34	6.33	145.27	33.70	1667.90	918.54	682.56
2000	17.66	4.10	207.00	60.70	1249.00	1279.00	1826.67
2005	51.14	16.33	570.49	277.01	9200.00	2987.06	6764.57
2006	57.30	19.93	727.89	386.94	11694.27	3530.89	6849.42
2007	64.69	20.31	888.89	479.78	12990.98	4397.13	8014.28
2008	71.73	28.44	930.59	503.81	13942.42	4799.95	8147.37
2009	58.55	37.13	1379.53	748.48	11729.25	5930.45	8078.25
2010	69.73	33.68	1826.53	957.59	12880.21	7295.72	10887.47
2011	88.68	40.19	1841.64	1012.67	14410.52	8699.20	13912.50
2012	88.23	52.73	1927.62	1077.00	13005.52	8427.00	12398.72
2013	87.55	66.56	2212.09	1210.43	14197.66	9255.74	13069.30
2014	85.80	64.37	2372.52	1248.31	15053.02	8796.09	14463.27
2015	75.50	68.82	2450.35	1162.97	12431.38	7992.75	14200.35
北京 Beijing	1.40		202.40	99.40	547.40		
天津 Tianjin	0.10	1.03	52.90	49.60	470.90	58.40	242.40
河北 Hebei	0.10	0.03	112.90	5.60			862.10
山西 Shanxi					21.40		
内蒙古 Inner Mongolia			2.60	1.60	134.90		
辽宁 Liaoning	9.90		109.00	59.10	3.40	147.10	92.00
吉林 Jilin		0.16	208.13	163.10			
黑龙江 Heilongjiang	0.10	0.97	8.00	8.00	2040.60		
上海 Shanghai	3.60		243.00	203.90	2079.24	140.37	327.30
江苏 Jiangsu	9.30	8.27	115.80	67.60	647.20	844.55	404.30
浙江 Zhejiang	13.30	3.61	41.10	32.70	483.82	710.54	631.12
安徽 Anhui	8.10	0.25	117.00	27.10	0.50	2703.18	2916.10
福建 Fujian	0.70		19.20	4.20	12.40		
江西 Jiangxi	0.60	0.02	42.10	6.20	33.20	85.90	372.90
山东 Shandong	17.80	16.52	81.86	26.80	1345.30	872.10	623.20
河南 Henan	1.10	12.35	32.86	4.37	95.80	184.37	62.60
湖北 Hubei	0.40		196.37	85.00	119.70	286.20	1213.00
湖南 Hunan	0.40	1.69	36.30	25.70	190.40	8.90	
广东 Guangdong	2.00		239.40	150.10	340.70	1523.64	5609.52
广西 Guangxi	0.20		229.40	3.20	55.20		
海南 Hainan			7.00	5.10			
重庆 Chongqing	0.50	14.32	260.93	108.80	214.00	179.80	701.01
四川 Sichuan	0.60		42.30	0.20	2905.90	73.60	142.80
贵州 Guizhou	0.20					174.10	
云南 Yunnan	3.00	9.32	11.70		94.00		
西藏 Tibet							
陕西 Shaanxi	1.80		34.10	24.00	0.30		
甘肃 Gansu	0.10		2.40		4.52		
青海 Qinghai							
宁夏 Ningxia	0.20	0.14			88.50		
新疆 Xinjiang		0.13	1.60	1.60	502.10		

13-13 续表 4 continued

年份 地区	Year Region	家用洗衣机(万台) Household Washing Machines (10 000 units)	移动通信手持机(万台) Mobile Telephones (10 000 units)	微型计算机设备(万台) Micro-Computer Equipment (10 000 units)	集成电路(亿块) Integrated Circuit (100 million units)	彩色电视机(万台) Color Television Sets (10 000 units)	发电量(亿千瓦小时) Electricity (100 million kwh)	#水 电 Hydropower
	1978	0.04			0.30	0.38	2566.00	446.00
	1980	24.53			0.17	3.21	3006.30	582.10
	1985	887.20			0.64	435.28	4106.90	923.70
	1990	662.68		8.21	1.08	1033.04	6212.00	1267.20
	1995	948.41		83.57	55.17	2057.74	10077.30	1905.77
	2000	1442.98	5247.90	672.00	58.80	3936.00	13556.00	2224.14
	2005	3035.52	30354.21	8084.89	269.97	8283.22	25002.60	3970.17
	2006	3560.50	48013.79	9336.44	335.75	8375.40	28657.26	4357.86
	2007	4005.10	54857.86	12073.38	411.62	8478.01	32815.53	4852.64
	2008	4447.00	55945.10	15853.65	438.77	9187.14	34668.82	5851.87
	2009	4973.63	68193.37	18215.07	414.40	9898.79	37146.51	6156.44
	2010	6247.73	99827.36	24584.46	652.50	11830.03	42071.60	7221.72
	2011	6715.94	113257.71	32036.93	719.52	12231.34	47130.19	6989.45
	2012	6791.12	118154.57	31806.71	779.61	12823.52	49875.53	8721.07
	2013	7300.53	152343.90	35348.41	903.46	12745.21	54316.35	9202.92
	2014	7114.40	168202.75	35079.63	1015.53	14128.90	57944.57	10728.82
	2015	7274.50	181261.40	31418.70	1087.20	14475.73	58145.73	11302.70
北京	Beijing		9540.80	885.60	62.70	222.40	420.88	6.64
天津	Tianjin	24.30	7315.60	1029.70	14.90	245.80	622.84	0.16
河北	Hebei	26.60			0.50		2497.85	9.98
山西	Shanxi		2038.40				2449.27	29.26
内蒙古	Inner Mongolia					123.42	3928.77	36.42
辽宁	Liaoning		1614.50	0.20	0.10	287.90	1665.18	32.28
吉林	Jilin						731.27	58.42
黑龙江	Heilongjiang			1.70	2.70		873.57	16.86
上海	Shanghai	160.30	6747.50	3652.00	217.40	135.40	792.70	
江苏	Jiangsu	1652.30	4691.00	5911.60	369.50	1272.57	4360.75	11.69
浙江	Zhejiang	1526.60	4036.00	151.40	63.40	641.40	3010.84	229.06
安徽	Anhui	1725.20	64.30	1801.50	2.50	733.54	2061.89	48.67
福建	Fujian		2133.60	818.80	0.70	1428.10	1900.97	466.07
江西	Jiangxi	45.50	4195.30			23.60	982.06	178.31
山东	Shandong	712.70	6732.60	24.30	0.20	1766.90	4684.58	7.77
河南	Henan	164.80	19841.80			16.33	2624.63	110.16
湖北	Hubei		5475.70	1121.50		35.10	2341.33	1328.47
湖南	Hunan	32.60	34.20	33.90	0.50	35.70	1313.95	572.52
广东	Guangdong	747.40	83795.40	3241.70	162.60	6215.27	4034.90	436.76
广西	Guangxi			3.10		96.70	1299.93	749.31
海南	Hainan						260.98	11.39
重庆	Chongqing	281.30	17605.10	6180.80	2.50		679.81	229.44
四川	Sichuan	174.90	3375.30	6342.70	37.00	1055.70	3129.59	2667.64
贵州	Guizhou		2015.20	218.20	0.20	138.60	1814.87	789.23
云南	Yunnan						2553.37	2177.57
西藏	Tibet						44.77	39.51
陕西	Shaanxi		9.10		0.10	1.30	1623.10	134.26
甘肃	Gansu				149.70		1242.22	335.98
青海	Qinghai						565.60	364.33
宁夏	Ningxia						1154.75	15.53
新疆	Xinjiang						2478.51	209.05

13-14 人均主要工业产品产量
Per Capita Output of Main Industrial Products

年 份 Year	原 煤 (吨) Coal (ton)	原 油 (公斤) Crude Oil (kg)	纱 (公斤) Yarn (kg)	布 (米) Cloth (m)	机制纸及纸板 (公斤) Machine-made Paper and Paperboard (kg)	水 泥 (公斤) Cement (kg)	粗 钢 (公斤) Crude Steel (kg)	发电量 (千瓦小时) Electricity (kwh)
1978	0.65	108.82	2.49	11.54	4.59	68.23	33.24	268.36
1980	0.63	107.97	2.98	13.73	5.45	81.39	37.83	306.38
1985	0.83	118.83	3.36	13.96	8.67	138.86	44.52	390.75
1990	0.95	121.84	4.08	16.63	12.09	184.74	58.45	547.22
1995	1.13	124.53	4.50	21.59	23.34	394.74	79.15	836.39
1996	1.15	129.22	4.21	17.17	21.67	403.42	83.15	888.10
1997	1.13	130.68	4.55	20.23	22.22	416.02	88.57	923.16
1998	1.07	129.64	4.36	19.41	17.12	431.58	93.07	939.66
1999	1.09	127.72	4.53	19.96	17.24	457.40	99.19	989.28
2000	1.10	129.09	5.20	21.94	19.70	472.82	101.77	1073.62
2001	1.16	128.91	5.98	22.80	29.70	519.75	119.22	1164.29
2002	1.21	130.43	6.64	25.18	36.45	566.23	142.43	1291.78
2003	1.42	131.64	7.63	27.44	37.64	669.11	172.57	1482.91
2004	1.64	135.70	9.96	37.20	41.77	745.96	218.28	1699.99
2005	1.81	139.10	11.13	37.15	47.60	819.84	270.95	1917.79
2006	1.96	140.93	13.29	45.66	52.35	943.36	319.71	2185.88
2007	2.09	141.38	14.86	51.24	59.13	1032.85	371.27	2490.01
2008	2.19	143.77	15.52	54.58	63.45	1074.66	379.76	2617.20
2009	2.34	142.34	17.02	56.59	67.34	1234.90	429.81	2790.33
2010	2.56	151.76	19.23	59.80	73.50	1406.82	476.36	3145.06
2011	2.80	150.93	20.22	60.57	81.92	1561.80	509.83	3506.37
2012	2.92	153.61	22.09	62.85	81.12	1636.08	535.93	3692.58
2013	2.93	154.65	23.57	66.13	83.42	1782.29	599.05	4001.56
2014	2.84	154.98	24.77	65.51	86.39	1826.67	602.74	4247.29
2015	2.73	156.47	25.80	65.09	85.64	1720.50	586.21	4240.44

13-15 全国规模以上工业主要产品生产能力
Main Industrial Products above Designated Size

产品名称		Item		2014	2015
天然原油	(万吨)	Crude Oil	(10 000 tons)	22062.10	22082.89
卷烟	(亿支)	Cigarettes	(100 million pieces)	38219.42	38680.01
原油加工能力	(万吨)	Crude Oil Processing Capacity	(10 000 tons)	68568.31	68940.87
焦炭	(万吨)	Coke	(10 000 tons)	66472.62	65979.59
烧碱	(万吨)	Caustic Soda	(10 000 tons)	3779.67	3694.57
碳化钙(电石，折300升/千克)	(万吨)	Calsium Carbide (converted to 300 litres/kg)	(10 000 tons)	3284.53	3312.05
农用氮、磷、钾化学肥料总计(折纯)	(万吨)	Chemical Fertilizers	(10 000 tons)	9881.40	10404.16
初级形态塑料	(万吨)	Primary Plastic	(10 000 tons)	8705.49	9241.50
化学纤维	(万吨)	Chemical Fibre	(10 000 tons)	5340.24	5482.07
水泥	(万吨)	Cement	(10 000 tons)	346613.70	344190.83
平板玻璃	(万重量箱)	Plate Glass	(10 000 weight cases)	94678.84	96984.06
粗钢	(万吨)	Crude Steel	(10 000 tons)	112851.03	112688.17
钢材	(万吨)	Rolled Steel	(10 000 tons)	153842.59	154389.91
原铝(电解铝)	(万吨)	Electrolyzed Aluminum	(10 000 tons)	3549.42	3701.92
金属切削机床	(万台)	Metal-cutting Machine Tools	(10 000 sets)	134.55	116.58
汽车	(万辆)	Motor Vehicles	(10 000 sets)	3051.65	3341.12
家用电冰箱	(万台)	Household Refrigerators	(10 000 sets)	12522.26	12150.79
房间空气调节器	(万台)	Air Conditioners	(10 000 sets)	22932.85	23575.62
微型计算机设备	(万台)	Micro Computer Equipment	(10 000 sets)	48746.37	49418.78
移动通信手持机(手机)	(万台)	Mobile Telephones	(10 000 sets)	204015.39	245468.76
彩色电视机	(万台)	Color TV Set	(10 000 sets)	21519.98	21888.37
发电设备容量总计	(万千瓦)	Installed Capacity of Power Generation	(10 000 kw)	131368.76	143630.43
#火电设备容量	(万千瓦)	Thermal Power	(10 000 kw)	92083.31	99232.01
水电设备容量	(万千瓦)	Hydropower	(10 000 kw)	27182.01	28446.94
核电设备容量	(万千瓦)	Nuclear Power	(10 000 kw)	2031.77	2643.95
风电设备容量	(万千瓦)	Wind Power	(10 000 kw)	7891.37	10244.89

主要统计指标解释

工业 指从事自然资源的开采，对采掘品和农产品进行加工和再加工的物质生产部门。具体包括：(1)对自然资源的开采，如采矿、晒盐等(但不包括禽兽捕猎和水产捕捞)；(2)对农副产品的加工、再加工，如粮油加工、食品加工、缫丝、纺织、制革等；(3)对采掘品的加工、再加工，如炼铁、炼钢、化工生产、石油加工、机器制造、木材加工等，以及电力、燃气及水的生产和供应等；(4)对工业品的修理、翻新，如机器设备的修理等。

工业统计调查单位为工业法人单位。

工业法人单位指从事工业生产经营活动的法人单位。工业法人单位应同时具备以下条件：①依法成立，有自己的名称、组织机构和场所，能够独立承担民事责任；②独立拥有（或授权）使用资产，承担负债，有权与其他单位签订合同；③具有包括资产负债表在内的帐户，或者能够根据需要编制帐户。

国有控股企业 即原来的国有及国有控股企业，根据企业实收资本中国有经济成分的出资人的实际投资情况，或国有经济成分的出资人对企业资产的实际控制、支配程度进行分类。以下情况为国有控股：(1) 在企业的全部实收资本中，国有经济成分的出资人拥有的实收资本（股本）所占企业全部实收资本（股本）的比例大于50%的国有绝对控股。(2) 在企业的全部实收资本中，国有经济成分的出资人拥有的实收资本（股本）所占比例虽未大于50%，但相对大于其他任何一方经济成分的出资人所占比例的国有相对控股；或者虽不大于其他经济成分，但根据协议规定拥有企业实际控制权的国有协议控股。(3) 投资双方各占50%，且未明确由谁绝对控股的企业，若其中一方为国有经济成分的，一律按国有控股处理。

本篇涉及的企业登记注册类型的解释详见综合篇。

资产总计 指企业过去的交易或者事项形成的、由企业拥有或者控制的、预期会给企业带来经济利益的资源。资产一般按流动性分为流动资产和非流动资产。其中流动资产可分为货币资金、交易性金融资产、应收票据、应收账款、预付款项、其他应收款、存货等；非流动资产可分为长期股权投资、固定资产、无形资产及其他非流动资产等。来源于会计“资产负债表”中“资产总计”项目的期末余额数。

流动资产合计 资产满足以下条件之一应归为流动资产：(1) 预计在一个正常营业周期中变现、出售或耗用，主要包括存货、应收账款等；(2) 主要为交易目的而持有；(3) 预计在资产负债表日起一年内（含一年）变现；(4) 自资产负债日起一年内，交换其他资产或清偿负债的能力不受限制的现金或现金等价物。包括货币资金、应收票据、应收账款、存货等项目。来源于会计“资产负债表”中“流动资产合计”项目的期末余额数。

负债合计 指企业过去的交易或者事项形成的，预期会导致经济利益流出企业的现时义务。负债一般按偿还期长短分为流动负债和非流动负债。来源于会计“资产负债表”中“负债合计”项目的期末余额数。

应收账款 指企业因销售商品、提供劳务等经营活动所形成的债权，包括应向客户收取的货款、增值税款和为客户代垫的运杂费等。来源于会计“资产负债表”中“应收账款”项目的期末余额数。

存货 指企业在日常活动中持有以备出售的产成品或商品、处在生产过程中的在产品、在生产过程或提供劳务过程中耗用的材料或物料等，通常包括原材料、在产品、半成品、产成品、商品以及周转材料等。来源于会计“资产负债表”中“存货”项目的期末余额数。

产成品 指企业已经完成全部生产过程并验收入库，可以按照合同规定的条件送交订货单位，或者可以作为商品对外销售的产品。来源于会计“产成品”科目的借方余额。

主营业务收入 指企业确认的销售商品、提供劳务等主营业务的收入。来源于会计“主营业务收入”科目的期末贷方余额（结转前）。

主营业务成本 指企业经营主要业务所发生的成本总额。来源于会计“主营业务成本”科目的期末借方余额（结转前）。

销售费用 指企业在销售商品和材料、提供劳务的过程中发生的各种费用，包括保险费、包装费、展览费和广告费、商品维修费、预计产品质量保证损失、运输费、装卸费等以及为销售本企业商品而专设的销售机构（含销售网点、售后服务网点等）的职工薪酬、业务费、折旧费等经营费用。

管理费用 指企业为组织和管理企业生产经营所发生的费用，包括企业在筹建期间内发生的开办费、董事会和行政管理部门在企业经营管理中发生的，或者应当由企业统一负担的公司经费等。来源于会计“利润表”中“管理费用”项目的本期金额数。

财务费用 指企业为筹集生产经营所需资金等而发生的筹资费用，包括企业生产经营期间发生的利息支出（减利息收入）、汇兑损失（减汇兑收益）以及相关的手续费等。来源于会计“利润表”中“财务费用”项目的本期金额数。

利润总额 指企业在一定会计期间的经营成果，是生产经营过程中各种收入扣除各种耗费后的盈余，反映企业在报告期内实现的盈亏总额。来源于会计“利润表”中“利润总额”项目的本期金额数。

平均用工人数（人） 指报告期企业平均实际拥有的、参与本企业生产经营活动的人员数。

Explanatory Notes on Main Statistical Indicators

Industry refers to the material production sector which is engaged in the extraction of natural resources and processing and reprocessing of minerals and agricultural products, including (1) extraction of natural resources, such as mining, salt production (but not including hunting and fishing); (2) processing and reprocessing of farm and sideline produces, such as grain and oil processing, food processing, silk reeling, spinning and weaving and leather making; (3) processing and reprocessing of mineral products, such as steel making, iron smelting, chemicals manufacturing, petroleum processing, machine building, timber processing, and production and supply of electricity, gas and water; (4) repairing and renovating of industrial products such as the machinery.

In industrial surveys, the units of enquiry are industrial corporate units.

Industrial corporate units refer to corporate units engaging in industrial production and operation activities, which meet the following requirements: (1) They are established legally, having their own names, organizations, location, and are able to take civil liability independently; (2) They possess (or are authorized to use) assets independently, assume liabilities and are entitled to sign contracts with other units; (3) They have accounts including the balance sheets or can compile the accounts according to the need.

State-holding Enterprises cover the original state-owned enterprises and state-holding enterprises. They are classified according to the actual investment made by the contribor of state-owned part in the paid-in capital of the enterprises, or the degree of control or dominance of the contributor on the assets of the enterprises. The following cases are regarded as state-holding: (1) Absolute state-holding in which the contribors of state-owned parts possess more than 50% of all the paid-in capital (stocks) of the enterprises; (2) Relative state-holding in which the contribors of state-owned parts possess no more than 50% of the paid-in capital (stocks) of the enterprises, but more than that of any other contributors; or Agreed state-holding in which the contribors of state-owned parts possess no more than other contributors but have actual control over the enterprises according to agreements; (3) In the case both contributors possess 50% and it is not clear which one is in absolute holding position, the enterprise is regarded as state-holding enterprise if one of the contributor has state-owned elements.

For explanation of types of registration covered in this chapter, please refer to General Survey.

Total Assets refer to all resources that are owned or controlled by enterprises through previous trades or transactions with expectation of making economic profits. Classified by the degree of liquidity, total assets include current assets and non-current assets. Current assets can be classified into monetary capital, trading financial assets, notes receivable, accounts receivable, advanced payments, other receivables and inventories. Non-current assets can be divided into long-term equity investment, fixed assets, intangible assets and other non-current assets. Data on this indicator can be obtained from the year-end figures of total assets in the *Balance Sheet* of accounting records.

Total Current Assets refer to the assets that meet one of the following requirements: (1) expected to be cashed, sold or used in a normal operation cycle, mainly including inventory and accounts receivable; (2) be owned for trading purpose mainly; (3) expected to be cashed in one year (including one year) from the day of the *Balance Sheet*; (4) unlimited cash or cash equivalents that can be exchanged with other assets or being capable of settling debts during one year since the day of the *Balance Sheet*. Included are monetary capital, notes receivable, accounts receivable and inventories. Data on this indicator can be obtained from the year-end figures of total current assets in the *Balance Sheet* of accounting records.

Total Liabilities refer to payable liabilities of enterprises that accumulated from previous trades or transactions with expectation of economic profits leaking out. In terms of payment, it can be divided into liquid liabilities and long-term liabilities. Data on this indicator can be obtained from the year-end figures of total liabilities in the *Balance Sheet* of accounting records.

Accounts Receivable refers to creditor's rights formed by business activities such as selling goods, providing labor, which include payment for goods that should be charged to the customer, value-added tax and advance freight for the clients. It comes from the ending balance of accounts receivable in balance sheet.

Inventories refers to finished goods or commodities held in preparation for sale in enterprises' daily activities, goods in the production process, material or the physical materials consumed in the production process or in the process of providing labor, usually include raw materials, goods in the production process, semi-finished products, finished products, goods and materials in flow. It comes from the ending balance of inventory in balance sheet.

Finished Goods refers to the products that the enterprises have completed all of the production process and accepted and put in storage, and can be sent to the ordering units in accordance with the contract stipulations, or can be on sale. It come from the debit balance of Finished Products of accounting.

Revenue from Principal Business refers to the income confirmed of an enterprise from the principal business of selling products and providing labor services. Data on this indicator can be obtained from the year-end credit balance of "revenue from principal business" in the accounting record of enterprise (before carryover).

Cost of Principal Business refers to the total cost occurred from the principal business of the enterprise. Data can be obtained from the year-end debit balance of "cost of principal business" in the accounting record of enterprise (before carryover).

Selling Expense refers to the cost during the sale of goods and materials, providing labour services, including insurance, packing, exhibition fees and advertising fees, merchandise maintenance costs, expected product quality guarantee loss, transportation fees, handling fees, and operating expenses for the sales of the company's products such as employee compensation, business expenses, depreciation costs for dedicated sales offices (including sales outlets, after-sales service outlets, etc.).

Administrative Expense refers to the expenses for the organization and management of enterprise operating, including the start-up costs during the construction of enterprises, funds occurred during enterprises operating by board of directors and executive management in the enterprise management, or burden by enterprises. It comes from current amount of management cost in income statement.

Financial Expenses refers to cost of raising fund for enterprises to raise funds for production and operation, including interest payments (a reduction in interest income), exchange loss (less exchange gains) and related fees during the period of production. It comes from current amount of financial expenses in income statement.

Total Profits refers to the operation results in a certain accounting period, and it is the balance of various incomes minus various spendings in the course of operation, reflecting the total profits and losses of enterprises in reference period. Data are obtained from the amount of total profits in the profit statement of the accounting record of enterprise.

Annual Average Employees refers to the number of persons engaged in the enterprise production and operation activities in the reporting period, which are actually owned by the enterprise.

14

建筑业

Construction

简 要 说 明

一、本篇资料主要内容

本篇资料反映我国建筑业概况和发展情况。包括建筑业企业基本情况和生产经营情况。主要指标有企业个数、从业人员数、建筑业总产值、建筑业增加值、房屋建筑面积、利润税金、劳动生产率等。此外，还包括勘察设计机构和人员情况的主要指标。

二、本篇资料统计范围

根据建筑业发展的实际情况，建筑业统计范围从2002 年年报起由原具有建筑业资质等级四级及四级以上的独立核算的建筑业企业调整为具有建筑业资质的独立核算建筑业企业。

三、本篇资料来源及统计调查方法

本篇建筑业企业统计数据是根据国家统计局制定的《建筑业统计报表制度》整理汇总的。建筑业统计报表由国家统计局根据企业实际情况采取全面调查的方法布置、收集，由资质内建筑业企业通过联网直报系统上报。

勘察设计机构和人员表依据住房和城乡建设部制定的《勘察设计报表制度》中有关年报资料编制，由住房和城乡建设部提供。

Brief Introduction

I. Main Contents

Data in this chapter show the general situation and the development of the construction industry in China. They cover the situation of production and management of the construction enterprises, including the number of enterprises; number of employed persons; gross output value and value added of the construction industry; floor space of buildings under construction; profits and taxes; and labour productivity etc. They also cover main indicators on the situation of prospecting and designing institutions and personnel.

II. Scope of Statistics

In view of the development of the construction industry, starting from 2002 the scope of construction statistics has been adjusted to include all the construction enterprises of various types of ownership with qualification certificates and independent accounting systems, replacing the previous criteria that required construction enterprises of various types of ownership to have qualification certificates at or above Class 4 with independent accounting systems.

III. Sources of Data and Methods of Survey

Data on construction enterprises are collected in accordance with the Statistical Reporting System of Construction stipulated by the National Bureau of Statistics. The construction statistical reports are deployed and collected through comprehensive survey by National Bureau of Statistics in accordance with the real conditions of the enterprises, they are directly reported by qualified construction enterprises through internet. Data on prospecting and designing institutions and their personnel are provided by the Ministry of Housing and Urban-Rural Development, based on the requirements on the annual reporting specified in the Statistical Reporting Form System of Prospecting and Designing stipulated by the Ministry of Housing and Urban-Rural Development.

14-1 建筑业企业概况
Main Indicators on Construction Enterprises

年份 Year	总计 Total	国有企业 State-owned	集体企业 Collective-owned	港澳台商投资企业 Funded from Hong Kong, Macao and Taiwan	外商投资企业 Foreign Funded	其他 Others
企业单位数（个） Number of Enterprises						
1980	6604	1996	4608			
1985	11150	3385	7765			
1990	13327	4275	9052			
1995	24133	7531	15348	329	312	613
2000	47518	9030	24756	635	319	12778
2001	45893	8264	19096	622	274	17637
2002	47820	7536	13177	632	279	26196
2003	48688	6638	10425	535	287	30803
2004	59018	6513	8959	511	386	42649
2005	58750	6007	8090	516	388	43749
2006	60166	5555	7051	479	370	46711
2007	62074	5319	6614	482	365	49294
2008	71095	5315	5843	474	363	59100
2009	70817	5009	5352	444	351	59661
2010	71863	4810	5026	416	331	61280
2011	72280	4642	4847	393	303	62095
2012	75280	4602	4640	385	295	65358
2013	78919	3847	3728	390	272	70682
2014	81141	3753	3589	369	261	73169
2015	80911	3603	3318	343	249	73398
从业人员（万人） Number of Persons Employed (10 000 persons)						
1980	648.0	481.8	166.2			
1985	911.5	576.7	334.8			
1990	1010.7	621.0	389.7			
1995	1497.9	824.3	631.9	5.0	5.4	31.3
2000	1994.3	635.6	887.5	8.2	4.4	458.6
2001	2110.7	590.7	739.9	7.7	4.3	768.1
2002	2245.2	543.8	579.2	7.4	4.5	1110.4
2003	2414.3	524.3	505.6	7.0	6.0	1371.3
2004	2500.3	467.4	386.4	6.8	8.1	1631.6
2005	2699.9	480.0	361.6	8.6	10.8	1838.9
2006	2878.2	467.6	332.0	8.9	8.1	2061.6
2007	3133.7	470.1	317.0	9.8	11.4	2325.4
2008	3315.0	472.1	266.8	10.5	9.2	2556.4
2009	3672.6	518.9	246.8	10.9	10.2	2885.7
2010	4160.4	576.9	246.5	12.2	9.8	3315.1
2011	3852.5	444.9	220.4	11.3	9.9	3166.0
2012	4267.2	457.8	216.2	13.0	10.3	3570.0
2013	4528.4	387.7	187.1	16.5	10.1	3927.0
2014	4537.0	371.2	175.0	15.4	8.6	3966.7
2015	5093.7	417.6	169.0	17.9	9.2	4480.0
建筑业总产值（亿元） Gross Output Value (100 million yuan)						
1980	286.93	220.90	66.03			
1985	675.10	474.51	200.59			
1990	1345.01	935.19	409.82			
1995	5793.75	3670.25	1899.47	33.60	33.19	157.24
2000	12497.60	5053.79	4035.84	99.18	67.49	3241.30
2001	15361.56	5362.81	3775.89	102.55	73.06	6047.25
2002	18527.18	5582.86	3338.50	113.87	91.38	9400.57
2003	23083.87	6060.23	3270.73	123.71	129.39	13499.81
2004	29021.45	7325.61	2756.12	137.03	202.46	18600.23
2005	34552.10	8432.03	2815.20	172.54	249.03	22883.30
2006	41557.16	9218.56	2904.48	240.52	274.87	28918.73
2007	51043.71	10630.90	3153.65	281.95	396.32	36580.89
2008	62036.81	12231.66	3216.43	321.07	387.14	45880.52
2009	76807.74	15190.05	3281.75	334.59	415.17	57586.19
2010	96031.13	18148.59	3655.27	443.96	439.68	73343.64
2011	116463.32	20436.81	4306.49	612.68	658.17	90449.18
2012	137217.86	22930.19	4919.00	649.74	476.99	108241.94
2013	160366.06	20739.02	4524.68	621.96	607.72	133872.68
2014	176713.42	22069.45	4681.80	661.67	643.20	148657.29
2015	180757.47	21767.07	4364.40	693.34	606.24	153326.42

注：1.本表1980年至1992年数据为全民和集体所有制建筑业企业数据；1993年至1995年数据为各种经济成分的建制镇以上建筑业企业数据；1996年至2001年数据为资质等级(旧资质)四级及四级以上建筑业企业数据；2002年及以后数据为所有具有资质等级的施工总承包、专业承包建筑业企业（不含劳务分包建筑业企业)数据。

2.从业人员数1993年至1997年为年平均人数，其余年份为年末人数。

a) Data from 1980 to 1992 are the figures of State-owned and collective-owned construction enterprises. Data from 1993 to 1995 are the figures of construction enterprises of all economic types above town level. Data from 1996 to 2001 included construction enterprises at fourth or higher quality grades(old classification of grades). Data since 2002 included all general construction contractors and professional contractors (not including construction enterprises of worker subcontractors) which possess qualification grades.

b) For 1993-1997, the number of employed persons refers to the annual average, and refers to persons at year-end in other years.

14-2 按登记注册类型分建筑业企业主要经济指标（2015年）

指　标		Item		合　计 Total
企业单位数	(个)	Number of Construction Enterprises	(unit)	80911
从业人员	(万人)	Number of Employed Persons	(10 000 persons)	5093.67
固定资产原价	(亿元)	Fixed Assets (original value)	(100 million yuan)	18823.20
固定资产净值	(亿元)	Fixed Assets (net value)	(100 million yuan)	10862.39
建筑业总产值	(亿元)	Gross Output Value of Construction	(100 million yuan)	180757.47
建筑业增加值	(亿元)	Value Added of Construction	(100 million yuan)	36064.66
#本年固定资产折旧		Depreciation of Fixed Assets		1198.12
应付职工薪酬		Wages Payable		21805.37
主营业务税金及附加		Taxes and Extra Charges on Project Settle Accounts		5425.20
管理费用中的税金		Taxes in Management Expenses		248.21
房屋施工面积	(万平方米)	Floor Space of Buildings under Construction	(10 000 sq.m)	1239717.64
房屋竣工面积	(万平方米)	Floor Space of Buildings Completed	(10 000 sq.m)	420784.94
利润总额	(亿元)	Total Profits	(100 million yuan)	6451.23
税金总额	(亿元)	Total Tax	(100 million yuan)	5673.41
劳动生产率		Overall Labor Productivity		
按总产值计算	(元/人)	In Terms of Gross Output Value	(yuan/person)	324026
按增加值计算	(元/人)	In Terms of Value-added	(yuan/person)	64650
房屋建筑面积竣工率	(%)	Rate of Floor Space of Buildings Completed	(%)	33.9
产值利润率	(%)	Ratio of Profit to Gross Output Value	(%)	3.6
产值利税率	(%)	Ratio of Pre-tax Profit to Gross Output Value	(%)	6.7

Main Economic Indicators on Construction Enterprises by Registration Status (2015)

内资企业 Domestic Funded	#国有 State-owned	#集体 Collective-owned	港澳台商投资企业 Funded from Hong Kong, Macao and Taiwan	#港澳台商独资企业 Solely Owned	外商投资企业 Foreign Funded	#外商独资企业 Solely Owned
80319	3603	3318	343	78	249	80
5066.58	417.57	169.04	17.87	4.23	9.22	2.54
18634.89	2950.90	461.88	132.75	62.45	55.56	19.47
10742.03	1571.03	281.58	88.40	44.52	31.96	10.90
179457.89	21767.07	4364.40	693.34	128.88	606.24	258.11
1188.86	207.08	22.03	5.81	2.38	3.45	1.63
21649.63	2145.87	599.90	97.51	10.65	58.24	19.84
5391.77	637.77	146.67	20.21	2.83	13.23	6.63
245.93	23.60	10.30	1.68	0.55	0.59	0.19
1233437.79	120844.05	32954.27	4530.54	150.50	1749.31	571.07
419329.88	24233.14	16630.81	899.99	25.29	555.07	183.46
6387.41	633.31	170.11	30.71	7.01	33.11	22.78
5637.70	661.37	156.97	21.89	3.38	13.82	6.82
323359	445787	245268	367804	342524	616870	880208
34.0	20.1	50.5	19.9	16.8	31.7	32.1
3.6	2.9	3.9	4.4	5.4	5.5	8.8
6.7	5.9	7.5	7.6	8.1	7.7	11.5

14-3 分地区建筑业增加值
Value-added of Construction by Region

单位：万元 (10 000 yuan)

地区	Region	2009	2010	2011	2012	2013	2014	2015
全国	**National Total**	**156198171**	**189835420**	**220709789**	**265833118**	**330715095**	**352701493**	**360646592**
北京	Beijing	4681944	5787051	7684808	8455591	8882603	11556743	12374185
天津	Tianjin	2578760	3022160	3810030	4434651	6103410	6773566	6633673
河北	Hebei	4448083	5248930	6557397	7330468	7828774	7703232	7549635
山西	Shanxi	2603555	3391079	3572106	3928679	4296490	4932394	4613403
内蒙古	Inner Mongolia	2836211	3260788	3760028	3487830	4209568	3277060	2524242
辽宁	Liaoning	7686803	9897495	11213212	13798131	16450578	13436094	10653841
吉林	Jilin	2369263	2632453	3216260	3837962	3728284	3948020	3741626
黑龙江	Heilongjiang	3779597	5070564	3260269	3631982	3342731	2857191	2471102
上海	Shanghai	5490998	5831049	6772969	7155228	7091417	7919425	8341694
江苏	Jiangsu	23226742	26980524	34214250	43365335	53721598	59075446	59965223
浙江	Zhejiang	18296301	23041235	28144275	36475974	41908146	46535584	47131356
安徽	Anhui	5401505	6839623	8101048	9008371	11804336	12584516	12065110
福建	Fujian	6843049	8742502	10413396	13812188	17298340	19964916	22708762
江西	Jiangxi	2624373	2928344	3489463	5121627	6600618	7696058	8412210
山东	Shandong	10398656	12318902	13029984	15263559	20555089	21594913	20785208
河南	Henan	8316141	10039228	10338387	11170082	14416686	15537090	16183629
湖北	Hubei	6007806	7679793	9753665	12344343	16723655	16943867	19603679
湖南	Hunan	4929387	5850949	6524823	7694186	12475763	12658939	12771357
广东	Guangdong	8217055	9534681	11096309	14496424	18191008	18910440	19627225
广西	Guangxi	1915039	2274656	2601685	3028638	4110712	5102975	5351872
海南	Hainan	214458	216058	293769	419433	532658	522172	529872
重庆	Chongqing	5047547	6345491	6903107	7437832	10844204	12658540	15012469
四川	Sichuan	6315258	8162436	9436351	11030457	13196437	13057357	13737916
贵州	Guizhou	933283	1212945	1543010	1863504	2544521	2720597	2748978
云南	Yunnan	1964924	2436986	2723818	3715905	5758699	5514584	5516539
西藏	Tibet	238767	276857	249086	199643	180677	189116	237366
陕西	Shaanxi	4905743	6065105	6084540	5589472	8385847	8944771	9032737
甘肃	Gansu	1281414	1565648	1800243	2649077	3184643	3375392	3280338
青海	Qinghai	445584	538075	587061	713605	805281	823585	795363
宁夏	Ningxia	650092	715620	942241	986566	982544	1067396	919356
新疆	Xinjiang	1549833	1928195	2592201	3386374	4559780	4819516	5326625

14-4 分地区建筑业劳动生产率(2015年)
Labor Productivity of Construction by Region(2015)

单位：元/人 (yuan/person)

地 区	Region	按建筑业增加值计算的劳动生产率 Overall Labor Productivity in Terms of Value-added	按建筑业总产值计算的劳动生产率 Overall Labor Productivity in Terms of Total Output Value	#国 有 State-owned	#集 体 Collective-owned
全 国	**National Average**	**64650**	**324026**	**445787**	**245268**
北 京	Beijing	76173	519350	542777	414955
天 津	Tianjin	73271	495814	600161	480647
河 北	Hebei	54225	377267	806702	279005
山 西	Shanxi	46372	294641	296637	198274
内蒙古	Inner Mongolia	62191	276794	688466	364942
辽 宁	Liaoning	62350	316831	335327	186871
吉 林	Jilin	42420	251269	405145	242460
黑龙江	Heilongjiang	33577	228326	268123	262795
上 海	Shanghai	65978	447075	832401	206811
江 苏	Jiangsu	71960	297437	438602	241257
浙 江	Zhejiang	60256	306583	493178	278677
安 徽	Anhui	72219	340948	509015	208795
福 建	Fujian	77335	259016	312805	208336
江 西	Jiangxi	50767	277758	436443	299464
山 东	Shandong	66787	301452	560005	200586
河 南	Henan	57859	287718	467106	237754
湖 北	Hubei	84197	454961	899326	230233
湖 南	Hunan	57718	299667	373620	241545
广 东	Guangdong	87455	395039	469644	233829
广 西	Guangxi	54246	299354	348357	257104
海 南	Hainan	68399	359672	368893	305971
重 庆	Chongqing	75063	312848	538412	244310
四 川	Sichuan	46342	295780	301671	245601
贵 州	Guizhou	49351	349670	443418	226477
云 南	Yunnan	48562	287764	421416	247476
西 藏	Tibet	68448	308317	445965	298211
陕 西	Shaanxi	70915	373123	424529	226627
甘 肃	Gansu	53868	303636	378594	216264
青 海	Qinghai	62128	319874	534213	195458
宁 夏	Ningxia	46773	266856	255220	278207
新 疆	Xinjiang	67092	284124	317350	269995

14-5 分地区按登记注册类型分建筑业企业单位数（2015年）
Number of Construction Enterprises by Registration Status and Region (2015)

单位：个 (unit)

地区	Region	合计 Total	内资企业 Domestic Funded	#国有 State-owned	#集体 Collective-owned	港澳台商投资企业 Funded from Hong Kong, Macao and Taiwan	#港澳台商独资企业 Solely Owned	外商投资企业 Foreign Funded	#外商独资企业 Solely Owned
全　国	**National Total**	**80911**	**80319**	**3603**	**3318**	**343**	**78**	**249**	**80**
北　京	Beijing	2909	2833	119	136	37	8	39	13
天　津	Tianjin	1551	1532	74	55	11	2	8	1
河　北	Hebei	2375	2371	121	74	3		1	
山　西	Shanxi	2285	2277	139	88	4		4	
内蒙古	Inner Mongolia	841	841	16	7				
辽　宁	Liaoning	5563	5511	198	233	21	2	31	7
吉　林	Jilin	2270	2262	74	40	6		2	
黑龙江	Heilongjiang	1601	1597	132	85	1		3	
上　海	Shanghai	2779	2662	79	42	65	26	52	22
江　苏	Jiangsu	8909	8823	198	128	41	9	45	22
浙　江	Zhejiang	6133	6110	83	82	17	3	6	1
安　徽	Anhui	2763	2753	109	82	4	3	6	3
福　建	Fujian	3402	3374	71	38	24	4	4	
江　西	Jiangxi	1739	1731	101	171	7	1	1	
山　东	Shandong	5945	5914	314	418	16	1	15	1
河　南	Henan	4684	4676	135	146	2		6	2
湖　北	Hubei	3218	3202	219	90	13	4	3	
湖　南	Hunan	2022	2014	182	179	5	1	3	1
广　东	Guangdong	4311	4254	273	311	50	9	7	3
广　西	Guangxi	1071	1069	105	167	2			
海　南	Hainan	148	147	16	19	1			
重　庆	Chongqing	2492	2486	90	81	4	2	2	1
四　川	Sichuan	3449	3442	178	171	4	2	3	2
贵　州	Guizhou	742	742	86	70				
云　南	Yunnan	2417	2414	90	141	2	1	1	
西　藏	Tibet	167	167	15	9				
陕　西	Shaanxi	1878	1874	130	123	1		3	1
甘　肃	Gansu	1264	1262	83	83	1		1	
青　海	Qinghai	366	365	41	24			1	
宁　夏	Ningxia	503	502	58	10			1	
新　疆	Xinjiang	1114	1112	74	15	1		1	

14-6 分地区按登记注册类型分建筑业企业从业人员（2015年）

Number of Staff and Workers in Construction Enterprises by Registration Status and Region (2015)

单位：人 (person)

地区	Region	合计 Total	内资企业 Domestic Funded	#国有 State-owned	#集体 Collective-owned	港澳台商投资企业 Funded from Hong Kong, Macao and Taiwan	#港澳台商独资企业 Solely Owned	外商投资企业 Foreign Funded	#外商独资企业 Solely Owned
全国	**National Total**	**50936668**	**50665841**	**4175650**	**1690392**	**178663**	**42326**	**92164**	**25428**
北京	Beijing	585691	573241	82129	20385	6254	1836	6196	2111
天津	Tianjin	786641	785413	75618	28464	472	157	756	279
河北	Hebei	1304524	1303990	87601	38782	508		26	
山西	Shanxi	764479	761946	109356	22422	637		1896	
内蒙古	Inner Mongolia	295126	295126	15815	4351				
辽宁	Liaoning	1482641	1443206	138807	89609	32228	29236	7207	1956
吉林	Jilin	629728	621935	34659	8006	7688		105	
黑龙江	Heilongjiang	468870	468558	88990	27245	30		282	
上海	Shanghai	1107791	1079851	82860	14007	14440	4208	13500	7925
江苏	Jiangsu	7524840	7503180	127760	57095	11006	1194	10654	4422
浙江	Zhejiang	7831887	7798810	66137	83294	14745	106	18332	5
安徽	Anhui	1686907	1685191	178044	44664	785	748	931	554
福建	Fujian	2948149	2929638	158447	51732	17376	342	1135	
江西	Jiangxi	1421775	1385824	84983	98029	35936	18	15	
山东	Shandong	3001354	2992370	250303	191919	7713	285	1271	115
河南	Henan	2595096	2594180	138589	76323	92		824	51
湖北	Hubei	2614593	2606105	181998	43140	879	52	7609	
湖南	Hunan	2098555	2085786	332141	96523	4905	520	7864	3480
广东	Guangdong	2201249	2174027	391227	170567	20113	1612	7109	4184
广西	Guangxi	956448	956290	306821	82371	158			
海南	Hainan	74283	74225	15001	9744	58			
重庆	Chongqing	1927537	1925565	112992	46527	1882	1671	90	25
四川	Sichuan	2736339	2735547	382027	131886	632	340	160	122
贵州	Guizhou	561218	561218	237705	27246				
云南	Yunnan	972807	972715	73283	64440	12	1	80	
西藏	Tibet	28038	28038	4004	2446				
陕西	Shaanxi	1149979	1144860	188263	87227	12		5107	199
甘肃	Gansu	564726	564616	88023	60217	100		10	
青海	Qinghai	108762	108737	37980	6219			25	
宁夏	Ningxia	126031	125056	35983	3109			975	
新疆	Xinjiang	380604	380597	68104	2403	2		5	

14-7 建筑业企业技术装备情况
Number and Power of Machinery and Equipment Owned by Construction Enterprises

年份 地区	Year Region	自有施工机械设备年末总台数(台) Number of Machinery and Equipment Owned (set)	自有施工机械设备年末总功率(万千瓦) Total Power of Machinery and Equipment Owned (10 000 kw)	自有施工机械设备年末净值(万元) Net Value of Machinery and Equipment Owned (10 000 yuan)	技术装备率(元/人) Value of Machines per Laborer (yuan/person)	动力装备率(千瓦/人) Power of Machines per Laborer (kw/person)
	1992	2531578	4431.9	3147398	2719	3.8
	1995	3482784	7056.5	6386383	4264	4.7
	2000	6259885	9228.1	12572317	6304	4.6
	2005	8798527	13765.6	25037702	9273	5.1
	2006	8973042	14156.3	26217542	9109	4.9
	2007	9487515	15579.4	28856331	9208	5.0
	2008	9448056	18195.4	32869151	9915	5.5
	2009	9734910	19022.6	37049784	10088	5.2
	2010	11209484	19386.4	39719872	9547	4.7
	2011	10054231	21822.4	46327127	12025	5.7
	2012	10157280	24275.3	57070804	13374	5.7
	2013	11467280	25424.0	60941736	13458	5.6
	2014	12030587	29602.2	56797668	12519	6.5
	2015	9643725	26736.8	56619984	11116	5.2
北京	Beijing	99250	375.5	1021394	17439	6.4
天津	Tianjin	142701	478.4	2134982	27140	6.1
河北	Hebei	530520	1250.5	2088391	16009	9.6
山西	Shanxi	193051	692.0	1390530	18189	9.1
内蒙古	Inner Mongolia	86100	188.9	700199	23725	6.4
辽宁	Liaoning	325085	1550.4	1739805	11735	10.5
吉林	Jilin	66926	234.7	884044	14039	3.7
黑龙江	Heilongjiang	130596	332.1	821417	17519	7.1
上海	Shanghai	97108	228.1	1030459	9302	2.1
江苏	Jiangsu	1426490	3975.2	7819004	10391	5.3
浙江	Zhejiang	1080341	2085.5	4780716	6104	2.7
安徽	Anhui	338008	786.0	1468152	8703	4.7
福建	Fujian	292387	1014.6	2313606	7848	3.4
江西	Jiangxi	216144	525.9	1177950	8285	3.7
山东	Shandong	713507	1742.1	3628028	12088	5.8
河南	Henan	647453	3257.5	4164991	16049	12.6
湖北	Hubei	583223	1321.9	3128627	11966	5.1
湖南	Hunan	738947	1108.3	2763324	13168	5.3
广东	Guangdong	479876	1639.5	3178002	14437	7.4
广西	Guangxi	148250	279.0	578166	6045	2.9
海南	Hainan	9216	28.7	42213	5683	3.9
重庆	Chongqing	179303	416.6	1334414	6923	2.2
四川	Sichuan	308451	1018.6	3189811	11657	3.7
贵州	Guizhou	81308	217.3	444463	7920	3.9
云南	Yunnan	168220	520.3	1277412	13131	5.3
西藏	Tibet	4919	20.4	51518	18374	7.3
陕西	Shaanxi	237781	688.4	1902966	16548	6.0
甘肃	Gansu	182848	365.4	761182	13479	6.5
青海	Qinghai	29260	96.7	221293	20347	8.9
宁夏	Ningxia	28645	60.9	140253	11128	4.8
新疆	Xinjiang	77811	237.3	442673	11631	6.2

注：从2004年起，自有机械设备情况统计改为自有施工机械设备情况统计(下表同)。

a) Starting from 2004, statistics on machinery and equipment owned refer to construction machinery and equipment owned. The same applies to the table following.

14-8 分地区建筑业总产值（2015年）
Total Output Value of Construction by Region (2015)

单位：万元 (10 000 yuan)

地 区	Region	建筑业总产值 Total Output Value	建筑工程产值 Output Value of Construction	安装工程产值 Output Value of Installation	其 他 Others
全 国	**National Total**	**1807574736**	**1602679019**	**149917943**	**54977774**
北 京	Beijing	84367296	79920630	3690172	756494
天 津	Tianjin	44889031	38357837	4742226	1788968
河 北	Hebei	52525685	43632917	5310420	3582348
山 西	Shanxi	29312627	25359465	3003554	949608
内蒙古	Inner Mongolia	11234710	9389935	1043927	800847
辽 宁	Liaoning	54137623	44179785	7691905	2265932
吉 林	Jilin	22163142	18631469	2480740	1050934
黑龙江	Heilongjiang	16803928	13189109	3127692	487127
上 海	Shanghai	56524682	47623605	7782729	1118349
江 苏	Jiangsu	247858134	232782387	13215009	1860737
浙 江	Zhejiang	239805916	217388715	17222310	5194891
安 徽	Anhui	56959353	48827159	4354850	3777345
福 建	Fujian	76058135	70111588	5053633	892913
江 西	Jiangxi	46024920	39671083	3313600	3040237
山 东	Shandong	93817165	79806928	11933047	2077190
河 南	Henan	80476477	70280138	7228680	2967660
湖 北	Hubei	105928564	93635752	8896266	3396546
湖 南	Hunan	66308249	57205308	4419796	4683144
广 东	Guangdong	88656844	76256184	9390715	3009946
广 西	Guangxi	29534213	25600104	2516465	1417644
海 南	Hainan	2786308	2362917	237850	185541
重 庆	Chongqing	62569430	56822977	3869943	1876510
四 川	Sichuan	87682363	77529985	7348924	2803454
贵 州	Guizhou	19477443	17308625	1221942	946876
云 南	Yunnan	32689286	29003540	2451487	1234260
西 藏	Tibet	1069180	878571	115307	75302
陕 西	Shaanxi	47526147	42295136	3857176	1373835
甘 肃	Gansu	18490185	16028877	1719378	741929
青 海	Qinghai	4095059	3289783	602411	202865
宁 夏	Ningxia	5245276	4915568	285490	44218
新 疆	Xinjiang	22557365	20392942	1790299	374125

14-9 分地区按登记注册类型分建筑业总产值（2015年）
Total Output Value of Construction by Registration Status and Region (2015)

单位：万元 (10 000 yuan)

地 区	Region	合 计 Total	内资企业 Domestic Funded	#国 有 State-owned	#集 体 Collective-owned	港澳台商投资企业 Funded from Hong Kong, Macao and Taiwan	#港澳台商独资企业 Solely Owned	外商投资企业 Foreign Funded	#外商独资企业 Solely Owned
全 国	**National Total**	**1807574736**	**1794578881**	**217670726**	**43643959**	**6933439**	**1288814**	**6062416**	**2581123**
北 京	Beijing	84367296	83403258	15195317	1368564	562622	143408	401417	138417
天 津	Tianjin	44889031	44802958	5097110	1891923	20831	1360	65242	15464
河 北	Hebei	52525685	52495109	7284520	1171821	26940		3637	
山 西	Shanxi	29312627	29250724	4927610	436144	15153		46750	
内蒙古	Inner Mongolia	11234710	11234710	1090323	187982				
辽 宁	Liaoning	54137623	53076363	5157256	1874707	849107	710122	212153	40935
吉 林	Jilin	22163142	21995248	1540442	199302	152153		15742	
黑龙江	Heilongjiang	16803928	16753892	4604933	1099114	2487		47549	
上 海	Shanghai	56524682	54700018	8342576	301717	875814	175069	948850	522917
江 苏	Jiangsu	247858134	246928146	8287919	1514445	474390	39555	455598	270820
浙 江	Zhejiang	239805916	238236533	3003654	2355404	763798	1649	805585	104
安 徽	Anhui	56959353	56899036	9353251	917028	11800	10999	48518	16385
福 建	Fujian	76058135	75137512	4678750	1040328	897678	14233	22945	
江 西	Jiangxi	46024920	45253815	3870248	3054768	770999	79	106	
山 东	Shandong	93817165	93371358	13058140	4106390	394392	22304	51415	810
河 南	Henan	80476477	80450052	6613794	1911515	1671		24755	1036
湖 北	Hubei	105928564	105527670	16495888	770314	33440	2473	367455	
湖 南	Hunan	66308249	65826423	12989579	2411465	238314	15278	243512	79929
广 东	Guangdong	88656844	86357992	18089735	4032149	748669	79555	1550183	1488248
广 西	Guangxi	29534213	29532053	11277559	2026032	2160			
海 南	Hainan	2786308	2785715	536591	380445	593			
重 庆	Chongqing	62569430	62500061	6087012	1197242	59123	50873	10246	1083
四 川	Sichuan	87682363	87650489	14997746	3403730	28527	21083	3346	3046
贵 州	Guizhou	19477443	19477443	9512557	625733				
云 南	Yunnan	32689286	32686306	5178608	1499110	879	776	2101	
西 藏	Tibet	1069180	1069180	208622	79592				
陕 西	Shaanxi	47526147	46936964	9147116	2113635	252		588931	1930
甘 肃	Gansu	18490185	18488362	3646462	1343474	1616		207	
青 海	Qinghai	4095059	4094959	2161050	125816			100	
宁 夏	Ningxia	5245276	5099336	1457485	90835			145941	
新 疆	Xinjiang	22557365	22557201	3778873	113236	30		134	

14-10 分地区按行业分建筑业总产值（2015年）
Total Output Value of Construction by Branch and Region (2015)

单位：万元 (10 000 yuan)

地 区	Region	建筑业总产值 Total Output Value of Construction	房屋建筑业 Construction of Buildings	土木工程建筑业 Civil Engineering	建筑安装业 Construction Installation	建筑装饰和其他建筑业 Building Decoration and Other Construction
全 国	**National Total**	**1807574736**	**1159582187**	**462632275**	**98505168**	**86855105**
北 京	Beijing	84367296	43310355	27548537	6674436	6833969
天 津	Tianjin	44889031	17561068	21000995	3667721	2659247
河 北	Hebei	52525685	35420204	12928120	2871131	1306230
山 西	Shanxi	29312627	12397736	14572017	1398206	944669
内蒙古	Inner Mongolia	11234710	6928655	3690759	430572	184724
辽 宁	Liaoning	54137623	28992666	15290456	5946138	3908362
吉 林	Jilin	22163142	12843336	6048176	2709624	562007
黑龙江	Heilongjiang	16803928	8416244	5359887	2054166	973631
上 海	Shanghai	56524682	31041913	14953691	5146254	5382824
江 苏	Jiangsu	247858134	184421976	33891082	15196967	14348109
浙 江	Zhejiang	239805916	176654361	47136207	7356737	8658610
安 徽	Anhui	56959353	34125957	17002358	3669868	2161170
福 建	Fujian	76058135	54465012	16062041	2339349	3191733
江 西	Jiangxi	46024920	31377529	10756308	1361392	2529691
山 东	Shandong	93817165	61268952	23649449	4365097	4533667
河 南	Henan	80476477	42858005	28164344	4797212	4656917
湖 北	Hubei	105928564	62662052	34932374	5024223	3309916
湖 南	Hunan	66308249	47145236	15620142	2283039	1259832
广 东	Guangdong	88656844	45285283	24259242	7320863	11791457
广 西	Guangxi	29534213	23064665	5414189	711087	344272
海 南	Hainan	2786308	2295771	252525	134260	103752
重 庆	Chongqing	62569430	47216352	11219565	1938448	2195064
四 川	Sichuan	87682363	57331178	25665177	3289765	1396243
贵 州	Guizhou	19477443	11526116	5708432	1718860	524035
云 南	Yunnan	32689286	21111260	9330690	1359872	887463
西 藏	Tibet	1069180	714673	286590	24917	43001
陕 西	Shaanxi	47526147	25131918	18081274	2716973	1595983
甘 肃	Gansu	18490185	13019532	4198306	1022690	249656
青 海	Qinghai	4095059	1096431	2781809	191643	25176
宁 夏	Ningxia	5245276	3571681	1534495	76288	62812
新 疆	Xinjiang	22557365	16326070	5293039	707373	230883

14-11 分地区建筑业企业签订合同和承包工程完成情况（2015年）
Contracts Signed and Completion of Contracted Projects by Construction Enterprises by Region (2015)

单位：万元 (10 000 yuan)

地区	Region	合同总额 Total Value of Contracts	上年结转合同额 Value from Contracts Signed in Last Year	本年新签合同额 Value from New Contracts Signed in This Year	直接从建设单位承揽工程完成的产值 Completed Output Value of Projects Contracted Directly from Investors	自行完成施工产值 Own-completed Output Value	分包出去工程的产值 Output Value of Out-sourced Projects	从建设单位以外承揽工程完成的产值 Completed Output Value of Projects Contracted from Non-investors
全 国	**National Total**	**3378358687**	**1534972849**	**1843385837**	**1787473920**	**1742488274**	**44985646**	**65086462**
北 京	Beijing	232156198	124266425	107889773	84839056	73522435	11316621	10844862
天 津	Tianjin	89001835	41942893	47058942	44252270	42733335	1518936	2155697
河 北	Hebei	90410854	38594244	51816610	51580624	51339537	241088	1186149
山 西	Shanxi	63330058	30736400	32593658	29210102	29139963	70139	172664
内蒙古	Inner Mongolia	19814325	9087809	10726516	11179935	11168421	11514	66289
辽 宁	Liaoning	96653706	44844859	51808847	53892577	53480022	412555	657601
吉 林	Jilin	34644554	14029814	20614740	21838899	21745009	93890	418133
黑龙江	Heilongjiang	25113722	8835869	16277853	16929621	16778231	151391	25697
上 海	Shanghai	158116535	80428946	77687589	58325675	50311855	8013820	6212827
江 苏	Jiangsu	372001316	164311356	207689960	234938247	233954647	983601	13903487
浙 江	Zhejiang	394406921	175795816	218611105	236503549	234006399	2497150	5799517
安 徽	Anhui	101034166	44575375	56458791	56368760	55784262	584497	1175091
福 建	Fujian	133249014	56864148	76384866	74586228	74295866	290362	1762270
江 西	Jiangxi	81309249	34845152	46464098	45187737	44525933	661803	1498987
山 东	Shandong	152878902	60143867	92735035	93589985	92611054	978930	1206111
河 南	Henan	141547189	57216860	84330329	79447952	79029234	418718	1447244
湖 北	Hubei	207510945	86368904	121142041	105020424	104197783	822641	1730781
湖 南	Hunan	142303063	70213432	72089631	65490488	65041192	449296	1267057
广 东	Guangdong	208664930	106755031	101909900	94613513	84962059	9651454	3694785
广 西	Guangxi	56390870	24756883	31633987	29158905	28886331	272574	647882
海 南	Hainan	6129417	3159083	2970334	2768571	2724553	44018	61755
重 庆	Chongqing	98623243	46856242	51767001	62166804	60810253	1356551	1759176
四 川	Sichuan	178093019	80650063	97442956	85413813	84094756	1319058	3587607
贵 州	Guizhou	51104514	26026002	25078512	19400683	19328349	72334	149094
云 南	Yunnan	59371376	26455403	32915973	32125045	31938645	186399	750640
西 藏	Tibet	1539558	482002	1057556	1066821	1002660	64161	66520
陕 西	Shaanxi	99691539	43771901	55919638	47712956	45627266	2085690	1898881
甘 肃	Gansu	29760542	11526899	18233643	18378360	18272426	105934	217759
青 海	Qinghai	9114654	4844229	4270425	3676959	3541806	135153	553253
宁 夏	Ningxia	8073639	3451474	4622166	5248093	5213917	34176	31359
新 疆	Xinjiang	36318834	13135470	23183365	22561271	22420077	141194	137288

14-12 分地区按登记注册类型分建筑业企业实收资本（2015年）

Paid-up Capitals of Construction Enterprises by Registration Status and Region (2015)

单位：万元 (10 000 yuan)

地 区	Region	合 计 Total	内资企业 Domestic Funded	#国 有 State-owned	#集 体 Collective-owned	港澳台商投资企业 Funded from Hong Kong, Macao and Taiwan	#港澳台商独资企业 Solely Owned	外商投资企 业 Foreign Funded	#外商独资企业 Solely Owned
全 国	**National Total**	**285003375**	**282599225**	**32254809**	**5435340**	**1586456**	**628118**	**817694**	**360168**
北 京	Beijing	25017637	24725570	4588556	274996	132942	64038	159125	76121
天 津	Tianjin	7604164	7565944	729899	129224	15195	4853	23025	2700
河 北	Hebei	8510392	8503978	1094110	113720	4814		1600	
山 西	Shanxi	6271056	6263657	838712	114106	3799		3600	
内蒙古	Inner Mongolia	3346955	3346955	566585	14924				
辽 宁	Liaoning	16246869	15876011	1079250	264994	282412	221184	88447	17529
吉 林	Jilin	4601581	4576545	175944	34617	24436		600	
黑龙江	Heilongjiang	4022879	4017957	686273	115342	2729		2192	
上 海	Shanghai	11278437	10918562	1298845	57875	229672	71056	130204	76606
江 苏	Jiangsu	27034423	26752695	1149738	200990	123114	23371	158614	72449
浙 江	Zhejiang	23129233	23044477	498238	175568	63445	5103	21311	2035
安 徽	Anhui	8075322	8055160	720695	115480	5705	5180	14457	9029
福 建	Fujian	12665059	12584721	694764	107830	68473	16854	11864	
江 西	Jiangxi	6795768	6676456	670377	334678	117668	223	1644	
山 东	Shandong	15405013	15318474	1960021	669387	70738		15801	1122
河 南	Henan	13526935	13513894	959548	199488	5128		7913	862
湖 北	Hubei	13043506	12976157	2102455	120104	57030	5332	10319	
湖 南	Hunan	8188061	8165737	1530616	302411	8363	698	13961	5691
广 东	Guangdong	18090774	17821052	2738739	512406	154711	17414	115011	94768
广 西	Guangxi	3577218	3568122	879924	206578	9096			
海 南	Hainan	542085	540085	65190	12752	2000			
重 庆	Chongqing	7682304	7495149	784178	94874	186345	184497	810	810
四 川	Sichuan	12662149	12646318	1732441	244331	13187	6686	2645	445
贵 州	Guizhou	2607656	2606656	906723	89479	1000			
云 南	Yunnan	6659323	6653695	1449909	200053	3628	1628	2000	
西 藏	Tibet	441490	441490	18813	22137				
陕 西	Shaanxi	8864223	8862062	1117539	501021	661		1500	
甘 肃	Gansu	3462993	3462388	407081	150671	105		500	
青 海	Qinghai	1117852	1117552	236211	18173			300	
宁 夏	Ningxia	1251438	1221438	166762	15973			30000	
新 疆	Xinjiang	3280583	3280273	406676	21158	60		250	

14-13 分地区建筑业企业资产（2015年）
Assets of Construction Enterprises by Region (2015)

单位：万元 (10 000 yuan)

地 区	Region	资产总计 Total Assets	#流动资产 Circulating Funds	#固定资产 Fixed Assets	#在建工程 Under Construction
全 国	**National Total**	**1642263363**	**1305928502**	**144365883**	**17535360**
北 京	Beijing	183659721	130205452	5057279	794296
天 津	Tianjin	57219100	45213376	5516977	669016
河 北	Hebei	44823884	36233413	5042276	502155
山 西	Shanxi	40337922	33229426	2821926	249264
内蒙古	Inner Mongolia	18725376	14708659	1990964	148190
辽 宁	Liaoning	68779289	57417943	5955550	456197
吉 林	Jilin	23449197	17991294	3407702	1116240
黑龙江	Heilongjiang	17274374	13861197	1944408	121914
上 海	Shanghai	86446890	73460389	4057210	451632
江 苏	Jiangsu	164330243	135697661	15294582	1835741
浙 江	Zhejiang	116542560	95704545	10642204	762453
安 徽	Anhui	47335318	38472860	4320248	431604
福 建	Fujian	42664757	33914610	5126366	342873
江 西	Jiangxi	26984565	20883807	3233898	513651
山 东	Shandong	99206358	81557516	10389891	718902
河 南	Henan	61702253	48294562	8082121	806097
湖 北	Hubei	88949139	69178801	11645475	956213
湖 南	Hunan	39953782	29666306	4388685	523527
广 东	Guangdong	107374057	86465125	7625790	1336870
广 西	Guangxi	17094285	13520711	1731113	229156
海 南	Hainan	2152272	1803397	126450	61847
重 庆	Chongqing	49040475	40263282	4200804	723999
四 川	Sichuan	77654931	62166890	6061082	1326451
贵 州	Guizhou	26087102	22491976	1289033	253531
云 南	Yunnan	36943637	27628881	4475831	1102821
西 藏	Tibet	1547467	1073650	215828	8166
陕 西	Shaanxi	46703921	35627186	4122729	533440
甘 肃	Gansu	16903621	12429890	2453955	287023
青 海	Qinghai	5098509	3848733	854479	52644
宁 夏	Ningxia	6895018	5962550	551531	49581
新 疆	Xinjiang	20383343	16954417	1739497	169868

14-14 分地区按登记注册类型分建筑业企业资产（2015年）
Assets of Construction Enterprises by Registration Status and Region (2015)

单位：万元 (10 000 yuan)

地区	Region	合计 Total	内资企业 Domestic Funded	#国有 State-owned	#集体 Collective-owned	港澳台商投资企业 Funded from Hong Kong, Macao and Taiwan	#港澳台商独资企业 Solely Owned	外商投资企业 Foreign Funded	#外商独资企业 Solely Owned
全国	**National Total**	**1642263363**	**1622959412**	**276462475**	**25935445**	**11379782**	**3286837**	**7924169**	**5119281**
北京	Beijing	183659721	181736815	38548710	2437484	992725	368445	930181	409250
天津	Tianjin	57219100	57080789	7209857	1686079	55577	9755	82735	10941
河北	Hebei	44823884	44797825	5947892	476369	21748		4311	
山西	Shanxi	40337922	40288444	8093201	562494	25369		24109	
内蒙古	Inner Mongolia	18725376	18725376	2507390	34798				
辽宁	Liaoning	68779289	66720643	8332340	1505637	1558736	1389278	499910	200479
吉林	Jilin	23449197	23147734	2560577	212592	296783		4679	
黑龙江	Heilongjiang	17274374	17198344	4295068	784174	7786		68244	
上海	Shanghai	86446890	83044820	11047873	246161	1791619	246006	1610451	1135033
江苏	Jiangsu	164330243	162699313	10800049	1056000	805827	49544	825103	353141
浙江	Zhejiang	116542560	115990831	3585155	1027067	450743	9668	100986	2124
安徽	Anhui	47335318	47168375	8865822	631918	74039	71546	92904	64983
福建	Fujian	42664757	42190330	4616947	430068	436497	82068	37930	
江西	Jiangxi	26984565	25675868	3557886	1474856	1304783	586	3914	
山东	Shandong	99206358	98253532	17136616	3422666	859206		93620	1740
河南	Henan	61702253	61450998	7322855	621775	179215		72039	1099
湖北	Hubei	88949139	88539180	31096261	399890	285166	133041	124793	
湖南	Hunan	39953782	39729765	9693889	936550	77341	1226	146676	97864
广东	Guangdong	107374057	103179118	18887141	2136593	1256304	101039	2938636	2838420
广西	Guangxi	17094285	17082995	7099303	778540	11290			
海南	Hainan	2152272	2150527	379599	77406	1745			
重庆	Chongqing	49040475	48214497	7072853	457634	822393	805618	3585	3585
四川	Sichuan	77654931	77597432	17591954	1083898	45528	8046	11972	622
贵州	Guizhou	26087102	26086102	12012839	262224	1000			
云南	Yunnan	36943637	36926115	9103582	770375	13194	10972	4329	
西藏	Tibet	1547467	1547467	99276	133094				
陕西	Shaanxi	46703921	46701804	9130655	1312071	233		1884	
甘肃	Gansu	16903621	16897249	2759932	666250	4833		1539	
青海	Qinghai	5098509	5098187	2590098	90826			322	
宁夏	Ningxia	6895018	6655993	1471729	87865			239025	
新疆	Xinjiang	20383343	20382946	3045125	132096	103		294	

14-15 分地区建筑业企业负债及所有者权益（2015年）
Liabilities and Owners' Equity of Construction Enterprises by Region (2015)

单位：万元 (10 000 yuan)

地区	Region	负债合计 Total Liabilities	流动负债合计 Liquid Liabilities	非流动负债合计 Non-current Liabilities	所有者权益 Owners' Equity	#实收资本 Paid-in Capitals
全国	**National Total**	**1101143723**	**987442489**	**70075506**	**541959289**	**285003375**
北京	Beijing	129461926	115833358	10385409	54189058	25017637
天津	Tianjin	43800483	39762320	2764537	13415005	7604164
河北	Hebei	29406680	27357824	1208308	15417204	8510392
山西	Shanxi	30210940	27594476	1758664	10126944	6271056
内蒙古	Inner Mongolia	12059616	10573527	1055187	6665760	3346955
辽宁	Liaoning	43865664	39038647	1740499	24901690	16246869
吉林	Jilin	14259892	12426703	723716	9189305	4601581
黑龙江	Heilongjiang	11735433	11010394	470928	5538941	4022879
上海	Shanghai	66979710	63015545	2227006	19450661	11278437
江苏	Jiangsu	97645414	91342586	4656878	66677965	27034423
浙江	Zhejiang	69891036	64375134	2818248	46651524	23129233
安徽	Anhui	32082018	28537523	1794331	15209867	8075322
福建	Fujian	23163971	21184916	1154243	19500786	12665059
江西	Jiangxi	15689107	13666385	1227625	11295458	6795768
山东	Shandong	68848120	62042135	2912420	30358189	15405013
河南	Henan	38334810	35064785	1956398	23367453	13526935
湖北	Hubei	62616934	53592093	7426022	26333082	13043506
湖南	Hunan	23383516	20466646	1891608	16655853	8188061
广东	Guangdong	74305977	65292520	6121031	33912496	18090774
广西	Guangxi	11339229	9903116	1070289	5755056	3577218
海南	Hainan	1265732	1116897	28761	886540	542085
重庆	Chongqing	34592725	30288093	2288240	14447750	7682304
四川	Sichuan	54728471	44291000	3354940	22926460	12662149
贵州	Guizhou	19158818	16458954	2456973	6928284	2607656
云南	Yunnan	24760426	21511719	2539563	12183210	6659323
西藏	Tibet	765572	637466	40697	781895	441490
陕西	Shaanxi	31835646	29279264	1792264	14868275	8864223
甘肃	Gansu	11325320	10159968	621386	5578301	3462993
青海	Qinghai	3374645	3084584	214584	1723864	1117852
宁夏	Ningxia	4863809	4583797	196855	2031153	1251438
新疆	Xinjiang	15392084	13950117	1177899	4991259	3280583

14-16 分地区按登记注册类型分建筑业企业所有者权益（2015年）
Owners' Equity of Construction Enterprises by Registration Status and Region (2015)

单位：万元 (10 000 yuan)

地区	Region	合计 Total	内资企业 Domestic Funded	#国有 State-owned	#集体 Collective-owned	港澳台商投资企业 Funded from Hong Kong, Macao and Taiwan	#港澳台商独资企业 Solely Owned	外商投资企业 Foreign Funded	#外商独资企业 Solely Owned
全国	**National Total**	**541959289**	**536880000**	**60072807**	**9608869**	**2844787**	**1018372**	**2234502**	**1253519**
北京	Beijing	54189058	53747198	7851947	540178	160144	72018	281717	114465
天津	Tianjin	13415005	13357557	1291122	323440	17224	5316	40225	3254
河北	Hebei	15417204	15407940	1400886	237271	7616		1648	
山西	Shanxi	10126944	10115105	1447319	148572	6487		5353	
内蒙古	Inner Mongolia	6665760	6665760	690656	18404				
辽宁	Liaoning	24901690	24423648	1466783	441313	447482	373216	30561	-56714
吉林	Jilin	9189305	9117086	1153488	64721	71497		722	
黑龙江	Heilongjiang	5538941	5532666	701824	179196	3564		2710	
上海	Shanghai	19450661	18699719	2348048	87484	423608	117566	327334	215709
江苏	Jiangsu	66677965	66013345	2664548	439445	268221	29199	396400	154384
浙江	Zhejiang	46651524	46508022	886876	328877	97023	4661	46479	2035
安徽	Anhui	15209867	15171988	1781267	276116	6738	5708	31141	21007
福建	Fujian	19500786	19345430	1245948	156017	146901	49433	8455	
江西	Jiangxi	11295458	11092339	834146	609882	201200	223	1919	
山东	Shandong	30358189	30140052	3532332	1259939	191110		27026	1139
河南	Henan	23367453	23335839	1808048	351269	14551		17064	862
湖北	Hubei	26333082	26131673	6338659	189064	127105	66263	74305	
湖南	Hunan	16655853	16562717	2756081	479400	15311	698	77825	34449
广东	Guangdong	33912496	32768498	4604312	909047	331835	48060	812163	759630
广西	Guangxi	5755056	5745903	1513291	317533	9153			
海南	Hainan	886540	884838	113122	35520	1702			
重庆	Chongqing	14447750	14202831	1273838	153172	242065	232889	2854	2854
四川	Sichuan	22926460	22887959	3634754	469771	33698	6996	4803	445
贵州	Guizhou	6928284	6927284	2401394	123135	1000			
云南	Yunnan	12183210	12172120	2221673	398709	8347	6127	2743	
西藏	Tibet	781895	781895	27654	33855				
陕西	Shaanxi	14868275	14866946	1954651	688850	-174		1502	
甘肃	Gansu	5578301	5565534	616174	238422	11386		1381	
青海	Qinghai	1723864	1723564	546709	36851			300	
宁夏	Ningxia	2031153	1993456	258332	37369			37697	
新疆	Xinjiang	4991259	4991090	706927	36047	-6		175	

14-17 分地区按登记注册类型分建筑业企业负债（2015年）
Liabilities of Construction Enterprises by Registration Status and Region (2015)

单位：万元 (10 000 yuan)

地 区	Region	合 计 Total	内资企业 Domestic Funded	#国 有 State-owned	#集 体 Collective-owned	港澳台商投资企业 Funded from Hong Kong, Macao and Taiwan	#港澳台商独资企业 Solely Owned	外商投资企业 Foreign Funded	#外商独资企业 Solely Owned
全 国	**National Total**	**1101143723**	**1086919060**	**216501117**	**16322540**	**8534995**	**2268465**	**5689667**	**3865762**
北 京	Beijing	129461926	127980881	30696763	1897306	832581	296427	648464	294785
天 津	Tianjin	43800483	43719620	5918736	1362639	38353	4438	42510	7687
河 北	Hebei	29406680	29389885	4547006	239099	14133		2663	
山 西	Shanxi	30210940	30173301	6645882	413922	18883		18756	
内蒙古	Inner Mongolia	12059616	12059616	1816735	16393				
辽 宁	Liaoning	43865664	42285061	6891545	1061878	1111255	1016062	469349	257194
吉 林	Jilin	14259892	14030648	1407089	147870	225286		3958	
黑龙江	Heilongjiang	11735433	11665678	3593244	604978	4221		65534	
上 海	Shanghai	66979710	64328582	8699231	158676	1368011	128440	1283117	919324
江 苏	Jiangsu	97645414	96679105	8135501	616555	537607	20346	428703	198757
浙 江	Zhejiang	69891036	69482809	2698279	698190	353720	5007	54507	89
安 徽	Anhui	32082018	31952954	7084555	355802	67301	65839	61763	43976
福 建	Fujian	23163971	22844900	3371000	274051	289596	32635	29476	
江 西	Jiangxi	15689107	14583529	2723740	864974	1103583	362.3	1995	
山 东	Shandong	68848120	68113430	13604284	2162727	668096		66594	601
河 南	Henan	38334810	38115170	5514806	270507	164665		54976	237
湖 北	Hubei	62616934	62408385	24757602	210827	158062	66778	50488	
湖 南	Hunan	23383516	23252636	7023395	457150	62030	528	68851	63415
广 东	Guangdong	74305977	71255035	14283297	1225955	924468	52979	2126474	2078790
广 西	Guangxi	11339229	11337092	5586013	461006	2137			
海 南	Hainan	1265732	1265689	266478	41886	43			
重 庆	Chongqing	34592725	34011666	5799015	304462	580328	572730	732	732
四 川	Sichuan	54728471	54709473	13957199	614127	11830	1050	7168	177
贵 州	Guizhou	19158818	19158818	9611445	139089				
云 南	Yunnan	24760426	24753994	6881910	371665	4847	4845	1585	
西 藏	Tibet	765572	765572	71622	99239				
陕 西	Shaanxi	31835646	31834858	7176003	623221	407		381	
甘 肃	Gansu	11325320	11331715	2143758	427827	-6553		158	
青 海	Qinghai	3374645	3374623	2043389	53975			22	
宁 夏	Ningxia	4863809	4662481	1213397	50496			201328	
新 疆	Xinjiang	15392084	15391856	2338198	96049	109		119	

14-18 分地区建筑业企业营业收入（2015年）
Business Revenue of construction Enterprises by Region (2015)

单位：万元 (10 000 yuan)

地 区	Region	营业收入 Business Revenue	主营业务收入 Revenue from Principal Business	#主营业务成本 Costs of Principal Business	#主营业务利润 Profits from Principal Business	其他业务收入 Revenue from Other Businesses	#其他业务利润 Profits from Other Businesses
全 国	**National Total**	**1707053897**	**1683921782**	**1485593602**	**61835488**	**23132114**	**1879948**
北 京	Beijing	109569190	108949688	99215939	4390871	619502	234134
天 津	Tianjin	43222192	42839380	38072957	1463500	382811	38643
河 北	Hebei	48824374	47788120	42278702	1526764	1036253	54448
山 西	Shanxi	29464403	28939431	25523946	869315	524972	51043
内蒙古	Inner Mongolia	11336957	11107979	9453069	443829	228978	10166
辽 宁	Liaoning	59446765	54837449	46974512	1624331	4609317	41768
吉 林	Jilin	21321682	20523783	17666364	948844	797900	17442
黑龙江	Heilongjiang	14675476	14528962	12740054	432957	146514	18625
上 海	Shanghai	72899536	72427971	65986981	1587276	471565	134396
江 苏	Jiangsu	208158026	206715035	180908164	9647403	1442991	158117
浙 江	Zhejiang	182987734	182256217	164954693	5331324	731517	149026
安 徽	Anhui	50247747	49461978	43480928	1828500	785770	31578
福 建	Fujian	67197529	67004297	59644641	2550876	193232	31280
江 西	Jiangxi	41946619	40735470	35777116	1596932	1211149	29635
山 东	Shandong	90607389	89295807	77010757	3941520	1311582	102814
河 南	Henan	76020635	74507067	64236418	3294701	1513568	88160
湖 北	Hubei	111395689	110178897	95751256	4610705	1216792	80558
湖 南	Hunan	61069683	60905089	53603927	2121268	164594	40223
广 东	Guangdong	98646312	98010692	87165191	3649745	635619	151304
广 西	Guangxi	26528083	26106728	23553984	501802	421355	31080
海 南	Hainan	2722825	2660803	2395607	108859	62022	1743
重 庆	Chongqing	55392641	54457305	46110483	3041271	935336	52843
四 川	Sichuan	76951961	75218751	66186839	2093967	1733210	119599
贵 州	Guizhou	18556513	18217997	16446260	420065	338516	26121
云 南	Yunnan	27968983	27398746	23409094	1113664	570237	100460
西 藏	Tibet	1053365	1046120	846618	76041	7246	2126
陕 西	Shaanxi	47408042	47237911	41522369	1261850	170131	21531
甘 肃	Gansu	17941808	17631559	14874440	615455	310249	27550
青 海	Qinghai	4794089	4613386	4082680	137186	180703	6635
宁 夏	Ningxia	6153382	6100413	5476238	171572	52969	12288
新 疆	Xinjiang	22544268	22218752	20243375	433099	325516	14610

14-19 分地区按登记注册类型分建筑业企业营业收入（2015年）
Business Revenue of Construction by Registration Status and Region (2015)

单位：万元 (10 000 yuan)

地 区	Region	合 计 Total	内资企业 Domestic Funded	#国 有 State-owned	#集 体 Collective-owned	港澳台商投资企业 Funded from Hong Kong, Macao and Taiwan	#港澳台商独资企业 Solely Owned	外商投资企业 Foreign Funded	#外商独资企业 Solely Owned
全 国	**National Total**	**1707053897**	**1692684695**	**233520981**	**37546419**	**8405735**	**1838614**	**5963466**	**3192402**
北 京	Beijing	109569190	107821113	21987297	1748292	853981	299738	894096	417703
天 津	Tianjin	43222192	43122457	5679936	1704001	34460	1519	65274	15446
河 北	Hebei	48824374	48790254	6083934	810617	31077		3043	
山 西	Shanxi	29464403	29414666	4316583	469935	15811		33926	
内蒙古	Inner Mongolia	11336957	11336957	1248234	187787				
辽 宁	Liaoning	59446765	58154982	5782637	1886415	1078537	945843	213246	45998
吉 林	Jilin	21321682	21160247	1554511	208905	155745		5690	
黑龙江	Heilongjiang	14675476	14651344	3609534	886555	6892		17240	
上 海	Shanghai	72899536	70062775	10126290	498668	1441055	267741	1395707	789998
江 苏	Jiangsu	208158026	207141275	8956392	1123073	510606	54346	506145	355154
浙 江	Zhejiang	182987734	181899241	2909550	1612663	618503	2284	469991	104
安 徽	Anhui	50247747	50157558	8084736	815589	14408	12158	75781	45927
福 建	Fujian	67197529	66218410	4180009	798775	949065	36025	30053	
江 西	Jiangxi	41946619	41331162	3693053	2632970	606271	1033	9187	
山 东	Shandong	90607389	89790862	14327747	3687055	754806		61720	839
河 南	Henan	76020635	75950670	7127178	1637941	40028		29937	622
湖 北	Hubei	111395689	111045839	23398335	730711	43368	1343	306482	
湖 南	Hunan	61069683	60710518	14094676	1991604	220612	15278	138554	79929
广 东	Guangdong	98646312	96228482	20227744	3606739	870055	75086	1547775	1438840
广 西	Guangxi	26528083	26523027	10990988	1438775	5056			
海 南	Hainan	2722825	2720949	510477	192111	1876			
重 庆	Chongqing	55392641	55277545	5588430	833953	113657	103789	1439	1439
四 川	Sichuan	76951961	76911813	13835350	2539603	35381	21656	4767	405
贵 州	Guizhou	18556513	18556463	8523786	374499	50			
云 南	Yunnan	27968983	27966383	4378509	1245100	879	776	1721	
西 藏	Tibet	1053365	1053365	152433	149019				
陕 西	Shaanxi	47408042	47404023	10805890	2144673	252		3766	
甘 肃	Gansu	17941808	17938327	3773508	1188082	3275		207	
青 海	Qinghai	4794089	4794082	2568980	162810			6	
宁 夏	Ningxia	6153382	6005755	1521979	109137			147627	
新 疆	Xinjiang	22544268	22544151	3482277	130365	30		86	

14-20 分地区建筑业企业利税总额（2015年）
Total Pre-tax Profits of Construction Enterprises by Region (2015)

地区	Region	利税总额合计（万元） Total Pre-tax Profits (10 000 yuan)	利润总额 Total Profits	主营业务税金及附加 Taxes and Extra Charges on Project Settlement Accounts	管理费用中的税金 Taxes in Management Expenses	产值利税率（%） Ratio of Pre-tax Profits to Output Value (%)	资产利税率（%） Ratio of Pre-tax Profits to Assets (%)
全国	**National Total**	**121246415**	**64512325**	**54252035**	**2482055**	**6.7**	**7.4**
北京	Beijing	7349600	4793765	2497560	58275	8.7	4.0
天津	Tianjin	2799689	1594082	1165129	40478	6.2	4.9
河北	Hebei	3168841	1556748	1556311	55783	6.0	7.1
山西	Shanxi	1791482	938078	821882	31521	6.1	4.4
内蒙古	Inner Mongolia	876431	466159	387331	22942	7.8	4.7
辽宁	Liaoning	3555861	1687885	1716268	151708	6.6	5.2
吉林	Jilin	1699015	969580	680301	49134	7.7	7.2
黑龙江	Heilongjiang	1009930	465291	504329	40310	6.0	5.8
上海	Shanghai	3850587	1944607	1861656	44325	6.8	4.5
江苏	Jiangsu	17412582	9853946	7217827	340809	7.0	10.6
浙江	Zhejiang	11860231	5508776	6168966	182490	4.9	10.2
安徽	Anhui	3605796	1868732	1666940	70124	6.3	7.6
福建	Fujian	5239494	2631144	2485897	122453	6.9	12.3
江西	Jiangxi	3243655	1628910	1533643	81102	7.0	12.0
山东	Shandong	6965335	4071327	2728124	165884	7.4	7.0
河南	Henan	6076899	3374644	2535074	167181	7.6	9.8
湖北	Hubei	8581829	4726061	3710139	145630	8.1	9.6
湖南	Hunan	4546480	2163387	2271004	112088	6.9	11.4
广东	Guangdong	6825711	3848750	2853377	123585	7.7	6.4
广西	Guangxi	1480038	543178	893316	43544	5.0	8.7
海南	Hainan	209769	114026	93932	1812	7.5	9.7
重庆	Chongqing	5046994	3069254	1878450	99290	8.1	10.3
四川	Sichuan	4773725	2214991	2436486	122249	5.4	6.1
贵州	Guizhou	1048181	456094	576364	15723	5.4	4.0
云南	Yunnan	2192726	1235338	909958	47430	6.7	5.9
西藏	Tibet	117347	78414	37610	1323	11.0	7.6
陕西	Shaanxi	2857946	1286412	1497519	74014	6.0	6.1
甘肃	Gansu	1223100	621023	567342	34735	6.6	7.2
青海	Qinghai	266768	141696	117857	7216	6.5	5.2
宁夏	Ningxia	370798	178708	182935	9155	7.1	5.4
新疆	Xinjiang	1199575	481322	698509	19745	5.3	5.9

14-21 分地区按登记注册类型分建筑业企业税金总额（2015年）
Taxes of Construction Enterprises by Registration Status and by Region (2015)

单位：万元 (10 000 yuan)

地 区	Region	合 计 Total	内资企业 Domestic Funded	#国 有 State-owned	#集 体 Collective-owned	港澳台商投资企业 Funded from Hong Kong, Macao and Taiwan	#港澳台商独资企业 Solely Owned	外商投资企业 Foreign Funded	#外商独资企业 Solely Owned
全 国	**National Total**	**56734090**	**56377018**	**6613712**	**1569682**	**218902**	**33842**	**138170**	**68246**
北 京	Beijing	2555835	2515101	501126	53413	21044	4777	19690	6832
天 津	Tianjin	1205607	1203127	159402	58469	1180	77	1301	403
河 北	Hebei	1612093	1611303	185347	31611	685		105	
山 西	Shanxi	853403	851519	133114	17025	661		1224	
内蒙古	Inner Mongolia	410272	410272	39625	9064				
辽 宁	Liaoning	1867977	1844093	184081	70242	17646	13009	6238	1276
吉 林	Jilin	729435	725272	39020	6959	3938		225	
黑龙江	Heilongjiang	544639	543564	100235	50125	221		854	
上 海	Shanghai	1905981	1847567	249854	16729	31202	7288	27211	11918
江 苏	Jiangsu	7558636	7531479	268481	40704	13845	1843	13312	7893
浙 江	Zhejiang	6351456	6318386	73404	58629	17121	92	15948	47
安 徽	Anhui	1737063	1735525	244264	34778	448	438	1090	60
福 建	Fujian	2608350	2573554	122837	29897	34453	1647	344	
江 西	Jiangxi	1614745	1590346	104974	121854	24198	53	201	
山 东	Shandong	2894008	2877759	400668	141038	15075		1174	12
河 南	Henan	2702256	2700026	216530	81263	1446		783	25
湖 北	Hubei	3855768	3854171	642262	38472	1578	59	20	
湖 南	Hunan	2383093	2369186	462150	107165	8292	807	5615	2254
广 东	Guangdong	2976961	2915305	517929	147714	22111	1513	39545	37456
广 西	Guangxi	936860	936724	329500	65908	137			
海 南	Hainan	95744	95687	19011	6358	56			
重 庆	Chongqing	1977740	1976461	170611	37244	1223	1119	56	56
四 川	Sichuan	2558734	2557284	397492	111003	1307	1095	143	14
贵 州	Guizhou	592087	592084	279360	22159	3			
云 南	Yunnan	957388	957285	128971	55671	38	26	65	
西 藏	Tibet	38933	38933	5874	5379				
陕 西	Shaanxi	1571533	1571388	346746	85163	9		136	
甘 肃	Gansu	602077	601087	95655	52166	982		8	
青 海	Qinghai	125073	125073	55650	5148			0	
宁 夏	Ningxia	192090	189209	43942	3756			2881	
新 疆	Xinjiang	718253	718250	95600	4575	1		2	

14-22 分地区按登记注册类型分建筑业企业利润总额（2015年）
Total Profits of Construction Enterprises by Registration Status and Region (2015)

单位：万元 (10 000 yuan)

地区	Region	合计 Total	内资企业 Domestic Funded	#国有 State-owned	#集体 Collective-owned	港澳台商投资企业 Funded from Hong Kong, Macao and Taiwan	#港澳台商独资企业 Solely Owned	外商投资企业 Foreign Funded	#外商独资企业 Solely Owned
全国	**National Total**	**64512325**	**63874099**	**6333063**	**1701087**	**307107**	**70092**	**331119**	**227848**
北京	Beijing	4793765	4749517	975528	58711	18847	11801	25401	13107
天津	Tianjin	1594082	1590104	135736	93608	333	-857	3645	626
河北	Hebei	1556748	1556381	76913	44165	334		32	
山西	Shanxi	938078	938563	68639	12989	-568		83	
内蒙古	Inner Mongolia	466159	466159	8186	25145				
辽宁	Liaoning	1687885	1651933	82812	38522	25438	25000	10515	-2139
吉林	Jilin	969580	965658	15862	12876	3718		204	
黑龙江	Heilongjiang	465291	465075	42143	35991	201.1		15	
上海	Shanghai	1944607	1762713	322185	5550	106770	15150	75124	66984
江苏	Jiangsu	9853946	9787708	289591	49411	25817	2209	40421	23883
浙江	Zhejiang	5508776	5514609	106436	35514	-12748	-71	6915	-140
安徽	Anhui	1868732	1856172	169212	51839	179	45	12382	8222
福建	Fujian	2631144	2600214	134051	13191	30478	5024	452	
江西	Jiangxi	1628910	1580475	54171	103677	48214	48.8	221.6	
山东	Shandong	4071327	4055037	419254	250774	6922		9368	-277
河南	Henan	3374644	3365237	256468	95009	3729		5678	1
湖北	Hubei	4726061	4723850	1002029	48619	-6237	-9076	8449	
湖南	Hunan	2163387	2133307	285550	65925	1993	350	28086	23223
广东	Guangdong	3848750	3707568	545934	155065	39325	11154	101857	94031
广西	Guangxi	543178	542257	105524	38779	921			
海南	Hainan	114026	113523	14384	15607	503			
重庆	Chongqing	3069254	3056056	175253	51139	12863	9607	335	335
四川	Sichuan	2214991	2212865	262644	110370	1063	151	1063	-6
贵州	Guizhou	456094	456094	220696	7932				
云南	Yunnan	1235338	1236061	134184	70648	-437	-443	-286	
西藏	Tibet	78414	78414	6581	2644				
陕西	Shaanxi	1286412	1286471	214536	127061	-38		-21	
甘肃	Gansu	621023	621561	34568	68132	-515		-23	
青海	Qinghai	141696	141695	77847	6566			1	
宁夏	Ningxia	178708	177508	17921	3981			1201	
新疆	Xinjiang	481322	481317	78225	1649	1		4	

14-23 分地区按登记注册类型分建筑业企业主营业务利润（2015年）

Profits of Project Settlement Accounts of Construction Enterprises by Registration Status and Region (2015)

单位：万元 (10 000 yuan)

地 区	Region	合 计 Total	内资企业 Domestic Funded	#国 有 State-owned	#集 体 Collective-owned	港澳台商投资企业 Funded from Hong Kong, Macao and Taiwan	#港澳台商独资企业 Solely Owned	外商投资企业 Foreign Funded	#外商独资企业 Solely Owned
全 国	**National Total**	**61835488**	**61255293**	**5730118**	**1641000**	**261547**	**57748**	**318648**	**224902**
北 京	Beijing	4390871	4360497	902216	58336	7815	6124	22560	14474
天 津	Tianjin	1463500	1461214	123543	90135	258	-840	2028	617
河 北	Hebei	1526764	1526503	72917	44525	229		32	
山 西	Shanxi	869315	869869	40825	11172	-602		47	
内蒙古	Inner Mongolia	443829	443829	7549	25145				
辽 宁	Liaoning	1624331	1590625	64297	32989	21298	19532	12408	-412
吉 林	Jilin	948844	944372	22097	11832	4268		204	
黑龙江	Heilongjiang	432957	432741	22990	34026	200.8		15	
上 海	Shanghai	1587276	1435448	270408	3930	83782	16562	68046	62036
江 苏	Jiangsu	9647403	9583399	269411	46948	24974	2060	39031	23029
浙 江	Zhejiang	5331324	5338001	101143	30475	-13651	-106	6973	-137
安 徽	Anhui	1828500	1815962	161545	51242	179	45	12359	8253
福 建	Fujian	2550876	2521316	123949	10980	29988	4913	-428	
江 西	Jiangxi	1596932	1548118	47460	99496	48593	-61	220.4	
山 东	Shandong	3941520	3925623	380009	244737	6786		9111	-391
河 南	Henan	3294701	3286144	252274	91691	2932		5624	1
湖 北	Hubei	4610705	4608558	953966	48956	-6303	-9059	8449	
湖 南	Hunan	2121268	2091264	262866	63424	1997	350	28007	23143
广 东	Guangdong	3649745	3511613	502170	150785	36861	11143	101271	94018
广 西	Guangxi	501802	500940	88192	36649	862			
海 南	Hainan	108859	108351	14598	12092	508			
重 庆	Chongqing	3041271	3030359	183786	42266	10635	7392	277	277
四 川	Sichuan	2093967	2091979	219506	107861	925	136	1062	-6
贵 州	Guizhou	420065	420065	201221	7418				
云 南	Yunnan	1113664	1114386	62423	68430	-437	-443	-285	
西 藏	Tibet	76041	76041	5730	2174				
陕 西	Shaanxi	1261850	1261910	211491	134426	-38		-22	
甘 肃	Gansu	615455	615987	24920	66863	-515		-17	
青 海	Qinghai	137186	137186	72136	6925			-1	
宁 夏	Ningxia	171572	169899	14714	3727			1673	
新 疆	Xinjiang	433099	433094	49769	1345	1		4	

14-24 建筑业企业房屋建筑面积
Floor Space of Buildings Constructed by Construction Enterprises

单位：万平方米 (10 000 sq.m)

年份 Year 地区 Region	房屋建筑面积 Floor Space of Buildings		#国有 State-owned		#集体 Collective-owned	
	施工面积 Floor Space under Construction	竣工面积 Floor Space Completed	施工面积 Floor Space under Construction	竣工面积 Floor Space Completed	施工面积 Floor Space under Construction	竣工面积 Floor Space Completed
1985	35491.8	17072.7	19295.8	8563.1	16196.0	8509.6
1990	37923.0	19552.5	20303.2	9361.7	17619.7	10190.9
1995	89862.8	35666.3	44562.9	15182.4	41829.5	19262.0
2000	160141.1	80714.9	46237.5	20145.0	68112.3	38515.5
2005	352744.7	159406.2	56308.8	20505.7	42257.4	21750.4
2006	410154.4	179673.0	62253.8	20014.4	40872.5	21019.3
2007	482005.5	203992.7	68768.4	20539.5	42119.6	21300.9
2008	530518.6	223592.0	65633.7	19853.2	39247.8	19224.8
2009	588593.9	245401.6	72681.0	21765.4	36380.9	18783.2
2010	708023.5	277450.2	84452.8	22076.1	39232.1	18375.0
2011	851828.1	316429.3	106396.7	25876.7	38203.0	19253.1
2012	986427.5	358736.2	117123.6	26763.3	39209.0	19810.7
2013	1132002.9	401520.9	107280.6	25392.8	36030.3	17500.2
2014	1249826.3	423357.3	119295.1	23870.6	35788.9	17428.2
2015	1239717.6	420784.9	120844.0	24233.1	32954.3	16630.8
北京 Beijing	59776.7	9886.3	11251.8	2111.6	1029.0	180.0
天津 Tianjin	15644.6	3547.2	929.5	153.4	646.5	277.9
河北 Hebei	35616.5	11613.0	3526.6	654.1	846.8	363.3
山西 Shanxi	13943.4	3634.4	3242.7	866.1	224.7	82.5
内蒙古 Inner Mongolia	6974.6	3103.1	332.6	61.5	90.6	90.6
辽宁 Liaoning	28937.1	10397.9	1655.7	394.1	952.0	567.5
吉林 Jilin	12237.2	5602.6	227.8	92.0	93.9	24.7
黑龙江 Heilongjiang	5524.2	2968.1	1113.6	340.4	418.1	302.0
上海 Shanghai	36659.8	7258.7	1174.6	178.0	137.5	106.8
江苏 Jiangsu	215592.0	76823.9	3409.5	649.9	1101.4	629.0
浙江 Zhejiang	201542.2	68316.3	469.9	132.4	2350.9	1064.2
安徽 Anhui	41476.5	15553.6	8814.4	1139.1	446.5	312.3
福建 Fujian	59277.3	16631.3	3533.7	1024.3	1269.3	368.3
江西 Jiangxi	28895.4	14255.6	1276.5	575.5	2264.4	1365.5
山东 Shandong	69478.6	23657.0	5507.1	1098.8	3970.5	1860.2
河南 Henan	53132.5	17963.7	1691.2	397.9	1578.4	824.0
湖北 Hubei	62204.7	26828.9	5471.3	851.7	532.9	390.1
湖南 Hunan	47504.4	17390.0	7784.8	1601.6	2462.2	1452.2
广东 Guangdong	50461.6	14373.4	13763.8	2095.8	4201.4	1688.7
广西 Guangxi	23432.0	7720.7	9538.1	1709.1	1663.3	876.5
海南 Hainan	2132.0	744.6	247.1	112.5	210.9	137.5
重庆 Chongqing	32801.6	13542.6	1110.0	309.5	697.7	390.4
四川 Sichuan	52795.4	20666.8	11571.3	2875.1	2199.0	1196.2
贵州 Guizhou	16769.6	3195.8	8634.9	1216.2	426.3	244.2
云南 Yunnan	15437.1	6941.1	3957.3	756.5	710.8	521.0
西藏 Tibet	295.4	173.9	49.1	25.7	35.4	33.1
陕西 Shaanxi	23991.2	7087.4	5616.7	1216.6	1409.5	719.9
甘肃 Gansu	10757.1	4083.1	2358.5	612.9	868.3	484.1
青海 Qinghai	908.7	350.2	106.7	23.9	36.0	24.3
宁夏 Ningxia	3285.0	1226.6	771.7	249.7	49.3	41.6
新疆 Xinjiang	12233.3	5247.2	1705.4	707.2	30.6	12.1

14-25 勘察设计机构基本情况（2015年）
Conditions of Prospecting and Designing Institutions (2015)

地 区	Region	单位数（个）Number of Institutions (unit)	年底职工人数（人）Number of Staff & Workers at Year-end (person)	#高级职称 Senior Title	#中级职称 Middle Title	#初级职称 Junior Title	营业收入（万元）Business Revenue (10 000 yuan)
全 国	**National Total**	**20480**	**3042570**	**321204**	**514204**	**414378**	**270890368**
北 京	Beijing	1679	273199	45115	63793	44892	58113763
天 津	Tianjin	311	57342	11321	13683	11718	10349606
河 北	Hebei	601	160890	9889	14606	11149	5387004
山 西	Shanxi	581	83025	6654	12277	11728	4428327
内蒙古	Inner Mongolia	282	16281	4688	5234	3119	646068
辽 宁	Liaoning	883	62966	12880	18177	9443	4715052
吉 林	Jilin	482	27120	8951	8892	4974	978197
黑龙江	Heilongjiang	433	24231	8099	8026	3417	1172199
上 海	Shanghai	558	102235	10328	19725	22648	16725219
江 苏	Jiangsu	1822	217265	18524	40777	44345	24878156
浙 江	Zhejiang	1260	683409	16985	36039	35965	23458867
安 徽	Anhui	735	60111	8345	13387	11104	5016542
福 建	Fujian	602	69801	6452	12827	10583	8715070
江 西	Jiangxi	441	74754	5886	9679	7313	3944541
山 东	Shandong	1594	110350	17605	30429	22152	13823491
河 南	Henan	1238	74322	12551	21746	15273	4164096
湖 北	Hubei	681	82617	16760	20697	11809	9820659
湖 南	Hunan	519	60102	10795	18949	12000	7760684
广 东	Guangdong	1760	423359	22239	45591	50378	36003185
广 西	Guangxi	390	27867	6074	9655	6784	1042477
海 南	Hainan	171	10200	1475	2436	2366	538897
重 庆	Chongqing	464	44706	7192	11788	8191	4103118
四 川	Sichuan	490	65801	13191	19795	11785	6443580
贵 州	Guizhou	244	69380	5493	8054	8772	6942032
云 南	Yunnan	702	36620	7614	12574	8473	2158777
西 藏	Tibet	43	2450	282	573	493	73750
陕 西	Shaanxi	633	68702	13053	17351	12600	5405000
甘 肃	Gansu	292	18729	4416	6779	4251	932846
青 海	Qinghai	140	6527	1368	1687	1453	239409
宁 夏	Ningxia	101	6227	1110	1420	1502	1556609
新 疆	Xinjiang	348	21982	5869	7558	3698	1353149

14-26 工程招标代理机构基本情况（2015年）
Conditions of Project Bidding Agencies (2015)

地 区	Region	企业单位数（个）Number of Enterprises (unit)	期末企业人员（人）Personnel of Enterprises at Year-end (person)	#专业技术人员 Technical Personnel	#年末注册执业人数 Registered Professionals	#招标代理人员 Project Bidding Personnel	营业收入（万元）Business Revenue (10 000 yuan)
全 国	**National Total**	**6102**	**549568**	**436399**	**112816**	**112210**	**25627363**
北 京	Beijing	239	50899	41295	6662	6976	9962296
天 津	Tianjin	78	10457	7242	1476	1384	687161
河 北	Hebei	255	15870	12830	3714	4455	326935
山 西	Shanxi	169	8351	5813	2063	3396	247662
内蒙古	Inner Mongolia	172	4379	3392	1460	2439	245630
辽 宁	Liaoning	258	7559	6758	2635	4682	128778
吉 林	Jilin	174	7896	6346	1778	2682	125059
黑龙江	Heilongjiang	137	5508	4532	1341	2588	80702
上 海	Shanghai	132	28698	21268	5482	2589	1152261
江 苏	Jiangsu	514	38988	32568	11027	7813	1028523
浙 江	Zhejiang	387	39113	32843	8294	6879	1441984
安 徽	Anhui	257	19778	15729	4149	4007	541589
福 建	Fujian	166	27094	16214	5460	2895	292736
江 西	Jiangxi	180	12111	10226	2552	2637	1112774
山 东	Shandong	460	32762	25191	7657	9041	588656
河 南	Henan	237	25055	20951	4512	5217	524542
湖 北	Hubei	239	12806	10828	3201	3989	433633
湖 南	Hunan	176	15107	12473	3296	3214	259391
广 东	Guangdong	436	63108	54078	11316	8367	2851706
广 西	Guangxi	126	10422	8886	2322	2274	217694
海 南	Hainan	34	1675	1378	415	481	27200
重 庆	Chongqing	141	14607	11253	2856	2964	309553
四 川	Sichuan	282	37205	27369	7408	6822	917925
贵 州	Guizhou	109	8288	6149	1754	1781	189084
云 南	Yunnan	187	8614	7017	1588	3518	175810
西 藏	Tibet	5	146	112	48	71	3030
陕 西	Shaanxi	198	21044	16964	3256	3479	1222382
甘 肃	Gansu	128	9847	7404	2166	1704	163123
青 海	Qinghai	32	1037	808	221	481	65590
宁 夏	Ningxia	60	2721	1961	664	873	66989
新 疆	Xinjiang	134	8423	6521	2043	2512	236967

14-27 建设工程监理企业基本情况(2015年)
Conditions of Construction Project Supervision Enterprises (2015)

行业 地区	Sector Region	企业单位数(个) Number of Enterprises (unit)	年末从业人数(人) Persons Engaged (year-end) (person)	#高、中级职称人员 Persons with Senior or Middle Certificates	年末注册执业人数(人) Registered Professionals (year-end) (person)	#注册监理工程师 Registered Supervisory Engineers	营业收入(万元) Business Revenue (10 000 yuan)
合　计	**Total**	**7433**	**946466**	**482056**	**223346**	**149327**	**24749424**
按行业分	**By Sector**						
房屋建筑工程	Housing Construction Projects	6121	629577	323041	160614	108997	10332973
冶炼工程	Metallurgical Projects	28	6003	3500	1642	935	517653
矿山工程	Mining Projects	31	6904	3348	1263	835	215733
化工、石油工程	Chemical and Petroleum Projects	145	29916	17600	7537	4364	2919300
水利水电工程	Water Conservancy and Hydro-power Projects	77	16333	8878	2690	1700	1459497
电力工程	Power Projects	277	54878	23387	9178	5505	4673231
农林工程	Agriculture and Forestry Projects	23	1096	747	245	187	15394
铁路工程	Railway Projects	54	28940	17399	3918	2886	924904
公路工程	Highway Projects	27	6402	3210	694	529	148676
港口与航道工程	Habour and Navigation Projects	9	1216	630	267	213	36350
航天航空工程	Air and Space Projects	7	1201	725	242	212	27740
通信工程	Communications Projects	12	8087	1230	395	233	170781
市政公用工程	Civil and Public Utility Projects	483	52163	26529	13149	9087	1358827
机电安装工程	Machinery and Electric Installation Projects	3	1388	711	242	61	85416
综合资质	Comprehensive Qualification	127	101985	50921	21173	13513	1860127
事务所资质	Office Qualification	9	377	200	97	70	2822
按地区分	**By Region**						
北　京	Beijing	302	78196	44844	14418	9614	3171283
天　津	Tianjin	89	14164	6608	3365	2574	281453
河　北	Hebei	317	30426	17857	8129	5416	344431
山　西	Shanxi	234	24992	15097	6055	4573	270477
内蒙古	Inner Mongolia	167	12851	8593	3395	2467	128872
辽　宁	Liaoning	307	24180	15407	8219	5900	729322
吉　林	Jilin	188	17437	10900	3866	2619	551935
黑龙江	Heilongjiang	228	24755	18284	4440	3180	245265
上　海	Shanghai	185	46906	21009	10490	6630	1828762
江　苏	Jiangsu	705	78356	37415	24955	15382	2761998
浙　江	Zhejiang	428	54897	24634	15427	10543	1046265
安　徽	Anhui	279	32814	15184	7047	4600	927105
福　建	Fujian	274	31707	15267	8667	5349	678225
江　西	Jiangxi	155	14348	7281	3417	2367	176218
山　东	Shandong	523	55242	24552	15182	10009	763685
河　南	Henan	311	48546	25275	10017	6631	1091075
湖　北	Hubei	251	30515	16027	6773	5187	1017005
湖　南	Hunan	231	43343	20371	7978	5517	1262737
广　东	Guangdong	492	74332	32664	17213	11838	2665049
广　西	Guangxi	163	17272	8255	4622	3156	269171
海　南	Hainan	49	3715	1725	991	727	50831
重　庆	Chongqing	99	21193	10231	4431	2576	378647
四　川	Sichuan	362	56076	29203	12397	8177	1531938
贵　州	Guizhou	113	15760	6726	2612	1617	642707
云　南	Yunnan	146	18351	8747	3246	2279	307314
西　藏	Tibet	3	124	96	18	18	2274
陕　西	Shaanxi	438	35505	19327	5791	3462	923117
甘　肃	Gansu	171	15889	8814	4732	3228	257704
青　海	Qinghai	64	3917	1706	783	546	50469
宁　夏	Ningxia	61	6501	2936	1254	799	83887
新　疆	Xinjiang	98	14156	7021	3416	2346	310204

主要统计指标解释

建筑业统计单位 指从事房屋、构筑物建造和设备安装活动的法人企业。建筑业法人企业应具有建筑业资质并能够独立核算，同时还应具备以下条件：①依法成立，有自己的名称、组织机构和场所，能够承担民事责任；②独立拥有和使用资产，承担负债，有权与其他单位签订合同；③独立核算盈亏，能够编制资产负债表。

建筑业总产值 是以货币形式表现的建筑业企业在一定时期内生产的建筑业产品和提供服务的总和。建筑业总产值包括：

⑴建筑工程产值：指列入建筑工程预算内的各种工程价值。

⑵安装工程产值：指设备安装工程价值，不包括被安装设备本身的价值。

⑶其他产值：建筑业总产值中除建筑工程、安装工程以外的产值。包括房屋构筑物修理产值、非标准设备制造产值、总包企业向分包企业收取的管理费以及不能明确划分的施工活动所完成的产值。

a.房屋构筑物修理产值：指房屋和构筑物修理所完成的产值，但不包括被修理房屋、构筑物本身价值和生产设备的修理价值。

b.非标准设备制造产值：指加工制造没有定型的非标准生产设备的加工费和原材料价值(如化工厂、炼油厂用的各种罐、槽，矿井生产统一使用的各种漏斗、三角槽、阀门等)以及附属加工厂为本企业承建工程制作的非标准设备的价值。

建筑业增加值 指建筑业企业在报告期内以货币形式表现的建筑业生产经营活动的最终成果。

从2004年第一次全国经济普查开始，建筑业现价增加值按生产法和分配法(收入法)两种方法计算，以收入法的计算结果为准，即从收入的角度出发，根据生产要素在生产过程中应得的收入份额计算。具体计算方法：经济普查年度建筑业增加值按照《经济普查年度GDP核算方案》计算，非经济普查年度建筑业增加值按照《非经济普查年度GDP核算方案》计算。

房屋施工面积 指报告期内施工的全部房屋建筑面积，包括本期新开工的房屋建筑面积、上期跨入本期继续施工的房屋建筑面积、上期停缓建在本期恢复施工的房屋建筑面积、本期竣工的房屋建筑面积及本期施工后又停缓建的房屋建筑面积。

房屋竣工面积 指报告期内房屋建筑按照设计要求已全部完工，达到住人和使用条件，经验收鉴定合格或达到竣工验收标准，可正式移交使用的各栋房屋建筑面积的总和。

Explanatory Notes on Main Statistical Indicators

Statistical Unit in the Construction Industry refers to a corporate enterprise engaged in the construction of buildings and structures and in the installation of equipment. A corporate construction enterprise should have qualification certificates with independent accounting system, and should meet the following 3 requirements: a) being set up in line with relevant legal basis, having its full name, organization and location, and capable of taking civil liabilities; b) independently possessing and using its assets and assuming its liabilities, and entitled to sign contracts with other institutions; and c) making independent accounts of its profits and losses, and capable of compiling its own balance sheet.

Gross Output Value of Construction refers to total of construction products and services, expressed in money terms, produced or rendered by construction and installation enterprises during a given period of time. It includes:

(1) Output value of construction projects: the value of projects covered by the project budgets;

(2) Output value of installation projects: the value of the installation of equipment, (excluding the value of the equipment to be installed);

(3) Other output values: the output value of construction industry apart from that of construction projects and installation projects. It includes: output value of repair of buildings and structures; output value of non-standard equipment manufacturing; overhead expenses received by contracted enterprises from the sub-contracted enterprises and the completed output value of construction activities for which there is no clear definition.

a. Output value of repair of buildings and structures: the value created through the repairs of buildings or structures. It does not include the value of buildings or structures being repaired and the value of the repair of production equipment;

b. Output value of manufactured non-standard equipment: the value of non-standard production equipment, including raw materials and manufacturing cost, made for the construction project (i.e., chemical plant; kettles or tanks used by refineries; various fillers, triangle tanks, valves used by mines). It also includes the output value of equipment manufactured by subsidiary workshops.

Value-added of Construction refers to the final result of the activities of production and operation of enterprises of the construction industry in monetary terms during the reference period.

Starting from the 2004 economic census, value-added of construction is calculated by both production approach and income approach, with the figures from the income approach as the final figures. Under the income approach, calculation starts from the perspective of income and is based on the share of income derived from the production process by the relevant factors of production. Specifically, value-added of construction for the Census years is calculated in accordance with the *Programme of Compilation of GDP and National Accounts for the Year of Economic Census*, and value-added of construction for other years is calculated in accordance with the *Programme of Compilation of GDP and National Accounts for the Non Economic Census Years*.

Floor Space of Buildings refers to floor space of buildings under construction in the reference period, including the space of buildings for which construction has newly started, buildings for which construction has started earlier and is continuing during the reference period; and buildings for which construction has been suspended earlier but has restarted during the reference period; buildings completed during the reference period; and buildings under construction but construction has subsequently been during the reference period.

Floor Space of Buildings Completed refers to the total floor space of each building that has been completed in the reference period in accordance with the requirements of the design, up to the standard for being resided in and put into use, or has been checked and accepted by departments concerned as qualified ones or up to the standard of buildings completed and can be handed over for putting into use.

15

批发和零售业

Wholesale and Retail Trades

简 要 说 明

一、本篇资料的主要内容

本篇资料主要反映批发和零售业的发展与经营状况，同时反映国内商品流通、商品消费、市场运行态势以及流通现代化进程。主要内容包括：限额以上批发和零售业的基本情况、商品流转情况、财务状况；零售连锁经营情况；亿元商品交易市场成交情况；社会消费品零售总额等。

二、本篇资料的统计范围

限额以上批发和零售业的法人企业、个体经营户，零售连锁集团，成交额在亿元以上的商品交易市场，以及参与商品零售、餐饮经营活动的各行业法人企业、产业活动单位和个体经营户。限额以上批发和零售业统计单位是指：批发业，年主营业务收入 2000 万元及以上；零售业，年主营业务收入 500 万元及以上。

三、本篇的资料来源

本篇资料是根据《批发和零售业统计报表制度》进行搜集和加工整理而得。

四、本篇的统计调查方法

本篇资料中限额以上批发和零售业法人企业、个体经营户、其他行业附营的批发和零售业产业活动单位资料，以及零售连锁集团、亿元商品交易市场采用全面调查的方法；限额以下法人企业及个体经营户等资料采用抽样调查方法推算。

Brief Introduction

I. Main Contents

Data in this chapter reflect the development and operation of enterprises above designated size of wholesale and retail trades of commodity circulation, consumption, market operation, modernization of logistics on China's domestic trade. Main contents include the basic conditions of the wholesale and retail trades above designated size; circulation of commodities; financial status; total retail sales of consumer goods; turnover of large commodity transaction markets with transaction over 100 million yuan; development of chain stores of retail trades.

II. Scope of Statistics

Included in this chapter are the registered enterprises and self-employed individuals of wholesale and retail trades; chain enterprises; large commodity markets with transaction value over 100 million yuan; and corporation enterprises, economic active establishments and self-employed individuals involved in retail trades; catering services. The criteria for wholesale and retail sale trades above designated size are as follows: wholesale trade with annual principal business sales over 20 million yuan; retail trade, with annual principal business sales over 5 million yuan.

III. Sources of Data

Data in this chapter are collected and processed in accordance with *The Statistical Reporting Form System on Wholesale and Retail Trades* by the Department of Trade and External Economic Relations of the National Bureau of Statistics.

IV. Methods of Survey

Data on basic conditions for all corporate enterprises of wholesale and retail trades above designated size, self-employed individuals, the establishments of other industries involved in the wholesale and retail trades, chain enterprises of wholesale and retail trades, large commodity markets with transaction value over 100 million yuan are collected through comprehensive reporting system. Data on corporate enterprises and self-employed individuals below the designated size are collected by sample surveys.

15-1 批发和零售业情况
Basic Conditions of Wholesale and Retail Trades

指标	Item	2011	2012	2013	2014	2015
批发和零售业	**Wholesale and Retail Trades**					
法人企业（个）	Number of Corporation Enterprises (unit)	125223	138865	171973	181612	183077
年末从业人数（万人）	Engaged Persons at Year-end (10 000 persons)	901.1	985.6	1139.6	1182.0	1173.6
商品购进额（亿元）	Total Purchases Value (100 million yuan)	328160.3	378314.8	451265.1	493664.0	468071.7
#进口额（亿元）	Imports (100 million yuan)	27230.6	31524.7	37358.7	38571.4	33943.6
商品销售额（亿元）	Total Sales Value (100 million yuan)	360525.9	410532.7	496603.8	541319.8	515567.5
#出口额（亿元）	Exports (100 million yuan)	17795.0	20004.8	22452.6	23013.9	22719.5
期末商品库存额（亿元）	Total Stock at Year-end (100 million yuan)	24979.3	29000.6	32422.0	38123.8	36591.7
批发业	**Wholesale Trade**					
法人企业（个）	Number of Corporation Enterprises (unit)	66752	72944	91607	93960	91819
年末从业人数（万人）	Engaged Persons at Year-end (10 000 persons)	373.5	410.4	484.2	500.1	490.7
商品购进额（亿元）	Total Purchases Value (100 million yuan)	266077.2	304286.9	365250.5	397152.2	369538.9
#进口额（亿元）	Imports (100 million yuan)	25383.8	29288.7	34812.9	35455.1	31249.6
商品销售额（亿元）	Total Sales Value (100 million yuan)	288701.0	327091.3	398116.5	430678.4	401312.2
#出口额（亿元）	Exports (100 million yuan)	17740.9	19939.8	22402.8	22909.4	22631.4
期末商品库存额（亿元）	Total Stock at Year-end (100 million yuan)	18329.0	21265.2	23260.7	26080.9	25378.5
零售业	**Retail Trade**					
法人企业（个）	Number of Corporation Enterprises (unit)	58471	65921	80366	87652	91258
年末从业人数（万人）	Engaged Persons at Year-end (10 000 persons)	527.6	575.2	655.3	681.9	682.8
商品购进额（亿元）	Total Purchases Value (100 million yuan)	62083.1	74028.0	86014.6	96511.8	98532.7
#进口额（亿元）	Imports (100 million yuan)	1846.8	2236.0	2545.9	3116.3	2694.0
商品销售额（亿元）	Total Sales Value (100 million yuan)	71824.9	83441.3	98487.3	110641.4	114255.3
#出口额（亿元）	Exports (100 million yuan)	54.1	65.0	49.8	104.5	88.1
期末商品库存额（亿元）	Total Stock at Year-end (100 million yuan)	6650.3	7735.4	9161.3	12042.9	11213.2
年末零售营业面积（万平方米）	Business Area of Retail at Year-end (10 000 sq.m)	21227.8	25134.9	28827.5	31255.8	32651.3

注：1.本表的统计范围为限额以上法人企业。
2.本表的统计限额划分指标为“年主营业务收入”。

a) Scope of wholesale and retail trades covers enterprises above designated size.
b) For the designation of size, the indicator was based on income from principal business.

15-2 按登记注册类型和行业分限额以上批发业企业主要指标(2015年)

单位：亿元

指标	Item	法人企业（个）Number of Corporation Enterprises (unit)	年末从业人数（人）Engaged Persons at Year-end (person)	商品购进额 Total Purchases Value	#进口 Imports
批发业合计	**Wholesale Trade**	**91819**	**4907387**	**369538.9**	**31249.6**
按登记注册类型分	**by Status of Registration**				
内资企业	**Domestic Funded Enterprises**	**87504**	**4159427**	**320686.6**	**18371.1**
国有企业	State-owned Enterprises	2368	382133	23845.1	1447.0
集体企业	Collective-owned Enterprises	648	39417	1158.5	114.8
股份合作企业	Cooperative Enterprises	163	5873	316.3	5.4
联营企业	Joint Ownership Enterprises	24	2193	64.4	2.8
国有联营企业	State Joint Ownership Enterprises	4	423	8.6	0.8
集体联营企业	Collective Joint Ownership Enterprises	8	670	7.3	
国有与集体联营企业	Joint State-collective Enterprises	6	972	36.6	0.1
其他联营企业	Other Joint Ownership Enterprises	6	128	11.9	1.9
有限责任公司	Limited Liability Corporations	27701	1574160	162677.1	10313.0
国有独资公司	State Sole Funded Corporations	1295	161890	31909.4	1250.3
其他有限责任公司	Other Limited Liability Corporations	26406	1412270	130767.7	9062.7
股份有限公司	Share-holding Corporations Ltd.	1970	470056	37747.3	2373.6
私营企业	Private Enterprises	53537	1635653	94090.3	4102.7
私营独资企业	Private-funded Enterprises	713	16193	672.3	1.7
私营合伙企业	Private Partnership Enterprises	136	8847	124.7	0.4
私营有限责任公司	Private Limited Liability Corporations	51436	1542542	90911.3	4031.2
私营股份有限公司	Private Share-holding Corporations Ltd.	1252	68071	2381.9	69.4
其他企业	Other Enterprises	1093	49942	787.7	11.6
港、澳、台商投资企业	**Enterprises with Funds from Hong Kong, Macao and Taiwan**	**1896**	**344488**	**16676.4**	**2428.6**
合资经营企业	Joint-venture Enterprises	300	32111	3750.2	166.0
合作经营企业	Cooperative Enterprises	19	8188	168.9	4.0
独资经营企业	Enterprises with Sole Fund	1526	293060	12245.1	2241.7
投资股份有限公司	Share-holding Corporations Ltd. with Investment	41	8209	465.2	5.2
其他港澳台商投资企业	Other Enterprises with Funds from Hong Kong, Macao and Taiwan	10	2920	46.9	11.6
外商投资企业	**Foreign Funded Enterprises**	**2419**	**403472**	**32176.0**	**10450.0**
中外合资经营企业	Joint-venture Enterprises	366	44787	10414.5	1018.8
中外合作经营企业	Cooperation Enterprises	16	1696	59.5	6.7
外资企业	Enterprises with Sole Fund	1949	340783	21059.0	9415.0
外商投资股份有限公司	Share-holding Corporations Ltd. with Foreign Investment	46	6785	311.7	6.0
其他外商投资企业	Other Foreign Funded Enterprises	42	9421	331.3	3.4

Main Indicators of Enterprises above Designated Size of Wholesale Trade by Status of Registration and Sector (2015)

(100 million yuan)

商品销售额 Total Sales Value	#出口 Exports	期末商品库存额 Stock (year-end)	资产总计 Total Assets	#流动资产合计 Total Current Assets	#固定资产合计 Total Fixed Assets	负债合计 Total Liabilities	所有者权益合计 Total Owners' Equities	主营业务收入 Revenue from Principal Business	主营业务成本 Cost of Principal Business	主营业务税金及附加 Taxes and Other Charges on Principal Business	主营业务利润 Profits from Principal Business
401312.2	**22631.4**	**25378.5**	**181198.5**	**141501.0**	**8322.1**	**132013.9**	**49191.3**	**358481.3**	**333978.1**	**2127.1**	**22376.1**
343741.7	**18979.0**	**20984.4**	**155904.0**	**120932.4**	**7624.6**	**115043.8**	**40866.9**	**307777.7**	**289307.1**	**1959.1**	**16511.5**
27833.8	935.3	2890.8	13870.0	10748.8	1036.8	7793.9	6076.0	25128.9	21216.8	1148.5	2763.6
1338.4	46.2	89.3	549.3	403.1	51.3	423.4	125.9	1223.0	1139.3	5.5	78.2
333.0	9.7	11.9	79.4	64.8	7.6	62.3	17.1	292.6	280.6	0.5	11.5
60.0	0.7	12.2	38.7	31.1	3.0	27.4	11.3	55.5	50.2	0.1	5.2
9.6		0.9	5.1	3.7	0.4	1.8	3.3	9.3	8.5	0.0	0.8
5.9		1.9	6.3	3.7	1.4	5.5	0.8	6.3	5.9	0.0	0.4
31.6	0.7	8.1	18.0	16.2	0.4	15.5	2.5	27.4	24.4	0.0	3.0
12.9		1.4	9.3	7.4	0.9	4.6	4.7	12.5	11.4	0.0	1.0
172604.0	8659.1	10848.1	77578.2	61246.9	3036.4	59290.3	18285.7	153495.8	146112.0	482.2	6901.6
34272.9	820.9	1438.1	13653.2	9410.6	713.2	9781.1	3872.1	30470.5	29289.3	118.9	1062.2
138331.1	7838.1	9410.0	63924.9	51836.3	2323.2	49509.2	14413.5	123025.3	116822.7	363.3	5839.3
38359.0	1990.0	2048.0	20461.2	13001.6	1392.3	13493.9	6976.9	34195.5	32655.4	48.3	1491.9
102210.5	7321.1	5047.0	42955.6	35159.2	2036.3	33737.1	9217.8	92469.2	87064.2	265.3	5139.8
745.1	6.5	29.3	213.7	148.6	44.4	133.8	79.9	673.7	579.4	10.3	84.0
138.0	1.6	3.1	18.9	15.3	2.5	13.3	5.6	127.0	113.2	1.0	12.8
98628.5	7204.0	4846.8	41224.5	33983.6	1904.0	32706.2	8517.5	89180.9	84108.8	241.5	4830.6
2698.9	109.1	167.9	1498.6	1011.7	85.4	883.8	614.8	2487.7	2262.8	12.5	212.3
1002.9	16.8	37.0	371.7	276.9	60.8	215.5	156.2	917.1	788.6	8.8	119.7
19422.0	**763.0**	**1641.4**	**9383.2**	**7623.1**	**317.0**	**6437.2**	**2946.1**	**16977.1**	**15045.6**	**41.0**	**1890.5**
3923.8	46.2	189.7	1702.0	1337.3	50.8	1195.7	506.3	3450.3	3288.0	10.3	151.9
193.1	12.6	5.3	67.0	60.0	2.8	43.5	23.5	169.5	149.8	0.2	19.5
14745.0	694.4	1422.0	7371.0	6015.5	255.4	4999.2	2371.8	12867.9	11144.5	30.1	1693.3
491.9	5.6	15.1	209.8	178.1	7.2	171.2	38.6	426.2	407.1	0.2	18.9
68.2	4.3	9.4	33.5	32.2	0.8	27.6	5.9	63.2	56.2	0.1	6.9
38148.5	**2889.5**	**2752.7**	**15911.3**	**12945.6**	**380.4**	**10532.9**	**5378.4**	**33726.5**	**29625.4**	**127.0**	**3974.1**
11413.5	744.5	530.0	3068.9	2536.4	92.9	2437.6	631.4	9917.2	9106.1	20.4	790.7
67.4	0.4	2.9	31.9	25.4	1.8	18.0	13.9	62.1	56.9	0.2	5.0
25881.1	2137.2	2149.0	12494.0	10130.4	266.2	7885.1	4608.9	23050.3	19867.1	105.2	3078.1
384.8	7.0	26.8	120.5	74.1	13.4	65.4	55.1	334.7	278.6	0.7	55.4
401.6	0.4	43.9	196.0	179.4	6.2	126.8	69.2	362.2	316.6	0.6	44.9

15-2 续表

单位：亿元

指　标	Item	法人企业（个） Number of Corporation Enterprises (unit)	年末从业人数（人） Engaged Persons at Year-end (person)	商品购进额 Total Purchases Value	#进口 Imports
按国民经济行业分	**by Sector**				
农、林、牧产品批发	Wholesale of Agricultural, Forestry and Livestock Products	5072	220090	8127.1	858.5
食品、饮料及烟草制品批发	Wholesale of Food, Beverages and Tobaccos	9898	1010844	34270.8	1342.0
#米、面制品及食用油批发	Wholesale of Rice, Flour and Edible Oil	1636	105359	5185.2	705.1
烟草制品批发	Wholesale of Tobaccos	558	273034	12779.4	78.0
纺织、服装及家庭用品批发	Wholesale of Textiles, Wearing Apparel and Household Articles	11948	867306	32957.2	1725.1
#服装批发	Wholesale of Garments	2769	281274	7194.1	341.3
家用电器批发	Wholesale of Household Electrical Appliances	1562	169412	11059.5	321.6
文化、体育用品及器材批发	Wholesale of Culture, Sports Appliances and Equipments	2579	177342	7270.2	482.8
医药及医疗器材批发	Wholesale of Medicines and Medical Appliances	6231	552966	18011.9	1390.2
矿产品、建材及化工产品批发	Wholesale of Mineral Products, Building Materials and Chemical Products	37902	1250805	203628.4	12865.0
#煤炭及制品批发	Wholesale of Coal and Related Products	4983	175191	24029.5	597.6
石油及制品批发	Wholesale of Petroleum and Related Products	4163	387848	53927.4	3751.2
金属及金属矿批发	Wholesale of Metal Materials	12248	243368	79147.3	4566.6
建材批发	Wholesale of Building Materials	5071	150081	11298.0	900.7
化肥批发	Wholesale of Chemical Fertilizer	1832	74064	5231.1	252.4
机械设备、五金产品及电子产品批发	Wholesale of Machinery, Hardware and Electronic Products	14038	679338	52508.9	10407.1
#汽车批发	Wholesale of Motor Vehicles	1499	89953	18310.5	3400.6
计算机、软件及辅助设备批发	Wholesale of Computer, Software and Assistant Appliances	1248	61088	4337.3	456.3
贸易经纪与代理	Trade Broker and Agency	1092	41675	5173.6	980.3
其他批发业	Other Wholesale not Classified Elsewhere	3059	107021	7590.8	1198.6

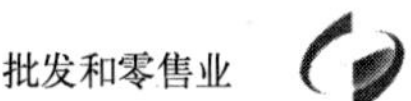

continued

(100 million yuan)

商品销售额 Total Sales Value	#出口 Exports	期末商品库存额 Stock (year-end)	资产总计 Total Assets	#流动资产合计 Total Current Assets	#固定资产合计 Total Fixed Assets	负债合计 Total Liabilities	所有者权益合计 Total Owners' Equities	主营业务收入 Revenue from Principal Business	主营业务成本 Cost of Principal Business	主营业务税金及附加 Taxes and Other Charges on Principal Business	主营业务利润 Profits from Principal Business
8511.6	166.2	1846.6	7051.1	4988.8	585.4	5002.2	2048.9	8032.1	7472.0	26.1	533.9
42663.1	790.9	3268.7	20122.2	15576.1	1636.2	10531.1	9591.1	37309.2	30162.8	1465.3	5681.1
5565.3	268.3	855.4	3522.3	2763.0	239.2	2951.1	571.2	5076.1	4773.8	9.5	292.9
17502.6	50.3	1285.0	6317.3	5075.1	603.2	1241.4	5075.9	15316.8	11301.1	1335.0	2680.6
35191.2	7123.2	2996.7	16710.9	13668.7	630.1	12256.5	4454.5	31748.3	28000.1	84.7	3663.5
8760.7	2686.1	714.8	5181.1	3871.9	257.3	3433.7	1747.4	7956.2	6709.3	24.4	1222.6
9457.8	491.8	1135.1	4523.8	4022.9	93.4	3734.9	788.9	8365.8	7756.0	13.0	596.9
7928.3	565.8	980.6	4811.1	3746.6	176.2	3292.2	1518.9	7191.6	6590.8	17.8	583.0
20252.7	270.5	2840.0	10436.8	8867.4	425.0	7860.2	2576.5	18146.2	16162.5	44.0	1939.7
214225.3	5825.0	8184.8	84601.6	63834.5	3885.7	64715.5	19892.7	191489.5	185826.6	280.0	5382.9
25610.1	95.4	734.9	14024.6	10078.5	646.1	10670.1	3352.2	23597.2	22720.3	49.5	827.4
56034.8	985.8	2576.8	18104.1	12316.2	1910.4	13199.6	4914.1	49712.6	48226.1	55.8	1430.8
83201.5	2083.3	2835.8	31146.7	24840.8	627.5	24937.2	6209.5	73305.2	71991.1	63.3	1250.8
11950.4	589.8	507.3	6574.8	5045.4	259.8	4929.7	1645.2	10755.4	10195.3	29.9	530.2
5537.8	225.2	412.0	3541.7	2694.2	128.5	2805.3	736.4	5590.3	5352.5	16.2	221.7
58617.6	5051.4	4467.6	28691.0	23578.4	737.3	21201.5	7489.5	51714.8	47670.4	170.6	3873.9
21048.9	373.8	1532.4	7658.0	6363.4	138.7	5911.7	1746.3	18249.7	16741.8	92.1	1415.8
4540.8	298.9	321.5	1935.2	1752.5	39.0	1523.1	412.1	4138.0	3947.0	4.7	186.2
5571.3	1565.4	277.4	4413.1	3875.9	65.7	3746.4	666.6	5196.3	4955.3	8.0	233.0
8351.2	1273.0	515.9	4360.8	3364.7	180.5	3408.2	952.6	7653.3	7137.6	30.5	485.2

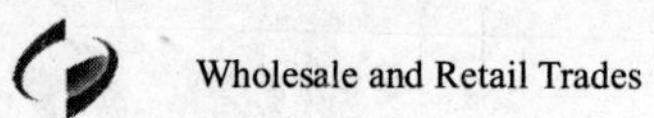

15-3 分地区限额以上批发业企业主要指标(2015年)
Main Indicators of Enterprises above Designated Size of Wholesale Trade by Region (2015)

单位：亿元　　(100 million yuan)

地区	Region	法人企业(个) Number of Corporation Enterprises (unit)	年末从业人数(人) Engaged Persons at Year-end (person)	商品购进额 Total Purchases Value	#进口 Imports	商品销售额 Total Sales Value	#出口 Exports	期末商品库存额 Stock (year-end)
全　国	**National Total**	**91819**	**4907387**	**369538.9**	**31249.6**	**401312.2**	**22631.4**	**25378.5**
北　京	Beijing	4282	380171	40427.8	7278.5	43084.8	2278.4	4913.4
天　津	Tianjin	3986	120150	28396.3	1732.8	30303.5	739.4	1115.9
河　北	Hebei	1558	107763	6289.4	93.9	6781.7	77.5	296.4
山　西	Shanxi	939	81485	7761.3	35.4	8090.3	14.5	255.1
内蒙古	Inner Mongolia	692	37748	1984.7	66.7	2293.8	6.2	333.5
辽　宁	Liaoning	2970	124740	10127.6	299.4	10962.9	274.0	473.2
吉　林	Jilin	523	33870	1631.5	49.6	1692.8	13.7	365.1
黑龙江	Heilongjiang	737	44006	2800.7	540.5	3158.2	71.5	338.2
上　海	Shanghai	3853	450960	57524.3	9421.4	64031.0	3150.0	3281.7
江　苏	Jiangsu	10753	408535	30242.3	1077.0	31209.8	2103.5	1636.2
浙　江	Zhejiang	11336	387872	32116.1	2133.4	34629.7	4402.9	1545.5
安　徽	Anhui	2218	121523	5188.6	172.2	5830.8	235.1	431.5
福　建	Fujian	5707	178218	15141.7	1256.4	16287.6	1519.4	830.6
江　西	Jiangxi	770	85134	1710.4	25.5	2224.5	72.4	215.8
山　东	Shandong	8452	389616	18067.2	729.7	19692.5	996.5	1015.5
河　南	Henan	3740	222332	7599.4	143.0	8481.6	90.5	498.6
湖　北	Hubei	3039	194098	10001.0	58.3	10895.9	187.9	1039.9
湖　南	Hunan	1806	110084	4063.7	64.9	4199.3	75.9	1251.2
广　东	Guangdong	13483	732040	49257.2	4243.9	52907.2	5176.0	2767.0
广　西	Guangxi	1168	64790	3600.7	58.2	4291.6	179.9	232.3
海　南	Hainan	163	14930	1985.5	62.1	2128.4	56.5	50.9
重　庆	Chongqing	2368	127596	6170.0	170.0	6835.7	272.4	366.7
四　川	Sichuan	2292	154078	6057.1	113.7	6789.2	145.5	459.1
贵　州	Guizhou	778	56699	2306.9	28.1	3182.4	67.4	239.5
云　南	Yunnan	1076	77416	4584.3	190.4	5227.9	252.1	584.7
西　藏	Tibet	23	5651	71.1	0.0	104.7		10.1
陕　西	Shaanxi	912	79589	4667.2	26.1	5251.5	86.5	189.6
甘　肃	Gansu	574	30977	2824.8	12.3	3350.0	21.3	158.9
青　海	Qinghai	142	11636	720.1	0.1	831.4	7.8	34.0
宁　夏	Ningxia	168	10051	736.5	34.1	743.3	1.2	29.0
新　疆	Xinjiang	1311	63629	5483.3	1132.1	5818.3	55.5	419.4

15-3 续表 continued

单位：亿元 (100 million yuan)

地 区	Region	资产总计 Total Assets	#流动资产合计 Total Current Assets	#固定资产合计 Total Fixed Assets	负债合计 Total Liabilities	所有者权益合计 Total Owners' Equities	主营业务收入 Revenue from Principal Business	主营业务成本 Cost of Principal Business	主营业务税金及附加 Taxes and Other Charges on Principal Business	主营业务利润 Profits from Principal Business
全 国	**National Total**	**181198.5**	**141501.0**	**8322.1**	**132013.9**	**49191.3**	**358481.3**	**333978.1**	**2127.1**	**22376.1**
北 京	Beijing	31916.2	23103.6	653.6	22582.8	9333.4	36948.2	34506.0	75.7	2366.5
天 津	Tianjin	11136.2	9053.5	236.6	8820.7	2313.3	26573.5	25485.1	173.6	914.9
河 北	Hebei	3311.1	2638.7	180.8	2512.9	798.2	6803.7	6419.4	58.3	325.9
山 西	Shanxi	3766.4	2708.2	293.0	2879.6	886.8	7115.9	6863.7	40.6	211.6
内蒙古	Inner Mongolia	1718.1	1203.0	158.7	1284.2	433.9	2198.5	2032.1	31.7	134.7
辽 宁	Liaoning	3841.4	3132.1	308.4	2950.8	877.6	9950.6	9487.9	57.7	405.0
吉 林	Jilin	1103.7	937.0	78.1	873.2	230.4	1616.0	1473.0	24.4	118.5
黑龙江	Heilongjiang	2233.7	1953.9	129.8	1890.9	332.4	3131.5	2851.3	40.6	239.6
上 海	Shanghai	20751.1	16612.1	518.2	14912.8	5838.3	56624.5	52717.8	85.2	3821.6
江 苏	Jiangsu	12269.1	10030.5	661.0	8894.2	3374.8	27558.5	25529.7	134.7	1894.2
浙 江	Zhejiang	15862.9	12588.9	577.2	12124.3	3738.6	31208.1	29709.0	132.2	1366.9
安 徽	Anhui	3036.1	2307.7	159.6	2236.8	799.3	5249.9	4769.0	64.4	416.5
福 建	Fujian	8417.7	6407.0	324.9	5660.3	2757.3	14279.0	13452.9	71.2	755.0
江 西	Jiangxi	1817.1	1452.0	111.9	867.2	949.9	2053.5	1803.2	46.3	203.9
山 东	Shandong	7565.4	5746.0	834.4	5483.1	2082.3	18413.1	16788.5	159.3	1465.2
河 南	Henan	3264.4	2398.5	390.1	2056.5	1207.9	7853.5	6991.1	118.2	744.2
湖 北	Hubei	3415.7	2585.6	403.7	2359.7	1056.0	9126.5	8281.9	80.9	763.7
湖 南	Hunan	1834.9	1357.9	165.1	1211.0	623.9	3809.9	3347.6	91.9	370.4
广 东	Guangdong	22587.3	18589.8	947.6	17415.3	5171.0	47381.1	44274.2	188.1	2918.8
广 西	Guangxi	2131.2	1612.3	102.7	1554.2	577.0	3779.3	3549.1	42.4	187.9
海 南	Hainan	836.6	677.9	32.7	542.2	294.4	1923.9	1809.3	13.5	101.1
重 庆	Chongqing	2694.0	2200.0	168.3	1891.7	802.3	6364.2	5767.9	83.0	513.3
四 川	Sichuan	3154.5	2625.9	179.3	2272.3	882.2	6151.2	5561.8	83.3	506.2
贵 州	Guizhou	2558.1	2174.5	94.2	1556.3	1001.8	3021.0	2380.7	59.4	580.9
云 南	Yunnan	3606.2	2723.0	152.2	2484.9	1121.3	4766.7	4264.8	53.7	448.3
西 藏	Tibet	79.2	65.3	6.5	53.1	26.1	92.9	64.1	5.7	23.1
陕 西	Shaanxi	1704.3	1308.8	106.5	1234.7	469.6	4858.3	4560.8	46.2	251.3
甘 肃	Gansu	792.5	581.4	85.8	418.2	374.3	2895.3	2780.3	21.1	93.9
青 海	Qinghai	464.7	340.1	34.0	328.9	135.8	860.8	802.7	14.6	43.4
宁 夏	Ningxia	440.2	323.3	35.4	350.9	89.3	689.5	652.9	6.9	29.7
新 疆	Xinjiang	2888.7	2062.3	191.9	2310.1	611.9	5182.6	5000.4	22.4	159.8

15-4 按登记注册类型和行业分限额以上零售业企业主要指标(2015年)

单位：亿元

指标	Item	法人企业(个) Number of Corporation Enterprises (unit)	年末从业人数(人) Engaged Persons at Year-end (person)	商品购进额 Total Purchases Value	#进口 Imports
零售业合计	**Retail Trade**	**91258**	**6828374**	**98532.7**	**2694.0**
按登记注册类型分	**by Status of Registration**				
内资企业	**Domestic Funded Enterprises**	**88977**	**5955016**	**88358.4**	**2093.5**
国有企业	State-owned Enterprises	1614	129469	1795.5	26.0
集体企业	Collective-owned Enterprises	1826	96589	1402.5	1.2
股份合作企业	Cooperative Enterprises	320	17435	180.0	0.5
联营企业	Joint Ownership Enterprises	140	6082	99.9	2.3
国有联营企业	State Joint Ownership Enterprises	24	1933	18.6	2.3
集体联营企业	Collective Joint Ownership Enterprises	49	2372	35.5	
国有与集体联营企业	Joint State-collective Enterprises	35	854	24.8	
其他联营企业	Other Joint Ownership Enterprises	32	923	21.0	
有限责任公司	Limited Liability Corporations	30874	2598504	39441.7	1135.7
国有独资公司	State Sole Funded Corporations	670	63144	1361.5	61.7
其他有限责任公司	Other Limited Liability Corporations	30204	2535360	38080.2	1074.0
股份有限公司	Share-holding Corporations Ltd.	2310	645067	12804.9	37.5
私营企业	Private Enterprises	50733	2413752	32237.4	884.2
私营独资企业	Private-funded Enterprises	5047	122376	1428.3	12.3
私营合伙企业	Private Partnership Enterprises	473	13226	141.0	0.0
私营有限责任公司	Private Limited Liability Corporations	43569	2144350	29330.0	854.5
私营股份有限公司	Private Share-holding Corporations Ltd.	1644	133800	1338.1	17.5
其他企业	Other Enterprises	1160	48118	396.5	6.1
港、澳、台商投资企业	**Enterprises with Funds from Hong Kong, Macao and Taiwan**	**1269**	**425419**	**4838.1**	**370.7**
合资经营企业	Joint-venture Enterprises	294	104429	1341.8	94.8
合作经营企业	Cooperative Enterprises	26	6083	56.7	
独资经营企业	Enterprises with Sole Fund	892	306008	3331.7	258.8
投资股份有限公司	Share-holding Corporations Ltd. with Investment	40	6511	78.5	17.1
其他港澳台商投资企业	Other Enterprises with Funds from Hong Kong, Macao and Taiwan	17	2388	29.4	
外商投资企业	**Foreign Funded Enterprises**	**1012**	**447939**	**5336.2**	**229.9**
中外合资经营企业	Joint-venture Enterprises	289	170253	2461.8	62.6
中外合作经营企业	Cooperation Enterprises	28	11615	156.6	2.4
外资企业	Enterprises with Sole Fund	619	251050	2489.8	149.2
外商投资股份有限公司	Share-holding Corporations Ltd. with Foreign Investment	49	11191	159.4	0.4
其他外商投资企业	Other Foreign Funded Enterprises	27	3830	68.7	15.2

Main Indicators of Enterprises above Designated Size of Retail Trade by Status of Registration and Sector (2015)

(100 million yuan)

商品销售额 Total Sales Value	#出口 Exports	期末商品库存额 Stock (year-end)	资产总计 Total Assets	#流动资产合计 Total Current Assets	#固定资产合计 Total Fixed Assets	负债合计 Total Liabilities	所有者权益合计 Total Owners' Equities	主营业务收入 Revenue from Principal Business	主营业务成本 Cost of Principal Business	主营业务税金及附加 Taxes and Other Charges on Principal Business	主营业务利润 Profits from Principal Business
114255.3	**88.1**	**11213.2**	**53507.3**	**35876.8**	**7835.9**	**38191.1**	**15322.2**	**99452.6**	**87760.5**	**574.9**	**11117.2**
101363.1	**85.0**	**9884.1**	**46783.2**	**31394.0**	**6829.5**	**33482.6**	**13307.8**	**88666.4**	**78926.8**	**516.8**	**9222.8**
2027.3	1.0	165.7	927.6	544.7	207.2	579.3	348.3	1841.5	1626.3	11.6	203.6
1517.0	0.3	66.0	319.1	176.0	92.6	198.7	120.4	1352.2	1186.0	14.7	151.5
194.7	0.4	12.2	57.1	33.8	16.1	34.5	22.6	177.5	155.2	2.5	19.9
112.3		6.0	19.9	14.4	3.4	10.8	9.1	102.7	90.0	0.7	12.0
22.0		1.7	2.8	1.5	0.7	2.1	0.7	19.6	17.2	0.1	2.3
36.6		3.0	6.7	4.8	1.4	3.8	3.0	34.1	30.4	0.2	3.5
29.8		0.5	5.0	4.0	0.7	1.5	3.5	26.0	23.2	0.1	2.7
23.9		0.8	5.3	4.1	0.7	3.3	1.9	23.0	19.2	0.3	3.5
44703.6	57.4	4154.2	20855.6	14289.1	2850.0	15618.2	5236.8	39267.1	35100.6	191.4	3975.2
1616.4	0.1	113.5	833.7	420.8	158.8	493.3	339.8	1412.7	1248.7	5.6	158.4
43087.2	57.3	4040.7	20021.9	13868.4	2691.2	15124.9	4897.0	37854.5	33851.9	185.8	3816.8
16290.7	3.6	880.9	8938.4	5127.2	1517.0	5614.0	3332.2	13150.4	11801.0	63.0	1286.4
36040.3	22.1	4568.9	15464.1	11089.4	2091.6	11314.9	4149.2	32327.2	28600.8	227.6	3498.8
1542.1	0.3	101.1	437.7	251.8	124.4	208.8	228.9	1450.5	1215.4	23.4	211.7
166.2		9.5	49.9	27.3	11.7	28.9	21.1	156.0	130.4	3.0	22.6
32786.3	21.3	4323.6	14290.3	10326.7	1859.5	10625.4	3664.9	29427.8	26154.9	190.2	3082.7
1545.6	0.4	134.6	686.2	483.6	96.0	451.8	234.4	1292.9	1100.0	11.1	181.9
477.2	0.2	30.3	201.5	119.3	51.6	112.3	89.2	447.7	367.0	5.2	75.5
6066.6	**1.3**	**796.6**	**3448.3**	**2221.5**	**535.6**	**2326.8**	**1120.3**	**5297.5**	**4318.1**	**29.1**	**950.3**
1691.2	0.1	256.6	1058.2	720.6	145.5	643.8	413.2	1464.4	1192.9	7.5	264.0
71.4		2.6	39.5	22.1	9.6	24.7	14.8	63.7	53.1	0.3	10.4
4170.5	1.2	518.9	2184.4	1380.7	360.3	1566.4	618.1	3650.1	2979.4	20.6	650.0
99.7		16.4	152.4	89.7	17.4	81.0	71.5	89.2	67.2	0.5	21.5
33.9		2.1	13.8	8.4	2.9	11.0	2.8	30.0	25.4	0.2	4.5
6825.5	**1.8**	**532.5**	**3275.8**	**2261.3**	**470.8**	**2381.8**	**894.0**	**5488.7**	**4515.5**	**29.1**	**944.1**
3110.3	0.2	178.5	964.0	615.9	178.1	641.4	322.6	2303.9	1969.1	9.8	325.0
177.2		11.6	86.7	70.8	8.8	66.7	20.0	150.6	129.9	0.9	19.9
3209.1	1.5	311.0	2058.6	1478.6	251.2	1542.3	516.3	2789.0	2214.9	16.9	557.1
231.7		15.7	121.1	64.5	22.1	98.5	22.6	158.7	132.1	0.8	25.7
97.2	0.2	15.7	45.5	31.5	10.7	32.9	12.6	86.6	69.5	0.6	16.4

15-4 续表

单位：亿元

指标	Item	法人企业(个) Number of Corporation Enterprises (unit)	年末从业人数(人) Engaged Persons at Year-end (person)	商品购进额 Total Purchases Value	#进口 Imports
按国民经济行业分	**by Sector**				
综合零售	Integrated Retail	13306	2600615	21842.4	133.7
#百货零售	Retail of General Merchandise	6532	1144471	11530.0	94.8
超级市场零售	Retail of Supermarkets	5281	1320379	9163.0	23.2
食品、饮料及烟草制品专门零售	Special Retail of Food, Beverages and Tobaccos	8380	365077	3155.8	39.7
纺织、服装及日用品专门零售	Special Retail of Textiles, Garments and Daily Consumer Articles	5565	567492	3748.9	226.6
#服装零售	Retail of Garments	2787	365549	2228.6	138.7
文化、体育用品及器材专门零售	Special Retail of Culture, Sports Appliances and Equipments	4246	240169	2742.4	47.1
#体育用品及器材零售	Retail of Sports Appliances and Equipments	176	15737	129.0	0.7
图书、报刊零售	Retail of Books, Newspapers and Magazines	1364	113472	1040.5	35.2
医药及医疗器材专门零售	Special Retail of Medicines and Medical Appliances	4593	497770	5422.0	34.4
#药品零售	Retail of Medicines	3980	478975	5173.5	17.2
汽车、摩托车、燃料及零配件专门零售	Special Retail of Motor Vehicles, Motorcycles, Fuel and Parts	33189	1627717	44988.0	2134.4
#汽车零售	Retail of Motor Vehicles	23991	1238930	32990.8	2112.5
机动车燃料零售	Retail of Fuel of Motor Vehicles	6699	334168	11037.7	10.5
家用电器及电子产品专门零售	Special Retail of Household Electric Appliances and Electronic Products	11166	503325	9104.2	26.8
#日用家电设备零售	Retail of Household Electric Appliances	4132	194026	3318.9	3.1
计算机、软件及辅助设备零售	Retail of Computer, Software and Assistant Appliances	2906	106029	2111.9	3.1
通信设备零售	Retail of Communication Equipments	1130	75330	1738.6	11.1
五金、家具及室内装饰材料专门零售	Special Retail of Hardware, Furniture and Interior Decoration Materials	6071	210233	2886.1	11.8
货摊、无店铺及其他零售业	Stalls, Non-shop and Other Retails	4742	215976	4642.9	39.6
#互联网零售	Retails on the Internet	1464	103022	3132.5	17.0

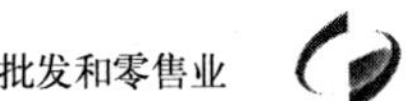

continued

(100 million yuan)

商品销售额 Total Sales Value	#出口 Exports	期末商品库存额 Stock (year-end)	资产总计 Total Assets	#流动资产合计 Total Current Assets	#固定资产合计 Total Fixed Assets	负债合计 Total Liabilities	所有者权益合计 Total Owners' Equities	主营业务收入 Revenue from Principal Business	主营业务成本 Cost of Principal Business	主营业务税金及附加 Taxes and Other Charges on Principal Business	主营业务利润 Profits from Principal Business
26952.5	6.4	2191.3	14949.5	8640.6	3110.9	10925.1	4023.2	22393.8	18994.4	184.2	3215.3
15138.3	3.5	1082.0	9631.7	5274.3	2077.3	6678.5	2952.1	12033.3	10154.2	118.4	1760.7
10470.2	2.5	1022.4	4944.3	3133.2	954.9	3972.1	972.3	9166.3	7820.9	53.0	1292.4
3738.5	8.2	300.3	1959.2	1207.4	357.5	1133.2	826.0	3432.2	2802.0	39.7	590.6
5108.2	8.9	932.1	3169.4	2016.7	377.1	2081.5	1087.9	4502.2	3278.3	45.6	1178.3
3070.2	2.9	594.6	2164.2	1271.7	258.9	1405.4	758.8	2669.5	1881.8	28.0	759.7
3071.9	4.9	575.1	2319.2	1604.3	301.2	1349.2	970.0	2799.0	2282.2	24.0	492.9
178.8	0.5	29.3	100.0	72.2	14.7	63.4	36.5	161.5	121.8	1.0	38.8
1034.9	0.6	205.4	1103.7	713.5	163.0	608.4	495.3	1009.1	780.3	2.7	226.1
6036.2	0.7	636.3	3286.2	2691.7	184.3	2496.7	789.6	5304.6	4638.5	21.1	645.0
5731.9	0.5	607.8	3102.0	2541.7	171.3	2373.9	728.1	5025.2	4419.8	19.3	586.1
50624.9	13.2	5246.8	20240.7	14503.1	2526.3	14856.4	5391.5	44517.0	41384.1	135.0	2997.9
35688.2	10.8	4804.8	14465.7	11115.3	1546.4	11422.7	3043.1	32188.8	30108.9	85.3	1994.6
13861.3	0.7	344.5	5217.9	2958.9	931.2	2996.1	2229.1	11348.8	10413.8	40.9	894.1
9935.1	35.0	700.6	3973.5	3039.3	295.3	2713.1	1260.3	8817.2	7850.9	47.1	919.2
3600.3	1.1	340.3	2053.8	1570.0	160.6	1440.0	613.8	3169.2	2774.7	18.3	376.3
2278.7	0.0	100.3	560.0	451.2	33.6	322.7	237.3	2020.8	1835.6	9.6	175.6
1900.3	32.4	100.7	529.6	405.1	21.6	393.8	135.8	1688.5	1561.1	5.0	122.4
3486.9	6.4	322.7	1671.4	933.4	350.8	1061.4	610.1	3103.4	2505.0	56.9	541.5
5301.1	4.3	308.0	1938.1	1240.3	332.5	1574.5	363.6	4583.2	4025.2	21.5	536.6
3513.4	2.3	225.1	732.2	631.0	39.9	779.1	-46.9	2903.3	2637.1	6.1	260.2

15-5 分地区限额以上零售业企业主要指标(2015年)
Main Indicators of Enterprises above Designated Size of Retail Trade by Region (2015)

单位：亿元 (100 million yuan)

地区	Region	法人企业(个) Number of Corporation Enterprises (unit)	年末从业人数(人) Engaged Persons at Year-end (person)	商品购进额 Total Purchases Value	#进口 Imports	商品销售额 Total Sales Value	#出口 Exports	期末商品库存额 Stock (year-end)
全国	**National Total**	**91258**	**6828374**	**98532.7**	**2694.0**	**114255.3**	**88.1**	**11213.2**
北京	Beijing	1963	348467	7394.5	167.6	8139.8	32.9	635.8
天津	Tianjin	1181	101068	2114.0	125.1	2536.9	0.4	168.0
河北	Hebei	2389	249668	2771.8	54.8	3076.0	0.4	444.6
山西	Shanxi	2054	159493	1679.2	27.7	2007.2	0.0	217.2
内蒙古	Inner Mongolia	1284	96701	1298.0	21.9	1518.0	0.4	146.4
辽宁	Liaoning	3050	234330	3075.4	63.4	3614.2	6.3	735.8
吉林	Jilin	1191	82930	1435.4	28.2	1807.8	3.8	114.4
黑龙江	Heilongjiang	1196	96964	1232.0	24.8	1570.0	0.1	126.9
上海	Shanghai	1942	363710	5153.1	306.0	6287.1	1.0	808.8
江苏	Jiangsu	8290	557938	9279.0	203.5	10783.1	2.3	806.1
浙江	Zhejiang	5238	369376	6316.6	295.4	7428.4	6.8	800.6
安徽	Anhui	4312	253965	3201.0	61.5	3624.1	0.7	325.6
福建	Fujian	4847	248657	3426.1	108.5	4228.9	2.2	297.8
江西	Jiangxi	1824	128825	1472.7	22.1	1650.6	1.9	165.0
山东	Shandong	8705	590896	9021.8	88.0	9957.6	5.7	685.8
河南	Henan	6511	409571	4114.5	71.8	4710.1	2.8	380.7
湖北	Hubei	5139	334585	5198.8	75.4	5763.4	1.3	641.2
湖南	Hunan	4028	257306	3504.1	88.0	4227.8	2.8	499.5
广东	Guangdong	7787	654784	9750.6	365.4	11293.8	11.9	1440.9
广西	Guangxi	1752	115313	1262.3	36.7	1451.9	0.4	146.9
海南	Hainan	194	26971	416.4	41.4	480.7		48.5
重庆	Chongqing	3186	207094	2755.2	77.1	3439.6	0.1	249.2
四川	Sichuan	4245	323755	4834.6	152.7	5387.2		434.2
贵州	Guizhou	1651	83972	1246.2	19.6	1529.3		177.5
云南	Yunnan	2012	147528	1822.7	32.1	2222.6	2.3	188.7
西藏	Tibet	76	5703	89.1	0.0	104.9	0.0	14.2
陕西	Shaanxi	2852	207678	2659.0	81.1	3082.8	0.8	234.6
甘肃	Gansu	1021	69266	746.2	19.7	882.7	0.4	81.7
青海	Qinghai	193	16553	164.0	2.1	198.4		24.8
宁夏	Ningxia	275	29137	279.2	15.4	312.7	0.0	52.3
新疆	Xinjiang	870	56170	819.3	16.8	937.9	0.3	119.7

15-5 续表 continued

单位：亿元 (100 million yuan)

地 区	Region	资产总计 Total Assets	#流动资产合计 Total Current Assets	#固定资产合计 Total Fixed Assets	负债合计 Total Liabilities	所有者权益合计 Total Owners' Equities	主营业务收入 Revenue from Principal Business	主营业务成本 Cost of Principal Business	主营业务税金及附加 Taxes and Other Charges on Principal Business	主营业务利润 Profits from Principal Business
全 国	**National Total**	**53507.3**	**35876.8**	**7835.9**	**38191.1**	**15322.2**	**99452.6**	**87760.5**	**574.9**	**11117.2**
北 京	Beijing	4212.2	3073.2	324.3	3216.8	995.4	7015.7	6266.7	25.4	723.6
天 津	Tianjin	1202.0	713.1	171.8	871.8	330.3	1993.3	1800.4	7.9	185.0
河 北	Hebei	1543.1	1056.3	261.2	1201.3	341.8	2617.8	2378.4	11.8	227.6
山 西	Shanxi	1077.3	721.9	212.2	840.2	237.2	1798.5	1637.8	5.4	155.4
内蒙古	Inner Mongolia	869.7	594.1	149.9	686.3	183.5	1393.5	1240.7	8.7	144.1
辽 宁	Liaoning	1903.8	1130.9	327.5	1421.4	481.7	3203.8	2843.2	20.2	340.4
吉 林	Jilin	874.8	493.3	233.3	657.7	217.4	1466.3	1304.3	9.5	152.5
黑龙江	Heilongjiang	769.6	486.6	174.9	579.5	190.1	1366.8	1205.3	11.7	149.9
上 海	Shanghai	3092.2	2219.5	398.8	2361.6	730.5	5474.0	4511.0	26.1	936.9
江 苏	Jiangsu	5267.6	3329.2	799.7	3690.3	1577.4	9312.0	8243.5	43.5	1025.1
浙 江	Zhejiang	3541.8	2410.9	473.5	2714.1	827.7	6105.9	5491.5	21.8	592.7
安 徽	Anhui	1948.2	1187.2	270.5	1206.5	741.7	3157.5	2809.0	12.5	336.0
福 建	Fujian	1473.9	1072.8	183.1	912.3	561.5	3423.5	3035.1	18.5	369.8
江 西	Jiangxi	1029.3	764.9	127.7	800.0	229.3	1500.7	1338.8	15.8	146.1
山 东	Shandong	4187.4	2646.3	764.5	3095.9	1091.6	9097.9	7996.7	74.2	1027.0
河 南	Henan	1989.3	1324.5	347.4	1379.2	610.1	4215.7	3707.1	37.8	470.8
湖 北	Hubei	2360.4	1441.7	513.1	1668.5	691.9	4750.3	4113.7	38.8	597.8
湖 南	Hunan	1740.1	1010.0	325.8	1098.5	641.6	3837.1	3387.2	32.7	417.2
广 东	Guangdong	5262.4	4178.5	426.8	3613.5	1647.7	9876.1	8659.7	43.8	1172.7
广 西	Guangxi	740.1	567.8	82.5	528.7	211.3	1276.0	1146.2	4.4	125.4
海 南	Hainan	248.7	158.6	47.1	163.7	84.9	417.6	359.0	2.6	56.0
重 庆	Chongqing	1344.5	876.9	187.2	897.0	447.5	3142.3	2726.5	28.4	387.5
四 川	Sichuan	2077.6	1336.4	327.0	1360.9	716.7	4854.6	4324.9	24.7	505.0
贵 州	Guizhou	765.2	544.2	85.3	558.3	206.9	1278.9	1155.1	6.2	117.6
云 南	Yunnan	1103.3	691.9	154.9	692.0	411.3	1981.7	1761.9	6.5	213.3
西 藏	Tibet	56.5	31.9	13.2	36.0	20.5	99.8	90.6	0.7	8.5
陕 西	Shaanxi	1371.8	860.2	220.6	907.3	464.5	2713.2	2372.8	25.9	314.5
甘 肃	Gansu	525.1	330.6	87.9	315.6	208.0	798.3	713.5	4.7	80.1
青 海	Qinghai	107.0	71.1	25.7	78.8	28.2	177.3	158.2	0.5	18.6
宁 夏	Ningxia	198.5	138.8	23.6	144.2	54.4	270.6	239.2	1.1	30.2
新 疆	Xinjiang	624.1	413.4	95.2	493.5	139.7	835.7	742.4	3.3	90.0

15-6 按登记注册类型分连锁零售企业基本情况(2015年)

Basic Conditions of Chain Retail Enterprises by Status of Registration (2015)

指标	Item	总店数(个) Number of Head Stores (unit)	门店总数(个) Number of Stores (unit)	年末从业人数(万人) Engaged Persons at Year-end (10 000 persons)	年末零售营业面积(万平方米) Operating Area of Retail Enterprises at Year-end (10 000 sq.m)	商品销售额(亿元) Total Sales of Commodities (100 million yuan)	商品购进总额(亿元) Total Purchases Value (100 million yuan)	统一配送商品购进额(亿元) Centralized Purchase and Delivery (100 million yuan)
合计	**Total**	**2690**	**209812**	**248.1**	**16862.4**	**35400.4**	**30556.8**	**23379.9**
内资企业	**Domestic Funded Enterprises**	**2420**	**191052**	**195.5**	**13785.9**	**29196.0**	**25261.3**	**20038.2**
国有企业	State-owned Enterprises	179	15426	12.4	1211.4	4175.0	3618.5	3367.8
集体企业	Collective-owned Enterprises	25	1205	1.1	56.1	97.6	85.5	18.3
股份合作企业	Cooperative Enterprises	7	310	0.5	5.4	112.2	103.3	99.4
联营企业	Joint Ownership Enterprises	4	205	0.1	3.1	8.9	6.7	6.7
国有联营企业	State Joint Ownership Enterprises	1	154	0.1	2.2	5.5	4.2	4.2
集体联营企业	Collective Joint Ownership Enterprises							
国有与集体联营企业	Joint State-collective Enterprises	1	5	0.0	0.1	0.1	0.1	0.1
其他联营企业	Other Joint Ownership Enterprises	2	46	0.0	0.8	3.4	2.4	2.4
有限责任公司	Limited Liability Corporations	1029	67240	63.6	3371.0	6251.7	5541.0	4331.3
国有独资公司	State Sole Funded Corporations	14	1188	0.6	9.7	68.4	67.9	38.1
其他有限责任公司	Other Limited Liability Corporations	1015	66052	63.0	3361.3	6183.3	5473.1	4293.3
股份有限公司	Share-holding Corporations Ltd.	286	52204	78.6	7685.5	16073.3	13683.5	10237.7
私营企业	Private Enterprises	864	52055	37.7	1404.0	2410.8	2160.9	1917.3
私营独资企业	Private-funded Enterprises	33	1535	0.7	18.1	42.7	36.5	28.4
私营合伙企业	Private Partnership Enterprises	8	304	0.3	28.1	22.7	22.1	22.1
私营有限责任公司	Private Limited Liability Corporations	782	43392	30.4	1160.7	1944.7	1752.0	1546.8
私营股份有限公司	Private Share-holding Corporations Ltd.	41	6824	6.3	197.1	400.7	350.3	320.0
其他企业	Other Enterprises	26	2407	1.6	49.5	66.6	62.0	59.7
港、澳、台商投资企业	**Enterprises with Funds from Hong Kong, Macao and Taiwan**	**121**	**8980**	**24.1**	**1475.9**	**2597.2**	**2278.7**	**1656.0**
合资经营企业	Joint-venture Enterprises	35	3313	3.7	203.3	446.8	363.9	183.8
合作经营企业	Cooperative Enterprises	3	224	6.0	267.8	444.2	443.6	443.0
独资经营企业	Enterprises with Sole Fund	78	4721	10.2	471.5	1260.9	992.3	675.1
投资股份有限公司	Share-holding Corporations Ltd.	4	330	0.2	4.6	23.9	18.5	14.5
其他港澳台商投资企业	Other Enterprises with Funds from Hong Kong, Macao and Taiwan	1	392	3.9	528.6	421.4	460.5	339.6
外商投资企业	**Foreign Funded Enterprises**	**149**	**9780**	**28.4**	**1600.7**	**3607.2**	**3016.8**	**1685.6**
中外合资经营企业	Joint-venture Enterprises	61	4757	15.7	987.7	1879.8	1580.1	962.1
中外合作经营企业	Cooperative Enterprises	9	1204	2.3	99.0	177.7	163.1	107.1
外资企业	Enterprises with Sole Fund	75	3644	10.1	475.3	1494.0	1225.8	592.9
外商投资股份有限公司	Share-holding Corporations Ltd.	3	172	0.3	38.6	53.9	47.7	23.6
其他外商投资企业	Other Foreign Funded Enterprises	1	3		0.1	1.8	0.1	

15-7 按行业和业态分连锁零售企业基本情况(2015年)
Basic Statistics of Chain Retail Enterprises by Sector and Business Categories (2015)

指标	Item	总店数（个）Number of Head Stores (unit)	门店总数（个）Number of Stores (unit)	年末从业人数（万人）Engaged Persons at Year-end (10 000 persons)	年末零售营业面积（万平方米）Operating Area of Retail Enterprises at Year-end (10 000 sq.m)	商品销售额（亿元）Total Sales of Commodities (100 million yuan)	商品购进总额（亿元）Total Purchases Value (100 million yuan)	统一配送商品购进额（亿元）Centralized Purchase and Delivery (100 million yuan)
总计	**Total**	**2690**	**209812**	**248.1**	**16862.4**	**35400.4**	**30556.8**	**23379.9**
按行业分	**By Sector**							
#综合零售	Integrated Retail	843	68534	138.5	7774.2	13027.4	11353.8	7428.6
食品、饮料及烟草制品专门零售	Retail of Food, Beverages and Tobaccos	149	13236	5.9	82.3	351.3	269.1	238.7
纺织、服装及日用品专门零售	Special Retail of Textiles, Garments and Daily Consumer Articles	165	9699	6.8	282.6	463.3	314.0	225.6
文化、体育用品及器材专门零售	Retail of Culture, Sports Appliances and Equipments	88	2181	3.5	116.1	516.5	507.2	484.9
医药及医疗器材专门零售	Retail of Medicines and Medical Appliances	690	45063	24.6	566.3	988.9	807.5	741.5
汽车、摩托车、燃料及零配件专门零售	Retail of Motor Vehicles, Motorcycles, Fuel and Parts	193	13783	13.0	2075.9	5575.2	4489.6	3495.8
家用电器及电子产品专门零售	Special Retail of Household Electric Appliances and Electronic Products	206	6897	25.0	1479.5	3651.0	3385.9	2288.3
五金、家具及室内装饰材料专门零售	Special Retail of Hardware, Furniture and Interior Decoration Material	17	201	0.7	35.2	67.7	48.3	44.4
货摊、无店铺及其他零售业	Stalls, Non-Shop and Other Retails	9	650	0.3	5.4	7.6	6.9	4.0
按业态分	**By Business Categories**							
便利店	Convenience Store	100	17675	8.4	149.6	387.2	317.0	250.5
折扣店	Discount Store	3	410	0.2	18.9	31.5	26.2	13.2
超市	Supermarket	414	33301	43.5	1918.7	3118.1	2869.7	2388.5
大型超市	Hypermarket	172	8584	55.9	3369.4	4962.9	4332.4	3128.3
仓储会员店	Warehouse Club	5	128	1.5	69.7	250.3	259.9	34.0
百货店	Department Store	104	4867	26.4	2104.4	3841.6	3212.4	1369.3
专业店	Specialty Store	1481	112959	92.8	8480.6	20521.0	17718.6	15028.8
#加油站	Gas Station	302	35710	29.0	5751.4	13313.9	11196.7	9570.1
专卖店	Franchised Store	320	21093	14.1	467.9	1739.7	1408.5	907.3
家居建材商店	Building Material Store	14	64	0.3	32.7	46.9	34.3	30.4
厂家直销中心	Factory Outlets Center	9	306	0.4	2.8	17.7	12.6	12.2
其他	Other Store	68	10425	4.6	247.7	483.5	365.2	217.3

15-8 分地区连锁零售企业基本情况
Basic Conditions of Chain Retail Enterprises by Region

年 份 地 区	Year Region	总店数 (个) Number of Head Stores (unit)	门店总数 (个) Number of Stores (unit)	年末从业人数 (万人) Engaged Persons at Year-end (10 000 persons)	年末零售营业面积 (万平方米) Operating Area of Retail Enterprises at Year-end (10 000 sq.m)	商品销售额 (亿元) Total Sales of Commodities (100 million yuan)	商品购进总额 (亿元) Total Purchases Value (100 million yuan)	统一配送商品购进额 (亿元) Centralized Purchase and Delivery (100 million yuan)
	2005	1416	105684	160.1	8687.5	12587.8	10734.6	8409.4
	2006	1696	128924	187.1	8979.0	14952.2	13447.4	10565.7
	2007	1729	145366	186.2	10044.0	17754.3	15917.0	12542.4
	2008	2457	168502	197.1	10197.8	20466.5	17193.1	13782.1
	2009	2327	175677	210.9	11809.2	22240.0	19343.7	14723.1
	2010	2361	176792	225.2	12756.8	27385.4	24044.6	17412.5
	2011	2411	195779	249.1	13670.7	34510.7	29653.0	22919.6
	2012	2524	192870	256.3	14765.9	35462.1	30825.5	23975.8
	2013	2649	204090	255.9	15640.3	38006.9	32258.7	25341.8
	2014	2663	206415	250.2	16221.3	37340.6	31298.5	24582.4
	2015	2690	209812	248.1	16862.4	35400.4	30556.8	23379.9
北 京	Beijing	152	7577	15.7	748.2	2733.3	2306.9	1186.4
天 津	Tianjin	37	2237	3.1	198.5	613.6	546.4	329.6
河 北	Hebei	84	4750	5.3	606.6	989.0	919.6	590.3
山 西	Shanxi	60	3727	4.2	262.6	514.7	341.4	210.6
内蒙古	Inner Mongolia	18	628	0.7	27.7	31.0	26.3	15.8
辽 宁	Liaoning	94	6136	6.3	463.2	787.1	793.5	612.3
吉 林	Jilin	25	995	0.9	30.2	141.8	124.2	121.8
黑龙江	Heilongjiang	36	1895	2.1	93.3	238.7	226.6	187.2
上 海	Shanghai	97	18080	25.3	1061.6	2991.1	2669.4	2097.1
江 苏	Jiangsu	168	17868	36.1	1933.0	4475.4	4046.5	3487.1
浙 江	Zhejiang	227	26453	14.3	1147.9	2004.9	1841.7	1708.0
安 徽	Anhui	72	9818	9.7	559.9	1571.5	1589.6	1169.8
福 建	Fujian	142	5782	8.8	889.3	1234.7	946.9	617.1
江 西	Jiangxi	87	4574	5.3	326.4	1174.8	730.1	621.6
山 东	Shandong	151	11383	17.5	1702.8	2017.9	1777.8	1133.6
河 南	Henan	135	5368	6.7	657.8	855.4	706.8	449.3
湖 北	Hubei	133	7765	13.7	718.2	1882.5	1646.2	1178.4
湖 南	Hunan	113	8294	8.3	571.9	1087.2	889.8	731.0
广 东	Guangdong	299	21970	25.6	2610.1	4969.4	4246.7	3448.6
广 西	Guangxi	62	3989	3.8	426.9	772.3	708.7	703.4
海 南	Hainan	6	766	0.6	41.4	151.2	136.0	133.5
重 庆	Chongqing	94	12570	9.6	424.4	904.9	635.6	501.1
四 川	Sichuan	125	12094	9.4	358.4	721.2	655.0	495.5
贵 州	Guizhou	27	1267	1.0	34.3	63.5	62.1	57.9
云 南	Yunnan	41	5120	4.6	196.3	513.9	297.3	252.4
西 藏	Tibet	1	3	0.1	2.2	3.6	3.1	3.1
陕 西	Shaanxi	61	2407	3.6	290.6	909.5	796.9	622.5
甘 肃	Gansu	16	782	0.8	67.8	183.4	142.2	116.4
青 海	Qinghai	10	214	0.6	22.1	27.2	20.0	7.8
宁 夏	Ningxia	22	854	1.1	49.9	126.2	105.4	45.1
新 疆	Xinjiang	95	4446	3.3	339.1	709.5	618.1	545.5

注：门店总数全国总计中包括开设在港澳台地区和国外的门店。

a) Total number of stores includes that from Hong Kong, Macao and Taiwan province and foreign countries.

15-9 亿元以上商品交易市场基本情况(2015年)
Basic Statistics on Commodity Exchange Markets of Transaction Value over 100 Million Yuan (2015)

市场	Market	市场数量(个) Number of Markets (unit)	摊位数(个) Number of Booths (unit)	营业面积(万平方米) Operating Area (10 000 sq.m)	成交额(亿元) Turnover (100 million yuan)	批发市场 Whole-sale	零售市场 Retail
总计	**Total**	**4952**	**3468638**	**30065.7**	**100133.8**	**85836.9**	**14296.8**
综合市场	**Integrated Markets**	**1379**	**1280282**	**7978.1**	**24452.9**	**20204.2**	**4248.7**
生产资料综合市场	Production Comprehensive Market	51	60523	849.2	1357.1	1353.3	3.8
工业消费品综合市场	Industrial Consumable Comprehensive Markets	302	492143	2905.1	8264.4	6834.1	1430.3
农产品综合市场	Farm Produce Comprehensive Markets	683	417141	2374.1	10035.4	8037.4	1998.0
其他综合市场	Other Comprehensive Markets	343	310475	1849.6	4796.0	3979.4	816.6
专业市场	**Special Markets**	**3573**	**2188356**	**22087.7**	**75680.9**	**65632.7**	**10048.1**
生产资料市场	Production Markets	680	296824	6756.1	27658.1	27386.2	272.0
农业生产用具市场	Agricultural Production Equipment Markets	19	5419	144.3	225.8	225.8	
农用生产资料市场	Agricultural Production Markets	28	6617	106.4	165.5	165.5	
煤炭市场	Coal and Charcoal Markets	6	3492	376.2	296.5	296.5	
木材市场	Wood Markets	51	18181	571.6	737.8	737.8	
建材市场	Building Material Markets	227	109456	2461.0	2015.7	1743.7	272.0
化工材料及制品市场	Chemical Materials and Products Markets	35	23267	230.3	3375.1	3375.1	
金属材料市场	Metal Materials Markets	229	87192	2335.6	17826.6	17826.6	
机械设备市场	Mechanical Equipments Markets	49	25930	278.2	740.5	740.5	
其他生产资料市场	Others	36	17270	252.4	2274.6	2274.6	
农产品市场	Farm Produce Markets	979	558530	4415.4	16483.8	15580.9	903.0
粮油市场	Grain and Oil Markets	103	31824	362.2	1869.9	1804.3	65.6
肉禽蛋市场	Meat, Poultry and Eggs Markets	125	44735	281.4	1401.2	1200.1	201.1
水产品市场	Aquatic Products Markets	145	86884	493.5	3319.1	3116.6	202.6
蔬菜市场	Vegetables Markets	299	214680	1650.6	4013.9	3889.5	124.4
干鲜果品市场	Dried and Fresh Melons and Fruits Markets	129	73395	629.3	2825.6	2823.0	2.6
棉麻土畜、烟叶市场	Cotton, Local & Livestock Products, and Tobacco Markets	21	17271	404.1	721.5	720.4	1.1
其他农产品市场	Others	157	89741	594.3	2332.5	2027.0	305.6
食品、饮料及烟酒市场	Food, Beverages, Tobacco and Liquor Markets	124	69545	404.0	1282.8	1122.2	160.6
食品饮料市场	Food and Beverages Markets	41	26725	119.8	358.6	257.9	100.7
茶叶市场	Tea Markets	26	12489	106.7	269.0	249.6	19.3
烟酒市场	Tobacco and Liquor Markets	14	4374	35.5	73.4	68.8	4.7
其他食品饮料及烟酒市场	Others	43	25957	142.0	581.8	545.8	35.9
纺织、服装、鞋帽市场	Textiles, Clothing, Shoes and Hats Markets	552	677759	3143.0	14081.0	12765.3	1315.7
布料及纺织品市场	Cloth and Textiles Markets	69	106335	876.1	5954.8	5943.4	11.4
服装市场	Clothing Markets	354	418407	1751.4	5591.5	4615.8	975.6
鞋帽市场	Shoes and Hats Markets	38	24764	127.9	461.5	455.7	5.9
其他纺织服装鞋帽市场	Others	91	128253	387.7	2073.1	1750.3	322.8
日用品及文化用品市场	Daily Use Articles and Cultural Goods Markets	92	60501	295.5	1150.0	1061.8	88.2

15-9 续表 continued

市场	Market	市场数量(个) Number of Markets (unit)	摊位数(个) Number of Booths (unit)	营业面积(万平方米) Operating Area (10 000 sq.m)	成交额(亿元) Turnover (100 million yuan)	批发市场 Whole-sale	零售市场 Retail
小商品市场	Merchandise Markets	38	34153	108.7	482.4	462.9	19.4
箱包市场	Luggage Markets	5	5053	56.4	188.6	188.6	
玩具市场	Toys Markets	3	1055	11.9	24.0	24.0	
文具市场	Stationary Markets	6	2037	17.2	27.7	27.7	
图书、报刊杂志市场	Books, Newspapers and Magazines Markets	8	1385	9.2	30.8	17.7	13.1
音像制品及电子出版物市场	Video Products and E-journal Markets	3	678	2.1	17.3		17.3
体育用品市场	Sports Markets						
其他日用品及文化用品市场	Others	29	16140	90.0	379.3	340.9	38.4
黄金、珠宝、玉器等首饰市场	Gold, Jewelry, Jade Markets	26	16624	195.0	492.2	433.0	59.2
电器、通讯器材、电子设备市场	Electrical Appliances, Communication Appliances and Electronical Appliances Markets	141	55155	334.7	917.3	419.3	498.0
家电市场	Household Appliances Markets	35	11069	153.4	299.8	256.4	43.5
通讯器材市场	Communication Appliances Markets	23	10183	38.6	109.3	63.1	46.2
照相、摄像器材市场	Cameras and Video Equipments Markets	2	461	2.1	7.0	3.4	3.6
计算机及辅助设备市场	Computer and Auxiliary Equipments Markets	72	29254	125.6	446.3	51.6	394.6
其他电器、通讯器材、电子设备市场	Others	9	4188	14.9	54.9	44.8	10.1
医药、医疗用品及器材市场	Medicine, Medical Materials and Medical Instruments Markets	22	26436	138.0	901.1	884.5	16.6
中药材市场	Chinese Medicine Markets	22	26436	138.0	901.1	884.5	16.6
其他医药、医疗用品及器材市场	Others						
家具、五金及装饰材料市场	Furniture, Hardware and Decoration Materials Markets	585	285297	4227.4	5066.0	3135.5	1930.6
家具市场	Furniture Markets	173	70450	1499.5	1460.0	701.8	758.2
装饰材料市场	Decoration Materials Markets	249	114910	1627.3	1879.5	1075.1	804.5
灯具市场	Lamps Markets	17	7960	116.8	199.8	173.6	26.1
厨具、盥洗设备市场	Kitchen Utensils, Washing Equipments Markets	5	2165	37.4	23.4	20.7	2.6
五金材料市场	Hardware Materials Markets	78	47074	466.4	950.4	886.2	64.2
其他装修市场	Others	63	42738	480.0	553.0	278.0	274.9
汽车、摩托车及零配件市场	Cars, Motorcycles and Spare Parts Markets	270	76971	1500.1	6409.9	1935.3	4474.6
汽车市场	Cars Markets	186	41234	1160.7	5307.0	945.7	4361.3
摩托车市场	Motorcycles Markets	10	3624	27.7	64.3	52.7	11.7
机动车零配件市场	Vehicle Spare Parts Markets	74	32113	311.8	1038.5	937.0	101.5
花、鸟、鱼、虫市场	Flower, Bird, Fish and Insects Markets	29	19608	332.2	426.9	392.8	34.1
花卉市场	Flower Markets	24	18065	325.1	406.3	387.2	19.1
鸟市场	Bird Markets						
观赏鱼市场	Fish Markets						
其他花鸟鱼虫市场	Others	5	1543	7.1	20.6	5.5	15.1
旧货市场	Second Hand Markets	17	8195	34.3	66.3	35.5	30.8
古玩、古董、字画市场	Antiques,Calligraphy and Painting Markets	2	868	2.8	2.2		2.2
邮票、硬币市场	Stamps and Coins Markets						
其他旧货市场	Others	15	7327	31.5	64.1	35.5	28.6
其他专业市场	Others	56	36911	311.9	745.4	480.5	264.9

15-10 亿元以上商品交易市场摊位分类情况（2015年）

Classification of Commodity Exchange Markets of Transaction Value over 100 Million Yuan (2015)

类　别	Classification	摊位数（个）Number of Booths (unit)	成交额（亿元）Turnover (100 million yuan)	批发市场 Wholesale	零售市场 Retail
总　计	**Total**	**3468638**	**100133.8**	**85836.9**	**14296.8**
粮油、食品类	Grain and Oil, Food	987696	26380.0	23182.0	3198.0
#粮油类	Grain and Oil	96768	3588.7	3235.3	353.4
肉禽蛋类	Meat, Poultry and Eggs	139513	3575.9	2646.4	929.5
水产品类	Aquatic Products	140308	5373.6	4586.2	787.4
蔬菜类	Vegetables	402467	6924.9	6250.8	674.1
干鲜果品类	Dried and Fresh Melons and Fruits	173237	6146.3	5854.7	291.6
饮料类	Beverages	49018	1112.2	996.2	116.0
烟酒类	Tobacco and Liquor	43173	1090.4	949.1	141.3
服装鞋帽、针、纺织品类	Clothing, Shoes, Hats and Textiles	956785	17152.2	15217.6	1934.6
服装类	Clothing	582495	7468.4	6059.3	1409.1
鞋帽类	Footwear and Hats	138922	1796.8	1498.0	298.9
针、纺织品类	Knitwear and Textiles	235368	7887.0	7660.3	226.7
化妆品类	Cosmetics	25411	305.8	237.2	68.6
金银珠宝类	Gold, Silver and Jewellery	22345	665.0	563.9	101.2
日用品类	Articles for Daily Use	180277	3240.8	2790.6	450.2
#儿童玩具类	Children Toys	32004	488.9	414.5	74.4
五金、电料类	Hardware & Electrical Materials	120858	2394.1	2136.6	257.6
体育、娱乐用品类	Sports & Recreational Articles	12885	212.7	177.1	35.7
#照相器材类	Photographic Equipment	682	6.9	2.1	4.8
书报杂志类	Newspapers and Magazines	4706	81.1	63.8	17.3
电子出版物及音像制品类	E-journal and Video Products	9176	214.3	177.1	37.1
家用电器和音像器材类	Household Appliances and Video Equipments	34469	664.7	522.3	142.4
中西药品类	Traditional Chinese and Western Medicine	30143	1258.6	1229.0	29.6
#西药类	Western Medicine	1396	48.2	41.4	6.7
中草药及中成药类	Traditional Chinese	28082	1198.8	1179.4	19.3
文化办公用品类	Cultural and Official Goods	63926	1007.8	569.3	438.5
#计算机及其配套产品	Computer and Corollary Equipment	26840	386.6	72.4	314.2
家具类	Furniture	100748	2093.8	1113.8	980.0
通讯器材类	Communication Appliances	22289	306.2	196.9	109.3
煤炭及制品类	Coal and Related Products	3800	351.8	349.5	2.3
木材及制品类	Wood and Wooden Products	30904	982.1	946.1	36.0
石油及制品类	Petroleum and Related Products	2140	2072.0	2069.9	2.1
化工材料及制品类	Raw Chemical Materials and Related Products	48864	3844.7	3836.9	7.8
#化肥类	Fertilizer	4076	118.7	115.5	3.2
金属材料类	Metal Materials	95167	18068.0	18033.0	35.0
建筑及装潢材料类	Building and Decoration Materials	281026	4924.4	3765.6	1158.9
机电产品及设备类	Mechanical & Electrical Products	53259	1477.3	1443.8	33.4
#农机类	Agricultural Machinery	5826	230.0	225.2	4.7
汽车类	Automobile	75301	6568.0	2108.1	4460.0
种子饲料类	Seed and Feedstuff	8356	134.1	128.7	5.4
棉麻类	Cotton and Hemp	5521	517.2	504.5	12.7
其他类	Others	200395	3014.2	2528.4	485.7

15-11 分地区亿元以上商品交易市场基本情况
Basic Statistics on Commodity Exchange Markets of Transaction Value over 100 Million Yuan by Region

年份 地区	Year Region	市场数量(个) Number of Markets (unit)	摊位数(个) Number of Booths (unit)	营业面积(万平方米) Operating Area (10 000 sq.m)	成交额(亿元) Turnover (100 million yuan)	批发市场 Wholesale	零售市场 Retail
	2000	3087	2115115	8261.6	16358.9	11648.0	4710.9
	2005	3323	2248803	13140.8	30020.9	24544.2	5476.7
	2006	3876	2527987	18072.3	37137.5	29679.9	7457.5
	2007	4121	2681630	19814.6	44085.1	35871.5	8213.6
	2008	4567	2839070	21225.2	52458.0	43120.0	9337.9
	2009	4687	2994781	23230.3	57963.8	48308.2	9655.5
	2010	4940	3193365	24832.3	72703.5	60954.9	11748.6
	2011	5075	3334787	26234.5	82017.3	69390.8	12626.5
	2012	5194	3494122	27899.4	93023.8	80141.8	12882.0
	2013	5089	3488170	28868.3	98365.1	84628.3	13736.8
	2014	5023	3534757	29567.9	100309.9	86323.7	13986.2
	2015	4952	3468638	30065.7	100133.8	85836.9	14296.8
北京	Beijing	125	97157	692.3	3482.5	2191.6	1290.9
天津	Tianjin	56	38460	413.7	1598.4	1520.0	78.4
河北	Hebei	236	310062	2621.2	5365.6	5064.5	301.1
山西	Shanxi	36	27787	272.3	630.4	596.7	33.7
内蒙古	Inner Mongolia	73	37636	763.2	606.5	431.0	175.5
辽宁	Liaoning	206	174037	905.5	3761.4	2977.9	783.4
吉林	Jilin	57	48878	294.1	668.6	422.9	245.7
黑龙江	Heilongjiang	82	53362	343.4	1064.2	737.4	326.8
上海	Shanghai	155	66210	788.7	9113.9	8663.1	450.8
江苏	Jiangsu	513	349680	3183.7	15973.1	14031.6	1941.5
浙江	Zhejiang	751	445835	3062.3	16131.4	13533.7	2597.7
安徽	Anhui	136	120733	1293.0	2566.9	2258.0	308.9
福建	Fujian	135	50958	360.5	1582.6	1215.6	367.1
江西	Jiangxi	93	70449	413.5	1808.7	1616.2	192.6
山东	Shandong	595	401629	4150.2	9866.3	8884.3	982.0
河南	Henan	151	121518	1274.1	3348.9	2950.6	398.3
湖北	Hubei	157	78934	623.6	2030.4	1455.4	575.0
湖南	Hunan	328	179398	1092.8	3256.2	2440.2	816.0
广东	Guangdong	336	205762	2012.0	5576.6	4838.1	738.6
广西	Guangxi	91	67931	437.3	913.7	736.6	177.0
海南	Hainan	7	4597	76.6	52.6	31.0	21.6
重庆	Chongqing	153	100207	827.7	3412.9	2974.0	438.9
四川	Sichuan	134	146431	1189.8	2748.9	2536.0	213.0
贵州	Guizhou	60	31945	285.9	686.3	532.2	154.2
云南	Yunnan	49	51210	352.0	613.7	517.6	96.1
西藏	Tibet						
陕西	Shaanxi	54	37188	332.7	691.2	431.8	259.4
甘肃	Gansu	40	31465	181.7	410.6	384.9	25.8
青海	Qinghai	9	6445	53.8	63.3	40.0	23.4
宁夏	Ningxia	36	26673	424.8	314.3	251.1	63.1
新疆	Xinjiang	98	86061	1343.5	1793.6	1573.2	220.4

15-12 社会消费品零售总额
Total Retail Sales of Consumer Goods

地 区	Region	2014 社会消费品零售总额(亿元) Total Retail Sales of Consumer Goods (100 million yuan)	2014 增长(%) Growth Rate (%)	2015 社会消费品零售总额(亿元) Total Retail Sales of Consumer Goods (100 million yuan)	2015 增长(%) Growth Rate (%)
全 国	**National Total**	**271896.1**	**12.0**	**300930.8**	**10.7**
北 京	Beijing	9638.0	8.6	10338.0	7.3
天 津	Tianjin	4738.7	6.0	5257.3	10.9
河 北	Hebei	11820.5	12.4	12990.7	9.9
山 西	Shanxi	5717.9	11.3	6033.7	5.5
内蒙古	Inner Mongolia	5657.6	10.6	6107.7	8.0
辽 宁	Liaoning	11857.0	12.1	12787.2	7.8
吉 林	Jilin	6080.9	12.1	6651.9	9.4
黑龙江	Heilongjiang	7015.3	12.2	7640.2	8.9
上 海	Shanghai	9303.5	8.7	10131.5	8.9
江 苏	Jiangsu	23458.1	12.4	25876.8	10.3
浙 江	Zhejiang	17835.3	11.7	19784.7	10.9
安 徽	Anhui	7957.0	13.0	8908.0	12.0
福 建	Fujian	9346.7	12.9	10505.9	12.4
江 西	Jiangxi	5292.6	12.7	5925.5	12.0
山 东	Shandong	25111.5	12.6	27761.4	10.6
河 南	Henan	14005.0	12.7	15740.4	12.4
湖 北	Hubei	12449.3	12.8	14003.2	12.5
湖 南	Hunan	10723.5	12.8	12024.0	12.1
广 东	Guangdong	28471.1	11.9	31517.6	10.7
广 西	Guangxi	5772.8	12.5	6348.1	10.0
海 南	Hainan	1224.5	12.2	1325.1	8.2
重 庆	Chongqing	5710.7	13.0	6424.0	12.5
四 川	Sichuan	12393.0	12.7	13877.7	12.0
贵 州	Guizhou	2936.9	12.9	3283.0	11.8
云 南	Yunnan	4632.9	12.7	5103.2	10.2
西 藏	Tibet	364.5	13.1	408.5	12.1
陕 西	Shaanxi	5918.7	12.8	6578.1	11.1
甘 肃	Gansu	2668.3	12.6	2907.2	9.0
青 海	Qinghai	620.8	13.0	691.0	11.3
宁 夏	Ningxia	737.2	10.3	789.6	7.1
新 疆	Xinjiang	2436.5	11.8	2606.0	7.0

注：2013年社会消费品零售总额按第三次经济普查结果修订，2014年也相应进行了调整。

a) The total retail sales of consumer goods in 2013 have been revised according to the results of the 3rd National Economic Census, and the figures in 2014 have also been revised correspondingly.

15-13 分地区网上零售额(2015年)
Online Retail Sales by Region (2015)

地区	Region	网上零售额(亿元) Online Retail Sales (100 million yuan)	增长(%) Growth Rate (%)	其中：实物商品网上零售额(亿元) Online Retail Sales in Goods (100 million yuan)	增长(%) Growth Rate (%)
全国	**National Total**	**38773.2**	**33.3**	**32423.8**	**31.6**
北京	Beijing	4650.7	32.4	3788.8	26.7
天津	Tianjin	496.0	18.1	457.9	35.1
河北	Hebei	662.9	31.0	588.4	37.0
山西	Shanxi	95.1	23.9	59.5	31.7
内蒙古	Inner Mongolia	63.9	14.5	35.0	44.3
辽宁	Liaoning	365.1	16.0	287.1	21.9
吉林	Jilin	86.6	17.9	59.6	22.4
黑龙江	Heilongjiang	100.6	2.4	75.2	27.3
上海	Shanghai	3965.6	30.2	3719.9	31.4
江苏	Jiangsu	3302.3	39.7	2749.7	35.6
浙江	Zhejiang	6929.2	49.0	5131.9	34.6
安徽	Anhui	572.2	42.9	475.3	46.2
福建	Fujian	1759.7	30.2	1584.3	28.3
江西	Jiangxi	300.4	34.2	259.1	42.2
山东	Shandong	1266.2	35.5	1124.1	42.2
河南	Henan	658.0	36.8	426.8	40.2
湖北	Hubei	846.9	37.5	615.1	44.8
湖南	Hunan	567.6	9.9	410.1	14.5
广东	Guangdong	8939.7	27.3	8292.0	28.5
广西	Guangxi	205.5	13.0	108.7	31.7
海南	Hainan	80.4	28.6	18.4	25.8
重庆	Chongqing	376.0	25.8	247.9	29.7
四川	Sichuan	1057.8	46.7	834.0	36.0
贵州	Guizhou	71.2	80.0	29.5	27.0
云南	Yunnan	166.5	14.6	110.3	26.2
西藏	Tibet	4.2	29.7	3.9	33.1
陕西	Shaanxi	692.9	47.0	605.2	48.4
甘肃	Gansu	53.8	-1.5	18.4	35.7
青海	Qinghai	7.9	59.4	6.8	50.6
宁夏	Ningxia	12.0	39.2	9.4	36.0
新疆	Xinjiang	44.2	21.0	38.9	17.4
不分地区	Not Classified by Region	372.2		252.4	

主要统计指标解释

批发业 指向其他批发或零售单位（含个体经营者）及其他企事业单位、机关团体等批量销售生活用品、生产资料的活动，以及从事进出口贸易和贸易经纪与代理的活动，包括拥有货物所有权，并以本单位(公司)的名义进行交易活动，也包括不拥有货物的所有权，收取佣金的商品代理、商品代售活动；还包括各类商品批发市场中固定摊位的批发活动，以及以销售为目的的收购活动。

零售业 指百货商店、超级市场、专门零售商店、品牌专卖店、售货摊等主要面向最终消费者（如居民等）的销售活动，以互联网、邮政、电话、售货机等方式的销售活动，还包括在同一地点，后面加工生产，前面销售的店铺（如面包房）；谷物、种子、饲料、牲畜、矿产品、生产用原料、化工原料、农用化工产品、机械设备（乘用车、计算机及通信设备除外）等生产资料的销售不作为零售活动；多数零售商对其销售的货物拥有所有权，但有些则是充当委托人的代理人，进行委托销售或以收取佣金的方式进行销售。

批发和零售业商品购进、销售、库存额 指各种登记注册类型的批发和零售业企业(单位)以本企业(单位)为总体的，从国内、国外市场购进的商品总量，销售和出口的商品总量，库存的商品总量等情况。该指标可以反映商品流转过程中商品的购进、销售、库存之间的比例关系和存在的问题。

商品购进额 指从本企业以外的单位和个人购进(包括从国外直接进口）作为转卖或加工后转卖的商品金额（含增值税)。商品购进包括：（1）从工农业生产者、批发和零售业企业、住宿和餐饮业企业、出版社或报社的出版发行部门和其他服务业企业购进的商品；（2）从机关团体、事业单位购进的商品；（3）从海关、市场管理部门购进的缉私和没收的商品；（4）从居民收购的废旧商品等。不包括：（1）企业为本单位自身经营用，不是作为转卖而购进的商品，如材料物资、包装物、低值易耗品、办公用品等；（2）未通过买卖行为而收入的商品，如接受其他部门移交的商品、借入的商品、收入代其他单位保管的商品、其他单位赠送的样品、加工回收的成品等；(3) 经本单位介绍，由买卖双方直接结算，本单位只收取手续费的业务；(4) 销售退回和买方拒付货款的商品；（5）商品溢余。

商品销售额 指对本单位以外的单位和个人出售的商品金额（包括售给本单位消费用的商品，含增值税)。商品销售包括：(1) 售给城乡居民和社会集团消费用的商品；(2) 售给农业、工业、建筑业、服务业等国民经济各行业用于生产、经营用的商品，包括售予批发和零售业作为转卖或加工后转卖的商品；(3) 对国（境）外直接出口的商品。不包括：（1）未通过买卖行为付出的商品，如随机构变动移交给其他企业单位的商品、借出的商品、归还受其他单位委托代保管的商品、付出的加工原料和赠送给其他单位的样品等；(2) 经本单位介绍，由买卖双方直接结算，本单位只收取手续费的业务；（3）购货退回的商品；（4）商品损耗和损失；（5）出售本单位自用的废旧物资。

商品库存额 对于批发和零售业法人单位和个体经营户，是指报告期末取得所有权的全部商品金额（含增值税)；对于批发和零售业产业活动单位，是指报告期末实际在库且归属法人具有所有权的全部商品金额（含增值税）。库存商品包括：(1)存放在本单位(如门市部、批发站、采购站、经营处)的仓库、货场、货柜和货架中的商品；(2)挑选、整理、包装中的商品；(3)已记入购进而尚未运到本单位的商品，即发货单或银行承兑凭证已到而货未到的商品；(4)寄放他处的商品，如因购货方拒绝付款而暂时存在购货方的商品；(5)委托其他单位代销(未作销售或调出)尚未售出的商品；(6)代其他单位购进尚未交付的商品。不包括：所有权不属于本单位的商品；委托外单位加工的商品；外贸企业代理其他单位从国外进口，尚未付给订货单位的商品；代国家储备部门保管的商品。

连锁总店（总部） 指负责连锁企业资源（商号、商誉、经营模式、服务标准、管理模式等等）的开发、配置、控制或使用等功能的企业核心管理机构。连锁经营是指经营同类商品或服务，使用统一商号的若干店铺，在同一总店（总部）的管理下，采取统一采购或特许经营等方式，实现规模效益的组织形式，包括直营连锁、特许连锁和自愿连锁三种形式。其中，直营连锁是指连锁店铺由连锁公司全资或控股开设，在总部的直接控制下，开展统一经营的连锁经营形式；特许连锁是指拥有注册商标、企业标志、专利、专有技术等经营资源的企业（特许人），以合同形式将其拥有的经营资源许可其他经营者（被特许人）使用，被特许人按合同约定在统一的经营模式下开展经营，并向特许人支付特许经营费用的连锁经营形式；自愿连锁是指若干个店铺或企业自愿组合起来，在不改变各自资产所有权关系的情况下，以同一个品牌形象面对消费者，以共同进货为纽带开展的连锁经营形式。

亿元以上商品交易市场 指年成交额在亿元及以上的商品交易市场。商品交易市场是指经有关部门和组织批准设立，有固定场所、设施，有经营管理部门和监管人员，若干市场经营者入内，常年或实际开业三个月以上，集中、公开、独立地进行生活消费品、生产资料等现货商品交易以及提供相关服务的交易场所，包括各类消费品市场、生产资料市场等。

社会消费品零售总额 指企业（单位、个体户）通过交易直接售给个人、社会集团非生产、非经营用的实物商品金额，以及提供餐饮服务所取得的收入金额。个人包括城乡居民和入境人员，社会集团包括机关、社会团体、部队、学校、企事业单位、居委会或村委会等。

Explanatory Notes on Main Statistical Indicators

Wholesale Trade refers to the activities of selling wholesale commodities for daily use and capital goods to enterprises of wholesale and retail trades (including self-employed individuals) and other enterprises, institutions and government organs and organizations, and the activities of engaging in import and export and acting as a trade agent. The wholesaler may have the ownership of the commodities for wholesale and trade in the name of its own (a company), and the wholesaler can act as commission agent or commodity broker without the ownership of commodities. Also included are the wholesale activities at the fixed stalls in wholesale market and the acquisition for sales purpose.

Retail Trade refers to the activities of department store, supermarket, franchised store, brand store, retail stall and on-the-spot-making-selling store selling commodities to the final consumers (residents) by any means including internet, post, telephone, sales machine. It also includes shops with sales and production located in the same places (such as bakeries). Retail trade excludes the activities of sales of capital goods such as grain, seed, feed, livestock, mineral products, raw material for production, industrial chemicals, chemical products for agricultural use, machine and equipment (excluding vehicles, computers and communication equipment). Most retailers have the ownership of commodities to sell, but some are acting as agents or brokers to make transactions for a commission.

Purchase, Sales and Stock of Commodities by Wholesale and Retail Trades refer to the total volume of commodities purchased, total volume of sales and exports, and the stock of commodities by wholesale and retail enterprises (establishments) of different status of registration from domestic and overseas markets. This indicator reflects the relationship among purchase, sales and stock of commodities in the circulation of goods and reveals the existing problems.

Total Purchases of Commodities refer to the total value of purchases of commodities by enterprises (establishments) from other establishments or individuals (including direct import from abroad) for the purpose of re-selling, either with or without further processing of the commodities purchased. The commodities include: (1) commodities purchased from agricultural and industrial producer, wholesaler, retailer, publishing house and other service business; (2) commodities purchased from institutions and government departments; (3) confiscated goods purchased from the customs authorities or market management agencies; (4) second-hand goods and wastes purchased from residents; The commodities exclude (1) commodities purchased by enterprises (establishments) for use in their own business operation, commodities obtained without buying or selling procedures such as materials, consumable goods of low value, office appliance, etc. (2) received goods without trading, such as goods handed over from others, borrowed goods, preserved goods for others, donated goods from others, processed and retrieved goods, etc. (3) goods of direct settlement between buyer and seller with handling fees introduced by others, (4) goods returned or refused to pay by the buyer, (5) excessive goods.

Total Sales of Commodities refer to value of commodities sold by the establishments to other establishments and individuals (including goods sold for self consumption, including the value-added tax). The commodities include: (1) commodities sold to urban and rural residents and social groups for their consumption; (2) commodities sold to establishments in all industries for their production and operation, including agriculture, industry, construction, and catering services including commodities sold to wholesale and retail establishments for re-selling, with or without further processing; and (3) commodities for direct export to abroad. Excluded are (1) extended commodities without trading, such as goods handed over to other enterprises and institutions because of the change of organizations, lent goods, returned goods preserved for others, extended processing materials and samples donated to others, (2) goods of direct settlement between buyer and seller with handling fees introduced by others, (3) goods returned after purchase, (4) damaged and spoiled goods, (5) waste and used goods of self use,

Total Stock of Commodities For the legal entities and self-employed individuals engaged in wholesale and retail trade, it refers to total value (including VAT) of commodities possessed at the end of the reference period; and for wholesale and retail establishments, it refers to the value (including VAT) of all commodities actually in stock and owned by their legal persons at the end of reference period. The commodities in stock includes: (1) commodities located in storage, garages, counters, and shelves of operating places of wholesale and retail trades (such as sale stores, wholesale centres, procurement stations and operating offices); (2) commodities in the process of being selected, sorted, and packed; (3) commodities not arrived but recorded as purchase in the account, i.e. commodities not arrived but payment receipts for the commodities from the sellers or the banks arrived; (4) commodities deposited in other places rather than places mentioned above, for instance: commodities in the hold of purchasers temporarily due to the refusal of payment; (5) commodities entrusted to other units to sell but not sold yet; (6) commodities purchased for other units but not delivered yet. Commodities not included as stock are those not owned by the enterprises (units), commodities on commission for processing, imported commodities of agency of foreign trade enterprise but not yet delivered to ordering units and finally those put in stock on behalf of the state reserves units.

Chain Head Stores (headquarter) refer to the core leading stores responsible for development, allocation, administration and utilization of resources (name of stores, brand of stores, operation model, service standard, management way, etc.) of chain stores. Chain stores refers to the stores engaged in providing homogeneous commodities or services, with the central leadership of head store (headquarters) and guided by common policies, conduct centralized purchase and distributed selling of commodities, in order to gain better efficiency through standardized operation. The chain stores include regular chain stores, franchise chain stores and voluntary chain stores.

Regular Chain store refers to chain stores that are invested or controlled by the headquarters. They operate under direct and unified management from the headquarters.

Franchise chain store refers to the chain stores (franchisees) which are franchised with operation resources such as trade marks, names, patent and operation know-how by the franchisors in form of contract and pay the operation fees to the franchisors.

Voluntary chain store refers to the stores operate jointly on the voluntary bases while maintaining their status of independent legal entities with full ownership of their assets. They sell goods of same brand from same channel of resource to the consumers.

Large Commodity Markets with Transaction Value over 100 Million Yuan refers to the commodity markets with an annual transaction at and above 100 million. The commodity market refers to the markets approved and managed by related departments, where there are fixed sites, facilities, managers and administration offices, where there are a certain number of traders to operate for three month and above or all the year, where the commodities including the articles for daily consumption and capital goods and services are traded in a centralized, independent and open way. Such market includes markets of daily goods and market of capital goods, etc.

Total Retail Sales of Consumer Goods refer to the amount obtained by enterprises (units, self-employed individuals) through direct sales of non-production and non-business physical commodity to individuals, social institutions, and revenue from providing catering services. Individuals include rural and urban households, population from abroad, social institutions include government agencies, social organizations, military units, schools, institutions, neighbourhood (village) committees.

16

运输、邮电和软件业

Transport, Postal and Telecommunication Services, and Software Industry

简 要 说 明

一、本篇资料的主要内容

本篇资料反映我国交通运输业和邮政、电信、软件业发展的基本状况。

交通运输业资料主要包括：五种运输方式的线路里程、运输设备拥有量、技术质量情况，各种运输方式完成的货物运输量和旅客运输量，规模以上港口码头长度、泊位数量及货物吞吐量等资料。

邮政、电信、软件业资料主要包括：全国营业网点及邮政邮路情况，电信主要通信能力，主要的邮电业务完成情况，邮电通信发展水平，软件和信息技术服务业主要经济指标等资料。

二、本篇资料的统计范围

1.铁路资料：包括国家铁路（含控股合资）、地方铁路和非控股合资铁路运营情况，不含军用铁路及由厂矿企事业单位自建的铁路专用线和不办理公共营业的专用铁路。国家铁路（含控股合资）和非控股合资铁路运营资料来源于各铁路局及所属运输企业(公司)。地方铁路运营概况资料来源于各省地方铁路管理部门。

2.公路、水运、港口资料：(1)公路和水路线路里程为年末通车和通航里程数，不含未正式投入使用的公路和航道里程；(2)民用汽车拥有量及机动车和汽车驾驶员人数，根据公安部交通管理局所属各省车管部门登记注册的车辆资料和驾驶员资料整理，不含军用车辆；(3)公路营运汽车拥有量，根据各省道路运输主管部门登记注册的从事公路运输的营业性运输车辆资料整理，属于民用汽车的一部分；(4)营业性运输船舶拥有量，根据各省交通运输主管部门登记注册的从事水上客、货运输的营业性船舶资料整理，不含非运输船舶及农业、渔业生产船舶；(5)公路、水路客货运输量资料，由交通运输部负责收集整理；(6)公路、水路运输量统计包括全面调查和非全面调查两种方式，统计范围是在各省交通运输主管部门登记注册的从事公路、水路客、货运输的营业性的车辆和船舶所完成的运输量；(7)规模以上港口的统计范围为年通过能力在1000万吨以上的沿海港口和200万吨以上的内河港口，以及从事外贸、集装箱装卸的港口，具体范围由交通运输部划定。

3.管道运输资料：包括输原油、输成品油、输天然气及输其他气体的运输量。管道运输统计数据主要来源于中国石油天然气集团公司、中国石油化工集团公司和中国海洋石油总公司所属的管道运输企业，由三家集团公司分别负责收集审核本部门统计数据。

4.民航运输资料：统计对象为在我国境内注册从事民用航空运输飞行和通用飞行的航空运输企业和定期航班通航机场，不包括在我国境内运输飞行的外国航空公司。统计范围为各航空公司从事国内运输、港澳台运输、国际运输的定期航班航线条数及里程、运输量及飞机构成和运营情况、通用航空飞行完成情况等。

5.邮政、电信、软件业资料：包括邮政企业和获得快递业务经营许可的快递企业，以及从事电信运营的中国电信、中国移动、中国联通三家基础电信企业（不含专用网业务资料），主营业务收入100万元以上的软件和信息技术服务业等企业。邮电业务量按业务种类分为邮政业务量和电信业务量。

三、本篇的资料来源

本篇资料由国家统计局服务业统计司负责整理、编辑。有关交通运输资料分别来源于交通运输部、中国民用航空局、中国铁路总公司、中国石油天然气集团公司、中国石油化工集团公司、中国海洋石油总公司和公安部交通管理局所属各省车管部门。邮电通信业资料来源于工业和信息化部、国家邮政局。

Brief Introduction

I. Main Contents

Data in this chapter present the development of transportation, post, telecommunications and software industry in China.

Data on transport cover mainly the length of the routes of five means of transportation, the possession of transport equipment, the condition of technological quality, freight traffic and passenger traffic accomplished by various means of transportation, the length of ports above designated size and the situation of berths, and cargo handled at sea ports.

Data on post, telecommunications and software industry cover mainly the situation of post and telecommunication offices and postal routes; main telecommunication capacity; business volume of postal and telecommunication services achieved; the level of development of postal and telecommunication services, and the main economic indicators of software and IT services industry.

II. Scope of Statistics

1. Data on railway transportation: including the operation and management of the national, local and joint-venture railways but not including railways for military purpose, lines built by industrial and mining enterprises and special railways not for commercial use. Data on the operation and management of the national railways and joint-venture railways come from the railway bureaus and transport enterprises subordinate to them. Data on the operation and management of local railways come from the provincial administrative departments managing the local railways.

2. Data on highways, waterways and ports: (1) The length of highways and waterways refer to the length open to traffic or navigation at the end of the year, but not including the highways and waterways under construction or not officially having been put into use. (2) Data on the possession of civil motor vehicles and the number of drivers are provided by the divisions of vehicle management under the provincial departments of public security, subordinate to the Traffic Management Bureau, Ministry of Public Security, but not including vehicles for military use. (3) Data on possession of highway vehicles are provided by the divisions of vehicle management under provincial departments of public security, which are subordinate to the Traffic Management Bureau, Ministry of Public Security, including vehicles for business use and non-business use. These vehicles are part of the totality of civil motor vehicles. (4) Data on possession of ships are provided by the divisions of navigation or ports management under provincial departments of communications, which are subordinate to the Ministry of Transport. However, fishing boats, boats for constructions in water and boats for military use are not included. (5) Data on passenger traffic and freight traffic by highways and waterways are collected and prepared by the Ministry of Transport. (6) Data on highway and waterway transportation are collected through both comprehensive reporting system and non-comprehensive reporting system. The statistical scope encompasses all the enterprises, institutional units and individuals (including joint-households) registered in the People's Republic of China and engaged in highway or waterway freight or passenger transport business. (7) Data on production capacity and handling capacity include the seaports handling cargo more than 10 million tons, inland river ports with turnover over 2 million tons and ports with operation in foreign trade and containing shipping. The specific scopes are decided by the Administration of Transportation.

3. Data on pipeline transport: The data on pipeline transport cover the volume transported of petroleum (crude oil) pipelines, petroleum products pipelines, natural gas pipelines and other gas pipelines. Data sources of the pipeline transport statistics are mainly the enterprises engaged in the pipeline transport subordinate to the China National Petroleum and Natural Gas Corporation Group and China Petrochemical Corporation Group. The two corporations collect and examine the statistical data submitted to them from the units subordinate to them respectively.

4. Data on civil aviation transport: The targets of statistical collection are enterprises registered for engagement in civil aviation transport flights and flights for general purposes and general aviation airports with scheduled flights. Excluded are foreign companies which operate flights within Chinese territory. The scope of statistics encompasses number of lines, mileage flown, transport volume, composition of the fleets operational situation of the airlines, performance of general purpose flights in respect of domestic transport, transport between China mainland and Hong Kong, Macao and Taiwan, and international transport.

5. Data on post, telecommunications and software industry: Data in this category include postal enterprises and express delivery companies with annual revenue above 2 million yuan, the three major enterprises of telecommunication: China Telecom, China Mobile and China Unicom (not including services provided through dedicated networks), and enterprises of software and IT services with turnover from primary activities above one million yuan. By types of business, the business volume of post and telecommunications is divided into postal services and telecommunication services; by coverage it is divided into domestic service, international service, and service between the Mainland and Hong Kong, Macao (business volume of the service to Taiwan is covered in that for Hong Kong and Macao).

III. Sources of Data

Data in this chapter are processed and compiled by the Department of Service Statistics, NBS. Data on transportation are from China Railway Corporation, Ministry of Transport, Civil Aviation Administration of China, China Petroleum and Natural Gas Corporation Group, China Petrochemical Corporation Group, China National Offshore Oil Corporation, the divisions of vehicle management under the provincial departments of public security, which are subordinate to the Traffic Management Bureau, Ministry of Public Security. Data on postal and telecommunication services come from the Ministry of Industry and Information, and the State Post Bureau of China.

16-1 分地区交通运输、仓储和邮政业就业人员数(2015年底)
Number of Employed Persons in Transport, Storage and Post at Year-end by Region (2015)

单位: 人 (person)

地区	Region	铁路运输业 Railway Transport	道路运输业 Road Transport	水上运输业 Water Transport	航空运输业 Air Transport	管道运输业 Pipeline Transport	装卸搬运和运输代理业 Loading, Unloading and Forwarding Agency	仓储业 Storage	邮政业 Post
全国	**National Total**	**1874448**	**3879657**	**466509**	**553358**	**38536**	**431191**	**325721**	**974473**
北京	Beijing	111210	288787	279	70708	6249	41671	11613	69749
天津	Tianjin	20890	56129	19046	9768	414	15829	19280	8728
河北	Hebei	58150	150198	24393	5538	1235	10666	11486	30125
山西	Shanxi	120233	84688	70	5121	438	2437	6753	21476
内蒙古	Inner Mongolia	104535	66565	23	4241		3165	5868	21968
辽宁	Liaoning	113752	134523	39813	19728	3227	18292	11091	20694
吉林	Jilin	65815	56383	143	6397	1084	1093	16133	18841
黑龙江	Heilongjiang	134674	74505	3751	7161	632	4279	20301	29652
上海	Shanghai	41758	206868	54707	73429	1345	70974	32091	33369
江苏	Jiangsu	23299	253790	79482	14552	11043	35368	18607	56177
浙江	Zhejiang	28719	165240	31376	11490	171	23056	11402	48106
安徽	Anhui	40261	123153	11675	4139		6154	9747	27512
福建	Fujian	38941	107797	16678	16818	12	24111	6114	34541
江西	Jiangxi	61409	104811	8554	2872	78	1765	7542	24635
山东	Shandong	82517	224541	64010	16125	3768	28567	20098	44323
河南	Henan	110423	249899	4441	10391	205	12535	29447	35353
湖北	Hubei	86920	160326	15410	7232	546	8824	11038	53781
湖南	Hunan	79466	103606	2809	8452	208	6407	5008	38096
广东	Guangdong	60949	385321	51963	114637	287	56017	32142	126622
广西	Guangxi	62758	78600	7150	9496	35	13238	5484	23579
海南	Hainan	5672	19668	6454	20715	28	4852	569	7329
重庆	Chongqing	29220	179925	12775	10157	12	7279	3512	28330
四川	Sichuan	67264	192997	10410	42815	627	10518	6600	75827
贵州	Guizhou	34325	55655	637	7649	192	2465	2457	13051
云南	Yunnan	38976	80384	262	20870	345	12142	2101	16192
西藏	Tibet	71	5685		807		15	288	2061
陕西	Shaanxi	105059	112248	79	12082	2592	5694	9439	32737
甘肃	Gansu	55377	48834	24	2433	88	870	5070	13021
青海	Qinghai	21604	15041	4	2045		239	906	2893
宁夏	Ningxia	16849	12640	91	2726		478	904	4069
新疆	Xinjiang	53352	80850		12764	3675	2191	2630	11636

16-2 交通运输业基本情况
Basic Conditions of Transport

指标	Item	2012	2013	2014	2015
运输线路长度 （万公里）	**Length of Transport Routes (10 000 km)**				
铁路营业里程	Railways in Operation	9.76	10.31	11.18	12.10
公路里程	Highways	423.75	435.62	446.39	457.73
#高速公路	Expressway	9.62	10.44	11.19	12.35
内河航道里程	Navigable Inland Waterways	12.50	12.59	12.63	12.70
定期航班航线里程	Regular Civil Aviation Routes	328.01	410.60	463.72	531.72
管道输油(气)里程	Petroleum and Gas Pipelines	9.16	9.85	10.57	10.87
客运量总计 （万人）	**Total Passenger Traffic (10 000 persons)**	**3804035**	**2122992**	**2032218**	**1943271**
铁路	Railways	189337	210597	230460	253484
公路	Highways	3557010	1853463	1736270	1619097
水运	Waterways	25752	23535	26293	27072
民航	Civil Aviation	31936	35397	39195	43618
旅客周转量总计 （亿人公里）	**Total Passenger-Kilometers(100 million passenger-km)**	**33383.1**	**27571.7**	**28647.1**	**30058.9**
铁路	Railways	9812.3	10595.6	11241.9	11960.6
公路	Highways	18467.5	11250.9	10996.8	10742.7
水运	Waterways	77.5	68.3	74.3	73.1
民航	Civil Aviation	5025.7	5656.8	6334.2	7282.6
货运量总计 （万吨）	**Total Freight Traffic (10 000 tons)**	**4100436**	**4098900**	**4167296**	**4175886**
铁路	Railways	390438	396697	381334	335801
公路	Highways	3188475	3076648	3113334	3150019
水运	Waterways	458705	559785	598283	613567
民航	Civil Aviation	545.0	561.3	594.1	629.3
管道	Petroleum and Gas Pipelines	62274	65209	73752	75870
货物周转量 （亿吨公里）	**Total Freight Ton-kilometers (100 million ton-km)**	**173804**	**168014**	**181668**	**178356**
铁路	Railways	29187	29174	27530.2	23754.3
公路	Highways	59535	55738	56846.9	57955.7
水运	Waterways	81708	79436	92774.6	91772.5
民航	Civil Aviation	163.9	170.3	187.77	208.07
管道	Petroleum and Gas Pipelines	3211	3496	4328	4665
民用汽车拥有量 （万辆）	**Possession of Civil Motor Vehicles (10 000 units)**	**10933.09**	**12670.14**	**14598.11**	**16284.45**
#私人汽车	Private Vehicles	8838.60	10501.68	12339.36	14099.10
其他机动车拥有量 （万辆）	**Possession of Other Motor Vehicles (10 000 units)**	**11322.30**	**10546.65**	**9852.40**	**9570.42**
民用运输船舶拥有量 （艘）	**Possession of Civil Transport Vessels (unit)**	**178591**	**172554**	**171977**	**165905**
机动船	Motor Vessels	158309	155340	154974	149659
驳船	Barges	20282	17214	17003	16246
沿海规模以上港口货物吞吐量 （万吨）	**Volume of Freight Handled in Coastal Ports above Designated Size (10 000 tons)**	**665245**	**728098**	**769557**	**784578**

注：1.2008年公路、水路运输量统计口径有调整(以下各表同)。

2.从2009年起，沿海规模以上港口统计范围为年吞吐量1000万吨以上的沿海港口，内河规模以上港口统计范围为年吞吐量200万吨以上的内河港口(以下各表同)。

3.2013年，管道运输统计口径在原中国石油天然气集团公司、中国石油化工集团公司基础上增加中国海洋石油总公司，2012年管道数据按同口径调整(以下各表同)。

4.2013年公路水路客货运输数据，源自2013年交通运输业经济统计专项调查，统计范围口径有所调整(以下各表同)。按可比口径计算，2013年公路客运量、旅客周转量、货运量、货物周转量比上年分别增长4.2%、1.0%、10.9%和11.2%;水运客运量、旅客周转量、货运量、货物周转量比上年分别增长3.0%、2.9%、10.4%和4.8%。

5.2014年、2015年公路水路运输量统计数据根据2015年开展的公路水路运输量小样本抽样调查结果进行了调整。

a) In 2008, data on total passenger traffic and freight traffic of highway and waterways have changed. The same applies to the following tables.

b) Since 2009, statistical coverage above designated size refers to coastal seaport with capacity over 10 million tons yearly and inland port over 2 million tons yearly. The same applies to the tables following.

c) In 2013, the pipelines transport statistics had an additional inclusion of CNOOC to the 2012 inclusion of CNPC and SINOPEC. The 2012 data on pipelines transport are adjusted for data comparability. The same applies in the following tables.

d) The 2013 figures on passenger traffic and freight traffic are calculated with the data from the 2013 survey of transport economics, and have different coverages. The same applies to the following tables. When adjusted to comparable coverages, the 2013 highway passenger traffic, passenger-kilometers, freight traffic and freight ton-kilometers increased over the previous year by 4.2%, 1.0%, 10.9% and 11.2% respectively; and the 2013 waterway passenger traffic, passenger-kilometers, freight traffic and freight ton-kilometers by 3.0%, 2.9%, 10.4% and 4.8% respectively.

e) Data of transport of highways and waterways in 2014 and 2015 are adjusted according to small-sized sample survey on transport of highways and waterways conducted in 2015.

16-3 运输线路长度
Length of Transportation Routes

单位：万公里 (10 000 km)

年份 Year	铁路营业里程 Length of Railways in Operation	#铁路电气化里程 Electrified Railways	公路里程 Length of Highways	#高速公路 Expressway	内河航道里程 Length of Navigable Inland Waterways	定期航班航线里程 Length of Regular Civil Aviation Routes	#国际航线 International Routes	管道输油(气)里程 Length of Petroleum and Gas Pipelines
1978	5.17	0.10	89.02		13.60	14.89	5.53	0.83
1980	5.33	0.17	88.83		10.85	19.53	8.12	0.87
1981	5.39	0.17	89.75		10.87	21.82	8.28	0.97
1982	5.33	0.18	90.70		10.86	23.27	9.99	1.04
1983	5.46	0.23	91.51		10.89	22.91	9.99	1.08
1984	5.48	0.30	92.67		10.93	26.02	10.74	1.10
1985	5.52	0.41	94.24		10.91	27.72	10.60	1.17
1986	5.58	0.44	96.28		10.94	32.31	10.76	1.30
1987	5.60	0.46	98.22		10.98	38.91	14.89	1.38
1988	5.62	0.57	99.96	0.01	10.94	37.38	12.83	1.43
1989	5.70	0.64	101.43	0.03	10.90	47.19	16.64	1.51
1990	5.79	0.69	102.83	0.05	10.92	50.68	16.64	1.59
1991	5.78	0.78	104.11	0.06	10.97	55.91	17.74	1.62
1992	5.81	0.84	105.67	0.07	10.97	83.66	30.30	1.59
1993	5.86	0.89	108.35	0.11	11.02	96.08	27.87	1.64
1994	5.90	0.90	111.78	0.16	11.02	104.56	35.19	1.68
1995	6.24	0.97	115.70	0.21	11.06	112.90	34.82	1.72
1996	6.49	1.01	118.58	0.34	11.08	116.65	38.63	1.93
1997	6.60	1.20	122.64	0.48	10.98	142.50	50.44	2.04
1998	6.64	1.30	127.85	0.87	11.03	150.58	50.44	2.31
1999	6.74	1.40	135.17	1.16	11.65	152.22	52.33	2.49
2000	6.87	1.49	167.98	1.63	11.93	150.29	50.84	2.47
2001	7.01	1.69	169.80	1.94	12.15	155.36	51.69	2.76
2002	7.19	1.74	176.52	2.51	12.16	163.77	57.45	2.98
2003	7.30	1.81	180.98	2.97	12.40	174.95	71.53	3.26
2004	7.44	1.86	187.07	3.43	12.33	204.94	89.42	3.82
2005	7.54	1.94	334.52	4.10	12.33	199.85	85.59	4.40
2006	7.71	2.34	345.70	4.53	12.34	211.35	96.62	4.81
2007	7.80	2.40	358.37	5.39	12.35	234.30	104.74	5.45
2008	7.97	2.50	373.02	6.03	12.28	246.18	112.02	5.83
2009	8.55	3.02	386.08	6.51	12.37	234.51	91.99	6.91
2010	9.12	3.27	400.82	7.41	12.42	276.51	107.02	7.85
2011	9.32	3.43	410.64	8.49	12.46	349.06	149.44	8.33
2012	9.76	3.55	423.75	9.62	12.50	328.01	128.47	9.16
2013	10.31	3.60	435.62	10.44	12.59	410.60	150.32	9.85
2014	11.18	3.69	446.39	11.19	12.63	463.72	176.72	10.57
2015	12.10	7.47	457.73	12.35	12.70	531.72	239.44	10.87

注：1.铁路电气化里程2014年及以前为国家铁路电气化里程，2015年为全国铁路电气化里程，与往年不可比。
2..2004年起内河航道里程为内河航道通航里程数(以下各表同)。
3.2005年起公路里程包括村道(以下各表同)。
4.2011年起民航航线里程改为定期航班航线里程(以下各表同)。

a) Electrified railways refers to national electrified railways before 2014, and refers to electrified railways of the whole country in 2015, So it's not comparble with previous years.
b) Since 2004, inland waterways refers to navigable inland waterways. The same applies to the tables followings.
c) Length of highways include the village road since 2005.
d) Since 2011, Civil aviation routes change to regular civil aviation routes. The same applies to the tables following.

16-4 分地区运输线路长度（2015年底）
Length of Transport Routes at Year-end by Region (2015)

单位：公里 (km)

地区	Region	铁路营业里程 Length of Railways in Operation	内河航道里程 Length of Navigable Inland Waterways	公路里程 Total Length of Highways	等级公路 Expressway and Class I to IV Highways	#高速 Expressway	#一级 First Class	#二级 Second Class	等外公路 Highways Below Class IV
全国	**National Total**	**120970.4**	**127001**	**4577296**	**4046290**	**123523**	**90964**	**360410**	**531005**
北京	Beijing	1284.8		21885	21885	982	1393	3361	
天津	Tianjin	1043.7	88	16550	16550	1130	1260	3224	
河北	Hebei	6958.1		184553	178597	6333	5408	19656	5957
山西	Shanxi	5085.8	467	140960	137844	5028	2535	15158	3116
内蒙古	Inner Mongolia	12094.2	2403	175374	163767	5016	6010	14607	11607
辽宁	Liaoning	5773.4	413	120365	106514	4195	3581	18132	13851
吉林	Jilin	5052.7	1456	97326	90087	2630	2027	9300	7239
黑龙江	Heilongjiang	6233.8	5098	163233	136325	4346	1930	11308	26908
上海	Shanghai	465.1	2176	13195	13195	825	468	3463	
江苏	Jiangsu	2723.8	24389	158805	151459	4539	12687	22944	7346
浙江	Zhejiang	2563.7	9765	118015	115568	3917	6018	10041	2447
安徽	Anhui	4168.8	5641	186940	182877	4249	3166	10667	4063
福建	Fujian	3200.8	3245	104585	87494	4813	788	9507	17092
江西	Jiangxi	4009.7	5638	156625	129948	5058	1952	10148	26676
山东	Shandong	5434.5	1117	263447	262445	5348	10045	25242	1002
河南	Henan	5296.2	1403	250584	200470	6305	2113	26215	50114
湖北	Hubei	4062.3	8433	252980	240936	6204	5231	21555	12044
湖南	Hunan	4539.6	11496	236886	213512	5653	1292	12606	23374
广东	Guangdong	4035.2	12151	216023	201456	7021	10936	19213	14567
广西	Guangxi	5117.2	5707	117993	105019	4288	1079	11147	12974
海南	Hainan	1033.4	343	26860	26302	803	360	1704	558
重庆	Chongqing	1922.8	4331	140551	112889	2525	694	7861	27663
四川	Sichuan	4442.2	10818	315582	266064	6020	3326	13971	49518
贵州	Guizhou	2810.1	3664	186407	120613	5128	489	6159	65794
云南	Yunnan	2929.4	3939	236007	197071	4006	1152	10860	38936
西藏	Tibet	786.3		78348	58416	38		1033	19932
陕西	Shaanxi	4549.2	1146	170069	153845	5094	1260	8523	16224
甘肃	Gansu	3847.2	914	140052	120447	3522	368	7928	19604
青海	Qinghai	2349.5	629	75593	64640	2662	460	6985	10952
宁夏	Ningxia	1289.5	130	33240	33045	1527	1637	3411	195
新疆	Xinjiang	5867.6		178263	137012	4316	1302	14482	41252

16-5 运输线路质量
Quality of Transport Routes

指　　标	Item	1990	2000	2010	2014	2015
铁路营业里程　（公里）	**Length of Railways in Operation　(km)**	**53378**	**58656**	**66239**	**66989**	**120970**
#复线里程　（公里）	Double-Tracking Length　(km)	13024	21408	29684	32546	64687
复线里程比重　(%)	Proportion　(%)	24.4	36.5	44.8	48.6	53.5
公路里程　（公里）	**Length of Highways　(km)**	**1028348**	**1679848**	**4008229**	**4463913**	**4577296**
#等级公路里程　（公里）	Expressway and Class I to IV Highways　(km)	741104	1315931	3304709	3900834	4046290
等级公路里程比重　(%)	Proportion　(%)	72.1	78.3	82.4	87.4	88.4
内河航道里程　（公里）	**Length of Navigable Inland Waterways　(km)**	**109192**	**119325**	**124242**	**126280**	**127001**
#等级航道里程　（公里）	Standard Waterways　(km)	59575	61367	62290	65362	66257
等级航道里程比重　(%)	Proportion　(%)	54.6	51.4	50.1	51.8	52.2

注：铁路营业里程2014年及以前为国家铁路营业里程，2015年为全国铁路营业里程，与往年不可比。

a) Length of railways in operation refers to that of national railways before 2015, and refers to railways of all the country since 2015, so it is not comparable with previous years.

16-6 客　运　量
Passenger Traffic

单位：万人　　(10 000 persons)

年　份 Year	客运量总计 Total	铁　路 Railways	公　路 Highways	水　运 Waterways	民　航 Civil Aviation
1978	253993	81491	149229	23042	231
1980	341785	92204	222799	26439	343
1985	620206	112110	476486	30863	747
1990	772682	95712	648085	27225	1660
1991	806048	95080	682681	26109	2178
1992	860855	99693	731774	26502	2886
1993	996634	105458	860719	27074	3383
1994	1092882	108738	953940	26165	4039
1995	1172596	102745	1040810	23924	5117
1996	1245357	94797	1122110	22895	5555
1997	1326094	93308	1204583	22573	5630
1998	1378717	95085	1257332	20545	5755
1999	1394413	100164	1269004	19151	6094
2000	1478573	105073	1347392	19386	6722
2001	1534122	105155	1402798	18645	7524
2002	1608150	105606	1475257	18693	8594
2003	1587497	97260	1464335	17142	8759
2004	1767453	111764	1624526	19040	12123
2005	1847018	115583	1697381	20227	13827
2006	2024158	125656	1860487	22047	15968
2007	2227761	135670	2050680	22835	18576
2008	2867892	146193	2682114	20334	19251
2009	2976898	152451	2779081	22314	23052
2010	3269508	167609	3052738	22392	26769
2011	3526319	186226	3286220	24556	29317
2012	3804035	189337	3557010	25752	31936
2013	2122992	210597	1853463	23535	35397
2014	2032218	230460	1736270	26293	39195
2015	1943271	253484	1619097	27072	43618

注：从1979年起，公路运输包括社会车辆完成数量，从1984年起，还包括私营运输完成的数量(下表同)，从2008年起公路运输量统计范围原则上为营运车辆。水路运输量统计范围为在交通运输主管部门审批、备案、从事营业性旅客和货物运输生产的船舶。

a) Since 1979, freight traffic by highways has included the quantities transported by trucks of non-highway departments. Since 1984, it has also included the quantities transported by private trucks. The same applies to the tables following. Since 2008, freight traffic by highways referred to the vehicles under operation. Statistical coverage of freight traffic by waterways is vessels engaged in passengers and goods transport for business purpose, and approved, registered by the department of transportation.

16-7 旅 客 周 转 量
Passenger-Kilometers

单位：亿人公里 (100 million passenger-km)

年 份 Year	旅客周转量 总 计 Total	铁 路 Railways	公 路 Highways	水 运 Waterways	民 航 Civil Aviation
1978	1743.1	1093.2	521.3	100.6	27.9
1980	2281.3	1383.2	729.5	129.1	39.6
1985	4435.4	2416.1	1724.9	178.7	115.7
1990	5628.4	2612.6	2620.3	164.9	230.5
1991	6178.3	2828.1	2871.7	177.2	301.3
1992	6949.4	3152.2	3192.6	198.4	406.1
1993	7858.0	3483.3	3700.7	196.4	477.6
1994	8591.4	3636.0	4220.3	183.5	551.6
1995	9001.9	3545.7	4603.1	171.8	681.3
1996	9164.8	3347.6	4908.8	160.6	747.8
1997	10055.5	3584.9	5541.4	155.7	773.5
1998	10636.7	3773.4	5942.8	120.3	800.2
1999	11299.7	4135.9	6199.2	107.3	857.3
2000	12261.1	4532.6	6657.4	100.5	970.5
2001	13155.1	4766.8	7207.1	89.9	1091.4
2002	14125.6	4969.4	7805.8	81.8	1268.7
2003	13810.5	4788.6	7695.6	63.1	1263.2
2004	16309.1	5712.2	8748.4	66.3	1782.3
2005	17466.7	6062.0	9292.1	67.8	2044.9
2006	19197.2	6622.1	10130.8	73.6	2370.7
2007	21592.6	7216.3	11506.8	77.8	2791.7
2008	23196.7	7778.6	12476.1	59.2	2882.8
2009	24834.9	7878.9	13511.4	69.4	3375.2
2010	27894.3	8762.2	15020.8	72.3	4039.0
2011	30984.0	9612.3	16760.2	74.5	4537.0
2012	33383.1	9812.3	18467.5	77.5	5025.7
2013	27571.7	10595.6	11250.9	68.3	5656.8
2014	28647.1	11241.9	10996.8	74.3	6334.2
2015	30058.9	11960.6	10742.7	73.1	7282.6

16-8 货 运 量
Freight Traffic

单位：万吨 (10 000 tons)

年 份 Year	货运量总计 Total	铁 路 Railways	公 路 Highways	水 运 Waterways	#远 洋 Ocean	民 航 Civil Aviation	管 道 Petroleum and Gas Pipelines
1978	319431	110119	151602	47357	3659	6.4	10347
1980	310841	111279	142195	46833	4292	8.9	10525
1985	745763	130709	538062	63322	6627	19.5	13650
1990	970602	150681	724040	80094	9408	37.0	15750
1991	985793	152893	733907	83370	10567	45.2	15578
1992	1045899	157627	780941	92490	11191	57.5	14783
1993	1115902	162794	840256	97938	12508	69.4	14845
1994	1180396	163216	894914	107091	13421	82.9	15092
1995	1234938	165982	940387	113194	15251	101.1	15274
1996	1298421	171024	983860	127430	14213	115.0	15992
1997	1278218	172149	976536	113406	20287	124.7	16002
1998	1267427	164309	976004	109555	18892	140.1	17419
1999	1293008	167554	990444	114608	22621	170.4	20232
2000	1358682	178581	1038813	122391	22949	196.7	18700
2001	1401786	193189	1056312	132675	27573	171.0	19439
2002	1483447	204956	1116324	141832	29896	202.1	20133
2003	1564492	224248	1159957	158070	34002	219.0	21998
2004	1706412	249017	1244990	187394	39469	276.7	24734
2005	1862066	269296	1341778	219648	48549	306.7	31037
2006	2037060	288224	1466347	248703	54413	349.4	33436
2007	2275822	314237	1639432	281199	58903	401.8	40552
2008	2585937	330354	1916759	294510	42352	407.6	43906
2009	2825222	333348	2127834	318996	51733	445.5	44598
2010	3241807	364271	2448052	378949	58054	563.0	49972
2011	3696961	393263	2820100	425968	63542	557.5	57073
2012	4100436	390438	3188475	458705	65815	545.0	62274
2013	4098900	396697	3076648	559785	71156	561.3	65209
2014	4167296	381334	3113334	598283	74733	594.1	73752
2015	4175886	335801	3150019	613567	74685	629.3	75870

注：1993年起铁路货物运输增加行包运量(下表同)。

a) The indicator of railways freight has increased the freight of package since 1993. The same applies to the tables following.

16-9 货 物 周 转 量
Freight Ton-Kilometers

单位：亿吨公里 (100 million ton-km)

年 份 Year	货物周转量总计 Total	铁 路 Railways	公 路 Highways	水 运 Waterways	#远 洋 Ocean	民 航 Civil Aviation	管 道 Petroleum and Gas Pipelines
1978	9928	5345.2	350.3	3801.8	2487	0.97	430
1980	11629	5717.5	342.9	5076.5	3532	1.41	491
1985	18365	8125.7	1903.0	7729.3	5329	4.15	603
1990	26208	10622.4	3358.1	11591.9	8141	8.18	627
1991	27987	10972.0	3428.0	12955.4	8990	10.10	621
1992	29218	11575.6	3755.4	13256.2	9034	13.42	617
1993	30647	12090.9	4070.5	13860.8	9134	16.61	608
1994	33435	12632.0	4486.3	15686.6	10268	18.58	612
1995	35909	13049.5	4694.9	17552.2	11938	22.30	590
1996	36590	13106.2	5011.2	17862.5	11254	24.93	585
1997	38385	13269.9	5271.5	19235.0	14875	29.10	579
1998	38089	12560.1	5483.4	19405.8	14920	33.45	606
1999	40568	12910.3	5724.3	21262.8	17014	42.34	628
2000	44321	13770.5	6129.4	23734.2	17073	50.27	636
2001	47710	14694.1	6330.4	25988.9	20873	43.72	653
2002	50686	15658.4	6782.5	27510.6	21733	51.55	683
2003	53859	17246.7	7099.5	28715.8	22305	57.90	739
2004	69445	19288.8	7840.9	41428.7	32255	71.80	815
2005	80258	20726.0	8693.2	49672.3	38552	78.90	1088
2006	88840	21954.4	9754.2	55485.7	42577	94.28	1551
2007	101419	23797.0	11354.7	64284.8	48686	116.39	1866
2008	110300	25106.3	32868.2	50262.7	32851	119.60	1944
2009	122133	25239.2	37188.8	57556.7	39524	126.23	2022
2010	141837	27644.1	43389.7	68427.5	45999	178.90	2197
2011	159324	29465.8	51374.7	75423.8	49355	173.91	2885
2012	173804	29187.1	59534.9	81707.6	53412	163.89	3211
2013	168014	29173.9	55738.1	79435.7	48705	170.29	3496
2014	181668	27530.2	56846.9	92774.6	55935	187.77	4328
2015	178356	23754.3	57955.7	91772.5	54236	208.07	4665

16-10 旅客运输平均运距
Avcrage Transport Distance of Passengers

单位：公里 (km)

年 份 Year	总 计 Total	铁 路 Railways	公 路 Highways	水 运 Waterways	民 航 Civil Aviation
1978	69	134	35	44	1208
1980	67	150	33	49	1153
1985	72	216	36	58	1563
1990	73	273	40	61	1388
1991	77	297	42	68	1383
1992	81	316	44	75	1407
1993	79	330	43	73	1412
1994	79	334	44	70	1366
1995	77	345	44	72	1331
1996	74	353	44	70	1346
1997	76	384	46	69	1374
1998	77	397	47	59	1391
1999	81	413	49	56	1407
2000	83	431	49	52	1444
2001	86	453	51	48	1450
2002	88	471	53	44	1476
2003	87	492	53	37	1442
2004	92	511	54	35	1470
2005	95	524	55	34	1479
2006	95	527	54	33	1485
2007	97	532	56	34	1503
2008	81	532	47	29	1497
2009	83	517	49	31	1464
2010	85	523	49	32	1509
2011	88	516	51	30	1548
2012	88	518	52	30	1574
2013	130	503	61	29	1598
2014	141	488	63	28	1616
2015	155	472	66	27	1670

16-11 货物运输平均运距
Average Transport Distance of Freight

单位：公里 (km)

年 份 Year	总 计 Total	铁 路 Railways	公 路 Highways	水 运 Waterways	民 航 Civil Aviation	管 道 Petroleum and Gas Pipelines
1978	395	485	32	873	1516	416
1980	220	514	20	1184	1580	467
1985	246	622	35	1221	2129	442
1990	270	705	46	1447	2211	398
1991	284	718	47	1554	2234	399
1992	279	734	48	1433	2335	417
1993	275	743	48	1415	2394	410
1994	283	774	50	1465	2241	406
1995	291	786	50	1551	2206	386
1996	282	766	51	1402	2168	366
1997	300	771	54	1696	2334	362
1998	301	764	56	1771	2388	348
1999	314	771	58	1855	2485	310
2000	326	771	59	1939	2555	340
2001	340	761	60	1959	2556	336
2002	342	764	61	1940	2551	339
2003	344	769	61	1817	2643	336
2004	407	775	63	2211	2595	329
2005	431	770	65	2261	2572	350
2006	436	762	67	2231	2698	464
2007	446	757	69	2286	2896	460
2008	427	760	171	1707	2934	443
2009	432	757	175	1804	2833	453
2010	438	759	177	1806	3177	440
2011	431	749	182	1771	3120	506
2012	424	748	187	1781	3007	516
2013	410	735	181	1419	3034	536
2014	436	722	183	1551	3161	587
2015	427	707	184	1496	3306	615

16-12 分地区客运量(2015年)
Passenger Traffic by Region (2015)

单位：万人 (10 000 persons)

地区	Region	合计 Total	铁路 Railways	公路 Highways	水运 Waterways
全国	**National Total**	**1943271**	**253484**	**1619097**	**27072**
北京	Beijing	62849	12918	49931	
天津	Tianjin	18345	4054	14219	72
河北	Hebei	53274	9706	43563	5
山西	Shanxi	29612	7418	22085	109
内蒙古	Inner Mongolia	16125	5108	11017	
辽宁	Liaoning	73692	12919	60269	504
吉林	Jilin	36359	7158	29013	188
黑龙江	Heilongjiang	42869	9865	32632	372
上海	Shanghai	13844	9692	3766	386
江苏	Jiangsu	138308	16116	119800	2392
浙江	Zhejiang	111369	15224	92304	3841
安徽	Anhui	86810	8553	78072	185
福建	Fujian	51646	9256	40394	1996
江西	Jiangxi	62418	8458	53687	273
山东	Shandong	60356	11397	46960	1999
河南	Henan	125015	12200	112535	280
湖北	Hubei	102035	13508	87953	574
湖南	Hunan	131311	10511	119266	1534
广东	Guangdong	123926	23149	98050	2727
广西	Guangxi	49101	7046	41522	533
海南	Hainan	13728	1651	10363	1714
重庆	Chongqing	62282	3994	57556	732
四川	Sichuan	135969	9207	124014	2748
贵州	Guizhou	87541	4901	80621	2019
云南	Yunnan	48794	3949	43688	1157
西藏	Tibet	1092	221	871	
陕西	Shaanxi	69680	7866	61436	378
甘肃	Gansu	40453	3123	37240	90
青海	Qinghai	5602	936	4596	70
宁夏	Ningxia	9300	661	8444	195
新疆	Xinjiang	35948	2719	33229	
不分地区	Not Classified by Region	43618			

注：不分地区合计数为民航完成数。

a) The total passenger traffic not classified by region refers to that completed by civil aviation.

16-13 分地区旅客周转量（2015年）
Passenger-kilometers by Region (2015)

单位：亿人公里 (100 million passenger-km)

地区	Region	合计 Total	铁路 Railways	公路 Highways	水运 Waterways
全国	**National Total**	**30058.90**	**11960.60**	**10742.66**	**73.08**
北京	Beijing	279.43	149.31	130.12	
天津	Tianjin	252.30	170.47	81.70	0.14
河北	Hebei	1213.21	944.43	268.44	0.34
山西	Shanxi	380.05	215.42	164.53	0.09
内蒙古	Inner Mongolia	371.14	210.80	160.34	
辽宁	Liaoning	923.76	604.71	313.09	5.97
吉林	Jilin	430.31	252.22	177.82	0.27
黑龙江	Heilongjiang	487.54	257.58	229.56	0.41
上海	Shanghai	215.21	88.95	125.45	0.81
江苏	Jiangsu	1453.69	625.54	825.45	2.70
浙江	Zhejiang	1092.53	541.93	544.76	5.84
安徽	Anhui	1218.22	642.95	574.88	0.38
福建	Fujian	575.48	305.34	267.29	2.84
江西	Jiangxi	953.81	668.72	284.74	0.35
山东	Shandong	1147.32	664.31	471.37	11.64
河南	Henan	1630.59	886.14	743.91	0.54
湖北	Hubei	1218.68	726.06	489.29	3.32
湖南	Hunan	1527.52	888.82	635.64	3.07
广东	Guangdong	1796.52	751.08	1034.94	10.50
广西	Guangxi	731.75	318.22	410.82	2.71
海南	Hainan	112.93	30.18	79.29	3.46
重庆	Chongqing	533.55	151.03	376.45	6.08
四川	Sichuan	987.76	313.51	671.63	2.63
贵州	Guizhou	658.23	229.92	422.79	5.52
云南	Yunnan	456.58	123.87	330.21	2.50
西藏	Tibet	38.28	14.09	24.20	
陕西	Shaanxi	758.30	464.44	293.23	0.64
甘肃	Gansu	619.65	370.74	248.75	0.17
青海	Qinghai	119.18	74.44	44.65	0.09
宁夏	Ningxia	115.52	47.37	68.04	0.11
新疆	Xinjiang	477.29	228.02	249.27	
不分地区	Not Classified by Region	7282.55			

注：不分地区合计数为民航完成数。

a) The total passenger-kilometers not classified by region refers to that completed by civil aviation.

16-14 分地区货运量(2015年)
Freight Traffic by Region (2015)

单位: 万吨 (10 000 tons)

地区	Region	合计 Total	铁路 Railways	公路 Highways	水运 Waterways
全国	**National Total**	**4175886**	**335801**	**3150019**	**613567**
北京	Beijing	20078	1034	19044	
天津	Tianjin	48779	8378	30551	9850
河北	Hebei	198024	17843	175637	4544
山西	Shanxi	161765	70509	91240	16
内蒙古	Inner Mongolia	175112	55612	119500	
辽宁	Liaoning	202021	16442	172140	13439
吉林	Jilin	43333	4432	38708	193
黑龙江	Heilongjiang	54478	9033	44200	1245
上海	Shanghai	90893	496	40627	49770
江苏	Jiangsu	198998	5304	113351	80343
浙江	Zhejiang	201231	3887	122547	74797
安徽	Anhui	345756	10158	230649	104949
福建	Fujian	111041	2820	79802	28419
江西	Jiangxi	130349	4019	115436	10894
山东	Shandong	261849	19191	227934	14724
河南	Henan	192859	9969	172431	10459
湖北	Hubei	153904	4135	115801	33968
湖南	Hunan	199716	4407	172248	23061
广东	Guangdong	339225	8117	255995	75113
广西	Guangxi	149714	5779	119194	24741
海南	Hainan	22287	779	11279	10229
重庆	Chongqing	103833	1862	86931	15040
四川	Sichuan	154597	7287	138622	8688
贵州	Guizhou	84540	5736	77341	1463
云南	Yunnan	107608	5108	101993	507
西藏	Tibet	2125	48	2077	
陕西	Shaanxi	140900	32951	107731	218
甘肃	Gansu	58251	5936	52281	34
青海	Qinghai	15962	2729	13233	
宁夏	Ningxia	42626	5631	36995	
新疆	Xinjiang	70673	6168	64505	
不分地区	Not Classified by Region	93363			16864

注：不分地区合计数中包括铁路行包运量、民航、管道、中远集团海外公司和中海集团香港有限公司完成数。

a) The freight ton-kilometers not classified by region refers to railway baggage freight, civil aviation, pipelines and that completed by companies abroad under the China Ocean Shipping (Group) Company and Hong Kong Company Ltd. of China Shipping Group.

16-15 分地区货物周转量（2015年）
Freight Ton-kilometers by Region (2015)

单位：亿吨公里 (100 million ton-km)

地　区	Region	合　计 Total	铁　路 Railways	公　路 Highways	水　运 Waterways
全　国	**National Total**	**178355.90**	**23754.31**	**57955.72**	**91772.45**
北　京	Beijing	901.41	745.06	156.36	
天　津	Tianjin	2519.22	444.81	345.20	1729.21
河　北	Hebei	12007.28	3633.01	6821.48	1552.79
山　西	Shanxi	3438.55	2063.73	1374.76	0.05
内蒙古	Inner Mongolia	4190.30	1950.34	2239.96	
辽　宁	Liaoning	11711.92	898.07	2850.68	7963.17
吉　林	Jilin	1425.35	373.53	1051.22	0.59
黑龙江	Heilongjiang	1545.35	607.95	929.27	8.13
上　海	Shanghai	19495.88	10.79	289.56	19195.54
江　苏	Jiangsu	8270.23	310.52	2072.96	5886.75
浙　江	Zhejiang	9869.72	213.16	1513.92	8142.64
安　徽	Anhui	10402.25	739.39	4721.87	4940.99
福　建	Fujian	5447.49	128.72	1020.25	4298.52
江　西	Jiangxi	3753.48	497.20	3022.72	233.56
山　东	Shandong	8418.04	1161.18	5876.99	1379.88
河　南	Henan	6948.05	1700.09	4542.67	705.29
湖　北	Hubei	5674.13	762.59	2380.62	2530.91
湖　南	Hunan	3895.53	761.70	2553.52	580.30
广　东	Guangdong	14882.21	258.88	3108.81	11514.52
广　西	Guangxi	4061.82	674.53	2122.60	1264.69
海　南	Hainan	1181.73	12.14	78.66	1090.93
重　庆	Chongqing	2709.53	158.22	851.23	1700.08
四　川	Sichuan	2387.44	723.41	1480.58	183.45
贵　州	Guizhou	1379.00	561.27	782.47	35.26
云　南	Yunnan	1500.27	409.95	1077.89	12.44
西　藏	Tibet	119.64	23.54	96.10	
陕　西	Shaanxi	3263.52	1435.91	1826.80	0.80
甘　肃	Gansu	2225.81	1313.62	912.14	0.06
青　海	Qinghai	445.58	223.45	222.13	
宁　夏	Ningxia	816.93	245.08	571.85	
新　疆	Xinjiang	1772.94	712.48	1060.46	
不分地区	Not Classified by Region	21695.30			16821.88

注：不分地区合计数中包括铁路行包运量、民航、管道、中远集团海外公司和中海集团香港有限公司完成数。

a) The freight ton-kilometers not classified by region refers to railway baggage freight, civil aviation, pipelines and that completed by companies abroad under the China Ocean Shipping (Group) Company and Hong Kong Company Ltd. of China Shipping Group.

16-16 按货类分国家铁路货物运输量
National Railway Freight Traffic by Category of Cargo

项目	Item	2014			2015		
		货运量 (万吨) Freight Traffic (10 000 tons)	货物周转量 (百万吨公里) Freight Ton-kilometers (million ton-kilometers)	平均运距 (公里) Average Transport Distance (km)	货运量 (万吨) Freight Traffic (10 000 tons)	货物周转量 (百万吨公里) Freight Ton-kilometers (million ton-kilometers)	平均运距 (公里) Average Transport Distance (km)
总计	**Total**	**306259**	**2493431**	**814**	**270824**	**2146254**	**792**
#煤	Coal	164131	1059626	646	143221	886754	619
焦炭	Coke	9590	98535	1028	7553	76028	1007
石油	Petroleum	12807	111424	870	12553	105667	842
钢铁及有色金属	Steel and Iron, and Non-Ferrous Metal	19665	213901	1088	16063	166688	1038
金属矿石	Metal Ores	36708	211520	576	32841	175184	533
非金属矿石	Nonmetal Ores	6452	40127	622	5670	31957	564
磷矿石	Phosphorus Ore	1551	18740	1208	1494	16359	1095
矿建材料	Mineral Building Materials	11891	33873	285	10438	35649	342
水泥	Cement	3417	13232	387	2477	9083	367
木材	Timber	2187	23315	1066	1883	15911	845
粮食	Grain	8260	145768	1765	5590	101254	1811
零担	Less-Than-Truckload	452	5467	1209	2410	26711	1108
集装箱	Container	9060	167734	1851	9464	169203	1788

注：本表货运量和货物周转量不包括行包运量。
a) Freight traffic and freight ton-kilometers in the table do not include the baggage freight.

16-17 国家铁路地区间货物交流
Goods Exchanges of National Railways between Regions

单位：万吨 (10 000 tons)

发送省 Sender \ 到达省 Receiver		合计 Total	北京 Beijing	天津 Tianjin	河北 Hebei	山西 Shanxi	内蒙古 Inner Mongolia	辽宁 Liaoning	吉林 Jilin	黑龙江 Heilongjiang	上海 Shanghai
总 计	**National Total**	**270824**	**1414**	**10069**	**59210**	**6570**	**12313**	**22224**	**8324**	**10417**	**910**
北 京	Beijing	977	42	149	400	64	44	54	14	13	1
天 津	Tianjin	8369	36	4622	2196	103	840	28	24	34	2
河 北	Hebei	15517	638	1815	8893	175	117	365	76	105	51
山 西	Shanxi	67915	105	1609	39633	3677	397	1639	136	58	135
内蒙古	Inner Mongolia	31939	172	1345	5200	259	9422	5911	3849	4005	24
辽 宁	Liaoning	14521	118	161	272	61	585	10712	1456	617	5
吉 林	Jilin	4037	41	19	51	12	79	1214	1569	597	8
黑龙江	Heilongjiang	8455	28	16	67	23	301	1898	929	4556	7
上 海	Shanghai	457	9	19	4	2	4	6	7	4	2
江 苏	Jiangsu	5066	6	2	4	336	19	8	7	20	47
浙 江	Zhejiang	3233	15	3	8	5	4	9	8	11	41
安 徽	Anhui	10156	2	2	9	10	8	5	10	12	72
福 建	Fujian	2807	2	1	3	1	2	6	2	6	20
江 西	Jiangxi	3938	3		3	1	1	4	7	7	40
山 东	Shandong	16061	85	15	1276	1077	95	47	75	143	17
河 南	Henan	9468	6	4	66	49	24	110	35	42	58
湖 北	Hubei	3728	6	4	30	8	19	22	30	39	4
湖 南	Hunan	4193	6	2	11	3	4	3	2	6	10
广 东	Guangdong	7037	14	1	8	6	1	1	2	2	16
广 西	Guangxi	5777	1		2	3	3	7	1	1	6
海 南	Hainan	779									
重 庆	Chongqing	1756	4	4	2	1	2	5	2	6	3
四 川	Sichuan	6185	20	14	34	10	18	14	10	8	33
贵 州	Guizhou	5734	1	2	23	5	10	5	13	53	4
云 南	Yunnan	4070	2	7	53	17	18	8	7	23	59
西 藏	Tibet	42									
陕 西	Shaanxi	10979	17	95	515	537	68	13	10	9	42
甘 肃	Gansu	5926	9	31	37	18	14	12	7	7	76
青 海	Qinghai	2725	5	6	69	51	112	17	21	14	18
宁 夏	Ningxia	2849	2	29	273	10	83	87	11	9	10
新 疆	Xinjiang	6128	18	91	68	45	18	14	5	9	96

16-17 续表 1 continued

单位: 万吨 (10 000 tons)

发送省 Sender		江苏 Jiangsu	浙江 Zhejiang	安徽 Anhui	福建 Fujian	江西 Jiangxi	山东 Shandong	河南 Henan	湖北 Hubei	湖南 Hunan	广东 Guangdong	广西 Guangxi
总 计	**National Total**	**7631**	**4327**	**8533**	**3470**	**7015**	**20245**	**11069**	**8463**	**8136**	**5833**	**6799**
北 京	Beijing	4	4	12	1	2	16	27	13	10	9	2
天 津	Tianjin	10	5	15		2	9	16	22	11	4	3
河 北	Hebei	301	75	82	28	73	1276	376	204	139	61	36
山 西	Shanxi	2035	265	802	162	775	8127	2203	2225	1348	196	220
内蒙古	Inner Mongolia	71	35	35	18	35	476	171	69	76	17	12
辽 宁	Liaoning	24	9	51	3	13	71	71	37	29	9	4
吉 林	Jilin	11	5	30	4	17	37	30	37	23	11	4
黑龙江	Heilongjiang	20	10	26	9	19	58	28	44	40	4	3
上 海	Shanghai	15	8	15	17	23	8	32	22	12	14	45
江 苏	Jiangsu	829	35	434	21	172	106	1418	27	44	32	16
浙 江	Zhejiang	21	1985	24	57	654	3	25	12	24	28	17
安 徽	Anhui	1758	450	5228	103	1275	111	169	327	219	56	50
福 建	Fujian	10	38	5	1871	426	6	9	7	19	157	6
江 西	Jiangxi	19	333	32	551	1798	7	4	114	386	154	38
山 东	Shandong	854	144	604	62	286	7062	1988	357	139	27	33
河 南	Henan	551	167	456	201	348	225	2552	1456	615	321	268
湖 北	Hubei	37	32	32	56	105	40	114	1494	213	212	160
湖 南	Hunan	17	58	5	18	104	15	8	79	2430	630	270
广 东	Guangdong	3	11	1	17	193	13	18	61	946	2197	1545
广 西	Guangxi	4	15	9	6	17	4	40	45	310	299	2326
海 南	Hainan					4		1	1	9	11	8
重 庆	Chongqing	2	2	2	3	2	7	12	6	21	54	139
四 川	Sichuan	42	29	19	12	22	83	79	75	32	123	220
贵 州	Guizhou	15	9	6	107	41	57	27	82	38	282	616
云 南	Yunnan	76	53	22	26	45	96	69	51	81	345	598
西 藏	Tibet					1		7		2		1
陕 西	Shaanxi	174	115	297	9	301	1627	904	974	760	43	58
甘 肃	Gansu	136	57	146	17	146	49	273	280	38	178	10
青 海	Qinghai	163	45	78	15	46	167	107	167	41	49	29
宁 夏	Ningxia	67	58	20	21	14	50	11	37	22	28	20
新 疆	Xinjiang	361	275	45	55	55	440	279	137	60	282	41

16-17 续表 2 continued

单位：万吨 (10 000 tons)

发送省 Sender \ 到达省 Receiver		海南 Hainan	重庆 Chongqing	四川 Sichuan	贵州 Guizhou	云南 Yunnan	西藏 Tibet	陕西 Shaanxi	甘肃 Gansu	青海 Qinghai	宁夏 Ningxia	新疆 Xinjiang
总　计	**National Total**	**854**	**4420**	**10838**	**5930**	**6635**	**452**	**4330**	**6470**	**2109**	**1389**	**4425**
北　京	Beijing		19	23	6	15	1	8	10	3		10
天　津	Tianjin		29	47	7	27	2	29	63	3	131	52
河　北	Hebei	3	134	185	69	87	9	46	31	6	9	49
山　西	Shanxi	4	370	642	190	60	5	99	244	131	100	325
内蒙古	Inner Mongolia	1	32	145	24	31	8	116	197	39	91	52
辽　宁	Liaoning		20	64	10	17		34	29	4	11	23
吉　林	Jilin		11	71	40	77		15	11	3	2	6
黑龙江	Heilongjiang		38	130	40	75	10	22	18	8	3	24
上　海	Shanghai		13	66	12	23	3	27	6	2	4	35
江　苏	Jiangsu		26	170	32	83	13	594	144	159	54	205
浙　江	Zhejiang	1	25	46	33	51	4	18	19	2	6	71
安　徽	Anhui	1	18	75	56	58	7	25	17	7	2	16
福　建	Fujian	1	26	49	30	51	1	17	12	4	1	16
江　西	Jiangxi	4	71	67	190	70	1	3	6	6	5	14
山　东	Shandong	1	120	307	82	92	9	443	152	55	10	405
河　南	Henan	5	181	436	148	168	28	53	355	164	14	364
湖　北	Hubei	8	99	510	155	132	10	48	27	16	11	54
湖　南	Hunan	6	97	63	242	64	2	8	7	2	2	18
广　东	Guangdong	49	134	245	710	683	6	38	37	15	4	60
广　西	Guangxi	13	191	261	705	1308	2	26	14	4	1	152
海　南	Hainan	730	3	6	1	5						1
重　庆	Chongqing	2	501	759	129	44	1	14	5	3	1	18
四　川	Sichuan	4	699	3254	267	798	23	77	95	9	10	51
贵　州	Guizhou	5	547	675	2092	850		12	23	5	17	111
云　南	Yunnan	12	92	426	216	1300	1	86	91	73	25	93
西　藏	Tibet			2			5	2	8	10		
陕　西	Shaanxi	1	628	927	314	252	11	1965	179	48	25	61
甘　肃	Gansu		111	458	46	44	54	282	2781	408	56	145
青　海	Qinghai		56	146	18	32	221	41	124	851	6	11
宁　夏	Ningxia		57	291	18	36	15	92	643	25	737	72
新　疆	Xinjiang	2	74	295	46	97	1	90	1121	44	50	1912

16-18 全国铁路运输设备基本情况
Basic Statistics on National Railways Transport Equipment

项 目	Item	2011	2012	2013	2014	2015
机 车 (台)	**Locomotives (unit)**	**20721**	**20797**	**20835**	**21096**	**21366**
内燃机车	Diesel Locomotives	11081	10602	9961	9485	9132
电力机车	Electric Locomotives	9625	10180	10859	11596	12219
客 车 (辆)	**Passenger Coaches (coach)**	**54731**	**57721**	**58965**	**60629**	**67706**
软卧车	Soft Berth Coaches					4953
硬卧车	Hard Berth Coaches					20312
软座车	Soft Seat Coaches					17649
硬座车	Hard Seat Coaches					18061
货 车 (辆)	**Freight Cars (coach)**	**651175**	**670801**	**721850**	**716578**	**768516**

16-19 高速铁路基本情况
Basic Statistics of High Speed Railway

年 份 Year	营业里程 (公里) Length in Operation (km)	占铁路营业里程比重 (%) Percentage of Length of Railways in Operation (%)	客运量 (万人) Passenger Traffic (10 000 persons)	占铁路客运量比重 (%) Percentage of Railway Passenger Traffic (%)	旅客周转量 (亿人公里) Passenger-Kilometers (100 million passenger-km)	占铁路客运周转量比重 (%) Percentage of Railway Passenger-Kilometers (%)
2008	672	0.8	734	0.5	15.6	0.2
2009	2699	3.2	4651	3.1	162.2	2.1
2010	5133	5.6	13323	8.0	463.2	5.3
2011	6601	7.1	28552	15.8	1058.4	11.0
2012	9356	9.6	38815	20.5	1446.1	14.7
2013	11028	10.7	52962	25.1	2141.1	20.2
2014	16456	14.7	70378	30.5	2825.0	25.1
2015	19838	16.4	96139	37.9	3863.4	32.3

16-20 民用汽车拥有量
Possession of Civil Vehicles

年份 Year 地区 Region	民用汽车总计（万辆）Total (10 000 units)	载客汽车（万辆）Passenger Vehicles (10 000 units)	大型 Large	中型 Medium	小型 Small	微型 Minicar	载货汽车（万辆）Trucks (10 000 units)
1978	135.84	25.90					100.17
1980	178.29	35.08					129.90
1985	321.12	79.45					223.20
1990	551.36	162.19					368.48
1995	1040.00	417.90					585.43
2000	1608.91	853.73					716.32
2005	3159.66	2132.46	82.13	131.65	1618.35	300.32	955.55
2006	3697.35	2619.57	87.34	137.00	2083.40	311.83	986.30
2007	4358.36	3195.99	93.82	140.52	2646.47	315.18	1054.06
2008	5099.61	3838.92	100.39	143.19	3271.14	324.19	1126.07
2009	6280.61	4845.09	107.95	145.80	4246.90	344.44	1368.60
2010	7801.83	6124.13	116.44	146.07	5498.36	363.25	1597.55
2011	9356.32	7478.37	126.54	147.41	6827.54	376.88	1787.99
2012	10933.09	8943.01	128.13	131.78	8302.63	380.47	1894.75
2013	12670.14	10561.78	131.38	117.06	9951.46	361.87	2010.62
2014	14598.11	12326.70	139.61	112.06	11748.19	326.84	2125.46
2015	16284.45	14095.88	140.07	89.66	13580.48	285.66	2065.62
北京 Beijing	533.81	498.13	5.51	8.61	480.61	3.40	30.59
天津 Tianjin	273.62	244.22	2.54	1.44	235.54	4.70	27.63
河北 Hebei	1075.03	923.33	5.25	2.29	873.90	41.90	146.64
山西 Shanxi	468.97	409.41	2.77	1.45	389.08	16.11	57.18
内蒙古 Inner Mongolia	373.61	322.04	2.45	1.03	309.62	8.94	49.23
辽宁 Liaoning	582.50	496.09	6.87	5.38	475.93	7.91	82.66
吉林 Jilin	313.74	271.03	3.59	1.64	258.24	7.55	41.00
黑龙江 Heilongjiang	351.75	288.69	4.58	2.46	275.38	6.28	60.31
上海 Shanghai	282.23	256.26	4.52	3.09	247.50	1.15	19.49
江苏 Jiangsu	1240.91	1143.57	10.03	6.17	1114.63	12.75	90.39
浙江 Zhejiang	1120.58	1012.46	6.21	4.12	988.81	13.32	104.00
安徽 Anhui	498.70	408.16	4.41	2.69	396.83	4.22	87.56
福建 Fujian	435.37	367.79	3.15	3.00	356.01	5.63	65.50
江西 Jiangxi	338.94	276.48	2.56	1.76	268.54	3.63	59.96
山东 Shandong	1510.81	1339.12	9.59	4.32	1280.22	44.99	165.06
河南 Henan	952.01	817.06	6.91	3.86	783.48	22.82	129.72
湖北 Hubei	498.63	424.70	5.25	3.46	412.74	3.25	70.16
湖南 Hunan	507.88	437.81	4.68	4.78	422.76	5.59	67.40
广东 Guangdong	1471.40	1290.57	15.31	8.72	1256.25	10.30	174.90
广西 Guangxi	363.82	302.56	3.33	1.68	290.28	7.27	58.71
海南 Hainan	83.29	70.07	1.28	0.63	67.60	0.56	12.66
重庆 Chongqing	278.61	239.43	2.98	1.33	234.11	1.01	37.42
四川 Sichuan	767.13	673.91	6.90	2.70	642.56	21.75	89.57
贵州 Guizhou	292.61	240.35	2.32	2.18	232.36	3.48	50.33
云南 Yunnan	484.23	400.17	2.64	2.63	384.27	10.63	81.72
西藏 Tibet	33.18	20.88	4.40	1.01	15.18	0.29	12.05
陕西 Shaanxi	438.12	383.03	3.32	2.17	367.46	10.08	51.42
甘肃 Gansu	239.36	167.55	2.14	1.22	162.31	1.88	45.39
青海 Qinghai	78.18	63.16	0.71	0.54	61.22	0.69	14.24
宁夏 Ningxia	100.94	75.77	0.92	0.47	73.63	0.76	24.11
新疆 Xinjiang	294.47	232.10	2.97	2.84	223.45	2.83	58.64

16-20 续表 continued

年份 Year / 地区 Region	载货汽车（万辆） Trucks (10 000 units) 重型 Heavy	中型 Medium	轻型 Light	微型 Mini	其他汽车（万辆） Others (10 000 units)	机动车驾驶员（万人） Number of Motor Drivers (10 000 persons)	#汽车驾驶员 Automobile Drivers
1978							192.45
1980							245.23
1985							462.14
1990						1635.85	790.96
1995						3501.52	1673.39
2000						7655.56	3746.51
2005	168.07	236.66	484.51	66.31	71.66	13069.52	8017.76
2006	174.01	235.39	532.13	44.76	91.49	14213.87	9317.24
2007	186.74	243.46	587.22	36.63	108.31	15363.88	10567.15
2008	200.84	249.73	644.96	30.54	134.62	17336.56	12276.80
2009	315.08	262.21	765.33	25.97	66.92	19167.58	13740.73
2010	394.80	269.75	911.88	21.12	80.14	20068.47	15129.89
2011	460.58	267.80	1042.07	17.54	89.96	22817.62	17416.76
2012	472.51	229.20	1179.65	13.40	95.33	25250.83	20028.52
2013	501.97	196.40	1300.02	12.23	97.75	26955.93	21742.70
2014	533.67	188.09	1385.77	17.93	145.95	29892.32	24812.07
2015	530.05	148.87	1375.79	10.90	122.95	32853.05	28012.99
北京 Beijing	6.27	3.11	21.21	0.00	5.09	977.59	973.55
天津 Tianjin	5.33	1.25	20.80	0.25	1.77	389.25	388.58
河北 Hebei	50.39	4.71	90.93	0.61	5.06	1746.31	1680.15
山西 Shanxi	21.97	1.79	32.85	0.57	2.39	763.92	745.80
内蒙古 Inner Mongolia	13.75	1.16	34.04	0.28	2.35	628.09	571.20
辽宁 Liaoning	23.55	4.82	54.13	0.17	3.75	1134.22	1054.22
吉林 Jilin	12.43	2.81	25.60	0.15	1.71	651.55	583.44
黑龙江 Heilongjiang	18.43	5.54	36.13	0.21	2.75	725.67	685.31
上海 Shanghai	8.65	4.32	6.51	0.00	6.47	650.67	631.09
江苏 Jiangsu	35.56	11.42	43.27	0.13	6.95	2385.62	2072.50
浙江 Zhejiang	15.28	3.90	83.38	1.43	4.13	1776.09	1632.06
安徽 Anhui	30.37	3.68	53.28	0.23	2.98	1121.82	977.45
福建 Fujian	10.32	3.10	51.63	0.46	2.08	1014.52	743.58
江西 Jiangxi	18.03	5.19	36.63	0.10	2.50	1137.39	822.18
山东 Shandong	49.21	8.06	107.39	0.40	6.63	2467.52	2340.45
河南 Henan	42.61	6.96	79.71	0.44	5.23	1996.80	1813.99
湖北 Hubei	15.49	7.00	47.55	0.12	3.78	1284.95	1058.33
湖南 Hunan	13.11	6.65	47.50	0.14	2.67	1239.67	957.96
广东 Guangdong	26.36	12.90	132.20	3.44	5.93	2874.75	2379.73
广西 Guangxi	13.51	5.83	38.73	0.65	2.55	1205.75	768.18
海南 Hainan	1.19	1.18	10.26	0.03	0.57	204.98	145.16
重庆 Chongqing	9.86	3.41	24.14	0.00	1.77	660.77	496.15
四川 Sichuan	20.63	10.94	57.85	0.16	3.65	1791.39	1362.60
贵州 Guizhou	7.31	5.25	37.69	0.09	1.93	699.19	477.31
云南 Yunnan	11.50	7.97	62.16	0.09	2.34	1115.94	739.79
西藏 Tibet	1.47	2.67	7.67	0.25	0.25	27.36	25.30
陕西 Shaanxi	14.65	3.61	33.00	0.16	3.67	885.36	807.97
甘肃 Gansu	9.40	3.60	32.34	0.05	26.43	489.56	381.06
青海 Qinghai	2.59	0.77	10.85	0.04	0.77	131.91	113.04
宁夏 Ningxia	5.36	1.05	17.62	0.07	1.06	175.70	152.83
新疆 Xinjiang	15.46	4.22	38.77	0.19	3.74	498.75	432.07

注：1.小轿车包括在载客汽车中（下表同）。
2.从2002年起，载客汽车和载货汽车的其中分项、其他汽车统计口径有调整与以前年份不可比（下表同）。

a) Cars are included in passenger vehicles. The same applies to the tables following.

b) Since 2002, there has been adjustment to the statistical coverages of some detailed items of passenger vehicles and trucks and other vehicles, the data are hence not comparable with those in previous years. The same applies to the tables following.

16-21 私人汽车拥有量
Possession of Private Vehicles

单位：万辆 (10 000 units)

年份 Year 地区 Region	汽车总计 Total	载客汽车 Passenger Vehicles				
			大型 Large	中型 Medium	小型 Small	微型 Minicar
1985	28.49	1.93				
1990	81.62	24.07				
1995	249.96	114.15				
2000	625.33	365.09				
2005	1848.07	1383.93	7.61	50.88	1079.78	245.66
2006	2333.32	1823.57	11.19	56.20	1491.18	265.00
2007	2876.22	2316.91	7.91	55.73	1984.29	268.98
2008	3501.39	2880.50	8.57	57.97	2533.28	280.68
2009	4574.91	3808.33	8.72	59.96	3436.26	303.39
2010	5938.71	4989.50	9.34	61.00	4593.46	325.70
2011	7326.79	6237.46	9.99	62.34	5823.62	341.52
2012	8838.60	7637.87	8.26	55.43	7226.48	347.71
2013	10501.68	9198.23	6.95	46.95	8810.51	333.83
2014	12339.36	10945.39	7.70	42.10	10590.75	304.83
2015	14099.10	12737.23	8.27	28.89	12432.26	267.81
北京 Beijing	439.33	429.39	0.25	4.83	421.07	3.24
天津 Tianjin	234.68	214.27	0.11	0.51	209.27	4.38
河北 Hebei	978.65	873.23	0.44	0.72	831.17	40.90
山西 Shanxi	414.68	374.45	0.07	0.33	358.86	15.20
内蒙古 Inner Mongolia	334.90	298.28	0.13	0.33	289.36	8.46
辽宁 Liaoning	478.94	437.35	0.59	2.07	427.42	7.27
吉林 Jilin	275.21	245.20	0.45	0.54	237.09	7.12
黑龙江 Heilongjiang	299.11	256.50	0.62	0.98	249.28	5.62
上海 Shanghai	208.65	208.22	0.09	0.78	206.26	1.09
江苏 Jiangsu	1070.12	1022.22	0.06	1.99	1008.07	12.09
浙江 Zhejiang	976.99	910.40	0.07	1.11	897.49	11.73
安徽 Anhui	411.36	367.07	0.08	0.70	362.28	4.01
福建 Fujian	377.95	330.87	0.07	0.75	324.64	5.40
江西 Jiangxi	286.21	250.41	0.03	0.34	246.79	3.25
山东 Shandong	1351.83	1243.55	0.55	1.47	1198.81	42.72
河南 Henan	836.73	751.37	0.14	0.84	729.27	21.12
湖北 Hubei	428.31	379.67	0.08	0.91	375.63	3.06
湖南 Hunan	457.79	399.96	0.12	1.09	393.53	5.22
广东 Guangdong	1292.68	1181.29	0.52	4.35	1166.67	9.75
广西 Guangxi	314.12	274.28	0.02	0.40	267.06	6.80
海南 Hainan	70.69	60.33	0.06	0.21	59.55	0.52
重庆 Chongqing	231.64	211.82	0.01	0.13	210.75	0.92
四川 Sichuan	676.09	614.51	0.08	0.52	593.59	20.31
贵州 Guizhou	254.41	214.86	0.03	0.19	211.39	3.25
云南 Yunnan	429.86	360.89	0.04	0.32	350.73	9.80
西藏 Tibet	26.74	16.67	3.34	0.84	12.23	0.26
陕西 Shaanxi	386.02	346.05	0.06	0.30	336.33	9.36
甘肃 Gansu	171.12	139.66	0.02	0.20	138.33	1.11
青海 Qinghai	63.12	52.79	0.01	0.11	52.13	0.54
宁夏 Ningxia	88.87	68.57	0.02	0.14	67.71	0.70
新疆 Xinjiang	232.32	203.11	0.11	0.85	199.50	2.65

16-21 续表 continued

单位：万辆 (10 000 units)

年份 Year / 地区 Region		载货汽车 Trucks	重型 Heavy	中型 Medium	轻型 Light	微型 Mini	其他汽车 Others
	1985	26.48					
	1990	57.48					
	1995	131.83					
	2000	259.09					
	2005	452.11	62.50	100.34	243.29	45.98	12.04
	2006	494.91	64.23	108.64	288.94	33.09	14.84
	2007	539.45	68.89	110.44	332.69	27.43	19.86
	2008	596.39	73.28	115.68	384.12	23.31	24.50
	2009	753.40	108.73	129.59	494.97	20.12	13.17
	2010	931.52	141.44	140.52	632.77	16.78	17.69
	2011	1067.43	164.28	144.52	744.39	14.24	21.90
	2012	1175.63	168.13	128.51	867.64	11.35	25.09
	2013	1275.49	174.39	111.85	978.73	10.52	27.95
	2014	1352.78	182.68	104.90	1050.60	14.59	41.20
	2015	1330.65	173.86	86.62	1060.70	9.47	31.22
北京	Beijing	8.96	0.86	0.40	7.70	0.00	0.99
天津	Tianjin	19.88	2.05	0.66	17.05	0.12	0.53
河北	Hebei	103.41	23.43	3.60	75.83	0.54	2.01
山西	Shanxi	39.34	10.73	1.29	26.83	0.50	0.89
内蒙古	Inner Mongolia	35.68	6.29	0.85	28.30	0.23	0.94
辽宁	Liaoning	40.65	5.47	2.39	32.67	0.12	0.94
吉林	Jilin	29.45	6.42	2.12	20.78	0.12	0.57
黑龙江	Heilongjiang	41.92	8.35	4.02	29.38	0.17	0.69
上海	Shanghai	0.25	0.05	0.05	0.15	0.00	0.18
江苏	Jiangsu	45.55	14.27	4.95	26.23	0.11	2.35
浙江	Zhejiang	65.76	2.72	1.22	60.59	1.23	0.83
安徽	Anhui	43.21	3.33	1.54	38.15	0.19	1.07
福建	Fujian	46.41	2.79	1.79	41.40	0.43	0.67
江西	Jiangxi	35.20	2.77	2.61	29.75	0.08	0.60
山东	Shandong	105.41	10.84	4.69	89.51	0.37	2.87
河南	Henan	83.00	9.99	4.87	67.78	0.37	2.36
湖北	Hubei	47.35	5.94	4.65	36.68	0.09	1.29
湖南	Hunan	56.51	8.22	5.60	42.56	0.12	1.32
广东	Guangdong	109.32	8.06	6.75	91.33	3.17	2.08
广西	Guangxi	38.99	5.10	3.83	29.47	0.58	0.85
海南	Hainan	10.16	0.68	1.04	8.42	0.03	0.20
重庆	Chongqing	19.41	0.56	1.07	17.77	0.00	0.41
四川	Sichuan	60.23	6.25	6.37	47.47	0.14	1.35
贵州	Guizhou	38.88	3.16	3.53	32.11	0.08	0.67
云南	Yunnan	68.02	7.02	6.41	54.52	0.08	0.95
西藏	Tibet	9.97	1.06	2.48	6.28	0.16	0.09
陕西	Shaanxi	38.75	7.58	2.91	28.12	0.14	1.22
甘肃	Gansu	30.87	4.07	2.35	24.41	0.04	0.59
青海	Qinghai	10.06	0.92	0.56	8.55	0.03	0.27
宁夏	Ningxia	19.82	3.45	0.88	15.43	0.06	0.48
新疆	Xinjiang	28.22	1.44	1.15	25.49	0.15	0.99

16-22 新注册民用汽车数量
Statistics on New Registrations of Civil Vehicles

单位：辆 (unit)

年份 Year / 地区 Region	民用汽车总计 Total	载客汽车 Passenger Vehicles	大型 Large	中型 Medium	小型 Small	微型 Minicar
2002	3371951	2294649	97200	145062	1491479	560908
2005	5286287	4157504	99489	105314	3712056	240645
2006	5730432	4678667	95428	82758	4382206	118275
2007	6079209	5000042	91087	72059	4772468	64428
2008	7631839	6226814	112811	64024	5928095	121884
2009	12459452	10248554	114984	69548	9794452	269570
2010	15288186	12546891	148234	76519	12086273	235865
2011	16242474	13694540	163258	76472	13244774	210036
2012	17725011	15248801	163517	71013	14875884	138387
2013	20309394	17522965	168946	81160	17173792	99067
2014	22051905	19366787	151405	79646	19050695	85041
2015	23317507	21202815	191034	67080	20862002	82699
北京 Beijing	543464	502020	5421	6048	489500	1051
天津 Tianjin	226070	181034	4009	1133	174943	949
河北 Hebei	1636383	1473438	14514	2604	1445635	10685
山西 Shanxi	602358	550473	2771	1087	542404	4211
内蒙古 Inner Mongolia	395279	365614	1588	748	361901	1377
辽宁 Liaoning	673188	626409	7193	1415	616561	1240
吉林 Jilin	392291	364273	2475	916	360031	851
黑龙江 Heilongjiang	422355	380193	3861	1598	374211	523
上海 Shanghai	449341	412236	6084	2100	403587	465
江苏 Jiangsu	1851835	1760656	17035	2766	1736852	4003
浙江 Zhejiang	1509927	1360061	10634	4601	1333985	10841
安徽 Anhui	879030	787208	5491	2879	777731	1107
福建 Fujian	604248	545005	5023	2084	536370	1528
江西 Jiangxi	578208	520915	2172	1416	515044	2283
山东 Shandong	2044532	1837029	15776	3791	1800388	17074
河南 Henan	1532347	1402587	11474	4592	1381863	4658
湖北 Hubei	917610	850305	6022	3332	839814	1137
湖南 Hunan	852575	791201	5642	4955	777393	3211
广东 Guangdong	2088691	1856139	25912	3620	1821960	4647
广西 Guangxi	516058	460254	3785	1632	454508	329
海南 Hainan	125444	112523	1640	460	110268	155
重庆 Chongqing	502930	464721	2603	1299	460159	660
四川 Sichuan	1246479	1166691	6687	2200	1156345	1459
贵州 Guizhou	498719	453453	2735	2362	447909	447
云南 Yunnan	669453	604518	2847	1797	597920	1954
西藏 Tibet	43308	27792	8162	688	18876	66
陕西 Shaanxi	625193	580810	3538	2255	573613	1404
甘肃 Gansu	333975	288996	2354	913	281870	3859
青海 Qinghai	109227	94227	621	376	93059	171
宁夏 Ningxia	136454	111441	950	174	110153	164
新疆 Xinjiang	310535	270593	2015	1239	267149	190

16-22 续表 continued

单位：辆 (unit)

年份 Year / 地区 Region	载货汽车 Trucks	重型 Heavy	中型 Medium	轻型 Light	微型 Mini	其他汽车 Others
2002	993761	186498	220969	501985	84309	83541
2005	1024034	162859	175576	639557	46042	104749
2006	925294	139120	147689	616910	21575	126471
2007	917603	155155	157867	591014	13567	161564
2008	1168226	236749	185338	733343	12796	236799
2009	2148355	500593	242679	1391249	13834	62543
2010	2637605	769644	238595	1614803	14563	103690
2011	2442601	726854	173140	1535590	7017	105333
2012	2386173	560063	139793	1681908	4409	90037
2013	2689898	739027	133402	1814385	3084	96531
2014	2542287	630588	104425	1805471	1803	142831
2015	2043257	454979	72274	1513773	2231	71435
北京 Beijing	39103	5383	1580	32139	1	2341
天津 Tianjin	42938	7200	893	33513	1332	2098
河北 Hebei	159075	55562	2502	101003	8	3870
山西 Shanxi	50693	19677	552	30463	1	1192
内蒙古 Inner Mongolia	28686	3117	408	25161		979
辽宁 Liaoning	45190	11709	1762	31716	3	1589
吉林 Jilin	26672	5918	469	20282	3	1346
黑龙江 Heilongjiang	40565	8047	1478	31039	1	1597
上海 Shanghai	30554	14682	4420	11451	1	6551
江苏 Jiangsu	86288	30109	8560	47614	5	4891
浙江 Zhejiang	145743	24290	4924	116464	65	4123
安徽 Anhui	89771	24024	2590	63155	2	2051
福建 Fujian	57900	7419	1222	49256	3	1343
江西 Jiangxi	53830	12717	1506	39605	2	3463
山东 Shandong	202783	55617	4482	142682	2	4720
河南 Henan	126356	30606	1913	93831	6	3404
湖北 Hubei	63997	15138	3155	45699	5	3308
湖南 Hunan	58998	11950	2178	44870		2376
广东 Guangdong	228041	42802	13805	170923	511	4511
广西 Guangxi	54334	10695	1984	41650	5	1470
海南 Hainan	12499	1051	742	10704	2	422
重庆 Chongqing	36908	9326	1467	26113	2	1301
四川 Sichuan	77638	13694	3005	60937	2	2150
贵州 Guizhou	43570	4410	841	38319		1696
云南 Yunnan	63100	5852	1214	56033	1	1835
西藏 Tibet	15200	1769	1625	11541	265	316
陕西 Shaanxi	41837	8015	816	33006		2546
甘肃 Gansu	43577	4322	785	38470		1402
青海 Qinghai	14440	1579	284	12577		560
宁夏 Ningxia	24526	2367	241	21918		487
新疆 Xinjiang	38445	5932	871	31639	3	1497

16-23 公路营运汽车拥有量
Possession of Vehicles for Highway Business Transportation

年份 Year / 地区 Region		汽车总计 (万辆) Total (10 000 units)	载客汽车 Passenger Vehicles 辆数 (万辆) Number (10 000 units)	载客汽车 客位 (万客位) Number of Seats (10 000 seats)	载货汽车 Trucks 辆数 (万辆) Number (10 000 units)	#普通载货汽车 Ordinary Trucks	吨位 (万吨) Capacity (10 000 tons)	#普通载货汽车 Ordinary Trucks
	1990	31.30	10.76	468.92	20.22	19.82	131.61	127.06
	1995	27.49	13.73	480.61	13.75	13.12	103.13	94.56
	2000	702.82	216.81	2524.45	486.02	475.24	1667.70	1573.73
	2005	733.22	128.40	1859.28	604.82	580.28	2537.75	2282.15
	2006	802.58	161.92	2312.41	640.66	598.43	2822.69	2343.13
	2007	849.22	164.73	2428.81	684.49	648.01	3135.69	2643.74
	2008	930.61	169.64	2560.36	760.97	720.18	3686.20	3139.76
	2009	1087.35	180.79	2799.71	906.56	859.27	4655.23	4002.80
	2010	1133.32	83.13	2017.09	1050.19	996.43	5999.82	5223.23
	2011	1263.75	84.34	2086.66	1179.41	1116.36	7261.20	6273.51
	2012	1339.89	86.71	2166.55	1253.19	1184.58	8062.14	6963.29
	2013	1504.73	85.26	2170.26	1419.48	1080.75	9613.91	5008.34
	2014	1537.93	84.58	2189.55	1453.36	1091.32	10292.47	5241.45
	2015	1473.12	83.93	2148.58	1389.19	1011.87	10366.50	4982.50
北京	Beijing	25.08	6.61	70.36	18.47	15.63	95.03	64.84
天津	Tianjin	17.84	0.85	33.67	16.99	11.96	108.82	32.62
河北	Hebei	142.47	2.52	68.44	139.95	78.56	1283.78	353.80
山西	Shanxi	51.59	1.40	37.91	50.19	28.79	510.29	179.43
内蒙古	Inner Mongolia	33.14	1.21	40.72	31.92	21.72	244.59	120.38
辽宁	Liaoning	81.73	3.16	87.94	78.57	59.72	513.27	258.36
吉林	Jilin	37.28	1.43	45.40	35.85	28.51	243.70	151.20
黑龙江	Heilongjiang	49.41	1.64	52.82	47.76	38.35	350.00	209.04
上海	Shanghai	23.90	2.72	56.74	21.18	10.34	228.21	71.36
江苏	Jiangsu	77.42	4.67	162.31	72.75	50.88	622.41	301.88
浙江	Zhejiang	45.97	2.66	91.26	43.32	32.45	279.05	125.88
安徽	Anhui	66.98	2.94	83.32	64.04	43.91	518.54	265.72
福建	Fujian	26.92	1.67	47.90	25.25	17.87	199.15	79.07
江西	Jiangxi	38.02	1.68	46.65	36.34	24.25	331.68	144.32
山东	Shandong	96.92	2.69	89.14	94.23	49.30	1027.99	349.50
河南	Henan	116.76	4.68	140.54	112.08	77.95	821.23	348.47
湖北	Hubei	42.88	3.95	85.82	38.94	29.49	256.71	145.84
湖南	Hunan	42.64	4.79	114.38	37.85	32.88	226.12	151.41
广东	Guangdong	76.61	3.92	160.41	72.69	54.67	502.41	228.58
广西	Guangxi	51.40	3.43	96.63	47.97	42.06	289.12	210.63
海南	Hainan	6.32	0.62	18.07	5.70	5.21	23.35	16.11
重庆	Chongqing	28.60	1.99	51.62	26.60	23.61	168.27	134.83
四川	Sichuan	56.05	5.08	118.04	50.98	45.25	299.03	222.40
贵州	Guizhou	27.84	3.01	64.56	24.84	23.30	107.19	95.66
云南	Yunnan	63.53	4.92	81.36	58.61	56.23	242.90	210.30
西藏	Tibet	4.99	0.52	10.57	4.47	4.19	30.04	26.89
陕西	Shaanxi	43.00	2.56	58.39	40.44	32.92	244.45	148.32
甘肃	Gansu	30.58	1.99	44.83	28.59	25.66	138.31	102.52
青海	Qinghai	9.02	0.30	7.91	8.72	7.80	47.08	33.75
宁夏	Ningxia	11.97	0.55	16.21	11.42	7.85	93.96	47.31
新疆	Xinjiang	46.27	3.77	64.68	42.50	30.58	319.78	152.09

注：1.小轿车包括在载客汽车中。
2.1999年为全国营运汽车，以前仅为公路部门营运汽车；2000-2004年为全国运输汽车(含营运和非营运汽车)；2005年起为全国营运汽车（不含非营运汽车)。
3.从2010年起，公路营运载客汽车不包括在公路运输管理部门管理并注册登记为公共汽车和出租汽车。
4.从2013年起，公路营运载货汽车包括货车、牵引车和挂车，统计口径发生调整，数据与上年同期不可比。

a) Passenger vehicles include cars.
b) Number of vehicles only included those owned by the Department of Highway Transportation before 1999; and referred to all working vehicles for business transportation in 1999;and all vehicles for business, whether working and non-working from 2000 to 2004; and all working vehicles for (i.e. non-working vehicles are not included) since 2005.
c) Since 2010, passenger vehicles do not include those managed by the department of highway transportation and registered as buses and taxis.
d) Since 2013, highway business trucks include truck, towing vehicle and trailer, the coverage has changed, so it's not comparable with previous year.

16-24 民用运输船舶拥有量
Possession of Civil Transport Vessels

年份 地区	Year Region	机动船 Motor Vessels 艘数(艘) Number (unit)	净载重量(吨位) Dead Weight Tonnage (ton)	载客量(客位) Passenger Capacity (seat)	拖船功率(千瓦) Drawing Power (kw)	驳船 Barges 艘数(艘) Number (unit)	净载重量(吨位) Dead Weight Tonnage (ton)	载客量(客位) Passenger Capacity (seat)
	1980	29588	12207808	455454	914704	71604	4743905	89584
	1985	260296	20898230	877963	1666163	132682	8670224	99643
	1990	325888	29090082	1138937	1750351	82482	9066738	62926
	1995	299717	40940087	979985	1707115	57998	9449652	17722
	2000	185018	42640605	1014013	1439743	44658	8640504	18258
	2005	165900	90756392	977846	1480381	41394	11030057	33496
	2006	157805	98241489	1025861	1538957	36555	12015595	33355
	2007	157544	106441173	1004546	1520924	34227	12373412	22316
	2008	152247	111047702	994495	1564439	31943	13121439	14050
	2009	149367	133384848	979384	1120381	27565	12702991	2166
	2010	155624	168985654	1001395	1410719	22783	11422911	2260
	2011	157950	202602789	1004622	1600896	21292	10040453	3768
	2012	158309	218793742	1021260	1531873	20282	9692502	3798
	2013	155340	234317614	1031711	1235661	17214	9692720	1287
	2014	154974	247399826	1030973	1424950	17003	10452402	1334
	2015	149659	261434867	1015939	1424426	16246	11007996	1391
北京	Beijing							
天津	Tianjin	405	7697074	2834	108070	14	240891	
河北	Hebei	1596	3696790	17753	13850	1	1300	
山西	Shanxi	255	5060	3775				
内蒙古	Inner Mongolia							
辽宁	Liaoning	493	8067965	30326	23611	7	21721	
吉林	Jilin	728	12418	15596	4476	30	16046	
黑龙江	Heilongjiang	1239	102150	20427	49512	350	210090	
上海	Shanghai	1710	36502772	44520	87970	53	127938	
江苏	Jiangsu	36339	39873291	45158	401395	6922	3923201	
浙江	Zhejiang	16241	23631797	81257	106454	75	22319	
安徽	Anhui	27475	41520161	14909	40295	1325	617580	
福建	Fujian	1955	8930481	31915	14944	4	6427	
江西	Jiangxi	3499	2374915	10697	764	9	5541	
山东	Shandong	7549	12555534	69793	371721	5501	4991007	
河南	Henan	5202	7867749	14052	3889	308	269129	
湖北	Hubei	4155	7391699	42647	56237	202	318927	
湖南	Hunan	7104	3996331	67699	7251	36	43743	
广东	Guangdong	8716	27035487	80219	104060	19	28220	265
广西	Guangxi	9000	8197392	119982	882	4	3250	
海南	Hainan	462	1709880	36435		2	1614	
重庆	Chongqing	3512	6151351	70396	12055	54	98393	
四川	Sichuan	6435	1131900	80760	14957	1054	57555	
贵州	Guizhou	2010	130405	50312		7	1428	
云南	Yunnan	1033	129210	22617	500	2	187	
西藏	Tibet							
陕西	Shaanxi	1173	30212	19890	519	267	1489	1126
甘肃	Gansu	449	1484	7563				
青海	Qinghai	76		2578				
宁夏	Ningxia	710		11829	1014			
新疆	Xinjiang							
不分地区	Not Classified by Region	138	12691359					

注：不分地区数据为中远集团海外公司及中海集团香港有限公司数。

a) Number of civil transport vessels not classified by region is the number of vehicles of companies abroad under the China Ocean Shipping (Group) Company.

16-25 沿海规模以上港口分货类吞吐量
Volume of Freight Handled in Coastal Ports above Designated Size by Type of Freight

单位：万吨 (10 000 tons)

货物种类	Type of Freight	2014 合计 Total	2014 出港 Out-port	2014 进港 In-port	2015 合计 Total	2015 出港 Out-port	2015 进港 In-port
总计	**Total**	**769557**	**334653**	**434904**	**784578**	**341424**	**443154**
煤炭及制品	Coal and Its Products	148649	83428	65221	137870	78631	59239
石油、天然气及制品	Petroleum, Natural Gas and Their Products	67207	20189	47018	72942	21240	51702
金属矿石	Metal Ores	133244	25283	107961	134412	24975	109437
钢铁	Steel and Iron	28643	18773	9870	29421	20144	9277
矿建材料	Mineral Building Materials	57082	21718	35364	61693	24555	37138
水泥	Cement	6877	2259	4618	6913	2083	4830
木材	Timber	5332	705	4627	4948	748	4200
非金属矿石	Nonmetal Ores	11475	4887	6589	13516	5453	8063
化肥和农药	Chemical Fertilizers and Pesticides	3320	2254	1066	3510	2497	1013
盐	Salt	933	53	879	885	108	777
粮食	Grain	16510	5323	11187	17336	4651	12686
其他	Others	290285	149781	140504	301132	156339	144792

16-26 沿海主要规模以上港口货物吞吐量
Volume of Freight Handled in Main Coastal Ports above Designated Size

单位：万吨 (10 000 tons)

港口	Seaport	1985	1990	1995	2000	2005	2010	2014	2015
总计	**Total**	**31154**	**48321**	**80166**	**125603**	**292777**	**548358**	**769557**	**784578**
#大连	Dalian	4381	4952	6417	9084	17085	31399	42337	41482
营口	Yingkou	98	237	1156	2268	7537	22579	33073	33849
秦皇岛	Qinhuangdao	4419	6945	8382	9743	16900	26297	27403	25309
天津	Tianjin	1856	2063	5787	9566	24069	41325	54002	54051
烟台	Yantai	689	668	1361	1774	4506	15033	23767	25163
威海	Weihai		100	379	669	1015	2407	3898	4213
青岛	Qingdao	2611	3034	5103	8636	18678	35012	46802	48453
日照	Rizhao		925	1452	2674	8421	22597	33502	33707
上海	Shanghai	11291	13959	16567	20440	44317	56320	66954	64906
连云港	Lianyungang	929	1137	1716	2708	6016	12739	19638	19756
宁波-舟山	Ningbo-Zhoushan	1040	2554	6853	11547	26881	63300	87346	88929
台州	Taizhou				950	2067	4706	6049	6237
温州	Wenzhou		307	601	859	3097	6408	7901	8490
福州	Fuzhou		561	1032	2426	7443	7125	14391	13967
厦门	Xiamen		529	1314	1965	4771	12728	20504	21023
汕头	Shantou	201	279	716	1284	1736	3509	5161	5181
深圳	Shenzhen				5697	15351	22098	22324	21706
广州	Guangzhou	1772	4163	7299	11128	25036	41095	48217	50053
湛江	Zhanjiang	1231	1557	1885	2038	4647	13638	20238	22036
北海	Beihai		82	201	265	437	1251	2276	2468
防城	Fangcheng						7650	11501	11504
海口	Haikou	170	288	468	808	2118	5700	8915	9204
八所	Basuo	388	431	275	378	486	893	1400	1767

注：1.从2006年起，宁波－舟山港包括原宁波港和舟山港，以往年度数据为原宁波港数据。
2.从2007年起，烟台港包括原烟台港和龙口港，以往年度数据为原烟台港数据。
3.从2011年起，厦门港统计范围包括原厦门港和漳州港。

a) Since 2006, data of Ningbo-Zhoushan seaport include those of Ningbo seaport and Zhoushan seaport.
b) Since 2007, data of Yantai seaport include Yantai seaport and Longkou seaport, and were data of Yantai seaport before 2007.
c) Since 2011, data of Xianmen seaport include Xiamen seaport and Zhangzhou seaport.

16-27 沿海主要规模以上港口码头泊位数（2015年底）
Number of Berths in Main Coastal Ports above Designated Size at Year-end (2015)

名称	Name	总计 Total			生产用 For Productive Use			非生产用 For Nonproductive Use	
		码头长度(米) Length of Quay Line (m)	泊位个数(个) Number of Berths (unit)	#万吨级 10 000 Ton Class	码头长度(米) Length of Quay Line (m)	泊位个数(个) Number of Berths (unit)	#万吨级 10 000 Ton Class	码头长度(米) Length of Quay Line (m)	泊位个数(个) Number of Berths (unit)
总计	**Total**	**815428**	**6115**	**1750**	**735027**	**5132**	**1723**	**80401**	**983**
#大连	Dalian	43956	247	103	40079	222	103	3877	25
营口	Yingkou	18966	90	57	18232	83	57	734	7
秦皇岛	Qinhuangdao	17161	92	44	15928	72	44	1233	20
天津	Tianjin	38729	173	118	36473	157	113	2256	16
烟台	Yantai	19041	98	59	17911	88	59	1130	10
威海	Weihai	4455	22	14	4455	22	14		
青岛	Qingdao	25626	97	75	24608	91	75	1018	6
日照	Rizhao	13989	54	47	13683	53	47	306	1
上海	Shanghai	126921	1238	188	75161	609	174	51760	629
连云港	Lianyungang	15608	64	57	15311	62	57	297	2
宁波-舟山	Ningbo-Zhoushan	86789	703	157	82989	624	157	3800	79
台州	Taizhou	13139	185	9	12939	183	9	200	2
温州	Wenzhou	17093	218	19	17093	218	19		
福州	Fuzhou	24031	177	56	23687	171	55	344	6
厦门	Xiamen	29309	179	71	28285	160	71	1024	19
汕头	Shantou	9898	92	19	9627	87	19	271	5
深圳	Shenzhen	30627	156	66	29021	143	66	1606	13
广州	Guangzhou	51722	561	74	47746	514	71	3976	47
湛江	Zhanjiang	18419	174	33	16718	143	33	1701	31
北海	Beihai	6739	59	12	6679	58	12	60	1
防城	Fangcheng	15260	124	35	15200	119	35	60	5
海口	Haikou	7049	52	16	6858	51	15	191	1
八所	Basuo	2223	11	9	2053	10	9	170	1

16-28 内河主要规模以上港口码头泊位数（2015年底）
Number of Berths in Main Ports of Inland Rivers above Designated Size at Year-end (2015)

名称	Name	总计 Total			生产用 For Productive Use			非生产用 For Nonproductive Use	
		码头长度(米) Length of Quay Line (m)	泊位个数(个) Number of Berths (unit)	#万吨级 10 000 Ton Class	码头长度(米) Length of Quay Line (m)	泊位个数(个) Number of Berths (unit)	#万吨级 10 000 Ton Class	码头长度(米) Length of Quay Line (m)	泊位个数(个) Number of Berths (unit)
总计	**Total**	**926768**	**14248**	**416**	**883858**	**13532**	**414**	**42910**	**716**
#重庆	Chongqing	90920	1175		69984	812		20936	363
宜昌	Yichang	7412	47		5708	35		1704	12
武汉	Wuhan	24910	280		21908	246		3002	34
黄石	Huangshi	10300	143		9870	137		430	6
九江	Jiujiang	18828	191		16803	163		2025	28
安庆	Anqing	11735	168		10026	140		1709	28
池州	Chizhou	10359	118		10359	118			
铜陵	Tongling	5726	69	1	5661	68	1	65	1
芜湖	Wuhu	14076	142	13	14076	142	13		
马鞍山	Maanshan	10749	161		10699	160		50	1
南京	Nanjing	32122	284	57	31151	269	57	971	15
镇江	Zhenjiang	22187	209	44	22067	207	44	120	2
泰州	Taizhou	17080	123	59	17080	123	59		
扬州	Yangzhou	8029	49	25	7657	47	23	372	2
江阴	Jiangyin	12612	72	31	12462	70	31	150	2
常州	Changzhou	3488	28	8	3488	28	8		
南通	Nantong	18095	105	51	17540	99	51	555	6
上海(内河)	Shanghai(Inland Rivers)	97465	1984		96673	1968		792	16

注：从2009年起，重庆港统计范围发生变化，包括原重庆、涪陵、万州、重庆航管处四个港区，与历史数据不可比。

a) Since 2009, statistical coverage of Chongqing port has changed, which included 4 port areas of original Chongqing, Fuling, Wanzhou and Chongqing transport management. So it's not comparable with previous years.

16-29 民用航空航线及飞机架数
Number of Civil Aviation Routes and Civil Aircrafts

指　　标	Item	1990	2000	2005	2010	2014	2015
定期航班航线条数（条）	**Number of Regular Civil Aviation Routes(line)**	**437**	**1165**	**1257**	**1880**	**3142**	**3326**
国际航线	International Routes	44	133	233	302	490	660
国内航线	Domestic Routes	385	1032	1024	1578	2652	2666
#港、澳地区航线	Routes of Hong Kong and Macao	8	42	43	85	114	109
定期航班航线里程（公里）	**Length of Regular Civil Aviation Routes (km)**	**506762**	**1502887**	**1998501**	**2765147**	**4637214**	**5317230**
国际航线	International Routes	166350	508405	855932	1070167	1767210	2394434
国内航线	Domestic Routes	329493	994482	1142569	1694980	2870004	2922796
#港、澳地区航线	Routes of Hong Kong and Macao	10919	55759	61056	121437	179320	171621
定期航班通航机场（个）	**Number of Regular Civil Airports Opened(unit)**	**94**	**139**	**135**	**175**	**200**	**206**
民用飞机期末架数（架）	**Number of Civil Aircraft (unit)**	**503**	**982**	**1386**	**2405**	**4168**	**4554**
运输飞机	Aero Transport	204	527	863	1597	2370	2650
大中型飞机	Air bus		462	785	1453	2218	2499
#波音747	Boeing 747	11	19	22	40	24	26
波音737	Boeing 737	21	186	358	650	958	1104
波音757	Boeing 757	9	48	64	48	41	35
波音767	Boeing 767	6	16	27	18	9	9
A320	Airbus A320		60	115	281	579	645
小型飞机	Puddle-jumper		65	78	144	152	151
通用航空飞机	General Aircraft	217	301	383	606	1798	1904

注：1.1992年以前，民航机场和飞机架数为民航总局直属企业数，1992年起为民航全行业数字。

2.1997年以前，地区航线含民航至香港、澳门航线,与国内航线、国际航线并列。1997年起，民航至香港航线统计在国内航线中，航线里程及运输量统计口径也做同样调整。1999年起，地区航线为国内航线的其中项，仍含民航至香港、澳门航线及运量(下表同)。

3.2011年起民用航空航线条数改为定期航班航线条数，民用通航机场改为定期航班通航机场。

a) Before 1992, the number of civil airports and aircrafts refers to those owned by enterprises directly under CAAC. Since 1992, it refers to those owned by all enterprises of civil aviation. The same applies to the tables following.

b) Before 1997, regional routes include the routes to and from Hong Kong, Macao, and are taken as parallel items to the items of domestic routes and international routes. Since 1997, regional routes to and from Hong Kong are taken as domestic routes, and adjustment are also made on the length of aviation routes and traffic volume accordingly. Since 1999, regional routes are taken as a part of domestic routes, and include the aviation routes to and from Hong Kong, Macao. The same applies to the tables following.

c) Since 2011, civil aviation routes change to regular civil aviation routes, civil airports opened change to regular civil airports opened.

16-30 民用航空运输量及通用航空飞行时间
Civil Aviation Traffic and Flying Time of General Aviation

指 标	Item	1990	2000	2005	2010	2014	2015
客运量 (万人)	**Passenger Traffic (10 000 persons)**	**1660**	**6722**	**13827**	**26769**	**39195**	**43618**
国际航线	International Routes	114	690	1225	1931	3155	4207
国内航线	Domestic Routes	1346	6031	12602	24838	36040	39411
#港、澳地区航线	Routes of Hong Kong and Macao	200	403	509	672	1005	1020
旅客周转量(万人公里)	**Passenger-tons (10 000 person-km)**	**2304797**	**9705437**	**20449288**	**40389960**	**63341903**	**72825513**
国际航线	International Routes	516910	2328154	4524063	7589325	13168010	17168359
国内航线	Domestic Routes	1576554	7377283	15925225	32800635	50173893	55657154
#港、澳地区航线	Routes of Hong Kong and Macao	211333	502405	709205	981817	1496639	1517768
货(邮)运量 (吨)	**Freight Traffic (ton)**	**369722**	**1967123**	**3067168**	**5630371**	**5940988**	**6292942**
国际航线	International Routes	81102	492356	771551	1926315	1684272	1868444
国内航线	Domestic Routes	239467	1474767	2295618	3704056	4256716	4424498
#港、澳地区航线	Routes of Hong Kong and Macao	49153	135442	169247	216603	223332	221014
货邮周转量(万吨公里)	**Freight Ton-kilometers(10 000 ton-km)**	**81825**	**502683**	**788954**	**1788982**	**1877715**	**2080683**
国际航线	International Routes	43830	291550	452450	1253028	1237182	1411425
国内航线	Domestic Routes	31647	211133	336504	535954	640533	669258
#港、澳地区航线	Routes of Hong Kong and Macao	6348	19495	26263	28700	29931	28465
总周转量 (万吨公里)	**Total Air Traffic Ton-kilometers (10 000 ton-km)**	**249950**	**1225007**	**2612724**	**5384490**	**7481156**	**8516516**
国际航线	International Routes	82595	465190	855235	1929689	2401117	2926107
国内航线	Domestic Routes	145156	759818	1757488	3454801	5080039	5590410
#港、澳地区航线	Routes of Hong Kong and Macao	22199	56878	89509	115895	161733	162201
通用航空飞行时间(小时)	**Flying Time of General Aviation (hr)**	**42524**	**48707**	**84859**	**391135**	**674944**	**778408**
农林业航空作业	Flight for Agriculture and Forestry	22674	22922	25428	29619	38220	42064
#航空护林	Forest Protection Service	3573	3927	6508	7748	7026	10245
播种造林	Afforestation	4605	4060	1929	1419	956	1394
工业航空作业	Flight for Industry	19850	25785	36514	65430	84259	85468

16-31 邮电业务基本情况

Basic Conditions of Postal and Telecommunication Services

指标	Item	2012	2013	2014	2015
邮电业务总量 (亿元)	**Business Volume of Postal and Telecommunication Services (100 million yuan)**	**15019.3**	**18432.2**	**21834.4**	**28425.0**
邮政业务总量 (亿元)	Business Volume of Postal Services (100 million yuan)	2036.8	2725.1	3696.1	5078.7
电信业务总量 (亿元)	Business Volume of Telecommunication Services (100 million yuan)	12982.4	15707.2	18138.3	23346.3
邮政业务量	**Business Volume of Postal Services**				
函件 (亿件)	Number of Letters (100 million pcs)	70.7	63.4	56.1	45.8
包裹 (万件)	Package (10 000 pcs)	6875.5	6924.9	6024.2	4243.4
快递 (万件)	Pieces of Express Mail Services (10 000 pcs)	568548.0	918674.9	1395925.3	2066636.8
报刊期发数 (万份)	Issue of Newspapers and Magazines (10 000 copies)	15401.6	15140.9	14936.8	15539.5
汇兑 (万笔)	Postal Remittance Transactions (10 000 times)	22913.4	18520.6	12527.4	8241.7
纪特邮票 (万枚)	Commemorative and Special Stamps (10 000 pcs)	118276.0	118335.3	138990.4	157000.8
营业网点 (处)	Number of Offices (unit)	95572	125115	137562	188637
平均每一营业网点服务面积 (平方公里)	Average Area Served by Every Postal Office (sq.km)	100.4	76.7	69.8	50.9
邮路总长度 (万公里)	Length of Postal Routes (10 000 km)	585.5	589.7	630.6	637.6
农村投递路线长度 (万公里)	Rural Delivery Routes (10 000 km)	373.2	374.5	377.6	375.6
城市投递路线长度 (万公里)	Urban Delivery Routes (10 000 km)	132.8	128.2	143.5	137.1
电信业务量	**Business Volume of Telecommunication Services**				
固定本地电话通话时长 (亿分钟)	Length of Local Calls of Fixed Telephone (100 million minutes)	3577.7	3023.1	2613.9	2251.1
固定长途电话通话时长 (亿分钟)	Length of Long-distance Calls of Fixed Telephone (100 million minutes)	700.7	590.6	530.1	472.6
移动电话通话时长 (亿分钟)	Length of Calls of Mobile Telephone (100 million minutes)	55444.9	58229.7	59012.7	57648.9
移动短信业务量 (亿条)	Short Message Services (100 million messages)	8973.1	8921.0	7674.2	6991.8
互联网上网人数 (万人)	Number of Internet Users (10 000 persons)	56400	61758	64875	68826
移动电话用户 (万户)	Number of Mobile Telephone Subscribers at Year-end (10 000 subscribers)	111215.5	122911.3	128609.3	127139.7
#3G移动电话用户 (万户)	3G Mobile Phone Subscribers (10 000 subscribers)	23280.3	40161.1	48525.5	27573.0
移动电话漫游国家和地区(个)	Countries(regions) with Mobile Phone Roaming (unit)	258	258	258	255
固定电话用户 (万户)	Number of Fixed Telephone Subscribers at Year-end (10 000 subscribers)	27815.3	26698.5	24943.0	23099.6
城市电话用户 (万户)	Urban Fixed Telephone Subscribers(10 000 subscribers)	18893.4	18456.8	17627.9	17320.8
#住宅电话用户	Household Fixed Telephone Subscribers	11013.2	10474.3	9896.1	9240.8
农村电话用户 (万户)	Rural Fixed Telephone Subscribers(10 000 subscribers)	8921.9	8241.7	7315.1	5778.9
#住宅电话用户	Household Fixed Telephone Subscribers	7315.8	6643.4	5769.2	4659.0
公用电话用户 (万户)	Public Telephone (10 000 subscribers)	2347.1	2233.4	2056.9	1698.1
固定长途电话交换机容量 (万路端)	Capacity of Long Distance Telephone Exchanges (10 000 lines)	1579.7	1280.5	982.9	811.1
局用交换机容量 (万门)	Capacity of Office Telephone Exchanges (10 000 lines)	43749.3	41089.3	40517.1	26446.5
移动电话交换机容量 (万户)	Capacity of Mobile Telephone Exchanges (10 000 subscribers)	184023.8	196557.3	205024.9	218150.0
长途光缆线路长度 (万公里)	Length of Long-distance Optical Cable Lines(10 000 km)	86.8	89.0	92.8	96.5
互联网宽带接入端口 (万个)	Broad Band Subscribers Port of Internet (10 000 ports)	32108.4	35945.3	40546.1	57709.4
IPv4地址数 (万个)	Number of IPv4 Addresses (10 000 units)	33053.0	24668.5	33198.8	24698.3
互联网国际出口带宽 (Mbps)	International Internet Bandwidth (Mbps)	1899792	3406824	4118663	5283570

注：1.邮电业务总量2000年及以前按1990年不变价格计算，2001-2010年按2000年不变价格计算，2001年按可比价格比上年增长27.6%；2011年起按2010年不变价格计算，按可比价格比上年增长16.3%（下表同）。

2.邮政业务总量、快递的统计口径2006年以前为中国邮政集团，2007年起为规模以上(年业务收入200万元以上)邮政业法人企业数据（下表同）。

3.营业网点1998年及以前为邮电局所，1999-2006年为邮政局所；统计口径从2002年起为邮政局所和邮政代办点，2007年起为规模以上邮政业法人企业办理业务的场所(下表同)。

4.2015年移动电话用户及3G移动电话用户统计口径有调整，与往年不可比。

a) The business volume of postal and telecommunication services before 2000 was calculated at 1990 constant prices and that from 2001 to 2010 was calculated at 2000 constant prices. The rate of increase at constant prices was 27.6% in 2001. Since 2011, it was calculated at 2010 constant prices, the rate of increase at constant prices in 2010 was 16.3%. The same applies to the table following.

b) Statistical coverages of business volume of postal and telecommunication services and pieces of express mail services are China Post Group before 2006, and postal enterprises above designated size (with annual business revenue above 2 million yuan). The same applies to the table following.

c) The indicator of number of postal offices referred to postal and communication offices before 1998,and referred to postal offices from 1999 to 2006; It included postal offices and postal sub-stations since 2002, and was the business sites of postal enterprises above designated size since 2007. The same applies to the table following.

d) In 2015, coverage of mobile phone users and 3G mobile phone users is adjusted, so the data do not comparable with previous years.

16-32 邮电业务量
Business Volume of Postal and Telecommunication Services

年份 Year 地区 Region		邮电业务总量 (亿元) Business Volume of Postal and Telecommunication Services (100 million yuan)	邮政业务总量 Business Volume of Postal Services	电信业务总量 Business Volume of Telecommunication Services	函件 (亿件) Number of Letters (100 million pcs)	包裹 (万件) Package (10 000 pcs)	报刊期发数 (万份) Issue of Newspapers and Magazines (10 000 copies)
	1978	34.09	14.92	19.17	28.35	7400.5	11250.0
	1980	39.03	17.02	22.01	33.13	7153.2	16431.0
	1985	62.21	25.70	36.51	46.78	7612.7	30172.0
	1990	155.54	45.95	109.59	54.87	9690.1	20078.0
	1995	988.85	113.34	875.51	79.55	15641.0	21689.0
	2000	4792.70	232.80	4559.90	77.71	9600.3	20089.7
	2005	12028.54	625.52	11403.02	73.51	9531.8	14601.3
	2006	15325.87	730.49	14595.38	71.31	9317.5	14372.7
	2007	19805.06	1213.73	18591.33	69.50	9103.3	13030.6
	2008	23649.52	1401.80	22247.72	73.63	7936.7	15658.3
	2009	27193.46	1639.88	25553.58	75.32	7229.6	13909.5
	2010	31978.48	1985.30	29993.18	74.01	6642.5	17158.3
	2011	13333.49	1607.71	11725.78	73.78	6883.0	15007.7
	2012	15019.28	2036.84	12982.44	70.74	6875.5	15401.6
	2013	18432.24	2725.08	15707.15	63.41	6924.9	15140.9
	2014	21834.41	3696.08	18138.33	56.10	6024.2	14936.8
	2015	28425.02	5078.72	23346.30	45.81	4243.4	15539.5
北京	Beijing	1181.88	258.52	923.36	6.12	383.6	514.4
天津	Tianjin	321.05	60.05	261.00	0.56	94.2	160.4
河北	Hebei	997.93	131.47	866.46	1.43	214.9	1179.3
山西	Shanxi	515.93	43.13	472.80	0.39	61.7	352.0
内蒙古	Inner Mongolia	400.30	23.23	377.07	0.15	56.1	384.1
辽宁	Liaoning	804.47	75.07	729.40	0.69	160.1	405.1
吉林	Jilin	387.26	36.13	351.13	0.19	94.8	186.7
黑龙江	Heilongjiang	511.44	52.15	459.29	0.46	121.1	297.3
上海	Shanghai	1164.51	385.75	778.76	10.06	341.3	774.0
江苏	Jiangsu	2316.49	516.02	1800.47	4.88	220.3	1104.1
浙江	Zhejiang	2424.55	811.01	1613.54	4.52	280.9	1034.2
安徽	Anhui	823.46	116.19	707.27	0.84	91.9	597.0
福建	Fujian	1077.84	217.23	860.61	1.29	107.0	1198.1
江西	Jiangxi	620.07	69.70	550.37	0.36	83.4	346.5
山东	Shandong	1474.59	205.53	1269.06	1.95	253.5	943.2
河南	Henan	1328.15	163.78	1164.37	1.20	198.2	980.4
湖北	Hubei	965.75	137.41	828.34	0.68	105.8	586.8
湖南	Hunan	906.66	104.15	802.51	0.46	89.2	536.0
广东	Guangdong	4378.78	1228.75	3150.03	6.45	311.5	763.4
广西	Guangxi	651.53	43.64	607.89	0.36	95.9	396.7
海南	Hainan	183.92	12.61	171.31	0.05	28.3	102.4
重庆	Chongqing	554.56	61.01	493.55	0.31	80.6	341.6
四川	Sichuan	1297.59	138.57	1159.02	0.63	169.8	697.8
贵州	Guizhou	515.16	33.77	481.39	0.38	37.5	252.7
云南	Yunnan	792.58	35.30	757.28	0.67	135.9	327.7
西藏	Tibet	56.38	2.59	53.79	0.02	21.9	51.5
陕西	Shaanxi	760.97	61.48	699.49	0.25	136.3	378.9
甘肃	Gansu	365.61	16.32	349.29	0.16	67.6	189.8
青海	Qinghai	105.38	3.73	101.65	0.04	19.4	50.7
宁夏	Ningxia	135.42	12.19	123.23	0.06	16.5	57.3
新疆	Xinjiang	404.80	22.25	382.55	0.20	164.3	349.6

16-32 续表 1 continued

年份 Year 地区 Region		订销报纸累计数(万份) Cumulative Number of Newspaper Sold and Booked (10 000 copies)	订销杂志累计数(万份) Cumulative Number of Magazines Sold and Booked (10 000 copies)	汇兑(万笔) Postal Remittance Transactions (10 000 times)	纪特邮票(万枚) Commemorative and Special Stamps (10 000 pieces)	快递(万件) Pieces of Express Mail Services (10 000 pcs)	快递业务收入(万元) Revenue from Express Service (10 000 yuan)
	1978	1394729.8	64099.2	11852.4			
	1980	1604235.2	105525.0	13557.0			
	1985	2293065.2	208015.7	16355.1			
	1990	1548568.5	116652.0	16555.8	71233.0	343.3	
	1995	1985894.5	125473.4	23985.1	239250.0	5562.7	
	2000	1844607.1	124449.8	22475.0	453500.0	11031.4	
	2005	1502669.3	100314.6	16052.0	121214.0	22880.3	
	2006	1538987.5	100466.5	18928.0	104580.9	26988.0	
	2007	1505639.6	98104.1	22875.2	113656.7	120189.6	3425851.6
	2008	1626004.2	104220.0	26404.2	131873.0	151329.3	4084274.6
	2009	1621040.2	102073.1	27177.4	110088.5	185785.8	4790030.7
	2010	1717080.6	104756.3	28043.2	114622.5	233892.0	5746029.8
	2011	1817050.7	107701.6	26474.3	102857.5	367311.1	7579878.2
	2012	1892652.5	112009.7	22913.4	118276.0	568548.0	10553324.2
	2013	1942934.7	113720.0	18520.6	118335.3	918674.9	14416815.3
	2014	1912277.3	107618.1	12527.4	138990.4	1395925.3	20453586.2
	2015	1880361.3	99977.1	8241.7	157000.8	2066636.8	27696465.9
北京	Beijing	70901.5	3526.7	337.5	14258.1	141447.3	1816522.5
天津	Tianjin	21158.4	927.4	82.5	3911.4	25624.4	435370.4
河北	Hebei	88678.3	4675.8	170.5	5234.4	54911.9	561787.9
山西	Shanxi	53117.1	2376.2	143.3	3847.4	11477.3	152901.4
内蒙古	Inner Mongolia	33573.7	1327.9	263.2	3191.6	5410.1	123053.4
辽宁	Liaoning	53640.4	2882.9	404.4	5704.9	24674.1	395949.5
吉林	Jilin	27689.0	1280.4	164.1	3632.7	9017.0	169634.0
黑龙江	Heilongjiang	44929.3	3039.9	136.0	6306.2	12636.8	213466.8
上海	Shanghai	94519.4	3195.2	399.1	7683.9	170778.0	4552476.2
江苏	Jiangsu	155594.1	7224.4	664.6	11995.7	229047.7	2907286.3
浙江	Zhejiang	166967.9	6882.9	531.8	7520.6	383145.9	3838082.6
安徽	Anhui	67364.0	4402.3	83.6	5705.7	39935.6	461132.8
福建	Fujian	71401.9	3400.1	250.4	5315.0	88786.2	1008474.8
江西	Jiangxi	54667.3	2684.1	129.9	7349.5	23471.8	276692.2
山东	Shandong	122408.3	7100.4	313.5	7545.1	73424.9	970605.4
河南	Henan	117473.5	5223.7	548.1	6766.5	51449.7	631077.0
湖北	Hubei	65920.8	5231.8	105.5	7204.6	50847.3	595633.7
湖南	Hunan	66947.7	5530.7	183.3	5010.5	31786.4	338934.3
广东	Guangdong	84280.8	6878.0	1352.2	9496.5	501335.2	6159135.7
广西	Guangxi	36059.9	3295.0	196.0	2023.6	12540.9	217788.4
海南	Hainan	18431.5	610.9	45.3	964.7	2953.0	63444.8
重庆	Chongqing	34118.3	2393.4	67.0	2679.4	20525.4	286533.2
四川	Sichuan	91717.4	4672.3	290.4	5402.2	48796.6	628897.8
贵州	Guizhou	38369.3	2460.4	262.9	3274.1	7034.3	132428.3
云南	Yunnan	49479.7	1904.2	381.0	2499.3	11109.1	201152.5
西藏	Tibet	10053.4	329.7	58.2	764.0	578.2	16826.3
陕西	Shaanxi	47053.6	2827.6	110.0	4652.3	20351.0	272792.1
甘肃	Gansu	28653.8	1399.3	126.4	2166.3	3541.4	72537.1
青海	Qinghai	9514.7	289.7	53.9	779.5	716.6	18236.6
宁夏	Ningxia	8717.3	341.6	29.4	1258.3	2231.9	48355.7
新疆	Xinjiang	46959.0	1662.3	357.8	2856.7	7050.7	129256.1

注：快递业务量2006年及以前为邮政特快专递，2007年起为规模以上(年业务收入200万元以上)快递服务企业，2013年起为获得快递业务经营许可的快递服务企业业务量。

a) Business volume of express services referred to express mail service in 2006 and before, and referred to those enterprises above designated size (with business revenue over 2 million yuan) since 2007, refers to those enterprises obtained business license of express mail service since 2013.

16-32 续表 2 continued

年份 地区	Year Region	固定本地电话通话时长(亿分钟) Length of Local Calls of Fixed Telephone (100 million minutes)	固定长途电话通话时长(亿分钟) Length of Long-distance Calls of Fixed Telephone (100 million minutes)	移动短信业务量(亿条) Short Message Services (100 million messages)	移动电话用户(万户) Number of Mobile Telephone Subscribers at Year-end (10 000 subscribers)	#3G移动电话用户 3G Mobile Phone Subscribers	#4G移动电话用户 4G Mobile Phone Subscribers
	1978						
	1980						
	1985						
	1990				1.8		
	1995				362.9		
	2000				8453.3		
	2005			3046.3	39340.6		
	2006		1742.6	4295.4	46105.8		
	2007		1756.7	5945.8	54730.6		
	2008		1655.8	6996.9	64124.5		
	2009		1314.6	7726.5	74721.4	1232.2	
	2010		1068.9	8277.5	85900.3	4705.1	
	2011	4227.4	856.9	8790.0	98625.3	12842.4	
	2012	3577.7	700.7	8973.1	111215.5	23280.3	
	2013	3023.1	590.6	8921.0	122911.3	40161.1	
	2014	2613.9	530.1	7674.2	128609.3	48525.5	9728.4
	2015	2251.1	472.6	6991.8	127139.7	27573.0	43038.1
北　京	Beijing	117.1	44.8	517.2	3944.4	849.6	1434.7
天　津	Tianjin	25.7	4.2	47.4	1369.7	349.4	455.0
河　北	Hebei	114.8	15.5	220.5	6135.6	1283.8	1996.3
山　西	Shanxi	30.3	4.4	197.2	3241.4	699.8	941.3
内蒙古	Inner Mongolia	26.9	5.3	106.1	2377.1	501.2	702.3
辽　宁	Liaoning	96.7	16.5	141.2	4289.8	904.6	1301.0
吉　林	Jilin	20.9	5.9	101.6	2511.5	499.8	658.9
黑龙江	Heilongjiang	44.7	5.9	76.5	3329.8	705.6	845.7
上　海	Shanghai	153.5	39.8	211.9	3132.4	822.1	1219.9
江　苏	Jiangsu	165.7	34.9	512.0	7993.1	1676.9	3404.9
浙　江	Zhejiang	131.4	29.3	731.4	7283.7	1371.0	2946.6
安　徽	Anhui	66.4	24.3	177.4	4188.3	886.8	1347.0
福　建	Fujian	88.6	12.8	614.7	4154.0	746.1	1542.4
江　西	Jiangxi	39.4	9.9	122.8	3030.4	622.2	1119.5
山　东	Shandong	148.1	17.0	380.1	9088.8	1970.0	2259.3
河　南	Henan	89.7	10.2	212.0	7537.4	1574.6	2413.9
湖　北	Hubei	71.6	15.8	160.3	4530.5	948.5	1599.7
湖　南	Hunan	82.7	10.7	229.5	4692.0	1108.3	1508.5
广　东	Guangdong	290.1	98.0	821.5	14479.7	3089.1	5595.3
广　西	Guangxi	69.9	7.4	145.3	3594.9	666.7	1297.6
海　南	Hainan	13.0	2.1	46.6	894.1	178.4	353.5
重　庆	Chongqing	51.3	5.5	104.3	2737.7	600.6	955.6
四　川	Sichuan	107.7	18.1	271.0	6798.3	1688.6	2097.4
贵　州	Guizhou	23.8	4.0	116.7	2941.5	533.9	994.7
云　南	Yunnan	40.2	5.8	187.2	3740.1	708.7	1360.2
西　藏	Tibet	2.1	0.5	17.6	268.7	130.3	0.9
陕　西	Shaanxi	60.5	9.1	184.5	3567.1	629.6	1549.7
甘　肃	Gansu	15.4	3.5	190.1	2105.3	454.6	726.7
青　海	Qinghai	6.5	1.7	24.5	517.1	152.8	141.5
宁　夏	Ningxia	5.3	1.7	37.7	636.6	141.1	263.8
新　疆	Xinjiang	51.4	8.0	85.1	2028.4	1078.5	4.4

注：固定长途电话通话时长为固定传统长途电话通话时长及固定IP电话通话时长之和。

a) Length of long-distance calls of fixed telephone includes traditional calls and IP calls.

16-32 续表 3 continued

年份 Year 地区 Region	移动电话通话时长(亿分钟) Length of Calls of Mobile Telephone (100 million minutes)	#去话通话时长 Length of Outgoing Calls	非漫游 Non-Roaming	国内漫游 Domestic Roaming	国际及港澳台漫游 Hong Kong, Macao, Taiwan and International Roaming
1978					
1980					
1985					
1990					
1995	113.4				
2000	1845.3				
2005	12507.4				
2006	16870.7				
2007	23061.3				
2008	29355.6				
2009	35351.0				
2010	43261.2	21129.0	19762.1	1362.8	4.14
2011	50472.6	25056.0	23083.2	1967.4	5.47
2012	55444.9	27603.5	24999.7	2597.1	6.68
2013	58229.7	28987.7	25911.0	3068.7	8.07
2014	59012.7	29270.1	25865.6	3396.1	8.39
2015	57648.9	28499.9	25069.6	3422.9	7.39
北京 Beijing	1562.9	860.4	745.8	113.9	0.70
天津 Tianjin	637.2	324.6	299.8	24.7	0.14
河北 Hebei	2623.2	1273.3	1183.3	89.9	0.09
山西 Shanxi	1467.0	718.0	643.5	74.5	0.04
内蒙古 Inner Mongolia	1241.1	611.7	556.4	55.3	0.06
辽宁 Liaoning	2061.4	1033.3	956.8	76.3	0.20
吉林 Jilin	1181.0	572.6	520.0	52.6	0.05
黑龙江 Heilongjiang	1516.3	729.3	668.2	61.0	0.07
上海 Shanghai	1238.2	636.9	549.9	86.2	0.82
江苏 Jiangsu	3523.0	1758.1	1528.0	229.7	0.41
浙江 Zhejiang	3122.8	1586.9	1373.3	213.1	0.52
安徽 Anhui	1725.3	814.9	690.4	124.4	0.05
福建 Fujian	1951.5	999.3	884.8	114.2	0.28
江西 Jiangxi	1369.7	658.8	581.6	77.1	0.09
山东 Shandong	3918.5	1927.8	1757.3	170.4	0.17
河南 Henan	3288.9	1535.7	1312.2	223.3	0.17
湖北 Hubei	1852.0	889.3	769.5	119.7	0.12
湖南 Hunan	2245.0	1071.7	947.1	124.5	0.13
广东 Guangdong	6455.2	3240.3	2644.2	593.5	2.61
广西 Guangxi	1556.4	753.3	671.0	82.2	0.10
海南 Hainan	472.1	239.5	228.8	10.6	0.05
重庆 Chongqing	1338.3	658.5	599.2	59.2	0.07
四川 Sichuan	3199.5	1555.0	1346.5	208.4	0.13
贵州 Guizhou	1552.0	767.5	679.1	88.3	0.06
云南 Yunnan	1788.6	893.9	816.4	77.5	0.07
西藏 Tibet	149.5	77.9	62.9	15.0	0.00
陕西 Shaanxi	1652.5	827.3	741.0	86.2	0.10
甘肃 Gansu	1047.5	510.3	451.6	58.7	0.03
青海 Qinghai	265.6	134.2	113.7	20.5	0.01
宁夏 Ningxia	319.9	159.7	136.4	23.3	0.01
新疆 Xinjiang	1326.7	679.7	611.0	68.7	0.06

16-32 续表 4 continued

年份 地区	Year Region	固定电话用户(万户) Number of Fixed Telephone Subscribers at Year-end (10 000 subscribers)	城市电话用户 Urban Fixed Telephone Subscribers	#住宅电话用户 Household Fixed Telephone Subscribers	农村电话用户 Rural Fixed Telephone Subscribers	#住宅电话用户 Household Fixed Telephone Subscribers	#公用电话用户(万户) Public Telephone (10 000 subscribers)
	1978	192.5	119.2		73.4		1.2
	1980	214.1	134.2		79.9		1.4
	1985	312.0	219.0	4.1	93.1	2.0	2.7
	1990	685.0	538.4	152.7	146.6	30.7	4.6
	1995	4070.6	3263.6	2358.4	807.0	551.4	85.0
	2000	14482.9	9311.6	7219.4	5171.3	4597.8	352.0
	2005	35044.5	23975.3	17201.2	11069.2	10023.9	2681.2
	2006	36778.6	25132.9	17697.6	11645.6	10561.5	2960.7
	2007	36563.7	24859.8	16988.2	11704.0	10533.1	2991.9
	2008	34035.9	23155.9	15588.3	10880.0	9612.2	2771.5
	2009	31373.2	21190.0	12969.5	10183.2	8813.3	2708.8
	2010	29434.2	19658.1	11973.4	9776.1	8325.0	2595.9
	2011	28509.8	19121.7	11411.6	9388.1	7861.2	2468.3
	2012	27815.3	18893.4	11013.2	8921.9	7315.8	2347.1
	2013	26698.5	18456.8	10474.3	8241.7	6643.4	2233.4
	2014	24943.0	17627.9	9896.1	7315.1	5769.2	2056.9
	2015	23099.6	17320.8	9240.8	5778.9	4659.0	1698.1
北京	Beijing	784.6	638.0	323.4	146.7	111.6	72.4
天津	Tianjin	343.8	340.7	171.4	3.1	0.8	24.1
河北	Hebei	978.2	766.7	500.9	211.5	177.4	65.0
山西	Shanxi	444.6	354.2	183.9	90.4	62.8	43.7
内蒙古	Inner Mongolia	324.5	277.6	141.3	47.0	37.7	19.2
辽宁	Liaoning	1036.2	906.5	643.3	129.8	116.9	65.4
吉林	Jilin	572.3	448.6	278.1	123.7	94.4	40.2
黑龙江	Heilongjiang	596.0	503.8	404.7	92.2	88.6	36.7
上海	Shanghai	797.3	797.3	456.8			24.8
江苏	Jiangsu	1973.0	1218.0	552.9	755.0	606.1	116.7
浙江	Zhejiang	1471.0	1095.6	457.2	375.4	272.2	170.7
安徽	Anhui	739.4	505.3	282.9	234.1	197.9	47.4
福建	Fujian	888.5	563.9	284.8	324.7	237.6	56.0
江西	Jiangxi	568.4	363.8	183.6	204.6	182.4	48.0
山东	Shandong	1118.0	774.1	323.0	343.9	254.9	96.9
河南	Henan	1009.7	679.5	302.6	330.1	253.6	97.1
湖北	Hubei	872.5	632.5	322.5	240.0	209.6	78.6
湖南	Hunan	787.0	559.2	296.7	227.8	196.1	63.8
广东	Guangdong	2807.1	2131.3	984.0	675.8	514.0	251.2
广西	Guangxi	439.7	312.0	130.0	127.7	109.7	18.8
海南	Hainan	171.0	122.5	66.4	48.5	38.1	11.3
重庆	Chongqing	559.6	431.2	297.2	128.3	115.2	14.2
四川	Sichuan	1353.4	939.1	601.9	414.4	368.2	50.5
贵州	Guizhou	312.5	249.6	149.2	62.9	56.3	20.5
云南	Yunnan	377.5	294.1	137.6	83.4	61.2	46.1
西藏	Tibet	34.9	34.7	22.3	0.2	0.2	1.0
陕西	Shaanxi	723.3	558.0	292.3	165.2	140.2	49.7
甘肃	Gansu	326.0	261.9	143.2	64.1	54.9	27.2
青海	Qinghai	104.2	91.5	48.0	12.7	10.5	4.3
宁夏	Ningxia	84.4	73.8	37.2	10.6	8.0	4.7
新疆	Xinjiang	501.2	395.8	221.4	105.4	82.2	31.6

注：2002年起公用电话用户包括安装在街道等公共场所的智能网专线接入终端用户。

a) Number of subscribers of public telephone since 2002 included the smart net special end-users which were installed at the public spatial, such as street.

16-33 邮政业网点及邮递线路（年底数）
Postal Offices and Postal Delivery Routes at Year-end

年份 Year 地区 Region	营业网点（处）Number of Offices (unit)	#快递营业网点 Outlets for Express Services	信筒信箱（个）Number of Post Boxes (unit)	农村投递路线（公里）Rural Delivery Routes (km)	城市投递路线（公里）Urban Delivery Routes (km)
1978	49623		156398	4266291	
1980	49471		159009	4138879	
1985	53107		174678	3565758	
1990	53629		181877	3364861	
1995	61898		203011	3345848	
2000	58437		239356	3364498	
2005	65917		202259	3565226	941286
2006	62799		197491	3566982	985785
2007	70655	46981	195336	3637553	1024046
2008	69146	48157	224023	3656936	1111749
2009	65672	35783	206597	3676051	1324378
2010	75739	64394	171043	3690561	1461321
2011	78667	75262	148206	3632579	1171464
2012	95572	89052	150271	3731657	1327674
2013	125115	117651	147351	3744733	1282319
2014	137562	130456	142330	3775875	1435111
2015	188637	183270	129572	3756043	1371041
北京 Beijing	6121	6110	5442	19429	50542
天津 Tianjin	1831	1814	3784	20311	23031
河北 Hebei	5663	4830	2718	180440	61636
山西 Shanxi	5906	5580	1320	102496	33683
内蒙古 Inner Mongolia	3562	3477	1229	114098	42927
辽宁 Liaoning	5301	5295	4025	112625	62860
吉林 Jilin	4081	4081	1295	95231	33840
黑龙江 Heilongjiang	4348	4244	2738	123120	41291
上海 Shanghai	7796	7781	3111	22992	68400
江苏 Jiangsu	10898	10866	8065	260729	95180
浙江 Zhejiang	11959	11829	26904	181748	86689
安徽 Anhui	7229	7039	2401	148849	40898
福建 Fujian	6467	6453	8730	92262	33147
江西 Jiangxi	4724	4384	2130	90019	27622
山东 Shandong	8605	8599	5548	266895	90976
河南 Henan	7434	7408	4148	194476	65877
湖北 Hubei	9198	9129	2417	205502	51567
湖南 Hunan	7249	7016	2451	214428	58747
广东 Guangdong	22018	21965	7294	229473	123577
广西 Guangxi	4849	4834	4805	104185	25999
海南 Hainan	1516	1513	3259	28895	14976
重庆 Chongqing	3725	3685	2184	54061	26305
四川 Sichuan	13220	11833	11037	181600	43576
贵州 Guizhou	4982	4815	2351	66344	22244
云南 Yunnan	4802	4774	1885	170368	27327
西藏 Tibet	888	888	725	103768	5411
陕西 Shaanxi	4801	4335	2425	124903	29598
甘肃 Gansu	4016	3935	2603	148872	39388
青海 Qinghai	877	623	351	34993	6699
宁夏 Ningxia	1004	941	333	9805	10287
新疆 Xinjiang	3567	3194	1864	53126	26742

16-33 续表 continued

年 份 / 地 区	Year / Region	邮路总长度 (公里) Length of Postal Routes (km)	#航空邮路 Air Mail Routes	#铁路邮路 Railway Routes	#汽车邮路 Highway Routes
	1978	4863282		150249	572204
	1980	4737124		150819	582058
	1985	1416303		181916	658102
	1990	1618200		191313	676747
	1995	1886082		183036	819412
	2000	3073331	1597044	184925	1070304
	2005	3406226	1813959	200180	1229802
	2006	3369392	1777368	204733	1230633
	2007	3532980	1855335	211534	1302915
	2008	3693464	1908316	236860	1385102
	2009	4027751	2178332	248876	1450782
	2010	4635569	2529232	269700	1753027
	2011	5140272	2718292	309027	2017483
	2012	5855107	3160292	320144	2289077
	2013	5897229	3334949	395809	2070847
	2014	6305556	3622873	232976	2361997
	2015	6376429	3558821	218014	2486461
北 京	Beijing	273171	138849	28661	104697
天 津	Tianjin	110688	82894	2436	18496
河 北	Hebei	170096	73520	1783	93667
山 西	Shanxi	93321	49848	4196	37271
内蒙古	Inner Mongolia	222550	116100	8920	96841
辽 宁	Liaoning	277348	209737	2842	64629
吉 林	Jilin	92147	54324	3748	33836
黑龙江	Heilongjiang	160630	96768	10421	53375
上 海	Shanghai	242349	161361	10920	69160
江 苏	Jiangsu	405531	217929		187602
浙 江	Zhejiang	618999	360308	34222	221214
安 徽	Anhui	150960		1109	72075
福 建	Fujian	203778	129466	1302	72387
江 西	Jiangxi	86390	20800	1775	63456
山 东	Shandong	369063	201546	1616	165457
河 南	Henan	158490	49779	3508	104685
湖 北	Hubei	163136	69988	3209	89809
湖 南	Hunan	183302	82553		100410
广 东	Guangdong	413740	197404	22994	192829
广 西	Guangxi	251304	186427		64475
海 南	Hainan	96833	80385		15973
重 庆	Chongqing	191486	107951	18622	64819
四 川	Sichuan	255526	139168	2117	102867
贵 州	Guizhou	99684	51399	2536	45749
云 南	Yunnan	269144	162609	11308	94867
西 藏	Tibet	56211	36600	1972	17639
陕 西	Shaanxi	208078	132404	3549	70194
甘 肃	Gansu	192349	106212	3837	81662
青 海	Qinghai	87978	54317		33661
宁 夏	Ningxia	12541		2315	9661
新 疆	Xinjiang	259607	188175	28096	42999

注：邮路总长度1980年及以前为邮路及农村投递路线总长度之和。

a) Length of postal routes before 1981 included the length of postal routes and rural delivery routes.

16-34 电信主要通信能力（年底数）
Main Communication Capacity of Telecommunications at Year-end

年份 Year 地区 Region	固定长途电话交换机容量（路端）Capacity of Long-distance Telephone Exchanges (circuit)	局用交换机容量（万门）Capacity of Office Telephone Exchanges (10 000 lines)	移动电话交换机容量（万户）Capacity of Mobile Telephone Exchanges (10 000 subscribers)	移动电话基站（万个）Base Stations of Mobile Telephones (10 000)	光缆线路长度（公里）Length of Optical Cable Lines (km)	#长途光缆线路长度 Length of Long Distance Optical Cable Lines
1978	1863	405.9				
1980	1969	443.2				
1985	11522	613.4				
1990	161370	1231.8	5.1			3334
1995	3518781	7203.6	796.7			106882
2000	5635498	17825.6	13985.6		1212358	286642
2005	13716307	47196.1	48241.7	28.1	4072788	723040
2006	14423427	50279.9	61032.0	35.7	4279559	722439
2007	17092213	51034.6	85496.1	45.9	5777289	792154
2008	16907188	50863.2	114531.4	59.7	6778496	797979
2009	16849027	49265.6	144084.7	111.9	8294565	831011
2010	16414644	46537.3	150284.9	139.8	9962467	818133
2011	16023432	43428.4	171636.0	175.2	12119303	842341
2012	15797426	43749.3	184023.8	206.6	14793300	868175
2013	12805074	41089.3	196557.3	241.0	17453709	890018
2014	9829082	40517.1	205024.9	350.8	20612529	928398
2015	8110825	26446.5	218150.0	465.6	24863348	965283
北京 Beijing	514740	1592.5	5102.0	12.4	275461	4088
天津 Tianjin	117778	531.8	2435.0	4.6	163995	3714
河北 Hebei	269500	1125.6	11781.7	19.2	1031586	36794
山西 Shanxi	302370	542.6	5021.2	13.4	765679	30891
内蒙古 Inner Mongolia	127944	385.7	6257.3	9.4	465966	71490
辽宁 Liaoning	485698	1627.4	13111.2	16.7	770702	24636
吉林 Jilin	86288	554.8	3731.0	7.8	394073	23877
黑龙江 Heilongjiang	359997	1070.0	7318.7	10.0	550690	46513
上海 Shanghai	716262	1200.5	4424.0	8.5	475025	5142
江苏 Jiangsu	375551	1758.8	10633.1	32.5	2511543	38840
浙江 Zhejiang	851520	1211.1	11423.7	32.7	2072207	26300
安徽 Anhui	144090	634.0	8407.8	16.6	972903	30944
福建 Fujian	95082	922.4	8203.6	18.7	831927	23278
江西 Jiangxi	207480	720.4	4085.9	13.8	593135	21115
山东 Shandong	312543	1523.5	11970.4	28.4	1371672	36737
河南 Henan	328980	1044.0	11713.0	25.0	1231505	33578
湖北 Hubei	169976	920.4	8753.3	17.5	930329	31706
湖南 Hunan	463700	815.7	7276.4	17.7	1076349	40875
广东 Guangdong	640014	2844.7	22025.8	42.2	1645703	56136
广西 Guangxi	287285	1318.8	5181.1	13.8	652917	38953
海南 Hainan	41108	115.3	1572.4	4.0	152717	3376
重庆 Chongqing	65016	451.7	3887.6	9.5	654413	7606
四川 Sichuan	373920	783.6	15691.3	24.9	1617009	60268
贵州 Guizhou	62810	590.4	4908.0	12.0	656959	35562
云南 Yunnan	199044	667.2	5894.1	16.3	795267	49361
西藏 Tibet	12870	11.5	448.0	1.7	120440	33073
陕西 Shaanxi	199697	581.7	5105.5	13.7	708295	29199
甘肃 Gansu	72017	276.4	2997.0	7.8	481774	32446
青海 Qinghai	92582	44.6	1308.0	2.9	146152	40560
宁夏 Ningxia	61401	124.0	1224.0	2.5	115695	10848
新疆 Xinjiang	27930	453.8	6258.0	9.7	631259	37375
不分地区 Not Classified by Region	45632	2.0				

注：电话交换机容量不包括用户交换机容量。
a) The capacity of exchanges in this table do not includes the capacity of exchanges owned by users.

16-35 电信通信服务水平（年底数）
Telecommunication Services Available at Year-end

年份 Year 地区 Region	电话普及率（包括移动电话）（部/百人）Popularization Rate of Telephone (Include Mobile Telephone) (sets/100 persons)	固定电话普及率（部/百人）Popularization Rate of Fixed Line Telephone (sets/100 persons)	城市固定电话普及率（部/百人）Popularization Rate of Fixed Line Telephone in Urban Areas (sets/100 persons)	移动电话普及率（部/百人）Popularization Rate of Mobile Telephone (sets/100 persons)	每千人拥有公用电话数（部）Public Telephone owned Per 1 000 Person (set)	开通互联网宽带业务的行政村比重(%) Percentage of Administrative Village with Access to the Internet by Broadband(%)	互联网普及率(%) Popularization Rate of Internet (%)
1978	0.38	0.38					
1980	0.43	0.43					
1985	0.60	0.60					
1990	1.11	1.11					
1995	4.66	4.36		0.30			
2000	19.10	12.38		6.72	2.20		
2005	57.22	26.96	40.30	30.26	20.63		8.5
2006	63.40	28.10	41.70	35.30	22.64		10.5
2007	69.45	27.81	40.60	41.64	22.76		16.0
2008	74.29	25.76	37.40	48.53	20.98		22.6
2009	79.89	23.62	33.90	56.27	20.40		28.9
2010	86.41	22.05	31.20	64.36	19.45	80.11	34.3
2011	94.81	21.26	30.30	73.55	18.41	84.00	38.3
2012	103.10	20.60	27.40	82.50	17.40	87.90	42.1
2013	109.95	19.62	25.24	90.33	16.41	91.00	45.8
2014	112.26	18.24	23.99	94.03	15.04	93.50	47.9
2015	109.30	16.80	22.46	92.49	12.35	94.80	50.3
北京 Beijing	217.88	36.15	33.98	181.73	33.36	100.00	76.5
天津 Tianjin	110.77	22.22	26.77	88.54	15.58	100.00	63.0
河北 Hebei	95.81	13.17	20.93	82.63	8.75	94.00	50.5
山西 Shanxi	100.60	12.13	17.97	88.46	11.93	86.20	54.2
内蒙古 Inner Mongolia	107.59	12.92	18.33	94.66	7.65	54.00	50.3
辽宁 Liaoning	121.53	23.65	30.71	97.89	14.92	100.00	62.2
吉林 Jilin	112.00	20.79	29.46	91.22	14.60	100.00	47.7
黑龙江 Heilongjiang	102.99	15.63	22.78	87.36	9.63	100.00	44.5
上海 Shanghai	162.70	33.01	36.84	129.69	10.27	100.00	73.1
江苏 Jiangsu	124.95	24.74	23.42	100.21	14.63	100.00	55.5
浙江 Zhejiang	158.05	26.56	30.06	131.50	30.82	100.00	65.3
安徽 Anhui	80.21	12.04	16.29	68.17	7.72	99.90	39.4
福建 Fujian	131.35	23.15	23.47	108.20	14.59	100.00	69.6
江西 Jiangxi	78.82	12.45	15.44	66.37	10.51	98.50	38.7
山东 Shandong	103.65	11.35	14.29	92.30	9.84	100.00	48.9
河南 Henan	90.16	10.65	15.30	79.51	10.24	100.00	39.2
湖北 Hubei	92.34	14.91	19.01	77.42	13.43	92.10	46.8
湖南 Hunan	80.78	11.60	16.20	69.17	9.41	95.80	39.9
广东 Guangdong	159.34	25.87	28.89	133.47	23.15	100.00	72.4
广西 Guangxi	84.12	9.17	13.82	74.96	3.92	99.00	42.8
海南 Hainan	116.93	18.78	24.41	98.16	12.41	100.00	51.6
重庆 Chongqing	109.31	18.55	23.46	90.76	4.71	100.00	48.3
四川 Sichuan	99.36	16.50	24.00	82.87	6.16	80.00	40.0
贵州 Guizhou	92.20	8.86	16.84	83.34	5.81	90.00	38.4
云南 Yunnan	86.84	7.96	14.32	78.87	9.72	78.00	37.4
西藏 Tibet	93.71	10.78	41.61	82.93	3.09	80.00	44.6
陕西 Shaanxi	113.11	19.07	27.29	94.04	13.10	95.00	50.0
甘肃 Gansu	93.53	12.54	23.32	80.99	10.46	55.00	38.8
青海 Qinghai	105.58	17.70	30.92	87.88	7.31	92.00	54.5
宁夏 Ningxia	107.95	12.63	19.99	95.32	7.04	76.00	49.3
新疆 Xinjiang	107.20	21.24	36.40	85.96	13.39	98.00	54.9

注：2015年移动电话用户口径有调整，移动电话普及率与往年不可比。

a) In 2015, coverage of mobile phone users is adjusted, popularization rate of mobile phones is not comparable with previous years.

16-36 邮政通信服务水平（年底数）
Postal Services Available at Year-end

年份 地区	Year Region	平均每一营业网点服务面积（平方公里）Average Area Served by Every Postal Office (sq.km)	平均每一营业网点服务人口（万人）Average People Served by Every Postal Office (10 000 persons)	平均每人每年发函件数（件）Annual Average Number of Letters Mailed per Capita (piece)	平均每百人每年订报刊数（份）Annual Average Number of Newspaper and Magazine Subscribed per 100 Persons (piece)	已通邮的行政村比重（%）Percentage of Administrative Village with Posts (%)
	1978	193.5	1.94	2.95	11.7	
	1980	194.1	1.98	3.36	16.7	96.5
	1985	180.8	1.97	4.48	28.8	96.3
	1990	179.0	2.13	4.82	17.6	96.4
	1995	155.1	1.95	6.61	18.0	
	2000	135.3	1.77	6.40	16.4	
	2005	145.6	1.97	5.66	11.2	99.0
	2006	152.9	2.09	5.50	11.2	99.4
	2007	135.9	1.90	5.30	9.9	98.4
	2008	138.8	1.90	5.60	11.9	98.5
	2009	146.2	2.03	5.66	10.4	98.8
	2010	126.8	1.77	5.52	12.8	99.0
	2011	122.0	1.71	5.50	11.1	98.0
	2012	100.4	1.42	5.22	11.4	99.1
	2013	76.7	1.09	4.66	11.0	99.2
	2014	69.8	0.99	4.10	10.9	99.4
	2015	50.9	0.73	3.30	11.3	99.8
北京	Beijing	2.7	0.35	28.46	23.9	100.0
天津	Tianjin	6.0	0.84	3.68	10.6	100.0
河北	Hebei	33.6	1.31	1.94	16.0	100.0
山西	Shanxi	25.4	0.62	1.07	9.7	100.0
内蒙古	Inner Mongolia	308.8	0.70	0.58	15.3	99.5
辽宁	Liaoning	28.3	0.83	1.59	9.4	100.0
吉林	Jilin	44.1	0.67	0.71	6.9	100.0
黑龙江	Heilongjiang	105.8	0.88	1.23	7.9	100.0
上海	Shanghai	0.7	0.31	41.51	31.9	100.0
江苏	Jiangsu	9.2	0.73	6.13	13.9	100.0
浙江	Zhejiang	8.4	0.46	8.21	18.8	100.0
安徽	Anhui	18.0	0.85	1.21	8.6	100.0
福建	Fujian	18.6	0.59	3.32	30.8	100.0
江西	Jiangxi	33.9	0.97	0.80	7.6	100.0
山东	Shandong	17.4	1.14	2.00	9.7	100.0
河南	Henan	21.5	1.28	2.33	10.4	100.0
湖北	Hubei	19.6	0.64	1.16	10.1	100.0
湖南	Hunan	29.0	0.94	0.63	7.4	97.6
广东	Guangdong	8.2	0.49	6.02	7.1	100.0
广西	Guangxi	47.4	0.99	0.76	8.3	100.0
海南	Hainan	22.4	0.60	0.60	11.3	100.0
重庆	Chongqing	22.1	0.81	1.04	11.4	99.5
四川	Sichuan	36.3	0.62	0.78	8.6	100.0
贵州	Guizhou	34.1	0.71	1.08	7.2	100.0
云南	Yunnan	79.1	0.99	1.41	7.0	100.0
西藏	Tibet	1351.4	0.36	0.68	16.3	95.7
陕西	Shaanxi	39.6	0.79	0.66	10.0	100.0
甘肃	Gansu	97.1	0.65	0.61	7.3	100.0
青海	Qinghai	821.0	0.67	0.62	8.5	98.5
宁夏	Ningxia	65.7	0.67	0.55	5.5	100.0
新疆	Xinjiang	448.6	0.66	0.87	14.9	100.0

16-37 互联网主要指标发展情况(年底数)
Main Indicators on Internet Development at Year-end

年份 Year 地区 Region		互联网上网人数(万人) Number of Internet Users (10 000 persons)	域名数(万个) Number of Domain Names (10 000 units)	网站数(万个) Number of Websites (10 000 sites)	网页数(万个) Number of Webpages (10 000 pages)	IPv4地址数(万个) IPv4 Addresses (10 000)
	1995					
	2000	2250		26.5		
	2005	11100	259.2	69.4		7439.1
	2006	13700	410.9	84.3	447257.8	9801.6
	2007	21000	1193.1	150.4	847108.5	13527.5
	2008	29800	1682.6	287.8	1608637.0	18127.3
	2009	38400	1681.8	323.2	3360173.2	23244.6
	2010	45730	865.6	190.8	6000806.0	27763.7
	2011	51310	774.8	229.6	8658229.8	33044.0
	2012	56400	1341.2	268.1	12274681.7	33053.0
	2013	61758	1843.6	320.2	15004076.3	24668.5
	2014	64875	2059.6	334.9	18991864.9	33198.8
	2015	68826	3101.4	422.9	21229622.4	24698.3
北京	Beijing	1647	485.7	51.5	8501840.2	38.7
天津	Tianjin	956	34.9	4.4	256538.7	57.9
河北	Hebei	3731	60.4	11.9	630949.9	227.0
山西	Shanxi	1975	21.5	5.0	217518.1	182.4
内蒙古	Inner Mongolia	1259	8.7	1.4	45204.3	73.8
辽宁	Liaoning	2731	48.2	11.1	184054.7	208.2
吉林	Jilin	1313	14.7	2.5	134479.3	74.7
黑龙江	Heilongjiang	1707	72.1	3.7	61188.5	125.4
上海	Shanghai	1773	204.8	37.2	1023781.0	829.1
江苏	Jiangsu	4416	130.3	21.4	1199967.4	1137.2
浙江	Zhejiang	3596	208.8	26.2	2532235.7	1409.1
安徽	Anhui	2395	48.9	5.6	245359.6	472.0
福建	Fujian	2648	200.6	24.8	546580.8	518.5
江西	Jiangxi	1759	35.6	3.1	322767.4	488.4
山东	Shandong	4789	199.3	22.6	388823.1	410.5
河南	Henan	3703	103.2	16.6	920384.0	191.0
湖北	Hubei	2723	133.2	8.7	246085.3	550.6
湖南	Hunan	2685	58.6	5.9	293354.1	740.7
广东	Guangdong	7768	497.1	67.1	2260988.6	2139.9
广西	Guangxi	2033	37.6	3.7	55473.2	262.3
海南	Hainan	466	26.7	1.5	175210.0	65.6
重庆	Chongqing	1445	33.5	4.4	140632.9	406.0
四川	Sichuan	3260	104.4	15.8	436770.9	673.5
贵州	Guizhou	1346	13.6	1.3	32992.3	154.1
云南	Yunnan	1761	17.0	1.9	130328.6	272.9
西藏	Tibet	142	1.1	0.1	10244.5	36.2
陕西	Shaanxi	1886	32.5	4.9	120743.3	312.0
甘肃	Gansu	1005	13.7	0.9	26689.1	144.3
青海	Qinghai	318	2.6	0.3	3405.1	45.2
宁夏	Ningxia	326	3.8	0.5	33495.1	57.9
新疆	Xinjiang	1262	8.7	0.9	51536.7	182.0
不分地区	Not Classified by Region		239.4	56.2		12211.5

16-37 续表 1 continued

年 份 地 区	Year Region	互联网宽带接入端口（万个）Broad Band Subscribers Port of Internet (10 000 ports)	互联网拨号用户（万户）Dial-up Subscribers of Internet (10 000 subscribers)	移动互联网用户（万户）Mobile Internet Subscribers (10 000 subscribers)	移动互联网接入流量（万G）Flow Accessed to Mobile Internet (10 000 G)	固定互联网宽带接入时长（万分钟）Time Accessed to Fixed Broadband Internet (10 000 Minutes)
	1995		0.7			
	2000		900.5			
	2005	4874.7	3559.5			
	2006	6486.4	2644.6			
	2007	8539.3	1941.0			
	2008	10890.4	1227.8			
	2009	13835.7	754.4			
	2010	18781.1	590.1			
	2011	23239.4	550.7			
	2012	32108.4	569.8			
	2013	35945.3	485.1			
	2014	40546.1	441.6	87522.1	206193.6	4143547995.2
	2015	57709.4	331.6	96447.2	418753.3	4996325815.2
北 京	Beijing	1580.5	46.6	3251.7	15334.8	119488772.2
天 津	Tianjin	470.2	12.3	958.1	5458.9	75106266.0
河 北	Hebei	2948.5	0.0	4588.7	12965.4	266789667.6
山 西	Shanxi	1345.9	3.4	2162.2	6779.9	155495171.2
内蒙古	Inner Mongolia	916.0	0.0	1865.0	5698.1	95474090.7
辽 宁	Liaoning	2710.8	19.8	3160.9	19434.5	203533460.2
吉 林	Jilin	987.2	5.6	1793.3	13385.4	116903042.1
黑龙江	Heilongjiang	1308.8	7.9	2009.0	6846.6	152386002.5
上 海	Shanghai	1464.8	0.0	2569.3	10818.8	114762791.3
江 苏	Jiangsu	4697.3	5.2	6728.9	34143.0	405077787.5
浙 江	Zhejiang	4768.9	30.0	5813.6	33327.2	318810612.3
安 徽	Anhui	2211.5	19.4	3671.8	11536.0	175310385.8
福 建	Fujian	2335.3	0.2	3048.2	14351.0	224248878.2
江 西	Jiangxi	1693.2	0.9	2167.1	10176.9	111919229.6
山 东	Shandong	4003.4	39.9	6109.6	17936.6	94163468.7
河 南	Henan	3241.9		5398.4	19685.1	316519400.2
湖 北	Hubei	2061.1	13.1	3255.4	15462.6	190406916.8
湖 南	Hunan	1931.8	0.1	3639.1	14612.0	144185519.4
广 东	Guangdong	4765.5	69.3	10950.2	55458.7	564794813.7
广 西	Guangxi	1530.9	7.5	2798.3	10156.9	234131012.1
海 南	Hainan	398.4		783.0	3256.2	31177810.7
重 庆	Chongqing	1349.4	0.0	2288.2	8559.8	122812008.5
四 川	Sichuan	3117.9	7.3	5476.6	17636.4	302092755.9
贵 州	Guizhou	875.8	5.3	2212.3	8488.1	62892710.4
云 南	Yunnan	1151.1	6.0	2777.7	16174.6	94179434.6
西 藏	Tibet	51.0		162.4	738.2	4406560.8
陕 西	Shaanxi	1539.3	13.0	2780.5	13994.7	116454479.6
甘 肃	Gansu	820.5	10.4	1598.8	5783.2	63254216.7
青 海	Qinghai	208.1	0.8	394.0	2237.4	18986454.4
宁 夏	Ningxia	200.8	1.4	534.9	2743.1	23596984.5
新 疆	Xinjiang	1023.8	6.2	1499.4	5565.2	76965111.4

16-37 续表 2 continued

年份 地区	Year Region	互联网宽带接入用户(万户) Broadband Subscribers of Internet (10 000 subscribers)	#城市宽带接入用户 Urban Broadband Subscribers	#农村宽带接入用户 Rural Broadband Subscribers	#家庭宽带接入用户 Household Broadband Subscribers	#单位宽带接入用户 Institution Broadband Subscribers
	1995					
	2000					
	2005	3735.0				
	2006	5085.3				
	2007	6641.4				
	2008	8287.9				
	2009	10397.8				
	2010	12629.1	9963.5	2475.7		
	2011	15000.1	11691.4	3308.8		
	2012	17518.3	13442.4	4075.9		
	2013	18890.9	14153.6	4737.3		
	2014	20048.3	15174.6	4873.7	16333.6	3714.8
	2015	25946.6	19547.2	6398.4	21716.4	4230.2
北京	Beijing	491.9	406.0	85.9	458.9	33.0
天津	Tianjin	249.8	244.3	5.5	191.3	58.6
河北	Hebei	1317.2	890.8	426.5	1156.3	161.0
山西	Shanxi	723.9	602.0	121.9	639.4	84.6
内蒙古	Inner Mongolia	365.7	281.4	84.3	312.2	53.4
辽宁	Liaoning	860.5	679.4	181.0	785.0	75.5
吉林	Jilin	427.3	357.8	69.4	401.5	25.8
黑龙江	Heilongjiang	519.5	436.6	82.9	483.2	36.4
上海	Shanghai	568.8	566.4	2.4	485.7	83.1
江苏	Jiangsu	2346.3	1464.5	881.8	1949.7	396.6
浙江	Zhejiang	1906.8	1403.3	503.6	1604.3	302.5
安徽	Anhui	913.3	655.5	257.8	801.3	112.0
福建	Fujian	1044.8	702.6	342.2	846.2	198.7
江西	Jiangxi	710.9	508.0	202.9	623.3	87.7
山东	Shandong	1980.8	1379.2	601.7	1739.7	241.2
河南	Henan	1489.0	1070.0	419.0	1269.0	220.0
湖北	Hubei	1014.4	859.5	154.9	823.2	191.2
湖南	Hunan	910.5	734.5	176.0	654.4	256.1
广东	Guangdong	2682.7	2104.9	577.8	2058.3	624.4
广西	Guangxi	715.8	562.0	153.8	585.9	129.9
海南	Hainan	149.5	107.3	42.2	122.4	27.1
重庆	Chongqing	602.7	513.1	89.6	500.3	102.5
四川	Sichuan	1424.0	961.4	462.6	1241.2	182.9
贵州	Guizhou	386.8	313.9	72.8	345.4	41.3
云南	Yunnan	537.3	445.5	91.8	395.8	141.5
西藏	Tibet	29.6	29.6	0.0	22.3	7.3
陕西	Shaanxi	689.9	571.4	118.5	531.1	158.9
甘肃	Gansu	302.7	241.9	60.8	247.1	55.6
青海	Qinghai	82.3	72.9	8.3	64.8	17.5
宁夏	Ningxia	92.5	84.6	7.8	74.7	17.8
新疆	Xinjiang	409.5	296.8	112.7	302.9	106.7

16-38 软件和信息技术服务业主要经济指标
Main Indicators on Software and Information Technology Services

年份 地区	Year Region	软件业务收入(万元) Software Income (10 000 yuan)	#软件产品收入 Software Products Income	#信息技术服务收入 Income from IT Service	#嵌入式系统软件收入 Embedded System and Software Income	其中:软件业务出口(万美元) Software Export (10 000 USD)
	2010	135885509.6	49305319.5	65296861.8	21283328.4	2673526.0
	2011	188489906.0	61921545.6	95830650.1	30737710.2	3461947.0
	2012	247937523.5	78572418.6	129448959.2	39916145.7	3942380.0
	2013	305874743.1	98768380.6	160305341.0	46801021.5	4691377.0
	2014	370264197.3	121984961.7	187110900.5	61168335.2	4867057.8
	2015	428479158.8	136561431.9	222109513.9	69808213.0	4948702.5
北　京	Beijing	54228650.4	21712261.4	32373906.6	142482.3	227364.0
天　津	Tianjin	10078452.5	2502559.2	6161888.4	1414004.9	9024.5
河　北	Hebei	1844661.0	337104.4	1487961.0	19595.6	4158.1
山　西	Shanxi	241540.6	116209.6	122467.7	2863.4	
内蒙古	Inner Mongolia	300979.6	134460.0	164821.8	1697.8	73.4
辽　宁	Liaoning	30342198.5	10852226.8	17012133.9	2477837.7	445697.6
吉　林	Jilin	4405089.2	1275661.3	2555652.1	573775.7	11018.8
黑龙江	Heilongjiang	1506690.5	653839.3	729242.4	123608.8	4159.3
上　海	Shanghai	33813496.9	11852434.9	20158202.4	1802859.6	351541.5
江　苏	Jiangsu	70623774.5	16334771.3	28386536.0	25902467.2	770884.0
浙　江	Zhejiang	30374128.8	9632211.4	18275180.4	2466737.1	279730.6
安　徽	Anhui	2055823.9	854767.2	1060560.2	140496.5	11806.0
福　建	Fujian	18271747.3	6281802.7	10589140.5	1400804.1	33425.3
江　西	Jiangxi	863578.4	299471.4	553095.9	11011.1	10903.1
山　东	Shandong	37199485.6	13915898.8	16244562.1	7039024.7	139927.3
河　南	Henan	2785437.3	771779.6	1709729.1	303928.6	513.0
湖　北	Hubei	10152364.6	5331530.3	4251274.4	569559.9	13281.0
湖　南	Hunan	3492193.8	2036253.8	1001317.3	454622.7	5633.9
广　东	Guangdong	71051485.2	17236891.6	31290890.5	22523703.2	2393628.2
广　西	Guangxi	747206.9	89928.0	652087.7	5191.2	102.9
海　南	Hainan	427822.5	112095.8	315726.7		1754.1
重　庆	Chongqing	8533469.2	2002533.8	5398205.5	1132730.0	19785.9
四　川	Sichuan	21259096.4	8297107.8	12821204.8	140783.7	139414.3
贵　州	Guizhou	1102422.1	424495.3	659196.9	18730.0	
云　南	Yunnan	442406.7	114547.9	326127.5	1731.3	260.0
西　藏	Tibet					
陕　西	Shaanxi	11397368.5	3165409.1	7116147.4	1115812.0	73949.9
甘　肃	Gansu	356781.6	114628.8	236476.6	5676.3	519.0
青　海	Qinghai	12142.1	2962.1	8507.2	672.8	147.0
宁　夏	Ningxia	114051.1	45573.4	53001.7	15476.1	
新　疆	Xinjiang	454613.0	60015.1	394269.3	328.7	

注：本表统计口径为主营业务收入100万元以上的软件和信息技术服务业等企业。

a) Data in the table cover enterprises with revenue from principal business of over 1 million yuan of software and IT service etc.

16-39 按行业分企业信息化及电子商务情况(2015年)
Informatization and E-Commerce of Enterprises by Industrial Sector(2015)

行业	Industry	企业数(个) Number of Enterprises (unit)	期末使用计算机数(台) Computers Used at the End of Period (unit)	每百人使用计算机数(台) Computers Used Per 100 Persons (unit)	企业拥有网站数(个) Websites of Enterprises (unit)	每百家企业拥有网站数(个) Websites Per 100 Enterprises (unit)
总计	**Total**	**913481**	**42658164**	**23**	**523340**	**57**
采矿业	Mining	13717	1199791	17	5391	39
制造业	Manufacturing	351138	16117817	19	244148	70
电力、热力、燃气及水生产和供应业	Production and Supply of Electricity, Heat, Gas and Water	9912	2001048	61	5607	57
建筑业	Construction	91363	3551863	8	40274	44
批发和零售业	Wholesale and Retail Trades	180428	5006199	43	83828	46
交通运输、仓储和邮政业	Transport, Storage and Post	36642	2116692	27	16347	45
住宿和餐饮业	Hotels and Catering Services	43967	927149	23	22563	51
信息传输、软件和信息技术服务业	Information Transmission, Software and Information Technology	13802	4666431	128	15474	112
房地产业	Real Estate	98605	2027254	38	41277	42
租赁和商务服务业	Leasing and Business Services	29836	1747031	35	19370	65
科学研究和技术服务业	Scientific Research and Technical Services	18944	1840553	72	12882	68
水利、环境和公共设施管理业	Management of Water Conservancy, Environment and Public Facilities	4729	131849	19	2708	57
居民服务、修理和其他服务业	Service to Households, Repair and Other Services	5626	115846	14	2553	45
教育	Education	4362	459754	93	2895	66
卫生和社会工作	Health and Social Service	4238	320271	47	3446	81
文化、体育和娱乐业	Culture, Sports and Entertainment	6172	428616	65	4577	74

注：有电子商务交易活动的企业是指通过互联网开展电子商务销售或电子商务采购的企业(下表同)。

a) Enterprises with E-Commerce Transactions refers to those enterprises which performed sales or purchases through Internet. The same applies to the tables following.

16-39 续表 continued

行业	Industry	有电子商务交易活动 With E-Commerce Transactions		电子商务销售额(亿元) Sales of E-Commerce (100 million yuan)	电子商务采购额(亿元) Purchases of E-Commerce (100 million yuan)
		企业数(个) Enterprises (unit)	比重(%) Proportion (%)		
总计	**Total**	**87436**	**9.6**	**91724.2**	**53499.1**
采矿业	Mining	299	2.2	191.4	489.5
制造业	Manufacturing	35800	10.2	38715.0	23805.9
电力、热力、燃气及水生产和供应业	Production and Supply of Electricity, Heat, Gas and Water	556	5.6	73.9	5124.1
建筑业	Construction	3731	4.1	86.5	2172.2
批发和零售业	Wholesale and Retail Trades	16156	9.0	37859.0	19396.7
交通运输、仓储和邮政业	Transport, Storage and Post	2128	5.8	3275.0	292.6
住宿和餐饮业	Hotels and Catering Services	13549	30.8	436.7	35.8
信息传输、软件和信息技术服务业	Information Transmission, Software and Information Technology	3457	25.0	7829.6	866.0
房地产业	Real Estate	4082	4.1	73.1	51.5
租赁和商务服务业	Leasing and Business Services	2837	9.5	2345.4	1013.1
科学研究和技术服务业	Scientific Research and Technical Services	1609	8.5	559.3	214.5
水利、环境和公共设施管理业	Management of Water Conservancy, Environment and Public Facilities	632	13.4	36.3	10.8
居民服务、修理和其他服务业	Service to Households, Repair and Other Services	430	7.6	15.8	5.3
教育	Education	275	6.3	20.8	1.1
卫生和社会工作	Health and Social Service	332	7.8	3.8	14.3
文化、体育和娱乐业	Culture, Sports and Entertainment	1563	25.3	202.7	5.7

16-40 分地区企业信息化及电子商务情况(2015年)
Informatization and E-Commerce of Enterprises by Region (2015)

地 区	Region	企业数(个) Number of Enterprises (unit)	期末使用计算机数(台) Computers Used at the End of Period (unit)	每百人使用计算机数(台) Computers Used Per 100 Persons (unit)	企业拥有网站数(个) Websites of Enterprises (unit)	每百家企业拥有网站数(个) Websites Per 100 Enterprises (unit)	有电子商务交易活动 With E-Commerce Transactions 企业数(个) Enterprises (unit)	比重(%) Proportion (%)	电子商务销售额(亿元) Sales of E-Commerce (100 million yuan)	电子商务采购额(亿元) Purchases of E-Commerce (100 million yuan)
全 国	**National Total**	**913481**	**42658164**	**23**	**523340**	**57**	**87436**	**9.6**	**91724.2**	**53499.1**
北 京	Beijing	31346	3756167	62	19725	63	5350	17.1	10530.5	9534.1
天 津	Tianjin	18189	882292	31	9888	54	1655	9.1	3148.6	2068.4
河 北	Hebei	28822	1092988	19	16319	57	1888	6.6	1440.0	863.5
山 西	Shanxi	13686	639158	19	6308	46	840	6.1	676.7	380.4
内蒙古	Inner Mongolia	11127	458363	22	5493	49	611	5.5	1340.1	910.7
辽 宁	Liaoning	31678	1242265	22	16273	51	1599	5.0	2541.0	1107.6
吉 林	Jilin	13104	502812	21	6185	47	544	4.2	515.9	263.1
黑龙江	Heilongjiang	11190	473316	23	5204	47	480	4.3	515.9	120.7
上 海	Shanghai	32303	3147939	47	23617	73	4231	13.1	12879.4	6119.8
江 苏	Jiangsu	102423	4352216	20	66039	64	11257	11.0	5193.5	4315.3
浙 江	Zhejiang	81398	3442569	20	47634	59	10707	13.2	5581.2	1751.6
安 徽	Anhui	37033	1231019	20	24212	65	4573	12.3	2444.3	1921.8
福 建	Fujian	39970	1473734	17	20979	52	4070	10.2	2325.2	820.3
江 西	Jiangxi	19654	687773	15	11711	60	1848	9.4	1990.0	575.2
山 东	Shandong	84649	2598066	18	45546	54	5550	6.6	5989.2	3713.2
河 南	Henan	53158	1479726	13	26223	49	2928	5.5	3639.3	1559.7
湖 北	Hubei	38243	1396102	20	22744	59	3361	8.8	2386.6	1140.8
湖 南	Hunan	30624	1016010	18	17610	58	2467	8.1	2221.4	898.6
广 东	Guangdong	94003	6518642	30	62975	67	10774	11.5	13783.7	10107.9
广 西	Guangxi	14371	622639	19	2302	16	1202	8.4	918.8	642.9
海 南	Hainan	2771	165099	37	1929	70	439	15.8	574.2	265.7
重 庆	Chongqing	22307	923816	19	10566	47	1901	8.5	2648.5	754.2
四 川	Sichuan	35000	1689673	22	20473	58	3574	10.2	1848.4	962.0
贵 州	Guizhou	12330	407736	23	5145	42	1092	8.9	1018.8	485.4
云 南	Yunnan	14067	612666	25	7115	51	1313	9.3	2828.4	431.4
西 藏	Tibet	603	25237	29	394	65	76	12.6	31.4	7.3
陕 西	Shaanxi	16799	832728	24	9951	59	1413	8.4	925.4	491.6
甘 肃	Gansu	7837	284060	19	4248	54	627	8.0	321.1	553.8
青 海	Qinghai	2006	111085	26	1151	57	164	8.2	643.7	91.0
宁 夏	Ningxia	3342	157689	26	1841	55	331	9.9	111.7	79.3
新 疆	Xinjiang	9448	434579	23	3540	37	571	6.0	711.2	562.2

主要统计指标解释

铁路营业里程 又称营业长度，指投入客货运输营业或临时营业的线路长度。

电气化里程 指具备了电力机车牵引条件，并已交付运营的线路里程。

公路里程 指报告期末公路的实际长度。统计范围：包括城间、城乡间、乡（村）间能行驶汽车的公共道路，公路通过城镇街道的里程，公路桥梁长度、隧道长度、渡口宽度。不包括城市街道里程，断头路里程，农（林）业生产用道路里程，工（矿）企业等内部道路里程。统计原则：按已竣工验收或交付使用的实际里程计算；两条或多条公路共同经由同一路段的重复里程，只计算一次。

内河航道里程 指在一定时期内，能通航运输船舶及排筏的天然河流、湖泊水库、运河及通航渠道的长度。包括全年季节性通航累计三个月以上的航道，不包括仅供零散流放竹、木排的河道。两省以河为界的航道里程，双方均按一半计算，以免重复。

定期航班航线里程 指定期航班营运里程的总长度，以万公里为计算单位。航线里程的统计分为按重复距离计算和按不重复距离计算两种形式。“按重复距离计算”是指不同航线的相同航段距离可以重复累加；“按不重复距离计算”则不同航线相同航段只统计一次。

管道输油（气）里程 指油、气、成品油等各类介质实际输送距离，是反映运输管线长度的指标，也是计算周转量的依据。对于有复线和备用线的地段，原则上按单线计算管输里程。双线同时输送又不能分开计量的情况下，管输里程为双线长度之和除以2。

货（客）运量 指在一定时期内，各种运输工具实际运送的货物重量(旅客数量)。货运按吨计算，客运按人计算。货物不论运输距离长短、货物类别，均按实际重量统计。旅客不论行程远近或票价多少，均按一人一次客运量统计；半价票、儿童票也按一人统计。

货物（旅客）周转量 指在一定时期内，由各种运输工具运送的货物(旅客)数量与其相应运输距离的乘积之总和。该指标可以反映运输业生产的总成果，也是编制和检查运输生产计划，计算运输效率、劳动生产率以及核算运输单位成本的主要基础资料。计算货物周转量通常按发出站与到达站之间的最短距离，也就是计费距离计算。计算公式为：

货物（旅客）周转量=Σ（货物（旅客）运输量×运输距离）

港口货物吞吐量 指经由水路进、出港区范围，并经过装卸的货物数量。按货物流向分为进港吞吐量和出港吞吐量，按货物的贸易性质分为内贸和外贸吞吐量。货物类别根据现行的交通行业《运输货物分类和代码》标准分类。

民用运输船舶拥有量 指报告期末在水路运输管理部门注册登记的从事水上客、货运输活动的我国企业或私人拥有的营业性运输船舶（含我国企业或私人拥有的悬挂外国旗的船舶）数量。不包括非运输船舶及农业、渔业生产船舶。

民用汽车拥有量 指报告期末，在公安交通管理部门按照《机动车注册登记工作规范》，已注册登记领有民用车辆牌照的全部汽车数量。汽车拥有量统计的主要分类：根据汽车结构分为载客汽车、载货汽车及其他汽车；根据汽车所有者不同分为个人(私人)汽车、单位汽车；根据汽车的使用性质分为营运汽车、非营运汽车；根据汽车大小规格不同，载客汽车分为大型、中型、小型和微型，载货汽车分为重型、中型、轻型和微型。

邮电业务总量 指以货币形式表现的邮电通信企业为社会提供各类邮电通信服务的总数量。计算方法为各类业务的实物量分别乘以相应的不变单价，求出各类业务的货币量加总求得。分别按邮政业务总量和电信业务总量统计。

移动电话用户 指在电信运营企业营业网点办理开户登记手续，通过移动电话交换机进入移动电话网，占用移动电话号码的各类电话用户。包括各类签约用户、智能网预付费用户、无线上网卡用户。

互联网上网人数 指过去半年内使用过互联网的6周岁及以上中国居民人数。

固定电话用户 指在电信企业营业网点办理开户登记手续并已接入固定电话网上的全部电话用户。包括普通电话用户、无线市话用户、公用电话用户、窄带综合业务数字网（N—ISDN）用户、智能网专用接入终端用户等。

城市电话用户 指按行政区划属于中央直辖市、省辖市、地级市、县级市的市区、市郊区及县城区范围内的电话用户数。包括分布在农村地区但以县团级以上建制的独立工矿区、林区、驻军的电话用户。

农村电话用户 指按行政区划属于城市范围以外的乡（镇）、村电话用户。

住宅电话用户 指私人付费或安装在居民住宅并按照私人或住宅电话用户登记注册和收费的各类电话用户。

长途电话交换机容量 指电信企业用于接入长途电话网的电话交换机的设备额定容量。

局用交换机容量 指安装在电信企业内用于接续本地固定电话的电话交换机容量，包括接入网设备容量（安装在电信运营企业用于连接语音用户的远端节点的设备容量）。

移动电话交换机容量 指移动电话交换机根据一定话务模型和交换机处理能力计算出来的最大同时服务用户的数量。按报告期末已割接入网正式投入使用的设备实际容量统计。

互联网宽带接入端口 指用于接入互联网用户的各类实际安装运行的接入端口的数量，包括xDSL用户接入端口、LAN接入端口、其他类型接入端口等，不包括窄带拨号接入端口。

Explanatory Notes on Main Statistical Indicators

Length of Railways in Operation refers to the total length of the trunk line for passenger and freight transportation in full operation or temporary operation.

Length of Electrified Trunk Line refers to the length of the trunk line capable for the running of electrified locomotives and having been put into operation.

Length of Highways refers to the actual length of highways at the end of reference period. It covers public roads running vehicles among cities, city and rural areas, township (villages), highways passing through streets at small cities and towns, length of bridges and tunnels, width of ferry piers. It does not include the length of streets in cities, dead end highways, the length of streets built for agricultural (forest) production and inside factories (mines). It can only be calculated with the actual mileage having been completed, checked and accepted or put into operation. If two or more highways go the same section of the way, the length of the section is only calculated for once.

Length of Navigable Inland Waterways refers to the length of natural rivers, lakes, reservoirs and canals that are open to navigation for ships and rafts during a given period. It includes the channels with annual seasonal navigation for more than three months other than the waterways only for scattered bamboo and wooden rafts. If two provinces share one river as the border, the length of waterways will be half divided for each province to avoid duplication.

Length of Routes with Scheduled Flights refers to the total length of all routes for scheduled flights, which is calculated using million kilometres as the unit. There are usually two ways to calculate the route length: duplicated calculation and non-duplicated calculation. Duplicated calculation means that the same segment of different routes can be added duplicately, while the non-duplicated calculation allows the same segment of different routes be counted once only.

Length of Oil (Gas) Pipelines refers to the actual transport distance of oil, gas and oil products, an indicator reflecting the length of transportation routes and a reference to calculate the freight-kilometers. For those sections with double pipelines and alternate pipeline, the length will be calculated according to the length of single pipeline in principle. If the double pipelines perform the transportation at the same time and unable to be counted separately, the length of pipelines will be the length of double pipelines divided by 2.

Freight (Passenger) Traffic refers to the weight of freight (number of passenger) transported with various means within a specific period of time. Freight transport is calculated in tons and passenger traffic is calculated in terms of number of persons. Freight transport is calculated in terms of the actual weight of the goods and takes no account of the type of freight and distance of travel. Passenger traffic is calculated by the principle that one person can be counted only once in one trip and takes no account of the travelling distance and ticket price. The passengers who travel with a half price ticket or a child's ticket is also calculated as one person.

Freight Ton-kilometres (Passenger-kilometres) refers to the sum of the product of the volume of transported cargo (passengers) multiplied by the transport distance. It is an important indicator to reflect the achievement of the transportation industry. This is an important indicator to show the total results of the transport industry; to prepare and examine the transport plan; and to serve as the main basic data for calculating the efficiency, labour productivity and unit cost of transport. Normally, the shortest distance between the departure station and the destination station (i.e., the payable distance) is the basis in calculating the freight ton-kilometres. The formula is as follows:

$$\begin{matrix}\text{Freight ton - kilometres} \\ \text{(passenger - kilometres)}\end{matrix} = \sum \begin{matrix}\text{freight} \\ \text{(passenger)traffic}\end{matrix} \times \begin{matrix}\text{distance of} \\ \text{transportation}\end{matrix}$$

Volume of Freight Handled in Coastal Ports refers to the volume of cargo passing in and out of the harbour area of the major coastal ports and having been loaded and unloaded. The volume of freight handled may be classified by direction of cargo flow as in-port freight and out-port freight, or by nature of cargo as freight for domestic trade and freight for foreign trade. It can also be classified by type of freight based on the existing standard classification for transportation industry "*Classification and Coding for Freight*".

Possession of Civil Transport Vessels refers to the total number at the end of reference period of operating transport vessels owned by Chinese enterprises or privately that are registered in the water transportation management institutions and permitted to perform cargo transport activities (including vessels with foreign flags but owned by Chinese enterprises or citizens). Non-transport vessels and vessels used for agriculture and fishery are not included.

Possession of Civil Motor Vehicles refer to the total numbers of vehicles that are registered and received vehicles license tags according to the *Work Standard for Motor Vehicles Registration* formulated by the Transport Management Office under the department of public security at the end of the reference period. They are divided into categories. According to the structure of motor vehicles, they are divided into passenger vehicles, trucks and others; according to ownership into private vehicles and vehicles for the unit's use; according to kind of usage into working vehicles and non-working vehicles; and according to size of vehicles into large passenger vehicles, medium-sized passenger vehicles, small passenger vehicles and mini passenger vehicles, heavy trucks, light-heavy trucks, light trucks and mini-trucks.

Business Volume of Post and Telecommunications refers to the total amount of postal and telecommunication services, expressed in value terms, provided by the post and telecommunications departments for society. Business volume of post and telecommunications is the sum of each service in kind multiplying with its correspondent unit price (constant price).

Mobile Telephone Subscribers refer to persons who have gone through registration procedures in the operation points of enterprises engaged in telecommunications and are hence connected with the mobile telephone communication network through the mobile telephone switchboards and occupy mobile phone numbers. Included are various types of subscriber, prepaid users for intelligent network and wireless network card users.

Internet Users refer to the number of Chinese citizens aged 6 and over who use the Internet in the past six months.

Local Telephone Subscribers refer to all subscribers who have gone through registration procedures in the operation points of enterprises engaged in telecommunications and are hence connected to the local telecommunications service provider through fixed line network. Included are general subscribers, wireless local telephone subscribers, public telephones subscribers, N-ISDN subscribers and intelligent network terminal subscribers.

Urban Telephone Subscribers refer to the number of telephone subscribers, located at the municipalities directly under the Central Government, cities under the jurisdiction of province, cities at prefecture level, downtown and suburb of city at county level town and county towns according to the administrative division, including subscribers in rural mineral area, forest area, military area that are at or above county level.

Rural Telephone Subscribers refer to telephone subscribers, located at the towns and villages outside the coverage of urban areas according to the administrative division.

Household Telephone Subscribers refer to all kinds of subscribers with telephone sets paid privately or installed in the dwelling units of residents, and registered as private subscribers or residence subscribers for payment.

Capacity of Long Distance Telephone Exchanges refers to the rated capacity of telephone exchanges to connect long distance telephone network by enterprises engaged in telecommunications.

Capacity of Office Telephone Exchanges refers to the capacity (measured in gate) of telephone exchanges installed in the offices of telecommunication service providers for communication between fixed telephones. It includes the capacity of access network equipment (capacity of equipment installed in the offices of telecommunication service providers for connecting distant nodes of voice users).

Capacity of Mobile Telephone Exchanges refers to the capacity of the maximum services provided to subscribers at any one time as computed based on a certain model of calls distribution and transacting capacity of the mobile telephone exchanges. It is calculated based on the actual capacity of equipments connected to network through cutover and put into operation officially at the end of the reference period.

Broadband Connection Terminals refer to the connection terminals to internet users actually installed and put into operation, including connection terminals for XDSL, connection terminals for LAN, and other types of connection terminals. N-ISDN connection terminals are not included.

17

住宿、餐饮业和旅游

Hotels, Catering Services and Tourism

简 要 说 明

一、本篇资料的主要内容

本篇资料主要反映住宿和餐饮业的基本情况、经营情况和旅游产业的发展状况。主要内容包括：限额以上住宿和餐饮业基本情况、经营情况、财务状况；连锁餐饮业经营情况；旅行社、星级饭店基本情况；入境、出境旅游人数、国内居民旅游人数，以及国际、国内旅游收入等。

二、本篇资料的统计范围

限额以上住宿和餐饮业法人企业、个体经营户；餐饮连锁集团；旅行社、星级饭店和旅游者。限额以上住宿和餐饮业统计单位为：年主营业务收入 200 万元及以上。

三、本篇的资料来源

本篇资料中住宿和餐饮业统计数据是根据《住宿和餐饮业统计报表制度》进行搜集和加工整理；旅游产业有关资料主要根据公安部和国家旅游局的资料编制而成。

四、本篇的统计调查方法

本篇资料中限额以上住宿和餐饮业法人企业、个体经营户，以及餐饮连锁集团资料采用全面调查的方法取得；限额以下法人企业和个体经营户资料采用抽样调查方法推算。旅游数据中国际、国内旅游收入和国内旅游人数等指标采取抽样调查方法，其余数据均为全面调查统计取得。

Brief Introduction

I. Main Contents

Data in this chapter reflect the development of hotel and catering services and tourism in China. They mainly include: the basic conditions, operating and financial status of hotel and catering services above the designated size; the operating status of chain catering services; the basic conditions of travel agencies and star-rated hotels; number of international tourists and Chinese residents going abroad, number of domestic tourists and income from international and domestic tourism.

II. Scope of Statistics

Data in this chapter cover the corporate enterprises of hotel and catering services above the designated size, self-employed households of hotel and catering services; chain catering services, travel agencies, star-rated hotels and tourists; The statistical unit of the enterprises of hotel and catering services above the designated size is the annual income of main business at and over 2 million yuan.

III. Sources of Data

Data in this chapter are collected and compiled according to the Statistical Reporting Form System on Program on Hotels and Catering Services. The data on tourism are from the Ministry of Public Security and State Tourism Administration.

IV. Methods of Survey

Data on the corporate enterprises of hotel and catering services above the designated size and chain catering services are from the comprehensive reporting form system. Data on the enterprises of hotel and catering services below the designated size and self-employed households are calculated according to the results of sample survey. The data on tourism are from the comprehensive reporting form system except those on the earnings from international and domestic tourism and number of domestic tourists from sample surveys.

17-1 住宿和餐饮业情况
Basic Conditions of Hotels and Catering Services

指　标	Item	2011	2012	2013	2014	2015
住宿和餐饮业	**Hotels and Catering Services**					
法人企业 (个)	Number of Corporation Enterprises (unit)	39002	40499	45180	45508	44884
年末从业人数 (万人)	Engaged Persons at Year-end (10 000 persons)	443.5	454.5	456.2	432.4	413.2
营业额 (亿元)	Business Revenue (100 million yuan)	7070.9	7954.3	8061.3	8150.6	8512.2
#餐费收入 (亿元)	From Meals (100 million yuan)	4755.8	5442.8	5430.5	5453.7	5709.5
年末餐饮营业面积(万平方米)	Business Area of Catering Services at Year-end(10 000 sq.m)	9630.8	10000.8	9473.8	9570.0	9276.7
住宿业	**Hotels**					
法人企业 (个)	Number of Corporation Enterprises (unit)	16506	17109	18437	18874	18937
年末从业人数 (万人)	Engaged Persons at Year-end (10 000 persons)	215.7	210.8	209.4	197.9	191.2
营业额 (亿元)	Business Revenue (100 million yuan)	3261.9	3534.4	3528.0	3535.2	3648.2
#客房收入 (亿元)	From Hotel Rooms (100 million yuan)	1535.3	1617.9	1705.4	1739.2	1803.1
餐费收入 (亿元)	From Meals (100 million yuan)	1322.0	1476.0	1374.5	1333.5	1366.1
客房数 (万间)	Number of Rooms (10 000 rooms)	254.3	336.0	265.5	319.9	337.2
床位数 (万位)	Number of Beds (10 000 beds)	426.4	548.7	439.5	523.0	549.7
年末餐饮营业面积(万平方米)	Business Area of Catering Services at Year-end(10 000 sq.m)	4279.7	4641.6	3880.3	4014.2	3910.4
餐饮业	**Catering Services**					
法人企业 (个)	Number of Corporation Enterprises (unit)	22496	23390	26743	26634	25947
年末从业人数 (万人)	Engaged Persons at Year-end (10 000 persons)	227.8	243.7	246.8	234.5	222.1
营业额 (亿元)	Business Revenue (100 million yuan)	3809.0	4419.8	4533.3	4615.3	4864.0
#餐费收入 (亿元)	From Meals (100 million yuan)	3433.8	3966.7	4056.1	4120.2	4343.5
年末餐饮营业面积(万平方米)	Business Area of Catering Services at Year-end(10 000 sq.m)	5351.1	5359.1	5593.5	5555.8	5366.3

注：1.本表的统计范围为限额以上法人企业。

2.本表的统计限额划分指标为“年主营业务收入”。

a) Scope of hotels and catering services covers enterprises above designated size.

b) For the designation of size, the indicator was based on income from principal business.

17-2 按登记注册类型和行业分限额以上住宿业企业主要指标(2015年)

单位：亿元

指　标	Item	法人企业(个) Number of Corporation Enterprises (unit)	年末从业人数(人) Engaged Persons at Year-end (person)	营业额 Business Revenue	#客房收入 From Hotel Rooms	#餐费收入 From Meals
住宿业合计	**Hotels**	**18937**	**1911615**	**3648.2**	**1803.1**	**1366.1**
按登记注册类型分	**by Status of Registration**					
内资企业	**Domestic Funded Enterprises**	**18036**	**1704671**	**3103.7**	**1536.8**	**1180.4**
国有企业	State-owned Enterprises	1914	243635	408.0	180.7	163.9
集体企业	Collective-owned Enterprises	367	27831	49.0	22.5	18.3
股份合作企业	Cooperative Enterprises	72	5317	10.3	4.6	3.6
联营企业	Joint Ownership Enterprises	27	3141	5.8	2.7	2.5
国有联营企业	State Joint Ownership Enterprises	11	1983	3.9	1.8	1.7
集体联营企业	Collective Joint Ownership Enterprises	8	531	0.6	0.2	0.3
国有与集体联营企业	Joint State-collective Enterprises	5	424	0.7	0.4	0.2
其他联营企业	Other Joint Ownership Enterprises	3	203	0.6	0.3	0.3
有限责任公司	Limited Liability Corporations	6480	759827	1420.5	691.9	527.5
国有独资公司	State Sole Funded Corporations	325	59682	118.2	52.7	43.9
其他有限责任公司	Other Limited Liability Corporations	6155	700145	1302.2	639.2	483.6
股份有限公司	Share-holding Corporations Ltd.	557	67434	121.9	55.0	47.2
私营企业	Private Enterprises	8364	580828	1059.1	564.4	405.9
私营独资企业	Private-funded Enterprises	1103	51675	103.0	55.3	38.9
私营合伙企业	Private Partnership Enterprises	275	14618	25.6	11.7	11.5
私营有限责任公司	Private Limited Liability Corporations	6591	483942	871.8	468.1	331.3
私营股份有限公司	Private Share-holding Corporations Ltd.	395	30593	58.6	29.3	24.1
其他企业	Other Enterprises	255	16658	29.2	15.0	11.6
港、澳、台商投资企业	**Enterprises with Funds from Hong Kong, Macao and Taiwan**	**522**	**127192**	**345.3**	**172.0**	**114.3**
合资经营企业	Joint-venture Enterprises	214	57407	150.3	70.9	54.2
合作经营企业	Cooperative Enterprises	55	13653	44.2	21.6	13.7
独资经营企业	Enterprises with Sole Fund	226	51328	140.9	74.3	43.0
投资股份有限公司	Share-holding Corporations Ltd. with Investment	24	4138	8.0	4.4	2.6
其他港澳台商投资企业	Other Enterprises with Funds from Hong Kong, Macao and Taiwan	3	666	1.9	0.8	0.9
外商投资企业	**Enterprises with Foreign Investment**	**379**	**79752**	**199.2**	**94.3**	**71.3**
中外合资经营企业	Joint-venture Enterprises	155	34798	97.7	46.8	33.2
中外合作经营企业	Cooperation Enterprises	43	10740	22.9	10.0	8.6
外资企业	Enterprises with Sole Fund	156	29814	66.5	31.8	24.1
外商投资股份有限公司	Share-holding Corporations Ltd. with Foreign Investment	15	2178	5.1	2.7	1.7
其他外商投资企业	Other Foreign Funded Enterprises	10	2222	7.0	3.0	3.6
按国民经济行业分	**by Sector**					
旅游饭店	Tourist Hotel	11971	1521030	2909.3	1354.6	1148.4
一般旅馆	Fonda	6359	347141	656.2	403.8	191.6
其他住宿业	Others	607	43444	82.7	44.7	26.1

Main Indicators of Enterprises above Designated Size of Hotels by Status of Registration and Sector (2015)

(100 million yuan)

资产总计 Total Assets	#流动资产合计 Total Current Assets	#固定资产合计 Total Fixed Assets	负债合计 Total Liabilities	所有者权益合计 Total Owners' Equities	主营业务收入 Revenue from Principal Business	主营业务成本 Cost of Principal Business	主营业务税金及附加 Taxes and Other Charges on Principal Business	主营业务利润 Profits from Principal Business
11640.2	**4092.2**	**4673.1**	**8451.9**	**3188.3**	**3602.2**	**1405.6**	**190.0**	**2006.6**
9500.1	**3358.6**	**3796.5**	**6924.1**	**2576.0**	**3060.1**	**1236.8**	**160.5**	**1662.8**
1164.1	318.5	624.1	662.8	501.3	405.2	153.0	21.4	230.8
105.6	36.1	49.7	77.3	28.3	48.3	19.4	2.5	26.4
20.5	6.6	7.0	14.8	5.7	10.1	3.9	0.5	5.6
11.0	4.5	4.8	4.3	6.8	5.8	2.2	0.3	3.3
7.5	2.8	3.5	3.7	3.7	3.9	1.6	0.2	2.1
1.7	0.3	1.1	0.6	1.1	0.6	0.2	0.0	0.3
1.6	1.3	0.2	-0.6	2.3	0.7	0.1	0.0	0.6
0.3	0.2	0.1	0.6	-0.3	0.6	0.2	0.0	0.3
5026.8	1753.8	2001.4	3766.2	1260.6	1398.2	517.8	75.9	804.5
432.7	108.7	215.0	243.5	189.2	116.7	45.4	6.1	65.2
4594.1	1645.1	1786.3	3522.7	1071.4	1281.4	472.4	69.7	739.3
427.2	162.1	142.1	282.5	144.7	119.3	55.0	6.1	58.2
2706.0	1060.7	949.6	2090.0	616.0	1044.8	470.6	52.5	521.6
144.3	47.9	73.7	71.0	73.4	101.5	59.9	4.4	37.2
31.2	8.5	14.6	14.9	16.2	25.1	14.4	1.1	9.6
2373.6	940.5	808.8	1893.6	480.0	862.1	368.1	44.4	449.6
157.0	63.9	52.6	110.5	46.5	56.1	28.2	2.6	25.2
38.9	16.3	17.6	26.3	12.7	28.5	14.8	1.3	12.4
1418.5	**479.1**	**563.5**	**1031.2**	**387.3**	**344.7**	**113.6**	**18.6**	**212.5**
575.4	205.1	211.2	455.3	120.2	150.5	42.0	8.3	100.2
144.7	69.0	56.2	108.6	36.1	43.9	17.1	2.4	24.5
665.6	192.1	280.0	445.4	220.2	136.4	48.6	7.0	80.8
23.1	9.2	11.2	17.3	5.7	8.1	2.5	0.5	5.1
9.7	3.7	4.9	4.6	5.0	5.8	3.4	0.4	2.0
721.6	**254.6**	**313.1**	**496.6**	**225.1**	**197.4**	**55.2**	**10.9**	**131.2**
343.5	130.6	122.0	215.9	127.6	96.7	23.2	5.4	68.2
57.0	25.9	24.3	71.5	-14.5	22.5	7.7	1.3	13.5
274.0	92.9	132.9	167.7	106.3	66.0	20.0	3.7	42.4
37.1	2.1	27.4	42.2	-5.0	5.1	1.0	0.2	3.9
9.9	3.0	6.6	-0.7	10.7	7.0	3.4	0.4	3.1
9982.2	3458.8	4133.0	7323.3	2658.9	2876.8	1074.8	154.0	1648.0
1382.1	503.2	453.5	931.7	450.5	644.1	296.1	31.9	316.1
275.8	130.3	86.6	196.9	78.9	81.3	34.7	4.1	42.5

17-3 分地区限额以上住宿业企业主要指标(2015年)
Main Indicators of Enterprises above Designated Size of Hotels by Region (2015)

单位：亿元 (100 million yuan)

地 区	Region	法人企业(个) Number of Corporation Enterprises (unit)	年末从业人数(人) Engaged Persons at Year-end (person)	营业额 Business Revenue	#客房收入 From Hotel Rooms	#餐费收入 From Meals	资产总计 Total Assets	#流动资产合计 Total Current Assets	#固定资产合计 Total Fixed Assets
全 国	**National Total**	**18937**	**1911615**	**3648.2**	**1803.1**	**1366.1**	**11640.2**	**4092.2**	**4673.1**
北 京	Beijing	987	133024	342.6	181.9	87.3	1345.8	476.3	503.3
天 津	Tianjin	228	20841	38.0	20.2	12.7	134.4	42.3	57.2
河 北	Hebei	476	53900	65.7	27.1	31.5	295.1	122.4	128.2
山 西	Shanxi	372	35678	33.1	15.7	13.8	132.0	44.9	56.5
内蒙古	Inner Mongolia	314	28649	36.3	16.7	17.0	139.3	42.1	67.9
辽 宁	Liaoning	528	47769	97.8	44.5	42.8	312.6	118.4	141.4
吉 林	Jilin	182	17478	31.5	14.5	13.6	94.3	35.1	47.1
黑龙江	Heilongjiang	227	19428	35.5	19.4	12.1	96.0	25.9	55.4
上 海	Shanghai	739	76934	263.9	141.0	70.4	809.7	308.8	279.9
江 苏	Jiangsu	1057	109120	218.7	96.5	99.4	754.6	231.7	307.8
浙 江	Zhejiang	1277	134407	284.8	127.9	124.1	913.8	325.1	364.7
安 徽	Anhui	597	49562	72.6	34.1	33.0	286.7	74.0	111.5
福 建	Fujian	849	87463	168.2	71.4	76.2	464.4	161.6	173.5
江 西	Jiangxi	438	41345	59.7	30.2	24.4	214.5	73.3	82.6
山 东	Shandong	1089	103207	219.1	96.8	102.9	486.5	174.2	220.0
河 南	Henan	1293	96603	165.2	82.6	65.9	375.7	160.0	140.7
湖 北	Hubei	812	63914	119.3	60.5	45.8	323.0	87.6	151.1
湖 南	Hunan	731	81160	151.3	72.1	63.3	430.3	122.2	167.9
广 东	Guangdong	2088	263851	511.5	257.3	168.0	1523.2	592.2	550.6
广 西	Guangxi	510	47146	64.8	36.2	21.4	213.2	73.9	85.5
海 南	Hainan	252	54146	101.5	62.9	30.3	336.6	148.3	123.6
重 庆	Chongqing	402	39356	87.7	41.9	36.1	238.7	103.3	85.2
四 川	Sichuan	954	80131	150.5	76.1	57.6	459.9	181.3	191.1
贵 州	Guizhou	494	32722	50.8	31.0	15.0	152.8	54.8	68.8
云 南	Yunnan	537	56844	80.7	45.1	23.2	377.9	121.3	151.8
西 藏	Tibet	59	5013	6.8	4.2	1.7	37.3	7.7	26.1
陕 西	Shaanxi	745	70121	103.9	48.8	44.7	390.2	90.1	193.0
甘 肃	Gansu	289	24210	39.0	21.9	14.1	111.8	30.2	51.0
青 海	Qinghai	77	6906	7.8	4.6	2.2	32.9	14.3	15.4
宁 夏	Ningxia	79	7376	7.9	3.9	3.4	38.5	14.8	20.4
新 疆	Xinjiang	255	23311	32.2	16.0	12.1	118.5	34.2	53.8

17-3 续表 continued

单位：亿元 (100 million yuan)

地 区	Region	负债合计 Total Liabilities	所有者权益合计 Total Owners' Equities	主营业务收入 Revenue from Principal Business	主营业务成本 Cost of Principal Business	主营业务税金及附加 Taxes and Other Charges on Principal Business	主营业务利润 Profits from Principal Business
全 国	**National Total**	**8451.9**	**3188.3**	**3602.2**	**1405.6**	**190.0**	**2006.6**
北 京	Beijing	1017.5	328.3	343.7	91.5	19.1	233.1
天 津	Tianjin	119.9	14.5	37.6	14.9	1.9	20.8
河 北	Hebei	237.8	57.3	64.5	27.6	3.7	33.2
山 西	Shanxi	109.3	22.7	32.6	12.7	1.9	18.0
内蒙古	Inner Mongolia	86.2	53.0	36.1	15.6	1.9	18.5
辽 宁	Liaoning	233.5	79.1	97.3	45.2	4.4	47.7
吉 林	Jilin	68.8	25.5	30.8	13.6	1.5	15.7
黑龙江	Heilongjiang	60.9	35.1	35.4	14.6	1.7	19.1
上 海	Shanghai	468.2	341.6	260.8	79.4	13.8	167.6
江 苏	Jiangsu	545.7	208.9	214.7	84.3	11.0	119.4
浙 江	Zhejiang	710.6	203.2	286.5	93.1	16.6	176.9
安 徽	Anhui	211.4	75.2	71.3	33.5	3.8	34.0
福 建	Fujian	299.8	164.6	163.9	68.2	8.5	87.1
江 西	Jiangxi	145.6	68.9	59.5	25.6	3.1	30.7
山 东	Shandong	352.1	134.4	215.7	102.2	10.4	103.0
河 南	Henan	264.5	111.2	161.9	85.9	7.3	68.7
湖 北	Hubei	206.3	116.7	126.0	58.7	7.1	60.2
湖 南	Hunan	266.6	163.7	146.1	69.4	7.1	69.6
广 东	Guangdong	1274.8	248.3	497.6	186.0	26.6	285.0
广 西	Guangxi	166.1	47.1	63.4	22.3	3.5	37.7
海 南	Hainan	252.5	84.2	103.8	26.0	5.8	71.9
重 庆	Chongqing	195.4	43.3	87.0	38.5	4.3	44.2
四 川	Sichuan	347.6	112.3	144.7	56.6	7.6	80.5
贵 州	Guizhou	107.4	45.4	49.9	22.8	2.7	24.3
云 南	Yunnan	255.9	122.0	76.5	32.1	4.1	40.3
西 藏	Tibet	10.8	26.4	6.8	2.0	0.4	4.4
陕 西	Shaanxi	242.9	147.3	102.2	43.4	5.4	53.4
甘 肃	Gansu	62.3	49.6	38.0	18.6	2.0	17.3
青 海	Qinghai	13.1	19.8	7.9	3.2	0.4	4.3
宁 夏	Ningxia	33.7	4.8	7.9	3.0	0.5	4.4
新 疆	Xinjiang	84.6	33.9	32.2	14.8	1.8	15.5

17-4 按登记注册类型和行业分限额以上餐饮业企业主要指标(2015年)

单位：亿元

指　标	Item	法人企业(个) Number of Corporation Enterprises (unit)	年末从业人数(人) Engaged Persons at Year-end (person)	营业额 Business Revenue	#餐费收入 From Meals
餐饮业合计	**Catering Services**	**25947**	**2220780**	**4864.0**	**4343.5**
按登记注册类型分	**by Status of Registration**				
内资企业	**Domestic Funded Enterprises**	**24845**	**1698260**	**3546.7**	**3063.1**
国有企业	State-owned Enterprises	413	37077	67.2	47.0
集体企业	Collective-owned Enterprises	184	9583	23.5	17.9
股份合作企业	Cooperative Enterprises	98	7001	14.1	12.1
联营企业	Joint Ownership Enterprises	7	264	1.1	0.8
国有联营企业	State Joint Ownership Enterprises				
集体联营企业	Collective Joint Ownership Enterprises	7	264	1.1	0.8
国有与集体联营企业	Joint State-collective Enterprises				
其他联营企业	Other Joint Ownership Enterprises				
有限责任公司	Limited Liability Corporations	6654	562486	1106.1	922.6
国有独资公司	State Sole Funded Corporations	111	16407	32.7	22.8
其他有限责任公司	Other Limited Liability Corporations	6543	546079	1073.4	899.8
股份有限公司	Share-holding Corporations Ltd.	420	54757	125.3	104.8
私营企业	Private Enterprises	16600	1002993	2157.6	1913.0
私营独资企业	Private-funded Enterprises	3746	135118	359.3	321.6
私营合伙企业	Private Partnership Enterprises	411	20196	40.9	35.9
私营有限责任公司	Private Limited Liability Corporations	11918	796566	1648.6	1458.2
私营股份有限公司	Private Share-holding Corporations Ltd.	525	51113	108.8	97.4
其他企业	Other Enterprises	469	24099	51.7	44.8
港、澳、台商投资企业	**Enterprises with Funds from Hong Kong, Macao and Taiwan**	**627**	**193556**	**432.1**	**414.1**
合资经营企业	Joint-venture Enterprises	123	40050	72.8	69.3
合作经营企业	Cooperative Enterprises	28	7117	17.8	16.8
独资经营企业	Enterprises with Sole Fund	460	143982	335.3	322.5
投资股份有限公司	Share-holding Corporations Ltd. with Investment	7	1083	2.9	2.8
其他港澳台商投资企业	Other Enterprises with Funds from Hong Kong, Macao and Taiwan	9	1324	3.2	2.7
外商投资企业	**Enterprises with Foreign Investment**	**475**	**328964**	**885.2**	**866.2**
中外合资经营企业	Joint-venture Enterprises	111	75788	196.5	191.6
中外合作经营企业	Cooperation Enterprises	18	3870	8.0	6.2
外资企业	Enterprises with Sole Fund	322	246961	675.6	663.7
外商投资股份有限公司	Share-holding Corporations Ltd. with Foreign Investment	16	1902	4.1	3.8
其他外商投资企业	Other Foreign Funded Enterprises	8	443	0.9	0.9
按国民经济行业分	**by Sector**				
正餐服务	Restaurant	24185	1680942	3547.4	3068.6
快餐服务	Fast Food	940	404088	977.6	956.6
饮料及冷饮服务	Beverages and Cold Drinks	224	50117	151.9	147.4
其他餐饮业	Others	598	85633	187.1	170.9

Main Indicators of Enterprises above Designated Size of Catering Services by Status of Registration and Sector (2015)

(100 million yuan)

资产总计 Total Assets	#流动资产合计 Total Current Assets	#固定资产合计 Total Fixed Assets	负债合计 Total Liabilities	所有者权益合计 Total Owners' Equities	主营业务收入 Revenue from Principal Business	主营业务成本 Cost of Principal Business	主营业务税金及附加 Taxes and Other Charges on Principal Business	主营业务利润 Profits from Principal Business
4955.7	**2132.8**	**1531.1**	**3499.4**	**1456.2**	**4819.5**	**2474.6**	**247.1**	**2097.7**
4189.3	**1816.6**	**1342.3**	**2971.8**	**1217.3**	**3514.1**	**1922.7**	**178.4**	**1413.0**
114.3	33.2	52.2	61.0	53.3	63.2	33.8	2.9	26.5
14.6	7.7	4.7	9.5	5.2	22.6	14.4	1.0	7.2
13.3	8.3	3.5	9.5	3.9	14.0	7.3	0.7	6.0
1.5	0.5	0.9	0.5	1.0	1.0	0.7	0.0	0.2
1.5	0.5	0.9	0.5	1.0	1.0	0.7	0.0	0.2
1593.7	697.6	494.5	1223.7	370.1	1073.6	540.1	61.6	471.9
70.1	24.7	29.4	52.2	17.9	37.5	21.5	1.7	14.4
1523.6	672.9	465.1	1171.5	352.3	1036.0	518.6	59.9	457.5
232.7	110.5	45.3	143.4	89.3	117.8	66.0	5.1	46.7
2183.5	944.7	725.2	1504.3	679.0	2171.1	1229.6	104.5	837.0
200.1	70.6	93.4	86.2	113.8	354.0	225.5	15.8	112.7
27.4	9.0	14.4	16.7	10.7	40.0	24.7	1.7	13.6
1838.7	802.5	590.4	1323.4	515.2	1669.6	922.2	81.9	665.5
117.3	62.6	26.9	78.0	39.3	107.5	57.2	5.0	45.2
35.6	14.1	16.0	19.9	15.6	50.8	30.7	2.5	17.6
343.7	**178.9**	**81.8**	**226.5**	**117.3**	**430.3**	**159.6**	**22.4**	**248.3**
70.0	32.1	19.6	46.5	23.5	73.3	34.3	3.7	35.2
18.3	10.5	3.9	20.8	-2.6	17.7	6.5	0.8	10.4
244.9	128.2	56.9	153.4	91.5	333.2	115.8	17.5	199.8
8.5	6.6	1.2	4.4	4.1	2.9	1.4	0.2	1.4
2.1	1.5	0.1	1.4	0.7	3.2	1.5	0.2	1.5
422.7	**137.3**	**106.9**	**301.1**	**121.6**	**875.0**	**392.4**	**46.3**	**436.3**
99.3	28.0	34.6	61.3	38.0	194.9	85.6	10.1	99.2
3.6	2.7	0.5	2.6	1.0	8.0	5.3	0.4	2.2
311.2	105.0	71.0	232.1	79.1	667.2	299.5	35.5	332.3
8.1	1.3	0.9	4.3	3.8	4.0	1.5	0.2	2.2
0.4	0.3	0.0	0.7	-0.2	0.9	0.5	0.1	0.4
4245.6	1816.2	1380.5	3027.5	1218.0	3517.8	1884.7	182.4	1450.7
496.0	189.1	110.9	341.8	154.2	969.4	438.1	49.6	481.6
90.5	45.1	15.2	50.7	39.8	146.3	44.5	7.5	94.3
123.7	82.3	24.4	79.4	44.3	186.0	107.3	7.6	71.1

17-5 分地区限额以上餐饮业企业主要指标(2015年)
Main Indicators of Enterprises above Designated Size of Catering Services by Region (2015)

单位：亿元 (100 million yuan)

地 区	Region	法人企业(个) Number of Corporation Enterprises (unit)	年末从业人数(人) Engaged Persons at Year-end (person)	营业额 Business Revenue	#餐费收入 From Meals	资产总计 Total Assets	#流动资产合计 Total Current Assets	#固定资产合计 Total Fixed Assets
全 国	**National Total**	**25947**	**2220780**	**4864.0**	**4343.5**	**4955.7**	**2132.8**	**1531.1**
北 京	Beijing	1408	228016	540.6	517.5	395.3	231.5	57.6
天 津	Tianjin	378	42866	96.7	89.0	88.9	43.5	23.1
河 北	Hebei	440	31005	35.8	28.2	64.3	28.5	22.1
山 西	Shanxi	469	46488	47.8	36.9	127.6	40.7	52.1
内蒙古	Inner Mongolia	377	29301	53.1	41.9	119.6	51.1	43.1
辽 宁	Liaoning	533	36209	121.7	112.1	136.7	54.0	37.9
吉 林	Jilin	184	11076	28.4	23.1	42.4	13.3	20.5
黑龙江	Heilongjiang	152	9372	15.9	13.0	19.2	8.8	7.8
上 海	Shanghai	1770	235824	625.6	604.5	403.1	226.2	74.4
江 苏	Jiangsu	2065	184395	370.9	318.8	456.5	193.9	152.4
浙 江	Zhejiang	1554	129407	287.0	253.6	340.5	129.7	120.8
安 徽	Anhui	1183	75951	118.9	99.0	218.5	87.6	62.4
福 建	Fujian	921	64987	152.7	139.3	104.7	48.4	27.9
江 西	Jiangxi	294	22542	64.2	57.3	73.1	19.7	18.4
山 东	Shandong	2122	126594	328.2	271.7	388.7	133.2	154.2
河 南	Henan	1324	70678	161.7	137.5	139.2	54.1	48.7
湖 北	Hubei	1667	98182	267.4	229.5	303.4	91.4	142.8
湖 南	Hunan	707	55452	117.7	98.8	121.5	39.5	49.7
广 东	Guangdong	2893	322506	670.0	615.7	508.4	242.3	118.9
广 西	Guangxi	318	28392	35.5	31.6	42.5	22.0	11.8
海 南	Hainan	53	4450	6.1	5.3	9.0	4.3	2.5
重 庆	Chongqing	1273	83445	215.2	193.7	140.5	56.0	49.5
四 川	Sichuan	1510	116068	228.8	196.1	320.9	147.1	92.9
贵 州	Guizhou	385	15016	23.7	19.8	35.5	15.8	12.1
云 南	Yunnan	380	28268	47.7	41.8	84.7	48.6	25.2
西 藏	Tibet	9	337	0.5	0.5	1.1	0.9	0.2
陕 西	Shaanxi	1022	81665	142.1	115.7	153.1	57.0	60.5
甘 肃	Gansu	340	21703	32.6	28.6	42.6	16.9	16.7
青 海	Qinghai	43	4279	5.2	4.2	15.3	4.3	6.6
宁 夏	Ningxia	80	6620	7.8	6.4	23.2	12.5	6.9
新 疆	Xinjiang	93	9686	14.6	12.4	36.0	10.3	11.3

17-5 续表 continued

单位：亿元 (100 million yuan)

地 区	Region	负债合计 Total Liabilities	所有者权益合计 Total Owners' Equities	主营业务收入 Revenue from Principal Business	主营业务成本 Cost of Principal Business	主营业务税金及附加 Taxes and Other Charges on Principal Business	主营业务利润 Profits from Principal Business
全 国	**National Total**	**3499.4**	**1456.2**	**4819.5**	**2474.6**	**247.1**	**2097.7**
北 京	Beijing	331.6	63.7	539.5	222.2	28.6	288.6
天 津	Tianjin	71.0	17.8	95.6	46.5	5.0	44.0
河 北	Hebei	50.9	13.4	35.0	17.8	1.8	15.5
山 西	Shanxi	107.3	20.3	47.5	24.8	2.4	20.3
内蒙古	Inner Mongolia	91.6	27.9	52.5	29.6	1.9	21.1
辽 宁	Liaoning	106.9	29.8	120.8	63.2	6.3	51.4
吉 林	Jilin	17.4	25.0	28.1	15.1	1.1	11.9
黑龙江	Heilongjiang	12.1	7.1	16.0	8.9	0.9	6.1
上 海	Shanghai	305.6	97.5	612.1	262.6	32.8	316.7
江 苏	Jiangsu	343.2	113.3	361.9	187.1	18.3	156.5
浙 江	Zhejiang	267.2	73.3	281.4	142.0	14.3	125.2
安 徽	Anhui	150.5	68.0	119.3	67.6	5.6	46.1
福 建	Fujian	62.0	42.7	149.5	89.4	6.5	53.6
江 西	Jiangxi	35.6	37.5	82.5	51.3	4.3	26.9
山 东	Shandong	264.5	124.1	328.0	194.8	14.8	118.4
河 南	Henan	73.5	65.7	157.5	97.4	6.6	53.4
湖 北	Hubei	181.6	121.8	237.0	132.1	19.3	85.6
湖 南	Hunan	68.7	52.8	117.3	66.6	5.5	45.2
广 东	Guangdong	365.5	142.9	666.6	317.9	35.1	313.6
广 西	Guangxi	32.4	10.1	35.0	17.4	1.9	15.6
海 南	Hainan	8.3	0.8	6.1	2.7	0.3	3.1
重 庆	Chongqing	83.3	57.2	235.5	144.2	9.7	81.6
四 川	Sichuan	225.8	95.0	227.2	121.6	10.9	94.8
贵 州	Guizhou	23.7	11.8	23.2	13.2	1.1	8.9
云 南	Yunnan	51.6	33.1	46.1	26.6	2.2	17.2
西 藏	Tibet	0.6	0.4	0.5	0.2	0.0	0.2
陕 西	Shaanxi	97.5	55.6	138.4	80.9	7.0	50.5
甘 肃	Gansu	20.9	21.7	32.0	17.6	1.5	12.9
青 海	Qinghai	10.5	4.8	5.2	2.7	0.2	2.3
宁 夏	Ningxia	20.2	3.0	7.7	3.8	0.4	3.5
新 疆	Xinjiang	17.7	18.3	14.4	6.7	0.8	7.0

17-6 按登记注册类型分连锁餐饮企业基本情况(2015年)
Basic Conditions of Chain Catering Enterprises by Status of Registration (2015)

指　标	Item	总店数 (个) Number of Head Stores (unit)	门店总数 (个) Number of Stores (unit)	年末从业人数 (万人) Engaged Persons at Year-end (10 000 persons)	年末餐饮营业面积 (万平方米) Operating Area of Catering Enterprises at Year-end (10 000 sq.m)
合　计	**Total**	**455**	**23721**	**71.4**	**970.9**
内资企业	**Domestic Funded Enterprises**	**302**	**8037**	**29.8**	**503.1**
国有企业	State-owned Enterprises	5	89	0.3	2.7
集体企业	Collective-owned Enterprises	2	11	0.1	1.3
股份合作企业	Cooperative Enterprises	3	8	0.0	0.5
联营企业	Joint Ownership Enterprises				
国有联营企业	State Joint Ownership Enterprises				
集体联营企业	Collective Joint Ownership Enterprises				
国有与集体联营企业	Joint State-collective Enterprises				
其他联营企业	Other Joint Ownership Enterprises				
有限责任公司	Limited Liability Corporations	102	3429	9.9	184.7
国有独资公司	State Sole Funded Corporations	2	63	0.2	2.5
其他有限责任公司	Other Limited Liability Corporations	100	3366	9.7	182.2
股份有限公司	Share-holding Corporations Ltd.	13	1057	7.2	110.7
私营企业	Private Enterprises	174	3432	12.2	202.8
私营独资企业	Private-funded Enterprises	12	91	0.4	7.8
私营合伙企业	Private Partnership Enterprises				
私营有限责任公司	Private Limited Liability Corporations	156	3159	11.2	170.7
私营股份有限公司	Private Share-holding Corporations Ltd.	6	182	0.6	24.3
其他企业	Other Enterprises	3	11	0.0	0.4
港、澳、台商投资企业	**Enterprises with Funds from Hong Kong, Macao and Taiwan**	**59**	**3992**	**11.3**	**96.6**
合资经营企业	Joint-venture Enterprises	11	609	2.5	23.1
合作经营企业	Cooperative Enterprises	1	4	0.1	1.7
独资经营企业	Enterprises with Sole Fund	46	3378	8.7	71.6
投资股份有限公司	Share-holding Corporations Ltd.	1	1	0.0	0.2
其他港澳台商投资企业	Other Enterprises with Funds from Hong Kong, Macao and Taiwan				
外商投资企业	**Foreign Funded Enterprises**	**94**	**11692**	**30.3**	**371.2**
中外合资经营企业	Joint-venture Enterprises	13	2079	6.6	62.4
中外合作经营企业	Cooperative Enterprises	1	47	0.1	2.0
外资企业	Enterprises with Sole Fund	77	9224	22.9	283.9
外商投资股份有限公司	Share-holding Corporations Ltd.	1	1	0.0	
其他外商投资企业	Other Foreign Funded Enterprises	2	341	0.7	22.9

17-6 续表 continued

指　标	Item	餐位数 (万个) Number of Dining-seats (10 000 units)	营业额 (亿元) Business Revenue (100 million yuan)	商品购进总额 (亿元) Total Purchases Value(100 million yuan)	统一配送商品购进额 (亿元) Centralized Purchase and Delivery (100 million yuan)
合　计	**Total**	**333.6**	**1526.61**	**576.97**	**462.50**
内资企业	**Domestic Funded Enterprises**	**157.8**	**517.45**	**220.37**	**149.74**
国有企业	State-owned Enterprises	0.8	6.41	2.47	0.96
集体企业	Collective-owned Enterprises	0.3	0.98	0.58	0.58
股份合作企业	Cooperative Enterprises	0.2	0.36	0.10	0.09
联营企业	Joint Ownership Enterprises				
国有联营企业	State Joint Ownership Enterprises				
集体联营企业	Collective Joint Ownership Enterprises				
国有与集体联营企业	Joint State-collective Enterprises				
其他联营企业	Other Joint Ownership Enterprises				
有限责任公司	Limited Liability Corporations	58.7	194.52	75.88	63.68
国有独资公司	State Sole Funded Corporations	1.0	3.43	0.73	0.28
其他有限责任公司	Other Limited Liability Corporations	57.8	191.08	75.15	63.41
股份有限公司	Share-holding Corporations Ltd.	26.2	156.04	64.67	39.00
私营企业	Private Enterprises	71.3	158.80	76.56	45.38
私营独资企业	Private-funded Enterprises	1.8	6.78	4.85	2.11
私营合伙企业	Private Partnership Enterprises				
私营有限责任公司	Private Limited Liability Corporations	65.2	143.38	68.34	41.09
私营股份有限公司	Private Share-holding Corporations Ltd.	4.3	8.64	3.37	2.18
其他企业	Other Enterprises	0.3	0.34	0.12	0.03
港、澳、台商投资企业	**Enterprises with Funds from Hong Kong, Macao and Taiwan**	**40.9**	**233.72**	**71.69**	**56.44**
合资经营企业	Joint-venture Enterprises	6.3	43.49	14.50	12.92
合作经营企业	Cooperative Enterprises	0.2	2.00	0.98	0.98
独资经营企业	Enterprises with Sole Fund	34.3	188.02	56.15	42.54
投资股份有限公司	Share-holding Corporations Ltd.	0.0	0.22	0.06	
其他港澳台商投资企业	Other Enterprises with Funds from Hong Kong, Macao and Taiwan				
外商投资企业	**Foreign Funded Enterprises**	**135.0**	**775.45**	**284.90**	**256.32**
中外合资经营企业	Joint-venture Enterprises	26.2	173.72	54.27	52.43
中外合作经营企业	Cooperative Enterprises	0.6	3.51	3.51	
外资企业	Enterprises with Sole Fund	97.6	581.44	225.77	203.43
外商投资股份有限公司	Share-holding Corporations Ltd.		0.20	0.05	0.05
其他外商投资企业	Other Foreign Funded Enterprises	10.6	16.57	1.30	0.40

17-7 按行业分连锁餐饮企业基本情况(2015年)
Basic Conditions of Chain Catering Enterprises by Sector (2015)

指　标	Item	总店数 (个) Number of Head Stores (unit)	门店总数 (个) Number of Stores (unit)	年末从业人数 (万人) Engaged Persons at Year-end (10 000 persons)	年末餐饮营业面积 (万平方米) Operating Area of Catering Enterprises at Year-end (10 000 sq.m)	餐位数 (万个) Number of Dining-seats (10 000 units)	营业额 (亿元) Business Revenue (100 million yuan)	商品购进总额 (亿元) Total Purchases Value (100 million yuan)	统一配送商品购进额 (亿元) Centralized Purchase and Delivery (100 million yuan)
总　计	**Total**	**455**	**23721**	**71.4**	**970.9**	**333.6**	**1526.61**	**576.97**	**462.50**
正餐服务	Restaurant	253	6570	29.5	515.6	164.1	518.50	206.32	130.64
快餐服务	Fast Food	166	13911	37.9	406.8	152.9	883.72	335.95	306.08
饮料及冷饮服务	Beverages and Cold Drinks	20	2628	3.1	40.7	11.9	106.50	28.24	20.12
其他餐饮业	Others	16	612	0.8	7.8	4.7	17.89	6.46	5.65

17-8 分地区连锁餐饮企业基本情况
Basic Conditions of Chain Catering Enterprises by Region

年份 地区	Year Region	总店数 (个) Number of Head Stores (unit)	门店总数 (个) Number of Stores (unit)	年末从业人数 (万人) Engaged Persons at Year-end (10 000 persons)	年末餐饮营业面积 (万平方米) Operating Area of Catering Enterprises at Year-end (10 000 sq.m)	餐位数 (万个) Number of Dining-seats (10 000 units)	营业额 (亿元) Business Revenue (100 million yuan)	商品购进总额 (亿元) Total Purchases Value (100 million yuan)	统一配送商品购进额 (亿元) Centralized Purchase and Delivery (100 million yuan)
	2005	300	9748	50.1	478.1	245.8	454.36	171.50	109.10
	2006	349	11360	55.7	588.2	274.8	563.75	201.20	127.50
	2007	358	12743	62.6	629.2	280.0	640.00	274.91	168.80
	2008	453	12561	66.1	651.9	253.1	806.91	271.59	192.52
	2009	426	13739	65.2	691.6	248.9	879.32	362.00	239.84
	2010	415	15333	70.6	742.6	263.8	955.42	455.83	298.76
	2011	428	16285	83.3	821.4	277.1	1120.39	518.93	343.07
	2012	456	18153	80.6	869.2	286.5	1283.26	561.36	388.48
	2013	454	20554	80.3	937.1	319.5	1319.62	571.24	400.72
	2014	465	22494	78.0	1020.0	338.6	1391.02	583.44	413.88
	2015	455	23721	71.4	970.9	333.6	1526.61	576.97	462.50
北京	Beijing	79	4239	12.0	174.9	55.4	301.99	99.43	79.32
天津	Tianjin	8	497	1.6	20.1	6.0	38.86	17.36	4.12
河北	Hebei	1	6	0.1	2.5	0.5	0.59	0.98	0.98
山西	Shanxi	5	109	0.5	6.4	2.0	7.50	4.68	3.83
内蒙古	Inner Mongolia	5	162	0.3	8.1	2.7	12.69	8.80	0.32
辽宁	Liaoning	12	706	1.0	26.6	8.1	58.46	48.70	42.35
吉林	Jilin	1	23	0.1	1.3	0.4	0.86	0.39	0.39
黑龙江	Heilongjiang	7	67	0.2	3.2	1.1	3.72	1.65	1.58
上海	Shanghai	28	3127	6.8	89.7	30.0	191.27	61.28	49.18
江苏	Jiangsu	22	1491	4.5	49.7	16.1	91.34	34.15	31.64
浙江	Zhejiang	30	1736	4.3	81.9	22.9	93.71	33.08	31.24
安徽	Anhui	9	650	1.2	40.5	6.8	16.58	6.23	5.94
福建	Fujian	12	548	1.7	15.4	4.4	22.46	12.17	11.57
江西	Jiangxi	7	113	0.6	5.9	1.9	8.29	4.27	3.71
山东	Shandong	12	466	1.7	25.0	7.2	43.16	13.68	12.56
河南	Henan	19	205	0.7	9.7	3.3	10.58	5.19	3.96
湖北	Hubei	30	784	3.6	36.5	13.6	55.39	10.88	9.04
湖南	Hunan	21	844	3.9	56.4	23.0	52.84	18.04	11.63
广东	Guangdong	73	3706	9.9	102.7	39.5	247.38	85.32	79.66
广西	Guangxi	3	176	0.6	4.0	1.6	9.81	3.67	3.67
海南	Hainan	1	5	0.0	0.2	0.1	0.64	0.19	0.19
重庆	Chongqing	25	2360	9.2	129.7	51.9	115.80	54.57	25.88
四川	Sichuan	14	959	3.9	45.8	18.1	98.11	34.84	33.24
贵州	Guizhou	2	17	0.1	2.2	0.4	0.92	0.45	0.45
云南	Yunnan	11	319	1.3	17.7	9.4	22.72	8.31	7.95
西藏	Tibet	1	3	0.0	0.0	0.0	0.06	0.01	
陕西	Shaanxi	6	199	1.0	9.0	5.7	12.59	5.63	5.37
甘肃	Gansu	3	35	0.2	1.1	0.4	3.00	1.34	1.21
青海	Qinghai								
宁夏	Ningxia								
新疆	Xinjiang	8	169	0.3	4.6	1.4	5.29	1.68	1.51

注：门店总数全国总计中包括开设在港澳台地区和国外的门店。

a) Total number of stores includes that from Hong Kong, Macao and Taiwan province and foreign countries.

17-9 旅游发展情况
Development of Tourism

指标	Item	2011	2012	2013	2014	2015
旅行社数 （个）	**Number of Travel Agencies (unit)**	**23690**	**24944**	**26054**	**26650**	
星级饭店数 （个）	**Number of Star-rated Hotels (unit)**	**13513**	**12807**	**13293**	**12803**	
入境游客 （万人次）	**Number of Overseas Visitor Arrivals(10 000 person-times)**	**13542.35**	**13240.53**	**12907.78**	**12849.83**	**13382.04**
外国人	Foreigners	2711.20	2719.16	2629.03	2636.08	2598.54
港澳同胞	Chinese Compatriots From Hong Kong and Macao	10304.85	9987.35	9762.50	9677.16	10233.64
台湾同胞	Chinese Compatriots From Taiwan Province	526.30	534.02	516.25	536.59	549.86
#入境过夜游客	Overnight Tourists	5758.07	5772.49	5568.59	5562.20	5688.57
国内居民出境人数(万人次)	**Number of Chinese Outbound Visitors (10 000 person-times)**	**7025.00**	**8318.17**	**9818.52**	**11659.32**	**12786.00**
#因私出境人数	For Private Purpose	6411.79	7705.51	9197.08	11002.91	12172.00
国内游客 （亿人次）	**Number of Domestic Visitors (100 million person-times)**	**26.41**	**29.57**	**32.62**	**36.11**	**40.00**
旅游收入	**Tourism Earnings**					
国际旅游(外汇)收入 （亿美元）	Foreign Exchange Earnings from International Tourism (100 million USD)	484.64	500.28	516.64	569.13	1136.50
国内旅游收入 （亿元）	Earnings from Domestic Tourism (100 million yuan)	19305.39	22706.22	26276.12	30311.86	34195.05

注：2015年“国际旅游(外汇)收入”补充完善了停留时间为3-12个月的入境游客花费和游客在华短期旅居的花费，与以前年度不可比，17-11表同此。

a) In 2015, Foreign Exchange Earnings from International Tourism has supplemented and improved the cost of inbound tourists and short-term tourists for the term of 3-12 months in China, so it is not comparable with the previous year, the same applies to Table 17-11.

17-10 国内旅游情况
Domestic Tourism

年份 Year	国内游客(百万人次) Domestic Tourists (million person-times)	城镇居民 Urban Residents	农村居民 Rural Residents	旅游总花费(亿元) Tourism Expenditure(100 million yuan)	城镇居民 Urban Residents	农村居民 Rural Residents	人均花费(元) Per Capita Expenditure (yuan)	城镇居民 Urban Residents	农村居民 Rural Residents
1994	524	205	319	1023.5	848.2	175.3	195.3	414.7	54.9
1995	629	246	383	1375.7	1140.1	235.6	218.7	464.0	61.5
1996	640	256	383	1638.4	1368.4	270.0	256.2	534.1	70.5
1997	644	259	385	2112.7	1551.8	560.9	328.1	599.8	145.7
1998	695	250	445	2391.2	1515.1	876.1	345.0	607.0	197.0
1999	719	284	435	2831.9	1748.2	1083.7	394.0	614.8	249.5
2000	744	329	415	3175.5	2235.3	940.3	426.6	678.6	226.6
2001	784	375	409	3522.4	2651.7	870.7	449.5	708.3	212.7
2002	878	385	493	3878.4	2848.1	1030.3	441.8	739.7	209.1
2003	870	351	519	3442.3	2404.1	1038.2	395.7	684.9	200.0
2004	1102	459	643	4710.7	3359.0	1351.7	427.5	731.8	210.2
2005	1212	496	716	5285.9	3656.1	1629.7	436.1	737.1	227.6
2006	1394	576	818	6229.7	4414.7	1815.0	446.9	766.4	221.9
2007	1610	612	998	7770.6	5550.4	2220.2	482.6	906.9	222.5
2008	1712	703	1009	8749.3	5971.7	2777.6	511.0	849.4	275.3
2009	1902	903	999	10183.7	7233.8	2949.9	535.4	801.1	295.3
2010	2103	1065	1038	12579.8	9403.8	3176.0	598.2	883.0	306.0
2011	2641	1687	954	19305.4	14808.6	4496.8	731.0	877.8	471.4
2012	2957	1933	1024	22706.2	17678.0	5028.2	767.9	914.5	491.0
2013	3262	2186	1076	26276.1	20692.6	5583.5	805.5	946.6	518.9
2014	3611	2483	1128	30311.9	24219.8	6092.1	839.7	975.4	540.2
2015	4000	2802	1188	34195.1	27610.9	6584.2	857.0	985.5	554.2

17-11　国际旅游(外汇)收入及构成
Foreign Exchange Earnings from International Tourism and Composition

指　标	Item	2014		2015	
		数　额 (亿美元) Value (100 million USD)	比　重 (%) Percentage (%)	数　额 (亿美元) Value (100 million USD)	比　重 (%) Percentage (%)
总计	**Total**	**569.13**	**100.0**	**1136.50**	**100.0**
长途交通	Long Distance Transportation	195.95	34.4	448.50	39.5
民航	Civil Aviation	145.79	25.6	294.80	25.9
铁路	Railway	20.90	3.7	43.20	3.8
汽车	Highway	15.68	2.8	32.50	2.9
轮船	Waterway	13.59	2.4	78.00	6.9
游览	Sightseeing	32.54	5.7	44.80	3.9
住宿	Accommodation	69.50	12.2	132.90	11.7
餐饮	Food and Beverage	48.28	8.5	82.60	7.3
商品销售	Shopping	113.28	19.9	209.00	18.4
娱乐	Entertainment	36.74	6.5	53.90	4.7
邮电通讯	Postal and Communication Services	11.04	1.9	23.90	2.1
市内交通	Local Transportation	16.04	2.8	22.40	2.0
其他服务	Other Service	45.77	8.0	118.60	10.4

17-12　入境外国游客分组构成
Number of Overseas Visitor Arrivals by Sex, Age and Purpose

指　标	Item	2014		2015	
		人　数 (万人次) Persons (10 000 person-times)	比　重 (%) Percentage (%)	人　数 (万人次) Persons (10 000 person-times)	比　重 (%) Percentage (%)
总　计	**Total**	**2636.08**	**100.0**	**2598.54**	**100.0**
按性别分	By Sex				
男	Male	1709.51	64.9	1681.19	64.7
女	Female	926.57	35.1	917.35	35.3
按年龄分	By Age				
14岁及以下	14 and under	103.92	3.9	101.43	3.9
15至24岁	15-24	204.78	7.8	205.03	7.9
25至44岁	25-44	1210.24	45.9	1184.25	45.6
45至64岁	45-64	961.00	36.5	949.76	36.5
65岁以上	65 and over	156.13	5.9	158.07	6.1
按事由分类	By Purpose				
会议/商务	Meeting /Business	539.57	20.5	537.66	20.7
观光休闲	Sightseeing and Leisure	892.99	33.9	824.88	31.7
探亲访友	Visiting Relatives and Friends	60.33	2.3	79.75	3.1
服务员工	Worker and Crew	328.54	12.5	349.69	13.5
其他	Others	814.66	30.9	806.56	31.0

17-13 按国别分外国入境游客
Number of Oversea Visitor Arrivals by Country/Region

单位：万人次 (10 000 person-times)

地 区	Region	1995	2000	2005	2010	2014	2015
总计	**Total**	**588.67**	**1016.04**	**2025.51**	**2612.69**	**2636.08**	**2598.54**
亚洲	**Asia**	**338.26**	**610.15**	**1249.99**	**1617.86**	**1633.13**	**1659.47**
#朝鲜	Korea, D.P.Rep.	6.64	7.64	12.58	11.64	18.44	18.83
印度	India	4.50	12.09	35.65	54.93	70.99	73.05
印度尼西亚	Indonesia	13.28	22.06	37.76	57.34	56.69	54.48
日本	Japan	130.52	220.15	339.00	373.12	271.76	249.77
马来西亚	Malaysia	25.18	44.10	89.96	124.52	112.96	107.55
蒙古	Mongolia	26.19	39.91	64.20	79.44	108.27	101.41
菲律宾	Philippines	21.97	36.39	65.40	82.83	96.79	100.40
新加坡	Singapore	26.15	39.94	75.59	100.37	97.14	90.53
韩国	Republic of Korea	52.95	134.47	354.53	407.64	418.17	444.44
泰国	Thailand	17.33	24.11	58.63	63.55	61.31	64.15
非洲	**Africa**	**4.08**	**6.56**	**23.80**	**46.36**	**59.69**	**58.02**
欧洲	**Europe**	**159.06**	**248.90**	**479.14**	**569.79**	**551.43**	**491.67**
#英国	United Kingdom	18.49	28.39	49.96	57.50	60.47	57.96
德国	Germany	16.65	23.91	45.49	60.86	66.26	62.34
法国	France	11.85	18.50	37.20	51.27	51.70	48.69
意大利	Italy	6.37	7.78	19.70	22.92	25.31	24.61
荷兰	Netherlands	3.49	7.60	14.58	18.91	18.04	18.18
葡萄牙	Portugal	2.56	2.28	4.38	4.77	5.23	5.34
瑞典	Sweden	3.52	5.36	11.03	15.45	14.20	11.84
瑞士	Switzerland	3.43	3.07	5.14	7.43	7.95	7.27
俄罗斯	Russia	48.93	108.02	222.39	237.03	204.58	158.23
拉丁美洲	**Latin America**	**5.37**	**8.29**	**16.05**	**30.05**	**34.62**	**34.98**
北美洲	**North America**	**64.36**	**113.28**	**198.53**	**269.49**	**276.03**	**276.56**
#加拿大	Canada	12.88	23.66	42.98	68.53	66.71	67.98
美国	United States	51.49	89.62	155.55	200.96	209.32	208.58
大洋洲及太平洋岛屿	**Oceanic and Pacific Islands**	**15.85**	**28.18**	**57.36**	**78.93**	**81.01**	**77.64**
#澳大利亚	Australia	12.94	23.41	48.30	66.13	67.21	63.73
新西兰	New Zealand	2.29	3.76	7.84	11.61	12.66	12.54
其他	**Others**	**1.69**	**0.68**	**0.65**	**0.21**	**0.18**	**0.21**

17-14 分地区国际旅游(外汇)收入
Foreign Exchange Earnings from International Tourism by Region

单位：百万美元 (USD million)

地区	Region	1995	2000	2005	2010	2014	2015
北京	Beijing	2181.60	2768.00	3618.91	5044.61	4608.00	4605.00
天津	Tianjin	132.75	231.76	509.01	1419.51	2992.10	3298.11
河北	Hebei	42.01	141.90	209.17	350.71	534.19	501.91
山西	Shanxi	20.62	49.91	116.22	464.60	280.73	297.10
内蒙古	Inner Mongolia	90.52	126.45	352.07	601.90	1002.96	962.49
辽宁	Liaoning	189.01	382.65	737.77	2259.33	1618.00	1636.50
吉林	Jilin	41.48	58.04	119.52	304.92	583.90	724.14
黑龙江	Heilongjiang	60.62	189.05	340.43	762.50	563.56	395.33
上海	Shanghai	939.42	1612.67	3555.88	6340.92	5601.85	5860.44
江苏	Jiangsu	259.88	723.84	2259.74	4783.43	3032.71	3527.29
浙江	Zhejiang	235.91	513.97	1716.26	3930.20	5753.48	6788.47
安徽	Anhui	31.39	86.21	185.58	708.98	1840.26	2262.87
福建	Fujian	484.12	893.82	1305.29	2978.24	4911.80	5561.40
江西	Jiangxi	24.99	62.34	103.95	346.03	556.87	567.00
山东	Shandong	153.84	315.13	780.23	2155.04	2330.10	2896.48
河南	Henan	60.20	123.90	216.04	498.77	538.37	623.60
湖北	Hubei	73.17	145.72	276.36	751.16	1238.51	1671.90
湖南	Hunan	64.93	220.78	390.24	906.22	799.99	857.72
广东	Guangdong	2392.68	4112.21	6388.05	12382.61	17106.36	17884.66
广西	Guangxi	121.09	306.61	358.93	806.15	1572.07	1916.86
海南	Hainan	80.98	108.83	128.46	322.36	268.63	248.52
重庆	Chongqing		138.40	264.36	703.20	1354.44	1468.57
四川	Sichuan	125.32	121.87	315.95	354.09	857.68	1180.87
贵州	Guizhou	28.98	60.92	101.41	129.58	188.80	231.33
云南	Yunnan	165.03	339.02	528.01	1323.65	2420.65	2875.50
西藏	Tibet	11.30	52.26	44.43	103.59	144.69	176.66
陕西	Shaanxi	139.43	280.25	446.25	1015.96	1768.73	2000.22
甘肃	Gansu	20.79	54.63	58.76	14.81	10.17	14.18
青海	Qinghai	2.38	7.20	11.02	20.45	24.74	38.76
宁夏	Ningxia	1.13	2.72	2.30	5.99	18.48	20.84
新疆	Xinjiang	74.36	94.94	100.09	185.42	497.04	555.89

17-15　分地区接待入境过夜游客
Number of Oversea Visitor Arrivals by Region

单位：万人次　　　　　　　　　　　　(10 000 person-times)

地　区	Region	2000		2005		2010		2014		2015	
		总　计 Total	#外国人 Foreigners	总　计 Total	#外国人 Foreigners	总　计 Total	#外国人 Foreigners	总　计 Total	#外国人 Foreigners	总　计 Total	#外国人 Foreigners
北　京	Beijing	282.09	237.96	362.92	311.62	490.07	421.63	427.45	365.45	419.96	357.56
天　津	Tianjin	35.62	32.14	74.01	67.46	166.07	153.05	76.63	67.49	78.48	69.03
河　北	Hebei	41.43	35.90	62.65	57.39	97.74	85.31	75.61	60.26	76.64	59.89
山　西	Shanxi	16.53	11.66	42.15	25.40	130.29	82.09	56.56	36.13	59.38	38.04
内蒙古	Inner Mongolia	39.19	38.74	100.16	99.56	142.80	140.02	167.31	160.22	160.78	153.35
辽　宁	Liaoning	61.22	50.05	130.20	111.11	361.80	307.01	260.70	200.62	264.01	204.64
吉　林	Jilin	22.27	19.19	37.32	30.68	82.01	72.16	130.63	113.26	148.10	129.21
黑龙江	Heilongjiang	55.17	50.47	82.15	76.42	172.42	164.83	141.72	132.29	83.47	78.68
上　海	Shanghai	181.40	143.90	444.54	379.93	733.72	593.12	639.62	523.34	653.59	540.69
江　苏	Jiangsu	160.95	98.15	378.30	262.15	653.55	473.50	297.10	197.04	305.01	200.84
浙　江	Zhejiang	112.59	64.75	348.05	232.92	684.71	447.41	370.88	269.83	459.02	333.96
安　徽	Anhui	31.84	16.79	63.29	41.06	198.42	117.40	280.18	160.83	291.12	171.17
福　建	Fujian	161.33	49.75	197.39	72.36	368.14	115.27	318.90	127.44	332.71	133.73
江　西	Jiangxi	16.31	5.54	37.25	13.63	113.97	39.92	147.67	44.74	155.88	44.88
山　东	Shandong	72.31	48.01	155.11	124.78	366.79	277.87	300.19	218.08	312.22	226.44
河　南	Henan	32.50	18.21	60.05	34.73	146.84	96.09	124.76	71.82	135.30	84.36
湖　北	Hubei	45.08	35.74	82.57	62.68	181.74	138.55	277.07	213.26	311.76	239.79
湖　南	Hunan	45.40	15.79	71.98	60.88	189.87	103.30	219.55	100.07	226.05	118.19
广　东	Guangdong	1198.94	212.85	1896.99	476.53	3140.93	733.28	3355.43	775.18	3450.35	783.58
广　西	Guangxi	122.91	50.80	147.71	88.66	250.24	141.39	295.76	146.75	450.35	239.23
海　南	Hainan	48.68	9.37	43.19	26.94	66.33	47.40	66.14	42.15	60.84	35.60
重　庆	Chongqing	26.61	19.29	52.39	41.81	137.02	103.96	126.36	80.65	148.10	98.98
四　川	Sichuan	46.20	19.97	106.28	68.27	104.93	74.97	240.17	169.66	273.20	193.44
贵　州	Guizhou	18.39	7.12	27.62	9.26	50.01	18.61	65.31	28.49	68.59	29.89
云　南	Yunnan	100.11	66.59	150.28	99.65	329.15	231.23	286.56	206.16	570.08	420.00
西　藏	Tibet	15.00	13.58	12.13	11.10	22.83	21.41	24.44	20.00	29.26	14.26
陕　西	Shaanxi	71.28	58.48	92.84	74.57	212.17	155.24	266.30	185.83	293.03	194.15
甘　肃	Gansu	21.31	14.34	28.85	17.20	7.02	4.99	4.88	2.89	5.45	3.16
青　海	Qinghai	3.26	1.46	3.52	1.46	4.67	3.39	5.15	4.06	6.53	4.52
宁　夏	Ningxia	0.78	0.58	0.82	0.66	1.80	1.29	3.37	1.51	3.73	1.84
新　疆	Xinjiang	25.61	20.84	33.11	29.01	50.94	45.44	54.01	47.66	53.14	45.94

主要统计指标解释

住宿业 指为旅行者提供短期留宿场所的活动，有些单位只提供住宿，也有些单位提供住宿、饮食、商务、娱乐一体的服务，不包括主要按月或按年长期出租房屋住所的活动。

餐饮业 指通过即时制作加工、商业销售和服务性劳动等，向消费者提供食品和消费场所及设施的服务。

营业额 指住宿和餐饮业单位在经营活动中因提供服务或销售商品等取得的收入。包括：客房收入、餐费收入、商品销售额（含增值税）和其他收入。其中，客房收入指住宿和餐饮业单位在经营活动中因提供住宿服务取得的收入。餐费收入指本单位为顾客提供就餐服务取得的收入，包括：经烹饪、调制加工后出售的各种食品，如主食、炒菜、凉拌菜等的收入。

入境游客 指报告期内来中国（大陆）观光、度假、探亲访友、就医疗养、购物、参加会议或从事经济、文化、体育、宗教活动的外国人、港澳台同胞等游客（即入境旅游人数）。统计时，入境游客按每入境一次统计 1 人次。入境旅游人数包括入境过夜游客和入境一日游游客。

出境人数（出境游客） 指中国（大陆）居民因公或因私出境前往其他国家、中国香港特别行政区、澳门特别行政区和台湾省观光、度假、探亲访友、就医疗养、购物、参加会议或从事经济、文化、体育、宗教活动的人数（即出境游客）。统计时，出境游客按每出境一次统计 1 人次。

国内游客 指报告期内在中国（大陆）观光游览、度假、探亲访友、就医疗养、购物、参加会议或从事经济、文化、体育、宗教活动的中国（大陆）居民人数，其出游的目的不是通过所从事的活动谋取报酬。统计时，国内游客按每出游一次统计 1 人次。

国际旅游（外汇）收入 指入境游客在中国（大陆）境内旅行、游览过程中用于交通、参观游览、住宿、餐饮、购物、娱乐等全部花费。

国内旅游收入（旅游总花费） 指国内游客在国内旅行、游览过程中用于交通、参观游览、住宿、餐饮、购物、娱乐等全部花费。

星级饭店 指设备、设施、服务符合《旅游饭店星级的划分与评定》（GB/T14308-2003），通过相关旅游管理部门评定，并取得星级饭店称号的饭店（含预备星级饭店）。

Explanatory Notes on Main Statistical Indicators

Hotel Services refer to the accommodation services provided to visitors. Some units may provide only accommodation while others provide a combination of accommodation, meals, business services and/or recreational facilities. It excludes activities related to the provision of long-term primary residences in facilities such as apartments typically leased on a monthly or annual basis.

Catering Services refer to the activities of providing foods, serving locations and facilities to customers through instant processing, commercial sales and service-type labor.

Business Revenue refers to revenue of hotels and catering services received from providing services or selling commodities through business activities, including income from hotels, from catering services, from selling of commodities (including VAT) and from other services. Income from hotels refers to income of hotels and catering services by providing lodging services through business activities. Income from catering services refers to income from providing catering services, including selling of cooked or prepared foods, such as staple food, cooked dishes, or cold dishes.

Overseas Visitor Arrivals refer to the number of tourists of foreigners, Chinese compatriots from Hong Kong, Macao and Taiwan who come to China (mainland) within the reference period for sight-seeing, vacation, visiting relatives, medical treatment, shopping, attending conference, or to engage in economic, cultural, sports and religious activities (namely the number of overseas visitor arrivals). In compiling statistics, each arrival is counted as one person-time. The number of overseas visitor arrivals includes inbound overnight tourists and one-day tourists.

Number of Chinese Residents Going Abroad (Chinese Outbound Visitors) refers to the number of Chinese (mainland) residents going to other countries, Hong Kong Special Administrative region, Macao Special Administrative region and Taiwan for on official or private purposes, for sight-seeing, vacation, visiting relatives, medical treatment, shopping, attending conference, or to engage in economic, cultural, sports and religious activities (namely the Chinese outbound visitors). In compiling statistics, each time of leaving is counted as one person-time.

Number of Domestic Tourists refers to the number of Chinese (mainland) residents who travel within China (mainland) for sight-seeing, vacation, visiting relatives, medical treatment, shopping, attending conference, or to engage in economic, cultural, sports and religious activities. In compiling statistics, each time of travelling is counted as one person-time.

Foreign Exchange Earnings from International Tourism refer to the total expenditure of foreigners, overseas Chinese, Chinese compatriots from Hong Kong, Macao and Taiwan during their stay in the mainland of China on transportation, sighting, accommodation, food, shopping and entertainment.

Income from Domestic Tourism refer to expenditure of domestic tourists on transportation, sighting, accommodation, food, shopping and entertainment while they travel.

Star-rated Hotels refer to hotels rated with stars as assessed by the relevant tourism authorities according to GB/T14308-2003 standard with reference to their infrastructure, facilities and service levels.

18

金融业

Financial Intermediation

简 要 说 明

一、本篇资料的主要内容

本篇反映我国金融、证券和保险业发展情况。有以下四个部分：一是金融机构金融活动情况，二是存贷款利率调整情况，三是直接融资情况，四是保险业务情况。

二、本篇各部分资料来源

1.反映金融机构活动情况的资料包括：金融机构人民币信贷收支表(资金来源)、金融机构人民币信贷收支表(资金运用)、货币供应量（年底余额）、货币供应量同比增长率、黄金和外汇储备、货币当局资产负债表（年底余额)、其他存款性公司资产负债表（年底余额)、外资银行资产负债表（年底余额)、社会融资规模增量及构成、社会融资规模存量及增长率。金融机构信贷收支表的统计范围包括中国人民银行、国家政策性银行、国有商业银行、其他商业银行、城市合作银行、城市信用合作社、农村信用合作社、外资银行、财务公司、信托投资公司、金融租赁公司、邮政储蓄机构。中国人民银行总行根据金融机构的基层单位全面填报、并按各自系统汇总的资料，进行归并和汇总，最后得到金融机构的信贷收支表。黄金和外汇储备表中的资料取自于中国人民银行的资产负债表，由该行有关部门提供。

2.反映存贷款利率调整情况的金融机构法定存款利率和金融机构法定贷款利率表，数据来自中国人民银行总行规定的、并对外发布的存贷款利率。

3.反映直接融资情况的证券市场基本情况、上市公司数量、股票发行量和筹资额、股票交易情况，资料由中国证券监督管理委员会提供。

4.反映保险业务情况的保险系统机构、人员数、保险公司业务经济技术指标、保险公司资产情况、保险公司资金运用情况、各地区原保险保费收入和赔付支出情况，数据由中国保险监督管理委员会提供。

Brief Introduction

I. Main Contents

Data in this chapter show the development of China's financial, securities and insurance industries, in the following four aspects: (1) the financial activities of the financial institutions; (2) the situations regarding the adjustment of deposit and loan interests; (3) the situation regarding direct financing; (4) the situation regarding the insurance business.

II. Sources of Data

(1) Data on the activities of financial institutions are Balance Sheet of Credit Funds of Financial Institutions (Funds Sources), Balance Sheet of Credit Funds of Financial Institutions (Funds Uses), Money Supply at Year-end, Rate of Increase of Money Supply Over the Previous Corresponding Period, Gold and Foreign Exchange Reserves, Balance Sheet of Monetary Authority (Balance at Year-end) ，Balance Sheet of Other Depository Corporations (Balance at Year-end)，Balance Sheet of Foreign-funded Banks at Year-end，Statistics on Increment of All-system financing Aggregates and Composition，Statistics on Stock of All-system Financing Aggregates and Composition. Statistical scope of balance sheet of credit funds of financial institutions and data on cash income and expenditure cover the People's Bank of China, the State policy banks, the State-owned commercial banks, other commercial banks, urban cooperative banks, urban credit cooperatives, rural credit cooperatives, foreign-funded banks, finance companies, financial trust and investment companies, financial leasing companies, postal savings bureau. The grassroots units of the above financial institutions fill out the questionnaires and report to the higher authority. The higher authorities tabulate the data level by level. Finally, the Head Office of the People's Bank of China tabulate the data to obtain the national total. The data on gold and foreign exchange reserves are extracted from the balance sheet of the People's Bank of China and are provided by the relevant departments in the Bank.

(2) Official Interest Rates of Deposits of Financial Institutions and Official Interest Rates of Loans of Financial Institutions show the changes of the interest rates of deposits and loans. Data are from the interest rates of deposits and loans stipulated and published by the Head Office of the People's Bank of China.

(3) General Statistics on Securities Markets, Number of Listed Companies, Issued Shares and Raised Capital and Statistics of Stock Trading show the situation regarding direct financing. Data are from the *Statistical Yearbook on China's Securities and Futures* compiled by China Securities Regulatory Commission.

(4) Number of Institutions and Employed Persons in the Insurance System at Year-end and Economic and Technical Indicators of Insurance Companies，Situations of Assets of Insurance Company，Fund Uses of Insurance Company，Premium of Primary Insurance and Payment by Region show the business situation of the insurance industry, with data from the insurance statistics compiled by the China Insurance Regulatory Commission.

18-1 货币供应量（年底余额）
Money Supply at Year-end

单位：亿元 (100 million yuan)

年份 Year	货币和准货币 (M_2) Money and Quasi-Money (M_2)	货币 (M_1) Money (M_1)	流通中货币 (M_0) Currency in Circulation (M_0)	单位活期存款 Corporate Demand Deposits	准货币 Quasi-Money	单位定期存款 Corporate Time Deposits	个人存款 Personal Savings Deposits	其他存款 Other Deposits
1990	15293.4	6950.7	2644.4	4306.3	8342.7			
1991	19349.9	8633.3	3177.8	5455.5	10716.6			
1992	25402.2	11731.5	4336.0	7395.2	13670.7			
1993	34879.8	16280.4	5864.7	10415.7	18599.4	1247.9	15203.5	2148.0
1994	46923.5	20540.7	7288.6	13252.1	26382.8	1943.1	21518.8	2920.9
1995	60750.5	23987.1	7885.3	16101.8	36763.4	3324.2	29662.2	3777.0
1996	76094.9	28514.8	8802.0	19712.8	47580.1	5041.9	38520.8	4017.4
1997	90995.3	34826.3	10177.6	24648.7	56169.1	6738.5	46279.8	3150.7
1998	104498.5	38953.7	11204.2	27749.5	65544.9	8301.9	53407.5	3835.5
1999	119897.9	45837.3	13455.5	32381.8	74060.6	9476.8	59621.8	4962.0
2000	134610.3	53147.2	14652.7	38494.5	81463.1	11261.1	64332.4	5869.7
2001	158301.9	59871.6	15688.8	44182.8	98430.3	14180.1	73762.4	10487.8
2002	185007.0	70881.8	17278.0	53603.8	114125.2	16433.8	86910.7	10780.7
2003	221222.8	84118.6	19745.9	64372.6	137104.3	20940.4	103617.7	12546.2
2004	254107.0	95969.7	21468.3	74501.4	158137.2	25382.2	119555.4	13199.7
2005	298755.7	107278.8	24031.7	83247.1	191476.9	33100.0	141051.0	17325.9
2006	345577.9	126028.1	27072.6	98955.4	219549.9	38715.9	161587.3	19246.7
2007	403442.2	152560.1	30375.2	122184.9	250882.1	46932.5	172534.2	31415.4
2008	475166.6	166217.1	34219.0	131998.2	308949.5	60103.1	217885.4	30961.1
2009	610224.5	221445.8	38247.0	183198.8	388778.7	84819.5	260752.7	43206.5
2010	725851.8	266621.5	44628.2	221993.4	459230.3	105858.7	303302.5	50069.1
2011	851590.9	289847.7	50748.5	239099.2	561743.2	166616.0	352797.5	42329.7
2012	974148.8	308664.2	54659.8	254004.5	665484.6	195940.1	411362.6	58181.9
2013	1106525.0	337291.1	58574.4	278716.6	769233.9	232696.6	467031.1	69506.2
2014	1228374.8	348056.4	60259.5	287796.9	880318.4	264055.7	508878.1	107384.6
2015	1392278.1	400953.4	63216.6	337736.9	991324.7	288240.7	552073.5	151010.5

注：1.2001年6月起，将证券公司客户保证金计入货币供应量(M_2)，含在其他存款项内。
2.自2011年10月起，货币供应量已包含住房公积金中心存款和非存款类金融机构在存款类金融机构的存款。

a) Since June in 2001, the margin account of security companies maintained with financial institutions, part of Other Deposits, are included in money supply (M_2).

b) Money supply includes deposits of Housing Provident Fund Management Center and deposits of non-depository corporations in depository corporations.

18-2 货币供应量同比增长率

Rate of Increase of Money Supply over the Previous Corresponding Period

单位：%　　(%)

年份 Year	货币和准货币 (M2) Money and Quasi-Money (M2)	货币 (M1) Money (M1)	流通中货币 (M0) Currency in Circulation (M0)	单位活期存款 Corporate Demand Deposits	准货币 Quasi-Money	单位定期存款 Corporate Time Deposits	个人存款 Personal Savings Deposits	其他存款 Other Deposits
1991	26.5	24.2	20.2	26.7	28.5			
1992	31.3	35.9	36.4	35.6	27.6			
1993								
1994	34.5	26.2	24.3	27.2	41.9	55.7	41.5	36.0
1995	29.5	16.8	8.2	21.5	39.4	71.1	37.9	29.3
1996	25.3	18.9	11.6	22.4	29.4	51.7	29.9	6.4
1997	17.3	16.5	15.6	16.9	17.8	24.5	19.3	-8.9
1998	14.8	11.9	10.1	12.6	16.7	23.2	15.4	21.7
1999	14.7	17.7	20.1	16.7	13.0	14.2	11.6	29.3
2000	12.3	16.0	8.9	18.9	10.0	18.8	7.9	18.3
2001	14.4	12.7	7.1	14.8	15.5	25.9	14.7	9.1
2002	16.8	16.8	10.1	19.2	16.8	21.8	17.8	2.8
2003	19.6	18.7	14.3	20.3	20.1	27.4	19.2	16.4
2004	14.7	13.6	8.7	15.1	15.3	21.2	15.4	5.2
2005	17.6	11.8	11.9	11.7	21.1	30.4	18.0	31.3
2006	16.9	17.5	12.7	18.9	16.6	17.1	14.6	36.2
2007	16.7	21.1	12.2	23.5	14.3	21.2	6.8	63.2
2008	17.8	9.1	12.7	8.2	23.2	28.1	26.3	-1.5
2009	28.5	33.2	11.8	38.8	26.0	42.0	19.7	39.6
2010	19.7	21.2	16.7	22.1	18.9	28.7	16.3	16.0
2011	13.6	7.9	13.8	6.7	16.8	18.1	16.2	17.7
2012	13.8	6.5	7.7	6.2	17.6	17.6	16.6	25.1
2013	13.6	9.3	7.2	9.7	15.6	18.8	13.5	19.5
2014	12.2	3.2	2.9	3.3	14.4	13.5	9.0	54.5
2015	13.3	15.2	4.9	17.4	12.6	9.2	8.5	40.6

注：1.同比增长率按可比口径计算。1993年口径调整，故1993年未计算增长率。

2.1997年初，中国人民银行对金融统计制度进行了调整，因此自1997年起的数据与历史数据不完全可比。

a) Rate of increase over the previous corresponding period is calculated on the basis of comparable coverage. As the statistical coverage before 1992 was not comparable with that in 1993, the increase rate in 1993 was not calculated.

b) The People's Bank of China has made some adjustment about the monetary statistics system since the beginning of 1997, the statistics since 1997 are not fully comparable with historical statistics.

18-3　社会融资规模增量及构成
Statistics on AFRE (flow) and Composition

单位：亿元　　(100 million yuan)

年　份 Year	社会融资规模增量 Aggregate Financing to the Real Economy (flow)	#人民币贷款 RMB Loans	#外币贷款(折合人民币) Foreign Currency -denominated Loans (RMB equivalent)	#委托贷款 Entrusted Loans	#信托贷款 Trust Loans	#未贴现银行承兑汇票 Undiscounted Bankers' Acceptances	#企业债券 Net Financing of Corporate Bonds	#非金融企业境内股票融资 Equity Financing on the Domestic Stock Market by Non-financial Enterprises
2002	20112	18475	731	175		-695	367	628
2003	34113	27652	2285	601		2010	499	559
2004	28629	22673	1381	3118		-290	467	673
2005	30008	23544	1415	1961		24	2010	339
2006	42696	31523	1459	2695	825	1500	2310	1536
2007	59663	36323	3864	3371	1702	6701	2284	4333
2008	69802	49041	1947	4262	3144	1064	5523	3324
2009	139104	95942	9265	6780	4364	4606	12367	3350
2010	140191	79451	4855	8748	3865	23346	11063	5786
2011	128286	74715	5712	12962	2034	10271	13658	4377
2012	157631	82038	9163	12838	12845	10499	22551	2508
2013	173168	88916	5848	25466	18404	7755	18113	2219
2014	164133	97813	3556	25069	5174	-1286	23817	4350
2015	154062	112693	-6426	15911	433	-10566	29388	7589

注：社会融资规模增量是指一定时期内实体经济(境内非金融企业和住户)从金融体系获得的资金总额。

a) Aggregate financing to the real economy (flow) refers to the total volume of financing provided by the financial system to the real economy during a certain period of time, where real economy means domestic non-financial enterprises and households.

18-4　社会融资规模存量及增长率
Statistics on AFRE (stock) and Increase Rate

年　份 Year	社会融资规模存量(亿元) Stock (100 million yuan)	社会融资规模存量同比增速(%) Year-on-year Growth (%)	#人民币贷款 RMB Loans	#外币贷款(折合人民币) Foreign Currency -denominated Loans (RMB equivalent)	#委托贷款 Entrusted Loans	#信托贷款 Trust Loans	#未贴现银行承兑汇票 Undiscounted Bankers' Acceptances	#企业债券 Net Financing of Corporate Bonds	#非金融企业境内股票融资 Equity Financing on the Domestic Stock Market by Non-financial Enterprises
2002	148532								
2003	181655	22.3	21.4	26.6	13.3		126.0	132.9	8.0
2004	204143	14.9	14.3	16.8	61.6		-8.0	4.0	8.5
2005	224265	13.5	13.3	11.0	11.8		0.7	129.1	4.2
2006	264500	18.1	16.3	9.0	20.0		44.9	68.7	12.5
2007	321326	21.5	16.4	21.9	29.9	84.0	138.4	41.0	45.8
2008	379765	20.5	18.7	5.1	29.1	84.3	9.2	78.7	17.7
2009	511835	34.8	31.3	55.5	35.8	63.4	36.5	86.2	18.3
2010	649869	27.0	19.9	15.9	44.2	34.4	135.5	42.3	30.9
2011	767791	18.3	16.1	13.1	21.2	13.5	25.6	36.2	17.7
2012	914675	19.1	15.0	27.2	17.1	75.0	21.0	44.4	8.6
2013	1075217	17.6	14.2	7.2	39.7	61.1	12.7	24.2	6.7
2014	1229386	14.3	13.6	4.1	29.2	10.8	-1.1	25.8	11.8
2015	1382824	12.5	13.9	-13.0	18.0	2.0	-14.8	25.1	20.2

注：1.社会融资规模存量是指一定时期末(月末、季末或年末)实体经济(境内非金融企业和住户)从金融体系获得的资金余额。
2.同比增速为可比口径数据。

a) AFRE (stock) refers to the outstanding of financing provided by the financial system to the real economy at the end of a period (at the end of month, quarter or year) ,where real economy means domestic non-financial enterprises and households.

b) The data of year-on-year growth are comparable figures.

18-5 金融机构人民币法定存款基准利率
Official Interest Rates of Deposits of Financial Institutions

单位：年利率% (% p.a.)

项 目 Item		2010.10.20 Oct.20,2010	2010.12.26 Dec.26,2010	2011.02.09 Feb.09,2011	2011.04.06 Apr.06,2011	2011.07.07 July.07,2011	2012.06.08 Jun.08,2012
活期	Demand	0.36	0.36	0.40	0.50	0.50	0.40
定期	Time						
三个月	3-Month	1.91	2.25	2.60	2.85	3.10	2.85
半年	6-Month	2.20	2.50	2.80	3.05	3.30	3.05
一年	1-Year	2.50	2.75	3.00	3.25	3.50	3.25
二年	2-Year	3.25	3.55	3.90	4.15	4.40	4.10
三年	3-Year	3.85	4.15	4.50	4.75	5.00	4.65
五年	5-Year	4.20	4.55	5.00	5.25	5.50	5.10

注：1.2014年11月22日，金融机构存款利率浮动区间由存款基准利率的1.1倍调整为1.2倍。
2.自2014年11月22日起，人民银行不再公布金融机构人民币五年期定期存款基准利率。

a) Since Nov.22,2014, interval of interest rates of deposits of financial institutions is adjusted from 1.1 to 1.2 times as official interest rates of deposits.
b) Since Nov.22,2014, central bank does not publish official interest rates of 5-Year time deposits of financial instritutions

18-5 续表 continued

单位：年利率% (% p.a.)

项 目 Item		2012.07.06 July.06,2012	2014.11.22 Nov.22,2014	2015.03.01 Mar.01,2015	2015.05.11 May.11,2015	2015.06.28 Jun.28,2015	2015.08.26 Aug.26,2015	2015.10.24 Oct.24,2015
活期	Demand	0.35	0.35	0.35	0.35	0.35	0.35	0.35
定期	Time							
三个月	3-Month	2.60	2.35	2.10	1.85	1.60	1.35	1.10
半年	6-Month	2.80	2.55	2.30	2.05	1.80	1.55	1.30
一年	1-Year	3.00	2.75	2.50	2.25	2.00	1.75	1.50
二年	2-Year	3.75	3.35	3.10	2.85	2.60	2.35	2.10
三年	3-Year	4.25	4.00	3.75	3.50	3.25	3.00	2.75
五年	5-Year	4.75						

18-6 金融机构人民币法定贷款基准利率
Official Interest Rates of Loans of Financial Institutions

单位：年利率% (%, p.a.)

项 目	Item	2010.12.26 Dec.26, 2010	2011.02.09 Feb.09, 2011	2011.04.06 Apr.06, 2011	2011.07.07 July.07, 2011	2012.06.08 June.08, 2012	2012.07.06 July.06, 2012
短期贷款	Short-term						
六个月	6-Month	5.35	5.60	5.85	6.10	5.85	5.60
一年	1-Year	5.81	6.06	6.31	6.56	6.31	6.00
中长期贷款	Medium and Long-term						
一年以上至三年	3-Year or Less	5.85	6.10	6.40	6.65	6.40	6.15
三年以上至五年	5-Year or Less	6.22	6.45	6.65	6.90	6.65	6.40
五年以上	Longer than 5-Year	6.40	6.60	6.80	7.05	6.80	6.55

18-6 续表 continued

单位：年利率% (%, p.a.)

项 目	Item	2014.11.22 Nov.22, 2014	2015.03.01 Mar.01, 2015	2015.05.11 May.11, 2015	2015.06.28 June.28, 2015	2015.08.26 Aug.26, 2015	2015.10.24 Oct.24, 2015
短期贷款	Short-term						
六个月	6-Month	5.60	5.35	5.10	4.85	4.60	4.35
一年	1-Year	5.60	5.35	5.10	4.85	4.60	4.35
中长期贷款	Medium and Long-term						
一年以上至三年	3-Year or Less	6.00	5.75	5.50	5.25	5.00	4.75
三年以上至五年	5-Year or Less	6.00	5.75	5.50	5.25	5.00	4.75
五年以上	Longer than 5-Year	6.15	5.90	5.65	5.40	5.15	4.90

18-7 黄金和外汇储备 Gold and Foreign Exchange Reserves

年 份 Year	黄金储备 (万盎司) Gold Reserves (10 000 oz.)	外汇储备 (亿美元) Foreign Exchange Reserves (USD 100 million)	年 份 Year	黄金储备 (万盎司) Gold Reserves (10 000 oz.)	外汇储备 (亿美元) Foreign Exchange Reserves (USD 100 million)
1978	1280	1.67	1997	1267	1398.90
1979	1280	8.40	1998	1267	1449.59
1980	1280	-12.96	1999	1267	1546.75
1981	1267	27.08	2000	1267	1655.74
1982	1267	69.86	2001	1608	2121.65
1983	1267	89.01	2002	1929	2864.07
1984	1267	82.20	2003	1929	4032.51
1985	1267	26.44	2004	1929	6099.32
1986	1267	20.72	2005	1929	8188.72
1987	1267	29.23	2006	1929	10663.40
1988	1267	33.72	2007	1929	15282.49
1989	1267	55.50	2008	1929	19460.30
1990	1267	110.93	2009	3389	23991.52
1991	1267	217.12	2010	3389	28473.38
1992	1267	194.43	2011	3389	31811.48
1993	1267	211.99	2012	3389	33115.89
1994	1267	516.20	2013	3389	38213.15
1995	1267	735.97	2014	3389	38430.18
1996	1267	1050.29	2015	5666	33303.62

18-8 人民币汇率（年平均价）
Reference Exchange Rate of Renminbi (Period Average)

单位：人民币元 (RMB yuan)

年 份 Year	100美元 100 US Dollars	100日元 100 Japanese Yen	100港元 100 Hong Kong Dollars	100欧元 100 Euros
1978	168.36	0.8058	36.16	
1979	155.49	0.7131	31.35	
1980	149.84	0.6635	30.15	
1981	170.50	0.7735	30.41	
1982	189.25	0.7607	31.15	
1983	197.57	0.8318	37.36	
1984	232.70	0.9780	29.71	
1985	293.67	1.2457	37.57	
1986	345.28	2.0694	44.22	
1987	372.21	2.5799	47.74	
1988	372.21	2.9082	47.70	
1989	376.51	2.7360	48.28	
1990	478.32	3.3233	61.39	
1991	532.33	3.9602	68.45	
1992	551.46	4.3608	71.24	
1993	576.20	5.2020	74.41	
1994	861.87	8.4370	111.53	
1995	835.10	8.9225	107.96	
1996	831.42	7.6352	107.51	
1997	828.98	6.8600	107.09	
1998	827.91	6.3488	106.88	
1999	827.83	7.2932	106.66	
2000	827.84	7.6864	106.18	
2001	827.70	6.8075	106.08	
2002	827.70	6.6237	106.07	800.58
2003	827.70	7.1466	106.24	936.13
2004	827.68	7.6552	106.23	1029.00
2005	819.17	7.4484	105.30	1019.53
2006	797.18	6.8570	102.62	1001.90
2007	760.40	6.4632	97.46	1041.75
2008	694.51	6.7427	89.19	1022.27
2009	683.10	7.2986	88.12	952.70
2010	676.95	7.7279	87.13	897.25
2011	645.88	8.1050	82.97	900.11
2012	631.25	7.9037	81.38	810.67
2013	619.32	6.3323	79.85	822.19
2014	614.28	5.8196	79.22	816.51
2015	622.84	5.1543	80.34	691.41

18-9 货币当局资产负债表（年底余额）
Balance Sheet of Monetary Authority (Balance at Year-end)

单位：亿元 (100 million yuan)

项目	Item	2013	2014	2015
总资产	**Total Assets**	**317278.6**	**338248.8**	**317837.0**
国外资产	Foreign Assets	272233.5	278622.9	253830.7
外汇	Foreign Exchange	264270.0	270681.3	248537.6
货币黄金	Monetary Gold	669.8	669.8	2329.5
其他国外资产	Other Foreign Assets	7293.7	7271.7	2963.6
对政府债权	Claims on Government	15312.7	15312.7	15312.7
对其他存款性公司债权	Claims on Other Depository Corporations	13147.9	24985.3	26626.4
对其他金融性公司债权	Claims on Other Financial Corporations	8907.4	7848.8	6656.6
对非金融性公司债权	Claims on Non-financial Sectors	25.0	11.6	71.7
其他资产	Other Assets	7652.0	11467.5	15338.9
总负债	**Total Liabilities**	**317278.6**	**338248.8**	**317837.0**
储备货币	Reserve Money	271023.1	294093.0	276377.5
货币发行	Currency Issue	64980.9	67151.3	69886.0
其他存款性公司存款	Deposits of Other Depository Corporations	206042.2	226941.7	206491.6
不计入储备货币的金融性公司存款	Deposits of Financial Corporations not Included in Reserve Money	1330.3	1558.4	2826.4
发行债券	Bond Issue	7762.0	6522.0	6572.0
国外负债	Foreign Liabilities	2088.3	1833.8	1807.3
政府存款	Deposits of Government	28610.6	31275.3	27179.0
自有资金	Own Capital	219.8	219.8	219.8
其他负债	Other Liabilities	6244.6	2746.5	2855.0

注：1.自2011年1月起，人民银行采用国际货币基金组织关于储备货币的定义，不再将其他金融性公司在货币当局的存款计入储备货币。
2.自2011年1月起，境外金融机构在人民银行存款数据计入国外负债项目，不再计入其他存款性公司存款。

a) Since January 2011, the People's Bank of China adopts IMF's definition of reserve money, which means deposits of other financial corporations in the monetary authority are not included in reserve money.

b) Since January 2011, deposits of overseas financial institutions in the People's Bank are counted as foreign liabilities instead of deposits of other depository corporations.

18-10 其他存款性公司资产负债表（年底余额）
Balance Sheet of Other Depository Corporations (Balance at Year-end)

单位：亿元 (100 million yuan)

项目	Item	2013	2014	2015
总资产	**Total Assets**	**1524751.5**	**1722029.9**	**1991556.5**
国外资产	Foreign Assets	28814.1	36689.0	41594.5
储备资产	Reserve Assets	211775.6	233488.7	219330.1
准备金存款	Deposits with Center Bank	205369.1	226597.0	212660.7
库存现金	Cash in Vault	6406.5	6891.7	6669.3
对政府债权	Claims on Government	62341.5	71009.6	110163.3
对中央银行债权	Claims on Central Bank	10301.4	6564.0	6229.2
对其他存款性公司债权	Claims on Other Depository Corporations	260442.0	280389.3	314186.5
对其他金融性公司债权	Claims on Other Financial Institutions	72592.3	111553.5	176579.4
对非金融性公司债权	Claims on Non-financial Institutions	599575.2	673285.7	783762.1
对其他居民部门债权	Claims on Other Resident Sectors	196863.6	229215.6	267325.9
其他资产	Other Assets	82046.0	79834.6	72385.5
总负债	**Total Liabilities**	**1524751.5**	**1722029.9**	**1991556.5**
对非金融机构及住户负债	Liabilities to Non-financial Institutions & Households	1012778.8	1102202.6	1249742.7
纳入广义货币的存款	Deposits Included in Broad Money	978444.3	1060730.7	1178051.0
单位活期存款	Corporate Demand Deposits	278716.6	287796.9	337736.9
单位定期存款	Corporate Time Deposits	232696.6	264055.7	288240.7
个人存款	Personal Deposits	467031.1	508878.1	552073.5
不纳入广义货币的存款	Deposits Excluded from Broad Money	25940.3	31135.8	36439.9
可转让存款	Transferable Deposits	7454.0	8156.7	10806.2
其他存款	Other Deposits	18486.3	22979.1	25633.7
其他负债	Other Liabilities	8394.2	10336.0	35251.9
对中央银行负债	Liabilities to Central Bank	11663.2	26616.7	33638.1
对其他存款性公司负债	Liabilities to Other Depository Corporations	110397.9	111117.9	131306.0
对其他金融性公司负债	Liabilities to Other Financial Corporations	74804.7	112400.8	155914.9
#计入广义货币的存款	Deposits Included in Broad Money	69506.2	107384.6	151010.5
国外负债	Foreign Liabilities	17973.0	25087.6	12978.4
债券发行	Bond Issue	103672.1	123119.4	160003.7
实收资本	Paid-in Capital	32545.8	36410.4	42994.7
其他负债	Other Liabilities	160916.0	185074.5	204978.0

18-11 外资银行资产负债表（年底余额）
Balance Sheet of Foreign-funded Banks at Year-end

单位：亿元 (100 million yuan)

项　　目	Item	2013	2014	2015
总资产	**Total Assets**	**25805**	**28143**	**27684**
国外资产	Foreign Assets	1128	1889	2391
储备资产	Reserve Assets	3083	3205	2899
准备金	Deposits with Central Bank	3073	3194	2889
库存现金	Cash in Vault	10	11	10
对政府债权	Claims on Government	1535	2185	1793
对中央银行债权	Claims on Central Bank	127	40	105
对其他存款性公司债权	Claims on Other Depository Corporations	6313	5775	4689
对其他金融性公司债权	Claims on Other Financial Corporations	1400	2125	2590
对非金融性公司债权	Claims on Non-financial Sectors	10581	11077	10267
对其他居民部门债权	Claims on Other Resident Sectors	790	970	980
其他资产	Other Assets	849	877	1969
总负债	**Total Liabilities**	**25805**	**28143**	**27684**
对非金融机构及住户负债	Liabilities to Non-financial & Households Institutions	15108	15731	14593
纳入广义货币的存款	Deposits Included in Broad Money	12120	12685	11214
单位活期存款	Corporate Demand Deposits	2887	3315	3751
单位定期存款	Corporate Time Deposits	7193	7440	5959
个人存款	Personal Deposits	2040	1930	1504
不纳入广义货币的存款	Deposits Excluded from Broad Money	2426	2621	2774
可转让存款	Transferable Deposits	1158	1249	1563
其他存款	Other Deposits	1268	1372	1211
其他负债	Other Liabilities	561	424	605
对中央银行负债	Liabilities to Central Bank	1	2	5
对其他存款性公司负债	Liabilities to Other Depository Corporations	1227	1785	2019
对其他金融性公司负债	Liabilities to Other Financial Corporations	736	709	1524
#计入广义货币的存款	Deposits Included in Broad Money	552	512	1315
国外负债	Foreign Liabilities	5268	6057	4241
债券发行	Bond Issue	81	115	257
实收资本	Paid-in Capital	1586	1654	1744
其他负债	Other Liabilities	1799	2092	3301

18-12 金融机构人民币信贷收支表(年底余额)(资金来源)
Balance Sheet of Credit Funds of Financial Institutions at Year-end (Funds Sources)

单位：亿元 (100 million yuan)

项 目	Item	2013	2014	2015
资金来源合计	**Total Funds Sources**	**1174666**	**1323453**	**1541204**
各项存款	Total Deposits	1043847	1138645	1357022
境内存款	Domestic Deposits			1345783
住户存款	Deposits of Households	461370	502504	546078
非金融企业存款	Deposits of Non-financial Enterprises	361555	378334	430247
政府存款	Deposits of Government	190159	221794	241832
非银行业金融机构存款	Deposits of Non-banking Financial Institutions			127625
其他存款	Other Deposits	24370	28360	
境外存款	Overseas Deposits	6393	7653	11239
金融债券	Financial Bonds	6681	9843	10062
流通中货币	Currency in Circulation	58574	60260	63217
对国际金融机构负债	Liabilities to International Financial Institutions	854	867	823
其他	Others	64709	113838	110081

注：1.2015年起，由于修订金融统计制度，《金融机构人民币信贷收支》分类项目发生较大调整，部分数据与2015年以前不可比(以下相关表同)。
2.本表机构包括中国人民银行、银行业存款类金融机构、银行业非存款类金融机构(以下相关表同)。
3.银行业存款类金融机构包括银行、信用社和财务公司。银行业非存款类金融机构包括信托投资公司、金融租赁公司、汽车金融公司和贷款公司等银行业非存款类金融机构。银行业存款类金融机构包括银行、信用社和财务公司(以下相关表同)。
4.自2015年起，“各项存款”含非银行业金融机构存放款项，“各项贷款”含拆放给非银行业金融机构款项(以下相关表同)。

a) Since 2015, as financial statistical system was revised, classification in *Sources & Uses of Credit Funds of Financial Institutions* has been adjusted. Some data are not comparable with those before 2015. The same applies to the tables following.
b) Institutions in this table include The People's Bank of China, depository financial institutions of bank, non-depository financial institutions of bank. The same applies to the tables following.
c) Depository financial institutions of bank includes bank, credit cooperatives, financial corporations. Non-depository financial institutions of bank includes trust and investment companies, financial lease companies, motor vehicle lease companies, and loans companies. The same applies to the tables following.
d) Since 2015, Total Deposits include Deposits of Non-banking Financial Institutions, total loans include those lent to non-banking financial institutions. The same applies to the tables following.

18-13 金融机构人民币信贷收支表(年底余额)(资金运用)
Balance Sheet of Credit Funds of Financial Institutions at Year-end (Funds Uses)

单位：亿元 (100 million yuan)

项 目	Item	2013	2014	2015
资金运用合计	**Total Funds Uses**	**1174666**	**1323453**	**1541204**
各项贷款	Total Loans	718961	816770	939540
境内贷款	Domestic Loans	717088	814780	936387
住户贷款	Loans to Households	198504	231410	270214
非金融企业及机关团体贷款	Loans to Non-financial Enterprises and Government Departments & Organizations	518584	583370	657633
非银行业金融机构贷款	Loans to Non-banking Financial Institutions			8539
境外贷款	Overseas Loans	1874	1990	3153
债券投资	Portfolio Investments	125399	144954	197636
股权及其他投资	Shares and Other Investments	41752	65452	134326
黄金占款	Position for Bullion Purchase	670	670	2330
外汇买卖	Position for Forex Purchase	286304	294090	265859
在国际金融机构资产	Assets with International Financial Institutions	1580	1516	1513

18-14 证券市场基本情况
General Statistics on Securities Markets

项　　目	Item		2014	2015
境内上市公司数（A、B股)(家)	Number of Listed Companies (A and B Shares) in Mainland	(unit)	2613	2827
境内上市外资股公司数(B股)(家)	Number of Listed Companies of Foreign Fund (B Shares) in Mainland	(unit)	104	101
境外上市公司数（H股）（家)	Number of Listed Companies (H Shares) Overseas	(unit)	205	229
股票总发行股本　(亿股)	Volume Issued	(100 million shares)	36795	43024
#流通股本　(亿股)	Negotiable Shares	(100 million shares)	32289	37043
股票市价总值　(亿元)	Total Market Capitalization	(100 million yuan)	372547	531463
#股票流通市值　(亿元)	Negotiable Market Capitalization	(100 million yuan)	315624	417881
股票成交量　(亿股)	Stock Trading Volume	(100 million shares)	73383	171039
股票成交金额　(亿元)	Turnover of Stock Trading	(100 million yuan)	742385	2550541
上证综合指数(收盘)	Shanghai Comprehensive Index		3234.68	3539.18
深证综合指数(收盘)	Shenzhen Comprehensive Index		1415.19	2308.91
股票有效账户数　(万户)	Number of Valid Stock Accounts	(10 000 accounts)	14215	21477
平均市盈率	Average P/E Ratio			
上海	Shanghai		16.85	18.94
深圳	Shenzhen		41.91	62.36
平均换手率　(%)	Average Turnover Rate	(%)		
上海	Shanghai		242.01	489.63
深圳	Shenzhen		471.99	826.28
国债发行额　(亿元)	Issued Volume of Government and Public Bonds	(100 million yuan)	21120.60	54908.00
公司信用类债券发行额 (亿元)	Issued Volume of Corporate Credit Bonds	(100 million yuan)	51172.91	67704.24
债券成交额　(亿元)	Bonds Trading Turnover	(100 million yuan)	935187.45	1309219.03
债券现货成交金额　(亿元)	Turnover of Spots Trading of Government and Public Bonds	(100 million yuan)	28021.20	33920.00
债券回购成交金额　(亿元)	Turnover of Repurchase Trading of Bonds	(100 million yuan)	907166.25	1275299.03
证券投资基金只数　(只)	Number of Securities Investment Funds	(unit)	1899	2723
证券投资基金规模　(亿份)	Capital of Securities Investment Funds	(100 million units)	42033.00	76674.13
证券投资基金成交金额 (亿元)	Turnover of Securities Investment Funds	(100 million yuan)	13814.94	44251.69
期货总成交量　(万手)	Trading Volume of Future	(10 000 pieces)	250585.57	357791.06
期货总成交额　(亿元)	Trading Turnover of Future	(100 million yuan)	2919882.26	5542346.94

注：1.股票总发行股本中含(A+H)股公司发行的H股。
2.换手率=全年成交金额/[（本年末流通市值+上年末流通市值)/2]*100%
3.公司信用类债券包含非金融企业债务融资工具、企业债券以及公司债、可转债、可分离债、中小企业私募债。
4.债券成交数据为交易所债券市场数据。

a) Volume issued includes that of H shares issued by companies who have issued A shares and H shares.
b) Average Turnover Rate = [Total Stock Turnover/(Negotiable Market Capitalization at year-end + Negotiable Market Capitalization at the previous year-end)/2]*100%
c) Corporate credit bonds include financing tools of non-financing corporate bonds,enterprises bonds and corporate bonds, convertible bonds, warrant bonds, privately raised corporate bonds of medium and small-sized enterprises.
d) Issued volume of bonds trading turnover include those of trading market.

18-15 上市公司数量
Number of Listed Companies

单位：个 (unit)

年 份 Year	全国合计 National	上交所 Shanghai Stock Exchange	深交所 Shenzhen Stock Exchange	发A股公司 A Shares	发B股公司 B Shares	同时发A股、B股公司 A&B Shares
1990	10	8	2			
1991	14	8	6			
1992	53	29	24			
1993	183	106	77	177	41	35
1994	291	171	120	287	58	54
1995	323	188	135	311	70	58
1996	530	293	237	514	85	69
1997	745	383	362	720	101	76
1998	851	438	413	825	106	80
1999	949	484	465	922	108	81
2000	1088	572	516	1060	114	86
2001	1160	646	514	1140	112	92
2002	1224	715	509	1213	111	100
2003	1287	780	507	1277	111	101
2004	1377	837	540	1363	110	96
2005	1381	834	547	1358	109	86
2006	1434	842	592	1411	109	86
2007	1550	860	690	1527	109	86
2008	1625	864	761	1602	109	86
2009	1718	870	848	1696	108	86
2010	2063	894	1169	2041	108	86
2011	2342	931	1411	2320	108	86
2012	2494	954	1540	2472	107	85
2013	2489	953	1536	2468	106	85
2014	2613	995	1618	2592	104	83
2015	2827	1081	1746	2808	101	82

18-16 股票发行量和筹资额
Issued Share and Raised Capital

年 份 Year	股票发行量（亿股） Issued Share (100 million shares)	A 股 A Shares	H股 HShares	B 股 B Shares	股票筹资额（亿元） Raised Capital (100 million yuan)	A 股 A Shares	#配 股 Rights Issued	H股 HShares	B 股 B Shares
1991	5.00	5.00			5.00	5.00			
1992	20.75	10.00		10.75	94.09	50.00			44.09
1993	95.79	42.59	40.41	12.79	375.47	276.41	81.58	60.93	38.13
1994	91.26	10.97	69.89	10.40	326.78	99.78	50.16	188.73	38.27
1995	31.60	5.32	15.38	10.90	150.32	85.51	62.83	31.46	33.35
1996	86.11	38.29	31.77	16.05	425.08	294.34	69.89	83.56	47.18
1997	267.63	105.65	136.88	25.10	1293.82	825.92	170.86	360.00	107.90
1998	109.06	86.30	12.86	9.90	841.52	778.02	334.97	37.95	25.55
1999	122.93	98.11	23.05	1.77	944.56	893.60	320.97	47.17	3.79
2000	512.04	145.68	359.26	7.10	2103.24	1527.03	519.46	562.21	13.99
2001	141.48	93.00	48.48		1252.34	1182.13	430.63	70.21	
2002	291.74	134.20	157.54		961.75	779.75	56.61	181.99	
2003	281.43	83.64	196.79	1.00	1357.75	819.56	74.79	534.65	3.54
2004	227.92	54.88	171.51	1.53	1510.94	835.71	104.54	648.08	27.16
2005	567.05	13.80	553.25		1882.51	338.13	2.62	1544.38	
2006	1287.77	351.11	936.66		5594.29	2463.70	4.32	3130.59	
2007	637.24	413.27	223.97		8680.17	7722.99	227.68	957.18	
2008	180.34	114.96	65.38		3852.21	3457.75	151.57	317.26	
2009	400.05	244.47	155.58		6124.69	5004.90	105.97	1073.18	
2010	920.99	553.95	367.04		11971.93	9606.31	1438.25	2365.62	
2011	272.36	163.99	108.37		5814.19	5073.07	421.96	741.12	
2012	299.81	78.86	220.95		4134.38	3127.54	121.00	1006.84	
2013	259.92		259.92		3868.88	2802.76		1066.12	
2014	354.50	70.10	284.40		7087.44	4834.04	137.98	2253.40	
2015	595.67	151.52	444.15		10974.85	8295.14	36.43	2679.71	

注：表中股票发行量仅指IPO数量，A股股票筹资额不含资产项。

a) In this table, issued share only refer to IPO, raised capital of A share do not include item of assets.

18-17 股票交易情况
Trading Summary for Stocks

项　目	Item	2009	2010	2011	2012	2013	2014	2015
上市公司数　（家）	**No. of listed Companies (unit)**	**1718**	**2063**	**2342**	**2494**	**2489**	**2613**	**2827**
上市股票数　（只）	**No. of listed Stocks (unit)**	**1804**	**2149**	**2428**	**2579**	**2574**	**2696**	**2909**
A股	A Shares	1696	2041	2320	2472	2468	2592	2808
B股	B Shares	108	108	108	107	106	104	101
股票总发行股本（亿股）	**Total Issued Capital (100 million shares)**	**20606.26**	**26984.49**	**29745.11**	**31833.62**	**33822.04**	**36795.10**	**43024.14**
A股	A Shares	20332.77	26701.51	29448.59	31551.24	33538.25	36517.75	42753.16
B股	B Shares	273.49	282.98	296.52	282.38	283.79	277.35	270.98
#流通股本	Negotiable Shares	14200.19	19442.15	22499.86	24778.22	29997.12	32289.25	37043.37
A股	A Shares	13928.17	19160.47	22204.54	24497.05	29714.53	32013.11	36773.67
B股	B Shares	271.48	281.68	295.32	281.17	282.59	276.14	269.70
股票市价总值(亿元)	**Total Market Capitalization (100 million yuan)**	**243939**	**265423**	**214758**	**230358**	**239077**	**372547**	**531463**
A股	A Shares	242127	263221	213310	228775	237403	370823	529252
B股	B Shares	1812	2202	1448	1582	1674	1724	2211
#股票流通市值	Negotiable Market Capitalization	151259	193110	164921	181658	199580	315624	417881
A股	A Shares	149456	190917	163479	180083	197916	313910	415681
B股	B Shares	1803	2193	1442	1575	1664	1714	2200
股票成交金额(亿元)	**Total Turnover (100 million yuan)**	**535987**	**545634**	**421645**	**314667**	**468729**	**742385**	**2550541**
A股	A Shares	533889	563466	420339	313715	466630	741378	2546838
B股	B Shares	2097	2168	1305	868	1439	1007	3704
总成交股数　(亿股)	**Trading Volume (100 million share)**	**51106.99**	**42151.98**	**33956.57**	**32860.54**	**48372.68**	**73383.09**	**171039.48**
A股	A Shares	50648.91	41806.42	33748.72	32681.93	47916.23	73188.22	170541.00
B股	B Shares	458.09	345.56	207.85	178.61	263.89	194.87	498.48
上证综合指数	**Shanghai Composite Index**							
最高	High	3478.01	3306.75	3067.46	2478.38	2444.80	3239.36	5178.19
最低	Low	1844.09	2319.74	2134.02	1949.46	1849.65	1974.38	2850.71
收盘	Close	3277.14	2808.08	2199.42	2269.13	2115.98	3234.68	3539.18
深证综合指数	**Shenzhen Composite Index**							
最高	High	1240.64	1412.64	1316.19	1020.29	1106.27	1504.48	3156.96
最低	Low	557.69	890.24	828.83	724.97	815.89	1004.93	1408.99
收盘	Close	1201.34	1290.86	866.65	881.17	1057.67	1415.19	2308.91

注：1.本表股票总发行股本不含(A+H)股公司发行的H股。

2.2012、2013年股票总成交金额中包含约定购回式证券成交金额，故总成交金额大于A股B股成交金额之和。

a) Total issued capital in this table do not include H shares of the companies issuing A & H shares.

b) Figure of total turnover of 2012 and 2013 include that of Appointed Repurchase Securities, so it is bigger than total turnover of A shares and B shares.

18-18 保险系统机构、人员数（年底数）

Number of Institutions and Employed Persons in Insurance System at Year-end

项 目	Item	2014			2015		
		机构数（个）Number of Institutions (unit)	职工人数（人）Employed Persons (person)	#女职工 Female	机构数（个）Number of Institutions (unit)	职工人数（人）Employed Persons (person)	#女职工 Female
总计	**Total**	**180**	**904253**	**478077**	**194**	**1024572**	**542852**
保险集团公司	**Insurance (Group) Corporations**	**10**	**4824**	**2114**	**11**	**5660**	**2576**
中资保险公司	**Domestic Funded Insurance Corporations**	**113**	**855320**	**451109**	**126**	**970573**	**513181**
#总公司	Head Offices	113	40989	19653	126	45187	22113
省级分公司	Provincial Branches	1490	244445	131756	1558	263123	139566
中心支分公司	Branches and Sub-branches in Center Cities	8117	314992	172893	8585	370179	202721
支公司	Sub-branches	21861	188588	94158	23877	216972	111418
营业部	Business Departments	2343	15547	7466	2380	18946	9546
营销服务部	Marketing Departments	41240	50688	25183	40911	56073	27817
中外合资公司	**Joint-venture Insurance Corporations**	**57**	**44109**	**24854**	**57**	**48339**	**27095**
总公司	Head Offices	57	12791	6602	57	13275	6861
省级分公司	Provincial Branches	276	17162	9911	304	19854	11387

注：2015年，中资保险公司代表处期末职工人数93人。

a) In 2015, number of employed persons of representative office of domestic funded insurance corporations is 93.

18-19 保险公司业务经济技术指标

Economic and Technical Indicators of Insurance Companies Funded with Chinese and Foreign Capital

单位：亿元 (100 million yuan)

项 目	Item	2014		2015	
		保 费 Premium	赔款及给付 Claim and Payment	保 费 Premium	赔款及给付 Claim and Payment
合 计	**Total**	**20234.8**	**7216.2**	**24282.5**	**8674.1**
财产保险公司	**Property Insurance Companies**	**7544.4**	**3968.3**	**8423.3**	**4448.3**
企业财产保险	Enterprise Property Insurance	387.4	215.2	386.2	216.4
家庭财产保险	Family Property Insurance	33.7	11.5	41.7	16.8
机动车辆保险	Motor Vehicle Insurance	5515.9	3026.7	6199.0	3335.6
工程保险	Engineering Insurance	81.7	35.0	82.9	36.6
责任保险	Liability Insurance	253.3	107.7	301.8	129.3
信用保险	Export Credit Insurance	200.7	57.7	192.5	45.1
保证保险	Guarantee Insurance	199.9	29.1	208.1	63.7
船舶保险	Ship Insurance	55.1	33.6	55.1	33.4
货物运输保险	Freight Transport Insurance	95.4	43.7	88.2	46.2
特殊风险保险	Special Risks Insurance	41.8	12.9	42.3	19.1
农业保险	Agriculture Insurance	325.8	205.8	374.9	237.1
健康险	Health Insurance	169.1	124.8	228.3	188.0
意外伤害保险	Accident Injury Insurance	171.9	55.2	200.0	66.2
其他险	Other Insurance	12.8	9.4	22.2	15.0
人寿保险公司	**Life Insurance Companies**	**12690.4**	**3247.9**	**15859.3**	**4225.8**
寿险	Life Insurance	10901.7	2728.4	13241.5	3565.2
健康险	Health Insurance	1418.1	446.3	2182.1	575.0
人身意外伤害险	Personal Accident Insurance	370.6	73.2	435.6	85.6

注：本表人寿保险公司中包括中华控股寿险业务。

a) Life insurance companies include life insurance of China United Insurance Holding Company.

18-20 保险公司资产情况
Situations of Assets of Insurance Companies

单位：亿元 (100 million yuan)

年 份 Year	总资产 Total Assets	#财产险公司 Property Insurance Companies	#寿险公司 Life Insurance Companies	#再保险公司 Reinsurance Companies	#中资公司 Domestic Funded Insurance Companies	#外资公司 Foreign-funded Insurance Companies
2002	6320.00	948.00	5161.00	211.00		
2003	9088.00	1176.00	7657.00	255.00		
2004	11953.68	1411.38	8352.90	262.37	11540.63	413.05
2005	15286.44	1718.81	13458.27	292.70	14630.97	665.64
2006	19704.19	2340.45	17446.26	311.31	18862.60	862.66
2007	28912.78	3880.51	23249.16	877.26	27656.26	1256.51
2008	33418.83	4687.03	27138.45	994.45	31893.93	1524.91
2009	40634.75	4892.62	33655.05	1162.01	38582.37	2052.39
2010	50481.61	5833.52	42642.66	1151.79	47860.49	2621.12
2011	59828.94	7919.95	49798.19	1579.11	56822.12	3006.83
2012	73545.73	9477.47	60991.22	1845.25	70080.33	3465.40
2013	82886.95	10941.45	68250.07	2103.93	78551.67	4335.28
2014	101591.47	14061.48	82487.20	3513.56	94950.98	6640.49
2015	123597.76	18481.13	99324.83	5187.38	115057.96	8539.80

18-21 保险公司资金运用情况
Fund Uses of Insurance Companies

单位：亿元 (100 million yuan)

年 份 Year	资金运用余 额 Balance of Fund Uses	#银行存款 Deposits	#国 债 Government and Public Bonds	#金融债券 Financial Bonds	#企业债券 Corporate Bonds	#证券投资基金 Securities Investment Funds
2004	10778.62	5071.10	2618.44	1026.25	639.73	666.32
2005	14092.69	5165.55	3590.65	1804.71	1204.55	1107.00
2006	17785.40	5989.11	3647.01	2754.25	2121.56	912.08
2007	26647.81	6503.44	3956.56	4897.84	2799.76	2519.41
2008	30552.83	8087.49	4208.26	8754.06	4598.46	1646.46
2009	37417.12	10519.68	4053.82	8746.10	6074.56	2758.78
2010	46046.62	13909.97	4815.78	10038.75	7935.69	2620.73
2011	55192.98	17692.69	4741.90	12418.80	8755.86	2909.92
2012	68542.58	23446.00	4795.02	14832.57	10899.98	3625.58
2013	76873.41	22640.98	4776.73	14811.84	13727.75	3575.52
2014	93314.43	25310.73	5009.88	15067.12	15465.13	4714.28
2015	111795.49	24349.67	5831.12	15215.31	17307.38	8856.50

18-22 分地区原保险保费收入和赔付支出情况（2015年）
Premium of Primary Insurance and Payment by Region (2015)

单位：亿元 (100 million yuan)

地 区	Region	原保险保费收入 Premium of Primary Insurance			赔付支出 Payment		
		小计 Sub-total	财产险业务 Property Insurance	人身险业务 Life Insurance	小计 Sub-total	财产险业务 Property Insurance	人身险业务 Life Insurance
全 国	**National Total**	**24282.52**	**7994.97**	**16287.55**	**8674.14**	**4194.17**	**4479.97**
北 京	Beijing	1403.89	344.66	1059.23	506.62	206.63	299.98
天 津	Tianjin	398.34	120.28	278.06	139.53	66.46	73.07
山 西	Shanxi	586.73	159.55	427.18	200.22	89.37	110.85
河 北	Hebei	1163.10	399.50	763.61	461.92	201.32	260.60
内蒙古	Inner Mongolia	395.48	149.28	246.20	124.54	75.55	48.99
辽 宁	Liaoning	708.01	206.90	501.11	289.69	129.17	160.51
#大 连	Dalian	233.35	70.99	162.36	82.05	39.24	42.81
吉 林	Jilin	431.32	120.57	310.75	126.38	61.44	64.94
黑龙江	Heilongjiang	591.77	133.57	458.20	169.25	66.98	102.27
上 海	Shanghai	1125.16	355.40	769.77	473.59	191.38	282.22
江 苏	Jiangsu	1989.92	672.19	1317.72	732.59	403.04	329.56
浙 江	Zhejiang	1207.08	525.42	681.66	452.22	301.56	150.66
#宁 波	Ningbo	228.25	121.29	106.96	106.60	78.13	28.48
安 徽	Anhui	698.92	273.35	425.57	276.90	140.16	136.75
福 建	Fujian	631.22	199.26	431.95	192.34	102.98	89.36
#厦 门	Xiamen	146.36	61.36	85.00	52.74	35.79	16.94
江 西	Jiangxi	508.43	162.02	346.41	178.06	81.31	96.75
山 东	Shandong	1543.49	473.76	1069.72	534.07	238.94	295.13
#青 岛	Qingdao	244.12	93.23	150.88	88.01	50.23	37.78
河 南	Henan	1248.76	320.16	928.60	447.71	156.14	291.57
湖 北	Hubei	843.63	238.24	605.38	283.26	114.38	168.88
湖 南	Hunan	712.18	243.21	468.97	256.99	125.02	131.97
广 东	Guangdong	2166.82	665.32	1501.50	705.57	330.85	374.73
#深 圳	Shenzhen	647.55	214.55	433.00	176.74	104.53	72.21
广 西	Guangxi	385.75	147.14	238.60	132.77	72.34	60.43
海 南	Hainan	114.25	44.28	69.97	38.87	26.23	12.64
重 庆	Chongqing	514.58	155.93	358.65	220.19	84.65	135.54
四 川	Sichuan	1267.30	421.44	845.87	454.08	218.86	235.22
贵 州	Guizhou	257.80	133.95	123.85	106.97	66.64	40.33
云 南	Yunnan	434.60	201.19	233.41	173.23	99.27	73.96
西 藏	Tibet	17.36	11.14	6.22	8.05	5.82	2.23
陕 西	Shaanxi	572.45	176.75	395.70	193.96	92.30	101.66
甘 肃	Gansu	256.89	90.30	166.59	92.75	45.68	47.07
青 海	Qinghai	56.30	26.12	30.18	20.32	12.09	8.23
宁 夏	Ningxia	103.31	41.01	62.31	34.21	20.87	13.35
新 疆	Xinjiang	367.43	142.96	224.47	136.85	76.91	59.95
集团、总公司本级	Head Offices	80.65	78.70	1.95	4.27	-18.10	22.37

注：1.本表数据为各公司上报中国保险统计信息系统年报数据，未经审计。
2.全国本级是指集团、总公司直接开展的业务，不计入任何地区。

a) Data in this table are of annual data that reported to China Insurance Statistical Information System by insurance companies.
b) Data of business run by head offices do not count to any region.

主要统计指标解释

信贷资金 指金融机构以信用方式积聚和分配的货币资金。金融机构信贷资金的来源有各项存款、金融债券、对国际金融机构负债、流通中现金、其他项目等；信贷资金的运用有各项贷款、有价证券及投资、黄金占款、外汇买卖、财政借款及在国际金融机构中的资产等。

存款 指企业、机关、团体或居民根据资金必须收回的原则，把货币资金存入银行或其他信贷机构保管并取得一定利息的一种信用活动形式。根据存款对象或性质的不同可划分为住户存款、非金融企业存款、政府存款、非银行业金融机构存款等科目。它是银行信贷资金的主要来源。

贷款 指银行或其他信贷机构根据资金必须归还的原则，按一定利率，为企业、个人等提供资金的一种信用活动形式。我国银行贷款分为短期贷款、中长期贷款、融资租赁、票据融资、各项垫款、境外贷款等。

保险公司 在中国境内的、经过保险监督管理部门批准设立，并依法登记注册的各类商业保险公司。

保险金额 指保险人承担赔偿或者给付保险金责任的最高限额。

保费 指投保人为取得保险人在约定范围内所承担赔偿责任而支付给保险人的费用。

赔款 指保险人根据保险合同的规定，向被保险人支付的赔偿保险责任损失的金额。

给付 包括死伤医疗给付和满期给付。死伤医疗给付是指保险人根据人寿保险及长期健康保险合同的规定，因被保险人在保险期内发生保险责任范围内的保险事故支付给被保险人(或受益人)的金额。满期给付是指被保险人生存期满，保险人按人寿保险合同规定支付给被保险人的满期保险金额。

社会融资规模增量 指一定时期内实体经济从金融体系获得的资金总额。主要包括：人民币贷款、外币贷款（折合人民币）、委托贷款、信托贷款、未贴现的银行承兑汇票、企业债券、非金融企业境内股票融资、投资性房地产、保险公司赔偿等。

社会融资规模存量 指一定时期末（月末、季末或年末）实体经济从金融体系获得的资金余额。主要包括：人民币贷款、外币贷款（折合人民币）、委托贷款、信托贷款、未贴现的银行承兑汇票、企业债券、非金融企业境内股票融资、投资性房地产、保险公司赔偿等。

Explanatory Notes on Main Statistical Indicators

Credit Funds refer to the monetary funds accumulated and distributed in the means of credit by the financial institutions. The sources of credit funds include various deposits, financial bonds, liabilities to international financial institutions, currency in circulation, other items. The uses of credit funds include loans, securities and investment, position for bullion purchase, foreign exchange trading, advances to treasury, and assets with international financial institutions.

Deposit is a form of credit by which enterprises, institutions, organizations or households can put money into banks and other credit institutions for safekeeping and interest earning under the principle of free withdrawal. According to different depositors, deposits are divided into household deposits, non financial enterprise deposits, government deposits, non banking financial institutions deposits. Deposits are major sources of the credit funds of banks.

Loan is a form of credit by which banks and other credit institutions provide funds at certain interest rate to enterprises and individuals in the light of the principle of unconditional repayment. Loans from Chinese banks include short-term loan, medium-term and long-term loans, financial lease, bill financing, various money advanced, foreign loans.

Insurance Companies refer to commercial insurance companies of various forms registered by law and established in China with the approval of insurance regulatory agencies.

Amount Insured refers to the maximum that the insurant will get for the claim of the case insured.

Premium is the fee paid by the insurant to the insurer to obtain the obligation of compensation from the insurance within the agreed terms.

Settled Claim is the compensation paid by the insurer to the insurant in accordance with the insurance contract.

Payment includes payment for death, injury or medical treatment and payment at maturity. Payment for death, injury or medical treatment refers to the money paid to the insurant (or the beneficiary) in accordance with the life or health insurance contract when the insurant encounters accidents within the insured period covered in the contract. Payment at maturity refers to the payment to the insurant in accordance with the life insurance contract at the end of the insured period.

Increment of All-system Financing Aggregates refers to the total volume of financing provided by the financial system to the real economy over a period of time. It includes: RMB Loans, Foreign Currency Loans(RMB), credit loans, entrusted loans, undiscounted banker's acceptances, corporate bonds, domestic equity financing of non-financial enterprises, investment real estate, premium of insurance, etc.

Stock of All-system Financing Aggregates refers to the total volume of financing provided by the financial system to the real economy at the end of a period (at the end of month, quarter or year). It includes: RMB Loans, Foreign Currency Loans(RMB), credit loans, entrusted loans, undiscounted banker's acceptances, corporate bonds, domestic equity financing of non-financial enterprises, investment real estate, premium of insurance, etc.

19

房地产

Real Estate

简 要 说 明

一、本篇资料的主要内容及统计范围

本篇资料通过对一定时期内房地产开发企业开发经营活动的数量方面的描述，反映报告期内房地产开发企业土地开发和购置情况、投资总规模及完成情况、实际到位资金情况、房屋建筑面积和造价情况、房屋新开工面积情况、商品房销售情况以及资产负债和经营情况。

本篇资料的统计范围包括全部房地产开发经营业法人单位。

二、本篇的资料来源及统计调查方法

本篇统计资料是根据《房地产开发统计报表制度》进行搜集和加工整理而得，全部数据采用全面调查的统计方法。

Brief Introduction

I. Main Contents and Scope

Statistics in this chapter describe activities made by real estate development companies during a given period of time, and reflect the development and purchase of land, size of investment and its progressing, funds actually available, floor space and cost of housing constructed, floor space of new housing starts, sales of commercial housing, assets and liabilities, and operation status of real estate developers during the reference period.

Data in this chapter covers all legal entities engaged in real estate development.

II. Sources of Data

Data in this chapter are collected and compiled with the Statistical Reports Program on Real Estate Development, which has a full coverage of all companies.

19-1 房地产开发企业主要指标
Main Indicators of Enterprises for Real Estate Development

指 标	Item	2012	2013	2014	2015
企业个数 （个）	**Number of Enterprises (unit)**	**89859**	**91444**	**94197**	**93426**
内资	Domestic Funded	84695	86379	89218	88773
#国有	State-owned Enterprises	3354	1739	1476	1329
集体	Collective-owned Enterprises	904	570	457	409
港、澳、台投资	Enterprises with Funds from Hong Kong, Macao and Taiwan	3451	3391	3414	3235
外商投资	Foreign Funded	1713	1674	1565	1418
平均从业人数 （万人）	**Average Number of Employed Persons (10 000 persons)**	**238.68**	**259.18**	**276.01**	**273.85**
内资企业	Domestic Funded	219.98	239.78	256.18	255.15
#国有	State-owned Enterprises	12.36	6.61	6.15	5.73
集体	Collective-owned Enterprises	2.04	1.30	1.14	1.08
港、澳、台投资企业	Enterprises with Funds from Hong Kong, Macao and Taiwan	11.68	12.18	12.93	12.45
外商投资企业	Foreign Funded	7.01	7.22	6.90	6.25
本年土地购置面积 （万平方米）	**Land Space Purchased This Year (10 000 sq.m)**	**35666.80**	**38814.38**	**33383.03**	**22810.79**
本年完成投资 （亿元）	**Investment Completed This Year (100 million yuan)**	**71803.79**	**86013.38**	**95035.61**	**95978.85**
#住宅	Residential Buildings	49374.21	58950.76	64352.15	64595.24
本年实际到位资金小计 （亿元）	**Total Actual Funds in Place This Year (100 million yuan)**	**96536.81**	**122122.47**	**121991.48**	**125203.06**
#国内贷款	Domestic Loans	14778.39	19672.66	21242.61	20214.38
利用外资	Foreign Investment	402.09	534.17	639.26	296.53
自筹资金	Self-raising Fund	39081.96	47424.95	50419.80	49037.56
房屋建筑面积 （万平方米）	**Floor Space of Buildings (10 000 sq.m)**				
施工面积	Floor Space under Construction	573417.52	665571.89	726482.34	735693.37
竣工面积	Floor Space Completed	99424.96	101434.99	107459.05	100039.10
本年新开工面积	Floor Space Started This Year	177333.62	201207.84	179592.49	154453.68
#住宅	Residential Buildings	130695.42	145844.80	124877.00	106651.30
商品房销售面积 （万平方米）	**Floor Space of Commercialized Buildings Sold (10 000 sq.m)**	**111303.65**	**130550.59**	**120648.54**	**128494.97**
#住宅	Residential Buildings	98467.51	115722.69	105187.79	112412.29
商品房平均销售价格（元/平方米）	**Average Selling Price of Commercialized Buildings(yuan/sq.m)**	**5791**	**6237**	**6324**	**6793**
#住宅	Residential Buildings	5430	5850	5933	6473
实收资本合计 （亿元）	**Total Capital Held (100 million yuan)**	**54735.36**	**59987.59**	**76566.04**	**86171.57**
资产负债率 （%）	**Ratio of Liabilities to Assets (%)**	**75.2**	**76.0**	**77.0**	**77.7**
主营业务收入 （亿元）	**Revenue from Principle Business (100 million yuan)**	**51028.41**	**70706.67**	**66463.80**	**70174.34**
#土地转让收入	Land Transferred	819.39	671.42	571.95	600.54

注：1.商品房平均销售价格由报告期内新建商品房销售额除以销售面积计算而成。不同时期的商品房平均销售价格可能会受商品房区域、房屋类型等各种因素的影响。(19-12、19-17表同)

2.2004年以前的商品房销售面积和销售额为实际销售统计口径；2005年以后的销售面积和销售额包括期房和现房(以下表均同)。

a) Average selling price of commercialized buildings is calculated by total sale of newly-built commercialized building divided by floor space sold during report period. It is affected by location and type of buildings etc. in different period. The same applies to the table 19-12, 19-17.

b) Figures on floor space of houses sold and selling price of houses for 2004 and the earlier years refer to houses actually sold out, while figures since 2005 refer to both completed and future houses sold. The same applies to the tables following.

19-2 房地产开发企业个数
Number of Enterprises for Real Estate Development

单位：个 (unit)

年份 地区	Year Region	企业个数 Number of Enterprises	内资企业 Domestic Funded Enterprises	#国有 State-owned Enterprises	#集体 Collective-owned Enterprises	港、澳、台投资企业 Enterprises with Funds from Hong Kong, Macao and Taiwan	外商投资企业 Foreign Funded Enterprises
	1998	24378	19960	7958	4538	3214	1204
	2000	27303	23277	6641	3492	2899	1127
	2005	56290	50957	4145	1796	3443	1890
	2006	58710	53268	3797	1586	3519	1923
	2007	62518	56965	3617	1430	3524	2029
	2008	87562	81282	3941	1520	3916	2364
	2009	80407	74674	3835	1361	3633	2100
	2010	85218	79489	3685	1220	3677	2052
	2011	88419	83011	3427	1023	3565	1843
	2012	89859	84695	3354	904	3451	1713
	2013	91444	86379	1739	570	3391	1674
	2014	94197	89218	1476	457	3414	1565
	2015	93426	88773	1329	409	3235	1418
北京	Beijing	2784	2545	60	16	141	98
天津	Tianjin	1267	1164	56	6	58	45
河北	Hebei	3181	3130	9		33	18
山西	Shanxi	2430	2410	66	7	13	7
内蒙古	Inner Mongolia	2048	2043	7	1	2	3
辽宁	Liaoning	3514	3166	19	4	233	115
吉林	Jilin	1727	1702	6	1	17	8
黑龙江	Heilongjiang	2041	2012	39	1	19	10
上海	Shanghai	2758	2354	54	15	273	131
江苏	Jiangsu	6642	6056	69	32	396	190
浙江	Zhejiang	6252	5911	51	15	225	116
安徽	Anhui	3620	3537	46	6	55	28
福建	Fujian	3151	2773	71	17	283	95
江西	Jiangxi	2187	2095	37	5	71	21
山东	Shandong	6606	6395	104	59	145	66
河南	Henan	6158	6069	66	6	60	29
湖北	Hubei	4212	4107	75	14	78	27
湖南	Hunan	3710	3623	65	6	62	25
广东	Guangdong	7341	6451	103	146	689	201
广西	Guangxi	2423	2329	52	11	57	37
海南	Hainan	1103	1037	24	1	51	15
重庆	Chongqing	2585	2450	31	2	99	36
四川	Sichuan	4032	3903	43	8	75	54
贵州	Guizhou	2633	2595	29	3	29	9
云南	Yunnan	2649	2610	37	4	30	9
西藏	Tibet	45	45	1			
陕西	Shaanxi	2070	2031	62	10	23	16
甘肃	Gansu	1533	1516	30	12	12	5
青海	Qinghai	330	329	3			1
宁夏	Ningxia	539	535	1		2	2
新疆	Xinjiang	1855	1850	13	1	4	1

注：2004年数据中除企业个数、平均从业人数、房屋销售价格、住宅竣工套数以及财务指标为经济普查数据外，其他数据均为快报数据（以下各表同）。

a) All figures for 2004 are from annual statistical reporting forms, except figures on number of enterprises, average number of employed persons, selling prices of houses and other financial indicators which are from the First Economic Census. The same applies to the tables following.

19-3 房地产开发企业从业人员数

Number of Employed Persons in Enterprises for Real Estate Development

单位：人 (person)

年份 Year 地区 Region	平均从业人数 Average Number of Employed Persons	内资企业 Domestic Funded Enterprises	#国有 State-owned Enterprises	#集体 Collective-owned Enterprises	港、澳、台投资企业 Enterprises with Funds from Hong Kong, Macao and Taiwan	外商投资企业 Foreign Funded Enterprises
1998	825888	708738	332834	134939	83784	33366
2000	971942	862245	292252	116416	79066	30631
2005	1516150	1366743	140106	40978	90674	58733
2006	1600930	1442158	132259	38367	97688	61084
2007	1719666	1541336	121137	34498	100398	77932
2008	2100362	1906029	127511	29602	109246	85087
2009	1949295	1763867	123866	29049	109965	75463
2010	2091147	1908969	155156	25428	105846	76332
2011	2256964	2075474	135420	21237	112990	68500
2012	2386772	2199815	123593	20398	116849	70108
2013	2591814	2397762	66072	12976	121807	72245
2014	2760070	2561817	61512	11414	129287	68966
2015	2738454	2551484	57273	10771	124494	62476
北京 Beijing	90743	78994	2529	292	7355	4394
天津 Tianjin	37367	32953	2131	99	2286	2128
河北 Hebei	107118	103665	420		1429	2024
山西 Shanxi	58757	58193	2519	319	319	245
内蒙古 Inner Mongolia	44813	44643	209	11	9	161
辽宁 Liaoning	79455	67845	371	109	7258	4352
吉林 Jilin	41719	40169	207	11	1168	382
黑龙江 Heilongjiang	43608	42977	875	5	468	163
上海 Shanghai	64598	48843	1256	392	10511	5244
江苏 Jiangsu	179649	158475	2375	861	14134	7040
浙江 Zhejiang	121738	112499	1945	211	6164	3075
安徽 Anhui	110135	106272	1466	70	2697	1166
福建 Fujian	95167	83975	2528	320	8842	2350
江西 Jiangxi	69492	66477	1127	95	2211	804
山东 Shandong	211284	202676	4982	2804	6098	2510
河南 Henan	190755	187489	2332	137	1865	1401
湖北 Hubei	132507	127757	3139	320	3407	1343
湖南 Hunan	116069	112506	2364	85	2412	1151
广东 Guangdong	228918	193070	3480	3560	22249	13599
广西 Guangxi	77776	73081	1761	181	3554	1141
海南 Hainan	43268	38806	1460	30	3727	735
重庆 Chongqing	96420	89434	1453	26	5348	1638
四川 Sichuan	140016	131885	1494	272	4852	3279
贵州 Guizhou	76812	75444	779	47	1099	269
云南 Yunnan	79293	75978	1070	55	2530	785
西藏 Tibet	1865	1865	127			
陕西 Shaanxi	84861	82305	10890	289	1647	909
甘肃 Gansu	43098	42504	1388	165	480	114
青海 Qinghai	10427	10399	112			28
宁夏 Ningxia	17941	17773	40		134	34
新疆 Xinjiang	42785	42532	444	5	241	12

19-4 房地产开发企业土地开发及购置
Land Development and Purchase of Enterprises for Real Estate Development

年 份 Year 地 区 Region		待开发土地面积(万平方米) Land Space Pending Development (10 000 sq.m)	本年土地购置面积(万平方米) Land Space Purchased This Year (10 000 sq.m)	本年土地成交价款(亿元) Transaction Value of Land This Year (100 million yuan)	土地购置费用(亿元) Total Value of Land Purchased (100 million yuan)
	1998	13530.70	10109.32		375.40
	2000	14754.77	16905.24		733.99
	2005	27522.00	38253.73	3269.32	2904.37
	2006	37523.65	36573.57	3318.04	3814.49
	2007	41483.97	40245.85	4573.18	4873.25
	2008	48161.07	39353.43	4831.68	5995.62
	2009	32816.54	31909.45	5150.14	6023.71
	2010	31457.95	39953.10	8206.71	9999.92
	2011	40220.76	44327.44	8894.03	11527.25
	2012	40195.99	35666.80	7409.64	12100.15
	2013	42280.47	38814.38	9918.29	13501.73
	2014	42136.28	33383.03	10019.88	17458.53
	2015	36638.48	22810.79	7621.61	17675.44
北 京	Beijing	520.51	390.96	811.13	2052.92
天 津	Tianjin	425.77	173.98	74.20	319.02
河 北	Hebei	861.99	756.86	168.45	405.93
山 西	Shanxi	840.31	431.66	84.84	163.27
内蒙古	Inner Mongolia	468.63	316.27	52.62	87.62
辽 宁	Liaoning	1033.88	957.02	246.07	308.16
吉 林	Jilin	380.71	793.19	191.72	150.29
黑龙江	Heilongjiang	192.66	270.40	54.11	99.50
上 海	Shanghai	682.12	263.39	179.98	1004.41
江 苏	Jiangsu	4044.91	1693.35	530.42	1505.17
浙 江	Zhejiang	1302.72	1012.58	574.93	2510.48
安 徽	Anhui	2472.35	1805.94	479.32	641.99
福 建	Fujian	995.97	1056.72	490.12	1072.93
江 西	Jiangxi	646.01	542.89	147.48	210.54
山 东	Shandong	2831.90	1787.97	473.45	1035.67
河 南	Henan	1627.82	951.41	198.21	362.68
湖 北	Hubei	1198.60	729.91	238.74	665.36
湖 南	Hunan	2426.46	860.96	176.66	243.42
广 东	Guangdong	4115.09	1478.80	890.97	1711.53
广 西	Guangxi	765.61	415.94	108.45	282.07
海 南	Hainan	1058.17	252.70	75.32	345.50
重 庆	Chongqing	2020.24	1626.77	539.12	733.81
四 川	Sichuan	1638.12	1061.98	332.42	846.96
贵 州	Guizhou	1005.77	601.20	83.75	118.20
云 南	Yunnan	954.21	826.89	146.38	323.51
西 藏	Tibet	15.62	30.82	0.95	0.36
陕 西	Shaanxi	591.71	447.59	134.79	226.76
甘 肃	Gansu	219.10	239.72	28.71	53.95
青 海	Qinghai	64.00	48.35	11.14	50.64
宁 夏	Ningxia	383.81	230.51	25.70	54.58
新 疆	Xinjiang	853.72	754.07	71.49	88.21

 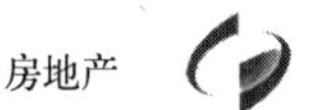

19-5 房地产开发企业投资总规模及完成情况(2015年)
General Scale of Construction and Completed Investment of Enterprises for Real Estate Development (2015)

单位：亿元 (100 million yuan)

地 区	Region	计划总投资 Total Investment Planned	自开始建设至本年底累计完成投资 Accumulative Investment Actually Completed Since Starting of Construction up to the End of This Year	本年完成投资 Investment Completed This Year	建筑安装工程 Construction and Installation	设备工器具购置 Purchase of Equipment and Instruments	其他费用 Others
全 国	**National Total**	**536853.75**	**378089.48**	**95978.85**	**71195.57**	**1211.52**	**23571.75**
北 京	Beijing	23192.24	18036.55	4177.05	1297.87	22.97	2856.21
天 津	Tianjin	14094.61	8957.81	1871.55	1328.30	13.04	530.21
河 北	Hebei	17578.58	12001.97	4285.27	3591.35	91.52	602.40
山 西	Shanxi	7902.71	5075.83	1494.87	1176.94	23.80	294.13
内蒙古	Inner Mongolia	8147.17	5449.23	1081.05	959.70	8.77	112.58
辽 宁	Liaoning	23120.45	17402.30	3558.64	3109.79	44.11	404.74
吉 林	Jilin	6750.58	4531.70	924.24	717.09	8.11	199.04
黑龙江	Heilongjiang	6060.52	4287.53	992.15	856.94	11.41	123.79
上 海	Shanghai	23212.56	17110.21	3468.94	2212.04	15.15	1241.75
江 苏	Jiangsu	50613.49	35253.66	8153.68	6186.30	118.93	1848.46
浙 江	Zhejiang	33281.85	26208.77	7111.93	3922.53	62.38	3127.01
安 徽	Anhui	25105.30	17167.71	4424.86	3578.86	58.45	787.54
福 建	Fujian	22017.23	18031.78	4469.61	3168.04	39.87	1261.70
江 西	Jiangxi	9096.57	5811.08	1520.10	1227.03	23.15	269.92
山 东	Shandong	35191.13	23907.76	5892.16	4607.70	58.45	1226.01
河 南	Henan	24450.90	14530.53	4818.93	4125.77	117.27	575.89
湖 北	Hubei	19986.24	14093.70	4249.23	3243.50	68.09	937.64
湖 南	Hunan	17474.36	11552.76	2613.75	2166.15	40.17	407.42
广 东	Guangdong	50293.61	37218.78	8538.47	6048.40	99.21	2390.86
广 西	Guangxi	11380.05	8101.75	1909.09	1526.23	23.30	359.57
海 南	Hainan	9834.05	6363.63	1704.00	1183.32	13.61	507.07
重 庆	Chongqing	21344.93	15418.90	3751.28	2632.39	38.59	1080.30
四 川	Sichuan	21542.31	15757.12	4813.03	3685.76	84.85	1042.42
贵 州	Guizhou	12855.29	8451.48	2205.09	1900.01	24.67	280.41
云 南	Yunnan	13481.11	9357.17	2669.01	2191.00	29.46	448.56
西 藏	Tibet	179.73	119.08	50.02	48.05	0.78	1.19
陕 西	Shaanxi	14631.80	8916.48	2494.29	2153.66	24.57	316.05
甘 肃	Gansu	3897.53	2619.16	768.06	678.49	11.17	78.40
青 海	Qinghai	1484.32	1058.62	336.00	266.16	12.34	57.51
宁 夏	Ningxia	3652.24	2398.71	633.64	553.20	6.02	74.43
新 疆	Xinjiang	5000.27	2897.73	998.88	853.01	17.33	128.53

19-6 按用途分房地产开发企业完成投资
Investment Completed by Enterprises for Real Estate Development by Use

单位：亿元 (100 million yuan)

年份 Year 地区 Region		本年完成投资 Investment Completed This Year	住宅 Residential Buildings	#别墅、高档公寓 Villas, High-grade Apartments	办公楼 Office Buildings	商业营业用房 Houses for Business Use	其他 Others
	1998	3614.23	2081.56	181.85	433.80	475.83	623.04
	2000	4984.05	3311.98	270.01	297.85	579.99	794.23
	2005	15909.25	10860.93	1049.41	763.07	2039.53	2245.72
	2006	19422.92	13638.41	1445.00	928.06	2353.88	2502.57
	2007	25288.84	18005.42	1807.12	1035.04	2785.65	3462.73
	2008	31203.19	22440.87	2032.31	1167.17	3354.48	4240.67
	2009	36241.81	25613.69	2073.34	1377.21	4180.66	5070.25
	2010	48259.40	34026.23	2829.81	1807.38	5648.40	6777.39
	2011	61796.89	44319.50	3424.16	2558.79	7424.05	7494.55
	2012	71803.79	49374.21	3448.37	3366.61	9312.00	9750.96
	2013	86013.38	58950.76	3637.90	4652.45	11944.83	10465.34
	2014	95035.61	64352.15	3844.72	5641.19	14346.25	10696.02
	2015	95978.85	64595.24	3481.37	6209.74	14607.49	10566.37
北京	Beijing	4177.05	1889.54	243.12	899.07	463.67	924.77
天津	Tianjin	1871.55	1251.53	51.61	107.70	249.01	263.31
河北	Hebei	4285.27	3162.55	78.00	175.87	509.40	437.45
山西	Shanxi	1494.87	1098.32	8.89	85.50	171.21	139.84
内蒙古	Inner Mongolia	1081.05	758.51	18.08	39.68	187.50	95.37
辽宁	Liaoning	3558.64	2603.32	115.65	116.61	608.64	230.08
吉林	Jilin	924.24	648.81	24.74	38.63	162.74	74.07
黑龙江	Heilongjiang	992.15	681.15	17.31	25.32	210.23	75.44
上海	Shanghai	3468.94	1813.32	381.48	654.54	467.67	533.42
江苏	Jiangsu	8153.68	6080.21	475.72	344.07	1130.91	598.50
浙江	Zhejiang	7111.93	4450.73	352.44	513.31	1021.09	1126.79
安徽	Anhui	4424.86	2849.19	66.86	204.25	1025.86	345.55
福建	Fujian	4469.61	2864.95	121.27	327.76	670.97	605.92
江西	Jiangxi	1520.10	1113.09	33.40	52.11	239.39	115.51
山东	Shandong	5892.16	4399.44	105.84	331.88	764.96	395.88
河南	Henan	4818.93	3529.15	35.07	218.54	694.23	377.00
湖北	Hubei	4249.23	3020.54	68.98	215.70	593.85	419.13
湖南	Hunan	2613.75	1802.94	64.55	120.80	430.63	259.38
广东	Guangdong	8538.47	5890.51	440.82	564.00	1085.78	998.19
广西	Guangxi	1909.09	1407.75	34.30	72.58	243.83	184.93
海南	Hainan	1704.00	1246.78	234.22	20.54	140.99	295.69
重庆	Chongqing	3751.28	2390.49	162.54	203.56	616.19	541.03
四川	Sichuan	4813.03	3048.72	82.08	229.79	928.76	605.75
贵州	Guizhou	2205.09	1327.77	24.79	164.06	506.74	206.53
云南	Yunnan	2669.01	1670.27	142.36	162.04	508.91	327.80
西藏	Tibet	50.02	39.60	1.18	2.49	4.47	3.46
陕西	Shaanxi	2494.29	1827.80	28.85	160.95	346.70	158.83
甘肃	Gansu	768.06	526.56	3.35	28.01	162.05	51.45
青海	Qinghai	336.00	201.38	6.46	37.43	64.62	32.58
宁夏	Ningxia	633.64	396.68	14.64	34.29	129.52	73.14
新疆	Xinjiang	998.88	603.66	42.75	58.66	266.97	69.59

19-7 房地产开发企业实际到位资金
Actual Funds in Place of Enterprises for Real Estate Development

单位：亿元 (100 million yuan)

年份 Year 地区 Region	本年实际到位资金小计 Total Actual Funds in Place This Year	国内贷款 Domestic Loans	利用外资 Foreign Investment	#外商直接投资 Foreign Direct Investment	自筹资金 Self-raising Funds	其他资金来源 Others
1998	4414.94	1053.17	361.76	258.87	1166.98	1811.85
2000	5997.63	1385.08	168.70	134.80	1614.21	2819.29
2005	21397.84	3918.08	257.81	171.41	7000.39	10221.56
2006	27135.55	5356.98	400.15	303.05	8597.09	12781.33
2007	37477.96	7015.64	641.04	485.39	11772.53	18048.75
2008	39619.36	7605.69	728.22	634.99	15312.10	15973.35
2009	57799.04	11364.51	479.39	403.32	17949.12	28006.01
2010	72944.04	12563.70	790.68	673.45	26637.21	32952.45
2011	85688.73	13056.80	785.15	689.54	35004.57	36842.22
2012	96536.81	14778.39	402.09	358.52	39081.96	42274.38
2013	122122.47	19672.66	534.17	467.12	47424.95	54490.70
2014	121991.48	21242.61	639.26	598.91	50419.80	49689.81
2015	125203.06	20214.38	296.53	286.08	49037.56	55654.60
北京 Beijing	7282.11	1970.97	5.75	5.75	2277.20	3028.19
天津 Tianjin	3208.66	954.00	6.54	4.84	932.39	1315.72
河北 Hebei	4666.67	456.70	2.31	2.31	3099.11	1108.55
山西 Shanxi	1442.67	108.82			809.31	524.53
内蒙古 Inner Mongolia	1196.07	97.51			838.47	260.09
辽宁 Liaoning	4231.78	551.43	37.61	37.32	2269.32	1373.42
吉林 Jilin	1211.74	180.82	0.02		557.72	473.19
黑龙江 Heilongjiang	1220.96	126.46	1.32	1.32	730.67	362.51
上海 Shanghai	5531.86	1516.59	33.92	32.36	1519.99	2461.37
江苏 Jiangsu	12039.99	1877.93	44.91	41.26	3416.80	6700.36
浙江 Zhejiang	8675.58	1274.79	15.65	15.65	2659.44	4725.70
安徽 Anhui	4990.78	564.23	1.02	0.90	1860.13	2565.40
福建 Fujian	5639.33	846.73	7.98	7.98	2300.58	2484.05
江西 Jiangxi	2101.33	230.82	6.14	6.14	730.78	1133.59
山东 Shandong	7342.90	952.50	15.25	15.25	3328.96	3046.20
河南 Henan	5076.92	475.69	3.22	1.92	2956.20	1641.82
湖北 Hubei	4880.42	777.89	0.90	0.70	2357.67	1743.96
湖南 Hunan	3586.49	481.83	0.71	0.60	1246.05	1857.90
广东 Guangdong	14164.30	2577.81	26.65	26.38	3933.40	7626.44
广西 Guangxi	2339.29	332.04	1.57	1.55	823.72	1181.96
海南 Hainan	2139.51	339.83	1.35	1.35	1007.98	790.36
重庆 Chongqing	5024.58	1033.07	65.90	64.85	1666.53	2259.07
四川 Sichuan	6079.00	916.21	0.97	0.96	2645.83	2515.99
贵州 Guizhou	2248.27	220.30	0.85	0.80	898.35	1128.77
云南 Yunnan	2850.09	528.40	9.67	9.57	1337.54	974.48
西藏 Tibet	43.93	1.20			28.70	14.03
陕西 Shaanxi	2815.01	372.82	6.32	6.32	1405.06	1030.81
甘肃 Gansu	939.65	153.02			429.93	356.70
青海 Qinghai	361.04	72.94			153.80	134.30
宁夏 Ningxia	737.39	96.59			323.68	317.12
新疆 Xinjiang	1134.72	124.46			492.26	518.00

19-8 房地产开发企业房屋建筑面积和造价
Floor Space and Cost of Buildings Developed by Enterprises for Real Estate Development

年份 地区	Year Region	房屋施工面积（万平方米） Floor Space of Buildings under Construction (10 000 sq.m)	房屋竣工面积（万平方米） Floor Space of Buildings Completed (10 000 sq.m)	房屋建筑面积竣工率（%） Rate of Floor Space of Buildings Completed (%)	房屋竣工价值（亿元） Value of Buildings Completed (100 million yuan)	房屋竣工造价（元/平方米） Cost of Buildings Completed (yuan/sq.m)
	1998	50770.14	17566.60	34.6	2139.19	1218
	2000	65896.92	25104.86	38.1	2859.35	1139
	2005	166053.26	53417.04	32.2	7752.24	1451
	2006	194786.42	55830.92	28.7	8729.35	1564
	2007	236318.24	60606.68	25.6	10039.89	1657
	2008	283266.20	66544.80	23.5	11947.57	1795
	2009	320368.20	72677.40	22.7	14689.37	2021
	2010	405356.40	78743.90	19.4	17542.73	2228
	2011	506775.48	92619.94	18.3	21975.91	2373
	2012	573417.52	99424.96	17.3	24836.62	2498
	2013	665571.89	101434.99	15.2	26805.38	2643
	2014	726482.34	107459.05	14.8	30261.99	2816
	2015	735693.37	100039.10	13.6	30552.38	3054
北京	Beijing	12993.08	2631.45	20.3	965.55	3669
天津	Tianjin	10230.22	2903.57	28.4	885.83	3051
河北	Hebei	30434.76	4039.31	13.3	1253.87	3104
山西	Shanxi	15734.48	2114.49	13.4	571.32	2702
内蒙古	Inner Mongolia	17641.28	1697.16	9.6	459.82	2709
辽宁	Liaoning	29283.18	3237.53	11.1	910.18	2811
吉林	Jilin	11566.47	1287.40	11.1	307.85	2391
黑龙江	Heilongjiang	12410.35	2924.21	23.6	675.33	2309
上海	Shanghai	15095.33	2647.18	17.5	1488.32	5622
江苏	Jiangsu	58118.44	10296.96	17.7	3503.00	3402
浙江	Zhejiang	41687.33	5892.86	14.1	2301.64	3906
安徽	Anhui	34244.67	5537.74	16.2	1499.29	2707
福建	Fujian	30891.14	3436.56	11.1	938.70	2732
江西	Jiangxi	15293.60	1907.89	12.5	505.90	2652
山东	Shandong	57206.44	8277.76	14.5	1909.34	2307
河南	Henan	40994.40	5390.32	13.1	1079.75	2003
湖北	Hubei	28296.28	2785.17	9.8	798.57	2867
湖南	Hunan	28322.13	3969.96	14.0	1221.38	3077
广东	Guangdong	57941.86	6044.43	10.4	2256.69	3734
广西	Guangxi	18608.36	1675.18	9.0	470.43	2808
海南	Hainan	8316.98	1068.59	12.8	514.16	4812
重庆	Chongqing	28985.67	4630.29	16.0	1595.40	3446
四川	Sichuan	38981.36	4545.71	11.7	1289.09	2836
贵州	Guizhou	20877.67	2582.68	12.4	890.87	3449
云南	Yunnan	20722.20	2546.74	12.3	739.50	2904
西藏	Tibet	380.62	92.27	24.2	30.68	3324
陕西	Shaanxi	20752.16	1681.50	8.1	463.65	2757
甘肃	Gansu	8586.18	962.24	11.2	244.34	2539
青海	Qinghai	2585.59	454.41	17.6	120.36	2649
宁夏	Ningxia	7045.68	1168.98	16.6	291.60	2494
新疆	Xinjiang	11465.44	1608.58	14.0	370.00	2300

19-9 按用途分房地产开发企业房屋新开工面积
Floor Space of Buildings Started This Year by Enterprises for Real Estate Development by Use

单位：万平方米 (10 000 sq.m)

年份 Year / 地区 Region		本年房屋新开工面积 Floor Space Started This Year	住宅 Residential Buildings	#别墅、高档公寓 Villas, High-grade Apartments	办公楼 Office Buildings	商业营业用房 Houses for Business Use	其他 Others
	1998	20387.90	16637.50	638.60	871.50	1938.65	940.25
	2000	29582.64	24401.15	1169.09	898.81	3034.77	1247.91
	2005	68064.44	55185.07	2834.97	1671.10	7675.47	3532.79
	2006	79252.83	64403.80	4058.32	2134.94	8473.23	4240.86
	2007	95401.53	78795.51	4914.41	2141.44	9093.89	5370.70
	2008	102553.37	83642.12	4336.97	2471.95	10040.69	6398.62
	2009	116422.05	93298.41	3649.80	2860.76	12415.03	7847.84
	2010	163646.87	129359.31	5080.05	3668.07	17472.58	13146.91
	2011	191236.87	147163.11	5653.01	5399.20	20730.78	17943.77
	2012	177333.62	130695.42	4228.31	5986.46	22006.85	18644.89
	2013	201207.84	145844.80	4454.59	6887.24	25902.00	22573.80
	2014	179592.49	124877.00	4275.01	7349.10	25047.73	22318.66
	2015	154453.68	106651.30	3318.41	6569.12	22530.29	18702.96
北京	Beijing	2706.91	1158.17	65.85	585.56	343.62	619.56
天津	Tianjin	2817.19	1966.85	74.47	210.63	292.38	347.32
河北	Hebei	7219.81	5542.98	58.51	186.40	764.65	725.78
山西	Shanxi	3700.64	2624.64	46.18	94.04	484.91	497.05
内蒙古	Inner Mongolia	2341.67	1683.29	26.07	29.85	359.09	269.44
辽宁	Liaoning	4699.42	3604.71	84.40	55.03	693.15	346.53
吉林	Jilin	2063.66	1457.98	35.67	81.40	349.38	174.90
黑龙江	Heilongjiang	2181.79	1475.92	24.78	64.00	461.97	179.90
上海	Shanghai	2605.08	1560.28	208.55	304.87	307.57	432.36
江苏	Jiangsu	11542.56	8819.98	430.37	398.71	1278.80	1045.07
浙江	Zhejiang	6533.77	3746.31	301.46	449.02	1004.46	1333.99
安徽	Anhui	7759.35	5254.68	79.71	285.39	1457.58	761.70
福建	Fujian	5244.85	3185.57	75.74	345.68	684.68	1028.91
江西	Jiangxi	3704.87	2603.26	48.13	98.89	663.27	339.46
山东	Shandong	12043.38	8984.21	136.64	496.60	1357.86	1204.71
河南	Henan	10974.12	8375.26	107.62	329.73	1452.39	816.74
湖北	Hubei	6734.67	5120.37	127.90	178.93	892.37	543.00
湖南	Hunan	6394.58	4747.20	110.47	139.70	891.77	615.92
广东	Guangdong	12676.74	8681.76	419.29	566.83	1573.31	1854.85
广西	Guangxi	3850.07	2793.57	39.36	141.37	455.30	459.83
海南	Hainan	1644.72	1281.55	103.72	12.58	154.87	195.72
重庆	Chongqing	5810.85	3668.92	204.37	157.43	1037.72	946.77
四川	Sichuan	9587.21	6026.32	87.43	337.88	1537.60	1685.41
贵州	Guizhou	4206.12	2381.20	53.95	206.77	1020.76	597.38
云南	Yunnan	3841.29	2517.28	163.49	86.45	758.45	479.11
西藏	Tibet	119.87	80.88	0.22	4.81	16.18	18.00
陕西	Shaanxi	3964.44	2526.73	57.88	375.61	685.97	376.14
甘肃	Gansu	2312.66	1547.13	1.23	88.76	443.25	233.51
青海	Qinghai	785.52	493.51	20.22	47.29	130.33	114.39
宁夏	Ningxia	1391.12	863.70	35.96	84.24	254.25	188.93
新疆	Xinjiang	2994.75	1877.08	88.77	124.69	722.41	270.58

19-10 按用途分商品房销售面积
Floor Space of Commercialized Buildings Sold by Use

单位：万平方米 (10 000 sq.m)

年份 Year / 地区 Region	商品房销售面积 Floor Space of Commercialized Buildings Sold	住宅 Residential Buildings	#别墅、高档公寓 Villas, High-grade Apartments	办公楼 Office Buildings	商业营业用房 Houses for Business Use	其他 Others
1998	12185.30	10827.10	345.30	400.60	810.80	146.80
2000	18637.13	16570.28	640.72	436.98	1399.31	230.56
2005	55486.22	49587.83	2818.44	1096.23	4081.38	720.78
2006	61857.07	55422.95	3672.44	1231.04	4337.79	865.29
2007	77354.72	70135.88	4581.31	1465.23	4644.61	1109.01
2008	65969.83	59280.35	2865.25	1157.05	4206.06	1326.37
2009	94755.00	86184.89	4626.05	1544.43	5328.03	1697.65
2010	104764.65	93376.60	4219.10	1889.97	6994.84	2503.24
2011	109366.75	96528.41	3729.93	2004.97	7868.65	2964.71
2012	111303.65	98467.51	3476.00	2253.65	7759.28	2823.21
2013	130550.59	115722.69	3632.03	2883.35	8469.22	3475.33
2014	120648.54	105187.79	3047.35	2505.45	9076.93	3878.37
2015	128494.97	112412.29	3487.40	2912.59	9254.79	3915.29
北京 Beijing	1554.25	1126.84	71.98	243.02	84.81	99.58
天津 Tianjin	1771.07	1674.78	69.45	16.26	59.19	20.84
河北 Hebei	5854.65	5161.65	62.76	90.10	385.34	217.56
山西 Shanxi	1592.55	1481.14	18.74	21.49	59.85	30.08
内蒙古 Inner Mongolia	2369.37	1944.92	17.96	43.25	258.33	122.87
辽宁 Liaoning	3916.19	3477.26	65.44	37.48	311.61	89.84
吉林 Jilin	1491.85	1304.82	38.35	17.87	129.23	39.93
黑龙江 Heilongjiang	1996.61	1710.60	15.04	18.20	198.28	69.53
上海 Shanghai	2431.36	2009.17	390.97	197.41	113.70	111.08
江苏 Jiangsu	11414.05	10275.95	539.44	238.30	728.02	171.78
浙江 Zhejiang	5985.30	5131.88	306.11	205.05	384.57	263.80
安徽 Anhui	6174.09	5356.81	77.64	109.40	627.40	80.48
福建 Fujian	4037.76	3315.69	91.51	155.42	296.25	270.40
江西 Jiangxi	3478.23	3145.83	42.78	50.61	220.43	61.36
山东 Shandong	9727.04	8526.85	168.97	300.04	635.92	264.23
河南 Henan	8556.34	7645.84	58.64	149.50	639.18	121.82
湖北 Hubei	6244.55	5647.72	113.11	61.42	408.07	127.34
湖南 Hunan	6363.01	5671.19	96.11	60.41	468.94	162.47
广东 Guangdong	11681.01	10497.62	536.12	311.12	479.21	393.05
广西 Guangxi	3523.41	3181.51	36.04	38.83	197.72	105.34
海南 Hainan	1052.28	984.79	83.85	9.05	38.24	20.21
重庆 Chongqing	5381.37	4477.71	154.87	115.84	463.05	324.78
四川 Sichuan	7671.20	6495.43	108.83	123.72	672.00	380.05
贵州 Guizhou	3559.81	2943.37	34.19	78.42	452.43	85.58
云南 Yunnan	3145.13	2576.80	163.22	59.32	354.33	154.67
西藏 Tibet	51.27	46.32	3.17	2.79	2.15	0.01
陕西 Shaanxi	2978.94	2717.98	45.26	60.50	149.02	51.44
甘肃 Gansu	1434.96	1307.48	7.70	13.24	96.95	17.29
青海 Qinghai	392.96	329.71	0.13	23.74	32.27	7.24
宁夏 Ningxia	839.16	708.12	9.74	13.05	102.20	15.80
新疆 Xinjiang	1825.18	1536.49	59.28	47.74	206.10	34.85

19-11 按用途分商品房销售额
Total Sale of Commercialized Buildings Sold by Use

单位：亿元 (100 million yuan)

年份 Year / 地区 Region		商品房销售额 Total Sale of Commercialized Buildings Sold	住宅 Residential Buildings	#别墅、高档公寓 Villas, High-grade Apartments	办公楼 Office Buildings	商业营业用房 Houses for Business Use	其他 Others
	1998	2513.30	2006.87	158.70	222.41	257.06	26.97
	2000	3935.44	3228.60	274.75	207.63	456.23	42.98
	2005	17576.13	14563.76	1644.27	758.87	2049.57	203.94
	2006	20825.96	17287.81	2418.28	991.33	2275.87	270.95
	2007	29889.12	25565.81	3422.81	1269.91	2681.72	371.68
	2008	25068.18	21196.00	2235.07	969.36	2475.85	426.97
	2009	44355.17	38432.90	4469.76	1638.41	3660.67	623.20
	2010	52721.24	44120.65	4613.11	2155.71	5418.82	1026.07
	2011	58588.86	48198.32	4100.66	2471.58	6679.08	1239.88
	2012	64455.79	53467.18	3983.56	2773.43	6999.57	1215.60
	2013	81428.28	67694.94	4573.19	3747.35	8280.48	1705.52
	2014	76292.41	62410.95	3950.86	2962.93	8910.62	2007.91
	2015	87280.84	72769.82	5286.00	3761.42	8852.78	1896.81
北京	Beijing	3517.65	2512.89	279.39	702.74	231.62	70.41
天津	Tianjin	1790.01	1663.25	93.65	25.21	81.12	20.43
河北	Hebei	3371.59	2854.21	62.56	84.33	324.03	109.02
山西	Shanxi	775.64	702.29	18.33	19.42	45.75	8.18
内蒙古	Inner Mongolia	1052.18	766.06	10.51	26.74	194.74	64.65
辽宁	Liaoning	2254.97	1907.63	62.02	33.48	265.64	48.23
吉林	Jilin	816.87	680.26	42.34	12.83	104.84	18.94
黑龙江	Heilongjiang	1027.14	824.21	12.11	13.49	153.00	36.43
上海	Shanghai	5093.55	4319.93	1462.81	488.68	227.89	57.05
江苏	Jiangsu	8396.20	7374.87	707.20	222.47	726.30	72.56
浙江	Zhejiang	6299.46	5519.27	394.35	216.35	447.12	116.73
安徽	Anhui	3369.42	2714.33	59.89	80.29	539.29	35.51
福建	Fujian	3585.81	2839.76	133.90	195.07	374.86	176.13
江西	Jiangxi	1863.67	1606.67	33.23	34.33	191.39	31.28
山东	Shandong	5408.01	4510.76	169.83	278.74	507.17	111.33
河南	Henan	3945.55	3300.33	45.48	123.18	457.80	64.24
湖北	Hubei	3661.37	3198.53	92.84	48.32	353.65	60.87
湖南	Hunan	2738.92	2253.85	70.33	49.74	378.70	56.63
广东	Guangdong	11442.80	9967.32	923.18	583.87	624.73	266.87
广西	Guangxi	1747.77	1459.43	30.58	40.56	184.59	63.18
海南	Hainan	982.75	908.60	135.96	12.23	39.86	22.07
重庆	Chongqing	2952.21	2244.43	139.24	118.02	483.48	106.28
四川	Sichuan	4199.84	3269.52	112.21	88.73	711.92	129.67
贵州	Guizhou	1571.68	1068.14	24.17	51.92	422.90	28.72
云南	Yunnan	1666.85	1236.81	83.39	67.34	297.13	65.57
西藏	Tibet	21.08	16.70	2.31	1.48	2.89	0.00
陕西	Shaanxi	1597.44	1381.27	32.09	53.77	137.23	25.17
甘肃	Gansu	704.93	603.08	9.55	14.86	77.90	9.09
青海	Qinghai	206.00	139.83	0.13	22.84	41.35	1.98
宁夏	Ningxia	370.30	283.98	5.38	10.18	70.17	5.96
新疆	Xinjiang	849.18	641.62	37.06	40.23	153.70	13.63

19-12 按用途分商品房平均销售价格
Average Selling Price of Commercialized Buildings by Use

单位：元/平方米 (yuan/sq.m)

年份 地区	Year Region	商品房平均销售价格 Average Selling Price of Commercialized Buildings	住宅 Residential Buildings	#别墅、高档公寓 Villas, High-grade Apartments	办公楼 Office Buildings	商业营业用房 Houses for Business Use	其他 Others
	1998	2063	1854	4596	5552	3170	1837
	2000	2112	1948	4288	4751	3260	1864
	2005	3168	2937	5834	6923	5022	2829
	2006	3367	3119	6585	8053	5247	3131
	2007	3864	3645	7471	8667	5774	3351
	2008	3800	3576	7801	8378	5886	3219
	2009	4681	4459	9662	10608	6871	3671
	2010	5032	4725	10934	11406	7747	4099
	2011	5357	4993	10994	12327	8488	4182
	2012	5791	5430	11460	12306	9021	4306
	2013	6237	5850	12591	12997	9777	4907
	2014	6324	5933	12965	11826	9817	5177
	2015	6793	6473	15157	12914	9566	4845
北京	Beijing	22633	22300	38817	28917	27312	7070
天津	Tianjin	10107	9931	13484	15505	13705	9804
河北	Hebei	5759	5530	9967	9360	8409	5011
山西	Shanxi	4870	4742	9780	9039	7644	2720
内蒙古	Inner Mongolia	4441	3939	5853	6181	7538	5261
辽宁	Liaoning	5758	5486	9478	8931	8525	5369
吉林	Jilin	5476	5213	11041	7180	8113	4744
黑龙江	Heilongjiang	5144	4818	8049	7415	7716	5240
上海	Shanghai	20949	21501	37415	24754	20043	5136
江苏	Jiangsu	7356	7177	13110	9336	9976	4224
浙江	Zhejiang	10525	10755	12883	10551	11626	4425
安徽	Anhui	5457	5067	7713	7339	8596	4412
福建	Fujian	8881	8565	14633	12551	12653	6514
江西	Jiangxi	5358	5107	7768	6785	8683	5098
山东	Shandong	5560	5290	10051	9290	7975	4213
河南	Henan	4611	4317	7755	8239	7162	5273
湖北	Hubei	5863	5663	8208	7867	8667	4780
湖南	Hunan	4304	3974	7318	8233	8076	3485
广东	Guangdong	9796	9495	17220	18767	13037	6790
广西	Guangxi	4960	4587	8485	10447	9336	5998
海南	Hainan	9339	9226	16216	13515	10423	10920
重庆	Chongqing	5486	5012	8991	10188	10441	3272
四川	Sichuan	5475	5034	10310	7172	10594	3412
贵州	Guizhou	4415	3629	7069	6620	9347	3356
云南	Yunnan	5300	4800	5109	11353	8386	4239
西藏	Tibet	4111	3605	7291	5300	13455	2973
陕西	Shaanxi	5362	5082	7090	8887	9209	4893
甘肃	Gansu	4913	4613	12396	11222	8036	5260
青海	Qinghai	5242	4241	10233	9619	12814	2732
宁夏	Ningxia	4413	4010	5518	7802	6866	3774
新疆	Xinjiang	4653	4176	6252	8427	7457	3911

19-13 房地产开发企业资产负债
Assets and Liabilities of Enterprises for Real Estate Development

单位：亿元 (100 million yuan)

年份 地区	Year Region	实收资本合计 Total Capital Held	资产总计 Total Assets	累计折旧 Total Depreciation	#本年折旧 Depreciation This Year	负债合计 Total Liabilities	所有者权益 Owners' Equity	资产负债率(%) Ratio of Liabilities to Assets(%)
	1998	5778.73	19526.18	191.04	39.02	14857.25	4668.92	76.1
	2000	5302.91	25185.99	299.28	57.72	19032.10	6153.88	75.6
	2005	13926.98	72193.64	737.01	157.35	52520.71	19672.93	72.7
	2006	16172.37	88397.99	875.67	191.58	65476.67	22921.32	74.1
	2007	19438.00	111078.20	1025.65	231.59	82680.23	28397.97	74.4
	2008	27561.90	144833.55	1414.14	340.19	104782.31	40051.24	72.3
	2009	28966.02	170184.24	1469.96	320.41	125042.73	45141.51	73.5
	2010	36767.41	224467.14	1758.34	379.81	167297.41	57170.12	74.5
	2011	46430.63	284359.44	2113.63	427.26	214469.96	69889.73	75.4
	2012	54735.36	351858.65	2360.92	525.35	264597.55	87261.10	75.2
	2013	59987.59	425243.89	2871.45	626.74	323228.24	102015.65	76.0
	2014	76566.04	498749.92	3099.89	616.67	384095.53	114654.40	77.0
	2015	86171.57	551968.06	3265.20	596.61	428729.90	123238.16	77.7
北京	Beijing	6510.68	50542.00	395.52	62.20	39524.00	11018.01	78.2
天津	Tianjin	3748.06	22985.16	69.93	12.04	17070.60	5914.56	74.3
河北	Hebei	1375.00	14274.35	65.24	11.64	12263.68	2010.67	85.9
山西	Shanxi	707.76	7052.18	40.94	7.09	6225.96	826.21	88.3
内蒙古	Inner Mongolia	765.39	7062.39	32.97	5.97	6120.05	942.34	86.7
辽宁	Liaoning	3454.82	18988.13	105.61	20.11	15128.01	3860.12	79.7
吉林	Jilin	766.78	5692.68	32.91	6.04	4730.67	962.00	83.1
黑龙江	Heilongjiang	1262.31	8524.68	43.12	6.13	5915.07	2609.61	69.4
上海	Shanghai	7614.08	43457.65	343.09	45.67	29129.66	14327.99	67.0
江苏	Jiangsu	16657.21	46749.11	264.16	52.22	35200.59	11548.52	75.3
浙江	Zhejiang	7457.51	37892.66	216.17	36.60	29684.94	8207.72	78.3
安徽	Anhui	2202.97	16846.72	85.72	18.32	13270.47	3576.25	78.8
福建	Fujian	2898.06	22115.27	81.32	16.12	16574.55	5540.72	74.9
江西	Jiangxi	944.64	8842.92	39.31	8.98	6577.86	2265.07	74.4
山东	Shandong	3857.17	31238.66	198.25	37.56	25274.79	5963.87	80.9
河南	Henan	2151.37	18262.64	113.59	31.52	14583.93	3678.71	79.9
湖北	Hubei	3157.77	19086.36	103.78	19.10	14524.67	4561.68	76.1
湖南	Hunan	1960.64	12620.54	75.73	14.62	9711.57	2908.97	77.0
广东	Guangdong	5994.00	56679.51	348.90	59.86	45501.54	11177.97	80.3
广西	Guangxi	1076.36	10203.31	51.62	11.55	7598.42	2604.89	74.5
海南	Hainan	1341.79	7624.29	58.18	15.38	6184.72	1439.57	81.1
重庆	Chongqing	2496.51	21556.78	91.27	17.17	15650.17	5906.61	72.6
四川	Sichuan	2942.48	20646.82	127.94	23.53	16302.72	4344.10	79.0
贵州	Guizhou	1083.47	8144.30	37.56	6.60	6824.63	1319.67	83.8
云南	Yunnan	1317.43	12966.93	82.00	19.76	10916.28	2050.65	84.2
西藏	Tibet	21.04	216.96	1.12	0.37	137.39	79.57	63.3
陕西	Shaanxi	1093.96	9703.42	58.74	11.30	8061.70	1641.71	83.1
甘肃	Gansu	375.41	3671.57	29.64	4.97	3045.91	625.66	83.0
青海	Qinghai	158.54	1401.74	7.48	1.79	1207.79	193.95	86.2
宁夏	Ningxia	307.98	2623.76	21.36	4.24	2201.28	422.48	83.9
新疆	Xinjiang	470.38	4294.58	42.06	8.18	3586.27	708.31	83.5

19-14 房地产开发企业经营情况
Operating Statistics on Enterprises for Real Estate Development

单位：亿元 (100 million yuan)

年份 地区	Year Region	主营业务收入 Revenue from Principle Business	土地转让收入 Land Transferred	商品房销售收入 Commercialized Buildings Sold	房屋出租收入 Houses Leased	其他收入 Others	主营业务税金及附加 Taxes and Other Charges on Principal Business	营业利润 Operating Profit
	1992	528.56	42.74	426.59	5.96	53.26	41.44	63.52
	1995	1731.66	194.40	1258.28	25.79	253.19	90.30	143.41
	2000	4515.71	129.61	3896.82	95.32	393.96	214.57	73.28
	2005	14769.35	341.43	13316.77	290.29	820.86	845.25	1109.19
	2006	18046.76	300.65	16621.36	316.79	807.96	1127.12	1669.89
	2007	23397.13	427.92	21604.21	386.81	978.19	1660.30	2436.61
	2008	26696.84	466.85	24394.12	521.47	1314.40	1829.20	3432.23
	2009	34606.23	498.05	32507.83	544.27	1056.08	2585.49	4728.58
	2010	42996.48	519.19	40585.33	742.92	1149.04	3464.66	6111.48
	2011	44491.28	664.66	41697.91	904.28	1224.43	3832.98	5798.58
	2012	51028.41	819.39	47463.49	1151.55	1593.98	4610.87	6001.33
	2013	70706.67	671.42	66697.99	1364.01	1973.25	6204.18	9562.67
	2014	66463.80	571.95	62535.06	1464.10	1892.69	5968.43	6143.13
	2015	70174.34	600.54	65861.30	1600.42	2112.08	6202.38	6165.54
北京	Beijing	3827.48	155.41	3002.91	313.59	355.56	395.34	720.33
天津	Tianjin	1633.07	59.06	1392.97	34.28	146.75	131.78	191.67
河北	Hebei	2305.92	6.30	2265.32	8.07	26.24	202.28	138.58
山西	Shanxi	633.65	2.29	569.73	6.42	55.22	50.59	8.68
内蒙古	Inner Mongolia	651.86	1.28	627.48	2.90	20.21	54.24	4.39
辽宁	Liaoning	2104.15	2.98	2022.06	43.24	35.86	161.26	39.18
吉林	Jilin	795.81	1.16	779.32	7.56	7.77	62.58	35.28
黑龙江	Heilongjiang	816.35	1.24	781.08	6.08	27.95	76.08	27.39
上海	Shanghai	4388.06	45.94	3754.71	420.69	166.72	445.41	885.02
江苏	Jiangsu	8200.59	65.83	7826.20	101.16	207.40	658.12	433.33
浙江	Zhejiang	5442.00	29.29	5250.77	56.89	105.05	455.78	97.71
安徽	Anhui	2645.52	40.86	2483.29	16.96	104.41	208.13	165.78
福建	Fujian	2852.12	4.69	2732.58	27.29	87.56	299.62	538.36
江西	Jiangxi	1414.36	4.81	1385.72	6.68	17.15	118.29	151.31
山东	Shandong	4662.13	22.78	4445.29	40.25	153.81	363.26	301.73
河南	Henan	2839.59	8.37	2749.98	48.03	33.21	243.62	327.39
湖北	Hubei	2744.21	24.19	2631.26	31.66	57.11	264.63	305.91
湖南	Hunan	1912.93	26.93	1812.19	15.08	58.74	150.92	33.46
广东	Guangdong	8238.36	10.87	7881.01	205.88	140.60	898.40	1279.88
广西	Guangxi	1122.11	8.08	1068.45	25.23	20.36	104.12	80.37
海南	Hainan	593.67	5.08	567.10	3.55	17.94	65.32	-15.91
重庆	Chongqing	2278.70	51.42	2094.30	72.36	60.62	179.71	162.05
四川	Sichuan	3111.54	3.63	3010.49	38.58	58.84	239.52	130.43
贵州	Guizhou	926.36	0.73	906.12	8.21	11.30	68.60	12.22
云南	Yunnan	1034.45	4.44	958.71	24.79	46.51	83.93	-44.59
西藏	Tibet	21.45	0.86	20.00	0.42	0.17	1.78	-0.96
陕西	Shaanxi	1359.59	4.58	1288.45	11.16	55.39	92.76	83.65
甘肃	Gansu	533.77	1.38	511.88	4.79	15.72	41.78	30.26
青海	Qinghai	114.23	0.02	109.21	1.47	3.53	9.48	0.98
宁夏	Ningxia	291.87	5.19	279.36	3.51	3.80	20.39	1.17
新疆	Xinjiang	678.41	0.84	653.36	13.62	10.59	54.67	40.50

19-15 分地区按项目规模分房地产开发完成投资（2015年）
Investment Actually Completed by Enterprises for Real Estate Development by Size of Projects and Region (2015)

单位：亿元 (100 million yuan)

地 区	Region	500万元以下 Less Than 5 Million Yuan	500-1000万元 5-10 Million Yuan	1000-3000万元 10-30 Million Yuan	3000-5000万元 30-50 Million Yuan	5000万-1亿元 50-100 Million Yuan	1-5亿元 100-500 Million Yuan	5-10亿元 500-1000 Million Yuan	10亿元以上 1 Billion Yuan and More
全 国	**National Total**	**1.19**	**11.44**	**195.09**	**412.68**	**1804.87**	**19381.57**	**20561.14**	**53610.87**
北 京	Beijing		0.09	0.54	1.99	6.43	170.58	353.11	3644.30
天 津	Tianjin			0.21	0.96	3.67	187.63	383.67	1295.40
河 北	Hebei	0.02	0.11	7.51	13.22	76.41	1156.72	1179.21	1852.10
山 西	Shanxi		0.50	8.31	13.58	68.76	459.58	314.78	629.36
内蒙古	Inner Mongolia		0.56	8.83	20.89	43.29	226.48	243.73	537.29
辽 宁	Liaoning	0.04	0.06	4.52	9.30	45.23	730.30	837.37	1931.82
吉 林	Jilin	0.07	0.45	3.99	7.90	29.95	238.25	205.28	438.34
黑龙江	Heilongjiang		0.39	5.96	17.17	44.50	266.64	184.86	472.62
上 海	Shanghai		0.00	1.14	1.46	5.21	166.08	498.77	2796.29
江 苏	Jiangsu	0.00	0.00	3.90	13.29	77.95	1297.40	2060.46	4700.68
浙 江	Zhejiang	0.04	0.35	6.33	13.15	73.61	1160.03	1663.36	4195.07
安 徽	Anhui	0.06	0.14	4.99	10.53	52.25	834.00	1179.94	2342.95
福 建	Fujian		0.22	4.03	9.62	46.94	640.30	812.55	2955.94
江 西	Jiangxi		0.09	4.17	10.68	50.36	512.84	425.29	516.66
山 东	Shandong	0.02	0.29	12.63	27.09	194.26	1435.15	1283.60	2939.11
河 南	Henan	0.03	0.20	4.02	14.84	77.30	1250.99	1239.77	2231.77
湖 北	Hubei	0.03	0.86	9.93	24.67	86.59	837.39	730.72	2559.04
湖 南	Hunan	0.27	1.00	14.96	28.16	144.59	853.25	590.71	980.82
广 东	Guangdong	0.10	1.39	19.02	27.48	104.79	1434.70	1518.05	5432.93
广 西	Guangxi	0.01	0.61	5.92	15.81	56.75	532.53	400.49	896.99
海 南	Hainan			0.46	2.31	21.10	264.39	299.03	1116.71
重 庆	Chongqing	0.02	0.26	4.84	12.91	57.01	530.99	624.50	2520.75
四 川	Sichuan	0.05	0.84	12.21	14.16	96.02	1315.80	1617.10	1756.85
贵 州	Guizhou	0.04	0.07	4.19	13.26	44.29	608.16	429.06	1106.03
云 南	Yunnan		0.48	7.26	25.31	69.68	645.25	441.43	1479.59
西 藏	Tibet		0.12	0.23	0.30		18.86	19.83	10.68
陕 西	Shaanxi	0.10	0.36	3.74	7.77	43.06	487.84	436.33	1515.08
甘 肃	Gansu	0.15	0.62	10.74	22.11	66.41	317.84	149.30	200.89
青 海	Qinghai		0.00	0.58	2.77	9.18	104.56	73.88	145.03
宁 夏	Ningxia	0.04	0.12	2.23	4.92	17.84	262.55	159.70	186.23
新 疆	Xinjiang	0.11	1.26	17.69	25.08	91.42	434.49	205.28	223.55

19-16 房地产开发企业成套住宅竣工与销售情况
Number of Flats of Residential Buildings Completed and Sold by Enterprises for Real Estate Development

年份 Year 地区 Region	住宅竣工套数合计(套) Total Number of Flats of Residential Buildings Completed (sets)	#别墅、高档公寓 Villas, High-grade Apartments	住宅销售套数合计(套) Total Number of Flats of Residential Buildings Sold (sets)	#别墅、高档公寓 Villas, High-grade Apartments
2000	2139702	59880		
2005	3682523	135276	4235372	152339
2006	4005305	139632	5049094	219982
2007	4401203	159423	6251263	257776
2008	4939189	144618	5565827	157455
2009	5548897	143621	8040470	240129
2010	6019767	163207	8817526	223596
2011	7219163	155923	9139672	191881
2012	7642379	161899	9446424	184001
2013	7493133	126444	11046279	202081
2014	7659418	145182	10104351	167469
2015	7050109	126972	10578898	191594
北京 Beijing	137357	2547	113181	2536
天津 Tianjin	251813	5114	167083	4420
河北 Hebei	311110	2377	501954	3050
山西 Shanxi	140003	258	130673	1522
内蒙古 Inner Mongolia	138048	862	185031	789
辽宁 Liaoning	276272	4521	375240	3139
吉林 Jilin	114188	1115	138747	1815
黑龙江 Heilongjiang	244367	2309	189258	873
上海 Shanghai	153148	16876	198077	25700
江苏 Jiangsu	682532	19576	913062	24466
浙江 Zhejiang	333583	8790	430145	11582
安徽 Anhui	406780	2981	517542	4727
福建 Fujian	215517	1176	296405	4766
江西 Jiangxi	137670	2235	287453	2650
山东 Shandong	553856	8553	775586	10844
河南 Henan	376630	3034	693734	3688
湖北 Hubei	217150	3228	525927	7275
湖南 Hunan	264008	1973	483857	5494
广东 Guangdong	383408	10232	943194	30598
广西 Guangxi	119886	544	294588	1638
海南 Hainan	102640	8654	119393	7321
重庆 Chongqing	374295	5154	496914	9754
四川 Sichuan	333274	2800	685981	5677
贵州 Guizhou	209059	574	276382	1875
云南 Yunnan	151062	5676	214233	7410
西藏 Tibet	6763	918	3691	278
陕西 Shaanxi	128574	239	256955	3265
甘肃 Gansu	73502		127254	355
青海 Qinghai	31847	303	31205	3
宁夏 Ningxia	68980	351	62953	833
新疆 Xinjiang	112787	4002	143200	3251

注：住宅销售套数包括期房。

a) Number of flats of residential buildings sold includes the future housing.

19-17 35个大中城市主要指标完成情况（2015年）
Main Indicators of Real Estate Projects in 35 Large and Medium-sized Cities (2015)

城市	City	本年完成投资（亿元） Investment Completed This Year (100 million yuan)	#住宅 Residential Buildings	#办公楼 Office Buildings	#商业营业用房 Houses for Business Use	房屋施工面积（万平方米） Floor Space of Buildings under Construction (10 000 sq.m)	房屋竣工面积（万平方米） Floor Space of Buildings Completed (10 000 sq.m)	#住宅 Residential Buildings
总计	**Total**	**48094.66**	**30199.14**	**4781.15**	**6749.51**	**285765.75**	**38448.32**	**26093.84**
北京	Beijing	4177.05	1889.54	899.07	463.67	12993.08	2631.45	1378.22
天津	Tianjin	1871.55	1251.53	107.70	249.01	10230.22	2903.57	2182.99
石家庄	Shijiazhuang	965.13	635.89	98.31	109.71	4083.90	417.05	259.91
太原	Taiyuan	597.83	437.34	56.17	44.00	4830.54	423.32	322.01
呼和浩特	Hohhot	509.05	356.35	25.75	84.21	5574.45	301.29	235.10
沈阳	Shenyang	1337.66	934.97	43.25	289.00	8341.31	1036.99	768.76
大连	Dalian	897.46	682.18	48.93	80.63	4911.50	289.32	233.48
长春	Changchun	501.32	355.03	33.74	70.61	6122.45	590.15	434.66
哈尔滨	Harbin	593.98	413.31	19.82	109.68	5578.78	1360.56	964.85
上海	Shanghai	3468.94	1813.32	654.54	467.67	15095.33	2647.18	1588.95
南京	Nanjing	1429.02	1080.97	86.80	144.92	7084.44	1449.10	1063.87
杭州	Hangzhou	2472.60	1442.21	288.08	324.43	11145.90	1665.23	1070.27
宁波	Ningbo	1228.84	747.55	80.46	148.13	6737.89	1007.76	613.39
合肥	Hefei	1259.14	778.73	101.38	252.76	7199.30	1033.90	709.50
福州	Fuzhou	1381.12	856.65	111.32	256.58	7800.01	1064.05	745.09
厦门	Xiamen	774.07	458.70	105.37	79.36	4333.83	446.65	274.17
南昌	Nanchang	485.37	360.56	32.04	58.11	4458.93	433.82	346.31
济南	Jinan	1014.40	725.65	137.99	83.37	6633.99	615.99	370.55
青岛	Qingdao	1122.35	756.91	80.73	171.26	8971.23	1523.35	1047.67
郑州	Zhengzhou	2000.20	1338.16	149.69	280.06	10818.24	1076.66	670.50
武汉	Wuhan	2581.79	1777.93	188.65	310.45	11062.52	804.58	654.63
长沙	Changsha	1006.84	642.21	91.55	159.23	9304.76	1349.29	949.47
广州	Guangzhou	2137.59	1331.03	217.54	319.09	9345.57	1511.49	981.30
深圳	Shenzhen	1331.03	897.13	158.84	142.72	4978.41	360.21	202.37
南宁	Nanning	657.19	465.04	44.77	64.94	5174.93	574.97	423.16
海口	Haikou	456.39	276.14	15.26	48.40	2571.66	218.89	172.05
重庆	Chongqing	3751.28	2390.49	203.56	616.19	28985.67	4630.29	3185.90
成都	Chengdu	2435.25	1472.25	171.42	413.62	18334.84	1435.73	858.64
贵阳	Guiyang	1001.03	583.02	134.13	173.90	6847.81	1405.66	1080.00
昆明	Kunming	1451.31	875.87	135.56	249.23	9200.41	721.96	482.05
西安	Xi'an	1820.85	1304.60	141.96	244.67	13332.63	955.62	747.84
兰州	Lanzhou	320.56	211.21	19.30	64.83	3800.49	194.51	164.80
西宁	Xining	280.43	159.04	36.85	53.14	1893.55	289.88	195.03
银川	Yinchuan	409.17	254.10	25.81	69.95	4231.36	704.68	409.04
乌鲁木齐	Urumqi	366.87	243.52	34.79	52.00	3755.80	373.19	307.30

19-17 续表 continued

城 市	City	商品房销售面积(万平方米) Floor Space of Commercialized Buildings Sold (10 000 sq.m)	#住宅 Residential Buildings	商品房平均销售价格(元/平方米) Average Selling Price of Commercialized Buildings (yuan/sq.m)	#住宅 Residential Buildings	本年土地购置面积(万平方米) Land Space Purchased This Year (10 000 sq.m)
总 计	**Total**	**46054.33**	**39241.21**	**9752**	**9429**	**7893.23**
北 京	Beijing	1554.25	1126.84	22633	22300	390.96
天 津	Tianjin	1771.07	1674.78	10107	9931	173.98
石家庄	Shijiazhuang	757.82	539.68	8601	7798	56.43
太 原	Taiyuan	448.28	421.65	7508	7303	238.68
呼和浩特	Hohhot	381.81	321.44	5193	4946	22.70
沈 阳	Shenyang	1065.06	949.88	6861	6416	223.00
大 连	Dalian	637.33	596.67	8929	8711	170.81
长 春	Changchun	799.12	701.78	6634	6374	487.19
哈尔滨	Harbin	895.98	807.23	6419	6124	107.98
上 海	Shanghai	2431.36	2009.17	20949	21501	263.39
南 京	Nanjing	1543.16	1429.18	11489	11260	116.84
杭 州	Hangzhou	1482.17	1292.35	14422	14748	138.75
宁 波	Ningbo	1007.21	846.92	10708	11022	103.25
合 肥	Hefei	1589.21	1285.90	7695	7512	417.23
福 州	Fuzhou	914.70	748.99	11653	11333	207.74
厦 门	Xiamen	570.83	345.89	16122	18928	97.75
南 昌	Nanchang	901.02	815.99	7126	6955	89.70
济 南	Jinan	1192.12	924.43	7686	7527	274.45
青 岛	Qingdao	1418.58	1238.99	8902	8437	235.01
郑 州	Zhengzhou	1898.67	1695.21	7537	7223	222.45
武 汉	Wuhan	2627.19	2413.77	8556	8404	161.67
长 沙	Changsha	1907.91	1687.06	5856	5544	106.68
广 州	Guangzhou	1653.07	1344.86	14612	14083	134.85
深 圳	Shenzhen	831.46	747.83	33942	33661	137.72
南 宁	Nanning	1000.73	878.87	6646	6229	149.75
海 口	Haikou	373.40	330.28	7948	7636	65.06
重 庆	Chongqing	5381.37	4477.71	5486	5012	1626.77
成 都	Chengdu	2997.43	2447.13	6875	6584	387.47
贵 阳	Guiyang	959.55	789.79	6029	4967	202.17
昆 明	Kunming	1305.03	1008.25	7393	7178	193.39
西 安	Xi'an	1762.70	1583.53	6501	6221	300.34
兰 州	Lanzhou	628.12	578.62	6495	6089	84.69
西 宁	Xining	311.86	260.65	5758	4602	31.08
银 川	Yinchuan	529.81	454.46	4947	4498	104.33
乌鲁木齐	Urumqi	524.96	465.41	6669	6142	168.95

主要统计指标解释

待开发土地面积　指房地产开发企业经有关部门批准，通过各种方式获得土地使用权，但尚未开工建设的土地面积。

本年土地购置面积　指房地产开发企业本年通过各种方式获得土地使用权的土地面积。

本年土地成交价款　指房地产开发企业本年进行土地使用权交易活动的最终金额。在土地一级市场，是指土地最后的划拨款、“招拍挂”价格和出让价；在土地二级市场是指土地转让、出租、抵押等最后确定的合同价格。土地成交价款与土地购置面积同口径。

土地购置费　指房地产开发企业通过各种方式取得土地使用权而支付的费用。土地购置费按本年实际发生额计入投资。土地购置费为分期付款的，分期计入房地产开发投资。

计划总投资　指房地产开发企业在建的建设工程按照总体设计（或按设计概算或预算）规定的内容全部建成计划需要的总投资。

自开始建设累计完成投资　指房地产开发企业在建的房屋建设工程或正在开发的土地开发工程从开始建设到本年末止累计完成的全部投资。

房地产开发投资　指房地产开发企业本年完成的全部用于房屋建设工程、土地开发工程的投资额以及公益性建筑和土地购置费等的投资。

本年实际到位资金小计　指房地产开发企业本年实际到位，可用于房地产开发的各种货币资金。包括国内贷款、利用外资、自筹资金和其他资金。

房屋施工面积　指房地产开发企业本年施工的全部房屋建筑面积。包括本年新开工的房屋建筑面积、上年跨入本年继续施工的房屋建筑面积、上年停缓建在本年恢复施工的房屋建筑面积、本年竣工的房屋建筑面积以及本年施工后又停缓建的房屋建筑面积。多层建筑应填各层建筑面积之和。

房屋新开工面积　指房地产开发企业本年新开工建设的房屋建筑面积，以单位工程为核算对象。不包括在上年开工跨入本年继续施工的房屋建筑面积和上年停缓建而在本年恢复施工的房屋建筑面积。房屋的开工应以房屋正式开始破土刨槽（地基处理或打永久桩）的日期为准。房屋新开工面积指整栋房屋的全部建筑面积，不能分割计算。

房屋竣工面积　指房地产开发企业本年按照设计要求已全部完工，达到住人和使用条件，经验收鉴定合格或达到竣工验收标准，可正式移交使用的各栋房屋建筑面积的总和。

商品房销售面积　指房地产开发企业本年出售商品房屋的合同总面积(即双方签署的正式买卖合同中所确定的建筑面积)。

商品房销售额　指房地产开发企业本年出售商品房屋的合同总价款(即双方签署的正式买卖合同中所确定的合同总价)。该指标与商品房销售面积同口径。

Explanatory Notes on Main Statistical Indicators

Land Space Pending Development refers to the area of land with its use rights already approved by authorities and obtained by real estate development companies but the land development not yet starts.

Land Space Purchased in the Year refers to the area of land with its use rights already obtained in the year by real estate development companies.

Transaction Value of Land in the Year refers to the final amount of transactions made by real estate development companies to obtain the land use rights in the year. At the primary land market, it refers to the amount of final assignment, or the amount reached and transferred as a result of bidding, auction or listing procedures. In the secondary land market, it refers to the final amount on contracts with land transfer, lease and mortgage. The transaction value of land and the land space purchased have the same scope.

Value of Land Purchased refers to the payment made by real estate development companies for land use rights. The actual payment incurred in the year is included in the investment. The payment by installment when occurring is included in the investment.

Total Investment Planned refers to the total amount required for the completion of the activities according to the planned design or budget for the project under construction by real estate development companies.

Accumulative Investment Actually Completed Since Starting of Construction refers to all the investment accomplished by real estate development companies in the construction of building or the development of land from the beginning to the end of the year.

Investment in Real Estate Development refers to the investment made by real estate development companies in the construction of housing, development of land, nonprofit buildings and value of land purchased.

Total Actual Funds in Place This Year refers to the total amount available for real estate development regardless of kinds of currencies. It includes domestic loans, foreign investment, self-raising funds and others.

Floor Space of Buildings under Construction refers to the total space area of the buildings under construction in the year by real estate development companies. It includes buildings started in the year, continued from the previous year, suspended in earlier years but restarted in the year, completed in the year, and started in the year but suspended in the year as well. The floor space of a multi-storied building should be the sum of floor space of all the stories.

Floor Space of Buildings Started This Year refers to the total floor space area of the buildings started in the year by real estate development companies. It excludes the buildings started in previous years and continued in the year, and the buildings suspended in previous years but restarted in the year. The start of a construction is defined by the date of ground breaking or pile driving. The floor space of the building includes that of the entire building.

Floor Space of Buildings Completed refers to the total floor space area of the buildings completed in the year by real estate development companies, which meet the requirements as designed, reach the criteria set for people to live in or use, have passed the acceptance checks, and are ready for delivery or use.

Area of Commercialized Housing Sold refers to total contracted area of commercialized housing (i.e. area of floor space as designated in the formal contracts signed by both sides) sold by real estate development companies during the reference time.

Value of Commercialized Housing Sold refers to the total contracted value (i.e. value of sales/purchase for selling/purchase of commercialized housing as designated in the contract signed by both sides) received from the sales of the buildings by real estate development companies during the reference time. This indicator has the same coverage as the area of commercialized housing sold.

20

科学技术

Science and Technology

简 要 说 明

本篇资料主要反映我国科学技术活动开展的基本情况。

一、本篇资料的主要内容

包括全社会以及规模以上工业法人单位、政府属研究机构、高等学校的研究与试验发展（R&D）活动情况；国内外专利申请和授权情况；高技术企业生产及研发活动情况；科技论文收录情况；高技术产品进出口贸易情况；技术市场交易情况；高新区企业主要经济指标；科协系统科技活动情况；测绘、地震、气象、海洋和质量监督检验检疫等综合技术服务部门业务机构及业务活动情况等。

二、本篇资料的统计范围

科技活动统计资料范围为全社会有研究与试验发展（R&D）活动的企事业单位，具体包括规模以上工业法人单位、地级及以上独立核算的政府属科学研究与技术开发机构及科技信息与文献机构、全日制普通高等学校及附属医院以及研究与试验发展（R&D）活动相对密集行业（包括农、林、牧、渔业，建筑业，交通运输、仓储和邮政业，信息传输、软件和信息技术服务业，金融业，租赁和商务服务业，科学研究和技术服务业，水利、环境和公共设施管理业，卫生和社会工作，文化、体育和娱乐业等）中从事研究与试验发展（R&D）活动的企事业单位。

三、本篇的资料来源

全国综合资料由国家统计局根据科技综合统计报表的有关资料整理汇总，规模以上工业法人单位科技活动情况由国家统计局根据企业（单位）研发活动统计报表的有关资料整理汇总，重点服务业（包括交通运输、仓储和邮政业，信息传输、软件和信息技术服务业，租赁和商务服务业，水利、环境和公共设施管理业，文化、体育和娱乐业）企业情况由国家统计局根据第三次全国经济普查的有关资料整理汇总；农、林、牧、渔业，建筑业，金融业，卫生和社会工作等行业的企事业单位由国家统计局根据最近年份的调查数据进行推算；政府属研究机构资料由科技部和国家国防科技工业局调查提供；科学研究和技术服务业企事业的研究与试验发展（R&D）活动情况资料，以及科技论文资料、技术市场资料、高新区企业资料由科技部调查提供；高等学校资料由教育部调查提供；高技术产品进出口贸易资料由海关总署调查提供；科协系统科技活动资料由中国科协调查提供；专利、测绘、地震、气象、产品质量监督和检验检疫等资料，分别由国家知识产权局、国家测绘地理信息局、中国地震局、中国气象局、国家质量监督检验检疫总局等部门调查提供。

四、本篇资料的统计调查方法

研究与试验发展(R&D)活动情况采用全面调查取得；科协、专利、测绘、地震、气象、海洋、产品质量监督和检验检疫资料采用抽样等多种调查方法取得。

Brief Introduction

Statistics in this chapter reflect the basic information on scientific and technological activities in China.

I. Main Contents

Data on research and development (R&D) activities of the whole society, industrial corporate units above designated size, scientific and technological institutions under the government and institutions of higher education; data on domestic and foreign patents application accepted and granted; data on production, research and development activities of high-tech enterprises; data on scientific and technological papers; data on import and export trade of high-technological products; data on technological markets; main economic indicators of enterprises in high-tech development zones; data on the scientific and technological activities in the system of associations for science and technology; data on comprehensive technical service departments' operation institutions and activities, such as surveying and mapping, earthquake, meteorology, ocean and product quality supervision, inspection and quarantine.

Ⅱ.Scope of Statistics

Data on scientific and technological activities cover research and development (R&D) activities of enterprises and institutions of whole society, mainly including industrial corporate units above designated size, scientific research and technological development institutions and scientific and technological information and literature institutions of prefecture level and above under the government with independent accounting, full-time universities and colleges, affiliated hospitals, and enterprises and institutions engaged in R&D activities in relatively R&D-intensive industries (such as agriculture, forestry, animal husbandry, fishery, construction, transport, storage and post, information transmission, software and information technology service, finance, leasing and business services, scientific research and technical services, management of water conservancy, environment and public facilities, health and social service, culture, sports and entertainment).

Ⅲ.Sources of Data

National Bureau of Statistics provides national comprehensive data on the basis of comprehensive reporting forms of science and technology; data on scientific and technological activities of industrial corporate units above designated size based on reporting forms of enterprises'(units') R&D activities; and data on the enterprises in main service industry(including transport, storage and post, information transmission, software and information technology service, leasing and business services, management of water conservancy, environment and public facilities, culture, sports and entertainment) based on the third national economic census. National Bureau of Statistics is responsible for providing estimation on enterprises and institutions in agriculture, forestry, animal husbandry, fishery, construction, finance, health and social work based on recent surveys. Ministry of Science and Technology and State Administration of Science, Technology and Industry for National Defense provide information on scientific and technological institutions under the government; Ministry of Science and Technology provides information on R&D activities of scientific research and technical service enterprises and institutions, scientific and technological papers, technological markets and enterprises in high-tech development zones; Ministry of Education provide information on scientific and technological activities in institutions of higher education; General Administration of Customs provides information on import and export trade of high-technological products; China Association for Science and Technology provides data on the scientific and technological activities of associations for science and technology; State Intellectual Property Office, National Administration of Surveying, Mapping and Geoinformation, China Earthquake Administration, China Meteorological Administration and General Administration of Quality Supervision, Inspection and Quarantine respectively provide data on patents, surveying and mapping, earthquake, meteorology and product quality supervision, inspection and quarantine.

Ⅳ.Statistical Methodology

Data on R&D activities are collected through complete surveys. Data on scientific and technological associations, patents, surveying and mapping, earthquake, meteorology, ocean and product quality supervision, inspection and quarantine are collected through sample surveys and other surveys.

20-1 科技活动基本情况
Basic Statistics on Scientific and Technological Activities

指　　标	Item	2011	2012	2013	2014	2015
研究与试验发展(R&D)投入情况	**Statistics on R&D Input**					
R&D人员全时当量(万人年)	Full-time Equivalent of R&D Personnel (10 000 man-years)	288.3	324.7	353.3	371.1	375.9
#基础研究	Basic Research	19.3	21.2	22.3	23.5	25.3
应用研究	Applied Research	35.3	38.4	39.6	40.7	43.0
试验发展	Experimental Development	233.7	265.1	291.4	306.8	307.5
R&D经费支出 (亿元)	Expenditure on R&D (100 million yuan)	8687.0	10298.4	11846.6	13015.6	14169.9
#基础研究	Basic Research	411.8	498.8	555.0	613.5	716.1
应用研究	Applied Research	1028.4	1162.0	1269.1	1398.5	1528.6
试验发展	Experimental Development	7246.8	8637.6	10022.5	11003.6	11925.1
#政府资金	Government Funds	1883.0	2221.4	2500.6	2636.1	3013.2
企业资金	Self-raised Funds by Enterprises	6420.6	7625.0	8837.7	9816.5	10588.6
R&D经费支出与国内生产总值之比 (%)	Ratio of Expenditure on R&D to GDP (%)	1.78	1.91	1.99	2.02	2.07
科技产出及成果情况	**Statistics on S&T Outputs and Results**					
发表科技论文 (万篇)	Scientific Papers Issued (10 000 pieces)	150	152	154	157	164
出版科技著作 (种)	Publication on Science and Technology (kind)	45472	46751	45730	47470	52207
科技成果登记数 (项)	Number of Major Achievements in Science and Technology(item)	44208	51723	52477	53140	55284
国家技术发明奖 (项)	Number of National Invention Prizes Awarded (item)	55	77	71	70	66
国家科学技术进步奖 (项)	Number of National Scientific and Technological Progress Prizes Awarded (item)	283	212	188	202	187
专利申请受理数 (件)	Number of Patent Applications Accepted (piece)	1633347	2050649	2377061	2361243	2798500
#发明专利	Inventions	526412	652777	825136	928177	1101864
专利申请授权数 (件)	Number of Patent Applications Granted (piece)	960513	1255138	1313000	1302687	1718192
#发明专利	Inventions	172113	217105	207688	233228	359316
高技术产品进出口及技术市场情况	**Statistics on Export and Import of High-tech Products and Technical Market**					
高技术产品进出口额(亿美元)	Total Value of Export and Import of High-tech Products (USD 100 million)	10120	11080	12185	12119	12046
高技术产品出口额	Export	5488	6012	6603	6605	6553
高技术产品进口额	Import	4632	5069	5582	5514	5493
技术市场成交额 (亿元)	Transaction Value in Technical Market (100 million yuan)	4764	6437	7469	8577	9836

注：2011-2014年，R&D经费支出与国内生产总值之比根据国内生产总值历史数据修订结果作了相应修正。

a) Ratio of expenditure on R&D to GDP was revised between 2011 and 2014 because historical data of GDP were revised.

20-2 科学研究与开发机构基本情况
Basic Statistics on Scientific Research and Development Institutions

指　标	Item	2011	2012	2013	2014	2015
机构基本情况	**Basic Statistics on Institutions**					
机构数 (个)	Number of R&D Institutions (unit)	3673	3674	3651	3677	3650
#中央属	Subordinated to Central Level	686	710	711	720	715
地方属	Subordinated to Local Level	2987	2964	2940	2957	2935
研究与试验发展(R&D)投入情况	**Statistics on R&D Input**					
R&D人员 (万人)	R&D Personnel (10 000 persons)	36.2	38.8	40.9	42.3	43.6
R&D人员全时当量 (万人年)	Full-time Equivalent of R&D Personnel (10 000 man-years)	31.6	34.4	36.4	37.4	38.4
#基础研究	Basic Research	5.0	5.7	6.1	6.6	7.1
应用研究	Applied Research	11.3	12.1	13.0	12.8	13.1
试验发展	Experimental Development	15.2	16.5	17.3	18.0	18.1
R&D经费支出 (亿元)	Expenditure on R&D (100 million yuan)	1306.7	1548.9	1781.4	1926.2	2136.5
#基础研究	Basic Research	160.2	197.9	221.6	258.9	295.3
应用研究	Applied Research	417.2	469.3	525.8	552.9	618.4
试验发展	Experimental Development	729.3	881.7	1034.0	1114.4	1222.8
#政府资金	Government Appropriation Funds	1106.1	1292.7	1481.2	1581.0	1802.7
企业资金	Self-raised Funds by Enterprises	39.9	47.4	60.9	62.9	65.4
R&D项目(课题)情况	**Statistics on R&D Topics**					
R&D项目(课题)数 (项)	R&D Projects (item)	70967	79343	85069	91465	99559
R&D项目(课题)人员全时当量 (万人年)	Participants (10 000 man-years)	27.3	31.1	32.7	34.0	34.9
R&D项目(课题)经费支出 (亿元)	Expenditure (100 million yuan)	807.1	1078.3	1221.7	1272.7	1513.8
科技产出及成果情况	**Statistics on S&T Outputs and Results**					
发表科技论文 (篇)	Scientific Papers Issued (piece)	148039	158647	164440	171928	169989
#国外发表	Published in Foreign Periodicals	31598	35173	41072	47032	47301
出版科技著作 (种)	Publication on Science and Technology (kind)	4292	4458	4619	5023	5662
专利申请受理数 (件)	Number of Patent Applications Accepted(piece)	24059	30418	37040	41966	46559
#发明专利	Inventions	18227	23406	28628	32265	35092
专利申请授权数 (件)	Number of Patent Applications Granted (piece)	12126	16551	20095	24870	30104
#发明专利	Inventions	7862	10935	12542	15786	19720

20-3 高等学校科技活动情况
Basic Statistics on Higher Education for Science and Technology Activities

指　标	Item	2011	2012	2013	2014	2015
高等学校基本情况	**Basic Statistics on Higher Education**					
学校数 (个)	Number of Institutions (unit)	2409	2442	2491	2529	2560
#理工农医	Natural Sciences & Technology	975	1039	1070	1356	1713
#人文社科	Social Sciences & Humanities	997	1090	1150	1540	1814
R&D机构 (个)	R&D Institutions (unit)	8630	9225	9842	10632	11732
研究与试验发展(R&D)投入情况	**Statistics on R&D Input**					
R&D人员 (万人)	R&D Personnel (10 000 persons)	63.2	67.8	71.5	76.3	83.9
R&D人员全时当量 (万人年)	Full-time Equivalent of R&D Personnel (10 000 man-years)	29.9	31.4	32.5	33.5	35.5
#基础研究	Basic Research	12.9	14.0	14.7	15.5	16.4
应用研究	Applied Research	15.0	15.4	15.9	16.1	17.2
试验发展	Experimental Development	2.0	1.9	1.9	1.9	1.9
R&D经费支出 (亿元)	Expenditure on R&D (100 million yuan)	688.8	780.6	856.7	898.1	998.6
#基础研究	Basic Research	226.7	275.7	307.6	328.6	391.0
应用研究	Applied Research	372.4	402.7	441.3	476.4	516.3
试验发展	Experimental Development	89.8	102.2	107.8	93.1	91.3
#政府资金	Government Appropriation Funds	405.1	474.1	516.9	536.5	637.3
企业资金	Self-raised Funds by Enterprises	242.9	260.5	289.3	302.7	301.5
R&D项目(课题)情况	**Statistics on R&D Topics**					
R&D项目(课题)数 (项)	R&D Projects (item)	604107	657027	711010	766731	841520
R&D项目(课题)人员全时当量(万人年)	Participants (10 000 man-years)	29.9	31.3	32.4	33.5	35.4
R&D项目(课题)经费支出 (亿元)	Expenditure (100 million yuan)	535.3	607.3	662.7	701.8	765.6
科技产出及成果情况	**Statistics on S&T Outputs and Results**					
发表科技论文 (篇)	Scientific Papers Issued (piece)	1109965	1117742	1127210	1152147	1220467
#国外发表	Published in Foreign Periodicals	218301	226097	249637	278599	313698
出版科技著作 (种)	Publication on Science and Technology (kind)	37472	38760	37866	39326	43136
专利申请受理数 (件)	Number of Patent Applications Accepted(piece)	95592	113430	133865	149961	190351
#发明专利	Inventions	54362	66755	81251	93415	109911
专利申请授权数 (件)	Number of Patent Applications Granted (piece)	53055	74550	84930	85006	127329
#发明专利	Inventions	25064	34441	35873	39468	55021

20-4 规模以上工业企业的科技活动基本情况
Basic Statistics on Science and Technology Activities of Industrial Enterprises above Designated Size

指　标	Item	2004	2009	2014	2015
企业基本情况	**Statistics on Industrial Enterprises**				
有R&D活动企业数 (个)	Number of Enterprises Having R&D Activities (unit)	17075	36387	63676	73570
有R&D活动企业所占比重 (%)	Percentage of Enterprises Having R&D Activities to Total Number of Enterprises (%)	6.2	8.5	16.9	19.2
R&D活动情况	**Statistics on R&D Activities**				
R&D人员全时当量 (万人年)	Full-time Equivalent of R&D Personnel (10 000 man-years)	54.2	144.7	264.2	263.8
R&D经费支出 (亿元)	Expenditure on R&D (100 million yuan)	1104.5	3775.7	9254.3	10013.9
R&D经费支出与主营业务收入之比(%)	Percentage of Expenditure on R&D to Sales Revenue (%)	0.56	0.69	0.84	0.90
R&D项目数 (项)	R&D Projects (item)	53641	194400	342507	309895
R&D项目经费支出 (亿元)	Expenditure on R&D Projects (100 million yuan)	921.2	3185.9	8163.0	9146.7
企业办R&D机构情况	**Statistics on R&D Institutions**				
机构数 (个)	Number of R&D Institutions (unit)	17555	29879	57199	62954
机构人员数 (万人)	R&D Personnel (10 000 persons)	64.4	155.0	246.4	266.8
机构经费支出 (亿元)	Expenditure on R&D (100 million yuan)	841.6	2983.6	6257.6	6793.9
新产品开发及生产情况	**Statistics on New Products Development and Production**				
新产品开发项目数 (个)	Number of New Products (unit)	76176	237754	375863	326286
新产品开发经费支出 (亿元)	Expenditure on New Products Development (100 million yuan)	965.7	4482.0	10123.2	10270.8
新产品销售收入 (亿元)	Sales Revenue of New Products (100 million yuan)	22808.6	65838.2	142895.3	150856.5
#新产品出口	Export	5312.2	11572.5	26904.4	29132.7
专利情况	**Statistics on Patents**				
专利申请数 (件)	Number of Patent Applications (piece)	64569	265808	630561	638513
#发明专利	Inventions	20456	92450	239925	245688
有效发明专利数 (件)	Number of Inventions in Force (piece)	30315	118245	448885	573765
技术获取和技术改造情况	**Statistics on Technology Acquisition and Technology Reconstruction**				
引进国外技术经费支出 (亿元)	Expenditure for Acquisition of Foreign Technology(100 million yua	397.4	422.2	387.5	414.1
引进技术消化吸收经费支出(亿元)	Expenditure for Assimilation of Technology(100 million yuan)	61.2	182.0	143.2	108.4
购买国内技术经费支出 (亿元)	Expenditure for Purchase of Domestic Technology(100 million yuan	82.5	203.4	213.5	229.9
技术改造经费支出 (亿元)	Expenditure for Technical Renovation (100 million yuan)	2953.5	4344.7	3798.0	3147.6

注：从2011年起，规模以上工业企业的统计范围从年主营业务收入为500万元及以上的法人工业企业调整为年主营业务收入为2000万元及以上的法人工业企业。以下各表同。

a) From 2011, the statistics range of the industrial enterprises above designated size change from the industrial enterprises with the sales revenue above 5 million RMB to the industrial enterprises with the sales revenue above 20 million RMB. The same applies to the following table.

20-5 按登记注册类型分规模以上工业企业研究与试验发展(R&D)活动及专利情况(2015年)

Statistics on R&D Activities and Patents of Industrial Enterprises above Designated Size by Registration Status (2015)

登记注册类型	Status of Registration	R&D人员全时当量(人年) Full-time Equivalent of R&D Personnel (man-year)	R&D经费(万元) Expenditure on R&D (10 000 yuan)	R&D项目数(项) R&D Projects (unit)	专利申请数(件) Number of Patent Applications (piece)	#发明专利 Inventions	有效发明专利数(件) Number of Inventions In Force (piece)
合　计	**Total**	**2638290**	**100139330**	**309895**	**638513**	**245688**	**573765**
#大中型工业企业	Large and Medium-sized Industrial Enterprises	1985983	77924410	173298	394956	163156	403292
内资企业	**Domestic Funded Enterprises**	**2024474**	**77124301**	**248443**	**518135**	**198262**	**455689**
国有企业	State-owned Enterprises	82297	3223698	7739	23633	10984	17748
集体企业	Collective-owned Enterprises	12903	813511	862	3924	2165	1837
股份合作企业	Cooperative Enterprises	2736	79173	515	581	203	376
联营企业	Joint Ownership Enterprises	232	6523	41	63	21	93
国有联营企业	State Joint Ownership Enterprises	106	2078	21	44	18	81
有限责任公司	Limited Liability Corporations	826422	33888942	93183	167905	71917	178596
国有独资公司	State Sole Funded Corporations	131854	5734510	14542	28916	13132	22373
股份有限公司	Share-holding Corporations Ltd.	433413	15347447	41368	105609	45573	127392
私营企业	Private Enterprises	662024	23635823	104396	215465	67125	128688
其他企业	Other Enterprises	4445	129185	339	955	274	959
港、澳、台商投资企业	**Enterprises with Funds from Hong Kong, Macao and Taiwan**	**285158**	**9476506**	**27978**	**57439**	**21507**	**58214**
合资经营企业	Joint-venture Enterprises	110382	3823345	12735	23038	7703	21963
合作经营企业	Cooperative Enterprises	3589	126137	396	617	145	340
独资经营企业	Enterprises with Sole Fund	145177	4752099	13237	28918	12134	32556
投资股份有限公司	Share-holding Corporations Ltd.	25315	750619	1533	4775	1503	3261
外商投资企业	**Foreign Funded Enterprises**	**328657**	**13538523**	**33474**	**62939**	**25919**	**59862**
中外合资经营企业	Joint-venture Enterprises	167810	7467525	17420	33648	12967	27436
中外合作经营企业	Cooperation Enterprises	4368	169989	564	828	303	918
外资企业	Enterprises with Sole Fund	139940	5130000	14055	24770	11108	27481
外商投资股份有限公司	Share-holding Corporations Ltd.	15135	733188	1296	3326	1415	3833

20-6 按行业分规模以上工业企业研究与试验发展(R&D)活动及专利情况(2015年)

Statistics on R&D Activities and Patents of Industrial Enterprises above Designated Size by Industrial Sector (2015)

行业	Sector	R&D人员全时当量(人年) Full-time Equivalent of R&D Personnel (man-year)	R&D经费(万元) Expenditure on R&D (10 000 yuan)	R&D项目数(项) R&D Projects (unit)	专利申请数(件) Number of Patent Applications (piece)	#发明专利 Inventions	有效发明专利数(件) Number of Inventions In Force (piece)
全国总计	**Total**	**2638290**	**100139330**	**309895**	**638513**	**245688**	**573765**
煤炭开采和洗选业	Mining and Washing of Coal	43819	1433010	2968	2951	630	1616
石油和天然气开采业	Extraction of Petroleum and Natural Gas	23040	625324	2165	2725	1149	1334
黑色金属矿采选业	Mining and Processing of Ferrous Metal Ores	3404	92146	394	762	411	766
有色金属矿采选业	Mining and Processing of Non-ferrous Metal Ores	3833	219863	510	408	169	318
非金属矿采选业	Mining and Processing of Non-metal Ores	2946	103565	440	426	221	344
农副食品加工业	Processing of Food from Agricultural Products	43933	2160047	6750	9074	4072	6160
食品制造业	Manufacture of Foods	31589	1354294	4892	6677	2677	6431
酒、饮料和精制茶制造业	Manufacture of Liquor, Beverages and Refined Tea	20998	899970	3066	3610	1193	2595
烟草制品业	Manufacture of Tobacco	3878	207901	1301	3110	1188	2950
纺织业	Manufacture of Textile	61758	2076652	6918	17017	3619	4774
纺织服装、服饰业	Manufacture of Textile, Wearing Apparel and Accessories	32913	900821	3122	13143	1561	2063
皮革、毛皮、羽毛及其制品和制鞋业	Manufacture of Leather, Fur, Feather and Related Products and Footwear	18000	510505	1803	5026	708	872
木材加工和木、竹、藤、棕、草制品业	Processing of Timber, Manufacture of Wood, Bamboo, Rattan, Palm and Straw Products	12270	428165	1538	2950	789	1270
家具制造业	Manufacture of Furniture	11728	330128	1484	9181	1225	1764
造纸及纸制品业	Manufacture of Paper and Paper Products	23478	1076050	2635	3982	1403	2558
印刷和记录媒介复制业	Printing and Reproduction of Recording Media	13242	368982	2088	3303	989	2044
文教、工美、体育和娱乐用品制造业	Manufacture of Articles for Culture, Education, Arts and Crafts, Sport and Entertainment Activities	27440	737070	3669	14478	2005	4850
石油加工、炼焦及核燃料加工业	Processing of Petroleum, Coking and Processing of Nuclear Fuel	15859	1008432	2043	1912	974	2775
化学原料及化学制品制造业	Manufacture of Raw Chemical Materials and Chemical Products	183489	7944564	26387	28778	16300	37649
医药制造业	Manufacture of Medicines	128589	4414576	21761	16020	10019	31259
化学纤维制造业	Manufacture of Chemical Fibre	18912	784951	1962	2379	875	1700
橡胶和塑料制品业	Manufacture of Rubber and Plastics Products	70048	2426011	10273	16288	5247	10501
非金属矿物制品业	Manufacture of Non-metallic Mineral Products	79031	2776206	10766	16243	5200	13177
黑色金属冶炼和压延加工业	Smelting and Pressing of Ferrous Metals	95674	5612273	8608	14085	6090	12322
有色金属冶炼和压延加工业	Smelting and Pressing of Non-ferrous Metals	61883	3715484	7342	10146	3962	10451
金属制品业	Manufacture of Metal Products	88580	2826593	11819	22003	6819	15667
通用设备制造业	Manufacture of General Purpose Machinery	205657	6326467	29563	52898	16744	40413
专用设备制造业	Manufacture of Special Purpose Machinery	170104	5671357	24197	52288	18196	49732
汽车制造业	Manufacture of Automobiles	217682	9041561	21272	46820	12840	23194
铁路、船舶、航空航天和其他运输设备制造业	Manufacture of Railway, Ship, Aerospace and Other Transport Equipments	110478	4358980	8790	22147	8985	17961
电气机械和器材制造业	Manufacture of Electrical Machinery and Apparatus	270363	10127297	35695	92865	30914	63837
计算机、通信和其他电子设备制造业	Manufacture of Computers, Communication and Other Electronic Equipment	426583	16116757	27231	100785	60533	170387
仪器仪表制造业	Instruments and Meters	67662	1809272	9754	17996	6554	16723
其他制造业	Other Manufacturing	11203	273075	1262	2481	886	2084
金属制品、机械和设备修理业	Repair Service of Metal Products, Machinery and Equipment	5893	117487	442	627	243	636
电力、热力生产和供应业	Production and Supply of Electric Power and Heat Power	20683	814254	3292	20735	9442	8832
燃气生产和供应业	Production and Supply of Gas	1566	63854	171	195	68	184
水的生产和供应业	Production and Supply of Water	1871	65157	320	271	102	292

20-7 分地区规模以上工业企业研究与试验发展(R&D)活动及专利情况(2015年)

Statistics on R&D Activities and Patents of Industrial Enterprises above Designated Size by Region (2015)

地 区	Region	R&D人员全时当量(人年) Full-time Equivalent of R&D Personnel (man-year)	R&D经费(万元) Expenditure on R&D (10 000 yuan)	R&D项目数(项) R&D Projects (unit)	专利申请数(件) Number of Patent Applications (piece)	#发明专利 Inventions	有效发明专利数(件) Number of Inventions In Force (piece)
全 国	**National Total**	**2638290**	**100139330**	**309895**	**638513**	**245688**	**573765**
北 京	Beijing	50773	2440875	7554	20024	10281	23749
天 津	Tianjin	84291	3526665	11393	16721	6507	17422
河 北	Hebei	79452	2858051	8358	10396	3393	7740
山 西	Shanxi	28927	1008950	2232	3569	1303	4468
内蒙古	Inner Mongolia	29190	1186261	1801	2585	1031	2175
辽 宁	Liaoning	49097	2418803	5422	9190	4131	10372
吉 林	Jilin	23202	861541	2014	1972	787	2649
黑龙江	Heilongjiang	31762	880392	3080	3902	1752	3351
上 海	Shanghai	94981	4742443	11089	21725	10740	30815
江 苏	Jiangsu	441304	15065065	51720	119927	41744	85485
浙 江	Zhejiang	316672	8535689	51940	80512	17242	31642
安 徽	Anhui	96791	3221422	14100	45598	19967	28568
福 建	Fujian	99180	3469810	10929	24916	6880	12424
江 西	Jiangxi	31321	1474968	4403	8561	2522	4765
山 东	Shandong	241395	12917718	30778	42289	19621	33785
河 南	Henan	131051	3688252	11764	16518	5250	11305
湖 北	Hubei	86813	4072726	8647	17315	7227	16965
湖 南	Hunan	83821	3525450	6646	18175	7591	19087
广 东	Guangdong	411059	15205497	37375	106038	51672	177047
广 西	Guangxi	19000	769190	2397	4613	2005	3731
海 南	Hainan	3325	111841	570	441	312	1378
重 庆	Chongqing	45129	1996609	6544	20239	6758	6328
四 川	Sichuan	56841	2238051	6609	21912	8085	17601
贵 州	Guizhou	14916	457303	1619	3782	1953	4096
云 南	Yunnan	16381	619588	3017	3751	1493	4605
西 藏	Tibet	43	2602	21	17	14	90
陕 西	Shaanxi	45052	1725829	4054	7521	3036	7506
甘 肃	Gansu	12578	486077	1572	2230	698	1884
青 海	Qinghai	1285	65029	150	305	144	271
宁 夏	Ningxia	5470	200453	1125	1429	761	908
新 疆	Xinjiang	7188	366180	972	2340	788	1553

 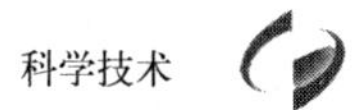

20-8 按登记注册类型分规模以上工业企业新产品开发及生产情况(2015年)

New Products Development and Production of Industrial Enterprises above Designated Size by Registration Status (2015)

登记注册类型	Status of Registration	新产品开发项目数(项) New Products (unit)	新产品开发经费支出(万元) Expenditure on New Products Development (10 000 yuan)	新产品销售收入(万元) Sales Revenue of New Products (10 000 yuan)	#出口 Exports
合　计	**Total**	**326286**	**102708342**	**1508565473**	**291326776**
#大中型工业企业	Large and Medium-sized Industrial Enterprises	176447	79788542	1290765862	270158268
内资企业	**Domestic Funded Enterprises**	**257633**	**77699891**	**1020773224**	**120895823**
国有企业	State-owned Enterprises	6912	3033659	38136865	1138574
集体企业	Collective-owned Enterprises	869	792399	8899862	1292756
股份合作企业	Cooperative Enterprises	553	70196	948117	63530
联营企业	Joint Ownership Enterprises	44	9402	167002	82433
国有联营企业	State Joint Ownership Enterprises	30	5890	125140	82251
有限责任公司	Limited Liability Corporations	92383	33231051	411058332	51734625
国有独资公司	State Sole Funded Corporations	12230	4891593	57509297	8183248
股份有限公司	Share-holding Corporations Ltd.	43073	16022522	233127908	31281581
私营企业	Private Enterprises	113439	24427470	326704530	35204098
其他企业	Other Enterprises	360	113192	1730607	98227
港、澳、台商投资企业	**Enterprises with Funds from Hong Kong, Macao and Taiwan**	**30416**	**9935588**	**203529344**	**88392180**
合资经营企业	Joint-venture Enterprises	13535	3910985	72016422	13675535
合作经营企业	Cooperative Enterprises	425	97361	1609795	434958
独资经营企业	Enterprises with Sole Fund	14635	5124350	117126569	70211995
投资股份有限公司	Share-holding Corporations Ltd.	1731	777636	11826520	3230729
外商投资企业	**Foreign Funded Enterprises**	**38237**	**15072863**	**284262905**	**82038773**
中外合资经营企业	Joint-venture Enterprises	19477	8047225	170710115	27174000
中外合作经营企业	Cooperation Enterprises	567	190089	3424312	1589341
外资企业	Enterprises with Sole Fund	16618	5941589	98981417	50456994
外商投资股份有限公司	Share-holding Corporations Ltd.	1453	860314	10864476	2746747

20-9 按行业分规模以上工业企业新产品开发及生产情况(2015年)
New Products Development and Production of Industrial Enterprises above Designated Size by Industrial Sector (2015)

行业	Sector	新产品开发项目数(项) New Products (unit)	新产品开发经费支出(万元) Expenditure on New Products Development (10 000 yuan)	新产品销售收入(万元) Sales Revenue of New Products (10 000 yuan)	#出口 Exports
全国总计	**Total**	**326286**	**102708342**	**1508565473**	**291326776**
煤炭开采和洗选业	Mining and Washing of Coal	1258	611804	5846633	227436
石油和天然气开采业	Extraction of Petroleum and Natural Gas	486	142489	618503	11386
黑色金属矿采选业	Mining and Processing of Ferrous Metal Ores	248	52607	307215	101
有色金属矿采选业	Mining and Processing of Non-Ferrous Metal Ores	188	108468	1517150	331
非金属矿采选业	Mining and Processing of Non-metal Ores	314	74207	888092	7477
农副食品加工业	Processing of Food from Agricultural Products	7295	2261973	28484303	1294526
食品制造业	Manufacture of Foods	5201	1382302	13345183	1080977
酒、饮料和精制茶制造业	Manufacture of Liquor, Beverages and Refined Tea	2733	750362	10047569	423229
烟草制品业	Manufacture of Tobacco	892	150135	16507422	113981
纺织业	Manufacture of Textile	7466	2081406	47421038	5985370
纺织服装、服饰业	Manufacture of Textile, Wearing Apparel and Accessories	3402	924893	18265211	4830159
皮革、毛皮、羽毛及其制品和制鞋业	Manufacture of Leather, Fur, Feather and Related Products and Footwear	2184	565700	9076143	2291808
木材加工和木、竹、藤、棕、草制品业	Processing of Timber, Manufacture of Wood, Bamboo, Rattan, Palm and Straw Products	1549	428827	5336649	778747
家具制造业	Manufacture of Furniture	1947	412753	6017029	1853635
造纸及纸制品业	Manufacture of Paper and Paper Products	2511	870418	16688027	1109189
印刷和记录媒介复制业	Printing and Reproduction of Recording Media	2097	372602	5658319	575443
文教、工美、体育和娱乐用品制造业	Manufacture of Articles for Culture, Education, Arts and Crafts, Sport and Entertainment Activities	4308	841303	11285487	3359359
石油加工、炼焦及核燃料加工业	Processing of Petroleum, Coking and Processing of Nuclear Fuel	1581	838718	25079049	43777
化学原料及化学制品制造业	Manufacture of Raw Chemical Materials and Chemical Products	24755	6873045	107041487	9853105
医药制造业	Manufacture of Medicines	22106	4279485	47362675	3725503
化学纤维制造业	Manufacture of Chemical Fibres	2086	942638	17137250	1463103
橡胶和塑料制品业	Manufacture of Rubber and Plastics Products	11430	2560163	29942746	4751747
非金属矿物制品业	Manufacture of Non-metallic Mineral Products	10499	2487517	29010267	2978872
黑色金属冶炼和压延加工业	Smelting and Pressing of Ferrous Metals	7903	4838219	66290940	7217100
有色金属冶炼和压延加工业	Smelting and Pressing of Non-ferrous Metals	6283	2732463	58170504	3789119
金属制品业	Manufacture of Metal Products	12483	2808476	35548896	5127304
通用设备制造业	Manufacture of General Purpose Machinery	32280	6690067	80435662	10058278
专用设备制造业	Manufacture of Special Purpose Machinery	26692	6108742	60276517	8550488
汽车制造业	Manufacture of Automobiles	24859	10488318	190826260	7551450
铁路、船舶、航空航天和其他运输设备制造业	Manufacture of Railway, Ship, Aerospace and Other Transport Equipments	9565	4721694	64786477	13518708
电气机械和器材制造业	Manufacture of Electrical Machinery and Apparatus	39587	11290147	165025929	29407862
计算机、通信和其他电子设备制造业	Manufacture of Computers, Communication and Other Electronic Equipment	33410	19822683	306577278	156134829
仪器仪表制造业	Manufacture of Measuring Instruments and Machinery	11571	2042431	18734368	2164351
其他制造业	Other Manufacture	1418	284670	2671789	631088
金属制品、机械和设备修理业	Repair Service of Metal Products, Machinery and Equipment	424	103272	1441460	364013
电力、热力生产和供应业	Production and Supply of Electric Power and Heat Power	2072	434522	2492721	622
燃气生产和供应业	Production and Supply of Gas	153	35806	265702	
水的生产和供应业	Production and Supply of Water	215	44652	201343	554

20-10 分地区规模以上工业企业新产品开发及生产情况(2015年)
New Products Development and Production of Industrial Enterprises above Designated Size by Region (2015)

地 区	Region	新产品开发项目数(项) New Products (unit)	新产品开发经费支出(万元) Expenditure on New Products Development (10 000 yuan)	新产品销售收入(万元) Sales Revenue of New Products (10 000 yuan)	#出口 Exports
全 国	**National Total**	**326286**	**102708342**	**1508565473**	**291326776**
北 京	Beijing	10580	3053943	35640401	2438988
天 津	Tianjin	9800	2684642	57277739	11308812
河 北	Hebei	7489	2465369	34762445	3268926
山 西	Shanxi	1910	681688	8333433	1583621
内蒙古	Inner Mongolia	1228	640669	6648406	571053
辽 宁	Liaoning	5494	2442027	33373490	3430873
吉 林	Jilin	2548	1167919	18227484	405640
黑龙江	Heilongjiang	2760	722307	5110495	353881
上 海	Shanghai	14378	5716228	74709344	10798363
江 苏	Jiangsu	57204	17117386	244632694	58104240
浙 江	Zhejiang	55123	8989328	188391393	37286842
安 徽	Anhui	17025	3804434	58822307	4665204
福 建	Fujian	9737	2973967	35255547	11022029
江 西	Jiangxi	4635	1445062	20586019	2165579
山 东	Shandong	28306	11221423	146984304	17948132
河 南	Henan	9780	3065512	57894206	28730299
湖 北	Hubei	8934	3644392	56769152	1939520
湖 南	Hunan	6402	3315134	73497969	5096888
广 东	Guangdong	43456	18310389	226425002	74841360
广 西	Guangxi	2781	903957	16333703	457673
海 南	Hainan	500	105791	1330871	153505
重 庆	Chongqing	7352	2388537	45351174	10731971
四 川	Sichuan	6971	2145687	28924767	1508088
贵 州	Guizhou	1623	424215	3944834	473911
云 南	Yunnan	2503	631962	5132031	198914
西 藏	Tibet	16	2986	56367	
陕 西	Shaanxi	4434	1637909	10409950	1030964
甘 肃	Gansu	1291	392974	5740962	507159
青 海	Qinghai	121	98825	228191	890
宁 夏	Ningxia	981	182332	2826884	259931
新 疆	Xinjiang	924	331351	4943911	43523

20-11 高技术产业生产经营情况（2015年）

行业	Industry	企业数（个）Number of Enterprises (unit)	主营业务收入（万元）Revenue from Principal Business (10 000 yuan)	利润（万元）Profits (10 000 yuan)
合计	**Total**	**29631**	**1399686469**	**89863291**
医药制造业	**Manufacture of Medicines**	**7392**	**257295342**	**27173493**
#化学药品制造	Manufacture of Chemical Medicine	2416	114169551	11973324
中成药生产	Manufacture of Finished Traditional Chinese Herbal Medicine	1622	62772407	6969516
生物药品制造	Manufacture of Biological Medicine	975	31608821	3903831
航空、航天器及设备制造业	**Manufacture of Aircrafts and Spacecrafts**	**382**	**34125711**	**1960584**
#飞机制造	Manufacture of Airplanes	149	22835144	1245981
航天器制造	Manufacture of Spacecrafts	30	2114552	166985
电子及通信设备制造业	**Manufacture of Electronic Equipment and** Communication Equipment	**14634**	**783099325**	**43489095**
#通信设备制造	Manufacture of Communication Equipment	1719	271083561	15726725
#通信系统设备制造	Manufacture of Communication System Equipment	820	97475263	10688616
通信终端设备制造	Manufacture of Communication Terminal Equipment	899	173608298	5038109
广播电视设备制造	Manufacture of Broadcasting and TV Equipment	644	17187028	1268514
雷达及配套设备制造	Manufacture of Radar and Its Fittings	52	4435881	305354
视听设备制造	Manufacture of Audio and Video Equipment	1022	77395311	2172955
电子器件制造	Manufacture of Electronic Appliances	2867	158088854	7706384
#电子真空器件制造	Manufacture of Electronic Vacuum Appliances	99	2084769	200111
半导体分立器件制造	Manufacture of Semiconductor Discreting Appliances	334	9672972	445228
集成电路制造	Manufacture of Integrate Circuit	459	27011592	1893588
电子元件制造	Manufacture of Electronic Components	5604	160122387	9992565
其他电子设备制造	Manufacture of Other Electronic Equipment	1234	44894551	2919831
计算机及办公设备制造业	**Manufacture of Computers and Office Equipments**	**1695**	**194079482**	**6220703**
#计算机整机制造	Manufacture of Entired Computer	188	112579174	1860214
计算机零部件制造	Manufacture of Parts and Fixture for Computer	580	27161423	1421364
计算机外围设备制造	Manufacture of Computer Peripheral Equipment	471	29021715	1603459
办公设备制造	Manufacture of Office Equipment	243	11221246	675599
医疗仪器设备及仪器仪表制造业	**Manufacture of Medical Equipments and Meters**	**5062**	**104718464**	**9388293**
医疗仪器设备及器械制造	Manufacture of Medical Equipment and Appliances	1310	24312573	2460893
仪器仪表制造	Manufacture of Measuring Instrument	3752	80405891	6927400
信息化学品制造业	**Manufacture of Electronic Chemicals**	**466**	**26368145**	**1631124**

注：本表的数据口径为规模以上工业企业。

Statistics on Production and Management in High-tech Industry (2015)

出　口 交货值 (万元) Export (10 000 yuan)	R&D 机构数 (个) R&D Institutions (unit)	R&D人员 全时当量 (人年) Full-time Equivalent of R&D Personnel (man-year)	R&D 经费支出 (万元) Expenditure on R&D (10 000 yuan)	R&D 项目数 (个) R&D Projects (unit)	R&D 项目经费 (万元) Expenditure on R&D Projects (10 000 yuan)
509231256	**11265**	**726983**	**26266585**	**67648**	**24011832**
13419734	**2781**	**128589**	**4414576**	**21761**	**4059088**
7351621	1170	66855	2328590	11407	2153470
577834	620	27018	810857	4554	738536
2735107	462	19613	748810	3269	697144
4334897	**194**	**45832**	**1805926**	**2023**	**1356589**
2402063	113	32523	1379483	1197	995249
16828	15	4827	220204	159	187238
353218512	**5351**	**402513**	**15454606**	**27644**	**14492710**
138098085	727	146213	6820076	3870	6587058
33861857	453	114242	5681853	2242	5507641
104236229	274	31971	1138223	1628	1079417
5536745	292	12433	392997	1342	356512
395173	45	6005	127093	216	101988
34101798	320	31441	1273166	2407	1213859
93525062	1178	73248	3044801	6609	2709597
211790	32	1641	37176	178	34848
4932364	149	5535	156066	707	134063
17054725	206	22170	1043132	1567	928073
60287122	1775	83097	2147041	7940	1997776
13587175	406	22423	701490	2075	660565
119948132	**565**	**57035**	**1738188**	**3233**	**1494166**
70546661	77	27812	893331	913	691878
16951571	142	6682	213481	583	203087
19900196	169	7297	250178	694	227000
6482489	80	5312	128094	461	125012
14489585	**2164**	**83521**	**2399987**	**11907**	**2190169**
4779834	516	19172	663731	2672	576497
9709751	1648	64349	1736256	9235	1613672
3820397	**210**	**9493**	**453302**	**1080**	**419109**

a) Data in this table cover industrial enterprises above designated size.

20-11 续表

行　业	Industry	新产品开发项目数（项）New Products (unit)	新产品开发经费支出（万元）Expenditure on New Products Development (10 000 yuan)
合计	**Total**	**77167**	**30305841**
医药制造业	**Manufacture of Medicines**	**22106**	**4279485**
#化学药品制造	Manufacture of Chemical Medicine	11243	2162846
中成药生产	Manufacture of Finished Traditional Chinese Herbal Medicine	4695	805148
生物药品制造	Manufacture of Biological Medicine	3364	761544
航空、航天器及设备制造业	**Manufacture of Aircrafts and Spacecrafts**	**1980**	**1772021**
#飞机制造	Manufacture of Airplanes	1157	1347070
航天器制造	Manufacture of Spacecrafts	184	233458
电子及通信设备制造业	**Manufacture of Electronic Equipment and** Communication Equipment	**33649**	**19138167**
#通信设备制造	Manufacture of Communication Equipment	5076	8873008
#通信系统设备制造	Manufacture of Communication System Equipment	2930	7483808
通信终端设备制造	Manufacture of Communication Terminal Equipment	2146	1389199
广播电视设备制造	Manufacture of Broadcasting and TV Equipment	1655	479788
雷达及配套设备制造	Manufacture of Radar and Its Fittings	273	154165
视听设备制造	Manufacture of Audio and Video Equipment	2899	1405385
电子器件制造	Manufacture of Electronic Appliances	8224	3748213
#电子真空器件制造	Manufacture of Electronic Vacuum Appliances	215	43672
半导体分立器件制造	Manufacture of Semiconductor Discreting Appliances	790	177363
集成电路制造	Manufacture of Integrate Circuit	1889	1173217
电子元件制造	Manufacture of Electronic Components	9114	2388936
其他电子设备制造	Manufacture of Other Electronic Equipment	2744	980953
计算机及办公设备制造业	**Manufacture of Computers and Office Equipments**	**4057**	**1944643**
#计算机整机制造	Manufacture of Entired Computer	888	919957
计算机零部件制造	Manufacture of Parts and Fixture for Computer	781	256422
计算机外围设备制造	Manufacture of Computer Peripheral Equipment	990	322277
办公设备制造	Manufacture of Office Equipment	632	152407
医疗仪器设备及仪器仪表制造业	**Manufacture of Medical Equipments and Meters**	**14430**	**2767238**
医疗仪器设备及器械制造	Manufacture of Medical Equipment and Appliances	3437	816196
仪器仪表制造	Manufacture of Measuring Instrument	10993	1951042
信息化学品制造	**Manufacture of Electronic Chemicals**	**945**	**404288**

continued

新产品销售收入(万元) Sales Revenue of New Products (10 000 yuan)	#出口 Export	专利申请数(件) Patent Applications (piece)	#发明专利 Inventions	有效发明专利数(件) Number of Inventions in Force (piece)
414134905	**167575462**	**158463**	**88294**	**241404**
47362675	**3725503**	**16020**	**10019**	**31259**
25336072	2477844	6731	4500	14389
11442585	146356	3011	1869	9055
4925665	642500	2638	1770	4224
13801343	**722034**	**6279**	**3572**	**6234**
11731541	447722	4551	2673	3820
584639	1850	716	448	1125
267002580	**123270151**	**97956**	**56951**	**167800**
134605575	75459402	31503	25051	104204
48447217	23037280	21884	18268	96681
86158358	52422122	9619	6783	7523
3777385	740630	3948	1595	2791
1433380	43453	868	431	1021
29872301	9642054	6932	3156	6223
42130095	18325892	26239	15229	29089
287639	46863	232	71	338
1327602	224442	1794	678	1696
7386773	3669659	5768	4384	9103
31254616	13378023	13830	5353	12594
10467376	3629675	6458	2614	5532
54940528	**35815657**	**12159**	**7663**	**9832**
41954184	28634047	6872	5405	3228
2765797	1553887	1201	377	1340
5896192	3729766	1987	760	2788
1903978	899958	1152	559	899
21792583	**2557796**	**24260**	**9135**	**24140**
3799666	615557	7270	2811	8013
17992917	1942239	16990	6324	16127
9235197	**1484320**	**1789**	**954**	**2139**

20-12 高技术产业基本情况
Basic Statistics on High-tech Industry

行 业	Item	1995	2000	2005	2010	2014	2015
生产经营情况	**Statistics on Production and Operation**						
企业数 (个)	Number of Enterprises (unit)	18834	9758	17527	28189	27939	29631
主营业务收入 (亿元)	Revenue from Principal Business (100 million yuan)	3917.1	10033.7	33921.8	74482.8	127367.7	139968.6
利润 (亿元)	Profits (100 million yuan)	178.0	673.5	1423.2	4879.7	8095.2	8986.3
出口交货值 (亿元)	Export (100 million yuan)	1125.2	3388.4	17636.0	37001.6	50765.2	50923.1
科技活动及相关情况	**Statistics on Science and Technology Activities and Relative Statistics**						
R&D机构数 (个)	R&D Institutions (unit)	2138	1379	1619	3184	4763	5572
R&D人员全时当量(万人年)	Full-time Equivalent of R&D Personnel(10 000 man-years)	5.8	9.2	17.3	39.9	57.3	59.0
R&D经费 (亿元)	Expenditure on R&D (100 million yuan)	17.8	111.0	362.5	967.8	1922.2	2219.7
新产品开发经费支出(亿元)	Expenditure on New Products Development (100 million yuan)	32.3	117.8	415.7	1006.9	2350.6	2574.6
专利申请数 (件)	Patent Applications (piece)	612	2245	16823	59683	120077	114562
有效发明专利数 (件)	Number of Inventions In Force (piece)	410	1443	6658	50166	147927	199728
固定资产投资情况	**Statistics on Investment in Fixed Assets**						
施工项目数 (个)	Number of Projects under Construction (unit)		2734	7095	10723	18403	20028
#新开工项目数	Number of Projects Started This Year		1640	4460	7117	12039	14122
全部建成或投产项目数(个)	Number of Projects Completed and Put into Use(unit)		1282	3158	6011	11914	14100
投资额 (亿元)	Investment (100 million yuan)		563.0	2144.0	6944.7	17451.7	19950.7
新增固定资产 (亿元)	Newly Increased Fixed Assets (100 million yuan)		421.0	1464.0	4450.4	11790.7	14307.5

注：本表生产经营情况的数据口径为规模以上工业企业，科技活动及相关情况的数据口径为大中型工业企业；2011年起固定资产投资统计起点由50万元提高至500万元。

a) Statistics on production and operation cover industrial enterprises above designated size and statistics on science and technology activities and S&T-related cover Large and Medium-sized Enterprises; From the year 2011, statistics on investment in fixed assets cover the projects with investment over 5 million yuan and was over 500 thousand yuan in previous years.

20-13 国内外三种专利申请受理数和授权数

Three Kinds of Patent Applications Accepted and Granted

单位：件 (piece)

指标	Item	受理数 Accepted 2014	受理数 Accepted 2015	授权数 Granted 2014	授权数 Granted 2015
合计	**Total**	**2361243**	**2798500**	**1302687**	**1718192**
发明	**Inventions**	**928177**	**1101864**	**233228**	**359316**
国内	Domestic	801135	968251	162680	263436
职务	Official	648023	776117	146172	238818
大专院校	Universities and Colleges	111993	133645	38317	57196
科研单位	Research Institutions	39625	44545	13573	19243
企业	Enterprises	484747	582512	91874	158620
机关团体	Government Agencies and Organizations	11658	15415	2408	3759
非职务	Non-official	153112	192134	16508	24618
国外	Foreign	127042	133613	70548	95880
职务	Official	124362	130838	69301	94325
非职务	Non-official	2680	2775	1247	1555
实用新型	**Utility Models**	**868511**	**1127577**	**707883**	**876217**
国内	Domestic	861053	1119714	699971	868734
职务	Official	653904	858743	564055	687372
大专院校	Universities and Colleges	60369	89077	47600	68827
科研单位	Research Institutions	15044	18830	12238	13680
企业	Enterprises	565757	730865	497268	592771
机关团体	Government Agencies and Organizations	12734	19971	6949	12094
非职务	Non-official	207149	260971	135916	181362
国外	Foreign	7458	7863	7912	7483
职务	Official	6985	7323	7451	7030
非职务	Non-official	473	540	461	453
外观设计	**Designs**	**564555**	**569059**	**361576**	**482659**
国内	Domestic	548428	551481	346751	464807
职务	Official	271127	268214	189210	249538
大专院校	Universities and Colleges	11607	12440	6571	10311
科研单位	Research Institutions	1192	1101	769	728
企业	Enterprises	255962	252374	181188	237326
机关团体	Government Agencies and Organizations	2366	2299	682	1173
非职务	Non-official	277301	283267	157541	215269
国外	Foreign	16127	17578	14825	17852
职务	Official	15183	16637	14021	16878
非职务	Non-official	944	941	804	974

20-14 分地区国内三种专利申请受理数和授权数（2015年）
Three Kinds of Domestic Patent Applications Accepted and Granted by Region (2015)

单位：件 (piece)

地区	Region	受理数 Accepted	发明 Inventions	实用新型 Utility Models	外观设计 Designs	授权数 Granted	发明 Inventions	实用新型 Utility Models	外观设计 Designs
全国	**National Total**	**2639446**	**968251**	**1119714**	**551481**	**1596977**	**263436**	**868734**	**464807**
北京	Beijing	156312	88930	53243	14139	94031	35308	45773	12950
天津	Tianjin	79963	28510	46845	4608	37342	4624	28486	4232
河北	Hebei	44060	11259	24646	8155	30130	3840	19103	7187
山西	Shanxi	14948	5680	7911	1357	10020	2432	6037	1551
内蒙古	Inner Mongolia	8876	2254	5609	1013	5522	797	3757	968
辽宁	Liaoning	42153	19332	19554	3267	25182	6569	15706	2907
吉林	Jilin	14800	6154	7345	1301	8878	2240	5638	1000
黑龙江	Heilongjiang	34611	14663	16914	3034	18943	4024	12502	2417
上海	Shanghai	100006	46976	41736	11294	60623	17601	33131	9891
江苏	Jiangsu	428337	154608	154281	119448	250290	36015	119513	94762
浙江	Zhejiang	307264	67674	150172	89418	234983	23345	124465	87173
安徽	Anhui	127709	68314	51559	7836	59039	11180	41094	6765
福建	Fujian	83146	17663	44339	21144	61621	5730	34086	21805
江西	Jiangxi	36936	5722	18620	12594	24161	1639	13408	9114
山东	Shandong	193220	93475	85872	13873	98101	16881	68776	12444
河南	Henan	74373	21338	40778	12257	47766	5384	32592	9790
湖北	Hubei	74240	30204	35676	8360	38781	7766	25298	5717
湖南	Hunan	54501	19499	23641	11361	34075	6776	18467	8832
广东	Guangdong	355939	103941	135717	116281	241176	33477	105254	102445
广西	Guangxi	43696	30815	9740	3141	13573	4017	7091	2465
海南	Hainan	3127	1211	1521	395	2061	417	1148	496
重庆	Chongqing	82791	35086	38533	9172	38914	3964	25444	9506
四川	Sichuan	110746	40437	41859	28450	64953	9105	31420	24428
贵州	Guizhou	18295	7538	8317	2440	14115	1501	7007	5607
云南	Yunnan	17603	6301	9147	2155	11658	2079	7437	2142
西藏	Tibet	309	128	90	91	198	40	51	107
陕西	Shaanxi	74904	17322	21449	36133	33350	6812	16151	10387
甘肃	Gansu	14584	5504	6825	2255	6912	1238	4478	1196
青海	Qinghai	2590	1103	1184	303	1217	207	687	323
宁夏	Ningxia	4394	2626	1591	177	1865	442	1267	156
新疆	Xinjiang	12250	3024	6354	2872	8761	950	5049	2762
香港	Hong Kong	3319	1001	881	1437	2940	621	802	1517
澳门	Macao	213	26	35	152	142	17	20	105
台湾	Taiwan	19231	9933	7730	1568	15654	6398	7596	1660

20-15 按国别(地区)分国外专利申请受理数及授权数（2015年）
Three Kinds of Foreign Patent Applications Accepted and Granted by Country (Region) (2015)

单位：件 (piece)

国别(地区)	Country (Territory)	受理数 Accepted	发明 Inventions	实用新型 Utility Models	外观设计 Designs	授权数 Granted	发明 Inventions	实用新型 Utility Models	外观设计 Designs
总　计	**Total**	**159054**	**133613**	**7863**	**17578**	**121215**	**95880**	**7483**	**17852**
澳大利亚	Australia	888	635	70	183	766	458	71	237
奥地利	Austria	1070	982	26	62	786	690	26	70
比利时	Belgium	745	638	29	78	612	499	23	90
巴　西	Brazil	170	134	6	30	156	88	8	60
加拿大	Canada	1153	1025	46	82	874	731	46	97
塞浦路斯	Cyprus	23	17	4	2	13	9	3	1
捷　克	Czech	153	41	11	101	124	14	12	98
丹　麦	Denmark	1012	845	32	135	821	636	38	147
芬　兰	Finland	1225	1041	68	116	1027	852	59	116
法　国	France	5654	4702	289	663	4441	3503	274	664
德　国	Germany	16245	13851	771	1623	13192	10533	920	1739
荷　兰	Holland	3395	3032	111	252	2658	2284	86	288
匈牙利	Hungary	48	43	3	2	25	22	2	1
印　度	India	280	235	9	36	241	198	9	34
爱尔兰	Ireland	204	189	6	9	191	171	7	13
以色列	Israel	777	700	33	44	453	365	33	55
意大利	Italy	2116	1430	137	549	1769	1156	74	539
日　本	Japan	46606	40078	2701	3827	43435	36418	2799	4218
列支敦士登	Liechtenstein	154	114	3	37	125	89	1	35
卢森堡	Luxembourg	313	231	19	63	233	142	20	71
马来西亚	Malaysia	135	92	14	29	127	53	14	60
摩纳哥	Monaco	18	15	2	1	5	3	1	1
新西兰	New Zealand	215	164	10	41	131	73	13	45
挪　威	Norway	257	224	7	26	238	202	4	32
波　兰	Poland	89	81	2	6	44	36	1	7
韩　国	Republic of Korea	16397	12907	672	2818	9421	6262	470	2689
俄罗斯联邦	Russia	197	148	24	25	153	89	32	32
新加坡	Singapore	875	714	93	68	489	343	61	85
南　非	South Africa	87	68	5	14	79	61	5	13
西班牙	Spain	515	342	34	139	414	234	32	148
瑞　典	Sweden	2211	1948	53	210	1777	1495	49	233
瑞　士	Switzerland	4438	3432	166	840	3424	2580	185	659
泰　国	Thailand	41	20	5	16	27	17	3	7
英　国	United Kingdom	3032	2221	115	696	2191	1414	102	675
美　国	United States	43278	37216	2110	3952	28842	23157	1844	3841
其　他	Other	5038	4058	177	803	1911	1003	156	752

20-16 按国际标准分类的发明和实用新型专利申请受理数与授权数
Inventions and Utility Models of Patent Applications Accepted and Granted by International Classifications

单位：件 (piece)

分　类	Item	2014 分类申请数 Application Accepted by Technology Theme	2014 分类授权数 Application Granted by Technology Theme	2015 分类申请数 Application Accepted by Technology Theme	2015 分类授权数 Application Granted by Technology Theme
合　计	**Total**	**1669527**	**941111**	**2242370**	**1235531**
A 部(人类生活需要)	**Section A: Personal Use Items**	**321367**	**141267**	**428559**	**196288**
农、林、牧、渔	Agriculture, Forestry, Animal Husbandry and Fishery	52120	24767	73958	35054
烘烤、食用面团	Baking and Edible Doughs	4826	1272	5001	1803
屠宰、加工	Butchering and Meat Processing	1073	661	1398	899
食品、食物及处理	Foods or Foodstuffs and their Treatment	47227	9631	54744	13516
烟类及用品	Tobacco, Cigars and Cigarettes	3537	2354	4486	2865
服　装	Clothing	10643	3913	11844	5678
帽类制品	Headwear	1129	526	1687	820
鞋　类	Footwear	5281	2595	5878	3702
男用服饰用品、珠宝	Haberdashery and Jewelry	2136	1184	3087	2068
手携及旅行用品	Hand or Traveling Articles	9903	4759	12209	6421
刷类用品	Brushware	1645	714	2033	1078
家具、家庭日用品或设备	Furniture, Domestic Articles and Appliances	55738	29960	74904	41193
医学、兽医学、卫生学	Medical or Veterinary Science and Hygiene	109146	49307	153744	68063
救生、消防	Life-saving and Fire-fighting	4172	2514	5662	3004
体育、游戏、娱乐活动	Sports, Games, and Recreation	11664	7110	16819	10124
本部其他类目中不包括的技术主题	Subject Matter Not Otherwise Provided for in This Section	1127		1105	
B 部(作业、运输)	**Section B: Industrial and Transportation**	**383766**	**255720**	**561274**	**342711**
物理或化学的方法或装置	Physical or Chemical Processes or Apparatus	41517	27720	64023	39034
破碎、研磨、粉碎	Crushing, Pulverizing, or Disintegrating	6340	4493	11663	6559
分选、分离	Separation of Solid Materials, Electrostatic Separation	3211	2002	4256	2518
离心装置、离心机	Centrifugal Apparatus or Equipment	1135	811	1608	1006
喷射、雾化	Spraying or Atomizing General	8769	5831	11467	7162
机械振动的产生和传递	Generation or Transmission of Mechanical Vibrations	234	159	307	206
固体分离、分选	Separating Solids from Solid Wastes	5135	3310	7794	4785
清　洁	Janitorial	7084	4922	10748	6303
固体废料的处理	Disposal of Solid Waste	1672	960	2494	1390
金属加工、冲裁	Mechanical Metal-working and Stamping	21760	15377	30013	19468
铸造、粉末冶金	Casting and Powder Metallurgy	9818	5866	12525	7431
机床、其他金属加工	Machine Tools	44314	29230	66938	39149
磨削、抛光	Grinding and Polishing	9792	6438	13799	8331
简单工具	Hand Tools, Portable Power Tools, and Workshop Equipment	14520	10081	23990	13970
手工、切割工具、切断	Hand Cutting Tools, Cutting, and Severing	7228	4493	10811	6473
木材加工、保存、钉钉机	Wood Preservation and Nailing or Stapling Machines	3761	2221	6084	3059
加工水泥、粘土和石料	Cement, Clay or Stone	5941	4359	9042	5787
塑料制品的加工	Plastics	19833	13125	27657	16688
压力机	Presses	2650	2046	3449	2318
纸品制作、纸的加工	Paper Making and Processing Paper	1987	1287	2512	1678
叠层产品	Layered Products	8953	4373	10068	6241
印刷、打字机、印刷机	Printing, Lining Machines, and Typewriters	7332	5152	9635	7097
装订、图册、文件夹	Bookbinding, Albums, and Files	1965	945	2339	1393

注：1.分类指专利分类部门对每一件发明专利申请或实用新型专利申请的技术主题进行分类，给出完整的代表发明或实用新型的发明情报的分类号。
2.此表不包括外观设计分类。

a) Classification refers to the classifying number of every patent assigned according to the technique theme of inventions and utility models of patents by the classification department of patent.

b) Designs patents are excluded in this table.

20-16 续表 1 continued

单位：件 (piece)

分 类	Item	2014 分类申请数 Application Accepted by Technology Theme	2014 分类授权数 Application Granted by Technology Theme	2015 分类申请数 Application Accepted by Technology Theme	2015 分类授权数 Application Granted by Technology Theme
绘图具、办公附属用品	Writing or Drafting Devices	6152	2778	7558	4134
装饰艺术	Decorative Arts	2347	1240	3191	1748
一般车辆	Vehicles in General	33392	21865	47530	29386
铁 路	Railways	3567	2439	5130	3288
无轨陆用车牌	Land Vehicles other than Rail	17092	11713	24339	14939
船舶、船只、有关设备	Ships and Related Equipment	4563	2808	6303	3655
飞行器、航空、宇宙航行	Aircraft and Aviation	3418	1858	6320	3405
输送、包装、存贮、搬运	Conveying and Packing Inflammatory Materials	58122	41031	87555	54466
卷扬、提升、牵引	Hoisting, Lifting, and Hauling	16839	12565	25733	16809
液体的贮运	Opening or Closing Bottles, Jars or Similar Containers	2608	1825	3643	2234
鞍具、室内装璜	Saddlery ; Upholstery	135	77	99	75
微观结构技术	Micro-structural Technology	469	240	535	468
超微观技术	Nano-Technology	111	80	116	58
C 部(化学、冶金)	**Section C: Chemistry and Metallurgy**	**167784**	**75526**	**223573**	**95342**
无机化学	Inorganic Chemistry	3	4680	10351	6192
水、废污水、泥浆的处理	Treatment of Water, Waste Water, Sewage or Sludge	17339	10145	27851	14122
玻璃、石棉和渣棉	Glass; Mineral of Slag Wool	4655	2531	5759	3091
水泥、陶瓷等、隔音材料	Cement, Concrete, Artificial Stone; Ceramics, Refractories	9213	3226	13957	4209
肥料及制造	Fertilizers and Related Products	7096	1759	10534	2145
炸药、火柴	Explosives and Matches	348	232	391	269
有机化学	Organic Chemistry	20119	11481	26230	14214
有机高分子化合物	Organic Macromolecular Compounds	24820	7861	29318	10579
染料、涂料、抛光剂等	Dyes, Paints, Polishes, Resins, and Adhesives	18150	5349	22115	6396
石油、煤气及炼焦工业	Petroleum, Gas or Coke Industries, Inert Gases	7374	4582	10173	5290
动植物油、脂类	Animal or Vegetable Oils, Fats	3807	1283	5291	1279
生化、酒、醋、酶、	Biochemistry, Beer, Spirits, Wine, Vinegar,	19903	9363	27889	10220
糖或淀粉工业	Sugar Industry	172	107	241	126
大小原皮、毛皮、皮革	Skins, Hides, Pelts, Leather	515	296	826	389
黑色冶金	Metallurgy of Iron	5392	3577	6645	4015
冶金学、合金或有色合金	Metallurgy, Ferrous or Nonferrous Alloys	8808	3007	10327	4717
金属加工涂料、防腐防锈	Coating Metallic Materials	6651	3045	8257	3971
电解电泳方法及设备	Electrolytic or Electrophoretic Processes	3718	2130	5161	2840
晶体生长	Crystal Growth	1546	840	2148	1251
组合技术	Combinatorial Technology	53	32	109	27
D 部(纺织、造纸)	**Section D: Textiles and Papers Making**	**29063**	**16317**	**35645**	**20055**
线、纤维、纺纱	Natural or Artificial Threads or Fibers, Spinning	5605	3435	6443	4044
纺纱、整经或络经	Yarns, Mechanical Finishing of Yarns or Rope	1272	679	1680	876
织 造	Weaving	2899	1459	2872	1677
编带、花边、针织、整理	Braiding, Lace-Making, Knitting	2678	1811	2890	1779
缝纫、绣花、簇绒	Sewing, Embroidery, Tufting	2667	1857	3240	2053
织物等的处理、洗涤	Treatment of Textiles, Laundering	10716	5213	14517	7178
绳、除电缆外的缆绳	Ropes and Cables, other than Electric	394	261	556	304
造纸、纤维素的生产	Paper making, Production of Cellulose	2832	1602	3447	2144
E 部(固定建筑物)	**Section E: Fixed Construction**	**93499**	**65358**	**132169**	**85466**
道路、铁路和桥梁的建筑	Construction of Roads, Railways, or Bridges	10412	7109	15489	10503
水利工程、基础、运土	Hydraulic Engineering, Foundations, Soil-shifting	11926	8056	16695	11658
给水、排水	Water Supply, Sewage	6693	4526	9107	5672

20-16 续表 2 continued

单位：件 (piece)

分 类	Item	2014 分类申请数 Application Accepted by Technology Theme	2014 分类授权数 Application Granted by Technology Theme	2015 分类申请数 Application Accepted by Technology Theme	2015 分类授权数 Application Granted by Technology Theme
建筑物	Building	30593	20501	43545	27675
锁、钥匙、门窗、保险箱	Locks, Keys, Windows or Door Fittings; Safes	8108	6266	12288	7434
一般门、窗、百叶窗、梯子	Doors, Windows, Shutters, or Roller Blinds in General; Ladders	8407	6066	12151	7272
钻井、采矿	Well Drilling, Mining	17360	12834	22894	15252
F 部(机械工程)	**Section F: Mechanical Engineering**	**184984**	**129158**	**250474**	**156314**
一般机器、发动机、蒸汽机	Machines or Engines in General; Engine Plants in General; Steam Engines	7019	4724	9344	6261
内燃机等	Combustion Engines	9192	6083	11513	7561
液力机械和其他发动机	Machines or Engines for Liquids	4799	2621	6263	3300
液体变容机械、泵	Positive-displacement Machines for Liquids; Pumps for Liquid or Elastic Fluids	14802	10507	20206	13179
液压调节器、液压技术	Fluid-pressure Acuators; Hydraulic or Pneumatics in General	4583	3119	5814	3754
工程元件或部件	Engineering Elements or Units; General Measures for Producing and Maintaining Effective Functioning of Machines or Installations; Thermal Insulation in General	56917	40411	77647	48631
气体或液体的贮藏或分配	Storage or Distribution of Gases or Liquids	2796	1866	3369	2164
照 明	Lighting	24046	16740	30873	19853
蒸汽的生产	Steam Generation	1729	1423	2550	1651
燃烧设备、燃烧技术	Combustion Apparatus; Combustion Processes	6721	4936	9538	6059
采暖、炉灶、通风	Stoves, Ranges, Ventilation	26282	17144	36834	20934
制冷气体的液化和固化	Refrigeration or Cooling, Heat Pump Systems	8248	5926	12024	7224
干 燥	Drying	4979	3689	8514	4968
炉、窑、灶、罐	Furnaces, Kilns, Ovens	4617	4122	6099	4275
一般热交换	Heat Exchange in General	5402	3987	6478	4133
武 器	Weapons	1686	1053	1942	1240
弹药、爆破	Ammunition, Blasting Caps	1166	807	1466	1127
G 部(物理)	**Section G: Physics**	**251162**	**121916**	**321069**	**166175**
测量、测试	Measurements, Testing	99102	57583	122124	74751
光学技术	Optics	15647	9370	19371	12779
照相术、电影术、电刻术	Photography, Cinematography, Electrography	5393	3872	5969	4464
测时技术	Horology	1812	964	2267	1085
控制、调节技术	Controlling, Regulating	17849	9043	27117	13258
计算、推算、计数技术	Computing, Calculating, Counting	70335	18707	88849	28718
核算装置	Measurement Devices	7067	3730	9904	5512
信号装置	Signaling	11102	5480	15973	7827
教育、密码、显示、广告等	Education, Cryptography, Advertising, Seals	15908	9148	21278	12834
乐器、声学	Musical Instruments, Acoustics	2752	1511	3374	1817
信息的存储	Information Storage	2962	1786	3267	2181
仪器的零部件	Instrument Details	157	115	209	112
核物理、核工程	Nuclear physics, Nuclear Engineering	1076	606	1367	837
其他的技术主题	Subject Matter not Otherwise Provided for in This Section				
H 部(电学)	**Section H: Electricity**	**237902**	**135849**	**289607**	**173178**
基本电器元件	Basic Electric Elements	85682	51692	102065	65817
电力的发电、变电或配电	Generation, Conversion, or Distribution of Electric Power	58981	35346	72905	44103
基本电子电路	Basic Electronic Circuitry	6331	3580	7302	4411
电信技术	Telecommunications Techniques	69904	34313	84615	44206
其他类不包括的电技术	Electric Techniques Not Otherwise Provided for	17004	10917	22720	14641

20-17 国外主要检索工具收录我国科技论文按学科分布(2014年)
Chinese Scientific Papers Taken by Major Foreign Referencing Systems by Discipline (2014)

学科	Discipline	篇数 pieces			位次 Precedence		
		SCI	EI	CPCI-S	SCI	EI	CPCI-S
合计	**Total**	**235139**	**163799**	**48224**			
数学	Mathematics	9410	4415	18	8	14	27
力学	Mechanics	2154	3804	296	19	16	17
信息、系统科学	Information, Systems Science	906	595	155	26	23	18
物理学	Physics	26520	11418	2305	3	5	7
化学	Chemistry	41378	7253	1006	1	9	9
天文学	Astronomy	1324	214	20	23	28	26
地学	Earth Science	8095	7462	8604	9	8	1
生物学	Biology	24885	12679	408	4	4	14
预防医学与卫生学	Protective Medicine	2441		6	17		31
基础医学	Basic Medicine	11589	431	971	6	26	10
药学	Pharmacy	5949		112	11		20
临床医学	Clinic Medicine	31014		1855	2		8
中医学	Traditional Chinese Medicine	930			25		
军事医学与特种医学	Special Medicine	119		1	36		32
农学	Agriculture	2732	273	136	16	27	19
林学	Forestry	435			33		
畜牧、兽医科学	Livestock, Veterinary Medicine	848		23	27		25
水产学	Aquatic	765		24	28		24
测绘科学技术	Surveying & Mapping		1437			19	
材料科学	Material Science	17879	15997	7855	5	2	2
工程与技术基础学科	Engineering & Basic Technology Science	1854	1709		21	18	
矿山工程技术	Mining	408	532	374	34	24	15
能源科学技术	Energy	4486	6848	591	13	10	13
冶金、金属学	Metallurgy, Metallography	1966	5852	65	20	11	21
机械、仪表	Machinery, Instrument	3038	5599	12	15	12	29
动力与电气	Power & Electrical Engineering	260	9724	10	35	6	30
核科学技术	Nuclear Technology	710	435	39	29	25	22
电子、通讯与自动控制	Electronics, Communication & Automation	9781	15391	2934	7	3	4
计算技术	Computer	7490	9463	6966	10	7	3
化工	Chemical Engineering	3329	667	2591	14	22	6
轻工、纺织	Light Industry & Textile Industry		97			29	
食品	Food	2427	93	1	18	31	33
土木建筑	Civil Construction	1462	27354	2921	22	1	5
水利	Water Conservancy	1092	2047	13	24	17	28
交通运输	Transportation	512	3934	923	32	15	11
航空航天	Aviation and Aerospace	654	1260		31	21	
环境	Environment	5235	5262	370	12	13	16
安全科学技术	Security	91	96		38	30	
管理	Management Science	697	1299	612	30	20	12
其他	Others	274	159	6007	42	32	

注：SCI指科学引文索引(美国)，EI指工程索引(美国)，CPCI-S（原ISTP)指科学会议录引文索引。
a) SCI refers to *Science Citation Index*, EI refers to *Engineering Index*, and CPCI-S refers to *Conference Proceedings Citation Index-Science*.

20-18 高技术产品、工业制成品和初级产品的进出口贸易额
Imports and Exports of High-tech Products, Manufactured Goods and Primary Goods

项 目	Item	1995	2000	2005	2010	2014	2015
绝对数 (亿美元)	**Value (USD 100 million)**						
商品进出口贸易总额	Total Value of Exports and Imports	2809	4743	14219	29728	43030	39569
工业制成品	Manufactured Goods	2350	4021	12252	24585	35429	33799
#高技术产品	High-tech Products	319	896	4160	9050	12119	12046
初级产品	Primary Goods	459	722	1968	5143	7601	5770
商品出口贸易总额	Total Value of Exports	1488	2492	7620	15779	23427	22749
工业制成品	Manufactured Goods	1273	2237	7129	14962	22300	21710
#高技术产品	High-tech Products	101	370	2182	4924	6605	6553
初级产品	Primary Goods	215	255	490	817	1127	1040
商品进口贸易总额	Total Value of Imports	1321	2251	6600	13948	19603	16820
工业制成品	Manufactured Goods	1077	1784	5122	9623	13129	12089
#高技术产品	High-tech Products	218	525	1977	4127	5514	5493
初级产品	Primary Goods	244	467	1477	4326	6474	4730
商品出进口贸易差额	Balance of Exports and Imports	167	241	1020	1831	3824	5930
工业制成品	Manufactured Goods	196	454	2007	5339	9171	9620
高技术产品	High-tech Products	-117	-155	205	797	1091	1060
初级产品	Primary Goods	-29	-213	-987	-3508	-5347	-3690
构成 (%)	**Percentage (%)**						
商品进出口贸易总额=100	Total Value of Exports and Imports=100						
工业制成品	Manufactured Goods	83.6	84.8	86.2	82.7	82.3	85.4
#高技术产品	High-tech Products	11.4	18.9	29.3	30.4	28.2	30.4
初级产品	Primary Goods	16.3	15.2	13.8	17.3	17.7	14.6
商品出口贸易总额=100	Total Value of Export=100						
工业制成品	Manufactured Goods	85.6	89.8	93.6	94.8	95.2	95.4
#高技术产品	High-tech Products	6.8	14.9	28.6	31.2	28.2	28.8
初级产品	Primary Goods	14.4	10.2	6.4	5.2	4.8	4.6
商品进口贸易总额=100	Total Value of Import=100						
工业制成品	Manufactured Goods	81.5	79.2	77.6	69.0	67.0	71.9
#高技术产品	High-tech Products	16.5	23.3	30.0	29.6	28.1	32.7
初级产品	Primary Goods	18.5	20.8	22.4	31.0	33.0	28.1

20-19 开发区高新技术企业主要经济指标（2015年）
Main Economic Indicators of High-tech Enterprises in Development Areas (2015)

开发区	Development Area	企业数（个）Number of Enterprises (unit)	从业人员（人）Number of Persons Engaged (person)	总收入（万元）Total Income (10 000 yuan)	出口总额（万美元）Exports (10 000 US dollars)
合　计	**Total**	**82712**	**17190396**	**2536628213**	**47327257**
北京中关村科技园区	Beijing Zhongguancun Science Park	16693	2308225	408093729	2988548
天津新技术产业园区	Tianjin New Technology Industrial Park	3963	375366	75604585	1140050
石家庄高新技术产业开发区	Shijiazhuang High-tech Industrial Development Zone	691	110581	17109202	92563
保定高新技术产业开发区	Baoding High-tech Industrial Development Zone	242	112243	12403316	110078
唐山高新技术产业开发区	Tangshan High-tech Industrial Development Zone	178	17567	1098249	14657
燕郊高新技术产业开发区	Yanjiao High-tech Industrial Development Zone	218	36007	5793188	5089
承德高新技术产业开发区	Chengde High-tech Industrial Development Zone	37	12570	1458016	2620
太原高新技术产业开发区	Taiyuan High-tech Industrial Development Zone	1134	129143	17191432	48715
长治高新技术产业开发区	Changzhi High-tech Industrial Development Zone	90	51966	2249679	1049
包头稀土高新技术产业开发区	Baotou Rare Earth High-tech Industrial Development Zone	542	105659	11044455	53232
呼和浩特金山高新技术产业开发区	Hohhot Jinshan High-tech Industrial Development Zone	26	62743	6499743	1697
沈阳高新技术产业开发区	Shenyang High-tech Industrial Development Zone	653	91138	10019287	87712
大连高新技术产业开发区	Dalian High-tech Industrial Development Zone	879	179977	18406863	424749
鞍山高新技术产业开发区	Anshan High-tech Industrial Development Zone	549	93136	22195402	117835
营口高新技术产业开发区	Yingkou High-tech Industrial Development Zone	269	40864	5128251	108874
辽阳高新技术产业开发区	Liaoyang High-tech Industrial Development Zone	48	39291	10083869	205901
本溪高新技术产业开发区	Benxi High-tech Industrial Development Zone	107	14770	1363577	5394
锦州高新技术产业开发区	Jinzhou High-tech Industrial Development Zone	71	23749	3884109	40083
辽宁阜新高新技术产业开发区	Liaoning Fuxin High-tech Industrial Development Zone	170	19866	1472274	5313
长春高新技术产业开发区	Changchun High-tech Industrial Development Zone	789	165554	45752785	522066
吉林高新技术产业开发区	Jilin High-tech Industrial Development Zone	429	67208	7858213	35688
延吉高新技术产业开发区	Yanji High-tech Industrial Development Zone	194	12905	2798436	429
长春净月高新技术产业开发区	Changchun Jingyue High-tech Industrial Development Zone	784	128395	10204770	106543
通化医药高新技术产业开发区	Tonghua Medicine High-tech Industrial Development Zone	61	76273	7188446	971
哈尔滨高新技术产业开发区	Haerbin High-tech Industrial Development Zone	337	155034	19758573	100858
大庆高新技术产业开发区	Daqing High-tech Industrial Development Zone	517	112141	24459209	28568
齐齐哈尔高新技术产业开发区	Qiqihaer High-tech Industrial Development Zone	62	29470	1416312	23287
上海市张江高科技园区	Shanghai Zhangjiang Hi-Tech Park	3882	810692	136128442	3191811
上海紫竹高新技术产业开发区	Shanghai Zizhu High-tech Industrial Development Zone	101	21686	4412780	84537
南京高新技术产业开发区	Nanjing High-tech Industrial Development Zone	538	221064	46733831	620131
常州高新技术产业开发区	Changzhou High-tech Industrial Development Zone	1044	161045	20961145	626910
无锡高新技术产业开发区	Wuxi High-tech Industrial Development Zone	1292	297839	33905958	1740237
苏州高新技术产业开发区	Suzhou High-tech Industrial Development Zone	1155	225924	26424513	2192315
泰州医药高新技术产业开发区	Taizhou Medical High-tech Industrial Development Zone	298	55221	8854686	52593
昆山高新技术产业开发区	Kunshan High-tech Industrial Development Zone	714	192686	16051547	559576
常熟高新技术产业开发区	Changshu High-tech Industrial Development Zone	431	80461	8110321	213166
江阴高新技术产业开发区	Jiangyin High-tech Industrial Development Zone	211	91985	12148367	405599
武进高新技术产业开发区	Wujin High-tech Industrial Development Zone	393	89759	8446343	223054
徐州高新技术产业开发区	Xuzhou High-tech Industrial Development Zone	113	40549	7299850	30522
南通高新技术产业开发区	Nantong High-tech Industrial Development Zone	379	95389	17535535	448579
连云港高新技术产业开发区	Lianyungang High-tech Industrial Development Zone	88	35279	3830476	42066
盐城高新技术产业开发区	Yancheng High-tech Industrial Development Zone	146	53957	4941202	43660
扬州高新技术产业开发区	Yangzhou High-tech Industrial Development Zone	94	34875	3956979	27066
镇江高新技术产业开发区	Zhenjiang High-tech Industrial Development Zone	257	33833	2489924	24916
杭州高新技术产业开发区	Hangzhou High-tech Industrial Development Zone	1900	268302	37048042	594394
萧山临江高新技术产业开发区	Xiaoshanlinjiang High-tech Industrial Development Zone	273	68262	10051125	92463
宁波高新技术产业开发区	Ningbo High-tech Industrial Development Zone	551	167351	24402945	652368

20-19 续表 1 continued

开发区	Development Area	企业数（个）Number of Enterprises (unit)	从业人员（人）Number of Persons Engaged (person)	总收入（万元）Total Income (10 000 yuan)	出口总额（万美元）Exports (10 000 US dollars)
绍兴高新技术产业开发区	Shaoxing High-tech Industrial Development Zone	255	35059	1885268	58879
温州高新技术产业开发区	Wenzhou High-tech Industrial Development Zone	422	68576	3683737	62721
嘉兴高新技术产业开发区	Jiaxing High-tech Industrial Development Zone	111	45998	4756647	178187
莫干山高新技术产业开发区	Moganshan High-tech Industrial Development Zone	205	35230	2826492	94223
衢州高新技术产业开发区	Quzhou High-tech Industrial Development Zone	217	61689	6794184	84588
合肥高新技术产业开发区	Hefei High-tech Industrial Development Zone	1017	190547	38969631	864865
蚌埠高新技术产业开发区	Bengbu High-tech Industrial Development Zone	313	60889	8267003	58494
芜湖高新技术产业开发区	Wuhu High-tech Industrial Development Zone	245	73970	10735800	71590
马鞍山慈湖高新技术产业开发区	Maanshan Cihu High-tech Industrial Development Zone	168	34648	7620128	61274
福州高新技术产业开发区	Fuzhou High-tech Industrial Development Zone	184	66917	7991113	446481
厦门火炬高技术产业开发区	Xiamen Torch High-tech Industrial Development Zone	551	163572	20128330	1722107
泉州高新技术产业开发区	Quanzhou High-tech Industrial Development Zone	191	69964	5104054	116299
莆田高新技术产业开发区	Putian High-tech Industrial Development Zone	132	42941	4494017	50192
三明高新技术产业开发区	Sanming High-tech Industrial Development Zone	130	22394	4119988	4345
漳州高新技术产业开发区	Zhangzhou High-tech Industrial Development Zone	345	97568	7953857	194337
龙岩高新技术产业开发区	Longyan High-tech Industrial Development Zone	173	34884	2829910	16845
南昌高新技术产业开发区	Nanchang High-tech Industrial Development Zone	389	120125	20052933	289574
景德镇高新技术产业开发区	Jingdezhen High-tech Industrial Development Zone	165	62201	8871852	99521
新余高新技术产业开发区	Xinyu High-tech Industrial Development Zone	229	46547	7255553	53885
鹰潭高新技术产业开发区	Yingtan High-tech Industrial Development Zone	104	25247	5202087	12411
赣州高新技术产业开发区	Ganzhou High-tech Industrial Development Zone	89	20062	2661499	15181
吉安高新技术产业开发区	Jian High-tech Industrial Development Zone	120	35479	3132539	90114
抚州高新技术产业开发区	Fuzhou High-tech Industrial Development Zone	167	32977	4196245	24212
济南高新技术产业开发区	Jinan High-tech Industrial Development Zone	663	240640	31505698	632755
青岛高新技术产业开发区	Qingdao High-tech Industrial Development Zone	280	125385	25140534	560791
淄博高新技术产业开发区	Zibo High-tech Industrial Development Zone	454	113344	23652212	290184
枣庄高新技术产业开发区	Zaozhuang High-tech Industrial Development Zone	139	35055	2734369	14839
黄河三角洲高新技术产业开发区	Huanghesanjiaozhou High-tech Industrial Development Zone	13	573	35987	
潍坊高新技术产业开发区	Weifang High-tech Industrial Development Zone	536	154525	19419980	438321
威海火炬高技术产业开发区	Weihai Torch High-tech Industrial Development Zone	279	113181	12678947	397283
莱芜高新技术产业开发区	Laiwu High-tech Industrial Development Zone	115	17194	3845911	11558
济宁高新技术产业开发区	Jining High-tech Industrial Development Zone	548	198810	25360730	229818
烟台高新技术产业开发区	Yantai High-tech Industrial Development Zone	253	50632	4012791	59959
临沂高新技术产业开发区	Linyi High-tech Industrial Development Zone	376	67352	12691023	177959
德州高新技术产业开发区	Dezhou High-tech Industrial Development Zone	133	20356	2660989	22795
泰安高新技术产业开发区	Taian High-tech Industrial Development Zone	300	54386	4293504	27864
郑州高新技术产业开发区	Zhengzhou High-tech Industrial Development Zone	547	259235	42039286	4315937
洛阳高新技术产业开发区	Luoyang High-tech Industrial Development Zone	841	117022	16979619	113514
平顶山高新技术产业开发区	Pingdingshan High-tech Industrial Development Zone	36	10570	2770197	5087
南阳高新技术产业开发区	Nanyang High-tech Industrial Development Zone	185	49003	3211452	40765
安阳高新技术产业开发区	Anyang High-tech Industrial Development Zone	242	55726	6682953	24616
新乡高新技术产业开发区	Xinxiang High-tech Industrial Development Zone	188	55154	7112543	57329
焦作高新技术产业开发区	Jiaozuo High-tech Industrial Development Zone	114	45888	4323857	3885
武汉东湖新技术开发区	Wuhan Donghu New Technology Development Zone	2951	511934	100621464	1422782
宜昌高新技术产业开发区	Yichang High-tech Industrial Development Zone	360	127723	21528422	122227
襄阳高新技术产业开发区	Xiangyang High-tech Industrial Development Zone	736	164740	27568635	83687
孝感高新技术产业开发区	Xiaogan High-tech Industrial Development Zone	443	86593	10533659	30419
随州高新技术产业开发区	Suizhou High-tech Industrial Development Zone	84	23025	2403016	41955
仙桃高新技术产业开发区	Xiantao High-tech Industrial Development Zone	249	80691	6340163	47857
荆门高新技术产业开发区	Jingmen High-tech Industrial Development Zone	363	82497	9602573	56294

20-19 续表 2 continued

开发区	Development Area	企业数（个）Number of Enterprises (unit)	从业人员（人）Number of Persons Engaged (person)	总收入（万元）Total Income (10 000 yuan)	出口总额（万美元）Exports (10 000 US dollars)
长沙高新技术产业开发区	Changsha High-tech Industrial Development Zone	1001	278253	42512087	572151
株洲高新技术产业开发区	Zhuzhou High-tech Industrial Development Zone	254	115636	18194128	273386
湘潭高新技术产业开发区	Xiangtan High-tech Industrial Development Zone	321	85439	12970302	479915
益阳高新技术产业开发区	Yiyang High-tech Industrial Development Zone	276	29164	6592924	35642
郴州高新技术产业开发区	Chenzhou High-tech Industrial Development Zone	73	23855	3772799	56648
衡阳高新技术产业开发区	Hengyang High-tech Industrial Development Zone	115	48100	6901233	150797
广州高新技术产业开发区	Guangzhou High-tech Industrial Development Zone	2221	410131	53657512	1267689
深圳高新技术产业开发区	Shenzhen High-tech Industrial Development Zone	1469	434108	49767705	1702732
珠海高新技术产业开发区	Zhuhai High-tech Industrial Development Zone	513	203485	19020188	1189639
惠州高新技术产业开发区	Huizhou High-tech Industrial Development Zone	346	185473	25396868	2258638
源城高新技术产业开发区	Yuancheng High-tech Industrial Development Zone	100	48385	3935805	153305
清远高新技术产业开发区	Qingyuan High-tech Industrial Development Zone	124	60362	3656155	79801
中山火炬高技术产业开发区	Zhongshan Torch High-tech Industrial Development Zone	429	133487	17246438	851603
佛山高新技术产业开发区	Foshan High-tech Industrial Development Zone	747	267976	35202948	753915
肇庆高新技术产业开发区	Zhaoqing High-tech Industrial Development Zone	191	51240	8420140	82314
江门高新技术产业开发区	Jiangmen High-tech Industrial Development Zone	275	73022	5489530	213039
东莞松山湖高新技术产业开发区	Dongguan Songshanhu High-tech Industrial Development Zone	405	78915	17152432	615305
南宁高新技术产业开发区	Nanning High-tech Industrial Development Zone	717	179936	19291088	230736
桂林高新技术产业开发区	Guilin High-tech Industrial Development Zone	360	84991	8168639	73851
北海高新技术产业开发区	Beihai High-tech Industrial Development Zone	53	28663	5169535	160286
柳州高新技术产业开发区	Liuzhou High-tech Industrial Development Zone	234	101196	17989805	60705
海口高新技术产业开发区	Haikou High-tech Industrial Development Zone	157	35541	3651037	34031
重庆高新技术产业开发区	Chongqing High-tech Industrial Development Zone	1015	209800	20717888	383916
璧山高新技术产业开发区	Bishan High-tech Industrial Development Zone	188	71612	5998643	63143
成都高新技术产业开发区	Chengdu High-tech Industrial Development Zone	1741	377784	57664313	1503663
绵阳高新技术产业开发区	Mianyang High-tech Industrial Development Zone	129	111763	10671381	191345
自贡高新技术产业开发区	Zigong High-tech Industrial Development Zone	152	37308	4654316	39622
攀枝花高新技术产业开发区	Panzhihua High-tech Industrial Development Zone	60	11767	1514788	5869
泸州高新技术产业开发区	Luzhou High-tech Industrial Development Zone	316	55279	5102391	1429
德阳高新技术产业开发区	Deyang High-tech Industrial Development Zone	219	41432	5208651	43332
乐山高新技术产业开发区	Leshan High-tech Industrial Development Zone	87	28767	3183616	60915
贵阳高新技术产业开发区	Guiyang High-tech Industrial Development Zone	746	264098	28702755	150822
昆明高新技术产业开发区	Kunming High-tech Industrial Development Zone	299	71013	17169938	70440
玉溪高新技术产业开发区	Yuxi High-tech Industrial Development Zone	53	20131	9830917	663
西安高新技术产业开发区	Xi'an High-tech Industrial Development Zone	3794	399403	89563186	1214135
宝鸡高新技术产业开发区	Baoji High-tech Industrial Development Zone	570	145515	15437281	84985
杨凌农业高新技术产业示范区	Yangling Agricultural High-tech Industries Demonstration Zone	193	24266	1774938	5345
渭南高新技术产业开发区	Weinan High-tech Industrial Development Zone	70	26427	3450259	37041
咸阳高新技术产业开发区	Xianyang High-tech Industrial Development Zone	76	16992	4079001	11547
榆林高新技术产业开发区	Yulin High-tech Industrial Development Zone	21	14538	2549158	
安康高新技术产业开发区	Ankang High-tech Industrial Development Zone	200	19706	2561957	1296
兰州高新技术产业开发区	Lanzhou High-tech Industrial Development Zone	518	100752	16033788	18048
白银高新技术产业开发区	Baiyin High-tech Industrial Development Zone	182	70407	8270241	5831
青海高新技术产业开发区	Qinghai High-tech Industrial Development Zone	79	14054	1057962	337
银川高新技术产业开发区	Yinchuan High-tech Industrial Development Zone	70	14574	2191804	30483
宁夏石嘴山高新技术产业开发区	Ningxia Shizuishan High-tech Industrial Development Zone	68	20969	1502810	18347
乌鲁木齐高新技术产业开发区	Wulumuqi High-tech Industrial Development Zone	397	108303	24224102	12051
昌吉高新技术产业开发区	Changji High-tech Industrial Development Zone	126	12592	2673407	36311
新疆生产建设兵团石河子高新技术产业开发区	The Xinjiang Production and Construction Corps, Shihezi High-tech Industrial Development Zone	19	17068	3126068	884

20-20 分地区技术市场成交额
Transaction Value in Technical Markets by Region

单位：万元 (10 000 yuan)

地区	Region	2008	2009	2010	2011	2012	2013	2014	2015
全国	**National Total**	**26652288**	**30390024**	**39065753**	**47635589**	**64370683**	**74691254**	**85771790**	**98357896**
北京	Beijing	10272173	12362450	15795367	18902752	24585034	28517239	31371854	34538855
天津	Tianjin	866122	1054611	1193390	1693819	2323275	2761575	3885631	5034369
河北	Hebei	165906	172112	192931	262471	378178	315581	292228	395438
山西	Shanxi	128425	162068	184911	224825	306088	527681	484595	512007
内蒙古	Inner Mongolia	94423	147651	271464	226719	1060962	387390	139393	153872
辽宁	Liaoning	997290	1197095	1306811	1596633	2306648	1733775	2174648	2674927
吉林	Jilin	196066	197598	188090	262614	251180	347167	285756	264697
黑龙江	Heilongjiang	412565	488550	529123	620682	1004473	1017747	1202776	1272637
上海	Shanghai	3861695	4354108	4314374	4807491	5187473	5316804	5924481	6637838
江苏	Jiangsu	940246	1082184	2493406	3334316	4009141	5275020	5431585	5729178
浙江	Zhejiang	589189	564581	603478	718968	813079	814958	872527	980966
安徽	Anhui	324865	356174	461470	650337	861592	1308253	1698313	1904669
福建	Fujian	179690	232594	356569	345712	500920	446885	391913	521448
江西	Jiangxi	77641	97893	230479	341861	397796	430552	507593	648484
山东	Shandong	660126	719391	1006769	1263778	1400153	1793981	2492942	3075545
河南	Henan	254425	263046	272002	387602	399435	402406	407919	450442
湖北	Hubei	628971	770329	907218	1256876	1963922	3976158	5806801	7893407
湖南	Hunan	477024	440432	400940	353901	422420	772098	979342	1050578
广东	Guangdong	2016319	1709850	2358949	2750647	3649384	5293936	4132478	6625775
广西	Guangxi	26996	17662	41362	56377	25238	73449	115833	73132
海南	Hainan	35602	5556	32651	34584	5666	38693	6525	21861
重庆	Chongqing	621884	383158	794410	681453	540188	902760	1562007	572366
四川	Sichuan	435313	545977	547393	678330	1112438	1485752	1990506	2823202
贵州	Guizhou	20356	17806	77191	136483	96743	183972	200392	259626
云南	Yunnan	50547	102469	108827	117144	454779	420003	479233	518364
西藏	Tibet								
陕西	Shaanxi	438300	698074	1024140	2153664	3348153	5332787	6400198	7218211
甘肃	Gansu	297560	356287	430845	526386	730619	999936	1145162	1296958
青海	Qinghai	77033	84967	114051	168443	192989	268863	291001	468849
宁夏	Ningxia	8898	8982	9972	39447	29135	14289	31823	35202
新疆	Xinjiang	73963	12078	45188	43783	53853	29953	28223	30322
港澳台	Hong Kong, Macao and Taiwan	49309	124063	126750	249756	353197	67307	91608	158797
国外	Abroad	1373366	1660227	2645234	2747738	5606534	3434284	4946503	4515877

20-21 分地区测绘资料提供情况（2015年）

Statistics on Output of Surveying and Mapping Materials by Region(2015)

地区	Region	地形图合计（张）Topographic Map (unit)	1:10000 (scale)	1:50000 (scale)	测绘基准成果（点）Surveying and Mapping Datum Product (point)	航摄成果（平方千米）Aerial Photograph (sq.km)	专题地图（张）Thematic Map (unit)
全国	**National Total**	**1415284**	**67030**	**1190135**	**114822**	**1230861**	**48399**
北京	Beijing	5742	79		12447		21440
天津	Tianjin				7		
河北	Hebei	1332	1131	109	1134	43240	
山西	Shanxi	3711	3007	655	343		520
内蒙古	Inner Mongolia	5676	3891	1479	5827	24270	1500
辽宁	Liaoning	1469	1134	335	891		119
吉林	Jilin	3767			4923	180000	2127
黑龙江	Heilongjiang	3688	1554	1393	4197		
上海	Shanghai	132158	20		5426		51
江苏	Jiangsu	1703	1302	401	8029	8643	
浙江	Zhejiang	543	382	109	1208	14069	
安徽	Anhui	7263	4674	721	3406	1611	1
福建	Fujian	2490	2273	184	917	10969	
江西	Jiangxi	6592	5328	1080	5282	364834	
山东	Shandong	1571	1268	76	429	2403	
河南	Henan	2956	2676	276	329	18460	
湖北	Hubei	695	396	294	2098	40045	
湖南	Hunan	2141	1838	281	1002	156886	
广东	Guangdong	3893	3511	319	2018	1242	
广西	Guangxi	5660	4449	1207	8379	30000	
海南	Hainan	111	3	103	600	42065	714
重庆	Chongqing	1692	1128	540	382	3649	626
四川	Sichuan	1337	706	515	6091	17764	
贵州	Guizhou	4983	3913	956	6837	247611	
云南	Yunnan	7383	6008	1324	7867		
西藏	Tibet	1561	109	1169	491		17637
陕西	Shaanxi	7143	5750	1287	2222	102	
甘肃	Gansu	8288	6247	2022	1864		10
青海	Qinghai	1383	106	1235	1259	900	769
宁夏	Ningxia	1658	1159	490	75	8620	
新疆	Xinjiang	9092	2988	5055	11452		2085
国家基础地理信息中心	National Geomatics Center of China	1168987		1166520	7028	13478	

注：全国数据包括计划单列市数据。

a) The national data include data of separate planning cities.

20-22 分地区地震监测情况（2015年）
Situation of Earthquake Monitoring (2015)

单位：个 (unit)

地 区	Region	地震台数 总 数 Number of Seismic Stations					强震观测点 Number of Strong Motion Observation Spots	宏观观测点 Number of Macro-observation Spots
			国家级台 Number of National Stations	省级台 Number of Provincial Stations	市、县级台 Number of Municipality/ County-level Stations	企业台 Number of Enterprise Stations		
全 国	**National Total**	**2456**	**188**	**205**	**1826**	**237**	**2353**	**32198**
北 京	Beijing	103	10	2	90	1	266	229
天 津	Tianjin	10	5	5			120	125
河 北	Hebei	99	6	26	55	12	113	2901
山 西	Shanxi	116	7	4	78	27	51	2734
内蒙古	Inner Mongolia	58	6	17	35		47	486
辽 宁	Liaoning	48	7	11	27	3	90	932
吉 林	Jilin	45	5	6	34		15	1303
黑龙江	Heilongjiang	57	9	2	45	1	122	5019
上 海	Shanghai	9	2		7			9
江 苏	Jiangsu	94	9	7	76	2	109	1086
浙 江	Zhejiang	75	5	1	63	6	16	176
安 徽	Anhui	67	3	9	53	2	20	724
福 建	Fujian	50	4	10	28	8	39	313
江 西	Jiangxi	8	2	6			6	1131
山 东	Shandong	154	6	20	121	7	146	2127
河 南	Henan	106	3	8	87	8	20	1880
湖 北	Hubei	58	5	8	12	33	28	576
湖 南	Hunan	37	4	3	26	4		369
广 东	Guangdong	518	6	7	500	5	122	185
广 西	Guangxi	92	5	4	53	30	33	981
海 南	Hainan	26	2	3	21		14	552
重 庆	Chongqing	3	1	2				9
四 川	Sichuan	111	13	13	80	5	8	2756
贵 州	Guizhou							
云 南	Yunnan	180	15	5	114	46	324	2487
西 藏	Tibet	8	8				4	
陕 西	Shaanxi	92	6	5	74	7	135	1329
甘 肃	Gansu	95	9	12	67	7	239	763
青 海	Qinghai	39	5	2	12	20	55	106
宁 夏	Ningxia	18	4	3	11		59	295
新 疆	Xinjiang	80	16	4	57	3	152	615

20-23 分地区气象业务站点及观测项目情况（2015年）

Status of Operational Meteorological Stations and Their Observation Items (2015)

单位：个 (unit)

地 区 和单位	Region and Units	地面观测业务 Surface Observation Stations	高空探测业务 Upper-air Observation Stations	自动气象站 Automatic Weather Stations	天气雷达观测业务 Weather Radar Observation Stations	农业气象观测站 Agro-Meteorological Observation Stations	环境气象观测站 Environmental Meteorological Observation Stations	闪电定位监测业务 Lightning Position Monitoring Stations	卫星云图接收业务 Satellite Cloud Images Receiving Stations
全 国	**National Total**	**2422**	**120**	**57405**	**233**	**723**	**669**	**490**	**364**
北 京	Beijing	20	1	347	1	7	34	1	3
天 津	Tianjin	13		261	1	5	4	4	2
河 北	Hebei	142	3	2887	5	30	35	11	6
山 西	Shanxi	109	1	1737	9	31	16	7	13
内蒙古	Inner Mongolia	119	12	1685	11	35	21	39	6
辽 宁	Liaoning	62	2	1500	5	28	52	14	16
吉 林	Jilin	54	3	1385	7	25	22	23	6
黑龙江	Heilongjiang	84	4	1266	11	39	22	23	8
上 海	Shanghai	14	1	230	2	1	17	4	6
江 苏	Jiangsu	70	3	1725	10	22	41	25	5
浙 江	Zhejiang	72	3	2481	9	14	33	22	30
安 徽	Anhui	81	2	2387	10	25	14	7	5
福 建	Fujian	70	3	1948	7	27	6	9	18
江 西	Jiangxi	91	2	2452	7	19	24	12	9
山 东	Shandong	123	3	1726	13	20	37	13	15
河 南	Henan	119	3	2431	12	39	19	19	28
湖 北	Hubei	81	3	2322	11	32	34	32	16
湖 南	Hunan	97	3	3464	10	26	7	10	7
广 东	Guangdong	86	4	2329	10	28	26	9	9
广 西	Guangxi	91	6	2399	11	29	12	11	12
海 南	Hainan	21	3	472	3	7	12	6	5
重 庆	Chongqing	35	1	1997	4	14	42	5	4
四 川	Sichuan	156	7	4747	10	47	12	24	14
贵 州	Guizhou	84	2	2948	9	19	11	12	13
云 南	Yunnan	125	5	3414	8	26	7	24	26
西 藏	Tibet	39	5	129	6	5	12	24	9
陕 西	Shaanxi	99	4	1538	8	22	20	11	20
甘 肃	Gansu	81	9	2136	7	27	20	5	17
青 海	Qinghai	52	7	437	2	19	16	33	16
宁 夏	Ningxia	25	1	893	3	10	9	5	5
新 疆	Xinjiang	105	14	1732	11	44	29	46	15
其 他	Others	2				1	3		

20-24 海洋观测调查情况(2015年)
Basic Statistics on Ocean Observation (2015)

项 目	Item	合计 Total	志愿船观测 Volunteer Ship Observation	断面观测 Sectional Observation	台站观测 Station Observation	浮标观测 Buoy Monitoring
站点数(个)	Stations(unit)	425	49	119	219	38
观测数据(MB)	Data(MB)	12096.0	30.0	374.0	11250.0	442.0

20-25 海洋观测预报单位机构、人员情况
Institutions and Personnel in Ocean Observation and Forecasting

项 目 Item	中心站 Central Station	观测站点 Observing Station	海洋预报机构 Marine Forecasting Institutions
一、机构数(个) Institutions (unit)			
1994	7	56	4
1995	9	57	4
1996	10	56	4
1997	10	60	4
1998	10	56	4
1999	12	60	4
2000	12	60	4
2001	12	60	4
2002	12	63	4
2003	12	63	4
2004	12	63	4
2005	12	63	4
2006	12	63	4
2007	12	63	4
2008	12	67	4
2009	14	73	4
2010	14	73	4
2011	15	73	4
2012	16	74	4
2013	16	74	4
2014	17	73	5
2015	17	73	5
二、人员数(人) Personnel (person)			
1994	267	558	652
1995	348	580	658
1996	379	557	649
1997	531	592	932
1998	395	525	617
1999	362	468	621
2000	362	468	621
2001	362	468	621
2002	530	427	734
2003	530	427	734
2004	530	427	734
2005	530	427	734
2006	696	469	655
2007	696	469	657
2008	696	523	657
2009	948	444	601
2010	932	446	587
2011	968	431	588
2012	978	436	574
2013	989	435	617
2014	1343	427	1143
2015	1263	487	1143

20-26 产品质量国家监督抽查情况(2015年)
Results of Sampling Check under State Supervision on the Quality of Products (2015)

项 目	Item	抽查企业(家) Number of Enterprises Supervised (unit)	抽查产品(批) Production Supervised (batch-time)	不合格产品(批) Production Unqualified (batch-time)
合 计	**Total**	**24415**	**25255**	**2266**
食 品	Food	3891	4338	139
日用消费品	Consumer Goods	2984	3067	399
建筑与装饰装修材料	Building & Decoration Material	5120	5226	408
农业生产资料	Agricultural Means of Production	1699	1703	111
轻工产品	Light Industry Products	3134	3226	365
机械及安防产品	Machinery, and Security and Protection Products	2941	2987	173
电子电器	Electronic and Electrical Appliances	1817	1863	389
电工及材料	Electrical Engineering and Materials	2829	2845	282

20-27 分地区产品质量情况(2015年)
Quality of Products by Region (2015)

单位: % (%)

地 区	Region	优等品率 Rate of Products with Excellent Quality	质量损失率 Rate of Loss Due to Bad Quality	产品质量合格率 Qualification Rate of Products
全 国	**National Total**	**67.30**	**0.98**	**92.90**
北 京	Beijing	68.20	0.79	97.43
天 津	Tianjin	56.70	0.87	96.16
河 北	Hebei	66.30	1.51	91.58
山 西	Shanxi	55.00	0.79	96.99
内蒙古	Inner Mongolia	69.20	0.56	91.67
辽 宁	Liaoning	61.40	0.88	93.69
吉 林	Jilin	59.90	0.75	97.81
黑龙江	Heilongjiang	57.60	0.47	96.78
上 海	Shanghai	76.00	0.85	96.42
江 苏	Jiangsu	72.50	0.91	94.38
浙 江	Zhejiang	69.50	0.90	94.30
安 徽	Anhui	68.20	0.67	93.98
福 建	Fujian	77.70	1.21	92.54
江 西	Jiangxi	58.30	0.71	87.90
山 东	Shandong	75.70	0.86	91.98
河 南	Henan	56.50	0.91	96.27
湖 北	Hubei	66.00	0.83	88.71
湖 南	Hunan	60.90	1.53	88.37
广 东	Guangdong	75.70	1.32	92.00
广 西	Guangxi	70.30	1.03	95.66
海 南	Hainan	65.10	1.47	94.08
重 庆	Chongqing	60.50	1.13	95.57
四 川	Sichuan	79.20	0.73	94.46
贵 州	Guizhou	51.50	1.17	91.86
云 南	Yunnan	71.20	0.62	95.66
西 藏	Tibet		0.14	88.90
陕 西	Shaanxi	54.20	0.71	95.08
甘 肃	Gansu	64.80	0.99	95.20
青 海	Qinghai	70.20	1.30	92.64
宁 夏	Ningxia	64.70	2.16	97.34
新 疆	Xinjiang	50.00	1.86	90.42

注: 本资料由75个重点工业城市抽样数据汇总而成。
a) Sampling data in this table are collected from 75 main industrial cities.

20-28 产品质量省级监督抽查情况(2015年)
Results of Sampling Check under Provincial Supervision on the Quality of Products (2015)

地 区	Region	抽查企业 (家) Number of Enterprises Supervised (unit)	抽查产品 (批) Production Supervised (batch-time)	不合格产品 (批) Production Unqualified (batch-time)
全 国	**National Total**	**99836**	**145620**	**10552**
北 京	Beijing	1910	2162	196
天 津	Tianjin	1709	1968	31
河 北	Hebei	3247	3560	257
山 西	Shanxi	3974	6148	210
内蒙古	Inner Mongolia	1801	2645	179
辽 宁	Liaoning	2749	3426	206
吉 林	Jilin	485	570	7
黑龙江	Heilongjiang			
上 海	Shanghai	4218	5371	573
江 苏	Jiangsu	4882	4882	242
浙 江	Zhejiang	5477	5477	309
安 徽	Anhui	2291	2670	112
福 建	Fujian	5313	8401	365
江 西	Jiangxi	1600	1679	146
山 东	Shandong	6617	7274	421
河 南	Henan	6530	10020	432
湖 北	Hubei	2478	4797	293
湖 南	Hunan	4936	10342	567
广 东	Guangdong	4376	6535	694
广 西	Guangxi	1196	1611	131
海 南	Hainan	373	545	22
重 庆	Chongqing	7555	18381	1712
四 川	Sichuan	8886	13638	775
贵 州	Guizhou	2280	2830	222
云 南	Yunnan	3012	4583	811
西 藏	Tibet	313	585	44
陕 西	Shaanxi	2166	3159	330
甘 肃	Gansu	6777	9222	1002
青 海	Qinghai	572	822	60
宁 夏	Ningxia	136	165	17
新 疆	Xinjiang	1977	2152	186

20-29 分地区出入境货物检验检疫情况(2015年)
General Statistics on Entry-Exit Inspection and Quarantine of Freight by Region(2015)

地区	Region	总计 Total			
		批次(批) Number of Batch (batch-time)	#不合格 Disqualification	货值(万美元) Value (10 000 USD)	#不合格 Disqualification
全国	**National Total**	**9422612**	**535301**	**96321837**	**12073094**
北京	Beijing	189627	3636	1230297	12648
天津	Tianjin	288518	19141	4706099	752521
河北	Hebei	105662	3145	2985860	609725
山西	Shanxi	12748	112	162262	2947
内蒙古	Inner Mongolia	228979	13765	805522	36894
辽宁	Liaoning	295817	10249	5483195	549655
吉林	Jilin	59432	3525	411250	11145
黑龙江	Heilongjiang	186450	19300	1002426	16057
上海	Shanghai	1686689	88807	14790004	698558
江苏	Jiangsu	661867	43267	9051518	1925598
浙江	Zhejiang	930547	40131	9943342	960507
安徽	Anhui	75288	1044	458271	6227
福建	Fujian	414332	30926	4124016	683795
江西	Jiangxi	66326	1258	480967	5027
山东	Shandong	821357	61186	11553663	2289805
河南	Henan	66300	4940	2468639	81494
湖北	Hubei	59926	2348	573981	16282
湖南	Hunan	65619	1167	385208	3709
广东	Guangdong	2817981	167848	18840177	2536872
广西	Guangxi	146439	4149	2429519	707943
海南	Hainan	15501	406	921717	8823
重庆	Chongqing	24321	1858	247236	20298
四川	Sichuan	29369	1632	247858	13063
贵州	Guizhou	2311	131	80062	4141
云南	Yunnan	85629	6608	707238	36623
西藏	Tibet	242	2	2001	7
陕西	Shaanxi	26677	1111	391613	47792
甘肃	Gansu	6816	62	122840	544
青海	Qinghai	1002	62	15190	1191
宁夏	Ningxia	7829	235	78544	6288
新疆	Xinjiang	43011	3250	1621323	26916

20-30 中国科协系统科技活动情况(2015年)

指　　标		Item		总计 Total
机构和人员		**Associations or Academic Societies and Personnel**		
机构数	(个)	Number of Associations or Academic Societies	(unit)	3215
从业人员	(人)	Number of Persons Engaged	(person)	38512
学会数	(个)	Number of Academic Societies	(unit)	3949
学会个人会员	(万人)	Number of Individual Members of Academic Societies	(10000 persons)	1363
学会从业人员	(人)	Number of Persons Engaged of Academic Societies	(person)	30686
企业科协	(个)	Number of Enterprises Association for Science and Technology	(unit)	23929
个人会员	(万人)	Number of Individual Members	(10000 persons)	374
高等院校科协	(个)	Number of Institutions of Higher Learning for Science and Technology	(unit)	831
个人会员	(万人)	Number of Individual Members	(10000 persons)	66
农技协	(个)	Number of Rural Professional and Technical Associations	(unit)	110476
个人会员	(万人)	Number of Individual Members	(10000 persons)	1487
学术交流活动		**Academic Exchange**		
学术交流活动	(次)	Number of Academic Exchanges	(time)	29105
参加人数	(万人次)	Number of Participants	(10000 person-time)	503
#企业科技工作者		Number of Enterprise Technology Workers		114
科学技术普及活动		**S&T Popularization Activities**		
举办科普宣讲活动	(次)	Number of S&T Popularization Propaganda activity	(time)	380770
宣讲活动受众人数	(万人次)	Number of Participants	(10000 person-time)	32180
参加活动科技人员	(万人次)	Number of Scientific and Technical Personnel Participating in Activities	(10000 person-time)	408
科技开放与交流		**Openness and Communication Technology**		
参加国外科技活动人数	(人次)	Number of Participating Foreign Scientific and Technological Activities	(person-time)	19701
接待国外专家学者	(人次)	Number of Reception Foreign Experts and Scholars	(person-time)	28146
科技服务		**S&T Service**		
提供决策咨询报告	(篇)	Number of Provided Policy Decision Consultation Report	(piece)	11895
科技评价	(项)	Number of Technology Evaluation	(item)	10372
开展“讲、比”活动企业数	(个)	Number of Carrying out "ideal and contribution" Competition Enterprises	(unit)	30637
参与“讲、比”活动的科技人员	(万人次)	Number of "ideal and contribution" Competition S&T Staffs	(10000 person-time)	194
为科技工作者服务		**Services for the Scientific and Technological Workers**		
反映科技工作者建议	(条)	Number of S&T Workers Proposals	(item)	27970
走访看望(慰问)科技工作者	(人次)	Number of Visiting (Condolence)S&T Workers	(person-time)	82413
表彰奖励科技工作者	(人次)	Number of Recognition and Award S&T Workers	(person-time)	126191
#女性科技工作者		Number of Recognition and Award Female S&T Workers		36638
科技期刊与科技传播		**Scientific Journals and Science and Technology Communication**		
主办科技期刊	(种)	Number of Scientific & Technological Journals	(kind)	2670
总印数	(万册)	Printed Copies	(10000 copies)	12425
编著科技图书	(种)	Number of Scientific & Technological Books	(kind)	4325
总印数	(万册)	Printed Copies	(10000 copies)	2579
主办科技网站	(个)	Number of Science and Technology Sites	(unit)	2631
浏览人数	(万人次)	Number of Visitors	(10000 person-time)	211790
科普基础设施建设		**S&T Popularization Infrastructure Construction**		
科技馆	(个)	Number of Science and Technology Museum	(unit)	445
全年参观人数	(万人次)	Number of Participants	(10000 person-time)	4218
#少儿参观人数		Number of Participants for Children		2371
科普画廊建筑面积(宣传栏、橱窗)	(平方米)	Building Area of Popular Science Galleries(Boards, Showcase)	(meters)	2761871
科普画廊展示面积	(平方米)	Display Area of Popular Science Galleries	(meters)	6334833

Basic Statistics on Scientific and Technological Activities of China Associations for Science and Technology (2015)

科协小计 Total Number of Associations	学会小计 Total Number of Academic Societies	全国学会 National Learned Societies	省级学会 Provincial Learned Societies
3215			
38512			
	3949	204	3745
	1363	495	868
	30686	3546	27140
23929			
374			
831			
66			
110476			
1487			
6873	22232	5253	16979
99	404	134	270
36	78	28	50
280966	99804	8449	91355
18529	13651	9100	4551
288	120	20	100
1311	18390	9760	8630
5008	23138	11745	11393
7479	4416	641	3775
2091	8281	3241	5040
30115			
191			
22626	5344	329	5015
59392	23021	3996	19025
55799	70392	28342	42050
17972	18666	6794	11872
468	2202	1064	1138
4227	8198	4929	3269
2526	1799	490	1309
1744	835	176	659
1481	1150	358	729
30326	181463	154408	27055
445			
4218			
2371			
2761871			
6334833			

主要统计指标解释

研究与试验发展（R&D） 指在科学技术领域，为增加知识总量，以及运用这些知识去创造新的应用进行的系统的创造性的活动，包括基础研究、应用研究、试验发展三类活动。国际上通常采用R&D活动的规模和强度指标反映一国的科技实力和核心竞争力。

基础研究 指为了获得关于现象和可观察事实的基本原理的新知识(揭示客观事物的本质、运动规律，获得新发现、新学说)而进行的实验性或理论性研究，它不以任何专门或特定的应用或使用为目的。其成果以科学论文和科学著作为主要形式。用来反映知识的原始创新能力。

应用研究 指为获得新知识而进行的创造性研究，主要针对某一特定的目的或目标。应用研究是为了确定基础研究成果可能的用途，或是为达到预定的目标探索应采取的新方法(原理性)或新途径。其成果形式以科学论文、专著、原理性模型或发明专利为主。用来反映对基础研究成果应用途径的探索。

试验发展 指利用从基础研究、应用研究和实际经验所获得的现有知识，为产生新的产品、材料和装置，建立新的工艺、系统和服务，以及对已产生和建立的上述各项作实质性的改进而进行的系统性工作。其成果形式主要是专利、专有技术、具有新产品基本特征的产品原型或具有新装置基本特征的原始样机等。在社会科学领域，试验发展是指把通过基础研究、应用研究获得的知识转变成可以实施的计划(包括为进行检验和评估实施示范项目)的过程。人文科学领域没有对应的试验发展活动。主要反映将科研成果转化为技术和产品的能力，是科技推动经济社会发展的物化成果。

R&D人员 指参与研究与试验发展项目研究、管理和辅助工作的人员，包括项目(课题)组人员，企业科技行政管理人员和直接为项目(课题)活动提供服务的辅助人员。反映投入从事拥有自主知识产权的研究开发活动的人力规模。

R&D 人员全时当量 指全时人员数加非全时人员按工作量折算为全时人员数的总和。例如：有两个全时人员和三个非全时人员(工作时间分别为20%、30%和70%)，则全时当量为2+0.2+0.3+0.7=3.2人年。为国际上比较科技人力投入而制定的可比指标。

R&D 经费支出合计 指调查单位用于内部开展R&D活动（基础研究、应用研究和试验发展）的实际支出。包括用于R&D项目(课题)活动的直接支出，以及间接用于R&D活动的管理费、服务费、与R&D有关的基本建设支出以及外协加工费等。不包括生产性活动支出、归还贷款支出以及与外单位合作或委托外单位进行R&D活动而转拨给对方的经费支出。

R&D经费支出中政府资金 指R&D经费内部支出中来自各级政府部门的各类资金，包括财政科学技术拨款、科学基金、教育等部门事业费以及政府部门预算外资金的实际支出。

R&D经费支出中企业资金 指R&D经费内部支出中来自本企业的自有资金和接受其他企业委托而获得的经费，以及科研院所、高校等事业单位从企业获得的资金的实际支出。

R&D项目（课题）数 指在当年立项并开展研究工作、以前年份立项仍继续进行研究的研发项目（课题）数，包括当年完成和年内研究工作已告失败的研发项目（课题），但不包括委托外单位进行的研发项目（课题）数。

R&D项目（课题）人员全时当量 指实际参加研发项目（课题）活动人员折合的全时当量。

R&D项目（课题）经费支出 指调查单位内部在报告年度进行研发项目（课题）研究和试制等的实际支出。包括劳务费、其他日常支出、固定资产购建费、外协加工费等，不包括委托或与外单位合作进行项目（课题）研究而拨付给对方使用的经费。

新产品销售收入 指报告期企业销售新产品实现的销售收入。新产品是指采用新技术原理、新设计构思研制、生产的全新产品，或在结构、材质、工艺等某一方面比原有产品有明显改进，从而显著提高了产品性能或扩大了使用功能的产品。既包括经政府有关部门认定并在有效期内的新产品，也包括企业自行研制开发，未经政府有关部门认定，从投产之日起一年之内的新产品。

专利 是专利权的简称，是对发明人的发明创造经审查合格后，由专利局依据专利法授予发明人和设计人对该项发明创造享有的专有权。包括发明、实用新型和外观设计。反映拥有自主知识产权的科技和设计成果情况。

发明（专利） 指对产品、方法或者其改进所提出的新的技术方案。是国际通行的反映拥有自主知识产权技术的核心指标。

实用新型（专利） 指对产品的形状、构造或者其结合所提出的适于实用的新的技术方案。反映具有一定技术含量的技术成果情况。

外观设计（专利） 指对产品的形状、图案、色彩或者其结合所作出的富有美感并适于工业上应用的新设计。反映拥有自主知识产权的外观设计成果情况。

Explanatory Notes on Main Statistical Indicators

Research and Development (R&D) refers to systematic and creative activities in the field of science and technology aiming at increasing the knowledge and using the knowledge for new application. R&D includes 3 categories of activities: basic research, applied research and experiments and development. The scale and intensity of R&D are widely used internationally to reflect the strength of S&T and the core competitiveness of a country in the world.

Basic Research refers to empirical or theoretical research aiming at obtaining new knowledge on the fundamental principles regarding phenomena or observable facts to reveal the intrinsic nature and underlying laws and to acquire new discoveries or new theories. Basic research takes no specific or designated application as the aim of the research. Results of basic research are mainly released or disseminated in the form of scientific papers or monographs. This indicator reflects the innovation capacity for original knowledge.

Applied Research refers to creative research aiming at obtaining new knowledge on a specific objective or target. Purpose of the applied research is to identify the possible uses of results from basic research, or to explore new (fundamental) methods or new approaches. Results of applied research are expressed in the form of scientific papers, monographs, fundamental models or invention patents. This indicator reflects the exploration of ways to apply the results of basic research.

Experiments and Development refer to systematic activities aiming at using the knowledge from basic and applied researches or from practical experience to develop new products, materials and equipment, to establish new production process, systems and services, or to make substantial improvement on the existing products, process or services. Results of experiment and development activities are embodied in patents, exclusive technology, and monotype of new products or equipment. In social sciences, experiment and development activities refer to the process of converting the knowledge from basic or applied researches into feasible programmes (including conduct of demonstration projects for assessment and evaluation). There are no experiment and development activities in the science of humanities. This indicator reflects the capability of transferring the results of S&T into technique and products, and measures the realization of S&T in spearheading the economic and social development.

R & D Personnel refer to persons engaged in research, management and supporting activities of R & D, including persons in the project teams, persons engaged in the management of S&T activities of enterprises and supporting staff providing direct service to the research projects. This indicator reflects the size of personnel engaged in R&D activities with independent intellectual property.

Full-time Equivalent of R&D Personnel refers to the sum of the full-time persons and the full-time equivalent of part-time persons converted by workload. For instance, if there are 2 full-time persons and 3 part-time workers (20%, 30% and 70% of working hours respectively on R&D activities), the full-time equivalent are 2+0.2+0.3+0.7=3.2 person-years. This is an internationally comparable indicator of S&T manpower input.

Total Expenditure of Funds on R&D refers to the real expenditure of surveyed units on their own R&D activities (basic research, applied research, experiments and development) including direct expenditure on R&D activities, indirect expenditure of management and services on R&D activities, expenditure on capital construction and material processing by others. Excluding the expenditure on production activities, return of loan, and fees transferred to cooperated or entrusted agencies on R&D activities.

Expenditure of Government Funds on R&D refers to the expenditure of funds on R&D activities from government agencies at different levels, including appropriate funds on science and technology from financial departments, scientific funds, operating expenses from education departments and the real expenditure of extra budgetary funds from government agencies.

Expenditure of Funds of Enterprises on R&D refers to the expenditure of funds on R&D activities from self-raised funds of enterprises and funds from other enterprises through entrustment, and the expenditure of funds of institutions, such as institution of scientific research and universities, from enterprises.

Number of R&D Projects (subjects) refers to the number of R&D projects (subjects) set up and implemented at the reference year, and the number of R&D projects (subjects) set up in former years and under implementation, including the projects (subjects) finished and failed at the reference year, excluding the projects (subjects) implemented by others through entrustment.

Full-time Equivalent of R&D Personnel refers to the full-time equivalent of persons actually engaged in R&D projects (subjects).

Expenditure of Funds on R&D Projects (subjects) refers to the real expenditure of internal funds of the surveyed units on research and test of R&D projects (subjects) at the reference year, including service fee, other daily expenditure, cost for fixed assets, cost of external process; excluding expenditure of funds transferred to other cooperated or entrusted units of the projects.

Sales Income of New Products refers to the sales income

of new products of the enterprises at the reference period. New products refer to products developed and produced with new technologies and designs or improved in structure, material, process or other aspects so that their performance are improved or their functions expanded. New products include those affirmed by government authorities in their validity period and also those developed by enterprises without the affirmation of government authorities within one year after they are put into production.

Patent is an abbreviation for the patent right and refers to the exclusive right of ownership by the inventors or designers for the creation or inventions, given from the patent offices after due process of assessment and approval in accordance with the Patent Law. Patents are granted for inventions, utility models and designs. This indicator reflects the achievements of S&T and design with independent intellectual property.

Patented Inventions refer to new technical proposals to the products or methods or their modifications. This is universal core indicator reflecting the technologies with independent intellectual property.

Patented Utility Models refer to the practical and new technical proposals on the shape and structure of the product or the combination of both. This indicator reflects the condition of technological results with certain technical content.

Designs refer to the aesthetics and industrially applicable new designs for the shape, pattern and colour of the product, or their combinations. This indicator reflects the appearance design achievements with independent intellectual property.

21

教　育

Education

简 要 说 明

本篇主要反映我国教育事业发展基本情况。

一、本篇资料的主要内容

包括：公办教育和民办教育、学历教育和非学历教育。具体有高等教育(研究生教育、普通高等教育和成人高等教育)、中等教育(高中阶段教育和初中阶段教育)、初等教育(小学)、学前教育、特殊教育(盲聋哑和弱智学校等)以及教育经费等资料。主要指标包括学校数、在校学生数、招生数、毕业生数、教职工数和专任教师数、教育经费总投入及国家财政性教育经费等。

二、本篇的资料来源

教育事业统计资料、教育经费统计资料由教育部提供；技工学校资料由人力资源和社会保障部提供。

详细资料分别见《中国教育统计年鉴》（教育部发展规划司编）和《中国教育经费统计年鉴》（教育部财务司编）。

Brief Introduction

Data in this chapter show the development of China's education and the basic conditions on China's scientific and technological development.

I. Main Content of Data on Education

Data on education cover the situations on education funded by government and non-government agencies, and the education with and without academic credentials including higher education (education of postgraduates, general higher education and adult education), secondary education (senior and junior high schools), elementary education (primary schools), preschool education, special education (schools for the blind, deaf-mutes and mentally retarded) and their expenditure. The main indicators include the number of schools, the number of students enrolled, the number of new students enrolled, the number of graduates, the number of staff and workers, the number of full-time teachers, sources and outlay of education funding, and education expenditure from the State budget.

II. Sources of Data on Education

The Ministry of Education provides statistical data on education undertakings and education funding. Data on technical training schools are provided by Ministry of Human Resources and Social Security.

Detailed information can be found in "*Statistical Yearbook on China's Education*" compiled by Department of Planning and Development, Ministry of Education; and the "*Statistical Yearbook on National Education Funding*" compiled by the Department of Finance, Ministry of Education.

21-1 各级各类学校、教职工和专任教师情况（2015年）
Number of Schools, Educational Personnel and Full-time Teachers by Type and Level (2015)

项 目	Item	学校数(所) Schools (unit)	教职工数(人) Educational Personnel (person)	专任教师(人) Full-time Teachers (person)
高等教育	**Higher Education**			
研究生培养机构	Institutions Providing Postgraduate Programs	(792)		
普通高校	Regular Higher Education Institutions	(575)		
科研机构	Research Institutions	(217)		
普通高等学校	Regular Higher Education Institutions	2560	2369326	1572565
本科院校	HEIs Offering Degree Programs	1219	1727571	1116372
#独立学院	Independent Institutions	275	176679	132124
高职(专科)院校	Higher Vocational Colleges	1341	639281	454576
其他普通高教机构	Other Institutions	(28)	2474	1617
成人高等学校	Adult HEIs	292	51292	30246
民办的其他高等教育机构	Other Non-government HEIs	(813)	24427	11107
中等教育	**Secondary Education**	**78421**	**7630087**	**6022172**
高中阶段教育	Senior Secondary Education	24945	3649382	2542844
高中	Senior Secondary Schools	13743	2547568	1698758
普通高中	Regular Senior Secondary Schools	13240	2543243	1695354
完全中学	Combined Secondary Schools	5538	1040960	521363
高级中学	Regular High Schools	6628	1286594	1121430
十二年一贯制学校	12-Year Schools	1074	215689	52561
成人高中	Adult High Schools	503	4325	3404
中等职业教育	Secondary Vocational Education	11202	1101814	844086
普通中专	Regular Specialized Secondary Schools	3456	408775	304295
成人中专	Adult Specialized Secondary Schools	1294	66003	48210
职业高中	Vocational Senior Secondary Schools	3907	352756	290034
技工学校	Skilled Workers Schools	2545	260319	191639
其他中职机构	Other Institutions	(486)	13961	9908
初中阶段教育	Junior Secondary Education	53476	3980705	3479328
初中	Junior Secondary Schools	52405	3976291	3475636
初级中学	Regular Junior Secondary Schools	37217	2809241	2533306
九年一贯制学校	9-Year Schools	15166	1166434	494711
十二年一贯制学校	12-Year Schools			55992
完全中学	Combined Secondary Schools			391047
职业初中	Vocational Junior Secondary Schools	22	616	580
成人初中	Adult Junior Secondary Schools	1071	4414	3692
初等教育	**Primary Education**	**205283**	**5519370**	**5700786**
普通小学	Regular Primary Schools	190525	5489441	5685118
小学	Primary Schools	190525	5489441	5112774
九年一贯制学校	9-Year Schools			521434
十二年一贯制学校	12-Year Schools			50910
成人小学	Adult Primary Schools	14758	29929	15668
#扫盲班	Literacy Courses	10747	22185	10712
工读学校	**Correctional Work-Study Schools**	**86**	**3017**	**2077**
特殊教育	**Special Education Schools**	**2053**	**59548**	**50334**
学前教育	**Pre-school Education Institutions**	**223683**	**3495791**	**2051021**

注：1.完全中学的学校数和教职工数计入高中阶段教育，九年一贯制学校的校数和教职工数计入初中阶段教育，十二年一贯制学校的校数和教职工数计入高中阶段教育。专任教师是按照教育层次划分归类。
2.“()”内数据为不计校数。

a) The numbers of complete secondary schools and their educational personnel are calculated into the number of senior secondary education,the numbers of Combined Primary and Lower Secondary Schools and their educational personnel are calculated into the junior secondary education, the numbers of the Combined Primary and Secondary Schools and their educational personnel are calculated into senior secondary education. The fulltime teachers are classified by educational level.

b) The data within “( )”are not calculated as the number of schools.

21-2 各级各类学历教育学生情况（2015年）
Number of Students of Formal Education by Type and Level (2015)

单位：人 (person)

项目	Item	毕业生数 Graduates	招生数 Entrants	在校生数 Enrolment
高等教育	**Higher Education**			
研究生	Postgraduates	551522	645055	1911406
博士	Doctor's Degree	53778	74416	326687
硕士	Master's Degree	497744	570639	1584719
普通本专科	Undergraduate in Regular HEIs	6808866	7378495	26252968
本科	Normal Courses	3585940	3894184	15766848
专科	Short-cycle Courses	3222926	3484311	10486120
成人本专科	Undergraduate in Adult HEIs	2362593	2367455	6359352
本科	Normal Courses	962495	1014675	2793354
专科	Short-cycle Courses	1400098	1352780	3565998
其他各类高等学历教育	Students Enrolled in Other Formal Programs			
在职人员攻读硕士学位	Master's Degree Programs for On-the-job Personnel		127858	587508
网络本专科生	Web-based Undergraduates	1799757	2034032	6284671
本科	Normal Courses	649086	748660	2294807
专科	Short-cycle Courses	1150671	1285372	3989864
中等教育	**Secondary Education**	**28259773**	**28088798**	**83833441**
高中阶段教育	Senior Secondary Education	13717336	13978556	40376929
高中	Senior Secondary Schools	8038503	7966066	23809905
普通高中	Regular Senior Secondary Schools	7976535	7966066	23743992
完全中学	Combined Secondary Schools	2474229	2514294	7423958
高级中学	Regular High Schools	5280238	5169187	15558531
十二年一贯制学校	12-Year Schools	222068	282585	761503
成人高中	Adult High Schools	61968		65913
中等职业教育	Secondary Vocational Education	5678833	6012490	16567024
普通中专	Regular Specialized Secondary Schools	2367455	2599455	7327076
成人中专	Adult Specialized Secondary Schools	805105	646759	1626741
职业高中	Vocational High Schools	1560094	1551960	4398597
技工学校	Skilled Workers Schools	946179	1214316	3214610
初中阶段教育	Junior Secondary Education	14542437	14110242	43456512
初中	Junior Secondary Schools	14175941	14110242	43119500
初级中学	Regular Junior Secondary Schools	10293001	10119141	31033176
九年一贯制学校	9-Year Schools	1754445	1917472	5696085
十二年一贯制学校	12-Year Schools	247610	276595	827060
完全中学	Combined Secondary Schools	1878861	1795261	5558098
职业初中	Vocational Junior Secondary Schools	2024	1773	5081
成人初中	Adult Junior Secondary Schools	366496		337012
初等教育	**Primary Education**	**15331734**	**17290429**	**97869989**
普通小学	Regular Primary Schools	14372517	17290429	96921831
小学	Primary Schools	12833772	15549242	86931676
九年一贯制学校	9-Year Schools	1406554	1591648	9132151
十二年一贯制学校	12-Year Schools	132191	149539	858004
成人小学	Adult Primary Schools	959217		948158
#扫盲班	Literacy Courses	447541		474805
工读学校	**Correctional Work-Study Schools**	**4141**	**3811**	**7920**
特殊教育	**Special Education Schools**	**52899**	**83314**	**442223**
学前教育	**Pre-school Education Institutions**	**15902605**	**20088467**	**42648284**

注：1.完全中学、九年一贯制学校和十二年一贯制学校的学生数按教育层次分别计入对应教育阶段的学生数中。
2.特殊教育学生数中包括义务教育阶段随班就读的学生、其他学校附设特教班。

a) Number of the students in Combined Secondary Schools, 9-Year Schools,12-Year Schools are classified by educational level.
b) Number of the Students Followed in the Regular Primary and Middle School in the Special Education.

21-3 各级各类非学历教育学生情况(2015年)
Number of Students of Non-formal Education by Type and Level (2015)

单位：人 (person)

项 目	Item	结业生数 Completers	注册生数 Enrolment
总 计	**Total**	**58166130**	**52873698**
高等教育	Higher Education	9075383	7258406
研究生课程进修班	Postgraduate Courses	31260	34799
自考助学班	Classes run by Non-government HEIs for Students Preparing for Self-directed State-administered Examinations	130855	289818
普通预科生	College-preparatory Classes		50048
进修及培训	In-service Training	8913268	6883741
#资格证书培训	For Certificates of Vocational Qualifications	2426509	2303440
岗位证书培训	For Certificates of Job-related Qualifications	2768653	1883342
中等职业教育	Secondary Vocational Education	49090747	45615292
#资格证书培训	For Certificates of Vocational Qualifications	7759027	7186436
岗位证书培训	For Certificates of Job-related Qualifications	12240823	11221371
中等职业学校	Secondary Vocational Schools	5295781	3431361
#资格证书培训	For Certificates of Vocational Qualifications	2047174	1503999
岗位证书培训	For Certificates of Job-related Qualifications	1696505	1038118
职业技术培训机构	Other Vocational-technical Training Institutions	43794966	42183931
#资格证书培训	For Certificates of Vocational Qualifications	5711853	5682437
岗位证书培训	For Certificates of Job-related Qualifications	10544318	10183253

21-4 各级各类民办教育情况(2015年)
Number of Non-government Schools by Types and Levels(2015)

单位：人 (person)

项 目	Item	学校数(所) Schools (unit)	教职工数 Educational Personnel	专任教师 Full-time Teachers	毕业生数 Graduates	招生数 Entrants	在校生数 Enrolment	其 他 Others
民办高等教育	**Non-government Higher Education**							
民办高校	Non-government HEIs	734	423620	304817	1512964	1779676	6109013	315265
硕 士	Master's Degree				170	275	509	
本 科	Normal Courses				884434	966489	3833316	
专 科	Short-cycle Courses				628360	812912	2275188	
#独立学院	Independent Institutions	275	176679	132124	642713	632935	2594243	39467
本 科	Normal Courses				603134	595617	2476834	
专 科	Short-cycle Courses				39579	37318	117409	
民办的其他高等教育机构	Other Non-government HEIs	813	24427	11107				777416
民办中等教育	**Non-government Secondary Education**							
高中阶段教育	Senior Secondary Education	4810	499712	225345	1403068	1654399	4403302	
民办普通高中	Regular Senior Secondary Schools	2585	393123	153270	773912	945055	2569644	
民办中等职业教育	Secondary Vocational Education	2225	106589	72075	629156	709344	1833658	258260
初中阶段教育	Junior Secondary Education	4876	414775	285969	1513174	1707264	5029261	
#民办普通初中	Regular Junior Secondary Schools	4875	414770	285965	1513140	1707261	5029229	
民办普通小学	**Non-government Regular Primary Schools**	**5859**	**244426**	**352122**	**1101053**	**1243553**	**7138225**	
民办幼儿园	**Non-government Pre-school Education**	**146376**	**2308510**	**1271211**	**7383630**	**9981890**	**23024429**	
另：民办培训机构	**Other Vocational-technical Training Institutions**	**(20089)**	**230479**	**139656**				**8986589**

注：1．“其他”包括：自考助学班学生、预科生、进修及培训学生数。
2．民办普通高中的教职工和专任教师数中包含民办普通初中的教职工和专任教师数。
3．民办中等职业教育数据中未含技工学校数据；
4．“()”括号内数据不计校数。

a) Number of the other Students Followed in the Classes run by Non-government HEIs for Students Preparing for State-administered Examinations for Self-directed Learners, College-preparatory Classes, In-service Traning;
b) Data on Educational Personnel in Non-government Regular Junior High Schools are included in the data of Non-government General Upper Secondary Education Schools;
c) Data on non-government secondary vocational education does not include those of skilled workers schools;
d) The numbers within “( )” are not included.

21-5 各级各类学校情况

Number of School by Type and Level

单位：所 (unit)

年 份 Year	普通高等学校 Regular HEIs	#高职(专科)院校 Specialized Courses	普通高中 Regular Senior Secondary Schools	中等职业教育 Secondary Vocational Education	初中 Junior Secondary Schools	#职业初中 Vocational Junior Secondary Schools	普通小学 Regular Primary Schools	特殊教育 Special Education Schools	学前教育 Pre-school Education Institutions
1978	598		49215		113130		949323	292	163952
1980	675		31300		87077		917316	292	170419
1985	1016		17318		77529	1626	832309	375	172262
1990	1075		15678		73462	1509	766072	746	172322
1995	1054		13991		68564	1535	668685	1379	180438
2000	1041	442	14564		63898	1194	553622	1539	175836
2001	1225	628	14907		66590	1065	491273	1531	111706
2002	1396	767	15406		65645	984	456903	1540	111752
2003	1552	908	15779	14682	64730	1019	425846	1551	116390
2004	1731	1047	15998	14454	63757	697	394183	1560	117899
2005	1792	1091	16092	14466	62486	601	366213	1593	124402
2006	1867	1147	16153	14693	60885	335	341639	1605	130495
2007	1908	1168	15681	14832	59384	275	320061	1618	129086
2008	2263	1184	15206	14847	57914	213	300854	1640	133722
2009	2305	1215	14607	14401	56320	153	280184	1672	138209
2010	2358	1246	14058	13872	54890	67	257410	1706	150420
2011	2409	1280	13688	13093	54117	54	241249	1767	166750
2012	2442	1297	13509	12663	53216	49	228585	1853	181251
2013	2491	1321	13352	12262	52804	40	213529	1933	198553
2014	2529	1327	13253	11878	52623	26	201377	2000	209881
2015	2560	1341	13240	11202	52405	22	190525	2053	223683

21-6 各级各类学校专任教师情况

Number of Full-time Teachers of Schools by Type and Level

单位：万人 (10 000 persons)

年 份 Year	普通高等学校 Regular HEIs	#高职(专科)院校 Specialized Courses	普通高中 Regular Senior Secondary Schools	中等职业教育 Secondary Vocational Education	初中 Junior Secondary Schools	#职业初中 Vocational Junior Secondary Schools	普通小学 Regular Primary Schools	特殊教育 Special Education Schools	学前教育 Pre-school Education Institutions
1978	20.6		74.1		244.1		522.6	0.4	27.8
1980	24.7		57.1		244.9		549.9	0.5	41.1
1985	34.4		49.2		216.0		537.7	0.7	55.0
1990	39.5		56.2		249.9	2.9	558.2	1.4	75.0
1995	40.1		55.1		282.1	3.7	566.4	2.5	87.5
2000	46.3	8.7	75.7		328.7	3.8	586.0	3.2	85.6
2001	53.2	12.4	84.0		338.6	3.7	579.8	2.9	54.6
2002	61.8	15.6	94.6		346.8	3.7	577.9	3.0	57.1
2003	72.5	19.7	107.1		349.8	3.1	570.3	3.0	61.3
2004	85.8	23.8	119.1		350.1	2.4	562.9	3.1	65.6
2005	96.6	26.8	130.0	75.0	349.2	2.0	559.3	3.2	72.2
2006	107.6	31.6	138.7	79.9	347.5	1.2	558.8	3.3	77.6
2007	116.8	35.5	144.3	85.9	347.3	0.9	561.3	3.5	82.7
2008	123.8	37.7	147.6	89.5	347.6	0.7	562.2	3.6	89.9
2009	129.5	39.5	149.3	86.9	351.8	0.5	563.3	3.8	98.6
2010	134.3	40.4	151.8	87.2	352.5	0.2	561.7	4.0	114.4
2011	139.3	41.3	155.7	88.2	352.5	0.2	560.5	4.1	131.6
2012	144.0	41.3	159.5	88.1	350.4	0.2	558.6	4.4	147.9
2013	149.7	43.7	162.9	86.8	348.1	0.1	558.5	4.6	166.3
2014	153.5	43.8	166.3	85.8	348.8	0.1	563.4	4.8	184.4
2015	157.3	45.5	169.5	84.4	347.6	0.1	568.5	5.0	205.1

21-7 各级各类学校招生情况

Number of Entrants of Formal Education by Type and Level

单位：万人 (10 000 persons)

年 份 Year	普通本专科 Undergraduate in Regular HEIs	#专科 Specialized Courses	普通高中 Regular Senior Secondary Schools	中等职业教育 Secondary Vocational Education	初中 Junior Secondary Schools	#职业初中 Vocational Junior Secondary Schools	普通小学 Regular Primary Schools	特殊教育 Special Education Schools	学前教育 Pre-school Education Institutions
1978	40.2		692.9		2006.0		3315.4	0.6	
1980	28.1		383.4		1557.6	6.7	2942.3	0.6	
1985	61.9		257.5		1367.0	17.6	2298.2	0.9	
1990	60.9		249.8		1389.3	19.4	2064.0	1.6	
1995	92.6		273.6		1781.1	28.8	2531.8	5.6	
2000	220.6	48.7	472.7		2295.6	32.3	1946.5	5.3	1531.1
2001	268.3	66.6	558.0		2287.9	30.0	1944.2	5.6	1398.2
2002	320.5	89.1	676.7		2281.8	29.5	1952.8	5.3	1373.6
2003	382.2	199.6	752.1		2220.1	24.8	1829.4	4.9	1316.8
2004	447.3	237.4	821.5		2094.6	16.4	1747.0	5.1	1350.3
2005	504.5	268.1	877.7	655.7	1987.6	11.1	1671.7	4.9	1356.2
2006	546.1	293.0	871.2	747.8	1929.5	5.9	1729.4	5.0	1391.3
2007	565.9	283.8	840.2	810.0	1868.5	4.8	1736.1	6.3	1433.6
2008	607.7	310.6	837.0	812.1	1859.6	3.4	1695.7	6.2	1482.7
2009	639.5	313.4	830.3	868.5	1788.5	2.1	1637.8	6.4	1546.9
2010	661.8	310.5	836.2	870.4	1716.6	1.1	1691.7	6.5	1700.4
2011	681.5	324.9	850.8	813.9	1634.7	0.7	1736.8	6.4	1827.3
2012	688.8	314.8	844.6	754.1	1570.8	0.5	1714.7	6.6	1911.9
2013	699.8	318.4	822.7	674.8	1496.1	0.4	1695.4	6.6	1970.0
2014	721.4	338.0	796.6	619.8	1447.8	0.2	1658.4	7.1	1987.8
2015	737.8	348.4	796.6	601.2	1411.0	0.2	1729.0	8.3	2008.8

21-8 各级各类学校在校学生情况

Number of Enrolments of Formal Education by Type and Level

单位：万人 (10 000 persons)

年 份 Year	普通本专科 Undergraduate in Regular HEIs	#专科 Specialized Courses	普通高中 Regular Senior Secondary Schools	中等职业教育 Secondary Vocational Education	初中 Junior Secondary Schools	#职业初中 Vocational Junior Secondary Schools	普通小学 Regular Primary Schools	特殊教育 Special Education Schools	学前教育 Pre-school Education Institutions
1978	85.6		1553.1		4995.2		14624.0	3.1	787.7
1980	114.4		969.8		4551.2	13.5	14627.0	3.3	1150.8
1985	170.3		741.1		4010.1	45.2	13370.2	4.2	1479.7
1990	206.3		717.3		3916.6	47.9	12241.4	7.2	1972.2
1995	290.6		713.2		4727.5	69.7	13195.2	29.6	2711.2
2000	556.1	100.9	1201.3		6256.3	88.6	13013.3	37.8	2244.2
2001	719.1	146.8	1405.0		6514.4	83.3	12543.5	38.6	2021.8
2002	903.4	193.4	1683.8		6687.4	83.4	12156.7	37.5	2036.0
2003	1108.6	479.4	1964.8		6690.8	72.4	11689.7	36.5	2003.9
2004	1333.5	595.7	2220.4		6527.5	52.5	11246.2	37.2	2089.4
2005	1561.8	713.0	2409.1	1600.0	6214.9	43.1	10864.1	36.4	2179.0
2006	1738.8	795.5	2514.5	1809.9	5958.0	20.6	10711.5	36.3	2263.9
2007	1884.9	860.6	2522.4	1987.0	5736.2	15.3	10564.0	41.9	2348.8
2008	2021.0	916.8	2476.3	2087.1	5585.0	10.8	10331.5	41.7	2475.0
2009	2144.7	964.8	2434.3	2195.2	5440.9	7.3	10071.5	42.8	2657.8
2010	2231.8	966.2	2427.3	2238.5	5279.3	3.4	9940.7	42.6	2976.7
2011	2308.5	958.9	2454.8	2205.3	5066.8	2.6	9926.4	39.9	3424.5
2012	2391.3	964.2	2467.2	2113.7	4763.1	1.9	9695.9	37.9	3685.8
2013	2468.1	973.6	2435.9	1923.0	4440.1	1.1	9360.5	36.8	3894.7
2014	2547.7	1006.6	2400.5	1755.3	4384.6	0.8	9451.1	39.5	4050.7
2015	2625.3	1048.6	2374.4	1656.7	4312.0	0.5	9692.2	44.2	4264.8

21-9 各级各类学校毕业生情况

Number of Graduates of Formal Education by Type and Level

单位: 万人 (10 000 persons)

年份 Year	普通本专科 Undergraduate in Regular HEIs	#专科 Specialized Courses	普通高中 Regular Senior Secondary Schools	中等职业教育 Secondary Vocational Education	初中 Junior Secondary Schools	#职业初中 Vocational Junior Secondary Schools	普通小学 Regular Primary Schools	特殊教育 Special Education Schools	学前教育 Pre-school Education Institutions
1978	16.5		682.7		1692.6		2287.9	0.3	
1980	14.7		616.2		964.8	7.9	2053.3	0.4	
1985	31.6		196.6		1007.2	8.9	1999.9	0.4	
1990	61.4		233.0		1123.0	13.9	1863.1	0.5	
1995	80.5		201.6		1244.4	17.0	1961.5	1.9	
2000	95.0	17.9	301.5		1633.5	26.4	2419.2	4.3	
2001	103.6	19.3	340.5		1731.5	24.5	2396.9	4.6	1160.2
2002	133.7	27.7	383.8		1903.7	23.8	2351.9	4.4	1152.7
2003	187.7	94.8	458.1		2018.5	22.9	2267.9	4.5	1072.0
2004	239.1	119.5	546.9		2087.3	16.9	2135.2	4.7	1059.7
2005	306.8	160.2	661.6	418.2	2123.4	16.9	2019.5	4.3	1025.4
2006	377.5	204.8	727.1	479.1	2071.6	9.2	1928.5	4.5	1045.1
2007	447.8	248.2	788.3	530.9	1963.7	6.9	1870.2	5.0	1049.1
2008	512.0	286.3	836.1	580.7	1868.0	5.1	1865.0	5.2	1040.5
2009	531.1	285.6	823.7	625.2	1797.7	3.0	1805.2	5.7	1040.6
2010	575.4	316.4	794.4	665.3	1750.4	1.8	1739.6	5.9	1057.6
2011	608.2	328.5	787.7	660.3	1736.7	1.2	1662.8	4.4	1184.7
2012	624.7	320.9	791.5	674.9	1660.8	0.9	1641.6	4.9	1433.6
2013	638.7	318.7	799.0	674.4	1561.5	0.7	1581.1	5.1	1491.7
2014	659.4	318.0	799.6	622.9	1413.5	0.3	1476.6	4.9	1527.2
2015	680.9	322.3	797.7	567.9	1417.6	0.2	1437.3	5.3	1590.3

21-10 研究生和留学人员情况

Statistics on Postgraduates and Students Studying Abroad

单位: 人 (person)

年份 Year	研究生数 Number of Postgraduates			出国留学人员 Number of Students Studying Abroad	学成回国留学人员 Number of Returned Students
	毕业生数 Graduates	招生数 Entrants	在校学生数 Enrolment		
1978	9	10708	10934	860	248
1980	476	3616	21604	2124	162
1985	17004	46871	87331	4888	1424
1990	35440	29649	93018	2950	1593
1995	31877	51053	145443	20381	5750
2000	58767	128484	301239	38989	9121
2001	67809	165197	393256	83973	12243
2002	80841	202611	500980	125179	17945
2003	111091	268925	651260	117307	20152
2004	150777	326286	819896	114682	24726
2005	189728	364831	978610	118515	34987
2006	255902	397925	1104653	134000	42000
2007	311839	418612	1195047	144000	44000
2008	344825	446422	1283046	179800	69300
2009	371273	510953	1404942	229300	108300
2010	383600	538177	1538416	284700	134800
2011	429994	560168	1645845	339700	186200
2012	486455	589673	1719818	399600	272900
2013	513626	611381	1793953	413900	353500
2014	535863	621323	1847689	459800	364800
2015	551522	645055	1911406	523700	409100

21-11 分学科研究生情况（2015年）
Number of Postgraduate Students by Academic Field (2015)

单位：人 (person)

项 目	Item	毕业生数 Graduates	博士 Doctor's Degree	硕士 Master's Degree	招生数 Entrants	博士 Doctor's Degree	硕士 Master's Degree	在校学生数 Enrolment	博士 Doctor's Degree	硕士 Master's Degree
分学科研究生数（总计）	**Total**	**551522**	**53778**	**497744**	**645055**	**74416**	**570639**	**1911406**	**326687**	**1584719**
#女	Female	283302	22564	260738	334279	29679	304600	950163	123653	826510
学术型学位	Academic Degree	350983	51649	299334	381413	72491	308922	1238406	319142	919264
专业学位	Professional Degree	200539	2129	198410	263642	1925	261717	673000	7545	665455
哲 学	Philosophy	4052	610	3442	4218	833	3385	14323	3990	10333
经济学	Economics	26344	2184	24160	30019	2861	27158	81127	13351	67776
法 学	Law	39396	2631	36765	42484	3873	38611	125335	17164	108171
教育学	Education	30488	978	29510	35046	1434	33612	92249	6256	85993
文 学	Literature	30912	1811	29101	32713	2433	30280	93612	11045	82567
历史学	History	4994	679	4315	5901	980	4921	18610	4548	14062
理 学	Science	48856	10978	37878	63571	15492	48079	196859	59653	137206
工 学	Engineering	194859	18729	176130	227167	28462	198705	689597	134930	554667
农 学	Agriculture	20288	2549	17739	24147	3172	20975	68212	13536	54676
医 学	Medicine	62602	8707	53895	75325	9751	65574	215232	34715	180517
军事学	Military Science	204	30	174	177	27	150	688	165	523
管理学	Administrators	71831	3411	68420	83952	4435	79517	256919	24693	232226
艺术学	Art	16696	481	16215	20335	663	19672	58643	2641	56002
分学科研究生数（普通高校）	**Regular HEIs**	**544227**	**52453**	**491774**	**636961**	**72524**	**564437**	**1885789**	**319318**	**1566471**
#女	Female	280273	22090	258183	330903	28982	301921	940137	121218	818919
学术型学位	Academic Degree	345161	50324	294837	374993	70601	304392	1217025	311781	905244
专业学位	Professional Degree	199066	2129	196937	261968	1923	260045	668764	7537	661227
哲 学	Philosophy	3923	572	3351	4057	763	3294	13857	3797	10060
经济学	Economics	25673	1995	23678	29216	2605	26611	78904	12412	66492
法 学	Law	38562	2488	36074	41449	3569	37880	122443	16406	106037
教育学	Education	30488	978	29510	35046	1434	33612	92249	6256	85993
文 学	Literature	30816	1777	29039	32612	2385	30227	93297	10891	82406
历史学	History	4873	662	4211	5753	944	4809	18209	4425	13784
理 学	Science	48349	10862	37487	62931	15299	47632	194602	58817	135785
工 学	Engineering	192206	18346	173860	224400	27942	196458	680293	132444	547849
农 学	Agriculture	19503	2371	17132	23451	3010	20441	65539	12731	52808
医 学	Medicine	61977	8586	53391	74656	9600	65056	213177	34214	178963
军事学	Military Science	203	30	173	177	27	150	687	165	522
管理学	Administrators	71127	3360	67767	83050	4338	78712	254435	24309	230126
艺术学	Art	16527	426	16101	20163	608	19555	58097	2451	55646
分学科研究生数（科研机构）	**Research Institutions**	**7295**	**1325**	**5970**	**8094**	**1892**	**6202**	**25617**	**7369**	**18248**
#女	Female	3029	474	2555	3376	697	2679	10026	2435	7591
学术型学位	Academic Degree	5822	1325	4497	6420	1890	4530	21381	7361	14020
专业学位	Professional Degree	1473		1473	1674	2	1672	4236	8	4228
哲 学	Philosophy	129	38	91	161	70	91	466	193	273
经济学	Economics	671	189	482	803	256	547	2223	939	1284
法 学	Law	834	143	691	1035	304	731	2892	758	2134
教育学	Education									
文 学	Literature	96	34	62	101	48	53	315	154	161
历史学	History	121	17	104	148	36	112	401	123	278
理 学	Science	507	116	391	640	193	447	2257	836	1421
工 学	Engineering	2653	383	2270	2767	520	2247	9304	2486	6818
农 学	Agriculture	785	178	607	696	162	534	2673	805	1868
医 学	Medicine	625	121	504	669	151	518	2055	501	1554
军事学	Military Science	1		1				1		1
管理学	Administrators	704	51	653	902	97	805	2484	384	2100
艺术学	Art	169	55	114	172	55	117	546	190	356

21-12　分类型普通高等学校情况(2015年)
Number of Higher Education Institutions by Type (2015)

单位：所　　(unit)

项　目	Item	合　计 Total	本科院校 HEIs Offering Degree Programs	高职(专科)院校 Higher Vocational Colleges	#高等职业技术学院 Higher Vocational and Technical College
合　计	**Total**	**2560**	**1219**	**1341**	**1204**
综合大学	Comprehensive University	612	296	316	313
理工院校	College of Science and Engineering	906	356	550	537
农业院校	Agricultural Colleges	81	40	41	41
林业院校	Forestry Colleges	19	6	13	13
医药院校	Medical Colleges	192	105	87	44
师范院校	Normal Colleges	219	154	65	4
语文院校	Language & Literature	54	30	24	23
财经院校	Financial University	261	125	136	127
政法院校	Political Science & Law	73	34	39	33
体育院校	Sport Colleges	33	16	17	16
艺术院校	Art Colleges	92	43	49	49
民族院校	Institute of Nationalities	18	14	4	4

21-13　普通本科分学科学生情况（2015年）
Number of Regular Students for Normal Courses in HEIs by Discipline (2015)

单位：人　　(person)

项　目	Item	毕业生数 Graduates	招生数 Entrants	在校学生数 Enrolment
总　计	**Total**	**3585940**	**3894184**	**15766848**
#女	Female	1878725	2176950	8369671
#师范生	Teacher Training	366664	343339	1476598
哲　学	Philosophy	2039	2585	9357
经济学	Economics	219365	227587	923866
法　学	Law	131285	137803	551095
教育学	Education	124108	143625	569142
文　学	Literature	367529	360806	1474010
#外语	Foreign Languages	201988	193293	790795
历史学	History	17410	18377	73419
理　学	Science	255632	273744	1077234
工　学	Engineering	1180508	1324652	5247875
农　学	Agriculture	60908	70091	275293
医　学	Medicine	223917	247158	1152058
管理学	Administrators	685277	706402	2924188
艺术学	Art	317962	381354	1489311

21-14 普通专科分学科学生情况（2015年）

Statistics on Students in Undergraduate and Junior Colleges by Field of Study (2015)

单位：人 (person)

项 目	Item	毕业生数 Graduates	招生数 Entrants	在校学生数 Enrolment
总 计	**Total**	**3222926**	**3484311**	**10486120**
#女	Female	1660522	1929700	5392193
#师范生	Teacher Training	189923	176167	617660
农林牧渔大类	Agriculture, Forestry,Husbandry and Fishing	56327	59024	174872
交通运输大类	Transportation and Communication	156838	200611	562145
生化与药品大类	Biochemistry and Medicine	70232	69988	212211
资源开发与测绘大类	Resources Development and Survey	49832	33974	123797
材料与能源大类	Material and Energy	39795	40197	121269
土建大类	Civil Engineering	365832	340934	1181981
水利大类	Water Resources	14050	14450	44672
制造大类	Manufacturing	406492	458388	1359361
电子信息大类	Electronic Information	292557	365308	980799
环保、气象与安全大类	Environment Protection,Meteorology and Safety	14375	15163	45208
轻纺食品大类	Light,Textile and Food	50351	52927	156620
财经大类	Finance	693822	759087	2220100
医药卫生大类	Medicine and Health	342616	386246	1178214
旅游大类	Tourism	105073	113982	329658
公共事业大类	Public Service	31308	36576	104543
文化教育大类	Culture and Education	339108	324948	1062055
艺术设计传媒大类	Artistic Design and Mass Media	143578	166223	487890
公安大类	Public Security	11976	10462	32747
法律大类	Law	38764	35823	107978

21-15 成人本科分学科学生情况（2015年）

Number of Adult Students for Normal Courses in HEIs by Discipline (2015)

单位：人 (person)

项 目	Item	毕业生数 Graduates	招生数 Entrants	在校学生数 Enrolment
总 计	**Total**	**962495**	**1014675**	**2793354**
#女	Female	535279	600320	1629977
#师范生	Teacher Training	97029	84113	233280
哲 学	Philosophy		13	135
经济学	Economics	27851	22065	70533
法 学	Law	47782	37120	108890
教育学	Education	56305	67997	162228
文 学	Literature	86212	61424	192908
#外语	Foreign Language	24631	15059	51550
历史学	History	1797	1169	3418
理 学	Science	21242	15991	46993
工 学	Engineering	239971	242285	676609
农 学	Agriculture	15306	16957	45261
医 学	Medicine	193799	282529	716544
管理学	Administrators	256308	253446	721513
艺术学	Art	15922	13679	48322

21-16 成人专科分学科学生情况（2015年）
Number of Adult Students for Short-cycle Courses in HEIs by Discipline (2015)

单位：人 (person)

项 目	Item	毕业生数 Graduates	招生数 Entrants	在校学生数 Enrolment
总 计	**Total**	**1400098**	**1352780**	**3565998**
#女	Female	765533	753610	1989751
#师范生	Teacher Training	119603	114459	280988
农林牧渔大类	Agriculture, Forestry,Husbandry and Fishing	23103	23001	62128
交通运输大类	Transportation and Communication	47683	50626	125186
生化与药品大类	Biochemistry and Medicine	12137	9340	27954
资源开发与测绘大类	Resources Development and Survey	40165	17102	75141
材料与能源大类	Material and Energy	11181	6437	22527
土建大类	Civil Engineering	110535	121282	304286
水利大类	Water Resources	5540	4072	11768
制造大类	Manufacturing	161382	155011	397291
电子信息大类	Electronic Information	84888	78462	208014
环保、气象与安全大类	Environment Protection,Meteorology and Safety	2285	2633	6115
轻纺食品大类	Light,Textile and Food	6745	6269	17438
财经大类	Finance	358129	360021	883205
医药卫生大类	Medicine and Health	212084	198915	623588
旅游大类	Tourism	22252	25808	61814
公共事业大类	Public Service	49054	51577	130351
文化教育大类	Culture and Education	202256	196137	487339
艺术设计传媒大类	Artistic Design and Mass Media	33389	31318	79954
公安大类	Public Security	1687	2074	6902
法律大类	Law	15603	12695	34997

21-17 网络本科分学科学生情况（2015年）
Number of Web-based Students for Normal Courses in HEIs by Discipline (2015)

单位：人 (person)

项 目	Item	毕业生数 Graduates	招生数 Entrants	在校学生数 Enrolment
总 计	**Total**	**649086**	**748660**	**2294807**
#女	Female	350202	390077	1190405
#师范生	Teacher Training	20614	18224	46124
哲 学	Philosophy			
经济学	Economics	30489	29509	99667
法 学	Law	57710	58525	206975
教育学	Education	24694	34856	90761
文 学	Literature	39942	34037	127336
#外语	Foreign Language	7591	5867	27840
历史学	History	475	378	984
理 学	Science	6580	6147	16841
工 学	Engineering	141045	188824	504677
农 学	Agriculture	5441	7680	17626
医 学	Medicine	55401	75561	198642
管理学	Administrators	284915	310259	1019676
艺术学	Art	2394	2884	11622

21-18 网络专科分学科学生情况（2015年）

Number of Web-based Students for Short-cycle Courses in HEIs by Discipline(2015)

单位：人 (person)

项　目	Item	毕业生数 Graduates	招生数 Entrants	在校学生数 Enrolment
总　计	**Total**	**1150671**	**1285372**	**3989864**
#女	Female	551110	584289	1849186
#师范生	Teacher Training	16814	15908	37435
农林牧渔大类	Agriculture, Forestry,Husbandry and Fishing	54708	56013	193591
交通运输大类	Transportation and Communication	23060	24976	58740
生化与药品大类	Biochemistry and Medicine	4195	4734	12576
资源开发与测绘大类	Resources Development and Survey	17698	10689	33507
材料与能源大类	Material and Energy	4433	4873	11080
土建大类	Civil Engineering	118881	132232	395771
水利大类	Water Resources	5445	6578	20962
制造大类	Manufacturing	65346	103646	268356
电子信息大类	Electronic Information	43157	57853	175570
环保、气象与安全大类	Environment Protection,Meteorology and Safety	2974	2683	7089
轻纺食品大类	Light,Textile and Food	788	1103	3056
财经大类	Finance	339170	373237	1182267
医药卫生大类	Medicine and Health	50079	62032	183248
旅游大类	Tourism	4511	6348	23895
公共事业大类	Public Service	234462	246189	782519
文化教育大类	Culture and Education	109954	117138	379372
艺术设计传媒大类	Artistic Design and Mass Media	4430	5505	28232
公安大类	Public Security	699	950	2027
法律大类	Law	66681	68593	228006

21-19 普通高中情况（2015年）

Number of Regular Senior Secondary Schools and Students (2015)

项　目	Item	学校数（所）Schools (unit)	完全中学 Combined Secondary Schools	高级中学 Regular High Schools	十二年一贯制学校 12-Year Schools	毕业生数（人）Graduates (person)	招生数（人）Entrants (person)	在校学生数（人）Enrolment (person)
总计	**Total**	**13240**	**5538**	**6628**	**1074**	**7976535**	**7966066**	**23743992**
教育部门	Run by Ed. Dept.	10478	4504	5743	231	7144282	6961425	20999419
其他部门	Run by Non-ed. Dept.	170	57	70	43	56346	57940	169926
地方企业	Run by Local Enterprises	7	2	1	4	1995	1646	5003
民办	Non-government	2585	975	814	796	773912	945055	2569644
城区	Cities	6425	2709	3074	642	3730523	3648655	10987760
教育部门	Run by Ed. Dept.	4817	2104	2560	153	3301331	3129426	9575596
其他部门	Run by Non-ed. Dept.	81	26	33	22	28329	28220	82111
地方企业	Run by Local Enterprises	4	2	1	1	1182	878	2809
民办	Non-government	1523	577	480	466	399681	490131	1327244
镇区	Counties and Towns	6147	2506	3302	339	3999408	4046934	11986174
教育部门	Run by Ed. Dept.	5183	2145	2977	61	3641675	3622804	10812984
其他部门	Run by Non-ed. Dept.	83	27	37	19	25472	27574	80849
地方企业	Run by Local Enterprises	2			2	813	768	2194
民办	Non-government	879	334	288	257	331448	395788	1090147
乡村	Rural	668	323	252	93	246604	270477	770058
教育部门	Run by Ed. Dept.	478	255	206	17	201276	209195	610839
其他部门	Run by Non-ed. Dept.	6	4		2	2545	2146	6966
地方企业	Run by Local Enterprises	1			1			
民办	Non-government	183	64	46	73	42783	59136	152253

21-20　中等职业学校分学科学生情况（2015年）
Number of Students by Field of Education in Secondary Vocational Schools(2015)

单位：人　　(person)

项　目	Item	毕业生数 Graduates	#获得职业资格证书 Recipients of Vocational Qualifications	招生数 Entrants	在校学生数 Enrolment
总　计	**Total**	**4732654**	**3813336**	**4798174**	**13352414**
#女	Female	2363150	1874329	2238496	6445877
农林牧渔类	Agriculture,Forestry, Husbandry & Fisheries	538412	396586	343258	1047703
资源环境类	Resources and Environment	32264	28599	13386	46447
能源与新能源类	Energy and New Energy	19624	17162	14966	46348
土木水利类	Civil and Hydraulic Engineering	193818	161698	174109	557218
加工制造类	Manufacturing	692565	608863	640537	1856250
石油化工类	Petroleum and Chemical	32155	26875	20558	74518
轻纺食品类	Light Industry, Textile, and Food	41937	36701	42475	113942
交通运输类	Transport	354168	298141	531295	1345075
信息技术类	Information Technologies	794393	673675	800078	2143348
医药卫生类	Medicine and Health	460809	313538	468240	1401127
休闲保健类	Leisure and Health	22865	19618	33247	85487
财经商贸类	Finance and Trade	500715	393593	568162	1544103
旅游服务类	Tourism Services	220283	182960	254921	656555
文化艺术类	Culture and Arts	217085	168357	236961	680186
体育与健身	Sports and Fitness	36585	26124	47162	124200
教育类	Education	462312	380171	483463	1312967
司法服务类	Justice Services	19066	11896	16869	46100
公共管理与服务类	Public Management and Services	53427	39810	57179	141419
其他	Others	40171	28969	51308	129421

注：中等职业技术学校未含技工学校数据(相关表同)。

a) Number of secondary vocational schools do not include the number of skilled-worker schools. The same applies to the relevant tables.

21-21　技工学校情况
Statistics on Skilled Workers Schools

年　份 Year	学校数（所）Schools (unit)	教职工数（万人）Educational Personnel (10 000 persons)	毕业生数（万人）Graduates (10 000 persons)	招生数（万人）Enrolment (10 000 persons)	在校学生数（万人）Enrolment (10 000 persons)
1985	3548	21.5	22.6	35.5	74.2
1986	3765	24.4	23.3	39.4	89.2
1987	3952	26.2	26.5	42.3	103.1
1988	3996	28.0	31.1	46.1	116.1
1989	4102	29.6	36.8	47.0	125.8
1990	4184	30.8	41.3	50.6	133.2
1991	4269	32.5	45.4	54.4	142.2
1992	4392	33.6	45.7	60.2	155.6
1993	4477	33.5	49.7	66.4	171.7
1994	4430	34.0	55.7	71.4	187.1
1995	4521	33.7	68.2	74.1	188.6
1996	4467	33.5	68.1	72.7	191.8
1997	4395	31.0	69.9	73.4	193.1
1998	4362	31.0	68.2	59.4	181.3
1999	4098	26.9	66.2	51.5	156.0
2000	3792	24.0	64.6	50.4	140.1
2001	3470	22.0	47.7	55.1	134.7
2002	3075	20.3	45.4	73.3	153.0
2003	2970	20.2	45.3	91.6	193.1
2004	2884	20.5	53.5	109.7	234.5
2005	2855	20.4	69.0	118.4	275.3
2006	2880	21.5	86.4	134.8	320.8
2007	2995	24.0	99.7	158.5	367.1
2008	3075	24.7	109.0	161.4	397.5
2009	3077	26.0	115.5	156.7	415.3
2010	3008	26.6	121.6	159.0	422.1
2011	2924	26.6	119.2	163.9	430.4
2012	2901	26.8	120.5	157.1	423.8
2013	2882	26.9	116.9	133.5	386.6
2014	2818	26.5	106.8	124.4	339.0
2015	2545	26.0	94.6	121.4	321.5

21-22 进城务工子女和农村留守儿童在校情况（2015年）
Children of Migrant Workers and Children Left Behind (2015)

单位：人 (person)

项 目	Item	总计 Total	进城务工人员随迁子女 Children of Migrant Workers	#外省迁入 From Other Provinces	#本省外县迁入 From Other Counties of the Same Province	农村留守儿童 Children Left Behind
普通小学	**Regular Primary Schools**					
毕业生数	Graduates	2737544	1169812	544630	625182	1567732
招生数	Entrants	4229785	1835257	822075	1013182	2394528
#受过学前教育	Trained in Preschool	4160292	1820589	817159	1003430	2339703
在校学生数	Enrolment	23972215	10135581	4608081	5527500	13836634
#女	Female	10586887	4314315	1955337	2358978	6272572
初中	**Junior Secondary Schools**					
毕业生数	Graduates	2490760	835043	298806	536237	1655717
招生数	Entrants	3347257	1199478	489361	710117	2147779
在校学生数	Enrolment	9891121	3535380	1375604	2159776	6355741
#女	Female	4367018	1469463	565377	904086	2897555

21-23 小学学龄儿童净入学率和各级普通学校毕业生升学率
Net Enrolment Ratio of School-age Children in Primary Schools and Promotion Rate of Graduates of Regular School by Levels

单位：% (%)

年 份 Year	小学学龄儿童净入学率 Net Enrollment Ratio of School-age Children in Primary Schools	小学升学率 Promotion Rate from Primary Schools to Junior Secondary Schools	初中升学率 Promotion Rate from Junior Secondary Schools to Senior Secondary Schools	高中升学率 Promotion Rate from Senior Secondary Schools to Higher Education
1990	97.8	74.6	40.6	27.3
1991	97.9	77.7	42.6	28.7
1992	97.2	79.7	43.4	34.9
1993	97.7	81.8	44.1	43.3
1994	98.4	86.6	47.8	46.7
1995	98.5	90.8	50.3	49.9
1996	98.8	92.6	48.8	51.0
1997	98.9	93.7	57.5	48.6
1998	98.9	94.3	50.7	46.1
1999	99.1	94.4	50.0	63.8
2000	99.1	94.9	51.2	73.2
2001	99.1	95.5	52.9	78.8
2002	98.6	97.0	58.3	83.5
2003	98.7	97.9	59.6	83.4
2004	98.9	98.1	63.8	82.5
2005	99.2	98.4	69.7	76.3
2006	99.3	100.0	75.7	75.1
2007	99.5	99.9	80.5	70.3
2008	99.5	99.7	82.1	72.7
2009	99.4	99.1	85.6	77.6
2010	99.7	98.7	87.5	83.3
2011	99.8	98.3	88.9	86.5
2012	99.9	98.3	88.4	87.0
2013	99.7	98.3	91.2	87.6
2014	99.8	98.0	95.1	90.2
2015	99.9	98.2	94.1	92.5

注：1.1991年以前的入学率是按7-11周岁统一计算的；从1991年起入学率是按各地不同入学年龄和学制分别计算的。
2.高中升学率为普通高校招生数与普通高中毕业生数之比。

a) Enrolment ratio of school-age children before 1991 was calculated on the basis of primary school pupils aged 7-11 enrolled. From 1991 onwards its calculation has taken account of the age of entry and the length of schooling prevailing.

b) Promotion rate of senior secondary school graduates is the ratio of total number of new entrants

21-24 分地区普通本专科学生情况（2015年）

Number of Regular Students Enrolled in Normal and Short-cycle Courses in Regular Higher Education by Region (2015)

单位：人 (person)

地区	Region	招生数 Entrants	本科 Normal Courses	专科 Short-cycle Courses	在校学生数 Enrolment	本科 Normal Courses	专科 Short-cycle Courses
全国	**National Total**	**7378495**	**3894184**	**3484311**	**26252968**	**15766848**	**10486120**
北京	Beijing	153510	126283	27227	603557	505674	97883
天津	Tianjin	138637	82110	56527	512854	334106	178748
河北	Hebei	329120	167153	161967	1179172	682562	496610
山西	Shanxi	213470	116711	96759	740245	451952	288293
内蒙古	Inner Mongolia	119001	59641	59360	420807	239344	181463
辽宁	Liaoning	263334	166000	97334	1005650	710863	294787
吉林	Jilin	170014	117817	52197	632723	471344	161379
黑龙江	Heilongjiang	198547	123406	75141	735151	513966	221185
上海	Shanghai	136803	89218	47585	511623	367233	144390
江苏	Jiangsu	448619	256045	192574	1715749	1032506	683243
浙江	Zhejiang	264434	147966	116468	991149	608378	382771
安徽	Anhui	326492	157618	168874	1130748	623547	507201
福建	Fujian	206680	121701	84979	758452	491779	266673
江西	Jiangxi	286796	123830	162966	984489	506759	477730
山东	Shandong	540809	236952	303857	1900612	975856	924756
河南	Henan	514726	241712	273014	1766869	995493	771376
湖北	Hubei	385353	207692	177661	1410567	863760	546807
湖南	Hunan	336341	167748	168593	1180643	678314	502329
广东	Guangdong	550601	269550	281051	1856355	1040784	815571
广西	Guangxi	234161	106246	127915	751181	387593	363588
海南	Hainan	52438	26951	25487	182944	105955	76989
重庆	Chongqing	205453	110013	95440	716580	443402	273178
四川	Sichuan	413253	205929	207324	1387889	783639	604250
贵州	Guizhou	154215	64376	89839	500882	281700	219182
云南	Yunnan	176636	97015	79621	614569	385948	228621
西藏	Tibet	9884	6072	3812	34203	23186	11017
陕西	Shaanxi	287484	159352	128132	1099693	698475	401218
甘肃	Gansu	124328	71009	53319	450463	290834	159629
青海	Qinghai	17969	8886	9083	57460	35436	22024
宁夏	Ningxia	32198	18941	13257	115007	74582	40425
新疆	Xinjiang	87189	40241	46948	304682	161878	142804

21-24 续表 continued

单位：人 (person)

地 区	Region	毕业生数 Graduates	本 科 Normal Courses	专 科 Short-cycle Courses	授予学位数 Degrees Conferred	预计毕业生数 Estimated Graduates for Next Year	本 科 Normal Courses	专 科 Short-cycle Courses
全 国	**National Total**	**6808866**	**3585940**	**3222926**	**3503230**	**7254599**	**3879845**	**3374754**
北 京	Beijing	154449	117651	36798	115735	162402	125413	36989
天 津	Tianjin	132072	75586	56486	72662	143804	84014	59790
河 北	Hebei	327981	158486	169495	155847	339583	166977	172606
山 西	Shanxi	191273	91445	99828	89203	201043	102187	98856
内蒙古	Inner Mongolia	107863	54471	53392	52763	115496	57474	58022
辽 宁	Liaoning	258296	160236	98060	158727	273803	173827	99976
吉 林	Jilin	157048	109828	47220	106721	168826	116724	52102
黑龙江	Heilongjiang	193980	124928	69052	123205	203473	130224	73249
上 海	Shanghai	128711	85435	43276	83241	142131	94986	47145
江 苏	Jiangsu	484096	245932	238164	238108	499767	255451	244316
浙 江	Zhejiang	263981	140318	123663	137344	283352	152579	130773
安 徽	Anhui	292469	141294	151175	138138	313920	150160	163760
福 建	Fujian	194652	109789	84863	109028	209871	117617	92254
江 西	Jiangxi	234541	114970	119571	112458	261369	124130	137239
山 东	Shandong	474195	227503	246692	223932	520417	242723	277694
河 南	Henan	465782	222696	243086	217928	495601	248658	246943
湖 北	Hubei	389206	209246	179960	204823	403662	222652	181010
湖 南	Hunan	300459	154185	146274	150590	324720	167230	157490
广 东	Guangdong	476901	224145	252756	221458	508552	244017	264535
广 西	Guangxi	182658	76807	105851	75020	199306	87776	111530
海 南	Hainan	48245	25013	23232	23904	51831	26314	25517
重 庆	Chongqing	181068	99729	81339	95912	195917	113867	82050
四 川	Sichuan	361510	175724	185786	171750	378077	192517	185560
贵 州	Guizhou	116824	57994	58830	53899	118391	65494	52897
云 南	Yunnan	146031	89104	56927	86720	155148	87626	67522
西 藏	Tibet	9536	5060	4476	4933	9185	5248	3937
陕 西	Shaanxi	299738	167256	132482	163834	328446	189647	138799
甘 肃	Gansu	124003	67158	56845	65352	122277	72239	50038
青 海	Qinghai	13403	7384	6019	7094	14741	8510	6231
宁 夏	Ningxia	28235	15487	12748	14408	30748	17905	12843
新 疆	Xinjiang	69660	31080	38580	28493	78740	35659	43081

21-25 分地区普通高等学校(机构)情况（2015年）
Situations on Educational Personnel in Regular Schools (Institutions) of Higher Education by Region (2015)

单位：人 (person)

地区	Region	学校数(所) Schools (unit)	教职工数 Educational Personnel	校本部教职工 In Main Campus	专任教师 Full-time Teachers	正高级 Senior	副高级 Sub-senior	中级 Middle	初级 Junior	无职称 No Rank	行政人员 Administrative Personnel	教辅人员 Supporting Staff	工勤人员 Workers
全国	**National Total**	**2560**	**2369326**	**2258289**	**1572565**	**196038**	**462825**	**627635**	**191774**	**94293**	**323434**	**210542**	**151748**
北京	Beijing	91	142440	123971	68739	17915	24699	21917	2426	1782	22918	18652	13662
天津	Tianjin	55	47077	46136	31128	4762	10059	12067	2892	1348	7718	4447	2843
河北	Hebei	118	102778	99735	69397	9863	20865	27734	7707	3228	14132	8848	7358
山西	Shanxi	79	59508	57222	40406	2838	10476	15999	7928	3165	7329	5443	4044
内蒙古	Inner Mongolia	53	38648	37827	25523	2684	7958	10128	3317	1436	5722	4103	2479
辽宁	Liaoning	116	97924	95550	65179	9209	20267	26681	6522	2500	15021	7795	7555
吉林	Jilin	58	63043	60255	39152	6089	12407	15212	4759	685	8550	6382	6171
黑龙江	Heilongjiang	81	76086	73310	46806	7388	15490	19216	3398	1314	11392	7659	7453
上海	Shanghai	67	73578	68037	41570	7541	13541	16358	2743	1387	12385	9098	4984
江苏	Jiangsu	162	162257	153192	107154	14127	36044	45276	8408	3299	22998	14131	8909
浙江	Zhejiang	105	88744	84636	59472	8463	18310	25600	3601	3498	14173	7927	3064
安徽	Anhui	119	79397	76971	58113	4862	15736	22217	11890	3408	8420	5932	4506
福建	Fujian	88	67155	64647	44791	5068	12511	18443	7025	1744	10750	6183	2923
江西	Jiangxi	97	78938	76234	57271	5799	15098	23546	8828	4000	9163	6022	3778
山东	Shandong	143	147035	142147	104724	10559	29824	45361	13962	5018	17661	12089	7673
河南	Henan	129	133369	127861	98010	8416	25460	39862	17873	6399	13008	8617	8226
湖北	Hubei	126	129118	123276	83444	10901	26572	30983	9981	5007	18777	12453	8602
湖南	Hunan	124	98746	94411	66615	7149	19269	27624	7679	4894	13099	9381	5316
广东	Guangdong	143	145449	139888	98897	12267	25824	41124	8552	11130	20556	13156	7279
广西	Guangxi	71	60203	54589	38625	4100	10401	15574	3960	4590	7868	4496	3600
海南	Hainan	17	14137	13964	9028	980	2343	3674	1265	766	2147	1403	1386
重庆	Chongqing	64	56283	54505	39891	4450	11409	16296	5020	2716	7613	4006	2995
四川	Sichuan	109	122099	116088	84430	8876	22004	32970	15060	5520	14502	9029	8127
贵州	Guizhou	59	42097	41581	30515	2930	9500	9717	4533	3835	6105	3225	1736
云南	Yunnan	69	50303	49283	36940	3906	10033	13916	6129	2956	5686	3654	3003
西藏	Tibet	6	3643	3571	2619	187	779	1090	443	120	484	219	249
陕西	Shaanxi	92	103911	98623	66506	8246	18521	27542	8686	3511	14520	9818	7779
甘肃	Gansu	45	38641	35185	26132	3065	8178	9928	3556	1405	4270	2545	2238
青海	Qinghai	12	6357	6059	4127	796	1426	970	504	431	753	682	497
宁夏	Ningxia	18	11469	11065	7987	1269	2219	2237	1206	1056	1538	890	650
新疆	Xinjiang	44	28893	28470	19374	1333	5602	8373	1921	2145	4176	2257	2663

21-26 分地区普通高中情况（2015年）
Statistics on Regular Senior Secondary Schools by Region (2015)

单位：人 (person)

地 区	Region	学校数（所）Schools (unit)	教职工数 Educational Personnel	#专任教师 Full-time Teachers	毕业生数 Graduates	招生数 Entrants	在校学生数 Enrolment
全 国	**National Total**	**13240**	**2543243**	**1695354**	**7976535**	**7966066**	**23743992**
北 京	Beijing	306	55314	21322	57738	56743	169412
天 津	Tianjin	180	29323	16162	58350	53822	165561
河 北	Hebei	578	126718	85356	352416	407691	1157877
山 西	Shanxi	505	97181	61946	283568	248426	793767
内蒙古	Inner Mongolia	284	52611	34108	165936	148389	463037
辽 宁	Liaoning	412	64105	50054	223546	209790	634787
吉 林	Jilin	239	42226	28788	139932	135162	406263
黑龙江	Heilongjiang	377	58990	42314	193938	180950	554173
上 海	Shanghai	253	30911	17398	51227	53439	158201
江 苏	Jiangsu	569	126406	95387	368844	319487	977955
浙 江	Zhejiang	563	88863	66379	270956	259850	773359
安 徽	Anhui	666	115971	76341	433003	363302	1135543
福 建	Fujian	540	97961	50463	208113	215655	626272
江 西	Jiangxi	460	86343	53156	287377	320383	929129
山 东	Shandong	555	156803	125209	568865	553698	1691196
河 南	Henan	770	150726	114037	610455	679812	1943101
湖 北	Hubei	532	87643	67017	316918	278614	875967
湖 南	Hunan	575	103864	70019	334954	380349	1074382
广 东	Guangdong	1019	247967	150861	726690	664376	2054033
广 西	Guangxi	445	72638	50733	257331	310448	865740
海 南	Hainan	106	24912	12604	60551	57353	172326
重 庆	Chongqing	261	67148	39153	223647	198552	623179
四 川	Sichuan	726	159042	94333	497843	489960	1470578
贵 州	Guizhou	430	76320	56198	280735	343484	978870
云 南	Yunnan	465	80641	51491	240680	274510	782813
西 藏	Tibet	30	5383	4679	18109	19598	57961
陕 西	Shaanxi	488	84474	57078	290052	264270	804919
甘 肃	Gansu	386	61039	44764	224408	199426	629365
青 海	Qinghai	101	12880	8664	35882	40030	116628
宁 夏	Ningxia	62	13072	10463	55417	50825	159663
新 疆	Xinjiang	357	65768	38877	139054	187672	497935

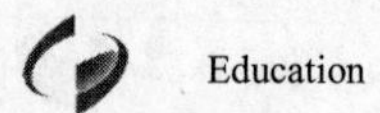

21-27 分地区中等职业学校情况（2015年）
Statistics on Secondary Vocational Schools by Region (2015)

单位：人　(person)

地 区	Region	学校数(所) Schools (unit)	教职工数 Educational Personnel	#专任教师 Full-time Teachers	毕业生数 Graduates	#获得职业资格证书 With Professional Qualification Certificates	招生数 Entrants	在校学生数 Enrolment	预计毕业生数 Estimated Graduates for Next Year
全 国	**National**	**8657**	**841495**	**652447**	**4732654**	**3813336**	**4798174**	**13352414**	**4560122**
北 京	Beijing	93	11230	7048	41401	28342	27108	96277	34069
天 津	Tianjin	79	9121	6496	30618	24600	37991	97682	34503
河 北	Hebei	628	56873	43936	254142	193059	243165	612891	202643
山 西	Shanxi	444	32850	25353	136130	115502	118877	366833	138122
内蒙古	Inner Mongolia	250	18991	13992	82938	62574	76159	214555	74161
辽 宁	Liaoning	290	28194	20411	107471	73475	111181	325311	112266
吉 林	Jilin	289	21578	16259	53450	31855	45498	134237	49754
黑龙江	Heilongjiang	242	19799	14185	84332	65269	76280	229407	75532
上 海	Shanghai	98	13023	8337	44179	38584	38786	119701	39338
江 苏	Jiangsu	248	51169	42304	242467	212506	228701	680187	234628
浙 江	Zhejiang	286	38641	33494	179646	173617	187111	523584	173581
安 徽	Anhui	412	36609	30265	341013	303525	306770	837795	331264
福 建	Fujian	217	21243	17103	138364	127200	140767	396655	135729
江 西	Jiangxi	400	19216	14921	139595	107296	157100	431205	134954
山 东	Shandong	435	62319	48926	320353	256485	294033	857264	302491
河 南	Henan	691	67140	51672	388293	306889	378222	1040439	356552
湖 北	Hubei	289	27532	20550	125735	107627	132594	364893	113630
湖 南	Hunan	471	34134	26047	204137	176169	237759	648020	199392
广 东	Guangdong	481	57760	44972	417278	263186	395377	1172119	374198
广 西	Guangxi	280	27639	20300	231889	150988	256897	736360	247663
海 南	Hainan	80	6821	4576	39356	20428	43133	117129	36512
重 庆	Chongqing	134	18669	15120	108659	93069	119002	328028	100919
四 川	Sichuan	467	50539	39577	423086	396937	400780	987491	402941
贵 州	Guizhou	206	21753	17787	118846	102800	228109	602491	191238
云 南	Yunnan	379	26808	21338	149924	123749	175583	484189	155181
西 藏	Tibet	9	1253	1142	6139	2988	5568	15796	4315
陕 西	Shaanxi	288	22000	15906	125060	103279	106435	322341	115262
甘 肃	Gansu	228	19157	15578	87558	73222	81816	229348	80065
青 海	Qinghai	39	2931	2410	19492	13331	27047	76364	22703
宁 夏	Ningxia	32	3314	2538	25942	16202	30832	82117	25025
新 疆	Xinjiang	172	13189	9904	65161	48583	89493	221705	61491

21-28 分地区初中情况（2015年）

Statistics on Regular Junior Secondary Schools by Region (2015)

单位：人 (person)

地 区	Region	学校数（所） Schools (unit)	专任教师 Full-time Teachers	城区 City	镇区 Township	乡村 Rural	在校学生数 Enrolment	城区 City	镇区 Township	乡村 Rural
全 国	**National Total**	**52405**	**3475636**	**1111803**	**1718633**	**645200**	**43119500**	**14410106**	**21684430**	**7024964**
北 京	Beijing	340	32855	25990	4286	2579	283366	232961	33410	16995
天 津	Tianjin	329	26345	15924	7467	2954	261474	154432	79156	27886
河 北	Hebei	2378	173824	47745	91476	34603	2361330	644836	1303991	412503
山 西	Shanxi	1895	113107	34409	56449	22249	1126840	389795	576807	160238
内蒙古	Inner Mongolia	716	59103	21955	32758	4390	639648	275036	334018	30594
辽 宁	Liaoning	1517	98838	50555	36824	11459	1012944	528036	381158	103750
吉 林	Jilin	1181	64724	25515	25320	13889	595518	277647	221931	95940
黑龙江	Heilongjiang	1564	93830	38581	37720	17529	899803	409983	369678	120142
上 海	Shanghai	537	37564	30442	6031	1091	412345	341531	61061	9753
江 苏	Jiangsu	2091	173386	80174	83795	9417	1867166	915658	868698	82810
浙 江	Zhejiang	1712	120224	55979	53668	10577	1479353	706262	658860	114231
安 徽	Anhui	2858	150856	31026	80661	39169	1900786	437822	1064787	398177
福 建	Fujian	1240	97965	31097	46608	20260	1133458	441955	513122	178381
江 西	Jiangxi	2131	120729	25345	65510	29874	1763985	393978	999604	370403
山 东	Shandong	2891	264850	91916	141979	30955	3108127	1178660	1603152	326315
河 南	Henan	4565	285946	65150	149518	71278	4048103	950049	2244546	853508
湖 北	Hubei	2013	131325	46819	63263	21243	1365319	547028	625858	192433
湖 南	Hunan	3331	168235	34262	86475	47498	2224138	533753	1186146	504239
广 东	Guangdong	3415	275787	136514	110234	29039	3553170	1892438	1327234	333498
广 西	Guangxi	1839	119008	23687	74874	20447	1963062	381412	1266951	314699
海 南	Hainan	391	25717	9420	14480	1817	328889	144274	167663	16952
重 庆	Chongqing	906	75556	25290	43027	7239	960383	329542	543524	87317
四 川	Sichuan	3864	198832	46498	111413	40921	2463860	635725	1395555	432580
贵 州	Guizhou	2128	123677	21189	70708	31780	1979699	334546	1145764	499389
云 南	Yunnan	1682	123858	19912	64095	39851	1894282	312094	1006844	575344
西 藏	Tibet	97	9714	1447	6865	1402	117520	16415	81521	19584
陕 西	Shaanxi	1727	104674	26859	65834	11981	1070779	363758	623392	83629
甘 肃	Gansu	1491	83857	15703	36233	31921	909255	203890	411492	293873
青 海	Qinghai	270	16132	4012	8590	3530	213165	57757	115514	39894
宁 夏	Ningxia	237	19369	7170	8875	3324	274333	112745	126236	35352
新 疆	Xinjiang	1069	85749	21218	33597	30934	907400	266088	346757	294555

21-29 分地区普通小学情况（2015年）
Statistics on Regular Primary Schools by Region (2015)

单位：人 (person)

地区	Region	学校数(所) Schools (unit)	专任教师 Full-time Teachers	城区 City	镇区 Township	乡村 Rural	在校学生数 Enrolment	城区 City	镇区 Township	乡村 Rural
全国	**National Total**	**190525**	**5685118**	**1619553**	**2029591**	**2035974**	**96921831**	**30708802**	**36554044**	**29658985**
北京	Beijing	996	59267	47178	6237	5852	850321	702205	83581	64535
天津	Tianjin	849	40202	25854	7204	7144	602144	370884	123331	107929
河北	Hebei	12126	338901	65863	122994	150044	5962361	1264071	2309160	2389130
山西	Shanxi	6403	172957	45178	64482	63297	2269515	796710	950241	522564
内蒙古	Inner Mongolia	1853	101730	30321	49485	21924	1313635	516759	623804	173072
辽宁	Liaoning	4234	140002	63802	41744	34456	1999564	1082768	550596	366200
吉林	Jilin	4493	110058	34263	34708	41087	1279766	503784	455055	320927
黑龙江	Heilongjiang	2802	125886	40963	46533	38390	1477992	619235	597048	261709
上海	Shanghai	764	52321	40982	8854	2485	798686	629974	130218	38494
江苏	Jiangsu	4068	277885	118826	122234	36825	4996365	2121181	2223729	651455
浙江	Zhejiang	3303	194769	87273	73638	33858	3569926	1629242	1376117	564567
安徽	Anhui	9119	238259	42015	91456	104788	4225034	847263	1804892	1572879
福建	Fujian	5141	162496	53747	61287	47462	2883136	1132422	1112074	638640
江西	Jiangxi	9465	215906	38652	89303	87951	4223124	838932	1979276	1404916
山东	Shandong	10404	396368	120634	146055	129679	6746258	2223654	2499366	2023238
河南	Henan	24673	500894	91778	176500	232616	9370543	1930693	3599475	3840375
湖北	Hubei	5398	200158	62736	72318	65104	3358095	1202479	1281967	873649
湖南	Hunan	8412	249115	53021	101383	94711	4888598	1134921	2169623	1584054
广东	Guangdong	10126	468608	238339	121323	108946	8688785	4881990	2197683	1609112
广西	Guangxi	11849	221962	37726	72788	111448	4401037	844191	1513039	2043807
海南	Hainan	1556	49752	13454	20072	16226	773246	287592	323266	162388
重庆	Chongqing	4170	118897	35874	51282	31741	2073320	670159	979244	423917
四川	Sichuan	6487	308059	63606	133606	110847	5417353	1227365	2502207	1687781
贵州	Guizhou	8520	193511	29290	68316	95905	3463095	606971	1343485	1512639
云南	Yunnan	12413	224835	30435	61545	132855	3777774	620638	1031339	2125797
西藏	Tibet	826	20890	2147	7019	11724	292290	32848	95372	164070
陕西	Shaanxi	5851	156087	38973	75924	41190	2331094	774408	1149516	407170
甘肃	Gansu	8052	140320	22543	39634	78143	1802401	403722	595710	802969
青海	Qinghai	978	26479	5577	10480	10422	453990	107237	188050	158703
宁夏	Ningxia	1693	33777	9943	10353	13481	583509	201109	186913	195487
新疆	Xinjiang	3501	144767	28560	40834	75373	2048874	503395	578667	966812

21-30 分地区特殊教育情况（2015年）
Statistics on Special Education by Region (2015)

单位：人 (person)

地 区	Region	学校数（所）Schools (unit)	专任教师 Full-time Teachers	毕业生数 Graduates	招生数 Entrants	在校学生数 Enrolment	# 女 Female
全 国	**National Total**	**2053**	**50334**	**52899**	**83314**	**442223**	**157262**
北 京	Beijing	22	979	1786	930	7136	2581
天 津	Tianjin	20	601	305	409	3279	1130
河 北	Hebei	159	3164	1419	2351	13586	4961
山 西	Shanxi	64	1445	1060	1637	9206	3701
内蒙古	Inner Mongolia	45	1259	719	1615	8294	3080
辽 宁	Liaoning	73	2042	947	1047	8493	2969
吉 林	Jilin	47	1463	592	953	6015	2147
黑龙江	Heilongjiang	73	1877	1081	1485	9339	3331
上 海	Shanghai	29	1239	1488	1002	7662	2721
江 苏	Jiangsu	106	3285	3520	3787	23123	8175
浙 江	Zhejiang	86	2266	2367	2418	16236	5827
安 徽	Anhui	68	1409	1257	5100	19272	6738
福 建	Fujian	73	1924	3416	4202	24911	8489
江 西	Jiangxi	88	1221	1925	4745	23761	8063
山 东	Shandong	147	4892	2935	4026	23877	8370
河 南	Henan	144	3517	1750	3946	20117	7169
湖 北	Hubei	83	1682	1112	2047	11057	3895
湖 南	Hunan	78	1655	1768	4625	22532	7733
广 东	Guangdong	116	3550	3053	7303	36048	11006
广 西	Guangxi	78	1319	1326	2650	14045	4662
海 南	Hainan	7	212	315	435	2551	920
重 庆	Chongqing	36	889	1706	2515	14059	4949
四 川	Sichuan	124	2355	8634	8096	43251	15894
贵 州	Guizhou	75	1408	1523	4852	17888	6623
云 南	Yunnan	60	1424	3432	4392	23314	9113
西 藏	Tibet	5	169	125	299	1798	808
陕 西	Shaanxi	55	1067	1101	1762	8630	3331
甘 肃	Gansu	37	729	917	1769	9260	3423
青 海	Qinghai	15	155	262	737	3124	1247
宁 夏	Ningxia	12	347	352	811	3900	1546
新 疆	Xinjiang	28	790	706	1368	6459	2660

21-31 分地区各级学校生师比
Student-Teacher Ratio by Level of Regular Schools by Region

(教师人数=1) (Number of Teachers=1)

年份 地区	Year Region	普通小学 Primary School	初中 Junior Secondary School	普通高中 Regular Senior Secondary School	中等职业学校 Secondary Vocational School	普通高校 Regular Institution of Higher Education
	2005	19.43	17.80	18.54	21.34	16.85
	2006	19.17	17.15	18.13	22.65	17.93
	2007	18.82	16.52	17.48	23.13	17.28
	2008	18.38	16.07	16.78	23.32	17.23
	2009	17.88	15.47	16.30	25.27	17.27
	2010	17.70	14.98	15.99	25.69	17.33
	2011	17.71	14.38	15.77	24.97	17.42
	2012	17.36	13.59	15.47	24.19	17.52
	2013	16.76	12.76	14.95	22.97	17.53
	2014	16.78	12.57	14.44	21.34	17.68
	2015	17.05	12.41	14.01	20.47	17.73
北京	Beijing	14.35	8.62	7.95	13.66	16.09
天津	Tianjin	14.98	9.92	10.24	15.04	17.48
河北	Hebei	17.59	13.58	13.57	13.95	17.46
山西	Shanxi	13.12	9.96	12.81	14.47	18.88
内蒙古	Inner Mongolia	12.91	10.82	13.58	15.33	18.30
辽宁	Liaoning	14.28	10.25	12.68	15.94	17.12
吉林	Jilin	11.63	9.20	14.11	8.26	17.74
黑龙江	Heilongjiang	11.74	9.59	13.10	16.17	16.23
上海	Shanghai	15.27	10.98	9.09	14.36	16.74
江苏	Jiangsu	17.98	10.77	10.25	16.08	16.54
浙江	Zhejiang	18.33	12.30	11.65	15.63	16.51
安徽	Anhui	17.73	12.60	14.87	27.68	19.13
福建	Fujian	17.74	11.57	12.41	23.19	16.99
江西	Jiangxi	19.56	14.61	17.48	28.90	18.07
山东	Shandong	17.02	11.74	13.51	17.52	18.10
河南	Henan	18.71	14.16	17.04	20.14	18.42
湖北	Hubei	16.78	10.40	13.07	17.76	17.53
湖南	Hunan	19.62	13.22	15.34	24.88	18.99
广东	Guangdong	18.54	12.88	13.62	26.06	18.64
广西	Guangxi	19.83	16.50	17.06	36.27	18.11
海南	Hainan	15.54	12.79	13.67	25.60	19.36
重庆	Chongqing	17.44	12.71	15.92	21.69	17.60
四川	Sichuan	17.59	12.39	15.59	24.95	17.95
贵州	Guizhou	17.90	16.01	17.42	33.87	17.91
云南	Yunnan	16.80	15.29	15.20	22.69	19.11
西藏	Tibet	13.99	12.10	12.39	13.83	14.35
陕西	Shaanxi	14.93	10.23	14.10	20.27	17.83
甘肃	Gansu	12.84	10.84	14.06	14.72	17.94
青海	Qinghai	17.15	13.21	13.46	31.69	15.66
宁夏	Ningxia	17.28	14.16	15.26	32.36	16.80
新疆	Xinjiang	14.15	10.58	12.81	22.39	18.22

21-32 每十万人口各级学校平均在校生数
Number of Students Per 100 000 Population by Level

单位：人 (person)

年 份 地 区	Year Region	学前教育 Pre-education	小 学 Primary Education	初中阶段 Junior Secondary	高中阶段 Senior Secondary	高等教育 Higher Education
	1990	1725	10707	3426	1337	326
	1995	2262	11010	3945	1610	457
	2000	1782	10335	4969	2000	723
	2005	1676	8358	4781	3070	1613
	2006	1731	8192	4557	3321	1816
	2007	1787	8037	4364	3409	1924
	2008	1873	7819	4227	3463	2042
	2009	2001	7584	4097	3495	2128
	2010	2230	7448	3955	3504	2189
	2011	2554	7403	3779	3495	2253
	2012	2736	7196	3535	3411	2335
	2013	2876	6913	3279	3227	2418
	2014	2977	6946	3222	3100	2488
	2015	3118	7086	3152	2965	2524
北 京	Beijing	1831	3951	1317	1426	5218
天 津	Tianjin	1665	3969	1724	1866	4185
河 北	Hebei	3138	8075	3198	2555	2141
山 西	Shanxi	2694	6221	3089	3486	2504
内蒙古	Inner Mongolia	2369	5244	2553	2779	2035
辽 宁	Liaoning	2074	4554	2307	2334	2876
吉 林	Jilin	1685	4650	2164	2111	3169
黑龙江	Heilongjiang	1389	3856	2348	2313	2518
上 海	Shanghai	2209	3292	1700	1149	3330
江 苏	Jiangsu	3150	6277	2346	2407	2896
浙 江	Zhejiang	3452	6481	2686	2647	2414
安 徽	Anhui	3052	6946	3125	3318	2309
福 建	Fujian	3974	7575	2978	2889	2508
江 西	Jiangxi	3660	9298	3884	3308	2654
山 东	Shandong	2776	6892	3175	2941	2516
河 南	Henan	4169	9931	4290	3454	2293
湖 北	Hubei	2795	5774	2348	2294	3038
湖 南	Hunan	3215	7256	3301	2720	2215
广 东	Guangdong	3751	8102	3313	3589	2434
广 西	Guangxi	4352	9258	4129	3611	2178
海 南	Hainan	3545	8563	3642	3433	2290
重 庆	Chongqing	3061	6932	3211	3702	3071
四 川	Sichuan	3049	6655	3027	3162	2312
贵 州	Guizhou	3719	9872	5643	4683	1819
云 南	Yunnan	2745	8014	4018	2897	1819
西 藏	Tibet	2766	9192	3696	2319	1766
陕 西	Shaanxi	3701	6175	2837	3320	3628
甘 肃	Gansu	2706	6956	3509	3517	2194
青 海	Qinghai	3160	7787	3656	3659	1275
宁 夏	Ningxia	2914	8814	4144	3672	2244
新 疆	Xinjiang	3526	8916	3949	3385	1759

注：1.高等教育包括普通高等学校和成人高等学校。
2.高中阶段合计数据包括普通高中、成人高中、普通中专、职业高中、技工学校和成人中专。
3.初中阶段包括普通初中和职业初中。

a) Institutions of higher education include that of regular institutions of higher education and institutions of higher education for adults.

b) Total of senior schools include that of regular senior schools, adult senior schools, regular secondary technical schools, vocational secondary schools, technical worker school, adult technical secondary schools.

c) Junior secondary schools include regular junior schools and junior vocational schools.

21-33 教育经费情况
Basic Statistics on Educational Funds

单位：万元 (10 000 yuan)

年份 地区	Year Region	合计 Total	国家财政性教育经费 Government Appropriation for Education	#公共财政教育经费 Public Expenditure on Education	民办学校中举办者投入 Funds from Runners of Private Schools	社会捐赠经费 Donations and Fund-raising for Running Schools	事业收入 Income from Teaching Research and Other Auxiliary Activity	#学杂费 Tuition and Miscel-laneous Fees	其他教育经费 Other Educational Funds
	1992	8670491	7287506	5649364		696285		439319	
	1995	18779501	14115233	10929473	203672	1628414		2012423	
	2000	38490806	25626056	21917652	858537	1139557	9382717	5948304	1483939
	2001	46376626	30570100	27056548	1280895	1128852	11575137	7456014	1821643
	2002	54800278	34914048	32549425	1725549	1272791	14609169	9227792	2278722
	2003	62082653	38506237	36190977	2590148	1045927	17218399	11214985	2721943
	2004	72425989	44658575	42444209	3478529	934204	20114268	13465517	3240414
	2005	84188391	51610759	49460379	4522185	931613	23399991	15530545	3723842
	2006	98153087	63483648	61353481	5490583	899078	24073042	15523301	4206736
	2007	121480663	82802142	80943369	809337	930584	31772357	21309082	5166242
	2008	145007374	104496296	102129675	698479	1026663	33670711	23492983	5115225
	2009	165027065	122310935	119749753	749829	1254991	35275939	25155983	5435371
	2010	195618471	146700670	141639029	1054254	1078839	41060664	30155593	5724045
	2011	238692936	185867009	178217380	1119320	1118675	44246927	33169742	6341005
	2012	286553052	231475698	203141685	1281753	956919	46198404	35048301	6640278
	2013	303647182	244882177	214056715	1474089	855445	49262087	37376869	7173384
	2014	328064609	264205820	225760099	1313476	796700	54271581	40530393	7477031
中央	Central Government	32111765	22362635	12342065		245300	7494206	2919394	2009624
地方	Local Governments	295952844	241843185	213418034	1313476	551401	46777374	37610998	5467407
北京	Beijing	10937374	9683640	7584900	10529	10431	1048953	833849	183820
天津	Tianjin	6326265	5532759	5170100	2948	4864	701025	562871	84668
河北	Hebei	10861672	8926512	8023100	40933	12107	1796503	1517465	85618
山西	Shanxi	7036233	5762332	4958000	26485	2533	1182873	879607	62010
内蒙古	Inner Mongolia	6393778	5735677	4593400	13110	3897	594265	449797	46829
辽宁	Liaoning	8700533	7053396	6041400	30073	1223	1566027	1264514	49815
吉林	Jilin	5353180	4460292	4034300	14983	3217	824517	704935	50170
黑龙江	Heilongjiang	6278812	5276808	5022200	6359	1665	909800	808906	84179
上海	Shanghai	9892212	7965263	6743600	2322	10419	1291651	1021310	622557
江苏	Jiangsu	20800931	16716834	14851900	36485	109974	3297872	2606537	639766
浙江	Zhejiang	16079755	12081380	10185700	80627	51029	3135300	2436594	731420
安徽	Anhui	10457811	8629778	7430700	36362	8305	1690402	1370843	92965
福建	Fujian	8928771	7151769	6280900	91201	39182	1527747	1211600	118872
江西	Jiangxi	8930127	7394986	6962200	35229	9317	1416733	1113033	73862
山东	Shandong	18847752	15811214	14601500	44820	12724	2763550	2301491	215444
河南	Henan	16385611	13181810	10975800	160146	7727	2884332	2403583	151596
湖北	Hubei	9874547	7634018	6906300	34146	7625	2021081	1606217	177676
湖南	Hunan	11285463	8809278	8236700	72395	19735	2158581	1716807	225473
广东	Guangdong	27356552	20220035	17795000	249031	93661	6183455	5195599	610369
广西	Guangxi	8586224	7163058	6593500	29098	7569	1275840	1004768	110658
海南	Hainan	2413904	1992064	1707100	19559	1570	364206	299124	36504
重庆	Chongqing	6979973	5538929	4471400	27691	24460	1216958	948085	171934
四川	Sichuan	14508458	11779275	10513900	132658	37028	2421188	1790868	138309
贵州	Guizhou	7700061	6761067	6318300	27461	14986	782237	615142	114311
云南	Yunnan	9199396	7930673	6691400	36157	18094	1028195	804395	186276
西藏	Tibet	1529504	1507576	1426400	562	699	17887	14738	2781
陕西	Shaanxi	9101672	7305175	6946800	35246	5343	1623769	1294230	132138
甘肃	Gansu	5181631	4633088	4011000	6733	7557	491168	418235	43086
青海	Qinghai	1976886	1843741	1562300	2057	2580	83860	59578	44648
宁夏	Ningxia	1697964	1502629	1195900	6015	3464	169883	134811	15975
新疆	Xinjiang	6349792	5858129	5582500	2054	18416	307517	221466	163676

注：1.“民办学校中举办者投入”数据1992-2006年为社会团体和公民个人办学总经费。

2.“公共财政教育经费”数据1992-2012年包括教育事业费、基建经费、教育费附加、科研经费和其他经费，2012年起包括教育事业费、基建经费和教育费附加。

3.2012年全国教育经费有关数据经最终核实后作了修订。

a) "Funds from runners of private schools" from 1992 to 2006 equals to funds from social organizations and citizens for running schools.

b) From 1992 to 2012, the Public Expenditure on Education referred to budgetary educational funds, which included the appropriated funds for education, for science research, capital construction, other funds, and education surcharges. Since 2012, it includes the appropriated funds for education, capital construction, and education surcharges.

c) Data of national education funds in 2012 were revised after final verification.

主要统计指标解释

普通高等学校 指通过国家普通高等教育招生考试，招收高中毕业生为主要培养对象，实施高等学历教育的全日制大学、独立设置的学院、独立学院和高等专科学校、高等职业学校及其他机构。

大学、独立设置的学院主要实施本科及本科层次以上的教育。独立学院主要实施本科层次的教育。高等专科学校、高等职业学校实施专科层次的教育。其他机构是指承担国家普通招生计划任务不计校数的机构，包括普通高等学校分校、大专班等。

成人高等学校 指通过国家成人高等教育招生考试，招收具有高中毕业或同等学力的人员为主要培养对象，利用函授、业余、脱产等多种形式，对其实施高等学历教育的学校。包括：职工高等学校、农民高等学校、管理干部学院、教育学院、独立函授学院、广播电视大学、其他机构。其他机构是指承担国家成人招生计划任务不计校数的机构。

小学学龄儿童净入学率 指调查范围内已入小学学习的学龄儿童占校内外学龄儿童总数的比重。计算公式为：

$$\text{小学学龄儿童净入学率}=\frac{\text{已入学的小学学龄儿童数}}{\text{校内外小学学龄儿童总数}}\times 100\%$$

国家财政性教育经费 包括公共财政预算教育经费，各级政府征收用于教育的税费，企业办学中的企业拨款，校办产业和社会服务收入用于教育的经费，其他属于国家财政性教育经费。

Explanatory Notes on Main Statistical Indicators

Regular Institutions of Higher Education refer to educational establishments recruiting graduates from senior secondary schools as the main target through National Matriculation TEST. They include full-time universities, independently established colleges, colleges, and institutions of higher professional education, institutions of higher vocational education and others.

Universities and independently established colleges primarily provide undergraduate and above courses; colleges mainly impart undergraduate courses, institutions of higher professional education and institutions of higher vocational education primarily provide professional trainings; and others refer to educational establishments, which are responsible for enrolling higher education students under the State Plan but not enumerated in the total number of schools, including: branch schools of universities and colleges and junior colleges.

Institutions of Higher Education for Adults refer to educational establishments, enrolling personnel with senior secondary school or equivalent education through National Matriculation TEST for Adult, and providing higher education courses in forms of correspondence, spare time, or full time for adults. Institutions of higher learning for adults include schools of higher education for staff and workers, schools of higher education for peasants, colleges for management cadres, pedagogical colleges, independent correspondence colleges, radio and television universities and other educational establishments. Other educational establishments refer undertakings to enrol adult students but not enumerated in the number of schools under the State Plan.

Net Enrolment Ratio of Primary Schools refers to the proportion of school age children enrolled at schools to the total number of school age children both in and outside schools (including retarded children, but excluding blind, deaf and mute children). The formula is:

$$\text{Net Enrolment Ratio of Primary Schools} = \frac{\text{Total Primary School - age Children at Schools}}{\text{Total Primary School - age Children Whether or Not Attending School}} \times 100\%$$

Government Appropriation for Education refers to the public budgetary fund for education, taxes and fees collected by governments at all levels that are used for education purpose, enterprise appropriation for enterprise-run schools, income from school-run enterprises and social services that are used for education purpose and other national appropriations for education.

22

卫生和社会服务

Public Health and Social Services

简要说明

一、本篇资料的主要内容

本篇主要反映卫生、社会服务、残疾人事业的发展情况。

卫生统计资料主要包括医疗卫生机构、卫生人员、卫生设施、卫生经费、基层医疗卫生服务、妇幼保健、疾病控制、居民病伤死亡原因、医疗保障制度等情况。

社会服务统计资料主要包括社会服务企事业机构、社会组织、人员、床位情况，优抚和社会救济情况，社区服务机构情况，婚姻服务情况，殡葬服务情况，社会捐赠和福利彩票销售情况等。

残疾人统计资料主要包括残疾人康复、教育、就业、社会保障、扶贫和残联组织建设情况。

二、本篇的资料来源

卫生统计资料由国家卫生和计划生育委员会信息中心提供。社会服务统计资料由民政部依据统计报表制度整理提供。残疾人统计资料由中国残疾人联合会整理提供。

详细资料分别见《中国卫生统计年鉴》（中华人民共和国国家卫生和计划生育委员会编）、《中国民政统计年鉴》(中华人民共和国民政部编)、《中国残疾人事业统计年鉴》（中国残疾人联合会编）。

Brief Introduction

I. Main Contents

Data in this chapter mainly reflect the development of public health, civil affairs, and work for persons with disabilities.

Data on public health include mainly the number of medical and health institutions, health personnel, health facility, health expenses, medical and health services at grass-root level, maternal and child health, disease control, major diseases as the causes of death, and health security system.

Data on civil affairs include: institutions, social organizations, personnel and beds of social services，social welfare relief, community service facilities and marriage registration service, funeral and interment services, social donations and welfare lottery.

Data on disabled persons cover information on the rehabilitation, education, employment and poverty alleviation of disabled persons and institutions serving the needs of disabled persons.

II. Sources of Data

Data on public health are mainly from the Information Center under the Ministry of Health. Data on civil affairs are from the Ministry of Civil Affairs based on statistical reporting form scheme. Data on disabled persons are from the China Disabled Persons Federation.

For detailed information please refer to "*Annual Statistical Yearbook on National Health Care*" (Ministry of Health of the People's Republic of China), "*Statistical Yearbook on Civil Affairs of China*" (Department of Financial and Planning, Ministry of Civil Affairs) and "*China Statistical Yearbook on the Work for Persons with Disabilities*" (China Disabled Persons Federation).

22-1 医疗卫生机构
Health Care Institutions

单位：个 (unit)

年份 Year 地区 Region	合计 Total	#医院 Hospitals	#综合医院 General Hospitals	#中医医院 Hospitals Specialized in Traditional Chinese Medicine	#专科医院 Specialized Hospitals	#基层医疗卫生机构 Health Care Institutions at Grass-root Level	社区卫生服务中心(站) Community Health Service Centers	街道卫生院 Urban Health Centers	乡镇卫生院 Township Health Centers
1978	169732	9293	7539	447	643				55018
1980	180553	9902	7859	678	694				55413
1985	978540	11955	9197	1485	938				47387
1990	1012690	14377	10424	2115	1362				47749
1995	994409	15663	11586	2361	1445				51797
2000	1034229	16318	11872	2453	1543	1000169		548	49229
2005	882206	18703	12982	2620	2682	849488	17128	787	40907
2006	918097	19246	13120	2665	3022	884818	22656	816	39975
2007	912263	19852	13372	2720	3282	878686	27069	803	39876
2008	891480	19712	13119	2688	3437	858015	24260	780	39080
2009	916571	20291	13364	2728	3716	882153	27308	1152	38475
2010	936927	20918	13681	2778	3956	901709	32739	929	37836
2011	954389	21979	14328	2831	4283	918003	32860	667	37295
2012	950297	23170	15021	2889	4665	912620	33562	610	37097
2013	974398	24709	15887	3015	5127	915368	33965	593	37015
2014	981432	25860	16524	3115	5478	917335	34238	595	36902
2015	983528	27587	17430	3267	6023	920770	34321	524	36817
北京 Beijing	9771	631	295	149	158	8912	1906		
天津 Tianjin	5223	402	272	48	79	4618	574	1	144
河北 Hebei	78594	1543	1041	193	275	75562	1188		1960
山西 Shanxi	41002	1274	654	194	407	39196	887	370	1249
内蒙古 Inner Mongolia	23886	702	409	95	126	22421	1193	2	1320
辽宁 Liaoning	35236	1020	610	115	282	33105	1142	17	1008
吉林 Jilin	20612	616	353	79	170	19409	425	1	775
黑龙江 Heilongjiang	20752	1012	671	132	195	18386	702	8	990
上海 Shanghai	5016	338	181	18	106	4480	1035		
江苏 Jiangsu	31925	1581	1013	104	364	28841	2782	2	1033
浙江 Zhejiang	31137	1049	485	144	366	29431	6019	5	1194
安徽 Anhui	24853	1018	670	97	230	22030	1930	1	1382
福建 Fujian	27921	570	348	78	133	25876	528		880
江西 Jiangxi	38557	568	364	101	95	37066	610	6	1585
山东 Shandong	77259	1927	1217	189	494	73041	2310		1630
河南 Henan	71394	1521	951	238	310	67092	1316	7	2057
湖北 Hubei	36179	869	532	109	208	34563	1188	29	1140
湖南 Hunan	62646	1173	703	138	300	58586	674	2	2296
广东 Guangdong	48320	1323	793	149	359	45013	2553	20	1196
广西 Guangxi	34439	527	325	91	91	32216	277		1267
海南 Hainan	5046	202	155	17	25	4714	158		297
重庆 Chongqing	19806	631	439	56	121	18986	500	13	924
四川 Sichuan	80109	1942	1291	198	391	76214	937	2	4509
贵州 Guizhou	28712	1188	920	87	149	26175	622	26	1419
云南 Yunnan	24181	1101	725	124	219	21833	498	1	1372
西藏 Tibet	6814	139	102		8	6531	9		680
陕西 Shaanxi	37030	1014	704	154	145	34098	606	9	1589
甘肃 Gansu	27799	443	278	81	62	25459	611	1	1371
青海 Qinghai	6223	181	112	13	22	5860	210	1	404
宁夏 Ningxia	4288	168	112	19	32	3981	131		219
新疆 Xinjiang	18798	914	705	57	101	17075	800		927

注：1.村卫生室数计入医疗卫生机构数中。
2.2008年社区卫生服务中心(站)减少的原因是江苏省约5000家农村社区卫生服务站划归村卫生室。
3.2002年起，医疗卫生机构数不再包括高中等医学院校本部、药检机构、国境卫生检疫所和非卫生部门举办的计划生育指导站。
4.2013年起，医疗卫生机构数包括原计生部门主管的计划生育技术服务机构。
5.1996年以前门诊部(所)不包括私人诊所。

a) Number of village clinics was included in health care institutions.
b) The reasons of decrease of community health centers(stations) in 2008 is that 5000 rural community health stations in Jiangsu is divided into village clinics.
c) Since 2002, health care institutions did not include headquarters of higher and secondary medical schools, drug test institutions, border health quarantine institutions and family planning service stations run by other than health department.
d) Since 2013, health care institutions included family planning technical services institutions managed by original family planning department.
e) Before 1996, clinics did not include private clinics.

22-1 续表 continued

单位：个 (unit)

年份 地区	Year Region	村卫生室 Village Clinics	门诊部(所) Outpatient Department	#专业公共卫生机构 Specialized Public Health Institutions	#疾病预防控制中心 Center for Disease Control and Prevention	#专科疾病防治院(所/站) Specialized Disease Prevention & Treatment Institution	#妇幼保健院(所/站) Women and Children Care Agencies	#卫生监督所(中心) Health Inspection Institution (center)
	1978		94395		2989	887	2571	
	1980		102474		3105	1138	2745	
	1985	777674	126604		3410	1566	2996	
	1990	803956	129332		3618	1781	3148	
	1995	804352	104406		3729	1895	3179	
	2000	709458	240934	11386	3741	1839	3163	
	2005	583209	207457	11177	3585	1502	3021	1702
	2006	609128	212243	11269	3548	1402	3003	2097
	2007	613855	197083	11528	3585	1365	3051	2553
	2008	613143	180752	11485	3534	1310	3011	2675
	2009	632770	182448	11665	3536	1291	3020	2809
	2010	648424	181781	11835	3513	1274	3025	2992
	2011	662894	184287	11926	3484	1294	3036	3022
	2012	653419	187932	12083	3490	1289	3044	3088
	2013	648619	195176	31155	3516	1271	3144	2967
	2014	645470	200130	35029	3490	1242	3098	2975
	2015	640536	208572	31927	3478	1234	3078	2986
北京	Beijing	2768	4238	113	30	25	19	18
天津	Tianjin	2437	1462	151	24	16	21	19
河北	Hebei	60492	11922	1264	193	9	204	180
山西	Shanxi	28099	8591	460	134	8	132	131
内蒙古	Inner Mongolia	13645	6261	664	119	53	114	114
辽宁	Liaoning	19774	11164	955	131	85	110	89
吉林	Jilin	10229	7979	432	68	54	70	38
黑龙江	Heilongjiang	11444	5242	1301	167	111	142	138
上海	Shanghai	1271	2174	116	19	21	21	18
江苏	Jiangsu	15391	9633	1244	120	44	109	108
浙江	Zhejiang	11868	10345	483	101	16	88	101
安徽	Anhui	15295	3422	1721	121	47	121	113
福建	Fujian	19008	5460	1401	96	23	87	85
江西	Jiangxi	30697	4168	812	148	111	112	110
山东	Shandong	53780	15321	2086	182	128	158	104
河南	Henan	56918	6794	2471	179	22	164	176
湖北	Hubei	24795	7411	578	114	76	103	104
湖南	Hunan	44822	10792	2778	147	88	139	130
广东	Guangdong	27177	14067	1831	137	131	130	151
广西	Guangxi	21417	9255	1657	115	41	104	110
海南	Hainan	2681	1578	119	27	18	24	24
重庆	Chongqing	11280	6269	159	42	15	40	39
四川	Sichuan	55869	14897	1801	206	35	202	203
贵州	Guizhou	20831	3277	1318	100	10	102	95
云南	Yunnan	13351	6611	1183	150	29	145	142
西藏	Tibet	5353	489	142	82		55	1
陕西	Shaanxi	25717	6177	1804	119	6	117	115
甘肃	Gansu	16744	6732	1774	103	7	100	93
青海	Qinghai	4491	754	178	56	1	31	55
宁夏	Ningxia	2453	1178	129	25		22	24
新疆	Xinjiang	10439	4909	802	223	4	92	158

22-2 卫生人员
Employed Persons in Health Care Institutions

单位：人 (person)

年份 Year 地区 Region	卫生人员 Medical Personnel	卫生技术人员 Medical Technical Personnel	#执业(助理)医师 Licensed (Assistant) Doctors	#执业医师 Licensed Doctor	#注册护士 Registered Nurse	#药师(士) Pharmacist	乡村医生和卫生员 Village Doctors and Assistants	其他技术人员 Other Technical Personnel	管理人员 Administrative Personnel	工勤技能人员 Logistics Technical Workers
1978	7883041	2463931	978152	609608	405223	266570	4777469	22950	298104	320587
1980	7355483	2798241	1153234	709473	465798	308438	3820776	27834	310805	397827
1985	5606105	3410910	1413281	724238	636974	365145	1293094	46052	358812	497237
1990	6137711	3897921	1763086	1302997	974541	405978	1231510	85504	396694	526082
1995	6704395	4256923	1917772	1454926	1125661	418520	1331017	120782	450013	545660
2000	6910383	4490803	2075843	1603266	1266838	414408	1319357	157533	426789	515901
2005	6447246	4564050	2042135	1622684	1349589	349533	916532	225697	312826	428141
2006	6681184	4728350	2099064	1678031	1426339	353565	957459	235466	323705	436204
2007	6964389	4913186	2122925	1715460	1558822	325212	931761	243460	356569	519413
2008	7251803	5174478	2201904	1791881	1678091	330525	938313	255149	356854	527009
2009	7781448	5535124	2329206	1905436	1854818	341910	1050991	275006	362665	557662
2010	8207502	5876158	2413259	1972840	2048071	353916	1091863	290161	370548	578772
2011	8616040	6202858	2466094	2020154	2244020	363993	1126443	305981	374885	605873
2012	9115705	6675549	2616064	2138836	2496599	377398	1094419	319117	372997	653623
2013	9790483	7210578	2794754	2285794	2783121	395578	1081063	359819	420971	718052
2014	10234213	7589790	2892518	2374917	3004144	409595	1058182	379740	451250	755251
2015	10693881	8007537	3039135	2508408	3241469	423294	1031525	399712	472620	782487
北京 Beijing	289204	225440	85232	80410	94626	13206	3438	15090	16750	28486
天津 Tianjin	118111	90748	35871	33533	33804	5376	5150	4464	9463	8286
河北 Hebei	533286	372747	166881	128786	132837	15657	82362	24158	18918	35101
山西 Shanxi	294851	213995	90216	77314	83344	9840	38534	11249	11630	19443
内蒙古 Inner Mongolia	212499	162327	64238	54862	61223	10271	18278	8788	10040	13066
辽宁 Liaoning	348525	264419	104552	94231	110976	13272	24599	13000	18380	28127
吉林 Jilin	214193	158963	67245	59074	60719	7903	17489	8147	13525	16069
黑龙江 Heilongjiang	285914	215264	82708	70428	80955	11479	23816	9959	16468	20407
上海 Shanghai	208444	170125	62983	59368	75436	9498	885	10164	11723	15547
江苏 Jiangsu	618945	487005	189216	157369	203998	26454	34615	20824	27128	49373
浙江 Zhejiang	491008	405620	158056	135772	159945	25763	8170	18816	16874	41528
安徽 Anhui	377387	280768	107792	84620	119303	13456	45914	14448	14161	22096
福建 Fujian	281330	212931	77984	66028	90450	13866	26922	10122	8632	22723
江西 Jiangxi	291574	210927	76807	63704	89579	14021	46116	8145	8202	18184
山东 Shandong	855706	618192	237118	202993	254170	32304	128735	37902	27590	43287
河南 Henan	771088	519939	198616	143010	205366	24950	116512	35308	34991	64338
湖北 Hubei	475747	367902	135997	112243	165077	18222	40896	19456	19569	27924
湖南 Hunan	494175	370788	150840	112352	149345	20388	47932	17832	23828	33795
广东 Guangdong	768482	617975	228539	186807	254098	37621	26011	23936	30415	70145
广西 Guangxi	374817	274659	91585	73379	113202	15730	36112	11641	17718	34687
海南 Hainan	71288	54710	19002	15346	24662	2831	3393	2042	3835	7308
重庆 Chongqing	227095	166708	60973	47689	69954	8181	22294	7339	11131	19623
四川 Sichuan	646542	472169	181480	148776	190602	23275	70425	19987	30574	53387
贵州 Guizhou	259144	187282	63384	50401	76032	7600	35997	9689	13130	13046
云南 Yunnan	304551	227998	79567	66203	93278	9569	35749	11611	9393	19800
西藏 Tibet	29094	14341	6213	4395	3190	636	11434	931	901	1487
陕西 Shaanxi	349892	265381	79496	66172	104317	13979	33173	4041	24606	22691
甘肃 Gansu	181445	129454	49610	40145	47782	6107	21364	6961	12122	11544
青海 Qinghai	48440	35422	13791	11572	13194	1753	7022	1855	1320	2821
宁夏 Ningxia	52568	41497	15860	14200	16135	2543	3632	2230	2011	3198
新疆 Xinjiang	208536	161841	57283	47226	63870	7543	14556	9577	7592	14970

注：1.卫生人员和卫生技术人员包括公务员中卫生监督员。
2.2013年卫生人员数包括卫生计生部门主管的计划生育技术服务机构人员数。
3.执业(助理)医师数包括村卫生室执业(助理)医师数。
4.1985年以前乡村医生和卫生员系赤脚医生数。

a) Medical personnel and medical technical personnel include health supervisors in civil servants.
b) In 2013, medical personnel included personnel of family planning technical services institutions managed by family planning department.
c) Licensed (assistant) doctors include licensed (assistant) doctors in village clinics.
d) Before 1985, rural doctors and assistants referred to barefoot doctors.

22-3 每千人口卫生技术人员
Medical Technical Personnel in Health Care Institutions per 1000 Persons

单位：人 (person)

年份 地区	Year Region	卫生技术人员 Medical Technical Personnel			执业(助理)医师 Licensed (Assistant) Doctors			注册护士 Registered Nurses		
		合计 Total	城市 City	农村 Rural	合计 Total	城市 City	农村 Rural	合计 Total	城市 City	农村 Rural
	1980	2.85	8.03	1.81	1.17	3.22	0.76	0.47	1.83	0.20
	1985	3.28	7.92	2.09	1.36	3.35	0.85	0.61	1.85	0.30
	1990	3.45	6.59	2.15	1.56	2.95	0.98	0.86	1.91	0.43
	1995	3.59	5.36	2.32	1.62	2.39	1.07	0.95	1.59	0.49
	2000	3.63	5.17	2.41	1.68	2.31	1.17	1.02	1.64	0.54
	2005	3.50	5.82	2.69	1.56	2.46	1.26	1.03	2.10	0.65
	2006	3.60	6.09	2.70	1.60	2.56	1.26	1.09	2.22	0.66
	2007	3.72	6.44	2.69	1.61	2.61	1.23	1.18	2.42	0.70
	2008	3.90	6.68	2.80	1.66	2.68	1.26	1.27	2.54	0.76
	2009	4.15	7.15	2.94	1.75	2.83	1.31	1.39	2.82	0.81
	2010	4.39	7.62	3.04	1.80	2.97	1.32	1.53	3.09	0.89
	2011	4.61	6.68	2.66	1.83	2.62	1.10	1.67	2.62	0.79
	2012	4.94	8.54	3.41	1.94	3.19	1.40	1.85	3.65	1.09
	2013	5.27	9.18	3.64	2.06	3.39	1.48	2.05	4.00	1.22
	2014	5.56	9.70	3.77	2.12	3.54	1.51	2.20	4.30	1.31
	2015	5.80	10.20	3.90	2.20	3.70	1.60	2.40	4.60	1.40
北京	Beijing	10.40	17.00	8.60	3.90	6.40	3.90	4.40	7.20	3.00
天津	Tianjin	5.90	9.50	5.50	2.30	3.60	2.70	2.20	3.70	1.50
河北	Hebei	5.00	10.40	3.40	2.20	4.10	1.70	1.80	4.60	1.00
山西	Shanxi	5.80	11.80	3.90	2.50	4.60	1.80	2.30	5.30	1.20
内蒙古	Inner Mongolia	6.50	11.90	4.60	2.60	4.40	1.90	2.40	5.20	1.50
辽宁	Liaoning	6.00	9.50	3.50	2.40	3.60	1.50	2.50	4.30	1.20
吉林	Jilin	5.80	9.30	4.50	2.40	3.90	1.90	2.20	3.90	1.50
黑龙江	Heilongjiang	5.60	9.30	3.90	2.20	3.40	1.60	2.10	4.00	1.20
上海	Shanghai	7.00	12.00	7.70	2.60	4.40	4.10	3.10	5.40	2.50
江苏	Jiangsu	6.10	10.00	4.30	2.40	3.60	1.90	2.60	4.50	1.60
浙江	Zhejiang	7.30	12.60	6.10	2.90	4.70	2.50	2.90	5.30	2.20
安徽	Anhui	4.60	6.90	2.90	1.80	2.40	1.20	1.90	3.30	1.10
福建	Fujian	5.50	9.80	4.00	2.00	3.60	1.40	2.40	4.40	1.60
江西	Jiangxi	4.60	9.30	3.10	1.70	3.10	1.20	2.00	4.50	1.20
山东	Shandong	6.30	9.80	4.70	2.40	3.70	1.80	2.60	4.40	1.80
河南	Henan	5.50	10.40	3.30	2.10	3.60	1.30	2.20	4.90	1.10
湖北	Hubei	6.30	9.70	4.40	2.30	3.40	1.70	2.80	4.80	1.80
湖南	Hunan	5.50	11.00	3.80	2.20	3.90	1.70	2.20	5.30	1.30
广东	Guangdong	5.70	11.30	3.40	2.10	4.00	1.40	2.30	4.90	1.20
广西	Guangxi	5.70	8.60	3.60	1.90	2.90	1.20	2.40	3.90	1.40
海南	Hainan	6.00	12.40	3.90	2.10	4.20	1.40	2.70	5.90	1.60
重庆	Chongqing	5.50	6.60	3.40	2.00	2.30	1.30	2.30	3.00	1.20
四川	Sichuan	5.80	8.50	3.90	2.20	3.00	1.60	2.30	3.90	1.40
贵州	Guizhou	5.30	12.10	3.20	1.80	4.40	1.00	2.20	5.50	1.20
云南	Yunnan	4.80	12.20	3.80	1.70	4.50	1.30	2.00	5.50	1.50
西藏	Tibet	4.40	11.60	3.30	1.90	5.10	1.40	1.00	3.70	0.50
陕西	Shaanxi	7.00	10.40	4.90	2.10	3.30	1.30	2.80	4.60	1.60
甘肃	Gansu	5.00	7.60	3.50	1.90	2.90	1.30	1.80	3.20	1.10
青海	Qinghai	6.00	19.10	3.60	2.30	7.00	1.50	2.20	8.60	1.10
宁夏	Ningxia	6.20	9.60	3.60	2.40	3.50	1.50	2.40	4.00	1.10
新疆	Xinjiang	6.90	16.60	6.10	2.40	6.20	2.10	2.70	7.10	2.30

注：1.2002年以前，执业(助理)医师数系医生，执业医师数系医师，注册护士数系护师(士)。
2.城市包括直辖市区和地级市辖区，农村包括县及县级市。
3.分母为常住人口。

a) Before 2002, licensed (assistant) doctors referred to doctors, licensed doctors referred to doctors, registered nurses referred to nurses.
b) City includes district of municipalities and prefecture-level city, rural area include county and city at county level.
c) Total population used in this table are resident population.

22-4 村卫生室情况
Statistics on Village Clinics

年 份 Year / 地 区 Region	村卫生室(个) Village Clinics (unit)						设卫生室的村数占行政村数% Villages with Clinics as % of Total
	合计 Total	村办 Run by Village	乡卫生院设点 Township Hospitals	联合办 Jointly Run	私人办 Run by Private	其他 Others	
1985	777674	305537	29769	88803	323904	29661	87.4
1990	803956	266137	29963	87149	381844	38863	86.2
1995	804352	297462	36388	90681	354981		88.9
2000	709458	300864	47101	89828	255179	16486	89.8
2005	583209	313633	32396	38561	180403	18216	85.8
2006	609128	333790	34803	36805	186524	17206	88.1
2007	613855	340082	33633	33649	186841	19650	88.7
2008	613143	342692	40248	31698	180157	18348	89.4
2009	632770	350515	45434	31035	183699	22087	90.4
2010	648424	365153	49678	32650	177080	23863	92.3
2011	662894	372661	56128	33639	175747	24719	93.4
2012	653419	370099	58317	32278	167025	25700	93.3
2013	648619	371579	59896	32690	158811	25643	93.0
2014	645470	349428	59396	29180	160549	46917	93.3
2015	640536	353196	60231	29208	153353	44548	93.3
北 京 Beijing	2768	2453	8	3	281	23	70.3
天 津 Tianjin	2437	836	680	123	265	533	66.1
河 北 Hebei	60492	28400	2041	1013	25661	3377	100.0
山 西 Shanxi	28099	19577	987	716	3279	3540	100.0
内蒙古 Inner Mongolia	13645	5258	1967	325	5192	903	100.0
辽 宁 Liaoning	19774	8833	361	158	9788	634	100.0
吉 林 Jilin	10229	4092	1364	1262	3023	488	100.0
黑龙江 Heilongjiang	11444	7600	1705	172	1445	522	100.0
上 海 Shanghai	1271	940	195	46		90	79.8
江 苏 Jiangsu	15391	8359	4010	2016	36	970	100.0
浙 江 Zhejiang	11868	7339	1297	164	2056	1012	42.5
安 徽 Anhui	15295	7192	3182	1484	947	2490	100.0
福 建 Fujian	19008	11843	332	236	4785	1812	100.0
江 西 Jiangxi	30697	14072	238	1632	13115	1640	100.0
山 东 Shandong	53780	27187	14228	4752	4117	3496	72.9
河 南 Henan	56918	33582	823	2862	16660	2991	100.0
湖 北 Hubei	24795	15495	3559	2984	1922	835	98.7
湖 南 Hunan	44822	29855	1671	1042	8594	3660	100.0
广 东 Guangdong	27177	20487	1472	173	4300	745	100.0
广 西 Guangxi	21417	13553	920	194	5933	817	100.0
海 南 Hainan	2681	822	136	49	1499	175	100.0
重 庆 Chongqing	11280	6747	1180	409	1846	1098	100.0
四 川 Sichuan	55869	27218	2712	2526	19034	4379	100.0
贵 州 Guizhou	20831	9131	2153	520	7043	1984	100.0
云 南 Yunnan	13351	10018	1315	579	473	966	100.0
西 藏 Tibet	5353	1759	2621	150		823	100.0
陕 西 Shaanxi	25717	19413	691	605	4231	777	100.0
甘 肃 Gansu	16744	6843	1668	992	5418	1823	100.0
青 海 Qinghai	4491	1813	596	571	1072	439	100.0
宁 夏 Ningxia	2453	774	340	209	777	353	100.0
新 疆 Xinjiang	10439	1705	5779	1241	561	1153	100.0

22-5 各类医疗卫生机构医疗服务及床位利用情况(2015年)
Number of Visits and Inpatients in Medical Institutions and Utilization of Beds (2015)

机构名称	Institutions	诊疗人次数(万人次) Visits (10 000 person-times)	入院人数(万人) Inpatients (10 000 persons)	医师日均担负诊疗人次(人次) Daily Visits Each Doctor (person-time)	实际开放总床日数(日) Days of Total Beds Actually Opened (day)	平均开放病床(张) Average Beds Opened (bed)
总计	**Total**	**769925**	**21054**	**8.4**	**2436600510**	**6675618**
医院	Hospitals	308364	16087	7.3	1859097179	5093417
综合医院	General Hospitals	225675	12335	7.4	1304751402	3574661
中医医院	Hospitals Specialized in Traditional Chinese Medicine	48503	2102	7.8	251315143	688535
中西医结合医院	Hospital of Integrated Traditional Chinese with Western Medicine	5401	203	7.8	27031125	74058
民族医院	Nationalities Hospitals	967	56	5.1	8257644	22624
专科医院	Specialized Hospitals	27703	1381	6.2	258974127	709518
护理院	Nursing Hospital	115	10	3.2	8767738	24021
基层医疗卫生机构	Basic Medical Institutions	434193	4037	10.3	485323468	1329653
#社区卫生服务中心(站)	Community Health Service Centers	70645	322	15.8	65025656	178152
卫生院	Health Centers	106256	3694	9.6	420251114	1151373
街道卫生院	Urban Health Centers	792	18	9.4	2910065	7973
乡镇卫生院	Township Health Centers	105464	3676	9.6	417341049	1143400
村卫生室	Village Clinics	189407				
门诊部	Outpatient Department	9394	20	5.7		
专业公共卫生机构	Specialized Public Health Institutions	26392	887	8.4	81651181	223702
#专科疾病防治院(所、站)	Specialized Disease Prevention & Treatment Institution	2257	51	5.6	13632341	37349
妇幼保健院(所、站)	Women and Children Care Agencies	23529	836	8.9	68018840	186353
其他医疗卫生机构	Other Institutions	977	43	11.5	10528682	28846
#疗养院	Sanatoriums	224	43	2.9	10528682	28846

22-5 续表 continued

机构名称	Institutions	病床周转次数(次) Turnover of Beds (time)	病床工作日(日) Working Days of Beds (day)	病床使用率(%) Utilization Rate of Beds (%)	平均住院日(日) Average Stay Days in Hospital (day)
总计	**Total**	**31.4**	**290.1**	**79.5**	**8.9**
医院	Hospitals	31.4	311.6	85.4	9.6
综合医院	General Hospitals	34.4	314.4	86.1	8.9
中医医院	Hospitals Specialized in Traditional Chinese Medicine	30.4	309.3	84.7	9.9
中西医结合医院	Hospital of Integrated Traditional Chinese with Western Medicine	27.3	297.6	81.5	10.4
民族医院	Nationalities Hospitals	24.6	260.7	71.4	10.4
专科医院	Specialized Hospitals	19.3	303.6	83.2	14.5
护理院	Nursing Hospital	3.9	279.3	76.5	56.8
基层医疗卫生机构	Basic Medical Institutions	30.2	215.7	59.1	6.6
#社区卫生服务中心(站)	Community Health Service Centers	17.9	197.8	54.2	9.7
卫生院	Health Centers	31.9	218.5	59.9	6.4
街道卫生院	Urban Health Centers	22.4	192.4	52.7	7.5
乡镇卫生院	Township Health Centers	32.0	218.6	59.9	6.4
村卫生室	Village Clinics				
门诊部	Outpatient Department				
专业公共卫生机构	Specialized Public Health Institutions	39.5	254.6	69.8	6.2
#专科疾病防治院(所、站)	Specialized Disease Prevention & Treatment Institution	13.5	260.7	71.4	16.7
妇幼保健院(所、站)	Women and Children Care Agencies	44.7	253.4	69.4	5.5
其他机构	Other Institutions	14.9	194.9	53.4	9.7
#疗养院	Sanatoriums	14.9	194.9	53.4	9.7

22-6 医疗卫生机构床位

Number of Beds in Health Care Institutions

单位：万张 (10 000 beds)

年份 Year 地区 Region	合计 Total	#医院 Hospitals	#基层医疗卫生机构 Health Care Institutions at Grass-root Level	#社区卫生服务中心(站) Health Service Centers for Community (stations)	#乡镇卫生院 Township Health Centers	#专业公共卫生机构 Specialized Public Health Institutions	#妇幼保健院(所、站) Maternity and Child Care Centers (Institutions, Stations)	#专科疾病防治院(所、站) Specialized Prevention & Treatment Centers (Institutions, Stations)
1978	204.17	110.00			74.73		1.16	2.63
1980	218.44	119.58			77.54		1.64	2.73
1985	248.71	150.86			72.06		3.46	2.95
1990	292.54	186.89			72.29		4.66	3.10
1995	314.06	206.33			73.31		5.13	3.07
2000	317.70	216.67	76.65		73.48	11.86	7.12	2.84
2005	336.75	244.50	72.58	2.50	67.82	13.58	9.41	3.34
2006	351.18	256.04	76.19	4.12	69.62	13.50	9.93	2.80
2007	370.11	267.51	85.03	7.66	74.72	13.29	10.62	2.59
2008	403.87	288.29	97.10	9.80	84.69	14.66	11.73	2.64
2009	441.66	312.08	109.98	13.13	93.34	15.40	12.61	2.71
2010	478.68	338.74	119.22	16.88	99.43	16.45	13.44	2.93
2011	515.99	370.51	123.37	18.71	102.63	17.81	14.59	3.14
2012	572.48	416.15	132.43	20.32	109.93	19.82	16.16	3.57
2013	618.19	457.86	134.99	19.42	113.65	21.49	17.55	3.85
2014	660.12	496.12	138.12	19.59	116.72	22.30	18.48	3.76
2015	701.52	533.06	141.38	20.10	119.61	23.63	19.54	4.03
北京 Beijing	11.16	10.46	0.44	0.44		0.25	0.19	0.05
天津 Tianjin	6.37	5.56	0.70	0.28	0.41	0.08	0.01	0.07
河北 Hebei	34.21	25.38	7.50	0.95	6.50	1.23	1.14	0.08
山西 Shanxi	18.32	14.03	3.76	0.42	2.92	0.35	0.34	0.02
内蒙古 Inner Mongolia	13.39	10.52	2.40	0.43	1.95	0.38	0.35	0.04
辽宁 Liaoning	26.70	22.26	3.53	0.54	2.96	0.34	0.12	0.20
吉林 Jilin	14.45	11.77	2.10	0.33	1.75	0.31	0.21	0.10
黑龙江 Heilongjiang	21.26	17.36	3.00	0.73	2.22	0.80	0.40	0.40
上海 Shanghai	12.28	10.35	1.71	1.71		0.15	0.13	0.01
江苏 Jiangsu	41.36	32.85	7.61	1.94	5.64	0.65	0.54	0.11
浙江 Zhejiang	27.25	23.94	2.34	0.74	1.57	0.82	0.75	0.05
安徽 Anhui	26.74	20.27	5.86	0.73	5.10	0.53	0.35	0.18
福建 Fujian	17.30	12.96	3.35	0.32	3.03	0.74	0.57	0.17
江西 Jiangxi	19.78	13.43	5.01	0.39	4.59	1.17	0.88	0.29
山东 Shandong	51.94	37.89	11.62	1.69	9.86	2.12	1.67	0.44
河南 Henan	48.96	35.83	10.99	1.13	9.78	2.12	1.97	0.14
湖北 Hubei	34.31	24.35	8.39	1.39	6.89	1.57	1.33	0.25
湖南 Hunan	39.70	27.59	10.35	0.97	9.26	1.75	1.22	0.53
广东 Guangdong	43.57	34.53	6.38	0.81	5.45	2.50	2.00	0.50
广西 Guangxi	21.45	14.03	6.09	0.14	5.94	1.24	1.20	0.05
海南 Hainan	3.87	3.03	0.64	0.09	0.55	0.14	0.13	0.01
重庆 Chongqing	17.65	12.39	4.87	0.79	3.93	0.32	0.31	0.02
四川 Sichuan	48.88	34.58	13.07	1.09	11.91	1.17	1.07	0.10
贵州 Guizhou	19.64	14.81	4.21	0.30	3.84	0.62	0.55	0.07
云南 Yunnan	23.76	18.13	4.89	0.43	4.44	0.64	0.58	0.05
西藏 Tibet	1.40	0.99	0.34	0.01	0.33	0.06	0.06	
陕西 Shaanxi	21.19	16.72	3.56	0.37	3.16	0.76	0.67	0.09
甘肃 Gansu	12.77	9.46	2.87	0.45	2.40	0.38	0.38	
青海 Qinghai	3.45	2.83	0.58	0.16	0.42	0.04	0.03	
宁夏 Ningxia	3.38	2.96	0.32	0.02	0.28	0.09	0.09	
新疆 Xinjiang	15.03	11.80	2.90	0.31	2.56	0.30	0.29	0.01

22-7 分城乡医疗卫生机构床位数
Number of Beds in Health Institutions by Urban and Rural Areas

单位：张 (bed)

年份 Year 地区 Region		医疗卫生机构床位数 Beds of Medical Institutions			每千人口医疗卫生机构床位 Beds of Medical Institutions per 1000 Population			每千农村人口乡镇卫生院床位数 Beds of Township Health Centers per 1000 Rural Population
		合计 Total	城市 Urban	农村 Rural	合计 Total	城市 Urban	农村 Rural	
	2010	4786831	2302297	2484534	3.58	5.94	2.60	1.04
	2011	5159889	2475222	2684667	3.84	6.24	2.80	1.10
	2012	5724775	2733403	2991372	4.24	6.88	3.11	1.14
	2013	6181891	2948465	3233426	4.55	7.36	3.35	1.18
	2014	6601214	3169880	3431334	4.85	7.84	3.54	1.20
	2015	7015214	3418194	3597020	5.11	8.27	3.71	1.24
北　京	Beijing	111555	108907	2648	5.14	8.43	3.68	
天　津	Tianjin	63693	56257	7436	4.12	6.63	4.01	2.23
河　北	Hebei	342096	133141	208955	4.61	8.42	3.43	1.07
山　西	Shanxi	183209	90445	92764	5.00	9.19	3.68	1.16
内蒙古	Inner Mongolia	133889	66214	67675	5.33	9.70	3.84	1.11
辽　宁	Liaoning	266986	175930	91056	6.09	9.15	3.94	1.28
吉　林	Jilin	144500	77470	67030	5.25	9.33	3.69	0.96
黑龙江	Heilongjiang	212590	132033	80557	5.58	9.93	3.46	0.95
上　海	Shanghai	122813	119687	3126	5.08	8.68	4.65	
江　苏	Jiangsu	413612	226807	186805	5.19	8.48	3.70	1.12
浙　江	Zhejiang	272509	148086	124423	4.92	8.99	3.85	0.48
安　徽	Anhui	267405	128190	139215	4.35	6.38	2.81	1.03
福　建	Fujian	173007	78612	94395	4.51	7.06	3.61	1.16
江　西	Jiangxi	197837	75102	122735	4.33	8.08	3.06	1.14
山　东	Shandong	519369	232256	287113	5.27	7.71	4.21	1.45
河　南	Henan	489621	195317	294304	5.16	9.36	3.19	1.06
湖　北	Hubei	343147	159634	183513	5.86	8.64	4.28	1.61
湖　南	Hunan	396950	143244	253706	5.85	10.68	4.29	1.57
广　东	Guangdong	435666	300527	135139	4.02	7.62	2.67	1.08
广　西	Guangxi	214485	86747	127738	4.47	5.85	3.16	1.47
海　南	Hainan	38698	20025	18673	4.25	8.63	2.82	0.83
重　庆	Chongqing	176549	102485	74064	5.85	6.37	4.19	2.23
四　川	Sichuan	488755	198201	290554	5.96	7.79	4.43	1.81
贵　州	Guizhou	196422	59884	136538	5.57	11.16	3.56	1.00
云　南	Yunnan	237597	64507	173090	5.01	10.23	4.31	1.10
西　藏	Tibet	14013	5343	8670	4.33	10.94	3.25	1.25
陕　西	Shaanxi	211885	106738	105147	5.59	8.02	4.04	1.21
甘　肃	Gansu	127743	56104	71639	4.91	6.83	3.72	1.25
青　海	Qinghai	34546	15466	19080	5.87	16.33	3.99	0.88
宁　夏	Ningxia	33804	22920	10884	5.06	7.70	2.96	0.77
新　疆	Xinjiang	150263	31915	118348	6.37	12.85	5.94	1.28

注：人口数采用年末常住人口。
a) Figures of population come from usual population at year-end.

22-8 分地区医院床位利用情况(2015年)
Utilization of Beds in Hospitals by Region (2015)

地区	Region	病床工作日(日) Work Day of Beds (day)			病床使用率(%) Utilization Rate of Beds(%)			出院者平均住院日(日) Average Say Days in Hospital (day)		
		合计 Total	公立 State	民营 Private	合计 Total	公立 State	民营 Private	合计 Total	公立 State	民营 Private
总计	**National Total**	**311.6**	**329.9**	**229.2**	**85.4**	**90.4**	**62.8**	**9.6**	**9.8**	**8.5**
北京	Beijing	294.1	323.3	177.6	80.6	88.6	48.6	10.9	10.9	11.0
天津	Tianjin	297.9	320.7	186.7	81.6	87.9	51.2	10.9	11.2	8.2
河北	Hebei	305.3	320.7	225.3	83.6	87.9	61.7	9.1	9.3	7.8
山西	Shanxi	280.6	291.2	216.4	76.9	79.8	59.3	10.8	11.1	8.7
内蒙古	Inner Mongolia	267.2	284.4	161.7	73.2	77.9	44.3	10.1	10.3	8.8
辽宁	Liaoning	311.8	328.1	217.5	85.4	89.9	59.6	11.1	11.3	9.5
吉林	Jilin	286.7	306.3	186.8	78.5	83.9	51.2	9.8	10.1	7.7
黑龙江	Heilongjiang	297.1	311.4	184.4	81.4	85.3	50.5	10.8	11.1	8.5
上海	Shanghai	349.4	360.2	268.0	95.7	98.7	73.4	10.6	10.4	14.8
江苏	Jiangsu	323.4	347.1	259.9	88.6	95.1	71.2	9.8	10.0	9.2
浙江	Zhejiang	324.6	347.7	229.1	88.9	95.2	62.8	10.1	9.8	12.6
安徽	Anhui	310.1	327.8	249.5	85.0	89.8	68.4	9.1	9.3	8.5
福建	Fujian	301.5	317.2	211.7	82.6	86.9	58.0	8.7	9.0	7.2
江西	Jiangxi	329.8	338.8	270.0	90.4	92.8	74.0	9.1	9.4	7.1
山东	Shandong	307.7	327.2	218.6	84.3	89.6	59.9	9.4	9.5	8.7
河南	Henan	318.3	327.5	274.4	87.2	89.7	75.2	9.9	10.1	8.7
湖北	Hubei	337.4	354.1	223.2	92.4	97.0	61.2	9.8	10.0	8.1
湖南	Hunan	315.5	333.7	227.4	86.4	91.4	62.3	9.4	9.6	8.0
广东	Guangdong	304.9	321.2	217.1	83.5	88.0	59.5	8.8	8.9	8.1
广西	Guangxi	327.9	335.0	249.5	89.8	91.8	68.4	8.8	8.8	8.1
海南	Hainan	289.8	294.7	230.7	79.4	80.7	63.2	9.3	9.4	8.3
重庆	Chongqing	317.0	336.5	262.2	86.8	92.2	71.8	9.3	9.8	7.6
四川	Sichuan	327.1	357.3	243.2	89.6	97.9	66.6	10.1	10.6	8.6
贵州	Guizhou	295.2	336.1	211.8	80.9	92.1	58.0	8.3	8.8	6.9
云南	Yunnan	302.6	337.2	208.0	82.9	92.4	57.0	8.8	9.1	7.9
西藏	Tibet	267.3	283.7	187.7	73.2	77.7	51.4	8.8	10.2	4.3
陕西	Shaanxi	304.4	325.7	212.4	83.4	89.2	58.2	9.4	9.5	8.9
甘肃	Gansu	300.0	306.9	222.6	82.2	84.1	61.0	9.7	9.7	9.2
青海	Qinghai	277.6	292.3	184.1	76.0	80.1	50.4	9.5	9.8	7.4
宁夏	Ningxia	303.8	322.7	200.0	83.2	88.4	54.8	10.7	11.0	8.1
新疆	Xinjiang	317.3	336.4	193.2	86.9	92.2	52.9	8.8	9.0	7.0

22-9 分地区按床位数分组的社区卫生服务中心(站)(2015年)
Community Health Service Centers (Stations) by Grouping of Beds and Region(2015)

单位：个 (unit)

地 区	Region	社区卫生服务中心 Community Health Service Centers							社区卫生服务站 Community Health Service Stations			
		总计 Total	无床 No Bed	1-9张 1-9 Beds	10-29张 10-29 Beds	30-49张 30-49 Beds	50-99张 50-99 Beds	100张及以上 100 Beds and Above	总计 Total	无床 No Bed	1-9张 1-9 Beds	10张及以上 10 Beds and Above
总 计	**Total**	**8806**	**4067**	**490**	**1803**	**1156**	**1020**	**270**	**25515**	**23290**	**1563**	**662**
北 京	Beijing	322	162	42	67	26	18	7	1584	1584		
天 津	Tianjin	115	50		17	13	34	1	459	459		
河 北	Hebei	279	57	32	106	57	25	2	909	524	214	171
山 西	Shanxi	219	95	15	67	29	11	2	668	533	106	29
内蒙古	Inner Mongolia	308	149	31	85	29	13	1	885	786	72	27
辽 宁	Liaoning	368	245	6	52	20	34	11	774	774		
吉 林	Jilin	203	98	18	43	23	20	1	222	145	70	7
黑龙江	Heilongjiang	439	221	41	86	49	37	5	263	180	52	31
上 海	Shanghai	306	104	3	18	42	81	58	729	729		
江 苏	Jiangsu	548	134	5	117	139	118	35	2234	2161	69	4
浙 江	Zhejiang	467	230	44	79	65	42	7	5552	5547	4	1
安 徽	Anhui	407	155	28	122	50	44	8	1523	1523		
福 建	Fujian	219	109	8	60	23	18	1	309	309		
江 西	Jiangxi	170	56	19	54	26	15		440	285	130	25
山 东	Shandong	513	220	21	99	79	71	23	1797	1437	241	119
河 南	Henan	420	144	10	107	86	64	9	896	780	90	26
湖 北	Hubei	342	83	5	68	62	95	29	846	769	64	13
湖 南	Hunan	296	58	17	112	56	44	9	378	292	63	23
广 东	Guangdong	1078	887	21	55	53	49	13	1475	1471	3	1
广 西	Guangxi	144	100	5	19	11	7	2	133	129	4	
海 南	Hainan	22	11		3	1	6	1	136	113	21	2
重 庆	Chongqing	203	80		26	34	43	20	297	291	5	1
四 川	Sichuan	397	141	28	105	64	48	11	540	428	50	62
贵 州	Guizhou	166	63	18	42	22	20	1	456	455		1
云 南	Yunnan	171	66	13	40	26	22	4	327	248	55	24
西 藏	Tibet	7		4	3				2	1	1	
陕 西	Shaanxi	242	130	20	42	31	17	2	364	321	25	18
甘 肃	Gansu	205	88	28	56	21	11	1	406	284	83	39
青 海	Qinghai	29	11	5	6	2	4	1	181	79	84	18
宁 夏	Ningxia	16	12		3	1			115	90	20	5
新 疆	Xinjiang	185	108	3	44	16	9	5	615	563	37	15

22-10 分地区医疗卫生机构门诊服务情况(2015年)
Outpatient Services of Health Institutions by Region (2015)

地区	Region	诊疗人次数(亿人次) Visits (100 million person-times)	#门急诊 Outpatients with Emergency Treatment	观察室留观病例数(万人) Cases in Observation Room (10 000 persons)	健康检查人数(万人) Number of Health Examinations (10 000 persons)	急诊病死率(%) Fatality Rate among Emergency Admissions (%)	观察室病死率(%) Fatality Rate in Observation Room (%)	居民平均就诊次数(次) Average Number of Visits of Doctors (time)
总计	**National Total**	**76.99**	**73.69**	**5468.35**	**38457.90**	**0.07**	**0.08**	**5.60**
北京	Beijing	2.18	2.16	233.68	854.75	0.08	0.12	10.03
天津	Tianjin	1.19	1.14	135.62	443.44	0.07	0.05	7.68
河北	Hebei	4.21	3.84	172.21	1452.85	0.18	0.11	5.67
山西	Shanxi	1.25	1.15	54.26	760.60	0.15	0.07	3.42
内蒙古	Inner Mongolia	1.00	0.93	39.37	587.21	0.11	0.22	3.99
辽宁	Liaoning	1.86	1.71	255.00	950.05	0.12	0.07	4.23
吉林	Jilin	1.05	0.93	65.85	419.62	0.10	0.78	3.80
黑龙江	Heilongjiang	1.15	1.05	48.30	604.27	0.13	0.31	3.01
上海	Shanghai	2.58	2.52	42.28	776.40	0.12	1.08	10.67
江苏	Jiangsu	5.46	5.31	179.90	2900.22	0.04	0.04	6.84
浙江	Zhejiang	5.30	5.20	113.88	2462.43	0.03	0.16	9.56
安徽	Anhui	2.64	2.53	173.28	1359.85	0.07	0.02	4.30
福建	Fujian	2.12	2.06	86.10	869.86	0.03	0.06	5.52
江西	Jiangxi	2.08	1.99	177.38	1186.16	0.04	0.02	4.56
山东	Shandong	6.15	5.86	386.78	2818.52	0.17	0.11	6.25
河南	Henan	5.56	5.24	171.09	2771.12	0.08	0.09	5.86
湖北	Hubei	3.48	3.35	398.69	1735.34	0.06	0.04	5.95
湖南	Hunan	2.57	2.39	436.85	1637.75	0.03	0.03	3.79
广东	Guangdong	7.86	7.66	649.11	4062.39	0.03	0.04	7.25
广西	Guangxi	2.52	2.44	186.86	1382.66	0.03	0.03	5.25
海南	Hainan	0.46	0.46	13.92	164.74	0.04	0.02	5.10
重庆	Chongqing	1.45	1.39	273.67	736.60	0.08	0.02	4.81
四川	Sichuan	4.51	4.34	296.39	2776.93	0.07	0.04	5.50
贵州	Guizhou	1.32	1.26	156.08	916.93	0.04	0.03	3.74
云南	Yunnan	2.28	2.23	381.23	982.27	0.04	0.05	4.82
西藏	Tibet	0.14	0.13	9.89	120.22	0.08	0.01	4.25
陕西	Shaanxi	1.75	1.70	18.21	828.55	0.09	0.36	4.61
甘肃	Gansu	1.25	1.17	154.98	833.26	0.11	0.04	4.82
青海	Qinghai	0.23	0.21	36.54	161.61	0.26	0.01	3.88
宁夏	Ningxia	0.36	0.34	51.80	211.21	0.12	0.02	3.43
新疆	Xinjiang	1.03	0.99	69.14	690.07	0.15	0.21	4.38

22-11 分地区医疗卫生机构住院服务情况(2015年)
Hospitalization Services in Health Institutions by Region (2015)

地 区	Region	入院人数(万人) Number of Inpatients (10 000 persons)	出院人数(万人) Patients Discharged (10 000 persons)	住院病人手术人次(万人次) Surgical Operation of Hospitalized (10 000 person-times)	病死率(%) Fatality Rate (%)	每床出院人数(人) Patients Discharged per Beds (person)	每百门急诊入院人数(人) Inpatients per 100 Outpatient and Emergency Visits (person)	居民年住院率(%) Annual Hospitalization Rate of Residents (%)
总 计	**National Total**	**21053.80**	**20955.00**	**4555.70**	**0.4**	**29.9**	**4.2**	**15.0**
北 京	Beijing	276.40	275.40	107.70	1.0	24.7	1.4	12.3
天 津	Tianjin	150.80	150.70	57.30	0.6	23.7	1.5	9.7
河 北	Hebei	991.30	984.10	176.80	0.3	28.8	5.4	13.2
山 西	Shanxi	381.40	379.70	87.70	0.2	20.9	5.2	10.6
内蒙古	Inner Mongolia	295.90	295.30	56.00	0.6	22.1	4.5	12.0
辽 宁	Liaoning	646.40	643.30	123.60	0.9	24.1	5.3	14.4
吉 林	Jilin	341.40	337.20	67.80	1.0	23.4	5.4	12.2
黑龙江	Heilongjiang	514.90	512.00	111.90	1.0	24.1	6.5	12.8
上 海	Shanghai	335.10	334.80	171.60	1.5	27.3	1.4	12.9
江 苏	Jiangsu	1217.60	1214.10	302.50	0.2	29.4	3.0	14.4
浙 江	Zhejiang	791.20	789.70	243.90	0.3	29.0	1.8	13.6
安 徽	Anhui	843.00	838.70	173.70	0.3	31.4	5.1	13.7
福 建	Fujian	523.00	521.90	113.90	0.1	30.2	3.7	14.0
江 西	Jiangxi	712.10	709.70	117.70	0.2	35.9	7.0	15.3
山 东	Shandong	1521.80	1513.30	299.80	0.4	29.2	5.0	15.3
河 南	Henan	1501.60	1492.10	286.50	0.2	30.5	5.0	15.4
湖 北	Hubei	1107.50	1103.30	229.90	0.4	32.2	5.3	18.1
湖 南	Hunan	1304.10	1295.30	204.30	0.1	32.6	8.9	18.2
广 东	Guangdong	1441.50	1438.90	496.90	0.5	33.1	2.5	12.9
广 西	Guangxi	831.20	828.30	126.20	0.4	38.6	5.2	17.7
海 南	Hainan	104.60	104.50	18.00	0.3	27.4	3.2	10.7
重 庆	Chongqing	591.10	588.10	106.00	0.4	33.3	6.4	18.4
四 川	Sichuan	1546.80	1542.60	291.20	0.4	31.6	5.5	18.6
贵 州	Guizhou	633.90	626.50	113.30	0.2	31.9	8.0	18.4
云 南	Yunnan	748.90	744.80	165.60	0.3	31.4	5.1	15.4
西 藏	Tibet	29.00	28.70	3.90	0.1	20.6	3.2	7.3
陕 西	Shaanxi	625.50	622.50	125.90	0.3	29.4	6.0	15.8
甘 肃	Gansu	351.80	349.20	55.50	0.2	27.4	5.3	13.1
青 海	Qinghai	84.10	83.20	14.10	0.2	24.1	5.5	14.8
宁 夏	Ningxia	98.00	97.00	21.70	0.2	28.7	3.8	14.6
新 疆	Xinjiang	512.20	510.00	84.60	0.3	34.0	6.5	21.4

22-12 社区卫生服务中心(站)医疗服务情况
Medical Services of Community Health Service Centers (Stations)

年份 Year 地区 Region	社区卫生服务中心 Community Health Service Centers					社区卫生服务站 Community Health Service Stations	
	诊疗人次 (万人次) Number of Visits (10 000 person-times)	入院人数 (万人) Number of Inpatients (person)	病床使用率 (%) Utilization Rate of Beds (%)	平均住院日 (日) Average Duration of Hospitalization(day)	医师日均担负诊疗人次(人次) Daily Visits Per Doctor (person-time)	诊疗人次 (万人次) Visits of Community Health Service Stations (10 000 person-times)	医师日均担负诊疗人次(人次) Daily Visits Per Doctor (person-time)
2004	4615.6	15.2	61.2	21.0		5095.5	
2005	5938.5	26.6	60.7	17.2		6281.5	
2006	8285.5	43.6	57.9	15.5		9378.9	
2007	12712.4	74.3	59.6	13.1		9875.0	
2008	17247.3	103.3	58.7	13.4	12.9	8425.1	12.5
2009	26080.2	164.2	59.8	10.6	14.0	11617.3	13.7
2010	34740.4	218.1	56.1	10.4	13.6	13711.1	13.6
2011	40950.0	247.3	54.4	10.2	14.0	13703.8	13.7
2012	45475.1	268.7	55.5	10.1	14.8	14393.6	14.0
2013	50788.6	292.1	57.0	9.8	15.7	14921.2	14.3
2014	53618.8	298.1	55.6	9.9	16.1	14912.0	14.4
2015	55902.6	305.5	54.7	9.8	16.3	14742.5	14.1
北京 Beijing	4359.1	2.2	32.2	20.7	16.5	531.1	21.5
天津 Tianjin	1548.6	1.2	20.6	13.1	25.6	324.7	31.8
河北 Hebei	675.2	6	43.4	8.6	8.8	1035.6	11.5
山西 Shanxi	338.4	3.3	47.6	11.2	5.7	412.5	7.3
内蒙古 Inner Mongolia	382.1	4.1	43.7	9.5	6.2	418.8	8.5
辽宁 Liaoning	975.4	7.2	44.2	9.4	10.5	536.1	12.4
吉林 Jilin	376.8	2.4	26.8	9.7	5.9	90.7	12.1
黑龙江 Heilongjiang	595.3	7.2	42.8	10.7	5.7	137.8	7.6
上海 Shanghai	8674.0	8.4	86.0	60.5	28.9		
江苏 Jiangsu	6462.6	33.4	50.3	9.3	19.7	1402.5	20.8
浙江 Zhejiang	8448.5	6.3	40.1	15.0	24.1	388.9	22.7
安徽 Anhui	1037.7	12.7	43.3	8.2	11.0	1058.1	13.0
福建 Fujian	1228.8	6.2	36.1	6.2	15.5	342.9	14.9
江西 Jiangxi	354.0	5.3	51.5	7.6	8.3	331.2	11.0
山东 Shandong	1741.0	21.5	48.8	7.7	9.5	1515.5	13.5
河南 Henan	1184.2	18.1	51.3	9.3	9.1	1008.3	15.9
湖北 Hubei	1479.9	31	61.6	7.9	9.8	739.8	18.5
湖南 Hunan	799.8	27.4	69.9	7.3	7.2	229.6	8.0
广东 Guangdong	9960.5	17.8	55.4	8.3	24.5	1364.7	24.7
广西 Guangxi	733.9	3.1	53.9	7.8	15.1	177.2	13.0
海南 Hainan	104.3	2.3	68.5	6.7	12.6	203.8	15.3
重庆 Chongqing	665.1	25.7	74.6	7.8	9.1	137.6	14.9
四川 Sichuan	1793.9	21.1	61.0	8.0	14.1	481.3	14.0
贵州 Guizhou	198.0	9.8	51.8	4.7	7.1	291.3	9.6
云南 Yunnan	401.0	7.8	55.7	7.4	11.5	250.0	11.3
西藏 Tibet	4.3		22.2		2.3	1.3	25.1
陕西 Shaanxi	467.8	5	39.1	8.8	8.8	302.9	12.0
甘肃 Gansu	338.7	3.8	53.3	5.7	8.6	359.2	11.2
青海 Qinghai	71.7	0.9	53.6	6.0	8.2	174.8	18.0
宁夏 Ningxia	25.5		22.7	20.3	8.9	144.3	18.4
新疆 Xinjiang	476.5	4.4	48.7	8.7	11.1	350.0	10.4

22-13 乡镇卫生院医疗服务情况
Situations of Medical Services in Township Health Centers

年份 Year 地区 Region	诊疗人次（亿人次）Number of Visits (100 million person-times)	入院人数（万人）Number of Inpatients (10 000 persons)	病床使用率(%) Utilization Rate of Beds (%)	平均住院日（日）Average Duration of Hospitalization (day)
1981	14.38	2123	53.5	6.3
1985	11.00	1771	46.0	5.9
1990	10.65	1958	43.4	5.2
1995	9.38	1960	40.2	4.6
2000	8.24	1708	33.2	4.6
2005	6.79	1622	37.7	4.6
2006	7.01	1836	39.4	4.6
2007	7.59	2662	48.4	4.8
2008	8.27	3313	55.8	4.4
2009	8.77	3808	60.7	4.8
2010	8.74	3630	59.0	5.2
2011	8.66	3449	58.1	5.6
2012	9.68	3908	62.1	5.7
2013	10.07	3937	62.8	5.9
2014	10.29	3733	60.5	6.3
2015	10.55	3676	59.9	6.4
北京 Beijing				
天津 Tianjin	0.07	8.00	43.6	7.1
河北 Hebei	0.45	155.30	56.5	7.4
山西 Shanxi	0.15	40.10	40.5	8.1
内蒙古 Inner Mongolia	0.12	32.10	40.7	6.7
辽宁 Liaoning	0.16	55.20	43.7	7.3
吉林 Jilin	0.09	17.30	28.3	7.5
黑龙江 Heilongjiang	0.10	61.20	53.9	6.5
上海 Shanghai				
江苏 Jiangsu	0.82	156.90	63.4	7.6
浙江 Zhejiang	0.88	24.10	45.0	9.1
安徽 Anhui	0.46	160.50	60.6	6.5
福建 Fujian	0.26	86.70	49.9	6.0
江西 Jiangxi	0.31	200.60	70.7	5.5
山东 Shandong	0.75	253.50	55.6	7.2
河南 Henan	1.05	289.00	62.6	7.1
湖北 Hubei	0.59	234.30	73.6	7.1
湖南 Hunan	0.41	355.00	70.0	6.0
广东 Guangdong	0.68	184.60	53.3	5.2
广西 Guangxi	0.51	257.10	65.3	5.1
海南 Hainan	0.11	8.40	34.8	6.6
重庆 Chongqing	0.21	151.80	72.9	6.5
四川 Sichuan	0.92	425.70	67.1	6.2
贵州 Guizhou	0.25	130.40	51.7	4.8
云南 Yunnan	0.46	135.90	54.6	5.9
西藏 Tibet	0.04	2.80	30.9	6.4
陕西 Shaanxi	0.21	74.00	47.9	7.3
甘肃 Gansu	0.20	59.50	57.1	6.8
青海 Qinghai	0.03	10.10	52.9	6.0
宁夏 Ningxia	0.06	5.80	48.3	5.6
新疆 Xinjiang	0.20	100.00	74.0	6.0

22-14 甲乙类法定报告传染病发病人数及死亡人数排序(2015年)
Ranking List of Infectious Diseases Reported and Number of Deaths of Class A and B (2015)

单位：人　　(person)

顺位 No.	发病 Diseases 疾病名称	Diseases	发病人数 Persons	死亡 Death 疾病名称	Diseases	死亡人数 Persons
1	病毒性肝炎	Viral Hepatitis	1218946	艾滋病	AIDS	12755
2	肺结核	Pulmonary Tuberculosis	864015	肺结核	Pulmonary Tuberculosis	2280
3	梅毒	Syphilis	433974	狂犬病	Hydrophobia	744
4	细菌性和阿米巴性痢疾	Dysentery	138917	病毒性肝炎	Viral Hepatitis	474
5	淋病	Gonorrhea	100245	人感染H7N9禽流感	HpAI H7N9	92
6	猩红热	Scarlet Fever	68249	流行性出血热	Hemorrhage Fever	62
7	布鲁氏菌病	Brucellosis	56989	梅毒	Syphilis	58
8	艾滋病	AIDS	50330	麻疹	Measles	32
9	麻疹	Measles	42361	疟疾	Malaria	20
10	血吸虫病	Schistosomiasis	34143	流行性乙型脑炎	Encephalitis B	19
11	伤寒和副伤寒	Typhoid and Paratyphoid Fever	11637	新生儿破伤风	Newborn Tetanus	17
12	流行性出血热	Hemorrhage Fever	10314	流行性脑脊髓膜炎	Epidemic Encephalitis	13
13	百日咳	Pertussis	6658	细菌性和阿米巴性痢疾	Dysentery	7
14	登革热	Dengue Fever	3858	人感染高致病性禽流感	HpAI	3
15	疟疾	Malaria	3116	百日咳	Pertussis	2
16	狂犬病	Hydrophobia	801	淋病	Gonorrhea	1
17	流行性乙型脑炎	Encephalitis B	624	猩红热	Scarlet Fever	1
18	钩端螺旋体病	Leptospirosis	355	布鲁氏菌病	Brucellosis	1
19	新生儿破伤风	Newborn Tetanus	306	伤寒和副伤寒	Typhoid and Paratyphoid Fever	1
20	炭疽	Anthrax	288	钩端螺旋体病	Leptospirosis	1
21	人感染H7N9禽流感	HpAI H7N9	196	炭疽	Anthrax	1
22	流行性脑脊髓膜炎	Epidemic Encephalitis	106	鼠疫	The Plague	
23	霍乱	Cholera	13	传染性非典	SARS	
24	人感染高致病性禽流感	HpAI	6	脊髓灰质炎	Poliomyelitis	
25	鼠疫	The Plague		白喉	Diphtheria	
26	传染性非典	SARS		血吸虫病	Schistosomiasis	
27	脊髓灰质炎	Poliomyelitis		登革热	Dengue Fever	
28	白喉	Diphtheria		霍乱	Cholera	

注：1.空格系无报告发病或死亡病例。
2.自2013年11月1日起，人感染H7N9禽流感纳入法定乙类传染病进行管理，甲型H1N1流感从乙类调整至丙类，并归并至流行性感冒进行统计。

a) Blank means no infectious or deaths cases reported.
b) Since Nov.1st,2013, HpAI(H7N9) was accepted as legal B Class, H1N1 was adjusted from Class B to Class C, and merged as Influenza.

22-15 甲乙类法定报告传染病发病率、死亡率及病死率排序(2015年)
List of Incidence, Death and Mortality Rates of Class A and B Infectious Diseases Reported (2015)

顺位 No.	发病 Disease Incidence		死亡 Death	
	疾病名称 Diseases	发病率(1/10万) Incidence (1/100 000)	疾病名称 Diseases	死亡率(1/10万) Death Rate (1/100 000)
1	病毒性肝炎 Viral Hepatitis	89.47	艾滋病 AIDS	0.94
2	肺结核 Pulmonary Tuberculosis	63.42	肺结核 Pulmonary Tuberculosis	0.17
3	梅毒 Syphilis	31.85	狂犬病 Hydrophobia	0.05
4	细菌性和阿米巴性痢疾 Dysentery	10.20	病毒性肝炎 Viral Hepatitis	0.03
5	淋病 Gonorrhea	7.36	人感染H7N9禽流感 HpAI H7N9	0.0068
6	猩红热 Scarlet Fever	5.01	流行性出血热 Hemorrhage Fever	0.0046
7	布鲁氏菌病 Brucellosis	4.18	梅毒 Syphilis	0.0043
8	艾滋病 AIDS	3.69	麻疹 Measles	0.0023
9	麻疹 Measles	3.11	疟疾 Malaria	0.0015
10	血吸虫病 Schistosomiasis	2.51	流行性乙型脑炎 Encephalitis B	0.0014
11	伤寒和副伤寒 Typhoid and Paratyphoid Fever	0.85	新生儿破伤风 Newborn Tetanus	0.0011
12	流行性出血热 Hemorrhage Fever	0.76	流行性脑脊髓膜炎 Epidemic Encephalitis	0.0010
13	百日咳 Pertussis	0.49	细菌性和阿米巴性痢疾 Dysentery	0.0005
14	登革热 Dengue Fever	0.28	人感染高致病性禽流感 HpAI	0.0002
15	疟疾 Malaria	0.23	淋病 Gonorrhea	0.0001
16	狂犬病 Hydrophobia	0.06	猩红热 Scarlet Fever	0.0001
17	流行性乙型脑炎 Encephalitis B	0.05	布鲁氏菌病 Brucellosis	0.0001
18	钩端螺旋体病 Leptospirosis	0.03	伤寒和副伤寒 Typhoid and Paratyphoid Fever	0.0001
19	炭疽 Anthrax	0.02	百日咳 Pertussis	0.0001
20	新生儿破伤风 Newborn Tetanus	0.02	钩端螺旋体病 Leptospirosis	0.0001
21	人感染H7N9禽流感 HpAI H7N9	0.01	炭疽 Anthrax	0.0001
22	流行性脑脊髓膜炎 Epidemic Encephalitis	0.01	鼠疫 The Plague	
23	霍乱 Cholera	0.001	传染性非典型肺炎 SARS	
24	人感染高致病性禽流感 HpAI		脊髓灰质炎 Poliomyelitis	
25	鼠疫 The Plague		白喉 Diphtheria	
26	传染性非典型肺炎 SARS		血吸虫病 Schistosomiasis	
27	脊髓灰质炎 Poliomyelitis		登革热 Dengue Fever	
28	白喉 Diphtheria		霍乱 Poliomyelitis	

注：新生儿破伤风发病率和死亡率单位为‰。
a) Units of incidence and death of newborn tetanus are ‰.

22-16 城市居民主要疾病死亡率及死因构成(2015年)
Death Rate of Major Diseases in Urban Areas (2015)

疾病名称	Category of Diseases	合计 Total			男 Male			女 Female		
		死亡率(1/10万) Crude Mortality Rate (1/100000)	构成(%) Percen-tage (%)	位次 Rank	死亡率(1/10万) Crude Mortality Rate (1/100000)	构成(%) Percen-tage (%)	位次 Rank	死亡率(1/10万) Crude Mortality Rate (1/100000)	构成(%) Percen-tage (%)	位次 Rank
传染病(含呼吸道结核)	Infectious Disease(including Respiratory Tuberculosis)	6.78	1.09	9	9.31	1.31	8	4.18	0.79	10
寄生虫病	Parasitic Disease	0.04	0.01	17	0.07	0.01	16	0.02	0.00	17
恶性肿瘤	Malignant Tumour	164.35	26.44	1	207.22	29.11	1	120.56	22.77	2
血液,造血器官及免疫疾病	Diseases of the Blood and Blood-forming Organs and Immunodeficiency	1.22	0.20	15	1.21	0.17	15	1.23	0.23	15
内分泌,营养和代谢疾病	Endocrine, Nutritional & Metabolic Diseases	19.25	3.10	6	18.47	2.59	6	20.04	3.79	6
精神障碍	Mental Disorders	2.79	0.45	11	2.73	0.38	11	2.86	0.54	11
神经系统疾病	Diseases of the Nervous System	6.90	1.11	8	7.16	1.01	10	6.64	1.25	8
心脏病	Heart Diseases	136.61	21.98	2	141.01	19.81	3	132.11	24.95	1
脑血管病	Cerebrovascular Disease	128.23	20.63	3	141.54	19.89	2	114.64	21.65	3
呼吸系统疾病	Diseases of the Respiratory System	73.36	11.80	4	84.98	11.94	4	61.49	11.62	4
消化系统疾病	Diseases of the Digestive System	14.27	2.30	7	17.62	2.47	7	10.84	2.05	7
肌肉骨骼和结缔组织疾病	Diseases of the Musculoskeletal System and Connective Tissue	1.79	0.29	12	1.37	0.19	14	2.23	0.42	12
泌尿生殖系统疾病	Diseases of the Genitourinary System	6.52	1.05	10	7.48	1.05	9	5.54	1.05	9
妊娠,分娩产褥期并发症	Pregnancy, Childbirth and the Puerperium	0.07	0.01	16				0.15	0.03	16
围生期疾病	Perinatal Diseases	1.70	0.27	14	2.03	0.28	12	1.37	0.26	14
先天畸形,变形和染色体异常	Congenital Malformations, Deformations and Chromosomal Abnormalities	1.73	0.28	13	1.93	0.27	13	1.53	0.29	13
损伤和中毒外部原因	External Causes of Injury and Poison	37.63	6.05	5	49.01	6.89	5	26.01	4.91	5
诊断不明	Undiagnosed Diseases	2.26	0.36		3.00	0.42		1.52	0.29	
其他疾病	Other Diseases	6.15	0.99		4.92	0.69		7.41	1.40	

22-17 农村居民主要疾病死亡率及死因构成(2015年)
Death Rate of Major Diseases in Rural Areas (2015)

疾病名称	Category of Diseases	合计 Total 死亡率(1/10万) Crude Mortality Rate (1/100000)	构成(%) Percentage (%)	位次 Rank	男 Male 死亡率(1/10万) Crude Mortality Rate (1/100000)	构成(%) Percentage (%)	位次 Rank	女 Female 死亡率(1/10万) Crude Mortality Rate (1/100000)	构成(%) Percentage (%)	位次 Rank
传染病(含呼吸道结核)	Infectious Disease(including Respiratory Tuberculosis)	7.72	1.16	8	10.55	1.39	8	4.78	0.85	10
寄生虫病	Parasitic Disease	0.07	0.01	17	0.08	0.01	16	0.05	0.01	17
恶性肿瘤	Malignant Tumour	153.94	23.22	1	198.07	26.07	1	108.20	19.24	3
血液,造血器官及免疫疾病	Diseases of the Blood and Blood-forming Organs and Immunodeficiency	1.16	0.18	15	1.19	0.16	15	1.13	0.20	15
内分泌营养和代谢疾病	Endocrine, Nutritional & Metabolic Diseases	14.28	2.15	6	12.52	1.65	7	16.11	2.86	6
精神障碍	Mental Disorders	2.83	0.43	11	2.66	0.35	11	3.01	0.54	11
神经系统疾病	Diseases of the Nervous System	6.51	0.98	10	6.64	0.87	10	6.37	1.13	8
心脏病	Heart Diseases	144.79	21.84	3	148.22	19.51	3	141.22	25.11	1
脑血管病	Cerebrovascular Disease	153.63	23.17	2	169.27	22.28	2	137.43	24.43	2
呼吸系统疾病	Diseases of the Respiratory System	79.96	12.06	4	88.47	11.64	4	71.13	12.65	4
消化系统疾病	Diseases of the Digestive System	14.16	2.14	7	18.20	2.39	6	9.98	1.77	7
肌肉骨骼和结缔组织疾病	Diseases of the Musculoskeletal System and Connective Tissue	1.54	0.23	14	1.27	0.17	14	1.83	0.33	12
泌尿生殖系统疾病	Diseases of the Genitourinary System	7.20	1.09	9	8.39	1.10	9	5.96	1.06	9
妊娠分娩产褥期并发症	Pregnancy, Childbirth and the Puerperium	0.10	0.02	16				0.21	0.04	16
围生期疾病	Perinatal Diseases	2.19	0.33	12	2.61	0.34	12	1.75	0.31	13
先天畸形,变性和染色体异常	Congenital Malformations, Deformations and Chromosomal Abnormalities	1.78	0.27	13	2.03	0.27	13	1.53	0.27	14
损伤和中毒外部原因	External Causes of Injury and Poison	53.49	8.07	5	72.12	9.49	5	34.17	6.08	5
诊断不明	Undiagnosed Diseases	2.41	0.36		2.72	0.36		2.10	0.37	
其他疾病	Other Diseases	6.17	0.93		5.15	0.68		7.22	1.28	

22-18 监测地区5岁以下儿童和孕产妇死亡率

Mortality Rate of the Maternal and Children Aged under 5 in Surveillance Areas

年 份 Year	新生儿死亡率(‰) Newborn Mortality Rate(‰)			婴儿死亡率(‰) Infant Mortality Rate(‰)			5岁以下儿童死亡率(‰) Mortality Rate of Children under 5(‰)			孕产妇死亡率(1/10万) Maternal Mortality Rate (1/100 000)		
	合计 Total	城市 Urban	农村 Rural	合计 Total	城市 Urban	农村 Rural	合计 Total	城市 Urban	农村 Rural	合计 Total	城市 Urban	农村 Rural
1991	33.1	12.5	37.9	50.2	17.3	58.0	61.0	20.9	71.1	80.0	46.3	100.0
1992	32.5	13.9	36.8	46.7	18.4	53.2	57.4	20.7	65.6	76.5	42.7	97.9
1993	31.2	12.9	35.4	43.6	15.9	50.0	53.1	18.3	61.6	67.3	38.5	85.1
1994	28.5	12.2	32.3	39.9	15.5	45.6	49.6	18.0	56.9	64.8	44.1	77.5
1995	27.3	10.6	31.1	36.4	14.2	41.6	44.5	16.4	51.1	61.9	39.2	76.0
1996	24.0	12.2	26.7	36.0	14.8	40.9	45.0	16.9	51.4	63.9	29.2	86.4
1997	24.2	10.3	27.5	33.1	13.1	37.7	42.3	15.5	48.5	63.6	38.3	80.4
1998	22.3	10.0	25.1	33.2	13.5	37.7	42.0	16.2	47.9	56.2	28.6	74.1
1999	22.2	9.5	25.1	33.3	11.9	38.2	41.4	14.3	47.7	58.7	26.2	79.7
2000	22.8	9.5	25.8	32.2	11.8	37.0	39.7	13.8	45.7	53.0	29.3	69.6
2001	21.4	10.6	23.9	30.0	13.6	33.8	35.9	16.3	40.4	50.2	33.1	61.9
2002	20.7	9.7	23.2	29.2	12.2	33.1	34.9	14.6	39.6	43.2	22.3	58.2
2003	18.0	8.9	20.1	25.5	11.3	28.7	29.9	14.8	33.4	51.3	27.6	65.4
2004	15.4	8.4	17.3	21.5	10.1	24.5	25.0	12.0	28.5	48.3	26.1	63.0
2005	13.2	7.5	14.7	19.0	9.1	21.6	22.5	10.7	25.7	47.7	25.0	53.8
2006	12.0	6.8	13.4	17.2	8.0	19.7	20.6	9.6	23.6	41.1	24.8	45.5
2007	10.7	5.5	12.8	15.3	7.7	18.6	18.1	9.0	21.8	36.6	25.2	41.3
2008	10.2	5.0	12.3	14.9	6.5	18.4	18.5	7.9	22.7	34.2	29.2	36.1
2009	9.0	4.5	10.8	13.8	6.2	17.0	17.2	7.6	21.1	31.9	26.6	34.0
2010	8.3	4.1	10.0	13.1	5.8	16.1	16.4	7.3	20.1	30.0	29.7	30.1
2011	7.8	4.0	9.4	12.1	5.8	14.7	15.6	7.1	19.1	26.1	25.2	26.5
2012	6.9	3.9	8.1	10.3	5.2	12.4	13.2	5.9	16.2	24.5	22.2	25.6
2013	6.3	3.7	7.3	9.5	5.2	11.3	12.0	6.0	14.5	23.2	22.4	23.6
2014	5.9	3.5	6.9	8.9	4.8	10.7	11.7	5.9	14.2	21.7	20.5	22.2
2015	5.4	3.3	6.4	8.1	4.7	9.6	10.7	5.8	12.9	20.1	19.8	20.2

22-19 卫生总费用
Total Health Expenditure

年份 Year	卫生总费用(亿元) Total Health Expenditure (100 million yuan)	政府卫生支出 Government Health Expenditure		社会卫生支出 Social Health Expenditure		个人现金卫生支出 Out-of-pocket Health Expenditure		人均卫生费用(元) Per Capita Health Expenditure (yuan)			卫生总费用占GDP比重(%) Health Expenditure as Percentage of GDP (%)
		绝对数(亿元) Level (100 million yuan)	占卫生总费用比重(%) As Percentage of Health Expenditure	绝对数(亿元) Level (100 million yuan)	占卫生总费用比重(%) As Percentage of Health Expenditure	绝对数(亿元) Level (100 million yuan)	占卫生总费用比重(%) As Percentage of Health Expenditure	合计 Total	城市 Urban	农村 Rural	
1978	110.21	35.44	32.16	52.25	47.41	22.52	20.43	11.45			3.00
1979	126.19	40.64	32.21	59.88	47.45	25.67	20.34	12.94			3.08
1980	143.23	51.91	36.24	60.97	42.57	30.35	21.19	14.51			3.12
1981	160.12	59.67	37.27	62.43	38.99	38.02	23.74	16.00			3.24
1982	177.53	68.99	38.86	70.11	39.49	38.43	21.65	17.46			3.30
1983	207.42	77.63	37.43	64.55	31.12	65.24	31.45	20.14			3.44
1984	242.07	89.46	36.96	73.61	30.41	79.00	32.64	23.20			3.33
1985	279.00	107.65	38.58	91.96	32.96	79.39	28.46	26.36			3.07
1986	315.90	122.23	38.69	110.35	34.93	83.32	26.38	29.38			3.04
1987	379.58	127.28	33.53	137.25	36.16	115.05	30.31	34.73			3.12
1988	488.04	145.39	29.79	189.99	38.93	152.66	31.28	43.96			3.22
1989	615.50	167.83	27.27	237.84	38.64	209.83	34.09	54.61			3.58
1990	747.39	187.28	25.06	293.10	39.22	267.01	35.73	65.37	158.82	39.31	3.96
1991	893.49	204.05	22.84	354.41	39.67	335.03	37.50	77.14	187.56	45.61	4.06
1992	1096.86	228.61	20.84	431.55	39.34	436.70	39.81	93.61	222.01	55.34	4.03
1993	1377.78	272.06	19.75	524.75	38.09	580.97	42.17	116.25	268.58	68.45	3.86
1994	1761.24	342.28	19.43	644.91	36.62	774.05	43.95	146.95	332.56	85.49	3.62
1995	2155.13	387.34	17.97	767.81	35.63	999.98	46.40	177.93	401.28	101.48	3.51
1996	2709.42	461.61	17.04	875.66	32.32	1372.15	50.64	221.38	467.43	134.34	3.77
1997	3196.71	523.56	16.38	984.06	30.78	1689.09	52.84	258.58	537.85	157.16	4.01
1998	3678.72	590.06	16.04	1071.03	29.11	2017.63	54.85	294.86	625.94	194.63	4.32
1999	4047.50	640.96	15.84	1145.99	28.31	2260.55	55.85	321.78	701.98	203.22	4.47
2000	4586.63	709.52	15.47	1171.94	25.55	2705.17	58.98	361.88	812.95	214.93	4.57
2001	5025.93	800.61	15.93	1211.43	24.10	3013.88	59.97	393.80	841.20	244.77	4.53
2002	5790.03	908.51	15.69	1539.38	26.59	3342.14	57.72	450.75	987.07	259.33	4.76
2003	6584.10	1116.94	16.96	1788.50	27.16	3678.67	55.87	509.50	1108.91	274.67	4.79
2004	7590.29	1293.58	17.04	2225.35	29.32	4071.35	53.64	583.92	1261.93	301.61	4.69
2005	8659.91	1552.53	17.93	2586.40	29.87	4520.98	52.21	662.30	1126.36	315.83	4.62
2006	9843.34	1778.86	18.07	3210.92	32.62	4853.56	49.31	748.84	1248.30	361.89	4.49
2007	11573.97	2581.58	22.31	3893.72	33.64	5098.66	44.05	875.96	1516.29	358.11	4.28
2008	14535.40	3593.94	24.73	5065.60	34.85	5875.86	40.42	1094.52	1861.76	455.19	4.55
2009	17541.92	4816.26	27.46	6154.49	35.08	6571.16	37.46	1314.26	2176.63	561.99	5.03
2010	19980.39	5732.49	28.69	7196.61	36.02	7051.29	35.29	1490.06	2315.48	666.30	4.84
2011	24345.91	7464.18	30.66	8416.45	34.57	8465.28	34.77	1806.95	2697.48	879.44	4.98
2012	28119.00	8431.98	29.99	10030.70	35.67	9656.32	34.34	2076.67	2999.28	1064.83	5.20
2013	31668.95	9545.81	30.14	11393.79	35.98	10729.34	33.88	2327.37	3234.12	1274.44	5.32
2014	35312.40	10579.23	29.96	13437.75	38.05	11295.41	31.99	2581.66	3558.31	1412.21	5.48
2015	40974.64	12475.28	30.45	16506.71	40.29	11992.65	29.27	2980.80			5.98

注：1.本表系按当年价格计算核算数，2015年为初步测算数。

2.2001年起卫生总费用不含高等医学教育经费，2006年起包括城乡医疗救助经费。

a) Data in this table are at current prices. Data of 2015 are preliminary data.

b) Since 2001, total health expenditure does not include that of educational expenditure of higher education. Since 2006, it included medical aid expenditure in urban and rural areas.

22-20 社会服务基本情况(2015年)
Statistics on Social Service Institutions(2015)

指　　标	Item	单位数（个）Number of Institutions (unit)	职工人数（万人）Number of Staff and Workers (10 000 persons)
社会服务	**Social Services**	**1765004**	**1309.0**
社会工作	**Social Work**	**413372**	**282.1**
提供住宿的社会服务机构	**Social Welfare Institutions and Facilities with Accommodation**	**31187**	**38.5**
养老服务机构	Institutions for the Aged	27752	31.8
社会福利医院	Social Welfare Hospitals	151	1.4
复退军人精神病院	Mental Hospitals for Ex-serviceman	91	1.1
儿童福利机构	Welfare Institutions for Children	478	1.2
未成年人救助保护中心	Juvenile Rescue and Protection Centers	275	0.2
生活无着人员救助管理站	Salvation Stations	1766	1.7
安置农场	Placement Farms	15	0.1
军供站	Serviceman Supply Stations	320	0.5
其他提供住宿的机构	Other Residential Institutions	339	0.5
不提供住宿的社会服务机构	**Social Welfare Institutions without Accommodations**	**382185**	**243.5**
老龄机构	Institutions for the Aged	2280	0.9
为残疾人提供工作岗位和服务的机构	Service Institutions for the Disabled	14585	111.3
低保救助对象服务机构	Service Institutions for People under Minimum Living Standard	965	0.8
救灾储备单位	Relief Reserve Units	776	0.2
福利彩票发行机构	Welfare Lottery Issuing Institutions	861	1.2
军队离退休人员管理中心	Management Centers for Retired Military Officers	271	0.4
军队离退休人员活动中心	Activity Centers for Retired Military Officers	27	0.1
烈士纪念建筑物管理机构	Martyr Memorial Building Management Units	1464	1.0
社区服务机构和设施	Community Services Institutions and Facilities	360956	127.6
成员组织和其他社会服务	**Membership Organizations and Other Social Service Institutions**	**1349554**	**1025.2**
成员组织	Membership Organizations	1342960	1015.7
社会组织	Social Organization	662425	734.8
社会团体	Social Organizations	328500	390.2
基金会	Foundations	4784	2.5
民办非企业	Non-enterprise Units Run by NGO	329141	342.1
自治组织	Autonomy Organizations	680535	280.9
居委会	Neighborhood Committee	99679	51.2
村委会	Village Committee	580856	229.7
其他社会服务	Other Social Service Institutions	6594	9.5
婚姻服务机构	Marriage Registration Institutions	2064	1.0
殡葬服务机构	Funeral Service Institutions	4530	8.5
殡仪馆	Funeral Home	1821	4.7
公墓	Cemetery	1567	2.7
骨灰堂	Cineraria	15	0.1
殡葬管理单位	Funeral and Interment Management Institutions	1127	1.0
其他事业单位	**Other Institutions**	**2078**	**1.8**

注：2015年，社区养老服务机构和设施不在提供住宿的社会服务中，归在不提供住宿的社会服务中(下同)。

a) In 2015, community service institutions and facilities for aged were not included the data of social welfare institutions and facilities with accommodations, and included social welfare institutions without accommodations. The same applies to the following tables.

22-21 社会工作师人员情况
Statistics on Social Worker

单位：人 (person)

年份 地区	Year Region	社会工作师 Social Worker 报考人数 Registered for Examination	参考人数 Participants in Examination	合格人数 Qualified	累计合格人数 Accumulated Qualified	助理社会工作师 Junior Social Worker 报考人数 Registered for Examination	参考人数 Participants in Examination	合格人数 Qualified	累计合格人数 Accumulated Qualified
	2008	77698	62953	4192	4192	60139	52419	20648	20648
	2009	46015	35943	4227	8419	38204	31694	6611	27259
	2010	25547	19175	2664	11083	46047	37753	5428	32687
	2011	25500	19426	2338	13421	54515	44100	8068	40755
	2012	34245	26125	6104	19525	92621	75509	23846	64601
	2013	48287	36695	11658	31183	121937	97527	27300	91901
	2014	62580	49258	7417	38501	144282	116672	28386	120111
	2015	79535	59851	13155	51722	196965	155337	34274	154461
北京	Beijing	4538	3782	894	5063	10821	8918	1865	15660
天津	Tianjin	1751	1562	344	1002	5388	4720	1040	3752
河北	Hebei	1587	1270	270	1326	1824	1524	432	2326
山西	Shanxi	1554	1160	190	873	1605	1326	337	1276
内蒙古	Inner Mongolia	1727	1201	141	403	2179	1476	243	775
辽宁	Liaoning	3010	2477	429	1953	8555	6941	1171	5040
吉林	Jilin	2599	1977	248	885	7983	6645	870	3300
黑龙江	Heilongjiang	1527	1176	214	904	2972	2405	464	2553
上海	Shanghai	4239	2782	530	2881	8905	6273	1494	6531
江苏	Jiangsu	7875	6245	1781	6385	23449	19104	4894	21445
浙江	Zhejiang	6343	4586	1264	5132	9063	6910	2116	11002
安徽	Anhui	2457	1765	486	1427	4850	3610	891	4179
福建	Fujian	3064	2348	579	1867	5594	4266	1015	4656
江西	Jiangxi	604	490	107	611	1537	1254	296	1877
山东	Shandong	5388	3318	936	3219	5769	3912	1194	5859
河南	Henan	1615	1293	257	1337	2037	1714	478	3117
湖北	Hubei	1919	1533	299	1021	6555	5332	1011	4429
湖南	Hunan	2136	1419	253	1165	5350	3967	828	3306
广东	Guangdong	13879	10645	2185	8678	49220	38410	7749	34422
广西	Guangxi	836	638	110	585	2338	2010	380	2089
海南	Hainan	155	124	22	71	922	784	70	228
重庆	Chongqing	2929	2257	460	1511	9053	7284	1503	5420
四川	Sichuan	495	304	33	141	1364	987	158	677
贵州	Guizhou	1368	921	124	435	3699	2762	475	1416
云南	Yunnan	12	9	1	5	135	99	6	12
西藏	Tibet	1836	1423	325	979	5189	4304	801	2615
陕西	Shaanxi	1546	1308	438	891	4776	3994	1964	4177
甘肃	Gansu	632	414	66	233	906	608	172	747
青海	Qinghai	138	93	4	59	524	364	18	231
宁夏	Ningxia	369	293	28	149	994	864	93	294
新疆	Xinjiang	1407	1038	137	531	3409	2570	246	1050

22-22 提供住宿的社会服务床位数(2015年)
Beds of Social Welfare Institutions with Accommodations(2015)

单位：万张 (10 000 beds)

地 区	Region	床位数 Number of Beds	#养老 The Aged	#儿童 Child	#其他 Other	每千老年人口养老床位数(张) Beds in Elderly Care Institutions per 1 000 Senior Citizens (bed)
全 国	**National Total**	**393.0**	**358.1**	**10.0**	**17.1**	**30.31**
北 京	Beijing	14.0	13.3	0.2	0.6	28.95
天 津	Tianjin	5.5	5.2	0.1	0.1	23.73
河 北	Hebei	16.9	16.1	0.1	0.7	40.94
山 西	Shanxi	6.9	6.3	0.1	0.4	16.31
内蒙古	Inner Mongolia	9.1	8.5	0.2	0.3	56.66
辽 宁	Liaoning	17.8	16.5	0.3	0.9	21.14
吉 林	Jilin	7.5	6.5	0.3	0.3	14.35
黑龙江	Heilongjiang	12.6	11.2	0.3	0.6	27.04
上 海	Shanghai	11.9	11.2	0.2	0.3	27.20
江 苏	Jiangsu	40.5	38.9	0.4	0.7	41.02
浙 江	Zhejiang	22.9	22.0	0.3	0.5	51.74
安 徽	Anhui	15.6	14.2	0.6	0.6	36.06
福 建	Fujian	5.7	4.8	0.2	0.3	24.88
江 西	Jiangxi	15.6	14.8	0.2	0.6	30.94
山 东	Shandong	33.1	31.7	0.5	0.5	37.14
河 南	Henan	13.2	11.6	0.4	1.0	24.19
湖 北	Hubei	24.3	22.5	0.5	0.8	30.12
湖 南	Hunan	14.4	12.7	0.4	0.7	19.21
广 东	Guangdong	18.4	16.2	0.5	1.4	19.87
广 西	Guangxi	4.9	3.8	0.3	0.4	25.78
海 南	Hainan	1.2	1.1	0.0	0.1	17.65
重 庆	Chongqing	9.1	8.3	0.2	0.2	33.18
四 川	Sichuan	34.1	30.2	0.8	2.0	30.65
贵 州	Guizhou	7.4	6.2	0.3	0.5	35.30
云 南	Yunnan	6.2	5.1	0.4	0.6	19.90
西 藏	Tibet	2.8	1.5	0.6	0.8	61.95
陕 西	Shaanxi	9.3	8.4	0.3	0.5	23.60
甘 肃	Gansu	4.5	3.7	0.4	0.3	33.75
青 海	Qinghai	0.8	0.5	0.2	0.1	31.64
宁 夏	Ningxia	1.6	1.4	0.1	0.1	30.41
新 疆	Xinjiang	5.2	3.8	0.6	0.4	24.78

注：老年人口指60岁及以上老年人口。
a) The aged refer to those 60 years old and above.

22-23 孤儿和家庭儿童收养
Orphans and Children Adopted by Families

年份 Year 地区 Region		孤儿数(人) Number of Orphans (person)	家庭儿童收养登记总数(件) Number of Adoption Registration of Children Adopted by Families (case)	中国公民收养登记 Adoption Registration of Chinese Citizens	外国公民收养登记 Adoption Registration of Foreign Citizens	家庭儿童收养比例(%) Proportion of Children Adopted by Families (%)
	1996		18896	14804	4092	
	2000		55802	49037	6765	
	2005		49506	35470	14036	
	2006		48178	38393	9785	
	2007		45192	36893	8299	
	2008	67921	42550	37009	5541	65.0
	2009	127599	44260	39801	4459	34.8
	2010	252110	34529	29618	4911	13.7
	2011	509695	31424	27579	3845	6.1
	2012	570075	27278	23157	4121	4.8
	2013	548845	24460	21230	3230	4.5
	2014	525179	22772	19885	2887	4.3
	2015	502105	22348	19406	2942	4.5
北京	Beijing	2152	174	122	52	8.1
天津	Tianjin	862	87	61	26	10.1
河北	Hebei	16060	377	348	29	2.3
山西	Shanxi	13545	258	85	173	1.9
内蒙古	Inner Mongolia	5526	183	84	99	3.3
辽宁	Liaoning	7727	221	166	55	2.9
吉林	Jilin	5196	32	17	15	0.6
黑龙江	Heilongjiang	7465	44	34	10	0.6
上海	Shanghai	1964	199	145	54	10.1
江苏	Jiangsu	17691	2329	2128	201	13.2
浙江	Zhejiang	4827	3390	3308	82	70.2
安徽	Anhui	26993	878	763	115	3.3
福建	Fujian	6012	1264	1187	77	21.0
江西	Jiangxi	23133	414	291	123	1.8
山东	Shandong	17534	2414	2280	134	13.8
河南	Henan	43261	729	373	356	1.7
湖北	Hubei	23704	748	644	104	3.2
湖南	Hunan	43616	1086	1007	79	2.5
广东	Guangdong	38845	1458	1012	446	3.8
广西	Guangxi	23614	1586	1435	151	6.7
海南	Hainan	1636	112	112		6.8
重庆	Chongqing	11085	214	173	41	1.9
四川	Sichuan	29684	1012	950	62	3.4
贵州	Guizhou	21047	284	207	77	1.3
云南	Yunnan	23802	1565	1450	115	6.6
西藏	Tibet	5798	475	475		8.2
陕西	Shaanxi	12515	377	188	189	3.0
甘肃	Gansu	20608	96	53	43	0.5
青海	Qinghai	16268	42	31	11	0.3
宁夏	Ningxia	6890	47	37	10	0.7
新疆	Xinjiang	23045	253	240	13	1.1

注：2011年以前的"孤儿数"指领取《儿童福利证》的孤儿数，2011年起指失去父母或查找不到生父母的未满18周岁的未成年人数。
家庭儿童收养比例=家庭儿童收养人数/孤儿数×100%。

a) Before 2011, number of orphans referred to the number of orphans who received Children Welfare Credentials, and from 2011, it refers to juveniles under age of 18 who have lost parents or can't find parents. Proportion of Children Adopted by Families=Number of Children Adopted by Families/Number of Orphans×100%.

22-24 社会救助情况
Statistics on Social Relief

单位：万人 (10 000 persons)

年 份 地 区	Year Region	城市居民最低生活保障人数 Number of Urban Residents Receiving Minimum Living Allowance	农村居民最低生活保障人数 Number of Rural Residents Receiving Minimum Living Allowance	农村集中供养五保人数 Rural Households with Centralized Livelihood Guaranteed in Five Aspects	农村分散供养五保人数 Rural Households with Decentralized Livelihood Guaranteed in Five Aspects
	2007	2272.1	3566.3	138.0	393.3
	2008	2334.8	4305.5	155.6	393.0
	2009	2345.6	4760.0	171.8	381.6
	2010	2310.5	5214.0	177.4	378.9
	2011	2276.8	5305.7	184.5	366.5
	2012	2143.5	5344.5	185.3	360.3
	2013	2064.2	5388.0	183.5	353.8
	2014	1877.0	5207.2	174.3	354.8
	2015	1701.1	4903.6	162.3	354.4
北 京	Beijing	8.5	4.9	0.2	0.3
天 津	Tianjin	13.1	10.4	0.1	1.1
河 北	Hebei	55.0	205.8	4.8	18.0
山 西	Shanxi	59.9	122.5	2.2	13.1
内蒙古	Inner Mongolia	60.3	116.4	1.3	7.5
辽 宁	Liaoning	71.8	79.5	3.2	10.7
吉 林	Jilin	72.5	82.2	2.4	9.1
黑龙江	Heilongjiang	120.0	118.2	4.3	9.0
上 海	Shanghai	17.6	3.1	0.1	0.2
江 苏	Jiangsu	28.0	114.8	8.4	11.3
浙 江	Zhejiang	7.3	56.8	3.3	0.1
安 徽	Anhui	64.7	196.3	15.0	27.3
福 建	Fujian	12.9	71.7	0.9	7.1
江 西	Jiangxi	92.4	169.3	12.3	9.7
山 东	Shandong	37.2	237.4	14.3	7.0
河 南	Henan	107.9	392.9	16.5	32.1
湖 北	Hubei	84.6	159.5	6.0	19.3
湖 南	Hunan	127.2	317.9	10.2	38.2
广 东	Guangdong	29.7	153.6	2.6	21.4
广 西	Guangxi	38.5	292.1	2.7	25.3
海 南	Hainan	8.4	18.8	0.2	2.6
重 庆	Chongqing	37.5	50.3	6.3	10.4
四 川	Sichuan	156.4	405.5	26.8	22.7
贵 州	Guizhou	40.2	332.7	5.0	6.1
云 南	Yunnan	98.1	455.3	4.2	16.6
西 藏	Tibet	4.6	32.0	1.2	0.3
陕 西	Shaanxi	50.9	161.7	4.8	8.3
甘 肃	Gansu	76.2	336.9	0.9	11.1
青 海	Qinghai	17.6	31.8	0.5	1.9
宁 夏	Ningxia	15.4	41.7	0.4	0.9
新 疆	Xinjiang	86.5	131.8	1.2	5.9

22-25 医疗救助情况
Statistics on Medical Aid

年份 Year 地区 Region	资助参加医疗保险人数(万人) Aid for Medical Insurance (10 000 persons)	资助参加合作医疗人数(万人) Aid for Cooperative Medical Care (10 000 persons)	直接医疗救助人数(万人次) Direct Medical Aid (10 000 persons)	资助参加医疗保险支出(万元) Expenses of Medical Insurance (10 000 yuan)	资助参加合作医疗支出(万元) Expenses of Cooperative Medical Insurance (10 000 yuan)	直接医疗救助支出(万元) Expenses for Direct Medical Aid (10 000 yuan)
2005		654.9	199.6		9508.4	48140.3
2006		1317.1	201.3		25888.3	169550.7
2007		2517.3	377.1		47971.5	349149.3
2008	642.6	3432.4	1203.1	38889.0	71024.0	488082.1
2009	1095.9	4059.1	1140.4	58631.3	105035.1	807748.6
2010	1461.2	4615.4	1479.3	76050.0	139619.5	1042328.1
2011	1549.8	4825.3	2144.0	105163.0	220189.0	1469146.5
2012	1387.1	4490.4	2173.7	116470.7	258295.7	1663140.0
2013	1490.1	4868.7	2126.4	144061.2	300427.0	1804596.5
2014	1702.0	5021.7	2395.3	161507.9	322959.9	2041295.0
2015	1666.1	4546.9	2515.9	177257.7	367577.4	2145715.3
北京 Beijing	3.0	2.7	9.8	3676.4	660.1	13357.5
天津 Tianjin	31.4		19.7	6623.3		26701.1
河北 Hebei	19.5	283.2	29.1	2380.2	19655.5	53341.2
山西 Shanxi	49.3	108.4	22.4	4815.7	9080.6	54588.6
内蒙古 Inner Mongolia	61.8	87.3	27.9	4941.5	5789.4	62436.7
辽宁 Liaoning	38.9	69.7	70.0	7383.4	9463.7	39154.6
吉林 Jilin	70.7	81.5	80.8	4294.5	7673.9	60547.7
黑龙江 Heilongjiang	116.1	127.3	69.0	12141.5	12782.8	110099.1
上海 Shanghai	8.7		26.6	3703.1	14.0	23050.9
江苏 Jiangsu	21.6	113.4	255.9	4896.0	12155.6	91372.1
浙江 Zhejiang	8.3	20.3	233.1	1813.1	2958.8	84965.1
安徽 Anhui	66.6	185.6	87.6	6388.5	15504.7	92365.9
福建 Fujian	11.7	69.2	127.6	1608.4	6870.0	42620.2
江西 Jiangxi	72.0	197.0	167.7	9454.7	23697.9	134920.6
山东 Shandong	70.0	171.1	35.0	11067.6	19999.0	77003.6
河南 Henan	71.0	305.9	79.6	6581.3	22634.6	79036.0
湖北 Hubei	87.3	216.9	106.6	4392.0	18449.4	119964.8
湖南 Hunan	136.5	268.0	112.3	9941.7	21338.4	103414.6
广东 Guangdong	138.3	103.7	104.1	20026.8	13428.2	112863.2
广西 Guangxi	14.9	186.1	93.2	1621.5	12614.1	69934.8
海南 Hainan	11.9	23.8	12.2	1795.4	1532.1	20066.4
重庆 Chongqing	62.4	90.3	273.5	3968.1	5660.6	65991.7
四川 Sichuan	158.6	418.0	150.3	18287.5	39291.9	155724.5
贵州 Guizhou	26.8	269.1	22.1	872.0	12658.4	71028.8
云南 Yunnan	95.8	525.1	84.6	7584.3	36183.6	73284.4
西藏 Tibet	5.5	1.6	4.8	259.8	746.0	12650.6
陕西 Shaanxi	12.1	62.3	47.6	890.8	5933.4	109091.9
甘肃 Gansu	64.9	344.9	40.3	4320.8	13754.6	68129.6
青海 Qinghai	19.3	47.8	16.1	2665.0	3423.4	28805.9
宁夏 Ningxia	18.4	25.1	30.8	1268.8	1882.4	22295.7
新疆 Xinjiang	92.7	141.8	75.6	7594.0	11740.3	66907.5

22-26 福利彩票销售情况
Statistics on Welfare Lottery

年份 Year 地区 Region		福利彩票发行单位(个) Welfare Lottery Issuing Units (unit)	福利彩票销售额(亿元) Sales of Welfare Lottery (100 million yuan)	提取公益金(亿元) Public Welfare Fund from Welfare Lottery (100 million yuan)	公益金支出(亿元) Expenditure of Public Welfare Fund from Welfare Lottery (100 million yuan)
	2000	1253	89.9	24.2	38.7
	2005	1113	411.2	143.7	52.3
	2006	989	495.7	171.6	52.6
	2007	985	631.6	217.0	77.6
	2008	999	604.0	211.4	119.2
	2009	988	756.0	248.0	113.4
	2010	993	968.0	297.1	121.2
	2011	974	1278.0	388.7	127.9
	2012	955	1510.3	449.4	159.0
	2013	940	1765.3	510.7	195.5
	2014	893	2059.7	585.7	231.3
	2015	861	2015.1	563.8	288.9
部本级	Ministry Level	1			2.1
北京	Beijing	17	50.4	15.5	11.8
天津	Tianjin	10	37.8	10.6	7.9
河北	Hebei	13	76.4	21.6	8.8
山西	Shanxi	12	42.4	12.0	5.0
内蒙古	Inner Mongolia	15	53.6	15.2	6.9
辽宁	Liaoning	19	109.6	30.6	10.3
吉林	Jilin	52	35.0	9.8	2.7
黑龙江	Heilongjiang	20	50.1	14.8	5.9
上海	Shanghai	18	42.9	12.9	5.9
江苏	Jiangsu	79	144.5	39.6	12.2
浙江	Zhejiang	70	146.9	40.1	19.9
安徽	Anhui	48	65.6	17.7	8.5
福建	Fujian	13	50.9	14.2	7.5
江西	Jiangxi	45	32.3	9.2	9.8
山东	Shandong	18	144.9	39.4	16.9
河南	Henan	52	62.7	17.6	14.2
湖北	Hubei	53	93.9	25.9	11.8
湖南	Hunan	76	77.7	20.8	20.6
广东	Guangdong	65	205.1	57.7	23.6
广西	Guangxi	30	50.7	14.4	8.2
海南	Hainan	3	17.4	4.0	1.3
重庆	Chongqing	1	45.6	12.6	8.3
四川	Sichuan	12	83.5	23.4	11.3
贵州	Guizhou	13	25.0	7.5	5.8
云南	Yunnan	12	64.9	18.8	8.5
西藏	Tibet	2	10.7	3.0	0.5
陕西	Shaanxi	39	82.7	23.2	6.9
甘肃	Gansu	20	45.3	12.5	8.4
青海	Qinghai	2	11.7	3.4	2.1
宁夏	Ningxia	10	15.3	4.3	6.4
新疆	Xinjiang	21	39.8	11.4	8.7

22-27 社会捐赠情况
Statistics on Social Donations

年份 地区	Year Region	社会捐赠款物合计(亿元) Total Social Donations (100 million yuan)	社会捐赠款 Donated Money	民政部门 Civil Affairs Department	各类社会组织 Other Social Donations	社会捐赠其他物资折款 Total Value from Other Social Donations in Kinds
	1997	14.0	4.2			9.9
	2000	16.3	9.3	5.4	3.9	7.0
	2005	61.9	60.3	31.3	29.0	1.6
	2006	89.5	83.1	43.0	40.1	6.4
	2007	148.4	132.8	50.9	81.9	15.6
	2008	764.0	744.5	479.3	265.2	19.6
	2009	485.9	483.7	66.5	417.2	2.2
	2010	601.7	596.8	179.8	417.0	4.9
	2011	494.9	490.1	96.6	393.5	4.8
	2012	578.8	572.5	101.7	470.8	6.3
	2013	575.1	566.4	107.6	458.8	8.7
	2014	380.7	368.8	81.7	287.1	11.9
	2015	659.7	654.5	44.2	610.3	5.2
部本级	Ministry Level	289.1	289.1		289.1	
北京	Beijing	49.2	47.6	8.8	38.8	1.6
天津	Tianjin	3.0	3.0	0.7	2.3	
河北	Hebei	2.4	2.4	0.0	2.4	
山西	Shanxi	1.2	1.2	0.1	1.1	
内蒙古	Inner Mongolia	0.6	0.6		0.6	
辽宁	Liaoning	4.3	4.3	0.3	4.0	
吉林	Jilin	4.8	4.8	0.2	4.6	
黑龙江	Heilongjiang	0.3	0.3	0.1	0.3	
上海	Shanghai	29.6	29.6	0.7	28.9	
江苏	Jiangsu	101.6	101.5	9.9	91.6	0.1
浙江	Zhejiang	30.7	30.7	0.7	30.1	
安徽	Anhui	4.0	4.0	0.1	3.9	
福建	Fujian	2.5	2.5	0.1	2.4	
江西	Jiangxi	5.0	2.1	0.8	1.4	2.8
山东	Shandong	33.1	33.1	0.9	32.2	
河南	Henan	1.5	1.5	0.4	1.1	
湖北	Hubei	4.4	4.4	0.2	4.1	
湖南	Hunan	14.2	14.2	2.2	12.0	
广东	Guangdong	50.4	50.3	7.9	42.4	0.1
广西	Guangxi	0.6	0.6		0.5	
海南	Hainan	0.1	0.1			
重庆	Chongqing	11.6	11.2	4.5	6.7	0.4
四川	Sichuan	5.3	5.2	2.2	3.0	0.1
贵州	Guizhou	1.9	1.8	1.0	0.9	
云南	Yunnan	3.0	2.9	0.4	2.5	
西藏	Tibet	1.8	1.8	1.5	0.3	
陕西	Shaanxi	0.3	0.3		0.3	
甘肃	Gansu	0.7	0.7	0.1	0.6	
青海	Qinghai	0.6	0.6		0.6	
宁夏	Ningxia	1.4	1.4		1.4	
新疆	Xinjiang	0.4	0.4	0.2	0.1	

注：社会捐赠其他物资折款指民政部门接收的捐赠衣被和物资。

a) Total value from other social donations in kinds refers to those clothes, quilts and goods received by department of civil affairs.

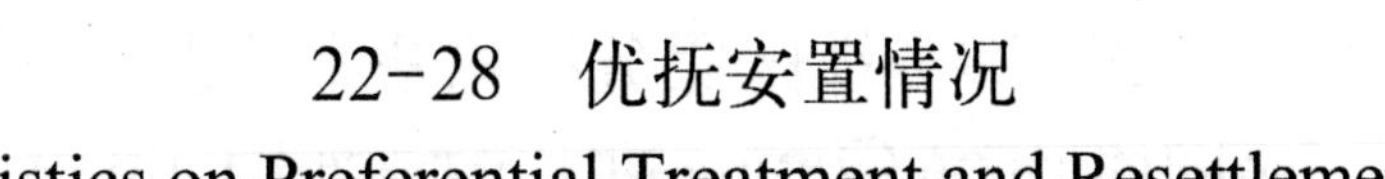

22-28 优抚安置情况
Statistics on Preferential Treatment and Resettlement

年份 Year 地区 Region		国家重点优抚对象（万人）State Entitled Groups (10 000 persons)	定期抚恤人数 Number of People Receiving Regular Pension	定期补助人数 Number of People Receiving Regular Subsidy	伤残人员 Injured and Disabled Persons	接收军队离退休人员（人）Number of Retired Veterans Resettled (person)
	2007	622.4	48.9	487.1	86.5	28058
	2008	633.2	47.9	498.2	87.2	21378
	2009	630.7	45.9	497.7	87.2	18904
	2010	625.0	44.8	493.5	86.7	13451
	2011	852.5	42.2	724.4	85.9	14530
	2012	944.4	41.2	818.4	84.9	18570
	2013	950.5	36.6	832.6	81.2	38706
	2014	917.3	31.1	809.6	76.6	27699
	2015	897.0	26.5	796.8	73.7	19429
北京	Beijing	4.4	0.2	3.1	1.2	4216
天津	Tianjin	4.6	0.1	3.8	0.7	355
河北	Hebei	56.7	1.1	51.4	4.3	1296
山西	Shanxi	18.0	0.8	14.9	2.3	111
内蒙古	Inner Mongolia	4.9	0.2	3.5	1.2	275
辽宁	Liaoning	22.2	0.6	18.8	2.8	1389
吉林	Jilin	12.3	0.4	10.0	1.8	543
黑龙江	Heilongjiang	11.9	0.5	9.9	1.6	226
上海	Shanghai	4.0	0.5	2.8	0.7	744
江苏	Jiangsu	48.2	1.4	41.9	4.8	1299
浙江	Zhejiang	29.9	0.5	27.2	2.2	366
安徽	Anhui	46.0	0.9	41.9	3.2	495
福建	Fujian	18.9	0.8	16.8	1.2	517
江西	Jiangxi	29.5	1.9	25.7	2.0	122
山东	Shandong	89.9	2.5	77.5	9.8	772
河南	Henan	74.9	1.5	67.3	6.1	535
湖北	Hubei	47.3	3.0	41.2	3.1	585
湖南	Hunan	86.8	2.6	79.1	5.1	340
广东	Guangdong	42.8	0.8	39.6	2.4	521
广西	Guangxi	29.2	0.4	27.7	1.1	165
海南	Hainan	2.7	0.2	2.2	0.2	128
重庆	Chongqing	26.5	0.5	23.9	2.0	253
四川	Sichuan	84.2	2.5	75.7	5.9	805
贵州	Guizhou	22.2	0.3	20.5	1.4	90
云南	Yunnan	35.3	0.6	32.9	1.8	285
西藏	Tibet	0.5	0.2	0.1	0.2	1048
陕西	Shaanxi	25.0	0.8	22.0	2.1	834
甘肃	Gansu	12.2	0.2	10.9	1.0	577
青海	Qinghai	1.5	0.1	1.1	0.3	123
宁夏	Ningxia	1.2		1.0	0.2	63
新疆	Xinjiang	3.4	0.3	2.4	0.7	351

22-29 社区服务机构基本情况
Statistics on Community Service Facilities

单位：个 (unit)

年份 地区	Year Region	社区服务机构数 Number of Community Service Facilities	社区服务指导中心数 Community Service Guidance Centers	社区服务中心数 Community Service Centers	社区服务站数 Community Service Stations	其他社区服务机构 Other Community Service Facilities	便民、利民服务网点 Number of Convenience Networks	社区服务机构覆盖率(%) Coverage Rate of Community Service Facilities(%)
	2000	187888		6444		181444	451567	22.4
	2005	203275		8479		194796	664764	28.7
	2006	160007		8565		151442	457896	22.7
	2007	172002		9319	50116	112567	892656	24.7
	2008	162976		9873	30021	123082	748684	23.7
	2009	174976		10003	53170	111803	692625	25.6
	2010	152941		12720	44237	95984	539136	22.4
	2011	160352		14391	56156	89805	452868	23.6
	2012	200162	809	15497	87931	95925	397222	29.5
	2013	251939	890	19014	108377	123658	358518	36.9
	2014	251368	918	23088	120188	107174	302039	36.9
	2015	360956	863	24138	128083	119778	248643	53.0
北京	Beijing	11528	17	199	6409	4654	5247	166.8
天津	Tianjin	2069	13	345	1307	278	4491	38.7
河北	Hebei	37106	28	697	1876	9177	3136	70.1
山西	Shanxi	3222	26	536	1669	578	5023	10.6
内蒙古	Inner Mongolia	3754	3	834	880	329	6721	27.9
辽宁	Liaoning	6684	27	812	3952	1592	7841	42.5
吉林	Jilin	1757	13	645	1070	29	57	15.7
黑龙江	Heilongjiang	3103	39	637	1356	509	8210	24.0
上海	Shanghai	5865	8	265	2881	2641	15061	102.1
江苏	Jiangsu	38986	66	2667	16123	16080	31832	181.4
浙江	Zhejiang	30370	26	2744	11803	11843	34445	94.0
安徽	Anhui	7969	49	1224	3048	2213	6567	44.3
福建	Fujian	5619	25	227	2897	197	1209	33.5
江西	Jiangxi	3339	45	356	1022	1667	1650	16.3
山东	Shandong	27637	121	1241	10561	9392	30127	34.4
河南	Henan	5345	43	737	882	1896	1565	10.4
湖北	Hubei	12165	33	565	4555	3548	4519	41.4
湖南	Hunan	11488	54	507	3578	1615	3978	25.2
广东	Guangdong	57108	29	2893	13284	40281	7250	217.6
广西	Guangxi	13094	5	83	616	426	1302	80.8
海南	Hainan	1968	2	68	1639	212	19	64.1
重庆	Chongqing	7412	11	323	2342	2197	12517	66.9
四川	Sichuan	18762	70	1633	8790	4080	26246	35.3
贵州	Guizhou	21622	17	1525	17076	375	15309	115.6
云南	Yunnan	2990	8	131	1433	313	42	21.0
西藏	Tibet	329		239	90		3	6.0
陕西	Shaanxi	6696	51	391	2486	406	2624	26.5
甘肃	Gansu	8177	20	791	1891	2854	6938	47.1
青海	Qinghai	1130		30	455	2		24.5
宁夏	Ningxia	1006	3	70	669	134	1090	36.5
新疆	Xinjiang	2656	11	723	1443	260	3624	22.4

注：1.其他社区服务机构是指民政业务范围以外的其他以提供服务为主的社区服务设施，如：社区性服务站、社区文化服务站、残疾人康复站等。

2.社区服务指导中心是指县级以上建立的，除有一般社区服务中心(站)的职能外，还对社区服务中心和社区服务站的工作具有指导作用的社区服务机构。

3.2015年，社区服务机构数据有调整，增加了社区养老机构和社区互助型养老机构数据。

a) Other community service facilities refer to those facilities providing services other than civil affair services, for example, community service stations community cultural service stations, recovery stations for the disabled.

b) Community Service Guidance Centers refer to community service agencies established above county level which offer guidance to community service centers and stations besides their functions as common community service centers and stations.

c) In 2015, data of community service facilities are adjusted, community endowment agency and community endowment agency are included in.

22-30 婚姻服务情况
Statistics on Marriages and Divorces

年份 Year 地区 Region	结婚登记 (万对) Total Number of Registered Marriages (10 000 couples)	内地居民登记结婚 Registered Marriages in the Mainland	初婚 (万人) First Marriages (10 000 persons)	再婚 (万人) Re-marriages (10 000 persons)	涉外及港澳台居民登记结婚 Registered Marriages with Foreigner and the Citizen of Hong Kong, Macao, Taiwan	离婚 (万对) Divorces (10 000 couples)	粗离婚率 (‰) Crude Divorce Rate (‰)
1985	831.30	829.06	1607.63	50.48	2.22	45.79	0.44
1990	951.10	948.69	1819.13	78.24	2.38	80.00	0.69
1995	934.10	929.71	1776.07	83.35	4.40	105.60	0.88
2000	848.50	842.00	1581.39	102.62	6.49	121.29	0.96
2005	823.10	816.60	1483.00	163.10	6.43	178.50	1.37
2006	945.00	938.20	1705.60	184.40	6.82	191.30	1.46
2007	991.40	986.30	1779.70	203.10	5.11	209.80	1.59
2008	1098.30	1093.20	1972.50	224.10	5.10	226.90	1.71
2009	1212.40	1207.50	2168.80	256.00	4.92	246.80	1.85
2010	1241.00	1236.10	2200.90	281.10	4.90	267.80	2.00
2011	1302.36	1297.48	2309.88	294.85	4.88	287.40	2.13
2012	1323.59	1318.27	2361.17	286.02	5.33	310.38	2.29
2013	1346.93	1341.43	2385.96	307.89	5.50	350.01	2.57
2014	1306.74	1302.04	2286.81	326.68	4.70	295.73	2.67
2015	1224.71	1220.59	2108.97	340.44	4.12	384.14	2.79
北京 Beijing	16.60	16.50	22.95	10.25	0.10	8.22	3.79
天津 Tianjin	10.12	10.09	17.49	2.76	0.03	5.19	3.36
河北 Hebei	60.94	60.89	98.75	23.14	0.06	19.90	2.68
山西 Shanxi	34.68	34.66	62.31	7.04	0.01	7.22	1.97
内蒙古 Inner Mongolia	21.79	21.77	33.10	10.47	0.02	9.19	3.66
辽宁 Liaoning	31.70	31.53	57.53	5.87	0.17	15.23	3.48
吉林 Jilin	23.45	23.37	42.42	4.47	0.08	12.74	4.63
黑龙江 Heilongjiang	31.82	31.67	55.37	8.27	0.15	18.98	4.98
上海 Shanghai	14.18	14.00	19.89	8.47	0.18	6.66	2.76
江苏 Jiangsu	78.60	78.44	132.21	25.00	0.16	22.93	2.87
浙江 Zhejiang	39.25	38.94	64.87	13.63	0.31	13.96	2.52
安徽 Anhui	73.91	73.80	124.00	23.82	0.11	18.12	2.95
福建 Fujian	34.94	34.43	60.82	9.06	0.51	8.93	2.33
江西 Jiangxi	30.62	30.52	52.77	8.46	0.09	9.52	2.08
山东 Shandong	70.10	69.99	110.50	29.71	0.11	24.09	2.45
河南 Henan	109.44	109.35	211.67	7.20	0.09	25.23	2.66
湖北 Hubei	57.30	57.16	107.99	6.61	0.13	16.69	2.85
湖南 Hunan	54.27	54.10	89.25	19.28	0.17	18.09	2.67
广东 Guangdong	84.04	83.27	150.18	17.90	0.77	19.34	1.78
广西 Guangxi	42.13	41.97	74.00	10.26	0.16	10.44	2.18
海南 Hainan	8.31	8.24	15.13	1.48	0.07	1.51	1.66
重庆 Chongqing	29.26	29.18	41.28	17.24	0.07	13.73	4.55
四川 Sichuan	74.15	74.02	113.84	34.46	0.13	28.62	3.49
贵州 Guizhou	49.26	49.22	95.30	3.22	0.04	10.84	3.07
云南 Yunnan	45.82	45.52	78.29	13.36	0.30	10.91	2.30
西藏 Tibet	1.54	1.54	2.93	0.16		0.24	0.73
陕西 Shaanxi	35.60	35.55	59.85	11.35	0.04	9.73	2.57
甘肃 Gansu	22.03	22.02	42.65	1.42	0.02	4.62	1.78
青海 Qinghai	5.11	5.10	9.21	1.00		1.28	2.17
宁夏 Ningxia	6.09	6.09	10.31	1.87		1.81	2.64
新疆 Xinjiang	27.66	27.64	52.10	3.22	0.02	10.18	4.31

22-31 殡葬服务情况
Statistics on Funeral and Interment Services

年份 Year 地区 Region		殡葬类单位数(个) Number of Funeral and Interment Enterprises (unit)	火化炉数(台) Number of Cremators (set)	火化数(万具) Cremated Remains (10 000 bodies)	安葬数(万具) Number of the Buried (10 000 bodies)	火化率(%) Cremation Rate (%)
	2005	3284	5037	450.2	54.8	53.0
	2006	3549	5649	430.2	45.4	48.2
	2007	3669	4838	442.1	53.3	48.4
	2008	3754	4789	453.4	49.9	48.5
	2009	3896	5123	454.2	52.9	48.2
	2010	3951	5229	474.1	60.5	49.0
	2011	4103	5209	468.1	59.9	48.8
	2012	4357	5539	477.7	60.9	49.5
	2013	4382	5743	468.9	62.8	48.2
	2014	4559	5908	459.3	60.4	47.0
	2015	4530	6063	459.5	65.5	47.1
北京	Beijing	54	86	9.1	2.1	85.1
天津	Tianjin	28	67	6.8	0.7	78.1
河北	Hebei	178	376	18.9	0.8	44.1
山西	Shanxi	66	65	2.2	0.4	10.6
内蒙古	Inner Mongolia	130	159	6.8	2.3	50.8
辽宁	Liaoning	352	368	27.7	5.2	95.9
吉林	Jilin	146	169	9.9	0.3	65.0
黑龙江	Heilongjiang	141	255	17.5	2.8	69.6
上海	Shanghai	74	95	12.8	4.8	100.0
江苏	Jiangsu	255	536	50.3	5.4	89.6
浙江	Zhejiang	225	348	31.9	4.6	100.0
安徽	Anhui	163	267	26.7	3.9	73.1
福建	Fujian	158	224	19.6	1.8	83.8
江西	Jiangxi	127	202	6.7	1.1	23.5
山东	Shandong	172	504	58.7	1.9	89.3
河南	Henan	256	323	15.9	0.8	23.9
湖北	Hubei	175	330	22.0	5.1	64.4
湖南	Hunan	206	159	8.2	2.3	17.5
广东	Guangdong	314	419	45.1	3.2	96.1
广西	Guangxi	108	99	7.8	1.4	26.6
海南	Hainan	16	6	0.3	0.3	5.5
重庆	Chongqing	118	126	7.8	1.8	36.1
四川	Sichuan	317	284	20.7	4.0	36.3
贵州	Guizhou	148	136	8.1	2.4	31.9
云南	Yunnan	167	186	6.8	1.7	22.1
西藏	Tibet	2	6	0.1		4.6
陕西	Shaanxi	116	98	5.4	2.3	22.8
甘肃	Gansu	79	54	1.9	0.8	11.6
青海	Qinghai	36	50	0.7		18.5
宁夏	Ningxia	39	10	0.4	0.4	11.5
新疆	Xinjiang	164	56	2.9	1.2	26.8

22-32 社会组织情况

Statistics on Social Organizations

年份 Year 地区 Region		单位数(个) Number of Institutions (unit)	社会团体 Social Organization	民办非企业单位 Non-enterprise Units Run by NGO	基金会 Fund Organization	年末职工人数(人) Staff and Workers at Year-end (person)	#女性 Female	社会团体 Social Organization	民办非企业单位 Non-enterprise Units Run by NGO	基金会 Fund Organization
	2000	153322	130668	22654						
	2005	319762	171150	147637	975					
	2006	354393	191946	161303	1144	4251850	1062770	2695983	1540476	15391
	2007	386916	211661	173915	1340	4568515	1166211	2885287	1664959	18269
	2008	413660	229681	182382	1597	4758332	1406787	2855858	1892060	10414
	2009	431069	238747	190479	1843	5446666	1581352	3356506	2078160	12000
	2010	445631	245256	198175	2200	6181918	1628947	3960704	2208050	13164
	2011	461971	254969	204388	2614	5992765	1495862	3630298	2348326	14141
	2012	499268	271131	225108	3029	6132774	1777824	3469467	2644621	18686
	2013	547245	289026	254670	3549	6365813	1880817	3531635	2815532	18646
	2014	606048	309736	292195	4117	6822623	2003785	3736265	3065964	20394
	2015	662425	328500	329141	4784	7347892	2241648	3901849	3421015	25028
中央级	Central-level	2316	1974	102	240	34064	14993	30166	1595	2303
北京	Beijing	9721	3961	5378	382	124162	51499	39591	81719	2852
天津	Tianjin	5137	2408	2659	70	40676	16878	12053	28512	111
河北	Hebei	19328	9871	9396	61	369688	155341	235453	133961	274
山西	Shanxi	12511	6562	5882	67	148418	49002	77358	70891	169
内蒙古	Inner Mongolia	13248	7538	5608	102	93553	29066	55714	37425	414
辽宁	Liaoning	20669	8655	11942	72	203846	56629	99931	103478	437
吉林	Jilin	10606	5540	4985	81	73716	13044	36699	36914	103
黑龙江	Heilongjiang	13567	5871	7610	86	148331	53926	99829	48362	140
上海	Shanghai	13355	4003	9082	270	175287	34224	32736	141234	1317
江苏	Jiangsu	80385	35137	44705	543	574738	160966	236898	335725	2115
浙江	Zhejiang	43784	20745	22603	436	385560	119093	142144	242214	1202
安徽	Anhui	24630	12637	11893	100	255607	66579	113618	141613	376
福建	Fujian	23956	15251	8484	221	276227	60877	196445	78459	1323
江西	Jiangxi	15358	8303	7003	52	201551	58807	109358	91950	243
山东	Shandong	43411	17378	25915	118	357529	85427	132789	224269	471
河南	Henan	29472	11758	17594	120	246082	79400	79336	166318	428
湖北	Hubei	27605	12118	15381	106	324578	102283	178265	145433	880
湖南	Hunan	27766	13208	14335	223	257929	87850	119458	137201	1270
广东	Guangdong	53958	24904	28377	677	616820	262511	187131	425601	4088
广西	Guangxi	22196	12949	9190	57	354569	72178	245467	108486	616
海南	Hainan	5357	2445	2850	62	52898	17717	25644	26869	385
重庆	Chongqing	15360	7221	8075	64	163302	70342	46554	116343	405
四川	Sichuan	40011	20645	19223	143	547520	178712	338463	208113	944
贵州	Guizhou	10533	6236	4251	46	182063	47691	134592	47262	209
云南	Yunnan	21128	14115	6920	93	447877	161007	378745	68870	262
西藏	Tibet	572	536	23	13	11970	4476	11778	163	29
陕西	Shaanxi	19699	10627	8977	95	277783	63573	182101	95146	536
甘肃	Gansu	18730	14306	4370	54	192871	29876	163954	28359	558
青海	Qinghai	3633	2320	1283	30	25717	6585	17320	8367	30
宁夏	Ningxia	4857	3285	1513	59	53289	8022	43433	9561	295
新疆	Xinjiang	9566	5993	3532	41	129671	23074	98826	30602	243

22-33 自治组织情况
Statistics on Autonomy Organizations

年份 Year 地区 Region		单位数(个) Number of Institutions (unit)	村民委员会 Village Committee	社区居委会 Neighborhood Committee	年末成员数(万人) Member at Year-end (10 000 persons)	#女性 Female	村民委员会 Village Committee	社区居委会 Neighborhood Committee
	2000	840083	731659	108424	363.4	78.0	315.0	48.4
	2005	709026	629079	79947	311.1	68.5	265.7	45.4
	2006	704386	623669	80717	287.3	77.6	243.0	44.3
	2007	694715	612709	82006	282.7	71.5	241.1	41.6
	2008	687698	604285	83413	276.0	71.8	233.9	42.2
	2009	683767	599078	84689	277.1	71.9	234.0	43.1
	2010	681715	594658	87057	277.3	71.6	233.4	43.9
	2011	679133	589653	89480	277.3	73.4	231.9	45.4
	2012	679628	588475	91153	279.2	74.2	232.3	46.9
	2013	683167	588547	94620	280.7	76.1	232.3	48.4
	2014	682144	585451	96693	280.2	76.7	230.5	49.7
	2015	680535	580856	99679	280.9	77.8	229.7	51.2
北 京	Beijing	6911	3936	2975	3.5	1.8	1.4	2.0
天 津	Tianjin	5351	3686	1665	2.2	1.1	1.2	1.0
河 北	Hebei	52909	48974	3935	18.7	3.4	16.8	1.9
山 西	Shanxi	30417	28087	2330	11.1	2.6	10.0	1.1
内蒙古	Inner Mongolia	13433	11110	2323	5.4	1.8	4.2	1.2
辽 宁	Liaoning	15725	11569	4156	7.0	2.9	4.5	2.5
吉 林	Jilin	11196	9327	1869	3.5	1.2	2.8	0.7
黑龙江	Heilongjiang	12936	9077	3859	5.8	2.0	4.0	1.8
上 海	Shanghai	5747	1593	4154	2.7	1.6	0.6	2.1
江 苏	Jiangsu	21495	14486	7009	11.1	3.4	7.3	3.8
浙 江	Zhejiang	32294	27901	4393	12.5	3.6	10.5	2.0
安 徽	Anhui	17987	14688	3299	7.8	2.3	6.0	1.7
福 建	Fujian	16767	14429	2338	6.9	1.8	5.7	1.2
江 西	Jiangxi	20431	16947	3484	7.6	2.1	6.3	1.4
山 东	Shandong	80444	73811	6633	32.6	9.4	29.4	3.2
河 南	Henan	51502	46925	4577	21.4	4.9	19.1	2.3
湖 北	Hubei	29403	25109	4294	11.8	3.8	9.6	2.2
湖 南	Hunan	45554	40448	5106	16.3	4.7	14.0	2.3
广 东	Guangdong	26241	19632	6609	12.7	3.5	8.9	3.8
广 西	Guangxi	16197	14273	1924	8.0	2.0	6.8	1.2
海 南	Hainan	3072	2561	511	1.5	0.4	1.2	0.3
重 庆	Chongqing	11083	8220	2863	5.5	1.8	3.8	1.7
四 川	Sichuan	53189	46240	6949	21.1	5.3	18.0	3.1
贵 州	Guizhou	18698	16612	2086	8.9	2.0	7.7	1.2
云 南	Yunnan	14259	12024	2235	7.1	1.5	5.8	1.3
西 藏	Tibet	5465	5257	208	2.5	0.6	2.4	0.1
陕 西	Shaanxi	25257	22743	2514	9.7	2.5	8.5	1.2
甘 肃	Gansu	17366	16032	1334	6.8	1.3	6.1	0.7
青 海	Qinghai	4619	4143	476	1.8	0.4	1.6	0.2
宁 夏	Ningxia	2754	2272	482	1.3	0.4	1.0	0.3
新 疆	Xinjiang	11833	8744	3089	6.0	1.7	4.3	1.8

22-34 残疾人事业基本情况
Basic Statistics on the Work for Persons with Disabilities

项目	Item	2012	2013	2014	2015
康复	**Rehabilitation**				
视力残疾康复	Rehabilitation of Persons with Visual Disability				
白内障复明手术 (万例)	Sight-restoring Surgeries for Cataract Patients (10 000 cases)	79.6	74.6	74.8	73.9
#贫困白内障患者免费手术	Free Surgeries for Poor Cataract Patients	33.4	29.1	30.0	29.9
低视力者配用助视器 (万人)	Persons with Low-vision Fitted with Vision-aids (10 000 persons)	11.7	12.9	14.2	15.3
盲人定向行走训练 (万人)	Blind Persons Receiving Orientation Skill Training (10 000 persons)	12.0	12.0	12.3	12.0
听力语言残疾康复	Rehabilitation of Persons with Hearing and Speech Disability				
新收训聋儿 (万人)	Deaf Children Newly Trained in the year (10 000 persons)	2.0	2.0	1.9	1.9
培训聋儿家长 (万人)	Parents Trained (10 000 persons)	3.9	3.9	3.9	4.2
肢体残疾康复 (万人)	Rehabilitation of Persons with Physical Disability (10 000 persons)				
脑瘫儿童机构康复训练	Rehabilitation Training Institutions for Children with Mobility Impairment(Cerebral Palsy)	3.0	3.5	4.0	4.5
肢体残疾儿童社区、家庭康复训练	Children with Mobility Impairment Receiving Rehabilitation Training in Communities and Families	2.4	3.0	3.2	3.3
成年肢体残疾人社区、家庭康复训练	Persons with Mobility Impairment Receiving Rehabilitation Training in Communities and Families	30.4	28.8	29.4	32.0
智力残疾康复 (万人)	Rehabilitation of Persons with Intellectual Disability (10 000 persons)				
智力残疾儿童康复训练	Children with Intellectual Disability Receiving Rehabilitation Training	11.5	10.1	10.4	14.6
成年智力残疾人社区、家庭康复	Adults with Intellectual Disability Trained in Communities and Families	2.5	3.1	3.5	4.0
精神病防治康复	Prevention and Rehabilitation of Mental Illness (PRMI)				
监护精神病人 (万人)	People with Mental Illness under Guardianship (10 000 persons)	449.0	461.9	463.5	460.0
孤独症儿童机构训练 (人)	Children with Autism Trained in Institutions (person)	11119	16656	19727	22533
残疾人辅助器具供应服务	Provision of Assistive Devices				
辅助器具供应 (万件)	Assistive Devices Provided (10 000 pieces)	114.5	128.3	152.4	195.9
残疾人假肢装配 (万例)	Prosthesis Installed for the Disabled (10 000 cases)	3.9	2.9	2.9	3.2
残疾人矫形器装配 (万例)	Orthotic Devices for the Disabled (10 000 cases)	4.0	4.7	6.4	5.1
教育	**Education**				
特殊教育普通高中在校生 (人)	Students at Special Education Senior High Schools (person)	7043	7313	7227	7488
高等院校录取残疾考生 (人)	Disable Students Admitted to Higher Education Institutions (person)	8363	8926	9542	10186
就业	**Employment**				
城镇残疾人新安排就业 (万人)	Newly Employed PWDs in Urban Areas in the Year (10 000 persons)	32.9	36.9	27.8	26.3
社会保障 (万人)	**Social Security (10 000 persons)**				
城镇残疾职工参加养老保险	Urban Workers with Disabilities Covered by Basic Pension Insurance		186.9	282.8	299.8
城镇残疾职工参加医疗保险	Urban Workers with Disabilities Covered by Bacic Medical Care Insurance		182.4	282.8	302.3
残疾居民参加城乡社会养老保险	Residents with Disabilities Covered by Social Pension Insurance	1659.1	2039.8	2180.0	2229.6
城乡残疾人纳入最低生活保障	PWDs Covered by the Basic Living Allowance System	1070.5	1093.0	1105.6	1088.5
托养残疾人	Fostered PWDs	74.7	94.4	93.2	100.5
扶贫	**Poverty Alleviation**				
扶持农村贫困残疾人 (万人次)	Impoverished PWDs Assisted in Rural Areas (10 000 person-times)	229.9	238.7	233.2	226.8
农村残疾人实用技术培训(万人次)	Vocational Skills Training for PWDs (10 000 person-times)	86.1	85.6	72.6	72.7
农村贫困残疾人危房改造 (万户)	Dilapidated House Renovation for Poor PWDs (10 000 households)	13.2	12.2	9.0	6.9
受益残疾人 (万人)	PWDs Benefited (10 000 persons)	15.7	14.4	10.3	9.1
维权	**Rights Protection**				
残疾人法律援助工作站(个)	Legal Assistance Station for PWDs	811	901	1348	1542
残疾人法律救助工作站办理的案件 (件)	Case Handled by the Legal Assistance Station for PWDs (case)	6453	7905	4666	4615
贫困残疾人家庭无障碍改造(万户)	Barrier Free Home Renovation for poor PWDs (10 000 households)	14.1	13.6	14.9	14.7
残疾人机动轮椅车燃油补贴(万人)	Subsidies for Fuel of Motor Wheelchair (10 000 persons)	55.4	65.7	67.9	71.3
组织建设	**Organization Development**				
残疾人人口库持证残疾人 (万人)	PWDs with Disability Certificate in the PWD Database(10 000 persons)	2527.2	2811.5	2946.7	3145.7

注：根据第二次全国残疾人抽样调查及第六次全国人口普查的结果推算，2010年末我国残疾人总数8502万人。

a) According to the Second China National Sample Survey on Disability and the Six National Population Census results, it is estimated that by the end of 2010, there were 85.02 million persons with disabilities.

主要统计指标解释

医疗卫生机构 指从卫生(卫生计生)行政部门取得《医疗机构执业许可证》、《计划生育技术服务许可证》，或从民政、工商行政、机构编制管理部门取得法人单位登记证书，为社会提供医疗服务、公共卫生服务或从事医学科研和医学在职培训等工作的单位。医疗卫生机构包括医院、基层医疗卫生机构、专业公共卫生机构、其他医疗卫生机构。

医院 包括综合医院、中医医院、中西医结合医院、民族医院、各类专科医院和护理院，不包括专科疾病防治院、妇幼保健院和疗养院，包括医学院校附属医院。

基层医疗卫生机构 包括社区卫生服务中心、社区卫生服务站、街道卫生院、乡镇卫生院、村卫生室、门诊部、诊所(医务室)。

专业公共卫生机构 包括疾病预防控制中心、专科疾病防治机构、妇幼保健机构（含妇幼保健计划生育服务中心）、健康教育机构、急救中心（站）、采供血机构、卫生监督机构、取得《医疗机构执业许可证》或《计划生育技术服务许可证》的计划生育技术服务机构。

其他医疗卫生机构 包括疗养院、临床检验中心、医学科研机构、医学在职教育机构、卫生监督（监测、检测）机构、医学考试中心、农村改水中心、人才交流中心、统计信息中心等卫生事业单位。

卫生人员 指在医院、基层医疗卫生机构、专业公共卫生机构及其他医疗卫生机构工作的职工，包括卫生技术人员、乡村医生和卫生员、其他技术人员、管理人员和工勤人员。一律按支付年底工资的在岗职工统计，包括各类聘任人员(含合同工)及返聘本单位半年以上人员，不包括临时工、离退休人员、退职人员、离开本单位仍保留劳动关系人员、本单位返聘和临聘不足半年人员。

卫生技术人员 包括执业医师、执业助理医师、注册护士、药师（士）、检验技师（士）、影像技师、卫生监督员和见习医（药、护、技）师（士）等卫生专业人员。不包括从事管理工作的卫生技术人员(如院长、副院长、党委书记等)。

执业医师 指《医师执业证》“级别”为“执业医师”且实际从事医疗、预防保健工作的人员，不包括实际从事管理工作的执业医师。执业医师类别分为临床、中医、口腔和公共卫生四类。

执业(助理)医师 指《医师执业证》“级别”为“执业助理医师”且实际从事医疗、预防保健工作的人员，不包括实际从事管理工作的执业助理医师。执业助理医师类别分为临床、中医、口腔和公共卫生四类。

每千人口卫生技术人员 每千人口卫生技术人员=卫生技术人员数/人口数×1000。人口数系年末常住人口。

每千人口执业(助理)医师 每千人口执业(助理)医师=(执业医师数+执业助理医师数)/人口数×1000。人口数系年末常住人口。

床位数 指年底固定实有床位（非编制床位），包括正规床、简易床、监护床、正在消毒和修理床位、因扩建或大修而停用的床位、不包括产科新生儿床、接产室待产床、库存床、观察床、临时加床和病人家属陪待床。

每千人口医疗卫生机构床位 每千人口医疗卫生机构床位=医疗卫生机构床位数/人口数×1000。人口数系年末常住人口。

甲乙类法定报告传染病发病率 是指某年某地区每10万人口中甲、乙类法定报告传染病发病数。即甲乙类法定报告传染病发病率=甲、乙类法定报告传染病发病数/人口数×100000。

甲乙类法定报告传染病死亡率 是指某年某地区每10万人口中甲、乙类法定报告传染病死亡数。即甲乙类法定报告传染病死亡率=甲、乙类法定报告传染病死亡数/人口数×100000。

甲乙类法定报告传染病病死率 是指某年某地区甲、乙类法定报告传染病死亡数与发病数之比。即甲乙类法定报告传染病病死率=甲、乙类法定报告传染病死亡数/发病数×100%。

粗死亡率 指年内一定地区的死亡人数与同期平均人数之比，一般以‰表示。

病死率 表示一定时期内(通常为一年)，患某种疾病的死亡人数与患某种疾病发病人数之比，一般以%表示。

孕产妇死亡率 指年内每10万名孕产妇的死亡人数。孕产妇死亡指从妊娠期至产后42天内，由于任何妊娠或妊娠处理有关的原因导致的死亡，但不包括意外原因死亡者。按国际通用计算方法，“孕产妇总数”以“活产数”代替计算。

活产数 指年内妊娠满28周及以上（如孕周不清楚，可参考出生体重达1000克及以上），娩出后有心跳、呼吸、脐带搏动、随意肌收缩四项生命体征之一的新生儿数。

5岁以下儿童死亡率 指年内未满5岁儿童死亡人数与活产数之比，一般以‰表示。

新生儿死亡率 指年内新生儿死亡数与活产数之比。一般以‰表示。新生儿死亡指出生至28天以内(即0–27天)

死亡人数。

参加新农合人数 指根据本地新农合实施方案到年内新农合筹资截止时已缴纳新农合资金的人口数。

新农合当年基金支出 指本年度实际从新农合基金帐户中支出用于新农合补偿的资金。

新农合补偿受益人次 指年内新农合参合人员因病就医获得补偿的人次数，包括住院、家庭帐户形式、门诊、特殊病种大额门诊、住院正常分娩、体检和其他补偿人次之和。

新农合本年度筹资总额 指为本年度筹集的、实际进入新农合专用帐户的基金数额。包括本年度中央及地方财政配套资金、农民个人缴纳资金（含民政部门及其他相关部门代缴的救助资金）、新农合基金本年度产生的全部利息收入及其他渠道实际筹集到的新农合基金额。筹资数额以进入新农合专用帐户的基金数额为准，不含上年结转资金。

卫生总费用 指一个国家或地区在一定时期内，为开展卫生服务活动从全社会筹集的卫生资源的货币总额，按来源法核算。它反映一定经济条件下，政府、社会和居民个人对卫生保健的重视程度和费用负担水平，以及卫生筹资模式的主要特征和卫生筹资的公平性合理性。

政府卫生支出 指各级政府用于医疗卫生服务、医疗保障补助、卫生和医疗保险行政管理、人口与计划生育事务支出等各项事业的经费。

社会卫生支出 指政府支出外的社会各界对卫生事业的资金投入。包括社会医疗保障支出、商业健康保险费、社会办医支出、社会捐赠援助、行政事业性收费收入等。

个人现金卫生支出 指城乡居民在接受各类医疗卫生服务时的现金支付，包括享受各种医疗保险制度的居民就医时自付的费用。可分为城镇居民、农村居民个人现金卫生支出，反映城乡居民医疗卫生费用的负担程度。

人均卫生费用 即某年卫生总费用与同期平均人口数之比。

卫生总费用占 GDP 比重 指某年卫生总费用与同期国内生产总值（GDP）之比。是用来反映一定时期国家对卫生事业的资金投入力度，以及政府和全社会对卫生事业、居民健康的重视程度。

社会工作师 指通过全国社会工作师职业水平考试并取得社会工作师职业水平证书的人员。

军供站 即军队供应管理单位，指地方政府委托民政部门管理的、独立核算的、为战时或平时军队来往服务的军用饮食供应站、军用供水站、军人转运接待站等单位的总称。

为残疾人提供服务的机构 指以集中安置有一定劳动能力的残疾人就业为目的（残疾职工占生产人员10%以上）、带有社会福利性质的企业总称。社会福利企业分类为：社会福利工厂、假肢厂、其他福利企业。性质分为：国有、集体和其他性质。

孤儿数 指失去父母或查找不到生父母的未满18周岁的未成年人的人数。由地方县级以上民政部门依据有关规定和条件认定的，并已经领取了孤儿补助费的孤儿。

家庭儿童收养登记总数 指中国公民收养查找不到生父母的弃婴、儿童和福利机构抚养的孤儿以及外国人收养中国儿童并在中国县级及以上民政部门办理儿童收养登记后取得合法收养关系的总件数。县级及以上民政部门办理儿童收养登记一次为一件。

中国公民收养登记 指收养人是中国公民（包括港澳台居民及华侨）的儿童收养登记。

外国公民收养登记 指收养人是具有外国国籍（包括无国籍人）的人员。夫妻共同收养有一方是外国人的，按外国人办理收养登记。

城市居民最低生活保障人数 指在报告期末共同生活的家庭成员人均收入低于当地最低生活保障标准，且家庭财产状况符合相关规定的城镇居民，并已发放补助经费的人数。

农村居民最低生活保障人数 指报告期末共同生活的家庭成员人均收入低于当地最低生活保障标准，得到当地政府给予最低生活保障待遇的农业人口家庭人数。

五保户 指无劳动能力、无生活来源、又无法定赡养、抚养、扶养义务人，或者其法定赡养、抚养、扶养义务人无赡养、抚养、扶养能力的老年、残疾或者未满 16 岁的村民。

传统救济人数 指国家规定由民政部门救济的特殊人员和 60 年代精简退职老职工救济人员。特殊人员包括麻风病人、原国民党起义、投诚人员、归侨、台胞台属、宽大释放人员、摘掉右派帽子人员、因公负伤的下乡知青、因计划生育手术事故造成死亡和丧失劳动能力人员等传统民政救济对象，并已发放补助经费的人数。

社区服务机构数 指报告期末设立的社区服务指导中心、社区服务中心、社区服务站、社区养老机构、社区互助型养老机构及其他社区服务机构的总和数。具有面向老人，残疾人，儿童及其家庭的商品递送、医疗保健、家庭保洁、日间照料、陪伴服务等为社区居家养老服务的设施和突出综合服务的职能。

社区服务机构覆盖率 计算公式为：

$$\text{社区服务机构覆盖率} = \frac{\text{社区服务机构数}}{\text{村委会数} + \text{居委会数}} \times 100\%$$

粗离婚率 指某地区当年离婚对数占该地区年平均人口的比重。计算公式为：

$$\text{粗离婚率} = \frac{\text{当年离婚对数}}{\text{年平均人口数}} \times 1000‰$$

未入学学龄残疾儿童少年 指截止到本年度 12 月 31 日，《义务教育法》规定的入学年龄段(6−14 周岁或 7−15 周岁)内的，因各种原因未能入学的各类残疾儿童少年。

城镇残疾人新增安排就业 指本年度通过集中就业、按比例就业、个体就业、公益性岗位就业、辅助性就业及其他形式新安排实现就业的城镇残疾人。

集中就业 指城镇残疾人集中在福利企业、符合集中就业条件的盲人按摩机构等单位就业。

按比例就业 指城镇残疾人分散在机关、团体、企事业单位及各种经济组织等单位就业。

个体及其他形式就业 指城镇残疾人个体就业和灵活就业。

Explanatory Notes on Main Statistical Indicators

Medical and Health Care Institutions refer to the units which have been qualified the Certification of Health Care Institution, certification of family planning technical service by the administration of public health (family planning), or qualified the Certification of Corporate Unit by the civil affairs, administration for industry and commerce, commission office for public sector reform, and engaging in medical health care services, public health services, or medicine research and on-job training, etc., including: hospitals, health care institutions at grass-root level, specialized public health institutions, and other medical and health care institutions.

Hospitals include general hospitals, hospitals specialized in traditional Chinese medicine, hospitals of integrated traditional Chinese and western medicine, ethnic hospitals, specialized hospitals and nursing hospitals, excluding specialized disease prevention and treatment institutes, maternal and child health care hospitals and convalescent hospitals, including affiliated hospital of medical college.

Health Care Institutions at Grass-root Level include community health service centers, community health service stations, urban health centers, township health centers, village clinics, outpatient departments and clinics (health centers).

Specialized Public Health Institutions include centers for disease control and prevention, specialized disease prevention and treatment institutions, women and children care agencies(including women and children health care family planning service center), health education institutions, first aid centers, blood gathering and supplying institutions, health supervision and inspection agencies, and family planning technical service centers that obtained the Certification of Health Care Institution or certification of family planning technical service centers.

Other Medical and Health Care Institutions include sanatoriums, clinical laboratory centers, medicinal scientific research institutions, on-job training institutions, health supervision (monitoring, testing) institutions, medical examination centers, rural water improvement centers, talent exchange centers, and statistical information centers, etc.

Health Care Employees refer to all employees engaged in the health care institutions, such as hospitals, health care institutions at grass-root level, specialized public health institutions, and other medical and health care institutions, including medical technical personnel, village doctors and assistants, other technical personnel, managerial and service staff. The data is based on the year end payroll, including personnel hired (including contract labor) and re-employed after retirement by the institution for over half a year and excluding temporary workers, retired personnel, resigned personnel, personnel who have left the institution but kept the contract relation and personnel who are re-employed after retirement or temporarily employed for less than half a year.

Medical Technical Personnel refer to the professional staff engaged in health care, including licensed doctors, licensed assistant doctors, registered nurses, pharmacists, laboratory technicians, imaging staff, health care supervisors and intern doctors, pharmacists, nurses, and technical personnel, excluding the medical technical personnel engaged in managerial job (e.g. president, vice president and secretary of the party committee etc).

Licensed Doctors refer to the medical workers who have obtained the licenses of qualified doctors and are employed in medical treatment, disease prevention or healthcare institutions, excluding the licensed doctors engaged in management job. The licensed doctors are divided into 4 categories: clinician, Chinese medicine physicians, dentist and public health physicians.

Licensed Assistant Doctors refer to the medical workers who have obtained the licenses of qualified assistant doctors and are employed in medical treatment, disease prevention or healthcare institutions, excluding the licensed assistant doctors engaged in management job. The classification of licensed assistant doctors is clinician, Chinese medicine, dentist and public health.

Number of Medical Technical Personnel per 1000 Population The formula is:

Number of Medical Technical Personnel per 1000 Population = Number of Medical Technical Personnel / Population *1000

The population is the figure of usual population at year-end.

Number of Licensed (Assistant) Doctors per 1000 Population The formula is:

Number of Licensed Doctors per 1000 Population = (Number of Licensed Doctors + Number of Licensed Assistant Doctors) / Population *1000

The population is the figure of usual population at year-end.

Number of Beds refer to the fixed actual beds (non authorized beds) at year-end, including regular beds, simple beds, monitoring beds, beds which are disinfected and repairing, beds deactivated due to expansion or overhaul, not including neonatal beds, predelivery bed, inventory bed, observation beds, temporary beds and family accompany beds.

Number of Beds of Medical and Health Care Institutions per 1000 Population the formula is:

Number of Beds of Medical and Health Care Institutions per 1000 Population = Number of Beds of Medical and Health Care Institutions / Population *1000

The population is the figure of usual population at year-end.

Incidence Rate of A and B Type of Notifiable Infectious Diseases refer to the incidence cases notifiable class A and class B infectious diseases per 100 thousand population in the reference region in the reference year. The formula is:

Incidence Rate of A and B Type of Notifiable Infectious Diseases = Incidence Cases Notifiable Class A and Class B Infectious Diseases / Population *100000

Death Rate of A and B Type of Notifiable Infectious Diseases refer to the death cases notifiable class A and class B infectious diseases per 100 thousand population in the reference region in the reference year. The formula is:

Death Rate of A and B Type of Notifiable Infectious Diseases= Death Cases Notifiable Class A and Class B Infectious Diseases / Population *100000

Mortality Rate of A and B Type Notifiable Infectious Diseases refer to the ratio of death cases notifiable class A and class B infectious diseases to the incidence cases in the reference region in the reference year. The formula is:

Mortality Rate of A and B Type Notifiable Infectious Diseases = Death Cases Notifiable Class A and Class B Infectious Diseases / Incidence Cases *100%

Crude Mortality Rate refers to the ratio of deaths to the average population in a year of the region, and usually is presented by ‰.

Fatality Rate refers to the ratio of deaths caused by a disease to the population infected by it in a given period (generally one year), and usually is presented by %.

Maternal Mortality Rate refers to number of maternal death per 10,000 maternal. Generally refers to maternal mortality from pregnancy to 42 days after parturition due to pregnancy or any treatment of pregnancy, however, accidental deaths are not included. According to internationally accepted calculation method, the live births are used to represent the total number of maternal.

Number of Live Births refers to the number of newborn having one of four indicators like heartbeat, breathing, umbilical cord pulsation and involuntary muscle contraction after childbirth with gestation of at least 28 weeks or above (if the gestation is not clear, then refer to the birth weight of 1000 grams and above).

Mortality Rate of Children under 5 refers to the ratio of deaths of children under 5 in a year to the number of live births, and usually is presented by ‰.

Newborn Mortality Rate refers to the ratio of neonatal deaths in a year to the number of live births, and usually is presented by ‰. Neonatal deaths refer to the deaths of new-birth under the age of 28 days (0-27 days).

Number of Persons Participated in the New Rural Cooperative Medical System refers to the number of persons who have given payment to the new cooperative medical system by the deadline of fundraising during the year according to the implementation plan of the new system.

Expenditure of Funds for the New Rural Cooperative Medical System This Year refers to expenditures on compensation funds for the new rural cooperative medical system from the fund account of new cooperative medical system this year.

Persons Benefited from the Compensation of New Rural Cooperative Medical System refers to the number of person-times of those who participate in the new system and have been compensated for medical treatment in the year, including hospitalization, family account form, out-patient, large special diseases out-patient, normal childbirth in hospital, medical examination and other compensations

Funds Raised for the New Rural Cooperative Medical System within the Reference Year refers to the amount of funds raised within the reference year and put into the special new rural cooperative medical account, including the matching funds of central and local governments, paid money by farmers (including relief funds paid by the civil affairs department and other relevant departments), all the interest income generated this year of the funds and funds actually raised from other channels this year. The amount of funding equals to the funds entering into the special new rural cooperative medical account, excluding the carry-over funds from the previous year.

Total Expenditure on Public Health refers to the total monetary value of health resources in a country or a region collected by the whole society for public health based on source approach. It reflects the attention and affordability of the government, society and individual for public health and the major characteristics, justice and rationality of the health fund-raising model under certain economic circumstance.

Government Expenditure on Public Health refers to the expenditure of the governments at all levels on medical and health care services, medical subsidies, health administration and health insurance management, and undertakings of family planning etc.

Social Expenditure on Public Health refers to all inputs of society except the government in public health including the expenditures on social medical security, commercial health insurance, private expenditure on operation of medical and health care, social donation and contribution, and income from administrative fees etc.

Individual Cash Expenditure on Health refers to expenditure in cash on various health services by rural and urban residents, including self payments of residents within the system of multi-medical insurance. It can be categorized as cash expenditure on health by urban and rural residents and reflects their affordability of public health.

Average Expenditure on Health refers to the ratio of total expenditure on health in a year to the average population.

Ratio of Total Expenditure on Public Health to GDP refers to the ratio of total expenditure on public health in a year to GDP, which indicates the financial support given by a nation to health work and the attention paid on the public health and the health of residents by the government and society.

Licensed Social Workers refer to those who passed the National Aptitude Test for Social Workers and obtained the certificates.

Social Service Beds per Thousand Population refer to the total number of social service beds for the elderly, disabled, mentally-retarded, mentally-disabled, children, people in need and others divided by year-end population multiplied by 1000.

The formula is:

$$\text{Social service beds per thousand population} = \frac{\text{number of social service beds for the reference year}}{\text{year - end population}} \times 1000$$

The number of beds for the elderly and disabled includes beds in urban institutions for aged persons, rural institutions for aged persons, social welfare homes, homes for disabled veterans, convalescent hospitals, military recreation habitation, community service institutions for honourable servicemen and sanatoriums for ex-servicemen. The number of beds for the mentally-retarded and mentally disabled includes beds in mental hospitals for ex-servicemen and the related beds in social welfare hospitals. The number of beds for children includes the beds in social welfare institutions for children and centers for rescuing street children. The number of beds for relief and other social service beds includes the beds in community pension service center, resettlement farm, community elderly care service center, salvation station, other adoption institutions, convalescent homes for retired military officers and military supply stations.

Military Supply Stations also called units of management of military supply. They are the general name of units such as military food supply stations, military water supply stations, servicemen transfer reception stations, which are managed by departments of civil affairs entrusted by local governments with independent accounting, and provide services to army during the war or peacetime.

Institutions Providing Services for Handicapped People refer to those welfare-oriented enterprises employing a significant number of handicapped people with certain labour ability (handicapped employees shall exceed 10% of the production staff). They can be categorized as welfare factories, artificial limb plants and other welfare enterprises. They can be in the form of state ownership, collective ownership or other kinds of ownership.

Number of Orphans refers to juveniles under age of 18 that have lost parents or can't find parents. Orphans are affirmed by department of civil affairs at county level according to relevant regulations, and have received orphan subsidies..

Number of Adoption Registration of Family Children refers to abandoned babies that can't find parents, children and orphans raised by welfare institutions adopted by Chinese citizens, or children adopted by foreign nationals, which have registered in department of civil affairs at county level and above, and gained legal adoption right. One registration means one case.

Adoption Registration of Chinese Citizens refers to adoption registration of children by Chinese citizens, which include persons from Hong Kong, Macao and Taiwan, and overseas Chinese.

Adoption Registration of Foreign Nationals refers to adoption registration of children by foreign nationals, which include stateless persons, or by couples, at least one of whom is of foreign national.

Number of Urban Residents Entitled to Minimum Living Allowances refers to the number of those urban residents whose average family income is below a minimum local standard, and status of family property meets the relevant regulation, and have received subsidies by the end of the reporting period

Number of Rural Residents Entitled to Minimum Living Allowances refers to the number of those rural residents whose average family income is below a minimum local standard, and receiving the minimum living allowances from the local government by the end of the reporting period.

Households Enjoying Five Guarantees refers to the elderly, disabled or under the age of 16 villagers, without working capacity, without the source of life, and without legal supporter, upbringing persons, brought up persons, or legal supporter, upbringing persons, brought up persons can not support, upbringing, bring up.

Number of Recipients of Traditional Relief refers to special personnel receiving support from civil affair department according to national regulations and personnel who resigned because of the streamlining in the 1960s. Special personnel include traditional recipients of civil affair support, such as lepers, insurrectionists and surrenders of former KMT, returned overseas Chinese, Taiwan compatriots, personnel pardoned and released early from prisons, personnel removed of the label "rightist", educated youth suffered from work injuries in the "Down to the Countryside Movement" and personnel who have lost their work capacity due to family planning surgeries, and received subsidies.

Number of Service Institutions in Communities refers to the total number of community service guidance centers, community service centers, community service stations, community pension institutions, community mutual aid pension facilities and other community service institutions at the end of the reporting period. These institutions offer home keeping and elderly care services for the elderly, handicapped people, children and their families, like commodity delivery, health care, cleaning, adult day care, companion and others.

Coverage Rate of Service Institutions in Communities The formula is:

Coverage rate of service facilities in communities = number of service facilities in communities/number of village committees + communities × 100%

Crude Divorce Rate refers to ratio of divorced couples to the annual average population in a certain region for the reference year, the formula is:

$$\text{Crude Divorce Rate} = \frac{\text{number of couples divorced for the reference year}}{\text{annual average population}} \times 1000‰$$

Handicapped School-age Children without School Attendance refers to the number of handicapped children of the school age in accordance with the *Law on Compulsory Education* (6 to 14 years old or 7 to 15 years old) who fail to attend any schools for various reasons as of December 31 of the current year.

New Job Created for the Urban Disabled refers to the new jobs created for the urban disabled through centralized employment, self-employment, employment of welfare posts, supported employment and other forms.

Centralized Employment refers to the employment of the urban handicapped residents, in a centralized manner, satisfying the conditions of centralized employment, by welfare enterprises, work and treatment agencies, blind massagists' centers and other organizations.

Proportionate Employment refers to the employment of the urban handicapped residents by governmental bodies, organizations, corporate and public institutions, and various economic organizations in a decentralized manner.

Individuals and Other Forms of Employment refer to individual employment and flexible employment of persons with disabilities in cities and towns.

23

文化和体育

Culture and Sports

简 要 说 明

一、本篇资料的主要内容

本篇主要反映新闻出版、广电、文化、文物、档案、体育事业发展情况。

内容包括全国及各地区图书、期刊、报纸、音像制品的出版、印刷、发行以及引进和输出版权情况；全国及各地区广播影视宣传、覆盖、技术等方面的情况；全国及各地区艺术表演团体、公共图书馆、群众文化机构、博物馆以及国家档案馆等单位的机构、人员、经费和业务活动情况；全国及各地区体育系统运动员获世界冠军、创世界记录以及分技术等级运动员、教练员发展情况。

二、本篇的资料来源

新闻出版、广播、电影、电视资料来自国家新闻出版广电总局；文化资料来自文化部；文物资料来自国家文物局；档案资料来自国家档案局；体育资料来自国家体育总局。

详细资料分别见《中国新闻出版统计资料汇编》（国家新闻出版广电总局编）、《全国广播电影电视业发展指标统计》（国家新闻出版广电总局编）、《中国文化文物统计年鉴》（中华人民共和国文化部编）、《体育事业统计年鉴》（国家体育总局体育经济司编）。

Brief Introduction

I. Main Contents

Data in this chapter mainly reflect the development of news and publication; radio broadcasting, films and television; culture; cultural relics; archives and sports undertakings.

This part covers the publication, printing, issuance, import and export of books, magazines, newspapers and audio and video products in regions and the country as a whole; the advertisement, coverage and technique of radio, film and television programmes in regions and the country as a whole. Data mainly include number of institutions and employed persons, funds and activities of art performance troupes, public libraries, mass cultural institutions, museums and archive institutions at national and local level; world championships won by Chinese athletes, world records chalked up by Chinese athletes and certified athletes and coaches by technical grades.

II. Sources of Data

Data on news and publication, radio broadcasting, films and television are from the State Administration of Publication, Radio, Film and Television. Data on culture are provided by the Ministry of Culture. Data on cultural relics are from State Administration of Cultural Heritage. Data on archives are from State Archives Administration. Data on sports are from General Administration of Sport.

For detailed information please refer to “Collection of China News and Publication Statistical Information” (State Administration of Publication, Radio, Film and Television), “Statistics on National Development Indicators of Radio, Film and Television” (State Administration of Publication, Radio, Film and Television), “China Cultural Relics Yearbook” (Ministry of Culture of the People’s Republic of China), and “Statistical Yearbook of Sports” (Finance Department, General Administration of Sport).

23-1 图书出版情况（2015年）
Statistics on Books Published in China by Categories (2015)

类　别	Category	种　数（种）Number of Publications (item)	印　数（万册）Printed Copies (10 000 copies)
图书总计	**Total**	**475768**	**866233**
使用"中国标准书号"部分合计	**Publications with "China International Standard Book Number"**	**475239**	**864051**
马列主义、毛泽东思想	Marxism-Leninism, Mao Zedong Thought	730	1408
哲学	Philosophy	8890	6191
社会科学总论	General Social Sciences	5618	2974
政治、法律	Politics and Law	19051	18544
军事	Military Affairs	1619	936
经济	Economics	32606	15213
文化、科学、教育、体育	Culture, Science, Education and Sports	192592	667976
语言、文字	Languages	21469	20302
文学	Literature	49656	55656
艺术	Arts	26652	17388
历史、地理	History and Geography	18205	13250
自然科学总论	General Natural Sciences	780	525
数理科学、化学	Mathematics and Chemistry	8180	3766
天文学、地球科学	Astronomy and Geology	2723	1136
生物科学	Biology	3255	1908
医学、卫生	Medicine and Health Care	21069	11606
农业科学	Agricultural Science	5316	1929
工业技术	Industrial Technology	45187	16954
交通运输	Transportation	5155	2793
航空、航天	Aeronautics and Aerospace	521	166
环境科学	Environmental Science	2182	879
综合性图书	General Books	3783	2551
不使用"中国标准书号"部分合计	**Publications without "China International Standard Book Number"**	**529**	**2182**
图片	Pictures	529	336
国标(GB)、部标(BB)等标准类文件印品	Standards Publications such as National Standards, Ministry Standards		1397
活页文选、活页歌篇、小件印品等	Loose-leaf Collectanea, Loose-leaf Song and Prints of Small Volume		449

23-2 图书、期刊和报纸出版情况
Number of Books, Magazines and Newspapers Published in China

年份 Year / 地区 Region		图书 Books Published 种数(种) Number of Publication (kind)	#新出版 New Publication	总印数(亿册、亿张) Printed Copies (100 million copies)	期刊 Magazines Published 种数(种) Number of Publication (kind)	总印数(亿册) Total Printed Copies (100 million copies)	报纸 Newspapers Published 种数(种) Number of Publication (kind)	总印数(亿份) Total Printed Copies (100 million copies)
	1978	14987	11888	37.7	930	7.6	186	127.8
	1980	21621	17660	45.9	2191	11.3	188	140.4
	1985	45603	33743	66.7	4705	25.6	1445	246.8
	1990	80224	55245	56.4	5751	17.9	1444	211.3
	1995	101381	59159	63.2	7583	23.4	2089	263.3
	2000	143376	84235	62.7	8725	29.4	2007	329.3
	2005	222473	128578	64.7	9468	27.6	1931	412.6
	2006	233971	160757	64.1	9468	28.5	1938	424.5
	2007	248283	136226	62.9	9468	30.4	1938	438.0
	2008	274123	148978	70.6	9549	31.0	1943	442.9
	2009	301719	168296	70.4	9851	31.5	1937	439.1
	2010	328387	189295	71.7	9884	32.2	1939	452.1
	2011	369523	207506	77.1	9849	32.9	1928	467.4
	2012	414005	241986	79.2	9867	33.5	1918	482.3
	2013	444427	255981	83.1	9877	32.7	1915	482.4
	2014	448431	255890	81.8	9966	30.9	1912	463.9
	2015	475768	260426	86.6	10014	28.8	1906	430.1
中央	Central Level	194085	108279	22.2	2996	9.0	218	79.4
北京	Beijing	11907	7118	2.2	172	0.4	35	7.9
天津	Tianjin	6421	4173	0.6	254	0.3	24	6.2
河北	Hebei	6817	2436	2.2	227	0.5	65	14.6
山西	Shanxi	3812	2281	1.2	201	0.3	60	20.4
内蒙古	Inner Mongolia	3125	1725	0.7	147	0.2	58	3.3
辽宁	Liaoning	10964	5806	1.3	320	0.9	70	13.3
吉林	Jilin	23823	13560	2.5	242	0.8	52	8.1
黑龙江	Heilongjiang	6087	4712	0.7	314	0.4	68	6.6
上海	Shanghai	24492	12752	3.3	637	1.3	70	10.8
江苏	Jiangsu	26503	14646	6.2	468	1.1	81	26.4
浙江	Zhejiang	13701	6940	3.7	226	0.8	68	31.1
安徽	Anhui	8902	4832	2.7	186	0.5	51	10.5
福建	Fujian	3395	2318	0.9	176	0.4	42	10.6
江西	Jiangxi	6729	4424	1.9	165	0.7	41	11.4
山东	Shandong	14760	6823	5.3	270	1.1	87	29.2
河南	Henan	7410	4118	2.3	248	0.9	78	20.4
湖北	Hubei	15543	8932	2.6	425	2.5	73	15.4
湖南	Hunan	11815	5333	4.9	254	1.4	48	13.4
广东	Guangdong	10088	6092	3.1	389	1.4	100	32.8
广西	Guangxi	7532	3367	3.0	184	0.5	54	6.9
海南	Hainan	3198	1088	0.6	44	0.1	14	2.4
重庆	Chongqing	6156	2495	1.5	138	0.5	27	5.8
四川	Sichuan	10038	6074	2.5	354	0.6	88	16.3
贵州	Guizhou	738	564	1.0	90	0.2	30	3.3
云南	Yunnan	8465	4503	1.9	127	0.4	42	4.6
西藏	Tibet	648	258	0.1	35	0.0	25	0.8
陕西	Shaanxi	10459	5441	2.1	287	0.4	43	6.0
甘肃	Gansu	3412	2161	0.7	134	1.0	50	5.1
青海	Qinghai	779	351	0.1	54	0.0	26	1.1
宁夏	Ningxia	2686	1430	0.5	37	0.1	14	1.1
新疆	Xinjiang	11278	5394	2.3	213	0.2	104	5.0

23-3 分地区少年儿童读物和课本出版情况（2015年）
Number of Books Published for Children and Textbooks by Region (2015)

地区	Region	种数(种) Number of Publications (kind)		总印数（万册）Printed Copies (10 000 copies)		总印张(千印张) Printed Sheets (1 000 sheets)	
		儿童读物 Books for Children	课本 Textbooks	儿童读物 Books for Children	课本 Textbooks	儿童读物 Books for Children	课本 Textbooks
全国	**National Total**	**36633**	**90718**	**55564**	**331931**	**3387086**	**26308698**
中央	Central Level	8179	52471	11887	91814	675942	9427027
北京	Beijing	2271	730	4393	1801	362922	140680
天津	Tianjin	993	763	1263	883	71499	82065
河北	Hebei	587	445	785	9978	37625	696420
山西	Shanxi	189	78	157	5199	11245	397805
内蒙古	Inner Mongolia	318	842	125	4483	5546	319505
辽宁	Liaoning	1048	2984	1444	3910	106778	279861
吉林	Jilin	3996	1116	4442	4515	253933	290271
黑龙江	Heilongjiang	985	814	224	3489	19197	244173
上海	Shanghai	1188	6066	3441	13103	161730	1130951
江苏	Jiangsu	2277	3325	3382	20050	169505	1347422
浙江	Zhejiang	2671	1591	6641	12841	479614	850636
安徽	Anhui	1244	1091	1927	11826	153008	853486
福建	Fujian	319	458	341	4207	29883	302187
江西	Jiangxi	2040	332	3222	7195	219648	551568
山东	Shandong	2011	1630	3164	18346	144911	1093421
河南	Henan	572	1060	691	14044	23609	932030
湖北	Hubei	707	2583	746	8841	76228	714090
湖南	Hunan	879	1039	1176	14678	78248	899968
广东	Guangdong	410	1588	465	17692	20557	1229907
广西	Guangxi	1070	479	2364	10174	158120	679485
海南	Hainan	63	28	188	1489	5999	84298
重庆	Chongqing	35	2176	46	6610	882	440024
四川	Sichuan	1118	2066	1452	10074	46919	811901
贵州	Guizhou	41	101	155	7397	4559	519019
云南	Yunnan	23	157	154	6985	4636	485692
西藏	Tibet	16	171	8	1038	172	72960
陕西	Shaanxi	682	2289	939	7981	44524	600005
甘肃	Gansu	125	69	107	3153	7122	244891
青海	Qinghai	25	215	6	910	325	69986
宁夏	Ningxia	45	21	30	1834	1573	132473
新疆	Xinjiang	506	1940	199	5391	10627	384491

23-4 课本出版情况(2015年)
Publication of Textbooks (2015)

项目	Item	种数(种) Number of Items (number)	#新出版 New Publication	总印数(万册) Printed Copies (10 000)	总印张(千印张) Printed Sheets (1 000)	定价总金额(万元) Total Priced Value (10 000 yuan)
总计	**Total**	**90718**	**30702**	**331931**	**26308698**	**3583406**
大专及以上课本	Textbooks for Colleges and Universities	62334	22757	32048	5611339	1106992
中专、技校课本	Textbooks for Secondary Technical Schools	7644	2813	7471	934275	174717
中学课本	Textbooks for Secondary Schools	6877	1250	153674	11736558	1231387
小学课本	Textbooks for Primary Schools	6251	1521	132566	7154995	858879
业余教育课本	Textbooks for Spare-time Education	3617	1585	3489	518175	130351
扫盲课本	Textbooks for Eliminating Illiteracy	4	3	67	7283	3107
教学用书	Teaching Materials	3991	773	2616	346073	77973

23-5 分地区音像制品及电子出版物情况（2015年）
Statistics on Number of Publication of Audio-Video and Electronic Products by Region (2015)

地区	Region	录像制品出版品种（种）Number of Publication of Video Products (kind)	录像制品出版数量（万盒、万张）Volume of Publication of Video Products (10000 cassettes, 10000 discs)	录音制品出版品种（种）Number of Publication of Audio Products (kind)	录音制品出版数量（万盒、万张）Volume of Publication of Audio Products (10000 cassettes, 10000 discs)	电子出版物出版品种（种）Electronic Publications (kind)	电子出版物出版数量（万张）Number of Electronic Publications (10000 discs)
全　国	**National Total**	**5512**	**6034.8**	**9860**	**23383.5**	**10091**	**21438.4**
中　央	Central Level	2501	3990.8	3533	15284.0	6626	14790.1
北　京	Beijing	53	25.2	137	104.3	54	29.3
天　津	Tianjin	5	1.9	50	51.5	42	13.6
河　北	Hebei	18	11.2	77	404.0		
山　西	Shanxi	45	7.8	94	148.1	156	11.5
内蒙古	Inner Mongolia	20	4.6	45	14.5	4	0.4
辽　宁	Liaoning	137	119.3	192	26.1	222	311.9
吉　林	Jilin	109	21.3	118	176.1	104	43.3
黑龙江	Heilongjiang	20	2.1	28	1.7		
上　海	Shanghai	874	880.7	3765	3046.1	754	1404.0
江　苏	Jiangsu	114	50.7	216	1016.7	472	2727.7
浙　江	Zhejiang	96	36.1	117	396.2	282	141.0
安　徽	Anhui	55	10.4	65	32.7	18	3.5
福　建	Fujian	28	16.7	30	6.8	41	24.6
江　西	Jiangxi	60	21.7	73	40.0	10	8.1
山　东	Shandong	190	109.6	183	320.9	246	233.3
河　南	Henan	137	43.8	3	0.6	180	553.0
湖　北	Hubei	65	36.7	50	20.5	224	248.7
湖　南	Hunan	219	180.7	174	547.0	91	329.5
广　东	Guangdong	165	109.4	508	1564.7	82	93.9
广　西	Guangxi	41	22.8	87	32.1	26	2.7
海　南	Hainan	3	0.4	23	3.8	3	1.4
重　庆	Chongqing	47	12.9	62	28.0	154	200.4
四　川	Sichuan	46	67.5	15	8.7	185	42.5
贵　州	Guizhou						
云　南	Yunnan	143	34.4	65	6.2	29	52.4
西　藏	Tibet	41	18.3	33	26.1		
陕　西	Shaanxi	62	25.8	82	62.2	33	44.3
甘　肃	Gansu	23	4.2	8	3.5	11	17.7
青　海	Qinghai	30	13.6			1	0.6
宁　夏	Ningxia	6	1.6	3	1.0		
新　疆	Xinjiang	159	152.6	24	9.7	41	109.1

23-6 图书、期刊、报纸进出口情况（2015年）
Statistics on Imports and Exports of Books, Magazines and Newspapers (2015)

指 标	Item	出 口 Exports		进 口 Imports	
		数量（万册、份）Number (10 000 copies)	金额（万美元）Value (10 000 USD)	数量（万册、份）Number (10 000 copies)	金额（万美元）Value (10 000 USD)
总计	**National**	**1552.63**	**5726.74**	**2811.75**	**30557.53**
图书	Books Published	1278.75	5221.67	1418.78	14499.25
哲学、社会科学	Philosophy, Social Science	129.06	1589.45	52.20	1849.17
文化、教育	Culture and Education	172.72	798.88	229.66	3017.71
文学、艺术	Literature and Art	162.81	939.98	180.92	2147.42
自然、科学技术	Natural Science and S&T	48.85	317.32	47.47	2238.68
少儿读物	For Children	556.11	482.41	487.48	1614.04
综合性图书	General Books	209.20	1093.63	421.05	3632.23
期刊	Magazines Published	240.35	461.64	357.66	14323.10
报纸	Newspapers Published	33.53	43.43	1035.31	1735.18

注：本表数据为全国有出版物进口经营许可证的出版物进出口经营单位数据(下表同)。
a) Data are from national publication import and export units that have publication import business certificate. The same applies to the table following.

23-7 全国音像、电子出版物进出口情况(2015年)
Statistics on Audio-Video Products and Electronic Publications (2015)

指 标	Item	出 口 Exports		进 口 Imports	
		数量（盒、张）Number (disc)	金额（万美元）Value (10 000 USD)	数量（盒、张）Number (disc)	金额（万美元）Value (10 000 USD)
总计	**National Total**	**9409**	**136.76**	**116213**	**24207.67**
录音合计	Audio Products	5403	7.53	108666	99.54
录音带(AT)	AT	77	0.05		
激光唱片(CD)	CD	1057	0.64	108666	99.54
数码激光唱盘(DVD-A)	DVD-A	4269	6.84		
录像合计	Video Products	3722	2.36	7547	9.19
录像带(VT)	VT	11	0.02		
数码激光视盘(DVD-V)	DVD-V	3711	2.34	7547	9.19
电子出版物	Electronic Publications	284	14.77		
数字出版物	Digital Publications		112.1		24098.94

23-8 版权引进和输出情况（2015年）
Basic Statistics on Registration of Copyright Contracts and Copyright Import and Export (2015)

单位：项 (item)

项　目	Item	合　计 Total	图　书 Books	录音制品 Audio Products	录像制品 Video Products	电子出版物 Electronic Publications	软　件 Software	电　影 Films	电视节目 TV Programs	其　他 Others
本年引进版权总数	**Total Number of Copyright Import During the Year**	**16467**	**15458**	**133**	**90**	**292**	**34**	**324**	**136**	
美　国	United States	5251	4840	34	68	120	13	157	19	
英　国	United Kingdom	2802	2677	7	17	55	5	1	40	
德　国	Germany	815	783	9	1	15	6		1	
法　国	France	999	959	2		30	3		5	
俄罗斯	Russia	87	86				1			
加拿大	Canada	153	151			1			1	
新加坡	Singapore	242	240						2	
日　本	Japan	1771	1724	13		31	1		2	
韩　国	South Korea	883	826	2	1	6			48	
香港地区	Hong Kong, China	333	159	13		5		154	2	
澳门地区	Macao, China	1	1							
台湾地区	Taiwan, China	1117	1052	43	1	7	1	10	3	
其　他	Others	2013	1960	10	2	22	4	2	13	
本年输出版权总数	**Total Number of Copyright Export During the Year**	**10471**	**7998**	**217**		**650**	**2**		**1511**	**93**
美　国	United States	1185	887			168			124	6
英　国	United Kingdom	708	546			36			60	66
德　国	Germany	467	380			27			60	
法　国	France	199	138				1		60	
俄罗斯	Russia	135	135							
加拿大	Canada	144	81						63	
新加坡	Singapore	555	262	63		87			123	20
日　本	Japan	313	285	11		16			1	
韩　国	South Korea	654	619	25		8			2	
香港地区	Hong Kong, China	499	311			60	1		127	
澳门地区	Macao, China	99	31						68	
台湾地区	Taiwan, China	1857	1643			144			70	
其　他	Others	3656	2680	118		104			753	1

23-9 分地区出版物发行网点情况（2015年）
Issuing Institutions and Spots of Publication by Region (2015)

地区	Region	发行网点合计（处） Issuing Institutions (unit)	新华书店及其发行网点 Xinhua Book Store and Issuing Spots	供销社 Supply and Marketing Coopera-tives	出版社 Press	邮政系统 Postal Systems	其他批发网点 Wholesale Spots	其他零售网点 Retail Spots	新华书店系统、出版社自办发行单位从业人数（人） Persons Engaged in Own Issuance of Presses of Xinhua Book-store System (person)	#新华书店及其发行网点 State-owned Bookstores and Issuing Spots
全 国	**National**	**163650**	**8918**	**537**	**425**	**37586**	**8368**	**107816**	**140667**	**130179**
中 央	Central Level	83	3		80				1867	1032
北 京	Beijing	8953	124		18	2347	1960	4504	5146	4634
天 津	Tianjin	2383	68		13		189	2113	1343	1237
河 北	Hebei	7002	462		9	1455	194	4882	7292	6377
山 西	Shanxi	3053	408		7	329	133	2176	6172	5500
内蒙古	Inner Mongolia	1242	96		7		59	1080	2030	1901
辽 宁	Liaoning	5885	136		33	1003	403	4310	4557	3777
吉 林	Jilin	2226	103		14	960	162	987	4702	3102
黑龙江	Heilongjiang	2186	173	53	5	350	129	1476	3057	2955
上 海	Shanghai	5486	104		76	1723	341	3242	1868	1246
江 苏	Jiangsu	14018	875		18	2180	303	10642	8823	8684
浙 江	Zhejiang	11444	697		10	2481	302	7954	7739	7637
安 徽	Anhui	7975	607		11	3457	302	3598	5073	5008
福 建	Fujian	4038	110		18	1168	148	2594	3148	3080
江 西	Jiangxi	3820	538		7	21	192	3062	3655	3532
山 东	Shandong	8838	485		4	690	244	7415	7659	7639
河 南	Henan	10430	1089		12	3167	319	5843	14009	12698
湖 北	Hubei	4858	109		14	600	520	3615	4260	3939
湖 南	Hunan	9533	353		13	4742	186	4239	8277	6945
广 东	Guangdong	8583	410	484	2		639	7048	7870	7854
广 西	Guangxi	3595	250		3	1670	142	1530	3410	3357
海 南	Hainan	763	27		5	426	49	256	1239	1200
重 庆	Chongqing	4888	267		3	612	178	3828	3150	3150
四 川	Sichuan	9532	151			3148	233	6000	7852	7852
贵 州	Guizhou	3430	220		3	869	126	2212	1480	1438
云 南	Yunnan	7280	234		8	1828	115	5095	3722	3708
西 藏	Tibet	178	93		2	12		71	475	465
陕 西	Shaanxi	4353	204		24	1577	268	2280	4811	4500
甘 肃	Gansu	2339	272		1	82	194	1790	2419	2357
青 海	Qinghai	967	58			189	30	690	611	611
宁 夏	Ningxia	1151	31		1	390	47	682	410	385
新 疆	Xinjiang	3138	161		4	110	261	2602	2541	2379

23-10 分地区出版印刷生产情况（2015年）
Conditions of Printing by Region (2015)

地 区 Region	企业数（个）Number of Enterprises (unit)	从业人员（人）Number of Employees (unit)	印刷产量 Output of Printing		装订产量（万令）Output of Bookbinding (10 000 ream)	用纸量（万令）Amount of Paper Used (10 000 ream)
			黑白（万令）Black and White (10 000 ream)	彩色（万对开色令）Color (10 000 bisect color ream)		
全 国 National	**8910**	**482937**	**30944.9**	**219634.1**	**31629.7**	**60698.2**
北 京 Beijing	817	36986	2100.0	15393.2	3158.7	4239.7
天 津 Tianjin	120	5881	2702.8	65371.5	240.4	3855.5
河 北 Hebei	731	31767	1463.9	2720.4	2746.3	2474.9
山 西 Shanxi	166	10515	298.0	2076.1	314.7	637.6
内蒙古 Inner Mongolia	134	3101	123.7	530.0	116.9	299.5
辽 宁 Liaoning	220	8159	1928.3	2910.3	1071.6	645.4
吉 林 Jilin	210	7565	996.2	2709.8	445.2	1249.9
黑龙江 Heilongjiang	169	5321	332.8	2174.1	378.0	608.9
上 海 Shanghai	244	19208	492.5	11537.2	521.8	1128.3
江 苏 Jiangsu	408	25091	1249.8	5821.7	1281.8	3186.1
浙 江 Zhejiang	683	32628	1690.3	22001.8	1920.8	5325.1
安 徽 Anhui	293	12493	859.0	3877.0	999.0	1737.4
福 建 Fujian	320	16688	572.0	1613.0	447.0	852.5
江 西 Jiangxi	140	9740	980.6	1384.1	802.9	893.4
山 东 Shandong	512	41507	3333.9	28607.5	4206.2	8148.8
河 南 Henan	433	25087	905.2	3964.4	1183.0	2383.5
湖 北 Hubei	379	18317	1317.6	3205.7	1592.4	2586.7
湖 南 Hunan	404	19514	1048.0	5506.5	1294.6	3805.6
广 东 Guangdong	874	73738	3422.1	19987.4	4320.1	7256.1
广 西 Guangxi	175	10554	1608.4	5376.7	1103.0	3421.7
海 南 Hainan	26	1412	71.1	493.2	55.0	144.8
重 庆 Chongqing	186	14170	462.5	1133.3	413.1	684.3
四 川 Sichuan	235	8639	1352.2	3528.2	1137.5	1607.1
贵 州 Guizhou	186	4448	158.2	1591.5	145.2	369.7
云 南 Yunnan	152	8498	367.1	1379.7	371.3	775.7
西 藏 Tibet	27	1035	35.3	78.4	29.1	76.7
陕 西 Shaanxi	232	16939	661.3	3078.8	775.3	1357.8
甘 肃 Gansu	104	5417	208.6	438.9	215.3	338.9
青 海 Qinghai	63	2000	29.7	161.1	29.8	86.6
宁 夏 Ningxia	70	1177	55.0	138.2	55.2	120.9
新 疆 Xinjiang	197	5342	118.8	844.7	258.7	399.2

23-11 国家综合档案馆基本情况
Basic Statistics on National Comprehensive Archives

年份 Year	馆藏档案（万卷、万件） Number of Archives (10 000 volumes, 10 000 pieces)	照片档案（万张） Photos (10 000 sheets)	开放档案（万卷、万件） Archives Open to Public (10 000 volume, 10 000 pieces)	利用档案（万卷、万件次） Utilized Archives (10 000 volume-times, 10 000 piece-times)	档案馆建筑面积（万平方米） Floor Space of Archive Institutions (10 000 sq.m)
1991	9637.4	371.0	2094.3	937.0	348.1
1992	10003.5	402.4	2018.7	773.8	255.7
1993	10726.8	435.5	2140.7	891.9	275.9
1994	10783.0	449.6	2454.6	674.4	268.3
1995	11318.3	485.5	2790.3	529.3	282.5
1996	11341.4	494.6	2939.2	485.4	297.5
1997	12222.9	553.0	3304.6	501.0	347.6
1998	12276.5	579.7	3556.5	446.5	310.7
1999	12866.8	584.5	3808.2	508.5	328.4
2000	13314.0	631.7	4072.0	494.4	336.2
2001	13756.6	642.8	4129.7	575.4	342.0
2002	14790.7	720.5	4301.1	548.9	351.0
2003	15945.9	797.4	4618.4	602.6	361.4
2004	17601.5	827.9	4868.3	813.9	376.8
2005	18688.7	908.8	5132.3	868.0	393.1
2006	21656.5	1277.2	5746.3	1166.4	406.1
2007	23675.3	1393.3	5875.5	1244.9	421.9
2008	25051.0	1505.3	6072.2	1257.4	465.4
2009	28089.2	1646.3	6687.4	1308.0	473.3
2010	32198.6	1809.2	7428.6	1417.3	504.4
2011	35445.5	1965.8	7828.4	1564.5	551.1
2012	40547.7	1827.4	8254.6	1521.1	627.1
2013	42454.5	1927.6	8900.5	1477.8	709.3
2014	53470.3	2041.8	9179.7	1688.8	736.0
2015	58641.7	2102.4	9266.3	1978.3	785.5

23-12 档案馆机构和人员情况
Statistics on Archive Institutions and Personnel

单位：个、人 (unit, person)

年份 Year	国家综合档案馆 National Comprehensive Archives		国家专门档案馆 National Special Archives		部门档案馆 Department Archives		企业档案馆数 Enterprise Archive Institutions	事业单位档案馆数 Institutional Archive Institutions	科技事业单位档案馆数 Science and Technology Archive Institutions
	馆数 Number of Institutions	专职人员 Full-time Personnel	馆数 Number of Institutions	专职人员 Full-time Personnel	馆数 Number of Institutions	专职人员 Full-time Personnel			
1991	2957	21657	211	2038	128	2171	229	19	28
1992	2962	22226	206	2082	122	2258	231	19	28
1993	2980	23624	200	2245	122	1448	221	20	31
1994	2983	23568	205	2294	136	2160	209	20	36
1995	3024	24777	216	2484	144	2168	213	27	38
1996	3011	24542	226	2658	134	2072	232	23	44
1997	3021	24904	223	2578	162	2521	228	26	46
1998	3034	24197	232	3200	149	2411	245	27	46
1999	3046	23530	225	3436	142	2123	304	40	59
2000	3070	23701	234	3319	141	1865	307	53	80
2001	3100	23652	243	3448	142	2086	286	47	84
2002	3110	22825	253	3435	148	2109	299	75	93
2003	3121	23086	260	3514	141	1770	300	75	85
2004	3127	23401	258	3591	149	1932	300	79	99
2005	3142	23413	238	3452	145	2020	301	105	63
2006	3154	22689	239	3537	137	1699	216	110	95
2007	3161	21399	245	3737	146	1985	215	126	94
2008	3170	21414	240	3663	154	1886	241	141	87
2009	3191	20949	241	3626	149	1814	233	167	96
2010	3194	19750	252	3833	167	1747	223	160	111
2011	3196	19985	255	3843	170	2121	183	179	124
2012	3237	18009	238	3577	183	2161	204	260	
2013	3325	18105	240	3579	218	2182	189	274	
2014	3319	17863	247	3538	209	2129	169	252	
2015	3322	18386	234	3457	237	2263	176	224	

注：2012年以前的事业单位档案馆数指文化事业档案馆数，2012年新修订的《全国档案事业统计年报制度》不再细分事业单位的属性，统称"省部属事业单位档案馆"，包括文化事业档案馆和科技事业单位档案馆。

a) Institutional archive institutions before 2012 refer to culture archive institutions, the newly revised Annual Report of National Archive Statistics in 2012 does not further subcategorize public institutions by their attributes, but generally called public archive institutions affiliated to ministries or provincial governments, which include cultural archive institutions, and science and technology archive institutions.

23-13 广播电视电影事业发展情况
Basic Statistics on Radio, Television and Movies Industry

指标	Item	2010	2014	2015
广播	**Radio**			
广播节目综合人口覆盖率 (%)	Radio Coverage Rate of the Population (%)	96.78	97.99	98.17
#农村	Rural	95.64	97.29	97.53
公共广播节目套数 (套)	Number of Public Radio Programs (set)	2549	2686	2782
公共广播节目播出时间(万小时)	Length of Public Radio Programs Broadcasted(10 000 hours)	1266.0	1405.8	1421.8
广播节目制作时间 (万小时)	Length of Radio Programs Produced (10 000 hours)	681.4	764.7	771.8
电视	**Television**			
电视节目综合人口覆盖率 (%)	TV Coverage Rate of the Population (%)	97.62	98.60	98.77
#农村	Rural	96.78	98.11	98.32
有线广播电视实际用户数(万户)	Actual Users of Cable Radio and TV (10 000 households)	18872	23458	23567
#农村	Rural	7293	7986	8250
#数字电视	Users of Digital TV	8870	19143	19776
有线广播电视实际用户数占家庭总户数比重 (%)	Actual Popularization Rate of Cable Radio and TV (%)	46.40	54.82	54.63
#农村有线广播电视实际用户数占农村家庭总户数比重	Actual Rural Popularization Rate of Cable Radio and TV	29.35	31.55	33.49
公共电视节目套数 (套)	Number of Public TV Programs (set)	3272	3329	3442
公共电视节目播出时间(万小时)	Length of Public TV Programs Broadcasted (10 000 hours)	1635.5	1747.6	1779.6
电视剧播出数 (万部)	Number of TV Plays Broadcasted (10 000 sets)	24.92	23.28	23.31
#进口电视剧播出数	Imported TV Plays	0.88	0.29	0.29
电视剧播出数 (万集)	Number of TV Plays Broadcasted (10 000 parts)	635.86	669.00	686.36
#进口电视剧播出数	Imported TV Plays	19.51	8.05	8.15
动画电视播出时间 (万小时)	Number of Cartoons Broadcasted (10 000 hours)		30.48	30.91
#进口动画电视播出时间	Imported Cartoons		1.59	0.97
电视节目制作时间 (万小时)	Length of TV Programs Produced (10 000 hours)	274.3	327.7	352.0
电影	**Movies**			
国有电影制片厂 (个)	State-owned Movie Studios (unit)	38	38	38
#电影故事片厂	Feature Film Studios	31	31	31
电影院线 (条)	Movie Circuit (line)	37	45	46
银幕 (块)	Movie Screen (unit)	6256	23600	31600
全国电影票房收入 (亿元)	Domestic Movie Box Office Revenue	157.21	296.39	440.69
#国产电影票房收入	Chinese Movies		161.55	271.36
进口电影票房收入	Imported Movies		134.84	169.33
广播电视技术及其他	**TV Technology and Others**			
广播电视总收入 (亿元)	Revenue of Radio and TV (100 million yuan)	2301.87	4226.27	4634.56
广播电视从业人员数 (万人)	Staff and Workers of Radio and TV (10 000 persons)	75.09	86.44	90.07
中、短波转播发射台 (座)	Transmission and Relaying Stations of Medium and Short Wave Broadcast (unit)	822	856	860
调频、电视转播发射台 (万座)	Relaying Stations of Frequency Modulation Broadcasting (10 000 units)			1.49
微波实有站 (座)	Microwave Stations (unit)	2376	2302	2121

23-14 广播电视节目制作时间
Length of Radio and Television Programs Produced

单位：小时 (hour)

项目	Item	1995	2005	2010	2013	2014	2015
广播节目制作	**Production of Radio Programs**	**2332164**	**6139227**	**6814226**	**7391245**	**7647267**	**7718163**
新闻资讯	News Programs	353368	1066880	1216632	1397353	1443464	1436129
专题服务	Special Subject Programs	1054140	1822621	1955180	2091787	2120517	2072348
综艺	General Entertainment Programs	924656	1937290	1942828	1976162	2020456	2078791
广播剧	Radio Play Programs		75456	80181	178163	185405	183124
广告	Advertising Programs		671071	775931	785278	808148	752705
其他	Others		565909	843474	962502	1069277	1195065
电视节目制作	**Production of TV Programs**	**383513**	**2553861**	**2742949**	**3397834**	**3277394**	**3520190**
新闻资讯	News Programs	80800	637956	719680	866756	918296	978801
专题服务	Special Subject Programs	193391	525528	640857	854124	848276	930283
综艺益智	General Entertainment Programs	109322	382350	407849	464977	468355	511398
影视剧	TV Play Programs		193771	93536	201117	116750	120604
广告	Advertising Programs		524892	526839	542823	510275	481973
其他	Others		289364	354188	468035	415441	497131

23-15 公共广播电视节目播出时间(2015年)
Length of Public Radio and Television Programs (2015)

单位：小时 (hour)

指标	Item	总计 Total	新闻资讯类节目 News	专题服务类节目 Special Subject	综艺益智类节目 General Entertainment	广播(影视)剧类节目 Radio Play	广告类节目 Advertising	其他类节目 Others
广播	**All Radio Broadcasting Stations**	**14218253**	**2841836**	**3111009**	**3861989**	**823465**	**1224789**	**2355164**
#中央级	Central Level	262963	68043	99244	65204	8170	12851	9451
电视	**All Television Stations**	**17796010**	**2520624**	**2254774**	**1446914**	**7621202**	**1953734**	**1998761**
#中央级	Central Level	359899	75766	90699	41613	73926	5666	72228

23-16 分地区广播电视节目综合人口覆盖情况及制作播出情况（2015年）

Population Coverage of Radio and TV Programs, and Radio and TV Programs Produced and Broadcasted by Region (2015)

地区	Region	广播节目综合人口覆盖率 Population Coverage Rate of Radio Programs (%)	#农村 Rural	电视节目综合人口覆盖率 Population Coverage Rate of TV Programs (%)	#农村 Rural	公共广播节目套数（套） Number of Public Radio Programs (set)	公共电视节目套数（套） Number of TV Programs (set)	电视剧播出数（部） Number of TV Plays Broadcasted (set)	#进口 Import	动画电视播出时间（小时） Number of Cartoons Broadcasted (hour)	#进口 Import
全　国	**National Total**	**98.17**	**97.53**	**98.77**	**98.32**	**2782**	**3442**	**233105**	**2889**	**309060**	**9655**
总局直属	directly under the State Administration					23	43	1367	93	5187	386
北　京	Beijing	100.00	100.00	100.00	100.00	25	26	483		7604	477
天　津	Tianjin	100.00	100.00	100.00	100.00	22	24	2844		2434	1
河　北	Hebei	99.35	99.10	99.27	98.99	134	178	13049	21	4894	392
山　西	Shanxi	98.47	97.39	99.31	98.81	111	116	5758	40	9839	401
内蒙古	Inner Mongolia	99.05	98.39	99.10	98.42	126	120	11881	11	7285	75
辽　宁	Liaoning	99.00	98.20	99.07	98.30	110	119	8739	199	4755	205
吉　林	Jilin	98.64	97.97	98.76	98.17	73	76	6804	94	463	8
黑龙江	Heilongjiang	98.64	98.43	98.84	98.68	101	117	4061	5	3219	605
上　海	Shanghai	100.00	100.00	100.00	100.00	21	25	993	13	14263	1400
江　苏	Jiangsu	100.00	100.00	100.00	100.00	123	122	8314	74	15410	406
浙　江	Zhejiang	99.60	99.54	99.69	99.64	113	115	8996	37	20140	72
安　徽	Anhui	98.77	98.43	98.93	98.63	106	111	8426	57	6540	360
福　建	Fujian	98.68	98.33	98.94	98.72	90	101	3021	31	7777	
江　西	Jiangxi	97.62	97.05	98.64	98.24	108	116	9273	300	16971	271
山　东	Shandong	98.78	98.52	98.55	98.27	162	224	13560	167	14902	775
河　南	Henan	98.28	97.93	98.43	98.19	154	167	14712	33	8722	281
湖　北	Hubei	99.08	98.84	98.98	98.67	87	113	12800	60	9419	
湖　南	Hunan	94.06	90.70	97.98	96.90	105	138	11342	128	24132	175
广　东	Guangdong	99.90	99.82	99.90	99.87	206	222	4989	53	22600	180
广　西	Guangxi	96.74	96.17	98.31	97.95	72	117	5666	118	12337	102
海　南	Hainan	96.51	95.39	95.48	93.93	24	16	733	36	4350	
重　庆	Chongqing	98.62	98.10	99.07	98.76	31	46	3651	39	9161	
四　川	Sichuan	97.14	96.40	98.24	97.84	134	212	20465	252	16199	352
贵　州	Guizhou	92.30	91.47	95.97	95.50	46	103	2381	50	2506	
云　南	Yunnan	96.70	95.95	97.68	97.15	52	163	10951	1	9656	318
西　藏	Tibet	94.83	93.80	95.96	95.08	10	14	711		837	
陕　西	Shaanxi	98.06	97.55	98.71	98.25	107	123	9278		6476	
甘　肃	Gansu	98.01	97.63	98.47	98.14	94	110	7414	100	9644	120
青　海	Qinghai	98.01	97.20	98.00	97.28	15	17	1240	20	2157	
宁　夏	Ningxia	96.62	94.25	99.24	98.67	25	28	2111	3	5360	450
新　疆	Xinjiang	96.60	96.39	97.04	96.66	172	220	17092	854	23820	1842

23-17 分地区有线广播电视传输干线网络及实际用户情况（2015年）
Transmission Trunk and Actual Users of Cable Radios and TVs by Region (2015)

地区	Region	有线广播电视传输干线网络总长(万公里) Total Length of Transmission Trunk for Cable Radios and TVs (10 000 km)	有线广播电视实际用户数(万户) Actual Users of Cable Radios and TVs (10 000 households)	#农村有线广播电视 Users of Rural Cable Radios and TVs	#数字电视 Users of Digital TV	#付费电视 Pay TV	有线广播电视实际用户数占家庭总户数的比重(%) Popularization Rate of Actual Cable TV Programs (%)	#农村 Rural Areas
全国合计	**National Total**	**426.2**	**23566.8**	**8250.5**	**19775.6**	**5559.1**	**54.63**	**33.49**
北京	Beijing	23.3	569.1	79.1	506.7	61.3	108.88	73.69
天津	Tianjin	0.7	344.4	25.9	318.6	66.2	97.99	20.87
河北	Hebei	18.1	922.5	260.7	822.0	115.3	39.19	15.95
山西	Shanxi	10.9	519.8	173.2	382.4	13.2	39.55	31.68
内蒙古	Inner Mongolia	3.6	347.3	46.1	306.5	22.9	41.61	14.12
辽宁	Liaoning	13.4	934.6	230.4	782.6	38.4	61.69	33.81
吉林	Jilin	9.7	595.4	208.1	543.4	190.5	59.06	43.40
黑龙江	Heilongjiang	17.9	685.7	162.2	619.7	187.6	45.71	23.69
上海	Shanghai	5.5	745.5	62.0	670.7	155.8	139.98	75.97
江苏	Jiangsu	38.8	2225.9	1204.4	1761.1	552.7	91.40	89.00
浙江	Zhejiang	28.7	1562.6	974.5	1519.9	397.5	95.83	81.77
安徽	Anhui	5.9	830.0	403.5	507.4	48.8	39.10	27.74
福建	Fujian	12.4	730.7	356.4	689.2	306.8	69.07	47.38
江西	Jiangxi	13.2	669.8	326.1	573.1	119.2	52.82	46.93
山东	Shandong	36.5	1806.8	837.4	1700.6	646.3	58.53	42.55
河南	Henan	18.3	1013.3	398.9	586.7	47.8	31.89	19.58
湖北	Hubei	25.0	1067.8	463.7	984.2	325.5	52.05	42.36
湖南	Hunan	13.2	1133.6	328.5	1013.1	286.9	55.47	31.75
广东	Guangdong	18.6	1972.8	204.5	1487.4	170.6	90.38	20.13
广西	Guangxi	13.3	670.0	305.2	479.9	187.0	42.77	39.21
海南	Hainan	0.9	115.3	40.4	98.7	26.6	43.45	29.26
重庆	Chongqing	15.2	478.0	130.9	386.5	193.2	38.28	18.33
四川	Sichuan	38.8	1367.4	497.0	1085.4	605.5	43.02	24.07
贵州	Guizhou	16.9	421.9	120.1	421.9	111.2	33.10	11.73
云南	Yunnan	10.4	442.4	146.5	427.2	229.3	30.95	15.72
西藏	Tibet	0.4	23.5	2.8	16.9	1.5	31.75	5.12
陕西	Shaanxi	3.8	694.9	188.6	543.3	194.7	54.90	28.74
甘肃	Gansu	5.6	233.6	28.5	191.8	111.9	28.19	5.83
青海	Qinghai	0.6	69.2	2.5	68.9	41.0	39.31	2.64
宁夏	Ningxia	1.3	102.4		72.0	31.5	48.77	
新疆	Xinjiang	5.4	270.8	42.2	208.0	72.6	34.47	12.62

23-18 分地区广播电视技术情况(2015年)
Technology Statistics on Radio and TV by Region (2015)

地区	Region	中、短波转播发射台(座) Transmission and Relaying Stations of Medium and Short Wave Broadcast(unit)	中波发射机(部) Medium Wave Transmitters (set)	短波发射机(部) Sort Wave Transmitters (set)	调频、电视转播发射台(座) Relaying Stations of Frequency Modulation Broadcasting (unit)	调频发射机(部) Frequency Modulation Transmitters (unit)	电视发射机(部) TV Program Transmitters (set)	微波实有站(座) Microwave Stations (unit)
总 计	**Total**	**860**	**2502**	**636**	**14941**	**18390**	**22421**	**2121**
总局直属	Directly under the State Administration	35	73	277	17	26	151	37
北 京	Beijing	1	5		19	26	31	8
天 津	Tianjin	3	21		25	39	31	18
河 北	Hebei	31	49		410	290	451	32
山 西	Shanxi	14	37		203	211	325	84
内蒙古	Inner Mongolia	58	240	11	799	985	1293	237
辽 宁	Liaoning	37	90	1	209	269	397	93
吉 林	Jilin	34	100		142	314	402	133
黑龙江	Heilongjiang	41	113	7	194	580	581	80
上 海	Shanghai	3	14		22	27	20	
江 苏	Jiangsu	21	105	1	98	252	334	73
浙 江	Zhejiang	37	154		187	265	291	69
安 徽	Anhui	23	117		285	585	496	106
福 建	Fujian	39	96	2	103	259	261	168
江 西	Jiangxi	19	50	2	463	481	361	14
山 东	Shandong	30	102	2	206	237	410	28
河 南	Henan	30	103		162	190	399	52
湖 北	Hubei	28	88		835	716	888	126
湖 南	Hunan	25	44	1	277	186	415	148
广 东	Guangdong	26	96	2	106	248	192	200
广 西	Guangxi	20	37	2	604	1305	592	51
海 南	Hainan	5	14		22	82	74	12
重 庆	Chongqing	5	13		62	255	150	31
四 川	Sichuan	36	95	2	403	719	942	50
贵 州	Guizhou	12	29	2	284	397	276	3
云 南	Yunnan	61	106	4	389	897	726	64
西 藏	Tibet	42	151		4696	5153	6475	
陕 西	Shaanxi	14	36	1	213	383	240	56
甘 肃	Gansu	31	68	2	2015	773	2453	97
青 海	Qinghai	21	61	195	421	592	694	3
宁 夏	Ningxia	12	39		42	73	593	23
新 疆	Xinjiang	66	156	122	1028	1575	1477	25

23-19 电视节目进出口情况(2015年)

Statistics on Imported and Exported TV Programs (2015)

指　　标	Item	合　计 Total	欧　洲 Europe	非　洲 Africa	美　洲 America	#美　国 United States
全年电视节目进口总额（万元）	**Value of Imported TV Programs (10 000 yuan)**	**99398**	**9641**	**24**	**22785**	**21659**
#电视剧	TV Play	29466	1361		12345	12276
动画电视	Cartoon	44472	864		2149	1620
纪录片	Documentary	7488	2266	2	2009	1894
全年电视节目进口量(时)	**Time of Imported TV Programs (hour)**	**31109**	**6447**	**49**	**7473**	**5918**
#电视剧　(部/集)	TV Play　(set)	126/2340	23/278		10/154	9/104
动画电视　(时)	Cartoon　(hour)	12690	1493		2292	1765
纪录片　(时)	Documentary　(hour)	3722	1186	48	1842	1624
全年电视节目出口总额（万元）	**Value of Exported TV Programs (10 000 yuan)**	**51332**	**4860**	**1101**	**6938**	**3924**
#电视剧	TV Play	37705	3461	872	5019	2066
动画电视	Cartoon	10059	1293	153	979	959
纪录片	Documentary	901	106	59	349	332
全年电视节目出口量(时)	**Time of Exported TV Programs (hour)**	**25352**	**594**	**891**	**6824**	**5761**
#电视剧　(部/集)	TV Play　(set)	381/15902	17/373	22/837	51/1982	31/1189
动画电视　(时)	Cartoon　(hour)	3091	141	162	185	121
纪录片　(时)	Documentary　(hour)	1233	148	19	365	262

23-19　续表　continued

指　　标	Item	亚　洲 Asia	#日　本 Japan	#韩　国 Republic of Korea	#东南亚 Southeast Asia	#中国香港 Hong Kong, China	#中国台湾 Taiwan, China	大洋洲 Oceania
全年电视节目进口总额（万元）	**Value of Imported TV Programs (10 000 yuan)**	**65627**	**38955**	**11676**	**2838**	**9613**	**2494**	**1320**
#电视剧	TV Play	15759	628	11227	1040	2228	636	
动画电视	Cartoon	41459	38084	164		2019	1192	
纪录片	Documentary	2531	106	68	16	2268	64	681
全年电视节目进口量(时)	**Time of Imported TV Programs(hour)**	**16923**	**14063**	**1038**	**204**	**1166**	**445**	**217**
#电视剧　(部/集)	TV Play　(set)	93/1908	16/184	26/592	8/182	28/532	15/418	
动画电视　(时)	Cartoon　(hour)	8905	8431	296		133	45	
纪录片　(时)	Documentary　(hour)	630	56	16	17	508	33	16
全年电视节目出口总额（万元）	**Value of Exported TV Programs (10 000 yuan)**	**37072**	**1978**	**2990**	**12397**	**9318**	**8418**	**1361**
#电视剧	TV Play	27080	1966	1217	9314	7149	6405	1273
动画电视	Cartoon	7546		1763	1824	1682	1446	88
纪录片	Documentary	387	11	10	128	160	72	
全年电视节目出口量(时)	**Time of Exported TV Programs(hour)**	**16913**	**219**	**784**	**7355**	**3428**	**2872**	**129**
#电视剧　(部/集)	TV Play　(set)	283/12661	8/250	20/923	129/6522	44/1638	68/2603	8/49
动画电视　(时)	Cartoon　(hour)	2512		20	365	222	246	91
纪录片　(时)	Documentary　(hour)	701	5	19	120	309	187	

23-20 电影综合情况
Basic Statistics on Film Production

年 份 Year	电影故事片厂 (个) Number of Feature Film Studios (unit)	生产故事影片 (部) Feature Films (film)	生产动画影片 (部) Cartoons (reel)	生产科教影片 (部) Popular Science Films (reel)	生产纪录影片 (部) Documentary Films (reel)	生产特种影片 (部) Special Films (reel)
1978	12	46	26	289	202	
1979	17	65	25	349	317	
1980	17	82	32	337	242	
1981	19	105	33	277	276	
1982	19	112	33	284	259	
1983	19	127	37	343	299	
1984	20	144	37	387	337	
1985	20	127	45	357	419	
1986	20	134	46	383	417	
1987	22	146	45	353	347	
1988	22	158	38	344	350	
1989	22	136	53	334	259	
1990	22	134	51	326	296	
1991	22	130	46	351	283	
1992	22	170	56	354	307	
1993	22	154	47	252	300	
1994	22	148	32	182	22	
1995	30	146	37	40	111	
1996	30	110	58	33	39	
1997	31	88	28	34	95	
1998	31	82	9	30	54	
1999	31	99	3	20	14	
2000	31	91	1	49	10	
2001	27	88	1	56	9	
2002	31	100	2	60	7	
2003	31	140	2	53	6	
2004	31	212	4	30	10	
2005	32	260	7	33	2	
2006	32	330	13	36	13	
2007	32	402	6	34	9	
2008	33	406	16	39	16	2
2009	31	456	27	52	19	4
2010	31	526	16	54	16	9
2011	31	558	24	76	26	5
2012	31	745	33	74	15	26
2013	31	638	29	121	18	18
2014	31	618	40	52	25	23
2015	31	686	51	96	38	17

注：1.本表电影故事片厂指国有电影故事片厂。
2.2005年及以前动画片数为美术片数。

a) The number of feature film studios in this table only includes those approved by the State Council.

b) The real of cartoons refer to the arts films before 2005.

23-21 主要文化机构情况
Number of Institutions in Cultural Industry

单位：个 (unit)

年份 Year	公共图书馆 Public Libraries	文化馆(站) Cultural Centers	省级、地市级文化馆 Art Centers at Provincial & Prefecture Level	县市级文化馆 Cultural Centers at County & City Level	乡镇(街道)文化站 Township (sub-district) Cultural Centers	博物馆 Museums	艺术表演团体 Art Performance Troupes	艺术表演场馆 Art Performance Places
1978	1218	6893	92	2748	4053	349	3150	1095
1980	1732	8739	218	2912	5609	365	3533	1444
1985	2344	8576	335	2960	5281	711	3317	1377
1986	2406	8913	337	2993	5583	777	3195	2058
1987	2440	8974	348	2973	5653	827	3094	2148
1988	2485	9045	358	2975	5712	903	2985	2081
1989	2512	9037	366	2955	5716	967	2850	2050
1990	2527	9216	366	2955	5895	1013	2805	1955
1991	2535	10507	371	2894	7242	1075	2772	2068
1992	2558	9564	372	2900	6292	1106	2753	2037
1993	2572	10155	370	2886	6899	1130	2707	2024
1994	2589	11276	374	2887	8015	1161	2698	1998
1995	2615	13487	373	2886	10228	1194	2682	1958
1996	2620	45253	392	2892	41969	1219	2664	1934
1997	2628	45449	385	2901	42163	1282	2663	1947
1998	2662	45834	386	2901	42547	1339	2652	1929
1999	2669	45837	389	2905	42543	1363	2632	1911
2000	2675	45321	390	2907	42024	1392	2619	1900
2001	2696	43379	399	2842	40138	1461	2605	1854
2002	2697	42516	389	2854	39273	1511	2587	1829
2003	2709	41816	382	2846	38588	1515	2601	1900
2004	2720	41402	380	2841	38181	1548	2759	1928
2005	2762	41588	375	2851	38362	1581	2805	1866
2006	2778	40088	395	2819	36874	1617	2866	1839
2007	2799	40601	411	2806	37384	1722	4512	1732
2008	2820	41156	389	2829	37938	1893	5114	1662
2009	2850	41959	361	2862	38736	2252	6139	1499
2010	2884	43382	374	2890	40118	2435	6864	1461
2011	2952	43675	379	2906	40390	2650	7055	1429
2012	3076	43876	382	2919	40575	3069	7321	1279
2013	3112	44260	385	2930	40945	3473	8180	1344
2014	3117	44423		2928	41110	3658	8769	1338
2015	3139	44291		2929	40976	3852	10787	2143

注：1.2007年以前艺术表演团体为文化系统内数据，2007年起含非文化部门单位。
2.2015年以前艺术表演场馆为公有制艺术表演场馆，2015年起含民营艺术表演场馆。
3.1996年以前文化站数据未包括其他部门所属乡镇文化站。1996-1998年包括其他部门所属文化站，1999年以后，其他部门所属文化站划归文化部门管理。

a) The Art performance troupes referred to those under the official cultural system before 2007 and expanded the coverage to those both under and outside the official cultural system starting from 2007.

b) Art performance places refer to those of state-owned before 2015, and also include those of non-state owned since 2015.

c) Culture stations did not include township culture stations of other department before 1996, and included culture stations of other department from 1996 to 1998. Since 1999, culture stations of other department was put under Culture Department's administration.

23-22 文化文物机构人员情况(2015年)
Number and Personnel in Culture and Cultural Relics Institutions (2015)

机构类别	Category of Institution	机构 (个) Number of Institutions (unit)	文化部门 Cultural Department	其他部门 Other Department	从业人员 (人) Number of Employed Persons (person)	文化部门 Cultural Department	其他部门 Other Department
总 计	**Total**	**299149**	**65712**	**233437**	**2294445**	**645398**	**1649047**
文化合计	Cultural	290473	58037	232436	2148347	518622	1629725
艺术表演团体	Art Performance Troupes	10787	2037	8750	301878	115404	186474
艺术表演场馆	Art Performance Places	2143	1264	879	46734	22864	23870
公共图书馆	Public Libraries	3139	3139		56422	56422	
文化馆	Cultural Centers	3315	3315		55307	55307	
文化站	Cultural Stations	40976	40976		118192	118192	
艺术展览创作机构	Art Exhibition and Creative Institutions	612	604	8	5487	5356	131
艺术教育业	Culture and Education	131	131		12453	12453	
文化科研机构	Art Research Institutions	226	226		4961	4961	
文化市场经营机构	Institutions of Business of Culture	222262		222262	1363310		1363310
文化行政主管部门	Administrative Department of Culture	3254	3254		77064	77064	
其他文化机构	Other Cultural Institutions	3628	3091	537	106539	50599	55940
文物合计	Cultural Relics	8676	7675	1001	146098	126776	19322
博物馆	Museums	3852	2981	871	89133	73821	15312
文物保护管理机构	Agencies of Cultural Relics Preservatio	3307	3237	70	32030	28972	3058
文物科研机构	Scientific and Research Agencies	122	122		5217	5217	
文物商店	Cultural Relics Shops	69	63	6	1466	1248	218
其他文物机构	Other Cultural Relics Agencies	1326	1272	54	18252	17518	734

注：文化市场经营机构不包括非公有制院团和场馆。
a) Institutions of Business of Culture do not include non-state-owned troupes and theaters.

23-23 全国艺术表演场馆基本情况(2015年)

Basic Statistics on Art Performance Places in the Official Cultural System (2015)

项 目	Item	机构数(个) Number of Institutions (unit)	从业人员(人) Number of Employed Persons (person)	座席数(个) Seating Capacity (unit)	演(映)出场次(万场次) Number of Performances (10 000 shows)	#艺术演出 Art Performances
总 计	**Total**	**2143**	**46734**	**1786688**	**106.5**	**13.7**
按登记注册类型分	By Status of Registration					
国 有	State-owned	1243	22826	956390	58.7	5.4
集 体	Collective-owned	21	233	11550	0.4	0.2
其 他	Others	879	23675	818748	47.4	8.1
按性质分	By Type of Units					
执行事业会计制度	Adopting Institution Accounting System	963	16294	682370	30.3	4.1
执行企业会计制度	Adopting Enterprise Accounting System	1180	30440	1104318	76.1	9.6
按机构类型分	By Type of Troupes					
剧场	Theaters	853	23170	663009	22.1	7.2
影剧院	Music Halls and Cinemas	639	10192	444132	69.8	2.1
书场、曲艺场	Storytelling, Recitation and Ballad Places	24	357	34980	0.7	0.4
杂技、马戏场	Acrobatics and Circus Places	3	244	6262	0.1	0.1
音乐厅	Concert Halls	53	983	18184	0.7	0.5
综合性	General Performance Theaters	273	7119	468628	10.0	1.8
其他艺术表演场馆	Others	298	4669	151493	3.1	1.6
按隶属关系分	By Jurisdiction of Management					
中央	Run by Central Government	7	253	6671	0.1	0.1
省、区、市	Run by Provinces, Autonomous Regions and Municipalities	113	5154	92366	12.9	1.3
地、市	Run by Prefectures (Cities)	376	9608	256149	37.4	2.3
县、市及以下	Run by Counties (Cities) and Others	1647	31719	1431502	56.0	10.0

23-23 续表 continued

项 目	Item	观众人次(万人次) Number of Audience (10 000 person-times)	#艺术演出 Art Performances	收入合计(万元) Total Income (10 000 yuan)	#财政拨款 Government	#演出收入 Performance Income	支出合计(万元) Expenses (10 000 yuan)
总 计	**Total**	**10775**	**2854**	**867630**	**217844**	**257173**	**776708**
按登记注册类型分	By Status of Registration						
国 有	State-owned	5923	2479	394008	171748	71658	386690
集 体	Collective-owned	73	48	3683	1817	128	2899
其 他	Others	4780	327	469940	44279	185388	387119
按性质分	By Type of Units						
执行事业会计制度	Adopting Institution Accounting System	3757	1782	287465	148963	44910	285900
执行企业会计制度	Adopting Enterprise Accounting System	7019	1072	580165	68881	212264	490808
按机构类型分	By Type of Troupes						
剧场	Theaters	4144	1562	469555	146611	172792	429739
影剧院	Music Halls and Cinemas	3671	647	141681	25725	11592	137197
书场、曲艺场	Storytelling, Recitation and Ballad Places	148	14	3072	1403	880	3195
杂技、马戏场	Acrobatics and Circus Places	95	10	25126		24156	10715
音乐厅	Concert Halls	223	160	29296	3551	8462	23022
综合性	General Performance Theaters	1913	431	157960	37443	29759	137057
其他艺术表演场馆	Others	582	29	40940	3112	9533	35782
按隶属关系分	By Jurisdiction of Management						
中央	Run by Central Government	40	27	8243	99	3982	7593
省、区、市	Run by Provinces, Autonomous Regions and Municipalities	1271	844	187158	81836	51373	188447
地、市	Run by Prefectures (Cities)	2846	946	204834	67487	28518	207064
县、市及以下	Run by Counties (Cities) and Others	6619	1037	467395	68421	173300	373604

23-24 艺术表演团体基本情况(2015年)

项　目	Item	机构(个) Number of Institutions (unit)	从业人员(人) Number of Employed Persons (person)	演出场次(万场次) Number of Performance (10 000 shows)	#国内演出 Domestic Performance	#农村 Rural Performance
总 计	**Total**	**10787**	**301878**	**210.8**	**209.3**	**139.1**
按登记注册类型分	By Status of Registration					
国有	State-owned	1669	97704	29.7	28.6	19.6
集体	Collective-owned	181	6282	4.7	4.7	3.1
其他	Others	8937	197892	176.3	176.0	116.4
按隶属关系分	By Jurisdiction of Management					
中央	Run by Central Government	17	5117	0.3	0.3	0.0
省、区、市	Run by Provinces, Autonomous Regions and Municipalities	187	29662	6.1	5.8	2.1
地、市	Run by Prefectures (Cities)	503	37966	9.6	9.1	4.5
县、市及以下	Run by Counties (Cities) and Others	10080	229133	194.8	194.1	132.5
按性质分	By Type of Units					
执行事业会计制度	Adopting Institution Accounting System	1563	83589	27.8	26.9	18.8
执行企业会计制度	Adopting Enterprise Accounting System	9224	218289	183.0	182.4	120.3
按管理部门分	By Management Authority					
文化部门	Cultural Departments	2037	115404	38.6	37.2	24.5
其他部门	Other Departments	8750	186474	172.1	172.1	114.6
按剧种分	By Type of Art					
话剧、儿童剧、滑稽剧类	Drama, Children's Play and Comedy Troupe	1223	26464	27.2	27.2	16.9
歌舞、音乐类	Song and Dance, Musicals	2128	70107	29.4	28.9	15.2
京剧、昆曲类	Peking Opera and Kunqu Opera	130	7921	2.6	2.6	1.7
地方戏曲类	Local Opera	2916	99774	63.0	62.8	54.1
杂技、魔术、马戏类	Acrobatics, Magic and Circus	335	12211	15.1	14.6	8.3
曲艺类	Folk Arts	428	8408	10.3	10.3	5.8
乌兰牧骑	Ulanmuchi	120	3778	1.2	1.2	0.9
综合性艺术表演团体	Comprehensive Art Performance	3507	73215	62.0	61.8	36.2

Basic Statistics on Art Performance Troupes (2015)

国内演出观众人次(万人次) Number of Domestic Audience (10 000 person-times)	#农村 Rural Audience	收入合计(万元) Total Income (10 000 yuan)	#财政拨款 Government Budget	#演出收入 Performance Income	支出合计(万元) Total Expenses (10 000 yuan)	政府采购的公益演出活动 Public Shows under Government Procurement 演出场次(万场次) Number of Performances (10 000 shows)	观众人次(万人次) Number of Audience (10 000 person-times)
95799	**58454**	**2576499**	**1281042**	**939310**	**2286420**	**13.9**	**12179.3**
27085	18475	1432136	1097354	178907	1421066	11.2	9959.0
3063	2200	52787	34083	12965	50786	1.0	792.8
65651	37778	1091577	149606	747439	814568	1.7	1427.5
400	51	154296	93248	28908	173874	0.0	43.2
4208	1696	681963	502478	107242	665732	1.8	1479.5
8459	4754	552761	432787	66527	542142	3.3	3117.9
82732	51953	1187480	252529	736633	904672	8.7	7538.7
24428	17054	1251390	985955	138132	1241752	9.9	8797.2
71371	41400	1325110	295087	801178	1044668	4.0	3382.2
33423	22245	1638709	1224101	243406	1610503	13.6	11911.4
62376	36208	937791	56942	695905	675917	0.3	267.9
4639	2659	270060	98797	123975	216685	0.4	268.8
15020	6879	773190	445430	227099	727590	3.5	2807.6
1932	1378	158491	123325	18315	156858	0.4	368.7
41143	33812	676192	366707	230409	604235	6.9	6641.5
9016	1347	102612	39873	54758	90085	0.4	287.0
2303	1512	59000	29115	21310	49846	0.3	212.5
928	567	28261	27299	218	27838	0.5	304.9
20817	10299	508696	150497	263227	413284	1.5	1288.2

23-25 公共图书馆基本情况（2015年）
Basic Statistics on Public Libraries (2015)

指标	Item	总计 Total	#少儿图书馆 Children's Libraries	按隶属关系分 By Jurisdiction of Management 中央 Run by Central Government	省、区、直辖市(级) Run by Provinces, Autonomous Regions and Municipalities	地市级 Prefecture Level	县市级 County (City) Level	#县图书馆 Run by Counties
机构数 （个）	Number of Institutions (unit)	3139	113	1	39	365	2734	1988
从业人员 （人）	Number of Employed Persons (person)	56422	2262	1579	7831	14453	32559	21359
总藏量 （万册件）	Total Collections (10000 copies)	83844	3698	3518	19375	22227	38724	23027
当年购买的报刊种类(万种)	Kinds of Newspapers and Periodicals Purchased This Year (10 000 kinds)	109.2	3.9	1.7	16.5	31.0	59.9	36.4
有效借书证数 （万个）	Accumulative Number of Library Cards Distributed (10 000 units)	5721	229	221	595	2643	2262	998
总流通人次 （万人次）	Total Number of Circulation (10 000 person-times)	58892	2373	388	8830	17425	32249	18003
#书刊文献外借人次	Borrowing from Libraries	23085	1054	44	3074	6811	13156	8542
书刊文献外借册次 （万册次）	Number of Books and Periodicals Lent to Readers (10 000 copies-times)	50896	2853	66	10917	14545	25368	14198
组织各类讲座次数 （次）	Number of Lectures (time)	59562	3655	343	4821	15970	38428	20869
举办展览 （个）	Exhibitions Held (unit)	20481	699	26	2100	4536	13819	9229
举办培训班 （个）	Training Classes Held (unit)	34501	3495	399	3538	9352	21212	12622
计算机 （台）	Computers (set)	211816	7645	3003	19659	46119	143035	98865
#电子阅览室终端数	Terminals in Electronic Media Reading Rooms	126702	4220	400	7769	26439	92094	63403
阅览室坐席数 （万个）	Seats of Reading Room (10 000 units)	91.1	3.4	0.5	7.3	22.8	60.4	38.7

23-26 群众文化机构基本情况（2015年）
Basic Statistics on Cultural Institutions (2015)

指标	Item	总计 Total	省、区、直辖市级 Provincial Level	地市级 Prefecture Level	县市级 County (City) Level	#县文化馆 County Cultural Center	乡镇(街道)文化站 Township (sub-district) Cultural Stations	#乡镇文化站 Township Cultural Stations
机构数 （个）	Institutions (unit)	44291	31	355	2929	2037	40976	34239
从业人员 （人）	Number of Employed Persons (person)	173499	1804	10522	42981	30264	118192	95939
组织文艺活动 （万次）	Art Performances and Story-telling Sessions (10 000 times)	96.0	0.3	2.6	18.2	11.0	75.0	51.4
参加文艺活动人次 （万人次）	Person-times Attending Art and Cultural Activities (10 000 person-times)	39728	341	3160	14254	9355	21974	16479
举办训练班 （万次）	Number of Training Courses(10 000 time)	53.6	0.2	3.8	12.9	5.8	36.8	22.7
参加培训人次 （万人次）	Attending Training (10 000 person-times)	3868	19	264	841	412	2743	1771
举办展览个数 （万个）	Number of Exhibitions (unit)	14.0	0.1	0.4	2.2	1.4	11.4	8.8
参观展览人次 （万人次）	Visiting Exhibitions(10 000 person-times)	10752	207	1025	3186	2271	6334	4855
组织各类理论研讨和讲座次数 （次）	Number of Theoretical Lectures (time)	27860	984	4544	22332	11239		
参加研讨和讲座人次 （万人次）	Attending Theoretical Lectures (10 000 person-times)	478	16	101	361	216		
藏书 （万册）	Books Collected (10 000 copies)	26228	17	63	585	308	25564	19331
拥有计算机台数 （万台）	Computer Owned (10 000 units)	36.1	0.2	1.1	4.0	2.6	30.8	24.8
本年收入合计 （亿元）	Revenue this Year (100 million yuan)	207.8	7.9	26.3	66.9	39.1	106.6	81.7
本年支出合计 （亿元）	Expenditure this Year (100 million yuan)	201.5	7.4	24.4	65.3	38.2	104.5	78.2
馆办文艺团体 （个）	Art Performance Troupes Run by Centers (unit)	7618	101	1174	6343	3891		
馆办文艺团体演出场次 （万场次）	Number of Art Performances Run by Centers (10 000 times)	15.2	0.1	1.4	13.7	9.7		
馆办老年大学 （个）	Aging College Run by Centers (unit)	853	12	95	746	516		
群众业余文艺团体(万个)	Part-time Art Troupes (10 000 units)	38.3	0.0	0.6	7.4	4.5	30.3	22.9

23-27 文物业基本情况（2015年）
Statistics on Cultural Relics (2015)

项　目	Item	机　构（个） Number of Institutions (unit)	从业人员（人） Number of Employed Persons (person)	本年收入合　计（万元） Total Revenue this Year (10 000 yuan)	本年支出合　计（万元） Total Expenditure this Year (10 000 yuan)	资产总计（万元） Total Assets (10 000 yuan)	实际使用房屋建筑面积（万平方米） Floor Space of Buildings Actually Used (10 000 sq.m)
总　计	**Total**	**8676**	**146098**	**4246281**	**4132701**	**11313815**	**2661**
按单位性质分	By Kind of Units						
文物科研机构	Scientific and Research Agencies	122	5217	255849	236374	459021	145
文物保护管理机构	Agencies of Cultural Relics Preservation	3307	32030	875460	790247	1679090	382
博物馆	Museums	3852	89133	2169987	2167639	7957798	2034
文物商店	Cultural Relics Shops	69	1466	60185	57861	226377	15
其他文物机构	Other Agencies	1326	18252	884800	880582	991528	85
按隶属关系分	By Jurisdiction of Management						
中　央	Central Level	12	3592	224004	230422	692584	53
省、区、市	Provincial Level	297	18931	883746	898242	2570894	310
地、市	Prefecture Level	1570	44647	1369567	1306002	3474730	927
县、市	County or City Level	6797	78928	1768964	1698035	4575607	1370
按管理部门分	By Department of Management						
文物部门	Cultural Relics Department	7675	126776	3853923	3683516	9019876	2186
其他部门	Other Department	1001	19322	392357	449185	2293939	475

23-27 续表 continued

项　目	Item	文物藏品（件/套） Number of Collections (piece/set)	#一级品 Grade One	本年从有关部门接收文物数(件/套) Accepted Cultural Relics from Department This Year (piece/set)	本年藏品征集数（件/套） Collection of Cultural Relics (piece/set)	举办陈列展　览（个） Exhibition & Displays (unit)	参观人次（万人次） Spectators (10 000 person-times)
总　计	**Total**	**41388558**	**108692**	**55962**	**219288**	**22664**	**92508**
按单位性质分	By Kind of Units						
文物科研机构	Scientific and Research Agencies	1177485	1367	202	90	44	396
文物保护管理机构	Agencies of Cultural Relics Preservation	2073474	7658	3945	20644	1466	14001
博物馆	Museums	30441422	98364	50137	197184	21154	78112
文物商店	Cultural Relics Shops	7280219	59				
其他文物机构	Other Agencies	415958	1244	1678	1370		
按隶属关系分	By Jurisdiction of Management						
中　央	Central Level	3282593	21029	532	866	184	2257
省、区、市	Provincial Level	15215333	30860	3308	29426	1507	10929
地、市	Prefecture Level	8650851	26401	24549	64563	6780	31897
县、市	County or City Level	14239781	30402	27573	124433	14193	47425
按管理部门分	By Department of Management						
文物部门	Cultural Relics Department	31700062	95866	54439	141154	18847	75659
其他部门	Other Department	9688496	12826	1523	78134	3817	16849

23-28 分地区艺术表演团体、艺术表演场馆演出情况(2015年)
Statistics on Performance of Art Performance Troupes and Art Performance Places by Region (2015)

地 区	Region	艺术表演团体 Art Performance Troupes				艺术表演场馆 Art Performance Places				
		机构数(个) Number of Institutions (unit)	演出场次(万场次) Number of Performances (10 000 shows)	#国内演出 Domestic Performances	国内演出观众人次(万人次) Number of Domestic Audience (10 000 person-times)	机构数(个) Number of Institutions (unit)	演(映)出场次(万场次) Number of Performances (10 000 shows)	#艺术演出 Art Performances	观众人次(万人次) Number of Audience (10 000 person-times)	#艺术演出 Art Performances
全 国	**National Total**	**10787**	**210.78**	**209.27**	**95799**	**2143**	**106.46**	**13.68**	**10775**	**2854**
中 央	Central Level	17	0.33	0.31	400	7	0.14	0.09	40	27
北 京	Beijing	395	2.80	2.70	1085	54	4.20	1.54	807	177
天 津	Tianjin	86	1.76	1.72	673	50	2.43	0.45	290	92
河 北	Hebei	596	8.26	8.12	4559	108	2.86	0.32	257	53
山 西	Shanxi	456	6.11	6.07	3952	137	10.88	0.59	441	142
内蒙古	Inner Mongolia	175	3.91	3.88	1123	25	1.53	0.29	107	58
辽 宁	Liaoning	263	2.40	2.34	906	105	1.65	0.81	382	54
吉 林	Jilin	49	0.60	0.57	372	49	2.53	0.57	204	46
黑龙江	Heilongjiang	51	0.78	0.71	328	38	0.19	0.09	54	26
上 海	Shanghai	180	2.89	2.87	863	50	2.17	0.93	528	262
江 苏	Jiangsu	369	8.56	8.51	2809	207	37.87	1.05	2024	303
浙 江	Zhejiang	1024	21.82	21.77	15337	308	9.33	2.09	1301	328
安 徽	Anhui	1617	39.10	39.04	10686	76	1.12	0.59	336	80
福 建	Fujian	397	8.56	8.53	2760	56	4.52	0.10	228	32
江 西	Jiangxi	236	3.02	2.99	1544	57	0.67	0.31	174	113
山 东	Shandong	623	13.32	13.26	3872	101	1.69	0.38	396	159
河 南	Henan	824	35.62	35.60	19416	150	1.93	0.25	273	114
湖 北	Hubei	282	3.85	3.77	2902	58	3.49	0.33	288	154
湖 南	Hunan	273	6.61	6.55	1911	71	3.13	0.43	689	153
广 东	Guangdong	391	4.13	4.09	2142	66	2.29	0.46	463	152
广 西	Guangxi	92	1.37	1.32	1824	29	2.24	0.15	217	31
海 南	Hainan	66	0.77	0.76	701	11	0.25	0.05	152	26
重 庆	Chongqing	730	9.58	9.50	2223	22	0.14	0.12	59	10
四 川	Sichuan	543	10.26	10.25	2012	99	1.07	0.90	202	50
贵 州	Guizhou	95	0.84	0.76	682	8	0.01	0.01	8	
云 南	Yunnan	276	4.57	4.52	1940	40	1.18	0.25	140	27
西 藏	Tibet	87	0.57	0.55	390	14	0.04	0.01	10	3
陕 西	Shaanxi	177	3.36	3.32	4322	88	1.26	0.30	231	118
甘 肃	Gansu	191	2.31	2.27	2034	24	1.41	0.13	71	37
青 海	Qinghai	54	0.35	0.33	333	16	0.20	0.04	59	7
宁 夏	Ningxia	40	0.62	0.61	493	3	0.05		1	
新 疆	Xinjiang	132	1.76	1.72	1207	16	4.02	0.05	345	20

23-29 分地区公共图书馆基本情况(2015年)
Statistics on Public Libraries by Region (2015)

地 区	Region	公共图书馆 (个) Number of Public Library (unit)	总藏量 (万册件) Total Collections (10 000 copies)	人均拥有公共图书馆藏量 (册) Collections of Public Libraries Owned Per Person (copy)	有效借书证数 (万个) Accumulative Number of Library Cards Distributed (10 000 units)	总流通人次 (万人次) Total Number of Circulation (10 000 person-times)	#书刊文献外借人次 Borrowing from Libraries	书刊文献外借册次 (万册次) Number of Books and Periodicals Lent to Readers (10 000 copies-times)	阅览室座席数 (个) Seats of Reading Room (unit)
总 计	**National Total**	**3139**	**83844**	**0.61**	**5721**	**58892**	**23085**	**50896**	**910679**
中 央	Central Level	1	3518		221	388	44	66	5303
北 京	Beijing	24	2425	1.12	104	1264	394	940	15469
天 津	Tianjin	31	1697	1.10	74	789	306	859	14500
河 北	Hebei	172	2200	0.30	89	1428	596	972	33112
山 西	Shanxi	126	1548	0.42	74	830	305	547	26910
内蒙古	Inner Mongolia	117	1513	0.60	28	649	267	574	26251
辽 宁	Liaoning	129	3736	0.85	126	2068	751	1708	35125
吉 林	Jilin	66	1768	0.64	88	732	353	748	19138
黑龙江	Heilongjiang	107	1827	0.48	61	968	330	688	23324
上 海	Shanghai	25	7568	3.13	305	3931	1922	8681	22037
江 苏	Jiangsu	114	6847	0.86	1107	6001	2882	4980	50707
浙 江	Zhejiang	100	6250	1.13	1639	7942	2253	5727	60777
安 徽	Anhui	122	1942	0.32	97	1739	914	1481	32944
福 建	Fujian	90	2821	0.73	102	2396	981	2465	31799
江 西	Jiangxi	114	2159	0.47	93	1258	691	1119	31309
山 东	Shandong	154	4727	0.48	189	2729	1508	2331	55991
河 南	Henan	158	2472	0.26	94	2233	1107	1676	42060
湖 北	Hubei	112	3003	0.51	144	1955	992	1816	37098
湖 南	Hunan	137	2555	0.38	106	1617	823	1540	32591
广 东	Guangdong	140	7008	0.65	524	7855	1697	4377	89864
广 西	Guangxi	112	2606	0.54	58	2065	521	1155	27856
海 南	Hainan	21	424	0.47	22	445	81	222	5557
重 庆	Chongqing	43	1304	0.43	70	1235	435	949	21363
四 川	Sichuan	203	3328	0.41	95	2010	890	1617	45739
贵 州	Guizhou	96	1221	0.35	42	594	307	476	20215
云 南	Yunnan	151	1944	0.41	44	1223	534	1072	26255
西 藏	Tibet	79	162	0.50	2	20	5	7	2910
陕 西	Shaanxi	110	1506	0.40	36	982	389	681	20015
甘 肃	Gansu	103	1340	0.52	31	678	344	588	18873
青 海	Qinghai	49	415	0.70	13	112	75	91	3962
宁 夏	Ningxia	26	706	1.06	14	282	152	302	8568
新 疆	Xinjiang	107	1303	0.55	24	474	235	440	23057

23-29 续表 continued

地 区	Region	每万人拥有公共图书馆建筑面积(平方米) Floor Space of Buildings of Public Libraries Owned per 10 000 Population (sq.m)	组织各类讲座次数(次) Number of Lectures (time)	参加讲座人次(万人次) Attending Lectures (10 000 person-times)	举办展览(个) Exhibitions Held (unit)	参观展览人次(万人次) Visiting Exhibitions (10 000 person-times)	举办培训班(个) Training Classes Held (unit)	参加培训人次(万人次) Attending Training (10 000 person-times)	计算机(台) Computers (set)	#电子阅览室终端数 Terminals in Electronic Media Reading Rooms
总 计	**National Total**	**94.7**	**59562**	**934.12**	**20481**	**4722.22**	**34501**	**251.34**	**211816**	**126702**
中 央	Central Level		343	6.99	26	94.26	399	1.43	3003	400
北 京	Beijing	113.6	1863	14.15	311	116.97	585	2.91	4229	1748
天 津	Tianjin	167.4	794	10.13	214	108.18	295	1.76	3714	1972
河 北	Hebei	59.2	2042	28.24	703	134.51	864	5.77	7400	4673
山 西	Shanxi	114.3	1714	25.85	470	147.62	499	4.26	5638	4213
内蒙古	Inner Mongolia	135.5	1024	14.10	306	33.84	302	2.04	6256	4195
辽 宁	Liaoning	126.7	2321	26.42	774	181.07	1784	7.76	7703	4259
吉 林	Jilin	98.9	897	15.60	240	89.17	438	3.77	4791	2549
黑龙江	Heilongjiang	76.6	886	12.58	484	70.19	780	4.06	5990	3821
上 海	Shanghai	173.2	2853	28.33	398	96.76	1007	7.84	6545	2348
江 苏	Jiangsu	129.3	3007	60.85	1127	282.42	1809	8.63	10291	5810
浙 江	Zhejiang	171.7	3633	72.25	2030	405.28	4793	35.01	20445	6599
安 徽	Anhui	65.0	2023	55.67	603	120.62	941	6.88	7675	5603
福 建	Fujian	99.1	2891	28.66	712	142.04	1083	5.75	6101	3902
江 西	Jiangxi	80.1	1455	26.06	1030	160.81	879	6.43	7072	4609
山 东	Shandong	83.8	3672	57.41	1112	124.70	1624	13.28	11353	7364
河 南	Henan	57.9	2640	40.97	997	123.95	1421	11.76	9203	6204
湖 北	Hubei	91.9	2048	36.20	734	117.41	833	9.67	7203	4660
湖 南	Hunan	61.1	3049	52.51	553	102.97	1424	19.04	6515	4399
广 东	Guangdong	115.9	6020	97.19	1887	1050.99	3220	22.33	15182	9034
广 西	Guangxi	72.0	1673	30.20	969	202.09	1439	9.57	6063	4098
海 南	Hainan	88.5	235	3.52	93	15.62	177	1.03	1458	1047
重 庆	Chongqing	97.6	1396	25.65	578	157.93	2093	11.50	4176	2899
四 川	Sichuan	68.5	3258	56.84	937	197.93	1335	11.56	10259	6936
贵 州	Guizhou	63.7	1606	14.31	309	35.90	652	4.76	4469	3232
云 南	Yunnan	75.1	2079	29.55	835	155.79	1314	12.55	7335	5235
西 藏	Tibet	156.2	108	1.62	69	3.00	45	0.24	1360	1005
陕 西	Shaanxi	64.4	1574	18.88	703	120.51	1029	6.76	5642	3920
甘 肃	Gansu	84.3	1013	19.38	427	49.39	352	2.68	4918	3164
青 海	Qinghai	105.9	190	2.16	62	4.16	149	0.91	2143	1424
宁 夏	Ningxia	158.8	295	5.87	62	6.46	150	1.17	2106	1515
新 疆	Xinjiang	100.6	960	15.97	726	69.69	786	8.25	5578	3865

23-30 分地区博物馆基本情况(2015年)
Statistics on Museums by Region (2015)

地区	Region	机构(个) Number of Institutions (unit)	从业人员(人) Number of Employed Persons (person)	#专业技术人员 Professional Technical Staff	文物藏品(件/套) Number of Collections (piece/set)	基本陈列展览(个) Displays Exhibition (unit)	参观人次(万人次) Spectators (10 000 person-times)	门票销售总额(万元) Ticket Sales for Entrance Ticket (10 000 yuan)
总计	**National Total**	**3852**	**89133**	**32460**	**30441422**	**21154**	**78112**	**329461.3**
中央	Central Level	4	3035	1441	3270312	184	2257	81559.3
北京	Beijing	40	1260	416	1229829	269	579	2738.7
天津	Tianjin	22	783	458	673291	157	1003	1005.7
河北	Hebei	107	3519	1181	406132	607	2646	1572.4
山西	Shanxi	100	3139	854	808896	352	1466	22869.6
内蒙古	Inner Mongolia	84	1543	832	505570	455	1150	460.1
辽宁	Liaoning	64	2100	1056	453489	429	1158	10684.3
吉林	Jilin	76	1127	635	416815	381	949	4043.9
黑龙江	Heilongjiang	158	2618	1086	750650	749	2092	5159.3
上海	Shanghai	99	3117	1418	2152643	835	1935	15771.6
江苏	Jiangsu	312	6181	2169	1754310	1890	7850	15884.7
浙江	Zhejiang	224	4516	1567	1186230	1709	4577	3031.8
安徽	Anhui	171	2781	1071	733703	862	2680	621.4
福建	Fujian	98	2063	794	514057	788	2412	
江西	Jiangxi	137	2985	1096	415473	510	2949	22.9
山东	Shandong	312	6310	2562	1619903	2172	5130	18694.7
河南	Henan	248	6126	1680	928893	1073	4728	7121.7
湖北	Hubei	175	3449	1689	1602377	964	2624	370.0
湖南	Hunan	113	2736	850	531079	438	4758	738.6
广东	Guangdong	177	3475	1700	958465	1460	4252	5840.8
广西	Guangxi	124	1996	846	422677	445	1655	87.3
海南	Hainan	18	275	73	43375	92	137	
重庆	Chongqing	78	2157	802	607418	449	2299	12625.7
四川	Sichuan	225	6107	1613	3414417	928	5997	29170.9
贵州	Guizhou	73	1310	347	95327	225	1581	25.3
云南	Yunnan	86	1063	713	1206919	466	1700	89.2
西藏	Tibet	7	222	50	68026	24	49	
陕西	Shaanxi	249	8245	1898	2675637	1044	4208	88949.7
甘肃	Gansu	150	3265	943	558789	705	2191	298.1
青海	Qinghai	23	262	163	154674	70	147	
宁夏	Ningxia	12	270	155	77592	80	198	
新疆	Xinjiang	86	1098	302	204454	342	756	23.6

23-31 分地区规模以上文化及相关产业法人单位数(2015年底)

Number of Legal Persons of Culture and Relevant Industry above Designated Size by Region at Year-end (2015)

单位：个 (unit)

地 区	Region	法人单位数 Legal Persons	文化制造业 Cultural Manufacturing	文化批发和零售业 Wholesale and Retail of Culture	文化服务业 Services of Culture
全 国	**National Total**	**49356**	**20079**	**8620**	**20657**
北 京	Beijing	3418	179	358	2881
天 津	Tianjin	1047	320	196	531
河 北	Hebei	1240	632	226	382
山 西	Shanxi	339	60	128	151
内蒙古	Inner Mongolia	229	36	62	131
辽 宁	Liaoning	885	226	227	432
吉 林	Jilin	276	87	76	113
黑龙江	Heilongjiang	234	84	83	67
上 海	Shanghai	2341	416	274	1651
江 苏	Jiangsu	6820	2788	1056	2976
浙 江	Zhejiang	4476	2284	820	1372
安 徽	Anhui	1907	996	343	568
福 建	Fujian	2586	1387	437	762
江 西	Jiangxi	1033	621	64	348
山 东	Shandong	3940	2132	583	1225
河 南	Henan	2718	1006	640	1072
湖 北	Hubei	1652	540	445	667
湖 南	Hunan	2502	1417	349	736
广 东	Guangdong	6653	3459	1073	2121
广 西	Guangxi	637	268	161	208
海 南	Hainan	108	8	17	83
重 庆	Chongqing	864	215	171	478
四 川	Sichuan	1361	485	273	603
贵 州	Guizhou	390	105	98	187
云 南	Yunnan	464	107	126	231
西 藏	Tibet	22	6	5	11
陕 西	Shaanxi	676	121	165	390
甘 肃	Gansu	236	33	92	111
青 海	Qinghai	45	16	11	18
宁 夏	Ningxia	97	22	22	53
新 疆	Xinjiang	160	23	39	98

注：规模以上文化及相关产业法人单位包括规模以上文化制造业企业、限额以上文化批发和零售业企业以及规模以上文化服务业企业。

a) Legal persons of culture and relevant industry above designated size include cultural manufacturing above designated size, wholesale and retail of culture above designated size, services of culture above designated size.

23-32 分地区规模以上文化制造业企业基本情况(2015年)
Basic Conditions on Cultural Industrial Enterprises above Designated Size by Region (2015)

单位：万元 (10 000 yuan)

地 区	Region	企业单位数(个) Number of Enterprises (unit)	年末从业人员(人) Engaged Persons at Year-end (person)	资产总计 Total Assets	营业收入 Business Revenue	营业税金及附加 Taxes and Extra Charges on Business	营业利润 Operating Profit	应交增值税 Value-added Tax Payable
全 国	**National Total**	**20079**	**5212161**	**315342250**	**459022679**	**2804954**	**25554052**	**10634883**
北 京	Beijing	179	38612	4322587	3603809	18026	127943	104791
天 津	Tianjin	320	83298	6957917	12966509	46079	934083	230184
河 北	Hebei	632	103564	5948797	9589978	44275	751776	240362
山 西	Shanxi	60	14264	618362	432959	2843	16243	12051
内蒙古	Inner Mongolia	36	5002	508481	1033708	2874	119259	10160
辽 宁	Liaoning	226	47216	4748148	4261158	21993	182168	54564
吉 林	Jilin	87	10979	1099361	1322282	31870	188820	23579
黑龙江	Heilongjiang	84	11598	547600	991265	2358	62530	21570
上 海	Shanghai	416	93591	8354610	12526616	29114	645284	193650
江 苏	Jiangsu	2788	748267	52398308	79070880	308673	4715482	1971219
浙 江	Zhejiang	2284	364200	27783298	26115723	141072	1259274	694219
安 徽	Anhui	996	154780	10237752	14541762	65454	870666	321469
福 建	Fujian	1387	317570	12045118	23333051	126625	1503036	544691
江 西	Jiangxi	621	163609	7811981	15180248	198507	1269205	405844
山 东	Shandong	2132	491600	44754707	68099320	397560	3858473	1577910
河 南	Henan	1006	313558	16008380	24311212	133505	1880805	552795
湖 北	Hubei	540	99744	7588280	11587526	77268	553191	257829
湖 南	Hunan	1417	389626	11779617	27829230	563583	1754192	1060243
广 东	Guangdong	3459	1387237	63032380	88474254	290165	3082191	1445899
广 西	Guangxi	268	94155	2967292	5043082	62262	274604	103573
海 南	Hainan	8	3802	3234498	963978	5384	60620	40169
重 庆	Chongqing	215	55024	3853568	5104459	50379	450159	228470
四 川	Sichuan	485	140822	12558161	15623637	127430	491043	348557
贵 州	Guizhou	105	10414	641455	1278414	18215	122324	34142
云 南	Yunnan	107	21476	1495233	1815052	16030	246919	78100
西 藏	Tibet	6	861	91982	39019	176	1365	529
陕 西	Shaanxi	121	25200	1749213	2483778	19680	139341	68941
甘 肃	Gansu	33	7060	276122	178858	1329	5616	3430
青 海	Qinghai	16	7177	1247859	755856	1147	-16102	-735
宁 夏	Ningxia	22	4737	496843	309153	423	-4444	2865
新 疆	Xinjiang	23	3118	184341	155907	656	7988	3816

23-33 分地区限额以上文化批发和零售业企业基本情况(2015年)
Basic Conditions on Cultural Wholesale and Retail Trades Enterprises above Designated Size by Region (2015)

单位：万元 (10 000 yuan)

地 区	Region	企业单位数(个) Number of Enterprises (unit)	年末从业人员(人) Engaged Persons at Year-end (person)	资产总计 Total Assets	营业收入 Business Revenue	营业税金及附加 Taxes and Extra Charges on Business	营业利润 Operating Profit	应交增值税 Value-added Tax Payable
全 国	**National Total**	**8620**	**535180**	**99752141**	**177073776**	**620472**	**3597437**	**1618482**
北 京	Beijing	358	49809	15970632	19608562	45790	460817	258108
天 津	Tianjin	196	8851	2847408	2479548	10206	24837	27393
河 北	Hebei	226	12725	1288953	1483438	8617	57745	4869
山 西	Shanxi	128	5926	692948	984221	4861	25193	10941
内蒙古	Inner Mongolia	62	2578	262506	320293	2456	13294	3828
辽 宁	Liaoning	227	10671	1013505	1516055	16151	35112	19482
吉 林	Jilin	76	3451	218016	283503	2111	10234	1020
黑龙江	Heilongjiang	83	3236	301282	277642	1397	7088	647
上 海	Shanghai	274	29544	12497958	42030236	97260	214125	175843
江 苏	Jiangsu	1056	70578	15546975	25906704	89675	587930	279028
浙 江	Zhejiang	820	44747	6701744	12851942	29553	165563	155439
安 徽	Anhui	343	13007	2651234	3638891	7992	95293	25517
福 建	Fujian	437	11955	2341046	4772026	23066	132694	31485
江 西	Jiangxi	64	9392	1386210	1161029	8784	99139	18697
山 东	Shandong	583	41488	6890943	12184025	49914	314300	131762
河 南	Henan	640	29632	2206637	3972320	34791	201265	51097
湖 北	Hubei	445	23512	2090419	4107613	25678	178715	52136
湖 南	Hunan	349	16669	2282143	3294335	34261	183315	33468
广 东	Guangdong	1073	72705	12399981	23818659	59158	378730	233134
广 西	Guangxi	161	6509	645403	642929	1796	22235	3153
海 南	Hainan	17	1167	140327	77051	964	2277	707
重 庆	Chongqing	171	15072	1714349	2811516	9370	106917	13651
四 川	Sichuan	273	19852	2853592	2950537	10288	47813	25806
贵 州	Guizhou	98	3341	828226	521301	1751	14756	3948
云 南	Yunnan	126	10497	1482962	2163453	8368	66522	21943
西 藏	Tibet	5	184	18849	21564	11	1229	
陕 西	Shaanxi	165	9142	747581	1794732	29922	78947	27073
甘 肃	Gansu	92	4250	936132	494629	4796	52084	3680
青 海	Qinghai	11	798	171822	415434	300	2923	1080
宁 夏	Ningxia	22	674	68283	47273	163	997	120
新 疆	Xinjiang	39	3218	554077	442316	1024	15351	3428

23-34 分地区规模以上文化服务业企业基本情况(2015年)
Basic Conditions on Cultural Enterprises of Service Industry above Designated Size by Region (2015)

单位：万元 (10 000 yuan)

地 区 Region	企业单位数(个) Number of Enterprises (unit)	年末从业人员(人) Engaged Persons at Year-end (person)	资产总计 Total Assets	营业收入 Business Revenue	营业税金及附加 Taxes and Extra Charges on Business	营业利润 Operating Profit	应交增值税 Value-added Tax Payable
全 国 National Total	**20657**	**2641949**	**423926919**	**205530959**	**2341610**	**25905277**	**4067300**
北 京 Beijing	2881	385884	73902865	52268206	450959	3885602	1007312
天 津 Tianjin	531	70860	12901281	7472360	82364	977425	184531
河 北 Hebei	382	44124	4266298	1332822	17025	56818	36475
山 西 Shanxi	151	19514	2095874	424099	7663	-27870	10370
内蒙古 Inner Mongolia	131	10189	2555115	440518	7859	40853	5118
辽 宁 Liaoning	432	81121	6369332	2720037	26315	111280	48255
吉 林 Jilin	113	18748	2994716	703302	6014	61199	10674
黑龙江 Heilongjiang	67	10258	1161273	329188	5808	24499	12323
上 海 Shanghai	1651	283938	63997963	31194335	261514	4720090	770265
江 苏 Jiangsu	2976	341177	45353205	19559611	269928	1833549	318880
浙 江 Zhejiang	1372	156965	46207194	24142104	185673	5983245	446315
安 徽 Anhui	568	58090	6955963	2903935	33131	223868	50109
福 建 Fujian	762	78079	8006331	3378880	55576	141560	59166
江 西 Jiangxi	348	35905	3139956	1624865	33928	186823	18727
山 东 Shandong	1225	111400	13095935	4556661	101789	708759	116822
河 南 Henan	1072	115423	10460691	3513335	78898	323728	77429
湖 北 Hubei	667	121985	13473922	5713247	129686	600335	141169
湖 南 Hunan	736	79633	12784580	4984629	56911	594794	102508
广 东 Guangdong	2121	291983	54042714	24791578	298495	4325577	401662
广 西 Guangxi	208	32300	2479118	1010580	18331	80310	29201
海 南 Hainan	83	15699	1810300	812560	23310	166064	14730
重 庆 Chongqing	478	67534	9191185	3491137	45808	146254	73807
四 川 Sichuan	603	73064	8981062	2964803	58752	300416	33539
贵 州 Guizhou	187	27272	2798692	1028817	15498	91354	9201
云 南 Yunnan	231	34959	5072858	1171808	20508	98967	30957
西 藏 Tibet	11	759	110773	22787	604	-3203	659
陕 西 Shaanxi	390	42678	6673370	1585294	33381	107785	26929
甘 肃 Gansu	111	10213	884883	271160	4258	51524	5378
青 海 Qinghai	18	2944	219104	84725	790	14884	2098
宁 夏 Ningxia	53	6197	749324	197889	4243	24184	4155
新 疆 Xinjiang	98	13054	1191042	835686	6593	54604	18537

23-35 体育系统机构人员情况（2015年）

Number of Institutions and Engaged Persons of Physical Education System (2015)

单位：个、人 (unit, person)

指标	Item	合计 Total 机构 Institutions	合计 Total 人员 Persons	国家级 National Level 机构 Institutions	国家级 National Level 人员 Persons
总计	**Total**	**7069**	**149114**	**44**	**4729**
体育行政机关	Administrative Agencies of Physical Culture and Sports	3034	27412	1	219
运动项目管理部门	Sports Events Management	294	34184	22	1308
本科院校	Colleges	8	5882	1	1023
职业、运动技术学院	Sports Technical Institutes	17	5532		
体育运动学校	Physical Education and Sports Schools	236	14766		
竞技体校	Competitive Sports School	9	439		
少儿体育运动学校（业余体校）	Spare-time Sports School	1435	20206		
单项运动学校	Physical Education and Sports Schools	19	404		
体育中学	Secondary Schools of Physical Education	36	1566		
训练基地	Training Bases	74	2797	5	610
体育场馆	Stadium and Gymnasium	689	14716	1	311
体育科研机构	Sports Science and Technology Institute	58	1277	1	84
其他事业单位	Other Institutions	1074	16558	12	768
其他	Others	86	3375	1	406

23-35 续表 continued

单位：个、人 (unit, person)

指标	Item	省级 Provincial Level 机构 Institutions	省级 Provincial Level 人员 Persons	地级 Prefectural Level 机构 Institutions	地级 Prefectural Level 人员 Persons	县级 County Level 机构 Institutions	县级 County Level 人员 Persons
总计	**Total**	**710**	**56558**	**1862**	**46210**	**4453**	**41617**
体育行政机关	Administrative Agencies of Physical Culture and Sports	42	1708	431	7010	2560	18475
运动项目管理部门	Sports Events Management	221	29705	49	3097	2	74
本科院校	Colleges	7	4859				
职业、运动技术学院	Sports Technical Institutes	15	5149	2	383		
体育运动学校	Physical Education and Sports Schools	30	2523	173	11344	33	899
竞技体校	Competitive Sports School	1	129	6	218	2	92
少儿体育运动学校（业余体校）	Spare-time Sports School	19	399	310	8057	1106	11750
单项运动学校	Physical Education and Sports Schools	4	93	11	267	4	44
体育中学	Secondary Schools of Physical Education	1	18	21	1042	14	506
训练基地	Training Bases	24	1534	39	525	6	128
体育场馆	Stadium and Gymnasium	57	2911	377	8272	254	3222
体育科研机构	Sports Science and Technology Institute	28	944	28	243	1	6
其他事业单位	Other Institutions	233	5290	374	4251	455	6249
其他	Others	28	1296	41	1501	16	172

23-36 运动员获世界冠军情况
World Championships Won by Chinese Athletes

年 份 Year	项 数 (项) Number of Events (Item)	人 数 (人) Number of Persons (person)	个 数 (个) Number of Champions (time)
1978	4	4	4
1979	12	20	12
1980	3	3	3
1981	25	53	25
1982	12	31	13
1983	37	50	39
1984	33	46	37
1985	42	70	46
1986	26	56	26
1987	64	72	69
1988	54	59	54
1989	80	83	82
1990	54	61	54
1991	88	86	93
1992	86	68	89
1993	101	106	103
1994	79	86	79
1995	98	187	102
1996	72	58	75
1997	87	96	92
1998	75	89	83
1999	91	129	92
2000	92	109	110
2001	79	138	90
2002	99	123	110
2003	17	94	84
2004	27	175	101
2005	22	159	106
2006	24	169	141
2007	22	217	123
2008	24	151	120
2009	30	223	142
2010	22	180	108
2011	24	198	138
2012	24	140	107
2013	22	164	124
2014	22	206	98
2015	25	214	127

23-37 运动员分项创世界纪录情况（2015年）
World Records Chalked up by Chinese Athletes by Events (2015)

项 目	Item	项 数(项) Number of Events (unit)	人数(人) Number of Persons (person)	队数(队) Number of Teams (team)	次 数(次) Number of Times (time)
总 计	**Total**	**12**	**8**	**2**	**12**
田 径	Track and Field Events	1	1		1
自行车	Bicycles	1		1	1
射 击	Shooting	2	2		2
举 重	Weightlifting	4	3		4
速度滑冰	Speed Skating	1		1	1
航海模型	Model Ship	3	2		3

23-38 分地区分技术等级运动员发展情况（2015年）
Certified Athletes by Region and Technical Grade (2015)

单位：人 (person)

地区	Region	合计 Total	#女 Female	国际级运动健将 International Master of Sports	#女 Female	运动健将 Master of Sports	#女 Female	一级运动员 First Grade	#女 Female	二级运动员 Second Grade	#女 Female
总计	**Total**	**42264**	**15023**	**209**	**128**	**1663**	**744**	**11277**	**4355**	**28834**	**9683**
国家直属	Directly Under the Jurisdiction of State	175	59	10	4	81	28	2		82	27
地方合计	Sub-total of Provinces	42089	14964	199	124	1582	716	11275	4355	28752	9656
北京	Beijing	1449	588	15	9	118	62	374	155	942	362
天津	Tianjin	740	278					231	99	509	179
河北	Hebei	2246	766					596	274	1650	492
山西	Shanxi	1399	549	3	1	25	8	356	164	1015	376
内蒙古	Inner Mongolia	1132	374	3	3	49	17	276	125	804	229
辽宁	Liaoning	1669	625	23	17	94	39	437	202	1115	367
吉林	Jilin	904	254	2	2	34	16	247	86	621	150
黑龙江	Heilongjiang	1483	390	11	5	70	36	333	126	1069	223
上海	Shanghai	1913	790	17	10	61	28	629	287	1206	465
江苏	Jiangsu	1963	798	16	11	136	74	581	268	1230	445
浙江	Zhejiang	2420	1003	16	9	125	64	922	397	1357	533
安徽	Anhui	1271	409					361	134	910	275
福建	Fujian	1468	564	7	5	65	31	405	163	991	365
江西	Jiangxi	1123	379	2		30	12	322	120	769	247
山东	Shandong	4006	1135	21	16	134	49	907	73	2944	997
河南	Henan	2386	773	11	8	70	39	613	232	1692	494
湖北	Hubei	2054	535	4	2	68	28	335	93	1647	412
湖南	Hunan	1524	573	6	4	45	16	353	161	1120	392
广东	Guangdong	2419	1035	18	10	178	66	568	215	1655	744
广西	Guangxi	607	251	7	5	31	11	199	79	370	156
海南	Hainan	324	113			9	4	117	48	198	61
重庆	Chongqing	1356	508	1	1	21	11	322	144	1012	352
四川	Sichuan	1903	841	6	4	100	58	523	243	1274	536
贵州	Guizhou	403	141	4		15		155	63	229	78
云南	Yunnan	1115	386	2		23	8	305	125	797	253
西藏	Tibet	52	22					22	11	30	11
陕西	Shaanxi	563	207	2	2	33	19	195	84	333	102
甘肃	Gansu	516	161			17	7	151	50	348	104
青海	Qinghai	297	76					135	30	162	46
宁夏	Ningxia	281	102			4	2	128	36	149	64
新疆	Xinjiang	1103	338	2		27	11	177	68	604	146

23-39 分地区分等级教练员发展情况（2015年）
Certified Coaches by Region and Grade (2015)

单位：人 (person)

地 区	Region	合 计		国家级		高 级		一 级		二 级		三 级	
		Total	#女 Female	National Level	#女 Female	Senior Grade	#女 Female	First Grade	#女 Female	Second Grade	#女 Female	Third Grade	#女 Female
总 计	**Total**	**1610**	**460**	**46**	**9**	**297**	**80**	**493**	**131**	**570**	**177**	**204**	**63**
北 京	Beijing	27	7			12	4	6	2	9	1		
天 津	Tianjin	43	12	2		12	4	13	2	14	6	2	
河 北	Hebei	37	13	1	1	2		15	5	13	4	6	3
山 西	Shanxi	60	20			11	2	26	8	14	8	9	2
内蒙古	Inner Mongolia	29	10			3	1	8	3	6		12	6
辽 宁	Liaoning	115	35	4		16	3	25	8	54	19	16	5
吉 林	Jilin	53	8	1		21	3	16	5	14		1	
黑龙江	Heilongjiang	59	15	2	1	16	4	15	3	19	6	7	1
上 海	Shanghai	40	16	1	1	9	2	10	4	10	4	10	5
江 苏	Jiangsu	104	27	3	2	14	2	40	7	41	13	6	3
浙 江	Zhejiang	71	20	3		19	5	22	5	20	8	7	2
安 徽	Anhui	17	6			6	2	3		4	2	4	2
福 建	Fujian	121	49	1		22	12	40	17	43	14	15	6
江 西	Jiangxi	41	14	1		11	4	7	2	17	5	5	3
山 东	Shandong	157	42	2		25	6	42	9	72	24	16	3
河 南	Henan	55	15	2		14	5	20	4	17	5	2	1
湖 北	Hubei	42	6	2		4	2	20	2	7	2	9	
湖 南	Hunan	45	17	2	1	5	1	8	3	22	8	8	4
广 东	Guangdong	111	26	7	1	16	2	48	12	30	8	10	3
广 西	Guangxi	47	18	3	1	3	2	11	3	24	11	6	1
海 南	Hainan	8	3					3	1	4	1	1	1
重 庆	Chongqing	21	6			2	1	4	1	11	3	4	1
四 川	Sichuan	61	16	1		11	4	13	3	18	5	18	4
贵 州	Guizhou	9	4	1	1	2		6	3				
云 南	Yunnan	74	17	2		9	3	19	5	31	7	13	2
西 藏	Tibet	5	1					3		2	1		
陕 西	Shaanxi	52	14	2		8		19	6	15	4	8	4
甘 肃	Gansu	43	13			12	3	13	4	18	6		
青 海	Qinghai	8	2	1		2		3	2	1		1	
宁 夏	Ningxia	9	1			3	1	3		3			
新 疆	Xinjiang	35	5			4	1	11	1	12	2	8	1

主要统计指标解释

广播／电视节目综合人口覆盖率　指根据原国家广电总局制定的《广播电视人口覆盖率统计技术标准和方法》进行统计调查的，在对象区内能接收到由中央、省、地市或县通过无线、有线或卫星等各种技术方式转播的各级广播／电视节目的人口数占全国总人口数的百分比。

艺术表演团体　指由文化部门主办或实行行业管理（经文化行政部门审批或已申报登记并领取相关许可证），专门从事表演艺术等活动的各类专业艺术表演团体，含民间职业剧团。不包括群众业余文艺表演团体。

艺术表演场馆　指由文化部门主办或实行行业管理（经文化市场行政部门审批或已申报登记并领取相关许可证），有观众席、舞台、灯光设备，公开售票、专供文艺团体演出的文化活动场所。

文化市场经营机构　指经文化市场行政部门审批或已申报登记并领取相关许可证的、从事文化经营和文化服务活动的机构。

国家综合档案馆　指由中央或地方各级档案行政管理部门直接管理的，按行政区划或历史时期设置的，收集和管理所辖范围内多种门类档案的档案馆。

规模以上文化制造业企业　指《文化及相关产业分类(2012)》所规定行业范围内，年主营业务收入在 2000 万元及以上的工业企业法人。

限额以上文化批发和零售业企业　指《文化及相关产业分类(2012)》所规定行业范围内，年主营业务收入在 2000 万元及以上的批发业企业法人和年主营业务收入在 500 万元及以上的零售业企业法人。

规模以上文化服务业企业　指《文化及相关产业分类(2012)》所规定行业范围内，从业人员在 50 人及以上或年营业收入在 1000 万元及以上的服务业企业法人，其中文化和娱乐业的年营业收入在 500 万元及以上。

等级运动员　指经考核正式批准授予运动员称号的运动员，分为国际级运动健将、运动健将、一级、二级运动员。

等级教练员　指经考核正式批准授予等级教练员职称的教练员，分为国家级、高级、一级、二级、三级教练员。

Explanatory Notes on Main Statistical Indicators

The Population Coverage Rate of Radio/Television refers to the percentage of the whole country's population who can receive radio/television programmes transmitted by national, provincial, municipal or county stations through wireless, cable or satellite techniques, according to *Statistical Standard and Method on Television and Radio Coverage of Population* established by the former State Administration of Broadcasting, Film and Television.

Arts Performance Troupes refer to the various professional performing arts groups, which sponsored by the cultural sectors or guided by the cultural society (approved by the cultural administration authority, or registered and permitted with the relative certificate), including non-governmental troupes. The mass amateur arts performance troupes are not included.

Arts Performance Places refer to the various sites for cultural activities, which sponsored by the cultural sectors or guided by the cultural society (approved by the cultural market administration, or registered and permitted with the relative certificate), with the facility of auditorium, stage and lighting, and selling tickets in public.

Cultural Market Operating Units refer to the units dealing in culture and cultural services, which registered and permitted with the relative certificate by cultural market administration.

National Comprehensive Archives refer to all archives institutions, which are directly managed by the central and local levels archives administration, collecting and keeping various documents and materials by administrative regions or historical periods.

Cultural Manufacturing above Designated Size refer to industrial enterprises with principal business over 20 million yuan, within the designated industrial sectors of "Classification of Culture and Relevant Industry(2012)".

Wholesale and Retail of Culture above Designated Size refer to enterprises of wholesale with principal business over 20 million yuan, and industrial enterprise of retail with principal business over 5 million yuan, within the designated industrial sectors of "Classification of Culture and Relevant Industry(2012)".

Services of Culture above Designated Size refer to those enterprises with engaged persons over 50, or with principal business over 10 million yuan, of which with principal business over 5 million yuan in culture and recreation industry, within the designated industrial sectors of "Classification of Culture and Relevant Industry(2012)".

Certified Grade Athletes refer to those who are awarded the title of athletes through assessment. The titles include international level athletes, master of sports, first grade athletes and second grade athletes.

Certified Grade Coaches refer to those who are awarded the title of grade coaches through assessment. The titles include national level coaches, senior grade coaches, one, two, three grade coaches.

24

公共管理、社会保障和社会组织

Public Management, Social Security and Social Organizations

简 要 说 明

本篇资料的主要内容和资料来源

本篇主要包括社会参与、公检法司、群众组织和劳动保障情况等内容。

一、社会参与的内容主要包括历届全国人大代表和政协委员情况。资料分别由全国人大和全国政协提供，依全国人大、政协换届情况每五年更新一次。

二、公检法司的内容主要包括公安机关刑事案件立案情况和治安案件查处情况，交通事故情况，人民检察院办案情况，人民法院审理案件和收结案情况以及司法部门律师、公证、调解工作情况。资料分别由公安部、最高人民检察院、最高人民法院和司法部依据统计报表制度整理提供。

三、群众组织的内容主要包括工会组织情况。资料分别由全国总工会统计报表制度整理提供。工会资料详见《中国工会统计年鉴》(中华全国总工会编)。

四、劳动保障资料的主要内容包括社会保险基金收支情况，参加基本养老保险情况、失业保险、城镇基本医疗保险情况、工伤保险、生育保险情况等。资料由人力资源和社会保障部提供。详细资料见《中国劳动统计年鉴》（国家统计局、人力资源和社会保障部编）。

Brief Introduction

Main Contents and Sources of Data

Data in this chapter show statistics on social participation, public security, procuratorial, legal and judicial affairs, mass organizations, labor protection and so on.

I. Data on social participation cover mainly information on representatives to the National People's Congress (NPC) and members of the Chinese People's Political Consultative Conference (CPPCC). Data are provided by NPC and CPPCC respectively. Data on expiration of office terms of NPC and CPPCC are updated every five years.

II. Data on public security, procuratorial, legal and judicial affairs cover information such as criminal cases registered and offense cases handled by the public security agencies, traffic accidents, cases handled by procuratorate's offices, cases accepted and settled by the people's courts, and statistics on lawyers, notarization and mediation. Data are from the Ministry of Public Security, the Supreme People's Procuratorate, the Supreme People's Court and the Ministry of Justice based on statistical reporting form scheme.

III. Data on mass organizations cover information on labor unions which are provided by All-China Federation of Trade Union based on statistical reporting forms. The detailed information on labor union can be found in *Statistical Yearbook on Chinese Labor Union* (All-China Federation of Trade Union).

IV. Data on labour security mainly include revenue and expenses of basic pension fund, unemployment insurance, urban basic medical care insurance, work injury insurance and maternity insurance etc. Data are from the Ministry of Human Resources and Social Security. Please refer to "*China Labour Statistical Yearbook*" (National Bureau Statistics, Ministry of Human Resources and Social Security) for detail information.

24-1 历届全国人民代表大会代表人数
Number of Deputies to All the Previous National People's Congresses

单位：人 (person)

届别	Congress	年份 Year	代表总数 Total Number of Deputies	#女代表 Female Deputies	#少数民族代表 Ethnic Minority Deputies	占代表总数比重(%) As Percentage to Total Deputies (%) 女代表 Female Deputies	少数民族代表 Ethnic Minority Deputies
一　届	First Congress	1954	1226	147	177	12.0	14.4
二　届	Second Congress	1959	1226	150	180	12.2	14.7
三　届	Third Congress	1964	3040	542	373	17.8	12.3
四　届	Fourth Congress	1975	2885	653	270	22.6	9.4
五　届	Fifth Congress	1978	3497	740	381	21.2	10.9
六　届	Sixth Congress	1983	2978	632	404	21.2	13.6
七　届	Seventh Congress	1988	2970	634	445	21.3	15.0
八　届	Eighth Congress	1993	2978	626	439	21.0	14.7
九　届	Ninth Congress	1998	2979	650	428	21.8	14.4
十　届	Tenth Congress	2003	2984	604	415	20.2	13.9
十一届	Eleventh Congress	2008	2987	637	411	21.3	13.8
十二届	Twelfth Congress	2013	2987	699	409	23.4	13.7

24-2 历届全国政治协商会议委员人数
Number of Deputies to All the Previous Chinese People's Political Consultative Conferences

单位：人 (person)

届别	Congress	年份 Year	委员总数 Total Number of Deputies	#中国共产党委员 Deputies from the Communist Party of China	#少数民族委员 Ethnic Minority Deputies	占委员总数比重(%) As Percentage to Total Deputies (%) 中国共产党委员 Deputies from the Communist Party of China	少数民族委员 Ethnic Minority Deputies
六　届	Sixth Congress	1983	2042	811	179	39.7	8.8
七　届	Seventh Congress	1988	2038	832	221	40.8	10.8
八　届	Eighth Congress	1993	2093	831	241	39.7	11.5
九　届	Ninth Congress	1998	2195	875	258	39.9	11.8
十　届	Tenth Congress	2003	2238	895	262	40.0	11.7
十一届	Eleventh Congress	2008	2237	892	250	39.9	11.2
十二届	Twelfth Congress	2013	2237	893	258	39.9	11.5

24-3 公安机关立案的刑事案件及构成
Criminal Cases Registered in Public Security Organs and Its Composition

案件类别	Category of Cases	立案（起） Number of Cases Registered (case)		构成（%） Composition (%)	
		2014	2015	2014	2015
合计	**Total**	**6539692**	**7174037**	**100.00**	**100.00**
杀人	Homicide	10083	9200	0.15	0.13
伤害	Injury	140709	132242	2.15	1.84
抢劫	Robbery	111187	86747	1.70	1.21
强奸	Rape	33417	29948	0.51	0.42
拐卖妇女儿童	Abducting Women or Children	16483	9150	0.25	0.13
盗窃	Larceny	4435984	4875561	67.83	67.96
诈骗	Fraud	785306	1049841	12.01	14.63
走私	Smuggling	2083	2199	0.03	0.03
伪造、变造货币,出售、购买、运输、持有、使用假币	Forging Currency, Selling, Buying, Transporting, Holding and Using Counterfeit Currency	899	992	0.01	0.01
其他	Others	1003541	978157	15.35	13.63

24-4 公安机关受理和查处治安案件数(2015年)
Cases of Offence Against Public Order Handled by Public Security Organs (2015)

案件类别	Category of Cases	受理（起） Number of Cases Accepted to be Treated (case)	查处（起） Number of Cases Investigated and Treated (case)	每万人口受理案件数（起/万人） Number of Cases Accepted per 10 000 Population (case/10 000 persons)
合计	**Total**	**11795124**	**10971620**	**85.7**
扰乱单位秩序	Disturbing Business Orders	93326	91118	0.7
扰乱公共场所秩序	Disturbing the Orders in Public Places	452474	453334	3.3
寻衅滋事	Causing Quarrels and Making Troubles	74955	70498	0.5
阻碍执行职务	Obstructing Government Workers in Performing Their Duties	32779	31763	0.2
非法携带枪支、弹药、管制工具	Violation of Firearms Control Regulations	81668	80080	0.6
违反危险物质管理规定	Violation of Explosives Control Regulations	24766	24335	0.2
殴打他人	Battering Other Persons	3001840	2846317	21.8
故意伤害	Willfully Injuring Others	216716	200467	1.6
盗窃	Stealing Property	2343731	1952268	17.0
敲诈勒索	Extortion and Blackmail	13085	11806	0.1
抢夺	Robbery and Snatch	29691	20103	0.2
盗窃、损毁公共设施	Stealing and Damaging Public Facilities	11561	9579	0.1
伪造、变造、倒卖有价票证、凭证	Forge/alter/scalp Valuable Coupons or Certificates	5978	5853	
违反旅馆业管理	Violating the Hotel Management Regulations	102894	102117	0.7
违反房屋出租管理	Violating the Rent Control Regulations	124600	124586	0.9
诈骗	Swindling, Seizing and Extorting Property	510505	407081	3.7
卖淫、嫖娼	Prostitution or Soliciting Prostitutes	75756	74853	0.6
赌博	Gambling	323386	319875	2.3
毒品违法活动	Illegal Drug Related Action	798695	786718	5.8
其他	Others	3476718	3358869	25.3

24-5 交通事故情况（2015年）
Basic Statistics on Traffic Accidents (2015)

类 别	Type	发生数(起) Number of Traffic Accidents (case)	死亡人数(人) Number of Deaths (person)	受伤人数(人) Number of Injuries (person)	直接财产损失(万元) Direct Property Losses (10 000 yuan)
总计	**Total**	**187781**	**58022**	**199880**	**103691.7**
#重大事故	Serious Accidents	12	187	123	
#特大事故	Extraordinarily Serious Accidents	1	35	11	
机动车	Vehicles	170130	54279	181528	98928.6
#汽车	Motor Vehicles	129155	42388	132925	89518.4
摩托车	Motorcycles	37608	10359	45467	7802.7
拖拉机	Tractors	2185	958	2047	703.4
非机动车	Non-motor-driven Vehicles	15437	2529	17160	2922.1
#自行车	Bicycles	1369	304	1298	282.7
行人乘车人	Pedestrians and Passengers	2137	1192	1117	1804.9
其他	Others	77	22	75	36.1

24-6 各地区交通事故情况（2015年）
Basic Statistics on Traffic Accidents by Region (2015)

地 区	Region	发生数(起) Number of Traffic Accidents (case)	死亡人数(人) Number of Deaths (person)	受伤人数(人) Number of Injuries (person)	直接财产损失(万元) Direct Property Losses (10 000 yuan)
全 国	**National Total**	**187781**	**58022**	**199880**	**103691.7**
北 京	Beijing	2637	922	2617	2088.4
天 津	Tianjin	5358	826	5954	3925.5
河 北	Hebei	4852	2498	4319	3995.3
山 西	Shanxi	5099	2015	5495	3646.8
内蒙古	Inner Mongolia	3215	973	3121	1587.2
辽 宁	Liaoning	5150	1993	4774	1914.2
吉 林	Jilin	2779	1301	2697	3188.1
黑龙江	Heilongjiang	3276	1151	3442	3824.6
上 海	Shanghai	1070	869	454	469.6
江 苏	Jiangsu	12999	4642	11698	6680.4
浙 江	Zhejiang	16270	4275	16157	6355.4
安 徽	Anhui	13770	2651	15382	6176.4
福 建	Fujian	7943	1890	8737	2703.9
江 西	Jiangxi	3058	1439	3136	5120.3
山 东	Shandong	13376	3652	13002	5276.8
河 南	Henan	6171	1776	6129	3524.4
湖 北	Hubei	4624	1695	4638	5174.9
湖 南	Hunan	9044	1792	11615	7253.7
广 东	Guangdong	24676	5562	27754	6783.4
广 西	Guangxi	3978	2099	4009	2145.2
海 南	Hainan	2103	629	2903	1123.1
重 庆	Chongqing	4829	969	6577	1844.7
四 川	Sichuan	8571	2640	10188	6317.4
贵 州	Guizhou	1035	741	1150	1197.0
云 南	Yunnan	5375	3036	5914	3414.0
西 藏	Tibet	334	168	435	301.6
陕 西	Shaanxi	5406	1615	5137	3741.9
甘 肃	Gansu	3063	1396	3553	1236.3
青 海	Qinghai	1036	531	1183	614.2
宁 夏	Ningxia	1692	395	1963	803.6
新 疆	Xinjiang	4992	1881	5747	1263.4

24-7 人民检察院直接立案侦查案件情况（2015年）
Cases under Direct Investigation by People's Procuratorate (2015)

案件分类	Category of Cases	受案（件） Cases Accepted (case)	立案件数（件） Number of Cases Registered (case)	立案人数（人） Person of Cases Registered (person)	#要案 Key Case	结案件数（件） Number of Cases Settled (case)	结案人数（人） Person of Cases Settled (person)
合计	**Total**	**74169**	**40834**	**54249**	**4568**	**36949**	**49387**
贪污	Corruption	21475	9596	15820	579	8843	14680
贿赂	Bribery	31445	19402	21427	3145	17143	18989
挪用公款	Misappropriation of Public Funds	3636	2787	3443	103	2532	3132
集体私分	Collective Illegal Possession of Public Funds	344	190	435	71	172	383
巨额财产来源不明	Unstated Source of Large Amount of Properties	312	7	8	3	2	3
滥用职权	Abuse of Power	7046	3639	5158	409	3183	4507
玩忽职守	Dereliction of Duty	5871	3645	5384	168	3411	5033
徇私舞弊	Fraudulent Practice	1907	704	955	33	641	883
其他	Others	2133	864	1619	57	1022	1777

注：结案中含上年旧存（以下各表同）。

a) Data of cases settled include cases turned over from previous year. The same applies to the tables following.

24-8 人民检察院审查逮捕、审查起诉情况(2015年)
Arrests and Prosecution Approved by People's Procuratorate (2015)

案件分类	Category of Cases	批捕、决定逮捕合计 Total of Arrests		决定起诉合计 Total of Public Prosecutions	
		件 (case)	人 (person)	件 (case)	人 (person)
合计	**Total**	**665305**	**892884**	**1050879**	**1434714**
危害公共安全案	Offences Against Public Security	48165	53383	239241	247511
破坏社会主义市场经济秩序案	Offences Against Socialist Economic Order	40139	58472	56383	93660
侵犯公民人身、民主权利案	Offences Against Citizens' Personal and Democratic Rights	112123	143099	162536	216140
侵犯财产案	Offences Against Properties	244382	324478	297829	411143
妨害社会管理秩序案	Offences Against Social Management of Order	202072	293139	262683	421790
危害国防利益案	Offences Against National Defense	142	154	192	259
军人违反职责案	Offences on Dereliction of Duty by Servicemen			9	10
贪污贿赂案	Offences on Corruption and Bribery	16103	17533	25842	34554
渎职侵权案	Offences on Abuse and Dereliction of Duty	1592	1869	5610	8551
其他	Others	587	757	554	1096

24-9 人民检察院处理申诉案件情况（2015年）
Appeals Handled by People's Procuratorate (2015)

单位：件 (case)

案件分类	Category of Cases	受案 Cases Accepted	立案复查 Cases Registered for Reinves-tigation	结案 Cases Settled	#改变原决定 Original Decision Changed
合计	**Total**	**13582**	**5099**	**4846**	**155**
不服检察机关处理决定	Appeals against Decision of Procuratorate's Offices	3681	2013	1898	155
不服不批捕	Appeals against Rejection of Arrest	261	101	102	5
不服不起诉	Appeals against Rejection of Prosecuting	2958	1736	1632	96
不服撤案	Appeals against Withdrawal of the Case	31	15	14	1
不服原免予起诉	Appeals against Original Exemption of Lawsuit	52	15	11	2
其他	Others	379	146	139	51
不服法院刑事判决裁定	Appeals against Judgment of Criminal Case	9901	3086	2948	
刑罚执行中被害人申诉	Appeals of the Victim at the Punishment	2321	843	870	
刑罚执行中被告人申诉	Appeals of the Defendant at the Punishment	2876	891	828	
刑罚执行完毕后被害人申诉	Appeals of the Victim after the Punishment	965	318	307	
刑罚执行完毕后被告人申诉	Appeals of the Defendant after the Punishment	3458	937	859	

24-10 人民检察院受理举报、控告和申诉案件情况(2015年)
Cases of Reporting, Accusation and Petition Handled by People's Procuratorate (2015)

单位：件 (case)

案件类别	Category of Cases	受理 Cases Accepted	处理 Cases Handled	#检察机关办理 Handled by General Office of People's Procuratorate	#转其他机关 Transferring to Other Organs
合计	**Total**	**516634**	**502145**	**228685**	**170839**
首次举报	First Report of an Offence	230801	225621	110286	86283
首次控告	First Accusation	111731	109413	34855	36157
首次申诉	First Petition	174102	167111	83544	48399

24-11 人民检察院办理刑事抗诉案件情况（2015年）
Criminal Appeals Handled by People's Procuratorate (2015)

案件类别	Category of Cases	提出抗诉 Presenting Procuratoral Appeal	审判结果 合计 Total Result of Judgement	改判 Revising Judgment		维持原判 Affirming Original Judgment	发回重审 Remanding for Retrial
		(件) (case)	(件) (case)	(件) (case)	(人) (person)	(件) (case)	(件) (case)
合　计	**Total**	**6591**	**4394**	**2128**	**3144**	**1011**	**1255**
二审小计	Sub-total of Second Instance	5696	3770	1845	2753	957	968
贪污贿赂案件	Embazzlement and Bribery Cases	722	529	199	266	124	206
渎职侵权案件	Dereliction of Duty and Infingement of Citizens' Right Cases	197	119	31	40	34	54
刑事案件	Criminal Cases	4777	3122	1615	2447	799	708
再审小计	Sub-total of Retrial	895	624	283	391	54	287
贪污贿赂案件	Embazzlement and Bribery Cases	83	61	21	43	10	30
渎职侵权案件	Dereliction of Duty and Infingement of Citizens' Right Cases	29	21	8	13		13
刑事案件	Criminal Cases	783	542	254	335	44	244

24-12 人民检察院办理民事、行政抗诉案件情况（2015）
Civil and Administrative Appeals Handled by People's Procuratorate (2015)

单位：件 (case)

案件类别	Category of Cases	合计 Total	民事案件 Civil Cases	行政案件 Administrative Cases
提请抗诉	Submitting Procuratoral Appeal	5309	4970	339
抗　诉	Procuratoral Appeal	3548	3391	157
提出再审检察建议	Giving Retrial Procuratorate Suggestion	3874	3780	94
抗诉案件再审	Retrial of Procuratoral Appeal	2504	2414	90
改　判	Revising Judgment	1088	1060	28
发回重审	Remanding for Retrial	379	364	15
调　解	Mediation	247	246	1
维持原判	Affirming Original Judgment	615	577	38
其　他	Others	175	167	8

24-13 人民检察院纠正违法情况
Law-breaking Cases Rectified by People's Procuratorate

项 目	Item	2014	2015
书面提出纠正件次合计（件次）	**Total of Written Rectification (Case-times)**	**111872**	**72534**
立案监督小计	Sub-total of Supervision of Cases Filing	46677	28010
监督立案	Supervision of Cases Filing	26396	17546
监督撤案	Supervision of Cases Withdrawed	20281	10464
侦查监督小计	Sub-total of Supervision of Investigation	54949	37292
刑事审判监督	Supervision of Criminal Trial	10246	7232
刑罚执行监督人次小计（人次）	**Sub-total of Supervision of Punishment Execution (person-times)**	**68445**	**55063**
监管活动	Administration of Prison and Custody	43855	31607
超期羁押	Excessive Custody	474	439
减刑、假释、保外就医	Commutation of Sentence, Parole and Released on Parole for Medical Treatment	24116	23017
已纠正件次合计 （件次）	**Total of Rectified (Case-times)**	**100804**	**63311**
立案监督小计	Sub-total of Supervision of Cases Filing	38909	24893
监督立案	Supervision of Cases Filing	21236	14509
监督撤案	Supervision of Cases Withdrawed	17673	10384
侦查监督小计	Sub-total of Supervision of Investigation	52004	31874
刑事审判监督	Supervision of Criminal Trial	9891	6544
刑罚执行监督人次小计（人次）	**Sub-total of Supervision of Punishment Execution (person-times)**	**67942**	**54487**
监管活动	Administration of Prison and Custody	43618	31275
超期羁押	Excessive Custody	497	423
减刑、假释、保外就医	Commutation of Sentence, Parole and Released on Parole for Medical Treatment	23827	22789

24-14 人民法院审理一审案件情况
First Trial Cases by Courts

单位：件 (case)

年份 Year	收案 Cases Accepted	刑事 Criminal	民商事 Civil	#知识产权 Intellectual Property Rights	#海事海商 Maritime Affairs	行政 Administrative
1978	447755	146968	300787			
1979	513789	123846	389943			
1980	763535	197856	565679			
1981	906051	232125	673926			
1982	1024160	245219	778941			
1983	1343164	542648	756436			527
1984	1355460	431357	838307			983
1985	1319741	246655	846391		238	916
1986	1611282	299720	989409		301	632
1987	1875229	289614	1213219		346	5940
1988	2290624	313306	1455130		569	8573
1989	2913515	392564	1815385		725	9934
1990	2916774	459656	1851897		753	13006
1991	2901685	427840	1880635		951	25667
1992	3051157	422991	1948786		1654	27125
1993	3414845	403267	2089257		1830	27911
1994	3955475	482927	2383764		1959	35083
1995	4545676	495741	2718533		2847	52596
1996	5312580	618826	3093995		3945	79966
1997	5288379	436894	3277572		4534	90557
1998	5410798	482164	3375069		5166	98350
1999	5692434	540008	3519244		5736	97569
2000	5356294	560432	3412259		6976	85760
2001	5344934	628996	3459025		6891	100921
2002	5132199	631348	4420123			80728
2003	5130760	632605	4410236			87919
2004	5072881	647541	4332727			92613
2005	5161170	684897	4380095			96178
2006	5183794	702445	4385732			95617
2007	5550062	724112	4724440			101510
2008	6288831	767842	5412591			108398
2009	6688963	768507	5800144			120312
2010	6999350	779595	6090622			129133
2011	7596116	845714	6614049			136353
2012	8442657	996611	7316463			129583
2013	8876733	971567	7781972	88583	11224	123194
2014	9489787	1040457	8307450	95522	12174	141880
2015	11444950	1126748	10097804	109386	17546	220398

注：1.一审案件指人民法院按照诉讼级别管辖按第一审程序审理的案件。
2.2002年起，经济纠纷和海事海商并入民事案件中。

a) First trial cases refer to cases accepted by people's courts according to the first trial proceedings.
b) Data of civil cases include cases of economic disputes and maritime affairs since 2002.

24-15 人民法院审理刑事一审案件收结案情况（2015年）
First Trial Criminal Cases Accepted and Settled by Courts (2015)

单位：件 (case)

项 目	Item	收 案 Cases Accepted	结 案 Cases Settled
合 计	**Total**	**1126748**	**1099205**
危害公共安全罪	Offences Against Public Security	247795	245407
破坏社会主义市场经济秩序罪	Offences Against Socialist Economic Order	61639	58274
侵犯公民人身权利民主权利罪	Offences Against Citizens' Personal and Democratic Rights	183526	182455
侵犯财产罪	Offences Against Properties	318680	312749
妨害社会管理秩序罪	Offences Against Social Management of Order	279822	274994
危害国防利益罪	Offences Against National Defense	222	230
贪污贿赂罪	Offences on Corruption and Bribery	28846	19493
渎职罪	Offences on Dereliction of Duty	5779	5187
其他	Others	439	416
合计中含自诉案件	Private Prosecution Among the Total	9952	9290

注：结案中含上年旧存(以下各表同)。
a) Data of cases settled include cases turned over from previous year. The same applies to the tables following.

24-16 人民法院审理刑事案件罪犯情况
Criminal Offenders Heard by Courts

单位：人 (person)

年 份 Year	刑事罪犯总数 Number of Offenders	#青少年罪犯 Offenders	不满18岁 Less Than 18 Years	18岁至25岁 Between 18 and 25 Years	青少年罪犯占刑事罪犯比重(%) Proportion of Young Offenders in the Total (%)
1997	526312	199212	30446	168766	37.9
1998	528301	208076	33612	174464	39.4
1999	602380	221153	40014	181139	36.7
2000	639814	220981	41709	179272	34.5
2001	746328	253465	49883	203582	34.0
2002	701858	217909	50030	167879	31.0
2003	742261	231715	58870	172845	31.2
2004	764441	248834	70086	178748	32.6
2005	842545	285801	82692	203109	33.9
2006	889042	303631	83697	219934	34.2
2007	931745	316298	87506	228792	33.9
2008	1007304	322061	88891	233170	32.0
2009	996666	302023	77604	224419	30.3
2010	1006420	287978	68193	219785	28.6
2011	1050747	282429	67280	215149	26.9
2012	1173406	282990	63782	219208	24.1
2013	1157784	265439	55817	209622	22.9
2014	1183784	249576	50415	199161	21.1
2015	1231656	236341	43839	192502	19.2

24-17 人民法院审理婚姻家庭、继承一审案件收结案情况（2015年）
First Trial Civil Cases of Marriage, Family Affairs and Inheritance Accepted and Settled by Courts (2015)

单位：件 (case)

项 目	Item	收 案 Cases Accepted	结 案 Cases Settled	调 解 Mediation	判 决 Judgment	驳 回 Reject	撤 诉 With-drawal	其 他 Other
合 计	**Total**	**1758926**	**1733299**	**706628**	**587431**	**10987**	**413451**	**14802**
婚姻家庭	Marriage and Family Affairs	1662102	1639659	648773	566319	9797	400899	13871
离婚	Divorce	1408483	1390873	540919	486744	7704	344447	11059
赡养纠纷	Support Disputes	26277	25921	7660	9584	172	8042	463
抚养、扶养关系纠纷	Upbringing Disputes	56042	55583	32245	12438	309	10178	413
抚育费纠纷	Upbringing Fee Disputes	32442	31678	11753	11739	338	7504	344
其他	Others	138858	135604	56196	45814	1274	30728	1592
继承	Inheritance	96824	93640	57855	21112	1190	12552	931
法定继承	Legal Inheritance	54391	52851	37443	8571	466	5977	394
遗嘱继承	Testament Inheritance	6450	6157	2654	2386	74	992	51
其他	Others	35983	34632	17758	10155	650	5583	486

24-18 人民法院审理合同纠纷一审案件收结案情况（2015年）
First Trial Cases of Contract Disputes Accepted and Settled by Courts (2015)

单位：件 (case)

项 目	Item	收 案 Cases Accepted	结 案 Cases Settled	调 解 Mediation	判 决 Judgment	驳 回 Reject	撤 诉 With-drawal	其 他 Other
合计	**Total**	**6013386**	**5616624**	**1420597**	**2501152**	**175464**	**1408859**	**110552**
借款合同	Loan Contracts	2361570	2187697	556802	1135359	44734	411743	39059
买卖合同	Trade Contracts	931671	866704	254853	367654	14897	213096	16204
电信合同	Telecom Contracts	42785	43268	8840	2759	148	31300	221
租赁合同	Lease Contracts	226467	206415	46771	94814	4006	57321	3503
劳动争议	Work Disputes	483311	455761	144270	201792	17081	80007	12611
房地产合同	Real Estate Contracts	244825	226370	62308	109724	4559	44658	5121
供用动力合同	Power Supply Contracts	55129	54231	10231	7047	1003	35709	241
建设工程合同	Construction Contracts	160839	144911	33949	67034	3729	34220	5979
农村承包合同	Rural Contracts	22319	21257	5967	8681	750	5552	307
承揽合同	Contracts for Work	94620	88829	25922	36306	1170	23482	1949
其他	Others	1389850	1321181	270684	469982	83387	471771	25357

24-19 人民法院审理权属、侵权纠纷一审案件收结案情况（2015年）

First Trial Cases of Disputes of Right, Infringement of Right Accepted and Settled by Courts (2015)

单位：件 (case)

项　目	Item	收　案 Cases Accepted	结　案 Cases Settled	调　解 Mediation	判　决 Judgment	驳　回 Reject	撤　诉 With-drawal	其　他 Other
合计	**Total**	**2325492**	**2225229**	**627618**	**854514**	**47541**	**351731**	**343825**
所有权及其相关权利	Ownership and Related Rights	335496	314047	62643	134605	18787	90828	7184
特别程序	Special Proceedings	397613	394721	3195	46969	14676	18889	310992
人身权纠纷	Personal Rights	1135639	1080452	460256	474051	5766	127006	13373
#人身损害赔偿	Compensate for Personal Harm	1097269	1044407	450155	457530	5162	118868	12692
特殊侵权纠纷	Disputes of Special Infringement of Right	218423	220569	59772	117752	2391	36971	3683
不当得利	Unjustified Enrichment	39767	36769	6608	15900	1542	11664	1055
票据、证券、股票纠纷	Disputes of Bill, Securities and Stocks	10016	9157	1462	5146	158	1600	791
其他	Other	188538	169514	33682	60091	4221	64773	6747

24-20 人民法院审理行政一审案件收结案情况（2015年）

First Trial Administrative Cases Accepted and Settled by Courts (2015)

单位：件 (case)

项　目	Item	收　案 Cases Accepted	结　案 Cases Settled	维　持 Affirmation of Original Judgement	撤　销 Cancel	驳　回 Reject	撤　诉 With-drawal	单独赔偿 Separate Compen-sation	其　他 Other
合计	**Total**	**220398**	**198772**	**9359**	**14581**	**36172**	**42925**	**814**	**94921**
土地等资源	Land	28180	25055	784	2314	6168	5179	119	10491
公安	Public Security	24974	22714	1471	775	3103	5084	81	12200
城建	City Construction	35726	30817	605	2268	6979	6946	150	13869
交通运输	Traffic and Transport	3187	2974	65	120	392	1327	3	1067
工商	Industry and Commerce	4476	3832	60	406	558	1453	5	1350
环保	Environment Protection	1175	986	22	82	127	328		427
计划生育	Family Planning	2188	2172	54	36	71	814	29	1168
税务	Tax	636	565	17	26	85	149	1	287
卫生	Health	781	690	17	40	126	168		339
乡政府	Townships Government	5423	4741	67	339	1022	913	20	2380
劳动和社会保障	Labour and Social Security	16467	15051	933	1443	1362	3717	14	7582
其他	Other	97185	89175	5264	6732	16179	16847	392	43761

24-21 律师、公证和调解工作基本情况
Basic Statistics on Lawyers, Notarization and Mediation

项目	Item	2010	2011	2012	2013	2014	2015
律师工作	**Lawyers**						
律师事务所 (个)	Number of Law Offices (unit)	17230	18235	19361	20609	22166	24425
律师人数 (人)	Number of Lawyers (person)	195170	214968	232384	248623	271452	297175
#专职律师	Full-time Lawyers	176219	192546	208356	225267	244255	267536
兼职律师	Part-time Lawyers	9294	9740	10108	10550	10545	11199
担任法律顾问 (家)	Number of Units with Legal Advisors (unit)	369129	392456	447993	456847	507289	548260
民事诉讼代理 (件)	Agent of Civil Cases (case)	1569043	1693635	1779118	1887156	2100102	2476112
刑事诉讼辩护及代理(件)	Agent and Defender of Criminal Cases (case)	530800	569330	576050	592486	667391	717283
行政诉讼代理 (件)	Agent of Administrative Action (case)	51011	52136	43312	57659	64545	86455
非诉讼法律事务 (件)	Agent of Non-Litigious Legal Affairs (case)	549453	625229	585358	817703	673080	784264
解答法律询问 (万人次)	Agent of Legal Advisory Services (10 000 person-times)	474.5	513.6	436.9	452.3	464.3	508.2
公证工作	**Notarization**						
公证处 (个)	Number of Notary Offices (unit)	3026	3006	3007	2987	3006	3001
公证员 (人)	Notaries (person)	11457	12163	12333	12725	12960	13147
办理公证文书 (万件)	Number of Notarized Documents (10 000 cases)	1104.8	1076.6	1120.8	1258.9	1221.6	1246.8
人民调解工作	**Number of People's Mediation**						
司法助理员 (人)	Number of Judicial Assistants (person)	72698	95430	95920	56186	54350	56053
人民调解委员会 (万个)	Number of People's Mediation Committees (10 000 units)	81.8	81.1	81.7	82.0	80.3	79.8
调解人员 (万人)	Number of Mediators (10 000 persons)	466.9	433.6	428.1	422.9	394.1	391.1
调解民间纠纷 (万件)	Number of Civil Disputes Mediated (10 000 cases)	841.8	893.5	926.6	943.9	933.0	933.1

注：司法助理员指政法项目编制人员。
a) Judicial Assistants refer to staff of politics and law project.

24-22 国内公证业务分类(2015年)
Domestic Notarial Services by Type (2015)

分类	Item	办证件数(件) Number of Notarial Documents Issued (case)	比重(%) Percentage (%)
合计	**Total**	**8721231**	**100.00**
合同(协议)	Contracts (Agreements)	1952028	22.38
继承	Inheritance	908205	10.41
单方法律行为	Unilateral Legal Acts	2911793	33.39
现场监督	Field Supervision	208930	2.40
保全证据	Evidence Preservation	230466	2.64
公司章程	Corporation Constitutions	2067	0.02
组织资格	Organization Qualification	3999	0.05
财产权	Property Rights	5138	0.06
身份	Identity	15807	0.18
收养关系	Adoptive Relationship	2697	0.03
婚姻状况	Marital Status	14096	0.16
亲属关系	Kinship Confirmation	90921	1.04
有无违法犯罪记录	Illegal and Criminal Record Check	29243	0.34
其他有法律意义事实	Other Facts of Legal Significance	77081	0.88
证书(执照)	Certificate (Licence)	32758	0.38
签名(印章)	Signature (Seal)	682204	7.82
文本相符	Conformity of Documentation	333734	3.83
赋予执行效力	Executor Force	732175	8.40
执行证书	Certificate of Execution	38223	0.44
抵押登记	Mortgage Registration	39003	0.45
提存	Drawing	3547	0.04
保管	Storage	10070	0.12
其他	Others	397046	4.55

24-23　国内合同(协议)类公证业务分类(2015年)
Domestic Notarization of Contracts (Agreements) by Type (2015)

分　　类	Item	办证件数(件) Number of Notarial Documents Issued (case)	比　重 (%) Percentage (%)
合计	**Total**	**1952028**	**100.00**
买卖合同	Trade Contracts	246293	12.62
赠与合同	Gift Contracts	126733	6.49
借款合同	Contracts for Loan of Money	734047	37.60
租赁合同	Leasing Contracts	19256	0.99
承揽合同	Contracts of Hired Work	1567	0.08
建设工程合同	Contracts for Construction Projects	7939	0.41
委托合同	Agency Appointment Contracts	53819	2.76
担保合同	Guarantee Contracts	92228	4.72
土地使用合同	Land Use Contracts	11357	0.58
知识产权合同	Intellectual Property Contracts	884	0.05
承包合同	Contract Agreements	17351	0.89
企业经营合同	Enterprise Operating Contracts	1343	0.07
劳动(劳务)合同	Labor (Labor Service) Contracts	7740	0.40
其他合同	Other Contracts	198051	10.15
合伙协议	Partnership Agreements	6928	0.35
财产分割协议	Property Division Agreements	29181	1.49
财产约定协议	Property Agreement	47124	2.41
抚养协议	Child Support Agreements	7797	0.40
出国留学协议	Studying Abroad Agreement	27608	1.41
拆迁安置协议	Removal and Resettlement Agreements	40019	2.05
赔偿协议	Compensation Agreements	5790	0.30
还款协议	Payment Contracts	62342	3.19
其他	Others	206631	10.59

24-24　涉外公证文书分类(2015年)
Foreign-Related Notarial Documents by Type (2015)

分　　类	Item	办证件数 (件) Number of Notarial Documents Issued (case)	比　重 (%) Percentage (%)
合　计	**Total**	**3560765**	**100.00**
合同(协议)	Contracts (Agreements)	6419	0.18
继承	Inheritance	1988	0.06
委托	Power of Attorney	63372	1.78
声明	Declaration	65224	1.83
遗嘱	Testaments	1192	0.03
其他单方法律行为	Other Unilateral Legal Acts	12986	0.36
公司章程	Corporation Constitutions	5668	0.16
组织资格	Organization Qualification	2798	0.08
收养关系	Adoptive Relationship	3523	0.10
婚姻关系	Marital Relationship	147432	4.14
亲属关系	Kinship Confirmation	375269	10.54
出生	Births	505172	14.19
死亡	Deaths	10225	0.29
生存、居住	Survival and Residence	11205	0.31
学历(学位)	Education Background (Academic Degree)	203923	5.73
经历	Resume	13268	0.37
职务(职称)	Professional Titles	9145	0.26
身份	Identity	14127	0.40
有无违法犯罪记录	Illegal and Criminal Record Check	406792	11.42
其他有法律意义事实	Other Facts of Legal Significance	46378	1.30
证书(执照)	Certificate (Licence)	405328	11.38
签名(印章)	Signature (Seal)	164925	4.63
文本相符	Conformity of Documentation	686453	19.28
其他	Others	397953	11.18

24-25 调解民间纠纷分类
Number of Civil Disputes Mediated by Type

项　目	Item	调　解　纠　纷 (万件) Civil Disputes (case)		各类纠纷所占比重 (%) Percentage(%)	
		2014	2015	2014	2015
合　计	**Total**	**933.0**	**933.1**	**100.0**	**100.0**
#婚姻家庭	Family Disputes	184.2	183.4	19.7	19.7
房屋、宅基地	Housing and Housing Sites	64.7	65.3	6.9	7.0
邻　里	Neighbor Disputes	236.1	237.5	25.3	25.5
损害赔偿	Compensation for Damages	72.7	73.1	7.8	7.8

24-26 劳动人事争议仲裁情况
Disposal of Labor Disputes

项　目	Item	2011	2012	2013	2014	2015
上期未结案数　(件)	**Number of Cases Left Over from Last Period(case)**	**42308**	**36151**	**34478**	**31796**	**39580**
案件受理情况	**Cases Accepted**					
当期案件受理数　(件)	Number of Cases　(case)	589244	641202	665760	715163	813859
#集体劳动争议案件数	Number of Collective Labour Disputes	6592	7252	6783	8041	10466
劳动者申诉案件数	Number of Cases Appealed by Laborers	568768	620849	641932	690418	784229
按争议原因分　(件)	By Cause of the Disputes　(case)					
劳动报酬	Labour Remuneration	200550	225981	223351	258716	321179
社会保险	Social Insurances	149944	159649	165665	160961	158002
解除、终止劳动合同	Relieve or End the Labour Contract	118684	129108	147977	155870	182396
劳动者当事人数　(人)	Number of Laborers Involved　(person)	779490	882487	888430	997807	1159687
#集体劳动争议	Collective Labour Disputes	174785	231894	218521	267165	341588
案件处理情况	**Cases Settled**					
结案数　(件)	Number of Cases Settled　(case)	592823	643292	669062	711044	812461
按处理方式分	By Manners of Settlement					
仲裁调解	By Mediation	278873	302552	311806	321598	362814
仲裁裁决	By Arbitrition Lawsuit	244942	268530	283341	313175	368409
其他方式	Others	69008	72210	73915	76271	81238
按处理结果分	By Result of Settlement					
用人单位胜诉	Lawsuit Won by Units	74189	79187	82519	82541	90785
劳动者胜诉	Lawsuit Won by Laborers	195680	213453	217551	250284	287544
双方部分胜诉及其他	Lawsuit Partly Won by Both Parties and Others	322954	350652	368992	378219	434132
案外调解案件数	**Cases Mediated**	**194338**	**212937**	**215595**	**227447**	**258114**

注：2011年起，解除、终止劳动合同的类型进行合并统计。
a) Since 2011, items of Relieve or End the Labour Contract have been merged during statistics.

24-27 工会组织情况
Basic Statistics on Trade Unions

年份 Year	工会基层组织数(万个) Number of Grassroot Trade Unions (10 000 units)	全国已建工会组织的基层单位的职工与会员人数(万人) Membership and Staff and Workers in Grassroot Trade Unions (10 000 persons)				工会专职工作人员人数(万人) Number of Full-time Personnel of Trade Unions (10 000 persons)
		职工人数 Staff and Workers	#女性 Female	会员人数 Membership	#女性 Female	
1979	32.9	6897.2	2171.7	5147.3		17.9
1980	37.6	7448.2	2518.6	6116.5		24.3
1985	41.1	8183.0	2902.0	6843.9	2412.8	29.1
1990	43.3	8586.6	3065.9	7331.6	2629.3	32.2
1991	44.7	8845.7	3191.8	7693.4	2771.4	33.7
1992	46.6	9243.9	3370.3	8029.1	2950.3	41.9
1993	46.5	9643.0	3596.7	8525.8	3149.2	38.1
1994	50.2	9949.6	3664.3	8908.5	3309.2	45.9
1995	53.6	10411.8	3900.4	9336.5	3486.9	47.0
1996	56.4	10747.4	4434.9	9628.9	3647.0	47.4
1997	58.9	10998.6	4178.7	9909.2	3777.7	48.8
1998	60.6	11156.9	4291.0	10135.6	3897.7	55.6
1999	61.4	11351.4	4394.8	10389.1	3991.6	58.0
2000	61.7	11223.9	4377.1	10322.5	3974.0	58.0
2001	62.7	11103.8	4359.9	10176.1	3949.6	55.4
2002	58.3	11269.6	4483.2	10202.5	4018.1	56.0
2003	59.3	11321.4	4515.3	10399.6	4116.5	46.8
2004	58.6	11181.4	4500.0	10211.9	4093.1	60.5
2005	117.4	15985.3	6016.3	15029.4	5574.8	47.7
2006	132.4	18143.6	6719.3	16994.2	6177.8	54.3
2007	150.8	20452.4	7494.5	19329.0	7042.2	60.2
2008	172.5	22487.5	8168.8	21217.1	7773.8	70.5
2009	184.5	24535.3	8652.6	22634.4	8248.4	74.6
2010	197.6	25345.4	9288.1	23996.5	8871.5	86.4
2011	232.0	27304.7	10211.2	25885.1	9763.6	99.8
2012	266.3	29371.5	11014.5	28021.3	10611.0	107.9
2013	276.7	29946.2	11227.6	28786.9	10886.0	115.6
2014	278.1	29930.9	11299.4	28811.8	10977.7	115.5
2015	280.6	30707.6	11589.2	29546.0	11287.7	111.4

注：因指标解释调整，2003年以前的工会基层组织数包含部分覆盖单位数。

a) Because of the adjustment of indicator explanation, the number of grassroot trade unions before 2003 contained part of cover units.

24-28 社会保险基金收支及累计结余
Revenue, Expenses and Balance of Social Insurance Fund

单位：亿元 (100 million yuan)

年份 Year	合计 Total	基本养老保险 Basic Pension Insurance	失业保险 Unemployment Insurance	城镇基本医疗保险 Basic Medical Care Insurance	工伤保险 Work Injury Insurance	生育保险 Maternity Insurance
基金收入 **Revenue**						
1990	186.8	178.8	7.2			
1995	1006.0	950.1	35.3	9.7	8.1	2.9
1996	1252.4	1171.8	45.2	19.0	10.9	5.5
1997	1458.2	1337.9	46.9	52.3	13.6	7.4
1998	1623.1	1459.0	68.4	60.6	21.2	9.8
1999	2211.8	1965.1	125.2	89.9	20.9	10.7
2000	2644.9	2278.5	160.4	170.0	24.8	11.2
2001	3101.9	2489.0	187.3	383.6	28.3	13.7
2002	4048.7	3171.5	213.4	607.8	32.0	21.8
2003	4882.9	3680.0	249.5	890.0	37.6	25.8
2004	5780.3	4258.4	290.8	1140.5	58.3	32.1
2005	6975.2	5093.3	340.3	1405.3	92.5	43.8
2006	8643.2	6309.8	402.4	1747.1	121.8	62.1
2007	10812.3	7834.2	471.7	2257.2	165.6	83.6
2008	13696.1	9740.2	585.1	3040.4	216.7	113.7
2009	16115.6	11490.8	580.4	3671.9	240.1	132.4
2010	19276.1	13872.9	649.8	4308.9	284.9	159.6
2011	25153.3	18004.8	923.1	5539.2	466.4	219.8
2012	30738.8	21830.2	1138.9	6938.7	526.7	304.2
2013	35252.9	24732.6	1288.9	8248.3	614.8	368.4
2014	39827.7	27619.9	1379.8	9687.2	694.8	446.1
2015	46012.1	32195.5	1367.8	11192.9	754.2	501.7
基金支出 **Expenses**						
1990	151.9	149.3	2.5			
1995	877.1	847.6	18.9	7.3	1.8	1.6
1996	1082.4	1031.9	27.3	16.2	3.7	3.3
1997	1339.2	1251.3	36.3	40.5	6.1	4.9
1998	1636.9	1511.6	51.9	53.3	9.0	6.8
1999	2108.1	1924.9	91.6	69.1	15.4	7.1
2000	2385.6	2115.5	123.4	124.5	13.8	8.3
2001	2748.0	2321.3	156.6	244.1	16.5	9.6
2002	3471.5	2842.9	182.6	409.4	19.9	12.8
2003	4016.4	3122.1	199.8	653.9	27.1	13.5
2004	4627.4	3502.1	211.3	862.2	33.3	18.8
2005	5400.8	4040.3	206.9	1078.7	47.5	27.4
2006	6477.4	4896.7	198.0	1276.7	68.5	37.5
2007	7887.8	5964.9	217.7	1561.8	87.9	55.6
2008	9925.1	7389.6	253.5	2083.6	126.9	71.5
2009	12302.6	8894.4	366.8	2797.4	155.7	88.3
2010	15018.9	10755.3	423.3	3538.1	192.4	109.9
2011	18652.9	13363.2	432.8	4431.4	286.4	139.2
2012	23331.3	16711.5	450.6	5543.6	406.3	219.3
2013	27916.3	19818.7	531.6	6801.0	482.1	282.8
2014	33002.7	23325.8	614.7	8133.6	560.5	368.1
2015	38988.1	27929.4	736.4	9312.1	598.7	411.5
累计结余 **Balance at Year-end**						
1990	117.3	97.9	19.5			
1995	516.8	429.8	68.4	3.1	12.7	2.7
1996	696.1	578.6	86.4	6.4	19.7	5.0
1997	831.6	682.8	97.0	16.6	27.7	7.5
1998	791.1	587.8	133.4	20.0	39.5	10.3
1999	1009.8	733.5	159.9	57.6	44.9	13.9
2000	1327.5	947.1	195.9	109.8	57.9	16.8
2001	1622.8	1054.1	226.2	253.0	68.9	20.6
2002	2423.4	1608.0	253.8	450.7	81.1	29.7
2003	3313.8	2206.5	303.5	670.6	91.2	42.0
2004	4493.4	2975.0	385.8	957.9	118.6	55.9
2005	6073.7	4041.0	519.0	1278.1	163.5	72.1
2006	8255.9	5488.9	724.8	1752.4	192.9	96.9
2007	11236.6	7391.4	979.1	2476.9	262.6	126.6
2008	15225.6	9931.0	1310.1	3431.7	384.6	168.2
2009	19006.5	12526.1	1523.6	4275.9	468.8	212.1
2010	23407.5	15787.8	1749.8	5047.1	561.4	261.4
2011	30233.1	20727.8	2240.2	6180.0	742.6	342.5
2012	38106.6	26243.5	2929.0	7644.5	861.9	427.6
2013	45588.1	31274.8	3685.9	9116.5	996.2	514.7
2014	52462.3	35644.5	4451.5	10644.8	1128.8	592.7
2015	59532.5	39937.1	5083.0	12542.8	1285.3	684.4

注：1.2007年及以后城镇基本医疗保险基金中包括城镇职工基本医疗保险和城镇居民基本医疗保险。
2.2010年及以后基本养老保险基金中包括城镇职工基本养老保险和城乡居民基本养老保险。
3.工伤保险累计结余中含储备金。

a) Data of basic medical care insurance include both urban workers and urban residence from 2007.

b) Data of the basic pension insurance for 2010 and following years include the basic pension insurances for urban workers and for urban and rural residents.

c) The grand total of work injury insurance at year-end include reserve fund.

24-29 社会保险基本情况
Basic Statistics of Social Insurance

单位: 万人 (10 000 persons)

年份 Year	年末参加基本养老保险人数 Basic Pension Insurance Participants at Year-end	城镇职工基本养老保险 Urban Employees Basic Pension Insurance: 合计 Total	职工 Number of Employees	#企业(含其他) Enterprises (including others)	离退休人员 Number of Retirees	#企业(含其他) Enterprises (including others)	城乡居民基本养老保险 Basic Pension Insurance for Urban and Rural Residents
1989	5710.3	5710.3	4816.9	4816.9	893.4	893.4	
1990	6166.0	6166.0	5200.7	5200.7	965.3	965.3	
1991	6740.3	6740.3	5653.7	5653.7	1086.6	1086.6	
1992	9456.2	9456.2	7774.7	7774.7	1681.5	1681.5	
1993	9847.6	9847.6	8008.2	8008.2	1839.4	1839.4	
1994	10573.5	10573.5	8494.1	8494.1	2079.4	2079.4	
1995	10979.0	10979.0	8737.8	8737.8	2241.2	2241.2	
1996	11116.7	11116.7	8758.4	8758.4	2358.3	2358.3	
1997	11203.9	11203.9	8670.9	8670.9	2533.0	2533.0	
1998	11203.1	11203.1	8475.8	8475.8	2727.3	2727.3	
1999	12485.4	12485.4	9501.8	8859.2	2983.6	2863.8	
2000	13617.4	13617.4	10447.5	9469.9	3169.9	3016.5	
2001	14182.5	14182.5	10801.9	9733.0	3380.6	3171.3	
2002	14736.6	14736.6	11128.8	9929.4	3607.8	3349.2	
2003	15506.7	15506.7	11646.5	10324.5	3860.2	3556.9	
2004	16352.9	16352.9	12250.3	10903.9	4102.6	3775.0	
2005	17487.9	17487.9	13120.4	11710.6	4367.5	4005.2	
2006	18766.3	18766.3	14130.9	12618.0	4635.4	4238.6	
2007	20136.9	20136.9	15183.2	13690.6	4953.7	4544.0	
2008	21891.1	21891.1	16587.5	15083.4	5303.6	4868.0	
2009	23549.9	23549.9	17743.0	16219.0	5806.9	5348.0	
2010	35984.1	25707.3	19402.3	17822.7	6305.0	5811.6	10276.8
2011	61573.3	28391.3	21565.0	19970.0	6826.2	6314.0	33182.0
2012	78796.3	30426.8	22981.1	21360.9	7445.7	6910.9	48369.5
2013	81968.4	32218.4	24177.3	22564.7	8041.0	7484.8	49750.1
2014	84231.9	34124.4	25531.0	23932.3	8593.4	8013.6	50107.5
2015	85833.4	35361.2	26219.2	24586.8	9141.9	8536.5	50472.2

24-29 续表 continued

年份 Year	失业保险 Unemployment Insurance: 年末参保人数(万人) Contributors at Year-end (10 000 persons)	全年发放失业保险金人数(万人) Beneficiaries of Unemployment Insurance Fund (10 000 persons)	全年发放失业保险金(亿元) Unemployed Relief (100 million yuan)	城镇基本医疗保险 Urban Basic Medical Care Insurance: 年末参保人数(万人) Contributors at Year-end (10 000 persons)	年末参保城镇职工 Staff and Workers	年末参保城镇居民 Residents	工伤保险 Work Injury Insurance: 年末参保人数(万人) Contributors at Year-end (10 000 persons)	年末享受工伤待遇的人数(万人) Beneficiaries at Year-end (10 000 persons)	年末参加生育保险人数(万人) Maternity Insurance Contributors at Year-end (10 000 persons)
1994	7967.8	196.5	5.1	400.3	400.3		1822.1	5.8	915.9
1995	8237.7	261.3	8.2	745.9	745.9		2614.8	7.1	1500.2
1996	8333.1	330.8	13.9	855.7	855.7		3102.6	10.1	2015.6
1997	7961.4	319.0	18.7	1762.0	1762.0		3507.8	12.5	2485.9
1998	7927.9	158.1	20.4	1877.6	1877.6		3781.3	15.3	2776.7
1999	9852.0	271.4	31.9	2065.3	2065.3		3912.3	15.1	2929.8
2000	10408.4	329.7	56.2	3786.9	3786.9		4350.3	18.8	3001.6
2001	10354.6	468.5	83.3	7285.9	7285.9		4345.3	18.7	3455.1
2002	10181.6	657.0	116.8	9401.2	9401.2		4405.6	26.5	3488.2
2003	10372.9	741.6	133.4	10901.7	10901.7		4574.8	32.9	3655.4
2004	10583.9	753.5	137.5	12403.6	12403.6		6845.2	51.9	4383.8
2005	10647.7	677.8	132.4	13782.9	13782.9		8478.0	65.1	5408.5
2006	11186.6	598.1	125.8	15731.8	15731.8		10268.5	77.8	6458.9
2007	11644.6	538.5	129.4	22311.1	18020.0	4291.1	12173.3	96.0	7775.3
2008	12399.8	516.7	139.5	31821.6	19995.6	11826.0	13787.2	117.8	9254.1
2009	12715.5	483.9	145.8	40147.0	21937.4	18209.6	14895.5	129.6	10875.7
2010	13375.6	431.6	140.4	43262.9	23734.7	19528.3	16160.7	147.5	12335.9
2011	14317.1	394.4	159.9	47343.2	25227.1	22116.1	17695.9	163.0	13892.0
2012	15224.7	390.1	181.3	53641.3	26485.6	27155.7	19010.1	190.5	15428.7
2013	16416.8	416.7	203.2	57072.6	27443.1	29629.4	19917.2	195.2	16392.0
2014	17042.6	422.0	233.3	59746.9	28296.0	31450.9	20639.2	198.2	17038.7
2015	17326.0	456.8	269.8	66581.6	28893.1	37688.5	21432.5	201.9	17771.0

24-30 分地区城镇职工基本养老保险情况(2015年)
Statistics on Urban Employee Basic Pension Insurance by Region (2015)

地区	Region	年末参加城镇职工基本养老保险人数(万人) Urban Employee Basic Pension Insurance Contributors at Year-end (10 000 persons)	职工 Number of Staff and Workers	离退休人员 Number of Retirees	基金收支情况(亿元) Revenue and Expenses(100 million yuan) 基金收入 Revenue	基金支出 Expenses	累计结余 Balance at Year-end
全国	**National Total**	**35361.2**	**26219.2**	**9141.9**	**29340.9**	**25812.7**	**35344.8**
北京	Beijing	1424.2	1187.5	236.7	1601.2	965.5	2796.6
天津	Tianjin	565.2	384.2	180.9	594.3	559.5	396.4
河北	Hebei	1320.5	952.0	368.5	1073.9	1137.0	755.8
山西	Shanxi	714.3	512.9	201.4	688.6	657.0	1264.4
内蒙古	Inner Mongolia	579.0	370.8	208.1	567.6	565.0	474.2
辽宁	Liaoning	1780.2	1139.7	640.5	1630.2	1743.2	1170.8
吉林	Jilin	693.6	420.0	273.7	569.2	609.9	383.1
黑龙江	Heilongjiang	1118.0	646.9	471.1	1030.7	1223.2	130.9
上海	Shanghai	1493.8	1028.4	465.4	2226.1	2035.2	1451.0
江苏	Jiangsu	2779.9	2098.8	681.1	2153.9	1844.7	3163.7
浙江	Zhejiang	2504.3	1934.0	570.3	1958.5	1583.7	3070.4
安徽	Anhui	857.5	610.9	246.7	765.9	605.5	1042.4
福建	Fujian	883.7	736.6	147.1	519.9	434.0	576.2
江西	Jiangxi	823.1	587.9	235.2	605.6	537.1	498.9
山东	Shandong	2477.5	1923.1	554.4	2105.6	1845.2	2233.4
河南	Henan	1508.7	1149.0	359.8	1027.1	961.0	997.5
湖北	Hubei	1315.5	874.9	440.6	1132.4	1103.6	850.4
湖南	Hunan	1160.1	791.1	369.0	910.1	849.4	939.3
广东	Guangdong	5086.5	4613.3	473.3	2563.6	1475.5	6532.8
广西	Guangxi	576.6	389.8	186.9	479.1	470.9	456.5
海南	Hainan	249.8	187.9	62.0	168.0	157.5	114.2
重庆	Chongqing	849.3	544.4	304.9	758.1	664.6	755.4
四川	Sichuan	1939.0	1250.1	688.9	1680.6	1527.6	2166.4
贵州	Guizhou	392.1	297.3	94.8	315.4	242.2	480.4
云南	Yunnan	412.9	291.1	121.8	406.5	329.0	650.5
西藏	Tibet	16.2	12.4	3.8	28.2	18.8	49.8
陕西	Shaanxi	751.7	544.2	207.5	604.9	613.0	453.3
甘肃	Gansu	306.2	197.0	109.2	312.2	307.6	365.8
青海	Qinghai	100.1	69.9	30.1	103.3	111.2	76.4
宁夏	Ningxia	157.5	111.1	46.4	143.9	137.1	172.2
新疆	Xinjiang	499.4	344.7	154.8	607.0	490.4	861.4
不分地区	Not Classified by Region	24.8	17.6	7.2	9.2	7.9	14.3

注：不分地区合计中，包括中国人民银行、中国农业发展银行数。
a) Data in the category of "Not Classified by Region" include data from the People's Bank of China and Agricultural Development Bank of China.

24-31 分地区城乡居民基本养老保险情况（2015年）
Statistics on Basic Pension Insurance for Urban and Rural Residents by Region(2015)

地 区	Region	参保人数（万人）		基金收支情况(亿元) Revenue and Expenses(100 million yuan)		
		Contributors at Year-end (10 000 persons)	#实际领取待遇人数 Actually Persons Received Pension	基金收入 Revenue	基金支出 Expenses	累计结余 Balance at Year-end
全 国	**National Total**	**50472.2**	**14800.3**	**2854.6**	**2116.7**	**4592.3**
北 京	Beijing	187.6	39.5	37.3	26.5	127.5
天 津	Tianjin	121.1	74.9	46.5	26.9	147.3
河 北	Hebei	3440.3	927.3	140.3	98.5	211.2
山 西	Shanxi	1540.3	371.0	67.9	44.8	122.6
内蒙古	Inner Mongolia	734.1	204.9	41.4	36.8	67.3
辽 宁	Liaoning	1034.7	374.3	63.1	56.3	57.3
吉 林	Jilin	662.7	218.0	29.6	25.0	40.1
黑龙江	Heilongjiang	827.8	258.1	30.8	27.0	54.2
上 海	Shanghai	79.5	48.7	48.1	48.4	74.0
江 苏	Jiangsu	2339.0	1023.0	274.8	213.5	441.2
浙 江	Zhejiang	1285.9	550.8	148.3	143.3	144.3
安 徽	Anhui	3396.6	895.1	139.6	95.7	220.6
福 建	Fujian	1480.4	404.1	73.8	53.6	102.8
江 西	Jiangxi	1829.9	441.3	69.3	49.3	109.7
山 东	Shandong	4534.3	1401.1	289.6	189.8	568.2
河 南	Henan	4855.2	1305.2	204.7	154.0	293.9
湖 北	Hubei	2215.0	653.9	103.6	73.4	165.7
湖 南	Hunan	3280.1	899.6	136.4	95.9	184.1
广 东	Guangdong	2499.7	776.3	206.7	146.9	357.3
广 西	Guangxi	1741.5	538.1	87.6	66.4	88.9
海 南	Hainan	281.1	69.3	21.8	13.2	34.9
重 庆	Chongqing	1111.1	366.7	53.8	52.4	94.1
四 川	Sichuan	3020.4	1095.0	192.0	144.1	303.0
贵 州	Guizhou	1649.0	433.0	62.2	46.1	75.8
云 南	Yunnan	2253.3	480.7	83.5	51.1	157.1
西 藏	Tibet	157.7	24.5	6.5	4.1	11.5
陕 西	Shaanxi	1714.5	441.4	91.7	65.3	148.5
甘 肃	Gansu	1236.7	300.1	54.3	36.7	95.9
青 海	Qinghai	233.5	43.3	12.8	7.6	21.6
宁 夏	Ningxia	183.1	37.5	10.0	6.9	19.3
新 疆	Xinjiang	546.1	103.9	26.7	17.1	52.2

注：2012年8月起，新型农村社会养老保险和城镇居民社会养老保险制度全覆盖工作全面启动，合并为城乡居民社会养老保险。

a) Since August, 2012, system of new rural old-age insurance and urban basic pension insurance have started completely, and called basic pension insurance for urban and rural residents as total.

24-32 分地区失业保险情况（2015年）
Statistics of Unemployment Insurance by Region (2015)

地 区	Region	年末参加失业保险人数(万人) Unemployment Insurance Contributors at Year-end (10 000 persons)	年末领取失业保险金人数(万人) Beneficiaries of Unemployment Insurance Fund (10 000 persons)	基金收支情况(亿元) Revenue and Expenses (100 million yuan)		
				基金收入 Revenue	基金支出 Expenses	累计结余 Balance at Year-end
全 国	**National Total**	**17326.0**	**226.8**	**1367.8**	**736.4**	**5083.0**
北 京	Beijing	1082.3	3.4	81.7	42.8	202.6
天 津	Tianjin	295.3	7.1	30.1	31.6	103.3
河 北	Hebei	511.0	8.0	42.9	27.9	169.1
山 西	Shanxi	411.3	3.1	30.6	13.8	150.0
内蒙古	Inner Mongolia	242.1	2.9	26.2	9.8	108.5
辽 宁	Liaoning	665.3	9.7	49.2	18.2	258.4
吉 林	Jilin	261.2	2.2	27.1	7.9	105.6
黑龙江	Heilongjiang	312.8	3.7	29.8	16.7	158.8
上 海	Shanghai	641.8	9.5	98.7	85.6	170.1
江 苏	Jiangsu	1490.9	34.2	130.1	76.1	437.3
浙 江	Zhejiang	1260.2	9.0	98.1	61.4	379.9
安 徽	Anhui	436.6	7.7	36.7	22.9	106.2
福 建	Fujian	546.3	5.0	34.5	11.1	151.5
江 西	Jiangxi	281.5	1.4	13.6	4.2	64.5
山 东	Shandong	1203.8	21.6	71.6	57.3	275.3
河 南	Henan	783.3	8.3	43.7	18.6	159.0
湖 北	Hubei	528.4	6.0	40.5	13.7	166.2
湖 南	Hunan	521.2	6.7	29.0	12.7	115.2
广 东	Guangdong	2930.1	13.9	155.2	36.3	634.6
广 西	Guangxi	273.2	6.2	28.9	12.8	126.5
海 南	Hainan	164.8	2.0	6.5	4.0	32.5
重 庆	Chongqing	439.5	3.5	28.1	14.9	108.0
四 川	Sichuan	661.0	33.2	102.7	59.5	321.8
贵 州	Guizhou	205.3	1.7	17.7	8.5	74.6
云 南	Yunnan	243.3	5.9	23.9	13.6	118.6
西 藏	Tibet	11.4	0.009	2.6	0.1	13.9
陕 西	Shaanxi	347.7	3.0	25.8	10.5	145.4
甘 肃	Gansu	162.8	1.0	15.6	5.0	72.1
青 海	Qinghai	40.1	0.4	6.1	4.0	27.2
宁 夏	Ningxia	76.6	1.3	9.4	5.1	31.5
新 疆	Xinjiang	294.9	4.9	31.3	29.8	94.8

24-33 分地区城镇基本医疗保险参保人数(2015年)
Persons Covered of Urban Basic Medical Care Insurance by Region (2015)

单位：万人 (10 000 persons)

地 区	Region	年末参保人数合计 Persons Covered at Year-end	城镇职工 Urban Workers	职工 Staff and Workers	退休人员 Retirees	城镇居民 Urban Non-employment
全 国	**National Total**	**66581.6**	**28893.1**	**21362.0**	**7531.2**	**37688.5**
北 京	Beijing	1656.6	1475.7	1206.1	269.5	181.0
天 津	Tianjin	1054.1	522.0	331.6	190.4	532.1
河 北	Hebei	1663.7	957.0	656.8	300.3	706.7
山 西	Shanxi	1113.8	650.5	471.1	179.4	463.3
内蒙古	Inner Mongolia	1008.1	477.4	336.1	141.4	530.6
辽 宁	Liaoning	2396.2	1651.4	1053.7	597.7	744.8
吉 林	Jilin	1380.6	575.9	376.2	199.7	804.7
黑龙江	Heilongjiang	1594.8	873.7	543.6	330.1	721.1
上 海	Shanghai	1719.2	1446.4	980.5	465.8	272.9
江 苏	Jiangsu	4014.3	2429.0	1818.2	610.8	1585.3
浙 江	Zhejiang	4964.1	1992.7	1639.0	353.7	2971.4
安 徽	Anhui	1737.6	763.3	542.2	221.1	974.3
福 建	Fujian	1301.2	759.4	612.6	146.8	541.9
江 西	Jiangxi	1530.4	585.0	383.7	201.3	945.5
山 东	Shandong	9235.8	1904.4	1464.5	439.9	7331.4
河 南	Henan	2344.9	1200.7	864.1	336.6	1144.2
湖 北	Hubei	1972.1	949.4	653.1	296.3	1022.7
湖 南	Hunan	2662.3	818.8	551.7	267.1	1843.6
广 东	Guangdong	10136.0	3711.8	3272.2	439.7	6424.2
广 西	Guangxi	1077.6	505.5	356.7	148.8	572.1
海 南	Hainan	389.8	196.3	140.7	55.6	193.4
重 庆	Chongqing	3266.3	588.5	414.5	174.0	2677.8
四 川	Sichuan	2650.7	1378.6	959.8	418.8	1272.1
贵 州	Guizhou	955.5	372.7	267.5	105.2	582.7
云 南	Yunnan	1140.8	468.3	327.6	140.7	672.5
西 藏	Tibet	61.8	34.3	26.2	8.1	27.5
陕 西	Shaanxi	1247.3	580.3	392.9	187.4	667.0
甘 肃	Gansu	635.0	307.9	208.1	99.8	327.0
青 海	Qinghai	195.2	95.6	65.1	30.4	99.6
宁 夏	Ningxia	584.8	114.8	82.6	32.2	470.0
新 疆	Xinjiang	891.0	505.9	363.3	142.6	385.2

24-34 分地区城镇基本医疗保险基金收支情况（2015年）
Revenue and Expenses of Urban Basic Medical Care Insurance by Region (2015)

单位：亿元 (100 million yuan)

地 区	Region	基金收入 Revenue			基金支出 Expenses			累计结余 Balance at the Year-end		
		合 计 Total	职 工 Workers	居 民 Non-employment	合 计 Total	职 工 Workers	居 民 Non-employment	合 计 Total	职 工 Workers	居 民 Non-employment
全 国	**National Total**	**11192.9**	**9083.5**	**2109.4**	**9312.1**	**7531.5**	**1780.6**	**12542.8**	**10997.1**	**1545.7**
北 京	Beijing	811.3	786.3	25.0	733.9	719.4	14.6	319.5	294.0	25.5
天 津	Tianjin	278.0	235.2	42.8	233.3	203.9	29.4	143.6	111.6	32.0
河 北	Hebei	337.4	304.7	32.8	261.8	237.0	24.8	490.2	441.2	48.9
山 西	Shanxi	199.6	178.5	21.1	171.2	154.0	17.1	268.2	243.5	24.7
内蒙古	Inner Mongolia	179.1	154.1	24.9	148.4	129.2	19.3	195.6	169.3	26.3
辽 宁	Liaoning	414.9	383.6	31.2	394.2	369.6	24.6	395.9	358.2	37.7
吉 林	Jilin	162.0	135.5	26.5	141.8	117.1	24.7	218.4	179.2	39.2
黑龙江	Heilongjiang	266.6	229.8	36.8	243.6	213.0	30.6	320.9	273.5	47.4
上 海	Shanghai	757.1	733.1	24.0	528.5	501.9	26.6	1111.4	1107.3	4.1
江 苏	Jiangsu	875.8	781.9	93.8	751.5	665.7	85.8	1039.4	979.6	59.8
浙 江	Zhejiang	942.6	687.0	255.5	745.9	503.5	242.4	1118.7	1059.6	59.1
安 徽	Anhui	238.8	193.7	45.1	205.8	168.8	37.1	278.1	226.1	52.0
福 建	Fujian	266.0	243.5	22.5	204.8	183.8	21.0	426.8	411.9	14.9
江 西	Jiangxi	167.7	126.7	41.1	127.2	100.7	26.5	223.6	155.2	68.4
山 东	Shandong	942.6	563.2	379.4	820.2	507.1	313.1	752.4	582.0	170.5
河 南	Henan	317.1	268.0	49.1	268.6	227.5	41.1	400.5	337.8	62.7
湖 北	Hubei	316.5	265.8	50.7	272.8	236.4	36.4	297.0	222.1	74.9
湖 南	Hunan	314.3	230.7	83.6	258.9	187.0	71.9	318.3	255.5	62.8
广 东	Guangdong	1204.5	859.3	345.1	931.5	653.3	278.1	1831.6	1542.9	288.7
广 西	Guangxi	171.3	147.9	23.4	142.3	127.2	15.1	239.1	195.8	43.4
海 南	Hainan	58.3	48.9	9.4	47.5	39.8	7.7	74.9	63.3	11.7
重 庆	Chongqing	332.7	204.1	128.6	301.9	185.4	116.5	260.6	187.4	73.2
四 川	Sichuan	587.4	434.8	152.6	490.7	356.1	134.6	671.4	583.2	88.2
贵 州	Guizhou	135.8	112.0	23.8	114.2	97.2	17.1	117.2	88.0	29.3
云 南	Yunnan	214.1	179.2	34.8	188.6	156.8	31.8	220.6	204.3	16.2
西 藏	Tibet	21.4	20.3	1.2	17.1	14.3	2.8	34.4	36.0	-1.6
陕 西	Shaanxi	219.7	184.2	35.5	179.6	149.6	30.0	271.7	238.6	33.1
甘 肃	Gansu	105.5	91.0	14.5	92.8	80.6	12.1	96.8	82.1	14.7
青 海	Qinghai	52.7	46.7	6.1	45.3	38.9	6.4	62.1	61.6	0.6
宁 夏	Ningxia	68.2	40.4	27.8	61.4	35.6	25.8	67.0	50.5	16.5
新 疆	Xinjiang	234.0	213.6	20.5	186.8	171.1	15.7	276.7	255.8	20.8

24-35 分地区工伤保险情况（2015年）
Statistics of Work Injury Insurance by Region (2015)

地 区	Region	年末参加工伤保险人数(万人) Work Injury Insurance Contributors at Year-end (10 000 persons)	享受工伤待遇人数(万人) Beneficiaries at Year-end (10 000 persons)	基金收支情况(亿元) Revenue and Expenses (100 million yuan)		
				基金收入 Revenue	基金支出 Expenses	累计结余 Balance at Year-end
全 国	**National Total**	**21432.5**	**201.9**	**754.2**	**598.7**	**1285.3**
北 京	Beijing	1020.1	4.7	32.9	26.5	42.2
天 津	Tianjin	385.6	3.4	11.3	10.6	16.5
河 北	Hebei	809.7	9.6	37.8	34.1	23.9
山 西	Shanxi	573.1	10.1	32.9	27.7	55.9
内蒙古	Inner Mongolia	297.1	2.4	13.9	8.6	36.3
辽 宁	Liaoning	918.6	13.8	27.8	30.1	32.1
吉 林	Jilin	435.6	11.3	18.6	10.4	27.1
黑龙江	Heilongjiang	512.0	6.5	22.3	21.3	32.5
上 海	Shanghai	932.9	7.0	36.3	31.2	57.2
江 苏	Jiangsu	1594.1	14.7	79.1	61.1	87.6
浙 江	Zhejiang	1930.1	20.4	56.8	43.1	78.7
安 徽	Anhui	528.9	8.3	21.6	16.2	37.5
福 建	Fujian	691.0	3.9	19.4	13.0	54.1
江 西	Jiangxi	500.6	4.6	18.5	10.8	33.0
山 东	Shandong	1473.5	11.1	51.0	38.4	73.1
河 南	Henan	856.7	5.0	22.9	20.7	50.1
湖 北	Hubei	640.1	4.9	17.7	13.3	31.7
湖 南	Hunan	778.0	9.3	34.0	28.0	49.8
广 东	Guangdong	3122.7	16.8	68.9	44.7	241.3
广 西	Guangxi	360.5	1.9	9.3	4.7	29.4
海 南	Hainan	131.5	0.3	2.8	1.4	10.5
重 庆	Chongqing	428.5	7.5	17.6	19.8	4.0
四 川	Sichuan	753.2	7.9	30.6	23.3	55.4
贵 州	Guizhou	290.2	2.8	14.2	11.5	19.5
云 南	Yunnan	368.1	4.3	13.5	12.1	23.0
西 藏	Tibet	26.9	0.1	1.4	0.6	3.0
陕 西	Shaanxi	427.3	3.0	11.9	11.8	30.6
甘 肃	Gansu	182.6	2.3	7.8	6.4	12.0
青 海	Qinghai	58.0	0.5	3.4	2.3	6.3
宁 夏	Ningxia	80.8	0.6	4.0	3.4	9.3
新 疆	Xinjiang	324.4	2.9	13.9	11.4	21.8

注：工伤保险累计结余中含储备金。
a) Balance of work injury insurance includes reserves.

24-36 分地区生育保险情况（2015年）
Statistics of Maternity Insurance by Region (2015)

地区	Region	年末参加生育保险人数（万人）Maternity Insurance Contributors at Year-end (10 000 persons)	享受待遇人次（万人次）Beneficiaries at Year-end (10 000 person-times)	基金收支情况(亿元) Revenue and Expenses (100 million yuan)		
				基金收入 Revenue	基金支出 Expenses	累计结余 Balance at Year-end
全　国	**National Total**	**17771.0**	**641.9**	**501.7**	**411.5**	**684.4**
北　京	Beijing	941.6	52.8	51.0	52.7	32.8
天　津	Tianjin	269.7	19.4	11.1	10.4	20.0
河　北	Hebei	713.0	18.5	14.5	10.0	24.2
山　西	Shanxi	456.5	8.0	8.6	6.2	19.6
内蒙古	Inner Mongolia	302.6	7.8	8.0	5.2	14.1
辽　宁	Liaoning	789.3	29.6	18.9	18.5	14.3
吉　林	Jilin	367.5	14.0	6.5	4.8	12.2
黑龙江	Heilongjiang	357.1	6.4	7.1	4.5	15.5
上　海	Shanghai	735.4	22.9	48.7	38.2	17.2
江　苏	Jiangsu	1471.7	95.3	34.8	43.0	66.8
浙　江	Zhejiang	1285.2	51.0	38.7	29.8	40.3
安　徽	Anhui	499.3	15.9	10.8	8.9	14.9
福　建	Fujian	598.3	14.0	16.5	13.8	25.4
江　西	Jiangxi	251.3	4.7	5.0	2.7	10.2
山　东	Shandong	1111.3	48.1	36.0	30.1	43.8
河　南	Henan	609.5	16.5	15.6	12.2	29.3
湖　北	Hubei	500.2	22.3	11.7	8.0	23.9
湖　南	Hunan	544.0	20.5	11.8	8.7	23.8
广　东	Guangdong	3081.8	67.0	71.1	39.6	105.3
广　西	Guangxi	307.9	9.6	9.0	5.5	17.6
海　南	Hainan	127.1	4.7	2.5	2.0	5.2
重　庆	Chongqing	354.3	18.3	7.6	10.0	7.3
四　川	Sichuan	670.3	24.8	17.5	16.7	25.6
贵　州	Guizhou	263.6	7.5	4.6	3.4	8.6
云　南	Yunnan	289.8	12.0	9.2	8.7	13.0
西　藏	Tibet	23.8	0.7	0.8	0.7	1.3
陕　西	Shaanxi	265.3	6.4	5.1	3.7	15.2
甘　肃	Gansu	154.1	3.5	4.3	2.7	8.3
青　海	Qinghai	48.0	5.0	2.3	1.0	4.3
宁　夏	Ningxia	73.7	2.6	2.3	1.7	2.9
新　疆	Xinjiang	307.9	12.4	10.0	8.2	21.6

主要统计指标解释

人民检察院直接立案侦查案件 指按照管辖的规定，由人民检察院直接立案侦查的贪污贿赂犯罪、渎职犯罪、国家机关工作人员利用职权实施的侵犯公民人身权利和民主权利的犯罪以及经省级人民检察院决定立案侦查的国家机关工作人员利用职权实施的其他重大犯罪案件。

要案 指县、处级以上干部的犯罪案件。该指标主要反映职务犯罪案件中县、处级以上干部被人民检察院依法立案侦查的情况。

批准逮捕 指人民检察院对公安机关、国家安全机关、监狱管理机关提出逮捕的犯罪嫌疑人进行审查，根据事实，依法做出逮捕决定。该指标主要反映人民检察院对提请逮捕犯罪嫌疑人进行审查后依法做出批准逮捕决定的情况。

决定逮捕 指人民检察院对直接立案侦查的案件，认为需要逮捕犯罪嫌疑人时，依据法律做出的逮捕决定。该指标主要反映人民检察院对直接受理的案件行使决定逮捕权的情况。

适用简易程序 指人民法院对依法可能判处三年以下有期徒刑、拘役、管制、单处罚金的公诉案件，事实清楚，证据充分，人民检察院建议或者同意适用简易程序的案件 ；告诉才处理的案件；被害人起诉的有证据证明的轻微刑事案件。

提出抗诉 指人民检察院对人民法院的判决、裁定认为确有错误，向人民法院提出对案件重新进行审理的诉讼活动。包括按照第二审程序提出的抗诉和按照审判监督程序（再审程序）提出的抗诉。

立案监督 指人民检察院对侦查机关刑事立案活动的监督。包括对应当立案而不立案的监督和不应立案而立案的监督。

监督立案 包括侦查机关接到要求说明不立案理由后主动立案和执行通知立案两个内容。

监管活动 指人民检察院对监狱等监管改造场所的管理活动进行的监督。

青少年罪犯 指人民法院在报告期内判决发生法律效力的有罪判决中 14 周岁以上不满 25 周岁的罪犯。其中 14 周岁以上不满 18 周岁的罪犯为未成年罪犯。

行政案件 指公民、法人和其他组织不服行政机关作出的具体行政行为，向人民法院提起行政诉讼，人民法院依法审理的案件。

单独赔偿 指单独提起行政赔偿的案件。当事人对行政行为的合法性没有争议，就行政侵权造成的损害赔偿单独提起赔偿诉讼。

公证文书 指公证处根据当事人申请，依照事实和法律，按照法定程序制作的，具有法律效力的司法证明文书。

受理劳动人事争议案件数 指劳动人事争议仲裁委员会根据国家有关规定，对劳动人事争议当事人的申请予以审查，符合受理条件而正式立案、准备处理的劳动人事争议案件数。

城镇职工基本养老保险

1.参保职工人数 指报告期末按照国家法律、法规和有关政策规定参加城镇职工基本养老保险并在社保经办机构已建立缴费记录档案的职工人数，包括中断缴费但未终止养老保险关系的职工人数，不包括只登记未建立缴费记录档案的人数。

2.离退休人员人数 指报告期末参加城镇职工基本养老保险的离休、退休和退职人员的人数。

3.基金收入 指根据国家有关规定，由纳入基本养老保险范围的缴费单位和个人按国家规定的缴费基数和缴费比例缴纳的养老保险基金，以及通过其他方式取得的形成基金来源的收入。包括单位和职工个人缴纳的基本养老保险费、基本养老保险基金利息收入、上级补助收入、下级上解收入、转移收入、财政补贴和其他收入。

4.基金支出 指按照国家政策规定的开支范围和开支标准从养老保险基金中支付给参加基本养老保险的个人的养老金、丧葬抚恤补助，以及由于保险关系转移、上下级之间调剂资金等原因而发生的支出。包括离休金、退休金、退职金、各种补贴、医疗费、死亡丧葬补助费、抚恤救济费、社会保险经办机构管理费、补助下级支出、上解上级支出、转移支出、其他支出等。

5.基金累计结余 指截止报告期末基本养老保险基金收支相抵后的累计余额。

城乡居民基本养老保险

1.参保人数 指报告期末，参加城乡居民养老保险（在经办机构参保登记并已建立缴费记录以及制度实施当年已经年满 60 周岁并在经办机构参保登记）的总人数（不包括已经办理注销登记手续的人数）。

2.基金收入 指根据国家有关规定，由参加城乡居民基本养老保险的个人按规定缴费的城乡居民基本养老保险基金，以及通过集体补助、财政补助等其他方式取得的形成基金来源的收入。包括个人缴费收入、集体补助收入、政府补贴收入、利息收入、转移收入、上级补助收入、下级上解收入和其他收入。

3.基金支出 指按照国家政策规定的开支范围和开支标准从城乡居民基本养老保险基金中支付给参加城乡居民基本养老保险的个人养老金待遇支出，以及由于参保人员跨统筹地区流动而发生的支出等。包括养老金待遇支出、转移支出、补助下级支出、上解上级支出、其他支出。

4.基金累计结余　指截止报告期末城乡居民基本养老保险基金收支相抵后的累计余额。

基本医疗保险

1.参保人数　指报告期末按国家有关规定参加相应基本医疗保险的人数。

2.基金收入　指由用人单位和个人按照国家规定的缴费基数、缴费比例或缴费标准缴纳的基本医疗保险基金，财政补助资金以及通过其他方式取得的形成基金来源的款项，包括：单位缴纳收入、个人缴纳收入、财政补助收入（含医疗救助补助个人收入）、财政补贴收入、利息收入和其他收入。

3.基金支出　指按照国家政策规定的开支范围和开支标准，从基本医疗保险基金中支付给参保人员的医疗保险待遇支出，以及其他支出。包括住院医疗费用支出、门急诊医疗费用支出、个人账户基金支出、其他支出。

4.基金累计结余　指截止报告期末基本医疗保险基金累计结余金额。

失业保险

1.参保人数　指报告期末按照国家法律、法规和有关政策规定参加了失业保险的城镇企业、事业单位的职工及地方政府规定参加失业保险的其他人员的人数。

2.基金收入　指报告期内筹集的失业保险基金的总额，包括失业保险费收入、利息收入、财政补贴收入、其他收入、转移收入、上级补助收入、下级上解收入。

3.基金支出　指报告期内为保障失业人员基本生活、促进其再就业等支出的基金总额，包括失业保险金支出、医疗补助金支出、丧葬补助金和抚恤金支出、职业培训和职业介绍补贴支出、农民合同制工人一次性生活补助支出、其他支出、转移支出、上级补助支出、下级上解支出。

4.基金累计结余　指截止报告期末失业保险基金收支相抵后的累计余额。

工伤保险

1.参保人数　指报告期末依据国家有关规定参加工伤保险的职工人数和有雇工的个体工商户的雇工数。

2.享受保险待遇人数　指年初至报告期末因工伤或职业病而享受工伤保险待遇的人数。为享受工伤医疗待遇中未评定等级的人数、享受伤残待遇人数以及享受因工死亡待遇人数之和。

3.基金收入　指根据国家有关规定，由参加工伤保险的单位按国家规定的缴费基数和缴费比例缴纳的工伤保险基金，以及通过其他形式取得的形成基金来源的款项。包括：单位缴纳的社会统筹基金收入、财政补贴收入、利息收入、其他收入。

4.基金支出　指按照国家政策规定的开支范围和开支标准从工伤保险基金中支付给参加工伤保险的人员及供养直系亲属工伤保险待遇支出及其他支出。包括工伤医疗费、伤残补助金、工亡补助金、护理费、丧葬补助费、工伤预防费用、职业康复费用和其他支出。

5.基金累计结余　指截止报告期末工伤保险基金累计结余金额。

生育保险

1.参保人数　指报告期末依据有关规定参加生育保险的人数。

2.基金收入　指根据国家有关规定，由参加生育保险的单位按照国家规定的缴费基数和缴费比例缴纳的生育保险基金，以及通过其他方式取得的形成基金来源的款项，包括：单位缴纳的基金收入、利息收入和其他收入。

3.基金支出　指按照国家政策规定的开支范围和开支标准，从生育保险基金中支付给参加生育保险的职工，因妊娠、分娩和计划生育手术而享受的待遇及其他支出。包括：生育津贴、医疗费用支出及其他支出。

4.基金累计结余　指截止报告期末生育保险基金累计结余金额。

Explanatory Notes on Main Statistical Indicators

Cases Registered and Handled Directly by People's Procuratorate Offices refer to those serious criminal cases that, according to the functional jurisdiction, are registered and handled by the People's Procuratorate Offices, including the ones on bribery and corruption, the ones on abuse and dereliction of duty, offenses against citizens' personal and democratic rights by government officials abusing their powers; and that are registered and handled by the provincial Procuratorate offices in relation to other major crimes committed by government officials by abusing their powers.

Key Cases refer to crimes committed by county and director-level and above officials. This indicator reflects the situation of those county and director-level and above officials involved in criminal cases registered and handled by People's Procuratorate offices.

Approval for Arrest refers to the decision made by people's procuratorate office, in accordance with the law and relevant facts, to approve the arrest of the suspect(s) as proposed by the public security departments, state security departments or prisons authority. This indicator reflects approved arrests made by people's procuratorate offices that are proposed by related departments.

Decision on Arrest refers to decision made by the people's procuratorate office, in accordance with laws, to arrest the suspect(s) in the cases that are accepted and to be investigated by the procurators office. This indicator mainly reflects the implementation of the decision on arrest by people's procuratorate office.

Application of Summary Procedure refers to those cases of public prosecution where the suspects might be, according to law, sentenced to fixed-term imprisonment of no more than three years, criminal detention, public surveillance or punishment with fines exclusively by People's Court ; those cases where the facts are clear and the evidence is sufficient, and which the People's Procuratorate suggests or agrees that the summary procedure is applied to; those cases to be handled only upon complaints; and those minor criminal cases prosecuted by the victims with evidence.

Protests Presented refer to those protests presented by local People's Procuratorate at any level who considers that there exists some definite error in a judgment or order of first instance made by a People's Court at the same level to the People's Court at the next higher level, including the protests raised in accordance with the second instance and protests raised in accordance with procedure for trial supervision.

Supervision of Case Registered refers to the actions made by the People's Procuratorate to supervise the criminal cases registered by investigative authorities, including supervision of the cases which have wrongly not been registered and have wrongly been registered.

Supervision of Case Registration includes both the supervision of the registrations by the investigatory authorities and the supervision of the implementation of the notifications to register after the investigatory authorities are requested to state reasons for not registering a case.

Supervisory Activities refers to the supervision of the People's Procuratorate over the management of prisons as well as other places of criminal reformation.

Juvenile Criminals refers to the offenders within the age range of 14 to 25 convicted guilty by the court during the reporting period while those between 14 and 18 are defined as minor offenders.

Administrative Cases refer to the cases filed by citizens, corporations and other organizations against the specific administrative conducts of administrative authorities and handled by the court.

Separate Compensation refers to cases that are separately filed for administrative compensation by the party who has no dispute on the legality of administrative conducts but brings proceedings separately to claim for damages caused by administrative tort.

Notary Documents refer to legally binding judicial notary documents developed at the request of the interested party based on facts and the law following certain legal proceedings.

Number of Labour Disputes Cases Accepted refers to the number of cases of labour disputes submitted that, after being reviewed by the labour dispute arbitration committees in line with the relevant national regulations, are accepted and registered for treatment.

Basic Pension Insurance for Urban Staff and Workers

1. Number of staff and workers covered refers to staff and workers participating in the basic pension insurance for urban staff and workers programme according to national laws, regulations and related policies at the end of the reference period, who have already had payment records in social security management agencies, including those who have interrupt payment without terminating the insurance programme. Those who have registered in the programme but with no payment records are not included.

2. Number of retirees refers to the number of retirees participating in the basic pension insurance for urban staff and workers programmes by the end of the reference period.

3. Revenue of the basic pension insurance programme refers to payments made by employers and individuals participating in the pension insurance programme in accordance with the basis and proportion stipulated in State regulations, and income from other sources that become the source of pension insurance fund, including the premium paid by employers and staff and workers, interest income, subsidies from higher level agencies, income as transfer from subordinate agencies, transferred income, government financial subsidies and other income.

4. Expenditure of basic pension insurance programme refer to payment made on pensions and funeral subsidies to those covered in pension insurance programmes according to related national policies on scope and standard of expenditure. Also included are expenditure which arises due to shift of the insurance relationship or adjustment of funds among agencies. More specifically, included are pensions for resigned people, pensions for retired people, pension for people quitting jobs, various subsidies, medical fees, funeral subsidies, compensation payments, management fees for social security agencies, expenses on subsidies to lower subordinates, expenses as transfer to agencies at higher level, transferred expenditure and other expenditure.

5. Balance of basic pension insurance programme refers to the balance of basic pension insurance funds at the end of the reference period after deducting expenses from revenue.

Basic Pension Insurance for Urban and Rural Residents

1. Number of participants refers to people participating in the basic pension insurance for urban and rural residents programme who registered with the participation and established payment records, and who were 60 years old or above when the system was established and registered with the participation.. Those who cancelled their registration are not included.

2. Revenue of the insurance programme refers to the revenue from the payments made, in accordance with related regulations of the government, by individuals participating in the basic pension insurance for urban and rural residents programme and from the subsidies contributed by collective subsidies, public finance and other sources. It includes the payment by individual participants, collective subsidies, government subsidies, interest income, transferred income, subsidies from higher levels, contributions from lower levels, and income from other sources.

3. Expenditure of the insurance programme refers to payment made to those covered in the basic pension insurance for urban and rural residents according to related national policies on scope and standard of expenditure. Also included are expenditures which arise due to movement of participants among different locations. It includes the payment to the individual participants, transferred expenditures, expenses on subsidies to lower subordinates, expenses as transfer to agencies at higher level, and other expenditures.

4. Balance of insurance programme refers to the balance of basic pension insurance funds for urban and rural residents at the end of the reference period after deducting expenses from revenue.

Basic Medical Care Insurance

1. Number of people participating in the insurance programme refers to people participating in the basic medical care insurance programme according to related regulations at the end of the reference period.

2. Revenue of the insurance programme refers to payments made by employers and individuals participating in the medical care insurance programme in accordance with the basis and proportion stipulated in State regulations, government subsidies and income from other sources that become the source of medical insurance fund, including payment by employers and individuals, financial assistance (including medical assistance subsidiaries to individuals), financial subsidies, interest income and other incomes.

3. Expenditure of the insurance programme refers to medical care payment made to people covered in basic medical care insurance programme within the scope and standards of expenditure according to related national policies, and other expenses, including medical expenses of hospital inpatients, medical expenses for outpatients and emergency patients, payment to individual accounts and other expenditure.

4. Balance of the basic medical care insurance programme refers to the balance of medical care insurance funds at the end of the reference period after deducting expenses from revenue.

Unemployment Insurance

1. Number of people covered refers to staff and workers in urban enterprises or institutions who have participated in the unemployment insurance programme according to relevant policies and regulations, and other people who have participated according to local government regulations at the end of the reference period.

2. Revenue of the unemployment insurance programme refers to the total unemployment insurance funds raised in the reference period, including unemployment insurance premium, interest income, financial subsidies, other incomes, transferred income, subsidies from higher level agencies and income as transfer from subordinate agencies.

3. Expenditure of the unemployment insurance programme refers to total expenses during the reference period to guarantee the basic livelihood of unemployed people, and to encourage their re-employment. Included are unemployment relief, medical fees, funeral subsidies, compensation payments, training expenses, job placement expenses, one-time subsistence allowance for contracted migrant workers, other expenditures, transferred expenditure, expenses as transfer to higher level agencies and subsidies to lower level agencies.

4. Balance of the unemployment insurance programme refers to the balance of revenue of the programme after deducting expenses at the end of the reference period.

Work Injury Insurance

1. Number of people covered refers to staff and workers who have participated in the work injury insurance programme and employees who work for the self employed and have participated in the work injury insurance programme according to relevant national regulations at the end of the reference period.

2. Number of beneficiaries refers to number of people benefited from work injury insurance, as a result of work injury or occupational disease. It is the sum of beneficiaries of medical treatment of unrated work injuries, disability benefits for work injuries and compensation for deaths at work places.

3. Revenue of the work injury insurance programme refers to payments made by employers participating in the work injury insurance programme in accordance with the basis and proportion stipulated in State regulations, and income from other sources that become source of work injury insurance fund, including income of social comprehensive funds paid by employers, government financial subsidies, interest income and other incomes.

4. Expenditure of the work injury insurance programme refers to payments made from work injury insurance funds to those who participated in the work injury insurance programme and their direct dependents within the scope and standards of expenditure according to related national policies, and other expenditure, including medical fees for work injury, injury and disability subsidies, death subsidies, nursing fees, funeral subsidies, injury prevention fees, occupational rehabilitation fees and other expenditure.

5. Balance of the work injury insurance programme refers to the balance of the work injury funds at the end of the reference period.

Maternity Insurance

1. Number of people covered refers to people who have participated in the maternity insurance programme according to relevant regulation at the end of the reference period.

2. Revenue of maternity insurance programme refers to payments made by employers participating in the maternity insurance programme in accordance with the basis and proportion stipulated in State regulations, and income from other sources that become source of maternity insurance fund, including income of funds paid by employers, interest income and other income.

3. Expenditure of the maternity insurance programme refers to payments made from maternity insurance funds to staff and workers who participate in the maternity insurance programme within the scope and standards of expenditure in accordance with related national policies, expenses paid for pregnancy, child delivery or surgeries related to family planning, and other expenditure, including allowance for child bearing, medical fees and other expenditure.

4. Balance of the maternity programme refers to the balance of the maternity insurance funds at the end of the reference period.

25

城市、农村和区域发展

Urban, Rural and Regional Development

简 要 说 明

一、本篇资料的主要内容

本篇资料反映我国农村、城市、民族自治地方、分区域社会经济发展等基本情况。

二、本篇的资料来源

农村基本情况由国家统计局农村社会经济调查司根据《农林牧渔业统计调查制度》、《县域社会经济基本情况统计报表制度》的有关资料整理提供。

全国城市分布情况及省会城市和计划单列市主要经济指标由各省、自治区、直辖市统计局及城市社会经济调查司依据国家统计局制定的《城市社会经济基本情况统计报表制度》收集整理提供。

城市、县及乡公用事业基本情况及综合水平指标部分的资料由住房和城乡建设部根据其《城市建设统计报表制度》汇总整理提供。

城市公共交通统计资料由交通运输部根据其《城市（县城）客运统计报表制度》中相关报表汇总整理提供。

民族自治地方及少数民族统计资料根据国家民委和国家统计局联合布置的民族自治地方国民经济和社会发展统计报表制度，由有民族自治地方的20个省、自治区、直辖市民委和统计局共同组织实施。

按区域分国民经济和社会发展指标数据均来自本年鉴各专业分省数据，反映东部、中部、西部及东北地区社会经济发展情况。

三、本篇资料的统计范围与统计口径

涉及城市公用事业情况的部分由住房和城乡建设部提供，其执行范围是全国所有设市城市；统计口径为全社会，即在设市城市范围内所有的城市规划管理、投资、建设或经营管理相关设施的单位。

民族自治地方及少数民族统计资料统计范围是5个民族自治区、30个自治州、120个自治县（旗）辖区内的全部单位，全国汇总时不重复计算。统计调查方法为全面调查。另外，全国民族自治地方卫生情况由卫生部提供。民族自治地方行政区划资料是根据民政部编辑的《行政区划简册》汇总整理。

Brief Introduction

I. Main Contents

Data in this chapter present the social and economic development of rural areas, urban areas, ethnic minority autonomous regions, and eastern, central, western and northeastern provinces.

II. Sources of Data

Data on rural conditions are provided by the Department of Rural Social and Economic Survey of the NBS using data from the *Statistical Survey System on Agricultural, Forestry, Animal Husbandry and Fishery*; Price and the *Statistical Reporting System on the Basic Condition of Social and Economic Activities of Counties.*

Data on distribution of cities in China and major economic indicators of provincial capitals and cities specially designated in the State plan are collected and prepared by the statistical bureaus of the provinces, autonomous regions and municipalities directly under the Central Government and the Department of Urban Social and Economic Survey of the NBS in accordance with the *Statistical Reporting Form System on the Basic Social and Economic Situation of the Cities and Counties*, which is stipulated by the NBS.

Data on basic conditions and overall level of urban public facilities are collected, prepared and provided by the Ministry of Housing and Urban-Rural Development in line with its *Statistical Reporting Form System on Urban Construction.*

Statistics of urban public transport are provided by Transport Department who collected relevant report forms according to *Urban Construction Statistical Report Forms System.*

III. Scope and Coverage of Statistics

Data on urban public facilities are provided by the Ministry of Housing and Urban-Rural Development, which has responsibility covering all cities. Statistically, the data cover all units under the jurisdiction of cities which are engaged in urban planning and management, investment, construction and operation of relevant facilities.

Data on the ethnic minority autonomous regions and the ethnic minorities covers all units under the jurisdiction of the 5 ethnic minority autonomous regions, 30 autonomous prefectures and 120 autonomous counties. Duplicated counts are excluded in the national tabulation. Methodology of data collection is complete enumeration. In addition, data on the public health of the ethnic minority autonomous regions are provided by the Ministry of Health, and data on the divisions of administrative areas of the ethnic minority autonomous regions are tabulated and prepared in accordance with the *Concise Edition of the Divisions of Administrative Areas* compiled by the Ministry of Civil Affairs.

25-1 全部地级及以上城市数(2015年)
Number of Cities at Prefecture Level and Above (2015)

单位: 个 (unit)

地 区	Region	合 计 Total	按城市市辖区年末总人口分组 Grouped by Population in Urban Districts (year-end)					
			400万以上 4 million and over	200-400万 2 million-4 million	100-200万 1 million-2 million	50-100万 0.5 million-1 million	20-50万 0.2 million-0.5 million	20万以下 under 0.2 million
全部地级及以上城市	**Total Cities at Prefecture Level and Above**	**295**	**15**	**38**	**94**	**92**	**49**	**7**
北 京	Beijing	1	1					
天 津	Tianjin	1	1					
河 北	Hebei	11	1	2	2	6		
山 西	Shanxi	11		1	1	7	2	
内蒙古	Inner Mongolia	9			3	2	4	
辽 宁	Liaoning	14	1	1	2	9	1	
吉 林	Jilin	8	1		1	3	3	
黑龙江	Heilongjiang	12	1		2	6	2	1
上 海	Shanghai	1	1					
江 苏	Jiangsu	13	1	9	3			
浙 江	Zhejiang	11	1	2	3	4	1	
安 徽	Anhui	16		2	7	5	2	
福 建	Fujian	9		2	3	2	2	
江 西	Jiangxi	11		1	4	4	2	
山 东	Shandong	17		5	11	1		
河 南	Henan	17		2	7	6	2	
湖 北	Hubei	12	1	1	3	6	1	
湖 南	Hunan	13		1	5	5	2	
广 东	Guangdong	21	2	4	10	3	2	
广 西	Guangxi	14		1	7	3	3	
海 南	Hainan	4			1	1		2
重 庆	Chongqing	1	1					
四 川	Sichuan	18	1		12	5		
贵 州	Guizhou	6		1	2	1	2	
云 南	Yunnan	8		1		3	3	1
西 藏	Tibet	4					1	3
陕 西	Shaanxi	10	1		2	6	1	
甘 肃	Gansu	12		1	2	3	6	
青 海	Qinghai	2				1	1	
宁 夏	Ningxia	5			1		4	
新 疆	Xinjiang	3		1			2	

注：本表为公安部的户籍人口数(下表同)。

a) Population at year-end refer to household registrations, which are from the Ministry of Public Security. The same applies to the table following.

25-2 省会城市和计划单列市主要指标（2015年）
Main Indicators of Provincial Capitals and Cities Specially Designated in the State Plan (2015)

包括市辖县。

Counties under the jurisdiction of city governments are included.

城市名称	City	年末总人口（万人） Total Population (year-end) (10 000 persons)	地区生产总值（当年价格）（亿元） Gross Regional Product (Current Prices) (100 million yuan)	第一产业 Primary Industry	第二产业 Secondary Industry	第三产业 Tertiary Industry
北京	Beijing	1345	23014.6	140.2	4542.6	18331.7
天津	Tianjin	1027	16538.2	208.8	7704.2	8625.2
石家庄	Shijiazhuang	1029	5440.6	494.4	2452.4	2493.8
太原	Taiyuan	367	2735.3	37.4	1020.2	1677.8
呼和浩特	Hohhot	239	3090.5	126.2	867.1	2097.2
沈阳	Shenyang	730	7272.3	341.4	3474.2	3456.7
大连	Dalian	594	7731.6	453.3	3348.7	3929.6
长春	Changchun	754	5530.0	343.2	2771.0	2415.8
哈尔滨	Harbin	961	5751.2	672.5	1862.8	3215.9
上海	Shanghai	1443	25123.5	109.8	7991.0	17022.6
南京	Nanjing	653	9720.8	232.4	3916.8	5571.6
杭州	Hangzhou	724	10050.2	287.9	3909.0	5853.2
宁波	Ningbo	587	8003.6	284.7	4098.2	3620.7
合肥	Hefei	718	5660.3	263.4	2977.3	2419.6
福州	Fuzhou	678	5618.1	434.7	2449.6	2733.8
厦门	Xiamen	211	3466.0	23.9	1511.3	1930.8
南昌	Nanchang	520	4000.0	171.3	2180.0	1648.8
济南	Jinan	626	6100.2	305.4	2307.0	3487.8
青岛	Qingdao	783	9300.1	364.0	4026.5	4909.6
郑州	Zhengzhou	810	7311.5	150.9	3604.2	3556.4
武汉	Wuhan	829	10905.6	359.8	4981.5	5564.3
长沙	Changsha	680	8510.1	341.8	4333.6	3834.8
广州	Guangzhou	854	18100.4	226.8	5726.1	12147.5
深圳	Shenzhen	355	17502.9	6.6	7207.9	10288.3
南宁	Nanning	740	3410.1	370.4	1345.7	1694.1
海口	Haikou	165	1162.0	57.1	223.7	881.2
重庆	Chongqing	3372	15717.3	1150.2	7069.4	7497.8
成都	Chengdu	1228	10801.2	373.2	4723.5	5704.5
贵阳	Guiyang	392	2891.2	129.9	1108.5	1652.8
昆明	Kunming	556	3968.0	188.1	1586.4	2193.5
拉萨	Lhasa	53	376.7	13.8	141.0	222.0
西安	Xi'an	816	5801.2	220.2	2126.3	3454.7
兰州	Lanzhou	322	2096.0	56.2	782.7	1257.1
西宁	Xining	201	1131.6	37.5	543.5	550.7
银川	Yinchuan	179	1493.9	58.6	780.8	654.4
乌鲁木齐	Urumqi	267	2631.6	31.6	787.4	1812.6

25-2 续表 1 continued

城市名称	City	一般公共预算收入(亿元) General Public Budget Revenue (100 million yuan)	一般公共预算支出(亿元) General Public Budget Expenditure (100 million yuan)	固定资产投资(不含农户)(亿元) Investment in Fixed Assets (Excluding Rural Households) (100 million yuan)	城乡居民储蓄存款年末余额(亿元) Balance of Savings Deposit of Urban and Rural Residents at Year-end (100 million yuan)	在岗职工平均工资(元) Average Wage of Staff and Workers (yuan)	年末邮政局(所)(处) Postal Offices at Year-end (unit)	年末固定电话用户(万户) Subscribers of Fixed Telephones at Year-end (10 000 subscribers)
北　京	Beijing	4723.9	5737.7	7941.0	23914.0	113073	949	784.7
天　津	Tianjin	2667.1	3232.4	13047.8	8743.8	84187	421	343.8
石家庄	Shijiazhuang	375.1	682.4	5689.9	4868.9	54441	294	142.4
太　原	Taiyuan	274.2	420.0	2025.6	3432.1	60516	155	103.2
呼和浩特	Hohhot	247.4	360.6	1618.6	1684.0	53698	118	70.8
沈　阳	Shenyang	606.2	808.6	5326.0	5769.3	61827	229	229.2
大　连	Dalian	579.9	910.7	4559.3	5107.9	69390	241	229.5
长　春	Changchun	388.2	765.7	4327.5	3792.8	62519	205	121.8
哈尔滨	Harbin	407.7	824.8	4595.7	4370.4	58405	368	221.7
上　海	Shanghai	5519.5	6191.6	6349.4	23384.7	100966	537	797.3
南　京	Nanjing	1020.0	1045.6	5426.0	5535.5	81075	180	279.7
杭　州	Hangzhou	1233.9	1205.5	5556.3	7507.1	77816	288	293.4
宁　波	Ningbo	1006.4	1252.6	4506.6	5302.8	74989	271	269.0
合　肥	Hefei	571.5	772.7	5851.9	3018.5	65806	187	155.8
福　州	Fuzhou	560.5	725.9	4853.6	3685.2	62478	238	183.6
厦　门	Xiamen	606.1	651.2	1887.7	2050.3	66930	91	131.2
南　昌	Nanchang	389.3	543.2	4000.1	2491.4	57730	161	107.0
济　南	Jinan	614.3	658.2	3498.4	3951.4	68997	204	165.6
青　岛	Qingdao	1006.3	1222.9	6555.7	5023.6	69465	271	214.8
郑　州	Zhengzhou	942.9	1106.0	6288.0	5695.5	52987	247	204.3
武　汉	Wuhan	1245.6	1338.1	7680.9	6059.0	65720	259	249.0
长　沙	Changsha	718.9	925.0	6363.3	4348.6	67266	230	181.9
广　州	Guangzhou	1349.5	1727.7	5406.0	13602.4	81171	243	467.6
深　圳	Shenzhen	2726.9	3521.7	3298.3	9680.2	81034	678	754.1
南　宁	Nanning	297.1	526.7	3366.9	2700.4	66749	197	86.1
海　口	Haikou	111.5	170.9	1012.0	1262.1	57455	58	53.0
重　庆	Chongqing	2154.8	3792.0	15368.0	12207.3	62091	1756	565.0
成　都	Chengdu	1157.6	1468.4	6947.0	9922.2	69123	480	488.0
贵　阳	Guiyang	723.3	503.5	2804.4	2250.6	63949	187	97.0
昆　明	Kunming	502.2	615.5	3497.9	3429.5	62033	281	127.9
拉　萨	Lhasa	89.0	640.1	499.9	341.2	114582	44	21.0
西　安	Xi'an	651.0	917.2	5086.9	6571.2	63193	299	292.1
兰　州	Lanzhou	185.2	344.0	1803.8	2608.5	62201	156	67.4
西　宁	Xining	94.8	280.0	1268.0	1160.3	58099	105	67.0
银　川	Yinchuan	171.3	309.3	1528.0	1305.0	65643	106	50.4
乌鲁木齐	Urumqi	368.7	446.7	1708.4	2157.3	67617	188	135.3

25-2 续表 2 continued

城市名称	City	社会消费品零售总额 (万元) Total Retail Sales of Consumer Goods (10 000 yuan)	货物进出口总额 (万美元) Total Value of Import and Export (10 000 USD)	年末实有公共(汽)电车营运车辆 (辆) Public Vehicles under Operation at Year-end (unit)	普通高等学校在校学生 (人) Total Enrollment of Regular Institutions of Higher Education (person)	医院、卫生院 (个) Hospitals and Health Centers (unit)	执业(助理)医师 (人) Licensed (Assistant) Doctors (person)	工业废水排放量 (万吨) Total Volume of Industrial Waste Water Discharged (10 000 tons)
北京	Beijing	103380064	31941616	23287	593448	701	96445	8978
天津	Tianjin	52572834	11428280	11619	512854	661	35871	18973
石家庄	Shijiazhuang	26930343	1216029	4403	419787	393	29579	21964
太原	Taiyuan	15407962	1067738	2871	421429	247	20045	3544
呼和浩特	Hohhot	13535272	207275	1884	235188	174	8882	3111
沈阳	Shenyang	38832398	1408080	5381	404032	327	24797	7990
大连	Dalian	30874997	5603416	5304	290025	304	18724	34565
长春	Changchun	24092939	1399986	4852	426081	301	20571	3769
哈尔滨	Harbin	33945383	477756	6923	663749	462	23664	4809
上海	Shanghai	101315014	44924072	16531	511623	644	50580	46900
南京	Nanjing	45901650	5324014	8395	812619	213	22307	23216
杭州	Hangzhou	46972280	6656636	8555	475558	333	34832	33807
宁波	Ningbo	33496292	10037248	4727	155767	243	21937	16098
合肥	Hefei	21836501	2033784	4684	527104	470	17730	5335
福州	Fuzhou	34887426	3334236	4242	320965	232	18307	4439
厦门	Xiamen	11684228	8329067	4691	143992	58	9953	21398
南昌	Nanchang	16628661	1146434	3305	587368	195	12875	10016
济南	Jinan	34103088	911424	5284	713965	269	32592	7415
青岛	Qingdao	37136940	7022243	6748	322260	308	26270	10566
郑州	Zhengzhou	32947107	5702634	6221	824152	312	24449	19394
武汉	Wuhan	51022366	2807165	8301	956789	372	32888	15452
长沙	Changsha	36905930	1294962	6102	569400	284	25599	5102
广州	Guangzhou	79879595	13386768	13930	1043221	259	42499	18608
深圳	Shenzhen	50178375	44245863	31716	90112	125	29007	19077
南宁	Nanning	17866839	562355	3103	375192	225	20169	7198
海口	Haikou	5955307	434130	1702	150559	133	8298	697
重庆	Chongqing	64240226	7447656	8754	767114	1568	61013	35524
成都	Chengdu	49461930	3953152	11294	755767	768	50236	11454
贵阳	Guiyang	10601690	912149	3185	368536	260	14478	2700
昆明	Kunming	19370004	1236443	5645	436436	392	24109	3917
拉萨	Lhasa	2057960	64055	486	21358	78	2078	
西安	Xi'an	34053800	2526000	7781	848958	395	26626	5204
兰州	Lanzhou	11521498	505860	2662	416438	164	12354	4138
西宁	Xining	4619377	1141038	2726	69894	123	7812	2200
银川	Yinchuan	4776287	326672	1949	97996	92	7578	4874
乌鲁木齐	Urumqi	11515000	584311	4684	180484	175	13425	3521

注：年末实有公共(汽)电车营运车辆数不包括市辖县。

a) Number of public vehicles under operation at year-end does not include that of counties under the jurisdiction of city governments.

25-3 城市公用事业基本情况
Basic Statistics on City Public Utilities

本表各项指标按全社会范围计算。
Data have covered the public utilities of all city units.

项目	Item	1990	1995	2000	2010	2014	2015
城市建设	**City Areas and Floor Space of Buildings**						
城区面积 (平方公里)	Urban Area (sq.km)	1165970	1171698	878015	178692	184099	191776
建成区面积 (平方公里)	Area of Built Districts (sq.km)	12856	19264	22439	40058	49773	52102
城市建设用地面积 (平方公里)	Area of Land Used for Urban Construction (sq.km)	11608	22064	22114	39758	49983	51584
城市人口密度 (人/平方公里)	Population Density of City Districts (persons/sq.km)	279	322	442	2209	2419	2399
城市供水、燃气及集中供热	**Water Supply, Gas Supply and Heating**						
全年供水总量 (亿立方米)	Annual Volume of Tap Water Supply(100 million cu.m)	382.3	481.6	469.0	507.9	546.7	560.5
#生活用水	Water Consumption for Residential Use	100.1	158.1	200.0	238.8	275.7	287.3
人均生活用水 (吨)	Per Capita Water Consumption for Residential Use(ton)	67.9	71.3	95.5	62.6	63.4	63.7
用水普及率 (%)	Coverage Rate of Urban Population with Access to Tap Water (%)	48.0	58.7	63.9	96.7	97.6	98.1
人工煤气供气量 (亿立方米)	Gaswork Gas Supply (100 million cu.m)	174.7	126.7	152.4	279.9	56.0	47.1
#家庭用量	Consumption of Gaswork Gas for Residential Use	27.4	45.7	63.1	26.9	14.6	10.8
天然气供气量 (亿立方米)	Natural Gas Supply (100 million cu.m)	64.2	67.3	82.1	487.6	964.4	1040.8
#家庭用量	Consumption of Natural Gas for Residential Use	11.6	16.4	24.8	117.2	196.9	208.0
液化石油气供气量 (万吨)	Liquefied Petroleum Gas (10 000 tons)	219.0	488.7	1053.7	1268.0	1082.8	1039.2
#家庭用量	Consumption of Liquefied Gas for Residential Use	142.8	370.2	532.3	633.9	586.2	587.1
供气管道长度 (万公里)	Length of Gas Pipelines (10 000 km)	2.4	4.4	8.9	30.9	47.5	52.8
燃气普及率 (%)	Coverage Rate of Urban Population with Access to Gas(%)	19.1	34.3	45.4	92.0	94.6	95.3
集中供热面积 (亿平方米)	Area of Centralized Heating (100 million sq.m)	2.1	6.5	11.1	43.6	61.1	67.2
城市市政设施	**Municipal Infra-structure**						
年末实有道路长度 (万公里)	Length of Paved Roads at Year-end (10 000 km)	9.5	13.0	16.0	29.4	35.2	36.5
每万人拥有道路长度 (公里)	Length of Paved Roads Per 10 000 Persons (km)	3.1	3.8	4.1	7.5	7.9	7.9
年末实有道路面积(亿平方米)	Area of Paved Roads at Year-end (100 million sq.m)	10.2	16.5	23.8	52.1	68.3	71.8
人均拥有道路面积 (平方米)	Per Capita Area of Paved Roads (sq.m)	3.1	4.4	6.1	13.2	15.3	15.6
城市排水管道长度 (万公里)	Length of City Sewage Pipes (10 000 km)	5.8	11.0	14.2	37.0	51.1	54.0
城市公共交通	**Public Traffic**						
年末公共交通车辆运营数(万辆)	Number of Public Vehicles under Operation at Year-end (Buses and Trolley Buses, etc.) (10 000 units)	6.2	13.7	22.6	38.3	47.6	50.3
每万人拥有公交车辆 (标台)	Number of Public Transportation Vehicles Per 10 000 Persons (unit)	2.2	3.6	5.3	11.2	13.0	13.3
出租汽车数 (万辆)	Taxis (10 000 units)	11.1	50.4	82.5	98.6	107.4	109.2
城市绿化和园林	**City Greening**						
城市绿地面积 (万公顷)	Area of Green Land (10 000 hectares)	47.5	67.8	86.5	213.4	252.8	267.0
人均公园绿地面积 (平方米)	Per Capita Area of Parks and Green Land (sq.m)	1.8	2.5	3.7	11.2	13.1	13.3
公园个数 (个)	Number of Parks and Zoos (unit)	1970	3619	4455	9955	13074	13834
公园面积 (万公顷)	Area of Parks (10 000 hectares)	3.9	7.3	8.2	25.8	36.8	38.4
城市环境卫生	**Environmental Sanitation**						
生活垃圾清运量 (万吨)	Volume of Garbage Disposal (10 000 tons)	6767	10671	11819	15805	17860	19142
粪便清运量 (万吨)	Volume of Disposal of Excrement and Urine (10 000 tons)	2385	3066	2829	1951	1552	1437
每万人拥有公厕 (座)	Number of Public Toilets per 10 000 Persons (unit)	3.0	3.0	2.7	3.0	2.8	2.7

注：1.2006年以前"城区面积"为"城市面积"。
2.计算人均和普及率指标所使用的人口数2006年以前为城市人口，2006年起为城区人口与城区暂住人口之和，以公安部门的户籍统计和暂住人口统计为准。

a) Before 2006, Urban Area is the area of the city proper.

b) Per capita data and coverage rate are calculated on the basis of urban population before 2006. Since 2006, those indicators are calculated on the basis of the sum of districts area population and temporarily residing population, which are provided by the Ministry of Public Security.

25-4 分地区城市建设情况（2015年）
Statistics on City Construction by Region (2015)

地 区	Region	城区面积 (平方公里) Urban Area (sq.km)	建成区面积 (平方公里) Area of Built Districts (sq.km)	城市建设用地面积 (平方公里) Area of Land Used for Urban Construction (sq.km)	本年征用土地面积 (平方公里) Land Put in Requisition for State Construction Projects (sq.km)	城市人口密度 (人/平方公里) Population Density of Urban Area (persons/sq.km)
全 国	**National Total**	**191775.5**	**52102.3**	**51584.1**	**1548.5**	**2399**
北 京	Beijing	12187.0	1401.0	1454.7	8.7	1541
天 津	Tianjin	2506.1	885.4	870.2	23.0	3492
河 北	Hebei	6398.7	1944.4	1816.1	38.5	2646
山 西	Shanxi	2837.1	1123.5	1079.3	24.8	3920
内蒙古	Inner Mongolia	5372.7	1225.2	1164.8	19.6	1629
辽 宁	Liaoning	14316.3	2462.0	2405.2	67.9	1590
吉 林	Jilin	3668.4	1399.1	1330.1	34.4	3193
黑龙江	Heilongjiang	2578.3	1772.2	1788.9	14.7	5504
上 海	Shanghai	6340.5	998.8	2915.6	24.5	3809
江 苏	Jiangsu	15110.5	4189.2	4207.6	141.3	2034
浙 江	Zhejiang	11326.5	2590.7	2469.7	99.6	1914
安 徽	Anhui	6059.4	1926.4	1920.1	114.1	2458
福 建	Fujian	4368.2	1413.5	1346.6	100.2	2704
江 西	Jiangxi	2178.9	1295.7	1231.0	53.1	4822
山 东	Shandong	21567.9	4609.3	4407.7	86.4	1452
河 南	Henan	4810.0	2503.1	2363.1	46.9	5155
湖 北	Hubei	8114.6	2197.0	2045.9	84.0	2430
湖 南	Hunan	4582.3	1572.5	1483.4	52.6	3261
广 东	Guangdong	16825.7	5633.2	4958.7	138.7	3060
广 西	Guangxi	5728.0	1275.2	1229.8	74.8	1823
海 南	Hainan	1427.9	337.8	398.7	7.8	2045
重 庆	Chongqing	7026.6	1329.5	1115.9	85.4	1904
四 川	Sichuan	10777.7	2281.6	2226.7	49.5	1902
贵 州	Guizhou	2680.0	789.1	702.2	21.1	2396
云 南	Yunnan	3029.4	1060.1	975.2	18.8	2943
西 藏	Tibet	432.6	144.5	143.4	5.1	1750
陕 西	Shaanxi	2311.7	1073.4	1037.9	31.1	4031
甘 肃	Gansu	1569.9	834.4	771.4	31.9	4049
青 海	Qinghai	688.2	194.3	173.1	6.7	2692
宁 夏	Ningxia	2119.2	455.1	384.5	6.0	1336
新 疆	Xinjiang	2835.4	1185.4	1166.7	37.7	2557

25-5 分地区城市供水情况（2015年）
Basic Statistics on Tap Water Supply in Cities by Region (2015)

地区	Region	年末供水综合生产能力（万立方米/日）Production Capacity of Tap Water Supply (year-end) (10 000 cu.m/day)	年末供水管道长度（公里）Length of Water Supply Pipelines (year-end) (km)	全年供水总量（万立方米）Total Annual Volume of Water Supply (10 000 cu.m)	#生活用水 For Residential Use	#生产用水 For Productive Use	用水人口（万人）Number of Residents with Access to Tap Water (10 000 persons)	人均日生活用水量（升）Per Capita Daily Consumption of Tap Water for Residential Use (liter)
全　国	**National Total**	**29678.3**	**710206**	**5604728**	**2872695**	**1624335**	**45112.6**	**174.5**
北　京	Beijing	2496.7	27623	182517	125979	27935	1877.7	183.8
天　津	Tianjin	456.6	16620	85260	38202	30983	875.2	119.6
河　北	Hebei	855.6	16445	179178	73301	64088	1685.8	119.1
山　西	Shanxi	460.1	10715	83614	45120	30694	1099.4	112.4
内蒙古	Inner Mongolia	410.2	9214	74789	33577	26144	862.1	106.7
辽　宁	Liaoning	1289.3	38265	251064	111310	87408	2250.6	135.5
吉　林	Jilin	653.5	12155	106202	48951	26025	1096.8	122.3
黑龙江	Heilongjiang	828.4	14355	148853	58571	58183	1379.3	116.3
上　海	Shanghai	1137.0	36383	312224	167670	51642	2415.3	190.2
江　苏	Jiangsu	3104.1	78585	506719	235952	193679	3068.6	210.7
浙　江	Zhejiang	1794.0	56456	327217	155160	122716	2166.9	196.2
安　徽	Anhui	1094.8	23842	174263	90692	50110	1471.1	168.9
福　建	Fujian	710.0	15982	161598	75944	34354	1176.0	176.9
江　西	Jiangxi	473.1	15630	110874	64069	17966	1024.9	171.3
山　东	Shandong	1776.7	48911	355903	158151	147925	3129.0	138.5
河　南	Henan	1121.4	21338	196710	93595	66672	2308.6	111.1
湖　北	Hubei	1393.8	30579	277995	146054	72112	1948.9	205.3
湖　南	Hunan	1038.4	21393	197922	110285	38887	1454.1	207.8
广　东	Guangdong	3913.8	99921	852512	460656	222695	5069.5	249.0
广　西	Guangxi	676.0	16958	173266	94999	55191	1018.1	255.7
海　南	Hainan	168.4	4150	43653	27725	4676	288.0	263.8
重　庆	Chongqing	529.9	15054	121494	71897	28394	1296.1	152.0
四　川	Sichuan	970.0	30058	220010	142103	38172	1907.2	204.1
贵　州	Guizhou	257.6	9766	60112	36626	8882	612.7	163.8
云　南	Yunnan	381.4	10578	81875	42058	19636	867.9	132.8
西　藏	Tibet	56.5	1396	15607	9822	2496	66.7	403.6
陕　西	Shaanxi	405.0	8068	97664	51435	30995	905.0	155.7
甘　肃	Gansu	392.1	5625	55844	29792	19119	618.4	132.0
青　海	Qinghai	98.5	2456	25674	11304	9639	183.5	168.8
宁　夏	Ningxia	161.4	2355	31871	17103	10237	273.0	171.7
新　疆	Xinjiang	574.3	9330	92245	44593	26679	716.4	170.6

25-6 分地区城市燃气情况（2015年）
Basic Statistics on Supply of Gas in Cities by Region (2015)

地 区	Region	人工煤气生产能力（万立方米/日）Production Capacity of Gaswork Gas (10 000 cu.m/day)	管道长度（公里）Length of Gas Pipelines (km)			全年供气总量 Volume of Gas Supply			用气人口（万人）Population with Access to Gas (10 000 persons)		
			人工煤气 Coal Gas	天然气 Natural Gas	液化石油气 Liquefied Petroleum Gas	人工煤气（万立方米）Coal Gas (10 000 cu.m)	天然气（万立方米）Natural Gas (10 000 cu.m)	液化石油气（吨）Liquefied Petroleum Gas (ton)	人工煤气 Coal Gas	天然气 Natural Gas	液化石油气 Liquefied Petroleum Gas
全 国	**National Total**	**1519.1**	**21292**	**498087**	**9009**	**471378**	**10407906**	**10392169**	**1321.7**	**28561.5**	**13955.1**
北 京	Beijing			21818	460		1444924	576306		1445.8	431.9
天 津	Tianjin			19356			306630	50494		847.4	27.9
河 北	Hebei	88.1	3180	17665	272	53538	314237	166370	159.4	1214.0	299.6
山 西	Shanxi	10.0	3425	11417	382	39450	247397	66168	66.2	897.2	118.8
内蒙古	Inner Mongolia		500	8148	84	3090	133207	57950	39.4	536.4	247.9
辽 宁	Liaoning	317.0	5428	15018	666	57394	170434	468889	530.9	1068.0	558.9
吉 林	Jilin	8.1	341	8414	83	7945	111432	157752	41.0	676.8	365.2
黑龙江	Heilongjiang	115.0	514	7739	28	7202	113245	210492	57.3	746.9	424.9
上 海	Shanghai			28601	516	5309	734776	424112		1594.2	821.1
江 苏	Jiangsu			61125	520		969799	593577		2345.7	714.6
浙 江	Zhejiang	1.8	112	28520	2847	488	319276	695947	4.3	1004.6	1157.3
安 徽	Anhui			19684	265		234585	736312		1183.6	269.2
福 建	Fujian	8.0	335	7929	205	3000	148807	286906	21.4	438.2	704.6
江 西	Jiangxi	49.0	1069	9430	101	25097	73570	228912	14.8	503.4	478.2
山 东	Shandong		9	44093	367	59	633917	366750		2454.2	656.7
河 南	Henan	327.7	533	19732	12	53100	332808	217382	15.0	1590.5	527.4
湖 北	Hubei			22503	298		330397	352112		1282.5	580.9
湖 南	Hunan		441	12535		2767	215488	241529	33.4	851.9	493.9
广 东	Guangdong			27656	1159		1232938	3340353		1885.4	3140.2
广 西	Guangxi	10.6	463	4220		4439	38789	262313	42.7	347.5	596.1
海 南	Hainan			2471	1		29004	82189		148.7	136.8
重 庆	Chongqing			20051			349378	76435		1180.6	95.1
四 川	Sichuan	511.0	613	39839	435	165604	627976	173652	51.9	1702.9	140.4
贵 州	Guizhou	6.0	771	3549	124	5540	32906	88670	31.0	248.0	260.7
云 南	Yunnan	10.0	3098	1817	109	33959	7345	210095	193.1	169.2	322.4
西 藏	Tibet			1677	1		1346	66661		24.0	36.6
陕 西	Shaanxi			12234			311286	28796		812.0	70.8
甘 肃	Gansu	10.8	400	2309		1644	161907	85327	15.0	371.6	158.6
青 海	Qinghai			1234			133022	6353		138.7	20.6
宁 夏	Ningxia			4470			199279	13193		204.1	43.0
新 疆	Xinjiang	46.0	61	12833	75	1752	447797	60174	5.0	647.8	55.0

25-7 分地区城市集中供热情况（2015年）
Basic Statistics on Heating in Cities by Region (2015)

地区	Region	供热能力 Heating Capacity		供热总量 Quantity of Heat Supplied		管道长度 Length of Heating Pipelines		供热面积（万平方米）
		蒸汽（吨/小时） Steam (ton/hour)	热水（兆瓦） Hot Water (Mega Watts)	蒸汽（万吉焦） Steam (10 000 gigajoules)	热水（万吉焦） Hot Water (10 000 gigajoules)	蒸汽（公里） Steam (km)	热水（公里） Hot Water (km)	Area of Centralized Heating (10 000 sq.m)
全　国	**National Total**	**80699**	**472556**	**49703**	**302110**	**11692**	**192721**	**672205**
北　京	Beijing	300	41451	166	35857	44	12207	58465
天　津	Tianjin	3568	24261	1329	12304	331	20714	37678
河　北	Hebei	7539	32035	5154	21180	1053	10936	58751
山　西	Shanxi	1385	30991	1104	19174	245	10566	54059
内蒙古	Inner Mongolia	341	45683	185	32711	28	10956	44869
辽　宁	Liaoning	12933	71834	7208	49005	1561	34298	104543
吉　林	Jilin	1403	42760	828	24609	723	18587	47990
黑龙江	Heilongjiang	4574	46602	2243	36939	362	17536	62457
上　海	Shanghai							
江　苏	Jiangsu							
浙　江	Zhejiang	3145	30	5469		534		4429
安　徽	Anhui	4593	142	2951	36	611	15	2684
福　建	Fujian							
江　西	Jiangxi							
山　东	Shandong	24373	47487	13656	27342	3198	34023	90150
河　南	Henan	6093	11644	3242	6131	1421	3831	22375
湖　北	Hubei	2680	478	1729	56	343	10	2396
湖　南	Hunan							
广　东	Guangdong							
广　西	Guangxi							
海　南	Hainan							
重　庆	Chongqing							
四　川	Sichuan							
贵　州	Guizhou							
云　南	Yunnan							
西　藏	Tibet	14		140		34		22
陕　西	Shaanxi	3728	22023	2099	7136	323	1906	24030
甘　肃	Gansu	26	14331	8	9152	24	4405	16137
青　海	Qinghai		348		290		179	461
宁　夏	Ningxia	1795	7848	935	4159	740	2913	9979
新　疆	Xinjiang	2210	32608	1257	16028	117	9637	30728

25-8 分地区城市市政设施（2015年）
Basic Statistics on Municipal Infrastructure in Cities by Region (2015)

地 区	Region	年末实有道路长度（公里）Length of Paved Roads (year-end) (km)	年末实有道路面积（万平方米）Area of Paved Roads (year-end) (10 000 sq.m)	城市桥梁（座）Number of City Bridges (unit)	城市排水管道长度（公里）Length of City Sewage Pipes (km)	城市污水日处理能力（万立方米）Daily Disposal Capacity of City Sewage (10 000 cu.m)	城市道路照明灯（千盏）Number of Street Lights (1 000 units)
全 国	**National Total**	**364978**	**717675**	**64512**	**539567**	**16065.4**	**24225.2**
北 京	Beijing	8104	14302	2271	15528	461.7	239.8
天 津	Tianjin	7636	14019	953	19543	285.9	350.7
河 北	Hebei	13402	31570	1410	16964	564.4	660.2
山 西	Shanxi	7323	15039	657	7860	244.9	548.3
内蒙古	Inner Mongolia	9281	19793	349	12542	212.0	721.7
辽 宁	Liaoning	16914	30585	1637	17074	831.4	1580.8
吉 林	Jilin	8854	17010	776	10319	334.5	502.6
黑龙江	Heilongjiang	12364	18651	1065	10345	736.9	635.8
上 海	Shanghai	4989	10317	2524	16920	785.0	532.0
江 苏	Jiangsu	40749	75052	14630	70048	1673.2	3391.3
浙 江	Zhejiang	20475	39293	10283	38203	882.1	1458.1
安 徽	Anhui	13375	31010	1620	24399	646.2	848.6
福 建	Fujian	8415	16303	1816	13340	380.8	718.4
江 西	Jiangxi	8185	17436	827	11983	272.9	650.0
山 东	Shandong	40426	80847	5212	52183	1004.2	1864.9
河 南	Henan	12318	29915	1374	20467	649.8	863.7
湖 北	Hubei	17920	31852	1952	23042	656.0	531.0
湖 南	Hunan	11437	21333	827	13199	586.7	682.0
广 东	Guangdong	38894	70003	6259	53587	1974.6	2301.9
广 西	Guangxi	8187	17003	832	10588	689.6	627.0
海 南	Hainan	2350	5070	226	3792	93.4	181.2
重 庆	Chongqing	7712	16128	1433	12961	273.8	511.6
四 川	Sichuan	13378	27937	2081	22486	565.9	984.4
贵 州	Guizhou	3538	7201	683	5895	144.0	421.7
云 南	Yunnan	6166	12690	693	11477	245.2	473.9
西 藏	Tibet	1037	1891	18	1422	7.4	59.6
陕 西	Shaanxi	6508	14602	743	8026	337.5	638.4
甘 肃	Gansu	4489	9650	540	5558	160.2	296.5
青 海	Qinghai	987	1970	144	1668	41.9	120.0
宁 夏	Ningxia	2146	6376	188	1608	82.0	266.4
新 疆	Xinjiang	7418	12827	489	6538	241.3	562.8

25-9 分地区城市公共交通情况（2015年）
Basic Statistics on Public Transportation in Cities by Region (2015)

地区	Region	年末公共交通车辆运营数(辆) Number of Public Vehicles under Operation at Year-end (unit)	公共汽、电车 Bus and Trolley Bus	轨道交通 Subways, Light Rail, Streetcar	运营线路总长度(公里) Length under Operation (km)	公共汽、电车 Bus and Trolley Bus	轨道交通 Subways, Light Rail, Streetcar	公共交通客运总量(万人次) Passengers Transported by Public Vehicles (10 000 person-times)	公共汽、电车 Bus and Trolley Bus	轨道交通 Subways, Light Rail, Streetcar	出租汽车(辆) Number of Taxi (unit)
全国	**National Total**	**502916**	**482975**	**19941**	**669639**	**666444**	**3195**	**8454295**	**7054193**	**1400102**	**1092083**
北京	Beijing	28311	23287	5024	20740	20186	554	738384	406003	332381	68284
天津	Tianjin	12245	11619	626	16013	15866	147	185813	157001	28812	31940
河北	Hebei	18927	18927		22940	22940		187208	187208		51407
山西	Shanxi	8153	8153		13176	13176		132132	132132		30696
内蒙古	Inner Mongolia	6877	6877		10731	10731		107674	107674		39359
辽宁	Liaoning	22358	21558	800	25344	25123	221	434710	395634	39076	80997
吉林	Jilin	12057	11662	395	12312	12248	64	175452	167617	7835	56447
黑龙江	Heilongjiang	16365	16299	66	19390	19373	17	257476	250912	6564	65421
上海	Shanghai	20328	16531	3797	24645	24027	618	561650	254852	306798	49586
江苏	Jiangsu	38598	36793	1805	58796	58419	377	547694	454967	92727	53399
浙江	Zhejiang	29700	28956	744	60102	59971	131	380428	354306	26122	37416
安徽	Anhui	13916	13916		13709	13709		198829	198829		39190
福建	Fujian	15065	15065		21757	21757		225201	225201		21449
江西	Jiangxi	7665	7527	138	13467	13438	29	130335	130195	140	13587
山东	Shandong	39782	39734	48	70922	70911	11	390026	389972	54	61231
河南	Henan	22063	21913	150	19697	19671	26	257070	248260	8810	46342
湖北	Hubei	19705	18929	776	20773	20648	125	381733	325223	56510	36127
湖南	Hunan	17365	17203	162	15981	15954	27	286341	277934	8407	25945
广东	Guangdong	58747	55551	3196	96224	95773	451	1081937	729057	352880	68137
广西	Guangxi	8094	8094		11465	11465		121751	121751		17025
海南	Hainan	2938	2938		5856	5856		42471	42471		6296
重庆	Chongqing	12491	11573	918	13544	13342	202	310167	246920	63247	20631
四川	Sichuan	21998	21266	732	22831	22745	86	406821	379658	27163	35342
贵州	Guizhou	6168	6168		6990	6990		131291	131291		17399
云南	Yunnan	10108	9868	240	19883	19824	59	158429	150062	8367	18793
西藏	Tibet	544	544		1035	1035		9128	9128		1882
陕西	Shaanxi	11940	11616	324	9883	9832	51	269203	234994	34209	24052
甘肃	Gansu	5275	5275		5935	5935		109823	109823		21422
青海	Qinghai	2071	2071		2276	2276		37909	37909		8006
宁夏	Ningxia	3475	3475		5036	5036		42377	42377		12571
新疆	Xinjiang	9587	9587		8184	8184		154834	154834		31704

25-10 分地区城市绿地和园林(2015年)
Basic Statistics on Parks and Green Areas in Cities by Region (2015)

地区	Region	城市绿地面积(公顷) Area of Green Land (hectare)	#公园绿地 Park Green Areas	公园(个) Number of Parks (unit)	公园面积(公顷) Area of Parks (hectare)	建成区绿化覆盖率(%) Green Covered Area as % of Completed Area (%)
全国	**National Total**	**2669567**	**614090**	**13834**	**383805**	**40.1**
北京	Beijing	81305	29503	287	29448	48.4
天津	Tianjin	28406	8865	102	2299	36.4
河北	Hebei	81346	24014	502	17339	41.2
山西	Shanxi	42033	12910	271	9552	40.1
内蒙古	Inner Mongolia	63090	16876	254	13725	39.2
辽宁	Liaoning	124193	26233	379	13629	40.3
吉林	Jilin	47251	14650	191	6446	36.1
黑龙江	Heilongjiang	76501	16997	345	9777	35.8
上海	Shanghai	127332	18395	165	2407	38.5
江苏	Jiangsu	274071	44713	942	25935	42.8
浙江	Zhejiang	138039	28593	1171	16655	40.6
安徽	Anhui	93786	19913	374	12043	41.2
福建	Fujian	64466	15327	555	11913	43.0
江西	Jiangxi	54147	14663	356	8764	44.1
山东	Shandong	213517	54345	828	34112	42.3
河南	Henan	89952	25201	327	12653	37.7
湖北	Hubei	80309	21719	352	11997	37.5
湖南	Hunan	59359	14930	287	10145	39.7
广东	Guangdong	438376	89591	3512	65318	41.4
广西	Guangxi	82382	12111	216	8579	37.6
海南	Hainan	14883	3784	55	1972	37.7
重庆	Chongqing	55934	22733	349	11502	40.3
四川	Sichuan	87096	24512	508	13343	38.7
贵州	Guizhou	36739	8308	114	7021	35.9
云南	Yunnan	39416	9427	683	7558	37.3
西藏	Tibet	5332	882	81	978	42.6
陕西	Shaanxi	56108	11714	209	5877	40.6
甘肃	Gansu	23560	7773	123	4335	30.2
青海	Qinghai	5732	1942	41	1350	29.8
宁夏	Ningxia	24132	5126	77	2411	37.9
新疆	Xinjiang	60775	8338	178	4721	37.5

注：公园绿地面积包括综合公园、社区公园、专类公园、带状公园和街旁绿地。

a) Area of park green areas includes comprehensive park, community park, topic park, belt-shaped park and green area nearby street.

25-11 分地区城市市容环境卫生情况（2015年）
Basic Statistics on Urban Sanitation in Cities by Region (2015)

地区	Region	清扫保洁面积（万平方米）Area under Cleaning Program (10 000 sq.m)	生活垃圾清运量（万吨）Volume of Garbage Disposal (10 000 tons)	粪便清运量（万吨）Volume of Excrement and Urine Disposal (10 000 tons)	市容环卫专用车辆设备总数（台）Number of Special Vehicles for Environmental Sanitation (unit)	公共厕所（座）Number of Public Lavatories (unit)	#三类以上 Third Grade and Above
全 国	**National Total**	**730333**	**19141.9**	**1436.8**	**165725**	**126344**	**93541**
北 京	Beijing	15122	790.3	204.7	10747	5401	5401
天 津	Tianjin	11769	240.7	28.1	3937	1327	846
河 北	Hebei	26358	635.9	95.7	5493	6298	3389
山 西	Shanxi	16083	447.0	34.0	4603	3261	1715
内蒙古	Inner Mongolia	19799	329.1	37.8	3704	4171	1827
辽 宁	Liaoning	36637	933.2	89.4	6535	5056	1839
吉 林	Jilin	16957	490.3	67.6	6323	3643	1168
黑龙江	Heilongjiang	23484	523.0	122.1	7273	6617	2668
上 海	Shanghai	17366	613.2	172.8	5503	6197	2618
江 苏	Jiangsu	57992	1456.1	72.5	12175	11739	10004
浙 江	Zhejiang	39195	1332.6	81.5	6752	8199	6923
安 徽	Anhui	29216	491.9	15.7	4593	3223	2813
福 建	Fujian	14881	608.1	4.1	2531	3185	3156
江 西	Jiangxi	14019	329.3	7.9	1787	1887	1509
山 东	Shandong	68631	1377.5	108.0	12666	6351	5505
河 南	Henan	29490	891.8	36.6	5682	7540	7040
湖 北	Hubei	33304	832.2	15.8	12710	5475	3974
湖 南	Hunan	19979	638.2	6.7	3891	3371	2682
广 东	Guangdong	92161	2320.4	85.5	14274	9769	9309
广 西	Guangxi	18189	385.5	8.7	7044	1496	1370
海 南	Hainan	5289	160.1	5.7	1686	457	441
重 庆	Chongqing	15313	440.0	61.3	2791	3208	2354
四 川	Sichuan	30196	823.6	17.2	4859	4383	3209
贵 州	Guizhou	7098	268.3	1.0	2619	1440	1187
云 南	Yunnan	16769	371.0	21.0	2699	2619	2330
西 藏	Tibet	5714	32.9	0.1	337	317	160
陕 西	Shaanxi	15884	522.7	9.1	3196	4266	4161
甘 肃	Gansu	8294	262.7	18.0	1923	1518	1202
青 海	Qinghai	2699	82.2	1.4	475	691	327
宁 夏	Ningxia	7956	132.2	6.8	1597	746	657
新 疆	Xinjiang	14489	380.0	0.1	5320	2493	1757

25-12 分地区城市设施水平（2015年）
Level of Public Facilities in Cities by Region (2015)

地 区	Region	城市用水普及率(%) Coverage Rate of Urban Population with Access to Tap Water (%)	城市燃气普及率(%) Coverage Rate of Urban Population with Access to Gas (%)	每万人拥有公共交通车辆(标台) Number of Public Transportation Vehicles Per 10 000 Population (unit)	人均城市道路面积(平方米) Per Capita Area of Paved Roads (sq.m)	人均公园绿地面积(平方米) Per Capita Public Green Areas (sq.m)	每万人拥有公共厕所(座) Number of Public Lavatories Per 10 000 Population (unit)
全 国	**National Average**	**98.07**	**95.30**	**13.29**	**15.60**	**13.35**	**2.75**
北 京	Beijing	100.00	100.00	24.58	7.62	16.00	2.88
天 津	Tianjin	100.00	100.00	16.30	16.02	10.13	1.52
河 北	Hebei	99.56	98.81	12.94	18.65	14.18	3.72
山 西	Shanxi	98.85	97.31	8.53	13.52	11.61	2.93
内蒙古	Inner Mongolia	98.47	94.09	9.10	22.61	19.28	4.76
辽 宁	Liaoning	98.84	94.76	12.30	13.43	11.52	2.22
吉 林	Jilin	93.64	92.46	10.62	14.52	12.51	3.11
黑龙江	Heilongjiang	97.20	86.61	13.11	13.14	11.98	4.66
上 海	Shanghai	100.00	100.00	12.36	4.27	7.62	2.57
江 苏	Jiangsu	99.83	99.56	15.81	24.42	14.55	3.82
浙 江	Zhejiang	99.95	99.91	15.99	18.12	13.19	3.78
安 徽	Anhui	98.79	97.55	11.39	20.82	13.37	2.16
福 建	Fujian	99.55	98.56	14.44	13.80	12.98	2.70
江 西	Jiangxi	97.55	94.83	8.69	16.60	13.96	1.80
山 东	Shandong	99.95	99.37	14.43	25.82	17.36	2.03
河 南	Henan	93.10	86.02	10.14	12.06	10.16	3.04
湖 北	Hubei	98.83	94.49	11.84	16.15	11.01	2.78
湖 南	Hunan	97.30	92.28	13.64	14.27	9.99	2.26
广 东	Guangdong	98.46	97.60	13.52	13.60	17.40	1.90
广 西	Guangxi	97.50	94.46	9.10	16.28	11.60	1.43
海 南	Hainan	98.64	97.77	11.25	17.37	12.96	1.57
重 庆	Chongqing	96.87	95.34	11.03	12.05	16.99	2.40
四 川	Sichuan	93.05	92.46	13.52	13.63	11.96	2.14
贵 州	Guizhou	95.43	84.06	11.27	11.22	12.94	2.24
云 南	Yunnan	97.33	76.79	12.62	14.23	10.57	2.94
西 藏	Tibet	88.06	79.98	9.05	24.98	11.65	4.19
陕 西	Shaanxi	97.12	94.73	15.51	15.67	12.57	4.58
甘 肃	Gansu	97.28	85.77	9.00	15.18	12.23	2.39
青 海	Qinghai	99.06	85.96	13.25	10.63	10.48	3.73
宁 夏	Ningxia	96.40	87.26	13.97	22.52	18.11	2.63
新 疆	Xinjiang	98.81	97.63	16.08	17.69	11.50	3.44

注：人均和普及率指标按城区人口与暂住人口之和计算，以公安部门的户籍统计和暂住人口统计为准。

a) Per capita data and coverage rate are calculated on the basis of the sum of districts area population and temporarily residing population, which are provided by the Ministry of Public Security.

25-13 分地区县城市政公用设施水平(2015年)
Level of National County Seat Service Facilities by Region (2015)

地 区	Region	人口密度 (人/平方公里) Population Density (person/sq.km)	人均日生活用水量 (升) Daily Water Consumption Per Capita (liter)	用水普及率 (%) Water Coverage Rate (%)	燃气普及率 (%) Gas Coverage Rate (%)	建成区供水管道密度 (公里/平方公里) Density of Water Supply Pipelines in Built District (km/sq.km)	人均道路面积 (平方米) Road Surface Area Per Capita (sq.m)
全 国	**National Total**	**2076**	**119.43**	**89.96**	**75.90**	**10.71**	**15.98**
北 京	Beijing						
天 津	Tianjin	2055	106.91	100.00	100.00	22.44	20.01
河 北	Hebei	2356	111.73	96.79	88.41	8.67	21.67
山 西	Shanxi	3430	83.94	97.42	76.08	11.53	14.81
内蒙古	Inner Mongolia	906	77.55	94.19	81.25	10.07	25.04
辽 宁	Liaoning	1541	96.24	86.30	70.92	12.66	11.28
吉 林	Jilin	2903	107.07	76.37	73.16	11.14	9.74
黑龙江	Heilongjiang	2767	83.78	80.80	49.66	9.80	12.23
上 海	Shanghai						
江 苏	Jiangsu	1930	134.91	99.48	99.06	16.03	19.23
浙 江	Zhejiang	882	172.04	99.96	98.68	24.61	20.60
安 徽	Anhui	1711	124.43	92.44	84.29	11.95	19.86
福 建	Fujian	2408	167.30	97.76	96.68	11.95	14.07
江 西	Jiangxi	4631	116.77	93.86	85.78	10.36	17.61
山 东	Shandong	1257	126.87	97.25	92.28	7.66	22.69
河 南	Henan	2473	115.04	70.99	48.56	6.32	14.01
湖 北	Hubei	3156	132.83	91.08	83.51	8.90	16.33
湖 南	Hunan	4217	130.40	88.11	75.69	11.47	12.77
广 东	Guangdong	1778	155.48	88.15	85.11	17.34	10.48
广 西	Guangxi	2413	155.66	90.42	78.08	10.82	13.49
海 南	Hainan	3102	165.20	95.33	90.40	8.17	20.59
重 庆	Chongqing	2207	102.81	94.82	90.97	13.17	8.62
四 川	Sichuan	1260	136.92	86.09	76.45	12.98	10.63
贵 州	Guizhou	2463	98.48	87.66	55.23	8.17	10.46
云 南	Yunnan	3899	108.88	89.81	46.55	12.97	12.69
西 藏	Tibet	1966	205.98	55.65	29.74	3.84	13.35
陕 西	Shaanxi	3932	86.32	89.59	75.07	6.87	12.98
甘 肃	Gansu	4959	64.82	91.11	56.13	8.48	13.04
青 海	Qinghai	1942	101.93	95.35	49.55	9.76	16.19
宁 夏	Ningxia	3059	96.70	94.16	71.52	8.21	30.21
新 疆	Xinjiang	2714	125.64	92.29	76.29	11.46	23.17

注：新疆数据包括新疆生产建设兵团师团部驻地情况。
a) Data of Xinjiang include that of the division seats of Xinjiang Production and Construction Corps.

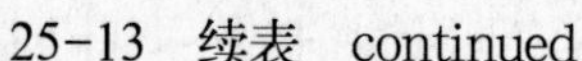

25-13 续表 continued

地 区	Region	建成区排水管道密度(公里/平方公里) Density of Sewers in Built District (km/ sq.km)	污水处理率(%) Wastewater Treatment Rate (%)	污水处理厂集中处理率 Centralized Treatment Rate of Wastewater Treatment Plants	人均公园绿地面积(平方米) Public Recreational Green Space Per Capita (sq.m)	建成区绿化覆盖率(%) Green Coverage Rate of Built District (%)	建成区绿地率(%) Green Space Rate of Built District (%)	生活垃圾处理率(%) Domestic Garbage Treatment Rate (%)	生活垃圾无害化处理率 Domestic Garbage Harmless Treatment Rate
全 国	**National Total**	**8.38**	**85.22**	**83.46**	**10.47**	**30.78**	**27.05**	**89.66**	**79.04**
北 京	Beijing								
天 津	Tianjin	9.76	96.21	96.21	15.43	45.95	40.26	100.00	100.00
河 北	Hebei	7.53	93.71	93.66	11.43	35.49	31.44	95.00	90.65
山 西	Shanxi	8.88	88.71	88.71	11.25	37.93	33.35	70.07	64.81
内蒙古	Inner Mongolia	7.29	90.60	90.60	19.51	32.97	30.10	95.73	93.79
辽 宁	Liaoning	5.99	93.28	93.28	8.99	18.11	16.09	84.69	52.02
吉 林	Jilin	6.50	80.32	80.32	8.15	24.53	19.96	82.04	71.73
黑龙江	Heilongjiang	5.57	85.35	85.35	10.27	20.42	16.80	49.34	25.12
上 海	Shanghai								
江 苏	Jiangsu	12.32	82.38	78.27	11.99	41.11	38.31	100.00	96.84
浙 江	Zhejiang	15.17	87.74	84.85	13.24	39.75	36.14	100.00	99.45
安 徽	Anhui	10.78	92.00	90.90	10.94	33.37	29.10	96.14	83.31
福 建	Fujian	10.36	85.46	85.24	13.83	42.15	38.89	93.33	88.30
江 西	Jiangxi	9.60	81.19	80.83	14.02	40.03	36.44	99.33	66.57
山 东	Shandong	9.66	95.10	95.04	14.92	38.19	33.33	99.62	99.62
河 南	Henan	7.67	86.10	86.10	6.85	20.32	17.08	83.44	83.44
湖 北	Hubei	7.34	82.62	77.50	9.49	26.62	23.77	83.69	61.24
湖 南	Hunan	9.33	90.75	87.61	9.02	35.33	30.72	98.49	98.49
广 东	Guangdong	6.52	83.53	78.51	11.66	33.07	30.60	83.93	74.78
广 西	Guangxi	9.42	85.90	81.59	8.10	28.96	25.46	97.17	95.35
海 南	Hainan	4.96	61.37	61.37	8.81	32.19	27.87	99.39	99.39
重 庆	Chongqing	12.72	95.13	95.13	11.46	38.27	34.62	99.83	99.83
四 川	Sichuan	7.97	70.48	67.44	9.04	30.63	26.44	88.56	82.10
贵 州	Guizhou	5.43	77.84	77.84	5.76	19.04	15.71	75.44	74.19
云 南	Yunnan	10.17	76.22	76.02	8.34	29.31	25.78	95.43	77.62
西 藏	Tibet	2.76			5.21	5.23	4.63	19.48	
陕 西	Shaanxi	6.66	84.12	84.12	9.24	30.58	26.25	93.38	90.63
甘 肃	Gansu	6.18	76.88	76.88	7.48	17.43	14.13	94.72	69.62
青 海	Qinghai	6.00	47.25	47.25	3.85	13.94	9.59	93.15	63.52
宁 夏	Ningxia	6.45	71.16	53.24	14.70	34.90	30.40	86.32	51.35
新 疆	Xinjiang	6.08	70.52	63.45	9.00	23.93	20.40	83.14	27.51

25-14 分地区建制镇市政公用设施水平(2015年)
Level of Municipal Public Facilities of Built-up Area of Towns by Region (2015)

地 区	Region	人口密度 (人/平方公里) Population Density (person/sq.km)	人均日生活用水量 (升) Daily Water Consumption Per Capita (liter)	用水普及率 (%) Water Coverage Rate (%)	燃气普及率 (%) Gas Coverage Rate (%)	人均道路面积 (平方米) Road Surface Area Per Capita (sq.m)	排水管道暗渠密度 (公里/平方公里) Density of Drains (km/sq.km)	人均公园绿地面积 (平方米) Public Recreational Green Space Per Capita (sq.m)	绿化覆盖率 (%) Green Coverage Rate (%)	绿地率 (%) Green Space Rate (%)
全 国	**National Total**	**4899**	**98.69**	**83.79**	**48.71**	**12.79**	**6.17**	**2.45**	**16.63**	**9.36**
北 京	Beijing	3734	107.82	81.93	51.42	15.05	5.89	6.08	20.66	13.98
天 津	Tianjin	4455	89.64	93.48	70.45	14.37	5.75	0.95	19.11	7.73
河 北	Hebei	4245	71.40	81.28	38.39	10.08	2.71	0.40	9.93	4.60
山 西	Shanxi	4964	74.44	87.42	16.12	12.45	4.95	0.71	19.95	7.74
内蒙古	Inner Mongolia	3160	72.09	65.51	17.07	14.02	2.47	1.33	10.42	5.33
辽 宁	Liaoning	3614	91.16	74.17	32.32	13.36	4.39	0.62	13.85	3.77
吉 林	Jilin	3815	79.89	73.72	21.15	10.75	2.05	0.53	7.09	2.12
黑龙江	Heilongjiang	3659	67.07	83.90	18.59	15.99	2.46	1.24	5.50	2.55
上 海	Shanghai	4950	143.34	94.21	87.27	9.91	4.59	2.12	16.56	11.40
江 苏	Jiangsu	5846	104.63	96.90	88.53	17.94	10.98	6.34	28.28	21.21
浙 江	Zhejiang	5016	128.18	81.35	53.08	13.73	7.92	2.27	15.87	10.17
安 徽	Anhui	4765	101.82	72.01	43.35	11.85	7.34	2.37	19.31	11.13
福 建	Fujian	5695	118.12	89.85	68.77	13.60	6.64	7.47	26.10	16.49
江 西	Jiangxi	4938	96.39	69.05	33.28	10.50	5.65	1.35	9.83	5.40
山 东	Shandong	4710	77.11	93.28	67.65	18.40	8.34	5.78	27.43	17.68
河 南	Henan	5521	83.76	75.93	9.20	11.49	4.98	1.35	21.56	4.46
湖 北	Hubei	4834	99.59	87.29	44.02	10.72	6.14	0.94	15.49	8.27
湖 南	Hunan	4955	104.43	74.72	36.54	9.49	4.85	1.71	23.59	11.62
广 东	Guangdong	4758	127.88	88.10	66.15	14.22	6.74	2.46	13.68	8.55
广 西	Guangxi	6960	104.01	88.35	70.98	11.27	8.38	0.41	9.86	4.07
海 南	Hainan	3701	99.66	81.37	72.11	13.25	5.47	1.81	18.88	10.88
重 庆	Chongqing	6778	95.24	90.41	62.52	5.94	6.70	0.21	7.76	4.34
四 川	Sichuan	5230	94.54	81.56	50.77	10.34	6.09	0.69	8.26	3.98
贵 州	Guizhou	4837	94.75	78.86	11.63	10.89	4.71	0.32	10.71	3.77
云 南	Yunnan	5731	91.79	88.58	12.42	9.00	5.51	0.60	5.92	3.62
西 藏	Tibet									
陕 西	Shaanxi	5038	63.85	75.22	16.62	9.37	5.01	0.73	6.05	3.84
甘 肃	Gansu	4120	55.79	73.60	5.36	12.55	3.27	0.58	6.87	3.23
青 海	Qinghai	3854	65.96	73.74	20.08	8.36	2.31	2.25	10.88	8.15
宁 夏	Ningxia	3589	73.92	75.37	33.41	13.46	6.67	0.54	8.34	4.79
新 疆	Xinjiang	3105	78.19	85.82	14.86	19.93	2.77	1.38	14.52	10.27

25-15 分地区乡市政公用设施水平(2015年)
Level of Municipal Public Facilities of Built-up Area of Townships by Region(2015)

地区	Region	人口密度(人/平方公里) Population Density (person/sq.km)	人均日生活用水量(升) Daily Water Consumption Per Capita (liter)	用水普及率(%) Water Coverage Rate (%)	燃气普及率(%) Gas Coverage Rate (%)	人均道路面积(平方米) Road Surface Area Per Capita (sq.m)	排水管道暗渠密度(公里/平方公里) Density of Drains (km/sq.km)	人均公园绿地面积(平方米) Public Recreational Green Space Per Capita (sq.m)	绿化覆盖率(%) Green Coverage Rate (%)	绿地率(%) Green Space Rate (%)
全国	**National Total**	**4419**	**84.32**	**70.37**	**21.38**	**13.11**	**4.18**	**1.10**	**13.60**	**5.84**
北京	Beijing	2909	111.02	79.45	13.36	16.89	6.04	1.72	31.98	12.96
天津	Tianjin	3161	93.83	95.13	36.68	10.72	3.82	0.02	27.72	0.38
河北	Hebei	3889	68.45	68.06	23.17	11.50	2.51	0.43	9.47	3.64
山西	Shanxi	4460	64.36	81.92	10.26	12.48	3.59	1.19	19.58	7.88
内蒙古	Inner Mongolia	2531	60.66	55.06	11.32	16.33	1.26	0.46	7.26	3.76
辽宁	Liaoning	3765	85.22	47.84	15.76	15.48	3.32	0.43	13.96	2.47
吉林	Jilin	3124	78.94	50.55	11.80	14.45	1.53	0.42	5.97	2.55
黑龙江	Heilongjiang	3145	66.46	76.44	9.81	21.69	1.53	0.57	5.82	2.61
上海	Shanghai	3274	142.11	99.96	99.96	17.59	12.61	10.59	37.50	28.55
江苏	Jiangsu	5165	103.01	96.09	83.85	17.36	9.97	5.06	26.19	17.21
浙江	Zhejiang	4508	115.30	78.82	45.48	16.16	8.74	1.39	10.38	6.09
安徽	Anhui	4533	97.93	63.43	37.97	12.55	5.51	3.08	19.50	11.26
福建	Fujian	6544	109.98	88.48	64.18	14.64	7.79	7.28	27.23	15.62
江西	Jiangxi	4894	93.36	64.91	30.91	12.48	6.80	0.81	11.05	6.06
山东	Shandong	4073	79.53	86.59	48.64	21.24	7.95	1.65	19.52	7.80
河南	Henan	5863	79.45	68.52	5.11	12.46	5.04	0.95	22.45	4.67
湖北	Hubei	4380	98.30	82.76	29.65	11.30	5.11	1.24	11.27	5.70
湖南	Hunan	4020	98.78	57.12	26.75	10.34	3.51	1.19	19.24	8.98
广东	Guangdong	3754	125.14	81.19	53.09	14.94	8.22	0.39	17.60	3.72
广西	Guangxi	7161	96.98	84.58	58.16	10.95	6.89	0.31	10.39	5.76
海南	Hainan	2226	80.96	95.63	77.16	19.01	2.35	0.74	29.00	15.59
重庆	Chongqing	5680	81.54	80.05	29.44	10.32	8.60	0.17	8.40	4.52
四川	Sichuan	4336	79.89	64.18	22.54	10.06	3.88	0.06	6.82	1.84
贵州	Guizhou	4607	84.35	79.45	6.19	11.24	3.77	0.47	9.93	4.52
云南	Yunnan	5204	92.77	83.91	9.53	10.98	5.83	0.30	5.59	3.02
西藏	Tibet									
陕西	Shaanxi	5435	48.30	66.31		10.27	3.85	0.01	5.29	3.42
甘肃	Gansu	3724	57.45	52.07	3.10	14.61	2.99	0.34	8.56	3.28
青海	Qinghai	5060	64.47	42.02		11.72	1.97		6.47	2.57
宁夏	Ningxia	3847	67.69	76.84	20.49	16.94	4.67	0.37	10.85	4.84
新疆	Xinjiang	2943	78.37	79.71	5.37	24.49	1.04	1.35	16.52	11.57

25-16 农村水电建设和发电量、农村用电量
Rural Hydropower Construction and Amount of Electric Power Generation, Electricity Consumption

年份 Year 地区 Region	本年完成投资额(万元) Amount of Investment Completed This Year (10 000 yuan)	年末发电设备容量(千瓦) Capability of Electricity Generation Equipment at Year-end (kw)	#本年新增发电设备容量 Newly Increased Capability of Electricity Generation Equipment	在建电站规模(千瓦) Scale of Electric Power Plant under Construction (kw)	#当年新开工电站规模 Scale of Newly Started Electric Power Station This Year	发电量(万千瓦时) Amount of Electric Power Generation (10 000 kwh)	农村用电量(亿千瓦时) Electricity Consumed in Rural Areas (100 million kwh)
1978							253.1
1980							320.8
1985							508.9
1990	348848	13978100	791000			4181100	844.5
1995	1321689	18721073	1207854	10760000		6316247	1655.7
2000	2220993	27487791	2060127	7459500	2384000	8755014	2421.3
2005	4343826	43090145	4964672	17727677	4284511	13571702	4375.7
2006	4604296	47196651	6403520	20653424	4501575	14835889	4895.8
2007	5117926	53855597	6578193	20944545	4498420	16346041	5509.9
2008	4568884	51274371	4194106	21239258	3787365	16275902	5713.2
2009	4563240	55121211	3807072	12890100	2194445	15672471	6104.4
2010	4398453	59240191	3793551	13700560	2425973	20444256	6632.3
2011	4243988	62123430	3277465	10309266	1585709	17566867	7139.6
2012	3671548	65686071	3399616	9947388	1658258	21729246	7508.5
2013	3457047	71186268	2460601	9477045	1357859	22327712	8549.5
2014	3171306	73221047	2553873	9666971	939855	22814929	8884.4
2015	3082737	75829591	2412664	8038846	929005	23512814	9026.9
北　京 Beijing		42920				2046	51.7
天　津 Tianjin		5800				1556	102.4
河　北 Hebei	5066	395658	7930	28195	3045	42078	611.8
山　西 Shanxi	4268	193911	3390	64700		32425	96.8
内蒙古 Inner Mongolia		95145				16853	72.3
辽　宁 Liaoning	11381	442554	7311	114645	103890	55440	457.8
吉　林 Jilin	60326	581285	9005	211840	16630	131114	49.6
黑龙江 Heilongjiang	18338	348555	51000	86220		74281	72.6
上　海 Shanghai							919.2
江　苏 Jiangsu		39631	3785			5784	1836.2
浙　江 Zhejiang	29266	3959191	37745	104790	11225	1156688	905.6
安　徽 Anhui	27555	1107925	31900	12520	2650	276334	156.7
福　建 Fujian	48809	7381901	61350	30000		2503915	381.1
江　西 Jiangxi	43531	3255002	138044	143235	4900	926272	99.9
山　东 Shandong		89014				616	482.3
河　南 Henan	10473	492742	1755	3360	3360	89186	321.0
湖　北 Hubei	264955	3600722	178815	370330	127780	865115	149.1
湖　南 Hunan	262108	6108835	229533	223200	106535	1988720	123.9
广　东 Guangdong	73985	7400257	151906	71570	2610	1883727	1326.2
广　西 Guangxi	275438	4412031	120870	334185	4830	1437663	83.9
海　南 Hainan	6000	416945	5285	47830	8000	92613	13.0
重　庆 Chongqing	186751	2435364	179580	443470	55570	681142	78.1
四　川 Sichuan	513674	11103042	253764	2167216	96512	3972823	174.8
贵　州 Guizhou	315612	3286201	124229	566975	76840	1074656	80.1
云　南 Yunnan	451539	11418315	355150	1797190	139560	3784567	91.4
西　藏 Tibet	83875	318109	4690	53910	4020	85976	1.3
陕　西 Shaanxi	105766	1385629	77892	351575	86898	396987	110.2
甘　肃 Gansu	115334	2487836	115675	488140	62150	859026	54.0
青　海 Qinghai	85093	1032565	74700	184960	12000	395224	5.9
宁　夏 Ningxia	1051	5440				460	13.8
新　疆 Xinjiang	82543	1866166	181360	138790		629126	104.1
水利部直属 Directly under The Ministry of Water Resources		120900	6000			50401	

注：本表由水利部农村水电及电气化发展局提供。农村水电是以小水电为主体，直接为农村经济社会发展服务的水电站及其供电网络。2015年，农村水电全年新增加发电设备容量241万千瓦，其中，新投产装机158万千瓦，技改净增发电设备容量84万千瓦。

a) Data in this table are from the Rural Hydropower and Electrification Development Bureau of Ministry of Water Resources. Rural hydropower is the small hydropower as mainbody,hydropower and electricity networks directly providing services for rural economic and social development. In 2015, newly increased capability of electricity generation equipment is 2410000 kw, among which, equipment newly put into operation is 1580000 kw, net increased capability for technological transformation is 840000 kw.

25-17 东、中、西部及东北地区国民经济和社会发展主要指标（2015年）

指 标		Item		全国总计 National Total
总人口(年末)	(万人)	Population at Year-end	(10 000 persons)	137462
国内(地区)生产总值	(亿元)	Gross Domestic Product	(100 million yuan)	685506
第一产业	(亿元)	Primary Industry	(100 million yuan)	60871
第二产业	(亿元)	Secondary Industry	(100 million yuan)	280560
第三产业	(亿元)	Tertiary Industry	(100 million yuan)	344075
城镇居民人均可支配收入	(元)	Annual Per Capita Disposable Income of Urban Households	(yuan)	31195
农村居民人均可支配收入	(元)	Annual Per Capita Disposable Income of Rural Households	(yuan)	11422
地方一般公共预算收入	(亿元)	General Public Budget Revenue	(100 million yuan)	83002
地方一般公共预算支出	(亿元)	General Public Budget Expenditure	(100 million yuan)	150336
全社会固定资产投资额	(亿元)	Total Investment in Fixed Assets	(100 million yuan)	562000
房地产开发投资额	(亿元)	Total Investment in Real Estate Development	(100 million yuan)	95979
社会消费品零售总额	(亿元)	Total Retail Sales of Consumer Goods	(100 million yuan)	300931
货物进出口总额	(亿美元)	Total Value of Imports and Exports	(100 million USD)	39530
出口	(亿美元)	Exports	(100 million USD)	22735
进口	(亿美元)	Imports	(100 million USD)	16796
主要农产品产量		Output of Major Farm Products		
粮食	(万吨)	Grain	(10 000 tons)	62144
棉花	(万吨)	Cotton	(10 000 tons)	560
油料	(万吨)	Oil-bearing Crops	(10 000 tons)	3537
主要工业产品产量		Output of Major Industrial Products		
原煤	(亿吨)	Coal	(100 million tons)	37.5
原油	(万吨)	Crude Oil	(10 000 tons)	21456
天然气	(亿立方米)	Natural Gas	(100 million cu.m)	1346
水泥	(万吨)	Cement	(10 000 tons)	235919
粗钢	(万吨)	Crude Steel	(10 000 tons)	80383
钢材	(万吨)	Rolled Steel	(10 000 tons)	112350
汽车	(万辆)	Motor Vehicles	(10 000 sets)	2450
发电量	(亿千瓦小时)	Electricity	(100 million kwh)	58146
铁路营业里程	(公里)	Length of Railways in Operation	(km)	120970
公路里程	(公里)	Length of Highways	(km)	4577296
#高速公路	(公里)	Expressway	(km)	123523
客运量	(万人)	Passenger Traffic	(10 000 persons)	1943271
货运量	(万吨)	Freight Traffic	(10 000 tons)	4175886
邮电业务总量	(亿元)	Business Volume of Postal and Telecommunication Services	(100 million yuan)	28425
普通高等学校数	(个)	Number of Regular Institutions of Higher Education	(unit)	2560
本专科在校学生数	(万人)	Graduates of Undergraduates and College Students	(10 000 persons)	2625
医院数	(个)	Number of Hospitals	(unit)	27587
执业(助理)医师	(万人)	Licensed (Assistant) Doctors	(10 000 persons)	303.9
医院床位数	(万张)	Number of Beds of Medical Institutions	(10 000 beds)	533.1

注：东部10省市、中部6省、西部12省市区和东北3省合计占全国的比重以全国各地区合计数为100计算。

a) National total is as 100 in calculating the sum of eastern 10 provinces, central 6 provinces, western 12 provinces, northeastern 3 provinces respectively as percentage of national total.

Main Indicators of National Economic and Social Development by Eastern, Central, Western and Northeastern Provinces (2015)

东部地区 Eastern Provinces		中部地区 Central Provinces		西部地区 Western Provinces		东北地区 Northeastern Provinces	
绝对数 Absolute Figures	占全国比重 (%) As Percentage of National Total	绝对数 Absolute Figures	占全国比重 (%) As Percentage of National Total	绝对数 Absolute Figures	占全国比重 (%) As Percentage of National Total	绝对数 Absolute Figures	占全国比重 (%) As Percentage of National Total
52519	38.3	36488	26.6	37131	27.1	10947	8.0
372983	51.6	146950	20.3	145019	20.1	57816	8.0
21015	34.5	15864	26.1	17362	28.5	6614	10.9
162421	50.6	68784	21.4	64736	20.2	24846	7.7
189547	55.6	62302	18.3	62921	18.4	26356	7.7
36691		26810		26473		27400	
14297		10919		9093		11490	
46466	56.0	14799	17.8	17214	20.7	4523	5.4
63446	42.2	31735	21.1	43435	28.9	11719	7.8
232107	41.7	143118	25.7	140417	25.2	40806	7.3
49673	51.8	19122	19.9	21709	22.6	5475	5.7
155489	51.8	62635	20.9	55124	18.4	27079	9.0
32727	82.8	2536	6.4	2909	7.4	1358	3.4
18532	81.5	1652	7.3	1917	8.4	634	2.8
14196	84.5	883	5.3	992	5.9	725	4.3
14950	24.1	18720	30.1	16501	26.6	11974	19.3
107	19.2	93	16.6	360	64.2	0	0.0
805	22.7	1549	43.8	1042	29.5	141	4.0
2.6	6.8	13.0	34.8	20.5	54.6	1.4	3.7
8485	39.5	483	2.3	6947	32.4	5541	25.8
153	11.4	49	3.6	1081	80.3	63	4.7
80070	33.9	65954	28.0	78891	33.4	11005	4.7
45268	56.3	16234	20.2	11324	14.1	7557	9.4
68546	61.0	20319	18.1	15607	13.9	7878	7.0
1116	45.5	425	17.3	585	23.9	325	13.3
22587	38.8	11773	20.2	20515	35.3	3270	5.6
28743	23.8	27162	22.5	48005	39.7	17060	14.1
1123918	24.6	1224975	26.8	1847479	40.4	380924	8.3
35711	28.9	32497	26.3	44142	35.7	11171	9.0
647645	34.1	537201	28.3	561887	29.6	152920	8.0
1492405	36.6	1184349	29.0	1105941	27.1	299832	7.3
15522	54.6	5160	18.2	6040	21.2	1703	6.0
989	38.6	674	26.3	642	25.1	255	10.0
1021	38.9	721	27.5	645	24.6	237	9.0
9566	34.7	6423	23.3	8950	32.4	2648	9.6
126	41.5	76	25.0	76	25.1	25	8.4
196.9	36.9	135.5	25.4	149.2	28.0	51.4	9.6

25-18 京津冀及长江经济带国民经济和社会发展主要指标(2015年)
Main Indicators of National Economic and Social Development by Beijing-Tianjin-Hebei Region and Yangtze River Economic Zone (2015)

指标	Item	全国总计 National Total	京津冀地区 Beijing-Tianjin-Hebei Region		长江经济带 Yangtze River Economic Zone	
			绝对数 Absolute Figures	占全国比重(%) As Percentage of National Total	绝对数 Absolute Figures	占全国比重(%) As Percentage of National Total
总人口(年末) (万人)	Population at Year-end (10 000 persons)	137462	11142	8.1	58766	42.9
国内(地区)生产总值 (亿元)	Gross Domestic Product (100 million yuan)	685506	69359	9.6	305200	42.2
第一产业 (亿元)	Primary Industry (100 million yuan)	60871	3788	6.2	25324	41.6
第二产业 (亿元)	Secondary Industry (100 million yuan)	280560	26634	8.3	135301	42.2
第三产业 (亿元)	Tertiary Industry (100 million yuan)	344075	38937	11.4	144575	42.4
地方一般公共预算收入(亿元)	General Public Budget Revenue (100 million yuan)	83002	10040	12.1	37321	45.0
地方一般公共预算支出(亿元)	General Public Budget Expenditure (100 million yuan)	150336	14602	9.7	63980	42.6
全社会固定资产投资额(亿元)	Total Investment in Fixed Assets (100 million yuan)	562000	48776	8.8	237631	42.7
房地产开发投资额 (亿元)	Total Investment in Real Estate Development (100 million yuan)	95979	10334	10.8	44981	46.9
社会消费品零售总额 (亿元)	Total Retail Sales of Consumer Goods(100 million yuan)	300931	28586	9.5	125342	41.7
货物进出口总额 (亿美元)	Total Value of Imports and Exports (100 million USD)	39530	4852	12.3	16691	42.2
出口 (亿美元)	Exports (100 million USD)	22735	1388	6.1	10395	45.7
进口 (亿美元)	Imports (100 million USD)	16796	3465	20.6	6296	37.5
主要农产品产量	Output of Major Farm Products					
粮食 (万吨)	Grain (10 000 tons)	62144	3608	5.8	23473	37.8
棉花 (万吨)	Cotton (10 000 tons)	560	40	7.1	94	16.8
油料 (万吨)	Oil-bearing Crops (10 000 tons)	3537	153	4.3	1645	46.5
主要工业产品产量	Output of Major Industrial Products					
原煤 (亿吨)	Coal (100 million tons)	37	1	2.1	5	14.5
原油 (万吨)	Crude Oil (10 000 tons)	21456	4077	19.0	284	1.3
天然气 (亿立方米)	Natural Gas (100 million cu.m)	1346	48	3.6	305	22.7
水泥 (万吨)	Cement (10 000 tons)	235919	10457	4.4	115620	49.0
粗钢 (万吨)	Crude Steel (10 000 tons)	80383	20902	26.0	28385	35.3
钢材 (万吨)	Rolled Steel (10 000 tons)	112350	33606	29.9	37368	33.3
汽车 (万辆)	Motor Vehicles (10 000 sets)	2450	368	15.0	1107	45.2
发电量 (亿千瓦小时)	Electricity (100 million kwh)	58146	3542	6.1	23041	39.6
铁路营业里程 (公里)	Length of Railways in Operation (km)	120970	9287	7.7	34637	28.6
公路里程 (公里)	Length of Highways (km)	4577296	222988	4.9	2001993	43.7
#高速公路 (公里)	Expressway (km)	123523	8445	6.8	48124	39.0
客运量 (万人)	Passenger Traffic (10 000 persons)	1943271	134468	7.1	980680	51.6
货运量 (万吨)	Freight Traffic (10 000 tons)	4175886	266881	6.5	1771425	43.4
邮电业务总量 (亿元)	Business Volume of Postal and Telecommunication Services (100 million yuan)	28425	2501	8.8	12381	43.6
普通高等学校数 (个)	Number of Regular Institutions of Higher Education	2560	264	10.3	1101	43.0
本专科在校学生数 (万人)	Graduates of Undergraduates and College Students (10 000 persons)	2625	230	8.7	1114	42.5
医院数 (个)	Number of Hospitals (unit)	27587	2576	9.3	11458	41.5
执业(助理)医师 (万人)	Number of Beds of Medical Institutions (10 000 beds)	533.1	41.4	7.8	232.7	43.7
医院床位数 (万张)	Licensed (Assistant) Doctors (10 000 persons)	303.9	28.8	9.5	126.7	41.7

注：京津冀3省市及长江经济带11省市(上海、江苏、浙江、安徽、江西、湖南、湖北、重庆、四川、贵州、云南)合计占全国的比重以全国各地区合计数为100计算。

a) National total is as 100 in calculating the sum of Beijing-Tianjin-Hebei Region 3 provinces and Yangtze river economic zone 11 provinces (Shanghai, Jiangsu, Zhejiang, Anhui, Jiangxi, Hunan, Hubei, Chongqing, Sichuan, Guizhou, Yunnan) respectively as percentage of national total.

25-19 民族自治地方行政区划和人口(2015年)
Administrative Division and Population of Ethnic Minority Autonomous Areas (2015)

省级单位名称	Provinces and Autonomous Regions	地级区划数(个) Number of Regions at Prefecture Level (unit)	#地级市 Cities at Prefecture Level	#自治州 Autonomous Prefecture	县级区划数(个) Number of Regions at County Level (unit)	#县级市 Cities at County Level	#自治县(旗) Autonomous Counties(Qi)	总人口(万人) Total Population in Minority Areas (10 000 persons)	#少数民族人口 Ethnic Minority Population	少数民族人口占自治地方总人口比重(%) Ethnic Minority Population as Percentage to Total Population in Minority Areas(%)
全　国	**National Total**	**77**	**33**	**30**	**707**	**74**	**120**	**18617.70**	**7633.28**	**41.00**
河　北	Hebei				6		6	211.88	130.22	61.46
内蒙古	Inner Mongolia	12	9		102	11	3	2511.04	551.13	21.95
辽　宁	Liaoning				8		8	330.24	152.93	46.31
吉　林	Jilin	1		1	11	6	3	325.05	104.49	32.15
黑龙江	Heilongjiang				1		1	24.22	4.98	20.57
浙　江	Zhejiang				1		1	17.19	1.97	11.45
湖　北	Hubei	1		1	10	2	2	462.54	225.05	48.65
湖　南	Hunan	1		1	15	1	7	530.22	416.19	78.49
广　东	Guangdong				3		3	50.92	19.40	38.10
广　西	Guangxi	14	14		110	7	12	4796.00	2140.64	44.63
海　南	Hainan				6		6	175.96	90.71	51.55
重　庆	Chongqing				4		4	276.15	206.39	74.74
四　川	Sichuan	3		3	51	1	4	772.70	474.22	61.37
贵　州	Guizhou	3		3	46	4	11	1767.77	1049.91	59.39
云　南	Yunnan	8		8	78	10	29	2276.16	1299.66	57.10
西　藏	Tibet	7	3		74	1		323.97		
甘　肃	Gansu	2		2	21	2	7	362.73	211.34	58.26
青　海	Qinghai	6		6	35	3	7	375.09	250.27	66.72
宁　夏	Ningxia	5	5		22	2		667.88	246.39	36.89
新　疆	Xinjiang	14	2	5	103	24	6	2360.00	1411.97	59.83

注：民族自治地方是指5个民族自治区、30个民族自治州和120个民族自治县(旗)的全部民族自治范围，不重复计算。

a) Ethnic minority autonomous areas refer to the areas of 5 ethnic minority autonomous regions, 30 ethnic minority autonomous prefectures, and 120 ethnic minority autonomous counties(Qi), and without repetitive computation.

25-20 民族自治地方国民经济与社会发展主要指标

指标	Item	总量指标 1990	总量指标 1995	总量指标 2000
人口与就业	**Population and Employment**			
人口 （万人）	**Population (10 000 persons)**			
年底总人口	Population at Year-end	15296	16044	16818
#少数民族人口	Ethnic Minority Population	6880	7232	7767
就业	**Employment**			
单位从业人员数 （万人）	Persons Employed in Various Units (10 000 persons)	1543	1672	1733
宏观经济	**Macro Economy**			
地区生产总值 （亿元）	**Gross Regional Product (100 million yuan)**		**4901**	**7486**
第一产业	Primary Industry		1629	2022
第二产业	Secondary Industry		1747	2834
第三产业	Tertiary Industry		1526	2629
人均地区生产总值 （元）	**Per Capita Gross Regional Product (yuan)**		**3055**	**4451**
固定资产投资 （亿元）	**Fixed Assets (100 million yuan)**			
全社会固定资产投资总额	Total Investment in Fixed Assets		1444	2477
#国有单位	State-owned Units	259.4	983	1553
财政 （亿元）	**Government Finance (100 million yuan)**			
公共财政预算收入	Public Budgetary Revenue	166.7	248	476
公共财政预算支出	Public Budgetary Expenditure	304.4	595	1173
产业	**Industry**			
农业	**Agriculture**			
耕地面积 （万公顷）	Cultivated Area (10 000 hectares)	1763	1508	2086
灌溉面积 （万公顷）	Irrigated Areas (10 000 hectares)	764	838	936
农林牧渔总产值 （亿元）	Gross Output Value of Agriculture, Forestry, Animal Husbandry and Fishery (100 million yuan)		2537	3200
主要农产品产量	Output of Major Farm Products			
粮食产量 （万吨）	Grain Output (10 000 tons)	5373	5801	6381
棉花产量 （万吨）	Cotton Output (10 000 tons)	47	95	146
油料产量 （万吨）	Oil-bearing Crops Output (10 000 tons)	208	264	353
大牲畜年底头数 （万头）	Number of Large Domestic Animals (year-end) (10 000 heads)	5286	5618	5566
羊年底头数 （万只）	Goats and Sheep (10 000 heads)	11362	11906	13076
猪年底头数 （万头）	Hogs (year-end) (10 000 heads)	5668	7240	8201
工业	**Industry**			
主要工业产品产量	Output of Major Industrial Products			
布 （亿米）	Cloth (100 million m)	7.4	6.9	5.0
机制纸及纸板 （万吨）	Machine-made Paper and Paperboard (10 000 tons)	94	191	175
成品糖 （万吨）	Refined Sugar (10 000 tons)	223	240	498
原煤 （亿吨）	Coal (100 million tons)	1.2	1.7	1.5
原油 （万吨）	Crude Oil (10 000 tons)	1265	1610	2292
发电量 （亿千瓦小时）	Electricity (100 million kwh)	739	1187	1712
粗钢 （万吨）	Crude Steel (10 000 tons)	368	700	647
生铁 （万吨）	Pig Iron (10 000 tons)	417	555	725
水泥 （万吨）	Cement (10 000 tons)	1958	4296	5703
建筑业	**Construction**			
建筑业企业人数 （万人）	Number of Employed Persons (10 000 persons)			132

Principal Aggregate Indicators on National Economic and Social Development in Ethnic Minority Autonomous Regions

Aggregate Data				速度指标(%) Indices and Growth Rates(%)								
				指数（2015年为以下各年） Indices (2015 as Percentage)						平均增长速度 Average Growth Rate		
2005	2010	2014	2015	1990	1995	2000	2005	2010	2014	1991-2015	1996-2015	2001-2015
17311	18531	18755	18618	121.7	116.0	110.7	107.5	100.5	99.3	0.8	0.7	0.7
8239	8814	9059	7633	110.9	105.5	98.3	92.6	86.6	84.3	0.4	0.3	-0.1
1202	1297	1583	2388	154.8	142.8	137.8	198.7	184.2	150.9	1.8	1.8	2.2
15706	**38989**	**64369**	**66526**		**827.1**	**536.3**	**308.1**	**125.4**	**112.3**		**11.1**	**11.8**
3300	6198	9573	9920		281.2	214.1	162.4	109.9	105.4		5.3	5.2
6419	18809	29677	29299		1345.4	799.0	383.4	131.1	108.3		13.9	14.9
5987	13982	25120	27307		781.0	485.7	283.0	123.5	110.6		10.8	11.1
8991	**22060**	**34320**	**35181**		**1151.7**	**790.3**	**391.3**	**159.5**	**102.5**		**13.0**	**14.8**
8358	29876	58759	63830		4420.4	2576.9	763.7	213.6	108.6		20.9	24.2
3767	12046	22693	25412	9796.5	2586.2	1636.8	674.5	211.0	112.0	20.1	17.7	20.5
1026	3257	6630	6850	4109.4	2761.1	1440.6	667.5	210.3	103.3	16.0	18.0	19.5
3050	10512	19395	20658	6786.3	3471.3	1761.2	677.2	196.5	106.5	18.4	19.4	21.1
2033	2380	2130	2133	121.0	141.4	102.2	104.9	89.6	100.1	0.8	1.7	0.1
1027	1156	1054	1088	142.4	129.8	116.3	105.9	94.1	103.3	1.4	1.3	1.0
5349	10374	11352	16843	4397.1	315.4	240.2	176.3	112.0	105.1	16.3	5.9	6.0
7187	8308	9780	9555	177.8	164.7	149.7	133.0	115.0	97.7	2.3	2.5	2.7
188	248	368	354	752.2	373.7	241.7	188.1	142.3	96.0	8.4	6.8	6.1
372	422	486	627	301.4	237.5	177.5	168.5	148.4	129.1	4.5	4.4	3.9
6153	6068	5769	5658	107.0	100.7	101.7	92.0	93.2	98.1			
16391	14885	16339	16442	144.7	138.1	125.7	100.3	110.5	100.6			
8526	8141	8743	8388	148.0	115.9	102.3	98.4	103.0	95.9			
3.5	3.6	1.2	1.4	18.7	20.1	27.7	39.6	38.2	115.0	-6.5	-7.7	-8.2
273	385	481	440	467.8	230.2	250.9	161.3	114.3	91.4	6.4	4.3	6.3
678	907	1616	1223	549.5	510.7	245.5	180.4	134.9	75.7	7.1	8.5	6.2
3.8	10.4	12.9	12.7	1048.7	764.4	867.8	333.9	122.1	98.2	9.9	10.7	15.5
2833	3059	3698	5131	405.6	318.7	223.9	181.1	167.7	138.7	5.8	6.0	5.5
3052	6730	11689	11519	1559.2	970.9	672.7	377.4	171.2	98.6	11.6	12.0	13.6
1846	4005	5092	4973	1350.1	710.8	768.5	269.3	124.2	97.6	11.0	10.3	14.6
2087	4447	5400	5422	1300.3	977.5	748.1	259.8	121.9	100.4	10.8	12.1	14.4
10156	21653	36174	37505	1915.6	873.0	657.6	369.3	173.2	103.7	12.5	11.4	13.4
142	194	132	221			167.8	155.9	113.7	167.1			3.5

25-20 续表

指 标	Item	总量指标		
		1990	1995	2000
建筑业总产值 (亿元)	Gross Output Value of Construction (100 million yuan)			754
施工房屋面积 (万平方米)	Floor Space of Buildings under Construction (10 000 sq.m)			9232
竣工房屋面积 (万平方米)	Floor Space of Buildings Completed (10 000 sq.m)			5326
邮电运输	**Transportation, Postal and Telecommunication Services**			
铁路营业里程 (万公里)	Length of Railways in Operation (10 000 km)	1.31	1.70	1.43
公路通车里程 (万公里)	Highways (10 000 km)	29	33	42
邮电业务总量 (亿元)	Business Volume of Postal and Telecommunication Services (100 million yuan)	9	78	297
邮路及农村投递线路总长度 (万公里)	Total Length of Postal Routes and Rural Delivery Routes (10 000 km)	88	107	110
国内商业	**Domestic Trade**			
社会消费品零售总额(亿元)	Total Retail Sales of Consumer Goods (100 million yuan)	682	1692	2570
对外经济贸易	**Foreign Trade**			
进出口总额 (亿美元)	Total Value of Imports and Exports (100 million USD)			86
出口额	Exports			50
进口额	Imports			36
国际旅游	**International Tourism**			
国际旅游人数 (万人次)	Number of International Tourists (10 000 person-times)			269
旅游外汇收入 (亿美元)	Foreign Exchange Earnings from International Tourism(100 million USD)			8
金融	**Finance**			
金融机构各项存款 (亿元)	Deposits of National Banking System (100 million yuan)			7906
金融机构各项贷款 (亿元)	Loans of National Banking System (100 million yuan)			6548
教育、文化、卫生	**Education, Culture and Public Health**			
教育	**Education**			
在校学生数 (万人)	Total Enrollment (10 000 persons)			
普通高等学校	Regular Institutions of Higher Education	13.6	18.6	34.2
普通中学	Regular Secondary Schools	610	632	873
普通小学	Regular Primary Schools	1853	1889	1886
专任教师数 (万人)	Full-time Teachers (10 000 persons)			
普通高等学校	Regular Institutions of Higher Education	2.8	3.7	3.6
普通中学	Regular Secondary Schools	41.5	41.5	47.9
普通小学	Regular Primary Schools	84.8	85.8	89.9
文化	**Culture**			
出版数量	Publications			
图书 (万册)	Books Published (10 000 copies)	30166	42275	42310
杂志 (万册)	Number of Magazines Issued (10 000 copies)	7866	7881	8332
报纸 (万份)	Number of Newspapers (10 000 copies)	79120	94985	123277
卫生	**Public Health**			
医院、卫生院数 (万个)	Number of Hospitals and Health Centers (10 000 ports)	1.06	1.23	1.25
医院、卫生院床位 (万张)	Number of Beds of Hospitals and Health Centers (10 000 beds)	33.2	35.7	36.1
社会服务	**Social Services**			
福利类收养单位床位数 (万张)	Beds on Social Welfare Institutions (10 000 beds)			
城镇社区服务设施数 (个)	Number of Urban Community Services Facilities (unit)			
城乡最低生活保障人数 (万人)	Number of Persons Receiving Minimum Living Allowance in Urban and Rural Areas (10 000 persons)			

continued

Aggregate Data				速度指标(%) Indices and Growth Rates(%)								
				指数（2015年为以下各年） Indices (2015 as Percentage)						平均增长速度 Average Growth Rate		
2005	2010	2014	2015	1990	1995	2000	2005	2010	2014	1991–2015	1996–2015	2001–2015
1656	5203	6435	9369			1242.1	565.8	180.1	145.6			18.3
15964	35052	62185	174044			1885.3	1090.2	496.5	279.9			21.6
8072	15418	19065	22842			428.9	283.0	148.1	119.8			10.2
1.69	2.12	2.39	3.10			216.8	183.2	145.8	129.5			5.3
59	91	112	115	393.2	347.8	272.6	195.9	126.7	103.1	5.6	6.4	6.9
892	2456	778	2046						262.9			
110	127	136	187	212.0	174.6	170.3	170.0	147.2	137.4	3.1	2.8	3.6
4874	11685	20996	21534	3158.5	1272.5	838.0	441.8	184.3	102.6	14.8	13.6	15.2
222	533	1081	1201			1402.4	542.2	225.2	111.1			19.3
126	331	725	757			1523.3	598.7	228.3	104.4			19.9
95	202	356	444			1235.8	467.3	220.2	124.7			18.2
467	820	2608	2658			988.1	569.1	324.1	101.9			16.5
13	30	77	59			778.0	458.8	195.8	76.1			14.7
16324	46622	80613	75233			951.6	460.9	161.4	93.3			16.2
11300	30579	61747	57271			874.6	506.8	187.3	92.8			15.6
100.0	161.9	185.3	192.4	1414.5	1034.3	562.5	192.4	118.8	103.8	11.2	12.4	12.2
1082	1050	1025	1010	165.7	159.9	115.7	93.3	96.2	98.6	2.0	2.4	1.0
1668	1536	1472	1472	79.4	77.9	78.0	88.2	95.8	100.0	-0.9	-1.2	-1.6
6.3	9.5	10.7	10.8	385.9	292.0	296.9	171.5	114.1	100.5	5.6	5.5	7.5
61.1	67.4	74.3	73.2	176.5	176.6	153.0	119.9	108.6	98.6	2.3	2.9	2.9
88.1	90.7	77.4	77.4	91.2	90.2	86.0	87.8	85.3	100.0	-0.4	-0.5	-1.0
41958	43099	68877	49353	163.6	116.7	116.6	117.6	114.5	71.7	2.0	0.8	1.0
10280	8276	22165	10558	134.2	134.0	126.7	102.7	127.6	47.6	1.2	1.5	1.6
169518	174848	240263	193657	244.8	203.9	157.1	114.2	110.8	80.6	3.6	3.6	3.1
1.18	1.20	1.25	1.27	120.0	102.9	101.6	107.1	106.1	101.2	0.7	0.1	0.1
38.4	55.7	72.2	82.5	248.4	231.0	228.3	214.5	148.0	114.2	3.7	4.3	5.7
	27.3	36.3	32.7					119.8	90.3			
	6188	8388	11620					187.8	138.5			
	1907.4	1901.6	1835.0					96.2	96.5			

25-21 少数民族分布的主要地区及人口
Geographic Distribution and Population of Ethnic Minorities

人口数为2010年人口普查机器汇总数据。

Figures of population are obtained from the Population Census in 2010.

民族	Ethnic Name	分布的主要地区	Main Geographic Distribution	人口数(人) Population (person)
蒙古族	Mongolian	内蒙古、辽宁、吉林、河北、黑龙江、新疆	Inner Mongolia, Liaoning, Jilin, Hebei, Heilongjiang and Xinjiang	5981840
回族	Hui	宁夏、甘肃、河南、新疆、青海、云南、河北、山东、安徽、辽宁、北京、内蒙古、天津、黑龙江、陕西、贵州、吉林、江苏、四川	Ningxia, Gansu, Henan, Xinjiang, Qinghai, Yunnan, Hebei, Shandong, Anhui, Liaoning, Beijing, Inner Mongolia, Tianjin, Heilongjiang, Shaanxi, Guizhou, Jilin, Jiangsu and Sichuan	10586087
藏族	Tibetan	西藏、四川、青海、甘肃、云南	Tibet, Sichuan, Qinghai, Gansu and Yunnan	6282187
维吾尔族	Uygur	新疆	Xinjiang	10069346
苗族	Miao	贵州、湖南、云南、广西、重庆湖北、四川	Guizhou, Hunan, Yunnan, Guangxi, Chongqing, Hubei and Sichuan	9426007
彝族	Yi	云南、四川、贵州	Yunnan, Sichuan and Guizhou	8714393
壮族	Zhuang	广西、云南、广东	Guangxi, Yunnan and Guangdong	16926381
布依族	Bouyei	贵州	Guizhou	2870034
朝鲜族	Korean	吉林、黑龙江、辽宁	Jilin, Heilongjiang and Liaoning	1830929
满族	Manchu	辽宁、河北、黑龙江、吉林、内蒙古、北京	Liaoning, Hebei, Heilongjiang, Jilin, Inner Mongolia and Beijing	10387958
侗族	Dong	贵州、湖南、广西	Guizhou, Hunan and Guangxi	2879974
瑶族	Yao	广西、湖南、云南、广东	Guangxi, Hunan, Yunnan and Guangdong	2796003
白族	Bai	云南、贵州、湖南	Yunnan, Guizhou and Hunan	1933510
土家族	Tujia	湖南、湖北、重庆、贵州	Hunan, Hubei, Chongqing and Guizhou	8353912
哈尼族	Hani	云南	Yunnan	1660932
哈萨克族	Kazak	新疆	Xinjiang	1462588
傣族	Dai	云南	Yunnan	1261311
黎族	Li	海南	Hainan	1463064
傈僳族	Lisu	云南、四川	Yunnan and Sichuan	702839
佤族	Va	云南	Yunnan	429709
畲族	She	福建、浙江、江西、广东	Fujian, Zhejiang, Jiangxi and Guangdong	708651
高山族	Gaoshan	台湾、福建	Taiwan and Fujian	4009
拉祜族	Lahu	云南	Yunnan	485966
水族	Shui	贵州、广西	Guizhou and Guangxi	411847
东乡族	Dongxiang	甘肃、新疆	Gansu and Xinjiang	621500
纳西族	Naxi	云南	Yunnan	326295
景颇族	Jingpo	云南	Yunnan	147828
柯尔克孜族	Kirgiz	新疆	Xinjiang	186708
土族	Tu	青海、甘肃	Qinghai and Gansu	289565
达斡尔族	Daur	内蒙古、黑龙江	Inner Mongolia and Heilongjiang	131992
仫佬族	Mulam	广西	Guangxi	216257
羌族	Qiang	四川	Sichuan	309576
布朗族	Blang	云南	Yunnan	119639
撒拉族	Salar	青海	Qinghai	130607
毛南族	Maonan	广西	Guangxi	101192
仡佬族	Gelao	贵州	Guizhou	550746
锡伯族	Xibe	辽宁、新疆	Liaoning and Xinjiang	190481
阿昌族	Achang	云南	Yunnan	39555
普米族	Pumi	云南	Yunnan	42861
塔吉克族	Tajik	新疆	Xinjiang	51069
怒族	Nu	云南	Yunnan	37523
乌孜别克族	Ozbek	新疆	Xinjiang	10569
俄罗斯族	Russian	新疆、黑龙江	Xinjiang and Heilongjiang	15393
鄂温克族	Ewenki	内蒙古	Inner Mongolia	30875
德昂族	De'ang	云南	Yunnan	20556
保安族	Bonan	甘肃	Gansu	20074
裕固族	Yugur	甘肃	Gansu	14378
京族	Jing	广西	Guangxi	28199
塔塔尔族	Tatar	新疆	Xinjiang	3556
独龙族	Drung	云南	Yunnan	6930
鄂伦春族	Oroqen	黑龙江、内蒙古	Heilongjiang and Inner Mongolia	8659
赫哲族	Hezhen	黑龙江	Heilongjiang	5354
门巴族	Moinba	西藏	Tibet	10561
珞巴族	Lhoba	西藏	Tibet	3682
基诺族	Jino	云南	Yunnan	23143

主要统计指标解释

供水综合生产能力 指按供水设施取水、净化、送水、出厂输水干管等环节设计能力计算的综合生产能力。包括在原设计能力的基础上，经挖、革、改增加的生产能力。计算时，以四个环节中最薄弱的环节为主确定能力。

供水管道长度 指从送水泵至用户水表之间所有管道的长度。不包括新安装尚未使用、水厂内以及用户建筑物内的管道。

城市供水总量 指报告期供水企业(单位)供出的全部水量。包括有效供水量和漏损水量。

生产运营用水 指在城区范围内生产、运营的农、林、牧、渔业、工业、建筑业、交通运输业等单位在生产、运营过程中的用水。

公共服务用水 指为城区社会公共生活服务的用水。包括行政事业单位、部队营区和公共设施服务、批发零售业、住宿餐饮业以及社会服务业等单位的用水。

居民家庭用水 指城市范围内所有居民家庭的日常生活用水。包括城市居民、农民家庭、公共供水站用水。

用水普及率 指报告期末城区用水人口数与城市人口总数的比率。计算公式：

$$用水普及率=\frac{城区用水人口(含暂住人口)}{城区人口+城区暂住人口}\times 100\%$$

人工煤气生产能力 指报告期末人工燃气生产厂制气、净化、输送等环节的综合生产能力，不包括备用设备能力。一般按设计能力计算，当实际生产能力大于设计能力时，应按实际测定的生产能力计算。测定时应以制气、净化、输送三个环节中最薄弱的环节为主。

供气管道长度 指报告期末从气源厂压缩机的出口或门站出口至各类用户引入管之间的全部已经通气、投入使用的管道长度。不包括煤气生产厂、输配站、液化气储存站、灌瓶站、储配站、气化站、混气站、供应站等厂(站)内的管道。

城市供气总量 指报告期燃气企业(单位)向用户供应的燃气数量。包括销售量和损失量。

燃气普及率 指报告期末城区使用燃气的城市人口数与城市人口总数的比率。其中燃气包括人工煤气、天然气、液化石油气三种。计算公式为：

$$燃气普及率=\frac{城区用气人口(含暂住人口)}{城区人口+城区暂住人口}\times 100\%$$

城市供热能力 指供热企业(单位)向城市热用户输送热能的设计能力。

城市供热总量 指在报告期供热企业(单位)向城市热用户输送全部蒸汽和热水的总热量。

城市供热管道长度 指从各类热源到热用户建筑物接入口之间的全部蒸汽和热水的管道长度。不包括各类热源厂内部的管道长度。

道路长度 指道路长度和与道路相通的桥梁、隧道的长度，按车行道中心线计算。

城市桥梁 指为跨越天然或人工障碍物而修建的构筑物。包括跨河桥、立交桥、人行天桥以及人行地下通道等。

城市排水管道长度 指所有排水总管、干管、支管、检查井及连接井进出口等长度之和。

城市污水日处理能力 指污水处理厂(或污水处理装置)每昼夜处理污水量的设计能力。

年末运营车数 指年末城市用于公共交通运营业务的全部车辆数。新购、新制和调入的运营车辆，自投入之日起开始计算；调出、报废和调作他用的运营车辆，自上级主管机关批准之日起不再计入。

城市绿地面积 指报告期末用作园林和绿化的各种绿地面积。包括公园绿地、生产绿地、防护绿地、附属绿地和其他绿地的面积。

公园绿地 城市中向公众开放的、以游憩为主要功能，有一定的游憩设施和服务设施，同时兼有健全生态、美化景观、防灾减灾等综合作用的绿化用地。包括综合公园、社区公园、专类公园、带状公园和街旁绿地。其中综合公园、专类公园和带状公园面积之和为公园面积。

道路清扫保洁面积 指报告期末对城市道路和公共场所（主要包括城市行车道、人行道、车行隧道、人行过街地下通道、道路附属绿地、地铁站、高架路、人行过街天桥、立交桥、广场、停车场及其他设施等）进行清扫保洁的面积。一天清扫保洁多次的，按清扫保洁面积最大的一次计算。

市容环卫专用车辆设备 指用于环境卫生作业、监察的专用车辆和设备，包括用于道路清扫、冲洗、洒水、除雪、垃圾粪便清运、市容监察以及与其配套使用的车辆和设备。

每万人拥有公共交通车辆 指按城市人口计算的每万人平均拥有的公共交通车辆标台数。计算公式：

$$每万人拥有公共交通车辆=\frac{公共交通运营车标台数}{城区人口+城区暂住人口}$$

Explanatory Notes on Main Statistical Indicators

Production Capacity of Water Supply refers to the designed overall production capacity of water facilities, covering the four segments of water collection, purification, conveyance, and outflow through trunk pipelines. Increased capacity through transformation and innovation projects is included as well. The capacity is determined mainly on the weakest of the above-mentioned four segments.

Length of Water Supply Pipelines refers to the total length of all the pipelines between the water pumps and the user water meters, excluding pipelines newly installed but not used yet, pipeline in the water factory, and pipeline in the user's buildings.

Total Volume of Urban Water Supply refers to the total volume of water supplied by water-works (units) during the reference period, including both the effective water supply and loss during the water supply.

Consumption of Water for Production and Operation Use refers to water consumption in the process of production and operation by production and operation units of agriculture, forestry, animal husbandry, fisheries, industry, construction industry, and transportation industry, etc. in urban areas.

Consumption of Water for Public Service Use refers to water consumption for public service in the urban areas. It includes water consumption of administrative institutions, army camps, public facilities, wholesale and retail, accommodation and catering industry and social service industry, etc.

Consumption of Water for Households Use refers to consumption of water for daily life of all households in cities, including households of urban residents and farmers, and public water supply stations.

Coverage Rate of Urban Population with Access to Tap Water refers to the ratio of the urban population with access to tap water to the total urban population at the end of reference period. The formula is:

$$\text{Coverage of urban population with access to tap water} = \frac{\text{Urban population with access to tap water}}{\text{Urban population}} \times 100\%$$

Production Capacity of Gaswork Gas refers to the overall production capacity of the urban gasworks in gas generation, purification and delivery at the end of the reference period, excluding capacity of the reserved facilities. In general, it is determined by the designed capacity, and when actual production capacity is larger than the designed capacity, the capacity is determined by the actual measurement on the weakest segment in the production, purification and delivery.

Length of Gas Pipelines refers to the total length of pipelines in use between the outlet of the compressor of gas-work or outlet of gas stations and the leading pipe of users, excluding pipelines within gasworks, delivery stations, LPG storage stations, refilling stations, gas-mixing stations and supply stations.

Volume of Gas Supply refers to the total volume of gas provided to users by gas-producing enterprises (units) during the reporting period, including the volume sold and the volume lost.

Coverage Rate of Urban Population with Access to Gas refers to the ratio of the urban population with access to gas to the total urban population at the end of the reference period. Gas here includes artificial coal gas, natural gas and liquefied petroleum gas. The formula is:

$$\text{Coverage rate of urban population with access to gas} = \frac{\text{Urban population with access to gas}}{\text{Urban population}} \times 100\%$$

Heating Capacity in Urban Areas refers to the designed capacity of heating enterprises (units) in supplying heating energy to urban users during the reference period.

Quantity of Heat Supplied in Urban Areas refers to the total quantity of heat from steam and hot water supplied to urban users by heating enterprises (units) during the reference period.

Length of Urban Heating Pipelines refers to the total length of steam or hot water pipelines for sources of heat to the leading pipelines of the buildings of the users, excluding internal pipelines in heat generating enterprises.

Length of Paved Roads refers to the length of roads with paved surface including bridges and tunnels connected with roads. Length of the roads is measured by the central lines.

Urban Bridges refer to bridges built to cross over natural or man-made barriers, including bridges over rivers, overpasses for traffic and for pedestrians, underpasses for pedestrians, etc.

Length of Urban Sewage Pipes refers to the total length of general drainage, trunks, branch and inspection wells, connection wells, inlets and outlets, etc.

Daily Disposal Capacity of Urban Sewage refers to the designed 24-hour capacity of sewage disposal by the sewage treatment works or facilities.

Number of Vehicles under Operation at Year-end refers to the total number of vehicles under operation by public transport enterprises (units) at the end of the year, based on the records of operational vehicles by the enterprises (units).

Area of Urban Green Land refers to the total area occupied for green projects at the end of the reference period, including park green land, production green land, protection green land, green land attached to institutions, and other green areas.

Park Green Area refers to green areas open to the public for amusement and rest with the facilities of amusement, rest and services. Its function includes perfecting ecology, beautifying landscape, and preventing and reducing disaster. Park green areas include comprehensive park, community park, theme park, linear park and roadside green space. Total areas of comprehensive park, topic park and belt-shaped is the area of park.

Road Area Cleaned refers to the area which are regularly cleaned, as at the end of the reference period, at urban roads and public places (mainly including urban roadways, pedestrian walkways, vehicular tunnels, pedestrian underpasses, underground railway stations, lifted roads, pedestrians walk bridges, overpasses, plazas, parking lots and other facilities). If there are several times of cleaning in a day at a location, the area of that time of cleaning with the largest area cleaned will be taken.

Vehicles and Facilities Dedicated to Urban Cleanliness and Environmental Sanitation refer to vehicles and facilities dedicated for use in the operation, management and monitoring of environmental hygiene work. They include vehicles for road cleaning, washing, showering, ice removal, disposal of garbage and human wastes, cleanliness monitoring and related activities.

Public Transportation Vehicles per 10000 Population refers to the number of public transportation vehicles, calculated by urban population, per 10000 population in the city district. The formula for calculation is:

$$\text{Public Transportation Vehicles per 10000 Population} = \frac{\text{Number of Public Transportation Vehicles}}{\text{City District Population}}$$

26

香港特别行政区
主要社会经济指标

Main Social and Economic Indicators of
Hong Kong Special Administrative Region

简 要 说 明

一、本章资料反映香港特别行政区主要社会、经济发展情况。内容包括：土地、人口、就业、国民收入、国际收支平衡、工业、能源、建筑、运输、对外贸易、政府收支及金融、教育、房屋、卫生、社会保障等方面。

二、本章由香港特别行政区政府统计处向有关政府决策局／部门及公营机构搜集数据，国家统计局国际统计信息中心负责整理、编辑。

三、在统计工作方面，按中华人民共和国“香港特别行政区基本法”的有关原则，香港特别行政区保留其单独运作的统计系统，并负责编制和发布反映香港特别行政区情况的统计数据。由于香港和内地在使用统计名词及概念方面会有所不同，读者在比较两地数据时，请参考本章末的“主要统计指标解释”。

四、香港特别行政区是单独的关税地区，香港与内地之间的贸易，亦需办理进出口报关。在贸易统计方面，香港特别行政区对外贸易统计数据亦包括香港特别行政区与内地的贸易。

五、在外汇统计及与之有关的各方面，港币是香港特别行政区的法定货币，因此，除港币以外的货币（包括人民币）均视作外币。

六、更详细的统计资料及有关的技术细节，可参阅香港特别行政区政府统计处出版的《香港统计月刊》、《香港统计年刊》及各专题统计出版物。

七、本章节表中的符号使用说明：

本章节表中使用的符号含义如下：“-”表示不适用；“空格” 表示没有数字；“#” 表示临时数字；“§” 表示数字少于单位的一半。

Brief Introduction

I. Data in this chapter show main social and economic developments of the Hong Kong Special Administrative Region (HKSAR), including data on land, population, employment, National Income, Balance of Payments, industry, energy, construction, transportation, external trade, government accounts and finance, education, housing, health and social security.

II. All data in this chapter are collected from the related government bureaux/departments and public organisations by the Census and Statistics Department, the Government of HKSAR, and further tabulated or edited by the International Statistical Information Centre of the National Bureau of Statistics.

III. According to the Basic Law of HKSAR of the People's Republic of China, HKSAR maintains its independent statistical system, and compiles and disseminates statistics on the Region. As Hong Kong and the mainland of China use different statistical concepts, definitions and terminologies, users are advised to make reference of The Explanation Notes on Main Statistical Indicators at the end of this chapter when using and comparing data of the mainland of China and HKSAR.

IV. As Hong Kong is a separate custom territory, trade between Hong Kong and the mainland of China needs customs declaration procedures. In terms of trade statistics, data on Hong Kong's imports and exports include Hong Kong's trade with the mainland of China.

V. As Hong Kong dollar is the legal tender in HKSAR, all other currencies (including Renminbi) are regarded as foreign currencies in compiling foreign exchange statistics and related statistics.

VI. For more detailed statistics and technical details, users are advised to read *Hong Kong Monthly Digest of Statistics, Hong Kong Annual Digest of Statistics* and other publications compiled by the Census and Statistics Department, the Government of HKSAR.

VII. Notations used in this chapter:

Some notations used in this chapter are not agreed with those used in China Statistical Yearbook, but with Hong Kong publications. "-" indicates not applicable. "(blank)" indicates not available. "#" indicates provisional figure. "§" indicates the magnitude of figure is less than half of the unit employed.

26-1 主要统计指标概况
Summary of Key Statistics

项目	Item	2011	2012	2013	2014	2015
香港陆地面积①（平方公里）	**Land Area of Hong Kong① (sq.km)**	**1104**	**1104**	**1104**	**1106**	**1106**
香港岛	Hong Kong Island	81	81	81	81	81
九龙	Kowloon	47	47	47	47	47
新界	New Territories	976	976	976	978	978
人口	**Population**					
年中人口（万人）	Mid-year Population (10 000 persons)	707.2	715.5	718.8	724.2	730.6
粗出生率（‰）	Crude Birth Rate (‰)	13.5	12.8	7.9	8.6	8.2#
粗死亡率（‰）	Crude Death Rate (‰)	6.0	6.1	6.0	6.2	6.3#
婴儿死亡率（‰）（按每千名登记活产婴儿计算）	Infant Mortality Rate (‰) (per 1 000 Registered Live Births)	1.3	1.5	1.8	1.7	1.4#
劳工	**Labour**					
劳动人口（万人）	Labour Force (10 000 persons)	370.3	378.5	385.9	387.6	391.0
劳动人口参与率（%）	Labour Force Participation Rate (%)	60.1	60.5	61.2	61.1	61.2
失业率（%）	Unemployment Rate (%)	3.4	3.3	3.4	3.3	3.3
就业人数（万人）	Number of Employed Persons (10 000 persons)	357.6	366.1	372.8	374.9	378.1
选定行业的就业人数（万人）	Number of Employed Persons in Selected Industries (10 000 persons)					
制造	Manufacturing	13.3	13.4	12.6	13.0	11.4
建筑	Construction	27.7	29.1	30.9	30.7	31.7
进出口贸易及批发	Import/Export Trade and Wholesale	53.9	56.4	51.5	50.2	48.2
零售、住宿及餐饮服务②	Retail, Accommodation and Food Services②	57.8	59.1	61.2	63.4	62.5
运输、仓库、邮政及速递服务、资讯及通讯	Transportation, Storage, Postal and Courier Services, Information and Communications	43.4	43.4	44.5	44.6	45.3
金融、保险、地产、专业及商用服务	Financing, Insurance, Real Estate, Professional and Business Services	67.6	68.7	72.0	73.4	75.1
公共行政、社会及个人服务	Public Administration, Social and Personal Services	91.5	93.5	97.8	97.3	101.5
实际工资指数③（1992年9月=100）	Real Wage index③ (September 1992=100)	117.9	118.9	118.7	115.8	117.7
对外贸易	**External Trade**					
商品贸易	**Merchandise Trade**					
进口（亿港元）	Imports (HKD 100 million)	37646	39122	40607	42190	40464
港产品出口（亿港元）	Domestic Exports (HKD 100 million)	657	588	544	553	469
转口（亿港元）	Re-exports (HKD 100 million)	32716	33755	35053	36175	35584
服务贸易	**Trade in Services**					
服务出口④（亿港元）	Exports of Services④ (HKD 100 million)	7107	7640	8123	8270	8080
服务进口④（亿港元）	Imports of Services④ (HKD 100 million)	5780	5943	5832	5734	5750
国民收入及国际收支平衡	**National Income and Balance of Payments**					
本地生产总值	**Gross Domestic Product (GDP)**					
按2014年环比物量计算⑤	In Chained (2014) Dollars⑤					
年增长率（%）	Annual Growth Rate (%)	4.8	1.7	3.1	2.7	2.4
本地生产总值（亿港元）	GDP (HKD 100 million)	20977	21334	21992	22582	23132
人均本地生产总值（港元）	Per Capita GDP (HKD)	296636	298179	305980	311835	316635
按当年价格计算	At Current Market Prices					
年增长率（%）	Annual Growth Rate (%)	8.9	5.3	5.0	5.6	6.2
本地生产总值（亿港元）	GDP (HKD 100 million)	19344	20371	21380	22582	23971
人均本地生产总值（港元）	Per Capita GDP (HKD)	273549	284720	297462	311835	328117
本地居民总收入	**Gross National Income (GNI)**					
按当年价格计算	At Current Market Prices					
本地居民总收入（亿港元）	GNI (HKD 100 million)	19873	20665	21785	23048	24366
人均本地居民总收入（港元）	Per Capita GNI (HKD)	281019	288837	303100	318271	333523
对外初次收入流量净值(亿港元)	Net External Primary Income Flows (HKD 100 million)	528	295	405	466	395
国际收支平衡	**Balance of Payments**					
经常帐户（亿港元）	Current Account (HKD 100 million)	1075	322	322	294	747
资本及金融帐户（亿港元）	Capital and Financial Account (HKD 100 million)	-1132	-677	-863	-738	-1316
净误差及遗漏（亿港元）	Net Errors and Omissions (HKD 100 million)	57	355	541	444	569
整体的国际收支（亿港元）	Overall Balance of Payments (HKD 100 million)	868 (盈余) (in surplus)	1889 (盈余) (in surplus)	579 (盈余) (in surplus)	1391 (盈余) (in surplus)	2820 (盈余) (in surplus)
国际投资头寸⑥	**International Investment Position⑥**					
国际投资头寸净值⑦（亿港元）	Net International Investment Position⑦ (HKD 100 million)	55229	55918	58770	67488	75882
对外金融资产（亿港元）	External Financial Assets (HKD 100 million)	240620	268580	291248	323915	334364
对外金融负债（亿港元）	External Financial Liabilities (HKD 100 million)	185391	212662	232478	256427	258482

26-1 续表 1 continued

项目	Item	2011	2012	2013	2014	2015
消费价格指数	**Consumer Price Indices**					
(2014年10月至2015年9月=100)	(Oct. 2014-Sep. 2015 = 100)					
综合消费价格指数	Composite Consumer Price Index	86.1	89.6	93.5	97.7	100.6
甲类消费价格指数	Consumer Price Index (A)	84.2	87.2	91.7	96.8	100.6
乙类消费价格指数	Consumer Price Index (B)	86.5	90.2	93.9	97.8	100.6
丙类消费价格指数	Consumer Price Index (C)	88.0	91.6	95.1	98.4	100.5
工业生产	**Industrial Production**					
工业生产指数 (2008年=100)	Index of Industrial Production (2008=100)	95.7	94.9	95.0	94.6	93.2
工业电力消费量 (万亿焦耳)	Industrial Electricity Consumption (terajoules)	11104	11282	11190	11281	11436
工业煤气消费量 (万亿焦耳)	Industrial Gas Consumption (terajoules)	1086	1331	1612	1673	1649
房屋及物业	**Housing and Property**					
永久性居住屋宇单位⑧ (万个)	Number of Permanent Living Quarters⑧(10 000 units)					
公营租住房屋⑨	Public Rental Housing⑨	74.71	76.81	77.21	78.15	78.32
资助出售单位⑩	Subsidised Sale Flats⑩	39.12	39.09	39.16	39.39	39.60
私人房屋⑩	Private Housing⑩	145.49	147.06	148.40	149.65	151.64
总计	Total	259.32	262.96	264.77	267.19	269.56
新落成私人楼宇	Newly Completed Private Buildings					
楼宇数目 (栋)	Number of Blocks (number)	397	601	678	466	612
实用楼面面积 (万平方米)	Usable Floor Area (10 000 sq.m.)					
住宅⑪	Residential⑪	47.2	55.8	34.8	64.5	58.5
非住宅	Non-residential	51.9	83.7	48.3	45.4	44.8
获批准可动工兴建私人楼宇 (栋)	Private Buildings with Consent to Commence Work (number of blocks)					
初次呈交	First Submission	228	266	448	362	486
重大修改	Major Revision	186	114	522	219	159
政府收支、金融、保险 (亿港元)	**Government Accounts, Finance and Insurance (HKD 100 million)**					
政府储备结余⑫⑬	Government's Reserve Balances⑫⑬	6691	7339	7557	8285	8429
政府收入总额⑬⑭	Total Government Revenue⑬⑭	4377	4422	4553	4787	4500
政府开支总额⑬⑭	Total Government Expenditure⑬⑭	3640	3773	4335	3962	4356
货币供应量M_3	Money Supply M_3					
港元⑮	Hong Kong Dollar⑮	40554	45456	48060	52362	57788
外币⑯	Foreign Currency⑯	40257	44248	52792	58128	58762
总计	Total	80811	89704	100852	110489	116550
港汇指数(贸易总值(进口及整体出口)加权) (2010年1月=100)⑰	Effective Exchange Rate Indices for the Hong Kong Dollar (trade (import and export) - weighted) (January 2010=100)⑰	94.6	94.9	94.9	96.0	101.3
运输、通讯、旅游	**Transport, Communications and Tourism**					
进出香港货物	Inward and Outward Movements of Cargo					
总卸下 (万吨)	Total Discharged (10 000 tons)	17519	17214	17942	20079	16887
总装上 (万吨)	Total Loaded (10 000 tons)	13291	12738	12632	12553	11491
集装箱吞吐量 (万标准集装箱)	Container Throughput (10 000 TEUs)	2438	2312	2235	2223	2007
电话服务 (万条操作线路)	Telephone Services (10 000 working lines)	425	425	432	432	421
访港旅客⑱ (万人次)	Visitor Arrivals⑱ (10 000 person-times)	4192.1	4861.5	5429.9	6083.9	5930.8
教育 (人)	**Education (person)**					
小学学生人数	Student Enrolment in Primary Schools	322881	317442	320918	329300	337558
中学学生人数⑲	Student Enrolment in Secondary Schools⑲	472532	422134	398372	375603	354698
大专院校学生人数⑳	Student Enrolment in Institutions⑳	168692	196800	195147	190544	189488
卫生	**Health**					
医生 (人)	Doctors (person)	12818	13006	13203	13417	13726
注册中医 (人)	Registered Chinese Medicine Practitioners (person)	6414	6565	6743	6898	7071
病床 (张)	Hospital Beds (bed)	36121	36579	36720	37322	38287
社会保障	**Social Security**					
综合社会保障援助⑫	Comprehensive Social Security Assistance (CSSA)⑫					
个案数目 (个)	Number of Cases (case)	275383	267623	259422	251099	242903
发放款项 (亿港元)	Amount (HKD 100 million)	195	198	195	207	223#
公共福利金⑫	Social Security Allowances (SSA)⑫					
个案数目 (个)	Number of Cases (case)	663237	693389	748797	778941	808909
发放款项 (亿港元)	Amount (HKD 100 million)	97	106	189	186	217#
交通意外伤亡援助⑫	Traffic Accident Victims Assistance⑫					
获批个案数目 (个)	Number of Cases Authorised for Payment (case)	7139	7430	7675	7413	7148

26-1 续表 2 continued

注: ①2014年前的数字是该年6月底的数据，而2014年和2015年的数字是该年10月底的数据。面积包括不在区议会分区内的落马州河套。
②住宿服务包括酒店、宾馆、旅舍及其他提供短期住宿服务的机构单位。
③实际工资指数是按其名义指数扣除以2014/15年为基期的甲类消费价格指数而计算出来。
④数字已采纳《2010年国际服务贸易统计手册》内最新的国际建议，包括服务分类及编制方法，以及采用所有权转移原则来记录货品加工及转手商贸活动。因此服务出口及服务进口的数字与表 26-13 内相应的数字并不相同。
⑤以环比物量计算的本地生产总值及其组成部分的参照年，已由2013年重订为2014年。重订参照年会影响以环比物量计算的数值，但不会影响其变动率。
⑥期末头寸。
⑦国际投资头寸净值是对外金融资产总值与对外金融负债总值之间的差额。
⑧数字包括所有住宅屋宇单位及非住宅楼宇内已知作居所用途的屋宇单位，但不包括非住宅用途、酒店及院舍内供住院或在囚人士居住的屋宇单位。
⑨不包括房屋委员会售出的公营租住房屋单位。
⑩包括房屋委员会及香港房屋协会售出而不可在公开市场买卖的屋宇单位。可在公开市场买卖的资助出售单位则归类为私人永久性房屋。
⑪包括住宅楼宇内用作非住宅用途的实用楼面面积。例如：会所/娱乐设施、管理员办事处/宿舍、电机房等。
⑫数字是以相应的财政年度为根据。例如2015年的数字代表2015至2016财政年度数字。
⑬2015/16年的数字有待审计署署长核实。
⑭数额不包括“政府一般收入帐目与各基金之间的转拨”。
⑮所列数字已包括外币掉期存款。
⑯所列数字已扣除外币掉期存款。《中华人民共和国香港特别行政区基本法》说明，港元是香港特别行政区的法定货币。外币指港元以外的其他货币，因而人民币亦视作外币。
⑰由2012年1月3日起公布的新系列。
⑱访港旅客数字包括经澳门访港的非澳门居民。
⑲数字涵盖日、夜校。
⑳是指香港城市大学、香港浸会大学、岭南大学、香港中文大学、香港教育大学、香港理工大学、香港科技大学和香港大学就读学生。数字包括大学教育资助委员会(教资会)资助课程及教资会资助院校本部和辖下持续进修部门开办的本地经评审自资课程的学生人数。

Notes: ①Figures prior to 2014 are as at end-June of the year while those for 2014 and 2015 are as at end-October and include land area of Lok Ma Chau Loop which is not covered in District Council districts.
②Accommodation services cover hotels, guesthouses, boarding houses and other establishments providing short term accommodation.
③The Real Wage Index is derived by deflating the corresponding nominal index by the 2014/15-based Consumer Price Index (A).
④Figures have incorporated the latest international recommendations given in the *Manual on Statistics of International Trade in Services 2010*, including the services classification and compilation methods, and adopting the change of ownership principle in recording goods sent abroad for processing and merchanting. Hence, figures on exports of services and imports of services in this table are different from the corresponding figures in Table 26-13.
⑤The reference year for the chain volume measures of GDP and its components has been revised from 2013 to 2014. Re-referencing affects the levels, but not the rates of change, of the chain volume measures.
⑥Position as at end of period.
⑦Net International Investment Position is the difference between total external financial assets and total external financial liabilities.
⑧Figures include all quarters used for residential purpose as well as quarters known to be used for residential purposes in non-residential buildings. Quarters known to be used for non-residential purpose and those in hotels and accommodation used for inmates of institutions are excluded.
⑨Exclude public rental housing flats sold by the Housing Authority.
⑩Subsidised sale flats include quarters sold by the Housing Authority and Hong Kong Housing Society that cannot be traded in the open market. Those flats that can be traded in the open market are classified as private permanent housing.
⑪Including usable floor area in residential buildings for non-domestic use, such as club house/recreational facilities, caretakers' office/quarters, transformer room, etc.
⑫Figures are for the corresponding financial year. For example, figures for 2015 represent those for financial year 2015/16.
⑬Figures for 2015/16 are subject to audit by the Director of Audit.
⑭Figures exclude "Transfers between the General Revenue Account and Funds".
⑮Figures are adjusted to include foreign currency swap deposits.
⑯Figures are adjusted to exclude foreign currency swap deposits. Hong Kong dollar is the legal tender in the Hong Kong Special Administrative Region, as stated in "The Basic Law of the Hong Kong Special Administrative Region of the People's Republic of China". Foreign currency refers to any currency other than Hong Kong dollar and thus Chinese Renminbi is also treated as a foreign currency.
⑰New series has been released as from 3 January 2012.
⑱Figures include arrival of non-Macao residents via Macao.
⑲Figures cover both day and evening schools.
⑳Refer to City University of Hong Kong, Hong Kong Baptist University, Lingnan University, The Chinese University of Hong Kong, The Education University of Hong Kong, The Hong Kong Polytechnic University, The Hong Kong University of Science and Technology and The University of Hong Kong. Figures include students attending University Grants Committee-funded programmes and students attending locally accredited self-financing programmes offered by institution proper and their continuation education arms.

26-2 土地用途分布情况
Land Usage

单位：平方公里 (sq. km)

类 别	Class	2011	2012	2013	2014	2015
住宅	**Residential**					
私人住宅①	Private Residential①	25	25	25	26	26
公营房屋②	Public Residential②	16	16	16	16	16
乡郊居所③	Rural Settlements③	35	35	35	35	35
商业	**Commercial**					
商业/商贸和办公室	Commercial/Business and Offices	4	4	4	4	4
工业	**Industrial**					
工业用地	Industrial Land	7	7	7	7	7
工业村	Industrial Estates	3	3	3	3	3
货仓和露天贮物	Warehouse and Open Storage	16	16	16	16	16
机构/休憩	**Institution and Open Space**					
政府、机构和社区设施	Government, Institution and Community Facilities	25	25	25	25	25
休憩用地④	Open Space④	25	25	25	25	25
运输	**Transportation**					
道路	Roads	40	40	40	40	40
铁路	Railways	3	3	3	3	3
机场	Airport	13	13	13	13	13
其它都市或已建设土地	**Other Urban or Built-up Land**					
坟场和火葬场	Cemeteries and Crematoriums	8	8	8	8	8
公用事业设施	Public Utilities	7	7	7	7	8
空置/正在进行建筑工程的土地	Vacant Land/Construction in Progress	16	16	16	17	17
其它	Others	22	22	22	22	22
农业	**Agricultural**					
农地	Agricultural Land	51	51	51	51	51
鱼塘/基围	Fish Ponds/Gei Wais	17	17	17	17	17
林地/灌丛/草地/湿地	**Woodland/Shrubland/Grassland/Wetland**					
林地	Woodland	249	251	264	274	275
灌丛	Shrubland	293	282	267	269	261
草地	Grassland	191	200	202	190	196
红树林和沼泽	Mangrove and Swamp	5	5	5	5	5
荒地	**Barren Land**					
劣地	Badland	2	2	2	2	2
石矿场	Quarries	1	1	1	1	1
岩岸	Rocky Shore	4	4	4	4	4
水体	**Water Area**					
水塘	Reservoirs	25	25	25	25	25
河道和明渠	Streams and Nullahs	5	5	5	5	5
总计⑤	**Total⑤**	**1108**	**1108**	**1108**	**1110**	**1110**

注：数字为该年年底的数字。
上述于2015年年底的土地用途数据，已根据卫星图像，内部调查所得的资料，以及各政府部门的其它相关数据而更新。由于部分土地用途分类的定义和方法不时更新，所以年内的数字未必能与往年的数据作直接比较。
①包括私人开发商发展的住宅用地(村屋、资助房屋和临时房屋区除外)。
②包括资助房屋和临时房屋区。
③包括村屋和临时搭建物。
④包括公园、运动场、游乐场和康乐设施。
⑤包括高水位线下约4平方公里的红树林和沼泽。

Notes: Figures are as at end of the year.
The above land usage figures as at end-2015 have been updated with satellite images, in-house survey information and other relevant information from various government departments. As definitions of some land use classes and methodology have been updated from time to time, the figures this year may not be comparable directly to those provided in previous years.
①Includes residential land developed by private developers (except village houses, subsidised housing and temporary housing areas).
②Includes subsidised housing and temporary housing areas.
③Includes village housing and temporary structures.
④Includes parks, stadiums, playgrounds and recreational facilities.
⑤Includes about 4 km^2 of mangrove and swamp below the High Water Mark.

26-3 按地区类别及路边情况划分的大气质量(2015年)
Air Quality by Area Type and Roadside Condition (2015)

单位：微克／立方米 (microgram/cu.m.)

地区类别及路边	Area Type and Roadside	全年平均大气污染浓度 Annual Average Air Pollutant Concentrations			
		二氧化硫 Sulphur Dioxide	二氧化氮 Nitrogen Dioxide	微细悬浮粒子 Fine Suspended Particulates	可吸入悬浮粒子 Respirable Suspended Particulates
市区①	Urban①	11	55	25	38
新市镇②	New Town②	8	42	26	39
郊区③④	Rural③④	-	-	-	-
路边⑤	Roadside⑤	8	99	30	45

注：①包括葵涌、中西区、深水埗、观塘、东区及荃湾。
②包括大埔、沙田、元朗、东涌及屯门。
③包括塔门。
④因维修影响，塔门监测站于12月暂时关闭，故此没有足够数据去计算2015年年均值。
⑤包括铜锣湾、中环及旺角。

Notes: ①Includes Kwai Chung, Central/Western, Sham Shui Po, Kwun Tong, Eastern and Tsuen Wan.
②Includes Tai Po, Sha Tin, Yuen Long, Tung Chung and Tuen Mun.
③Includes Tap Mun.
④Tap Mun Air Quality Monitoring Station was temporarily closed in December 2015 owing to renovation work and hence there was no sufficient data in 2015.
⑤Includes Causeway Bay, Central and Mong Kok.

26-4 按种类划分的日均产生的固体废物量
Average Solid Waste Quantities by Type

单位：吨（每日计） (tonnes per day)

种类	Type	2011	2012	2013	2014
于堆填区弃置的固体废物	Solid Waste Disposed of at Landfills				
都市固体废物①	Municipal Solid Waste①				
家居废物②	Domestic②	5973	6286	6359	6418
商业废物③	Commercial③	2360	2260	2408	2565
工业废物④	Industrial④	663	732	780	799
小计	Sub-total	8996	9278	9547	9782
整体建筑废物⑤	Overall Construction Waste⑤	3331	3440	3591	3942
特殊废物⑥	Special Waste ⑥	1131	1127	1173	1135
总计	**Total**	**13458**	**13844**	**14311**	**14859**
已回收都市固体废物⑦	Municipal Solid Waste Recovered ⑦	8272	5909	5503	5625

注：①都市固体废物包括运往弃置设施的家居废物、商业废物及工业废物，但不包括建筑废物及已回收都市固体废物。
②家居废物包括使用后的住宅固体废物，以及由公共洁净服务收集的废物。
③商业废物包括所有类型的商业活动产生的固体废物。
④工业废物包括由工业活动产生的固体废物，但不包括化学废物及建筑废料。自2007年开始，运往堆填区处置并包括在工业废物类别的废弃混凝土已被重新归类于整体建筑废物，有关的数量已从工业废物类别中扣除。
⑤建筑废物包括由建筑及拆卸活动所产生的废物，但不包括可运往公众填土区作填海用途的物料。在堆填区弃置的整体建筑废物包括来自建筑地盘的建筑废物，以及在建筑地盘以外设立的混凝土配料厂和水泥/砂浆生产厂所产生的废弃混凝土。
⑥特殊废物包括弃置于堆填区的动物尸体、屠房废物、报废货物、滤水厂及污水处理后的污泥、污水处理厂的隔滤物、禽畜废物、医疗废物及化学废物。
⑦都市固体废物回收后会在本地或香港以外地方循环再造。

Notes : ①Municipal solid waste includes domestic waste, commercial waste and industrial waste delivered to disposal facilities but excludes construction waste and recovered municipal solid waste.
②Domestic waste covers post-consumer residential solid waste and refuse collected in public cleansing activities.
③Commercial waste covers solid waste arising from all forms of commercial activities.
④Industrial waste covers solid waste arising from industrial activities but excludes chemical waste and construction waste. Waste concrete delivered to landfills as industrial waste since 2007 was re-grouped under overall construction waste. Its corresponding quantity has been deducted from industrial waste.
⑤Construction waste covers waste arising from construction and demolition activities but excludes material delivered to public filling areas for land reclamation and formation. Overall construction waste received at landfills includes construction waste from construction sites and waste concrete that is generated from concrete batching plants and cement plaster/mortar manufacturing plants not set up inside construction sites.
⑥Special waste includes animal carcasses, abattoir waste, condemned goods, waterworks and sewage treatment sludge, sewage works screening, livestock waste, clinical waste and chemical waste delivered to landfills.
⑦Municipal solid waste recovered will be recycled locally or places outside Hong Kong.

26-5 人口主要指标
Main Indicators of Population

项　　目	Item	2011	2012	2013	2014	2015
年中人口 (万人)	Mid-year Population (10 000 persons)	707.2	715.5	718.8	724.2	730.6
粗出生率 (‰)	Crude Birth Rate (‰)	13.5	12.8	7.9	8.6	8.2
粗死亡率 (‰)	Crude Death Rate (‰)	6.0	6.1	6.0	6.2	6.3
婴儿死亡率 (‰)	Infant Mortality Rate (‰)	1.3	1.5	1.8	1.7	1.4
自然增长率 (‰)	Rate of Natural Increase (‰)	7.5	6.7	1.9	2.4	1.9
总和生育率①	Total Fertility Rate①	1204	1285	1124	1234	1195
登记结婚数 (对)	Registered Marriages (couple)	58369	60459	55274	56454	51447
登记离婚数 (对)	Divorce Decrees (couple)	19597	21125	22271	20019	20075
出生时平均预期寿命 (年)	Expectation of Life at Birth (year old)					
男	Male	80.3	80.7	81.1	81.2	81.2
女	Female	86.7	86.4	86.7	86.9	87.3

注：①不包括女性外籍家庭佣工。每千名女性的活产婴儿数目。
Note:①Excluding female foreign domestic helpers. Refers to live births per 1000 women.

26-6 劳动人口及失业状况
Labour Force and Unemployment

项　　目	Item	2011	2012	2013	2014	2015
劳动人口数目(万人)	Labour Force (10 000 persons)	370.3	378.5	385.9	387.6	391.0
男	Male	194.3	197.2	199.2	198.8	199.5
女	Female	176.0	181.3	186.6	188.8	191.4
劳动人口参与率 (%)	Labour Force Participation Rate (%)	60.1	60.5	61.2	61.1	61.2
就业人口 (万人)	Employed Persons (10 000 persons)	357.6	366.1	372.8	374.9	378.1
失业人口 (万人)	Unemployed Persons (10 000 persons)	12.7	12.4	13.1	12.7	12.9
失业率 (%)	Unemployment Rate (%)	3.4	3.3	3.4	3.3	3.3

注：数字是根据每年1月至12月进行的“综合住户统计调查”结果，以及由政府统计处与跨部门人口分布推算小组共同编制按区议会分区划分年中人口估计数字而编制。
Note: Figures are compiled based on data collected in the General Household Survey from January to December of the year concerned as well as the mid-year population estimates by District Council district compiled jointly by the Census and Statistics Department and an inter-departmental Working Group on Population Distribution Projections.

26-7 按行业划分的就业人数
Employed Persons by Industry

单位：万人 (10 000 persons)

行　　业	Industry	2011	2012	2013	2014	2015
制造	Manufacturing	13.3	13.4	12.6	13.0	11.4
建筑	Construction	27.7	29.1	30.9	30.7	31.7
进出口贸易及批发	Import/Export Trade and Wholesale	53.9	56.4	51.5	50.2	48.2
零售、住宿及膳食服务①	Retail, Accommodation and Food Services①	57.8	59.1	61.2	63.4	62.5
运输、仓库、邮政及速递服务、资讯及通讯	Transportation, Storage, Postal and Courier Services, Information and Communications	43.4	43.4	44.5	44.6	45.3
金融、保险、地产、专业及商用服务	Financing, Insurance, Real Estate, Professional and Business Services	67.6	68.7	72.0	73.4	75.1
公共行政、社会及个人服务	Public Administration, Social and Personal Services	91.5	93.5	97.8	97.3	101.5
其它	Others	2.4	2.4	2.3	2.2	2.5
总计	**Total**	**357.6**	**366.1**	**372.8**	**374.9**	**378.1**

注：数字是根据每年1月至12月进行的“综合住户统计调查”结果，以及由政府统计处与跨部门人口分布推算小组共同编制按区议会分区划分年中人口估计数字而编制。
① 住宿服务包括酒店、宾馆、旅舍及其他提供短期住宿服务的机构单位。
Notes:Figures are compiled based on data collected in the General Household Survey from January to December of the year concerned as well as the mid-year population estimates by District Council district compiled jointly by the Census and Statistics Department and an inter-departmental Working Group on Population Distribution Projections.
①Accommodation services cover hotels, guesthouses, boarding houses and other establishments providing short term accommodation.

26-8 按每月就业收入划分的就业人数
Employed Persons by Monthly Employment Earnings

单位：万人，另有注明除外 (10 000 persons, unless otherwise specified)

每月就业收入(港元)	Monthly Employment Earnings (HKD)	2011	2012	2013	2014	2015
< 3000	< 3000	10.1	9.9	11.3	11.4	10.8
3000 - 3999	3000 - 3999	28.2	29.1	28.4	17.6	7.3
4000 - 4999	4000 - 4999	6.8	6.9	8.8	19.4	30.1
5000 - 5999	5000 - 5999	8.5	6.2	6.3	5.7	6.0
6000 - 6999	6000 - 6999	16.5	11.3	9.0	6.9	6.4
7000 - 7999	7000 - 7999	22.2	17.8	14.2	11.6	8.7
8000 - 8999	8000 - 8999	28.9	28.6	22.1	18.1	14.7
9000 - 9999	9000 - 9999	21.3	25.7	24.4	22.3	18.9
10000 - 11999	10000 - 11999	38.2	38.3	40.5	39.2	37.4
12000 - 13999	12000 - 13999	33.0	35.2	36.7	38.9	39.4
14000 - 15999	14000 - 15999	26.0	29.6	31.2	34.0	34.9
16000 - 17999	16000 - 17999	9.8	12.3	15.0	16.0	17.1
18000 - 19999	18000 - 19999	10.1	9.6	11.9	13.6	14.3
20000 - 24999	20000 - 24999	30.1	31.6	33.0	33.9	36.9
25000 - 29999	25000 - 29999	14.7	15.4	16.9	18.0	20.0
30000 - 34999	30000 - 34999	17.1	17.0	16.8	17.9	19.5
35000 - 39999	35000 - 39999	6.4	8.0	8.6	9.4	10.3
40000 - 44999	40000 - 44999	6.0	7.5	8.4	8.4	9.0
45000 - 49999	45000 - 49999	3.8	3.7	4.8	5.7	6.4
50000 - 59999	50000 - 59999	6.8	8.9	9.1	9.8	10.0
60000 - 79999	60000 - 79999	5.8	5.6	7.2	7.7	9.1
80000 - 99999	80000 - 99999	2.6	3.0	3.3	3.4	4.0
≧ 100000	≧ 100000	4.8	5.2	5.1	6.0	7.0
总　计	Total	357.6	366.1	372.8	374.9	378.1
每　月就业收入中位数(港元)	**Median Monthly Employment Earnings (HKD)**	**11300**	**12000**	**13000**	**13400**	**14500**

注：数字是根据每年1月至12月进行的“综合住户统计调查”结果，以及由政府统计处与跨部门人口分布推算小组共同编制按区议会分区划分年中人口估计数字而编制。

Note: Figures are compiled based on data collected in the General Household Survey from January to December of the year concerned as well as the mid-year population estimates by District Council district compiled jointly by the Census and Statistics Department and an inter-departmental Working Group on Population Distribution Projections.

26-9 按行业划分督导级（不包括经理级与专业雇员）及以下雇员的工资指数
Wage Indices for Employees up to Supervisory Level (Managerial and Professional Employees Are Not Included) by Industry

(1992年9月 = 100) (September 1992 = 100)

行业主类	Industry Section	2011	2012	2013	2014	2015
名义工资指数	**Nominal Wage Index**					
制造	Manufacturing	170.0	172.8	180.9	191.1	199.1
进出口贸易、批发及零售	Import/Export, Wholesale and Retail Trades	188.1	195.1	198.8	204.7	210.5
运输	Transportation	161.8	166.4	173.2	181.7	189.1
住宿及餐饮服务活动①	Accommodation and Food Service Activities①	150.6	163.2	169.4	176.8	186.2
金融及保险活动	Financial and Insurance Activities	190.3	201.8	207.5	215.4	222.8
地产租赁及保养管理	Real Estate Leasing and Maintenance Management	186.6	199.8	219.2	223.6	231.7
专业及商业服务	Professional and Business Services	185.8	192.7	208.3	221.3	236.8
个人服务	Personal Services	222.0	240.7	253.8	271.9	287.8
所有选定行业②	All Selected Industries②	178.3	187.5	195.2	203.3	211.9
实际工资指数③	**Real Wage Index③**					
制造	Manufacturing	112.4	109.6	110.0	108.8	110.5
进出口贸易、批发及零售	Import/Export, Wholesale and Retail Trades	124.3	123.7	120.9	116.6	116.9
运输	Transportation	106.9	105.5	105.3	103.5	105.0
住宿及餐饮服务活动①	Accommodation and Food Service Activities①	99.6	103.5	103.0	100.7	103.4
金融及保险活动	Financial and Insurance Activities	125.8	128.0	126.2	122.7	123.7
地产租赁及保养管理	Real Estate Leasing and Maintenance Management	123.3	126.7	133.3	127.3	128.7
专业及商业服务	Professional and Business Services	122.8	122.2	126.7	126.0	131.5
个人服务	Personal Services	146.7	152.6	154.4	154.8	159.8
所有选定行业②	All Selected Industries②	117.9	118.9	118.7	115.8	117.7

注：指有关年度12月份的数字。
①住宿服务包括酒店、宾馆、旅舍及其他提供短期住宿服务的机构单位。
②指“劳工收入统计调查”内工资统计调查所涵盖的所有行业，包括并没有列出其统计数字的电力及燃气供应业、污水处理及废弃物管理业与出版活动业。
③实际工资指数是按其名义指数扣除以2014/15年为基期的甲类消费价格指数而计算出来。

Notes : Figures refer to December of the year.
①Accommodation services cover hotels, guesthouses, boarding houses and other establishments providing short term accommodation.
②Figures refer to all industries covered by the wage enquiry of the Labour Earnings Survey, including the electricity and gas supply industry, sewerage and waste management activities industry and publishing activities industry, the statistics of which are not separately shown.
③The Real Wage Index is derived by deflating the corresponding nominal index by the 2014/15-based Consumer Price Index (A).

26-10 本地生产总值
Gross Domestic Product

年 份 Year	本地生产总值(以当年价格计算) Gross Domestic Product (GDP) At Current Market Prices		本地生产总值与上年比较的实际增长(%) GDP Real Growth Rate over the Preceding Year (%)	人均本地生产总值(以当年价格计算) Per Capita GDP At Current Market Prices	
	(亿港元) (HKD 100 million)	(亿美元) (USD 100 million)		(港元) (HKD)	(美元) (USD)
1990	5993	769	3.8	105050	13487
1991	6913	890	5.7	120188	15466
1992	8071	1043	6.2	139148	17975
1993	9310	1203	6.2	157772	20395
1994	10496	1358	6.0	173909	22504
1995	11190	1446	2.4	181772	23497
1996	12353	1597	4.3	191951	24819
1997	13731	1774	5.1	211592	27330
1998	13081	1689	-5.9	199898	25810
1999	12859	1658	2.5	194649	25090
2000	13375	1717	7.7	200675	25757
2001	13211	1694	0.6	196765	25230
2002	12973	1663	1.7	192367	24666
2003	12567	1614	3.1	186704	23976
2004	13169	1691	8.7	194140	24928
2005	14121	1816	7.4	207263	26651
2006	15034	1935	7.0	219240	28223
2007	16508	2116	6.5	238676	30596
2008	17075	2193	2.1	245406	31515
2009	16592	2140	-2.5	237960	30697
2010	17763	2286	6.8	252887	32551
2011	19344	2485	4.8	273549	35142
2012	20371	2626	1.7	284720	36710
2013	21380	2757	3.1	297462	38353
2014	22582	2912	2.7	311835	40216
2015	23971	3092	2.4	328117	42327

26-11 按当年价格计算的生产法本地生产总值
Gross Domestic Product (GDP) by Economic Activity at Current Prices

单位：亿港元，另有注明除外 (HKD 100 million, unless otherwise specified)

经济活动	Economic Activity	2010	2011	2012	2013	2014
农业及渔业	**Agriculture and Fishing**	**8.79**	**8.61**	**10.34**	**11.48**	**14.42**
工业	**Industry**	**1214.97**	**1300.23**	**1395.06**	**1486.40**	**1597.79**
采矿及采石	Mining and Quarrying	0.69	0.83	0.80	0.77	0.54
制造	Manufacturing	304.10	305.78	306.00	301.56	278.85
电力、燃气和自来水供应及废弃物管理	Electricity, Gas and Water Supply, and Waste Management	344.86	338.77	353.82	351.19	356.36
建筑	Construction	565.31	654.84	734.45	832.88	962.05
服务	**Services**	**16149.22**	**17701.66**	**18724.98**	**19479.96**	**20428.19**
进出口贸易、批发及零售	Import/export, Wholesale and Retail Trades	4133.08	4929.00	5115.37	5237.41	5315.41
住宿及膳食服务①	Accommodation and Food Services①	564.18	664.21	720.44	754.13	787.25
运输、仓库、邮政及速递服务	Transportation, Storage, Postal and Courier Services	1379.41	1200.34	1206.09	1254.65	1376.58
资讯及通讯	Information and Communications	550.24	629.52	708.66	761.45	777.61
金融及保险	Financing and Insurance	2837.52	3052.82	3193.12	3459.52	3658.99
地产、专业及商用服务	Real Estate, Professional and Business Services	1884.76	2139.87	2324.16	2257.89	2394.34
公共行政、社会及个人服务	Public Administration, Social and Personal Services	2952.57	3135.85	3376.78	3563.26	3798.81
楼宇业权	Ownership of Premises	1847.45	1950.05	2080.36	2191.66	2319.19
以基本价格计算的本地生产总值	**GDP at Basic Prices**	**17372.98**	**19010.49**	**20130.38**	**20977.85**	**22040.41**
产品税	**Taxes on Products**	**687.07**	**694.01**	**635.75**	**753.14**	**832.36**
统计差额② (%)	**Statistical Discrepancy② (%)**	**-1.7**	**-1.9**	**-1.9**	**-1.6**	**-1.3**
以当年价格计算的本地生产总值	**GDP at Current Market Prices**	**17763.32**	**19344.30**	**20370.59**	**21380.10**	**22582.15**

注：以上的统计数字是按“香港标准行业分类2.0版”编制。

①住宿服务包括酒店、宾馆、旅舍及其他提供短期住宿服务的机构单位。

②统计差额是以当年价格计算,以支出法编制的本地生产总值与以生产法编制的本地生产总值之间的差额。差额是由于在编制过程中数据来源及估算方法有所不同而引致的。统计差额是以占本地生产总值的百分比形式作表达。

Notes: The above statistics are compiled based on the Hong Kong Standard Industrial Classification (HSIC) Version 2.0.

①Accommodation services cover hotels, guesthouses, boarding houses and other establishments providing short term accommodation.

②Statistical discrepancy refers to the difference in values of current price GDP compiled using the expenditure and production approaches, as a result of the adoption of different data sources and estimation methods in the compilation processes. It is expressed as a percentage of GDP.

26-12 按2014年环比物量计算的生产法本地生产总值
Gross Domestic Product (GDP) by Economic Activity in Chained (2014) Dollars

单位：亿港元 (HKD 100 million)

经济活动	Economic Activity	2011	2012	2013	2014	2015
农业及渔业	**Agriculture and Fishing**	**15.32**	**14.54**	**15.28**	**14.42**	**14.28**
工业	**Industry**	**1404.70**	**1466.29**	**1487.97**	**1597.79**	**1613.42**
采矿及采石	Mining and Quarrying	0.53	0.61	0.62	0.54	0.35
制造	Manufacturing	281.97	279.74	279.98	278.85	274.58
电力、燃气和自来水供应及废弃物管理	Electricity, Gas and Water Supply, and Waste Management	359.04	364.24	353.62	356.36	357.58
建筑	Construction	754.57	817.24	851.36	962.05	980.92
服务	**Services**	**19088.22**	**19423.53**	**19952.87**	**20428.19**	**20816.29**
进出口贸易、批发及零售	Import/export, Wholesale and Retail Trades	4991.98	5085.10	5250.81	5315.41	5255.46
住宿及膳食服务①	Accommodation and Food Services①	730.46	743.46	770.02	787.25	779.85
运输、仓库、邮政及速递服务	Transportation, Storage, Postal and Courier Services	1273.52	1285.13	1338.21	1376.58	1403.32
资讯及通讯	Information and Communications	700.42	719.68	748.49	777.61	808.56
金融及保险	Financing and Insurance	3217.80	3244.87	3491.11	3658.99	3889.30
地产、专业及商用服务	Real Estate, Professional and Business Services	2373.36	2447.40	2348.80	2394.34	2448.18
公共行政、社会及个人服务	Public Administration, Social and Personal Services	3541.89	3615.73	3706.31	3798.81	3898.63
楼宇业权	Ownership of Premises	2268.58	2293.16	2300.22	2319.19	2332.97
产品税	**Taxes on Products**	**930.58**	**833.53**	**779.77**	**832.36**	**890.35**

注：以上的统计数字是按“香港标准行业分类2.0版”编制。

以环比物量计算按经济活动划分的本地生产总值的参照年，已由2013年重订为2014年。重订参照年会影响以环比物量计算的数值，但不会改变其变动率。整体物量估计与其组成部分相加的总和可能存在差额。“不可相加性”是环比物量计算的一个技术属性。

①住宿服务包括酒店、宾馆、旅舍及其他提供短期住宿服务的机构单位。

Notes: The above statistics are compiled based on the Hong Kong Standard Industrial Classification (HSIC) Version 2.0.

The reference year for the chain volume measures of GDP by economic activity has been revised from 2013 to 2014. Re-referencing affects the levels, but not the rates of change, of the chain volume measures. A discrepancy may exist between the volume estimate of an aggregate and the sum of its components."Non-additivity"is a technical feature of the chain volume measures.

①Accommodation services cover hotels, guesthouses, boarding houses and other establishments providing short term accommodation.

26-13 支出法本地生产总值
Gross Domestic Product by Expenditure Component

单位：亿港元，另有注明除外 (HKD 100 million, unless otherwise specified)

本地生产总值组成部分	GDP Components	2011	2012	2013	2014	2015
按当年价格计算	**At Current Market Prices**					
私人消费开支	Private Consumption Expenditure	12244	13150	14131	15031	15895
政府消费开支	Government Consumption Expenditure	1685	1853	1986	2141	2314
固定资本形成总额	Gross Domestic Fixed Capital Formation	4553	5174	5155	5310	5436
存货增减	Changes in Inventories	117	-37	-17	75	-234
货物出口(离岸价)	Exports of Goods (f.o.b.)	34201	35918	38164	38775	37793
减：货物进口(离岸价)	Less: Imports of Goods (f.o.b.)	38482	41164	43949	44718	42900
服务出口	Exports of Services	9412	10030	10583	10779	10535
减：服务进口	Less: Imports of Services	4386	4554	4672	4810	4867
本地生产总值	**GDP**	**19344**	**20371**	**21380**	**22582**	**23971**
人均本地生产总值(港元)	**Per Capita GDP (HKD)**	**273549**	**284720**	**297462**	**311835**	**328117**
按2014年环比物量计算①	**In Chained (2014) Dollars①**					
私人消费开支	Private Consumption Expenditure	13355	13903	14545	15031	15733
政府消费开支	Government Consumption Expenditure	1954	2024	2078	2141	2214
固定资本形成总额	Gross Domestic Fixed Capital Formation	4853	5182	5315	5310	5204
存货增减	Changes in Inventories	134	-33	-12	75	-224
货物出口(离岸价)	Exports of Goods (f.o.b.)	35433	36098	38455	38775	38056
货物进口(离岸价)	Imports of Goods (f.o.b.)	40150	41359	44325	44718	43519
服务出口	Exports of Services	9953	10170	10664	10779	10753
服务进口	Imports of Services	4569	4656	4727	4810	5083
本地生产总值	**GDP**	**20977**	**21334**	**21992**	**22582**	**23132**
人均本地生产总值(港元)	**Per Capita GDP (HKD)**	**296636**	**298179**	**305980**	**311835**	**316635**

注：①以环比物量计算的本地生产总值及其组成部分的参照年，已由2013年重订为2014年。重订参照年会影响以环比物量计算的数值，但不会影响其变动率。整体物量数值与其组成部分相加的总和可能存在差额。不可相加性是环比物量计算的一个技术属性。

Note: ①The reference year for the chain volume measures of GDP and its components has been revised from 2013 to 2014. Re-referencing affects the levels, but not the rates of change, of the chain volume measures. A discrepancy may exist between the volume estimate of an aggregate and the sum of its components. Non-additivity is a technical feature of the chain volume measures.

26-14 本地居民总收入
Gross National Income

单位：亿港元，另有注明除外 (HKD 100 million, unless otherwise specified)

项　目	Item	2011	2012	2013	2014	2015
以2014年环比物量计算①	**In chained (2014) dollars①**					
本地生产总值	GDP	20977	21334	21992	22582	23132
对外初次收入流量净值	Net External Primary Income Flows	575	309	419	466	387
实质本地居民总收入②	RGNI②	21648	21606	22470	23048	23892
人均本地生产总值(港元)	Per Capita GDP (HKD)	296636	298179	305980	311835	316635
人均实质本地居民总收入(港元)	Per Capita RGNI (HKD)	306125	301994	312633	318271	327030
按当年价格计算	**At Current Market Prices**					
本地生产总值	GDP	19344	20371	21380	22582	23971
对外初次收入流量净值	Net External Primary Income Flows	528	295	405	466	395
本地居民总收入	GNI	19873	20665	21785	23048	24366
人均本地生产总值(港元)	Per Capita GDP (HKD)	273549	284720	297462	311835	328117
人均本地居民总收入(港元)	Per Capita GNI (HKD)	281019	288837	303100	318271	333523

注：①以环比物量计算的本地生产总值、对外初次收入流量净值及实质本地居民总收入的参照年，已由2013年重订为2014年。
②实质本地居民总收入是把贸易价格比率变动的调整及实质对外初次收入流量净值加进实质本地生产总值而得出。

Notes: ①The reference year for the chain volume measures of GDP, net external primary income flows (EPIF) and GNI has been revised from 2013 to 2014.
②Real Gross National Income (RGNI) is obtained by adding the terms of trade adjustment and real net EPIF to real GDP.

26-15 香港国际收支平衡表
Hong Kong's Balance of Payments

单位：亿港元 (HKD 100 million)

标准组成部分①	Standard Component①	2011	2012	2013	2014	2015
经常账户②	**Current Account②**	**1075**	**322**	**322**	**294**	**747**
货物	Goods	-582	-1467	-2166	-2510	-1769
服务	Services	1327	1698	2291	2536	2329
初次收入	Primary Income	528	295	405	466	395
二次收入	Secondary Income	-198	-203	-209	-198	-209
资本及金融账户②	**Capital and Financial Account②**	**-1132**	**-677**	**-863**	**-738**	**-1316**
资本账户	Capital Account	-20	-14	-16	-7	-1
直接投资	Direct Investment	19	-1026	-503	-857	9283
证券投资	Portfolio Investment	-110	-316	-3861	-644	-10949
金融衍生工具	Financial Derivatives	209	152	547	1184	1177
其他投资	Other Investment	-362	2417	3549	978	1994
储备资产③	Reserve Assets③	-868	-1889	-579	-1391	-2820
净误差及遗漏④	**Net Errors and Omissions④**	**57**	**355**	**541**	**444**	**569**
整体的国际收支	**Overall Balance of Payments**	**868**	**1889**	**579**	**1391**	**2820**
		(盈余)	**(盈余)**	**(盈余)**	**(盈余)**	**(盈余)**
		(in surplus)	**(in surplus)**	**(in surplus)**	**(in surplus)**	**(in surplus)**

注：①根据国际收支平衡表的会计常规，某标准组成部分的净贷方数字以正数显示，而净借方则以负数显示。

②经常账户差额的正数值显示盈余而负数值则显示赤字。在资本及金融账户方面，正数值显示资金净流入而负数值则显示资金净流出。由于对外资产的增加是属于借方记账而减少则属贷方记账，因此负数值的储备资产显示储备资产的增加，而正数值则显示减少。

③在国际收支平衡架构下储备及非储备资产的估计数字是指交易数字。因估值方式改变(包括价格变动及汇率变动)及重新分类所导致的影响并没计算在内。

④原则上，贷方和借方各项记账的净总和等于零。实际上，由于有关数据是从多个来源搜集得来，贷方和借方记账之间可能由于各种原因而出现差异。为令贷方记账的总和与借方记账的总和相等，须加进一个反映净误差及遗漏的平衡项目。

Notes:①In accordance with the Balance of Payments accounting rules, a net credit for a standard component is represented by a positive value, and a net debit a negative value.

②A positive value for the balance figure in the current account represents a surplus whereas a negative value represents a deficit. In the capital and financial account, a positive value indicates a net financial inflow while a negative value indicates a net outflow. As increases in external assets are debit entries and decreases are credit entries, a negative value for the reserve assets represents a net increase while a positive value represents a net decrease.

③The estimates of reserve and non-reserve assets under the Balance of Payments framework are transaction figures. Effects of valuation changes (including price changes and exchange rate changes) and reclassifications are not taken into account.

④In principle, the net sum of credit entries and debit entries is zero. In practice, discrepancies between the credit and debit entries may occur for various reasons as the relevant data are collected from many sources. Equality between the sum of credit entries and that of debit entries is brought about by the inclusion of a balancing item which reflects net errors and omissions.

26-16 香港国际投资头寸（期末头寸）
Hong Kong's International Investment Position (Position as at End of Period)

单位：亿港元 (HKD 100 million)

概括组成部分	Broad Component	2011	2012	2013	2014	2015
资产	**Assets**	**240620**	**268580**	**291248**	**323915**	**334364**
直接投资	Direct Investment	87677	98726	104835	123585	128442
证券投资	Portfolio Investment	64125	76515	86936	90777	97418
金融衍生工具	Financial Derivatives	5392	6615	5680	6235	6501
其他投资	Other Investment	62420	63420	69669	77842	74193
储备资产	Reserve Assets	21005	23305	24128	25475	27809
负债	**Liabilities**	**185391**	**212662**	**232478**	**256427**	**258482**
直接投资	Direct Investment	91983	105090	113467	127145	135180
证券投资	Portfolio Investment	27928	37435	40458	40858	35584
金融衍生工具	Financial Derivatives	4774	6387	5121	5503	5730
其他投资	Other Investment	60706	63750	73432	82921	81988
国际投资头寸净值①	**Net International Investment Position①**	**55229**	**55918**	**58770**	**67488**	**75882**

注：①国际投资头寸净值是对外金融资产总值与对外金融负债总值之间的差额。
Note: ①Net International Investment Position is the difference between total external financial assets and total external financial liabilities.

26-17 电力、煤气、水消费量
Electricity, Gas and Water Consumption

用　途	Use	2011	2012	2013	2014	2015
电力 （万亿焦耳）	**Electricity (Terajoules)**					
住宅	Domestic	39872	41189	39941	43415	42368
商业	Commercial	100067	102050	101683	102885	103893
工业	Industrial	11104	11282	11190	11281	11436
街灯	Street Lighting	390	390	387	386	386
出口往中国内地	Export to the Mainland of China	10645	6617	5940	4414	4273
总计	Total	162077	161528	159141	162381	162356
煤气 （万亿焦耳）	**Gas (Terajoules)**					
住宅	Domestic	15500	15473	15266	15400	14941
商业	Commercial	11562	11555	11678	11762	11813
工业	Industrial	1086	1331	1612	1673	1649
总计	Total	28147	28360	28556	28835	28403
水 （万立方米）	**Water (10 000 Cubic Meters)**	**92300**	**93500**	**93300**	**95900**	**97300**

26-18 工业生产指数
Index of Industrial Production

(2008年=100) (2008=100)

行业组别	Industry Grouping	2011	2012	2013	2014	2015
制造业	**Manufacturing**	**95.7**	**94.9**	**95.0**	**94.6**	**93.2**
食品、饮品及烟草制品	Food, Beverages and Tobacco	112.8	118.4	122.8	130.9	137.0
纺织制品	Textiles	61.9	58.8	54.2	43.9	31.4
成衣	Wearing Apparel	55.3	43.8	38.9	37.8	35.8
纸制品、印刷及已储录资料媒体的复制	Paper products, Printing and Reproduction of Recorded Media	94.6	91.0	88.0	87.2	87.2
金属、计算机、电子及光学产品、机械及设备	Metal, Computer, Electronic and Optical Products, Machinery and Equipment	89.2	81.1	74.8	70.8	63.1
其他制造行业	Miscellaneous Manufacturing Industries	108.8	114.1	119.9	117.8	115.4
污水处理、废弃物管理及污染防治活动	**Sewerage, Waste Management and Remediation Activities**	**113.0**	**120.0**	**121.1**	**121.0**	**122.1**

注：以上统计数字是按"香港标准行业分类2.0版"编制。
Note : The above statistics are compiled based on the Hong Kong Standard Industrial Classification (HSIC) Version 2.0.

26-19 按楼宇种类划分的新落成私人楼宇
Newly Completed Private Buildings by Type of Building

楼宇类别	Building Type	2011	2012	2013	2014	2015
住宅楼宇	**Residential**					
楼宇数目 (栋)	Number of Blocks (number)	212	323	396	181	283
实用楼面面积 (万平方米)①	Usable Floor Area (10 000 sq.m.)①	38.3	28.1	20.5	42.3	27.6
商住两用楼宇	**Residential/Commercial**					
楼宇数目 (栋)	Number of Blocks (number)	20	33	96	51	113
实用楼面面积(万平方米)	Usable Floor Area (10 000 sq.m.)					
住宅	Residential	7.3	22.6	12.2	20.7	29.4
非住宅	Non-residential	3.4	5.0	2.7	3.2	2.8
商业楼宇	**Commercial**					
楼宇数目 (栋)	Number of Blocks (number)	13	12	16	19	16
实用楼面面积 (万平方米)	Usable Floor Area (10 000 sq.m.)	18.1	17.6	11.7	13.2	21.3
工业楼宇	**Industrial**					
楼宇数目 (栋)	Number of Blocks (number)	16	18	10	17	18
实用楼面面积 (万平方米)	Usable Floor Area (10 000 sq.m.)	12.9	19.7	9.8	17.2	5.3
其他用途楼宇	**Others**					
楼宇数目 (栋)	Number of Blocks (number)	136	215	160	198	182
实用楼面面积 (万平方米)	Usable Floor Area (10 000 sq.m.)					
住宅	Residential	1.5	5.1	2.1	1.5	1.6
非住宅	Non-residential	17.5	41.4	24.0	11.8	15.3
总计	**Total**					
楼宇数目 (栋)	Number of Blocks (number)	397	601	678	466	612
实用楼面面积 (万平方米)	Usable Floor Area (10 000 sq.m.)					
住宅①	Residential①	47.2	55.8	34.8	64.5	58.5
非住宅	Non-residential	51.9	83.7	48.3	45.4	44.8

注：①包括住宅楼宇内用作非住宅用途的实用楼面面积，例如：会所/娱乐设施、管理员办事处/宿舍、电机房等。
Note: ①Including usable floor area in residential buildings for non-domestic use, such as club house/recreational facilities, caretakers' office/quarters, transformer room, etc.

26-20 按楼宇种类划分的获批准可动工兴建私人楼宇
Private Buildings with Consent to Commence Work by Type of Building

年份 Year	住宅楼宇 Residential		商住两用楼宇 Residential/Commercial			商业楼宇 Commercial	
	楼宇数目(栋) Number of Blocks (number)	实用楼面面积(万平方米)① Usable Floor Area (10 000 sq.m.)①	楼宇数目(栋) Number of Blocks (number)	实用楼面面积(万平方米) Usable Floor Area (10 000 sq.m.) 住宅 Residential	非住宅 Non-residential	楼宇数目(栋) Number of Blocks (number)	实用楼面面积(万平方米) Usable Floor Area (10 000 sq.m.)
2011							
初次呈交 First Submission	52	14.1	65	17.9	2.7	14	6.4
重大修改 Major Revision	79	14.8	85	9.0	1.7	3	2.6
2012							
初次呈交 First Submission	102	27.2	69	35.0	5.8	19	15.1
重大修改 Major Revision	86	14.9	2	0.6	0.1	0	0.0
2013							
初次呈交 First Submission	329	18.1	54	20.1	2.8	21	23.1
重大修改 Major Revision	445	21.1	53	21.1	1.8	2	3.2
2014							
初次呈交 First Submission	254	24.0	41	22.0	6.2	16	16.9
重大修改 Major Revision	200	9.6	5	6.0	2.7	1	3.2
2015							
初次呈交 First Submission	261	36.9	99	19.2	5.1	20	19.8
重大修改 Major Revision	65	1.4	66	28.5	7.0	1	0.3

26-20 续表 continued

年份 Year	工业楼宇 Industrial		其他用途楼宇 Others			总计 Total		
	楼宇数目(栋) Number of Blocks (number)	实用楼面面积(万平方米) Usable Floor Area (10 000 sq.m.)	楼宇数目(栋) Number of Blocks (number)	实用楼面面积(万平方米) Usable Floor Area (10 000 sq.m.) 住宅 Residential	非住宅 Non-residential	楼宇数目(栋) Number of Blocks (number)	实用楼面面积(万平方米) Usable Floor Area (10 000 sq.m.) 住宅① Residential①	非住宅 Non-residential
2011								
初次呈交 First Submission	13	10.9	84	1.4	18.4	228	33.5	38.4
重大修改 Major Revision	2	§	17	0.7	4.8	186	24.6	9.1
2012								
初次呈交 First Submission	8	4.6	68	0.9	39.2	266	63.0	64.8
重大修改 Major Revision	3	2.4	23	1.1	3.7	114	16.6	6.2
2013								
初次呈交 First Submission	9	10.1	35	0.1	12.7	448	38.4	48.8
重大修改 Major Revision	4	3.7	18	1.0	0.9	522	43.2	9.6
2014								
初次呈交 First Submission	6	10.4	45	2.8	14.2	362	48.8	47.7
重大修改 Major Revision	1	0.2	12	0.2	7.5	219	15.9	13.6
2015								
初次呈交 First Submission	21	20.6	85	2.8	38.2	486	59.0	83.7
重大修改 Major Revision	1	1.9	26	0.2	17.3	159	30.1	26.5

注：①包括住宅楼宇内用作非住宅用途的实用楼面面积，例如：会所/娱乐设施、管理员办事处/宿舍、电机房等。

Note: ①Including usable floor area in residential buildings for non-domestic use, such as club house/recreational facilities, caretakers' office/quarters, transformer room, etc.

26-21　按类型划分的永久性居住屋宇单位数量(3月底的数字)
Number of Permanent Living Quarters by Type (as at End March of the Year)

单位：万个　　(10 000 units)

永久性居住屋宇单位类型①	Type of Permanent Living Quarters①	2011	2012	2013	2014	2015
公营租住房屋②	Public Rental Housing②	74.71	76.81	77.21	78.15	78.32
资助出售单位③	Subsidised Sale Flats③	39.12	39.09	39.16	39.39	39.60
私人房屋③	Private Housing③	145.49	147.06	148.40	149.65	151.64
总计	**Total**	**259.32**	**262.96**	**264.77**	**267.19**	**269.56**

注：①数字包括所有住宅屋宇单位及非住宅楼宇内已知作居所用途的屋宇单位，但不包括非住宅用途、酒店及院舍内供住院或在囚人士居住的屋宇单位。

②不包括房屋委员会售出的公营租住房屋单位。

③包括房屋委员会及香港房屋协会售出而不可在公开市场买卖的屋宇单位。可在公开市场买卖的资助出售单位则归类为私人永久性房屋。

Notes: ①Figures include all quarters used for residential purpose as well as quarters known to be used for residential purposes in non-residential buildings. Quarters known to be used for non-residential purpose and those in hotels and accommodation used for inmates of institutions are excluded.

②Exclude public rental housing flats sold by the Housing Authority.

③Subsidised sale flats include quarters sold by the Housing Authority and Hong Kong Housing Society that cannot be traded in the open market. Those flats that can be traded in the open market are classified as private permanent housing.

26-22　按住房租住权划分的家庭住户数目
Domestic Households by Tenure of Accommodation

单位：万户　　(10 000 households)

居所租住权	Tenure of Accommodation	2011	2012	2013	2014	2015
总计	**Total**	**235.93**	**238.90**	**240.48**	**243.11**	**246.79**
自置住房住户	Owner-occupiers	125.63	124.22	123.02	123.99	124.41
全租户	Sole Tenants	99.96	103.58	106.24	107.60	111.43
合租户	Co-tenants	1.03	1.18	1.14	1.18	0.75
住房由雇主提供	Provided by Employers	4.09	4.50	4.49	4.41	4.55
其他①	Others①	5.23	5.42	5.58	5.92	5.65

注：数字是根据每年1月至12月进行的“综合住户统计调查”结果，以及由政府统计处与跨部门人口分布推算小组共同编制按区议会分区划分年中人口估计数字而编制。

①包括二房东、三房客及免租户。

Notes : Figures are compiled based on data collected in the General Household Survey from January to December of the year concerned as well as the mid-year population estimates by District Council district compiled jointly by the Census and Statistics Department and an inter-departmental Working Group on Population Distribution Projections.

① Includes main tenants, sub-tenants and rent free households.

26-23 进出香港货物

Inward and Outward Movements of Cargo

单位：万吨 (10 000 tons)

项 目	Item	2011	2012	2013	2014	2015
卸下	**Discharged**					
空运	By Air	144.2	146.4	148.8	158.5	159.6
水运	By Water	15784.1	15469.9	16227.5	18418.5	15280.8
海运	By Ocean	12018.5	11744.8	11607.1	13052.7	11218.0
河运	By River	3765.6	3725.1	4620.5	5365.7	4062.8
道路运输	By Road	1590.6	1597.8	1565.5	1501.9	1446.9
铁路运输①	By Rail①	-	-	-	-	-
总计	Total	17519.0	17214.0	17941.9	20078.9	16887.3
装上	**Loaded**					
空运	By Air	249.6	256.2	263.9	279.1	278.4
水运	By Water	11960.3	11458.3	11378.0	11355.2	10375.1
海运	By Ocean	7474.2	7141.2	6816.8	6679.3	5640.6
河运	By River	4486.2	4317.2	4561.2	4675.8	4734.5
道路运输	By Road	1081.1	1023.7	990.2	919.1	837.5
铁路运输①	By Rail①	-	-	-	-	-
总计	Total	13291.0	12738.3	12632.1	12553.4	11491.0

注：①数字不包括家畜。香港铁路有限公司已于2010年6月16日起，停办铁路货运业务。

Note: ①Figures exclude livestock. The Mass Transit Railway Corporation Limited had terminated the railway cross-boundary cargo transportation transservices from 16 June 2010 onwards.

26-24 按主要货物装卸地点划分的集装箱吞吐量

Container Throughput by Main Cargo Handling Location

单位:万标准集装箱单位 (10 000 TEUs)

项 目	Item	2011	2012	2013	2014	2015
集装箱吞吐量	**Container Throughput**	**2438.4**	**2311.7**	**2235.2**	**2222.6**	**2007.3**
集装箱码头	**Container Terminals**					
抵港	Inward					
载货集装箱	Laden Container	738.0	745.2	749.5	790.9	700.5
空集装箱	Empty Container	135.5	136.2	121.0	111.3	101.4
离港	Outward					
载货集装箱	Laden Container	790.8	791.5	776.7	783.1	683.1
空集装箱	Empty Container	77.3	74.6	64.7	73.4	72.2
集装箱码头以外	**Other than Container Terminals**					
抵港	Inward					
载货集装箱	Laden Container	291.3	237.2	225.9	163.3	166.3
空集装箱	Empty Container	64.6	52.1	51.1	61.6	59.8
离港	Outward					
载货集装箱	Laden Container	249.5	191.3	173.3	166.7	160.8
空集装箱	Empty Container	91.4	83.6	73.2	72.3	63.2

注：一个标准集装箱单位等同一个20英尺集装箱的容量。

Note : TEU refers to a twenty-foot equivalent unit.

26-25 通讯及互联网服务
Communications and Internet Services

项目	Item	2011	2012	2013	2014	2015
邮递服务	**Postal Services**					
信件邮件 (亿件物品)	Letter Mail (100 million articles)	13.0	13.6	12.6	12.2	12.0
包裹 (万件)	Parcels (10 000 pcs)	139.2	146.8	136.1	120.1	110.5
电话服务①②（万条操作线路）	**Telephone Services①② (10 000 working lines)**					
住宅	Residential	241.2	240.4	247.8	248.3	235.6
商用	Business	184.0	184.4	183.9	183.8	185.5
总计	Total	425.2	424.7	431.7	432.1	421.1
图文传真②（万条操作线路）	**Fax② (10 000 working lines)**	**23.3**	**21.4**	**20.2**	**18.8**	**17.7**
对外电话通讯量 （万分钟）	**External Telephone Traffic Volume (10 000 minutes)**					
拨出③	Outgoing③	764610	788811	804303	821810	835118
拨入④	Incoming④	289563	263687	231873	220834	200167
对外专用电报通讯量（万分钟）	**External Telex Traffic Volume (10 000 minutes)**					
发出	Outward	3.7	1.1	0.5	0.1	0.0
收到	Inward	7.5	5.4	2.7	1.4	0.0
本地电报机电讯 （万分钟）	**Internal Telex Traffic (10 000 minutes)**	**18.8**	**9.0**	**6.3**	**2.7**	**0.0**
公共无线电传呼接收器②（个）	**Public Radio Paging Receivers② (number)**	**84495**	**62884**	**49789**	**41442**	**34924**
移动电话用户系统②⑤⑥ （个）	**Public Mobile Subscriber Units②⑤⑥ (number)**	**7166085 (14930948)**	**7633930 (16392841)**	**7847299 (17194291)**	**7851393 (17371199)**	**7971884 (16774732)**
互联网服务	**Internet Services**					
互联网服务商数目②⑦（个）	**Licensed Internet Service Providers (ISPs)②⑦ (number)**	**185**	**186**	**197**	**201**	**215**
互联网服务商客户数目②⑧（个）	**Number of Customers of Licensed ISPs②⑧**					
拨号上网登记用户户口(不包括互联网储值卡)⑨	Registered Customer Accounts with Dial-up Access (Excluding Internet Pre-paid Calling Cards)⑨	788835	793811	462376	239427	200283
拨号上网储值卡	Internet Pre-paid Cards for Dial-up Access					
以私人租用线路接驳的已登记客户户口⑨	Registered Customer Accounts with Leased Line Access⑨	1546	1565	1641	2268	2263
宽带互联网用户户口⑨	Registered Broadband Internet Access Customer Accounts⑨	2244514	2264545	2232031	2268576	2335662
互联网使用量⑧	**Internet Traffic Volume⑧**					
客户通过公共电话网络接驳⑩ （万分钟）	Customer Access via Public Switched Telephone Networks⑩ (10 000 minutes)	16816	18506	22201	24804	24022
客户通过宽带网络接驳 （太字节）⑪	Customer Access via Broadband Networks (terabytes)⑪	1924886	2232256	2581113	2946653	3510437

注：①数字包括直通内线式电话线、图文传真线及电文线路的直拨服务。②年底数字。③数字也包括图文传真及数据。④估计数字。
⑤数字不包括储值智能卡。包括储值智能卡的数字于括号内展示。 ⑥数字包括3G服务。而由2011年开始，数字包括4G服务。
⑦营办商数目包括所有持牌获准提供互联网接驳服务的营办商。
⑧数字为根据互联网服务供应商申报的估计数字，并不包括不属于持牌互联网服务供应商客户的使用者。
⑨已登记客户户口指互联网服务供应商的客户户口(包括免费的客户户口)。拥有超过一个客户登入识别码的登记客户户口只算作一个已登记的客户户口。数字不包括只获提供电邮地址的客户户口。
⑩不包括通过私人租用线路接驳及使用宽带服务的客户。
⑪1个太字节 = 8万亿比特

Notes : ①Figures include direct dialing in lines, facsimile lines and datel lines.
②Figures are as at end of the year. ③Figures also include facsimile and data. ④Estimated figures.
⑤Excluding pre-paid SIM cards. Figures including pre-paid SIM cards are presented in brackets.
⑥Figures include 3G mobile services, and include 4G mobile services starting from 2011.
⑦Including all licenses authorised to provide Internet access services.
⑧Estimated figures are based on the returns from the ISPs and do not include users who are not customers on the licensed ISPs.
⑨Registered customer accounts refer to the customer accounts of ISPs (including those free-of-charge customer accounts). For a registered customer account which has more than one user login ID, it is counted as one registered customer account only.Figures do not include customer accounts which are provided with e-mail addresses only.
⑩Excluding customer access via leased circuits and broadband services.
⑪1 terabyte = 8 terabits.

26-26 商品进出口贸易总额
Total Imports and Exports of Goods

单位：亿港元 (HKD 100 million)

贸易种类	Type of Trade	2011	2012	2013	2014	2015
进口	Imports	37646	39122	40607	42190	40464
港产品出口	Domestic Exports	657	588	544	553	469
转口	Re-exports	32716	33755	35053	36175	35584
整体出口	Total Exports	33373	34343	35597	36728	36053
贸易总额	Total Trade	71018	73465	76204	78918	76517
商品贸易差额	Merchandise Trade Balance	-4273	-4778	-5010	-5463	-4411

26-27 商品进口及港产品出口的主要供应地和目的地
Imports and Domestic Exports of Goods by Major Supplier and Destination

单位：亿港元 (HKD 100 million)

贸易种类／主要国家／地区	Type of Trade/ Main Country/Territory	2011	2012	2013	2014	2015
进口(供应地)	**Imports (Supplier)**	**37646**	**39122**	**40607**	**42190**	**40464**
中国内地	The Mainland of China	16968	18409	19421	19870	19840
中国台湾	Taiwan, China	2409	2449	2619	3003	2744
日本	Japan	3186	3116	2863	2889	2603
新加坡	Singapore	2546	2463	2464	2608	2459
美国	United States of America	2114	2045	2197	2196	2109
港产品出口(目的地)	**Domestic Exports (Destination)**	**657**	**588**	**544**	**553**	**469**
中国内地	The Mainland of China	307	260	248	232	204
美国	United States of America	72	68	54	45	39
新加坡	Singapore	26	27	25	25	23
中国台湾	Taiwan, China	30	27	24	30	21
越南	Vietnam	11	14	18	21	19

26-28 商品转口的主要来源地和目的地
Re-exports of Goods by Major Origin and Destination

单位：亿港元 (HKD 100 million)

贸易种类／主要国家／地区	Type of Trade/ Main Country/Territory	2011	2012	2013	2014	2015
转口(目的地)	**Re-exports (Destination)**	**32716**	**33755**	**35053**	**36175**	**35584**
中国内地	The Mainland of China	17167	18317	19245	19558	19161
美国	United States of America	3236	3317	3259	3370	3383
日本	Japan	1336	1428	1340	1302	1217
印度	India	929	763	830	925	1013
越南	Vietnam	450	493	568	647	747
转口(来源地)	**Re-exports (Origin)**	**32716**	**33755**	**35053**	**36175**	**35584**
中国内地	The Mainland of China	20150	21044	21599	21683	21630
中国台湾	Taiwan, China	2118	2186	2592	2880	2757
日本	Japan	2204	2281	2083	2058	1862
韩国	Republic of Korea	1191	1258	1399	1571	1671
美国	United States of America	1113	1095	1199	1251	1096

26-29 涉及外发中国内地加工的贸易
Trade Involving Outward Processing in the Mainland of China

项　目	Item	2011	2012	2013	2014	2015
涉及外发加工贸易的估计货值　(亿港元)	**Estimated Value of Outward Processing Trade (HKD 100 million)**					
输往中国内地的港产出口货物	Domestic Exports to the Mainland of China	48	41	41	36	28
输往中国内地的转口货物	Re-exports to the Mainland of China	5513	5819	5915	5768	5493
输往中国内地的整体出口货物	Total Exports to the Mainland of China	5561	5860	5956	5804	5522
从中国内地进口的货物	Imports from the Mainland of China	8040	7636	7121	7551	7887
原产地为中国内地经香港输往其他地方的转口货物	Re-exports of the Mainland of China Origin to Other Places	8841	8956	8664	8984	9076
涉及外发加工贸易的估计比重　(%)	**Estimated Proportion of Outward Processing Trade (%)**					
输往中国内地的港产出口货物	Domestic Exports to the Mainland of China	15	16	17	16	14
输往中国内地的转口货物	Re-exports to the Mainland of China	32	32	31	29	29
输往中国内地的整体出口货物	Total Exports to the Mainland of China	32	32	31	29	29
从中国内地进口的货物	Imports from the Mainland of China	47	41	37	38	40
原产地为中国内地经香港输往其他地方的转口货物	Re-exports of the Mainland of China Origin to Other Places	73	74	72	71	72

26-30 按服务组成部分划分的服务出口及进口
Exports and Imports of Services by Service Component

单位：亿港元 (HKD 100 million)

服务组成部分	Service Component	2011	2012	2013	2014	2015
服务出口①	**Exports of Services①**					
制造服务	Manufacturing Services	§	§	§	§	
保养及维修服务	Maintenance and Repair Services	24	25	24	25	
运输	Transport	2501	2485	2424	2477	
旅游	Travel	2215	2565	3020	2976	
建筑	Construction	11	26	30	28	
保险及退休金服务	Insurance and Pension Services	66	72	79	94	
金融服务	Financial Services	1119	1207	1278	1349	
知识产权使用费	Charges for the Use of Intellectual Property	36	40	45	48	
电子通讯、资讯服务	Telecommunications, Information Services	171	186	205	219	
其他商业服务	Other Business Services	923	991	995	1028	
个人、文化及康乐服务	Personal, Cultural and Recreational Services	37	37	18	20	
政府货品及服务	Government Goods and Services	6	6	6	7	
总计	Total	7107	7640	8123	8270	8080
服务进口①	**Imports of Services①**					
制造服务	Manufacturing Services	1395	1389	1160	924	
保养及维修服务	Maintenance and Repair Services	6	6	8	9	
运输	Transport	1394	1426	1406	1426	
旅游	Travel	1481	1557	1645	1707	
建筑	Construction	6	25	27	27	
保险及退休金服务	Insurance and Pension Services	93	95	104	112	
金融服务	Financial Services	302	305	327	344	
知识产权使用费	Charges for the Use of Intellectual Property	156	157	157	150	
电子通讯、资讯服务	Telecommunications, Information Services	98	113	128	148	
其他商业服务	Other Business Services	831	849	850	868	
个人、文化及康乐服务	Personal, Cultural and Recreational Services	7	9	8	8	
政府货品及服务	Government Goods and Services	11	12	12	12	
总计	Total	5780	5943	5832	5734	5750
服务出口净额	**Net Exports of Services**	**1327**	**1698**	**2291**	**2536**	

注：①数字已采纳《2010年国际服务贸易统计手册》内最新的国际建议，包括服务分类及编制方法，以及采用所有权转移原则来记录货品加工及转手商贸活动。因此服务出口及服务进口的数字与表 26-13 内相应的数字并不相同。

Note: ①Figures have incorporated the latest international recommendations given in the Manual on Statistics of International Trade in Services 2010, including the services classification and compilation methods, and adopting the change of ownership principle in recording goods sent abroad for processing and merchanting. Hence, figures on exports of services and imports of services in this table are different from the corresponding figures in Table 26-13.

26-31 按主要目的地和来源地划分的服务出口及进口
Exports and Imports of Services by Major Destination and Source

单位：亿港元 (HKD 100 million)

目的地／来源地	Destination/Source	2011	2012	2013	2014	2015
服务出口①	**Exports of Services①**					
中国内地	The Mainland of China	2341	2694	3171	3216	
美国	United States of America	1146	1147	1157	1198	
英国	United Kingdom	491	482	484	525	
日本	Japan	372	394	362	362	
中国台湾	Taiwan, China	352	331	328	327	
其他	Others	2234	2302	2314	2351	
所有目的地	All Destinations	6936	7351	7818	7980	7798
服务进口①	**Imports of Services①**					
中国内地	The Mainland of China	2501	2529	2359	2164	
美国	United States of America	643	628	628	631	
日本	Japan	324	387	393	427	
英国	United Kingdom	330	325	325	336	
新加坡	Singapore	263	268	266	282	
其他	Others	1695	1771	1827	1856	
所有来源地	All Sources	5755	5909	5797	5696	5700

注：①由于非直接计算金融中介服务没有按地区细分数字，本统计表内的数字不包括非直接计算的金融中介服务数字。因此于本统计表内所有目的地／来源地的数字与表26-30内所有服务的相应数字并不相同。然而本统计表内的数字已采纳《2010年国际服务贸易统计手册》内最新的国际建议，包括服务分类及编制方法，以及采用所有权转移原则来记录货品加工及转手商贸活动。

Note: ①Since data on geographical breakdowns of financial intermediation services indirectly measured (FISIM) are not available,the figures in respect of FISIM are not included in this table. Hence, figures for all destinations/sources in this table are different from the corresponding figures for all services in Table 26-30. Nevertheless, figures in this table have also incorporated the latest international recommendations given in the Manual on Statistics of International Trade in Services 2010, including the services classification and compilation methods, and adopting the change of ownership, principle in recording goods sent abroad for processing and merchanting.

26-32 按选定主要投资者国家／地区划分的外商直接投资头寸及流动 Position and Flow of Inward Direct Investment by Selected Major Investor Country/Territory

单位：亿港元 (HKD 100 million)

主要投资者国家／地区	Major Investor Country/Territory	以市值计算的外商直接投资 Inward Direct Investment at Market Value					
		年底头寸 Position at End of Year			年间流入 Inflow in Year		
		2012	2013	2014	2012	2013	2014
英属维尔京群岛	British Virgin Islands	31548	35370	41234	1919	3419	4767
中国内地	The Mainland of China	35683	33416	34935	2327	466	2218
荷兰	Netherlands	6711	6966	7459	378	161	448
百慕大	Bermuda	6158	6138	6129	730	457	-47
开曼群岛	Cayman Islands	1361	2626	3971	126	344	167
美国	United States of America	2949	3475	3850	-1208	212	83
新加坡	Singapore	2045	2259	3185	171	140	590
日本	Japan	1738	2058	2265	77	63	108
英国	United Kingdom	1297	1596	1319	439	231	444
科克群岛	Cook Islands	1164	1191	1178	101	156	98
其他	Others	5813	9734	10503	383	114	-109
总计	**Total**	**96466**	**104829**	**116029**	**5443**	**5762**	**8765**

注：根据香港近年从个别投资者国家／地区的外商直接投资头寸选取。
Note: Selected based on the position of Hong Kong's inward direct investment from individual investor countries/territories in recent years.

26-33 按选定主要接受投资国家／地区划分的对外直接投资头寸及流动 Position and Flow of Outward Direct Investment by Selected Major Recipient Country/Territory

单位：亿港元 (HKD 100 million)

主要接受投资国家/地区	Major Recipient Country/Territory	以市值计算的对外直接投资 Outward Direct Investment at Market Value					
		年底头寸 Position at End of Year			年间流出 Outflow in Year		
		2012	2013	2014	2012	2013	2014
英属维尔京群岛	British Virgin Islands	39115	37660	45981	2754	1559	1509
中国内地	The Mainland of China	36711	39523	45600	2966	3969	6379
百慕大	Bermuda	2625	2546	2833	281	224	262
开曼群岛	Cayman Islands	1784	2332	2447	-161	195	649
英国	United Kingdom	2144	2320	2420	126	17	22
澳大利亚	Australia	1121	1135	1303	122	92	156
新加坡	Singapore	615	802	847	105	-22	113
美国	United States of America	622	695	781	-59	56	36
卢森堡	Luxembourg	840	857	781	7	2	-17
加拿大	Canada	721	730	739	-24	-9	§
其他	Others	3804	7597	8737	353	182	514
总计	**Total**	**90102**	**96197**	**112469**	**6470**	**6265**	**9622**

注：根据香港近年对个别接受投资国家／地区的对外直接投资头寸选取。
Note: Selected based on the position of Hong Kong's outward direct investment to individual recipient countries/territories in recent years.

26-34 按母公司所在的国家／地区划分的驻港地区总部数目
Number of Regional Headquarters in Hong Kong by Country/Territory where Parent Company was Located

单位：个 (unit)

项 目	Item	2011	2012	2013	2014	2015
驻港地区总部数目	**No. of Regional Headquarters in Hong Kong**	**1340**	**1367**	**1379**	**1389**	**1401**
母公司所在的国家／地区	Country/Territory Where Parent Company Was Located					
美国	United States of America	315	333	316	310	307
日本	Japan	222	219	245	240	238
中国内地	The Mainland of China	97	106	114	119	133
英国	United Kingdom	117	122	126	120	126
德国	Germany	84	86	81	91	87
法国	France	63	62	66	68	67
瑞士	Switzerland	39	41	43	45	43
新加坡	Singapore	43	42	41	43	42
意大利	Italy	43	42	44	43	40
澳大利亚	Australia	32	34	32	37	40
荷兰	Netherlands	54	51	46	43	36
瑞典	Sweden	31	30	29	28	28
中国台湾	Taiwan, China	22	31	33	31	26
加拿大	Canada	16	18	19	16	18

注：数字指有关年度6月首个工作日的数字。地区总部是指代表香港境外母公司对区内(即香港及另一个或多个地方)各办事处拥有管理权的一家办事处。如驻港的地区总部属联营机构，其母公司所在的国家／地区可多于一个。

Note : Figures refer to the first working day of June of the year. A regional headquarters is an office that has managerial control over offices in the region (i.e. Hong Kong plus one or more other places) on behalf of its parent company located outside Hong Kong. In the case of a joint-venture regional headquarters in Hong Kong, there may be more than one country/territory where its parent company was located.

26-35 按母公司所在的国家／地区划分的驻港地区办事处数目
Number of Regional Offices in Hong Kong by Country/Territory where Parent Company was Located

单位：个 (unit)

项 目	Item	2011	2012	2013	2014	2015
驻港地区办事处数目	**Number of Regional Offices in Hong Kong**	**2412**	**2516**	**2456**	**2395**	**2397**
母公司所在的国家／地区	Country/Territory Where Parent Company Was Located					
美国	United States of America	525	536	506	490	505
日本	Japan	426	456	484	465	447
英国	United Kingdom	210	210	209	204	220
中国内地	The Mainland of China	151	152	148	160	186
中国台湾	Taiwan, China	175	180	166	144	122
德国	Germany	125	130	133	125	121
法国	France	105	114	114	110	105
新加坡	Singapore	101	93	86	90	93
瑞士	Switzerland	69	75	73	84	82
荷兰	Netherlands	61	74	68	65	62
意大利	Italy	68	71	69	61	61
澳大利亚	Australia	41	48	43	47	48
韩国	Korea	42	38	43	40	44
加拿大	Canada	32	33	31	29	31
瑞典	Sweden	29	31	31	28	28

注：数字指有关年度6月首个工作日的数字。地区办事处是指代表香港境外母公司负责协调区内(即香港及另一个或多个地方)各办事处及／或运作的一家办事处。如驻港的地区办事处属联营机构，其母公司所在的国家／地区可多于一个。

Note : Figures refer to the first working day of June of the year. A regional office is an office that coordinates offices and/or operations in the region (i.e. Hong Kong plus one or more other places) on behalf of its parent company located outside Hong Kong. In the case of a joint-venture regional office in Hong Kong, there may be more than one country/territory where its parent company was located.

26-36 按居住国家／地区划分的访港旅客人数
Visitor Arrivals by Country/Territory of Residence

单位：万人次 (10 000 person-times)

居住国家／地区	Country/Territory of Residence	2011	2012	2013	2014	2015
中国内地	The Mainland of China	2810.0	3491.1	4074.5	4724.8	4584.2
南亚及东南亚	South and Southeast Asia	375.1	365.2	371.8	361.5	355.9
中国台湾	Taiwan, China	214.9	208.9	210.0	203.2	201.6
北亚	North Asia	230.5	233.3	214.1	233.0	229.3
欧洲、非洲及中东	Europe, Africa and the Middle East	219.4	222.8	225.4	221.8	216.7
美洲	The Americas	182.1	177.8	166.6	167.9	172.8
澳大利亚、新西兰及南太平洋	Australia, New Zealand and South Pacific	75.8	74.1	71.7	71.5	68.1
中国澳门①	Macao, China①	84.3	88.3	95.8	100.2	102.1
总计	**Total**	**4192.1**	**4861.5**	**5429.9**	**6083.9**	**5930.8**
与上年比较的变动百分比(%)	**Percentage Changes over the Preceding Year(%)**	**16.4**	**16.0**	**11.7**	**12.0**	**-2.5**

注：①访港旅客数字包括经澳门访港的非澳门居民。

Note:①Figures include arrival of non-Macao residents via Macao.

26-37 政府储备结余
Government's Reserve Balances

单位：亿港元 (HKD 100 million)

项　目	Item	2011/2012	2012/2013	2013/2014	2014/2015	2015/2016
期初储备结余	Opening Reserve Balances	5954.02	6690.88	7339.14	7557.17	8285.14
收入①	Revenue①	4377.23	4421.50	4553.46	4786.68	4500.07
开支①	Expenditure ①	3640.37	3773.24	4335.43	3961.83	4356.33
债券及票据偿还款项	Repayment of Bonds and Notes	-	-	-	-96.88	-
盈余	Surplus	736.86	648.26	218.03	727.97	143.74
在外汇基金的投资亏损拨备	Write-back of Provision for Loss in Investments with the Exchange Fund	-	-	-	-	-
期末储备结余	Closing Reserve Balances	6690.88	7339.14	7557.17	8285.14	8428.88

注：2015/2016年的数字有待审计署署长核实。

①数额不包括“政府一般收入帐目与各基金之间的转拨”。

Notes:Figures for 2015/2016 are subject to audit by the Director of Audit.

①Figures exclude “Transfers between the General Revenue Account and Funds”.

26-38 政府收入(一般收入帐目及各基金)
Government Revenue (General Revenue Account and Funds)

单位：亿港元 (HKD 100 million)

项　目	Item	2011/2012	2012/2013	2013/2014	2014/2015	2015/2016
经营收入	**Operating Revenue**					
直接税	Direct Taxes					
入息税及利得税	Earnings and Profits Tax	1768.22	1824.42	1835.06	2049.50	2058.83
间接税	Indirect Taxes					
博彩及彩票税	Bets and Sweeps Tax	157.61	165.65	180.66	194.79	201.27
酒店房租税①	Hotel Accommodation Tax①	-	-	-	-	-
印花税	Stamp Duties	443.56	428.80	415.15	748.45	626.80
飞机乘客离境税	Air Passenger Departure Tax	19.47	20.29	22.44	23.47	25.16
应课税品税项	Duties	77.25	89.77	97.20	100.10	107.12
一般差饷	General Rates	97.22	112.04	149.11	222.72	227.33
车辆税	Motor Vehicle Taxes	70.70	74.66	83.38	95.49	93.11
专利税及特权税	Royalties and Concessions	48.49	27.36	44.26	29.16	29.55
各项收费②(含征税成分的费用)	Fees and Charges② (tax-loaded fees)	67.69	51.27	49.51	74.80	76.51
其他收入	Other Revenue					
罚款、没收及罚金	Fines, Forfeitures and Penalties	26.60	12.08	19.57	13.28	14.09
物业及投资	Properties and Investments	169.71	192.68	208.50	234.18	197.01
贷款、偿款、供款及其他收入	Loans, Reimbursements, Contributions and Other Receipts	34.25	34.04	37.90	40.58	41.68
公用事业	Utilities	35.73	36.87	38.85	39.72	40.10
各项收费②(不包含征税成分的费用)	Fees and Charges② (excluding tax-loaded fees)	64.50	64.63	70.13	70.99	74.98
投资收入③	Investment Income③					
政府一般收入帐目	General Revenue Account	201.05	200.24	196.56	2.11	1.78
土地基金	Land Fund	112.16	111.26	104.64	-	-
经营收入总额	**Total Operating Revenue**	**3394.21**	**3446.06**	**3552.92**	**3939.34**	**3815.32**
非经营收入	**Capital Revenue**					
间接税	Indirect Taxes					
遗产税	Estate Duty	0.94	1.37	3.88	1.78	0.30
其他收入	Other Revenue					
其他	Others	23.59	158.53	29.24	14.35	23.23
从房屋委员会收回的款项	Recovery from Housing Authority	1.63	2.30	0.94	2.14	1.36
基金③	Funds③					
基本工程储备基金(不包括债券收入)	Capital Works Reserve Funds (excluding proceeds of bond issue)	884.66	742.38	891.79	779.90	609.90
资本投资基金	Capital Investment Fund	13.86	14.82	16.10	14.61	14.09
赈灾基金	Disaster Relief Fund	0.09	0.01	0.03	0.02	0.01
贷款基金	Loan Fund	23.89	22.40	26.47	20.75	21.86
公务员退休金储备基金	Civil Service Pension Reserve Fund	13.79	13.69	12.87	-	-
创新及科技基金	Innovation and Technology Fund	2.40	2.14	1.65	0.57	0.69
奖券基金	Lotteries Fund	18.17	17.80	17.57	13.22	13.31
非经营收入总额	**Total Capital Revenue**	**983.02**	**975.44**	**1000.54**	**847.34**	**684.75**
政府收入总额	**Total Government Revenue**	**4377.23**	**4421.50**	**4553.46**	**4786.68**	**4500.07**

注：①由2008年7月1日起，政府免收“酒店房租税”。
②各项收费之中含征税成分的费用已重新归类为税项收入。
③2014-15及2015-16年度财政储备的投资收入已预留作房屋储备金，并存放于外汇基金内，而没有在2014年12月31日及2015年12月31日收取。

Notes: ①Effective from 1 July 2008, the government waives the charge of hotel accommodation tax.
②The tax-loaded portion of fees and charges is re-classified under tax revenue.
③The investment incomes on the fiscal reserves for 2014-15 and 2015-16 have been set aside and retained within the Exchange Fund as provision for the Housing Reserve, and were not received on 31 December 2014 and 31 December 2015.

26-39 政府支出(一般收入帐目及各基金)
Government Expenditure (General Revenue Account and Funds)

单位：亿港元 (HKD 100 million)

项目	Item	2011/2012	2012/2013	2013/2014	2014/2015	2015/2016
经营支出	**Operating Expenditure**					
经常支出	**Recurrent Expenditure**					
个人薪酬	Personal Emoluments	546.90	582.18	607.10	645.81	681.52
与员工有关联的支出	Personnel Related Expenses	38.69	42.92	47.89	53.69	59.79
退休金	Pensions	197.37	218.43	239.13	264.12	294.33
部门支出	Departmental Expenses	226.14	239.26	252.68	273.55	285.67
其它费用	Other Charges	448.88	479.34	567.20	594.82	635.65
资助金	Subventions					
教育	Education	320.97	340.67	349.58	397.00	420.94
卫生	Health	382.27	424.78	460.48	494.62	512.49
社会福利	Social Welfare	93.04	101.96	108.65	122.83	134.02
大学	Universities	116.33	135.50	149.89	159.83	174.65
职业训练局	Vocational Training Council	19.85	21.61	22.48	23.36	24.40
杂项	Miscellaneous	34.52	36.56	38.81	21.27	21.86
非经常支出	Non-recurrent	539.50	406.21	533.25	112.27	228.33
经营支出总额	**Total Operating Expenditure**	**2964.46**	**3029.42**	**3377.14**	**3163.17**	**3473.65**
非经营支出	**Capital Expenditure**					
机器、设备及工程	Plant, Equipment and Works	14.88	15.83	12.05	13.16	22.40
资助金	Subventions					
教育	Education	6.67	6.88	6.12	6.66	7.32
卫生	Health	7.60	7.79	6.64	7.74	7.64
职业训练局	Vocational Training Council	0.40	0.38	0.34	0.42	0.58
杂项	Miscellaneous	1.18	0.57	0.46	0.47	0.52
基金	Funds					
基本工程储备基金	Capital Works Reserve Fund	608.37	665.27	873.97	814.01	791.82
资本投资基金	Capital Investment Fund	0.12	7.79	0.12	0.12	0.17
贷款基金	Loan Fund	20.61	23.04	41.44	34.92	31.90
赈灾基金	Disaster Relief Fund	0.37	0.54	1.71	0.47	0.82
创新及科技基金	Innovation and Technology Fund	6.55	6.92	7.32	8.82	10.14
奖券基金	Lotteries Fund	9.16	8.81	8.12	8.75	9.37
非经营支出总额	**Total Capital Expenditure**	**675.91**	**743.82**	**958.29**	**895.54**	**882.68**
政府支出总额	**Total Government Expenditure**	**3640.37**	**3773.24**	**4335.43**	**4058.71**	**4356.33**

注：2015/2016年的数字有待审计署署长核实。
Note: Figures for 2015/2016 are subject to audit by the Director of Audit.

26-40 按政策组别划分的公共开支
Public Expenditure by Policy Area Group

单位：亿港元 (HKD 100 million)

项目	Item	2011/2012	2012/2013	2013/2014	2014/2015	2015/2016
社区及对外事务	Community and External Affairs	260.33	132.28	277.18	126.18	136.35
经济	Economic	473.02	332.98	372.98	205.29	196.96
教育	Education	678.91	766.000	763.92	737.24	791.22
环境及食物	Environment and Food	177.33	189.11	237.62	215.21	219.82
卫生	Health	452.97	595.72	676.02	575.08	607.74
房屋	Housing	189.18	205.01	212.68	243.49	320.92
基础建设	Infrastructure	525.45	616.95	737.23	741.26	795.33
保安	Security	315.22	339.37	352.93	389.06	430.00
社会福利	Social Welfare	433.46	458.94	553.52	580.91	650.01
辅助服务	Support	350.54	365.43	389.38	427.34	473.15
总计	**Total**	**3856.41**	**4001.79**	**4573.46**	**4241.06**	**4621.50**

注：2015/2016年度的数字为修订预算。
公共开支包括政府开支及其他公营机构的开支。至于政府只享有股权的机构，包括法定机构，例如机场管理局及香港铁路有限公司，其开支则不包括在内。

Notes: Figures for 2015/2016 are revised estimates.
Public expenditure comprises government expenditure, and expenditure by other public bodies. It does notinclude expenditure by those organisations, including statutory organisations, in which the Government has only an equity position, such as the Airport Authority and the MTR Corporation Limited.

26-41 外币兑换率及港汇指数
Exchange Rates and the Effective Exchange Rate Indices

单位：每单位外币兑换港元 (HKD per unit of foreign currency)

项目	Item	2011	2012	2013	2014	2015
年内平均数字①	**Average for the year①**					
澳元	Australian Dollar	8.04	8.03	7.50	7.00	5.83
加拿大元	Canadian Dollar	7.87	7.76	7.53	7.03	6.07
人民币	Chinese Renminbi	1.2069	1.2304	1.2635	1.2590	1.2299
欧元	Euro	10.84	9.97	10.30	10.30	8.60
印度卢比	Indian Rupee	0.168	0.146	0.134	0.127	0.121
日元	Japanese Yen	0.0978	0.0973	0.0796	0.0734	0.0640
马来西亚林吉特	Malaysian Ringgit	2.55	2.51	2.46	2.37	2.00
新台币	New Taiwan Dollar	0.274	0.268	0.269	0.263	0.251
菲律宾比索	Philippines Peso	0.177	0.186	0.185	0.179	0.174
英镑	Pound Sterling	12.48	12.29	12.13	12.78	11.85
韩圆	Korean Won	0.0070	0.0069	0.0071	0.0074	0.0069
新加坡元	Singapore Dollar	6.20	6.21	6.20	6.12	5.64
瑞士法郎	Swiss Franc	8.82	8.27	8.37	8.48	8.06
泰铢	Thai Baht	0.256	0.250	0.253	0.239	0.227
美元	US Dollar	7.784	7.756	7.756	7.754	7.752
特别提款权	Special Drawing Right	12.29413	11.87800	11.78501	11.78779	10.84389
港汇指数 (2010年1月=100)②	Effective Exchange Rate Indices for the Hong Kong dollar (January 2010=100) ②					
贸易总值(进口及整体出口)加权	Trade (import and export)-weighted	94.6	94.9	94.9	96.0	101.3
进口货值加权	Import-weighted	93.9	94.2	94.7	96.0	101.7
整体出口货值加权 ③	Export-weighted③	95.4	95.6	95.1	95.9	100.9
年底数字④	**As at end of year④**					
澳元	Australian Dollar	7.94	8.05	6.92	6.35	5.66
加拿大元	Canadian Dollar	7.60	7.80	7.29	6.68	5.58
人民币	Chinese Renminbi	1.2325	1.2460	1.2800	1.2479	1.1761
欧元	Euro	10.06	10.22	10.70	9.43	8.47
印度卢比	Indian Rupee	0.147	0.142	0.126	0.125	0.117
日元	Japanese Yen	0.1009	0.0901	0.0739	0.0648	0.0644
马来西亚林吉特	Malaysian Ringgit	2.45	2.53	2.36	2.22	1.81
新台币	New Taiwan Dollar	0.264	0.272	0.267	0.252	0.243
菲律宾比索	Philippines Peso	0.180	0.191	0.178	0.178	0.167
英镑	Pound Sterling	12.06	12.51	12.78	12.06	11.49
韩圆	Korean Won	0.0067	0.0073	0.0073	0.0071	0.0066
新加坡元	Singapore Dollar	5.99	6.34	6.13	5.86	5.48
瑞士法郎	Swiss Franc	8.28	8.47	8.73	7.84	7.83
泰铢	Thai Baht	0.247	0.254	0.236	0.236	0.215
美元	US Dollar	7.766	7.751	7.754	7.756	7.751
特别提款权	Special Drawing Right	11.92751	11.91420	11.94116	11.23697	10.74079
港汇指数 (2010年1月=100)②	Effective Exchange Rate Indices for the Hong Kong Dollar (January 2010=100)②					
贸易总值(进口及整体出口)加权	Trade (import and export)-weighted	94.9	94.2	94.8	99.0	104.9
进口货值加权	Import-weighted	94.3	93.7	94.9	99.4	105.3
整体出口货值加权③	Export-weighted③	95.5	94.9	94.7	98.5	104.3

注：《中华人民共和国香港特别行政区基本法》说明，港元是香港特别行政区的法定货币。外币指港元以外的其他货币，因而人民币亦视作外币。

①数字是指年内每日电汇或现钞收市中间兑换价的平均值。

②由2012年1月3日起公布的新系列。

③包括转口和港产品出口。

④数字是该年最后一个交易日的电汇或现钞收市中间兑换价。

Notes : Hong Kong Dollar is the legal tender in the Hong Kong Special Administrative Region, as stated in "The Basic Law of the Hong Kong Special Administrative Region of the People's Republic of China". Foreign currency refers to any currency other than the Hong Kong currency. Accordingly, Chinese Renminbi is also treated as foreign currency.

①Figures are the averages of the daily closing middle-market telegraphic transfer rates or notes rates for the year.

②New series has been released as from 3 January 2012.

③Including re-exports and domestic exports.

④Figures are the closing middle-market telegraphic transfer rates or notes rates as at the last trading day of the year.

26-42 货币供应量
Money Supply

单位：亿港元(年底数字) (HKD 100 million, as at end of year)

项 目	Item	2011	2012	2013	2014	2015
法定纸币及硬币的流通量	Legal Tender Notes and Coins in Circulation					
由商业银行发行	Commercial Bank Issues	2598.15	2916.75	3293.25	3421.65	3601.65
由政府发行	Government Issues	101.83	102.50	108.91	113.45	116.61
总计	Total	2699.98	3019.25	3402.16	3535.10	3718.26
由认可机构持有的法定纸币及硬币	Authorized Institutions' Holdings of Legal Tender Notes and Coins	216.96	200.60	263.37	234.24	224.86
由公众持有的法定纸币及硬币	Legal Tender Notes and Coins in Hands of Public	2483.02	2818.65	3138.79	3300.86	3493.40
货币供应量：就外币掉期存款作出调整	Money Supply : Adjusted for Foreign Currency Swap Deposits					
货币供应量 M_1	Money Supply M_1					
港元	Hong Kong Dollar	7947.26	9209.20	10003.44	11166.75	12533.97
外币	Foreign Currency	3325.93	4564.39	5105.52	5920.49	7177.67
总计	Total	11273.20	13773.59	15108.95	17087.24	19711.64
货币供应量 M_2	Money Supply M_2					
港元①	Hong Kong Dollar①	40462.16	45373.84	47951.30	52257.73	57655.66
外币②	Foreign Currency②	40113.14	44126.21	52613.07	57855.99	58528.94
总计	Total	80575.30	89500.05	100564.37	110113.72	116184.59
货币供应量 M_3	Money Supply M_3					
港元①	Hong Kong Dollar①	40554.04	45455.90	48060.12	52361.88	57787.89
外币②	Foreign Currency②	40256.75	44248.07	52792.31	58127.57	58762.48
总计	Total	80810.79	89703.96	100852.43	110489.44	116550.37
货币供应量：未就外币掉期存款作出调整	Money Supply : Unadjusted for Foreign Currency Swap Deposits					
货币供应量 M_2	Money Supply M_2					
港元	Hong Kong Dollar	40458.82	45371.30	47949.40	52256.55	57655.19
外币	Foreign Currency	40116.47	44128.75	52614.97	57857.17	58529.41
总计	Total	80575.30	89500.05	100564.37	110113.72	116184.59
货币供应量 M_3	Money Supply M_3					
港元	Hong Kong Dollar	40550.71	45453.36	48058.22	52360.69	57787.42
外币	Foreign Currency	40260.09	44250.61	52794.21	58128.75	58762.96
总计	Total	80810.79	89703.96	100852.43	110489.44	116550.37

注：《中华人民共和国香港特别行政区基本法》说明，港元是香港特别行政区的法定货币。外币指港元以外的其他货币，因而人民币亦视作外币。

①所列数字已包括外币掉期存款。

②所列数字已扣除外币掉期存款。

Notes : Hong Kong dollar is the legal tender in the Hong Kong Special Administrative Region, as stated in "The Basic Law of the Hong Kong Special Administrative Region of the People's Republic of China". Foreign currency refers to any currency other than the Hong Kong currency. Accordingly, Chinese Renminbi is also treated as foreign currency.

①Figures are adjusted to include foreign currency swap deposits.

②Figures are adjusted to exclude foreign currency swap deposits.

26-43 股票价格指数、证券交易成交额及市场总值
Index of Share Prices, Value of Stock Exchange Turnover and Market Capitalisation

项　　目	Item	2011	2012	2013	2014	2015
香港上市①	**Hong Kong-listed①**					
主板	**Main Board**					
股票价格指数	Index of Share Prices					
恒生指数②（1964年7月31日=100）	Hang Seng Index②(31.7.1964=100)					
最高	High	24468.6	22718.8	24111.6	25363.0	28588.5
最低	Low	16170.4	18056.4	19426.4	21137.6	20368.1
收市	Closing	18434.4	22656.9	23306.4	23605.0	21914.4
分类指数	Sectoral Sub-indexes					
(1984年1月13日= 975.47)	(13.1.1984 = 975.47)					
金融	Finance					
最高	High	35843.9	31400.5	33930.2	34398.4	41536.9
最低	Low	21253.7	24529.0	27524.7	28180.4	27976.1
收市	Closing	24903.0	31231.6	32225.4	33903.5	30576.0
公用事业	Utilities					
最高	High	49317.8	52920.1	58399.8	56506.1	57904.3
最低	Low	40531.1	43428.5	47185.8	44758.8	48525.5
收市	Closing	45400.9	51797.8	48375.9	54559.0	51113.6
地产	Properties					
最高	High	32369.5	31905.9	34485.1	32723.0	37738.0
最低	Low	19362.7	22215.3	26407.3	25381.3	27787.3
收市	Closing	22812.2	31383.1	28504.9	30545.5	29907.2
工商业	Commerce and Industry					
最高	High	13985.9	13163.7	14340.0	15801.4	16791.7
最低	Low	9923.2	10816.5	10761.6	12665.7	11659.7
收市	Closing	11126.7	13136.2	14026.7	13221.3	12522.2
恒生综合指数	Hang Seng Composite Index					
(2000年1月3日= 2 000)	(3.1.2000 = 2 000)					
最高	High	3435.5	3116.6	3359.8	3460.9	4029.6
最低	Low	2182.4	2491.0	2659.9	2958.3	2805.4
收市	Closing	2546.6	3113.1	3260.7	3267.3	3021.5
恒生中国企业指数③	Hang Seng China Enterprises Index③					
(2000年1月3日= 2 000)	(3.1.2000 = 2 000)					
最高	High	13770.7	11916.1	12354.2	12115.0	14962.7
最低	Low	8058.6	8987.8	8640.9	9159.8	9058.5
收市	Closing	9936.5	11436.2	10816.1	11984.7	9661.0
恒生香港中资企业指数	Hang Seng China-Affiliated Corp. Index					
(2000年1月3日= 2 000)	(3.1.2000 = 2 000)					
最高	High	4460.4	4553.0	4773.7	4956.4	5642.5
最低	Low	3079.3	3545.4	3661.7	3927.0	3736.6
收市	Closing	3682.2	4531.1	4553.6	4350.0	4052.1
主板	**Main Board**					
成交金额（亿港元）	Turnover (HKD 100 million)	170911.2	132675.1	151857.9	169902.7	258359.6
市场总值④(亿港元)	Market Capitalisation④(HKD 100 million)	174526.7	218717.3	239088.0	248924.2	244255.5
创业板	**Growth Enterprise Market**					
成交金额（亿港元）	Turnover (HKD 100 million)	629.6	335.4	788.4	1654.6	2546.6
市场总值④(亿港元)	Market Capitalisation④(HKD 100 million)	845.9	784.0	1340.0	1794.1	2581.8

注：对于最高和最低指数，恒生指数有限公司是根据期内每日即市指数编制。
①恒生指数系列已于2010年3月8日重整，并按指数成份股的上市地域分类为香港上市、跨市场及内地上市。
②恒生指数采用流通市值加权法计算。每只成分股的比重上限设定为10%。
③H股指数采用流通市值加权法计算，并为每只成份股的比重上限设定为10%。
④年底数字。

Notes : For high and low indices, indexes compiled by the Hang Seng Indexes Company Limited are based on the intraday indices of the period.
①The Hang Seng Family of Indexes were revamped on 8 March 2010. Indexes are classified as Hong Kong-listed, Cross-market and Mainland-listed according to where their constituents are listed.
②The Hang Seng Index adopts freefloat-adjusted market capitalisation weighted methodology with a 10% cap on each constituent weighting.
③The H-shares Index adopts a freefloat-adjusted market capitalisation weighted methodology with a 10% cap on each constituent weighting.
④Year-end figures.

26-44 消费价格指数（2014年10月-2015年9月=100）
Consumer Price Indices (Oct. 2014 - Sep. 2015=100)

项目	Item	权数 Weight	2011	2012	2013	2014	2015
综合消费价格指数	**Composite Consumer Price Index**						
总指数	**All Items**	**100.00**	**86.1**	**89.6**	**93.5**	**97.7**	**100.6**
食品	Food	27.29	84.5	89.4	93.3	97.2	101.0
外出用膳	Meals Bought away from Home	(17.74)	84.2	88.7	92.6	96.9	101.0
食品(不包括外出用膳)	Food(Excluding Meals Bought away from Home)	(9.55)	84.9	90.4	94.3	97.7	100.9
住屋①	Housing①	34.29	79.9	84.4	90.1	96.0	101.0
私人房屋租金	Private Housing Rent	(29.92)	80.3	85.7	91.1	96.6	101.1
公营房屋租金	Public Housing Rent	(1.94)	70.7	65.7	76.2	90.2	100.0
电力、燃气及水	Electricity, Gas and Water	2.67	81.6	74.9	80.0	92.0	99.7
烟酒	Alcoholic Drinks and Tobacco	0.54	88.9	91.5	92.9	98.9	100.2
衣履	Clothing and Footwear	3.21	95.9	98.9	100.5	101.4	99.6
耐用物品	Durable Goods	4.65	114.5	112.9	108.1	104.4	98.5
杂项物品	Miscellaneous Goods	3.56	92.8	94.9	97.0	99.3	100.1
交通	Transport	7.98	93.2	96.0	98.3	100.3	99.9
杂项服务②	Miscellaneous Services②	15.81	90.3	92.8	96.3	99.2	100.3
教育服务	Educational Services	(3.91)	87.8	90.3	93.6	97.3	100.9
资讯及通讯服务	Information and Communications Services	(2.33)	100.2	97.4	97.4	100.0	99.5
医疗服务	Medical Services	(2.60)	89.0	91.7	94.6	97.5	101.0
甲类消费价格指数	**Consumer Price Index (A)**						
总指数	**All Items**	**100.00**	**84.2**	**87.2**	**91.7**	**96.8**	**100.6**
食品	Food	34.37	84.1	89.2	93.4	97.3	101.0
外出用膳	Meals Bought away from Home	(20.99)	83.9	88.5	92.6	96.9	101.0
食品(不包括外出用膳)	Food(Excluding Meals Bought away from Home)	(13.38)	84.4	90.1	94.3	97.7	100.9
住屋①	Housing①	33.77	77.5	81.0	87.5	94.9	101.0
私人房屋租金	Private Housing Rent	(26.51)	78.6	84.3	90.0	96.2	101.2
公营房屋租金	Public Housing Rent	(5.44)	70.7	65.7	76.1	90.2	100.0
电力、燃气及水	Electricity, Gas and Water	3.85	80.3	71.3	76.4	90.2	99.9
烟酒	Alcoholic Drinks and Tobacco	0.75	88.0	91.1	92.3	98.8	100.2
衣履	Clothing and Footwear	2.57	94.7	98.1	100.4	100.8	99.5
耐用物品	Durable Goods	3.41	115.2	113.1	108.3	104.3	98.5
杂项物品	Miscellaneous Goods	3.28	90.7	93.1	96.2	99.0	100.2
交通	Transport	6.75	92.3	94.7	96.5	99.2	100.2
杂项服务②	Miscellaneous Services②	11.25	91.7	93.3	96.2	99.0	100.1
教育服务	Educational Services	(2.89)	88.1	90.4	93.8	97.4	100.7
资讯及通讯服务	Information and Communications Services	(3.13)	99.8	97.3	97.4	100.0	99.4
医疗服务	Medical Services	(1.90)	89.1	91.7	94.5	97.4	101.0
乙类消费价格指数	**Consumer Price Index (B)**						
总指数	**All Items**	**100.00**	**86.5**	**90.2**	**93.9**	**97.8**	**100.6**
食品	Food	26.26	84.3	89.4	93.3	97.2	101.0
外出用膳	Meals Bought away from Home	(17.88)	84.2	88.9	92.7	96.9	101.0
食品(不包括外出用膳)	Food(Excluding Meals Bought away from Home)	(8.38)	84.4	90.1	94.2	97.7	100.9
住屋①	Housing①	35.24	80.4	85.5	90.7	96.4	101.1
私人房屋租金	Private Housing Rent	(32.15)	80.1	85.6	90.8	96.5	101.1
公营房屋租金	Public Housing Rent	(0.49)	70.7	65.5	76.1	90.1	100.0
电力、燃气及水	Electricity, Gas and Water	2.38	82.4	76.7	81.8	93.0	99.6
烟酒	Alcoholic Drinks and Tobacco	0.57	89.0	91.6	92.9	98.9	100.3
衣履	Clothing and Footwear	3.26	95.0	98.1	100.3	100.5	99.5
耐用物品	Durable Goods	5.03	115.3	114.0	108.7	104.5	98.5
杂项物品	Miscellaneous Goods	3.64	93.4	95.5	97.5	99.5	100.1
交通	Transport	7.60	93.4	96.1	98.2	100.2	99.9
杂项服务②	Miscellaneous Services②	16.02	90.7	93.2	96.5	99.3	100.2
教育服务	Educational Services	(4.03)	88.4	90.7	94.0	97.5	100.9
资讯及通讯服务	Information and Communications Services	(2.23)	100.6	97.6	97.4	100.0	99.5
医疗服务	Medical Services	(2.70)	88.6	91.3	94.3	97.2	101.0

26-44 续表 continued

项 目	Item	权数 Weight	2011	2012	2013	2014	2015
丙类消费价格指数	**Consumer Price Index (C)**						
总指数	**All Items**	**100.00**	**88.0**	**91.6**	**95.1**	**98.4**	**100.5**
食品	Food	20.85	85.3	89.7	93.2	96.9	100.9
外出用膳	Meals Bought away from Home	(13.98)	84.6	88.7	92.5	96.6	101.0
食品(不包括外出用膳)	Food(Excluding Meals Bought away from Home)	(6.87)	86.7	91.4	94.4	97.5	100.9
住屋①	Housing①	33.60	82.4	87.4	92.4	97.0	100.9
私人房屋租金	Private Housing Rent	(30.72)	82.2	87.4	92.6	97.1	100.9
电力、燃气及水	Electricity, Gas and Water	1.76	83.4	80.8	85.9	94.9	99.6
烟酒	Alcoholic Drinks and Tobacco	0.26	91.5	92.8	94.6	99.4	100.4
衣履	Clothing and Footwear	3.88	97.8	100.2	100.8	102.8	99.8
耐用物品	Durable Goods	5.53	113.3	111.6	107.4	104.4	98.5
杂项物品	Miscellaneous Goods	3.77	94.3	95.9	97.3	99.3	100.1
交通	Transport	9.84	93.9	97.1	99.8	101.2	99.8
杂项服务②	Miscellaneous Services②	20.51	89.1	92.2	96.1	99.2	100.5
教育服务	Educational Services	(4.91)	87.0	89.6	93.0	97.0	101.1
资讯及通讯服务	Information and Communications Services	(1.57)	100.4	97.5	97.3	100.0	99.5
医疗服务	Medical Services	(3.24)	89.4	92.2	95.0	97.8	100.9

注：2014年10月起的消费价格指数是根据2014/15年住户开支统计调查所得的开支权数编制。较早的指数则是根据旧的开支权数而经过按比例换算与新基期的指数拼接。

①除"私人房屋租金"及"公营房屋租金"外，"住屋"类别还包括"管理费及其他住屋杂费"和"保养住所材料"。而丙类消费价格指数中的"住屋"类别并不包括"公营房屋租金"。

②"杂项服务"类别包括"教育服务"、"资讯及通讯服务"、"医疗服务"及其他杂项服务。

Notes: The CPIs from October 2014 onwards are compiled based on expenditure weights obtained from the 2014/15 Household Expenditure Survey. The CPIs for earlier periods are compiled based on old weights and have been re-scaled to the new base period for linking with the new index series.

①Apart from "Private Housing Rent" and "Public Housing Rent", the "Housing" section also includes "Management Fees and Other Housing Charges" and "Materials for House Maintenance". For CPI(C), the "Housing" section does not include "Public Housing Rent".

②"Miscellaneous Services" section includes "Educational Services", "Information and Communications Services", "Medical Services" and other miscellaneous services.

26-45 按四分位开支组别及商品或服务类别划分的住户每月平均开支

Average Monthly Household Expenditure by Commodity/Service Section by Quartile Expenditure Group

商品或服务类别	Commodity/ Service Section	总数 Overall		四分位开支组别 Quartile Expenditure Group							
				最低四分位 The Lowest 25%		第二四分位 The Second 25%		第三四分位 The Third 25%		最高四分位 The Highest 25%	
		值(港元) Value (HKD)	百分比 (Percent)	值(港元) Value (HKD)	百分比 (Percent)	值(港元) Value (HKD)	百分比 (Percent)	值(港元) Value (HKD)	百分比 (Percent)	值(港元) Value (HKD)	百分比 (Percent)
食品	Food	7554	27.3	3865	43.0	6108	34.2	8044	29.4	12200	21.6
住屋	Housing	9894	35.8	2519	28.1	6484	36.4	10363	37.9	20218	35.9
电力、燃气及水	Electricity, Gas and Water	740	2.7	485	5.4	652	3.7	751	2.7	1071	1.9
烟酒	Alcoholic Drinks & Tobacco	151	0.5	95	1.1	123	0.7	165	0.6	223	0.4
衣履	Clothing & Footwear	955	3.5	168	1.9	506	2.8	898	3.3	2247	4.0
耐用物品	Durable Goods	892	3.2	133	1.5	397	2.2	759	2.8	2281	4.0
杂项物品	Miscellaneous Goods	1038	3.8	334	3.7	591	3.3	1018	3.7	2207	3.9
交通	Transport	2081	7.5	549	6.1	1045	5.9	1657	6.1	5075	9.0
杂项服务	Miscellaneous Services	4323	15.6	831	9.3	1929	10.8	3670	13.4	10865	19.3
总数	**All Sections**	**27627**	**100.0**	**8980**	**100.0**	**17835**	**100.0**	**27325**	**100.0**	**56387**	**100.0**
住户总数（户）	**Number of Households (household)**	**1892000**		**473000**		**473000**		**473000**		**473000**	

注：住户开支是由2014年10月至2015年9月进行的住户开支统计调查的结果计算出来。于2014/15年住户开支统计调查期间，政府数项一次性的纾困措施减低了住户的开支。本表的住户开支数字是指住户获各项宽减后的实际开支。由于进位关系，个别项目的数字或百分比相加可能不等于总数。

Note: Household expenditures are calculated from the results of the Household Expenditure Survey conducted during October 2014 to September 2015. During the survey period of 2014/15 Household Expenditure Survey, the household expenditure was lowered by a number of Government's one-off relief measures. Household expenditure figures in this table refer to the actual expenditure incurred by households upon enjoying various waivers/concessions. Figures or percentages may not add up to respective totals due to rounding.

26-46 15岁及以上人口受教育程度
Educational Attainment of Population Aged 15 and Above

教育程度／性别	Educational Attainment/ Sex	2011		2012		2013		2014		2015	
		人数(万人) Number of Persons (10 000 persons)	百分比 (Percent)	人数(万人) Number of Persons (10 000 persons)	百分比 (Percent)	人数(万人) Number of Persons (10 000 persons)	百分比 (Percent)	人数(万人) Number of Persons (10 000 persons)	百分比 (Percent)	人数(万人) Number of Persons (10 000 persons)	百分比 (Percent)
总计	**Total**										
男	Male	283.98	46.07	286.87	45.87	288.16	45.71	289.12	45.54	290.17	45.39
女	Female	332.46	53.93	338.47	54.13	342.30	54.29	345.79	54.46	349.05	54.61
未受教育/学前教育①	No Schooling/Pre-primary①										
男	Male	7.56	1.23	6.41	1.02	6.22	0.99	6.22	0.98	5.60	0.88
女	Female	23.59	3.83	21.61	3.46	21.42	3.40	21.31	3.36	20.29	3.17
小学	Primary										
男	Male	42.58	6.91	42.66	6.82	41.86	6.64	41.14	6.48	39.84	6.23
女	Female	56.98	9.24	57.95	9.27	57.61	9.14	56.07	8.83	55.18	8.63
初中	Lower Secondary										
男	Male	47.54	7.71	47.32	7.57	47.48	7.53	47.48	7.48	47.31	7.40
女	Female	46.65	7.57	46.90	7.50	46.96	7.45	48.41	7.62	49.55	7.75
高中	Upper Secondary										
男	Male	102.42	16.61	102.75	16.43	100.55	15.95	99.79	15.72	98.14	15.35
女	Female	124.03	20.12	126.68	20.26	125.83	19.96	125.25	19.73	126.22	19.75
高等教育	Post-secondary										
非学位课程②	Non-degree Courses②										
男	Male	22.83	3.70	24.18	3.87	24.89	3.95	24.82	3.91	24.79	3.88
女	Female	22.68	3.68	23.26	3.72	24.39	3.87	24.79	3.90	23.46	3.67
学位课程③	Degree Courses③										
男	Male	61.05	9.90	63.55	10.16	67.17	10.65	69.68	10.97	74.51	11.66
女	Female	58.53	9.49	62.06	9.92	66.10	10.48	69.96	11.02	74.35	11.63

注：数字是根据每年1月至12月进行的"综合住户统计调查"结果，以及由政府统计处与跨部门人口分布推算小组共同编制按区议会分区划分年中人口估计数字而编制。"综合住户统计调查"涵盖全港陆上非住院人口，因而并不包括公共机构／社团院舍的住院人士及水上居民。

① 包括所有幼儿园及幼儿中心班级。

② 包括所有在香港或以外地区学院的证书、文凭、高级证书、高级文凭、专业文凭及其它同等程度的高等教育课程。

③ 包括所有在香港或以外地区学院的学士学位、研究生修课及专题研究课程。

Notes: Figures are compiled based on data collected in the General Household Survey from January to December of the year concerned as well as the mid-year population estimates by District Council district compiled jointly by the Census and Statistics Department and an inter-departmental Working Group on Population Distribution Projections. The General Household Survey covers the land-based non-institutional population of Hong Kong and thus does not cover inmates of institutions and persons living on board vessels.

①Including all classes in kindergartens and child care centres.

②Including all certificate, diploma, higher certificate, higher diploma, professional diploma and other post-secondary programmes of equivalent standards in educational institutions within or outside Hong Kong.

③Including all first degree, taught postgraduate and research postgraduate courses in educational institutions within or outside Hong Kong.

26-47 按教育及培训机构类别划分的学生人数
Student Enrolment by Type of Educational and Training Institution

单位：人 (person)

类别	Type	2011	2012	2013	2014	2015
幼儿园	Kindergarten	157433	164764	169843	176397	185398
小学	Primary School	322881	317442	320918	329300	337558
中学	Secondary School	472532	422134	398372	375603	354698
日校	Day School	467087	418787	395345	373131	352609
其他中学日间课程①	Other Secondary Day Course①	3403	1411	1157	806	563
夜校	Evening School	2042	1936	1870	1666	1526
特殊教育	Special Education	8050	8021	7965	7760	7888
特殊学校	Special School	8008	7946	7904	7712	7770
普通学校内的特殊班	Special Classes in Ordinary School	42	75	61	48	118
特殊幼儿中心②	Special child care centre②	1607	1636	1654	1722	1757
感化／住宿院舍③	Correctional/residential home③	74	82	98	90	40
惩教院所	Correctional institutions	351	371	408	331	266
教资会资助院校④	University Grants Committee (UGC) -funded Institution④	168692	196800	195147	190544	189488
全日制	Full-time	118068	148114	148817	144902	145707
证书／文凭课程	Certificate/Diploma	2633	1801	482	390	553
副学位课程	Sub-degree	34307	43140	38670	29712	28755
学士学位课程	Undergraduate	63063	82434	85955	90196	92475
研究院修课课程	Taught Postgraduate	11592	13894	16568	17312	16395
研究院研究课程	Research Postgraduate	6473	6845	7142	7292	7529
兼读制	Part-time	50624	48686	46330	45642	43781
证书／文凭课程⑤	Certificate / Diploma⑤	5340	4734	4597	4845	4165
副学位课程	Sub-degree	6919	7844	7100	6618	5881
学士学位课程	Undergraduate	9661	9172	8698	8803	9672
研究院修课课程	Taught Postgraduate	28178	26490	25544	25036	23749
研究院研究课程	Research Postgraduate	526	446	391	340	314
香港树仁大学	Hong Kong Shue Yan University	4944	4929	5287	5263	5226
全日制	Full-time	4833	4900	5218	5174	5173
兼读制	Part-time	111	29	69	89	53
香港公开大学	The Open University of Hong Kong	21305	20781	21955	22832	22092
全日制	Full-time	6650	6876	7736	9006	10183
遥距／兼读制面授	Distance Learning/Part-time Face-to-face	14655	13905	14219	13826	11909
认可高等教育学院	Approved Post-secondary Colleges	3974	7542	8728	9925	10802
全日制	Full-time	3794	7340	8508	9704	10577
兼读制	Part-time	180	202	220	221	225
香港演艺学院	The Hong Kong Academy for Performing Arts	941	946	931	929	918
全日制	Full-time	834	858	859	868	878
非学位程度⑥	Non-degree⑥	292	141	142	121	142
学位程度	Degree	542	717	717	747	736
兼读制	Part-time	107	88	72	61	40
非学位程度⑥	Non-degree⑥	57	36	19	17	-
学位程度	Degree	50	52	53	44	40
职业训练局	Vocational Training Council	52784	56336	60152	61147	61389
全日制	Full-time	38171	42602	47028	47084	47443
技工级课程	Craft Level Courses	2972	2372	2894	3497	2855
技术员级课程	Technician Level Courses	4629	10112	12937	12483	12623
高级技术员级课程	Higher Technician Level Courses	30570	30118	31197	31104	31965
兼读制	Part-time	14613	13734	13124	14063	13946
技工级课程	Craft Level Courses	2841	3360	3659	3928	3974
技术员级课程	Technician Level Courses	2595	1613	1119	1496	1853
高级技术员级课程	Higher Technician Level Courses	9177	8761	8346	8639	8119
其他院校⑦	Other Institutions⑦	8550	10275	8364	8138	7592
全日制	Full-time	7074	9520	7809	6954	6434
兼读制	Part-time	1476	755	555	1184	1158

26-47 续表 continued

单位：人 (person)

类　别	Type	2011	2012	2013	2014	2015
建造业议会训练学院	Construction Industry Council Training Academy					
全日制	Full-time	758	763	906	851	790
技工级课程	Craft Level Courses	471	507	595	518	461
技术员级课程	Technician Level Courses	287	256	311	333	329
制衣业训练局	Clothing Industry Training Authority	86	42	32	17	156
全日制	Full-time	70	24	8	-	-
技术员级课程	Technician Level Courses	70	24	8	-	-
兼读制	Part-time	16	18	24	17	156
技工级课程	Craft Level Courses	16	18	24	17	156
医院管理局⑧	Hospital Authority⑧					
全日制	Full-time	1925	1631	1532	1384	1192
菲腊牙科医院⑨	The Prince Philip Dental Hospital⑨	79	79	78	73	72
全日制	Full-time	73	76	73	68	72
兼读制	Part-time	6	3	5	5	-
毅进计划／毅进文凭	Project Yi Jin/Yi Jin Diploma	2962	5440	5209	5439	4766
全日制	Full-time	2192	5040	4597	4913	4218
兼读制	Part-time	770	400	612	526	548
提供成人教育／补习／职业课程的院校	Institutes Offering Adult Education/Tutorial/Vocational Courses	243627	218606	213110	224715	236268
日校	Day School	70060	49639	43169	48511	50061
日暨夜校	Day cum Evening School	129646	136266	144724	154958	167053
夜校	Evening School	43921	32701	25217	21246	19154
非本地高等及专业教育课程⑩	Non-local Higher and Professional Education Courses⑩	37000	36800	36000	33900	34000

注：表内列载有关幼儿园、小学、中学、特殊学校、特殊幼儿中心、感化/住宿院舍及惩教院所的数字是截至该年9月为止。“提供成人教育／补习／职业课程的院校”的数字，是截至该年10月为止。至于有关职业训练及高等教育，学年开始和完结月份则会因应各教育及培训机构而有所不同。

2015年职业训练及高等教育的学生人数为临时数字。

①数字是指由提供成人教育/补习/职业课程的私立院校开办的日间中学课程的学生人数。

②为2至6岁的中度及严重残疾儿童提供的教育。

③为行为上有适应问题的儿童/青少年及青少年违法者，提供住院训练服务。

④教资会资助的大专院校是指香港城市大学、香港浸会大学、岭南大学、香港中文大学、香港教育大学、香港理工大学、香港科技大学和香港大学。数字包括教资会资助课程及教资会资助院校本部和辖下持续进修部门开办的本地经评审自资课程的学生人数。

⑤数字只包括为期最少一年的本地课程。

⑥数字包括证书、深造证书、专业证书、文凭、深造文凭及专业文凭课程的学生人数。

⑦其他院校指提供专上课程的私立学校。

⑧数字是指护士训练课程。

⑨数字是指牙科训练课程。

⑩数字包括与非本地机构合办，而学生在修业后可获取非本地高等学术资格的非本地注册或获豁免课程的学生人数。数字计算至最接近的百位数。

Notes: Figures for kindergarten, primary, secondary, special schools, special child care centre, correctional/residential home and correctional institutions are as at September of the respective years. Figures for “Institutes offering adult education/tutorial/vocational courses” as at October of the respective years. For vocational and post-secondary education, beginning and ending months of academic year are vary among educational and training institutions.

Figures for vocational and post-secondary education for 2015 are provisional.

① Figures refer to number of students attending secondary day courses operated by private institutes offering adult education/tutorial/vocational courses.

② Special training and care for moderately and severely disabled children aged 2-6.

③ Residential treatment service for mal-adjusted children/juveniles and young offenders through social work intervention.

④ Refers to City University of Hong Kong, Hong Kong Baptist University, Lingnan University, The Chinese University of Hong Kong, The Education University of Hong Kong, The Hong Kong Polytechnic University, The Hong Kong University of Science and Technology and The University of Hong Kong. Figures include students attending UGC-funded programmes and students attending locally accredited self-financing programmes offered by institution proper and their continuation education arms.

⑤ Figures only cover local programmes lasting for at least one academic year.

⑥ Figures include students in certificate, advanced certificate, professional certificate, diploma, advanced diploma and professional diploma courses.

⑦ Other institutions refer to private schools which provide post-secondary courses.

⑧ Figures refer to nurse training programmes.

⑨ Figures refer to dental training programmes.

⑩ Figures include students attending non-local registered or exempted courses leading to non-local higher academic qualifications and jointly operated with non-local institutions. Figures are rounded to the nearest hundred.

26-48 医疗卫生条件
Conditions of Public Health

项　目	Item	2011	2012	2013	2014	2015
注册医护专业人员　(人)	Number of Registered Healthcare Professionals (person)					
医生	Doctors	12818	13006	13203	13417	13726
中医	Chinese Medicine Practitioners (CMP)					
注册中医	Registered Chinese Medicine Practitioners	6414	6565	6743	6898	7071
有限制注册中医①	Chinese Medicine Practitioners with Limited Registration①	70	74	61	64	55
表列中医②	Listed Chinese Medicine Practitioners②	2746	2733	2715	2693	2661
牙医	Dentists	2215	2258	2310	2343	2382
药剂师	Pharmacists	2050	2127	2285	2390	2504
护士	Nurses	41310	43698	45846	48047	50461
按每千名人口计算的医生数目	Doctors per Thousand Population	1.8	1.8	1.8	1.8	1.9#
医疗机构和病床③	Number of Medical Institutions and Hospital Beds③					
医疗机构　(间)	Medical Institutions　(number)	120	123	127	130	133
病床　(张)	Hospital Beds　(bed)	36121	36579	36720	37322	38287
按每千名人口计算的病床数目	Beds per Thousand Population	5.1	5.1	5.1	5.1	5.2#

注：数字是指该年年底的数字。

①有限制注册中医可在指定的教育或科研机构进行中医药学方面的临床教学和研究工作，但不得作私人执业，其注册有效期不超过一年。

②表列中医可在中医注册过渡性安排下在香港合法执业，直至食物及卫生局局长日后在宪报上公布的日期为止。表列中医在过渡性安排期间，可分别循直接注册、、通过注册审核或通过执业资格试成为注册中医。

③包括医院管理局辖下医院及机构、私家医院、护养院及惩教机构的医院。

Notes: Figures are as at end of the year stated.

①CMPs with limited registration are allowed to perform clinical teaching and research in Chinese medicine in the specified educational and scientific research institutions. The registration period of CMPs with limited registration should not exceed one year and they cannot engage in private practice with patients.

②Listed CMPs can practise lawfully in Hong Kong under the transitional arrangements for registration of CMPs until a date to be announced by the Secretary for Food and Health in the Gazette. Listed CMPs may become registered CMPs through direct registration, registration assessment or the Licensing Examination during the transitional arrangements.

③Including Hospital Authority hospitals and institutions, private hospitals, nursing homes and hospitals in correctional institutions.

26-49 社会保障
Social Security

社会保障计划	Social Security Scheme	2011/2012	2012/2013	2013/2014	2014/2015	2015/2016
综合社会保障援助	Comprehensive Social Security Assistance (CSSA)					
处理中的个案数目①(个)	Number of Active Cases① (case)					
年老	Old Age	154176	153237	151183	148664	146135
永久性残疾	Permanent Disability	18376	18351	18362	18221	17797
健康欠佳	Ill Health	25271	25217	25111	24754	24417
单亲	Single Parent	32579	30513	29852	29284	28099
低收入	Low Earnings	11765	9942	8613	7302	6065
失业	Unemployment	26081	23293	20536	18021	15852
其他	Others	7135	7070	5765	4853	4538
总计	Total	275383	267623	259422	251099	242903
发放款项② (亿港元)	Amount② (HKD 100 million)	195	198	195	207	223#
公共福利金	Social Security Allowance (SSA)					
处理中的个案数目①(个)	Number of Active Cases① (case)					
伤残津贴	Disability Allowance (DA)	141751	147114	123803	129125	135699
高龄津贴	Old Age Allowance (OAA)	521486	546275	191634	215078	224463
长者生活津贴③	Old Age Living Allowance (OALA)③	-	-	416166	417593	432862
广东计划④	Guangdong Scheme (GD Scheme)④	-	-	17194	17145	15885
总计	Total	663237	693389	748797	778941	808909
发放款项② (亿港元)	Amount② (HKD 100 million)	97	106	189	186	217#
暴力及执法伤亡赔偿	Criminal and Law Enforcement Injuries Compensation					
获批个案数目 (个)	Number of Cases Authorised for Payment (case)	202	195	207	159	150
交通意外伤亡援助	Traffic Accident Victims Assistance					
获批个案数目 (个)	Number of Cases Authorised for Payment (case)	7139	7430	7675	7413	7148
紧急救济	Emergency Relief					
受助灾民人数 (人)	Number of Victims Assisted (person)	623	504	531	591	151

注：于财政年度终结时的数字。除特别注明外，财政年度是由4月1日至翌年3月31日。

①处理中的个案包括新申请个案，正在复查中的个案，正领取援助款项的个案和已停止领取援助款项等待复查的个案。

②2010/11至2014/15年度的开支包括分别于该年度向综援受助人及公共福利金受惠人额外发放的一个月标准金额及一个月福利金。而2015/16年度的开支包括分别于该年度向综援受助人及公共福利金受惠人额外发放的两个月标准金额及两个月福利金。由于广东计划是由2013年10月起实施，2013/14年度广东计划所发放的款项并没有包括在2013年7月时额外发放的一个月福利金。

③长者生活津贴由2013年4月起实施。符合资格的65岁或以上高龄津贴受惠人及伤残津贴受惠人，已由 2013年4月起陆续转为领取长者生活津贴。

④广东计划由2013年10月起实施。

Notes : Figures are as at end of the financial year. Financial year is from 1 April to 31 March of the next year, unless otherwise specified.

①Active cases refer to cases being handled which include new applications, cases being reviewed, cases being paid and cases suspended for payment pending review.

②Expenditure of 2010/11 to 2014/15 including the provision of one additional month of standard rate of CSSA payment and one additional month of allowance to CSSA and SSA recipients of the year respectively. For 2015/16, the expenditure includes the provision of two additional months of standard rate of CSSA payment and two additional months of allowance to CSSA and SSA recipients of the year respectively. As the Guangdong (GD) Scheme was launched in October 2013, the amount of GD Scheme expenditure did not include the one additional month of allowance which was issued in July 2013.

③Old Age Living Allowance (OALA) was launched in April 2013. Eligible Old Age Allowance recipients and Disability Allowance recipients aged 65 or above were gradually converted to receive OALA payment with effect from April 2013.

④The Guangdong Scheme was launched in October 2013.

《中国统计年鉴》与香港特别行政区统计刊物中使用的指标对照表

A Comparison of Common Statistical Terms Used in Publications Compiled by the Census and Statistics Department, the Government of the Hong Kong Special Administrative Region and China Statistical Yearbook

对应表号 Table Number	《中国统计年鉴》使用的统计名词 Statistical Terms Used in China Statistical Yearbook	香港特别行政区统计名词及对应英文 Statistical Terms Used in Publications of the Hong Kong Special Administrative Region
1, 7, 11, 12, 30	建筑业	建造业 Construction
1	实际工资指数	实质工资指数 Real Wage Index
1, 11,13, 14	按当年价格计算	以当时市价计算 At Current Market Prices
1, 13, 30, 31	服务出口	服务输出 Exports of Services
1, 13, 30, 31	服务进口	服务输入 Imports of Services
1, 17	消费量	用量 Consumption
1, 24	集装箱	货柜 Container
1, 44	消费价格指数	消费物价指数 Consumer Price Indices
10	实际增长	实质增长 Real Growth Rate
11	支出法	开支面 Expenditure Approach
11	生产法	生产面 Production Approach
11, 12	生产法本地生产总值	按经济活动划分的本地生产总值 GDP by Economic Activity
13	支出法本地生产总值	按开支组成部分划分的本地生产总值 GDP by Expenditure Component
13, 29	货物出口	货品出口 Exports of Goods
13,29	货物进口	货品进口 Imports of Goods
14	人均	按人口平均计算的 Per Capita
17, 44	水	食水 Water
18, 30	计算机	电脑 Computer
22	住房	居所 Accommodation
25	宽带	宽频 Broadband
29	转口货物	转口货品 Re-exports
32	外商直接投资	外来直接投资 Inward Direct Investment
32, 33	流动	流量 Flow
33	对外直接投资	向外直接投资 Outward Direct Investment
46, 47	高等教育	专上教育 Post-secondary
46, 47	幼儿园	幼稚园 Kindergarten

主要统计指标解释

年中人口 是以“居住人口”方法编制，利用“居住人口”方法所编制的人口估计称为“居港人口”。“居港人口”包括“常住居民”和“流动居民”。“常住居民”指两类人士：(a) 在统计时点之前的6个月内，在港逗留最少3个月，又或在统计时点之后的6个月内，在港逗留最少3个月的香港永久性居民，不论在统计时点他们是否身在香港；及 (b) 在统计时点身在香港的香港非永久性居民。至于“流动居民”，是指在统计时点之前的6个月内，在港逗留最少一个月但少于3个月，又或在统计时点之后的6个月内，在港逗留最少1个月但少于3个月的香港永久性居民，不论在统计时点他们是否身在香港。根据新的编制方法，旅客并不包括在香港人口内。

粗出生率 是指某一年内的活产婴儿数目相对该年年中每千名人口的比率。

粗死亡率 是指某一年内的死亡人数相对该年年中每千名人口的比率。

婴儿死亡率 是指某一年内一岁以下婴儿死亡人数相对该年每千名活产婴儿的比率。

总和生育率 是指某年的每一千名妇女，若她们在生育龄期（即15至49岁）经历了一如该年的年龄别生育率，其一生中活产子女的平均数目。

出生时平均预期寿命 是指某年出生人士，若其一生经历一如该年的年龄性别死亡率所反映的死亡情况，他／她预期能活的年数。

劳动人口 是指15岁及以上陆上非住院人口，并符合就业人口或失业人口定义的人士。

劳动人口参与率 是指劳动人口占所有15岁及以上陆上非住院人口的比例。

就业人口 包括在统计前 7 天内有做工赚取薪酬或利润或有一份正式工作的15岁及以上人士。无酬家庭从业人员及在统计前7天内正休假的就业人士亦包括在内。

失业人口 包括所有15岁及以上人士 (a) 在统计前7天内并无职位，且并无为赚取薪酬或利润而工作；及 (b) 在统计前7天内随时可工作；及 (c) 在统计前30天内有找寻工作。一名15岁或以上的人士，如果他/她符合上述 (a) 和 (b) 的条件，但由于相信没有工作可做而在统计前 30天内没有找寻工作，仍会被界定为失业，即所谓「因灰心而不求职的人士」。失业人口亦包括那些并无职位，有找寻工作，但由于暂时生病而不能工作的人士；及并无职位，且随时可工作，但由于已为于稍后时间担当的新工作或开展的业务作出安排；或正期待返回原来的工作岗位而没有找寻工作的人士。

失业率 是指失业人士在劳动人口中所占的比例。

每月就业收入 是指统计前一个月从所有工作所获得的收入。就雇员来说，收入包括工资和薪金、花红、佣金、小费、房屋津贴、逾时工作津贴、勤工津贴及其他现金津贴，但不包括补薪。就雇主和自营作业人士而言，收入是指从自己拥有的企业提取作个人及家居用途的款额。如果提取作个人及家居用途的款额资料未能提供，则会搜集有关从业务所得的净收入的数据。

本地生产总值 是指一个经济体的所有居民生产单位，在一个指定的期间内(一般是1年或1季)，未扣除固定资本消耗的生产总值。

人均本地生产总值 是指把该经济体在某统计年的本地生产总值除以该经济体在同年的人口总数所得的数字。

本地居民总收入 指一个经济体的居民透过从事各项经济活动而赚取的总收入，不论该等经济活动是否在该经济体的经济领域内或外进行。换言之，编制本地居民总收入应包括本地居民在该经济领域内或外从事各类经济活动的收入，并扣除非本地居民在该经济领域内从事经济活动的收入。本地居民总收入的计算方法如下：

本地居民总收入

= 本地生产总值 + 对外初次收入流量净值

= 本地生产总值 + 本地居民从经济领域外所赚取的初次收入 − 非本地居民从经济领域内所赚取的初次收入

初次收入 包括投资收益及雇员报酬。投资收益包括直接投资收益、证券投资收益、其他投资收益及储备资产收益。

人均本地居民总收入 指把该经济体在某统计年的本地居民总收入除以该经济体在同年的人口总数所得的数字。

国际收支平衡 是一项统计报表，有系统地撮录在一个指定期间内（一般是1年或1季）某经济体与世界各地之间（即居民与非居民之间）进行的经济交易。完整的国际收支平衡表包括两大账户：(a)经常账户；及(b)资本及金融账户。

经常账户 量度居民与非居民之间关于货物、服务、初次收入和二次收入的流量。

货物 在国际收支平衡表内经常账户的货物主要包括一般商品、转手商贸活动下的货物净出口及非货币黄金。

服务 在国际收支平衡表内经常账户的服务主要包括运输服务、旅游服务、保险和退休金服务、金融服务、制造

服务及其他服务。

初次收入账户 显示应收及应付的外地款额，作为向非居民提供／从非居民获得可予使用的劳动力、金融资源或自然资源的回报。在国际收支平衡经常账户内初次收入的概念及定义，与本地居民总收入的对外初次收入流量是相同的。

二次收入账户 记录居民与非居民之间的经常转移。经常转移指提供可能即时或短时间内被耗用的实质或金融资源而无同等经济价值作回报的交易。经常转移属单向性质，在国际收支平衡表内是一项用以抵销单边交易的记账。例子包括职工汇款、捐款、官方援助及退休金。

资本账户 量度有关资本转移及非生产、非金融资产（如商标和品牌）的获得和处置的对外交易。资本转移的例子包括债权人减免债务，和涉及获得或处置固定资产的现金转移。

金融账户 记录居民与非居民之间关于金融资产及负债的交易，显示某经济体的对外交易是如何融资的。金融账户内的交易按功能(即投资目的)归类为直接投资、证券投资、金融衍生工具、其他投资及储备资产。

直接投资 指某经济体的投资者对另一经济体内的企业所作的对外投资，并对该企业拥有持久利益及在其管理上具有相当程度的影响力或话语权。就统计计算而言，若投资者持有某企业10%或以上的表决权，便视作对该企业的管理具话语权。

证券投资 指对非本地股权证券及债务证券(如中长期债券、货币市场工具）所作的投资，直接投资或储备资产所包括的投资除外。与直接投资者相比，投资在非本地企业所发行的股权证券及债务证券的证券投资者，在该等企业并无持久利益或在管理方面没有影响力。凡持有一间企业不足10%的表决权均视为证券投资。

金融衍生工具 是一种与某个特定的金融工具、指标或商品挂钩的金融工具，使特定的金融风险本身能透过这种工具在金融市场进行交易。金融衍生工具包括期权类合约（如认股权证和期权）及远期类合约（如期货、利率掉期、货币掉期、远期利率协议、远期外汇合约）。

其他投资 指对非居民的其他金融申索和负债，但不属直接投资、证券投资、金融衍生工具或储备资产。其他投资包括不可转让的贷款、货币和存款、贸易信贷和预付款，以及其他资产／负债。

储备资产 是由一个经济体的金融当局（就香港而言，即香港金融管理局）控制的对外资产，并随时可供金融当局用来应付国际收支平衡的财务需要、干预外汇市场以调节该经济体的货币汇率，以及用作其他相关目的（如维持大众对货币及经济的信心，及作为向外地借贷的基础）。

国际投资头寸 是显示一个经济体在某特定时点的对外金融资产及负债存量的资产负债表。对外金融资产及负债的差额即为该经济体的国际投资头寸净值，代表其对世界各地的净申索或净负债。国际投资头寸与国际收支平衡的金融账户完全协调，同样也按投资类别分类。资产和负债分类为直接投资、证券投资、金融衍生工具及其他投资。国际投资头寸的资产方还包括储备资产。有关投资组成部分的详细解释，请参阅国际收支平衡表内金融账户组成部分的解释。

国际投资头寸净值 是对外金融资产总值与对外金融负债总值之间的差额。

工业生产指数 量度本地工业生产量的实际变动，即撇除价格变动因素后的本地生产量的变动情况。

实用楼面面积 指各层楼面面积总和，但不包括楼梯、公共通道空间、升降机等候处、盥洗室、厕所、厨房、及为楼宇提供升降机、空调系统、或类似设施而安装的机械所占用的空间。

获批准可动工兴建楼宇 是指获屋宇署签发“同意书”动工兴建的楼宇。这种“同意书”是发给私人发展计划（包括香港房屋协会的计划）。

初次呈交 就一项建筑工程初次呈交建筑事务监督要求批准的图则。

重大修改 指经过大规模修改的建筑图则，而这些图则必须从根本上接受重新评估。

自置住房住户 是指住户拥有其居住屋宇单位的业权。

全租户 是指住户向居于别处的人士租住整个屋宇单位自住，没有分租，单位内也没有其他的住户。

合租户 是指两个或以上的住户，分别向居于别处的人士租用部分的屋宇单位居住。

二房东 是指住户向居于别处的人士租住整个屋宇单位，并把部分单位分租予其他住户。

三房客 是指住户向居于同一屋宇单位内的人士租用部分单位居住。

免租 是指住户免费在屋宇单位内居住，不论是否获得业主同意，但不包括本身是业主或由雇主提供住房的住户。

住房由雇主提供 是指住户居住在由其成员之一的雇主提供的住房，包括以象征式租金向雇主租住屋宇单位的住户。假如住户使用由雇主提供的房屋津贴租用住房，则租住权不属于「住房由雇主提供」类别。

进口货物 是指在香港以外出产或制成的货物，输入香港供本地使用或转口，以及再进口的香港产品。其货值是以到岸价值计算。

港产品出口货物 是指香港的天然产品或在香港经过制造工序，以致其基本原料的形状、性质、式样或用途受到永久改变的产品。如果产品在香港只进行简单的稀释、包装、入樽、烘干、简单装配、分类、装饰等过程，则该产品并不能以香港作为来源地。其货值是以离岸价值计算。

转口货物 是指输出曾经自外地输入香港的货物，而这些货物并没有在香港经过任何制造工序，以致永久改变其形状、性质、式样或用途。其货值是以离岸价值计算。

输往中国内地作外发加工用途的出口货物 是指那些从香港或经香港出口往中国内地加工的原料或半制成品，经加工后成为制成品，并以合约安排再进口香港。

从中国内地进口与外发内地加工有关的货物 是指那些加工后从中国内地进口香港的货物，其中全部或部分原料或半制成品是以合约安排从香港或经香港出口往中国内地加工。

原产地为中国内地而涉及外发中国内地加工、并经香港输往其他地方（中国内地除外）的转口货物 是指那些经香港转口的制成品，其中全部或部分原料或半制成品是以合约安排从香港或经香港出口往中国内地加工，而加工后的货物再进口香港。

直接投资 指某经济体的投资者对另一经济体内的企业所作的对外投资，并对该企业拥有持久利益及在其管理上具有相当程度的影响力或话语权。就统计计算而言，若投资者持有某企业10%或以上的表决权，便视作对该企业的管理具话语权。直接投资包括股权及投资基金份额，以及债务工具。股权及投资基金份额包括所持有的分行股本、附属公司及联营公司的股票、投资基金份额，以及收益再投资（即投资者应得但有关企业的分行、附属公司、联营公司或投资基金没有分发的利润）。债务工具主要涉及公司之间的债务交易，包括母公司与其分行、附属公司及联营公司之间的短期及长期借贷。

外商直接投资 指境外居民持有香港居民企业的直接投资。跨国企业在香港营运的分行及附属公司，是外商直接投资的典型例子。

对外直接投资 指香港居民投资者持有境外企业的直接投资。

直接投资头寸 指某一特定日子香港居民在境外投资的价值或接受外来投资的价值。

直接投资流动 指某一时段内香港居民于境外投资或接受外来投资的投入或撤走。

贷款基金 提供资金予如房屋贷款和教育贷款等贷款计划。基金收入主要来自政府一般收入帐目转拨的款项、偿还的贷款及贷款利息。

港汇指数 是量度港元相对其他主要贸易伙伴的货币汇率变动加权平均值的指数，作为反映港元相对各种选定货币强弱的整体指标。由2012年1月3日起公布的新系列港汇指数已取代旧港汇指数系列。新系列指数是以2010年1月为基期及包括15种货币(印度卢比亦被纳入新系列指数中)。

外币兑换率 指外币兑港元的电汇或现钞收市中间兑换价。

认可机构 包括持牌银行、有限制牌照银行及接受存款公司。持牌银行可接受任何金额及期限的存款。随着撤销利率限制的最后阶段在2001年7月3日生效，各类存款利率再无任何限制。至于有限制牌照银行，它们可接受金额不少于港币50万元的任何期限的定期存款。接受存款公司则可接受金额不少于港币10万元而期限不少于3个月的定期存款。有限制牌照银行及接受存款公司均无任何存款利率限制。

外币掉期存款 是指顾客在现货市场购买外币，然后存入认可机构，但同时订下远期合约，将该笔外币（本金加利息）在存款到期时售予认可机构。从分析角度来看，这类掉期存款应当作港元定期存款。

货币供应量（M_1） 是指市民持有的法定纸币和硬币加上持牌银行的客户活期存款。

货币供应量（M_2） 是指货币供应量M_1所包括的项目，加上持牌银行的客户储蓄及定期存款，再加上持牌银行发行而由非认可机构持有的可转让存款证。

货币供应量（M_3） 是指货币供应量M_2所包括的各项，加上有限制牌照银行及接受存款公司客户的存款，再加上以上两类认可机构发行而由非认可机构持有的可转让存款证。

恒生指数 是以流通市值加权法计算，每只成分股的比重上限设为10%。该指数内的五十只成份股划分为四个行业类别指数，包括工商、金融、公用事业、地产及工商业。

消费物价指数 量度住户一般所购买的消费商品和服务的价格水平随时间而变动的情况。消费物价指数的按年变动率被广泛地用作反映消费者所面对的通货膨胀的指标。不同的消费物价指数数列反映消费物价转变对不同开支组别的住户的影响。甲类、乙类及丙类消费物价指数分别根据较低、中等及较高开支范围的住户的开支模式编制而成。综合消费物价指数是根据以上所有住户的整体开支模式而编制，反映消费物价转变对整体住户的影响。每个项目的开支权数，是其在住户总开支中所占的比重。开支权数是根据住户开支统计调查的结果而制订的。并会每隔五年更新一次，以确保相应的消费物价指数能准确地反映不同开支范围住户的最新开支模式。

教育程度 是指某人在学校或其他教育机构修读达到的最高教育水平，不论他／她有否完成该课程。计算教育程度时，只包括正式课程，即须最少为期一个学年，入学须具备指定的学历资格（香港公开大学的非学位、副学位、学位及研究生课程除外），以及设有考试或指定评核成绩的程序。

社会保障计划 旨在帮助社会上需要经济或物质援助的人士，应付基本及特别需要。这个无须供款的社会保障制度，包括综合社会保障援助计划、公共福利金计划、暴力及执法伤亡赔偿计划、交通意外伤亡援助计划和紧急救济。

综合社会保障援助计划 是以入息补助方法，为那些在经济上无法自给的人士提供安全网，使他们的入息达到一定水平，以应付生活上的基本需要。申请人必须符合居港规定及通过入息及资产审查。

公共福利金计划 包括伤残津贴、高龄津贴、长者生活津贴及广东计划。高龄津贴及伤残津贴其目的分别是为年龄在70岁或以上或严重残疾的香港居民，每月提供现金津贴，以应付因年老或严重残疾而引致的特别需要。至于在2013年4月起实施的长者生活津贴，旨在为年龄在65岁或以上有经济需要的香港居民，每月提供特别津贴，以补助他们的生活开支。广东计划由2013年10月起实施。

暴力及执法伤亡赔偿计划 的目的是提供现金援助给因暴力罪行或因执法人员使用武器执行职务以致受伤的人士或这些人士的受养人（如受害人因伤死亡）。申请人亦无须接受经济状况调查。

交通意外伤亡援助计划 的目的是向道路交通意外受害人，或这些人士的受养人（如受害人因伤死亡）迅速提供经济援助，而无须考虑计划受惠人的经济状况，或有关交通意外是因谁人的过失而造成。援助金按意外受害人的伤亡情况支付；至于财物损失，则不在援助范围内。

紧急救济 天灾或其他不幸事故（例如火灾、台风、水灾、暴雨、山泥倾泻、塌屋）的灾民，及因楼宇成为危楼而遭发出封闭令以致被着令撤离家园的受影响人士，均可获得紧急救济。

Explanatory Notes on Main Statistical Indicators

Mid-year Population is compiled using the "resident population" approach. The population estimate compiled under the "resident population" approach is referred to as the Hong Kong Resident Population, which comprises "Usual Residents" and "Mobile Residents". "Usual Residents" refer to two categories of people: (a) Hong Kong Permanent Residents who have stayed in Hong Kong for at least 3 months during the 6 months before or for at least 3 months during the 6 months after the reference time-point, regardless of whether they are in Hong Kong at the reference time-point; and (b) Hong Kong Non-permanent Residents who are in Hong Kong at the reference time-point. As for "Mobile Residents", they are Hong Kong Permanent Residents who have stayed in Hong Kong for at least 1 month but less than 3 months during the 6 months before or for at least 1 month but less than 3 months during the 6 months after the reference time-point, regardless of whether they are in Hong Kong at the reference time-point. Under the new approach, visitors are not part of the Hong Kong population.

Crude Birth Rate refers to the number of live births in a given year per 1000 mid-year population of that year.

Crude Death Rate refers to the number of deaths in a given year per 1000 mid-year population of that year.

Infant Mortality Rate refers to the number of deaths of age under one in a given year per 1000 live births in that year.

Total Fertility Rate refers to the average number of children that would be born alive to 1000 women during their lifetime if they were to pass through their childbearing ages 15-49 experiencing the age specific fertility rates prevailing in a given year.

Expectation of Life at Birth refers to the number of years of life that a person born in a given year is expected to live if he/she was subject to the prevalent mortality conditions as reflected by the set of age-sex specific mortality rates for that year.

Labour Force refers to the land-based non-institutional population aged 15 and over who satisfy the criteria for being classified as employed population or unemployed population.

Labour Force Participation Rate refers to the proportion of labour force in the total land-based non-institutional population aged 15 and over.

Employed Persons refer to those persons aged 15 and over who have been at work for pay or profit during the 7 days before enumeration or have had formal job attachment. Unpaid family workers and persons who were on leave/holiday during the 7 days before enumeration are included.

Unemployed Persons refer to those persons aged 15 and over who (a) have not had a job and have not performed any work for pay or profit during the 7 days before enumeration; and (b) have been available for work during the 7 days before enumeration; and (c) have sought work during the 30 days before enumeration. If a person aged 15 or over fulfils the conditions (a) and (b) above but has not sought work during the 30 days before enumeration because he/she believes that work is not available, he/she is still classified as unemployed, being regarded as a so-called "discouraged worker". Unemployed population also includes persons without a job who have sought work but have not been available for work because of temporary sickness; and persons without a job who have been available for work but have not sought work because they have made arrangements to take up a new job or to start business on a subsequent date; or were expecting to return to their original jobs.

Unemployment Rate refers to the proportion of unemployed persons in the labour force.

Monthly Employment Earnings refer to earnings from all jobs during the month before enumeration. For employees, they include wage and salary, bonus, commission, tips, housing allowance, overtime allowance, attendance allowance and other cash allowances. However, back pays are excluded. For employers and self-employed, they refer to amounts drawn from the self-owned enterprise for personal and household use. If information on the amounts drawn for personal and household use is not available, data on net earnings from business would be collected instead.

Gross Domestic Product (GDP) is a measure of the total value of production of all resident producing units of an economy in a specified period (typically a year or a quarter), before deducting the consumption of fixed capital.

Per Capita GDP is obtained by dividing the total GDP in a year by the population of that economy in the same year.

Gross National Income (GNI) is a measure of the total income earned by residents of an economy from engaging in various economic activities, irrespective of whether the economic activities are carried out within the economic territory of the economy or outside. In other words, in compiling GNI, income earned by residents from engaging in various economic activities within or outside the economic territory are included, whereas income earned by non-residents from engaging in economic activities within the economic territory are excluded. GNI is computed as follows:

GNI = GDP + Net external primary income flows
= GDP + Primary income earned by residents
from outside the economic territory -
Primary income earned by non-residents
from within the economic territory .

Primary income comprises investment income and compensation of employees (CE). Investment income includes direct investment income (DII), portfolio investment income (PII) and other investment income (OII) as well as income on reserve assets (RA).

Per capita GNI of an economy is obtained by dividing GNI in a year by the population of that economy in the same year.

Balance of Payments (BoP) is a statistical statement that systematically summarises, for a specific time period (typically a year or a quarter), the economic transactions of an economy with the rest of the world (i.e. between residents and non-residents). A complete BoP account comprises two broad accounts : (a) the current account; and (b) the capital and financial account.

Current account measures the flows of goods, services, primary income and secondary income between residents and non-residents.

Goods under the BoP current account mainly cover general merchandise, net exports of goods under merchanting and non-monetary gold.

Services under the BoP current account mainly cover transport services, travel services, insurance and pension services, financial services, manufacturing services and other services.

Primary Income Account shows the amounts receivable and payable abroad in return for providing/obtaining use of labour, financial resources or natural resources to/from non-residents. The concepts and definitions of primary income under the current account of the BoP are the same as those of the external primary income flows under GNI.

Secondary Income Account records current transfers between residents and non-residents. Current transfers are transactions in which real or financial resources that are likely to be consumed immediately or shortly are provided without the receipt of equivalent economic values in return. Current transfers are unilateral in nature and are offsetting entries in the BoP account for one-sided transactions. Examples include workers' remittances, donations, official assistance and pensions.

Capital Account measures external transactions in capital transfers, and the acquisition and disposal of non-produced, non-financial assets (such as trademarks and brand names). Examples of capital transfers include forgiveness of debts by creditors, and cash transfers involving the acquisition or disposal of fixed assets.

Financial Account records transactions in financial assets and liabilities between residents and non-residents. It shows how an economy's external transactions are financed. Transactions in the financial account are classified by function (i.e. the purpose of the investment) into direct investment, portfolio investment, financial derivatives, other investment and reserve assets.

Direct Investment refers to external investment in which an investor of an economy acquires a lasting interest and a significant degree of influence or an effective voice in the management of an enterprise located in another economy. For statistical purpose, an effective voice is taken as being equivalent to a holding of 10% or more of the voting power in an enterprise.

Portfolio Investment refers to investment in non-resident equity securities and debt securities (e.g. bonds and notes, money market instruments), other than that included in direct investment or reserve assets. Compared with direct investors, portfolio investors in equity securities and debt securities of non-resident enterprises have no lasting interest or influence in the management of the enterprises concerned. A holding of less than 10% of the voting power in an enterprise is regarded as portfolio investment.

Financial Derivatives are financial instruments that are linked to a specific financial instrument or indicator or commodity, and through which specific financial risks can be traded in financial markets in their own right. Financial derivatives include option-type contracts (e.g. warrants and options) and forward-type contracts (e.g. futures, interest rate swaps, currency swaps, forward rate agreements, forward foreign exchange contracts).

Other Investment refers to other financial claims on and liabilities to non-residents that are not classified as direct investment, portfolio investment, financial derivatives or reserve assets. Other investment includes non-marketable loans, currency and deposits, trade credits and advances, and other assets / liabilities.

Reserve Assets are external assets that are readily available to and controlled by the monetary authority of an economy (which refers to the Hong Kong Monetary Authority in the case of Hong Kong) for meeting balance of payments financing needs, for intervention in exchange markets to regulate the currency exchange rate of that economy, and for other related purposes (such as maintaining confidence in the currency and the economy, and serving as a basis for foreign borrowing).

International Investment Position (IIP) is a balance sheet showing the stock of external financial assets and liabilities of an economy at a particular time point. The difference between the external financial assets and liabilities is the net IIP of the economy, which represents either its net claim on or net liability to the rest of the world. Being fully consistent with the BoP financial account, IIP is also categorised by type of investment. Assets and liabilities are divided into direct investment, portfolio investment, financial derivatives and other investment. The asset side of IIP also includes the reserve assets. For detailed explanation on investment components, please refer to the explanatory notes on the components of the financial account of the BoP account.

Net IIP is the difference between total external financial assets and total external financial liabilities.

Index of Industrial Production measures the changes in local industrial output in real terms, i.e. changes in the volume of local production after discounting the effect of price changes.

Usable Floor Area is defined as the aggregate of the areas of the floor or floors in a storey or a building excluding any staircases, public circulation space, lift landings, lavatories, water-closets, kitchens and any space occupied by machinery for any lift, air-conditioning system or similar service provided for the building.

Buildings with Consents to Commence Work refer to buildings with "Consents" to commence building works issued by the Buildings Department. Such "Consents" are issued to private development projects (including Hong Kong Housing Society's projects)

First Submission refers to plans for a building project which are first submitted to the Building Authority for approval.

Major Revision refers to building plans which have been so extensively revised that they must be fundamentally re-assessed.

Owner-occupier refers to a household which owns the quarters it occupies.

Sole Tenant refers to a household which rents the whole quarters it occupies from someone who lives outside the quarters without sharing it with other household(s) or subletting.

Co-tenant refers to two or more households each of which rents part of the quarters from someone who lives outside the quarters.

Main Tenant refers to a household which rents the whole quarters it occupies from someone who lives outside the quarters and sublets part of it to other household(s).

Sub-tenant refers to a household which rents part of the quarters from someone who lives in the same quarters.

Rent Free refers to a household which occupies an accommodation free, with or without the owner's permission. This does not include owner-occupiers or households occupying accommodation provided by employers.

Accommodation Provided by Employer refers to a household which occupies an accommodation provided by the employer of one of the household members. This also includes households occupying quarters leased from employers at a nominal rent. If a household member uses housing allowance given by his/her employer for renting accommodation, the tenure is not regarded as "accommodation provided by employer".

Imports are goods which have been produced or manufactured in places outside the jurisdiction of Hong Kong and brought into Hong Kong for domestic use or for subsequent re-export as well as Hong Kong products re-imported. Their values are recorded on cost, insurance and freight (c.i.f.) basis.

Domestic exports are the natural produce of Hong Kong or products of a manufacturing process in Hong Kong which has changed permanently the shape, nature, form or utility of the basic materials used in manufacture. Processes such as simple diluting, packing, bottling, drying, simple assembling, sorting, decorating, etc., do not confer Hong Kong origin. Their values are recorded on free-on-board (f.o.b.) basis.

Re-exports are products which have previously been imported into Hong Kong and which are re-exported without having undergone in Hong Kong a manufacturing process which has changed permanently the shape, nature, form or utility of the product. Their values are recorded on f.o.b. basis.

Exports to the Mainland of China for Outward Processing refer to raw materials or semi-manufactures exported from or through Hong Kong to the mainland of China for processing with a contractual arrangement for subsequent re-importation of the processed goods into Hong Kong.

Imports from the Mainland of China Related to Outward Processing in the Mainland refer to processed goods imported to Hong Kong from the mainland of China, of which all or part of the raw materials or semi-manufactures have been under contractual arrangement exported from or through Hong Kong to the mainland of China for processing.

Re-exports of the Mainland of China Origin to Other Places (excluding the Mainland of China) Involving Outward Processing in the Mainland of China refer to processed goods re-exported through Hong Kong, of which all or part of the raw materials or semi-manufactures have been exported from or through Hong Kong to the mainland of China for processing with a contractual arrangement for subsequent re-importation of the processed goods into Hong Kong.

Direct Investment refers to external investment in which an investor of an economy acquires a lasting interest and a significant degree of influence or an effective voice in the management of an enterprise located in another economy. For statistical purpose, an effective voice is taken as being equivalent to a holding of 10% or more of the voting power in an enterprise. Direct investment comprises equity and investment fund shares and debt instruments. Equity and investment fund shares include equity in branches, shares in subsidiaries and associates, investment fund shares and reinvestment of earnings (which refers to the investors' share of earnings not distributed by branches, subsidiaries, associates or investment funds). Debt instruments mainly involve inter-company debt transactions. These include short-term and long-term borrowing and lending of funds between parent companies and their branches, subsidiaries and associates.

Inward Direct Investment refers to direct investment by a non-Hong Kong resident on a Hong Kong resident enterprise. Typical examples of inward direct investment are multinational corporations' branches and subsidiaries operating in Hong Kong.

Outward Direct Investment refers to direct investment by a Hong Kong resident on a non-resident enterprise.

Position of Direct Investment refers to the value of investment abroad or investment received from abroad of Hong Kong residents at a specified date.

Flow of Direct Investment refers to the additions/withdrawals of investment abroad or investment received from abroad of Hong Kong residents during a period.

Loan Fund finances loans and advances for such schemes as housing loans and education loans. The main sources of income are appropriations from the General Revenue Account, loan repayments and interest on loans.

Effective Exchange Rate Index (EERI) for the Hong Kong Dollar (HKD) is an index which measures movements in the weighted average of the exchange rate of the HKD against the currencies of major trading partners of Hong Kong. It serves as an indicator for measuring the overall strength of the HKD relative to selected currencies. A new EERI series has been released as from 3 January 2012 to replace the old EERI series. This new series uses January 2010 as the base and includes 15 currencies (the Indian Rupee is added to the new series).

Exchange Rates Between the Hong Kong Dollar and Other Currencies refer to the closing middle market telegraphic transfer rates or notes rates.

Authorized Institutions include licensed banks, restricted licence banks and deposit-taking companies. Licensed banks can accept deposits of any size and any term of maturity. With the final phase of interest rate deregulation came into effect on 3 July 2001, there is no restriction on interest rate payable. As for restricted licence banks, they can accept time deposits in amounts of not less than HK$500,000 with any term of maturity. Deposit-taking companies can however accept time deposits in amounts of not less than HK$100,000 with a term of maturity of at least three months. Both restricted licence banks and deposit-taking companies have no restriction on interest rate payable.

Foreign Currency Swap Deposits refer to deposits involving customers buying foreign currencies in the spot market and placing them as deposits with authorized institutions, while at the same time entering into a contract to sell such foreign currencies (principal plus interest) forward in line with the maturity of such deposits. For most analytical purpose, they should be regarded as Hong Kong dollar time deposits.

Money Supply M_1 refers to the sum of legal tender notes and coins held by the public plus customers' demand deposits placed with licensed banks.

Money Supply M_2 refers to the sum of M_1 plus customers' savings and time deposits with licensed banks, plus negotiable certificates of deposit issued by licensed banks held by non-authorized institutions.

Money Supply M_3 refers to the sum of M_2 plus customer deposits with restricted licence banks (RLBs) and deposit-taking companies (DTCs) plus negotiable certificates of deposit issued by RLBs and DTCs held by non-authorized institutions.

Hang Seng Index is a freefloat-adjusted market capitalization-weighted index with a 10% cap on each constituent weighting. The 50 constituent stocks of the Hang Seng Index are grouped under four sub-indices, namely Finance, Utilities, Properties and Commerce and Industry.

Consumer Price Index (CPI) measures the changes over time in the price level of consumer goods and services generally purchased by households. The year-on-year rate of change in the CPI is widely used as an indicator of the inflation affecting consumers. Different CPI series are compiled to reflect the impact of consumer price changes on households in different expenditure ranges. The CPI(A), CPI(B) and CPI(C) are compiled based on the expenditure patterns of households in the relatively low, medium and relatively high expenditure ranges respectively. A Composite CPI is compiled based on the overall expenditure pattern of all the above households taken together to reflect the impact of consumer price changes on the household sector as a whole. The expenditure weight of each item is the share of the item in the total expenditure of households. Derived from the results of the Household Expenditure Survey, the set of expenditure weights is updated once every five years to ensure that up-to-date expenditure patterns of households in different expenditure ranges are used in the compilation of the respective CPIs.

Educational Attainment refers to the highest level of education ever attained by a person in school or other educational institution, regardless of whether he/she had completed the course. Only formal courses are counted as educational attainment. A formal course shall be one that lasts for at least one academic year, requires specific academic qualifications for entrance (except sub-degree, associate degree, degree and post-graduate courses offered by the Open University of Hong Kong) and includes examinations or specific academic assessment procedures.

Social Security Schemes aim to provide for the basic and special needs of the members of the community who are in need of financial or material assistance. The non-contributory social security system comprises the Comprehensive Social Security Assistance Scheme, the Social Security Allowance Scheme, the Criminal and Law Enforcement Injuries Compensation Scheme, the Traffic Accident Victims Assistance Scheme and Emergency Relief.

The Comprehensive Social Security Assistance Scheme provides a safety net for those who cannot support themselves financially. It is designed to bring their income up to a prescribed level to meet their basic needs. An applicant must satisfy the residence requirements and pass both the income and assets tests.

The Social Security Allowance Scheme which includes Disability Allowance, Old Age Allowance, Old Age Living Allowance and Guangdong Scheme. Old Age Allowance and Disability Allowance provides a monthly allowance to Hong Kong residents who are 70 years of age or above or who are severely disabled to meet their special needs arising from old age or disability respectively. Old Age Living Allowance, launched in April 2013, is to provide a special allowance per month to supplement the living expenses of Hong Kong residents aged 65 or above who are in need of financial support. Guangdong Scheme was launched in October 2013.

The Criminal and Law Enforcement Injuries Compensation Scheme aims to provide ex-gratia payments to persons (or to their dependants in cases of death) who are injured as a result of a crime of violence, or by a law enforcement officer using a weapon in the execution of his duty. The Scheme is non-means-tested.

The Traffic Accident Victims Assistance Scheme aims to provide speedy financial assistance to road traffic accident victims (or to their surviving dependants in cases of death) on a non-means tested basis, regardless of the element of fault leading to the occurrence of the accident. Payments are made for personal injuries, while loss of or damage to property is not included.

Emergency Relief is provided for victims of natural and other disasters such as fire, typhoon, flood, rainstorm, landslide, house collapse, and also for evacuees of buildings and premises considered to be dangerous under Closure Orders.

27

澳门特别行政区主要社会经济指标

Main Social and Economic Indicators of Macao Special Administrative Region

简 要 说 明

一、本章资料反映澳门特别行政区主要社会、经济发展情况。内容包括：土地、人口、就业、国民经济核算、工业、能源、建筑、交通通讯、对外贸易、财政金融、物价、教育、卫生、房屋、社会保障等方面。

二、本章由澳门特别行政区政府统计暨普查局提供所有数据，国家统计局国际统计信息中心负责整理、编辑。

三、在统计工作方面，按中华人民共和国“澳门特别行政区基本法”的有关原则，澳门特别行政区保留其单独运作的统计系统，并负责编制和发布反映澳门特别行政区情况的统计数据。由于澳门和内地在使用统计名词及概念方面会有所不同，读者在比较两地数据时，请参考本章末的“主要统计指标解释”。

四、澳门特别行政区是单独的关税地区，澳门与内地之间的贸易，亦需办理进出口报关。在贸易统计方面，澳门特别行政区对外商品贸易统计数据亦包括澳门特别行政区与内地的贸易。

五、在外汇统计及与之有关的各方面，澳门元是澳门特别行政区的法定货币，因此，除澳门元以外的货币（包括人民币）均视作外币。

六、更详细的统计资料及有关的技术细节，可参阅澳门特别行政区政府统计暨普查局出版的《统计月刊》、《统计年鉴》及各专题统计出版物。

七、本章节表中的符号使用说明：“–”表示绝对数值为零；“o”表示数据小于本表最小单位半数。“#”表示保密资料。

Brief Introduction

I. Data in this chapter reflect the major social and economic development of the Macao Special Administrative Region, including land; population; employment; national accounts; industry; energy; construction; transportation and communications; external trade; public finance and banking; prices; education; health; housing; and social security.

II. Data in this chapter are provided by the Statistics and Census Service of the Government of Macao Special Administrative Region, which are tabulated and edited by the International Statistical Information Centre of the National Bureau of Statistics.

III. According to the *Basic Law of the Macao Special Administrative Region of the People's Republic of China*, Macao Special Administrative Region maintains its independent statistical system that is responsible to comply and disseminate statistical information on the different aspect of the Special Administrative Region. As Macao and the mainland of China adopt different statistical concepts, definitions and terminology, users are advised to read the Explanatory Notes at the end of this chapter when making comparison between the mainland of China and the Macao Special Administrative Region.

IV. Macao is a separate customs territory; therefore, import and export trade between Macao and the mainland of China also requires customs declaration. In terms of trade statistics, Macao's external merchandise trade data also include trade transaction between Macao and the mainland.

V. The Macao Pataca (MOP) is the legal tender in the Macao Special Administrative Region, all other currencies (including Renminbi) are considered as foreign currencies in statistics on foreign exchange and related data.

VI. Detailed information and technical aspects are available in the *Monthly Bulletin of Statistics, Yearbook of Statistics* and other thematic publications published by the Statistics and Census Service of the Government of Macao Special Administrative Region.

VII. Notations used in this chapter:

"-" indicates absolute value equals zero; "o" indicates less than half of the unit employed; "#" indicates confidential data.

27-1 主要统计指标概况
Summary of Key Statistics

项 目	Items	2011	2012	2013	2014	2015
人口及生命统计	**Population and Vital Statistics**					
年中人口 (万人)	Mid-year Population (10 000)	55.0	56.8	59.2	62.2	64.3
粗出生率 (‰)	Crude Birth Rate (‰)	10.6	12.9	11.1	11.8	11.0
粗死亡率 (‰)	Crude Death Rate (‰)	3.4	3.2	3.2	3.1	3.1
婴儿死亡率 (‰)	Infant Mortality Rate (‰)	2.9	2.5	2.0	2.0	1.6
(按每千名出生登记活产婴儿计算)	(per 1000 registered live births)					
劳动、就业	**Labour, Employment**					
劳动人口 (万人)	Labour Force (10 000)	33.6	35.0	36.8	39.5	40.4
劳动力参与率 (%)	Labour Force Participation Rate (%)	72.5	72.4	72.7	73.8	73.7
失业率 (%)	Unemployment Rate (%)	2.6	2.0	1.8	1.7	1.8
就业不足率 (%)	Underemployment Rate (%)	1.1	0.8	0.6	0.4	0.4
就业人口 (万人)	Employed Population (10 000)	32.8	34.3	36.1	38.8	39.7
建筑业	Construction	2.8	3.2	3.5	5.3	5.5
批发及零售业	Wholesale & Retail Trade	4.3	4.2	4.5	4.5	4.5
酒店及饮食业	Hotels, Restaurants & Similar Activities	4.6	5.3	5.4	5.5	5.5
文娱博彩及其他服务业	Recreational, Cultural, Gaming & Other Services	8.2	9.0	9.3	9.4	9.4
对外商品贸易 (亿澳门元)	**External Merchandise Trade (100 million MOP)**					
出口	Exports	70	82	91	99	107
本地产品出口	Domestic Exports	24	23	20	20	18
再出口	Re-exports	46	59	71	79	89
进口	Imports	623	709	810	900	847
贸易价格比率 (2011=100)	Terms of Trade (2011=100)	100.0	97.7	97.6	97.1	97.9
工业生产	**Industrial Production**					
工业电力消耗量 (亿千瓦小时)	Electricity Consumption (100 million kwh)	1.7	1.5	1.5	1.6	1.7
私人建筑	**Private Sector Construction**					
新建楼宇	Completion of Buildings					
单位数目 (个)	Units (No.)	1387	2558	1316	3001	4364
总建筑面积 (万平方米)	Gross Floor Area (10 000 sq.m)	116	157	56	44	258
新动工楼宇	Construction of New Buildings					
单位数目 (个)	Units Started (No.)	2159	1592	2241	1900	5405
总建筑面积 (万平方米)	Gross Floor Area (10 000 sq.m)	37	30	240	224	198
楼宇单位买卖数目 (个)	Number of Units Sold (No.)	27624	25419	19237	13230	9771
不动产买卖契约数目 (宗)	Deed of Real Estate Transacted (No.)	10935	12339	10527	10279	8771
不动产按揭贷款数目 (宗)	Real Estate Mortgage Loans (No.)	14447	16427	17093	32193	16570
运输、通讯、旅游 (万次)	**Transport, Communications, Tourism (10 000)**					
进出澳门重型货运车	Lorries Entering and Departing Macao	33.4	32.5	31.1	35.7	38.5
进出澳门的客船班	Ferry Trips Entering and Departing Macao	14.6	14.0	13.8	14.1	14.5
澳门国际机场的商业航班	Commercial Flights at Macao International Airport	3.5	3.9	4.5	4.8	5.2
登记车辆 (万辆)	Licensed Vehicles (10 000)	20.6	21.7	22.8	24.0	24.9
电话线 (万条)	Telephone Lines (10 000)	152.0	177.6	188.1	201.0	204.2
入境旅客 (万人次)	Visitors Arrival (10 000)	2800	2808	2932	3153	3071
酒店业入住率 (%)	Occupancy Rate of Hotel Sector (%)	84	84	83	86	81
财政收支、货币、金融(亿澳门元)	**Government Accounts, Money and Finance (100 million MOP)**					
财政总收入	Total Government Revenue	1230	1450	1759	1619	1161
财政总支出	Total Government Expenditure	456	540	514	671	808
货币供应(广义货币供应量M_2)	Money Supply (M_2)					
总计	Total	2980	3749	4414	4875	4728
澳门元	MOP	773	909	1064	1245	1413
港元	HKD	1623	2094	2354	2472	2435
其他货币	Other currencies	583	746	995	1157	880
本地/私人部门贷款及垫款	Domestic Loans/Advances to the Private Sector	1616	1897	2517	3346	3844

27-1 续表 continued

项目		Items		2011	2012	2013	2014	2015
消费物价指数		**Consumer Price Index**						
（2013年10月至2014年9月=100）		(Oct/2013 - Sept/2014=100)						
综合消费价格指数		Composite Consumer Price Index		85.17	90.37	95.35	101.11	105.72
甲类消费价格指数		Consumer Price Index (A)		83.94	89.32	94.76	100.99	105.92
乙类消费价格指数		Consumer Price Index (B)		84.65	89.99	94.83	100.42	104.10
房屋（期末）		**Housing (End-period)**						
公共房屋	（套）	Public Housing	(No.)	8376	8267	12221	11344	11507
教育		**Education**						
幼儿教育学生	（人）	Student of Pre-primary Education	(person)	11787	12669	13395	14552	16789
小学生	（人）	Student of Primary Education	(person)	22646	22231	22862	24252	26436
中学生	（人）	Student of Secondary Education	(person)	35726	33921	32054	30088	28745
高等教育学生	（人）	Student of Higher Education	(person)	26217	27776	29521	30771	31970
医疗		**Health**						
医生	（人）	Doctors	(person)	1438	1482	1514	1592	1674
护士	（人）	Nurses	(person)	1606	1751	1854	1990	2279
病床	（张）	Hospital Beds	(unit)	1222	1354	1366	1421	1494
社会保障		**Social Security**						
受益人数目	（人）	Beneficiaries	(person)	337115	343634	348478	355679	358113
供款单位数目	（人）	Contributors	(person)	19373	19885	20842	22339	23388
总发放援助次数	（万次）	Number of Payments Granted	(10 000)	60.7	88.2	125.2	161.7	121.8
总发放金额	（万澳门元）	Amount Granted	(10 000 MOP)	110225	130563	219689	261171	297885
治安		**Public Security**						
罪案数目	（宗）	Number of Crimes	(No.)	12512	12685	13685	14016	13653
囚犯数目	（期末）	Number of Prisoners	(end-year)	1030	1112	1154	1205	1280
本地生产总值		**Gross Domestic Product (GDP)**						
按以环比物量(2014年)计算		In Chained (2014) Dollars						
实际增长率	(%)	Growth Rate in Real Terms	(%)	21.7	9.2	11.2	-0.9	-20.3
本地生产总值	（亿澳门元）	GDP	(100 million MOP)	3682.4	4022.3	4472.8	4434.7	3532.3
人均本地生产总值	（万澳门元）	GDP per capita	(10 000 MOP)	67.1	70.6	75.2	71.3	55.1
当年价格		At Current Prices						
名义增长率	(%)	Growth Rate in Nominal Terms	(%)	30.8	16.8	19.8	7.7	-16.9
本地生产总值	（亿澳门元）	GDP	(100 million MOP)	2943.5	3437.9	4118.4	4434.7	3687.3
人均本地生产总值	（万澳门元）	GDP per capita	(10 000 MOP)	53.6	60.3	69.2	71.3	57.5

27-2 按堂区划分的陆地面积
Land Area by Parish

单位: 平方公里 (sq.km)

分　区	Sub-division	2011	2012	2013	2014	2015
总面积	**Total Land Area**	**29.9**	**29.9**	**30.3**	**30.3**	**30.4**
澳门半岛	**Macao Peninsula**	**9.3**	**9.3**	**9.3**	**9.3**	**9.3**
圣安多尼堂区	Santo Antonio	1.1	1.1	1.1	1.1	1.1
望德堂区	Sao Lazaro	0.6	0.6	0.6	0.6	0.6
风顺堂区	Sao Lourenco	1.0	1.0	1.0	1.0	1.0
大堂区	Se	3.4	3.4	3.4	3.4	3.4
花地玛堂区	N.S. de Fatima	3.2	3.2	3.2	3.2	3.2
氹仔	**Taipa Island**	**7.4**	**7.4**	**7.6**	**7.6**	**7.6**
路环	**Coloane Island**	**7.6**	**7.6**	**7.6**	**7.6**	**7.6**
路氹填海区	**CoTai Reclamation Zone**	**5.6**	**5.6**	**5.8**	**5.8**	**5.9**

27-3 人口主要指标
Main Demographic Indicator

项　目	Item	2011	2012	2013	2014	2015
年中人口（万人）	Mid-year Population (10 000 persons)	55.0	56.8	59.2	62.2	64.3
出生率（‰）	Crude Birth Rate (‰)	10.6	12.9	11.1	11.8	11.0
死亡率（‰）	Crude Death Rate (‰)	3.4	3.2	3.2	3.1	3.1
婴儿死亡率（‰）	Infant Mortality Rate (‰)	2.9	2.5	2.0	2.0	1.6
自然增长率（‰）	Natural Growth Rate (‰)	7.3	9.6	7.9	8.7	7.9
总和生育率	Total Fertility Rate	1.2	1.4	1.2	1.2	1.1
登记结婚（宗）	Registered Marriages (case)	3545	3783	4153	4085	3719
离婚（宗）	Registered Divorces (case)	998	1147	1172	1308	1168
项　目	Item	2008-2011	2009-2012	2010-2013	2011-2014	2012-2015
出生时平均预期寿命(岁)	Life Expectancy at Birth (years)	82.4	82.6	82.6	82.9	83.2
男	Male	79.2	79.3	79.3	79.6	79.9
女	Female	85.5	85.8	85.8	86.0	86.3

27-4 经济活动人口及失业状况
Labour Force and Unemployment

项　目	Item	2011	2012	2013	2014	2015
劳动人口（万人）	Labour Force (10 000 persons)	33.6	35.0	36.8	39.5	40.4
男	Male	17.1	18.1	18.9	20.7	21.3
女	Female	16.5	16.9	17.9	18.7	19.1
就业人口（万人）	Employed Population (10 000 persons)	32.8	34.3	36.1	38.8	39.7
失业人口（万人）	Unemployed Population (10 000 persons)	0.9	0.7	0.7	0.7	0.7
失业率（%）	Unemployment Rate (%)	2.6	2.0	1.8	1.7	1.8

27-5 按行业划分的就业人口
Employed Population by Industry

单位：万人 (10 000 persons)

行业	Industry	2011	2012	2013	2014	2015
总数	**Total**	**32.76**	**34.32**	**36.10**	**38.81**	**39.65**
制造业	Manufacturing	1.28	1.03	0.90	0.74	0.69
水电及气体生产供应业	Electricity, Gas & Water Supply	0.13	0.15	0.15	0.11	0.12
建筑业	Construction	2.82	3.23	3.53	5.25	5.48
批发及零售业	Wholesale & Retail Trades	4.34	4.23	4.47	4.52	4.50
酒店及饮食业	Hotels, Restaurants & Similar Activities	4.61	5.30	5.43	5.48	5.50
运输、仓储及通信业	Transport, Storage & Communications	1.60	1.60	1.59	1.92	1.75
金融业	Financial Intermediation	0.81	0.82	0.93	1.07	1.08
不动产及工商服务业	Real Estate & Business Activities	2.80	2.43	2.76	3.04	2.98
公共行政及社保事务	Public Administration & Social Security	2.30	2.51	2.57	2.55	2.94
教育	Education	1.23	1.31	1.43	1.48	1.66
医疗卫生及社会福利	Health & Social Welfare	0.85	0.86	0.91	1.01	1.13
文娱博彩及其他服务业	Recreational, Cultural, Gaming & Other Services	8.20	8.95	9.34	9.40	9.42
家务工作	Domestic Work	1.68	1.80	2.03	2.19	2.36
其他及不详	Others and Unknown	0.10	0.09	0.06	0.07	0.05

27-6 按行业划分的月工作收入中位数
Median Monthly Employment Earnings by Industry

单位：澳门元 (MOP)

行业	Occupation	2011	2012	2013	2014	2015
总数	**Total**	**10000**	**11300**	**12000**	**13300**	**15000**
制造业	Manufacturing	6500	7500	8500	9000	10300
水电及气体生产供应业	Electricity, Gas & Water Supply	17500	16000	18000	21000	26000
建筑业	Construction	10100	11700	12000	13000	13000
批发及零售业	Wholesale & Retail Trade	8000	9000	10000	10000	12000
酒店及饮食业	Hotels, Restaurants & Similar Activities	7500	8300	8800	10000	10000
运输、仓储及通信业	Transport, Storage & Communications	10000	11000	12300	13000	14000
金融业	Financial Intermediation	12000	14000	16000	17000	18000
不动产及工商服务业	Real Estate & Business Activities	7000	8000	9000	9500	9500
公共行政及社保事务	Public Administration & Social Security	20700	25000	27200	30000	34800
教育	Education	15000	16000	19000	20000	22000
医疗卫生及社会福利	Health & Social Welfare	12000	15000	18200	16000	20000
文娱博彩及其他服务业	Recreational, Cultural, Gaming & Other Services	13000	14500	15300	17000	18000
家务工作	Domestic Work	3000	3100	3400	3500	3800

27-7 本地生产总值(当年价格)
Gross Domestic Product at Current Prices

年 份 Year	本地生产总值 GDP		实际增长率 (%) Growth Rate in Real Terms (%)	人均本地生产总值 GDP per capita	
	(亿澳门元) (100 million MOP)	(亿美元) (100 million USD)		(澳门元) (MOP)	(美元) (USD)
1992	389.0	48.8	13.3	104878	13155
1993	448.2	56.3	5.2	116729	14650
1994	498.8	62.7	4.3	125708	15792
1995	557.4	70.0	3.3	136192	17093
1996	567.4	71.2	-0.4	136693	17159
1997	575.1	72.1	-0.3	137821	17282
1998	538.0	67.4	-4.6	127386	15966
1999	518.7	64.9	-2.4	121363	15186
2000	539.4	67.2	5.7	125271	15608
2001	547.2	68.1	2.9	126107	15698
2002	588.3	73.2	8.9	134181	16703
2003	657.3	82.0	11.7	148182	18473
2004	849.2	105.9	26.8	186776	23281
2005	968.7	121.0	8.1	204607	25541
2006	1183.4	147.9	13.3	238057	29755
2007	1473.8	183.4	14.4	282962	35212
2008	1677.6	209.2	3.4	312149	38918
2009	1714.7	214.8	1.3	318611	39905
2010	2250.5	281.2	25.3	419153	52380
2011	2943.5	367.1	21.7	536178	66867
2012	3437.9	430.3	9.2	603484	75531
2013	4118.4	515.5	11.2	692458	86674
2014	4434.7	555.2	-0.9	713143	89287
2015	3687.3	461.8	-20.3	574790	71984

27-8 支出法本地生产总值
Expenditure-based Gross Domestic Product

单位：亿澳门元 (100 million MOP)

本地生产总值组成部分	GDP Components	2011	2012	2013	2014	2015
按当年价格计算	**At Current Prices**					
私人消费支出	Private Consumption Expenditure	619.7	700.2	791.2	884.1	947.7
政府最终消费支出	Government Final Consumption Expenditure	209.5	236.9	267.7	311.3	349.5
固定资本形成总额	Gross Fixed Capital Formation	364.1	466.5	549.3	832.3	852.9
存货增加	Changes in Inventories	42.8	39.0	29.7	40.6	38.2
货物出口	Exports of Goods	85.0	111.8	119.3	142.7	156.5
减:货物进口	Less: Imports of Goods	707.1	832.3	961.8	1079.9	1066.1
服务出口	Exports of Services	2583.9	3020.3	3613.5	3612.1	2711.8
减:服务进口	Less: Imports of Services	254.5	304.4	290.4	308.4	303.0
本地生产总值	**GDP**	**2943.5**	**3437.9**	**4118.4**	**4434.7**	**3687.3**
人均本地生产总值 （澳门元）	**GDP per capita (MOP)**	**536178**	**603484**	**692458**	**713143**	**574790**
以环比物量(2014年)计算	**In Chained (2014) Dollars**					
私人消费支出	Private Consumption Expenditure	728.7	783.9	836.5	884.1	905.6
政府最终消费支出	Government Final Consumption Expenditure	262.6	277.3	292.6	311.3	324.4
固定资本形成总额	Gross Fixed Capital Formation	461.4	554.8	606.1	832.3	839.6
存货增加	Changes in Inventories	42.9	38.4	29.5	40.6	38.6
货物出口	Exports of Goods	84.6	110.4	118.3	142.7	157.3
减:货物进口	Less: Imports of Goods	713.9	819.1	951.9	1079.9	1080.6
服务出口	Exports of Services	3061.3	3363.9	3813.8	3612.1	2645.2
减:服务进口	Less: Imports of Services	269.6	304.8	291.0	308.4	297.8
本地生产总值	**GDP**	**3682.4**	**4022.3**	**4472.8**	**4434.7**	**3532.3**
人均本地生产总值 （澳门元）	**GDP per capita (MOP)**	**670780**	**706054**	**752045**	**713143**	**550628**

27-9 生产法本地生产总值
Production-based Gross Domestic Product

单位：亿澳门元 (100 million MOP)

经济活动	Economic Activities	2010	2011	2012	2013	2014①
第二产业	**Secondary Sector**	**108.7**	**122.9**	**139.2**	**153.2**	**226.2**
采矿业	Mining and Quarrying	o	0.1	0.2	o	-
制造业	Manufacturing	12.4	13.5	15.9	16.4	18.4
电力、煤气及水供应	Electricity, Gas and Water Supply	15.5	16.1	18.0	19.5	22.3
建筑业	Construction	80.7	93.3	105.1	117.3	185.4
第三产业	**Tertiary Sector**	**2123.9**	**2839.4**	**3298.0**	**3952.0**	**4133.9**
批发零售、维修、酒店、餐厅及酒楼业	Wholesale, Retail, Repair, Hotels and Restaurants	221.9	293.7	347.5	410.8	450.8
运输、仓储及通信业	Transport, Storage and Communications	54.3	62.4	66.8	73.1	89.3
金融保险、不动产、租赁及商业服务	Financial Intermediation, Real Estate, Renting and Business Activities	329.2	383.2	459.7	590.7	732.2
公共行政、社会服务及个人服务(包括博彩业)	Public Administration, Other Community, Social and Personal Services (Including gambling)	1518.5	2100.1	2424.2	2877.3	2861.6
以生产者价格计算的增加值	**Gross value added at producers' prices**	**2232.6**	**2962.4**	**3437.3**	**4105.2**	**4360.1**
加进口税	**Add: Taxes on imports**	**2.6**	**4.1**	**5.3**	**4.7**	**4.6**
以市场价格按生产法计算的本地生产总值	**Production-based GDP at Current Market Prices**	**2235.1**	**2966.5**	**3442.6**	**4109.8**	**4364.6**
以市场价格按支出法计算的本地生产总值	**Expenditure-based GDP at Current Market Prices**	**2250.5**	**2943.5**	**3437.9**	**4118.4**	**4434.7**
统计差异(%)	**Statistical Discrepancy (%)**	**-0.7**	**0.8**	**0.1**	**-0.2**	**-1.6**

注：①数字在得到更多资料时会作出修订。
Note: ①Figures are subject to revision as more data become available.

27-10 生产法本地生产总值结构
Structure of Production-based Gross Domestic Product

单位：% (%)

经济活动	Economic Activities	2010	2011	2012	2013	2014①
第二产业	**Secondary Sector**	**4.9**	**4.1**	**4.1**	**3.7**	**5.2**
采矿业	Mining and Quarrying	o	o	o	o	-
制造业	Manufacturing	0.6	0.5	0.5	0.4	0.4
电力、煤气及水供应业	Electricity, Gas and Water Supply	0.7	0.5	0.5	0.5	0.5
建筑业	Construction	3.6	3.1	3.1	2.9	4.3
第三产业	**Tertiary Sector**	**95.1**	**95.9**	**95.9**	**96.3**	**94.8**
批发零售、维修、酒店、餐厅及酒楼业	Wholesale, Retail, Repair, Hotels and Restaurants	9.9	9.9	10.1	10.0	10.3
运输、仓库及通信业	Transport, Storage and Communications	2.4	2.1	1.9	1.8	2.0
金融、保险、不动产、租赁及商业服务	Financial Intermediation, Real Estate, Renting and Business Activities	14.7	12.9	13.4	14.4	16.8
公共行政、社会服务及个人服务(包括博彩业)	Public Administration, Other Community, Social and Personal Services (Including gambling)	68.0	70.9	70.5	70.1	65.6
以生产者价格计算的增加值	**Gross value added at producers' prices**	**100.0**	**100.0**	**100.0**	**100.0**	**100.0**

注：①数字在得到更多资料时会作出修订。
Note: ①Figures are subject to revision as more data become available.

27-11 电力、燃料及水消耗量
Consumption of Electricity, Fuels and Water

项目	Item	2011	2012	2013	2014	2015
电力 （万千瓦小时）	**Electricity (10 000 kwh)**					
住户	Domestic	76568	79205	79732	91311	94261
工业	Industrial	16772	15193	15441	15743	16849
商业及公共照明	Commercial and Public light	292308	320345	328063	339812	366963
燃料	**Fuels**					
重油 （万公升）	Fuel Oil (10 000 litres)	9801	8768	5745	5760	15058
轻柴油 （万公升）	Gas Oil and Diesel (10 000 litres)	15653	17472	18838	12271	13504
汽油 （万公升）	Gasoline (10 000 litres)	8171	8709	9324	9959	10020
液化石油气 （公吨）	L.P.G. (ton)	42908	43615	44805	44686	44374
水 （万立方米）	**Water (10 000 cu.m)**	**7055**	**7528**	**7845**	**8349**	**8494**

27-12 按用途划分的建成私人建筑
Completion of Private Sector Construction by End-use

项目	Item	2011	2012	2013	2014	2015
住宅	Residential					
单位数目(个)	Number of Units	1099	2443	1055	2885	4218
建筑面积(万平方米)	Gross Floor Area(10 000 sq.m)	12.9	32.5	9.8	31.6	64.9
商铺及办公室	Shop and Office					
单位数目(个)	Number of Units	231	100	252	100	109
建筑面积(万平方米)	Gross Floor Area(10 000 sq.m)	5.3	4.6	3.9	1.1	4.6
工业	Industrial					
单位数目(个)	Number of Units	38	-	2	-	3
建筑面积(万平方米)	Gross Floor Area(10 000 sq.m)	3.9	-	0.8	-	2.7
其他用途	Others					
单位数目(个)	Number of Units	19	15	7	16	34
建筑面积(万平方米)	Gross Floor Area(10 000 sq.m)	94.3	119.7	41.7	11.2	185.5
总计	Total					
单位数目(个)	Number of Units	1387	2558	1316	3001	4364
建筑面积(万平方米)	Gross Floor Area(10 000 sq.m)	116.3	156.8	56.2	44.0	257.8

27-13 按用途划分的新动工私人建筑
New Private Sector Construction by End-use

项目	Item	2011	2012	2013	2014	2015
住宅	Residential					
单位数目(个)	Number of Units	2053	1526	2124	1744	5265
建筑面积(万平方米)	Gross Floor Area(10 000 sq.m)	21.0	17.9	19.7	15.9	60.2
商铺及办公室	Shop and Office					
单位数目(个)	Number of Units	86	49	94	123	113
建筑面积(万平方米)	Gross Floor Area(10 000 sq.m)	0.8	0.7	1.4	2.5	3.5
工业	Industrial					
单位数目(个)	Number of Units	3	1	4	3	3
建筑面积(万平方米)	Gross Floor Area(10 000 sq.m)	1.0	1.1	0.7	4.0	3.1
其他用途	Others					
单位数目(个)	Number of Units	17	16	19	30	24
建筑面积(万平方米)	Gross Floor Area(10 000 sq.m)	14.0	10.8	217.9	201.5	131.7
总计	Total					
单位数目(个)	Number of Units	2159	1592	2241	1900	5405
建筑面积(万平方米)	Gross Floor Area(10 000 sq.m)	36.7	30.4	239.6	223.9	198.4

27-14 零售业销售额
Value of Retail Sales

单位：亿澳门元 (100 million MOP)

项　目	Item	2011	2012	2013	2014	2015
销售总额	**Total Value of Sales**	**431.58**	**535.17**	**667.99**	**679.96**	**612.51**
百货公司	Department Stores	62.94	82.77	94.82	103.42	90.86
超级市场	Supermarkets	26.16	33.46	37.78	42.08	43.75
汽车	Motor Vehicles	29.69	35.67	41.43	40.51	36.81
钟表金饰	Watches, Clocks and Jewellery	123.09	157.78	204.70	180.35	135.32
成人服装	Adults' Clothing	39.24	51.68	65.34	66.78	69.24
车用燃料	Automotive Fuels	10.04	11.90	12.03	12.51	11.68
家用燃料	Fuel for Household Use	6.63	7.09	7.32	7.56	5.54
家庭电器	Household Electric Appliances	6.85	8.41	9.04	13.74	14.35
药房	Pharmacy	11.63	14.01	17.36	18.84	18.44
其他	Others	115.31	132.40	178.17	194.17	186.52

27-15 按出入境方式统计的对外商品贸易
External Merchandise Trade by Mode of Transport

单位：万吨 (10 000 tons)

项　目	Mode of Transport	2011	2012	2013	2014	2015
入境①	**Imports ①**					
海路	Sea	238.4	362.8	466.8	480.0	429.4
空路	Air	1.0	0.6	0.6	0.6	0.7
陆路	Land	89.4	112.1	123.5	126.8	154.1
其他②	Others ②	7947.0	8566.4	8661.7	9287.2	9542.3
总数	**Total**	**8275.8**	**9041.9**	**9252.6**	**9894.5**	**10126.5**
出境①	**Exports ①**					
海路	Sea	26.7	21.9	21.1	20.0	20.5
空路	Air	2.0	1.1	0.9	1.0	0.9
陆路	Land	19.6	19.5	5.6	7.7	5.7
其他②	Others ②	12.9	14.1	15.8	17.1	17.6
总数	**Total**	**61.2**	**56.5**	**43.6**	**45.8**	**44.7**

注：①包括转运货物。
②包括邮递及以管道运输方式进出澳门的货物。

Notes:①Including transit goods.
②Including external merchandise trade by post and via pipeline.

27-16 集装箱流量
Container Flow

单位：数目 (number)

项　目	Item	2011	2012	2013	2014	2015
入境	Inward	50228	56188	58468	62707	63415
出境	Outward	28535	35082	34243	37955	39947
转口	Trans-shipment	916	615	539	1159	1736

27-17 海路集装箱总吞吐量
Seaborne Container Throughput

单位：标准集装箱 (TEU)

项目	Item	2011	2012	2013	2014	2015
入境	Inward	64490	73056	78991	87545	91932
出境	Outward	37199	46705	45724	51925	57508
转口	Trans-shipment	300	165	259	69	287

27-18 通信服务
Communications

项目	Item	2011	2012	2013	2014	2015
邮递服务 （万件）	**Postal Services (10 000)**					
信件邮件	Mails	3331	3224	3311	3379	3278
包裹	Parcels	0.8	0.8	0.8	0.7	0.7
电话服务 （万户）	**Telephone Services (10 000)**					
固网电话用户	Fixed-lined Telephone Users	16.6	16.3	15.8	15.4	14.6
移动电话用户	Mobile Telephone Users	52.5	56.5	59.7	63.9	67.7
储值卡	Stored Value GSM Cards	82.8	104.9	112.5	121.8	121.9
对外电话通讯量 （万分钟）	**International Calls (10 000 minutes)**					
拨出	Outgoing	34880	38817	39703	38863	31587
拨入	Incoming	24976	26459	28154	26915	22141
互联网	**Internet Services**					
登记用户 （万户）	Registered Subscribers (10 000)	20.9	23.1	26.3	30.5	33.9
总使用时数 （万小时）	Total Hours Used (10 000 hours)	52761	67840	81403	95255	106369

27-19 对外商品贸易主要指标
Principal Indicators of External Merchandise Trade

单位：亿澳门元 (100 million MOP)

贸易种类	Trade Type	2011	2012	2013	2014	2015
出口	Exports	69.7	81.6	90.9	99.1	106.9
本地产品出口	Domestic Exports	23.9	22.8	20.1	20.2	18.2
转口	Re-exports	45.8	58.7	70.8	78.9	88.7
进口	Imports	622.9	709.3	810.1	899.5	846.6
进出口总额	Total Trade	692.6	790.9	901.1	998.7	953.6
进出口差额	Trade Balance	-553.2	-627.7	-719.2	-800.4	-739.7
出口/进口比率（%）	Exports-to-Imports Ratio(%)	11.2	11.5	11.2	11.0	12.6

27-20 按主要原产地和目的地划分的商品进出口
Merchandise Imports and Exports by Major Country/Region

单位：亿澳门元 (100 million MOP)

主要国家/地区	Major Country/Region	2011	2012	2013	2014	2015
进口(原产地)	**Imports (Origin)**					
中国内地	Mainland China	191.2	232.0	264.1	298.4	318.5
中国香港	Hong Kong, China	75.9	82.1	105.0	92.3	75.3
欧盟	European Union	155.1	166.5	187.9	218.5	188.4
日本	Japan	39.1	42.4	48.0	50.2	51.7
中国台湾	Taiwan, China	13.3	14.0	13.2	13.5	13.7
美国	United States of America	37.3	36.8	40.8	58.6	48.0
出口(目的地)	**Exports (Destination)**					
美国	United States of America	5.6	5.1	3.6	2.9	2.0
欧盟	European Union	3.8	3.2	2.8	3.1	2.3
中国内地	Mainland China	11.0	13.7	16.1	15.5	18.4
中国香港	Hong Kong, China	31.1	41.0	48.6	58.1	63.3

27-21 财政收入
Government Revenue

单位：亿澳门元 (100 million MOP)

项　目	Items	2011	2012	2013	2014	2015
经常收入	**Current Revenue**					
直接税	Direct Taxes	983.9	1119.6	1323.9	1360.2	934.2
间接税	Indirect Taxes	33.4	49.6	55.2	56.7	42.2
费用、罚款及其他金钱制裁	Fees, Fines and Other Penalties	17.5	18.7	19.7	23.3	20.2
财产收益	Property Income	36.6	35.0	33.6	30.5	32.1
转移	Transfers	57.6	65.2	78.1	81.9	53.3
耐用品的出售	Sales of Durable Goods	0.1	o	o	o	o
劳务及非耐用品的出售	Sales of Services and Non-durable Goods	7.9	10.3	11.5	11.8	13.5
其他经常收入	Other Current Revenue	4.9	3.8	3.6	3.0	5.3
资本收入	**Capital Revenue**					
投资资产的出售	Sales of Fixed Capital	2.4	7.8	46.8	5.0	7.5
转移	Transfers	-	-	-	-	o
财务资产	Financial Assets	2.4	2.9	3.7	4.3	5.6
财务负债	Financial Liabilities	-	-	-	-	-
其他资本收入	Other Capital Revenue	82.2	136.3	182.2	39.4	44.9
非从支付中扣减的退回	Reimbursements Not Deducted from Payments	0.7	0.7	1.1	2.6	2.4
自治机构	**Autonomous Agencies**	-	-	-	-	-
总数	**Total**	**1229.7**	**1449.9**	**1759.5**	**1618.6**	**1161.1**

27-22 财政支出
Government Expenditure

单位：亿澳门元 (100 million MOP)

项　目	Items	2011	2012	2013	2014	2015
经常支出	**Current Expenditure**					
工薪	Payroll	108.4	120.9	133.5	151.4	171.9
货物及劳务	Goods and Services	73.4	78.4	84.7	96.3	99.8
利息	Interest	-	-	-	-	-
经常转移	Current Transfers	146.0	150.9	183.4	306.2	378.7
其他经常支出	Other Current Expenditure	15.1	18.0	19.2	25.5	29.8
资本支出	**Capital Expenditure**					
投资	Investments	93.5	143.9	77.1	78.2	97.3
资本转移	Capital Transfers	0.5	1.4	0.6	1.2	1.5
财务活动	Financial Transactions	19.0	26.6	15.3	12.0	28.6
其他资本支出	Other Capital Expenditure	-	-	-	-	-
自治机构	**Autonomous Agencies**	-	-	-	-	-
总数	**Total**	**455.9**	**540.1**	**513.9**	**670.8**	**807.5**

27-23 货币供应
Money Supply

单位：亿澳门元(年底数字) (100 million MOP (as at end of year))

项　目	Items	2011	2012	2013	2014	2015
狭义货币供应量M_1	**Money Supply (M_1)**	**362.4**	**476.2**	**589.4**	**618.6**	**616.6**
分类一：澳门元	Classification 1: MOP	178.7	207.3	260.9	300.4	335.9
港元	HKD	175.4	260.9	318.6	303.3	267.0
其他货币	Other Currencies	8.3	8.0	9.9	14.9	13.6
分类二：流通货币(澳门元)	Classification 2: Currency in Circulation (MOP)	60.8	74.6	89.8	108.6	120.4
活期存款	Demand Deposits	301.6	401.6	499.6	510.0	496.2
广义货币供应量$M_2$①	**Money Supply (M_2) ①**	**2979.6**	**3749.3**	**4414.1**	**4874.7**	**4728.3**
分类一：澳门元	Classification 1: MOP	772.9	909.2	1064.3	1245.5	1413.4
港元	HKD	1623.3	2094.2	2354.5	2472.1	2435.1
其他货币	Other Currencies	583.4	745.9	995.4	1157.2	879.9
分类二：狭义货币供应量$M_1$②	Classification 2: Money Supply (M_1) ②	362.4	476.2	589.4	618.6	616.6
准货币负债③	Quasi-Monetary Liabilities (QML)③	2617.2	3273.1	3824.7	4256.1	4111.7
储蓄存款	Savings Deposits	844.3	1063.8	1167.4	1330.7	1455.5
通知存款	Notice Deposits	4.1	4.1	4.1	4.5	2.8
定期存款	Time Deposits	1765.4	2202.6	2652.7	2920.4	2653.0

注：① M_2 = M_1 + 准货币负债。
② 货币供应量M1只包括流通货币及活期存款。储蓄存款则变为准货币负债的组成部分。
③ 准货币负债：包括储蓄存款、通知存款、定期存款、其他存款及存款证明书。

Notes: ① $M_2 = M_1$ + Quasi-Monetary Liabilities (QML)
② The definition of M_1 has been revised. Saving Deposits are reclassified as component of the Quasi-Monetary Liabilities (QML), while M1 includes only Currency in Circulation and Demand Deposits.
③QML:Quasi-Monetary Liabilities, which consist of savings deposits, notice deposits, time deposits, other deposits and certificates of deposit.

27-24 外币兑换率
Exchange Rates

单位：一单位外币兑换的澳门元 (MOP per unit of foreign currency)

项 目	Items	2011	2012	2013	2014	2015
年内平均数字	**Average for the Year**					
澳元	Australian Dollar	8.2814	8.2701	7.7322	7.2164	6.0120
欧元	Euro	11.1685	10.2612	10.6081	10.6224	8.8624
韩圆	Korean Won	0.0072	0.0071	0.0073	0.0076	0.0071
美元	US Dollar	8.0186	7.9899	7.9892	7.9871	7.9850
新台币	Taiwan Dollar	0.2731	0.2701	0.2691	0.2636	0.2516
英镑	Pound Sterling	12.8609	12.6559	12.4911	13.1709	12.2122
港元	Hong Kong Dollar	1.0300	1.0300	1.0300	1.0300	1.0300
日元	Japanese Yen	0.1006	0.1002	0.0820	0.0757	0.0660
马来西亚林吉特	Malaysian Ringgit	2.6241	2.5868	2.5389	2.4446	2.0587
新西兰元	New Zealand Dollar	6.3496	6.4663	6.5499	6.6394	5.5879
人民币	P.R. China Renminbi	1.2387	1.2662	1.3008	1.2968	1.2676
新加坡元	Singapore Dollar	6.3855	6.3931	6.3864	6.3090	5.8135
瑞士法郎	Swiss Franc	9.0878	8.5141	8.6178	8.7428	8.3060
年底数字	**As at End of Year**					
澳元	Australian Dollar	8.1308	8.3038	7.1194	6.5373	5.8203
欧元	Euro	10.3673	10.5628	11.0314	9.7141	8.7294
韩圆	Korean Won	0.0069	0.0075	0.0076	0.0073	0.0068
美元	US Dollar	8.0047	7.9840	7.9868	7.9899	7.9834
新台币	Taiwan Dollar	0.2644	0.2749	0.2668	0.2519	0.2420
英镑	Pound Sterling	12.3308	12.9053	13.1758	12.4363	11.8298
港元	Hong Kong Dollar	1.0300	1.0300	1.0300	1.0300	1.0300
日元	Japanese Yen	0.1030	0.0930	0.0761	0.0668	0.0663
马来西亚林吉特	Malaysian Ringgit	2.5257	2.6070	2.4294	2.2867	1.8592
新西兰元	New Zealand Dollar	6.1888	6.5772	6.5600	6.2545	5.4670
人民币	P.R. China Renminbi	1.2619	1.2828	1.3174	1.2852	1.2151
新加坡元	Singapore Dollar	6.1591	6.5314	6.3062	6.0452	5.6464
瑞士法郎	Swiss Franc	8.5111	8.7496	9.0068	8.0784	8.0820

27-25 消费物价指数
Consumer Price Index

2013年10月至2014年9月=100 (10/2013-09/2014=100)

项目	Items	权数 Weight	2011	2012	2013	2014	2015
综合消费价格指数	**Composite Consumer Price Index**						
总指数	**Global Index**	**100.00**	**85.17**	**90.37**	**95.35**	**101.11**	**105.72**
食品及非酒精饮料	Food and Non-alcoholic Beverages	28.97	82.39	89.41	95.34	101.16	106.09
烟酒	Alcoholic Beverages and Tobacco	0.92	70.83	92.29	97.43	100.56	117.99
服装、鞋	Clothing and Footwear	6.46	93.66	96.71	98.67	100.55	100.47
住房及燃料	Housing and Fuels	26.70	77.60	82.85	91.09	101.95	110.17
家居设备及用品	Household Goods and Furnishings	3.29	85.16	91.00	96.00	100.53	105.56
医疗	Health	3.06	85.69	90.67	96.55	101.03	106.75
交通	Transport	10.96	94.34	96.82	98.76	100.75	101.58
通讯	Communications	2.53	106.88	102.42	100.07	99.76	99.50
康乐及文化	Recreation and Culture	4.79	90.31	92.61	96.81	100.98	102.21
教育	Education	2.91	97.40	97.63	96.26	98.51	103.33
其他商品及服务	Miscellaneous Goods and Services	9.41	90.15	95.38	97.34	100.72	103.13
甲类消费价格指数	**Consumer Price Index (A)**						
总指数	**Global Index**	**100.00**	**83.94**	**89.32**	**94.76**	**100.99**	**105.92**
食品及非酒精饮料	Food and Non-alcoholic Beverages	29.62	82.39	89.46	95.44	101.13	106.08
烟酒	Alcoholic Beverages and Tobacco	0.90	70.32	92.10	97.35	100.46	119.46
服装、鞋	Clothing and Footwear	6.43	92.91	96.15	98.35	100.44	100.49
住房及燃料	Housing and Fuels	27.76	78.59	83.17	91.26	102.03	110.19
家居设备及用品	Household Goods and Furnishings	3.26	86.95	91.97	96.24	100.45	105.55
医疗	Health	3.02	83.70	88.90	95.71	100.93	106.77
交通	Transport	9.75	93.74	96.85	98.91	100.72	101.76
通讯	Communications	2.63	107.00	102.30	100.03	99.74	99.51
康乐及文化	Recreation and Culture	4.73	90.72	93.44	96.91	100.74	102.09
教育	Education	2.99	96.31	97.37	96.06	98.43	103.24
其他商品及服务	Miscellaneous Goods and Services	8.91	86.61	91.68	95.39	100.59	103.85
乙类消费价格指数	**Consumer Price Index (B)**						
总指数	**Global Index**	**100.00**	**84.65**	**89.99**	**94.83**	**100.42**	**104.10**
食品及非酒精饮料	Food and Non-alcoholic Beverages	23.51	82.36	89.35	95.25	101.19	106.19
烟酒	Alcoholic Beverages and Tobacco	1.05	71.77	93.23	98.30	101.41	107.40
服装、鞋	Clothing and Footwear	6.69	93.37	96.59	98.54	100.45	100.35
住房及燃料	Housing and Fuels	17.84	76.68	82.70	90.96	101.83	109.98
家居设备及用品	Household Goods and Furnishings	3.54	84.50	90.56	95.88	100.53	105.60
医疗	Health	3.45	86.19	91.38	97.09	101.13	106.63
交通	Transport	21.05	93.28	96.47	98.59	100.67	100.88
通讯	Communications	1.71	107.02	102.37	100.03	99.74	99.35
康乐及文化	Recreation and Culture	5.28	91.08	93.21	97.20	101.35	103.13
教育	Education	2.20	97.55	97.58	95.90	98.25	104.32
其他商品及服务	Miscellaneous Goods and Services	13.67	89.03	94.18	96.21	99.44	99.28

27-26 按开支五等分位及商品与服务分类统计的每户双周平均消费开支

Average Biweekly Household Expenditure by Quintile Expenditure Group and Section of Goods and Services

商品与服务分类	Goods and Services	总数 Total		最低五分位 The Lowest 20%		第二五分位 The Second 20%	
		澳门元 MOP	百分比 (%)	澳门元 MOP	百分比 (%)	澳门元 MOP	百分比 (%)
消费开支	**Total Expenditure**	**13430**	**100.0**	**4395**	**100.0**	**8437**	**100.0**
食品及非酒精饮料	Food and Non-alcoholic Beverages	3453	25.7	1273	29.0	2409	28.6
烟酒	Tobacco and Alcoholic Beverages	119	0.9	57	1.3	85	1.0
衣履	Clothing	656	4.9	95	2.2	285	3.4
住房及燃料	Housing and Fuels	3452	25.7	1834	41.7	2847	33.7
家居设备及日用品	Housing Equipment and Routine Maintenance of the House	329	2.4	71	1.6	135	1.6
医疗	Health	317	2.4	122	2.8	208	2.5
运输	Transport	1067	7.9	101	2.3	352	4.2
通讯	Communications	314	2.3	130	3.0	235	2.8
康乐及文化	Recreation and Culture	522	3.9	86	2.0	243	2.9
教育	Education	1190	8.9	170	3.9	669	7.9
杂项商品及服务	Miscellaneous Goods and Services	951	7.1	159	3.6	388	4.6
外地消费	Consumption Expenses outside Macao	1063	7.9	296	6.7	580	6.9
住户数目	**Number of Households**	**181074**	**100.0**	**36215**	**20.0**	**36215**	**20.0**

27-26 续表 continued

商品与服务分类	Goods and Services	第三五分位 The Third 20%		第四五分位 The Fourth 20%		最高五分位 The Highest 20%	
		澳门元 MOP	百分比 (%)	澳门元 MOP	百分比 (%)	澳门元 MOP	百分比 (%)
消费开支	**Total expenditure**	**11701**	**100.0**	**15872**	**100.0**	**26747**	**100.0**
食品及非酒精饮料	Food and Non-alcoholic Beverages	3346	28.6	4136	26.1	6101	22.8
烟酒	Tobacco and Alcoholic Beverages	139	1.2	125	0.8	190	0.7
衣履	Clothing	523	4.5	735	4.6	1639	6.1
住房及燃料	Housing and Fuels	3327	28.4	4007	25.2	5243	19.6
家居设备及日用品	Housing Equipment and Routine Maintenance of the House	215	1.8	427	2.7	800	3.0
医疗	Health	263	2.2	370	2.3	619	2.3
运输	Transport	644	5.5	1197	7.5	3039	11.4
通讯	Communications	319	2.7	384	2.4	499	1.9
康乐及文化	Recreation and Culture	385	3.3	684	4.3	1209	4.5
教育	Education	973	8.3	1458	9.2	2678	10.0
杂项商品及服务	Miscellaneous Goods and Services	657	5.6	1128	7.1	2420	9.0
外地消费	Consumption Expenses outside Macao	908	7.8	1221	7.7	2311	8.6
住户数目	**Number of Households**	**36215**	**20.0**	**36215**	**20.0**	**36214**	**20.0**

注：2012/2013住户收支调查结果。

Note: Results of the 2012/2013 Household Budget Survey.

27-27 按受教育程度统计14岁及以上人口
Population Aged 14 and Over by Educational Attainment

项目	Item	2001人口普查 Census 2001		2006中期人口统计 By-census 2006		2011人口普查 Census 2011	
		万人 (10 000 persons)	构成 (%)	万人 (10 000 persons)	构成 (%)	万人 (10 000 persons)	构成 (%)
总计	**Total**	**34.97**	**100.0**	**43.36**	**100.0**	**49.20**	**100.0**
男	Male	16.45	47.0	20.97	48.4	23.35	47.5
女	Female	18.52	53.0	22.39	51.6	25.85	52.5
从未入学/学前教育	No Schooling/Pre-primary Education	2.10	6.0	2.06	4.7	1.63	3.3
男	Male	0.48	1.4	0.50	1.1	0.37	0.7
女	Female	1.62	4.6	1.56	3.6	1.26	2.6
小学	Primary Education	13.64	39.0	13.28	30.6	12.14	24.7
男	Male	6.63	19.0	6.59	15.2	5.78	11.8
女	Female	7.01	20.0	6.69	15.4	6.35	12.9
初中	Junior Secondary Education	9.45	27.0	12.07	27.8	12.30	25.0
男	Male	4.43	12.7	6.00	13.8	6.10	12.4
女	Female	5.02	14.3	6.07	14.0	6.19	12.6
高中	Senior Secondary Education	6.63	18.9	10.43	24.0	14.09	28.6
男	Male	3.32	9.5	5.16	11.9	6.73	13.7
女	Female	3.31	9.5	5.27	12.1	7.36	15.0
高等教育	Higher Education						
高等专科	Non-university Degree	0.75	2.1	0.64	1.5	0.99	2.0
男	Male	0.29	0.8	0.26	0.6	0.46	0.9
女	Female	0.46	1.3	0.38	0.9	0.53	1.1
大学	University	2.39	6.8	4.86	11.2	8.02	16.3
男	Male	1.29	3.7	2.44	5.6	3.88	7.9
女	Female	1.10	3.2	2.42	5.6	4.13	8.4
特殊教育	Special Education	0.02	0.1	0.03	0.1	0.04	0.1
男	Male	0.01	o	0.02	o	0.03	o
女	Female	0.01	o	0.01	o	0.02	o

27-28 按教育机构类别统计的注册学生人数
Students Enrolment by Type of Educational Institutions

单位：人 (person)

类别	Type	2011/2012	2012/2013	2013/2014	2014/2015	2015/2016
幼儿、小学、中学及高等教育	**Pre-primary, Primary, Secondary and Higher Education**	**96376**	**96597**	**97832**	**99663**	**103940**
幼儿	Pre-primary Education	11787	12669	13395	14552	16789
小学	Primary Education	22646	22231	22862	24252	26436
中学	Secondary Education	35726	33921	32054	30088	28745
高等教育	Higher Education	26217	27776	29521	30771	31970
特殊教育	**Special Education**	**560**	**582**	**612**	**624**	**643**

27-29 医疗卫生条件
Health

项 目	Item	2011	2012	2013	2014	2015
医护人员 （人）	**Medical Personnel in Health Care (person)**					
医生	Doctors	1438	1482	1514	1592	1674
牙科医生	Dentists	143	161	167	174	184
牙科技术员	Odontologists	64	60	58	57	53
护士	Nurses	1606	1751	1854	1990	2279
诊断及治疗助理员	Diagnostic and Therapeutic Technical Assistants	405	465	418	466	502
卫生服务助理员	Health Service Assistants	1038	1278	1289	1367	1487
每千人口对医生	**Number of Doctors per 1000 population**	**2.6**	**2.5**	**2.5**	**2.5**	**2.6**
医疗机构和病床	**Health Care Establishments and Beds**					
医院 （所）	Hospitals (unit)	4	4	4	5	5
病床 （张）	Hospital Beds (unit)	1222	1354	1366	1421	1494
每千人口的病床数	**Number of Beds per 1000 population**	**2.2**	**2.3**	**2.2**	**2.2**	**2.3**

27-30 社会保障基金发放资料
Payment Granted by Social Security Fund

发放种类	Type of Payment	2013		2014		2015	
		次数 Numbe of Payments	金额（万澳门元） Amount (10 000 MOP)	次数 Numbe of Payments	金额（万澳门元） Amount (10 000 MOP)	次数 Numbe of Payments	金额（万澳门元） Amount (10 000 MOP)
总计	**Total**	**1252265**	**219689**	**1617234**	**261171**	**1218367**	**297885**
养老金	Old Age Pension	1129369	191792	1466653	226256	1066478	256902
残疾金	Disability Pension	40011	8772	58541	11673	51473	15345
额外给付	Special Payment	66345	15834	73973	18844	82523	21080
失业津贴	Unemployment Benefit	3175	885	3554	1013	4282	1634
疾病津贴	Sickness Allowance	2626	397	3144	540	2241	477
出生津贴	Birth Allowance	5922	762	6384	1121	6784	1224
结婚津贴	Marriage Allowance	3108	390	3087	551	2785	510
丧葬津贴	Funeral Subsidy	1586	260	1723	394	1764	418
肺尘埃沉着病	Compensation for Pneumoconiosis	#	85	#	19	0	0
因工作关系所引起的债权	Credit Advances to Workers in Enterprises with Financial Claims	120	498	171	750	#	289
特别援助	Special Aid	#	13	#	10	#	5

主要统计指标解释

本地生产总值 反映每年在澳门特区生产的货物和提供各种服务的总量。本年鉴中的本地生产总值用支出法及生产法估算，支出法等于私人消费支出、政府最终消费支出、固定资本形成总额、库存变化和货物及服务出口净值（出口减进口）的总和。而生产法等于各经济行业的增加值总额的总和，这种方法可以评估澳门特区的产业结构。

婴儿死亡率 参考期内年龄在 1 岁或以下的死亡人数与出生活婴数目的千分比。

出生率 参考期内出生活婴数目与平均人口之千分比。

死亡率 参考期内死亡人数与平均人口之千分比。

幼儿、小学、中学教育 指有系统的，且主要专为儿童及青少年开办的，由幼儿教育至中学教育的课程；中学教育包括职业技术教育。

幼儿教育 为期 3 年，对象是年龄 3-5 岁的儿童。在报名当年的12月31日年满3岁的幼儿可报读幼儿教育第一年。

小学教育 为期 6 年，完成幼儿教育或在报名当年的12 月 31 日年满 6 岁的儿童可报读小学教育第一年。就读小学的最高年龄为 15 岁。

中学教育 由两个阶段组成：初中教育及高中教育。大学预科不纳入中学教育。

1）初中教育 为期 3 年，合格完成小学教育者可以入读。就读初中最大年龄为 18 岁，但在特别情况下，经教育机构决定，可以逾越此年限。

2）高中教育 为期 3 年，合格完成初中教育者可以入读。就读高中最大年龄为 21 岁，但在特别情况下，经教育机构决定，可以逾越此年限。

高等教育 指透过理论、实践等在科学、文化及技术领域提供的培训教育；高等教育包括大学教育及高等专科教育。

劳动人口 在参考期内可参与生产商品或提供服务的年龄在 16 岁及以上人士。包括就业人士及失业人士。

就业人口 在参考期内为赚取报酬、利润或家庭收入而工作最少一小时的年龄在 16 岁及以上人士。包括没有上班但与雇主保持正式工作联系的雇员，以及因某些原因而暂时没有上班的公司东主或股东。

就业不足人口 在参考期内不论其职业身份，非自愿地工作少于 35 小时，并可随时接受更多的工作或正在寻找更多工作的就业人士。

劳动力参与率 劳动人口占年龄在 16 岁及以上人士的百分比。

失业率 失业人口占劳动人口的百分比。

就业不足率 就业不足人口占劳动人口的百分比。

旅客 指任何非以澳门特区为常居地的人士，连续在澳门的逗留时间少于一年，其旅游目的并非受雇于澳门特别行政区的居民实体。

酒店入住率 入住客房数量与可供应客房数量之百分比。

进口 将来自外地的货物输入澳门特区，但再进口和转运制度下输入者除外。

出口 将货物输出澳门特区，但暂时出口和转运制度下输出者除外。

本地产品出口 将原产地为澳门特区的任何货物输出澳门特区。

再出口 指原进口的货物未经加工输出澳门特区；或虽加工，但不能取得澳门特区产地资格。

转运 货物经过澳门特区而运到下一目的地。

原产地 农业产品种植之国家／地区、矿产开采之国家／地区、工业产品生产之国家／地区，被视为原产地国家／地区。若工业产品的制造工序于两个或以上的国家／地区进行，应以进行最后转变成型工序的国家／地区为原产地，再包装、分类及混合等工序不能构成最后转变成型工序；当产品入口国对相关货物产地来源有特定规定时，应遵从有关规定。

目的地 目的地是指货物实际最后到达的国家或地区(不论在运输途中有或没有中断)。如有中间国家或地区，只要不在中间国家或地区内进行商业交易，最后到达的国家或地区都可被视为目的地。

贸易价格比率指数 即货物出口单位价格指数与货物进口单位价格指数之比率。

单位 包括住宅、商铺、办公室、工业、停车位、酒店及其他单位。

建筑面积 相等于所有楼层楼面面积之总和。楼面面积从外墙起量度，包括大堂、楼梯、升降机所占面积以及所有公用地方面积。

居民消费价格指数 反映澳门特区住户于购买一篮子之指定商品或服务时，在不同时间该等商品或服务之价格变动。

狭义货币供应量 M_1 为流通货币及活期存款之和。

广义货币供应量 M_2 指狭义货币供应量 M_1 加上准货币负债。准货币负债指储蓄存款、通知存款、定期存款、其他存款和存款证明书。

财务活动 由财务资产及财务负债组成。

Explanatory Notes on Main Statistical Indicators

Gross Domestic Product (GDP) reflects the total value of goods produced and services provided by the Macao Special Administrative Region in a year. GDP estimates in this statistical yearbook are compiled under both the expenditure and the production approaches. The expenditure-based GDP is measured as the sum of household consumption expenditure; government final consumption expenditure; gross fixed capital formation; changes in inventories; and net exports (exports less imports) of goods and services. The production-based GDP, which is measured as the sum of gross value added of all economic activities, can be used to evaluate the industrial structure of Macao.

Infant Mortality Rate Number of infants died under one year old per 1,000 live births within the reference period.

Rate of Natural Increase Difference between births and deaths per 1,000 population within the reference period.

Crude Birth Rate Live births per 1,000 population within the reference period.

Crude Mortality Rate Deaths per 1,000 population within the reference period.

Pre-primary, Primary and Secondary Education Refers to systematic education designed and intended for children and young people by which they may progress from pre-primary through secondary education; secondary education also covers vocational-technical education.

Pre-primary Education Has a duration of 3 years and designated for children aged 3-5 years old. Children reaching 3 years old as at 31st December of the enrolment year are eligible to the first year of pre-primary education.

Primary Education Has a duration of 6 years. Children completing pre-primary education or reaching 6 years old as at 31st December of the enrolment year are eligible to the first year of primary education. The maximum age of attending primary education is 15.

Secondary Education Comprises 2 stages, viz. junior secondary and senior secondary. Pre-university course is not considered as secondary education.

(1)Junior secondary education has a duration of 3 years. Students completing primary education are eligible. The maximum age for this level is 18; however, under special circumstances, schools can accept enrolment outside this age limit.

(2)Senior secondary education has a duration of 3 years. Students completing junior secondary are eligible. The maximum age for this level is 21; however, under special circumstances, schools can accept enrolment outside this age limit.

Vocational Technical Education Aims to provide vocational and technical training to elementary and intermediate personnel.

Higher Education Refers to instruction by theory, practice and the like in science, culture and technology; it includes university education and post-secondary education providing associate degree or diploma programmes.

Special Education Refers to education designed and intended for students who have special needs, such as gifted children and students with mental, sensory, corporal and communication problems, etc., to cope with their mental and physical development.

Economically Active Population Individuals aged 16 and above who are available to participate in the production of goods and/or services during the reference period. It comprises the employed and unemployed.

Employed Population Individuals aged 16 and above who work for pay, profit or family gain for at least 1 hour during the reference period. Including employees who are absent from work but have formal job attachment to employer, as well as company owners or shareholders who are temporary away from work because of particular reason.

Unemployed Population Individuals aged 16 and above who do not have a job or formal job attachment during the reference period, are available to work for pay or to start own business, and have sought work during the last 30 days.

Underemployed Population Irrespective of status in employment, employed persons who work involuntarily for less than 35 hours during the reference period, and are available to take on additional work or looking for extra work.

Labour Force Participation Rate The percentage share of economically active population (labour force) to the population aged 16 and above.

Unemployment Rate The percentage share of the unemployed to the labour force.

Underemployment Rate The percentage share of the underemployed to the labour force.

Visitor Any person taking a trip to a main destination outside his/her usual environment, for less than a year, for any main purpose other than to be employed by a resident entity in the place visited (i.e. Macao Special Administrative Region).

Occupancy Rate of Hotels The percentage share of occupied rooms to the total number of available rooms of the hotel sector.

Imports Entry of foreign produced merchandise to Macao, excluding re-imports and transit.

Exports Merchandise transported out of Macao, excluding temporary exports and transit goods.

Domestic Exports Transport of Macao produced merchandise out of Macao.

Re-exports Transport of merchandise previously imported out of Macao, without processing; even with processing, is not qualified to use Macao as the origin of the merchandise.

Transit Merchandise passing by Macao to the next destination.

Country of Origin Country or territory where the crops are grown, minerals are mined and products are manufactured. If a production process is carried out in two or more countries or territories, the origin will be the country or territory where the processing of the merchandise takes its final form. Repacking, sorting or mixing is not considered as the final phase of processing. When a country has specific rules regarding the country of origin on merchandise imports, those rules shall prevail.

Country of Destination The final country or territory where the goods are delivered, irrespective of interruption during transportation. As far as no commercial exchange has taken place in the transit country or territory, the final country or territory arrived is considered as the destination.

Terms of Trade Index Ratio of the unit value index of exports of goods to that of imports of goods.

Building Unit Including residential, shop, office and industrial units, parking spaces, hotel and other units.

Gross Floor Area The sum of the area of each floor of the building, measured to the outer surface of the outer walls including the area of lobbies, stairs, lift landings and communal space.

Consumer Price Index reflects the price change of a representative "basket" of goods and services consumed by households of Macao at different periods.

Money Supply (M_1) refers to the sum of currency in circulation and demand deposits.

Money Supply (M_2) refers to the sum of money supply (M_1) and quasi-monetary liabilities; the latter consist of savings deposits, notice deposits, time deposits, other deposits and certificates of deposit.

Financial Transactions comprise financial assets and financial liabilities.

附录一

APPENDIX I

台湾省主要社会经济指标

Main Social and Economic Indicators of Taiwan Province

简 要 说 明

一、本章资料反映台湾地区主要社会、经济发展情况。内容包括：土地、人口、就业、国民经济核算、工业、能源、建筑、交通通讯、对外贸易、财政金融、物价、教育、卫生、房屋、社会保障等方面。

二、本章数据主要来自台湾行政院主计处及相关部门统计出版物，国家统计局国际统计信息中心负责整理、编辑。

三、贸易数据从 2016 年 1 月起按照一般贸易制度口径予以统计，并按此方法对 2001 年至 2015 年的贸易数据进行了重新修订。

Brief Introduction

I. Data in this chapter reflect the major social and economic development of the Taiwan, including land; population; employment; national accounts; industry; energy; construction; transportation and communications; external trade; public finance and banking; prices; education; health; housing; and social security.

II. Data in this chapter are mainly abstracted from the Department of Statistics, Executive Yuan and other relevant Ministry of Taiwan, which are tabulated and edited by the International Statistical Information Centre of the National Bureau of Statistics.

III. Trade data is calculated by the General Trade System from Jan. 2016, the data from 2001 to 2015 are revised again according to the standard.

附录1-1 主要统计指标概况
Summary of Key Statistics

指标		Item		2011	2012	2013	2014	2015
人口		**Population**						
户籍登记人口数①	(万人)	Year-end Population①	(10 000 persons)	2323	2332	2337	2343	2349
人口自然增长率	(‰)	Natural Growth Rate	(‰)	1.88	3.23	1.85	1.98	2.49
人口密度①	(人/平方公里)	Population Density①	(persons/sq.km)	642	644	646	647	649
性别比①	(女=100)	Sex Ratio①	(female=100)	100.6	100.2	99.9	99.7	99.4
劳动、就业		**Labour Force and Employment**						
劳动力人口	(万人)	Labour Force	(10 000 persons)	1120	1134	1145	1154	1164
劳动力参与率	(%)	Labour Force Participation Rate	(%)	58.2	58.4	58.4	58.5	58.7
男		Male		66.7	66.8	66.7	66.8	66.9
女		Female		50.0	50.2	50.5	50.6	50.7
工业就业人口比率	(%)	Employed Persons at Industry as Percentage of Total	(%)	36.3	36.2	36.2	36.1	36.0
服务业就业人口比率	(%)	Employed Persons at Services as Percentage of Total	(%)	58.6	58.8	58.9	58.9	59.0
失业率	(%)	Unemployment Rate	(%)	4.4	4.2	4.2	4.0	3.8
工业及服务业月人均薪资	(新台币元)	Average Monthly Per Capita Wage	(NT$)	45508	45589	45664	47300	48490
工业		Industry		43746	44011	44076	45378	46735
服务业		Services		46933	46850	46921	48815	49861
生活环境		**Habitation**						
月人均用电量	(千瓦小时)	Average Monthly Per Capita Consumption of Electricity	(kwh)	150	145	146	151	
月人均用水量	(立方米)	Average Monthly Per Capita Consumption of Water	(cu.m)	11.0	11.0	11.1	11.4	
公共安全		**Law and Order**						
刑案发生率	(件/10万人)	Reported Crimes	(Case/100 000 persons)	1499	1364	1281	1309	1269
犯罪人口率	(人/10万人)	Number of Offenders	(person/100 000 persons)	1123	1126	1094	1118	1148
刑案破获率	(%)	Crimes Uncover	(%)	79.5	84.0	86.6	86.0	91.9
少年疑犯人数(12-17岁)	(人)	Young Offenders Between 12 and 17	(person)	13103	15078	12038	10969	11002
火灾发生次数	(次)	Fires	(case)	1772	1574	1451	1417	1704
死伤人数	(人)	Deaths and Injuries	(person)	385	428	281	368	850
机动车肇事率	(件/万辆)	Traffic Accidents of Motor Vehicles	(case/10 000 units)	107	112	127	144	140
道路交通事故伤亡人数		Casualties in Traffic Accidents						
死亡	(人)	Deaths	(person)	2117	2040	1928	1819	1696
受伤	(人)	Injuries	(person)	315201	334082	373568	413229	397058
保险		**Insurance**						
全民健保参保人数	(万人)	National Health Insurance	(10 000 persons)	2320	2328	2346	2362	2373
社保参保人数	(万人)	Social Insurance	(10 000 persons)					
公务员和教师		Government Employee and School Staff		59	59	59	59	58
劳工		Labour		973	971	975	992	1007
农民		Farmer		148	145	141	135	128

附录1-1 续表 1 continued

指 标	Item	2011	2012	2013	2014	2015
工业	**Industry**					
受雇者劳动生产力指数(2011年＝100)	Productivity Index (2011=100)	100.0	99.3	99.4	103.1	101.8
工业生产指数 (2011年＝100)	Indices of Industrial Production (2011=100)	100.0	99.8	100.4	106.8	104.9
制造业	Manufacturing	100.0	99.7	100.2	106.9	105.3
建筑业	Construction	100.0	107.1	111.1	122.8	127.2
工业生产价值 (新台币亿元)	Gross Industry Product (NT$ 100 million)	155638	150615	149453	155480	139297
商业及对外贸易	**Business and External Trade**					
营利事业家数① (万家)	Number of Enterprises① (10 000 unit)	124.4	126.9	129.8	132.1	134.9
营利事业销售额 (新台币亿元)	Sales Revenue (NT$100 million)	380032	377480	385387	403681	389801
货物进出口额 (亿美元)	Total Value of Merchandise Trade (USD100 million)	5897	5717	5753	5877	5094
出口	Exports	3083	3012	3054	3137	2805
进口	Imports	2814	2705	2699	2740	2289
出(入)超	Trade Surplus (Trade Deficit)	268	307	355	397	515
对日出(入)超	with Japan	-340	-286	-239	-218	-192
对美出(入)超	with United States	106	94	74	51	53
对内地及港出(入)超	with Mainland and Hong Kong	788	751	770	775	658
外销订单 (亿美元)	Order (USD100 million)	4361	4410	4429	4728	4518
运输通信	**Transportation and Communications**					
交通运输客运人数 (亿人)	Passenger Traffic (100 million persons)					
铁路	Railway	8.6	9.3	9.7	10.2	10.6
公路	Highway	11.6	11.9	12.2	12.4	12.2
航空 (万人)	Airway (10 000 persons)					
省内	Domestic	1048	1068	1055	1056	980
省外	Non-domestic	3213	3590	3939	4440	4798
高速公路收费站通行车辆数④ (万辆次)	Vehicles for Motorway Transportation (10 000 unit-times)	57123	57351	58978	518435	548998
每百人机动车辆数① (辆)	Vehicles per 100 Persons① (unit)	95.7	95.8	92.3	90.9	91.1
港埠货物装卸量 (万计费吨)	Inward and Outward Movements Cargo (10 000 tons)	67900	69080	70575	74861	72139
旅游 (万人次)	**Tourism (10 000 person-times)**					
出省旅游人数	Outbound Tourists	958	1024	1105	1185	1318
来台湾旅客人数	Inbound Tourists	609	731	802	991	1044
财政、金融	**Public Accounts and Finance**					
赋税实征净额② (新台币亿元)	Revenue② (NT$100 million)	17646	17967	18341	19761	21348
直接税 (%)	Direct Tax (%)	62.1	60.3	59.5	59.8	62.0
间接税 (%)	Indirect Tax (%)	37.9	39.7	40.5	40.2	38.0
外汇存底① (亿美元)	Foreign Exchange Reserve (USD100 million)①	3855.5	4031.7	4168.1	4189.8	4260.3
汇率	Exchange Rate (NT$ to one unit of foreign currency)					
1美元③ (新台币)	US Dollar③	30.32	29.08	29.82	31.68	32.88
货币总计数$M_2$① (新台币亿元)	Money Supply M_2 ① (NT$100 million)	324519	335744	355189	376968	398819
年增率 (%)	Average Annual Growth Rate (%)	4.8	3.5	5.8	6.1	5.8
存款① (新台币亿元)	Deposits① (NT$100 million)	323022	333004	350624	371339	393558
放款与投资① (新台币亿元)	Loans and Investment① (NT$100 million)	241729	255488	267206	281106	294064

附录1-1　续表 2 continued

指　　标	Item	2011	2012	2013	2014	2015
再贴现率①　(年息百分比率)	Rediscount Rate①　(% annual)	1.875	1.875	1.875	1.875	1.625
股价指数　(1966年＝100)	Stock Price Index　(1966=100)	8155.8	7481.0	8092.8	8992.0	8959.0
国际收支余额　(亿美元)	Balance of Payments (USD 100 million)	62.4	154.8	113.2	130.2	150.1
经常帐户	Current Account	379.0	441.1	514.8	625.1	755.4
资本帐户	Capital Account	-0.4	-0.2	0.7	-0.1	-0.1
金融帐户	Financial Account	320.3	324.6	427.7	536.0	685.5
价格指数年增长率(2011年=100)(%)	**Price Indices Annual Growth Rate(2011=100)(%)**					
批发	Wholesale Trade Price	4.3	-1.2	-2.4	-0.6	-8.8
消费者	Consumer Price	1.4	1.9	0.8	1.2	-0.3
进口	Imports Price	7.7	-1.3	-4.5	-2.1	-12.9
出口	Exports Price	0.1	-1.6	-2.1	0.1	-4.7
国民核算　(新台币亿元)	**National Accounts　(NT$100 million)**					
本地居民生产总值	Gross National Product(GNP)	147006	151411	156546	165668	172480
本地生产总值	Gross Domestic Product(GDP)	143122	146869	152307	160974	166879
居民消费	Household Final Consumption	77990	80351	82484	85809	87279
固定资本形成总额	Gross Fixed Capital Formation	33469	32821	33787	34842	34575
商品及服务出口	Exports of Goods and Services	104197	103454	105799	112582	107775
减：商品及服务进口	Less: Imports of Goods and Services	94569	92520	92004	95955	86082
GDP增长率　(%)	GDP Growth Rate　(%)	3.8	2.1	2.2	3.8	0.7
农业	Agriculture	4.5	-3.2	3.5	3.4	
工业	Industry	6.1	3.3	1.6	5.6	
服务业	Services	3.0	1.3	2.2	2.3	
产业结构　(%)	Industry Structure　(%)					
农业	Agriculture	1.7	1.7	1.7	1.8	1.8
工业	Industry	33.0	32.4	33.3	34.3	35.2
服务业	Services	65.3	64.9	64.6	63.2	62.4
人均本地居民生产总值(新台币元)	Per Capita GNP at Current Market Prices　(NT$)	633822	650660	670585	707875	735183
人均本地居民生产总值　(美元)	Per Capita GNP at Current Market Prices　(USD)	21507	21967	22526	23308	23040
居民储蓄总值　(新台币亿元)	Gross Deposits　(NT$100 million)	46249	46110	50088	54593	59875
储蓄率　(%)	Deposit Rate　(%)	31.5	30.5	32.0	33.0	34.7

注：①为年底数。②为年度资料。③卖出汇率，且为年底数。④从2013年12月30日起，国道高速公路由计次收费改为计程电子收费。

Notes: ①Year-end data. ②Annual data. ③Selling rate, year-end data.④from Dec.30 2013,the tolls on national highways are determined by the distance travelled instead of by times of exits passed.

附录1-2 面积和人口主要指标

Main Indicators of Area and Population

资源来源：台湾省统计网站（以下各表同）。
Source: Taiwan Province Statistics Website. The same applies in the following tables.

项目	Item	2011	2012	2013	2014	2015
土地面积（万平方公里）	Area (10 000 sq.km)	3.6	3.6	3.6	3.6	3.6
户籍登记人口数（万人）	Year-end Population (10 000 persons)	2322.5	2331.6	2337.4	2343.4	2349.2
男	Male	1164.6	1167.3	1168.5	1169.8	1171.2
女	Female	1157.9	1164.3	1168.9	1173.6	1178.0
粗出生率 (‰)	Crude Birth Rate (‰)	8.48	9.86	8.53	8.99	9.10
粗死亡率 (‰)	Crude Death Rate (‰)	6.59	6.63	6.68	7.00	6.98
人口自然增长率 (‰)	Natural Population Growth Rate (‰)	1.88	3.23	1.85	1.98	2.12
一般生育率 (‰)	Fertility Rate (‰)	32	38	32	34	35
结婚率 (对/千人)	Marriage Rate (couple/1000 persons)	7.13	6.16	6.32	6.38	6.58
离婚率 (对/千人)	Divorce Rate (couple/1000 persons)	2.46	2.41	2.30	2.27	2.28
期望寿命 (岁)	Life Expectancy at Birth (year old)					
男	Male	75.96	76.43	76.91	76.42	
女	Female	82.63	82.82	83.36	83.19	
人口的年龄分布 (%)	Age-specific Distribution (%)					
0-14岁	0-14	15.08	14.63	14.32	13.99	13.57
15-64岁	15-64	74.04	74.22	74.15	74.03	73.92
65岁及以上	65 and Over	10.89	11.15	11.53	11.99	12.51
性别比 (女=100)	Sex Ratio (female=100)	100.57	100.26	99.96	99.68	99.40
人口密度(人/平方公里)	Population Density (persons/sq.km)	641.7	644.2	645.8	647.5	649.0

附录1-3 劳动力和就业状况

Labour Force and Employment

项目	Item	2011	2012	2013	2014	2015
劳动力总计 (万人)	Labour Force (10 000 persons)	1120.0	1134.1	1144.5	1153.5	1163.8
男	Male	630.4	636.9	640.2	644.1	649.7
女	Female	489.6	497.2	504.3	509.4	514.1
就业人数 (万人)	Employment (10 000 persons)	1070.9	1086.0	1096.7	1107.9	1119.8
男	Male	600.6	608.3	611.6	616.6	623.4
女	Female	470.2	477.7	485.1	491.3	496.4
就业者行业构成 (%)	Distribution of Employment by Industry(%)	100.0	100.0	100.0	100.0	100.0
农、林、渔、牧业	Agriculture, Forestry, Fishery and Animal Husbandry	5.1	5.0	5.0	5.0	5.0
工业	Industry	36.3	36.2	36.2	36.2	36.0
矿业及土石采取业	Mining and Quarrying	0.04	0.04	0.04	0.04	0.04
制造业	Manufacturing	27.5	27.4	27.2	27.1	27.0
电力及燃气供应业	Electricity, Gas	0.3	0.3	0.3	0.3	0.3
用水供应及污染整治业	Water Supply and Pollution Management	0.7	0.8	0.8	0.7	0.7
建筑业	Construction	7.8	7.8	7.9	8.0	8.0
服务业	Services	58.6	58.8	58.9	58.8	59.0
批发及零售业	Wholesale and Retail Trades	16.5	16.6	16.6	16.5	16.4
运输及仓储业	Transport, Storage, Communications	3.8	3.8	3.9	3.9	3.9
金融及保险业	Finance, Insurance	4.0	3.9	3.8	3.8	3.8
咨讯及通讯传播	Information and Communication	2.0	2.1	2.1	2.2	2.2
住宿及餐饮业	Hotels and Restaurants	6.8	6.9	7.1	7.2	7.3
教育服务业	Education	5.9	5.8	5.8	5.8	5.8
公共行政	Public Administration	3.6	3.5	3.5	3.4	3.3
失业人数 (万人)	Unemployment (10 000 persons)	49.1	48.1	47.8	45.7	44.0
失业率 (%)	Unemployment Rate (%)	4.4	4.2	4.2	4.0	3.8

附录1-4 本地居民生产总值
Gross National Product

年 份 Year	本地居民生产总值 Gross National Product			人均本地居民生产总值 Per Capita Gross National Product	
	新台币亿元 NT $100 million	实际年增长率 % Annual Growth Rate over the Preceding Year %	亿 美 元① USD 100 million①	新 台 币 元 NT $	美 元① USD①
2005	120311	3.0	3739	529313	16449
2006	125552	4.6	3860	550099	16911
2007	137398	6.1	4184	599536	18256
2008	134656	-2.0	4270	585519	18564
2009	133757	-0.7	4046	579574	17531
2010	145489	8.8	4597	628706	19864
2011	147006	1.0	4988	633822	21507
2012	151411	3.0	5112	650660	21967
2013	156546	3.4	5259	670585	22526
2014	165668	5.8	5455	707875	23308
2015	172480	4.1	5405	735183	23040

注：①按当年汇率折算。
Note: ①Adjusted by current exchange rate of the year.

附录1-5 本地生产总值支出构成
Expenditure on Gross Domestic Product

单位：% (%)

年 份 Year	本地生产总值(新台币亿元) Gross Domestic Product (NT$ 100 million)	居民消费 Household Consumption Expenditure	政府消费 Government Consumption Expenditure	固定资本形成总额 Gross Fixed Capital Formation	存货增加 Changes in Inventories	货物及服务出口 Exports of Goods and Services	减：货物及服务进口 Less: Imports of Goods and Services
2005	117403	60.4	12.5	22.5	0.3	62.5	58.1
2006	122435	59.2	12.0	22.3	0.4	68.0	61.9
2007	134071	53.7	14.3	23.9	0.1	69,4	61.8
2008	131510	55.2	15.1	23.2	1.3	70.2	65.0
2009	129617	55.4	15.9	21.3	-1.4	60.4	51.5
2010	141192	53.1	14.9	23.6	1.3	70.9	63.9
2011	143122	54.5	15.2	23.4	0.3	72.8	66.1
2012	146869	54.7	15.4	22.4	0.2	70.4	63.0
2013	152307	54.2	14.7	22.2	-0.1	69.5	60.4
2014	160974	53.3	14.6	21.6	0.2	69.9	59.6
2015	166879	52.3	13.9	20.7	0.1	64.6	51.6

附录1-6　本地生产总值产业构成
Gross Domestic Product by Kind of Economic Activity

单位：%　　(%)

年　份 Year	本地生产总值（新台币亿元） Gross Domestic Product (NT$ 100 million)	农　业 Agriculture Forestry, Animal Husbandry and Fishery	工　业 Industry	制造业 Manufacturing	水电燃气及污染治理业 Water/Electricity/Gas /Pollution Treatment	建筑业 Construction
2005	117403	1.61	32.28	27.77	2.01	2.35
2006	122435	1.56	32.38	27.72	1.87	2.63
2007	134071	1.45	32.96	28.44	1.67	2.67
2008	131510	1.55	31.30	27.41	0.98	2.73
2009	129617	1.68	31.50	26.73	2.14	2.50
2010	141192	1.60	33.78	29.06	1.97	2.61
2011	143122	1.72	33.02	28.66	1.56	2.68
2012	146869	1.67	32.75	28.37	1.62	2.65
2013	152307	1.69	33.46	28.75	2.00	2.61
2014	160974	1.81	34.55	29.75	2.14	2.56
2015	166879	1.78	35.41	30.34	2.44	2.53

附录1-6　续表　continued

单位：%　　(%)

年　份 Year	服务业 Services	批发及零售业 Wholesale and Retail Trades	金融及保险业 Finance& Insurance	不动产业 Real Estate	咨讯及通讯传播业 Information& Communication
2005	66.11	17.12	7.48	7.85	3.47
2006	66.06	17.37	7.13	8.20	3.38
2007	65.59	17.45	7.13	8.24	3.38
2008	67.15	17.82	7.01	8.52	3.49
2009	66.82	17.36	6.23	8.96	3.54
2010	64.63	16.82	6.19	8.45	3.31
2011	65.27	17.07	6.39	8.47	3.23
2012	65.58	16.88	6.42	8.55	3.18
2013	64.85	16.97	6.41	8.49	3.08
2014	63.64	16.48	6.58	8.26	2.95
2015	62.80	15.92	6.58	8.14	2.82

附录1-7 农业生产指数
Indices of Agricultural Production

(20011年=100) (2011=100)

年 份 Year	总 指 数 Total	种植业 Crops	林 业 Forestry	畜牧业 Livestock	渔 业 Fishery
2005	103.0	89.3	153.7	100.3	139.4
2006	103.7	97.7	171.1	102.9	119.8
2007	101.2	91.4	117.3	100.4	126.7
2008	96.1	90.9	108.5	95.9	109.5
2009	94.4	91.7	110.3	95.5	99.7
2010	96.4	94.2	101.3	96.8	101.4
2011	100.0	100.0	100.0	100.0	100.0
2012	98.3	95.9	103.6	98.6	102.7
2013	97.1	95.4	112.6	96.7	101.4
2014	98.4	98.5	96.6	96.8	101.3

附录1-8 主要农产品产量
Output of Major Crops

单位：万吨 (10 000 tons)

年份 Year	稻米 Rice	槟榔 Pinang	菠萝 Pineapple	芒果 Mango	甘蔗 Sugarcane	茶叶 Tea	花生 Peanuts	香蕉 Banana
2005	146.7	13.8	44.0	15.0	87.5	1.9	5.4	14.9
2006	155.8	14.2	49.2	19.1	65.1	1.9	7.2	21.4
2007	136.3	13.4	47.7	21.5	72.1	1.8	5.2	24.2
2008	145.7	14.4	45.2	17.7	70.7	1.7	5.5	20.8
2009	157.8	14.3	43.5	14.0	61.3	1.7	5.7	17.3
2010	145.1	13.2	42.0	13.5	66.5	1.7	6.5	28.8
2011	166.6	12.9	40.1	16.9	65.4	1.7	6.8	30.6
2012	170.0	12.4	39.2	16.7	54.8	1.5	5.7	29.5
2013	158.9	12.4	41.3	21.5	50.6	1.5	4.7	29.1
2014	173.2	12.1	45.6	15.3	50.3	1.5	6.9	30.0

附录1-9 工业生产指数
Indices of Industrial Production

2011年=100 (2011=100)

年 份 Year	总指数 General	矿业 Mining	制造业 Manufacturing	电力和燃气业 Electricity& Gas	供水业 Water	建筑业 Construction
2005	75.00	127.09	72.94	96.29	99.48	128.46
2006	78.60	120.75	76.30	98.69	102.31	140.05
2007	84.70	100.25	82.66	101.59	102.59	139.37
2008	83.73	95.68	81.92	99.64	100.76	126.46
2009	77.11	87.63	75.53	96.98	98.47	102.33
2010	95.75	107.67	95.52	99.38	99.80	92.95
2011	100.00	100.00	100.00	100.00	100.00	100.00
2012	99.75	97.27	99.68	99.18	99.40	107.12
2013	100.40	92.33	100.24	101.26	100.10	111.07
2014	106.80	90.70	106.89	102.53	100.61	122.80
2015	104.93	84.02	105.30	93.68	98.52	127.18

附录1-10　主要工业产品产量
Output of Major Industrial Products

年 份 Year	碳酸饮料 (万升) Sodas (10 000 litre)	饲料 (万吨) Feed (10 000 tons)	各种成衣 (万打) Wearing Apparel (10 000 dozens)	纸板 (万吨) Cardboard (10 000 tons)	塑胶外壳 (亿台币) Plastic Cover (10 000 tons)	聚苯乙烯 (万吨) Polystyrene (10 000 tons)	玻璃纤维 (万吨) Glass Fibre (10 000 tons)
2007	30188.2	509.5	935.4	340.6	182.7	84.6	27.0
2008	28217.2	510.6	767.6	291.0	196.3	69.0	25.9
2009	30752.1	515.9	633.3	277.5	156.6	83.7	19.5
2010	29323.8	518.1	702.2	285.0	215.7	91.2	22.6
2011	30607.3	525.6	583.1	293.1	291.3	86.5	26.4
2012	28860.9	525.1	557.8	307.4	305.3	83.1	26.3
2013	27635.3	509.8	515.4	305.5	250.7	85.4	24.7
2014	26887.7	516.1	499.4	308.3	202.1	78.1	25.0
2015	28975.2	507.1	455.5	285.9	193.5	82.2	26.0

附录1-10　续表 1 continued

年 份 Year	ABS树脂 (万吨) Acrylonitrile Butadiene Styrene (10 000 tons)	涂料 (万吨) Paints (10 000 tons)	钢坯 (万吨) Billet (10 000 tons)	便携式电脑 (万台) Portable Computer (10 000 units)	显示器 (万台) Display (10 000 units)	主机板 (万片) Main Board (10 000 units)
2007	132.6	46.6	1926.5	125.7	172.8	1923.0
2008	112.9	42.0	1789.3	75.4	120.2	2322.4
2009	124.5	37.0	1408.6	37.4	114.9	2445.4
2010	136.3	43.0	1897.5	32.8	133.1	2449.0
2011	120.5	42.5	2164.0	319.8	136.1	2582.7
2012	120.8	41.1	1992.7	75.0	154.5	2602.0
2013	120.9	43.6	2146.6	45.8	116.9	2673.5
2014	120.7	44.4	2251.1	87.8	152.2	2453.0
2015	123.5	42.9	2081.5	58.6	156.6	2195.6

附录1-10　续表 2 continued

年 份 Year	光碟片 (亿片) Discs (100 million units)	印刷电路板 (万平方尺) Printing Circuit Board (10000 sq.feet)	电子电容器 (亿只) Electron Capacitor (100 million units)	汽车 (万辆) Car (10 000 units)	数控机床 (台) NC Machine Tools (unit)	发电量 (亿千瓦小时) Electric Power (100 million kwh)
2007	111.8	62218.0	2418.8	28.5	12404	2291.5
2008	94.7	62358.5	2503.3	18.2	12699	2252.8
2009	92.8	61163.9	1642.1	22.9	3628	2174.8
2010	88.6	92644.2	1964.4	30.6	9558	2335.0
2011	75.2	99711.2	1735.8	34.7	12944	2386.3
2012	69.0	107311.9	1623.9	34.4	11437	2372.9
2013	65.6	86925.2	1668.7	34.0	9977	2391.7
2014	63.4	94427.6	1905.3	38.7	10853	2469.5
2015	50.8	96129.3	2188.8	35.4	9396	2430.1

附录1-11　能源平衡表
Energy Balance Sheet

单位：亿升标准油　　(100 000 kl oil equivalent)

项　目	Item	2011	2012	2013	2014	2015
能源总供给	**Total Supply**	**1382.36**	**1407.68**	**1431.36**	**1474.53**	**1450.84**
自产能源	Indigenous Energy	28.64	30.73	30.07	28.94	31.31
原油	Crude Oil	0.11	0.11	0.11	0.09	0.09
天然气	Natural Gas	2.93	3.93	3.39	3.37	3.32
生质能及废弃物	Biomass and waste	19.14	18.61	18.37	18.27	20.19
水力发电	Hydro Power	3.82	5.42	5.18	4.13	4.27
再生能源①	Renewables①	2.63	2.66	3.02	3.08	3.43
进口能源	Imported Energy	1353.72	1376.95	1401.29	1445.59	1419.54
煤及煤产品	Coal & Coal Products	433.78	417.88	431.56	430.53	425.53
原油及石油产品	Crude Oil & Petroleum Products	638.11	675.07	681.15	715.41	698.91
液化天然气	L.N.G	159.86	166.94	167.99	176.89	189.48
核能发电	Nuclear	121.97	117.06	120.59	122.76	105.62
能源总需求	**Total Demand**	**1382.36**	**1407.68**	**1431.36**	**1474.53**	**1450.84**
本地能源消费按部门分	Total Consumption by Sector	1122.22	1118.36	1145.45	1153.25	1150.29
能源部门	Energy Sector	80.45	79.18	78.64	77.64	75.82
运输部门	Transportation Sector	135.24	132.63	132.72	134.09	136.88
工业部门	Industrial Sector	435.04	428.65	438.32	435.13	426.56
农业部门	Agricultural Sector	9.67	9.97	9.93	10.31	10.50
住宅部门	Residential Sector	124.86	121.21	120.84	124.37	122.98
服务业部门	Services Sector	123.55	122.92	123.49	125.94	126.93
非能源消费②	Non-energy Use②	213.40	223.81	241.52	245.95	250.62
出口	Export	148.79	182.35	188.31	188.05	182.84
国际海运及国际航空	International Marine & Aviation Bunkers	40.03	36.19	38.05	39.70	40.60
存货变动	Stock Changes	-7.04	2.41	-2.96	17.22	12.51
损耗	Losses	23.94	21.71	17.73	21.62	19.96
误差	Errors	54.42	46.66	44.79	54.69	44.63

注：①再生能源包括太阳光电、风力发电和太阳热能。
②非能源消费仅含润滑油、柏油、溶剂油。

Note: ①The renewables include geothermal electricity, solar photovoltaic and wind energy.
②Non-energy use refers to lubricating oil, asphalt and solvent oil consumption.

附录1-12　按用途分批准动工的建筑物面积
Floor Space of Authorized Construction Projects by Purpose

单位：万平方米　　(10 000 sq.m)

年　份 Year	总计 Total	商业类 Business	工业、仓储类 Industrial & Stores	休闲、文教类 Recreation & Culture and Education	办公、服务类 Office & Service	住宿类 Accommodation	
						宿舍 Dormitory	住宅 Residence
2007	3602	92	616	200	277	60	2158
2008	3272	100	536	206	355	23	1842
2009	2654	119	482	223	258	44	1352
2010	2401	56	443	128	208	20	1332
2011	2589	86	601	150	133	24	1325
2012	2776	61	506	152	193	17	1574
2013	2877	63	509	137	195	19	1689
2014	3172	145	526	127	192	13	1811

附录1-13 铁路和公路客货运量
Railway and Highway Passenger and Freight Traffic

年 份 Year	铁 路 Railway				公 路 Highway			
	客运量 (亿人) Passenger Traffic (100 million persons)	客运周转量 (亿人公里) Passenger Kilometres (100 million p-km)	货运量 (亿吨) Freight Traffic (100 million tons)	货物周转量 (亿吨公里) Freight Ton-kilometres (100 million ton-km)	客运量 (亿人) Passenger Traffic (100 million persons)	客运周转量 (亿人公里) Passenger Kilometres (100 million p-km)	货运量 (亿吨) Freight Traffic (100 million tons)	货物周转量 (亿吨公里) Freight Ton-kilometres (100 million ton-km)
2007	6.03	157.69	0.17	8.90	10.21	159.79	6.18	305.47
2008	6.90	190.66	0.17	9.33	10.54	157.83	6.04	301.60
2009	7.19	192.77	0.14	7.76	10.39	158.82	5.97	290.71
2010	7.79	209.31	0.15	8.73	11.10	163.07	6.28	296.32
2011	8.64	228.26	0.15	8.53	11.64	170.40	6.38	295.51
2012	9.25	242.08	0.14	8.33	11.92	175.85	6.53	298.51
2013	9.72	253.23	0.11	7.29	12.20	179.28	5.51	384.74
2014	10.24	263.40	0.11	6.83	12.39	183.82	5.42	378.52
2015	10.63	271.11	0.11	6.36	12.22	175.73	5.32	378.05

附录1-14 邮政及电信营运量
Post&Telecommunication Services

项 目	Item	2011	2012	2013	2014	2015
邮政	**Post**					
函件 (亿件)	Letters (100 million pieces)					
收寄	Received	27.8	27.1	27.0	27.6	26.1
投递	Mailing	31.7	31.7	31.5	30.5	
包裹 (万件)	Parcels (10 000 pieces)					
收寄	Received	2721.4	2794.6	2560.0	2356.2	2417.2
投递	Mailing	3019.2	3060.1	2815.9	2590.8	
电信	**Telecommunications**					
市内电话用户数 (万户)	Number of Local (Urban) Telephone Subscribers (10 000 subscribers)	1268	1241	1223	1206	1189
公共电话话机数 (万部)	Number of Public Telephones (10 000 subscribers)	8.2	7.8	7.5	7.0	
移动电话用户数 (万户)	Number of Mobile Telephones Subscribers (10 000 subscribers)	2886.2	2944.9	2970.1	2653.5	2936.9
数字式低功率无线电话用户数 (万户)	Digital Low-power Wireless Telephones Subscribers (10 000 subscribers)	81.7	77.4	72.4	68.3	
综合业务数字网用户数(万户)	Number of Subscribers of ISDN (10 000 subscribers)	12.3	11.8	10.9	10.4	
国际互联网用户数 (万户)	Number of Subscribers of Internet Services (10 000 subscribers)	609.2	698.8	753.6	794.5	811.2
国际电话去话分钟数 (万分钟)	International Outgoing Call (10 000 minutes)	466671	494147	380053	296081	223069

附录1-15　货物进出口额
Total Imports and Exports

年　份 Year	按新台币计算（亿元）(NT $ 100 million)			按美元计算（亿美元）(USD 100 million)		
	进出口总额 Total	出口 Exports	进口 Imports	进出口总额 Total	出口 Exports	进口 Imports
2007	154974	81697	73277	4719	2488	2231
2008	157643	80992	76651	5025	2581	2445
2009	126400	67848	58552	3833	2057	1776
2010	168681	87779	80902	5343	2780	2563
2011	176549	91942	84607	6010	3129	2881
2012	172809	90698	82110	5837	3064	2773
2013	174786	92357	82428	5894	3114	2780
2014	182084	96834	85250	6019	3201	2818
2015	165567	90421	75146	5226	2853	2372

附录1-16　货物出口去向和进口来源
Destination of Exports and Origin of Imports

单位：亿美元　　(USD 100 million)

项　目	Item	2011	2012	2013	2014	2015
出口去向	**Exports (Major Destination)**					
中国内地	China,Mainland	852.4	826.7	841.2	847.4	734.1
中国香港	Hong Kong,China	407.3	384.9	411.8	438.0	391.3
日　本	Japan	192.4	196.2	193.9	201.4	195.9
韩　国	Korea, Rep.	126.3	121.4	122.2	129.9	128.8
美　国	United States	365.6	332.2	326.3	351.1	345.4
泰　国	Thailand	62.3	66.7	64.3	61.9	57.7
马来西亚	Malaysia	69.2	66.0	82.4	86.7	72.0
印度尼西亚	Indonesia	49.0	52.5	52.0	38.8	31.1
菲律宾	Philippines	70.8	89.7	98.2	96.4	75.1
新加坡	Singapore	169.8	202.1	196.1	207.0	174.1
越　南	Vietnam	92.1	85.6	90.2	101.3	97.1
印　度	India	45.2	34.6	35.2	35.0	30.4
德　国	Germany	69.4	57.0	56.7	62.2	60.1
荷　兰	Netherlands	46.4	44.4	45.0	50.9	41.8
英　国	United Kingdom	46.5	50.8	43.3	42.5	39.1
澳大利亚	Australia	37.4	37.6	38.3	37.0	34.4
沙特阿拉伯	Saudi Arabia	16.9	18.5	18.1	20.3	17.0
阿联酋	United Arab Emirates	16.1	16.7	17.5	16.9	14.9
进口来源	**Imports (Major Origin)**					
中国内地	China,Mainland	440.9	414.3	433.5	492.5	452.7
日　本	Japan	531.5	483.4	436.9	419.8	388.7
韩　国	Korea, Rep.	181.9	153.0	161.6	152.9	134.5
美　国	United States	277.7	257.0	284.1	300.4	292.0
泰　国	Thailand	44.0	37.1	37.9	44.1	40.4
马来西亚	Malaysia	87.9	79.8	82.5	89.6	67.3
印度尼西亚	Indonesia	74.5	73.5	71.7	74.0	59.7
菲律宾	Philippines	24.1	21.7	23.2	23.0	20.9
新加坡	Singapore	80.2	81.7	86.1	84.4	71.7
越　南	Vietnam	18.7	23.0	27.0	25.9	25.4
德　国	Germany	98.8	81.2	85.0	96.3	87.6
法　国	France	30.6	32.9	29.6	31.0	29.5
荷　兰	Netherlands	29.6	36.2	46.7	31.9	28.1
俄罗斯	Russia	23.9	31.5	32.9	37.3	26.4
巴　西	Brazil	30.3	31.3	28.2	23.5	22.7
澳大利亚	Australia	109.9	94.6	81.1	75.9	68.6
沙特阿拉伯	Saudi Arabia	138.8	148.0	156.4	137.2	73.3
阿联酋	United Arab Emirates	42.9	46.3	45.9	54.9	35.0

附录1-17 出口与进口货物分类
Composition of Exports and Imports

单位：亿美元 (USD 100 million)

年 份 Year	出 口 Exports 出口额 Total	农产品 Agricultural Products	农产加工品 Processed Agricultural Products	工业产品 Industrial Products	进 口 Imports 进口额 Total	资本设备 Capital Goods	原材料 Agricultural & Industrial Raw Materials	消费品 Consumer Goods
2007	2487.9	4.1	18.2	2465.6	2231.2	342.5	1695.7	178.6
2008	2580.5	5.0	21.6	2553.9	2444.7	310.6	1929.5	189.1
2009	2056.6	5.0	17.8	2033.9	1776.0	237.5	1349.0	172.9
2010	2780.1	7.5	21.0	2751.6	2562.7	391.9	1932.9	216.8
2011	3129.2	9.1	26.1	3094.1	2880.6	375.0	2224.0	257.5
2012	3064.1	8.8	30.5	3024.8	2773.2	349.8	2131.7	270.2
2013	3114.3	8.8	31.5	3074.0	2780.1	368.5	2096.1	283.9
2014	3200.9	9.1	32.9	3159.0	2818.5	385.5	2084.0	307.9
2015	2853.4	8.6	30.4	2814.5	2372.2	381.2	1629.0	316.5

附录1-18 来台旅游人数
Inbound Tourists

项 目	Item	2011	2012	2013	2014	2015
来台旅游人数 （万人次）	**Inbound Tourists(10 000 person-times)**	**608.8**	**731.2**	**801.6**	**991.0**	**1044.0**
华 侨	Overseas Chinese	249.9	348.0	392.0	522.3	555.7
外国人	Foreigners	358.9	383.2	409.6	468.7	488.3
平均每人停留时间（夜）	**Average Length of Stay (Nights)**	**7.1**	**6.9**	**6.9**	**6.7**	**6.6**

附录1-19 居民消费价格分类指数
Consumer Price Indices

2011年=100 (2011=100)

年 份 Year	总指数 General Index	食品 Food	服装 Clothing	居住 Housing	交通&通讯 Transportation &Communications	医药保健 Medicines and Medical Care	教育娱乐 Education and Entertainment	杂项 Miscellaneous
2007	95.2	89.9	95.4	97.5	97.7	94.9	100.0	91.7
2008	98.5	97.6	96.3	99.0	99.9	97.0	101.3	93.3
2009	97.7	97.2	95.6	98.7	95.9	97.6	99.5	95.8
2010	98.6	97.8	97.2	99.2	98.6	98.2	99.5	98.6
2011	100.0	100.0	100.0	100.0	100.0	100.0	100.0	100.0
2012	101.9	104.2	102.5	101.1	100.4	100.9	100.7	102.3
2013	102.7	105.5	102.3	102.1	100.9	102.1	101.0	102.7
2014	103.9	109.4	103.6	102.9	99.7	102.7	100.9	104.3
2015	103.7	112.8	103.1	101.8	93.9	102.9	100.9	104.5

附录1-20 各级政府财政收入净额
Net Revenue of Treasury

单位：新台币亿元 (NT $ 100 million)

项目	Item	2010	2011	2012	2013	2014
总计	**Total**	**21156**	**23062**	**23212**	**24576**	**25088**
税收收入	Tax	15658	17040	17334	17688	19176
营业盈余及事业收入	Revenue from Enterprises and Institutions	2865	2940	2980	2750	2719
其他收入	Other Revenue	2632	3082	2898	4136	3193
财产孳息收入	Revenue from Profit of Public Properties	161	142	164	208	334
规费收入	Fees	965	963	960	2150	998
罚款及赔偿收入	Revenue from Fines & Indemnities	430	417	667	439	433
捐献及赠与收入	Receipts from Donations and Contributions	122	93	120	119	116
资本收回及售价收入	Return of Properties and Sales of Public Properties	535	673	621	872	926
杂项收入	Miscellaneous Revenues	419	795	367	348	386

附录1-21 各级政府财政支出净额
Net Expenditures of Treasury

单位：新台币亿元 (NT $ 100 million)

项目	Item	2010	2011	2012	2013	2014
总计	**Total**	**25668**	**26129**	**26780**	**26652**	**26457**
一般政务支出	General Administration	3684	3760	3888	3816	3806
国防支出	National Defence	2869	2890	3039	2926	2914
教育科学文化支出	Expenditures on Education, Science and Culture	5543	5886	5956	5991	6181
经济发展支出	Economic Development	5170	4738	4040	3936	3993
社会福利支出	Social Welfare	4154	4469	5404	5369	5171
社区发展及环境保护支出	Community Development and Environmental Protection	894	888	854	1049	843
退休抚恤支出	Retirement Pension and Bereavement Payments	2010	2130	2184	2097	2137
债务支出	Obligations	1196	1211	1249	1285	1252
杂项支出	Miscellaneous	148	157	166	183	159

附录1-22 政府公债
Government Bonds

单位：新台币亿元 (NT $ 100 million)

年份 Year	合计 Total			台湾省中央政府发行 Taiwan Central Government			市级发行 Municipal Government		
	发行额 Issues	偿还额 Redemption	余额 Outstanding	发行额 Issues	偿还额 Redemption	余额 Outstanding	发行额 Issues	偿还额 Redemption	余额 Outstanding
2006	4680	2255	33847	4400	2137	32393	280	118	1454
2007	4022	2670	35198	3932	2225	34100	90	446	1098
2008	4387	2224	37362	4100	2103	36097	287	121	1265
2009	4956	2608	39709	4700	2502	38296	256	107	1414
2010	6293	2659	43343	6100	2520	41876	193	140	1467
2011	6400	3299	46444	6200	2980	45096	200	319	1348
2012	6884	3983	49345	6650	3982	47763	234	1	1581
2013	6419	3668	52095	6419	3500	50682		168	1413
2014	6753	4446	54402	6753	4050	53385		396	1017
2015	6135	4843	55694	6053	4650	54788	82	193	906

附录1-23 金融概况
Principal Financial Indicators

年份 Year	货币供应量M_1(新台币亿元) Money Supply M_1 (NT $100 million)	流动性负债(新台币亿元) Liquid Liabilities (NT $100 million)	储备货币(新台币亿元) Reserve Money (NT $100 million)	主要金融机构存款(新台币亿元) Deposits (NT $100 million)	主要金融机构放款与投资(新台币亿元) Loans and Investments (NT $100 million)	再贴现率(年息%) Rediscount Rate (% annual)	汇率(卖出价)(新台币/美元) Exchange Rates of Selling (NT $/USD)
2007	82200	368449	19475	260525	206269	3.38	32.49
2008	81537	388270	21254	278702	213315	2.00	32.91
2009	105116	416730	23040	294486	214823	1.25	32.08
2010	114571	445203	25018	310063	228037	1.63	30.42
2011	118302	469541	27209	323022	241729	1.88	30.32
2012	124184	496032	29021	333004	255488	1.88	29.08
2013	134708	530162	31208	350624	267206	1.88	29.82
2014	143101	568299	32633	371339	281106	1.88	31.68
2015	152926	607126	34524	393558	294064	1.63	32.88

附录1-24 股票交易
Transactions of Listed Stock

单位：新台币亿元 (NT $ 100 million)

年份 Year	上市股票 Listed Stock			总成交额 Total Turnover	日平均成交额 Average Daily Turnover in Value	股价指数(年平均)(1966年=100) Stock Price Index (year average) (1966=100)
	上市公司数(家) Number (unit)	总面值① Total Par Value①	总市值① Total Market Value①			
2007	698	55586	215273	330439	1338	8509.56
2008	718	56904	117065	261154	1049	7024.06
2009	741	57729	210336	296805	1183	6459.56
2010	758	58113	238114	282187	1124	7949.63
2011	790	60268	192162	261974	1061	8155.79
2012	809	62580	213522	202382	810	7481.34
2013	838	64880	245196	189409	770	8092.77
2014	854	66653	268915	218985	883	8992.01
2015	874	68493	245036	201915	828	8959.00

注：① 年底数。
Note:①Year-end data.

附录1-25 入学率和教育经费

Net Enrolment Rate and Public Expenditure for Education

单位：% (%)

年 份 Year	粗入学率(6-21岁) Gross Enrolment Rate (aged 6-21)			每千人口高等教育学生数② Higher Education Student per 1000 Population②	15岁以上人口识字率③ Percentage of Literate Aged 15 and Over③	教育经费占GNP比重 Public Expenditure for Education as % of GNP	政府教育经费占政府支出比重 Government Expenditures on Education as % of Total Government Expenditure
	初等教育(6-11岁) Primary Education (aged 6-11)	中等教育(12-17岁) Secondary Education (aged 12-17)	高等教育①(18-21岁) Higher Education① (aged 18-21)				
2004	100.8	98.3	78.1	58.8	97.2	5.6	19.7
2005	100.3	97.9	82.0	58.7	97.3	5.7	20.0
2006	99.5	99.1	83.6	59.1	97.5	5.4	21.2
2007	100.8	98.7	85.3	59.2	97.6	5.2	20.8
2008	100.7	99.2	83.2	59.4	97.8	5.4	20.5
2009	101.4	99.0	82.2	58.7	97.9	5.8	19.9
2010	99.7	100.3	83.8	58.6	98.0	5.3	20.1
2011	100.4	100.0	83.4	58.5	98.2	5.3	20.6
2012	101.4	99.0	84.4	58.2	98.3	5.4	20.5
2013	99.5	100.3	83.9	57.4	98.4	5.3	20.8
2014	99.7	100.4	83.8	56.9	98.5	5.0	20.1

注：① 不含五专前三年、研究所及进修教育。②不含五专前三年。③年底资料。

Note: ①Exclude the first three years of five-year junior college program, postgraduate study and continuing education.
② Exclude the first three years of five-year junior college program. ③ Year-end data.

附录1-26 科技人员数和科研开发经费

Number of Research Staff, Technicians and Supporting Personnel and Expenditures for R&D

年 份 Year	科技人员数(人) Number of Research Staff, Technicians and Supporting Personnel (person)				科研开发经费 Expenditures for Research and Experimental Development			每万人口研究人员数(人) Number of Research Staff per 10 000 People (person)	研究人员平均一年使用经费(新台币万元) Expenditures for R&D per Research Staff per year (10000 NT)
	总计 Total	研究人员 Research Staff	技术人员 Technicians	支援人员 Assistants	金额(新台币亿元) Total (NT $100 million)	占GDP比重 As % of GDP	政府投入经费所占比重 As % of Government Subsidies		
2004	187001	108891	60425	17684	2632.71	2.26	33.6	48.0	242
2005	195721	115954	62298	17469	2809.80	2.32	31.5	50.9	242
2006	212483	126168	67715	18600	3070.37	2.43	31.4	55.2	243
2007	228551	135918	72709	19924	3313.86	2.47	29.9	59.2	244
2008	240876	143862	77117	19897	3514.05	2.67	28.2	62.4	244
2009	256019	154818	80163	21038	3671.74	2.83	28.9	67.0	237
2010	272563	164874	86667	21022	3949.60	2.80	27.5	71.2	240
2011	287565	173654	91579	22332	4132.93	2.89	26.2	74.8	238
2012	295179	178632	94663	21884	4312.96	2.94	24.8	76.6	241
2013	299178	178920	98158	22100	4548.91	2.99	23.5	76.5	254

附录1-27 医院、病床和医务人员情况
Medical Facilities and Health Personnel

年 份 Year	医疗机构 (所) Number of Medical Care Facilities (unit)	病床数 (床) Number of Beds (bed)	每万人病床数 (床) Number of Beds per 10 000 Population (bed)	从业医务人员数 (人) Number of Health Personnel (person)	每万人拥有医务人员(人) Number of Health Personnel per 10 000 Population (person)
2007	19900	150628	65.61	214748	93.54
2008	20174	152901	66.37	223623	97.07
2009	20306	156740	67.79	233553	101.02
2010	20691	158922	68.61	241156	104.12
2011	21135	160472	69.09	250258	107.75
2012	21437	160900	69.01	258283	110.78
2013	21713	159422	68.21	265759	113.70
2014	22041	161491	68.91	271555	115.88

附录1-28 家庭主要设备普及率
Percent of Families Owning Household Appliances

单位：%　　(%)

年 份 Year	彩色电视机 Colour TV Sets	洗衣机 Washing Machines	电话机 Telephone Sets	移动电话 Mobile Phones	空 调 Air Conditioners	有线电视频道设备 Cable TV Sets	家用电脑 Home Computers	家用汽车 Automobiles
2005	99.5	96.7	97.6	86.2	85.7	79.0	63.2	58.4
2006	99.6	97.1	97.4	88.0	87.5	79.8	66.1	59.1
2007	99.4	97.5	96.7	88.9	87.6	79.9	67.1	58.7
2008	99.4	97.3	96.0	89.8	87.6	81.7	69.3	58.4
2009	99.6	97.4	95.9	90.6	88.4	82.0	70.5	59.2
2010	99.4	97.8	95.7	90.6	89.1	83.0	71.3	57.8
2011	99.2	97.6	96.1	91.7	88.8	82.9	71.9	59.1
2012	99.3	98.1	94.8	92.3	89.9	83.2	72.3	58.4
2013	99.3	98.1	94.7	92.6	90.0	84.4	72.2	58.4
2014	99.2	98.5	94.0	93.1	91.7	84.8	70.7	58.7

附录二
APPENDIX II

国际主要社会经济指标

Main Social and Economic Indicators of
Other Countries/Regions

简 要 说 明

一、世界主要国家和地区的大部分数据经过联合国等国际组织的调整，口径基本可比。

二、一些国家和地区的最新数据是初步数或估计数。

三、中国数据均未包括香港特别行政区、澳门特别行政区和中国台湾省。

四、本篇数据主要取自有关国际组织的数据库、光盘、年报、月报，每张表均附有资料来源。中国数据除特别说明外，均来自国际组织数据库。

五、一些数据的合计数或相对数，因受进位的影响，不一定等于分项累计数。

六、“空格”表示无该项数据或该项统计数据不详。

Brief Introduction

I. Data for major foreign countries/regions have been adjusted by international organizations such as the United Nations, and the scope and coverage are therefore comparable.

II. The latest data for a certain countries/regions are preliminary or estimated statistics.

III. All data of China do not cover Hong Kong SAR, Macao SAR and Taiwan Province.

IV. Data in this chapter are mainly from databases, CD-ROMs, yearbooks and monthly publications of international organizations. Data for China are all taken from international organization databases unless otherwise specified.

V. Some aggregations or rates/ratios may not add up to the sum of the series because of rounding.

VI. The symbol "(blank)" indicates that data are not available.

附录2-1 国土面积和人口(2015年)
Surface Area and Population (2015)

资料来源：世界银行数据库。
Source: World Bank Database.

国家或地区	Country or Area	国土面积（万平方公里）Surface Area (10 000 sq.km)	年中人口数（万人）Mid-year Population (10 000 persons)	人口增长率（%）Population Growth (annual %)	人口密度（人/平方公里）Population Density (persons/sq.km)
世　界	**World**	**13432.5**	**734663**	**1.18**	**57**
中　国	China	960.0	137122	0.51	146
中国香港	Hong Kong, China	0.1	731	0.88	6958
中国澳门	Macao, China	…	59	1.66	19393
孟加拉国	Bangladesh	14.9	16100	1.20	1237
文　莱	Brunei Darussalam	0.6	42	1.38	80
柬埔寨	Cambodia	18.1	1558	1.62	88
印　度	India	298.0	131105	1.21	441
印度尼西亚	Indonesia	191.1	25756	1.21	142
伊　朗	Iran	174.5	7911	1.23	49
以色列	Israel	2.2	838	1.99	387
日　本	Japan	37.8	12696	-0.14	348
哈萨克斯坦	Kazakhstan	272.5	1754	1.46	7
韩　国	Korea, Rep.	10.0	5062	0.38	519
老　挝	Laos	23.7	680	1.67	29
马来西亚	Malaysia	33.1	3033	1.43	92
蒙　古	Mongolia	156.4	296	1.68	2
缅　甸	Myanmar	67.7	5390	0.86	83
巴基斯坦	Pakistan	79.6	18892	2.08	245
菲律宾	Philippines	30.0	10070	1.56	338
新加坡	Singapore	0.1	554	1.19	7829
斯里兰卡	Sri Lanka	6.6	2097	0.93	334
泰　国	Thailand	51.3	6796	0.34	133
越　南	Viet Nam	33.1	9170	1.07	296
埃　及	Egypt	100.2	9151	2.13	92
尼日利亚	Nigeria	92.4	18220	2.63	200
南　非	South Africa	121.9	5496	1.65	45
加拿大	Canada	998.5	3585	0.86	4
墨西哥	Mexico	196.4	12702	1.29	65
美　国	United States	983.2	32142	0.78	35
阿根廷	Argentina	278.0	4342	1.01	16
巴　西	Brazil	851.6	20785	0.86	25
委内瑞拉	Venezuela	91.2	3111	1.34	35
捷　克	Czech Rep.	7.9	1055	0.25	137
法　国	France	54.9	6681	0.47	122
德　国	Germany	35.7	8141	0.53	234
意大利	Italy	30.1	6080	0.02	207
荷　兰	Netherlands	4.2	1694	0.42	503
波　兰	Poland	31.3	3800	-0.03	124
俄罗斯	Russia	1709.8	14410	0.19	9
西班牙	Spain	50.6	4642	-0.13	93
土耳其	Turkey	78.4	7867	1.46	102
乌克兰	Ukraine	60.4	4520	-0.36	78
英　国	United Kingdom	24.4	6514	0.81	269
澳大利亚	Australia	774.1	2378	1.34	3
新西兰	New Zealand	26.8	460	1.89	17

附录2-2 按三次产业分就业人员构成
Employment by Type of Industry

资料来源：世界银行数据库。
Source: World Bank Database.
单位：% (%)

国家或地区	Country or Area	第一产业 Primary Industry		第二产业 Secondary Industry		第三产业 Tertiary Industry	
		2005	2014	2005	2014	2005	2014
中　国	China	44.8	29.5	23.8	29.9	31.4	40.6
中国香港	Hong Kong, China	0.2		15.1		84.7	
中国澳门	Macao, China	0.1	…	25.0	15.7	74.7	84.3
孟加拉国	Bangladesh	48.1		14.5		37.4	
柬埔寨①	Cambodia①		51.0		18.6		30.4
印　度	India	55.8	49.7②	19.0	21.5②	25.2	28.7②
印度尼西亚	Indonesia	44	34.3	18.7	21	37.2	44.8
伊　朗	Iran	24.7	17.9	30.3	33.8	44.8	48.3
以色列	Israel	2	1.1	21.4	17.6	75.7	79.7
日　本	Japan	4.4	3.7②	28.4	25.8②	66.0	69.1②
哈萨克斯坦	Kazakhstan	32.4	24.2②	18.0	19.8②	49.6	56.0②
韩　国	Korea, Rep.	7.9	6.1②	26.8	24.4②	65.2	69.5②
马来西亚	Malaysia	14.6	12.2	29.7	27.4	55.6	60.3
蒙　古	Mongolia	39.9	35.0①	16.8	18.2①	43.3	46.8①
巴基斯坦	Pakistan	43	43.5	20.3	22.5	36.6	34
菲律宾	Philippines	36	30.4	15.6	15.9	48.5	53.6
新加坡	Singapore	1.1		21.7	28.3	77.3	70.6
斯里兰卡	Sri Lanka	30.7	30.4	25.6	25.5	38.4	43.4
泰　国	Thailand	42.6	41.9②	20.2	20.3②	37.1	37.5②
越　南②	Viet Nam②		46.8		21.2		32
埃　及	Egypt	30.9	28.0②	21.5	24.1②	47.5	47.9②
南　非	South Africa	5.8	4.6	25.3	23.5	59.1	71.9
加拿大	Canada	2.7	2.1	22.0	19.8	75.2	78.2
墨西哥	Mexico	14.9	13.4②	25.5	23.6②	59.0	62.4②
美　国	United States	1.6		20.6		77.8	
阿根廷	Argentina	1.1	0.5	23.5	24	75.1	74.7
巴　西	Brazil	20.5	14.5②	21.4	22.9	57.9	76.6
委内瑞拉	Venezuela	9.7	7.4②	20.8	21.3②	68.7	71.1②
捷　克	Czech Rep.	3.9	2.7	39.7	38.3	56.3	58.9
法　国	France	3.6	2.8	23.8	20.5	72.3	75.8
德　国	Germany	2.3	1.3	30.0	28.3	67.8	70.4
意大利	Italy	4	3.5	30.9	27.1	65.1	69.5
荷　兰	Netherlands	3	2	19.7	15.1	72.6	75.3
波　兰	Poland	16.5	11.2	29.7	30.8	53.8	57.9
俄罗斯	Russia	10.2	6.7	29.8	27.5	60.0	65.8
西班牙	Spain	5.2	4.2	29.7	19.5	65.1	76.3
土耳其	Turkey	29.5	19.7	24.8	28.4	45.8	51.9
乌克兰	Ukraine	19.4	14.8	24.2	26.1	56.4	59.1
英　国	United Kingdom	1.3	1.1	22.2	18.9	76.2	79.1
澳大利亚	Australia	3.6	2.6②	21.5	20.8②	68.1	69.5②
新西兰	New Zealand	7.1	6.4②	22.2	20.2②	70.6	73.0②

注：①2012年数据。②2013年数据。
Note:①Data refer to 2012.②Data refer to 2013.

附录2-3 失业率

Unemployment Rate

资料来源：国际货币基金组织IFS数据库。
Source: IMF IFS Database.
单位：%

(%)

国家或地区	Country or Area	2000	2005	2010	2013	2014	2015
中　国①	China①	3.1	4.2	4.1	4.1	4.1	4.1
中国香港	Hong Kong, China	4.9	5.6	4.3	3.4	3.2	3.3
中国澳门	Macao, China	6.8	4.1	2.8	1.8	1.7	1.8
文　莱	Brunei Darussalam		4.1	2.7			
以色列	Israel	8.8	9.0	6.7	6.2	5.9	5.3
日　本	Japan	4.7	4.4	5.1	4.0	3.6	3.4
哈萨克斯坦	Kazakhstan	12.8	8.1	5.8	5.2	5.1	
韩　国	Korea, Rep.	4.4	3.7	3.7	3.1	3.5	3.6
马来西亚	Malaysia	3.1	3.6	3.3	3.1	2.9	3.1
巴基斯坦	Pakistan	7.8	7.7	5.6	6.2		
菲律宾	Philippines	11.2	8.7	7.4	7.1	6.6	6.3
新加坡	Singapore	3.7	4.1	2.1	1.7	2.7	1.7
斯里兰卡	Sri Lanka	7.6	7.7	4.9	4.4	4.3	
泰　国	Thailand	2.4	1.9	1.1	0.7	0.8	0.9
埃　及	Egypt	9.0	11.1	9.0	13.2	12.9	
南　非	South Africa	25.0	23.9	24.9	24.7	25.1	25.4
加拿大	Canada	6.8	6.8	8.1	7.1	6.9	6.9
墨西哥	Mexico	1.6	3.5	5.3	4.9	4.8	4.3
美　国	United States	4.0	5.1	9.6	7.4	6.2	5.3
阿根廷	Argentina	14.7	11.5	7.7	7.1	7.3	
巴　西	Brazil	9.2	9.8	6.7	5.4	4.9	6.8
委内瑞拉	Venezuela	14.0	12.2	8.5	7.5	7.0	6.8
捷　克	Czech Rep.	9.0	9.0	9.0	7.7	6.1	5.1
法　国	France	8.5	8.9	9.3	9.9	10.3	10.4
德　国	Germany	6.9	11.7	7.7	6.9	6.7	6.0
意大利	Italy	10.2	7.7	8.4	12.1	12.7	11.9
荷　兰	Netherlands	2.6	5.9	5.0	7.2	7.4	6.9
波　兰	Poland	14.0	18.2	12.1	13.5	9.0	7.5
俄罗斯	Russia	10.7	7.6	7.5	5.5	5.2	5.6
西班牙	Spain	14.1	9.2	19.9	26.1	24.5	22.1
土耳其	Turkey	6.6	10.6	11.9	9.7	10.0	10.3
乌克兰	Ukraine	11.7	7.2	8.1	7.4	9.3	
英　国	United Kingdom	5.5	4.8	7.9	7.6	6.2	5.4
澳大利亚	Australia	6.3	5.0	5.2	5.7	6.1	6.1
新西兰	New Zealand	5.9	3.9	6.7	6.1	5.7	5.8

注：①城镇登记失业率。
Note:①Registered unemployment rate in urban areas.

附录2-4 国内生产总值及其增长率
Gross Domestic Product and its Growth Rate

资料来源：世界银行WDI数据库。
Source: Worldbank WDI Database.

国家或地区	Country or Area	2015 国内生产总值 (亿美元) GDP (100 million USD)	国内生产总值增长率 (%) GDP Growth Rate (%)				
			2005	2010	2013	2014	2015
世　界	**World**	**734336**	**3.8**	**4.4**	**2.4**	**2.6**	**2.5**
中　国	China	108664	11.4	10.6	7.7	7.3	6.9
中国香港	Hong Kong, China	3099	7.4	6.8	3.1	2.6	2.4
孟加拉国	Bangladesh	1951	6.5	5.6	6.0	6.1	6.6
文　莱	Brunei Darussalam	155	0.4	2.6	-1.8	-2.3	-0.5
柬埔寨	Cambodia	181	13.3	6.0	7.5	7.1	7.0
印　度	India	20735	9.3	10.3	6.6	7.2	7.6
印度尼西亚	Indonesia	8619	5.7	6.2	5.6	5.0	4.8
伊　朗	Iran	4253①	4.2	6.6	-1.9	4.3	
以色列	Israel	2961	4.4	5.5	3.4	2.6	2.5
日　本	Japan	41233	1.3	4.7	1.4	0.0	0.5
哈萨克斯坦	Kazakhstan	1844	9.7	7.3	5.8	4.1	1.2
韩　国	Korea, Rep.	13779	3.9	6.5	2.9	3.3	2.6
老　挝	Laos	123	7.1	8.5	8.5	7.5	7.0
马来西亚	Malaysia	2962	5.3	7.4	4.7	6.0	5.0
蒙　古	Mongolia	118	7.3	6.4	11.7	7.9	2.3
巴基斯坦	Pakistan	2700	7.7	1.6	4.4	4.7	5.5
菲律宾	Philippines	2920	4.8	7.6	7.1	6.1	5.8
新加坡	Singapore	2927	7.5	15.2	4.7	3.3	2.0
斯里兰卡	Sri Lanka	823	6.2	8.0	3.4	4.9	4.8
泰　国	Thailand	3953	4.2	7.5	2.7	0.8	2.8
越　南	Viet Nam	1936	7.6	6.4	5.4	6.0	6.7
埃　及	Egypt	3308	4.5	5.1	2.1	2.2	4.2
尼日利亚	Nigeria	4811	3.5	7.8	5.4	6.3	2.7
南　非	South Africa	3128	5.3	3.0	2.2	1.6	1.3
加拿大	Canada	15505	3.2	3.1	2.2	2.5	1.1
墨西哥	Mexico	11443	3.0	5.1	1.4	2.3	2.6
美　国	United States	179470	3.4	2.5	1.5	2.4	2.4
阿根廷	Argentina	5481①	9.2	9.5	2.9	0.5	
巴　西	Brazil	17747	3.2	7.5	3.0	0.1	-3.9
委内瑞拉	Venezuela	5100①	10.3	-1.5	1.3	-3.9	-5.7
捷　克	Czech Rep.	1818	6.4	2.3	-0.5	2.0	4.2
法　国	France	24217	1.6	2.0	0.6	0.3	1.2
德　国	Germany	33558	0.7	4.1	0.3	1.6	1.7
意大利	Italy	18148	1.0	1.7	-1.8	-0.3	0.8
荷　兰	Netherlands	7525	2.2	1.4	-0.5	1.0	2.0
波　兰	Poland	4748	3.6	3.7	1.3	3.3	3.7
俄罗斯	Russia	13260	6.4	4.5	1.3	0.7	-3.7
西班牙	Spain	11991	3.7	0.0	-1.7	1.4	3.2
土耳其	Turkey	7182	8.4	9.2	4.2	3.0	4.0
乌克兰	Ukraine	906	2.7	4.2		-6.6	-9.9
英　国	United Kingdom	28488	3.0	1.5	2.2	2.9	2.3
澳大利亚	Australia	13395	3.2	2.0	2.4	2.5	2.3
新西兰	New Zealand	1738	3.4	1.4	1.6	3.2	3.4

注：①2014年数据。
Note: ①Data refer to 2014.

附录2-5 人均国内生产总值
GDP per Capita

资料来源：世界银行WDI数据库。
Source: World Bank WDI Database.
单位：美元 (USD)

国家或地区	Country or Area	2000	2005	2010	2013	2014	2015
世　界	**World**	**5443**	**7237**	**9482**	**10651**	**10757**	**9996**
中　国	China	955	1740	4515	6992	7587	7925
中国香港	Hong Kong, China	25757	26650	32550	38364	40216	42423
中国澳门	Macao, China	14128	25830	52604	90746	96075	78586
孟加拉国	Bangladesh	407	486	760	954	1087	1212
文　莱	Brunei Darussalam	18155	26338	31453	39151	40980	36608
柬埔寨	Cambodia	300	472	783	1025	1095	1159
印　度	India	452	729	1388	1456	1577	1582
印度尼西亚	Indonesia	780	1263	3125	3632	3500	3346
以色列	Israel	21052	20611	30736	36281	37206	35330
日　本	Japan	37300	35781	42935	38550	36153	32477
哈萨克斯坦	Kazakhstan	1229	3771	9071	14310	13155	10508
韩　国	Korea, Rep.	11948	18658	22151	25998	27989	27222
老　挝	Laos	324	476	1147	1701	1751	1812
马来西亚	Malaysia	4005	5564	9069	10974	11307	9766
蒙　古	Mongolia	474	999	2650	4401	4202	3973
巴基斯坦	Pakistan	535	714	1043	1276	1315	1429
菲律宾	Philippines	1040	1197	2145	2787	2873	2899
新加坡	Singapore	23793	29870	46570	55618	56007	52889
斯里兰卡	Sri Lanka	855	1260	2820	3610	3853	3926
泰　国	Thailand	2016	2874	5112	6225	5970	5816
越　南	Viet Nam	433	700	1334	1908	2052	2111
埃　及	Egypt	1461	1197	2668	3264	3366	3615
尼日利亚	Nigeria	378	804	2315	2980	3203	2640
南　非	South Africa	3099	5453	7393	6882	6472	5692
加拿大	Canada	24032	36190	47446	52266	50185	43249
墨西哥	Mexico	6650	7894	8861	10197	10351	9009
美　国	United States	36450	44308	48374	52660	54398	55837
阿根廷	Argentina	7669	5641	11199	14668	12751	
巴　西	Brazil	3729	4731	11121	12072	11729	8539
委内瑞拉	Venezuela	4785	5436	13581	12265	16530	
捷　克	Czech Rep.	5995	13318	19764	19814	19502	17231
法　国	France	22466	34880	40706	42571	42547	36248
德　国	Germany	23719	34697	41788	45601	47767	41219
意大利	Italy	20059	31959	35852	35368	35180	29847
荷　兰	Netherlands	25921	41577	50341	51425	52139	44433
波　兰	Poland	4493	7976	12597	13776	14337	12494
俄罗斯	Russia	1772	5323	10675	15544	13902	9057
西班牙	Spain	14788	26511	30738	29371	29719	25832
土耳其	Turkey	4215	7117	10112	10800	10304	9130
乌克兰	Ukraine	636	1829	2974	3986	3065	2115
英　国	United Kingdom	26401	40048	38293	42295	46279	43734
澳大利亚	Australia	21665	33983	51846	67653	61996	56328
新西兰	New Zealand	13641	27751	33692	42928	44380	37808

附录2-6 国内生产总值产业构成
Composition of Gross Domestic Product by Industry

资料来源：世界银行WDI数据库。
Source: World Bank WDI Database.
单位：% (%)

国家或地区	Country or Area	农业增加值占国内生产总值比重 Agriculture as Percentage of GDP		工业增加值占国内生产总值比重 Industry as Percentage of GDP		服务业增加值占国内生产总值比重 Services as Percentage of GDP	
		2000	2015	2000	2015	2000	2015
中　国	China	14.8	9.0	45.4	40.5	39.8	50.5
中国香港	Hong Kong, China	0.1	0.07①	12.4	7.26①	87.5	92.67①
中国澳门	Macao, China		0.00②	14.7	6.25②	85.3	93.76②
孟加拉国	Bangladesh	23.8	15.5	23.3	28.2	52.9	56.4
文　莱	Brunei Darussalam	1.0	0.73③	63.7	68.24③	35.3	31.03③
柬埔寨	Cambodia	37.8	28.3	23.0	29.4	39.1	42.3
印　度	India	23.0	17.39①	26.0	30.01①	51.0	52.60①
印度尼西亚	Indonesia	15.6	13.5	45.9	40.0	38.5	43.3
伊　朗	Iran	9.1	9.34①	40.6	38.23①	50.3	52.43①
日　本	Japan	1.6	1.17①	31.1	26.86①	67.4	71.97①
哈萨克斯坦	Kazakhstan	8.7	5.0	40.5	33.2	50.9	61.8
韩　国	Korea, Rep.	4.4	2.3	38.1	38.0	57.5	59.7
老　挝	Laos	45.2	27.2	16.6	30.9	38.2	41.9
马来西亚	Malaysia	8.6	8.4	48.3	39.1	43.1	44.3
蒙　古	Mongolia	30.9	14.9	25.0	34.1	44.1	51.1
缅　甸	Myanmar	57.2		9.7		33.1	
巴基斯坦	Pakistan	25.9	25.5	23.3	19.0	50.8	55.5
菲律宾	Philippines	14.0	10.3	34.5	30.9	51.6	58.8
新加坡	Singapore	0.1	0.04①	34.8	24.95①	65.1	75.02①
斯里兰卡	Sri Lanka	19.9	8.7	27.3	30.7	52.8	60.6
泰　国	Thailand	8.5	10.50①	36.8	36.90①	54.7	52.73①
越　南	Viet Nam	22.7	17.0	34.2	33.3	43.1	39.7
埃　及	Egypt	16.7	11.2	33.1	36.3	50.1	52.5
尼日利亚	Nigeria	26.0	20.9	52.2	20.4	21.8	58.8
南　非	South Africa	3.3	2.4	31.9	28.7	64.8	68.9
加拿大	Canada	2.3	1.76②	32.5	28.88②	64.5	69.36②
墨西哥	Mexico	3.5	3.7	34.9	32.7	61.6	63.6
美　国	United States	1.2	1.33①	23.2	20.69①	75.7	77.98①
阿根廷	Argentina	5.1	8.31①	28.1	28.76①	66.9	62.93①
巴　西	Brazil	5.5	5.2	26.8	22.7	67.7	72.1
委内瑞拉	Venezuela	4.2	5.47②	49.7	49.25②	46.1	
捷　克	Czech Rep.	3.4	2.4	37.2	38.1	59.4	59.5
法　国	France	2.3	1.7	23.3	19.5	74.3	78.8
德　国	Germany	1.1	0.6	30.9	30.4	68.0	69.0
意大利	Italy	2.9	2.3	27.2	23.8	70.0	74.0
荷　兰	Netherlands	2.5	1.7	24.7	20.6	72.8	77.8
波　兰	Poland	3.3	2.8	32.8	33.5	63.9	63.7
俄罗斯	Russia	6.4	4.6	38.0	32.6	55.6	62.8
西班牙	Spain	4.1	2.5	30.7	22.6	65.1	74.9
土耳其	Turkey	11.3	8.6	31.3	26.5	57.4	64.9
乌克兰	Ukraine	17.1	14.0	36.3	25.9	46.6	60.1
英　国	United Kingdom	0.9	0.7	27.1	20.2	72.0	79.2
澳大利亚	Australia	3.4	2.4	26.8	27.1	69.8	70.5
新西兰	New Zealand	8.3	6.10②	25.3	23.01②	66.4	70.89②

注：①2014年数据。②2012年数据。③2013年数据。
Note:①Data refer to 2014.②Data refer to 2012.③Data refer to 2013.

附录2-7 居民最终消费率
Household Final Consumption Rate

资料来源：世界银行WDI数据库。
Source: World Bank WDI Database.
单位：% (%)

国家或地区	Country or Area	1990	2000	2005	2010	2014	2015
中　国	China	47.8	47.4	39.4	35.9	37.5	
中国香港	Hong Kong, China	57.5	58.6	57.5	61.4	66.4	66.2
中国澳门	Macao, China	39.2	40.2	31.9	23.4	19.9	25.7
孟加拉国	Bangladesh	86.6	75.9	74.6	74.4	72.6	73.1
文　莱	Brunei Darussalam	34.8	29.6	27.4	13.1	15.8	
柬埔寨	Cambodia		89.2	86.1	81.7	76.9	79.0
印　度	India	64.6	64.2	57.6	56.4	58.0	
印度尼西亚	Indonesia	58.9	60.7	62.7	56.2	56.8	55.4
伊　朗	Iran	59.3	47.9	44.6	46.1	50.6	
以色列	Israel	55.6	53.6	55.7	57.2	55.9	55.3
日　本	Japan	53.3	56.5	57.8	59.2	60.7	58.6
哈萨克斯坦	Kazakhstan		62.3	49.2	49.5	52.1	
韩　国	Korea, Rep.	55.3	53.7	52.1	50.3	50.4	49.3
老　挝	Laos		93.5	81.2	68.6	65.3	62.3
马来西亚	Malaysia	51.8	43.8	44.2	48.1	52.4	54.1
蒙　古	Mongolia	68.7	69.6	55.2	55.2	56.6	59.0
巴基斯坦	Pakistan	73.8	75.4	77.0	79.7	80.7	79.2
菲律宾	Philippines	71.5	72.2	75.0	71.6	72.4	73.1
新加坡	Singapore	44.8	42.1	38.6	35.5	36.8	36.4
斯里兰卡	Sri Lanka	75.9	72.1	69.0	68.5	67.7	68.6
泰　国	Thailand	56.8	57.2	57.0	53.2	52.1	
越　南	Viet Nam	84.3	69.9	64.1	66.5	63.6	65.2
埃　及	Egypt	72.6	75.9	71.6	74.6	82.7	82.2
尼日利亚	Nigeria	63.0	52.6	75.2	66.1	70.9	
南　非	South Africa	57.1	62.4	62.5	59.0	61.2	61.2
加拿大	Canada	55.8	54.6	54.3	56.9	56.1	57.5
墨西哥	Mexico	69.6	66.8	68.5	67.5	67.4	67.2
美　国	United States	64.0	66.0	67.2	68.2	68.4	68.4
阿根廷	Argentina	77.1	70.7	65.6	65.3	64.4	
巴　西	Brazil	59.3	64.5	60.5	60.2	62.4	63.4
委内瑞拉	Venezuela	62.1	51.8	46.8	55.9		
捷　克	Czech Rep.	51.8	50.9	48.1	49.3	48.6	47.7
法　国	France	55.6	54.4	55.2	56.1	55.2	55.1
德　国	Germany	56.5	57.1	57.7	56.1	54.6	54.0
意大利	Italy	57.9	60.6	59.4	61.0	61.4	61.1
荷　兰	Netherlands	49.5	50.2	48.1	44.7	44.7	44.5
波　兰	Poland	47.6	63.6	63.0	61.6	60.0	58.7
俄罗斯	Russia	48.9	46.2	49.4	50.6	53.6	51.9
西班牙	Spain	61.1	59.7	57.7	57.2	58.3	57.6
土耳其	Turkey	68.7	70.5	71.7	71.7	68.9	68.7
乌克兰	Ukraine	57.1	54.4	57.9	62.9	71.4	67.6
英　国	United Kingdom	61.9	64.6	64.1	64.7	64.7	65.1
澳大利亚	Australia	55.9	58.1	57.9	55.4	55.4	56.9
新西兰	New Zealand	60.2	58.0	58.2	58.1	58.0	

附录2-8 农业生产指数
Agricultural Production Indices

资料来源：联合国粮农组织数据库。
Source: United Nations Food and Agriculture Organization Database.

(2004-2006年=100) (2004-2006=100)

国家或地区	Country or Area	农业 Agriculture			食品 Food		
		2011	2012	2013	2011	2012	2013
世　界	**World**	**116.9**	**118.2**	**121.9**	**117.2**	**118.4**	**122.4**
中　国	China	124.2	128.7	130.9	124.6	129.2	131.6
孟加拉国	Bangladesh	132.8	133.8	136.3	132.0	133.0	135.7
文　莱	Brunei Darussalam	148.1	153.3	166.6	148.6	153.8	167.2
柬埔寨	Cambodia	170.2	174.7	177.2	170.3	174.8	177.4
印　度	India	132.4	135.0	139.7	131.1	133.9	138.7
印度尼西亚	Indonesia	127.1	135.4	136.9	127.5	136.2	137.6
伊　朗	Iran	108.6	112.3	113.4	108.9	112.5	113.5
以色列	Israel	106.1	111.3	110.0	106.4	111.8	110.6
日　本	Japan	95.8	98.2	97.9	96.0	98.5	98.2
哈萨克斯坦	Kazakhstan	142.5	110.5	127.1	143.9	110.6	126.1
韩　国	Korea, Rep.	99.2	101.0	104.0	99.3	101.1	104.1
老　挝	Laos	138.0	155.0	156.4	136.2	151.5	152.9
马来西亚	Malaysia	119.7	119.3	121.4	124.4	124.8	128.1
蒙　古	Mongolia	125.7	133.3	144.8	126.7	134.6	146.5
缅　甸	Myanmar	133.0	129.7	132.1	131.7	128.8	131.3
巴基斯坦	Pakistan	116.1	115.5	94.8	117.6	117.4	94.4
菲律宾	Philippines	114.8	118.9	119.5	115.0	119.3	120.0
新加坡	Singapore	101.1	105.1	112.1	101.1	105.1	112.1
斯里兰卡	Sri Lanka	119.1	122.4	135.9	119.7	124.1	141.2
泰　国	Thailand	120.7	129.0	128.8	122.3	130.7	129.2
越　南	Viet Nam	125.4	134.4	135.9	123.6	131.5	133.3
埃　及	Egypt	113.5	118.7	118.4	114.2	119.9	119.6
尼日利亚	Nigeria	96.3	106.3	109.9	96.6	106.8	110.5
南　非	South Africa	116.7	120.4	122.3	117.2	121.0	123.0
加拿大	Canada	101.8	105.0	115.0	102.4	105.6	115.4
墨西哥	Mexico	107.8	113.1	115.1	107.6	113.0	115.4
美　国	United States	104.1	103.3	108.2	105.4	104.2	109.9
阿根廷	Argentina	116.6	105.6	119.9	116.3	105.6	120.2
巴　西	Brazil	128.0	126.5	134.6	128.4	126.9	136.1
委内瑞拉	Venezuela	121.7	124.4	134.3	122.0	124.8	134.7
捷　克	Czech Rep.	96.4	88.8	92.6	96.5	88.9	92.7
法　国	France	99.4	98.3	96.9	99.5	98.4	97.0
德　国	Germany	104.0	104.7	105.3	104.0	104.7	105.4
意大利	Italy	95.5	88.4	90.3	95.7	88.6	90.6
荷　兰	Netherlands	113.5	110.5	112.9	113.6	110.6	113.0
波　兰	Poland	102.6	107.1	106.1	102.6	107.1	106.1
俄罗斯	Russia	116.0	108.3	117.3	115.8	108.1	117.1
西班牙	Spain	106.6	91.8	109.5	106.8	91.9	109.8
土耳其	Turkey	115.6	121.9	125.3	116.7	123.6	127.3
乌克兰	Ukraine	128.5	120.9	137.8	128.5	120.9	137.9
英　国	United Kingdom	104.0	98.1	99.5	103.9	98.0	99.5
澳大利亚	Australia	107.9	117.2	115.6	107.3	116.6	115.3
新西兰	New Zealand	104.5	109.8	108.2	105.8	111.3	109.6

附录2-9 工业生产指数
Industry Production Indices

资料来源：联合国数据库。
Source: United Nations Database.

(2010年=100) (2010=100)

国家或地区	Country or Area	总指数 General Index			其中：制造业 of Which: Manufacturing		
		2013	2014	2015	2013	2014	2015
中国香港	Hong Kong, China				100.1	99.6	98.1
中国澳门	Macao, China	95.7	119.6	132.7	188.3	214.6	205.3
孟加拉国	Bangladesh	142.3	153.9		144.6	155.8	
文　莱	Brunei Darussalam	94.0	90.7	90.5	106.1	98.9	101.3
印　度	India	104.0	106.9		103.5	105.9	
印度尼西亚	Indonesia						
以色列	Israel	106.7	108.0	110.4	106.0	106.6	109.1
日　本	Japan	96.9	98.7	97.4	97.0	99.0	97.8
韩　国	Korea, Rep.	108.2	108.4	107.7	108.2	108.5	107.8
马来西亚	Malaysia	110.3	116.0	121.2	116.0	123.0	128.9
蒙　古	Mongolia	108.0	118.2		129.3	133.3	
巴基斯坦	Pakistan				111.3	115.1	
菲律宾	Philippines				124.1	133.1	136.3
新加坡	Singapore				109.9	112.9	107.1
斯里兰卡	Sri Lanka				108.3	115.1	
泰　国	Thailand				103.6	98.2	98.6
越　南	Viet Nam	119.1	127.5	147.0	121.1	132.4	155.0
埃　及	Egypt				96.8	100.2	100.4
南　非	South Africa				106.5	106.6	106.6
加拿大	Canada	106.7	110.8	110.1	105.3	108.5	109.0
墨西哥	Mexico	107.2	110.3	110.8	110.2	114.8	117.9
美　国	United States	108.5	111.8	112.3	107.4	108.8	110.0
阿根廷	Argentina				119.7	118.6	
巴　西	Brazil	100.1	97.1	89.0	100.6	96.4	86.9
委内瑞拉	Venezuela						
捷　克	Czech Rep.	104.9	110.1	115.0	107.6	114.8	121.3
法　国	France	99.6	98.8	100.8	99.8	99.7	101.7
德　国	Germany	106.1	107.5	109.1	107.2	109.3	110.5
意大利	Italy	91.5	90.5	92.1	91.5	91.0	92.7
荷　兰	Netherlands	99.5	96.7	92.6	101.5	102.6	103.0
波　兰	Poland	111.0	114.7	120.3	112.5	117.7	124.5
俄罗斯	Russia	109.0	110.9	107.1	114.1	116.5	110.2
西班牙	Spain	90.2	91.6	94.6	89.7	91.7	95.4
土耳其	Turkey	116.3	120.5	124.3	117.5	121.3	125.7
乌克兰	Ukraine	102.6	92.2	80.2	99.6	90.4	79.0
英　国	United Kingdom	95.9	97.2	98.2	99.6	102.2	102.0
澳大利亚	Australia	107.3	111.0	114.0	97.1	96.0	94.6
新西兰	New Zealand	100.3	102.4	104.6	103.3	105.0	107.0

附录2-10 消费价格指数
Consumer Price Indices

资料来源：国际货币基金组织数据库。
Source: IFS Database, IMF.

(2010年=100) (2010=100)

国家或地区	Country or Area	2005	2011	2012	2013	2014	2015
中　国①	China①	86.6	105.4	108.1	111.0	113.2	114.9
中国香港	Hong Kong,China	89.5	105.3	109.5	114.3	119.4	123.0
中国澳门	Macao,China	79.7	105.8	112.3	118.5	125.6	131.3
孟加拉国	Bangladesh	69.2	110.7	117.6	126.4	135.3	143.7
文　莱	Brunei Darussalam	95.5	102.0	102.5	102.9	102.7	
柬埔寨	Cambodia	67.8	105.5	108.6	111.8	116.1	117.5
印　度	India	65.8	108.9	119.0	132.0	140.4	147.7
印度尼西亚	Indonesia	68.7	105.4	109.9	116.9	124.4	132.3
伊　朗	Iran	48.6	120.6	153.6	214.0	250.8	285.2
以色列	Israel	87.8	103.5	105.2	106.8	107.3	106.7
日　本	Japan	100.4	99.7	99.7	100.0	102.8	103.6
韩　国	Korea, Rep.	86.1	104.0	106.3	107.7	109.0	109.8
老　挝	Laos	78.5	107.6	112.2	119.3	124.2	125.8
马来西亚	Malaysia	87.7	103.2	104.9	107.1	110.5	112.8
蒙　古	Mongolia	59.6	109.5	125.9	136.7	154.5	163.5
缅　甸	Myanmar	44.5	105.0	106.6	112.5	118.6	131.4
巴基斯坦	Pakistan	55.3	111.9	122.8	132.2	141.7	145.3
菲律宾	Philippines	78.7	104.7	108.0	111.2	115.8	117.4
新加坡	Singapore	88.0	105.3	110.0	112.6	113.8	113.2
斯里兰卡	Sri Lanka	58.3	106.7	114.8	122.7	126.7	127.9
泰　国	Thailand	86.6	103.8	106.9	109.3	111.4	110.3
埃　及	Egypt	57.8	110.1	117.9	129.0	142.1	156.8
尼日利亚	Nigeria	62.0	110.8	124.4	134.9	145.8	158.9
南　非	South Africa	71.6	105.0	110.9	117.0	124.4	130.1
加拿大	Canada	91.9	102.9	104.5	105.5	107.5	108.7
墨西哥	Mexico	80.5	103.4	107.7	111.8	116.3	119.4
美　国	United States	89.6	103.2	105.3	106.8	108.6	108.7
巴　西	Brazil	79.6	106.6	112.4	119.4	126.9	138.4
捷　克	Czech Rep.	87.0	101.9	105.3	106.8	107.2	107.5
法　国	France	92.8	102.1	104.1	105.0	105.6	105.6
德　国	Germany	92.5	102.1	104.1	105.7	106.7	106.9
意大利	Italy	91.0	102.7	105.9	107.2	107.4	107.5
荷　兰	Netherlands	92.6	102.3	104.9	107.5	108.5	109.2
波　兰	Poland	86.8	104.3	108.0	109.1	109.2	108.1
俄罗斯	Russia	61.4	108.4	113.9	121.6	131.2	151.5
西班牙	Spain	89.0	103.2	105.7	107.2	107.1	106.5
土耳其	Turkey	65.9	106.5	115.9	124.6	135.7	146.1
乌克兰	Ukraine	51.2	108.0	108.6	108.3	121.5	180.6
英　国	United Kingdom	87.4	104.5	107.4	110.2	111.8	111.8
澳大利亚	Australia	86.4	103.3	105.1	107.7	110.4	112.0
新西兰	New Zealand	87.0	104.4	105.4	106.7	107.7	108.1

注：①根据《中国统计年鉴》数据计算得出。
Note:①Calculating with data from China Statiatical Yearbook.

附录2-11 货物进出口额
Total Imports and Exports

资料来源：世界贸易组织数据库。
Source: World Trade Organization Database.
单位：亿美元 (100 million USD)

国家或地区	Country or Area	2014		2015	
		出口 Exports	进口 Imports	出口 Exports	进口 Imports
世界	**World**	**189950**	**191040**	**164820**	**167660**
中国	China	23423	19592	22749	16820
中国香港	Hong Kong, China	5241	6006	5106	5594
中国澳门	Macao, China	12	114	13	106
孟加拉国	Bangladesh	304	423	324	395
文莱	Brunei Darussalam	105	36	66	26
柬埔寨	Cambodia	109	135	120	144
印度	India	3227	4629	2671	3920
印度尼西亚	Indonesia	1763	1782	1503	1427
伊朗	Iran	888	510	630	425
以色列	Israel	687	755	637	648
日本	Japan	6902	8122	6249	6485
哈萨克斯坦	Kazakhstan	795	413	457	302
韩国	Korea, Rep.	5727	5255	5268	4365
老挝	Laos	27	43	23	39
马来西亚	Malaysia	2339	2089	1999	1760
蒙古	Mongolia	58	52	47	38
缅甸	Myanmar	110	162	60	159
巴基斯坦	Pakistan	247	474	222	442
菲律宾	Philippines	621	677	586	699
新加坡	Singapore	4098	3662	3505	2967
斯里兰卡	Sri Lanka	113	194	105	191
泰国	Thailand	2275	2277	2144	2027
越南	Viet Nam	1502	1478	1621	1661
埃及	Egypt	264	713	191	650
尼日利亚	Nigeria	942	600	484	480
南非	South Africa	910	1220	817	1046
加拿大	Canada	4747	4800	4085	4364
墨西哥	Mexico	3971	4116	3808	4053
美国	United States	16205	24125	15049	23079
阿根廷	Argentina	683	652	568	598
巴西	Brazil	2251	2392	1911	1788
委内瑞拉	Venezuela	747	432	367	330
捷克	Czech Rep.	1751	1544	1582	1405
法国	France	5805	6766	5059	5727
德国	Germany	14946	12070	13295	10500
意大利	Italy	5299	4742	4591	4089
荷兰	Netherlands	6727	5894	5672	5058
波兰	Poland	2202	2237	1982	1926
俄罗斯	Russia	4978	3080	3403	1941
西班牙	Spain	3245	3589	2818	3093
土耳其	Turkey	1576	2422	1439	2072
乌克兰	Ukraine	542	543	379	363
英国	United Kingdom	5052	6905	4604	6258
澳大利亚	Australia	2412	2369	1884	2084
新西兰	New Zealand	416	425	344	366

附录2-12 外商直接投资
Foreign Direct Investment

资料来源：联合国贸发会议FDI数据库。
Source: UNCTAD FDI Database .
单位：亿美元 (100 million USD)

国家或地区	Country or Area	外商直接投资 FDI Inflows			对外直接投资 FDI Outflows		
		2000	2010	2014	2000	2010	2014
世　界	**World**	**13632**	**13282**	**12283**	**11661**	**13662**	**13543**
中　国	China	407	1147	1285	9	688	1160
中国香港	Hong Kong, China	546	705	1033	541	862	1427
中国澳门	Macao, China	0	28	30		-4	5
孟加拉国	Bangladesh	6	9	15			
文　莱	Brunei Darussalam	6	5	6			
柬埔寨	Cambodia	1	13	17			
印　度	India	36	274	344	5	159	98
印度尼西亚	Indonesia		138	226		27	71
伊　朗	Iran	2	36	21		2	6
以色列	Israel	70	55	64	33	80	40
日　本	Japan	83	-13	21	316	563	1136
哈萨克斯坦	Kazakhstan	13	116	96		79	36
韩　国	Korea, Rep.	115	95	99	48	283	306
老　挝	Laos	0	3	7			
马来西亚	Malaysia	38	91	108	20	134	164
蒙　古	Mongolia	1	17	5		1	1
缅　甸	Myanmar	1	67	9			
巴基斯坦	Pakistan	3	20	17			1
菲律宾	Philippines	22	13	62	1	6	70
新加坡	Singapore	155	551	675	67	334	407
斯里兰卡	Sri Lanka	2	5	9			1
泰　国	Thailand	34	91	126		45	77
越　南	Viet Nam	13	80	92		9	12
埃　及	Egypt	12	64	48	1	12	3
尼日利亚	Nigeria	13	61	47	2	9	16
南　非	South Africa	9	36	57	3	-1	69
加拿大	Canada	668	284	539	447	347	526
墨西哥	Mexico	183	261	228	4	151	52
美　国	United States	3140	1980	924	1426	2778	3369
阿根廷	Argentina	104	113	66	9	10	21
巴　西	Brazil	328	485	625	23	116	-35
委内瑞拉	Venezuela	47	18		5	18	
捷　克	Czech Rep.	50	61	59		12	-5
法　国	France	275	139	152	1619	482	429
德　国	Germany	1983	656	18	566	1255	1122
意大利	Italy	134	92	115	67	327	235
荷　兰	Netherlands	639	-72	303	756	684	408
波　兰	Poland	94	128	139	0	61	52
俄罗斯	Russia	27	432	210	32	526	564
西班牙	Spain	396	399	229	582	378	307
土耳其	Turkey	10	91	121	9	15	67
乌克兰	Ukraine	6	65	4		7	1
英　国	United Kingdom	1219	590	722	2354	466	-596
澳大利亚	Australia	142	364	519	29	198	-4
新西兰	New Zealand	13	10	34	6	7	

附录2-13 外汇储备
Foreign Exchange Reserves

资料来源：国际货币基金组织数据库。
Source: International Monetary Fund Database.

单位：亿美元 (100 million USD)

国家或地区	Country or Area	2000	2005	2010	2013	2014	2015
中　国	China	1656	8215	28661	33311	38395	38592
中国香港	Hong Kong, China	1075	1242	2686	3173	3111	3284
中国澳门	Macao, China	33	67	237	166	161	164
孟加拉国	Bangladesh	15	28	106	120	176	218
文　莱	Brunei Darussalam	4	5	16	33	34	35
柬埔寨	Cambodia	5	10	33	43	45	56
印　度	India	373	1319	2753	2706	2765	3035
印度尼西亚	Indonesia	283	331	929	1088	964	1088
以色列	Israel	232	281	709	759	818	861
日　本	Japan	3472	8343	10615	12271	12372	12310
哈萨克斯坦	Kazakhstan	16	61	252	221	191	218
韩　国	Korea, Rep.	959	2103	2915	3232	3417	3588
老　挝	Laos	1	2	7	8	7	9
马来西亚	Malaysia	274	699	1049	1378	1334	1146
蒙　古	Mongolia	2	3	22	39	21	15
缅　甸	Myanmar	2	8	57	70		
巴基斯坦	Pakistan	15	100	143	102	52	118
菲律宾	Philippines	130	159	554	735	757	721
新加坡	Singapore	795	1160	2255	2591	2729	2566
斯里兰卡	Sri Lanka	10	27	67	64	66	73
泰　国	Thailand	319	507	1675	1733	1613	1513
越　南	Viet Nam	34	91	125	256	259	342
埃　及	Egypt	129	206	336	116	136	120
尼日利亚	Nigeria	99	283	349	464	454	367
南　非	South Africa	58	186	382	440	449	443
加拿大	Canada	290	330	570	684	718	746
墨西哥	Mexico	351	741	1203	1604	1754	1909
美　国	United States	312	541	1214	1391	1335	1190
阿根廷	Argentina	244	272	497	399	281	290
巴　西	Brazil	324	532	2871	3696	3562	3610
委内瑞拉	Venezuela	126	239	131	99	60	75
捷　克	Czech Rep.	130	293	419	443	558	541
法　国	France	321	278	558	542	508	495
德　国	Germany	497	451	623	674	674	623
意大利	Italy	224	255	477	505	508	477
荷　兰	Netherlands	70	90	185	221	226	193
波　兰	Poland	263	409	888	1034	1022	965
俄罗斯	Russia	243	1759	4436	4866	4696	3394
西班牙	Spain	295	97	191	355	354	395
土耳其	Turkey	223	506	807	999	1109	1069
乌克兰	Ukraine	11	190	333	227	188	66
英　国	United Kingdom	342	385	683	886	924	957
澳大利亚	Australia	168	419	387	449	497	508
新西兰	New Zealand	36	89	167	176	163	159

附录2-14 国际旅游收支
Expenditures and Receipts of International Tourism

资料来源：世界银行WDI数据库。
Source: World Bank WDI Database.
单位：亿美元 (100 million USD)

国家或地区	Country or Area	国际旅游支出 International Tourism Expenditures			国际旅游收入 International Tourism Receipts		
		2012	2013	2014	2012	2013	2014
世　界	**World**	**11747**	**12612**	**13411**	**12819**	**13699**	**14340**
中　国	China	1020	1286	1649	500	517	569
中国香港	Hong Kong, China	201	212	220	371	424	460
中国澳门	Macao, China	17	18	19	444	524	516
孟加拉国	Bangladesh	9	13	8	1	1	2
柬埔寨	Cambodia	4	5	5	27	29	32
印　度	India	141	138	175	183	190	208
印度尼西亚	Indonesia	91	103	103	95	103	116
伊　朗	Iran	75	83		13	16	
以色列	Israel	49	52	56	62	65	64
日　本	Japan	410	322	286	162	169	208
哈萨克斯坦	Kazakhstan	20	19	19	16	16	16
韩　国	Korea, Rep.	229	245	259	189	196	230
老　挝	Laos	2	4		5	6	6
马来西亚	Malaysia	122	122	124	203	215	226
蒙　古	Mongolia	4	5	6	5	2	2
缅　甸	Myanmar	3	1	1	6	10	16
巴基斯坦	Pakistan	19	16	20	10	9	10
菲律宾	Philippines	71	84	123	50	56	61
新加坡	Singapore	230	242	239	189	193	192
斯里兰卡	Sri Lanka	12	18	19	18	25	33
泰　国	Thailand	79	82	88	378	457	421
越　南	Viet Nam	19	21	22	69	73	73
埃　及	Egypt	30	33	35	108	67	80
尼日利亚	Nigeria	92	92	86	6	6	6
南　非	South Africa	71	65	63	112	105	105
加拿大	Canada	430	431	338	207	209	175
墨西哥	Mexico	107	120	126	133	143	166
美　国	United States	1299	1361	1457	2010	2145	2208
阿根廷	Argentina	83	82	70	55	49	52
巴　西	Brazil	262	292	300	69	70	74
委内瑞拉	Venezuela	32	54		9	9	
捷　克	Czech Rep.	46	47	52	82	78	76
法　国	France	501	534	594	640	660	668
德　国	Germany	962	1055	1066	516	553	559
意大利	Italy	262	270	289	410	438	455
荷　兰	Netherlands	197	204	214	123	138	147
波　兰	Poland	91	91	95	119	124	123
俄罗斯	Russia	481	595	554	179	202	195
西班牙	Spain	154	164	180	579	626	651
土耳其	Turkey	46	53	55	316	350	374
乌克兰	Ukraine	55	63	55	60	59	23
英　国	United Kingdom	714	733	799	471	535	628
澳大利亚	Australia	352	352	319	345	336	341
新西兰	New Zealand	37	39	41	71	75	84

附录2-15 货币汇率(年平均价)
Exchange Rate (Period Average)

资料来源：世界银行WDI数据库。
Source: World Bank WDI Database.
单位：1美元合本币数 (local currency unit per US dollar)

国家或地区	Country or Area	2000	2005	2010	2013	2014	2015
中　国	China	8.28	8.19	6.77	6.20	6.14	6.23
中国香港	Hong Kong, China	7.79	7.78	7.77	7.76	7.75	7.75
中国澳门	Macao, China	8.03	8.01	8.00	7.99	7.99	7.99
孟加拉国	Bangladesh	52.14	64.33	69.65	78.10	77.64	77.95
文　莱	Brunei Darussalam	1.72	1.66	1.36	1.25	1.27	1.38
柬埔寨	Cambodia	3840.75	4092.50	4184.92	4027.25	4037.50	4067.75
印　度	India	44.94	44.10	45.73	58.60	61.03	64.15
印度尼西亚	Indonesia	8421.78	9704.74	9090.43	10461.24	11865.21	13389.41
伊　朗	Iran	1765.03	8963.96	10254.18	18414.45	25941.66	29011.49
以色列	Israel	4.08	4.49	3.74	3.61	3.58	3.89
日　本	Japan	107.77	110.22	87.78	97.60	105.95	121.04
哈萨克斯坦	Kazakhstan	142.13	132.88	147.35	152.13	179.19	221.73
韩　国	Korea, Rep.	1130.96	1024.12	1156.06	1094.85	1052.96	1131.16
老　挝	Laos	7887.64	10655.17	8258.77	7860.14	8048.96	8147.91
马来西亚	Malaysia	3.80	3.79	3.22	3.15	3.27	3.91
蒙　古	Mongolia	1076.67	1205.25	1357.06	1523.93	1817.94	1970.31
缅　甸	Myanmar	6.52	5.82	5.64	933.57	984.35	1162.62
巴基斯坦	Pakistan	53.65	59.51	85.19	101.63	101.10	102.77
菲律宾	Philippines	44.19	55.09	45.11	42.45	44.40	45.50
新加坡	Singapore	1.72	1.66	1.36	1.25	1.27	1.38
斯里兰卡	Sri Lanka	77.01	100.50	113.06	129.07	130.57	135.86
泰　国	Thailand	40.11	40.22	31.69	30.73	32.48	34.25
越　南	Viet Nam	14167.75	15858.92	18612.92	20933.42	21148.00	
埃　及	Egypt	3.47	5.78	5.62	6.87	7.08	7.69
尼日利亚	Nigeria	101.70	131.27	150.30	157.31		192.44
南　非	South Africa	6.94	6.36	7.32	9.65	10.85	12.76
加拿大	Canada	1.49	1.21	1.03	1.03	1.11	1.28
墨西哥	Mexico	9.46	10.90	12.64	12.77	13.29	15.85
美　国	United States	1.00	1.00	1.00	1.00	1.00	1.00
阿根廷	Argentina	1.00	2.90	3.90	5.46	8.07	9.23
巴　西	Brazil	1.83	2.43	1.76	2.16	2.35	3.33
委内瑞拉	Venezuela	0.68	2.09	2.58	6.05	6.28	6.28
捷　克	Czech Rep.	38.60	23.96	19.10	19.57	20.76	24.60
法　国	France	1.09	0.80	0.76	0.75	0.75	0.90
德　国	Germany	1.09	0.80	0.76	0.75	0.75	0.90
意大利	Italy	1.09	0.80	0.76	0.75	0.75	0.90
荷　兰	Netherlands	1.09	0.80	0.76	0.75	0.75	0.90
波　兰	Poland	4.35	3.24	0.76	3.16	3.16	3.77
俄罗斯	Russia	28.13	28.28	30.37	31.84	38.38	60.94
西班牙	Spain	1.09	0.80	0.76	0.75	0.75	0.90
土耳其	Turkey	0.63	1.34	1.50	1.90	2.19	2.72
乌克兰	Ukraine	5.44	5.13	7.94	7.99	11.89	21.85
英　国	United Kingdom	0.66	0.55	0.65	0.64	0.61	0.66
澳大利亚	Australia	1.73	1.31	1.09	1.04	1.11	1.33
新西兰	New Zealand	2.20	1.42	1.39	1.22	1.21	1.43

中国统计出版社最新资料书简目

（仅供参考，以最后出书为准）

统计资料

中国统计年鉴 -2016

中国统计摘要 -2016

中国发展报告 -2016

中国经济普查年鉴 2013

国际统计年鉴 -2016

金砖国家联合统计手册 -2016

中国 - 东盟国家统计手册 -2016

中国县域统计年鉴 -2016

中国城市统计年鉴 -2016

中国农村统计年鉴 -2016

中国地区经济监测报告 -2016

中国贸易外经统计年鉴 -2016

2015 中国对外直接投资统计公报

中国商品交易市场统计年鉴 -2016

大中型批发零售和住宿餐饮企业统计年鉴 -2016

中国零售和餐饮连锁企业统计年鉴 -2016

中国住户调查年鉴 -2016

中国价格统计年鉴 -2016

中国农产品价格调查年鉴 -2016

全国农产品成本收益资料汇编 -2016

中国环境统计年鉴 -2016

中国能源统计年鉴 -2016

国外资源、能源和环境统计资料汇编 -2013

中国工业经济统计年鉴 -2016

中国建筑业统计年鉴 -2016

中国房地产统计年鉴 -2016

中国城市建设统计年鉴 -2015

中国城乡建设统计年鉴 -2015

中国第三产业统计年鉴 -2016

中国科技统计年鉴 -2016

中国高技术产业统计年鉴 -2016

工业企业科技活动资料 -2016

中国劳动统计年鉴 -2016

中国人口和就业统计年鉴 -2016

中国人才资源统计报告 -2014

中国社会统计年鉴 -2016

文化及相关产业统计概览 -2015

中国教育经费统计年鉴 -2016

中国民政统计年鉴 -2016

中国民族统计年鉴 -2015

中国工会统计年鉴 -2014

中国残疾人事业统计年鉴 -2016

2015 中国妇女儿童状况统计资料（英）

中国乡镇街道行政区域简册 -2016

2016 年省级综合统计年鉴系列

北京 天津 河北 山西 内蒙古 辽宁 吉林
黑龙江 上海 江苏 浙江 安徽 福建 江西
山东 河南 湖北 湖南 广东 广西 海南 重庆
四川 贵州 云南 西藏 陕西 甘肃 青海 宁夏
新疆 新疆生产建设兵团

2016 年市（县）级综合统计年鉴系列

天津滨海新区 石家庄 唐山 邯郸 太原 大同
长治 阳泉 晋城 朔州 晋中 运城 忻州 临汾
呼和浩特 通辽 包头 沈阳 大连 长春 吉林市
四平 哈尔滨 黑龙江垦区 上海浦东新区 南京
苏州 无锡 常州 徐州 南通 泰州 宿迁
连云港 盐城 镇江 淮安 江阴 丹阳 杭州
宁波 绍兴 台州 温州 金华 嘉兴 衢州
舟山 福州 福州经济技术开发区 宁德
厦门经济特区 南昌 上饶 济南 青岛 潍坊
枣庄 郑州 洛阳 三门峡 南阳 商丘 武汉
宜昌 十堰 荆州 咸宁 长沙 广州 东莞 惠州
深圳 桂林 南宁 柳州 来宾 河池 海口
三亚 成都 绵阳 贵阳 昆明 庆阳 西安 兰州
银川 乌鲁木齐

2010 年人口普查资料系列

中国 2010 年人口普查资料 北京 天津 河北
山西 内蒙古 辽宁 吉林 黑龙江 上海 江苏
浙江 安徽 福建 江西 山东 河南 湖北 湖南
广东 广西 海南 重庆 四川 贵州 云南 西藏
陕西 甘肃 青海 宁夏 新疆 新疆生产建设兵团
宁波 昆明

中国分县 2010 年人口普查资料

中国分乡镇、街道 2010 年人口普查资料

广东省各市 2010 年人口普查资料丛书

山西省各市 2010 年人口普查资料丛书

河南省各市 2010 年人口普查资料丛书

欲购以上图书请与中国统计出版社发行部联系
电话：(010) 63376907,63376908 同样行书店电话：68783171,68783172
通讯地址：北京市西城区三里河月坛南街 57 号 邮政编码：100826
网址：http://www.zgtjcbs.com

New Statistical Yearbooks Published by China Statistics Press

National Statistical Yearbook

China Statistical Yearbook-2016

China Statistical Abstract-2016

China Development Report-2016

China Economic Census Yearbook-2013

International Statistical Yearbook-2016

BRICS Joint Statistical Publication-2016

Statistical Manual of China-ASEAN Countries-2016

China County Statistical Yearbook-2016

China City Statistical Yearbook-2016

China Rural Statistical Yearbook-2016

China Regional Economic Monitoring Report-2016

China Trade and External Economics Statistical Yearbook-2016

2015 Statistical Bulletin of China's Outward Foreign Direct Investment

Statistical Yearbook of China Commodity Exchange Market-2016

Statistical Yearbook of Large and Medium-sized Enterprises of Wholesale & Retail Trades and Hotels & Catering Services-2016

Statistical Yearbook of China Chain Stores of Retail Trades and Catering Services-2016

China Yearbook of Household Survey-2016

China Price Yearbook-2016

China Yearbook of Agricultural Price Survey-2016

China Agricultural Production Cost and Yield Data-2016

China Environment Statistical Yearbook-2016

China Energy Statistical Yearbook-2016

Statistical Compilation of Foreign Resources,Energy and Environment-2013

China Industry Economy Statistical Yearbook-2016

China Statistical Yearbook on Construction-2016

China Real Estate Statistics Yearbook-2016

China Urban Construction Statistical Yearbook-2015

China Urban-Rural Construction Statistical Yearbook-2015

China Statistical Yearbook of the Tertiary Industry-2016

China Science and Technology Statistical Yearbook-2016

China Statistics Yearbook on High Technology Industry-2016

Statistics on Science and Technology Activity of Industry Enterprises-2016

China Labour Statistical Yearbook-2016

China Population and Employment Statistics Yearbook-2016

China Human Resources Report-2014

China Social Statistical Yearbook-2016

China Statistical Yearbook on Culture and Related Industries-2015

China Educational Finance Statistical Yearbook-2016

China Civil Affairs' Statistical Yearbook-2016

China's Ethnic Statistical Yearbook-2015

Chinese Trade Unions Statistics Yearbook-2014

China Statistical Yearbook on the Work for Persons with Disabilities-2016

2015 Statistics on Women and Children in China

The Brochure of Administrative Divisions of Township in P.R.China-2016

Provincial Statistical Yearbook in 2016

Beijing Tianjin Hebei Shanxi Inner Mongolia Liaoning Jilin Heilongjiang Shanghai Jiangsu Zhejiang Anhui Fujian Jiangxi Shandong Henan Hubei Hunan Guangdong Guangxi Hainan Chongqing Sichuan Guizhou Yunnan Tibet Shaanxi Gansu Qinghai Ningxia Xinjiang Xinjiang PC Corps

City (or County) Statistical Yearbook in 2016

Tianjin Binhai New Area Shijiazhuang Tangshan Handan Taiyuan Datong Changzhi Yangquan Jincheng Shuozhou Jinzhong Yuncheng Xinzhou Linfen Hohhot Tongliao Baotou Shenyang Dalian Changchun Jilin Siping Harbin Heilongjiang Shanghai Pudong Nanjing Suzhou Wuxi Changzhou Xuzhou Nantong Taizhou Suqian LianyunGang Yancheng Zhenjiang Jiangyin Danyang Hangzhou Ningbo Shaoxing Taizhou Wenzhou Jinhua Jiaxing Quzhou Zhoushan Fuzhou Fuzhou Ningde Xiamen Nanchang Shangrao Jinan Qingdao Weifang Zaozhuang Zhengzhou Luoyang Sanmenxia Nanyang Shangqiu Wuhan Yichang Shiyan Jingzhou Xianning Changsha Guangzhou Dongguan Huizhou Shenzhen Guilin Nanning Liuzhou Laibin Hechi Haikou Sanya Chengdu Mianyang Guiyang Kunming Qingyang Xi'an Lanzhou Yinchuan Urumqi

Data on Population Census in 2010

Tabulation on the 2010 Population Census of China

Beijing Tianjin Hebei Shanxi Inner Mongolia Liaoning Jilin Heilongjiang Shanghai Jiangsu Zhejiang Anhui Fujian Jiangxi Shandong Henan Hubei Hunan Guangdong Guangxi Hainan Chongqing Sichuan Guizhou Yunnan Tibet Shaanxi Gansu Qinghai Ningxia Xinjiang Xinjiang PC Corps Ningbo Kunming

Tabulation on the 2010 Population Census by County

Tabulation on the 2010 Population Census by Township

Guangdong Cities Series

Shanxi Cities Series

Henan Cities Series

Address: No.57 Yuetan Nanjie, Sanlihe, Beijing 100826, P. R. China
China Statistics Press, National Bureau of Statistics of China
Editorial Department: Tel: 008610-63376877, 63376861
E-mail: yearbook@gj.stats.cn
Distribution Department: Tel: 008610-63376907, 68783171
Website http://www.zgtjcbs.com

腾飞中国梦

中国交通建设集团有限公司

中国交通建设集团有限公司，于2005年经国务院批准，由原中国港湾建设（集团）总公司与中国路桥（集团）总公司以强强联合、新设合并方式重组成立。主要从事公路、水运、铁路、机场等交通基础设施投资、设计和建设业务，是首屈一指的港口设计及建设企业；世界领先的公路、桥梁设计及建设企业；世界一流的疏浚企业；全球首屈一指的集装箱起重机制造企业；亚洲领先的国际工程承包与设计企业，拥有强大的自主创新能力，创造了多项“世界一流”工程。

全球知名工程承包商——上海洋山深水港区工程

2006年10月8日，经国务院批准，由中国交通建设集团有限公司整体重组改制并独家发起设立中国交通建设股份有限公司（以下简称中国交建），并于2006年12月15日在香港联合交易所主板挂牌上市交易，是中国第一家成功实现境外整体上市的特大型国有基建企业（股票代码为01800.HK）。2012年3月9日，中国交建在上海证券交易所挂牌交易（股票代码为601800.SH）。

海洋重工与港口机械制造服务商——振华重工集装箱整机运输船

2016年，中国交建位居世界500强110位；在ENR全球最大250家国际承包商排名中连续十年位居中国上榜企业首位。在国家主管部门监管的100多家中央企业中，连续11年获评经营业绩考核“A级企业”。

旗下拥有60余家全资、控股子公司，分别成立于不同的历史时期，有诞生于清朝末年，见证了民族屈辱奋斗解放历程的百年老店，有与共和国一同成长壮大的国企骨干，有在改革开放大潮中涌现的合资企业、上市公司。近200个驻外机构在全球150多个国家、地区开展实质性业务，历史源远流长，文化多元厚重。“十二五”期间，中国交建锐意进取、开拓创新，取得了丰硕的发展成果。

一是强化战略升级。积极主动适应市场变化，提出了“打造五商中交，率先建成世界一流企业”的战略目标，致力于成为“全球知名工程承包商、基础设施投资商、城市综合开发运营商、特色房地产商、海洋重工与港口机械制造服务商”，在继承传统工程承包商优势的基础上，积极向投资商、运营商、发

基础设施投资商——重庆朝天门长江大桥

城市综合开发运营商——斯里兰卡港口城

展商转型，并取得可喜突破。“十二五”期间，中国交建新签合同额3万亿元、营业收入1.7万亿元、利润总额824亿元，年均复合增长率分别达到12%、9%、12%；上缴国有资产收益43亿元，利税820亿元，分红141亿元；“十二五”期末，公司资产总额9144亿元，所有者权益2129亿元，年均复合增长率分别达到24%、11%；业务结构日趋完善，投资等新经济模式利润占到总利润的近50%。

二是坚持创新驱动。深入开展科技创新，建立健全了完整的科技创新体系，“十二五”期间累计科研投入超过200亿元，获国家科技进步奖15项，国家技术发明奖2项，省部级科技奖 529项，国家授权专利2880项。在港口、疏浚、公路、桥梁、港口机械等领域均掌握核心技术，并排名世界前茅；承建了港珠澳大桥、上海洋山港、长江口深水航道等一大批技术难度高、施工风险大的世纪工程。大力推进商业模式创新，先行探索和创新了丰富多样的PPP模式，签约160多个PPP项目，涉及合同总额约7500亿元，累计完成投资额近3000亿元。

三是坚持绿色发展。推广资源节约、环境友好的生产方式，大力开展节能减排，“十二五”期间评选5批107项节能减排示范项目，设立668项技改项目，累计节能84万吨标准煤，万元能耗比“十一五”期末下降54%；调整业务结构，积极进军海上风电安装、水环境治理、城市地下管廊市场，大力开展海绵城市、智慧城市建设，海上风电安装业务占全国九成以上市场。被国家相关部门评为2013-2015年任期“节能减排优秀企业”。

四是坚持国际化优先发展。自觉践行“走出去”、“一带一路”、中非“三网一化”等系列国家战略。在“一带一路”沿线国家追踪了200余个项目，并在一批重大项目上取得突破；境外在建项目602个，总合同额485亿美元，境外利润占总利润的37%，国际化指数达到27%，位居ENR国际承包商前五行列，连续十年排名亚洲榜首；在中非合作论坛南非峰会期间，公司刘起涛董事长作为中资企业唯一代表在企业家大会闭幕式上发表演讲，并签下110多亿美元合同和协议。公司承建的塞尔维亚泽蒙-博尔察大桥被塞尔维亚人民誉为“中国桥”，国家领导人称之为中国企业走出去的“金名片”。

五是坚持共享发展。明确“努力成为政府与经济社会发展急所的责任承担者、区域经济发展的深度参与者、政府购买公共服务的优质提供者”的市场定位，自觉对接西部大开发、京津冀一体化、长江经济带等国家战略，与59个省、市地方政府签订战略合作协议，发挥自身在交通基础设施、城市综合开发领域全产业链优势，为地方政府提供一体化服务。在贵州省已投资800亿元，帮助贵州在西部地区率先实现县县通高速，创造了倍受关注的高速公路建设的“贵州模式”，并将这种模式升级推广到云南、四川、重庆等省市，形成了各具特色的投资新模式，为当地社会经济发展做出了突出贡献。

中国交建始终秉承“固基修道，履方致远”的企业使命，坚守“交融天下，建者无疆”的企业精神，愿与各界朋友携手共赢，努力“让世界更畅通、让城市更宜居、让生活更美好”。

特色房地产商——中交南方总部基地

中国天津武清开发区

区位

中国天津武清开发区于 1991 年 12 月 28 日设立，是国家级经济技术开发区、国家级高新技术产业园区和天津国家自主创新示范区核心区。近期规划面积 50 平方公里，建成区 35 平方公里，预留区 15 平方公里。

建区以来，共吸引投资 1350 亿元（外资近 80 亿美元），引入 50 个国家和地区的企业 1400 余家，其中有世界 500 强企业 33 家，有国外内龙头企业 50 余家。形成了高端制造、生物医药、总部经济三大主导产业。高端制造业以环保、节能、低碳为特色，以机械制造、汽车及零部件、电子信息、新材料、新能源为主；生物医药以保健药、中药颗粒、诊断试剂、新一代基因测序为主；总部经济以总部结算、金融、研发孵化、商贸物流、文化创意为主。建区以来各项主要经济指标的年增长率一直保持在 20% 左右。2015 年实现税收 110 亿元；地区生产总值 426 亿元、工业总产值 1292 亿元、固定资产投资完成 240 亿元。建区以来，累计实现地区生产总值 2246 亿元，税收 681 亿元；吸引直接就业 13 余万人。

佛罗伦萨小镇 · 京津名品奥特莱斯

区位优势得天独厚 地处京津之间，是京津冀协同发展京津城市主轴的中间节点。距北京市区 71 公里，天津市区 25 公里，北京首都国际机场 90 公里，北京新国际机场 45 公里，天津滨海国际机场 35 公里，天津港 71 公里。

交通体系开放便捷 周边 10 分钟车程范围内，有京津塘、京津、京沪、滨保等高速公路 4 条、高速公路出入口 5 个；有京津城际铁路经停站 1 处，京山铁路客、货运站各 1 处；规划的京、津地铁将在武清驳接；103、104 国道在区内通过。

自然生态环境良好 开发区东临京杭大运河，北有龙凤新河，西有龙凤河故道，中间镶嵌着美丽的天鹅湖。区内绿化率达 40% 以上，空气和水质优于国家标准。多年来，无环保不达标企业入驻。

服务环境优质高效 管委会始终秉承“服务他人就是发展自己”理念，坚持服务立身、服务致胜，对开发区实行“封闭式”管理，设有开发区行政服务中心、海关、检验检疫局和保税物流区，为企业提供“一站式”办公、“一条龙”服务。金融、法律、财务等商务服务机构齐全，特别是引进普华永道、世邦魏理仕等国际知名咨询机构，可为企业提供政策、管理、工程、技术、金融、法律等高水平咨询和培训服务。

配套功能设施完备 基础功能设施达到“十一通一平”，建有大型商务写字楼、星级酒店、温泉公寓、高级会馆、廉租公寓、国际学校、连锁超市、主题乐园、奥特莱斯购物小镇等。

中欧产业园　　　　创业总部基地

科技创新体系完善　现有国家级科研院所近20个、企业技术中心4个、工程技术中心6个，国家级和市级孵化器5个、检验检测机构5个、科技型中小企业678家、“小巨人”企业98家。建有武清开发区博士后科研工作站、院士工作站和专家服务基地，共引进各类人才8308人，其中院士11人。提供科技金融、科研、专业服务、孵化器、院所技术与企业技术对接等5大平台服务。

多重政策优势叠加　入区企业可享受国家级高新技术产业园区、国家级经济技术开发区、天津自由贸易试验区、滨海国家自主创新示范区、京津冀协同发展等叠加政策，并享受武清区“六层次”人才引进、培养和奖励政策，促进科技型中小企业发展政策，以及天津市万企转型升级扶持政策、支持民营经济加快发展支持政策等。同时搭建中小企业信用担保体系，为科技企业提供金融支持。

目前开发区正以打造京津之间重要的战略性新兴产业基地、先进制造业基地和现代服务业聚集区为目标，着力提升发展的质量和效益，重点开发5个载体功能区：

中欧产业园　位于开发区四期，规划9.5平方公里。发展定位是为欧洲企业打造发展平台载体，建成高端产业发展基地。主要发展先进制造、生物医药、新材料产业。目前已为欧洲企业量身建设5万平米环保节能厂房投入使用，并正在建设中欧园服务中心和生活配套区。

创业总部基地　位于开发区一、二期结合部，规划1.26平方公里，建筑面积120万平米。包括6个区域：中心服务区、企业总部区、商务酒店区、服务外包区、综合办公区、专家公寓区。主要发展文化创意、金融商务、研发孵化等现代服务业和总部楼宇经济，提升武清开发区功能环境，促进产业结构调整升级。

京津高校（武清）科技创新园　占地161亩，建筑面积11.5万平米，发展定位是立足加强与京津高校和科研机构的产学研用合作，建设高新项目研发平台、高端产业孵化平台、传统产业升级助推平台、国家级重大研究课题创新成果转化平台和高层次人才集聚平台。

自贸区武清园　位于天津港，规划335亩。搭建武清对外开放的更高平台，共享自贸区相关政策。发展定位是规划建设跨境物流和楼宇经济项目的招商载体。

京津高村科技创新园　位于武清区高村镇，一期规划3 平方公里。发展定位是建设京津产业新城的产业核心功能区和承接非首都核心功能疏解的先行示范区，主要发展大数据、生物医药、科技研发和总部经济。

京津高校（武清）科技创新园　　　　自贸区武清园

昆山市

中国（昆山）2015 品牌产品进口交易会

2015 年，昆山市委、市政府带领全市上下，以国家领导人系列重要讲话为根本遵循，按照“经济强、百姓福、环境美、社会文明程度高”新要求，坚持以转型升级创新发展为主线，统筹做好稳增长、促改革、调结构、惠民生、防风险各项工作，稳步推进全市经济、政治、文化、社会、生态协调发展。全年完成地区生产总值 3080 亿元，比上年增长 7.5%；服务业增加值 1355.45 亿元，增长 10.3%；工业总产值 9000.28 亿元，增长 3.4%；一般公共预算收入 284.76 亿元，增长 8%；固定资产投资 810.61 亿元，下降 4.6%；社会消费品零售总额 708.53 亿元，增长 10.6%；进出口总额 834.53 亿美元，下降 1.6%，其中出口 537.96 亿美元，增长 0.4%；居民人均可支配收入 42755 元，其中：城镇 50749 元、农村 25978 元，分别增长 8.2% 和 8.6%。近年来，昆山经济社会发展主要呈现以下特点：

注重质量效益，产业结构持续优化。认真算好土地、人口、生态、公共服务和差距“五本账”，实施转型升级创新发展六年行动计划，努力实现经济增长更稳健、产业结构更合理、质量效益更显著。2015 年，新兴产业产值占规模以上工业的 43.7%。服务业增加值占比为 44%，比上年增加 1.1 个百分点。通过技术改造、创意设计、品牌创建、兼并重组等途径，提升改造传统产业，向“微笑曲线”的两端攀升。

发展创新型经济，内生动力不断增强。抢抓昆山高新区列入苏南国家自主创新核心区机遇，加强资本、人才、技术、市场的有效对接，推动经济发展从要素、资源驱动向创新、财富驱动转变，把创新资源集聚转化为创新驱动产出效应，把人才集聚转化为人才产出效应。全社会研发投入占 GDP 比重 2.95%，科技进步贡献率 61.9%。全市累计专利申请量 16.9 万件、授权量 9.8 万件。

加速资源集聚和整合，载体建设实现新突破。进一步解放思想、创新举措，充分发挥沿沪对台优势，推进发展路径创新与突破，提升资源集约节约利用水平，最大限度提升发展的效率、效能、效益、效果。

中环东线

夜景

昆山杜克大学开学典礼

昆山试验区已有260多家台资企业集团开设人民币双向借款账户，双向借款规模达200亿元；50多家台资企业已经或正在设立企业总部。

做优民生事业，群众幸福感受不断提升。全面开展补短补软补缺，进一步加大民生投入力度，办好惠民实事，把功夫真正下在提高全面建成小康社会质量和水平上，努力让人民群众有更好的教育、更稳定的工作、更满意的收入、更可靠的社会保障、更高水平的医疗卫生服务、更舒适的居住条件、更优美的环境。在全省率先实施城乡养老保险和医疗保险并轨，率先在低保政策上实行城乡统一标准，低保标准提高到每月750元，取消了大病基金报销封顶线。人口平均期望寿命83.47岁。每千人拥有医生数2.55人，每千名老人拥有养老床位数41.5张，位居全国同类城市前列。

坚持绿色发展，生态文明建设取得实效。把生态文明建设作为城市提档升级的必要基础、产业转型升级的有力支撑、人才加速集聚的可靠保障，全面融入经济社会发展过程，努力把昆山建设成为“美丽中国”的缩影。每年万元GDP能耗下降4%以上；化学需氧量、二氧化硫排放总量均削减4%以上，工业污水处理率和城市生活污水处理率分别达100%、97%。城市绿化覆盖率达44.3%，成功创建国家生态园林城市。

下一步，昆山将围绕“迈上新台阶、建设新江苏”发展定位，坚持以提高经济发展质量和效益为中心，以全面深化改革为动力，以创新驱动为核心，以法治建设为保障，以民生福祉为根本，全力推进转型升级，促进经济平稳健康发展与社会和谐稳定，推动“昆山之路”从头越，“五大发展”走在前。

文化艺术中心

丹阳市

丹阳，古称曲阿，后取“丹凤朝阳”之意而得名。全市总面积 1047 平方公里，常住人口近 100 万，下辖 10 个镇、1 个省级经济开发区（曲阿街道）、云阳街道和练湖度假区。先后获得“国家卫生城市”、“国家生态市”、“中国和谐城市”、“长三角最具投资价值县市”等称号，并入选“中国特色魅力城市 200 强”。2015 年，全市实现 GDP1070 亿元，一般公共预算收入 67 亿元，实际利用外资 3.3 亿美元。

源远流长的历史孕育了丹阳深厚的文化底蕴。凤凰山遗址的出土证实了丹阳 6000 多年的文明史，葛城遗址的发现证明了丹阳是吴文化的发祥地。西晋玉乳泉、南朝石刻、北宋嘉山寺、明朝万善塔等众多名胜古迹更是丹阳悠久历史的见证。这里文风炽盛，董永与七仙女的故事广为流传，岳氏报本、陈东上书等动人故事名扬天下。这里人杰地灵，不仅孕育了春秋季子、齐梁帝王等历史名人，更诞生了马相伯、吕凤子、吕叔湘、匡亚明等近现代名家。这里文物众多，延陵季子碑、江南第一梵钟、上海战役总前委旧址等历史文物赋予了丹阳“江南文物之邦”的美誉。

生机勃发的产业培植了丹阳殷实的工业资源。丹阳在工业百强县中居前列。“眼镜之都”、“钻头王国”、“灯具世界”、“木业航母”已成为城市的代名词。全市拥有各类企业 15000 多家，其中规模以上 1163 家、销售超亿元 130 家、超 10 亿 16 家、超百亿 3 家、各类上市挂牌企业 41 家。作为丹阳城市名片的眼镜产业，拥有从事眼镜行业及相关配套的工贸企业 2000 多家，年产镜架、镜片占全国总产量的 80%，占世界总产量的 50%，已成为亚洲乃至世界首屈一指的眼镜集散、研发、生产基地。汽车及零部件产业走上了品牌发展之路，不仅有农用车、大客车的整车生产能力，卡车、消防车、新能源汽车、运动型多用途汽车等整车生产已初具规模。五金工具产业迈向了模具钢、特钢发展序列。木业产业的人造板做到了亚洲前茅、全球前列。在不断夯实传统产业的基础上，丹阳抢抓发展“窗口期”机遇，全面实施“中国制造 2025”丹阳“5+2”行动计划，利用军民结合产业示范基地优势，聚焦新材料、航空航天、新医药等新兴产业发展，培育了独具丹阳特色的新的经济增长点。顺应“互联网 +”发展大势，与制造业深度融合，加快推进“电商平台 + 制造”，全市已有 2000 多家企业开展电子商务，被评为省首批电子商务示范市。把握产业集群化发展趋势，启动科技小镇一期工程，全力打造“6+1”重点产业园区，科创园、孵化器正逐渐成为新兴产业发展的新动力和新载体。

开放创新的理念开辟了丹阳集聚的人才福地。连续 9 年被评为全国科技进步先进县（市），成为国家知识产权示范城市。全市拥有 370 名高层次人才，其中 19 人入选国家“千人计划”，80 人入选省“双创计划”，被评为省高层次人才创新创业基地。与中科院排名前 10 位的研究所中的 7 家建立了战略合作关系，建有 2 家省级重点实验室、50 家省级研发平台、9 个院士工作站和 34 个省级研究生工作站，40 多名院士在丹阳担任特别顾问，掌握了 20 多项国际领先、160 多项填补国内空白的“第一”、“唯一”技术。

新城吾悦广场

全国首屈一指的眼镜交易市场——中国眼镜城

城乡貌美的环境赋予了丹阳浓韵的水乡气息。2012年，丹阳拉开了旧城改造和新城建设的大幕。在实施城建重点项目的同时，丹阳传承历史韵味，做优做特美丽乡村和生态文明两大文章。坚持“以水为脉、以绿为韵，以文为魂”的理念，加快水环境治理，加快实施水晶山、练湖等生态板块建设，打造城市“绿肺”，形成了河畅、水清、岸绿、景美的独特风韵。依循“道法自然、因地制宜、可持续发展”的原则，加快新型城镇化建设步伐，打造一批“一村一品、一村一景、一村一业”的特色乡村，营造独具江南水乡特色田园风光与乡土风情。

和谐共享的体系绘就了丹阳幸福的民生画卷。随着经济快速发展，丹阳的教育、文化、卫生等社会事业成效喜人，民生支出占一般公共预算支出的比重达80%，实现了经济社会和谐发展的新成就。持续加大教育投入，优化教育资源配置，加快教育综合改革步伐，先后被省政府授予省学前教育改革发展示范区、省义务教育优质均衡发展县（市、区）称号。文化事业繁荣发展，全国文明城市创建工作稳步推进，城市“15分钟文化圈”和农村“十里文化圈”逐步形成。城乡医疗卫生服务网络进一步健全，建立了农村三级医疗卫生服务网络，社区卫生服务站达标率达100%。居民收入持续增长，2015年城镇常住居民人均可支配收入38574元；农民常住居民人均可支配收入19892元。社会保障体系基本做到“应保尽保”。深入推进平安、法治建设，连续12次被评为省“平安县（市、区）”，连续三轮被评为省法治创建工作先进单位，获全国法治创建工作先进县（市）称号，老百姓的安全感、满意度逐年增强。

站在“十三五”发展的新起点上，丹阳将以“四个全面”战略布局和“五大发展理念”为引领，厚植新优势、干出新业绩，奋力打造充满创新活力的“强富美高”苏南现代化工贸名城，全面建成更高水平的小康社会，率先开启基本现代化建设新征程。

武进区

常州石墨烯产业园

武进区地处长三角地理中心，北望长江，南枕太湖，与上海、南京、杭州等距相望，4条铁路、5条高速、京杭大运河穿境而过，常州机场可直达北京、深圳等国内20多个主要城市和韩国首尔、泰国曼谷等国际城市，“水陆空铁”交通极为便捷。区域总面积1066平方公里，下辖11个镇、5个街道、1个国家级高新区、1个综合保税区、1个省级高新区（筹）、2个省级经济开发区、1个省级旅游度假区和1个省级现代农业产业园区；户籍人口92.4万，常住人口143.5万。2015年，全区完成地区生产总值1830亿元，一般公共预算收入140.4亿元，规模以上工业总产值4361亿元。

湖塘新貌

实体经济在转型升级中不断壮大。近年来，武进千方百计做强主导产业、持之以恒聚焦项目建设、想方设法培育龙头企业，全力推动经济结构持续优化升级，轨道交通、汽车零部件等优势产业规模逐步壮大，先进碳材料、医疗健康等新兴产业加速成长；各类市场主体接近10万户，注册资本累计达到2270亿元，其中营业收入超百亿元工业企业10家，上市企业17家，

夕阳下的西太湖

武进综合保税区

国家智慧旅游公共服务平台

莲花馆

中国驰名商标数量稳居全省首位，连续多年被评为“中国民营经济最具活力县（区）”前茅。

发展活力在开放创新中持续迸发。大力推进以民引外、以外引外和产业链招商，采取有效措施稳定外向型经济运行，2015年，完成实际到账外资7.4亿美元，落户我区的世界500强企业累计达到18家，外国跨国公司地区总部和功能性机构达6家。抢抓苏南国家自主创新示范区建设机遇，推动优质创新要素加速集聚，全区R&D经费支出占地区生产总值的比重2.72%，全区认定高新技术企业387家，并初步形成了常州经开区、武进国家高新区、西太湖科技产业园、绿建区构成的“品字型”开发区布局。

城乡面貌在统筹协调中展现新颜。作为联合国环境署命名的“国际花园城市”和中国首个“人居实验城市”，武进坚持城乡统筹和生态优先的发展理念，下大力气改善城市市容环境、提升城市文明程度，顺利建成一批交通、水利基础设施项目，扎实开展大气污染防治、水污染治理、森林城市创建等工作，宜居宜业、精致现代的城市形态进一步展现。

群众生活在共建共享中明显改善。顺应群众对美好生活的向往，集中资金和精力，高质量完成为民实事工程，广大群众享受到了实实在在的红利。城乡居民人均可支配收入达到3.56万元，增长8%。各项社会事业全面繁荣进步，教育、卫生、文体、住房、养老等公共设施分布更加合理、质量显著提高，“幸福武进”的城市特质更加鲜明。

站在新的历史起点上，武进将以“践行五大理念，共创精彩开篇”为主题，深入推进产业转型升级、产城融合发展、生态文明提速、改革创新攻坚新的“四大战役”，提升科学发展含金量，增强争先进位新动力，奋力开创经济社会发展新局面，努力建设经济强、百姓富、环境美、社会文明程度高的新武进。

绿博园

黄山风景区

黄山夏夜

立足新起点 谋求新跨越 奋力开启“十三五”发展新征程

“十二五”期间，黄山风景区管理委员会在黄山市委、市政府的正确领导下，以党的十八大和十八届三中、四中、五中全会精神以及国家领导人系列重要讲话为指引，以深入开展党的群众路线教育实践活动和“三严三实”专题教育为动力，坚持改革创新、提质增效不动摇，保持定力、从容应对，真抓实干、砥砺奋进，在打造国际精品旅游景区、建设世界一流旅游目的地征程中迈出了新的步伐，取得了新的成效。

迎客松

“十二五”期间，黄山风景区累计接待国内外游客1465.2万人，比“十一五”期间增长33.61%，年均增长率4.79%。实现经营收入106.59亿元，税前利润16.58亿元，比“十一五”期间分别增长 64.24%、21.02%，年均分别增长8.86%、3.21%。

2015年，黄山风景区接待国内外游客318.28万人，其中国内游客302.28万人，入境游客16万人，实现经营收入25.25亿元，税前利润3.76亿元，上缴税收2.64亿元。集团公司总资产达到83亿元，连续七年跻身中国旅游集团前列。

黄山风景区管理委员会“十三五”发展规划指导思想：全面贯彻党的十八大和十八届三中、四中、

黄山之春

猴子观海

黄山飞来石

五中全会精神，以邓小平理论、“三个代表”重要思想、科学发展观和习近平同志讲话精神为指导，贯彻创新、协调、绿色、开放、共享的发展理念，以“皖南国际旅游文化示范区”、“国家生态文明先行示范区”建设为契机，以光大风景名胜、保护资源环境为核心；以辐射游憩产业、惠益社区民生为主题，创建黄山国家公园，全面保护黄山自然生态、自然文化遗产的原真性、完整性；以世界眼光、国际标准，抓好大黄山区域的生态文明建设，突出生态保护、统一规范管理、明晰资源归属、创新经营管理、促进社区发展，提升核心区的核心竞争力；立足发展大旅游，强化遗产地保护，加快推进向观光休闲度假复合型旅游景区转变，努力把黄山打造成为以自然风光和徽文化为特色的世界一流的可持续旅游发展样板。

黄山风景区管理委员会“十三五”发展规划目标：“十三五”期间，积极抓住机遇，面对挑战，积极创建黄山国家公园，进一步奠定大旅游发展格局。加快旅游“品牌化、网络化、国际化”建设，着力创新管理体制机制，转变旅游发展方式，提升旅游国际化水平，优化客源结构，提高旅游发展规模和质量，增强旅游产业的发展动力、创新能力、竞争活力，把黄山建设成以黄山自然风景和徽文化为核心吸引物，以乡村和生态为特色，集观光、休闲、度假为一体的全球可持续旅游目的地标杆，世界遗产、世界生物圈保护区和世界地质公园的发展典范。

“十三五”期间，黄山风景区国内外游客接待总量突破1770万人，年均增长4.68%；其中入境游客140万人，年均增长20.11%。集团公司实现经营收入308亿元，年均增长31.69%；税前利润45亿元，年均增长31.88%；上缴税收31.5亿元，年均增长30.52%；完成固定资产投资100亿元，年均增长27.14%。

黄山透秀色

九华山风景区

春到九华

灵山九华　佛佑天下

2015年，在市委市政府坚强领导下，党工委管委会深入学习贯彻党的十八大和十八届三中、四中、五中全会精神，主动适应经济发展新常态，以“三严三实”为基调，调结构、转方式，经济社会呈现持续健康稳步发展态势。

（一）主要特点

1. 经济平稳增长。全年地区生产总值18.94亿元，增长8.5%；接待游客971.25万人次，增长7.91%；实现旅游收入108.03亿元，增长9.35%；财政收入5.04亿元，增长5%；固定资产投资2.2亿元。正月初五接待游客突破9万人次，创历史单日之最。

朝圣天台

2. 改革纵深推进。谋划景区机构改革，方案上报待批。规范乡镇权力运行，公开行政权力和责任清单116项。创新国有资产管理，建立国有企业股东代表领导下企业法人制度。集团公司成功发行公司债和中期票据，实现向多元融资转型。九华旅游3月26日成功上市发行，实现池州本土企业主板上市“零突破”。

九华街区

莲花佛国九华山　　九华之夜

3. 文明引领风尚。启动全国文明城市创建，积极培育践行社会主义核心价值观；持续开展“文明游客”“最美游客”评选，百余名莲花志愿者常态化特色服务，游人香客纷纷点赞，成为展示景区形象的一道靓丽风景线，中国风景名胜区协会高度表扬。

4. 法治成效明显。建立党工委法律顾问团，重大决策于法有据；推进相对集中行政处罚权，市县山交通联合执法、旅游市场“百日会战”、集散地集中整治成效明显，“501”特大假票案成功侦破，非法营运、带客逃票、假僧假导势头得到遏制。

（二）主要做法

1. 坚持观念引领，创新动力不断增强。2. 坚持生态为先，旅游品质不断提升。3. 坚持深度整治，旅游环境不断优化。4. 坚持营销深化，客源市场不断拓展。5. 坚持龙头带动，市场活力不断增强。6. 坚持旅游反哺，民生福祉不断改善。7. 坚持统筹结合，社会事业不断发展。8. 坚持从严从实，工作作风不断改进。

九华新街

福州市

加快“榕城”发展　建设“有福之州”

首届全国青年运动会开幕式

福州简称“榕”，是福建省省会，国家历史文化名城，首批对外开放沿海港口城市，全国著名的侨乡和台胞祖籍地，也是东南沿海传统的商贸中心和海峡西岸新兴的工业城市，素有“有福之州”的美誉。福州建城已有2200多年历史，现辖5区2市6县，总面积1.2万平方公里，其中城区规划面积1043平方公里，全市常住总人口750万人。

福州航空

“十二五”以来，福州市经济总量持续增长、综合实力持续提升、人民群众获得感持续增强，经济社会发展迈上了一个新的台阶。2015年，全市生产总值达5618.1亿元，人均GDP超过1万美元，财政收入、固定资产投资等实现比2010年翻一番。福州被评为全国文明城市，并蝉联全国科技进步先进市、全国双拥模范城、国家卫生城市等称号。

福州海峡金融商务区

一是产业结构持续优化。2015年，福州市三次产业结构为7.7∶42.2∶48.1，全市工业总产值达8195.2亿元，高新技术产业增加值占GDP比重提高到19%。产业规模不断壮大，形成了5个千亿产业集群和10家百亿企业（集团）。现代物流、金融、信息服务、商贸、旅游、文化创意、服务外包等服务业加快发展。

二是创新能力明显增强。福州市现有7家国家级创新型（试点）企业、186家省级创新型（试点）企业、444家高新技术企业，同时拥有15所本科院校、46个国家级和省级科研院所，并建立了全国首个综合性的国家引智试验区——中国福州海西引智试验区。2015年，全市有效发明专利拥有量6835件，居福建省首位，每万人口发明专利拥有量9.75件。

西湖公园

福州海峡会展中心

三是城市品质稳步提高。目前，全市常住人口城镇化率达 67.7%。城市基础设施不断完善，轨道交通 1 号线南段实现试运营，海绵城市、智慧城市启动建设，城区污水处理率为 87.3%，全市生活垃圾无害化处理率为 100%，饮用水源地水质位居全国前列。2015 年，全市森林覆盖率为 55.6%，位居全国省会城市第二位；城区空气质量优良率为 95.3%，位居全国 74 个大中城市前列、全国省会城市前茅。

四是改革开放不断深化。国企改革、政府机构改革、行政审批制度改革和投融资、科技、教育、文化、卫生、户籍等各领域改革扎实推进，率先实施全国首部市级行政服务地方性法规，市行政服务中心荣获中国“质量之光”质监改革创新示范奖。对外开放水平进一步提高，实际利用外商直接投资累计达 73.76 亿美元，在榕投资或建立机构的世界 500 强企业达 93 家。榕台交流合作先行先试取得新进展，在榕台资银行实现零的突破，福州被列为赴台个人游试点城市。福州新区获批成为全国第 14 个国家级新区，福建自贸区福州片区正式设立，成功举办了 21 世纪海上丝绸之路博览会、亚洲合作对话—共建“一带一路”合作论坛暨亚洲工商大会、丝路国际电影节、海丝国际旅游节等重大活动。

五是社会事业有效提升。各级各类教育协调发展，实现全市县域义务教育基本均衡。基本医疗和公共卫生服务覆盖所有行政村，组建了多种形式的医疗联合体。公共文化服务不断拓展，成功举办第一届全国青运会、央视中秋晚会等重大文体活动。“平安福州”建设成效明显，2015 年全市公众安全感达 92.86%，生产安全事故发生起数和死亡人数分别下降 21.5%、24.3%。

六是人民生活切实改善。2015 年，全市城镇居民人均可支配收入 34982 元，农村居民人均可支配收入 15203 元，分别比 2010 年增长 67.5%、82.3%。初步建立了各大险种齐全、规模不断扩大、制度不断完善的社会保障防护网，城乡居民基本养老保险制度实现全覆盖。“十二五”期间，累计实现城镇新增就业 73.95 万人、转移农业富余劳动力 26.7 万人，建成保障性安居工程 11.6 万套，实施旧屋区改造 2590 万平方米，解决了 1.6 万户低收入家庭住房困难。

当前，中央支持福建加快发展，福州成为全国唯一的集国家级新区、自贸试验区、海丝核心区、生态文明先行示范区、国家自主创新示范区于一身的重点开发区域，发展前景十分广阔。福州市将牢牢把握重大战略机遇，深入学习贯彻国家领导人系列重要讲话和对福建、福州工作的重要指示精神，牢固树立和贯彻五大发展理念，以福州新区建设为引领，以转型升级为主线，以改革开放为动力，以提升人民群众获得感为目的，全力推动福州科学发展跨越发展，努力实现“十三五”福州发展开好局、起好步。

沙滩公园

南昌县

以“科技创新、精英创业”引领转型发展新跨越

小蓝创新创业基地

小蓝经开区鸟瞰图　廖淑敏摄

南昌县位于江西省中北部，赣江、抚河下游，鄱阳湖之滨，三面环绕省会南昌市。全县国土总面积1713平方公里，辖16个乡镇、3个管理处（管委会），主管1个国家级小蓝经济技术开发区，是江西省经济总量第一县，也是全国百强县，素有江西“首府首县”之称。

2015年以来，面对错综的复杂国内外形势和持续加大的经济下行压力，南昌县始终坚持把创新创业作为稳增长的有生力量、调结构的有效方式、促改革的有力举措，突出高处谋势、新处落子，勇于突破依托县域资源搞“两创”的惯性思维，紧扣“科技创新、精英创业”的目标定位，积极探索创新创业的新路径，不断激发了大众创业、万众创新的生机与活力。

探索“基金+基地”新路径。发挥全省首家30亿元集成电路产业基金和首家6亿元县域创业投资基金等的金融杠杆效应，晶科能源、英孚华生柔性材料等一批新兴产业项目相继导入落户。突出为“专精特新”中小微企业引进落户留出空间、打通渠道，搭建小蓝创新创业基地等11个创新平台，重点打造融清华大学省校合作基地、小微企业创新创业基地、留学人员创业园、小蓝高科技孵化器 “四位一体” 的小蓝创新创业示范基地，走出一条以创投基金、产业基金撬动项目引进，以创新创业基地承载项目落户、促进企业集聚的“基金+基地”发展新路径。目前，小蓝创新创业基地已入驻北科生物、华清博恩、德瑞

南昌县县城鸟瞰图　周胜华摄

中科院苏州纳米研究所南昌研究院

小蓝经开区管委会大楼（夜景）

光电等30余家企业，预计2016年底将引进高新技术企业50家，孵化企业68家，力争利用两年时间打造成为全省重要的创新创业示范区。

创新“引资+引智”新模式。坚持不求所有、但求所用的原则，发挥《高层次人才创新创业激励暂行办法》等“1+7”系列文件和“引智扶优、精英小蓝”计划的叠加效应，致力吸引高校院所、高端企业、高级人才“三高”入驻，加强与国内外高等院校、科研院所的交流合作，促进产学研深度融合，进一步打通科技成果转化通道。依托省校合作战略，与清华大学合作设立了小蓝创新创业基地；中科院苏州纳米所南昌研究院进驻县域，设立科技成果转化基地，填补了江西“中”字头科研机构空白。

打好“政策+服务”组合拳。为创新创业量身定制《关于大力推进大众创业万众创新的实施意见》、《小蓝经开区〈工业用房租赁管理实施意见〉、〈“嵌入式”招商工作实施意见〉》等扶持政策，在空间载体、公共服务、融资税费、机制创新等方面提供全方位支持。同时，全力搭建顶级孵化服务平台、国际路演和项目交流平台、高新技术产业公共服务平台、专业金融服务平台等“四大平台”，通过“财园信贷通”、“惠农信贷通”、“助保贷”、设立还贷周转金等方式，2015年累计发放中小微企业贷款160亿元、财政专项扶持资金6亿元，为企业发展排忧解难、清障减负。

下一步，南昌县将始终把创新创业作为产业“二次开发”的引擎动力、推动转型跨越的重要途径，进一步激发“想创”热情、构筑“能创”平台、释放“敢创”活力，力争到2017年实现小微企业突破1万户、营业收入突破500亿元，高新技术企业突破100家，企业授权专利数突破500项的“1515”目标，全力开辟拼争“四个率先”、建设“五个昌南”历史新征程。

县城澄碧湖夜景　周胜华摄

莱芜市

优美如画的发展环境

龙园

莱芜市位于山东省中部，辖莱城区、钢城区、一个国家高新技术产业开发区、四个省级园区，面积 2246 平方公里，常住人口 135 万。莱芜区位条件优越。地处鲁中，属省会城市群经济圈，距济南机场 1 小时车程，距青岛港 2 小时车程；境内有京沪、青兰、莱泰、滨莱高速公路穿过。莱芜历史悠久，文化底蕴深厚。历史上处于齐、鲁两国交界，齐风鲁韵在此融汇，形成了“崇德尚实、重工厚商、坚韧执着”的地域文化。矿冶文化源远流长，有 3000 多年的冶炼史，有 2000 多年的冶铁史，是历史上重要的冶铁中心。莱芜历来是兵家必争之地，境内齐长城遗址比秦长城还早 400 多年，春秋时期发生过著名的齐鲁长勺之战，留下了“一鼓作气”的千古佳话；解放战争时期打响的“莱芜战役”，创造了解放军运动战、歼灭战的光辉范例，留下了“爱党爱军、依靠人民、机智顽强、敢打必胜”的莱芜战役精神。莱芜产业基础较好。钢铁工业发达，生态农业特色鲜明，是山东钢铁生产和深加工基地、国家新材料产业化基地，同时还是“中国生姜之乡”、“中国花椒之乡”和“中国黄金蜜桃之乡”。莱芜生态资源丰富。境内有大小山头 2989 个，大小沟河 404 条，常年降水量约 712 毫米。北部山区生态环境优美，山水组合特色鲜明，森林覆盖率达到 70% 以上。先后荣获“中国优秀旅游城市”、“国家园林城市”、“国家卫生城市”、“全国双拥模范城”和“全国文明城市提名资格城市”等称号，是中国国际航空体育节永久举办地。

近年来，全市上下深入贯彻落实党的十八大精神，坚持稳中求进工作总基调，主动适应经济发展新

新貌

常态，统筹推进稳增长、促改革、调结构、惠民生各项工作，经济社会实现持续健康发展。2015 年，全市实现地区生产总值 665.83 亿元，规模以上工业增加值 296.84 亿元，固定资产投资 619.07 亿元，社会消费品零售总额 320.88 亿元，外贸进出口总额 18.97 亿美元，公共财政预算收入 50.17 亿元。

转调发展迈出新步伐。面对多年积累的结构性矛盾和转型发展的压力，把转方式调结构放到更加重要位置，坚定不移地推动转调发展，成立了全市稳增长调结构促发展重点工作指挥部，配套出台了 40 条政策措施，扎实深化“七项竞赛”，加快十大产业振兴提升，经济结构调整取得显著成效。全市三次产业结构由 2010 年的 7.1 ∶ 60.4 ∶ 32.5 调整为 2015 年的 7.9 ∶ 51.7 ∶ 40.4，第三产业占比提高 7.9 个百分点。工业转型升级步伐加快，非钢产业增加值占比由 2010 年的 39.8% 提高 2015 年的 59.8%；高新技术产业产值占比由 2010 年 12.3% 提高到 2015 年的 19.85%。服务业结构不断优化，现代服务业增加值占比由 2010 年的 31% 提高到 2015 年的 42%。民营经济快速发展，上市挂牌企业由 1 家增加到 25 家，民营经济增加值占 GDP 的比重由 2010 年的 38% 提高到 2015 年的 46.1%。

深化改革取得新突破。研究确定了 50 项重点改革任务，并设立“改革创新奖”，狠抓改革举措落地见效。农村产权制度、涉农资金整合、行政审批制度等改革走在全省前列。“校企一体化”办学模式、新农合框架下“200 元包住院”、为农服务“一卡通”等改革举措得到国家有关部委肯定。被列为国家智慧城市试点、全国综合行政执法体制改革试点、全省新型城镇化综合试点、全域乡村旅游发展试点、金融创新改革试点、基础教育综合改革试点。

济莱协作实现新进展。认真贯彻落实省委、省政府“一圈一带”区域发展战略，把济莱协作区建设作为加快发展的重大机遇、重要平台和强大动力，强力推进“三个统一”“五个同城化”。交通方面，两市公交实现一卡通用，济莱城际快客正式开通，每年为乘客节省交通费用 700 多万元，济莱城际铁路项目进入可研阶段。通信方面，两市通讯取消长途费、漫游费，通讯资费享受市话标准，每年减少公众话费支出达 1000 万元；广播电视实现交叉落户，实现了特色栏目交流互换的深度合作。户籍管理方面，开辟户籍同城绿色通道，实现居民身份证异地换领、补领，两市户口网上迁移从速办理。

环境质量实现新改善。以提高经济发展质量和效益为中心，积极转变经济发展方式，大力推进节能减排和环境治理。万元 GDP 能耗 “十二五”期间累计下降 23.14%，先后组织开展“环保百日攻坚行动”和大气污染集中整治活动，实施“四控两提一平台”工程，完善环保网格化监管体系，创新“环保 110”工作机制，全市二氧化硫、二氧化氮、PM10、PM2.5 平均浓度持续改善，连续 3 年居全省污染物减排前 2 位，连续 2 年获得全省水环境质量改善一等奖，城市绿化覆盖率达到 43%。

民生保障实现新提升。坚持民生优先、民生为重，着力解决关系群众切身利益的突出问题，加快推进覆盖城乡的社会保障体系建设，人民生活水平显著改善。“十二五”期间全市城镇居民人均可支配收入年均增 7.6%，农民人均纯收入年均增长 10.5%。实施为民办实事制度，民生投入占财政支出比重达到 76.3%，高标准完成“气化莱芜”工程、城乡公交一体化、60 岁以上老年人免费乘坐公交车、校车村村通工程等民生实事。社会保障水平稳步提高，企业退休人员养老金实现十一连增，机关事业单位养老保险改革全面实施，居民基础养老金提高到每月 90 元，城乡低保标准达到每月 470 元和 270 元。

引进大项目 培育大产业

湖南省

“十二五”期间，湖南省社会民生持续改善，人民共享发展成果。

适应新常态　开创新局面
——湖南“十二五”经济社会发展成就

“十二五”以来，湖南认真贯彻落实中央决策部署，有效应对内外挑战，积极适应和引领经济新常态，大力促进“三量齐升”，全面推进“四化两型”，经济社会发展取得辉煌成就。

一、经济总量迈上新台阶。2015年，湖南地区生产总值28902.21亿元，连续7年位列全国前十，“十二五”期间年均增长10.4%。农业生产平稳增长。第一产业累计完成投资3046.7亿元，增加值年均增长3.6%，粮食产量稳定在600亿斤左右。工业经济不断壮大。工业增加值10945.81亿元，年均增长11.8%；规模工业增加值年均增长12.7%。第三产业持续向好。增加值年均增长11.3%，2015年对GDP增长的贡献率达53.9%；占GDP的比重为44.2%，比2010年提高4.5个百分点。

二、增长动能较为强劲。投资建设快速推进。2011—2015年，湖南累计完成投资9.23万亿元，基础设施、生态、民生投资年均分别增长21.2%、34.8%和39.8%。消费品市场持续繁荣。2015年，实现社会消费品零售总额12023.97亿元，最终消费对经济增长的贡献率达47.6%，比2010年提高7.3个百分点。城镇化步伐加快。2015年末，城镇常住人口3451.9万人，城镇化率为50.89%，比2010年末提高7.59个百分点。

三、转型升级步伐加快。产业结构得到优化。湖南三次产业结构由14.5 ∶ 45.8 ∶ 39.7调整为11.5 ∶ 44.3 ∶ 44.2，第一产业比重下降3个百分点，第三产业提高4.5个百分点。消费需求理性升

长沙橘子洲全景

2016年5月6日，中国首条完全拥有自主知识产权的中低速磁浮商业运营铁路——长沙磁浮快线载客试运营，标志着中国磁浮技术实现了从研发到应用的全覆盖，成为世界上少数几个掌握该项技术的国家之一。

级。体育娱乐、书报杂志、电子出版及音像制品等精神文化商品零售额年均分别增长13.6%、17.4%和19.6%，汽车、通讯器材、化妆品、金银珠宝等享受型商品零售额年均分别增长17.6%、17.9%、18.4%和22.9%。新生动力加快孕育。2015年末，实有市场主体256.44万户，比2010年末增长55.2%。2015年，网上商店零售额增长56.7%，住宿业、餐饮业通过公共网络实现的客房和餐费收入分别增长43.4%和90.4%。

四、发展质量不断提高。财政收入较快增长。2015年，湖南一般公共预算收入4011.04亿元，年均增长16.4%；地方财政收入2515.43亿元，年均增长15.7%。节能减排扎实推进。“十二五”期间，单位GDP能耗累计下降超过25%，化学需氧量、二氧化硫、氨氮、氮氧化物排放量累计削减率均超过8%。生态建设成效明显。累计完成生态环境投资3153.32亿元。2015年末，实有封山育林面积133万公顷，是2010年末的2.8倍；森林覆盖率为59.57%，提高2.56个百分点。

五、社会民生持续改善。城镇就业形势较好。2011—2015年，湖南累计新增城镇就业人员384.03万人，城镇登记失业率均低于5%的控制目标。居民收入增加较多。2015年，城镇和农村居民人均可支配收入分别为28838元和10993元，年均增长10.8%和12.6%。社保水平持续提升。2015年末，城镇养老保险参保人数1160.7万人，城镇医疗保险参保人数2660.5万人，分别比2010年末增加223.04万人和766.03万人；城镇、农村养老保险实现制度全覆盖。

张家界天子山美景

浏阳市

“两个中心”展开浏阳“十三五”发展新蓝图

浏阳焰火绽放2016纽约春节之夜　唐演译摄

高速路网　邓霞林摄

浏阳，地处湖南东部，是湖南对接“长三角”的东大门，面积4997平方公里，人口147万，是湖南人口第一、面积第二大县，是国家发展改革试点城市、国家生态示范县（市）、中国优秀旅游城市、中国千年古县、全国休闲农业与乡村旅游示范县。过去五年，全市上下紧紧围绕“挺进三十强、再创新辉煌”的奋斗目标，突出“交通融城、产业兴城、人才活城、生态美城”四大发展战略，始终坚持改革推动、创新驱动、区域带动、项目拉动、城乡联动，谱写了“十二五”的辉煌篇章。

综合实力大步跨越，“浏阳速度”不断刷新。地区生产总值由556.7亿元增至1112.8亿元，年均增长13.6%（按不变价计算）；一般公共预算收入由27.9亿元增至85.9亿元，年均增长25.2%；工业总产值、规模以上工业增加值、固定资产投资、社会消费品零售总额分别达到2366.6亿元、580.9亿元、859亿元、242.7亿元，年均增长21.3%、19.6%、24.4%、14.9%，财政总收入、工业总产值等主要经济指标提前一年实现“十二五”目标。

发展引擎加快升级，“浏阳转型”有力推进。经开区跨入千亿级园区行列，综合竞争力跃居全省园区前列；制造产业基地成功获批省级高新区，经济实力比肩全省中等县（市）；大围山国家级生态旅游示范区旅游收入连续四年实现翻番；电子信息跻身全省信息产业领先地位，生物医药占据全省医药产业半壁江山，智能制造成为全省先进制造业重要力量，鞭炮烟花扛起全球花炮产业转型发展大旗，全域旅游蓬勃兴起，健康食品、文化创意、商贸服务方兴未艾。全市规模企业达825家，十亿元企业由3家增至17家，百亿元企业实现“零”的突破，规模工业总产值年均增长29.1%。

改革创新纵深突破，“浏阳活力”持续迸发。省直管县、农房抵押贷款、集体林权制度、农村宅基地制度、不动产统一登记、“国地财”合署办公、综合行政执法等重点改革走在前列。率先举办首届湘赣边区域开放合作交流会，推动湘赣边区域合作纳入长江经济带、长江中游城市群发展规划。创造性实施“园镇

美丽乡村 邓霞林摄

合一”、“镇馆合一”、“一园带四镇”等管理模式，积极推进强镇扩权改革，创新市乡、市园财政管理体制。深入推进行政审批和商事登记制度改革，政府投资项目和社会投资项目（核准类）可在68个工作日、社会投资项目（备案类）可在56个工作日内办结，新设立企业办照时间压缩至2.5个工作日，去年新登记企业和注册资本分别增长20.6%和24.9%，浏阳已经成为办事最高效、市场最活跃的县（市）之一。

交通区位极大提升，“浏阳格局”日益优化。“十二五”期间，完成交通建设投资301.7亿元，新改建干线公路501.6公里、农村公路3040.2公里。大浏、浏醴、长浏三条高速全面竣工通车，境内高速公路总里程达227公里，位居全省县（市）首位。蒙华铁路经浏设站并开工建设，浏阳加快迈进“轨道时代”。金阳大道、开元大道东延线、荷文、园永、社大等公路建成通车，浏东、浏跃、浏大、大文、张小等公路提质改造，大围山旅游干线公路全线贯通，南横线、北横线启动建设，“对外大开放、对内大循环”的交通格局已经形成。

民生福祉显著改善，“浏阳能量”广泛汇聚。坚持七成财力投向民生领域，累计支出达214.9亿元，是“十一五”期间的2.8倍，城乡居民人均可支配收入分别达到36631元、25191元，是2010年的1.7倍和1.9倍。新建学校25所，改造薄弱学校213所，新增城区学位9077个，新建改造乡镇卫生院18所、村卫生室216个，新建乡镇综合文化站26个、乡镇全民健身中心14个；疏通城区积水堵点198处，完成水库除险加固178座、河渠疏浚3.3万公里，发放各类低保、救助资金共计11.98亿元，扎实推进精准扶贫“十大工程”，6245户18914人脱离贫困线、踏上小康路。加强和创新社会治理，社会大局保持和谐稳定。

未来五年，浏阳的奋斗目标是“建设‘两个中心’，进军全国十强”。“建设‘两个中心’”，就是要打造省会副中心和湘赣边区域性中心城市，“省会副中心”主要体现在融入大长沙，致力打造省会功能配套中心、新兴产业发展中心、都市休闲度假中心、绿色产品供应中心；“湘赣边区域性中心城市”主要体现在辐射湘赣边，致力打造湘赣边交通物流中心、创新创业中心、金融贸易中心、休闲旅游中心、科教文卫中心。“进军全国十强”，就是要始终走在中西部县域发展最前沿，确保县域经济与县域基本竞争力全国百强排名年年有突破，力争到2020年跻身全国前十。

2016年，浏阳将按照“五位一体”总体布局和“四个全面”战略布局的要求，牢固树立创新、协调、绿色、开放、共享发展理念，高度聚焦“湖湘宝地、美丽浏阳”城市定位，紧紧围绕“建设‘两个中心’，进军全国十强”奋斗目标，不断优化“一轴三带”、“两城七园”、“三河三山”发展格局，继续深入实施“交通融城、产业兴城、人才活城、生态美城”发展战略，始终坚持“改革推动、创新驱动、区域带动、项目拉动、城乡联动”发展路径，凝心聚力，开拓创新，为打造更加富饶开放美丽幸福的新浏阳而努力奋斗。

湖湘宝地 美丽浏阳 邓霞林摄

松山湖

易事特集团

松山湖（生态园）概况介绍

松山湖(生态园)位于东莞几何中心,坐落于“广深港”黄金走廊腹地，南临香港、深圳，北靠广州，总面积 103 平方公里。2010 年 9 月，松山湖升格为国家高新技术产业开发区。 2014 年 12 月，市委、市政府决定将松山湖高新区、东莞生态园统筹发展，打造成为东莞的科技中心和创新中心。2015 年 9 月，园区成功入围珠三角国家自主创新示范区。

大连机床研发中心

园区始终坚持科技创新引领，全面深化各项改革，打造成为了东莞实施创新驱动发展的鲜活样本和稳增长调结构转方式、实现高水平崛起的重要平台，是东莞市创新驱动发展的集聚区、生力军和加速器。主要体现在以下四个方面：

一是建成了生态优良的城市框架。秉承“科技共山水一色，新城与产业齐飞”、“生态与产业并举，创业与宜居并存”的规划理念，采用最有利于保护生态环境的内核式圈层结构布局，实现自然生态环境与人工设施的有机融合。建成了总面积达 350 万平方米的生态公园，成为国家 4A 级景区；建成了占地约 650 万平方米的国家城市湿地公园；建成了超过 300 公里的道路和生态绿道。一流的生态环境是园区的突出优势，已经成为松山湖（生态园）的亮点和品牌。

二是形成了初具规模的产业集群。着力打造“4+1”现代产业体系，即高端电子信息产业、生物技术产业、机器人产业、新能源产业以及文化创意、电子商务等现代服务业。建设了大学创新城、台湾高科技园、两岸生物技术产业合作基地、中以产业园和国际机器人产业基地等产业平台；已引进华为机器、华为终端总部、中集集团、生益科技、易事特、普联、东阳光药业总部、大连机床、光启、普门科技、合泰半导体等一批国内外行业龙头企业，以及 350 家发展潜力大、后劲足的中小型科技企业。目前园区拥有上市、挂牌企业 20 家。

2016 松山湖航拍

华为公司

三是建立了较为完善的创新生态体系。建立起以人才、高企、孵化器、加速器为一体的创新生态体系。大力开展高层次人才招引，累计引进博士和硕士共3400多人，其中包括17名国家“千人计划”专家，2名广东省领军人才，37名东莞市创新创业领军人才。狠抓高企培育，拥有国家高新技术企业107家，进入省高企培育库51家。推动企业掌握核心技术，截至2015年，园区共投入约2.33亿元科技发展专项资金，成功培育出盈动高科、李群自动化等一批拥有核心技术的科技企业。实施大孵化器战略，目前共有国家级孵化器4家、国家级众创空间5家、省级众创空间8家、市级孵化器15家、新型研发机构24家，孵化载体面积近100万平方米，在孵企业超过550家。促进科技金融产业融合发展，累计引进金融服务机构近60家，设立了5个政府引导基金。

四是建设了较为便利完善的城市服务配套。坚持产城融合的发展理念，为企业和员工提供便利的生活环境。商住配套方面，拥有万科生活广场、创意生活城等购物场所，已投入使用公租房3849套，在建公租房约8000套。教育配套方面，拥有东莞理工学院、广东医科大学、东莞职业技术学院、东莞中学松山湖学校、东华学校、实验中学、中心小学、实验小学、艺鸣幼儿园等一批学校，形成了从高等教育到幼儿教育的完善教育链条，打响了“学在松山湖”的教育品牌。互联网服务方面，已实现乘客在公交车上免费使用无线网络和全市公交实时在线查询，“松湖无限”APP在线支付，免费WiFi已覆盖面积达20平方公里。医疗卫生配套方面，已开办广州中医药大学国医堂、泓德中医门诊部，推进东莞第二人民医院建设。文化生活方面，成功举办首届东莞科技马拉松，定期举办松湖大讲堂等文化品牌活动。政务服务方面，推行“一个窗口办事”、一条龙服务的企业服务模式，实施“不作为”责任倒查机制，提升园区管理服务水平。

八马标志

今后，园区将努力践行“创新、协调、绿色、开放、共享”五大发展理念，以创新驱动发展为灵魂，以全面建设珠三角国家自主创新示范区为总目标，大胆探索，改革创新，力争在珠三角国家自主创新示范区建设中走在前列。

美丽的松山湖

贵州省

在全面小康新征程中砥砺奋进

贵州大数据建设——城市数据云平台

世界首屈一指单口径球面射电望远镜——“天眼”建于贵州省平塘县

“十二五”期间，特别是党的十八大以来，贵州各族干部群众在党中央坚强领导下，深入学习贯彻习近平总书记系列重要讲话精神，牢牢守住发展和生态两条底线，坚持主基调主战略，大力构造“精神高地”，奋力冲出“经济洼地”，圆满完成“十二五”规划目标任务，进入后发赶超、加快全面小康建设的重要阶段。

综合经济实力跃上新台阶。2015 年，全省地区生产总值 10502.56 亿元，“十二五”期间年均增长 12.5%，高于全国同期 4.7 个百分点。2015 年，全省金融机构人民币存款、贷款余额分别为 1.9 万亿元和 1.5 万亿元，“十二五”期间年均分别增长 21.4%、21.2%；市场主体注册资本 2.59 万亿元，年均增长 41.2%；财政总收入 2291.82 亿元，其中，一般公共预算收入 1503.38 亿元，年均增长 23.0%。

产业转型升级孕育新活力。2015 年，全省农林牧渔增加值 1712.66 亿元，是 2010 年的 2.7 倍，“十二五”期间年均增长 5.7%，比“十一五”期间年均增速高 1.0 个百分点。2015 年，全省规模以上工业企业 4145 个，比 2010 年增加 1182 个；实现增加值 3550.13 亿元，“十二五”期间年均增长 14.3%，高于“十一五”期间 0.2 个百分点。2015 年，全省服务业增加值 4715.00 亿元，比 2010 年增加 2537.93 亿元，是 2010 年的 2.2 倍，“十二五”期间年均增长 12.5%。

基础设施建设实现新跨越。2015 年，全省铁路营业里程 3037 公里，比 2010 年增加 953 公里，其中高铁里程 701 公里；全省公路通车里程 18.38 万公里，比 2010 年增加 3.22 万公里，其中高速公路通车里程 5128 公里，是 2010 年的 3.4 倍，是西部地区第一个县县通高速公路的省份；全省内河航道里程 3661 公里，其中高等级航道 690 公里，结束了贵州无高等级航道的历史；9 个市（州）实现通航机场全覆盖，贵阳机场通航城市由 2010 年的 59 个增加至 2015 年的 81 个；全省互联网宽带接入端口 916.7 万个，是 2010 年的 4.0 倍。

改革开放不断开创新局面。深化国有企业产权制度和商事制度改革，户籍制度、农村产权制度、财税金融等领域改革不断深化。建成了贵安新区等“1+7”开放创新平台，成功举办生态文明贵阳国际论坛、

空中走廊——毕威高速赫章特大桥

贵州省铜仁市中药材头花蓼种植

移民新村——贵州省从江县加鸠镇 受益于农村危房改造政策扶助，加鸠镇苗族同胞居住房

酒博会、数博会等重大开放活动。2015 年，全省进出口总额 122.20 亿美元，比 2010 年增加 90.74 亿美元，“十二五”时期年均增长 31.2%，高于“十一五”时期 13.7 个百分点。

统筹城乡发展构建新格局。五年新增城镇人口 306.5 万人，新增建成区面积 461 平方公里，城镇化率提高到 42.0%，比 2010 年提高 8.2 个百分点。黔中带动、黔北提升、两翼跨越、协调推进战略加快实施，以贵阳市和贵安新区为龙头，以“黔中城市群”为主体，以市州政府所在地城市为重点，以小城市和县城为支撑，以小城镇为基础，以新型农村社区为补充的现代城镇格局初步形成。

保障改善民生取得新成效。扎实推进精准扶贫工作，“十二五”期间全省投入财政扶贫资金 305 亿元，对 35 个贫困县、744 个贫困乡镇摘帽，五年减少贫困人口 656 万人，贫困发生率下降到 14.0%。新增城镇就业 267 万人。城镇、农村居民人均可支配收入分别为 24580 元、7387 元，年均名义增长 11.8%、14.4%。从 2013 年起压缩行政经费 5% 用于实施教育“9+3”计划，启动基本普及十五年教育。城镇保障性安居工程、城乡低保、基本医疗、基本养老等各项事业扎实推进。

生态文明建设进入新时期。连续成功举办生态文明贵阳国际论坛。颁布《贵州省生态文明建设促进条例》，成立环境司法专门机构。在全国率先开展自然资源资产责任审计。承担自然资源资产负债表编制试点工作，赤水市被列为全国唯一的县级试点。推进全国生态文明先行示范区、绿色贵州建设，完成营造林 2161 万亩，森林覆盖率 50%。坚持“多彩贵州拒绝污染”，淘汰落后产能 3080 万吨。在八大河流实行“河长制”。

黔东南州

“大美黔东南”加快发展步伐

产业致富　唐千里摄

高铁进苗乡　况在泉摄

黔东南苗族侗族自治州（简称黔东南州）位于贵州省东南部，成立于1956年，州府驻地凯里市。现辖1个县级市、15个县和10个省级经济开发区，面积3.03万平方公里。2015年末户籍人口473.54万人，苗族占42.2%，侗族占29.7%。这里资源丰富、生态良好、民族风情浓郁、历史文化厚重。重晶石储量占全国60%以上，水能资源储藏量332万千瓦。施秉云台山列入世界自然遗产名录。全州森林覆盖率达65%，是全国重点林区，是世界十大“返璞归真、回归自然”旅游目的地首选地之一。空气质量整体优良，空气负氧离子是全国平均水平的22倍；境内2900多条大小河流水质达到二类标准的超过95%。拥有联合国非遗保护项目1项、国家级项目53项72个保护点、国家级项目代表性传承人26人、国家级非物质文化遗产生产性保护示范基地3处。建县的历史可追溯到秦代，先后有七座县城作为府城所在地，镇远为中国历史文化名城。

经济快速发展。“十二五”时期，是黔东南州改革开放以来经济发展最快、综合经济实力提升最大、缩小发展差距最明显、基础设施变化最突出、发展动力活力最足、人民群众得实惠最多的五年。综合实力从贵州省靠末位置跃升到中游水平， 2015年GDP达到811.55亿元，“十二五”期间经济年平均增长15.4%，是贵州省增长最快的地区。

农业生产特色产业亮点纷呈。“十二五”以来，加快推进“6个100万”绿色生态现代农业工程进程，结合山地特点和生态优势，推广中药材、精品水果、茶叶、山茶油等100多个国内优质高效无公害农产品，涌现出一大批特色农业产业产品，形成了榕江车江等一批现代农业产业园区。从江香猪、丹寨硒锌米、剑河钩藤、雷山银球茶、麻江蓝莓等15个产品获得了国家级地理标志保护登记。2015年，商品蔬菜种植45.2万亩；蓝莓产业覆盖超10万人，种植12万亩，是中国最大的人工种植蓝莓地区；中药材种植49.7万亩，其中太子参种植18.6万亩占全国的一半；茶叶采摘21万亩；油茶林69万亩；出栏香猪47.54万头、中国四大地方名鸭之一的三穗鸭943.7万只、小香鸡25.2万只；库区渔业养殖面积4243亩，水产品产量4.33万吨。

凯雷高速公路　李玉仪摄

三宝鼓楼　黄明光摄

榕江县栽麻乡加所小学侗族女教师杨秀珠为学生传承民族文化

工业在发展壮大中转型升级。“十二五”以来，全面实施“工业强州”战略，工业加快经济结构调整和技术升级，已建成16个工业园区，总规划面积达614平方公里，2010年以来入园企业278户。2015年规模以上工业总产值724亿元，目前全州在41个工业行业大类中有37个生产领域均有涉及，在我国部分航天产品中，可以看到该州的产品。

投资建设发展迅速，基础设施日新月异。“十二五”时期全社会固定资产投资累计完成5083亿元，占1949年以来投资总量的近80%，交通、水利、通讯、能源等基础设施得到明显改善。 2012年乡乡通油路和村村通公路；继黎平机场通航后，2013年凯里黄平机场通航；2014年贵广高铁通车；2015年沪昆高铁通车和县县通高速。2015年底公路总里程2.94万公里，其中高速公路813.5公里。交通巨变促进车辆使用迅速普及，2015年全州民用汽车拥有量达49.44万辆。

社会事业全面发展。科技，有各类科技人才9.9万余人，“十二五”期间争取国家和省科技、知识产权计划项目立项645项，对168项成果进行了产业转化。教育，2015年普通小学844所，在校学生33.88万人；普通中学240所，在校学生29.22万人。有中等职业学校31所，在校学生6.33万人。凯里学院在校学生1.02万人；黔东南民族职业技术学院在校学生1.62万人。文化，2015年，全州高清交互数字电视用户规模总数超过12万户，电话用户298.48万户，互联网宽带为35.11万户。全州公共博物馆、纪念馆和爱国主义教育示范基地24家，乡镇综合文化站202个，农家书屋3115个。卫生，卫生机构3966个，卫生机构人员2.1万人，床位数2.1万张。民生，全州城乡低保标准提高，2015年发放金额10.87亿元。城镇各种社区服务设施2941个，社区服务中心197个，收养性社会福利单位80所，目前供养4573人。到2015年底，累计投入各级政府补助资金34.48亿元，实施改造农村危房50万户。

展望“十三五”。 大数据，培育10家核心龙头企业，50家大数据应用、服务和产品制造企业，到2020年产业规模总量超过400亿元。大健康，推进贵州侗乡大健康产业示范区建设，争取创建国家大健康产业集群示范区。发挥“6个20工程”等平台作用，确保“十三五”投资完成7500亿元。大力发展现代山地特色高效农业，建设无公害绿色有机农产品，2020年实现总产值320亿元以上。全力优结构，发展高端装备制造业，做大做强精密机床、微机电、汽车及零部件、环保设施、军工电子产品等产业，发展新型建筑建材、节能环保、生物、清洁能源产业。

夕照红阳　李苏全摄

云南省

云南经济社会发展取得辉煌成就

昆明长水国际机场航站楼

云南白药生产车间

在云南省委、省政府的正确领导下，全省各族人民深入贯彻落实党中央、国务院及省委、省政府的决策部署。“十二五”时期，云南完成了艰巨繁重的改革发展和稳定任务，取得了辉煌的成就和宝贵的经验。

综合实力持续增强。“十二五”末，云南省生产总值增加到13619.17亿元，固定资产投资增加到13500.62亿元，分别于2012年和2014年都跨上万亿元新台阶。“十二五”时期，云南生产总值、固定资产投资年均分别增长11.1%和24.7%；地方一般公共预算收入及支出年均分别增长15.7%和15.6%，社会消费品零售总额年均增长14.8%。

人民生活水平显著提高。“十二五”末，云南省城镇常住居民人均可支配收入为27278元，农民人均纯收入为7526元，云南省全部职工年平均工资为55025元。“十二五”时期，云南省城镇常住居民人均可支配收入年平均增长11.2%，农民人均纯收入年均增长13.7%，全部职工年平均工资年均增长12.8%。城乡居民收入年均增速快于经济增长的年均增速，市场物价保持基本稳定。城镇新增就业累计达165.9万人，转移农村劳动力1000万人次以上。城乡居民基本养老保险制度全面覆盖，三项医疗保险参保率达到98%。

城乡面貌发生深刻变化。“十二五”末，全省城镇和乡村人口分别达2054.6万人和2687.2万人，城镇化率达到43.3%。具有云南特色的山地城镇建设稳步推进，“十二五”时期，累计开发低丘缓坡土地11万亩，601万农业人口转变为城镇居民。农村生产和生活条件得到改善。扶贫攻坚显著推进，年均减少贫困人口100万人以上。

城镇化建设

腾冲龙江大桥

临沧幕布村新貌

生态文明建设扎实有效。“十二五”末，云南省森林面积为1992.40万公顷，森林蓄积量为19.5亿立方米，森林覆盖率达到55.7%。深入推进七彩云南保护行动、生物多样性保护行动计划和森林云南建设，大力推进节能减排。单位GDP能耗累计下降19.8%，超额完成国家下达的节能减排任务。

各领域改革全面推进。政府职能转变、行政审批大幅精简、非行政许可审批全面取消、商事制度改革推开、公共资源交易平台全面建立。

对内对外开放不断扩大。“十二五”时期，云南省累计完成外贸进出口总额1170.36亿美元，年平均增长12.9%。云南主动服务和融入国家“一带一路”、长江经济带等重大发展战略，积极建设孟中印缅、中国—中南半岛经济走廊。

民族团结社会和谐更加巩固。“十二五”末，云南省的少数民族人口为1574.06万人，占全省总人口的33.4%。全省持续开展“十县百乡千村万户示范点创建工程”，民族地区生产生活条件持续改善，主要经济指标的增速高于全省平均水平，民族团结进步与边疆繁荣稳定良好局面进一步巩固。

“十二五”时期取得的宝贵经验。要实现云南边疆繁荣稳定、民族团结进步、经济社会跨越发展，必须坚持科学发展，以提高发展质量和效益为中心，努力保持经济较快发展。必须坚持改革开放，打破制约发展的体制机制障碍，正确处理好政府和市场关系。必须坚持以人为本，把维护好、发展好最广大人民根本利益作为工作的出发点和落脚点，努力让人民过上更加美好幸福的生活。必须坚持生态文明建设，推进绿色发展、循环发展、低碳发展，保持和扩大云南的生态优势。必须坚决维护民族团结，坚定不移贯彻民族区域自治制度和党的民族政策，加快少数民族地区发展进步。必须坚持依法治省，全面推进法治云南建设。

“十二五”时期是云南省发展最快的时期之一，为“十三五”顺利开局和实现第一个百年奋斗目标奠定了坚实基础。

洱海苍山 水清山绿

昌都市

民族文化：昌都歌舞

昌都市位于西藏自治区东部、横断山脉南段，金沙江、澜沧江、怒江上游，藏、川、滇、青四省（区）的结合部，属康巴地区腹心区，是茶马古道重镇，素有藏东明珠之美誉。全市幅员面积10.86万平方公里，平均海拔3500米以上，现辖1区10县、138个乡（镇），人口78万，居住着藏、汉、回、纳西、珞巴等36个民族，其中藏族占总人口的96.2%。昌都境内自然风景奇绝壮丽、人文胜景丰富多彩，是大香格里拉生态旅游区和茶马古道文化核心组成部分。昌都水能资源极其富足，理论蕴藏量达4000万千瓦以上；矿产资源十分富集，其中铜矿、菱镁矿储量居全国前列，是国家“西电东送”接续能源基地和藏东有色金属产业基地的重要组成部分。

产业发展：芒康县葡萄种植基地

“十二五”以来特别是党的十八大以来，昌都市委、市政府深入贯彻落实新时期中央治藏方略，主动适应经济新常态，抢抓历史新机遇，全市改革发展稳定各项事业迈上了新台阶，进入了发展速度最快、质量效益最好、城乡面貌变化最大、群众得到实惠最多的新时期。2015年，全市生产总值达到132.02亿元，是2010年的1.97倍；固定资产投资完成172.65亿元，是2010年的2.97倍；公共财政预算收入完成10.24亿元，是2010年的3.26倍；农村居民人均可支配收入达到7311元，是2010年的2倍；城镇居民人均可支配收入达到22374元，是2010年的1.81倍。

壮大产业与提质增效并举，发展能力不断提升。坚持以高原特色优势资源开发为依托，不断提升产业支撑能力，现代农牧业、矿产资源开发、生态旅游、藏医药和民族手工业等竞相发展，达美拥葡萄酒、类乌齐牦牛肉、阿旺绵羊、康巴香猪等产品畅销区内外，铜矿、铅锌矿、铁矿、菱镁矿整合开发有序推进，果多电站首台机组发电，苏洼龙电站全面开工建设，318景观大道、然乌湖、怒江峡谷、盐井古盐田、强巴林寺等自然人文景观深受游客青睐。

基础先行与条件改善并进，瓶颈制约逐步缓解。抢抓国家加大西部地区基础设施建设投入机遇，

社会事业：新农村示范点

自然风光：类乌齐县马鹿国家级自然保护区

“十二五”累计完成固定资产投资598亿元，建成了一批交通、能源、水利、通讯等基础设施项目。全市公路通车总里程达到1.46万公里，电力总装机容量达到20.3万千瓦，11县（区）农村安全饮水工程、寺庙供水工程全部建成投入使用，乡（镇）通光缆率达到98%，行政村通宽带率达到80%，乡（镇）邮政服务网点实现全覆盖。

民生改善与社会事业并重，公共服务能力不断提升。坚持把改善民生、凝聚人心作为一切工作的出发点和落脚点，深入实施“十二项民生工程”。坚持教育优先发展战略，全面落实教育“三包”政策和十五年免费教育政策，全市教育水平进一步提高。现有全国、全区重点文物保护单位35处，8个项目列入国家级非物质文化遗产保护名录，优秀传统文化得到传承和弘扬。大力实施“西新工程”和“村村通”等工程，在全区率先实现了有线数字电视通达各县城的目标。全面落实城乡居民和在编僧尼免费体检政策，以免费医疗为基础的农牧区医疗制度和公共医疗保障制度实现全覆盖，有意愿的五保老人和孤儿全部实现集中供养。公共服务均等化水平显著提高，群众满意度、幸福感明显提升。

城镇化与新农村同建，城乡面貌日新月异。投资70余亿元全面完成了昌都镇旧城改造，一大批市政项目顺利竣工，城市功能不断完善，城乡面貌发生了翻天覆地的变化。2012年以来，整合资金36亿元建设各类保障性住房35771套（户）。社会主义新农村建设稳步推进，累计建成203个美丽乡村，10万多户农牧民住进安全适用的新房。

坚守底线与修复治理并推，生态环境明显改善。坚守生态安全红线、底线、高压线，全面落实环境保护“一票否决”制，严禁“三高”项目进入昌都。全市森林面积382万公顷，森林覆盖率达到34.78%。建立各级自然保护区40个，总面积80.07万公顷，占全市国土面积的7.4%。加强大气、水污染防治，主要江河干流水质达到国家Ⅱ类标准，流经主要城镇的河流水质达到国家Ⅲ类标准，市区大气环境质量达到国家Ⅱ类标准，全市生态环境持续良好。

中央第六次西藏工作座谈会部署了新时期西藏工作的目标任务，出台了进一步推进西藏经济社会发展和长治久安的政策措施，为昌都经济社会发展带来了新的历史机遇。昌都市委、市政府将以中央第六次西藏工作座谈会精神为指引，切实把中央的关怀、全国人民的支援转化为做好昌都各项工作的强大动力，坚定不移地开展反分裂斗争，坚定不移地促进经济社会发展，坚定不移地保障和改善民生，坚定不移地促进各民族交往交流交融，坚定不移地保护好世界上最后一片净土，以更加优异的成绩回报党中央、国务院的亲切关怀，回报全国人民的无私援助。

基础设施：昌都城区新貌

铜川市

俯瞰苍山巨龙

加快深度转型　　建设四个铜川

铜川位于陕西省中部，地处关中平原和黄土高原交界带，总面积3882平方公里，常住人口84.6万人，辖3区1县1个省级经济技术开发区。铜川因煤而生、先矿后市，曾是全国重要的煤炭产业基地和西北首屈一指的水泥生产基地，建市以来累计输出原煤5亿多吨、水泥2亿多吨，为新中国的经济建设作出了重要贡献。但是，计划经济“先生产、后生活”的发展理念，“挖煤卖资源、挖石头烧水泥”的粗放生产方式，“一煤独大”的偏重产业结构，给这座城市留下了难以愈合的创伤。产能过剩凸显、环境污染严重、城市基础设施欠账较多、人居环境较差等等，严重制约着铜川的可持续发展。为了避免陷入“煤竭城衰”怪圈，从根本上破解发展难题，铜川市主动走上转型之路。

照金镇夜景

近年来，铜川市抓住全国资源型城市可持续发展试点城市和国家节能减排财政政策综合示范城市机遇，大力实施工业强市、文化兴市、生态立市三大战略，全力打造经济强、文化兴、生态美的全国知名休闲养生城市。面对资源枯竭风险和经济下行压力，铜川市主动将去产能与产业转型相结合，以一套上“新”不弃“旧”、循环经济换挡、新兴产业接续的“组合拳”，为老煤城注入新活力，初步实现了发展动力转换、经济逆势增长，走出了一条具有铜川特色的资源型城市可持续发展之路。

一是转方式、兴产业，综合实力显著增强。做强传统产业，着力打造煤电铝水泥联产联营循环产业链，

红色照金镇

朱鹮新家园

董家河循环经济产业园区被确定为国家循环经济教育示范基地和循环化改造试点园区，传统产业成为经济发展的“压舱石”。做精接续产业，食品、医药、装备制造业明显提升，石油、光伏、风电发展迅速，接续产业成为推动转型发展的“加速器”。做靓全域旅游，建设“全景铜川”，以黑色煤炭、灰色水泥为主色调的资源型城市逐步向以“红色照金、银色滑雪、青色耀陶、绿色养生、金色玉华”的多彩铜川转型，文化旅游业成为拉动经济增长的“新引擎”。十二五期间，全市生产总值年均增长 12.9%，成为两岸四地 294 个城市综合竞争力 10 年提升最快的城市之一，被命名为中国循环经济十佳绿色发展城市。

二是强治理、重生态，生态环境明显改善。环保倒逼、铁腕治污，实现煤城基本不烧煤，水泥大市无立窑。认真实施林业重点工程，突出抓好城市、园区、景区、道路、流域、庭院六大重点区域造林绿化，全市森林覆盖率 46.5%，城市建成区绿化覆盖率达到 44%。徒步街巷、网格管理，成功创建国家卫生城市、全国绿化模范城市、省级园林城市。

三是抓基础、惠民生，百姓幸福指数提升。十二五期间，城镇新增就业 7.39 万人。7.6 万农村贫困人口脱贫。解决了 5.9 万户中低收入家庭住房困难问题。在全省率先实现城乡居民社会养老保险一体化全覆盖。城镇基本医疗保险参保率、新农合参合率 98%、99.4%。城乡居民收入年均增长 13.2%、16%。城镇人均住房面积增加 7.21 平方米。在 2014 年省信息中心幸福城市、宜居城市排名中，铜川均列全省前列。

“十三五”是铜川全面建成小康社会、实现深度转型的决战决胜期，站在新的起点上，全市人民满怀豪情、苦干实干，向着“产业多元支撑的转型铜川、生态环境良好的美丽铜川、药王养生的健康铜川、民富市强的富裕铜川”扬帆起航。

云绕香山

韓城

古城

抢抓机遇　追赶超越
早日建成黄河沿岸区域性中心城市

韩城是世界历史文化名人司马迁的故乡，中国历史文化名城、中国优秀旅游城市，陕西重要的能源工业城市，全国首屈一指的花椒生产基地。位于陕西关中平原东北部，总面积1621平方公里，总人口50万。1983年撤县设市，2012年5月被陕西省委、省政府确定为省内计划单列试点市。近年来，韩城市紧紧围绕“跻身全国百强、建成区域中心”目标，加快改革创新，加快转型升级，加强生态建设，突出工业和旅游两大主题，全力推进“三年千亿产业振兴计划”，全市经济实力显著增强，城乡人民生活水平大幅提升，社会和谐稳定，“十二五”圆满收官。

综合实力显著增强 2015年全市生产总值达311.3亿元，是2010年的2.1倍，人均GDP达到7.8万元；地方财政收入18.8亿元，是2010年的2.7倍；城乡居民收入达32930元和12650元，是2010年的1.8倍和2.1倍。综合实力居陕西前茅，县域经济基本竞争力居西部前列。

产业支撑更加有力 钢、电、建、化四大主导产业加速转型，新能源、新经济扬帆起步。建成了一批省市级现代农业园区，特色农业提速发展。司马迁景区晋级国家4A，党家村进入世界历史文化遗产预备名录，六大核心景区初具雏形，全域旅游示范市创建加速推进。

城乡面貌发生巨变 中心城市框架由12平方公里拉大到24平方公里，城镇化率达到60%。西禹高速龙门工业园区出口、黄韩侯铁路复线建成通车。结束了城区无集中供热的历史，电网改造惠及5.1万农户。全市森林覆盖率达到45.1%，城市人均公共绿地面积达到7.8平方米。

黑猫炭黑公司全景

桢州公园

改革创新突破前行 政府机构、公共财政、投融资体制等方面改革创新深入推进。与省水务集团、省开行等央企省企和金融机构深化合作，与韩国开展文化旅游交流年活动，举办“一带一路”国际大学生创业行动，开放发展新高地加速形成。被列入全国新型城镇化综合试点、全国循环经济示范试点、全国综合行政执法试点和首批国家级旅游业改革创新先行区。

群众得到更多实惠 “两个80%”全面落实，中小学布局调整优化，双高双普迈上新台阶。医药卫生体制改革深入推进，市镇医疗一体化实现全覆盖。城乡医疗、养老扩面提标，困难救助、大病救助等制度全面落实，城乡就业更加充分，2万名群众通过保障性住房迁入新居，5年脱贫3.1万人，人民群众有了更多获得感。

祭祀

“十三五”时期，全市将深入贯彻习近平总书记系列重要讲话精神，牢固树立五大发展理念，努力把韩城建设成为黄河沿岸百万人口区域性中心城市，陕西省五大区域新增长极之一。

新城夜景

庆阳市

庆阳民俗文化——皮影

庆阳位于甘肃省东部、陕甘宁三省区交汇处，习称“陇东”，辖7县1区，总面积2.7万平方公里，总人口265万。

庆阳是一块神奇而古老的土地。这里文化灿烂，资源富集，被誉为“红色圣地、岐黄故里、农耕之源、能源新都”。庆阳是光荣的革命老区，刘志丹、谢子长等老一辈无产阶级革命家创建的以南梁为中心的陕甘边根据地是土地革命战争后期全国硕果仅存的革命根据地，在中国革命史上享有“两点一存”的重要地位，铸就了“南梁精神”。庆阳先民、中医鼻祖岐伯曾在庆阳与黄帝论医，成就了流传千古的中华医学巨著《黄帝内经》。周先祖不窋在庆阳教民稼穑，开创了华夏农耕文明的先河。庆阳是农业部批准创建的绿色农产品生产加工示范基地和旱作农业示范区，香包、陇绣、民间剪纸、道情皮影和陇东民歌等民俗文化独树一帜。庆阳境内石油地质储量48亿吨，煤炭预测储量2360亿吨，探明储量215亿吨，天然气、煤层气预测储量分别达1.51万亿立方米和1.4万亿立方米，页岩气综合预测地质资源量1.81万亿立方米，是正在建设的大型能源化工基地和甘肃省重要的经济增长极。

“十二五”以来，庆阳市紧盯与全国、全省同步全面建成小康社会这一目标，以全面深化改革为动力，创建风清气正的政治生态、活力迸发的经济生态和山清水秀的自然生态，实施产业兴市、工业强市、生态立市、依法治市四大战略，在转变发展方式中化解经济下行压力，在聚焦精准扶贫中破解发展难题，在全面深化改革中激发内生动力，在坚持真抓实干中推动富民兴市，经济社会实现了大跨越、大发展。

坚持扩总量、稳增长，综合实力大幅提升。“十二五”时期经济总量稳居全省前茅，生产总值年均增长13.3%。

坚持聚合力、出实招，扶贫攻坚成效显著。全面打响以通村公路为牵引的基础设施建设和以农民“五变”为内容的富民产业培育“两大扶贫攻坚战”。新修通村公路6096.5公里，是2010年以前全市通村公路总里程的7倍，实现了通乡油路全覆盖，大力推进农村供水、电网、危房（窑）改造等专项工程。全市贫困人口由2011年底的93.49万人减少到28.5万人左右，贫困面由40.55%下降到12.4%左右。

坚持抓开发、促转化，能源产业持续壮大。石油开发快速推进，生产原油3186万吨，加工原油1588万吨，分别是“十一五”期间的2.1倍和3.2倍。煤炭开发初见成效，天然气、煤层气、页岩气勘探开发稳步推进。

固沟保塬工程

中国石油庆阳石化公司

“一区四园”基础设施建设加快推进，集聚效应和辐射带动功能进一步提升。

坚持调结构、育特色，富民产业蓬勃发展。苹果产业、草畜产业、瓜菜产业规模扩大，新型农业产业化经营主体快速发展，特色产业收益占到农民收入的一半。

坚持挖潜力、上规模，第三产业提速增效。电商进农村“百乡千村万店”工程深入实施，“互联网 +”成为推动发展的新亮点，带动交通运输、餐饮住宿、健康养老、信息咨询等服务业提质增效。文化旅游融合发展迈出新步伐，建成了周祖农耕文化产业园、南梁红色旅游景区、天富亿生态民俗村等重点景区。

坚持夯基础、破瓶颈，城乡面貌发生巨变。庆阳机场 4C 级改扩建工程建成投用，架起了庆阳通往外界的“空中走廊”；青兰高速和福银高速庆阳段建成通车，西平铁路穿境而过，结束了庆阳不通高速、没有铁路的历史；建成二级公路 4 条，实现了县县通二级公路的目标。完成了扬黄人饮续建工程、环县苦咸水淡化等重点骨干水利项目，全市供水能力达到 2.8 亿立方米，有效灌溉面积达到 53.9 万亩。新建改建 330 千伏输变电工程 3 个、110 千伏输变电工程 8 个、35 千伏输变电工程 15 个。统筹推进市区、县城和小城镇建设，市区率先建成地下综合管廊 79 公里，建成区面积扩展近 3 倍；城镇建成区面积累计达到 151 平方公里，城镇化率由“十一五”末的 23.79% 提高到 33.46%。深入实施“再造一个子午岭”和“固沟保塬”工程，累计造林 359 万亩，修建梯田 146.39 万亩，完成流域治理 1832.4 平方公里，全市森林覆盖率由“十一五”末的 23.94% 提高到 27.48%。

坚持惠民生、增福祉，社会事业全面进步。教育事业稳步发展，人均受教育年限比“十一五”末增加了 1.2 年，各级各类学校基础条件明显改善。科技应用推广步伐加快，科技对经济增长的贡献率达到 52%。医疗卫生条件显著改善，实施市、县、乡医院改扩建项目 107 个，建成标准化村卫生室 1081 个，市人民医院、市中医院成功晋升“三甲”。文化事业蓬勃发展，文化产业不断壮大。竞技体育水平不断提高，全民健身氛围日益浓厚，成功举办了第二届全国红运会、第十二届省运会和第八届省民运会。社会保障水平稳定提高，城市、农村低保和特困人员保障标准分别由“十一五”末的 2004 元、950 元、1600 元提高到 3720 元、2434 元、4114 元，全民参保人数由 55 万人增加到 206 万人。为民办实事累计投入资金 235.5 亿元，办理民生实事 175 件。民族乡村“1+9”发展规划深入实施，对口支援甘南藏区建设成效显著。社会治安综合治理、市场秩序整顿、安全生产专项整治扎实开展，全市社会大局和谐稳定。

“十三五”发展的征程已经开启，新起点昭示新希望，新蓝图呼唤新作为。庆阳人民将以昂扬的拼搏之志，高扬奋进之帆，为全面建成小康社会、建设幸福美好新庆阳作出新的更大贡献！

陕甘边红都——南梁全貌

海东市

循化孟达天池

潮起新海东　扬帆正当时

青海省海东市因位于青海湖以东而得名，历史上是进藏入疆的咽喉和重要通道，是“极地门户，青藏首站”城市。2013 年 2 月，国务院批准撤销海东地区设立地级海东市。现辖两区四县，即乐都区、平安区、民和回族土族自治县、互助土族自治县、化隆回族自治县和循化撒拉族自治县。全市 94 个乡镇、1587 个行政村，总人口 170 万人，国土面积 1.32 万平方公里。

黄河彩蓝工程

海东是全省农产品主要供给地区，耕地总面积 318.4 万亩，建有国家级农业科技示范园区，农畜产品供给全省的份额达到 46%。海东是多民族多宗教并存地区，有藏、回、土、撒拉为主的少数民族 85.2 万人，占到总人口的 50.1%。藏传佛教寺院 162 座，占全省 23.3%。清真寺 879 座，占全省 64%。海东是全省交通枢纽地区，西宁曹家堡机场坐落在城市核心区内，青藏铁路、兰新高铁、109 国道和京藏高速公路横贯全境。海东是全省城镇化工业化主要地区，地处兰西经济区中心地带，属于全国 18 个重点开发地区、21 个主要城市化地区，2014 年成为国家新型城镇化首批示范试点城市，海东工业园区是全省三大工业园区之一，现已形成“一区四园”工业发展格局。海东是全省旅游资源富集地区，

乐都农业示范园区

互助十二盘

乐都区耀华特种玻璃生产线项目

民和年产 45 万吨铝基合金大钣锭项目

境内众多高峡平湖、苍茫林海、名山古刹、喇家遗址、柳湾彩陶享誉考古界。

“十二五”期间，海东市综合实力显著提升，质量效益持续改善，主要指标增速位居全省前列。地区生产总值由“十一五”末的 173.3 亿元增加到 384.4 亿元，年均增长 16.2%，增速位列全省第一；公共财政预算收入由“十一五”末的 4.76 亿元增加到 21.7 亿元，年均增长 35.5%；固定资产投资五年累计完成 1943.2 亿元，年均增长 44.2%，是“十一五”时期的 6.33 倍；城镇居民人均可支配收入达到 23373 元，年均增长 11.3%，农村居民人均可支配收入达到 8196 元，年均增长 15%。

五年来取得的成绩来之不易，积累的经验弥足珍贵，给我们以深刻的启示：必须解放思想、转变观念，牢固树立新发展理念，以提高发展质量和效益为中心，积极推进绿色低碳循环发展；必须深化改革、扩大开放，全力推进东西部合作，积极融入“一路一带”建设，激发内生动力，提升创新能力，努力实现由要素驱动向创新驱动转变；必须尊重发展规律，高起点规划，实施顶层设计，把城乡发展规划放在至关重要位置，准确把握城市发展定位，为城市空间布局、产业发展提供战略指导；必须统筹协调，改善民生，在经济发展过程中同步提高民生福祉，以更多的精力谋划社会建设，统筹城乡、区域协调发展，让人民群众共享改革发展成果。

回首往昔，海东市以昂扬的姿态务实奋进，以饱满的激情创先争优，以崭新的变化赢取点赞。千帆竞发，百舸争流，展望未来，海东各族干部群众将更加紧密团结在以习近平同志为总书记的党中央周围，认真落实中央“四个全面”战略布局和“五大新发展理念”，在省委的坚强领导下，开拓进取，接续奋斗，夺取全面建成小康社会的新胜利。

乐都瞿坛寺　　乐都康泰 680MN 多功能锻压机组项目

银川市

回乡园里舞翩跹

银川市情

银川市是宁夏回族自治区首府，位于富饶的宁夏平原中部，东踞鄂尔多斯西缘，西依贺兰山，黄河从市境穿过，是一座历史文化悠久、民族特色鲜明、自然风光秀丽的塞上古城，是中国历史文化名城，是宁蒙陕甘毗邻地区中心城市，是丝绸之路的节点城市，是深入实施西部大开发战略的重点经济区。东有九曲黄河穿境而过，西倚雄壮峻美的贺兰山，总面积9025.38平方公里，常住人口约260万人。银川已有2100多年的建城历史，中原文化、边塞文化、河套文化、丝路文化、西夏文化、伊斯兰文化等多种文化在这里激荡交融，浓郁的回乡风情、雄浑的大漠风光、秀丽的塞上水色、古老的黄河文明、神秘的西夏文化，形成了“塞上湖城、西夏古都、回族之乡”的鲜明特色。

银川市主动适应新常态，坚持不懈实施“2258”工作思路，坚持开放内涵式发展之路，努力建设西北地区“两个最适宜”城市，提升“购物在银川”、“医疗在银川”、“教育在银川”、“旅游在银川”、“居住在银川”品牌影响力。截止2014年底，全市地区生产总值达到1395.67亿元，占全区50.7%，增长9.5%，快于全区、全国1.5和2.1个百分点。一个繁荣、开放、文明、进步的现代化新银川正在中国西部崛起！

人文历史优势

银川作为全国101座历史文化名城之一，建城于汉武帝元鼎五年(公元前112年)。中原文化、边塞文化、河套文化、丝路文化、西夏文化、伊斯兰文化等多种文化在这里激荡交融，浓郁的回乡风情、雄浑的大漠风光、秀丽的塞上水色、古老的黄河文明、神秘的西夏文化，形成了“塞上湖城、西夏古都、回族之乡”的鲜明特色。

生态环境优势

银川市倾力打造“碧水蓝天，明媚银川”的城市名片。这里是中国空气质量最佳的城市之一、中国距离原始森林最近的城市、西北地区人均绿地拥有量最大的城市、黄河流域最大的湿地之城等称号背后，是银川坐拥七十二连湖的环城水域。 凭借得天独厚的生态环境优势，银川市先后获全国文明城市、国家卫生城市、国家园林城市、全国节水型城市、国家环保模范城市、中国最具幸福感城市、亚洲都市景观奖等十多项荣誉。

区位交通优势

银川地处欧亚大陆和中国大陆中心区域，位于“呼—包—银—兰—青经济带”的中心地段，是丝绸之路经济带和新亚欧大陆桥沿线重要节点城市，国家重点开发功能区沿黄经济区的核心城市，“银川—榆林—鄂尔多斯”能源金三角成员城市，宁蒙陕甘毗邻地区半径500公里范围内辐射14个地级市、81个县（市）区2000多万人口的最大的区域性中心城市。银川交通优势明显，境内有宝兰、宝中、太中银三条铁路线，银青、京藏、福银、银新四条高速公路线，是东北、华北地区联接西北地区乃至中亚、中东地区的重要通道。航空优势独特，是雅布赖国际航线节点城市，银川河东国际机场已经开通了直达阿联酋、韩国、泰国、台湾、香港及全国各省会城市的航线。

政策支持优势

西部大开发、宁夏内陆开放型经济试验区、银川综合保税区、《国务院促进宁夏经济社会发展若干意见》、国家加工贸易梯度转移重点承接地等多重优惠政策支持，政策叠加效应明显，尤其是内陆开放型经济区试验区“先行先试”政策，为海内外投资者提供了重大发展机遇、大量投资机会、交流合作平台。近年来在国家支持下，银川先后获批新能源产业示范基地、电子商务示范城市、现代物流示范城市、承接东部地区产业转移示范基地、跨境电子商务试点城市。

阳光阅海

宁夏生态纺织产业示范园——园区中央商务区

产业基础优势

银川是西部地区经济最活跃的地区之一，是全国重要的能源化工生产基地、装备制造业生产基地、新能源产业示范基地，是全国13个亿吨大型煤炭生产基地之一，大型燃气轮机铸铁件世界第一，全国最大羊毛绒生产集散基地，全球最大四环素、红霉素、泰乐菌素生产基地，西北地区最大的光伏组件生产基地。尤其是煤化工、原材料等产业中下游配套能力强，可实现就地转化。

资源组合优势

银川具有较为丰富的土地、矿产、电力、光热等资源，极具开发潜力的农业资源、文化旅游资源等。有适宜开发益农、益林荒地180万亩，适宜工业开发用地200多万亩；有煤炭、石油、天然气、石灰岩、白云岩、硅石、磷矿等20余种矿产资源，其中国家级宁东能源化工基地煤炭探明储量达270亿吨，是优质的动力用煤和化工用煤，开发利用价值极大。银川年均日照时数2800-3000小时，风能、光能资源充足，发展风电、光伏等新能源产业条件优越。银川引黄灌溉农业发达，盛产小麦、水稻、瓜菜、特色果品、畜产品、乳制品、水产品、枸杞、酿酒葡萄等特色农产品，农业产业化及农产品精深加工潜力巨大。银川市文化遗存分布较广，旅游资源丰富，沿贺兰山及黄河文化旅游观光带文化旅游资源极具开发潜力。

投资成本优势

银川水、电、气、土地、劳动力等生产要素价格平均低于东部城市。工业用地价格执行全国最低价标准。银川人均发电量全国第一，工业电价是全国大城市中电力供应最好、电价最低的城市之一。银川水资源丰富，年供水量1.1亿立方米，工业用水2.6元/ 立方米。银川紧邻陕甘宁特大天然气田、鄂尔多斯气田、长庆油田，油气输入便捷，工业用气2.18元/ 立方米。银川有大中专院校40多所，年增大中专毕业生及技术工人10万人，对周边劳动力吸引力较强，可充分满足企业用人需求。银川为国家智慧城市试点城市，网站建设数量接近2200个，固定互联网用户达24万户，普及率为35%，平均网速达8M/s。

[名词解释]

1.**“2258工作思路”**：“2258”工作思路中的“两个新区”是阅海湾中央商务区(CBD)、银川滨河新区，银川市将把这两个新区打造成推动银川未来发展的新引擎。“两条旅游带”是指东线黄河旅游观光带（回乡风情园、水洞沟、黄沙古渡、兵沟大峡谷）；西线贺兰山文化旅游观光带（西部影城、西夏王陵、贺兰山岩画、苏峪口），银川市将做优这两条文化旅游产业带，把文化旅游产业培育成助推银川跨越发展的支柱产业。

“五个园区”：首先把宁东能源化工基地作为引领银川市产业发展的重要基础，打造全国一流的大型煤炭基地、煤化工产业基地、“西电东送”火电基地和循环经济示范区。把银川生态纺织园作为宁东能源化工基地的延伸区，形成上下游产业一体化的全新现代化生态环保集约型纺织工业基地。同时，把银川经济技术开发区作为引领新装备制造等新兴产业高地；把高新技术产业开发区（灵武羊绒产业园）作为优化经济结构、加快发展方式转变的实验中心；把银川科技园作为破解科技、人才瓶颈、创建国家创新型城市的重要抓手。

“八项工程”：银川市将全力实施好以战略性新兴产业为突破的工业振兴工程，以设施农业为突破的现代农业示范工程，以文化旅游产业为突破的服务业提升工程，以扶贫开发、移民增收为突破的民生改善工程，以水系改造为突破的生态城市建设工程，以现代交通为突破的基础设施建设工程，以对阿、东北亚为突破的对外开放工程，以公选比选和选贤进才为突破的塞上英才队伍建设工程。

2.**“开放内涵式发展”**：一方面强调城市规划建设，重点要提升城市品位、城市品质和城市素质；另一方面突出产业发展方式转变，重点要提升经济发展质量，突出以投资增量带动结构优化，以创新驱动加快产业升级，做强工业，做精农业，做活服务业，构建结构优化、技术先进、清洁安全、深度融合的产业格局。具体实践过程中做到“三个坚持，三个突出”，即坚持数量与质量并重，突出质量；坚持招商引资与招才引智并重，突出招才引智；坚持银川速度与银川效率并重，突出银川效率。

3.**“两个最适宜”**：创建西北地区“最适宜居住、最适宜创业”的现代化区域中心城市。

阅海水上公园

中宁县

中宁特产——枸杞

中国枸杞之乡——中宁县

中宁县位于宁夏回族自治区中部，隶属地级中卫市管辖，属北温带大陆性气候，年平均气温 9.9 摄氏度，降水 192.3 毫米。政区总面积 4165.89 平方公里，辖 11 个乡镇、120 个行政村、12 个社区、6 个农林牧场，常住人口 34.15 万（汉族占 75.5%，少数民族占 24.5%），是全国枸杞、商品粮、瘦肉型猪生产基地和经济林建设先进县。1995 年被国务院命名为“中国枸杞之乡”，2011 年跨入西部百强县行列，2013 年被评为“中国枸杞文化之乡”，2015 年在县委、政府的领导下，全县经济社会稳步发展。

中宁工业园区

整体经济稳中有升。2015 年，全县实现地区生产总值 126.8 亿元，同比增长 5.3%；人均地区生产总值 37355 元，同比增长 4.1%；规模以上工业增加值 46.1 亿元，同比增长 6.5%；社会消费品零售总额 18.5 亿元，同比增长 6.2%；固定资产投资 133.2 亿元，同比增长 0.1%；地方财政一般公共预算收入 9.4 亿元，同比增长 9.9%；农村居民人均可支配收入 9579.8 元，同比增长 8.6%；城镇居民人均可支配收入 21481.2 元，同比增长 8.3%。

民营经济发展迅速。2015 年，全县各类民营经济组织发展到 1 万多个，天元锰业位列“中国企业 500 强”第 375 位，锦宁巨科、红宝实业等 6 家企业进入“宁夏企业 100 强”，民营经济增加值占全县 GDP 的 80% 以上，成为推动经济社会发展的主要力量，非公经济“中宁现象”受到媒体广泛热议。

中宁县城风貌

中宁县民俗文化——余丁钱鞭

特色农业量质并进。中宁是世界枸杞的发源地和正宗原产地，全县枸杞种植面积12.5万亩，七大类40余种精深加工产品远销30多个国家和地区，年出口量超5000吨，中宁枸杞种植系统被国家农业部评为“中国重要农业文化遗产”。硒砂瓜成为山区群众增收致富的支柱产业，农民来自枸杞、硒砂瓜等特色农业的现金收入占全部现金收入七成以上。

第三产业稳步发展。2015年，全县公路通车里程2392公里，其中：高速公路通车里程160公里。邮政业务总量0.09亿元，增长12.5%；电信业务总量3.2亿元，增长18.5%。房地产开发完成投资19.0亿元，同比增长11.3%；社会消费品零售总额18.5亿元，同比增长6.2%；金融机构人民币各项存款余额为139.1亿元，增长16.1%；金融机构人民币各项贷款余额为165.2亿元，下降2.8%；保费收入21067万元，同比增长23.1%。

城乡建设统筹推进。2015年，县城建成区面积17.87平方公里，人口13.9万人，城镇化率达40.7%。县城“一城三区”、“九纵十一横”道路网架基本形成，中宁枸杞博物馆、杞乡黄河体育中心、中央大道景观绿化工程等公共基础设施投入使用，是自治区卫生县城、园林县城、文明县城。石空镇成为全区有名的工业重镇，大战场镇成为辐射陕甘宁地区的活禽活畜、粮油交易集散地，恩和镇跻身羊绒加工流通新兴集镇，白马乡、鸣沙镇发展为果品、硒砂瓜交易的区域中心。

民计民生持续改善。2015年，全县共有各级各类学校128所，在校学生54694人，专职教师3826人。共有文化馆1个，文物管理所1个，博物馆1个，影剧院1座，公共图书馆1个，公共图书藏书总量11万册。共有广播电台1座，电视台1座，年末广播综合人口覆盖率为94.31%，电视综合人口覆盖率为98.13%。拥有卫生机构229所，床位1155张，卫生技术人员1343人。

中宁县黄河体育中心

一册在手 爱不释手

引领统计人骄傲的目光

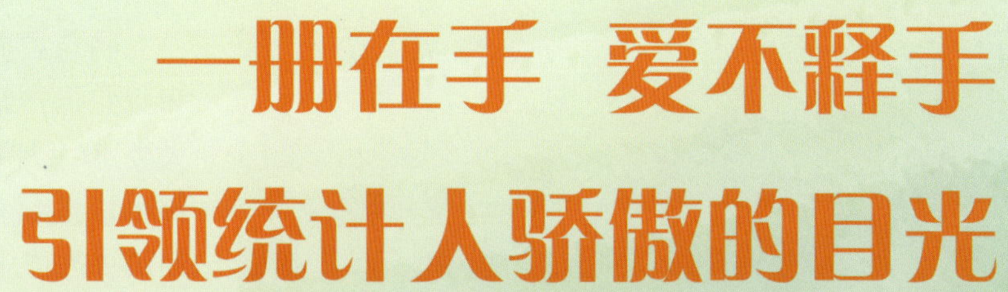

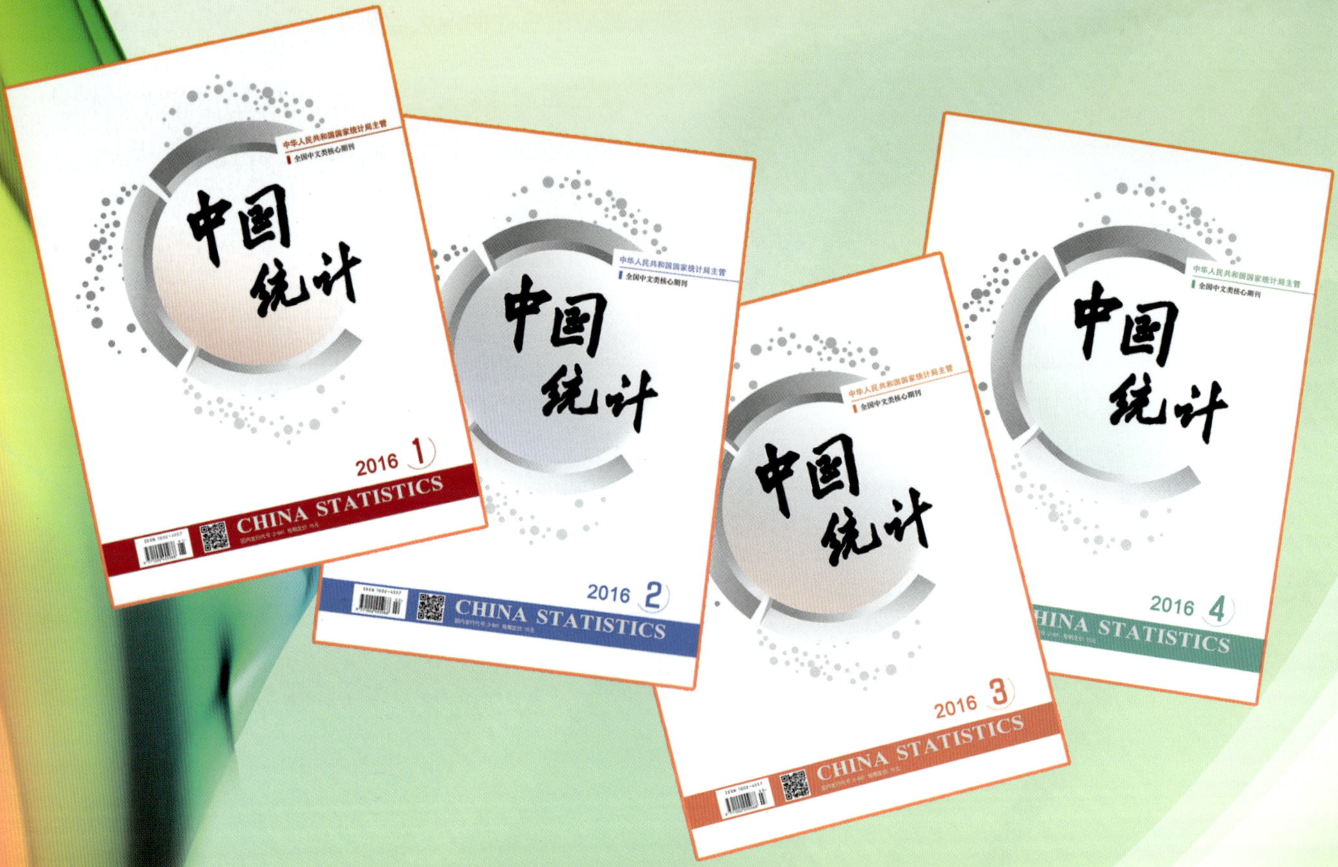

◎ 统计无处不在 统计使人豁达

◎ 发布权威信息 提供对策建议

◎ 理论与实践整合 读者和作者互动

中国统计

《中国统计》月刊是国家统计局的机关刊物，“全国中文类核心期刊”。主要栏目有“特稿、方略、大数据、热点、专栏、科普、统计人、农普记录、基层、见解、随笔和最新数据”等，每期正文80页，四色印刷。

邮发代号：2-841 国际标准号：ISSN1002-4557 国外发行代号：M762 国内统一刊号：CN11-2448/C